제3판 머리말

이번에 『형법각론』 제3판을 출간하게 되었다. 제2판이 2018년에 간행되었으니 5년 만의 개정판이다. 그동안 제3판을 기다려주신 독자들께 송구한 마음이다. 물론 저자의 미력함에 가장 큰 원인이 있지만, 형법각론 분야에 언급되는 판례의 분량이 방대하여 그 분석작업에 많은 시간이 소요되었다는 점도 말씀드리고 싶다.

『형법각론』 제3판의 개정 목표는 2023년 5월 말까지를 기준으로 그동안의 개정 법령과 주요 판례들을 정확하게 반영하는 데에 있다. 또한 가능한 한 최신 법령과 판례를 전달한다는 의미에서 교정 기간 중에 공포된 법령과 공간된 판례들도 여건이 허락하는 한도에서 반영하였다.

제2판 출간 이후 형법각칙의 변화를 보면, 2018년 업무상 위력간음죄 및 피감호자 간음죄의 법정형 상향조정, 2020년 미성년자의제강간등 죄의 미성년자 연령 상향조정, 강간·유사강간등 죄의 예비·음모 처벌규정 신설, 같은 해 이루어진 알기 쉬운 법령 만들기 차원의 형법조문 자구 및 표현의 수정 등을 들 수 있으며, 특히 2023년 8월 8일에 공포된 영아살해죄 및 영아유기죄의 폐지가 주목된다.

형사특별법의 경우를 보면, 2022년의 「범죄수익은닉의 규제 및 처벌 등에 관한 법률」 개정이 주목된다. 개정전 범죄수익은닉규제법은 규율대상인 중대범죄를 규정하면서 개별 범죄들을 별표에 나열하는 방식을 취하였다. 개정 법률은 이를 변경하여 사형, 무기 또는 장기 3년 이상의 징역이나 금고에 해당하는 죄와 별표에 규정된 죄를 함께 중대범죄로 규정하는 혼합형 방식을 채택하였다.

판례의 경우를 보면, 우선 2019년 부녀의 낙태죄 및 의사의 동의낙태죄에 대한 헌법재판소의 헌법불합치결정이 주목된다. 해당 조항들은 2020년 12월 말까지를 시한으로 입법자가 개정할 때까지 적용하기로 하였으나, 후속 입법조치가 이루어지지 아니함에 따라 현재는 효력을 상실한 상태이다.

대법원의 경우를 보면, 형법각칙 다방면에 걸쳐 전원합의체 판결을 통해 판례변경을 지속해 가고 있음이 주목된다. 제2판 이후에 공간된 전원합의체 판결이 20여 개에 이른다는 사실은 이 점을 잘 보여주고 있다. 그 구체적인 내용을 이 자리에서는 일일이 언급할 수 없으나 굳이 두 가지를 지적하자면, 주거침입죄와 배임죄의 판례변경을 들 수 있다. 주거침입죄의 경우 주거침입의 판단기준을 거주자의 의사(주관설)에서 주거의 사실상의 평온(객관설)으로 변경한 점이 눈에 뜨인다. 배임죄의 경우 대법원은 일련의 전원합의체 판결들을 통하여 소위 사무처리자 제한의 법리를 지속적으로 발전시켜가고 있다. 이러한 추세는 민사사건의 형사화를 탈피하려는 움직임으로서 특별히 주목할 필요가 있다고 본다.

『형법각론』 제3판은 제2판에 비하여 지면이 크게 증가하였다. 이와 관련하여 다음의 이유를 들어서 독자들께 양해를 구하고자 한다. 『형법각론』 초판의 서문에서 밝힌 바와 같이, 저자는 우리 판례의 사실관계를 정확하게 분석함으로써 대한민국의 토양과 현실에 맞는 형법학을 구축하려고 노력해 왔다. 그러한 작업의 일환으로 각종 판례분석 교재들을 출간하였으나, 출판계의 현재 여건상 판례교재를 독립된 책자로 간행하기가 여의치 않은 것이 사실이다. 이에 저자는 본문 아래 각주로 소개하는 판례에서 곧바로 판례분석을 전개하는 방식을 택하였다.

다만, 이미 『판례분석 형법각론』(증보판)을 통하여 분석이 시도된 판례들에는 '분석각론'이라는 표시만을 붙여두었다. 이 판례들의 판례분석이 궁금한 독자들을 위하여 『판례분석 형법각론』(증보판) PDF 파일을 법문사 홈페이지 자료실에 올려두었다. 이 파일을 다운로드받아서 본서에 수록된 각주의 판례분석들과 함께 참고한다면 『형법각론』 제3판의 활용이 한층 원활해질 것으로 기대한다. 본서와 PDF 파일에 수록된 여러 판례분석들을 손쉽게 찾아볼 수 있도록 판례색인을 선고일자, 사건번호, 사건명으로 세분화하여 작성해 두었다.

본서가 출간되는 데에 여러 분들의 도움을 받았다. 법문사의 김제원 이사님과 유진걸 과장님은 친절하고 신속하게 본서의 진행을 도와주셨다. 동국문화사의 이정은 선생님은 까다로운 판례분석의 편집을 원숙한 기량으로 도와주셨고, 반복되는 수정작업도 신속하게 진행해 주셨다. 유기천 교수님의 『형법학 각론강의』 상·하 이래 숙제로 남아 있던, 판례분석이 붙은 형법각론 교과서를 마무리하였다는 감회는 이분들의 친절한 도움이 없었다면 느낄 수 없었을 것이다. 깊이 감사를 전하는 바이다.

2023년 8월
우면산을 바라보며

저자 씀

제2판 머리말

이번에 『형법각론』 제2판을 출간하게 되었다. 초판 발행 후 1년 반 만이다. 독자 여러 분들의 성원에 감사드린다.

제2판의 개정 목표는 2018년 6월 말까지를 기준으로 그동안의 개정 법령과 주요 판례를 신속하고 정확하게 반영하는 데에 있다. 가능한 한 최신 법령과 판례를 전달한다는 의미에서 교정 기간 중에 공간된 판례들도 여건이 허락하는 한 소개하였다.

2017년 2월의 초판 발행 이후 개정 작업을 하는 과정에서 내용을 좀더 보완하거나 가독성을 높여야 할 부분들이 여러 곳에서 발견되었다. 개정 작업이 필요했던 이유로 다음의 몇 가지 점을 들 수 있다.

첫째로, 특별법을 충실하게 소개할 필요가 있다. 최근 들어 각종 특별법들이 형법각론의 기존 법리에 커다란 변화를 가져오고 있다. 「범죄수익은닉의 규제 및 처벌 등에 관한 법률」, 「국민보호와 공공안전을 위한 테러방지법」, 「보험사기방지 특별법」, 「전기통신금융사기 피해 방지 및 피해금 환급에 관한 특별법」 등은 불가벌적 사후행위나 장물죄 등과 관련된 기존 법리에 많은 수정을 요구하고 있다.

둘째로, 최근의 대법원판례들을 충실하게 소개할 필요가 있다. 근래 대법원은 중요한 쟁점이나 법리들에 대해 전원합의체 판결로써 유권적 판단기준을 제시하는 움직임을 뚜렷이 보이고 있다. 이러한 변화에 맞추어 새로이 제시되거나 변경된 판례 법리의 신속·정확한 소개가 필요하다. 제2판에서도 초판과 마찬가지로 중요한 판례들에 대해서는 지면을 아끼지 않고 각주에서 사실관계와 관련 법리를 충실하게 분석하려고 노력하였다. 예컨대 서명사취사기 사안에 대한 대법원의 판례변경, 법인 대표자의 대표권 남용행위와 배임죄의 손해발생 사이의 관계에 관한 대법원의 판례변경 등은 각주에서 새로이 분석·소개한 판례 법리들의 일부이다. 아울러, 각주에 분석·소개된 주요 판례들을 독자들이 유기적으로 활용할 수 있도록 해당 판례가 재차 인용될 경우 그 판례를 분석·소개한 각주의 면수를 밝혀두었다.

셋째로, 형법각론의 실천적 임무를 고려할 필요가 있다. 형법각론의 지식은 형사실무에서 관련 문제를 해결하는 출발점이 된다. 법학전문대학원이 출범한 이래 형법각론 교과서는 추상적인 이론 체계를 넘어서서 구체적인 실무 현장까지를 염두에 두고 실천적인 법리를 정확하게 전달해야 한다. 이러한 관점에서 제2판에서는 뇌물죄, 사기죄, 배임죄,

장물죄 등의 항목에서 서술체계를 변경하거나 내용을 상당 부분 보완하였다. 보이스 피싱 범죄와 관련하여 전개되는 최근의 판례 법리들을 종합 정리하여 새로운 항목으로 추가한 것도 이러한 노력의 일환이다.

본서가 출간되는 데에 여러 분들의 도움을 받았다. 법문사의 김제원 이사님, 장지훈 부장님은 언제나와 마찬가지로 친절하고 신속하게 본서의 진행을 도와주셨다. 동국문화사의 이정은 선생님은 저자의 거듭되는 수정 요구에도 불구하고 전문가의 기량으로 신속하고 정확하게 저자의 의도를 반영해 주셨다. 이분들의 도움이 없었다면 본서의 출간이 훨씬 늦어졌을 것이다. 이 자리를 빌려 깊은 감사의 인사를 전하는 바이다.

2018년 8월

영종도에서

저자 씀

머 리 말

이번에 『형법각론』을 출간하게 되었다. 『형법총론』, 『신형사소송법』과 함께 삼부작이 완성된 셈이다. 사실 『형법각론』을 좀더 일찍 세상에 내어놓아야 할 것인데 그렇게 되지 못한 데에 약간의 이유가 있다.

대학을 졸업하고 20여년쯤 되었을 무렵의 일이다. 처단형 계산에 관한 실무의 처리방법을 듣고자 동기동창인 어느 판사를 만났다. 이 자리에서 그는 학창시절에 읽었던 유기천 교수님의 『형법각론』(상), (하)를 아직도 열심히 참조한다고 말하는 것이었다. 유 교수님의 교과서에는 일본 판례의 여러 가지 사례들이 제시되어 있는데, 이것이 실무에 매우 유용하다는 것이었다. 20여년 전 학창시절에 읽던 책이 실무에서 여전히 애용된다는 이야기를 듣고 저자는 큰 충격을 받았다. 특히 오래된 일본 판례가 우리 실무의 준거가 된다는 사실은 한국의 형법학자로서 부끄러운 일이었다. 우리 현실의 사례를 풍부히 담고 있는 형법각론 교과서, 우리나라 실무가들에게 유용하게 쓰일 수 있는 형법각론 교과서, 이러한 교과서를 집필해야 한다는 당위감이 저자에게 강력하게 다가왔던 것이다.

한국 현실에 입각한 교과서를 집필하기 위하여 저자는 그동안 여러 가지 판례교재들을 출간해 왔다. 그런데 형법각론 교과서 준비를 위한 판례분석 작업이 어느덧 그 자체로 독립체를 이루어 정작 교과서의 집필이 지연되는 상황에까지 이르렀다. 이제 본서를 출간함으로써 오랫동안 미루어 왔던 숙제를 어느 정도 해결한 느낌이다.

『형법각론』의 집필이 늦어지게 된 또 하나의 이유로 방법론의 모색을 들 수 있다. 기존의 교과서들을 평면적으로 비교하여 재편집하는 방식으로 형법각론 교과서를 집필할 수는 없는 노릇이었다. 새로운 방법론을 모색하는 차원에서 저자는 그동안 한국 형법의 성립경위에 대해 연혁적·비교법적으로 여러 연구를 진행해 왔다. 우리 형법의 각칙 부분은 일본의 개정형법가안으로부터 많은 영향을 받고 있다. 가안(假案)은 1931년에 총칙부분이, 1940년에 각칙부분이 각각 발표되었는데, 조문만 세간에 알려졌을 뿐 관련 입법자료는 공개되지 않았다. 요컨대 우리의 입법관여자들은 가안의 조문만을 참고하였던 것이다.

가안은 기초위원회가 심의용 초안을 마련하고, 이를 본위원회가 심의하는 방식으로 성안되었다. 저자는 본위원회 회의록을 2006년에 입수하였고, 일본에서 1년간의 연구생활을 마치고 귀국할 무렵인 2010년에 방대한 분량의 기초위원회 의사일지를 접할 수 있었다. 이제 가안의 입법자료를 확보하게 됨으로써 우리 형법의 각칙 부분이 어떠한 구상과 경위로 성립되었는지를 어느 정도 추론할 수 있게 되었다.

본서 『형법각론』은 이상에서 언급한 두 가지 관점 아래 집필되었다. 내용상으로는 2016년 말까지 개정된 법령과 공간된 판례들을 포함하여 관련 사항을 정확하게 전달하려고 노력하였다. 체제면에서는 형법전의 각칙 순서에 따라 국가적 법익, 사회적 법익, 인격적 법익, 재산적 법익 순으로 서술을 진행하였다. 일종의 주석서 겸용 교과서라고도 말할 수 있다. 서술체계는 실무가의 활용도를 염두에 둔 것이지만, 연구와 강의에도 별 문제는 없다고 본다. 상호참조를 충분히 붙여두었으므로 기존 교과서의 체계처럼 인격적 법익, 재산적 법익, 사회적 법익, 국가적 법익의 순서로 읽어나가도 그다지 불편함은 없을 것이다.

저자는 본서의 본문에서 다루어지는 쟁점들이 실제 현실에서 어떠한 모습으로 구체화되는지를 보여주려고 노력하였다. 이를 위해 적당하다고 판단되는 판례들을 각주에서 힘닿는 대로 상세히 소개하였다. 저자의 기존 판례교재에 분석되어 있는 판례는 그 수록처를 소개하였고, 미수록 판례로서 중요하다고 생각되는 것은 각주에 바로 분석해 두었다.

판례를 사실관계와 함께 소개하는 데에는 많은 지면이 소요된다. 교과서의 한정된 지면을 고려하여 저자는 각주의 분석대상 판례를 과감히 각색하였다. 판례의 실제 사안은 제1심, 항소심, 대법원의 순으로 진행된다. 최종심인 대법원은 쟁점사항에 대해 자신의 논지를 직접 제시하거나 하급심의 논지를 수용하여 판단을 내린다. 저자는 대법원이 하급심의 논지를 그대로 유지하는 경우에도 마치 대법원이 직접 판단을 내리는 것처럼 직설화법 형식으로 대상판례를 분석·소개하였다. 판례문장이 길 경우 가능한 한 단문으로 분해하고 (가), (나), (다) 등의 순번을 부여하여 독자의 이해를 높이려고 하였다. 보다 정확한 정보가 필요한 독자들은 대법원 홈페이지의 종합법률정보에 접속하여 원문을 일독하기 바란다.

본서가 출간되는 과정에서 여러 분들의 도움을 받았다. 바쁜 연구생활 가운데에서도 시간을 내어 교정을 보아준 이진수 박사의 노고에 감사를 표한다. 학문적으로 많은 정진이 있기를 기원한다. 법문사의 김제원 부장님, 장지훈 부장님은 언제나와 마찬가지로 친절하고 신속하게 도와주셨다. 감사를 드린다. 동국문화사의 이정은 선생님은 20년 가까운 세월을 변함없이 전문가적 기량으로 도와주셨다. 본서 출간의 경우에도 예외가 아니었음은 물론이다. 그동안의 정성스러운 손길과 도움에 특별히 감사한 마음을 전하는 바이다.

2017년 2월

영종도에서

저자 씀

차　　례

제1편　국가적 법익에 관한 죄

약 어 표

교과서

권오걸, 형법각론 (2009)	권오걸
김성돈, 형법각론 (제8판) (2022)	김성돈
김일수 · 서보학, 새로쓴 형법각론 (제9판) (2018)	김일수 · 서보학
김혜정 · 박미숙 · 안경옥 · 원혜옥 · 이인영, 형법각론 (제3판) (2023)	김혜정 외
박상기, 형법각론 (제8판) (2011)	박상기
배종대, 형법각론 (제14판) (2023)	배종대
손동권 · 김재윤, 새로운 형법각론 (2013)	손동권 · 김재윤
신동운, 신판례백선 형법총론 (제2판) (2011)	백선 총론
신동운, 판례분석 형법총론 (2015)	분석 총론
신동운, 판례백선 형법각론 1 (1999)	백선 각론 1
신동운, 판례분석 형법각론 (증보판) (2014)	분석 각론
신동운, 판례분석 신형사소송법 (2007)	분석 신형소 I
신동운, 판례분석 신형사소송법 II (증보판) (2014)	분석 신형소 II
신동운, 판례분석 신형사소송법 III (2015)	분석 신형소 III
오영근, 형법각론 (제8판) (2023)	오영근
이용식, 형법각론 (초판) (2019)	이용식
이재상 · 장영민 · 강동범, 형법각론 (제13판) (2023)	이재상 · 장영민 · 강동범
이형국 · 김혜경, 형법각론 (제3판) (2023)	이형국 · 김혜경
임 웅, 형법각론 (제13정판) (2023)	임 웅
정성근 · 박광민, 형법각론 (전정 2판) (2015)	정성근 · 박광민
정영일, 형법각론 (신2판) (2022)	정영일
주호노, 형법각론 (초판) (2023)	주호노

판례집

법원행정처, 대법원판결(례)집	집
법원행정처, 법원공보	공
법원행정처, 판례공보	공
헌법재판소, 헌법재판소판례집	헌집
헌법재판소사무처, 헌법재판소공보	헌공
청림각, 판례총람	총람

법령약어표

형법	법
형사소송법	형소법
성폭력범죄의 처벌 등에 관한 특례법	성폭력처벌법
아동 · 청소년의 성보호에 관한 법률	청소년성보호법
특정경제범죄 가중처벌 등에 관한 법률	특정경제범죄법
특정범죄 가중처벌 등에 관한 법률	특정범죄가중법
폭력행위 등 처벌에 관한 법률	폭력행위처벌법

판례표기

▌판례표기는 다음의 방법에 의하였다.

· 1968. 4. 30. 68도400, 집 16①, 형50이라 함은 1968년 4월 30일 선고된 사건번호 68도400 대법원판결로서 대법원판결집 제16권 1집 형50면 이하에 수록된 것을 말한다.

· 1984. 5. 22. 84도39, 공 1984, 1163이라 함은 1984년 5월 22일 선고된 사건번호 84도39 대법원판결로서 법원공보 1984년분 1163면 이하에 수록된 것을 말한다.

· 2010. 1. 14. 2009도12109, 2009감도38, [미간행]이라 함은 2010년 1월 14일 선고된 사건번호 2009도12109, 2009감도38 대법원판결로서 판례공보에는 수록되지 않았으나 법원도서관 홈페이지 종합법률정보 사이트에서 검색된 것을 말한다.

· 2011. 2. 24. 2010오1, 2010전오1, 공 2011상, 696이라 함은 2011년 2월 24일 선고된 사건번호 2010오1, 2010전오1 대법원판결로서 판례공보 2011년 상반기분 696면 이하에 수록된 것을 말한다.

· 1995. 2. 23. 93헌바43, 헌집 7①, 222라 함은 1995년 2월 23일 선고된 사건번호 93헌바43 헌법재판소결정으로서 헌법재판소판례집 제7권 1집 222면 이하에 수록된 것을 말한다.

· 1966. 3. 22. 65도1164, 총람 형법 33조 7번이라 함은 1966년 3월 22일 선고된 사건번호 65도1164 대법원판결로서 청림각 편, 판례총람 형법 제33조 항목에 수록된 7번 판례를 가리킨다. 판례총람의 권수 및 면수에 의한 인용은 번잡을 피하기 위하여 사용하지 않았다.

· 판례의 이해와 활용을 돕기 위하여 가능한 경우 해당 판례에 사건명과 수록된 판례교재의 출처를 밝혀두었다.

제1편 국가적 법익에 관한 죄

제1장 내란의 죄
제2장 외환의 죄
제3장 국기에 관한 죄
제4장 국교에 관한 죄
제5장 공안을 해하는 죄
제6장 폭발물에 관한 죄
제7장 공무원의 직무에 관한 죄
제8장 공무방해에 관한 죄
제9장 도주와 범인은닉의 죄
제10장 위증과 증거인멸의 죄
제11장 무고의 죄

제1장 내란의 죄

제1 서 설

1. 내란죄의 보호법익

형법 각칙 제1장은 내란의 죄를 규정하고 있다. 내란의 죄는 국가(즉 대한민국)의 존립을 위태롭게 하는 범죄이다. 국가의 존립을 위태롭게 한다는 점에서 각칙 제1장 내란의 죄는 각칙 제2장 외환의 죄와 공통점을 가진다. 그러나 외환의 죄는 외부로부터 국가존립을 위태롭게 하는 행위를 규제함에 반하여, 내란의 죄는 국가의 내부적 기본질서를 교란하는 행위를 규제한다는 점에서 구별된다.

내란죄의 보호법익은 국가(즉 대한민국)의 기본질서이다. 국가 기본질서의 안정은 국민생활의 안정과 발전에 필수조건이다. 이는 영토의 보전과 국헌의 유지라는 형태로 구체화된다. 우리 형법 제87조는 이 점을 밝혀서 '대한민국 영토의 전부 또는 일부에서 국가권력을 배제하는 것'과 '국헌(國憲)을 문란하게 하는 것'을 내란죄의 목적 요건으로 규정하고 있다.

내란죄의 보호법익 가운데 하나인 국헌(國憲)은 헌법이 정한 국가의 기본질서를 가리킨다. 우리 헌법의 개개 조문이 아니라 그 전체가 지향하는 국가의 기본질서를 의미한다. 형법 제91조는 '헌법 또는 법률에 정한 절차에 의하지 아니하고 헌법 또는 법률의 기능을 소멸시키는 것'을 국헌문란의 중요한 표지로 제시하고 있다(동조 i).

내란죄는 논리필연적으로 위험범이다. 만일 내란의 목적이 달성된다면 그 때부터 혁명으로서 새로운 법질서가 확립되기 때문이다. 그러나 군사반란과 내란을 통하여 폭력으로 헌법에 의하여 설치된 국가기관의 권능행사를 사실상 불가능하게 하여 정권을 장악한 경우는 혁명이라고 할 수 없다. 정권장악 후 국민투표를 거쳐 헌법을 개정하고 개정된 헌법에 따라 국가를 통치해 왔다고 하더라도 군사반란과 내란을 통해서는 새로운 법질서를 수립한 것이라고 볼 수 없기 때문이다. 우리나라의 헌법질서 아래에서는 헌법에 정한 민주적 절차에 의하지 않고 폭력으로 헌법기관의 권능행사를 불가능하게 하거나 정권을 장악하는 행위는 어떠한 경우에도 용인될 수 없다.[1)]

내란죄는 외국인의 국외범을 처벌한다(법5 i). 행위지의 법률에 의하여 처벌되는지를 묻

1) 1997. 4. 17. 96도3376, 공 1997, 1303 = 『5 · 18 사건』 : (지면 관계로 내용 소개를 생략함.)

지 않는다(법6 단서 참조).

2. 특별법과의 관계

(1) 국가보안법

내란죄에 관한 형법규정이 특별법의 규정과 상충할 때에는 특별법 우선의 원칙에 따라서 처리된다. 내란죄와 관련된 특별법의 대표적인 예로 「국가보안법」이 있다. 「국가보안법」은 국가의 안전을 위태롭게 하는 반국가활동을 규제함으로써 국가의 안전과 국민의 생존 및 자유를 확보함을 목적으로 하고 있다(동법1 참조).

「국가보안법」은 '반국가단체'와 '이적단체'를 규율대상으로 설정하고 있다. 반국가단체라 함은 정부를 참칭하거나 국가를 변란할 것을 목적으로 하는 국내외의 결사 또는 집단으로서 지휘통솔체제를 갖춘 단체를 말한다(동법2①). 이적단체는 국가의 존립 · 안전이나 자유민주적 기본질서를 위태롭게 한다는 정을 알면서 반국가단체나 그 구성원 또는 그 지령을 받은 자의 활동을 찬양 · 고무 · 선전 또는 이에 동조하거나 국가변란을 선전 · 선동하는 행위를 할 목적으로 구성된 단체를 말한다(동법7① · ③).

(2) 국가보안법과 북한의 법적 지위

「국가보안법」의 적용과 관련하여 북한의 법적 지위가 문제된다. 대한민국과 북한 사이에 1972년 자주 · 평화 · 민족대단결 등의 3대 원칙을 선언한 7 · 4 남북공동성명이 있었고 「남북 사이의 화해와 불가침 및 교류협력에 관한 합의서」가 체결 · 발효된 상황에서 「국가보안법」이 여전히 규범력을 가지고 있는가 하는 것이 의문의 골자이다.

대법원은 「국가보안법」이 여전히 규범력을 유지한다는 입장을 취하고 있다.[1)] 대법원은 북한이 우리의 자유민주주의적 기본질서에 대한 위협이 되고 있음이 분명한 상황에서 남 · 북한이 유엔에 동시가입을 하였고 그로써 북한이 국제사회에서 하나의 주권국가로 승인을 받았으며, 남 · 북한 총리들이 소위 남북합의서에 서명을 하였다는 등의 사유가 있었다고 하더라도 북한이 「국가보안법」상 반국가단체가 아니라고 할 수 없다는 입장을 취하고 있다.[2)]

(3) 내란죄와의 관계

내란죄는 내란목적단체로 결합된 다수자가 폭동에 나아갈 때 성립하는 범죄이다. 이에

---

1) 1999. 12. 28. 99도4027, 공 2000, 429 = 『범청학련 총회 참석 사건』: (지면 관계로 내용소개를 생략함.)
2) 1999. 12. 28. 99도4027, 공 2000, 429 = 『범청학련 총회 참석 사건』.

대해 「국가보안법」은 정부를 참칭하거나 국가를 변란할 것을 목적으로 하는 반국가단체를 전제해 놓고, 반국가단체를 구성하거나 가입하는 행위 등 일련의 행위들을 독립적인 범죄로 규정하고 있다(동법3 이하 참조). 「국가보안법」위반죄는 폭동과 같은 집단적 행동을 요하지 않는다는 점에서 내란죄와 구별된다. 반국가단체의 구성이나 가입을 넘어서서 폭동의 단계로 나아가면 형법상의 내란죄가 성립한다.

제 2 내란죄의 기본유형 – 내란죄

형법 제87조 (내란) 대한민국 영토의 전부 또는 일부에서 국가권력을 배제하거나 국헌을 문란하게 할 목적으로 폭동을 일으킨 자는 다음 각 호의 구분에 따라 처벌한다.

1. 우두머리는 사형, 무기징역 또는 무기금고에 처한다.
2. 모의에 참여하거나 지휘하거나 그 밖의 중요한 임무에 종사한 자는 사형, 무기 또는 5년 이상의 징역이나 금고에 처한다. 살상, 파괴 또는 약탈 행위를 실행한 자도 같다.
3. 부화수행(附和隨行)하거나 단순히 폭동에만 관여한 자는 5년 이하의 징역이나 금고에 처한다.

◎ 미수범 처벌함(법89)
◎ 예비 · 음모 처벌함. 단, 자수의 특례규정 있음(법90① 본문 · 단서)
◎ 선동 · 선전 처벌함. 단, 자수의 특례규정 있음(법90②, ①)

1. 행위주체

(1) 내란목적단체

내란죄의 주체는 내란목적단체이다. 단체란 공동의 목적을 가지고 지휘통솔 체계를 갖춘 다수인의 결합체를 의미한다. 따라서 내란목적단체는 내란목적하에 지휘통솔 체계를 갖추어 결합된 사람들의 모임을 의미한다. 내란목적단체의 구성원에 해당하면 곧 내란죄의 주체가 된다.

내란죄는 군집범죄로서의 성질을 가지고 있기 때문에 단체를 구성하는 다수의 행위자를 예정하고 있다. 이와 관련하여 행위자가 어느 정도의 다수에 이르러야 내란죄의 주체로 될 수 있는지 문제된다.

(가) 제한설　　내란죄의 주체가 될 수 있는 다수인은 군집의식 · 군중심리가 형성될 정도로 다수인이어야 한다고 보는 견해이다. 구성원 개개인의 사고와 행위의 단순한 산술적 집계가 아닌, 전혀 다른 행동이 촉발될 수 있어야 한다는 것이다. 개개 구성원의 사고나 행동과는 전혀 별개의 맹목적 감정이나 비합리적이고 파괴적인 행동이 촉발되어 한 지방의 평온

을 해치기에 충분한 폭행 · 협박을 하기에 족한 다수인이어야 한다는 것이다.[1)]

(나) 확장설 　다수인의 결합은 어느 정도 조직화될 필요는 있으나 굳이 군중심리가 형성될 정도로 다수인일 필요는 없다고 보는 견해이다. 판례의 입장이다. 이 입장에서는 다수인의 폭행 · 협박이 한 지방의 평온을 해치기에 충분한 정도에 이르기만 하면 내란죄의 실행행위인 폭동이 기수에 이르렀다고 본다.[2)] 내란죄의 보호법익이 영토와 국가의 기본질서라는 중대 법익인 점에 비추어 볼 때 확장설이 타당하다고 생각된다.

(다) 소요죄와의 구별 　내란죄는 대한민국 영토의 전부 또는 일부에서 국가권력을 배제하거나 국헌을 문란하게 할 것을 목적으로 하는 단체가 폭동을 함으로써 성립되는 군집범죄이다. 다중이 모여서 폭동으로 나아간다는 점에서 내란죄는 다중이 집합하여 폭행 · 협박 · 손괴의 행위를 하는 형법 제115조의 소요죄와 외관이 비슷하다. 그러나 내란죄는 목적범이며 폭동을 하는 다수인이 단체를 이루어 일정한 지휘통솔 체계를 갖추고 있다. 이 점에서 내란죄는 이러한 요소들을 갖추지 아니한 소요죄와 구별된다.

(2) 행위주체의 유형

내란죄는 필요적 공범이다. 다수자가 지휘통솔체계에 따라 단체를 이루면서 폭동을 하는 것이다. 그런데 폭동을 할 때 각 행위자가 담당하는 역할이나 행동의 모습이 다를 수가 있다. 여기에서 우리 형법은 각 행위자가 폭동의 와중에서 관여한 행동을 우두머리, 중요임무종사자, 부화수행자 등으로 유형화하여 관여자의 책임을 개별화하고 있다.

(가) 우두머리 　우두머리는 폭동을 조직하거나 지휘 · 통솔하는 자이다. 반드시 내란의 의견을 처음에 발설한 자임을 요하지 않는다. 또한 폭동의 현장에 있을 필요도 없다. 우두머리는 언제나 1명으로 한정되는 것은 아니다. 우두머리는 사형, 무기징역 또는 무기금고로 처벌한다(법87 i).

(나) 중요임무종사자 　중요임무종사자는 모의참여자, 지휘자, 그 밖의 중요임무종사자로 이루어진다.

모의참여자는 우두머리의 참모로서 폭동을 계획하거나 기타 중요한 계획에 참여한 자를 말한다. 일련의 폭동행위 전부에 대해 모의하거나 관여함을 요하지 않는다. 전체로서의 내란에 포함되는 개개의 행위에 대해 부분적으로 참여하였다 할지라도 모의참여자는 일련의 폭

---

1) 1980. 5. 20. 80도306 전원합의체 판결 소수의견, 대법원전원합의체판례집 형사편 II, 155 이하 참조 = 『10 · 26 사건』: (지면 관계로 내용소개를 생략함.)

2) 1980. 5. 20. 80도306 전원합의체 판결 다수의견, 대법원전원합의체판례집 형사편 II, 99 참조 = 『10 · 26 사건』.

동행위 전부에 대하여 내란죄의 책임을 진다.[1)]

지휘자란 조직적으로 폭동을 지휘하고 군중에 대하여 지휘 · 명령을 한 자를 가리킨다. 그 밖의 중요임무종사자란 우두머리, 모의참여자, 지휘자 이외의 자로서, 이들의 통솔에 복종하면서 보급, 연락, 통신, 위생, 서무 등의 직무에 대해 책임을 부담한 자를 말한다. 중요임무는 폭행 · 협박을 전혀 수반하지 않은 것일 수도 있다.[2)]

중요임무종사자와 대등하게 취급되는 사람으로 살상, 파괴 또는 약탈행위를 실행한 자가 있다(법87 ii 2문). 살상의 예로 내란목적단체의 구성원이 총기를 발사하여 군경에게 사상을 입히는 경우를 생각할 수 있다. 살상, 파괴, 약탈 행위를 한 자를 별도로 규정한 것은 이들이 우두머리, 모의참여자, 지휘자, 그 밖의 중요임무종사자 등에는 해당하지 않지만, 살상, 파괴, 약탈 행위를 함으로써 단순한 부화수행의 차원을 넘어서서 중간지휘자와 대등한 역할을 수행한 것으로 평가되기 때문이다.

모의에 참여하거나 지휘하거나 그 밖의 중요한 임무에 종사한 자는 사형, 무기 또는 5년 이상의 징역이나 금고로 처벌한다. 살상, 파괴 또는 약탈 행위를 실행한 자도 같다(법87 ii).

(다) 부화수행자 부화수행자(附和隨行者)란 폭동이 있음을 알고 군중심리에 이끌려 내란지휘부의 지시에 따르거나 살상 · 파괴 · 약탈에 이르지 않는 단순한 폭동행위에 관여한 자들이다. 이러한 사람들은 대부분 군중심리에 따라 깊은 생각 없이 경솔하게 행동하는 경우가 많고, 이 때문에 적법행위에 대한 기대가능성이 적다고 생각된다. 부화수행하거나 단순히 폭동에만 관여한 자는 5년 이하의 징역 또는 금고로 처벌한다(법87 iii).

2. 실행행위

(1) 폭 동

내란죄의 실행행위는 폭동이다. 폭동이란 내란목적단체로 결합된 다수인이 행하는 폭행 · 협박을 말한다.

(가) 다수인 폭동은 다수인이 단체로 결합하여 폭행 · 협박을 하는 것이다. 이 경우 다수인의 결합은 지휘통솔체계를 가지고 조직화될 필요가 있다. 그러나 그 인원수를 특정할 수는 없다. 다수인의 결합에 의하지 않은 개개의 폭행이나 협박은 아직 폭동이라고 할 수 없다.

(나) 폭행 · 협박 폭동의 내용으로서의 폭행 또는 협박은 최광의의 폭행 · 협박이다. 일체의 유형력의 행사나 겁을 먹게 하는 해악의 고지를 의미하며, 이를 준비하거나 보조하는

1) 1997. 4. 17. 96도3376 전원합의체 판결, 공 1997, 1303(1329) = 백선 각론 1 『5 · 18 사건 - 폭동가담』.
2) 1980. 5. 20. 80도306 전원합의체 판결, 대법원전원합의체판례집 형사편 II, 10면 이하 = 『10 · 26 사건』.

행위를 전체적으로 파악한 개념이다.[1)]

내란죄의 폭행은 최광의의 폭행을 가리킨다. 사람에 대한 유형력의 행사뿐만 아니라 물건에 대한 유형력의 행사인 손괴도 포함한다.[2)] 폭동의 내용을 이루는 협박은 사람에게 공포심을 일으키는 최광의의 협박을 말한다.[3)] 비상계엄의 전국확대는 내란죄의 폭동 가운데 협박에 해당한다. 비상계엄의 전국확대는 필연적으로 국민의 기본권을 제약하게 되기 때문이다.[4)]

(다) 내란목적과의 관계 폭동은 내란목적에 대해 수단의 관계에 있어야 한다.[5)] 폭동은 간접정범의 형태로도 가능하다. 국헌문란의 목적을 가진 자가 그러한 목적이 없는 자를 이용하여 폭동행위를 실행하는 경우가 여기에 해당한다.[6)]

(2) 미수와 기수

내란죄는 미수범을 처벌한다(법89). 내란죄는 내란목적단체를 이루는 다수인이 결합하여 폭행 · 협박에 나아가면 실행의 착수에 이른다. 다수인의 폭행 · 협박이 한 지방의 평온을 해할 정도에 이르렀을 때 내란죄는 기수가 된다.[7)]

(3) 죄 수

내란목적하에 이루어진 일련의 폭동행위는 단일한 내란죄의 구성요건을 충족하므로 일련의 폭동행위는 포괄하여 단순일죄를 이룬다. 군중심리에 기하여 행하는 살인, 상해, 손괴, 절도 등의 행위는 내란죄가 예정하고 있는 '살상, 파괴 또는 약탈 행위'(법87 ii 후문)에 해당한다. 따라서 이러한 경우 형법 제87조의 내란죄 1죄만 성립하며 살인죄 등은 별도로 성립하지 않는다.

내란죄는 상태범이다. 따라서 내란죄의 공소시효는 일련의 폭동행위가 종료한 시점으로부터 진행된다.[8)]

---

1) 1997. 4. 17. 96도3376 전원합의체 판결, 공 1997, 1303 = 분석 각론 『5 · 18 비상계엄 전국확대 사건』.
2) 폭행 개념의 분류에 대해서는, 후술 645면 이하 참조.
3) 협박 개념의 분류에 대하여는, 후술 740면 이하 참조.
4) 1997. 4. 17. 96도3376 전원합의체 판결, 공 1997, 1303 = 분석 각론 『5 · 18 비상계엄 전국확대 사건』.
5) 1980. 5. 20. 80도306 전원합의체 판결, 대법원전원합의체판례집 형사편 II, 99 = 『10 · 26 사건』.
6) 1997. 4. 17. 96도3376 전원합의체 판결, 공 1997, 1303 = 분석 각론 『5 · 18 비상계엄 전국확대 사건』.
7) 1997. 4. 17. 96도3376 전원합의체 판결, 공 1997, 1303(1332) = 백선 각론 1 『5 · 18 사건 - 공소시효』.
8) 1997. 4. 17. 96도3376 전원합의체 판결, 공 1997, 1303(1332) = 백선 각론 1 『5 · 18 사건 - 공소시효』.

3. 고 의

내란죄는 다수인이 내란목적단체를 구성하여 범하는 범죄로서 군집범죄의 성질을 가진다. 따라서 내란죄의 폭동은 군중심리에 기초한 것임을 요한다. 내란목적단체의 구성원 한 사람만이 폭행·협박을 하더라도 그 행위가 군중심리에 기한 것이면 폭동에 해당한다. 이에 반하여 내란목적단체의 한 사람이 개별적인 영웅심리에 의하여 폭행·협박에 나아갔다면 내란목적단체가 공유하는 군중심리에 기초한 것이 아니므로 폭동에 해당하지 않는다. 이 경우에는 개별적으로 살인죄, 상해죄, 폭행죄, 협박죄, 손괴죄 등이 성립하게 된다.

4. 내란목적

(1) 목적범

내란죄(법87)는 대한민국 영토의 전부 또는 일부에서 국가권력을 배제하거나 국헌을 문란하게 할 목적을 요구하는 목적범이다. 내란죄가 성립하려면 다수인이 단체로 결합하여 폭행·협박을 한다는 내란죄의 고의 이외에 내란의 목적이 인정되어야 한다.

내란목적은 폭동의 직접적인 목적이 되어야 한다. 목적범 일반의 경우와 같이 내란목적은 엄격한 증명의 대상에 속한다. 그러나 결과발생을 확정적으로 인식·의욕함을 요하지 않는다. 내란죄의 목적에 대해 확정적 인식을 요한다는 견해가 있다.[1] 그러나 내란죄의 보호법익이 중대하다는 점에 비추어 볼 때 목적범의 일반원리에 따라 미필적 인식으로도 족하다고 본다.[2]

내란목적하에 다수인이 결합하여 한 지방의 평온을 해할 정도의 폭행·협박을 하면 내란죄는 기수에 이른다. 내란목적의 달성 여부는 내란죄의 성립과 무관하다.

(2) 국토침탈의 목적

내란목적의 첫 번째 유형은 '대한민국 영토의 전부 또는 일부에서 국가권력을 배제하는 것'이다. 2020년 개정 전 형법은 이를 국토참절(國土僭竊)이라고 표현하였다. 개정 법의 취지에 맞추어 본서에는 '국토침탈'로 줄여서 부르기로 한다.

'대한민국 영토의 전부 또는 일부에서 국가권력을 배제한다' 함은 대한민국 영토의 전부 또는 일부를 점거하여 대한민국의 주권행사를 사실상 배제하는 행위를 말한다. 대한민국이

---

1) 김일수·서보학, 746면; 배종대, 665면; 손동권·김재윤, 730면; 이재상·장영민·강동범, 688면; 정성근·박광민, 934면.

2) 김성돈, 751면; 김혜정 외, 701면; 오영근, 663면; 주호노, 1512.

자리잡고 있는 대한민국의 영토 및 그 위에 거주하고 있는 대한민국 국민을 보호하기 위하여 국토의 침탈시도를 부정한 것이다.

(3) 국헌문란의 목적

(가) 개념정의 　내란목적의 두 번째 유형은 국헌문란의 목적이다. 우리 입법자는 내란죄의 운용에 신중을 기하고 해석상의 의문점을 제거하기 위하여 국헌문란에 관한 정의조항을 특별히 마련하고 있다. 형법 제91조는 국헌을 문란할 목적으로 (가) 헌법 또는 법률에 정한 절차에 의하지 아니하고 헌법 또는 법률의 기능을 소멸시키는 것, (나) 헌법에 의하여 설치된 국가기관을 강압에 의하여 전복 또는 권능행사를 불가능하게 하는 것의 두 가지를 들고 있다.

(나) 입법취지 　일본에서는 전전(戰前)에 천황제를 전제로 국체(國體)와 정체(政體)를 구별하는 이론이 주류를 이루고 있었다.[1] 그리하여 천황제를 강화하기 위하여 내각의 각료들을 살해하여 특정 내각을 붕괴시키더라도 국체를 위태롭게 한 것이 아니라는 이유로 내란죄를 인정하지 않았다.[2] 우리 입법자는 자유민주주의를 토대로 하는 우리 헌법 아래 친위쿠데타를 합법화하는 해석론이 성립할 수 없다는 점을 분명히 해두기 위하여 형법 제91조에서 국헌문란의 개념을 법적으로 정의하였다.[3]

---

1) 전전(戰前) 일본형법 제77조 ① 정부를 전복하거나 방토(邦土)를 참절하거나 기타 조헌(朝憲)을 문란할 목적으로 폭동을 한 자는 내란의 죄로 하여 다음의 구별에 따라 처단한다.

1. 수괴는 사형 또는 무기금고에 처한다.

2. 모의에 참여하거나 군집(群集)의 지휘를 한 자는 무기 또는 3년 이상의 금고에 처하고, 기타 제반 직무에 종사한 자는 1년 이상 10년 이하의 금고에 처한다.

3. 부화수행하거나 기타 단순히 폭동에 간여(干與)한 자는 3년 이하의 금고에 처한다.

② 전항의 미수범은 이를 벌한다. 단, 전항 제3호에 기재한 자는 그러하지 아니하다.

2) 천황제 강화를 위한 친위쿠데타 사건인 소위 2·26 사건에 대해 일본의 대심원이 취한 태도이다. 大審院 昭和16. 3. 15. 昭和10(特) 1號.

3) 국헌문란 정의조항은 형법제정 당시 정부원안에 없었던 것으로 국회법제사법위원회 수정안으로 마련되었다. 국회법제사법위원장으로서 국회 수정안의 성안과정에서 주도적 역할을 담당하였던 엄상섭(嚴詳燮)은 국헌문란 정의조항에 대해 다음과 같이 적고 있다.

"제91조에서 내란죄의 구성요건의 하나인 '국헌문란'에 대한 정의를 명규하였거니와 이는 내란죄와 같은 중대하고 또 정치성이 강한 범죄의 구성요건의 중요부분이 되는 '국헌문란'이라는 개념이 정치력의 영향에 의하여 좌우되어서는 안 된다는 취의에서 설치된 조문이며, 이는 결국 우리나라처럼 후진성이 강한 국가에 있어서는 민주세력은 거개 야당의 위치에 놓여 있게 될 것이고 소수의 신흥세력이 되기 쉬울 것이라는 예상에서 이러한 민주세력의 좌절을 방지하여 그 육성을 기하기 위함이니 형법 민주화의 하나인 것이다. 이 조문이 있기 때문에 '헌법 또는 법률의 기능을 소멸케 하는 직접적인 폭동'은 내란죄에 문의될 것이다. 따라서 호헌과 준법을 하기 위한 정치운동은 내란죄에 저촉되지 않는 것이다. '헌법에 의하여 설치된 의회나 법원의 권리행사를 불가능하게 할 목적으로 의사당이나 법원을 둘러싸고 폭동을 한 자'(1952년의 발췌개헌 직전에 있었던 부산정치파동을 생각해 보라. 저자 주)는 그 동기 여하를 막론하고 내란죄를 범한 것이 된다."

(다) 인식정도 국헌문란의 목적은 미필적 인식이 있으면 족하다. 국헌문란의 목적이 있었는지 여부는 피고인들이 이를 자백하지 않는 이상 외부적으로 드러난 피고인들의 행위와 그 행위에 이르게 된 경위 등 사물의 성질상 그와 관련성 있는 간접사실 또는 정황사실을 종합하여 판단해야 한다.[1)]

(4) 국헌문란의 두 가지 유형

형법 제91조는 국헌문란의 개념정의를 구체적으로 제시하고 있다. 즉 (가) 헌법 또는 법률에 정한 절차에 의하지 아니하고 헌법 또는 법률의 기능을 소멸시키는 것, (나) 헌법에 의하여 설치된 국가기관을 강압에 의하여 전복 또는 권능행사를 불가능하게 하는 것의 두 가지이다.

(가) 헌법 · 법률의 기능소멸 헌법 또는 법률에 정한 절차에 의하지 아니하고 헌법 또는 법률의 기능을 소멸시키는 것이다(법91 i). 이 경우에 국헌문란은 현행의 헌법 또는 법률이 정한 정치적 기본조직을 불법으로 파괴하는 것을 말한다.[2)] 예를 들면, 의회제도의 부인, 사법제도의 부인 등을 꾀하는 것이다. 이 경우의 국헌문란은 '현행'의 정치적 기본조직을 불법으로 파괴하는 것을 가리킨다. 반드시 공산, 군주 또는 독재제도로 변경해야 하는 것은 아니다.[3)]

(나) 국가기관의 전복 등 헌법에 의하여 설치된 국가기관을 강압에 의하여 전복하거나 권능행사를 불가능하게 하는 경우이다. 이 경우는 다시 (가) 헌법에 의하여 설치된 국가기관을 강압에 의하여 전복하는 경우와 (나) 헌법에 의하여 설치된 국가기관의 권능행사를 강압에 의하여 불가능하게 하는 경우로 나누어진다.

① 헌법에 의하여 설치된 국가기관 헌법상 명문의 근거가 있는 국가기관을 말한다. 국민이 헌법의 수호자로서의 지위를 가진다는 것만으로 헌법수호를 목적으로 집단을 이룬 시위 국민들을 가리켜서 헌법에 의하여 설치된 국가기관이라고 말할 수는 없다.[4)]

② 정부의 전복 국가기관을 강압에 의하여 전복하는 경우와 관련하여 정부의 전복이 여기에 해당하는지 문제된다. 우선, 정부조직 자체를 불법으로 파괴하는 경우가 있다.

엄상섭, "우리 형법전에 나타난 형법민주화의 조항", 신동운 · 허일태 편저, 엄상섭 형법논집, (2003), 81면 이하.

1) 2015. 1. 22. 2014도10978 전원합의체 판결, 공 2015상, 357 = 『통진당 강연모임 사건』: (지면 관계로 내용 분석 생략함.)

2) 1980. 5. 20. 80도306 전원합의체 판결, 대법원전원합의체판례집 형사편 II, 49(77) 이하 = 백선 각론 1 『10 · 26 사건 - 국헌』.

3) 1980. 5. 20. 80도306 전원합의체 판결, 대법원전원합의체판례집 형사편 II, 49(77) 이하 = 백선 각론 1 『10 · 26 사건 - 국헌』.

4) 1997. 4. 17. 96도3376 전원합의체 판결, 공 1997, 1303(1326) = 백선 각론 1 『5 · 18 사건 - 국가기관』.

이 경우는 헌법 또는 법률의 기능을 소멸시키는 것으로서 첫 번째 유형의 국헌문란에 해당한다.

논의의 대상이 되는 것은, 특정한 내각의 경질만을 목적으로 하여 국무총리 또는 각료 등을 살해함으로써 개개의 구체적인 정부나 내각이 붕괴되는 경우에 이를 두 번째 유형의 국헌문란에 해당한다고 볼 수 있는가 하는 점이다.

이에 대해서는 특정한 내각의 경질만을 목적으로 하는 폭동은 내각제도 그 자체를 영속적으로 파괴하려는 목적이 없으므로 국헌문란의 목적에 해당하지 않는다고 보는 견해가 있다.[1] 그러나 앞에서도 언급한 바와 같이, 국체와 정체를 구별하는 권위주의적 국가관을 취하지 않는 한 이러한 견해를 지지할 수 없다. 또한 우리 입법자가 이러한 접근방식을 입법적으로 봉쇄하였다는 점에서도 이 견해는 찬성하기가 곤란하다.

특정한 내각의 경질을 목적으로 하는 폭동은 헌법에 의하여 설치된 국가기관의 전복에까지는 이르지 않는다고 할지라도 최소한 국가기관의 권능행사를 강압에 의하여 불가능하게 하는 경우에는 해당한다고 보아야 한다.

이에 반해 구체적 국가기관인 자연인만을 살해하거나 그 계승을 시도하는 것은 국헌문란에 해당하지 않는다.[2] 순전히 사적인 차원에서 자연인을 살해하는 행위는 설사 피해자가 대통령, 국무총리, 국무위원 등의 직위에 있더라도 국헌문란의 표지에 해당하지 않는다.

③ 국가기관의 권능행사 불가능 국가기관의 전복에 준하는 것으로 국가기관의 권능행사를 불가능하게 하는 행위가 있다. 즉 헌법에 의하여 설치된 국가기관을 강압에 의하여 그 권능행사를 불가능하게 하는 행위이다. 여기에서 권능행사를 불가능하게 한다 함은 그 기관을 제도적으로 영구히 폐지하는 경우뿐만 아니라 사실상 상당기간 기능을 제대로 할 수 없게 만드는 것을 포함한다.[3] 예컨대 국가보위비상대책상임위원회 등과 같은 특별기구를 만들어서 국무회의의 기능을 대신하게 함으로써 대통령과 국무회의를 무력화시키는 행위는 국헌문란에 해당한다.

5. 공범규정의 적용문제

(1) 내란목적단체 구성원 상호간의 관계

내란죄는 필요적 공범으로서 군집범죄의 성질을 가진다. 필요적 공범이므로 내란목적단

---

1) 김성돈, 750면; 김일수 · 서보학, 746면; 김혜정 외, 700면; 배종대, 665면; 이재상 · 장영민 · 강동범, 688면; 임웅, 884면; 정성근 · 박광민, 934면; 정영일, 602면.

2) 1980. 5. 20. 80도306 전원합의체 판결, 대법원전원합의체판례집 형사편 II, 49(79) = 백선 각론 1『10 · 26 사건 - 국헌』.

3) 1997. 4. 17. 96도3376 전원합의체 판결, 공 1997, 1303(1325) = 백선 각론 1『5 · 18 사건 - 권능행사』.

체의 구성원들은 각각 정범으로 포착된다. 필요적 공범관계에 있는 사람들 사이에는 형법의 임의적 공범에 관한 규정(법30 이하)이 적용되지 않는다. 따라서 내란목적단체의 어느 한 구성원은 다른 구성원의 행위에 대하여 공동정범은 물론 교사, 방조 등 협의의 공범으로도 처벌되지 않는다.

(2) 내란목적단체 구성원과 외부자와의 관계

내란목적단체의 외부에서 내란행위에 관여하는 자를 형법 총칙의 공범규정에 의거하여 처벌할 수 있는지 문제된다. 예컨대 다른 사람에게 내란죄의 범행결의를 불러일으키거나 유형·무형의 원조를 제공하는 사람을 내란죄의 공범으로 처벌할 수 있겠는가 하는 문제가 그것이다.

(가) 공동정범 외부자의 공범처벌 문제를 논의할 때 유념할 것은 내란죄가 필요적 공범이라는 점이다. 필요적 공범관계에 있는 사람들만 정범이 될 수 있기 때문에 내란목적단체의 외부에 위치하는 사람을 공동정범으로 처벌하는 것은 생각할 수 없다.[1) 2)]

(나) 교사·방조 이제 남는 것은 내란목적단체의 외부자를 협의의 공범인 교사범(법31) 또는 방조범(법32)으로 처벌할 수 있는가 하는 문제이다. 이에 대해서는 긍정설과 부정설이 대립하고 있다.

① 긍정설 내란목적단체의 외부에 있는 자에 대해 내란죄의 교사범 또는 방조범의 성립을 인정하는 견해이다.[3)] 긍정설은 내란죄와 같이 중대한 범죄는 그 처벌의 범위를 넓게 새겨야 국가의 내부적 기본질서를 강하게 보호할 수 있다고 주장한다. 특별히 총칙상의 공범규정을 배제해야 할 근거가 보이지 않는다는 것도 긍정설의 논거 가운데 하나이다.

② 부정설 내란죄의 집단 외부에 위치하는 자에 대하여 내란죄의 교사범이나 방조범의 성립을 부정하는 견해이다.[4)] 이 입장에서는 내란죄를 규정한 형법 제87조를 군집범죄라는 내란죄의 성질을 고려하여 집단적 행동에 관여한 자를 일정한 범위로 한정하여 처벌하려는 조문이라고 본다. 그리하여 단독범을 전제로 마련된 총칙의 공범규정을 내란죄에 적용하

---

1) 김성돈, 751면; 김일수·서보학, 746면; 배종대, 664면; 오영근, 664면; 이재상·장영민·강동범, 683면; 이형국·김혜경, 776면; 임웅, 828면; 정성근·박광민, 935면.

2) 주호노, 1514면은, 집단 외부에서의 관여행위는 집단범이 예정하지 아니한 행위이고, 이를 처벌하지 아니할 하등의 이유가 없다고 주장하면서 집단 외에서의 관여행위에 대하여 공동정범, 교사범, 방조범 및 간접정범을 인정하고 있다. 그러나 필요적 공범의 법리를 벗어난 논리전개라고 생각된다.

3) 김성돈, 751면; 김혜정 외, 702면; 배종대, 664면; 손동권·김재윤, 731면; 오영근, 664면; 이재상·장영민·강동범, 684면; 이형국·김혜경, 776면; 임웅, 884면; 정성근·박광민, 935면.

4) 김일수·서보학, 746; 이정원, 677면.

는 것은 군집범의 본질에 반한다고 본다. 나아가 우리 법체계상으로「국가보안법」 등의 특별법이 마련되어 처벌법규가 존재하므로 형사정책적인 불비점도 없다고 주장한다.

③ 사 견　　생각건대 일본 형법과 같이 내란방조죄(동법79)[1]를 별도의 구성요건으로 규정하고 있다면 명문의 규정이 없는 교사범에 대해 범죄성립을 인정할 것인지를 다툴 여지가 있다. 그러나 우리 형법은 내란방조죄와 같은 특별구성요건을 두고 있지 않다. 이것은 우리 입법자가 형법 총칙의 임의적 공범규정에 의하여 문제를 해결하겠다는 의지를 표명한 것이라고 볼 수 있다. 특별히 공범규정의 적용을 배제할 사유가 없다는 점과 내란죄가 국가의 기본조직을 파괴하는 중대범죄라는 점 등에 비추어 볼 때 긍정설이 타당하다고 본다.

제 3 내란죄의 특수유형

1. 내란목적살인죄

형법 제88조 (내란목적의 살인) 대한민국 영토의 전부 또는 일부에서 국가권력을 배제하거나 국헌을 문란하게 할 목적으로 사람을 살해한 자는 사형, 무기징역 또는 무기금고에 처한다.

◎ 미수범 처벌함(법89)
◎ 예비 · 음모 처벌함. 단, 자수의 특례규정 있음(법90① 본문 · 단서)
◎ 선동 · 선전 처벌함. 단, 자수의 특례규정 있음(법90② · ①)

(1) 서 설

형법 제88조는 내란목적살인죄를 별도로 규정하고 있다. 내란목적살인죄는 일본개정형법가안의 입법례에 따른 것이다(가안136). 내란죄(법87) 외에 내란목적살인죄를 별도로 규정한 것은 예컨대 요인을 암살함으로써 내란목적을 달성하려는 경우처럼 보다 우회적이고 은밀한 시도에 대처하기 위함이다.[2]

내란목적살인죄는 내란목적단체를 이루지 아니하는 개별 행위자의 '살해' 행위 자체를 실행행위로 한다. 이 점에서 내란목적살인죄는 내란목적단체의 '폭동'을 실행행위로 하는 내란죄와 구별된다. 특정인 또는 일정한 범위 내의 한정된 집단에 대한 살해행위가 내란의 와중에 폭동의 일환으로 행해지지 않는다면, 그 행위 자체가 의도적으로 실행되는 경우에도 그

---

1) **일본형법 제79조** 병기, 자금 혹은 식량을 공급하거나 기타의 행위에 의하여 전2조의 죄[내란죄, 내란예비 · 음모죄]를 방조한 자는 7년 이하의 금고에 처한다.

2) 法務資料 別冊第23號 刑法並びに監獄法改正調査委員會議事速記錄, (1957), 240頁 참조.

살인행위는 내란죄에 포섭되지 않는다.[1] 이러한 문제상황에 대처하기 위하여 우리 입법자는 내란목적살인죄를 별도로 규정하고 있다.

(2) 행위주체

내란목적살인죄의 주체는 개개인이다. 내란죄의 주체는 내란목적단체를 전제로 그 단체의 구성원이다. 이에 반하여 내란목적살인죄의 주체는 내란목적단체와 무관한 개인이다. 내란목적단체의 일원으로서 내란목적을 달성하기 위해 살해 행위에 나아간다면 그것은 곧바로 내란죄에 해당하게 된다(법87 ii).

(3) 실행행위

내란목적살인죄의 실행행위는 사람을 살해하는 것이다. 내란목적살인죄는 살인죄에 내란목적을 추가한 것과 같은 구성을 취하고 있다. 따라서 객관적 구성요건요소는 살인죄(법250①)의 그것과 동일하다.[2] 사람을 살해한다 함은 자연적인 사망시점에 앞서서 인위적으로 사람의 생명을 단축시키는 일체의 행위를 말한다.

(4) 고의와 내란목적

내란목적살인죄의 살인은 내란죄의 살상과 구별되어야 한다. 형법 제87조 제2호에 규정된 '살상'은 내란목적단체가 행하는 폭동의 하위유형이다. 살상의 일환으로 행해지는 살인에는 단순한 살인의 고의를 넘어서서 군중심리에 기한 살인의 고의가 있어야 한다.

이에 대해 내란목적살인죄의 살인은 군중심리에 기한 것이 아니다. 내란목적살인죄의 법정형이 사형, 무기징역 · 무기금고로 매우 높게 규정되어 있는 점에 비추어 볼 때 내란목적살인죄의 실행행위는 살인 자체가 의도적으로 실행된 것이어야 한다.[3]

내란목적살인죄는 내란목적을 요구하는 목적범이다. 내란목적의 내용으로서 '대한민국 영토의 전부 또는 일부에서 국가권력을 배제할 목적'(국토참탈)과 '국헌을 문란하게 할 목적'(국헌문란)은 내란죄의 항목에서 설명한 것과 같다. 내란목적으로 사람을 살해한 이상 범인이 이후 야기된 내란죄의 폭동에서 우두머리의 지위를 차지하였는지 그 밖의 사람에 불과하였는지는 내란목적살인죄의 성립에 영향을 미치지 않는다.

---

1) 1997. 4. 17. 96도3376 전원합의체 판결, 공 1997, 1303(1331) = 백선 각론 1 『5 · 18 사건 - 내란목적 살인』.

2) 후술 590면 이하 참조.

3) 1997. 4. 17. 96도3376 전원합의체 판결, 공 1997, 1303[1330] = 백선 각론 1 『5 · 18 사건 - 내란목적 살인』.

(5) 내란죄와의 관계

내란목적살인죄의 법정형은 사형, 무기징역 또는 무기금고이다(법88). 이에 대해 내란죄의 폭동에 포함되는 살상의 경우 그 법정형은 사형, 무기 또는 5년 이상의 징역이나 금고이다(법87 ii 후문). 내란죄의 살상행위가 내란목적살인죄보다 가볍게 처벌되는 이유는 살인을 포함한 폭동행위가 군중심리의 영향 아래 깊이 생각하지 않고 경솔하게 이루어지는 일이 많다는 점에 기인한 것이다.[1]

내란목적 살인행위를 계기로 하여 내란죄의 폭동행위로 나아가는 경우에 두 죄 사이의 관계가 문제된다. 이에 대해서는 내란목적 살인행위가 내란죄의 폭동에 대한 예비단계에 해당한다고 보아 전자가 후자에 흡수된다고 보는 견해를 생각할 수 있다. 그러나 내란목적살인죄의 주체와 내란죄의 주체가 다르다는 점과 내란목적 살인죄의 법정형이 내란죄의 살상에 비하여 훨씬 높다는 점에 비추어 볼 때 양죄는 상상적 경합관계에 있다고 본다. 따라서 내란목적 살인행위를 계기로 하여 내란죄의 폭동행위로 나아간 경우에 그 처단형은 중한 죄인 내란목적살인죄를 기준으로 결정되어야 한다.[2]

2. 내란예비 · 음모와 내란선동 · 선전

형법 제90조 (예비, 음모, 선동, 선전) ① 제87조 또는 제88조의 죄를 범할 목적으로 예비 또는 음모한 자는 3년 이상의 유기징역이나 유기금고에 처한다. 단, 그 목적한 죄의 실행에 이르기 전에 자수한 때에는 그 형을 감경 또는 면제한다.
② 제87조 또는 제88조의 죄를 범할 것을 선동 또는 선전한 자도 전항의 형과 같다.

(1) 내란예비 · 음모

내란죄 및 내란목적살인죄의 예비 · 음모는 처벌된다. 그 법정형은 3년 이상의 유기징역이나 유기금고이다(법90① 본문). 다만 예비 · 음모자가 내란죄의 실행에 이르기 전에 자수한 때에는 그 형을 감경 또는 면제한다(법90① 단서).

(가) 예 비 　내란예비란 내란을 계획하고 그 실행을 준비하는 것이다. 무기, 탄약, 식량을 조달하거나 동지를 규합하는 행위 등은 내란의 예비에 해당한다.

(나) 음 모 　내란음모란 2명 이상의 사람이 내란을 계획하여 합의하는 것을 말한다.

---

1) 1980. 5. 20. 80도306 전원합의체 판결, 대법원전원합의체판례집 형사편 II, 49(169) 참조 = 『10 · 26 사건』.

2) 1980. 5. 20. 80도306 전원합의체 판결, 대법원전원합의체판례집 형사편 II, 49(154, 167) 참조 = 『10·26 사건』.

반드시 은밀하게 할 필요는 없다. 2명 이상의 사람 사이에 어떠한 폭동행위에 대한 합의가 있는 경우에도 공격의 대상과 목표가 설정되어 있지 않고, 시기와 실행방법이 어떠한지를 알 수 없으면 그것이 '내란'에 관한 음모인지를 알 수 없다. 따라서 내란음모가 성립하였다고 하려면 개별 범죄행위에 관한 세부적인 합의가 있을 필요는 없으나, 공격의 대상과 목표가 설정되어 있고, 그 밖의 실행계획에서 주요사항의 윤곽을 공통적으로 인식할 정도의 합의가 있어야 한다.[1]

내란의 합의는 실행행위로 나아간다는 확정적인 의미를 가진 것이어야 하고, 단순히 내란에 관한 생각이나 이론을 논의한 것으로는 부족하다. 내란음모죄에 해당하는 합의가 있다고 하기 위해서는, 단순히 내란에 관한 범죄결심을 외부에 표시 · 전달하는 것만으로는 부족하고, 객관적으로 내란범죄의 실행을 위한 합의라는 것이 명백히 인정되고, 그러한 합의에 실질적인 위험성이 있어야 한다.[2]

(다) 교사 · 방조 내란예비 · 음모죄에 대한 교사 · 방조범의 성립을 긍정하는 견해가 있다. 일본 형법은 내란죄의 방조범을 처벌하는 규정을 두고 있다(동법79). 그러나 우리 입법자는 이러한 특례규정을 두고 있지 않다. 따라서 내란예비 · 음모죄에 대한 교사범이나 방조범은 인정되지 않는다고 볼 것이다. 우리 형법은 내란선동 · 선전죄(법90②)를 규정하여 별도로 대처방안을 마련하고 있다.

(라) 자수감면 내란죄의 실행에 이르기 전에 자수한 때에는 형사정책적 고려에서 형의 필요적 감경 또는 면제가 인정된다(법90① 단서).[3] 자수란 범인이 수사관서에 자신의 범

---

1) 2015. 1. 22. 2014도10978 전원합의체 판결, 공 2015상, 357 =『통진당 강연모임 사건』: (지면 관계로 내용 분석 생략함.)

2) 2015. 1. 22. 2014도10978 전원합의체 판결, 공 2015상, 357 =『통진당 강연모임 사건』: (지면 관계로 내용 분석 생략함.)

3) 형법안에 대한 국회 심의과정에서 변진갑 의원은 내란죄의 자수를 촉진하기 위해 그 법적 효과를 단순히 '그 형을 면제한다'로 하자는 수정안을 제안하였다. 이에 대해 엄상섭 의원이 법제사법위원장대리의 자격으로 다음과 같은 발언을 하였고, 표결결과 원안이 채택되었다.

"수정안에 대한 의견을 말씀드리겠습니다. 내란죄 문제가 중대하다는 것은 여러분이 잘 알고 있습니다. 그런데 여기에 있어서, 감경 또는 면제에 있어서 이 두 가지를 조절하는 데 대단히 난점이 있습니다. 내란 같은 것은 될 수 있는 대로 음모, 예비단계에 있어서 국가에서 먼저 알아가지고 미연에 방지해야 될 것인데, 이런 의미에 있어서 극력 자수를 장려해야 되겠다. 그런데 내란 자체가 가장 중대한 문제로서 음모, 예비를 이리저리 하다가 일이 잘 안되면 자수해 가지고 요리조리 면형(免刑)당하고 그리하여 내란음모를 무책임하게 반복하는 이런 문제도 나와 국가 자체존립에 중대한 위협을 주는 것이다, 그 사람의 자수에 관한 행동상태를 봐서 어느 정도 감형에 그치고, 아주 다시는 이런 일이 없을 것으로 진지한 상태에서 자수하였다 하면 아주 형을 면제해버리자, 이렇게 응용면에 있어서 조절하자 그래서 감경 또는 면형이라고 되어 있는 것입니다."

신동운 편저, 형법 제 · 개정 자료집, 한국형사정책연구원, (2009), 188면.

죄사실을 신고하여 처벌을 원하는 의사표시를 말한다.

(2) 내란선동·선전

(가) 입법취지 형법 제90조 제2항은 "제87조[내란] 또는 제88조[내란목적살인]의 죄를 범할 것을 선동 또는 선전한 자도 전항의 형과 같다."고 규정하여 내란선동·선전죄를 처벌하고 있다.[1] [2]

내란선동·선전죄는 내란이 실행될 것을 목표로 선동·선전함으로써 성립하는 독립한 범죄이다. 선동·선전으로 말미암아 피선동·선전자들에게 반드시 범죄의 결의가 발생할 것을 요건으로 하지 않는다. 내란선동·선전은 주로 내란행위의 외부적 준비행위에도 이르지 않은 단계에서 이루어진다. 그렇지만 다수인의 심리상태에 영향을 주는 방법으로 내란의 실행욕구를 유발 또는 증대시킴으로써 집단적인 내란의 결의와 실행으로 이어지게 할 수 있는 파급력이 큰 행위이다. 따라서 내란을 목표로 선동·선전하는 행위는 그 자체로 내란예비·음모에 준하는 불법성이 있다고 보아 내란예비·음모와 동일한 법정형(법90② · ①; 3년 이상의 유기징역이나 유기금고)으로 처벌된다.[3]

---

1) 형법안에 대한 국회 심의과정에서 선동·선전을 삭제하자는 변진갑 의원이 수정안이 제시되었다. 변진갑 의원은 제안자로서 다음 내용의 발언을 하였다.

"그런데 이것[선동·선전 처벌규정]은 민주주의 국가에서 신중히 생각하지 않으면 안될 문제라고 생각합니다. 대체 이 죄를 보면 예비죄도 처단해야 되겠고, 음모죄도 처단하게 되어가지고 있습니다. 예비죄나 음모죄를 벌하는 데에 있어서 선전했다거나 또는 선동이라고 하는 것이 여러 가지로 해석할 수 있어서 우리가 이 민주정치 실시 초기에 있어서는 이것을 가장 신중히 생각하지 않으면 안 되리라고 생각합니다.

왜 그러냐 하면 이것을 악용해 가지고 인권을 유린한다거나 이런 일이 많이 있으리라고 염려해서 이것을 삭제하자는 것이올시다. 이것을 삭제해 가지고 제1장 내란죄 법을 다스리는 데에 있어서 조금도 지장이 없고, 오히려 이런 조문이 있음으로써 인권을 유린하는 결과를 초래할 우려가 있기 때문에 선전 또는 선동 이것을 삭제하는 것이 좋지 않는가 해서 수정안을 낸 것이올시다."

신동운 편저, 형법 제·개정 자료집, 한국형사정책연구원, (2009), 188면.

2) 변진갑 의원의 수정안에 대해 엄상섭 의원이 법제사법위원장대리의 자격으로 다음 내용의 발언을 하였고, 표결결과 원안이 채택되었다.

"그 다음에 선동 또는 선전을 벌해서는 안된다. 음모와 예비죄를 처벌했으면 그만이지 이것을 벌할 필요가 있느냐 이런 말씀인데, 내란죄의 음모, 예비 같은 것은 대단히 중대한 것이기 때문에 한쪽에 뿌리가 있어도 이것은 국가기관에서 알기 어려운 것입니다. 그런데 신문이나, 민중을 모아놓고 선전이나 선동하는 데에는 표면행동으로 나오는 수가 있어요. 음모는 뿌리까지 못 들어가는 수가 많습니다. 선전, 선동단계에서 처벌해 두어야지 우리 인간의 수사능력에 대해서 다소간의 불편점을 전제로 하는 말인데, 뿌리가 있는데 잎사귀 나오는 것을 자르는 정도입니다. 잎사귀를 자르는 동안에는 뿌리도 알 수 있고, 또한 뿌리가 저절로 말라지는 수가 있다 그러므로 선동, 선전도 처벌하는 규정을 가져오게 되는 것입니다. 이 국가의 존립과 국민의 자유권과 여기에서의 미묘한 충돌조절은 여러분이 충분히 고려해 주시기 바랍니다."

신동운 편저, 형법 제·개정 자료집, 한국형사정책연구원, (2009), 188면 이하.

3) 2015. 1. 22. 2014도10978 전원합의체 판결, 공 2015상, 357 = 『통진당 강연모임 사건』: (지면 관계

(나) 선동과 선전 선동은 불특정 또는 다수인에게 정상적인 판단을 잃게 하는 자극을 주어서 그 주장하는 바에 감정적으로 동의하게 하는 행위이다. 이에 대해 선전은 이론적으로 주장을 전개하여 상대방의 이성에 의거한 공명(共鳴)을 구하는 행위이다.[1) 2)]

이미 범죄의 결의를 하고 있는 사람에게도 선동 · 선전은 가능하다. 역으로 선동 · 선전으로 반드시 범죄의 결의가 발생할 것을 요하지 않는다. 이 점에서 선동 · 선전은 특정결과의 발생을 목표로 범행결의를 불러일으키는 교사(법31① · ② · ③)와 구별된다.

(다) 내란선동 · 선전 내란선동은 내란이 실행되는 것을 목표로 하여 피선동자들에게 내란행위를 결의, 실행하도록 충동하고 격려하는 일체의 행위를 말한다.[3)] 선동자의 표현 자체에 공격대상인 국가기관과 그를 통해 달성하고자 하는 목표, 실현방법과 계획이 구체적으로 나타나 있어야만 인정되는 것은 아니다.[4)] 내란선전은 내란이 실행되는 것을 목표로 하여 피선전자들에게 내란행위를 결의, 실행하도록 논리적으로 설득하여 격려하는 일체의 행위를 말한다.

(라) 선동 · 선전의 정도 대법원은 내란선동에 대해 다음의 판단기준을 제시하였다. 동일한 기준은 내란선전에 대해서도 적용될 것이므로 선동과 선전을 함께 묶어서 정리한다.

① 엄격해석의 요청 내란선동 · 선전은 주로 언동, 문서, 도화 등에 의한 표현행위의 단계에서 문제되므로, 내란선동 · 선전죄의 구성요건을 해석할 때에는 국민의 기본권인 표현의 자유가 위축되거나 그 본질이 침해되지 아니하도록 죄형법정주의의 기본정신에 따라 엄

로 내용 분석 생략함.)

1) 변진갑 의원은 내란선동 · 선전 처벌규정을 삭제하자는 수정안을 제출하면서, 그 이유로 선동 · 선전 개념의 모호성을 지적하였다. 이에 대해 엄상섭 의원이 법제사법위원장대리의 자격으로 다음 내용의 발언을 하였고, 표결결과 원안이 채택되었다.

"지금 이 다음에도 선동이니 선전이니 하는 말이 종종 나오는 것이므로 여기서 용어에 대해서 의아스러울까 해서 말씀을 드리겠는데, 선동이라는 것은 많은 사람이 대중 앞에서 많은 사람으로 하여금 거기에다가, 그 사람이 주장하는 바에다가 감정적으로 동의시키는 것, 이 정도를 선동이라고 하고, 선전이라는 것은 이론으로 따져가지고 꼭 이것이 옳다고 해서 상대방의 이성에 의거한 공명을 받는 것 이것이 선전인 것입니다. 공명한다고 해서 당장에 범의를 가지게 되는 것, 그런 생각을 가지는 것은 아닙니다. 그 사람이 주장하는 것이 옳다고 생각하는 정도가 선동, 선전이라고 생각합니다."

신동운 편저, 형법 제 · 개정 자료집, 한국형사정책연구원, (2009), 189면.

2) 각종 선동 · 선전죄의 문제점에 관하여는, 태윤기, "민주주의와 선전선동죄", 신동운 편저, 효당 엄상섭 형사소송법논집, (2005), 323면 이하 참조.

3) 2015. 1. 22. 2014도10978 전원합의체 판결, 공 2015상, 357 =『통진당 강연모임 사건』: (지면 관계로 내용 분석 생략함.)

4) 2015. 1. 22. 2014도10978 전원합의체 판결, 공 2015상, 357 =『통진당 강연모임 사건』: (지면 관계로 내용 분석 생략함.)

격하게 해석해야 한다.[1]

내란을 실행시킬 목표를 가지고 있다 하여도 단순히 특정한 정치적 사상이나 추상적인 원리를 옹호하거나 교시하는 것만으로는 내란선동 · 선전이 될 수 없다. 내용이 내란에 이를 수 있을 정도의 폭력적인 행위를 선동 · 선전하는 것이어야 하고, 나아가 피선동 · 선전자의 구성 및 성향, 선동 · 선전자와 피선동 · 선전자의 관계 등에 비추어 피선동 · 선전자에게 내란 결의를 유발하거나 증대시킬 위험성이 인정되어야만 내란선동 · 선전으로 볼 수 있다.[2) 3)]

언어적 표현행위는 매우 추상적이고 다의적일 수 있으므로, 그 표현행위가 위와 같은 내란선동 · 선전에 해당하는지는 선동 · 선전 행위 당시의 객관적 상황, 발언 등의 장소와 기회, 표현 방식과 전체적인 맥락 등을 종합하여 신중하게 판단해야 한다.[4]

② 위험성의 정도 선동 · 선전행위는 선동 · 선전자에 의하여 일방적으로 행해지고 그 이후 선동 · 선전에 따른 범죄의 결의 여부 및 그 내용은 선동 · 선전자의 지배영역을 벗어나 피선동 · 선전자에 의하여 결정될 수 있다. 내란선동 · 선전을 처벌하는 근거는 이러한 선동 · 선전행위 자체의 위험성과 불법성에 있다.

이러한 점들을 고려하면, 내란선동 · 선전에서 시기와 장소, 대상과 방식, 역할분담 등 내란 실행행위의 주요 내용이 선동 · 선전 단계에서 구체적으로 제시되어야 하는 것은 아니다. 또 선동 · 선전에 따라 피선동 · 선전자가 내란의 실행행위로 나아갈 개연성이 있다고 인정되어야만 내란선동 · 선전의 위험성이 있다고 할 것은 아니다.[5]

(마) 자수특례 인정 여부 형법 제90조 제2항은 "제87조 또는 제88조의 죄를 범할 것을 선동 또는 선전한 자도 전항의 형과 같다."고 규정하고 있다. 그런데 형법 제90조 제2항은 '전항의 형[3년 이상의 유기징역이나 유기금고]과 같다'라고만 규정할 뿐 형법 제90조 제1항 단서가 규정한 '단, 그 목적한 죄의 실행에 이르기 전에 자수한 때에는 그 형을 감경 또는 면제한다'는 부분은 언급하고 있지 않다. 여기에서 예비 · 음모에 대한 자수특례가 선동 · 선전에도 적용될 것인지 문제된다.

---

1) 2015. 1. 22. 2014도10978 전원합의체 판결, 공 2015상, 357 = 『통진당 강연모임 사건』: (지면 관계로 내용 분석 생략함.)

2) 2015. 1. 22. 2014도10978 전원합의체 판결, 공 2015상, 357 = 『통진당 강연모임 사건』: (지면 관계로 내용 분석 생략함.)

3) 2013. 2. 15. 2010도3504, 공 2013상, 528 = 분석 각론 『통일학교 자료집 사건』 참조.

4) 2015. 1. 22. 2014도10978 전원합의체 판결, 공 2015상, 357 = 『통진당 강연모임 사건』: (지면 관계로 내용 분석 생략함.)

5) 2015. 1. 22. 2014도10978 전원합의체 판결, 공 2015상, 357 = 『통진당 강연모임 사건』: (지면 관계로 내용 분석 생략함.)

생각건대 내란선동 · 선전은 내란예비 · 음모보다 앞선 단계의 행위를 예정하고 있다. 따라서 물론해석에 입각하여 예비 · 음모에 대한 자수특례 규정은 선동 · 선전에도 적용된다고 보아야 할 것이다. 입법론적으로는 '전항의 형과 같다'를 '전항과 같다'로 고쳐 적는 것이 바람직하다.

제 2 장 외환의 죄

제1 서 설

1. 보호법익

형법 각칙 제2장은 외환(外患)의 죄를 규정하고 있다. 외환의 죄는 대한민국의 외부적 안전을 위태롭게 하는 범죄이다. 내란죄가 대내적으로 대한민국의 존립을 보호하기 위하여 마련된 범죄유형임에 대하여, 외환죄는 외부의 침략으로부터 대한민국의 존립을 보호하기 위하여 마련된 범죄유형이다. 따라서 외환죄의 구성요건에는 대한민국을 침략하려는 적국이 전제되어 있다.

대한민국의 기본질서를 위태롭게 하는 범죄라는 점에서 외환의 죄는 내란의 죄와 공통점을 갖는다. 내란죄의 경우에는 국토침탈의 목적, 국헌문란의 목적 등 정치적 동기가 중시되고 있다. 그렇지만 외환의 죄에서는 초과주관적 구성요건요소로 일정한 목적을 요구하지 않는다. 대한민국의 전복을 꾀하는 무력행사가 이미 전면에 드러나 있기 때문이다.

외환죄는 외국인의 국외범을 처벌한다(법5 ii). 행위지의 법률에 의하여 처벌되는지를 묻지 않는다(법6 단서 참조). 다만, 우리나라의 통치권이 미치지 않는 지역에 있는 외국인에 대해서는 국제법의 관례에 위배되지 않는 범위에서 우리 형법을 적용해야 한다. 외국에 있는 외국인으로서 교전자로서의 자격을 가지고 있는 자는 포로로서 처우해야 하며, 형법상 외환의 죄로 다스릴 수는 없다.

2. 적국과 준적국

외환의 죄는 적국(敵國)을 전제로 하고 있다. 적국은 대한민국의 기본질서를 무력으로 파괴하려는 외국을 말한다. 즉 대한민국에 대해 교전상태에 있는 국가를 말한다. 우리 형법은 6·25전쟁을 겪으면서 제정되었다. 이러한 시대적 배경을 바탕으로 우리 입법자는 외부의 무력행사로부터 대한민국의 존립을 보장하기 위하여 특별한 노력을 기울이고 있다. 준적국과 동맹국의 개념을 사용한 것은 그러한 표현의 하나이다.

대한민국에 대하여 직접 무력을 행사하지 않는 경우라고 할지라도 대한민국에 적대하는 외국 또는 외국인의 단체는 적국으로 간주된다. 이와 같이 적국으로 간주되는 외국 또는 외국인의 단체를 준적국(準敵國)이라고 한다(법102).

준적국에서 외국인의 단체는 특정 외국의 국적 소지자를 의미하는 것이 아니다. '외국인의 단체'는 '외국'에 대응하는 것으로서, 대한민국이 국가로서 승인하지 않거나 국제법상의 교전단체로 인정되지 아니한, 특정 단체 또는 집단으로서의 무장조직을 의미한다.

적국의 무력행사로부터 대한민국을 방위하기 위하여 대한민국이 외국과 군사적 목적의 조약을 체결하는 경우가 있다. 이 경우 조약을 체결한 상대국가를 동맹국이라고 한다. 형법 각칙 제2장 외환의 죄는 동맹국에 대한 행위에 대해서도 적용된다(법104).

3. 적국과 반국가단체

형법상의 적국 또는 준적국의 개념과 대비되는 것으로 「국가보안법상」의 반국가단체가 있다. 「국가보안법」은 반국가단체를 '정부를 참칭하거나 국가를 변란할 것을 목적으로 하는 국내외의 결사 또는 집단으로서 지휘통솔체제를 갖춘 단체'라고 정의하고 있다(동법2). 「국가보안법」상의 반국가단체는 형법상의 적국 개념에 비하여 '국가'라는 개념요소 부분이 결여된 것이라고 볼 수 있다. 1950년대의 판례는 북한을 준적국으로 파악하였으나,[1] 이후의 대법원판례는 일관하여 북한을 반국가단체로 보고 있다.[2]

4. 외환죄의 구조

형법 각칙 제2장 외환의 죄에 규정된 범죄들은 대한민국에 대한 무력사용의 직접성 여하에 따라서 직접침략과 간접침략의 두 가지 유형으로 나누어 볼 수 있다. 직접침략은 적국이 대한민국에 대해 직접 무력을 행사하는 것이다. 간접침략은 대한민국의 군사상 기밀을 탐지 · 수집함으로써 간접적으로 대한민국에 대한 적국의 무력행사를 용이하게 하는 것이다.

직접침략과 관련된 범죄유형은 적국의 무력행사능력을 강화하는 행위와 대한민국의 무력행사능력을 약화시키는 행위로 나누어 볼 수 있다. 전자에 해당하는 것으로 여적죄(법93), 모병이적죄(법94), 시설제공이적죄(법95), 물건제공이적죄(법97) 등이 있다. 후자에 속하는 것으로는 시설파괴이적죄(법96), 전시군수계약불이행죄(법103) 등이 있다. 이에 대해 일반이적죄(법99)는 대한민국의 군사상 이익을 해치는 경우와 적국에 군사상 이익을 제공하는 경우를 모두 포함하고 있다.

직접침략과 관련된 범죄유형은 다시 외환유치죄(법92)와 여적죄(법93)를 위시한 그 밖의

---

1) 1958. 12. 16. 4291형상496, 총람 98조 7번.

2) 2010. 12. 9. 2007도10121, 공 2011상, 148.

범죄로 나누어 볼 수 있다. 외환유치죄는 무력침공이 없는 상태에서 대한민국에 대한 무력행사를 개시(開始)하게 하는 범죄이다. 이에 대해 여적죄 등 그 밖의 범죄는 이미 시작된 교전상태를 전제로 적국의 대한민국에 대한 무력행사에 가담하는 범죄이다. 외환유치죄에는 '외국'이라는 표지가 사용되고 있다. 이에 대해 여적죄 등 그 밖의 범죄에는 '적국'이라는 용어가 사용되고 있다. 여적죄 등은 교전상태를 전제하고 있기 때문이다.

제 2 외환죄의 기본유형 - 외환유치

형법 제92조 (외환유치) 외국과 통모하여 대한민국에 대하여 전단을 열게 하거나 외국인과 통모하여 대한민국에 항적한 자는 사형 또는 무기징역에 처한다.

◎ 미수범 처벌함(법100)
◎ 예비 · 음모 처벌함. 단, 자수의 특례규정 있음(법101① 본문 · 단서)
◎ 선동 · 선전 처벌함. 단, 자수의 특례규정 있음(법101②, ①)

1. 외환유치죄 서설

외부로부터 대한민국에 가해지는 무력행사의 주요 형태는 전쟁이다. 과거에 국제법상 전쟁은 선전포고에 의해 개시되는 것이 보통이었다. 그러나 현재에는 선전포고 없는 전쟁이 오히려 일반적인 형태가 되고 있다. 대한민국에 대한 일체의 무력행사는 대한민국의 외부적 안전을 위협하는 것이므로 우리 형법은 선전포고의 유무를 묻지 않고 무력사용에 이르게 하는 행위를 사형 또는 무기징역으로 무겁게 처벌하고 있다.

외환유치죄는 (가) 외국과 통모하여 대한민국에 대하여 전단(戰端)을 열게 하는 경우와 (나) 외국인과 통모하여 대한민국에 항적(抗敵)하게 하는 경우의 두 가지 유형으로 나누어진다. 외환유치죄는 현실적으로 외국이 대한민국에 대해 전단을 여는 행위를 하거나 또는 외국인의 단체가 대한민국에 항적하는 행위를 할 때 기수에 이른다. 통모만 하고 무력행사에 이르지 아니한 경우는 미수범으로 처벌된다(법100).

2. 실행행위

(1) 대한민국에 대해 전단을 열게 하는 행위

외환유치죄의 첫 번째 행위유형은 외국과 통모하여 대한민국에 대해 전단을 열게 하는 것이다.

(가) 외 국　　대한민국 이외의 국가를 말한다. 형법 각칙 제2장 외환의 죄에 규정된 다른 구성요건들은 적국의 개념을 사용하고 있다. 이 경우 적국은 대한민국의 존립 자체를 무력으로써 파괴하려는 외국으로서 대한민국에 대해 교전상태에 있는 국가를 말한다. 적국 개념과 비교해 볼 때 외환유치죄의 외국은 아직 적국의 범주에 들어가지 아니한 대한민국 이외의 국가를 의미한다. 외국은 통모(通謀)의 대상이 되는 것이어야 한다. 따라서 외국은 추상적인 국가가 아니라 외국의 정부, 군대, 외교사절 등 그 나라를 대표하는 기관을 의미한다.

(나) 통 모　　외국과 통모한다 함은 외국을 대표하는 기관과 의사연락을 가지는 것을 말한다. 통모가 누구의 발의에 기한 것인지, 의사연락의 방법이 직접적인지 간접적인지는 묻지 않는다.

(다) 전 단　　전단(戰端)을 연다 함은 외국이 군사력을 사용하여 대한민국의 안전을 침해하기 시작하는 것을 가리킨다. 군사력의 사용은 국제법상의 전쟁으로 인정되는 경우뿐만 아니라, 외국 군대의 대한민국 영토내 침입이나 대한민국 영토에 대한 포격 등을 모두 포함한다. 전단을 열게 한다 함은 범인이 외국으로 하여금 대한민국에 대해 무력침공을 시작하게 하는 것을 말한다. 통모와 전단을 열게 하는 행위 사이에는 인과관계가 필요하다.

(2) 대한민국에 항적하게 하는 행위

외환유치죄의 두 번째 유형은 외국인과 통모하여 대한민국에 항적(抗敵)하게 하는 행위이다.

(가) 외국인　　형법 제102조는 준적국 개념을 정의하면서 대한민국에 적대하는 '외국' 또는 '외국인의 단체'를 적국으로 간주한다고 규정하고 있다. 외환유치죄에서 말하는 외국인은 이러한 '외국인의 단체'의 대표자를 말한다.

외국인은 '외국'의 국민이라는 의미로 이해되어서는 안 된다. '외국인' 또는 '외국인의 단체'는 우리나라가 국가로서 승인하지 않거나, 국제법상의 교전단체로 포섭되지 않는 비정규 무장조직을 외환의 죄로 다스리기 위하여 사용된 용어이다. 비교법적으로 볼 때 독일 형법은 외환에 관한 죄의 구성요건을 규정하면서 국가로 승인한 경우와 그렇지 아니한 경우를 모두 포섭하기 위하여 외세(外勢, fremde Macht)라는 표현을 사용하고 있다.[1]

(나) 항 적　　형법 제92조는 외환유치죄의 두 번째 유형을 규정하면서 '대한민국에 항적한다'는 표현을 사용하고 있다. 그러나 이는 부정확한 표현으로서 '대한민국에 항적하게

---

1) 독일형법 제93조 (국가기밀의 개념) ① 국가기밀이란 독일연방공화국의 외적 안전에 중대한 불이익을 초래할 위험을 방지하기 위하여 한정된 범위의 사람에게만 그 접근을 허용하고 외세(fremde Macht)에 대하여 비밀로 하여야 할 사실, 물건, 지식을 말한다.

한다'라고 표현하는 것이 정확하다. 우리 형법의 외환유치죄의 입법모델이 되었던 일본 개정형법가안은 '항적하게 한다'는 표현을 사용하고 있다.[1)]

외환유치죄의 첫 번째 유형은 외국과 통모하여 대한민국에 대하여 전단(戰端)을 열게 하는 것이다. 즉 외국으로 하여금 대한민국에 대해 무력행사를 시작하게 하는 것이다. 외환유치죄의 두 번째 유형은 국가가 아닌 비정규 무장조직, 즉 '외국인의 단체'로 하여금 대한민국에 대하여 무력행사를 시작하게 하는 것이다. 형법 제92조 전단은 '전단(戰端)을 열게 한다'는 표현을 사용하고 있다. 이에 상응하는 정확한 표현은 '항적(抗敵)하게 한다'이다.

외국과의 무력충돌의 주된 형태는 전쟁이다. 그리하여 첫 번째 유형의 외환유치죄에 대해서는 '전단(戰端)을 연다'는 표현이 사용되고 있다. 즉 전쟁을 시작한다는 것이다. 그런데 비정규 무장조직이 대한민국에 무력행사를 가하는 상황에 대해서는 '전단을 연다'는 표현을 사용할 수 없다. 국가가 아닌 비정규 무장조직에 대해서는 '전쟁'이라는 개념을 상정할 수 없기 때문이다. 이러한 상황에서 우리 입법자는 '항적'이라는 표현을 사용하고 있다. 국어사전적인 의미에서 말한다면 '항적'은 적에게 대항한다는 의미로 이해된다.[2)] 그러나 형법 제92조는 국어사전적 의미를 벗어나 항적에 '대한민국에 적으로서 대항한다'는 법률적 의미를 부여하고 있다.

(다) 통 모 '외국인과 통모하여 대한민국에 항적하게 한다' 함은 '외국인의 단체'의 대표와 통모하여 대한민국에 항적하게 한다는 의미로서, '외국과 통모하여 대한민국에 전단을 열게 한다'는 것과 같은 차원의 무력행사를 가리킨다. 이 경우 '외국인'과 통모하는 행위자는 직접 무력을 행사하지 않는다. 무력행사의 주체는 '외국인의 단체'이다.

이미 무력충돌이 발생하였다면 외환유치죄는 성립하지 않는다. 적국으로 간주되는 '외국'이나 준적국으로 간주되는 '외국인의 단체'와의 교전상태를 전제로 적국의 무력행사에 가담하는 행위는 여적죄(법93)의 '항적'에 해당한다.

(3) 실행의 착수

외환유치죄는 미수범을 처벌한다(법100). 여기에서 외환유치죄의 실행의 착수시점이 문제된다. 또한 외환유치죄의 예비 · 음모는 처벌된다(법101①). '외국' 또는 '외국인'과 통모하는 시점을 외환유치죄의 실행의 착수시점으로 파악할 경우 단순한 외환유치죄의 음모와 어떻게 구별할 것인지 문제된다.

---

1) 일본 개정형법가안 제172조 외국과 통모하여 제국에 대하여 전단을 열게 하거나 외국인과 통모하여 제국에 항적하게 한 자는 사형에 처한다.

2) 동아 새국어사전 '항적' 항목 참조.

외환유치의 음모와 외환유치의 통모는 2명 이상의 사람이 외환유치를 계획하여 합의하는 것이라는 점에서 공통된다. 그러나 외환유치의 통모는 합의하는 2명 이상의 사람 가운데 한 편은 반드시 '외국' 또는 '외국인의 단체'에 속하여야 한다. 외환유치를 합의하는 2명 이상의 사람 가운데 '외국' 또는 '외국인의 단체'에 속하는 자가 없으면 외환유치의 음모에 불과하다.

외환유치의 합의가 단순한 음모를 넘어 통모의 단계에 이르면 대한민국의 외적 안전에 대한 위험이 현저히 증가한다. 이렇게 볼 때 외환유치죄의 실행의 착수시점은 '통모'의 시점을 기준으로 파악해야 할 것이다.

제 3 외환죄의 특수유형

1. 여 적 죄

형법 제93조 (여적) 적국과 합세하여 대한민국에 항적한 자는 사형에 처한다.

◎ 미수범 처벌함(법100)
◎ 예비 · 음모 처벌함. 단, 자수의 특례규정 있음(법101① 본문 · 단서)
◎ 선동 · 선전 처벌함. 단, 자수의 특례규정 있음(법101② · ①)

(1) 구성요건요소

여적죄(與敵罪)는 적국과 합세하여 대한민국에 항적(抗敵)함으로써 성립하는 범죄이다. 형법 제93조 내지 제101조의 죄에서는 대한민국에 적대하는 '외국' 또는 '외국인의 단체'는 적국으로 간주되므로(법102) 여적죄의 적국에는 대한민국에 적대하는 '외국인의 단체'(비정규 무장조직)도 포함된다.

적국과 합세하여라 함은 교전중인 적국의 무력행사에 가담하는 것을 말한다. 항적한다 함은 적국을 위해 군무에 종사함으로써 대한민국에 반항 · 적대하는 일체의 행위를 가리킨다. 반드시 무기를 들고 전투원으로 활동할 필요는 없으며 전략, 의료, 병참, 잡역 등으로 적국을 위해 군무에 종사하는 것으로 족하다.

여적죄의 성립에 필요한 고의는 적국에 합세한다는 것과 대한민국에 항적한다는 것에 대한 인식 · 인용이다.

(2) 법정형

여적죄는 우리 형법전에서 사형이 절대적 법정형으로 규정되어 있는 유일한 예이다. 여적죄의 항적은 대한민국의 무력행사능력을 감소시킬 뿐만 아니라 적국의 무력행사능력을 증가시키는 이중의 의미를 가지고 있기 때문이다. 그러나 여적죄에도 정상참작감경의 여지는 있다(법53 참조).

외국의 국민이 자국의 군인 · 군속으로 자국을 위해 정규의 군무에 종사하는 행위는 국제법상 적법한 행위이다. 그러므로 이러한 행위에 대해서는 '항적'이라는 표현을 사용할 수 없으며 처음부터 여적죄가 성립하지 않는다.

2. 모병이적죄

형법 제94조 (모병이적) ① 적국을 위하여 모병한 자는 사형 또는 무기징역에 처한다.
② 전항의 모병에 응한 자는 무기 또는 5년 이상의 징역에 처한다.

◎ 미수범 처벌함(법100)

◎ 예비 · 음모 처벌함. 단, 자수의 특례규정 있음(법101① 본문 · 단서)

◎ 선동 · 선전 처벌함. 단, 자수의 특례규정 있음(법101② · ①)

모병이적죄는 적국을 위하여 모병(募兵)하거나 그러한 모병에 응함으로써 성립하는 범죄이다. 모병이적죄는 적국의 무력행사능력을 증가시키는 범죄이다. 적국의 개념은 앞에서 설명하였다. 모병(募兵)이란 전투원을 모집하는 행위이다. 군속도 그 대상이 된다.

모병이적죄는 일본 개정형법가안의 영향을 받은 범죄유형이다.[1] 우리 형법은 6 · 25전쟁을 거치면서 제정되었다. 이 때문에 모병이적죄는 당연한 범죄유형으로 인식되었다. 이제 모병이적죄의 연혁이 밝혀짐에 따라 입법론적으로 새로운 결단이 필요한 시점이라고 생각된다.[2]

3. 시설제공이적죄

형법 제95조 (시설제공이적) ① 군대, 요새, 진영 또는 군용에 공하는 선박이나 항공기 기타 장소, 설비 또는 건조물을 적국에 제공한 자는 사형 또는 무기징역에 처한다.

---

1) 일본 개정형법가안 제174조 적국을 위하여 병(兵)을 모집한 자는 사형에 처한다. 그 모집에 응한 자는 무기 또는 5년 이상의 징역에 처한다.

2) 모병이적죄는 비교법적으로 유례를 찾아보기 어려운 범죄유형이다. 모병이적죄는 일본 개정형법가안에서 유래하고 있다. 가안 심의과정에서 일본 군부가 모병이적죄를 제안한 시점은 1934년이다. 당시는 일본이 1931년의 만주사변에 이어 중국 내륙을 침략하려고 준비하고 있는 때였다. 이 당시 일본 군부가 염려하였던 것은 조선인들의 무장투쟁 활동이었다. 일본 군부는 조선인들의 항일 무장투쟁을 처음부터 차단할 목적으로 모병이적죄라는 구성요건을 제안하였으며, 법정형은 사형 단일형이었다. 모병이적죄는 우리 형법이 일본 군국주의의 영향을 받은 대표적인 예라고 할 수 있다. 신동운, "형법상 외환의 죄에 관한 연구", 서울대학교 법학, 제56권 제4호, (2015. 12.), 27면 이하 참조.

② 병기 또는 탄약 기타 군용에 공하는 물건을 적국에 제공한 자도 전항의 형과 같다.

◎ 미수범 처벌함(법100)
◎ 예비 · 음모 처벌함. 단, 자수의 특례규정 있음(법101① 본문 · 단서)
◎ 선동 · 선전 처벌함. 단, 자수의 특례규정 있음(법101② · ①)

시설제공이적죄는 적국의 무력행사능력을 증가시키는 범죄이다. 군용에 공하는 설비 또는 물건이란 대한민국의 군사에 사용하기 위하여 준비한 시설이나 물건을 말한다. 군용 통신시설이나 군용 양곡 등이 그 예이다. 시설제공이적죄는 군용에 공하는 물건인 점에서 후술하는 비군용 물건제공이적죄와 구별된다(법97 참조).

4. 시설파괴이적죄

형법 제96조 (시설파괴이적) 적국을 위하여 전조에 기재한 군용시설 기타 물건을 파괴하거나 사용할 수 없게 한 자는 사형 또는 무기징역에 처한다.

◎ 미수범 처벌함(법100)
◎ 예비 · 음모 처벌함. 단, 자수의 특례규정 있음(법101① 본문 · 단서)
◎ 선동 · 선전 처벌함. 단, 자수의 특례규정 있음(법101② · ①)

시설파괴이적죄는 대한민국의 무력행사능력을 저해하는 범죄이다. 시설파괴이적죄의 성립에는 적국을 위한다는 이적(利敵)의 의사가 있어야 한다. 따라서 예컨대 적국의 함대에 포획되는 것을 피하기 위하여 승선하고 있는 함정을 스스로 침몰시키는 행위는 시설파괴이적죄를 구성하지 않는다.

5. 물건제공이적죄

형법 제97조 (물건제공이적) 군용에 공하지 아니하는 병기, 탄약 또는 전투용에 공할 수 있는 물건을 적국에 제공한 자는 무기 또는 5년 이상의 징역에 처한다.

◎ 미수범 처벌함(법100)
◎ 예비 · 음모 처벌함. 단, 자수의 특례규정 있음(법101① 본문 · 단서)
◎ 선동 · 선전 처벌함. 단, 자수의 특례규정 있음(법101② · ①)

물건제공이적죄는 적국의 무력행사능력을 증가시키는 범죄이다. 외국과의 전투행위를 전제로 하지 않고 제작된 병기, 탄약 또는 전투용 물건을 적국에 제공하는 경우에 처벌하는 규정이다. 비전투용 물건도 적국에 제공되면 대한민국에 대한 무력행사에 사용될 가능성이 있기 때문이다.

제4 간첩죄

형법 제98조(간첩) ① 적국을 위하여 간첩하거나 적국의 간첩을 방조한 자는 사형, 무기 또는 7년 이상의 징역에 처한다.
② 군사상의 기밀을 적국에 누설한 자도 전항의 형과 같다.

◎ 미수범 처벌함(법100)
◎ 예비 · 음모 처벌함. 단, 자수의 특례규정 있음(법101① 본문 · 단서)
◎ 선동 · 선전 처벌함. 단, 자수의 특례규정 있음(법101② · ①)

1. 간첩죄 서설

앞에서 살펴본 각종 외환의 죄는 대한민국에 대한 직접적 무력행사, 즉 직접침략과 관련된 범죄들이다. 이에 대해 간첩죄는 군사상 기밀의 탐지 · 수집 · 누설이라는 행위를 통하여 적국의 대한민국에 대한 무력행사능력을 강화시키는 범죄이다. 소위 간접침략 형태의 범죄유형이다. 형법은 간첩죄를 (가) 군사상 기밀의 탐지 · 수집(좁은 의미의 간첩), (나) 간첩의 방조, (다) 군사상 기밀의 누설이라는 세 가지 형태로 나누어 규정하고 있다.

간첩죄의 기본적 구성요건은 '적국을 위하여 간첩하는 행위'이다(법98① 전단). 우리 형법은 간첩의 개념이나 형태에 대해 규정을 하고 있지 않다. 간첩행위의 형태가 극히 다양하여 이를 법조문에 일일이 구체화하기가 곤란하기 때문이다. 그 대신 입법자는 '적국을 위하여'라는 표지를 설정하여 간첩 개념의 부당한 확대를 규제하고 있다. 입법론적으로는 간첩 개념을 구체화하고 명확화할 필요가 있다.[1]

앞에서 살펴본 것처럼 적국은 대한민국에 대해 무력행사를 하고 있는 '외국' 또는 '외국인의 단체'(비정규 무장조직)를 말한다. 일반적으로 간첩은 적국의 무력행사를 돕기 위하여 대한민국의 군사상 기밀을 탐지 · 수집하여 적국에 넘겨주는 행위를 말한다. 그러나 간첩행위의 대상이 되는 군사상 기밀은 순전한 군사기밀에 국한되지 않는다.

2. 행위객체

(1) 국가보안법과 국가기밀

(가) 국가기밀과 간첩죄 형법상의 간첩죄는 적국을 전제로 설정된 범죄유형이다.

1) 1997. 1. 16. 92헌바34 · 35 · 36(병합), 헌집 9-1, 1(40) 참조.

적국은 무력충돌 상태에 있는 다른 나라('외국인의 단체' 포함)이다. 그런데 국가로 볼 수 없는 북한과의 관계에서 각종 기밀의 탐지 · 수집 · 누설행위가 문제된다. 1953년 형법제정 당시 우리 입법자는 준적국(법102)의 개념을 통하여 이 문제를 해결하려고 하였다.[1] 당시의 중공을 '외국인의 단체'로 보고, 북한을 그의 괴뢰단체로 파악하였던 것이다. 그러나 오늘날 북한을 '외국' 또는 '외국인의 단체'와 관련하여 파악하는 것은 용이하지 않다.

이 문제와 관련하여 「국가보안법」은 북한을 반국가단체로 규정하고, 반국가단체의 구성원 또는 그 지령을 받은 자가 행하는 여러 가지 목적수행행위의 하나로 '형법 제98조에 규정된 행위를 하거나 국가기밀을 탐지 · 수집 · 누설 · 전달하거나 중개한 때'라는 구성요건을 설정하고 있다(동법4① ii).[2]

「국가보안법」이 규정한 간첩죄는 형법 제98조의 간첩죄에 대해 몇 가지 차이점이 있다. 첫째로, 「국가보안법」상의 간첩죄는 형법 제98조가 예정한 군사상 기밀을 넘어서서 국가기밀 일반을 간첩행위의 대상으로 설정하고 있다. 둘째로, 「국가보안법」상 간첩죄의 경우 군사상 기밀 또는 국가기밀이 국가안전에 대한 중대한 불이익을 회피하기 위하여 한정된 사람에게만 지득이 허용된 것인 때에는 사형 또는 무기징역으로 가중처벌된다(동법4① ii 가목). 셋째로, 국가보안법상 간첩죄의 경우 유기징역을 선고할 경우에는 자격정지를 선택적으로 병과할 수 있다(동법14).

(나) 종전 판례와 국가기밀 「국가보안법」상의 국가기밀과 관련하여 종래 판례는 그 범위를 대단히 넓게 인정하고 있었다. 판례는 「국가보안법」상 간첩죄의 대상이 되는 국가기밀은 순전한 국가기밀에만 국한되지 않고, 정치 · 경제 · 사회 · 문화 등 각 분야에 걸쳐서

---

1) 1958. 10. 10. 4291형상294, 총람 형법 98조 5번.
"북한괴뢰집단은 중공 산하 계열의 집단으로서 이[此]를 적국에 준하여 해결할 것임은 본원이 누차 판례로 하는 바이다."

2) 국가보안법 제4조 (목적수행) ① 반국가단체의 구성원 또는 그 지령을 받은 자가 그 목적수행을 위한 행위를 한 때에는 다음의 구별에 따라 처벌한다.

1. 형법 제92조 내지 제97조 · 제99조 · 제250조 제2항 · 제338조 또는 제340조 제3항에 규정된 행위를 한 때에는 그 각조에 정한 형에 처한다.

2. 형법 제98조에 규정된 행위를 하거나 국가기밀을 탐지 · 수집 · 누설 · 전달하거나 중개한 때에는 다음의 구별에 따라 처벌한다.

가. 군사상 기밀 또는 국가기밀이 국가안전에 대한 중대한 불이익을 회피하기 위하여 한정된 사람에게만 지득이 허용되고 적국 또는 반국가단체에 비밀로 하여야 할 사실, 물건 또는 지식인 경우에는 사형 또는 무기징역에 처한다.

나. 가목 외의 군사상 기밀 또는 국가기밀의 경우에는 사형 · 무기 또는 7년 이상의 징역에 처한다.

(3호 이하 생략)

제14조 (자격정지의 병과) 이 법의 죄에 관하여 유기징역형을 선고할 때에는 그 형의 장기 이하의 자격정지를 병과할 수 있다.

대한민국의 국방정책상 북한 공산집단에게 알리지 아니하거나 확인되지 아니함이 이익이 되는 모든 기밀사항을 포함한다고 보았다.[1] 판례는 국가기밀의 범위를 이와 같이 넓게 파악하는 이유를 정치 · 경제 · 문화 등 국가의 모든 사항이 군사력에 직결되어 있는 현대전의 양상에 기인한 것이라고 설명하였다.[2]

이러한 맥락에서 종전의 판례는 일단 이상의 기밀사항에 포함되는 것이라면 그것이 비록 국내에 널리 알려진 공지의 사실이라 할지라도 북한 공산집단에게 유리한 자료가 될 경우 이를 탐지 · 수집하는 행위는 간첩죄를 구성한다고 보았다.[3]

(2) 공지의 사실과 국가기밀

(가) 헌법재판소의 입장 그러나 헌법재판소는 이러한 판례의 태도가 국가기밀이라는 문언의 문의적(文意的) 한계를 훨씬 벗어나고 '기밀'의 실질적 요건을 헐어버린 것이라고 판단하였다. 헌법재판소는 종전 판례에 따른 국가기밀의 적용범위가 지나치게 광범위하고 모호하여 죄형법정주의에 위배되므로 이 개념을 헌법에 합치되도록 축소 · 제한하여 해석할 필요가 있다고 판단하였다.[4]

그리하여 헌법재판소는 국가기밀의 의미를 일반인에게 알려지지 아니한 것으로서 그 내용이 누설되는 경우 국가의 안전에 명백한 위험을 초래한다고 볼 만큼의 실질가치를 지닌 사실, 물건 또는 지식이라고 한정해석하는 한도에서 「국가보안법」상의 간첩죄가 헌법에 위반되지 않는다고 판시하였다.[5]

(나) 대법원의 입장 변화 대법원 또한 엄격해석을 요구한 「국가보안법」 제1조 제2항의 입법취지에 주목하여 국가기밀의 범위를 축소하였다. 대법원은 「국가보안법」상의 국가기밀을 "정치, 경제, 사회, 문화 등 각 방면에 관하여 반국가단체에 대하여 비밀로 하거나 확인되지 아니함이 대한민국의 이익이 되는 모든 사실, 물건 또는 지식"으로 정의하여 일단 종전과 같은 개념정의를 유지하였다.

그와 동시에 대법원은 국가기밀의 범위를 두 가지 측면에서 제한하였다. 첫째로, 국가기밀은 국내에서의 적법한 절차 등을 거쳐 이미 일반인에게 널리 알려진 공지의 사실이나 물건 또는 지식에 속하지 않는 것이어야 한다. 둘째로, 국가기밀은 그 내용이 누설되는 경우 국가의 안전에 위험을 초래할 우려가 있어 기밀로 보호할 실질가치를 갖춘 것이

1) 1987. 5. 26. 87도432, 공 1987, 1108.
2) 1974. 7. 26. 74도1477, 공 1974, 7992.
3) 1987. 5. 26. 87도432, 공 1987, 1108.
4) 1997. 1. 16. 92헌바34 · 35 · 36(병합), 헌집 9-1, 1(36).
5) 1997. 1. 16. 92헌바34 · 35 · 36(병합), 헌집 9-1, 1(39).

어야 한다.[1)]

① 공지의 사실 　어떠한 기밀이 공지된 것이라고 판단되는 경우가 있다. 신문, 방송 등 대중매체나 통신수단 등의 발달 정도, 독자 및 청취자의 범위, 공표의 주체 등 여러 사정에 비추어 보아 반국가단체 또는 그 지령을 받은 자가 더 이상 탐지 · 수집이나 확인 · 확증을 할 필요가 없는 것이라고 판단되는 경우 등이다.

② 실질적 위험성 　누설할 경우 실질적 위험성이 있는지 여부는 그 기밀을 수집할 당시의 대한민국과 북한 또는 기타 반국가단체와의 대치현황과 안보사항 등이 고려되는 건전한 상식과 사회통념에 따라 판단하여야 한다. 그 기밀이 사소한 것이라 하더라도 누설될 경우 반국가단체에는 이익이 되고 대한민국에는 불이익을 초래할 위험성이 명백하다면 국가기밀에 해당한다.[2)]

「국가보안법」상의 국가기밀을 둘러싸고 대법원이 제시한 새로운 기준은 적국을 상정하여 규정된 형법 제98조의 간첩죄를 해석할 때에도 준칙이 되어야 함은 물론이다.

(3) 간첩행위의 객체

(가) 군사상 기밀 　간첩행위의 대상은 군사상 기밀이다.[3)] [4)] 군사상 기밀은 무력행사와 관련된 국방정책상의 기밀을 말한다. 현대전의 특성에 비추어 볼 때, 군사상 기밀은 정치, 경제, 사회, 문화 등 각 방면에 관하여 적국에 대하여 비밀로 하거나 확인되지 아니함이 대

---

1) 1997. 7. 16. 97도985 전원합의체 판결, 공 1997, 2243 = 분석 각론 『범민련 편지 사건』.

2) 1997. 7. 16. 97도985 전원합의체 판결, 공 1997, 2243 = 분석 각론 『범민련 편지 사건』.

3) 군사상 기밀과 관련하여 형법상 간첩죄 이외에 특별법이 적용되는 경우가 있다.

군사기밀 보호법 제2조(정의) 이 법에서 사용하는 용어의 뜻은 다음과 같다.

1. "군사기밀"이란 일반인에게 알려지지 아니한 것으로서 그 내용이 누설되면 국가안전보장에 명백한 위험을 초래할 우려가 있는 군 관련 문서, 도화, 전자기록 등 특수매체기록 또는 물건으로서 군사기밀이라는 뜻이 표시 또는 고지되거나 보호에 필요한 조치가 이루어진 것과 그 내용을 말한다.

제12조(누설) ① 군사기밀을 탐지하거나 수집한 사람이 이를 타인에게 누설한 경우에는 1년 이상의 유기징역에 처한다.

② 우연히 군사기밀을 알게 되거나 점유한 사람이 군사기밀임을 알면서도 이를 타인에게 누설한 경우에는 5년 이하의 징역 또는 5천만원 이하의 벌금에 처한다.

제13조(업무상 군사기밀 누설) ① 업무상 군사기밀을 취급하는 사람 또는 취급하였던 사람이 그 업무상 알게 되거나 점유한 군사기밀을 타인에게 누설한 경우에는 3년 이상의 유기징역에 처한다.

② 제1항에 따른 사람 외의 사람이 업무상 알게 되거나 점유한 군사기밀을 타인에게 누설한 경우에는 7년 이하의 징역에 처한다.

군형법 제80조(군사기밀 누설) ① 군사상 기밀을 누설한 사람은 10년 이하의 징역이나 금고에 처한다.

② 업무상 과실 또는 중대한 과실로 인하여 제1항의 죄를 범한 경우에는 3년 이하의 징역이나 금고 또는 700만원 이하의 벌금에 처한다.

4) 2000. 1. 28. 99도4022, 공 2000, 639 참조.

한민국의 이익이 되는 모든 사실, 물건 또는 지식을 포함한다.[1)]

군사상 기밀이 국가안전에 대한 중대한 불이익을 회피하기 위하여 한정된 사람에게만 지득이 허용되고 적국에 비밀로 하여야 할 사실, 물건 또는 지식인 경우에는 형법상 간첩죄(법98①·②; 사형, 무기 또는 7년 이상의 징역)에 대신하여 「국가보안법」이 특별법으로 적용된다(동법4① ii 가목; 사형 또는 무기징역).

(나) 공지의 사실　　국내에서 적법한 절차 등을 거쳐 이미 일반인에게 널리 알려진 공지의 사실, 물건 또는 지식에 속하는 것은 군사상 기밀에 해당하지 않는다. 공지 여부는 신문, 방송 등 대중매체나 통신수단 등의 발달 정도, 독자 및 청취자의 범위, 공표의 주체 등 여러 사정에 비추어 보아 적국이 더 이상 탐지·수집이나 확인·확증할 필요가 없는 것인가에 따라 결정된다.

---

1) 1997. 9. 9. 97도1656, 공 1997, 3211 =『미전향장기수 동태보고 사건』:

갑은 당국의 허가 없이 북한에 들어갔다. 갑은 북한의 관계자에게 다음 내용을 진술하였다. (가) 남한의 미전향 장기수들의 인적사항, 수감교도소, 복역실태, 생활실태. (나) 휴전선 부근의 지리상황, 땅굴발견을 위한 남한의 동태.

검사는 갑을 반국가단체의 구성원에게 국가기밀을 누설하였다는 내용의 공소사실로 기소하였다. (잠입·탈출 부분은 생략함.) 갑의 피고사건은 제1심을 거친 후, 항소심에 계속되었다. 항소법원은 국가보안법 제4조 제1항 제2호 나목을 적용하여 유죄를 인정하였다. 갑은 불복 상고하였다. 갑은 상고이유로 다음의 점을 주장하였다. (가) 갑이 진술한 내용은 공지의 사실이다. (나) 갑이 진술한 내용은 기밀로 볼 실질적 가치도 없다.

대법원은 다음의 이유를 제시하여 상고를 기각하였다. 대법원은 국가보안법의 국가기밀에 대해 판단하였다. (가) 국가보안법 제4조 제1항 제2호 (나)목에 정한 기밀을 해석함에 있어서, [다음의 요건을 갖추어야 한다.] (나) 그 기밀은 정치, 경제, 사회, 문화 등 각 방면에 관하여 반국가단체에 대하여 비밀로 하거나 확인되지 아니함이 대한민국의 이익이 되는 모든 사실, 물건 또는 지식이다. (다) 그것들이 국내에서의 적법한 절차 등을 거쳐 이미 일반인에게 널리 알려진 공지의 사실, 물건 또는 지식에 속하지 아니한 것이어야 한다. (라) 또 그 내용이 누설되는 경우 국가의 안전에 위험을 초래할 우려가 있어 기밀로 보호할 실질가치를 갖춘 것이어야 한다.

(마) 다만 그것들이 공지된 것인지 여부는 신문 방송 등 대중매체나 통신수단 등의 발달 정도, 독자 및 청취의 범위, 공표의 주체 등 여러 사정에 비추어 보아 반국가단체 또는 그 지령을 받은 자가 더 이상 탐지·수집이나 확인·확증의 필요가 없는 것이라고 판단되는 경우 등이다.

(바) 누설할 경우 실질적 위험성이 있었는지 여부는 그 기밀을 수집할 당시의 대한민국과 북한 또는 기타 반국가단체와의 대치현황과 안보상황 등이 고려되는 건전한 상식과 사회통념에 따라 판단하여야 한다. (사) 그 기밀이 사소한 것이라 하더라도 누설될 경우 반국가단체에는 이익이 되고 대한민국에는 불이익을 초래할 위험성이 명백하다면 이에 해당한다.

대법원은 갑의 행위에 대해 다음과 같이 판단하였다. (가) 갑이 반국가단체의 구성원에게 누설하였다는 공소사실의 내용은 남한의 미전향 장기수들의 인적사항, 수감교도소, 복역실태, 생활실태 등과 휴전선 부근의 지리상황, 땅굴발견을 위한 남한의 동태 등이다. (나) 위와 같은 내용들은 탐지·수집이나 확인·확증의 필요가 없을 정도로 일반인에게 널리 알려진 공지의 사실이 아니다.

(다) 뿐만 아니라 국가의 안전에 대한 불이익을 방지하기 위하여는 반국가단체에 알려지지 아니하도록 할 필요성 및 그것이 누설되는 경우 국가의 안전에 명백한 위험을 초래한다고 볼 만한 실질적인 가치성도 있다고 보인다. (라) 갑이 위 누설한 내용은 국가보안법 제4조 제1항 제2호 (나)목 소정의 기밀에 해당한다.

(다) 모자이크 이론 공지의 사실과 관련하여 모자이크 이론이 문제된다. 개개의 사항은 공지의 사실이지만 이를 조합하면 새로운 사실을 구성해 낼 수 있는 경우가 있다. 예컨대 개별 구간의 지리적 사항이 공지의 사실이라고 해도 여러 구간을 합할 때 새로운 사실이 드러나는 경우가 여기에 해당한다. 이와 같이 공지의 사실을 조합하여 새로운 사실을 구성할 수 있을 때 이를 기밀로 파악하는 견해를 가리켜서 모자이크 이론이라고 한다.

모자이크 이론을 인정하여 기밀의 범위를 확장하자는 견해[1]와 공지의 사실을 이용한 것만으로 이를 기밀로 파악하는 것은 형벌법규의 지나친 확장해석이라고 보아 반대하는 견해[2]가 있다. 비교법적으로 볼 때 독일 형법은 과거에 모자이크 이론을 인정하여 기밀의 범위를 확장하였다가 형법조문의 개정을 통하여 이를 입법적으로 극복하였다. 그러나 우리나라의 경우에는 별도의 입법적 조치가 없다. 또한 분단국가의 현실에서 기밀의 범위를 적정하게 확보할 필요가 있다. 이러한 점들에 비추어 볼 때 모자이크 이론을 긍정하는 것이 타당하다고 본다.

(라) 실질적 위험성 군사상 기밀은 그 내용이 누설되는 경우 국가의 안전에 위험을 초래할 우려가 있어 기밀로 보호할 실질가치를 갖춘 것이어야 한다. 그 내용이 누설될 경우 실질적 위험성이 있었는지 여부는 그 기밀을 수집할 당시의 대한민국과 적국과의 대치현황과 안보상황 등이 고려되는 건전한 상식과 사회통념에 따라 판단하여야 한다. 문제된 기밀이 사소한 것이라 하더라도 누설될 경우 적국에는 이익이 되고 대한민국에는 불이익을 초래할 위험성이 명백하다면 실질적 위험성이 인정된다.[3]

3. 실행행위

(1) 군사상 기밀의 탐지 · 수집

(가) 행위태양 형법 제98조는 교전상태를 전제로 하는 적국의 개념을 사용하면서도 간첩의 행위태양을 직접적으로 규정하고 있지 않다. 이와 대조적으로 「국가보안법」은 "국가기밀을 탐지, 수집, 누설, 전달하거나 중개한 때"라는 표현을 사용함으로써 간첩행위의 유형을 명확히 규정하고 있다.

형법상의 간첩죄와 「국가보안법」상의 간첩죄를 비교해 보면 몇 가지 사항을 알 수 있다. 첫째로, 군사상 기밀의 '누설행위'는 형법 제98조 제2항에 별도로 규정되어 있다. 둘째로, 전

---

1) 박상기, 616면; 손동권 · 김재윤, 741면; 이정원, 688면.

2) 김성돈, 761면; 배종대, 671면; 오영근, 675면; 이재상 · 장영민 · 강동범, 699면; 이형국 · 김혜경, 785면; 임웅, 900면; 정성근 · 박광민, 948면; 정영일, 617면; 주호노, 1534면.

3) 1997. 9. 9. 97도1656, 공 1997, 3211 =『미전향장기수 동태보고 사건』.

달이나 중개 등 기타의 관여행위는 형법 제98조 제1항 후단의 간첩방조죄에 해당한다.[1] 셋째로, 형법 제98조 제1항 전단이 규정한 간첩은 나머지 행위태양, 즉 적국을 위하여 군사상 기밀을 탐지·수집하는 행위 자체를 의미한다.

(나) 탐지·수집 형법상 간첩이라 함은 적국에 제보하기 위하여 은밀한 방법으로 우리나라의 군사상은 물론 정치, 경제, 사회, 문화, 사상 등 기밀에 속한 사항 또는 도서, 물건을 탐지·수집하는 것을 말한다. 간첩행위는 기밀에 속한 사항 또는 도서, 물건을 탐지·수집한 때에 기수가 된다. 간첩이 이미 탐지·수집하여 지득하고 있는 사항을 타인에게 보고·누설하는 행위는 간첩의 사후행위로서 간첩행위 자체라고 할 수 없다.[2]

(다) 실행의 착수 간첩죄의 미수범은 처벌된다(법100). 간첩죄의 실행의 착수시점은 침투간첩과 고정간첩으로 나누어 살펴볼 필요가 있다. 간첩행위를 할 목적으로 외국에서 국내에 침투하거나 북한에서 월남하는 경우에는 기밀탐지가 가능한 국내에 침투, 상륙할 때 실행의 착수에 이른다.[3]

이에 반해 국내거주 간첩의 경우에는 군사상 기밀을 탐지·수집하라는 지령을 받았거나 무인포스트를 설치한 것만으로는 아직 실행의 착수에 이르지 않는다.[4] 적국의 지령에 따라 군사상 기밀을 탐지·수집하는 행위에 나아가야 실행의 착수가 인정된다.

(라) 죄수 등 간첩죄는 기밀에 속한 사항이나 도서 또는 물건을 탐지, 수집한 때에 기수에 이른다.[5] 간첩행위를 한 자가 그 탐지·수집한 기밀을 누설한 경우에는 이를 포괄하

---

1) 1986. 2. 25. 85도2533, 공 1986, 569 = 백선 각론 1 『위장업체 동업 사건』.

2) 2011. 1. 20. 2008재도11 전원합의체 판결, 공 2011상, 508 = 분석 각론 『진보당 문건 교부 사건』.

3) 1984. 9. 11. 84도1381, 공 1984, 1675 = 백선 각론 1 『아라이 접선 사건』.

4) 1974. 2. 3. 74도2663, 총람 98조 75번 = 『남산 무인 포스트 사건』:

(갑은 간첩 혐의를 받았다.) 검사는 갑을 간첩미수죄로 기소하였다. 제1심법원은 다음의 범죄사실을 인정하였다. "갑은 1962. 9. 하순경 처형인 을의 연락에 의거 을의 주거지에서 동인과 접선…… 그 익일 10 : 00경 을과 같이 서울시 중구 남산 및 케이블카 돌담에 가서 무인 포스트를 설정한 후 사진촬영을 하고…… 사회, 정치, 경제, 군사 등 각종 정보자료를 수집하여 무인 포스트에 매몰하거나 직접 보고할 것…… 등의 지령을 받고 전시와 같이 무인 포스트를 설치하는 등 반국가단체의 지령을 받은 자로서 그 목적수행을 위하여 간첩하려고 하였으나 그 목적을 이루지 못하고 미수에 그쳤다." 제1심법원은 갑에게 국가보안법 제2조[간첩], 제7조[미수], 형법 제98조[간첩]를 적용하여 유죄를 인정하였다. 갑은 불복 항소하였다. 항소법원은 항소를 기각하고 제1심판결을 유지하였다. 갑은 불복 상고하였다.

대법원은 다음의 이유를 제시하여 원심판결을 파기환송하였다. (가) 위 법조가 말하는 간첩미수죄는 국가기밀을 탐지수집하라는 지령을 받았거나 위 소위 무인 포스트를 설정한 것만으로는 부족하다. (나) 그 지령에 따라 국가기밀을 탐지수집하는 행위의 실행의 착수가 있어야 성립되는 것이다. (다) [위] 판시내용을 검토하여 보건대 갑이 을로부터 각종 정보자료의 탐지수집을 지령받고 또 보고용 무인 포스트를 설정하였다고 판시하였을 뿐이다. (라) 그 외에 어떤 행위가 간첩행위의 실행의 착수라고 볼 것인가에 대하여는 이를 명백하게 판시하지 않고 있어 범죄사실을 그릇 적시하였거나 이를 명시 아니한 위법이 있다.

5) 2011. 1. 20. 2008재도11 전원합의체 판결, 공 2011상, 508 = 분석 각론 『진보당 문건 교부 사건』.

여 일죄를 범한 것으로 보아야 한다. 누설행위를 분리하여 협의의 간첩죄(법98① 전단)와 군사기밀누설죄(법98②)의 두 가지 죄를 범한 것으로 볼 수는 없다.[1] 공소시효는 군사상 기밀을 누설하는 시점이 아니라 탐지 · 수집의 시점을 기준으로 진행된다.[2]

---

1) 1974. 7. 26. 74도1477 전원합의체 판결, 공 1974, 7992 =『일본유학 공대교수 사건』:

갑은 한국에서 출생하였으나 두살 때 일본으로 건너가 그곳에서 성장하였다. 1960. 3. 갑은 일본 P대학교를 졸업하고 동 대학교 석사 및 박사과정에서 수학하고 있었다. 1962. 8.경부터 갑은 을을 알게 되었다. 갑은 을로부터 장학금 명목의 돈을 받아오고 또 레닌주의사상 조선학보등과 같은 책자를 받아오는 동안에 을이 소위 조총련의 구성원인 정을 알게 되었다.

1962. 12. 5. 갑은 을로부터 자본주의의 모순성에 대한 설명을 듣고 이에 대한 토론을 한 후 장학금 명목으로 일화 15,000엔, 여비명목으로 10,000엔을 받았다. 갑은 을과 한국경제인협회초청에 의하여 재일거류민단계의 산업기술연구회 회원의 한 사람으로 한국내 산업시찰차 가게 된 데 대하여 이야기하였다. 그러던 끝에 갑은 을로부터 한국에 가면 각종 공장시설, 그 경영인물, 사회실태 등을 알아보라는 말과 함께 여비 명목으로 5만엔을 받았다.

1962. 12. 16. 갑은 위 산업기술연구회 회원 11명과 함께 일본을 출발하여 한국에 도착하였다. 갑은 한국경제인협회에서 보낸 안내원의 안내를 받으면서 그 시찰일정표에 따라 10회에 걸쳐서 각종 시설(내용 생략)을 시찰하면서 시설 등을 촬영하였다(이상 ㉮행위). 1963. 1. 16. 갑은 서울을 출발하여 일본으로 돌아갔다. 갑은 을의 집을 방문하여 촬영한 필림 2통을 현상하여 보여주었다(㉯행위). 이후 갑은 일본 P대학교에서 석사 및 박사과정을 이수하여 공학박사학위를 얻었다. 1968. 3. 갑은 영주하기 위하여 귀국한 후 Q대학교 공과대학 조교수로 종사하고 있다.

[1973.] 검사는 ㉮, ㉯행위에 대해 갑을 국가보안법위반죄(간첩)와 반공법위반죄로 기소하였다. 당시 국가보안법 관련 규정은 다음과 같다. (가) 제2조 (군사목적수행) 반국가단체의 구성원 또는 그 지령을 받은 자가 그 목적수행을 위하여 형법 제92조 내지 제99조에 규정된 행위를 한 때에는 그 각조에 규정된 형에 처한다. (나) 제3조 (일반목적수행) 반국가단체의 구성원 또는 그 지령을 받은 자가 그 목적수행을 위한 행위를 할 때에는 다음의 구별에 따라서 처벌한다. 1. 국가기밀의 탐지, 수집이나 누설 또는 폭발물 사용의 행위를 한 때에는 사형 또는 무기징역에 처한다.

갑의 피고사건은 제1심을 거친 후, 항소심에 계속되었다. 항소법원은 다음의 범죄사실을 인정하였다. (가) ㉮행위 : 반국가단체의 구성원의 지령에 따라 국가기밀을 탐지 · 수집하였다. (나) ㉯행위 : 탐지 · 수집한 각종 기밀을 알려줌으로써 국가기밀을 누설한 것이다. 항소법원은 법률적용에 있어서 다음과 같이 판단하였다. (가) ㉮행위 중 일부 : 국가보안법 제2조, 형법 제98조 제1항[사형, 무기 또는 7년 이상 징역]. (나) ㉮행위 중 일부 : 국가보안법 제3조 제1호(사형 또는 무기징역). (다) ㉮행위 전부를 포괄하여 1죄로 하고, 국가보안법 제3조 제1호를 적용한다. (라) ㉯행위 : 국가보안법 제3조 제1호(사형 또는 무기징역). (마) 두 죄를 경합범으로 처단한다. 갑은 불복 상고하였다.

대법원은 다음의 이유를 제시하여 원심판결을 파기환송하였다. 대법원은 ㉮행위 전부가 국가보안법 제2조, 형법 제98조 제1항에 해당한다고 판단하였다. (분석 생략함.)

대법원은 ㉮행위와 ㉯행위의 관계에 대해 다음과 같이 판단하였다. (가) 형법 제98조 제1항의 간첩죄를 범한 자가 그 탐지수집한 기밀을 누설한 경우 …… 에는 포괄하여 1죄를 범한 것으로 보아야 한다. (나) 간첩죄와 군사기밀누설죄 …… 두 가지 죄를 범한 것으로 인정할 수 없다. (다) (중략) (라) 원심은 …… 갑에 대한 국가보안법 제2조, 형법 제98조 1항의 간첩죄와는 별도로, 동 간첩행위로 탐지수집한 기밀을 누설한 행위를 별개의 죄로 인정한 위법이 있다.

2) 1982. 2. 23. 81도3063, 공 1982, 400 = 백선 각론 1『대동강변 초대소 사건』.

(2) 간첩방조

(가) 법적 성질 간첩죄의 두 번째 유형으로 형법 제98조 제1항 후단이 규정한 간첩방조죄가 있다. 간첩방조죄의 구성요건은 적국의 간첩을 방조하는 것이다. 간첩방조죄는 군사상 기밀의 탐지 · 수집행위(협의의 간첩)와 밀접한 관련이 있는 조력행위를 독자적 구성요건으로 포착한 것이다.

(나) 정범과의 관계 간첩방조죄는 기본적으로 방조범의 구조를 갖는다. 간첩방조죄가 성립하려면 정범인 간첩이 군사상 기밀의 탐지 · 수집행위에 나아가야 한다. 그러므로 간첩에게 단순히 숙식을 제공하거나,[1] 무전기를 매몰하는 행위에 망을 보아주는 사실만으로는[2] 아직 간첩방조죄가 성립하지 않는다.

간첩방조죄가 성립하기 위하여는 행위자가 그 방조의 상대방이 적국의 간첩임을 인식하면서 간첩행위를 원조하여 용이하게 할 것이 요구된다.[3] 방조행위는 간첩의 임무수행과 직접, 간접으로 관련된 행위이어야 한다.

간첩방조죄는 방조범의 구조를 가지고 있지만 독립죄로 규정되어 협의의 간첩죄(법98① 전단)와 동일한 법정형으로 처단된다. 따라서 간첩방조죄에 대해서는 형법 제32조에 기한 형의 필요적 감경이 인정되지 않는다.[4]

(다) 미수와 기수 간첩방조죄는 그 방조대상인 정범이 기수인가 미수인가를 묻지 않고 성립한다.[5] 정범인 협의의 간첩이 미수로 되어도 간첩방조의 미수로 되지 않으며 미수범 감경도 인정되지 않는다. 한편 간첩방조죄의 미수범은 처벌된다(법100). 간첩방조 미수범은 방조행위 그 자체가 목적을 달성하지 못하고 미수에 그친 경우에 성립한다.[6]

(라) 특별법 간첩방조죄에 대해 특별관계에 있는 것으로 「국가보안법」 제4조(목적수행) 위반의 죄가, 보충관계에 있는 것으로 「국가보안법」 제5조(자진지원 · 금품수수), 제9조(편의제공죄) 위반의 죄가 주목된다.

(3) 군사상 기밀의 누설

(가) 법적 성질 간첩죄의 세 번째 유형은 형법 제98조 제2항이 규정한 군사상 기밀누설죄이다. 구성요건은 군사상의 기밀을 적국에 누설하는 것이다. 군사상 기밀의 누설행위

---

1) 1986. 2. 25. 85도2533, 공 1986, 569 = 백선 각론 1 『위장업체 동업 사건』.
2) 1983. 4. 26. 83도416, 공 1983, 939.
3) 1994. 3. 11. 93도3145, 공 1994, 1233 = 분석 각론 『통일연구회 자료제공 사건』.
4) 1986. 9. 23. 86도1429, 공 1986, 3000.
5) 1959. 6. 12. 4292형상131, 총람 98조 15번.
6) 1959. 6. 12. 4292형상131, 총람 98조 15번.

는 군사상 기밀의 탐지 · 수집행위에 대응하는 것이다. 군사상 기밀의 누설행위는 군사상 기밀의 탐지 · 수집행위와 동일하게 처벌된다(법98②).

원래 각종 기밀이나 비밀에 관한 죄는 특정한 의무자의 누설행위가 기본적 행위유형을 이룬다.[1] 그러나 간첩죄의 경우는 국가의 외적 안전이라는 보호법익이 대단히 중요하기 때문에 누설보다 앞선 단계에서 탐지 · 수집이 기본적 행위유형을 이룬다. 따라서 군사상 기밀누설죄는 군사상 기밀의 탐지 · 수집죄에 대해 보충관계에 있다.

(나) 행위주체　　군사상 기밀을 탐지 · 수집하여 이를 적국에 누설하는 행위는 포괄하여 하나의 협의의 간첩죄(법98① 전단)로 처벌된다. 탐지 · 수집행위에 대해 누설행위는 불가벌적 사후행위를 이룬다. 이러한 관계에 비추어 볼 때 군사상 기밀누설죄의 행위주체는 군사상 기밀을 탐지 · 수집한 자가 아니라 직무와 관련하여 군사상 기밀을 지득한 자로 한정된다.[2] 이 때문에 군사상 기밀누설죄는 신분범으로 분류된다.

직무와 관계없이 지득한 군사상의 기밀을 적국에 누설한 사람은 형법 제98조 제2항의 군사상 기밀누설죄가 아니라 형법 제99조의 일반이적죄로 처벌된다.[3]

(다) 실행행위　　군사상 기밀의 개념은 앞에서 설명하였다. 군사상 기밀은 적국과의 무력충돌시에 초래될 중대한 불이익을 방지하기 위하여 적국에 비밀로 해야 할 사실 · 물건 · 지식으로서 제한된 범위의 사람에게만 알려져 있는 것을 말한다. 누설이란 군사상 기밀이라는 것을 알면서 이를 적국에게 알리는 행위를 말한다. 누설의 유형에는 제한이 없다.

제 5 기타의 외환죄

1. 일반이적죄

형법 제99조 (일반이적) 전7조에 기재한 이외에 대한민국의 군사상 이익을 해하거나 적국에 군사상 이익을 공여한 자는 무기 또는 3년 이상의 징역에 처한다.

◎ 미수범 처벌함(법100)
◎ 예비 · 음모 처벌함. 단, 자수의 특례규정 있음(법101① 본문 · 단서)
◎ 선동 · 선전 처벌함. 단, 자수의 특례규정 있음(법101② · ①)

---

1) 2012. 12. 13. 2010도10576, 공 2013상, 199 = 분석 각론 『교인명단 업로드 사건』 참조.
2) 1982. 11. 23. 82도2201, 공 1982, 241.
3) 1982. 11. 23. 82도2201, 공 1982, 241.

형법 제99조는 전술한 외환의 죄의 규정들에 대해 보충관계에 있다. 형법 제92조 내지 제98조의 구성요건에 해당하지 않는 행위라도 대한민국의 군사상 이익을 해하거나 적국에 군사상 이익을 제공하는 행위는 모두 일반이적죄를 구성한다. 직무에 관계없이 지득한 군사상 기밀을 적국에 누설하는 행위는 일반이적죄에 해당한다.[1]

2. 전시군수계약불이행죄

형법 제103조 (전시군수계약불이행) ① 전시 또는 사변에 있어서 정당한 이유 없이 정부에 대한 군수품 또는 군용공작물에 관한 계약을 이행하지 아니한 자는 10년 이하의 징역에 처한다.
② 전항의 계약이행을 방해한 자도 전항의 형과 같다.

외환의 죄는 무력행사에 관계된 것과 간첩에 관한 것이 그 전형을 이룬다. 그러나 우리 형법은 이에 머무르지 않고 전시군수계약불이행죄를 규정하고 있다. 형법 제103조의 전시군수계약불이행죄는 전시공수계약불이행죄(법117)와 함께 일본의 개정형법가안으로부터 영향을 받고 있다. 그러나 그와 동시에 6·25전쟁을 겪으면서 제정된 우리 형법의 특성을 잘 보여주고 있다.

전시나 사변과 같은 비상사태하에서 군 작전상 필요한 물건이나 시설에 관한 계약을 정당한 이유 없이 이행하지 않거나 이행을 방해하면 군 작전상 막대한 지장을 초래하게 된다. 이러한 행위는 객관적으로 보아 이적행위에 해당하는 것으로 평가할 여지도 있다. 만일 전시에 군수계약을 불이행하는 행위가 적국의 군사상 이익을 강화한다는 인식하에 행해진다면 형법 제99조의 일반이적죄(무기 또는 3년 이상 징역)가 성립하게 될 것이다.

그러나 이러한 인식이 입증되지 않는다면 일반이적죄로 처벌할 수 없다. 우리 입법자는 이러한 경우 처벌의 흠결을 방지하기 위하여 전시군수계약불이행죄(법103; 10년 이하 징역)와 전시공수계약불이행죄(법117; 3년 이하 징역 또는 500만원 이하 벌금)를 규정해 놓고 있다.[2]

전시군수계약불이행죄에서 정당한 이유가 없다는 사실은 범죄구성요건이다. 그러므로 정당한 이유가 없다는 사실은 검사가 증명해야 한다.[3] 단순한 부주의 때문에 군수계약을 이행하지 않는 것은 정당한 이유가 없는 경우에 해당하지 않는다.

---

1) 1982. 11. 23. 82도2201, 공 1982, 241.
2) 法務資料 別冊第23號 刑法並びに監獄法改正調査委員會議事速記錄, (1957), 249頁 참조.
3) 2020. 7. 9. 2019도17322, 공 2020하, 1622 = 총론 1021면 『침례 안한 여호와의 증인 사건』 참조.

제 3 장 국기에 관한 죄

제 1 서 설

형법 각칙 제3장은 국기에 관한 죄를 규정하고 있다. 국기에 관한 죄는 대한민국의 권위를 상징하는 국기(國旗) 또는 국장(國章)을 손상, 제거, 오욕 내지 비방하는 행위를 내용으로 하는 범죄로서, 보호법익은 대한민국의 권위이다.

대한민국의 국기와 국장은 우리 국민의 정신적 통일을 위한 유형적 표적이다. 입법자는 우리 국기 · 국장을 유형적으로 오손(汚損)하거나 무형적으로 비방하는 행위는 우리 국민감정과 국민정신 통일의 관점에서 보아 과형의 대상이 되어야 한다고 판단하였다. 그리하여 우리 형법은 다른 나라와 달리 대한민국의 국기 및 국장에 관한 죄를 독립된 장으로 규정하고 있다.[1]

국기에 관한 죄는 보호법익의 면에서 볼 때 국교에 관한 죄의 문제가 아니다. 입법자는 국기에 대한 죄가 대한민국의 존엄 자체와 관련된다는 점을 고려하여 대한민국 국기의 모독행위(법105; 5년 이하의 징역이나 금고, 10년 이하의 자격정지 또는 700만원 이하의 벌금)를 외국 국기에 대한 모독행위(법109; 2년 이하의 징역이나 금고 또는 300만원 이하의 벌금)보다 무겁게 처벌하고 있다. 국기에 관한 죄는 대한민국을 모욕할 목적을 요구하는 목적범이다.

국기에 관한 죄는 외국인의 국외범을 처벌한다(법5 iii). 행위지의 법률에 의하여 처벌되는지 아닌지를 묻지 않는다(법6 단서 참조).

제 2 국기에 관한 죄

1. 국기 · 국장모독죄

형법 제105조 (국기, 국장의 모독) 대한민국을 모욕할 목적으로 국기 또는 국장을 손상, 제거 또는 오욕한 자는 5년 이하의 징역이나 금고, 10년 이하의 자격정지 또는 700만원 이하의 벌금에 처한다.

1) 엄상섭, "형법요강해설", 신동운 · 허일태 편저, 효당 엄상섭 형법논집, (2003), 56면 참조.

(1) 행위객체

형법 제105조는 대한민국의 국기 또는 국장을 모독하는 행위를 국기에 관한 죄로 처벌하고 있다. 이에 대해 외국의 국기 · 국장에 대한 모독죄(법109)는 국교에 관한 죄에 속한다. 양자는 그 보호법익을 달리하기 때문에 서로 독립한 관계에 있다. 외국국기 · 국장모독죄는 반의사불벌죄임(법110, 109)에 대하여 대한민국 국기 · 국장모독죄는 반의사불벌죄가 아니다.

국기 · 국장모독죄의 행위객체는 대한민국의 국기 또는 국장이다. 국기는 대한민국의 권위를 표창하기 위하여 일정한 형식으로 제작된 기를 말한다. 국장(國章)은 대한민국의 권위와 명예를 상징적으로 표시하는 일체의 휘장으로서 국기 이외의 것을 말한다.

국기 · 국장모독죄의 객체로 될 수 있는 대한민국의 국기 또는 국장이 공적으로 사용 · 게양되는 것으로 한정될 것인지 문제된다. 외국의 국기 · 국장에 관하여 규정한 형법 제109조는 행위객체를 '그 나라의 공용에 공하는 것'으로 제한하고 있다. 이에 비추어 볼 때 형법 제105조의 국기 · 국장은 대한민국의 권위와 명예를 표시하기 위하여 사용되는 것이면 족하고, 공용 · 사용을 가리지 않는다고 볼 것이다.

(2) 실행행위

국기 · 국장모독죄의 실행행위는 대한민국의 국기 · 국장을 손상, 제거, 오욕하는 것이다. 손상은 손괴죄의 손괴와 유사한 개념이다. 국기나 국장을 절단하는 등 객체의 완전성을 물질적으로 파괴 · 훼손하여 그 효용을 잃게 하는 행위이다.

제거란 객체 자체에는 아무런 변경을 가하지 않지만 국기 · 국장이 현재의 장소에서 발휘하는 효용을 감소 · 멸각시키는 행위이다. 현재 사용하고 있는 장소에서 제거하여 옮기는 행위뿐만 아니라 현실적인 장소이전 없이 국기 · 국장을 차단함으로써 효용을 해치는 것도 제거에 해당한다.

오욕이란 국기 · 국장에 오물을 끼얹거나 먹물을 뿌리는 등 국기 · 국장을 불결하게 하는 일체의 행위를 말한다.

국기 · 국장모독죄의 주관적 요소로서 고의 이외에 대한민국을 모욕할 목적이 필요하다. 모욕은 대한민국의 명예, 권위, 체면 등에 손상을 입히거나 존엄성을 거부하는 의사표현을 말한다. 모욕 목적의 달성 여부나 모욕의 효과발생 여부는 국기 · 국장모독죄의 성립에 영향이 없다.

국기 · 국장모독죄가 손괴죄(법366)에도 해당하는 경우 손괴죄는 국기 · 국장모독죄와 법조경합관계에 있어서 별도로 성립하지 않는다.

2. 국기 · 국장비방죄

형법 제106조 (국기, 국장의 비방) 전조의 목적으로 국기 또는 국장을 비방한 자는 1년 이하의 징역이나 금고, 5년 이하의 자격정지 또는 200만원 이하의 벌금에 처한다.

형법 제106조는 국기 · 국장비방죄를 규정하고 있다. 국기 · 국장비방죄의 객체 및 목적은 국기 · 국장모독죄의 그것과 동일하다. 국기 · 국장비방죄의 실행행위는 비방이다. 비방은 정신적으로 대한민국을 모욕하는 의사를 표현하는 행위이다. 비방은 언어나 거동 또는 문서, 도화 등에 의하여 모욕의 뜻을 표시하는 일체의 행위를 포함한다.

국기 · 국장모독죄가 주로 물리적인 행위를 예상하고 있다면 국기 · 국장비방죄는 정신적인 행위를 예상하고 있다.[1] 비방이 공연히 행해져야 하는지 문제된다. 이를 긍정하는 견해도 있으나,[2] 명예훼손죄(법309 참조)와 달리 형법은 공연성 요건을 규정하고 있지 않으므로 부정해야 할 것이다. 국기 · 국장비방죄는 친고죄나 반의사불벌죄가 아니다.

---

1) 1975. 5. 13. 74도2183, 총람 105조 1번 = 분석 각론 『국기 배례 사건』.

2) 김성돈, 767면; 김일수 · 서보학, 762면; 김혜정 외, 719면; 박상기, 620면; 손동권 · 김재윤, 746면; 이재상 · 장영민 · 강동범, 704면; 이형국 · 김혜경, 791면; 임웅, 908면; 정성근 · 박광민, 954면.

제 4 장 국교에 관한 죄

제 1 서 설

형법 각칙 제4장은 국교에 관한 죄를 규정하고 있다. 국교에 관한 죄의 보호법익을 놓고 두 가지 견해가 대립하고 있다. 하나는 국가주의적 입장이다. 이 입장에서는 국교에 관한 죄의 장에 규정된 죄가 외국과의 국교를 해치고 그 결과로 대한민국의 대외적 안전이 위태롭게 된다는 점을 강조한다. 그리하여 대한민국의 대외적 지위를 국교에 관한 죄의 보호법익으로 파악한다. 이에 대해 국제주의적 입장에서는 국교에 관한 죄의 보호법익이 국제법상 의무에 기한 외국 법익의 보호에 있다고 본다.

생각건대 국교에 관한 죄는 한편으로 국가간의 예양(禮讓) 및 법적 관계를 존중하고 외국의 외부적 안전, 명예 그리고 전시에서의 중립의 이익을 보호하려는 것인 동시에 대한민국의 안전과 그 외교적 이익을 보호하는 것이기도 하다. 이 점에서 양설을 종합하는 입장이 타당하다고 본다. 법익보호의 정도는 추상적 위험범이다.

국교에 관한 죄의 규정방법으로 상호주의와 단독주의가 있다. 상호주의란 외국의 법률이 동일한 범죄를 규정하고 있는 경우에 한하여 자국법을 적용하는 입장이다. 이에 대해 단독주의는 외국의 법률에 동일한 범죄가 규정되어 있는지를 묻지 않고 자국의 법률을 적용하는 것이다. 우리 형법은 단독주의를 취하고 있다.

제 2 국교에 관한 죄의 기본유형 – 외국원수폭행죄

형법 제107조 (외국원수에 대한 폭행 등) ① 대한민국에 체재하는 외국의 원수에 대하여 폭행 또는 협박을 가한 자는 7년 이하의 징역이나 금고에 처한다.

② 전항의 외국원수에 대하여 모욕을 가하거나 명예를 훼손한 자는 5년 이하의 징역이나 금고에 처한다.

◎ 반의사불벌죄임(법110)

1. 행위객체

형법 제107조는 외국원수폭행 · 협박죄 및 외국원수모욕 · 명예훼손죄를 규정하고 있다

(이하 외국원수폭행죄로 통칭함). 외국원수폭행죄를 특별히 처벌하는 것은 외국사절폭행죄(법108)와 함께 국제예양을 지키기 위함이다. 헌법이 천명한 국제법존중주의(헌법6)의 구체적 표현이며 대한민국의 국제적 신용을 확보하는 방안의 하나이다.

외국원수폭행죄의 행위객체는 대한민국에 체재하는 외국의 원수이다. 원수(元首)는 군주 또는 대통령과 같이 어느 국가의 최고지위에 있는 사람으로서 그 국가를 대표하는 사람을 말한다. 그 명칭 여하는 묻지 않는다. 우리나라가 승인하여 정상적인 외교관계를 맺고 있는 국가는 당연히 외국에 포함된다.

문제는 형법 제107조의 외국에 미승인국이나 국제법상의 교전단체도 포함되는가 하는 점이다. 생각건대 이들도 일응 국가로서의 실체를 가지고 있다면 보호할 필요가 있으므로 외국에 포함된다고 보아야 할 것이다.

2. 실행행위

외국원수폭행죄의 실행행위는 폭행 · 협박(법107①)과 모욕 · 명예훼손(법107②)이다. 이들 행위는 원래 폭행죄(법260) 협박죄(법283), 모욕죄(법311), 명예훼손죄(법307)에 의하여 처벌될 것이지만 객체가 외국의 국가원수라는 점 때문에 위법성이 가중된다. 따라서 이들 각 죄와 외국원수폭행죄와의 관계는 법조경합으로서 전자는 후자에 흡수된다.

모욕 · 명예훼손(법107②)의 경우에는 모욕죄 및 명예훼손죄의 경우와 같은 공연성이 요구되지 않으며, 명예훼손의 경우 위법성조각에 관한 형법 제310조의 적용이 없다. 폭행죄(법260③), 협박죄(법283③), 명예훼손죄(법312②)는 모두 반의사불벌죄이다. 이에 반해 모욕죄(법312①)는 친고죄이다.

이에 대해 외국원수폭행죄는 행위형태를 가리지 않고 모두 반의사불벌죄이다(법110). 폭행죄와 협박죄의 경우 2인 이상이 공동하여 범행을 하면 「폭력행위 등 처벌에 관한 법률」에 의하여 반의사불벌죄에서 일반범죄로 전환된다(폭력행위처벌법2④). 그러나 외국원수폭행죄의 경우에는 이러한 특례규정이 없으므로 2인 이상이 공동하여 폭행 · 협박을 하더라도 반의사불벌죄로서의 성질을 잃지 않는다.

제 3 국교에 관한 죄의 특수유형

1. 외국사절폭행죄

형법 제108조 (외국사절에 대한 폭행 등) ① 대한민국에 파견된 외국사절에 대하여 폭행 또는 협박을 가한 자는 5년 이하의 징역이나 금고에 처한다.

② 전항의 외국사절에 대하여 모욕을 가하거나 명예를 훼손한 자는 3년 이하의 징역이나 금고에 처한다.

◎ 반의사불벌죄임(법110)

형법 제108조는 외국사절에 대한 폭행 · 협박죄(법108①) 및 모욕 · 명예훼손죄(법108②)를 규정하고 있다(이하 외국사절폭행죄로 통칭함). 외국사절폭행죄는 외국원수폭행죄와 비슷하나 행위의 객체가 다르다. 대한민국에 파견된 외국사절이란 그 본국을 대표하여 대한민국에 파견된 사절을 의미한다. 의식(儀式)상의 사절이나 외교상의 사절은 여기에 당연히 포함된다.

문제는 외국의 경제사절, 문화사절도 외국사절폭행죄의 객체가 되는가 하는 점이다. 생각건대 국교에 관한 죄가 국제관계에서 대한민국의 대외적 지위를 보호법익으로 삼고 있다는 점, 일반규정인 폭행죄 등으로 처리하여도 특별한 불비점이 없다는 점 등에 비추어 볼 때 이들은 외국사절에 포함되지 않는다고 본다.

외국사절폭행죄의 객체는 대한민국에 파견된 외국사절이다. 제3국에 파견된 사절로서 부임 또는 귀국 도중에 대한민국에 체재하는 경우는 외국사절폭행죄의 객체에 포함되지 않는다. 외국사절의 수행원이나 가족 등은 대한민국에 파견된 자라 할지라도 외국사절폭행죄의 객체로 되지 않는다. 외국사절폭행죄는 반의사불벌죄이다(법110).

실행행위의 태양으로서 폭행, 협박 및 모욕, 명예훼손의 내용은 외국원수폭행죄의 그것과 같다.

2. 외국국기 · 국장모독죄

형법 제109조 (외국의 국기, 국장의 모독) 외국을 모욕할 목적으로 그 나라의 공용에 공하는 국기 또는 국장을 손상, 제거 또는 오욕한 자는 2년 이하의 징역이나 금고 또는 300만원 이하의 벌금에 처한다.

◎ 반의사불벌죄임(법110)

(1) 행위객체

형법 제109조는 국제예양에 반하여 외국의 국기 · 국장을 손상, 제거, 오욕함으로써 그 나라의 위신을 해치는 행위를 처벌하고 있다. 외국국기 · 국장모독죄의 주된 보호법익은 그 국기 · 국장으로 상징되는 외국의 권위이다. 부차적으로는 우리나라의 외교상 이익도 보호된다.

외국국기 · 국장모독죄의 구성요건요소는 전술한 대한민국 국기 · 국장모독죄(법105)의 그것과 거의 같다. 다만 행위객체가 외국의 공용에 공하는 국기 · 국장인 점이 다르다. 공용에 공하는 국기 · 국장이란 그 나라의 국가권위를 표시하기 위하여 사용되고 있는 국기 · 국장을 말한다. 운동회장의 만국기처럼 단순히 장식에 불과한 것은 여기에 해당하지 않는다.

(2) 실행행위

외국국기 · 국장모독죄의 실행행위는 공용에 공하는 외국의 국기 · 국장을 손상, 제거, 오욕하는 것이다. 손상, 제거, 오욕은 반드시 공연히 행해질 필요는 없다.

손상은 외국의 국기나 국장을 절단하는 등 객체의 완전성을 물질적으로 파괴 · 훼손하여 그 효용을 잃게 하는 행위이다. 제거는 객체 자체에는 아무런 변경을 가하지 않지만 공용에 공하는 외국의 국기 · 국장이 현재의 장소에서 발휘하는 효용을 감소 · 멸각시키는 것이다. 오욕이란 공용에 공하는 외국의 국기 · 국장에 오물을 끼얹거나 먹물을 뿌리는 등 외국의 국기 · 국장을 불결하게 하는 일체의 행위를 말한다.

외국국기 · 국장모독죄는 목적범이다. 범죄성립의 주관적 요소로서 고의 이외에 외국을 모욕할 목적이 있어야 한다. 외국국기 · 국장모독죄는 반의사불벌죄이다(법110).

3. 외국에 대한 사전죄

형법 제111조 (외국에 대한 사전) ① 외국에 대하여 사전(私戰)한 자는 1년 이상의 유기금고에 처한다.

◎ 미수범 처벌함(법111②)
◎ 예비 · 음모 처벌함. 단, 자수의 특례규정 있음(법111③ 본문 · 단서)

형법 제111조는 외국에 대해 사적으로 무력을 행사하는 행위를 처벌하고 있다. 사전(私戰)이란 국가의 전투명령이 없음에도 불구하고 사인(私人)이 함부로 외국에 대해 무력을 행사하는 것을 말한다. 국가조직에 의하여 공식적으로 시인된 무력행사는 사전이 아니라 전쟁에 해당한다. 무력행사의 대상이 되는 외국은 그 국가 전체를 의미한다. 외국의 해안이나 어느 부락민들로부터 재물을 약탈하는 행위는 사전에 해당하지 않는다.

사전(私戰)은 사적인 조직을 가지고 외국을 무력으로 공격하는 것이어야 한다. 적어도 무력에 해당하는 정도이어야 하므로 무기를 가지고 조직적으로 공격행동을 할 것이 요구된다. 단순히 개별적인 폭력행위에 그치는 경우는 사전에 해당하지 않는다.

사전죄의 미수범은 처벌된다(법111②). 외국에 대해 무기를 가지고 조직적으로 공격을 시작할 때 실행의 착수가 인정되며, 외국이 사전(私戰)행위에 응하여 교전하는 상황에 이르면 기수에 이른다.

사전행위는 이를 불문에 부칠 경우 당해 외국 정부나 외국 국민의 감정을 해치고 나아가서 대한민국과의 국교를 위태롭게 할 염려가 크다. 이 때문에 우리 형법은 사전죄를 1년 이상의 유기금고로 무겁게 처벌하고 있으며(법111①), 미수범(법111②)은 물론 예비 · 음모(법111③ 본문; 3년 이하의 금고 또는 500만원 이하의 벌금)까지 처벌하고 있다. 예비 · 음모의 경우에는 자수의 특례가 인정된다(법111③ 단서).[1] 그러나 사전에 대한 선동 · 선전은 처벌대상으로 규정되어 있지 않다. 사전죄의 법정형에 징역 대신에 금고가 규정되어 있다는 점은 주목된다.

4. 중립명령위반죄

형법 제112조 (중립명령위반) 외국간의 교전에 있어서 중립에 관한 명령을 위반한 자는 3년 이하의 금고 또는 500만원 이하의 벌금에 처한다.

(1) 법적 성질

형법 제112조는 외국간에 교전이 있을 때 국외중립에 관한 명령에 위반하는 행위를 처벌하고 있다. 형법 제112조에 의하여 처벌되는 행위의 내용은 중립에 관한 명령을 기다려서 비로소 결정된다. 우리 형법전에 규정된 백지형법(白地刑法)의 유일한 예이다.

외국간의 교전에 있어서라 함은 우리나라가 참가하지 아니한 전쟁이 2개국 이상의 외국간에 행해지고 있음을 말한다. 형법 제112조의 교전이 국제법상 선전포고가 행해진 전쟁에 국한되는지 문제된다. 그러나 중립명령위반죄는 국내법상 중립명령이 발해진 후에 비로소 그 구성요건의 내용이 구체화되므로 선전포고 여부는 논의의 실익이 없다. 중립이란 교전국의 어느 측에도 가담하지 않고 불편부당한 지위를 유지하는 것을 말한다.

중립에 관한 명령은 국민의 권리를 제한하고 의무를 부과하는 내용을 가지므로 우리 헌법상 입법사항이다. 그런데 법률의 위임 없이 명령으로 이를 규정할 수 있을 것인지 문제된다. 생각건대 국제법상의 중립의무는 일정하게 고정된 것이 아니므로 설사 특별법으로 이를 규정해도 추상적일 수밖에 없다. 그렇다면 오히려 형법 제112조 자체가 중립의무의 구체적

---

1) 일본 형법은 사전행위 자체를 처벌하는 것이 아니라 사전의 예비 · 음모를 처벌하는 형식을 취하고 있다. 일본형법 제93조 외국에 대하여 사적으로 전투행위를 할 목적으로 그 예비 또는 음모를 한 자는 3월 이상 5년 이하의 금고에 처한다. 단, 자수한 자는 그 형을 면제한다.

사항을 명령에 위임하고 있다고 새겨도 무방할 것이다.

(2) 중립명령위반죄와 추급효

중립에 관한 명령은 원래 외국간의 교전이라는 일시적 사태에 대처하기 위한 것이므로 당해 명령은 당연히 변경 또는 폐지될 것을 전제로 하고 있다. 여기에서 중립명령이 변경 · 폐지된 이후에 그 변경 · 폐지시점 이전의 위반행위를 처벌할 수 있는지 문제된다.

(가) 긍정설 긍정설의 입장에서는 백지형법의 공백을 채워주는 보충규범이 변경 · 폐지되더라도 백지형법으로서 형법 제112조 자체는 아무런 변경 없이 여전히 효력을 가지고 있으므로 중립명령의 변경 · 폐지는 형법 제1조 제2항의 '법률의 변경'에 해당하지 않아 처벌이 가능하다고 본다.

(나) 부정설 부정설의 입장에서는 백지형법인 형법 제112조는 그 공백을 보충하는 구체적 중립명령과 합일하여서만 형벌법규로서의 기능을 발휘할 수 있기 때문에 형법 제112조와 중립명령은 불가분의 일체라고 본다. 그리하여 중립명령이 변경 · 폐지된 경우도 백지형법 자체의 변경 · 폐지로 보고, 형법 제1조 제2항의 '법률의 변경'에 해당한다고 본다. 그리고 만일 중립명령위반행위가 기소되었다면 법원은 판결로써 면소의 선고를 하여야 한다고 주장한다(형소법326 iv 참조).

(다) 판 례 중립명령위반죄에 대한 직접적인 판례는 아직 없다. 대법원은 종래 특별법상의 백지형법 사안에서 동기설을 취하고 있었다. 즉 판례는 백지형법의 보충규정을 변경하거나 폐지한 것이 법률이념의 반성적 고찰에 의한 것이면 면소를 선고하고, 단순히 사정변경에 기초한 것이면 처벌할 수 있다고 보았다.[1] 2022년 대법원은 종래의 판례를 폐기하고 백지형법의 보충규정 변경 · 폐지가 백지형법 자체의 변경 · 폐지에 해당한다고 보는 입장으로 선회하였다.[2]

(라) 사 견 생각건대 종래 판례가 취하고 있던 동기설은 법률이념의 변경인가 단순한 사실상태의 변경인가를 구별하는 기준이 애매하여 법적 안정성을 결하는 흠이 있었다. 처벌긍정설은 백지형법이 계속 존속하고 있다는 점을 지적하고 있으나, 극히 형식적인 논리에 흐르는 결점을 안고 있다. 중립명령이 변경 · 폐지된 경우는 백지형법과 보충규범의 일체불가분성을 강조하는 처벌부정설 및 변경된 판례에 따라 처리하는 것이 타당하다고 본다.

---

1) 1989. 4. 25. 88도1993, 공 1989, 839 = 백선 총론『밀링머신 사건』.
2) 2022. 12. 22. 2020도16420 전원합의체 판결, 공 2023상, 318 =『전동킥보드 음주운전 사건』.

5. 외교상기밀누설죄

형법 제113조 (외교상기밀의 누설) ① 외교상의 기밀을 누설한 자는 5년 이하의 징역 또는 1천만 원 이하의 벌금에 처한다.

② 누설할 목적으로 외교상의 기밀을 탐지 또는 수집한 자도 전항의 형과 같다.

(1) 외교상기밀누설죄의 특수성

외교상기밀누설죄는 일본의 개정형법가안에서 유래한 조문이다. 중요 국가기밀을 보호하는 법률로 「국가보안법」과 「군사기밀 보호법」이 있다. 한편 형법상으로는 간첩죄(법98; 사형, 무기 또는 7년 이상의 징역)와 공무상비밀누설죄(법127; 2년 이하의 징역이나 금고 또는 5년 이하의 자격정지)가 주목된다. 외교상기밀누설죄는 간첩죄와 공무상비밀누설죄의 중간에 위치하는 범죄유형으로서 형법 제113조의 법정형(5년 이하의 징역 또는 1천만원 이하의 벌금) 정도로 규율할 필요가 있는 행위들이 규율대상이 되고 있다.[1)]

형법 제98조의 간첩죄는 군사상 기밀을 탐지, 수집하여 적국에 누설하는 행위를 처벌하고 있다. 이에 반하여 형법 제113조는 외교상 기밀을 누설하는 행위를 처벌하고 있다. 외교상기밀누설죄는 적국을 전제로 하지 않는다는 점과 행위의 객체가 외교상 기밀에 국한된다는 점에서 간첩죄와 구별된다.

(2) 구성요건요소

(가) 외교상 기밀 외교상의 기밀이란 외국과의 관계에서 국가가 보지(保持)해야 할 기밀로서 외교정책상 외국에 대하여 비밀로 하거나 확인되지 아니함이 대한민국의 이익이 되는 모든 정보자료를 말한다.[2)] 외국 상호간의 외교상 기밀은 여기에 해당하지 않는다.

언론 보도 등의 경위로 외국에 이미 널리 알려져 있는 사항은 특단의 사정이 없는 한 이를 비밀로 하거나 확인되지 아니함이 외교정책상의 이익이 된다고 할 수 없는 것이어서 외교상의 기밀에 해당하지 않는다.[3)]

외국에 이미 널리 알려져 있는 사항이라 하더라도 이를 확인하지 아니함이 외교정책상 이익이 되는 특단의 사정이 있는 경우에는 공개된 사항도 예외적으로 외교상 기밀에 해당할 수 있다. 이 경우 외국에 널리 알려진 사항 그 자체가 외교상의 기밀이 되는 것이 아니라 그

1) 法務資料 別冊第23號 刑法並びに監獄法改正調査委員會議事速記錄, (1957), 313頁 참조.
2) 1995. 12. 5. 94도2379, 공 1996, 311 = 분석 각론『보도지침 사건』.
3) 1995. 12. 5. 94도2379, 공 1996, 311 = 분석 각론『보도지침 사건』.

러한 사항의 존재나 진위 여부에 대한 대한민국 정부의 공식적인 입장이나 견해가 외교상의 기밀이 된다.[1)]

(나) 누 설 외교상기밀누설죄의 기본적 구성요건은 외교상의 기밀을 누설하는 것이다(법113①). 누설이란 외교상 기밀을 아직 알지 못하는 타인에게 이를 고지하는 것을 말한다. 이미 그 기밀을 알고 있는 사람에게 고지하는 것은 누설에 해당하지 않는다.

간첩죄의 일종인 군사상 기밀누설죄(법98②)와 대비해 볼 때 외교상기밀누설죄의 주체는 직무상으로 외교상 기밀을 지득하게 된 자에 한정된다. 따라서 외교상기밀누설죄는 신분범에 해당한다. 외교상기밀누설죄는 고의범이다. 부주의하게 누설하는 경우는 형법 제113조에 해당하지 않는다.

(다) 탐지 · 수집 외교상기밀누설죄의 또 다른 유형은 누설할 목적으로 외교상 기밀을 탐지 · 수집하는 행위이다(법113②). 형법 제113조 제1항의 누설죄가 신분범임에 대하여 형법 제113조 제2항의 탐지 · 수집죄는 그 행위주체에 제한이 없다. 다만 초과주관적 구성요건요소로 고의 이외에 누설할 목적을 요한다.

(라) 이익교량의 문제 외교상기밀누설죄의 성립을 검토할 때 주의할 것은 이익교량의 문제이다. 설사 외교상의 기밀이 누설되었다고 하더라도 그로 인하여 얻어지는 이익이 대한민국의 대외적 이익을 현저히 증진시킬 때에는 외교상기밀누설죄의 성립을 인정할 수 없다.

이익교량의 문제와 관련하여 대의제 민주주의를 확립하기 위해 국회의원에게 면책특권(헌법45)이 인정되고 있다는 점, 언론 · 출판의 자유와 관련하여 언론기관의 보도행위가 형법 제20조의 업무로 인한 행위에 해당할 여지도 있다는 점[2)] 등에 유의할 필요가 있다.

1) 1995. 12. 5. 94도2379, 공 1996, 311 = 분석 각론『보도지침 사건』.
2) 2011. 7. 14. 2011도639, 공 2011하, 1672 = 분석 각론『신문기자 취재 요청 사건』 참조.

제 5 장　공안을 해하는 죄

제 1　서　설

1. 입법취지

형법 각칙 제5장은 공안(公安)을 해하는 죄를 규정하고 있다. 제5장 공안을 해하는 죄는 이어지는 제6장 폭발물에 관한 죄와 함께 공공의 안녕질서에 대한 죄를 구성하고 있다. 형법 각칙 제5장과 제6장의 죄는 정치와 사회의 각 영역에 관련되는 안녕질서 교란행위를 처벌하기 위하여 마련된 것이다.

우리 입법자가 형법 각칙 제5장을 '공안을 해하는 죄'라는 이름으로 명명한 것은 '안녕질서에 대한 죄'를 범하였다는 이유로 우리 독립운동자 내지 민족의식이 강한 인사들을 억압하던 일제시대의 고통스러운 경험 때문이다.[1)]

2. 테러방지법

2016년 입법자는 「국민보호와 공공안전을 위한 테러방지법」(테러방지법)을 공포 · 시행하였다. 테러방지법은 테러의 예방 및 대응 활동 등에 관하여 필요한 사항과 테러로 인한 피해보전 등을 규정함으로써 테러로부터 국민의 생명과 재산을 보호하고 국가 및 공공의 안전을 확보하는 것을 목적으로 하고 있으며(동법1), 대테러활동에 관하여 다른 법률에 우선하여 적용된다(동법4).

테러방지법은 테러의 개념(동법2 i 참조)을 정의하는 한편, 테러단체구성 · 가입죄 등(동법17)을 처벌하고 있다. 테러방지법이 처벌의 대상으로 삼고 있는 테러단체는 국제연합(UN)이 지정한 테러단체를 말한다(동법2 ii). 테러단체구성 · 가입죄(동법17)에 대해서는 세계주의가 적용된다(동법19). 즉 대한민국 영역 밖에서 테러단체구성 · 가입죄 등을 저지른 외국인에게도 국내법을 적용한다.

테러방지법은 테러단체의 구성 및 가입 행위 등을 처벌하고 있으나 활동 자체를 처벌하는 규정을 두고 있지 않다. 테러방지법은 형법 등 국내법에 죄로 규정된 행위가 테러방지법이 규정한 테러(동법2 참조)에 해당하는 경우 해당 법률에서 정한 형에 따라 처벌하도록 하고

---

1) 엄상섭, "형법요강해설", 신동운 · 허일태 편저, 효당 엄상섭 형법논집, (2003), 60면 참조.

있다(동법17⑥).

3. 체계적 지위

형법 각칙 제5장 공안을 해하는 죄 및 제6장 폭발물에 관한 죄의 체계적 위치에 관하여 견해가 나뉘고 있다.

(가) 국가적 법익설　　공안을 해하는 죄와 폭발물에 관한 죄를 국가적 법익에 관한 죄로 보는 견해이다.[1] 이 입장에서는 공안에 관한 죄 및 폭발물에 관한 죄가 국법질서 유지를 임무로 하는 국가권력작용과 밀접한 관계가 있다고 본다.

(나) 사회적 법익설　　공안을 해하는 죄 및 폭발물에 관한 죄를 사회적 법익에 관한 죄로 보는 견해이다. 이 입장에서는 공안을 해하는 죄를 공안(公安), 즉 공공의 안전이라는 문언에 충실하게 해석하여 사회적 공동생활의 안정과 평화를 위태롭게 하는 범죄라고 본다.[2] [3]

(다) 사 견　　공안을 해하는 죄 및 폭발물에 관한 죄는 위험범으로서의 성격을 가지고 있다. 보호법익에 관한 논쟁은 두 죄의 성격을 파악할 때 구체적으로 어떠한 측면에 중점을 둘 것인가 하는 문제와 관련이 있다. 학설대립의 실익은 '공안'의 개념을 국법질서의 유지로 볼 것인지 아니면 불특정 또는 다수인의 안전이라고 볼 것인지와 관련하여 나타난다.

생각건대 국가적 법익설이 타당하다고 본다. 공안을 해하는 죄와 폭발물에 관한 죄는 국가존립을 직접적으로 위협하지는 않지만 국법질서의 유지라는 국가의 핵심적 기능과 관련을 맺고 있다. 형법 각칙 제1장부터 제4장까지의 죄는 국가의 존립 자체와 관련된 것이다. 한편 각칙 제7장 공무원의 직무에 관한 죄로부터 제11장 무고에 관한 죄까지는 국가기능의 보호를 위하여 규정된 것이다. 우리 입법자가 양자의 중간에 제5장 공안을 해하는 죄 및 제6장 폭발물에 관한 죄를 배치한 것은 국가존립을 전제로 국법질서의 유지라는 국가의 핵심기능을 보호하기 위함이다.[4]

---

1) 유기천, 형법학 각론강의 하, (전정신판), (1986), 257면.

2) 김성돈, 559면; 김일수 · 서보학, 437면; 김혜정 외, 510면; 박상기, 451면; 배종대, 526면; 손동권 · 김재윤, 544면; 오영근, 463면; 이재상 · 장영민 · 강동범, 500면; 이형국 · 김혜경; 578; 임웅, 631면; 정성근 · 박광민, 546면; 주호노, 1143면.

3) 비교법적으로 볼 때 일본 형법은 우리 형법상 소요죄와 다중불해산죄에 해당하는 범죄를 각칙 제8장 '소란의 죄'에 규정하고 있다. 제8장 '소란의 죄'는 제7장 '범인은닉 및 증거인멸의 죄'와 제9장 '방화 및 실화의 죄' 사이에 위치하고 있어서 보호법익을 둘러싸고 논란이 제기되고 있다. 제7장이 국가적 법익에 관한 죄를 규정한 것임에 대하여 제9장은 사회적 법익을 규정하고 있어서 제8장의 성격이 문제되는 것이다. 일본의 통설과 판례는 사회적 법익설을 취하고 있다. 大コンメンタール刑法, 第二版, 第6卷, 348頁 참조.

4) 일본 개정형법가안은 제10장 무고의 죄, 제11장 신사(神社)에 관한 죄, 제12장 예배소에 관한 죄, 제13

제2 범죄단체조직죄

형법 제114조(범죄단체 등의 조직) 사형, 무기 또는 장기 4년 이상의 징역에 해당하는 범죄를 목적으로 하는 단체 또는 집단을 조직하거나 이에 가입 또는 그 구성원으로 활동한 사람은 그 목적한 죄에 정한 형으로 처벌한다. 다만, 형을 감경할 수 있다.

1. 범죄단체조직죄의 특성

(1) 2013년 형법개정

형법 제114조는 범죄단체조직죄를 규정하고 있다. 범죄단체조직죄는 사형, 무기 또는 장기 4년 이상의 징역에 해당하는 범죄를 목적으로 하는 단체 또는 집단을 조직하거나 이에 가입하거나 또는 그 구성원으로 활동함으로써 성립하는 범죄이다. 범죄단체조직죄의 구성요건은 2013년 형법 일부개정에 의하여 대폭적인 변화를 맞이하였다.

개정 전의 범죄단체조직죄는 법정형의 제한 없이 범죄를 목적으로 단체를 조직하기만 하면 구성요건에 해당하게 되어 그 처벌범위가 너무 넓다는 비판이 제기되었다. 나아가 우리나라가 가입한 「국제연합국제조직범죄방지협약」은 법정형이 장기 4년 이상인 범죄를 목적으로 하는 단체를 조직하는 행위 등을 범죄화하도록 규정하여 범죄단체조직죄의 성립범위를 제한하고 있다.

한편 이와는 반대로 개정 전 범죄단체조직죄로는 아직 범죄단체에는 이르지 못하였으나 그 위험성이 큰 '범죄집단 조직'의 경우에 대해 대처가 미비하다는 비판이 있었다. 또한 범죄단체에의 조직과 가입행위만을 처벌대상으로 하고 있었기 때문에 범죄단체의 구성원으로 활동하는 행위에 대처할 수 없다는 문제점도 지적되고 있었다.

이러한 점들을 고려하여 2013년 입법자는 '사형, 무기 또는 장기 4년 이상의 징역'에 해당하는 범죄를 목적으로 하는 단체를 조직하는 행위를 처벌하도록 하여 범죄성립 범위를 제한함으로써 「국제연합국제조직범죄방지협약」의 내용과 조화를 이루게 하는 한편, 범죄단체의 조직 · 가입뿐만 아니라 이에 이르지 못한 범죄집단의 조직 · 가입도 처벌하도록 범죄단체조직죄를 개정하였다. 나아가 범죄단체 · 범죄집단의 구성원으로 활동하는 행위도 처벌대상에 포함시켰다.

장 안녕질서에 대한 죄, 제14장 폭발물에 관한 죄, 제15장 소요의 죄, 제16장 방화 및 실화의 죄의 순서로 조문을 배열하고 있다. 가안과 비교해 보면 우리 입법자가 공안을 해하는 죄와 폭발물에 관한 죄를 제5장과 제6장에 전진 배치함으로써 이들 죄가 국가적 법익에 관한 범죄라는 점을 뚜렷이 밝혔음을 알 수 있다.

형법 제114조는 범죄단체의 조직 · 가입 · 활동의 죄 및 범죄집단의 조직 · 가입 · 활동의 죄를 규율대상으로 설정하고 있다. 아래에서는 서술의 편의를 위하여 이들 범죄를 범죄단체조직죄로 통칭하여 논의를 진행하기로 한다.

(2) 보호법익

범죄단체조직죄의 보호법익과 관련하여 국가적 법익설을 취하는 입장에서는 형법 제114조를 다수인이 결집하여 국법질서를 파괴하려는 시도를 사전에 차단하려는 규정이라고 본다. 이에 대해 사회적 법익설의 입장에서는 공공의 내적 안전 내지 공공의 평온이라고 본다.

생각건대 (가) 사회적 해악의 방지라는 관점에서 「폭력행위 등 처벌에 관한 법률」 제4조에[1] 별도로 범죄단체조직죄가 규정되어 있다는 점과, (나) 형법전의 체계상 공안을 해하는 죄가 국가적 법익에 관한 죄로 편별되어 있다는 점에 비추어 볼 때 형법상 범죄단체조직죄는 국가적 법익에 관한 죄로 보아야 할 것이다.

국법질서의 유지라는 보호법익은 범죄단체가 존속하고 있다는 사실만으로도 위험에 처하게 되므로 범죄단체조직죄는 추상적 위험범이다.

(3) 죄형법정주의와의 관계

(가) 문제의 소재 형법 제114조는 사형, 무기 또는 장기 4년 이상의 징역에 해당하는 범죄를 목적으로 하는 단체 또는 집단을 조직하거나 이에 가입 또는 그 구성원으로 활동한 사람을 처벌하고 있다. 이 가운데 범죄를 목적으로 하는 단체나 집단의 조직 또는 가입은 목적하는 범죄 자체의 관점에서 보면 그 실행행위의 예비나 음모에 불과하다고 말할 수 있다. 여기에서 형법 제114조가 죄형법정주의에 위반되는 것이 아닌가 하는 의문이 제기되고 있다.

(나) 위헌설 위헌설은 그 논거로 첫째 구성요건이 개별화되지 않고 막연히 "사형, 무기 또는 장기 4년 이상의 징역"에 해당하는 범죄를 목적으로 하는 단체 또는 집단으로 규정되어 있다는 점, 둘째 범죄단체 · 집단을 조직하거나 이에 가입하기만 하면 그 목적한 죄를 실행하여 결과를 초래한 것과 동일한 형으로 처벌하고 있는데, 이것은 행위가 있은 다음에

---

1) 폭력행위 등 처벌에 관한 법률 제4조(단체 등의 구성 · 활동) ① 이 법에 규정된 범죄를 목적으로 하는 단체 또는 집단을 구성하거나 그러한 단체 또는 집단에 가입하거나 그 구성원으로 활동한 사람은 다음 각 호의 구분에 따라 처벌한다.

1. 수괴(首魁) : 사형, 무기 또는 10년 이상의 징역
2. 간부 : 무기 또는 7년 이상의 징역
3. 수괴 · 간부 외의 사람 : 2년 이상의 유기징역

그에 대하여 형벌을 가하기로 하는 행위형법의 기본원칙에 반한다는 점 등을 논거로 제시하고 있다.

(다) 합헌설 합헌설은 우리 사회에 단체성을 띤 범죄현상이 급격히 증가하고 있다는 점과 단체성을 띤 범죄일수록 범죄피해의 위험성이 높다는 점 등을 이유로 범죄단체조직죄의 입법취지가 충분히 수긍된다고 본다.

(라) 사 견 생각건대 범죄단체조직죄는 현대의 집단범죄, 조직범죄에 대처하려는 입법자의 정책적 배려가 들어 있는 것으로 죄형법정주의에 반하는 것은 아니라고 본다. 또한 국제조약과의 조화를 고려하여 구성요건을 보다 구체화하였다는 점에서 위헌의 소지는 많이 줄어들었다고 생각된다. 그럼에도 불구하고 입법론적으로 볼 때 남용의 위험이 없도록 구성요건을 보다 구체화, 명확화할 필요는 있다고 하겠다. 이러한 사정은 2013년 형법 개정에 의하여 범죄단체 이외에 범죄집단까지 처벌대상으로 들어오고 있다는 점에서 더욱 그러하다.

특히 범죄단체조직죄에 새로이 추가된 '활동' 부분은 추상적이고 포괄적인 면이 없지 않다. 그러므로 '활동' 부분에 대해서는 헌법이 보장하는 죄형법정주의의 명확성의 원칙에 위배되지 않도록 입법취지와 처벌의 정도 등을 고려하여 국민의 입장에서 금지되는 행위에 대한 예측가능성을 가질 수 있도록 헌법합치적 해석을 할 필요가 있다.[1]

2. 행위객체

형법 제114조는 사형, 무기 또는 장기 4년 이상의 징역에 해당하는 범죄를 목적으로 하는 단체 또는 집단을 조직하거나 이에 가입 또는 그 구성원으로 활동한 사람을 처벌하고 있다.

범죄단체는 특정 다수인이 사형, 무기 또는 장기 4년 이상의 징역에 해당하는 범죄를 수행한다는 공동목적 아래 구성한 계속적인 결합체로서 그 단체를 주도하거나 내부의 질서를 유지하는 최소한의 통솔체계를 갖춘 것을 의미한다.[2]

---

1) 2009. 9. 10. 2008도10177, 공 2009하, 1697 = 분석 각론『파라다이스파 줄빠따 사건』 참조.

2) 2020. 8. 20. 2019도16263, 공 2020하, 1824 =『중고차 사기판매 조직 사건』:

갑은 을 등 직원을 채용하여 중고차 할부판매를 하는 M외부사무실을 운영하였다. 직원들은 상담원, 출동조, 팀장 등으로 조직화되었다. 상담원은 인터넷 허위 광고를 보고 전화를 건 손님들에게 거짓말로 M외부사무실에 방문할 것을 유인하는 역할을 담당하였다. 출동조는 M외부사무실을 방문한 손님들에게 허위 중고차량을 보여주면서 소위 '뜬플' 또는 '쌩플'의 수법으로 중고차량 매매계약을 유도하는 역할을 담당하였다. 팀장은 출동조가 매매계약 유도를 성공하면 손님들과 정식 계약을 체결하는 역할을 담당하였다. 대표는 각자의 역할을 교육하는 한편, 손님들이 중고차량을 할부로 계약한 경우 할부금융사로부터 받는 할부중개수수료 중 절반을 팀장들에게 나누어 주었다.

검사는 갑 등을 다음의 공소사실로 기소하였다. (가) 주위적 공소사실 : 범죄단체조직죄. (나) 예비적으로 범죄집단은 특정 다수인이 사형, 무기 또는 장기 4년 이상의 범죄를 수행한다는 공동목적 아래 구성원들이 정해진 역할분담에 따라 행동함으로써 범죄를 반복적으로 실행할 수 있는 조직체계를 갖춘 계속적인 결합체를 의미한다. '범죄단체'에서 요구되는 '최소한의 통솔체계'를 갖출 필요는 없지만, 범죄의 계획과 실행을 용이하게 할 정도의 조직적 구조를 갖추어야 한다.[1)]

단체 또는 집단이 목적으로 하는 범죄에는 제한이 없다. 반드시 살인, 방화 등의 형법범에 국한되지 않는다. 다만 내란목적단체의 경우에는 내란죄(법87)가 범죄단체조직죄(법114)에 대해 특별관계에 선다.

보이스피싱 조직은 형법 제114조의 범죄단체에 해당한다. 보이스피싱 조직은 보이스피싱이라는 사기범죄(법347; 10년 이하의 징역 또는 2천만원 이하의 벌금)를 목적으로 구성된 다수인의 계속적인 결합체로서, 총책을 중심으로 간부급 조직원들과 상담원들, 현금인출책 등으로 구성되어 내부의 위계질서가 유지되고 조직원의 역할 분담이 이루어지는 최소한의 통솔체계를 갖춘 것이기 때문이다.[2)]

공소사실 : 범죄집단조직죄. (사기죄 등 기타 범죄는 고찰에서 제외함). 갑의 피고사건은 제1심을 거친 후, 항소심에 계속되었다. 항소법원은 다음과 같이 판단하였다. (가) 주위적 공소사실 : 범죄단체조직죄 무죄. (나) 예비적으로 공소사실 : 범죄집단조직죄 무죄. 검사는 불복 상고하였다.

대법원은 다음의 이유를 제시하여 원심판결을 파기환송하였다. 대법원은 본문 소개의 법리를 제시하였다. 대법원은 갑 등의 행위에 대해 다음과 같이 판단하였다. "M외부사무실은 특정 다수인이 사기범행을 수행한다는 공동목적 아래 구성원들이 대표, 팀장, 출동조, 전화상담원 등 정해진 역할분담에 따라 행동함으로써 사기범행을 반복적으로 실행하는 체계를 갖춘 결합체, 즉 형법 제114조의 '범죄를 목적으로 하는 집단'에 해당한다."

1) 2020. 8. 20. 2019도16263, 공 2020하, 1824 = 『중고차 사기판매 조직 사건』.

2) 2017. 10. 26. 2017도8600, 공 2017하, 2232 = 『신용등급 보이스피싱 사건』:

P보이스피싱 조직은 총책을 중심으로 간부급 조직원들과 상담원들, 현금인출책 등으로 구성되어 있다. 갑은 P보이스피싱 조직의 총책이다. 을 등은 P조직의 구성원들이다. (이하 구성원들을 갑으로 통칭하여 축약·분석함.) 갑은 불특정 다수의 피해자들에게 전화하여 금융기관 등을 사칭하면서 신용등급을 올려 낮은 이자로 대출을 해주겠다고 속였다. (이하 피해자들을 A로 통칭하여 분석함.) 갑은 A를 속여 신용관리비용 명목의 돈을 A로부터 제3자 B 명의의 계좌로 송금받는 방법으로 편취하였다.

검사는 갑을 다음의 공소사실로 기소하였다. (가) 범죄단체가입·활동죄. (나) 사기죄. (다) 범죄수익은닉규제법위반죄. 갑의 피고사건은 제1심을 거친 후, 항소심에 계속되었다. 항소법원은 공소사실을 유죄로 인정하였다. 항소법원은 다음과 같이 판단하였다. (가) 범죄단체가입죄와 범죄단체활동죄는 포괄일죄를 이룬다. (나) 범죄단체활동죄와 사기죄는 상상적 경합관계에 있다. (다) 범죄단체활동죄와 사기죄에 대하여 범죄수익은닉규제법위반죄는 실체적 경합관계에 있다. 갑은 불복 상고하였다. 갑은 상고이유로 다음의 점을 주장하였다. (가) 갑의 P조직은 범죄단체에 해당하지 않는다. (나) 범죄단체가입·활동죄는 목적범죄인 사기죄에 흡수되어 법조경합관계에 있다. (다) A로부터 제3자(B)의 계좌로 송금받는 행위는 사기죄의 불가벌적 행위로서 별도로 범죄수익은닉죄에 해당하지 않는다.

대법원은 다음의 이유를 제시하여 상고를 기각하였다. 대법원은 다음과 같은 원심판결의 판단을 그대로 유지하였다. (가) P보이스피싱 조직은 (ㄱ) 보이스피싱이라는 사기범죄를 목적으로 구성된 (ㄴ) 다수인의 계

형법상 범죄단체조직죄(법114)에 대해 특별법상의 범죄단체조직죄가 우선하여 적용되는 경우가 있다. (가) 정부를 참칭하거나 국가를 변란할 목적을 가진 경우에는 「국가보안법」(동법3), (나) 일정한 폭력범죄를 목적으로 하는 경우에는 「폭력행위 등 처벌에 관한 법률」(동법4), (다) 타인의 재물을 절취할 목적인 경우에는 「특정범죄 가중처벌 등에 관한 법률」(동법5의8), (라) 테러를 목적으로 하는 경우에는 「국민보호와 공공안전을 위한 테러방지법」(동법17) 등이 특별법으로서 형법 제114조에 우선하여 적용된다.

3. 실행행위

(1) 조직 · 가입 · 활동

범죄단체조직죄의 실행행위는 범죄단체 내지 범죄집단의 조직 · 가입 · 활동이다. 범죄단체조직죄가 조직 · 가입 · 활동의 행위를 처벌하는 것은 구체적인 범죄행위의 실행 여부를 불문하고 범죄행위에 대한 예비 · 음모의 성격이 있는 범죄단체의 생성 및 존속 자체를 막으려는 데 입법 취지가 있다.[1)]

조직은 범죄단체 내지 범죄집단을 새로이 결성하는 것을 말한다. 가입은 기존의 범죄단체 내지 범죄집단의 구성원으로 새로이 들어가는 것을 말한다. 활동은 범죄단체 내지 범죄집단의 내부규율 및 통솔체계에 따른 조직적, 집단적 의사결정에 의하여 행하는, 범죄단체 · 범

속적인 결합체로서 (ㄷ) 총책인 갑을 중심으로 간부급 조직원들과 상담원들, 현금인출책 등으로 구성되어 내부의 위계질서가 유지되고 조직원의 역할 분담이 이루어지는 최소한의 통솔체계를 갖춘 형법상의 범죄단체에 해당한다. (나) 범죄단체 가입행위 또는 범죄단체 구성원으로서 활동하는 행위와 사기 행위는 (ㄱ) 각각 별개의 범죄구성요건을 충족하는 독립된 행위라고 보아야 하고 (ㄴ) 서로 보호법익도 달라 법조경합 관계로 목적된 범죄인 사기죄만 성립한다고 볼 수 없다. (다) 갑이 A로부터 자신 또는 공범들의 계좌와 전혀 무관한 제3자(B) 명의의 계좌로 송금받는 행위는 범죄수익 취득을 가장하는 행위에 해당하여 범죄수익 은닉행위에 해당한다.

1) 2015. 9. 10. 2015도7081, 공 2015하, 1581 =『가입 · 활동 포괄일죄 사건』:

M지역에 P범죄단체가 있다. 2007. 1.경 갑은 P범죄단체에 가입하였다(㉮행위; 공소시효 7년). 이후 갑은 [범죄단체의 활동과 무관한] ㉯범죄행위로 유죄의 확정판결을 받았다. 2013. 10. 1. 갑은 P범죄단체를 위한 ㉰활동을 하였다. [2014. 10.경] 검사는 갑을 범죄단체가입 · 활동죄의 공소사실로 기소하였다.

제1심법원은 ㉰행위가 ㉯확정판결 후의 범죄행위라는 이유로 ㉮행위와 ㉰행위를 사후적 경합범으로 인정하여 각각 형을 선고하였다. 갑은 불복 항소하였다. 항소법원은 ㉮행위에 대해 7년의 공소시효가 경과하였음을 이유로 면소판결을 선고하고, ㉰행위에 대해서만 형을 선고하였다. 검사는 불복 상고하였다.

대법원은 다음의 이유를 제시하여 원심판결을 파기환송하였다. 대법원은 본문 소개의 법리를 제시하였다. 대법원은 갑의 행위에 대해 다음과 같이 판단하였다. (가) 범죄단체 가입의 점과 범죄단체 구성원으로서의 활동의 점은 포괄일죄의 관계에 있다. (나) ㉮가입행위에 대한 공소시효는 이와 포괄일죄의 관계에 있는 ㉰활동행위가 종료한 때로부터 진행한다. (다) ㉮행위의 공소시효가 완성되기 전에 이 사건 공소가 제기되었음이 명백하다. (라) ㉮가입행위와 ㉰활동행위는 포괄일죄의 관계에 있으므로, 원심으로서는 이를 모두 ㉯확정판결 후의 범죄행위로 판단하여 하나의 형을 선고하였어야 할 것이다.

죄집단의 존속 · 유지를 지향하는 적극적 행위를 가리킨다.[1]

범죄를 목적으로 하는 단체 · 집단을 조직하거나 가입하는 경우에는 단체 · 집단을 조직하거나 이에 가입함으로써 범죄가 성립하며 완료된다. 범죄단체조직 · 가입죄는 즉시범이므로 조직 · 가입의 시점으로부터 공소시효가 진행되어 범죄단체 · 집단의 오래된 조직원을 처벌할 수 없는 상황이 생길 수 있다.

이러한 문제점을 고려하여 2013년 개정 형법은 범죄단체 · 범죄집단의 구성원으로 활동하는 행위도 처벌대상에 포함시켰다. 범죄단체활동죄는 계속범이므로 범죄단체 · 범죄집단을 위하여 활동한 최후의 시점부터 공소시효가 진행된다.

여기에서 범죄단체조직 · 가입죄와 범죄단체활동죄의 관계가 문제된다. 범죄단체의 조직이나 가입은 범죄행위의 실행 여부와 관계없이 범죄단체 구성원으로서의 활동을 예정하고 있고, 범죄단체 구성원으로서의 활동은 범죄단체의 조직이나 가입을 당연히 전제로 하고 있다. 조직 · 가입과 활동은 모두 범죄단체의 생성 및 존속 · 유지를 도모하는, 범죄행위에 대한 일련의 예비 · 음모 과정에 해당한다.

이러한 점에서 범죄단체의 조직 · 가입 · 활동은 그 범의의 단일성과 계속성을 인정할 수 있을 뿐만 아니라 피해법익도 다르지 않다. 그리하여 범죄단체를 조직하거나 이에 가입한 자가 더 나아가 구성원으로 활동하는 경우 그의 전체 행위는 포괄일죄의 관계에 서게 된다.[2]

포괄일죄의 공소시효는 최종 범죄행위가 종료한 때로부터 진행되므로 범죄단체 · 범죄집단을 위하여 활동한 최후의 시점부터 공소시효가 진행된다.[3] 포괄일죄는 단순일죄이다. 범죄단체에의 가입 및 활동의 전체행위는 포괄일죄로 파악되어 하나의 형으로 처벌된다.[4]

(2) 보이스피싱 조직의 범죄행위

보이스피싱 조직은 범죄단체에 해당한다.[5] 보이스피싱 조직원이 범죄단체에 가입하는 행위 또는 범죄단체 구성원으로서 활동하는 행위와 사기 행위는 각각 별개의 범죄구성요건을 충족하는 독립된 행위이다. 범죄단체 활동죄와 사기죄는 서로 보호법익이 달라 법조경합 관계로 목적된 범죄인 사기죄만 성립한다고 볼 수 없다.[6] 보이스피싱 조직에의 가입 · 활동

1) 2009. 9. 10. 2008도10177, 공 2009하, 1697 = 분석 각론 『파라다이스파 줄빠따 사건』 참조.
2) 2015. 9. 10. 2015도7081, 공 2015하, 1581 = 『가입 · 활동 포괄일죄 사건』.
3) 2015. 9. 10. 2015도7081, 공 2015하, 1581 = 『가입 · 활동 포괄일죄 사건』.
4) 2015. 9. 10. 2015도7081, 공 2015하, 1581 = 『가입 · 활동 포괄일죄 사건』.
5) 2017. 10. 26. 2017도8600, 공 2017하, 2232 = 『신용등급 보이스피싱 사건』.
6) 2017. 10. 26. 2017도8600, 공 2017하, 2232 = 『신용등급 보이스피싱 사건』.

죄와 사기죄는 상상적 경합관계로 파악된다.

보이스피싱 조직원들이 피해자들로부터 자신 또는 공범들의 계좌와 전혀 무관한 제3자 명의의 계좌로 송금받는 행위는 「범죄수익은닉의 규제 및 처벌 등에 관한 법률」이 금지하고 있는 범죄수익 취득을 가장하는 행위(동법3 참조)에 해당하여[1] 형사처벌의 대상이 된다.[2] 범죄단체가입 · 활동죄와 범죄수익은닉죄는 상상적 경합관계에 있다.[3]

4. 고의 및 공범

범죄단체 · 범죄집단의 조직, 가입 및 활동의 방법에는 제한이 없다. 그러나 범죄단체 · 범죄집단의 목적을 인식하면서 조직 · 가입 · 활동해야 함은 물론이다. 범죄단체 · 범죄집단의 조직 · 가입 · 활동죄는 목적범이다. 목적한 범죄의 실행 여부는 범죄단체조직죄의 성립에 영향을 미치지 않는다.[4]

기존의 범죄단체 · 범죄집단 구성원들이 꾀하는 범행모의에 외부자가 가담하여 그 실행행위를 분담하였다면 그것만으로는 당해 범죄의 공동정범에 해당할 뿐 범죄단체가입죄는 성립하지 않는다.[5]

제3 소 요 죄

형법 제115조 (소요) 다중이 집합하여 폭행, 협박 또는 손괴의 행위를 한 자는 1년 이상 10년 이하의 징역이나 금고 또는 1천 500만원 이하의 벌금에 처한다.

1. 보호법익

소요죄의 보호법익이 무엇인가를 놓고 견해가 대립하고 있다. 국가적 법익설의 입장에서는 소요죄의 보호법익을 한 지방에서의 국법질서라고 본다. 이 입장에서는 폭행, 협박, 손괴가 다수자에 의하여 이루어질 때 특수폭행죄(법261; 5년 이하의 징역 또는 1천만원 이하의 벌금), 특수협박죄(법284; 7년 이하의 징역 또는 1천만원 이하의 벌금), 특수손괴죄(법369①; 5년 이하의 징역 또는 1천만원 이하의 벌금)라는 개인적 법익에 관한 죄가 성립하게 된다는 점에 주목하면서, 이

1) 후술 116면 참조.
2) 2017. 10. 26. 2017도8600, 공 2017하, 2232 =『신용등급 보이스피싱 사건』.
3) 2017. 10. 26. 2017도8600, 공 2017하, 2232 =『신용등급 보이스피싱 사건』.
4) 1975. 9. 23. 75도2321, 공 1975, 8729.
5) 1983. 12. 13. 83도2605, 공 1980, 233.

들 범죄에 비해 소요죄(법115; 1년 이상 10년 이하의 징역이나 금고 또는 1,500만원 이하의 벌금)가 더 무겁게 처벌되는 이유는 한 지방의 국법질서가 침해되기 때문이라고 본다.

이에 대해 사회적 법익설의 입장에서는 소요죄를 다수인이 집합하여 폭행 · 협박 · 손괴의 행위를 함으로써 사회생활상의 안녕과 평온을 해치는 범죄라고 본다. 그리하여 소요죄의 보호법익을 공공의 평화 · 안녕 · 평온이라는 사회적 법익으로 파악한다. 사회적 법익설은 소요죄를 사회적 법익을 해치는 범죄로 편성하고 있는 일본 형법의 해석론에 영향을 받은 견해라고 생각된다.

앞에서 검토한 바와 같이 우리 형법전에서 공안을 해하는 죄가 차지하는 체계상의 위치와 우리 형법이 8 · 15해방 이후와 6 · 25전쟁의 혼란기를 거치면서 입법되었다는 역사적 사실에 비추어 볼 때 국가적 법익설이 타당하다고 생각된다.

소요죄의 보호법익은 한 지방의 국법질서이다. 소요죄는 추상적 위험범이다. 보호법익을 이루는 한 지방의 국법질서는 현실적으로 침해될 필요가 없고 침해의 가능성이 있는 것으로 족하다.

2. 행위주체

소요죄의 주체는 다중(多衆)이다. 그 인원수에 제한은 없으나 적어도 한 지방의 국법질서를 해칠 우려가 있을 정도의 다수여야 한다. 소요죄는 다중범죄인 점에서 내란죄(법87)와 유사하다. 그런데 내란죄의 주체는 내란목적단체이다. 국토침탈 · 국헌문란을 목적으로 하는 다수인이 지휘통솔체계를 갖추고 조직화되어 있다. 이에 반해 소요죄의 경우에는 다중이 행위주체로 등장하지만 그 다중이 특정 목적을 가지고 있거나 조직화되어 있을 필요가 없다. 따라서 오합지졸인 경우에도 다중에 해당할 수 있다.

일본 형법은 소요죄의 주체를 주모자, 세력조장자, 부화수행자로 유형화하고 있다(동법 106).[1] 이에 대해 우리 형법은 소요죄 주체의 비조직성을 감안하여 각종 관여자의 유형화를 폐기하였다. 소요죄의 법정형이 내란죄(법87)와 달리 1년 이상 10년 이하의 징역이나 금고 또는 1천 500만원 이하의 벌금으로 규정되어 있어서 법원이 양형을 통하여 다수의 관여자에게 적절히 대처할 수 있다고 보았기 때문이다.[2]

---

1) 일본형법 제106조 다중으로 집합하여 폭행 또는 협박을 한 자는 소란의 죄로 하여, 다음의 구별에 따라서 처단한다.

1. 주모자는 1년 이상 10년 이하의 징역 또는 금고에 처한다.
2. 타인을 지휘하거나 타인에게 솔선하여 세력을 북돋은 자는 6월 이상 7년 이하의 징역 또는 금고에 처한다.
3. 부화수행한 자는 10만엔 이하의 벌금에 처한다.

2) 法務資料 別冊第23號 刑法並びに監獄法改正調査委員會議事速記錄, (1957), 320頁 참조.

어떠한 집단이 다중인가를 판단함에는 그 인원수에 중점을 두어야 함은 물론이지만, 구체적으로 그 구성원의 질, 휴대한 흉기, 집단의 목적, 시기 및 장소 등 그 집단이 가지고 있는 국법질서 침해의 위험성에 영향을 미치는 모든 사정을 고려해야 한다.

3. 실행행위

소요죄의 실행행위는 다중이 집합하여 폭행, 협박 또는 손괴의 행위를 하는 것이다. 집합은 다수인이 동일한 시간과 장소에 모이는 것을 말한다. 집합하는 목적은 묻지 않는다. 집합한 다중이 일정한 공동목적을 가지게 될 것도 요하지 않는다. 따라서 다른 목적으로 평온하게 집합하였던 군중이 집회 도중에 공동하여 폭행 · 협박 · 손괴의 행위로 나오게 되면 소요죄를 구성하게 된다.

소요죄에서의 폭행, 협박, 손괴는 내란죄의 경우와 같이 모두 최광의의 개념이다. 폭행은 일반적으로 유형력의 불법한 행사를 의미한다. 소요죄의 폭행은 최광의의 것이므로 사람에 대한 것인가 물건에 대한 것인가를 가리지 않으며 일체의 유형력 행사를 포함한다. 협박은 사람에게 공포감을 줄 수 있는 일체의 해악의 고지를 말한다. 손괴는 타인의 재물을 파괴하거나 효용을 상실하게 하는 일체의 행위를 말한다. 이러한 행위의 상대방이 개인인가 공중인가, 특정인인가 불특정인인가는 묻지 않는다.

4. 고 의

소요죄는 군집(群集)에 의한 범죄이다. 따라서 실행행위인 폭행 · 협박 · 손괴는 집합한 다중의 공동의사에 기초한 것이어야 한다. 다중의 공동의사는 폭행 · 협박 · 손괴를 집단 그 자체의 것으로 파악하게 해주는 정도의 것이어야 한다. 다중의 공동의사가 이러한 정도에 이르기만 하면 집합한 다중 속의 개개인 각자가 실제로 폭행 · 협박 · 손괴의 행위를 하지 않더라도 무방하다. 다중 속의 개개인은 군중이 집단으로 군중심리에 의하여 폭행 · 협박 · 손괴를 가한다는 것을 인식 · 인용하는 것으로 족하다.[1)]

그러나 이와 같은 다중의 공동의사가 없다면, 설사 다중이 집합한 상황에서 개개인이 폭행 · 협박 · 손괴를 하여도, 그 행위자를 소요죄로 처단할 수 없다. 이 경우 그 행위자를 특수폭행죄(법261), 특수협박죄(법284), 특수손괴죄(법369)로 처벌하는 것은 별개의 문제이다.[2)]

1) 1957. 3. 8. 4289형상341, 총람 115조 7번 참조.
2) 1957. 6. 14. 4290형상34, 총람 115조 8번 참조.

5. 공범규정의 적용문제

소요죄는 내란죄와 같이 다중적, 집합적 범죄이다. 따라서 소요죄에도 내란죄의 경우와 같이 공범규정의 적용문제가 생긴다. 생각건대 소요죄도 필요적 공범의 일종이므로 주체인 다중 이외의 사람을 소요죄의 공동정범으로 처단할 수는 없다. 다중의 외부에서 소요죄의 다중에 협력하는 자에 대해서는 교사(법31), 방조(법32) 등 협의의 공범규정을 적용할 수 있다고 본다. 그 논거에 관하여는 내란죄의 항목에서 설명하였다.[1]

6. 다른 죄와의 관계

소요죄의 실행행위는 다중이 집합하여 행하는 폭행 · 협박 · 손괴이다. 그러므로 단순한 폭행죄, 협박죄, 손괴죄가 소요죄에 흡수됨에는 의문이 없다. 문제는 단순한 폭행 · 협박 · 손괴의 정도를 넘어서 공무집행방해, 체포 · 감금, 상해, 살인, 방화 등의 행위가 일어난 경우이다.

이 문제에 대해 판례는 상상적 경합설의 입장에 있는 것으로 보인다. 판례는 다중이 집합하여 폭행 · 협박 · 손괴하는 행위 자체가 계엄포고령이 금지한 정치목적 시위로 인정되는 경우 소요죄와 포고령위반죄를 1개의 행위가 동시에 수개의 죄에 해당하는 경우, 즉 형법 제40조의 상상적 경합범의 관계에 있다고 보았다.[2]

생각건대 이 문제는 소요죄의 법정형과 관련하여 검토할 필요가 있다고 본다. 소요죄의 법정형은 1년 이상 10년 이하의 징역이나 금고 또는 1천 5백만원 이하의 벌금이다. 소요죄는 내란죄(법87)와 달리 중한 형을 충분히 확보할 수가 없다. 한편 한 개의 행위가 여러 개의 죄에 해당하는 경우에 가장 무거운 죄에 정한 형으로 처벌하기 위한 법적 장치가 상상적 경합범(법40)이다. 이러한 점에 비추어 볼 때 폭행 · 협박 · 손괴가 단순한 폭행죄, 협박죄, 손괴죄를 넘어 살인이나 방화의 죄에 해당하는 경우에는 상상적 경합범으로 처벌하는 것이 타당하다고 생각된다.

소요죄의 폭행 · 협박 · 손괴가 더욱 진행되어 내란죄의 폭동에 이르게 되면 소요죄는 내란죄에 흡수된다. 소요죄의 경우에는 내란죄와 달리 예비 · 음모를 처벌하는 규정이 없다. 그러나 독립된 범죄유형으로 다음에 설명하는 다중불해산죄(법116)가 있다.

---

1) 전술 12면 참조.
2) 1983. 6. 14. 83도424, 공 1983, 1111 = 백선 각론 1『포고령 위반 사건』.

제4 기타 공안을 해하는 죄

1. 다중불해산죄

형법 제116조(다중불해산) 폭행, 협박 또는 손괴의 행위를 할 목적으로 다중이 집합하여 그를 단속할 권한이 있는 공무원으로부터 3회 이상의 해산명령을 받고 해산하지 아니한 자는 2년 이하의 징역이나 금고 또는 300만원 이하의 벌금에 처한다.

(1) 행위주체

형법 제116조는 다중불해산죄를 규정하고 있다. 다중불해산죄는 소요죄의 예비단계에 위치하는 범죄이다. 그러므로 소요죄가 성립하면 다중불해산죄는 이에 흡수된다.

다중(多衆)은 다수인의 모임이다. 그 인원수에 제한은 없으나 소요죄와 마찬가지로 한 지방의 법질서를 해칠 우려가 있을 정도의 다수이어야 한다. 다중불해산죄의 다중은 폭행·협박·손괴를 할 목적으로 집합한 것이어야 한다. 폭행·협박·손괴의 목적을 달성하였다면 소요죄가 성립할 것이므로 다중불해산죄의 경우 폭행·협박·손괴는 아직 실행에 이르지 않아야 한다.

다중불해산죄는 폭행, 협박 또는 손괴의 행위를 할 목적을 요하는 목적범이다. 다중에게 폭행·협박·손괴의 목적이 처음부터 존재하는 경우는 물론이고, 다중이 처음에는 합법적인 목적으로 집합하였더라도 이후 폭행·협박·손괴의 목적이 생기면 그 때부터 다중불해산죄의 주체가 된다. 또 소요죄와 같이 군중심리에 기초한 한 공동목적이나 공동의사는 필요하지 않다. 우연히 동일한 시간과 장소에 집합한 다중도 다중불해산죄의 주체가 될 수 있다.

다중불해산죄와 관련된 특별법으로 「집회 및 시위에 관한 법률」(집시법)이 있다. 집시법은 적법한 집회 및 시위를 최대한 보장하고 위법한 시위로부터 국민을 보호함으로써 집회 및 시위의 권리 보장과 공공의 안녕질서가 적절히 조화를 이루도록 하는 것을 목적으로 하고 있다(동법1). 집시법은 위법한 시위에 대해 해산명령(동법20 참조)을 규정하고 이에 위반하는 행위를 처벌하고 있다(동법24 v).[1)]

---

1) **집회 및 시위에 관한 법률 제20조**(집회 또는 시위의 해산) ① 관할경찰관서장은 다음 각 호의 어느 하나에 해당하는 집회 또는 시위에 대하여는 상당한 시간 이내에 자진 해산할 것을 요청하고 이에 따르지 아니하면 해산을 명할 수 있다.

1. 제5조 제1항, 제10조 본문 또는 제11조를 위반한 집회 또는 시위
2. 제6조 제1항에 따른 신고를 하지 아니하거나 제8조 또는 제12조에 따라 금지된 집회 또는 시위
3. 제8조 제5항에 따른 제한, 제10조 단서 또는 제12조에 따른 조건을 위반하여 교통 소통 등 질서 유지에

집시법상의 해산명령불이행죄는 공공의 안녕질서를 유지하는 데에 주안점이 있으므로[1] 사회적 법익에 관한 범죄라고 할 수 있다. 이에 대해 형법상 다중불해산죄는 국법질서의 유지와 관련된 공안을 해하는 죄로서 국가적 법익에 관한 범죄에 속한다. 그 결과 집시법상 해산명령불이행죄(동법24 v; 6개월 이하 징역 또는 50만원 이하 벌금 · 구류 · 과료)에 비하여 형법상 다중불해산죄(법116; 2년 이하 징역이나 금고 또는 300만원 이하 벌금)가 보다 무겁게 처벌된다.

(2) 실행행위

(가) 단속 공무원　　다중불해산죄는 단속할 권한이 있는 공무원으로부터 3회 이상의 해산명령을 받고 해산하지 않은 경우에 성립한다. 단속할 권한은 「경찰관 직무집행법」 제5조(위험 발생의 방지 등), 제6조(범죄의 예방과 제지) 및 「집회 및 시위에 관한 법률」 제20조 등에 의하여 발생한다. 형법 제116조 자체가 단속할 권한의 근거가 되지는 않는다.

단속할 권한이 있는 공무원은 정규 경찰관으로 한정된다. 청원경찰은 일정한 범위에서 「경찰관 직무집행법」에 의한 경찰관의 직무를 행하지만, 관할 경찰서장의 감독하에 일정한 시설의 경비목적에 필요한 범위 안에서 경찰관의 직무를 수행하므로 형법 제116조의 단속 공무원에 포함시킬 수 없다(청원경찰법3 참조).

(나) 해산명령　　다중불해산죄가 성립하려면 3회 이상의 해산명령이 발해져야 한다. 각 회마다 그 해산명령에 따라 해산하는 데 필요한 시간을 주어야 한다. 3회의 해산명령을 받고 해산하지 아니할 때 다중불해산죄는 즉시 성립한다. 4회 이후의 해산명령에 따라 해산하더라도 다중불해산죄의 성립에는 영향이 없다.

(다) 불해산　　다중불해산죄가 성립하려면 집합한 다중이 단속할 권한 있는 공무원으

직접적인 위험을 명백하게 초래한 집회 또는 시위

4. 제16조 제3항에 따른 종결 선언을 한 집회 또는 시위

5. 제16조 제4항 각 호의 어느 하나에 해당하는 행위로 질서를 유지할 수 없는 집회 또는 시위

② 집회 또는 시위가 제1항에 따른 해산 명령을 받았을 때에는 모든 참가자는 지체 없이 해산하여야 한다.

③ 제1항에 따른 자진 해산의 요청과 해산 명령의 고지(告知) 등에 필요한 사항은 대통령령으로 정한다.

제24조(벌칙) 다음 각 호의 어느 하나에 해당하는 자는 6개월 이하의 징역 또는 50만원 이하의 벌금 · 구류 또는 과료에 처한다.

1. 제4조에 따라 주최자 또는 질서유지인이 참가를 배제했는데도 그 집회 또는 시위에 참가한 자

2. 제6조 제1항에 따른 신고를 거짓으로 하고 집회 또는 시위를 개최한 자

3. 제13조에 따라 설정한 질서유지선을 경찰관의 경고에도 불구하고 정당한 사유 없이 상당 시간 침범하거나 손괴 · 은닉 · 이동 또는 제거하거나 그 밖의 방법으로 그 효용을 해친 자

4. 제14조 제2항에 따른 명령을 위반하거나 필요한 조치를 거부 · 방해한 자

5. 제16조 제5항, 제17조 제2항, 제18조 제2항 또는 제20조 제2항을 위반한 자

1) 2017. 12. 22. 2015도17738, 공 2018상, 370 = 『'희망버스' 시위 사건』 ☞ 부록 1535면.

로부터 3회 이상 해산명령을 받았다는 사실을 인식하면서도 해산을 하지 않아야 한다.

다중불해산죄는 진정부작위범이다. 즉 3회 이상의 해산명령이 있었음에도 불구하고 해산하지 않아야 한다. 다중의 일부만 해산한 데에 불과한 경우에는 아직 해산하지 아니한 자에 대해 다중불해산죄가 성립한다. 그러나 대부분 해산하여 나머지 소수자가 더 이상 다중이라고 볼 수 없게 되면 설사 이들이 폭행 · 협박 · 손괴의 목적을 가지고 있다고 해도 다중불해산죄는 성립하지 않는다.

2. 전시공수계약불이행죄

형법 제117조 (전시공수계약불이행) ① 전쟁, 천재, 기타 사변에 있어서 국가 또는 공공단체와 체결한 식량 기타 생활필수품의 공급계약을 정당한 이유 없이 이행하지 아니한 자는 3년 이하의 징역 또는 500만원 이하의 벌금에 처한다.
② 전항의 계약이행을 방해한 자도 전항의 형과 같다.
③ 전 2항의 경우에는 그 소정의 벌금을 병과할 수 있다.

(1) 입법취지

형법 제117조는 전시군수계약불이행죄(법103)와 함께 6 · 25전쟁을 겪으면서 제정된 우리 형법의 특수사정을 반영하고 있다. 형법 제117조의 입법취지는 전시 등 비상사태에서 국민경제의 혼란을 미연에 방지하고 식량 등 국민의 생활필수품을 원활히 공급함으로써 사회공공의 안녕질서와 국법질서의 확립에 기여하려는 것이다.

특히 전쟁과 같은 비상사태하에서 국가 또는 공공단체와 체결한 식량 기타 생활필수품의 공급계약을 정당한 이유 없이 이행하지 않는 행위는 객관적으로 보아 이적행위에 해당하는 것으로 평가할 여지도 있다. 만일 전시에 공수계약을 불이행하는 행위가 적국의 군사상 이익을 강화한다는 인식하에 행해진다면 형법 제99조의 일반이적죄가 성립하게 될 것이다. 그러나 이러한 인식이 입증되지 않는다면 일반이적죄로 처벌할 수 없다. 우리 입법자는 이러한 경우 처벌의 흠결을 방지하기 위하여 전시공수계약불이행죄를 규정해 놓고 있다.[1]

전시공수계약불이행죄는 이욕범적 성격을 가지고 있다. 법정형은 3년 이하의 징역 또는 500만원 이하의 벌금이지만, 벌금을 병과할 수 있다(법117③).

(2) 행위주체

전시공수계약불이행죄의 주체는 국가 또는 공공단체와 일정한 생활필수품의 공급계약을

1) 전술 40면 참조.

체결한 자(법117①) 또는 이러한 계약의 이행을 방해한 자(법117②)이다. 전자의 경우는 신분범이지만 후자의 경우에는 주체에 제한이 없다.

전시공수계약불이행죄의 규율대상이 되는 계약의 상대방은 국가 또는 공공단체이다. 국가는 대한민국을 가리킨다. 공공단체는 지방자치단체나 지방자치단체의 연합체와 같이 국가에 준하는 우월적 지위에 있는 기관을 말한다.

(3) 실행행위

형법 제117조가 규정한 실행행위의 첫 번째 유형은 정당한 이유 없이 계약을 이행하지 않는 것이다. 정당한 이유 없이란 형법 제117조의 적용에 신중을 기하기 위하여 규정된 표지이다. 전시공수계약불이행죄에서 정당한 이유가 없다는 사실은 구성요건해당성조각사유이다. 정당한 이유가 없다는 사실은 검사가 증명해야 한다.[1] 단순한 부주의 때문에 국가 또는 공공단체와의 생활필수품의 공급계약을 이행하지 않는 것은 정당한 이유가 없는 경우에 해당하지 않는다.

형법 제117조가 규정한 실행행위의 두 번째 유형은 국가 또는 공공단체와의 생활필수품의 공급계약이행을 방해하는 것이다. 그 구체적인 형태에는 제한이 없다.

3. 공무원자격사칭죄

형법 제118조 (공무원자격의 사칭) 공무원의 자격을 사칭하여 그 직권을 행사한 자는 3년 이하의 징역 또는 700만원 이하의 벌금에 처한다.

형법 제118조는 공무원자격사칭죄를 규정하고 있다. 공무원자격사칭죄는 공무원의 자격을 사칭하여 그 직권을 행사함으로써 성립하는 범죄이다. 공무원자격사칭죄는 통상 공무원 아닌 사람이 공무원의 자격을 사칭하는 것을 예정하고 있다. 그렇지만 공무원도 자기의 권한과 전혀 무관한 다른 공무원의 자격을 사칭하는 때에는 공무원자격사칭죄의 주체가 된다.

공무원은 법령에 근거하여 국가 또는 지방자치단체의 사무를 처리하는 자연인을 말한다. 임시직 공무원도 공무원자격사칭죄의 공무원에 포함된다.[2] 직권이란 공무원이 법령에 기하

---

1) 2020. 7. 9. 2019도17322, 공 2020하, 1622 = 총론 1021면 『침례 안한 여호와의 증인 사건』 참조.

2) 1973. 5. 22. 73도884, 집 21②, 형25 = 『국영기업체 감사관 사칭 사건』:

대통령의 지시에 의거하여 국영기업체의 경영합리화 방안 수립을 위한 기업진단이 실시되었다(㉠기업진단). ㉠업무 수행을 위하여 부총리겸 경제기획원장관은 [민간인들을] 국영기업체 감사관으로 위촉하였다(㉡감사관). 갑은 ㉡감사관의 일원으로 위촉되었다. 갑의 ㉡감사관 위촉 기간이 만료하였다. [갑은 A에게 자신을

여 직무를 수행하는 권한을 말한다. 사칭은 공무원의 자격이 없음에도 불구하고 자격 있는 공무원인 것처럼 거짓으로 일컫는 것이다.

공무원자격사칭죄가 성립하려면 어떤 직권을 행사할 수 있는 권한을 가진 공무원임을 사칭하고 그 직권을 행사한 사실이 있어야 한다.[1] 즉 사칭의 대상이 된 공무원은 실제로 법령에 근거가 있는 공무원으로 한정되며, 관련 법령에 규정된 직권을 행사해야 한다.[2] 이에 이르지 않는 단순한 관명사칭은 「경범죄 처벌법」으로 처벌된다(동법3① vii).

위임받은 채권을 용이하게 추심하는 방편으로 합동수사반원의 지위를 사칭하고 이를 협박의 수단으로 이용한 행위는 실재하는 공무원을 사칭하였으나 직권을 행사한 것이 아니므로 공무원자격사칭죄에 해당하지 않는다. 채권추심행위는 개인적인 업무이지 법령상 합동수사반의 수사업무 범위에 속한다고 볼 수 없기 때문이다.[3]

공무원자격사칭죄의 고의는 자격을 사칭하는 공무원 자격이 실재한다는 점을 인식하면서 그 공무원의 직권을 행사한다는 점을 인식·인용하는 것이다. 공무원자격을 사칭하여 범하는 사기죄, 절도죄, 공갈죄, 문서위조죄 등은 공무원자격사칭죄와 상상적 경합관계에 있다.

ⓒ감사관이라고 사칭하였다.]

검사는 갑을 공무원자격사칭죄로 기소하였다. 갑의 피고사건은 제1심을 거친 후, 항소심에 계속되었다. 항소법원은 다음의 점을 들어서 무죄로 판단하였다. (가) 갑이 ⓒ감사관으로 임명된 것은 사실이다. (나) ⓒ감사관이 어떤 법령상의 근거에 의하여 위촉된 것이라는 점을 인정할 자료가 없다. (다) 갑이 사칭하였다고 하는 ⓒ국영기업체 감사관은 형법 제118조에서 말하는 공무원에 해당하는 것이라고 볼 수 없다. 검사는 불복 상고하였다.

대법원은 다음의 이유를 제시하여 원심판결을 파기환송하였다. (가) [행위 당시] 공무원임용령 제43조에 의하면 임용권자는 당해 직위가 임시적 임용이 있는 날로부터 1년 이내에 폐지될 것이 확실한 경우에는 임시직원을 채용할 수 있도록 되어 있다. (나) 이와 같은 임시직원도 형법상의 공무원의 개념에 포함됨이 명백하다. (다) 뿐만 아니라 행정공무원의 직급 가운데 감사관제도가 있다. (라) 갑은 부총리 겸 경제기획원장관으로부터 대통령의 지시에 의거 실시하는 국영기업체의 경영합리화 방안수립을 위한 기업진단을 위하여 감사관으로 일시 위촉된 바 있다. (마) 갑이 사칭하였다는 경제기획원 감사관이란 법령상의 근거 없는 것이 아니다. (바) 이는 형법 제118조의 소위 공무원 개념에 해당된다고 보아야 한다.

1) 1981. 9. 8. 81도1955, 공 1981, 14343 = 분석 각론『합동수사반원 사칭 사건』.
2) 1977. 12. 13. 77도2750, 공 1978, 10537 = 백선 각론 1『대통령 사진 액자 사건』.
3) 1981. 9. 8. 81도1955, 공 1981, 14343 = 분석 각론『합동수사반원 사칭 사건』.

제 6 장 폭발물에 관한 죄

제 1 서 설

1. 입법취지

(1) 체계상의 위치

형법 각칙 제6장은 폭발물에 관한 죄를 규정하고 있다. 폭발물에 관한 죄는 각칙 제5장 공안을 해하는 죄와 함께 국법질서의 확립를 위하여 마련된 범죄유형이다. 폭발물에 관한 죄의 장은 그 성질상 공안을 해하는 죄의 장에 편입되는 것이 타당할 것이지만, 종래의 폭발물에 관련된 특별법을 형법전에 흡수하는 과정에서 독립된 장으로 편별되었다.[1]

폭발물에 관한 죄의 체계적 위치에 관하여 국가적 법익설과 사회적 법익설이 대립하고 있음은 앞에서 설명하였다. 사회적 법익설의 입장에서는 폭발물에 관한 죄의 보호법익을 공공의 안녕질서라고 보고 있다. 그러나 이에 따르면 각칙 제13장 방화와 실화의 죄에 규정된 폭발성물건파열죄(법172)와 각칙 제6장에 규정된 폭발물사용죄(법119)의 구별이 뚜렷하지 않게 된다.[2]

형법 각칙 제6장의 폭발물에 관한 죄는 국가적 법익에 관한 죄로 파악해야 한다. 내란죄가 국가의 기본적인 헌법질서를 보호하려는 범죄유형임에 비하여 폭발물에 관한 죄는 헌법에서 위임된 국법질서 일반을 보호하려는 범죄유형이다. 따라서 폭발물에 관한 죄를 해석할 때 주요 기준을 이루는 '공공의 안전을 문란하게 한다'는 의미는 단순히 공공 일반의 안녕질서라는 의미를 넘어서서 국법질서를 혼란하게 할 정도에 이르는 것으로 보아야 한다.

(2) 테러방지법과의 관계

2016년부터 「국민보호와 공공안전을 위한 테러방지법」(테러방지법)이 시행되고 있다. 테러방지법은 테러를 국가 · 지방자치단체 또는 외국 정부(외국 지방자치단체와 조약 또는 그 밖의 국제적인 협약에 따라 설립된 국제기구를 포함한다)의 권한행사를 방해하거나 의무 없는 일

1) 엄상섭, "형법요강해설", 신동운 · 허일태 편저, 효당 엄상섭 형법논집, (2003), 60면 참조.
2) 2012. 4. 26. 2011도17254, 공 2012상, 946 = 분석 각론 『사제폭탄 폭발 사건』 참조.

을 하게 할 목적 또는 공중을 협박할 목적으로 하는 행위라고 정의하면서 구체적인 행위유형을 열거하고 있다(동법2 i). 이 가운데에는 폭발물과 관련된 행위가 포함되어 있다(동호 라목).[1] 테러방지법은 형법 등 국내법에 죄로 규정된 행위가 이 법률 제2조의 테러에 해당하는 경우 해당 법률에서 정한 형에 따라 처벌하도록 하고 있다(동법17⑥). 따라서 폭발물을 이용한 테러행위는 형법 각칙 제6장 폭발물에 관한 죄의 장에 규정된 범죄의 법정형으로 처벌된다.

2. 보호법익

형법 제119조 제1항이 규정한 폭발물사용죄는 폭발물을 사용하여 공공의 안전을 문란하게 함으로써 성립하는 공공위험범으로서, 개인의 생명, 신체 등과 아울러 공공의 안전과 평온, 나아가 한 지방의 국법질서를 보호법익으로 한다.

폭발물사용죄는 구체적 위험범이다. 형법 제119조 제1항에 규정된 '사람의 생명 · 신체 또는 재산을 해하거나 그 밖에 공공의 안전을 문란하게 한다'는 표지를 통하여 구성요건에 '공공의 위험'이라는 보호법익이 표시되고 있기 때문이다.

폭발물사용죄는 법정형이 사형, 무기 또는 7년 이상의 징역으로 대단히 무겁게 처벌된다. 이 점은 폭발물을 수단으로 생명, 신체 또는 재산을 해치는 경우에 성립하는 살인죄(법250①; 사형, 무기 또는 5년 이상의 징역), 상해죄(법257①; 7년 이하의 징역, 10년 이하의 자격정지 또는 1천만원 이하의 벌금), 재물손괴죄(법366; 3년 이하의 징역 또는 700만원 이하의 벌금) 등의 범죄와 비교할 때 분명하게 확인할 수 있다. 한편 형법 제172조 제1항은 '폭발성 있는 물건을 파열시켜 사람의 생명, 신체 또는 재산에 대하여 위험을 발생시킨 자'를 폭발성물건파열죄로서

---

1) **국민보호와 공공안전을 위한 테러방지법 제2조**(정의) 이 법에서 사용하는 용어의 뜻은 다음과 같다.
1. "테러"란 국가 · 지방자치단체 또는 외국 정부(외국 지방자치단체와 조약 또는 그 밖의 국제적인 협약에 따라 설립된 국제기구를 포함한다)의 권한행사를 방해하거나 의무 없는 일을 하게 할 목적 또는 공중을 협박할 목적으로 하는 다음 각 목의 행위를 말한다.
라. 사망 · 중상해 또는 중대한 물적 손상을 유발하도록 제작되거나 그러한 위력을 가진 생화학 · 폭발성 · 소이성(燒夷性) 무기나 장치를 다음 각각의 어느 하나에 해당하는 차량 또는 시설에 배치하거나 폭발시키거나 그 밖의 방법으로 이를 사용하는 행위
1) 기차 · 전차 · 자동차 등 사람 또는 물건의 운송에 이용되는 차량으로서 공중이 이용하는 차량
2) 1)에 해당하는 차량의 운행을 위하여 이용되는 시설 또는 도로, 공원, 역, 그 밖에 공중이 이용하는 시설
3) 전기나 가스를 공급하기 위한 시설, 공중이 먹는 물을 공급하는 수도, 전기통신을 이용하기 위한 시설 및 그 밖의 시설로서 공용으로 제공되거나 공중이 이용하는 시설
4) 석유, 가연성 가스, 석탄, 그 밖의 연료 등의 원료가 되는 물질을 제조 또는 정제하거나 연료로 만들기 위하여 처리 · 수송 또는 저장하는 시설
5) 공중이 출입할 수 있는 건조물 · 항공기 · 선박으로서 1)부터 4)까지에 해당하는 것을 제외한 시설

1년 이상의 유기징역으로 처벌하고 있는데, 그에 비하여도 폭발물사용죄의 법정형이 훨씬 높음을 알 수 있다. 이처럼 폭발물사용죄에 중한 법정형이 규정되어 있는 것은 폭발물 사용이라는 범법행위가 국법질서의 유지에 대단히 큰 위험을 초래하기 때문이다.

형법 각칙 제6장 폭발물에 관한 죄에는 과실범 처벌규정이 없다. 이 점은 형법 각칙 제13장 방화와 실화의 죄에 과실폭발성물건파열죄(법173의2)가 규정되어 있는 것과 대비된다. 폭발물 사용은 폭발물의 폭발작용을 이용하여 사람의 생명, 신체, 재산을 해치고 이를 통해 한 지방의 국법질서를 해치는 행위이다. 과실에 의한 폭발물 폭발로 한 지방의 국법질서가 침해되는 상황을 상정하기 어렵다는 점에서 입법자가 과실폭발물사용죄를 규정하지 않은 것이라고 생각된다.

제2 폭발물에 관한 죄의 기본유형 – 폭발물사용죄

형법 제119조 (폭발물사용) ① 폭발물을 사용하여 사람의 생명, 신체 또는 재산을 해하거나 그 밖에 공공의 안전을 문란하게 한 자는 사형, 무기 또는 7년 이상의 징역에 처한다.
② 전쟁, 천재지변 그 밖의 사변에 있어서 제1항의 죄를 지은 자는 사형이나 무기징역에 처한다.

◎ 미수범 처벌함(법119③)
◎ 예비 · 음모 처벌함. 단, 자수의 특례규정 있음(법120① 본문 · 단서)
◎ 선동 처벌함. 단, 자수의 특례규정 있음(법120② · ①).

1. 행위객체

폭발물사용죄에서 행위객체는 폭발물이다. 폭발물은 그 폭발작용의 위력이나 파편의 비산 등으로 사람의 생명, 신체, 재산 및 공공의 안전이나 평온에 직접적이고 구체적인 위험을 초래할 수 있는 정도의 강한 파괴력을 가지는 물건을 의미한다.[1] 어떠한 물건이 폭발물사용죄의 폭발물에 해당하는지 여부는 그 폭발작용 자체의 위력이 공공의 안전을 문란하게 할 수 있는 정도로 고도의 폭발성능을 가지고 있는지 여부에 따라 엄격하게 판단해야 한다.[2]

물체가 폭발하여도 폭발작용 자체가 아니라 폭발에 뒤이은 연소작용에 의하여 파괴력이 발생하는 경우는 폭발물이라고 말할 수 없다. 입법자는 이러한 물체를 폭발물과 구별하여

---

1) 2012. 4. 26. 2011도17254, 공 2012상, 946 = 분석 각론 『사제폭탄 폭발 사건』.
2) 2012. 4. 26. 2011도17254, 공 2012상, 946 = 분석 각론 『사제폭탄 폭발 사건』.

'폭발성 있는 물건'이라고 규정하여 형법 각칙 제13장 방화와 실화의 죄에서 별도로 규율하고 있다(법172 이하 참조).

폭발작용을 중시하는 기준에서 볼 때, 총기의 실탄발사는 위와 같은 폭발작용이 없기 때문에 폭발물사용죄의 폭발물이라고 할 수 없다. 유리병과 같은 용기에 휘발유 등을 넣어 이를 점화하는 물체도 폭발물이 아니다.[1] 이러한 물건을 단속하기 위하여 「화염병 사용 등의 처벌에 관한 법률」이 제정되어 있다.

2. 실행행위

폭발물사용죄의 실행행위는 폭발물의 사용이다. 사용이란 물건의 용도에 따른 이용을 의미한다. 폭발물의 용도는 폭발작용을 이용하여 사람의 생명, 신체, 재산을 해치는 것이다. 폭발물을 사용한다 함은 폭발물을 폭발할 수 있는 상태에 두는 것을 말한다.

공공의 안전이란 원래 공공의 안녕질서를 의미한다. 그렇지만 폭발물에 관한 죄가 형법전의 국가적 법익에 관한 죄의 부분에 위치하고 있다는 점에서 한 지방의 국법질서를 의미하는 것으로 보아야 한다.

공공의 안전을 문란하게 한다 함은 폭발물을 사용하여 한 지방의 국법질서를 교란하게 할 정도에 이르게 하는 것을 말한다. 사람의 생명, 신체, 재산을 해치는 행위는 공공의 안전을 문란하게 하는 행위의 예시이다. 인명 살상 등에 준하는 다른 행위들도 공공의 안전을 문란하게 하는 행위에 포함된다.

폭발물사용죄는 미수범을 처벌한다(법119③). 사람의 생명, 신체, 재산을 해치기 위하여 폭발물의 폭발작용을 일으키려고 할 때 실행의 착수가 인정된다. 실제로 사람의 생명, 신체, 재산을 해치거나 공공의 안전을 문란하게 한 때에 폭발물사용죄는 기수에 이른다.

아직 폭발물의 사용 단계에 이르지 아니한 때에는 예비 · 음모로 처벌되며(법120① 본문), 자수에 대한 특례가 인정된다(동항 단서). 폭발물사용죄를 범하도록 선동한 자는 처벌된다(동조②). 내란죄(법90②)나 외환죄(법101②)와 달리 폭발물사용죄의 선전행위는 처벌되지 않는다.

3. 고의 등

폭발물사용죄는 고의범이다. 따라서 폭발물사용죄가 성립하기 위하여는 폭발물 사용시에 사람의 생명, 신체, 재산을 해하거나 그 밖에 공공의 안전을 문란하게 하려는 인식 · 인용

---

1) 1968. 3. 5. 66도1056, 총람 119조 2번.

이 있어야 한다.[1] 부주의에 의한 폭발물의 폭발은 형법 제119조에 해당하지 않는다.

전쟁, 천재지변 그 밖의 사변에 있어서 폭발물사용죄를 지었을 때에는 사형 또는 무기징역으로 형이 가중된다(법119②). 전란중에 이러한 범죄가 발생하면 한 지방의 국법질서를 해치는 영향이 평시에 비하여 급증할 뿐만 아니라 전란중에는 폭발물의 입수가 용이하고 범행이 쉬워질 것으로 예상되기 때문이다.

제 3 폭발물에 관한 죄의 특수유형

1. 전시폭발물제조죄

형법 제121조 (전시폭발물제조 등) 전쟁 또는 사변에 있어서 정당한 이유 없이 폭발물을 제조, 수입, 수출, 수수(授受) 또는 소지한 자는 10년 이하의 징역에 처한다.

형법 제121조는 전쟁 또는 사변에 있어서 정당한 이유 없이 폭발물을 제조 · 수입 · 수출 · 수수(授受) · 소지하는 행위를 처벌하고 있다. 이하에서는 전시폭발물제조죄로 통칭하여 설명을 진행하기로 한다. 폭발물을 제조, 수입, 수출, 수수 또는 소지하는 행위 가운데 한 가지만 있으면 전시폭발물제조죄는 성립한다. 동일한 목적물을 대상으로 제조, 수입, 수출 등의 행위가 순차적으로 이루어졌다면 여러 개의 행위는 포괄하여 일죄를 이룬다.

정당한 이유가 없다 함은 법률의 규정이나 국가기관의 허가 없이 함부로 폭발물을 제조, 수입, 수출, 수수, 소지하는 것을 말한다. 정당한 이유가 없다는 사실은 구성요건해당성조각사유이다. 정당한 이유가 없다는 사실은 검사가 증명해야 한다.[2]

제조란 폭발물을 새로 만들어 내는 행위를 말한다. 폭발물로 사용할 수 있는 단계에 이르지 아니하면 제조라고 할 수 없다. 수입이란 그 목적이나 의도에 관계없이 폭발물을 국외로부터 우리나라 영토 내로 양륙하거나 반입하는 등의 방법으로 들여오는 행위를 말한다. 폭발물은 공공의 안전을 문란하게 할 위험성이 대단히 높다. 폭발물을 선박으로부터 양륙하거나 항공기로부터 지상에 반입할 때 폭발물수입죄는 기수에 이른다.[3] 수출은 수입에 대립되는 개념으로 국내에서 국외로 반출하는 행위를 말한다.

수수(授受)는 폭발물을 주는 행위와 받는 행위를 모두 포함한다. 소지(所持)는 목적물을 자기의 사실상 지배 아래 두는 것을 말한다. 반드시 현실적으로 몸에 지니는 것을 요하지

1) 1969. 7. 8. 69도832, 집 17②, 형72 = 백선 각론 1 『버럭 폭파 사건』.
2) 2020. 7. 9. 2019도17322, 공 2020하, 1622 = 총론 1021면 『침례 안한 여호와의 증인 사건』 참조.
3) 1998. 11. 27. 98도2734, 공 1999, 87 = 분석 각론 『신혼여행 히로뽕 밀수 사건』 참조.

않는다. 소지의 원인은 불문하며 자기를 위한 소지뿐만 아니라 타인을 위한 소지도 포함한다. 폭발물의 단순한 소지까지도 10년 이하의 징역으로 처벌된다는 점은 주목된다. 전쟁 또는 사변시에는 국법질서 유지의 필요성이 현격히 높아진다는 점을 고려한 입법이라고 생각된다.

제 7 장　공무원의 직무에 관한 죄

제1　서　설

1. 공무원 범죄의 체계

(1) 공무원 범죄의 법적 성질

형법 각칙 제7장은 공무원의 직무에 관한 죄를 규정하고 있다. 공무원은 국민 전체에 대한 봉사자이며, 국민에 대하여 책임을 진다(헌법7①). 형법 각칙 제7장의 공무원의 직무에 관한 죄는 국민 전체의 봉사자인 공무원이 직무집행의 공정성을 해치는 행위를 할 때 이를 처벌하기 위하여 마련된 것이다. 공무원이 직무상 의무에 위반하면 공적 근무관계의 규율 확보라는 차원에서 내부적으로 징계처분이 내려진다. 그러나 의무위반의 정도가 심한 경우에는 일반적인 법질서 유지 차원에서 형사처벌을 가할 필요가 있다. 이러한 점을 고려하여 우리 형법은 직무유기죄(법122)를 비롯해서 여러 가지 공무원의 직무에 관한 죄를 규정하고 있다.

공무원의 직무에 관한 죄의 본질적 보호법익은 국가작용의 공정성 유지이다. 국가작용에는 지방자치단체의 작용도 포함된다. 공무원의 직무에 관한 죄 가운데에는 직권남용죄(법123)와 같이 개인의 자유를 함께 보호하는 경우도 있지만 이는 어디까지나 이차적인 것이다. 보호의 정도는 추상적 위험범이다.

(2) 공무원 범죄의 유형

형법 각칙 제7장이 규정하고 있는 공무원의 직무에 관한 죄는 대별하여 공무원의 직권행사에 관한 죄와 뇌물죄로 나누어 볼 수 있다. 그런데 형법 각칙 제7장이 공무원의 직무에 관한 죄 전부를 망라한 것은 아니다. 형법전 자체에 규정된 것을 보면, 간수자의 도주원조죄(법148), 세관공무원의 아편수입죄(법200), 공무원에 의한 허위공문서작성죄(법227) 등도 본질적으로는 공무원의 직무에 속하는 죄이다.

한편 우리 형법은 공무원이 직권을 이용하여 공무원의 직무에 관한 죄의 장에 규정된 죄 이외의 죄를 범한 때에는 그 죄에 정한 형의 2분의 1까지 가중하기로 하고 있다. 다만 공무원의 신분에 의하여 특별히 형이 규정된 때에는 예외이다(법135 본문 · 단서). 공무원이 부여된 직무상 권한을 범죄행위에 이용할 경우 그 피해가 막심할 뿐 아니라 국가의 권위도 크게 손상되기 때문에 일반인의 경우보다 가중처벌하는 것이다.

2. 공무원의 개념

(1) 비교법적 고찰

비교법적으로 볼 때 일본 형법은 공무원에 대해 개념정의 조항을 마련하고 있다.[1] 공무원의 개념정의와 관련하여 일본 형법의 해석론으로는 우편집배원이나 임시고용직 등도 공무원에 해당하는지가 문제되고 있다.

우리 형법은 일본 형법과 달리 공무원에 관한 정의규정을 두고 있지 않다. 공무종사자에게 청렴성이 고도로 요구되면서 일본 형법과 같은 한정적 개념정의가 오히려 공무원범죄의 처벌에 소홀함을 가져온다고 판단했기 때문이라고 생각된다.[2] 우리 형법상 공무원의 개념정의는 학설 · 판례에 맡겨져 있다.

(2) 공무원의 개념정의

공무원은 법령에 근거하여 국가 또는 지방자치단체 및 이에 준하는 공법인의 사무에 종사하는 자연인이라고 정의할 수 있다. 판례는 공무원의 개념에 대해 다음과 같은 정의를 내리고 있다.

공무원이라 함은 (가) 국가공무원법과 지방공무원법에 의한 공무원, (나) 다른 법률에서 해당 규정을 적용할 때 공무원으로 간주되는 자 외에, (다) 법령의 근거에 기하여 국가 또는 지방자치단체 및 이에 준하는 공법인의 사무에 종사하는 자로서, (라) 그 노무의 내용이 단순한 기계적 · 육체적인 것에 한정되어 있지 않은 자를 말한다.[3] [4]

---

1) 일본형법 제7조 ① 이 법률에 있어서 '공무원'이란 국가 또는 지방공공단체의 직원 기타 법령에 의하여 공무에 종사하는 의원, 위원 기타의 직원을 말한다.

② 이 법률에 있어서 '공무소'란 관공청(官公廳) 기타 공무원이 직무를 행하는 곳을 말한다.

2) 1959. 9. 4. 4291형상284, 집 7, 형16 = 백선 각론 1 『상공부 촉탁직원 사건』.

3) 2011. 3. 10. 2010도14394, 공 2011상, 787 = 분석 각론 『집행관 사무원 사건』.

4) 2015. 5. 29. 2015도3430, 공 2015하, 945 = 『권익위 기간제근로자 사건』 :

A는 국민권익위원회 운영지원과 소속 기간제근로자이다. A는 청사 안전관리 및 민원인 안내 등을 담당하고 있다. B는 국민권익위원회의 청원경찰이다. B는 보안 및 질서유지업무를 담당하고 있다. A와 B는 평소 양복을 입고 국민권익위원회 청사 1층 로비의 '국민권익위원회 안내'라는 표기가 있는 안내데스크에 앉아 근무하고 있다. A와 B는 국민권익위원회 신분증을 착용하고 있다.

갑은 국민권익위원회 로비 1층에서 민원서류를 찾고 있었다. 갑은 국민권익위원회 측이 일을 제대로 처리하지 않는다는 이유로 화가 났다. 갑은 "야 개새끼들아. 왜 일을 똑바로 처리를 해야지 않느냐. 국민권익위원장을 만나러 가겠다"고 큰소리로 말하였다. 갑은 국민권익위원장을 만나기 위해 엘리베이터를 타려고 하였다. A와 B는 보안상의 이유로 갑의 행위를 제지하였다. 갑은 A와 B에게 "니들이 뭐하는 것들이냐, 이름이 뭐냐"라고 큰소리를 질렀다. 갑은 그와 함께 팔꿈치로 A의 가슴부분을 밀어 바닥에 넘어뜨렸다.

검사는 갑을 공무집행방해죄로 기소하였다. 공소사실의 내용을 다음과 같다. (가) A에 대한 폭행 : 공무집

(가) 각종 공무원법 공무원인가 아닌가는 먼저 관제 · 직제를 통하여 확인할 수 있다. 이와 관련하여 「국가공무원법」, 「지방공무원법」, 「교육공무원법」, 「경찰공무원법」, 「군인사법」 등 여러 가지 법률이 판단의 근거를 제시한다.

(나) 기타 법령 공무원은 각종 공무원법에 근거하여 공무에 종사하는 사람에 한정되지 않는다. 다른 법령에 의하여 공무에 종사하는 직원도 법령에 근거를 두고 있는 한 공무원에 포함된다.

법령에 근거가 없는 경우에는 공무소나 공무원의 업무를 보조하더라도 공무원에 해당하지 않는다. 집행관은 지방법원에 소속되어 법률이 정하는 바에 따라 재판의 집행, 서류의 송달 그 밖에 법령에 따른 사무에 종사하므로(집행관법2) 공무원에 해당한다. 그러나 집행관이 채용하여 집행관의 업무를 보조하는 사무원은 집행관을 대신하거나 그와 독립하여 집행에 관한 업무를 수행하는 자의 지위에 있지는 아니하므로 공무원에 해당하지 않는다.[1)]

(다) 공무원 간주 각종 특별법에 의하여 공무원의 개념이 확장되는 경우가 있다. 이와 관련하여 대표적인 예 두 가지를 살펴본다.

① 특정범죄가중법 「특정범죄 가중처벌 등에 관한 법률」(특정범죄가중법) 제4조는 대통령령으로 정하는 일정 범위의 기관 · 단체의 간부직원을 형법 제129조부터 제132조까지의 뇌물죄 규정을 적용할 때 공무원으로 의제하고 있다. 국민의 세금이 투입되는 각종 기관 및 단체의 간부직원들에게 공무원에 준하는 청렴의무를 부과한 것이다.

행방해죄. (나) B에 대한 폭언 : 공무집행방해죄. 제1심법원은 다음과 같이 판단하였다. (가) A에 대한 폭행 : 공무집행방해죄 유죄. (나) B에 대한 폭언 : 공무집행방해죄 유죄. 제1심법원은 두 죄를 상상적 경합범으로 처단하였다. 갑은 불복 항소하였다. 항소법원은 다음과 같이 판단하였다. (가) 공무집행방해의 대상이 되는 공무원은 국가 또는 지방자치단체 및 이에 준하는 공법인의 사무에 종사하는 자로서 그 노무의 내용이 단순한 기계적, 육체적인 것에 한정되어 있지 않은 자이다. (나) 청원경찰인 B 및 국민권익위원회의 청사 안전관리 및 민원인 안내를 담당하는 A는 모두 공무집행방해죄에서의 공무원에 해당된다. 항소법원은 갑의 항소를 기각하고, 제1심판결을 유지하였다. 갑은 불복 상고하였다.

대법원은 다음의 이유를 제시하여 원심판결을 파기환송하였다. (가) 형법상 공무원이라 함은 (ㄱ) 법령의 근거에 기하여 (ㄴ) 국가 또는 지방자치단체 및 이에 준하는 공법인의 사무에 종사하는 자로서 (ㄷ) 그 노무의 내용이 단순한 기계적 육체적인 것에 한정되어 있지 않은 자를 말한다. (나) A는 2014. 1. 2. 국민권익위원회 위원장과 계약기간을 2014. 1. 1.부터 2014. 12. 31.까지, 근무장소를 국민권익위원회 운영지원과로 각 정하여 청사 안전관리 및 민원인 안내 등을 담당하고 이에 대한 보수를 지급받는 것을 목적으로 근로계약을 체결하였다(㉠근로계약). (다) A는 ㉠근로계약에 근거하여 기간제근로자로서 청사 안전관리 및 민원인 안내의 사무를 담당하였다. (라) A는 공무원으로 임용된 적은 없고 공무원연금이 아니라 국민연금에 가입되어 있다. (마) 국민권익위원회 훈령으로 '무기계약근로자 및 기간제근로자 관리운용 규정'이 있다(㉡훈령). (바) ㉡훈령은 국민권익위원회 내부규정으로 그 내용도 채용, 근로조건 및 퇴직 등 인사에 관한 일반적인 사항을 정하는 것에 불과하다. (사) 달리 A가 법령의 근거에 기하여 위 사무에 종사한 것이라고 볼 만한 자료가 없다.

1) 2011. 3. 10. 2010도14394, 공 2011상, 787 = 분석 각론 『집행관 사무원 사건』.

② 도시개발 관련법 「도시 및 주거환경정비법」(도시정비법)은 형법 제129조부터 제132조까지의 뇌물죄 규정을 적용할 때 추진위원장 · 조합임원 · 청산인 · 전문조합관리인 및 정비사업전문관리업자의 대표자(법인인 경우에는 임원을 말한다) · 직원 및 위탁지원자를 공무원으로 본다(도시정비법134). 유사한 공무원 의제조항은 「도시개발법」에서도 찾아볼 수 있다(동법84).

정비사업조합의 임원이 그 정비구역 안에 있는 토지 또는 건축물의 소유권 또는 그 지상권을 상실함으로써 조합 임원의 지위를 상실한 경우가 있다. 또한 임기가 만료된 정비사업조합의 임원이 관련 규정에 따라 그 후임자가 선임될 때까지 계속하여 그 직무를 수행하다가 후임자가 선임되어 그 직무수행권을 상실한 경우가 있다. 이러한 경우에 그 조합 임원이 그 후에도 조합의 법인 등기부에 임원으로 등기되어 있는 상태에서 계속하여 실질적으로 조합 임원으로서의 직무를 수행하여 왔다면 그 조합 임원은 임원의 지위 상실이나 직무수행권의 상실에도 불구하고 「도시 및 주거환경정비법」 제134조에 따라 형법 제129조 내지 제132조의 적용에서 공무원으로 의제된다.[1]

---

1) 2016. 1. 14. 2015도15798, 공 2016상, 317 = 『조합총회 비용 1억원 사건』:

M지역에 도시정비법이 규정한 바에 따라 N주택조합이 결성되었다. N조합 사업시행구역 안에 ㉠부동산이 있다. 갑은 ㉠부동산을 소유하고 있었다. 2007. 7. 2. 갑은 M조합의 이사로 선임되었다. 2009. 7. 2. 갑은 이사 임기가 종료되었다. 2010. 8. 25. 갑은 강제경매로 인한 매각으로 ㉠부동산의 소유권을 상실하였다. 2011. 5. 21. M조합은 정기총회를 개최하여 갑의 후임이사를 포함하여 조합의 이사 9명을 모두 선출하였다. 이후에도 갑은 M조합사무실에서 열리는 임원회의에 적극적으로 참석하는 등 여전히 이사로서 조합의 중요한 의사결정에 참여하였다. 갑은 M조합 이사로 등기된 상태에서 대외적으로 이사로 행세하며 조합장 선출을 위하여 총회를 개최하기 위한 활동을 계속하였다. 갑은 철거용역업자 을로부터 총회 개최 비용 등의 명목으로 1억원을 수수하였다(㉡돈). 2012. 5. 12. M조합은 다시 임시총회를 개최하여 갑을 조합장으로 선출하고 후임이사 9명을 선출하였다. 2012. 6. 11. M조합은 갑 등의 이사 퇴임과 후임이사들의 이사 취임 등기를 마쳤다.

검사는 ㉡돈 수수행위에 대해 특정범죄가중법위반죄(뇌물)로 갑을 기소하였다. 갑의 피고사건은 제1심을 거친 후, 항소심에 계속되었다. 항소법원은 유죄를 인정하였다. 갑은 불복 상고하였다. 갑은 상고이유로 다음의 점을 주장하였다. (가) 2010. 8. 25. 갑은 강제경매로 인한 매각으로 ㉠부동산의 소유권을 상실하였다. (나) M조합 사업구역 내에 부동산을 소유하지 않은 사람은 조합원이 될 수 없다. (다) 조합원이 아닌 자는 M조합의 임원이 될 수 없다. (라) M조합의 임원이 될 수 없는 갑은 도시정비법상 공무원으로 의제될 수 없다. (마) 갑이 ㉡돈을 수수한 시점은 M조합의 이사 임기가 종료된 이후이다. (바) 따라서 갑의 ㉡돈 수수행위는 특정범죄가중법위반죄(뇌물)에 해당하지 않는다.

대법원은 다음의 이유를 제시하여 상고를 기각하였다. 대법원은 정비사업조합 임원의 지위에 관하여 다음과 같이 판단하였다. (가) (도시정비법의 입법취지; 생략함.) (나) 형법이 뇌물죄에 관하여 규정하고 있는 것은 공무원의 직무집행의 공정과 그에 대한 사회의 신뢰 및 직무행위의 불가매수성을 보호하기 위한 것이다. (다) 이러한 도시정비법 제84조[현행법 제134조]의 문언과 취지, 형법상 뇌물죄의 보호법익 등을 고려한다. (라) 정비사업조합의 임원이 그 정비구역 안에 있는 토지 또는 건축물의 소유권 또는 그 지상권을 상실함으로써 조합 임원의 지위를 상실한 경우가 있다. (마) 임기가 만료된 정비사업조합의 임원이 관련 규정에 따라

「특정범죄 가중처벌 등에 관한 법률」(특정범죄가중법) 제2조는 공무원이 수뢰한 뇌물의 가액에 따라 가중처벌하고 있다. 공무원으로 의제되는 조합의 임원이 뇌물을 수수한 경우도 특정범죄가중법에 의하여 수뢰액에 따라 가중처벌된다.[1]

(라) 단순노무 종사자 국가, 지방자치단체 또는 그에 준하는 공법인의 사무에 종사하는 자라고 할지라도 그 노무의 내용이 단순한 기계적 · 육체적인 것에 한정되어 있는 사람은 공무원 범주에서 제외된다.[2] [3] 단순히 노무만을 제공하는 것은 국가나 지방자치단체의 의사를 국민이나 지방자치단체의 주민에게 전달하고 실현하는 것이 아니므로 직무집행의 공정성에 대한 신뢰에 영향을 미치지 않기 때문이다.

제 2 직무유기죄

형법 제122조 (직무유기) 공무원이 정당한 이유 없이 그 직무수행을 거부하거나 그 직무를 유기한 때에는 1년 이하의 징역이나 금고 또는 3년 이하의 자격정지에 처한다.

1. 입법취지

공무원은 국민전체에 대한 봉사자이다(헌법7①). 모든 공무원은 성실의무(국가공무원법56, 지방공무원법48 참조)와 청렴의무(국가공무원법61, 지방공무원법53 참조) 등을 진다. 공무원이 직무상 의무를 위반하거나 태만히 하는 경우에는 징계를 받게 된다(국가공무원법78 이하, 지방공무원법69 이하 참조).

그 후임자가 선임될 때까지 계속하여 그 직무를 수행하다가 후임자가 선임되어 그 직무수행권을 상실한 경우가 있다. (바) 이러한 경우에 그 조합 임원이 그 후에도 조합의 법인 등기부에 임원으로 등기되어 있는 상태에서 계속하여 실질적으로 조합 임원으로서의 직무를 수행하여 왔다면 그 직무수행의 공정과 그에 대한 사회의 신뢰 및 직무행위의 불가매수성은 여전히 보호되어야 한다. (사) 따라서 그 조합 임원은 임원의 지위 상실이나 직무수행권의 상실에도 불구하고 도시정비법 제84조[현행법 제134조]에 따라 형법 제129조 내지 제132조의 적용에 있어서 공무원으로 보아야 한다.

대법원은 갑의 행위에 대해 다음과 같이 판단하였다. (가) 갑은 2010. 8. 25. ㉠부동산의 소유권을 상실함으로써 조합원의 자격과 함께 조합 이사의 지위를 상실하였다. (나) 갑은 2009. 7. 2. 조합 이사의 임기가 만료된 후 2011. 5. 21.경 후임이사가 선임됨에 따라 조합 이사의 직무수행권을 상실하였다. (다) 그렇다고 하더라도, 갑은 그 후에도 2012. 6. 11.까지는 M조합의 법인 등기부에 이사로 등기되어 있는 상태에서 계속하여 실질적으로 조합 이사로서의 직무를 수행하여 왔다. (라) 그러므로 갑은 여전히 이 사건 뇌물수수 범행에 있어서 공무원으로 보아야 한다.

1) 2010. 12. 23. 2010도13584, 공 2011상, 285 = 분석 각론 『재건축 조합장 수뢰 사건』.
2) 2011. 3. 10. 2010도14394, 공 2011상, 787 = 분석 각론 『집행관 사무원 사건』.
3) 2015. 5. 29. 2015도3430, 공 2015하, 945 = 『권익위 기간제근로자 사건』 참조.

그런데 우리 입법자는 공무원의 성실의무를 단순히 공무원관계의 내부문제로 한정하지 않고 일반 법질서 차원의 문제로까지 격상시키고 있다. 대한민국의 존립은 공무원의 성실한 직무수행과 그에 대한 국민의 신뢰에 좌우된다고 판단하였기 때문이다. 공무원의 직무유기 행위를 형사처벌하는 것은 우리 형법의 특색 가운데 하나이다.[1)]

2. 보호법익

직무유기죄는 직무의 무단이탈, 직무의 의식적인 포기 등으로 인해 국가기능을 저해하고 국민에게 피해를 야기시키는 범죄이다. 직무유기죄는 이와 같은 국가기능 저해 및 국민에의 피해 가능성을 차단함을 보호법익으로 한다.

직무유기죄는 공무원이 구체적으로 그 직무를 수행해야 할 작위의무가 있는데도 불구하고 이러한 직무를 버린다는 인식하에 그 작위의무를 수행하지 아니함으로써 성립한다. 직무유기죄는 공무원이 법령 · 내규 등에 의한 추상적 충근의무를 태만히 하는 일체의 경우에 성립하는 것이 아니다. 직무유기죄는 (가) 직장의 무단이탈이나 직무의 의식적인 포기 등과 같이 국가의 기능을 저해하고 국민에게 피해를 야기시킬 구체적 위험성이 있고, (나) 불법과 책임비난의 정도가 높은 법익침해의 경우에 한하여 성립한다.[2)] 예컨대 병가중인 공무원은 구체적인 작위의무도 없고 국가기능의 저해에 대한 구체적 위험성도 없으므로 직무유기죄의 주체로 되지 않는다.[3)]

---

1) 일본 형법이나 일본의 개정형법가안에는 직무유기죄에 관한 조문이 없다.

2) 1997. 4. 22. 95도748, 공 1997, 1675 =『병가 공무원 직무유기 사건』:

갑 등은 공무원들이다. 갑 등은 P노동조합에 가입하고 있다. 갑 등은 P노동조합의 승인 없이 ㉠쟁의행위에 돌입하였다. 일부 공무원들은 병가를 내고 쟁의행위에 참여하였다(갑으로 통칭함). 일부 공무원들은 출근하였으나 직무를 수행하지 않고 쟁의행위에 참여하였다(을로 통칭함).

검사는 갑과 을을 직무유기죄로 기소하였다. 갑과 을의 피고사건은 제1심을 거친 후, 항소심에 계속되었다. 항소법원은 을에 대해 유죄를 인정하였다. 항소법원은 갑에 대해 다음과 같이 판단하여 유죄를 인정하였다. (가) 갑의 병가는 ㉠쟁의행위의 일환으로 이루어졌다. (나) 병가중인 공무원도 직무유기죄의 주체가 될 수 있다. (이하 갑에 대해 고찰함.) 갑은 불복 상고하였다.

대법원은 다음의 이유를 제시하여 상고를 기각하였다. 대법원은 먼저 갑의 병가가 ㉠쟁의행위의 일환으로 이루어진 것으로 단정할 수 없다고 판단하였다. 대법원은 직무유기죄에 관하여 본문 소개의 법리를 제시하였다. 대법원은 갑의 행위에 대해 다음과 같이 판단하였다. (가) 병가중인 자의 경우 구체적인 작위의무 내지 국가기능의 저해에 대한 구체적인 위험성이 있다고 할 수 없어 직무유기죄의 주체로 될 수 없다. (나) 신분이 없는 자라 하더라도 신분이 있는 자의 행위에 가공하는 경우 직무유기죄의 공동정범이 성립한다. (다) 병가중인 갑과 나머지 을 사이에 직무유기의 공범관계가 인정된다. (라) 병가중인 갑도 어차피 직무유기죄의 공동정범으로 처벌받아야 한다. (마) 원심법원이 병가중의 공무원도 직무유기죄의 주체가 될 수 있다고 판단한 것은 잘못이다. (바) 그러나 원심의 위법은 판결의 결과에 영향이 없다.

3) 1997. 4. 22. 95도748, 공 1997, 1675 =『병가 공무원 직무유기 사건』.

3. 행위주체

직무유기죄의 주체는 직무를 집행하는 공무원이다. 공무원은 법령에 의하여 국가, 지방자치단체 또는 그에 준하는 공법인의 사무에 종사하는 자연인이다. 공무원만 범할 수 있다는 점에서 직무유기죄는 진정신분범이다. 다만 형법 제33조의 공범과 신분 규정을 통하여 신분 없는 자도 공무원과 함께 직무유기죄를 범할 수 있다.[1]

4. 실행행위

(1) 공통적 요소

형법 제122조는 공무원이 정당한 이유 없이 그 직무수행을 거부하거나 그 직무를 유기하는 행위를 처벌하고 있다. 직무유기죄의 행위태양은 (가) 공무원이 정당한 이유 없이 그 직무수행을 거부하는 경우와 (나) 공무원이 정당한 이유 없이 그 직무를 유기하는 경우의 두 가지로 나타난다. 양자의 공통적인 요소는 '정당한 이유 없이'와 '직무'이다.

(가) 정당한 이유 없이　　'정당한 이유'가 있는 경우에는 설사 피고인이 직무수행을 거부하거나 직무를 유기하더라도 직무유기죄로 처벌할 수 없다. '정당한 이유'는 직무유기죄의 구성요건에 명시되어 있다. 판례는 정당한 이유가 특별구성요건에 명시되어 있는 경우, 이를 구성요건해당성을 조각하는 사유로 보고 있다. 정당한 이유를 위법성조각사유인 정당행위나 책임조각사유인 기대불가능성과는 구별되는 개념으로 파악하고 있는 것이다.[2]

정당한 이유가 없다는 사실은 범죄구성요건이므로 검사가 증명하여야 한다.[3] 직무유기죄에서 '정당한 이유 없이'라는 표지는 구성요건적 고의의 인식대상이 되지 않는다. '정당한 이유'는 전형적인 규범적 요소이므로 그 유무는 일반인의 객관적 관점에서 평가해야 한다. 따라서 자신의 직무유기 행위가 정당한 이유가 있는 것으로 오인하였다는 착오 주장은 형법 제13조 본문의 적용대상에 포함되지 않는다.

(나) 직 무　　직무는 공무원이 그 지위에 따라 맡은 본래의 일을 말한다. 이 직무는 공무원이 맡은 바 직무를 제때에 집행하지 아니함으로써 그 집행의 실효를 거둘 수 없는 구체적인 직무이어야 한다. 행위자에게 직접 의무를 부과하는 성문법령의 근거가 있거나 적어도 내부의 특별한 지시나 법규가 있어서 당해 의무가 행위자에게 고유한 직무내용을 이루고 있어야 한다.[4]

---

1) 1997. 4. 22. 95도748, 공 1997, 1675 = 『병가 공무원 직무유기 사건』.
2) 2018. 11. 1. 2016도10912 전원합의체 판결, 공 2018하, 2401 = 『병역법 '정당한 사유' 사건』 참조.
3) 2018. 11. 1. 2016도10912 전원합의체 판결, 공 2018하, 2401 = 『병역법 '정당한 사유' 사건』 참조.
4) 1974. 5. 14. 74도435, 공 1976, 9399.

검사 및 사법경찰관에게는 수사의무가 명시적으로 부과되어 있으며(형소법196①, 197①), 사법경찰리 및 특별사법경찰관리에게는 수사보조의무가 명시되어 있다(형소법197②, 245의10 ④). 나아가 형집행장은 검사의 지휘에 의하여 사법경찰관리가 집행하므로(형소법475, 81), 사법경찰리는 형집행보조의무를 진다.[1]

「특정범죄 가중처벌 등에 관한 법률」(특정범죄가중법)은 범죄수사의 직무에 종사하는 공무원이 특정범죄가중법에 규정된 죄를 범한 사람을 '인지'하고 그 직무를 유기할 것을 구성요건으로 하는 특수직무유기죄를 규정하고 있다(동법15). 특정범죄가중법상의 특수직무유기죄가 성립하려면 범죄수사의 직무에 종사하는 공무원이 특정범죄가중법에 규정된 죄를 범한 자임을 명백히 인식하고 그에 대하여 수사를 개시할 수 있을 정도의 단계에 이르러야 한다. 단순히 확인되지 않은 제보 등에 의하여 이러한 죄를 범하였을 수도 있다는 의심을 품은 것만으로는 특정범죄가중법에서 규정하고 있는 '인지'가 있었다고 할 수 없다.[2]

직무유기죄의 행위유형은 공무원이 정당한 이유 없이 직무집행을 거부하는 경우와 공무원이 정당한 이유 없이 직무를 유기하는 경우로 나누어진다.

(2) 직무집행의 거부

직무집행을 거부한다 함은 구체적으로 직무를 수행해야 할 작위의무가 있음에도 불구하고 이러한 직무를 버린다는 인식하에 그 작위의무를 수행하지 않는 것을 말한다. 직무집행의 거부에서 '거부하다'라는 표현은 '직무집행을 수행하지 않는다'는 의미를 갖는다. 따라서 직무집행거부 형태의 직무유기죄는 진정부작위범으로 파악된다. 공무원의 파업은 직무집행의 거부에 해당한다.[3] 직무집행의 거부는 국가에 대한 거부인가 국민에 대한 거부인가를 묻지 않는다.

---

1) 2011. 9. 8. 2009도13371, 공 2011하, 2162 = 분석 각론『벌금미납자 만남 사건』.

2) 2011. 7. 28. 2011도1739, 공 2011하, 1881 = 분석 각론『법무실장 직무유기 사건』.

3) 2007. 7. 12. 2006도1390, 공 2007, 1309 =『총파업 자체징계 사건』:

2004. 11. 15. 전국공무원노동조합이 총파업을 단행하였다(㉠총파업). ㉠총파업은 치밀한 계획 아래 전국 지방자치단체에서 동시 다발적으로 이루어졌다. M광역시 N구청 소속 공무원 A 등 213명은 ㉠총파업에 참가하였다. 2004. 11. 16. 아침 A 등 파업참가자들 전원은 업무에 복귀하였다.

갑은 M광역시 N구청의 구청장이다. 2004. 12. 1. 갑은 기획감사실로부터 다음 내용의 ㉡기안문을 받았다. "㉠총파업에 참가한 N구청 공무원에 대하여 M광역시 인사위원회에 전원 중징계의결요구를 하고자 함." 갑은 ㉡기안문의 지시사항란에 다음 내용을 기재하여 ㉡기안문을 기획감사실로 반려하였다. (가) A 등 8명은 자체징계로 경징계 요구할 것. (나) B 등 나머지 205명은 자체징계로 훈계조치할 것.

2004. 12. 1. 갑은 M광역시로부터 2회에 걸쳐 다음 내용의 ㉢공문을 시달받았다. (가) 자체징계 방침을 철회하고 정부의 지침에 따라 파업참가자들에 대한 징계가 조속히 이루어 질 수 있도록 조치할 것. (나) 소속 기관을 달리하는 동일사건 관련자의 징계는 시(市)인사위원회에서 심의 · 의결토록 규정하고 있음. (다) 그러므로 N구에서 징계사건의 심의 · 의결함은 무효임. 2004 12. 10. 갑은 기획감사실 관계자에게 ㉢공문을 결재하였다. 갑은 ㉢공문 지시란에 다음과 같이 기재하였다. (가) 자체처리 방침대로 조속히 시행할 것. (나) 훈계

(3) 직무의 유기

형법 제122조 후단이 규정하는 공무원이 정당한 이유 없이 직무를 유기한 때라 함은 직무에 관한 의식적인 방임 내지 포기 등 정당한 사유 없이 직무를 수행하지 아니한 경우를 의미한다.[1]

205명, 경징계 8명. [N구청 인사위원회는 자체징계 결의를 하였다.] 갑은 A 등 213명의 공무원에 대해 M광역시 인사위원회에 징계의결요구를 하지 않았다.

M광역시 행정부시장 C는 갑을 수사기관에 고발하였다. 2005. 2. 22. 검사는 갑을 직무유기죄로 기소하였다. 갑의 피고사건은 제1심을 거친 후, 항소심에 계속되었다. 항소법원은 유죄를 인정하였다. 갑은 불복 상고하였다.

대법원은 다음의 이유를 제시하여 원심판결을 파기환송하였다. 대법원은 ㉠총파업 사건에 대한 징계권자에 대해 다음과 같이 판단하였다. (가) 징계권자이자 임용권자인 지방자치단체장은 소속 공무원의 구체적인 행위가 지방공무원법 제69조 제1항에 규정된 징계사유에 해당하는지 여부에 관하여 판단할 재량이 있다. (나) 그렇지만 징계사유에 해당하는 것이 명백한 경우에는 관할 인사위원회에 징계를 요구할 의무가 있다. (다) 2004. 11. 15. ㉠총파업은 치밀한 계획 아래 전국 지방자치단체에서 동시 다발적으로 이루어진 집단적 직무거부행위이다. (라) M광역시 N구청 소속 공무원 213명이 ㉠총파업에 참가한 행위는 지방공무원법 제48조 내지 제50조, 제58조 등이 규정하는 집단행위금지의무, 직장이탈금지의무 등의 직무상 의무에 위반되는 것이다. (마) 이는 임용권자의 징계의결요구 의무가 인정될 정도의 징계사유에 해당한다. (바) 임용권자는 징계사유가 발생하면 이에 대한 충분한 조사를 한 다음, 특별한 사정이 없는 한 지체 없이 징계의결요구를 할 직무상 의무가 있다.

대법원은 구청장 갑의 직무상 의무에 대해 다음과 같이 판단하였다. (가) ㉠총파업은 소속 기관을 달리하는 전국의 공무원들이 관련된 '소속기관을 달리하는 동일사건'에 해당한다. (나) 따라서 지방공무원법 제72조 제1항에 따라 그에 참가한 N구청 소속 공무원 213명에 대한 징계관할은 M광역시 인사위원회에 있다. (다) 구청장인 갑으로서는 적어도 이 사건 공소제기일 무렵에는 2004. 11. 15.자 전공노의 총파업에 참가한 N구청 소속 공무원 213명에 대하여 M광역시 인사위원회에 징계의결요구를 할 구체적 의무가 발생하였다. (라) 갑은 N구청 213명의 공무원에 대하여 M광역시 인사위원회에 징계의결요구를 할 의무를 이행하지 아니하였다.

대법원은 직무유기죄에 대해 다음과 같이 설시하였다. (가) (사실관계 분석; 생략함.) (나) 직무유기죄는 공무원이 법령·내규 등에 의한 추상적 충근의무를 태만히 하는 일체의 경우에 성립하는 것이 아니다. (다) 직장의 무단이탈이나 직무의 의식적인 포기 등과 같이 국가의 기능을 저해하고 국민에게 피해를 야기시킬 구체적 위험성이 있고 불법과 책임비난의 정도가 높은 법익침해의 경우에 한하여 성립하는 것이다. (라) 어떠한 형태로든 직무집행의 의사로 자신의 직무를 수행한 경우에는 그 직무집행의 내용이 위법한 것으로 평가된다는 점만으로 직무유기죄의 성립을 인정할 것은 아니다.

대법원은 갑의 직무유기 여부에 대해 다음과 같이 판단하였다. (가) 지방자치단체장인 갑으로서는 당시 징계에 관한 행정자치부의 지침에 다소 과한 측면이 있다고 보았다. (나) 지방자치단체장으로서 소속 직원의 절반이 넘는 파업참가 공무원 전원에 대하여 징계의결 요구를 할 경우 발생할 혼란과 그에 따른 부작용을 우려하였다. (다) 나아가 ㉠총파업 참가 행위가 동일사건에 해당하지 아니한다고 평가할 여지가 있다고 판단하였다. (라) 나름대로 사안의 경중을 가려 가담 정도가 중한 일부 대상자에 대하여는 N구 인사위원회에 징계의결 요구를 하고 가담 정도가 가벼운 나머지 대상자에 대하여는 훈계처분을 하도록 지시하였다. (마) 갑의 위와 같은 직무집행행위가 위법하게 평가되는 것은 별론으로 한다. (바) 갑의 위와 같은 직무집행행위가 직장의 무단이탈이나 직무의 의식적인 포기에 준하는 것으로 평가할 수는 없다. (사) 적어도 갑으로서는 자신이 취한 일련의 조치가 직책에 따른 정당한 직무수행 방식이라고 믿었던 것으로 볼 수가 있다.

(가) 유 기 원래 유기(遺棄)라는 개념은 일정한 객체를 다른 곳에 내다버리거나 그 객체를 그대로 두고 행위자가 떠나가는 것을 의미한다. 유기는 적극적인 신체동작을 의미하므로 유기를 수단으로 하는 범죄는 작위범으로 파악된다. 그런데 직무유기죄에서 '직무를 유기한다'고 할 때 '유기'의 개념은 다소 수정된다. 직무는 추상적인 활동이므로 이를 다른 곳에 내다버린다는 상황은 생각할 수 없기 때문이다.

직무유기죄에서 직무를 유기한 때란 공무원이 법령, 내규 등에 의한 추상적 충근의무를 태만히 하는 일체의 경우에 성립하는 것이 아니라, 직장의 무단이탈, 직무의 의식적인 포기 등과 같이 국가의 기능을 저해하고 국민에게 피해를 야기시킬 가능성이 있는 경우를 말한다.[1)]

일단 직무집행의 의사로 자신의 직무를 수행한 경우에는 그 직무집행의 내용이 위법한 것으로 평가된다는 점만으로 직무유기죄의 성립을 인정할 것은 아니다.[2)] 공무원이 태만·분망 또는 착각 등으로 인하여 직무를 성실히 수행하지 아니한 경우나, 형식적으로 또는 소홀히 직무를 수행한 탓으로 적절한 직무수행에 이르지 못한 것에 불과한 경우에는 직무유기죄가 성립하지 않는다.[3) 4)]

(나) 부작위범 직무를 유기하는 형태의 직무유기죄는 기본적으로 작위범으로 파악된다. 그렇지만 부진정부작위범의 형태로도 범할 수 있다. 부진정부작위범 형태의 직무유기죄는 (가) 정상적인 직무집행이 위태롭게 된 상황에서 (나) 구체적으로 직무를 수행해야 할 작위의무가 발생하였음에도 불구하고 (다) 이러한 직무를 버린다는 인식하에 (라) 그 작위의무를 수행하지 않을 때 성립한다.[5)]

부진정부작위범 형태의 직무유기죄는 계속범으로 파악된다. 작위의무를 수행하지 아니함으로써 구성요건에 해당하는 사실이 있었고, 그 후에도 작위의무를 수행하지 아니하여 위법한 부작위상태가 계속되기 때문이다. 부진정부작위범 형태의 직무유기죄는 계속범이므로 위법한 부작위가 전체적으로 파악되어 일죄로 처벌된다.[6)]

부진정부작위범 형태의 직무유기죄에 대해서는 부작위의 종료시점을 기준으로 공소시효 완성이나 일반사면 여부를 판단한다. 부진정부작위범 형태의 직무유기죄를 즉시범으로 보고

---

1) 1997. 8. 29. 97도675, 공 1997, 2983 = 『교통사고 불입건 사건』 ☞ 부록 1536면.
1) 2011. 7. 28. 2011도1739, 공 2011하, 1881 = 분석 각론 『법무실장 직무유기 사건』.
2) 2007. 7. 12. 2006도1390, 공 2007, 1309 = 『총파업 자체징계 사건』.
3) 2014. 4. 10. 2013도229, 공 2014상, 1075.
4) 1994. 2. 8. 93도3568, 공 1994, 1046 = 백선 각론 1 『도박직원 불입건 사건』.
5) 1999. 11. 26. 99도1904, 공 2000, 100.
6) 1997. 8. 29. 97도675, 공 1997, 2983 = 『교통사고 불입건 사건』.

직무유기의 개시 시점을 기준으로 일반사면령의 효력발생 여부를 판단해서는 안 된다.[1)]

5. 고 의

직무유기죄는 고의범이다. 과실에 의한 직무유기죄는 인정되지 않는다. 직무유기죄가 성립하려면 객관적으로는 직무를 거부하거나 직무 또는 직장을 벗어나는 행위가 있어야 하는 외에, 주관적으로 직무를 버린다는 인식이 있어야 한다.[2)] 태만, 분망, 착각 등 일신상의 사정이나 객관적 사정으로 인해 직무집행에 부당한 결과가 초래되었다고 해도 그것만으로 직무유기죄가 성립하지는 않는다.[3)] 직무를 형식적으로 수행하거나 소홀히 수행하였기 때문에 성실한 직무수행을 하지 못한 것에 불과한 경우도 직무유기죄를 구성하지 않는다.[4)]

6. 죄수 및 다른 죄와의 관계

(1) 죄 수

직무유기죄는 공무원별로 1개의 죄가 성립된다. 직무유기교사죄의 경우 검사는 정범인 피교사자 공무원별로 사실을 특정할 수 있도록 공소사실을 기재하여야 한다.[5)]

---

1) 1965. 12. 10. 65도826, 집 13②, 형63.

2) 2007. 7. 12. 2006도1390, 공 2007, 1309 =『총파업 자체징계 사건』.

3) 1983. 1. 18. 82도2624, 공 1983, 465.

4) 1997. 8. 29. 97도675, 공 1997, 2983 =『교통사고 불입건 사건』.

5) 1997. 8. 22. 95도984, 공 1997, 2967 =『철도청 검수원 파업 사건』:

갑은 철도청 소속 9등급 공무원인 검수원이다. 철도청 소속의 공무원인 기관사와 검수원들은 M단체를 결성하였다. 갑은 M단체의 대외협력국장이다. M단체는 파업을 통하여 변형근로제 철폐 등의 요구사항을 관철하기로 하였다. 갑 등 M단체의 간부들은 M단체 회원들을 상대로 설명회를 개최하여 투쟁의 당위성을 홍보하고 투쟁지침을 전파하였다. 이후 M단체 회원들은 불법파업에 돌입하였다.

검사는 갑 등을 직무유기교사죄로 기소하였다. 검사는 공소사실을 다음과 같이 기재하였다. "갑은 (사실관계 부분 생략함) M단체 회원들에 대하여 불법파업을 하여 직무유기할 것을 결의하게 하고, M단체 회원 6,500여 명이 이에 따라 (일시 생략) 불법파업에 돌입하게 하여 직무유기를 교사하였다." 제1심법원은 유죄를 인정하였다. 갑은 불복 항소하였다. 항소법원은 제1심판결을 파기하고 무죄를 선고하였다. 검사는 불복 상고하였다.

대법원은 검사의 상고이유와 관계없이 직권으로 판단하였다. 대법원은 아래의 이유를 들어 원심과 제1심을 파기하고 자판하여 갑에게 공소기각판결을 선고하였다. (가) 직무유기교사죄는 피교사자[정범]인 공무원별로 1개의 죄가 성립되는 것이다. (나) 그러므로 피교사자[정범]인 공무원별로 사실을 특정할 수 있도록 공소사실을 기재하여야 한다. (다) 공소사실 중 "M단체 회원들에 대하여 불법파업을 하여 직무유기할 것을 결의하게 하고, M단체 회원 6,500여 명이 이에 따라 (일시 생략) 불법파업에 돌입하게 하여 직무유기를 교사하였다."는 부분이 있다. (라) 이것만으로는 피교사자[정범]인 공무원들의 숫자조차 특정되어 있지 않아 도대체 몇 개의 직무유기교사죄를 공소제기한 것인지, 그리고 유기한 직무의 내용 및 유기행위의 태양이 어떠한지 알 수가 없다. (마) 결국 직무유기교사의 점은 형사소송법 제327조 제2호에 정한 바 공소장에 구체적인 범죄사실의 기재가 없어 그 공소제기의 절차가 법률의 규정에 위반하여 무효인 때에 해당한다. (바) 그렇다면 제1심 및

(2) 다른 죄와의 관계

직무유기죄와 다른 범죄의 관계가 문제된다. 직무유기죄는 공무원의 직무에 관한 범죄 가운데 가장 기본적인 형태를 이룬다. 따라서 보다 특수한 형태의 직무범죄가 성립할 경우 직무유기죄는 이 죄에 흡수된다.

(가) 증거인멸죄　　경찰관이 압수된 증거물을 관련 규정에 따라 적절하게 보관하지 않고 피의자에게 돌려준 경우, 직무위배의 위법상태는 증거인멸행위 속에 포함되어 있는 것으로 보아야 한다. 따라서 이와 같은 경우에는 작위범인 증거인멸죄(법155①)만 성립하고 부작위범인 직무유기(거부)죄는 따로 성립하지 않는다.[1]

(나) 허위공문서작성죄　　공무원이 어떠한 위법사실을 발견하고도 직무상 의무에 따른 적절한 조치를 취하지 아니하고, 위법사실을 적극적으로 은폐할 목적으로 허위공문서를 작성 · 행사한 경우 직무위배의 위법상태는 허위공문서작성 당시부터 그 속에 포함된다. 그러므로 작위범인 허위공문서작성죄(법227) 및 그 행사죄(법229)만 성립하고, 부작위범인 직무유기죄는 따로 성립하지 않는다.[2]

그러나 공무원이 먼저 허위공문서작성죄 등의 범죄를 범하고 이어서 이를 은폐하기 위하여 직무집행을 유기한 경우라면 허위공문서작성죄 외에 직무유기죄가 별도로 새로이 성립한다. 이 경우 두 죄는 실체적 경합관계에 있다.[3]

제 3　직권남용죄의 기본유형 – 직권남용권리행사방해죄

형법 제123조 (직권남용)　공무원이 직권을 남용하여 사람으로 하여금 의무 없는 일을 하게 하거나 사람의 권리행사를 방해한 때에는 5년 이하의 징역, 10년 이하의 자격정지 또는 1천만원 이하의 벌금에 처한다.

1. 행위주체

형법 제123조는 공무원이 직권을 남용하여 사람으로 하여금 의무 없는 일을 하게 하거나 사람의 권리행사를 방해하는 행위를 처벌하고 있다. 직권남용권리행사방해죄의 주체는

원심법원으로서는 이 부분 공소사실에 대하여 유 · 무죄의 판단을 하기에 앞서 마땅히 직권으로 판단하여 공소기각의 판결을 선고하여야 할 것이었다.

1) 2006. 10. 19. 2005도3909 전원합의체 판결, 공 2006, 1952 = 분석 각론 『기판 돌려주기 사건』.

2) 2004. 3. 26. 2002도5004, [미간행].

3) 1993. 12. 24. 92도3334, 공 1994, 582 = 백선 각론 1 『석산개발 진입로 사건』.

일반적인 공무원이다. 특별한 직무를 수행하는 공무원에 대해서는 형법 제124조(불법체포 · 감금), 제125조(폭행 · 가혹행위), 제126조(피의사실공표), 제128조(선거방해) 등에 별도 유형의 직권남용죄가 규정되어 있다.

직권남용권리행사방해죄의 주체는 공무원이다. 직권남용권리행사방해죄의 주체가 강제력을 수반하는 직무를 행하는 공무원에 한정될 것인지 문제된다. 한정설은 직권남용권리행사방해죄의 성질상 그 주체는 강제력을 수반하는 공무원이어야 한다고 본다.[1] 독일 형법의 태도이다.[2]

이에 대해 비한정설은 강제력과 관련이 없는 공무원도 주체에 포함된다고 본다.[3] 판례는 비한정설을 취하고 있다.[4] 생각건대 강제력을 수반하는 직무에 종사하는 공무원이 직권남용권리행사방해죄를 범하기 쉬운 것은 사실이지만, 명문의 제한이 없는 상황에서 꼭 강제력이 있어야 하는 것은 아니다. 우리 형법이 직무유기죄(법122)까지 인정하여 공무원에 대한 직무수행의 적정성에 강한 관심을 보이고 있는 점을 아울러 고려하면 비한정설이 타당하다고 생각된다.

직권남용권리행사방해죄는 공무원에게 직권이 존재하는 것을 전제로 하는 범죄이다. 공무원의 직권은 국가의 권력 작용에 의해 부여되거나 박탈된다. 공무원이 공직에서 퇴임하면 해당 직무에서 벗어나고 그 퇴임이 대외적으로도 공표된다. 공무원인 피고인이 퇴임한 이후에는 공무원의 직권이 존재하지 않는다. 공무원이 공직에서 퇴임한 후에도 실질적 영향력을 행사하는 등으로 퇴임 전 공모한 범행에 관한 기능적 행위지배가 계속되었다고 인정할 만한 특별한 사정이 없는 한, 공무원이었던 피고인은 퇴임 후의 범행에 관하여 공범으로서 책임을 지지 않는다.[5]

2. 행위객체

직권남용죄의 객체는 '사람'이다. 일반적으로 형벌법규에서 사람이라고 할 때에는 행위자와 그 공범자 이외의 다른 사람을 가리킨다. 사람을 타인이라고 표현하는 경우도 있다.

---

1) 김일수 · 서보학, 638면; 김혜정 외, 739면; 배종대, 688면; 손동권 · 김재윤, 761면; 이재상 · 장영민 · 강동범, 722면; 이정원, 715면; 이형국 · 김혜경, 811; 임웅, 934면; 정성근 · 박광민, 791면.

2) **독일형법 제340조** ① 공무원이 직무 수행 중 또는 직무와 관련하여 상해를 가하거나 가하도록 한 경우에는 3월 이상 5년 이하의 자유형에 처한다. 사안이 중하지 아니한 경우에는 5년 이하의 자유형 또는 벌금에 처한다.

3) 김성돈, 785면; 정영일, 651면.

4) 1992. 3. 10. 92도116, 공 1992, 1343 = 백선 각론 1 『민정수석 비서관 사건』.

5) 2020. 1. 30. 2018도2236 전원합의체 판결, 공 2020상, 545 = 『문화예술계 지원배제 사건』 ☞ 부록 1537면.

직권남용죄의 경우에도 '사람'은 행위자와 공범자 이외의 다른 사람을 의미한다. 공범자가 아니라면 행위주체인 공무원이 소속하고 있는 당해 공무소의 다른 공무원도 '사람'에 해당한다.[1]

자연인 이외에 국가기관 등도 사람에 포함할 수 있는지 문제된다. 공무원의 적정한 직무수행을 확립해야 한다는 관점에서 보면 상대방을 자연인에 한정할 필요는 없다. 판례는 국가기관인 감사원에 대해 감사를 중단시킨 청와대비서관의 행위를 직권남용죄로 인정한 바가 있다.[2]

3. 실행행위

직권남용죄의 실행행위는 직권을 남용하여 사람으로 하여금 의무 없는 일을 하게 하거나 사람의 권리행사를 방해하는 것이다. 직권남용이 아니라 폭행 · 협박에 의하여 의무 없는 일을 하게 하거나 권리행사를 방해하는 행위는 설사 공무원에 의하여 행하여졌다고 할지라도 직권남용죄가 아니라 강요죄(법324① · ②)로 처벌된다.[3]

(1) 직권의 남용

형법 제123조의 직권남용죄에서 직권남용은 공무원이 일반적 직무권한에 속하는 사항에 관하여 그 권한을 위법 · 부당하게 행사하는 것을 뜻한다.[4] 즉 형식적, 외형적으로는 직무집행으로 보이나 그 실질은 정당한 권한 이외의 행위를 하는 경우를 의미한다.[5]

공무원이 그의 일반적 권한에 속하지 않는 행위를 하는 경우는 지위를 이용한 불법행위로서 직권남용과 구별되며,[6] 직권남용죄에 해당하지 않는다. 이에 대해서는 공무원이 그 직무권한의 행사로 인해 불이익을 받을 것을 우려하는 사람을 상대로 직무권한을 넘어서는 위법 · 부당한 행위를 하여 그 사람으로 하여금 의무 없는 일을 하게 하거나 그 사람의 권리행사를 방해하는 것은 자신에게 속하는 직무권한을 위법 · 부당하게 행사하는 것 못지않게 국가기능의 공정한 행사에 대한 사회 일반의 신뢰를 떨어뜨리고 개인의 자유와 권리를 침해할 위험이 크다고 볼 수 있으므로 이를 직권남용죄로 처벌해야 한다는 주장이 제기되고 있다. 그러나 판례는 별도의 입법이 없는 이상 현행법의 해석만으로 공무원의 직무권한에 속하지

---

1) 2019. 3. 14. 2018도18646, 공 2019상, 882 = 『국정원법 직권남용죄 사건』 참조.
2) 1992. 3. 10. 92도116, 공 1992, 1343 = 백선 각론 1 『민정수석 비서관 사건』.
3) 2012. 11. 29. 2010도1233, 공 2013상, 106 = 분석 각론 『일지 형식 일기 사건』 참조.
4) 2020. 1. 30. 2018도2236 전원합의체 판결, 공 2020상, 545 = 『문화예술계 지원배제 사건』.
5) 2011. 2. 10. 2010도13766, 공 2011상, 602 = 분석 각론 『3배수 추천 지시 사건』.
6) 1991. 12. 27. 90도2800, 공 1992, 806 = 백선 각론 1 『메모 지시 사건』.

않는 행위를 직권남용죄로 처벌하기는 어렵다는 입장을 취하고 있다.[1)]

직권의 남용에 해당하는지는 (가) 구체적인 공무원의 직무행위가 본래 법령에서 그 직권을 부여한 목적에 따라 이루어졌는지, (나) 직무행위가 행해진 상황에서 볼 때 필요성 · 상당성이 있는 행위인지, (다) 직권행사가 허용되는 법령상의 요건을 충족했는지 등을 종합하여 판단하여야 한다.[2)]

직권남용은 권리남용의 일종이다. 따라서 일반적 직무권한을 갖지 않은 자는 이를 남용할 수 없다. 어떠한 직무가 공무원의 일반적 권한에 속하는 사항이라고 하기 위해서는 그에 관한 법령상의 근거가 필요하지만, 법령상의 근거는 반드시 명문상의 근거만을 의미하는 것은 아니다.

명문이 없는 경우라도 법 · 제도를 종합적, 실질적으로 관찰해서 직무가 해당 공무원의 직무권한에 속한다고 해석되고, 이것이 남용된 경우 상대방으로 하여금 사실상 의무 없는 일을 행하게 하거나 권리행사를 방해하기에 충분한 것이라고 인정되는 경우 그 직무는 직권남용죄에서 말하는 일반적 직무권한에 포함된다.[3)]

(2) 의무의 부과

의무 없는 일을 행하게 한다 함은 사람으로 하여금 법령상 의무 없는 일을 하게 하는 것을 말한다. 직권남용죄의 의무는 법률상 의무를 가리킨다. 단순한 심리적 의무감 또는 도덕적 의무는 이에 해당하지 않는다.[4)]

'사람으로 하여금 의무 없는 일을 하게 한 것'은 '공무원이 직권을 남용하여'와 구별되는 별개의 범죄성립요건이다. 따라서 공무원이 한 행위가 직권남용에 해당한다고 하여 그러한 이유만으로 상대방이 한 일이 '의무 없는 일'에 해당한다고 인정할 수는 없다. '의무 없는 일'에 해당하는지는 공무원이 직권을 남용하였는지와 별도로 상대방이 그러한 일을 할 법령상 의무가 있는지를 살펴 개별적으로 판단하여야 한다.[5)]

의무 없는 일을 하게 한 경우 가운데에는 법령상 전혀 의무가 없는 경우뿐만 아니라, 의무의 모습을 변경하여 행하게 하는 경우도 포함된다. 예컨대 의무이행의 시기를 앞당긴다거나 의무이행에 각종 조건을 추가하는 경우 등이 여기에 해당한다.

상대방이 공무원의 직권에 대응하여 어떠한 일을 한 것이 의무 없는 일인지 여부를 판단

1) 2021. 3. 11. 2020도12583, 공 2021상, 792 =『국정원장 직권남용 사건』.
2) 2020. 1. 30. 2018도2236 전원합의체 판결, 공 2020상, 545 =『문화예술계 지원배제 사건』.
3) 2011. 7. 28. 2011도1739, 공 2011하, 1881 = 분석 각론『법무실장 직무유기 사건』.
4) 1991. 12. 27. 90도2800, 공 1992, 806 = 백선 각론 1『메모 지시 사건』.
5) 2020. 1. 30. 2018도2236 전원합의체 판결, 공 2020상, 545 =『문화예술계 지원배제 사건』.

할 때에는 상대방의 지위를 살펴볼 필요가 있다. 먼저, 상대방이 일반 사인인 경우가 있다. 직권남용 행위의 상대방이 일반 사인인 경우에는 특별한 사정이 없는 한 직권에 대응하여 따라야 할 의무가 없다. 그러므로 공무원이 일반 사인에게 어떠한 행위를 하게 하였다면 '의무 없는 일을 하게 한 때'에 해당할 수 있다.[1)]

다음으로, 공무원이 직권을 남용하여 사람으로 하여금 어떠한 일을 하게 한 때에 상대방이 공무원은 아니지만 공무원의 유관기관 임직원인 경우가 있다. 상대방이 유관기관의 임직인원 경우에는 상대방이 한 일이 (가) 형식과 내용 등에 있어 직무범위 내에 속하는 사항으로서 (나) 법령 그 밖의 관련 규정에 따라 직무수행 과정에서 준수하여야 할 원칙이나 기준, 절차 등을 위반하지 않는다면 특별한 사정이 없는 한 법령상 의무 없는 일을 하게 한 때에 해당한다고 보기 어렵다.[2)]

세 번째로, 공무원이 직권을 남용하여 사람으로 하여금 어떠한 일을 하게 한 때에 상대방이 공무원인 경우가 있다.

이 부분과 관련하여 공무원이 자신의 직무권한에 속하는 사항에 관하여 실무 담당자인 공무원으로 하여금 그 직무집행을 보조하는 사실행위를 하게 하는 경우가 있다. 이 경우 공무원이 실무담당자에게 보조행위를 하게 하더라도, 이는 공무원 자신의 직무집행으로 귀결될 뿐이므로 원칙적으로 직권남용 권리행사방해죄에서 말하는 '의무 없는 일을 하게 한 때'에 해당하지 않는다.[3)]

그러나 (가) 직무집행의 기준과 절차가 법령에 구체적으로 명시되어 있고, (나) 실무 담당자인 공무원에게도 직무집행의 기준을 적용하고 절차에 관여할 고유한 권한과 역할이 부여되어 있다면, 실무 담당자로 하여금 그러한 기준과 절차에 위반하여 직무집행을 보조하게 한 행위는 '의무 없는 일을 하게 한 때'에 해당한다.[4)]

공무원의 직무집행을 보조하는 실무 담당자에게 직무집행의 기준을 적용하고 절차에 관여할 고유한 권한과 역할이 부여되어 있는지 여부 및 공무원의 직권남용행위로 인하여 실무담당자가 한 일이 그러한 기준이나 절차를 위반하여 한 것으로서 법령상 의무 없는 일인지 여부는 관련 법령 등의 내용에 따라 개별적으로 판단하여야 한다.[5)]

친분관계 있는 자의 부탁을 받고 검찰 수뇌부가 특정사건에 대해 담당 검사에게 내사중단을 지시하여 내사종결처리하도록 한 것은 담당 검사에게 의무 없는 일을 하게 한 경우에

---

1) 2020. 1. 30. 2018도2236 전원합의체 판결, 공 2020상, 545 =『문화예술계 지원배제 사건』.
2) 2020. 1. 30. 2018도2236 전원합의체 판결, 공 2020상, 545 =『문화예술계 지원배제 사건』.
3) 2011. 2. 10. 2010도13766, 공 2011상, 602 = 분석 각론『3배수 추천 지시 사건』.
4) 2011. 2. 10. 2010도13766, 공 2011상, 602 = 분석 각론『3배수 추천 지시 사건』.
5) 2020. 1. 9. 2019도11698, 공 2020상, 503 =『검사 인사안 작성 지시 사건』.

해당한다.[1)]

(3) 권리행사의 방해

권리행사를 방해한다 함은 법령상 행사할 수 있는 권리의 정당한 행사를 방해하는 것을 말한다.[2)] 여기서 말하는 '권리'는 법률에 명기된 권리에 한하지 않고 법령상 보호되어야 할 이익이면 족하다. 공법상의 권리인지 사법상의 권리인지를 묻지 않는다.[3)]

형소법 제34조에 의하여 '변호인이 되려는 자'는 체포된 피의자와 접견교통할 수 있다. 현행범으로 체포된 피의자에 대해 현장에서 접견을 요청하는 변호사를 수사기관이 저지하면서 그 변호사를 공무집행방해죄의 현행범으로 체포하는 행위가 직권남용체포죄(법124) 및 직권남용권리행사방해죄(법123)를 구성할 것인지 문제된다. 이 문제는 접견을 요청하는 변호사를 공무집행방해죄(법136①)의 현행범인으로 적법하게 체포할 수 있을 것인가 하는 문제와 표리관계에 있다.

현행범인 체포(형소법211, 212)의 요건을 갖추었는지 여부에 관한 검사나 사법경찰관 등의 판단에는 상당한 재량의 여지가 있다. 그러나 체포 당시 상황으로 보아도 요건 충족 여부에 관한 검사나 사법경찰관 등의 판단이 경험칙에 비추어 현저히 합리성을 잃은 경우 그 체포는 위법하다. 인신구속에 관한 직무를 집행하는 검사나 사법경찰관으로서 체포 당시 상황을 고려하여 경험칙에 비추어 현저하게 합리성을 잃지 않은 채 판단하면 체포 요건이 충족되지 아니함을 충분히 알 수 있었는데도, 자신의 재량 범위를 벗어난다는 사실을 인식하고 그와 같은 결과를 용인한 채 사람을 체포하여 그 권리행사(접견교통권)를 방해하였다면, 직권남용체포죄(법124)와 직권남용권리행사방해죄(법123)가 성립한다.[4)]

하나의 행위가 권리행사를 방해함으로 인한 직권남용죄와 의무 없는 일을 하게 함으로 인한 직권남용죄 모두에 해당하는 것으로 기소되는 경우가 있다. 이 경우 권리행사를 방해함으로 인한 직권남용죄와 의무 없는 일을 하게 함으로 인한 직권남용죄가 별개로 성립하는 것이라고 할 수는 없다. 어디까지나 하나의 사실을 각기 다른 측면에서 해석한 것에 불과하기 때문이다. 두 가지 행위 태양에 모두 해당하는 것으로 기소된 경우, 권리행사를 방해함으로 인한 직권남용죄만 성립하고 의무 없는 일을 하게 함으로 인한 직권남용죄는 따로 성립하지 않는다.[5)]

---

1) 2007. 6. 14. 2004도5561, 공 2007, 1108 = 분석 각론 『내사중단 지시 사건』.
2) 2006. 2. 9. 2003도4599, 공 2006, 456 = 분석 각론 『청문심사 배점변경 사건』.
3) 2010. 1. 28. 2008도7312, 공 2010상, 471 = 『광역수사대 재이첩 사건』 ☞ 부록 1540면.
4) 2017. 3. 9. 2013도16162, 공 2017상, 713 = 『접견요구 변호사 체포 사건 1』 ☞ 부록 1541면.
5) 2010. 1. 28. 2008도7312, 공 2010상, 471 = 『광역수사대 재이첩 사건』.

(4) 결과발생의 문제

(가) 문제의 소재 직권남용권리행사방해죄는 단순히 공무원이 직권을 남용하는 행위를 하였다는 것만으로 곧바로 성립하는 것이 아니다. 직권을 남용하여 현실적으로 다른 사람이 법령상 의무 없는 일을 하게 하였거나 다른 사람의 구체적인 권리행사를 방해하는 결과가 발생하여야 하고, 그 결과의 발생은 직권남용 행위로 인한 것이어야 한다.[1]

그런데 직권남용죄의 성립을 위하여 의무 없는 일이 실제로 행해지거나 권리행사가 실제로 방해되었음을 요하는가 하는 문제가 있다. 직권남용죄에는 강요죄(법324① · ②, 325의5)와 달리 미수범 처벌규정이 없다. 결과발생을 요구한다면 결과가 발생하지 않은 경우에는 직권남용죄가 성립하지 않기 때문이다.

(나) 결과범 판례는 직권남용죄가 기수에 이르려면 행위자가 상대방에게 의무 없는 일을 시키거나 권리행사를 방해하는 행위를 한 것만으로 부족하고, 피해자가 의무 없는 일을 실제로 하거나 피해자의 권리행사가 현실적으로 방해되어야 한다고 본다.[2] 그리하여 판례는 공무원의 직권남용 행위가 있다 해도 현실적으로 권리행사의 방해가 없다면 직권남용죄의 기수를 인정할 수 없다는 결론에 이른다.[3]

판례는 범죄불성립의 이유를 위험범과 결과범의 차이에서 구하고 있다. 먼저, 판례는 직권남용죄의 보호객체가 국권의 공정에 있고, 이 법익침해는 침해결과가 발생할 위험이 있으면 족하다고 본다. 이 점에서 판례는 직권남용죄를 위험범으로 파악한다.

다음으로, 판례는 법익침해의 위험성과 행위객체에 대한 결과발생을 별개의 문제로 파악한다. 범죄구성요건상 행위객체에 결과가 발생해야 요건이 충족되는 것(즉 결과범)은 법익침해의 위험성과는 다르다는 것이다. 그리하여 직권남용죄가 위험범이라는 이유를 들어서 직권남용죄의 성립에 권리침해사실이 현실적으로 있을 필요가 없다는 주장은 받아들일 수 없다는 결론에 이른다.[4]

---

1) 2020. 1. 30. 2018도2236 전원합의체 판결, 공 2020상, 545 =『문화예술계 지원배제 사건』.

2) 2020. 1. 30. 2018도2236 전원합의체 판결, 공 2020상, 545 =『문화예술계 지원배제 사건』.

3) 2006. 2. 9. 2003도4599, 공 2006, 456 = 분석 각론『청문심사 배점변경 사건』.

4) 1978. 10. 10. 75도2665, 공 1979, 11489 =『집행위원회 음식점 도청기 사건』:

(주거침입의 판단기준이 2021. 9. 9. 2020도12630 전원합의체 판결에 의하여 거주자의 의사에서 객관적 평온상태로 전환되었다. 본 판결은 판례변경이 이루어지기 전의 판결이다.) 갑은 정보관계를 담당하는 순경이다. 갑의 관내인 ㉠음식점에서 P정당이 지구당집행위원회를 개최할 예정이었다. 갑은 증거수집을 위해 ㉠음식점에 들어갔다. 갑은 회의장소에 몰래 ㉡도청기를 설치해 놓았다. ㉡도청기는 P정당의 회의 개최 직전에 들켜서 뜯겼다. 이 때문에 회의가 10분 정도 늦게 열렸다.

검사는 갑을 직권남용죄 및 주거침입죄로 기소하였다. 갑의 피고사건은 제1심을 거친 후, 항소심에 계속되었다. 항소법원은 직권남용죄와 주거침입죄 공소사실을 모두 유죄로 인정하였다. 갑은 불복 상고하였다. (이하 직권남용죄 부분만 고찰함.)

(다) 인과관계 직권남용권리행사방해죄는 결과범이므로 공무원의 직권남용행위와 상대방의 권리행사 방해 또는 의무 없는 일의 이행 사이에 인과관계가 인정되어야 한다.[1] 직권남용권리행사방해죄는 미수범을 처벌하지 아니하므로 인과관계가 인정되지 않으면 직권남용권리행사방해죄는 성립하지 않는다.

4. 죄수 및 다른 죄와의 관계

(1) 죄 수

형법상 직권남용죄는 국가기능의 공정한 행사라는 국가적 법익을 보호하는 데 주된 목적이 있다. 공무원이 동일한 사안에 관한 일련의 직무집행 과정에서 단일하고 계속된 범의로 일정 기간 계속하여 저지른 직권남용행위에 대하여는 설령 그 상대방이 여러 사람이라고 하더라도 포괄일죄가 성립한다.[2]

다만 각 직권남용 범행이 포괄일죄가 되느냐 경합범이 되느냐에 따라 공소시효의 완성 여부, 기판력이 미치는 범위 등이 달라질 수 있다. 그러므로 개별 사안에서 포괄일죄의 성립 여부는 직무집행 대상의 동일 여부, 범행의 태양과 동기, 각 범행 사이의 시간적 간격, 범의의 단절이나 갱신 여부 등을 세밀하게 살펴 판단하여야 한다.[3]

대법원은 다음의 이유를 제시하여 원심판결을 파기환송하였다. 대법원은 직권남용죄 부분에 대해 다음과 같이 판단하였다. (가) 직권남용죄가 기수에 이르려면 의무 없는 일을 시키는 행위 또는 권리[행사]를 방해하는 행위가 있었다는 것만으로는 부족하다. (나) 지금 당장에 피해자의 의무 없는 행위가 이룩된 것 또는 권리[행사]방해의 결과가 발생한 것을 필요로 한다고 해석하여야 법문에 충실한 해석이다. (다) 따라서 공무원의 직권남용이 있다 하여도 현실적으로 권리행사의 저해가 없다면 직권남용죄의 기수를 인정할 수 없다.

(라) 공소사실은 갑이 도청기를 설치함으로써, [P정당이] 자유롭게 정당활동을 하고 동 회의의 의사를 진행하며, 회의진행을 도청당하지 아니하고 기타 비밀을 침해당하지 아니하는 권리를 침해당한 것으로 되어 있다. (마) 공소사실에 비추어 회의가 10분 늦어진 사실은 공소범위를 벗어난 것으로 인정될 수 있다.

(바) 도청장치를 하였다가 뜯겨서 도청을 못하였다면 회의진행을 도청당하지 아니할 권리(기타 권리)가 침해된 현실적인 사실은 없다 하리니 직권남용죄의 기수로 논할 수 없음이 뚜렷하다. (사) 직권남용죄는 미수의 처벌을 정한 바 없다. (아) 도청을 걸었으나 뜻을 못 이룬 갑의 행위는 다른 죄로는 몰라도 형법 제123조를 적용하여 죄책을 지울 수는 없다.

(자) 직권남용죄의 보호객체(법익)가 국권의 공정에 있고 이 법익침해는 침해결과의 발생의 위험이 있으면 족하다고 보아야 하는 점에서 강학상 위태범이라 함은 옳다. (차) 그러나 이 문제와 행위객체로서의 범죄구성요건에 있어서의 행위에 결과가 있어야 그 요건이 충족된다 함은 다르다. (카) 그렇기 때문에 위태범이라는 이유를 들어 직권남용죄에 있어서 권리침해사실이 현실적으로 있을 필요가 없다고 할 수는 없다.

1) 2022. 4. 28. 2021도11012, 판례속보 = 『수석부장 재판관여 사건』 ☞ 부록 1544면.

2) 2021. 3. 11. 2020도12583, 공 2021상, 792 = 『국정원장 직권남용 사건』.

3) 2021. 3. 11. 2020도12583, 공 2021상, 792 = 『국정원장 직권남용 사건』.

(2) 다른 죄와의 관계

(가) 강요죄　직권남용죄(법123)와 강요죄(법324①)의 관계에 대해 법조경합설, 상상적 경합설, 실체적 경합설 등이 제시되고 있다. 생각건대 형법 제123조는 직권남용을 행위수단으로 규정하고 있음에 대하여, 형법 제324조 제1항은 폭행 · 협박을 행위수단으로 규정하고 있다. 공무원의 폭행 · 협박은 외형상으로라도 직무집행으로 볼 여지가 없다. 직권남용과 폭행 · 협박은 양립 불가능한 관계에 있으므로 형법 제324조 제1항의 강요죄가 성립하면 형법 제123조의 직권남용죄는 독자적으로 성립하지 않으며, 그 역의 경우도 같다. 요컨대 직권남용죄는 강요죄에 대해 법조경합, 그 가운데에서도 택일관계에 있다고 보아야 할 것이다.[1]

(나) 제3자뇌물수수죄　공무원이 직무관련자에게 제3자와 계약을 체결하도록 요구하여 그 계약 체결을 하게 한 행위가 제3자뇌물수수죄(법130)의 구성요건과 직권남용권리행사방해죄(법123)의 구성요건에 모두 해당하는 경우에는 제3자뇌물수수죄와 직권남용권리행사방해죄가 각각 성립한다. 이는 사회 관념상 하나의 행위가 수 개의 죄에 해당하는 경우이므로 두 죄는 상상적 경합관계(법40)에 있다.[2]

---

1) 2012. 11. 29. 2010도1233, 공 2013상, 106 = 분석 각론 『일지 형식 일기 사건』 참조.

2) 2017. 3. 15. 2016도19659, 공 2017상, 826 = 『민원 공무원 명함 사건』:

갑은 M시에서 건축 관련 민원을 담당하는 공무원이다. A는 M시에서 아파트시행사업을 하는 P건설업체의 운영자이다. 갑은 A에게 다음과 같이 말하였다. (가) A의 사업체는 M시 관내 업체가 아니다. (나) (구체적인 이유에 관한 설명 없이) 인허가절차가 지연될 수 있다. 갑은 A에게 용역계약체결의 상대방으로 Q엔지니어링 한 업체만을 소개하고 그 운영자인 B의 명함을 직접 건넸다. A는 그때 처음으로 Q엔지니어링과 B를 알게 되었다. A는 Q엔지니어링 사무실을 찾아가서 B를 만나 다소 비싼 가격으로 ㉠용역계약을 체결하였다. 갑은 ㉠용역계약의 이행과정에 관여하기도 하였다.

검사는 갑을 제3자뇌물수수죄 및 직권남용권리행사방해죄로 기소하였다. 갑의 피고사건은 제1심을 거친 후, 항소심에 계속되었다. 항소법원은 두 죄가 각각 성립한다고 판단하고 실체적 경합범으로 처단하였다. 갑은 불복 상고하였다. 갑은 상고이유로, 두 죄가 양립할 수는 없다고 주장하였다.

대법원은 다음의 이유를 제시하여 상고를 기각하였다. 대법원은 제3자뇌물수수죄와 직권남용권리행사방해죄의 관계에 대해 다음과 같이 설시하였다. (가) 공무원이 직무관련자에게 제3자와 계약을 체결하도록 요구하여 그 계약 체결을 하게 한 행위가 제3자뇌물수수죄의 구성요건과 직권남용권리행사방해죄의 구성요건에 모두 해당하는 경우가 있다. (나) 이 경우에는 제3자뇌물수수죄와 직권남용권리행사방해죄가 각각 성립한다. (다) 이는 사회 관념상 하나의 행위가 수 개의 죄에 해당하는 경우이므로 두 죄는 형법 제40조의 상상적 경합관계에 있게 된다.

대법원은 갑의 행위에 대해 다음과 같이 판단하였다. (가) 원심이 갑에 대한 공소사실 중 Q엔지니어링 관련 제3자뇌물수수 및 직권남용권리행사방해의 점을 모두 유죄로 판단한 것은 정당하다. (나) 그러나 원심이 위 두 죄가 형법 제37조 전단의 경합범 관계에 있다고 판단한 것에는 죄수에 관한 법리를 오해한 잘못이 있다. (다) (다른 죄들과의 관계에서 판결에 영향을 미친 위법이 아니라는 이유로 상고를 기각함.)

(3) 재정신청

직권남용죄로 고소 · 고발된 사건에 대해 검사가 불기소처분을 내리면 고소인 · 고발인은 관할 고등법원에 그 당부에 관하여 재정신청을 할 수 있다(형소법260① 참조).[1] 피해자인 고소인 이외에 제3자인 고발인도 재정신청을 할 수 있다는 점은 주목된다.

제 4 직권남용죄의 특수유형

1. 불법체포 · 감금죄

형법 제124조 (불법체포, 불법감금) ① 재판, 검찰, 경찰 기타 인신구속에 관한 직무를 행하는 자 또는 이를 보조하는 자가 그 직권을 남용하여 사람을 체포 또는 감금한 때에는 7년 이하의 징역과 10년 이하의 자격정지에 처한다.

◎ 미수범 처벌함(법124②)

◎ 결과적 가중범 처벌함(특정범죄가중법4의2① · ②)

(1) 보호법익

모든 국민은 신체의 자유를 가진다(헌법12① 1문). 누구든지 법률과 적법한 절차에 의하지 아니하고는 신체의 자유를 침해받지 않는다(헌법12① · ③ 참조). 헌법과 형사소송법은 피의자를 체포 · 구속할 때 반드시 검사가 청구하여 법관이 발부한 영장을 제시하고, 사본을 교부하도록 하고 있다(헌법12③, 형소법85①, 200의6, 209).

형사소송법은 피의자를 체포 · 구속할 때 법관이 발부한 영장에 의하도록 하고(형소법200의2, 201), 피의자를 체포 · 구속하는 경우에 피의사실의 요지, 체포 · 구속의 이유와 변호인을 선임할 수 있음을 말하고 변명할 기회를 주도록 하며(형소법200의5, 209, 213의2), 수사기관이 체포영장에 의하여 피의자를 체포하거나(형소법200의2), 영장 없이 피의자를 긴급체포하거나(형소법200의3), 피의자를 현행범으로 체포한 경우에(형소법212) 48시간 이내에 구속영장을 청구하도록 규정하고 있다(형소법200의2⑤, 200의4①, 213의2). 나아가 형사소송법은 피고인을 구속할 때에도 법원이 발부한 구속영장에 의하도록 규정하고 있다(형소법73).

형법 제124조는 재판, 검찰, 경찰 기타 인신구속에 관한 직무에 종사하는 자가 피의자 · 피고인을 수사하는 과정에서 위와 같은 적법절차의 요구를 외면하고 영장 없이 상대방을 함부로 구금하여 신체의 자유를 박탈하는 경우가 없도록 하기 위하여 마련된 조문이다. 수사기관이 피의자를 수사하는 과정에서 헌법과 형사소송법이 규정한 적법절차의 요구를 외면하고

1) 2017. 3. 9. 2013도16162, 공 2017상, 713 = 『접견요구 변호사 체포 사건 1』 참조.

영장 없이 피의자를 함부로 구금하여 피의자의 신체의 자유를 박탈하였다면 직권을 남용한 불법감금의 죄책을 면할 수 없다.[1) 2)]

---

1) 1985. 7. 29. 85모16, 공 1985, 1224 =『보건전문대 교수 제보 사건』:

갑은 M경찰서 정보 3계장으로 근무하는 경찰관이다. 을, 병은 M경찰서 정보계 경장으로 근무하는 경찰관이다. M경찰서 관내에 N보건전문대학이 있다. K는 N대학 교수이다. 1982. 1. 15. 갑 등은 K로부터 A가 불온삐라를 소지하고 있으며 불온한 언동을 한다는 신고를 받았다. 갑 등은 A를 국가보안법위반사범으로 수사하기 시작하였다. 1982. 1. 15. 갑 등은 A의 집에서 임의동행 형식으로 A를 M경찰서로 연행하였다. 1982. 1. 20.까지 6일간 A는 구속영장에 의하지 아니하고 M경찰서 정보계 조사실 또는 보호실 등에 계속 구금되어 있었다. 1982. 1. 20. 관할 지방법원판사는 A에 대해 구속영장을 발부하였다.

A는 경찰관 갑, 을, 병을 불법체포·감금죄로 수사기관에 고발하였다(㉠고발). 갑 등은 다음과 같이 변소(辯訴)하였다. (가) 해당 기간중 A를 조사실에서 계속 조사하였다. (나) A를 구속영장집행시까지 임시보호실에 대기시킨 것이다. (다) A를 감금한 사실은 없다. 검사는 갑 등의 변소를 받아들여 혐의 없음을 이유로 불기소처분을 내렸다(㉡불기소처분). A는 형사소송법 제260조에 기하여 관할 고등법원에 '불법감금이 있었음'을 이유로 ㉡불기소처분에 대한 재정신청을 하였다(㉢재정신청). 관할 고등법원은 A의 ㉢재정신청이 '이유 없다'고 판단하여 재정신청을 기각하였다(㉣재정신청기각결정). A는 ㉣기각결정에 대해 대법원에 재항고를 하였다.

대법원은 다음의 이유를 제시하여 원심결정을 파기환송하였다. (아래의 헌법 및 형사소송법 조문은 대법원판결 당시의 조문이다.) 대법원은 신체의 자유와 관련한 적법절차에 대해 다음과 같이 설시하였다. (가) 신체의 자유는 헌법이 보장하고 있는 가장 기본적인 권리의 하나이며 헌법과 법률이 정한 적법절차에 의하지 아니하고는 이를 제한하거나 박탈할 수 없다. (나) 헌법 제11조는 이러한 취지를 명시하고 있다. (다) 이에 따라 형사소송법 제73조, 제201조 및 제206조는 피고인 및 피의자를 구속함에는 법관이 발부한 구속영장에 의하도록 요구하고 있다. (라) 수사기관이 구속영장 없이 피의자를 긴급구속한 경우에도 48시간 또는 72시간 이내에 구속영장의 발부를 받아야 하도록 요구하고 있다.

(마) 그러므로 수사기관이 피의자를 수사하는 과정에서 위와 같은 적법절차의 요구를 외면하고 구속영장 없이 피의자를 함부로 구금하여 피의자의 신체의 자유를 박탈하였다면 직권을 남용한 불법감금의 죄책을 면할 수 없다. (바) 여기에서 구금이라 함은 피고인 또는 피의자의 의사에 기하지 아니하고 교도소 또는 구치소 기타 일정장소에 구금하는 것을 말한다. (사) 수사의 필요상 피의자를 임의동행한 경우에도 조사후 귀가시키지 아니하고 그의 의사에 반하여 경찰서 조사실 또는 보호실 등에 계속 유치함으로써 신체의 자유를 속박하였다면 이는 구금에 해당한다.

대법원은 A의 재정신청에 대해 다음과 같이 판단하였다. (가) (사실관계 분석; 생략함.) (나) 갑, 을, 병 등이 구속영장을 발부받음이 없이 A를 구금한 행위는 경찰관으로서 그 직권을 남용하여 사람을 불법감금한 것에 해당한다. (다) 그럼에도 불구하고 검사는 갑, 을, 병 등에 대한 직권남용감금의 피의사실에 대하여 A를 조사실에서 계속 조사하거나 구속영장집행시까지 임시보호실에 대기시킨 것이지 감금한 것이 아니라는 갑 등의 변명을 받아들여 혐의없다고 판단하였다. (라) 이는 위법하다고 하지 않을 수 없다. (마) ㉢재정신청은 그 신청이유에서 위와 같은 위법을 분명히 지적하고 있다. (바) 그럼에도 불구하고 원심이 ㉢재정신청을 그 이유 없다 하여 기각하고 말았다. (사) 이것은 구속과 불법감금의 법률해석을 그르친 위법한 결정이다. (아) (중략)

대법원은 기소유예와 재정신청의 관계에 대해 다음과 같이 판단하였다. (가) 다만 범죄의 혐의가 인정되어도 제반사정을 고려하여 기소유예를 할 만한 사건이라고 인정되는 경우에는 재정신청을 기각할 수 있다. (나) 그러므로 "이 사건 재정신청은 그 이유 없으므로"라고 설시하여 이를 기각한 원심결정은 위와 같은 기소유예의 판단까지 포함한 취지가 아닌가 의문의 여지가 없지 않다. (다) 그러나 검사의 ㉡불기소결정은 오로지 피의사실에 대한 혐의 없음을 이유로 하고 있다. (라) 이에 대한 ㉢재정신청 이유도 이 점을 다투고 있다. (마) 이러한 사건에서 "이 사건 재정신청은 그 이유가 없으므로"라는 ㉣원심결정의 설시는 혐의 없음을 이유로 한 ㉡불기소결정이 정당하다고 판단한 취지라고 보여진다. (바) 혐의는 인정되나 기소유예를 할 만한 사건이라고 인정하여 재정신청을 기각한 취지라고는 보기 어렵다.

2) 2017. 3. 9. 2013도16162, 공 2017상, 713 =『접견요구 변호사 체포 사건 1』.

불법체포 · 감금죄는 특수한 형태의 직권남용죄이다. 형법 제123조의 직권남용죄와 형법 제124조의 불법체포 · 감금죄를 비교해 보면, 전자는 공무원이면 누구나 주체가 될 수 있지만, 후자는 공무원 중에서도 인신구속에 관한 직무를 수행하는 공무원에게만 주체성이 인정된다. 또한 전자의 경우에는 행동의 자유 전반이 제한되지만, 후자의 경우에는 특별히 신체의 자유가 제한된다. 불법체포 · 감금죄에 대한 검사의 불기소처분에 대해서는 직권남용죄와 마찬가지로 고소인 이외에 고발인도 관할 고등법원에 재정신청을 할 수 있다(형소법260①).[1)]

(2) 행위주체

불법체포 · 감금죄의 주체는 재판, 검찰, 경찰 기타 인신구속에 관한 직무를 행하는 자 또는 이를 보조하는 자이다. 인신구속에 관한 직무를 행하는 자란 일정한 조건하에 피의자 · 피고인 등의 신체를 구속할 권한이 부여된 공무원을 말한다. 검사나 사법경찰관리 등 수사기관에 종사하는 공무원뿐만 아니라 영장재판 업무를 담당하는 법관, 공판절차에서 법정구속을 명하는 재판장 등도 불법체포 · 감금죄의 주체에 포함된다.

인신구속에 관한 직무를 보조하는 자란 예컨대 법원 · 검찰청의 사무관이나 사법경찰관리 등과 같이 그 직무상 보조자의 지위에 있는 자를 말한다. 단순히 사실상 보조하는 사인(私人) 등은 불법체포 · 감금죄의 주체에 포함되지 않는다.

집행관은 지방법원에 소속되어 법률에서 정하는 바에 따라 재판의 집행, 서류의 송달, 그 밖에 법령에 따른 사무에 종사한다(법원조직법55③, 집행관법2). 집행관은 영장집행 사무를 처리할 의무가 있다(집행관법6 iii). 집행관이 강제집행을 하면서 채무자를 감금하였다면 불법체포 · 감금죄가 성립한다.[2)]

(3) 실행행위

(가) 직권남용 불법체포 · 감금죄의 실행행위는 직권을 남용하여 사람을 체포 또는 감금하는 것이다. 직권남용은 형식적으로 인신구속의 직무권한에 속하는 사항인 것처럼 보이지만, 정당한 한도를 넘어서 권한을 본래의 취지에 반하여 부당하게 행사하는 것을 말한다.

(나) 체포와 감금 체포는 사람의 신체에 대하여 직접적이고 현실적인 구속을 가하여 의사실행의 자유를 박탈하는 행위를 의미하는 것으로서 그 수단과 방법을 불문한다.[3)]

감금은 사람으로 하여금 일정한 장소 밖으로 나가지 못하도록 하여 신체의 자유를 제한

---

1) 2017. 3. 9. 2013도16162, 공 2017상, 713 = 『접견요구 변호사 체포 사건 1』 참조.
2) 1969. 6. 24. 68도1218, 총람 124조 1번.
3) 2018. 2. 28. 2017도21249, 공 2018상, 665 = 『엘리베이터 쫓아가기 사건』 참조.

하는 행위를 가리킨다. 감금의 방법은 반드시 물리적, 유형적 장애를 사용하는 경우뿐만 아니라 심리적, 무형적 장애에 의하는 경우도 포함한다.[1)]

설사 장소가 경찰서 내 대기실로서 일반인과 면회인 및 경찰관이 수시로 출입하는 곳이고 문만 열면 나갈 수 있도록 된 구조라 하여도 경찰서 밖으로 나가지 못하도록 신체의 자유를 제한하는 유형, 무형의 억압이 있었다면 이는 감금에 해당한다.[2)]

감금행위는 간접정범의 형태로도 이루어질 수 있다. 인신구속에 관한 사무를 행하는 자 또는 이를 보조하는 자가 피해자를 구속하기 위하여 진술조서 등을 허위로 작성한 후 이를 기록에 첨부하여 구속영장을 신청하고, 진술조서 등이 허위로 작성된 정을 모르는 검사와 영장전담판사를 기망하여 구속영장을 발부받은 후 그 영장에 의하여 피해자를 구금하였다면 불법체포·감금죄가 성립한다.[3)]

(다) 보호실유치 　수사기관이 피의자를 수사하는 과정에서 인신구속과 관련하여 헌법과 형사소송법이 규정한 적법절차의 요구를 외면하고 영장 없이 피의자를 함부로 구금하여 피의자의 신체의 자유를 박탈하였다면 직권을 남용한 불법감금의 죄책을 면할 수 없다. 불법감금죄의 구금은 피의자·피고인의 의사에 기하지 아니하고 교도소 또는 구치소 기타 일정 장소에 구금하는 것을 말한다. 피의자를 임의동행하여 조사한 후 귀가시키지 아니하고 그의 의사에 반하여 경찰서 조사실 또는 보호실 등에 계속 유치함으로써 신체의 자유를 속박하였다면 이는 구금에 해당한다.[4)]

(라) 긴급체포 　피의자가 사형, 무기 또는 장기 3년 이상의 징역이나 금고에 해당하는 죄를 범하였다고 의심할 만한 상당한 이유가 있고, 피의자가 증거를 인멸할 염려가 있거나(형소법70① ii) 피의자가 도망하거나 도망할 염려가 있는 때(형소법70① iii)에 해당하며, 긴급을 요하여 지방법원 판사의 체포영장을 받을 수 없을 때 검사 또는 사법경찰관은 그 사유를 알리고 영장 없이 피의자를 체포할 수 있다(형소법200의3① 1문). 이러한 경우 영장 없는 체포를 가리켜서 긴급체포라고 한다.

긴급체포의 요건으로서 '긴급을 요한다' 함은 피의자를 우연히 발견한 경우 등과 같이 체포영장을 받을 시간적 여유가 없는 때를 말한다(형소법200의3① 2문). 긴급체포는 영장주의 원칙에 대한 예외인 만큼 형사소송법 제200조의3 제1항의 요건을 모두 갖춘 경우에 한하여 예외적으로 허용되어야 한다. 요건을 갖추지 못한 긴급체포는 법적 근거에 의하지 아니한 체

---

1) 1991. 12. 30. 91모5, 공 1992, 818 = 백선 각론 1 『82시간 대기 사건』.
2) 1997. 6. 13. 97도877, 공 1997, 2111 = 『보호실 입감 거부 사건』 ☞ 부록 1545면.
3) 2006. 5. 25. 2003도3945, 공 2006, 1196 = 분석 각론 『PC방 갈취 사건』.
4) 1985. 7. 29. 85모16, 공 1985, 1224 = 『보건전문대 교수 제보 사건』.

포로서 위법한 체포에 해당한다.

긴급체포의 요건을 갖추었는지 여부는 사후에 밝혀진 사정을 기초로 판단할 것이 아니라 체포 당시의 상황을 기초로 판단해야 한다. 이에 관한 검사나 사법경찰관 등 수사주체의 판단에는 상당한 재량의 여지가 있다. 그러나 긴급체포 당시의 상황으로 보아서도 그 요건의 충족 여부에 관한 검사나 사법경찰관의 판단이 경험칙에 비추어 현저히 합리성을 잃은 경우에는 그 체포는 위법한 체포이다. 위법한 긴급체포는 불법체포 · 감금에 해당한다.[1]

(4) 다른 죄와의 관계

불법체포 · 감금죄(법124; 7년 이하의 징역과 10년 이하의 자격정지)와 체포 · 감금죄(법276①; 5년 이하의 징역 또는 700만원 이하의 벌금)의 관계가 문제된다. 이에 대해 부진정신분범설과 특수직무범설이 대립하고 있다. 논쟁의 실익은 인신구속에 관한 직무를 행하는 공무원이 직권을 남용하여 피해자를 체포 · 감금할 때 이에 비신분자가 공범으로 관여하는 경우 그 처리를 둘러싸고 나타난다.

(가) 부진정신분범설 　　부진정신분범설은 특수공무원의 신분 때문에 형이 가중된다고 보아 불법체포 · 감금죄(법124)를 체포 · 감금죄(법276①)에 대한 부진정신분범으로 보는 견해이다.[2]

공범과 신분에 관한 형법 제33조의 적용과 관련하여 진정신분범 · 부진정신분범설을 취하는 입장에서는 신분자인 인신구속 공무원에게는 불법체포 · 감금죄(법124; 7년 이하의 징역과 10년 이하의 자격정지)를, 비신분자인 제3자에게는 체포 · 감금죄(법276①; 5년 이하의 징역 또는 700만원 이하의 벌금)의 성립을 인정한다.

한편 공범과 신분에 관한 형법 제33조의 적용과 관련하여 본문 · 단서설을 취하는 입장에서는 신분자인 공무원과 비신분자인 제3자에게 모두 불법체포 · 감금죄를 인정하되, 비신분자는 체포 · 감금죄의 법정형(법276①; 5년 이하의 징역 또는 700만원 이하의 벌금) 범위 내에서 처단한다.

(나) 특수직무범설 　　특수직무범설은 불법체포 · 감금죄를 체포 · 감금죄와 무관한 특수범죄로 보는 견해이다.[3] 이에 따르면 인신구속 공무원의 직권남용 체포 · 감금행위에 제3자가 공범으로 관여하였다면 양자 모두 형법 제33조 본문에 의하여 불법체포 · 감금죄의 공범

---

1) 2003. 3. 27. 2002모81, 공 2003, 1117 = 분석 신형소 I 『버스기사 진정 사건』.
2) 박상기, 635면; 배종대, 691면; 오영근, 706면; 이용식, 191면; 이형국 · 김혜경, 814면; 임웅, 939면.
3) 손동권 · 김재윤, 764면; 이재상 · 장영민 · 강동범, 724면; 이정원, 718면; 정성근 · 박광민, 794면; 정영일, 659면.

이 되어 불법체포·감금죄의 법정형(법124; 7년 이하의 징역과 10년 이하의 자격정지)의 범위 내에서 처단된다.

(다) 사 견 생각건대 특수직무범설이 타당하다고 본다. 첫째로, 형법 제124조의 불법체포·감금죄와 형법 제276조 제1항의 체포·감금죄는 보호법익이 다르다. 전자는 신체구속과 관련한 직무수행의 적정성임에 반하여 후자는 개인의 신체의 자유이다. 둘째로, 행위태양이 다르다. 체포·감금이라는 점에서는 일치하지만 전자가 '직권을 남용하여' 행하는 것임에 대하여 후자는 폭행·협박·기망 등을 수단으로 한다. 셋째로, 법정형의 측면에서도 전자는 7년 이하의 징역형에 10년 이하의 자격정지를 필요적으로 병과하지만, 후자의 경우에는 5년 이하의 징역 또는 7백만원 이하의 벌금형으로 처벌된다. 넷째로, 불법체포·감금죄의 경우에는 체포·감금죄와 달리 고소인(피해자) 이외에 고발인(제3자)에게도 재정신청권이 인정되고 있다(형소법260①). 이렇게 볼 때 불법체포·감금죄는 체포·감금죄와는 별개의 독립한 범죄로 파악해야 할 것이다.

(5) 특정범죄가중법에 의한 결과적 가중범

「특정범죄 가중처벌 등에 관한 법률」(특정범죄가중법) 제4조의2는 불법체포·감금죄에 대한 결과적 가중범을 규정하고 있다. 형법 제124조에 규정된 죄를 범하여 사람을 상해에 이르게 한 경우에는 1년 이상의 유기징역에 처한다(특정범죄가중법4의2①).[1] 사람을 사망에 이르게 한 경우에는 무기 또는 3년 이상의 징역에 처한다(동조②). 입법론적으로는 특정범죄가중법 제4조의2를 형법전으로 옮겨서 형법 제124조와 함께 규정하는 것이 바람직하다고 본다.

2. 폭행·가혹행위죄

형법 제125조 (폭행, 가혹행위) 재판, 검찰, 경찰 그 밖에 인신구속에 관한 직무를 수행하는 자 또는 이를 보조하는 자가 그 직무를 수행하면서 형사피의자나 그 밖의 사람에 대하여 폭행 또는 가혹행위를 한 경우에는 5년 이하의 징역과 10년 이하의 자격정지에 처한다.

◎ 결과적 가중범 처벌함(특정범죄가중법4의2①·②)

(1) 입법취지

우리 헌법은 "모든 국민은 고문을 받지 아니하며, 형사상 자기에게 불리한 진술을 강요당하지 아니한다."고 규정하고 있다(헌법12②). 또한 피고인의 자백이 고문에 의하여 임의로

1) 1997. 6. 13. 97도877, 공 1997, 2111 =『보호실 입감 거부 사건』.

진술된 것이 아니라고 의심될 때에는 이를 유죄의 증거로 삼을 수 없다(헌법12⑦, 형소법309 참조). 폭행 또는 가혹한 행위에 의하여 수집한 증거는 적법한 절차에 따르지 아니하고 수집한 증거로서 유죄의 증거로 할 수 없다(형소법308의2). 형법 제125조는 헌법의 고문금지 규정을 실천하기 위한 형사실체법적 표현이다.

재판, 검찰, 경찰 기타 인신구속에 관한 직무를 행하는 자나 이를 보조하는 자는 그가 가지고 있는 권력적 지위의 특수성 때문에 물리력 행사를 통한 인권침해 결과를 일으키기 쉽다. 형법 제125조는 이러한 사태를 엄격히 규제하기 위하여 마련된 조문이다. 폭행 · 가혹행위죄에 대한 검사의 불기소처분에 대해서는 고소인 외에 고발인도 관할 고등법원에 재정신청을 할 수 있다(형소법260①).

(2) 행위주체

폭행 · 가혹행위죄의 주체는 불법체포 · 감금죄와 같이 재판, 검찰, 경찰 그 밖에 인신구속에 관한 직무를 수행하는 자 또는 이를 보조하는 자이다. 삼림, 해사 등의 특별한 사항에 관하여 사법경찰관리의 직무를 수행하는 특별사법경찰관리(형소법197)도 폭행 · 가혹행위죄의 주체에 포함된다.

(3) 행위객체

행위의 객체는 형사피의자나 그 밖의 사람이다. 피의자는 수사기관에 의하여 범죄혐의를 받고 수사의 대상으로 되어 있는 사람이다. 아직 사건수리의 절차를 밟지 아니하였더라도 수사기관이 범죄혐의 있음을 객관적으로 외부에 표시하였으면 그 때에 피의자의 지위가 개시된다.[1] 범죄혐의가 인정되기 전 단계에 있는 피내사자는 피의자에 해당하지 않는다.

그 밖의 사람에는 피고인과 참고인, 증인, 그 밖의 소송관계인 등 수사나 재판에서 신문이나 심리의 대상으로 되는 사람을 모두 포함한다.

각종 복지원에 수용된 자와 같이 단순히 행정경찰상의 보호 · 감독을 받는 사람은 폭행 · 가혹행위죄의 행위객체에 포함되지 않는다. 형법 제125조가 사법작용과 관련한 인신구속 업무에 종사하는 공무원을 행위주체로 규정하고 있고, 「인신보호법」이 별도의 구제절차를 마련하고 있기 때문이다.

(4) 실행행위

폭행 · 가혹행위죄의 실행행위는 인신구속에 관한 직무를 수행하는 공무원 또는 그 보조

1) 2001. 10. 26. 2000도2968, 공 2001, 2633.

자가 그 직무를 수행하면서 형사피의자 등에게 폭행 또는 가혹행위를 하는 것이다. 폭행 또는 가혹행위는 공무원이 그 직무를 수행하면서 이루어지는 것이어야 한다. 직무를 수행하면서라 함은 직무를 수행하는 기회에라는 뜻이다.

폭행은 사람의 신체에 대한 불법한 유형력의 행사를 말한다. 체포시 상대방이 저항하는 경우에 이를 제압하기 위하여 필요한 한도에서 유형력을 행사하는 것은 불법성이 없으므로 처음부터 폭행 개념에 포함되지 않는다.

가혹행위라 함은 폭행 이외의 방법으로 정신적 또는 육체적 고통을 주는 행위를 말한다. 양손을 뒤로 결박당하고 양발목마저 결박당한 피해자의 양쪽팔, 다리, 머리 등을 밀어누름으로써 피해자의 얼굴을 욕조의 물속으로 강제로 찍어 누르는 행위,[1] 상당한 음식물이나 의복을 제공하지 않는 행위, 필요한 수면을 방해하는 행위, 신체를 벌거벗게 하여 수치심과 모욕감을 느끼게 하는 행위, 성관계나 성추행[2] 행위 등이 여기에 해당한다.

협박은 폭행과 달리 폭행·가혹행위죄의 실행행위로 명시되어 있지 않다. 인신구속에 관한 직무를 행하는 자가 상대방을 신문할 때 사용하는 신문기법을 둘러싸고 불법한 협박과 정당한 추궁의 차이를 구별하기가 쉽지 않기 때문이다. 생각건대 단순한 해악의 고지는 폭행·가혹행위죄의 실행행위에 해당하지 않는다. 그렇지만 해악의 고지가 상대방에게 육체적·정신적 고통을 일으키는 정도에 이르면 가혹행위에 포함된다.

(5) 특정범죄가중법에 의한 결과적 가중범

「특정범죄 가중처벌 등에 관한 법률」(특정범죄가중법) 제4조의2는 폭행·가혹행위죄에 대한 결과적 가중범을 규정하고 있다. 실제로 발생한 경찰관의 고문치사사건을 계기로 1983년에 특정범죄가중법에 신설된 조문이다.

형법 제125조에 규정된 죄를 범하여 사람을 상해에 이르게 한 경우에는 1년 이상의 유기징역에 처한다(동법4의2①). 사람을 사망에 이르게 한 경우에는 무기 또는 3년 이상의 징역에 처한다(동조②).[3][4] 입법론적으로는 특정범죄가중법 제4조의2를 형법전으로 옮겨서 형법 제125조와 함께 규정하는 것이 바람직하다고 본다.

---

1) 1988. 2. 23. 87도2358, 공 1988, 623 = 백선 총론『박종철씨 고문치사 사건』.

2) 1988. 1. 29. 86모58, 공 1988, 428 = 분석 신형소Ⅰ『부천서 성고문 사건』.

3) **특정범죄 가중처벌 등에 관한 법률 제4조의2** (체포·감금 등의 가중처벌) ① 형법 제124조·제125조에 규정된 죄를 범하여 사람을 상해(傷害)에 이르게 한 경우에는 1년 이상의 유기징역에 처한다.

② 형법 제124조·제125조에 규정된 죄를 범하여 사람을 사망에 이르게 한 경우에는 무기 또는 3년 이상의 징역에 처한다.

4) 1988. 2. 23. 87도2358, 공 1988, 623 = 백선 총론『박종철씨 고문치사 사건』.

3. 피의사실공표죄

형법 제126조 (피의사실 공표) 검찰, 경찰 그 밖에 범죄수사에 관한 직무를 수행하는 자 또는 이를 감독하거나 보조하는 자가 그 직무를 수행하면서 알게 된 피의사실을 공소제기 전에 공표(公表)한 경우에는 3년 이하의 징역 또는 5년 이하의 자격정지에 처한다.

(1) 입법경위

우리 헌법과 형사소송법은 무죄추정의 원칙을 선언하고 있다(헌법27④, 형소법275의2). 무죄추정의 원칙은 범죄혐의를 받고 있는 피의자 · 피고인이라 할지라도 유죄의 확정판결이 있을 때까지는 원칙적으로 죄가 없는 자에 준하여 취급하여야 하고 불이익을 입혀서는 안 되며, 가사 그 불이익을 입힌다 하여도 필요한 최소한도에 그쳐야 한다는 원칙을 말한다.[1] 형법 제126조는 피의자를 위한 무죄추정의 원칙을 실체형법적으로 보장해 주는 조문이다.

우리 형법전의 성립경위와 관련하여 볼 때 형법 제126조는 후술하는 선거방해죄(법128)와 밀접한 관련을 갖는다. 수사기관이 선거 등에 임박하여 입후보자 등의 피의사실을 공표할 경우 그 사실이 공표된 상대방은 여론형성에서 치명적인 타격을 입게 된다. 이로 인한 불이익은 이후 진행된 공판절차에서 공소사실이 무죄로 판명되더라도 회복되지 않는다. 형법 제126조는 1953년 제정형법의 입법자들이 관권개입 선거의 폐해를 방지하기 위하여 고심 끝에 마련한 규정이다.[2]

(2) 입법취지

피의사실공표죄의 보호법익은 피의사실에 대한 수사기관의 비밀준수의무라고 할 수 있다. 그런데 수사기관의 비밀준수의무는 피의자의 명예보호를 전제로 하고 있다. 피의사실공표죄의 보호법익에는 피의자의 명예라는 개인적 법익이 함께 포함되어 있다.

피의자 · 피고인의 명예보호를 강화하기 위하여 2011년 입법자는 형사소송법을 개정하여 피의사실공표죄를 재정신청 대상사건에 포함시켰다.[3] 그리하여 피의사실공표죄의 고소인(피공표자) 또는 고발인(제3자)은 검사의 불기소처분에 대해 관할 고등법원에 그 당부에 관한

1) 2010. 9. 2. 2010헌마418, 헌집 22-2상, 526 = 분석 신형소 『지방자치법 헌법불합치결정 사건』.

2) 선거와 관련된 정치적 배경 때문에 1954년 형사소송법 제정 당시 이승만 정부는 국회 통과 형사소송법안에 대해 거부권을 행사한 바가 있다. 신동운, "제정형사소송법의 성립경위", 형사법 연구, 제22호, (2004 겨울), 159면 이하 참조.

3) 당시까지 검사가 피의사실공표죄로 공소를 제기하는 경우는 거의 없었다. 이 때문에 피의사실공표로 피해를 보았다고 주장하는 사람들은 민사상 손해배상 청구소송을 제기하는 방법에 의존하였다.

재정신청을 할 수 있다. 다만 형법 제123조 내지 제125조 범죄의 고소 · 고발사건과는 달리 형법 제126조의 피의사실공표죄에 대한 고소 · 고발사건의 경우에는 피공표자의 명시한 의사에 반하여 재정신청을 할 수 없다(형소법260① 본문 · 단서).

피의사실공표죄는 범죄수사에 종사하는 사람이 자기의 지위를 이용하여 범죄혐의자의 명예와 인권을 침해하는 범죄이다. 이 때문에 피의사실공표죄(법126; 3년 이하의 징역 또는 5년 이하의 자격정지)는 공무상비밀누설죄(법127; 2년 이하의 징역이나 금고 또는 5년 이하의 자격정지)보다 무겁게 처벌된다.

(3) 행위주체

피의사실공표죄의 주체는 검찰, 경찰 기타 범죄수사에 관한 직무를 수행하는 자 또는 이를 감독하거나 보조하는 자이다. 재판에 관한 직무를 수행하는 자는 피의사실공표죄의 행위주체에서 제외되어 있다. 이는 행정부에 속하는 범죄수사 공무원의 피의사실공표행위를 사법부가 견제할 수 있도록 하기 위함이다.

피의사실공표죄는 진정신분범이다. 검찰, 경찰 등의 신분을 갖추지 아니한 신문기자 등은 피의사실공표죄의 주체에 해당하지 않는다. 신분자의 피의사실공표행위에 가공하는 비신분자는 공범과 신분을 규정한 형법 제33조를 통해 처벌된다.

(4) 실행행위

피의사실공표죄의 실행행위는 범죄수사에 관한 직무를 수행하는 공무원 등이 그 직무를 수행하면서 알게 된 피의사실을 공소제기 전에 공표(公表)하는 것이다. 직무를 수행하면서라 함은 직무를 수행하는 기회에라는 뜻이다.

피의사실은 수사기관이 수사에 착수한 사실로서 공소제기되기 전의 사실을 말한다. 피의사실은 수사기관이 혐의를 두고 있는 범죄사실이다. 그 내용이 공소사실에 이를 정도로 구체적으로 특정될 필요는 없지만, 단순한 의견의 표명에 이르는 정도로는 피의사실을 공표한 것이라고 할 수 없다.[1] 문제되는 발언이 피의사실인가 아니면 의견인가를 구별할 때에는 언어

---

1) 2013. 11. 28. 2009다51271, [미간행] =『퇴임 직전 국정원장 인터뷰 사건』:
(형사판례가 없으므로 민사판례를 소개함.) A 등은 M조직체의 구성원들이다. A 등에 대해 국가보안법상 간첩 혐의 등으로 수사가 진행 중이라는 사실이 여러 언론에 보도되었다(㉮사건). 갑은 국가정보원장이다. B는 P신문사의 기자이다. B는 갑에게 ㉮사건과 관련하여 인터뷰를 요청하였다. 당시 갑은 국가정보원장직에서 사퇴의사를 밝힌 상태였다. 갑은 기자 B와의 인터뷰를 수차 거절하다가 이에 응하기로 하였다. 갑은 B에게 ㉮사건에 대해 [혐의사실을 인정하는 취지로] 발언하였다(㉠발언). 갑의 ㉠발언은 P신문에 보도되었다.

의 통상적 의미와 용법, 문제된 발언이 사용된 장소와 문맥, 그 발언이 행해진 사회적 상황과 배경 등 전체적 정황을 종합적으로 고려하여 판단해야 한다.[1)]

수사기관의 피의사실 공표행위의 대상은 어디까지나 피의사실, 즉 수사기관이 혐의를 두고 있는 범죄사실에 한정된다. 피의사실과 불가분의 관계라는 등의 특별한 사정이 없는 한 수사기관이 '범죄를 구성하지 않는 사실관계'까지 피의사실에 포함시켜 수사 결과로서 발표하는 것은 원칙적으로 허용될 수 없다. 수사기관이 발표한 피의사실에 '범죄를 구성하지 않는 사실관계'까지 포함되어 있고, 그 발표 내용에 비추어 볼 때 피의사실은 부수적인 것에 불과하고 오히려 '범죄를 구성하지 않는 사실관계'가 주된 것인 경우에는 그러한 피의사실 공표행위는 위법하다.[2)]

검사는 ㉮사건에 대해 A 등을 국가보안법상 간첩 등의 공소사실로 기소하였다. 제1심은 A 등에 대해 유죄를 인정하였다. A 등은 불복 항소하였다. 항소법원은 다음의 이유를 들어 무죄로 판단하였다. (가) A 등의 이적단체 구성 · 가입 혐의에 대해서는 국가보안법상 이적성은 인정된다. (나) 그러나 이적단체로서의 단체성을 갖추지 못하였다. 항소법원의 무죄판결은 확정되었다(㉮확정판결).

A 등은 갑을 상대로 손해배상 청구소송을 제기하였다(㉯소송). A 등의 청구원인은 다음과 같다. (가) ㉠발언은 피의사실공표죄에 의한 불법행위이다. (나) ㉠발언은 출판물에 의한 명예훼손죄에 의한 불법행위이다. (이하 피의사실공표죄 부분만 검토함.) 갑의 ㉯소송사건은 제1심을 거친 후, 항소심에 계속되었다. 항소법원은 원고패소 판결을 내렸다. A 등은 불복 상고하였다.

대법원은 다음의 이유를 제시하여 ㉯소송에 대한 상고를 기각하였다. 대법원은 피의사실공표 부분에 대해 다음과 같이 설시하였다. (가) 피의사실공표죄란 검찰, 경찰 기타 범죄수사에 관한 직무를 행하는 자 또는 이를 감독하거나 보조하는 자가 그 직무를 행함에 있어서 알게 된 피의사실을 공판청구 전에 공표함으로써 성립하는 범죄이다. (나) 여기서 '피의사실'이란 수사기관이 혐의를 두고 있는 범죄사실이다. (다) 그 내용이 공소사실에 이를 정도로 구체적으로 특정될 필요는 없다. (라) 그것이 단순한 의견의 표명에 이르는 정도로는 피의사실을 공표한 것이라고 할 수 없다. (마) 이때 그 발언이 피의사실인가 또는 의견인가를 구별함에 있어서는 언어의 통상적 의미와 용법, 문제 된 발언이 사용된 장소와 문맥, 그 발언이 행하여진 사회적 상황과 배경 등 전체적 정황을 종합적으로 고려하여 판단하여야 한다.

대법원은 갑의 행위에 대해 다음과 같이 판단하였다. (가) 이미 A 등에 대하여 국가보안법상 간첩 혐의 등으로 수사가 진행 중이라는 사실이 여러 언론에 보도된 상태에서 P신문 기자 B가 갑을 찾아가게 된 동기와 계기[를 살펴본다.] (나) 당시 국가정보원장직에서 사퇴의사를 밝힌 갑이 기자 B와의 인터뷰를 수차 거절하다가 이에 응하기로 하면서 밝힌 입장과 태도[를 살펴본다.] (다) 인터뷰의 전체적 내용과 그 진행 과정에서 ㉠발언을 하게 된 경위와 과정 및 그 맥락[을 살펴본다.] (라) 이후 P신문에 게재된 관련 기사의 전체적인 취지와 내용 및 ㉠발언 내용의 비중[을 살펴본다.] (마) 이상의 사정들을 종합하여 볼 때 갑의 ㉠발언이 피의사실의 공표에 해당한다고 볼 수 없다.

1) 2013. 11. 28. 2009다51271, [미간행] = 『퇴임 직전 국정원장 인터뷰 사건』.

2) 2022. 1. 14. 2019다282197, 공 2022상, 341 = 『인산염 오징어채 사건』:

(형사판례가 없으므로 민사판례를 소개함.) A는 수산물품질관리법령에 따라 관할관청에 수산물가공업 등록을 마쳤다. 이후 갑은 냉동오징어를 가공 · 포장하여 판매하는 수산물가공업을 해 왔다. 수사기관은 A에 대해 '식품위생법령에 따른 영업신고를 하지 않고 식품제조 · 가공업을 한다.'는 혐의로 수사를 진행하였다(㉠혐의사실). 수사기관은 ㉠혐의사실을 이유로 A로부터 오징어채 150박스 등을 압수하였다. 압수한 오징어채에 대한 국립과학수사연구원의 ⓐ감정서가 제출되었다. ⓐ감정서에는 압수된 오징어채에 소량의 카드뮴을 제외

공표란 불특정 또는 다수인에게 그 내용을 알리는 것이다. 피의사실의 공표는 공소제기 전에 이루어져야 한다.

하고는 유해중금속이 검출되지 않았다는 결과가 기재되었다. ⓐ감정서는 참고사항으로 다음 내용을 부기하였다. (가) 오징어채의 성분 분석 결과 과다한 양의 인산이온이 검출된 것으로 보아 인산염의 사용을 의심할 수 있다. (나) 배변촉진제의 형태로 인산염을 섭취하면 쇼크와 같은 상태, 혈압 강하 등의 상태가 있을 수 있고 인산나트륨, 피로인산사나트륨의 추정 치사량은 50g이다.

수사기관은 A에 대한 수사결과발표로서 언론기관에 다음 내용의 발표를 하였다(㉮공표행위). (가) 제목 : 인산염에 불린 무허가 오징어 제조, 유통업체 검거 (나) 내용 : M시 소재 P사(익명처리) 대표 ㄱ씨(익명처리)는 무허가 식품제조가공업체를 운영하면서(이상 ㉠혐의사실) 중량을 부풀릴 목적으로 인산염을 희석시킨 물에 오징어를 담가 오징어채를 제조·판매하고 있고, ㄱ씨가 생산한 오징어채에 허용치보다 28배가 높은 인산이온이 함량된 것으로 확인되는데, 인산염을 다량으로 섭취할 경우 치명적인 인체 손상을 초래할 수 있다(㉡기타사실). ㉮수사결과 발표를 통해 신문과 방송 등에 같은 내용의 기사가 일제히 보도되었다

검사는 A를 「보건범죄 단속에 관한 특별조치법」위반(부정식품제조등)의 공소사실(미신고 식품제조)로 구속기소하였다. A의 피고사건은 제1심 유죄, 항소심 유죄로 진행되었다가, 대법원에서 수산물품질관리법령에 따라 수산물가공업 등록을 하고 영업을 하는 경우에는 식품위생법상의 신고를 하지 않아도 된다는 이유로 무죄 취지로 파기 환송되었다. 환송후 항소법원은 무죄를 선고하였고, 이 판결은 확정되었다.

A는 ㉮공표행위가 불법행위에 해당한다고 주장하면서 대한민국을 상대로 손해배상청구의 소를 제기하였다(㉯소송). ㉯손해배상소송은 제1심을 거친 후, 항소심에 계속되었다. 항소법원은 ㉮공표행위가 A에 대한 불법행위를 구성하지 않는다고 판단하였다. A는 불복 상고하였다.

대법원은 다음의 이유를 들어서 원심판결을 파기 환송하였다. 대법원은 먼저 피의사실공표와 수사결과 발표 사이의 관계에 관한 기존의 판례를 확인하였다(내용 생략함). 대법원은 이어서 허용되는 피의사실공표 대상과 그렇지 아니한 대상의 구별에 대해 본문 소개의 법리를 제시하였다.

대법원은 수사기관의 수사결과 발표에 대해 다음과 같이 판단하였다. (가) A에 대한 피의사실은 'A가 식품위생법상의 영업신고를 하지 않고 냉동오징어의 제조·가공업을 하였다.'는 것이다. (나) ㉮공표행위 중 그와 같은 피의사실에 대한 부분은 발표의 대상, 목적, 절차, 표현 및 위 피의사실에 대한 형사재판에서 항소심까지 유죄판결이 선고되었다가 식품위생법과 수산물품질관리법의 해석을 이유로 한 대법원의 파기환송 판결 후 무죄판결이 선고된 것인 점 등 여러 사정을 종합하여 볼 때 이후 무죄판결이 선고·확정되었더라도 위법성이 조각된다고 볼 여지가 있다.

(다) 원고(A)에 대한 피의사실(㉠혐의사실)은 어디까지나 미신고 영업에 관한 것일 뿐이다. (라) ㉮공표행위의 대상에 포함된 'A가 냉동오징어를 가공하는 과정에서 인산염을 사용하였다.'는 등의 내용(㉡기타사실)은 수사기관이 혐의를 두고 있는 범죄를 구성하는 사실에 해당하지 않는다. (마) (중략) (바) 따라서 A의 인산염 사용은 미신고 영업의 혐의사실과 불가분의 관계에 있다고 볼 수 없는 별개의 사실이다.

(사) 그런데 보도 자료의 내용을 살펴보면 피의사실 자체에 대한 내용(㉠혐의사실)은 간략하게 기재되어 있는 반면, 원고가 인산염을 사용하였다는 내용(㉡기타사실)은 크게 부각되어 마치 원고가 인체에 유해한 첨가물을 사용하여 사람의 건강에 큰 문제를 일으킬 수 있는 식품을 제조·가공하였고, 수사기관이 이를 밝혀낸 것처럼 표현하고 있다. (아) (중략.)

(자) 결국 수사기관은 피의사실은 부수적인 것에 불과하고 범죄를 구성하지 않는 사실관계를 주된 것으로 하여 공표행위를 한 것이고, 범죄를 구성하지 않는 사실관계에 관한 공표행위의 내용 역시 실제 확인되지 않은 사실을 마치 사실인 것처럼 단정·왜곡한 것으로 볼 수 있다. (차) 한편 이를 통하여 원고의 주변 사람들과 관련 업종에 종사하는 사람들은 그 당사자가 A라는 사실을 알 수 있다고 보인다. (카) 그러므로 결국 ㉮공표행위 중 피의사실을 제외한 나머지 부분의 공표행위는 A에 대한 불법행위를 구성한다고 봄이 상당하다.

(5) 위법성조각사유

(가) 특별법 수사기관에 의한 피의사실 공표행위가 특별법에 의해 위법성이 조각되는 경우가 있다. 「특정강력범죄의 처벌에 관한 특례법」은 이 법률이 규정한 특정강력범죄사건으로서 (가) 범행수단이 잔인하고 중대한 피해가 발생한 특정강력범죄사건일 것, (나) 피의자가 그 죄를 범하였다고 믿을 만한 충분한 증거가 있을 것, (다) 국민의 알권리 보장, 피의자의 재범방지 및 범죄예방 등 오로지 공공의 이익을 위하여 필요할 것, (라) 피의자가 「청소년 보호법」 제2조 제1호의 청소년에 해당하지 아니할 것이라는 요건을 모두 갖춘 경우에 피의자의 얼굴, 성명 및 나이 등 신상에 관한 정보를 공개할 수 있도록 허용하고 있다(동법8의2①). 피의자의 신상에 관한 정보를 공개할 때에는 피의자의 인권을 고려하여 신중하게 결정하고 이를 남용하여서는 안 된다(동조②).

(나) 형 법 형법상의 위법성조각사유에 따라 수사기관의 피의사실 공표행위의 위법성이 조각되는 경우가 있다. 대법원은 피의사실 공표행위로 인한 손해배상청구 사건에서 아래의 기준을 제시한 바가 있다. 법질서 단일의 원칙에 비추어 볼 때 대법원이 민사판결에서 제시한 판단기준은 형법상 피의사실공표죄의 경우에도 그대로 적용될 것이다.

수사기관의 피의사실 공표행위는 공권력에 의한 수사결과를 바탕으로 한 것으로 국민들에게 그 내용이 진실이라는 강한 신뢰를 부여함은 물론 그로 인하여 피의자나 피해자 나아가 그 주변 인물들에 대하여 치명적인 피해를 가할 수도 있다. 이러한 점을 고려할 때, 위법성조각은 엄격한 요건하에 허용되어야 한다.[1]

첫째로, 수사기관의 발표는 원칙적으로 일반 국민들의 정당한 관심의 대상이 되는 사항에 관하여 객관적이고도 충분한 증거나 자료를 바탕으로 한 사실 발표에 한정되어야 한다. 둘째로, 수사기관이 피의사실을 발표할 때에는 정당한 목적하에 수사결과를 발표할 수 있는 권한을 가진 자에 의하여 공식 절차에 따라 행해져야 한다. 셋째로, 수사기관이 피의사실을 공표할 때 무죄추정의 원칙에 반하여 유죄를 속단하게 할 우려가 있는 표현이나 추측 또는 예단을 불러일으킬 우려가 있는 표현을 피하는 등 그 내용이나 표현 방법에 대하여도 유념하여야 한다.[2]

수사기관의 피의사실 공표행위가 위법성을 조각하는지 여부를 판단할 때에는 공표 목적의 공익성과 공표 내용의 공공성, 공표의 필요성, 공표된 피의사실의 객관성 및 정확성, 공표의 절차와 형식, 그 표현 방법, 피의사실의 공표로 인하여 생기는 피침해이익의 성질, 내용

---

1) 1999. 1. 26. 97다10215, 공 1999, 330 =『산업스파이 수사자료 사건』☞ 부록 1546면.
2) 1999. 1. 26. 97다10215, 공 1999, 330 =『산업스파이 수사자료 사건』.

등을 종합적으로 참작하여야 한다.[1)]

4. 공무상비밀누설죄

형법 제127조(공무상 비밀의 누설) 공무원 또는 공무원이었던 자가 법령에 의한 직무상 비밀을 누설한 때에는 2년 이하의 징역이나 금고 또는 5년 이하의 자격정지에 처한다.

(1) 입법취지

공무원은 국민 전체에 대한 봉사자이다. 공무원은 국가공무원법(동법60), 지방공무원법(동법52) 등 각종 법령에 의하여 직무상 지득한 비밀을 엄수할 의무를 진다. 이에 위반하는 경우에는 각종 공무원법에 근거하여 행정상 제재를 받게 된다. 그러나 우리 입법자는 이에 그치지 않고 형사처벌을 규정함으로써 공무원의 복무규율을 더욱 강화하고 있다.[2)]

공무상비밀누설죄는 비밀 그 자체를 보호하는 것이 아니라 공무원이 비밀엄수의무를 위반함으로써 위태롭게 되는 이익, 즉 비밀누설에 의하여 위협받는 국가의 기능을 보호하기 위한 것이다.[3)] [4)]

(2) 행위주체

공무상비밀누설죄의 주체는 공무원 또는 공무원이었던 자이다. 공무원은 법령에 의하여 국가, 지방자치단체 또는 그에 준하는 공법인의 사무에 종사하는 사람을 말한다.[5)] [6)]

(3) 행위객체

(가) 비 밀 공무상비밀누설죄는 비밀이라는 표현을 사용하고 있다. 이것은 군사상 기밀누설죄(법98②)와 외교상기밀누설죄(법113)가 기밀이라는 표현을 사용한 것과 구별된다.[7)]

---

1) 1999. 1. 26. 97다10215, 공 1999, 330 = 『산업스파이 수사자료 사건』.

2) 공무상비밀누설죄는 일본의 개정형법가안에 영향을 받은 것이다. 法務資料 別册第23號 刑法並びに監獄法改正調査委員會議事速記錄, (1957), 256頁 참조.

3) 2012. 3. 15. 2010도14734, 공 2012상, 613 = 분석 각론 『경찰청 차량 차적조회 사건』.

4) 1996. 5. 10. 95도780, 공 1996, 1934 = 백선 각론 1 『감사관 기자회견 사건』.

5) 2011. 3. 10. 2010도14394, 공 2011상, 787 = 분석 각론 『집행관 사무원 사건』.

6) 2015. 5. 29. 2015도3430, 공 2015하, 945 = 『권익위 기간제근로자 사건』.

7) 「국회법」 제54조의2 제2항은 "정보위원회의 위원 및 소속공무원(의원보조직원을 포함한다. 이하 이 조에서 같다)은 직무수행상 알게 된 국가기밀에 속하는 사항을 공개하거나 타인에게 누설하여서는 아니된다."고 규정하고 있다. 이에 위반한 사람은 「특정범죄 가중처벌 등에 관한 법률」 제4조의3에 의하여 5년 이하의 징역 또는 500만원 이하의 벌금으로 처벌된다.

비밀이란 일반적으로 알려져 있지 아니한 사항으로서 그것을 알리지 아니함으로써 비밀 주체가 일정한 이익을 가지는 사항을 말한다. 공무상비밀누설죄의 비밀은 일반적으로 알려져 있지 아니한 사항으로서 그것을 알리지 아니함으로써 국가 또는 지방자치단체가 일정한 이익을 가지는 사항을 말한다. 이에 대하여 기밀은 그 대상이 보다 한정되어 있으며 비밀로 유지하는 것이 상당히 고도의 이익으로 평가되는 것을 말한다.

(나) 법령상 비밀　　법령에 의한 직무상 비밀은 반드시 법령에 의하여 비밀로 규정되었거나 비밀로 분류 명시된 사항에 한하지 않는다. 정치, 군사, 외교, 경제, 사회적 필요에 따라 비밀로 된 사항은 물론, 정부나 공무소 또는 국민이 객관적 · 일반적인 입장에서 외부에 알려지지 않는 것에 상당한 이익이 있는 사항도 포함한다.[1)]비밀은 실질적으로 그것을 비밀로서 보호할 가치가 있다고 인정할 수 있는 것이어야 한다.[2) 3)]

잠복수사에 이용될 수 있는 경찰청 소속 차량에 대한 차적조회 결과를 알려주는 행위가 공무상비밀누설죄에 해당하는지 문제된다. 자동차의 소유자에 관한 정보는 재산의 소유 주체에 관한 정보에 불과하다. 자동차의 소유자에 관한 정보를 정부나 공무소 또는 국민이 객관적 · 일반적인 입장에서 외부에 알려지지 않는 것에 상당한 이익이 있는 사항으로서 실질적으로 비밀로 보호할 가치가 있다거나, 그 누설에 의하여 국가의 기능이 위협받는다고 볼 수는 없다.[4)]

검찰 등 수사기관이 특정 사건에 대하여 수사를 진행하고 있는 상태에서 수사기관이 현재 어떤 자료를 확보하였고, 해당 사안이나 피의자의 죄책, 신병처리에 대하여 수사책임자가 어떤 의견을 가지고 있는지 등의 정보는 해당 사건에 대한 종국적인 결정을 하기 전까지는 외부에 누설되어서는 안 될 수사기관 내부의 비밀에 해당한다.[5)]

수사지휘서는 수사의 대상, 방법 등에 관하여 사법경찰관리에게 지휘한 내용을 기재한 문서이다. 수사지휘서는 당시까지 진행된 수사의 내용뿐만 아니라 향후 수사의 진행방향까지 가늠할 수 있게 하는 수사기관의 내부문서이다. 수사지휘서의 기재 내용과 이에 관계된 수사상황은 해당 사건에 대한 종국적인 결정을 하기 전까지는 외부에 누설되어서는 안 될 수사기관 내부의 비밀에 해당한다.[6)]

---

1) 1982. 6. 22. 80도2822, 공 1982, 710 = 백선 각론 1『서울시청 이전계획 사건』.
2) 2012. 3. 15. 2010도14734, 공 2012상, 613 = 분석 각론『경찰청 차량 차적조회 사건』.
3) 1996. 5. 10. 95도780, 공 1996, 1934 = 백선 각론 1『감사관 기자회견 사건』.
4) 2012. 3. 15. 2010도14734, 공 2012상, 613 = 분석 각론『경찰청 차량 차적조회 사건』.
5) 2007. 6. 14. 2004도5561, 공 2007, 1108 = 분석 각론『사건내용 알아보기 사건』.
6) 2018. 2. 13. 2014도11441, 공 2018상, 610 =『수사지휘서 제보자 교부 사건』:
갑은 경찰관이다. A는 국회의원의 비서관이다. A는 갑에게 M시장 B의 정치자금법위반 혐의를 제보하였가결된 도시계획시설 결정은 그것이 법 소정의 절차를 거쳐 일반에게 공고 또는 고시 등에 의하여 공개되기 전에 관계공무원이 이를 미리 특정인에게 누설하는 경우, 부동산 투기를 조장하여 특정인에게 부당한 이익을 줄 염려가 있는 한편, 선량한 시민에게 부당한 피해를 주어 도시계획의 건전한 발전을 저해하는 요소로 작용될 수 있는 사항이다. 그러므로 비록 도시계획사업을 규율하는 도시계획법 등에 도시계획 시설결정 사실을 비밀사항으로 규정한 바 없다 하더라도 도시계획시설결정 사실은 실질적으로 비밀성을 지녔다 할 것이므로 이를 특정인의 이익을 도모하여 정당한 이유 없이 누설함은 공무상비밀누설죄에 해당한다.[1]

(다) 직무상 비밀 공무상비밀누설죄의 비밀은 법령에 의한 직무상의 비밀이다. 공무원이 직무를 취급하면서 지득하게 된 사인(私人)의 비밀은 직무상 비밀에 포함되지 않는다. 보조금의 사정 업무를 담당하는 공무원이 그 기회에 알게 된 사립대학교 연구소의 연구비밀을 누설하는 행위는 공무상비밀누설죄의 보호법익이 국가기능의 보호에 있다는 점에 비추어 공무상비밀누설죄를 구성하지 않는다.[2]

(4) 실행행위

누설은 비밀을 아직 모르는 다른 사람에게 임의로 알려주는 행위를 의미한다. 공무상비

다(㉮사건). 갑은 ㉮사건을 수사하면서 형사사법정보시스템에서 ㉠수사지휘서를 출력하였다. ㉠수사지휘서는 당시 M시장이던 B에 대한 향후 수사대상, 방법과 방향 등이 기재된 문서이다. 갑은 출력한 ㉠수사지휘서를 A에게 교부하고 수사진행상황을 설명하였다.

검사는 갑을 공무상비밀누설죄로 기소하였다. 갑의 피고사건은 제1심을 거친 후, 항소심에 계속되었다. 항소법원은 유죄를 인정하였다. 갑은 불복 상고하였다.

대법원은 다음의 이유를 제시하여 상고를 기각하였다. 대법원은 공무상비밀누설죄의 비밀에 관한 종래의 법리를 재확인하였다(내용 생략함). 대법원은 수사지휘서의 성질에 대해 다음과 같이 설시하였다. (가) 검사가 수사의 대상, 방법 등에 관하여 사법경찰관리에게 지휘한 내용을 기재한 수사지휘서는 당시까지 진행된 수사의 내용뿐만 아니라 향후 수사의 진행방향까지 가늠할 수 있게 하는 수사기관의 내부문서이다. (나) 수사기관이 특정 사건에 대하여 내사 또는 수사를 진행하고 있는 상태에서 수사지휘서의 내용이 외부에 알려질 경우 피내사자나 피의자 등이 증거자료를 인멸하거나 수사기관에서 파악하고 있는 내용에 맞추어 증거를 준비하는 등 수사기관의 증거 수집 등 범죄수사 기능에 장애가 생길 위험이 있다. (다) 또한 수사지휘서의 내용이 누설된 경로에 따라서는 사건관계인과의 유착 의혹 등으로 수사의 공정성과 신뢰성이 훼손됨으로써 수사의 궁극적인 목적인 적정한 형벌권 실현에 지장이 생길 우려도 있다. (라) 그러므로 수사지휘서의 기재 내용과 이에 관계된 수사상황은 해당 사건에 대한 종국적인 결정을 하기 전까지는 외부에 누설되어서는 안 될 수사기관 내부의 비밀에 해당한다.

대법원은 다음과 같이 판단한 원심판결을 그대로 유지하였다. (가) (사실관계 생략함.) (나) ㉠수사지휘서는 외부에 유출될 경우 사회적으로도 큰 파장을 불러올 수도 있다. (다) ㉠수사지휘서는 서류에 적시된 수사대상자에게 그 내용이 알려질 경우에는 수사대상자가 증거를 인멸하는 등 수사에 지장을 초래할 수 있다. (라) 그러므로 수사지휘서에 기재된 내용은 직무상 비밀에 해당한다.

1) 1982. 6. 22. 80도2822, 공 1982, 710 = 백선 각론 1 『서울시청 이전계획 사건』.

2) 1996. 5. 10. 95도780, 공 1996, 1934.

밀누설죄는 공무상 비밀 그 자체를 보호하는 것이 아니라 공무원의 비밀엄수의무의 침해에 의하여 위험하게 되는 이익, 즉 비밀누설에 의하여 위협받는 국가의 기능을 보호하기 위한 것이다.

공무원이 직무상 알게 된 비밀을 그 직무와의 관련성 혹은 필요성에 기하여 해당 직무의 집행과 관련 있는 다른 공무원에게 직무집행의 일환으로 전달한 경우가 있다. 이러한 경우에는 관련 각 공무원의 지위 및 관계, 직무집행의 목적과 경위, 비밀의 내용과 전달 경위 등 여러 사정에 비추어 비밀을 전달받은 공무원이 이를 그 직무집행과 무관하게 제3자에게 누설할 것으로 예상되는 등 국가기능에 위험이 발생하리라고 볼 만한 특별한 사정이 인정되지 않는 한, 위와 같은 행위가 비밀의 누설에 해당한다고 볼 수 없다.[1)]

시험정리원이 그 직무상 지득한 구술시험문제의 일부를 수험자에게 알려준 행위,[2)] 도지사의 회시공문을 상사의 결재를 받기 전에 부동산업자에게 넘겨 준 행위[3)] 등은 모두 누설에 해당하는 예이다.

공무원이 직무상 비밀을 누설한 행위와 공무원으로부터 직무상 비밀을 누설받은 행위는 대향범 관계에 있다. 형법 제127조는 공무원 또는 공무원이었던 자가 법령에 의한 직무상 비밀을 누설하는 행위만을 처벌하고 있을 뿐 직무상 비밀을 누설받은 상대방을 처벌하고 있

1) 2021. 12. 30. 2021도11924, 공 2022상, 308 = 『기획법관 보고서 사건』 :

갑은 M지방법원 법원장이다. 법원장은 법원의 사법행정사무를 관장한다. A는 M법원에서 사법행정사무를 보좌하는 기획법관이다. B는 법원행정처 차장이다. 법원행정처에는 기관장 업무편람이 있다. 업무편람 가운데에는 다음 요지의 사항이 있다. "각급 법원의 기획법관은 해당 법원에서 법관 및 법원공무원 관련 사건사고 등의 주요 사건 및 상황이 발생할 경우 법원행정처 관계자에게 신속하게 보고하여야 한다."

M법원 관내에서 집행관사무원 비리사건이 발생하였다(㉮사건). ㉮사건에 대한 강제수사를 위하여 M법원에 영장이 청구되었다. A는 M법원 영장 관련 직원 등을 통해 영장청구서와 이에 첨부된 수사기록으로부터 ㉮사건에 대한 검찰의 수사방침 등에 관한 자료를 수집하였다(㉠수사자료). 법원장 갑은 A와 함께 법원행정처 차장 B에게 ㉠수사자료를 정리하여 보고하였다(㉡보고서).

검사는 법원장 갑을 공무상비밀누설죄로 기소하였다. (직권남용권리행사방해죄 부분은 고찰에서 제외함.) 제1심법원은 무죄로 판단하였다. 검사는 불복 항소하였다. 항소법원은 항소를 기각하고 제1심판결을 유지하였다. 검사는 불복 상고하였다.

대법원은 다음의 이유를 제시하여 상고를 기각하였다. 대법원은 공무상비밀누설죄의 '비밀'에 관한 법리를 재확인하였다(내용 생략함). 대법원은 공무상비밀누설죄의 '누설'에 대해 본문 소개의 법리를 제시하였다. 대법원은 다음과 같이 판단한 원심판결을 그대로 유지하였다. (가) ㉡보고서는 외부에 알려질 경우 집행관사무원 비리 사건에 관한 수사기관의 기능에 장애를 초래할 위험이 있다고 인정되는 비밀에 해당한다. (나) 갑은 A와 공모하여 법원행정처 차장 B에게 ㉡보고서를 송부하였다. (다) 갑과 A의 행위는 A가 M지방법원 법원장인 갑의 사법행정사무를 보좌하는 기획법관 지위에서 직무와 관련하여 알게 된 직무상 비밀을 이를 취득할 지위 내지 자격이 있는 사람에게 전달한 것이다. (라) 그러므로 공무상비밀누설죄의 처벌대상이 되는 공무상 비밀의 누설에 해당하지 않는다.

2) 1970. 6. 30. 70도562, 집 18②, 형27.

3) 1981. 7. 28. 81도1172, 공 1981, 14223.

지 않다. 2명 이상의 서로 대향된 행위의 존재를 필요로 하는 대향범에 대하여는 공범에 관한 형법 총칙 규정(법30 이하)이 적용될 수 없다. 결국 공무원으로부터 직무상 비밀을 누설받은 자에 대하여는 공무상비밀누설죄의 공동정범[1]이나 교사범[2]이 성립하지 않는다.

5. 선거방해죄

형법 제128조 (선거방해) 검찰, 경찰 또는 군의 직에 있는 공무원이 법령에 의한 선거에 관하여 선거인, 입후보자 또는 입후보자 되려는 자에게 협박을 가하거나 기타 방법으로 선거의 자유를 방해한 때에는 10년 이하의 징역과 5년 이상의 자격정지에 처한다.

(1) 입법취지

선거범죄 가운데에는 형식범 내지 행정범적인 성격을 가지는 것이 많다. 이러한 범죄에 규제를 가하기 위하여 「공직선거법」은 특별히 처벌규정을 두고 있다(동법230 이하 참조). 또한 「농업협동조합법」(동법50 이하, 172 참조) 및 「공공단체등 위탁선거에 관한 법률」(동법58 이하 참조) 등 각종 특별법이 단체임원의 선출과 관련한 선거범죄를 처벌하고 있다. 따라서 형법에 별도의 선거범죄를 규정할 필요가 있는가 하는 의문이 제기된다.

우리 입법자는 입헌민주국가에서 선거가 공정하게 수행되어야 할 것은 기본적인 요청이라고 평가하여, 선거방해의 범죄를 행정범의 범주에 속하는 것이 아니라 형법범(자연범)의 하나로 규정하고 있다.[3] 형법에 선거방해죄가 규정된 것은 실제상 다음과 같은 의미가 있다.

「공직선거법」은 단기 공소시효를 규정하고 있다. 즉 「공직선거법」에 규정한 죄의 공소시효는 당해 선거일 후 6개월(선거일 후에 행하여진 범죄는 그 행위가 있는 날부터 6개월)을 경과함으로써 완성한다. 다만, 범인이 도피한 때나 범인이 공범 또는 범죄의 증명에 필요한 참고인을 도피시킨 때에는 그 기간은 3년으로 한다(동법268① 본문 · 단서). 이에 대해 형법상의 선거방해죄에 대해서는 「공직선거법」의 단기 공소시효가 적용되지 않는다. 형법 제128조가 규정한 선거방해죄의 법정형은 10년 이하의 징역과 5년 이상의 자격정지이므로 '장기 10년 이상의 징역 또는 금고에 해당하는 범죄'가 되어 공소시효는 10년이 된다(형소법249① iii).

1953년 제정형법의 입법자들은 민주주의의 확립을 위하여 검찰, 경찰 또는 군의 직에 있는 공무원이 개입하는 관권선거를 봉쇄하려고 노력하였고, 그 시도의 일환으로 선거방해죄의 법정형을 10년 이하의 징역이라는 중형으로 규정하면서 5년 이상의 자격정지를 반드시

1) 2017. 6. 19. 2017도4240, 공 2017하, 1590.
2) 2011. 4. 28. 2009도3642, 공 2011상, 1212 = 분석 각론 『체포영장 명단 누출 사건』.
3) 엄상섭, "형법요강해설", 신동운 · 허일태 편저, 효당 엄상섭 형법논집, (2003), 58면 참조.

병과하도록 하였다. 제정형법의 입법자들은 또한 형법 제128조가 규정한 선거방해죄의 실효성을 확보하기 위해 1954년 제정형사소송법 제260조에 선거방해죄에 대한 고발사건을 포함하여 모든 고소 · 고발사건에 대해 재정신청제도를 도입하였다.

그러나 1973년 유신헌법의 시행에 따른 형사소송법의 개정에 의하여 재정신청의 대상범죄는 형법 제123조 내지 제125조의 3개 범죄로 축소되었다. 이후 1994년 「공직선거법」을 통하여 「공직선거법」의 선거범죄에 대해 재정신청제도가 부활되었고(동법273), 2007년 및 2011년의 형사소송법 개정을 통하여 모든 고소사건 및 형법 제123조 내지 제126조의 고발사건에 대해 재정신청이 인정되기에 이르렀다. 그러나 형법 제128조의 선거방해죄는 여전히 재정신청의 대상에서 제외되어 있다.

(2) 행위주체

선거방해죄의 주체는 검찰, 경찰 또는 군의 직에 있는 공무원이다. 검찰, 경찰, 군은 행정부에 속해 있으며 일사불란한 지휘체계를 특징으로 하고 있다. 검찰, 경찰 또는 군의 직에 있는 공무원은 지휘체계를 이용하여 선거의 공정성에 영향을 미치기 쉽다. 이에 대해 사법부에 속하는 공무원은 선거방해죄의 행위주체에 포함되지 않는다. 사법부에 의한 행정부의 통제를 가능하게 하기 위함이다.

형법 제128조가 선거방해죄의 주체를 행정부 소속의 공무원으로 한정한 것은 이들에 의한 선거방해가 일어나기 쉽고 또한 특히 유해하다는 인식에 기초한 것이다. 이러한 신분 없이 선거나 투표사무에 종사하는 사람은 선거방해죄의 주체에 포함되지 않는다. 다만 신분자와 함께 선거방해죄에 가공한 자는 공범과 신분을 규정한 형법 제33조를 통하여 처벌대상이 될 수 있다.

(3) 행위객체

(가) 선 거 　선거방해죄는 법령에 의한 선거를 방해하는 경우에 성립한다. 법령에 의한 선거라고 할 때 근거되는 법령에 「공직선거법」이 포함되는 것은 물론이다. 그런데 예컨대 「농업협동조합법」이나 「공공단체등 위탁선거에 관한 법률」과 같은 각종 특별법이 예정하고 있는 선거가 선거방해죄의 선거에 해당할 수 있는지 문제된다.

생각건대 형법 제128조가 주체를 검찰, 경찰 또는 군의 직에 있는 공무원으로 한정하고 있다는 점과 일반 선거사범과 달리 선거방해죄의 법정형이 10년 이하의 징역이라는 중형으로 처벌된다는 점에 비추어 볼 때 형법 제128조의 선거는 전국 또는 지방자치단체 단위의 공적 선거를 의미한다고 본다.

선거의 근거가 되는 법령에는 법률뿐만 아니라 각종 지방자치단체의 조례도 포함된다. 법령은 선거에 의하도록 규정한 법적 근거를 말하지만, 선거방법은 법령 자체에 규정하지 않고 하위 명령이나 내부규약에 위임되어도 무방하다. 그러나 법령에 근거를 두지 않은 사적 단체의 선거에는 형법 제128조가 적용되지 않는다.

(나) 선거인 등 선거방해죄의 행위객체는 선거인, 입후보자, 입후보자가 되려는 자이다. 투표 결과 당선된 사람(당선인)도 보호법익의 중대성에 비추어 선거방해죄의 객체에 포함된다고 보아야 할 것이다.

(4) 실행행위

선거방해죄의 실행행위는 협박이나 기타 방법으로 선거의 자유를 방해하는 것이다. 기타 방법에는 폭행이나 유괴, 납치, 투표위조, 위계투표 등이 포함된다. 법정형의 중대함에 비추어 볼 때 상당한 정도로 선거자유를 방해하는 행위이어야 한다. 선거방해죄에는 미수범 처벌 규정이 없다. 직권남용죄 항목에서 검토한 바와 같은 맥락에서[1] 선거방해죄가 성립하려면 선거의 자유가 현실적으로 방해되는 결과가 발생해야 한다.

제5 뇌물죄 서설

1. 뇌물죄의 중요성

형법은 제129조부터 제135조에 걸쳐 뇌물죄에 관하여 규정하고 있다. 형법 각칙 제7장 공무원의 직무에 관한 죄는 전반부와 후반부로 나누어진다. 전반부의 직무유기죄 및 각종 직권남용죄는 국민 전체에 대한 봉사자인 공무원이 그에게 부여된 직무를 유기하거나 직권을 남용함으로써 국가기능을 저해하는 범죄유형이다. 이에 대하여 후반부의 각종 뇌물죄는 공무원이 부정한 이익 때문에 국가기능을 부패하게 하는 범죄유형이다. 공무원의 부패는 국가와 사회의 질서유지에 중대한 해악을 끼친다. 이 때문에 뇌물죄 처벌의 필요성과 중요성은 날로 높아가고 있다.

2. 특별법에 의한 부패범죄 대책

(1) 특정범죄가중법상 뇌물죄

우리 입법자는 공무원의 부패범죄를 척결하기 위하여 여러 가지 법적 조치들을 강구하

1) 전술 92면 이하 참조.

고 있다. 「특정범죄 가중처벌 등에 관한 법률」(특정범죄가중법)은 수뢰액의 액수에 따라 형을 가중하고 있는데(동법2①), 2008년의 특정범죄가중법 개정에 의하여 수뢰액의 2배 이상 5배 이하의 벌금을 필요적으로 병과하는 규정이 신설되었다(동조②).[1] 특정범죄가중법 제2조 제2항에 규정된 벌금형 산정의 기준이 되는 수뢰액은 위 규정이 신설된 2008년 12월 26일 이후에 수수된 금액으로 한정된다.[2]

특정범죄가중법 제2조 제2항의 벌금 병과 규정은 특정범죄가중법상의 뇌물죄뿐만 아니라 형법상의 뇌물죄에도 적용된다는 점에 주의할 필요가 있다.

(2) 공무원 의제규정

입법자는 각종 특별법을 통해 공무원 아닌 사람을 공무원으로 간주하여 이들의 부패행위를 뇌물죄로 처벌하고 있다. 몇 가지 예를 살펴본다.

「특정범죄 가중처벌 등에 관한 법률」은 대통령령으로 정하는 일정한 기관 또는 단체의 간부직원을 공무원으로 간주하여 뇌물죄의 적용대상을 확대하고 있다(동법4 참조).

「공공기관의 운영에 관한 법률」은 공공기관(동법4 참조)의 임직원, 운영위원회의 위원과 임원추천위원회의 위원으로서 공무원이 아닌 사람은 형법 제129조 내지 제132조(수뢰, 사전수뢰, 제3자뇌물수수, 수뢰후부정처사, 부정처사후수뢰, 퇴직후수뢰, 알선수뢰)까지의 규정을 적용할 때에는 공무원으로 본다(동법53). 「공공기관의 운영에 관한 법률」은 간부직원 이외에 일반직원까지도 공무원으로 본다는 점에서 「특정범죄 가중처벌 등에 관한 법률」보다 공무원 의제의 범위가 넓다.[3]

「도시 및 주거환경정비법」(동법134)은 추진위원장 · 조합임원 · 청산인 · 전문조합관리인 및 정비사업전문관리업자의 대표자(법인인 경우에는 임원을 말한다) · 직원 및 위탁지원자를 형법 제129조부터 제132조까지의 규정을 적용할 때에 공무원으로 본다. 「도시개발법」(동법84)는 조합의 임직원, 동법 제20조에 따라 그 업무를 하는 감리원을 형법 제129조부터 제132

---

1) 특정범죄 가중처벌 등에 관한 법률 제2조 (뇌물죄의 가중처벌) ① 형법 제129조 · 제130조 또는 제132조에 규정된 죄를 범한 사람은 그 수수(收受) · 요구 또는 약속한 뇌물의 가액(이하 이 조에서 "수뢰액"이라 한다)에 따라 다음 각 호와 같이 가중처벌한다.

1. 수뢰액이 1억원 이상인 경우에는 무기 또는 10년 이상의 징역에 처한다.
2. 수뢰액이 5천만원 이상 1억원 미만인 경우에는 7년 이상의 유기징역에 처한다.
3. 수뢰액이 3천만원 이상 5천만원 미만인 경우에는 5년 이상의 유기징역에 처한다.

② 형법 제129조 · 제130조 또는 제132조에 규정된 죄를 범한 사람은 그 죄에 대하여 정한 형(제1항의 경우를 포함한다)에 수뢰액의 2배 이상 5배 이하의 벌금을 병과한다.

2) 2011. 6. 10. 2011도4260, 공 2011하, 1433 = 분석 각론 『특가법 벌금 병과 사건』.

3) 2016. 12. 29. 2015헌바225, 헌집 28-2, 83.

조까지의 규정에 따른 벌칙을 적용할 때 공무원으로 본다.

(3) 공무원몰수특례법

뇌물죄의 경우 뇌물은 필요적으로 몰수 · 추징하도록 되어 있다(법134). 뇌물에 대한 몰수 · 추징의 실효성을 높이기 위하여 1995년 이래 「공무원범죄에 관한 몰수 특례법」(공무원범죄몰수법)이 시행되고 있다. 공무원몰수특례법은 개별적인 뇌물을 넘어서서 '불법수익', '불법수익에서 유래한 재산', '불법재산'이라는 세 가지 개념을 사용하고 있다.

불법수익이란 특정공무원범죄(공무원범죄몰수법2 i 참조)의 범죄행위로 얻은 재산을 말한다(동조 ii). 불법수익에서 유래한 재산이란 불법수익의 과실(果實)로서 얻은 재산, 불법수익의 대가로서 얻은 재산, 이들 재산의 대가로서 얻은 재산 등 불법수익이 변형되거나 증식되어 형성된 재산(불법수익이 불법수익과 관련 없는 재산과 합하여져 변형되거나 증식된 경우에는 불법수익에서 비롯된 부분으로 한정한다)을 말한다(동법2 iii). 불법재산이란 불법수익과 불법수익에서 유래한 재산을 말한다(동조 iv).

「공무원범죄에 관한 몰수 특례법」은 불법재산 자체를 몰수의 대상으로 규정하면서(동법3①), 불법재산에 대한 보전절차(동법23 이하) 및 몰수절차(동법8 이하)를 규정하고 있다.

(4) 범죄수익은닉규제법

2001년 이래 「범죄수익은닉의 규제 및 처벌 등에 관한 법률」(범죄수익은닉규제법)이 시행되고 있다. 범죄수익은닉규제법은 특정범죄(동법2 i 참조)와 관련된 범죄수익의 취득 등에 관한 사실을 가장하거나 특정범죄를 조장할 목적 또는 적법하게 취득한 재산으로 가장할 목적으로 범죄수익을 은닉하는 행위를 규제하고, 특정범죄와 관련된 범죄수익의 몰수 및 추징에 관한 특례를 규정함으로써 특정범죄를 조장하는 경제적 요인을 근원적으로 제거하여 건전한 사회질서의 유지에 이바지함을 목적으로 하고 있다(동법1).

종전의 범죄수익은닉규제법은 범죄수익 환수의 대상이 되는 '중대범죄'에 대하여 일부 범죄를 열거하는 나열식으로 규정하고 있었다. 그리하여 부정한 방법으로 취득한 범죄수익이라고 하더라도 미리 법률에 열거된 범죄가 아니라면 환수할 수 없고, 변화된 사회 환경에 따른 신종 범죄에 대해서는 법률이 개정될 때까지 실효적으로 대처할 수 없는 한계가 있었다. 이러한 범죄수익 환수의 공백을 최소화하기 위하여 입법자는 2022년 범죄수익은닉규제법을 개정하여 '중대범죄'를 (가) 사형, 무기 또는 장기 3년 이상의 징역이나 금고에 해당하는 죄(동법2 i 가목), (나) 별표에 규정된 죄(동조 i 나목), (다) 이에 해당하지 않으나 범죄수익의 환수가 필요한 죄를 별도로 열거(동조 i 다, 라, 마목)하여 규정하는 혼합식 규정 방식을 도입하였다.

형법 제129조부터 제133조까지의 죄 및 「특정범죄 가중처벌 등에 관한 법률」 제2조, 제3조의 죄는 법정형이 최소한 장기 5년 이상의 범죄에 해당하므로 범죄수익은닉규제법이 규율대상으로 삼고 있는 중대범죄에 해당한다.

범죄수익은닉규제법은 범죄수익 등을 은닉하거나 가장하는 행위(동법3 참조) 및 그 정황을 알면서 범죄수익 등을 수수하는 행위(동법4)를 형사처벌하고 있다.[1] 이 점에서 몰수·추

---

1) 범죄수익은닉의 규제 및 처벌 등에 관한 법률 제2조 (정의) 이 법에서 사용하는 용어의 뜻은 다음과 같다.

1. "특정범죄"란 재산상의 부정한 이익을 취득할 목적으로 범한 죄로서 다음 각 목의 어느 하나에 해당하는 것을 말한다.

가. 사형, 무기 또는 장기 3년 이상의 징역이나 금고에 해당하는 죄(제2호 나목에 규정된 죄는 제외한다)

나. 별표에 규정된 죄

다. 제2호 나목에 규정된 죄

라. 가목과 나목에 규정된 죄(이하 "중대범죄"라 한다) 및 제2호나목에 규정된 죄와 다른 죄가 「형법」 제40조에 따른 상상적 경합(想像的 競合) 관계에 있는 경우에는 그 다른 죄

마. 외국인이 대한민국 영역 밖에서 한 행위가 대한민국 영역 안에서 행하여졌다면 중대범죄 또는 제2호나목에 규정된 죄에 해당하고 행위지(行爲地)의 법령에 따라 죄에 해당하는 경우 그 죄

2. "범죄수익"이란 다음 각 목의 어느 하나에 해당하는 것을 말한다.

가. 중대범죄에 해당하는 범죄행위에 의하여 생긴 재산 또는 그 범죄행위의 보수로 얻은 재산

나. 다음의 어느 하나의 죄에 관계된 자금 또는 재산

1) 「성매매알선 등 행위의 처벌에 관한 법률」 제19조제2항 제1호(성매매알선등행위 중 성매매에 제공되는 사실을 알면서 자금·토지 또는 건물을 제공하는 행위만 해당한다)의 죄

2) 「폭력행위 등 처벌에 관한 법률」 제5조 제2항 및 제6조(제5조 제2항의 미수범만 해당한다)의 죄

3) 「국제상거래에 있어서 외국공무원에 대한 뇌물방지법」 제3조 제1항의 죄

4) 「특정경제범죄 가중처벌 등에 관한 법률」 제4조의 죄

5) 「국제형사재판소 관할 범죄의 처벌 등에 관한 법률」 제8조부터 제16조까지의 죄

6) 「공중 등 협박목적 및 대량살상무기확산을 위한 자금조달행위의 금지에 관한 법률」 제6조 제1항·제4항(제6조 제1항 제1호의 미수범에 한정한다)의 죄

3. "범죄수익에서 유래한 재산"이란 범죄수익의 과실(果實)로 얻은 재산, 범죄수익의 대가로 얻은 재산 및 이들 재산의 대가로 얻은 재산, 그 밖에 범죄수익의 보유 또는 처분에 의하여 얻은 재산을 말한다.

4. "범죄수익등"이란 범죄수익, 범죄수익에서 유래한 재산 및 이들 재산과 그 외의 재산이 합쳐진 재산을 말한다.

5. "다중인명피해사고"란 고의 또는 과실에 의한 화재, 붕괴, 폭발, 선박·항공기·열차 사고를 포함하는 교통사고, 화생방사고, 환경오염사고 등으로서 국가 또는 지방자치단체 차원의 대처가 필요한 인명피해를 야기한 사고를 말한다.

제3조 (범죄수익등의 은닉 및 가장) ① 다음 각 호의 어느 하나에 해당하는 자는 5년 이하의 징역 또는 3천만원 이하의 벌금에 처한다.

1. 범죄수익등의 취득 또는 처분에 관한 사실을 가장한 자

2. 범죄수익의 발생 원인에 관한 사실을 가장한 자

3. 특정범죄를 조장하거나 적법하게 취득한 재산으로 가장할 목적으로 범죄수익등을 은닉한 자

② 제1항의 미수범은 처벌한다.

③ 제1항의 죄를 범할 목적으로 예비하거나 음모한 자는 2년 이하의 징역 또는 1천만원 이하의 벌금에 처한다.

제4조 (범죄수익등의 수수) 그 정황을 알면서 범죄수익등을 수수(收受)한 자는 3년 이하의 징역 또는 2천

징에 관한 특례만을 규정하고 있는 공무원몰수특례법과 구별된다.

한편 범죄수익은닉규제법은 범죄수익 등의 몰수·추징에 관하여 규정하고 있다(동법8 이하 참조). 공무원의 뇌물범죄와 관련한 몰수·추징에는 앞에서 본 공무원몰수특례법과 범죄수익은닉규제법이 동시에 적용될 수 있을 것이지만, 공무원몰수특례법이 보다 특화된 특별법으로서 우선하여 적용된다.

(5) 청탁금지법

(가) 청탁금지법의 내용 부패범죄에 대한 대책을 강화하기 위하여 2016년 9월 28일부터 「부정청탁 및 금품등 수수의 금지에 관한 법률」(청탁금지법)이 시행되었다.[1] 청탁금지법은 (가) 공무원, (나) 공직유관단체 관계자, (다) 각급 학교 관계자, (라) 언론사 관계자(이하 이들을 공직자등으로 약칭함; 동법2 ii 참조) 및 (마) 공무수행사인(동법11 참조)을 규율대상으로 하고 있다.

청탁금지법은 (가) 공직자등에 대한 부정청탁의 금지와 (나) 공직자등의 금품등 수수 금지를 내용으로 하고 있다. 청탁금지법은 부정청탁 자체를 금지하면서(동법5 참조), 부정청탁 신고의무를 부과하고(동법7 참조), 이에 위반하는 경우에 징계(동법21) 및 과태료(동법23)의 제재를 과하고 있다.

청탁금지법은 공직자등의 금품등 수수행위를 금지하면서 일정 한도를 초과하는 경우에는 형사처벌을 규정하고(동법22 참조),[2] 일정 한도 이하인 경우에는 과태료의 제재를 가하고

만원 이하의 벌금에 처한다. 다만, 법령에 따른 의무 이행으로서 제공된 것을 수수한 자 또는 계약(채권자가 상당한 재산상의 이익을 제공하는 것만 해당한다) 시에 그 계약에 관련된 채무의 이행이 범죄수익등에 의하여 행하여지는 것이라는 정황을 알지 못하고 그 계약과 관련된 채무의 이행으로서 제공된 것을 수수한 자의 경우에는 그러하지 아니하다.

1) 청탁금지법과 배임수증재죄(법357)의 관계에 대해서는, 후술 1461면 이하 참조.

2) **부정청탁 및 금품등 수수의 금지에 관한 법률 제8조** (금품등의 수수 금지) ① 공직자등은 직무 관련 여부 및 기부·후원·증여 등 그 명목에 관계없이 동일인으로부터 1회에 100만원 또는 매 회계연도에 300만원을 초과하는 금품등을 받거나 요구 또는 약속해서는 아니 된다.

② 공직자등은 직무와 관련하여 대가성 여부를 불문하고 제1항에서 정한 금액 이하의 금품등을 받거나 요구 또는 약속해서는 아니 된다.

③ (허용되는 경우; 생략함.)

④ 공직자등의 배우자는 공직자등의 직무와 관련하여 제1항 또는 제2항에 따라 공직자등이 받는 것이 금지되는 금품등(이하 "수수 금지 금품등"이라 한다)을 받거나 요구하거나 제공받기로 약속해서는 아니 된다.

⑤ 누구든지 공직자등에게 또는 그 공직자등의 배우자에게 수수 금지 금품등을 제공하거나 그 제공의 약속 또는 의사표시를 해서는 아니 된다.

제22조 (벌칙) ① 다음 각 호의 어느 하나에 해당하는 자는 3년 이하의 징역 또는 3천만원 이하의 벌금에 처한다.

1. 제8조 제1항을 위반한 공직자등(제11조에 따라 준용되는 공무수행사인을 포함한다). 다만, 제9조 제1항·제2항 또는 제6항에 따라 신고하거나 그 수수 금지 금품등을 반환 또는 인도하거나 거부의 의사를 표시

있다(동법23 참조). 형사처벌의 한계를 결정하는 기준은 동일인으로부터 1회에 100만원 또는 매 회계연도에 300만원을 초과하는 금품등이다(동법8① 참조).

형사처벌과 관련하여 청탁금지법이 규정하고 있는 주요 내용을 살펴보면 다음과 같다.

(나) 금품등 수수 금지 공직자등은 직무 관련 여부 및 기부·후원·증여 등 그 명목에 관계없이 동일인으로부터 1회에 100만원 또는 매 회계연도에 300만원을 초과하는 금품등을 받거나 요구 또는 약속해서는 안 된다(동법8①). 이를 위반한 공직자등은 3년 이하의 징역 또는 3천만원 이하의 벌금으로 처벌된다(동법22① i). 공직자등의 금품등 수수행위를 처벌하면서 직무관련성과 대가성을 묻지 않는다는 점에 청탁금지법의 특징이 있다.

한편, 청탁금지법은 '상급 공직자등이 위로·격려·포상 등의 목적으로 하급 공직자등에게 제공하는 금품등'을 수수 금지 금품등에서 제외하고 있다(청탁금지법8③ i). 이 경우 '상급 공직자등'은 금품등 제공의 상대방보다 높은 직급이나 계급의 사람으로서 금품등 제공 상대방과 직무상 상하관계에 있고 그 상하관계에 기초하여 사회통념상 위로·격려·포상 등을 할 수 있는 지위에 있는 사람을 말하고, 금품등 제공자와 그 상대방이 직무상 명령·복종이나 지휘·감독관계에 있어야만 이에 해당하는 것은 아니다.[1]

공직자등의 배우자는 공직자등의 직무와 관련하여 동일인으로부터 1회에 100만원 또는 매 회계연도에 300만원을 초과하는 금품등을 받거나 요구하거나 제공받기를 약속해서는 안 된다(청탁금지법8④). 공직자등은 자신의 배우자가 위의 금품등을 받거나 그 제공의 약속 또는 의사표시를 받은 사실을 안 경우에는 소속 기관장에게 이를 신고하여야 한다(동법9①). 이에 위반한 공직자등은 3년 이하의 징역 또는 3천만원 이하의 벌금으로 처벌된다(법22① ii).

(다) 금품등 제공금지 누구든지 공직자등이나 그 배우자에게 동일인이 1회에 100만원 또는 매 회계연도에 300만원을 초과하는 금품등을 제공하거나 그 제공의 약속 또는 의사표시를 해서는 안 된다(청탁금지법8⑤). 이에 위반한 사람은 3년 이하의 징역 또는 3천만원 이하의 벌금으로 처벌된다(동법22① iii).

(라) 양벌규정 법인 또는 단체의 대표자나 법인·단체 또는 개인의 대리인, 사용인, 그 밖의 종업원이 그 법인·단체 또는 개인의 업무에 관하여 공직자등이나 그 배우자에게

한 공직자등은 제외한다.

2. 자신의 배우자가 제8조 제4항을 위반하여 같은 조 제1항에 따른 수수 금지 금품등을 받거나 요구하거나 제공받기로 약속한 사실을 알고도 제9조 제1항 제2호 또는 같은 조 제6항에 따라 신고하지 아니한 공직자등(제11조에 따라 준용되는 공무수행사인을 포함한다). 다만, 공직자등 또는 배우자가 제9조 제2항에 따라 수수 금지 금품등을 반환 또는 인도하거나 거부의 의사를 표시한 경우는 제외한다.

3. 제8조 제5항을 위반하여 같은 조 제1항에 따른 수수 금지 금품등을 공직자등(제11조에 따라 준용되는 공무수행사인을 포함한다) 또는 그 배우자에게 제공하거나 그 제공의 약속 또는 의사표시를 한 자

1) 2018. 10. 25. 2018도7041, 공 2018하, 2291 = 『검사장 격려금 봉투 사건』.

동일인이 1회에 100만원 또는 매 회계연도에 300만원을 초과하는 금품등을 제공하거나 그 제공의 약속 또는 의사표시를 한 경우(청탁금지법22① iii 등)에 양벌규정이 적용된다(동법24).[1]

(마) 뇌물죄와의 관계　청탁금지법의 규율대상이 되는 공직자등에는 공무원이 포함된다. 공무원이 청탁금지법이 형사처벌로써 금지하는 금품수수 등의 행위를 하고 나아가 직무관련성과 대가성의 요건을 갖춘 경우에 형법상의 뇌물수수죄와 청탁금지법위반죄의 관계가 문제된다.

청탁금지법의 형사처벌규정은 (가) 직무관련성 및 대가성의 요건을 배제하고, (나) 동일인으로부터 1회에 100만원 또는 매 회계연도에 300만원을 초과하는 금품등이라는 한계를 설정하고 있다(동법8①, 22①). 뇌물수수죄의 요건을 완화한 점에 비추어 볼 때 청탁금지법위반죄는 형법상 뇌물수수죄(법129①)가 성립하지 않을 때 보충적으로 적용되어야 할 것이다. 따라서 금품수수 등을 이유로 하는 청탁금지법위반죄는 뇌물수수죄에 대해 법조경합(보충관계)의 관계에 있다고 생각된다.

청탁금지법이 형사처벌로써 금지하는 금품제공 등의 행위를 한 경우에 뇌물공여죄(법133①; 5년 이하 징역 또는 2천만원 이하 벌금)와 청탁금지법위반죄(동법8⑤, 22① iii; 3년 이하 징역 또는 3천만원 이하 벌금)의 관계가 문제된다. 생각건대 금품수수자에게 직무관련성 및 대가성의 요건이 모두 구비된 경우라면 금품공여자의 행위는 뇌물공여죄(법133①)와 청탁금지법위반죄(동법8⑤)에 해당하며 두 죄는 상상적 경합관계(법40)에 있다고 본다. 청탁금지법위반죄의 경우에는 양벌규정(동법24)이 적용되어 금품제공자가 법인 등인 경우에도 처벌할 수 있는데, 이와 같은 법인처벌의 가능성을 확보해야 하기 때문이다.

(6) 변호사법

「변호사법」은 변호사나 그 사무직원이 판사·검사, 그 밖에 재판·수사기관의 공무원에게 제공하거나 그 공무원과 교제한다는 명목으로 금품이나 그 밖의 이익을 받거나 받기로 하면 형사처벌하고 있다(동법110 참조).

「변호사법」은 또한 변호사 여부에 관계없이 공무원이 취급하는 사건 또는 사무에 관하

---

1) **부정청탁 및 금품등 수수의 금지에 관한 법률 제24조**(양벌규정) 법인 또는 단체의 대표자나 법인·단체 또는 개인의 대리인, 사용인, 그 밖의 종업원이 그 법인·단체 또는 개인의 업무에 관하여 제22조 제1항 제3호[금품등의 제공자가 공직자등(제11조에 따라 제8조가 준용되는 공무수행사인을 포함한다)인 경우는 제외한다], 제23조 제2항, 제23조 제3항 또는 제23조 제5항 제3호[금품등의 제공자가 공직자등(제11조에 따라 제8조가 준용되는 공무수행사인을 포함한다)인 경우는 제외한다]의 위반행위를 하면 그 행위자를 벌하는 외에 그 법인·단체 또는 개인에게도 해당 조문의 벌금 또는 과태료를 과한다. 다만, 법인·단체 또는 개인이 그 위반행위를 방지하기 위하여 해당 업무에 관하여 상당한 주의와 감독을 게을리하지 아니한 경우에는 그러하지 아니하다.

여 청탁 또는 알선을 한다는 명목으로 금품 · 향응, 그 밖의 이익을 받거나 받을 것을 약속한 자 또는 제3자에게 이를 공여하게 하거나 공여하게 할 것을 약속한 자도 형사처벌하고 있다(동법111).[1]

(7) 특정경제범죄 가중처벌 등에 관한 법률

직무집행의 공정성과 그에 대한 사회의 신뢰는 단순히 공무원의 경우에만 중시되는 것이 아니다. 사인(私人)간의 경우에도 업무수행의 공정성과 사회의 신뢰를 담보할 필요가 있다. 이를 위하여 우리 형법은 사인간의 부정한 이익수수 행위를 배임수재죄(법357①) 및 배임증재죄(법357②)로 처벌하고 있다. 나아가 「특정경제범죄 가중처벌 등에 관한 법률」은 금융기관 임직원의 금품수수행위 및 알선수재행위를 별도로 처벌하고 있다(동법5 이하 참조).[2] [3]

---

1) **변호사법 제110조** (벌칙) 변호사나 그 사무직원이 다음 각 호의 어느 하나에 해당하는 행위를 한 경우에는 5년 이하의 징역 또는 3천만원 이하의 벌금에 처한다. 이 경우 벌금과 징역은 병과할 수 있다.

1. 판사 · 검사, 그 밖에 재판 · 수사기관의 공무원에게 제공하거나 그 공무원과 교제한다는 명목으로 금품이나 그 밖의 이익을 받거나 받기로 한 행위

2. 제1호에 규정된 공무원에게 제공하거나 그 공무원과 교제한다는 명목의 비용을 변호사 선임료 · 성공사례금에 명시적으로 포함시키는 행위

제111조 (벌칙) ① 공무원이 취급하는 사건 또는 사무에 관하여 청탁 또는 알선을 한다는 명목으로 금품 · 향응, 그 밖의 이익을 받거나 받을 것을 약속한 자 또는 제3자에게 이를 공여하게 하거나 공여하게 할 것을 약속한 자는 5년 이하의 징역 또는 1천만원 이하의 벌금에 처한다. 이 경우 벌금과 징역은 병과할 수 있다.

② 다른 법률에 따라 형법 제129조부터 제132조까지의 규정에 따른 벌칙을 적용할 때에 공무원으로 보는 자는 제1항의 공무원으로 본다.

2) 1994. 3. 22. 93도2962, 공 1994, 1372 = 백선 각론 1 『대출 커미션 사건』.

3) 2000. 10. 24. 99도3115, 공 2000, 2470 = 『금융정책실장 독촉 사건』:

갑은 P백화점 회장이다. 을은 고위직 공무원이다. 갑은 을에게 다음의 부탁을 하였다. (가) 재정경제원 장관 겸 경제부총리인 A는 나(갑)의 친구이다. (나) B는 재정경제원 금융정책실장이다. (다) A에게 은행대출을 부탁하였다. (라) A가 "B에게 지시를 하여 두었으니 B와 상의하라"고 하였다. (마) 나(갑)는 B를 잘 모르니 소개를 시켜달라. 을은 갑을 B의 사무실로 데리고 가서 소개를 시켜주었다. 그 자리에서 갑은 직접 B에게 은행대출건을 부탁하였다.

그 후 을은 수차 갑으로부터 다음의 부탁을 받았다. (가) B가 자신(갑)에게 청탁을 받은 대로 Q은행장에게 전화를 해 주지 않는다. (나) 그러니 B를 찾아가서 독촉을 해 달라. 이에 을은 몇 차례 B를 찾아가서 Q은행장에게 전화를 하여 달라고 부탁하였다. B는 Q은행장에게 갑에 대한 대출을 해줄 것을 부탁하는 전화를 하였다. 그 결과 Q은행으로부터 갑에게 ㉠대출이 이루어졌다. 을은 그 대가로 갑으로부터 ㉡그림을 받았다.

검사는 을을 특정경제범죄법위반죄(알선수재)로 기소하였다. 제1심을 거친 후, 을의 피고사건은 항소심에 계속되었다. 항소법원은 유죄를 인정하였다. 을은 불복 상고하였다.

대법원은 다음의 이유를 제시하여 원심판결을 파기환송하였다. 대법원은 특정경제범죄법상의 알선수재죄에 대해 다음과 같이 설시하였다. (가) 특정경제범죄가중처벌등에관한법률 제7조에서 말하는 '금융기관의 임 · 직원의 직무에 속한 사항의 알선에 관하여 금품을 수수한다' 함은 금융기관의 임 · 직원의 직무에 속한 사항의 알선 · 청탁의 명목으로 금품을 수수하는 등의 행위이다. (나) 반드시 알선의 상대방인 금융기관의 임 · 직원이 구체적으로 특정될 필요는 없다. (다) 그렇지만 적어도 금융기관의 임 · 직원의 직무에 속한 사항에 대하여 상대방이 될 수 있는 금

사인 가운데에서도 공공성이 높은 공직유관단체 관계자, 각급 학교 관계자, 언론사 관계자, 공무수행사인 등에 대해서는 「부정청탁 및 금품등 수수의 금지에 관한 법률」이 적용된다 함은 앞에서 설명하였다.

(8) 정치자금법

「정치자금법」은 정치자금의 적정한 제공을 보장하고 그 수입과 지출내역을 공개하여 투명성을 확보하며 정치자금과 관련한 부정을 방지함으로써 민주정치의 건전한 발전에 기여함을 목적으로 제정된 법률이다(정치자금법1). 「정치자금법」은 이 법에 정하지 않은 방법으로 정치자금(동법3 i 참조)을 기부하거나 기부받은 자를 정치자금부정수수죄로 처벌하고 있다(동법45①).

「정치자금법」에 따라 수수가 금지되는 정치자금은 정치활동을 위하여 정치활동을 하는 자에게 제공되는 금전 등 일체를 의미하며, 정치활동을 위한 경비로 지출될 것임이 객관적으로 명확히 예상되어야 한다.[1] 여기서 정치활동은 권력의 획득과 유지를 둘러싼 투쟁이나 권력을 행사하는 활동을 의미한다.[2]

정치자금부정수수죄(정치자금법45①)에서 정치자금을 기부한 자와 기부받은 자는 대향범으로서 필요적 공범관계에 있다. 이러한 공범관계는 행위자들이 서로 대향적 행위를 하는 것을 전제로 한다. 그런데 대향범 각자의 행위가 범죄구성요건에 해당하면 그에 따른 처벌을 받을 뿐이고 반드시 협력자 전부에게 범죄가 성립해야 하는 것은 아니다. 정치자금을

융기관의 임·직원 사이를 중개한다는 명목으로 금품을 수수한 경우를 의미한다. (라) 위 법조의 알선수재죄가 성립하려면 알선을 의뢰한 사람(알선의뢰인)과 알선의 상대방이 될 수 있는 금융기관의 임·직원(알선상대방) 사이를 중개한다는 명목으로 금품 기타 이익을 수수하는 등의 행위를 하여야 한다.

(마) 알선의뢰인과 알선상대방 사이의 중개를 스스로 하지 아니하고 알선행위를 할 사람을 소개시켜 주는 경우[가 있다.] (바) 그 소개로 인하여 실제로 알선행위를 한 사람(알선행위자)의 알선행위에 대하여 공동가공의 의사를 가지고 공모 내지 실행행위의 분담을 통하여 위 죄의 실행행위에 관여한 것으로 평가할 수 있는 경우는 별론으로 한다. (사) [그러나] 단순히 알선행위자를 소개한 것 자체만으로는 특정경제범죄가중처벌등에관한법률 제7조가 정하는 알선수재죄의 구성요건에 해당한다고 할 수 없다.

대법원은 을의 행위에 대해 다음과 같이 판단하였다. (가) (사실관계 분석; 생략함.) (나) 알선의뢰인인 갑이 을에 대하여 알선상대방인 금융기관의 임·직원[Q은행장] 사이를 중개하는 알선행위를 의뢰한 것이 아니다. (다) 뿐만 아니라 을 스스로 알선의뢰인[갑]과 알선상대방[Q은행장] 사이의 중개를 한 것이 아님이 명백하다. (라) 을의 위와 같은 행위는 알선의뢰인[갑]의 편의를 도모하기 위하여 알선의뢰인과 같은 입장에서 알선행위자인 B에게 알선행위를 독촉한 것에 불과하다. (마) 을이 B의 알선행위에 대하여 공동가공의 의사를 가지고 이에 관여한 것이라고 보기 어렵다. (바) 그러므로 을이 금융기관의 임·직원의 직무에 속한 사항의 알선에 관하여 금품 기타 이익을 수수하였다는 구성요건을 충족한다고 볼 수 없다.

1) 2017. 10. 31. 2016도19447, 공 2017하, 2250.

2) 2017. 11. 14. 2017도3449, 공 2017하, 2403.

기부하는 자의 범죄가 성립하지 않더라도 정치자금을 기부받는 자가 정치자금법이 정하지 않은 방법으로 정치자금을 제공받는다는 의사를 가지고 받으면 정치자금부정수수죄가 성립한다.[1)]

정치자금의 기부행위는 정치활동에 대한 재정적 지원행위이다. 이에 대해 뇌물은 공무원의 직무행위에 대한 부정한 대가로서 양자는 별개의 개념이다. 정치자금의 명목으로 금품을 주고받았고 「정치자금법」에 정한 절차를 밟았다면 정치자금부정수수죄는 성립하지 않는다. 그렇지만 뇌물죄의 성립 여부는 다른 문제이다.

정치자금의 명목으로 금품을 주고받았고 「정치자금법」에 정한 절차를 밟았다고 할지라도, 정치인의 정치활동 전반에 대한 지원의 성격을 갖는 것이 아니라 공무원인 정치인의 특정한 구체적 직무행위와 관련하여 금품 제공자에게 유리한 행위를 기대하거나 또는 그에 대한 사례로서 금품을 제공함으로써 정치인인 공무원의 직무행위에 대한 대가로서의 실체를 가진다면 뇌물성이 인정된다.[2)]

3. 뇌물죄의 보호법익

(1) 로마법주의와 게르만법주의

직무유기죄 · 직권남용죄와 뇌물죄를 합하여 보호법익을 광의로 논하게 되면, 뇌물죄의 본질은 공무원에게 요구되는 직무집행의 공정성이라고 할 수 있다. 그런데 뇌물죄의 직접적인 보호법익이 무엇인가 하는 점을 놓고 상이한 접근방법이 제시되고 있다.

(가) 로마법주의　　로마시대에는 자유인이 급부의 대가를 받는 것을 금기시하였다. 대가를 받는다는 것은 곧 노예를 의미하였기 때문이다. 마찬가지 관점에서 공무원의 염결성(廉潔性)을 강조하여 공무원이 그 직무와 관련하여 어떠한 대가를 받는 것도 금지하는 입장을 로마법주의라고 부를 수 있다. 만일 대가를 받는다면 그 자체로 공무원의 성실의무 · 청렴의무에 반하는 것이며, 곧바로 뇌물죄가 성립한다고 본다. 공무원이 정당한 직무행위를 하였는지 부정한 직무행위를 하였는지는 문제삼지 않는다.

(나) 게르만법주의　　공무원이 직무수행을 하면서 대가를 받을 수 있는 여지를 인정하는 입장이다. 대가를 일종의 수수료라고 보는 것이다. 그러나 대가를 이유로 직무의 적정성을 그르쳐서는 안 된다. 중세 게르만 시대의 영주국가에서는 재정이 취약하여 이와 같은 수수료 관행이 있었다고 한다.[3)] 이러한 연유에서 대가수수라 할지라도 일정한 범위에서 합법

---

1) 2017. 11. 14. 2017도3449, 공 2017하, 2403.
2) 2017. 3. 22. 2016도21536, 공 2017상, 925.
3) 볼프강 젤러트, (신동운 역), "독일 제실법원 및 제국궁정고문회의에 있어서 법관의 뇌물수수행위", 서

화하는 접근방법을 게르만법주의라고 부를 수 있다. 이 입장에서는 뇌물죄를 대가를 받고 직무수행을 그르치게 하는 범죄로 파악한다.

(다) 양자의 비교　　로마법주의의 입장에서는 뇌물죄의 보호법익을 직무행위의 불가매수성으로 본다. 불가매수성(不可買收性)이란 "돈에 팔리지 않는다"는 뜻이다. 공무원은 직무를 무상으로 수행해야 하며 법에 의한 보수 이외의 것을 받아서는 안 된다는 것이다. 이에 대해 게르만법주의의 입장에서는 뇌물죄의 보호법익을 직무행위의 순수성이라고 본다. 직무행위의 순수성이란 직무행위 자체에 오점이 들어있지 않다는 뜻이다. 대가를 받더라도 직무행위의 순수성이 유지된다면 문제가 없다는 것이다.

(2) 형법의 태도

뇌물죄의 보호법익을 놓고 이와 같이 상이한 접근방법이 있으나 그에 대한 최종 결정은 각국의 입법자의 몫이다. 우리 형법은 제129조 제1항에서 직무에 관하여 뇌물을 받는 행위를 뇌물죄의 기본적 구성요건으로 규정하고, 제131조에서는 뇌물을 받고 부정한 행위를 하는 경우를 가중처벌하고 있다. 이러한 우리 형법의 태도는 직무행위의 불가매수성(不可買收性)을 뇌물죄의 기본적인 보호법익으로 하면서, 직무행위의 순수성을 보호법익의 범위에 추가시키는 것이라고 할 수 있다.

직무행위의 불가매수성과 직무행위의 순수성은 결국 공무원의 직무집행에 대한 공정성과 그에 대한 사회의 신뢰로 이어진다. 이러한 점을 종합하여 판례는 "뇌물죄는 직무집행의 공정과 이에 대한 사회의 신뢰에 기하여 직무행위의 불가매수성을 그 직접의 보호법익으로 하고 있다"고 설시하고 있다.[1)]

제6 뇌물죄의 기본유형 – 뇌물수수죄

형법 제129조 (수뢰) ① 공무원 또는 중재인이 그 직무에 관하여 뇌물을 수수, 요구 또는 약속한 때에는 5년 이하의 징역 또는 10년 이하의 자격정지에 처한다.

◎ 필요적 몰수·추징(법134)

◎ 벌금의 필요적 병과(특정범죄가중법2②)

울대학교 법학, 제34권 제3·4호, (1993), 280면 이하 참조.

1) 2003. 6. 13. 2003도1060, 공 2003, 1573 = 분석 각론『교통계 도박 묵인 사건』.

1. 행위주체

(1) 공무원

형법 제129조 내지 제132조에서의 공무원이라 함은 (가) 국가공무원법과 지방공무원법에 의한 공무원, (나) 다른 법률에 따라 위 규정들을 적용할 때에 공무원으로 간주되는 자 외에, (다) 법령의 근거에 기하여 국가 또는 지방자치단체 및 이에 준하는 공법인의 사무에 종사하는 자로서, (라) 그 노무의 내용이 단순한 기계적 · 육체적인 것에 한정되어 있지 않은 자를 말한다.[1] 앞에서 본 것처럼 뇌물죄의 공무원 개념은 각종 특별법에 의하여 확장되고 있다.

법령에 기한 임명권자에 의하여 임용되어 공무에 종사하여 온 사람이 나중에 그가 임용결격자이었음이 밝혀져 당초의 임용행위가 무효로 된 경우에 뇌물죄의 주체가 될 수 있는지 문제된다. 임용결격자로서 임용이 무효라고 하더라도, 그가 임용행위라는 외관을 갖추어 실제로 공무를 수행한 이상 공무수행의 공정과 그에 대한 사회의 신뢰 및 직무행위의 불가매수성은 여전히 보호되어야 한다. 따라서 이러한 사람은 형법 제129조에서 규정한 공무원으로 봄이 상당하고, 그가 그 직무에 관하여 뇌물을 수수한 때에는 수뢰죄로 처벌할 수 있다.[2]

집행관은 지방법원에 소속되어 법률에서 정하는 바에 따라 재판의 집행, 서류의 송달, 그 밖에 법령에 따른 사무에 종사한다(법원조직법55②, 집행관법2). 집행관은 공무원으로 취급된다.[3] 그러나 집행관에 의해 채용되어 그 업무를 보조하는 자에 불과할 뿐인 집행관사무소

---

1) 2011. 3. 10. 2010도14394, 공 2011상, 787 = 분석 각론『집행관 사무원 사건』.

2) 2014. 3. 27. 2013도11357, 공 2014상, 988 =『임용결격 공무원 사건』:

갑은 ㉮형사사건으로 금고 이상의 형으로 집행유예를 선고받았다(㉠집행유예). 갑의 ㉠집행유예 기간이 만료된 날로부터 2년을 경과하지 않았다(㉡사유). ㉡사유는 지방공무원법의 관련 규정에 의할 때 공무원 임용결격사유이다. 갑은 ㉡사유를 숨겼다. 갑은 지방행정서기보로 최초 임용되었다(㉢임용). 갑은 이후 지방공무원으로 계속 근무하면서 지방서기관으로 승진하였다. 갑은 A로부터 ㉣뇌물을 수수하였다.

검사는 갑을 뇌물수수죄로 기소하였다. 갑의 피고사건은 제1심을 거친 후, 항소심에 계속되었다. 항소법원은 유죄를 인정하였다. 갑은 불복 상고하였다. 갑은 상고이유로 다음의 점을 주장하였다. (가) ㉢임용은 무효이다. (나) 따라서 갑은 공무원에 해당하지 않는다.

대법원은 다음의 이유를 제시하여 상고를 기각하였다. (가) 형법이 뇌물죄에 관하여 규정하고 있는 것은 (ㄱ) 공무원의 직무집행의 공정과 (ㄴ) 그에 대한 사회의 신뢰 및 (ㄷ) 직무행위의 불가매수성을 보호하기 위한 것이다. (나) 법령에 기한 임명권자에 의하여 임용되어 공무에 종사하여 온 사람이 나중에 그가 임용결격자이었음이 밝혀져 당초의 임용행위가 무효로 되는 경우가 있다. (다) 그렇다고 하더라도 (ㄱ) 그가 임용행위라는 외관을 갖추어 실제로 공무를 수행한 이상 (ㄴ) 공무 수행의 공정과 그에 대한 사회의 신뢰 및 직무행위의 불가매수성은 여전히 보호되어야 한다. (라) 따라서 이러한 사람은 형법 제129조에서 규정한 공무원으로 봄이 상당하다. (마) 그가 그 직무에 관하여 뇌물을 수수한 때에는 수뢰죄로 처벌할 수 있다. (바) 갑은 형법 제129조에서 규정한 공무원이라고 봄이 상당하다.

3) 2011. 3. 10. 2010도14394, 공 2011상, 787 = 분석 각론『집행관 사무원 사건』.

의 직원은 집행관을 대신하거나 그와 독립하여 집행에 관한 업무를 수행하는 자의 지위에 있지 않으므로 뇌물죄의 공무원에 해당하지 않는다.[1)]

(2) 중재인

중재인은 중재절차를 주재하는 사람을 말한다. 중재란 당사자 간의 합의로 재산권상의 분쟁 및 당사자가 화해에 의하여 해결할 수 있는 비재산권상의 분쟁을 법원의 재판에 의하지 아니하고 중재인의 판정에 의하여 해결하는 절차를 말한다(중재법3 i 참조). 중재인은 사실상 중재를 하는 사람이 아니라 법령에 의하여 중재인의 직에 있는 사람을 말한다. 중재인의 근거법령으로 「중재법」(동법11 이하), 「언론중재 및 피해구제 등에 관한 법률」(동법7 이하), 「노동조합 및 노동관계조정법」(동법64 이하) 등이 있다. 중재인은 공무원은 아니지만 직무의 공적 성질 때문에 뇌물수수죄의 주체로 규정되고 있다.

이하에서는 서술의 편의를 위하여 공무원을 중심으로 논의를 진행한다. 굳이 공무원 다음에 중재인을 언급하지 않더라도 중재인에 대해 공무원의 경우와 동일한 법리가 적용되기 때문이다.

2. 행위객체 – 뇌물

(1) 직무관련성

(가) 직무의 범위 뇌물죄의 객체는 뇌물이다. 뇌물이라 함은 공무원의 직무에 관한 부정한 보수로서의 이익을 말한다. 형법 제129조 제1항의 뇌물수수죄(단순수뢰죄)가 성립하려면 공무원이 직무에 관하여 뇌물을 수수 · 요구 · 약속하여야 한다.

직무는 공무원이 법령에 기하여 수행하는 일을 말한다. 직무는 권한의 행사나 의무의 이행이라는 형태로 수행된다. 직무를 수행하는 데에는 다양한 형태의 구체적인 직무행위가 이루어진다.

단순수뢰죄가 성립하려면 공무원이 '직무에 관하여' 뇌물을 수수 · 요구 · 약속하여야 한다. 이를 가리켜서 뇌물죄의 직무관련성이라고 한다. 여기에서 구체적인 직무행위와 직무관련성과의 관계가 문제된다. 법치행정의 원칙과 관련하여 볼 때 구체적 · 개별적인 직무행위가 공무원의 직무의 범위에 속하는가에 대해서는 가능한 한 명확한 법적 근거의 확인이 필요하다. 국가 공권력과 시민의 자유 · 권리의 한계를 획정하는 문제이기 때문이다. 그러나 뇌물죄의 직무와 관련하여서는 다른 시각에서 접근해야 한다.

---

1) 2011. 3. 10. 2010도14394, 공 2011상, 787 = 분석 각론『집행관 사무원 사건』.

뇌물죄는 직무집행의 공정과 이에 대한 사회의 신뢰에 기하여 직무수행의 불가매수성(不可買收性)을 직접적인 보호법익으로 하고 있다. 그러므로 공무원의 직무와 금품의 수수가 전체적으로 대가관계에 있으면 뇌물수수죄가 성립한다. 특별히 청탁의 유무나 개개의 직무행위의 대가적 관계를 고려할 필요는 없다. 또한 그 직무행위가 특정된 것일 필요도 없다.[1)]

뇌물죄의 직무에는 (가) 공무원이 법령상 관장하는 직무 그 자체뿐만 아니라, (나) 그 직무와 밀접한 관계가 있는 직무,[2)] (다) 관례상이나 사실상 소관하는 직무행위,[3)] (라) 결정권

---

1) 2010. 12. 23. 2010도13584, 공 2011상, 285 = 분석 각론『재건축 조합장 수뢰 사건』.

2) 1997. 4. 17. 96도3377 전원합의체 판결, 공 1997, 1354 =『대통령 성금 제공 사건』:

갑은 대통령이다. 을은 P대기업 총수이다. [을은 대통령을 면담할 기회를 가졌다. 을은 이 기회에 다음 내용의 요청을 하였다(㉠요청).] (가) 기업경영과 관련된 경제정책 등을 결정 · 집행하고 금융 · 세제 등을 운용함에 있어서, 우대를 받거나 최소한 불이익이 없도록 하여 주십시오. (나) ㉡국책사업에 우선적으로 참여할 수 있도록 영향력을 행사하여 주십시오. 을은 갑에게 정치자금, 선거자금, 성금의 명목으로 ㉢금품을 제공하였다.

검사는 을을 뇌물공여죄로 기소하였다. 을의 피고사건은 제1심을 거친 후, 항소심에 계속되었다. 항소법원은 유죄를 인정하였다. 을은 불복 상고하였다. 을은 상고이유로 다음의 점을 주장하였다. (가) ㉢금원은 정치자금이나 선거자금 또는 성금이다. (나) ㉢금원에는 대가성이 없다. (다) ㉡국책사업은 대통령의 소관사항이 아니다. (라) 대통령 갑은 을의 ㉠요청에 대해 아무런 조치를 취한 바가 없다.

대법원은 다음의 이유를 제시하여 상고를 기각하였다. 대법원은 직무관련성 부분에 대해 다음과 같이 판단하였다. (가) 대통령은 정부의 수반으로서 중앙행정기관의 장을 지휘 · 감독하여 정부의 중요정책을 수립 · 추진하는 등 모든 행정업무를 총괄하는 직무를 수행한다. (나) 대통령은 대형건설 사업 및 국토개발에 관한 정책, 통화, 금융, 조세에 관한 정책 및 기업활동에 관한 정책 등 각종 재정 · 경제 정책의 수립 및 시행을 최종 결정한다. (다) 대통령은 소관 행정 각 부의 장들에게 위임된 사업자 선정, 신규사업의 인 · 허가, 금융지원, 세무조사 등 구체적 사항에 대하여 직접 또는 간접적인 권한을 행사한다. (라) 이렇게 함으로써 대통령은 기업체들의 활동에 있어 직무상 또는 사실상의 영향력을 행사할 수 있는 지위에 있다.

(마) 을이 경영하는 기업체와 관련된 ㉡국책사업의 사업자 선정도 역시 대통령의 직무범위에 속하거나 그 직무와 밀접한 관계가 있는 행위이다. (바) (ㄱ) ㉡국책사업의 사업자 선정이 위와 같이 대통령의 직무에 속하거나 그 직무와 밀접한 관계가 있는 행위에 해당하는 것인 이상, (ㄴ) 이에 관하여 대통령에게 금품을 공여하면 바로 뇌물공여죄가 성립한다. (사) 대통령이 실제로 영향력을 행사하였는지의 여부는 범죄의 성립에 영향을 미치지 않는다.

대법원은 뇌물의 대가성 부분에 대해 다음과 같이 판단하였다. (가) 뇌물죄는 직무집행의 공정과 이에 대한 사회의 신뢰에 기하여 직무행위의 불가매수성을 그 직접의 보호법익으로 하고 있다. (나) 뇌물성을 인정하는 데에는 특별히 의무위반행위의 유무나 청탁의 유무 등을 고려할 필요가 없다. (다) 이 사건에서도 뇌물은 대통령의 직무에 관하여 공여되거나 수수된 것으로 족하다. (라) 뇌물은 개개의 직무행위와 대가적 관계에 있을 필요가 없다. (마) 그 직무행위가 특정된 것일 필요도 없다. (바) 정치자금, 선거자금, 성금 등의 명목으로 이루어진 금품의 수수라 하더라도, 그것이 정치인인 공무원의 직무행위에 대한 대가로서의 실체를 가지는 한 뇌물로서의 성격을 잃지 않는다.

(사) 대통령에 대한 금원 공여의 취지가 기업경영과 관련된 경제정책 등을 결정 · 집행하고 금융 · 세제 등을 운용함에 있어서, 우대를 받거나 최소한 불이익이 없도록 하여 달라거나 국책사업에 우선적으로 참여할 수 있도록 영향력을 행사하여 달라는 데에 있었다. (아) 그러한 이상 그것만으로도 앞서 본 대통령의 직무와 그 금원의 공여가 대가관계에 있음을 인정할 수 있다. (자) 그러므로 을이 갑에게 공여한 ㉢금원은 대통령의 직무행위에 대한 대가로서 뇌물에 해당한다.

3) 1983. 10. 11. 83도425, 공 1983, 1676.

자를 보좌하거나 영향을 줄 수 있는 직무행위, (마) 과거에 담당하였거나 장래에 담당할 직무, (바) 그 외에 사무분장에 따라 현실적으로 담당하고 있지 않아도 법령상 일반적인 직무권한에 속하는 직무 등도 포함된다.[1] 즉 뇌물죄에서 말하는 '직무'는 공무원이 그 직위에 따라 담당할 일체의 직무를 포함한다.[2]

(나) 자기의 직무 뇌물죄에서 직무는 원칙적으로 자기의 직무에 관한 것이어야 한다. 다른 공무원의 직무에 속한 사항에 대해서는 형법 제132조의 알선수뢰죄나 변호사법 제111조 위반의 행위에 해당할지는 몰라도 자기의 직무에 관한 뇌물수수죄(법129①)는 성립하지 않는다.[3] 직무에 관한 행위는 부작위로도 가능하다. 직무행위가 정당한 것인가 부정한 것인가는 묻지 않는다.

국가공무원이 지방자치단체의 업무에 관하여 전문가로서 위원 위촉을 받아 한시적으로 그 직무를 수행하는 경우와 같이 공무원이 그 고유의 직무와 관련이 없는 일에 관하여 별도의 위촉절차 등을 거쳐 다른 직무를 수행하게 되는 경우가 있다. 이러한 경우에는 그 위촉이

---

1) 2010. 12. 23. 2010도13584, 공 2011상, 285 = 분석 각론『재건축 조합장 수뢰 사건』.

2) 2017. 12. 22. 2017도12346, 공 2018상, 379 =『검사 동창생 이익제공 사건 1』:

갑은 검사이다. 을은 P회사를 경영하는 기업인이다. 갑과 을은 학창시절 이래 20년간 친구 사이이다. 갑은 평소 을로부터 "장래 검찰에서 나(을)나 P회사와 관련된 사건을 조사하거나 처분하게 될 경우, 너(갑)의 직무권한 범위 내에 들어오는 사건이면 네(갑)가 직접 유리한 처분이나 편의를 제공해 달라."는 청탁과 함께 ㉠이익을 제공받았다.

검사는 갑을 특정범죄가중법위반죄(뇌물수수)로 기소하였다. 갑의 피고사건은 제1심을 거친 후, 항소심에 계속되었다. 항소법원은 유죄를 인정하였다. 갑은 불복 상고하였다.

대법원은 다음의 이유를 제시하여 원심판결을 파기환송하였다. 대법원은 직무관련성 요건에 대해 다음과 같이 설시하였다. (가) 형법 제129조 제1항의 뇌물수수죄가 성립하려면 공무원이 그 직무에 관하여 뇌물을 수수하여야 한다. (나) 따라서 공무원이 이익을 수수한 행위가 공무원의 직무와 관련이 없다면 뇌물수수죄는 성립하지 않는다. (다) 공무원이 장래에 담당할 직무에 대한 대가로 이익을 수수한 경우에도 뇌물수수죄가 성립할 수 있다. (라) 그렇지만 그 이익을 수수할 당시 (ㄱ) 장래에 담당할 직무에 속하는 사항이 그 수수한 이익과 관련된 것임을 확인할 수 없을 정도로 막연하고 추상적이거나, (ㄴ) 장차 그 수수한 이익과 관련지을 만한 직무권한을 행사할지 여부 자체를 알 수 없다면, 그 이익이 장래에 담당할 직무에 관하여 수수되었다거나 그 대가로 수수되었다고 단정하기 어렵다.

대법원은 갑의 행위에 대해 다음과 같이 판단하였다. (가) 갑에게 검사의 직분에 근거하여 필요한 경우 수사를 진행할 수 있는 일반적 직무권한이 있었다. (나) 그렇지만 공소사실에 의하더라도 갑이 받았다는 청탁이 '장래 검찰에서 을이 관련된 사건을 처리하게 될 경우 갑의 직무권한 범위 내에 들어오는 사건이면 직접 유리한 처분이나 편의를 제공해 달라'는 정도에 지나지 아니하였다. (다) 갑이 이익을 수수할 당시 그 직무권한에 속한 사항과 관련한 어떠한 사건이 장래에 발생할 개연성이 있었다고 볼만한 사정도 없었을 뿐 아니라 그 사건 자체를 특정하기도 어려운 상황이었다. (라) 따라서 갑이 장래에 담당할 직무와 관련되는 사건이 어떠한 것인지 또는 과연 그러한 사건과 관련지을 만한 정도의 직무권한을 행사할 가능성이 있는지 여부를 확인하기 어려울 정도로 갑이 받은 돈과 관련된 사건 내지 갑의 직무에 속하는 사항이 추상적이고 막연하였다. (마) 그러니 갑이 받은 이익이 그가 장래에 담당할 직무에 관하여 수수되었다거나 그 대가로 수수되었다고 단정하기는 어렵다.

3) 1983. 10. 11. 83도425, 공 1983, 1676.

종료되면 그 위원 등으로서 새로 보유하였던 공무원 지위는 소멸한다고 보아야 한다. 그러므로 그 이후에 종전에 위촉받아 수행한 직무에 관하여 금품을 수수하더라도 이는 사후수뢰죄(법131③)에 해당할 수 있음은 별론으로 하고 일반 수뢰죄로 처벌할 수는 없다.[1]

(다) 직무관련성의 범위　　형법 제129조 제1항의 뇌물수수죄가 성립하려면 공무원이 자기의 직무에 관하여 뇌물을 수수하여야 한다. 따라서 공무원이 이익을 수수한 행위가 공무원의 직무와 관련이 없다면 뇌물수수죄는 성립하지 않는다.[2] 공무원과 개인적인 친분이 있는 것만으로는 직무관련성이 인정되지 않는다.[3]

---

1) 2013. 11. 28. 2013도10011, 공 2014상, 148 = 『우체국장 겸 평가위원 사건』 ☞ 부록 1548면.

2) 2017. 12. 22. 2017도12346, 공 2018상, 379 = 『검사 동창생 이익제공 사건 1』.

3) 1999. 6. 11. 99도275, 공 1999, 1451 = 『외국인연수생 업체 선정 사건』:

갑은 경찰청 정보과에 근무하는 경찰관(경감)이다. 을은 중소기업 P회사를 경영하고 있다. A는 중소기업협동조합중앙회 회장이다. 갑은 A와 친분이 있다. 중소기업협동조합은 외국인산업연수생에 대한 국내관리업체 선정과 관련된 권한을 가지고 있다. 을은 갑에게 P회사가 A에 의하여 외국인산업연수생에 대한 국내관리업체로 선정되는 데 힘써 달라고 부탁하였다(㉠부탁). 을은 ㉠부탁과 함께 갑에게 ㉡, ㉢금전 및 ㉣향응을 제공하였다. 이 가운데 ㉢금전은 중소기업협동조합중앙회 회장 A에게 전달하기 위한 것이었다. 갑은 ㉡, ㉢금전 및 ㉣향응을 받았다. 갑은 A에게 전달하기 위하여 받은 ㉢금전을 임의로 소비하였다.

검사는 갑을 뇌물수수죄 및 횡령죄로 기소하였다. 검사는 을을 뇌물공여죄로 기소하였다. 제1심법원은 갑과 을을 무죄로 판단하였다. 검사는 불복 항소하였다. 항소법원은 항소를 기각하고 제1심판결을 유지하였다. 검사는 불복 상고하였다.

대법원은 다음의 이유를 제시하여 상고를 기각하였다. 대법원은 뇌물죄의 직무관련성 부분에 대해 다음과 같이 판단하였다. (가) 뇌물죄에 있어서의 직무라 함은 (ㄱ) 공무원이 법령상 관장하는 직무 그 자체뿐만 아니라 (ㄴ) 그 직무와 밀접한 관계가 있는 행위 또는 (ㄷ) 관례상이나 사실상 소관하는 직무행위 및 (ㄹ) 결정권자를 보좌하거나 영향을 줄 수 있는 직무행위도 포함된다.

(나) 경찰청 정보과에 근무하는 경찰관(경감)인 갑이 을로부터 그가 경영하는 P회사가 중소기업협동조합중앙회 회장인 A에 의하여 외국인산업연수생에 대한 국내관리업체로 선정되는 데 힘써 달라는 부탁을 받고 금전 및 각종 향응을 받았다고 하는 것이 공소사실이다.

(다) 정보과 형사인 갑은 국내외에 걸쳐 발생하는 정치, 경제, 사회, 문화 등 제반 분야의 일들 중 일정 중요도 이상의 정보를 수집하고 분석하여 상부에 보고하는 직무를 담당하고 있다. (라) 그러므로 추상적으로는 위 국내관리업체 선정도 갑의 정보수집 대상에 포함된다. (마) 그렇다고 하더라도 원래 위 국내관리업체 선정은 당시의 통상산업부(현 산업자원부) 또는 그 산하 중소기업청의 소관으로서 갑이 소속된 경찰청의 업무와는 아무런 관련이 없다. (바) 중소기업협동조합중앙회는 갑의 출입처가 되어 본 적이 없다. (사) 비밀리에 행하여지는 정보업무의 특성 등에 비추어 갑이 직무를 통하여 위 국내관리업체 선정에 어떠한 영향을 준다고는 할 수 없다. (아) 그러므로 중소기업협동조합중앙회장의 국내관리업체 선정은 갑의 직무와 관련성이 있다고 할 수 없다. (자) 단지 갑은 A와의 개인적인 친분을 이용하여 을을 A에게 소개시켜 주거나 위와 같은 청탁을 하였을 뿐이다.

대법원은 불법원인급여와 횡령죄의 관계에 대해 다음과 같이 판단하였다. (가) 민법 제746조에 불법의 원인으로 인하여 재산을 급여하거나 노무를 제공한 때에는 그 이익의 반환을 청구하지 못한다고 규정한 뜻은 [다음과 같다.] (나) 급여를 한 사람은 그 원인행위가 법률상 무효임을 내세워 상대방에게 부당이득반환청구를 할 수 없다. (다) 또 급여를 한 사람은 급여한 물건의 소유권이 자기에게 있다고 하여 소유권에 기한 반환청구도 할 수 없다. (라) 그래서 결국 급여한 물건의 소유권은 급여를 받은 상대방에게 귀속되는 것이다.

(마) 갑이 을로부터 A에 대한 뇌물공여 또는 배임증재의 목적으로 전달하여 달라고 교부받은 ㉢금전은 불

공무원의 직무는 (가) 현재 담당하고 있는 직무 외에 (나) 과거에 담당하였거나 장래에 담당할 직무와 (다) 사무분장에 따라 현실적으로 담당하지 않는 직무라도 법령상 일반적인 직무권한에 속하는 직무 등 공무원이 그 직위에 따라 공무로 담당할 일체의 직무를 포함한다.[1)]

공무원이 장래에 담당할 직무에 대한 대가로 이익을 수수한 경우에도 뇌물수수죄가 성립할 수 있다.[2)] 그렇지만 그 이익을 수수할 당시 장래에 담당할 직무에 속하는 사항이 그 수수한 이익과 관련된 것임을 확인할 수 없을 정도로 막연하고 추상적이거나, 장차 그 수수한 이익과 관련지을 만한 직무권한을 행사할지 여부 자체를 알 수 없다면, 그 이익이 장래에 담당할 직무에 관하여 수수되었다거나 그 대가로 수수되었다고 단정하기 어렵다.[3)]

직무관련성이 없으면 뇌물수수죄는 성립하지 않는다. 해양수산부 해운정책과의 업무는 대한민국 국적선사의 선박에 관한 것일 뿐 외국 국적선사의 선박에 대한 행정처분에 관한 것은 포함하고 있지 않다. 해운정책과 공무원이 외국 국적선사의 선박에 대한 운항허가를 당해 외국에서 받을 수 있도록 노력해 달라는 부탁을 받고 금원을 수수하였다고 하더라도 직무관련성이 없어서 뇌물수수죄가 성립하지 않는다.[4)]

직무의 범위 내지 직무권한은 원칙적으로 법령에 의하여 결정된다. 그러나 행위자가 반드시 구체적으로 그 직무를 담당할 필요는 없고, 그 직무에 대하여 결정권을 가질 필요도 없다. 시도시계획 계장으로서 도시계획시설 승인신청서를 수리하여 결재를 거쳐 상급승인기관에 전달하는 직무에 종사한 경우도 직무에 관한 것으로 인정된다.[5)] 그러나 시의 측량기술원이 다년간 환지측량업무에 종사하게 된 결과 토지의 위치, 현상 등을 잘 알고 있어 이를 기준으로 그 동안 자신이 얻은 지식과 경험을 기초로 하여 입찰예정가격을 알려 준 행위는 그의 직무행위 내지 직무와 밀접하게 관련된 행위라고 볼 수 없다.[6)]

(2) 대가관계

(가) 의 의　　뇌물죄의 객체는 뇌물이다. 뇌물이라 함은 공무원의 직무에 관한 부정한 보수로서의 이익을 말한다. 뇌물에 해당하려면 부정한 이익과 직무 사이에 대가관계

법원인급여물에 해당하여 그 소유권은 갑에게 귀속된다. (바) 갑이 ⓒ금전을 A에게 전달하지 않고 임의로 소비하였다고 하더라도 횡령죄가 성립하지 않는다.

1) 2017. 12. 22. 2017도12346, 공 2018상, 379 = 『검사 동창생 이익제공 사건 1』.
2) 2013. 11. 28. 2013도9003, [미간행] = 『건설기술심의위원 쇼핑백 사건』 ☞ 부록 1550면.
3) 2017. 12. 22. 2017도12346, 공 2018상, 379 = 『검사 동창생 이익제공 사건 1』.
4) 2011. 5. 26. 2009도2453, 공 2011하, 1335 = 분석 각론 『중국 선사 운항허가 사건』.
5) 1983. 8. 23. 82도2350, 공 1983, 1444.
6) 1983. 3. 22. 82도1922, 공 1983, 769.

가 존재하여야 한다. 양자 사이에 급부, 반대급부의 관계가 인정되지 않는 것은 뇌물이 아니다.

(나) 법적 성질 형법 제129조 제1항은 대가관계를 구성요건요소로 명시하고 있지 않다. 대가관계는 뇌물죄에서 불문의 구성요건요소라고 할 수 있다. 다만 「부정청탁 및 금품등 수수의 금지에 관한 법률」(청탁금지법) 제8조 제2항이 "공직자등은 직무와 관련하여 대가성 여부를 불문하고 제1항에서 정한 금액 이하의 금품등을 받거나 요구 또는 약속해서는 아니 된다."고 규정함으로써 대가관계가 뇌물죄의 구성요건요소임을 간접적으로 밝히고 있다.

(다) 포괄적 대가관계 뇌물에 해당하려면 부정한 이익과 직무 사이에 대가관계가 존재하여야 한다. 양자 사이에 급부, 반대급부의 관계가 인정되지 않는 것은 뇌물이 아니다. 공무원의 직무는 일련의 구체적인 직무행위를 통하여 수행된다.

이와 관련하여 판례는 뇌물은 개개의 직무행위와 대가적 관계에 있을 필요가 없고, 또한 그 직무행위가 특정된 것일 필요도 없다는 입장을 취하고 있다.[1] 이와 같이 다수의 직무행위를 포괄하여 대가관계를 인정하는 판례의 접근방법을 가리켜서 포괄적 대가관계라고 한다.[2] 판례가 포괄적 대가관계를 인정함에 따라 형법 제129조 제1항의 뇌물수수죄(단순수뢰죄)에서 대가관계의 요건은 사실상 그 규범력을 잃었다고 말할 수 있다.

뇌물과 특정 직무행위 사이의 대가관계가 보다 뚜렷하게 나타나는 경우는 '청탁'(법129②, 131①, 131③) 또는 '부정한 청탁'(법130, 131①)을 구성요건요소로 하는 뇌물죄들이다.

(라) 기타 요소 형법 제129조 제1항의 뇌물수수죄(단순수뢰죄)는 직무집행의 공정과 이에 대한 사회의 신뢰에 기하여 직무행위의 불가매수성을 직접적인 보호법익으로 하고 있다. 그러므로 뇌물성을 인정할 때에는 직무와의 관련성 및 직무에의 대가성 이외의 요소는 고려되지 않는다. 즉 의무위반 행위의 유무, 청탁의 유무, 금품수수 시기와 직무집행 행위의 선후관계 등은 원칙적으로 뇌물수수죄의 성립에 영향을 미치지 않는다.[3]

---

1) 1997. 4. 17. 96도3378, 공 1997, 1368.

2) 종래 독일 형법은 뇌물죄 전반에 대한 구성요건요소로 '어느 직무행위에 대한 반대급부'(als Gegenleistung für eine Diensthandlung)를 규정하고 있었다. 그러나 1997년 「부패척결법」을 통한 형법 개정시에 단순수뢰죄(독일형법 제331조; Vorteilsannahme) 및 단순뇌물공여죄(독일형법 제333조; Vorteils- gewährung)의 구성요건에서 반대급부(als Gegenleistung)라는 요건을 삭제하였다. 이로써 뇌물이 특정 직무행위에 대한 반대급부로 제공되었음을 증명할 필요가 없게 되었다. 그러나 가중수뢰죄(독일형법 제332조; Bestechlichkeit) 및 가중뇌물공여죄(독일형법 제334조; Bestechung)의 경우에는 여전히 '어느 직무행위에 대한 반대급부'(als Gegenleistung für eine Diensthandlung)가 구성요건요소로 규정되어 있다. Schönke/ Schröder/Cramer, StGB, 27. Auflage, § 331 Rn 1b 참조.

3) 2017. 12. 22. 2017도12346, 공 2018상, 379 = 『검사 동창생 이익제공 사건 1』.

(3) 부정한 보수

(가) 의 의 뇌물은 직무에 관한 부정한 보수이다. 부정한 보수라 함은 정당하지 않은 이익의 수수를 의미한다. 법령상 인정된 보수는 예컨대 상여금, 특별수당, 수수료, 여비 등 그 명목이나 형식 여하를 막론하고 뇌물이 되지 않는다. 그러나 법령상 인정된 보수 이외의 것은 원칙적으로 부정한 보수에 해당한다. 다만 사회상규상 정당한 보수라고 인정되는 것은 뇌물로 되지 않는다. 사회상규상 인정되는 정당한 보수의 판단지침으로 「청탁금지법」 제8조 제3항이 주목된다.

정치자금의 기부행위는 정치활동에 대한 재정적 지원행위이고 뇌물은 공무원의 직무행위에 대한 위법한 대가로서 양자는 별개의 개념이다. 정치자금의 명목으로 금품을 주고받았고 「정치자금법」에 정한 절차를 밟았다고 할지라도, 정치인의 정치활동 전반에 대한 지원의 성격을 갖는 것이 아니라 공무원인 정치인의 특정한 구체적 직무행위와 관련하여 금품 제공자에게 유리한 행위를 기대하거나 또는 그에 대한 사례로서 금품을 제공함으로써 정치인인 공무원의 직무행위에 대한 대가로서의 실체를 가진다면 뇌물성이 인정된다.[1)]

(나) 이 익 뇌물은 직무에 관한 부정한 보수로서의 이익이다. 뇌물의 내용인 이익은 금전, 물품 기타의 재산적 이익뿐만 아니라 사람의 수요 · 욕망을 충족시키기에 족한 일체의 유형 · 무형의 이익을 포함한다(청탁금지법2 iii 참조). 액면가를 상회하는 주식을 액면가에 매수하는 것,[2)] 금원을 무기한 무이자로 차용하는 것,[3)] 채무면제를 받는 것, 대출금채무에 연

---

1) 2017. 3. 22. 2016도21536, 공 2017상, 925.

2) 1995. 6. 30. 94도993, 공 1995, 2679.

3) 2014. 5. 16. 2014도1547, 공 2014상, 1261 = 『구획정리 조합장 차용금 사건』:

갑은 M토지구획정리조합의 조합장이다. 갑은 업자 A로부터 1억 8천만원을 받았다. 검사는 갑을 "1억8천만원의 뇌물을 수수하였다"는 공소사실로 특정범죄가중법위반죄(뇌물)로 기소하였다. 갑은 집을 이사하는 데에 필요하여 A로부터 1억 8천만원을 무이자로 차용한 것이라고 주장하였다. 제1심법원은 공소장변경 없이 갑이 "차용금 1억 8천만원에 대한 금융이익 상당의 뇌물을 수수하였다"는 범죄사실로 유죄를 인정하였다.

검사는 불복 항소하였다. 항소법원은 제1심법원의 범죄사실 판단을 그대로 유지하였다. 항소법원은 검사의 양형부당 주장을 받아들였다. 항소법원은 제1심판결을 파기하고 갑에게 징역 1년을 선고하였다. 형법 제134조는 뇌물죄에 대해 필요적 몰수 · 추징을 규정하고 있다. 항소법원은 갑이 금품을 무이자로 차용함으로써 얻은 금융이익의 객관적 가액을 산정하는 것이 불가능하다고 판단하여 추징을 선고하지 않았다. 검사는 불복 상고하였다.

대법원은 다음의 이유를 제시하여 원심판결을 파기환송하였다. 대법원은 뇌물의 필요적 몰수 · 추징에 대해 다음과 같이 설시하였다. (가) 형법 제134조의 규정에 의한 필요적 몰수 또는 추징은 형법 제129조 내지 133조를 위반한 자에게 제공되거나 공여될 금품 기타 재산상 이익을 박탈하여 그들로 하여금 부정한 이익을 보유하지 못하게 함에 그 목적이 있다. (나) 금품의 무상대여를 통하여 위법한 재산상 이익을 취득한 경우 범인이 받은 부정한 이익은 그로 인한 금융이익 상당액이다. (다) 추징의 대상이 되는 것은 무상으로 대여받은 금품 그 자체가 아니라 위 금융이익 상당액이라고 봄이 상당하다.

대법원은 추징 액수의 산정방법에 대해 다음과 같이 설시하였다. (가) 여기에서 추징의 대상이 되는 금융

대보증하게 하는 것,[1] 투기적 사업에 참여할 기회를 얻는 것,[2] 조합아파트 가입권에 붙은 프리미엄[3] 등은 재산적 이익과 관련된 경우이다. 나아가서 이성과의 정교,[4] 취업알선 등도 뇌물에 해당한다. 그러나 단순히 명예심이나 허영심을 만족시키는 행위는 뇌물에 해당하지 않는다.

뇌물죄의 이익은 재산적 이익 이외의 것도 포함한다. 이 점에서 뇌물죄의 이익 개념은 강도죄, 공갈죄, 사기죄, 배임죄, 배임수증재죄 등의 객체인 '재산상 이익'과 구별된다.

(4) 뇌물의 판단기준

공무원이 그 직무의 대상이 되는 사람으로부터 금품 기타 이익을 받은 때에는 특별한 사정이 없는 한 직무와의 관련성이 있다고 볼 수 있다. 판례는 공무원이 그 직무의 대상이 되는 사람으로부터 금품 기타 이익을 받은 것이 (가) 그 사람이 종전에 공무원으로부터 접대 또는 수수한 것을 갚는 것으로서 사회상규에 비추어 볼 때에 의례상의 대가에 불과한 것이라고 여겨지는 경우이거나, (나) 공무원과 그 직무의 대상이 되는 사람이 개인적인 친분관계가 있어서 교분상의 필요에 의한 것이라고 명백하게 인정할 수 있는 경우 등을 특별한 사정으로 인정하고 있다.[5]

이러한 특별한 사정이 없는 한 공무원이 그 직무의 대상이 되는 사람으로부터 금품 기타 이익을 받은 때에는 직무와의 관련성이 있다고 볼 수 있다. 그리고 공무원이 직무와 관련하여 금품을 수수하였다면 비록 사교적 의례의 형식을 빌어 금품을 주고받았다 하더라도 그

이익 상당액은 객관적으로 산정되어야 한다. (나) 추징액 계산은 범인이 금융기관으로부터 대출받는 등 통상적인 방법으로 자금을 차용하였을 경우 부담하게 될 대출이율을 기준으로 한다. (바) 그 대출이율을 알 수 없는 경우에는 금품을 제공받은 피고인의 지위에 따라 민법 또는 상법에서 규정하고 있는 법정이율을 기준으로 한다. (다) (ㄱ) 변제기나 지연손해금에 관한 약정이 가장되어 무효라고 볼 만한 사정이 없는 한, (ㄴ) 금품수수일로부터 약정된 변제기까지 금품을 무이자로 차용하여 얻은 금융이익의 수액을 산정한 뒤 이를 추징하여야 한다. (라) 나아가 (ㄱ) 그와 같이 약정된 변제기가 없는 경우에는, (ㄴ) 판결 선고일 전에 실제로 차용금을 변제하였다거나 대여자의 변제 요구에 의하여 변제기가 도래하였다는 등의 특별한 사정이 없는 한, (ㄷ) 금품수수일로부터 판결 선고시까지 금품을 무이자로 차용하여 얻은 금융이익의 수액을 산정한 뒤 이를 추징하여야 한다.

대법원은 원심판결의 당부에 대해 다음과 같이 판단하였다. (가) 원심판결은 갑이 금품을 무이자로 차용함으로써 얻은 금융이익의 객관적 가액을 산정하는 것이 불가능하다고 하여 추징하지 않았다. (나) 원심판결에는 형법 제134조에서 규정하고 있는 필요적 추징에 관한 법리를 오해하여 판결에 영향을 미친 위법이 있다.

1) 2001. 1. 5. 2000도4714, 공 2001, 477.
2) 2012. 8. 23. 2010도6504, [미간행].
3) 1992. 12. 22. 92도1762, 공 1993, 651 = 백선 각론 1 『조합원 명의변경 사건』.
4) 2014. 1. 29. 2013도13937, 공 2014상, 549.
5) 2019. 11. 28. 2019도11766, 공 2020상, 217 = 『국정원 특별사업비 전달 사건』.

수수한 금품은 뇌물이 된다.[1) 2)]

공무원이 얻는 어떤 이익이 (가) 직무와 대가관계가 있는 부당한 이익으로서 뇌물에 해당하는지, 아니면 (나) (ㄱ) 사회상규에 따른 의례상의 대가 혹은 (ㄴ) 개인의 친분관계에 따른 교분상의 필요에 의한 것으로서 직무와의 관련성이 없는 것인지는 당해 공무원의 직무의 내용, 직무와 이익제공자의 관계, 이익의 수수 경위 및 시기 등의 사정과 아울러 공여되는 이익의 종류 및 가액도 함께 참작하여 이를 판단해야 한다.[3)]

---

1) 2008. 2. 1. 2007도5190, [미간행] = 분석 각론『퇴임 총재 사무실 사건』.

2) 2019. 11. 28. 2019도11766, 공 2020상, 217 =『국정원 특별사업비 전달 사건』.

3) 2006. 2. 24. 2005도4737, 공 2006, 554 =『광역시장 굴비상자 사건』:

갑은 M광역시장이다. 을은 건설업자이다. A는 갑의 여동생이다. (연도 생략함.) 8. 24. 저녁 갑과 을은 만나 술을 마셨다. 을은 헤어지면서 갑에게 ㉠선물을 보내겠다고 말하였다. 갑은 "돈은 받지 않는다"고 말하였다. 을은 "N시에서 여기까지 가져온 조그만 선물로서 별것도 아니니 성의로 받아달라."고 말하였다. 을은 ㉠선물의 구체적인 내용에 관해 대략적인 언급도 하지 않고 내용물도 보여주지 않았다. ㉠선물은 꼼꼼히 포장된 굴비상자였다. 을은 ㉠선물을 A가 거주하는 H아파트 건물의 ⓐ호에 갖다 주었다. 갑은 같은 H아파트 건물의 ⓑ호에 살고 있다. 갑은 ㉠선물을 자신의 ⓑ호 등으로 옮기는 등의 별다른 조치를 취하지 않았다.

8. 29. 갑은 중국 출장을 마치고 돌아왔다. A는 갑에게 ㉠굴비상자 속에는 2억원이 들어 있다고 말하였다. 8. 30. (귀국 다음날) 갑은 M시청 감사관실에 설치된 클린신고센터에 그 제공자를 밝히지 아니한 채 현금 2억원이 전달된 사실을 신고하였다. [갑이 뒤늦게 신고한 것에 대해 발각될 것이 두려워서 할 수 없이 신고한 것이라는 의혹이 제기되었다.]

검사는 갑을 특정범죄가중법위반죄(뇌물)로 기소하였다. 갑의 피고사건은 제1심을 거친 후, 항소심에 계속되었다. 항소법원은 다음의 이유를 들어서 무죄로 판단하였다. (가) 갑에게 2억원의 현금이 든 굴비상자의 수수사실에 대한 인식이 없었다. (나) 갑에게 불법영득의사가 없었다. 검사는 불복 상고하였다. 검사는 상고이유로 다음의 점을 주장하였다. (가) 주어진 증거에 비추어 볼 때 갑이 뒤늦게 신고한 것은 발각될 것이 두려워서 할 수 없이 한 것이다. (나) 따라서 2억원에 대한 인식과 불법영득의사가 인정된다. (다) 2억원에 대한 인식과 불법영득의사가 인정되지 않는다고 하자. (라) 그렇다고 하더라도 ㉠선물은 사교적 의례의 범위를 벗어나는 뇌물이다. (마) 을에게 뇌물공여죄가 인정된다. (바) 따라서 상대방인 갑에게도 뇌물수수죄가 인정되어야 한다.

대법원은 다음의 이유를 제시하여 상고를 기각하였다. 대법원은 뇌물의 인식 및 불법영득의사 부분에 대해 다음과 같이 판단하였다. (가) (사실관계 분석; 생략함.) (나) 갑으로서는 중국 출장을 마친 직후 A로부터 ㉠굴비상자의 내용물에 관하여 전해 듣고 즉시 이를 신고할 때까지는 을이 거액의 현금이 든 굴비상자를 선물 명목으로 A의 아파트에 전달했으리라고는 생각하지 못하였던 것으로 봄이 상당하다. (다) (사실관계 분석; 생략함.) (라) 검사의 나머지 제출 증거 및 적시 사정만으로는 갑에게 2억원의 현금이 든 굴비상자의 수수사실에 대한 인식이나 불법영득의사가 있었음을 인정하기 어렵다. (마) (사실관계 분석; 생략함.)

대법원은 뇌물 여부에 대한 판단기준에 대해 다음과 같이 설시하였다. (가) 공무원이 얻는 어떤 이익이 직무와 대가관계가 있는 부당한 이익으로서 뇌물에 해당하는지 여부는 (ㄱ) 당해 공무원의 직무의 내용, (ㄴ) 직무와 이익제공자의 관계, (ㄷ) 이익의 수수 경위 및 시기 등의 사정과 아울러 (ㄹ) 공여되는 이익의 종류 및 가액도 함께 참작하여 이를 판단하여야 한다. (나) (ㄱ) 사회상규에 따른 의례상의 대가 혹은 (ㄴ) 개인적 친분관계에 따른 교분상의 필요에 의한 것으로서 직무와의 관련성이 없는 것인지 여부는 (ㄷ) 당해 공무원의 직무의 내용, (ㄹ) 직무와 이익제공자의 관계, (ㅁ) 이익의 수수 경위 및 시기 등의 사정과 아울러 (ㅂ) 공여되는 이익의 종류 및 가액도 함께 참작하여 이를 판단하여야 한다.

뇌물죄는 직무집행의 공정과 이에 대한 사회의 신뢰를 보호법익으로 하고 있다. 이 점에 비추어 볼 때 공무원이 금원을 수수하는 것 때문에 사회 일반인으로부터 직무집행의 공정성을 의심받게 되는지도 뇌물죄에 대한 하나의 판단 기준이 된다.[1]

(5) 뇌물액수의 산정방법

뇌물죄의 가중처벌을 규정한 법률로서 「특정범죄 가중처벌 등에 관한 법률」(특정범죄가중법)이 있다. 특정범죄가중법 제2조 제1항은 수수한 뇌물의 액수에 따라서 형량을 달리 정하고 있다. 또한 특정범죄가중법 제2조 제2항은 수뢰액의 2배 이상 5배 이하의 벌금을 필요적으로 병과하도록 규정하고 있다. 벌금의 필요적 병과규정은 특정범죄가중법에 들어 있지만 특정범죄가중법상의 뇌물죄뿐만 아니라 형법상의 뇌물죄에도 적용된다. 따라서 뇌물액수의 산정방법은 한층 중요한 의미를 가지게 되었다.

뇌물액수의 산정은 뇌물죄가 포괄일죄라는 관점에서 접근해야 한다. 포괄일죄는 단일한 전체고의 아래 같은 종류의 법익을 같은 종류의 행위방식으로 계속·반복하여 침해할 때 인정되는 죄수의 단위이다. 포괄일죄로 포착되면 수개의 부분행위들이 모여서 한 개의 범죄를 구성하게 된다. 뇌물수수죄가 포괄일죄로 포착되면 개별 범행으로 수수한 소액의 뇌물액수는 합산되어 다액의 뇌물액수를 구성하게 된다.

뇌물죄에서 여러 개의 수수행위를 한 개의 범죄로 포괄하는 요소는 전체고의, 같은 종류의 법익침해, 같은 종류의 행위태양이라는 세 가지이다. 따라서 뇌물수수죄에서도 단일하고 계속된 범의 아래 같은 종류의 범행을 일정기간 반복하여 행하고 그 피해법익이 동일한 경우, 돈을 받은 일자가 상당한 기간에 걸쳐 있고 돈을 받은 일자 사이에 상당한 기간이 끼어 있다 하더라도 각각의 범행은 통틀어서 포괄일죄로 파악된다.[2]

여러 사람이 공동하여 뇌물수수죄를 범한 경우에 공범자는 자기의 수뢰액뿐만 아니라

대법원은 갑의 행위에 대해 다음과 같이 판단하였다. (가) 갑은 그 판시와 같은 경위로 자그만 선물을 제공하고자 하는 을의 요청을 거절하지 아니하였다. (나) 그러한 사실만으로 그것이 (ㄱ) 사회통념상 통상적이고 의례적인 선물의 범위를 벗어난 (ㄴ) 직무와 관련한 금품이라는 점에 대한 인식하에 이를 수수하고자 하는 (ㄷ) 뇌물의 범의에 대한 입증이 있다고 보기 어렵다.

(다) 뇌물공여죄가 성립하기 위하여는 (ㄱ) 뇌물을 공여하는 행위와 (ㄴ) 상대방 측에서 금전적으로 가치가 있는 그 물품 등을 받아들이는 행위가 필요할 뿐이다. (라) 반드시 상대방 측에서 뇌물수수죄가 성립하여야 함을 뜻하는 것은 아니다. (마) (ㄱ) 2억원의 현금이 든 굴비상자를 제공한 을의 행위가 뇌물공여죄가 성립한다 하여 (ㄴ) 그가 제공하려고 한 물건의 뇌물성에 대한 인식이 없었던 갑에 대하여도 뇌물수수죄가 반드시 성립하는 것은 아니다.

1) 2000. 10. 24. 99도3115, 공 2000, 2470 =『금융정책실장 독촉 사건』.

2) 2000. 1. 21. 99도4940, 공 2000, 530.

다른 공범자의 수뢰액에 대하여도 죄책을 진다. 따라서 특정범죄가중법상의 수뢰액을 정할 때에는 공범자 전원의 수뢰액을 합친 금액을 기준으로 삼아야 한다. 각 공범자들이 실제로 취득한 금액이나 분배받기로 한 금액을 기준으로 할 것은 아니다.[1)]

공무원이 뇌물을 받는 데에 필요한 경비를 지출한 경우 그 경비는 뇌물수수의 부수적 비용에 불과하여 뇌물의 가액에서 공제할 항목에 해당하지 않는다. 뇌물을 받는 주체가 아닌 자가 수고비로 받은 부분이나 뇌물을 받기 위하여 형식적으로 체결된 용역계약에 따른 비용으로 사용된 부분은 뇌물수수의 부수적 비용에 지나지 않는다.[2)]

뇌물의 액수는 (가) 특정범죄가중법 제2조 제1항에 따른 법정형 결정, (나) 특정범죄가중법 제2조 제2항에 따른 필요적 병과형으로서의 벌금형 결정, (다) 형법 제134조에 따른 필요적 몰수 · 추징의 범위 결정에 있어서 기준이 된다. 뇌물액수의 자세한 결정기준에 대해서는 몰수 · 추징의 항목에서 다시 살펴보기로 한다.[3)]

3. 실행행위

(1) 뇌물의 수수

뇌물수수죄의 실행행위는 뇌물을 수수(收受), 요구, 약속하는 것이다. 뇌물의 수수란 뇌물을 받는 것, 즉 뇌물을 취득하는 것이다. 여기에서 취득이란 뇌물에 대한 사실상의 처분권을 획득하는 것을 의미한다. 뇌물수수가 뇌물인 물건의 법률상 소유권까지 취득하여야 하는 것은 아니다. 뇌물수수자가 법률상 소유권 취득의 요건을 갖추지는 않았더라도 (가) 뇌물로 제공된 물건에 대한 점유를 취득하고 (나) 뇌물공여자 또는 법률상 소유자로부터 반환을 요구받지 않는 관계에 이른 경우에는 그 물건에 대한 실질적인 사용 · 처분권한을 갖게 되어 그 물건 자체를 뇌물로 받은 것으로 보아야 한다.[4)]

---

1) 1999. 8. 20. 99도1557, 공 1999, 1916.

2) 2017. 3. 22. 2016도21536, 공 2017상, 925.

3) 후술 000면 참조.

4) 2019. 8. 29. 2018도13792 전원합의체 판결, 공 2019하, 1891 = 『승마지원 요구 사건 - 뇌물수수』:
갑은 대통령이다. 을(일반인)은 갑의 지인이다. 병은 P그룹의 총수이다. A는 을의 자녀이다. 을은 갑에게 다음과 같이 부탁하였다. "저(을)의 자녀 A의 승마훈련에 필요한 지원을 병이 A에게 제공해 주도록 해주십시오." 갑은 병에게 A에 대한 지원을 요구하였다. 병은 계열사 임원 정을 통하여 A에게 ㉠마필 등을 제공하였다. 제공된 ㉠마필의 말 패스포트에는 마주의 이름이 P그룹 소속의 Q회사로 기재되었다. 을은 이러한 사실을 알고 화를 내었다. 정은 을에게 원하는 대로 해주겠다는 의사를 전달하였다.

검사는 갑과 을을 특정범죄가중법위반죄(뇌물수수)의 공동정범으로 기소하였다. 갑과 을의 피고사건은 제1심을 거친 후, 항소심에 계속되었다. 항소법원은 제공된 ㉠마필의 인수가 뇌물수수에 해당한다고 판단하였다. 항소법원은 유죄를 인정하였다. 을은 불복 상고하였다. 을은 상고이유로 다음의 점을 주장하였다. (가) 제공된 ㉠마필을 이용한 것일 뿐이다. (나) ㉠마필 자체를 수수한 사실은 없다.

뇌물의 수수는 영득의 의사로 뇌물을 취득하는 것을 말한다. 뇌물수수자가 뇌물공여자에 대한 내부관계에서 물건에 대한 실질적인 사용 · 처분권한을 취득하였으나 뇌물수수 사실을 은닉하거나 뇌물공여자가 계속 그 물건에 대한 비용 등을 부담하기 위하여 소유권 이전의 형식적 요건을 유보하는 경우에는 뇌물공여자와 뇌물수수자 사이에서는 소유권을 이전받은 경우와 다르지 않으므로 그 물건을 뇌물로 받았다고 보아야 한다. 뇌물수수자가 교부받은 물건을 뇌물공여자에게 반환할 것이 아니므로 뇌물수수자에게 영득의 의사도 인정된다.[1]

뇌물이 반드시 공여자와 수뢰자 사이에 직접 수수될 필요는 없다. 뇌물죄는 공여자의 출연에 의한 수뢰자의 영득의사의 실현으로서, 공여자의 특정은 직무행위와 관련이 있는 이익의 부담 주체라는 관점에서 파악하여야 할 것이기 때문이다.[2]

피고인이 일단 영득의 의사로 뇌물을 수수하였지만 그 액수가 너무 많아서 나중에 반환

대법원은 다음의 이유를 제시하여 상고를 기각하였다. 대법원은 ㉠마필이 뇌물인지 여부에 대해 다음과 같이 판단하였다. (가) 뇌물죄에서 뇌물의 내용인 이익은 금전, 물품 그 밖의 재산적 이익과 사람의 수요 욕망을 충족시키기에 충분한 일체의 유형 · 무형의 이익을 포함한다. (나) 뇌물수수죄에서 말하는 '수수(收受)'란 받는 것, 즉 뇌물을 취득하는 것이다. (다) 여기에서 취득이란 뇌물에 대한 사실상의 처분권을 획득하는 것을 의미하고, 뇌물인 물건의 법률상 소유권까지 취득하여야 하는 것은 아니다.

(라) (ㄱ) 뇌물수수자가 법률상 소유권 취득의 요건을 갖추지는 않았더라도 (ㄴ) 뇌물로 제공된 물건에 대한 점유를 취득하고 (ㄷ) 뇌물공여자 또는 법률상 소유자로부터 반환을 요구받지 않는 관계에 이른 경우에는 (ㄹ) 그 물건에 대한 실질적인 사용·처분권한을 갖게 되어 그 물건 자체를 뇌물로 받은 것으로 보아야 한다. (마) (ㄱ) 뇌물수수자가 뇌물공여자에 대한 내부관계에서 물건에 대한 실질적인 사용 · 처분권한을 취득하였으나 (ㄴ) 뇌물수수 사실을 은닉하거나 뇌물공여자가 계속 그 물건에 대한 비용 등을 부담하기 위하여 소유권 이전의 형식적 요건을 유보하는 경우에는 (ㄷ) 뇌물공여자와 뇌물수수자 사이에서는 소유권을 이전받은 경우와 다르지 않으므로 그 물건을 뇌물로 받았다고 보아야 한다. (바) 뇌물수수자가 교부받은 물건을 뇌물공여자에게 반환할 것이 아니므로 뇌물수수자에게 영득의 의사도 인정된다.

1) 2019. 8. 29. 2018도13792 전원합의체 판결, 공 2019하, 1891 : 『승마지원 요구 사건 - 뇌물수수』.

2) 2020. 9. 24. 2017도12389, 공 2020하, 2090 = 『새우젓 택배 선물 사건』 :

공무원 갑은 M도청 소속 과장이다. 갑은 어민들의 어업지도, 보조금 관련 사업과 어로행위 관련 단속 업무 등을 총괄하고 있었다. 을은 N어촌계 계장이다. 을은 갑에게 "선물을 할 사람이 있으면 새우젓을 보내 주겠다."고 말하였다. 갑은 을의 제안을 승낙하였다. 갑은 을에게 새우젓을 보내고자 하는 사람들의 명단을 을에게 보내 주었다(㉠명단). 을은 ㉠명단에 기재된 사람들에게 갑의 이름을 적어 마치 갑이 선물을 하는 것처럼 새우젓 택배상자를 보냈다.

검사는 갑을 뇌물수수죄로, 을을 뇌물공여죄로 기소하였다. 제1심법원은 유죄를 인정하였다. 갑은 불복 항소하였다. 항소법원은 사회통념상 ㉠명단의 사람들이 새우젓을 받은 것을 공무원 갑이 직접 받은 것과 같이 평가할 수 없다고 판단하였다. 항소심은 제1심판결을 파기하고 무죄를 선고하였다. 검사는 불복 상고하였다.

대법원은 다음의 이유를 제시하여 원심판결을 파기환송하였다. (가) 을은 갑이 지정한 사람들에게 갑의 이름을 발송인으로 기재하여 배송업체를 통하여 배송업무를 대신하여 주었을 뿐이다. (나) 새우젓을 받은 사람들은 새우젓을 보낸 사람을 을이 아닌 갑으로 인식하였다. (다) 갑과 을 사이에 새우젓 제공에 관한 의사의 합치가 존재한다. (라) 위와 같은 제공방법에 관하여 갑이 양해하였다. (마) 을의 새우젓 출연에 의한 갑의 영득의사가 실현되었다. (바) 따라서 형법 제129조 제1항의 뇌물공여죄 및 뇌물수수죄가 성립한다. (사) 공여자와 수뢰자 사이에 직접 금품이 수수되지 않았다는 사정만으로 이와 달리 볼 수 없다.

할 의사로 보관하였다 하더라도 뇌물죄의 성립에는 영향이 없다. 피고인이 뇌물을 수수한 후 자신의 편의에 따라 그중 일부를 타인에게 교부하였어도 뇌물 전액을 수수하였다고 보아야 한다.[1)]

공무원이 먼저 뇌물을 요구하여 증뢰자가 제공하는 돈을 받았다면 받은 뇌물 전부에 대하여 영득의 의사가 인정된다. 영득의 의사로 뇌물을 수령한 이상 그 액수가 행위자가 예상한 것보다 너무 많은 액수여서 후에 이를 반환하였다고 하더라도 전체에 대한 영득의사가 인정된다.[2)]

---

1) 1992. 2. 28. 91도3364, 공 1992, 1218 = 백선 각론 1『자연녹지 주택조합 사건』.

2) 2007. 3. 29. 2006도9182, 공 2007, 640 =『손가락 한개 보이기 사건』:

갑은 세무공무원이다. 을은 갑의 상급자이다. 병은 P업체를 경영하고 있다. 갑은 병에 대해 세무조사를 하였다. (연도 생략함.) 5. 24. 병은 갑에게 "추가세무조사 대상자로 지정하지 않으면 섭섭하지 않도록 해 주겠으니 얼마면 되겠느냐?"고 물었다. 갑은 손가락 한 개를 들어 보였다. 병은 갑에게 ㉠선물가방을 주었다. 이 자리에는 상급자 을도 함께 있었다. 갑은 가방 안에 1천만원과 선물이 들어 있는 것으로 알고 ㉠가방을 받았다. 갑은 귀가한 후 ㉠가방을 열어보았다. ㉠가방 안에 든 돈의 액수를 확인해 보니 1억원이었다.

5. 25. 갑은 을에게 ㉠가방에 1억원이 들어 있다는 사실을 알렸다. 5. 25. 오전 갑은 을로부터 받은 돈을 돌려주라는 지시를 받았다. 5. 25.부터 6월 초순까지 수회에 걸쳐 갑은 병에게 반환의사를 밝히고 반환을 시도하였다. 병은 갑의 반환시도에 불응하였다. 병은 1억원을 반환받지 않으면 종합소득세의 감경이 가능하다고 기대하고 있었다. 6. 8. 병은 세무조사 결과를 고지받았다(㉡조사결과). ㉡조사결과에는 병이 기대하였던 선처의 내용이 없었다. 6. 8. 병은 갑에게 ㉡조사결과에 대해 항의하였다. 6. 8. 갑은 병의 집을 찾아가 받은 돈을 돌려주었다.

검사는 갑을 특정범죄가중법위반죄(뇌물)로 기소하였다. 행위 당시 특정범죄가중법 제2조 제1항은 뇌물죄를 다음과 같이 가중처벌하고 있었다. (가) 수뢰액수가 5천만원 이상인 경우 무기 또는 10년 이상의 징역. (나) 수뢰액수가 1천만원 이상 5천만원 미만인 경우 5년 이상의 유기징역. 형법 제129조 제1항의 단순 뇌물수수죄는 5년 이하의 징역 또는 10년 이하의 자격정지로 처벌된다. 갑의 피고사건은 제1심을 거친 후, 항소심에 계속되었다. 항소법원은 다음과 같이 판단하였다. (가) 1천만원 수수 부분 : 유죄. (나) 나머지 9천만원 수수 부분 : 불법영득의사가 없으므로 무죄. (항소심 무죄 판단 부분은 검토를 생략함.) 검사는 불복 상고하였다.

대법원은 다음의 이유를 제시하여 원심판결을 파기환송하였다. 대법원은 뇌물수수에 대해 다음과 같이 설시하였다. (가) 뇌물을 수수한다는 것은 영득의 의사로 금품을 수수하는 것을 말한다. (나) (ㄱ) 뇌물인지 모르고 이를 수수하였다가 뇌물임을 알고 즉시 반환하거나, (ㄴ) 증뢰자가 일방적으로 뇌물을 두고 가므로 후일 기회를 보아 반환할 의사로 어쩔 수 없이 일시 보관하다가 반환하는 등 그 영득의 의사가 없었다고 인정되는 경우라면 뇌물을 수수하였다고 할 수 없다. (다) 그렇지만 피고인이 먼저 뇌물을 요구하여 증뢰자가 제공하는 돈을 받았다면 피고인에게는 받은 돈 전부에 대한 영득의 의사가 인정된다고 하지 않을 수 없다. (라) 이처럼 영득의 의사로 뇌물을 수령한 이상 그 액수가 피고인이 예상한 것보다 너무 많은 액수여서 후에 이를 반환하였다고 하더라도 뇌물죄의 성립에는 영향이 없다.

대법원은 갑의 행위에 대해 다음과 같이 판단하였다. (가) 병이 추가세무조사 대상자로 지정하지 않으면 섭섭하지 않도록 해 주겠으니 얼마면 되겠느냐고 부탁하였다. (나) 그러자 갑이 손가락 한 개를 들어 보임으로써 뇌물을 요구하였다. (다) 병이 이에 응하여 현금 1억원이 든 가방을 제공하자 갑이 이를 수령하였다. (라) 이처럼 갑이 스스로 대가를 요구하여 돈을 받은 이상 갑은 그 받은 돈 전부를 영득의 의사로 수령한 것이라고 보아야 한다. (마) 설령 갑이 내심으로는 1천만원 정도로 생각하고 이를 수령하였다고 하여 1천만원에 대하여만 영득의 의사가 인정되고 이를 초과하는 액수에 대하여는 영득의 의사가 부정될 수는 없다.

뇌물수수는 반드시 은밀하게 취득함을 요하지 않는다. 금품을 수수한 장소가 공개된 장소이거나 수수의 방식이 사교적 의례의 형식을 취하고 있더라도 수수한 금품이 직무행위의 대가로서의 의미를 가질 때에는 수수에 해당한다.[1] 연예 등을 감상하는 것도 뇌물수수에 해당된다. 뇌물수수죄는 공무원이 그 직무에 관하여 뇌물을 수수한 때에 성립하는 것이어서 그 주체는 현재 공무원의 직에 있는 자로 한정된다.[2]

뇌물을 수수한다는 것은 영득의 의사로 받는 것을 말하므로 영득의 의사가 없으면 뇌물을 수수하였다고 할 수 없다.[3] 수수는 영득의 의사를 가지고 뇌물을 취득하는 행위이다. 뇌물인지 모르고 이를 수수하였다가 뇌물임을 알고 즉시 반환하는 경우, 증뢰자가 일방적으로 뇌물을 두고 가므로 후일 기회를 보아 반환할 의사로 어쩔 수 없이 일시 보관하다가 반환하는 경우 등은 영득의사가 없어 뇌물수수에 해당하지 않는다.[4]

공여자가 오로지 공무원을 함정에 빠뜨릴 의사로 직무와 관련되었다는 형식을 빌려 공무원에게 금품을 공여한 경우에도 공무원이 그 금품을 직무와 관련하여 수수한다는 의사를 가지고 받아들이면 뇌물수수죄가 성립한다. 뇌물공여죄와 뇌물수수죄는 필요적 공범관계에 있다. 필요적 공범은 법률상 범죄의 실행이 다수인의 협력을 필요로 하는 것을 가리킨다. 필요적 공범의 범죄성립에는 행위의 공동을 필요로 하는 것에 불과하고 반드시 협력자 전부가 책임이 있음을 필요로 하는 것은 아니다. 그러므로 공여자가 오로지 공무원을 함정에 빠뜨리기 위하여 제공하는 뇌물이라 할지라도 공무원이 영득의사를 가지고 수수하면 뇌물수수죄가 성립한다.[5]

(2) 뇌물의 요구와 약속

뇌물의 요구는 공무원이 자진하여 뇌물의 공여를 청구하는 것을 말한다. 뇌물의 약속은 양 당사자 사이에 존재하는 뇌물수수의 합의를 말한다. 합의의 방법에는 제한이 없고 명시적일 필요도 없다. 그렇지만 장차 공무원의 직무와 관련하여 뇌물을 주고받겠다는 양 당사자의 의사표시는 확정적으로 합치하여야 한다.[6]

뇌물의 목적물인 이익은 약속 당시에 현존할 필요는 없다. 약속 당시에 예기할 수 있는 것이면 족하다. 뇌물의 목적물이 재산상 이익인 경우 그 가액이 확정되어 있지 않아도 뇌물

1) 1996. 6. 14. 96도865, 공 1996, 2286.
2) 2008. 2. 1. 2007도5190, [미간행] = 분석 각론 『퇴임 총재 사무실 사건』.
3) 2012. 2. 23. 2011도7282, 공 2012상, 545 = 분석 각론 『고등학교 발전기금 사건』.
4) 2013. 11. 28. 2013도9003, [미간행] = 『건설기술심의위원 쇼핑백 사건』.
5) 2008. 3. 13. 2007도10804, 공 2008상, 549 = 『군수 함정뇌물 사건』.
6) 2012. 11. 15. 2012도9417, 공 2012하, 2091 = 분석 각론 『퇴임후 연수비용 사건』.

약속죄가 성립하는 데 지장이 없다.[1)]

퇴직이 예정된 공무원이 공여자로부터 퇴직 후 사무실이나 비서 등을 제공받기로 약속하고, 퇴직 후 이를 수수한 것이 뇌물약속죄에 해당되는지 문제된다. 뇌물약속죄가 성립하려면 퇴직 예정 공무원이 공여자로부터 제공받기로 한 것이 공무원의 직무에 관한 것으로서 대가관계가 인정되고 공무원이 이를 인식하여야 한다.

그러나 공무원이 사무실 등을 제공받기로 약속한 시점이 공무원이 퇴직하기로 확정된 이후여서 공여자가 공무원의 직무와 관련하여 어떠한 혜택을 기대할 가능성이 없고, 공여자로서도 퇴직 예정 공무원에게 사무실 등을 제공하기로 한 것이 공무원으로 재직하는 동안 편의를 보아준 데 대한 대가라기보다는 공무원의 인맥, 경륜 등을 공여자 자신의 사업에 활용하여 도움을 받고자 하는 의도였다면 뇌물약속죄는 성립하지 않는다.[2)]

(3) 기수시기

(가) 뇌물수수 뇌물수수죄는 뇌물을 현실적으로 취득할 때 성립한다. 취득한 수령금을 사적인 용도에 소비한 일이 없어도 뇌물수수죄는 성립한다. 뇌물공여자를 위하여 부정한 행위나 부당한 편의를 보아 준 일이 없다고 해도 뇌물수수죄는 성립한다. 부정한 행위나 편의를 보아주었다면 수뢰후 부정처사죄(법131①)로 가중처벌된다.

공무원이 직무와 관련하여 상대방을 기망한 결과 상대방이 공무원에게 뇌물을 공여하였다면 뇌물을 수수한 공무원에게는 사기죄와 뇌물수수죄가 성립하며, 두 죄는 상상적 경합관계에 있다. 기망당한 상대방은 사기죄의 피해자가 되지만 뇌물을 공여한 자로서 뇌물공여죄로 처벌된다.[3)]

횡령 범행으로 취득한 돈을 공무원인 공범자들끼리 수수한 행위가 공동정범들 사이의 범행에 의하여 취득한 돈을 공모에 따라 내부적으로 분배한 것에 지나지 않는다면 횡령죄 외에 별도로 그 돈의 수수행위에 관하여 뇌물수수죄가 성립하는 것은 아니다.[4)] 그와 같이 수수한 돈의 성격을 뇌물로 볼 것인지 횡령금의 분배로 볼 것인지 여부는 돈을 공여하고 수수한 당사자들의 의사, 수수된 돈의 액수, 횡령 범행과 수수행위의 시간적 간격, 수수한 돈이 횡령한 그 돈인지 여부, 수수한 장소와 방법 등을 종합적으로 고려하여 객관적으로 평가하여 판단하여야 한다.[5)]

---

1) 1981. 8. 20. 81도698, 공 1981, 14303.
2) 2008. 2. 1. 2007도5190, [미간행] = 분석 각론 『퇴임 총재 사무실 사건』.
3) 1977. 6. 7. 77도1069, 공 1977, 10157 = 백선 각론 1 『M16 분실 사건』.
4) 2019. 11. 28. 2019도11766, 공 2020상, 217 = 『국정원 특별사업비 전달 사건』.
5) 2019. 11. 28. 2019도11766, 공 2020상, 217 = 『국정원 특별사업비 전달 사건』.

(나) 뇌물요구 · 약속 뇌물의 요구나 약속은 의사표시 그 자체이다. 형법은 뇌물죄의 심각성을 감안하여 현실적 취득인 수수와 장래를 향한 의사표시로서의 요구와 약속을 대등하게 취급하고 있다. 따라서 뇌물의 수수가 없더라도 요구나 약속이 있으면 그 때에 뇌물요구 · 약속죄는 완성된다. 행위자가 약속된 이익을 얻지 못하고 오히려 손해를 보았다 해도 그러한 사정은 뇌물약속죄의 성립에 영향을 미치지 않는다.[1)]

뇌물의 요구 또는 약속은 뇌물수수의 전 단계를 이루는 행위이다. 뇌물요구와 뇌물약속이 뇌물수수와 동일하게 처벌되는 관계로 형법 제129조 이하의 뇌물죄에는 미수범처벌규정이 없다. 뇌물을 요구하고 수수한 경우 또는 뇌물수수를 약속한 다음 실제로 수수한 경우에는 포괄하여 1개의 뇌물수수죄만 성립한다.

(다) 공소시효 공소시효는 범죄행위를 종료한 때로부터 진행한다(형소법252①). 공무원이 그 직무와 관련하여 금전을 무이자로 차용한 경우에는 그 차용 당시에 금융이익 상당의 뇌물을 수수한 것으로 보아야 한다. 이 경우 뇌물수수죄의 공소시효는 금전을 무이자로 차용한 때로부터 기산한다.[2)]

4. 고 의

뇌물수수죄는 고의범이다. 따라서 공무원은 행위의 객체가 그 직무에 관한 부정한 보수로서의 이익이라는 점을 인식 · 인용하면서 이를 수수 · 요구 · 약속하여야 한다. 뇌물성을 인식하면 족하고 수수 · 요구 · 약속의 행위가 형법상의 뇌물수수죄에 해당하는 것임을 인식할 필요는 없다. 이익의 반대급부로서 직무를 집행하려는 의사는 필요하지 않다.

공무원이 뇌물성을 인식하지 못하고 뇌물을 받았다면 고의 및 영득의사가 없어서 뇌물수수죄는 성립하지 않는다. 이는 상대방인 뇌물공여자가 뇌물공여죄(법133①)로 처벌되더라도 마찬가지이다. 뇌물공여죄가 성립하기 위하여는 뇌물을 공여하는 행위와 상대방 측에서 금전적으로 가치가 있는 물품 등을 받아들이는 행위가 필요할 뿐 반드시 상대방 측에 뇌물수수죄가 성립하여야 하는 것은 아니다.[3)]

부당한 보수를 정당한 보수로 오신한 경우에는 뇌물죄가 성립하지 않는다. 그러나 뇌물을 수수 · 요구 · 약속하게 된 동기는 뇌물죄의 성립에 영향을 미치지 않는다.

---

1) 1981. 8. 20. 81도698, 공 1981, 14303.
2) 2012. 2. 23. 2011도7282, 공 2012상, 545 = 분석 각론 『고등학교 발전기금 사건』.
3) 2006. 2. 24. 2005도4737, 공 2006, 554 = 『광역시장 굴비상자 사건』.

5. 공동정범과 형법 제33조

(1) 문제의 소재

공무원이 뇌물을 직접 수수하면 뇌물수수죄(법129①)가 성립한다. 공무원이 직접 뇌물을 받지 않고 다른 사람이 공무원의 사자(使者) 또는 대리인으로서 뇌물을 받는 경우에도 공무원에게 뇌물수수죄(법129①)가 성립한다. 문제는 공무원과 공무원의 사자나 대리인이 아닌 비공무원이 공모하여 비공무원만이 뇌물을 수수한 경우에 공무원과 비공무원을 뇌물수수죄(법129①)의 공동정범으로 처벌할 수 있을 것인가 하는 점이다.

형법 제130조는 공무원이 그 직무에 관하여 부정한 청탁을 받고 제3자에게 뇌물을 공여하게 한 경우에 공무원을 제3자뇌물수수죄로 처벌한다. 제3자뇌물수수죄로 처벌하려면 공무원이 '부정한 청탁'을 받아야 한다. 이에 반해 공무원과 비공무원을 형법 제33조를 적용하여 형법 제129조 제1항 뇌물수수죄의 공동정범으로 처벌하면 '부정한 청탁'의 유무를 판단할 필요 없이 공무원을 처벌할 수 있다.

(2) 판례의 태도

(가) 긍정설 이 문제에 대해 대법원은 견해가 나뉘었다.[1) 2)] 다수의견은 뇌물이 전적으로 제3자에게 귀속되더라도 공무원과 비공무원 사이에 단순뇌물수수죄의 공동정범이 성

---

1) 2019. 8. 29. 2018도2738 전원합의체 판결, 공 2019하, 1853 = 『승마지원 요구 사건 - 공동정범』: 갑은 대통령이다. 을(비공무원)은 갑의 지인이다. 병은 P그룹의 총수이다. A는 을의 자녀이다. 을은 갑에게 다음과 같이 부탁하였다. "저(을)의 자녀 A의 승마훈련에 필요한 지원을 병이 A에게 제공해 주도록 해주십시오." 갑은 병에게 A에 대한 지원을 요구하였다. 병은 A에게 ㉠마필 등을 제공하였다. 이 과정에서 대통령 갑이 스스로 수수한 뇌물은 없었다.

일반적으로 공무원이 자신과 무관한 제3자에게 뇌물을 제공하도록 하면 형법 제130조의 제3자뇌물수수죄가 성립한다. 그런데 갑을 형법 제130조의 제3자뇌물수수죄로 처벌하려면 갑이 병으로부터 '부정한 청탁'을 받고 제3자인 을 또는 A에게 뇌물을 제공하도록 해야 한다. 이와 관련하여 '부정한 청탁'과 관련한 입증이 문제된다. 이러한 상황에서 검사는 갑과 을을 형법 제129조 제1항 뇌물수수죄의 공동정범으로, 병을 뇌물공여죄로 각각 기소하였다(특정범죄가중법 적용문제는 논외로 함). 갑과 을의 피고사건은 제1심을 거친 후, 항소심에 계속되었다. 항소법원은 유죄를 인정하였다. 갑과 을은 불복 상고하였다.

대법원은 다음의 이유를 제시하여 상고를 기각하였다. 대법원은 견해가 나뉘었다. 다수의견(대법관 9명)은 형법 제33조를 적용하여 갑과 을을 뇌물수수죄의 공동정범으로 인정하였다. 이에 대해 소수의견(별개의견 1명, 반대의견 3명)은 공무원이 증뢰자로 하여금 비공무원에게 뇌물을 공여하게 하였다면 (가) 형법 제130조의 제3자뇌물수수죄의 성립 여부가 문제될 뿐이며, (나) 공무원과 비공무원에게 형법 제129조 제1항의 뇌물수수죄의 공동정범은 성립하지 않는다고 주장하였다. (다수의견과 소수의견의 구체적인 내용은 본문 소개의 내용으로 대신함.)

2) 위 판례의 상세한 분석은, 신동운, 형법총론, 제14판, (2022), 1108면 이하 참조.

립한다고 본다. 다수의견은 결론에 이르는 논거로 다음의 점을 제시한다.

첫째로, 형법 제33조 본문은 공동정범의 경우에도 신분관계를 확장하고 있다. 비공무원에게 공무원의 신분이 인정되므로 공무원이 뇌물공여자로 하여금 공무원과 뇌물수수죄의 공동정범 관계에 있는 비공무원에게 뇌물을 공여하게 하였다면 공동정범의 성질상 공무원 자신에게 뇌물을 공여하게 한 것으로 볼 수 있다.

둘째로, 뇌물수수죄의 공동정범이 성립한 이후에 뇌물이 실제로 공동정범인 공무원 또는 비공무원 중 누구에게 귀속되었는지는 이미 성립한 뇌물수수죄에 영향을 미치지 않는다. 공무원과 비공무원이 사전에 뇌물을 비공무원에게 귀속시키기로 모의하였거나 뇌물의 성질상 비공무원이 사용하거나 소비할 것이라고 하더라도 이러한 사정은 뇌물수수죄의 공동정범이 성립한 이후 뇌물의 처리에 관한 것에 불과하므로 뇌물수수죄가 성립하는 데 영향이 없다.

(나) 부정설 　이에 대해 대법원 소수의견은 뇌물을 비공무원이 전적으로 사용하거나 소비할 것임이 명백한 경우에 공무원이 증뢰자로 하여금 비공무원에게 뇌물을 공여하게 하였다면 형법 제130조의 제3자뇌물수수죄의 성립 여부가 문제될 뿐이라고 본다. 공무원에게 형법 제129조 제1항의 뇌물수수죄가 성립하지 않으므로 설사 형법 제33조를 적용하더라도 공무원과 비공무원을 뇌물수수죄의 공동정범으로 처벌할 수 없다고 본다.

(3) 사 견

생각건대 소수의견이 타당하다고 본다. 공동정범에서 공동가공의 의사는 공동의 의사로 특정한 범죄행위를 하기 위하여 일체가 되어 서로 다른 사람의 행위를 이용하여 자기의 의사를 실행에 옮기는 것을 내용으로 한다. 위의 뇌물수수 사안에서 '특정한 범죄행위'는 공무원 자신이 뇌물을 수수하는 것이다. 비공무원만이 뇌물을 수수하기로 공무원과 비공무원이 공모하였다면 그것은 형법 제129조 제1항의 뇌물수수죄라는 특정한 범죄행위에 대한 의사연락이라고 할 수 없다.

대법원 다수의견은 공무원을 공동정범을 처벌하면서 그 법적 근거로 형법 제33조를 들고 있다. 공무원과 비공무원이 단순뇌물수수죄를 공모한 경우에 형법 제33조 본문에 의하여 비공무원이 공무원의 신분을 취득하므로 비공무원만이 뇌물을 수수하더라도 공무원이 뇌물을 수수한 것과 같이 볼 수 있다는 것이다.

그러나 이러한 다수의견의 태도에는 형법 제33조의 법적 성질을 오해한 잘못이 있다고 생각된다. 형법 제33조는 비신분자에게 신분관계를 확장하는 기능을 하지만 비신분자에게 신분을 창설하는 규정은 아니다.[1] 형법 제33조는 신분창설의 규정이 아니라 예외적인 형벌

1) 예컨대 「도시 및 주거환경정비법」은 다음과 같은 신분창설 규정을 두고 있다.

확장사유이다. 그러므로 형법 제33조 본문은 제한적으로 신중하게 적용해야 한다.[1)]

형법 제33조 본문을 적용하려면 형법 제129조 제1항 뇌물수수죄의 정형인 공무원의 뇌물수수로부터 출발하여 비신분자의 공동정범 성립 여부를 검토해야 한다. 대법원 다수의견은 뇌물수수죄의 공동정범이 성립한 이후에 뇌물이 실제로 공동정범인 공무원 또는 비공무원 중 누구에게 귀속되었는지는 이미 성립한 뇌물수수죄에 영향을 미치지 않는다고 주장한다. 그러나 다수의견이 제시한 논거는 일단 형법 제129조 제1항 뇌물수수죄의 정형, 즉 공무원에게 뇌물이 귀속된다는 위법행위의 정형이 인정된 다음에 적용되는 기준이다. 애당초 공무원과 비공무원 사이에 뇌물수수죄의 공동정범이 성립할 수 없는 상황에서 뇌물이 실제로 공무원 또는 비공무원 중 누구에게 귀속되었는지는 논할 필요가 없는 문제이다.

결론적으로 대법원 다수의견처럼 비공무원에게 전적으로 뇌물이 귀속되는 사안에서 공무원과 비공무원을 뇌물수수죄의 공동정범으로 처벌하는 것은 형법 제129조 제1항의 뇌물수수죄와 형법 제130조의 제3자뇌물수수죄 사이의 경계를 무너뜨리는 것이다. 이는 성문법률주의를 내용으로 하는 죄형법정주의를 뒤흔드는 것으로서 해석의 한계를 넘는 것이라고 하지 않을 수 없다.

6. 벌금의 병과

형법은 공무원에 대한 뇌물죄를 규정하면서 벌금형을 법정형에 포함시키고 있지 않다. 다만 뇌물공여죄의 경우에는 벌금형이 규정되어 있다(법133). 부정한 이익을 행위객체로 하는 뇌물죄의 경우 벌금형은 형벌로서의 위하력이 없고, 부정한 이익의 박탈은 필요적 몰수·추징(법134)으로 족하다는 판단에 따른 것이라고 생각된다.

그런데 입법자는 2008년 말 「특정범죄 가중처벌 등에 관한 법률」(특정범죄가중법)을 개정하여 형법 및 특정범죄가중법 적용대상 뇌물죄에 대해 벌금의 필요적 병과에 관한 규정을 신설하였다. 특정범죄가중법 제2조 제2항은 "형법 제129조, 제130조 또는 제132조에 규정된 죄를 범한 사람은 그 죄에 대하여 정한 형(제1항의 경우를 포함한다)에 수뢰액의 2배 이상 5배 이하의 벌금을 병과한다."고 규정하고 있다.

특정범죄가중법 제2조 제2항은 특정범죄가중법 제2조 제1항의 뇌물죄뿐만 아니라 형법상의 뇌물죄에도 적용된다. 따라서 뇌물수수죄를 범한 자에 대하여도 그 죄에 정한 형

제134조 (벌칙 적용에서 공무원 의제) 추진위원장·조합임원·청산인·전문조합관리인 및 정비사업전문관;리업자의 대표자(법인인 경우에는 임원을 말한다)·직원 및 위탁지원자는 형법 제129조부터 제132조[수뢰, 사전수뢰, 제3자뇌물수수, 수뢰후 부정처사, 사후수뢰, 알선수뢰]까지의 규정을 적용할 때에는 공무원으로 본다.

1) 형법 제33조의 입법경위에 대해서는, 신동운, 형법총론, 제14판, (2022), 746면 참조.

(법129①; 5년 이하의 징역 또는 10년 이하의 자격정지)에 수뢰액의 2배 이상 5배 이하의 벌금이 병과된다. 필요적 벌금 병과의 출발점이 되는 기준은 수뢰액이다.[1)]

뇌물죄의 경우 수뢰액의 2배 이상 5배 이하의 벌금이 필요적으로 병과될 뿐만 아니라 문제가 된 뇌물 자체는 형법 제134조에 의하여 필요적으로 몰수 · 추징된다. 뇌물액수의 산정 및 몰수 · 추징의 기준에 대해 살펴본다.

7. 몰수와 추징

(1) 몰수와 추징의 의의

형법 제48조는 총칙 규정으로서 임의적 몰수 · 추징을 규정하고 있다. 형법 제48조에 의한 몰수 · 추징은 임의적이므로 그 몰수의 요건에 해당하는 물건이라도 이를 몰수 · 추징할 것인지는 법원의 재량에 맡겨져 있다. 형법 제48조를 적용하여 몰수 · 추징을 하는 경우에도 비례의 원칙은 준수하여야 한다.[2)]

형법 제134조는 "범인 또는 사정을 아는 제3자가 받은 뇌물 또는 뇌물로 제공하려고 한 금품은 몰수한다. 이를 몰수할 수 없을 경우에는 그 가액을 추징한다."고 하여 뇌물의 필요적 몰수 · 추징을 규정하고 있다. 필요적 몰수 · 추징을 규정한 형법 제134조는 강행규정으로 법원의 재량이 허용되지 않는다. 형법 제134조에 의한 필요적 몰수 또는 추징은 범인이 취득한 당해 재산을 범인으로부터 박탈하여 범인으로 하여금 부정한 이익을 보유하지 못하게 함에 그 목적이 있다.[3)]

공무원의 직무에 속한 사항의 알선에 관하여 금품을 받고 그 금품 중의 일부를 받은 취지에 따라 청탁과 관련하여 관계 공무원에게 뇌물로 공여하거나 다른 알선행위자에게 청탁의 명목으로 교부한 경우가 있다. 이 경우 다른 사람에게 공여하거나 교부한 부분의 이익은 실질적으로 범인에게 귀속된 것이 아니어서 이를 제외한 나머지 금품만을 몰수하거나 그 가액을 추징해야 한다.[4)]

몰수 · 추징은 범인에게 실질적으로 이익이 귀속된 부분을 박탈하는 것이다. 이에 대해 특정범죄가중법 제2조 제2항에 기하여 뇌물죄에 대해 필요적으로 병과되는 벌금은 수뢰액 자체를 기준으로 그 2배 내지 5배의 금전적 불이익을 형벌로써 과하는 것이다. 따라서 벌금액과 몰수 · 추징의 액수는 반드시 일치하지는 않는다.

---

1) 전술 135면 참조.
2) 2013. 5. 23. 2012도11586, 공 2013하, 1172 = 분석 총론 『성매매 건물 몰수 사건』.
3) 2014. 5. 16. 2014도1547, 공 2014상, 1261 = 『구획정리 조합장 차용금 사건』.
4) 2002. 6. 14. 2002도1283, 공 2002, 1746 = 분석 각론 『헌병수사관 병역비리 사건』.

(2) 몰수 · 추징의 대상

(가) 몰수의 대상 몰수는 특정 물건의 소유권을 박탈하여 국고에 귀속시키는 처분을 내용으로 하는 형벌이다(법48). 몰수는 넓게 보아 재산형의 일종이라고 볼 수 있다. 몰수는 특정된 물건을 전제로 한다. 그러므로 뇌물로 제공할 물품이 특정되지 않았다면 몰수를 할 수 없고 그 가액도 추징할 수 없다.[1]

자동차를 뇌물로 제공할 경우 자동차등록원부에 뇌물수수자가 그 소유자로 등록되지 않았다고 하더라도 자동차의 사실상 소유자로서 자동차에 대한 실질적인 사용 및 처분권한이 있다면 자동차 자체를 뇌물로 취득한 것으로 보아야 한다.[2]

(나) 추징의 대상 추징은 몰수가 불가능한 경우에 그에 대응할 수 있는 일정한 금액을 국고에 귀속시킬 것을 명하는 처분이다. 추징은 형벌이 아니지만 몰수에 준하는 성질을 갖는다.[3]

몰수는 범죄에 의한 이득을 박탈하는 데 그 취지가 있고, 추징도 이러한 몰수의 취지를 관철하기 위한 장치이다. 몰수할 수 없을 때에 추징하여야 할 가액은 범인이 그 물건을 보유하고 있다가 몰수의 선고를 받았더라면 잃었을 이득상당액을 의미한다. 다른 특별한 사정이 없는 한 그 가액산정은 재판선고시의 가격을 기준으로 해야 한다.[4]

---

1) 1996. 5. 8. 96도221, 공 1996, 1933.

2) 2006. 4. 27. 2006도735, 공 2006, 990 =『시의회의원 BMW승용차 사건』.

3) 2005. 10. 28. 2005도5822, 공 2005, 1912.

4) 2008. 10. 9. 2008도6944, 공 2008하, 1573 =『조상 땅 성공보수 사건』:

갑은 변호사가 아니다. 갑은 A로부터 다음의 부탁을 받았다. (가) 경기도 파주군 일대에 조상 땅이 있다. (나) 현재 미등기상태이거나 다른 사람 명의로 등기되어 있다. (다) 재판을 하면 찾을 수 있는 땅인데 돈이 없으니 도와 달라. 갑은 A의 부탁을 승낙하였다. 갑은 A와 다음의 약정을 하였다. (가) 갑은 경기도 파주군 일대에 있는 A의 증조부 B 소유의 토지를 찾아 국가를 상대로 소유권확인소송을 하여 준다. (나) 갑이 소송비용 일체를 부담한다. (다) 갑은 승소하는 경우 그 대가로 소송목적물의 50퍼센트를 받기로 한다. (이하 대상 토지를 M토지로 통칭함.)

갑은 변호사 B, C 등에게 소송을 의뢰하였다. M토지 가운데 ㉠, ㉡토지 부분에는 승소판결이 있었다. M토지 가운데 ㉢토지 부분에는 패소판결이 있었다. ㉢토지 부분에 대한 상고심절차에서 갑은 상고이유서를 작성하여 A로 하여금 제출하게 하였다. 갑은 소송수행을 하던 중 ㉠, ㉡토지에 대한 승소대가로 ㉡토지를 받았다. 갑은 ㉡토지를 선의의 제3자 D에게 매도하였다. 갑은 ㉡토지의 매매대금을 소비하였다.

변호사법은 다음의 규정을 두고 있다. (가) 변호사가 아니면서 금품을 받고 소송사건을 취급하는 자를 처벌한다(㉮규정). (나) ㉮규정의 죄를 지은 자가 받은 금품은 몰수 · 추징한다(㉯규정). 검사는 갑을 변호사법 위반죄로 기소하였다. 제1심법원은 갑에게 징역 10월을 선고하였다. 제1심법원은 판결선고 당시 ㉡토지의 가액을 2억 8천만원으로 평가하여 같은 금액의 추징을 선고하였다.

갑은 불복 항소하였다. 갑은 항소이유로 다음의 점을 주장하였다. (가) 추징은 그 몰수대상물이 몰수하기 불가능한 경우에 선고하는 것이다. (나) 추징액의 산정은 갑이 취득한 ㉡부동산을 선의의 제3자에게 매도하여 몰수가 불가능하게 된 시점을 기준으로 산정하여야 한다. (다) 판결 선고시를 기준으로 추징액을 산정한 제1심판결에는 추징에 관한 법리를 오해한 잘못이 있다. (라) ㉠, ㉡토지의 승소판결을 얻는데 많은 비용이 지출

(다) 특정 목적물　　몰수 · 추징의 대상은 일차적으로 현실적으로 공여되어 수수된 뇌물이다. 나아가 구체적으로 공여를 하였으나 아직 수수가 없는 뇌물 또는 뇌물공여 의사표시와 뇌물약속 의사표시가 교환된 경우에 구체화된 목적물도 몰수 · 추징의 대상이 된다. 그러나 뇌물의 요구만 있는 경우 또는 뇌물공여 및 뇌물약속의 의사표시가 아직 특정한 객체를 목적물로 하고 있지 않은 경우에는 몰수 · 추징의 대상이 존재하지 않는다.[1)]

되었다. (마) 갑이 ㉡토지로 실제 취득한 이익은 2천 7백만원에 불과하다. 항소법원은 항소를 기각하고, 제1심판결을 유지하였다. 갑은 불복 상고하였다. 갑의 상고이유는 항소이유와 같다.

대법원은 다음의 이유를 제시하여 상고를 기각하였다. 대법원은 추징액 산정의 기준에 대해 다음과 같이 설시하였다. (가) 몰수는 범죄에 의한 이득을 박탈하는 데 그 취지가 있다. (나) 추징도 이러한 몰수의 취지를 관철하기 위한 것이다. (다) 몰수할 수 없는 때에 추징하여야 할 가액은 범인이 그 물건을 보유하고 있다가 몰수의 선고를 받았더라면 잃었을 이득상당액을 의미한다고 보아야 한다. (라) 다른 특별한 사정이 없는 한 그 가액산정은 재판선고시의 가격을 기준으로 하여야 한다.

대법원은 추징액의 산정방법에 대해 다음과 같이 설시하였다. (가) 변호사법 위반의 범행으로 금품을 취득한 경우 그 범행과정에서 지출한 비용이 있더라도 이는 그 금품을 취득하기 위하여 지출한 부수적 비용에 불과하다. (나) 몰수되어야 할 것은 변호사법 위반의 범행으로 취득한 금품 그 자체이다. (라) 그러므로 취득한 금품이 이미 처분되어 추징할 금원을 산정함에 있어서 그 금품의 가액에서 위 지출 비용을 공제할 수는 없다.

1) 2015. 10. 29. 2015도12838, [미간행] = 『뇌물요구 거절 사건』:

공무원 갑은 직무와 관련하여 A에게 5백만원을 빌려달라고 요구하였다(㉠뇌물). A는 이를 즉각 거부하였다. 공무원 갑은 직무와 관련하여 B에게 2천 3백만원을 빌려달라고 요구하였다(㉡뇌물). B는 이를 즉각 거부하였다. 갑은 C, D, E 등에게 [㉮사건 등을 무마해 줄 것처럼] 기망하여 이들로부터 합계 2천 6백만원의 뇌물을 받았다(㉢뇌물).

검사는 갑을 뇌물요구, 뇌물수수 등의 공소사실로 기소하였다. 갑의 피고사건은 제1심을 거친 후, 항소심에 계속되었다. 항소법원은 ㉠, ㉡, ㉢뇌물 전부에 대해 유죄를 인정하였다. 항소법원은 ㉢뇌물 부분에 대해 사기죄와 뇌물수수죄의 실체적 경합을 인정하였다. 항소법원은 형을 선고하면서 ㉠, ㉡, ㉢뇌물의 합계액 5천 4백만원의 추징을 명하였다. 갑은 불복 상고하였다. 갑은 상고이유로 다음의 점을 주장하였다. (가) 추징액의 산정에 잘못이 있다. (나) 사기죄와 뇌물수수죄의 죄수관계 판단에 법리오해의 위법이 있다.

대법원은 다음 주문의 판결을 선고하였다. (가) 원심판결 중 피고인으로부터 5천 4백만원을 추징한 부분을 파기한다. (나) 피고인으로부터 2천 6백만원을 추징한다. (다) 피고인의 나머지 상고를 기각한다.

대법원은 추징액의 산정 부분에 대해 다음과 같이 판단하였다. (가) 형법 제134조는 뇌물에 공할 금품을 필요적으로 몰수하고 이를 몰수하기 불가능한 때에는 그 가액을 추징하도록 규정하고 있다. (나) 몰수는 특정된 물건에 대한 것이고 추징은 본래 몰수할 수 있었음을 전제로 한다. (다) 이에 비추어 뇌물에 공할 금품이 특정되지 않았던 것은 몰수할 수 없고 그 가액을 추징할 수도 없다.

(라) 갑이 A와 B에게 돈을 빌려달라고 요구하였으나 A와 B가 이를 즉각 거부하여 A와 B가 갑에게 뇌물로 제공한 금품이 특정되지 않았다. (마) 뇌물로 제공한 금품이 특정되지 않아 이를 몰수할 수 없다. (바) 그러므로 그 가액을 추징할 수도 없다. (사) 이를 간과하고 그 가액을 갑으로부터 추징한 원심판결은 형법 제134조가 규정한 추징에 관한 법리를 오해하여 판결에 영향을 미친 잘못이 있다.

대법원은 뇌물수수죄와 사기죄의 관계에 대해 다음과 같이 판단하였다. (가) 뇌물을 수수함에 있어서 공여자를 기망한 점이 있다 하여도 뇌물수수죄, 뇌물공여죄의 성립에는 영향이 없다. (나) 이 경우 뇌물을 수수한 공무원에 대하여는 한 개의 행위가 뇌물죄와 사기죄의 각 구성요건에 해당하므로 형법 제40조에 의하여 상상적 경합으로 처단하여야 한다. (다) 갑이 C, D, E 등을 각 기망하여 재산상 이익을 취득하고, 동시에 뇌물을 수수한 것은 사회관념상 하나의 행위가 수개의 죄에 해당하는 경우에 해당하므로 상상적 경합의 관계에 있다

(라) 상대방 필요적 몰수 · 추징을 규정한 형법 제134조의 취지는 수뢰자로 하여금 불법한 이득을 보유시키지 않으려는 데에 있다. 뇌물이 수뢰자의 수중에 있는 경우에는 그 수뢰자가 몰수 · 추징의 상대방이 된다. 수뢰자가 수뢰금원 자체를 뇌물공여자에게 반환한 때에는 수뢰자로부터 몰수 · 추징하지 않고 뇌물공여자로부터 몰수 · 추징하여야 한다.[1] 그러나 수뢰자가 수수한 뇌물 자체를 반환한 것이 아니라 뇌물을 소비한 후 같은 금액을 반환한 경우에는 수뢰자로부터 추징을 해야 한다.[2] 몰수의 목적물이 가지는 특정성이 뇌물의 소비에 의하여 소멸되었기 때문이다.

뇌물의 특정성이 유지되는지가 다투어지는 경우가 있다. 먼저, 수뢰자가 자기앞수표를 뇌물로 받아 이를 소비한 후 같은 액수의 금액을 증뢰자에게 반환한 경우에 뇌물인 자기앞수표 자체를 몰수할 수 없으므로 결국 수뢰자로부터 그 가액을 추징하여야 한다.[3]

뇌물로 받은 현금을 은행에 예금하였다가 그 후 수뢰자가 같은 액수의 현금을 증뢰자에게 반환한 경우 뇌물로 받은 돈을 은행에 예금하는 행위는 뇌물의 처분행위에 해당한다. 따라서 그 후 수뢰자가 같은 액수의 돈을 증뢰자에게 반환하였다 하더라도 이를 뇌물 그 자체의 반환으로 볼 수 없다. 이러한 경우에는 수뢰자로부터 그 가액을 추징해야 한다.[4]

증뢰자가 교부한 당좌수표가 부도나자 부도처리된 당좌수표를 반환받고 그 수표에 대체하여 수표의 액면가액에 상응하는 현금이나 유가증권을 수뢰자에게 다시 교부하고 수뢰자가 이를 수수하는 경우가 있다. 필요적 몰수 · 추징을 규정한 형법 제134조의 취지는 수뢰자로 하여금 불법한 이득을 보유시키지 않으려는 데에 있다. 이 점에 비추어 볼 때 다시 교부한 현금이나 유가증권이 몰수 · 추징의 대상이 된다.[5]

(3) 몰수 · 추징의 범위

(가) 비 용 공무원이 뇌물을 받을 때 뇌물수수를 위하여 뇌물공여자에게 뇌물 가액에 상당하는 금원의 일부를 비용 명목으로 출연하거나 그 밖의 경제적 이익을 제공하는 경우가 있다. 그렇다고 하더라도 수수한 뇌물 전체가 몰수 · 추징의 대상이 된다. 공무원이 지출한

고 보아야 한다. (라) [원심판결이] 이를 간과하여 위 각 뇌물수수죄와 사기죄가 실체적 경합의 관계에 있다고 보아 경합범 가중을 한 것은 뇌물죄와 사기죄 간의 죄수에 관한 법리를 오해한 것이다.

대법원은 다른 죄와의 관계에서 ㉢뇌물 부분의 처단형의 산정에는 차이가 없다고 보았다(자세한 내용 고찰은 생략함). 대법원은 원심판결 중 위의 잘못은 판결에 영향을 미친 위법이 아니라고 판단하였다.

1) 1984. 2. 28. 83도2783, 공 1984, 644.
2) 1996. 10. 25. 96도2022, 공 1996, 3502.
3) 1999. 1. 29. 98도3584, 공 1999, 414.
4) 1996. 10. 25. 96도2022, 공 1996, 3502.
5) 1992. 12. 8. 92도1995, 공 1993, 495 = 백선 각론 1 『부도 당좌수표 사건』.

비용이나 이익은 뇌물을 수수하는 데 지출한 부수적 비용에 불과하기 때문이다.[1) 2)]

피고인이 뇌물로 받은 돈을 그후 다른 사람에게 뇌물로 공여하였다 하더라도 그 수뢰의 주체는 어디까지나 피고인이고 수뢰한 돈을 다른 사람에게 공여한 것은 수뢰한 돈을 소비하는 방법에 지나지 않는다. 그러므로 피고인으로부터 수뢰액 전부를 추징해야 한다.[3)]

(나) 공동수수자 여러 사람이 공동으로 뇌물을 수수한 경우에 각자로부터 실제로 분배받은 금품만을 개별적으로 몰수하거나 그 가액을 추징하여야 한다.[4)] 수수금품을 개별적으로 알 수 없을 때에는 평등하게 추징하여야 한다.[5)] 이와 관련하여 공동수수자의 범위가 문제된다.

첫째, 뇌물수수의 공동정범은 뇌물의 공동수수자에 해당한다. 둘째, 뇌물수수의 교사범 또는 종범의 경우에는 정범과의 관계, 범행 가담 경위 및 정도, 뇌물 분배에 관한 사전약정의 존재 여부, 뇌물공여자의 의사, 교사범 또는 종범이 취득한 금품이 전체 뇌물수수액에서 차지하는 비중 등을 고려하여 공동수수자에 해당하는지를 판단해야 한다.[6)]

뇌물을 수수한 자가 공동수수자가 아닌 교사범 또는 종범에게 뇌물 중의 일부를 사례금 등의 명목으로 교부하였다면 이는 뇌물을 수수하는 데에 따르는 부수적 비용의 지출 또는 뇌물의 소비행위에 지나지 아니하므로, 뇌물수수자로부터 그 수뢰액 전부를 추징하여야 한다.[7)]

(다) 구체적 산정방법 피고인이 증뢰자와 함께 향응을 하고 증뢰자가 이에 소요되는 금원을 지출한 경우 이에 관한 피고인의 수뢰액을 인정할 때에는 먼저 피고인의 접대에 소요된 비용과 증뢰자가 소비한 비용을 가려내어 전자의 액수를 가지고 피고인의 수뢰액으로 하여야 한다. 만일 각자에게 들어간 비용액이 불명일 때에는 이를 평등하게 분할한 액수를 가지고 피고인의 수뢰액으로 인정하여 그 가액을 추징하여야 한다.[8)]

금품의 무상대여를 통하여 위법한 재산상 이익을 취득한 경우에 범인이 받은 부정한 이익은 그로 인한 금융이익 상당액이다. 그러므로 추징의 대상이 되는 것은 무상으로 대여받은 금품 그 자체가 아니라 그로 인한 금융이익 상당액이다.[9)]

---

1) 1999. 10. 8. 99도1638, 1999, 2366.
2) 2008. 10. 9. 2008도6944, 공 2008하, 1573 =『조상 땅 성공보수 사건』 참조.
3) 1986. 11. 25. 86도1951, 공 1987, 126.
4) 1993. 10. 12. 93도2056, 공 1993, 3133 = 백선 각론 1 『상납뇌물 분배 사건』.
5) 2011. 11. 24. 2011도9585, 공 2012상, 92 =『컨설팅 용역비 추징 사건』 ☞ 부록 1551면.
6) 2011. 11. 24. 2011도9585, 공 2012상, 92 =『컨설팅 용역비 추징 사건』.
7) 2011. 11. 24. 2011도9585, 공 2012상, 92 =『컨설팅 용역비 추징 사건』.
8) 2005. 11. 10. 2004도42, [미간행].
9) 2014. 5. 16. 2014도1547, 공 2014상, 1261 =『구획정리 조합장 차용금 사건』.

추징의 대상이 되는 금융이익 상당액은 객관적으로 산정되어야 한다. 범인이 금융기관으로부터 대출받는 등 통상적인 방법으로 자금을 차용하였을 경우에는 부담하게 될 대출이율을 기준으로 하여 금품수수일로부터 약정된 변제기까지 금품을 무이자로 차용하여 얻은 금융이익의 수액을 산정한 뒤 이를 추징하여야 한다. 대출이율을 알 수 없는 경우에는 금품을 제공받은 피고인의 지위에 따라 민법 또는 상법에서 규정하고 있는 법정이율을 기준으로 하여 금품수수일로부터 약정된 변제기까지 금품을 무이자로 차용하여 얻은 금융이익의 수액을 산정한 뒤 이를 추징하여야 한다.[1)]

약정된 변제기가 없는 경우에는, 판결 선고일 전에 실제로 차용금을 변제하였다거나 대여자의 변제 요구에 의하여 변제기가 도래하였다는 등의 특별한 사정이 없는 한, 금품수수일로부터 판결 선고시까지 금품을 무이자로 차용하여 얻은 금융이익의 수액을 산정한 뒤 이를 추징해야 한다.[2)]

(4) 재산의 몰수

뇌물죄에서 몰수의 대상이 되는 것은 뇌물 또는 뇌물에 제공할 금품이다(법134 1문). 이 경우 몰수의 대상은 원칙적으로 특정 물건이다. 무형의 이익은 몰수할 수 없으며 그에 상응하는 가액의 추징이 가능할 뿐이다(법134 2문). 이와 같이 몰수는 물건을 대상으로 하기 때문에 유형·무형의 경제적 이익을 총칭하는 재산은 몰수의 대상이 되지 않는 것이 원칙이다.

그런데 우리 입법자는 공무원의 뇌물범죄에 보다 강력히 대처하기 위하여 소위 재산에 대한 몰수제도를 도입하였다. 1995년부터 시행된 「공무원범죄에 관한 몰수특례법」은 뇌물죄 등 특정 공무원범죄(동법2 i 참조)로 인하여 얻은 이익을 소위 '불법재산'으로 파악하고 이 불법재산 자체에 대한 몰수를 인정하고 있다(동법3①). 불법재산은 특정 공무원범죄의 범죄행위로 얻은 재산을 의미하는 '불법수익'과 불법수익의 변형 또는 증식으로 형성된 '불법수익에서 유래한 재산'으로 구성된다(동법2 ii~iv).

「공무원범죄에 관한 몰수특례법」은 불법재산에 대한 몰수의 실효성을 높이기 위하여 추정조항을 두고 있다. 즉 법원은 특정 공무원범죄 후 범인이 취득한 재산으로서 그 가액이 취득 당시의 범인의 재산운용상황 또는 법령에 기한 급부의 수령상황 등에 비추어 현저하게 고액이고 그 취득한 재산이 불법수익금액·재산취득시기 등 제반사정에 비추어 특정 공무원범죄로 얻은 불법수익으로 형성되었다고 볼 만한 상당한 개연성이 있는 경우에는 특정공무원범죄로 얻은 불법수익이 그 재산의 취득에 사용된 것으로 인정할 수 있다(동법7).

---

1) 2014. 5. 16. 2014도1547, 공 2014상, 1261 = 『구획정리 조합장 차용금 사건』.
2) 2014. 5. 16. 2014도1547, 공 2014상, 1261 = 『구획정리 조합장 차용금 사건』.

제 7 뇌물죄의 특수유형

1. 사전수뢰죄

형법 제129조 (사전수뢰) ② 공무원 또는 중재인이 될 자가 그 담당할 직무에 관하여 청탁을 받고 뇌물을 수수, 요구 또는 약속한 후 공무원 또는 중재인이 된 때에는 3년 이하의 징역 또는 7년 이하의 자격정지에 처한다.

◎ 필요적 몰수 · 추징(법134)

◎ 벌금의 필요적 병과(특정범죄가중법2②)

(1) 행위주체

형법 제129조 제1항이 규정한 뇌물수수죄는 현재 공무원(중재인 포함. 이하 같다)인 자만을 행위주체로 설정하고 있다. 따라서 공무원으로 내정된 사람이 앞으로 담당할 직무와 관련하여 뇌물을 수수하더라도 형법 제129조 제1항의 뇌물수수죄로 처벌되지 않는다. 형법 제129조 제2항은 이와 같은 문제상황에 대처하기 위하여 마련된 규정이다. 다만 처벌범위의 지나친 확장을 막기 위하여 약간의 구성요건표지가 추가되고 있다.

사전수뢰죄의 성립요소는 뇌물수수죄의 그것과 상당부분 일치한다. 다만, (가) 행위의 주체가 '공무원이 될 자'라는 점, (나) 나중에 공무원이 된 때에 처벌된다는 점, (다) '청탁을 받고' 수뢰를 한다는 점 등에서 뇌물수수죄와 구별된다.

공무원이 될 자에는 (가) 공무원 채용시험에 합격하여 발령을 대기하고 있는 자, 또는 (나) 선거에 의해 당선이 확정된 자 등 공무원이 될 것이 예정되어 있는 자뿐만 아니라, (다) 공직취임의 가능성이 확실하지는 않더라도 어느 정도의 개연성을 갖춘 자를 포함한다.[1)]

---

1) 2010. 5. 13. 2009도7040, [미간행] =『도시재개발 유력 주민 사건』:

M지역에 ㉠도시재개발사업이 예정되어 있다. ㉠도시재개발사업의 주체로 P조합이 발족될 예정이다. P조합의 조합원이 되려면 M지역에 ⓐ면적 이상의 토지를 소유하고 있어야 한다. ⓐ면적 이상의 토지를 가지지 않은 사람들은 현금 청산 대상자로 분류된다. 현금 청산 대상자는 조합원이 될 자격이 없다.

Q회사는 M지역의 ㉠도시개발사업에 시공사가 되기 위하여 노력하고 있다. 갑은 Q회사의 M지역 지사장이다. 갑은 ㉠도시개발사업을 수주하기 위한 사업을 추진하고 있다. 을과 병은 M지역의 주민들이다. 을과 병은 앞으로 설립될 P조합의 간부로 선출될 가능성이 높다. 을은 M지역에 ⓐ기준면적에 이르지 못한 토지를 소유하고 있다. 병은 [세입자로서] M지역에 토지를 소유하고 있지 않다.

갑은 을과 병을 만났다. 갑은 을과 병에게 다음과 같이 말하였다. (가) 을과 병은 P조합의 임원이 될 가능성이 높다. (나) Q회사가 P조합과 도급계약을 원만히 체결하고 시공사 지위를 계속 유지하면서 경제적 이익을 취득할 수 있도록 조합을 이끌어달라. 갑은 을에게 ㉡돈을 공여하였다. 갑은 병에게 ㉢돈을 공여하였다.

공무원으로 의제되는 공공기관의 장이 공모절차를 거쳐서 임명되는 상황에서 피고인이 공공기관의 장에 지원서를 내기 전에 금품을 수수한 경우 '공무원이 될 자'가 뇌물을 수수한 것인지 문제된다. 돈을 받을 당시는 피고인이 공공기관의 장에 지원서를 내기 전이었지만 피고인이 지원 마감일까지 장에 지원할 의사가 있었고, 증뢰자 측 관계자들을 포함하여 장의 임명에 관심을 가지고 있던 사람들이 피고인이 공공기관의 장에 지원할 의사가 있고 지원하면 임명될 수도 있다는 점을 예측하고 있었다면 돈을 교부받을 당시 피고인은 공공기관의 장에 임명될 개연성이 인정되어 공무원이 될 자에 해당한다.[1)]

(2) 실행행위

사전수뢰죄는 공무원이 될 자가 그 담당할 직무에 관하여 청탁을 받고 뇌물을 수수 · 요

을은 ⓛ돈으로 ⓐ기준면적 이상의 ⓑ토지를 취득하여 소유자로 등기하였다. 병은 ⓒ돈으로 ⓐ기준면적 이상의 ⓒ토지를 취득하여 소유자로 등기하였다. P조합의 총회가 열렸다. 을은 P조합의 조합장으로 선출되었다. 병은 P조합의 상무이사로 선출되었다.

검사는 을과 병을 특정범죄가중법위반죄(뇌물)로 기소하였다. 을과 병의 피고사건은 제1심을 거친 후, 항소심에 계속되었다. 항소법원은 유죄를 인정하였다. 을과 병은 불복 상고하였다. 을과 병은 상고이유로 다음의 점을 주장하였다. (가) 도시정비사업법은 조합의 임직원을 공무원으로 의제하고 있다. (나) 을과 병이 갑으로부터 ⓛ, ⓒ돈을 받을 당시 을과 병은 아직 조합의 임직원이 아니었다. (다) 을과 병에게 뇌물수수죄가 인정되지 않는다.

대법원은 다음의 이유를 제시하여 상고를 기각하였다. 대법원은 사전수뢰죄에 대해 다음과 같이 설시하였다. (가) 도시개발법 제82조는 "조합의 임원 및 직원은 형법 제129조 내지 제132조의 적용에 있어 이를 공무원으로 본다"라고 규정하고 있다. (나) 이렇게 함으로써 형법 제129조 제1항(수뢰)은 물론 제2항(사전수뢰)의 경우에도 동일하게 의제하고 있다.

(다) 형법 제129조 제2항에 정한 '공무원 또는 중재인이 될 자'란 (ㄱ) 공무원채용시험에 합격하여 발령을 대기하고 있는 자 또는 (ㄴ) 선거에 의해 당선이 확정된 자 등 공무원 또는 중재인이 될 것이 예정되어 있는 자뿐만 아니라 (ㄷ) 공직취임의 가능성이 확실하지는 않더라도 어느 정도의 개연성을 갖춘 자를 포함한다.

(라) 뇌물죄에서 뇌물의 내용인 이익이라 함은 (ㄱ) 금전, 물품 기타의 재산적 이익뿐만 아니라 (ㄴ) 사람의 수요 · 욕망을 충족시키기에 족한 일체의 유형, 무형의 이익을 포함한다. (마) 투기적 사업에 참여할 기회를 얻는 것도 이에 해당한다.

대법원은 을과 병의 행위에 대해 다음과 같이 판단하였다. (가) 이 사건 당시 을과 병이 벌칙적용에 있어서 공무원으로 의제되는 P조합의 임원인 조합장 또는 상무이사로 선출될 상당한 개연성이 있었다고 보기에 충분하다. (나) 을은 조합원들의 이의가 제기될 수 없는 수준의 토지 소유권을 확보하는 것은 물론 현금 청산 대상자로 분류되지 않기 위하여 ⓑ토지에 대한 소유권이전등기를 마칠 필요가 있었다. (다) 병은 M사업지구 내의 토지 소유권을 취득하여 조합원 지위를 취득하기 위하여 ⓒ토지에 대한 소유권이전등기를 마칠 필요가 있었다. (라) Q회사의 M지역 지사장으로서 ⓖ도시개발사업을 주관하던 갑이 을과 병에게 ⓑ토지, ⓒ토지의 소유권이전등기를 마칠 수 있는 기회를 제공한 것은 을과 병의 욕망을 충족시키기에 족한 이익에 해당한다. (마) (ㄱ) P조합의 임원이 될 을과 병은 (ㄴ) 갑으로부터 Q회사가 P조합과 도급계약을 원만히 체결하고 시공사 지위를 계속 유지하면서 경제적 이익을 취득할 수 있도록 조합을 이끌어달라는 취지로 그 담당할 직무에 관하여 청탁을 받고 (ㄷ) 위와 같이 뇌물을 수수하였다.

1) 2014. 12. 24. 2014도10034, 법률신문 2015. 2. 26.자 참조.

구 · 약속한 후 공무원이 될 때 성립한다.

청탁이란 공무원에게 그의 직무에 관하여 일정한 행위를 하도록 부탁하는 것을 말한다. 청탁대상 직무행위가 부정한 것인지는 묻지 않는다. 청탁은 반드시 명시적임을 요하지 않는다.[1] 청탁이 행해지면 직무행위와 뇌물의 대가관계가 더욱 명확하게 된다.

청탁을 받는다 함은 증뢰자의 청탁을 수뢰자가 승낙하는 것을 말한다. 승낙은 묵시적이어도 좋다. 담당할 직무란 장래 공무원이 될 때 담당할 것으로 예상되는 직무이다.

공무원이 된 때라 함은 공무원이 될 것으로 예정된 자가 확정적으로 그 신분을 얻는 것을 말한다. 공무원의 신분을 확정적으로 얻지 못하면 사전수뢰죄는 성립하지 않는다. '공무원이 된 때'의 법적 성질에 관하여는 이를 객관적 처벌조건으로 보아야 할 것이다. 따라서 고의의 인식대상이 되지 않으며 착오의 문제도 발생하지 않는다.

(3) 특정범죄가중법에 의한 가중처벌

사전수뢰죄를 범한 자는 수뢰액의 정도에 따라 「특정범죄 가중처벌 등에 관한 법률」 제2조 제1항에 의하여 가중처벌된다. 또한 사전수뢰죄를 범한 자에 대하여는 사전수뢰죄에 정한 형(법129② · ①; 5년 이하의 징역 또는 10년 이하의 자격정지)에 수뢰액의 2배 이상 5배 이하의 벌금이 병과된다(특정범죄가중법2②).

2. 제3자뇌물수수죄

형법 제130조 (제3자뇌물제공) 공무원 또는 중재인이 그 직무에 관하여 부정한 청탁을 받고 제3자에게 뇌물을 공여하게 하거나 공여를 요구 또는 약속한 때에는 5년 이하의 징역 또는 10년 이하의 자격정지에 처한다.

◎ 필요적 몰수 · 추징(법134)
◎ 벌금의 필요적 병과(특정범죄가중법2②)

(1) 제3자뇌물수수죄의 죄명 표기

형법전에는 형법 제130조의 표제어가 '제삼자뇌물제공'으로 되어 있다. 그러나 대검찰청 예규인 「공소장 및 불기소장에 기재할 죄명에 관한 예규」는 형법 제130조의 죄명을 '제3자뇌물(수수 · 요구 · 약속)'으로 기재하도록 규정하고 있다. 판례 또한 '제3자뇌물수수'라는 죄명을 사용하고 있다. 형법 제129조 제1항의 죄가 공무원이 뇌물을 수수하는 것을 내용으로 함

---

1) 1999. 7. 23. 99도1911, 공 1999, 1832.

에 대해 형법 제130조의 죄는 제3자가 뇌물을 수수하는 것을 내용으로 하고 있음에 착안하고 있는 것으로 보인다. 실무상의 죄명 표현을 존중한다는 의미에서 본서에서도 형법 제130조의 죄명을 조문 표제어와 달리 '제3자뇌물수수'로 통칭하기로 한다.

(2) 제3자뇌물수수죄의 입법취지

형법 제130조의 제3자뇌물수수죄는 1940년에 발표된 일본의 개정형법가안을 모델로 하고 있다.[1] 당시 일본에서는 공무원이 스스로 뇌물을 수수하지 않고 제3자로 하여금 수수하게 하는 행위를 처벌할 수 없다는 점이 문제되었다. 이를 해결하기 위하여 공무원이 스스로 뇌물을 수수하는 행위와 병행하여 공무원이 제3자에게 뇌물을 제공하게 하는 행위를 처벌하도록 하는 개정안이 가안의 논의과정에서 제안되었다.[2]

그러나 가안의 심의과정에서 공무원이 예컨대 불우한 이웃을 돕기 위하여 마을의 유지에게 불우이웃에게 금품을 제공하게 하는 행위까지 처벌하는 것은 지나치다는 반론이 제기되었다. 논의 결과 공무원이 '부정한 청탁을 받고' 제3자에게 뇌물을 제공하게 하는 행위를 처벌하는 것으로 가안의 최종안이 결정되었다.[3] 1941년에 일본에서는 개정형법가안의 일부를 반영하여 형법 일부개정이 이루어졌는데, 이 과정에서 '부정한 청탁을 받고'가 아니라 단순히 '청탁을 받고' 제3자에게 뇌물을 제공하게 하는 행위를 처벌하는 조문이 신설되었다.[4] 우리 형법 제130조는 가안의 최종안을 충실하게 따라간 것이라고 할 수 있다.

(3) 뇌물수수죄와의 관계

형법 제130조의 제3자뇌물수수죄를 형법 제129조 제1항의 뇌물수수죄(단순수뢰죄)와 비교해 보면 다음의 점을 알 수 있다.

첫째로, 공무원이 직접 뇌물을 받지 않고 증뢰자로 하여금 제3자에게 뇌물을 공여하도록 하여 그 제3자로 하여금 뇌물을 받도록 한 경우에는 '부정한 청탁을 받고' 그와 같은 행위를 한 경우에 한하여 이를 뇌물수수죄와 같은 법정형으로 처벌한다.[5]

---

1) 가안의 제3자뇌물수수죄 심의과정은, 法務大臣官房調査課, 法務資料 別冊 第二三号, 刑法並びに監獄法改正調査委員會議事速記錄, (1957), 257頁 이하 참조.

2) 가안 심의용초안 제167조 공무원 또는 중재인이 그 직무에 관하여 제3자에게 뇌물을 공여하게 하거나 그 공여를 요구 또는 약속한 때에는 3년 이하의 징역에 처한다.

3) 가안 최종안 제198조 공무원 또는 중재인이 그 직무에 관하여 부정한 청탁을 받아 제3자에게 뇌물을 공여하게 하거나 그 공여를 요구 또는 약속한 때에는 3년 이하의 징역에 처한다.

4) 일본형법 제197조의2 공무원 또는 중재인이 그 직무에 관하여 청탁을 받아 제3자에게 뇌물을 공여하게 하거나 그 공여를 요구 또는 약속한 때에는 3년 이하의 징역에 처한다.

5) 1998. 9. 22. 98도1234, 공 1998, 2628 = 분석 각론『구청장 여자친구 사건』.

둘째로, 공무원이 직접 뇌물을 받지 않고, 증뢰자로 하여금 제3자에게 뇌물을 공여하도록 하고 그 제3자로 하여금 뇌물을 받도록 하였다 하더라도 '부정한 청탁'을 받은 일이 없다면 이를 처벌하지 않는다.[1)]

셋째로, 공무원이 직접 뇌물을 받지 않고, 증뢰자로 하여금 다른 사람에게 뇌물을 공여하도록 하고 그 다른 사람으로 하여금 뇌물을 받도록 한 경우에 '부정한 청탁'을 받지 않았다 하더라도 처벌되는 경우가 있다.

이에 해당하는 경우로는 (가) 그 다른 사람이 공무원의 사자(使者) 또는 대리인으로서 뇌물을 받은 경우, (나) 평소 공무원이 그 다른 사람의 생활비 등을 부담하고 있어서 그 다른 사람이 뇌물을 받음으로써 공무원은 그만큼 지출을 면하게 되는 경우, (다) 공무원이 그 다른 사람에 대하여 채무를 부담하고 있어서 그 다른 사람이 뇌물을 받음으로써 공무원은 그만큼 지출을 면하게 되는 경우 등을 들 수 있다. 이와 같이 사회통념상 그 다른 사람이 뇌물을 받은 것을 공무원이 직접 받은 것과 같이 평가할 수 있는 관계가 있는 경우에는 형법 제129조 제1항의 뇌물수수죄(단순수뢰죄)가 성립한다.[2)]

(4) 실행행위

형법 제130조의 제3자뇌물수수죄는 공무원이 직무에 관하여 부정한 청탁을 받고 제3자에게 뇌물을 공여하게 하거나 제3자에의 뇌물 공여를 요구 또는 약속하는 행위를 구성요건으로 한다. 제3자뇌물수수죄에서 뇌물이란 공무원의 직무에 관하여 부정한 청탁을 매개로 제3자에게 교부되는 위법 · 부당한 이익을 말하고, 형법 제129조의 뇌물죄와 마찬가지로 직무관련성이 있으면 인정된다.[3)]

(가) 제3자　　제3자뇌물수수죄(법130)가 뇌물수수죄(법129①)와 구별되는 점은 뇌물을 받거나 받을 것으로 예정된 자가 공무원 자신이 아니라 제3자라는 점이다. 여기에서 제3자라 함은 당해 공무원 및 그 공동정범자 이외의 사람을 말한다.[4)] 뇌물을 받는 제3자가 자신에게 제공되는 것이 뇌물임을 인식할 것을 요하지 않는다.[5)]

제3자뇌물수수죄에서 제3자에 공동정범은 포함되지 않는다. 그러나 교사자(법31)나 방조자(법32)는 포함될 수 있다. 공무원이 부정한 청탁을 받고 제3자에게 뇌물을 제공하게 하

---

1) 1998. 9. 22. 98도1234, 공 1998, 2628 = 분석 각론『구청장 여자친구 사건』.
2) 1998. 9. 22. 98도1234, 공 1998, 2628 = 분석 각론『구청장 여자친구 사건』.
3) 2019. 8. 29. 2018도13792 전원합의체 판결, 공 2019하, 1891 =『승마지원 요구 사건 - 뇌물수수』.
4) 2019. 8. 29. 2018도2738 전원합의체 판결, 공 2019하, 1853 =『승마지원 요구 사건 - 공동정범』.
5) 2006. 6. 15. 2004도3424, 공 2006, 1384.

고 제3자가 그러한 공무원의 범죄행위를 알면서 방조한 경우에는 그에 대한 별도의 처벌규정이 없더라도 방조범에 관한 형법총칙의 규정이 적용되어 제3자뇌물수수방조죄가 인정될 수 있다.[1)]

제3자뇌물수수죄에서 제3자는 자연인, 법인 또는 법인격 없는 단체 등 그 형태를 묻지 않는다. 공무원과 공무소 사이에는 제3자성이 인정된다. 공무원인 지방자치단체의 장이 그 직무에 관하여 증뢰자로 하여금 지방자치단체에 금품을 제공하게 하였다면 공무원 개인이 그러한 금품을 취득한 경우와 동일시할 수는 없어서 뇌물수수죄(법129①)는 성립하지 않는다. 이는 그 공무원이 지방자치단체를 대표하는 지위에 있는 경우에도 마찬가지이다.[2)] 공무원인 지방자치단체의 장이 그 직무에 관하여 부정한 청탁을 받고 지방자치단체에 금품을 제공하게 하였다면 이때 제3자뇌물수수죄(법130)가 성립한다.[3)]

(나) 부정한 청탁 　제3자뇌물수수죄는 공무원이 부정한 청탁을 받는 경우에 비로소 성립한다. 공무원이 증뢰자로 하여금 제3자에게 뇌물을 공여하도록 하여 그 제3자가 뇌물을 취득하였다 하더라도 부정한 청탁을 받은 일이 없다면 제3자뇌물수수죄는 성립하지 않는다.

제3자뇌물수수죄에서 추가되는 요건은 '부정한 청탁'이다. 이 점은 형법 제129조 제2항의 사전수뢰죄가 단순히 '청탁'만을 필요로 하는 것과 구별된다. '부정한 청탁' 가운데 청탁이란 공무원에게 그의 직무에 관하여 일정한 직무집행을 하도록 부탁하는 것을 말한다.

부정한 청탁은 (가) 청탁이 위법 · 부당한 직무집행을 내용으로 하는 경우는 물론, (나) 청탁의 대상이 된 직무집행 그 자체는 위법 · 부당하지 않더라도 직무집행을 어떤 대가관계와 연결시켜 직무집행에 관한 대가의 교부를 내용으로 하는 경우도 포함한다.[4)]

청탁의 대상인 직무행위가 어느 정도로 특정되어야 하는지 문제된다. 판례는 청탁의 대상인 직무행위의 내용을 구체적으로 특정할 필요도 없다는 입장이다. 판례에 따르면, 부정한 청탁의 내용은 공무원의 직무와 제3자에게 제공되는 이익 사이의 대가관계를 인정할 수 있을 정도로 특정하면 충분하다.[5)] 실제로 부정한 처사를 하였음을 요하지 않는다.[6)]

부정한 청탁의 내용은 이미 발생한 현안뿐만 아니라 장래 발생될 것으로 예상되는 현안도 공무원의 직무와 제3자에게 제공되는 이익 사이의 대가관계를 인정할 수 있을 정도로 특

1) 2017. 3. 15. 2016도19659, 공 2017상, 826 = 『민원 공무원 명함 사건』.
2) 2011. 4. 14. 2010도12313, 공 2011상, 964 = 분석 각론 『구청장 누각 건립 사건』.
3) 2011. 4. 14. 2010도12313, 공 2011상, 964 = 분석 각론 『구청장 누각 건립 사건』.
4) 2019. 8. 29. 2018도13792 전원합의체 판결, 공 2019하, 1891 = 『승마지원 요구 사건 - 뇌물수수』.
5) 2019. 8. 29. 2018도13792 전원합의체 판결, 공 2019하, 1891 = 『승마지원 요구 사건 - 뇌물수수』.
6) 2007. 1. 26. 2004도1632, 공 2007, 410 = 『중산간 관광지구 지정 사건』 (분석 생략함).

정되면 부정한 청탁의 내용이 될 수 있다.[1)]

부정한 청탁은 반드시 명시적 의사표시에 의해서뿐만 아니라 묵시적 의사표시에 의해서도 가능하다. 제3자뇌물수수죄에서 '부정한 청탁'을 요건으로 하고 있는 취지는 처벌의 범위가 불명확해지지 않도록 하기 위한 것이다. 그러므로 묵시적 의사표시에 의한 부정한 청탁을 인정하기 위해서는 당사자 사이에 청탁의 대상이 되는 직무집행의 내용과 제3자에게 제공되는 금품이 그 직무집행에 대한 대가라는 점에 대하여 공통의 인식이나 양해가 존재해야 한다.[2)] [3)]

당사자 사이에 공통의 인식이나 양해 없이 막연히 선처하여 줄 것이라는 기대나 직무집행과는 무관한 다른 동기에 의하여 제3자에게 금품을 공여한 경우에는 묵시적 의사표시에 의한 부정한 청탁이 있다고 볼 수 없다. 이는 공무원이 먼저 제3자에게 금품을 공여할 것을 요구하였다고 하여 달리 볼 것도 아니다.[4)]

'부정한 청탁'이 있었는지를 판단할 때에는 그 직무 혹은 청탁의 내용, 이익제공자와의 관계, 이익의 다과 및 수수 경위와 시기 등의 제반사정과 아울러 직무집행의 공정과 이에 대한 사회의 신뢰 및 직무수행의 불가매수성이라는 뇌물죄의 보호법익에 비추어 그 이익의 수수로 인하여 사회 일반인으로부터 직무집행의 공정성을 의심받게 되는지 여부도 판단 기준이 된다.[5)]

(다) 직무관련성　　제3자뇌물수수죄에서의 뇌물성은 형법 제129조 제1항의 뇌물수수죄와 마찬가지로 직무와의 관련성이 있으면 인정된다. 그 뇌물을 받는 제3자가 목적물이 뇌물임을 인식할 필요는 없다. 그 뇌물을 제3자에게 공여하게 한 동기를 묻지 않는다. 어떤 금품이 공무원의 직무행위와 관련하여 교부된 것이라면 그것이 시주의 형식으로 교부되었고 또 불심에서 우러나온 것이라 하더라도 뇌물임을 면할 수 없다.[6)]

(라) 행위태양　　제3자뇌물수수죄의 실행행위는 부정한 청탁을 받은 후 뇌물을 제3자에게 공여하게 하거나 제3자에의 뇌물 공여를 요구 또는 약속하는 것이다. 공여라 함은 수수에 대응하는 개념으로서 공여의 상대방에게 뇌물을 현실적으로 취득하게 하는 것을 말한다. 현실적인 공여뿐만 아니라 제3자에게 뇌물을 공여하도록 요구하는 행위 또는 제3자에 대한 뇌물공여의 제안을 수락하는 약속의 행위도 형법 제130조의 제3자뇌물수수죄를

---

1) 2019. 8. 29. 2018도13792 전원합의체 판결, 공 2019하, 1891 = 『승마지원 요구 사건 - 뇌물수수』.
2) 2017. 12. 22. 2017도12346, 공 2018상, 379 = 『검사 동창생 이익제공 사건 1』.
3) 2011. 4. 14. 2010도12313, 공 2011상, 964 = 분석 각론 『구청장 누각 건립 사건』.
4) 2011. 4. 14. 2010도12313, 공 2011상, 964 = 분석 각론 『구청장 누각 건립 사건』.
5) 2007. 1. 26. 2004도1632, 공 2007, 410 = 『중산간 관광지구 지정 사건』.
6) 2006. 6. 15. 2004도3424, 공 2006, 1384.

구성한다.

(5) 다른 뇌물죄와의 관계

제3자뇌물수수죄는 '부정한 청탁'을 행위태양의 중심요소로 한다. 따라서 '청탁'을 요건으로 하지 않는 뇌물수수죄(법129①) 또는 단순한 '청탁'을 요건으로 하는 사전수뢰죄(법129②)에 대한 관계에서 제3자뇌물수수죄는 포괄일죄로 묶이지 않는다. 양자는 서로 행위태양이 달라서 전체고의, 동종의 법익침해, 동종의 행위태양이라는 포괄일죄의 삼 요소를 충족하지 못하기 때문이다.[1] 뇌물수수죄나 사전수뢰죄에 대한 관계에서 제3자뇌물수수죄는 포괄일죄로 묶이지 않으므로 「특정범죄 가중처벌 등에 관한 법률」(특정범죄가중법) 제2조의 적용과 관련하여 뇌물액수는 합산되지 않는다.

(6) 특정범죄가중법에 의한 가중처벌

제3자뇌물수수죄를 범한 자는 수뢰액의 정도에 따라 「특정범죄 가중처벌 등에 관한 법률」(특정범죄가중법) 제2조 제1항에 의하여 가중처벌된다. 또한 특정범죄가중법 제2조 제2항에 따라 제3자뇌물수수죄를 범한 사람에 대해서는 그 죄에 대하여 정한 형(법130; 5년 이하의 징역 또는 10년 이하의 자격정지)에 수뢰액의 2배 이상 5배 이하의 벌금을 병과한다.

(7) 몰수와 추징

제3자뇌물수수죄와 형법 제134조가 규정한 필요적 몰수·추징의 관계가 문제된다. 형법 제134조가 뇌물을 필요적으로 몰수·추징하게 한 취지는 범인이나 사정을 아는 제3자로 하여금 불법한 이득을 보유시키지 않도록 하려는 데에 있다. 따라서 범인이라 하더라도 불법한 이득을 보유하고 있지 않다면 그로부터 뇌물을 몰수·추징할 수 없다. 제3자뇌물수수죄의 경우에는 범인인 공무원이 제3자로부터 그 뇌물을 건네받아 보유한 때를 제외하고는 그 공무원으로부터 뇌물의 가액을 추징할 수 없다.[2]

(8) 다른 죄와의 관계

공무원이 직무관련자에게 제3자와 계약을 체결하도록 요구하여 그 계약 체결을 하게 한 행위가 제3자뇌물수수죄(법130)의 구성요건과 직권남용권리행사방해죄(법123)의 구성요건에 모두 해당하는 경우에는 제3자뇌물수수죄와 직권남용권리행사방해죄가 각각 성립한다. 이는

1) 1998. 9. 22. 98도1234, 공 1998, 2628 = 분석 각론『구청장 여자친구 사건』 참조.
2) 1997. 4. 17. 96도3376 전원합의체 판결, 공 1997, 1303, 1338.

사회 관념상 하나의 행위가 수 개의 죄에 해당하는 경우이므로 두 죄는 형법 제40조의 상상적 경합관계에 있게 된다.[1)]

3. 수뢰후부정처사죄

형법 제131조 (수뢰후부정처사) ① 공무원 또는 중재인이 전2조의 죄를 범하여 부정한 행위를 한 때에는 1년 이상의 유기징역에 처한다.

◎ 자격정지 임의적 병과(법131④)
◎ 필요적 몰수 · 추징(법134)

(1) 구성요건요소

형법 제131조 제1항의 수뢰후부정처사죄는 공무원이 뇌물을 수수할 뿐만 아니라 부정한 행위까지 함으로써 성립하는 범죄이다. 국가가 보호하려는 국가기능의 공정성이 구체적으로 위험에 처해졌기 때문에 뇌물수수죄, 사전수뢰죄, 제3자뇌물수수죄에 비하여 가중처벌된다. 수뢰후부정처사죄가 성립하려면 공무원의 수뢰행위와 부정한 처사 사이에 인과관계가 있어야 하며, 밀접한 대가관계가 인정되어야 한다.

수뢰후부정처사죄는 공무원이 형법 제129조(수뢰, 사전수뢰) 및 제130조(제3자뇌물수수)의 죄를 범하여 부정한 행위를 하는 것을 구성요건으로 하고 있다. 여기에서 '형법 제129조 및 제130조의 죄를 범하여'란 반드시 뇌물수수 등의 행위가 완료된 이후에 부정한 행위가 이루어져야 함을 의미하는 것은 아니고, 결합범 또는 결과적 가중범 등에서의 기본행위와 마찬가지로 뇌물수수 등의 행위를 하는 중에 부정한 행위를 한 경우도 포함한다.[2)]

---

1) 2017. 3. 15. 2016도19659, 공 2017상, 826 = 『민원 공무원 명함 사건』.

2) 2021. 2. 4. 2020도12103, 공 2021상, 579 = 『가습기살균제 공무원 사건』:

갑은 환경부 M부서 기술서기관으로 재직중이다. 환경부에서는 '가습기살균제 대응 TF' 피해구제 대책반이 가동중이었다. 갑은 대책반원을 겸직하였다. P회사는 가습기살균제 관련 업체이다. 을은 가습기살균제 피해구제와 관련된 P업체의 담당자이다. 을은 갑에게 ⓐ시점부터 ⓑ시점 사이에 사이에 17번에 걸쳐서 향응을 제공하였다. 갑은 15번째의 향응을 받은 후 환경부 가습기살균제 피해대책과 관련한 ⓒ정보를 을에게 제공하였다. 이후 을은 갑에게 16, 17번째의 향응을 제공하였다.

검사는 다음 요지의 공소사실로 갑을 수뢰후부정처사죄로 기소하였다. "공무원 갑은 17번에 걸친 뇌물을 수수한 후 ⓒ정보를 제공하여 부정한 행위를 하였다." 갑의 피고사건은 제1심을 거친 후, 항소심에 계속되었다. 항소법원은 다음과 같이 판단하였다. (가) 수뢰후부정처사죄는 뇌물수수 후 부정처사가 이루어져야 한다. (나) 15번까지의 뇌물수수행위에 대해서는 수뢰후부정처사죄가 성립한다. (다) 16, 17번의 뇌물수수행위에 대해서는 뇌물수수죄만 성립하고 수뢰후부정차사죄는 성립하지 않는다. 검사는 불복 상고하였다.

대법원은 다음의 이유를 제시하여 원심판결을 파기환송하였다. 대법원은 수뢰후부정처사죄의 성립요건에 대해 다음과 같이 설시하였다. (가) 수뢰후부정처사죄를 정한 형법 제131조 제1항은 공무원 또는 중재인이 따라서 단일하고도 계속된 범의 아래 일정 기간 반복하여 일련의 뇌물수수 행위와 부정한 행위가 행하여졌고 그 뇌물수수 행위와 부정한 행위 사이에 인과관계가 인정되며 피해법익도 동일하다면, 최후의 부정한 행위 이후에 저질러진 뇌물수수 행위도 최후의 부정한 행위 이전의 뇌물수수 행위 및 부정한 행위와 함께 수뢰후부정처사죄의 포괄일죄로 처벌된다.[1)]

수뢰후부정처사죄가 성립하려면 부정한 행위가 있어야 한다. 수뢰후부정처사죄에서 말하는 부정한 행위라 함은 직무에 위배되는 일체의 행위를 말하는 것으로 직무행위 자체는 물론 그것과 객관적으로 관련 있는 행위까지를 포함한다.[2)]

부정이란 행정법이나 소송법에서 말하는 위법의 개념을 넘어서서 공무원이 재량권을 남용하여 부당한 처분을 하는 것도 포함한다. 도박장개설 및 도박범행을 묵인하고 편의를 보아주는 데 대한 사례비 명목으로 금품을 수수하고, 나아가 도박장개설 및 도박범행사실을 잘 알면서도 이를 단속하지 아니하는 행위,[3)] 시험의 정리원으로서 직무상 지득한 시험문제를 알려 주는 행위,[4)] 공사의 입찰업무를 담당하고 있으면서 비밀로 해야 할 공사의 입찰예정가격을 응찰자에게 미리 알려 준 행위[5)] 등은 부정한 행위에 해당하는 예이다.

수뢰후부정처사죄의 경우에는 10년 이하의 자격정지를 병과할 수 있다(법131④).

(2) 다른 죄와의 관계

수뢰후부정처사죄에서 공무원이 수뢰후 행한 부정행위가 허위공문서작성죄(법227) 및 동행사죄(법229)와 같이 보호법익을 달리하는 별개 범죄의 구성요건을 충족하는 경우가 있다. 이 경우에는 수뢰후부정처사죄 외에 별도로 허위공문서작성죄 및 동 행사죄가 성립하고, 이들 죄와 수뢰후부정처사죄는 각각 상상적 경합관계에 있다.[6)]

형법 제129조(수뢰, 사전수뢰) 및 제130조(제3자뇌물제공)의 죄를 범하여 부정한 행위를 하는 것을 구성요건으로 하고 있다. (나) 여기에서 '형법 제129조 및 제130조의 죄를 범하여'란 반드시 뇌물수수 등의 행위가 완료된 이후에 부정한 행위가 이루어져야 함을 의미하는 것은 아니다. (다) 결합범 또는 결과적 가중범 등에서의 기본행위와 마찬가지로 뇌물수수 등의 행위를 하는 중에 부정한 행위를 한 경우도 포함하는 것으로 보아야 한다. (라) 따라서 (ㄱ) 단일하고도 계속된 범의 아래 (ㄴ) 일정 기간 반복하여 일련의 뇌물수수 행위와 부정한 행위가 행하여졌고 (ㄷ) 그 뇌물수수 행위와 부정한 행위 사이에 인과관계가 인정되며 (ㄹ) 피해법익도 동일하다면, 최후의 부정한 행위 이후에 저질러진 뇌물수수 행위도 최후의 부정한 행위 이전의 뇌물수수 행위 및 부정한 행위와 함께 수뢰후부정처사죄의 포괄일죄로 처벌함이 타당하다.

1) 2021. 2. 4. 2020도12103, 공 2021상, 579 = 『가습기살균제 공무원 사건』.
2) 2003. 6. 13. 2003도1060, 공 2003, 1573 = 분석 각론 『교통계 도박 묵인 사건』.
3) 2003. 6. 13. 2003도1060, 공 2003, 1573 = 분석 각론 『교통계 도박 묵인 사건』.
4) 1970. 6. 30. 70도562, 집 18②, 형27.
5) 1983. 4. 26. 82도2095, 공 1983, 923.
6) 2001. 2. 9. 2000도1216, 공 2001, 678 = 본서 512면 『도시계획선 일치 부탁 사건』.

이와 같이 허위공문서작성죄와 동 행사죄가 수뢰후부정처사죄와 각각 상상적 경합범 관계에 있을 때 처단형의 계산이 문제된다. 허위공문서작성죄(법227; 7년 이하의 징역 또는 2천만원 이하의 벌금)와 동 행사죄(법229; 7년 이하의 징역 또는 2천만원 이하의 벌금) 상호간은 실체적 경합범 관계에 있다. 그렇다고 할지라도 허위공문서작성죄와 동 행사죄가 수뢰후부정처사죄와 각각 상상적 경합범관계에 있는 수뢰후부정처사죄(법131①; 1년 이상의 유기징역)와 대비하여 가장 중한 죄에 정한 형으로 처단하면 족하다. 따로 경합가중을 할 필요는 없다.[1)]

(3) 특정범죄가중법 적용문제

「특정범죄 가중처벌 등에 관한 법률」(특정범죄가중법) 제2조 제1항은 '형법 제129조, 제130조 또는 제132조의 죄'를 범한 사람이 수수 · 요구 · 약속한 뇌물의 가액이 일정 한도를 넘어서는 경우에 가중처벌하고 있다. 그런데 형법 제131조가 적용대상에 명시되어 있지 아니하여 특정범죄가중법 제2조 제1항의 적용을 받지 않는 것이 아닌가 하는 의문이 생길 수 있다.

수뢰후부정처사죄를 규정한 형법 제131조 제1항은 공무원이 형법 제129조, 제130조의 죄를 범한 후에 부정한 행위를 한 때에 가중처벌한다는 규정이다. 그러므로 형법 제131조 제1항의 죄를 범한 자는 특정범죄가중법 제2조 제1항 소정의 형법 제129조, 제130조에 규정된 죄를 범한 자에 해당하여 가중처벌의 대상이 된다.[2)]

같은 맥락에서 벌금의 필요적 병과를 규정한 특정범죄가중법 제2조 제2항도 수뢰후부정처사죄에 적용된다. 즉 수뢰후부정처사죄를 범한 사람에 대해서는 그 죄(법131①; 1년 이상의 유기징역)에 대하여 정한 형에 수뢰액의 2배 이상 5배 이하의 벌금을 병과한다.

4. 부정처사후수뢰죄

형법 제131조 (사후수뢰) ② 공무원 또는 중재인이 그 직무상 부정한 행위를 한 후 뇌물을 수수, 요구 또는 약속하거나 제3자에게 이를 공여하게 하거나 공여를 요구 또는 약속한 때에도 전항의 형과 같다.

◎ 자격정지 임의적 병과(법131④)

◎ 필요적 몰수 · 추징(법134)

---

1) 2001. 2. 9. 2000도1216, 공 2001, 678 =『도시계획선 일치 부탁 사건』.

2) 2004. 3. 26. 2003도8077, 공 2004, 767.

형법 제131조 제2항은 부정처사후수뢰죄를 규정하고 있다. 부정처사후수뢰죄는 형법 제131조 제2항의 퇴직후수뢰죄와 함께 사후수뢰죄에 속한다. 형법 제131조 제1항의 수뢰후부정처사죄와 비교할 때 부정처사후수뢰죄는 수뢰행위와 부정처사 사이에 시간적 선후만 바뀌었을 뿐 범죄의 실질은 같다. 따라서 「특정범죄 가중처벌 등에 관한 법률」 제2조 제1항에 의한 가중처벌 및 같은 법 제2조 제2항에 의한 벌금의 필요적 병과도 동일하게 적용된다.

5. 퇴직후수뢰죄

형법 제131조 ③ 공무원 또는 중재인이었던 자가 그 재직중에 청탁을 받고 직무상 부정한 행위를 한 후 뇌물을 수수, 요구 또는 약속한 때에는 5년 이하의 징역 또는 10년 이하의 자격정지에 처한다.

◎ 자격정지 임의적 병과(법131④)
◎ 필요적 몰수 · 추징(법134)

(1) 적용범위

형법상 뇌물수수죄는 원칙적으로 현재 공무원인 자를 주체로 한다. 따라서 공무원 아닌 자는 뇌물수수죄로 처벌되지 않는다. 그러나 퇴임 이후에 재직중의 직무행위에 대한 대가를 취득하는 경우 공무원이 아니라는 이유로 이를 처벌하지 않는다면 퇴임을 목전에 둔 공무원의 뇌물범죄를 조장하는 폐단이 야기될 수 있다. 우리 입법자는 이러한 점을 고려하여 부정처사후수뢰죄(법131②)와 함께 퇴직후수뢰죄(법131③)를 사후수뢰죄로 처벌하기로 하였다. 다만, 퇴직후수뢰죄의 처벌범위가 지나치게 확대되는 것을 방지하기 위하여 퇴직후수뢰죄에 '청탁'과 '직무상 부정한 행위'라는 구성요건요소를 추가하고 있다.

퇴직후수뢰죄는 반드시 공무원이 그 직을 완전히 퇴직해야만 성립하는 것은 아니다. 국가공무원이 지방자치단체의 업무에 관하여 전문가로서 위원 위촉을 받아 한시적으로 그 직무를 수행하는 경우와 같이, 공무원이 그 고유의 직무와 관련이 없는 일에 관하여 별도의 위촉절차 등을 거쳐 다른 직무를 수행하게 된 경우가 있다. 이러한 경우에 그 위촉이 종료되면 그 위원 등으로서 새로 보유하였던 공무원 지위는 소멸한다고 보아야 한다. 그러므로 그 이후에 종전에 위촉받아 수행한 직무에 관하여 금품을 수수하면 사후수뢰죄(퇴직후수뢰죄)가 성립한다.[1)]

---

1) 2013. 11. 28. 2013도10011, 공 2014상, 148 = 『우체국장 겸 평가위원 사건』.

(2) 구성요건요소

퇴직후수뢰죄는 공무원이 재직중 청탁을 받고 그 직무상 부정한 행위를 한 후 퇴직한 다음에 뇌물을 수수할 때 성립한다.

청탁이란 공무원에게 그의 직무에 관하여 일정한 행위를 하도록 부탁하는 것을 말한다. 형법 제130조의 제3자뇌물수수죄와 달리 청탁은 정당한 청탁인가 부정한 청탁인가를 묻지 않는다. 부정한 행위라 함은 직무에 위배되는 일체의 행위를 말하는 것으로 직무행위 자체는 물론 그것과 객관적으로 관련 있는 행위까지를 포함한다.[1)]

퇴직후수뢰죄는 공무원이 퇴직한 후에 일어나는 범죄이다. 퇴직이 아니라 단순한 전직(轉職) 후의 수뢰행위는 퇴직후수뢰죄를 구성하지 않는다. 이 경우는 수뢰 시점에 행위자가 공무원의 지위에 있으므로 직무권한 여하를 묻지 않고 형법 제131조 제2항의 사후수뢰죄에 해당한다.

(3) 다른 죄와의 관계

퇴직이 예정된 공무원이 공여자로부터 퇴직 후 사무실이나 비서 등을 제공받기로 약속하고, 퇴직 후 이를 수수한 것이 퇴직후수뢰죄에 해당하는지 문제된다. 퇴직후수뢰죄가 성립하려면 공무원이 재직중 청탁을 받고 그 직무상 부정한 행위를 한 후 퇴직한 다음에 뇌물을 수수하여야 한다. 재직중에 청탁이 없었다면 퇴직 후에 이익을 취득하더라도 퇴직후수뢰죄는 성립하지 않는다. 재직중 정당한 행위를 하고 퇴직 후 이익을 취득한 경우에도 퇴직후수뢰죄는 성립하지 않는다.

다만, 공무원이 재직중 정당한 행위를 하고 약속받았던 이익을 퇴직 후에 취득하였다면 형법 제129조 제1항의 뇌물수수죄(약속)가 성립할 여지가 있다.[2)]

(4) 특정범죄가중법 적용 문제

「특정범죄 가중처벌 등에 관한 법률」(특정범죄가중법) 제2조 제1항은 '형법 제129조, 제130조 또는 제132조'에 규정된 죄를 범한 사람이 수수 · 요구 · 약속한 뇌물의 가액이 일정액 이상에 이르면 수뢰액에 따라 가중처벌하고 있다. 또한 특정범죄가중법 제2조 제2항은 '형법 제129조, 제130조 또는 제132조'에 규정된 죄를 범한 사람에 대해 그 죄에 대하여 정한 형에 수뢰액의 2배 이상 5배 이하의 벌금형을 병과하도록 규정하고 있다.

특정범죄가중법 제2조 제1항 및 제2항이 형법 제131조를 적용대상으로 명시하지 않음에

---

1) 2003. 6. 13. 2003도1060, 공 2003, 1573 = 분석 각론『교통계 도박 묵인 사건』.

2) 전술 139면 참조.

따라 형법 제131조 제3항의 퇴직후수뢰죄가 가중처벌의 대상이 되는지, 벌금의 필요적 병과 대상이 되는지 의문이 제기된다. 이에 대해서는 형법 제131조 제1항의 수뢰후부정처사죄 및 제131조 제2항의 부정처사후수뢰죄의 경우에 특정범죄가중법 제2조가 적용되는 것을 볼 때 형법 제131조 제3항의 퇴직후수뢰죄의 경우에도 특정범죄가중법 제2조의 적용을 인정해야 한다는 견해를 생각해 볼 수 있다.

그러나 뇌물의 수수 · 요구 · 약속을 할 당시 이미 공무원의 지위를 떠난 경우에는 형법 제131조 제3항의 퇴직후수뢰죄로서만 처벌할 수 있고 형법 제129조 제1항의 뇌물수수죄로 처벌할 수 없다.[1] 그렇다면 형법 제131조 제1항 및 제2항의 죄와 달리 형법 제131조 제3항 퇴직후수뢰죄의 경우에는 특정범죄가중법 제2조의 적용에 필요한 근거조항이 없다는 결론에 이른다. 결국 퇴직후수뢰죄의 경우에는 특정범죄가중법 제2조 제1항 및 제2항의 적용이 없다고 볼 것이다. 일종의 입법미비라고 생각되므로 입법적 보완이 필요하다고 본다.

6. 알선수뢰죄

형법 제132조 (알선수뢰) 공무원이 그 지위를 이용하여 다른 공무원의 직무에 관한 사항의 알선에 관하여 뇌물을 수수, 요구 또는 약속한 때에는 3년 이하의 징역 또는 7년 이하의 자격정지에 처한다.

◎ 필요적 몰수 · 추징(법134)
◎ 벌금의 필요적 병과(특정범죄가중법2②)

(1) 행위주체

형법 제129조 제1항의 뇌물수수죄는 공무원이 직접 자기의 직무에 관하여 뇌물을 수수 · 요구 · 약속하는 범죄이다. 이와 달리 형법 제132조의 알선수뢰죄는 자기의 지위를 이용하여 다른 공무원의 직무에 관한 사항을 알선함으로써 그 대가로 뇌물을 수수 · 요구 · 약속하는 범죄이다. 보통의 뇌물수수죄가 공무원이 자신의 직무와 관련하여 뇌물공여자와의 사이에서 뇌물을 수수 · 요구 · 약속하는 것임에 반하여 알선수뢰죄는 알선행위와 관련하여 알선의뢰인으로부터 뇌물을 수수 · 요구 · 약속한다는 점에 차이가 있다.

이 경우 알선은 공무원이 다른 공무원의 직무에 관한 사항을 증뢰자에게 주선해 주는 행위를 말한다. 알선행위 자체는 공무원 자신의 직무에 관한 것이 아니지만 간접적으로 다른 공무원의 직무행위의 공정성을 위태롭게 한다는 점에서 통상의 뇌물수수죄에 준하여 처

---

1) 2013. 11. 28. 2013도10011, 공 2014상, 148 = 『우체국장 겸 평가위원 사건』.

벌하는 것이다.

알선수뢰죄는 알선행위자가 알선에 관하여 뇌물을 수수 · 요구 · 약속하는 구조로 이루어져 있다. 알선수뢰죄가 성립하려면 알선의뢰인(갑), 알선행위자(을), 알선상대방(병)이라는 삼각구도가 존재해야 한다. 첫째로, 알선의뢰인(갑)은 누구나 될 수 있다. 보통의 경우 일반인이겠지만 공무원도 가능하다. 둘째로, 알선행위자(을)은 공무원이어야 한다. 따라서 알선수뢰죄는 신분범이다. 셋째로, 알선상대방(병)은 직무를 수행하는 공무원이어야 한다. 알선상대방(병)은 뇌물죄의 특성상 뇌물과의 직무관련성을 관념할 수 있는 공무원이다. 이 점을 고려하여 우리 형법은 알선상대방을 지칭하는 표지로 '다른 공무원의 직무에 속한 사항'이라는 표현을 사용하고 있다.

(2) 실행행위

(가) 지위 이용　　알선행위자인 공무원(을)과 알선상대방인 공무원(병) 사이에는 알선행위자(을)가 일정한 영향을 미칠 수 있는 관계가 존재하여야 한다. 형법 제132조는 이 점과 관련하여 '공무원이 그 지위를 이용하여' 알선행위를 할 것을 요구하고 있다.

공무원이 그 지위를 이용한다 함은 적어도 다른 공무원(병)이 취급하는 사무의 처리에 법률상이거나 사실상으로 영향을 줄 수 있는 관계에 있는 공무원(을)이 그 지위를 이용하는 것을 말한다. 지위를 이용하는 공무원(을)과 알선상대방이 되는 공무원(병) 사이에 반드시 상하관계, 협동관계, 감독권한 등의 특수한 관계가 있음을 요하지 않는다.[1] 다만, 친구, 친족관계

---

1) 2006. 4. 27. 2006도735, 공 2006, 990 = 『시의원의원 BMW승용차 사건』:

갑은 M시 시의원이다. 갑은 M시 조례 제정 및 개정, 예산 편성 및 결산, M시에 대한 행정 감사 등과 관련한 업무를 담당하여 왔다. 갑은 그 과정에서 M시의회 의장, 도시계획위원 등을 거쳤다. 을은 P회사를 실질적으로 경영하고 있다. P회사는 ㉠주택공동사업을 추진해 오고 있었다. 을은 P회사 명의로 시가 1억 2,600만원짜리 ⓐBMW승용차를 리스하였다. 을은 갑에게 ⓐ승용차를 사용하라고 제공하였다. 을은 ⓐ승용차를 갑에게 제공할 때 아무런 말을 하지 않았다. 갑은 을이 제공한 ⓐ승용차를 사용하였다.

검사는 갑을 특정범죄가중법위반죄(뇌물)로 기소하였다. 갑의 피고사건은 제1심을 거친 후, 항소심에 계속되었다. 항소법원은 다음과 같이 판단하였다. (가) 갑은 을이 다음 취지에서 ⓐ승용차를 제공하는 것임을 알고 ⓐ승용차를 사용하였다. (나) ㉠공동주택사업 승인과 관련하여 M시 공무원에게 말을 잘 해달라. (다) M시의회 의원들이 ㉠공동주택사업에 대해 오폐수 발생 등 환경문제를 이유로 반대하지 않도록 힘써 달라. 항소법원은 위의 판단을 근거로 알선수뢰죄의 유죄를 인정하였다.

갑은 불복 상고하였다. 갑은 상고이유로 다음의 점을 주장하였다. (가) ⓐ승용차는 을이 ㉠공동주택사업 추진에 어떤 도움을 받지 않을까 하는 막연한 기대감 속에 제공된 것이다. (나) ⓐ승용차를 제공받은 것은 알선 대가로 받은 것이라고 볼 수 없다. (다) 알선수뢰죄가 성립하기 위해서는 알선할 사항이 공무원의 직무에 속하는 사항이어야 한다. (라) 뇌물수수의 명목이 그 사항의 알선에 관련된 것임이 어느 정도 구체적으로 나타나야 한다. (마) ⓐ승용차 제공의 명목이 어느 사항의 알선에 관련된 것인지 분명하게 드러나 있지 않다.

등 사적인 관계를 이용하는 경우이거나 단순히 공무원으로서의 신분이 있다는 것만을 이용하는 경우는 지위를 이용하는 경우에 해당한다고 할 수 없다.[1)]

(나) 알 선　　알선수뢰죄가 성립하려면 알선행위자인 공무원(을)이 알선의뢰인(갑)과 알선상대방 공무원(병) 사이에서 알선행위를 한다는 것이 관념되어야 한다. 알선은 일정한 행위를 주선하는 것이다.

'다른 공무원의 직무에 속한 사항의 알선에 관하여 뇌물을 수수한다'라고 함은 다른 공무원의 직무에 속한 사항을 알선한다는 명목으로 뇌물을 수수하는 행위이다. 반드시 알선의 상대방인 다른 공무원이나 그 직무의 내용을 구체적으로 특정할 필요까지는 없다. 알선행위는 장래의 것이라도 무방하다. 뇌물을 수수할 당시 상대방에게 알선에 의하여 해결을 도모하여야 할 현안이 반드시 존재하여야 할 필요는 없다.[2)]

대법원은 다음의 이유를 제시하여 상고를 기각하였다. 대법원은 알선수뢰죄에 대해 다음과 같이 설시하였다. (가) 알선수뢰죄는 공무원이 그 지위를 이용하여 다른 공무원의 직무에 속한 사항의 알선에 관하여 뇌물을 수수, 요구 또는 약속하는 것을 그 성립요건으로 하고 있다. (나) 여기서 '공무원이 그 지위를 이용하여'라 함은 친구, 친족관계 등 사적인 관계를 이용하는 경우에는 이에 해당한다고 할 수 없다. (다) 그러나 다른 공무원이 취급하는 사무의 처리에 법률상이거나 사실상으로 영향을 줄 수 있는 관계에 있는 공무원이 그 지위를 이용하는 경우에는 이에 해당한다. (라) 그 사이에 상하관계, 협동관계, 감독권한 등의 특수한 관계가 있음을 요하지 않는다. (마) '다른 공무원의 직무에 속한 사항의 알선행위'는 그[다른] 공무원의 직무에 속하는 사항에 관한 것이면 된다. (바) 그것이 반드시 부정행위라거나 그 직무에 관하여 결재권한이나 최종 결정권한을 갖고 있어야 하는 것이 아니다.

대법원은 갑의 행위에 대해 다음과 같이 판단하였다. (가) (사실관계 분석; 생략함.) (나) 갑이 을로부터 제공받은 ⓐ승용차는 (ㄱ) M시의회 의원으로 재직하고 있는 갑이 (ㄴ) M시나 M시의회 소속 관계 공무원들의 직무에 관하여 (ㄷ) 사실상의 영향력을 행사할 수 있는 지위에서 (ㄹ) 직무와 관련하여 제공받은 것으로 (ㅁ) 직무관련성이 있다. (다) 알선수뢰죄가 성립하기 위해서는 (ㄱ) 알선할 사항이 공무원의 직무에 속하는 사항이고, (ㄴ) 뇌물수수의 명목이 그 사항의 알선에 관련된 것임이 어느 정도 구체적으로 나타나야 함은 소론과 같다. (라) 갑이 을로부터 (ㄱ) 공동주택사업 승인과 관련하여 M시 공무원에게 말을 잘 해주고, M시의회 의원들이 ㉠공동주택사업에 대해 오폐수 발생 등 환경문제를 이유로 반대하지 않도록 힘써 달라는 청탁의 (ㄴ) 알선 대가로 제공되는 것을 알면서 (ㄷ) ⓐ승용차를 제공받은 것이 분명하다. (마) 이와 달리 (ㄱ) 공동주택사업 추진에 어떤 도움을 받지 않을까 하는 막연한 기대감 속에 제공되는 ⓐ승용차를 제공받은 것에 불과하다는 전제하에 (ㄴ) 알선 대가로 받은 것으로 볼 수 없다는 상고이유 주장은 받아들일 수 없다.

1) 2010. 11. 25. 2010도11460, [미간행] = 분석 각론『3급 군무원 사건』.

2) 2017. 12. 22. 2017도12346, 공 2018상, 379 =『검사 동창생 이익제공 사건 2』:

갑은 검사이다. 을은 P회사를 경영하는 기업인이다. 갑과 을은 학창시절 이래 20년간 친구 사이이다. 갑은 평소 을로부터 다음의 부탁과 함께 ㉠이익을 제공받았다. "장래 검찰에서 을이나 P회사와 관련된 사건을 조사하거나 처분하게 될 경우, 갑의 직무권한 범위 내에 들어오지 않는 사건이면 갑이 담당 검사에게 영향력을 행사하여 유리한 처분 또는 각종 편의를 제공받게 해 달라."

검사는 갑을 특정범죄가중법위반죄(알선수뢰)로 기소하였다. 갑의 피고사건은 제1심을 거친 후, 항소심에 계속되었다. 항소법원은 유죄를 인정하였다. 갑은 불복 상고하였다.

대법원은 다음의 이유를 제시하여 원심판결을 파기환송하였다. (가) 갑이 ㉠이익을 수수할 당시 을이나 그가 운영하는 P회사에 발생할 형사사건의 내용은 물론 실제로 형사사건이 발생할지도 알 수 없는 상태였다.

알선수뢰죄가 성립하려면 알선할 사항이 다른 공무원의 직무에 속하는 사항으로서 뇌물수수의 명목이 그 사항의 알선에 관련된 것임이 어느 정도는 구체적으로 나타나야 한다. 단지 상대방으로 하여금 뇌물을 수수하는 자에게 잘 보이면 어떤 도움을 받을 수 있다거나 손해를 입을 염려가 없다는 정도의 막연한 기대감을 갖게 하는 정도에 불과하고, 뇌물을 수수하는 자 역시 상대방이 그러한 기대감을 가질 것이라고 짐작하면서 수수하였다는 사정만으로는 알선뇌물수수죄가 성립하지 않는다.[1]

'다른 공무원의 직무에 속한 사항'의 알선행위는 알선상대방인 공무원(병)의 직무에 속하는 사항에 관한 것이면 족하다. 그것이 반드시 부정행위라거나 그 직무에 관하여 알선행위자(을)가 결재권한이나 최종결정권한을 가지고 있어야 하는 것은 아니다.[2]

알선은 알선의뢰인(갑)과 알선상대방인 공무원(병)을 중개시켜주는 행위이다. 스스로(A)가 알선의뢰인(갑)과 알선상대방(병) 사이의 중개를 하지 아니하고 알선행위를 할 사람(을)을 소개시켜 주는 행위는 알선수뢰죄의 구성요건에 해당하지 않는다.[3] 그러나 알선행위자(을)를 소개한 사람(A)이 실제로 알선행위를 한 사람(을)의 행위에 대해 공동가공의 의사를 가지고 실행행위를 분담하였다면 알선수뢰죄의 공동정범으로 처벌된다.[4]

(다) 수수 · 요구 · 약속　　알선수뢰죄는 공무원(을)이 그 지위를 이용하여 다른 공무원(병)의 직무에 관한 사항의 알선에 관하여 뇌물을 수수, 요구 또는 약속할 때 성립한다. 이때 '다른 공무원의 직무에 관한 사항의 알선에 관하여 뇌물을 수수 · 요구 · 약속한다' 함은 다른 공무원(병)의 직무에 속한 사항의 알선 · 청탁의 명목으로 알선행위자인 공무원(을)과 알선의뢰인(갑) 사이에 뇌물의 수수 · 요구 · 약속이 이루어지는 것을 말한다.

알선의 상대방인 공무원(병)이 구체적으로 특정될 필요는 없으나 적어도 공무원의 직무에 속한 사항에 관하여 상대방이 될 수 있는 공무원(병)을 중개해 준다는 명목으로 뇌물을 수수 · 요구 · 약속하여야 한다.

형법 제132조의 알선수뢰죄는「특정범죄 가중처벌 등에 관한 법률」의 적용대상에 포함된다. 따라서 수뢰액의 정도에 따라 가중처벌된다(동법2①). 또한 알선수뢰죄를 범한 공무원(을)

(나) 을로서는 갑에게 잘 보이면 그로부터 어떤 도움을 받을 수 있다거나 손해를 입을 염려가 없다는 정도의 막연한 기대감에서 이익을 공여하였다고 봄이 타당하다. (다) 갑 역시 을이 그러한 기대감을 가질 것이라고 짐작하면서 수수한 것으로 보일 뿐, 다른 공무원의 직무에 속하는 사항의 알선과 관련하여 수수하였다는 점이 보이지 않는다. (라) 갑이 수수한 ㉠이익이 장래의 담당 검사의 직무에 속하는 사항의 알선에 관한 것이라고 볼 수 없다.

1) 2017. 12. 22. 2017도12346, 공 2018상, 379 = 『검사 동창생 이익제공 사건 2』.
2) 2006. 4. 27. 2006도735, 공 2006, 990 = 『시의회의원 BMW승용차 사건』.
3) 2000. 10. 24. 99도3115, 공 2000, 2470 = 『금융정책실장 독촉 사건』.
4) 2000. 10. 24. 99도3115, 공 2000, 2470 = 『금융정책실장 독촉 사건』.

에게는 형법 제132조가 규정한 법정형에 더하여 수뢰액의 2배 이상 5배 이하의 벌금이 필요적으로 병과된다(특정범죄가중법2②).

(3) 특별법상의 알선수뢰죄

행위자가 공무원으로서의 행위주체성을 갖추지 못하는 경우에도 특별법에 의하여 알선수뢰행위가 처벌되는 경우가 있다.

(가) 입법취지 공무원 신분을 가지지 않은 사람도 학연이나 지연 또는 개인의 영향력 등을 이용하여 공무원의 직무에 영향을 미칠 수 있다. 이러한 사람이 공무원의 직무와 관련하여 알선자 내지는 중개자로서 알선을 명목으로 금품 등을 수수 · 요구 · 약속하는 행위를 하게 되면 공무원의 직무집행의 공정성이 의심받게 된다. 그리하여 우리 입법자는 각종 특별법을 제정하여 공무원의 직무에 속한 사항에 관해 알선을 명목으로 금품 등을 수수 · 요구 · 약속하는 행위를 처벌하고 있다.

(나) 관련 특별법 「특정범죄 가중처벌 등에 관한 법률」(특정범죄가중법) 제3조는 공무원의 직무에 속한 사항의 알선에 관하여 금품이나 이익을 수수 · 요구 · 약속한 사람을 처벌하고 있다.

「변호사법」 제111조는 공무원이 취급하는 사건 또는 사무에 관하여 청탁 또는 알선을 한다는 명목으로 금품 · 향응, 그 밖의 이익을 받거나 받을 것을 약속한 자 또는 제3자에게 이를 공여하게 하거나 공여하게 할 것을 약속한 자를 처벌하고 있다.

「특정경제범죄 가중처벌 등에 관한 법률」(특정경제범죄법) 제7조는 금융회사등의 임직원의 직무에 속하는 사항의 알선에 관하여 금품이나 그 밖의 이익을 수수, 요구 또는 약속한 사람 또는 제3자에게 이를 공여하게 하거나 공여하게 할 것을 요구 또는 약속한 사람을 처벌하고 있다.

위의 세 가지 알선수재죄는 모두 행위주체에 제한이 없고, 실행행위가 알선이라는 점에서 공통된다. 아래에서는 편의를 위하여 금융회사등의 임직원도 공무원에 준하는 사람으로 보고, 위의 세 가지 범죄의 죄명을 특별법상의 알선수재죄로 통칭하여 고찰하기로 한다.

(다) 알 선 특별법상 알선수재죄의 경우에 알선은 알선행위자(을)가 일정한 사항에 관하여 어떤 사람(갑)과 그 상대방(병) 사이에 서서 중개하거나 편의를 도모하는 행위를 가리킨다.

특정범죄가중법상 알선수재죄는 '공무원의 직무에 속한 사항을 알선한다는 명목'으로 '금품 등을 수수'함으로써 성립하는 범죄이다. 여기에서 '알선'이라 함은 (가) 공무원의 직무에 속하는 일정한 사항에 관하여 당사자의 의사를 공무원 측에 전달하거나 편의를 도모하는 행위 또는 (나) 공무원의 직무에 관하여 부탁을 하거나 영향력을 행사하여 당사자가 원하는 방향으로 결정이 이루어지도록 돕는 등의 행위를 의미한다.[1)]

이 경우 공무원의 직무는 정당한 직무행위인 경우도 포함되고, 알선의 상대방인 공무원이나 그 직무내용이 구체적으로 특정되어 있을 필요도 없다. 또한 위와 같은 알선의 명목으로 금품을 받았다면 실제로 어떤 구체적인 알선행위를 하였는지와 상관없이 범죄는 성립한다.[2)]

청탁 · 알선의 상대방이 구체적으로 특정될 필요는 없다. 그렇다고 하더라도 최종적으로는 상대방은 공무원일 것을 요한다. 또한 청탁 · 알선의 대상이 그 공무원의 직무에 속한 사항이거나 그가 취급하는 사건 또는 사무에 해당하여야 한다.[3)]

어떤 사람(갑)이 청탁한 취지를 그대로 상대방(병)에게 전하는 경우뿐만 아니라 그 사람(갑)을 대신하여 스스로(을)가 상대방(병)에게 청탁을 하는 행위도 알선에 해당한다. 과거의 것이나 정당한 직무행위를 대상으로 하는 경우도 알선에 포함되며, 위와 같은 알선의 명목으로 금품 등을 수수하였다면 실제로 어떤 알선행위를 하였는지와 관계없이 특별법상 알선수재죄는 성립한다.[4)]

금품수수의 명목이 단지 알선행위를 할 사람을 소개시켜 준다는 것으로 국한되는 경우에는 특별법상의 알선수재죄가 성립하지 않는다.[5)] 그러나 반드시 담당 공무원을 구체적으로 특정하여 그에게 직접 청탁 · 알선할 것을 금품수수의 명목으로 하여야만 특별법상 알선수재죄가 성립하는 것은 아니다. 청탁할 공무원을 구체적으로 특정하지 아니한 경우는 물론 영향력 등을 행사할 수 있는 중간인물을 통하여 청탁 · 알선해준다는 명목으로 금품 등을 수수한 경우에도 특별법상 알선수재죄는 성립할 수 있다. 이 경우 중간인물은 반드시 공무원일 필요는 없고, 공무원이라 하더라도 청탁 · 알선의 대상이 반드시 그의 직무에 속하여야 하는 것은 아니다.[6)]

(라) 대가관계　　특별법상 알선수재죄에서 알선행위자(을)가 수수한 금품이나 이익은 어디까지나 청탁 혹은 알선행위의 대가라는 명목으로 수수되어야 한다.[7)] 알선과 수수한 금품 사이에 전체적, 포괄적으로 대가관계가 있으면 족하다. 알선자가 수수한 금품에

---

1) 2017. 1. 12. 2016도15470, 공 2017상, 427.
2) 2017. 1. 12. 2016도15470, 공 2017상, 427.
3) 2007. 6. 28. 2002도3600, 공 2007, 1195 = 분석 각론『구재단 학교 찾기 사건』.
4) 2012. 6. 14. 2012도534, 공 2012하, 1258 = 분석 각론『매립회사 로비스트 사건』.
5) 2007. 6. 28. 2002도3600, 공 2007, 1195 = 분석 각론『구재단 학교 찾기 사건』.
6) 2007. 6. 28. 2002도3600, 공 2007, 1195 = 분석 각론『구재단 학교 찾기 사건』.
7) 2007. 6. 28. 2002도3600, 공 2007, 1195 = 분석 각론『구재단 학교 찾기 사건』.

그 알선행위에 대한 대가로서의 성질과 그 외의 행위에 대한 대가로서의 성질이 불가분적으로 결합되어 있는 경우에는 그 전부가 불가분적으로 알선행위에 대한 대가로서의 성질을 가진다.[1)]

알선행위자(을)가 아닌 제3자(A)가 그 대가인 금품 기타 이익을 중간에서 알선상대방(병)에게 전달한 것에 불과한 경우에는 그 자체만으로는 특별법상 알선수재죄의 구성요건에 해당하지 않는다.[2)] 그러나 그 제3자(A)가 알선의 대가로 금품을 수수한 알선행위자(을)와 공동가공의 의사를 가지고 알선상대방(병)에게 전달행위를 하여 실행행위에 관여한 때에는 특별법상 알선수재죄의 공동정범이 성립한다.[3)]

(마) 알선상대방의 직무 특별법상 알선수재죄가 성립하려면 알선할 사항이 공무원(병)의 직무에 속하는 사항이고, 알선행위자(을)가 금품이나 이익을 수수하는 명목이 그 사항의 알선에 관련된 것임이 어느 정도 구체적으로 나타나야 한다.

금품 등을 공여하는 자(갑)가 금품 등을 수수하는 자(을)에게 잘 보이면 그로부터 어떤 도움을 받을 수 있다거나 손해를 입을 염려가 없다는 정도의 막연한 기대감 속에 금품 등을 교부하고, 금품 등을 수수하는 자(을) 역시 공여자(갑)가 그러한 기대감을 가지고 금품 등을 교부하는 것이라고 짐작하면서 이를 수수하였다는 정도의 사정만으로는 알선수재죄가 성립한다고 볼 수 없다.[4)]

(바) 뇌물공여죄와의 관계 갑과 을이 공무원 병에게 뇌물을 공여하기로 공모하여 갑은 뇌물을 마련하고 을은 공무원에게 뇌물을 전달하기로 각각 행위를 분담한 경우에 을에게 특별법상의 알선수재죄(특정범죄가중법3; 5년 이하 징역 또는 1천만원 이하 벌금)가 성립할 것인지 문제된다. 그러나 이러한 경우 갑과 을은 공무원에 대한 뇌물공여를 공모하고 그 행위를 분담하기로 한 자이므로 뇌물공여죄(법133①; 5년 이하의 징역 또는 2천만원 이하의 벌금)의 공동정범으로 처벌된다.

을이 그와 공동정범의 관계에 있는 갑으로부터 공무원 병에게 뇌물로 공여할 금품을 교부받았다 하더라도, 을의 행위는 공범 상호간에 이루어진 뇌물공여를 위한 예비행위에 불과할 뿐이고 을 자신의 이익을 취득하기 위하여 돈을 받은 것이라고 볼 수 없다. 그렇다면 을에 대해서는 특별법상 알선수재죄가 성립하지 않는다.[5)]

---

1) 2012. 6. 14. 2012도534, 공 2012하, 1258 = 분석 각론 『매립회사 로비스트 사건』.
2) 2007. 6. 28. 2002도3600, 공 2007, 1195 = 분석 각론 『구재단 학교 찾기 사건』.
3) 2007. 6. 28. 2002도3600, 공 2007, 1195 = 분석 각론 『구재단 학교 찾기 사건』.
4) 2012. 6. 14. 2012도534, 공 2012하, 1258 = 분석 각론 『매립회사 로비스트 사건』.
5) 2010. 4. 15. 2009도11146, [미간행] = 분석 각론 『시장실 쇼핑백 사건』.

7. 뇌물공여죄

형법 제133조 (뇌물공여등) ① 제129조부터 제132조까지에 기재한 뇌물을 약속, 공여 또는 공여의 의사를 표시한 자는 5년 이하의 징역 또는 2천만원 이하의 벌금에 처한다.

◎ 필요적 몰수 · 추징(법134)

(1) 행위주체

형법 제129조 내지 제132조의 뇌물수수죄는 공무원(중재인 포함. 이하 같다)을 주체로 예정하고 있다. 이때 주체인 공무원은 각 범죄의 유형에 따라 현재 그 지위를 가지고 있는 자, 장래 그 지위를 가지게 되는 자, 또는 과거에 그 지위를 가졌던 자이다. 따라서 형법 제129조 내지 제132조의 죄는 넓은 의미에서 공무원의 직무위반행위를 처벌하는 범죄유형에 속한다.

이에 반하여 형법 제133조의 죄는 비신분자가 공무원의 뇌물수수죄에 관여하는 범죄유형이다. 형법 제133조의 죄는 다시 제1항의 뇌물공여죄와 제2항의 제3자뇌물교부 · 취득죄로 나누어진다. 제1항의 뇌물공여죄는 공무원에게 직접 뇌물이 공여되는 것에 규제의 중점이 있음에 대하여 제2항의 제3자뇌물교부 · 취득죄는 공무원에게 뇌물이 공여되기 전의 단계에서 뇌물이 공여자로부터 중간전달자에게 교부되는 과정에 규제의 중점이 있다.

형법 제133조 제1항이 규정한 뇌물공여죄의 주체에는 제한이 없다. 비공무원에 의한 것이 보통이지만 공무원도 뇌물공여죄의 주체가 될 수 있다.

(2) 실행행위

(가) 상대방 뇌물공여죄의 실행행위는 형법 제129조 내지 제132조에 기재한 뇌물을 약속, 공여 또는 공여의 의사를 표시하는 것이다(법133①). 뇌물공여죄의 상대방은 형법 제129조 내지 제132조에 규정된 공무원(중재인 포함)이다. 형법 제129조 내지 제132조의 공무원은 대한민국의 공무원을 말한다. 외국 공무원에 대한 뇌물공여 등의 행위는 「국제상거래에 있어서 외국공무원에 대한 뇌물방지법」에 의하여 별도로 처벌된다.[1]

---

1) 국제상거래에 있어서 외국공무원에 대한 뇌물방지법 제3조 (뇌물공여자 등의 형사책임) ① 국제상거래와 관련하여 부정한 이익을 얻을 목적으로 외국공무원등에게 그 업무와 관련하여 뇌물을 약속 또는 공여하거나 공여의 의사를 표시한 자는 5년 이하의 징역 또는 2천만원 이하의 벌금에 처한다. 이 경우 범죄행위로 얻은 이익(이익이 공여액보다 적거나 산정할 수 없는 경우에는 공여액)이 1천만원을 초과할 때에는 5년 이하의 징역 또는 그 이익(이익이 공여액보다 적거나 산정할 수 없는 경우에는 공여액)의 2배 이상 5배 이하에 해당

(나) 행위 유형 공여는 부정한 이익을 상대방으로 하여금 취득하게 하는 것이다. 공여(供與)는 수수(收受)에 대응하는 개념이다. 공여에 대응하는 수수행위가 없으면 공여의 의사표시에 해당한다. 공여는 수수할 수 있는 상태에 두는 것으로 족하고 실제로 상대방이 수수할 필요는 없다.

배임수재자(법357①)가 배임증재자(법357②)로부터 그가 무상으로 빌려준 물건을 인도받아 사용하고 있던 중에 공무원이 된 경우가 있다. 이 경우 그 사실을 알게 된 배임증재자가 배임수재자에게 앞으로 위 물건은 공무원의 직무에 관하여 빌려주는 것이라고 하면서 뇌물공여의 뜻을 밝히고 위 물건을 계속하여 배임수재자가 사용할 수 있는 상태로 둔 경우에 뇌물공여죄(법133①)가 성립할 것인지 문제된다.

이러한 경우 처음에 배임증재로 무상 대여할 당시에 정한 사용기간을 추가로 연장해 주는 등 새로운 이익을 제공한 것으로 평가할 만한 사정이 없다면, 이는 종전에 이미 제공한 이익을 나중에 와서 뇌물로 하겠다는 것에 불과할 뿐 새롭게 뇌물로 제공되는 이익이 없어 뇌물공여죄가 성립하지 않는다.[1]

공여의 의사표시는 공여자의 일방적 행위로서, 자진하여 수수를 촉구하는 뇌물공여의 의사표시를 말한다. 공여의 약속은 상대방의 뇌물공여 요구에 응한다는 승낙의 의사표시를 말한다.

뇌물공여의 의사표시를 하는 방법에는 제한이 없다. 특정 금품을 뇌물로 공여하는 경우 그 금품을 공여할 의사로 지참하여 명시 또는 묵시의 방법으로 이것을 뇌물로 공여하겠다는 의사를 표시하면 족하다. 구체적으로 지참한 금품의 액수까지 상대방에게 표시할 필요는 없다.

회사는 기업활동을 할 때 형사상의 범죄를 수단으로 삼아서는 안 된다. 뇌물공여를 금지하는 법률 규정은 회사가 기업활동을 할 때 준수해야 한다. 회사의 이사 등이 업무상의 임무에 위배하여 보관 중인 회사의 자금을 뇌물로 공여하였다면 이는 오로지 회사의 이익을 도모할 목적이라기보다는 뇌물공여 상대방의 이익을 도모할 목적이나 기타 다른 목적으로 행

하는 벌금에 처한다.

② 제1항의 행위에 공할 목적으로 제3자에게 뇌물을 교부하거나 그 정을 알면서 교부를 받은 자도 제1항의 형과 같다.

③ 제1항 또는 제2항의 경우 다음 각 호의 어느 하나에 해당하는 경우는 예외로 한다.

1. 외국공무원등이 속한 국가의 법령에 따라 그 지급이 허용되거나 요구되는 경우
2. 삭제

③ 제1항 또는 제2항의 죄를 범하여 징역에 처하는 경우에는 제1항 또는 제2항에서 정한 벌금을 병과한다.

1) 2015. 10. 15. 2015도6232, 공 2015하, 1718.

하여진 것이라고 봄이 상당하다. 따라서 그 이사 등은 뇌물공여죄(법133①)의 죄책을 지며, 회사에 대하여는 업무상 횡령죄(법356)의 죄책을 면하지 못한다.[1)]

(3) 공 범

(가) 문제의 소재 일반적으로 공무원의 뇌물수수죄 사안에는 뇌물공여자가 등장한다. 이 점에서 뇌물수수죄와 뇌물공여죄를 필요적 공범으로 볼 여지가 있다. 이와 관련하여 뇌물수수죄와 뇌물공여죄의 관계가 논란되고 있다.

이 문제에 대해 뇌물수수죄와 뇌물공여죄는 하나의 범죄로서 서로 필요적 공범의 관계에 서 있다고 보는 견해와 뇌물수수죄와 뇌물공여죄는 별개의 범죄이며 반드시 필요적 공범의 관계에 있는 것은 아니라고 보는 견해가 대립하고 있다. 학설대립의 실익은 특히 형법 총칙의 공범규정 적용과 관련하여 나타난다. 뇌물수수죄와 뇌물공여죄를 필요적 공범으로 파악하면 뇌물공여자를 뇌물수수범의 교사범이나 방조범으로 처벌할 수 없다.

(나) 행위태양 뇌물수수죄와 뇌물공여죄를 분석해 보면 다음과 같은 행위태양들을 추출해 낼 수 있다. 먼저 뇌물수수죄는 (가) 뇌물공여의 요구, (나) 뇌물수수의 약속, (다) 뇌물의 수수라는 형태로 나누어 볼 수 있다. 이때 뇌물수수는 현실적으로 뇌물을 취득하는 것을 말한다. 다음으로 뇌물공여죄는 (라) 뇌물공여의 의사표시, (마) 뇌물공여의 약속, (바) 뇌물의 공여라는 형태로 나누어 볼 수 있다. 이때 뇌물공여는 현실적으로 뇌물을 교부하여 상대방으로 하여금 취득하게 하는 것을 말한다.

이상의 행위태양 가운데 먼저, (가)의 뇌물공여의 요구와 (라)의 뇌물공여의 의사표시는 기본적으로 요구자 또는 공여자의 일방적 의사표시로 이루어지기 때문에 양자는 필요적 공범이라고 볼 수 없다. 다음으로, (나)의 뇌물수수의 약속은 (라)의 뇌물공여의 의사표시에 대한 승낙을 의미하고 (마)의 뇌물공여의 약속은 (가)의 뇌물공여의 요구에 대한 승낙을 의미한다. (나)의 뇌물수수의 약속과 (마)의 뇌물공여의 약속의 경우에는 반드시 2명 이상의 행위자가 등장하므로 양자는 필요적 공범에 해당한다. 끝으로, (다)의 뇌물의 수수와 (바)의 뇌물의 공여의 경우에는 뇌물공여자와 뇌물수수자가 등장하여 현실적으로 뇌물의 공여와 수수가 이루어지므로 양자는 필요적 공범이다.

(다) 법적 효과 필요적 공범관계가 인정되면 형법 총칙의 임의적 공범에 관한 규정이 적용되지 않는다. 필요적 공범의 범죄성립에는 행위의 공동을 필요로 하는 것에 불과하고 반드시 협력자 전부가 형사책임이 있음을 필요로 하는 것은 아니다.[2)] 뇌물공여죄를 중심으

1) 2013. 4. 25. 2011도9238, 공 2013상, 984 = 분석 각론 『하역회사 리베이트 사건』.
2) 2008. 3. 13. 2007도10804, 공 2008상, 549 = 『군수 함정뇌물 사건』.

로 살펴보면, 뇌물공여죄가 성립하는 데에는 뇌물을 공여하는 행위와 상대방 측에서 뇌물을 받아들이는 행위가 필요할 뿐이다. 반드시 상대방 측에 뇌물수수죄가 성립해야 하는 것은 아니다.[1)]

(4) 다른 죄와의 관계

공무원이 뇌물을 수수하는 과정에서 재물교부자에게 공갈행위를 한 경우에 재물교부자에게 뇌물공여죄가 성립할 것인지 문제된다.

먼저, 공무원이 직무집행의 의사 없이 또는 직무처리와 대가적 관계 없이 타인을 공갈하여 재물을 교부하게 한 경우라면 공갈죄(법350① · ②)만 성립한다. 이러한 경우 재물의 교부자가 공무원이 한 해악의 고지로 인하여 공포심을 일으킨 결과 금품을 제공한 것이라면 그는 공갈죄의 피해자가 될 것이고 뇌물공여죄(법133①)는 성립하지 않는다.[2)]

그러나 공무원에게 직무집행의 의사가 있었고, 그 직무처리에 대한 대가관계로서 금품을 제공받았으며, 재물의 교부자는 공무원의 직무행위를 매수하려는 의사에서 금품을 제공하였다면 공무원에게는 뇌물수수죄(법129①)가, 재물교부자에게는 뇌물공여죄(법133①)가 성립한다.[3)] 뇌물죄가 성립하면 해당 재물은 필요적 몰수 · 추징의 대상이 된다(법134).

다음으로, 공무원이 재물교부자로부터 뇌물을 수수함에 있어서 재물교부자를 기망한 경우가 있다. 뇌물을 수수함에 있어서 공여자를 기망한 점이 있다 하여도 뇌물수수죄, 뇌물공여죄의 성립에는 영향이 없다. 이 경우 뇌물을 수수한 공무원에 대하여는 한 개의 행위가 뇌물죄와 사기죄의 각 구성요건에 해당하므로 형법 제40조에 의하여 상상적 경합으로 처단해야 한다.[4)]

8. 제3자뇌물교부죄와 제3자뇌물취득죄

형법 제133조 ② 제1항의 행위에 제공할 목적으로 제3자에게 금품을 교부한 자 또는 그 사정을 알면서 금품을 교부를 받은 제3자도 제1항의 형에 처한다.

◎ 필요적 몰수 · 추징(법134)

1) 2013. 11. 28. 2013도9003, [미간행] = 『건설기술심의위원 쇼핑백 사건』.
2) 1994. 12. 22. 94도2528, 공 1995, 734 = 『위장거래 세금계산서 사건』.
3) 1994. 12. 22. 94도2528, 공 1995, 734 = 『위장거래 세금계산서 사건』.
4) 2015. 10. 29. 2015도12838, [미간행] = 『뇌물요구 거절 사건』.

(1) 입법취지

형법 제133조 제2항은 뇌물에 공할 목적으로 제3자에게 금품을 교부하는 자나 그 정을 알면서 교부를 받은 자를 형법 제133조 제1항 뇌물공여죄(5년 이하 징역 또는 2천만원 이하 벌금)와 같은 형으로 처벌하고 있다.

대검 예규인 「공소장 및 불기소장에 기재될 죄명에 관한 예규」는 형법 제133조 제2항의 죄명을 '제3자뇌물교부'(법133② 전단)과 '제3자뇌물취득'(동항 후단)으로 각각 기재하도록 하고 있다. 여기에서 형법 제133조 제2항 후단의 제3자뇌물취득죄와 형법 제130조의 제3자뇌물수수죄를 구별해야 한다. 전자의 '제3자뇌물취득'는 단순히 전달하기 위하여 제3자가 뇌물을 취득하는 것임에 대하여 후자의 '제3자뇌물수수'는 제3자가 뇌물의 최종적인 귀속주체가 된다는 점에서 차이가 있다.

형법 제133조 제2항이 처벌대상으로 삼고 있는 범죄유형은 (가) 뇌물공여자가 뇌물에 공할 목적으로 금품을 제3자에게 교부하는 죄(제3자뇌물교부죄)와 (나) 제3자가 그 정을 알면서 뇌물공여자로부터 뇌물에 공할 금품을 교부받는 죄(제3자뇌물취득죄)의 두 가지 형태로 나누어진다.

엄밀한 의미에서 볼 때 제3자뇌물교부죄(법133② 전단)는 뇌물공여죄(법133①)의 예비행위이며, 제3자뇌물취득죄(법133② 후단)는 뇌물공여죄(법133①)의 방조에 해당한다고 할 수 있다. 그러나 우리 입법자는 뇌물 가운데에서도 가장 유혹의 정도가 높은 '금품'에 대해 뇌물공여죄가 성립하기 전 단계부터 형사적 규제를 가하기 위하여 형법 제133조 제2항을 규정해 놓고 있다. 따라서 형법 제133조 제2항은 뇌물이 금품 이외의 형태를 취하고 있는 경우에는 적용되지 않는다.

(2) 변호사법위반죄 등과의 관계

제3자뇌물교부죄(법133② 전단)는 뇌물공여자(갑)가 제3자(을)에게 공무원(병)에게 공여할 금품을 교부할 때 성립한다. 제3자뇌물취득죄(법133② 후단)는 제3자(을)가 뇌물공여자(갑)와 뇌물수수자인 공무원(병) 사이에 서서 공무원(병)에게 공여될 뇌물임을 알면서 금품을 교부받는 경우에 성립한다. 제3자뇌물교부죄 · 제3자뇌물취득죄의 경우에 제3자(을)는 단순히 뇌물을 전달하기 위하여 금품을 교부받는 사람이다.

뇌물공여자(갑)와 뇌물수수자(병)의 중간에 위치한 제3자(을)가 단순히 전달하기 위하여 뇌물을 교부받는 것을 넘어서서 자기 자신이 이득을 취하려는 목적을 가지고 있는 경우에는 중간에 위치한 제3자(을)에 대해 제3자뇌물취득죄(법133② 후단)가 성립하지 않는다. 이 경우에는 「변호사법」위반죄(동법111 참조)나 특별법상의 각종 알선수재죄가 성립한다. 「변호사법」

위반죄의 경우 금품의 수교부자(을)가 실제로 청탁할 생각이 없었다 하더라도 금품을 교부받은 것이 자기의 이득을 취하기 위한 것이라면 「변호사법」위반죄가 성립한다.[1)]

(3) 제3자뇌물교부죄의 성립범위

제3자뇌물교부죄(법133② 전단)의 경우에 행위주체는 뇌물공여자이다. 뇌물공여자(갑)가 뇌물공여에 공할 목적으로 제3자(을)에게 금품을 교부하면 그것으로 제3자뇌물교부죄는 성립한다. 교부 후 뇌물을 수수할 사람(병)이 전달자(을)로부터 전달받은 그 금품을 바로 뇌물공여자(갑)에게 반환하였다고 하더라도 제3자뇌물교부죄의 성립에는 영향이 없다.[2)]

뇌물의 중간전달자(을)가 자기 자신의 이득을 취하기 위하여 공무원(병)이 취급하는 사건 또는 사무에 관하여 청탁한다는 명목으로 청탁자(갑)로부터 금품 등을 교부받으면 그로써 곧 「변호사법」 제111조 제1항 위반죄가 성립된다. 그런데 이 경우에는 금품을 교부한 청탁자(갑)에게 제3자뇌물교부죄(법133② 전단)가 성립하지 않는다. 중간에 위치한 제3자(을)가 단순히 전달하기 위하여 뇌물을 교부받는 경우에만 제3자뇌물교부죄가 성립하기 때문이다.

나아가 이 경우 금품을 교부한 청탁자(갑)에게는 변호사법위반죄(동법111①)의 방조범도 성립하지 않는다. 「변호사법」은 공무원에 대한 청탁 명목의 금품을 수수한 사람(을)을 처벌하면서(동법111), 그에게 금품을 제공한 사람(갑)에 대해서는 처벌규정을 두고 있지 않다. 「변호사법」위반죄의 경우 청탁 명목의 금품을 수수한 사람(을)과 그에게 금품을 제공한 사람(갑)은 대향범으로서 필요적 공범관계에 있다. 대향범의 경우에는 형법 총칙의 임의적 공범에 관한 규정이 적용되지 않는다. 그러므로 금품을 공여한 자(갑)를 금품을 수수한 상대방(을)의 공범으로 처벌할 수 없다.[3)]

결국 「변호사법」위반죄의 사안에서 청탁 명목의 금품을 제공한 사람(갑)은 형법상 제3자뇌물교부죄(법133② 전단)로도, 「변호사법」위반죄(동법111①)의 공범으로도 처벌되지 않는다.

(4) 제3자뇌물취득죄의 성립범위

제3자뇌물취득죄(법133② 후단)는 뇌물공여자(갑)를 돕는 제3자(을)의 행위를 독립한 범죄로 규정한 것이다. 제3자뇌물취득죄는 제3자(을)가 뇌물공여자(갑)로부터 교부받은 금품을 수뢰할 사람(병)에게 전달하였는지 여부에 관계없이 제3자(을)가 그 정을 알면서 금품을 교

1) 1986. 3. 25. 86도436, 공 1986, 728 = 백선 각론 1 『청탁그릴 사건』.
2) 1983. 6. 28. 82도3129, 공 1983, 1511.
3) 2014. 1. 16. 2013도6969, 공 2014상, 425 = 분석 총론 『변호사법위반죄 방조범 사건』.

부받음으로써 성립한다.[1)]

제3자(을)가 교부받은 금품을 수뢰할 사람(병)에게 전달하였다고 하여도 제3자뇌물취득죄 이외에 별도로 뇌물공여죄가 성립하지는 않는다.[2)] 이는 뇌물공여죄(법133①)의 방조범을 형법 제133조 제2항 후단의 제3자뇌물취득죄라는 독자적 구성요건을 통하여 정범으로 포착하였기 때문이다. 제3자뇌물취득죄의 주체(을)는 비공무원을 예정한 것이지만, 공무원일지라도 직무와 관계되지 않는 범위 내에서는 제3자뇌물취득죄의 주체가 될 수 있다.[3)]

뇌물의 중간전달자(을)가 자기 자신의 이득을 취하기 위하여 공무원(병)이 취급하는 사건 또는 사무에 관하여 청탁한다는 명목으로 청탁자(갑)로부터 금품 등을 교부받으면 그로써 곧 「변호사법」 제111조 제1항 위반죄가 성립된다. 이와 같은 경우에 다른 알선수재죄나 형법상 제3자뇌물취득죄(법133② 후단)는 성립할 여지가 없다.[4)]

역으로, 뇌물에 공할 목적으로 제3자(을)에게 금품을 교부한 자(갑)에게 제3자뇌물교부죄(법133② 전단)가 성립된다면 그 금품을 공무원(병)에게 전달하기 위하여 교부받은 제3자(을)를 「변호사법」 제111조 제1항 위반죄로 처벌할 수 없다.[5)] 이 경우 제3자(을)는 단순히 뇌물을 전달하기 위하여 교부받았을 뿐 자기 자신의 이득을 취할 목적이 없기 때문이다.

1) 2002. 6. 14. 2002도1283, 공 2002, 1746 = 분석 각론 『헌병수사관 병역비리 사건』.
2) 1997. 9. 5. 97도1572, 공 1977, 3195.
3) 2002. 6. 14. 2002도1283, 공 2002, 1746 = 분석 각론 『헌병수사관 병역비리 사건』.
4) 1986. 3. 25. 86도436, 공 1986, 728 = 백선 각론 1 『청탑그릴 사건』.
5) 2007. 6. 28. 2002도3600, 공 2007, 1195 = 분석 각론 『구재단 학교 찾기 사건』.

제 8 장 공무방해에 관한 죄

제1 서 설

1. 공무방해죄의 체계

형법 각칙 제8장은 공무방해에 관한 죄를 규정하고 있다. 공무방해에 관한 죄의 보호법익은 넓은 의미의 공무(公務)이다. 이 경우 공무는 국가 또는 지방자치단체의 사무를 말한다. 형법전을 보면, 공무를 보호법익으로 하고 있는 형벌법규는 각칙 제8장 공무방해에 관한 죄 이외에도 여러 곳에 규정되어 있다. 각칙 제8장 공무방해에 관한 죄 다음에 위치한 제9장 도주와 범인은닉의 죄, 제10장 위증과 증거인멸의 죄, 제11장 무고의 죄도 모두 공무를 보호하기 위하여 마련된 범죄들을 규정하고 있다. 그러나 제8장 공무방해에 관한 죄 이외의 곳에 규정된 범죄유형들은 보다 특화된 공무방해죄들이다.

공무방해에 관한 죄를 규정한 형법 각칙 제8장에는 (가) 다른 장에 규정된 형태 이외의 일반적 방법으로 행해지는 공무집행방해죄와 (나) 다른 장에 배치하는 것이 적당하지 않은 형태의 공무방해죄들이 규정되어 있다. 형법 각칙 제8장의 표제가 '공무방해에 관한 죄'로 되어 있는 것은 이 장의 규율대상이 협의의 공무집행방해죄(법136①)를 넘어 보다 넓은 범위에 걸친다는 점을 나타내기 위함이다.

2. 유사범죄의 차등 취급

우리 입법자는 비슷한 유형의 범죄일지라도 그것이 공무와 관련되는 경우에는 별도로 규정하여 형을 가중하는 방식을 취하고 있다. 공무를 보다 두텁게 보호하기 위한 노력의 일환이라고 볼 수 있지만 입법론적으로 적절한지는 다소 의문이다. 이에 해당하는 경우를 살펴본다.

첫째로, 봉함 기타 비밀장치한 문서 또는 도화를 개봉하는 경우가 있다. 비밀장치가 사인에 의하여 이루어진 것인 때에는 비밀장치침해죄(법316①; 3년 이하의 징역이나 금고 또는 500만원 이하의 벌금)를 구성한다. 이에 대해 비밀장치가 공무원이 그 직무에 관하여 실시한 것인 때에는 공무상비밀장치침해죄(법140②; 5년 이하의 징역 또는 700만원 이하의 벌금)를 구성한다.

둘째로, 봉함 기타 비밀장치한 문서, 도화 또는 전자기록 등 특수매체기록을 기술적 수단을 이용하여 그 내용을 알아내는 경우가 있다. 비밀내용탐지의 객체가 사인에 의하여 이루어진 것인 때에는 특수매체비밀내용탐지죄(법316②; 3년 이하의 징역이나 금고 또는 500만원 이하의 벌금)를 구성한다. 이에 대해 비밀내용탐지의 객체가 공무원이 그 직무에 관하여 실시한 것인 때에는 공무상특수매체비밀내용탐지죄(법140③; 5년 이하의 징역 또는 700만원 이하의 벌금)를 구성한다.

셋째로, 서류 기타 물건 또는 전자기록등 특수매체기록을 손괴 또는 은닉하거나 기타 방법으로 그 효용을 해하는 경우가 있다. 목적물이 사인의 소유에 속하는 때에는 손괴죄(법366; 3년 이하의 징역 또는 700만원 이하의 벌금)를 구성한다. 이에 대해 목적물이 공무소에서 사용하는 것인 때에는 공용물손괴죄(법141①; 7년 이하의 징역 또는 1천만원 이하의 벌금)를 구성한다.

넷째로, 공익에 공하는 건조물을 파괴한 경우는 공익건조물파괴죄(법367; 10년 이하의 징역 또는 2천만원 이하의 벌금)를 구성한다. 이에 대해 공무소에서 사용하는 건조물을 파괴한 경우는 공용건조물파괴죄(법141②; 1년 이상 10년 이하의 징역)를 구성한다. 후자의 경우에는 건조물 외에 선박, 기차, 항공기가 포함된다.

위에 소개한 범죄유형들을 보면 구성요건요소들이 대부분 중첩된다. 각종 공무방해죄가 성립하면 개인적 법익을 보호하기 위하여 규정된 관련 범죄들은 대응하는 공무방해죄에 흡수된다.

3. 보호법익

(1) 공무의 의의

공무방해에 관한 죄의 보호법익은 광의의 공무이다. 여기에서 공무는 국가 또는 지방자치단체의 작용이다. 국가 또는 지방자치단체의 작용이 원활 · 공정하게 행해지는 것은 국민이나 주민 전체의 이익이며, 이에 대한 부당한 침해는 형벌로써 제재할 필요가 있다. 각칙 제8장이 규정한 공무방해에 관한 죄는 공무 그 자체를 보호하기 위한 것이다.

공무를 방해하는 죄의 보호법익을 공무라는 추상적 법익이 아니라 공무를 집행하는 공무원의 안전이나 공무소의 존엄에서 구하는 견해를 생각해 볼 수 있다. 그러나 공무원에게 우월적 지위를 인정하거나 공무소의 존엄을 강조하는 것은 권위주의적 태도로서 우리 헌법의 민주주의 원리에 비추어 용납될 수 없다.

(2) 위헌 논의

공무방해에 관한 죄는 공무원을 우대하기 위하여 규정된 것이 아니다. 이와 관련하여 공무원에게 폭행 · 협박을 가한 경우에 일반국민에 대한 경우와 마찬가지로 단순히 폭행죄(법260①; 2년 이하의 징역, 500만원 이하의 벌금, 구류 또는 과료, 반의사불벌죄) 또는 협박죄(법283①; 3년 이하의 징역, 500만원 이하의 벌금, 구류 또는 과료; 반의사불벌죄)로 처벌하면 족하고, 별도로 공무집행방해죄(법136①; 5년 이하의 징역 또는 1천만원 이하의 벌금)를 둘 필요는 없지 않은가 하는 의문이 제기될 수 있다. 이 의문을 좀더 발전시키면 위헌론에까지 이를 수 있다. 공무원에 대한 폭행 · 협박을 공무집행방해죄로 규정하여 폭행죄 · 협박죄보다 무겁게 처벌하는 것은 공무원이라는 신분자에게 특별한 보호를 부여하는 것으로서 헌법 제11조의 평등원칙에 위반하는 것이 아닌가 하는 문제의식을 가질 수 있기 때문이다.

생각건대 공무집행방해죄를 두고 공무원이라는 신분 때문에 특별히 형법적 보호를 부여하는 것이라고는 말할 수는 없다. 공무집행방해죄의 보호법익은 광의의 공무, 즉 국가 또는 지방자치단체의 작용이다. 공무집행방해죄가 규정되어 있어서 공무원의 지위가 보호받는 측면이 있음은 사실이지만 그것은 어디까지나 공무가 보호되는 결과에 따르는 반사적 효과에 지나지 않는다. 이를 가리켜서 공무원의 신분을 이유로 특별한 보호를 제공하는 것이라고 말할 수는 없다.

다만 공무방해죄의 해석에서 국가 또는 지방자치단체의 이익만을 일방적으로 고려하여 공무의 범위를 지나치게 확장해석하여서는 안 된다. 공무집행의 상대방인 개개 국민의 이익이 부당하게 침해되지 않도록 공무의 범위를 필요최소한에 그치도록 한정적으로 해석할 필요가 있다.

제 2 공무방해죄의 기본유형 – 공무집행방해죄

형법 제136조 (공무집행방해) ① 직무를 집행하는 공무원에 대하여 폭행 또는 협박한 자는 5년 이하의 징역 또는 1천만원 이하의 벌금에 처한다.

◎ 특수공무방해죄 적용대상임(법144①)

◎ 특수공무방해치사상죄 적용대상임(법144②)

1. 행위주체

형법 제136조 제1항은 협의의 공무집행방해죄를 규정하고 있다. 공무집행방해죄의 주체에는 제한이 없다. 행위주체는 직접 공무원의 직무집행의 대상이 되는 자에 한정하지 않는다. 공무원의 직무집행과 관계없는 제3자라도 공무집행방해죄의 주체가 될 수 있다. 공무원도 경우에 따라서는 공무집행방해죄의 주체가 될 수 있다.

2. 행위객체

(1) 공무원

공무집행방해죄의 행위객체는 직무를 집행하는 공무원이다.[1] 공무원은 법령에 기하여 국가 또는 지방자치단체 및 이에 준하는 공법인의 사무에 종사하는 자로서 그 노무의 내용이 단순한 기계적, 육체적인 것에 한정되어 있지 않은 자를 말한다.[2] 「청원경찰법」에 의한 청원경찰은 형법 제136조의 공무원에 해당한다.[3]

그러나 관련 규정에 근거하여 자활근로자로 선정되어 사회복지담당 공무원의 복지도우미로 근무하는 사람은 공무원으로서 공무를 담당하고 있다고 볼 수 없다.[4] 국민권익위원회 위원장과 근로계약을 체결한 기간제근로자로서 청사 안전관리 및 민원인 안내 등의 사무를 담당한 것에 불과한 사람은 법령의 근거에 기하여 국가 등의 사무에 종사하는 형법상 공무원이라고 보기 어렵다.[5]

공무집행방해죄는 대한민국을 중심으로 국가 또는 지방자치단체의 공무를 보호하려는 것이다. 따라서 외국의 공무원에게 폭행 · 협박을 가하더라도 공무집행방해죄는 성립하지 않는다. 외국원수, 외국사절 등에 대한 폭행 · 협박은 각칙 제4장 국교에 관한 죄에 규정된 범죄로 처벌된다(법107, 108 참조).

(2) 직무의 집행

(가) 직무집행　　직무란 공무원이 법령에 기하여 행하는 사무를 말한다. 직무는 공무원의 직무인 이상 그 종류, 성질을 묻지 않는다. 직무의 집행이라 함은 널리 공무원이 직무상 취급할 수 있는 사무를 행하는 것을 말한다.[6] 공무의 집행은 공무원이 법령에 기한 권한을 행사하거나 법령에 기한 의무를 이행하는 형태로 구체화된다.

직무집행의 형태로는 먼저 공무원이 실력으로 상대방에게 일정한 작위나 부작위를 강제하는 경우를 생각할 수 있다. 인신구속, 압수 · 수색 · 검증영장의 집행, 압류 · 가압류, 가처분, 대집행 등이 그 예이다.

직무집행의 형태는 실력적 공무집행에 한정되지 않는다. 독일 형법은 집행 공무원에 대

---

1) 공무원 개념에 대해서는, 전술 76면 이하 참조.
2) 2015. 5. 29. 2015도3430, 공 2015하, 945 = 『권익위 기간제근로자 사건』.
3) 1986. 1. 28. 85도2448, 공 1986, 425.
4) 2011. 1. 27. 2010도14484, [미간행].
5) 2015. 5. 29. 2015도3430, 공 2015하, 945 = 『권익위 기간제근로자 사건』.
6) 2009. 11. 19. 2009도4166 전원합의체 판결, 공 2009하, 2123 = 분석 각론 『경찰민원실 소란 사건』.

한 공무방해행위만을 공무집행방해죄로 처벌하고 있다.[1] 그러나 우리 형법은 이와 같은 제한을 두고 있지 않다. 따라서 우리 형법상 공무원의 직무집행은 강제적 성질을 가진 직무의 집행에 한정되지 않고 널리 공무원이 직무를 행하는 것 일반을 의미한다.[2]

(나) 시간적 범위 공무집행방해죄는 직무를 집행하는 공무원에 대하여 폭행·협박을 할 때 성립한다. 직무를 집행한다고 할 때 그 시간적 범위는 (가) 공무원이 직무수행에 필요한 행위를 현실적으로 행하고 있는 때는 물론, (나) 공무원이 직무수행을 위하여 근무상태에 있는 때를 모두 포함한다. 직무의 성질에 따라서는 그 직무수행의 과정을 개별적으로 분리하여 부분적으로 각각의 개시와 종료를 논하는 것이 부적절하거나 여러 종류의 행위를 포괄하여 일련의 직무수행으로 파악함이 상당한 경우가 있다.[3) 4)]

직무집행의 시간적 범위는 기본적으로 공무원이 직무의 수행에 착수한 때로부터 그 종료에 이르기까지를 의미한다. 나아가 공무집행중이라고 볼 만한 근접한 시간도 여기에 포함된다. 현실적으로 직무의 집행에 착수하지는 아니하였으나 이제 곧 그 직무에 착수하려고 할

---

1) **독일형법 제113조** ① 법률, 법규명령, 판결, 법원의 결정 또는 처분의 집행임무에 종사하는 공무원이나 연방군 군인에 대하여 그 직무수행 중에 폭행 또는 폭행을 고지한 협박에 의하여 저항하거나 사실상 공격한 자는 2년 이하의 자유형 또는 벌금에 처한다.

2) 2007. 10. 12. 2007도6088, [미간행] = 분석 각론『공청회 방해 사건』.

3) 2009. 1. 15. 2008도9919, 공 2009상, 197 = 분석 각론『주차 단속 요구 사건』.

4) 2018. 3. 29. 2017도21537, 공 2018상, 849 =『반말 시비 경찰관 사건』:

A는 주차문제와 접촉사고로 갑과 시비가 붙었다. 다툼이 커지자 A는 112에 신고하였다. B는 관할 파출소 소속 경찰관이다. B는 C와 한 조가 되어 순찰차를 타고 순찰근무 중에 있었다. B는 112 신고를 전달받고 현장에 출동하였다. 갑은 B에게 사고경위를 말하는 과정에서 반말을 하였다. 이로 인해 갑은 B와 시비가 붙었다. 갑은 B에게 욕을 하면서 B의 가슴을 세게 밀쳤다. B는 갑을 공무집행방해죄의 현행범으로 체포하였다. 갑은 현행범으로 체포되어 관할 파출소에 도착하였다. 갑은 경찰관 C 등으로부터 신분증 제시를 요구받았다. 갑은 인적 사항을 밝힐 수 없다고 거절하였다. 갑은 약 20분 경과해서야 비로소 자신의 인적 사항을 알려주었다.

검사는 갑을 공무집행방해죄로 기소하였다. 갑의 피고사건은 제1심을 거친 후, 항소심에 계속되었다. 항소법원은 다음의 이유를 들어서 무죄로 판단하였다. (가) 갑이 경찰관 B의 가슴을 밀친 것은 경찰관 B가 112 신고처리에 관한 직무를 집행하던 중에 일어난 행위라고 보기 어렵다. (나) 경찰관 B가 갑을 즉시 체포하여야 할 급박한 사정이 있었다고 보기도 어렵다. 검사는 불복 상고하였다.

대법원은 다음의 이유를 제시하여 원심판결을 파기환송하였다. 대법원은 첫 번째 상고이유에 대해 본문 소개의 법리를 제시하였다. 대법원은 갑의 행위에 대해 다음과 같이 판단하였다. (가) 경찰관 B는 순찰근무 중 현장에 출동하였고 이러한 출동은 같은 날 12:00 무렵까지 예정된 순찰근무의 일환이었다. (나) 경찰관 B가 갑과 시비가 붙은 것은 갑으로부터 사고경위에 관한 진술을 청취하는 과정에서 발생한 일이다. (다) 경찰관 B가 갑과 시비가 붙었다는 사정만으로 B의 직무수행이 종료되었다고 볼 수 없다.

대법원은 두 번째 상고이유에 대해 본문 소개의 법리를 제시하였다. 대법원은 갑의 행위에 대해 다음과 같이 판단하였다. (가) 112에 신고한 것은 갑이 아닌 A이다. (나) 갑이 현행범으로 체포되어 관할 파출소에 도착한 이후에도 경찰관의 신분증 제시 요구에 응하지 아니하면서 인적 사항을 밝히지 아니하였다. (다) 이러한 점을 고려하면 현행범 체포 당시 갑에게 도망 또는 증거인멸의 염려가 없었다고 할 수 없다.

때는 직무를 집행하는 시점에 포함된다. 직무집행이 중지되거나 종료되는 시점도 직무집행중이라고 보아야 한다.[1] 공무의 집행이 부당하게 방해되지 않도록 하려면 직무집행의 준비 내지 마무리 단계도 그것이 직무집행에 접착하고 있는 한 이를 보호할 필요가 있기 때문이다.

단순히 장래의 직무집행을 예상하여 폭행 · 협박을 가하는 행위는 공무집행방해죄에는 해당하지 않는다.[2] 공무원의 직무집행이 완전히 종료해 버린 이후의 시점에서는 공무원에

---

1) 1999. 9. 21. 99도383, 공 1999, 2273 =『장애인 차량 스티커 사건』:

갑은 하반신 지체장애자이다. A(여, 26세)는 관할구청 소속 공무원으로서 불법주차단속원이다. 갑은 자신이 운전하는 ⓐ차량을 주차가 금지된 M장소에 주차시켰다. A는 갑이 없을 때 불법주차 스티커를 ⓐ차량 유리에 붙였다. A는 갑이 오는 것을 보고 휠체어를 탄 장애인이라는 것을 알았다. A는 ⓐ차량에서 과태료 부과고지서를 다시 떼어냈다. 갑은 A가 ⓐ승용차 유리에 불법주차 과태료 스티커를 붙였다는 이유로 A의 치마를 양손으로 잡아당겨 찢었다. 갑은 타고 있던 휠체어로 A의 다리를 부딪치게 하여 A에게 약 10일간의 치료를 요하는 상해를 입혔다(㉮행위).

검사는 갑을 다음의 공소사실로 기소하였다. (가) 상해죄. (나) 공무집행방해죄. 제1심법원은 다음과 같이 판단하였다. (가) 상해죄 유죄. (나) 공무집행방해죄 유죄. 제1심법원은 상해죄와 공무집행방해죄의 상상적 경합범을 인정하였다. 갑은 불복 항소하였다. 항소법원은 다음과 같이 판단하였다. (가) 상해죄 유죄. (나) 공무집행방해죄 무죄. 항소법원은 공무집행방해죄에 대한 무죄판단의 이유로 다음의 점을 제시하였다. (가) 갑이 A를 폭행한 것은 A가 갑의 승용차 유리에 과태료 부과고지서를 붙인 후이다. (나) A는 갑이 없을 때 불법주차 스티커를 ⓐ차량에 붙인 후 갑이 오는 것을 보고 휠체어를 탄 장애인이라는 것을 알고 과태료 부과고지서를 다시 떼어내었다. (다) 그렇다면 A의 주차단속업무가 이미 종료된 시점에 갑의 폭행이 이루어졌다. (라) A에 대한 상해죄가 성립하는 외에 공무집행방해죄가 성립하는 것은 아니다.

항소법원은 상해죄와 공무집행방해죄 전부를 유죄로 인정한 제1심판결을 파기하였다. 항소법원은 공소사실 중 상해 부분은 유죄로 인정하고, 공무집행방해 부분은 무죄로 판단하였다. 항소법원은 공무집행방해죄의 무죄 부분이 상해죄의 유죄 부분과 상상적 경합관계에 있다는 이유로 주문에 별도로 무죄선고를 하지 않았다. 검사는 무죄 부분에 불복하여 상고하였다.

대법원은 다음의 이유를 제시하여 원심판결을 파기환송하였다. 대법원은 직무집행의 시간적 범위에 대해 다음과 같이 설시하였다. (가) 형법 제136조 제1항 소정의 공무집행방해죄에 있어서 '직무를 집행하는'이라 함은 공무원이 직무수행에 직접 필요한 행위를 현실적으로 행하고 있는 때만을 가리키는 것이 아니다. (나) 공무원이 직무수행을 위하여 근무중인 상태에 있는 때를 포괄한다. (다) 직무의 성질에 따라서는 그 직무수행의 과정을 개별적으로 분리하여 부분적으로 각각의 개시와 종료를 논하는 것이 부적절하고 여러 종류의 행위를 포괄하여 일련의 직무수행으로 파악함이 상당한 경우가 있다.

대법원은 갑의 행위에 대해 다음과 같이 판단하였다. (가) A는 [관할]구청 교통지도과 주차관리계 소속의 단속담당 공무원이다. (나) [도로교통법의 관련규정]에 의하면, A는 (ㄱ) 정차, 주차위반 차량의 운전사나 관리책임자에 대하여 일정한 조치를 명할 수 있고, 또한 (ㄴ) 고지서를 교부하고 (ㄷ) 운전면허증의 제출을 요구하여 이를 보관할 수도 있는 등의 직무권한이 있다. (다) A가 불법주차 스티커를 갑 차량에 붙인 행위나 과태료 부과고지서를 떼어 낸 행위만을 따로 분리하여 그러한 시점에 직무수행이 종료되고 A가 갑에 대하여 별개의 조치를 취하거나 다른 차량에 대한 단속에 착수할 때에 직무수행이 재개된다고 보는 것은 부적절하다. (라) A의 위와 같은 여러 종류의 행위를 포괄하여 일련의 직무수행으로 파악함이 상당하다. (마) 갑의 A에 대한 ㉮폭행 당시 A는 일련의 직무수행을 위하여 근무중인 상태에 있었다고 봄이 상당하다. (바) 그렇다면 이 사건 공소사실 중 공무집행방해 부분에 관하여 갑의 ㉮폭행 당시 A의 직무가 종료되었다는 이유로 그 죄의 성립을 부정한 원심판결은 공무집행방해죄에 있어서 직무의 집행에 관한 법리를 오해한 위법이 있다.

2) 2010. 12. 23. 2010도7412, 공 2011상, 271 = 분석 각론『윤활유 뿌려놓기 사건』.

게 폭행 · 협박을 가하더라도 공무집행방해죄가 성립하지 않는다. 공무원이 그 직무를 집행할 장소로 가는 도중 또는 직무집행 장소로부터 돌아가는 도중에 공무원에게 폭행 · 협박을 가하였다면 직무강요죄(법136②)를 구성하는 것은 별론으로 하고, 협의의 공무집행방해죄(법136①)는 성립하지 않는다.

(3) 직무집행의 적법성

(가) 적법성 요부 공무집행방해죄가 성립하기 위하여 공무원의 직무집행이 적법해야 하는지 문제된다. 형법은 공무집행방해죄와 관련하여 적법성 요건을 구성요건에 명시하고 있지 않다. 이에 대해 적법성불요설을 생각해 볼 수 있다. 이 입장에서는 공무원의 직무집행이면 그것으로 충분하다고 본다. 적어도 공무로서 성립하고 있는 이상 설사 부적법하다고 해도 그것이 재판이나 행정심판에 의하여 무효로 되거나 취소되기까지는 공무로서 보호할 필요가 있다는 것이다.

생각건대 극단적인 국가주의 사상하에서라면 일단 공무집행이라고 지칭할 수 있는 것에 대해 적법 · 위법에 상관없이 그에 대한 반항행위나 방해행위를 모두 처벌대상으로 삼을 것이다. 그러나 법치국가의 이념에 의할 때 국가는 공무원의 직무행위가 원활히 수행되도록 함과 동시에, 개개 국민의 기본적 인권을 존중하고 이를 부당하게 침해하지 않도록 국가권력을 행사하여야 한다(헌법37② 참조).

적법하지 않은 공무원의 직무행위로 인해 개개 국민의 기본적 인권이 침해되는 사태는 방지하지 않으면 안 된다. 적법하지 않은 공무원의 행위를 배제하기 위한 개별 국민의 방어행위에 대하여서까지 공무집행방해죄의 성립을 인정할 수는 없다. 우리 형법은 적법성 요건을 명문으로 규정하고 있지 않다. 그러나 해석상으로는 직무행위의 적법성을 요구하는 것이 일반적 견해이며 또한 판례의 입장이다.

(나) 적법성 결여의 효과 공무원의 직무집행이 적법성을 결여하면 구성요건해당성이 없어서 공무집행방해죄가 성립하지 않는다. 그러나 적법성 결여의 효과는 여기에 그치지 않는다. 적법성을 결여한 공무원의 직무집행에 대해서는 개별 국민이 정당방위를 할 수 있기 때문이다.

예컨대 검사나 사법경찰관이 긴급체포의 요건을 갖추지 못하였음에도 실력으로 수사기관에 자진출석한 자를 체포하려고 하였다면 적법한 공무집행이라고 할 수 없다.[1] 경찰관이 현행범 체포의 요건을 갖추지 못하였음에도 실력으로 현행범을 체포하려고 하였다면 적법한

---

1) 2006. 9. 8. 2006도148, 공 2006, 1699 = 분석 각론『검사실 몸싸움 사건』.

공무집행이라고 할 수 없다.[1] 이러한 경우 긴급체포를 당하는 사람이나 현행범으로 체포되는 사람이 체포를 면하려고 반항하는 과정에서 경찰관에게 상해를 가하는 경우가 있다. 이러한 경우에 체포되는 사람의 저항행위(상해)는 불법체포로 가해지는 신체에 대한 현재의 부당한 침해에서 벗어나기 위한 행위로서 정당방위에 해당하여 위법성이 조각된다.[2]

(다) 적법성의 의미　　직무의 집행이 적법하다고 할 때 그 뜻은 당해 직무행위가 공무집행방해죄의 보호대상이 될 만한 실체를 갖추고 있다는 의미이다. 공무집행방해죄에서 사용되는 적법성의 개념은 형사소송법상 소송행위의 판단기준이 되는 적법·부적법의 개념과 구별된다.

소송행위가 적법하다는 말은 엄격규정, 훈시규정 여하를 묻지 않고 모든 법률규정에 합치하고 있음을 의미한다. 공무집행방해죄에서의 적법성은 그 정도로 엄격하게 해석될 수는 없다. 공무원의 직무행위에 명백하고도 중대한 흠이 있어서 당연무효라고 말할 수 있는 경우에 적법성을 결하여 보호할 가치가 없음은 물론이다. 그렇지만 직무집행이 단순히 훈시규정에 위반하는 정도의 흠을 수반하는 경우 형법적으로는 적법하다고 해석하여야 할 상황이 적지 않다.

(라) 적법성 요소　　공무집행방해죄는 공무원의 직무집행이 적법한 경우에 한하여 성립한다. 이와 관련하여 판례는 "적법한 공무집행이라 함은 그 행위가 공무원의 추상적 권한에 속할 뿐 아니라 구체적 직무집행에 관한 법률상 요건과 방식을 갖춘 경우를 가리키는 것"이라는 기준을 제시하고 있다.[3]

판례의 입장을 분설하면, 적법성 요건은 공무원의 직무집행이 (가) 공무원의 추상적 권한에 속하는 사항일 것, (나) 공무원의 구체적 권한에 속하는 사항일 것, (다) 법령에 정한 요건과 방식에 따를 것이라는 세 가지 요건으로 구체화된다. 판례의 기준에 따라 적법성의 요건을 정리해 보면 다음과 같다.

① 추상적 직무권한　　행위가 당해 공무원의 추상적 직무권한(일반적 직무권한)에 속하는 것이어야 한다. 공무원은 일반적으로 사무적·장소적으로 행할 수 있는 직무의 범위가 한정되어 있다. 예컨대 집행관(법원조직법55, 민사집행법43), 경찰관(경찰관직무집행법2 참조), 청원경찰(청원경찰법3 참조), 특별사법경찰관리(형소법245의10 및 「사법경찰관리의 직무를 수행할 자와 그 직무범위에 관한 법률」 참조) 등에 대하여는 각각 근거법규가 있다.

경찰관은 조세를 징수하거나 사법상의 분쟁에 간섭할 수 없다. 이처럼 공무원이 그 추상

1) 2011. 5. 26. 2011도3682, 공 2011하, 1367 = 분석 각론 『불심검문 욕설 사건』.
2) 2011. 5. 26. 2011도3682, 공 2011하, 1367 = 분석 각론 『불심검문 욕설 사건』.
3) 2006. 9. 8. 2006도148, 공 2006, 1699 = 분석 각론 『검사실 몸싸움 사건』.

적 직무권한을 넘어서 행위하는 경우 그 행위는 처음부터 공무원의 직무행위라고 말할 수 없으며, 적법성이 인정되지 않는다.

공무원의 추상적 직무권한은 반드시 법령에 명문으로 표시되어 있음을 요하지 않는다. 공무원의 추상적 직무권한은 그 공무원이 본래 독립하여 가지고 있는 것임을 요하지 않으며, 상사의 지휘 · 명령을 받아 그 사무를 맡아 행하는 경우에도 인정될 수 있다.

② 구체적 직무권한　추상적 직무권한이 있는 것만으로는 아직 공무원의 구체적 직무행위라고는 말하기 곤란한 경우가 적지 않다. 특히 직무행위에 관하여 할당, 지정, 위임 등이 행해진 경우가 문제된다. 실무상 담당하거나 분담하는 직무행위가 확정되어 있는 경우에는 이러한 할당, 지정, 위임을 받지 않는 한 공무원의 구체적인 직무집행으로 인정할 수 없고, 그러한 한도에서는 형법적 보호의 필요도 없다.

집행관은 집행관인 이상 추상적으로 강제집행의 권한을 가지고 있다. 그러나 실제로 적법하게 강제집행을 할 수 있는 것은 집행력 있는 정본을 가지고 있는 사건에 대해서뿐이다(민사집행법43①). 공무원이 자신의 행정사무에 편의를 도모할 목적으로 상대방에게 일정한 사항을 요구하는 행위는 공무집행이라고 할 수 없다.[1]

③ 법령에 정한 요건과 방식　공무원의 직무행위에는 그 유효요건으로서 법률상 일정한 요건이나 방식이 규정되어 있는 경우가 많다. 특히 국민에 대하여 신체의 자유나 재산권을 침해하는 직무행위의 경우에는 더욱 그러하다. 체포 · 구속, 압수 · 수색 · 검증, 감정 등에 대하여서는 형사소송법에 상세한 절차규정이 마련되어 있다. 예컨대 시간적 제한(형소법125, 219), 참여권자에의 통지(형소법122, 219), 영장제시 및 영장사본교부(형소법85①, 115, 200의6, 209, 219) 등이 그것이다.

이러한 법률상의 요건이나 방식을 충족하지 않는 직무행위가 소송법적으로 부적법한 것임은 물론이다. 나아가 적법한 절차에 따르지 아니하고 수집한 증거는 유죄의 증거로 사용할 수 없다(형소법308의2). 그러나 그렇다고 하여 그 직무행위에 대한 형법적인 보호의 가치가 없어지는 것은 아니다. 효력규정 이외의 임의규정에 위반하는 것만으로는 일반적으로는 직무행위가 적법성을 상실하지 않는다. 문제는 그 한계를 획정하는 일이다.

(4) 직무집행의 적법성에 관한 판정기준

(가) 학 설　공무원의 직무행위가 적법한 것인지 여부를 판정할 때 어떠한 기준에 의해야 할 것인가를 놓고 여러 가지 견해가 제시되고 있다.

객관설은 법원이 법령을 해석하여 객관적으로 적법성 여부를 판정해야 한다고 주장한

---

1) 1982. 11. 23. 81도1872, 공 1983, 232.

다.[1] 주관설은 직무집행 공무원이 직무집행행위를 적법하다고 믿었는지 여부에 따라서 결정해야 한다고 주장한다. 절충설은 일반인의 견해를 표준으로 적법성 여부를 결정해야 한다고 주장한다.

주관설의 입장에 의할 때에는 공무원의 자의 전단을 허용하고 국가적 이익을 지나치게 중시하는 흠이 있다. 공무원이 적법하다고 믿고 행한 행위는 모두 적법하다고 판정한다면 실제상 직무행위의 적법성을 요건으로 하지 않는 것과 다를 바 없게 된다.

절충설의 입장에 대해서는 무엇이 일반인의 견해인지가 문제된다. 나아가 일반인의 견해를 어떻게 이해하는가에 따라서 국가적 이익 또는 개인적 이익의 어느 하나에 편중하게 될 우려가 있다. 또한 일반인의 견지에서 적법한 직무행위라고 생각되는 경우에도 그 직무행위가 위법함을 명확히 알고 있는 자가 그에 반항하는 행위를 하는 경우에 이를 공무집행방해죄로 다스리는 것도 타당하지 않다.

공무집행행위의 적법성은 그 행위 자체가 가지는 국가적 이익과 그것이 침해하는 개인적 이익을 비교형량하여 결정해야 할 것이다. 이 결정은 법원의 객관적 판단에 맡기는 것이 바람직하다. 객관설의 입장이 타당하다고 본다.

(나) 판 례 　　판례는, 공무원이 그 권한에 속하는 사항에 관하여 법령에 정한 방식에 따라 그 직무를 집행하는 경우에 가사 그 직무집행의 대상이 된 사실에 관하여 착오가 있었다 하더라도 일응 그 행위가 공무원의 적법한 행위라고 인정할 수 있는 때에는 공무집행방해죄의 공무집행에 해당된다고 판단한 바가 있다.[2] 판례의 입장은 객관설에 가깝다고 생각된다.

(다) 적법성에 대한 공무원의 착오 　　직무행위의 적법성에 대한 객관적 판단은 사후적으로 행해지는 순객관적 판단이 아니다. 적법성에 대한 판단은 당해 직무행위 시점에서의 구체적 상황을 토대로 하는 객관적 판단이어야 한다.[3]

---

1) 김성돈, 825면; 김일수 · 서보학, 680면; 박상기, 664면; 배종대, 725면; 손동권 · 김재윤, 803면; 오영근, 743면; 이재상 · 장영민 · 강동범, 757면; 이형국 · 김혜경, 849면; 임웅, 991면; 정성근 · 박광민, 838면; 정영일, 697면; 주호노, 1693.

2) 1961. 8. 26. 4293형상852, 집 9, 형,102 = 백선 각론 1 『입입금지 가처분 사건』.

3) 2010. 11. 11. 2010도7621, [미간행] = 『망루 농성 진압작전 사건』 :

M재개발지역에 N건물의 철거작업이 예정되어 있다. 주민 갑 등은 철거에 반대하여 N건물 옥상에 ㉠망루를 설치하여 농성하고 있었다(㉮농성). 관할 경찰은 갑 등의 ㉮농성을 공공의 안녕과 질서에 대한 심각한 침해의 가능성이 있는 것이라고 판단하였다. 관할 경찰은 경찰특공대를 조기에 투입하여 농성자들을 해산하기로 결정하였다(㉯작전). 경찰의 ㉯진압작전은 경찰특공대원들의 1, 2차에 걸친 망루 진입으로 이루어졌다. 경찰관 A는 ㉯진압작전을 현장에서 지휘하였다. A는 N건물의 ㉠망루에 1차 진입하여 대부분의 농성자들을 검거하였다. A는 그 다음 곧바로 2차 진입을 지시하였다.

이때 갑을 비롯한 농성자들이 불붙은 ㉡화염병을 경찰특공대를 향하여 던졌다. ㉡화염병은 ㉠망루 3층 계

법령이 공무원에게 인정권 내지 재량권을 부여하고 있는 경우가 있다. 사후적인 순객관적 판단에 의하면 공무원이 직무행위의 적법성을 인정한 데에 잘못이 있다 할지라도, 행위시의 상황에 비추어 판단하면 공무원으로서의 주의의무를 다한 타당한 재량권 행사라고 인정되는 한 그 직무행위는 적법하다고 보아야 한다. 이러한 법리는 국가의 적정한 공무집행작용을 확보하기 위하여 부득이 인정되는 것으로 일종의 허용된 위험이라고 할 수 있다.

단 부근에 떨어졌다. ㉡화염병의 불에 의해 계단 부근에 뿌려져 있던 세녹스에 불이 붙어 화재가 발생하였다. 불붙은 세녹스는 ㉠망루의 틈을 타고 아래쪽으로 떨어져 1층 부근에 다량 뿌려져 있던 세녹스에 불이 붙어 큰 화재로 전개되었다(㉰화재). ㉰화재로 인해 경찰관과 농성주민 등 다수의 사상자가 발생하였다.

검사는 갑을 특수공무방해치상죄 및 특수공무방해치사죄로 기소하였다. 갑의 피고사건은 제1심을 거친 후, 항소심에 계속되었다. 항소법원은 유죄를 인정하였다. 갑은 불복 상고하였다. 갑은 상고이유로 다음의 점을 주장하였다. (가) ㉯진압작전은 화재사고의 예방이라는 측면이 고려되지 못한 무모한 작전이었다. (나) ㉯진압작전의 진행과정에서 당초 작전계획대로 장비가 확보되지 못하였다. (다) 현장지휘관 A가 경찰지휘부와의 의사소통 없이 2차 진입을 시도하였다. (라) 이상의 점에 비추어 ㉯진압작전은 적법성을 상실하였다. (마) 적법한 공무집행이 아니므로 특수공무방해죄는 성립하지 않는다. (바) 특수공무방해죄가 성립하지 않으므로 특수공무방해치상·치사죄도 성립하지 않는다.

대법원은 다음의 이유를 제시하여 상고를 기각하였다. 대법원은 공무집행방해죄에 대해 다음과 같이 설시하였다. (가) 형법 제136조의 공무집행방해죄는 공무원의 직무집행이 적법한 경우에 한하여 성립한다. (나) 여기서 적법한 직무집행이라고 함은 그 행위가 (ㄱ) 공무원의 추상적 권한에 속할 뿐 아니라 (ㄴ) 구체적 직무집행에 관한 (ㄷ) 법률상 요건과 방식을 갖춘 경우를 가리킨다.

(다) 한편 범죄의 예방·진압 및 수사는 경찰관의 직무에 해당한다(경찰관직무집행법 제2조). (라) 그 직무행위의 구체적 내용이나 방법 등은 경찰관의 전문적 판단에 기한 합리적인 재량에 위임되어 있다. (마) 따라서 (ㄱ) 경찰관이 구체적 상황에 비추어 그 인적·물적 능력의 범위 내에서 적절한 조치라는 판단에 따라 (ㄴ) 범죄의 진압 및 수사에 관한 직무를 수행한 경우에는, (ㄷ) 그러한 직무수행이 객관적 정당성을 상실하여 현저하게 불합리한 것으로 인정되지 않는 한 (ㄹ) 이를 위법하다고 할 수 없다.

(바) 특히 불법적인 농성을 진압하는 경찰관들의 직무집행이 법령에 위반한 것이라고 하기 위해서는 (ㄱ) 그 농성 진압이 불필요하거나 또는 (ㄴ) 불법 농성의 태양 및 농성 장소의 상황 등에서 예측되는 피해 발생의 구체적 위험성의 내용 등에 비추어 볼 때 농성 진압의 계속 수행 내지 그 방법 등이 현저히 합리성을 결하여 이를 위법하다고 평가할 수 있는 경우이어야 한다.

대법원은 갑의 행위에 대해 다음과 같이 판단하였다. (가) ㉯진압작전의 수립·진행은 당시 공공의 안녕과 질서에 대한 심각한 침해의 가능성이 고려된 것이다. (나) 그에 따라 고도의 작전수행능력과 경험을 갖춘 경찰특공대를 조기에 투입하기로 결정한 것이다. (다) ㉯진압작전의 진행과정에서 당초 작전계획대로 장비가 확보되지 못하였으나 필수적인 장비는 아니었다. (라) ㉯진압작전은 경찰특공대원들의 1, 2차에 걸친 망루 진입으로 이루어졌다. (마) ㉰화재는 1차 진입 후 일시 퇴각하였다가 2차 진입까지 한 상황에서 발생하였다.

(바) ㉯진압작전을 현장에서 지휘한 경찰관이 ㉠망루에 1차 진입하여 대부분의 농성자들을 검거한 다음 곧바로 2차 진입을 지시한 것은 그 당시 현장 상황을 고려한 결정으로서 현저히 합리성을 갖추지 못하여 객관적 정당성을 상실한 것이라고 할 수는 없다. (사) 화재사고의 예방이라는 측면이 고려되지 못하였다거나, 경찰지휘부와의 의사소통 없이 이루어진 것이라고 하여 달리 볼 것은 아니다. (아) 경찰이 진행한 ㉯진압작전을 위법한 직무집행이라고 볼 수 없다.

(5) 직무집행의 적법성에 관한 한계 사례

(가) 신체구속과 권리고지 검사 또는 사법경찰관이 체포영장에 의하여 피의자를 체포하거나(형소법200의2), 긴급체포하거나(형소법200의3), 현행범인으로 체포하거나(형소법212), 피의자를 구속하는 경우(형소법201)에는 형사소송법 제200조의5가 규정한 바에 따라 피의자에게 피의사실의 요지, 체포의 이유와 변호인을 선임할 수 있음을 말하고 변명할 기회를 주어야 한다(형소법200의5, 213의2, 209). 체포 · 구속 현장에서의 이와 같은 권리고지를 가리켜서 미란다 원칙의 고지라고 한다.

미란다 원칙의 고지는 체포를 위한 실력행사에 들어가기 이전에 미리 하여야 하는 것이 원칙이다. 그렇지만 달아나는 피의자를 쫓아가 붙들거나, 폭력으로 대항하는 피의자를 실력으로 제압하는 경우에는 붙들거나 제압하는 과정에서 하거나, 그것이 여의치 않을 경우에는 일단 붙들거나 제압한 후에 지체 없이 행하여야 한다.[1] 경찰관이 적법절차를 준수하지 않은 채 실력으로 피의자를 체포하려고 하였다면 적법한 공무집행이라고 할 수 없다.

체포영장에 의하여 피의자를 체포하는 경우에는 체포영장을 제시하고 미란다 원칙을 고지한 후 체포하는 것이 원칙이다. 피의자가 경찰관들과 마주하자마자 도망가려는 태도를 보이거나 먼저 폭력을 행사하며 대항한 바 없는 경우라면 경찰관들이 체포를 위한 실력행사에 나아가기 전에 체포영장을 제시하고 미란다 원칙을 고지할 여유가 있었다고 인정된다. 그럼에도 불구하고 애초부터 미란다 원칙을 체포 후에 고지할 생각으로 먼저 체포행위에 나섰다면 그러한 경찰관들의 행위는 적법한 공무집행이라고 보기 어렵다.[2]

(나) 긴급체포 검사나 사법경찰관이 긴급체포의 요건을 갖추지 못하였음에도 실력으로 수사기관에 자진출석한 자를 체포하려고 하였다면 적법한 공무집행이라고 할 수 없다. 자진출석한 자가 검사나 사법경찰관에 대하여 이를 거부하는 방법으로써 폭행을 하였다고 하여 공무집행방해죄는 성립하지 않는다.[3]

(다) 현행범체포 범죄를 실행 중이거나 실행 직후의 현행범인은 누구든지 영장없이 체포할 수 있다(형소법212). 현행범인으로 체포하려면 (가) 행위의 가벌성, (나) 범죄의 현행성 · 시간적 접착성, (다) 범인 · 범죄의 명백성 외에 (라) 체포의 필요성, 즉 도망 또는 증거인멸의 염려가 있어야 한다.

현행범인 체포의 요건을 갖추었는지는 체포 당시의 상황을 기초로 판단하여야 하고, 이에 관한 수사주체의 판단에는 상당한 재량의 여지가 있다. 체포 당시의 상황에서 보아 그 요

---

1) 2000. 7. 4. 99도4341, 공 2000, 1851.
2) 2017. 9. 21. 2017도10866, 공 2017하, 2055.
3) 2006. 9. 8. 2006도148, 공 2006, 1699 = 분석 각론『검사실 몸싸움 사건』.

건에 관한 수사주체의 판단이 경험칙에 비추어 현저히 합리성이 없다고 인정되지 않는 한 수사주체의 현행범인 체포를 위법하다고 단정할 것은 아니다.[1]

(라) 임의동행 　임의동행을 거부하는 사람을 강제로 연행하는 것은 불법한 체포·구금(법124)에 해당한다. 따라서 강제연행을 벗어나기 위한 몸싸움은 강제집행방해죄의 구성요건에 해당하지 않는다. 몸싸움의 과정에서 발생하는 상해나 손괴는 불법 체포·구금으로 인한 신체에 대한 부당한 침해를 벗어나기 위한 행위로서, 그 행위에 이른 경위와 그 목적 및 수단, 행위자의 의사 등 제반 사정에 비추어 위법성이 결여된다.[2]

경찰서에 설치되어 있는 보호실은 「경찰관 직무집행법」상 정신착란자, 주취자, 자살기도자 등 응급구호를 요하는 자를 24시간을 초과하지 아니하는 범위 내에서 경찰관서에 보호조치할 수 있는 시설이다(동법4①·⑦). 보호실이 제한적으로 운영되는 경우를 제외하고, 영장을 발부받음이 없이 피의자를 보호실에 유치하는 것은 영장주의에 위배되는 위법한 구금으로서 적법한 공무수행이라고 볼 수 없다.[3]

(마) 범죄예방조치 　「경찰관 직무집행법」 제6조는 "경찰관은 범죄행위가 목전에 행하여지려고 하고 있다고 인정될 때에는 이를 예방하기 위하여 관계인에게 필요한 경고를 하고, 그 행위로 인하여 사람의 생명·신체에 위해를 끼치거나 재산에 중대한 손해를 끼칠 우려가 있는 긴급한 경우에는 그 행위를 제지할 수 있다."라고 규정하고 있다.

이 규정에 따라 범죄를 예방하기 위한 경찰관의 제지 조치가 적법한 직무집행으로 평가될 수 있기 위해서는 형사처벌의 대상이 되는 행위가 눈앞에서 막 이루어지려고 하는 것이 객관적으로 인정될 수 있는 상황이고, 그 행위를 당장 제지하지 않으면 곧 생명·신체에 위해를 미치거나 재산에 중대한 손해를 끼칠 우려가 있는 상황이어서, 직접 제지하는 방법 외에는 위와 같은 결과를 막을 수 없는 절박한 사태가 있어야 한다.[4]

주거지에서 음악 소리를 크게 내거나 큰 소리로 떠들어 이웃을 시끄럽게 하는 행위는 「경범죄 처벌법」 제3조 제1항 제21호에서 경범죄로 정한 '인근소란 등'에 해당한다. 경찰관은 「경찰관 직무집행법」에 따라 경범죄에 해당하는 행위를 예방·진압·수사하고, 필요한 경우 제지할 수 있다.[5]

---

1) 2018. 3. 29. 2017도21537, 공 2018상, 849 = 『반말 시비 경찰관 사건』.
2) 1999. 12. 28. 98도138, 공 2000, 422.
3) 1994. 3. 11. 93도958, 공 1994, 1229 = 백선 각론 1 『유치장 난투 사건』.
4) 2017. 3. 15. 2013도2168, 공 2017상, 802 = 『접견요구 변호사 체포 사건 2』 ☞ 부록 1553면.
5) 2018. 12. 13. 2016도19417, 공 2019상, 338 = 『소음 주부 식칼 사건』:

갑(여)은 M빌라 ⓐ호에 살고 있다. 경찰관 A와 B는 (연월일 생략함.) 23:40경 M빌라 ⓐ호에서 소음이 발생한다는 112신고를 받았다. (종전에도 여러 번에 걸쳐 소음발생 신고 사실이 있었다.) A와 B는 현장에 출동하였다. A와 B는 인터폰으로 갑에게 소란스럽다는 신고를 받고 왔으니 문을 열어달라고 하였다. 갑은 험한

(바) 형집행을 위한 구인　사법경찰관리가 벌금형을 받은 사람을 노역장 유치의 집행을 위하여 구인하려면 검사로부터 발부받은 형집행장(형소법473②)을 상대방에게 제시하고 형집행장의 사본을 교부해야 한다(형소법475, 85①). 형집행장을 소지하지 아니한 경우에 급속을 요하는 때에는 그 상대방에 대하여 형집행 사유와 형집행장이 발부되었음을 고하고 집행할 수 있다(형소법475, 85③). 여기서 형집행장의 제시 없이 구인할 수 있는 '급속을 요하는 때'라고 함은 애초 사법경찰관리가 적법하게 발부된 형집행장을 소지할 여유가 없이 형집행의 상대방을 조우한 경우 등을 가리킨다.

이때 사법경찰관리가 벌금 미납으로 인한 노역장 유치의 집행의 상대방에게 형집행 사유와 더불어 '벌금 미납으로 인한 지명수배 사실'을 고지하였다고 하더라도 특별한 사정이 없는 한 그러한 고지를 '형집행장이 발부되어 있는 사실'도 고지한 것이라거나 형집행장이 발부되어 있는 사실까지도 포함하여 고지한 것이라고 볼 수 없으므로, 이와 같은 사법경찰관리의 직무집행은 적법한 직무집행에 해당한다고 할 수 없다.[1)]

(사) 교통단속　교통경찰관은 도로교통법 위반행위를 단속할 때 자기의 신분을 밝히고, 운전자의 소속과 성명을 확인한 후 정차금지지점에서의 정차 여부에 관한 조사를 하여야 한다. 정차 여부의 확인도 아니한 채 운전자에게 욕설과 폭행을 가하는 교통경찰관의 행위는 공무원이 그 권한에 속하는 사항에 관하여 법령에 정한 방식에 따라 그 직무를 집행하

욕설을 하면서 경찰관의 요구에 응하지 않았다. A와 B는 갑을 만나기 위하여 외부에서 전기차단기를 내렸다. 갑은 화가 나 식칼을 들고 나와 경찰관들을 향해 찌를 듯이 협박하였다.

검사는 갑을 특수공무집행방해죄로 기소하였다. 제1심법원은 유죄를 인정하였다. 갑은 불복 항소하였다. 항소법원은 다음의 이유를 들어서 제1심판결을 파기하고, 무죄를 선고하였다. (가) 갑의 행위는 소음을 발생시킨 것에 불과하다. (나) 당시 상황이 경찰관 직무집행법 제6조에서 정한 '사람의 생명 또는 신체에 위해를 끼칠 우려가 있는 긴급한 경우'에 해당한다고 보이지 않는다. (다) 경찰관들의 단전 조치는 범죄행위의 예방을 위한 경고라고 볼 수도 없다. (라) 경찰관들의 단전 조치는 구체적 직무집행에 관한 법률상 요건과 방식을 갖추지 못한 것으로서 적법한 직무집행으로 볼 수 없다. 검사는 불복 상고하였다.

대법원은 다음의 이유를 제시하여 원심판결을 파기환송하였다. 대법원은 본문 소개의 법리를 제시하였다. 대법원은 갑의 행위에 대해 다음과 같이 판단하였다. (가) 갑이 자정에 가까운 한밤중에 음악을 크게 켜놓거나 소리를 지른 것은 경범죄 처벌법 제3조 제1항 제21호에서 금지하는 인근소란행위에 해당한다. (나) 그로 인하여 인근 주민들이 잠을 이루지 못하게 될 수 있다. (다) 경찰관 A와 B는 112신고를 받고 출동하여 눈앞에서 벌어지고 있는 범죄행위를 막고 주민들의 피해를 예방하기 위해 갑을 만나려 하였다. (라) 갑은 문조차 열어주지 않고 소란행위를 멈추지 않았다. (마) 이러한 상황이라면 갑의 행위를 제지하고 수사하는 것은 경찰관의 직무상 권한이자 의무라고 볼 수 있다. (바) 경찰관 A와 B가 갑의 집으로 통하는 전기를 일시적으로 차단한 것은 갑을 집 밖으로 나오도록 유도한 것이다. (사) 경찰관 A와 B의 전기차단행위는 갑의 범죄행위를 진압·예방하고 수사하기 위해 필요하고도 적절한 조치로 보인다. (아) 경찰관 A와 B의 전기차단행위는 경찰관 직무집행법 제1조의 목적에 맞게 제2조의 직무 범위 내에서 제6조에서 정한 즉시강제의 요건을 충족한 적법한 직무집행으로 볼 여지가 있다.

1) 2017. 9. 26. 2017도9458, 공 2017하, 2149.

는 경우에 해당한다고 보기 어렵다.[1)]

(아) 행패 민원인 제지　　공무집행방해죄에서 '직무를 집행하는'이라 함은 공무원이 직무수행에 직접 필요한 행위를 현실적으로 행하고 있는 때만을 가리키는 것이 아니다. '직무를 집행하는'이라고 함에는 공무원이 직무수행을 위하여 근무 중인 상태에 있는 때를 포괄한다. 민원 상담 시도 종료 이후 소란을 피우고 있는 민원인을 사무실에서 퇴거시키는 등의 후속 조치는 포괄하여 민원 안내 업무와 관련된 일련의 직무수행으로 파악된다.[2)]

---

1) 1978. 10. 10. 78도2134, 공 1979, 11531.

2) 2022. 3. 17. 2021도13883, 공 2022상, 744 =『행패 민원인 퇴거 사건』:

A와 B는 M시청 주민생활복지과 소속 공무원이다. A와 B는 주민생활복지에 대한 통합조사 및 민원 업무에 관한 직무를 담당하고 있다. 갑은 M시청 청사 내 주민생활복지과 사무실에 술에 취한 상태로 찾아왔다. 갑은 휴대전화 볼륨을 높여서 음악을 재생하였다. A는 이를 보고 갑에게 민원 내용이 무엇인지 질문을 하면서 음악 소리를 줄여줄 것을 요청하였다. 갑은 A에게 욕설을 하면서 소란을 피웠다. A는 갑에게 욕설을 하지 말고 밖으로 나가서 이야기를 하자고 하였다. 갑은 이에 응하지 않고 계속해서 소란을 피웠다. 이에 B가 갑에게 다가가 갑을 제지하며 갑의 팔을 잡고 사무실 밖으로 데리고 나가려고 하였다. 그 과정에서 갑은 손으로 B의 상의를 잡아 찢었다. 갑은 양손으로 A와 B의 멱살을 잡고 수회 흔들었다. 갑은 휴대전화를 휘둘러 A의 뺨을 1회 때렸다.

검사는 갑을 다음의 공소사실로 기소하였다. (가) 주위적 공소사실 : 공무집행방해죄. (나) 예비적 공소사실 : 폭행죄. 갑의 피고사건은 제1심을 거친 후, 항소심에 계속되었다. 항소법원은 A와 B가 갑을 퇴거시킨 행위가 민원 안내 업무를 담당하는 공무원의 구체적 직무집행에 해당한다고 보기 어렵다고 판단하였다(기타 이유는 생략함.) 항소법원은 다음과 같이 판단하였다. (가) 주위적 공소사실 : 공무집행방해죄 무죄. (나) 예비적 공소사실 : 폭행죄 유죄. 검사는 불복 상고하였다.

대법원은 다음의 이유를 제시하여 원심판결을 파기 환송하였다. 대법원은 직무집행의 시점에 대해 다음과 같이 판단하였다. (가) 형법 제136조 제1항에 규정된 공무집행방해죄에서 '직무를 집행하는'이라 함은 공무원이 직무수행에 직접 필요한 행위를 현실적으로 행하고 있는 때만을 가리키는 것이 아니다. (나) '직무를 집행하는'이라 함에는 공무원이 직무수행을 위하여 근무 중인 상태에 있는 때를 포괄한다. (다) 직무의 성질에 따라서는 그 직무수행의 과정을 개별적으로 분리하여 부분적으로 각각의 개시와 종료를 논하는 것이 부적절하고 여러 종류의 행위를 포괄하여 일련의 직무수행으로 파악함이 상당한 경우가 있다.

대법원은 직무집행의 적법성 판단기준에 대해 다음과 같이 설시하였다. (가) 공무집행방해죄는 공무원의 적법한 공무집행이 전제되어야 한다. (나) 공무집행이 적법하기 위해서는 그 행위가 (ㄱ) 공무원의 추상적 직무 권한에 속할 뿐만 아니라 (ㄴ) 구체적으로 그 권한 내에 있어야 하며, (ㄷ) 직무행위로서 중요한 방식을 갖추어야 한다. (다) 추상적인 권한은 반드시 법령에 명시되어 있을 필요는 없다. (라) 추상적인 권한에 속하는 공무원의 어떠한 공무집행이 적법한지는 (ㄱ) 행위 당시의 구체적 상황에 기초를 두고 (ㄴ) 객관적·합리적으로 판단해야 하고, (ㄷ) 사후적으로 순수한 객관적 기준에서 판단할 것은 아니다.

대법원은 갑의 행위에 대해 다음과 같이 판단하였다. (가) (사실관계 분석; 생략함.) (나) (지방공무원법 관련규정 생략함.) (다)「민원 처리에 관한 법률」제5조 제2항은 민원인은 민원을 처리하는 담당자의 적법한 민원 처리를 위한 요청에 협조하여야 하고, 행정기관에 부당한 요구를 하거나 다른 민원인에 대한 민원 처리를 지연시키는 등 공무를 방해하는 행위를 하여서는 아니 된다고 규정하고 있다.

(라) 이와 같은 규정에 비추어 볼 때, M시청 주민생활복지과 소속 공무원이 (ㄱ) 주민생활복지과 사무실에 방문한 갑에게 민원 내용을 물어보며 민원 상담을 시도한 행위, (ㄴ) 갑의 욕설과 소란으로 인해 정상적인 민원 상담이 이루어지지 아니하고 다른 민원 업무 처리에 장애가 발생하는 상황이 지속되자 갑을 사무실 밖

3. 실행행위

(1) 폭 행

(가) 광의의 폭행 　협의의 공무집행방해죄(법136①)에서 폭행은 공무를 집행하는 공무원에 대하여 유형력을 행사하는 것이다. 폭행은 공무원에게 직접적으로 행해지는 경우와 간접적으로 행해지는 경우를 모두 포함한다. 공무집행방해죄에서의 폭행은 성질상 공무원의 직무집행을 방해할 만한 정도의 것이어야 한다. 경미하여 공무원이 개의치 않을 정도의 것이라면 공무집행방해죄의 폭행에 해당하지 않는다.[1)]

공무집행방해죄(법136①)에서 행위수단이 되는 폭행은 광의의 개념으로 사용되고 있다.[2)] 폭행은 공무원에 대하여 가해지는 유형력의 행사이지만, 반드시 직접 공무원의 신체에 대하여 가해짐을 요하지 않는다.[3)] 공무원의 지휘 아래 있어서 직무집행에 밀접불가분의 관계에 있는 보조자에게 가해지는 유형력도 공무집행방해죄의 폭행에 해당된다. 직접적으로는 물건에 대해 가해지는 유형력이지만 그것이 공무원의 신체에 물리적으로 감응을 주는 것이면 폭행에 해당된다(소위 간접폭행).

(나) 관련 사례 　관련되는 사례를 몇 가지 살펴본다. 경찰관이 공무를 집행하고 있는 파출소 사무실 바닥에 인분이 들어 있는 물통을 집어 던지고 책상 위에 있던 재떨이에 인분을 퍼담아 사무실 바닥에 던지는 행위는 그 경찰관에 대한 폭행에 해당된다.[4)]

으로 데리고 나간 행위는 민원 안내 업무와 관련된 일련의 직무수행으로 포괄하여 파악함이 상당하다.

(마) 이와 달리 민원 상담을 시도한 순간부터 민원 상담 시도를 종료한 순간까지만 주민생활복지과 소속 공무원의 직무 범위인 민원 업무에 해당하는 것으로 보고, 민원 상담 시도 종료 이후 소란을 피우고 있는 갑을 사무실에서 퇴거시키는 등의 후속 조치는 주민생활복지과 소속 공무원의 직무 범위에 포함되지 않는다고 파악하는 것은 부당하다.

(바) 또한 당시의 상황을 보면 갑의 욕설과 소란행위로 민원 업무의 방해 상태가 지속되고 다른 민원인들의 안전이나 평온을 해할 우려가 발생한 상태였다. (사) 따라서 (ㄱ) 행위 당시의 구체적 상황에 기초를 두고 (ㄴ) 객관적·합리적으로 판단해 보면, (ㄷ) 담당 공무원이 갑을 사무실 밖으로 데리고 나가는 과정에서 갑의 팔을 잡는 등 다소의 물리력을 행사하였다고 하더라도, (ㄹ) 이는 갑의 불법행위를 사회적 상당성이 있는 방법으로 저지한 것에 불과하므로 (ㅁ) 위법하다고 볼 수 없다.

(아) 오늘날 관공서에서 주취 소란행위 등으로 담당 공무원의 정당한 공무집행을 방해하고 이를 제지하는 담당 공무원에게 부당한 폭력을 행사하는 경우가 적지 아니한 실정까지 감안해 본다. (자) 소란을 피우는 민원인을 제지하거나 사무실 밖으로 데리고 나가는 행위도 민원 담당 공무원의 직무에 수반되는 행위로 파악함이 상당하고 그 직무권한의 범위를 벗어난 행위라고 볼 것은 아니다.

1) 2007. 6. 1. 2006도4449, [미간행].

2) 폭행 개념의 분류에 대해서는, 후술 645면 이하 참조.

3) 2018. 3. 29. 2017도21537, 공 2018상, 849 = 『반말 시비 경찰관 사건』.

4) 1981. 3. 24. 81도326, 공 1981, 13856 = 백선 각론 1 『인분 투척 사건』.

피고인이 문을 잠근 방안에서 연행하려는 경찰관에게 면도칼로 앞가슴 등을 그어 피를 보이면서 자신이 죽어버리겠다고 불온한 언사를 농하였다 하여도 이는 자해자학행위는 될지 언정 경찰관들에 대한 유형력의 행사(폭행)나 해악의 고지(협박)로 볼 수 없다.[1]

피고인들이 경찰관들이 불법집회 해산을 위하여 진입할 경우에 대비하여 경찰관들의 부재중에 윤활유와 철판조각을 공장 바닥에 미리 뿌려 놓았던 바, 경찰관들이 이후의 해산 과정에서 미리 바닥에 뿌려 놓은 윤활유에 미끄러져 넘어지거나 미리 뿌려 놓은 철판조각에 찔려 다친 경우가 있다. 이 경우 피고인들의 행위가 폭행에 해당한다면 특수공무방해치상죄(법144②)가 성립하게 된다. 그러나 피고인들이 단순히 경찰관들이 공장에 진입할 경우에 대비하여 경찰관들의 부재중에 윤활유와 철판조각을 미리 뿌려 놓은 것에 불과하다면 이를 가리켜 경찰관들에 대한 유형력의 행사(폭행)라고 볼 수 없다. 결국 특수공무방해치상죄는 성립하지 않는다.[2]

피고인이 차량을 일단 정차한 다음 경찰관의 운전면허증 제시요구에 불응하고 다시 출발하는 과정에서 경찰관이 잡고 있던 운전석 열린 유리창 윗부분을 놓지 않은 채 어느 정도 진행하다가 차량속도가 빨라지자 더 이상 따라가지 못하고 손을 놓아버렸다면 이러한 사실만으로는 피고인의 행위가 공무집행방해죄에서의 폭행에 해당한다고 할 수 없다.[3]

(2) 협 박

공무집행방해죄에서 협박은 상대방에게 공포심을 일으킬 목적으로 해악을 고지하는 것이다.[4] 고지하는 해악의 내용은 그 경위, 행위 당시의 주위 상황, 행위자의 성향, 행위자와 상대방과의 친숙함의 정도, 지위 등의 상호관계 등 행위 당시의 여러 사정을 종합하여 객관적으로 상대방으로 하여금 공포심을 느끼게 하는 것이어야 한다. 협박이 경미하여 상대방이 전혀 개의치 않을 정도인 경우에는 공무집행방해죄의 협박에 해당하지 않는다.[5]

고지하는 해악의 내용 · 성질, 고지의 방법 등은 묻지 않는다. 폭언도 협박에 해당할 수 있다.[6] 협박은 반드시 명시적인 언동에 의할 것을 요하지 않는다. 자기의 성행, 경력 또는 직무상 불법한 세력을 이용하여 이에 응하지 않을 때에는 부당한 불이익을 받을 것이라는 염

1) 1976. 3. 9. 75도3779, 공 1976, 9067.
2) 2010. 12. 23. 2010도7412, 공 2011상, 271 = 분석 각론 『윤활유 뿌려놓기 사건』.
3) 1996. 4. 26. 96도281, 공 1996, 1777.
4) 협박 개념에 대해서는, 후술 740면 이하 참조.
5) 2011. 2. 10. 2010도15986, 공 2011상, 610 = 분석 각론 『풍어제 의혹 사건』.
6) 1981. 3. 24. 81도326, 공 1981, 13856 = 백선 각론 1 『인분 투척 사건』.

려를 가지게 하는 것이라도 좋다. 제3자의 행위에 의한 해악을 고지하는 경우 행위자 자신이 그 제3자의 결의에 영향을 줄 수 있는 지위에 있음을 알게 한 때에는 협박에 해당한다.

협박은 반드시 공무원에게 가해짐을 요하지 않는다. 제3자에 대한 협박이라도 그것이 공무원의 직무를 방해할 수 있는 것이면 족하다. 예컨대 집행관이 가처분명령의 집행을 위하여 채권자와 함께 간 인부에게 협력을 구한 상황에서 그 인부를 협박하는 경우 등이 이에 해당한다.

(3) 위력에 의한 공무집행방해의 문제

형법 제136조 제1항이 규정한 협의의 공무집행방해죄는 폭행 · 협박을 행위수단으로 하고 있다. 형법 제137조의 위계에 의한 공무집행방해죄는 위계를 행위수단으로 하고 있다. 위계에 대응하는 행위수단으로 위력이 있다. 그런데 위력은 형법 제136조 또는 제137조의 공무집행방해죄에서 행위수단으로 규정되어 있지 않다. 한편 형법 제314조의 업무방해죄는 허위사실유포, 위계, 위력을 행위수단으로 규정하고 있다. 여기에서 위력에 의한 공무집행방해행위를 형법 제314조의 업무방해죄로 처벌할 수 있을 것인지 문제된다.

종래 판례는 위력에 의한 공무집행방해행위를 형법 제314조의 업무방해죄로 처단하였다. 그러나 근래 대법원은 형법 각칙 제8장에 규정되어 있는 공무집행방해죄와 각칙 제34장에 규정되어 있는 업무방해죄의 보호법익이 다르다는 점에 주목하여 종전 판례를 폐기하였다.[1) 2)]

이제 위력에 의한 공무집행방해행위는 형법 제136조 또는 형법 제314조의 어느 조문에도 해당하지 않는다. 그러나 위력에 의한 공무집행방해 행위가 전혀 처벌의 대상이 되지 않는 것은 아니다. 위력을 사용하는 경우 형법 제138조 이하에 규정된 여러 형태의 특수한 공무집행방해죄에 해당될 여지가 있기 때문이다.

(4) 기수시점

형법 제136조 제1항의 공무집행방해죄에는 미수범 처벌규정이 없다. 직무를 집행하는 공무원에 대하여 폭행 또는 협박을 가하는 순간 공무집행방해죄는 기수에 이른다. 공무의 집행을 방해할 수 있는 정도의 것인 한 폭행 · 협박은 1회적 · 순간적으로 가해져도 족하다. 계속적 · 반복적으로 행해질 것을 요하지 않는다. 협박은 그로 인해 상대방인 공무원이 실제로 공포심을 가지게 되었음을 요하지 않는다.

---

1) 2009. 11. 19. 2009도4166 전원합의체 판결, 공 2009하, 2123 = 분석 각론 『경찰민원실 소란 사건』.

2) 후술 878면 이하 참조.

형법 제136조 제1항의 공무집행방해죄는 추상적 위험범으로서 구체적으로 직무집행의 방해라는 결과발생을 요하지 않는다.[1)]

4. 고의와 착오

(1) 고 의

협의의 공무집행방해죄에서 고의는 상대방이 직무를 집행하는 공무원이라는 사실 및 직무집행 공무원에 대해 폭행 · 협박을 한다는 사실을 인식 · 인용하는 것이다. 직무집행을 방해할 의사를 요하지 않는다.[2)]

(2) 적법성에 관한 행위자의 착오

(가) 학설의 검토 행위자가 공무원의 적법한 직무행위를 위법한 것으로 오인한 경우에 이를 어떻게 처리할 것인지 문제된다. 직무행위의 적법성은 전형적인 규범적 요소이다. 적법성 요건을 범죄론 체계상 어디에 위치시켜서 문제를 해결할 것인지를 놓고 여러 가지 견해가 대립하고 있다.

① 객관적 처벌조건설 직무행위의 적법성 표지를 객관적 처벌조건으로 보는 견해이다. 객관적 처벌조건은 고의의 인식대상이 되지 않는다. 객관적 처벌조건설에 따르면 적법성에 대한 행위자의 착오는 공무집행방해죄의 고의를 조각하지 않는다.

② 구성요건요소설 직무행위의 적법성을 구성요건요소로 보는 견해이다.[3)] 구성요건요소는 구성요건적 고의의 인식대상이다(법13 본문). 구성요건요소설에 따르면 행위자가 공무원의 직무행위에 대해 적법성 인식을 결여하면 구성요건적 고의가 조각된다.

③ 위법성요소설 직무행위의 적법성을 법의무의 요소 내지 특수한 위법성 요소라고 보는 견해이다.[4)] 책임설에 따를 경우 적법성에 대한 착오는 고의에 관계되지 않는 것이므로 일단 구성요건적 고의(법13 본문)는 인정된다. 위법성요소설에 따르면 행위자가 공무원의 직무행위에 대하여 적법하지 않다고 오인하는 것은 위법성과 관련된 것으로서 금지착오(법16)에 해당한다. 따라서 '정당한 이유가 있는 때에 한하여' 공무집행방해죄가 성립하지 않게 된다.

④ 구분설 직무행위의 적법성과 그에 대한 오인이 어떠한 관계에 서 있는가를 구별

---

1) 2018. 3. 29. 2017도21537, 공 2018상, 849 = 『반말 시비 경찰관 사건』.

2) 1995. 1. 24. 94도1949, 공 1995, 1189.

3) 김성돈, 826면; 김혜정 외, 783면; 배종대, 726면; 손동권 · 김재윤, 804면; 이재상 · 장영민 · 강동범, 759면; 이형국 · 김혜경, 846면; 정영일, 701면.

4) 박상기, 663면; 오영근, 743면; 이정원, 746면; 임웅, 992면; 정성근 · 박광민, 840면.

하여 고찰해야 한다고 보는 견해이다.[1] 구분설에 따르면 그것이 존재함으로써 직무행위를 적법하게 하는 '행위사정'이 있을 경우에 행위자가 그 행위사정이 있음에도 불구하고 없는 것으로 오인하였다면 이는 고의를 조각하는 구성요건적 착오에 해당한다(법13 본문). 이에 반해 직무행위의 '적법성' 자체에 대해 행위자가 위법하다고 착오를 일으켰다면, 그것은 금지착오에 해당한다(법16). 후자의 경우에는 구성요건적 고의(법13 본문)가 인정되며, 형법 제16조가 규정한 '정당한 이유가 있는 때에 한하여' 책임이 조각된다.

(나) 학설의 검토　　객관적 처벌조건설은 적법성에 대한 인식을 전혀 요구하지 않는다는 점에서 피고인의 정당한 착오 주장을 봉쇄하는 흠이 있다. 구성요건요소설은 적법성에 대한 착오를 구성요건적 착오로 보아 행위자의 이익을 강하게 보호하려는 점에 그 의도가 있으나, 경솔한 행위자를 부당하게 보호한다는 흠이 있다. 위법성요소설은 적법성에 대한 착오와 관련하여 형법 제16조가 규정하고 있는 '정당한 이유'의 유무에 주목한다. 그렇지만 형사실무에서 이를 증명하기가 쉽지 않아서 공무집행방해죄의 처벌범위를 지나치게 확장할 염려가 있다. 이상의 점에 비추어 볼 때 구분설이 타당하다고 본다.

(다) 구분설에 따른 검토　　공무원의 직무행위를 둘러싸고 적법성에 착오가 일어나는 계기는 다양하다. 예컨대 집행관이 적법하게 압류하려고 하는 것을 경찰관이 압류하는 것으로 오인하여 저항한다든가, 구속영장의 집행에서 경찰관이 이미 구속영장을 제시하였음에도 불구하고 이를 알지 못한 채 아직 구속영장이 제시되지 않았다고 오인하고 이에 저항한 경우 등은 적법성의 기초가 되는 행위사정에 대한 착오에 해당한다. 행위사정에 대한 착오는 구성요건적 착오에 해당하여 공무집행방해죄의 고의가 조각된다고 본다(법13 본문).

이에 반해 행위자가 적법성의 기초되는 행위사정을 명확하게 인식하고 있으면서, 자신의 경우에는 공무원의 직무집행이 적법하지 않다고 오인하는 경우가 있다. 예컨대 자신은 진정한 채무를 부담하고 있지 않으므로 집행관의 압류를 실력으로 저지할 수 있다고 오인하여 그에게 폭행을 가하는 경우 또는 자신은 진범인이 아니므로 구속영장의 집행에 저항할 수 있다고 오인하는 경우이다. 이러한 경우는 금지착오에 해당한다고 보아야 할 것이며, 그 오인에 '정당한 이유가 인정되는 때에 한하여'(법16) 공무집행방해죄의 성립을 부정해야 할 것이다.

(라) 판　례　　판례는 행위자의 적법성에 대한 착오에 대해 정당한 이유(법16)가 있는지를 묻는 입장(위법성요소설)이라고 생각된다. 이에 해당하는 판례를 한 가지 소개한다.

사복경찰관들은 심야에 잠복근무를 하던 중 갑에 대해 불심검문을 하려고 하였다. 갑은 도주하기 시작하였다. 경찰관들이 일반 승용차를 타고 추격하자 이를 피하려다가

---

1) 김일수 · 서보학, 681면; 주호노, 1707.

갑은 넘어졌다. 갑은 주변에 고성으로 "경찰을 불러달라"고 요청하면서 경찰관들에게 폭행을 가하였다. 갑은 검문 경찰관들을 치한이나 강도인줄 알고 폭행을 가한 것이라고 주장하였다.

이상의 사안에 대해 판례는 "피고인은 당시 경찰관들을 치한이나 강도로 오인함으로써 이 사건 공무집행 자체 내지 그 적법성이나 자신의 경찰관들에 대한 유형력 행사의 위법성 등에 관하여 착오를 일으켰을 가능성을 배제하기 어[렵다]"고 판단하면서, "원심으로서는 당시 피고인이 자신이 처한 상황을 어떻게 인식하였는지, 피고인에게 착오가 인정된다면 그러한 착오에 정당한 사유가 존재하는지 여부 등에 관하여 면밀히 심리한 다음 범죄성립이 조각될 수 있는지 여부를 신중히 판단하여야 한다"고 판시하였다.[1]

5. 위법성조각사유

공무집행방해죄는 공무원의 직무집행이 적법한 경우에 한하여 성립한다. 이때 적법한 공무집행은 그 행위가 공무원의 추상적 권한에 속할 뿐 아니라 구체적 직무집행에 관한 법률상 요건과 방식을 갖춘 경우를 가리킨다. 경찰관이 적법절차를 준수하지 않은 채 실력으로 피의자를 체포하려고 하였다면 적법한 공무집행이라고 할 수 없다. 따라서 피의자가 그러한 체포를 면하려고 반항하는 과정에서 경찰관에게 폭행 · 협박을 가하였다면 처음부터 구성요건해당성이 없어서 공무집행방해죄(법136①)는 성립하지 않는다.

나아가 경찰관의 체포행위가 적법한 공무집행을 벗어나 불법하게 체포한 것으로 볼 수 밖에 없다면, 피의자가 그 체포를 면하려고 반항하는 과정에서 경찰관에게 상해를 가하였더라도 이는 불법체포로 인한 신체에 대한 현재의 부당한 침해에서 벗어나기 위한 행위로서 정당방위(법21①)에 해당하여 상해죄(법257①)의 위법성이 조각된다.[2]

6. 죄 수

동일한 공무를 집행하는 여러 명의 공무원에 대하여 폭행 · 협박 행위가 이루어진 경우에는 공무를 집행하는 공무원의 수에 따라 여러 개의 공무집행방해죄가 성립한다. 위와 같은 폭행 · 협박 행위가 동일한 장소에서 동일한 기회에 이루어진 것으로서 사회관념상 1개의 행위로 평가되는 경우에는 여러 개의 공무집행방해죄는 상상적 경합관계에 있다.[3]

---

1) 2014. 2. 27. 2011도13999, 공 2014상, 805 = 분석 신형소 Ⅲ 『퍽치기 오인 사건』.

2) 2017. 9. 21. 2017도10866, 공 2017하, 2055.

3) 2009. 6. 25. 2009도3505, 공 2009하, 1265 = 『경찰관 연속 폭행 사건』 :

경찰관 A와 B는 갑에 대하여 접수된 ㉠피해신고를 받고 함께 M장소로 출동하였다. A와 B는 M장소에서 신고 처리 및 수사 업무를 집행하는 중이었다. 갑은 M장소에서 경찰관 A, B에게 욕설을 하면서 먼저 경찰관

공무원에 대한 폭행 · 협박이 다른 범죄에도 해당하는 때에는 공무집행방해죄와 다른 범죄 사이에 상상적 경합관계가 성립하게 된다. 직무를 집행하는 공무원에게 폭행을 가하여 상해를 입힌 경우에는 공무집행방해죄(법136①)와 상해죄(법257①)가 성립하며, 양 죄는 상상적 경합관계에 있다.[1] 그러나 단체 또는 다중의 위력을 보이거나 위험한 물건을 휴대하여 공무원을 폭행한 결과 상해를 입혔다면 하나의 특수공무방해치상죄(법144②)가 성립한다.

절도범인이 체포를 면탈할 목적으로 경찰관에게 폭행 · 협박을 가한 경우에는 준강도죄(법335)와 공무집행방해죄(법136①)가 성립하며 양 죄는 상상적 경합관계에 있다.[2] 하나의

A를 폭행하였다(㉮행위). 갑은 곧이어 이를 제지하는 경찰관 B를 폭행하였다(㉯행위).

검사는 갑을 공무집행방해죄로 기소하였다. 제1심법원은 ㉮행위와 ㉯행위를 모두 공무집행방해죄로 인정하고 갑을 두 죄의 실체적 경합범으로 처단하였다. 갑은 불복 항소하였다. 항소법원은 직권으로 제1심판결을 파기하고, 다시 갑에 대하여 유죄판결을 선고하였다. 갑은 불복 상고하였다.

대법원은 원심판결에 형식위반이 있음을 이유로 원심판결과 제1심판결을 파기하였다. 대법원은 자판(自判)하여 갑에게 벌금 50만원을 선고하였다. 대법원은 다음의 이유를 제시하였다. (가) 동일한 공무를 집행하는 여럿의 공무원에 대하여 폭행 · 협박 행위가 이루어진 경우에는 공무를 집행하는 공무원의 수에 따라 여럿의 공무집행방해죄가 성립한다. (나) 위와 같은 폭행 · 협박 행위가 동일한 장소에서 동일한 기회에 이루어진 것으로서 사회관념상 1개의 행위로 평가되는 경우에는 여럿의 공무집행방해죄는 상상적 경합의 관계에 있다.

(다) (사실관계 분석 부분; 생략.) (라) 위와 같이 동일한 장소에서 동일한 기회에 이루어진 폭행 행위는 사회관념상 1개의 행위로 평가하는 것이 상당하다. (마) 그러므로 A와 B에 대한 공무집행방해죄는 형법 제40조에 정한 상상적 경합의 관계에 있다.

1) 1999. 9. 21. 99도383, 공 1999, 2273 =『장애인 차량 스티커 사건』.

2) 1992. 7. 28. 92도917, 공 1992, 2696 =『비상벨 도주 사건』:

갑, 을, 병은 같은 패거리이다. 갑, 을, 병은 야간에 A의 집에 이르렀다(㉠집). 을이 담을 넘어 들어가 ㉠집의 대문을 열었다. 갑과 병은 대문으로 ㉠집에 들어갔다. 병이 부엌에서 ㉡식칼을 들고 방안에 들어갔다. 그 순간 비상벨이 울렸다. 갑, 을, 병은 도주하였다. 비상벨을 듣고 경찰관 B 등이 출동하였다. 병은 체포를 면탈할 목적으로 추격하던 경찰관 B에게 폭행을 가하였다.

검사는 갑, 을, 병을 특수강도미수죄와 공무집행방해죄로 기소하였다. 갑, 을, 병의 피고사건은 제1심을 거친 후, 항소심에 계속되었다. 항소법원은 갑, 을, 병을 특수강도미수죄와 공무집행방해죄의 실체적 경합범으로 처단하였다. 갑, 을, 병은 불복 상고하였다. 갑은 상고이유로 다음의 점을 주장하였다. (가) 직접 ㉠집의 대문을 연 것은 을이다. (나) ㉡식칼을 든 것은 병이다. (다) 갑은 특수강도죄의 실행행위를 분담한 사실이 없다. 을, 병은 상고이유로 다음의 점을 주장하였다. (가) ㉡식칼로 피해자에게 폭행이나 협박을 가하기 전에 도주하였다. (나) 따라서 특수강도죄의 실행의 착수가 없다. (다) 절도범인이 체포를 면탈할 목적으로 경찰관에게 폭행 협박을 가한 때에는 준강도죄와 공무집행방해죄를 구성하고 양 죄는 상상적 경합관계에 있다. (라) 그렇다면 강도범인이 체포를 면탈할 목적으로 경찰관에게 폭행을 가한 때에도 강도죄와 공무집행방해죄를 상상적 경합관계에 있는 것으로 보아야 한다.

대법원은 다음의 이유를 제시하여 상고를 기각하였다. 대법원은 갑의 상고이유에 대하여 다음과 같이 판단하였다. (가) 합동범은 주관적 요건으로서 공모 외에 객관적 요건으로서 현장에서의 실행행위의 분담을 요한다. (나) 이 실행행위의 분담은 반드시 동시에 동일 장소에서 실행행위를 특정하여 분담하는 것만을 뜻하는 것이 아니다. (다) 시간적으로나 장소적으로 서로 협동관계에 있다고 볼 수 있으면 충분하다. (라) 갑은 직접 문을 열거나 식칼을 든 일이 없다. (마) 그렇다고 하더라도 을, 병과 함께 행동하면서 범행에 협동한 이상 현장에서 실행행위를 분담한 것이다.

폭행 · 협박에 의하여 준강도죄와 공무집행방해죄가 동시에 성립하기 때문이다.

그러나 강도범인이 체포를 면탈할 목적으로 경찰관에게 폭행을 가한 경우에는 강도죄(법333)와 공무집행방해죄(법136①)가 성립하며 양 죄는 실체적 경합관계에 있다.[1] 피해자에 대한 폭행 · 협박으로 이미 강도죄가 성립한 상황에서 추격하는 경찰관에게 폭행 · 협박을 하는 것은 별개의 공무집행방해죄를 구성하기 때문이다.

제 3 공무방해죄의 특수유형

1. 직무강요죄

형법 제136조 ② 공무원에 대하여 그 직무상의 행위를 강요 또는 저지하거나 그 직을 사퇴하게 할 목적으로 폭행 또는 협박한 자도 전항의 형과 같다.

◎ 특수공무방해죄 적용대상임(법144①)
◎ 특수공무방해치사상죄 적용대상임(법144②)

형법 제136조는 제1항에서 협의의 공무집행방해죄를, 제2항에서 직무강요죄를 각각 규정하고 있다. 협의의 공무집행방해죄는 공무원의 현재의 직무집행을 대상으로 한다. 이에 대하여 직무강요죄는 공무원의 장래의 직무집행을 대상으로 하고 있다. 직무강요죄는 목적범이라는 점에서 협의의 공무집행방해죄와 구별된다. 직무강요죄는 협의의 공무집행방해죄를 보충하는 의미를 갖는다.

직무강요죄에서 강요 또는 저지의 대상이 되는 직무상 행위는 구체적인 경우에 공무원이 권리를 인정하고 의무를 부과하거나 기타 특정한 법률상 효과를 발생시키는 행위에 국한되지 않으며, 널리 공무원이 직무상 할 수 있는 행위를 포함한다. 직무강요죄가 궁극적으로 공

대법원은 을과 병의 상고이유에 대하여 판단하였다. (가) 형법 제334조 제1항 소정의 야간주거침입강도죄는 주거침입과 강도의 결합범이다. (나) 시간적으로 주거침입행위가 선행되는 것이므로 주거침입을 한 때에 야간주거침입강도죄의 실행에 착수한 것으로 볼 것이다. (다) 형법 제334조 제2항 소정의 흉기휴대 합동강도죄에 있어서도 그 강도행위가 야간에 주거에 침입하여 이루어지는 경우에는 주거침입을 한 때에 실행에 착수한 것으로 보는 것이 타당하다. (라) 갑, 을, 병이 야간에 주거에 침입한 이상 특수강도죄의 실행에 착수한 것으로서 그 미수범으로서 처단되어야 한다.

(마) 절도범인이 체포를 면탈할 목적으로 경찰관에게 폭행 협박을 가한 때에는 준강도죄와 공무집행방해죄를 구성하고 양 죄는 상상적 경합관계에 있다. (바) 그러나 강도범인이 체포를 면탈할 목적으로 경찰관에게 폭행을 가한 때에는 강도죄와 공무집행방해죄는 실체적 경합관계에 있고 상상적 경합관계에 있는 것이 아니다. (사) 이와 반대되는 소론은 독자적 견해로서 이유 없다.

1) 1992. 7. 28. 92도917, 공 1992, 2696 = 『비상벨 도주 사건』.

무의 보호를 목적으로 하고 있는 점에 비추어 볼 때 직무상의 행위는 공무원의 권한 내의 것이어야 한다.

강요는 직무상 행위를 하도록 강제하는 것이며, 저지는 직무상 행위를 하지 못하도록 강제하는 것이다.

직을 사퇴하게 한다 함은 공무집행을 방해하는 수단으로서 사직하게 하려는 경우 및 공무집행과 무관하게 단순히 개인적인 사정에 의하여 사직하게 하려는 경우를 포함한다. 후자의 경우에는 순전히 공무원의 지위 자체를 보호하는 것처럼 보이지만, 이를 통해 공무의 보호를 달성하려고 하는 것으로 볼 수 있다.

직무강요죄는 목적범이므로 직무상의 행위를 강요 또는 저지하거나 그 직을 사퇴하게 할 목적으로 공무원에 대한 폭행 · 협박이 이루어져야 한다. 그 목적의 달성 여부는 묻지 않는다. 목적의 인식 정도는 미필적 인식으로도 족하다.

폭행 · 협박은 협의의 공무집행방해죄의 그것과 같다. 직무강요죄(법136②)는 폭행 · 협박으로 일정한 행위를 강요하거나 저지한다는 점에서 강요죄(법324①)와 비슷하지만 강요죄의 경우(법324의5 참조)와 달리 미수범처벌규정이 없다. 따라서 직무상의 행위를 강요 또는 저지하거나 그 직을 사퇴하게 할 목적으로 공무원에 대한 폭행 · 협박을 할 때 이미 기수에 이른다.

2. 위계에 의한 공무집행방해죄

형법 제137조 (위계에 의한 공무집행방해) 위계로써 공무원의 직무집행을 방해한 자는 5년 이하의 징역 또는 1천만원 이하의 벌금에 처한다.

(1) 실행행위

위계에 의한 공무집행방해죄에서 위계라 함은, 행위자의 행위목적을 이루기 위하여 상대방에게 오인, 착각, 부지를 일으키게 하여 그 오인, 착각, 부지를 이용하는 것을 말한다.[1] 담당 공무원의 공모 또는 양해 아래 부정한 행위가 이루어졌다면 이로 말미암아 오인 등을 일으킨 상대방이 있다고 할 수 없다. 그러므로 그 부정한 행위는 위계에 의한 공무집행방해죄에서의 위계에 해당한다고 볼 수 없다.[2]

위계에 의한 공무집행방해죄는 상대방이 위계에 따라 그릇된 행위나 처분을 하여야만 성립한다. 위계에 의한 행위가 구체적인 직무집행을 저지하거나 현실적으로 곤란하게 하는

---

1) 2009. 4. 23. 2007도1554, 공 2009상, 781.
2) 2015. 2. 26. 2013도13217, [미간행].

데까지 이르지 않은 경우에는 위계에 의한 공무집행방해죄로 처벌할 수 없다.[1]

위계에 의한 공무집행방해죄에는 협의의 공무집행방해죄와 마찬가지로 미수범 처벌규정이 없다. 협의의 공무집행방해죄(법136①)는 직무를 집행하는 공무원에 대하여 폭행 · 협박이 있을 때 기수에 이른다. 이에 반해 위계에 의한 공무집행방해죄(법137)는 구체적인 직무집행을 저지하거나 직무집행이 현실적으로 곤란하게 되어야 기수에 이른다.

위계의 대상이 된 공무집행은 적법한 것이어야 한다. 모법의 위임범위를 벗어난 하위법령을 근거로 행해진 공무집행은 위계에 의한 공무집행방해죄의 보호대상에 포함되지 않는다.[2] 법령의 위임에 따른 공무원의 적법한 직무집행인 이상 공권력의 행사를 내용으로 하는 권력적 작용뿐만 아니라 사경제주체로서의 활동을 비롯한 비권력적 작용도 공무집행에 포함된다.[3]

(2) 위계의 구체적 유형

(가) 허위 신고 행정청에 대한 일방적 통고로 그 효과가 완성되는 '신고'의 경우에는 신고인이 신고서에 허위사실을 기재하거나 허위의 소명자료를 제출하였다고 하더라도, 그것만으로는 담당 공무원의 구체적이고 현실적인 직무집행이 방해받았다고 볼 수 없어 특별한 사정이 없는 한 그러한 허위 신고가 위계에 의한 공무집행방해죄를 구성한다고 볼 수 없다.[4]

(나) 인 · 허가 심사 행정관청이 출원에 의한 인 · 허가처분을 할 때에는 출원사유가 사실과 부합하지 않는 경우가 있음을 전제로 인 · 허가 여부를 심사 · 결정하게 된다. 이때 행정관청으로부터 인 · 허가처분을 받기 위하여 출원인이 허위의 소명자료를 제출하는 것이 위계에 의한 공무집행방해죄에 해당할 것인지 문제된다.

이 문제는 경우를 나누어 살펴보아야 한다. 첫째로, 행정관청이 사실을 충분히 확인하지 않은 채 출원자가 제출한 허위의 출원사유나 허위의 소명자료를 가볍게 믿고 인가 또는 허가를 하였다면 이는 행정관청의 불충분한 심사에 기인한 것으로서 출원자의 위계에 의한 것이라고 할 수 없다.[5]

둘째로, 신청인이 업무담당자에게 허위의 주장을 하면서 이에 부합하는 허위의 소명자료를 첨부하여 제출하였던바, 그 수리 여부를 결정하는 업무담당자가 관계 규정이 정한 바에

1) 2003. 2. 11. 2002도4293, 공 2003, 847 = 분석 각론 『폐기물이전매립공사 입찰 사건』.
2) 2007. 3. 29. 2006도8189, 공 2007, 636 참조.
3) 2003. 12. 26. 2001도6349, 공 2004, 284.
4) 2016. 1. 28. 2015도17297, 공 2016상, 396 = 『우수 무인 확인서 사건』.
5) 2011. 4. 28. 2010도14696, 공 2011상, 1215 = 분석 각론 『중국 호구부 변경 사건』.

따라 그 요건의 존부에 관하여 나름대로 충분히 심사를 하였으나, 신청사유 및 소명자료가 허위임을 발견하지 못하여 그 신청을 수리하게 될 정도에 이르렀다면, 이는 업무담당자의 불충분한 심사가 아니라 신청인의 위계행위에 의한 것으로서 위계에 의한 공무집행방해죄가 성립한다.[1)]

등기신청은 단순한 '신고'가 아니라 그 신청에 따른 등기관의 심사 및 처분을 예정하고 있다. 그러므로 등기신청인이 제출한 허위의 소명자료 등에 대하여 등기관이 나름대로 충분히 심사를 하였음에도 이를 발견하지 못하여 그 등기가 마쳐지게 되었다면 위계에 의한 공무집행방해죄가 성립할 수 있다.[2)]

(다) 수사절차상 허위진술 등　　수사기관은 범죄사건을 수사할 때 피의자 등의 진술 여하에 불구하고 피의자를 확정하고 그 피의사실을 인정할 만한 객관적인 모든 증거를 수집 · 조사해야 할 권한과 의무가 있다. 한편 피의자는 진술거부권(헌법12②, 형소법244의3)과 자기에게 유리한 진술을 할 권리(형소법242 참조)와 유리한 증거를 제출할 권리를 가질 뿐이고, 수사기관에 대하여 진실만을 진술하여야 할 의무가 있는 것은 아니다.

피의자 등이 수사기관에 대하여 허위사실을 진술하거나 피의사실 인정에 필요한 증거를 감추고 허위의 증거를 제출한 경우에 위계에 의한 공무집행방해죄가 성립할 것인지 문제된다. 이 문제는 경우를 나누어 살펴보아야 한다.

첫째로, 수사기관이 충분한 수사를 하지 아니한 채 위와 같은 허위의 진술과 증거만으로 증거의 수집 · 조사를 마쳤다면, 이는 수사기관의 불충분한 수사에 의한 것으로서 피의자 등의 위계에 의하여 수사가 방해되었다고 볼 수 없어 위계에 의한 공무집행방해죄는 성립하지 않는다.[3)]

둘째로, 피의자 등이 적극적으로 허위의 증거를 조작하여 제출하고 그 증거 조작의 결과 수사기관이 그 진위에 관하여 나름대로 충실한 수사를 하더라도 제출된 증거가 허위임을 발견하지 못할 정도에 이르렀다면, 이는 위계에 의하여 수사기관의 수사행위를 적극적으로 방해한 것으로서 위계에 의한 공무집행방해죄가 성립된다.[4)] 이 경우 조작된 증거에 대해서는 증거위조죄(법155①)가 별도로 성립하며,[5)] 양자는 실체적 경합관계에 있다.

(라) 재판절차상 허위증거 제출　　법원은 당사자의 허위주장 및 허위증거의 제출에도 불구하고 진실을 밝혀야 하는 것이 그 직무이다. 가처분신청시 당사자가 허위의 주장을

1) 2011. 4. 28. 2010도14696, 공 2011상, 1215 = 분석 각론 『중국 호구부 변경 사건』.
2) 2016. 1. 28. 2015도17297, 공 2016상, 396 = 『우수 무인 확인서 사건』.
3) 2011. 2. 10. 2010도15986, 공 2011상, 610 = 분석 각론 『풍어제 의혹 사건』.
4) 2011. 2. 10. 2010도15986, 공 2011상, 610 = 분석 각론 『풍어제 의혹 사건』.
5) 2011. 2. 10. 2010도15986, 공 2011상, 610 = 분석 각론 『풍어제 의혹 사건』.

하거나 허위의 증거를 제출하였다 하더라도 그것만으로 법원의 구체적이고 현실적인 어떤 직무집행이 방해되었다고 볼 수 없으므로, 이로써 바로 위계에 의한 공무집행방해죄가 성립한다고 볼 수 없다.[1]

(마) 단속회피 법령에서 어떤 행위의 금지를 명하면서 이를 위반하는 행위에 대한 벌칙을 두는 한편, 공무원으로 하여금 그 금지규정의 위반 여부를 감시·단속하게 하고 있는 경우에 그 공무원에게는 금지규정 위반행위의 유무를 감시하여 확인하고 단속할 권한과 의무가 있다. 이와 관련하여 공무원의 단속을 회피하기 위하여 부정한 수단을 사용하는 것이 위계에 의한 공무집행방해죄를 구성할 것인지 문제된다. 이 문제는 경우를 나누어 살펴보아야 한다.

첫째로, 공무원의 감시·단속을 단순히 회피하는 경우이다. 단속회피 행위가 단순히 공무원의 감시·단속을 피하여 금지규정에 위반하는 행위를 한 것에 불과하다면 이는 공무원의 불충분한 감시·단속에 기인한 것이지, 행위자 등의 위계에 의하여 공무원의 감시·단속에 관한 직무가 방해되었다고 할 수 없을 것이어서 위계에 의한 공무집행방해죄는 성립하지 않는다.[2] [3]

둘째로, 구체적이고 현실적으로 감시·단속 업무를 수행하는 공무원에 대하여 위계를 사용하는 경우이다. 단속회피를 위한 행위가 공무원이 관계 법령이 정한 바에 따라 금지규정 위반행위의 유무를 충분히 감시하여 확인하고 단속하더라도 이를 발견하지 못할 정도에 이른 것이라면 이는 위계에 의하여 공무원의 감시·단속업무를 적극적으로 방해한 것으로서 위계에 의한 공무집행방해죄가 성립된다.

(3) 공무집행의 방해

위계에 의한 공무집행방해죄에서 방해는 공무원의 직무집행에 지장을 주거나 지장을 줄 위험을 야기하는 것을 말한다. 위계에 의한 공무집행방해죄가 성립하려면 상대방인 공무원이 위계에 따라 그릇된 행위나 처분을 해야만 한다. 위계에 의한 행위가 구체적인 공무집행을 저지하거나 현실적으로 곤란하게 하는 데까지는 이르지 아니하고 미수에 그친 경우는 위계에 의한 공무집행방해죄로 처벌할 수 없다.[4] 위계에 의한 공무집행방해죄에는 미수범 처벌규정이 없다.

---

1) 2012. 4. 26. 2011도17125, 공 2012상, 945 = 분석 각론 『천일염 가처분신청 사건』.
2) 2010. 4. 15. 2007도8024, [미간행] = 분석 각론 『파워매직세이퍼 사건』.
3) 2022. 3. 31. 2018도15213, 공 2022상, 836 = 『명함형 녹화장비 반입 사건』 ☞ 부록 1554면.
4) 2003. 2. 11. 2002도4293, 공 2003, 847 = 분석 각론 『폐기물이전매립공사 입찰 사건』.

위계에 의한 공무집행방해죄가 성립하려면 구체적이고 현실적인 직무집행이 방해되어야 한다. 예컨대 민사소송을 제기할 때 피고의 주소를 허위로 기재하여 법원공무원으로 하여금 변론기일소환장 등을 허위주소로 송달하게 하였다는 사실만으로는 이로 인하여 법원공무원의 구체적이고 현실적인 어떤 직무집행이 방해되었다고 할 수 없다. 그러므로 이로써 바로 위계에 의한 공무집행방해죄가 성립된다고 볼 수는 없다.[1)]

위계에 의하여 법원이 행하는 경매의 공정을 해하는 행위가 위계에 의한 공무집행방해죄에 해당하는지 문제된다. 위계에 의한 공무집행방해죄가 성립하려면 행위자가 사용한 위계가 집행관의 구체적인 직무집행을 저지하거나 현실적으로 곤란하게 하는 데에까지 이르러야 한다. 그 정도에 이르지 아니하고 단순히 입찰의 공정을 해하는 정도의 것일 때에는 경매 · 입찰방해죄(법315)에만 해당할 뿐 위계에 의한 공무집행방해죄(법137)는 성립하지 않는다.[2)]

피고인의 변호인 접견교통권 행사가 그 한계를 일탈한 규율위반행위에 해당하는 경우가 있다. 그렇다고 하더라도 그 행위가 위계공무집행방해죄의 '위계'에 해당하려면 (가) 행위자가 상대방에게 오인, 착각, 부지를 일으키게 하여 (나) 그 오인, 착각, 부지를 이용함으로써 상대방이 이에 따라 그릇된 행위나 처분을 하여야만 한다. 접견교통권 행사가 그 한계를 일탈한 규율위반행위에 해당하는 경우일지라도 그러한 행위가 구체적인 직무집행을 저지하거나 현실적으로 곤란하게 하는 데까지는 이르지 않은 경우에는 위계에 의한 공무집행방해죄로 처벌할 수 없다.[3)]

---

1) 1996. 10. 11. 96도312, 공 1996, 3368.

2) 2000. 3. 24. 2000도102, 공 2000, 1109 = 분석 각론『입찰가액 알아내기 사건』.

3) 2022. 6. 30. 2021도244, 공 2022하, 1551 =『문서 전달 집사변호사 사건』:

갑은 P회사를 운영하고 있다. 갑은 ㉮형사사건 피의자로 M구치소에 구속되었다. 갑은 여러 명의 변호사를 소위 집사변호사로 고용하였다(변호사 A로 통칭함). A는 갑을 주 3회 접견하였다. 갑은 그 대가로 A에게 월 3백만원을 지급하였다. A는 갑의 ㉮사건을 변호할 것처럼 가장하여 M구치소 측에 변호인 접견을 신청하였다. A는 M구치소 변호인 접견 담당 교도관으로부터 접견허가를 받았다. A는 변호인 접견실에서 ㉮사건 변호와 상관없는 P회사 운영사항을 갑에게 보고하였다. A는 소송준비와 상관없는 문서인 ㉠문건의 내용을 갑에게 보고하였다. 갑은 ㉠서류에 직접 서명을 하였다. A는 ㉠서류를 M구치소 밖으로 빼돌려 갑이 운영하는 P회사에 전달하였다.

검사는 갑을 위계에 의한 공무집행방해죄로 기소하였다. 갑의 피고사건은 제1심을 거친 후, 항소심에 계속되었다. 항소법원은 유죄를 인정하였다. 갑은 불복 상고하였다.

대법원은 다음의 이유를 제시하여 원심판결을 파기 환송하였다. 대법원은 변호인의 접견교통권에 관한 관련규정들을 분석하였다(내용 생략함). 대법원은 피고인의 변호인 접견교통권 행사가 그 한계를 일탈한 규율위반행위에 해당하는 경우에 위계에 의한 공무집행방해죄가 성립하는지에 대해 본문 소개의 법리를 제시하였다.

대법원은 갑의 행위에 대해 다음과 같이 판단하였다. (가) 갑이 접견변호사 A게 지시한 접견은 변호인에 의한 변호 활동이라는 외관만을 갖추었을 뿐 실질적으로는 형사사건의 방어권 행사가 아닌 다른 주된 목적이

(4) 고의와 죄수

위계에 의한 공무집행방해죄가 성립하려면 단순한 허위신고 등의 사실만으로는 부족하고 더 나아가 피고인에게 자기의 위계행위로 인하여 공무직무집행을 방해하려는 의사가 있어야 한다.[1)]

피고인이 출원인이 허가를 받을 수 없는 자라는 사실을 알면서도 그 직무상의 의무에 따른 적절한 조치를 취하지 않고 오히려 부하직원으로 하여금 허가 처리기안문을 작성하게 한 다음 피고인 스스로 중간결재를 하는 등 위계로써 상급자의 최종결재를 받았다면, 직무위배의 위법상태가 위계에 의한 공무집행방해행위 속에 포함되어 있는 것이라고 보아야 할 것이므로, 이와 같은 경우에는 작위범인 위계에 의한 공무집행방해죄(법137)만이 성립하고 부작위범인 직무유기죄(법122)는 따로 성립하지 않는다.[2)]

국적법에 따라 대한민국 국적을 취득하지 않았는데도 대한민국 국적을 취득한 것처럼 인적 사항을 기재하여 대한민국 여권을 발급받은 다음 이를 출입국심사 담당공무원에게 제출한 행위는 (가) 위계로써 출입국심사업무에 관한 정당한 직무를 방해함과 동시에 (나) 불실의 사실이 기재된 여권을 행사한 것이다.[3)]

나 의도를 위한 행위로서 접견교통권 행사의 한계를 일탈한 경우에 해당할 수는 있다. (나) 그렇지만 그 행위가 (ㄱ) '위계'에 해당한다거나 (ㄴ) 그로 인해 교도관의 구체적이고 현실적인 직무집행이 방해되었다고 보기 어렵다.

1) 1970. 1. 27. 69도2260, 집 18①, 형5 =『구직용 간첩신고 사건』:

갑은 M경찰관서에 자신을 간첩이라고 자수하였다. 갑이 허구의 범죄를 신고한 까닭은 생활에 궁하여 오로지 직장을 구하여 볼 의사로서 허위로 간첩이라고 자수를 한 것이었다.

검사는 갑을 위계에 의한 공무집행방해죄로 기소하였다. 갑의 피고사건은 제1심을 거친 후, 항소심에 계속되었다. 항소법원은 무죄로 판단하였다. 검사는 불복 상고하였다.

대법원은 다음의 이유를 제시하여 상고를 기각하였다. (가) 갑이 경찰관서에 허구의 범죄를 신고한 까닭은 갑이 생활에 궁하여 오로지 직장을 구하여 볼 의사로서 허위로 간첩이라고 자수를 한데 불과하다. (나) 한걸음 나아가서 그로 말미암아 공무원의 직무집행을 방해하려는 의사까지 있었던 것이라고는 인정되지 아니한다.

2) 1997. 2. 28. 96도2825, 공 1997, 1032 = 백선 각론 1『제11봉천호 사건』.

3) 2022. 4. 28. 2020도12239, 공 2022상, 1073 =『위장결혼 여권 사건』:

갑은 실제로는 성명 갑, 생년월일 ⓐ일자인 중국 국적의 조선족이다. 갑은 대한민국 국적을 취득하기 위하여 마을 이웃인 을에게 대가를 지급하고 인적 사항을 빌렸다. 갑은 성명불상의 브로커를 통해 소개받은 대한민국 국민 A에게 300만원의 대가를 지급하고 위장 결혼하였다. 갑은 을의 인적 사항으로 대한민국 국적을 취득하여 현재까지 대한민국에 거주하고 있다. 갑은 M시청에서 여권발급신청서에 을의 인적사항을 기재하고 신청인을 을로 기재하여 담당공무원에게 제출하고, 이후 외교통상부장관 명의의 여권을 발급받았다(㉠여권). 갑은 인천국제공항을 통하여 중국으로 출국하면서 출국심사 담당공무원에게 을 명의의 ㉠여권을 제출하여 출국심사를 통과하였다. 갑은 인천공항에서 입국하면서 을 명의의 ㉠여권을 제출하여 입국심사를 통과하였다.

검사는 갑을 위계공무집행방해죄와 불실기재여권행사죄, 여권법위반죄로 기소하였다. 제1심법원은 다음의 이유를 들어서 위계공무집행방해죄와 불실기재여권행사죄 부분을 무죄로 판단하였다. (가) 국적법은 국적상실사유를 규정하고 있다(㉮규정). (나) 갑은 ㉮규정에 의하여 국적을 상실하거나 취소된 적이 없다. (다) 갑이 경범죄처벌법 제3조 제3항 제2호의 거짓신고가 '위계'의 수단 · 방법 · 태양의 하나가 된 경우가 있다. 이러한 경우 거짓신고로 인한 경범죄처벌법위반죄는 위계에 의한 공무집행방해죄에 흡수되는 법조경합 관계에 있다. 그러므로 위계에 의한 공무집행방해죄만 성립할 뿐 이와 별도로 거짓신고로 인한 경범죄처벌법위반죄가 성립하지는 않는다.[1)]

을의 인적사항을 빌렸다고 하여도 을 명의로 대한민국국적을 취득한 것이 무효라고 단정할 수 없다. (라) 을의 신분으로 발급받은 여권을 행사한 것이 상대방인 공무원에게 오인, 착각, 부지를 일으키게 하는 행위에 해당한다고 볼 수 없다. (마) 을의 신분으로 발급받은 여권의 기재사항이 불실의 사실에 해당한다고 볼 수 없다. 검사는 불복 항소하였다. 항소법원은 항소를 기각하고, 제1심판결을 유지하였다. 검사는 불복 상고하였다.

대법원은 다음의 이유를 제시하여 원심판결을 파기 환송하였다. 대법원은 위계에 의한 공무집행방해죄와 불실기재 여권행사죄에 관하여 다음과 같이 설시하였다. (가) 형법 제137조에 정한 위계에 의한 공무집행방해죄에서 '위계'는 행위자의 행위목적을 이루기 위하여 상대방에게 오인, 착각, 부지를 일으키게 하여 이를 이용하는 것을 말한다. (나) 형법 제229조, 제228조 제2항에 정한 불실기재 여권행사죄에서 '허위신고'는 진실에 반하는 사실을 신고하는 것이고, '불실(不實)의 사실'은 '권리의무관계에 중요한 의미를 갖는 사항이 객관적인 진실에 반하는 것'을 말한다. (다) 여권 등 공정증서원본에 기재된 사항이 존재하지 않거나 외관상 존재하더라도 무효사유에 해당하는 흠이 있다면 불실기재에 해당한다. (라) 그러나 기재된 사항이나 원인된 법률행위가 객관적으로 존재하고 취소사유에 해당하는 흠이 있을 뿐이라면 취소되기 전에 공정증서원본에 기재된 사항은 불실기재에 해당하지 않는다

대법원은 가장 혼인으로 인한 국적 취득의 효력에 관하여 다음과 같이 설시하였다. (가) 국적법 제3조 제1호는 대한민국 국적의 법정 취득 사유로 '대한민국 국민의 처가 된 자'를 정하고 있다. (나) 여기서 '대한민국 국민의 처가 된 자'에 해당하려면 대한민국 국민인 남자와 혼인한 배우자로서 당사자 사이에 혼인의 합의, 즉 사회관념상 부부라고 인정되는 정신적 · 육체적 결합을 생기게 할 의사의 합치가 있어야 한다. (다) 그런데 외국인 여자가 대한민국에 입국하여 취업 등을 하기 위한 방편으로 대한민국 국민인 남자와 혼인신고를 하였더라도 위와 같은 혼인의 합의가 없다면 국적법 제3조 제1호에서 정한 '대한민국 국민의 처가 된 자'에 해당하지 않으므로 대한민국 국적을 취득할 수 없다.

(라) 국적법 제3조 제1호에 따라 대한민국 국적을 취득하지 않았는데도 대한민국 국적을 취득한 것처럼 인적 사항을 기재하여 대한민국 여권을 발급받은 다음 이를 출입국심사 담당공무원에게 제출하였다면 (ㄱ) 위계로써 출입국심사업무에 관한 정당한 직무를 방해함과 동시에 (ㄴ) 불실의 사실이 기재된 여권을 행사한 것으로 볼 수 있다.

대법원은 갑의 행위에 대해 다음과 같이 판단하였다. (가) 갑은 국적법 제3조 제1호에 따라 을의 인적 사항으로 대한민국 국적을 취득하였다고 볼 수 없다. (나) 을의 인적 사항으로 대한민국 여권을 발급받아 출입국심사 담당공무원에게 제출한 것은 (ㄱ) 위계로써 출입국심사업무에 관한 정당한 직무를 방해함과 동시에 (ㄴ) 불실의 사실이 기재된 여권을 행사한 것으로 볼 수 있다.

1) 2022. 10. 27. 2022도10402, 판례속보 =『거짓신고 소방관 출동 사건』:

갑은 119 화재긴급신고전화를 걸어 발생하지 않은 화재 사실을 거짓으로 신고하였다. 갑의 거짓신고로 관할 소방서의 소방관들이 출동하는 소동이 있었다.

검사는 다음의 공소사실로 갑을 기소하였다. (가) 경범죄처벌법위반죄 : 갑은 119 화재긴급신고전화를 걸어 발생하지 않은 화재 사실을 거짓으로 신고하였다. (나) 위계에 의한 공무집행방해죄 : 갑은 거짓신고를 위계로 하여 소방관의 119 화재신고처리 업무 및 출동에 관한 정당한 직무집행 등을 방해하였다. 갑의 피고사건은 제1심을 거친 후, 항소심에 계속되었다. 항소법원은 경범죄처벌법위반죄와 위계공무집행방해죄의 상상적 경합을 인정하였다. 갑은 불복 상고하였다.

대법원은 다음의 이유를 제시하여 상고를 기각하였다. 대법원은 거짓신고와 관련한 경범죄처벌법위반죄와

3. 법정모욕죄 · 국회회의장모욕죄

형법 제138조(법정 또는 국회회의장모욕) 법원의 재판 또는 국회의 심의를 방해 또는 위협할 목적으로 법정이나 국회회의장 또는 그 부근에서 모욕 또는 소동한 자는 3년 이하의 징역 또는 700만원 이하의 벌금에 처한다.

◎ 특수공무방해죄 적용대상임(법144①)
◎ 특수공무방해치사상죄 적용대상임(법144②)

(1) 입법취지

법정모욕죄 및 국회회의장모욕죄는 일종의 위력에 의한 공무집행방해죄이다. 법정모욕죄 및 국회회의장모욕죄는 법원 혹은 국회라는 국가기관을 보호하기 위한 것이 아니라 법원의 재판기능 및 국회의 심의기능을 보호하기 위하여 마련된 것이다.[1]

법원의 재판기능 및 국회의 심의기능은 행정기관의 일상적인 행정업무와 차별화된다. 법원의 재판기능 및 국회의 심의기능의 중요성 및 신성성에도 불구하고 법원이나 국회는 경찰력 등 자체적 권력집행수단을 가지고 있지 않다. 이러한 국가기관의 한계에서 생길 수 있는 재판 및 입법기능에 대한 보호의 흠결을 보완하기 위하여 마련된 범죄유형이 법정모욕죄 및 국회회의장모욕죄이다.[2]

위계공무집행방해죄의 관계에 대해 다음과 같이 설시하였다. (가) 경범죄처벌법 제3조 제3항 제2호의 거짓신고로 인한 경범죄처벌법위반죄는 '있지 아니한 범죄나 재해 사실을 공무원에게 거짓으로 신고'하는 경우에 성립한다. (나) 형법 제137조의 위계에 의한 공무집행방해죄는 상대방의 오인, 착각, 부지를 일으키고 이를 이용하는 위계에 의하여 상대방으로 하여금 그릇된 행위나 처분을 하게 함으로써 공무원의 구체적이고 현실적인 직무집행을 방해하는 경우에 성립한다. (다) 전자는 사회공공의 질서유지를 보호법익으로 하는 반면, 후자는 국가기능으로서의 공무 그 자체를 보호법익으로 하는 등 양 죄는 직접적인 보호법익이나 규율대상 및 구성요건 등을 달리한다. (라) 따라서 경범죄처벌법 제3조 제3항 제2호에서 정한 거짓신고 행위가 원인이 되어 상대방인 공무원이 범죄가 발생한 것으로 오인함으로 인하여 공무원이 그러한 사정을 알았더라면 하지 않았을 대응조치를 취하기에 이르렀다면, 이로써 구체적이고 현실적인 공무집행이 방해되어 위계에 의한 공무집행방해죄가 성립한다.

(마) 그렇지만 이와 같이 경범죄처벌법 제3조 제3항 제2호의 거짓신고가 '위계'의 수단 · 방법 · 태양의 하나가 된 경우에는 거짓신고로 인한 경범죄처벌법위반죄가 위계에 의한 공무집행방해죄에 흡수되는 법조경합 관계에 있다. (바) 그러므로 위계에 의한 공무집행방해죄만 성립할 뿐 이와 별도로 거짓신고로 인한 경범죄처벌법위반죄가 성립하지는 않는다.

대법원은 위와 같이 판단하여 원심법원의 잘못을 인정하였다. 그러나 대법원은 처단형의 계산에서 차이가 없어 판결에 영향을 미친 위법이 아니라고 판단하였다.

1) 2021. 8. 26. 2020도12017, 공 2021하, 1869 =『헌법재판소 심판정 소동 사건』(분석 생략함).
2) 2021. 8. 26. 2020도12017, 공 2021하, 1869 =『헌법재판소 심판정 소동 사건』.

형법 제138조는 보호대상의 하나로 '법원의 재판'을 들고 있다. 이 '법원의 재판'에서 '법원'은 이른바 실체법상 의미의 법원 또는 조직법상 의미의 법원이 아니라 소송법상 의미의 법원으로, 구체적인 사건에 대해 재판권을 행사하여 공권적 법률판단을 하고 의사를 표현하는 주체로서의 재판기관을 의미한다. 헌법재판기능을 담당하는 재판기관으로서의 헌법재판소도 이러한 소송법상 의미의 법원에 해당한다.[1)]

법정모욕죄와 국회회의장모욕죄가 성립하려면 법원의 재판, 헌법재판소의 심판 또는 국회의 심의가 공무집행의 적법성 요건을 갖추어야 한다.[2)] 적법성 요건을 갖추지 못한 경우에는 법정모욕죄 · 국회회의장모욕죄는 성립하지 않는다.

국회 상임위원회 위원장이 질서유지권을 발동하여 회의장 출입구를 폐쇄하고 출입을 봉쇄하여 다른 정당 소속 위원들의 회의장 출입을 막은 행위는 상임위원회 위원장의 질서유지권 행사의 한계를 벗어난 위법한 조치이다.[3)] 누구든지 국회의원이 본회의 또는 위원회에 출석하기 위하여 본회의장 또는 위원회 회의장에 출입하는 것을 방해하여서는 안 된다. 특히 국회의 경호 업무 등을 담당하는 국회 경위가 상임위원회 위원의 회의장 출입을 막는 것은 이를 정당화할 만한 특별한 사정이 없는 한 위법하다.[4)]

(2) 실행행위

법정모욕죄 · 국회회의장모욕죄의 실행행위는 법정이나 국회회의장 또는 그 부근에서 모욕 또는 소동하는 것이다. 법정모욕죄의 '법정'은 법원의 사법권 행사에 해당하는 재판작용이 이루어지는 상대적, 기능적 공간 개념을 의미한다.[5)] 법원 내의 법정뿐만 아니라 재판의 필요에 따라 법원 외의 장소에서 이루어지는 재판의 공간도 포함한다(법원조직법56②).

모욕은 경멸의 의사를 표시하는 것이다. 소동은 여럿이 싸우거나 떠들어서 야단법석을 하는 것이다. 양자 모두 법원의 재판이나 국회의 심의를 방해할 수 있을 정도에 달하여야 한다. 공판심리나 국회심의 직전의 대기중 또는 심리나 심의 도중의 휴식중에 모욕 또는 소동하는 경우도 법정모욕죄 · 국회회의장모욕죄에 해당한다.

(3) 목 적

법정모욕죄 · 국회회의장모욕죄는 법원의 재판 또는 국회의 심의를 방해하거나 위협할

---

1) 2021. 8. 26. 2020도12017, 공 2021하, 1869 = 『헌법재판소 심판정 소동 사건』.
2) 2013. 6. 13. 2010도13609, 공 2013하, 1266 = 분석 각론 『외통위 출입문 사건』.
3) 2013. 6. 13. 2010도13609, 공 2013하, 1266 = 분석 각론 『외통위 출입문 사건』.
4) 2013. 6. 13. 2010도13609, 공 2013하, 1266 = 분석 각론 『외통위 출입문 사건』.
5) 2021. 8. 26. 2020도12017, 공 2021하, 1869 = 『헌법재판소 심판정 소동 사건』.

목적을 요하는 목적범이다. 반드시 법원의 재판이나 국회의 심의가 방해됨을 요하지 않는다.

법정모욕죄에서 '재판'은 법원조직법상의 법원에서 이루어진 재판작용에 한정되는 것이 아니라 '헌법과 법률에 따른 사법권을 행사하는 국가기관의 광의의 사법권 행사에 따르는 재판작용 전체'를 의미한다.[1)]

법정모욕죄 · 국회회의장모욕죄는 법원의 재판 또는 국회의 심의를 방해하거나 위협할 목적을 요하는 목적이므로 법정이나 국회회의장 내부나 창문, 복도 등에서 법정이나 국회회의장 내부를 향하여 모욕이나 소동이 행해져야 한다. 법정이나 국회회의장과 떨어진 바깥에서 집회를 열어 특정 법관이나 국회의원을 비난하는 발언을 하는 행위 또는 언론에 특정 법관이나 국회의원을 비난하는 내용의 기고를 하는 것은 법정모욕죄 · 국회회의장모욕죄를 구성하지 않는다.[2)]

(4) 법정모욕죄와 감치의 관계

형법 제138조가 규정하고 있는 법정모욕죄는 국회회의장모욕죄와 마찬가지로 검사의 공소제기(형소법246)를 기다려 법원이 심판하는 형사범이다. 이에 대하여 「법원조직법」 제61조는 (가) 법원 및 재판장이 발하는 입정금지명령, 퇴정명령, 기타 질서유지에 필요한 명령을 위반하는 행위를 법정 내외에서 하거나(동법58②), (나) 법정 안에서는 재판장의 허가 없이 녹화, 촬영, 중계방송 등의 행위를 하거나(동법59), (다) 폭언, 소란 등 행위로 법원의 심리를 방해 또는 재판의 권위를 현저히 훼손한 자에 대하여 직권으로 결정에 의하여 20일 이내의 감치 또는 100만원 이하의 과태료에 처하거나 이를 병과할 수 있도록 규정하고 있다.

「법원조직법」 제61조에 의한 감치의 제재는 검사의 공소제기를 기다리지 않고 법원이 결정으로 부과할 수 있는 것으로서 형사범이 아니라는 점에서 형법상의 법정모욕죄와 구별된다.

4. 인권옹호직무방해죄

형법 제139조 (인권옹호직무방해) 경찰의 직무를 해하는 자 또는 이를 보조하는 자가 인권옹호에 관한 검사의 직무집행을 방해하거나 그 명령을 준수하지 아니한 때에는 5년 이하의 징역 또는 10년 이하의 자격정지에 처한다.

---

1) 2021. 8. 26. 2020도12017, 공 2021하, 1869 =『헌법재판소 심판정 소동 사건』.

2) 法務資料 別册第23號 刑法並びに監獄法改正調査委員會議事速記錄, (1957), 279頁 이하 참조.

(1) 입법연혁

형법 제139조는 인권옹호직무방해죄를 규정하고 있다. 인권옹호직무방해죄의 원형은 1948년 3월에 공포된 미군정법령 제176호「형사소송법의 개정」제21조 제4항에서 찾아볼 수 있다. 1945년 8월부터 3년간 실시된 미군정 기간 중에 미군정 당국은 경찰을 독립적인 수사주체로 정하고, 검사는 공소의 제기 및 유지에 전념하도록 하는 방침을 정하였다. 그런데 당시의 의용형사소송법은 검사를 수사의 주재자로, 경찰을 수사의 보조자로 규정하고 있었다. 이러한 상황에서 경찰의 가혹행위에 대해 검사의 수사를 허용할 것인지를 놓고 미군정하의 검찰과 경찰이 대립하였다.

이 문제를 해결하는 방안의 하나로 인권옹호직무방해죄가 입법화되었다. 1948년 3월 미군정 당국은 미군정법령 제176호「형사소송법의 개정」을 통하여 형사사법에 중대한 개혁을 단행하였다. 미군정법령 제176호는 영장제도의 확립, 보석의 전면적 확대, 구속적부심사제도의 도입 등 인권옹호를 강화하기 위한 획기적인 장치를 도입하였다. 그와 함께 미군정법령 제176호는 제21조 제1항 내지 제3항에서 검사에게 경찰의 불법구속 유무를 조사하게 하기 위하여 경찰서의 유치장에 대한 감찰권을 인정하였고, 제4항에서 이와 관련한 검사의 직무집행을 방해한 자를 6월 이상 7년 이하의 징역으로 처벌하는 벌칙규정을 도입하였다.[1]

대한민국 출범 후 미군정법령 제21조의 내용 가운데 제4항의 벌칙규정은 1953년 형법 제정 당시에 형법 제139조의 인권옹호직무방해죄로 독립하여 형법전에 규정되었고, 미군정법령 제21조 제1항 내지 제3항의 유치장 감찰권은 1961년 형사소송법 개정을 통해서 형사소송법 제198조의2로 규정되었다.

1954년 제정된 형사소송법은 검사를 수사의 주재자로, 경찰을 수사의 보조자로 규정하였다(구형소법195, 196 참조). 그리고 검사의 수사지휘권을 담보하는 장치로 검사의 사법경찰관리에 대한 체임요구권(검찰청법54, 폭력행위등처벌에관한법률10 참조)이 마련되었고, 형법 제139조의 인권옹호방해죄 또한 간접적으로 검사의 수사지휘권을 담보하는 기능을 담당하고 있었다.

---

1) [미군정]법령 제176호 형사소송법의 개정

제21조 지방검찰청장은 불법구속의 유무를 조사하기 위하여 소속 검찰관 1인 이상을 지명하여 관하 경찰서, 동 지서 및 유치장을 감찰케 하여야 한다. 지방검찰청장은 적어도 매월 1회 이상 관하 경찰서 동 지서 및 유치장을 감찰케 하는 책임이 있다.

감찰하는 검찰관은 피구속자를 심신(審訊)하며 구속에 관한 서류를 조사하여야 한다.

검찰관이 피구속자가 불법으로 구속되었다고 인정하는 경우에는 경찰관서에서 송치하는 보통 사건의 예에 의하여 즉시 경찰관서로부터 검찰청에 사건을 송치케 하여야 한다. 구속 또는 피의자에 대한 처우에 있어 불법이 있다고 인정하는 경우에는 검찰관은 이를 조사하여 법률에 의하여 소추하여야 한다.

본조에 규정한 검찰관의 직무집행을 방해한 자는 6월 이상 7년 이하의 징역에 처한다.

2020년 2월에 입법자는 형사소송법 제195조 제1항를 통해 "검사와 사법경찰관은 수사, 공소제기 및 공소유지에 관하여 서로 협력하여야 한다."고 규정함으로써 검찰·경찰의 관계를 수평적인 협력관계로 재조정하였다. 그런데 2020년 검경수사권의 조정은 형사소송법의 영역에 그치지 않고 형법 제139조 인권옹호직무방해죄의 해석에도 영향을 미치게 되었다. 검찰·경찰의 관계가 수평적인 협력관계로 전환되었음에도 불구하고 형법 제139조 인권옹호직무방해죄 규정을 통하여 검찰·경찰의 관계가 종전과 마찬가지로 지휘·감독의 관계로 유지되지 않을까 하는 우려를 낳을 수 있기 때문이다.

그러나 이러한 우려는 별반 근거가 없다고 생각된다. 먼저, 연혁적으로 보더라도 경찰에게 독자적인 수사권이 부여되어 있던 당시에 인권옹호직무방해죄의 벌칙규정이 마련되었다는 점에 주목할 필요가 있다. 다음으로, 2020년 검경 수사권 조정을 통해 경찰에게 독자적인 수사권이 부여된 상황에서 경찰 단계의 인권옹호 침해사태에 대한 통제의 필요성이 더욱 고조되었다는 점을 들 수 있다. 이러한 관점에서 볼 때 2020년의 형소법 개정에도 불구하고 형법 제139조의 인권옹호방해죄는 여전히 규범력을 유지할 필요가 있다.

(2) 행위주체

2020년 검경수사권 조정에 따라 검사는 원칙적으로 국가경찰인 사법경찰관리에 대해 수사지휘권을 행사할 수 없다(형소법195①). 검사는 검찰청 직원인 일반사법경찰관리(검찰청법46②·③ 참조)와 특별사법경찰관리(검찰청법4① ii 참조)에 대해서만 지휘·감독권을 행사할 수 있다(형소법245의9, 245의10). 그런데 형법 제139조는 "경찰의 직무를 해하는 자 또는 이를 보조하는 자"를 행위주체로 설정하고 있다. 여기에서 '경찰'이 특별사법경찰관이나 검찰청 직원인 일반사법경찰관 이외에 국가경찰에 소속된 경찰관까지 포함할 것인지 문제된다.

생각건대 형법 제139조 인권옹호직무방해죄에서 말하는 '경찰'은 불법구속 등 인권침해의 위험이 있는 사법경찰관리 전반을 가리키는 것으로 보아야 할 것이다. 인권옹호직무방해죄의 입법취지가 검사의 사법경찰관리에 대한 지휘·감독권을 보장하는 데에 있는 것이 아니라 사법경찰 단계에서 행해지는 인권침해 사태를 방지하고 조사하는 데에 있기 때문이다.

인권옹호직무방해죄는 신분범이다. 경찰의 직무를 행하는 자는 사법경찰관을 가리키며, 이를 보조하는 자는 사법경찰리를 의미한다. 경찰의 직무를 행하는 자 또는 이를 보조하는 자에는 국가경찰 소속 일반사법경찰관리, 검찰청 직원인 일반사법경찰관리, 특별사법경찰관리가 모두 포함된다. 사실상 경찰업무에 조력하더라도 사법경찰관리의 신분이 없는 사람은 인권옹호직무방해죄의 주체가 될 수 없다.

(3) 실행행위

인권옹호직무방해죄의 실행행위는 인권옹호에 관한 검사의 직무집행을 방해하거나 그 명령을 준수하지 아니하는 것이다. 폭행 · 협박 · 위계 등 그 수단과 방법을 묻지 않는다.

(가) 인 권 인권옹호직무방해죄에서 말하는 인권은 범죄수사 과정에서 사법경찰관리에 의하여 침해되기 쉬운 인권으로서, 주로 헌법 제12조에 의한 국민의 신체의 자유 등을 그 내용으로 한다.

인권옹호직무방해죄에서 말하는 인권옹호에 관한 검사의 명령은 제한적으로 해석해야 한다. 즉 (가) 사법경찰관리의 직무수행에 의하여 침해될 수 있는 인신의 구속 및 체포와 압수 · 수색 등 강제수사를 둘러싼 피의자, 참고인, 기타 관계인에 대하여 헌법이 보장하는 인권 가운데, (나) 주로 그들의 신체적 인권에 대한 침해를 방지하기 위해 필요하고도 밀접 불가분한 관련성이 있는 검사의 명령 중, (다) 그에 위반할 경우 사법경찰관리를 형사처벌까지 함으로써 준수되도록 해야 할 정도로 인권옹호를 위해 꼭 필요한 검사의 명령으로 보아야 한다.[1] 인권옹호에 관한 검사의 명령은 법적 근거를 가진 적법한 명령이어야 한다.[2]

(나) 대면조사 사법경찰관이 검사에게 긴급체포된 피의자에 대한 긴급체포 승인건의(형소법200의3②)와 함께 구속영장을 신청(형소법200의4①)한 경우, 검사는 긴급체포의 승인 및 구속영장의 청구가 피의자의 인권에 대한 부당한 침해를 초래하지 않도록 긴급체포의 적법성 여부를 심사하면서, 수사서류 뿐만 아니라 피의자를 검찰청으로 출석시켜 직접 대면조사할 수 있는 권한을 가진다.[3]

(다) 한 계 검사의 피의자 대면조사는 제한적으로 허용된다. 대면조사에 의해 체포된 피의자의 구금장소가 임의적으로 변경된다. 또한 법원에 의한 영장실질심사제도(형소법201의2)를 도입하고 있는 현행 형사소송법하에서 검사의 대면조사에 의해 체포된 피의자의 신속한 법관 대면권 보장이 지연될 우려가 있다. 이러한 점들을 고려할 때 검사의 구속영장 청구전 피의자 대면조사는 긴급체포의 적법성을 의심할 만한 사유가 기록 기타 객관적 자료에 나타나고, 피의자의 대면조사를 통해 그 여부의 판단이 가능할 것으로 보이는 예외적인 경우에 한하여 허용된다.[4]

검사의 구속영장 청구전 피의자 대면조사는 피고인의 인권을 보장하기 위한 것이다. 긴급체포의 합당성이나 구속영장 청구에 필요한 사유를 보강하기 위한 목적으로 검사의 구속

1) 2007. 3. 29. 2006헌바69, 헌집 19-1, 258.
2) 2007. 3. 29. 2006헌바69, 헌집 19-1, 258.
3) 2010. 10. 28. 2008도11999, [미간행] = 분석 각론『대면조사 지시 사건』.
4) 2010. 10. 28. 2008도11999, [미간행] = 분석 각론『대면조사 지시 사건』.

영장 청구전 피의자 대면조사가 실시되어서는 안 된다.[1]

검사의 구속영장 청구전 피의자 대면조사는 강제수사가 아니다. 피의자는 검사의 출석 요구에 응할 의무가 없다. 사법경찰관리는 피의자가 검사의 출석 요구에 동의한 때에 한하여 피의자를 검찰청으로 호송해야 한다.[2]

5. 강제처분표시무효죄

형법 제140조 ① 공무원이 그 직무에 관하여 실시한 봉인 또는 압류 기타 강제처분의 표시를 손상 또는 은닉하거나 기타 방법으로 그 효용을 해한 자는 5년 이하의 징역 또는 700만원 이하의 벌금에 처한다.

◎ 미수범 처벌함(법143)

◎ 특수공무방해죄 적용대상임(법144①)

◎ 특수공무방해치사상죄 적용대상임(법144②)

(1) 서 설

형법 제140조는 '공무상비밀표시무효'라는 표제 아래 세 가지 서로 다른 범죄유형을 규정하고 있다.[3] 제1항에는 공무원이 그 직무에 관하여 실시한 봉인 또는 압류 기타 강제처분의 표시를 손상 또는 은닉하거나 기타 방법으로 그 효용을 해하는 범죄를, 제2항에는 공무원이 그 직무에 관하여 봉함 기타 비밀장치한 문서 또는 도화를 개봉하는 범죄를, 제3항에는 공무원이 그 직무에 관하여 봉함 기타 비밀장치한 문서, 도화 또는 전자기록 등 특수매체기록을 기술적 수단을 이용하여 그 내용을 알아내는 범죄를 각각 규정하고 있다.

이 가운데 제2항의 범죄와 제3항의 범죄는 성질을 같이 하는 것으로서, 사인 간에 이루어지는 비밀장치침해죄(법316①) 및 비밀내용탐지죄(법316②)에 대응한다. 이에 대해 제1항의 범죄는 비밀침해와 관계없이 공무원이 실시한 강제집행표시의 효용 자체를 보호하기 위한 것이다. 이처럼 성질을 달리하는 범죄유형들을 '공무상비밀표시무효죄'라는 죄명 아래 일괄하여 규정하는 것은 입법론적으로 타당하지 않다.

본서에서는 형법조문의 표제어를 떠나 형법 제140조 제1항의 범죄를 강제처분표시무효죄로, 형법 제140조 제2항의 범죄를 공무상비밀장치침해죄로, 형법 제140조 제3항의 범죄를 공무상비밀내용탐지죄로 지칭하여 서술하기로 한다. 먼저 강제처분표시무효죄를

1) 2010. 10. 28. 2008도11999, [미간행] = 분석 각론『대면조사 지시 사건』.

2) 2010. 10. 28. 2008도11999, [미간행] = 분석 각론『대면조사 지시 사건』.

3) 전술 178면 이하 참조.

살펴본다.

(2) 행위객체

(가) 적법한 강제처분 형법 제140조 제1항이 규정한 강제처분표시무효죄의 객체는 공무원이 그 직무에 관하여 실시한 봉인, 압류 기타 강제처분의 표시이다. 봉인은 강제처분표시의 일종이다. 압류는 강제처분의 일종이며 강제처분의 표시 자체는 아니다. 결국 강제처분표시무효죄의 객체는 봉인, 압류표시, 기타 강제처분의 표시를 의미하게 된다.

① 무효사유 봉인, 압류표시, 기타 강제처분의 표시는 그 효력이 상실되지 않아야 한다. 봉인, 압류표시, 기타 강제처분의 표시가 공무원이 직권을 남용하여 위법하게 실시한 것임이 명백하여 법률상 당연무효나 부존재라고 볼 수 있는 경우 봉인 등의 표시는 강제처분표시무효죄의 객체로 되지 않는다.[1)]

② 취소사유 공무원이 실시한 봉인 등의 표시에 절차상 또는 실체상 하자가 있다고 하더라도 객관적 · 일반적으로 그것이 공무원이 그 직무에 관하여 실시한 봉인 등으로 인정할 수 있는 상태에 있다면, 적법한 절차에 의하여 취소되지 않는 한 강제처분표시무효죄의 객체에 해당한다.[2)] 법원의 가처분결정에 기하여 집행관이 한 강제처분표시의 효력은 그 가처분결정이 적법한 절차에 의하여 취소되지 않는 한 지속된다. 설사 그 가처분결정이 부당한 것이라 하더라도 그 효력을 부정할 수 없다.[3)]

공무원이 직무에 관하여 실시한 강제처분 상태가 종료되어 대상물이 사인의 점유 아래 놓이게 되면, 그 사인의 점유를 침해하였다 하더라도 강제처분표시무효죄에 해당하지 않는다.[4)]

(나) 강제처분표시 강제처분의 표시는 봉인 또는 압류표시, 기타 강제처분의 표시이다. 강제처분표시무효죄가 성립하려면 행위 당시에 강제처분의 표시가 현존해야 한다. 집행관이 가처분집행 당시 게시한 가처분결정문이 피고인의 행위 당시까지 현존하지 않았다면 강제처분표시무효죄는 성립하지 않는다.[5)]

① 봉 인 봉인은 물건에 대한 임의의 처분을 금지하기 위해 개봉(開封) 금지의 의사를 표시하여 대상 물건에 실시한 봉함 기타 이와 유사한 물적 표시를 말한다. 채무자가 점유하고 있는 유체동산의 압류는 집행관이 그 물건을 점유함으로써 한다(민사집행법189① 본문). 다만, 채권자의 승낙이 있거나 운반이 곤란한 때에는 봉인(封印) 그 밖의 방법으로 압류

1) 2007. 3. 15. 2007도312, [미간행] = 분석 각론 『특허권 침해 가처분 사건』.
2) 2007. 3. 15. 2007도312, [미간행] = 분석 각론 『특허권 침해 가처분 사건』.
3) 1985. 7. 9. 85도1165, 공 1985, 1157.
4) 1961. 4. 21. 4294형상41, 집 9, 형41.
5) 1997. 3. 11. 96도2801, 공 1997, 1155.

물임을 명확히 하여 채무자에게 보관시킬 수 있다(동항 단서).

② 압류표시 압류는 공무원이 직무상 보관해야 할 물건을 자기의 점유 아래로 옮기는 강제처분을 말한다. 가압류도 여기에 포함된다. 압류의 표시는 공무원이 강제적으로 대상 물건을 자기의 점유로 옮긴 것을 명백히 하기 위하여 특별히 대상 물건에 시행한 표시로서 봉인 이외의 것을 말한다. 집행력 있는 채권가압류 결정정본의 송달을 받은 것 자체만으로는 아직 강제처분의 표시가 있다고 볼 수 없다.[1)]

압류는 채무자에게 압류된 물건의 처분행위를 금지할 뿐이다. 압류는 압류의 효용을 손상시키지 않는 범위 내에서 압류 그대로의 상태 아래 용법에 따라 종전과 같은 방법으로 대상물을 사용하는 것까지 금지하지는 않는다.[2)]

③ 기타 표시 기타 강제처분이란 물건의 점유를 옮기지 않고 단순히 일정한 작위 또는 부작위를 명하는 데 그치는 강제처분을 의미한다. 기타 강제처분의 표시는 이러한 작위 또는 부작위가 있음을 나타내는 표시를 말한다. '통행방해금지 가처분'과 같은 각종의 가처분 표시가 여기에 속한다.

가처분 표시에서 금지의 대상이 되는 침해행위는 구체적으로 특정되어야 한다. 가처분의 효력은 특정된 침해행위에 대해서만 미칠 뿐 신청인이 피보전권리로 주장한 권리범위 또는 보호범위에까지 당연히 미치는 것은 아니다.[3)] 가처분 표시에 특정된 침해행위 이외의 부분에 대해서는 강제처분표시무효죄가 성립하지 않는다.

(3) 실행행위

(가) 행위 태양 강제처분표시무효죄의 행위는 봉인, 압류표시, 기타 강제처분의 표시를 손상, 은닉하거나 기타 방법으로 그 효용을 해하는 것이다. 손상은 강제처분의 표시를 물질적으로 파괴하여 그 효용을 해하는 것을 말한다. 은닉은 강제처분표시의 소재를 불명하게 하여 그 효용을 해하는 것을 말한다.

기타 방법은 손상 또는 은닉 이외의 방법으로서 강제처분표시 자체의 효력을 사실상으로 감쇄(減殺) 또는 멸각시키는 것을 의미한다. 강제처분표시의 근거인 처분의 법률상 효력까지 상실케 한다는 의미는 아니다.[4)] 이와 관련된 판례의 사안을 몇 가지 살펴본다.

---

1) 1975. 5. 13. 73도2555, 공 1975, 8483.

2) 1984. 3. 13. 83도3291, 공 1984, 667.

3) 2008. 12. 24. 2006도1819, 공 2009상, 133 = 분석 각론『현수막 설치대 사건』.

4) 2018. 7. 11. 2015도5403, 공 2018하, 1661 =『점포 내 계속 보관 사건』:

갑은 ㉠유체동산이 설치된 P점포를 운영하고 있다. 채권자 A의 신청에 따라 관할법원의 ㉡가압류결정있었다. ㉡가압류결정의 집행에 따라 ㉠유체동산에 ㉢압류표시가 부착되었다. 이후 갑은 ㉠유체동산을 포함한 P

① 압류물 이동 피고인이 채권자나 집행관 몰래 원래의 보관장소로부터 상당한 거리에 있는 다른 장소로 압류물을 이동시킨 경우에는, 설사 피고인이 집행을 면탈할 목적으로 한 것이 아니라 하여도, 객관적으로 집행을 현저히 곤란하게 한 것이 되어 기타의 방법으로 강제집행표시의 효용을 해한 경우에 해당한다.[1)]

집행관이 유체동산에 대한 강제처분으로 압류를 하면서, 대상물의 점유를 옮기고 압류표시를 한 다음 채무자에게 보관을 명한 경우에, 그 유체동산에 관하여 채무자가 이를 다른 장소로 이동시켜야 할 특별한 사정이 있고, 그 이동에 앞서 채권자에게 이동사실 및 이동장소를 고지하여 승낙을 얻은 때에는, 비록 집행관의 승인을 얻지 못한 채 압류물을 이동시켰다 하더라도 기타의 방법으로 강제집행표시의 효용을 해한 경우에 해당하지 않는다.[2)]

② 가압류 동산 처분 집행관이 유체동산을 가압류하면서 이를 채무자에게 보관하도록 한 경우 그 가압류의 효력은 압류된 물건의 처분행위를 금지하는 효력이 있다. 그러므로 채무자가 가압류된 유체동산을 제3자에게 양도하고 그 점유를 이전한 경우, 이는 가압류집행이 금지하는 처분행위로서, 특별한 사정이 없는 한 가압류표시 자체의 효력을 사실상으로 감쇄 또는 멸각시키는 행위에 해당한다. 이는 채무자와 양수인이 가압류된 유체동산을 원래 있던 장소에 그대로 두었다고 하더라도 마찬가지이다.[3)]

③ 가처분표시 무효 집행관이 건물에 관하여 가처분을 집행하면서 "채무자는 점유

점포 내 시설물 일체를 B에게 양도하였다. 갑은 B에게 ㉠유체동산이 가압류되어 있다는 사정을 고지하였다. 갑과 B는 법적인 문제가 해결될 때까지 ㉠유체동산을 P점포 내에 계속 보관하기로 하였다. 갑은 B에게 P점포의 출입문 열쇠를 넘겨주었다.

검사는 갑을 공무상강제처분표시무효죄로 기소하였다. 갑의 피고사건은 제1심을 거친 후, 항소심에 계속되었다. 항소법원은 다음의 이유를 들어서 무죄로 판단하였다. (가) 가압류의 집행은 그 목적물에 대하여 채무자의 매매, 증여 그 밖의 일체의 처분을 금지하는 효력을 생기게 한다. (나) 그렇지만 가압류의 집행은 채무자의 처분행위를 절대적으로 무효로 하는 것이 아니다. (다) 가압류의 집행은 가압류채권자와 처분행위 전에 집행에 참가한 자에 대한 관계에서만 상대적으로 무효가 될 뿐이다. (라) 갑과 B가 법적인 문제가 해결될 때까지 ㉠유체동산을 P점포 내에 계속 보관하기로 한다는 조건하에 갑이 B에게 ㉠가압류목적물을 매도하였다. (마) 갑이 B에게 ㉠가압류목적물을 매도하였다고 하여 강제처분의 효용을 해하였다고 볼 수 없다. 검사는 불복 상고하였다.

대법원은 다음의 이유를 제시하여 원심판결을 파기환송하였다. 대법원은 본문 소개의 법리를 제시하였다. 대법원은 갑의 행위에 대해 다음과 같이 판단하였다. (가) 갑은 ㉡가압류집행으로 ㉢압류표시가 부착된 ㉠유체동산을 양도하고 B에게 점포의 열쇠를 넘겨주어 ㉠유체동산의 점유를 이전하였다. (나) 갑의 행위는 가압류집행이 금지한 처분행위에 해당한다. (다) 갑의 행위는 ㉢압류표시 자체의 효력을 사실상으로 감쇄 또는 멸각시키는 행위에 해당한다. (라) 이는 가사 ㉠유체동산이 P점포 내에 계속 보관될 예정이었다고 하더라도 마찬가지이다.

1) 1986. 3. 25. 86도69, 공 1986, 736.
2) 2004. 7. 9. 2004도3029, [미간행].
3) 2018. 7. 11. 2015도5403, 공 2018하, 1661 = 『점포 내 계속 보관 사건』.

를 타에 이전하거나 또는 점유명의를 변경하여서는 안 된다"는 등의 집행취지가 기재되어 있는 고시문을 건물에 부착한 경우에, 이후 점유이전금지가처분 채무자인 피고인이 제3자로 하여금 건물에서 영업을 할 수 있도록 건물을 무상으로 사용하게 한 행위는 강제처분 표시인 가처분 고시문의 효력을 사실상 멸각시키는 행위에 해당한다.[1)]

채권자(갑)가 관할법원으로부터 실용신안권 침해금지 · 예방청구권을 피보전채권으로 하여 피신청인(을)을 상대로 "(가) 당해 실용신안권 침해 우려 있는 제품의 생산을 금지할 것과, (나) 이미 생산된 제품을 집행관에게 보관하도록 할 것"이라는 내용의 가처분결정을 받았으나, 집행관이 강제집행을 하면서 법원으로부터 피신청인(을)에 대하여 부작위를 명하는 가처분이 발령되었음을 고시하는 데에 그치고[(가) 부분], 나아가 해당 제품을 봉인하거나 자기의 점유로 옮겨서 압류하는 등의 구체적인 집행행위[(나) 부분]를 하지 않은 경우가 있다.

이러한 상황에서 피신청인(을)이 부작위 명령[(가) 부분]에 위반하여 압류대상물[(나) 부

---

1) 2004. 10. 28. 2003도8238, [미간행] = 『점유이전금지가처분 위반 사건』 :

(사실관계가 불명하여 임의로 보완함.) A는 M건물을 소유하고 있다. 갑은 M건물을 점유 · 사용하고 있다. A와 갑 사이에 M건물의 사용을 놓고 법적 분쟁이 발생하였다. A는 갑을 상대로 관할법원에 점유이전금지가처분신청을 하였다. 관할법원은 ㉠점유이전금지가처분결정을 하였다. 집행관은 M건물에 ㉠점유이전금지가처분결정을 집행하였다. 집행관은 다음 내용의 ㉡고시문을 M건물에 부착하였다. "채무자(갑)는 점유를 타에 이전하거나 또는 점유명의를 변경하여서는 아니된다." ㉡고시문이 부착된 이후의 시점이다. 갑은 제3자 D로 하여금 M건물 3층에서 카페 영업을 할 수 있도록 무상으로 사용하게 하였다(㉮행위).

검사는 갑을 공무상표시무효죄로 기소하였다. 제1심법원은 유죄를 인정하였다. 갑은 불복 항소하였다. 항소법원은 항소를 기각하고, 제1심판결을 유지하였다. 갑은 불복 상고하였다. 갑은 상고이유로 다음의 점을 주장하였다. (가) D의 M건물 사용은 갑 자신이 사용한 것과 마찬가지이다. (나) 점유이전금지가처분은 당사자에게 그 효력이 한정된다. (다) A는 가처분 채무자(갑)로부터 점유를 이전받은 제3자(D)를 상대로 본안판결에 대한 승계집행문을 부여받아 가처분의 피보전권리를 실현할 수 있다. (라) ㉡공무상표시가 무효로 되지 않았다.

대법원은 다음의 이유를 제시하여 상고를 기각하였다. 대법원은 공무상표시무효죄에 대해 다음과 같이 설시하였다. (가) 형법 제140조 제1항 규정의 공무상표시무효죄 중 '공무원이 그 직무에 관하여 실시한 압류 기타 강제처분의 표시를 기타 방법으로 그 효용을 해하는 것'이라 함은 손상 또는 은닉 이외의 방법으로 그 표시 자체의 효력을 사실상으로 감쇄 또는 멸각시키는 것을 의미한다. (나) 그 표시의 근거인 처분의 법률상의 효력까지 상실케 한다는 의미는 아니다.

대법원은 갑의 행위에 대해 다음과 같이 판단하였다. (가) 갑의 ㉮행위는 ㉡고시문의 효력을 사실상 멸각시키는 행위이다. (나) 갑의 행위를 가족, 고용인 기타 동거자 등 가처분 채무자에게 부수하는 사람을 거주시키는 것과 같이 가처분 채무자가 그 목적물을 사용하는 하나의 태양에 지나지 아니하는 행위라고 보기는 어렵다. (다) 갑의 행위는 형법 제140조 제1항 소정의 공무상표시무효죄에 해당한다. (라) 비록 점유이전금지가처분 채권자(A)가 가처분이 가지는 당사자항정효(恒定效)로 인하여 가처분 채무자(갑)로부터 점유를 이전받은 제3자(D)를 상대로 본안판결에 대한 승계집행문을 부여받아 가처분의 피보전권리를 실현할 수 있다 하더라도 달리 볼 것은 아니다.

분]로 다른 유사제품을 만드는 것이 강제집행 표시의 효용을 해한 것인지 문제된다. 그러나 집행관이 압류 등의 보관행위[(나) 부분]를 하지 않았으므로 단순히 피신청인(을)이 가처분의 부작위명령[(가) 부분]에 위반하였다는 것만으로는 강제처분 표시의 효용을 해하는 행위에 해당하지 않는다.[1)]

직접점유자에 대한 점유이전금지 가처분결정이 집행된 후 피신청인인 직접점유자가 가처분 목적물의 간접점유자에게 그 점유를 이전한 행위는 가처분표시의 효용을 해한 것이 된다.[2)]

출입금지가처분은 그 성질상 가처분 채권자의 의사에 반하여 건조물 등에 출입하는 것을 금지하는 것이다. 가처분결정이나 그 결정의 집행으로서 집행관이 실시한 고시에 그러한 취지가 명시되어 있지 않다고 하더라도, 가처분 채권자의 승낙을 얻어 그 건조물 등에 출입하는 경우에는 출입금지가처분 표시의 효용을 해한 것이라고 할 수 없다.[3)]

가처분은 가처분 채무자에 대해 부작위 명령을 부과 · 집행하는 것이다. 가처분의 채무자로 되지 않은 피고인이 부작위 명령을 위반하는 것은 가처분집행 표시의 효용을 해한 것으로 볼 수 없다.[4)]

(나) 부작위의 경우　　강제처분표시무효죄는 부작위범의 형태로도 일어날 수 있다. 회사의 시설이 압류된 경우에 대표이사가 봉인이나 기타 압류의 표시가 훼손되는 것을 방치하여 제3자가 시설을 사용할 수 있게 한 경우에는 부작위에 의한 강제처분표시무효죄가 성립한다.

회사는 압류시설에 대한 보관자의 지위에서 압류시설을 선량한 관리자로서 보관할 주의의무가 있다. 회사의 대표이사는 회사 업무에 대해 포괄적 권한과 의무를 지고 있으며, 회사의 대외적 의무사항이 준수될 수 있도록 적절한 조치를 취해야 할 위임계약 또는 조리상의 작위의무를 진다. 그리하여 대표이사에게는 봉인이나 압류에 의하여 사용이 금지된 압류시설의 작동을 제한하거나 그 사용 및 훼손을 방지할 수 있는 적절한 조치를 취할 의무가 존재한다. 그럼에도 회사의 대표이사가 그러한 조치 없이 압류시설이 작동되는 것을 의도적으로 묵인 내지 방치함으로써 예견된 결과를 유발한 경우에는 부작위에 의한 강제처분표시무효죄가 성립한다.[5)]

---

1) 2008. 12. 24. 2006도1819, 공 2009상, 133 = 분석 각론 『현수막 설치대 사건』.
2) 1980. 12. 23. 80도1963, 공 1981, 13598 = 백선 각론 1 『방1칸 가집행 사건』.
3) 2006. 10. 13. 2006도4740, 공 2006, 1942.
4) 2007. 11. 16. 2007도5539, 공 2007하, 1987.
5) 2005. 7. 22. 2005도3034, [미간행] = 분석 각론 『골프장 모노레일 사건』.

(4) 미수와 기수

강제처분표시무효죄의 미수범은 처벌한다(법143). 봉인, 압류표시, 기타 강제처분표시를 손상 또는 은닉하거나 기타 방법을 사용할 때 실행의 착수에 이른다. 그리고 이러한 방법에 의하여 강제처분의 표시가 효용을 발휘할 수 없게 될 때 기수에 이른다.

강제처분 표시의 효용을 해한다 함은 강제집행이 불가능하게 되거나 현저히 곤란하게 되는 것을 의미한다. 강제집행이 불가능하게 되거나 현저히 곤란하게 되었는지는 객관적인 외형에 의하여 판단되어야 한다. 특별한 사정이 없는 한 채무자의 의도를 중시할 것이 아니다.[1)]

(5) 고 의

강제처분표시무효죄가 성립하려면 행위자에게 대상물이 공무원이 실시한 강제처분의 표시라는 점에 대한 인식 · 인용과 그 효용을 해한다는 점에 대한 인식 · 인용이 있어야 한다. 공무원이 그 직무에 관하여 실시한 봉인 등 강제처분표시가 법률상 효력이 없다고 믿고, 그 표시를 손상 또는 은닉 기타 방법으로 그 효용을 해한 경우에 강제처분표시무효죄가 성립할 것인지 문제된다.

생각건대 이 문제는 공무집행방해죄(법136①)에서 논한 적법성의 착오와 같은 기준으로 해결하면 족하다고 본다.[2)] 공무원이 적법하게 실시한 강제처분표시에 대해 행위자가 법률상 효력이 없다고 오신하게 된 계기는 적법성의 기초가 되는 사실에 대한 경우와 법률상 효력 자체에 대한 경우로 나누어 볼 수 있다.

공무원이 그 직무에 관하여 실시한 봉인 등 강제처분표시를 손상 또는 은닉 기타의 방법으로 그 효용을 해함에 있어서 봉인 등의 강제처분표시가 법률상 효력이 없다고 믿은 것은 법규의 해석을 잘못하여 행위의 위법성을 인식하지 못한 것이다. 그러므로 봉인 등의 강제처분표시가 법률상 효력이 없다고 믿은 데에 정당한 이유(법16 참조)가 없는 이상, 그와 같이 믿었다는 사정만으로는 공무상강제처분표시무효죄의 죄책을 면할 수 없다.[3)]

---

1) 1983. 8. 23. 80도1545, 공 1983, 1440.

2) 전술 196면 이하 참조.

3) 2000. 4. 21. 99도5563, 공 2000, 1343 = 『양도 합의 후 가압류 사건』:

[갑은 채무자, A는 채권자이다.] 갑은 ㉠기계를 소유하고 있었다. 갑은 B에게 ㉠기계를 양도하기로 B와 합의하였다. [채권자 A는 관할법원에 가압류신청을 하였다.] 관할법원 소속 집행관은 ㉠기계에 대한 가압류 집행에 나섰다. 집행관은 ㉠기계의 소유권이 갑에게 있다고 판단하였다. 집행관은 ㉠기계에 ㉡압류표시를 하였다(㉮가압류). 갑은 C를 통해 ㉠기계에 ㉡압류표시가 된 사실을 알았다. 그럼에도 갑은 B에게 ㉠기계를 가져가도록 하였다.

검사는 갑을 공무상 강제처분표시무효죄로 기소하였다. 갑의 피고사건은 제1심을 거친 후, 항소심에 계속

6. 공무상비밀장치침해죄

형법 제140조 ② 공무원이 그 직무에 관하여 봉함 기타 비밀장치한 문서 또는 도화를 개봉한 자도 제1항의 형과 같다.

◎ 미수범 처벌함(법143)
◎ 특수공무방해죄 적용대상임(법144①)
◎ 특수공무방해치사상죄 적용대상임(법144②)

형법 제140조 제2항은 공무원이 그 직무에 관하여 봉함 기타 비밀장치한 문서 또는 도화를 개봉하는 행위를 처벌하고 있다. 공무상비밀장치침해죄의 객체는 공무원이 그 직무에 관하여 봉함 기타 비밀장치한 문서 또는 도화이다. 봉함 기타 비밀장치는 공무원이 그 직무에 관하여 행한 것이어야 한다. 공무원이 그 직무에 관하여 행하였다는 요건은 공무원이 직

되었다. 항소법원은 유죄를 인정하였다. 갑은 불복 상고하였다. 갑은 상고이유로 다음의 점을 주장하였다. (가) ㉡압류표시 이전에 갑은 B와 ㉠기계 양도에 관한 합의를 하였다. (나) ㉠기계의 소유권은 B에게 있다. (다) 갑의 소유 아닌 ㉠기계에 대한 ㉮가압류는 당연무효이다. (라) 갑이 ㉮가압류가 무효라고 믿은 데에 정당한 이유가 있다.

대법원은 다음의 이유를 제시하여 상고를 기각하였다. 대법원은 강제처분표시의 효력 여부에 대해 다음과 같이 설시하였다. (가) 공무원이 그 직권을 남용하여 위법하게 실시한 봉인 또는 압류 기타 강제처분의 표시임이 명백하여 법률상 당연무효 또는 부존재라고 볼 수 있는 경우가 있다. (나) 이 경우에는 그 봉인 등의 표시는 공무상강제처분표시무효죄의 객체가 되지 아니하여 이를 손상 또는 은닉하거나 기타 방법으로 그 효용을 해한다 하더라도 공무상강제처분표시무효죄가 성립하지 않는다. (다) 그러나 공무원이 실시한 봉인 등의 표시에 절차상 또는 실체상의 하자가 있다고 하더라도 객관적 · 일반적으로 그것이 공무원이 그 직무에 관하여 실시한 봉인 등으로 인정할 수 있는 상태에 있다면 적법한 절차에 의하여 취소되지 아니하는 한 공무상강제처분표시무효죄의 객체로 된다.

(라) 공무원이 그 직무에 관하여 실시한 봉인 등의 표시를 손상 또는 은닉 기타의 방법으로 그 효용을 해함에 있어서 그 봉인 등의 표시가 법률상 효력이 없다고 믿은 것은 법규의 해석을 잘못하여 행위의 위법성을 인식하지 못한 것이다. (마) 그와 같이 믿은 데에 정당한 이유가 없는 이상, 그와 같이 믿었다는 사정만으로는 공무상강제처분표시무효죄의 죄책을 면할 수 없다.

대법원은 갑의 행위에 대해 다음과 같이 판단하였다. (가) 갑은 C로부터 [관할]지방법원 소속 집행관이 ㉠기계에 대하여 유체동산 가압류집행을 실시하고 그 뜻을 기재한 ㉡표시를 하였음을 전해들어 알고 있었다. (나) 갑은 그러면서도 B로 하여금 ㉠기계를 가져가도록 하였다. (다) 이로써 ㉡가압류표시의 효용을 해하였음을 넉넉히 인정할 수 있다.

(라) ㉮가압류집행 이전에 갑이 B에게 ㉠기계를 양도하기로 하는 합의가 있었음은 알 수 있다. (마) 그러나 그와 같은 사정만으로 B가 ㉠기계의 소유자가 되었다고 할 수 없다. (바) 집행관이 갑의 소유에 속한 것이라고 판단하여 가압류집행을 실시한 이상 이를 당연무효라고 할 수 없다. (사) 그 밖에 기록을 살펴보아도 이 사건 범행 당시 갑이 ㉠기계에 대한 가압류가 무효라고 믿었다거나 그와 같이 믿은 데에 정당한 이유가 있었다고 할 수 있는 자료가 전혀 없다. (아) 그러므로 갑이 주장하는 사정만으로는 공무상강제처분표시무효죄의 죄책을 면할 수 없다.

무집행의 일환으로서 행하였다는 의미이다. 직무집행의 의미는 공무집행방해죄(법136①)의 그것과 같다.[1)]

봉함 기타 비밀장치한 문서 또는 도화에 대한 설명은 형법 제316조 제1항의 비밀장치 침해죄의 경우와 같다.[2)] 그러나 공무상비밀장치침해죄는 친고죄가 아니며, 미수범이 처벌된다(법143). 이 점에서 공무상비밀장치침해죄는 형법 제316조 제1항의 비밀장치침해죄와 구별된다.

7. 공무상비밀내용탐지죄

형법 제140조 ③ 공무원이 그 직무에 관하여 봉함 기타 비밀장치한 문서, 도화 또는 전자기록 등 특수매체기록을 기술적 수단을 이용하여 그 내용을 알아낸 자도 제1항의 형과 같다.

◎ 미수범 처벌함(법143)

◎ 특수공무방해죄 적용대상임(법144①)

◎ 특수공무방해치사상죄 적용대상임(법144②)

형법 제140조 제3항은 공무원이 그 직무에 관하여 실시한 봉함 기타 비밀장치한 문서, 도화 또는 전자기록 등 특수매체기록을 기술적 수단을 이용하여 알아낸 행위를 처벌하고 있다. 형법 제316조 제2항이 규정한 비밀내용탐지죄에 상응하는 것이다. 공무원이 그 직무에 관하여 행한 것이라는 요건 이외의 객관적 요건은 형법 제316조 제2항의 비밀내용탐지죄와 같다.[3)] 공무상비밀내용탐지죄는 비친고죄이며, 미수범은 처벌된다(법143).

8. 부동산강제집행효용침해죄

형법 제140조의2 (부동산강제집행효용침해) 강제집행으로 명도 또는 인도된 부동산에 침입하거나 기타 방법으로 강제집행의 효용을 해한 자는 5년 이하의 징역 또는 700만원 이하의 벌금에 처한다.

◎ 미수범 처벌함(법143)

◎ 특수공무방해죄 적용대상임(법144①)

◎ 특수공무방해치사상죄 적용대상임(법144②)

---

1) 전술 181면 이하 참조.
2) 후술 900면 이하 참조.
3) 후술 903면 이하 참조.

(1) 입법취지

형법 제140조의2는 판결의 집행력과 강제집행의 효력을 보호하기 위하여 1995년 형법 일부 개정시에 신설된 조문이다. 형법개정심의 소위원회의 심의과정에서는 부동산침탈죄의 신설 여부에 대한 검토가 있었다. 소위원회는 (가) 부동산을 침탈하는 행위는 다른 범죄로 처벌하면 족하며, (나) 부동산침탈죄를 신설하는 경우 타인의 토지나 가옥을 무단점거하는 행위를 모두 처벌하게 되어 사회문제를 야기할 우려가 있다는 이유로 이를 신설하지 않기로 하였다. 소위원회에서는 부동산에 대한 강제집행의 효용을 침해하는 죄를 벌하는 규정을 둘 것인지는 문제되지 않았다.

그러나 시안에 대한 의견조회 단계에서 강제집행된 부동산에 다시 침입하는 사례가 빈발하여 강제집행의 효력을 무용화하고, 소유권행사에 큰 지장을 초래하는 경우가 있으므로 이에 대한 대책을 수립하여야 한다는 변호사회의 의견이 제시되었다. 이에 전체위원회에서 다수의견의 지지를 받아 부동산에 대한 강제집행의 효용을 해하는 행위를 처벌하는 규정을 두기에 이르렀다.[1]

(2) 구성요건요소

부동산강제집행효용침해죄의 주체에 제한은 없다. 부동산강제집행효용침해죄는 공무를 방해하는 죄의 일종으로 규정되어 있다. 강제집행을 받은 자는 물론 강제집행을 받은 자의 친족 등 제3자에 의하여 강제집행의 효용이 침해된 경우에도 본죄는 성립한다.

부동산강제집행효용침해죄의 객체는 강제집행으로 명도 또는 인도된 부동산이다. 여기에는 강제집행으로 퇴거집행된 부동산이 포함된다.[2]

부동산강제집행효용침해죄의 실행행위는 명도 또는 인도된 부동산에 다시 침입하거나 기타 방법으로 강제집행의 효용을 해하는 것이다. 여기서 '기타 방법'이란 강제집행의 효용을 해할 수 있는 수단이나 방법에 해당하는 일체의 방해행위를 말한다.[3]

---

1) 법무부, 형법개정법률안 제안이유서, (1992), 267면 참조.

2) 2003. 5. 13. 2001도3212, 공 2003, 1392.

3) 2014. 1. 23. 2013도38, [미간행] =『어린이집 벽돌담 설치 사건』:

㉠대지와 ㉡대지는 인접해 있다. ㉠, ㉡토지는 공중이 통행하는 도로로 이용되고 있다. ㉠대지는 갑의 소유이다. 갑은 ㉡건물 및 대지에서 어린이집을 운영하고 있었다. ㉡대지에는 어린이집 정문 쪽 ㉢철제 울타리가 설치되어 있었다. ㉢철제 울타리는 어린이들의 안전을 위해 설치된 것이었다. ㉡건물 및 대지가 강제경매절차를 통해 A에게 인도집행이 되었다. 갑은 인접한 자기소유 ㉠토지 위에 ㉡토지에 설치된 ㉢철제 울타리를 따라 가로 1.5미터, 세로 1.2미터의 ㉣벽돌담을 설치하였다. 이 때문에 ㉡건물의 이용자들은 ㉡건물과 그 옆 건물 사이에 생긴 좁은 공간을 통하여 출입할 수밖에 없었다.

검사는 갑을 부동산강제집행효용침해죄로 기소하였다. 갑의 피고사건은 제1심을 거친 후, 항소심에 계속되강제집행의 효용을 해한다 함은 강제집행으로 명도 또는 인도된 부동산을 권리자가 그 용도에 따라 사용 · 수익하거나 권리행사를 하는 데 지장을 초래하는 일체의 침해행위를 말한다.[1)]

강제집행의 효용을 해하는 시기에 관하여는 명도 또는 인도 직후라는 시간적 제한이 설정되어 있지 않다. 그러나 부동산강제집행효용침해죄가 부동산에 대한 강제집행의 효용을 해하는 것을 본질로 하는 범죄인 이상, 강제집행과 침입 기타의 행위 사이에 시간적 관련이 있어야 하는 것은 당연하다.[2)]

9. 공용서류무효죄

형법 제141조 (공용서류 등의 무효) ① 공무소에서 사용하는 서류 기타 물건 또는 전자기록 등 특수매체기록을 손상 또는 은닉하거나 기타 방법으로 그 효용을 해한 자는 7년 이하의 징역 또는 1천만원 이하의 벌금에 처한다.

◎ 미수범 처벌함(법143)
◎ 특수공무방해죄 적용대상임(법144①)
◎ 특수공무방해치사상죄 적용대상임(법144②)

(1) 행위객체

형법 제141조 제1항이 규정한 공용서류무효죄는 정당한 권한 없이 공무소에서 사용하는 서류 기타 물건 또는 전자기록 등 특수매체기록의 효용을 해함으로써 성립하는 범죄이다. 권한 있는 자의 정당한 처분에 의한 공용서류 등의 파기에는 적용의 여지가 없다.[3)]

었다. 항소법원은 갑의 ㉣벽돌담 설치행위가 ㉡부동산에 대한 강제집행의 효용을 침해하는 행위에 해당하지 않는다고 판단하여 무죄를 선고하였다. 검사는 불복 상고하였다.

대법원은 다음의 이유를 제시하여 원심판결을 파기환송하였다. (가) 형법 제140조의2의 부동산강제집행효용침해죄는 강제집행으로 명도 또는 인도된 부동산에 침입하거나 기타 방법으로 강제집행의 효용을 해함으로써 성립한다. (나) 여기서 '기타 방법'이란 강제집행의 효용을 해할 수 있는 수단이나 방법에 해당하는 일체의 방해행위를 말한다. (다) '강제집행의 효용을 해하는 것'이란 강제집행으로 명도 또는 인도된 부동산을 권리자가 그 용도에 따라 사용 · 수익하거나 권리행사를 하는 데 지장을 초래하는 일체의 침해행위를 말한다.

(라) 갑의 ㉣벽돌담 설치행위는 강제집행으로 인도된 ㉡토지 및 건물을 권리자인 A가 그 용도에 따라 사용 · 수익하거나 권리행사를 하는 데 지장을 초래하는 침해행위에 해당한다. (마) ㉣벽돌담이 갑이 어린이집을 운영하면서 어린이들의 안전을 위해 설치한 기존의 ㉢철제 울타리를 따라 설치되었다. (바) 그렇다고 하더라도 A가 ㉢철제 울타리의 존속을 전제로 제한된 범위에서만 ㉡토지 및 건물을 사용 · 수익하는 것은 아니다. (사) 그러므로 위와 같은 사정은 갑의 강제집행효용 침해행위를 인정하는 데 방해가 되지 않는다.

1) 2014. 1. 23. 2013도38, [미간행] =『어린이집 벽돌담 설치 사건』.
2) 법무부, 형법개정법률안 제안이유서, (1992), 267면 이하 참조.
3) 1995. 11. 10. 95도1395, 공 1995, 3965.

공용서류무효죄의 객체는 공무소에서 사용하는 서류 기타 물건 또는 전자기록 등 특수매체기록이다. 공무소는 공무원이 직무를 집행하는 장소를 말한다. 여기에서 장소는 유형물이 아닌 관공서나 조직체를 의미한다. 공무소에서 사용하는 서류 기타 물건 또는 전자기록 등 특수매체기록은 실제로 공무소에서 사용하고 있는 것 이외에 공무소에서 사용하기 위하여 보관하고 있는 것도 포함한다.[1] 소유권이 누구에게 있는가는 묻지 않는다. 미완성의 문서라고 하더라도 공용서류무효죄의 성립에는 영향이 없다.[2]

서류의 경우 그것이 공무소에서 사용하는 서류이면 족하다. 공문서인가 사문서인가, 정식절차를 밟아 접수된 것인가, 정식절차를 밟아 작성되어 완성된 것인가를 묻지 않는다.[3] 예컨대 경찰이 작성한 진술조서가 미완성이고 작성자와 진술자가 서명 · 날인 또는 무인한 것이 아니어서 공문서로서의 효력이 없다고 하더라도, 공무소에서 사용하는 서류에는 해당한다.[4]

---

1) 2013. 11. 28. 2011도5329, [미간행].

2) 2020. 12. 10. 2015도19296, 공 2021상, 229 =『청와대 문서관리카드 사건』:

A는 대통령이다. 갑은 청와대 내의 M실장이다. 을은 M실 비서관이다. (일자 및 기간 생략함.) 평양에서 남북정상회담이 개최되었다. 을은 정상회담의 ㉠회의록을 작성하였다. 청와대에는 통합업무관리시스템인 'e지원시스템'이 있다. 'e지원시스템'의 일부로 문서관리카드가 있다. 을은 ㉡문서관리카드를 생성하여 필요한 문서 정보를 기재하고 ㉠회의록 파일을 첨부하였다. 을은 'e지원시스템'으로 결재를 상신하였다. 갑은 ㉡문서관리카드를 결재하였다. 대통령 A는 지시사항을 첨부하여 ㉡문서관리카드에 전자서명에 의한 결재를 하였다. (이후 ㉠회의록 파일은 대통령 A의 지시에 의하여 ㉢, ㉣파일로 수정되었다.) 대통령 A의 임기 종료가 다가왔다. 갑과 을은 'e지원시스템'을 관리하던 M실의 B에게 ㉠회의록 파일이 첨부된 ㉡문서관리카드의 삭제를 요청하였다. B는 'e지원시스템'에서 ㉡문서관리카드 파일이 사용자에 의해 더 이상 인식될 수 없도록 삭제 조치하였다.

검사는 갑과 을을 대통령기록물관리에관한법률위반죄와 공용전자기록등손상죄로 기소하였다. (이하 공용전자기록등손상죄에 대해서만 고찰함.) 갑과 을의 피고사건은 제1심을 거친 후, 항소심에 계속되었다. 항소법원은 다음과 같이 판단하여 무죄를 선고하였다. (가) ㉠회의록 파일은 최종 완성되기 전의 초본이다. (나) 갑과 을은 대통령 A의 지시에 따라 ㉠회의록을 수정 · 보완하여 완성된 회의록을 작성하였다. (다) ㉠회의록 파일은 더 이상 '공무소에서 사용하는 전자기록'이라고 보기 어렵다. (라) ㉠회의록 파일과 불가분의 일체를 이루고 있는 ㉡문서관리카드 역시 공무소에서 사용하는 전자기록이라고 볼 수 없다. (마) 을이 ㉡문서관리카드에 관한 정보를 삭제하였다고 하더라도 공무소에서 사용하는 전자기록을 무효로 하였다고 볼 수 없다. 검사는 불복 상고하였다.

대법원은 다음의 이유를 제시하여 원심판결을 파기 환송하였다. (가) [공용서류무효죄에서] '공무소에서 사용하는 서류 기타 전자기록'은 공문서로서의 효력이 생기기 이전의 서류, 정식의 접수 및 결재 절차를 거치지 않은 문서, 결재 상신 과정에서 반려된 문서 등을 포함한다. (나) 미완성의 문서라고 하더라도 공용서류무효죄의 성립에는 영향이 없다. (다) ㉠회의록이 첨부된 ㉡문서관리카드는 대통령 A가 결재의 의사로 서명을 생성함으로써 대통령기록물로 생산되었다. (라) 뿐만 아니라 첨부된 '지시 사항'에 따른 후속조치가 예정되어 있다. (마) 그러므로 ㉡문서관리카드에 기록된 정보들은 후속 업무처리의 근거가 된다. (바) ㉡문서관리카드는 '공무소에서 사용하는 전자기록'에 해당한다. (사) 갑과 을이 'e지원시스템'이 ㉡문서관리카드를 인식하지 못하도록 그 기본정보를 삭제한 행위는 공용전자기록 등 손상죄를 구성한다.

3) 1999. 2. 24. 98도4350, 공 1999, 605.

4) 2006. 5. 25. 2003도3945, 공 2006, 1196 = 분석 각론『PC방 갈취 사건』.

경찰관이 작성한 참고인에 대한 진술조서는 상사에게 정식으로 보고되어 수사기록에 편철된 문서가 아니거나 완성된 서류가 아니라 하여도 공무소에서 사용하는 서류에 해당한다. 따라서 이를 작성자인 경찰관이 임의로 폐기하는 행위는 공용서류무효죄에 해당한다.[1)]

형사사건을 조사하던 경찰관이 스스로의 판단에 따라 자신이 보관하던 진술서를 임의로 피고인에게 넘겨준 것이라면, 위 진술서의 보관책임자인 경찰관은 장차 이를 공무소에서 사용하지 아니하고 폐기할 의도하에 처분한 것이라고 보아야 한다. 그러므로 위 진술서는 더 이상 공무소에서 사용하거나 보관하는 문서가 아닌 것이 되어 공용서류로서의 성질을 상실한다.[2)]

(2) 실행행위

공용서류무효죄의 실행행위는 공용서류 등을 손상 또는 은닉하거나 기타 방법으로 그 효용을 해하는 것이다. 효용을 해하는 방법에는 제한이 없다. 손상, 은닉 이외에도 서류에 첨부중인 도면을 떼어내고 별도의 도면으로 바꾸어 넣는 것도 효용을 해하는 행위에 해당한다.[3)]

권한 있는 자가 정당한 처분에 의하여 공용서류를 파기하는 행위는 공용서류무효죄를 구성하지 않는다. 공무원이 작성하는 공문서는 그것이 작성자의 지배를 떠나 작성자로서도 변경·삭제가 불가능한 단계에 이르렀다면 모르되, 그렇지 않고 상사가 결재하는 단계에서는 작성자는 결재자인 상사와 상의하여 언제든지 그 내용을 변경 또는 일부 삭제할 수 있다. 그러므로 그 내용을 정당하게 변경하는 경우는 공용서류의 효용을 해하는 행위에 해당하지 않는다. 나아가 그 내용을 허위로 변경하였다 하여도 그 행위가 허위공문서작성죄에 해당하는 것은 별론으로 하고, 따로이 공용서류의 효용을 해하는 행위에는 해당하지 않는다.[4)]

공무원이 작성하는 공문서는 그것이 작성자의 지배를 현실적으로 떠나 작성권자일지라도 변경·삭제 등이 불가능한 정도로 객관화된 단계에 이르렀을 때 한하여 작성자에 의한 변경·삭제나 파기가 공용서류무효죄에 해당한다.[5)]

공용서류무효죄의 미수범은 처벌된다(법143). 실행의 착수시점은 공용서류 등을 손상 또는 은닉하거나 기타 방법으로 그 효용을 해하기 시작할 때이다. 현실적으로 공용서류 등이 손상되거나 은닉되거나 기타 방법으로 그 효용이 침해될 때 기수에 이른다.

1) 1982. 10. 12. 82도368, 공 1982, 1117.
2) 1999. 2. 24. 98도4350, 공 1999, 605.
3) 1982. 12. 14. 81도81, 공 1983, 300 = 백선 각론 1 『방적연 공장 사건』.
4) 1995. 11. 10. 95도1395, 공 1995, 3965.
5) 1966. 10. 18. 66도567, 집 14③, 형27.

(3) 고의와 죄수

공용서류무효죄에서의 고의는 피고인에게 공무소에서 사용하는 서류라는 사실과 이를 은닉하는 등의 방법으로 그 효용을 해한다는 사실의 인식 · 인용이 있음으로써 족하다.[1)]

허가출원인(갑)이 공무원(을)과 공모하여 건축허가신청서에 첨부되어 공무소에서 보관중인 원래의 설계도면을 떼어내고 전연 별개의 설계도면을 첨부하는 행위는 공용서류무효죄에 해당한다. 허가출원인(갑)이 공무소 명의로 발부되어 자신이 보관중인 건축허가통지서에 첨부된 원래의 설계도면을 떼어내고 건축사협회의 도서등록 일부인을 건축허가신청 당시로 소급변조하여 새로 작성한 설계도면을 그 자리에 가철한 행위는 공문서변조죄에 해당한다. 이 경우 공용서류무효죄와 공문서변조죄는 별개의 범죄로서 실체적 경합관계에 있다.[2)]

10. 공용물파괴죄

형법 제141조 (공용물의 파괴) ② 공무소에서 사용하는 건조물, 선박, 기차 또는 항공기를 파괴한 자는 1년 이상 10년 이하의 징역에 처한다.

◎ 미수범 처벌함(법143)
◎ 특수공무방해죄 적용대상임(법144①)
◎ 특수공무방해치사상죄 적용대상임(법144②)

형법 제141조 제2항은 공무소에서 사용하는 건조물, 선박, 기차 또는 항공기를 파괴하는 행위를 처벌하고 있다. 공용물파괴죄의 주체에는 제한이 없다. 소유자도 공용물파괴죄의 주체가 될 수 있다.

공용물파괴죄의 객체는 공무소에서 사용하는 건조물, 선박, 기차 또는 항공기이다. 소유권이 누구에게 귀속하는가는 묻지 않는다. 공무소에서 사용하는 것이 아니라 단순히 공익에 공하는 건조물을 파괴하는 경우에는 형법 제367조의 공익건조물파괴죄가 성립한다.

파괴란 건조물, 선박, 기차, 항공기의 실질을 해하여 그 본래의 용법에 따른 사용을 전면적 또는 부분적으로 불가능하게 하는 것을 말한다. 공용물파괴죄의 미수범은 처벌된다(법 143).

---

1) 2006. 5. 25. 2003도3945, 공 2006, 1196 = 분석 각론 『PC방 갈취 사건』.
2) 1982. 12. 14. 81도81, 공 1983, 300 = 백선 각론 1 『방적연 공장 사건』.

11. 공무상보관물무효죄

형법 제142조 (공무상 보관물의 무효) 공무소로부터 보관명령을 받거나 공무소의 명령으로 타인이 관리하는 자기의 물건을 손상 또는 은닉하거나 기타 방법으로 그 효용을 해한 자는 5년 이하의 징역 또는 700만원 이하의 벌금에 처한다.

◎ 미수범 처벌함(법143)
◎ 특수공무방해죄 적용대상임(법144①)
◎ 특수공무방해치사상죄 적용대상임(법144②)

(1) 보호법익

형법 제142조는 공무소에서 사용하는 물건이 아니더라도 공무소로부터 보관명령을 받거나 공무소의 명령으로 타인이 관리하는 자기소유 물건의 효용을 해하는 행위를 공무방해죄의 일종으로 규정하고 있다.

공무상보관물무효죄는 일본 개정형법가안의 영향을 받고 있다. 일본 형법에 따르면 (가) 자기소유의 물건일지라도 공무소의 명령에 의하여 타인이 보관하는 물건은 절도죄의 객체로,[1] (나) 자기소유의 물건일지라도 공무소로부터 직접 보관명령을 받은 물건은 횡령죄의 객체로[2] 각각 파악되고 있다. 이에 대해 가안은 공무방해라는 관점에서 조문을 하나로 정비하였고,[3] 우리 형법은 이러한 입법모델을 따르고 있다. 그리하여 위의 두 가지 객체를 대상으로 하는 경우는 개인적 법익에 관한 범죄가 아니라 국가적 법익에 관한 범죄로 규정되고 있다. 따라서 공무상보관물무효죄에 대해서는 피해자의 승낙(법24)에 따른 위법성조각을 논할 여지가 없다.

「민사집행법」에 따르면 채무자(을)가 점유하고 있는 유체동산의 압류는 집행관이 그 물건을 점유함으로써 한다(동법189① 본문). 다만, 채권자(갑)의 승낙이 있거나 운반이 곤란한 때에는 봉인, 그 밖의 방법으로 압류물임을 명확히 하여 채무자(을)에게 보관시킬 수 있다(동항 단서). 「민사집행법」의 규정에 비추어 볼 때 공무상보관물무효죄(법142)는 강제처분표시무효죄(법140①)와 같은 성질을 가지고 있으며, 국가의 강제집행 작용에 대한 보호를 목적으로 하고 있음을 알 수 있다.

---

1) **일본형법 제242조** 자기의 재물일지라도 타인의 점유에 속하거나 또는 공무소의 명령에 의하여 타인이 간수한 것인 때에는 본장[절도 및 강도의 죄]의 죄에 관하여는 타인의 재물로 간주한다.

2) **일본형법 제252조** ① 자기가 점유하는 타인의 물건을 횡령한 자는 5년 이하의 징역에 처한다.
② 자기의 물건일지라도 공무소로부터 보관명령을 받은 경우에 이를 횡령한 자도 또한 같다.

3) 法務資料 別册第23號 刑法並びに監獄法改正調査委員會議事速記錄, (1957), 277頁 참조.

(2) 구성요건요소

(가) 행위주체　　공무상보관물무효죄의 주체는 (가) 공무소로부터 직접 보관명령을 받은 물건의 소유자 또는 (나) 공무소의 명령으로 타인이 관리하는 물건의 소유자이다. 이러한 자만이 주체가 될 수 있다는 점에서 공무상보관물무효죄는 신분범이다.

(나) 행위객체　　공무상보관물무효죄의 객체는 (가) 공무소로부터 직접 보관명령을 받은 자기소유 물건 또는 (나) 공무소의 명령으로 타인이 관리하는 자기소유의 물건이다. (나)의 경우 타인이 관리한다 함은 타인이 물건을 사실상의 지배 내에 두어 소지하는 것을 말한다. (가)와 (나)의 경우 모두 자기소유 물건으로서 공무소로부터 보관명령이 있는 물건이면 족하고 공무소에서 사용하는 것일 필요는 없다.

공무상보관물무효죄의 객체는 자기소유 물건이어야 한다. 공무소로부터 직접 보관명령을 받은 타인소유 물건은 횡령죄(법355①) 또는 업무상 횡령죄(법356)의 객체가 된다. 공무소로부터 명령을 받아 타인이 관리하고 있는 타인소유 물건은 절도죄(법329) 또는 손괴죄(법366)의 객체가 된다.

채권가압류 신청사건의 제3채무자인 은행의 지배인이 "제3채무자는 채무자에 대한 채무의 지급을 하여서는 안 된다"는 내용의 가압류결정정본의 송달을 받았음에도 채무자에게 예금을 지급한 경우, 은행의 지배인이 가압류결정정본의 송달을 받은 것은 공무소로부터 보관명령을 받은 것에 해당하지 않는다.[1]

(다) 실행행위　　공무상보관물무효죄의 실행행위는 손상 또는 은닉하거나 기타 방법으로 그 효용을 해하는 것이다. 실행행위의 태양은 손괴죄(법366)의 그것과 같다.[2]

손상은 물건의 전부 또는 일부에 유형력을 가하여 물리적인 훼손을 일으킴으로써 그 원래의 효용을 멸실시키거나 감소시키는 것을 말한다. 은닉은 물건의 소재를 불명하게 하여 그 발견을 곤란하게 하거나 불가능하게 함으로써 그 효용을 해치는 것을 말한다. 기타 방법으로 물건의 효용을 해한다 함은 손상이나 은닉 이외의 방법으로 사실상으로나 감정상으로 물건을 본래의 목적에 쓸 수 없게 하는 것을 말한다.

공무상보관물무효죄의 미수범은 처벌한다(법143).

12. 특수공무방해죄

형법 제144조 (특수공무방해) ① 단체 또는 다중의 위력을 보이거나 위험한 물건을 휴대하여 제136조, 제138조와 제140조 내지 전조의 죄를 범한 때에는 각조에 정한 형의 2분의 1까지 가중한다.

---

1) 1983. 7. 12. 83도1405, 공 1983, 1301 = 분석 각론 『예금채권 가압류 사건』.

2) 후술 1521면 이하 참조.

(1) 행위유형

형법 제144조 제1항은 각종 공무방해죄가 단체 또는 다중의 위력을 보이거나 위험한 물건을 휴대하여 행해지는 경우를 해당 공무방해죄에 규정된 형의 2분의 1까지 가중하여 처벌하고 있다. 형의 2분의 1을 가중한다는 것은 상한과 하한을 모두 2분의 1씩 가중한다는 의미이다.[1)]

가중처벌의 출발점이 되는 각종 공무방해죄와 그 죄에 규정된 형을 보면 다음과 같다.

(가) 협의의 공무집행방해죄(법136①; 5년 이하 징역 또는 1천만원 이하 벌금)

(나) 직무강요죄(법136②; 5년 이하 징역 또는 1천만원 이하 벌금)

(다) 법정모욕죄 · 국회회의장모욕죄(법138; 3년 이하 징역 또는 700만원 이하 벌금)

(라) 강제처분표시무효죄 · 동미수죄(법140①, 143; 5년 이하 징역 또는 700만원 이하 벌금)

(마) 공무상비밀장치침해죄 · 동미수죄(법140②, 143; 5년 이하 징역 또는 700만원 이하 벌금)

(바) 공무상비밀내용탐지죄 · 동미수죄(법140③, 143; 5년 이하 징역 또는 700만원 이하 벌금)

(사) 부동산강제집행효용침해죄 · 동미수죄(법140의2, 143; 5년 이하 징역 또는 700만원 이하 벌금)

(아) 공용서류무효죄 · 동미수죄(법141①, 143; 7년 이하 징역 또는 1천만원 이하 벌금)

(자) 공용물파괴죄 · 동미수죄(법141②, 143; 1년 이상 10년 이하의 징역)

(차) 공무상보관물무효죄 · 동미수죄(법142, 143; 5년 이하 징역 또는 700만원 이하 벌금)

형법 제144조 제1항이 규정한 가중처벌의 표지는 (가) 단체 또는 다중의 위력을 보이거나, (나) 위험한 물건을 휴대하는 것이다.

(2) 단체 또는 다중의 위력

단체는 공동목적을 가진 다수의 자연인이 지휘통솔체계를 가지고 계속적으로 결합한 조직체를 말한다. 이때 그 단체의 목적이 합법적인가 불법적인가는 묻지 않는다. 그 구성원의 수는 단체로서의 위력을 가질 수 있을 정도의 다수이어야 하지만, 그 위력을 보일 수 있는 한 구성원이 현실적으로 동일 장소에 집합할 필요는 없다.

다중은 단체를 이루지 못한 다수인의 집합을 말한다. 다중은 조직체가 아닌 다수인의 일시적 결합이므로 동일 장소에 현실적으로 집합할 것이 요구된다. 현실적으로 동일 장소에 집합하여야 하는 점에서 단체와 구별된다.

다수인은 소요죄(법115)의 경우와 같이 한 지방의 평온을 해할 정도의 다수임을 요하지

---

1) 2017. 6. 29. 2016도18194, 공 2017하, 1596 =『톱날 상습특수상해 사건』 참조.

않는다. 그러나 그 인원이 수 명 정도를 초과하여 상당수에 달하는 다수이어야 한다. 결국 집단적 위력을 보일 정도의 다수 혹은 그에 의해 압력을 느끼게 해 불안을 줄 정도의 다수를 의미한다.[1]

집합한 인원이 불과 수 명인 경우일지라도 그것이 어떤 집단의 힘을 배경으로 하는 것이라면 이는 다중에 해당한다. 모인 인원이 불과 3명인 경우에는 그것이 어떤 집단의 힘을 발판 또는 배경으로 한다는 것이 인정되지 않는 한 다중의 위력을 과시한 것이라고 할 수 없다.[2]

위력은 사람의 의사를 제압하는 데 족한 세력을 말하며, 유형, 무형을 불문한다. 단체 또는 다중의 위력이라 함은 단체 또는 다중의 형태로 집결한 다수 인원으로 사람의 의사를 제압하기에 족한 세력을 지칭한다. 그 인원수가 다수에 해당하는지는 행위 당시의 여러 사정을 참작하여 결정해야 한다. 이 경우 상대방의 의사가 현실적으로 제압될 것을 요하지 않는다. 그러나 상대방의 의사를 제압할 만한 세력을 인식시키는 정도는 되어야 한다.[3]

(3) 위험한 물건의 휴대

위험한 물건이라 함은 널리 사람의 생명, 신체에 해를 가하는 데 사용할 수 있는 일체의 물건을 포함한다.[4] 어떤 물건이 위험한 물건에 해당하는지 여부는 구체적인 사안에서 사회통념에 비추어 그 물건을 사용하면 상대방이나 제3자가 생명 또는 신체에 위험을 느낄 수 있는지 여부에 따라 판단해야 한다.[5]

위험한 물건에 흉기가 포함됨은 물론이다. 흉기란 총이나 칼과 같이 그 물건 본래의 성질상 사람을 살상할 수 있는 특성을 갖춘 물건을 말한다. 흉기 이외에 공구 · 자동차[6] 등과 같이 원래 흉기 이외의 다른 목적으로 만들어진 물건이라도 그 물건을 사용할 때 상대방이나 제3자가 생명 또는 신체에 위험을 느낄 수 있다면 위험한 물건에 해당한다. 화학약품이나 사주된 동물도 그것이 사람의 생명 · 신체에 해를 가하는 데 사용되었다면 위험한 물건에 해당한다.[7]

자동차는 원래 살상용이나 파괴용으로 만들어진 것이 아니지만, 그것이 사람의 생명 또

---

1) 2006. 2. 10. 2005도174, 공 2006, 472.
2) 1971. 12. 21. 71도1930, 집 19③, 형70.
3) 2006. 2. 10. 2005도174, 공 2006, 472 참조.
4) 1997. 5. 30. 97도597, 공 1997, 1961.
5) 2009. 3. 26. 2007도3520, 공 2009상, 588 = 분석 각론 『자동차로 충격 사건』.
6) 2009. 3. 26. 2007도3520, 공 2009상, 588 = 분석 각론 『자동차로 충격 사건』.
7) 1997. 5. 30. 97도597, 공 1997, 1961.

는 신체에 위해를 가하거나, 다른 사람의 재물을 손괴하는 데 사용되었다면 '위험한 물건'에 해당한다.[1]

휴대한다 함은 소지하는 것뿐만 아니라, 널리 이용한다는 뜻이다.[2] 위험한 물건의 휴대를 상대방에게 인식시킬 필요는 없다.

13. 특수공무방해치상 · 치사죄

형법 제144조 ② 제1항의 죄를 범하여 공무원을 상해에 이르게 한 때에는 3년 이상의 유기징역에 처한다. 사망에 이르게 한 때에는 무기 또는 5년 이상의 징역에 처한다.

(1) 행위유형

형법 제144조 제2항은 특수공무방해죄의 결과적 가중범을 규정하고 있다. 가중처벌의 대상이 되는 결과적 가중범의 유형을 보면 다음과 같다.

(가) 특수공무집행방해치상 · 치사죄(법136①, 144① · ②)
(나) 특수직무강요치상 · 치사죄(법136②, 144① · ②)
(다) 특수법정모욕 · 국회회의장모욕치상 · 치사죄(법138, 144① · ②)
(라) 특수강제처분표시무효치상 · 치사죄(법140①, 144① · ②)
(마) 특수공무상비밀장치침해치상 · 치사죄(법140②, 144① · ②)
(바) 특수공무상비밀내용탐지치상 · 치사죄(법140③, 144① · ②)
(사) 특수부동산강제집행효용침해치상 · 치사죄(법140의2, 144① · ②)
(아) 특수공용서류무효치상 · 치사죄(법141①, 144① · ②)
(자) 특수공용물파괴치상 · 치사죄(법141②, 144① · ②)
(차) 특수공무상보관물무효치상 · 치사죄(법142, 144① · ②)

형법 제144조 제2항은 위의 결과적 가중범들에 대해 상해의 중한 결과가 발생한 경우에는 3년 이상의 유기징역으로, 사망의 중한 결과가 발행한 경우에는 무기 또는 5년 이상의 징역으로 각각 가중처벌하고 있다.

(2) 성립요건

특수공무방해치상 · 치사죄는 단체 또는 다중의 위력을 보이거나 위험한 물건을 휴대하여 형법 제144조 제1항이 규정한 각종 공무방해죄를 범하는 과정에서 공무원을 사상에 이르

---

1) 2008. 2. 28. 2008도3, [미간행].
2) 1984. 10. 23. 84도2001, 공 1984, 1876.

게 한 경우에 성립하는 결과적 가중범이다. 행위자가 결과를 의도할 필요는 없고, 결과의 발생을 예견할 수 있으면 족하다.[1]

특수공무방해치상죄의 상해는 피해자의 신체의 완전성을 훼손하거나 생리적 기능에 장애를 초래하는 것을 의미한다. 상해로 평가될 수 없을 정도의 극히 하찮은 상처로서, 굳이 치료할 필요가 없는 것이어서 그로 인하여 건강상태를 침해하였다고 보기 어려운 경우에는 특수공무방해치상죄가 성립하지 않는다.[2]

(3) 공범의 과잉

특수공무방해치상·치사죄는 단체 또는 다중의 위력을 보이거나 위험한 물건을 휴대하여 각종 공무방해행위를 하고, 이로 인해 상해 또는 사망의 결과가 발생할 때 성립한다. 단체 또는 다중의 위력을 보여서 행하는 특수공무방해죄는 군집범죄에 해당한다.

공무집행을 방해하는 집단행위의 과정에서 일부 집단원이 고의행위로 상해나 살인을 한 경우에 다른 집단원에게 그 상해 또는 사망의 결과가 예견가능한 것이었다면 다른 집단원도 그 결과에 대하여 특수공무방해치상죄 또는 특수공무방해치사죄의 책임을 면할 수 없다.[3]

---

1) 2008. 6. 26. 2007도6188, [미간행].

2) 2011. 5. 26. 2010도10305, [미간행].

3) 1990. 6. 26. 90도765, 공 1990, 1637 = 『도서관 화염병 투척 사건』:

P대학교의 M도서관에서 학생들의 점거농성이 진행되었다. 갑, 을 등 시위참여 학생들은 시위진압을 위하여 투입된 경찰관 A 등을 불법하게 억류하였다. 경찰 측은 갑 등을 감금죄의 현행범으로 보고 이를 진압하기 위하여 도서관 건물에 진입하였다. 시위학생들은 화염병과 돌을 투척하는 등 격렬하게 저항하였다. 갑 쪽의 학생들은 이 과정에서 경찰관들에게 돌을 투척하였다. 을 쪽의 학생들은 이 과정에서 경찰관 B, C, D에게 화염병을 투척하였다. 을 쪽 학생들이 투척한 화염병으로 인하여 경찰관 B가 사망하고 C 등이 상해를 입었다. 갑은 을 쪽 학생들이 경찰관 B, C, D에게 화염병을 투척하는 사실을 알지 못하였다. (이하 경찰관 C의 상해를 중심으로 정리함.)

(본 판례는 1990년에 선고된 것이다. 당시 형법 제144조 제2항은 "전항의 죄[특수공무방해죄]를 범하여 공무원을 사상에 이르게 한 자는 무기 또는 3년 이상의 징역에 처한다."라고 규정하고 있었다. 1995년 형법 일부개정에 의하여 특수공무방해치상죄와 특수공무방해치사죄가 형법 제144조 제2항 제1문과 제2문으로 분리되었다. 특수공무방해치상죄의 법정형은 3년 이상의 유기징역으로 규정되었다. 특수공무방해치상죄는 부진정 결과적 가중범이다. 특수공무방해치사죄의 법정형은 무기 또는 5년 이상의 징역으로 규정되었다. 형법 제250조 제1항이 규정한 살인죄의 법정형은 사형, 무기 또는 5년 이상의 징역이다. 살인죄와 비교해 볼 때 특수공무방해치사죄는 더 이상 부진정 결과적 가중범이 아니다.)

검사는 갑을 현존건조물방화치상죄 및 특수공무방해치상죄로 기소하였다. 갑의 피고사건은 제1심을 거친 후, 항소심에 계속되었다. 항소법원은 다음과 같이 판단하였다. (가) 현존건조물방화치상죄 무죄. (나) 특수공무방해치상죄 유죄. 항소법원은 무죄 부분에 대해 다음의 이유를 제시하였다. (가) 갑에게 방화의 고의가 있었다고 인정할 만한 증거가 없다. (나) 갑에게 방화행위를 분담하였다고 인정할 만한 증거가 없다. 갑은 유죄 부분에 불복하여 상고하였다. 검사는 무죄 부분에 불복하여 상고하였다.

대법원은 다음의 이유를 제시하여 상고를 모두 기각하였다. 대법원은 특수공무방해치상죄 부분에 대해 다행위자도 그 속에 끼인 데모대는 특수공무방해죄의 단체 또는 다중에 해당한다. 데모대원이 던진 돌에 의하여 공무집행중이던 경찰관이 상해를 입은 경우에 행위자도 돌을 던졌다면, 그 돌이 피해경찰관에게 맞고 안 맞고를 가리지 않고, 대원 누군가에 의하여 빚어진 치상에 대한 책임을 면할 수 없다.[1)]

(4) 부진정 결과적 가중범

형법 제144조 제2항의 대상범죄 가운데 특수공무방해치상죄(법136①, 144② 1문)는 기본범죄인 특수공무방해죄(법136①, 144①)와 상해의 중한 결과발생이 결합된 결과적 가중범이다. 상해의 중한 결과는 과실에 의하여 발생한 경우와 고의에 의하여 발생한 경우로 나누어 볼 수 있다.

단체 또는 다중의 위력으로 협의의 공무집행방해죄(법136①)를 범하여 고의로 상해의 결과를 발생시킨 경우에 대해 종래 판례는 특수공무방해치상죄의 성립만을 인정하였다.[2)] 특수공무방해죄(법136①, 144①; 7년 6월 이하의 징역이나 1천 5백만원 이하의 벌금)와 상해죄(법257; 7년 이하의 징역, 10년 이하의 자격정지 또는 1천만원 이하의 벌금)를 상상적 경합범으로 처벌하면 과실로 상해의 결과를 발생시킨 특수공무방해치상죄(법144② 1문; 3년 이상의 유기징역)보다 가볍게 처벌된다. 이러한 불합리를 제거하기 위하여 판례는 특수공무방해치상죄를 부진정 결과적 가중범으로 파악하였던 것이다.

2015년 12월 형법이 일부개정되면서 특수상해죄(법258의2①)가 신설되었다. 특수공무방해죄(법136①, 법144①; 7년 6월 이하의 징역이나 1천 5백만원 이하의 벌금)와 특수상해죄(법258의2①; 1년 이상 10년 이하의 징역)의 상상적 경합을 인정할 경우 그 처단형의 범위는 여전히 특수

음과 같이 판단하였다. (가) 특수공무방해치상과 같은 이른바 부진정 결과적 가중범은 예견가능한 결과를 예견하지 못한 경우뿐만 아니라 그 결과를 예견하거나 고의가 있는 경우까지도 포함한다. (나) 공무집행을 방해하는 집단행위의 과정에서 일부 집단원이 고의행위로 상해를 가한 경우에도 다른 집단원에게 그 상해의 결과가 예견가능한 것이었다면 다른 집단원도 그 결과에 대하여 특수공무방해치상의 책임을 면할 수 없다. (다) 갑 등은 을 등의 현존건조물방화치상행위에 가담하지 아니하였다고 하여도 이들의 방화행위로 인한 상해의 결과를 예견할 수 있었다. (라) 갑에게 경찰관 C 등의 상해의 결과에 대하여 특수공무방해치상의 죄책을 물은 것은 정당하다.

대법원은 현주건조물방화치상죄 부분에 대해 다음과 같이 판단하였다. (가) 특수공무방해치상과 같은 부진정 결과적 가중범은 예견가능한 결과를 예견하지 못한 경우뿐만 아니라 그 결과를 예견하거나 고의가 있는 경우까지도 포함한다. (나) 공무집행을 방해하는 집단행위의 과정에서 일부 집단원이 고의로 방화행위를 하여 상해의 결과를 초래한 경우에 다른 집단원이 그 방화행위로 인한 상해의 결과를 예견할 수 있는 상황이었다면 특수공무방해치상의 죄책을 면할 수 없다. (다) 그러나 그 방화행위 자체에 공모가담한 바 없는 이상 방화치상죄로 의율할 수는 없다.

1) 1979. 7. 24. 79도451, 공 1979, 12172.

2) 1995. 1. 20. 94도2842, 공 1995, 947.

공무방해치상죄의 법정형(법144② 1문; 3년 이상의 유기징역)을 넘어서지 못한다. 특수공무방해치상죄(법136①, 144① 1문)는 형법 일부개정 후에도 여전히 고의의 상해죄 및 특수상해죄를 포함하고 있어서 부진정 결과적 가중범으로서의 성질을 유지하고 있다.

이에 대해 특수공무방해치사죄는 진정 결과적 가중범이다. 사망의 중한 결과를 고의로 발생시킨 경우 특수공무방해죄(법131①, 144①; 7년 6월 이하의 징역이나 1천 5백만원 이하의 벌금)와 살인죄(법250①; 사형, 무기 또는 5년 이상의 징역)가 상상적으로 경합한다. 이 경우 중한 죄는 살인죄가 되며, 처단형의 범위는 사형, 무기 또는 5년 이상의 징역이 된다. 상상적 경합으로 처리하더라도 처단형이 가벼워지지 않으므로 부진정 결과적 가중범으로 포착할 필요가 없다.

제 9 장 도주와 범인은닉의 죄

제1 서 설

형법 각칙 제9장은 도주와 범인은닉의 죄를 규정하고 있다. 도주의 죄는 국가의 구금작용을 해치는 범죄이다. 도주죄의 규율대상은 법률에 의하여 체포 또는 구금된 자이다. 법률에 의하지 아니하고 체포 · 구금된 사람은 도주죄의 대상이 되지 않는다. 범인은닉의 죄는 범인을 은닉하거나 도피하게 함으로써 국가의 형벌권 실현을 방해하는 범죄이다.

도주의 죄와 범인은닉의 죄는 모두 국가의 형사사법작용을 침해하는 죄로서의 성질을 갖는다. 국가의 형사사법작용은 국가의 사법작용 및 심판작용의 일환으로 볼 수 있다. 국가의 사법작용이나 심판작용을 침해하는 범죄로 위증죄와 증거인멸의 죄가 있다. 우리 입법자는 국가형벌권의 직접 대상이 되는 사람을 기준으로 도주의 죄와 범인은닉의 죄를 하나의 장(제9장)으로 묶고, 그 밖에 국가의 형벌권이나 징계권 실현에 관계되는 사람을 기준으로 위증의 죄와 증거인멸의 죄를 또 하나의 장(제10장)으로 묶어서 규정하고 있다.

제 2 도주죄의 기본유형 - 도주죄

형법 제145조 (도주) ① 법률에 따라 체포되거나 구금된 자가 도주한 경우에는 1년 이하의 징역에 처한다.

◎ 미수범 처벌함(법149)
◎ 특수도주 가중처벌함(법146)

1. 행위주체

도주범죄의 유형에는 (가) 피구속자가 스스로 도주하는 경우와 (나) 제3자가 피구속자를 탈취하거나 도주하게 하는 경우가 있다. 피구속자의 단순한 도주를 원칙적으로 처벌하지 아니하는 입법례도 있으나, 우리 형법은 이를 범죄로 규정하고 있다. 그러나 자유를 찾으려는 인지상정을 고려하여 도주죄를 1년 이하의 징역으로 가볍게 처벌하고 있다.

도주죄의 주체는 법률에 따라 체포 또는 구금된 자이다. 따라서 도주죄는 신분범이다. 법률에 따라 체포 또는 구금된 자라 함은 성문법률에 의하여 적법하게 체포 또는 구금된 사람을 가리킨다. 법률에 의하지 않고 사실상 신체의 자유가 구속된 자는 여기에 포함되지 않는다. 적법성이 결여된 긴급체포로 체포된 자 또는 자발성이 결여된 임의동행으로 연행된 자는 법률에 의하여 체포 또는 구금된 자에 해당하지 않는다.[1]

성문법률에 의하여 적법하게 체포 · 구금되었다면 신체구속의 장기나 단기는 문제되지 않는다. 기결수인가 미결수인가를 묻지 않는다. 확정판결 후 자유형집행중인 자(법67, 68), 재산형의 환형처분으로 노역장에 유치된 자(법69②, 70) 등은 모두 여기에 해당한다. 확정판결 전 체포 · 구속 중인 피의자 · 피고인(형소법200의2, 200의3, 201, 85), 현행범으로 체포된 자(형소법212), 「경찰관 직무집행법」에 의하여 유치장에 수용된 자(동법4, 9 참조) 등도 여기에 해당된다. 국가의 구금작용을 보호한다는 점에서 일시적으로 신체가 구속된 자를 특별히 제외할 필요가 없기 때문이다.

사인에 의한 현행범 체포(형소법212)는 아직 국가 공권력에 기한 구금작용이라고 볼 수 없기 때문에 도주죄의 적용대상에서 제외된다. 다만 수사기관에 인도(형소법213①)된 이후부터는 도주죄의 규율대상이 된다.

「치료감호 등에 관한 법률」에 의하여 치료감호를 받은 자도 원래 도주죄의 주체에 해당될 여지가 있다. 그렇지만 「치료감호 등에 관한 법률」에 별도의 처벌규정이 마련되어 있으므로(동법52①) 도주죄(법145①)의 주체에서 제외된다.

「소년법」(동법32① 참조) 및 「보호소년 등의 처우에 관한 법률」(동법3 참조)에 기한 소년원 및 소년분류심사원에의 수용도 사실상 자유제한으로서 법률적 근거를 가지는 점에 비추어 도주죄의 체포 · 구금에 포함된다고 본다.

2. 실행행위

도주죄의 실행행위는 도주이다. 도주는 체포 또는 구속을 이탈하는 것을 말한다. 도주죄는 즉시범이다. 범인이 간수자의 실력적 지배를 이탈한 상태에 이르렀을 때 기수에 이르고, 도주행위는 종료한다.[2] 다만 추적당하고 있는 도중에는 아직 실력적 지배를 완전히 이탈한 것이 아니므로 기수에 이르지 않는다. 도주죄의 미수범은 처벌된다(법149).

---

1) 2006. 7. 6. 2005도6810, 공 2006, 1572 = 분석 각론 『절도범 동생 도주 사건』.
2) 1991. 10. 11. 91도1656, 공 1991, 2762 = 분석 각론 『용병원 탈주 사건』.

제3 도주죄의 특수유형

1. 집합명령위반죄

형법 제145조 (집합명령위반) ② 제1항의 구금된 자가 천재지변이나 사변 그 밖에 법령에 따라 잠시 석방된 상황에서 정당한 이유 없이 집합명령에 위반한 경우에도 제1항의 형에 처한다.

◎ 미수범 처벌함(법149)

집합명령위반죄는 집합명령에 따르지 않는 것을 내용으로 하는 범죄로서 진정부작위범이다. 집합명령위반죄는 미수범도 처벌하는 것으로 규정되어 있으나(법149) 사실상 상상하기 어렵다.

「형의 집행 및 수용자의 처우에 관한 법률」(형집행법) 제102조는 천재지변이나 그 밖의 재해가 발생한 경우에 수용자의 이송이나 임시 석방에 대하여 규정하고 있다. 천재지변이나 그 밖의 재해가 발생한 경우에 수용자의 이송이 불가능하여 수용자를 일시 석방한 경우(동법 102③)에 석방된 사람은 석방 후 24시간 이내에 교정시설 또는 경찰관서에 출석해야 한다(동조④). 정당한 사유 없이 일시석방 후 24시간 이내에 교정시설 또는 경찰관서에 출석하지 않은 경우에는 1년 이하의 징역으로 처벌된다(동법134 i). 이 경우 형집행법의 해당 벌칙규정은 형법 제145조 제2항에 우선하여 적용된다.

2. 특수도주죄

형법 제146조 (특수도주) 수용설비 또는 기구를 손괴하거나 사람에게 폭행 또는 협박을 가하거나 2인 이상이 합동하여 전조 제1항의 죄를 범한 자는 7년 이하의 징역에 처한다.

◎ 미수범 처벌함(법149)

특수도주죄는 행위태양의 가중으로 인하여 도주죄의 위법성이 가중된 경우이다. 행위주체는 도주죄의 경우와 같다. 행위의 태양은 (가) 수용설비 또는 기구의 손괴하여 도주하는 경우, (나) 폭행 또는 협박을 가하여 도주하는 경우, (다) 2인 이상의 합동하여 도주하는 경우로 나누어진다.

수용설비는 교도소, 구치소, 경찰서의 유치장 등과 같이 사람의 신체를 계속적으로 구금하는 장소를 말한다. 기구는 수갑, 포승 등과 같이 신체의 자유를 구속하는 도구를 말한다.

손괴는 손괴죄의 경우처럼 당해 기구의 이용가치를 보호함에 있는 것이 아니라 탈출의 방법으로 기구를 파손하는 것을 말한다.

폭행이나 협박은 도주의 수단으로 간수자나 호송자에 대해 가해지는 것이어야 한다. 반드시 반항을 억압할 정도에 이를 필요는 없다.

2인 이상이 합동하여라 함은 주관적으로 2명 이상의 자가 도주하려는 의사연락이 있고, 객관적으로 현장에서 시간적 · 장소적으로 협동하여 다 같이 도주에 착수할 것이 필요하다. 그 각자에 대하여 기수, 미수를 논한다.

특수도주죄의 미수범은 처벌된다(법149).

3. 도주원조죄

형법 제147조 (도주원조) 법률에 의하여 구금된 자를 탈취하거나 도주하게 한 자는 10년 이하의 징역에 처한다.

◎ 미수범 처벌함(법149)
◎ 예비 · 음모 처벌함(법150)

도주원조죄의 객체는 법률에 의하여 구금된 자이다. 구금은 신체의 자유가 제한되어 있음을 말한다. 장기간 계속된 신체구속은 물론 단기간의 일시적 신체구속도 포함한다. 따라서 반드시 일정한 장소에 구금되어 있는 사람에 한정되지 않는다. 체포되어 연행중인 사람과 같이 구금을 하기 위하여 연행중인 사람도 포함한다. 신체구속의 정도가 완만하다고 할지라도 간수자의 실력적 지배 아래 있는 한 구금에 해당한다.

도주원조죄의 실행행위는 피구금자를 탈취 또는 도주하게 하는 것이다. 탈취는 피구금자를 그 간수자의 실력적 지배로부터 자기 또는 제3자의 실력적 지배로 옮기는 것을 말한다. 도주하게 한다 함은 간수자의 실력적 지배로부터 단순히 이탈하게 하는 것으로서 탈취의 정도에 이르지 않는 것이다. 피구금자의 동의 유무, 도주의사의 유무는 묻지 않는다.

탈취행위나 도주하게 하는 행위의 수단 · 방법에 제한은 없다. 폭행 · 협박이나 위계는 물론이고 단순히 간수자의 시선을 빼앗는 방법으로도 가능하다. 폭행 · 협박의 수단을 가지고 피구금자를 탈취하거나 도주하게 한 경우 폭행죄 또는 협박죄는 도주원조죄에 흡수된다.

도주원조죄의 미수범은 처벌된다(법149). 기존의 구금상태로부터 피구금자를 이탈시키기 위한 행위에 착수할 때 실행의 착수가 인정된다. 그리고 자기 또는 제3자의 실력적 지배 아래 둘 때(탈취의 경우) 또는 간수자의 실력적 지배를 벗어나게 할 때(도주의 경우) 기수에 이른다. 도주원조죄를 범할 목적으로 예비 또는 음모한 자는 3년 이하의 징역에 처한다(법150).

도주죄(법145①)는 즉시범이다. 구금된 범인이 간수자의 실력적 지배를 이탈한 상태에 이르렀을 때 기수가 되며, 도주행위는 종료한다. 이에 대해 도주원조죄(법147)는 도주죄(법145①)에서의 범인의 도주행위를 야기시키거나 이를 용이하게 하는 등 범인의 도주와 공범관계에 있는 행위를 독립한 구성요건으로 포착한 것이다. 도주죄(법145①)의 범인이 도주행위를 하여 기수에 이른 후에 도주한 범인의 도피를 도와주는 행위는 범인도피죄(법151)에 해당할 수 있을 뿐, 도주원조죄(법147)에는 해당하지 않는다.[1)]

4. 간수자 도주원조죄

형법 제148조 (간수자의 도주원조) 법률에 의하여 구금된 자를 간수 또는 호송하는 자가 이를 도주하게 한 때에는 1년 이상 10년 이하의 징역에 처한다.

◎ 미수범 처벌함(법149)
◎ 예비 · 음모 처벌함(법150)

간수자 도주원조죄의 주체는 법률에 의하여 구금된 자의 간수 또는 호송에 종사하는 자이다. 따라서 신분범이다. 간수 또는 호송하는 임무는 법령상 근거가 있음을 요한다. 그러나 간수자 도주원조죄의 주체가 반드시 공무원임을 요하는 것은 아니다. 간수 또는 호송의 임무는 도주시키는 행위를 할 당시에 존재하면 족하고 도주의 결과가 발생할 때까지 계속될 필요는 없다.

간수자 도주원조죄의 실행행위는 피구금자를 도주하게 하는 것이다. 도주하게 한다 함은 피구금자의 도주를 야기하게 하거나 이를 용이하게 하는 일체의 행위를 말한다. 간수자 도주원조죄는 부작위로도 가능하다. 예컨대 피구금자의 도주 개시를 알면서 간수자가 이를 방지하지 않는 경우가 여기에 해당한다.

간수자 도주원조죄는 고의범이다. 그러므로 간수 임무의 해태로 도주의 결과가 발생하더라도 간수자 도주원조죄는 성립하지 않는다.

간수자 도주원조죄는 피구금자가 도주하였을 때 기수로 된다. 간수자 도주원조죄의 미수범은 처벌된다(법149). 간수자 도주원조죄를 범할 목적으로 예비 또는 음모한 자는 3년 이하의 징역에 처한다(법150).

---

1) 1991. 10. 11. 91도1656, 공 1991, 2762 = 분석 각론 『용병원 탈주 사건』.

제 4 범인은닉의 죄

형법 제151조 (범인은닉과 친족간의 특례) ① 벌금 이상의 형에 해당하는 죄를 범한 자를 은닉 또는 도피하게 한 자는 3년 이하의 징역 또는 500만원 이하의 벌금에 처한다.

◎ 친족간의 특례 적용됨(법151②)

1. 보호법익

형법 제151조 제1항은 벌금 이상의 형에 해당하는 죄를 범한 자를 은닉 또는 도피하게 한 자를 처벌하고 있다. 형법 제151조 제1항은 범인은닉과 범인도피의 두 가지 행위태양을 규정하고 있다. 아래에서는 서술의 편의를 위하여 형법 제151조 제1항의 범죄를 범인은닉죄로 통칭하기로 한다.

범인은닉죄는 벌금 이상의 죄에 해당하는 죄를 범한 자에 대한 수사, 재판, 형집행 등 국가권력작용을 방해하는 범죄이다.[1] 도주죄가 국가의 구금작용을 보호법익으로 하는 데 반하여, 범인은닉죄는 국가의 사법기능을 보호법익으로 한다.

범인은닉죄는 범인에 대한 수사, 재판 및 형집행 등 형사사법의 작용을 곤란하게 하거나 불가능하게 하는 범죄이다. 그 방법에는 어떠한 제한이 없다. 범인은닉죄는 위험범이다. 현실적으로 형사사법 작용을 방해하는 결과가 초래됨을 요하지 않는다.[2]

2. 행위주체

(1) 본범 자신이 도피 · 은닉범인 경우

범인도피죄는 다른 사람을 도피 · 은닉하게 하는 경우에 성립한다. 여기에서 다른 사람에는 공범도 포함된다. 그러나 범인 스스로 도피 · 은닉하는 행위는 처벌되지 않는다.[3] 본범인

---

1) 2014. 3. 27. 2013도152, [미간행].

2) 2003. 12. 12. 2003도4533, 공 2004, 275 = 분석 각론『사실혼 배우자 출국 사건』.

3) 2018. 8. 1. 2015도20396, 공 2018하, 1889 =『콜라텍 인근 개업 사건』:

(갑은 을의 지인이다.) 을은 운영하던 P콜라텍을 A에게 양도한 다음 인근에서 다른 Q콜라텍을 개업 · 운영하였다. 을은 A의 항의를 받고 Q콜라텍의 사업자등록 명의를 병 앞으로 변경하였다. 이후 A는 을을 상대로 Q콜라텍 영업금지와 처분금지 등을 구하는 소를 제기하였다(㉮소송). 을은 ㉮소송에 따른 판결의 강제집행을 피하기 위하여 갑에게 사정을 이야기하고 동의를 받아 Q콜라텍의 사업자등록 명의를 갑 앞으로 변경하였다.

을, 병은 A로부터 강제집행면탈죄로 고소당하였다(㉯사건). 을, 병은 갑에게 실제로 콜라텍을 매수하여 운영하고 있다고 진술해달라고 부탁하였다. 갑은 을, 병에 대한 ㉯고소사건에서 경찰관에게 자신이 실제로 콜라텍을 매수하여 운영하고 있다고 진술하고 허위의 계좌거래내역을 제출하였다. 갑은 검찰주사에게도 같은 취

범인이 처벌을 피하여 은닉 · 도피하는 것은 인지상정이며, 은닉 · 도피를 하지 않도록 입법자가 기대할 수 없기 때문이다.

범인은닉죄의 경우에는 친족간의 특례가 인정되고 있다(법151②). 그러나 친족 또는 동거의 가족이라 할지라도 일신상의 사유로 인하여 처벌되지 않을 뿐이며, 범인은닉죄의 주체가 된다는 점에는 변함이 없다.

(2) 본범과 도피 · 은닉범이 공범인 경우

본범의 공범(갑과 을) 중 한 사람(갑)이 본범의 범행에 관한 수사절차에서 참고인 또는 피의자로 조사받으면서 자기의 범행을 구성하는 사실관계에 관하여 허위로 진술하고 허위 자료를 제출하는 경우가 있다. 이러한 경우를 가리켜서 자신(갑)의 범행에 대한 방어권 행사의 범위를 벗어난 것으로 볼 수 없다. 이러한 행위가 다른 공범(을)을 도피하게 하는 결과가 된다고 하더라도 공범(갑)을 범인도피죄로 처벌할 수 없다.[1)]

지로 진술하였다. 이후 A는 갑을 강제집행면탈죄로 고소하였다(㉰사건). 을, 병은 갑에게 동일한 부탁을 하였다. 갑은 ㉰사건에서도 마찬가지로 경찰에서 허위로 진술하고 허위의 계좌거래내역을 제출하였다.

검사는 갑을 범인도피죄로, 을, 병을 범인도피교사죄로 기소하였다. 갑, 을, 병의 피고사건은 제1심을 거친 후, 항소심에 계속되었다. 항소법원은 다음의 이유를 제시하여 무죄로 판단하였다. (가) 갑, 을, 병은 강제집행면탈죄의 공동정범이다. (나) 을, 병의 범인도피교사 행위와 갑의 범인도피 행위는 자신들의 범행 은닉과 밀접불가분 관계에 있다. (다) 갑, 을, 병의 행위는 자기도피와 마찬가지로 적법행위에 대한 기대가능성이 없고, 방어권 남용으로 보기 어렵다. 검사는 불복 상고하였다.

대법원은 다음의 이유를 제시하여 상고를 기각하였다. 대법원은 범인도피죄의 도피에 대해 다음과 같이 설시하였다. (가) 형법 제151조가 정한 범인도피죄에서 '도피하게 하는 행위'란 은닉 이외의 방법으로 범인에 대한 수사, 재판, 형의 집행 등 형사사법의 작용을 곤란하게 하거나 불가능하게 하는 일체의 행위를 말한다. (나) 범인도피죄는 타인을 도피하게 하는 경우에 성립할 수 있다. (다) 여기에서 타인에는 공범도 포함되나 범인 스스로 도피하는 행위는 처벌되지 않는다. (라) 또한 공범 중 1인이 그 범행에 관한 수사절차에서 참고인 또는 피의자로 조사받으면서 자기의 범행을 구성하는 사실관계에 관하여 허위로 진술하고 허위 자료를 제출하는 것은 자신의 범행에 대한 방어권 행사의 범위를 벗어난 것으로 볼 수 없다. (마) 이러한 행위가 다른 공범을 도피하게 하는 결과가 된다고 하더라도 범인도피죄로 처벌할 수 없다. (바) 이때 공범이 이러한 행위를 교사하였더라도 범죄가 될 수 없는 행위를 교사한 것에 불과하여 범인도피교사죄가 성립하지 않는다.

대법원은 갑, 을, 병의 행위에 대해 다음과 같이 판단하였다. (가) 이 사건에서 범인도피의 대상이 되는 을, 병의 범행은 강제집행을 피하기 위하여 갑에게 콜라텍을 허위로 양도하여 채권자 A를 불리하게 하였다는 것이다. (나) 갑은 허위양수인으로서 행위의 모습이나 관여 정도에 비추어 강제집행면탈죄의 공동정범이라 할 수 있다. (다) 을, 병에 대한 [㉯]고소사건에서 갑에 대한 조사는 콜라텍을 허위로 양수하였는지에 관한 것이었다. (라) 이는 갑을 포함한 공범자 모두의 범행을 구성하는 사실관계로서 그중 을, 병의 범행에 관한 것만을 분리할 수 없다. (마) 갑이 Q콜라텍을 실제 양수하여 운영하고 있다고 허위로 진술하고 그에 관한 허위 자료를 제출하였고 그것이 을, 병을 도피하게 하는 결과가 되더라도 범인도피죄가 성립할 수 없다. (바) 이는 갑에 대한 [㉰]고소사건에서도 마찬가지이다. (사) 을, 병이 이러한 행위를 교사하였다고 해도 이는 범죄가 될 수 없는 행위를 교사한 것에 불과하여 범인도피교사죄도 성립하지 않는다.

1) 2018. 8. 1. 2015도20396, 공 2018하, 1889 = 『콜라텍 인근 개업 사건』.

이때 다른 공범(을)이 공범(갑)에게 범인도피 · 은닉행위를 교사한 경우에 다른 공범(을)을 범인도피 · 은닉교사죄로 처벌할 수 있을 것인지 문제된다. 위에서 본 것처럼 공범(갑) 자신의 범인도피 · 은닉행위는 범인도피 · 은닉죄를 구성하지 않는다. 그러므로 다른 공범(을)의 교사행위는 범죄가 될 수 없는 행위를 교사한 것에 불과하여 범인도피 · 은닉교사죄가 성립하지 않는다.[1)]

(3) 본범과 도피 · 은닉범이 공범이 아닌 경우

범인은닉죄에서 본범인 범인 자신의 은닉 · 도피행위는 처벌되지 않는다. 이것은 인간의 자연적인 심성을 고려할 때 은닉 및 도피 행위를 하지 않도록 기대할 수 없기 때문이다. 그런데 본범인 범인이 본범과 무관한 타인을 교사하여 자기(본범)를 은닉 · 도피하게 하였을 때 이를 어떻게 처리할 것인지 문제된다. 동일한 문제상황은 위증교사 및 증거인멸교사의 경우에서도 발생한다.

(가) 학 설 공범독립성설을 취하는 입장에서는 본범인 범인의 은닉 · 도피 교사행위를 실행행위 그 자체로 보기 때문에 범인은닉 · 도피 교사행위도 범인 자신의 은닉 · 도피행위와 마찬가지로 불가벌이 된다고 주장한다.

공범종속성설을 취하는 입장에서도 부정설을 취하는 견해가 있다. 본범인 범인 자신은 범인은닉죄의 정범이 될 수 없는데 공범인 교사범으로 처벌하는 것은 부당하고, 범인 자신의 범인은닉 · 도피 교사행위는 자기비호권의 발로에 지나지 않는다는 것이다.[2)]

생각건대 공범종속설을 취하는 입장에서 볼 때 범인은닉죄의 정범(피교사자)에게 일단 범인은닉죄가 성립하는 이상 그에 종속하여 정범을 교사한 범인은 범인은닉교사죄로 처벌되어야 할 것이다.[3)] 다만 이 경우 기대가능성의 문제가 남는다. 그러나 방어권의 남용이라는 관점에서 적법행위의 기대가능성을 판단하게 되면 교사범의 성립을 충분히 긍정할 수 있다고 본다.

(나) 판 례 판례는 절충적인 입장이라고 생각된다. 판례는 다음과 같은 기준을 제시하고 있다.

첫째로, 본범인 범인(갑) 스스로 도피하는 행위는 처벌되지 아니하는 것이므로, 본범인 범인(갑)이 도피를 위하여 타인(을)에게 도움을 요청하는 행위 역시 도피행위의 범주에 속하

---

1) 2018. 8. 1. 2015도20396, 공 2018하, 1889 =『콜라텍 인근 개업 사건』.

2) 박상기, 682면; 배종대, 751면; 손동권 · 김재윤, 836면; 이재상 · 장영민 · 강동범, 786면; 이정원, 766면; 오영근, 785면; 정성근 · 박광민, 884면; 주호노, 1777면.

3) 김성돈, 859면(제한적 긍정설); 김혜정 외, 812면; 정영일, 737면.

는 한 처벌되지 않는다. 이러한 점은 본범인 범인(갑)의 요청에 응하여 그 범인을 도운 타인(을)의 행위가 범인도피죄에 해당한다고 하더라도 마찬가지이다.[1]

둘째로, 본범인 범인(갑)이 타인(을)으로 하여금 허위의 자백을 하게 하는 등으로 범인은닉죄를 범하게 하는 경우와 같이, 그것이 방어권의 남용으로 볼 수 있을 때에는 범인은닉교사죄에 해당한다.[2] 이와 같은 법리는 본범인 범인(갑)을 위해 타인(을)이 범하는 범인도피죄

---

1) 2014. 4. 10. 2013도12079, 공 2014상, 1082 = 『대포폰 구해주기 사건』:

갑은 불법게임장을 운영하였다는 혐의로 조사를 받게 되었다(㉮사건). 을은 갑과 평소 가깝게 지내던 후배이다. 갑은 자신의 휴대폰을 사용할 경우 소재가 드러날 것을 염려하였다. 갑은 을에게 요청하여 ㉠대포폰을 개설하여 받았다. 갑은 을에게 전화를 걸어 자신이 있는 곳으로 오도록 하였다. 갑은 을이 운전하는 ㉡자동차를 타고 M시 일대를 이동하여 다녔다.

검사는 갑을 게임산업진흥법위반죄와 범인도피교사죄로 기소하였다. 갑의 피고사건은 제1심을 거친 후, 항소심에 계속되었다. 항소법원은 다음의 이유를 들어 범인도피교사죄 부분에 대해 유죄를 인정하였다. (가) 갑은 당시 벌금 이상의 형에 해당하는 ㉮죄를 범하고 도피 중이었다. (나) 갑은 을에게 자동차를 이용하여 원하는 목적지로 이동시켜 달라고 요구하거나 대포폰을 구해 달라고 부탁하였다. (다) 이렇게 함으로써 을로 하여금 갑의 요청에 응하도록 하였다. 갑은 불복 상고하였다.

대법원은 다음의 이유를 제시하여 원심판결을 파기환송하였다. (가) 형법 제151조가 정한 범인도피죄에서 '도피하게 하는 행위'란 은닉 이외의 방법으로 범인에 대한 수사, 재판 및 형의 집행 등 형사사법의 작용을 곤란하게 하거나 불가능하게 하는 일체의 행위를 말한다. (나) (ㄱ) 범인 스스로 도피하는 행위는 처벌되지 아니하는 것이므로, (ㄴ) 범인이 도피를 위하여 타인에게 도움을 요청하는 행위 역시 도피행위의 범주에 속하는 한 처벌되지 않는다. (다) 범인의 요청에 응하여 범인을 도운 타인의 행위가 범인도피죄에 해당한다고 해도 마찬가지이다.

(라) 다만 범인이 타인으로 하여금 허위의 자백을 하게 하는 등으로 범인도피죄를 범하게 하는 경우와 같이 그것이 방어권의 남용으로 볼 수 있을 때에는 범인도피교사죄에 해당할 수 있다. (마) 이 경우 방어권의 남용이라고 볼 수 있는지 여부는, 범인을 도피하게 하는 것이라고 지목된 행위의 태양과 내용, 범인과 행위자의 관계, 행위 당시의 구체적인 상황, 형사사법의 작용에 영향을 미칠 수 있는 위험성의 정도 등을 종합하여 판단하여야 한다. (바) 갑의 행위는 형사사법에 중대한 장애를 초래한다고 보기 어려운 통상적 도피의 한 유형으로 볼 여지가 충분하다.

2) 2008. 11. 13. 2008도7647, [미간행] = 『뺑소니범 부인 자수 사건』:

갑은 ㉮뺑소니 사고를 내었다. 을은 갑의 처이다. 갑은 을에게 사고발생 경위, 도주 경위 등에 관하여 상세히 말하였다. 을은 갑이 말해 준 정보를 토대로 자신이 ㉮뺑소니 사고를 낸 것이라고 수사기관에 허위진술을 하였다.

검사는 갑을 특정범죄가중법위반죄(도주차량), 도로교통법위반죄 및 범인도피교사죄 등으로 기소하였다. 갑의 피고사건은 제1심을 거친 후, 항소심에 계속되었다. 항소법원은 범인도피 부분에 대해 범인도피방조죄를 인정하였다. 갑은 불복 상고하였다. 갑은 상고이유로 다음의 점을 주장하였다. (가) 갑의 행위는 본범 자신의 도피행위에 해당하므로 범인도피방조죄는 성립하지 않는다. (나) 범인도피죄의 정범인 을은 친족간의 특례(형법 제151조 제2항)에 의하여 처벌받지 않는다. (다) 정범이 처벌받지 않으므로 갑에게 범인도피방조죄는 성립할 수 없다. (라) 범인도피를 교사한 경우에는 방어권의 남용을 논할 수 있을지 몰라도 범인도피를 단순히 방조한 경우는 방어권 남용으로 볼 수 없다.

대법원은 다음의 이유를 제시하여 상고를 기각하였다. (가) 범인이 자신을 위하여 타인으로 하여금 허위의 자백을 하게 하여 범인도피죄를 범하게 하는 행위는 방어권의 남용으로 범인도피교사죄에 해당한다. (나) 이 경우 그 타인이 형법 제151조 제2항에 의하여 처벌을 받지 아니하는 친족, 호주 또는 동거 가족에 해당한다

를 본범인 범인(갑) 스스로 방조하는 경우에도 마찬가지로 적용된다.[1)]

여기에서 방어권의 남용이라고 볼 수 있는지 여부는, 본범인 범인을 도피하게 하는 것이라고 지목된 행위의 태양과 내용, 본범인 범인과 행위자의 관계, 행위 당시의 구체적인 상황, 형사사법의 작용에 영향을 미칠 수 있는 위험성의 정도 등을 종합하여 판단해야 한다.[2)]

3. 행위객체

(1) 벌금 이상의 형에 해당하는 죄

범인은닉죄의 객체는 벌금 이상의 형에 해당하는 죄를 범한 자이다.[3)] 벌금 이상의 형에 해당하는 죄라 함은 법정형에 벌금형 또는 그 이상의 형(법50, 41 참조)이 포함되어 있는 범죄를 말한다. 선택형으로 구류, 과료가 규정되어 있어도 상관없다.[4)]

죄를 범한 자에는 정범뿐만 아니라 교사범, 종범도 포함된다. 유죄가 확정된 자에 한정되지 않고 범죄혐의를 받아 수사 대상이 되어 있는 자,[5)] 공소가 제기되어 있는 자를 모두 포함한다. 아직 수사대상이 되어 있지 않은 자일지라도 그가 벌금 이상의 형에 해당하는 죄를 범한 자라는 것을 인식하면서도 도피하게 한 경우에는 범인도피죄가 성립한다.[6)]

(2) 죄를 범한 자의 범위

(가) 학 설　　죄를 범한 자의 범위를 놓고 견해가 나뉘고 있다.

① 진범인한정설　　실제로 벌금 이상의 형에 해당하는 죄를 범한 진범인에 국한된다는 견해이다.[7)] 형법 제151조 제1항의 법문에 충실하려는 태도로서, 진범인을 은닉하는 것만이 형사사법에서 정당한 국가작용을 방해하는 것이 된다고 주장한다.

② 단순혐의자포함설　　진범인임을 요하지 않으며, 적어도 그러한 혐의를 받아 수사

하여 달리 볼 것은 아니다. (다) 이와 같은 법리는 범인을 위해 타인이 범하는 범인도피죄를 범인 스스로 방조하는 경우에도 마찬가지로 적용된다.

(라) 갑은 처인 을의 갑을 위한 범인도피범행을 돕기 위하여 을에게 사고발생 경위, 도주 경위 등에 관하여 상세한 정보를 제공하였다. (마) 갑은 그러한 방법으로 을로 하여금 심리적으로 안정할 수 있도록 함으로써 범인도피범행을 방조하였다.

1) 2008. 11. 13. 2008도7647, [미간행] = 『뺑소니범 부인 자수 사건』.

2) 2014. 4. 10. 2013도12079, 공 2014상, 1082 = 『대포폰 구해주기 사건』.

3) 「특정범죄 가중처벌 등에 관한 법률」 제5조의2 제7항은 13세 미만 미성년자의 약취 · 유인 등과 관련된 범죄를 범한 사람을 은닉하거나 도피하게 한 사람을 3년 이상 25년 이하의 징역으로 처벌하고 있다.

4) 1990. 3. 27. 89도1480, 공 1990, 1016.

5) 2003. 12. 12. 2003도4533, 공 2004, 275 = 분석 각론 『사실혼 배우자 출국 사건』.

6) 2003. 12. 12. 2003도4533, 공 2004, 275 = 분석 각론 『사실혼 배우자 출국 사건』.

7) 오영근, 781면; 이재상 · 장영민 · 강동범, 788면; 정성근 · 박광민, 885면; 주호노, 1768.

또는 소추의 대상이 되어 있는 자까지도 범인은닉죄의 객체에 포함된다는 견해이다.[1] 이 견해는 국가기능의 보호라는 입법취지에서 출발한다. 현재 일정한 범죄혐의로 수사를 받거나 소추되고 있는 자를 은닉하거나 도피하게 하는 것은 국가의 형사사법작용을 방해하는 것임에 틀림없다는 것이다.

③ 강력혐의자포함설　　진범인이 범인은닉죄의 객체가 됨은 물론이지만, 은닉하거나 도주시키는 행위가 있는 단계에서 객관적이고 합리적인 판단에 의하여 진범인이라고 강하게 의심받는 자까지만 범인은닉죄의 객체에 포함시키는 견해이다.

④ 단계별 고찰설　　수사가 개시되기 전에는 진범인에 국한되지만, 수사가 개시된 이후에는 진범이나 진범이라고 강하게 의심되는 자이어야 하며, 공소제기, 재판 및 형집행 단계에서는 진범 여부를 불문한다고 보는 견해이다.[2]

(나) 판　례　　판례는 "형법 제151조 제1항에서 정한 '죄를 범한 자'는 범죄의 혐의를 받아 수사대상이 되어 있는 사람이면 그가 진범인지 여부를 묻지 않고 이에 해당한다"고 판시하여 단순혐의자포함설을 지지하고 있다.[3] 그리하여 판례는 구속수사의 대상이 된 사람

1) 김성돈, 861면; 박상기, 683면; 배종대, 752면; 이정원, 769면; 이형국 · 김혜경, 877면; 임웅, 1029면; 정영일, 738면.

2) 김일수 · 서보학, 716면; 손동권 · 김재윤, 838면.

3) 2014. 3. 27. 2013도152, [미간행] = 『유사석유 허위진술 사건』:

갑은 P주유소와 Q주유소를 운영하고 있다. 관계 당국은 다음의 사실을 적발하였다. (가) P, Q주유소에서 판매한 제품이 유사석유이다. (나) P, Q주유소에서 R에너지회사에 공급한 제품이 유사석유이다. 갑에 대한 수사가 개시되었다. 갑은 판매하거나 공급한 제품이 유사석유임을 알지 못하였다고 주장하였다. 갑은 수사과정에서 을, 병, 정에게 다음 내용의 허위진술을 하게 하였다. (가) 을 : 내가 P주유소의 실제 업주이다. (나) 병 : 내가 Q주유소의 실제 업주이다. (다) 정 : 내가 P, Q주유소에 석유를 공급하였는데 나 자신도 유사석유임을 몰랐다.

검사는 갑을 「석유 및 석유대체연료 사업법」위반죄, 범인도피교사죄 등으로 기소하였다. 갑의 피고사건은 제1심을 거친 후, 항소심에 계속되었다. 항소법원은 갑이 판매 · 공급한 휘발유가 유사석유임을 갑이 알았다고 인정할 증거가 부족하다고 판단하였다. 항소법원은 「석유 및 석유대체연료 사업법」위반죄 부분을 무죄로 판단하였다. 항소법원은 다음의 이유를 제시하여 범인도피교사죄 부분을 무죄로 판단하였다. (가) 갑의 「석유 및 석유대체연료 사업법」 위반죄가 유죄로 인정되지 않는다. (나) 그러한 이상 갑을 도피하게 하는 범인도피죄는 인정될 수 없다. (다) 그러므로 갑의 범인도피교사죄도 성립하지 않는다. 검사는 불복 상고하였다.

대법원은 원심판결 가운데 「석유 및 석유대체연료 사업법」위반죄를 무죄로 판단한 부분을 유지하였다. 대법원은 범인도피교사죄 부분에 대해 다음의 이유를 제시하여 원심판결의 무죄 부분을 파기환송하였다. 대법원은 범인도피죄의 '죄를 범한 자'의 범위에 대해 다음과 같이 설시하였다. (가) 형법 제151조의 범인도피죄는 수사, 재판 및 형의 집행 등에 관한 국권의 행사를 방해하는 행위를 처벌하려는 것이다. (나) 그러므로 형법 제151조 제1항에서 정한 '죄를 범한 자'는 범죄의 혐의를 받아 수사대상이 되어 있는 사람이면 그가 진범인지 여부를 묻지 않고 이에 해당한다. (다) 그리고 형법 제151조 제1항에서 정한 '죄를 범한 자'가 자신을 위하여 타인으로 하여금 범인도피죄를 범하게 하는 행위는 방어권의 남용으로 범인도피교사죄에 해당한다.

대법원은 갑의 행위에 대해 다음과 같이 판단하였다. (가) 갑이 판매 · 공급한 휘발유가 유사석유임을 알았다고 인정할 증거가 부족하다. (나) 갑에 대하여 「석유 및 석유대체연료 사업법」 위반죄를 인정할 수 없다.

(갑)이 그 후 무혐의로 석방되었다고 하더라도 그(갑)를 은닉한 피고인(을)에 대한 범인은닉죄의 성립에 영향이 없다는 입장을 취하고 있다.[1)]

(다) 사 견　　생각건대 판례의 태도는 국가의 사법작용을 지나치게 보호하는 흠이 있으며, 진범인한정설은 진범인 여부를 미리 확정해야 하다는 문제점과 국가 사법작용의 보호라는 범인은닉죄의 입법취지를 달성할 수 없다는 불합리성을 드러낸다. 단계적 고찰설 또한 진범인 확정의 문제를 안고 있다. 이렇게 볼 때 절충적 입장인 강력혐의자포함설이 타당하다고 하겠다.

진범인이라 해도 무죄나 면소의 확정판결이 있는 사람, 공소시효가 완성되었거나 형의 폐지 또는 사면에 의하여 앞으로 소추될 가능성이 소멸한 사람 등은 범인은닉죄의 객체에 해당하지 않는다. 이들을 은닉하거나 도피하게 하여도 국가의 형사사법작용을 저해할 위험이 없기 때문이다. 불기소처분이나 기소중지처분을 받은 사람은 아직 소추되거나 처벌될 가능성이 있으므로 범인은닉죄의 객체에 포함된다.

친고죄나 반의사불벌죄의 경우 고소권이 완전히 소멸하면(형소법232② · ③ 참조) 유효한 공소제기를 할 수 없다. 그러므로 이 경우는 무죄의 확정판결을 받은 것과 동일하게 취급해야 할 것이다. 그러나 아직 고소가 행하여지지 않은 상태만으로는 이를 고소권 소멸의 경우와 동일하게 취급할 수 없다. 따라서 친고죄의 경우에 앞으로의 형사소추를 예상하여 행하는 수사기관의 수사활동을 방해하기 위하여 용의자를 은닉하거나 도피하게 하는 행위는 국가의 형사사법기능을 해치는 것으로서 범인은닉죄를 구성한다.

4. 실행행위

(1) 범인은닉

범인은닉죄의 실행행위는 범인을 은닉하거나 도피하게 하는 것이다. 은닉은 장소를 제공하여 관계 공무원이 범인을 발견하거나 체포하지 못하게 하는 것을 말한다. 죄를 범한 자에게 장소를 제공한 후 그 사람에게 일정 기간 동안 경찰에 출두하지 말라고 권유하는 언동을 해야만 범인은닉죄가 성립하는 것이 아니다. 그 권유에 따르지 않을 경우 강제력을 행사해야만 한다거나, 죄를 범한 자가 피고인의 말에 복종하는 관계에 있어야만 범인은닉죄가 성립하

(다) 그렇다고 하더라도 갑의 교사에 의하여 을, 병, 정이 허위로 진술한 사실이 인정된다. (라) 을, 병, 정의 행위는 적극적으로 수사기관을 기만하여 착오에 빠지게 함으로써 범인의 발견 또는 체포를 곤란 내지 불가능하게 할 정도에 해당하여 범인도피죄를 구성한다. (마) 그렇다면 을, 병, 정은 「석유 및 석유대체연료 사업법」 위반죄의 혐의를 받아 수사대상이 된 갑을 도피하도록 한 것으로 볼 수 있다. (바) 나아가 이를 교사한 갑에 대하여도 범인도피교사의 죄책이 성립될 수 있다.

1) 1982. 1. 26. 81도1931, 공 1982, 313 = 백선 각론 1 『무혐의 석방 사건』.

는 것은 더욱 아니다.[1)]

범인 아닌 자가 수사기관에서 범인임을 자처하고 허위사실을 진술하여 진범의 체포와 발견에 지장을 초래하게 하는 행위는 범인은닉죄에 해당한다.[2)]

(2) 범인도피

(가) 의 의 도피는 은닉 이외의 방법으로 범인에 대한 수사, 재판 및 형의 집행 등 형사사법 작용을 불가능하게 하는 일체의 행위이다. 도피의 수단과 방법에는 제한이 없다.[3)] 범인에게 승차의 편의를 제공하는 행위, 여비나 변장용의 의복을 제공하는 행위, 범인에게 수사상황 등을 알려 줌으로써 도피의 편의를 제공하는 행위 등이 이에 해당한다. 범인의 자수나 범인의 고소·고발을 저지하는 행위도 여기에 해당한다.

(나) 한 계 범인도피의 수단·방법에는 제한이 없다. 그런데 형사사법 작용을 방해하는 모든 행위 내지 범인을 돕는 모든 행위가 범인도피죄의 구성요건에 해당한다고 본다면 이는 일반 국민의 행동의 자유를 지나치게 제한하는 것이 되어 부당하다.[4)]

그러므로 범인도피행위는 (가) 범인을 직접 도피하게 하는 행위 또는 (나) 도피하는 것을 직접적으로 용이하게 하는 행위에 한정된다고 보아야 한다. 그 자체가 도피시키는 것을 직접의 목적으로 한 것이라고 보기 어려운 행위로 말미암아 간접적으로 범인이 안심하고 도피할 있도록 하는 것은 범인도피에 해당하지 않는다.[5)][6)] 단순히 안부를 묻거나 통상적인 인사말 등만으로는 범인을 도피하게 한 것이라고 할 수 없다.[7)]

혐의를 받아 수사기관으로부터 수사를 받는 중에 범인 아닌 다른 사람으로 하여금 범인으로 가장하게 하여 수사를 받도록 함으로써 범인의 발견, 체포에 지장을 초래하게 하는 행

1) 2002. 10. 11. 2002도3332, 공 2002, 2781.
2) 1996. 6. 14. 96도1016, 공 1996, 2289.
3) 2013. 1. 10. 2012도13999, [미간행].
4) 1995. 3. 3. 93도3080, 공 1995, 1654 = 백선 각론 1 『부도업주 해외도피 사건』.
5) 1995. 3. 3. 93도3080, 공 1995, 1654 = 백선 각론 1 『부도업주 해외도피 사건』.
6) 2003. 2. 14. 2002도5374, 공 2003, 873 = 분석 각론 『성명모용 신원보증서 사건』.
7) 1992. 6. 12 92도736, 공 1992, 2182 = 『주점개업식 인사 사건』:

갑은 ㉮형사사건으로 수배되어 피신중이다. 을은 그의 주점개업식에 찾아온 갑을 보고 "도망다니면서 이렇게 와주니 고맙다. 항상 몸조심하고 주의하여 다녀라. 열심히 살면서 건강에 조심해라."라고 말하였다.

검사는 을을 범인도피죄로 기소하였다. 제1심법원은 무죄를 선고하였다. 검사는 불복 항소하였다. 항소법원은 항소를 기각하고, 제1심판결을 유지하였다. 검사는 불복 상고하였다.

대법원은 다음의 이유를 제시하여 상고를 기각하였다. (가) 범인도피죄에 있어서의 '도피'란 은닉 이외의 방법으로 수사기관의 발견, 체포를 곤란 내지 불가능하게 하는 일체의 행위를 뜻한다. (나) 단순히 안부를 묻거나 통상적인 인사말 등만으로는 범인을 도피하게 한 것이라고 할 수 없다.

위는 방어권의 남용으로 범인도피교사죄에 해당한다.[1] 체포 의무 있는 자가 범인임을 알면서 체포하지 아니하였을 경우는 부작위에 위한 범인은닉 내지 도피에 해당한다.

(다) 판단기준 어떤 행위가 (가) 직접 범인을 도피시키는 행위인지 또는 (나) 도피를 직접적으로 용이하게 하는 행위인지를 판단하는 일은 쉽지 않다. 범인도피죄의 경우 구성요건적 행위가 정형화되어 있지 않기 때문이다.

이 점을 고려할 때 (가) 직접 범인을 도피시키는 행위 또는 (나) 도피를 직접적으로 용이하게 하는 행위 여부를 판단하기 위하여는 피고인이 범인의 처지나 의도에 대해 인식하고 있었는지, 그에게 범인을 은닉 내지 도피시키려는 의사가 있었는지를 함께 고려하여 살펴보아야 한다. 단순히 피고인이 한 행위의 밖으로 드러난 태양만 살펴보는 것만으로는 부족하다.[2]

(라) 허위진술 등 수사기관은 범죄사건을 수사할 때 피의자나 참고인의 진술 여하에 불구하고 피의자를 확정하고 그 피의사실을 인정할 만한 객관적인 제반 증거를 수집 · 조사하여야 할 권리와 의무가 있다. 그러므로 참고인이 수사기관에서 범인에 관하여 조사를 받으면서 그가 알고 있는 사실을 묵비하거나 허위로 진술하였다고 하더라도, 그것이 적극적으로 수사기관을 기망하여 착오에 빠지게 함으로써 범인의 발견 또는 체포를 곤란 내지 불가능하게 할 정도의 것이 아니라면 범인도피죄를 구성하지 않는다.[3]

참고인이 범인 아닌 다른 자를 진범이라고 내세우는 경우 등과 같이 적극적으로 허위사실을 진술하여 수사관을 기망, 착오에 빠지게 함으로써 범인의 발견 체포에 지장을 초래하게 하는 경우에는 범인도피죄가 성립한다. 이와 달리 참고인이 수사기관에서 진술을 함에 있어 단순히 범인으로 체포된 사람과 참고인이 목격한 범인이 동일함에도 불구하고 동일한 사람이 아니라고 허위진술을 한 정도의 것만으로는 참고인의 그 허위진술로 말미암아 증거가 불충분하게 되어 범인을 석방하게 되는 결과가 되었다 하더라도 바로 범인도피죄를 구성한다고 할 수는 없다.[4]

수사절차에서 작성되는 신원보증서는 체포된 피의자 석방의 필수적인 요건이거나 어떠한 법적 효력이 있는 것은 아니다. 신원보증서를 작성하여 수사기관에 제출하는 보증인이 피의자의 인적 사항을 허위로 기재하였다고 하더라도, 그로써 적극적으로 수사기관을 기망한 결과 피의자를 석방하게 하였다는 등 특별한 사정이 없는 한, 그 행위만으로 범인도피죄를

1) 2000. 3. 24. 2000도20, 공 2000, 1106.
2) 2004. 3. 26. 2003도8226, 공 2004, 772.
3) 2003. 2. 14. 2002도5374, 공 2003, 873 = 분석 각론 『성명모용 신원보증서 사건』.
4) 1987. 2. 10. 85도897, 공 1987, 475 = 백선 각론 1 『진술번복 강요 사건』.

구성하지는 않는다.[1)]

(마) 한계사례 「게임산업진흥에 관한 법률」 위반 혐의로 수사기관에서 조사받는 피의자가 사실은 게임장 등의 실제 업주가 아님에도 불구하고 자신이 실제 업주라고 허위로 진술하였다고 하더라도 그 자체만으로 범인도피죄를 구성하는 것은 아니다.[2)]

그러나 그 피의자가 실제 업주로부터 금전적 이익 등을 제공받기로 하고 단속이 되면 실제 업주를 숨기고 자신이 대신하여 처벌받기로 하는 역할(이른바 바지사장)을 맡기로 하는 등 수사기관을 착오에 빠뜨리기로 하고, 단순히 실제 업주라고 진술하는 것에서 나아가 게임장 등의 운영 경위, 자금 출처, 게임기 등의 구입 경위, 점포의 임대차계약 체결 경위 등에 관해서까지 적극적으로 허위로 진술하거나 허위 자료를 제시하여 그 결과 수사기관이 실제 업주를 발견 또는 체포하는 것이 곤란 내지 불가능하게 될 정도에까지 이른 것으로 평가되는 경우 등에는 범인도피죄를 구성한다.[3)]

(3) 범인은닉죄의 종료시점

범인은닉죄는 범인을 은닉·도피하게 함으로써 기수에 이르지만, 범인은닉행위가 계속되는 동안에는 범죄행위도 계속되고 행위가 끝날 때 비로소 범죄행위가 종료된다(계속범). 본범 갑을 위하여 을이 범인을 도피시키는 행위를 하는 도중에 병이 그 범행을 인식하면서 을과 공동의 범의를 가지고 기왕의 범인도피상태를 이용하여 스스로 범인 갑을 도피시키는 행위를 계속하였다면 병에게는 범인도피죄의 공동정범이 성립한다.[4)] 이는 범인도피죄의 정범인 을의 범행을 병이 종범으로서 방조한 경우에도 마찬가지이다.[5)]

5. 고 의

범인은닉죄에서의 고의는 벌금 이상의 형에 해당하는 죄를 범한 자라는 것을 인식하면서 그를 은닉 또는 도피하게 하는 것이다. 미필적 고의로도 족하다.

벌금 이상의 형에 해당한다는 인식은 실제로 벌금 이상의 형에 해당하는 범죄를 범한 자라는 것을 인식함으로써 족하다. 그 법정형이 벌금 이상이라는 것까지 알 필요는 없다.[6)] 범죄의 구체적인 내용이나 범인의 인적 사항 및 공범이 있는 경우 공범의 구체적 인원수 등까

---

1) 2003. 2. 14. 2002도5374, 공 2003, 873 = 분석 각론 『성명모용 신원보증서 사건』.
2) 2010. 2. 11. 2009도12164, [미간행] = 분석 각론 『게임장 바지사장 사건 1』.
3) 2010. 1. 28. 2009도10709, 공 2010상, 479 = 분석 각론 『게임장 바지사장 사건 2』.
4) 1995. 9. 5. 95도577, 공 1995, 3457 = 백선 각론 1 『교통사고 대신자수 사건』.
5) 2012. 8. 30. 2012도6027, 공 2012하, 1641 = 분석 총론 『보이스피싱 허위자백 사건』.
6) 2000. 11. 24. 2000도4078, 공 2001, 220.

지 알 필요는 없다.[1] 피은닉자의 처벌을 면하게 할 목적의 유무는 범인은닉죄의 성립에 영향이 없다.[2]

참고인이 실제의 범인이 누구인지도 정확하게 모르는 상태에서 수사기관에서 실제의 범인이 아닌 어떤 사람을 범인이 아닐지도 모른다고 생각하면서 그를 범인이라고 지목하는 허위의 진술을 하는 경우가 있다. 이러한 경우에 참고인의 허위 진술에 의하여 범인으로 지목된 사람이 구속기소되면 실제의 범인이 용이하게 도피하는 결과가 초래된다. 그러나 그러한 결과를 초래한다고 하더라도 그것만으로는 참고인에게 적극적으로 실제의 범인을 도피시켜 국가의 형사사법 작용을 곤란하게 할 의사가 있었다고 볼 수 없다.[3]

6. 위법성조각사유

사제의 범인은닉행위가 위법성을 조각시키는지 문제된다. 이에 대하여 판례는 "죄지은 자를 맞아 회개하도록 인도하고 그 갈 길을 이르는 것은 사제로서의 소임이라 할 것이나 적극적으로 은신처를 마련하여 주고 도피자금을 제공하는 따위의 일은 이미 그 정당한 직무의 범위를 넘는 것이며 이를 가리켜 사회상규에 반하지 아니하여 위법성이 조각되는 정당행위라고 할 수 없다"고 판시한 바 있다.[4]

변호사는 공공성을 지닌 법률 전문직으로서 독립하여 자유롭게 그 직무를 수행한다(변호사법2). 변호사는 그 직무를 수행함에 있어 진실을 은폐하거나 거짓 진술을 하여서는 안 된다(동법24②). 형사변호인의 기본적 임무가 피의자 · 피고인을 보호하고 그의 이익을 대변하는 것이라고 하더라도, 그러한 이익은 법적으로 보호받을 가치가 있는 정당한 이익으로 제한된다. 의뢰인의 요청에 따른 변론행위라는 명목으로 변호인이 수사기관이나 법원에 대하여 적극적으로 허위의 진술을 하거나, 피의자 · 피고인으로 하여금 허위진술을 하도록 하는 것은 허용되지 않는다.[5]

7. 죄　수

경찰관인 피고인이 검사로부터 피의자를 검거하라는 지시를 받고서도 그 직무상의 의무에 따른 적절한 조치를 취하지 아니하고, 오히려 피의자에게 전화로 도피하라고 권유하여

1) 1995. 12. 26. 93도904, 공 1996, 631.
2) 1967. 5. 23. 67도366, 집 15②, 형7.
3) 1997. 9. 9. 97도1596, 공 1997, 3207.
4) 1983. 3. 8. 82도3248, 공 1983, 695.
5) 2012. 8. 30. 2012도6027, 공 2012하, 1641 = 분석 총론『보이스피싱 허위자백 사건』.

그를 도피하게 한 경우, 직무위배의 위법상태는 범인도피행위 속에 포함되어 있다. 이와 같은 경우에는 작위범인 범인도피죄만이 성립하고 부작위범인 직무유기죄는 따로 성립하지 않는다.[1)]

8. 친족간의 특례

(1) 입법취지

형법 제151조 제2항은 "친족 또는 동거의 가족이 본인을 위하여 전항의 죄를 범한 때에는 처벌하지 아니한다."고 규정하고 있다. 이 특례규정은 친족간의 자연적인 정의(情誼)를 고려하여 법이 개입을 자제한 것이라고 할 수 있다. 친족 및 가족의 범위는 민법에 의하여 결정한다(민법767 이하, 777, 779 참조). 사실혼관계에 있는 자는 민법 소정의 친족이라 할 수 없어 형법 제151조 제2항에서 말하는 친족에 해당하지 않는다.[2)]

(2) 적용범위

형법 제151조 제2항의 적용범위와 관련하여 '친족'과 '동거의 가족'의 관계가 문제된다. 형법 제151조 제2항이 '친족' 이외에 '동거의 가족'을 별도로 규정하고 있는 것을 놓고, 이는 법률상의 친족관계에 있는 사람들 이외에 사실상의 친족관계에 있는 사람들 사이에도 친족간의 특례를 인정하기 위함이라고 해석하는 견해를 생각할 수 있다. 그러나 이러한 해석은 2005년 민법 개정에 의하여 '가족'의 개념규정(민법779①)이 마련되면서 더 이상 유지될 수 없게 되었다.

---

1) 1996. 5. 10. 96도51, 공 1996, 1941 = 『'무조건 튀라' 사건』:

갑은 M지역 태권도협회 전무이사이다. 갑은 다음의 혐의를 받았다. (가) A를 시켜 B, C, D 등으로 하여금 해동검도관장 K를 집단구타하도록 하였다. (나) B, C로 하여금 총대를 메고 자수하도록 하여 범행을 축소, 은폐하였다. 을은 사건발생 지역을 관할하는 M경찰서의 형사계장이다. 을은 관할 검찰청 검사 E로부터 갑을 검거하라는 지시를 받았다. 검사의 지시를 받은 직후 을은 갑에게 전화를 걸어 "형사들이 나갔으니 무조건 튀라"고 알려주었다. 갑은 피신하였다.

검사는 을을 범인도피죄 및 직무유기죄로 기소하였다. 제1심법원은 두 죄를 모두 인정하여 을을 두 죄의 상상적 경합범으로 처단하였다. 을은 불복 항소하였다. 항소법원은 항소를 기각하고, 제1심판결을 유지하였다. 을은 불복 상고하였다.

대법원은 다음의 이유를 제시하여 원심판결을 파기환송하였다. (가) 을은 검사로부터 갑을 검거하라는 지시를 받고서도 그 직무상의 의무에 따른 적절한 조치를 취하지 아니하고 오히려 갑에게 전화로 도피하라고 권유하여 그를 도피케 하였다. (나) 그러한 범죄사실만으로는 직무위배의 위법상태가 범인도피행위 속에 포함되어 있는 것으로 보아야 한다. (다) 이와 같은 경우에는 작위범인 범인도피죄만이 성립하고 부작위범인 직무유기죄는 따로 성립하지 않는다.

2) 2003. 12. 12. 2003도4533, 공 2004, 275 = 분석 각론 『사실혼 배우자 출국 사건』.

민법에 따르면 친족은 배우자, 혈족 및 인척을 말한다(민법767). 인척은 혈족의 배우자, 배우자의 혈족, 배우자의 혈족의 배우자를 말한다(민법769). 한편 민법에 따르면 (가) 배우자, 직계혈족 및 형제자매, (나) 직계혈족의 배우자, 배우자의 직계혈족 및 배우자의 형제자매는 가족에 해당한다(민법779①).

양자를 비교해 보면, 먼저 가족 개념 가운데 (가)의 배우자, 직계혈족 및 형제자매(방계혈족에 속함)는 친족 개념 가운데 배우자 및 혈족에 포섭된다. 다음으로 가족 개념 가운데 (나)의 직계혈족의 배우자, 배우자의 직계혈족 및 배우자의 형제자매(방계혈족에 속함)는 인척 개념의 혈족의 배우자 및 배우자의 혈족에 포섭된다. 한편 '동거의 가족'은 생계를 같이 하는 가족(민법779② 참조)의 의미로 이해된다.

이렇게 볼 때 형법 제151조 제2항은 "'친족'과 '생계를 같이 하는 제한된 범위의 친족'이 본인을 위하여 형법 제151조 제1항의 죄를 범한 때에는 처벌하지 아니한다"는 규정으로 읽혀지게 된다. 이와 같은 조문구성은 논리적으로 동어반복의 모순을 안고 있다. 이러한 상황은 입법자가 '가족'의 개념정의 규정을 마련한 2005년 민법개정을 반영하지 아니한 채 형법 제151조 제2항을 그대로 두고 있는 데에서 비롯되고 있다. 형법상 친족관계는 민법에 따른다는 원칙에 비추어 볼 때, 형법 제151조 제2항에서 '친족' 이외에 '동거의 가족'이라는 표현은 독자적인 의미가 없다고 보아야 할 것이다.

(3) 적용요건

형법 제151조 제2항은 "친족 또는 동거의 가족이 본인을 위하여 전항의 죄를 범한 때에는 처벌하지 아니한다."고 규정하고 있다. 본인은 벌금 이상의 형에 해당하는 죄를 범한 자를 말한다. 본인을 위하여라 함은 형사책임상의 이익, 즉 형사소추, 유죄판결, 형의 집행 등을 면하게 하기 위한 경우 또는 법률에 의한 구금을 면하게 하기 위한 경우를 말한다. 재산상의 이익을 위한 경우는 포함되지 않는다.

(4) 법적 성질

(가) 학 설 형법 제151조 제2항은 친족간 특례의 법적 효과에 대해 '처벌하지 아니한다'는 표현을 사용하고 있다. 처벌하지 아니한다의 의미에 관하여 책임조각사유로 보는 견해[1]와 인적 처벌조각사유로 보는 견해[2]가 제시되고 있다.

---

1) 김성돈, 865면; 김혜정 외, 815면; 박상기, 686면; 배종대, 756면; 오영근, 785면; 이용식, 206면; 이재상·장영민·강동범, 791면; 이정원, 771면; 이형국·김혜경, 880면; 임웅, 1032면; 정성근·박광민, 889면; 정영일, 744면.

2) 주호노, 1779면.

(나) 판 례 판례는 책임조각사유설의 입장인 것으로 생각된다. 판례는 「정치자금법」상의 친족간 특례조항(동법45① 단서)에 대하여, 정치자금을 기부하는 자와 받는 자 사이에 민법상 친족관계가 있는 경우에는 친족 간의 정의(情誼)를 고려할 때 「정치자금법」에서 정한 방법으로 돈을 주고 받으리라고 기대하기 어려움을 이유로 책임이 조각되는 사유를 정한 것이지, 범죄의 구성요건해당성이 조각되는 사유를 정한 것은 아니라고 판시한 바가 있다.[1]

(다) 사 견 친족간의 특례는 인적 처벌조각사유로 파악하는 것이 타당하다고 본다. 범인은닉죄의 성립은 인정하지만 친족간의 특별한 정의(情誼)관계를 존중하여 형법적 개입을 자제한다는 입법정책의 관점에서 그 처벌만을 조각한다고 생각되기 때문이다.

인적 처벌조각사유에 해당하는 경우 유죄판결의 일종인 형의 면제(형소법321①, 322)를 선고해야 한다고 보는 견해가 있다.[2] 그러나 인적 처벌조각사유는 객관적 처벌조건과 마찬가지로 입법자가 특별한 입법정책적 고려에서 범죄성립을 조각하는 사유이다. 따라서 인적 처벌조각사유에 해당하면 무죄판결(형소법325 전단)을 선고해야 한다.[3]

무죄판결이라는 재판형식의 측면에서는 책임조각설과 인적 조각사유설 사이에 차이가 생기지 않는다. 그러나 다음과 같은 구별실익이 있다.

(라) 논의의 실익 학설대립의 첫 번째 실익은 교사자의 처벌문제에서 나타난다. 공범종속성설 가운데 극단적 종속형식을 취하면 정범이 구성요건해당성과 위법성은 물론 책임의 요건까지 갖추어야 교사범을 처벌할 수 있다. 그런데 예컨대 형이 동생에게 자기 대신 범인인 것처럼 수사기관에 출두하여 진술하게 한 경우에 범인도피죄의 정범인 동생은 친족간의 특례(법151②)에 의하여 처벌을 면하게 된다. 이 경우 친족간의 특례를 책임조각사유로 새긴다면 정범인 동생에게 책임의 요건이 구비되지 않으므로 교사범인 형을 처벌할 수 없게 된다.

이에 대해 인적 처벌조각사유설에 따르면 친족간의 특례(법151②)는 구성요건해당성, 위법성, 책임의 세 가지 요건 이외에 존재하는 별도의 소극적 범죄성립요건이므로 극단적 종속형식에 의하더라도 교사범 처벌에 별다른 문제가 생기지 않는다. 판례는 범인은닉죄의 정범이 친족간의 특례(법151②)에 해당하는 친족이라 할지라도 교사범의 처벌이 가능하다고 보고 있는데,[4] 이것은 인적 처벌조각사유설에 근거한 결론이라고 말할 수 있다.

---

1) 2007. 11. 29. 2007도7062, 공 2007하, 2084 = 분석 각론 『국회의원 이복동생 사건』.

2) 김성돈, 865면; 박상기, 686면; 손동권 · 김재윤, 842면; 오영근, 785면; 이재상 · 장영민 · 강동범, 791면; 임웅, 1032면; 정성근 · 박광민, 889면; 정영일, 744면; 주호노, 1778면.

3) 신동운, 형법총론, 제14판, (2022), 486면 이하 참조.

4) 2008. 11. 13. 2008도7647, [미간행] = 『빵소니범 부인 자수 사건』.

친족간의 특례와 관련한 학설대립의 두 번째 실익은 착오문제의 해결에서 나타난다. 친족관계에 있지 않은 자가 자신이 친족관계에 있다고 생각하여 범인은닉행위를 한 경우에 책임조각사유를 주장하는 입장에서는 형법 제16조를 유추하여 해결하게 될 것이다. 책임조각사유에 대한 착오규정이 없으므로 위법성조각사유에 대한 착오의 해결규정인 형법 제16조를 유추하게 될 것이기 때문이다. 이에 대해 인적 처벌조각사유설의 입장에서는 친족관계의 유무 자체에 따라 입법정책적으로 처벌 여부가 결정된다고 보기 때문에 착오문제는 발생할 여지가 없다.

(5) 법적 효과

형법 제151조 제2항은 친족간의 특례에 부여되는 법적 효과에 대해 '처벌하지 아니한다'는 표현을 사용하고 있다.[1] 우리 형법은 형의 면제라는 효과를 부여할 때에는 언제나 명시적으로 '형을 면제한다'는 표현을 사용하고 있다(법90①, 101①, 111③ 단서, 120, 153, 175, 213, 328, 365①·②).[2] 형법 제151조 제2항이 '형의 면제'가 아니라 '처벌하지 아니한다'고 규정하고 있으므로 친족간의 특례에 해당하는 자에 대해 법원은 무죄판결을 선고해야 한다.

(6) 친족간 특례와 공범

범인, 친족 그리고 제3자가 공범형태로 관여하는 경우에 친족간의 특례가 적용될 수 있을 것인지 문제된다. 여기에 해당하는 사안으로는 (가) 본범인 범인(갑)이 자기의 친족(을)을 교사하여 범인은닉죄를 범하게 한 경우, (나) 타인(병)이 본범인 범인(갑)의 친족(을)을 교사하여 범인은닉죄를 범하게 한 경우, (다) 본범인 범인(갑)의 친족(을)이 타인(병)을 교사하여 범인은닉죄를 범하게 한 경우 등을 생각할 수 있다.

(가) 범인이 친족을 교사한 경우 　본범인 범인(갑)이 자기의 친족(을)을 교사하여 범인은닉죄를 범하게 한 경우에 대해 살펴본다. 친족간의 특례에서 친족관계는 인적 처벌조각사유에 해당한다. 교사범의 성립요건과 관련하여 구성요건해당성, 위법성, 책임을 모두 요구하는 극단적 종속형식을 취한다고 하더라도 범인(갑)에게는 범인은닉죄의 교사범이 성립한다.[3) 4)]

---

1) 우리 형법은 총칙상의 범죄불성립사유에 대해서는 '벌하지 아니한다'는 표현을, 각칙상의 범죄불성립사유(형법 제151조 제2항, 제155조 제4항, 제310조)에 대해서는 '처벌하지 아니한다'는 표현을 사용하고 있다.

2) 일본 형법은 친족간의 특례에 대해 '형의 면제'라는 법적 효과를 부여하고 있다.

일본형법 제105조 전2조[범인은닉, 증거인멸]의 죄에 대하여는 범인 또는 도주한 자의 친족이 이러한 자의 이익을 위하여 범한 때에는 그 형을 면제할 수 있다.

3) 2008. 11. 13. 2008도7647, [미간행] =『빵소니범 부인 자수 사건』.

4) 2006. 12. 7. 2005도3707, 공 2007, 156 = 분석 각론『무면허 프라이드 운전 사건』.

(나) 타인이 친족을 교사한 경우 타인(병)이 본범인 범인(갑)의 친족(을)을 교사하여 범인은닉죄를 범하게 한 경우에 대해 살펴본다. 이 경우 친족(을)에게 친족간의 특례가 적용되는 점에는 의문이 없다. 문제는 타인(병)에게 교사범이 성립할 것인가 하는 점이다. 친족간의 특례는 '인적' 처벌조각사유이므로 본범인 범인과 친족 사이에서만 적용된다. 친족관계 없는 타인(병)에게는 친족간의 특례가 인정되지 않으므로 타인(병)은 범인은닉죄의 교사범으로 처벌된다.

(다) 친족이 타인을 교사한 경우 본범인 범인(갑)의 친족(을)이 타인(병)을 교사하여 범인은닉죄를 범하게 한 경우에 대해 살펴본다. 이 경우 타인(병)에 대해 범인은닉죄가 성립한다는 점에는 의문이 없다. 또한 본범인 범인(갑)의 친족(을)에게 범인은닉교사죄가 성립한다는 점도 분명하다. 문제는 이 경우 친족(을)에게 친족간의 특례를 적용하여 '처벌하지 아니한다'는 법적 효과를 인정할 것인가 하는 점이다.

이 문제에 대해서는 기대가능성이 없음을 들어서 불처벌의 효과를 긍정하는 견해도 있다.[1] 그러나 친족(을)에게 범인은닉교사죄를 인정해야 한다고 본다.[2] 본범인 범인 스스로 타인을 교사하여 범인은닉행위를 하게 하면 방어권 남용이 되어 범인도피교사죄가 성립한다. 본범인 범인에게 방어권의 남용이 인정되는 상황이라면 친족의 경우에는 비호권의 남용이 인정된다. 친족의 비호권 남용은 범인의 방어권 남용에 비하여 가벌성이 더 높다고 생각된다. 따라서 본범인 범인(갑)의 친족(을)이 타인(병)을 교사하여 범인은닉행위를 하게 하였다면 범인은닉죄의 교사범이 성립한다고 보아야 한다.

---

1) 김일수 · 서보학, 719면; 김혜정 외, 816면; 박상기, 687면; 배종대, 756면; 손동권 · 김재윤, 843면; 이재상 · 장영민 · 강동범, 793면; 이정원, 774면; 이형국 · 김혜경, 881면; 임웅, 1033면; 정성근 · 박광민, 890면.

2) 김성돈, 866면; 정영일, 745면.

제10장 위증과 증거인멸의 죄

제1 서 설

1. 위증죄와 증거인멸죄의 공통점

형법 각칙 제10장은 위증과 증거인멸의 죄를 규정하고 있다. 위증의 죄는 증인이 허위진술을 함으로써 국가의 심판작용을 그르치게 할 위험을 발생시키는 범죄이다. 증거인멸의 죄는 형사사건 또는 징계사건에 관한 증거의 완전한 이용을 방해함으로써 이들 사건의 조사와 심판을 그르치게 할 위험을 초래하는 범죄이다. 양 죄는 모두 국가의 사법권 내지 준사법권의 행사를 저해한다는 점에서 공통점을 가지고 있다. 이 때문에 우리 형법은 양 죄를 동일한 장에서 규정하고 있다.

2. 위증죄의 보호법익

위증죄의 보호법익은 국가의 사법작용 및 징계작용이다. 증인의 진술은 선서에 의하여 정확성이 담보된다. 선서한 증인의 허위진술은 법원이나 기타 심판기관이 행하는 진실발견을 위한 심리를 해치며 정당한 판단을 위태롭게 한다. 위증죄는 이러한 사태를 방지하는 기능을 수행한다. 위증죄는 선서위반죄로서의 특성을 가지고 있다.

위증죄는 추상적 위험범이다. 국가의 사법작용 또는 징계작용이 현실적으로 침해되거나 침해의 구체적 위험이 발생함을 요하지 않는다.

3. 증거인멸죄 서설

증거인멸죄는 국가의 재판권 및 심판권 행사를 위태롭게 하는 범죄이다. 증거인멸죄의 보호법익은 국가의 형사사법 및 준사법 기능에 있으며, 보호정도는 추상적 위험범이다.

증거인멸죄는 심판작용에 관한 국가의 기능을 해치는 것을 본질로 한다. 이 점에서 위증죄와 성질을 같이한다. 위증죄는 허위의 진술이라는 무형적 방법으로 증거의 증명력을 해친다. 이에 반해 증거인멸죄는 유형적인 방법으로 증거의 증명력을 해친다. 유형적인 방법은 물적 증거의 경우 인멸, 은닉, 손괴, 위조, 변조 및 위조·변조된 증거의 사용이라는 형태로(법155①), 인적 증거의 경우 은닉 또는 도피의 형태로 나타난다(동조②).

제 2 위증죄의 기본유형 – 위증죄

형법 제152조 (위증) ① 법률에 의하여 선서한 증인이 허위의 진술을 한 때에는 5년 이하의 징역 또는 1천만원 이하의 벌금에 처한다.

◎ 자백, 자수의 특례규정 있음(법153)

1. 행위주체

위증죄의 주체는 법률에 의하여 선서한 증인이다. 일종의 신분범이다. 위증죄는 선서위반죄로서의 특성을 가지며, 자수범이다. 자수범이므로 위증죄의 공동정범이나 간접정범은 성립하지 않는다.

(1) 증 인

위증죄의 주체는 법률에 의하여 선서한 증인이다. 증인은 자기가 과거에 체험하여 알게 된 사실을 법원의 면전에서 진술하는 제3자이다. 여기에서 제3자란 법원, 원고 · 피고, 검사 · 피고인 등 소송주체 이외의 사람을 말한다.

(가) 피고인　　형사소송에서 피고인은 증인이 될 수 없다. 우리 형사소송법은 피고인의 지위에서 행한 진술(법296의 참조)도 증거로 채택하고 있다. 그런데 피고인은 형사소송에서 방어권이 인정되는 소송주체이다. 그리하여 피고인은 증인과는 달리 허위의 진술을 하더라도 위증죄를 구성하지 않는다.

(나) 공동피고인　　피고인의 지위에 있는 공동피고인(갑)은 다른 공동피고인(을)에 대한 공소사실에 관하여 증인이 될 수 없다. 그러나 소송절차가 분리되어 피고인의 지위에서 벗어나게 되면 다른 공동피고인(을)에 대한 공소사실에 관하여 증인이 될 수 있다. 이는 대향범인 공동피고인의 경우에도 다르지 않다.[1)]

---

1) 2012. 3. 29. 2009도11249, [미간행] = 『대향범 공동피고인 위증 사건』:

갑은 공무원이다. 을은 일반인이다. 갑이 을로부터 ㉠금품을 뇌물로 수수하였다는 혐의가 제기되었다. 검사는 관할 M지방법원에 갑을 뇌물수수죄, 을을 뇌물공여죄로 각각 기소하였다. 갑과 을은 같은 재판부에서 공동피고인으로 함께 재판을 받았다. 갑은 을로부터 뇌물을 받은 사실이 없다고 주장하였다. 을은 갑에게 뇌물을 준 사실이 없다고 주장하였다. 담당 재판부는 공동피고인 갑과 을의 사건에 대해 변론분리를 하였다. 갑의 뇌물수수 사건에서 담당 재판부는 을을 증인으로 채택하였다. 담당 재판부의 재판장은 을에게 증언거부권을 고지하지 않았다. 검사는 을에 대해 증인신문을 하였다. 을은 갑에게 뇌물을 준 사실이 없다고 허위진술하였다. 담당 재판부는 을의 뇌물공여 사건에 대해 갑을 증인으로 채택하였다. 담당 재판부의 재판장은 갑에게 증소송절차가 분리되어 다른 공동피고인(을)에 대한 공판절차에서 공범인 공동피고인(갑)에 대하여 증인적격을 인정한 다음 그 자신(갑)의 범죄사실에 대하여 신문한다 하더라도 이를 가리켜서 피고인으로서의 진술거부권 내지 자기부죄거부특권을 침해한다고 할 수 없다. 따라서 다른 공동피고인(을)에 대한 증인신문절차에서 증언거부권이 고지되었음에도 불구하고 분리된 피고인(갑)이 자기의 범죄사실에 대하여 증언거부권을 행사하지 아니한 채 허위로

언거부권을 고지하지 않았다. 검사는 갑에 대해 증인신문을 하였다. 갑은 을로부터 뇌물을 받은 사실이 없다고 허위진술하였다.

검사는 갑과 을을 위증죄로 추가기소하였다. 갑과 을의 피고사건은 제1심을 거친 후, 항소심에 계속되었다. 항소법원은 위증죄 부분에 대해 다음과 같은 이유로 갑과 을을 무죄로 판단하였다. (가) 뇌물수수죄와 뇌물공여죄는 필요적 공범의 일종인 대향범이다. (나) 갑과 을은 대향범의 공동피고인이다. (다) 대향범의 공동피고인은 증인이 될 수 없다. (라) 갑과 을은 증인이 될 수 없으므로 위증죄가 성립하지 않는다. 검사는 불복 상고하였다.

대법원은 다음의 이유를 제시하여 상고를 기각하였다. 대법원은 공동피고인과 증인의 관계에 대해 다음과 같이 설시하였다. (가) 피고인의 지위에 있는 공동피고인은 다른 공동피고인에 대한 공소사실에 관하여 증인이 될 수 없다. (나) 그러나 소송절차가 분리되어 피고인의 지위에서 벗어나게 되면 다른 공동피고인에 대한 공소사실에 관하여 증인이 될 수 있다. (다) 이는 대향범인 공동피고인의 경우에도 다르지 않다. (라) 이와 달리 원심이 대향범인 공동피고인이라는 이유만으로 갑과 을에 대하여 위증죄가 성립할 수 없다고 판단한 것은 잘못이다.

대법원은 원심판결의 위와 같은 잘못은 다음의 이유 때문에 원심판결의 무죄 결론에 영향을 미치지 않는다고 판단하였다. 대법원은 증언거부권 불고지의 효과에 대해 다음과 같이 설시하였다. (가) 증언거부권 제도는 증인에게 증언의무의 이행을 거절할 수 있는 권리를 부여한 것이다. (나) 형사소송법상 증언거부권의 고지 제도는 증인에게 그러한 권리의 존재를 확인시켜 침묵할 것인지 아니면 진술할 것인지에 관하여 심사숙고할 기회를 충분히 부여함으로써 침묵할 권리를 보장하기 위한 것이다.

(다) 이 점을 감안할 때, (ㄱ) 재판장이 신문 전에 증인에게 증언거부권을 고지하지 않은 경우에도 (ㄴ) 증인이 침묵하지 아니하고 진술한 것이 자신의 진정한 의사에 의한 것인지 여부를 기준으로 (ㄷ) 위증죄의 성립 여부를 판단하여야 한다. (라) 이러한 판단을 할 때에는 당해 사건에서 증언 당시 (ㄱ) 증인이 처한 구체적인 상황, (ㄴ) 증언거부사유의 내용, (ㄷ) 증인이 증언거부사유 또는 증언거부권의 존재를 이미 알고 있었는지 여부, (ㄹ) 증언거부권을 고지받았더라도 허위 진술을 하였을 것이라고 볼 만한 정황이 있는지 등을 전체적·종합적으로 고려하여야 한다.

(마) 그러므로 (ㄱ) 헌법 제12조 제2항에 정한 불이익 진술의 강요금지 원칙을 구체화한 자기부죄거부특권에 관한 것이거나 (ㄴ) 기타 증언거부사유가 있음에도 증인이 증언거부권을 고지받지 못함으로 인하여 그 증언거부권을 행사하는 데 사실상 장애가 초래되었다고 볼 수 있는 경우에는 위증죄의 성립을 부정하여야 한다.

대법원은 갑과 을의 행위에 대해 다음과 같이 판단하였다. (가) 갑과 을은 뇌물증·수뢰사건으로 공소제기되어 공동피고인으로 함께 재판을 받으면서 서로 뇌물을 주고받은 사실이 없다고 주장하며 다투던 중 뇌물증·수뢰의 상대방인 공동피고인에 대한 사건이 변론분리되면서 뇌물공여 또는 뇌물수수의 증인으로 채택되어 검사로부터 신문받게 되었다. (나) 이러한 경우 갑과 을로서는 증인신문과정에서 그들 자신의 뇌물공여 또는 뇌물수수 여부에 관하여 신문을 받게 됨에 따라 유죄판결을 받을 수 있는 범죄사실이 발각될 염려가 있어 증언거부사유가 발생하게 되었다. (다) 그럼에도 재판장으로부터 증언거부권을 고지받지 못한 상태에서 그들의 종전 주장을 그대로 되풀이함에 따라 결국 거짓 진술에 이르게 되었다. (라) 그렇다면 갑과 을이 이 사건 증언 당시 증언거부권을 고지받지 못함으로 인하여 그 증언거부권을 행사하는 데 사실상 장애가 초래되었다고 보기에 충분하다. (마) 그러므로 갑과 을의 거짓 진술을 위증죄로 처벌할 수는 없다.

진술하였다면 위증죄가 성립한다.[1)]

(다) 확정판결 받은 공범 확정판결을 받은 사람은 일사부재리의 원칙에 따라서 더 이상 처벌받지 않는다. 설혹 공소가 제기되더라도 면소판결로 당해 형사절차는 종결된다(형소법326 i). 그러므로 이미 유죄의 확정판결을 받은 증인(갑)은 그의 공범(을) 사건에서 자신의 범행에 대한 증언을 거부할 수 없을 뿐만 아니라, 나아가 사실대로 증언하여야 한다.[2)]

설사 증인(갑)이 자신(갑)에 대한 형사사건에서 시종일관 그 범행을 부인하였다 하더라도, 이러한 사정은 위증죄에 관한 양형참작사유로 볼 수 있음은 별론으로 하고 이를 이유로 증인(갑)에게 사실대로의 진술을 기대할 가능성이 없다고 볼 수는 없다.[3)] 따라서 이미 유죄의 확정판결을 받은 증인(갑)이 그의 공범(을) 사건에서 허위의 진술을 하였다면 위증죄가 성립한다.

(라) 민사소송의 당사자 민사소송의 당사자는 민사소송에서 증인이 될 수 없다. 그러므로 당사자가 증인으로 선서하고 증언하였다고 하더라도 위증죄의 주체가 될 수 없다. 이러한 법리는 민사소송에서 당사자가 법인인 경우에 그 법인의 대표자에게도 마찬가지로 적용된다.[4)]

(2) 법률에 의한 선서

형법 제152조 제1항의 '법률에 의하여 선서한 증인'은 법률에 근거하여 법률이 정한 절차에 따라 유효하게 선서를 한 증인이라는 의미이다. 이 경우 그 증인신문은 법률이 정한 절차 조항을 준수하여 적법하게 이루어진 것이어야 한다.[5)]

(가) 법률의 근거 유효하지 않은 선서를 한 경우에는 허위진술을 하더라도 위증죄를 구성하지 않는다. 선서무능력자가 그 사유를 은폐한 채 선서를 하고 허위진술을 하더라도 위증죄는 성립하지 않는다.

가처분 신청사건이나 소송비용확정사건이 변론절차가 아니라 심문절차로 진행되는 경우에는 제3자를 선서하에 증언시킬 수 있는 법적 근거가 없다. 제3자가 심문절차로 진행되는 가처분사건이나[6)] 소송비용확정사건에서[7)] 증인으로 출석하여 선서하고 진술하면서 허위의

---

1) 2012. 10. 11. 2012도6848, [미간행].
2) 2008. 10. 23. 2005도10101, 공 2008하, 1620 = 분석 각론 『황제룸주점 사건』.
3) 2008. 10. 23. 2005도10101, 공 2008하, 1620 = 분석 각론 『황제룸주점 사건』.
4) 2012. 12. 13. 2010도14360, [미간행].
5) 2010. 1. 21. 2008도942 전원합의체 판결, 공 2010상, 465 = 분석 각론 『쌍방 상해 변론분리 사건』.
6) 2003. 7. 25. 2003도180, 공 2003), 1894.
7) 1995. 4. 11. 95도186, 공 1995, 1912.

진술을 하였다고 하더라도, 그 선서에 법률상 근거가 없어 무효이므로 위증죄는 성립하지 않는다.

(나) 절차의 준수 증인신문절차에서는 법률에 규정된 증인 보호를 위한 규정이 준수되어야 한다. 증인보호 규정이 지켜진 것으로 인정되지 않으면 증인이 허위진술을 하였다 해도 '법률에 의하여 선서한 증인'에 해당하지 아니하여 원칙적으로 증인을 위증죄로 처벌할 수 없다.[1)]

재판장이 선서할 증인에 대하여 선서 전에 위증의 벌을 경고하지 않았다는 사유는 증인 보호를 위한 규정 위반에 해당하지 않는다. 증인신문절차에서 증인 자신이 위증의 벌을 경고하는 내용의 선서서를 낭독하고 기명날인 또는 서명한 이상 위증의 벌을 몰랐다고 할 수 없어 증인 보호에 사실상 장애가 초래되었다고 볼 수 없다. 따라서 위증의 벌을 경고하지 않았다는 사유는 위증죄의 성립에 지장이 없다.[2)]

허위의 진술을 한 후에 선서를 한 자(예컨대 민소법319 단서)도 위증죄의 주체가 될 수 있는지 문제된다. 형법은 허위의 선서를 벌하는 것이 아니라 선서한 자의 허위진술을 벌하고 있다. 또한 법률은 선서한 자의 허위진술과 선서하지 아니한 자의 허위진술만을 구별하여 취급하고 있다. 이러한 점들에 비추어 볼 때 선서와 허위진술의 선후는 위증죄의 성립에 영향을 미치지 않는다고 본다.

(다) 증언거부권 불고지 「형사소송법」(형소법148 이하) 및 「민사소송법」(민소법314 이하)은 증언거부권을 규정하고 있다. 증언거부권제도는 증인에게 증언의무의 이행을 거절할 수 있는 권리를 부여한 것이다. 증언거부권이 인정되는 경우는 (가) 증인 본인이 형사소추, 공소제기, 유죄판결을 받을 염려가 있는 경우와 (나) 친족 등 그 밖의 사람이 형사소추, 공소제기, 유죄판결을 받을 염려가 있는 경우의 두 가지로 나누어 볼 수 있다.

① 형사공판절차 증인이 증언거부권을 행사하려면 증인에게 증언거부권이 적절하게 고지되어야 한다. 형사 공판절차에서 증인이 증언거부권(법148, 149)을 가지는 경우 재판장은 증인신문 전에 증언을 거부할 수 있음을 설명하여야 한다(형소법160). 형소법 제148조에서 증언거부 사유로 규정되어 있는 '형사소추'는 증인이 이미 저지른 범죄사실에 대한 것을 가리킨다. 증인의 증언에 의하여 비로소 범죄가 성립하는 경우는 증언거부권 고지(형소법160, 148)의 대상이 되지 않는다.[3)]

형사소송법상 증언거부권 고지제도는 증인에게 증언거부권의 존재를 확인시켜 침묵할

---

1) 2010. 1. 21. 2008도942 전원합의체 판결, 공 2010상, 465 = 분석 각론 『쌍방 상해 변론분리 사건』.
2) 2010. 1. 21. 2008도942 전원합의체 판결, 공 2010상, 465 = 분석 각론 『쌍방 상해 변론분리 사건』.
3) 2011. 12. 8. 2010도2816, [미간행].

것인지 아니면 진술할 것인지에 관하여 심사숙고할 기회를 충분히 부여함으로써 침묵할 수 있는 권리를 보장하기 위한 것이다.[1] 이와 관련하여 재판장이 증언거부권을 고지하지 않은 상태에서 행해진 증인의 허위진술이 위증죄에 해당할 것인지 문제된다.

재판장이 신문 전에 증인에게 증언거부권을 고지하지 않은 경우라 할지라도 곧바로 위증죄의 성립이 부정되는 것은 아니다. 재판장이 신문 전에 증인에게 증언거부권을 고지하지 않은 경우에도 증인이 침묵하지 아니하고 진술한 것이 자신의 진정한 의사에 의한 것인지 여부를 기준으로 위증죄의 성립 여부를 판단하여야 한다. 이러한 판단을 할 때에는 당해 사건에서 증언 당시 (가) 증인이 처한 구체적인 상황, (나) 증언거부사유의 내용, (다) 증인이 증언거부사유 또는 증언거부권의 존재를 이미 알고 있었는지 여부, (라) 증언거부권을 고지받았더라도 허위 진술을 하였을 것이라고 볼 만한 정황이 있는지 등을 전체적 · 종합적으로 고려하여야 한다.

증언거부사유와 관련하여 증언거부권 불고지의 효과는 다음의 두 가지 경우로 나누어 볼 수 있다.

첫째로, 증인 본인이 형사처벌을 받을 염려가 있는 경우이다. 이 경우 증언거부권 고지는 불이익 진술의 강요금지 원칙(헌법12②)을 구체화한 자기부죄금지특권과 관련이 있다. 증인 본인이 형사처벌을 받을 염려가 있음에도 증언거부권을 고지받지 못하여 그 증언거부권을 행사하는 데 사실상 장애가 초래되었다고 볼 수 있다면 위증죄의 성립을 부정해야 한다.[2] [3]

둘째로, 친족이나 그 밖의 사람이 형사처벌을 받을 염려가 있는 경우이다. 이 경우에는 증인이 증언거부권을 고지받지 못함으로 인하여 증언거부권을 행사하는 데 사실상 장애가 초래되었는지를 기준으로 위증죄 여부를 판단한다. 즉 증인이 친족 등과 관련된 증언거부권을 고지받지 못하여 증언거부권을 행사하는 데 사실상 장애가 초래되었다면, 그러한 상태에서 허위진술을 하더라도 위증죄는 성립하지 않는다.[4] [5] 그러나 증언거부권을 고지받았다고 가정하더라도 사실상의 장애 없이 증인이 자신의 진정한 의사에 의하여 허위진술을 하였을 것이라고 판단되면 위증죄가 성립한다.[6]

② 민사소송절차 「민사소송법」은 증언거부권 제도(민소법314, 315)를 두면서도 증언거

1) 2010. 1. 21. 2008도942 전원합의체 판결, 공 2010상, 465 = 분석 각론 『쌍방 상해 변론분리 사건』.
2) 2010. 1. 21. 2008도942 전원합의체 판결, 공 2010상, 465 = 분석 각론 『쌍방 상해 변론분리 사건』.
3) 2012. 3. 29. 2009도11249, [미간행] = 『대향범 공동피고인 위증 사건』.
4) 2010. 1. 21. 2008도942 전원합의체 판결, 공 2010상, 465 = 분석 각론 『쌍방 상해 변론분리 사건』.
5) 2010. 2. 25. 2009도13257, [미간행] = 분석 각론 『카지노 출입 위증 사건』.
6) 2010. 2. 25. 2007도6273, 공 2010상, 690 = 분석 각론 『전처 위증 사건』.

부권 고지 규정을 두고 있지 않다. 반면에 「민사소송법」은 형사소송법과 달리 선서거부권 제도(동법324), 선서면제 제도(동법323) 등 증인으로 하여금 위증죄의 위험으로부터 벗어날 수 있도록 하는 장치를 마련하고 있다.

그 결과 민사소송절차에서 재판장이 증인에게 증언거부권을 고지하지 아니하였다 하여 절차위반의 위법이 있다고 할 수 없다. 따라서 적법한 선서절차를 마쳤음에도 허위진술을 한 증인에 대해서는 증언거부권 고지가 없었더라도 위증죄가 성립한다.[1)]

2. 실행행위

(1) 진 술

위증죄는 법률에 의하여 선서한 증인이 허위의 진술을 할 때 성립한다. 위증죄에서 말하는 진술은 위증의 벌에 대한 경고를 수반하는, 법률에 의한 선서절차를 거친 법정에서 구체적으로 이루어진 진술을 의미한다.

증인이 법정에서 선서한 후 증인진술서로 진술에 갈음하는 경우가 있다. 즉 증인이 증인진술서에 기재된 구체적인 내용에 관하여 진술함이 없이 단지 "증인진술서에 기재된 내용은 사실대로입니다"라는 취지의 진술만을 한 경우가 그것이다. 이 경우 증인진술서에 기재된 내용이 허위일 때 위증죄가 성립할 것인지 문제된다.

이에 대해 판례는 (가) 증인진술서에 기재된 내용 중 특정 사항을 구체적으로 진술한 것과 같이 볼 수 있는 등의 특별한 사정이 없는 한, (나) 증인이 그 증인진술서에 기재된 구체적인 내용을 기억하여 반복 진술한 것으로는 볼 수 없으므로, (다) 가사 거기에 기재된 내용에 허위가 있다 하더라도 그 부분에 관하여 법정에서 증언한 것으로 보아 위증죄로 처벌할 수는 없다는 입장을 취하고 있다.[2)]

동일한 법리는 수사기록에 대한 증인의 확인진술에도 적용된다. 판사가 "증인이 경찰과 검사에게 진술한 내용이 사실이냐"고 묻고, 수사기록을 제시하고 그 요지를 고지한 즉, 증인이 "사실대로 진술하였으며 그 내용도 상위 없다"고 답변하였으나 진술조서 기재내용이 사실이 아닌 경우에 위증죄가 성립할 것인지 문제된다.

이에 대해 판례는, (가) 증인이 수사기록에 있는 그의 진술조서에 기재된 내용을 기억하여 반복 진술한 것이라고 할 수는 없고, (나) 진술조서에 기재된 내용 중의 일부가 피고인의 기억에 반하는 부분이 있다고 하여도 "그 기재내용이 상위 없다"고 하는 진술 자체가 위증이 되는 경우가 있을 수 있음은 별론으로 하고, (다) 증인이 수사기록의 진술기재내용을 위

1) 2011. 7. 28. 2009도14928, 공 2011하, 1874 = 분석 각론 『민사 증언거부권 사건』.

2) 2010. 5. 13. 2007도1397, [미간행] = 분석 각론 『허위 증인진술서 사건』.

증한 것이라고 할 수는 없다고 판단하였다.[1]

(2) 허위의 진술

위증죄는 법률에 의하여 선서한 증인이 허위의 진술을 할 때 성립한다. 진술의 허위 여부를 판단하는 기준에 대해 학설의 대립이 있다.

(가) 객관설 진술내용이 객관적 사실에 합치하는지 여부를 기준으로 하는 견해이다.[2] 객관적 사실에 합치하는 이상 국가의 사법기능이 침해받을 우려가 없다고 보고, 위증죄의 성립을 부정한다. 독일 형법은 선서 없는 허위진술죄(동법153), 선서 있는 허위진술죄(=위증죄)(동법154), 과실위증죄(동법163)를 처벌하고 있다.[3] 우리 형법과 달리 선서 없는 허위진술죄와 과실위증죄를 처벌하고 있는 관계로 독일에서는 객관설이 통설과 판례로 되어 있다.[4]

(나) 주관설 증인의 주관적 기억을 기준으로 허위 여부를 판단하는 견해이다.[5] 이에 따르면 증인이 자기의 기억에 반하는 진술을 하면 설사 그 진술내용이 객관적 사실에 부합한다 하더라도 위증죄의 성립을 인정한다. 반대로 자기의 기억에 따라 진술한 것이면 설사 진술내용이 객관적 사실에 부합하지 않더라도 위증죄는 성립하지 않는다고 본다.

주관설의 입장에서는 진술자의 소송절차상 역할을 중시한다. 즉 증인은 자신이 체험한 사실을 기억하였다가 이를 법원에 보고하는 제3자이며, 증인이 기억에 반하는 진술을 하는 것 자체로 이미 국가의 사법기능을 그르치게 할 추상적 위험성이 있다는 것이다.

(다) 사 견 생각건대 우리 형법상 위증죄는 선서위반죄로서의 성질을 가진다. “기억

---

1) 1989. 9. 12. 88도1147, 공 1989), 1523.

2) 김일수 · 서보학, 730면; 박상기, 693면; 손동권 · 김재윤, 850면; 이재상 · 장영민 · 강동범, 800면; 이정원, 779면; 이형국 · 김혜경, 887면.

3) 독일 형법 제153조 (선서 없는 허위진술) ① 법원에 대하여 또는 선서에 의한 증언이나 감정을 행하게 할 권한이 있는 기타 관청에 대하여 증인 또는 감정인으로서 선서 없이 허위로 진술한 자는 3월 이상 5년 이하의 자유형에 처한다.

② 연방 및 주 입법기관의 사실조사위원회는 제1항에 규정된 장소와 동일하게 본다.

제154조 (위증) ① 법원 또는 선서를 행하게 할 권한이 있는 기타 관청에 대하여 위증한 자는 1년 이상의 자유형에 처한다.

② 제1항의 행위가 중하지 아니한 경우에는 6월 이상 5년 이하의 자유형에 처한다.

제163조 (과실위증, 과실에 의한 선서갈음 허위보증) ① 제154조 내지 제156조에 규정된 행위를 과실에 의하여 범한 경우에는 1년 이하의 자유형 또는 벌금형에 처한다.

② 행위자가 허위진술을 적시에 정정한 경우에는 처벌하지 아니한다. 제158조 제2항 및 제3항의 규정은 본조의 경우에 준용한다.

4) 신동운, 판례분석 형법각론, (증보판), 1179면 이하 코멘트 참조.

5) 김성돈, 872면; 배종대, 761면; 오영근, 792면; 임웅, 1041면; 정성근 · 박광민, 899면; 정영일, 752면; 주호노, 1789면.

하는 대로 진술하겠다"는 약속을 어긴다는 점에 위증죄의 본질이 있다. 나아가 객관적 사실에 부합하느냐 아니냐를 기준으로 삼는다면 객관적 사실이 최종적으로 규명될 때까지 위증죄의 판단을 할 수 없다는 문제상황에 봉착하게 된다. 선서위반죄의 입법취지를 충실히 살린다는 의미에서 주관설이 타당하다고 생각된다.

(라) 판 례 판례는 주관설을 취하고 있다. 판례는, "자신의 기억에 반하는 진술을 하였다면 그 진술내용이 객관적 사실에 합치한다고 하여도 자기의 기억에 반하는 사실을 진술한 이상 위증죄가 성립된다"고 판단하고 있으며,[1] "진술이 객관적 사실과 부합하지 않는다고 하여 그 증언이 곧바로 위증이라고 단정할 수는 없다"는 입장을 취하고 있다.[2] 판례는 주관설에 입각하여 다음과 같은 판단방법을 제시하고 있다.

증인의 증언이 기억에 반하는 허위진술인지 여부는 그 증언의 단편적인 구절에 구애될 것이 아니라 당해 신문절차에 있어서의 증언 전체를 일체로 파악하여 판단해야 한다.[3] 증언의 전체적 취지가 객관적 사실과 일치되고 그것이 기억에 반하는 진술이 아니라면, 사소한 부분에 관하여 기억과 불일치하더라도, 그것이 신문취지의 몰이해 또는 착오에 의한 것이면 위증이 될 수 없다.[4] 증언의 의미가 그 자체로 불분명하거나 다의적으로 이해될 수 있는 경우에는 언어의 통상적인 의미와 용법, 문제된 증언이 나오게 된 전후 문맥, 신문의 취지, 증언이 행하여진 경위 등을 종합하여 당해 증언의 의미를 명확히 한 다음 허위성을 판단해야 한다.[5]

---

1) 1987. 1. 20. 86도2022, 공 1987, 394 =『동리 노인 소리 사건』.

M임야를 둘러싸고 ㉮민사소송이 진행중이었다. 갑은 ㉮소송에서 증인으로 출석하여 다음과 같이 진술하였다(㉠전체진술). (가) 오래전 망 A의 생존 당시 동리 노인들(B 등)과 담소하던 중 다음의 소리를 들었다. (나) C가 17, 18세 된 어린 나이 때 도박을 하여 딴 돈으로 M임야에 압류된 빚을 갚았다(㉡부분진술). [C가 M임야에 압류된 빚을 실제로 갚았는지를 놓고 다툼이 계속되고 있다.]

검사는 갑을 위증죄로 기소하였다. 갑의 피고사건은 제1심을 거친 후, 항소심에 계속되었다. 항소법원은 갑이 기억에 반하여 ㉠진술을 하였다고 판단하여 유죄를 인정하였다. 갑은 불복 상고하였다. 갑은 상고이유로 다음의 점을 주장하였다. (가) ㉠진술이 기억에 반한다고 하자. (나) 그러나 C가 M임야에 압류된 빚을 갚은 것은 사실이다. (다) ㉠진술은 객관적으로 진술에 부합하는 진술이므로 위증죄의 허위진술에 해당하지 않는다.

대법원은 다음의 이유를 제시하여 상고를 기각하였다. (가) 갑은 자신의 기억에 반하는 ㉠진술을 하였다. (나) 그렇다면 ㉠진술내용이 객관적 사실에 합치한다고 하여도 자기의 기억에 반하는 사실을 진술한 이상 위증죄가 성립된다.

2) 1996. 8. 23. 95도192, 공 1996, 2931 = 분석 각론『역삼동 대지 사건』.

3) 2001. 12. 27. 2001도5252, 공 2002, 431.

4) 2007. 10. 26. 2007도5076, [미간행].

5) 2001. 12. 27. 2001도5252, 공 2002, 431.

(3) 경험사실의 진술

허위의 진술은 경험한 사실에 관한 진술이어야 한다. 증인의 진술이 (가) 경험한 사실에 대한 법률적 평가이거나 (나) 단순한 의견에 지나지 아니하는 경우에는 위증죄에서 말하는 허위의 진술이라고 할 수 없다.[1] 피고인이 전혀 지득하지 아니한 어떤 사실관계를 단순히 법률적 표현을 써서 진술한 것이라면, 이는 객관적 사실을 토대로 한 증인 나름의 법률적 견해를 진술한 것과는 다르므로, 위증죄의 성립을 부인할 수 없다.[2]

증인이 흔히 "……한 사실을 압니다.", "……은 ……의 소유였읍니다."라고 진술할 경우 그와 같은 진술이 경험사실이 아닌 증인 나름대로의 단순한 의견이나 평가의 진술에 불과한 경우에는 위증죄의 구성요건인 허위의 진술에 해당될 수 없다. 그러나 일반적으로는 그러한 진술은 증인이 직접 경험하거나 또는 타인의 경험한 바를 전해 들어서 어떤 사실을 알게 되고 또 권리귀속에 관한 인식을 가지게 되어 그러한 내용을 진술하는 것이다. 이와 같은 경우에는 증인이 그 증언내용을 알게 된 경위에 따라 그 증언내용이 기억에 반한 진술인지의 여부를 가려야 한다.[3] 그 진술이 객관적인 사실과 다르다는 것만으로 곧 기억에 반하는 진술이라고 단정할 수는 없다.[4]

증인이 스스로 경험할 수 없었던 과거의 사실에 관한 증언내용이 증인 나름대로의 단순한 의견이나 추측에 의한 것인 때에는 허위의 진술에 해당한다고 할 수 없다. 경험한 객관적 사실에 대한 증인 나름의 법률적·주관적 평가나 의견을 부연한 부분에 다소의 오류나 모순이 있더라도 위증죄는 성립하지 않는다.[5] 그러나 증인이 기억에 반하는 사실을 진술하였다면 거기에 어떤 법률적 평가의 문제가 개입되어 있더라도 위증죄는 성립한다.[6]

증인의 진술내용이 타인이 경험한 바를 전해들은 것이거나, 기록 또는 문서를 보고 간접적으로 알게 된 것일 때 허위 여부의 판단기준이 문제된다. 이 경우 증인의 진술이 전해들은 내용이나 알게 된 문서의 내용과 일치되지 않을 때 그 진술은 기억에 반한 것으로서 위증죄의 허위진술에 해당한다. 요컨대 증인이 그 증언 내용을 알게 된 경위에 따라 그 증언내용이 기억에 반하는 진술인지의 여부를 가려야 한다.[7]

허위의 진술에는 심판대상이 되는 사실에 관한 것뿐만 아니라 그 사실을 경험한 경과

---

1) 1996. 2. 9. 95도1797, 공 1996, 1011.
2) 1986. 6. 10. 84도2039, 공 1986, 892.
3) 1983. 9. 27. 83도42, 공 1983, 1626 = 백선 각론 1 『"압니다" 사건』.
4) 1985. 11. 26. 85도711, 공 1986, 168.
5) 2009. 3. 12. 2008도11007, [미간행].
6) 2007. 12. 27. 2006도3575, 공 2008, 169.
7) 1985. 4. 9. 83도44, 공 1985, 760 = 분석 각론 『종중 분파 족보 사건』.

및 증인의 진술의 신빙력에 영향을 미치는 여러 사정에 관한 것도 포함된다. 진술이 해당사건의 요증사실인지 여부 및 재판결과에 영향을 미쳤는지는 위증죄의 성립에 영향이 없다.[1)] 진술이 기본적 사항에 관한 것이 아니고 지엽적인 사항에 관한 것이라도 허위의 진술에 해당한다.[2)]

(4) 죄 수

증인의 증언은 그 전부를 일체로 관찰하고 판단해야 한다. 선서한 증인이 일단 기억에 반하는 허위의 진술을 하였더라도 그 신문이 끝나기 전에 해당 진술을 철회 · 시정한 경우에는 위증이 되지 않는다.[3)] 위증죄에는 미수범 처벌규정이 없다. 위증죄의 기수시기는 신문과 진술이 종료한 때로 해석된다. 진술 후에 선서를 명하는 경우는 선서를 종료한 때 기수에 이른다.[4)]

하나의 사건에 관하여 한 번 선서한 증인이 같은 기일에 여러 가지 사실에 관하여 기억에 반하는 허위의 진술을 하는 경우가 있다. 이 경우는 하나의 범죄의사에 의하여 계속하여 허위진술을 한 것으로 포괄하여 1개의 위증죄를 구성한다. 각 진술마다 각각의 위증죄를 구성하는 것은 아니다.[5)]

증인이 1회 또는 수회의 기일에 걸쳐 이루어진 1개의 증인신문절차에서 허위의 진술을 하고, 그 진술이 철회 · 시정된 바 없이 그대로 증인신문절차가 종료되었다면 그로써 위증죄는 기수에 달한다.[6)]

증인신문절차가 종료된 후 별도의 증인신청 및 증인채택 절차를 거쳐 그 증인이 다시 신문을 받는 과정에서 종전 신문절차에서의 진술을 철회 · 시정하는 경우가 있다. 그러나 그러한 사정은 형법 제153조(자백 · 자수)가 정한 형의 감면사유에 해당할 수 있을 뿐이다. 이미 종결한 종전 증인신문절차에서 행한 위증죄의 성립에는 아무런 영향을 줄 수 없다.[7)]

같은 법리는 증인이 별도의 증인신문절차에서 새로이 선서를 한 경우뿐만 아니라, 종전 증인신문절차에서 한 선서의 효력이 별도의 증인신문절차에서 유지됨을 고지받고 진술한 경우에도 마찬가지로 적용된다.[8)]

---

1) 1987. 3. 24. 85도2650, 공 1987, 757.
2) 1982. 6. 8. 81도3069, 공 1982, 657.
3) 2010. 9. 30. 2010도7525, 공 2010하, 2052 = 분석 각론 『종전 선서 위증 사건』.
4) 1974. 6. 25. 74도1231, 공 1974, 7935.
5) 1998. 4. 14. 97도3340, 1998, 1418.
6) 2010. 9. 30. 2010도7525, 공 2010하, 2052 = 분석 각론 『종전 선서 위증 사건』.
7) 2010. 9. 30. 2010도7525, 공 2010하, 2052 = 분석 각론 『종전 선서 위증 사건』.
8) 2010. 9. 30. 2010도7525, 공 2010하, 2052 = 분석 각론 『종전 선서 위증 사건』.

수개의 허위진술(A진술과 B진술)이 포괄일죄를 이루는 경우에 수개의 허위진술에 대해 각각 공소제기가 이루어지는 경우가 있다. 이러한 경우에 당해 위증 사건의 허위진술(A진술) 일자와 같은 날짜에 한 다른 허위진술(B진술)로 인한 위증 사건에 관한 판결이 확정되었다면, 비록 종전 사건 공소사실에서 허위진술(B진술)이라고 한 부분과 당해 사건 공소사실에서 허위진술(A진술)이라고 한 부분이 다르다 하여도 종전 사건(B진술)의 확정판결의 기판력은 당해 사건(A진술)에도 미치게 되어 당해 위증죄(A진술) 부분은 면소되어야 한다.[1)]

3. 고 의

위증죄의 고의는 자신의 진술이 허위라는 점에 대한 인식 · 인용이다. 자기의 진술이 자신의 기억에 반한다는 것을 증인이 인식 · 인용하는 것으로 족하며, 그 동기나 목적 또는 타인의 이익을 위한 것인지 여부는 묻지 않는다.

위증죄에서 증인의 증언이 기억에 반하는 허위의 진술인지 여부를 가릴 때에는 그 증언의 단편적인 구절에 구애될 것이 아니라 당해 신문 절차에서 한 증언 전체를 일체로 파악해야 한다. 증인이 무엇인가 착오에 빠져 기억에 반한다는 인식 없이 증언하였음이 밝혀진다면 위증의 고의를 인정할 수 없다.[2)]

4. 위증교사

피고인은 자기의 형사사건에 관하여 증인이 될 수 없다. 피고인이 허위의 진술을 하는 행위는 자기부죄금지의 특권(헌법12②)을 보장하는 차원에서 처벌의 대상이 되지 않는다. 그러나 타인으로 하여금 위증을 하도록 교사하는 것은 별개의 문제이다.[3)] 법률에 의하여 선서한 증인(갑)이 타인(을)의 형사사건에 관하여 위증을 하면 위증죄가 성립한다. 자기(을)의 형사사건에 관하여 타인(갑)을 교사하여 위증죄를 범하게 하는 것은 방어권을 남용하는 것으로 교사범의 죄책을 진다.[4)]

5. 자백과 자수

형법 제153조는 "전조(위증)의 죄를 범한 자가 그 공술한 사건의 재판 또는 징계처분이 확정되기 전에 자백 또는 자수한 때에는 그 형을 감경 또는 면제한다."고 규정하고 있다. 형법

1) 2007. 3. 15. 2006도9463, [미간행].
2) 1991. 5. 10. 89도1748, 공 1991, 1674.
3) 같은 문제는 범인은닉교사, 증거인멸교사의 경우에도 나타난다. 이에 대해서는 전술 241면 이하 참조.
4) 2004. 1. 27. 2003도5114, 공 2004, 416.

제153조는 위증에 의한 그릇된 재판이나 징계처분을 미연에 방지하려고 마련된 형사정책적 규정이다. 재판 또는 징계처분 확정전의 자백 또는 자수는 형의 필요적 감경 · 면제사유이다.

자백은 범인이 자신의 범죄사실을 구체적으로 고백하는 것이다. 위증죄의 자백은 증인이 자기의 기억에 반하여 진술하였음을 구체적으로 고백하는 것이다. 자수는 범인이 자발적으로 자신의 범죄사실을 수사기관에 신고하여 그 소추를 구하는 의사표시이다.

자수 · 자백의 절차에 관하여는 법령상 아무런 제한이 없다. 증인으로서 진술한 사건을 다루는 기관에 대한 자발적인 고백은 물론, 이후 위증사건의 피의자나 피고인이 되어 수사기관이나 법원의 신문을 받아 행한 고백 또한 형법 제153조의 자백에 포함된다.[1)]

제 3 위증죄의 특수유형

1. 모해위증죄

형법 제152조 (모해위증) ② 형사사건 또는 징계사건에 관하여 피고인, 피의자 또는 징계혐의자를 모해할 목적으로 전항의 죄를 범한 때에는 10년 이하의 징역에 처한다.

◎ 자백, 자수의 특례규정 있음(법153)

모해할 목적이라 함은 당해 사건의 피의자 · 피고인 또는 징계혐의자가 불리하게 되도록 하는 일체의 목적을 말한다. 모해위증죄에서 허위진술의 대상이 되는 사실에는 공소범죄사실을 직접 · 간접적으로 뒷받침하는 사실은 물론, 이와 밀접한 관련이 있는 것으로서 만일 그것이 사실로 받아들여졌다면 피고인이 불리한 상황에 처하게 되는 사실도 포함된다.

모해(謀害)할 목적은 허위의 진술을 함으로써 피고인에게 불리하게 될 것이라는 인식이 있으면 충분하다. 그 결과발생을 희망할 필요까지는 없다.[2)]

원래 증인은 공소제기 후 법원에 체험사실을 보고하는 제3자이다. 그런데 모해위증죄의 경우에는 증언으로 피해를 입게 되는 사람의 하나로 피의자를 규정하고 있다. 이것은 수사단계에서의 증거보전절차(형소법184, 221의2)를 염두에 둔 것이다.

모해위증죄에서 말하는 피의자에 해당하려면 수사기관에 의한 범죄인지 등으로 수사가 개시되어 있어야 한다. 그 이전 단계에서는 장차 형사입건될 가능성이 크다고 하더라도 그러

---

1) 1973. 11. 27. 73도1639, 공 1973, 7623 = 백선 각론 1 『자백서 부본 사건』.

2) 2007. 12. 27. 2006도3575, 공 2008, 169.

한 사정만으로 '피의자'에 해당한다고 볼 수는 없다.[1]

무고한 결과 타인이 피고인이 되어 재판을 받을 때 다시 증인으로서 위증하는 경우에는 무고죄와 모해위증죄가 각각 성립하며, 양자는 실체적 경합관계에 있다.

단순위증죄(법152①)의 정범에게 모해할 목적으로 위증(법152②)을 교사한 경우에 교사자의 죄책이 문제된다. 판례는 피고인(갑)이 피해자(A)를 모해할 목적으로 정범(을)에게 위증을 교사하였다면 정범(을)에게 모해의 목적이 없었다고 하더라도 형법 제33조 단서에 의하여 피고인(갑)을 모해위증교사죄로 처단할 수 있다는 입장을 취하고 있다.[2] 위증을 한 범인이 형사사건의 피고인 등을 '모해할 목적'을 가지고 있었는가 아니면 그러한 목적이 없었는가 하는 범인의 특수한 상태의 차이에 따라 범인에게 과할 형의 경중을 구별하고 있으므로, 이는 형법 제33조 단서 소정의 '신분 때문에 형의 경중이 달라지는 경우'에 해당한다는 것이 판례의 논거이다.[3]

그러나 '모해할 목적'은 행위자에게 귀속되는 특수한 인적 성질이 아니라 위증 상대방에게 보다 많은 해악을 끼치려는 의도로서 행위의 불법성에 관련되므로 형법 제33조 단서의 '신분'에 포함되지 않는다고 본다. 따라서 피고인(갑)이 피해자(A)를 모해할 목적으로 정범(을)에게 위증을 교사한 경우는 공범종속성의 원칙에 따라 교사자를 단순위증죄(법152①)의 교사범으로 처벌해야 할 것이다.

2. 허위감정 · 통역 · 번역죄

형법 제154조 (허위의 감정, 통역, 번역) 법률에 의하여 선서한 감정인, 통역인 또는 번역인이 허위의 감정, 통역 또는 번역을 한 때에는 전2조의 예에 의한다.

◎ 자백, 자수의 특례규정 있음(법154, 153)

허위감정 · 통역 · 번역죄(이하 허위감정죄로 통칭함)의 주체는 법률에 의하여 선서한 감정인, 통역인 또는 번역인이다(민소법333, 319, 338, 143②, 형소법180, 182, 183, 170 등 참조). 법률에 의하여 선서한 자만 주체가 될 수 있으므로 허위감정죄는 위증죄와 마찬가지로 선서위반죄로서의 성질을 가지고 있다.

허위감정죄는 신분범이다. 수사기관에 의하여 감정이나 통역, 번역을 촉탁받은 자(형소법221①)는 허위감정죄의 주체에 해당하지 않는다. 법률에 의하여 선서한 자가 아니기 때문

1) 2010. 6. 24. 2008도12127, [미간행] = 분석 각론『입건 전 증거위조 사건』.
2) 1994. 12. 23. 93도1002, 공 1995, 735 = 백선 총론『모해위증 교사 사건』.
3) 1994. 12. 23. 93도1002, 공 1995, 735 = 백선 총론『모해위증 교사 사건』.

이다.

허위감정죄의 실행행위는 허위의 감정, 통역 또는 번역을 하는 것이다. 허위는 위증죄와 마찬가지로 주관설에 따라서 이해하여야 한다. 따라서 허위의 감정, 통역 또는 번역이란 자기의 소신에 반하여 행하는 감정, 통역 또는 번역을 말한다. 설사 그것이 객관적 진실에 합치하더라도 허위감정죄는 성립한다.

허위감정죄는 고의범이다. 비록 감정내용이 객관적 사실에 반한다고 하더라도 감정인의 주관적 판단에 반하지 않는 이상 허위의 인식이 없어 허위감정죄로 처벌할 수 없다.[1]

하나의 소송사건에서 동일한 선서하에 이루어진 법원의 감정명령에 따라 감정인이 동일한 감정명령사항에 대하여 수 차례에 걸쳐 허위의 감정보고서를 제출하는 경우가 있다. 이 경우 각 감정보고서 제출행위시마다 각각 허위감정죄가 성립하는 것으로 볼 여지가 있다. 그러나 이는 단일한 범의하에 계속하여 허위의 감정을 한 것으로서 포괄하여 1개의 허위감정죄를 구성한다.[2]

제 4 증거인멸죄의 기본유형 - 증거인멸죄

형법 제155조 (증거인멸 등과 친족간의 특례) ① 타인의 형사사건 또는 징계사건에 관한 증거를 인멸, 은닉, 위조 또는 변조하거나 위조 또는 변조한 증거를 사용한 자는 5년 이하의 징역 또는 700만원 이하의 벌금에 처한다.

◎ 친족간의 특례 적용됨(법155④)

1. 행위객체

(1) 타인의 사건

증거인멸죄의 객체는 타인의 형사사건 또는 징계사건에 관한 증거이다. 형사사건 또는 징계사건은 현재 법원에 계속되어 진행중인 사건만을 의미하는 것은 아니다. 이미 수사가 개시되거나 징계절차가 개시된 사건만이 아니라 수사 또는 징계절차 개시전이라도 장차 형사사건 또는 징계사건이 될 수 있는 사건을 포함한다.[3] 당해 형사사건이 기소되지 않거나 이후 무죄가 선고되더라도 증거인멸죄의 성립에는 영향이 없다.[4]

---

1) 2000. 11. 28. 2000도1089, 공 2001, 227 = 분석 각론 『욕실 부분 통기관 사건』.
2) 2000. 11. 28. 2000도1089, 공 2001, 227 = 분석 각론 『욕실 부분 통기관 사건』.
3) 1982. 4. 27. 82도274, 공 1982, 548 = 백선 총론 『석유난로 은닉 사건』.
4) 2011. 2. 10. 2010도15986, 공 2011상, 610 = 분석 각론 『풍어제 의혹 사건』.

증거인멸죄의 객체는 타인의 형사사건 또는 징계사건에 관한 증거이다. 자기의 형사사건 또는 징계사건에 관한 증거에 대해서는 증거인멸죄가 성립하지 않는다. 범인이나 징계대상자가 자기의 형사사건이나 징계사건에 관한 증거를 인멸하지 않으리라고 기대할 수 없다는 판단에 따라 입법자가 자기 사건에 대한 증거인멸행위를 구성요건에서 제외한 것이다.

(2) 타인사건과 자기사건의 중첩

(가) 학 설　　문제는 행위자 자신의 형사사건 또는 징계사건에 관한 증거가 동시에 타인의 형사사건 또는 징계사건의 증거가 되는 경우에 발생한다. 이 문제는 특히 공범자의 형사사건과 관련하여 나타나는데, 이를 '타인'의 형사사건으로 볼 것인가를 놓고 견해가 나누어지고 있다.

① 공범사건 배제설　　공범자의 형사사건이 관련되어 있더라도 타인의 사건이 아니라 범인 자신의 형사사건으로 보아 증거인멸죄의 성립을 부정해야 한다는 입장이다. 공범자의 형사사건을 타인의 형사사건으로 볼 수 없다는 것이다.[1] 이 입장에서는 공범자들은 서로 이해관계가 공통되는 경우가 많고, 이해관계가 오로지 자기를 위한 것인지 타인을 위한 것인지 불분명한 경우가 많다는 점을 지적한다.

② 공범사건 포함설　　공범자의 형사사건은 어디까지나 타인의 형사사건이므로 증거인멸죄가 적용되어야 한다는 입장이다.

③ 절충설　　공범의 증거를 분류하여 공범자들 사이에 전혀 관계가 없는 경우와 서로 공통된 경우로 구별하는 입장이다. 서로 관계가 없는 경우에는 타인의 형사사건으로 보아 증거인멸죄의 적용을 긍정하지만, 서로 관계가 있는 경우에는 자기의 형사사건으로 보아 증거인멸죄의 적용을 부정한다.[2]

(나) 판 례　　판례는 "피고인 자신이 직접 형사처분이나 징계처분을 받게 될 것을 두려워한 나머지 자기의 이익을 위하여 증거자료를 인멸하였다면, 그 행위가 동시에 다른 공범자의 형사사건이나 징계사건에 관한 증거를 인멸한 결과가 된다고 하더라도 이를 증거인멸죄로 다스릴 수 없다"고 판시하고 있다.[3] [4]

---

1) 김혜정 외, 829면; 박상기, 699면; 배종대, 771면; 손동권 · 김재윤, 859면; 오영근, 799면; 이재상 · 장영민 · 강동범, 809면; 이정원, 784면.

2) 김성돈, 880면; 김일수 · 서보학, 720면; 이형국 · 김혜경, 894면; 임웅, 1050면; 정성근 · 박광민, 910면; 정영일, 761면; 주호노, 1810면.

3) 1995. 9. 29. 94도2608, 공 1995, 3650 = 백선 각론 1 『정원초과 확인서 사건』 ☞ 부록 1556면.

4) 2013. 11. 28. 2011도5329, [미간행] = 『불법 내사 증거인멸 사건 1』:

A는 P회사의 대표이사이다. 공무원 갑은 M부처 N실 기획총괄과장이다. 갑은 N실 소속 B, 병 등과 함께 A에 대한 불법 내사를 진행하였다. 내사 과정에서 갑 등은 P회사의 사무실을 수색하여 P회사 업무가 방해되

판례의 입장은 공범사건 배제설과 비슷해 보이지만 다소 차이가 있다. 판례는 범인 자신의 사건인가 공범사건인가를 묻지 않고 증거인멸 행위자의 주관적 의도를 중시하고 있다. 즉 자기의 이익을 위하여 증거인멸을 한 것인가를 묻고, 이에 해당하면 결과적으로 공범사건의 증거를 인멸한 것이 되더라도 증거인멸죄는 성립하지 않는다고 본다.

판례는 이러한 태도를 더욱 확장하여 "이러한 법리는 그 행위가 피고인의 공범자가 아닌 자의 형사사건이나 징계사건에 관한 증거를 인멸한 결과가 된다고 하더라도 마찬가지[이다.]"라는 입장을 취하고 있다.[1)]

(다) 사 견 　공범사건 배제설은 공범사건이 되기만 하면 언제나 증거인멸죄가 성립하지 않는다고 하게 되어 형법의 취지에 반하는 흠이 있다. 공범사건포함설은 단독범의 경우에는 증거인멸죄가 성립하지 않으나 공범이 있는 경우에는 증거인멸죄에 해당하게 되는 불합리점이 있다. 절충설은 증거의 성질에 따라 구별하려고 하지만 구체적인 경우에 판단이 용이하지 않다는 단점이 있다.

결론적으로 판례가 취하는 주관설이 타당하다고 본다. 공범자 상호간 또는 범인과 제3자 사이에 공통되는 증거의 인멸이라 하더라도 그것이 자기의 이익을 위한 것이라면 증거인멸죄는 성립하지 않는다. 그러나 오로지 공범자 또는 제3자의 이익을 위하여 하는 의사를 가지고 증거인멸을 하는 경우라면 증거가 서로 공통되더라도 증거인멸죄의 성립을 인정해야 할 것이다.

(3) 형사사건 또는 징계사건

증거인멸죄의 대상이 되는 사건은 형사사건 또는 징계사건이다. 따라서 민사사건이나 징

었다. 갑 등이 수집한 자료는 B의 ㉠하드디스크에 ㉡파일로 저장되었다. 갑은 A를 협박하여 P회사의 대표이사직을 사직하게 하고, A가 보유한 P회사 주식을 타인에게 양도하게 하였다(이상 ㉮사건). ㉮사건에 대해 검찰 수사가 임박하였다. 갑은 부하 직원 을을 시켜서 ㉡파일을 삭제하게 하였다(이상 ㉯사건).

검사는 ㉯사건 부분에 대해 갑과 을을 증거인멸죄, 공용물건손상죄로 기소하였다. 갑과 을의 피고사건은 제1심을 거친 후, 항소심에 계속되었다. 항소법원은 갑과 을 모두에게 유죄를 인정하였다. 갑과 을은 불복 상고하였다. (이하 갑을 중심으로 고찰함.)

대법원은 다음의 이유를 제시하여 원심판결을 파기환송하였다. 대법원은 갑의 증거인멸죄 부분에 대해 다음과 같이 판단하였다. (가) 증거인멸죄는 타인의 형사사건 또는 징계사건에 관한 증거를 인멸하는 경우에 성립한다. (나) 피고인 자신이 직접 형사처분이나 징계처분을 받게 될 것을 두려워한 나머지 자기의 이익을 위하여 그 증거가 될 자료를 인멸하였다면, 그 행위가 동시에 다른 공범자의 형사사건이나 징계사건에 관한 증거를 인멸한 결과가 된다고 하더라도 이를 증거인멸죄로 다스릴 수 없다. (다) 갑은 자신이 직접 형사처분을 받게 될 것을 두려워한 나머지 스스로의 이익을 위하여 그 증거가 될 자료를 인멸한 것이다. (라) 그러므로 비록 갑의 증거인멸 행위가 동시에 다른 공범자[B, 병]의 증거를 인멸한 결과가 된다고 하더라도 증거인멸죄로 처벌할 수는 없다.

1) 1995. 9. 29. 94도2608, 공 1995, 3650 = 백선 각론 1 『정원초과 확인서 사건』.

계사건 이외의 행정사건은 증거인멸죄의 대상에 포함되지 않는다. 증거인멸죄는 위증죄와 마찬가지로 국가의 형사사법작용 내지 징계작용을 보호법익으로 한다. 따라서 증거인멸죄의 징계사건은 국가 및 지방자치단체의 징계사건에 한정된다. 사인(私人) 간의 징계사건은 증거인멸죄의 징계사건에 포함되지 않는다.[1]

증거인멸죄에서 타인의 형사사건 또는 징계사건은 증거인멸 행위시에 아직 수사나 징계절차가 개시되기 전이라도 장차 형사사건 또는 징계사건이 될 수 있는 것까지를 포함한다.[2]

(4) 증 거

증거인멸죄의 객체가 되는 것은 증거와 증인이다. 넓은 의미의 증거에는 물증, 서증, 인증이 모두 포함된다. 그런데 형법 제155조 제2항이 증인에 관하여 별도로 규정하고 있으므로 제1항의 증거는 물증과 서증만을 의미하게 된다. 제1항의 증거인멸죄에서 증거라고 할 때에는 증거물을 의미한다. 제2항의 증인에 대해서는 후술한다.

형법 제155조 제1항에서 말하는 증거는 타인의 형사사건 또는 징계사건에 관하여 수사기관이나 법원 또는 징계기관이 국가의 형벌권이나 징계권의 유무를 확인하는 데에 관계가 있다고 인정되는 자료 가운데 증인을 제외한 것을 의미한다.

증거인멸죄의 증거는 타인에게 유리한 것인지 불리한 것인지를 가리지 않으며, 증거가치의 유무 및 정도를 불문한다.[3] [4] 범죄 또는 징계사유의 성립 여부에 관한 것뿐만 아니

---

1) 2007. 11. 30. 2007도4191, 공 2007, 2095 = 분석 각론『변조 교사일지 사건』.

2) 2003. 12. 12. 2003도4533, 공 2004, 275 = 분석 각론『사실혼 배우자 출국 사건』.

3) 2013. 12. 26. 2013도8085, 공 2014상, 378.

4) 2013. 11. 28. 2011도5329, [미간행] =『불법 내사 증거인멸 사건 2』:

A는 P회사의 대표이사이다. 공무원 갑은 M부처 N실 기획총괄과장이다. 갑은 N실 소속 B, 병 등과 함께 A에 대한 불법 내사를 진행하였다. 내사 과정에서 갑 등은 P회사의 사무실을 수색하여 P회사 업무가 방해되었다. 갑 등이 수집한 자료는 B의 ㉠하드디스크에 ㉡파일로 저장되었다. 갑은 A를 협박하여 P회사의 대표이사직을 사직하게 하고, A가 보유한 P회사 주식을 타인에게 양도하게 하였다(이상 ㉮사건). ㉮사건에 대해 검찰 수사가 임박하였다. 을은 갑의 부하 직원이다. 을은 불법 내사와 관련한 ㉮사건에는 관여한 바가 없다. 갑은 을을 시켜서 ㉡파일을 삭제하게 하였다(이상 ㉯사건).

검사는 ㉯사건 부분에 대해 갑과 을을 증거인멸죄, 공용물건손상죄로 기소하였다. 갑과 을의 피고사건은 제1심을 거친 후, 항소심에 계속되었다. 항소법원은 갑과 을 모두에게 유죄를 인정하였다. 갑과 을은 불복 상고하였다. (이하 을을 중심으로 고찰함.)

대법원은 다음의 이유를 제시하여 을의 상고를 기각하였다. 대법원은 증거인멸죄의 증거에 대해 다음과 같이 설시하였다. (가) 증거인멸죄에서 '증거'라 함은 타인의 형사사건 또는 징계사건에 관하여 수사기관이나 법원 또는 징계기관이 국가의 형벌권 또는 징계권의 유무를 확인하는 데 관계있다고 인정되는 일체의 자료를 의미한다. (나) 증거는 타인에게 유리한 것이건 불리한 것이건 가리지 아니하며 또 증거가치의 유무 및 정도를 불문한다.

대법원은 을의 행위에 대해 다음과 같이 판단하였다. (가) 을이 ⓐ, ⓑ, ⓒ컴퓨터에 데이터 삭제 프로그램

라 형벌 또는 징계처분의 경중에 관계되는 정상을 인정하는 데에 영향을 주는 자료도 포함한다.[1)]

2. 실행행위

증거인멸죄의 행위는 (가) 증거를 인멸, 은닉, 위조 또는 변조하거나, (나) 위조 또는 변조한 증거를 사용하는 것이다.

(가) 인 멸　　인멸은 증거 그 자체를 물리적으로 멸실하게 하는 행위뿐 아니라, 증거의 효력을 멸실 또는 감소하게 하는 일체의 행위를 지칭한다. 그러므로 증거를 언제라도 현출할 수 있는 상태하에 두더라도 증거인멸행위가 될 수 있다.[2)] 증거인멸행위는 적극적임을 요한다. 단순히 타인의 피의사건에 관하여 수사기관에서 허위의 진술을 하는 것만으로는 부족하다. 증거의 현출을 방해하여 증거로서의 효과를 멸실하게 하거나 감소시키는 적극적 행위에 나아가야 한다.

(나) 은 닉　　은닉은 증거의 소재를 불명하게 하여 그 현출을 곤란하게 하는 일체의 행위를 말한다.

(다) 증거위조　　증거인멸죄에서 위조는 문서에 관한 죄의 위조 개념과 달리 새로운 증거의 창출을 의미한다. 그러나 사실의 증명을 위해 작성된 문서가 그 사실에 관한 내용이나 작성명의 등에 아무런 허위가 없다면 '증거위조'에 해당한다고 볼 수 없다. 설령 사실증명에 관한 문서가 형사사건 또는 징계사건에서 허위의 주장에 관한 증거로 제출되어 그 주장을 뒷받침하게 되더라도 마찬가지이다.[3)]

존재하지 않는 증거를 이전부터 존재하고 있는 것처럼 작출하는 행위는 증거위조에 해당한다. 증거가 문서의 형식을 갖는 경우에 그 문서의 작성권한 유무나 내용의 진실성은 증거인멸죄의 증거에 해당하는지를 판단하는 데에 영향을 미치지 않는다.[4)]

인 'East-Tec Eraser 2010'을 설치·구동하여, F의 내부망 컴퓨터 ㉠하드디스크에 저장되어 있던 ㉡파일 등 다수의 파일을 삭제한 사실을 알 수 있다. (나) ⓐ, ⓑ, ⓒ컴퓨터들은 'A에 대한 불법 내사'를 주도한 N실 1팀에서 사용하던 것으로서 A 및 P회사 내사 관련 자료들이 다수 보관되어 있을 개연성이 매우 높다. (다) 삭제된 ㉡파일은 B 등이 A 및 P회사에 대하여 내사를 추진한 사실과 관련 있는 자료이다. (라) ㉡파일 삭제 등을 통한 증거인멸 행위가 검찰 수사 착수 직전에 전격적으로 이루어졌다. (마) 이러한 점 등에 비추어 보면, 을이 삭제하여 인멸한 ㉡파일 자료들은 'A에 대한 불법 내사'와 관련된 증거라고 봄이 상당하다. (바) 같은 취지에서 원심이 ㉠컴퓨터에 타인의 형사사건에 관한 증거자료들이 저장되어 있다고 보고 이를 인멸한 행위에 대해 증거인멸죄를 적용하여 유죄로 인정한 것은 정당하다.

1) 2021. 1. 28. 2020도2642, 공 2021상, 563 = 『알선 대금 돌려막기 사건』 ☞ 부록 1557면.
2) 1961. 10. 19. 4294형상347, 집 9, 형156 참조.
3) 2021. 1. 28. 2020도2642, 공 2021상, 563 = 『알선 대금 돌려막기 사건』.
4) 2007. 6. 28. 2002도3600, 공 2007, 1195 = 분석 각론 『구재단 학교 찾기 사건』.

타인의 형사사건과 관련하여 수사기관이나 법원에 제출할 의도로 법률행위 당시에는 존재하지 아니하였던 처분문서를 사후에 작성일을 소급하여 작성하는 행위는 증거의 위조에 해당한다. 작성자에게 해당 처분문서의 작성권한이 있고, 문서에 기재된 것과 같은 법률행위가 당시에 존재하였거나, 법률행위의 내용이 해당 문서에 기재된 것과 큰 차이가 없다 해도 증거의 위조에 해당한다. 해당 문서의 내용이 진실하다 하더라도 국가의 형사사법기능에 대한 위험이 있음은 부인할 수 없기 때문이다.[1)]

증거인멸죄에서 증거를 위조한다 함은 증거(증거물) 자체를 위조하는 것을 말한다. 참고인이 수사기관에서 허위의 진술을 하는 것은 증거의 위조에 포함되지 않는다.[2)] 허위진술의 경우에는 그 진술내용만이 증거자료로 되고, 새로운 증거를 만들어내는 것이 아니기 때문이다. 참고인이 허위의 사실확인서를 작성하는 행위도 허위진술을 하는 행위와 다를 바 없어 증거의 위조에 해당하지 않는다.[3)] 선서무능력자로서 범죄현장을 목격하지도 못한 사람으로 하여금 형사법정에서 범죄현장을 목격한 양 허위의 증언을 하도록 하는 것은 증거인멸죄의 위조에 해당하지 않는다.[4)]

참고인이 타인의 형사사건이나 징계사건에 관해 제3자와 대화를 하면서 허위로 진술을 하고 이를 녹음하는 경우가 있다. 이 경우 허위진술이 담긴 대화내용을 녹음한 녹음파일이나 이를 녹취한 녹취록은 위조된 증거에 해당한다. 녹음파일이나 녹취록은 참고인의 허위진술 자체나 참고인이 작성한 허위의 사실확인서와 다르다. 녹음파일이나 녹취록은 그 진술내용만이 증거자료로 되는 것이 아니라, 녹음 당시의 현장음향 및 제3자의 진술 등이 포함되어 있어 그 일체가 증거자료가 된다. 그 결과 녹음파일이나 녹취록은 독자적인 증거로서 위조의 대상이 된다.[5)]

녹음파일이나 녹취록은 녹음의 자연스러움을 뒷받침하는 현장성이 강하다. 녹음파일이나 녹취록은 단순한 허위진술이나 허위의 사실확인서에 비하여 수사기관이나 법원으로 하여금 그 증거가치를 판단할 때 오도할 위험성을 현저히 증대시킨다. 그 결과 참고인의 허위진술이 담긴 대화내용을 녹음한 녹음파일이나 이를 녹취한 녹취록을 만들어 내는 행위는 허위의 증거를 새로이 작출하는 행위로서 증거인멸죄의 위조에 해당한다.[6)]

(라) 증거변조 변조는 이미 존재하고 있는 증거에 조작을 가하여 그 증명력을 변경

1) 2007. 6. 28. 2002도3600, 공 2007, 1195 = 분석 각론 『구재단 학교 찾기 사건』.
2) 1995. 4. 7. 94도3412, 공 1995, 1909 = 백선 각론 1 『목격자 조작 사건』.
3) 2013. 12. 26. 2013도8085, 공 2014상, 378 = 『허위진술 녹취록 제출 사건』 ☞ 부록 1558면.
4) 1998. 2. 10. 97도2961, 공 1998, 821 = 분석 각론 『선서무능력자 교사 사건』.
5) 2013. 12. 26. 2013도8085, 공 2014상, 378 = 『허위진술 녹취록 제출 사건』.
6) 2013. 12. 26. 2013도8085, 공 2014상, 378 = 『허위진술 녹취록 제출 사건』.

시키는 것을 말한다. 증거가 문서의 형식을 갖는 경우에 그 문서의 작성권한 유무나 내용의 진실성 여부는 묻지 않는다. 진실에 부합하도록 기존의 증거에 변경을 가하는 것도 증거의 변조에 해당한다.

(마) 증거사용 위조 또는 변조한 증거를 사용한다 함은 위조 · 변조된 증거를 진정한 증거인 것처럼 재판기관, 수사기관 또는 징계위원회 등에 제출하는 것을 말한다.

문서위조죄의 경우에는 문서위조죄(법225, 231)와 위조문서행사죄(법229, 234)가 실체적 경합관계에 있다.[1] 그러나 증거인멸죄의 경우에 증거를 위조 · 변조하는 행위와 위조 · 변조된 증거를 사용하는 행위는 포괄하여 하나의 증거인멸죄를 구성한다. 입법자가 증거를 위조 · 변조하는 행위와 위조 · 변조된 증거를 사용하는 행위를 형법 제155조 제1항에서 하나의 구성요건으로 묶어서 규정하고 있기 때문이다.

3. 고의와 죄수

증거인멸죄의 고의는 타인의 형사사건 또는 징계사건에 관한 증거를 인멸, 은닉, 위조 또는 변조하거나 위조 또는 변조한 증거를 사용한다는 인식 · 인용을 말하며, 그것으로 충분하다. 모해의 목적이 있는 경우에는 가중처벌된다(법155③).

경찰관은 압수물이 있을 경우 압수물을 담당 부서에 인계하고 검찰에 송치하여 범죄 혐의의 입증에 사용하도록 하는 등 적절한 조치를 취해야 한다. 경찰관이 이러한 조치를 취하지 않고 오히려 부하직원에게 압수물을 돌려주라고 지시하여 피압수자에게 돌려준 경우에 그 죄책이 문제된다. 이러한 경우 직무위배의 위법상태는 증거인멸행위 속에 포함되어 있다. 그리하여 작위범인 증거인멸죄만 성립하고, 부작위범인 직무유기(거부)죄는 따로 성립하지 않는다.[2]

4. 증거인멸교사

범인이 자기의 형사사건 또는 징계사건에 관하여 타인을 교사하여 증거를 인멸하였을 때 증거인멸죄의 교사범으로 처벌될 것인지 문제된다.[3]

공범독립성설의 입장에서는 증거인멸죄의 교사범 성립을 부정한다. 공범종속성설의 입장에서는 기대가능성의 유무를 보는 기준에 따라 그 결론이 달라진다. 판례는 자기(갑)의 형사사건에 관한 증거를 인멸하기 위하여 타인(을)을 교사하여 죄를 범하게 한 자(갑)에 대하

---

1) 후술 458면 이하 참조.
2) 2006. 10. 19. 2005도3909 전원합의체 판결, 공 2006, 1952 = 분석 각론『기판 돌려주기 사건』.
3) 전술 86면 이하 참조.

여 증거인멸죄의 교사범을 인정하고 있다.[1)]

5. 친족간의 특례

형법 제155조 제4항은 친족 또는 동거의 가족이 본인을 위하여 증거인멸죄를 범한 때에는 처벌하지 않는다고 규정하고 있다.[2)] 친족관계 유무는 민법에 의하여 결정한다. 사실혼관계에 있는 자는 민법 소정의 친족이라 할 수 없어 형법 제155조 제4항에서 말하는 친족에 해당하지 않는다.[3)]

제5 증거인멸죄의 특수유형

1. 증인은닉 · 도피죄

형법 제155조 ② 타인의 형사사건 또는 징계사건에 관한 증인을 은닉 또는 도피하게 한 자도 제1항의 형과 같다.

◎ 친족간의 특례 적용됨(법155④)

증인을 은닉 또는 도피하게 하는 것도 넓은 의미에서 형법 제155조 제1항이 규정한 '증거'의 인멸 등에 해당하는 것으로 생각할 여지가 있다. 그러나 우리 형법은 별도의 규정을 마련하여 해석상 다툼의 여지를 제거하고 있다.

증인은닉죄에서의 증인은 선서한 증인은 물론, 선서하지 아니한 증인과 수사기관에서의 참고인을 모두 포함하는 의미로 이해된다.

증인은닉죄와 위증죄(법152)의 관계가 문제된다. 위증죄의 경우에는 증언거부권의 고지가 문제되지만 친족간의 특례는 인정되지 않는다. 이에 대해 증인은닉죄의 경우에는 친족간의 특례가 인정된다(법155④). 증인의 증언내용(진술)에 조작을 가하는 경우는 위증교사죄로 처벌해야 한다. 이에 대해 증인 자체를 은닉하거나 도피하게 하는 경우는 증인은닉죄를 구성한다.

증인을 은닉한다 함은 증인의 현출을 방해하는 행위로서 장소제공의 방법에 의하는 것을 말한다. 증인을 도피하게 한다 함은 증인의 도피를 야기하거나 방조하는 일체의 행위를

---

1) 2000. 3. 24. 99도5275, 공 2000, 1104.

2) 친족간의 특례에 대해서는, 전술 252면 이하 참조.

3) 2003. 12. 12. 2003도4533, 공 2004, 275 = 분석 각론『사실혼 배우자 출국 사건』.

말한다.

증인도피죄는 타인의 형사사건 또는 징계사건에 관한 증인을 은닉 · 도피하게 한 경우에 성립한다. 피고인 자신이 직접 형사처분이나 징계처분을 받게 될 것을 두려워한 나머지 자기의 이익을 위하여 증인이 될 사람을 도피하게 하였다면, 그 행위가 동시에 다른 공범자의 형사사건이나 징계사건에 관한 증인을 도피하게 한 결과가 된다고 하더라도 이를 증인도피죄로 처벌할 수는 없다.[1)]

2. 모해증거인멸죄

형법 제155조 ③ 피고인, 피의자 또는 징계혐의자를 모해할 목적으로 전2항의 죄를 범한 자는 10년 이하의 징역에 처한다.

◎ 친족간의 특례 적용됨(법155④)

모해할 목적이라 함은 당해 사건의 피의자, 피고인 또는 징계혐의자로 하여금 형사처분이나 징계처분 등의 불이익한 처분을 받게 할 목적을 의미한다. 모해증거인멸죄에서 말하는 피의자라고 하기 위해서는 수사기관에 의하여 범죄인지 등으로 수사가 개시되어 있어야 한다. 그 이전 단계에서는 장차 형사입건될 가능성이 크다고 하더라도 그러한 사정만으로 모해증거인멸죄에서 말하는 피의자에 해당한다고 볼 수 없다.[2)]

단순한 증거인멸죄(법155①)나 증인은닉죄(동조②)의 경우 증거인멸행위의 대상이 되는 타인의 형사사건에는 아직 수사절차가 개시되기 전이라도 장차 형사사건이 될 수 있는 것까지도 포함된다.[3)] 이에 대해 모해증거인멸죄의 경우에는 수사가 개시된 이후의 형사사건을 대상으로 한다.

모해증거인멸죄에서 피의자의 지위는 수사기관이 수사에 착수한 때부터 시작된다. 「검사와 사법경찰관의 상호협력과 일반적 수사준칙에 관한 규정」 제16조는 검사 또는 사법경찰관이 피혐의자의 수사기관 출석조사 등 일정한 행위에 착수한 때에는 수사에 착수한 것으로 보고 있다.

1) 2003. 3. 14. 2002도6134, 공 2003, 1031 = 분석 각론 『홍성식구파 증인도피 사건』.
2) 2010. 6. 24. 2008도12127, [미간행] = 분석 각론 『입건 전 증거위조 사건』.
3) 2003. 12. 12. 2003도4533, 공 2004, 275 = 분석 각론 『사실혼 배우자 출국 사건』.

제11장 무고의 죄

제1 서 설

형법 각칙 제11장은 무고의 죄를 규정하고 있다. 무고죄는 국가 심판권의 적정한 운용을 해침과 동시에 피무고자의 개인적 법익을 침해한다는 양면성을 갖는다. 우리 형법은 무고죄의 중점을 국가 심판권의 보호에 두고, 위증과 증거인멸의 죄(제10장) 다음에 무고의 죄(제11장)를 규정하고 있다.

무고죄는 국가의 형사사법권 또는 징계권의 적정한 행사를 주된 보호법익으로 하고, 개인이 부당하게 처벌받거나 징계받지 아니할 이익을 부수적 보호법익으로 한다. 그러므로 설사 자기무고에서 피무고자의 승낙이 있었다고 하더라도 무고죄의 성립에 영향이 없다.[1] 한편 무고죄는 개인의 명예나 신용을 해치게 되는 범죄이므로 피무고자의 수를 기준으로 무고죄의 죄수를 판단해야 한다.

「특정범죄 가중처벌 등에 관한 법률」(특정범죄가중법)은 특정범죄가중법에 규정된 죄에 대하여 무고죄를 범한 자를 3년 이상의 유기징역으로 가중처벌하고 있다(동법14).[2] 「국민보

---

1) 2005. 9. 30. 2005도2712, 공 2005, 1753 = 분석 각론『합의 주선용 고소장 사건』.

2) 2018. 4. 12. 2017도20241, 공 2018상, 942 =『특가법 무고 적용범위 사건』:

A는 ⓐ자동차에 충격을 당하여 넘어졌다. ⓐ자동차는 도주하였다. A는 갑을 ⓐ자동차의 운전자로 지목하여 뺑소니범으로 경찰에 고소하였다(㉮고소). 갑은 A가 자신을 뺑소니범으로 경찰에 허위로 고소를 하였으니 A를 무고죄로 처벌해 달라는 내용의 고소장을 작성한 후 경찰서에 제출하였다(㉯고소).

검사는 ㉮고소가 진실이라고 판단하였다. 검사는 ㉯고소에 대해 갑을 특정범죄가중법상의 무고죄로 기소하였다. 공소사실의 요지는 다음과 같다. "갑은 (중략) A로 하여금 특정범죄가중법위반(무고)으로 형사처분을 받게 할 목적으로 무고하였다." 형법 제156조 무고죄의 법정형은 10년 이하의 징역 또는 1,500만원 이하의 벌금이다. 이에 대해 특정범죄가중법 제14조 무고죄의 법정형은 3년 이상의 유기징역으로 벌금형이 없다. 제1심은 특정범죄가중법상 무고죄를 인정하였다. 갑은 불복 항소하였다. 항소법원은 항소를 기각하고, 제1심 판결을 유지하였다. 갑은 불복 상고하였다.

대법원은 다음의 이유를 제시하여 원심판결을 파기환송하였다. 대법원은 직권으로 다음과 같이 판단하였다. (가) 특정범죄가중법 제14조는 "이 법에 규정된 죄에 대하여 형법 제156조에 규정된 죄를 범한 사람은 3년 이상의 유기징역에 처한다."라고 규정하고 있다. (나) 이는 특정범죄가중법 제2조 이하에서 특정범죄를 중하게 처벌하는 데 상응하여, 그에 대한 무고행위 또한 가중하여 처벌함으로써 위 법이 정한 특정범죄에 대한 무고행위를 억제하고, 이를 통해 보다 적정하고 효과적으로 그 입법 목적을 구현하고자 하는 규정이다. (다) (중략) (라) 특정범죄가중법 제14조의 '이 법에 규정된 죄'에 특정범죄가중법 제14조 자체를 위반한 죄는 포함되지 않는다고 해석함이 타당하다.

(해설; 만일 A의 ㉮고소가 허위라면 특정범죄가중법 제5조의3 뺑소니범죄에 대한 무고이므로 특정범죄가

호와 공공안전을 위한 테러방지법」(테러방지법)은 테러방지법 제17조에 규정된 죄에 대하여 무고, 위증, 증거인멸 등의 행위를 한 자를 가중처벌하고 있다(동법18① · ② 참조).

제 2 무 고 죄

형법 제156조 (무고) 타인으로 하여금 형사처분 또는 징계처분을 받게 할 목적으로 공무소 또는 공무원에 대하여 허위의 사실을 신고한 자는 10년 이하의 징역 또는 1천 500만원 이하의 벌금에 처한다.

◎ 자백, 자수의 특례규정 있음(법157, 153)

1. 행위주체

무고죄의 주체에는 제한이 없다. 공무원도 무고죄를 범할 수 있다. 검사가 불법하게 공소를 제기하거나 사법경찰관이 불법하게 사건을 검찰에 송치하는 행위는 그것이 징계처분의 대상으로 되는 것은 별론으로 하고, 무고죄를 구성하지 않는다. 다만 경우에 따라 직권남용죄(법123)가 성립할 수 있다.

외관상으로는 타인(을) 명의의 고소장을 대리하여 작성하고 제출하는 형식으로 고소가 이루어지는 경우가 있다. 이 경우 명의자(을)는 고소의 의사 없이 이름만 빌려준 것에 불과하고 명의자를 대리한 자(갑)가 실제 고소의 의사를 가지고 고소행위를 주도하였다면 명의자를 대리한 자(갑)를 신고자로 보아 무고죄의 주체로 인정해야 한다.[1]

2. 실행행위

(1) 공무소 또는 공무원

무고죄의 실행행위는 공무소 또는 공무원에 대하여 허위의 사실을 신고하는 것이다. 우리 형법은 일본 형법과 달리 공무소 또는 공무원에 대한 무고행위만을 처벌하고 있다.[2] 무고죄에서 공무소 또는 공무원은 형사처분 또는 징계처분과 관련한 상당관서 또는 그 소속 공무원임을 요한다.

중법 제14조가 적용된다. 그런데 갑의 ㉯고소는 허위라고 하여도 특정범죄가중법 제5조의3 뺑소니범죄 자체에 대한 무고가 아니므로 특정범죄가중법 제14조는 적용되지 않는다.)

1) 2007. 3. 30. 2006도6017, [미간행].

2) **일본형법 제172조** 타인에게 형사 또는 징계의 처분을 받게 할 목적으로 허위의 고소, 고발 그 밖의 신고를 한 자는 3월 이상 10년 이하의 징역에 처한다.

(가) 형사처분 피무고자에 대해 수사를 개시할 수 있는 검사나 사법경찰관리가 무고죄의 공무원에 해당함은 물론이다. 형사처분을 심사결정할 직권 있는 직속상관도 공무소 또는 공무원에 해당한다. 나아가 지휘명령계통이나 수사관할이첩을 통하여 그러한 권한을 가지게 되는 공무소 또는 공무원도 여기에 포함된다.[1] 대통령은 수사기관을 통할하는 위치에 있다. 대통령에게 허위사실의 진정서를 제출하면 무고죄가 성립한다.[2]

(나) 징계처분 무고죄에서 징계처분은 공법상의 특별권력관계에 기하여 질서유지를 위해 과해지는 제재를 의미한다. 징계처분과 관련된 공무소 또는 공무원은 징계처분에서의 징계권자, 징계권의 발동을 촉구하는 직권을 가진 자와 그 감독기관 그리고 이들 기관의 소속 구성원을 말한다.[3]

「변호사법」은 관련 규정(동법90 이하 참조)을 통하여 변호사 징계절차를 마련하고 있다. 이는 공법상의 특별권력관계에 준하여 변호사 징계에 관하여도 공법상의 통제를 하려는 것이다. 그 결과 변호사에 대한 징계처분은 무고죄의 징계처분에 해당된다. 지방변호사회의 장은 「변호사법」 제97조의2 등에 의하여 변호사 징계개시의 신청권이 있다. 지방변호사회의 장은 무고죄에서 말하는 공무소 또는 공무원에 포함된다.[4]

농업협동조합이나 농업협동조합중앙회장은 무고죄의 공무소 또는 공무원에 해당하지 않는다. 이들에 대한 허위사실의 신고는 무고죄를 구성하지 않는다.[5]

(2) 허위사실의 신고

(가) 허위사실 신고 무고죄에서 허위사실의 신고라 함은 신고사실이 객관적 사실에 반한다는 것을 확정적이거나 미필적으로 인식하면서 신고하는 것을 말한다.[6] 고소장에 "신고한 사실이 허위인지 여부를 가려 달라"라고만 기재하였다고 하더라도, 그 기재 내용이 허위의 사실이라면 허위사실을 신고한 것에 해당한다.[7]

---

1) 1973. 1. 16. 72도1136, 집 21①, 형1.

2) 1977. 6. 28. 77도1445, 공 1977, 10179.

3) 2010. 11. 25. 2010도10202, 공 2011상, 76 = 분석 각론『변호사회 진정서 사건』.

4) 2010. 11. 25. 2010도10202, 공 2011상, 76 = 분석 각론『변호사회 진정서 사건』.

5) 1980. 2. 12. 79도3109, 공 1980, 12639.

6) 2009. 11. 12. 2009도8949, [미간행] = 분석 각론『탤런트 폭행 의혹 사건』.

7) 2014. 3. 13. 2012도2468, 공 2014상, 878 = 『'진위 가려주기 바람' 사건』:

갑과 A 사이에 M법원에서 ㉮민사소송이 진행되고 있다. 소송 과정에서 ㉠확인서, ㉡주식매매계약서, ㉢합의서가 증거로 문제되었다. A는 재판과정에서 ㉠확인서와 ㉡주식매매계약서를 증거로 제출하였다. 갑은 ㉠확인서와 ㉡주식매매계약서가 위조된 것이라고 주장하였다. 갑은 다음 내용의 고소장을 관할 수사기관에 제출하였다(㉣고소장). (가) A는 ㉮사건 재판과정에서 위조된 ㉠확인서와 ㉡주식매매계약서를 행사하였다. (나) "㉢합의서도 도장을 찍은 바가 없으므로 위조 및 행사 여부를 가려주시기 바랍니다"(㉤기재). 갑은 관할 수사

신고한 사실이 객관적 진실에 반하는 허위사실이라는 요건은 적극적으로 증명이 되어야 한다. 신고사실의 진실성을 인정할 수 없다는 소극적 증명만으로 곧 그 신고사실이 객관적 진실에 반하는 허위의 사실이라 단정하여 무고죄의 성립을 인정할 수는 없다.[1]

기관에서 고소인 조사를 받았다. 갑은 고소보충 진술시에 오로지 ㉠확인서, ㉡주식매매계약서가 위조되었다는 점에 관하여만 진술하였다. 갑은 ㉢합의서에 대하여는 별도로 언급하지 않았다.

[A는 갑을 무고죄로 맞고소하였다.] 검사는 ㉠확인서, ㉡주식매매계약서, ㉢합의서에 대해 각각 허위사실의 신고가 있다고 보고 세 가지 공소사실의 무고죄로 기소하였다. 이후 ㉢합의서 공소사실 부분에 대해서도 허위사실의 신고가 있다고 볼 것인지 문제되었다. 갑의 피고사건은 제1심을 거친 후, 항소심에 계속되었다. 항소법원은 증거불충분으로 무죄를 선고하였다. 검사는 불복 상고하였다.

대법원은 다음의 이유를 제시하여 원심판결을 파기환송하였다. (가) 무고죄는 타인으로 하여금 형사처분 또는 징계처분을 받게 할 목적으로 공무소 또는 공무원에 대하여 허위의 사실을 신고하는 때에 성립하는 것이다. (나) 무고죄에서 형사처분 또는 징계처분을 받게 할 목적은 허위신고를 함에 있어서 다른 사람이 그로 인하여 형사 또는 징계처분을 받게 될 것이라는 인식이 있으면 족한 것이고 그 결과발생을 희망하는 것까지를 요하는 것은 아니다. (다) 그러므로 고소인이 고소장을 수사기관에 제출한 이상 그러한 인식은 있었다고 보아야 한다.

(라) 갑은 제출한 ㉣고소장에 "㉢합의서도 도장을 찍은 바가 없으므로 위조 및 행사 여부를 가려주시기 바랍니다"라고 기재하였다(㉤기재). (마) 그 기재 내용이 허위의 사실이라면 갑이 이 부분에 대해서도 '허위 사실을 신고한 것'으로 보아야 한다. (바) 그 이후에 갑이 수사기관에서 고소보충 진술 시 ㉢합의서에 관해서는 전혀 언급을 하지 않았다고 하더라도 달리 볼 것은 아니다. (사) 그렇다면 원심으로서는 이 부분 기재 내용이 '허위의 사실'인지 여부 등에 대해서도 심리를 한 다음 이 부분에 관한 무고죄의 성부에 대해서 판단하였어야 한다.

1) 2019. 7. 11. 2018도2614, 공 2019하, 1603 = 『기습 키스 고소 사건』:

갑은 을의 이성 직장선배이다. 을은 갑을 다음 내용의 사실로 수사기관에 고소하였다(㉮고소). (가) 을은 ⓐ일시 저녁에 갑과 만나 함께 음주를 한 후 23:00경 술집을 나와 주변을 함께 걸었다. (나) 그 후 편의점에 들렀다가 각자 택시를 타고 헤어지기 전까지의 시간 동안의 일이다. (다) 골목길에 버려진 소파를 발견하고 거기에 잠시 앉았을 때 갑이 갑자기 을을 껴안고 입을 맞추었다. (라) 을은 갑에게 강제추행을 당하였다. 갑은 을에게 입맞춤을 하였다는 사실은 인정하였다. 갑은 입맞춤이 강제에 의한 것이 아니라 쌍방이 호감을 가지고 한 것이라고 주장하였다. [검사는 갑이 강제력을 행사하지 않았다고 판단하였다.] 검사는 ㉮고소사건에 대해 [증거불충분으로] 무혐의처분을 내렸다(㉮불기소처분). 을은 ㉮불기소처분에 대해 관할 고등법원에 재정신청을 하였으나 기각되었다.

갑은 을을 무고죄로 수사기관에 고소하였다(㉯고소). ㉯고소사건 조사과정에서 갑은 을과의 입맞춤 사실을 인정하였다. 갑은 입맞춤이 쌍방의 호감에 따른 것이라고 주장하였다. 검사는 을을 무고죄로 기소하였다. 제1심법원은 유죄를 인정하였다. 을은 불복 항소하였다. 항소법원은 또한 유죄를 인정하였다. 을은 불복 상고하였다.

대법원은 다음의 이유를 제시하여 원심판결을 파기환송하였다. 대법원은 무고죄에서 허위사실의 입증에 대해 다음과 같이 설시하였다. (가) 무고죄는 타인으로 하여금 형사처분이나 징계처분을 받게 할 목적으로 신고한 사실이 객관적인 진실에 반하는 허위사실인 경우에 성립하는 범죄이다. (나) 그러므로 신고한 사실이 객관적 진실에 반하는 허위사실이라는 요건은 적극적 증명이 있어야 한다. (다) 신고사실의 진실성을 인정할 수 없다는 소극적 증명만으로 곧 그 신고사실이 객관적 진실에 반하는 허위의 사실이라 단정하여 무고죄의 성립을 인정할 수는 없다. (라) 신고내용에 일부 객관적 진실에 반하는 내용이 포함되어 있다고 하더라도 그것이 범죄의 성부에 영향을 미치는 중요한 부분이 아니고 단지 신고사실의 정황을 과장하는 데 불과하다면 무고죄는 성립하지 않는다.

대법원은 성범죄 피해자의 진술의 증명력 판단에 대해 다음과 같이 설시하였다. (가) 성폭행이나 성희롱 피해자임을 주장하는 자가 성폭행 등의 피해를 입었다고 신고한 사실에 대하여 증거불충분 등을 이유로 불기소처분되거나 무죄판결이 선고되는 경우가 있다. 이러한 경우에 반대로 피해자임을 주장하는 자의 신고내용이 객관적 사실에 반하여 무고죄가 성립하는지 여부를 판단할 때에는 성범죄 피해자 진술의 특수성이 고려되어야 한다. 따라서 성폭행 등의 피해를 입었다는 신고사실에 관하여 불기소처분 내지 무죄판결이 내려졌다고 하여, 그 자체를 무고를 하였다는 적극적인 근거로 삼아 신고내용을 허위라고 단정하여서는 안 된다.[1)]

무고죄는 타인으로 하여금 형사처분이나 징계처분을 받게 할 목적으로 신고한 사실이 객관적 진실에 반하는 허위사실인 경우에 성립한다. 이 점은 위증죄가 객관적 진실과의 부합 여부와 관계없이 주관적 기억에 반하는 진술을 처벌대상으로 삼고 있는 것과 대비된다.

신고자가 신고내용을 허위라고 믿었다 하더라도, 그것이 객관적으로 진실한 사실에 부합할 때에는 허위사실의 신고에 해당하지 않아 무고죄가 성립하지 않는다.[2)] 고소장에 기재한

사건의 피해자가 피해사실을 알리고 문제를 삼는 과정에서 오히려 피해자가 부정적인 여론이나 불이익한 처우 및 신분 노출의 피해 등을 입기도 하여 온 점 등에 비추어 보면, 성폭행 피해자의 대처 양상은 피해자의 성정이나 가해자와의 관계 및 구체적인 상황에 따라 다르게 나타날 수밖에 없다. (나) 따라서 개별적, 구체적인 사건에서 성폭행 등의 피해자가 처하여 있는 특별한 사정을 충분히 고려하지 않은 채 피해자 진술의 증명력을 가볍게 배척하는 것은 정의와 형평의 이념에 입각하여 논리와 경험의 법칙에 따른 증거판단이라고 볼 수 없다.

대법원은 성범죄 피해자에게 무고죄가 성립하는지를 판단하는 기준에 대해 다음과 같이 설시하였다. (가) 피해자임을 주장하는 자가 성폭행 등의 피해를 입었다고 신고한 사실에 대하여 증거불충분 등을 이유로 불기소처분되거나 무죄판결이 선고된 경우가 있다. (나) 이러한 경우에 반대로 이러한 신고내용이 객관적 사실에 반하여 무고죄가 성립하는지 여부를 판단할 때에도 [성범죄 피해자 진술의 증명력에 관한] 위와 같은 법리는 마찬가지로 고려되어야 한다. (다) 따라서 성폭행 등의 피해를 입었다는 신고사실에 관하여 불기소처분 내지 무죄판결이 내려졌다고 하여, 그 자체를 무고를 하였다는 적극적인 근거로 삼아 신고내용을 허위라고 단정하여서는 아니 됨은 물론이다. (라) 개별적, 구체적인 사건에서 피해자임을 주장하는 자가 처하였던 특별한 사정을 충분히 고려하지 아니한 채 진정한 피해자라면 마땅히 이렇게 하였을 것이라는 기준을 내세워 성폭행 등의 피해를 입었다는 점 및 신고에 이르게 된 경위 등에 관한 [피해자의] 변소를 쉽게 배척하여서는 아니 된다.

대법원은 원심판결의 판단이유와 사실관계의 특성을 분석하였다(내용 생략함). 대법원은 강제추행죄의 성립범위에 대해 다음과 같이 설시하였다. (가) 강제추행죄는 (ㄱ) 상대방에 대하여 폭행 또는 협박을 가하여 항거를 곤란하게 한 뒤에 추행행위를 하는 경우뿐만 아니라 (ㄴ) 폭행행위 자체가 추행행위라고 인정되는 이른바 기습추행의 경우도 포함된다. (나) 이 경우의 폭행은 반드시 상대방의 의사를 억압할 정도의 것임을 요하지 않고 상대방의 의사에 반하는 유형력의 행사가 있는 이상 그 힘의 대소강약을 불문한다.

대법원은 을의 고소에 대해 다음과 같이 판단하였다. (가) 따라서 을의 고소내용, 즉 ⓐ일시 당일에 편의점에 들른 후 각자 택시를 타고 헤어지기 이전에 갑이 갑자기 을에게 입맞춤 등을 했다는 것 역시 기습추행을 당하였다는 취지로 볼 수 있다. (나) ⓐ일시 당일 갑이 을에게 입맞춤을 하였다는 점은 갑 역시 을을 무고죄로 고소한 이래 제1심 법정에 이르기까지 일관되게 인정하고 있다. (다) 원심이 유죄 인정의 근거로 밝힌 사정들은 을의 고소내용이 객관적으로 허위임을 뒷받침하는 논거로 삼기에 적절하다고 보기 어렵다.

1) 2019. 7. 11. 2018도2614, 공 2019하, 1603 = 『기습 키스 고소 사건』.

2) 1991. 10. 11. 91도1950, 공 1991, 2766.

내용이 진실한 사실로서 허위사실을 신고한 것이 아닌 이상, 그 신고된 사실에 대해 형사책임을 부담할 자를 잘못 택하였다고 하여도 무고죄는 성립하지 않는다.[1)]

(나) 허위사실 판단시점 무고죄를 구성하기 위해서는 신고된 사실 자체가 형사처분의 대상이 될 수 있어야 한다. 그러므로 가령 허위의 사실을 신고하였다고 하더라도 신고 당시 그 사실 자체가 형사범죄를 구성하지 않으면 무고죄는 성립하지 않는다.[2)]

---

1) 1982. 4. 27. 81도2341, 공 1982, 581 = 『버스 무단회차 사건』 :

갑은 P주유소를 경영하고 있다. A는 Q버스회사의 대표이사이다. 갑은 다음 내용의 ㉠고발장을 관할 수사기관에 제출하였다. (가) 피고소인 : Q회사 대표 A. (나) Q회사 소속 ⓐ버스들이 갑이 경영하는 P주유소 구내에서 무단주차 또는 회차하고 있다. (다) ⓐ버스들이 무단주차 또는 회차함으로써 갑의 업무가 방해되고 있다. (라) 이를 시정하고자 고발장을 제출한다. [A는 갑을 무고죄로 맞고소하였다.]

검사는 다음 내용의 ㉡공소사실로 갑을 무고죄로 기소하였다. (가) 갑은 다음의 ㉢사실을 수사기관에 고발하였다. (나) "Q버스회사의 대표인 A가 ⓐ버스들의 무단주차 및 회차를 지시하였다." (다) A는 ⓐ버스들의 무단주차 및 회차를 지시한 사실이 없다. (라) 따라서 ㉢사실은 허위이다. (마) 갑은 A로 하여금 형사처분을 받게 할 목적으로 수사기관에 허위의 사실을 신고한 것이다.

제1심법원은 갑이 ㉢사실을 내용으로 하는 고발을 하였다고 인정할 증거가 전혀 없다는 이유로 무죄를 선고하였다. 검사는 불복 항소하였다. 항소법원은 항소를 기각하고, 제1심판결을 유지하였다. 검사는 불복 상고하였다. 검사는 상고이유로 다음의 점을 주장하였다. (가) 갑이 ㉢사실을 기재한 고발장을 제출한 사실이 인정된다. (나) 갑이 ㉠고발장에 피고소인을 Q회사 대표 A로 기재한 것은 A 개인을 고소한 것에 다름 아니다.

대법원은 다음의 이유를 제시하여 상고를 기각하였다. (가) 제1심은 이 사건 공소사실 기재와 같이 "Q여객주식회사의 대표이사인 A가 ⓐ버스들의 무단주차 및 회차를 지시하였으니 A를 처벌하여 달라"는 내용의 고발을 하였다고 인정할 증거가 전혀 없다는 이유로 피고인에게 무죄를 선고하였다. (나) 원심은 제1심판결을 유지하고 있다. (다) 기록에 의하여 검토하여 보아도 원심의 위 인정판단은 정당하고 거기에 소론의 채증법칙 위배가 있다고는 보여지지 않는다.

(라) 소론과 같이 고소장에 피고소인의 표시를 Q여객회사 대표 A로 기재한 것이 A 개인을 고소한 것으로 본다고 하자. (마) 그렇다고 하더라도 무단주차 및 회차사실은 진실한 사실로서 허위사실을 신고한 것이 아니다. (바) 그러한 이상 그 신고된 사실에 대한 형사책임을 부담할 자를 잘못 택하였다고 하여 무고죄가 성립한다고 할 수 없다.

2) 2017. 5. 30. 2015도15398, 공 2017하, 1411 = 『대물변제 판례변경 무고 사건』 :

갑은 P회사의 이사이다. A는 Q건설회사의 대표이다. 2014. 1. 9. 갑은 관할 수사기관에 다음 내용의 고소장을 제출하였다(㉮고소). "A 측으로부터 [페인트 공사대금에 갈음하여] 대물변제로 [오피스텔] ㉠, ㉡호실을 분양받았으나 A가 다른 사람에게 이중으로 이를 분양하였으므로 처벌해 달라." 조사 결과 갑과 A 사이에 채권·채무는 모두 정산된 것으로 밝혀졌다.

갑의 ㉮고소 당시 대법원 판례는 "채권담보로 부동산에 관한 대물변제예약을 체결한 채무자가 대물로 변제하기로 한 부동산을 처분한 경우 배임죄가 성립한다"고 보았다(2000. 12. 8. 2000도4293 등 참조). 2014. 8. 21. 대법원은 전원합의체 판결로 판례를 변경하여 위와 같은 경우에 배임죄가 성립하지 않는다고 하였다(2014도3363 전원합의체 판결 『상속유증분 대물변제예약 사건』).

판례변경 이후의 시점에 검사는 갑을 무고죄로 기소하였다. 제1심법원은 갑이 고소한 사실이 허위라고 하더라도 그 사실 자체가 범죄에 해당하지 아니하므로 무고죄가 성립하지 아니한다고 판단하여 무죄로 판단하였다. 검사는 불복 항소하였다. 항소법원은 무고죄에 있어서 "신고된 사실 자체가 형사처분의 원인이 될 수 있는 것인지"에 관한 판정은 무고행위시를 기준으로 함이 상당하다고 판단하였다. 항소법원은 제1심판결을 그러나 허위로 신고한 사실이 무고행위 당시 형사처분의 대상이 될 수 있었던 경우에는 국가의 형사사법권의 적정한 행사를 그르치게 할 위험과 부당하게 처벌받지 않을 개인의 법적 안정성이 침해될 위험이 이미 발생하였으므로 무고죄는 기수에 이른다.[1] 이후 그러한 사실이 형사범죄가 되지 않는 것으로 판례가 변경되었다고 하더라도 특별한 사정이 없는 한 이미 성립한 무고죄에는 영향을 미치지 않는다.[2]

(다) 법적 평가의 오류 무고죄에서 말하는 허위는 객관적인 사실에 반하는 것을 의미한다. 피고인이 객관적인 사실관계를 자신이 인식한 대로 신고하는 이상 객관적 사실을 토대로 한 나름대로의 주관적 법적 구성이나 법적 평가에 잘못이 있다 하더라도 이를 허위의 사실을 신고한 것으로 볼 수 없다.[3]

무고죄는 타인으로 하여금 형사처분 또는 징계처분을 받게 할 목적으로 허위의 사실을 공무소에 신고하면 성립한다. 허위사실을 기재한 고소장을 작성하여 수사기관에 제출한 이상 고소장을 작성할 때 변호사 등 법조인의 자문을 받았다 하더라도 무고죄의 구성요건이 충족된다면 무고죄는 성립한다.[4]

(라) 신고의 방식 허위사실의 신고방식에는 제한이 없다. 구두에 의하건 서면에 의하건 관계가 없다. 신고가 서면에 의하는 경우 그 신고내용이 타인으로 하여금 형사처분 또는 징계처분을 받게 할 목적의 허위사실이면 족하다. 서면의 명칭을 반드시 고소장이라고 적어야만 무고죄가 성립하는 것은 아니다. 신고인이 제출한 서면의 명칭이 '진정서'에 불과하

파기하고 유죄를 인정하였다. 갑은 불복 상고하였다.

대법원은 다음의 이유를 제시하여 상고를 기각하였다. 대법원은 무고죄의 보호법익에 대해 다음과 같이 설시하였다. (가) 타인으로 하여금 형사처분 또는 징계처분을 받게 할 목적으로 공무소 또는 공무원에 대하여 허위의 사실을 신고하는 때에 무고죄가 성립한다(형법 제156조). (나) 무고죄는 부수적으로 개인이 부당하게 처벌받거나 징계를 받지 않을 이익도 보호하나, 국가의 형사사법권 또는 징계권의 적정한 행사를 주된 보호법익으로 한다.

대법원은 무고죄의 허위사실 판단시점에 대해 다음과 같이 설시하였다. (가) 타인에게 형사처분을 받게 할 목적으로 '허위의 사실'을 신고한 행위가 무고죄를 구성하기 위해서는 신고된 사실 자체가 형사처분의 대상이 될 수 있어야 하므로, 가령 허위의 사실을 신고하였다고 하더라도 신고 당시 그 사실 자체가 형사범죄를 구성하지 않으면 무고죄는 성립하지 않는다. (나) 그러나 허위로 신고한 사실이 무고행위 당시 형사처분의 대상이 될 수 있었던 경우에는 국가의 형사사법권의 적정한 행사를 그르치게 할 위험과 부당하게 처벌받지 않을 개인의 법적 안정성이 침해될 위험이 이미 발생하였으므로 무고죄는 기수에 이른다. (다) 이후 그러한 사실이 형사범죄가 되지 않는 것으로 판례가 변경되었다고 하더라도 특별한 사정이 없는 한 이미 성립한 무고죄에는 영향을 미치지 않는다.

1) 2017. 5. 30. 2015도15398, 공 2017하, 1411 = 『대물변제 판례변경 무고 사건』.
2) 2017. 5. 30. 2015도15398, 공 2017하, 1411 = 『대물변제 판례변경 무고 사건』.
3) 1985. 9. 24. 84도1737, 공 1985, 1451.
4) 1986. 10. 14. 86도1606, 공 1986, 3073.

다고 해도 그 점만으로 무고죄의 성립을 좌우하지는 못한다.[1]

신고의 내용이 되는 사실은 수사관이나 감독자가 즉시 공소를 제기하거나 징계절차를 개시할 수 있을 정도로 구체적으로 적시될 필요는 없다. 구체적 사실뿐 아니라, 당해 관청의 직권을 발동시킬 수 있는 것이면 추상적 사실이라도 무방하다.[2] 적시되는 허위사실에 해당될 죄명 등 법률적인 평가까지 명시해야 하는 것은 아니다.[3]

(마) 신고의 자발성　　무고죄에서 신고는 자발적인 것이어야 한다. 수사기관 등의 추문(推問)에 대해 허위진술을 한 것이나, 수사기관의 요청에 의해 범죄정보를 제공한 것에 불과하다면 무고죄를 구성하지 않는다.[4]

참고인의 진술이 수사기관의 추문에 의한 것인지 여부는 수사가 개시된 경위, 수사의 혐의사실과 참고인 진술의 관련성 등을 종합하여 판단해야 한다.[5] 당초 고소장에 기재하지 않은 사실을 수사기관에서 고소보충조서를 받을 때 자진하여 진술하였다면 이 진술 부분까지 신고한 것으로 보아야 한다.[6]

(바) 신고사실의 내용　　신고된 사실은 신고 상대방에게 범죄나 징계사유를 구성하는 요건에 관계되는 것으로서, 그로 인해 상대방이 형사처분이나 징계처분을 받게 될 위험이 있는 내용이어야 한다.

민사상의 채무에 불과할 뿐 형사처분이나 징계처분의 원인이 될 수 없는 사실은 그것이 허위사실로서 피무고자로 하여금 형사처분 또는 징계처분을 받게 할 목적으로 신고되었더라도 무고죄를 구성하지 않는다.[7] 사문서의 무형위조에 해당하는 허위사실을 사문서위조죄로 신고하는 행위도 무고죄를 구성하지 않는다.[8]

(사) 범죄성립조각사유　　허위의 범죄사실을 신고하더라도, 위법성조각사유, 책임조각사유, 인적처벌조각사유 또는 소송장애사유 등이 존재한다는 사실이 신고내용 자체에 의하여 분명한 때에는 형사처분의 사유가 되는 사실을 신고한 것에 해당하지 않는다. 사면에 의하여 공소권이 소멸되었음이 분명한 사실,[9] 신고시를 기준으로 이미 공소시효가 완성된 범

1) 1985. 12. 10. 84도2380, 공 1986, 270.
2) 1960. 8. 3. 4292형상549, 총람 156조 14번.
3) 2009. 3. 26. 2008도6895, [미간행].
4) 1988. 2. 23. 87도2454, 공 1988, 625.
5) 2005. 12. 22. 2005도3203, 공 2006, 196.
6) 1996. 2. 9. 95도2652, 공 1996, 1012.
7) 2007. 4. 13. 2006도558, 공 2007, 747.
8) 2002. 11. 8. 2002도3738, 공 2003, 107.
9) 1994. 2. 8. 93도3445, 공 1994, 1045 = 백선 각론 1『기증약정서 사건』.

죄사실,[1] 친고죄에서 고소기간이 경과한 범죄사실[2] 등에 대해서는 허위신고가 있어도 무고죄가 성립하지 않는다.

그러나 신고내용 자체에 의하여 형사처벌 또는 징계처분을 저지하는 사유가 있음이 분명하지 아니한 경우에는 허위사실의 신고가 무고죄에 해당한다. 예컨대 객관적으로는 신고사실에 대한 공소시효가 완성되었더라도, 고소를 하면서 마치 공소시효가 완성되지 아니한 것처럼 기재하였다면 국가기관의 직무를 그르칠 염려가 있으므로 무고죄를 구성한다.[3]

(3) 일부 허위사실의 신고

(가) 일부 허위사실 　　신고사실 중 일부가 진실이라고 하더라도 나머지가 허위사실로 인정되면 무고죄는 성립한다. 1통의 고발장으로 수개의 혐의사실을 들어 고발한 경우, 그중 일부 사실이 진실이라 하더라도 다른 사실이 허위이면 그 허위사실 부분은 독립하여 무고죄를 구성한다.[4]

일부 허위인 사실이 국가의 심판작용을 그르치거나, 부당하게 처벌을 받지 아니할 개인의 법적 안정성을 침해할 우려가 있을 정도로 고소사실 전체의 성질을 변경시키는 때에는 무고죄가 성립한다.[5]

(나) 일부 과장 　　허위사실의 신고는 신고된 사실로 인해 상대방이 형사처분이나 징계처분 등을 받게 될 위험이 있는 것이어야 한다. 신고내용에 일부 객관적 진실에 반하는 내용이 포함되었다 하더라도, (가) 그것이 독립하여 형사처분이나 징계처분의 대상이 되지 않고 단지 신고사실의 정황을 과장하는 데 불과한 경우, 또는 (나) 허위의 일부 사실이 있어도 전체적으로 보아 범죄사실의 성립 여부에 직접 영향을 줄 정도에 이르지 아니하는 내용에 관계되는 경우라면 무고죄는 성립하지 않는다.[6] [7]

---

1) 2008. 3. 27. 2007도11153, [미간행].
2) 1998. 4. 14. 98도150, 공 1998, 1421.
3) 1995. 12. 5. 95도1908, 공 1996, 318.
4) 2007. 3. 29. 2006도8638, [미간행].
5) 2010. 4. 29. 2010도2745, [미간행] = 분석 각론『"때려 주면 돈 줄께" 사건』.
6) 2008. 8. 21. 2008도3754, 공 2008하, 1316 = 분석 각론『친구부동산 고소장 사건』.
7) 1986. 9. 23. 86도556, 공 1986, 2993 =『성관계 보상 맞고소 사건』:
갑은 A와 정교관계를 한번 맺어 A가 임신하게 되었다. A는 이 사실을 미끼로 갑의 집에 찾아왔다. A는 갑의 처 B에게 갑의 행위에 대한 책임을 추궁하면서 이에 응하지 않으면 사회적으로 매장시키겠다고 말하면서 낙태비 명목으로 10만원을 받아갔다. 그 후 A는 갑에게 계속 천만원을 요구하였다. 갑은 다음과 같이 주장하면서 A를 공갈 및 공갈미수죄로 고소하였다(㉮고소). (가) A와 하등 성관계를 한 사실이 없을 뿐만 아니라 밖에서 만난 사실조차 없다. (나) 그러함에도 A는 집에까지 찾아와 성관계를 하여 임신까지 하였으니 보상하라고 하였다. A는 갑이 허위사실로 고소했다고 주장하면서 무고죄로 맞고소하였다(㉯맞고소).

구타를 당하여 상해를 입었다는 고소내용은 하나의 폭력행위에 대한 고소사실이며, 이를 분리하여 폭행에 관한 고소사실과 상해에 관한 고소사실의 두 가지의 고소내용이라고 할 수 없다. 피고인이 가해자로부터 구타를 당한 것이 사실이라면, 이를 고소하면서 입지 않은 상해사실을 포함시켰다 하더라도 이는 고소내용에 있어 정황의 과장에 지나지 않는다. 고소사실에서 상해 부분만을 따로 떼어내어 무고죄를 구성한다고 할 수는 없다.[1)]

(다) 일부 축소　　피고인 자신이 상대방의 범행에 공범으로 가담하였음에도 자신의 가담사실을 숨기고 상대방만을 고소한 경우에 무고죄가 성립할 것인지 문제된다. 이 사안에 대해 판례는 다음의 판단기준을 제시하고 있다. (가) 피고인의 고소내용은 상대방의 범행 부분에 관한 한 진실에 부합하므로 이를 허위사실로 볼 수 없다. (나) 상대방의 범행에 피고인이 공범으로 가담한 사실을 숨긴 부분은 상대방에 대한 관계에서 독립하여 형사처분의 대상이 되지 않는다. (다) 상대방의 범행에 피고인이 공범으로 가담한 사실을 숨긴 부분은 전체적으로 보아 상대방의 범죄사실의 성립 여부에 직접 영향을 줄 정도에 이르지 않는 내용에 관계되는 것이다. 요컨대 자신의 가담사실을 숨기고 상대방만을 고소한 경우에는 무고죄가 성립하지 않는다.[2)]

(4) 허위 여부의 판단기준

무고죄(법156)에서 허위사실의 신고는 성질상 위증죄(법152)의 허위의 진술과 다르다. 선서위반죄의 성질을 가지고 있는 위증죄의 경우에는 기억에 반하는 진술 자체가 국가의 심판작용을 그르치게 할 추상적 위험성이 있다. 그러나 무고죄의 경우에는 객관적 사실에 합치하는 사실을 신고하는 한 국가의 형사소추권이나 징계권 발동을 위한 조사기능이 부당하게 침해받는 일이 없다. 이 때문에 신고사실이 허위라고 오신하였다 하더라도 우연히 신고사실이

검사는 갑을 무고죄로 기소하였다. 갑의 피고사건은 제1심을 거친 후, 항소심에 계속되었다. 항소법원은 갑의 ㉮고소가 진실에 맞는 것으로 판단하였다. 항소법원은 갑의 ㉮고소가 허위의 사실을 신고한 것이 아니라는 이유로 무죄로 판단하였다. 검사는 불복 상고하였다.

대법원은 다음의 이유를 제시하여 상고를 기각하였다. (가) 갑이 A와 정교관계를 한번 맺었고, 그로 인하여 임신을 하게 된 것은 사실이다. (나) 성인 남녀인 갑과 A 두 사람 사이의 정교관계는 서로의 합의에 의하여 이루어진 것으로 보인다. (다) 위와 같은 정교 사실 자체는 A의 범죄성립 여부에 직접 영향을 미치는 사정이 아니다. (라) 오히려 A는 위 정교 사실을 미끼로 갑의 집에까지 찾아와 갑의 처 B 등에게 갑의 행위에 대하여 책임을 추궁하면서 보상을 요구하고 이에 응하지 않으면 사회적으로 매장시키겠다고 위협을 하면서 낙태비 명목으로 금 10만원을 교부받아간 후에도 계속 돈 천만원을 요구하여 갑이 A를 공갈 및 공갈미수죄로 경찰에 고소한 사실이 인정된다. (마) 그러므로 그와 같은 사실을 고소한 것은 진실에 맞는 것으로 허위의 사실을 신고한 것이 아니다.

1) 1973. 12. 26. 73도2771, 공 1974, 7698.

2) 2008. 8. 21. 2008도3754, 공 2008하, 1316 = 분석 각론『친구부동산 고소장 사건』.

객관적 진실에 합치한다면 무고죄는 성립하지 않는다.[1)]

신고한 사실의 허위 여부는 그 범죄의 구성요건과 관련하여 신고사실의 핵심 또는 중요내용이 허위인가에 따라 판단하여 무고죄의 성립 여부를 가려야 한다.[2)] 금원을 대여한 고소인이 차용금을 갚지 않는 차용인을 사기죄로 고소하는 경우가 있다. 이때 피고소인이 차용금의 용도를 사실대로 이야기하였더라면 금원을 대여하지 않았을 것인데 차용금의 용도를 속이는 바람에 대여하였다고 주장하는 사안이라면 그 차용금의 실제 용도는 사기죄의 성립 여부에 영향을 미치는 것으로서 고소사실의 중요한 부분이 된다. 따라서 그 실제 용도에 관하여 고소인이 허위로 신고할 경우에는 그것만으로도 무고죄에 있어서의 허위의 사실을 신고한 경우에 해당한다.[3)]

그러나 단순히 차용인이 변제의사와 능력의 유무에 관하여 기망하였다는 내용으로 고소한 경우에는 차용금의 용도와 무관하게 다른 자료만으로도 충분히 차용인의 변제의사나 능력의 유무에 관한 기망사실을 인정할 수 있는 경우도 있다. 그러므로 그 차용금의 실제 용도에 관하여 사실과 달리 신고하였다 하더라도 그것만으로는 범죄사실의 성립 여부에 영향을 줄 정도의 중요한 부분을 허위로 신고하였다고 할 수 없다.[4)]

신고한 사실이 객관적 사실에 반하는 허위사실이라는 점에 대해서는 적극적인 증명이 있어야 한다. 신고사실의 진실성을 인정할 수 없다는 소극적 증명만 가지고 곧 그 신고사실이 객관적 진실에 반하는 허위사실이라고 단정할 것은 아니다.[5)]

(5) 기수시기

무고죄에는 미수범 처벌규정이 없다. 기수에 이르러야 무고죄가 성립한다. 무고죄는 허위사실의 신고가 공무소 또는 공무원에게 도달된 때에 성립한다(도달주의). 문서로 신고한 경우에 신고한 문서가 상당한 공무소 또는 공무원에게 도달되어 수사권이나 조사권한 있는 자가 열람할 수 있는 상태에 이르면 그것으로 족하다. 신고문서의 접수, 실제열람 등은 요구되지 않는다.

형사처분과 관련한 신고의 경우 수사기관에 허위의 신고를 함으로써 무고죄는 성립한다. 신고를 받은 공무원이 수사에 착수하였는지는 무고죄 성립에 영향을 주지 않는다.[6)] 허위사

---

1) 1991. 10. 11. 91도1950, 공 1991, 2766 = 백선 각론 1『배관수 방류 사건』.
2) 1991. 10. 11. 91도1950, 공 1991, 2766 = 백선 각론 1『배관수 방류 사건』.
3) 2011. 9. 8. 2011도3489, 공 2011하, 2176 = 분석 각론『차용금 사기 고소장 사건』.
4) 2011. 9. 8. 2011도3489, 공 2011하, 2176 = 분석 각론『차용금 사기 고소장 사건』.
5) 2019. 7. 11. 2018도2614, 공 2019하, 1603 =『기습 키스 고소 사건』.
6) 1983. 9. 27. 83도1975, 공 1983, 1639.

실의 신고는 수사활동에 종사하는 경찰관에게 불실한 신고를 함으로써 족하다. 신고가 공소제기의 권한을 가지고 있는 검사에게 도달될 필요는 없다.

무고죄는 미수범이 처벌되지 않으므로 허위사실을 신고하는 문서가 공무소 또는 공무원에게 도달되기 전까지는 무고죄가 성립하지 않는다.[1] 신고인이 최초에 허위내용의 고소장을 작성하여 경찰관에게 제출하였을 때 무고죄는 기수에 이른다. 이후 고소장을 되돌려 받았다는 사정은 이미 기수에 이른 무고죄의 성립에 영향을 미치지 않는다.[2]

3. 고의와 목적

무고죄가 성립하려면 범인이 타인으로 하여금 형사처분 또는 징계처분을 받게 할 목적으로 허위사실을 신고해야 한다.

(1) 타 인

타인은 자기 이외의 제3자를 말한다. 자연인, 법인, 법인격 없는 단체를 가리지 않는다. 무고죄는 국가의 형사사법권 또는 징계권의 적정한 행사를 주된 보호법익으로 하는 죄이지만, 스스로 본인을 무고하는 자기무고는 무고죄의 구성요건에 해당하지 않는다.[3] 자기무고

---

1) 1963. 9. 5. 63도161, 집 11②, 형25 참조.

2) 1985. 2. 8. 84도2215, 공 1985, 448.

3) 2008. 10. 23. 2008도4852, 공 2008하, 1647 = 분석 각론『자기무고 방조 사건』:

갑은 P회사의 실질적 운영자이다. 을은 P회사의 대표이사이다. 갑은 A로부터 P회사의 운영자금을 차용하였다(㉠차용금). 갑은 A에게 ㉠차용금의 담보명목으로 액면 1억 7천만원의 ㉡약속어음을 발행해 주었다. 갑은 이때 을의 사전 승낙하에 을을 ㉡약속어음의 공동발행인으로 기재하였다. A는 ㉠차용금에 대한 추가담보를 제공하라고 요구하였다. 병은 ㉡약속어음 표면에 보증의 의사로 병의 주소를 기재한 후 서명날인하였다. A는 관계인들로부터 미리 받아둔 위임장으로 공증사무소에서 ㉡약속어음금의 지급을 지체할 경우 즉시 강제집행을 받더라도 이의가 없음을 인낙한다는 취지의 공정증서를 받아두었다. ㉠차용금 채무가 변제기에 이행되지 않았다. A는 ㉠차용금 채무의 불이행을 이유로 ㉡약속어음 공정증서를 집행권원으로 하여 병 소유의 M부동산에 강제경매를 신청하였다.

갑, 을, 병은 한자리에 모여서 대책을 논의하였다. 이 자리에서 을은 다음과 같이 말하였다. (가) A로부터 병의 집에 경매가 들어왔는데, 일단 경매를 연기시켜 놓자. (나) 병으로 하여금 갑에게 재차 투자하도록 종용하겠다. (다) 갑은 ⓐ확인서와 ⓑ시인서를 작성해 달라. (라) 경찰서에 한 15일 정도 있으면 빼주겠다. (마) 피해가 없고 합의가 되면 나오니 걱정하지 말라. 을의 말을 듣고 갑은 다음 내용의 ⓐ확인서를 써주었다. (가) ㉡약속어음에 대하여 본인(갑)이 P회사 대표이사 을의 회사인감을 소지하고 있음을 기화로 대표이사인 을의 승낙 없이 임의 사용한 것이다. (나) 또한 을의 개인인감을 소지하고 있음을 기화로 을의 승낙 없이 임의도용 날인한 사실을 시인한다. 갑은 A가 병의 Q은행 계좌에 돈을 입금시켜준다고 하고는 차일피일 미루면서 ㉡약속어음 기재 돈을 입금시킨 사실이 전혀 없다는 내용의 ⓑ시인서도 써주었다. 그런데 갑이 작성한 ⓐ확인서와 ⓑ시인서의 내용은 모두 사실이 아니었다.

을은 다음 내용의 ⓒ고소장을 작성하였다. (가) 갑이 P회사의 법인 도장과 을의 개인 인감을 보관하고 있

행위는 「경범죄 처벌법」상의 거짓신고 행위로 처벌할 수 있다(동법3③ ii). 한편 다른 사람의 범죄를 자기의 범죄로 신고하는 경우에는 범인은닉죄(법151)가 성립할 수 있다.[1)]

그러나 자기무고의 사안에 다른 사람이 개입하는 경우에 관련자의 형사책임이 문제된다. 먼저, 자기무고의 공동정범은 무고죄로 처벌할 수 없다. 자기무고의 공동정범은 자기 자신(갑)을 무고하기로 제3자(을)와 공모하고 이에 따라 무고행위에 공동정범으로 가담하는 경우에 나타난다. 이때 공모는 특정한 범죄행위를 하기 위하여 일체가 되어 서로 다른 사람의 행위를 이용하여 자기의 의사를 실행에 옮기는 것을 내용으로 한다. 그런데 자기무고의 공동정범(갑)은 처음부터 무고죄의 구성요건에 해당하지 않아 범죄가 성립할 수 없는 행위를 실현하고자 한 것에 지나지 않으므로 공동정범으로 처벌할 수 없다.[2)]

음을 기화로 을의 승낙 없이 임의로 Ⓛ약속어음에 날인을 하였다. (나) A는 병에게 1억 5천만원을 입금시켜 주는 조건으로 병으로부터 Ⓛ약속어음에 서명날인을 받았다. (다) 그럼에도 불구하고 A는 한푼도 입금하지 아니하고 연기하여 오더니 Ⓛ약속어음으로 강제경매를 신청한 것이다. 을은 ⓒ고소장에 ⓐ확인서와 ⓑ시인서를 첨부하였다. 병은 관할 검찰청 민원실에 ⓐ확인서와 ⓑ시인서를 첨부한 ⓒ고소장을 제출하였다. ⓒ고소장의 피고소인은 갑과 A이다. 병은 ⓒ고소장을 첨부하여 A의 강제경매신청에 대해 청구이의의 소를 제기하였다. (이하 무고죄 부분에 한정하여 고찰함.)

검사는 갑, 을, 병을 무고죄로 기소하였다. 제1심법원은 A에 대한 허위고소 부분에 대해 갑, 을, 병에게 유죄를 인정하였다. 제1심법원은 갑에 대한 허위고소 부분에 대해 을, 병에게 유죄를 인정하였다. 제1심법원은 갑에 대한 허위고소 부분에 대해 갑에게 자기무고는 죄가 되지 않는다는 이유로 무죄로 판단하였다. 검사는 무죄 부분에 불복하여 항소하였다. 검사는 항소이유로 갑에게 무고방조죄가 성립한다고 주장하였다. 항소법원은 다음의 이유를 제시하여 항소를 기각하고, 제1심판결을 유지하였다. (가) 무고죄는 '타인으로 하여금' 형사처분 또는 징계처분을 받게 할 목적이 있어야 성립한다. (나) 스스로 본인을 무고하는 자기무고는 무고죄를 구성하지 않는다. (다) 자기무고가 무고죄를 구성하지 아니하는 이상 이를 방조하였다 하여 무고방조죄가 성립한다고 할 수 없다. 검사는 불복 상고하였다. 검사의 상고이유는 항소이유와 같다.

대법원은 다음의 이유를 제시하여 원심판결을 파기환송하였다. 대법원은 자기무고의 범죄성립 여부에 대해 다음과 같이 설시하였다. (가) 형법 제156조의 무고죄는 국가의 형사사법권 또는 징계권의 적정한 행사를 주된 보호법익으로 하는 죄이다. (나) 그러나 스스로 본인을 무고하는 자기무고는 무고죄의 구성요건에 해당하지 아니하여 무고죄를 구성하지 않는다. (다) 그러나 피무고자의 교사·방조 하에 제3자가 피무고자에 대한 허위의 사실을 신고한 경우 제3자의 행위는 무고죄의 구성요건에 해당하여 무고죄를 구성한다. (라) 제3자를 교사·방조한 피무고자에 대하여도 교사·방조범으로서의 죄책을 부담케 함이 상당하다.

대법원은 원심판결의 당부에 대해 다음과 같이 판단하였다. (가) 원심은 갑이 을, 병의 갑에 대한 무고범행을 방조하였다는 범죄사실이 죄가 되지 않는 경우에 해당한다고 판단하였다. (나) 원심판결에는 무고죄 내지 방조범에 관한 법리를 오해하여 판결에 영향을 미친 위법이 있다.

1) 2000. 11. 24. 2000도4078, 공 2001, 220.

2) 2017. 4. 26. 2013도12592, 공 2017상, 1208 =『자기무고 공동정범 사건』:

A와 B는 부부 사이이다. 갑은 A, B와 친구 사이이다. 갑은 A에게 신용불량 문제 때문에 갑의 명의로 사업자등록을 할 수 없으니 명의를 빌려달라는 부탁을 하였다. A는 갑의 부탁을 승낙하였다. 갑은 P기업이라는 상호로 건설업의 사업자등록을 하였다. 그 후 명의대여자에 불과한 A에게 P기업의 영업에 대한 부가세가 계속 부과되었다. A, B, 갑은 문제를 해결하기 위하여 모였다. A, B, 갑은 P기업의 사업자등록을 갑 명의로 변경하기 위한 수단으로 A가 갑을 사문서위조죄 등으로 허위 고소하기로 하였다. A, B, 갑은 수사기관에서 조

그러나 자기무고의 사안에 자기 자신이 다른 사람의 무고에 교사나 방조의 형태로 개입하면 사정은 달라진다. 피무고자(갑)의 교사 · 방조하에 다른 사람(을)이 피무고자(갑)에 대한 허위사실을 신고한 경우 정범인 다른 사람(을)의 행위는 무고죄의 구성요건에 해당하여 무고죄를 구성한다. 그러므로 다른 사람(을)을 교사 · 방조한 피무고자(갑)에 대하여는 무고죄의 교사범 또는 방조범이 성립한다.[1)]

실존하지 않는 사람에 대한 허위사실 신고가 무고죄를 구성할 것인지 문제된다. 허무인에 대한 무고일지라도 공무원 또는 공무소로 하여금 불필요한 활동을 하게 하는 것은 사실이다. 그러나 국가기관의 심판작용 자체를 그르치게 할 염려가 없고, 피무고자가 처벌받을 위험도 없다. 따라서 허무인에 대한 무고행위에 대해서는 무고죄가 성립하지 않는다고 보아야 할 것이다. 같은 이유에서 사자(死者)에 대한 무고죄도 성립하지 않는다고 본다.

형사처분 또는 징계처분을 받게 할 목적은 행위자가 허위신고를 할 때 다른 사람이 그로 인하여 형사처분 또는 징계처분을 받게 될 것이라는 인식이 있으면 족하다. 그 결과발생을 희망할 것까지 요하지 않는다. 고소인이 고소장을 수사기관에 제출한 이상 형사처분을 받게

사를 받을 때 예상되는 질문에 대한 대답을 준비하였다. A는 관할 경찰서 민원실에서 "피고소인 갑이 고소인 A의 사업자등록 명의를 임의로 사용하여 ㉠도급계약서를 위조하여 다른 업체와 계약을 체결하였으니 처벌하여 달라."는 취지의 ㉡고소장을 작성하여 제출하였다. 그러나 사실은 A가 갑에게 명의를 빌려주었으므로 갑이 A 명의의 ㉠도급계약서를 위조한 사실이 없었다.

검사는 "A, B, 갑이 공모하여 갑을 무고하였다."는 요지의 공소사실로 갑을 무고죄로 기소하였다. 제1심법원은 자기무고는 무고죄의 구성요건에 해당하지 않는다는 이유로 무죄로 판단하였다. 검사는 불복 항소하였다. 항소법원은 항소를 기각하고, 제1심판결을 유지하였다. 검사는 불복 상고하였다.

대법원은 다음의 이유를 제시하여 상고를 기각하였다. 대법원은 공동정범의 성립요건에 대해 다음과 같이 설시하였다. (가) 형법 제30조에서 정한 공동정범은 공동으로 범죄를 저지르려는 의사에 따라 공범자들이 협력하여 범행을 분담함으로써 범죄의 구성요건을 실현한 경우에 각자가 범죄 전체에 대하여 정범으로서의 책임을 지는 것이다. (나) 이러한 공동정범이 성립하기 위해서는 (ㄱ) 주관적 요건으로서 공동가공의 의사와 (ㄴ) 객관적 요건으로서 공동의사에 의한 기능적 행위지배를 통한 범죄의 실행사실이 필요하다. (다) 이때 공동가공의 의사는 (ㄱ) 공동의 의사로 특정한 범죄행위를 하기 위하여 일체가 되어 (ㄴ) 서로 다른 사람의 행위를 이용하여 자기의 의사를 실행에 옮기는 것을 내용으로 하는 것이어야 한다. (라) 따라서 범죄의 실행에 가담한 사람이라고 할지라도 그가 공동의 의사에 따라 다른 공범자를 이용하여 실현하려는 행위가 자신에게는 범죄를 구성하지 않는다면, 특별한 사정이 없는 한 공동정범의 죄책을 진다고 할 수 없다.

대법원은 무고죄의 성립요건에 대해 다음과 같이 설시하였다. (가) 형법 제156조에서 정한 무고죄는 타인으로 하여금 형사처분 또는 징계처분을 받게 할 목적으로 허위의 사실을 신고하는 것을 구성요건으로 하는 범죄이다. (나) 자기 자신으로 하여금 형사처분 또는 징계처분을 받게 할 목적으로 허위의 사실을 신고하는 행위, 즉 자기 자신을 무고하는 행위는 무고죄의 구성요건에 해당하지 않아 무고죄가 성립하지 않는다. (다) 따라서 자기 자신을 무고하기로 제3자와 공모하고 이에 따라 무고행위에 가담하였다고 하더라도 이는 자기 자신에게는 무고죄의 구성요건에 해당하지 않아 범죄가 성립할 수 없는 행위를 실현하고자 한 것에 지나지 않아 무고죄의 공동정범으로 처벌할 수 없다.

1) 2008. 10. 23. 2008도4852, 공 2008하, 1647 = 분석 각론『자기무고 방조 사건』.

될 것이라는 인식은 있었다고 보아야 한다.[1]

(2) 형사처분 또는 징계처분

형사처분은 범죄에 대해 가해지는 국가적 제재 전반을 가리킨다. 형사처분은 형벌보다 넓은 개념이다. 협의의 형벌(법41 참조) 이외에 치료감호나 전자장치부착 등 각종 보안처분과 「소년법」 등의 보호처분을 포함한다.

징계처분은 공법상의 감독관계에서 질서유지를 위하여 과하는 신분적 제재를 말한다.[2] 징계처분에서 공무소 또는 공무원은 징계권자 또는 징계권의 발동을 촉구하는 직권을 가진 자와 그 감독기관 또는 그 소속 구성원을 말한다.[3] 학교법인 등 사립학교 교원에 대한 인사권 행사로 이루어지는 징계 등의 불리한 처분은 사법적(私法的) 법률행위의 성질을 가진

---

1) 2005. 9. 30. 2005도2712, 공 2005, 1753 = 분석 각론 『합의 주선용 고소장 사건』.

2) 2014. 7. 24. 2014도6377, 공 2014하, 1762 = 『사립대교수 국민신문고 사건』:

A는 P사립대학교 교수이다. B는 Q사립대학교 교수이다. 국민권익위원회에서 운영하는 범정부 국민포털로 '국민신문고'가 있다. 갑은 A와 B로 하여금 징계처분을 받게 할 목적으로 '국민신문고'에 ㉠허위사실을 신고하였다.

검사는 갑을 무고죄, 정보통신망법위반죄(명예훼손)로 기소하였다. 제1심법원은 유죄를 인정하였다. 갑은 불복 항소하였다. 항소법원은 항소를 기각하고, 제1심판결을 유지하였다. 갑은 불복 상고하였다.

대법원은 다음의 이유를 제시하여 원심판결을 파기환송하였다. 대법원은 무고죄의 징계처분에 대해 다음과 같이 설시하였다. (가) 형법 제156조는 타인으로 하여금 형사처분 또는 징계처분을 받게 할 목적으로 공무소 또는 공무원에 대하여 허위의 사실을 신고한 자를 처벌하도록 정하고 있다. (나) 여기서 '징계처분'이란 공법상의 감독관계에서 질서유지를 위하여 과하는 신분적 제재를 말한다.

대법원은 사립학교 교원의 징계와 무고죄의 관계에 대해 다음과 같이 설시하였다. (가) 사립학교 교원은 학교법인 또는 사립학교경영자가 임면한다(사립학교법 제53조, 제53조의2). (나) 그 임면은 사법상 고용계약에 의한다. (다) 사립학교 교원은 학생을 교육하는 대가로 학교법인 등으로부터 임금을 지급받는다. (라) 그러므로 학교법인 등과 사립학교 교원의 관계는 원칙적으로 사법상 법률관계에 해당한다.

(마) 임면자는 사립학교 교원의 임면에 대하여 관할청에 보고하여야 한다. (바) 관할청은 일정한 경우 임면권자에게 그 해직 또는 징계를 요구할 수 있다(사립학교법 제54조). (사) 학교법인 등에 대하여 국가 등의 지도·감독과 지원 및 규제가 행해진다. (아) 사립학교 교원의 자격, 복무 및 신분을 공무원인 국·공립학교 교원에 준하여 보장하고 있다. (자) 그렇지만 이 역시 이들 사이의 법률관계가 사법상 법률관계임을 전제로 그 신분 등을 교육공무원의 그것과 동일하게 보장한다는 취지에 다름 아니다. (차) 따라서 학교법인 등의 사립학교 교원에 대한 인사권의 행사로서 징계 등 불리한 처분은 사법적 법률행위의 성격을 가진다.

(카) 형벌법규의 해석은 엄격하여야 하고, 명문의 형벌법규의 의미를 피고인에게 불리한 방향으로 지나치게 확장해석하거나 유추해석하는 것은 죄형법정주의의 원칙에 어긋나는 것으로서 허용되지 않는다. (타) 위와 같은 법리를 종합하여 보면, 사립학교 교원에 대한 학교법인 등의 징계처분은 형법 제156조의 '징계처분'에 포함되지 않는다고 해석함이 옳다.

대법원은 갑의 행위에 대해 다음과 같이 판단하였다. (가) A는 P대학교, B는 Q대학교의 각 교수로서 사립학교 교원이다. (나) 갑이 그들로 하여금 징계처분을 받게 할 목적으로 국민권익위원회에서 운영하는 범정부 국민포털인 국민신문고에 민원을 제기하였더라도, 이러한 행위는 무고죄에 해당하지 않는다.

3) 2010. 11. 25. 2010도10202, 공 2011상, 76 = 분석 각론 『변호사회 진정서 사건』.

다. 따라서 사립학교 교원에 대한 학교법인 등의 징계처분은 무고죄의 징계처분에 포함되지 않는다.[1)]

(3) 고의와 목적의 인식정도

(가) 고 의 신고자는 신고사실이 허위임을 알면서 신고하여야 한다. 신고사실이 허위임을 안다는 것은 신고사실이 객관적 사실에 반한다는 것을 확정적이거나 미필적으로 인식하는 것을 말한다.[2)] 형사처분 또는 징계처분을 받게 할 목적으로 진실하다는 확신이 없는 사실을 신고하면 족하다. 신고자가 신고사실이 허위임을 확신할 필요는 없다.[3)]

무고죄는 고의범이다. 그러므로 설령 신고사실이 객관적으로 허위라고 하여도 이를 진실이라고 확신하여 신고한 경우에는 무고죄가 성립하지 않는다. 여기에서 진실이라고 확신한다 함은 신고자가 알고 있는 객관적 사실관계에 의할 때 신고사실이 허위이거나 허위일 가능성이 있다는 인식을 하지 못하는 경우를 말한다. 즉 미필적 인식도 없음을 말한다.[4)]

신고자가 알고 있는 객관적인 사실관계에 의하더라도 신고사실이 허위라거나 또는 허위일 가능성이 있다는 인식을 하지 못하였다면 무고의 고의를 부정할 수 있다. 그러나 이는 알고 있는 객관적 사실관계에 의하여 신고사실이 허위라거나 허위일 가능성이 있다는 인식을 하면서도 그 인식을 무시한 채 무조건 자신의 주장이 옳다고 생각하는 경우까지 포함하는 것은 아니다.[5)]

---

1) 2014. 7. 24. 2014도6377, 공 2014하, 1762 =『사립대교수 국민신문고 사건』.

2) 2008. 5. 29. 2006도6347, [미간행].

3) 2006. 5. 25. 2005도4642, 공 2006, 1209.

4) 1988. 9. 27. 88도99, 공 1988, 1357.

5) 2022. 6. 30. 2022도3413, 공 2022하, 1566 =『무자격 종업원 민원 사건』:

갑은 다음 내용의 민원을 관계 당국에 신고하였다(㉮민원). (가) 약사 A가 무자격자인 종업원으로 하여금 불특정 다수의 환자들에게 의약품을 판매하도록 지시하였다. (나) 약사 A가 실제로 무자격자인 종업원으로 하여금 갑 자신에게 의약품을 판매하였다. 조사 결과 약사 A가 무자격자인 종업원으로 하여금 환자들에게 의약품을 판매하도록 지시한 사실이 없었음이 확인되었다.

검사는 갑을 무고죄로 기소하였다. 제1심법원은 유죄를 인정하였다. 갑은 불복 항소하였다. 항소법원은 항소를 기각하고, 제1심판결을 유지하였다. 갑은 불복 상고하였다. 갑은 상고이유로 다음의 점을 주장하였다. (가) 갑이 알고 있는 객관적인 사실관계에 의하여 신고하였다. (나) 갑은 신고사실이 허위라거나 또는 허위일 가능성이 있다는 인식을 하지 못하였다.

대법원은 다음의 이유를 제시하여 상고를 기각하였다. 대법원은 무고죄의 고의가 인정되는 경우에 대해 다음과 같이 설시하였다. (가) 무고죄는 타인으로 하여금 형사처분이나 징계처분을 받게 할 목적으로 신고한 사실이 객관적 진실에 반하는 허위사실인 경우에 성립한다. (나) 무고죄의 범의는 반드시 확정적 고의일 필요가 없고 미필적 고의로도 충분하다. (다) 그러므로 신고자가 허위라고 확신한 사실을 신고한 경우뿐만 아니라 진실하다는 확신 없는 사실을 신고하는 경우에도 그 범의를 인정할 수 있다. (라) 또한 무고죄에서 형사처분을 받게 할 목적은 허위신고를 하면서 다른 사람이 그로 인하여 형사처분을 받게 될 것이라는 인식이 피고인이 진정서상에 그 진정사실이 진실하다는 확신이 없음을 미리 밝혔다고 해도 무고의 고의를 인정하는 데 장애가 되지 않는다.[1] 어떤 죄로 고소를 당한 사람(갑)이 "본인(갑)에게 죄의 혐의가 없다면 고소인(을)이 본인을 무고한 것이므로 처벌을 해달라"고 고소장을 제출한 것은 설사 그것이 자신(갑)의 결백을 주장하기 위한 것이라 하더라도 방어권의 행사를 벗어난 것으로서 고소인(을)을 무고한다는 고의가 인정된다.[2]

처음부터 수사기관의 고소인 조사에 응하지 않을 의도로 고소를 하는 경우에도 무고죄의 고의를 인정할 것인지 문제된다. 실제 고소를 한 사람(갑)이 고소장을 접수하더라도 수사기관의 고소인 출석요구에 응하지 않음으로써 그 단계에서 수사가 중지되어 고소가 각하될 것으로 의도하고 있었고, 피고소인(을)에 대한 출석요구와 피의자신문 등의 수사권까지 발동될 것을 의욕하지 않은 경우가 여기에 해당하는 사안이다.

이 경우에는 고소인(갑)에게 피고소인(을)이 그로 인하여 형사처분을 받게 될 수도 있다는 점에 대한 인식이 있었다고 보아야 한다. 아울러 고소장 접수 당시에 이미 국가의 형사사법권의 적정한 행사가 저해될 위험도 발생하였다고 보아야 한다. 결국 무고죄가 성립한다는 결론에 이른다.[3]

(나) 목 적 무고죄는 타인으로 하여금 형사처분 또는 징계처분을 받게 할 목적으로 허위의 사실을 신고할 때 성립한다. 무고죄의 목적과 관련하여 형사처분 또는 징계처분의 결과발생을 희망하거나 의욕해야 한다는 견해와 형사처분 또는 징계처분이라는 결과가 발생할 것에 대해 미필적 인식이 있으면 족하다는 견해가 대립한다. 판례는 허위신고를 할 때 다른 사람이 그로 인하여 형사처분 또는 징계처분을 받게 될 것이라는 인식이 있으면 족한 것이고, 그 결과발생을 희망하는 것까지를 요하는 것은 아니라는 입장이다. 그리하여 고소인이 고소장을 수사기관에 제출한 이상 피무고자가 형사처분을 받게 될 것이라는 인식이 있었다

있으면 충분하고 그 결과의 발생을 희망할 필요까지는 없다. (마) 그러므로 신고자가 허위 내용임을 알면서도 신고한 이상 그 목적이 필요한 조사를 해 달라는 데에 있다는 등의 이유로 무고의 범의가 없다고 할 수 없다.

대법원은 무고죄의 고의가 부정되는 경우에 대해 다음과 같이 설시하였다. (가) 신고자가 알고 있는 객관적인 사실관계에 의하더라도 신고사실이 허위라거나 또는 허위일 가능성이 있다는 인식을 하지 못하였다면 무고의 고의를 부정할 수 있다. (나) 그러나 이는 알고 있는 객관적 사실관계에 의하여 신고사실이 허위라거나 허위일 가능성이 있다는 인식을 하면서도 그 인식을 무시한 채 무조건 자신의 주장이 옳다고 생각하는 경우까지 포함하는 것은 아니다.

대법원은 다음과 같은 원심의 판단을 그대로 유지하였다. (가) 갑의 ㉮민원은 객관적 사실관계에 반하는 허위사실이다. (나) 갑에게는 미필적으로나마 그 허위 또는 허위의 가능성을 인식한 무고의 고의가 있었다.

1) 1991. 12. 13. 91도2127, 공 1992, 561 = 백선 각론 1 『공원묘원 조성 사건』.

2) 2007. 3. 15. 2006도9453, 공 2007, 595.

3) 2006. 8. 25. 2006도3631, [미간행].

고 본다.[1)]

생각건대 무고죄의 형사처분 또는 징계처분을 받게 할 목적은 미필적 인식이 있는 것으로 족하다고 본다. 무고죄는 수사권 또는 징계권 발동의 적정성을 침해할 가능성에 주목하여 설정된 범죄유형이다. 따라서 수사권 또는 징계권 발동의 적정성을 침해할 가능성을 인식하고 허위의 신고를 하는 한 무고죄의 목적이 인정된다. 굳이 형사처분 또는 징계처분이 실현될 것을 희망하거나 의욕함을 요하지 않는다.

그러므로 예컨대 민사재판에 유리한 자료로 사용할 목적 아래 실제로 형사처벌을 의도하지 아니한 허위사실의 신고에도 형사처분의 목적이 인정된다. 또한 피고인(갑)이 채권을 변제하지 않는 채무자(을)와 피해자(병)들 사이의 합의를 주선하기 위하여 자신도 피해자인 것처럼 행세하기 위하여 채무자(을)의 승낙을 받고 채무자로부터 차용금 피해를 당한 것처럼 허위사실을 기재한 고소장을 제출하였다면 형사처분의 결과발생에 대한 미필적 인식이 인정된다.[2)]

4. 죄 수

하나의 문서를 이용하여 다수의 허위사실을 신고한 경우에 죄수의 결정이 문제된다. 이에 대해서는 신고된 사실들의 상호관계에 주목하여 밀접한 관련이 있으면 1죄, 독립관계에 있으면 수죄를 인정하는 견해가 있다. 이에 대하여 다른 견해는 신고라는 외면적 사실행위에 주목하여 하나의 신고행위마다 1죄를 인정한다. 신고내용이 수개의 범죄사실 또는 수인에 대한 것이어도 1죄로 본다.

그러나 무고죄의 죄수는 보호법익과 관련해서 파악해야 한다. 무고죄의 보호법익에는 국가적 법익과 개인적 법익이 중첩하고 있다. 개인적 법익의 관점에서 볼 때 무고죄의 죄수는 피무고자의 수를 표준으로 결정해야 한다. 즉 1통의 고소장에 의하여 "1명이 수개의 범죄를 범하였다"는 허위사실을 신고하는 행위는 단순일죄에 해당한다.[3)] 이에 대해 1통의 서면으로 수인을 무고하는 경우에는 수개의 무고죄가 성립하며, 수죄는 상상적 경합관계에 있다.

타인으로 하여금 형사처분을 받게 할 목적으로 허위사실을 신고하고, 그 결과 그 타인을 피고인으로 한 형사절차에서 무고자가 증인으로 출석하여 신고한 것과 동일한 내용의 허위진술을 하면 무고죄와 위증죄가 각각 성립하며, 양자는 실체적 경합관계에 선다.

---

1) 2005. 9. 30. 2005도2712, 공 2005, 1753 = 분석 각론 『합의 주선용 고소장 사건』.
2) 2005. 9. 30. 2005도2712, 공 2005, 1753 = 분석 각론 『합의 주선용 고소장 사건』.
3) 1991. 6. 25. 91도884, 공 1991, 2074 = 백선 각론 1 『3개 문서 위조변조 사건』.

「부정수표 단속법」 제4조는 수표금액의 지급 또는 거래정지처분을 면할 목적으로 금융기관에 거짓 신고를 한 자를 처벌하고 있다. 한편 무고죄는 타인으로 하여금 형사처분 또는 징계처분을 받게 할 목적으로 공무소 또는 공무원에 대하여 허위의 사실을 신고할 때 성립한다. 두 죄는 행위자의 목적, 신고의 상대방, 신고 내용, 범죄의 성립시기 등을 달리하는 별개의 범죄로서 서로 보호법익이 다르고, 법률상 1개의 행위로 평가되는 경우에도 해당하지 않는다. 따라서 수표금액의 지급을 면할 목적으로 금융기관에 거짓 신고를 하면서 동시에 수표의 지급제시인을 수사기관에 고소하는 행위는 「부정수표 단속법」위반죄와 무고죄의 상상적 경합관계가 아니라 두 죄의 실체적 경합관계로 보아야 한다.[1)]

5. 자백과 자수

무고죄를 범한 자가 허위신고한 사건의 재판 또는 징계처분이 확정되기 전에 자백 또는 자수한 때에는 그 형을 감경 또는 면제한다(법157, 153). 무고죄에서 재판 또는 징계처분의 확정 전의 자백은 형의 필요적 감경 또는 면제사유이다.

형의 필요적 감경 또는 면제사유로서 자백은 타인으로 하여금 형사처분 또는 징계처분을 받게 할 목적으로 공무소 또는 공무원에 대해 허위의 사실을 신고하였음을 범인이 자인하는 것을 말한다. 단순히 신고한 내용이 객관적 사실에 반한다는 점만을 인정하는 데에 지나지 않는 것은 자백에 해당하지 않는다.[2)]

자백의 절차에 관해서는 아무런 법령상의 제한이 없다. 그러므로 (가) 그가 신고한 사건을 다루는 기관에 대한 고백이나, (나) 그 사건을 다루는 재판부에 증인으로 다시 출석하여 전에 그가 한 신고가 허위의 사실이었음을 고백하는 것은 물론, (다) 무고사건의 피고인 또는 피의자로서 법원이나 수사기관에서의 신문에 의한 고백 또한 자백의 개념에 포함된다.[3)]

---

1) 2014. 1. 23. 2013도12064, [미간행].

2) 1995. 9. 5. 94도755, 공 1995, 3456.

3) 2018. 8. 1. 2018도7293, 공 2018하, 1899 = 『무고 공소사실 인정 사건』 :

갑은 A와 B를 ㉮사기 범죄사실로 고소하였다. ㉮사기 고소사건 수사 결과 갑의 무고 혐의가 제기되었다. 검사는 갑을 ㉯무고사건으로 기소하였다. 갑은 제1심 공판절차에서 ㉯무고사건 공소사실을 부인하였다. 제1심법원은 유죄를 인정하였다. 갑은 불복 항소하였다. 갑은 항소이유로 양형부당을 주장하였다. 항소심 제1회 공판기일이 열렸다. 갑은 다음 내용의 항소이유서를 진술하였다. (가) ㉯무고사건 공소사실을 모두 인정한다. (나) 원심(제1심)의 형이 지나치게 무거워 부당하다. 항소법원은 갑의 항소를 기각하였다. 갑은 불복 상고하였다.

대법원은 다음의 이유를 제시하여 원심판결을 파기환송하였다. 대법원은 무고죄의 자백·자수의 특례에 대해 다음과 같이 설시하였다. (가) 형법 제157조, 제153조는 무고죄를 범한 자가 그 신고한 사건의 재판 또는 징계처분이 확정되기 전에 자백 또는 자수한 때에는 그 형을 감경 또는 면제한다고 하여 이러한 재판확정 전형의 필요적 감경 또는 면제사유로서 자수는 무고죄를 범한 자가 허위신고한 사실을 수사기관에 신고하여 자신의 처벌을 구하는 의사표시이다.

타인을 고소한 것이 착오로 인한 것이어서 고소내용에 대한 수사개시 전에 이를 취소하였다는 피고인의 주장은 무고의 범의를 부인하는 사실오인의 주장에 불과하다. 거기에 형의 필요적 감면사유인 자백 또는 자수의 주장이 포함되어 있다고 볼 수 없다.[1)]

의 자백을 필요적 감경 또는 면제사유로 정하고 있다. (나) 위와 같은 자백의 절차에 관해서는 아무런 법령상의 제한이 없다. (다) 그러므로 (ㄱ) 그가 신고한 사건[㉮사기 고소사건]을 다루는 기관에 대한 고백이나, (ㄴ) 그 사건[㉮사기 고소사건]을 다루는 재판부에 증인으로 다시 출석하여 전에 그가 한 신고가 허위의 사실이었음을 고백하는 것은 물론, (ㄷ) [㉯]무고 사건의 피고인 또는 피의자로서 법원이나 수사기관에서의 신문에 의한 고백 또한 자백의 개념에 포함된다.

대법원은 원심판결의 당부에 대해 다음과 같이 판단하였다. (가) 갑은 항소심에서 허위의 사실을 고소하였음을 자백하였음이 명백하다. (나) 항소심으로서는 갑이 A, B에 대하여 무고한 [㉮]고소사건의 처리 결과를 심리해 보아야 한다. (다) [㉮고소사건]에서 A, B에 대하여 불기소결정 등이 내려져 그 재판이 확정된 적이 없다면 항소심은 형법 제157조, 제153조에 따라 형의 필요적 감면조치를 하였어야 한다.

1) 1995. 9. 5. 94도755, 공 1995, 3456.

제2편 사회적 법익에 관한 죄

제12장 신앙에 관한 죄

제1 서 설

1. 신앙에 관한 죄의 개관

형법 각칙 제12장은 신앙에 관한 죄를 규정하고 있다. 신앙에 관한 죄는 (가) 예배나 설교 등 종교의식을 방해하는 죄(법158 후단), (나) 장례식이나 제사의 방해, 분묘발굴 등 사자(死者)의 추모와 관련된 죄(법158 전단, 159, 160, 161), (다) 변사체검시를 방해하는 죄(법163)로 나누어 볼 수 있다.

예배나 설교 등 종교의식을 방해하는 죄는 종교적 가치를 무시하거나 불법하게 종교의식을 방해하는 범죄로서 공중의 종교적 감정 및 종교적 평온을 보호법익으로 하고 있다. 사체와 관련된 죄는 종교적 감정뿐만 아니라 사체 및 분묘에 관한 습속도 보호법익으로 하고 있다.

변사체검시방해죄(법163)는 행정경찰상의 단속목적이나 사법경찰상의 범죄수사 목적을 달성하기 위하여 마련된 행정형벌적 규정이다. 종교적 감정이나 종교적 평온의 보호와는 직접적 관계가 없으나 사체와 관련된 범죄이므로 편의상 신앙에 관한 죄의 장에 규정되고 있다.

2. 신앙에 관한 죄의 편별 문제

우리 형법은 '신앙에 관한 죄'(제12장)를 '방화와 실화의 죄'(제13장)보다 앞세워서 사회적 법익에 관한 죄의 첫머리에 규정하고 있다. 이에 대해 일본 형법은 '예배소 및 분묘에 관한 죄'(제24장)를 '도박과 복표에 관한 죄'(제23장) 다음에 위치시키고 있다. 우리 형법의 '신앙에 관한 죄'의 편별은 일본의 개정형법가안에 영향을 받은 것이라고 생각된다.

1940년에 발표된 일본 개정형법가안의 각칙은 당시의 군국주의 영향을 강하게 받고 있다. 가안은 국가적 법익에 관한 죄의 후미 부분에 '무고의 죄'(제10장)를 두고 이어서 일본의 국가종교와 관련하여 '신사(神社)에 관한 죄'(제11장)를 규정하였다. 그리고 바로 뒤에 '예배소에 관한 죄'(제12장)를 두었다. '신사에 관한 죄'와 '예배소에 관한 죄'가 모두 종교와 관련된 범죄라는 이유에서였다.

우리 입법자는 형법초안을 성안하는 과정에서 '신사(神社)에 관한 죄' 부분을 배제하면서 '신앙에 관한 죄'를 사회적 법익에 관한 죄의 말미로 돌리지 않고 그대로 두었다. 그 결과 '무고의 죄'(제11장), '신앙에 관한 죄'(제12장), '방화와 실화의 죄'(제13장)로 이루어지는 편별 체계가 나타나게 되었다.

사회적 법익에 관한 죄의 대표적인 범죄는 '방화와 실화의 죄'이다. 입법론적으로 볼 때 '신앙에 관한 죄'를 사회적 법익에 관한 죄의 말미 부분으로 돌려서 일본 개정형법가안의 잔재를 제거하는 작업이 시급하다고 생각된다.

제2 신앙에 관한 죄

1. 장례식등방해죄

형법 제158조 (장례식등의 방해) 장례식, 제사, 예배 또는 설교를 방해한 자는 3년 이하의 징역 또는 500만원 이하의 벌금에 처한다.

(1) 보호법익

우리 헌법은 종교의 자유를 보장하고 있다(헌법20①). 종교의 자유는 다른 사람의 종교의 자유를 침해하는 권리를 포함하지 않는다. 장례식등방해죄는 공중의 종교생활의 평온과 종교감정을 보호법익으로 하고 있다.

형법 제158조는 (가) 장례식을 방해하는 경우, (나) 제사를 방해하는 경우, (다) 예배 또는 설교를 방해하는 경우로 나누어 볼 수 있다. 이 가운데 장례식을 방해하는 죄는 장례식의 평온과 공중의 추모감정을 보호법익으로 한다.[1] 제사를 방해하는 죄는 제사의 평온을 보호법익으로 한다.[2] 예배나 설교를 방해하는 죄는 공중의 종교생활의 평온과 종교감정을 보호

---

1) 2013. 2. 14. 2010도13450, [미간행].

2) 1982. 2. 23. 81도2691, 공 1982, 399 = 『작은 상 걷어차기 사건』:

갑은 A의 집에 가서 시비를 하였다. A는 제사상에 사용할 음식을 마련하여 임시로 작은 상(㉠상) 위에 올려놓고 있었다. 갑은 시비 도중 ㉠상을 발로 차버렸다.

검사는 갑을 제사방해죄로 기소하였다. 갑의 피고사건은 제1심을 거친 후, 항소심에 계속되었다. 항소법원은 무죄를 선고하였다. 검사는 불복 상고하였다.

대법원은 다음의 이유를 제시하여 상고를 기각하였다. (가) 형법 제158조에 규정된 제[사]방해죄는 제[사]의 평온을 그 보호법익으로 한다. (나) 제[사]방해죄는 제[사가] 집행 중이거나 제[사]의 집행과 시간적으로 밀접 불가분의 관계에 있는 준비단계에서 이를 방해하는 경우에만 성립한다. (다) 갑은 A의 집에 가서 시비중에 마침 제사상에 사용할 음식을 마련하여 임시로 작은 상 위에 올려놓은 것을 발로 찼다. (라) 이 정도의 행위는 제[사]방해죄에 해당되지 않는다.

법익으로 한다.[1] 모두 추상적 위험범이다.[2]

(2) 행위객체

장례식은 죽은 사람을 장사지내는 의식을 말한다. 제사는 음식을 차려 놓고 사자에 대한 추모감정을 나타내는 의식이다. 예배는 신에 대하여 종교적 숭경심을 표하는 의식이다. 장소적 제한이 없으므로 실내에서 하는 것뿐만 아니라 옥외에서 하는 것도 포함한다. 설교는 종교의 주된 취지나 교의를 해설하는 것이다. 역시 장소적 제한을 받지 않는다.

예배방해죄의 경우 예배는 형법적으로 보호받을 만한 것이어야 한다. 정식절차를 밟은 위임목사가 아니라 할지라도 그 교파를 신봉하는 신도들 앞에서 그 교지에 따라 행하는 설교와 예배인도는 예배방해죄의 예배에 해당한다.[3] 그러나 다른 사람의 예배나 예배준비를 방해하기 위한 예배는 예배방해죄에서 보호하는 예배에 해당하지 않는다.[4]

결혼식이나 탁발(托鉢)은 형법의 장례식등방해죄의 객체에 포함되지 않는다. 「경범죄 처벌법」은 (가) 공공기관이나 그 밖의 단체 또는 개인이 하는 행사나 의식을 못된 장난 등으로 방해하거나 (나) 행사나 의식을 하는 자 또는 그 밖에 관계 있는 사람이 말려도 듣지 아니하고 행사나 의식을 방해할 우려가 뚜렷한 물건을 가지고 행사장 등에 들어간 사람을 처

---

1) 2008. 2. 28. 2006도4773, [미간행] =『부활절 예배 준비방해 사건』:

A는 M교단 소속 N교회의 담임목사로 있었다. A는 M교단 재판국으로부터 목사면직의 판결을 받았다. 2000. 12. 1. A는 일부 신도들과 함께 M교단을 탈퇴한다는 결의를 하고 N교회를 떠났다. 2003. 4. 20.까지 A는 N교회 건물에서 예배를 한 적이 없었다. 2003. 4. 20. 11 : 00에 N교회에서는 부활절 예배가 예정되어 있었다. A는 이러한 사정을 잘 알고 있었다. 2003. 4. 20. [10 : 00경] N교회 예배당에서는 부활절 예배가 준비되고 있었다. 2003. 4. 20. 10 : 10경 A는 그를 따르는 신도들과 함께 아무런 통보나 예고도 없이 N교회 예배당으로 들어와서 찬송가를 부르는 등의 행위를 하기 시작하였다(㉮행위). 갑을 포함한 N교회 교인들은 부활절 예배가 곧 시작되므로 예배당을 비워달라고 요구하였다. A 및 그를 따르는 신도들은 갑 등의 요구를 계속해서 거부하였다. 이에 갑을 포함한 N교회 교인들은 A 등의 ㉮행위를 저지하는 행위를 하였다.

검사는 갑을 예배방해죄로 기소하였다. 갑의 피고사건은 제1심을 거친 후, 항소심에 계속되었다. 항소법원은 다음의 이유를 들어 무죄로 판단하였다. (가) A 등의 ㉮행위는 예배방해죄에서 보호하는 예배에 해당하지 않는다. (나) 방해될 예배가 없으므로 예배방해죄는 성립하지 않는다. 검사는 불복 상고하였다. 검사는 상고이유로 다음의 점을 주장하였다. (가) A 등의 ㉮행위는 그 자체로 예배에 해당한다. (나) A 등의 예배가 방해되었으므로 예배방해죄가 성립한다.

대법원은 다음의 이유를 제시하여 상고를 기각하였다. (가) 형법 제158조에서 정하고 있는 예배방해죄는 공중의 종교생활의 평온과 종교감정을 그 보호법익으로 한다. (나) (사실관계 분석; 생략함.) (다) A 및 그를 따르는 신도들의 ㉮행위는 N교회 교인들의 예배를 방해하기 위한 행위라고 볼 수밖에 없어 예배방해죄에서 보호하는 '예배'에 해당된다고 보기는 어렵다.

2) 2013. 2. 14. 2010도13450, [미간행].

3) 1971. 9. 28. 71도1465, 집 19③, 형17.

4) 2008. 2. 28. 2006도4773, [미간행] =『부활절 예배 준비방해 사건』.

벌하고 있다(동법3① 13호).

(3) 실행행위

장례식 · 제사 · 예배 · 설교 등을 방해한다 함은 장례식, 제사, 예배 또는 설교 등의 의식을 평온히 수행하는 데에 지장을 주는 것을 말한다. 방해행위의 수단과 방법에는 제한이 없다. 일시적인 행위라도 무방하다. 그러나 적어도 객관적으로 보아 장례식 등의 평온한 수행에 지장을 줄만한 행위를 함으로써 장례식 등의 절차와 평온을 저해할 위험이 초래될 수 있는 정도는 되어야 한다.[1]

장례식장이나 예배장소 등에 침입하여 폭행 · 폭언 · 소란행위를 하는 것은 장례식 등의 방해에 해당한다.[2] 방해는 장례식, 제사 또는 예배 · 설교 도중에 방해하는 경우뿐만 아니라 장례식, 제사 또는 예배 · 설교와 시간적으로 밀접불가분의 관계에 있는 준비단계에서 방해하는 것도 포함한다.[3] 그러나 장례식, 제사 또는 예배 · 설교의 준비단계 이전이나 종료 이후에는 장례식등방해죄가 성립하지 않는다. 제사상에 사용할 음식을 마련하여 임시로 작은 상 위에 올려놓은 것을 발로 차는 행위만으로는 제사방해죄가 성립하지 않는다.[4] 출입문 자물쇠를 교체하여 장기간 예배당 건물의 출입을 통제한 사실만으로는 예배방해죄가 성립한다고 볼 수 없다.[5]

장례식 · 제사 · 예배 · 설교 등의 방해는 장례식 · 제사 · 예배 · 설교 등의 평온한 진행에 지장을 주는 것으로 족하며 실제로 장례식 · 제사 · 예배 · 설교 등이 저지 내지 방해되었다는 결과발생까지 요하지 않는다.[6]

2. 사체등오욕죄

형법 제159조 (사체 등의 오욕) 사체, 유골 또는 유발(遺髮)을 오욕한 자는 2년 이하의 징역 또는 500만원 이하의 벌금에 처한다.

사체등오욕죄는 사자(死者)에 대한 경건감정을 보호법익으로 한다. 사체라 함은 사자(死者)의 신체의 전부 또는 일부를 의미한다. 반드시 완전한 것에 국한되지 않고 두부(頭部)나

1) 2013. 2. 14. 2010도13450, [미간행].
2) 1971. 9. 28. 71도1465, 집 19③, 형17.
3) 2008. 2. 28. 2006도4773, [미간행] =『부활절 예배 준비방해 사건』.
4) 1982. 2. 23. 81도2691, 공 1982, 399 =『작은 상 걷어차기 사건』.
5) 2008. 2. 1. 2007도5296, 공 2008상, 347 = 분석 각론 『장롱 들여놓기 사건』.
6) 2013. 2. 14. 2010도13450, [미간행].

사지(四肢)와 같은 사체의 일부 또는 내용물도 포함한다. 사람의 형태를 구비한 이상 태아의 사체도 여기에 포함된다. 유골은 사자의 제사, 기념을 위하여 보존하는 유해를 말한다. 유발은 사자의 제사 또는 기념을 위하여 보존하고 있는 모발을 말한다.

사체등오욕죄의 객체는 사람의 시체와 같이 종교적 기념이나 숭경의 대상이 될 수 있는 것이면 족하다. 그러나 사체나 유골 · 유발 등이 사자의 인격을 떠나 학술상의 표본 또는 실험용으로 사용되는 경우에는 사체등오욕죄의 객체가 되지 않는다.

오욕이라 함은 폭행 기타 유형력의 행사에 의하여 모욕적인 행위를 하는 것이다. 오욕은 단순한 모욕과 구별된다. 오욕은 폭행 등 어떠한 유형력의 행사를 수반하는 모욕적 행위이다. 사체 등에 대해 단순히 언어적 표현으로 하는 모욕행위는 사체등오욕죄에 해당하지 않는다. 사체 등에 침을 뱉는 행위는 폭행의 일종이므로 오욕에 해당한다.

3. 분묘발굴죄

형법 제160조 (분묘의 발굴) 분묘를 발굴한 자는 5년 이하의 징역에 처한다.

◎ 미수범 처벌함(법162)

(1) 구성요건요소

분묘발굴죄의 보호법익은 분묘에 대한 사람의 인륜도덕 내지 종교적 감정이다.[1] 분묘발

---

1) 1990. 2. 13. 89도2061, 공 1990, 704 = 『봉분만 6미터 옮기기 사건』:

M묘지에 N분묘가 있다. N분묘는 허묘나 치표(置標)가 아니다. A는 N분묘를 자신의 6대 조모의 분묘로 알고 수호, 봉사(奉祀)하였다. A는 1975년경 미국으로 이민을 갔다. A는 그의 동서인 B에게 N분묘의 관리를 부탁하였다. B는 N분묘를 관리해 왔다. 갑은 N분묘의 봉분을 약 6미터가량 떨어진 산 밑으로 옮겼다. A는 갑을 고소하였다.

검사는 갑을 분묘발굴죄로 기소하였다. 갑의 피고사건은 제1심을 거친 후, 항소심에 계속되었다. 항소법원은 유죄를 인정하였다. 갑은 불복 상고하였다. 갑은 상고이유로 다음의 점을 주장하였다. (가) N분묘는 A의 6대 조모의 분묘라고 하나 사자가 누구인지 불분명하다. (나) N분묘는 너무 오래되어 토괴화되어버렸다. (다) 토괴화된 분묘의 봉분 부분만을 옮기는 것은 분묘발굴에 해당하지 않는다.

대법원은 다음의 이유를 제시하여 상고를 기각하였다. 대법원은 분묘발굴죄에 대해 다음과 같이 설시하였다. (가) 형법 제160조 소정의 분묘발굴죄는 분묘에 대한 사람의 인륜도덕 내지 종교적 감정을 보호하는 것을 목적으로 한다. (나) 분묘발굴죄는 분묘의 복토의 전부 또는 일부를 제거하거나 이를 파괴, 해체하여 분묘를 손괴하는 행위를 그 대상으로 하고 있다. (다) 분묘발굴죄의 객체인 분묘는 사람의 사체, 유골, 유발 등을 매장하여 제사나 예배 또는 기념의 대상으로 하는 장소를 말한다. (라) 사체나 유골이 토괴화하였을 때에도 분묘인 것이다. (마) 그 사자가 누구인지 불명하다고 할지라도 현재 제사 숭경하고 종교적 예의의 대상으로 되어 있고 이를 수호 봉사하는 자가 있으면 여기에 해당한다.

대법원은 갑의 행위에 대해 다음과 같이 판단하였다. (가) N분묘는 고소인 A가 자신의 6대 조모의 분묘로 알고 수호, 봉사하다가 1975년경 미국으로 이민가면서 그의 동서인 B에게 그 관리를 부탁하여 동인이 이를

굴죄의 주체에 제한은 없다. 사자(死者)의 자손이라도 분묘발굴죄의 주체가 될 수 있다. 따라서 생모의 분묘라 할지라도 그 관리자의 의사에 반하여 발굴하는 행위는 분묘발굴죄를 구성한다.[1)]

분묘는 사람의 사체, 유골 · 유발 등을 매장하여 제사나 예배 또는 기념의 대상으로 하는 장소를 말한다.[2)] 분묘가 오래도록 사토(莎土)를 하지 않았기 때문에 묘의 봉분이 없어지고 평토와 가까이 되어 있고, 묘비 등 표식이 없는 경우에도 현재 이를 제사 · 숭경하고 종교적 의례의 대상으로 하는 사람이 있으면 분묘발굴죄의 분묘에 해당한다.[3)] 분묘가 오래되어 사체나 유골이 토괴(土塊)화하였을 때에도 분묘발굴죄의 분묘에 해당한다. 분묘에 매장된 사자가 누구인지 불명하다고 할지라도 현재 제사 · 숭경하고 종교적 예의의 대상으로 되어 있고 이를 수호 · 봉사하는 자가 있으면 분묘발굴죄의 분묘에 해당한다.[4)]

분묘의 형태를 갖추고 있더라도 사체나 유골 등이 매장되어 있지 아니한 경우, 또는 고분 등과 같이 전혀 종교적 숭경의 대상이 되지 아니할 때에는 분묘발굴죄의 분묘에 해당하지 않는다.

발굴은 분묘의 복토(覆土)의 전부 또는 일부를 제거하거나 묘석 등을 파괴하여 분묘를 손괴하는 행위를 말한다.[5)] 분묘발굴죄는 사람의 종교적 감정을 보호하는 것이 목적이

관리해 온 것이다. (나) 갑은 N분묘의 봉분을 약 6미터가량 떨어진 산 밑으로 옮겼다. (다) N분묘는 허묘나 치표가 아니다. (라) N분묘는 형법 제160조에서 말하는 분묘에 해당한다. (마) 갑이 그 봉분을 옮긴 소위는 N분묘를 발굴한 것에 해당한다.

1) 1971. 10. 25. 71도1727, 집 19③, 형39 = 『'좋은 곳 개장' 사건』:

1928. 4. 26. A는 B와 혼인하여 갑을 출산하였다. 1932. 4. 9. B가 사망하였다. A는 개가하여 C를 출산하고 사망하였다. C는 사건 발생 약 9년전 생모 A의 M분묘를 설묘하여 관리하여 왔다. 갑은 자기 생모의 묘지가 좋지 않은 곳이어서 좋은 곳으로 옮기고자 M분묘를 발굴하여 그 유골을 가져 왔다(㉮행위). 갑은 C의 방해로 개장하지 못하고, 5일 만에 C에게 유골을 반환하였다.

검사는 갑을 분묘발굴죄로 기소하였다. 갑의 피고사건은 제1심을 거친 후, 항소심에 계속되었다. 항소법원은 다음의 이유를 들어 무죄로 판단하였다. (가) ㉮행위는 분묘를 해치기 위한 것이 아니고, 갑의 생모의 유골을 좋은 곳으로 개장하기 위하여 묘를 파고 옮겼던 것이다. (나) ㉮행위에 분묘발굴죄의 범의가 없다. 검사는 불복 상고하였다.

대법원은 다음의 이유를 제시하여 원심판결을 파기환송하였다. (가) 망 A는 갑의 생모인 동시에 C의 생모이다. (나) M분묘는 C가 관리하여 오던 분묘이다. (다) 분묘발굴의 피해법익은 종교 감정의 공서 양속이다. (라) 갑의 의도가 분묘를 해치기 위한 것이 아니고, 갑의 생모의 유골을 좋은 곳으로 개장하기 위한 것이라고 하자. (마) 설사 그렇다고 하더라도 적어도 분묘를 관리하고 있는 C의 의사에 반하여 이루어진 ㉮소위를 범의가 없다 하여 위법성을 배제하는 것이라고 볼 수 없다.

2) 1990. 2. 13. 89도2061, 공 1990, 704 = 『봉분만 6미터 옮기기 사건』.

3) 1976. 10. 29. 76도2828, 공 1977, 9636.

4) 1990. 2. 13. 89도2061, 공 1990, 704 = 『봉분만 6미터 옮기기 사건』.

5) 1990. 2. 13. 89도2061, 공 1990, 704 = 『봉분만 6미터 옮기기 사건』.

므로 발굴행위에는 유골이나 사체가 외부로부터 인식할 수 있는 상태까지 현출될 필요는 없다.[1)]

(2) 위법성조각사유

분묘발굴죄는 그 분묘에 대하여 아무런 권한 없는 자나 또는 권한이 있는 자라도 사체에 대한 종교적 양속에 반하여 함부로 이를 발굴하는 경우만을 처벌대상으로 한다. 법률상 그 분묘를 수호 · 봉사하며 관리하고 처분할 권한이 있는 자 또는 그로부터 정당하게 승낙을 얻은 자가 사체에 대한 종교적 · 관습적 양속에 따른 존숭의 예를 갖추어 이를 발굴하는 경우에는 그 행위의 위법성이 조각된다.[2)] 분묘에 대한 봉사 · 수호 및 관리 · 처분권은 종중이나 그 후손들 모두에게 속해 있는 것이 아니라 오로지 그 분묘에 관한 제사주재자(민법1008의3)에게 전속한다.[3)]

토지구획정리사업 시행자로부터 분묘의 개장명령을 받았다 하더라도 그 분묘를 보존 · 수호하는 권한 있는 자의 제지를 무릅쓰고 한 분묘발굴행위는 정당한 것으로 될 수 없다.[4)]

4. 사체등영득죄

형법 제161조 (사체 등의 영득) ① 사체, 유골, 유발 또는 관 속에 넣어 둔 물건을 손괴(損壞), 유기, 은닉 또는 영득(領得)한 자는 7년 이하의 징역에 처한다.

◎ 미수범 처벌함(법162)

사체등영득죄의 보호법익은 신앙에 관한 죄 일반의 보호법익인 종교적 감정이다. 사체등영득죄의 객체로서의 사체, 유골 · 유발, 관내에 장치한 물건 등은 재물이 아니다. 따라서 이들을 손괴, 은닉, 유기, 영득하는 행위도 재산적 손해를 야기하는 행위로 볼 수 없다.

사체등영득죄의 주체에 제한은 없다. 사자(死者)의 자손도 사체등영득죄의 주체가 될 수 있다. 사체, 유골 · 유발의 개념은 앞에서 설명하였다. 관내에 장치(藏置)한 물건은 제사, 기념의 직접적 목적인 사체, 유골 · 유발 등과 함께 관내에 넣어둔 물건을 의미한다. 사체등영득죄는 재산권을 보호하는 것이 아니므로 관내에 장치한 물건이 재산성을 가지는지, 그 소유자

1) 1962. 3. 29. 4294형상539, 총람 160조 3번.
2) 1995. 2. 10. 94도1190, 공 1995, 1364 = 분석 각론『화장방식 결의 사건』.
3) 1995. 2. 10. 94도1190, 공 1995, 1364 = 분석 각론『화장방식 결의 사건』.
4) 1978. 5. 9. 77도3588, 공 1978, 10882.

가 누구인지를 묻지 않는다.

사체등영득죄의 행위는 사체, 유골·유발 또는 관내에 장치한 물건을 손괴, 유기, 은닉 또는 영득하는 것이다. 손괴는 사체 등을 물리적으로 손상, 파괴하는 것을 의미한다. 유기에는 적극적으로 사체 등을 다른 곳에 옮겨서 방기(放棄)하는 경우와 소극적으로 사체를 방치(放置)함에 그치는 경우가 있다.

사체를 적극적으로 방기(放棄)하는 경우에는 방기자에게 사체 등에 대한 장제(葬祭)의무나 감호의무가 있는지를 묻지 않는다. 그러나 사체를 소극적으로 방치(放置)하는 경우에는 법령 또는 관습에 의하여 장제 의무가 있거나 사체를 감호할 책무가 있어야 사체유기죄가 성립한다. 사실상 부부관계에 있는 사람에게는 조리상 사체에 대한 장제 의무나 사체 감호의 책무가 있다.[1]

그러나 범인이 인적이 드문 곳에서 사람을 살해하고 사체를 현장에 방치한 경우에는 부작위로 인한 사체유기죄가 성립하지 않는다.[2] 그렇지만 범인이 살인의 죄적을 인멸하기 위하여 다른 장소에 옮겨 사체를 방기한 경우에는 사체유기죄가 성립한다. 이 경우 살인죄와 사체유기죄는 실체적 경합관계에 있다.[3]

영득이란 소지를 불법하게 취득하는 일체의 행위를 말한다. 사체등영득죄는 객체에 대한 소유권 등을 보호하려는 것이 아니라 종교적 감정이나 풍속을 보호하려는 것이므로 범인에게 경제적인 이득을 얻으려는 의사는 필요하지 않다. 사체등영득죄의 객체가 절취, 편취, 갈취 등의 방법에 의하여 영득되었을 때 본죄와 함께 별도로 재산죄가 성립할 것인지 문제된다.

생각건대 다음의 이유에서 별도의 재산죄 성립을 부정하는 것이 타당하다고 본다. 첫째

---

1) 2023. 4. 13. 2023도2627, 법률신문 2023. 5. 1.자 =『베란다 감금 사망 사건』:

갑은 중고거래 사이트를 통해 A와 알게 되어 사실혼 관계에 있었다. 갑은 A에 대한 외도 의심으로 분노와 적개심을 느꼈다. 갑은 8일간 A에게 폭력을 행사하고 베란다에 감금하였다. A가 애원했지만 갑의 폭력은 중단되지 않았다. 8일 동안 베란다에서 감금당한 A는 전신에 둔력 손상을 입고 저체온증으로 사망하였다. 갑은 A의 사체를 감추고 경찰에 의해 발견될 때까지 방치하였다.

검사는 갑을 살인죄 및 사체유기죄로 기소하였다. 갑은 다음의 점을 들어서 사체유기죄에 해당하지 않는다고 주장하였다. (가) 갑은 A의 사체를 이전하지 않았다. (나) 갑은 A의 사체를 매장할 법률상 의무가 없다. 제1심법원은 다음과 같이 판단하여 사체유기죄를 인정하였다. (가) 갑과 A는 사실상 부부 관계로 볼 수 있다. (나) 갑은 A의 사체에 대한 조리상 의무가 있다. (다) 갑이 계속해서 사체를 방치한 결과 사체가 부패하였으며, 사회적 풍속이 훼손되었다. (라) 갑에게 사체유기에 대한 고의를 인정할 수 있다.

갑은 제1심판결에 불복하여 항소하였다. 항소법원은 항소를 기각하고, 제1심판결을 유지하였다. 갑은 불복 상고하였다. 대법원은 상고를 기각하였다. 대법원은 제1심의 판단을 수긍하여 그대로 유지하였다.

2) 1986. 6. 24. 86도891, 공 1986, 982 = 분석 각론『만경산 강도살인 사건』.

3) 1984. 11. 27. 84도2263, 공 1985, 119 = 분석 각론『시체 마루 밑 은닉 사건』.

로, 입법자는 사체등영득죄를 재산죄와 구별하여 별도로 규정하고 있다. 둘째로, 사체, 유골·유발, 관내장치물 등은 일반적인 재산권의 객체가 될 수 없다. 셋째로, 사체등영득죄가 절도죄(법329; 6년 이하의 징역 또는 1천만원 이하의 벌금)보다 무거운 7년 이하의 징역으로 처벌되어 별도의 재산죄 성립을 인정해야 할 필요성이 적다. 그러나 사체 등으로부터 탈락한 금이빨과 같이 사체 등과는 별개로 분리되어 유족의 권리에 속하는 재물은 소유권의 대상으로서 재산죄의 객체가 될 수 있다.[1]

5. 분묘발굴사체등영득죄

형법 제161조 ② 분묘를 발굴하여 제1항의 죄를 지은 자는 10년 이하의 징역에 처한다.

◎ 미수범 처벌함(법162)

형법 제161조 제2항은 불법으로 분묘를 발굴한 자가 형법 제161조 제1항의 죄를 범하면 10년 이하의 징역으로 가중처벌하고 있다. 형법 제161조 제2항의 죄는 분묘발굴죄와 사체등영득죄의 결합범이다. 형법 제161조 제2항의 죄가 성립하면 분묘발굴죄(법160)는 그 죄에 흡수된다.

제 3 변사체검시방해죄

형법 제163조 (변사체 검시 방해) 변사자의 사체 또는 변사(變死)로 의심되는 사체를 은닉하거나 변경하거나 그 밖의 방법으로 검시(檢視)를 방해한 자는 700만원 이하의 벌금에 처한다.

변사체검시방해죄는 행정경찰 목적이나 범죄수사 목적을 달성하기 위하여 마련된 것이다. 행위객체가 사체이므로 편의상 신앙에 관한 죄에 규정되어 있다. 변사체검시방해죄의 객체는 변사자의 사체 또는 변사의 의심 있는 사체이다. 변사자라 함은 부자연한 사망으로서 그 사인이 분명하지 않은 자를 의미한다. 질병으로 의사의 치료를 받아 오다가 약효 없이 사망하여 그 사인이 명백한 것은 변사자라고 할 수 없다.[2] 그러나 부자연한 사망의 의심이 있

---

1) 후술 1004면 이하 참조.

2) 1970. 2. 24. 69도2272, 집 18①, 형14 = 『부인 사체 남편 인도 사건』:

의사 갑은 P병원을 경영하고 있다. (연도 생략함.) 1. 29. 10:00경 A는 자궁외 임신으로 P병원에 입원하였다. 1. 29. 22:00 A는 갑으로부터 수술을 받고 입원치료를 받고 있었다. 2. 8. A에게 폐동맥천색증이 발생하였다. A는 치료를 받았으나 결국 사망하였다. B는 A의 남편이다. B는 A의 사체를 인도해 줄 것을 의사 갑에게 요구하였다. 갑은 변사체검시 절차를 거치지 않고 B의 요구대로 A의 사체를 인도하였다.

거나 사망의 원인이 분명하더라도 범죄에 의한 사망의 경우는 변사자에 해당한다.

「의료법」은 의사 · 치과의사 · 한의사 및 조산사에게 변사체 신고의무를 부과하고, 이에 위반하는 사람을 처벌하고 있다(동법26, 90). 「의료법」에서 규정한 변사체와 형법의 변사체검시방해죄의 변사체는 같은 의미라고 생각된다.

변사의 의심 있다 함은 사인(死因)에 관한 병리학적 관점에서 변사의 의심이 있는 것을 의미하는 것이 아니라 법의학적 관점에서 의심이 있는 경우를 가리킨다. 따라서 이를 판단할 때에는 사체 자체로부터 인식할 수 있는 이상뿐만 아니라 사체가 발견된 경위, 장소, 상황, 성별 등 제반 사정까지 고려하여야 한다.[1]

검사는 갑을 변사체검시방해죄로 기소하였다. 제1심법원은 무죄를 선고하였다. 검사는 불복 항소하였다. 항소법원은 항소를 기각하고, 제1심판결을 유지하였다. 검사는 불복 상고하였다.

대법원은 다음의 이유를 제시하여 상고를 기각하였다. (가) 형법 제163조에 변사자라 함은 부자연한 사망으로서 그 사인이 분명하지 않은 자를 의미한다. (나) 질병으로 의사의 치료를 받아오다가 그 약효 없이 사망하여 그 사인이 명백한 것은 변사자라고 할 수 없다. (다) 망 A는 1. 29. 10:00경 자궁외 임신으로 갑 경영의 병원에 입원하여 같은 날 22:00에 갑으로부터 수술을 받고 입원치료를 받고 있던 중 같은 해 2. 8. 폐동맥천색증이 발생하여 그 치료를 하였으나 결국 사망하게 되어 그 남편의 요구로 그 사체를 인도하였다. (라) A가 폐동맥천색증으로 인하여 사망한 것이라는 사실이 인정된다. (마) 그 사인이 명백한 것이므로 그 사체를 검시받기 전에 그 가족에게 인도한 갑의 소위는 형법 제163조의 검시방해죄가 되지 않는다.

1) 2001. 3. 23. 2000도4464, 공 2001, 1057 =『멍든 환자 사망진단 사건』:

「의료법」 제26조는 "의사 · 치과의사 · 한의사 및 조산사는 사체를 검안하여 변사(變死)한 것으로 의심되는 때에는 사체의 소재지를 관할하는 경찰서장에게 신고하여야 한다."라고 규정하고 있다. 이에 위반한 자는 의료법 제90조에 따라 500만원 이하의 벌금으로 처벌된다.

A와 B는 부부 사이이다. 갑은 의사이다. [B가 갑의 병원에 실려왔다.] 갑은 B를 진료하였다. 갑은 진료를 시작할 무렵 B의 왼쪽 다리, 하퇴부, 대퇴부, 왼쪽 팔 상완부, 전완부 등에 피멍이 들어 있었던 것을 관찰하였다. 갑은 A와 B의 아들 C로부터 A와 B가 싸웠다는 사실을 전해들었다. B가 사망하였다. 갑은 ㉠사인(내용불명)을 이유로 B에 대한 사망진단을 내렸다. 갑은 관할 경찰서장에게 변사체 신고를 하지 않았다.

검사는 갑을 의료법위반죄로 기소하였다. 갑의 피고사건은 제1심을 거친 후, 항소심에 계속되었다. 항소법원은 유죄를 인정하였다. 갑은 불복 상고하였다. 갑은 상고이유로 다음의 점을 주장하였다. (가) B는 ㉠사인으로 사망하였다. (나) B의 사체는 사인이 분명하므로 변사체가 아니다.

대법원은 다음의 이유를 제시하여 상고를 기각하였다. 대법원은 의료법상 사체 검안의 의미에 대해 다음과 같이 설시하였다. (가) 의료법 제2[6]조 소정의 '사체 검안'이라 함은 이미 사망한 사체를 검안하는 경우는 물론 위 법조의 규정 취지로 보아 치료하던 환자가 사망하여 사망의 진단을 하는 경우도 포함된다. (나) '변사의 의심'이란 사인에 관한 병리학적 관점에서 그러한 의심이 있는 것을 의미하는 것이 아니라 법의학적인 관점에서 의심이 있는 경우를 가리킨다고 해석된다. (다) 따라서 이를 판단함에 있어서는 사체 자체로부터 인식할 수 있는 이상뿐만 아니라 사체가 발견된 경위, 장소, 상황, 성별 등 제반 사정까지 고려하여야 한다.

대법원은 갑의 행위에 대해 다음과 같이 판단하였다. (가) 갑은 진료를 시작할 무렵 B의 왼쪽 다리, 하퇴부, 대퇴부, 왼쪽 팔 상완부, 전완부 등에 피멍이 들어 있었던 것을 관찰하였다. (나) B의 아들인 C로부터 부모인 A와 B가 싸웠다는 사실을 전해들었다. (다) 이러한 경우 사망진단을 한 의사인 갑으로서는 B의 사망에 법의학적인 이상이 있는 것이라고 의심할 사정이 충분히 있다고 보여지므로 '변사의 의심'이 있은 때에 해당한다. (라) 변사체 신고를 하지 아니한 갑은 유죄로 인정된다.

검시(檢視)는 사체를 오관의 작용에 의하여 인식하는 이른바 검증(檢證)(형소법139, 215, 216, 217)을 의미한다. 검시는 사법검시와 행정검시를 모두 포함한다. 검시방해는 검시 이전에 사체에 대하여 외적 · 내적으로 변화를 일으키는 일체의 행위를 포함한다. 사체를 은닉하거나 사체의 현상을 변경하는 것은 검시방해의 한 예이다.

제13장 방화와 실화의 죄

제1 서 설

1. 방화죄와 실화죄의 체계

형법 각칙 제13장은 방화와 실화의 죄를 규정하고 있다. 각칙 제13장 방화와 실화의 죄, 제14장 일수와 수리에 관한 죄, 제15장 교통방해의 죄는 모두 공공위험범에 속한다. 이들 죄는 사회의 일반적 안전, 즉 불특정 또는 다수인의 생명, 신체의 안전을 위협하는 행위를 처벌대상으로 하고 있다는 점에서 공통된다.

형법은 방화죄를 규정하면서 무거운 범죄에서부터 시작하여 가벼운 범죄로 나아가는 순차적 배열방식을 취하고 있다.[1] 즉, 현주건조물방화죄(법164①), 공용건조물방화죄(법165), 타인소유 일반건조물방화죄(법166①), 자기소유 일반건조물방화죄(법166②), 타인소유 일반물건방화죄(법167①), 자기소유 일반물건방화죄(법167②)로 배열한 것이 그것이다. 이와 같이 단계적 배열순서를 취한 것은 후순위 방화죄가 선순위 방화죄에 대해 보충관계에 있음을 나타내기 위함이다. 그 결과 선순위의 방화죄가 성립하면 후순위 방화죄는 법조경합의 관계에 서게 되어 독자적으로 성립하지 않는다.

동일한 배열순서는 실화죄의 경우에도 상정할 수 있다. 그러나 입법자는 조문구성의 편의를 위하여 객체가 타인소유인 경우와 자기소유인 경우로 나누어서 형법 제170조 제1항과 제2항에 각각 규정하고 있다. 방화죄와 실화죄의 배열기준이 달라짐에 따라 발생하는 해석상 문제점에 대해서는 실화죄의 항목에서 설명한다.

2. 추상적 위험범과 구체적 위험범

일반적으로 위험범은 구체적 위험범과 추상적 위험범으로 구별된다. 구체적 위험범은 법익침해의 위험성이 특히 범죄의 성립요건으로 명시되어 있는 경우이며, 범죄성립을 위하여 그 위험발생이 증명되어야 한다. 이에 반하여 추상적 위험범은 위험발생이 범죄의 성립요건

---

1) 형법 제164조, 제165조, 제166조는 불태우는 행위의 객체로 건조물, 기차, 전차, 자동차, 선박, 항공기, 지하채굴시설을 규정하고 있다. 아래에서는 서술의 편의를 도모하기 위하여 이들 객체를 '건조물 등'으로 통칭하고, 죄명을 현주건조물방화죄, 공용건조물방화죄, 일반건조물방화죄로 표시하기로 한다.

으로 규정되어 있지 않은 경우로서, 구성요건에 해당하는 사실이 존재하기만 하면 입법자에 의해 위험이 있다고 평가되어 위험발생 여부에 대한 증명이 필요 없다.

구체적 위험범과 추상적 위험범의 구별은 증명의 필요성 여부에도 관계되지만, 해당범죄의 고의와 관련해서도 중요한 의미를 가진다. 구체적 위험범의 경우에는 위험발생이 객관적 구성요건의 일부이므로 고의의 인식대상으로서 그에 대한 인식 · 인용이 필요하게 된다. 이에 대해 추상적 위험범의 경우에는 고의의 내용으로 위험발생의 인식 · 인용을 요하지 않는다.

3. 보호법익

형법 각칙 제13장 방화와 실화의 죄는 공중의 생명, 신체, 재산을 보호법익으로 하고 있다. 여기에서 공중의 생명, 신체, 재산 등에 대한 위험발생을 가리켜서 공공의 위험발생이라고 한다. 예컨대 현주건조물방화죄(법164①)의 경우 공공의 위험발생은 구성요건에 명시되어 있지 않으므로 현주건조물방화죄는 추상적 위험범이다.[1] 이에 대해 타인소유 일반물건방화죄(법167①)는 구성요건에 공공의 위험발생이 구성요건에 명시되어 있으므로 구체적 위험범이다.

방화와 실화의 죄는 공공의 생명, 신체에 대한 위험범의 전형적인 예라고 말할 수 있다. 그런데 방화와 실화의 죄는 동시에 재산죄로서의 성질도 가지고 있다. 방화와 실화의 죄는 화력에 의한 재산적 침해를 수반하는 것이 보통이기 때문이다. 형법이 자기소유 일반건조물 등과 자기소유 일반물건에 대한 방화죄 및 실화죄에 대하여 여러 가지 감경적 특칙(법166②, 167②, 176 참조)을 마련하고 있는 것은 이 점을 고려한 것이다.

이상의 점에 비추어 볼 때 방화와 실화의 죄는 공중의 생명, 신체, 재산 등에 대한 위험을 예방하기 위하여 공공의 안전을 제1차적 보호법익으로 하면서, 제2차적으로는 개인의 재산권을 보호하는 것이라고 말할 수 있다.[2]

4. 타인의 권리대상이 된 자기의 물건

형법 제176조는 "자기의 소유에 속하는 물건이라도 압류 기타 강제처분을 받거나 타인의 권리 또는 보험의 목적물이 된 때에는 본장의 규정의 적용에 있어서 타인의 물건으로 간주한다."고 규정하고 있다. 형법 제176조는 각종 방화죄(법164 내지 167)뿐만 아니라 연소죄

1) 1983. 1. 18. 82도2341, 공 1983, 463 = 백선 총론 『은봉암 방화 사건』.
2) 1983. 1. 18. 82도2341, 공 1983, 463 = 백선 총론 『은봉암 방화 사건』.

(법168), 실화죄(법170, 171) 등 형법 각칙 제13장 방화와 실화의 죄에 규정된 죄에 전반에 적용된다.

현주건조물방화죄(법164①) 및 공용건조물방화죄(법165)의 경우에는 객체가 자기소유인가 타인소유인가를 묻지 않는다. 이에 대해 일반건조물방화죄(법166)나 일반물건방화죄(법167)의 경우에는 객체가 자기소유인가 타인소유인가에 따라 법정형이 달라진다. 불태워지는 객체가 자기소유인 때에는 타인의 재산권이 침해되지 않기 때문이다.

그렇지만 객체가 자기소유에 속하더라도 그것이 압류 기타 강제처분을 받거나 타인의 권리 또는 보험의 목적물이 된 때에는 객체가 불태워지는 것으로 인한 손해가 타인에게 미치거나 미칠 우려가 있다. 이러한 경우에 자기소유의 객체를 불태우는 행위를 타인소유의 객체를 불태우는 행위와 동일하게 처벌하려는 것이 형법 제176조의 취지이다.

형법 제176조가 적용되기 위한 요건은 불태우는 객체가 압류 기타 강제처분을 받거나 타인의 권리 또는 보험의 목적물이 된 때이다. 압류는 공무원이 직무상 보관해야 할 물건의 점유를 강제로 자신의 지배하에 옮겨오는 것을 말한다. 압류는 행정강제, 민사집행, 강제수사 등의 형태로 나타난다. 기타 강제처분은 압류에 준하는 강제처분으로서 가압류 등을 생각할 수 있다. 타인의 권리는 물권뿐만 아니라 임차권과 같이 점유를 수반하는 채권도 포함한다. 보험은 화재보험에 한정되지 않는다. 해상보험, 운송보험 등 널리 물건의 멸실 · 손상에 대비하여 가입되어 있는 보험이면 된다.

제 2 방화죄의 기본유형 – 현주건조물방화죄

형법 제164조 (현주건조물 등 방화) ① 불을 놓아 사람이 주거로 사용하거나 사람이 현존하는 건조물, 기차, 전차, 자동차, 선박, 항공기 또는 지하채굴시설을 불태운 자는 무기 또는 3년 이상의 징역에 처한다.

◎ 미수범 처벌함(법174)

◎ 예비 · 음모 처벌함. 단, 자수의 특례규정 있음(법175 본문 · 단서)

1. 행위객체

현주건조물방화죄의 객체는 사람이 주거로 사용하거나 사람이 현존하는 건조물, 기차, 전차, 자동차, 선박, 항공기, 또는 지하채굴시설(이하 건조물 등으로 약칭함)이다. 건조물 등이 누구의 소유에 속하는지는 묻지 않는다.

(가) 건조물 건조물은 방화죄 전반에 걸쳐 행위객체를 이루고 있다. 건조물은 (가)

토지에 정착되고 (나) 벽 또는 기둥과 지붕 또는 천장으로 구성되어 (다) 사람이 내부에 기거하거나 출입할 수 있는 공작물을 말한다. 반드시 사람의 주거용이어야 하는 것은 아니라도 사람이 사실상 기거·취침에 사용할 수 있는 정도는 되어야 한다.[1)]

(나) 사 람 현주건조물방화죄의 객체인 건조물 등은 (가) 사람이 주거로 사용하거나, (나) 사람이 현존하는 것이어야 한다. 이 경우에 사람이란 범인 이외의 다른 사람을 말한다. 따라서 범인만이 주거로 사용하는 건조물 등은 사람이 주거로 사용하는 경우에 해당하지 않는다. 그러나 범인의 처자나 기타 가족은 여기의 사람에 해당한다. 현주건조물방화죄의 객체로 되기 위해서는 사람이 주거로 사용하거나 또는 사람이 현존한다는 택일적 관계가 있으면 족하다.

(다) 현 주 주거로 사용한다 함은 범인 이외의 자가 기와침식(起臥寢食)하는 장소로서 일상적으로 사용되고 있음을 요한다. 방화 당시에 범인 이외의 사람이 현존하고 있었는지는 묻지 않는다. 주야간 끊임없이 사람이 있을 필요도 없다. 건조물의 일부만이 기와침식에 사용되고 있어도 현주건조물방화죄의 객체에 해당한다.[2)]

---

1) 2013. 12. 12. 2013도3950, 공 2014상, 214 =『공원 부지 폐가 방화 사건』:

M지구에 신도시 개발사업이 진행되고 있다. M지구 내 N구역은 공원 조성 부지이다. N구역에는 철거 대상 건물인 ㉠폐가가 있다. ㉠폐가는 지붕과 문짝, 창문이 없고 담장과 일부 벽체가 붕괴된 건물로서 사실상 기거·취침에 사용할 수 없다. 갑은 ㉠폐가의 내부와 외부에 쓰레기를 모아놓고 태웠다. 그 불길은 ㉠폐가 주변 수목 4~5그루를 태우고 ㉠폐가의 벽을 일부 그을리게 하는 정도에 이르렀다.

검사는 갑을 일반물건방화죄로 기소하였다. 제1심법원은 유죄를 인정하였다. 갑은 불복 항소하였다. 항소법원은 제1심판결을 파기하고 무죄를 선고하였다. 검사는 불복 상고하였다.

대법원은 다음의 이유를 제시하여 상고를 기각하였다. 대법원은 방화죄의 건조물 개념에 대해 다음과 같이 설시하였다. (가) 형법상 방화죄의 객체인 건조물은 (ㄱ) 토지에 정착되고 (ㄴ) 벽 또는 기둥과 지붕 또는 천장으로 구성되어 (ㄷ) 사람이 내부에 기거하거나 출입할 수 있는 공작물을 말한다. (나) 반드시 사람의 주거용이어야 하는 것은 아니라도 사람이 사실상 기거·취침에 사용할 수 있는 정도는 되어야 한다.

대법원은 갑의 행위에 대해 다음과 같이 판단하였다. (가) ㉠폐가는 지붕과 문짝, 창문이 없고 담장과 일부 벽체가 붕괴된 철거 대상 건물로서 사실상 기거·취침에 사용할 수 없는 상태의 것이다. (나) 그러므로 ㉠폐가는 형법 제166조의 건조물이 아닌 형법 제167조의 물건에 해당한다. (다) 갑이 ㉠폐가의 내부와 외부에 쓰레기를 모아놓고 태워 그 불길이 ㉠폐가 주변 수목 4~5그루를 태우고 폐가의 벽을 일부 그을리게 하는 정도만으로는 방화죄의 기수에 이르렀다고 보기 어렵다. (라) 일반물건방화죄에 관하여는 미수범의 처벌규정이 없다. (마) 그러므로 갑은 무죄이다.

2) 1967. 8. 29. 62도925, 총람 164조 14번 =『우사 점화 사건』:

갑은 친형 A가 갑에게 생활비를 보조하여 주지 아니한다는 이유로 불만을 품고 있었다. 갑은 A가 거주하고 있는 ㉠가옥을 소각할 목적으로 ㉠가옥의 일부로 되어 있는 ㉡우사(牛舍)에 점화하였다.

검사는 갑을 현주건조물방화죄로 기소하였다. 제1심법원은 유죄를 인정하였다. 갑은 불복 항소하였다. 항소법원은 항소를 기각하고, 제1심판결을 유지하였다. 갑은 불복 상고하였다.

대법원은 다음의 이유를 제시하여 상고를 기각하였다. "[갑의 ㉡]우사에 대한 점화는 역시 사람의 주거에 사용하거나 사람이 현존하는 건조물에 대한 방화에 해당된다."

(라) 현 존　　사람이 현존한다 함은 방화의 시점에 범인 이외의 사람이 실제로 건조물 등에 있음을 말한다. 사람이 현존하는 이상 주거에 사용하고 있는지는 묻지 않는다. 사람이 현존하지 않는 건조물이라도 사람이 현존하는 다른 건조물과 일체를 이루고 있는 때에는 전체로서 사람이 현존하는 건조물로 인정된다.

2. 실행행위

(1) 불을 놓아

현주건조물방화죄의 미수범은 처벌된다(법174). 한편 현주건조물방화죄는 예비 · 음모도 처벌된다. 다만, 실행의 착수 전에 자수한 때에는 형을 감경 또는 면제한다(법175 본문 · 단서). 방화죄의 미수와 예비 · 음모를 구별하기 위하여 실행의 착수시점이 문제된다.

(가) 불을 놓다　　현주건조물방화죄의 실행행위는 '불을 놓아' 일정한 목적물을 불태우는 것이다. '불을 놓아'라는 표지는 방화죄의 다른 구성요건에도 공통되는 요소이다. 불을 놓다 함은 방화죄의 제1단계로서 객체의 연소(燃燒)를 야기시키는 일체의 행위를 가리킨다. 방화의 수단 · 방법에는 제한이 없다. 작위 · 부작위를 묻지 않는다.

(나) 작 위　　실행의 착수는 작위에 의하는 경우와 부작위에 의하는 경우로 나누어 볼 수 있다. 작위에 의하는 경우에는 (가) 직접 목적물에 점화하는 것과 (나) 매개물을 이용하여 목적물에 도화(導火)시키는 것이 모두 불을 놓는 행위에 포함된다. 그러나 아직 방화의 목적물 내지 그 도화물체에 점화하지 아니한 때에는 불을 놓는 것에 해당하지 않는다. 이 경우에는 아직 실행의 착수가 없고, 현주건조물방화죄의 예비(법175, 164①)로 처벌될 뿐이다.[1]

매개물을 통한 점화에 의하여 건조물 등을 불태우는 내용의 방화죄의 경우에, (가) 범인이 그 매개물에 불을 켜서 붙였거나, (나) 범인이 매개물에 불을 붙이지는 않았지만 범인의 행위로 인하여 매개물에 불이 붙게 됨으로써 연소작용이 계속될 수 있는 상태에 이르렀다면, 그것이 곧바로 진화되는 등의 사정으로 인하여 목적물인 건조물 자체에는 불이 옮겨 붙지 못하였다고 하더라도, 방화죄의 실행의 착수가 인정된다.[2]

(다) 부작위　　'불을 놓아'라는 행위는 부작위에 의하여도 가능하다. 부작위에 의한 현주건조물방화죄가 성립하기 위하여는, (가) 피고인에게 법률상의 소화의무가 인정되는 외에, (나) 소화의 가능성 및 용이성이 있었음에도, (다) 피고인이 그 소화의무에 위배하여 이미 발생한 화력을 방치함으로써 객체가 불태워졌다는 결과를 발생시켜야 한다.[3]

---

1) 1960. 7. 22. 4293형상213, 총람 164조 10번 = 분석 각론 『통운호 방화 사건』.
2) 2002. 3. 26. 2001도6641, 공 2002, 1047 = 분석 각론 『부부싸움 방화 사건』.
3) 2010. 1. 14. 2009도12109, [미간행] = 분석 각론 『모텔 방 화재 사건』.

화재가 피고인의 중대한 과실 있는 선행행위로 발생한 경우에 부작위에 의한 방화죄의 성립이 문제된다. 화재가 피고인의 중대한 과실 있는 선행행위로 발생한 이상 피고인에게 화재를 소화할 법률상 의무가 인정된다(법18 후단). 그러나 피고인이 화재 발생 사실을 안 상태에서 모텔을 빠져나오면서도 모텔 주인이나 다른 투숙객들에게 이를 알리지 아니하였다는 사정만으로는 피고인이 화재를 용이하게 소화할 수 있었다고 보기 어렵다.[1]

부작위에 의한 방화가 인정되려면 단순한 부작위로는 부족하다. 발생한 불을 진화할 일정한 작위의무를 가진 자의 의무위반이 '불을 놓아'라는 작위행위와 동일시할 수 있을 정도에 이르러야 한다. 이러한 정도에 이르지 않은 의무위반은 「경범죄 처벌법」(동법3① 22호, 29호 참조)으로 처벌되거나 「소방기본법」(동법56②, 15①)에 의하여 과태료 부과대상이 됨은 별론으로 하고 현주건조물방화죄를 구성하지 않는다.

(2) 객체가 불에 탐

방화죄가 기수에 이르려면 단순히 불을 놓는 것만으로는 부족하고 그로 인하여 객체가 불에 탈 것을 요한다. '불을 놓는' 행위와 객체가 불에 타는 것 사이에는 인과관계가 존재해야 한다. '불에 탄다'는 개념을 놓고 독립연소설, 일부손괴설, 전부손괴설 등이 제시되고 있다.

(가) 독립연소설 불이 매개체인 연료를 떠나서 목적물로 옮아가 독립하여 연소(燃燒) 작용을 일으킬 수 있는 상태에 도달한 때를 불태워지는 것으로 보고, 이 때에 방화죄의 기수를 인정하는 견해이다.[2) 3)] 이 입장에서는 외국의 입법례 가운데 독립연소설을 취하는 경우가 많다는 점, 우리나라의 가옥구조상 건조물이 목조로 되어 있는 경우가 적지 않기 때문에 독립연소의 상태만으로도 공공의 위험성이 매우 높다는 점 등을 논거로 제시하고 있다.

(나) 일부손괴설 독립연소의 상태를 지나 화력에 의하여 일부 손괴에 이를 정도로 객체가 침해된 때에 '불에 탔다'는 것을 인정하려고 하는 견해이다.[4] 일부손괴설에 따르면 반드시 목적물의 전부가 손괴되거나 그 본질적 효용이 상실됨을 요하지 않는다. 일부손괴설의 입장에서는 독립연소설이 가져오는 처벌범위의 지나친 확장을 어느 정도 억제하려고 한다. 그러나 다음의 전부손괴설에 비해서는 방화죄의 기수범 성립의 범위가 넓다.

---

1) 2010. 1. 14. 2009도12109, [미간행] = 분석 각론 『모텔 방 화재 사건』.

2) 박상기, 472면; 손동권 · 김재윤, 565면; 이재상 · 장영민 · 강동범, 5125; 이정원, 519면; 주호노, 1174면.

3) 김일수 · 서보학, 463면; 배종대, 543면은 방화죄 가운데 추상적 위험범의 경우에는 독립연소설을, 구체적 위험범의 경우에는 중요부분연소개시설을 각각 취하고 있다.

4) 김성돈, 581면; 김혜정 외, 532면; 오영근, 485면; 이형국 · 김혜경, 602면(중요부분연소개시설); 임웅, 665면; 정성근 · 박광민, 575면; 정영일, 445면(중요부분연소개시설).

(다) 전부손괴설 독립연소의 상태를 지나 화력으로 인하여 목적물의 중요부분이 소실되어 그 효용이 전부 상실된 때를 '불에 탔다'는 것으로 보는 견해이다. 효용상실의 상태에 이르렀을 때 비로소 방화죄의 기수를 인정하자는 입장으로 효용상실설이라고도 한다. 전부손괴설의 입장에서는 독립연소설을 취할 경우에 방화죄의 미수범 성립범위가 지나치게 줄어든다는 점과 특히 중지미수(법26)의 특례를 적용할 여지가 거의 없어진다는 점 등을 지적한다. 요컨대 독립연소설이 결과적으로 가혹한 처벌을 가져오는 점에서 타당하지 않다는 것이다.

(라) 사 견 생각건대 기수시점은 독립연소설에 따라 결정하는 것이 타당하다고 본다. 첫째로, 방화죄는 어디까지나 공공의 안전을 일차적 보호법익으로 하고 있다. 둘째로, 목조주택이 적지 않은 우리나라의 실정을 놓고 볼 때 독립연소의 상태에 도달할 때부터 방화죄의 기수로 처벌해야 할 형사정책적 필요성이 인정된다.

(마) 판 례 판례는 "현주건조물방화죄는 화력이 매개물을 떠나 목적물인 건조물 스스로 연소할 수 있는 상태에 이름으로써 기수가 된다."고 판시하여 독립연소설을 취하고 있다.[1] 판례의 기준에 따르면, 피고인이 피해자의 사체 위에 옷가지 등을 올려놓고 불을 붙인 천조각을 던져 그 불길이 방안을 태우면서 천정에까지 옮겨 붙었다면, 설령 그 불이 완전연소에 이르지 못하고 도중에 진화되었다고 하더라도, 일단 천정에 옮겨 붙은 이상 그 때에 이미 현주건조물방화죄는 기수에 이른다.[2]

3. 고 의

현주건조물방화죄가 성립하려면 (가) 행위객체가 사람이 주거로 사용하거나 사람이 현존하는 건조물, 기차, 전차, 자동차, 선박, 항공기 또는 지하채굴시설임을 인식하고, (나) 이러한 목적물에 대하여 불을 놓아 그 객체를 불태운다는 점에 대한 인식 · 인용이 있어야 한다.[3]

---

1) 2007. 3. 16. 2006도9164, [미간행] = 분석 각론『사체 위 방화 사건』.
2) 2007. 3. 16. 2006도9164, [미간행] = 분석 각론『사체 위 방화 사건』.
3) 1984. 7. 24. 84도1245, 공 1984, 1468 =『죽은 동생 서적 사건』:

M주택은 목조가옥이다. M주택은 A(여)의 소유이다. 갑은 A와 내연관계를 맺어 M가옥에서 동거하고 있었다. 갑은 A의 이성관계가 복잡하다고 생각하였다. 갑은 A가 걸핏하면 그 친가 가족을 불러들여 갑에게 시비를 걸게 하여 자기를 괴롭힌다고 생각하였다. 갑은 A에게 극도의 불만을 갖고 있었다. 그러던 중 A의 동생 B가 나타나 갑과 말다툼을 하게 되었다.

갑은 누적된 감정을 억제하지 못하고 M가옥의 안방에서 다음의 행위를 하였다. (가) 휘발유 0.5리터를 미리 준비하여 고무함지에 담아두었다. (나) 고무함지를 안방 뒷문 앞에 가져다 놓았다. (다) 방안에서 A를 끌어다 강제로 방 아랫목에 앉혔다. (라) A 옆에 쭈구리고 앉아 노트를 찢어 준비한 종이뭉치에 휘발유를 적셨다. (마) 종이뭉치에 라이터로 불을 붙여 ㉠휘발유가 든 고무함지에 던지려고 하였다. (바) [불길이 뜨거워지자 불붙은 종이뭉치를 뿌리쳤다.]

종이뭉치에 붙은 불은 휘발유의 인화성 때문에 삽시간에 고무함지를 비롯하여 휘발유 방울이 튀어 묻어 있사람이 주거로 사용하지 않거나 사람이 현존하지 않는 건조물에 방화하더라도 그로 인하여 인접하는 현주건조물 등에 불이 옮겨 붙을 수 있다는 것을 인식하고 방화한 경우에는 현주건조물방화죄의 고의가 인정된다. 예컨대 절도범이 증거를 인멸하기 위하여 돈궤짝을 건조물 내부에서 소각한 결과 건조물에 연소(延燒)된 경우에 행위자가 점화를 할 당시에 건조물에 연소될 것을 인식하였다면 현주건조물방화죄가 성립한다.[1)]

던 갑의 손과 A의 옷에도 점화되었다. 불길은 방안에 번져 M가옥(시가 5천만원)이 불에 탔다. 불길이 번저 M가옥에 세들어 살던 C의 가재도구(9백만원 상당)도 불에 탔다.

검사는 갑을 현주건조물방화치상죄로 기소하였다. 갑은 현주건조물방화죄의 고의가 없었다고 주장하였다. 갑은 재판과정에서 다음과 같이 진술하였다. (가) 1년 전부터 A와 내연관계를 맺고 A의 집에서 동거하여 왔다. (나) A의 전남편 및 다른 남자와의 관계에 의심을 품고 말다툼한 것이 발단이 되어 구타하는 등 가정불화가 자주 일어났다. (다) 여기에 A의 남형제들이 가세하는 등 갑과 A의 감정대립이 악화일로에 이르렀다. (라) 사건 당일도 서로 언성을 높이고 심한 욕설로 싸움을 한 끝에 그 집을 나가 헤어지기로 작정하였다. (마) 죽은 동생의 유품으로 보관하고 있던 서적 등을 뒷마당에 내어 놓고 불태워 버리려고 평소 타고 다니던 오토바이에서 고무함지에 휘발유를 빼내었다. (바) 빼낸 휘발유를 서적 등에 들어붓고 불을 댕기기 위하여 노트를 찢은 종이를 들고 라이터로 점화하였다. (사) 점화된 불의 열기가 심하여 이를 던진 것이 고무함지에 떨어져 발화되었다. (아) 불은 서적에 인화되어 삽시간에 방안에도 불이 번졌기 때문에 놀라서 방 밖으로 튀어 나왔다.

A는 증인으로 법정에 출석하였다. A는 "갑이 평소 이성관계가 복잡하다는 이유로 증인(A)에게 폭행하였다"고 진술하였다. 검사는 발화의 경위에 관하여 A에게 다음과 같이 질문하였다. "갑은 누적된 감정을 억제하지 못하고 휘발유가 든 고무함지를 뒷 방문 앞에 놓고 방안에서 증인을 끌어다 강제로 방 아랫목에 앉히고 종이 뭉치에 휘발유를 적신 다음 라이타로 불을 붙여 증인에게 던졌는가?" A는 검사의 물음에 대하여 "그렇다"라고 대답하였다. A의 동생 B는 증인으로 출석하여 다음과 같이 진술하였다. "갑이 휘발유를 함지에 붓고 책을 함지에 던져놓고 찢은 종이에다 라이타로 불을 붙여 종이를 방바닥으로 휙 뿌려 불이 붙었다."

갑의 피고사건은 제1심을 거친 후, 항소심에 계속되었다. 항소법원은 다음의 이유를 들어 유죄를 인정하였다. (가) 갑은 누적된 감정을 억제하지 못하고 A의 집(M가옥)을 불태워 버릴 것을 결의하였다. (나) 이를 위해 미리 휘발유를 준비하였다. (다) 준비한 휘발유를 종이 뭉치에 적신 다음 라이타로 불을 붙였다. (라) 이로 인해 A가 주거하는 M가옥이 불에 탔다. 갑은 불복 상고하였다. 갑은 상고이유로, 현주건조물방화의 고의가 없었다고 주장하였다.

대법원은 다음의 이유를 제시하여 원심판결을 파기환송하였다. (가) [갑, A, 목격자 C의 진술을 합쳐 본다.] (나) 갑이 동거하던 A와 가정불화가 악화되어 홧김에 서적 등을 뒷마당에 내어 놓고 불태워 버리려고 한 점을 알아차릴 수 있다. (다) 그러나 갑, A, C의 진술이 원판시와 같이 A 소유 가옥을 불태워 버리겠다고 결의를 하여 불을 놓았다는 사실은 인정할 자료는 되지 아니한다. (라) 그 외의 원심의 용의증거로써는 방화에 대한 범의를 수긍할 만한 자료를 찾아 볼 수 없다. (마) 그렇다면 원심은 [현주건조물]방화의 범의에 대한 범죄의 증명 없이 사실을 단정한 위법이 있다.

1) 1954. 1. 16. 4287형상47, 집 1③, 형34 = 『안방 궤짝 방화 사건』:

A가 거주하는 M건물 안방에 ㉠궤짝이 있다. 갑은 ㉠궤짝에서 B 소유의 ㉡돈을 훔쳤다. 갑은 증거를 인멸하기 위하여 안방의 ㉠궤짝 속에 석유를 부어 점화하였다. 갑은 곧이어 ㉠궤짝과 접해 있는 바로 옆방의 A 소유 ㉡침구에 석유를 뿌리고 점화하였다. ㉡침구에 점화한 것은 벽에 근접해 있는 ㉠궤짝을 소각하기 위함이었다. 갑의 점화행위로 인해 옆방의 ㉡침구 및 옆방 벽과 천정의 일부가 불에 탔다.

검사는 갑을 절도죄와 현주건조물방화죄로 기소하였다. 갑의 피고사건은 제1심을 거친 후, 항소심에 계속되었다. 항소법원은 유죄를 인정하였다. 갑은 불복 상고하였다. 갑은 방화죄 부분에 대한 상고이유로 다음의 행위자가 목적물인 가옥을 단순히 사람이 현존하는 것으로 믿고 방화하였으나 실제로는 다른 사람이 주거로 사용하고 있었다면 그 착오는 현주건조물방화죄의 성립에 영향을 미치지 않는다. 그러나 비현주건조물로 오인하여 현주건조물에 방화한 경우에는 형법 제15조 제1항에 의하여 비현건조물방화죄인 공용건조물방화죄(법165)나 일반건조물방화죄(법166① · ②)로 처단해야 한다.

4. 위법성조각사유

현주건조물방화죄와 관련하여 피해자의 승낙(법24)이 문제된다. 현주건조물 등 불에 타는 객체의 소유자 · 점유자가 한 승낙은 위법성조각사유가 될 것인지가 문제의 초점이다. 현주건조물방화죄는 공공의 위험발생 방지를 위하여 규정된 범죄유형이다. 즉 사회적 법익에 관한 범죄이므로 피해자 개인의 승낙은 위법성조각사유가 될 수 없다.

그러나 승낙에 기초하여 처벌규정이 바뀔 수는 있다고 본다. 예컨대 실제로 사람이 주거에 사용하거나 사람이 현존하고 있는 건조물 등에 방화하는 것(현주건조물방화)에 대해 그 거주자나 현존하는 사람이 승낙한 때에는 사람이 주거에 사용하지 않거나 사람이 현존하지 않는 건조물에 방화한 경우(타인소유 일반건조물방화)와 같이 취급해야 할 것이다.

5. 죄 수

주거에 침입하여 방화한 경우 주거침입죄(법319①)와 현주건조물방화죄(법164①)는 실체적 경합관계에 있다. 우리 형법은 목적범죄와 수단범죄를 1죄로 묶어주는 견련범 개념을 인정하고 있지 않기 때문이다.[1] 보험금을 편취하기 위하여 주택에 방화한 후 원인불명의 화재를 이유로 보험금을 교부받은 경우에는 현주건조물방화죄(법164①)와 「보험사기방지 특별법」이 규정한 보험사기죄(동법8)가 각각 성립한다. 양죄는 보호법익이 서로 다르기 때문에 실체적 경합관계에 있다.

살인죄(법250①)를 범할 목적으로 현주건조물방화죄(법164①)를 범하여 사람을 사망하게

점을 주장하였다. (가) 증거인멸을 위해 ㉠궤짝을 불태울 목적이었으므로 손괴죄만 성립한다. (나) 현주건조물방화의 고의가 없으므로 현주건조물방화죄는 성립하지 않는다.

대법원은 다음의 이유를 제시하여 상고를 기각하였다. (가) 옆방의 ㉡침구가 진열된 장소와 안방의 ㉠궤짝이 있는 장소가 근접하여 있다. (나) 갑이 ㉡침구를 소각한 것은 옆방 벽에 연소되고 옆방 벽과 근접되어 있는 ㉠궤짝이 소각되도록 하기 위한 방법이었다. (다) 점화의 수단방법이 인화물인 석유를 사용하여 건물에 연소되기 용이한 방법을 취하였다. (라) 이를 종합고찰하면 갑이 점화 당시 건물에 연소될 것을 인식하였다고 봄이 지당하다. (마) 그렇다면 갑의 점화의 주된 목적이 비록 그 절도의 증거인멸에 있다 할지라도 갑이 건물의 연소를 인식하고 점화 연소한 것이다.

1) 신동운, 형법총론, 제14판, (2022), 797면 이하 참조.

한 경우에는 현주건조물방화치사죄(법164② 2문)의 1죄만 성립한다.[1] 현주건조물방화치사죄는 후술하는 바와 같이 소위 부진정 결과적 가중범이기 때문이다. 그러나 현주건조물방화죄가 기수에 이른 후에 살인죄가 행해졌다면 죄수 판단이 달라진다. 예컨대 불에 타고 있는 집에서 빠져 나오려는 피해자의 탈출을 막아 사망하게 한 경우는 현주건조물방화죄(법164①)와 살인죄(법250①)가 각각 성립하며, 양죄는 실체적 경합관계에 있다.[2]

제 3 방화죄의 특수유형

1. 현주건조물방화치상 · 치사죄

형법 제164조 ② 제1항의 죄를 지어 사람을 상해에 이르게 한 경우에는 무기 또는 5년 이상의 징역에 처한다. 사망에 이르게 한 경우에는 사형, 무기 또는 7년 이상의 징역에 처한다.

(1) 결과적 가중범의 성립요건

형법 제164조 제2항은 현주건조물방화죄(법164①)의 결과적 가중범을 규정하고 있다. 기본범죄인 현주건조물방화죄에 사람의 상해 또는 사망이라는 중한 결과가 구성요건요소로 추가되어 있다. 현주건조물방화치상 · 치사죄가 성립하려면 기본범죄인 현주건조물방화죄와 상해 또는 사망의 결과발생 사이에 인과관계(법17)가 존재하고, 상해 또는 사망에 대한 예견가능성(법15②)이 인정되어야 한다.[3]

---

1) 1983. 1. 18. 82도2341, 공 1983, 463 = 백선 총론 『은봉암 방화 사건』.
2) 1983. 1. 18. 82도2341, 공 1983, 463 = 백선 총론 『은봉암 방화 사건』.
3) 1996. 4. 12. 96도215, 공 1996, 1641 = 『노동청사 화염병 투척 사건』:

M건물은 N지방노동청사이다. M건물 1층에 당직실이 있다. A와 B는 야간 당직근무중이었다. 갑 등 30여 명은 M건물을 집단방화하기로 계획하였다. 갑 등은 일행을 화염병 등을 소지한 ㉠공격조와 쇠파이프를 소지한 ㉡방어조로 나누었다. 을(성명불상자)은 ㉠공격조의 일원이다. 화염병 등을 소지한 ㉠공격조가 M건물에 침입하였다. ㉠공격조는 건물로 침입하여 화염병 수십 개를 1층 민원실 내부로 던져 불을 붙여 M건물 내부를 불타게 하였다(㉮행위).

A는 당직근무 중 지하 1층에서 서류정리작업을 하다가 정문 셔터를 부수는 소리를 들었다. A가 혼자서 1층으로 올라와 보니 이미 유리 현관문이 깨져 있었고, 화염병에 의하여 1층 건물 바닥과 집기에 불이 붙어 있었다. 그 때 ㉠공격조의 일인인 을(성명불상자)이 A를 저지하기 위하여 A의 머리 부분을 향하여 화염병을 던졌다(㉯행위). 이로 인해 A의 얼굴 등 몸에 불이 붙어 A는 전치 4주간의 안면부화상 등을 입었다(㉰상해).

검사는 갑을 현존건조물방화치상죄로 기소하였다. 갑의 피고사건은 제1심을 거친 후, 항소심에 계속되었다. 항소법원은 현존건조물방화죄를 인정하였다. 항소심은 다음의 이유를 들어 현존건조물방화치상죄를 인정하지 않았다. (가) 현존건조물방화치상죄는 사람이 현존하는 건조물에 불을 놓아 불타게 하고 그로 인하여 사람에게 상해를 입게 하였을 때에 성립한다. (나) A가 입은 안면부화상 등(㉰상해)은 성명불상의 공범자(을)가 A를 저지하기 위하여 A에게 화염병을 던져(㉯행위) 입게 된 상해이다. (다) ㉰상해를 ㉮방화 및 건물 불태움

(2) 현주건조물방화치상죄

(가) 부진정 결과적 가중범 과실에 의한 중한 결과발생뿐만 아니라 고의에 의한 중한 결과발생까지도 포함하는 결과적 가중범을 가리켜서 부진정 결과적 가중범이라고 한다. 형법 제164조 제2항 제1문이 규정한 현주건조물방화치상죄는 부진정 결과적 가중범이다. 하나의 행위로 현주건조물방화죄를 범하고 피해자에게 상해를 입힌 경우의 처단형을 계산해 본다. 현주건조물방화죄(법164①)의 법정형은 무기 또는 3년 이상의 징역이다. 상해죄(법257①)의 법정형은 7년 이하의 징역, 10년 이하의 자격정지 또는 1천만원 이하의 벌금이다. 현주건조물방화죄와 상해죄가 상상적 경합관계(법40)를 이룰 때 그 처단형은 무기 또는 3년 이상의 징역이 된다.

현주건조물방화치상죄(법164② 1문)의 법정형은 무기 또는 5년 이상의 징역이다. 현주건조물방화치상죄는 원래 현주건조물방화죄(법164①)와 과실로 상해의 결과가 발생한 결과적 가중범이다. 과실로 상해의 중한 결과를 발생시킨 경우에는 무기 또는 5년 이상의 징역으로 처벌된다. 그런데 앞에서 본 것처럼 고의로 상해의 중한 결과를 발생시킨 경우(법257①) 상상적 경합범으로 처리하면 무기 또는 3년 이상의 징역의 범위 내에서 처단된다.

으로 인하여 입은 상해라고 보기 어렵다. 검사는 불복 상고하였다.

대법원은 다음의 이유를 제시하여 원심판결을 파기환송하였다. 대법원은 현주건조물방화치상죄의 인과관계에 대해 다음과 같이 판단하였다. (가) 갑을 비롯한 30여 명의 공범들이 화염병 등 소지 공격조와 쇠파이프 소지 방어조로 나누어 M건물을 집단방화하기로 공모하였다. (나) 이에 따라 공격조가 M건물로 침입하여 화염병 수십 개를 1층 민원실 내부로 던져 불을 붙여 M건물 내부를 불타게 하는 [㉮행위] 도중에 공격조의 일인(을)이 M건조물 내의 A를 향하여 불이 붙은 화염병을 던졌다(㉯행위). (다) 이와 같이 공격조 일인(을)이 방화대상 건물 내에 있는 A를 향하여 불붙은 화염병을 던진 행위(㉯행위)는, 비록 그것이 A의 진화행위를 저지하기 위한 것이었다고 하더라도, 공격조에게 부여된 임무 수행을 위하여 이루어진 일련의 방화행위(㉮행위) 중의 일부라고 보아야 할 것이다. (라) 따라서 A의 화상은 ㉮방화행위로 인하여 입은 것이다. (마) 그러므로 갑을 비롯하여 당초 공모에 참여한 집단원 모두는 ㉰상해 결과에 대하여 현존건조물방화치상의 죄책을 면할 수 없다.

대법원은 현존건조물방화죄의 부진정 결과적 가중범 부분에 대해 판단하였다. (가) 원심이 판단한 바와 같이 A에 대한 화염병 투척행위(㉯행위)가 이 사건 집단방화행위(㉮행위) 도중에 그 행위자(을)에게 새로이 발생한 별도의 상해의 범의에 따라 이루어진 것이어서 A의 상해(㉰상해)가 이 사건 방화 및 건물 불태움(㉮행위)으로 인하여 입은 것이라고 보기 어렵다고 하자.

(나) 형법 제164조 [제2항 1문]이 규정하는 현존건조물방화치상죄와 같은 이른바 부진정 결과적 가중범은 예견가능한 결과를 예견하지 못한 경우뿐만 아니라 그 결과를 예견하거나 고의가 있는 경우까지도 포함하는 것이다. (다) 그러므로 이 사건에서와 같이 사람이 현존하는 건조물을 방화하는 집단행위(㉮행위)의 과정에서 일부 집단원(을)이 고의행위로 살상을 가한 경우(㉯행위)에도 다른 집단원(갑 등)에게 그 사상의 결과가 예견가능한 것이었다면 다른 집단원(갑 등)도 그 결과에 대하여 현존건조물방화치사상의 책임을 면할 수 없다.

(라) 갑을 비롯한 집단원들이 당초 공모시 쇠파이프를 소지한 방어조를 운용하기로 한 점에 비추어 보면 갑으로서는 M건물을 방화하는 집단행위의 과정에서 상해의 결과가 발생하는 것도 예견할 수 있었다고 보인다. (마) 그러므로 이 점에서도 갑을 현존건조물방화치상죄로 의율할 수 있다.

현주건조물방화죄(법164①)를 범하는 과정에서 고의로 상해의 중한 결과를 발생시킨 경우(법257①)가 과실로 중한 결과를 발생시킨 경우보다 가볍게 처벌되는 것은 불합리하다. 따라서 현주건조물방화치상죄(법164② 1문)에는 중한 상해의 결과가 과실에 의하여 발생한 경우뿐만 아니라 고의에 의하여 발생한 경우도 포함한다.[1)]

(나) 공 범 　공범들(갑과 을)이 현주건조물방화죄를 범하는 과정에서 일부 공범(을)이 고의로 상해를 가한 경우 다른 공범(갑)에게 그 상해의 결과가 예견가능한 것이었다면 다른 공범(갑)은 그 결과에 대하여 현주건조물방화치상죄(법164② 1문)의 책임을 면할 수 없다.[2)]

(3) 현주건조물방화치사죄

(가) 살인죄와의 관계 　형법 제164조 제2항 2문은 현주건조물방화치사죄를 규정하고 있다. 현주건조물방화치사죄는 부진정 결과적 가중범이다. 예컨대 피해자가 거주하는 가옥에 방화하여 피해자를 살해한 경우를 현주건조물방화죄(법164①; 무기 또는 3년 이상의 징역)와 살인죄(법250①; 사형, 무기 또는 5년 이상의 징역)의 상상적 경합(법40)으로 처리한다면, 처단형은 중한 죄인 살인죄에 따라 사형, 무기 또는 5년 이상의 징역이 된다.

그런데 현주건조물방화치사죄(법164② 2문)를 보면, 기본범죄인 현주건조물방화죄(법164①)에 과실로 사망의 결과를 발생하게 하였다는 사유가 추가되고 있음에도 그 법정형은 사형, 무기 또는 7년 이상의 징역이다. 여기에서 현주건조물방화죄에 과실로 사망의 결과를 발생하게 한 경우가 현주건조물방화죄로 살인죄를 범한 경우보다 무겁게 처벌된다는 불합리한 결론에 이르게 된다. 이러한 점을 고려하여 판례는 현주건조물방화치사죄의 성립범위에 중한 사망의 결과가 과실로 인하여 발생한 경우뿐만 아니라 고의로 발생한 경우까지도 포함시키고 있다.[3)]

현주건조물방화치사죄의 중한 결과가 고의에 의하여 발생된 경우 살인죄(법250①)는 현주건조물방화치사죄(법164② 2문)에 대해 법조경합(흡수관계)에 있으며, 현주건조물방화치사죄 1죄만 성립한다.

(나) 방화 후의 살인 　그러나 현주건조물방화죄가 기수에 이른 후에는 죄수 판단이 달라진다. 예컨대 불에 타고 있는 집에서 빠져 나오려는 피해자의 탈출을 막아 사망하게 한 경우를 보면, (가) 현주건조물에의 점화가 독립연소의 정도에 이르면 현주건조물방화죄는 기수에 이르러 완료되며, (나) 살인죄는 일신전속적인 개인적 법익을 보호하는 범죄이므로, 설

1) 1996. 4. 12. 96도215, 공 1996, 1641 =『노동청사 화염병 투척 사건』.
2) 1996. 4. 12. 96도215, 공 1996, 1641 =『노동청사 화염병 투척 사건』.
3) 1983. 1. 18. 82도2341, 공 1983, 463 = 백선 총론『은봉암 방화 사건』.

사 사람이 현존하는 건조물에 그 사람을 살해하기 위하여 방화한 경우라 할지라도 그것은 1개의 행위가 수개의 죄에 해당하는 경우라고 볼 수 없다. 그리하여 현주건조물방화행위와 살인행위는 법률상 별개의 범의에 의해 별개의 법익을 침해하는 별개의 행위로서 양죄는 실체적 경합관계에 있다.[1)]

(다) 강도살인죄와의 관계 피고인이 피해자의 재물을 강취한 후 피해자를 살해할 목적으로 현주건조물에 방화하여 사망에 이르게 한 경우 피고인의 행위는 강도살인죄(법338 1문; 사형 또는 무기징역)와 현주건조물방화치사죄(법164② 2문; 사형, 무기 또는 7년 이상의 징역)에 모두 해당하며, 두 죄는 상상적 경합범관계에 있다.[2)]

(라) 공 범 공범들(갑과 을)이 현주건조물방화죄를 범하는 과정에서 일부 공범(을)이 고의로 살인을 한 경우 다른 공범(갑)에게 그 사망의 결과가 예견가능한 것이었다면 다른 공범(갑)은 그 결과에 대하여 현주건조물방화치사죄(법164② 2문)의 책임을 진다.[3)]

2. 공용건조물방화죄

형법 제165조 (공용건조물 등 방화) 불을 놓아 공용(公用)으로 사용하거나 공익을 위해 사용하는 건조물, 기차, 전차, 자동차, 선박, 항공기 또는 지하채굴시설을 불태운 자는 무기 또는 3년 이상의 징역에 처한다.

---

1) 1983. 1. 18. 82도2341, 공 1983, 463 = 백선 총론 『은봉암 방화 사건』.

2) 1998. 12. 8. 98도3416, 공 1999, 181 = 『강도범 이불 방화 사건』 :

갑과 을은 공동하여 A와 B로부터 재물을 강취하였다. 갑과 을은 A와 B를 살해할 의사로 이불에 방화함으로써 A와 B를 사망에 이르게 하였다.

검사는 갑과 을을 강도살인죄와 현주건조물방화치사죄로 기소하였다. 갑과 을의 피고사건은 제1심을 거친 후, 항소심에 계속되었다. 항소법원은 다음과 같이 판단하였다. (가) 강도살인죄(형법 제338조 1문; 사형 또는 무기징역)가 인정된다. (나) 현주건조물방화치사죄(형법 제164조 제2항 2문; 사형, 무기 또는 7년 이상의 징역)가 인정된다. (다) 두 죄는 실체적 경합관계에 있다. (라) 두 죄에서 각각 무기징역형을 선택한다. (마) 경합가중례에 따라 무기징역형을 선고한다. 갑과 을은 불복 상고하였다.

대법원은 다음의 이유를 제시하여 상고를 기각하였다. (가) 이 사건과 같이 갑과 을이 A와 B의 재물을 강취한 후 그들을 살해할 목적으로 현주건조물에 방화하여 사망에 이르게 한 경우 갑과 을의 위 행위는 강도살인죄와 현주건조물방화치사죄에 모두 해당한다. (나) 그 두 죄는 상상적 경합범관계에 있다.

(다) 원심이 이와 다른 견해에서 위 두 죄를 실체적 경합범관계에 있다고 판단하여 각각 무기징역형을 선택한 후 경합범가중을 한 조치는 형법이 정하는 경합범에 관한 법리를 오해한 위법을 저지른 것이다. (라) 그렇지만 강도살인죄는 그 법정형이 사형 또는 무기징역으로 정하여져 있다. (마) 원심은 위와 같이 경합범가중을 한 후에도 갑과 을을 강도살인죄에 있어서의 법정형의 최하한인 무기징역형으로 처단하였다. (바) 그러한 이상 원심의 위 잘못이 갑과 을에 대한 판결의 결과에는 아무런 영향을 미치지 아니하였다고 할 것이어서 이를 이유로 원심을 파기할 수는 없다.

3) 1996. 4. 12. 96도215, 공 1996, 1641 = 『노동청사 화염병 투척 사건』 참조.

◎ 미수범 처벌함(법174)
◎ 예비 · 음모 처벌함. 단, 자수의 특례규정 있음(법175 본문 · 단서)

공용건조물방화죄의 객체는 공용으로 사용하거나 공익을 위해 사용하는 건조물, 기차, 전차, 자동차, 선박, 항공기 또는 지하채굴시설(이하 건조물 등으로 약칭함)이다. 그 소유가 공유인가 사유인가를 묻지 않는다. 사유인 경우에는 범인을 포함하여 누구의 소유에 속하더라도 상관없다.

공용으로 사용한다 함은 국가 또는 지방자치단체가 그 업무를 위하여 사용하는 것을 말한다. 공익을 위해 사용한다 함은 공무소에서 사용하는 것은 아니나, 개인의 이익을 위하여 사용하는 것도 아닌 것으로, 공중의 이익을 위하여 사용하는 것을 의미한다.

현주건조물방화죄(법164①)와의 균형상 공용건조물방화죄의 목적물은 사람이 주거로 사용하거나 사람이 현존하는 것이 아니어야 한다. 공용으로 사용하거나 공익을 위해 사용하는 건조물 등이라 할지라도 사람이 주거로 사용하거나 사람이 현존하는 경우에는 현주건조물방화죄가 성립한다.

관공서 등의 건조물을 포함하여 공용으로 사용하거나 공익을 위해 사용하는 건조물 등은 그것이 불에 탐으로써 목적물 자체뿐만 아니라 그 속에 보관되어 있는 공무상 또는 공익상 중요한 서류 기타의 물건이 손상을 입게 된다. 공용건조물방화죄(법165; 무기 또는 3년 이상의 징역)가 타인소유 일반건조물방화죄(법166①; 2년 이상의 유기징역)보다 무겁게 처벌되고 있는 것은 이러한 점 때문이다.

공용건조물방화죄의 고의는 자기의 행위에 의하여 목적물이 불타게 된다는 점, 목적물이 사람이 주거로 사용하지 않거나 사람이 현존하지 않는 것이라는 점, 목적물이 공용 또는 공익에 공하는 것이라는 점 등에 대한 인식 · 인용이다. 공용건조물방화죄는 추상적 위험범이다. 공공의 위험발생에 대한 인식은 고의의 내용에 포함되지 않는다.

3. 타인소유 일반건조물방화죄

형법 제166조 (일반건조물 등 방화) ① 불을 놓아 제164조와 제165조에 기재한 외의 건조물, 기차, 전차, 자동차, 선박, 항공기 또는 지하채굴시설을 불태운 자는 2년 이상의 유기징역에 처한다.

◎ 미수범 처벌함(법174)
◎ 예비 · 음모 처벌함. 단, 자수의 특례규정 있음(법175 본문 · 단서)
◎ 타인 물건 간주 조항 적용됨(법176)

형법 제166조 제1항은 현주건조물 등(법164①)이나 공용건조물 등(법165)에 해당하지 않는 그 밖의 건조물 등에 대한 방화죄를 규정하고 있다. 현주건조물 등이나 공용건조물 등에 해당하지 않는 그 밖의 건조물 등을 일반건조물 등으로 약칭하기로 한다.

타인소유 일반건조물방화죄(법166①)는 현주건조물방화죄(법164①)나 공용건조물방화죄(법165)가 성립하지 않을 때 비로소 적용된다. 타인소유 일반건조물방화죄는 현주건조물방화죄나 공용건조물방화죄에 대하여 법조경합(보충관계)의 관계에 있다. 타인소유 일반건조물방화죄는 현주건조물방화죄 및 공용건조물방화죄와 마찬가지로 추상적 위험범이다. '불을 놓다', '불태우다' 등의 구성요건표지는 현주건조물방화죄에서 검토한 것과 같다.

타인소유 일반건조물방화죄의 객체는 (가) 사람이 주거로 사용하지 않고, (나) 사람이 현존하지도 않으며, (다) 공용으로 사용하거나 공익을 위해 사용하는 것도 아니고, (라) 타인의 소유이어야 한다.

사람이 주거로 사용하지 않는다 함은 범인 이외의 사람이 주거로 사용하지 않는 것을 말한다. 빈집, 헛간, 창고 등 사람이 거주하지 않는 건조물이 여기에 해당함은 물론이다. 범인만이 거주하고 있는 건조물도 타인소유라면 타인소유 일반건조물방화죄의 객체에 해당된다. 거주자가 방화에 동의하였을 때 당해 건조물은 현주건조물방화죄의 객체가 아니라 일반건조물방화죄의 객체에 해당한다고 새겨야 할 것이다. 사람이 현존하지 아니한다 함은 범인 이외의 사람이 방화 당시 건조물 등의 내부에 소재하지 않는 것을 말한다.

형법 제166조 제1항의 객체인 일반건조물 등은 타인의 소유에 속하여야 한다. 자기소유에 속하는 일반건조물 등이라도 압류 기타 강제처분을 받거나 타인의 권리 또는 보험의 목적물이 된 때에는 타인소유 일반건조물 등으로 간주된다(법176 참조).

4. 자기소유 일반건조물방화죄

형법 제166조 (일반건조물 등 방화) ② 자기 소유인 제1항의 물건을 불태워 공공의 위험을 발생하게 한 자는 7년 이하의 징역 또는 1천만원 이하의 벌금에 처한다.

◎ 타인 물건 간주 조항 적용됨(법176)

(1) 행위객체

지금까지 살펴본 현주건조물방화죄(법164①), 공익건조물방화죄(법165), 타인소유 일반건조물방화죄(법166①)는 모두 공공의 위험발생을 요하지 않는 추상적 위험범이었다. 이에 대해 자기소유 일반건조물방화죄(법166②)는 구체적 위험범이다. 형법 제166조 제2항은 자기소유 일반건조물방화죄에 대해 '공공의 위험발생'을 구성요건요소로 추가하는 한편 그 법정형을 낮추고 있다.

자기소유에 속한다 함은 범인 자신의 소유에 속하는 것을 의미한다. 자기소유에 속하는 일반건조물 등이라도 압류 기타 강제처분을 받거나 타인의 권리 또는 보험의 목적물이 된 때에는 타인소유의 일반건조물 등으로 간주된다(법176).

일반건조물 등의 소유자가 방화에 동의하면 해당 목적물이 자기소유에 속하는 것으로 취급되어 형법 제166조 제2항의 적용을 받게 된다. 역으로 자기소유에 속하는 일반건조물 등이라도 압류 기타 강제처분을 받거나 타인의 권리 또는 보험의 목적물이 된 때에는 타인소유의 일반건조물 등으로 간주된다(법176).

(2) 실행행위

자기소유 일반건조물방화죄의 구성요건표지인 '불을 놓다'와 '불태운다'의 의미는 현주건조물방화죄에서 설명한 것과 같다.

(가) 구체적 위험범 자기소유 일반건조물방화죄의 특수성은 '공공의 위험을 발생하게 한' 것이 구성요건의 표지로 명시되어 있다는 사실이다. 이 점에서 자기소유 일반건조물방화죄는 구체적 위험범으로 분류된다. 객체가 불에 타더라도 구체적으로 공공의 위험이 발생하지 않으면 자기소유 일반건조물방화죄는 성립하지 않는다.

(나) 공공의 위험발생 일반적으로 공공의 위험이란 불특정 · 다수인의 생명, 신체, 재산이 침해될 가능성이 있는 상태를 말한다. 공공의 위험을 불특정 및 다수인에 관한 것으로 이해하는 입장과 불특정 또는 다수인에 관한 것으로 확장하여 이해하는 입장이 있다. 공공의 안전을 넓게 보호한다는 관점에서 불특정 또는 다수인에 대한 위험으로 보아야 할 것이다.

이렇게 볼 때 자기소유 일반건조물방화죄에서 공공의 위험발생은 자기소유 일반건조물을 불태움으로써 불특정 또는 다수인의 생명, 신체, 재산이 침해될 가능성이 있는 상태를 야기하는 것을 의미한다.

(다) 판단기준 공공의 위험발생 여부는 문제되는 구체적 상황을 토대로 일반인을 기준으로 객관적으로 판단해야 한다. 자연적 · 물리적 관점에서 보면 위험이 없는 경우라 할지라도 일반인의 관점에서 볼 때 위험을 느끼는 경우라면 공공의 위험발생이 인정된다.

벌판 속의 외딴 집이나 따로 떨어져 있는 창고, 헛간, 가축우리 등을 불태우는 경우처럼 다른 사람의 생명, 신체, 재산에 해를 끼칠 가능성이 전혀 없다고 인정될 경우에는 공공의 위험발생이 부정될 것이다. 그러나 근접한 지점에 민가나 타인소유 물건이 현재하고 있다면 위험성 판단은 달라진다. 불을 놓을 당시의 기상조건, 주변상황, 화염의 높이 등에 비추어 주변의 가연물에 손상을 입히거나 바람에 의하여 다른 곳으로 불이 옮아붙을 수 있는 경우라

면 공공의 위험발생이 인정된다.[1)]

(라) 고의와 착오　　자기소유 일반건조물방화죄의 경우 공공의 위험발생이 구성요건요소로 규정되어 있다. 그러므로 고의가 인정되려면 자기소유 일반건조물 등이라는 점, 불을 놓아 목적물을 불태운다는 점, 공공의 위험이 발생한다는 점 등에 대한 인식 · 인용이 필요하다.

타인소유 일반건조물 등을 자기소유 일반건조물 등으로 오인하여 방화하는 경우가 있다. 착오가 없었다면 타인소유 일반건조물방화죄(법166①; 2년 이상의 유기징역)가 성립될 것이지만, 형법 제15조 제1항의 '특별히 중한 죄가 되는 사실을 인식하지 못한 행위'에 해당한다고 보아 자기소유 일반건조물방화죄(법166②; 7년 이하의 징역 또는 1천만원 이하의 벌금)의 성립을 인정해야 할 것이다.

그러나 현주건조물 등이나 공익건조물 등이 자기소유에 속한다고 오신하는 것은 현주건조물방화죄(법164①)나 공익건조물방화죄(법165)의 성립에 영향을 미치지 않는다. 현주건조물방화죄나 공익건조물방화죄의 경우에는 목적물이 타인소유인가 자기소유인가를 묻지 않기 때문이다.

(마) 미수, 예비 · 음모 불처벌　　자기소유 일반건조물방화죄에는 타인소유 일반건조물

---

1) 2009. 10. 15. 2009도7421, 공 2009하, 1919 =『전봇대 쓰레기 소각 사건』:

갑은 노상에서 전봇대 주변에 놓인 ㉠재활용품과 쓰레기 등을 발견하였다. 갑은 소지하고 있던 라이터를 이용하여 ㉠재활용품 등에 불을 붙였다. 갑은 그 다음 ㉡가연물을 집어넣어 화염을 키웠다(이상 ㉮행위).

검사는 갑의 행위가 공공의 위험을 발생시켰다고 판단하였다. 검사는 갑을 일반물건방화죄로 기소하였다. 갑의 피고사건은 제1심을 거친 후, 항소심에 계속되었다. 항소법원은 갑에게 형법 제167조 제2항의 자기소유 일반물건방화죄를 인정하였다. 갑은 불복 상고하였다. 갑은 상고이유로 다음의 점을 주장하였다. (가) ㉠재활용품 등은 무주물이어서 자기소유는 물론 어느 누구의 소유에도 속하지 않는다. (나) 갑의 ㉮행위는 공공의 위험을 발생하게 한 것으로 볼 수 없다.

대법원은 다음의 이유를 제시하여 상고를 기각하였다. 대법원은 자기소유 일반물건방화죄에 대해 다음과 같이 설시하였다. (가) 형법 제167조 제2항은 방화의 객체인 물건이 자기의 소유에 속한 때에는 같은 조 제1항보다 감경하여 처벌하는 것으로 규정하고 있다. (나) 방화죄는 공공의 안전을 제1차적인 보호법익으로 하지만 제2차적으로는 개인의 재산권을 보호하는 것이라고 볼 수 있다. (다) 현재 소유자가 없는 물건인 무주물에 방화하는 경우에 타인의 재산권을 침해하지 않는 점은 자기의 소유에 속한 물건을 방화하는 경우와 마찬가지이다. (라) 무주의 동산을 소유의 의사로 점유하는 경우에 소유권을 취득하는 것에 비추어(민법 제252조) 무주물에 방화하는 행위는 그 무주물을 소유의 의사로 점유하는 것이라고 볼 여지가 있다. (마) 이상의 점들을 등을 종합하여 본다. (바) 불을 놓아 무주물을 소훼하여 공공의 위험을 발생하게 한 경우에는 '무주물'을 '자기 소유의 물건'에 준하는 것으로 보아 형법 제167조 제2항을 적용하여 처벌하여야 한다.

대법원은 다음과 같이 판단한 원심판결을 그대로 유지하였다. (가) ㉠'재활용품과 쓰레기 등'은 무주물로서 형법 제167조 제2항에 정한 자기 소유의 물건에 준하는 것으로 보아야 한다. (나) [㉮행위 당시] 기상 조건, 주변 상황과 화염의 높이 등에 비추어 본다. (다) 갑은 불을 붙인 다음 불상의 가연물을 집어넣어 그 화염을 키웠다(㉮행위). (라) 갑은 이렇게 함으로써 전선을 비롯한 주변의 가연물에 손상을 입히거나 바람에 의하여 다른 곳으로 불이 옮아붙을 수 있는 공공의 위험을 발생하게 하였다.

방화죄(법166①)와 달리 미수범 및 예비 · 음모에 대한 처벌규정이 없다(법174, 175 참조). 불을 놓아 자기소유 일반건조물의 벽을 일부 그을리게 하는 정도만으로는 기수에 이르렀다고 보기 어렵다.[1] 나아가 자기소유 일반건조물방화죄의 객체가 독립연소의 상태에 이르러 목적물을 불태웠다는 점이 인정된다고 하여도 공공의 위험이 발생하지 않는 한 자기소유 일반건조물방화죄는 성립하지 않는다.

자기소유 일반건조물방화죄가 성립하는 경우에 그 죄로 인하여 현주건조물, 공익건조물, 타인소유 일반건조물 등에 불이 옮겨 붙는 경우에는 결과적 가중범으로서 형법 제168조 제1항의 건조물 연소죄(延燒罪)가 성립한다.

5. 타인소유 일반물건방화죄

형법 제167조 (일반물건 방화) ① 불을 놓아 제164조부터 제166조까지에 기재한 외의 물건을 불태워 공공의 위험을 발생하게 한 자는 1년 이상 10년 이하의 징역에 처한다.

◎ 타인 물건 간주 조항 적용됨(법176)

형법 제167조 제1항은 타인소유 일반물건방화죄를 규정하고 있다. 타인소유 일반물건방화죄는 현주건조물방화죄(법164), 공용건조물방화죄(법165), 타인소유 일반건조물방화죄(법166①에 대해 보충적 지위에 있다.

타인소유 일반물건방화죄(법167①)와 자기소유 일반건조물(법166②)의 관계가 문제된다. 일반건조물은 일반물건에 비하여 두텁게 보호받는 것이 통상적이다. 그러나 우리 입법자는 목적물이 자기소유인가 타인소유인가에 보다 중점을 두어 법정형을 규정하고 있다. 타인소유 일반물건방화죄(법167①)의 법정형은 1년 이상 10년 이하의 징역이다. 이에 대해 자기소유 일반건조물방화죄(법166②)의 법정형은 7년 이하의 징역 또는 1천만원 이하의 벌금이다. 양자를 비교해 볼 때 자기소유 일반건조물방화죄는 타인소유 일반물건방화죄가 성립하지 않을 때 보충적으로 적용된다고 보아야 할 것이다.

현주건조물방화죄, 공용건조물방화죄, 타인소유 일반건조물방화죄, 자기소유 일반건조물방화죄의 객체는 건조물, 기차, 전차, 자동차, 선박, 항공기 또는 지하채굴시설이다. 여기에 해당하지 않는 그 밖의 물건을 총칭하여 일반물건이라고 부르기로 한다. 지붕과 문짝, 창문이 없고 담장과 일부 벽체가 붕괴된 철거 대상 건물로서 사실상 기거 · 취침에 사용할 수 없는 상태의 폐가는 일반건조물이 아니라 일반물건에 해당한다.[2]

---

1) 2013. 12. 12. 2013도3950, 공 2014상, 214 =『공원 부지 폐가 방화 사건』.
2) 2013. 12. 12. 2013도3950, 공 2014상, 214 =『공원 부지 폐가 방화 사건』.

형법 제167조 제1항은 일반물건 가운데 타인소유에 속하는 것을 불태우는 행위를 규율하고 있다. 타인소유 일반물건방화죄는 자기소유 일반건조물방화죄(법166②)와 마찬가지로 '공공의 위험발생'을 요하는 구체적 위험범이다. 공공의 위험발생에 대해서는 자기소유 일반건조물방화죄에서 설명하였다.

타인소유 일반물건방화죄의 미수범 및 예비 · 음모는 처벌되지 않는다(법174, 175 참조). 폐가의 내부와 외부에 쓰레기를 모아놓고 태워 그 불길이 폐가 주변 수목 4~5그루를 태우고 폐가의 벽을 일부 그을리게 하는 정도만으로는 타인소유 일반물건방화죄의 기수에 이르렀다고 볼 수 없다. 이 경우 타인소유 일반물건방화죄에 대해서는 미수범 처벌규정이 없으므로 행위자를 처벌할 수 없다.[1)]

6. 자기소유 일반물건방화죄

형법 제167조 (일반물건에의 방화) ② 제1항의 물건이 자기 소유인 경우에는 3년 이하의 징역 또는 700만원 이하의 벌금에 처한다.

◎ 타인 물건 간주 조항 적용됨(법176)

형법 제167조 제2항은 자기소유 일반물건에 대한 방화죄를 타인소유 일반물건방화죄보다 가볍게 처벌하고 있다. 자기소유 일반물건을 불태우는 행위에는 재산침해의 요소가 없기 때문이다.

형법 제167조 제2항이 해당 일반물건이 무주물인 경우에도 적용될 것인지 문제된다. 판례는 불을 놓아 무주물을 소훼하여 공공의 위험을 발생하게 한 경우 '무주물'을 '자기 소유의 물건'에 준하는 것으로 보아 형법 제167조 제2항을 적용하여 처벌하여야 한다는 입장이다.[2)]

자기소유 일반물건방화죄가 공공의 위험발생을 요하는 구체적 위험범이며 미수 및 예비 · 음모가 처벌되지 않는다는 점(법174, 175 참조)은 타인소유 일반물건방화죄와 같다.

자기소유 일반물건방화죄를 범하여 현주건조물 등, 공익건조물 등, 타인소유 일반건조물 등에 연소(延燒)한 때에는 형법 제168조 제1항의 건조물등 연소죄(延燒罪)로 가중처벌되며, 자기소유 일반물건방화죄를 범하여 타인소유 일반물건에 연소한 때에는 형법 제168조 제2항의 일반물건 연소죄로 가중처벌된다.

1) 2013. 12. 12. 2013도3950, 공 2014상, 214 = 『공원 부지 폐가 방화 사건』.
2) 2009. 10. 15. 2009도7421, 공 2009하, 1919 = 『전봇대 쓰레기 소각 사건』.

7. 연 소 죄

형법 제168조 (연소) ① 제166조 제2항 또는 전조 제2항의 죄를 범하여 제164조, 제165조 또는 제166조 제1항에 기재한 물건에 연소(延燒)한 때에는 1년 이상 10년 이하의 징역에 처한다.
② 전조 제2항의 죄를 범하여 전조 제1항에 기재한 물건에 연소(延燒)한 때에는 5년 이하의 징역에 처한다.

◎ 타인 물건 간주 조항 적용됨(법176)

연소죄(延燒罪)는 자기소유 일반건조물방화죄(법166②) 및 자기소유 일반물건방화죄(법167②)에 대한 결과적 가중범이다. 형법은 결과적 가중범을 규정하면서 중한 결과로 대부분 상해와 사망을 요구하고 있다. 연소죄는 결과적 가중범의 중한 결과로 건조물 등이나 일반물건을 불태운다는 것이 요구되고 있다는 점에서 주목된다.

연소죄는 (가) 자기소유 일반건조물방화죄(법166②)를 범하여 현주건조물 등, 공익건조물 등, 타인소유 일반건조물 등에 연소하는 경우와, (나) 자기소유 일반물건방화죄(법167②)를 범하여 현주건조물 등, 공익건조물 등, 타인소유 일반건조물 등에 연소하는 경우, (다) 자기소유 일반물건방화죄(법167②)를 범하여 타인소유 일반물건에 연소하는 경우의 세 가지 형태로 나누어진다.

형법 제168조 제1항은 위의 세 가지 경우 가운데 (가)와 (나)의 경우를 1년 이상 10년 이상의 징역으로 처벌하고, 형법 제168조 제2항은 (다)의 경우를 5년 이하의 징역으로 처벌하고 있다.

연소(延燒)는 행위자가 예기하지 아니하였던 건조물 등이나 일반물건을 불태운다는 결과가 발생되는 것을 말한다. 연소죄는 결과적 가중범이므로 구조상 다음의 점들이 요구된다.

첫째, 기본범죄인 자기소유 일반건조물방화죄(법166②) 또는 자기소유 일반물건방화죄(법167②)가 성립하여야 한다. 두 죄 모두 공공의 위험발생을 구성요건요소로 요구하고 있다. 만일 공공의 위험발생이 인정되지 않는다면 불이 보다 중한 물건에 옮겨 붙은 경우라 하여도 연소죄는 성립하지 않는다. 이 경우에는 실화죄(법170①, 171 참조)만 성립한다.

둘째로, 기본범죄인 자기소유 일반건조물방화죄 또는 자기소유 일반물건방화죄로부터 건조물 등에의 연소나 타인소유 일반물건에의 연소라는 중한 결과가 발생해야 한다. 고의의 기본범죄와 연소의 중한 결과 사이에는 인과관계(법17)가 인정되어야 한다.

셋째로, 범인에게 연소의 중한 결과에 대한 인식 · 인용이 없어야 한다. 그 대신 연소에 대한 예견가능성(법15②)이 인정되어야 한다. 만일 처음부터 현주건조물(법164), 공익건조물(법165), 타인소유 일반건조물(법166①)이나 타인소유 일반물건(법167①)을 불태운다는 데에 대한 인식 · 인용이 있었다면 각각 해당 객체를 규율하는 고의의 방화죄가 성립한다.

8. 진화방해죄

형법 제169조 (진화방해) 화재에 있어서 진화용의 시설 또는 물건을 은닉 또는 손괴하거나 기타 방법으로 진화를 방해한 자는 10년 이하의 징역에 처한다.

◎ 타인 물건 간주 조항 적용됨(법176)

형법 제169조는 화재시에 그 진화를 방해하는 행위를 진화방해죄로 처벌하고 있다. 진화방해죄는 각종 방화죄에 대한 보충적 규정으로서의 성격을 가진다. 화재는 공공의 위험을 발생하게 하였거나 발생하게 할 염려가 있는 정도로 건조물 등이나 일반물건이 불에 타고 있는 상태를 말한다. 화재의 원인은 묻지 않는다. 화재의 원인이 범인에 의한 경우에도 진화방해죄가 성립할 수 있다. 타인에 의한 화재, 천재지변에 의한 화재 등을 모두 포함한다.

진화용의 시설 또는 물건은 직접 소화활동에 사용되는 일체의 기구를 의미한다. 화재경보시설, 소화전, 소방자동차, 물 뿌리는 호스, 소화기 등이 그 예이다. 진화방해죄의 객체는 본래 소방용으로 마련된 것에 한정된다. 임시로 쓰이는 물건 등은 진화방해죄의 객체에 포함되지 않는다. 그러나 진화용의 시설 또는 물건에 해당하기만 하면 공적인 소방기관이 보관하고 있는 것뿐만 아니라 개인이 법령상 설치하거나 임의로 설치한 것도 진화방해죄의 객체에 해당한다.

은닉은 일정한 물건의 발견을 불가능하게 하거나 현저히 곤란하게 하는 행위이다. 손괴는 목적물을 물질적으로 훼손하여 그 효용을 해하는 행위를 말한다. 기타 방법에 의한 진화방해행위로는, 소방차의 발진을 방해하거나 통로에 장애물을 설치하는 행위, 진화활동에 종사하는 소방공무원 등에 대해 폭행 · 협박을 가하는 것 등을 생각할 수 있다. 작위는 물론 부작위에 의하여도 진화방해행위는 가능하다.

진화방해죄에 대해서는 미수범이나 예비 · 음모에 대한 처벌규정이 없다(법174, 175 참조). 진화방해죄는 진화를 방해하는 행위가 있으면 바로 기수에 이른다. 진화방해죄는 위험범이다. 따라서 화재시에 진화에 방해가 될 만한 행위가 있으면 진화방해죄는 성립하며, 현실적으로 진화방해의 결과가 발생됨을 요하지 않는다.

제 4 실화죄의 기본유형 - 실화죄

형법 제170조 (실화) ① 과실로 제164조 또는 제165조에 기재한 물건 또는 타인 소유인 제166조에 기재한 물건을 불태운 자는 1천500만원 이하의 벌금에 처한다.

◎ 타인 물건 간주 조항 적용됨(법176)

1. 행위객체

형법 제170조 제1항은 건조물 등에 대한 실화죄를 규정하고 있다. 객체는 현주건조물 등(법164), 공용건조물 등(법165), 타인소유 일반건조물 등(법166①)으로 한정된다. 자기소유 일반건조물 등(법167①)은 형법 제170조 제2항에 의하여 별도로 규율되고 있다. 형법 제170조 제1항의 건조물실화죄는 추상적 위험범이다. '공공의 위험발생'이 구성요건에 규정되어 있지 않기 때문이다.

형법 제170조 제1항의 건조물실화죄는 현주건조물 등(법164), 공용건조물 등(법165), 타인소유 일반건조물 등(법166①)에 직접 실화한 경우뿐만 아니라, 과실로 자기소유 일반건조물 등(법166②)이나 자기소유 일반물건(법167②)을 불태운 결과 현주건조물 등, 공용건조물 등, 타인소유 일반건조물 등에 연소(延燒)한 경우에도 성립한다.

2. 실행행위

형법 제170조 제1항 건조물실화죄의 실행행위는 과실로 인하여 현주건조물 등, 공용건조물 등, 타인소유 일반건조물 등을 불태우는 것이다. '불태운다' 함은 현주건조물방화죄(법164①)에서의 '불태운다'는 것과 같은 의미이다.

과실은 정상적으로 기울여야 할 주의를 게을리하여 죄의 성립요소인 사실을 인식하지 못하거나 회피하지 못하는 것을 말한다(법14 참조). 실화죄에서 과실이라 함은 (가) 불로 인하여 목적물이 불타게 되는 사정이 있고, (나) (ㄱ) 그러한 사정을 인식할 수 있었음에도 불구하고 정상적으로 기울여야 할 주의를 게을리하여 이를 인식하지 못하였거나, 또는 (ㄴ) 그러한 사정에서 화재의 위험성이 없다고 가볍게 믿어 불의 관리 또는 처리에 관하여 정상적으로 기울여야 할 주의를 게을리하여 (다) 목적물을 불태우는 결과를 발생시키는 것을 말한다. 과실행위는 주의의무에 위반하는 행위이다. 작위 · 부작위를 묻지 않는다.

과실과 화재 사이에는 인과관계(법17)가 인정되어야 한다. 공동의 과실이 경합하여 화재가 발생한 경우에 적어도 각 과실이 화재의 발생에 대하여 하나의 조건이 된 이상은 그 공동적 원인을 제공한 각자에 대하여 실화죄의 죄책을 물어야 한다.[1)] 이 점은 작위에 의한 과실과 부작위에 의한 과실이 경합하여 화재가 발생한 경우에도 마찬가지이다. 작위에 의한 과실이나 부작위에 의한 과실이나 과실이 화재의 발생에 대하여 하나의 조건이 된 이상은 그 공동적 원인을 제공한 각자에 대하여 실화죄의 죄책을 물어야 하기 때문이다.[2)]

---

1) 1983. 5. 10. 82도2279, 공 1983, 983 = 『미강실 전등갓 사건』 ☞ 부록 1560면.

2) 2023. 3. 9. 2022도16120, 공 2023상, 680 = 『분리수거장 옆 담배꽁초 사건』:

갑과 을은 P회사의 M공장에서 근무하는 사람들이다. M공장동 건물 외벽에는 재활용 박스를 모아두는 ㉠분리수거장이 설치되어 있었다. 갑과 을은 ㉠분리수거장 옆에서 담배를 피우게 되었다. 당시는 ㉠분리수거장 방향으로 바람이 상당히 강하게 불고 있었다. ㉠분리수거장에는 불이 붙기 쉬운 종이로 된 재활용 박스 등이 쌓여 있었다. 갑과 을은 담배를 다 피웠다. 갑은 ㉠분리수거장 인근에 ⓐ담배꽁초 불씨를 손가락으로 튕긴 후 담배꽁초를 ㉠분리수거장 바로 옆 바닥에 놓여있던 쓰레기봉투에 던져 버렸다. 을도 ㉠분리수거장 인근에 ⓑ담배꽁초 불씨를 손가락으로 튕긴 후 담배꽁초를 ㉠분리수거장을 향해 던져 버렸다. 갑과 을이 떠난 직후 갑과 을이 버린 담배 꽁초 불씨에서 ㉠분리수거장 안에 쌓여 있던 재활용 박스 등에 불이 붙었다. 그 불은 M공장동으로 번졌다. M공장동은 전소되었다(㉡화재). M공장의 수리에 약 6억 5천만원이 소요될 정도의 피해가 발생하였다.

㉡화재의 발화가 갑의 ⓐ담배꽁초 불씨에서 직접 발화된 것인지, 을의 ⓑ담배꽁초에서 발화된 것인지는 확인할 수 없었다. 그러나 ⓐ 또는 ⓑ담배꽁초의 어느 하나에 의하여 직접 발화가 된 것만은 확실하다. 그리하여 다음의 두 가지 상황이 상정 가능하다. (가) 갑이 던진 ⓐ담배꽁초 불씨에서 직접 발화되었는데(작위), 을이 이를 보고도 그냥 현장을 떠났다(부작위). (나) 을이 던진 ⓑ담배꽁초 불씨에서 직접 발화되었는데(작위), 갑이 이를 보고도 그냥 현장을 떠났다(부작위).

검사는 갑과 을을 실화죄로 기소하였다. 갑과 을의 피고사건은 제1심을 거친 후, 항소심에 계속되었다. 항소심 공판절차에서 검사는 다음과 같이 공소장변경신청을 하여 허가를 받았다. (가) 주위적 공소사실 : 실화죄 공동정범, 형법 제170조 제1항, 제164조, 제30조. (나) 예비적 공소사실 : 실화죄 단독정범, 형법 제170조 제1항, 제164조. 항소법원은 다음과 같이 판단하였다. (가) 주위적 공소사실 : 실화죄 공동정범, 형법 제170조 제1항, 제164조, 제30조 무죄. (나) 예비적 공소사실 : 실화죄 단독정범, 형법 제170조 제1항, 제164조 유죄. 항소법원은 무죄 판단의 이유로 다음의 점을 제시하였다. (가) 과실범의 공동정범은 행위자들 사이에 공동의 목표와 의사연락이 있는 경우에 성립한다. (나) 함께 담배를 피웠을 뿐인 갑과 을에게는 '공동의 목표'가 있었다고 보기 어려워 위와 같은 공동정범의 법리가 적용될 수는 없다. (다) 과실범의 공동정범으로 형법 제30조를 적용한 주위적 공소사실에 관한 검사의 주장은 이유 없다.

갑과 을은 유죄 부분에 불복하여 상고하였다. 갑과 을은 첫 번째 상고이유로 다음의 점을 주장하였다. (가) 갑과 을 중 누구의 행위로 인하여 화재가 발생한 것인지 여부도 입증되지 않았다. (나) 갑과 을은 과실범의 미수에 해당하여(형법 제19조) 모두 처벌할 수 없다. 갑과 을은 두 번째 상고이유로 다음의 점을 주장하였다. (가) 갑의 ⓐ담배꽁초 불씨로 ㉡화재가 발화하였다면 을의 ⓑ담배꽁초 불씨는 ㉡화재의 발화원인이 되지 않는다. (나) 을의 ⓑ담배꽁초 불씨로 ㉡화재가 발화하였다면 갑의 ⓐ담배꽁초 불씨는 ㉡화재의 발화원인이 되지 않는다. (다) 결국 적어도 갑 또는 을 가운데 한 사람은 실화죄의 책임을 지지 않는다.

대법원은 다음의 이유를 제시하여 상고를 기각하였다. 대법원은 실화죄의 부작위범에 대해 다음과 같이 설시하였다. (가) (ㄱ) 형법이 금지하고 있는 법익침해의 결과발생을 (ㄴ) 방지할 법적인 작위의무를 지고 있는 자가 (ㄷ) 그 의무를 이행함으로써 결과발생을 쉽게 방지할 수 있는데도 (ㄹ) 결과발생을 용인하고 방관한 채 (ㅁ) 의무를 이행하지 아니한 것이 (ㅂ) 범죄의 실행행위로 평가될 만한 것이라면 (ㅅ) 부작위범으로 처벌할 수 있다. (나) (ㄱ) 실화죄에 있어서 공동의 과실이 경합되어 화재가 발생한 경우 (ㄴ) 적어도 각 과실이

1개의 실화행위에 기하여 수개의 객체나 여러 종류의 객체를 불태운 경우에는 1개의 포괄일죄가 성립한다.

제 5 실화죄의 특수유형

1. 자기소유 일반건조물 · 일반물건 실화죄

형법 제170조 (실화) ② 과실로 자기 소유인 제166조의 물건 또는 제167조에 기재한 물건을 불태워 공공의 위험을 발생하게 한 자도 제1항의 형에 처한다.

◎ 타인 물건 간주 조항 적용됨(법176)

(1) 구체적 위험범

형법 제170조 제2항은 (가) 자기소유 일반건조물실화죄, (나) 타인소유 일반물건실화죄, (다) 자기소유 일반물건실화죄를 규정하고 있다. 형법 제170조 제2항의 실화죄는 '공공의 위험발생'이 구성요건에 명시되어 있어서 구체적 위험범이다. 따라서 공공의 위험발생에 대한 증명이 필요하다. '공공의 위험발생'은 자기소유 일반건조물방화죄(법166②)에 규정된 '공공의 위험발생'과 같은 의미이다.

화재의 발생에 대하여 하나의 조건이 된 이상은 (ㄷ) 그 공동적 원인을 제공한 사람들은 각자 실화죄의 책임을 면할 수 없다.

대법원은 다음과 같은 원심의 판단을 그대로 유지하였다. (가) 갑과 을은 분리수거장 방향으로 담배꽁초를 던져 버렸다. (나) 갑과 을은 각자 본인 및 상대방이 버린 담배꽁초 불씨가 살아 있는지를 확인하고 이를 완전히 제거하는 등 화재를 미리 방지할 주의의무가 있음에도 이를 게을리 한 채 만연히 현장을 떠난 과실이 인정된다. (다) 이러한 갑과 을 각자의 과실이 경합하여 ⓒ화재를 일으켰다. (라) 갑과 을에게 각자의 실화죄 책임이 인정된다. (마) 갑과 을에 대한 예비적 공소사실을 유죄로 판단한다.

대법원은 과실범의 독립행위 경합 주장에 대해 다음과 같이 판단하였다. (가) 원심판단 중 ⓒ화재가 갑과 을 중 누구의 행위에 의한 것인지 인정하기에 부족하다는 취지의 부분은 결과발생의 원인행위가 판명되지 않았다는 뜻으로 오해할 여지가 있기는 하다. (나) 그러나 이는 '갑과 을 중 누구의 담배꽁초(ⓐ 또는 ⓑ)로 인하여 ⓒ화재가 발생하였는지 인정할 증거가 부족하다.'는 의미로 선해할 수 있다.

(다) 이는 갑과 을의 근무내용, 화재 발생 시간과 장소 및 경위, 법익침해 방지를 위한 행위의 용이성 등을 고려할 때, (ㄱ) 갑과 을이 각자 본인 및 상대방의 담뱃불로 인하여 화재가 발생할 수 있음을 충분히 예견할 수 있어 (ㄴ) 상호 간에 담배꽁초 불씨가 남아 있는지를 확인하고 이를 완전히 제거할 주의의무가 있음에도 (ㄷ) 이를 위반한 채 분리수거장 부근에서 담배꽁초 불씨를 튕기고 담배꽁초를 던져 버린 후 아무런 조치 없이 현장을 떠났고 (ㄹ) 이러한 갑과 을의 각 주의의무 위반과 이 ⓒ화재의 발생 사이에 인과관계가 인정된다는 취지의 부가적 판단이다. (라) 그러므로 이와 다른 전제에서 '원인행위가 불명이어서 갑과 을은 실화죄의 미수로 불가벌에 해당하거나 적어도 갑과 을 중 일방은 실화죄가 인정될 수 없다.'는 취지의 갑과 을의 주장은 받아들이기 어렵다.

자기소유 일반건조물 등이나 자기소유 일반물건이라도 압류 기타 강제처분을 받거나 타인의 권리 또는 보험의 목적물이 된 때에는 타인소유의 물건으로 간주되므로(법176) 형법 제170조 제2항 실화죄의 적용대상에서 제외된다.

(2) 적용범위

형법 제170조 제2항 실화죄의 적용범위가 문제된다. 2020년 개정 전 형법 제170조 제2항은 "과실로 인하여 자기의 소유에 속하는 제166조 또는 제167조에 기재한 물건을 소훼하여 공공의 위험을 발생하게 한 자"라는 표현을 사용하고 있었다. 이 규정을 문리해석하면 (가) 과실로 인하여 자기소유에 속하는 일반건조물 등(법166②)을 소훼하여 공공의 위험을 발생하게 한 경우와, (나) 과실로 인하여 자기소유에 속하는 일반물건(법167②)을 소훼하여 공공의 위험을 발생하게 한 경우의 두 가지로 나누어진다.

여기에서 (다) 과실로 인하여 타인소유 일반물건(법167①)을 소훼하여 공공의 위험을 발생하게 한 경우가 형법 제170조 제2항 실화죄의 처벌대상이 될 수 있겠는가 하는 의문이 제기되었다. 대법원은 이 문제에 대해 의견이 나뉘었다. 대법원은 다수의견에 따라 개정 전 형법 제170조 제2항을 확대해석하여 타인소유 일반물건(법167①)도 형법 제170조 제2항 실화죄의 객체에 포함된다고 보았다.[1) 2)]

입법자는 2020년 형법 일부개정시에 이러한 논란을 입법적으로 해결하였다. 2020년 개정된 형법 제170조 제2항은 "과실로 자기 소유인 제166조의 물건 또는 제167조에 기재한 물건을 불태워 공공의 위험을 발생하게 한 자도 제1항의 형에 처한다."고 규정하고 있다. 개정된 조문을 보면 객체는 '과실로 자기 소유인 제166조의 물건'과 '제167조에 기재한 물건'으로 구성된다. 이때 후자의 '제167조에 기재한 물건'은 전자와 달리 자기 소유인 물건은 물론 타인 소유인 물건도 모두 포함한다.

2. 업무상 실화죄, 중실화죄

형법 제171조 (업무상실화, 중실화) 업무상 과실 또는 중대한 과실로 인하여 제170조의 죄를 범한 자는 3년 이하의 금고 또는 2천만원 이하의 벌금에 처한다.

◎ 타인 물건 간주 조항 적용됨(법176)

---

1) 1994. 12. 20. 94모32 전원합의체 결정, 공 1995, 539 = 백선 총론 『과수원 실화 사건』.

2) 94모32 전원합의체 결정에 대해서는 여러 각도에서 평석이 제시되었다. 이들 평석을 묶어서 단행본으로 출간한 책자로, 신동운 외, 법률해석의 한계, (2000) 참조.

(1) 업무상 실화죄

형법 제171조는 형법 제170조 제1항 및 제2항 실화죄에 대한 가중처벌규정이다. 일반적으로 형법에서 사용되는 업무의 개념은 사회생활상의 지위로서 계속적 · 반복적으로 일정한 사무를 수행하는 지위를 말한다. 그런데 업무상 실화죄에서의 업무는 이러한 일반적 업무개념에 어느 정도 제한을 가하지 않으면 안 된다. 왜냐하면 불의 사용은 사람이 일상생활을 영위하기 위하여 언제나 계속적, 반복적으로 수행하는 일이기 때문이다.[1]

업무상 실화죄에서의 업무는 직무로서 화기로부터 안전을 배려해야 할 사회생활상의 지위를 뜻한다.[2] 업무상 실화죄의 업무는 (가) 그 직무상 화재의 원인이 된 화기를 직접 취급하는 것에 그치지 않고, (나) 화재의 발견이나 방지 등의 업무가 지워진 경우를 포함한다.[3] 업무상 실화죄에서 업무는 본래의 업무뿐만 아니라 그 본래 업무에 부수되는 업무도 포함한다. 업무상 실화죄와 관련된 몇 가지 판례를 살펴본다.

호텔의 개인경영주인 피고인은 호텔의 경영관리를 총괄할 때 피사용자로 하여금 옥외피난계단으로 통하는 비상구를 열어두는 등의 조치를 취하도록 확인 및 지휘 · 감독함으로써 화재사고의 발생 및 확대를 방지해야 할 업무상 주의의무가 있다.[4]

피고인이 회사의 상무이사라는 추상적인 지위에 있었고, 그 밑에 공장장, 과장 등 각 분담책임자가 있는 경우라 하더라도, 전기의 누전, 과열 등으로 인한 발화를 방지하고 그 발화로 인하여 인화물에 인화되지 아니하도록 전기시설과 그 부근의 환경을 정리하지 않았다면

---

1) 1972. 2. 22. 71도2231, 집 20①, 형28 =『삼륜차 회전 화재 사건』:

갑은 ⓐ3륜자동차를 운전하여 M도로를 달리고 있었다. 갑은 운전 과실로 같은 방향 전방 오른쪽을 걸어가는 ⓑ일행들과 그 뒤를 따라가는 ⓒ자전차를 피하려고 ⓐ삼륜차를 왼쪽으로 돌리려고 하였다. 갑은 그 때 반대방향에서 왼쪽으로 달려오는 ⓓ찝차를 발견하고 급정거를 하였다. 마침 노면이 미끄러운데다가 전진이력으로 ⓐ삼륜차 차체가 180도로 회전하였다. 이 바람에 ⓐ삼륜차 차체로 ⓒ자전차에 탄 사람을 치어 다치게 하고 이어 들이닥친 ⓓ찝차 차체에 부딪쳤다. 이 사고로 ⓐ3륜차의 기름 탱크가 터지면서 마후라에 불이 붙어 퍼져서 ⓐ3륜차와 ⓓ찝차에 탄 사람 7명에게도 치사상(1명 사망)을 입혔다. 그와 동시에 ⓐ3륜차가 불에 타서 못쓰게 되었다.

검사는 갑을 업무상 과실치사상죄, 업무상 과실자동차파괴죄, 업무상 실화죄로 기소하였다. 갑의 피고사건은 제1심을 거친 후, 항소심에 계속되었다. [항소법원은 업무상 과실치사상죄 및 업무상 과실자동차파괴죄에 대해 유죄를 인정하였다.] 항소법원은 업무상 실화죄에 대해 무죄로 판단하였다. 검사는 무죄 부분에 불복하여 상고하였다.

대법원은 다음의 이유를 제시하여 상고를 기각하였다. (가) (사실관계 분석; 생략함.) (나) 갑은 자동차 운전업무에 종사하는 자이니만치 자동차의 충돌로 인한 사고 발생을 미리 방지하여야 할 업무상의 주의의무가 있다. (다) [그러나] 일반적으로 그 자동차 운전중 충돌로 인한 기름 탱크의 파열로 발생할지 모를 화재를 미리 방지해야 할 업무상의 주의의무는 없다.

2) 1988. 10. 11. 88도1273, 공 1988, 1422.

3) 1983. 5. 10. 82도2279, 공 1983, 983 =『미강실 전등갓 사건』.

4) 1984. 2. 28. 83도3007, 공 1984, 647 참조.

구체적인 업무상 주의의무가 있다.[1)]

피고인이 주식회사를 대표하고 그 업무 전반을 총괄하는 지위에 있고, 피고인 아래 업무별로 각각 책임부서를 정하여 책임자를 각기 배치하고, 피고인은 이 사람들에 대하여 일반행정적인 감독권을 행사하고 있으며, 특히 회사의 호텔 관계업무에 관하여는 그 전담 부사장, 이사, 지배인 등을 따로 두는 한편, 소방 관련 법령이 정한 방화관리자까지 선정하여 당국에 신고하고 있었다면, 피고인에게 업무상 실화죄에서 말하는 화기취급업무담당자라 하여 화재의 과실책임을 물을 수 없다.[2)]

(2) 중실화죄

중대한 과실이라 함은 행위자가 아주 작은 주의만 기울였더라면 결과발생을 인식할 수 있었음에도 불구하고 부주의로써 이를 인식하지 못한 경우를 말한다.[3)] 중대한 과실에 의한

---

1) 1961. 9. 28. 4293형상696, 총람 171조 4번 =『상무이사 대 공장장 사건』:

갑은 P회사의 상무이사이다. 갑 밑에는 공장장 을, 과장 병 등 각각의 분담책임자가 있다. P회사의 공장에 화재가 발생하였다.

검사는 갑을 업무상 실화죄로 기소하였다. [갑의 피고사건은 제1심을 거친 후, 항소심에 계속되었다. 항소법원은 유죄를 인정하였다. 갑은 불복 상고하였다. 갑은 상고이유로, 자신은 상무이사의 추상적 지위에 있었을 뿐이며 을, 병 등 분담책임자가 책임을 져야 한다고 주장하였다.]

대법원은 다음의 이유를 제시하여 갑의 상고를 기각하였다. (가) 업무상 실화 또는 업무상 과실치사상죄에 있어서의 업무라 함은 본래의 업무뿐만 아니라 그 본래 업무에 부수되는 업무도 역시 그 업무에 속한다. (나) 회사의 상무이사라는 추상적인 지위에 있었고 그 밑에 공장장, 과장 등 각 임무책임자가 있는 경우라 하더라도 전기의 누전, 과열 등으로 인한 발화를 방지하고 그 발화로 인하여 인화물에 인화가 되지 아니하도록 전기시설과 그 부근의 환경을 정비하지 않았다면 구체적인 업무상의 주의의무 해태가 있다.

2) 1973. 1. 30. 72도2676, 공 1986, 1141 =『대연각 화재 사건』:

갑은 대형호텔 '대연각'(M호텔)을 운영하는 P회사의 회장이다. 갑은 개인적인 사정으로 P회사의 업무에 관여하고 있지 않다. P회사는 갑의 아들인 전무이사 을이 실질적인 책임자로서 경영하고 있다. M호텔에 대형 화재가 발생하였다(㉮화재). 불은 M호텔 내 ㉠헬스클럽에서 시작되었다.

검사는 회장 갑을 업무상 실화죄로 기소하였다. 갑의 피고사건은 제1심을 거친 후, 항소심에 계속되었다. 항소법원은 무죄를 선고하였다. 검사는 불복 상고하였다.

대법원은 다음의 이유를 제시하여 상고를 기각하였다. (가) 갑은 개인적 사정으로 P호텔의 업무에 전혀 관여하지 않았다. (나) 화재 발생 장소인 ㉠헬스클럽 공사는 갑의 회장 취임 전에 이루어져서 갑이 전혀 관여하지 않았다. (다) P회사에는 A가 대표이사로 되어 있고, 그 목적사업의 달성을 위하여 전무인 을 밑에 상무, 지배인, 관리부장, 영업부장 등을 따로 두어 각 소관업무를 분담 처리하도록 하고 있다. (라) P회사에는 소방법 소정의 방화관리자까지 선정하여 당국에 신고하여 그로 하여금 소방훈련 및 화기사용 또는 취급에 관한 지도감독 등을 하도록 되어 있다. (마) 위 사실에 비추어 보면 비록 갑이 P회사의 회장으로 취임 중이었다고 하더라도 갑에게는 P회사의 직원들에 대한 일반적, 추상적 지휘감독의 책임은 있을지언정, 더 나아가 ㉮화재에 대한 구체적이고도 직접적인 주의의무는 없다고 할 수밖에 없다.

3) 1989. 1. 17. 88도643, 공 1989, 323 =『수예점 연탄아궁이 사건』:

갑은 M수예점을 경영하고 있다. (연도 생략함.) 1. 3. 19:20경 갑은 수예점의 일을 마치고 귀가하면서 약

실화는 「실화책임에 관한 법률」에 의하더라도 연소(延燒)로 인한 부분에 대해 손해배상책임이 감경되지 않는다. 이 점에서 중과실 여부는 사법상 구별의 실익이 크다(동법2, 3 참조). 실화죄에서 중과실과 경과실의 구별은 구체적인 경우에 사회통념을 고려하여 결정해야 한다.

피고인이 성냥불로 담배를 붙인 다음 그 성냥불이 꺼진 것을 확인하지 아니한 채 휴지가 들어 있는 플라스틱 휴지통에 던진 행위는 중대한 과실이 있는 경우에 해당한다.[1]

피고인이 전기보안담당자에게 아무런 통고를 하지 아니한 채 무자격 전기기술자로 하여

6평 넓이의 점포 안 구석에 있는 ㉠연탄아궁이에 연탄불을 피워놓았다. 갑은 ㉠연탄아궁이로부터 80센티미터쯤 떨어진 곳에 스폰지요 20여개, 이불솜 30여개, 베개싸기, 베개 등 ㉡가연성물질을 비닐로 포장하여 쌓아두었다. 1.4. 00:30경 ㉡스폰지요, 솜 등이 ㉠연탄아궁이로부터 장시간 전도된 열에 의하여 밀폐된 점포 안에서 연기만 내면서 불꽃 없이 타고 있었다. A는 ㉡스폰지 등이 타는 연기를 발견하였다. A 등 몇 사람이 M점포의 문을 부수고 들어갈 때 외부의 공기가 일시에 유입되면서 불꽃이 일어 ㉮화재가 발생하였다.

검사는 갑을 중실화죄로 기소하였다. 갑의 피고사건은 제1심을 거친 후, 항소심에 계속되었다. 항소법원은 다음의 이유를 들어 유죄를 인정하였다. (가) ㉡스폰지요, 솜 등이 ㉠연탄아궁이 쪽으로 넘어져 ㉠연탄아궁이로부터 장시간 전도된 열에 의하여 밀폐된 점포안에서 연기만 내면서 불꽃없이 타고 있다가 ㉮화재가 발생하였다. (나) 갑은 ㉡가연성물질을 쌓아둠에 있어서 ㉠연탄아궁이로부터 충분한 거리를 떼어놓는 등의 안전조치를 취하지 않았다. (다) 갑은 ㉡가연성물질을 쌓아둠에 있어서 끈으로 묶어 ㉠연탄아궁이 쪽으로 넘어지지 않도록 하는 등의 안전조치를 취하지 않았다. (라) 이상의 중대한 과실로 인하여 ㉮화재가 발생한 것이다. 갑은 불복 상고하였다.

대법원은 다음의 이유를 제시하여 원심판결을 파기환송하였다. 대법원은 사실관계에 대해 다음과 같이 판단하였다. (가) ㉮화재가 M수예점 점포 안에 있는 연탄아궁이 부근에서 발생하였고 사람들이 화재현장을 처음 보았을 때 이불솜 등에 불이 붙어 있었던 사실은 인정된다. (나) 그러나 갑이 쌓아둔 스폰지요, 솜 등이 연탄아궁이 쪽으로 넘어진 것이 화재발생의 직접적인 원인이 되었음을 인정할 만한 증거는 없다. (다) (관련 증거 검토 부분; 생략함.)

대법원은 중과실 여부에 대해 다음과 같이 판단하였다. (가) 갑이 쌓아둔 스폰지요, 솜 등이 연탄아궁이 쪽으로 넘어졌기 때문에 ㉮화재가 발생한 것이라고 하자. (나) 그렇다고 하더라도 사회통념상 갑의 중대한 과실로 인하여 화재가 발생한 것이라고 평가하기도 어렵다.

(다) (ㄱ) 갑이 스폰지요, 솜 등을 쌓아두는 방법이나 상태 등에 관하여 아주 작은 주의만 기울였더라면, (ㄴ) 스폰지요나 솜 등이 넘어지고 또 그로 인하여 화재가 발생할 것을 예견하여 회피할 수 있었음에도 불구하고, (ㄷ) 부주의로 이를 예견하지 못하고 스폰지와 솜 등을 쉽게 넘어질 수 있는 상태로 쌓아둔 채 방치하였기 때문에 화재가 발생한 것으로 판단이 되어야만, (ㄹ) 갑의 "중대한 과실"로 인하여 화재가 발생한 것으로 볼 수 있는 것이다.

(라) 그러나 (ㄱ) 갑이 연탄아궁이로부터 80센티미터쯤 떨어진 곳에 비닐로 포장한 스폰지요, 솜 등을 끈으로 묶지 않은 채 쌓아두었다고 하더라도, (ㄴ) 갑이 아주 작은 주의만 기울였더라면 그것들이 연탄아궁이 쪽으로 쉽게 넘어지고 또 그로 인하여 훈소현상(불꽃 없이 연기만 내면서 타는 현상)에 의한 화재가 발생할 것을 예견할 수 있었다고 보기는 어렵다.

(마) 기록에 의하면 갑은 평상시에도 화재가 발생한 날의 경우와 마찬가지로 연탄아궁이에 불을 피워놓은 채 스폰지요, 솜들을 쌓아두고 귀가한 것으로 보인다. (바) 이와 같은 점포의 관리상황과 갑이 점포를 떠난지 4시간 이상이 지난 뒤에 화재가 발생한 점 등에 비추어 본다. (사) ㉮화재의 발생에 관하여 갑에게 과실이 있었다고 하더라도 이를 중대한 과실로 평가하기는 어렵다.

1) 1993. 7. 27. 93도135, 공 1993, 2471.

금 전기공사를 하게 하였다고 하더라도, 보통사람과 마찬가지로 전기에 관한 전문지식이 없는 피고인이 아주 작은 주의만 기울였더라면 무자격 전기기술자에 의한 부실공사로 인하여 전선의 합선에 의한 화재가 발생할 것을 쉽게 예견할 수 있었다고 보기는 어렵다. 이러한 경우 화재의 발생에 관하여 피고인에게 과실이 있었다고 하더라도 사회통념상 피고인의 과실을 중대한 과실이라고 평가하기는 어렵다.[1)]

제6 폭발성물건파열죄 등

1. 폭발성물건파열죄

형법 제172조 (폭발성물건파열) ① 보일러, 고압가스 기타 폭발성 있는 물건을 파열시켜 사람의 생명, 신체 또는 재산에 대하여 위험을 발생시킨 자는 1년 이상의 유기징역에 처한다.

◎ 미수범 처벌함(법174).

◎ 예비 · 음모 처벌함. 단, 자수의 특례규정 있음(법175 본문 · 단서)

◎ 과실범 처벌함(법173의2① · ②)

폭발성물건파열죄는 폭발성 있는 물건을 파열시켜 사람의 생명, 신체 또는 재산에 대하여 위험을 발생시키는 범죄이다. 폭발성 있는 물건을 파열시키는 행위는 방화에 해당하지 않는다. 그러나 그 행위태양이 화력과 관계가 있고, 그 결과에서도 파열시의 폭풍, 고열 등에 의하여 공공의 위험을 발생하게 하기 때문에 형법은 폭발성물건파열죄를 형법 각칙 제13장 방화와 실화의 죄 부분에 규정하여 처벌하고 있다.

폭발성 있는 물건이라 함은 급격하게 파열하는 성질을 가진 물질을 말한다. 보일러, 고압가스 등은 그 예시이다. 총포는 그 자체의 폭발에 의한 파괴력을 가지는 것은 아니기 때문에 폭발성물건파열죄의 객체에 해당하지 않는다.

폭발성 있는 물건은 폭발물사용죄(법119①)의 폭발물과 구별된다. 폭발물사용죄의 폭발물은 그 폭발작용의 위력이나 파편의 비산(飛散) 등으로 사람의 생명, 신체, 재산 및 공공의 안전이나 평온에 직접적이고 구체적인 위험을 초래할 수 있는 정도의 강한 파괴력을 가진 물건을 의미한다.[2)] 폭발작용 자체에 의하여 공공의 안전을 문란하게 하거나 사람의 생명, 신체 또는 재산을 해할 정도의 성능이 없거나, 사람의 신체 또는 재산을 경미하게

1) 1989. 10. 13. 89도204, 공 1989, 1713.

2) 2012. 4. 26. 2011도17254, 공 2012상, 946 = 분석 각론『사제폭탄 폭발 사건』.

손상시킬 수 있는 정도에 그치는 것이라면 폭발물사용죄(법119①)의 폭발물이 아니라 폭발물파열죄(법172①)의 폭발성 있는 물건에 해당한다. 성능이 조악한 사제폭탄이 여기에 해당하는 예이다.[1)]

파열이라 함은 물건을 급속하고 격렬하게 팽창시키는 일체의 행위를 말한다. 폭발성물건파열죄의 행위는 부작위에 의하여도 가능하다.[2)] 폭발성물건파열죄는 사람의 생명, 신체 또는 재산에 대한 위험의 발생을 요구한다는 점에서 구체적 위험범이다.

2. 폭발성물건파열치상 · 치사죄

형법 제172조 ② 제1항의 죄를 범하여 사람을 상해에 이르게 한 때에는 무기 또는 3년 이상의 징역에 처한다. 사망에 이르게 한 때에는 무기 또는 5년 이상의 징역에 처한다.

형법 제172조 제2항은 보일러, 고압가스 기타 폭발성 있는 물건을 파열시켜 사람의 생명, 신체 또는 재산에 대하여 위험을 발생시킨 결과 사람을 상해 또는 사망에 이르게 한 경우를 가중처벌하고 있다. 결과적 가중범이므로 기본범죄인 폭발성물건파열죄(법172①)와 상해 또는 사망의 결과 사이에 인과관계가 존재해야 하고(법17), 상해 또는 사망의 중한 결과에 대한 예견가능성이 인정되어야 한다(법15②).

3. 가스등방류죄

형법 제172조의2 (가스 · 전기등 방류) ① 가스, 전기, 증기 또는 방사선이나 방사성 물질을 방출, 유출 또는 살포(撒布)시켜 사람의 생명, 신체 또는 재산에 대하여 위험을 발생시킨 자는 1년 이상 10년 이하의 징역에 처한다.

◎ 미수범 처벌함(법174).
◎ 예비 · 음모 처벌함. 단, 자수의 특례규정 있음(법175 본문 · 단서)
◎ 과실범 처벌함(법173의2① · ②)

형법 제172조의2는 1995년 형법 일부개정시에 신설된 규정이다. 가스등방류죄는 사람의 생명, 신체 또는 재산에 대하여 위험을 발생을 요한다는 점에서 구체적 위험범이다. 행위객체는 가스, 전기, 증기 또는 방사선이나 방사성 물질이다. 제한적 열거이므로 그 밖의 것은 행위객체에 포함되지 않는다.

1) 2012. 4. 26. 2011도17254, 공 2012상, 946 = 분석 각론 『사제폭탄 폭발 사건』.
2) 1978. 9. 26. 78도1996, 총람 18조 3번 = 백선 총론 『화약열차 폭발 사건』.

방사선이라 함은 전자파 또는 입자선 중 직접 또는 간접으로 공기를 전리(電離)하는 능력을 가진 것을 말한다(원자력안전법2 vii 참조). 방사성 물질이라 함은 핵연료물질, 사용후 핵연료, 방사성 동위원소 및 원자핵분열 생성물을 말한다(동법2 v 참조).

실행행위는 가스, 전기, 증기 또는 방사선이나 방사성 물질을 방출, 유출 또는 살포(撒布)하는 것이다. 방사성 물질의 살포는 분말상태나 미립자상태의 방사성 물질을 흩어 뿌리는 것은 물론 방사성 물질을 방치하여 분말 또는 미립자가 자연히 날아가 흩어지도록 하는 것도 포함한다.[1]

4. 가스등방류치상 · 치사죄

형법 제172조의2 ② 제1항의 죄를 범하여 사람을 상해에 이르게 한 때에는 무기 또는 3년 이상의 징역에 처한다. 사망에 이르게 한 때에는 무기 또는 5년 이상의 징역에 처한다.

형법 제172조의2 제2항은 가스, 전기, 증기 또는 방사선이나 방사성 물질을 방출, 유출 또는 살포(撒布)시켜 사람의 생명, 신체 또는 재산에 대하여 위험을 발생시킨 결과 사람을 상해에 이르게 하거나 사망에 이르게 한 경우를 가중처벌하고 있다. 결과적 가중범이므로 기본범죄인 가스등방류죄(법172의2①)와 상해 또는 사망의 결과 사이에 인과관계가 존재해야 하고(법17), 상해 또는 사망의 중한 결과에 대한 예견가능성이 인정되어야 한다(법15②).

5. 가스등공급방해죄

형법 제173조 (가스 · 전기등 공급방해) ① 가스, 전기 또는 증기의 공작물을 손괴 또는 제거하거나 기타 방법으로 가스, 전기 또는 증기의 공급이나 사용을 방해하여 공공의 위험을 발생하게 한 자는 1년 이상 10년 이하의 징역에 처한다.

◎ 미수범 처벌함(법174).
◎ 예비 · 음모 처벌함. 단, 자수의 특례규정 있음(법175 본문 · 단서)
◎ 과실범 처벌함(법173의2① · ②)

형법 제173조 제1항의 가스등공급방해죄는 폭발성물건파열죄처럼 본래 방화의 죄에 속하는 것은 아니지만 그 성질상 화력과 관계가 있고, 그 결과에서도 방화죄와 유사하다. 그렇기 때문에 우리 형법은 가스등공급방해죄를 제13장 방화와 실화의 죄 부분에 위치시키고 있

---

1) 법무부, 형법개정법률안 제안이유서, (1992), 202면.

다. 가스등공급방해죄의 중심적 구성요건요소는 가스, 전기 또는 증기의 공급이나 사용을 방해하는 것이다. 방해의 수단으로 가스, 전기 또는 증기의 공작물을 손괴하거나 제거하는 행위 및 기타 방법이 규정되어 있다.

손괴는 목적물을 물질적으로 파괴하여 그 효용을 상실하게 하는 행위를 말한다. 반드시 전부의 손괴를 필요로 하지 않는다. 그러나 가스, 전기, 증기의 공급이나 사용을 방해할 수 있는 정도의 것이어야 한다. 제거는 목적물을 설치장소로부터 분리하여 없애는 행위를 말한다. 기타 방법이란 가스 등의 공급이나 사용을 방해하는 일체의 행위를 말하며, 그 방법이 어떠한가는 묻지 않는다.

형법 제173조 제1항의 가스등공급방해죄는 구체적 위험범이다. 가스등공급방해죄가 성립하려면 위의 수단으로 가스, 전기 또는 증기의 공급이나 사용을 방해하여 공공의 위험을 발생시켜야 한다. 공공의 위험 개념에 대하여는 자기소유 일반건조물방화죄(법166②)와 관련하여 앞에서 설명하였다.[1)]

6. 공공용가스등공급방해죄

형법 제173조 ② 공공용의 가스, 전기 또는 증기의 공작물을 손괴 또는 제거하거나 기타 방법으로 가스, 전기 또는 증기의 공급이나 사용을 방해한 자도 전항의 형과 같다.

◎ 미수범 처벌함(법174).

◎ 예비 · 음모 처벌함. 단, 자수의 특례규정 있음(법175 본문 · 단서)

◎ 과실범 처벌함(법173의2① · ②)

형법 제173조 제2항은 공공용의 가스, 전기 또는 증기의 공작물을 손괴 또는 제거하거나 기타 방법으로 가스, 전기 또는 증기의 공급이나 사용을 방해하는 행위를 처벌하고 있다. 공공용이라 함은 불특정 또는 다수인의 사용에 제공된다는 의미이다. 공공용가스등공급방해죄는 공공의 위험발생을 요하지 않는다는 점에서 형법 제173조 제1항의 가스등공급방해죄와 구별되며, 추상적 위험범이다.

7. 가스등공급방해치상 · 치사죄

형법 제173조 ③ 제1항 또는 제2항의 죄를 범하여 사람을 상해에 이르게 한 때에는 2년 이상의 유기징역에 처한다. 사망에 이르게 한 때에는 무기 또는 3년 이상의 징역에 처한다.

---

1) 전술 329면 참조.

형법 제173조 제3항은 가스등공급방해죄(법173①) 및 공공용가스등공급방해죄(법173②)의 결과적 가중범을 규정하고 있다. 결과적 가중범의 형태는 (가) 가스, 전기 또는 증기의 공작물을 손괴 또는 제거하거나 기타 방법으로 가스, 전기 또는 증기의 공급이나 사용을 방해하여 공공의 위험을 발생하게 한 결과 사람을 상해 또는 사망에 이르게 한 경우와 (나) 공공용의 가스, 전기 또는 증기의 공작물을 손괴 또는 제거하거나 기타 방법으로 가스, 전기 또는 증기의 공급이나 사용을 방해한 결과 사람을 상해 또는 사망에 이르게 한 경우의 두 가지이다. 가중처벌의 정도는 양자가 같다.

결과적 가중범이므로 기본범죄인 가스등공급방해죄(법172의2①) 또는 공공용가스등공급방해죄(법172의2③)와 상해 또는 사망의 결과 사이에 인과관계가 존재해야 하고(법17), 상해 또는 사망의 중한 결과에 대한 예견가능성이 인정되어야 한다(법15②).

8. 과실폭발성물건파열죄 등

형법 제173조의2 (과실폭발성물건파열등) ① 과실로 제172조 제1항, 제172조의2 제1항, 제173조 제1항과 제2항의 죄를 범한 자는 5년 이하의 금고 또는 1천 500만원 이하의 벌금에 처한다.

◎ 타인의 물건 간주 조항 적용됨(법176)

형법 제173조의2 제1항은 폭발성물건등파열죄 등에 대한 과실범 처벌규정이다. 과실범의 형태는 (가) 과실폭발성물건파열죄(법173의2①, 172①),[1] (나) 과실가스등방류죄(법173의2①, 172의2①), (다) 과실가스등공급방해죄(법173의2①, 173①), (라) 과실공공용가스등공급방해죄(법173의2①, 173②)로 나타나며, 5년 이하의 금고 또는 1천 5백만원 이하의 벌금으로 처벌된다.

9. 업무상과실 · 중과실폭발성물건파열죄

형법 제173조의2 ② 업무상과실 또는 중대한 과실로 제1항의 죄를 범한 자는 7년 이하의 금고 또는 2천만원 이하의 벌금에 처한다.

◎ 타인의 물건 간주 조항 적용됨(법176)

형법 제173조의2 제2항은 업무상 과실 또는 중대한 과실로 형법 제173조 제1항의 과실범을 범한 자를 7년 이하의 금고 또는 2천만원 이하의 벌금으로 가중처벌하고 있다. 과실범

---

1) 2001. 6. 1. 99도5086, 공 2001, 1554 = 『다가구주택 휴즈콕크 사건』 ☞ 부록 1560면.

의 형태는 (가) 업무상과실 · 중과실폭발성물건파열죄(법173의2②, 172①), (나) 업무상과실 · 중과실가스등방류죄(법173의2②, 172의2①), (다) 업무상과실 · 중과실가스등공급방해죄(법173의2②, 173①), (라) 업무상과실 · 중과실공공용가스등공급방해죄(법173의2②, 173②)로 나타난다.

제14장 일수와 수리에 관한 죄

제1 서 설

1. 일수에 관한 죄

(1) 보호법익

형법 각칙 제14장은 일수와 수리에 관한 죄를 규정하고 있다. 일수와 수리에 관한 죄는 일수(溢水)에 관한 죄와 수리(水利)에 관한 죄로 구성되어 있다. 일수에 관한 죄는 '물을 넘겨' 건조물 기타 물건 등을 침해(浸害)하는 죄이다. 각칙 제13장 방화 및 실화의 죄와 마찬가지로 사회공공의 평온을 보호하는 범죄로서 공공위험범에 속한다.

일수에 관한 죄와 방화에 관한 죄는 행위수단이 물과 불이라는 점에서 구별된다. 그렇지만 불특정 또는 다수인의 생명, 신체, 재산에 위험을 야기한다는 점에서 성질이 공통된다. 이 점을 고려하여 우리 입법자는 목적물 및 범죄구성요건의 배치면에서 일수죄를 방화죄와 비슷하게 규정하고 있다.

일수죄는 방화죄와 마찬가지로 개인의 재산을 침해하는 성질도 부차적으로 가지고 있다. 이 때문에 우리 형법은 자기소유 일반건조물일수죄(법179②) 및 자기소유 일반물건일수죄(법179②)라는 감경적 구성요건을 마련하고 있다. 다만, 형법 제179조 제3항에 의하여 형법 제176조가 준용되므로 자기소유 일반건조물 등이나 자기소유 일반물건이라도 압류 기타 강제처분을 받거나 타인의 권리 또는 보험의 목적이 된 때에는 타인소유 건조물 등이나 타인소유 일반물건으로 간주된다.

(2) 방화죄와의 비교

일수죄의 객체는 방화죄와 마찬가지로 (가) 현주건조물 등(법177①), (나) 공용건조물 등(법178), (다) 타인소유 일반건조물 등(법179①), (라) 자기소유 일반건조물 등(법179②), (마) 타인소유 일반물건(법179①), (바) 자기소유 일반물건(법179②)으로 나누어 볼 수 있다.

일수죄의 조문체계는 방화죄와 비교할 때 몇 가지 차이점을 보이고 있다. 첫째로, 타인소유 일반건조물 등과 타인소유 일반물건을 형법 제179조 제1항에 함께 규정하고 있다. 둘째로, 형법 제179조 제1항은 건조물 등 이외의 일반물건을 '기타 재산'으로 표현하고 있다. 셋째로, 타인소유 일반물건방화죄(법167①)와 달리 타인소유 일반물건일수죄(법179① 후단)가 구체적 위험범이 아니라 추상적 위험범으로 규정되어 있다. 넷째로, 방화죄의 경우 실화죄(법170① · ②) 외에 업무상과실 · 중과실 실화죄(법171)가 가중처벌됨에 반하여 일수죄의 경우에는 과실일수죄(법181)만 처벌될 뿐 업무상 과실이나 중과실에 의한 일수죄를 가중처벌하는 규정이 없다.

이상의 차이점은 방화죄나 실화죄에 비하여 일수죄나 과실일수죄의 발생빈도가 낮다는 입법자의 판단에 따른 것이라고 생각된다. 입법론적으로 볼 때 방화죄와의 균형을 맞추기 위하여 타인소유 일반물건일수죄(법179①)는 자기소유 일반건조물일수죄(법179②)와 마찬가지로 구체적 위험범으로 규정하는 것이 타당하다고 본다.

2. 수리에 관한 죄

형법 각칙 제14장 일수와 수리에 관한 죄에 규정된 죄 가운데 수리(水利)에 관한 죄는 단순히 수리를 방해하는 죄로서 타인의 수리권(水利權)을 보호법익으로 하고 있다. 불특정 또는 다수인의 생명, 신체, 재산을 위태롭게 하는 공공위험범으로서의 성질을 가지지 않는다. 그러나 형법은 수리에 관한 죄가 물과 관계가 있다는 점을 감안하여 일수에 관한 죄와 함께 형법 각칙 제14장에 규정하고 있다.

제 2 일수죄의 기본유형 – 현주건조물일수죄

형법 제177조 (현주건조물등에의 일수) ① 물을 넘겨 사람이 주거에 사용하거나 사람이 현존하는 건조물, 기차, 전차, 자동차, 선박, 항공기 또는 광갱을 침해(浸害)한 자는 무기 또는 3년 이상의 징역에 처한다.

◎ 미수범 처벌함(법182)
◎ 예비 · 음모 처벌함(법183)
◎ 결과적 가중범 처벌함(법177②)
◎ 과실범 처벌함(법181)

형법 제177조는 현주건조물일수죄를 규정하고 있다. 현실적으로 공공의 위험발생을 요하지 않는다는 점에서 추상적 위험범이다. 현주건조물일수죄의 객체는 사람이 주거에 사용하거나 사람이 현존하는 건조물, 기차, 전차, 자동차, 선박, 항공기 또는 지하채굴시설[1]이다.

---

1) 2020년 입법자는 일반 국민들이 알기 쉽게 형법 조문을 다듬는 개정을 단행하였다. 이 과정에서 각칙 제13장 방화와 실화의 죄에 나타나는 '광갱'은 '지하채굴시설'로 바뀌었다. 그러나 입법자는 제14장 일수와 수

'현주', '현존' 및 건조물 등의 의미는 현주건조물방화죄(법164①)에서 설명한 것과 같다.[1)]

물을 넘겨라 함은 일수(溢水)를 말한다. 즉 제한되어 있는 물의 자연력을 해방시켜서 경계구역 바깥으로 범람하게 하는 것을 말한다. 그 물은 흐르는 물인지 고인 물인지를 묻지 않는다. 수단 · 방법에는 제한이 없다. 제방을 파괴하거나 물 흐름을 막는 행위 등은 그 예이다.

침해(浸害)는 물의 자연력에 의하여 물건의 효용을 멸실시키거나 감소시키는 것을 말한다. 침해는 물건의 효용 전부를 멸실 · 감소시키는 것일 필요는 없다. 효용의 멸실 · 감소는 일부에 그치거나 일시적이라도 족하다. 반드시 물건이 유실될 필요는 없다. 현주건조물일수죄는 현실적으로 침해(浸害)의 결과가 발생해야 기수에 이른다. 침해의 결과가 발생하지 않으면 미수범으로 처벌된다(법182 참조).

현주건조물일수죄의 고의는 단순히 물을 넘긴다는 사실의 인식 · 인용만으로는 부족하고 사람이 주거에 사용하거나 사람이 현존하는 건조물 등을 침해한다는 결과에 대한 인식 · 인용이 필요하다. 공공의 위험발생에 대한 인식 · 인용은 필요하지 않다.

제 3 일수죄의 특수유형

1. 현주건조물등일수치상 · 치사죄

형법 제177조 ② 제1항의 죄를 범하여 사람을 상해에 이르게 한 때에는 무기 또는 5년 이상의 징역에 처한다. 사망에 이르게 한 때에는 무기 또는 7년 이상의 징역에 처한다.

현주건조물일수치상죄는 현주건조물방화치상죄와 마찬가지로 부진정 결과적 가중범이다.[2)] 이에 반해 현주건조물일수치사죄는 부진정 결과적 가중범이 아니다. 현주건조물일수치

리의 죄에서는 '광갱'이라는 표현을 그대로 두었다. 조문 정비과정의 미비점이라고 생각된다. 본서에서는 방화죄와의 균형을 고려하여 일수죄에서도 '지하채굴시설'이라는 표현을 사용하기로 한다.

1) 방화죄의 경우에는 '사람이 주거에 사용하거나'라는 표현이 사용되고 있다(형법 제164조 제1항). 이에 대해 일수죄의 경우에는 '사람의 주거에 사용하거나'라는 표현이 쓰이고 있다(형법 제177조 제1항). 일수죄와 비슷한 표현은 주거침입죄에서 '사람의 주거, 관리하는 건조물'(형법 제319조 제1항), 야간주거침입절도죄에서 '사람의 주거, 간수하는 저택이나 건조물'(법330), 특수강도죄에서 '사람의 주거, 관리하는 건조물'(형법 제334조 제1항) 등에서도 찾아볼 수 있다.

이러한 경우에 '사람의 주거에 사용하거나' 또는 '사람의 주거하는'이라는 표현은 우리말 어법에 맞지 않는 일본어식 표현이다. 일본어 문법에 따르면 수식절의 주어를 '의(の)'로 표현하여 주절(主節)과 수식절을 구별하고 있다. 그런데 우리말에는 이와 같은 어법이 없다. 입법적으로 우리말 문법에 맞추어 시급히 표현을 다듬어야 할 부분이다. 본서에서는 '사람의 주거에 사용하거나' 또는 '사람의 주거하는'이라는 표현을 모두 '사람이 주거에 사용하거나' 또는 '사람이 거주하는'이라는 표현으로 고쳐서 적기로 한다.

2) 전술 324면 이하 참조.

사죄(법177②)에는 현주건조물방화치사죄(법164② 2문)와 달리 사형이 규정되어 있지 않기 때문이다.

현주건조물일수행위로 사람을 살해한 경우 현주건조물일수죄(법177①; 무기 또는 3년 이상의 징역)와 살인죄(법250①; 사형, 무기 또는 5년 이상의 징역)의 상상적 경합범으로 처리하는 것이 현주건조물일수치사죄(법177② 2문; 무기 또는 7년 이상의 징역)보다 높은 처단형을 확보할 수 있다. 다만, 과실로 인하여 사망의 결과를 발생시킨 현주건조물일수치사죄보다 처단형의 하한이 낮아질 수는 없으므로 처단형의 하한은 7년 이상의 징역으로 상향조정된다.

2. 공용건조물일수죄

형법 제178조 (공용건조물 등에의 일수) 물을 넘겨 공용 또는 공익에 공하는 건조물, 기차, 전차, 자동차, 선박, 항공기 또는 광갱을 침해한 자는 무기 또는 2년 이상의 징역에 처한다.

◎ 미수범 처벌함(법182)
◎ 예비 · 음모 처벌함(법183)
◎ 과실범 처벌함(법181)

형법 제178조는 공용건조물일수죄를 규정하고 있다. 공용건조물일수죄는 공용건조물방화죄(법165)에 대응하는 범죄이다. 객체는 사람이 주거에 사용하거나 사람이 현존하는 건조물 등이 아닌 것으로서 공용 또는 공익에 공하는 건조물 등이다. 공용건조물 등의 내용은 공용건조물방화죄에서 설명한 것과 같다.[1)]

3. 타인소유 일반건조물 · 일반물건일수죄

형법 제179조 (일반건조물 등에의 일수) ① 물을 넘겨 전2조에 기재한 이외의 건조물, 기차, 전차, 자동차, 선박, 항공기 또는 광갱 기타 타인의 재산을 침해한 자는 1년 이상 10년 이하의 징역에 처한다.

◎ 타인의 물건 간주 조항 적용됨(법176)
◎ 미수범 처벌함(법182)
◎ 예비 · 음모 처벌함(법183)
◎ 과실범 처벌함(법181)

1) 전술 326면 참조.

형법 제179조 제1항은 타인소유 일반건조물일수죄 및 타인소유 일반물건일수죄를 규정하고 있다. 추상적 위험범이다.

형법 제179조 제1항은 일수죄의 객체를 규정하면서 '기타 재산'이라는 표현을 사용하고 있다. 일반적으로 '재산'은 유형적 및 무형적인 경제적 가치의 총체를 가리킨다. 그러나 일수죄가 방화죄와 유사한 구조를 가지고 있다는 점에 비추어 볼 때 '기타 재산'은 건조물, 기차, 전차, 자동차, 선박, 항공기 또는 지하채굴시설을 제외한 그 밖의 물건(일반물건)을 의미한다고 본다. 다만 '재산'이 경제적으로 상당한 가치를 가지는 것이라고 볼 때, 형법 제179조 제1항이 규정한 '기타 재산'은 논, 밭, 목장 등과 같이 중요산업으로서 농업, 목축업 등과 관련하여 의미가 있고, 상당한 가치를 가지는 일반물건을 의미한다고 본다.

타인소유 일반건조물일수죄 및 타인소유 일반물건일수죄의 예비 · 음모는 처벌된다(법183, 179①). 방화죄와 비교해 볼 때 타인소유 일반물건일수죄의 예비 · 음모가 처벌되는 것은 매우 이례적이다. 입법론적으로 삭제하는 것이 타당하다고 본다.

4. 자기소유 일반건조물 · 일반물건일수죄

형법 제179조 ② 자기의 소유에 속하는 전항의 물건을 침해하여 공공의 위험을 발생하게 한 때에는 3년 이하의 징역 또는 700만원 이하의 벌금에 처한다.

◎ 타인의 물건 간주 조항 적용됨(법176)
◎ 과실범 처벌함(법181)

형법 제179조 제2항은 자기소유 일반건조물일수죄 및 자기소유 일반물건일수죄를 규정하고 있다. 양자 모두 공공의 위험발생을 요구하는 구체적 위험범이다. 물을 넘겨 목적물을 침해(浸害)함에 그치지 않고 불특정 또는 다수인으로 하여금 위험을 느끼게 하는 상태에 이를 것을 요구한다. 현실적으로 그 위험이 특정 · 소수인에게 한정되어 일어났다고 하더라도 그 정도가 불특정 또는 다수인에게 위험을 느끼게 할 정도이면 공공의 위험발생에 해당한다.

형법 제179조에는 형법 제176조가 준용된다(법179③). 자기소유 일반건조물 등이나 자기소유 일반물건이라도 압류 기타 강제처분을 받거나 타인의 권리 또는 압류의 목적물이 된 때에는 타인소유의 것으로 간주되어 형법 제179조 제1항이 적용된다.

자기소유 일반건조물 및 자기소유 일반물건에 대한 일수죄(법179②)는 구체적 위험범이므로 고의의 인정에는 (가) 당해 객체에 대한 인식 · 인용, (나) 물을 넘긴다는 행위 및 침해의 결과에 대한 인식 · 인용과 아울러, (다) 공공의 위험발생에 대한 인식 · 인용이 요구된다.

자기소유 일반건조물일수죄 및 자기소유 일반물건일수죄에 대해서는 미수범이나 예비 ·

음모를 처벌하는 규정이 없다.

5. 방수방해죄

형법 제180조 (방수방해) 수재(水災)에 있어서 방수용의 시설 또는 물건을 손괴 또는 은닉하거나 기타 방법으로 방수(防水)를 방해한 자는 10년 이하의 징역에 처한다.

형법 제180조는 방수방해죄를 규정하고 있다. 방수방해죄는 방화죄의 진화방해죄(법169)에 대응하는 범죄이다. 수재에 있어서라 함은 현재 침해(浸害)가 발생하여 계속하는 경우뿐만 아니라 수재발생의 위험상태가 발생한 경우도 포함한다. 수재발생의 원인은 묻지 않는다. 방수용의 시설 또는 물건은 방수용(防水用)으로 만들어진 일체의 시설과 방수에 필요한 일체의 물건을 포함한다. 그 종류와 성질을 가리지 않는다. 공유와 사유를 구별하지 않으며, 자기소유와 타인소유를 모두 포함한다.

방수(防水)는 수재(水災)를 방지하는 활동을 말한다. 미연에 수재를 예방하는 활동, 이미 발생한 수재를 감소시키려는 활동, 건조물의 유실 등과 같이 수재에 의하여 발생하는 손해를 방지하는 활동이 모두 포함된다. 방해는 방수에 방해가 될 염려가 있는 일체의 행위를 말한다. 손괴 또는 은닉은 그 예시이다. 현실적으로 방해의 결과가 발생할 필요는 없다.

6. 과실일수죄

형법 제181조 (과실일수) 과실로 인하여 제177조 또는 제178조에 기재한 물건을 침해(浸害)한 자 또는 제179조에 기재한 물건을 침해(浸害)하여 공공의 위험을 발생하게 한 자는 1천만원 이하의 벌금에 처한다.

형법 제181조는 과실일수죄를 규정하고 있다. 실화죄(법170, 171)에 대응하는 규정이다. 형법 제181조는 전단과 후단으로 나누어서 읽을 필요가 있다. 형법 제181조 전단은 "과실로 인하여 제177조(현주건조물일수죄) 또는 제178조(공용건조물일수죄)에 기재한 물건을 침해한 자는 1천만원 이하의 벌금에 처한다."는 형벌법규를 담고 있다. 이 전단 과실일수죄는 추상적 위험범이다.

이에 대해 형법 제181조 후단은 "과실로 인하여 제179조에 기재한 물건을 침해하여 공공의 위험을 발생하게 한 자는 1천만원 이하의 벌금에 처한다"는 형벌법규를 담고 있다. 이 후단 과실일수죄는 구체적 위험범이다. 후단 과실일수죄의 객체는 형법 제179조에 기재한 것으로, (가) 타인소유 일반건조물 등(법181, 179①), (나) 타인소유 일반물건(법181, 179①),

(다) 자기소유 일반건조물 등(법181, 179②), (라) 자기소유 일반물건(법181, 179②)이다.

제 4 수리방해죄

형법 제184조 (수리방해) 둑을 무너뜨리거나 수문을 파괴하거나 그 밖의 방법으로 수리(水利)를 방해한 자는 5년 이하의 징역 또는 700만원 이하의 벌금에 처한다.

1. 행위객체

수리방해죄는 일수에 관한 죄와 달리 불특정 또는 다수인의 생명, 신체, 재산에 위해를 가하는 공공위험범이 아니다. 수리방해죄는 타인의 수리권을 보호법익으로 하고 있다.[1]

수리(水利)는 관개용, 목축용, 발전이나 수차 등의 동력용, 상수도의 원천용 등 널리 물이라는 천연자원을 사람의 생활에 유익하게 사용하는 것을 가리킨다.[2] 그 물이 자연수인가 인공적인 것인가를 묻지 않으며, 그 이용의 종류와 방법도 가리지 않는다. 다만 교통방해죄(법185)나 수도불통죄(법195) 등과 같은 다른 규정에 의하여 보호되는 형태의 물의 이용은 형법 제184조의 적용대상에서 제외된다.[3]

수리방해죄는 타인의 수리권을 보호법익으로 한다. 수리방해행위가 성립하려면 방해에 앞서 현존하는 수리의 이익(수리권)이 있어야 한다.[4] 수리권의 근거는 민법 등 법령은 물론 계약이나 관습 등을 모두 포함한다.[5] 수리권의 권리자는 불특정의 다수인이어도 좋고 특정

---

1) 2001. 6. 26. 2001도404, 공 2001, 1787 = 분석 각론 『농촌주택 배수관 사건』.

2) 2001. 6. 26. 2001도404, 공 2001, 1787 = 분석 각론 『농촌주택 배수관 사건』.

3) 2001. 6. 26. 2001도404, 공 2001, 1787 = 분석 각론 『농촌주택 배수관 사건』.

4) 1960. 9. 21. 4293형상522, 총람 184조 4번 = 『광이보물 제방 결궤 사건』:

갑은 자기 논에 물을 대기 위하여 '광이보물'의 ㉠제방을 무너뜨린 후 이를 방치하여 두었다. ㉠제방의 무너진 지점으로부터 때마침 내린 비로 하천의 물이 범람하여 A 소유의 ㉡논이 물에 잠겼다.

검사는 갑을 수리방해죄로 기소하였다. 갑의 피고사건은 제1심을 거친 후 항소심에 계속되었다. 항소법원은 무죄를 선고하였다. 검사는 불복 상고하였다.

대법원은 다음의 이유를 제시하여 상고를 기각하였다. (가) 형법상 수리방해죄라 함은 동법 제184조에 이른바 '[둑을 무너뜨리거나] 수문을 파괴하거나 기타 방법으로 수리를 방해한' 경우에 성립하는 것이다. (나) 그러므로 우선 침해에 앞서 현존하는 수리의 이익이 있어야 한다. (다) 그러한 수리의 이익을 위의 방법으로 침해하는 경우에 비로소 수리방해죄로 문의되는 것이다. (라) 이 사건에 있어서 (중략) 설령 위 침수의 결과 수리가 방해된 일이 있다 할지라도 이것을 일컬어 형법 제184조 소정의 수리방해의 죄에 해당하는 경우라고 볼 수 없다.

5) 1968. 2. 20. 67도1677, 집 16①, 형17 = 『20년 사용 연못 사건』:

갑 소유의 ㉠토지 위 쪽 부분에 ㉡연못이 있다. ㉡연못으로부터 A 등 농민 140여명이 20년 이상 그들 소유의 농지에 관개용 물을 대어 사용하여 왔다. 갑은 소유권을 내세워 ㉡연못의 제방을 허물었다.

한 1명이어도 좋다.

2. 실행행위

수리방해죄의 실행행위는 수리를 방해하는 것이다. 수리를 방해한다 함은 제방을 무너뜨리거나(결궤, 決潰) 수문을 파괴하는 등 형법 제184조가 예시한 행위를 포함하여 저수시설, 유수로(流水路)나 송수(送水)·인수(引水)시설 또는 이들에 부설된 여러 수리용 장치를 손괴·변경하거나 효용을 해침으로써 수리에 지장을 일으키는 행위를 말한다.[1)]

원천(源泉) 내지 자원으로서의 물의 이용이 아니라, 하수나 폐수 등 이용이 끝난 물을 배수로를 통하여 내려보내는 것은 형법 제184조에서 말하는 수리에 해당하지 않는다. 따라서 배수(排水) 또는 하수처리를 방해하는 행위는 특히 그 배수의 방해가 직접 인수(引水)에까지 지장을 초래한다는 등의 특수한 경우가 아닌 한 수리방해죄의 대상이 되지 않는다.[2)]

수리방해죄는 공공의 위험범이 아니다. 따라서 수리방해죄가 성립하려면 수리가 현실적으로 방해됨을 요한다. 즉 제방을 무너뜨리거나 수문을 파괴하는 등의 행위로 인하여 수리방해의 실해(實害)가 발생하여야 한다.

수리방해죄의 고의는 행위자가 자기의 행위로 인하여 수리 방해의 상태가 발생할 것을 인식·인용하는 것이다. 수리방해의 목적이나 동기는 묻지 않는다.

검사는 갑을 수리방해죄로 기소하였다. 갑의 피고사건은 제1심을 거친 후, 항소심에 계속되었다. 항소법원은 ㉠토지가 갑의 소유에 속한다는 이유로 무죄로 판단하였다. 검사는 불복 상고하였다.

대법원은 다음의 이유를 제시하여 원심판결을 파기환송하였다. (가) 몽리민들이 계속하여 20년 이상 평온 공연하게 ㉡연못의 물을 사용하여 소유 농지를 경작하여 왔다. (나) 그렇다면 민법 부칙 제2조[본법의 소급효], 민법 제294조[지역권취득기간], 제245조 제1항[점유로 인한 부동산소유권의 취득기간; 20년], 제291조[지역권의 내용], 제292조[부종성] 등에 의하여 지역권 취득기간의 경과로 ㉢농지의 소유자들은 ㉡연못 소유자에 대하여도 저수를 관개에 이용할 수 있는 권리를 취득하였다 하여 용수지역권에 관한 등기를 청구할 수 있다. (다) 이러한 몽리농민들은 ㉡연못의 물을 사용할 권리가 있다. (라) 그 권리를 침해하는 행위는 수리방해죄를 구성한다.

1) 2001. 6. 26. 2001도404, 공 2001, 1787 = 분석 각론 『농촌주택 배수관 사건』.

2) 2001. 6. 26. 2001도404, 공 2001, 1787 = 분석 각론 『농촌주택 배수관 사건』.

제15장 교통방해의 죄

제1 서 설

형법 각칙 제15장은 교통방해의 죄를 규정하고 있다. 교통방해의 죄는 사람들의 연락방편인 교통의 이익을 침해하는 범죄이다. 교통은 현대의 사회생활을 원활하게 유지·발전시키기 위한 필수조건이며 동시에 경제나 산업의 성장·발전에 중요한 의미를 가지고 있다. 대형화, 고속화된 교통기관의 등장에 따라 교통방해의 장에 규정된 죄는 공중의 생명, 신체, 재산의 보호와 관련하여 그 의미가 점점 더 커져가고 있다.

제2 교통방해죄의 기본유형 - 일반교통방해죄

형법 제185조 (일반교통방해) 육로, 수로 또는 교량을 손괴 또는 불통하게 하거나 기타 방법으로 교통을 방해한 자는 10년 이하의 징역 또는 1천 500만원 이하의 벌금에 처한다.

◎ 미수범 처벌함(법190)
◎ 결과적 가중범 처벌함(법188)
◎ 과실범 처벌함(법189① · ②)

1. 보호법익

일반교통방해죄는 일반 공중의 교통안전을 보호법익으로 한다. 일반교통방해죄는 육로 등을 손괴 또는 불통하게 하거나 기타의 방법으로 교통을 방해하여 통행을 불가능하게 하거나 현저하게 곤란하게 하는 일체의 행위를 처벌함을 목적으로 한다.[1] 일반교통방해죄는 교통방해의 죄의 기본적 구성요건에 해당한다. 일반교통방해죄는 공공의 위험발생이 구성요건에서 요구되고 있지 않으므로 추상적 위험범이다.

2. 행위객체

육로는 일반공중의 왕래에 공용(供用)된 장소, 즉 특정인에 한하지 않고 불특정 다수인

1) 2009. 1. 30. 2008도10560, [미간행] = 분석 각론 『폐기물운반 도로 사건』.

또는 차마(車馬)가 자유롭게 통행할 수 있는 공공성을 지닌 장소를 말한다.[1] 여기에서 공중의 왕래에 공용된다 함은 통행하는 사람의 많고 적음을 가지고 말하는 것이 아니며, 누구인가를 특정함이 없이 왕래할 수 있다는 것을 의미한다.

육로는 사실상 일반 공중의 왕래에 공용되는 도로로 되면 것이면 족하다. 육로에 사용되는 부지의 소유관계나 통행권리관계 또는 통행인의 많고 적음 등을 가리지 않는다.[2] 그러나 대체도로가 개설되면서 도로로서의 기능을 상실한 경우는 육로에 해당하지 않는다.[3]

공로에 출입할 수 있는 다른 도로가 있는 상태에서 토지 소유자로부터 일시적인 사용승

---

1) 2010. 2. 25. 2009도13376, [미간행] = 분석 각론『전원 음식점 도로 사건』.

2) 2007. 12. 28. 2007도7717, [미간행] =『가설건축물 철망설치 사건』:

M토지에 인접하여 N상가건물이 있다. 갑은 사실상의 지배권을 가지고 토지 소유자를 대신하여 M토지를 실질적으로 관리하고 있다. A는 N상가건물의 소유주이다. B, C는 N상가건물의 임차인들이다. [M토지를 침범하여 A가 ㉠가설건축물을 설치하였다. 갑은 ㉠가설건축물 허가의 위법을 주장하면서 관계 당국에 철거를 요구하였다.] 갑은 M토지에 철주를 세우고 철망을 설치하고 포장된 아스팔트를 걷어내었다(㉮행위). 갑은 이렇게 하여 M토지를 N건물의 통행로로 이용하지 못하게 하였다.

검사는 갑을 일반교통방해죄와 업무방해죄로 기소하였다. 갑의 피고사건은 제1심을 거친 후, 항소심에 계속되었다. 항소법원은 유죄를 인정하였다. 갑은 불복 상고하였다. 갑은 상고이유로 다음의 점을 주장하였다. (가) M토지에 인접한 N건물에 건축법상 위법요소가 존재한다. (나) 건물주 A가 그와 같은 위법요소를 방치 내지 조장하고 있다. (다) N건물의 건축허가 또는 M토지상의 가설건축물 허가 여부에 관한 관할관청의 행정행위에 하자가 존재한다. (라) ㉮행위는 N건물의 위법사항을 시정하기 위한 것으로 자구행위에 해당한다. (마) ㉮행위는 형법 제23조에 따라 위법성이 조각된다.

대법원은 다음의 이유를 제시하여 상고를 기각하였다. 대법원은 일반교통방해죄에 대해 다음과 같이 설시하였다. (가) 형법 제185조의 일반교통방해죄는 일반 공중의 교통의 안전을 그 보호법익으로 하는 범죄이다. (나) 형법 제185조의 일반교통방해죄는 육로 등을 손괴 또는 불통케 하거나 기타의 방법으로 교통을 방해하여 통행을 불가능하게 하거나 현저히 곤란하게 하는 일체의 행위를 처벌하는 것을 그 목적으로 하고 있다. (다) 여기서 '육로'라 함은 사실상 일반 공중의 왕래에 공용되는 육상의 통로를 널리 일컫는다. (라) 그 부지의 소유관계나 통행권리관계 또는 통행인의 많고 적음 등을 가리지 않는다. (마) 갑은 M토지에 철주를 세우고 철망을 설치하고 포장된 아스팔트를 걷어내는 등의 방법으로, M토지를 N건물의 통행로로 이용하지 못하게 하였다. (바) 갑은 그러한 행위로 A의 상가임대업무 및 임차인 B, C 등의 상가영업업무를 방해함과 동시에 육로를 막아 일반 교통을 방해하였다.

대법원은 자구행위 주장에 대해 다음과 같이 판단하였다. (가) 형법상 자구행위라 함은 법정절차에 의하여 청구권을 보전하기 불능한 경우에 그 청구권의 실행불능 또는 현저한 실행곤란을 피하기 위한 상당한 행위를 말하는 것이다. (나) 갑의 주장대로 M토지에 인접하여 있는 A 소유의 N건물에 건축법상 위법요소가 존재하고 A가 그와 같은 위법요소를 방치 내지 조장하고 있다거나, N건물의 건축허가 또는 M토지상의 가설건축물 허가 여부에 관한 관할관청의 행정행위에 하자가 존재한다고 가정하자.

(다) 그렇다고 하더라도 그러한 사정만으로 이 사건에 있어서 갑이 M토지의 소유자를 대위 또는 대리하여 법정절차에 의하여 M토지의 소유권을 방해하는 사람들에 대한 방해배제 등 청구권을 보전하는 것이 불가능하였거나 현저하게 곤란하였다고 볼 수 없다. (라) 뿐만 아니라 갑의 ㉮행위가 그 청구권의 실행불능 또는 현저한 실행곤란을 피하기 위한 상당한 행위라고 볼 수도 없다.

3) 1999. 4. 27. 99도401, 공 1999, 1116. 참조.

낙을 받아 통행하거나 토지 소유자가 개인적으로 사용하면서 부수적으로 타인의 통행을 묵인한 장소에 불과한 도로는 육로에 해당하지 않는다.[1)]

수로는 선박 등의 항행에 이용되는 하천, 운하, 호소(湖沼), 항구 등을 말하며, 일반공중의 왕래에 공용(供用)되는 것이다. 교량은 공중의 통행에 사용되는 것이면 족하다. 도로관계 법령에 의하여 노선의 인정을 받은 도로상에 설치된 교량에 국한되지 않는다. 또한 공유, 사유를 불문한다. 교량은 반드시 하천 등 수로에 가설되어 있을 필요도 없다. 육교도 교량에 포함된다.

3. 실행행위

(1) 손괴, 불통, 기타 방법

일반교통방해죄의 실행행위는 육로, 수로 또는 교량을 손괴 또는 불통하게 하거나 기타 방법으로 교통을 방해하는 것이다. 손괴 또는 불통은 교통방해행위의 예시이다.

손괴는 목적물을 물리적으로 파괴하여 그 효용을 상실하게 하는 것이다. 반드시 전부의 손괴를 요하지 않으나 교통을 방해할 정도에 이르러야 한다.

불통하게 한다 함은 유형의 장애물을 가지고 왕래를 방해하는 일체의 행위를 말한다. 도로의 차단 이외에도 장애물로 인하여 왕래를 방해할 수 있는 것이면 모두 여기에 해당한다.[2)]

---

1) 2017. 4. 7. 2016도12563, 공 2017상, 1040.

2) 1995. 9. 15. 95도1475, 공 1995, 3483 =『농로 포크레인 통행 사건』:

M토지는 갑의 소유이다. 갑은 10여년 전에 M토지상에 ㉠농로를 개설하였다. 그 후 인근의 주민들도 ㉠도로를 농로로 이용하였다. ㉠도로는 이후 1톤 포터 트럭과 작은 포크레인 정도가 다닐 수 있을 정도로 형성되었다. ㉠도로에는 평소 1톤 포터 트럭이나 작은 포크레인 및 가스를 배달하는 차가 왕래하였다.

인근의 N임야가 묘지 분양업자 A에게 매각되었다. 이후 분묘 용지조성을 위하여 농로인 ㉠도로로 포크레인이 통행하게 되었다. 포크레인의 차중과 차폭 등에 의하여 갑의 집 헛간, 화장실 및 ㉠도로 측면이 붕괴되고 주변의 나무가 상하는 등의 피해가 발생하였다. 이에 갑은 중장비차의 통행을 금지한다는 팻말을 세웠다. 그럼에도 계속하여 포크레인이 통행하여 피해가 심해졌다. 갑은 통행하는 차량의 폭을 제한하기 위하여 ㉠도로의 한쪽 노변에 약 50개의 말뚝을 박은 후 위 말뚝에 철조망을 쳤다. 이로서 ㉠도로의 차폭이 제한되어 경운기나 리어카 외에는 다른 차량이 통행할 수 없게 되었다. [묘지 업자 A는 갑을 고소하였다.]

검사는 갑을 일반교통방해죄로 기소하였다. 제1심법원은 유죄를 인정하였다. 갑은 불복 항소하였다. 항소법원은 무죄를 선고하였다. 항소법원은 무죄판단의 이유로 다음의 점을 들었다. (가) 일반교통방해죄는 육로 등을 손괴 또는 불통하게 하거나 기타 방법으로 교통을 방해한 경우에 성립한다. (나) 일반교통방해죄는 육로의 경우 일반 공중의 왕래에 공용되는 도로로서 당해 도로가 일반 공중의 교통에 이바지하고 있는 상황에 따라 일반적으로 예상되는 용도에 따른 일반 공중의 교통이 방해되어지는 경우에 성립한다. (다) 당해 도로의 본래의 용도와는 다른 특수한 용도로서의 교통이 방해되었거나 제한되었다 하더라도 이를 일반교통방해죄에 해당한다고 할 수 없다. (라) ㉠도로는 그 개설경위, 도로의 상태, 주변의 거주상황, 교통상황 등으로 기타 방법이란 적어도 손괴 또는 불통에 준한다고 볼 수 있는 행위로서 공중이나 차마(車馬)의 왕래를 방해하는 행위이다. 단순히 교통에 불편을 주는 행위만으로는 기타 방법에 해당하지 않는다. 보복운전을 하려고 고속도로에서 급정차하는 행위는 일반교통방해행위에 해당한다.[1] 기타 방법에 해당하는 예로 집회 및 시위를 들 수 있다.

(2) 집회 · 시위와 교통방해

「집회 및 시위에 관한 법률」(집시법)에 따라 적법한 신고를 마친 집회 또는 시위라고 하더라도 당초에 신고한 범위를 현저히 벗어나거나 집시법 제12조에 따른 조건을 중대하게 위반하여 도로 교통을 방해함으로써 통행을 불가능하게 하거나 현저히 곤란하게 하는 경우에는 형법 제185조의 일반교통방해죄가 성립한다.[2]

그러나 이 때에도 참가자 모두에게 당연히 일반교통방해죄가 성립하는 것은 아니고, (가) 실제로 참가자가 당초에 신고한 범위를 현저하게 벗어나거나 조건을 중대하게 위반하는 데 가담하여 교통방해를 유발하는 직접적인 행위를 하였거나, (나) 참가자의 참가 경위나 관여 정도 등에 비추어 그 참가자에게 공모공동정범의 죄책을 물을 수 있는 경우이어야만 일반교통방해죄가 성립한다.[3]

집시법위반죄가 동시에 일반교통방해를 초래하는 경우가 있다. 이 경우 집시법위반죄와 일반교통방해죄는 상상적 경합관계에 있다. 예컨대 야간시위 참가로 인한 집시법 위반죄와 일반교통방해죄 또는 해산명령 불이행으로 인한 집시법위반죄와 일반교통방해죄는 각각 상상적 경합관계에 있다.[4]

(3) 교통의 방해

교통을 방해한다 함은 교통이 불가능하게 되는 것뿐만 아니라 교통이 현저히 곤란하게

보아 주변 농가의 영농을 위한 경운기나 리어카 등의 통행을 위한 농로이다. (마) 갑이 말뚝을 박은 후에도 농로로서의 일반적인 통행은 방해된 바 없어 일반 공중의 통행을 방해했다고 할 수 없다. 검사는 불복 상고하였다.

대법원은 다음의 이유를 제시하여 원심판결을 파기환송하였다. (가) ㉠도로는 농가의 영농을 위한 경운기나 리어카 등의 통행을 위한 농로로 개설되었다. (나) 그렇다고 하더라도 ㉠도로가 사실상 일반 공중의 왕래에 공용되는 도로로 된 이상 경운기나 리어카 등만 통행할 수 있는 것이 아니고 다른 차량도 통행할 수 있는 것이다. (다) 그러므로 이러한 차량의 통행을 방해한다면 이는 일반교통방해죄에 해당한다.

1) 2014. 7. 24. 2014도6206, 공 2014하, 1759 = 분석 총론 『고속도로 급정차 사건』.
2) 2018. 1. 24. 2017도11408, 공 2018상, 539 = 『차벽 설치 후 시위참가 사건』.
3) 2018. 1. 24. 2017도11408, 공 2018상, 539 = 『차벽 설치 후 시위참가 사건』.
4) 2017. 12. 22. 2015도17738, 공 2018상, 370 = 『'희망버스' 집회 사건』.

되는 상태를 발생시키는 것을 포함한다. 그러나 단순히 교통에 불편을 주는 행위만으로는 교통방해죄가 성립하지 않는다.

일반교통방해죄는 추상적 위험범이다. 교통이 불가능하거나 또는 현저히 곤란한 상태가 발생하면 바로 기수가 된다. 교통방해의 결과가 현실적으로 발생해야 하는 것은 아니다.[1] 구체적으로 공공의 위험이 발생할 필요도 없다. 따라서 통행인이 전혀 없는 심야에 도로를 손괴하는 경우에도 일반교통방해죄는 성립한다.

교통방해 여부가 문제된 사례를 몇 가지 살펴본다. 편도 3차선 도로의 2차선을 차지하

---

1) 2007. 12. 14. 2006도4662, [미간행] =『소공주길 포장마차 사건』.

M도로는 서울 중구 소공동에 소재한 '소공주길'이다. M도로는 조선호텔 방향으로 편도 3개 차로, 그 반대 방향으로 편도 1개 차로가 설치된 왕복 4차로의 도로이다. 조선호텔 방향으로 진행하는 차량은 인접한 소공로로 진입하게 된다. M도로는 주변의 롯데백화점이나 조선호텔의 주차장에 출입하는 차량이 많이 이용하고 있다. M도로에는 평소 다수의 차량이 통행하고 있다.

갑은 포장마차 영업을 하는 사람이다. 갑은 M도로에 다음 형태의 ㉠포장마차를 설치하여 다음 행위를 하였다(㉮행위). (가) 2, 3대의 차량과 간이테이블 수십 개를 이용하여 차도를 차지한다. (나) 차지한 부분은 M도로 중 조선호텔 방면 편도 3개 차로 중 길가 쪽 2개 차로이다. (다) ㉠포장마차에서 음식과 주류를 판매한다. [M도로에는 왕복 2차선의 형태로 차량들이 통과하였다.] 갑의 영업행위는 차량의 통행이 적은 야간에 주로 이루어졌다. 갑의 영업행위는 주간에 이루어진 일도 있다.

검사는 갑을 일반교통방해죄, 도로교통법위반죄, 식품위생법위반죄로 기소하였다. 갑의 피고사건은 제1심을 거친 후, 항소심에 계속되었다. 항소법원은 다음과 같이 판단하였다. (가) ㉠포장마차를 M도로에 설치하여 교통에 방해가 될 만한 물건을 함부로 도로에 방치한 행위는 도로교통법위반죄에 해당한다. (나) 음식과 주류를 판매한 행위는 식품위생법위반죄에 해당한다. (다) 편도 3차선 도로를 편도 1차선 도로로 좁힌 행위는 일반교통방해죄가 성립하지 않는다. (라) 도로교통법위반죄와 식품위생법위반죄는 형법 제37조 전단의 경합범에 해당한다. (마) 갑에게 하나의 형[내용 불명]을 선고한다.

항소법원은 일반교통방해죄에 대한 무죄판단의 이유로 다음의 점을 들었다. (가) 갑의 ㉮행위가 M도로의 차량 통행에 다소의 불편을 주기는 하였다. (나) 그러나 ㉠포장마차를 설치한 시간대나 M도로의 차량 이용 상황 등에 비추어 볼 때, 그 옆 왕복 2개 차로를 이용하여 차량들이 충분히 통행할 수 있었다. (다) 갑이 ㉠포장마차를 설치한 행위가 육로를 손괴 또는 불통하게 하는 행위에 준하는 행위로써 일반의 교통을 불가능하게 하거나 현저하게 곤란하게 하는 행위에 해당한다고 보기 어렵다. 검사는 불복 상고하였다. 검사는 상고이유로 다음의 점을 주장하였다. (가) 일반교통방해죄는 추상적 위험범이다. (나) 일반교통방해죄는 교통방해의 현실적 결과발생을 요하지 않는다. (다) 통행을 현저히 곤란하게 하는 행위도 교통방해에 해당한다.

대법원은 다음의 이유를 제시하여 원심판결을 파기환송하였다. 대법원은 일반교통방해죄에 대해 다음과 같이 설시하였다. (가) 형법 제185조의 일반교통방해죄는 일반 공중의 교통안전을 그 보호법익으로 하는 범죄이다. (나) 일반교통방해죄는 육로 등을 손괴 또는 불통케 하거나 기타의 방법으로 교통을 방해하여 통행을 불가능하게 하거나 현저하게 곤란하게 하는 일체의 행위를 처벌하는 것을 그 목적으로 하고 있다. (다) 일반교통방해죄는 이른바 추상적 위험범으로서 교통이 불가능하거나 또는 현저히 곤란한 상태가 발생하면 바로 기수가 된다. (라) 교통방해의 결과가 현실적으로 발생하여야 하는 것은 아니다.

대법원은 갑의 행위에 대해 다음과 같이 판단하였다. (가) (사실관계 분석: 생략함.) (나) 갑은 (중략) 2, 3대의 차량과 간이테이블 수십 개를 이용하여 M도로 중 조선호텔 방면 편도 3개 차로 중 길가 쪽 2개 차로를

여 포장마차 영업을 한 행위는 교통이 현저히 곤란하게 되는 상태를 발생시킨 것이다.[1] 다른 차량의 주차가 금지된 공항의 리무진버스 주차장에 일반차량을 40분가량 주차하여 버스의 통행에 불편을 준 행위는 통행이 불가능하거나 현저히 곤란하게 한 것이 아니다.[2] 인도가 따로 설치되지 않은 왕복 4차선 도로의 편도 2차선 대부분을 차지하면서 대오를 이루어 행진하는 시위 때문에 나머지 편도 2차선으로 상 · 하행 차량이 통행한 경우 일반교통방해죄가 성립하지 않는다.[3]

「도로교통법」은 교통에 방해가 될 만한 물건을 함부로 도로에 방치한 사람을 처벌하고 있다(동법68②, 152 iv; 1년 이하 징역 또는 300만원 이하 벌금). 교통에 방해가 될 만한 물건을 함부로 도로에 방치한 행위와 그로 인하여 성립하는 일반교통방해죄(법185)는 1개의 행위가 수개의 죄에 해당하여 상상적 경합관계(법40)에 있다.[4]

4. 공 범

일반교통방해죄는 계속범이다. 교통방해의 상태가 계속되는 한 가벌적인 위법상태는 계속 존재한다.[5] 따라서 교통방해 상태가 계속되는 동안에 범행에 관여한 자는 공동정범으로

차지하는 포장마차를 설치하고 영업을 하였다. (다) 비록 그와 같은 행위가 주로 주간에 비하여 차량통행이 적은 야간에 이루어진 것이라고 하더라도(경우에 따라서는 주간에도 범행이 이루어졌다) 그로 인하여 M도로의 교통을 방해하여 차량통행이 현저히 곤란한 상태가 발생하였다고 하지 않을 수 없다. (라) M도로를 통행하는 차량이 나머지 1개 차로와 반대편 차로를 이용할 수 있었다고 하여 갑의 행위가 일반교통방해죄에 해당하지 않는다고 볼 수도 없다.

대법원은 원심판결 파기의 범위에 대해 다음과 같이 판단하였다. (가) [도로교통법 관련 규정은] 교통에 방해가 될 만한 물건을 함부로 도로에 방치한 사람을 처벌하도록 규정하고 있다. (나) 포장마차를 도로에 설치하여 교통에 방해가 될 만한 물건을 함부로 도로에 방치한 행위와 그로 인하여 성립하는 형법 제185조의 일반교통방해죄는 1개의 행위가 수개의 죄에 해당하는 형법 제40조 소정의 상상적 경합관계가 있다.

(다) 원심은 위 두 죄를 경합범으로 보고, 일부는 유죄, 일부는 무죄를 각 선고하였다. (라) 검사만이 원심판결 중 무죄 부분만을 불복 상고하였다. (마) 그렇다 하더라도 위 두 죄가 상상적 경합관계에 있는 것인 이상 공소불가분의 원칙(형소법 제247조 제2항)이 적용된다. (바) 원심에서 유죄로 인정된 도로교통법 제109조 제5호 위반죄도 상고심에 이심되고 따라서 심판의 대상이 된다.

(사) 원심판결 중 갑에 대한 일반교통방해의 점에 대한 무죄 부분은 파기되어야 할 것이다. (아) 원심판결은 이 죄와 상상적 경합관계에 있는 도로교통법 제109조 제5호 위반죄 및 나머지 죄를 형법 제37조 전단의 경합범에 해당한다고 하여 하나의 형을 선고하였다. (자) 그렇다면 원심판결 중 갑에 대한 부분은 모두 파기하기로 한다.

1) 2007. 12. 14. 2006도4662, [미간행] = 『소공주길 포장마차 사건』.

2) 2009. 7. 9. 2009도4266, [미간행] = 분석 각론 『공항터미널 주차금지 사건』.

3) 1992. 8. 18. 91도2771, 공 1992, 2790.

4) 2007. 12. 14. 2006도4662, [미간행] = 『소공주길 포장마차 사건』.

5) 2018. 1. 24. 2017도11408, 공 2018상, 539 = 『차벽 설치 후 시위참가 사건』.

처벌될 수 있다.

신고 범위를 현저히 벗어나거나 집시법 제12조에 따른 조건을 중대하게 위반함으로써 교통방해를 유발한 집회에 참가한 사람의 경우에 참가 당시 이미 다른 참가자들에 의해 교통의 흐름이 차단된 상태였다고 하더라도 교통방해를 유발한 다른 참가자들과 암묵적 · 순차적으로 공모하여 교통방해의 위법상태를 지속시켰다고 평가할 수 있다면 일반교통방해죄가 성립한다.[1) 2)]

5. 위법성조각사유

인접 토지 사이에 분쟁이 발생하여 교통을 차단하는 경우에 형법상의 자구행위로 위법성이 조각될 것인지 문제된다. 그러나 이는 엄격히 금지된다. 형법상 자구행위는 법정절차에 의하여 청구권을 보전하기 불능한 경우에 그 청구권의 실행불능 또는 현저한 실행곤란을 피하기 위한 상당한 행위를 말한다(법23). 인접 토지에 위법요소가 존재한다고 하더라도 그러한 사정만으로 법정절차에 의하여 토지의 소유권을 방해하는 사람에 대한 방해배제 등 청구권을 보전하는 것이 불가능하였거나 현저하게 곤란하였다고 볼 수 없다. 인접 토지에의 통행을 직접 차단하는 행위는 청구권의 실행불능 또는 현저한 실행곤란을 피하기 위한 상당한 행위라고 볼 수도 없다.[3)]

---

1) 2018. 1. 24. 2017도11408, 공 2018상, 539 = 『차벽 설치 후 시위참가 사건』 ☞ 부록 1562면.

2) 2018. 5. 11. 2017도9146, 공 2018상, 1115 = 『질서유지선 넘어 행진 사건』 :

(연월일 생략함.) 19:00부터 21:00까지 서울광장에서는 약 10,000명이 참석한 가운데 ㉠집회가 신고 없이 개최되었다. 갑은 서울광장에서 열린 ㉠집회에 참석하였다. 21:17경 집회 참가자들은 코리아나호텔 앞 질서유지선을 넘어 행진을 계속하였다. 21:20경 경찰은 서울파이낸스센터 앞에 차벽을 설치하여 집회 참가자들의 이동을 제지하였다. 21:27경부터 22:04경까지 갑은 다른 집회 참가자들과 함께 질서유지선을 넘어 방송차량을 따라 세종대로 전 차로를 점거하면서 서울파이낸스센터 앞까지 행진하였다. 갑은 행진을 제지하는 경찰과 대치하면서 세종대로에서 머물다가 그 무렵 귀가하였다.

검사는 갑을 일반교통방해죄로 기소하였다. 갑의 피고사건은 제1심을 거친 후, 항소심에 계속되었다. 항소법원은 무죄를 선고하였다. 검사는 불복 상고하였다.

대법원은 다음의 이유를 제시하여 원심판결을 파기환송하였다. 대법원은 본문 소개 법리를 제시하였다. 대법원은 갑의 행위에 대해 다음과 같이 판단하였다. (가) ㉠집회 참가자들이 도로를 점거함으로써 차량의 통행이 전면적으로 제한되는 상태가 계속되었다. (나) ㉠집회 참가자들의 도로 점거행위는 직접적인 교통방해 행위에 해당하거나 교통방해의 위법상태를 지속시켰다고 평가할 수 있다. (다) ㉠집회 · 시위의 내용과 진행 상황, 집회 참가자들이 질서유지선을 넘어 도로를 점거한 채 행진하는 등 구체적인 행위 모습, 도로 점거의 지속시간, 갑이 다른 집회 참가자들과 함께 도로 점거를 계속한 점 등에 비추어 본다. (라) 갑은 ㉠집회 참가자들의 도로 점거범행에 대한 본질적 기여를 통한 기능적 행위지배가 있다고 볼 수 있다.

3) 2007. 12. 28. 2007도7717, [미간행] = 『가설건축물 철망설치 사건』.

제 3 교통방해죄의 특수유형

1. 기차등교통방해죄

형법 제186조 (기차, 선박 등의 교통방해) 궤도, 등대 또는 표지를 손괴하거나 기타 방법으로 기차, 전차, 자동차, 선박 또는 항공기의 교통을 방해한 자는 1년 이상의 유기징역에 처한다.

◎ 미수범 처벌함(법190)
◎ 예비 · 음모 처벌함(법191)
◎ 결과적 가중범 처벌함(법188)
◎ 과실범 처벌함(법189① · ②)

(1) 행위객체

형법 제186조는 기차, 전차, 자동차, 선박 또는 항공기에 의한 교통이 방해받지 않고 원활하게 이루어지도록 하기 위하여 기차등교통방해죄를 규정하고 있다. 구체적으로 공공의 위험발생을 요하지 않는다는 점에서 추상적 위험범이다. 기차등교통방해죄의 행위객체는 궤도, 등대, 표지이다.

궤도는 사람이나 화물을 운송하는 데에 필요한 궤도시설과 궤도차량 및 이와 관련된 운영 · 지원체계가 유기적으로 구성된 운송체계를 말한다(궤도운송법2 i 참조). 「궤도운송법」은 궤도에 삭도(索道)도 포함시키고 있다(동법2 i). '삭도'는 공중에 설치한 와이어로프에 궤도차량을 매달아 운행하여 사람이나 화물을 운송하는 것을 말한다(동법2 v). 그러나 형법 제186조는 궤도를 이용하는 교통수단으로 기차, 전차, 자동차만을 규정하고 있기 때문에 삭도는 포함되지 않는다고 본다. 궤도에는 궤도뿐만 아니라 구조상 그것과 밀접불가분의 관계에 있는 것으로 기차, 전차, 자동차의 주행에 직접 사용되는 것은 모두 포함된다.

등대는 선박운항의 안전을 도모하고 항행의 목표를 제시하기 위하여 등화를 밝히도록 만든 시설이다. 그 소유의 귀속 여하는 묻지 않는다. 표지는 주로 교통의 신호관계를 명확히 하기 위한 설비로서 공설, 사설을 모두 포함한다.

(2) 실행행위

손괴는 목적물을 물질적으로 훼손하여 그 효용을 상실하게 하는 것을 말한다. 기타 방법이란 궤도 위에 장애물을 설치하는 것은 물론 등대의 등화를 끄거나 표지를 제거하는 등 교통을 방해할 가능성이 있는 일체의 행위를 말한다.

교통을 방해한다 함은 기차, 전차, 자동차, 선박, 항공기의 교통을 불가능하게 하는 것은 물론 그 교통을 현저히 곤란하게 하는 일체의 경우를 포함한다. 이러한 상태가 발생하면 기차등교통방해죄는 기수에 이른다. 현실적으로 교통이 방해되는 결과가 발생할 필요는 없다.

2. 기차등전복죄

형법 제187조 (기차 등의 전복 등) 사람의 현존하는 기차, 전차, 자동차, 선박 또는 항공기를 전복, 매몰, 추락 또는 파괴한 자는 무기 또는 3년 이상의 징역에 처한다.

◎ 미수범 처벌함(법190)

◎ 예비 · 음모 처벌함(법191)

◎ 결과적 가중범 처벌함(법188)

◎ 과실범 처벌함(법189① · ②)

(1) 행위객체

형법 제187조는 사람이[1] 현존하는 기차 등에 대하여 행하는 전복 등의 행위를 가중처벌하고 있다. 행위객체는 사람이 현존하는 기차, 전차, 자동차, 선박 또는 항공기이다. '사람이 현존한다'고 할 때 '사람'은 범인 이외의 다른 사람을 가리킨다.[2] 승객뿐만 아니라 기관사나 그 밖의 어떠한 사람이라도 '사람'에 포함된다. 사람은 실행행위시에 현존하면 족하다. 전복 등의 결과 발생시에는 사람이 현존하지 않아도 된다.[3]

---

1) 형법 제18조는 '사람의 현존하는'이라는 표현을 사용하고 있다. 이 표현은 수식절의 주어를 '의(の)'로 표현하는 일본어 표현에서 유래한 것이다. 빠른 시일 안에 우리말 어법에 따라 '사람이 현존하는'으로 조문이 수정되어야 할 것이다.

2) 1970. 9. 17. 70도1165, 총람 189조 3번 =『단독 승차 차량 파괴 사건』:

갑은 운전을 잘못하여 타고 있던 ⓐ차량을 파괴하였다. ⓐ차량에는 갑 외에 다른 사람은 타고 있지 않았다.

검사는 갑을 업무상 과실자동차파괴죄로 기소하였다. 갑의 피고사건은 제1심을 거친 후, 항소심에 계속되었다. 항소법원은 무죄를 선고하였다. 검사는 불복 상고하였다.

대법원은 다음의 이유를 제시하여 상고를 기각하였다. (가) 형법 제189조 제2항, 제187조의 업무상 과실자동차파괴죄의 객체가 되는 자동차는 피고인 이외의 사람이 현존하는 자동차를 지칭한다. (나) 파괴된 자동차에 운전수인 갑 이외의 타인이 동승하였다거나 타인이 타고 있는 차량을 파괴하였다고 인정할 증거가 없다. (다) 오로지 갑만이 타고 있던 차량을 갑이 운전을 잘못하여 파괴한 것이니 이는 범죄의 증명이 없는 데에 돌아간다.

3) 2000. 6. 23. 99도4688, 공 2000, 1795 =『선박침몰 보험사기 사건』:

(사실관계가 불명하여 임의로 보충함.) 갑은 M선박의 선주이다. 을, 병, 정은 M선박의 선원들이다. 갑, 을, 병, 정은 M선박을 침몰시켜 P보험회사로부터 보험금을 타내기로 공모하였다. 을, 병, 정은 M선박에 승선하

(2) 실행행위

전복은 반드시 완전히 엎어져서 넘어져야만 하는 것은 아니다. 그에 가까운 상태에 이르면 족하다. 수량으로 연결된 열차 가운데 1량만을 전복하더라도 기차등전복죄는 성립한다. 전복된 차량 안에는 사람이 현존하지 않았다 하더라도 전체적으로 열차 안에 사람이 현존하고 있는 한 기차등전복죄는 성립한다. 그러나 기차가 단순히 탈선한 것만으로는 전복이라고 할 수 없다.

매몰은 선박을 침몰시키는 것으로 해석된다. 반드시 선체의 전부가 수중에 잠길 필요는 없다. 그러나 좌초한 것만으로는 매몰이라고 할 수 없다. 선박매몰의 결과가 발생할 때 사람이 현존하지 않았거나 범인이 선박에 있던 사람을 안전하게 대피시켰다고 하더라도 선박매몰죄는 기수에 이른다.[1)]

추락은 주로 자동차나 항공기에 해당하는 행위태양이다. 추락은 하였으나 파괴되지 아니한 경우라도 관계없다. 항공기의 '추락'은 공중에 떠 있는 항공기를 정상시 또는 긴급시의 정해진 항법에 따라 지표 또는 수면에 착륙 또는 착수(着水)시키지 못하고, 그 이외의 상태로 지표 또는 수면에 낙하시키는 것을 말한다.[2)]

파괴는 교통기관으로서의 기능이나 용법의 전부 또는 일부가 불가능하게 될 정도의 파손을 의미한다. 파괴는 다른 구성요건적 행위인 전복, 매몰, 추락 등과 같은 수준으로 인정할 수 있을 만큼의 정도에 이르러야 한다. 그 정도에 이르지 아니한 단순한 손괴는 파괴에 포함

였다. M선박은 N해상에 이르렀다. 을 등은 해난사고를 가장하여 M선박을 침몰시키기 시작하였다. M선박이 물에 가라앉기 전 을은 승객 A 등을 안전한 다른 선박으로 대피시켰다. M선박은 마침내 침몰하였다(이상 ㉮ 행위). 갑은 P회사에 청구하여 보험금을 지급받았다.

검사는 갑을 선박매몰죄, 특정경제범죄법위반죄(사기)로 기소하였다. 갑의 피고사건은 제1심을 거친 후, 항소심에 계속되었다. 항소법원은 유죄를 인정하였다. 갑은 불복 상고하였다. 갑은 상고이유로 다음의 점을 주장하였다. (가) M선박 침몰 전 선박에 있는 사람을 안전하게 대피시켰다. (나) M선박의 침몰 당시 M선박에는 사람이 현존하지 않았다. (다) 사람이 현존하지 않았으므로 선박매몰죄는 성립하지 않는다. (라) 설사 선박매몰죄가 성립한다고 하더라도 미수에 불과하다.

대법원은 다음의 이유를 제시하여 상고를 기각하였다. (가) 선박매몰죄의 고의가 성립하기 위하여는 행위시에 사람이 현존하는 것이라는 점에 대한 인식과 함께 이를 매몰한다는 결과발생에 대한 인식이 필요하다. (나) 현존하는 사람을 사상에 이르게 한다는 등 공공의 위험에 대한 인식까지는 필요하지 않다. (다) 사람이 현존하는 선박에 대해 매몰행위의 실행을 개시하고 그로 인하여 선박을 매몰시켰다면 매몰의 결과발생시 사람이 현존하지 않았거나 범인이 선박에 있는 사람을 안전하게 대피시켰다고 하더라도 선박매몰죄의 기수로 보아야 할 것이지 이를 미수로 볼 것은 아니다. (라) 이 사건에서 직접 범행을 한 을 등이 사람이 현존하는 선박이 매몰하게 될 것이라는 점에 대한 인식을 가지고 그 범행에 나아간 이상 갑의 행위는 선박매몰죄 공동정범의 기수에 해당한다.

1) 2000. 6. 23. 99도4688, 공 2000, 1795 =『선박침몰 보험사기 사건』.

2) 1990. 9. 11. 90도1486, 공 1990, 2115.

되지 않는다.[1)]

기차등전복죄의 고의가 성립하려면 행위시에 사람이 현존한다는 점에 대한 인식 · 인용과 함께 기차전복이나 선박매몰 등을 한다는 결과발생에 대한 인식 · 인용이 필요하다. 기차등에 현존하는 사람을 사상에 이르게 한다는 등 공공의 위험에 대한 인식까지는 필요하지 않다.[2)]

3. 교통방해치상 · 치사죄

형법 제188조 (교통방해치사상) 제185조 내지 제187조의 죄를 범하여 사람을 상해에 이르게 한 때에는 무기 또는 3년 이상의 징역에 처한다. 사망에 이르게 한 때에는 무기 또는 5년 이상의 징역에 처한다.

형법 제188조는 일반교통방해죄(법185), 기차등교통방해죄(법186), 기차등전복죄(법187)를 범하여 사람을 상해에 이르게 하거나 사망에 이르게 한 경우를 가중처벌하고 있다. 교통방해치상 · 치사죄는 결과적 가중범이다.

교통방해치상 · 치사죄가 성립하려면 일반교통방해, 기차등교통방해, 기차등전복 등의 교통방해 행위와 상해 또는 사망의 결과 사이에 인과관계가 있어야 하고(법17) 행위시에 결과의 발생을 예견할 수 있어야 한다(법15②). 교통방해 행위가 피해자의 상해 또는 사망이라는 결과를 발생하게 한 유일하거나 직접적인 원인이 된 경우뿐만 아니라, 그 행위와 결과 사이에 피해자나 제3자의 과실 등 다른 사실이 개재된 때에도 그와 같은 사실이 통상 예견될 수 있는 것이라면 상당인과관계를 인정할 수 있다.[3)]

보복운전을 하려고 편도 2차로 고속도로의 추월차로인 1차로 한가운데에 급정차한 행위는 설령 사상의 결과 발생에 피해자의 과실이 어느 정도 개재되었다 하더라도 그 급정차 행위와 사상의 결과발생 사이에 상당인과관계가 없다고 할 수 없다.[4)]

4. 과실교통방해죄

형법 제189조 (과실) ① 과실로 인하여 제185조 내지 제187조의 죄를 범한 자는 1천만원 이하의 벌금에 처한다.

---

1) 2009. 4. 23. 2008도11921, 공 2009상, 795 = 분석 각론 『허베이호 파손 사건』.
2) 2000. 6. 23. 99도4688, 공 2000, 1795 = 『선박침몰 보험사기 사건』.
3) 2014. 7. 24. 2014도6206, 공 2014하, 1759 = 분석 총론 『고속도로 급정차 사건』.
4) 2014. 7. 24. 2014도6206, 공 2014하, 1759 = 분석 총론 『고속도로 급정차 사건』.

형법 제189조 제1항은 교통방해죄의 과실범을 처벌하고 있다. 과실교통방해죄는 (가) 과실일반교통방해죄(법189①, 185), (나) 과실기차등교통방해죄(법189①, 186), (다) 과실기차등전복죄(법189①, 187)의 형태로 나타난다.

5. 업무상과실 · 중과실교통방해죄

형법 제189조 (업무상과실, 중과실) ② 업무상과실 또는 중대한 과실로 인하여 제185조 내지 제187조의 죄를 범한 자는 3년 이하의 금고 또는 2천만원 이하의 벌금에 처한다.

형법 제189조 제2항은 업무상 과실 또는 중과실로 교통방해죄를 범한 경우를 가중처벌하고 있다. 업무상과실 · 중과실교통방해죄는 (가) 업무상과실 · 중과실일반교통방해죄(법189②, 185), (나) 업무상과실 · 중과실기차등교통방해죄(법189②, 186), (다) 업무상과실 · 중과실기차등전복죄(법189②, 187)의 형태로 나타난다.

교량이 그 수명을 유지하려면 건설업자의 완벽한 시공, 감독공무원들의 철저한 제작 · 시공상의 감독, 그리고 유지 · 관리를 담당하고 있는 공무원들의 철저한 유지 · 관리라는 조건이 합치되어야 한다. 각 단계에서 건설업자 또는 공무원의 과실 그것만으로 붕괴원인이 되지 못한다고 하더라도, 그것이 합쳐지면 교량이 붕괴될 수 있다는 점은 쉽게 예상할 수 있다. 따라서 각 단계에 관여한 건설업자 또는 공무원은 전혀 과실이 없다거나 과실이 있다고 하여도 교량붕괴의 원인이 되지 않았다는 등의 특별한 사정이 있는 경우를 제외하고는 붕괴에 대한 공동책임을 면할 수 없다.[1]

해상에서 항행유지선과 이를 피항할 의무가 있는 피항선이 서로 충돌한 경우에 피항선이 항행유지선의 존재나 위치를 정확히 알지 못하고 운행하다가 충돌한 것이라면 항행유지선을 조선(操船)하던 피고인에게도 적절한 위험신호를 미리 발하여 그 위치를 상대방 선박에게 알림으로써 피항하도록 하지 못한 과실이 인정된다.[2]

---

1) 1997. 11. 28. 97도1740, 공 1998, 184 = 백선 총론『성수대교 붕괴 사건』.

2) 1984. 1. 17. 83도2746, 공 1984, 390 =『항행유지선 견시의무 사건』:

㉠, ㉡, ㉢선박이 M해상에서 야간에 조업하고 있었다. ㉠, ㉡선박은 그물을 연결하여 500미터의 간격을 두고 시속 2놋트로 예망작업을 하고 있었다. 갑은 ㉡선박의 조선자(操船者)이다. ㉢선박의 조선을 맡은 사람은 2등항해사 A이고, 조타수는 B이다. ㉢선박의 A와 B는 약 5마일 밖에서 어로작업중인 ㉠, ㉡선박을 발견하고 약 2.5마일 거리에 근접하였다. 이러한 경우 선박의 통행방법은 다음과 같다. (가) ㉠, ㉡선박은 그 항해진로와 속도를 그대로 유지할 항행유지선이 된다. (나) ㉢선박은 ㉠, ㉡선박의 진로를 피하여야 할 피항선이 된다.

㉢선박의 A와 B는 ㉠, ㉡선박들이 서서히 ㉢선박의 항해코스로 접근해 오는 것을 주시하였다. A와 B는 ㉠, ㉡선박들의 항행방향과 속도 등을 확인하고도 피항할 수 있으리라고 생각하고 계속 운항하였다. ㉡선박의

그러나 피항선의 조선자가 항행유지선의 존재와 위치를 정확히 알고 있으면서 이를 피항하려다가 조선상의 과실로 충돌한 것이라면 항행유지선의 조선자인 피고인이 위험신호를

조선자 갑은 ㉢선박이 다가오는 것을 살펴보지 않았다. ㉢선박과 ㉡선박이 충돌하였다. 충돌 당시 ㉡선박으로부터 발광이나 음향과 같은 경고신호는 없었다. 두 선박의 충돌로 ㉢선박이 침몰하였다.

검사는 ㉡선박을 조선(操船)한 갑을 업무상과실선박매몰죄로 기소하였다. 갑의 피고사건은 제1심을 거친 후, 항소심에 계속되었다. 항소법원은 다음의 이유를 들어 유죄를 인정하였다. (가) ㉡선박이 사고 당시 어로작업인 예망작업을 하고 있었다면 ㉡선박은 그 항해진로와 속도를 그대로 유지할 항행유지선이다. (나) ㉢선박은 ㉡선박의 진로를 피하여야 할 피항선이다. (다) 그러나 항행유지선이라고 할지라도 견시(見視)의무를 다하여야 한다. (라) 피항선이 충돌을 피하기 위한 적절한 동작을 하지 않을 때에는 음향 또는 발광장치에 의하여 경고신호를 발하는 등 사고방지의 주의의무가 있다. (마) ㉡선박을 조선하던 갑은 견시의무를 게을리하여 ㉢선박과의 충돌의 위험성을 미리 알지 못하였다. (바) 그렇게 함으로써 ㉢선박에게 음향 또는 발광 등에 의한 경고신호를 발하여 피항하게 하지 못한 과실이 있다.

갑은 불복 상고하였다. 갑은 상고이유로 다음의 점을 주장하였다. (가) ㉡선박은 항행유지선이므로 갑에게 견시의무가 없다. (나) 설사 견시의무가 인정된다고 하더라도 갑은 사고당시 ㉠, ㉡선박이 그물을 연결하여 500미터의 간격을 두고 시속 2놋트로 예망작업을 하고 있었기 때문에 피항의무에 위반하여 근접해 온 ㉢선박을 미리 발견하였더라도 갑자기 선박의 방향을 변경하거나 달리 충돌을 피할 도리가 없었다.

대법원은 다음의 이유를 제시하여 원심판결을 파기환송하였다. 대법원은 항행유지선과 피항선의 관계에 대해 다음과 같이 판단하였다. (가) 어로작업중인 항행유지선(㉡선박)과 이를 피항할 의무가 있는 피항선(㉢선박)이 서로 충돌할 경우에 피항선(㉢선박)이 위 항행유지선(㉡선박)의 존재나 위치를 정확히 알지 못하고 운행하다가 충돌한 것이라면 항행유지선(㉡선박)을 조선하던 갑에게도 적절한 위험신호를 미리 발하여 그 위치를 상대방 선박에게 알림으로써 피항하도록 하지 못한 과실이 있다고 하겠다.

(나) 그러나 만일 피항선(㉢선박)의 조선자가 항행유지선(㉡선박)의 존재와 위치를 정확히 알고 있으면서 이를 피항하려다가 조선상의 과실로 충돌한 것이라면 항행유지선(㉡선박)의 갑이 위험신호를 미리 발하여 그 위치를 알림으로써 피항하게 하지 못한 잘못이 사고발생의 원인이 되었다고 보기는 어려울 것이다.

대법원은 갑의 주의의무 위반 여부에 대해 다음과 같이 판단하였다. (가) 위 사고발생 전에 피항선인 ㉢선박의 조선을 맡은 2등항해사 A와 조타수 B는 약 5마일 밖에서 어로작업중인 ㉠, ㉡선박을 발견하고 약 2.5마일 거리에 근접하면서 그 선박들이 서서히 ㉢선박의 항해코스로 접근해 오는 것을 주시하여 그 항행방향과 속도 등을 확인하고도 만연히 피항할 수 있으리라고 경신하여 계속 운항하다가 충돌하였다. (나) ㉡선박의 조선자인 갑이 미처 위험신호를 발하여 그 위치를 알림으로써 ㉢선박으로 하여금 피항하게 하지 못한 것이 사고발생의 원인이 되었다고 볼 수는 없음이 명백하다.

(다) 다만 항행유지선이라고 할지라도 피항선이 피항하지 아니함으로써 충돌의 위험이 닥친 경우에 스스로 방향을 바꾸거나 감속 또는 정선함으로써 사고를 미연에 방지할 수 있다면 그와 같은 조치를 취할 주의의무가 있음은 분명하다. (라) 갑은 사고당시 ㉠, ㉡선박이 그물을 연결하여 500미터의 간격을 두고 시속 2놋트로 예망작업을 하고 있었기 때문에 피항의무에 위반하여 근접해 온 ㉢선박을 미리 발견하였더라도 갑자기 선박의 방향을 변경하거나 달리 충돌을 피할 도리가 없었다는 취지로 변명하고 있다. (마) 만일 갑의 변명대로라면 갑이 견시의무를 다하여 미리 피항선인 ㉢선박의 근접을 발견하였더라도 충돌의 위험이 닥친 단계에서 스스로 방향변경 등의 방법으로 위험을 피할 도리가 없다. (바) 그러한 이상 갑이 견시의무를 소홀히 한 과실은 이 사건 사고발생과 상당인과관계가 있다고 볼 수 없을 것이다.

(사) 그러므로 원심으로서는 ㉢선박이 피항의무를 위반하여 어로작업중인 ㉡선박과 충돌할 위험성이 인정될 정도로 근접한 단계에서 ㉡선박이 스스로 방향을 바꾸거나 정선 또는 감속하는 등 방법으로 충돌을 피할 가능성이 있었는지의 여부를 가려본 연후에 갑의 견시의무 위반이 이 사건 사고발생의 원인이 된 과실이라고 볼 수 있는지의 여부를 판단하였어야 할 것이다.

미리 발하여 그 위치를 알림으로써 피항하게 하지 못한 잘못이 사고발생의 원인이 되었다고 보기는 어렵다.[1)]

「도로교통법」상의 업무상 과실손괴죄(동법151; 2년 이하의 금고 또는 500만원 이하 벌금)와 형법의 업무상 과실자동차파괴죄(법189②; 3년 이하의 금고 또는 천만원 이하 벌금)의 관계가 문제된다. 양자는 보호법익과 구성요건의 관계에 비추어 볼 때 일반법과 특별법 관계가 아닌 별개의 독립된 구성요건으로 파악된다. 따라서 하나의 행위로 업무상 과실자동차파괴죄와 「도로교통법」위반죄를 범하였다면 양죄는 법조경합 관계가 아니라 상상적 경합 관계에 선다.[2)]

1) 1984. 1. 17. 83도2746, 공 1984, 390 = 『항행유지선 견시의무 사건』.
2) 1983. 9. 27. 82도671, 공 1983, 1625 = 분석 각론 『버스 정비공 좌회전 사건』 ☞ 부록 1564면.

제16장 먹는 물에 관한 죄

제1 서 설

1. 보호법익

형법 각칙 제16장은 먹는 물에 관한 죄를 규정하고 있다. 2020년 형법 일부개정 이전에는 제16장의 장명(章名)이 '음용수에 관한 죄'로 되어 있었다. 그러나 알기 쉬운 법령 만들기 작업의 일환으로 '음용수'를 '먹는 물'로 바꾸었다.

먹는 물은 일상생활에 필수적인 물질 가운데에서도 특별히 중요한 것이다. 먹는 물로서의 성질을 침해하는 행위는 여러 사람의 건강을 위태롭게 하므로 우리 형법은 이에 대하여 특별한 보호를 하고 있다. 먹는 물에 관한 죄의 보호법익은 공공위생의 견지에서 공중의 건강을 유지하는 것이다. 공중의 건강이라는 관점에서 볼 때 물 한잔 정도의 것은 먹는 물에 관한 죄의 대상이 되지 않는다. 먹는 물에 관한 죄는 추상적 위험범이다.

2. 조문의 체계

먹는 물에 관한 죄는 일상생활에서 먹는 물로 사용되는 물에 관계되는 것(법192)과 수도(水道)에 관한 것(법193, 195)으로 나누어 볼 수 있다. 또한 먹는 물에 관한 죄는 일상생활에서 먹는 물로 사용되는 물에 오물을 넣어 먹는 물로 쓰지 못하게 하거나(법192①, 193①) 수도를 불통하게 하는 것(법195)과 일상생활에서 먹는 물로 사용되는 물이나 수원(水源)에 독물이나 그 밖에 건강을 해하는 물질을 넣는 것(법192②, 193②)으로 나누어 볼 수 있다.

형법 제192조 제1항 및 제193조 제1항의 오물과 형법 제192조 제2항 및 제193조 제2항의 독물이나 그 밖에 건강을 해하는 물질은 그 위험성에서 큰 차이가 있기 때문에 법정형도 현저히 구별된다. 그러나 두 경우 모두 기본적으로는 사람의 생존과 건강유지에 불가결한 먹는 물의 정상적인 이용을 저해한다는 점에서 죄질이 동일하다.

일상생활에서 먹는 물로 사용되는 물이나 수원에 독물이나 그 밖에 건강을 해하는 물질을 넣는 범죄(법192②, 193②)는 미수범(법196)뿐만 아니라 예비 · 음모(197)도 처벌된다. 일상생활에서 먹는 물로 사용되는 물이나 수원에 독물이나 그 밖에 건강을 해하는 물질을 넣는 범죄를 범하여 사람을 상해에 이르게 하거나 사망에 이르게 한 때에는 결과적 가중범으로 처벌된다(법194 1문, 2문).

제2 먹는 물에 관한 죄의 기본유형

1. 먹는 물 사용방해죄

형법 제192조 (먹는 물의 사용방해) ① 일상생활에서 먹는 물로 사용되는 물에 오물을 넣어 먹는 물로 쓰지 못하게 한 자는 1년 이하의 징역 또는 500만원 이하의 벌금에 처한다.

(1) 행위객체

형법 제192조 제1항은 먹는 물의 사용방해죄를 규정하고 있다. 먹는 물의 사용방해죄의 객체는 일상생활에서 먹는 물로 사용되는 물이다.

먹는 물로 사용되는 물은 일반적으로 사람이 먹는 데에 적합할 정도로 청결한 물을 가리킨다. 화학실험 등에 의하여 순수함이 인정될 정도로 청결할 필요는 없다. 자연적으로 용출되는 것인지, 인위적으로 저장된 것인지는 묻지 않는다. 먹는 물의 관리 내지 소유관계는 먹는 물의 사용방해죄 성립에 영향이 없다.

일상생활에서 먹는 물로 사용된다 함은 불특정 또는 다수인이 어느 정도 계속·반복하여 먹는 물로 사용하는 것을 말한다. 그러므로 특정인에게 먹는 물을 제공하기 위하여 그릇에 담아 놓은 깨끗한 물은 여기에 해당하지 않는다.

먹는 물 사용방해죄에서 다수인은 수돗물 사용방해죄(법193)에서 말하는 공중과 구별된다. 수돗물 사용방해죄의 경우 공중은 상당한 다수인임을 요한다. 이에 대해 먹는 물 사용방해죄(법192)의 경우에는 상당한 다수임을 요하지 않고 어느 정도의 다수로도 족하다. 따라서 일가족에게 먹는 물로 제공하기 위하여 물통에 담아 놓은 깨끗한 물도 먹는 물 사용방해죄의 객체에 해당한다. 산 속의 계곡물은 불특정 또는 다수인이 사용하기는 하지만 일시적으로 이용되므로 일상생활에서 먹는 물로 사용되는 물이라고 볼 수 없다. 따라서 먹는 물 사용방해죄의 객체에 포함되지 않는다.

먹는 물로 사용된다 함은 반드시 먹는 물로만 전용(專用)된다는 의미는 아니다. 먹는 물로서의 용도 이외에 다른 용도를 겸하는 것도 포함하는 의미이다. 그러나 관개용수나 공업용수와 같이 전혀 다른 용도로만 쓰이는 경우는 먹는 물로 사용된다고 할 수 없다.

(2) 실행행위

먹는 물 사용방해죄의 실행행위는 일상생활에서 먹는 물로 사용되는 물에 오물을 넣어 먹는 물로 쓰지 못하게 하는 것이다.

오물이란 대소변 등은 물론 이를 넣음으로써 깨끗한 물을 오염시켜 사용에 지장을 초래할 수 있는 물질 전반을 말한다. 식용색소도 오물이 될 수 있다.

오물을 넣는다 함은 오물을 섞어서 넣는다는 의미이지만, 예컨대 우물바닥의 흙을 들추어 물을 흐리게 하는 것도 오물을 넣는 것에 해당한다. 먹는 물 사용방해죄가 성립하려면 오물을 넣는 행위 외에 먹는 물로 쓰지 못하게 되는 상태가 발생하여야 한다.

먹는 물로 쓰지 못한다 함은 먹는 물로 사용할 수 없을 정도에 이르는 것을 의미한다. 사용불능 상태가 시간적으로 얼마나 길고 짧은지는 묻지 않는다. 먹는 물로 쓰지 못하게 되는 이유에는 물리적 · 화학적인 상태뿐만 아니라 심리적 · 감정적으로 사용하기 곤란한 상태도 포함된다. 사용불능의 정도는 일반인의 감정에 비추어 먹는 물로 쓰지 못할 정도이면 족하다.

2. 먹는 물 독물혼입죄

형법 제192조 ② 제1항의 먹는 물에 독물(毒物)이나 그 밖에 건강을 해하는 물질을 넣은 사람은 10년 이하의 징역에 처한다.

◎ 미수범 처벌함(법196)

◎ 예비 · 음모 처벌함(법197)

◎ 결과적 가중범 처벌함(법194)

형법 제192조 제2항은 먹는 물 독물혼입죄를 규정하고 있다. 먹는 물 독물혼입죄는 일상생활에서 먹는 물로 사용되는 물에 독물이나 그 밖에 건강을 해하는 물질을 넣을 때 성립한다.

독물이란 체내에 소량이 흡수되더라도 화학작용에 의하여 사람의 건강을 해칠 수 있는 물질을 말한다. 황산, 니코틴, 청산가리 등이 그 예이다. 독물은 당연히 건강에 해를 끼치므로 건강을 해할 물질의 예시이다.

건강을 해할 물질은 그것을 먹음으로써 사람의 건강에 장애를 줄 수 있는 유해물을 총칭한다. 무기물, 유기물을 가리지 않는다. 다만 어떠한 물질이라도 과도히 흡수하면 건강을 해하게 될 염려가 있으므로, 건강을 해할 물건은 성질상 소량의 흡수만으로도 유해한 물질로 한정된다.

먹는 물 독물혼입죄의 실행행위는 독물이나 그 밖에 건강을 해하는 물질을 일상생활에서 먹는 물로 사용되는 물에 넣는 것이다. 독물 등 건강유해물을 넣는 것만으로 먹는 물 독물혼입죄는 기수에 이른다.

제 3 먹는 물에 관한 죄의 특수유형

1. 수돗물 사용방해죄

형법 제193조 (수돗물의 사용방해) ① 수도(水道)를 통해 공중이 먹는 물로 사용하는 물 또는 그 수원(水原)에 오물을 넣어 먹는 물로 쓰지 못하게 한 자는 1년 이상 10년 이하의 징역에 처한다.

수돗물의 사용방해죄는 기본적인 구조에서 형법 제192조 제1항의 먹는 물 사용방해죄와 동일하다. 다만 객체의 특성에 따라 형이 가중되고 있다. 수도를 통해 공중이 먹는 물로 사용하는 물 및 그 수원(水源)은[1] 여러 사람에게 공급되는 범위가 넓을 뿐만 아니라 먹는 물에 대한 일반인의 신뢰도 강하다. 수돗물에 대한 사용방해행위는 공공의 위생에 대한 위험성이 대단히 높기 때문에 단순한 먹는 물 사용방해행위보다 훨씬 무겁게 처벌된다.

수돗물 사용방해죄의 객체는 수도를 통해 공중이 먹는 물로 사용하는 물 또는 그 수원(水源)이다. 수도(水道)는 먹는 물로 사용하는 물을 공급하기 위한 인공적 설비를 가리킨다. 공설, 사설을 불문한다. 공중이 먹는 물로 사용하는 물이라도 인공적 설비가 불필요한 천연수는 수돗물 사용방해죄의 객체에 해당하지 않는다.

수도는 수도로서 설비를 갖추고 있는 한 반드시 적법한 절차를 밟아 가설된 것임을 요하지 않는다. 또한 그 시설이 다소 불완전하더라도 관계없다. 그러나 공중이 먹는 물로 사용하는 물의 청정을 유지하면서 일정한 수로를 따라 흐르게 하는 데 필요한 최소한도의 설비는 갖추어야 한다.

공중이란 불특정 또는 다수의 사람을 말한다. 여기에서의 다수는 상당한 다수임을 요한다. 다수를 수량적으로 한정하기는 어려우나, 한 세대를 구성하는 정도의 인원으로는 부족하다. 따라서 자기 또는 가족만이 이용하는 전용수도는 수돗물 사용방해죄의 객체에 해당하지 않는다.

공중이 먹는 물로 사용하는 물이라 함은 불특정 또는 다수의 사람에 대하여 공급되고 있는 도중의 먹는 물을 말한다. 이미 공급이 끝나서 개인에게 도달하여 보관된 물은 수돗물 사용방해죄의 객체에 해당하지 않는다.

---

1) 형법 제193조는 '수원'의 한자를 '水原'으로 표기하고 있다. 그러나 '水源'으로 표기하는 것이 정확하다. 예컨대 일본 형법 제143조는 '水源'이라는 한자어를 사용하고 있다.

일본 형법 제143조 수도(水道)에 의하여 공중(公衆)에 공급하는 음료의 정수(淨水) 또는 그 수원(水源)을 오염하거나 이로 인하여 사용할 수 없게 한 자는 6월 이상 7년 이하의 징역에 처한다.

공중이 직접 먹는 물로 사용하는 물은 이를 공급하는 수로를 통하여 제공된다. 수원(水源)은 직접 공중이 먹는 물로 사용하는 물을 공급하는 수로에 들어오기 전의 물을 의미한다. 저수지나 저수장에 흘러들어가는 유수(流水) 등이 그 예이다.

오물을 넣거나 먹는 물로 쓰지 못하게 한다는 의미는 형법 제192조 제1항의 먹는 물 사용방해죄에서 설명한 것과 같다.

2. 수돗물 독물혼입죄

형법 제193조 (수돗물의 사용방해) ② 제1항의 먹는 물 또는 수원에 독물 그 밖에 건강을 해하는 물질을 넣은 자는 2년 이상의 유기징역에 처한다.

◎ 미수범 처벌함(법196)
◎ 예비 · 음모 처벌함(법197)
◎ 결과적 가중범 처벌함(법194)

형법 제193조 제2항은 수돗물 독물혼입죄를 규정하고 있다. 수돗물 독물혼입죄는 수도를 통해 공중이 먹는 물로 사용하는 물 또는 그 수원(水源)에 독물이나 그 밖에 건강을 해하는 물질을 넣을 때 기수에 이른다.

수도를 통해 공중이 먹는 물로 사용하는 물 또는 그 수원의 의미는 형법 제193조 제1항의 수돗물 사용방해죄에서 설명한 것과 같다. 독물이나 그 밖에 건강을 해하는 물질을 넣는다는 의미는 형법 제192조 제2항의 먹는 물 독물혼입죄에서 설명한 것과 같다.

3. 음용수혼독치상 · 치사죄

형법 제194조 (먹는 물 혼독치사상) 제192조 제2항 또는 제193조 제2항의 죄를 지어 사람을 상해에 이르게 한 경우에는 무기 또는 3년 이상의 징역에 처한다. 사망에 이르게 한 경우에는 무기 또는 5년 이상의 징역에 처한다.

형법 제194조는 먹는 물 독물혼입죄(법192②) 또는 수돗물 독물혼입죄(법193②)를 범하여 사람을 상해에 이르게 하거나 사망에 이르게 한 경우에 대한 결과적 가중범이다. 결과적 가중범은 (가) 먹는 물 독물혼입치상죄, (나) 수돗물 독물혼입치상죄, (다) 먹는 물 독물혼입죄치사죄, (라) 수돗물 독물혼입치사죄의 형태로 나타난다.

형법 제194조 제1문이 규정한 먹는 물 독물혼입치상죄 및 수돗물 독물혼입치상죄는 부진정 결과적 가중범이다. 먹는 물 독물혼입죄(법192②; 10년 이하의 징역)를 통해 고의로 상해(법

257; 7년 이하의 징역, 10년 이하의 자격정지 또는 1천만원 이하의 벌금)의 결과를 발생시킨 경우 이를 상상적 경합으로 처리한다면 그 처단형은 10년 이하의 징역이 된다. 이에 대해 먹는 물 독물혼입죄를 통해 과실로 상해의 결과를 발생시킨 경우는 형법 제194조 제1문에 의하여 무기 또는 3년 이상의 징역으로 처벌된다. 과실로 상해의 중한 결과를 발생시킨 경우가 고의로 상해의 중한 결과를 발생시킨 경우보다 더 무겁게 처벌되는 것이다. 이러한 불합리성을 피하려면 형법 제194조 제1문의 적용범위에 고의로 상해의 결과를 발생시킨 경우도 포함시켜야 한다.

동일한 문제상황은 수돗물 독물혼입죄(법193②; 2년 이상의 유기징역)와 상해죄(법257; 7년 이하의 징역, 10년 이하의 자격정지 또는 1천만원 이하의 벌금)를 상상적 경합범으로 처리하는 경우(2년 이상의 유기징역)에도 마찬가지로 나타난다. 과실로 상해의 결과를 발생시킨 수돗물 독물혼입치상죄(법194 1문; 무기 또는 3년 이상의 징역)의 법정형이 고의로 상해의 결과를 발생시킨 경우보다 무겁게 처벌되기 때문이다.

그러나 형법 제194조 제2문이 규정한 먹는 물 독물혼입치사죄 및 수돗물 독물혼입치사죄의 경우는 형법 제194조 제1문의 경우와 달리 진정 결과적 가중범이다. 사망의 중한 결과를 고의로 발생시킨 경우에는 살인죄(법250①; 사형, 무기 또는 5년 이상의 징역)가 성립한다. 먹는 물 독물혼입죄(법192②; 10년 이하의 징역) 또는 수돗물 독물혼입죄(법193②; 2년 이상의 유기징역)와 살인죄를 상상적 경합범으로 처리하는 것(사형, 무기 또는 5년 이상의 징역)이 보다 무거운 처단형을 확보할 수 있기 때문이다.

4. 수도불통죄

형법 제195조 (수도불통) 공중이 먹는 물을 공급하는 수도 그 밖의 시설을 손괴하거나 그 밖의 방법으로 불통(不通)하게 한 자는 1년 이상 10년 이하의 징역에 처한다.

◎ 미수범 처벌함(법196)
◎ 예비 · 음모 처벌함(법197)

수도불통죄는 공중이 먹는 물을 공급하는 수도 그 밖의 시설을 손괴하거나 그 밖의 방법으로 불통하게 하여 간접적으로 먹는 물의 사용을 방해하는 범죄이다. 수도의 개념은 수돗물 사용방해죄(법193①)의 수도와 같은 의미이다. 비록 절차를 밟지 아니한 수도라 할지라도 실제로 공중이 먹는 물을 공급하고 있는 시설로 되어 있으면 수도불통죄의 객체가 된다.[1] 수도에는 파이프뿐만 아니라 양수기도 포함된다. 그 밖의 시설이란 공중이 먹는

1) 1957. 2. 1. 4289형상317, 집 5①, 형1 =『부정 수도 불통 사건』:
㉠수도는 A가 소정의 절차를 밟지 않고 임의로 가설한 것이다. 갑은 ㉠수도를 함부로 손괴하여 수도를 불

물을 공급하는 수도 이외의 시설을 말한다. 우물도 불특정 또는 다수인이 이용하는 것이면 수도불통죄의 객체에 해당한다.

수도불통죄의 행위는 수도 그 밖의 시설을 불통하게 하는 일체의 행위이다. 손괴는 그 예시이다. 손괴는 목적물을 물리적으로 훼손하여 그 효용을 해하는 것이다. 불통하게 한다 함은 급수의 단절과 같은 의미로서, 일시적으로라도 공중이 먹는 물의 공급을 불가능하게 하는 것을 말한다. 그러나 수도의 극히 일부분에 손상을 가하여 수도의 흐름을 일시 저지하는 행위는 급수의 불통이라고는 볼 수 없다.

당국의 허가를 받은 사설수도의 경우 사용자들이 수도사용료를 내지 않아 관리자들이 단수조치하기로 결의를 하고 사전 경고까지 하였으며 사용자의 승낙을 받은 연후에 단수조치를 하였다면 그 단수행위에는 위법성이 있다고 볼 수 없다.[1] 수도불통죄는 공공의 건강에 관한 범죄이므로 피해자의 승낙(법24)이 적용되지 않는다. 그러나 사회상규에 위배되지 않는 행위(법20)로서 위법성이 조각될 가능성은 있다.

통하게 하였다.

검사는 갑을 수도불통죄로 기소하였다. 갑의 피고사건은 제1심을 거친 후, 항소심에 계속되었다. 항소법원은 ㉠수도가 소정의 절차를 이행하지 않고 임의로 가설된 부정 수도로서 법의 보호를 받을 대상물이 되지 못한다는 이유로 무죄를 선고하였다. 검사는 불복 상고하였다.

대법원은 다음의 이유를 제시하여 원심판결을 파기환송하였다. "비록 절차를 밟지 아니한 수도라 할지라도 그것이 현실로 공중생활에 필요한 음용수를 공급하고 있는 시설로 되어 있는 이상 그 시설을 불법하게 손괴하여서 수도를 불통케 하였을 때에는 수도불통으로 봄이 타당하다."

1) 1977. 11. 22. 77도103, 공 1977, 10389 = 분석 각론 『시장 번영회 단수조치 사건』.

제17장 아편에 관한 죄

제1 서 설

1. 보호법익

형법 각칙 제17장은 아편에 관한 죄를 규정하고 있다. 아편이나 몰핀은 그 물질의 흡식 내지 주사를 상습적으로 하기 쉬우며, 일단 중독이 되면 쉽게 끊을 수 없는 성질을 가지고 있다. 아편 등과 관련된 행위는 국민 생활을 퇴폐적으로 만들 뿐만 아니라 갖가지 범죄의 유발요인이 된다.

외국의 입법례 가운데에는 아편에 관한 죄를 형법에서 분리하여 특별법으로 규정하는 경우가 있다. 그러나 우리 형법은 아편에 관한 죄의 장을 별도로 마련하여 아편, 몰핀 또는 그 화합물의 흡식, 제조, 수입, 판매, 소지 등의 행위를 처벌하고 있다. 동양 제국은 근대에 들어와서 아편 흡식의 폐해를 크게 경험하였다. 우리 입법자는 형법전에 아편에 관한 죄의 장을 두어 이들 폐습의 침투를 방지하겠다는 노력을 분명히 표현하고 있다.

2. 특 별 법

형법 각칙 제17장 아편에 관한 죄 이외에 아편 등을 규제하는 특별법으로 「마약류 관리에 관한 법률」(마약류관리법)이 있다. 종래 아편과 관련된 특별법으로 「마약법」, 「향정신성의약품관리법」 및 「대마관리법」이 시행되고 있었다. 2000년에 들어 입법자는 규제정비계획의 일환으로 이들 마약류 관계 법률을 「마약류 관리에 관한 법률」(마약류관리법)로 통합하여 새로이 시행하였다.

마약류관리법은 마약 · 향정신성의약품 · 대마 및 원료물질의 취급 · 관리를 적정히 함으로써 그 오용 또는 남용으로 인한 보건상의 위해를 방지하여 국민보건 향상에 이바지함을 목적으로 하고 있다(마약류관리법1).

마약류관리법은 마약 · 향정신성의약품 및 대마를 '마약류'로 분류하고 있다.[1] 이

---

1) 마약류 관리에 관한 법률 제2조(정의) 이 법에서 사용하는 용어의 뜻은 다음과 같다.
1. "마약류"란 마약 · 향정신성의약품 및 대마를 말한다.
2. "마약"이란 다음 각 목의 어느 하나에 해당하는 것을 말한다.
가. 양귀비 : 양귀비과(科)의 파파베르 솜니페룸 엘(Papaver somniferum L) 파파베르 세티게룸 디 · 시

경우 (1) '마약'은 양귀비 · 아편 및 코카엽 등과 관련된 것을, (2) '향정신성의약품'은 인간의 중추신경계에 작용하는 것으로서 이를 오용 또는 남용할 경우 인체에 위해가 있다고 인정되는 것을, (3) '대마'는 대마초와 그 수지 및 이를 원료로 하여 제조된 제품을 말한다(마약류관리법2 참조).

마약류관리법의 시행에 의하여 마약류관리법의 벌칙규정[1]은 형법 각칙 제17장 아편에

(Papaver setigerum DC.) 또는 파파베르 브락테아툼(Papaver bracteatum)

나. 아편 : 양귀비의 액즙이 응결된 것과 이를 가공한 것. 다만, 의약품으로 가공한 것은 제외한다.

다. 코카 잎[엽] : 코카 관목[(灌木): 에리드록시론속(屬)의 모든 식물을 말한다]의 잎. 다만, 엑고닌 · 코카인 및 엑고닌 알칼로이드 성분이 모두 제거된 잎은 제외한다.

라. 양귀비, 아편 또는 코카 잎에서 추출되는 모든 알카로이드 및 그와 동일한 화학적 합성품으로서 대통령령으로 정하는 것

마. 가목부터 라목까지에 규정된 것 외에 그와 동일하게 남용되거나 해독(害毒) 작용을 일으킬 우려가 있는 화학적 합성품으로서 대통령령으로 정하는 것

바. 가목부터 마목까지에 열거된 것을 함유하는 혼합물질 또는 혼합제제. (단서; 생략함.)

3. "향정신성의약품"이란 인간의 중추신경계에 작용하는 것으로서 이를 오용하거나 남용할 경우 인체에 심각한 위해가 있다고 인정되는 다음 각 목의 어느 하나에 해당하는 것으로서 대통령령으로 정하는 것을 말한다.

가. 오용하거나 남용할 우려가 심하고 의료용으로 쓰이지 아니하며 안전성이 결여되어 있는 것으로서 이를 오용하거나 남용할 경우 심한 신체적 또는 정신적 의존성을 일으키는 약물 또는 이를 함유하는 물질

나. 오용하거나 남용할 우려가 심하고 매우 제한된 의료용으로만 쓰이는 것으로서 이를 오용하거나 남용할 경우 심한 신체적 또는 정신적 의존성을 일으키는 약물 또는 이를 함유하는 물질

다. 가목과 나목에 규정된 것보다 오용하거나 남용할 우려가 상대적으로 적고 의료용으로 쓰이는 것으로서 이를 오용하거나 남용할 경우 그리 심하지 아니한 신체적 의존성을 일으키거나 심한 정신적 의존성을 일으키는 약물 또는 이를 함유하는 물질

라. 다목에 규정된 것보다 오용하거나 남용할 우려가 상대적으로 적고 의료용으로 쓰이는 것으로서 이를 오용하거나 남용할 경우 다목에 규정된 것보다 신체적 또는 정신적 의존성을 일으킬 우려가 적은 약물 또는 이를 함유하는 물질

마. 가목부터 라목까지에 열거된 것을 함유하는 혼합물질 또는 혼합제제. (단서; 생략함.)

4. "대마"란 다음 각 목의 어느 하나에 해당하는 것을 말한다. (단서; 생략함.)

가. 대마초와 그 수지(樹脂)

나. 대마초 또는 그 수지를 원료로 하여 제조된 모든 제품

다. 가목 또는 나목에 규정된 것과 동일한 화학적 합성품으로서 대통령령으로 정하는 것

라. 가목부터 다목까지에 규정된 것을 함유하는 혼합물질 또는 혼합제제

(5호 이하 생략함.)

제5조의2 (임시마약류 지정 등) ① 식품의약품안전처장은 마약류가 아닌 물질 · 약물 · 제제 · 제품 등(이하 이 조에서 "물질등"이라 한다) 중 오용 또는 남용으로 인한 보건상의 위해가 우려되어 긴급히 마약류에 준하여 취급 · 관리할 필요가 있다고 인정하는 물질등을 임시마약류로 지정할 수 있다. (단서 생략함.)

1) 마약류 관리에 관한 법률 제58조 (벌칙) ① 다음 각 호의 어느 하나에 해당하는 자는 무기 또는 5년 이상의 징역에 처한다.

1. (관련 규정; 중략)을 위반하여 마약이나 임시마약을 수출입 · 제조 · 매매하거나 매매를 알선한 자 또는 그러할 목적으로 소지 · 소유한 자

관한 죄에 규정된 형벌법규에 대하여 특별관계에 서게 된다. 따라서 하나의 행위가 마약류관리법 위반죄와 형법상 아편에 관한 죄를 성립시킬 때에는 형법상의 아편에 관한 죄는 독자적인 의미를 잃게 된다. 마약류관리법은 형법과 달리 양벌규정을 두고 있다(동법68).

마약류관리법의 시행에도 불구하고 형법 각칙 제17장 아편에 관한 죄는 각종 마약류관리법위반죄에 대해 여전히 중요성을 갖는다. 형법전에 규정되어 있는 각종 범죄들은 국민 일반의 보편적 윤리의식을 토대로 하고 있다. 아편에 관한 죄가 형법 각칙 제17장에 규정되어 있다는 사실은 이와 같은 상징성을 나타내고 있다. 또한 형법상 아편의 죄에서 사용되고 있는 범죄성립요소들은 특별관계에 있는 마약류관리법위반죄의 경우에 같은 의미로 적용된다.

3. 필요적 몰수

(1) 형법상의 몰수·추징

아편에 관한 죄에 제공한 아편, 몰핀이나 그 화합물 또는 아편흡식기구는 몰수한다. 이를 몰수하기 불능한 때에는 그 가액을 추징한다(법206 본문·단서). 이 경우 몰수와 추징은 형법 총칙 제48조에 규정된 몰수·추징과 그 성질을 달리한다. 형법 제206조가 규정한 몰수·추징은 범죄행위로 인한 이득의 박탈을 목적으로 하는 것이 아니라 징벌적 성질의 처분이다. 따라서 그 범행으로 인하여 이득을 취득한 바 없더라도 법원은 그 가액의 추징을 명하여야 한다.[1]

---

2. (관련 규정: 중략)를 위반하여 마약 또는 향정신성의약품을 제조할 목적으로 그 원료가 되는 물질을 제조·수출입하거나 그러할 목적으로 소지·소유한 자

3. (관련 규정: 중략)에 해당하는 향정신성의약품 또는 그 물질을 함유하는 향정신성의약품을 제조·수출입·매매·매매의 알선 또는 수수하거나 그러할 목적으로 소지·소유한 자

4. (관련 규정: 중략)에 해당하는 향정신성의약품의 원료가 되는 식물 또는 버섯류에서 그 성분을 추출한 자 또는 그 식물 또는 버섯류를 수출입하거나 수출입할 목적으로 소지·소유한 자

5. (관련 규정: 중략)를 위반하여 대마를 수입하거나 수출한 자 또는 그러할 목적으로 대마를 소지·소유한 자

6. (관련 규정: 중략)에 해당하는 향정신성의약품 또는 그 물질을 함유하는 향정신성의약품을 제조 또는 수출입하거나 그러할 목적으로 소지·소유한 자

7. (관련 규정: 중략)을 위반하여 미성년자에게 마약이나 임시마약을 수수·조제·투약·제공한 자 또는 향정신성의약품이나 임시향정신성의약품을 매매·수수·조제·투약·제공한 자

② 영리를 목적으로 하거나 상습적으로 제1항의 행위를 한 자는 사형·무기 또는 10년 이상의 징역에 처한다.

③ 제1항과 제2항에 규정된 죄의 미수범은 처벌한다.

④ 제1항(제7호는 제외한다) 및 제2항에 규정된 죄를 범할 목적으로 예비 또는 음모한 자는 10년 이하의 징역에 처한다.

(기타 벌칙조항; 생략함.)

1) 2000. 9. 8. 2000도546, 공 2000, 2164 = 『히로뽕 13회 투약 사건』:

(향정신성의약품관리법이 시행되던 당시의 사안이다.) 갑은 히로뽕을 9회 투약하고 있었다(㉮행위). 그러던 중 갑은 ㉠히로뽕 3.96g을 A로부터 수수하였다(㉯행위). 갑은 ㉠히로뽕을 가지고 4회 투약하였다(㉰행

(2) 특별법상의 몰수 · 추징

「마약류 관리에 관한 법률」은 "이 법에 규정된 죄에 제공한 마약류 · 임시마약류 및 시설 · 장비 · 자금 또는 운반 수단과 그로 인한 수익금은 몰수한다. 다만, 이를 몰수할 수 없는 경우에는 그 가액을 추징한다."고 규정하고 있다(동법67).

또한 「마약류 불법거래 방지에 관한 특례법」(마약거래방지법)은 불법수익 등의 몰수를 규정하고 있다. 마약거래방지법에서 규정하는 '불법수익등'은 불법수익(동법2③ 참조), 불법수익에서 유래한 재산 및 그 재산과 그 재산 외의 재산이 합하여진 재산을 말한다(동법2⑤).

위). 갑의 히로뽕 투약은 총 13회에 이르렀다. 갑의 매회 투약행위에는 히로뽕이 각각 0.03g씩 사용되었다.

검사는 갑을 향정신성의약품관리법위반로 기소하였다. 향정신성의약품관리법 제47조는 필요적 몰수 · 추징을 규정하고 있다. 갑의 피고사건은 제1심을 거친 후, 항소심에 계속되었다. 항소법원은 다음과 같이 판단하였다. (가) ㉮, ㉯행위의 범죄사실이 인정된다. (나) ㉮행위를 이루는 각 13회 투약행위는 실체적 경합관계에 있다.

항소법원은 추징 부분에 대해 다음과 같이 판단하였다. (가) 인정된 범죄행위 별로 히로뽕의 가액을 추징한다. (나) 히로뽕 1g의 시가는 1백만원으로 산정한다. (다) 히로뽕 0.03g의 시가는 8만원으로 산정한다. (라) ㉯수수행위 부분에 대한 추징액은 1,000,000×3.96=3,960,000원이다(ⓐ금액). (마) 투약행위 부분 가운데 9회분(㉮행위)에 대한 추징액은 80,000×9=720,000원이다(ⓑ금액). (바) 투약행위 부분 가운데 4회분(㉰행위)에 대한 추징액은 80,000원×4=320,000원이다(ⓒ금액). (사) ⓐ, ⓑ, ⓒ금액을 합산한 5,000,000원을 추징한다. 갑은 불복 상고하였다. 갑은 상고이유로 다음의 점을 주장하였다. (가) 13회의 투약행위(㉮, ㉰행위)는 포괄일죄에 해당한다. (나) 추징대상이 존재한다고 하더라도 추징액의 산정이 잘못되었다.

대법원은 다음 주문의 판결을 선고하였다. (가) 원심판결 중 추징에 관한 부분을 파기한다. (나) 피고인으로부터 금 4,680,000원을 추징한다. (다) 피고인의 나머지 상고를 기각한다.

대법원은 몰수와 추징 부분에 대해 다음과 같이 판단하였다. (가) 향정신성의약품관리법 제47조 제1항에 의한 몰수나 추징은 범죄행위로 인한 이득의 박탈을 목적으로 하는 것이 아니라 징벌적 성질의 처분이다. (나) 그러므로 그 범행으로 인하여 이득을 취득한 바 없다 하더라도 법원은 그 가액의 추징을 명하여야 한다. (다) 다만 그 추징의 범위에 관하여는 피고인을 기준으로 하여 그가 취급한 범위 내에서 의약품 가액 전액의 추징을 명하면 되는 것이다. (라) 동일한 의약품을 취급한 피고인의 일련의 행위가 별죄를 구성한다고 하여 그 행위마다 따로 그 가액을 추징하여야 하는 것은 아니다.

대법원은 갑에 대한 추징액 산정에 대해 다음과 같이 판단하였다. (가) 갑에 대하여 원심이 인정하는 범죄사실 중 네 번에 걸친 투약행위(㉰행위)에 제공된 각 0.03g의 히로뽕은 갑이 ㉯행위로 수수한 3.96g 중의 일부임을 알 수 있다.

(나) 원심이 갑이 수수한 히로뽕의 시가상당액에 대한 가액을 추징하면서 [3.96g을] 수수하기 이전에 투약한 히로뽕에 대하여 각 투약(㉮행위) 및 [3.96g] 수수행위(㉯행위)에 대하여 각 그 가액 상당인 금 4,680,000원을 추징한 것은 정당하다[ⓐ, ⓑ금액]. (다) 원심은 1,000,000×3.96+80,000×9, 1g은 1,000,000원, 0.03g은 80,000원으로 계산하였다. (라) 원심은 [3.96g] 히로뽕을 수수한 후 다시 이를 직접 투약(㉰행위)한 히로뽕의 가액으로 별도로 금 320,000원(=80,000원×4)을 더 추징하였다[ⓒ금액]. (마) 원심이 320,000원[ⓒ금액]을 더 추징한 것은 향정신성의약품관리법 제47조 제1항의 몰수 및 추징에 관한 법리를 오해하여 판결에 영향을 미친 위법이 있다.

대법원은 투약행위의 죄수에 대해 다음과 같이 판단하였다. (가) 갑의 [13회] 각 투약행위는 범행장소가 상이하고 각 행위 사이에 범의의 단일성과 계속성을 인정하기 어려우므로 이들 각 죄를 포괄일죄라고 할 수는 없다. (나) [13회] 각 투약행위에 대하여 경합범 가중을 한 원심조치는 정당하다.

마약거래방지법은 불법수익등 재산 자체에 대한 몰수와 추징을 규정하고 있다(동법13 이하 참조).

제 2 아편에 관한 죄의 기본유형 – 아편등제조죄

형법 제198조 (아편 등의 제조 등) 아편, 몰핀 또는 그 화합물을 제조, 수입 또는 판매하거나 판매할 목적으로 소지한 자는 10년 이하의 징역에 처한다.

◎ 자격정지 또는 벌금 임의적 병과(법204)
◎ 필요적 몰수 · 추징(법206)
◎ 미수범 처벌함(법202)
◎ 상습범 가중처벌함(법203)

1. 행위객체

아편등제조죄의 객체는 아편, 몰핀 또는 그 화합물이다. 아편은 양귀비의 액즙이 응결된 것과 이를 가공한 것이다(마약류관리법2 ii 나목). 아편에는 곧 흡용할 수 있는 조제아편(아편연고)뿐만 아니라 그 원료인 생아편도 포함된다. 헤로인도 아편등제조죄의 아편에 해당한다.[1)]

2. 실행행위

아편등제조죄의 실행행위는 아편 등을 제조, 수입, 판매하거나 판매 목적으로 소지하는 것이다. 제조는 아편, 몰핀 또는 그 화합물을 만드는 것을 말한다.

수입은 그 목적이나 의도에 관계없이 아편을 국외로부터 우리나라의 영토 내로 반입하는 것이다. 아편의 오남용으로 인한 보건위생상 위해발생의 위험성은 아편이 양륙되거나 지상에 반입될 때 이미 발생한다. 아편을 선박으로부터 양륙하거나 항공기로부터 지상에 반입할 때 아편수입죄는 기수에 달한다.[2)] 국외에서 국외로 이송중인 아편이 국내 공항에서 환적을 위하여 항공사 측에 의하여 일시적으로 지상에 반출되는 경우에도 수입행위는 기수에 이른다.[3)]

판매는 불특정 다수인에 대하여 계속 · 반복의 의사로써 행하는 유상양도이다. 그러한 의사가 있는 한 1회의 매각이라도 매매에 해당한다. 반드시 이익을 얻을 것을 요하지 않는다.

1) 1958. 2. 21. 4290형상335, 집 6, 형17.
2) 1998. 11. 27. 98도2734, 공 1999, 87 = 분석 각론『신혼여행 히로뽕 밀수 사건』.
3) 1998. 11. 27. 98도2734, 공 1999, 87 = 분석 각론『신혼여행 히로뽕 밀수 사건』.

소지는 목적물을 자기의 사실상 지배하에 두는 것을 말한다. 소지의 원인은 묻지 않는다. 자기를 위한 것인지 타인을 위한 것인지도 묻지 않는다. 형법 제198조의 아편소지죄는 판매할 목적을 요하는 목적범이다.

제 3 아편에 관한 죄의 특수유형

1. 아편흡식기제조등죄

형법 제199조 (아편흡식기의 제조 등) 아편을 흡식하는 기구를 제조, 수입 또는 판매하거나 판매할 목적으로 소지한 자는 5년 이하의 징역에 처한다.

◎ 자격정지 또는 벌금 임의적 병과(법204)
◎ 필요적 몰수 · 추징(법206)
◎ 미수범 처벌함(법202)
◎ 상습범 가중처벌함(법203)

아편흡식기제조등죄의 행위객체는 아편을 흡식하는 기구이다. 아편을 흡식하는 기구란 특별히 아편흡식의 용법으로 사용하기 위하여 만들어진 기구를 말한다. 따라서 아편흡식에 사용되더라도 그것을 위하여 만들어진 것이 아닐 때에는 아편흡식기제조등죄의 객체에 해당하지 않는다.

아편흡식기제조등죄는 (가) 아편흡식기를 제조, 수입 또는 판매하는 행위와 (나) 아편흡식기를 판매할 목적으로 소지하는 행위의 두 가지로 나누어진다. 전자는 단순한 고의범임에 반하여 후자는 '판매할 목적'을 요하는 목적범이다. 목적의 실현 여부는 묻지 않는다.

2. 세관공무원아편등수입죄

형법 제200조 (세관 공무원의 아편 등의 수입) 세관의 공무원이 아편, 몰핀이나 그 화합물 또는 아편흡식기구를 수입하거나 그 수입을 허용한 때에는 1년 이상의 유기징역에 처한다.

◎ 자격정지 또는 벌금 임의적 병과(법204)
◎ 필요적 몰수 · 추징(법206)
◎ 미수범 처벌함(법202)
◎ 상습범 가중처벌함(법203)

세관공무원 아편등수입죄의 주체는 세관공무원이다. 세관의 공무원은 세관의 직원 일반을 의미하는 것이 아니라 세관에서 수입에 관한 업무에 종사하는 공무원을 의미한다. 세관공무원 아편등수입죄는 (가) 세관공무원이 아편 등을 수입하는 죄와 (나) 세관공무원이 타인이 아편 등을 수입하는 것을 허용하는 죄로 구별할 수 있다. 이 경우 (가) 유형의 수입죄는 세관공무원 아닌 자도 수입의 죄를 범할 수 있으므로(법198 참조) 부진정신분범으로 이해된다. 이에 반하여 (나)의 수입허용죄는 세관공무원만 범할 수 있으므로 진정신분범이다.

세관공무원 아편수입죄의 객체 및 수입의 개념은 형법 제198조 및 제199조의 죄에서 설명한 바와 같다. 수입을 허용한다 함은 명시적 또는 묵시적으로 수입을 허용하는 것을 말한다. 수입이 기수에 이르렀을 때 세관공무원아편등수입죄도 기수에 이른다. 수입허용죄(법200 후단)는 아편등수입죄(법198) 또는 아편흡식기제조등죄(법199)와의 관계에서 공동정범이나 교사범 · 방조범이 될 행위를 독립한 범죄로 규정한 것이다. 그러므로 이들 범죄와의 관계에서는 형법 총칙의 임의적 공범규정(법30 이하)이 적용되지 않는다.

3. 아편등흡식죄

형법 제201조 (아편흡식 등) ① 아편을 흡식하거나 몰핀을 주사한 자는 5년 이하의 징역에 처한다.

◎ 자격정지 또는 벌금 임의적 병과(법204)
◎ 필요적 몰수 · 추징(법206)
◎ 미수범 처벌함(법202)
◎ 상습범 가중처벌함(법203)

아편을 흡식하거나 몰핀을 주사하는 행위는 흡식자 또는 주사자 자신의 건강을 해할 뿐만 아니라 다른 범죄를 유발하고 사회를 퇴폐하게 할 우려가 있으므로 처벌의 대상이 되고 있다.

흡식이란 아편을 호흡기 또는 소화기에 의하여 소비하는 것이다. 주사는 주사기에 의하여 몰핀을 신체에 주입하는 것을 말한다. 흡식 또는 주사의 목적은 묻지 않는다. 약용으로 흡식, 주사하는 경우에도 아편흡식등죄가 성립할 수 있다.

수회의 흡식행위나 주사행위가 별도의 시간과 장소에서 행해지는 경우가 있다. 이 경우 수 개의 행위는 각 행위별로 일죄를 구성하며 수 개의 행위는 실체적 경합관계에 있다. 각 행위는 범행장소가 상이하고 각 행위 사이에 범의의 단일성과 계속성을 인정하기 어려우므로 이들 각 죄를 포괄일죄라고 할 수 없다.[1)]

---

1) 2000. 9. 8. 2000도546, 공 2000, 2164 = 『히로뽕 13회 투약 사건』.

아편을 흡식하기 위하여 아편이나 흡식기구를 일시 소지하거나 몰핀을 주사하기 위하여 주사용 기구를 일시 소지하는 행위는 아편등소지죄(법205)를 별도로 구성하지 않고 아편등흡식죄(법201①)에 흡수된다. 그러나 이전부터 아편이나 몰핀 등을 소지하고 있던 자가 이를 이용하여 흡식 · 주사한 때에는 아편등소지죄와 아편등흡식죄의 실체적 경합범이 성립한다.

4. 아편흡식등장소제공죄

형법 제201조 (아편흡식 등 장소제공) ② 아편흡식 또는 몰핀 주사의 장소를 제공하여 이익을 취한 자도 전항의 형과 같다.

◎ 자격정지 또는 벌금 임의적 병과(법204)
◎ 필요적 몰수 · 추징(법206)
◎ 미수범 처벌함(법202)
◎ 상습범 가중처벌함(법203)

형법 제201조 제2항은 아편 흡식 또는 몰핀 주사의 장소를 제공하여 이익을 취하는 행위를 처벌하고 있다. 아편흡식등장소제공죄는 실질적으로는 형법 제201조 제1항의 아편흡식등죄에 대한 방조에 해당한다. 그러나 아편흡식등장소제공죄는 아편 흡식이나 몰핀 주사 행위를 전파시키는 것으로서 특별한 위험성이 있으므로 형법은 이를 독립한 범죄로 처벌하고 있다.

이익은 장소 사용과 관련하여 인정되는 대가적 성질을 띤 것을 말한다. 일체의 적극적 · 소극적 이익을 포함한다. 반드시 재산상 이익에 한정할 것은 아니다. 이익을 취한다는 것이 요건이므로 이익을 취한 결과가 있어야 한다.

5. 아편죄의 상습범

형법 제203조 (상습범) 상습으로 전5조의 죄를 범한 때에는 각조에 정한 형의 2분의 1까지 가중한다.

형법 제203조는 아편범죄의 상습범을 가중처벌하고 있다. 상습성은 반복하여 범죄행위를 하는 습벽으로서, 행위자의 속성을 말한다. 범행의 습벽 유무를 판단할 때에는 전과나 범행횟수 등이 중요한 판단자료가 된다. 그러나 전과가 없다 하더라도 범행의 성질과 방법, 범행의 규모, 범행에 가담하게 된 태양 등의 모든 사정을 참작하여 범행의 습벽이 인정되는 경우에는 상습성을 인정할 수 있다.

상습범(법203)으로서 가중처벌의 대상이 되는 아편범죄는 (가) 아편등제조죄(법198) 및 아편등제조미수죄(법202, 198), (나) 아편흡식기제조등죄(법199) 및 아편흡식기제조등미수죄(법202, 199), (다) 세관공무원아편등수입죄(법200) 및 세관공무원아편등수입미수죄(법202, 200), (라) 아편흡식등죄(법201①) 및 아편흡식등미수죄(법202, 201①), (마) 아편흡식등장소제공죄(법201②) 및 아편흡식등장소제공미수죄(법202, 201②) 등이다.

형법 제203조에서 말하는 상습이란 이 조문에 열거된 (가) 내지 (마)의 각 범죄행위 별로 상호 간의 상습성만을 의미하는 것이 아니라 이 조문에 열거된 모든 범죄행위를 포괄한 아편범죄의 습벽을 의미한다. 따라서 아편범죄의 습벽을 가진 자가 형법 제203조에 열거된 아편범죄 중 서로 다른 수 종의 죄를 범하였다면 그 각 행위는 그중 가장 중한 법정형의 아편범죄의 상습범으로서 포괄일죄에 해당한다.[1]

아편범죄의 상습범은 각조에 정한 형의 2분의 1을 가중하여 처벌한다(법203). 2분의 1 가중은 각조에 정한 법정형의 단기와 장기를 모두 가중한다는 의미이다.[2]

---

1) 2012. 8. 17. 2012도6815, [미간행] 참조 = 『폭처법 상습범 죄수판단 사건』:

(2016년 폭력행위처벌법 제2조 제1항의 상습범 가중처벌규정이 폐지되기 전의 판례이다. 개정전 폭력행위처벌법 제2조 제1항 제1호는 상습협박죄를 1년 이상의 유기징역으로, 제2조 제1항 제3호는 상습공갈죄를 3년 이상의 유기징역으로 처벌하고 있었다.)

갑은 A 등을 기망하여 금원을 교부받아 편취하고(㉮행위), 상습으로 협박하고(㉯행위), 상습으로 공갈하여 금품을 갈취하였다(㉰행위). 검사는 갑을 폭력행위처벌법위반죄(상습공갈), 폭력행위처벌법위반죄(상습협박), 사기죄로 기소하였다. 제1심법원은 ㉮, ㉯, ㉰행위를 각각 인정하고, 갑을 폭력행위처벌법위반죄(상습공갈), 폭력행위처벌법위반죄(상습협박), 사기죄의 동시적 경합범(형법 제37조 전단)으로 처단하였다(형법 제38조). 갑은 불복 항소하였다. 항소법원은 항소를 기각하고 제1심판결을 유지하였다. 갑은 불복 상고하였다.

대법원은 다음의 이유를 제시하여 원심판결을 파기환송하였다. 대법원은 폭력행위처벌법의 상습성 판단기준에 대해 다음과 같이 설시하였다. (가) 폭력행위처벌법 제2조 제1항에서 말하는 상습이란 같은 항 각 호에 열거된 각 범죄행위 상호 간의 상습성만을 의미하는 것이 아니다. (나) 폭력행위처벌법 제2조 제1항에서 말하는 상습이란 같은 항 각 호에 열거된 모든 범죄행위를 포괄한 폭력행위의 습벽을 의미하는 것이다. (다) 따라서 위와 같은 습벽을 가진 자가 폭력행위처벌법 제2조 제1항 각 호에 열거된 형법 각 조에서 정하는 다른 수종의 죄를 범하였다면 그 각 행위는 그 각 호 중 가장 중한 법정형의 상습폭력범죄의 포괄일죄에 해당한다.

대법원은 갑의 행위에 대해 다음과 같이 판단하였다. (가) 상습협박[1호]의 점과 상습공갈[3호]의 점은 중한 법정형인 폭력행위처벌법 제2조 제1항 제3호의 상습폭력범죄의 포괄일죄를 구성한다. (나) 원심 판시와 같이 상습협박죄, 상습공갈죄에 해당하는 폭력행위처벌법 제2조 제1항의 죄를 각 구성하는 것이라고 할 수 없다. (다) 이와 달리 갑에 대한 상습협박의 점과 상습공갈의 점에 관한 위 범죄사실을 포괄일죄로 보지 아니하고 이를 실체적 경합범으로 보아 위와 같이 처단한 제1심을 유지한 원심의 조치에는 폭력행위처벌법 제2조 제1항의 상습성 및 포괄일죄에 관한 법리를 오해하여 판결 결과에 영향을 미친 위법이 있다.

(본 판례는 상습범 가중처벌을 규정한 폭력행위처벌법 제2조 제1항이 삭제되었음에도 불구하고 상습범의 죄수판단에 관한 일반적 기준을 제시한 것으로서 여전히 유효하다고 생각된다.)

2) 2017. 6. 29. 2016도18194, 공 2017하, 1596 = 『톱날 상습특수상해 사건』:

6. 아편등소지죄

형법 제205조 (아편 등의 소지) 아편, 몰핀이나 그 화합물 또는 아편흡식기구를 소지한 자는 1년 이하의 징역 또는 500만원 이하의 벌금에 처한다.

◎ 필요적 몰수 · 추징(법206)

형법 제205조의 아편등소지죄는 목적범이 아니다. 판매를 목적으로 아편, 몰핀이나 그

갑은 폭력행위처벌법위반죄로 유죄판결을 받아 집행유예 중에 있다. 갑은 톱으로 A의 머리를 향해 내리치고, A가 방어하기 위하여 뒤에서 갑의 몸을 붙잡자 이로 A의 손등을 물어 A에게 머리 부위가 찢어지는 등의 상해를 가하였다. (그 밖의 사건은 생략함.)

검사는 갑을 상습특수상해죄 등으로 관할 광주지방법원 순천지원에 기소하였다. 광주지방법원 순천지원 단독판사는 유죄를 인정하고 징역 10월을 선고하였다. 갑은 불복 항소하였다. 광주지방법원 합의부는 제1심판결을 파기하고 징역 8월을 선고하였다. 검사는 불복 상고하였다.

대법원은 다음 주문의 판결을 선고하였다. "원심판결과 제1심판결을 모두 파기하고, 사건을 광주지방법원 순천지원 합의부에 이송한다." 대법원은 관할법원에 대해 직권으로 다음과 같이 판단하였다. (가) 이 사건 공소사실은 피고인(갑)이 상습특수상해죄 등을 저질렀다는 것이다. (나) 이에 대하여 광주지방법원 순천지원 단독판사가 제1심으로 심판하였으며, 그 항소사건을 원심인 광주지방법원 합의부가 실체에 들어가 심판하였다.

(다) 그런데 형법 제264조, 제258조의2 제1항에 의하면 상습특수상해죄는 법정형의 단기가 1년 이상의 유기징역에 해당하는 범죄이다. (라) 법원조직법 제32조 제1항 제3호 본문에 의하면 단기 1년 이상의 징역에 해당하는 사건에 대한 제1심 관할법원은 지방법원과 그 지원의 합의부이다. (마) 각급 법원의 설치와 관할구역에 관한 법률 제4조에 따른 [별표 3] 고등법원 · 지방법원과 그 지원의 관할구역에 의하면 이 사건의 경우 광주지방법원 순천지원 합의부가 제1심의 심판권을 가지고, 그 항소사건은 광주고등법원에서 심판권을 가진다. (바) 그런데도 관할권이 없음을 간과한 채 이 사건에 관한 실체 심리를 거쳐 심판한 제1심판결과 원심판결에는 소송절차에 관한 법령을 위반하여 판결에 영향을 미친 잘못이 있다.

대법원은 나아가 항소법원이 처단형의 범위 내에서 선고형(징역 8월)을 정하였는지에 대해 다음과 같이 판단하였다. (가) 형법은 제264조에서 상습으로 제258조의2의 죄를 범한 때에는 그 죄에 정한 형의 2분의 1까지 가중한다고 규정하고 있다. (나) 형법은 제258조의2 제1항에서 위험한 물건을 휴대하여 상해죄를 범한 때에는 1년 이상 10년 이하의 징역에 처한다고 규정하고 있다. (다) 위와 같은 형법 각 규정의 문언, 형의 장기만을 가중하는 형법 규정에서 그 죄에 정한 형의 장기를 가중한다고 명시하고 있는 점, 형법 제264조에서 상습범을 가중처벌하는 입법 취지 등을 종합해 본다.

(라) 형법 제264조는 상습특수상해죄를 범한 때에 형법 제258조의2 제1항에서 정한 법정형[1년 이상 10년 이하의 징역]의 단기와 장기를 모두 가중하여 1년 6개월 이상 15년 이하의 징역에 처한다는 의미로 새겨야 한다. (마) 원심은 이 사건 공소사실을 모두 유죄로 판단한 다음, 상습특수상해죄의 법정형이 형법 제258조의2 제1항에서 정한 법정형의 장기만을 가중한 1년 이상 15년 이하의 징역임을 전제로 하고 있다. (바) 원심은 상습특수상해죄에 정한 형에 경합범가중을 하고 작량감경을 하여 갑에 대한 선고형을 징역 8개월로 정하였다.

(사) 앞서 본 법리에 비추어 살펴보면, 상습특수상해죄를 저지른 갑에 대하여 작량감경을 하더라도 그 처단형이 징역 9개월 미만이 될 수 없다. (아) 징역 8개월을 선고한 원심의 판단에는 그 처단형의 범위를 벗어나 선고형을 정한 잘못이 있다.

화합물 또는 아편흡식기구를 소지한 경우는 형법 제198조 또는 제199조에 의하여 처벌된다. 소지란 목적물을 자기의 사실상 지배하에 두는 것을 말한다. 소지자가 아편등소지죄의 객체에 대하여 소유권을 가지고 있을 필요는 없다. 소지자가 스스로 흡식을 하기 위하여 아편, 몰핀이나 그 화합물 또는 아편흡식기구를 소지함을 요하지도 않는다.

제18장 통화에 관한 죄

제1 서 설

1. 통화에 관한 죄의 의의와 성질

(1) 통화에 관한 죄의 의의

형법 각칙 제18장은 통화에 관한 죄를 규정하고 있다. 오늘날의 경제생활은 거래의 안전을 고도로 요구한다. 이와 관련하여 경제거래 및 유통과정에서 중요 수단이 되는 통화, 유가증권, 문서, 인장 등에 대한 신용성 확보가 특별히 요구된다. 이 가운데 통화는 사회의 거래관계와 유통과정에서 널리 결제수단으로 사용되고 있다. 형법 각칙 제18장 통화에 관한 죄는 통화의 진정을 해치는 각종 범죄를 내용으로 하고 있다.

통화에 관한 죄는 보호법익의 중요성에 비추어 추상적 위험범으로 이해된다. 따라서 통화의 위조, 변조, 위조통화 행사와 같은 행위는 그것이 행해지면 곧 기수에 이른다. 통화에 대한 공공의 신용이 현실적으로 침해되거나 특정한 개인에게 실제로 손해가 발생함을 요하지 않는다.

통화에 관한 죄는 외국인의 국외범을 처벌한다(법5 i). 행위지의 법률에 의하여 처벌되는지를 묻지 않는다(법6 단서 참조).

(2) 통화에 관한 죄의 보호법익

통화에 관한 죄의 기본적 성격을 파악하는 데에는 공공의 신용을 보호한다는 견해와 통화고권을 보호한다는 견해의 두 가지 시각이 있다.

(가) 공공신용 보호설 통화에 관한 죄를 통화에 대한 공공의 신용을 보호함으로써 사회에서 거래의 안전을 도모하고 경제적 질서를 유지하기 위하여 마련된 범죄유형이라고 보는 견해이다.[1] 공공의 신용과 거래의 안전 이외에 불특정인의 재산도 포함된다는 견해도 넓게 보면 여기에 속한다고 할 수 있다. 공공의 신용을 보호법익으로 보는 입장에서는 특히 외국의 통화도 통화에 관한 죄의 객체에 포함되어 있다는 점을 지적한다. 외국의 통화는 대

---

1) 김성돈, 627면; 김일수, 533면; 김혜정 외, 567면; 박상기, 493면; 배종대, 564면; 오영근, 541면; 이용식, 158면; 이정원, 538면; 이형국 · 김혜경, 634면; 임웅, 705면; 정성근 · 박광민, 674면; 정영일, 484면; 주호노, 1257면.

한민국의 통화고권과 무관하다는 것이다.

(나) 통화고권 보호설 통화에 관한 죄를 국가의 통화발행권, 즉 대한민국의 통화고권을 침해하는 범죄로 이해하는 견해이다. 이 입장에 따르면 통화에 관한 죄는 사회적 법익을 침해하는 범죄가 아니라 국가적 법익에 대한 범죄로 파악된다.

(다) 절충설 생각건대 통화에 관한 죄의 보호법익은 통화에 대한 공공의 신용을 보호하는 데에 중점이 있으나, 부수적으로는 국가의 통화발행권도 대상으로 하고 있다고 본다.[1] 첫째로, 법전편찬 체계상 우리 입법자는 통화에 관한 죄를 사회적 법익에 관한 범죄의 영역에 배치하고 있다. 이 점에서 공공의 신용이 보호법익으로 관념되고 있음을 알 수 있다. 둘째로, 형법은 내국통화에 대한 죄를 외국통화에 대한 죄보다 더 무겁게 처벌하고 있는데, 이는 국가적 법익으로서 대한민국의 통화고권을 고려하였기 때문이다.[2] 셋째로, 우리 형법은 통화유사물에 대한 범죄(법211)을 통화에 관한 죄의 장에 규정하고 있다.[3] 이것은 좁은 의미의 통화에 관한 죄를 검토할 때 진화(眞貨)의 존재가 필요함을 의미한다. 진화는 국가가 그의 통화고권에 기하여 발행한 화폐를 말한다. 통화에 관한 죄의 객체에 외국의 통화가 포함되어 있으나, 이는 후술하는 바와 같이 세계주의적 정신에 입각한 것으로 각 국가의 통화고권을 보호하기 위함이다.

2. 통화에 관한 죄의 객체

(1) 통화의 개념

통화에 관한 죄의 객체로서 통화는 화폐, 지폐, 은행권을 모두 아우르는 개념이다. 통화는 (가) 통화발행자의 인증에 의하여 가격이 표시된 지급수단으로서, (나) 강제통용력이 부여된 교환의 매개물을 의미한다. 통화의 개념은 광협의 두 가지로 나누어 볼 수 있다.

협의의 통화는 경제교환의 도구로서 강제통용력을 가진 화폐, 지폐, 은행권을 가리킨다. 이 경우 강제통용력은 대한민국의 국법에 의하여 부여되어야 한다. 이에 대하여 광의의 통화는 (가) 대한민국의 통화 이외에, (나) 사실상 교환의 도구로서 국내에 유통하는 외국의 통화,

---

1) 손동권 · 김재윤, 607면; 이재상 · 장영민 · 강동범, 557면.

2) 「특정범죄 가중처벌 등에 관한 법률」(특정범죄가중법)은 종래 "형법 제207조에 규정된 죄를 범한 사람은 사형, 무기 또는 5년 이상의 징역에 처한다."고 규정하여 내국통화에 대한 죄와 외국통화에 대한 죄를 구별하지 않고 동일한 형으로 가중처벌하고 있었다(구법 제10조). 헌법재판소는 2014. 11. 27. 2014헌바224, 헌집 26-2상, 703 결정을 통하여 위 규정이 위헌이라고 판단하였다. 검사가 형법을 적용하는지 특정범죄가중법을 적용하는지에 따라 형량이 달라지는 것은 평등원칙에 반한다는 것이 그 이유였다. 이후 2016년 개정시에 특정범죄가중법 제10조는 삭제되었다.

3) 일본 형법에는 통화유사물 제조행위를 처벌하는 규정이 없다.

(다) 외국에서 통용하는 외국의 통화까지 포함하는 개념이다.

(2) 외국통화와 세계주의 문제

위조통화의 제조 · 유통은 마약류 거래나 인신매매와 같이 범인의 국적이나 범행장소 여하를 묻지 않고 범세계적으로 대처해야 할 중대한 범죄행위이다. 우리 입법자는 앞으로 있을 위조통화의 방지에 관한 각종 국제조약의 체결을 염두에 두고 이를 위한 국내 이행입법의 차원에서 외국의 통화도 형법 각칙 제18장 통화의 죄의 객체에 포함시키고 있다. 그러나 통화위조의 방지에 관한 국제조약은 아직 체결되어 있지 아니한 상황이다.

우리 입법자는 형법의 적용범위를 정하면서 형법 제5조 및 제6조에 보호주의만을 규정하고 있을 뿐, 세계주의를 규정한 총칙 조문을 두고 있지 않다. 이 때문에 외국인이 외국의 통화를 외국에서 위조 · 변조하거나 외국에서 위조 · 변조한 외국통화를 행사하더라도 그 상대방이 대한민국이나 대한민국 국민이 아니면 처벌할 수 없다는 문제점이 발생한다. 동일한 문제상황은 형법 제19장 유가증권, 우표와 인지에 관한 죄에서도 발견된다. 유가증권에 관한 죄의 객체에는 '외국의 공채증서'도 포함되기 때문이다.

2013년 입법자는 형법 각칙 제31장 약취 · 유인 및 인신매매의 죄와 관련하여 세계주의를 선언하였다(법296의2). 국제적으로 통화위조 등의 방지에 관한 국제조약이 체결되지 아니한 상황이므로 통화에 관한 죄 및 유가증권에 관한 죄에 대해서도 세계주의 규정을 신설하는 것이 입법론적으로 바람직하다고 본다.

(3) 문서에 관한 죄와의 관계

통화에 관한 죄는 문서에 관한 죄에 대하여 특별관계에 있다. 통화에 관한 죄가 성립할 때에는 문서에 관한 죄는 별도로 성립하지 않는다. 위조의 객체가 된 외국의 화폐, 지폐 또는 은행권이 강제통용력을 가지지 않은 경우에는 '외국에서 통용하는 외국의 화폐 등'(법207③)에 해당하지 않는다. 나아가 위조의 객체가 된 화폐 등이 국내에서 사실상 거래 대가의 지급수단이 되고 있지 않은 경우에는 '내국에서 유통하는 외국의 화폐 등'(법207②)에도 해당하지 않는다. 그러므로 위조된 화폐 등을 행사하더라도 위조통화행사죄(법207④)를 구성하지 않는다. 이러한 경우에 대하여 판례는 위조사문서행사죄 내지 위조사도화행사죄(법234)로 의율할 수 있다는 입장을 취하고 있다.[1) 2)]

---

1) 통화유사물제조죄와의 관계에 대해서는, 후술 400면 이하 참조.

2) 2013. 12. 12. 2012도2249, 공 2014상, 207 = 『영국 10만 파운드 위폐 사건』 ☞ 부록 1565면.

제 2 통화에 관한 죄의 기본유형 – 내국통화위조죄

형법 제207조 (통화의 위조 등) ① 행사할 목적으로 통용하는 대한민국의 화폐, 지폐 또는 은행권을 위조 또는 변조한 자는 무기 또는 2년 이상의 징역에 처한다.

◎ 자격정지 또는 벌금 임의적 병과(법209)

◎ 미수범 처벌함(법212)

◎ 예비 · 음모 처벌함. 단, 자수의 특례규정 있음(법213 본문 · 단서)

1. 행위객체

(1) 통화의 발행권자

형법 제207조 제1항은 내국통화위조죄를 규정하고 있다. 내국통화위조죄는 통화위조죄의 기본적 형태를 이룬다. 형법 제207조 제1항의 내국통화위조죄의 객체는 통용하는 대한민국의 화폐, 지폐 또는 은행권이다. 여기에서 '대한민국의'란 대한민국이 통화의 발행권자임을 나타낸다.

일반적으로 화폐는 (가) 통화발행권자에 의하여 발행되고, (나) 일정한 가치를 대표하는 것으로서, (다) 지급의 수단으로 강제통용되는 것을 가리킨다. 우리나라에서 화폐의 발행권자는 대한민국이다. 구체적인 화폐 발행권은 「한국은행법」에 기하여 한국은행만이 가진다(한국은행법47). 한국은행이 발행한 한국은행권은 대한민국내의 유일한 법화(法貨)로서 모든 거래에 무제한 통용된다(동법48). 한국은행은 주화를 발행할 수 있다(동법53①).

형법 제207조 제1항의 내국통화위조죄에 해당하려면 대한민국이 발행권자인 문제의 화폐 · 지폐 · 은행권이 대한민국에서 통용하는 것이어야 한다. 통용한다 함은 우리나라에서 강제통용력이 있음을 뜻한다. 강제통용력이 있으면 족하고 그 주조나 발행이 정지된 것이어도 상관없다.

(2) 통화의 종류

(가) 화 폐 우리 입법자는 통화위조죄를 규정하면서 화폐, 지폐, 은행권을 나란히 기재하고 있다. 이처럼 화폐가 지폐 및 은행권과 나란히 기재된 점에 비추어 볼 때 형법 제207조 제1항의 화폐는 금속을 주조하여 만든 경화(硬貨)만을 의미하는 것으로 이해된다. 즉 한국은행이 정부의 승인을 얻어 대한민국에서 발행한 주화가 형법 제207조 제1항의 화폐이다. 화폐는 명목가치에 가까운 실질가치를 가지는 것이 보통이지만 반드시 그러할 필요는

없다.

화폐가 통화에 관한 죄의 객체의 첫 번째 유형으로 등장한 것은 종래 태환제(兌換制)의 영향 때문이라고 보인다. 그러나 태환제가 실시되고 있지 않은 현재에는 실질적인 의미가 없다.

(나) 지 폐 지폐는 정부 기타의 발행권자가 발행하고 그 신용에 의하여 교환의 매개물이 되는 화폐 대용의 증권을 말한다. 현재 우리나라에서는 한국은행권만이 유일한 법화로 되어 있으므로 통화위조죄에서 지폐에 해당하는 것은 없다.

(다) 은행권 은행권은 정부의 승인을 얻어 특정한 은행이 발행하고 교환의 매개물이 되는 증권이다. 우리나라에서는 한국은행만이 그 발행권을 가지고 있다(한국은행법47).

2. 실행행위

(1) 위 조

통화위조죄를 구성하는 행위는 통용하는 대한민국의 통화를 위조 또는 변조하는 것이다. 통화의 위조는 통화발행권이 없는 자가 외견상 진정한 통화와 유사한 것을 제조하는 행위이다. 위조의 방법은 묻지 않는다. 옛날 돈이나 폐화(廢貨)를 이용하는 것, 필사나 사진인쇄의 방법에 의하는 것 등을 널리 포함한다.

위조는 객관적으로 보아 일반인으로 하여금 진정한 통화로 오신하게 할 정도에 이른 것이면 족하다. 위조의 정도가 반드시 진물(眞物)에 흡사해야 한다거나, 누구든지 쉽게 그 진부를 식별하기 불가능할 정도의 것임을 요하지 않는다.[1] 그러나 위조지폐의 복사된 정도가 조잡하여 정밀하지 못하고, 진정한 지폐의 색채를 갖추지 못하여 흑백으로만 되어 있어, 객관적으로 이를 진정한 것으로 오인할 염려가 전혀 없는 정도의 것이라면 위조에 해당하지 않는다.[2]

위조가 성립하기 위하여 반드시 위화(僞貨)에 대응하는 진화(眞貨)가 존재해야 하는지를 놓고 의견의 대립이 있다. 문제되는 상황으로 예컨대 통화의 발행이 예정되고 일반인이 이를 알고 있는 상태에서, 그 통화가 발행되기 전에 그에 대응하는 위화를 만든 경우를 생각해 볼 수 있다.

진화가 없다면 통화위조라는 것은 생각할 수 없다는 견해가 있다.[3] 이 입장에서는 발행

---

1) 1985. 4. 23. 85도570, 공 1985, 819 = 분석 각론『흑백 복사 만원권 사건』.

2) 1985. 4. 23. 85도570, 공 1985, 819 = 분석 각론『흑백 복사 만원권 사건』.

3) 이정원, 543면; 이형국·김혜경, 638면; 정영일, 486면; 주호노, 1260. 그런데 이정원, 543면; 이형국·김혜경, 638면; 정영일, 486면은 발행 예정인 화폐를 진화로 취급하고 있다.

권자의 표시를 발행권자 아닌 자가 함부로 사용하는 것을 위조라고 본다. 이에 대해 통화위조죄의 성립에 진화의 존재를 요구하지 않는다는 견해가 있다.[1] 이 입장에서는 통화의 발행이 예정되어 있는 경우에는 진화가 존재하지 않더라도 위조통화를 진화로 오인할 우려가 있다고 본다.

생각건대 이 문제는 통화에 관한 죄의 보호법익이 통화에 대한 공공의 신용뿐만 아니라 국가의 통화고권까지 포함하고 있다는 관점에서 접근할 필요가 있다. 형법 제207조 제1항은 '통용하는' 대한민국의 통화를 객체로 하고 있다. 여기에서 통용한다 함은 현재 통화로서 강제통용력을 가지는 것을 의미한다.[2] 아직 발행되지 아니한 상태에서는 위화(僞貨)를 만들어 내는 행위를 가리켜 대한민국의 통화고권을 침해한 것이라고 할 수 없다. 이러한 행위를 한 자에 대해 공문서 · 공도화위조죄(법225, 231) 또는 통화유사물제조죄(법211)로 규율할 수 있음은 별개의 문제이다.

판례는 진화(眞貨)의 존재를 요구하는 입장이라고 생각된다. 판례는 외국에서 통용되지 않는 외국의 지폐, 즉 강제통용력이 없는 지폐를 취득하여 피고인이 위조통화취득죄(법208)로 기소된 사안에 대해 그 지폐가 비록 일반인의 관점에서 통용할 것이라고 오인할 가능성이 있다고 하더라도 이를 '외국에서 통용하는 외국의 지폐'로 볼 수 없다고 판단하였다. 판례는 만일 '외국에서 통용하는 지폐'에 일반인의 관점에서 통용할 것이라고 오인할 가능성이 있는 지폐까지 포함시키면 이는 위조통화취득죄의 처벌조항을 문언상의 가능한 범위를 넘어서까지 유추해석하는 것이 되어 죄형법정주의 원칙에 어긋난다고 판단하였다.[3]

통화위조죄의 미수범(법212) 및 예비 · 음모(법213)는 처벌된다. 행사할 목적으로 미리 준비한 물건들과 옵셋트 인쇄기를 사용하여 한국은행권을 사진 찍어 그 필름 원판과 이를 확대 현상한 인화지를 만든 행위는 아직 통화위조의 실행의 착수에 이른 것이 아니며, 통화위조의 예비단계에 불과하다.[4]

---

1) 김성돈, 630면; 김일수 · 서보학, 535면; 김혜정, 569면; 배종대, 565면; 손동권 · 김재윤, 610면; 이재상 · 장영민 · 강동범, 559면; 임웅, 707면; 정성근 · 박광민, 677면.

2) 2004. 5. 14. 2003도3487, 공 2004, 1033 = 분석 각론『100만 달러 위폐 사건』.

3) 2004. 5. 14. 2003도3487, 공 2004, 1033 = 분석 각론『100만 달러 위폐 사건』.

4) 1966. 12. 6. 66도1317, 집 14③, 형51 =『백원권 필름원판 사건』:

갑은 을과 공모하여 행사할 목적으로 미리 준비한 물건들과 옵셋트 인쇄기를 사용하여 한국은행권을 위조하려고 하였다. 이를 위해 갑과 을은 진정한 한국은행권 100원권을 사진 찍어 그 필름원판 7매와 이를 확대하여 현상한 인화지 7매를 만들었다.

검사는 갑과 을을 통화위조미수죄로 기소하였다. 제1심법원은 유죄를 인정하였다. 갑은 불복 항소하였다. 항소법원은 항소를 기각하고, 제1심판결을 유지하였다. 갑과 을은 불복 상고하였다.

대법원은 다음의 이유를 제시하여 원심판결을 파기환송하였다. 대법원은 갑과 을의 행위에 대해 다음과 같이 판단하였다. (가) 갑과 을은 행사할 목적으로 미리 준비한 물건들과 옵셋트 인쇄기를 사용하여, 한국은행

(2) 변 조

통화의 변조는 권한 없이 진정한 통화에 가공하여 그 진실한 가치를 변경시키는 행위를 말한다. 변조의 정도는 위조와 마찬가지로 일반인이 진정한 통화라고 오신할 수 있는 정도이면 족하다. 통화의 변조는 항상 진화를 그 재료로 삼는다. 따라서 폐화를 이용하는 것은 변조가 아니라 위조에 해당한다.

진정한 통화를 이용하여 위화(僞貨)를 만든 경우에 이것이 위조에 해당하는지, 변조에 해당하는지 문제된다. 이론적으로 볼 때 진화에 대한 가공의 정도가 그 통화의 동일성을 해하지 않는 범위에 있으면 변조에 해당한다. 그러나 진화를 용해하거나 진화를 이용하여 전혀 별개의 통화를 만들어 낸다면 그것은 위조에 해당한다.

그런데 실제에서 위조와 변조는 죄질이 같다는 점, 동일한 구성요건에 양자의 법정형이 동일하게 규정되어 있다는 점, 상소이유로서 우리 형사소송법이 '판결에 영향을 미친' 법령위반을 요구하고 있다는 점(형소법361의5 i, 383 i 참조) 등에 비추어 볼 때 양자의 구별은 별다른 실익이 없다고 본다.

3. 고의와 목적

통화위조죄는 행사할 목적을 요하는 목적범이다. 통화위조죄에서 행사할 목적이란 위조·변조한 통화를 진정한 통화로서 유통에 놓겠다는 목적을 말한다. 이 점은 유가증권위조죄(법214①)에서의 행사할 목적과 구별된다.[1]

유가증권위조죄의 경우에는 진정한 유가증권으로 사용하려는 목적이면 족하다. 그러므로 (가) 유가증권을 본래의 목적에 따라 유통에 두는 것 이외에, (나) 다른 사람에게 진정한 유가증권이라고 이를 보여주는 것만으로도 행사의 목적이 인정된다.

그러나 통화위조죄에서 행사의 목적은 진정한 통화로서 유통에 놓겠다는 목적이 있어야 한다. 교재용이나 장식용 또는 작성기술의 흥미만으로 통화를 위조하는 행위에는 행사할 목적이 있다고 할 수 없다. 자신의 신용력을 증명하기 위하여 타인에게 보일 목적으로 통화를 위조한 경우에는 행사할 목적이 있다고 할 수 없다.[2]

행사할 목적은 반드시 자기가 행사할 목적에 국한되는 것은 아니다. 타인으로 하여금 행

권 100원권을 사진찍어 그 필림원판 7매와 이를 확대하여 현상한 인화지 7매를 만들었음에 그쳤다. (나) 그렇다면 갑의 을의 행위는 아직 통화위조의 착수에는 이르지 아니하였고, 그 예비단계에 불과하다고 봄이 상당하다.

1) 2012. 3. 29. 2011도7704, 공 2012상, 733 = 분석 각론『친구 안심용 위조지폐 사건』.
2) 2012. 3. 29. 2011도7704, 공 2012상, 733 = 분석 각론『친구 안심용 위조지폐 사건』.

사하게 할 목적이어도 좋다. 위화를 행사하려는 자에게 상품으로서 액면가 이하로 매각할 목적으로 위조한 경우는 행사할 목적이 있다고 볼 것이다.

제3 통화에 관한 죄의 특수유형

1. 내국유통 외국통화위조죄

형법 제207조 ② 행사할 목적으로 내국에서 유통하는 외국의 화폐, 지폐 또는 은행권을 위조 또는 변조한 자는 1년 이상의 유기징역에 처한다.

◎ 자격정지 또는 벌금 임의적 병과(법209)

◎ 미수범 처벌함(법212)

◎ 예비 · 음모 처벌함. 단, 자수의 특례규정 있음(법213 본문 · 단서)

형법 제207조 제2항은 내국유통 외국통화위조죄를 규정하고 있다. 범죄의 구조는 제1항 통화위조죄와 거의 같다. 다만 객체가 국내에서 유통하는 외국의 화폐, 지폐 또는 은행권이라는 점이 다르다.

내국에서 유통한다 함은 대한민국 내에서 강제통용력이 없이 사실상 거래 대가의 지급수단이 되고 있는 상태를 가리킨다.[1] 외국은 국가로서 실재하는 것이어야 한다. 반드시 국제법상 승인된 것임을 요하지 않는다. 행사할 목적 등 그 밖의 성립요건은 앞에서 설명한 바와 같다.

외국의 구권(舊券) 화폐의 진폐(眞幣)가 국내은행에서 환전할 수 있다 하더라도 지급수단이 아니라 은행이 매도가격과 매수가격의 차액 상당의 이득을 얻기 위하여 하는 외국환매매거래의 대상으로서 상품과 유사한 것에 불과하다면 이를 가리켜 국내에서 유통되는 것이라고 보기 어렵다.[2]

2. 외국통용 외국통화위조죄

형법 제207조 ③ 행사할 목적으로 외국에서 통용하는 외국의 화폐, 지폐 또는 은행권을 위조 또는 변조한 자는 10년 이하의 징역에 처한다.

◎ 자격정지 또는 벌금 임의적 병과(법209)

---

1) 2003. 1. 10. 2002도3340, 공 2003, 666 = 분석 각론『구권 스위스프랑 사건』.
2) 2003. 1. 10. 2002도3340, 공 2003, 666 = 분석 각론『구권 스위스프랑 사건』.

◎ 미수범 처벌함(법212)

◎ 예비 · 음모 처벌함. 단, 자수의 특례규정 있음(법213 본문 · 단서)

형법 제207조 제3항은 외국통용 외국통화위조죄를 규정하고 있다. 통화의 진정성 보호를 위한 국제적 움직임에 발맞추어 우리 형법이 세계주의적 입장에서 규정한 범죄이다. 그러나 형법의 적용범위와 관련하여 형법 총칙에서 세계주의가 천명되지 않았기 때문에 그 적용범위에 제한이 있다. 즉 형법 제207조 제3항은 (가) 외국인이 대한민국 내에서 죄를 범한 경우(법2), (나) 내국인이 국내 또는 국외에서 죄를 범한 경우(법3), (다) 외국인이 외국에서 대한민국 또는 대한민국 국민에 대하여 죄를 범한 경우(법5, 6)에만 적용된다. 그러나 (라) 외국인이 외국에서 외국 또는 외국국민에 대하여 죄를 범한 경우에는 적용되지 않는다.[1]

외국에서 통용한다 함은 그 외국에서 강제통용력을 가지는 것을 의미한다. 외국에서 통용하지 아니하는 지폐, 즉 강제통용력을 가지지 아니하는 지폐는 그것이 비록 일반인의 관점에서 통용할 것이라고 오인할 가능성이 있다고 하더라도 외국에서 통용하는 외국의 지폐에 해당하지 않는다.[2]

3. 위조통화행사죄 및 위조통화수입 · 수출죄

형법 제207조 (통화의 위조 등) ④ 위조 또는 변조한 전3항 기재의 통화를 행사하거나 행사할 목적으로 수입 또는 수출한 자는 그 위조 또는 변조의 각죄에 정한 형에 처한다.

◎ 자격정지 또는 벌금 임의적 병과(법209)

◎ 미수범 처벌함(법212)

형법 제207조 제4항은 전단에서 위조통화행사죄를, 후단에서 위조통화수입 · 수출죄를 각각 규정하고 있다. 위조통화행사죄는 단순한 고의범이다. 이에 대해 위조통화수입 · 수출죄는 행사할 목적을 요하는 목적범이다.

위조통화행사죄나 위조통화수입 · 수출죄의 객체는 위조 또는 변조된 것으로 (가) 대한민국에서 통용되는 대한민국의 통화, (나) 대한민국에서 유통되는 외국의 통화, (다) 외국에서 통용되는 외국의 통화이다. 이하에서는 서술의 편의를 위하여 이들 통화를 '위조통화'로 통칭하기로 한다.

---

1) 세계주의 문제에 대해서는, 전술 390면 참조.

2) 2004. 5. 14. 2003도3487, 공 2004, 1033 = 분석 각론『100만 달러 위폐 사건』.

(1) 위조통화행사죄

위조통화행사죄의 객체인 위조통화는 그 유통과정에서 일반인이 진정한 통화로 오인할 정도의 외관을 갖추어야 한다.[1)]

위조된 외국의 통화가 외국에서 강제통용력을 가지지 않고, 국내에서도 사실상 거래 대가의 지급수단이 되고 있지 않은 경우에는 그 위조통화를 행사하더라도 위조통화행사죄를 구성하지 않는다. 판례는 이러한 경우에 위조사문서 · 사도화행사죄(법234)의 성립을 인정하고 있다.[2)]

위조통화의 행사는 위조통화를 유통과정에서 진정한 통화로서 사용하는 것을 말한다. 유상인지 무상인지는 묻지 않는다. 위조통화를 물품구입대금으로 지급하거나 보증금으로 제공하는 행위, 위조통화를 진화인 소액권이나 고액권으로 교환하는 행위 등이 행사의 예에 속한다.

행사에는 이로 인한 재산상의 불법영득을 요하지 않는다. 그러므로 진정한 통화라고 말하여 위조통화를 다른 사람에게 증여하는 경우에도 위조통화행사죄가 성립한다.[3)] 사용방법이 위법하여도 상관없다. 예컨대 위조통화를 도박 자금으로 사용하더라도 위조통화의 행사에 해당한다.

행사는 진정한 통화로서 유통에 두기만 하면 족하다. 특별히 진정한 통화라고 주장할 필요는 없다. 따라서 위조된 주화를 공중전화기나 자동판매기에 투입하는 행위도 위조통화 행사에 해당한다.

---

1) 2012. 3. 29. 2011도7704, 공 2012상, 733 = 분석 각론『친구 안심용 위조지폐 사건』.

2) 2013. 12. 12. 2012도2249, 공 2014상, 207 =『영국 10만 파운드 위폐 사건』.

3) 1979. 7. 10. 78도840, 총람 210조 1번 =『위조지폐 환전실패 사건』:

갑은 위조된 미국 돈 100달러짜리 지폐를 홍콩에서 수입하였다(㉠지폐). 갑은 ㉠지폐를 암달러상 A와 환전하려다가 위조지폐임이 드러나 실패하였다.

검사는 갑을 위조외국통화행사죄와 사기미수죄로 기소하였다. 제1심법원은 다음의 이유를 들어 사기죄 부분에 대해 무죄로 판단하였다. (가) 위조통화를 행사하여 상대방으로부터 재물을 편취하는 경우 위조통화행사죄는 위조통화행사 자체가 언제나 기망적인 요소를 포함하고 있다. (나) 위조통화행사죄의 법정형이 가중되어 있으므로 유가증권위조나 문서위조 및 이의 각 행사로 인한 사기죄의 성립과는 달리 사기죄는 위조통화행사죄에 포함된다. 검사는 불복 항소하였다. 항소법원은 항소를 기각하고, 제1심을 유지하였다. 검사는 불복 상고하였다.

대법원은 다음의 이유를 제시하여 원심판결을 파기환송하였다. (가) 위조통화의 행사는 위조통화를 유통과정에서 진정한 통화로서 사용하는 것을 말한다. (나) 위조통화의 행사는 유상인가 무상인가를 묻지 않는다. (다) 진정한 통화라고 하여 위조통화를 다른 사람에게 증여하는 경우에도 위조통화행사죄가 성립한다. (라) 이런 경우에는 그 행사자 · 증여자는 아무런 재산의 불법영득이 없어서 위조통화의 행사에 언제나 재물의 영득이 수반되는 것이라고는 할 수 없다. (마) 위조통화행사죄는 공공적인 법익의 보호를, 사기죄는 개인의 재산법익의 보호를 목적으로 하여 보호법익을 달리한다.

위조통화인 정을 아는 자에게 위화를 인도하더라도 그 위화가 진화와 같이 유통될 것이 예상되지 않는다면 행사라고 할 수 없다. 행사는 진정한 통화로서 유통에 두는 것을 요하기 때문이다. 위화를 단순히 자기의 신용능력을 증명하기 위하여 타인에게 내보이는 행위는 위화를 진정한 통화로서 유통의 상태에 둔 것이라고 볼 수 없으므로 행사에 해당하지 않는다.[1]

그러나 위조통화임을 알고 있는 자에게 그 위화를 교부할 때 교부받은 사람이 이를 유통시키리라는 것을 예상하거나 인식하면서 교부하였다면, 그 교부행위 자체가 통화에 대한 공공의 신용 또는 거래의 안전을 해할 위험이 있으므로 위조통화행사죄가 성립한다.[2]

위조통화행사죄의 미수범은 처벌된다(법212, 207). 정을 모르는 자에게 물건을 사게 하기 위하여 위화를 교부한 행위가 행사의 기수에 해당할 것인지 문제된다. 기수설은 위화를 교부하였을 때에 유통에 두었다고 보는 것이 마땅하므로 그 때에 행사죄의 기수가 된다고 주장한다.[3] 이 입장에서는 상대방이 수령을 거절하는 등 전달되지 않으면 미수가 된다고 본다. 이에 대하여 미수설은 정을 모르는 자에게 통화를 교부한 단계에서는 아직 사용한 것이 아니므로 행사가 있었다고 할 수 없고, 행사의 간접정범으로서 실행의 착수가 있었던 것에 불과하다고 본다.[4]

생각건대 대금의 지급으로서 상대방에게 위화를 진화인 것처럼 교부하였으나 그것이 위조임이 판명되어 상대방이 즉시 반환하는 사안을 기수범으로 처벌할 필요가 있다는 점에서 기수설이 타당하다고 본다.

(2) 위조통화수입 · 수출죄

위조 또는 변조한 통화를 행사할 목적으로 수입 또는 수출하는 행위를 내용으로 하는 범죄이다. 위조통화의 수출행위를 처벌한다는 점에서 우리 형법은 세계주의적 관점에 서 있음을 알 수 있다.

수입은 국외로부터 국내로 들여오는 것을 말한다. 위조통화는 아편 등 마약류와 함께 공공에 해악을 끼치는 정도가 매우 크다. 이러한 관점에서 볼 때 위조통화가 대한민국의 영해 또는 영공에 들어오는 순간 위조통화수입죄의 실행의 착수가 인정된다. 그리고 위조통화가 선박으로부터 양륙되거나 착륙한 항공기로부터 지상으로 반출한 때에 기수에 이른

---

1) 2012. 3. 29. 2011도7704, 공 2012상, 733 = 분석 각론 『친구 안심용 위조지폐 사건』.

2) 2003. 1. 10. 2002도3340, 공 2003, 666 = 분석 각론 『250디나르 위폐 사건』.

3) 권오걸, 1000면; 김성돈, 635면; 김일수 · 서보학, 540면; 김혜정 외, 573면; 박상기, 499면; 주호노, 1266면.

4) 임웅, 712면.

다.[1] 통관이 완료되었는지는 묻지 않는다.

수출은 국내로부터 국외로 반출하는 것을 말한다. 그 기수시기는 수입의 경우에 준하여 해결해야 한다. 외국의 영해 또는 영공에 진입하는 순간에 위조통화수출죄의 실행의 착수가 인정되고, 위조통화가 외국에서 선박으로부터 양륙되거나 착륙한 항공기로부터 외국의 지상으로 반출한 때에 기수에 이른다.

(3) 다른 죄와의 관계

통화위조 · 변조죄와 위조통화행사죄는 실체적 경합관계에 있다. 통화위조 · 변조죄와 위조통화수입 · 수출죄도 마찬가지이다. 우리 형법은 목적범죄와 수단범죄를 과형상 일죄로 묶어주는 소위 '견련범' 개념을 인정하고 있지 않기 때문이다.

피고인이 위조된 외국통화임을 속이고 국내의 진화로 교환하는 등의 행위가 위조통화행사죄(무기 또는 2년 이상의 징역) 이외에 별도로 사기죄(법347; 10년 이하의 징역 또는 2천만원 이하의 벌금)를 구성할 것인지 문제된다. 이에 대해서는 위조통화의 행사 자체가 언제나 기망적인 요소를 포함하고 있을 뿐만 아니라 그 법정형이 높게 책정되어 있으므로 사기죄가 위조통화행사죄에 흡수된다고 해석될 여지가 있다.

그러나 판례는 위조통화의 증여와 같이 위조통화의 행사에 언제나 재물의 영득이 수반되는 것은 아니며, 위조통화행사죄와 사기죄의 보호법익이 서로 다르다는 점을 들어서 실체적 경합관계에 있다고 본다.[2]

4. 위조통화취득죄

형법 제208조 (위조통화의 취득) 행사할 목적으로 위조 또는 변조한 제207조 기재의 통화를 취득한 자는 5년 이하의 징역 또는 1천 500만원 이하의 벌금에 처한다.

◎ 자격정지 또는 벌금 임의적 병과(법209)
◎ 미수범 처벌함(법212)

형법 제208조는 위조통화취득죄를 규정하고 있다. 위조통화취득죄는 행사할 목적을 요하는 목적범이다.

위조통화의 취득은 위조통화를 자기의 소지로 옮기는 일체의 행위를 말한다. 유상, 무상

1) 1998. 11. 27. 98도2734, 공 1999, 87 = 분석 각론『신혼여행 히로뽕 밀수 사건』 참조.
2) 1979. 7. 10. 78도840, 총람 210조 1번 =『위조지폐 환전실패 사건』.

을 묻지 않으며 그 원인, 방법 등을 가리지 않는다. 증여를 받는 것, 매수 또는 교환하는 것, 절취, 편취 등이 모두 취득에 포함된다. 그러나 소지의 이전을 수반하지 않는 경우는 취득에 해당하지 않는다. 자기가 소지하고 있는 위조통화를 횡령하는 것은 취득죄를 구성하지 않는다. 공범자 간의 수수(授受) 역시 취득에 해당하지 않는다.

행사할 목적은 취득자가 행사할 목적인지 타인으로 하여금 행사하게 할 목적인지를 묻지 않는다. 내국에서 행사할 목적인지 외국에서 행사할 목적인지도 묻지 않는다. 행사할 목적을 요하므로 행위자는 위조통화임을 알면서 이를 취득하지 않으면 안 된다. 취득 후에 위조통화임을 알게 되어 행사의 목적을 가지게 되어도 위조통화취득죄는 성립하지 않는다.

5. 위조통화 지정행사죄

형법 제210조 (위조통화 취득 후의 지정행사) 제207조에 기재한 통화를 취득한 후 그 사정을 알고 행사한 자는 2년 이하의 징역 또는 500만원 이하의 벌금에 처한다.

위조통화 취득후 지정행사죄는 위조 · 변조된 대한민국 또는 외국의 통화를 위조 · 변조된 것임을 모르고 취득한 후, 이후 그 사정을 알고 취득한 위조통화를 행사함으로써 성립한다. 위조통화 취득후 지정행사죄는 위조통화행사죄(법207④ 전단; 무기 또는 2년 이상의 징역 등)의 특수한 형태이다. 위조통화 취득후 지정행사죄(2년 이하의 징역 또는 500만원 이하의 벌금)의 형이 가볍게 되어 있는 것은 위조 · 변조된 것임을 모르고 취득한 자가 후에 위조 · 변조된 것임을 알게 된 경우 자신의 손해를 다른 사람에게 전가하기 위하여 위조 · 변조된 통화를 행사한다는 점에서 범정(犯情)상 동정의 여지가 있다고 본 것이다.

위조통화 취득후 지정행사죄의 행위는 위조 · 변조된 통화를 취득한 후에 비로소 그것이 위조 · 변조된 통화임을 알고 이를 행사하는 것이다. 취득 자체는 그 객체가 위조 · 변조된 것임을 모르고 이루어져야 한다.

6. 통화유사물제조등죄 · 통화유사물판매죄

형법 제211조 (통화유사물의 제조 등) ① 판매할 목적으로 내국 또는 외국에서 통용하거나 유통하는 화폐, 지폐 또는 은행권에 유사한 물건을 제조, 수입 또는 수출한 자는 3년 이하의 징역 또는 700만원 이하의 벌금에 처한다.

② 전항의 물건을 판매한 자도 전항의 형과 같다.

◎ 미수범 처벌함(법212)

(1) 입법연혁과 보호법익

형법 제211조는 제1항에서 통화유사물제조죄를, 제2항에서 통화유사물판매죄를 각각 규정하고 있다. 통화유사물제조죄는 일본의 1927년 형법개정예비초안(동안223)에서 시사받은 것이다.[1] 의용형법 시절 특별법으로서「외국에서 유통하는 화폐, 지폐, 은행권, 증권의 위조, 변조 및 모조품에 관한 법률」,「통화 및 증권 모조 단속법」및「지폐 유사증권 단속법」이 있었는데, 이 가운데 통화에 관한 벌칙규정을 형법전에 수용하려고 하였던 것이 통화유사물제조죄이다.[2] 일본 개정형법가안의 심의과정에서는 통화유사물제조 등의 행위는 사기죄로 충분히 다스릴 수 있다는 이유로 삭제되었고,[3] 그 결과 일본 개정형법가안에는 통화유사물제조죄가 들어 있지 않다.

우리 형법의 입법자는 의용되던 특별법 조문들을 정비하여 형법에 편입하면서 이들 특별법을 폐지하기로 하였다. 그리하여 위의 특별법 가운데 통화 모조품 등에 관한 것은 통화에 관한 죄의 장에, 유가증권의 모조에 관한 것은 유가증권에 관한 죄의 장에 각각 규정하기로 하였다.[4] 통화유사물제조죄가 형법전에 규정됨에 따라 우리 형법상 통화에 관한 죄는 국가의 통화고권을 보호법익의 하나로 하고 있음이 더욱 분명하게 되었다.

통화유사물은 진화를 위조하거나 변조한 것이 아니라 진화와 관계없는 모조물이다. 따라서 진화를 전제로 하지 않는다. 그 결과 외국에서 통용된 사실이 없는 통화유사물의 제조행위는 외국통화의 위조로 볼 수 없고, 통화유사물 제조에 해당하게 된다. 이렇게 볼 때 통화유사물제조죄의 보호법익은 국가의 통화고권을 제외한, 공공의 신용 및 거래의 안전임을 알 수 있다.

(2) 행위객체

통화유사물제조죄의 객체는 내국 또는 외국에서 통용하거나 유통하는 화폐, 지폐 또는 은행권에 유사한 물건이다. 대한민국 통화에 대한 유사물은 물론 외국 통화에 대한 유사물도 통화유사물제조죄의 객체가 된다는 점에서 우리 형법의 세계주의적 관점이 나타나고 있다. 그러나 형법의 적용범위에 관한 총칙규정에 세계주의를 선언한 것이 없어서 형법 제211조의 적용에 한계가 있음은 통화에 관한 죄의 객체 부분에서 설명한 바와 같다.[5]

---

1) 일본 형법개정예비초안 제223조 통용하는 화폐, 지폐 또는 은행권에 유사한 외관을 가진 물건을 제조, 수입 또는 판매한 자는 3년 이하의 징치(懲治) 또는 천엔 이하의 벌금에 처한다.

2) 刑法改正起草委員會議事日誌, 제41회(1928. 5. 29.).

3) 刑法改正起草委員會議事日誌, 제181회(1932. 10. 4.).

4) 엄상섭, "형법요강해설", 신동운 · 허일태 편저, 효당 엄상섭 형법논집, (2003), 61면 참조.

5) 전술 390면 참조.

통화에 유사한 물건의 의미에 대해 진화와 유사하기는 하나 위조의 정도에 이르지 아니한 물건, 다시 말하면 일반인으로 하여금 진정한 통화라고 오인하게 할 정도에 이르지 아니한 모조품을 말하는 것으로 이해하는 견해가 있다.[1)]

그러나 통화에 관한 죄의 보호법익에는 공공의 거래상 신용 및 안전뿐만 아니라 국가의 통화고권도 포함되어 있다. 통화고권의 관점에서 우리 형법은 통화에 관한 죄의 객체를 화폐, 지폐, 은행권으로 한정하고 있다. 이 때문에 진화가 발행되지 아니한 상태의 통화모조품 등의 객체가 통화에 관한 죄의 규율범위에서 탈락될 우려가 있다. 형법 제211조는 이러한 입법기술상의 애로점을 타개하기 위하여 마련된 보충적 규정이다. 따라서 통화유사물제조죄의 객체인 통화유사물에는 통용 · 유통되는 화폐, 지폐, 은행권의 모조품뿐만 아니라, 진화가 없는 상태의 통화모조품도 포함된다고 볼 것이다.

(3) 실행행위

통화유사물제조죄의 실행행위는 (가) 판매할 목적으로 통화유사물을 제조 · 수입 · 수출하는 행위(법211①)와 (나) 제조 · 수입 · 수출된 통화유사물을 판매하는 행위(동조②)로 나누어진다. (가)의 통화유사물을 제조 · 수입 · 수출하는 죄는 판매할 목적을 가지고 행위할 것이 요구되는 목적범이다. (나)의 제조 · 수입 · 수출된 통화유사물을 판매하는 죄는 단순한 고의범이다.

판매할 목적이라 함은 불특정 다수인에게 유상으로 양도하겠다는 목적을 말한다. 제조라 함은 통화를 발행할 권한이 없는 자가 통화모조물을 만드는 것을 말한다. 수입은 국내로 들여오는 것을, 수출은 외국으로 반출하는 것을 말한다. 판매라 함은 불특정 또는 다수인에 대하여 행할 의사로서 하는 유상양도행위이다.

(4) 문서 · 도화위조죄와의 관계

위조된 외국통화가 외국에서 더 이상 강제통용력을 가지지 않게 되었거나 국내에서 사실상 거래대가의 지급수단이 되고 있지 않은 경우에는 그 위조통화를 행사하더라도 위조통화행사죄(법207④)를 구성하지 않는다. 판례는 이러한 경우에 대해 위조사문서행사죄 또는 위조사도화행사죄로 의율할 수 있다는 입장을 취하고 있다. 위조통화에 기재된 내용이 법률상 또는 사회생활상 의미 있는 사항에 관한 증거가 될 수 있는 것이어서 문서에 관한 죄의

1) 김성돈, 639면; 김일수 · 서보학, 545면; 김혜정 외, 576면; 박상기, 502면; 배종대, 570면; 손동권 · 김재윤, 618면; 오영근, 551면; 이재상 · 장영민 · 강동범, 566면; 이정원, 551면; 이형국 · 김혜경, 648면; 임웅, 716면; 정성근 · 박광민, 45면; 정영일, 493면; 주호노, 1270면.

객체인 문서 또는 도화에 해당한다는 것이 그 이유이다.[1)]

그런데 통화유사물제조죄(법211①) 및 통화유사물판매죄(법211②)가 별도로 규정되어 있는 상황에서 굳이 위조문서 · 도화행사죄로 다스릴 필요가 있는가 하는 의문이 제기된다. 생각건대 통화유사물제조죄나 통화유사물판매죄의 행위태양은 판매에 중점이 맞추어져 있고, 법정형(법211①; 3년 이하의 징역 또는 7백만원 이하의 벌금) 또한 위조사문서행사죄(법231; 5년 이하의 징역 또는 1천만원 이하의 벌금)보다 가볍다. 이렇게 볼 때 보다 넓은 범위에서 규율을 가능하게 하는 판례의 입장이 타당하다고 본다.

1) 2013. 12. 12. 2012도2249, 공 2014상, 207 = 『영국 10만 파운드 위폐 사건』.

제19장 유가증권, 인지와 우표에 관한 죄

제1 서 설

1. 유가증권에 관한 죄의 특성

형법 각칙 제19장은 유가증권, 인지와 우표에 관한 죄에 관하여 규정하고 있다. 각칙 제19장의 핵심적인 규율대상은 유가증권이다. 유가증권에 관한 죄는 유가증권 등에 대한 공공의 신용 및 거래의 안전을 보호법익으로 하고 있다. 형법 각칙 제19장의 유가증권에 관한 죄는 각칙 제20장의 문서에 관한 죄와 본질적인 면에서 다른 점은 없지만, 그 객체가 유가증권 등 특수한 문서라는 점에서 별도로 규정되고 있다.

유가증권에 관한 죄를 규정한 형법 각칙 제19장에는 문서에 관한 죄와 달리 복사문서에 관한 규정(법237의2)이 없다. 유가증권이 권리를 표창한 증서라는 점에서 그 원본성을 강하게 요구하였기 때문이라고 생각된다. 그리하여 유가증권에 관한 죄에서 유가증권은 허위작성 또는 위조된 유가증권의 원본을 말하며, 전자복사기 등을 사용하여 기계적으로 복사한 사본은 유가증권에 관한 죄의 객체에 해당하지 않는다.[1)]

유가증권은 경제적 거래활동에서의 권리가 증권에 화체된 것이다. 유가증권은 때로는 유통증권으로서, 때로는 지급의 수단으로서 특수한 기능을 발휘하고 있다. 한편 유가증권은 어떤 경우에는 문서에 가까운 것으로, 다른 경우에는 통화에 가까운 것으로 기능하고 있다. 경제활동이 활발해지면서 유가증권은 그 문서성보다는 통화적인 유통증권의 면에서 점점 더 큰 기능을 발휘하고 있다. 이러한 추세를 감안하여 형법은 유가증권에 관한 죄를 통화에 관한 죄와 문서에 관한 죄의 중간에 위치시키고 있다.

---

1) 2007. 2. 8. 2006도8480, [미간행] = 『선하증권 팩스 사본 사건』 :

갑은 [M당국에] ㉠품의서를 제출하면서 ㉡선하증권 12장의 팩스(모사전송기) 인쇄물을 첨부하였다. 이후 ㉡선하증권의 내용이 허위임이 밝혀졌다.

검사는 갑을 허위작성유가증권행사죄로 기소하였다. 갑의 피고사건은 제1심을 거친 후, 항소심에 계속되었다. 항소법원은 무죄를 선고하였다. 검사는 불복 상고하였다.

대법원은 다음의 이유를 제시하여 상고를 기각하였다. (가) 허위작성유가증권행사죄 또는 위조유가증권행사죄에 있어서의 유가증권이라 함은 허위작성 또는 위조된 유가증권의 원본을 말한다. (나) 전자복사기 등을 사용하여 기계적으로 복사한 사본은 이에 해당하지 않는다. (다) 이 사건 품의서에 첨부되어 제출된, 선하증권 12장의 팩스(모사전송기) 사본은 허위작성유가증권행사죄에 있어서의 유가증권에 해당하지 않는다.

현대의 경제생활은 날로 국제화해 가고 있다. 이 점은 유가증권의 경우에 더욱 뚜렷하게 나타난다. 우리 형법은 우리나라의 유가증권과 외국의 유가증권을 구별하지 않고 그 진정을 해치는 행위를 모두 처벌하고 있다.

유가증권, 우표와 인지에 관한 죄는 외국인의 국외범을 처벌한다(법5 v). 행위지의 법률에 의하여 처벌되는지를 묻지 않는다(법6 단서 참조).

2. 우표와 인지에 관한 죄의 편입

형법 각칙 제19장은 유가증권에 관한 죄와 인지 및 우표에 관한 죄로 나누어 볼 수 있다. 1953년 제정형법의 입법 관여자들은 특별법을 형법에 흡수한다는 원칙을 세우면서, 당시 의용되던 「우편법」 및 「인지범죄처벌법」의 관련 조문들을 형법전에 규정하고 이들 특별법을 폐지하기로 하였다. 형법요강을 작성할 당시의 구상은 「우표 및 수입인지에 관한 죄」라는 하나의 장(章)을 신설하는 것이었다.[1] 그러나 형법초안을 성안하는 과정에서 유가증권에 관한 죄의 장 속에 규정하게 되었다.[2]

3. 부정수표단속법 위반죄와의 관계

(1) 처벌대상 행위의 유형

유가증권 가운데 대표적인 것이 어음과 수표이다. 이 가운데 수표에 대해서는 특별법으로 「부정수표 단속법」이 제정되어 있다.[3] 따라서 수표에 관한 한 「부정수표 단속법」위반죄

1) 엄상섭, "형법요강해설", 신동운 · 허일태 편저, 효당 엄상섭 형법논집, (2003), 61면 참조.

2) 신동운 편저, 형법 제 · 개정 자료집, 한국형사정책연구원, (2009), 39면 참조.

3) **부정수표 단속법 제2조**(부정수표 발행인의 형사책임) ① 다음 각 호의 어느 하나에 해당하는 부정수표를 발행하거나 작성한 자는 5년 이하의 징역 또는 수표금액의 10배 이하의 벌금에 처한다.

1. 가공인물의 명의로 발행한 수표

2. 금융기관(우체국을 포함한다. 이하 같다)과의 수표계약 없이 발행하거나 금융기관으로부터 거래정지처분을 받은 후에 발행한 수표

3. 금융기관에 등록된 것과 다른 서명 또는 기명날인으로 발행한 수표

② 수표를 발행하거나 작성한 자가 수표를 발행한 후에 예금부족, 거래정지처분이나 수표계약의 해제 또는 해지로 인하여 제시기일에 지급되지 아니하게 한 경우에도 제1항과 같다.

③ 과실로 제1항과 제2항의 죄를 범한 자는 3년 이하의 금고 또는 수표금액의 5배 이하의 벌금에 처한다.

④ 제2항과 제3항의 죄는 수표를 발행하거나 작성한 자가 그 수표를 회수한 경우 또는 회수하지 못하였더라도 수표 소지인의 명시적 의사에 반하는 경우 공소를 제기할 수 없다.

제3조(법인 · 단체 등의 형사책임) ① 제2조의 경우에 발행인이 법인이나 그 밖의 단체일 때에는 그 수표에 적혀 있는 대표자 또는 작성자를 처벌하며, 그 법인 또는 그 밖의 단체에도 해당 조문의 벌금형을 과(科)한다. 다만, 법인 또는 그 밖의 단체가 그 위반행위를 방지하기 위하여 해당 업무에 관하여 상당한 주의와 감독을 게을리하지 아니한 경우에는 그러하지 아니하다.

는 형법상 유가증권에 관한 죄에 대해 특별관계에 있다.

「부정수표 단속법」 제2조는 (가) 가공인물의 명의로 수표를 발행하는 행위, (나) 금융기관과 수표계약 없이 수표를 발행하는 행위, (다) 금융기관으로부터 거래정지처분을 받은 후에 수표를 발행하는 행위, (라) 금융기관에 등록된 것과 다른 서명 또는 기명날인으로 수표를 발행하는 행위(이상 동조① 참조), (마) 수표를 발행하거나 작성한 자가 수표를 발행한 후에 예금부족, 거래정지처분이나 수표계약의 해제 또는 해지로 인하여 제시기일에 지급되지 아니하게 한 경우(동조②)를 모두 5년 이하의 징역 또는 수표금액의 10배 이하의 벌금으로 처벌하고 있다.

한편 「부정수표 단속법」은 제2조 제3항에서 과실로 (가) 내지 (마)의 죄를 범한 자도 3년 이하의 금고 또는 수표금액의 5배 이하의 벌금으로 처벌하고 있으며, 제3조에서 양벌규정도 두고 있다.

「부정수표 단속법」 제2조 제4항은 피해자의 피해회복을 위하여 반의사불벌죄의 특례를 규정하고 있다. 즉 「부정수표 단속법」에 규정된 범죄유형 가운데 고의범 중 (마)의 경우(부도수표) 및 (가) 내지 (라)의 과실범에 대해서는 (ㄱ) 수표를 발행하거나 작성한 자가 그 수표를 회수한 경우 또는 (ㄴ) 수표를 회수하지 못하였더라도 수표 소지인의 명시적 의사에 반하는 경우에 공소를 제기할 수 없도록 하고 있다.

(2) 유가증권에 관한 죄와의 관계

「부정수표 단속법」 제5조는 "수표를 위조하거나 변조한 자는 1년 이상의 유기징역과 수표금액의 10배 이하의 벌금에 처한다."라고 규정하고 있다. 「부정수표 단속법」 제5조(수표위조죄)에서 처벌하는 행위는 수표의 발행에 관한 위조 · 변조를 말한다. 수표의 배서 · 인수 · 보증 등을 위조 · 변조한 경우에는 수표의 권리의무에 관한 기재를 위조 · 변조한 것으로서, 형법 제214조 제2항에 해당하는지 여부는 별론으로 하고, 「부정수표 단속법」 제5조(수표위조죄)에는 해당하지 않는다.[1)]

---

② 대리인이 수표를 발행한 경우에는 본인을 처벌하는 외에 그 대리인도 처벌한다.

제4조 (거짓 신고자의 형사책임) 수표금액의 지급 또는 거래정지처분을 면할 목적으로 금융기관에 거짓 신고를 한 자는 10년 이하의 징역 또는 20만원 이하의 벌금에 처한다.

제5조 (위조 · 변조자의 형사책임) 수표를 위조하거나 변조한 자는 1년 이상의 유기징역과 수표금액의 10배 이하의 벌금에 처한다.

1) 2019. 11. 28. 2019도12022, 공 2020상, 226 = 『견질 수표 임의 배서 사건』:

갑은 A로부터 견질용으로 ㉠당좌수표 1장을 받았다. 갑은 ㉠수표의 배서인란에 임의로 'ⓐ주소, ⓑ일자, A'라고 기재하였다. A가 배서인이 되면 A는 ㉠수표에 대한 책임을 지게 된다. 부정수표 단속법 제2조는 "다음 각 호의 어느 하나에 해당하는 부정수표를 발행하거나 작성한 자는 5년 이하의 징역 또는 수표금액의 10

「부정수표 단속법」 제5조의 수표위조 · 변조죄는 형법상의 유가증권위조 · 변조죄(법214 ①)와 달리 '행사할 목적'을 요구하지 않는다. 한편 「부정수표 단속법」은 부정수표를 행사하는 행위에 대한 처벌규정을 두고 있지 않다. 그리하여 행사 부분에 대해서는 형법이 적용된다. 즉 위조 · 변조된 수표를 행사하는 행위는 위조 · 변조유가증권행사죄(법217)로 처벌된다.[1]

배 이하의 벌금에 처한다."고 규정하고 있다(각호 생략함). 부정수표 단속법 제5조는 "수표를 위조하거나 변조한 자는 1년 이상의 유기징역과 수표금액의 10배 이하의 벌금에 처한다."고 규정하고 있다.

검사는 갑을 부정수표 단속법상의 수표위조죄로 기소하였다. 갑의 피고사건은 제1심을 거친 후, 항소심에 계속되었다. 항소법원은 유죄를 인정하였다. 갑은 불복 상고하였다.

대법원은 다음의 이유를 제시하여 원심판결을 파기환송하였다(발췌하여 소개함). (가) 형법 제214조 제1항에서 발행에 관한 위조 · 변조는 대상을 '유가증권'으로, 제2항에서 배서 · 인수 · 보증 등에 관한 위조 · 변조는 대상을 '유가증권의 권리의무에 관한 기재'로 구분하여 표현하고 있다. (나) 부정수표 단속법 제5조는 위조 · 변조 대상을 '수표'라고만 표현하고 있다. (다) 부정수표 단속법 제5조는 유가증권에 관한 형법 제214조 제1항 위반행위를 가중처벌하려는 규정이므로, 그 처벌범위가 지나치게 넓어지지 않도록 제한적으로 해석할 필요가 있다.

(라) 부정수표 단속법 제5조에서 처벌하는 행위는 수표의 발행에 관한 위조 · 변조를 말한다. (마) 수표의 배서를 위조 · 변조한 경우에는 수표의 권리의무에 관한 기재를 위조 · 변조한 것으로서, 형법 제214조 제2항에 해당하는지 여부는 별론으로 하고 부정수표 단속법 제5조에는 해당하지 않는다.

1) 2010. 12. 9. 2010도12553, 공 2011상, 184 = 분석 각론 『봉투 속 위조수표 사건』:

갑과 을이 있다. A는 갑의 지시를 따르는 사람이다. B는 을의 연인이다. 갑과 을은 다음과 같은 범행을 모의하였다. (가) 을이 갑으로부터 1,500만원을 차용하는 것처럼 가장한다. (나) 을의 연인 B로 하여금 차용금채무를 보증하도록 한다. (다) 을과 B가 마약을 투약하는 모습을 동영상으로 촬영한다. (라) 이를 미끼로 보증인 B의 가족들에게 보증금채무를 변제하라고 협박한다.

갑은 컬러복사기로 복사하여 100만원권 자기앞수표 14장을 위조하였다(㉠위조수표). 갑은 10만원권 자기앞수표 10장을 마련하였다(㉡진정수표). 갑은 봉투에 ㉠위조수표와 ㉡진정수표를 넣었다(㉢봉투). 갑은 A에게 ㉢봉투를 주면서 다음과 같이 지시하였다. "이 1,500만원을 을에게 건네주고 네(A) 명의로 된 차용증 한 장을 받아오라." A는 ㉢봉투를 열어보지 않았다. 을이 A를 만나기 전이다. 을은 B에게 "다른 사람으로부터 1,500만원을 빌리려고 하는데 보증인이 되어달라."고 부탁하였다. B는 을의 부탁을 승낙하였다.

A는 을과 B가 함께 있는 자리에 갔다. A는 ㉢봉투를 을에게 주면서 "갑이 돈을 전해 주고 차용증을 받아오라고 하였다."라고 말하였다. 을은 그 자리에서 다음 내용의 차용증을 작성하여 A에게 교부하였다(㉣차용증). "A에게 12월 13일까지 1,500만원을 쓰고 갚겠다. 보증인 B도 공동책임을 질 것을 약속한다." B는 을이 작성한 ㉣차용증에 보증인으로 서명하였다. 을은 A로부터 ㉢봉투를 건네받았다. 을은 ㉢봉투에서 10만원권 수표 10장(㉡진정수표)을 꺼내어 B에게 보여 주면서 다음과 같이 말하였다. "봉투 안에 100만원권 수표 14장(㉠위조수표) 합계 1,400만원이 더 들어있다." 을은 위조된 100만원권 자기앞수표 14장(㉠위조수표)을 ㉢봉투에서 꺼내지 않았다. 을은 B에게 ㉠위조수표를 보여주지 않았다.

검사는 갑과 을을 마약류관리법위반죄, 부정수표단속법위반죄, 위조유가증권행사죄로 기소하였다. 갑과 을의 피고사건은 제1심을 거친 후, 항소심에 계속되었다. 항소법원은 공소사실을 전부 유죄로 인정하였다. 항소법원은 위조유가증권행사죄 부분에 대해 다음의 범죄사실을 인정하였다. "(일시 장소 생략) 갑은 컬러복사기로 복사하여 위조한 100만원짜리 자기앞수표 14장(㉠위조수표)을 A에게 교부한 다음, 그 위조사실을 모르는 B 앞에서 마치 진정하게 발행된 것처럼 을에게 교부하는 방법으로 B가 ㉠위조수표를 진정한 것으로 인식하도록 하여 이를 행사하였다." 갑은 불복 상고하였다. 을은 상고하지 않았다.

(3) 부도수표와 부정수표단속법의 처벌규정

실제 거래사회에 자주 문제되는 사안은 수표가 제시기일에 지급되지 아니한 경우, 즉 부도처리되는 경우이다. 수표를 발행한 사람이 예금부족 등의 사유로 제시기일에 지급되지 아니할 것이라는 결과 발생을 예견하고 수표를 발행하면 「부정수표 단속법」 제2조 제2항 위반의 죄(부도수표발행죄)가 성립한다. 이 경우 제시기일에 수표가 지급되지 아니할 것이라는 결과 발생의 예견은 미필적이라도 된다. 지급제시를 하지 않는다는 특약이나 수표를 발행하게 된 경위 또는 지급하지 못하게 된 경위 등에 대내적 사유가 있다는 사정만으로는 부도수표 발행에 대해 책임을 면할 수 없다.[1)]

따라서 수표금액에 상당한 예금이나 수표금 지급을 위한 당좌예금의 명확한 확보책도 없이 수표를 발행하여 제시기일에 지급되지 아니한 결과를 발생하게 하였다면 「부정수표 단속법」 제2조 제2항 위반죄(부도수표발행죄)에 해당한다. 다만 발행 당시에 그와 같은 결과 발생을 예견하지 아니하였거나, 특별한 사정이 있어 수표가 지급제시되지 않으리라고 믿고 있었고, 그와 같이 믿은 데에 정당한 이유가 있으면 「부정수표 단속법」 제2조 제2항 위반죄(부도수표발행죄)의 책임을 지지 않는다.[2)]

(4) 백지수표와 부정수표단속법 위반죄의 관계

금액과 발행일자의 기재가 없는 수표를 가리켜서 백지수표라고 한다. 백지수표도 그 소

대법원은 다음의 이유를 제시하여 원심판결을 파기환송하였다. 대법원은 위조유가증권행사죄의 행사 개념에 대해 다음과 같이 설시하였다. (가) 위조유가증권행사죄의 처벌목적은 유가증권의 유통질서를 보호하고자 함에 있다. (나) 그러한 만큼 단순히 문서의 신용성을 보호하고자 하는 위조공·사문서행사죄의 경우와는 달리 [보아야 한다.] (다) [위조유가증권임을 알지 못하는 자에게 위조유가증권을 교부하여] 교부자가 진정 또는 진실한 유가증권인 것처럼 위조유가증권을 행사하였을 때 위조유가증권행사죄가 성립한다. (라) 뿐만 아니라 위조유가증권임을 알고 있는 자에게 교부하였더라도 피교부자가 이를 유통시킬 것임을 인식하고 교부하였다면, 그 교부행위 그 자체가 유가증권의 유통질서를 해할 우려가 있어 처벌의 이유와 필요성이 충분히 있다고 할 것이므로 위조유가증권행사죄가 성립한다고 보아야 한다.

(마) 그렇지만 (ㄱ) 위조유가증권의 교부자와 피교부자가 서로 유가증권위조를 공모하였거나 위조유가증권을 타에 행사하여 그 이익을 나누어 가질 것을 공모한 공범의 관계에 있다면, (ㄴ) 그들 사이의 위조유가증권 교부행위는 (ㄷ) 그들 이외의 자에게 행사함으로써 범죄를 실현하기 위한 전단계의 행위에 불과한 것으로서 (ㄹ) 위조유가증권은 아직 범인들의 수중에 있다고 볼 것이지 (ㅁ) 행사되었다고 볼 수는 없다.

대법원은 사실관계를 분석하였다(내용 생략함). 대법원은 갑의 행위에 대해 다음과 같이 판단하였다. (가) A나 을이 위조된 ㉠자기앞수표를 B에게 제시하는 등으로 이를 인식하게 하였다고 할 수 없다. (나) A나 을이 위조된 ㉠자기앞수표가 들어 있는 ㉢봉투를 B의 면전에서 주고 받은 행위를 위조된 ㉠자기앞수표를 행사한 경우에 해당한다고 볼 수 없다. (다) 따라서 A나 을에게 ㉠자기앞수표를 교부한 것이 이를 행사한 경우에 해당한다고 볼 수도 없다.

1) 2013. 12. 26. 2011도7185, 공 2014상, 362 = 『주택보증보험 백지수표 사건』 ☞ 부록 1566면.

2) 2013. 12. 26. 2011도7185, 공 2014상, 362 = 『주택보증보험 백지수표 사건』.

지인이 보충권을 행사하여 금액과 날짜를 기입하면 완전무결한 유가증권으로서의 수표가 된다. 수표발행인이 백지수표를 발행하면 특별한 사정이 없는 한 백지수표를 발행하는 그 자체로서 발행인이 보충권을 소지인에게 부여한 것으로 보아야 한다. 수표면이나 그 부전(附箋)에 명시되어 있지 않는 한, 보충권의 제한을 선의의 취득자에게 대항할 수 없다. 그러므로 백지수표도 유통증권에 해당하고, 따라서 백지수표의 발행도 「부정수표 단속법」의 규제(부도수표발행죄)를 받는다.[1)]

다만 백지수표를 발행한 목적과 경위, 수표소지인 지위의 공공성, 발행인과의 계약관계 및 그 내용, 예정된 백지보충권 행사의 사유 등에 비추어, 백지수표를 교부받은 수표소지인이 이를 제3자에게 유통시킬 가능성이 없을 뿐만 아니라, 장차 백지보충권을 행사하여 지급제시를 하게 될 때에는 이미 당좌거래가 정지된 상황에 있을 것임이 그 수표 발행 당시부터 명백하게 예견되는 등의 특별한 사정이 인정된다면, 그 백지수표는 유통증권성을 가지지 아니한 단순한 증거증권에 지나지 아니하는 것으로서, 그러한 백지수표를 발행한 행위에 대해서까지 「부정수표 단속법」 제2조 제2항 위반죄(부도수표발행죄)로 처벌할 수는 없다.[2)]

백지수표의 금액란이 부당하게 보충된 경우, 적어도 보충권의 범위 내에서는 백지수표의 발행인이 그 금액을 보충한 것과 다를 바 없어 백지수표의 발행인은 그 범위 내에서는 「부정수표 단속법」 위반죄(부도수표발행죄)의 죄책을 진다. 그러나 보충권을 넘어서는 금액에 관하여는 발행인이 그와 같은 금액으로 보충한 것과 동일하게 볼 수는 없다. 그러므로 발행인에게 보충권을 넘어서는 금액에 대해서까지 「부정수표 단속법」 위반죄(부도수표발행죄)의 죄책을 물을 수는 없다.[3)]

제 2 유가증권에 관한 죄의 기본유형 – 유가증권위조죄

형법 제214조 (유가증권의 위조 등) ① 행사할 목적으로 대한민국 또는 외국의 공채증서 기타 유가증권을 위조 또는 변조한 자는 10년 이하의 징역에 처한다.
② 행사할 목적으로 유가증권의 권리의무에 관한 기재를 위조 또는 변조한 자도 전항의 형과 같다.

◎ 자격정지 또는 벌금 임의적 병과(법220)
◎ 미수범 처벌함(법223)

1) 2013. 12. 26. 2011도7185, 공 2014상, 362 = 『주택보증보험 백지수표 사건』.
2) 2013. 12. 26. 2011도7185, 공 2014상, 362 = 『주택보증보험 백지수표 사건』.
3) 2013. 12. 26. 2011도7185, 공 2014상, 362 = 『주택보증보험 백지수표 사건』.

◎ 예비 · 음모 처벌함(법224)

1. 행위객체

(1) 유가증권의 의의

형법상 유가증권이라 함은 증권상에 표시된 재산상 권리의 행사와 처분에 그 증권의 점유를 필요로 하는 것을 총칭한다. 형법상 유가증권에 해당하려면 (가) 재산권이 증권에 화체된다는 것과 (나) 그 권리의 행사와 처분에 증권의 점유를 필요로 한다는 두 가지 요소를 갖추어야 한다.[1]

예컨대 피고인이 위조하였다는 선하증권에 "COPY NON NEGOTIABLE"이라고 찍혀 있다면 거기에 운송물 인도청구권이 화체되어 있다고 볼 수 없음이 명백하여 그 선하증권을 유가증권위조죄의 유가증권에 해당하는 것으로 볼 수는 없다.[2]

유가증권은 재산권이 화체되어 표시된 증권이다. 이 재산권의 행사와 처분에는 증권의 점유가 필수적으로 요구된다.[3] 권리가 증권에 화체되면 증권의 소지자는 권리자로 추정되고, 그 소지만으로 당연히 변제청구 등 권리행사를 할 수 있다. 반면에 권리자라도 그 증권의 소지를 잃으면 제권판결(상법360, 민소법475 이하 참조) 등 그 증권의 실권절차를 밟지 않고서는 권리를 행사할 수 없다.[4]

유가증권은 재산권을 그 내용으로 하여야 한다. 물권, 채권, 사원권 등 재산권의 종류는

---

1) 2010. 5. 13. 2008도10678, [미간행] = 분석 각론『선하증권 견본 복사 사건』.

2) 2010. 5. 13. 2008도10678, [미간행] = 분석 각론『선하증권 견본 복사 사건』.

3) 1972. 12. 26. 72도1688, 집 20③, 형65 =『파월군인 물품구입증 사건』:

갑은 월남전에 파병된 군인이다. 갑은 ㉠물품구입증을 거짓으로 만들어 이를 사용하였다. ㉠물품구입증 뒷면에는 "본 증서에 기재된 물품을 교부받기 위해서는 본 증서의 제시를 필요로 함"이라는 문구가 기재되어 있었다.

검사는 갑을 유가증권위조죄 및 위조유가증권행사죄로 기소하였다. 갑의 피고사건은 제1심을 거친 후, 항소심에 계속되었다. 항소법원은 유죄를 인정하였다. 갑은 불복 상고하였다.

대법원은 다음의 이유를 제시하여 원심판결을 파기환송하였다. (가) 형법 제214조의 유가증권이란 증권상에 표시된 재산상의 권리의 행사와 처분에 그 증권의 점유를 필요로 하는 것을 총칭하는 것이다. (나) 형법 제214조의 유가증권은 유통성을 반드시 가질 필요는 없다. (다) 재산권이 증권에 화체된다는 것과 그 권리의 행사 처분에 증권의 점유를 필요로 한다는 두 가지 요소는 반드시 갖추어야 하는 것이고, 위 두 가지 요소 중 어느 하나를 갖추지 못한 경우에는 형법 제214조에서 말하는 유가증권이라 할 수 없다. (라) 권리가 증권에 화체되면 증권의 소지인은 권리자로 추정되고 그 소지만에 의하여 당연히 변제의 청구를 할 수 있는 것이고, 권리자라도 그 소지를 잃으면 제권판결 등 그 증권의 실권절차 없이는 그 권리를 행사할 수 없는 것이다.

(마) [원심판결에는] 물품구입증에 대해 재산권이 증권에 화체된 여부의 점에 대한 심리 판단이 없다. (바) '증서에 기재된 물품을 교부받기 위해서는 그 증서의 제시를 필요로 한다'는 한 가지 사실만으로써 ㉠물품구입증서를 형법 제214조의 유가증권에 해당한다고 단정하였음은 유가증권에 관한 법리를 오해의 위법이 있다.

4) 2007. 5. 31. 2006도8488, 공 2007, 1006 =『신주발행 직후 제권판결 사건』 참조.

묻지 않는다. 채권의 경우 금전채권뿐만 아니라 특정물 인도청구권, 역무(서비스) 급부청구권 등도 포함된다. 예컨대 스키장의 리프트 탑승권은 그 소지인이 스키장에서 증권에 기재된 일시에 리프트를 탑승할 수 있는 권리가 화체된 유가증권이다.[1]

선불식 공중전화카드는 문자로 기재된 부분과 자기기록 부분이 일체로써 공중전화 서비스를 제공받을 수 있는 재산상의 권리를 화체하고 있고, 이를 카드식 공중전화기의 카드 투입구에 투입함으로써 그 권리를 행사하는 것으로 볼 수 있다. 그러므로 선불식 공중전화카드는 유가증권위조죄의 유가증권에 해당한다.[2]

그러나 재산적 가치를 갖지 않는 공법상 권리 또는 신분법상의 권리에 관한 증권은 유가증권이라고 할 수 없다. 따라서 여권, 유언증서 등은 유가증권이 아니다. 또한 단순히 면책증권에 불과한 정기예금증서[3]나 물품구입증[4] 등도 유가증권에 해당하지 않는다. 예금통장은 예금채권을 표창하는 유가증권이 아니다. 예금통장은 그 자체에 예금액 상당의 경제적 가치가 화체되어 있는 것이 아니며, 이를 소지함으로써 예금채권의 행사자격을 증명할 수 있는 자격증권으로서 예금계약사실 및 예금액에 대한 증명기능이 있을 뿐이다.[5]

신용카드업자가 발행한 신용카드는 이를 소지함으로써 신용구매가 가능하고 금융의 편의를 받을 수 있다는 점에서 경제적 가치가 있다. 그러나 신용카드를 신용카드 자체에 경제적 가치가 화체되어 있거나 특정의 재산권을 표창하는 유가증권이라고는 볼 수 없다. 신용카드는 단지 (가) 신용카드회원이 카드의 제시를 통하여 신용카드회원이라는 사실을 증명하거나, (나) 현금자동지급기 등에 주입하는 방법으로 신용카드업자로부터 서비스를 받을 수 있는 증표로서의 가치를 갖는 것에 지나지 않기 때문이다.[6]

---

1) 1998. 11. 24. 98도2967, 공 1999, 84 = 분석 각론 『리프트 탑승권 사건』.

2) 1998. 2. 27. 97도2483, 공 1998, 962 = 분석 각론 『선불식 공중전화카드 사건』.

3) 1984. 11. 27. 84도2147, 공 1985, 115 = 『가짜 정기예탁금증서 사건』:

㉠정기예탁금증서는 P신용협동조합이 발행한 것이다. 갑은 P신용협동조합의 담당 임직원이다. 갑은 ㉠정기예탁금증서를 거짓으로 만들어 이를 사용하였다.

검사는 갑을 허위유가증권작성 및 허위작성유가증권행사죄로 기소하였다. 갑의 피고사건은 제1심을 거친 후, 항소심에 계속되었다. 항소법원은 무죄를 선고하였다. 검사는 불복 상고하였다.

대법원은 다음의 이유를 제시하여 상고를 기각하였다. (가) ㉠정기예탁금증서는 예탁금반환채권의 유통이나 행사를 목적으로 작성된 것이 아니다. (나) ㉠정기예탁금증서는 채무자인 P신용협동조합이 그 증서 소지인에게 변제하여 그 책임을 면할 목적으로 발행된 이른바 면책증권에 불과하다. (다) ㉠정기예탁금증서의 점유가 예탁금반환채권을 행사함에 있어 조건이 된다고 볼 수 없다. (라) 그러한 것이라면 그 증권상에 표시된 권리가 그 증권에 화체되었다고 볼 수 없을 것이므로 ㉠예탁금증서는 형법 제216조, 제217조에서 규정된 유가증권에 해당하지 않는다.

4) 1972. 12. 26. 72도1688, 집 20③, 형65 = 『파월군인 물품구입증 사건』.

5) 2010. 5. 27. 2009도9008, 공 2010하, 1313 = 분석 각론 『예금통장 반환 사건』.

6) 1999. 7. 9. 99도857, 공 1999, 1675.

유가증권위조죄의 유가증권에 해당하는 예로는 대한민국 또는 외국의 공채증서 이외에 약속어음, 환어음, 주식회사의 주권(株券), 사원권(社員券), 화물상환증, 창고증권, 선하증권 등을 들 수 있다. 또 철도, 자동차, 선박 등의 승차·승선권, 공연장의 입장권, 상품권 등도 유가증권위조죄의 유가증권에 해당한다. 수표는 어음과 함께 대표적인 유가증권이다. 그러나 수표에 대해서는 「부정수표 단속법」이 특별법으로 우선 적용된다는 점은 앞에서 설명하였다.

(2) 유통성 요부

형법상의 유가증권에 유통성이 필요한가에 대하여 검토를 요한다. 우리 형법은 유가증권위조죄(법214①; 10년 이하의 징역)를 사문서위조죄(법231; 5년 이하의 징역 또는 1천만원 이하의 벌금)보다 무겁게 처벌하고 있으나, 통화위조죄(법207①; 무기 또는 2년 이상의 징역)보다는 가볍게 처벌하고 있다. 이러한 형법의 태도는 유가증권의 유통성 측면보다 재산권이 화체되어 있다는 점에 보다 중점을 둔 것이라고 할 수 있다. 따라서 유통성의 유무는 형법상 유가증권성 여부를 결정하는 표준이 되지 않는다. 판례도 형법 제214조의 유가증권이라 함은 증권에 표시된 재산상의 권리의 행사와 처분에 그 증권의 점유를 필요로 하는 것을 총칭하는 것이라고 하면서, 그것이 유통성을 반드시 가질 필요는 없다고 판시하고 있다.[1]

이 점에서 형법상의 유가증권 개념은 사법상의 유가증권 개념과 완전히 일치하지는 않는다. 양자 사이에 차이가 발생하는 것은 형법이 사법상의 유가증권 개념을 기초로 하면서도, 어떠한 증권의 진정성을 보호할 때 이를 단순한 권리의무 또는 사실증명에 관한 증명문서로 보아 문서위조의 죄로 규율할 것인지, 아니면 그 이상으로 특별히 두텁게 보호할 필요가 있는지를 독자적으로 판단할 필요가 있기 때문이다.

(3) 유가증권의 형식과 실체법상의 유효·무효

유가증권위조죄의 객체로서 유가증권은 그 형식을 기준으로 법률상의 유가증권과 사실상의 유가증권으로 나누어 볼 수 있다. 법률상의 유가증권이란 어음, 수표, 화물상환증, 창고증권, 선하증권 등과 같이 법률상 일정한 형식을 필요로 하는 경우이다. 사실상의 유가증권이란 기차의 승차권이나 리프트 탑승권 등과 같이 법률상 일정한 형식이 규정되어 있지 않은 것을 가리킨다. 양자 모두 유가증권위조죄의 객체가 되는 데에 아무런 문제가 없다. 이들 증권이 기명식인가, 무기명식인가, 지시식인가는 묻지 않는다.

형법상 유가증권에 관한 죄의 객체가 되기 위하여 그 유가증권이 사법상 유효한 것이어

---

1) 1972. 12. 26. 72도1688, 집 20③, 형65 = 『파월군인 물품구입증 사건』.

야 하는가 하는 문제가 있다. 생각건대 형법이 유가증권의 진정을 보호하는 것은 사회에서의 유가증권의 공신력을 보호함에 있으므로 형법상의 유가증권 개념과 사법상의 유가증권 개념이 반드시 일치할 필요는 없다. 따라서 유가증권에 관한 죄에서의 유가증권은 실체법상 유효한 유가증권만을 지칭하지 않는다. 절대적 요건 흠결 등의 사유로 실체법상으로는 무효인 유가증권이라 할지라도 일반인으로 하여금 일견 유효한 유가증권이라고 오신하게 할 수 있을 정도의 외관을 구비한 유가증권은 모두 유가증권에 관한 죄의 유가증권에 포함된다.

사법상 발행일자의 기입이 없는 어음은 어음법상 효력이 없는 어음이다(어음법1 vii). 그렇다고 할지라도 그 어음이 발행일자 이외의 요건을 구비하여 일견 유효한 유가증권의 외관을 갖추고 있다면 그 어음은 유가증권위조죄의 유가증권에 해당한다. 주권이 대표이사의 기명만 있고 날인이 없어 상법상으로는 무효라 할지라도(상법356 참조) 발행인이 대표이사의 기명을 비롯한 그 밖의 주권의 기재요건을 모두 구비하고 그 위에 회사의 사인(社印)까지 날인하였다면 이와 같은 주권은 일반인으로 하여금 일견 유효한 주권이라고 오신시킬 정도의 외관을 갖추었다 할 것이므로 유가증권위조죄의 유가증권에 해당한다.[1)]

(4) 발행권자

유가증권위조죄의 객체인 유가증권의 발행권자에 제한은 없다. 그 발행자는 대한민국, 외국, 지방자치단체 또는 기타 공공단체일 수도 있고, 법인이나 자연인 등 일반 사인도 될

---

1) 1974. 12. 24. 74도294, 공 1975, 8318 =『날인 없는 주권 발행 사건』:

A는 1인회사인 P상가주식회사의 대주주이며 대표이사이다. 갑은 A로부터 P상가의 건물과 대지를 매입하기로 하는 계약을 체결하였다. 관련 법령에 의하면 상가(즉 시장)는 개인이 소유할 수 없고 회사 명의로만 소유할 수 있다. 갑은 A로부터 아직 주권이 발행되지 않은 상태에서 ㉠'주권 및 주식양도증서'를 교부받고 P상가주식회사의 대표이사로 취임하였다. 갑은 매매 대금이 완납되지 아니하여 전 대표이사 A의 인장을 아직 인수받지 못하였다. 갑은 이러한 상황에서 전 대표이사 A의 이름으로 P회사의 ㉡주권을 인쇄하였다. ㉡주권은 발행인인 대표이사의 기명을 비롯하여 그 밖의 주권의 기재요건을 모두 구비하였고, P회사의 사인(社印)으로 날인되어 있다. 그러나 전 대표이사 A의 날인은 빠져 있었다. 갑과 A 사이에 잔대금의 지급을 둘러싸고 분쟁이 발생하였다. A는 ㉡주권 발행행위를 문제 삼아 갑을 유가증권위조죄로 고발하였다.

검사는 갑을 유가증권위조죄 및 위조유가증권행사죄로 기소하였다. 갑의 피고사건은 제1심을 거친 후, 항소심에 계속되었다. 항소법원은 유죄를 인정하였다. 갑은 불복 상고하였다.

대법원은 다음의 이유를 제시하여 상고를 기각하였다. (가) 형법 제19장 소정의 유가증권은 실체법상 유효한 유가증권만을 지칭하는 것이 아니다. (나) 형법 제19장 소정의 유가증권은 절대적 요건 결여등 사유로서 실체법상으로는 무효한 유가증권이라 할지라도 일반인으로 하여금 일견 유효한 유가증권이라고 오신케 할 수 있을 정도의 외관을 구유한 유가증권을 총칭한다. (다) ㉡주권은 비록 대표이사의 날인이 없어 상법상으로는 무효라 할지라도, 발행인인 대표이사의 기명을 비롯한 그 밖의 주권의 기재요건을 모두 구비하고, 그 위에 회사의 사인까지 날인한 것이다. (라) 이와 같은 ㉡주권은 일반인으로 하여금 일견 유효한 주권이라고 오신시킬 정도의 외관을 갖추었다. (마) 따라서 ㉡주권은 형법 제214조 소정의 유가증권에 해당한다.

수 있다. 형법 제214조는 유가증권의 예시로서 대한민국 또는 외국의 공채증서를 들고 있다. 대한민국의 공채증서는 대한민국 또는 대한민국의 지방자치단체가 발행한 각종의 국채 또는 지방채증서를 말한다. 외국의 공채증서는 외국정부 또는 그 지방자치단체가 발행한 공채증서를 의미한다. 우리 형법이 외국의 유가증권까지 유가증권위조죄의 객체에 포함하고 있는 것은 오늘날 경제거래가 급속히 국제화함에 따라 우리나라의 유가증권과 마찬가지로 외국 유가증권의 진정성을 보호할 필요가 있기 때문이다.[1)]

2. 실행행위

(1) 기본적 증권행위와 부수적 증권행위

유가증권위조죄의 실행행위는 행사할 목적으로 유가증권을 위조 또는 변조하는 것이다. 위조는 작성권한 없는 자가 타인의 명의를 모용(冒用)하여 유가증권을 새로이 작성하는 행위이다. 변조는 작성권한 없는 자가 타인의 명의를 모용하여 기존의 진정한 유가증권에 동일성을 해하지 않는 범위 내에서 변경을 가하는 행위이다. 양자는 모두 유형위조에 속한다.

우리 형법은 유가증권의 위조·변조가 일어나는 경우를 증권에 관한 법률행위의 유형에 따라 두 가지로 나누어 규정하고 있다. 일반적으로 증권행위는 (가) 증권의 발행과 같이 증권을 창조하는 기본적 증권행위와, (나) 배서, 인수, 보증 등과 같이 발행행위에 의하여 창조된 기본증권을 전제로 하여 이루어지는 부수적 증권행위가 있다.

형법 제214조 제1항은 기본적 증권행위와 관련하여 위조·변조하는 행위를 처벌하는 규정이며, 제2항은 부수적 증권행위에서의 위조·변조 행위를 처벌하는 규정이다. 따라서 형법 제214조 제2항에서 말하는 유가증권의 권리의무에 관한 기재는 배서, 인수, 보증 등과 같은 부수적 증권행위로서 행하는 각종의 기재를 의미한다.

(2) 위 조

(가) 위조의 유형 형법 제214조의 유가증권 위조에는 증권행위의 유형과 관련하여 두 가지 형태가 있다. 형법 제214조 제1항에서 말하는 유가증권의 위조는 작성권한이 없는 자가 타인의 명의를 모용(冒用)하여 유가증권의 외관을 가지는 증권을 작성하는 것을 말한다.

이에 대하여 형법 제214조 제2항에서 말하는 유가증권의 권리의무에 관한 기재를 위조한다 함은 이미 작성된 기본증권에 권한 없이 타인명의를 모용하여 배서, 보증, 인수 등 부수

1) 세계주의의 문제점에 대해서는, 전술 390면 참조.

적 증권행위를 하는 것을 말한다.

(나) 위조의 방법과 정도 위조의 수단이나 방법에 제한은 없다. 간접정범의 형태로도 가능하다. 찢어서 폐지로 된 타인 발행명의의 약속어음 파지 조각을 조합하여 어음의 외형을 갖춘 경우에는 새로운 약속어음을 작성한 것으로서, 그 행사의 목적이 있는 이상 유가증권위조죄가 성립한다.[1)]

위조는 일반인이 진정하고 유효한 유가증권으로 오신할 정도의 형식과 외관을 갖추는 정도에 이르러야 한다. 피고인이 인쇄된 약속어음용지를 사용하기는 하였으나, 유가증권인 약속어음을 발행할 의도로 약속어음을 작성한 것이라기보다는 소비대차의 증표로서 발행한 것으로 보이고, 약속어음에 발행인의 날인이 없고, 피고인이 임의로 날인한 무인만이 있다면, 그 작성방식에 비추어 보아 일반인이 진정하고 유효한 약속어음으로 오신할 정도의 형식과 외관을 갖춘 약속어음이라고 보기 어렵다.[2)]

(다) 백지어음과 어음위조 액면과 지급기일이 백지(白地)로 된 약속어음을 가리켜서 백지어음이라고 한다. 권한 없이 타인명의의 백지어음을 만들어내는 행위는 유가증권 위조가 된다. 진정하게 성립된 백지어음의 액면란을 보충권 없이 함부로 기입하는 행위 또한 유가증

---

1) 1976. 1. 27. 74도3442, 공 1976, 8988 =『세 조각 약속어음 사건』:

A는 갑으로부터 돈을 빌리면서 ㉠약속어음을 발행하였다. 갑은 A의 집에서 A로부터 채무를 변제받았다. A는 갑이 보는 앞에서 ㉠약속어음을 세 조각으로 찢은 후 이를 휴지통에 버렸다. 갑은 A의 집을 나온 후 다시 A의 집에 들어가 찢어진 어음조각들을 몰래 가지고 나왔다. 갑은 조각들을 다시 테이프로 붙였다. 갑은 이렇게 붙여서 만들어진 ㉡약속어음을 A에게 제시하면서 어음금지급을 청구하였다. ㉡어음은 이어붙인 것임을 쉽사리 식별할 수 있는 상태이었다.

검사는 갑을 주거침입죄, 절도죄, 유가증권위조죄, 위조유가증권행사죄로 기소하였다. 갑의 피고사건은 제1심을 거친 후, 항소심에 계속되었다. 항소법원은 공소사실을 전부 유죄로 인정하였다. 갑은 불복 상고하였다.

대법원은 다음의 이유를 제시하여 상고를 기각하였다. 대법원은 절도죄 부분에 대해 다음과 같이 판단하였다. (가) 재산죄의 객체인 재물은 반드시 객관적인 금전적 교환가치를 가질 필요는 없다. (나) 소유자, 점유자가 주관적인 가치를 가지고 있음으로서 족하다. (다) 그것이 제3자에 대한 관계에 있어서 객관적 가치가 경미하여 교환 가격을 갖지 않는다 하더라도 당사자간에 있어서 경제적 가치가 상당한 것이라면 재물인 성질을 잃지 않는다. (라) 주관적 경제적 가치의 유무를 판별함에 있어서는 그것이 타인에 의하여 이용되지 않는다고 하는 소극적 관계에 있어서 그 가치가 성립하는 경우가 있을 수 있다.

(마) 본건에 있어서 발행자[A]가 회수한 약속어음을 세 조각으로 찢어버림으로서 폐지로 되어 쓸모없는 것처럼 보인다. (바) 그렇다고 하더라도 그것이 타인에 의하여 조합되어 하나의 새로운 어음으로 이용되지 않는 것에 대하여 소극적인 경제적 가치를 가지는 것이다. (사) 갑이 그 소지를 침해하여 이를 가져갔다면 절도죄가 성립한다.

대법원은 유가증권위조 부분에 대해 다음과 같이 판단하였다. (가) 찢어서 폐지로 된 타인발행 명의의 약속어음 파지면을 이용하여 이를 조합하여 어음의 외형을 갖춘 경우에는 새로운 약속어음을 작성한 것이다. (나) 그 행사의 목적이 있는 이상 유가증권위조죄가 성립하는 것이다. (다) 조합된 것임을 용이하게 식별할 수 있다 하여도 유가증권위조죄의 성립에 아무런 소장(消長)이 있을 수 없다.

2) 1992. 6. 23. 92도976, 공 1992, 2323 = 분석 각론『차용증서용 약속어음 사건』.

권위조죄에 해당한다.[1]

타인이 위조한 백지어음을 그것이 위조 약속어음인 사정을 알고도 이를 구입하여 행사의 목적으로 기존 위조어음의 액면란에 금액을 기입하여 그 어음위조를 완성하는 행위는 백지어음 형태의 위조행위와는 별개의 유가증권위조죄를 구성한다.[2]

그러나 이미 액면금액이 보충된 위조 백지어음의 액면금액을 권한 없이 변경하는 행위는 당초의 위조와는 별개의 새로운 유가증권위조로 된다고 할 수 없다.[3] 새로운 유가증권을 작성하는 행위가 아니기 때문이다.

(라) 증권행위의 명의인 위조는 타인의 명의를 모용하여 유가증권의 외관을 가지는 증권을 작성하거나, 이미 작성된 기본증권에 부수적 증권행위를 하는 행위이다. 이 경우 증권행위의 명의인은 자연인, 법인, 국가 등을 가리지 않는다. 적어도 행사할 목적으로 외형상 일반인으로 하여금 진정하게 작성된 유가증권이라고 오신하게 할 수 있을 정도로 작성된 것이라면, 그 명의인이 실재하지 않은 허무인이라 하더라도 유가증권위조죄가 성립한다.[4]

---

1) 1982. 6. 22. 82도677, 공 1982, 720 = 분석 각론『위조 백지어음 매도 사건』:

갑과 을은 액면과 지급기일이 공란으로 된 약속어음을 위조하였다(㉠위조어음). 병은 을로부터 ㉠위조어음을 60만원에 매수하였다. 정은 병으로부터 다시 ㉠위조어음을 70만원에 매수하였다. 무는 정으로부터 다시 ㉠위조어음을 80만원에 매수하였다. 이 자리에서 정은 무의 요청을 받고 ㉠위조어음에 액면 금 15,300,000원이라고 기재하였다.

검사는 갑, 을, 병, 정, 무를 유가증권위조죄로 기소하였다. 갑 등의 피고사건은 제1심을 거친 후, 항소심에 계속되었다. 항소법원은 갑과 을에 대해 유죄를 인정하였다. 항소법원은 병, 정, 무에 대해 다음의 이유를 들어서 무죄로 판단하였다. (가) ㉠어음은 갑, 을 등이 기히 그 발행인 명의를 모용하여 위조 작성하고 다만 그 액면과 지급기일만이 공란으로 되어 있는 위조된 약속어음이 명백하다. (나) 그러므로 병, 정, 무 등이 ㉠어음을 타에 행사함에 있어 백지로 된 액면란을 추가로 기재하여 넣었다 하더라도, 그 소위는 ㉠위조어음을 행사하는 방법으로서 금액란을 보충한 것 뿐이다. (다) 이로써 별도로 새로이 약속어음위조죄를 구성하지 않는다. 검사는 불복 상고하였다.

대법원은 다음의 이유를 제시하여 원심판결을 파기환송하였다. 대법원은 위조된 백지어음의 보충과 유가증권위조죄의 관계에 대해 다음과 같이 설시하였다. (가) 타인이 위조한 액면과 지급기일이 백지로 된 약속어음을 그것이 위조 약속어음인 정을 알고도 이를 구입하여 행사의 목적으로 기존의 위조어음의 액면란에 금액을 기입하여 그 어음위조를 완성하는 행위가 있다. (나) 그러한 행위는 백지어음 형태의 위조행위와는 별개의 유가증권위조죄를 구성한다. (다) 이는 진정하게 성립된 백지어음의 액면란을 보충권 없이 함부로 기입하는 행위가 유가증권위조죄에 해당한다는 법리와 조금도 다를 바 없다.

대법원은 병, 정, 무의 행위에 대해 다음과 같이 판단하였다. (가) ㉠어음의 액면기입 행위에 직접 가담한 정, 무에 대하여는 유가증권위조죄의 공동정범으로 처단하였어야 옳았다. (나) 병에 대하여는 그 가공의 정도를 심리하여 유가증권위조죄의 공동정범 또는 방조범으로 처단하였어야 옳았다. (다) 원심은 이에 이르지 않고 병, 정, 무의 행위는 유가증권위조죄를 구성하지 않는다고 하여 무죄를 선고하였다. (라) 이는 필경 유가증권위조죄의 법리를 오해한 잘못을 저질렀다고 할 것이고 그 위법은 판결에 영향을 미쳤다.

2) 1982. 6. 22. 82도677, 공 1982, 720 = 분석 각론『위조 백지어음 매도 사건』.

3) 2008. 12. 24. 2008도9494, 공 2009상, 142 = 분석 각론『보충권행사 후 증액 사건』.

4) 1979. 9. 25. 79도1980, 총람 214조 14번 =『허무인 대표 약속어음 사건』:

어음에 기재되어야 할 어음행위자의 명칭은 반드시 어음행위자의 본명에 한하는 것은 아니다. 상호, 별명 그 밖에 거래상 본인을 가리키는 것으로 인식되는 칭호라면 어느 것이나 다 가능하다. 비록 그 칭호가 타인의 명칭이라도 통상 그 명칭을 자기를 표시하는 것으로 거래상 사용하여 그것이 그 행위자를 지칭하는 것으로 인식되어 온 경우에는 그 타인 명칭을 어음상으로도 자기를 표시하는 칭호로 사용할 수 있다.[1]

증권행위의 명의인과 유가증권위조죄의 주체 사이의 관계에 대해 다음의 세 가지 유형을 생각해 볼 수 있다. 첫째로, 작성권한이 전혀 없는 자가 직접 본인의 이름으로 증권을 발행하거나 배서, 보증, 인수 등 증권행위를 하는 경우(소위 대행에 상응하는 경우), 또는 정당하게 본인을 대리·대표할 권한이 없는 자가 정당한 대리·대표권자의 성명을 모용하여 증권행위를 하는 경우(소위 대리방식에 상응하는 경우)이다. 이러한 첫째 유형의 행위는 사법상 무권대리에 해당하는 형태라고 볼 수 있다. 대행 또는 대리방식의 위조행위는 위조의 통상적 형태를 구성한다. 첫 번째 유형의 증권행위가 유가증권위조죄를 성립시킴에는 이론이 없다.

둘째로, 증권행위의 명의자와 실제로 작성, 배서, 보증, 인수 등의 행위를 하는 자의 명칭은 일치하지 않지만, 거래상 그 본인을 가리키는 것으로 인식되는 경우가 있다. 이러한 경우는 타인의 명의를 모용한 것이 아니므로 유가증권위조죄를 구성하지 않는다.[2] 다만 허위유가증권작성죄의 성립은 별개의 문제이다.

셋째로, 소위 대리·대표권 남용의 경우가 있다. 이에 관하여는 자격모용유가증권작성죄(법215) 및 자격모용문서작성죄(법226, 232)와 관련하여[3] 검토하기로 한다.

(3) 변 조

유가증권의 변조도 위조의 경우와 마찬가지로 증권행위의 유형에 따라 두 가지로 나누어 볼 수 있다.

(가) 기본적 증권행위와 변조 형법 제214조 제1항의 변조는 기본적 증권행위에 의하

갑은 P수입품상사 대표 을(허무인임) 명의로 ㉠약속어음을 발행하였다. 검사는 갑을 유가증권위조죄로 기소하였다. 갑의 피고사건은 제1심을 거친 후, 항소심에 계속되었다. 항소법원은 유죄를 인정하였다. 갑은 불복 상고하였다.

대법원은 다음의 이유를 제시하여 상고를 기각하였다. (가) 유가증권위조죄에 있어서의 유가증권은 형식상 일반인으로 하여금 유효한 유가증권이라고 오신할 수 있을 정도의 외관을 갖추고 있으면 된다. (나) 그것이 비록 허무인 명의로 작성되었거나, 또는 유가증권으로서의 요건의 흠결 등 사유로 법률상 무효인 것이라고 하더라도 유가증권위조죄의 성립에는 아무런 영향이 없다.

1) 1982. 9. 28. 82도296, 공 1982, 1042 = 분석 각론『망부 명의 약속어음 사건』.

2) 1982. 9. 28. 82도296, 공 1982, 1042 = 분석 각론『망부 명의 약속어음 사건』.

3) 후술 447면 이하 참조.

여 진정하게 성립된 유가증권의 내용에 권한 없는 자가 그 유가증권의 동일성을 해하지 않는 한도에서 변경을 가하는 것을 말한다.[1] 어음의 액면금액의 개서, 발행일자의 개서 등이 그 전형적인 예이다.

변조는 권한 없는 자의 행위이다. 약속어음의 발행인으로부터 어음금액이 백지인 약속어음의 할인을 위임받은 자가 위임 범위 내에서 어음금액을 기재한 후 어음할인을 받으려고 하다가 그 목적을 이루지 못하자, 유통되지 아니한 당해 약속어음을 원상태대로 발행인에게 반환하기 위하여 어음금액의 기재를 삭제하는 것은 위임의 권한 범위 내에 속하므로 변조에 해당하지 않는다.[2]

유가증권변조죄를 구성하려면 진정하게 성립된 타인명의의 유가증권에 변경을 가하는 행위가 있어야 한다. 이미 타인에 의하여 위조된 유가증권의 기재사항을 권한 없이 변경하는 행위는 변조에 해당하지 않는다.[3]

권한 없이 금액란이 보충된 백지어음에 대해 그 위조행위자와 공모하여 그 금액란을 임의로 변경한 피고인의 행위가 유가증권변조죄에 해당할 것인지 문제된다. 유가증권변조죄에서 변조라 함은 진정하게 성립된 유가증권의 내용에 권한 없는 자가 그 유가증권의 동일성을 해하지 않는 한도에서 변경을 가하는 것을 말한다. 이미 타인에 의하여 위조된 약속어음의 기재사항을 권한 없이 변경하였다고 하더라도 유가증권변조죄는 성립하지 않는다.[4]

타인의 소유에 속한 자기명의의 유가증권에 명의자가 무단히 변경을 가하는 행위는 그것이 문서손괴죄나 허위유가증권작성죄에 해당되는 경우가 있음은 별론으로 하고 유가증권변조죄를 구성하지는 않는다.[5]

회사의 대표이사가 그 대표명의로 주권을 발행한 후 그 주권에 무단히 변경을 가한 후 이를 행사하는 행위는 문서손괴죄 등에 해당됨은 별론으로 하고, 유가증권변조죄 및 그 행사죄를 구성한다고 할 수 없다. 그 주권이 회사발행의 주권이라고는 하더라도 회사의 대표자의 자격에서 그 대표권에 기하여 작성한 것이어서 타인명의의 유가증권에 변경을 가하는 행위로 볼 수 없기 때문이다.[6]

(나) 부수적 증권행위와 변조 변조의 또 하나의 경우는 형법 제214조 제2항에서 규정한 변조이다. 여기에서 규정된 유가증권의 권리의무에 관한 기재를 변조한다 함은 진정하

1) 2006. 1. 13. 2005도6267, 공 2006, 285.
2) 2006. 1. 13. 2005도6267, 공 2006, 285.
3) 2006. 1. 26. 2005도4764, 공 2006, 369.
4) 2008. 12. 24. 2008도9494, 공 2009상, 142 = 분석 각론『보충권행사 후 증액 사건』.
5) 1978. 11. 14. 78도1904, 공 1979, 11705 = 분석 각론『면도칼 주권 고치기 사건 1』.
6) 1980. 4. 22. 79도3034, 공 1980, 12829 = 분석 각론『면도칼 주권 고치기 사건 2』.

게 성립된 타인명의의 부수적 증권행위에 관한 유가증권의 기재내용에 작성권한이 없는 자가 변경을 가하는 것을 말한다.[1] 타인의 약속어음에 배서를 하면서 그 어음상에 기재된 기존의 배서일자를 권한 없이 개서하는 경우 등이 여기에 해당하는 예이다. 어음발행인이라 하더라도, 배서 등으로 어음상에 권리 · 의무를 가진 자가 있는 경우에 이러한 자의 동의를 받지 아니하고 어음의 기재 내용에 변경을 가하였다면, 이는 유가증권의 권리의무에 관한 기재를 변조한 것에 해당한다.[2]

변조에 관한 그 밖의 점은 위조에서 설명한 바에 준한다. 위조와 변조는 개념상으로는 구별되지만 그 죄질이 같다고 할 수 있고 처벌법조상으로도 차이가 없으므로, 위조를 변조로 인정하거나 그 역의 경우라 하여도 상소이유로서 판결에 영향을 미치는 법령 위반(형소법361의5 i, 383 i)에 해당하지 않는다. 수표의 위조 · 변조에 관해서는 부정수표에 관한 처벌법규로서 「부정수표 단속법」이 특별법으로 적용되고 있음에 주의할 필요가 있다.

3. 고의와 목적

유가증권위조죄는 행사할 목적을 요구하는 목적범이다. 행사할 목적이라 함은 진정한 유가증권으로서 사용할 목적으로서, 유가증권 위조 · 변조의 고의를 넘는 초과주관적 요소이다. 그러나 진정한 유가증권으로 사용하려는 확정적인 인식이나 의욕이 있음을 요하지 않으며 미필적 인식으로도 족하다. 범인 자신이 행사할 목적인가 타인으로 하여금 행사하게 할 목적인가는 묻지 않는다.

유가증권위조죄는 통화위조죄와 달리 유가증권의 유통성을 보호하려는 것이 아니다. 그러므로 행사할 목적에서의 행사는 반드시 증권을 유통에 두는 것을 요하지 않는다. 단순히 '보이는 어음' 등으로 사용할 의사라 하여도 행사의 목적을 인정할 수 있다.[3]

제 3 유가증권에 관한 죄의 특수유형

1. 자격모용유가증권작성죄

형법 제215조 (자격모용에 의한 유가증권의 작성) 행사할 목적으로 타인의 자격을 모용하여 유가증권을 작성하거나 유가증권의 권리 또는 의무에 관한 사항을 기재한 자는 10년 이하의 징역에 처한다.

---

1) 2003. 1. 10. 2001도6553, [미간행] = 분석 각론 『배서 일자 임의변경 사건』.
2) 2003. 1. 10. 2001도6553, [미간행] = 분석 각론 『배서 일자 임의변경 사건』.
3) 2012. 3. 29. 2011도7704, 공 2012상, 733 = 분석 각론 『친구 안심용 위조지폐 사건』.

◎ 자격정지 또는 벌금 임의적 병과(법220)
◎ 미수범 처벌함(법223)
◎ 예비 · 음모 처벌함(법224)

(1) 행위주체

형법 제215조는 자격모용유가증권작성죄를 규정하고 있다. 자격모용유가증권작성죄는 (가) 대리권이나 대표권이 없는 자가, (나) 자기명의로, (다) 자신이 타인의 대리권자 또는 대표권자인 것처럼 자격을 모용하여, (라) 행사할 목적으로 유가증권을 작성하거나 유가증권의 권리 · 의무에 관한 사항을 기재하는 것을 내용으로 하는 범죄이다. 유가증권위조죄(법214 ① · ②)와 마찬가지로 유형위조의 일종이다. 여기에서 대리권이나 대표권이 없는 자에는 원래부터 무권한인 자는 물론이고, 그러한 권한을 가지고 있다가 상실한 자도 포함된다.[1]

그러나 대리권이나 대표권이 있는 경우에는 사정이 다르다. 대리권이나 대표권이 있는 자가 그 권한을 남용하여 증권행위를 하더라도 유가증권위조 · 변조죄는 성립하지 않는다. 그 이유는 문제의 행위가 본인과 대리인 또는 본인과 대표자와의 내부적 관계에 그치며, 외부관계에서는 아무런 영향을 미치지 않기 때문이다.[2] 마찬가지로 대리권이나 대표권이 있는 자의 경우에는 그 권한을 남용하여 증권행위를 하여도 자격모용유가증권작성죄가 성립하지 않는다.[3]

(2) 실행행위

자격모용유가증권작성죄의 행위로서 유가증권을 작성한다 함은 타인의 대리인 · 대표자로서의 자격을 모용하여 자기명의로 증권을 발행하는 등 기본적 증권행위를 하는 것을 말한다. 유가증권의 권리 또는 의무에 관한 사항을 기재한다 함은 배서 · 인수 · 보증 등의 부수적 증권행위를 하는 것을 말한다.

대표이사 직무집행정지 가처분결정은 대표이사의 직무집행만을 정지시킬 뿐 대표이사의 자격까지 박탈하는 것은 아니다. 그러나 가처분결정이 송달되어 일체의 직무집행이 정지됨으로써 직무집행의 권한이 없게 된 대표이사가 그 권한 밖의 일인 대표이사 명의의 유가증권을 작성 · 행사하는 행위는 가령 회사업무의 중단을 막기 위한 긴급한 인수인계행위라 하더라도 합법적인 권한행사라 할 수 없고, 이는 자격모용유가증권작성죄 및 동 행사죄에

1) 1987. 8. 18. 87도145, 공 1987, 1484 = 분석 각론 『직무정지 가처분 사건』.
2) 1980. 4. 22. 79도3034, 공 1980, 12829 = 분석 각론 『면도칼 주권 고치기 사건 2』.
3) 후술 447면 이하 참조.

해당한다.[1)]

회사의 대표이사가 타인으로 변경됨으로써 대표이사로서의 직무집행 권한이 없게 된 피고인이 이전부터 사용하여 오던 피고인 명의로 된 회사 대표이사의 명판을 이용하여 여전히 피고인을 회사의 대표이사로 표시하여 약속어음을 발행 · 행사하는 행위는 합법적인 대표이사로서의 권한행사라 할 수 없어 자격모용유가증권작성죄 및 동 행사죄에 해당한다. 이는 약속어음을 작성 · 행사할 때 후임 대표이사의 승낙을 얻었다거나 회사의 실질적인 대표이사로서의 권한을 행사하는 피고인이 은행과의 당좌계약을 변경하는 데에 시일이 걸려 잠정적으로 전임 대표이사인 그의 명판을 사용한 것이라 하더라도 마찬가지이다.[2)]

2. 허위유가증권작성죄

형법 제216조 (허위유가증권의 작성 등) 행사할 목적으로 허위의 유가증권을 작성하거나 유가증권에 허위사항을 기재한 자는 7년 이하의 징역 또는 3천만원 이하의 벌금에 처한다.

◎ 자격정지 또는 벌금 임의적 병과(법220)
◎ 미수범 처벌함(법223)

(1) 행위주체

형법 제216조는 허위유가증권작성죄를 규정하고 있다. 허위유가증권작성죄는 문서에 관한 죄 가운데 허위공문서작성죄(법227)와 마찬가지로 작성권한 있는 자가 진실에 반하는 내용의 유가증권을 작성하거나 진정한 내용의 유가증권에 변경을 가할 때 성립한다. 문서위조죄의 경우에 소위 무형위조에 상응하는 행위를 유가증권과 관련하여 규정한 것이다.

(2) 실행행위

허위유가증권을 작성하는 행위도 유가증권위조죄(법214① · ②)와 마찬가지로 기본적 증권행위에 관한 것과 부수적 증권행위에 관한 것으로 구별된다.

(가) 기본적 증권행위 　허위의 유가증권을 작성한다 함은 작성권한 있는 자가 자기명의로 기본적 증권행위를 할 때 유가증권의 효력에 영향을 미칠 기재사항에 관하여 진실에 반하는 내용을 기재하는 것을 말한다.[3)]

허위유가증권작성죄는 유가증권의 효력에 영향을 미치게 될 기재사항에 관하여 진실에

---

1) 1987. 8. 18. 87도145, 공 1987, 1484 = 분석 각론『직무정지 가처분 사건』.
2) 1991. 2. 26. 90도577, 공 1991, 1119 = 분석 각론『전임 대표이사 명판 사건』.
3) 2005. 10. 27. 2005도4528, 공 2005, 1892.

반하는 내용을 기재할 때 성립한다. 선하증권에 기재된 화물을 인수하거나 확인하지도 않고, 선적할 선편조차 예약하거나 확보하지도 않은 상태에서 수출면장만을 확인한 채 실제로 선적한 일이 없는 화물을 선적하였다는 내용의 선하증권을 발행 · 교부하였다면 선하증권을 작성하면서 진실에 반하는 허위의 기재를 한 것에 해당한다.[1)]

---

1) 1995. 9. 29. 95도803, 공 1995, 3654 =『가짜 선하증권 사기범 사건』:

P회사는 대외 무역을 영업으로 하는 회사이다. P회사의 대표이사는 갑이다. Q회사는 화물운송 주선업체이다. 을은 Q회사의 이사로서 실질적 경영자이다. 병은 Q회사의 영업계장이다. M선박은 인천항을 출발하여 중국 대련항에 입항할 예정인 화물선이다. 갑은 외국에 물품을 수출하는 것처럼 가짜서류를 꾸며서 돈을 벌려고 마음을 먹었다. 갑은 Q회사를 찾아갔다. 갑은 Q회사 영업계장 병에게 20만불 상당의 알루미늄호일 화물(㉠화물)에 대한 세관장의 ㉡수출면장을 제시하였다. 갑은 ㉡수출면장을 근거로 병에게 ㉠화물을 선적하였다는 내용의 ㉢선하증권을 발급해 달라고 요청하였다.

당시 을과 같은 화물운송 주선업자들 사이에는 다음의 관행이 있었다. (가) 수출업자가 수출면장을 받은 뒤에는 보세구역에 입고된 화물을 임의로 출고할 수 없다. (나) 세관장이 정한 기간 내에 수출업자는 화물에 대한 수출을 이행해야 한다. (다) 이러한 실제 수출업무로 인하여 수출면장이 발급되면 당연히 화물이 곧 선적되리라고 주선업자들은 믿고 있다. (라) 고객유치의 편의제공과 업무절차 간소화 등을 이유로 화물이 인수되거나 선적되지도 않은 상태에서 주선업자들은 수출업자의 수출면장만을 확인하고 선(先)선하증권인 창고증권을 발행해 준다.

Q회사 영업계장 병은 ㉠화물을 인수하거나 확인하지도 않고 또한 선적할 선편을 예약하거나 확보하지도 않은 상태에서 ㉡수출면장만을 확인하였다. 병은 갑의 요청대로 ㉢선하증권을 작성하여 을에게 보고한 후 을의 서명을 받아 이를 갑에게 발급하였다. 갑은 R은행 S지점으로 갔다. 갑은 ㉢선하증권을 ㉣수출환매입서에 첨부하여 S지점의 지점장 A에게 제시하였다. ㉢선하증권을 진실한 것으로 믿은 A는 ㉢선하증권의 매입대금 1억 6천만원을 갑의 예금구좌에 입금하였다. (갑은 다른 상품에 대해서도 같은 수법으로 거액의 돈을 챙겼다. 이후 갑은 도주하였다.)

검사는 을과 병을 허위유가증권작성방조죄, 허위작성유가증권행사방조죄, 특정경제범죄법(사기)방조죄로 기소하였다. 제1심법원은 유죄를 인정하였다. 을과 병은 불복 항소하였다. 항소법원은 무죄를 선고하였다. 항소심은 무죄판단의 이유로 다음의 점을 제시하였다. (가) 을과 병이 ㉢선하증권을 작성하고 행사함에 있어 그 내용의 허위성을 인식하였고, ㉢선하증권을 이용하여 갑의 금원편취 행위를 방조할 의사를 갖고 있었다는 점에 부합하는 증거가 없다. (나) 화물운송 주선업자들 사이에 화물이 인수되거나 선적되지도 않은 상태에서 수출업자의 수출면장만을 확인하고 선선하증권인 창고증권을 발행해 주는 관행이 있다. (다) 갑으로부터 ㉢선하증권 발급을 요청받았을 때 ㉠화물에 대한 ㉡수출면장이 있는데다가 달리 ㉠화물이 선적되지 않을 수도 있다고 의심할 만한 사정을 찾아볼 수 없었다. (라) 을과 병은 ㉠화물이 조만간 선적되리라고 믿고 ㉠선하증권의 내용이 허위이거나 허위가 되리라고는 전혀 예상하지 못한 채 주선업자들의 창고선하증권 발급 관례에 따라 ㉢선하증권을 발행하였다. (마) 실제로 주선업자가 발행한 창고선하증권만을 믿고서 수출환어음을 아무런 조건 없이 매수하여 그 대금을 즉시 지불하는 은행은 드물다. (바) 이상의 점에 비추어 보면 을과 병으로서는 갑이 ㉡수출면장의 내용과는 달리 ㉠수출화물을 실제로 선적할 생각 없이 ㉢선하증권을 발급받고, 끝내 선적하지도 아니한 채로 발급받은 ㉢선하증권을 이용하여 은행을 속여 수출환어음의 매입대금조로 거액을 편취하리라고는 미필적인 의심은커녕 전혀 예상조차 할 수 없었다. 검사는 불복 상고하였다.

대법원은 다음의 이유를 제시하여 원심판결을 파기환송하였다. 대법원은 허위유가증권작성죄 부분에 대해 다음과 같이 판단하였다. (가) 허위의 유가증권을 작성한다고 함은 작성권한 있는 자가 자기명의로 기본적 증권행위를 함에 있어 유가증권의 효력에 영향을 미칠 기재사항에 관하여 진실에 반하는 내용을 기재하는 것을 말한다. (나) 이러한 [허위유가증권작성죄]가 성립하려면 유가증권의 내용이 진실에 반한다는 것을 주관적으피고인이 약속어음의 발행인란에 실재하지 아니한 유령회사의 명의와 자기의 이름을 기재한 뒤 자기명의의 인장을 찍어서 그 회사명의의 약속어음을 발행한 경우,[1] 피고인이 주권의 발행일자를 실제로 발행한 일자보다 소급 기재하여 발행한 경우,[2] 피고인이 약속어음 명의인의 승낙을 받고 약속어음을 작성하면서 명의인의 이름 밑에 그 명의인의 인장이 아닌 피고인의 인장을 날인한 경우[3] 등은 허위유가증권작성죄에 해당한다.

로 인식하여야 한다.

(다) 을과 병은 ㉢선하증권 기재의 ㉠화물을 인수하거나 확인하지도 아니하고 또한 선적할 선편조차 예약하거나 확보하지도 않은 상태에서 ㉡수출면장만을 확인한 채 갑의 요청대로 M선박에 실제로 선적한 일이 없는 ㉠화물을 선적하였다는 내용의 ㉢선하증권을 발행, 교부하였다. (라) 을과 병은 ㉢선하증권을 작성하면서 진실에 반하는 허위의 기재를 하였음이 명백할 뿐만 아니라 ㉢선하증권이 허위라는 사실을 인식하였다고 볼 것이다. (마) 을과 병이 진실에 반하는 ㉢선하증권을 작성하면서 곧 ㉠물품이 선적될 것이라고 예상하였다고 하여 ㉢선하증권의 허위성의 인식이 없었다고는 할 수 없다.

(바) 화물이 선적되기도 전에 이른바 선선하증권을 발행하는 것이 해운업계의 관례라고 하더라도 이를 가리켜 정상적인 행위라거나 그 목적과 수단의 관계에서 보아 사회적 상당성이 있다고 할 수는 없다. (사) 을과 병이 관례에 따른 자신들의 행위가 죄가 되지 아니한다고 그릇 인식하였다고 하더라도 거기에 정당한 이유가 있는 경우라고 할 수 없으므로 허위유가증권작성죄의 죄책을 면할 수 없다.

대법원은 허위작성유가증권행사죄 부분에 대해 다음과 같이 판단하였다. (가) 허위작성된 유가증권을 피교부자가 그것을 유통하게 한다는 사실을 인식하고 교부한 때에는 허위작성유가증권행사죄에 해당한다. (나) 행사할 의사가 분명한 자에게 교부하여 그가 이를 행사한 때에는 허위작성유가증권행사죄의 공동정범이 성립한다. (다) 을과 병이 허위작성된 ㉠선하증권을 은행에 제출하여 행사할 것이 분명한 갑에게 교부하여 갑이 이를 행사한 이상 허위작성유가증권행사죄에도 해당된다.

1) 1970. 12. 29. 70도2389, 총람 216조 8번 =『유령회사 명의 어음 발행 사건』:

갑은 A에게 ㉠약속어음을 주고 ㉡목재를 구입하였다. 갑은 ㉠약속어음을 발행할 때 발행인 란에 'P회사 갑'으로 기재하였고, 갑 자신의 인장을 날인하였다. 그런데 P회사는 실재하지 않는 유령회사였다.

검사는 갑을 허위유가증권작성죄, 허위작성유가증권행사죄, 사기죄로 기소하였다. 갑의 피고사건은 제1심을 거친 후, 항소심에 계속되었다. 항소법원은 유죄를 인정하였다. 갑은 불복 상고하였다.

대법원은 다음의 이유를 제시하여 상고를 기각하였다. (가) 실재하지 않는 P회사 명의의 약속어음을 작성한 이상 형법 제216조의 허위유가증권작성죄에 해당한다. (나) ㉠허위유가증권을 진정하게 작성된 약속어음인 것처럼 A에게 교부하여 진정한 P회사 발행의 약속어음으로 오신한 A로부터 ㉡목재를 교부받은 것은 ㉡목재를 편취한 것이다.

2) 1974. 1. 15. 73도2041, 공 1974, 7713.

3) 1975. 6. 10. 74도2594, 공 1975, 8565 =『약속어음 인장 속여 찍기 사건』:

갑은 A의 승낙을 받아 A 명의의 ㉠약속어음을 작성하였다. 갑은 A의 이름 밑에 A의 인장 대신 갑의 인장을 A의 인장인 것처럼 가장하여 찍었다. 갑은 ㉠약속어음을 치료비조로 B에게 교부하였다. [B는 ㉠약속어음을 해당 금융기관에 지급제시하였으나 무효임을 이유로 지급받지 못하였다.]

검사는 갑을 허위유가증권작성죄 및 허위작성유가증권행사죄로 기소하였다. 갑의 피고사건은 제1심을 거친 후, 항소심에 계속되었다. 항소법원은 다음의 이유를 들어 무죄로 판단하였다. (가) ㉠약속어음은 갑 명의로 발행된 어음이라고 하기보다는 A 명의로 발행된 어음이다. (나) 명의인인 A의 승낙을 받은 이상 갑이 허위의 사실을 기입하였다고 할 수 없다. (다) ㉠어음이 유가증권으로서 무효인가의 여부는 별문제로 하고 갑의 어음작성행위에 대하여 허위유가증권작성죄를 적용할 수는 없다. (라) 따라서 ㉠어음의 교부행위도 허위작성유가증권행사가 되지 않는다. 검사는 불복 상고하였다.

(나) 부수적 증권행위 유가증권에 허위사항을 기재한다 함은 작성권한 있는 자가 기존 유가증권의 효력에 영향을 미치게 될 기재사항에 관하여 진실에 반하는 내용을 기재하는 것을 말한다.

허위유가증권작성죄에 대응하는 것으로 형법 제227조의 허위공문서작성죄가 있다. 양자 모두 작성권한 있는 자에 의한 범죄로서 무형위조에 해당한다. 형법 제227조는 허위공문서작성죄의 실행행위로 공문서의 '작성' 이외에 '변개'를 규정하고 있다. '작성'이 작성권한 있는 자가 허위내용의 공문서를 새로이 만들어내는 것을 가리킴에 반하여 '변개'는 작성권한 있는 자가 기존의 진실한 공문서에 그 동일성을 해하지 않는 정도로 내용에 변경을 가하는 것이다.

허위유가증권작성죄의 경우에는 '허위의 유가증권을 작성'하는 것과 '유가증권에 허위사항을 기재'하는 것이 실행행위로 규정되어 있다. 허위공문서작성죄의 '변개'와 허위유가증권작성죄의 '허위사항의 기재'를 비교해 볼 때, '허위사항의 기재'는 (가) 작성권한 있는 자가 허위로 배서 · 인수 · 보증 등의 부수적 증권행위를 하는 경우 이외에 (나) 작성권한 있는 자가 이미 존재하는 있는 유가증권의 기본적 증권행위 또는 부수적 증권행위의 기재사항에 그 동일성을 해하지 않을 정도의 변경을 가하는 경우도 포함된다고 새겨야 할 것이다.[1]

(다) 권리의무에 관한 사항 유가증권상의 권리에 아무런 영향을 미치지 않는 사항은 그것을 유가증권상에 허위로 기재하더라도 허위유가증권작성죄에 해당하지 않는다. 어음법은 약속어음의 배서는 배서인이 기명날인하거나 서명하여야 한다고 규정하고 있을 뿐(동법 77① i, 13①) 배서인의 주소에 관하여는 규정하는 바가 없다. 배서인의 주소를 허위로 기재하였다고 하더라도, 그것이 배서인의 인적 동일성을 해하여 배서인이 누구인지를 알 수 없는 경우가 아닌 한, 약속어음상의 권리관계에 아무런 영향을 미치지 않으므로 허위유가증권작성죄는 성립하지 않는다.[2]

자기앞수표의 발행인이 수표의뢰인으로부터 수표자금을 입금받지 아니한 채 자기앞수표를 발행하더라도 그 수표의 효력에는 아무런 영향이 없으므로 허위유가증권작성죄는 성립하

대법원은 다음의 이유를 제시하여 원심판결을 파기환송하였다. (가) 형법 제19장 소정의 유가증권은 실체법상 유효한 유가증권만을 지칭하는 것이 아니다. (나) 형법 제19장 소정의 유가증권은 절대적 요건 결여 등 사유로서 실체법상은 무효인 유가증권이라 할지라도 일반인으로 하여금 일견 유효한 유가증권이라고 오신케 할 수 있을 정도의 외관을 갖춘 유가증권도 포함한다. (다) 갑은 작성권한자인 A의 승낙 내지 위임을 받아 ㉠약속어음을 작성함에 있어서 발행인 A 명의 아래 진실에 반하는 내용인 갑의 인장을 날인하여 일견 유효한 듯한 약속어음을 발행한 뒤 이를 치료비조로 교부하였다. (라) 그렇다면 ㉠약속어음의 발행으로 형법 제216조 전단 소정의 허위유가증권작성죄 및 동 행사죄가 성립한다.

1) 1978. 11. 14. 78도1904, 공 1979, 1175 = 분석 각론『면도칼 주권 고치기 사건 1』 참조.

2) 1986. 6. 24. 84도547, 공 1986, 963.

지 않는다.[1)]

원인채무가 존재하지 않음에도 불구하고 회사의 대표이사가 그 대표권한에 기하여 약속어음을 발행하는 행위는 허위유가증권작성죄를 구성하지 않는다. 회사의 대표이사가 적법한 대표권한에 의하여 약속어음을 발행한 이상 약속어음의 무인증권성과 설권증권성의 원리에 비추어 원인채무의 존부와는 관계없이 발행된 약속어음상의 문언에 따라 어음상의 권리의무 관계가 생기기 때문이다.

은행을 통하여 지급이 이루어지는 약속어음의 발행인이 그 발행을 위하여 은행에 신고된 것이 아닌 발행인의 다른 인장을 날인하였다 하더라도 그것이 발행인의 인장인 이상 그 어음의 효력에는 아무런 영향이 없으므로 허위유가증권작성죄가 성립하지 않는다.[2)]

3. 위조유가증권행사죄

형법 제217조 (위조유가증권 등의 행사 등) 위조, 변조, 작성 또는 허위기재한 전3조 기재의 유가증권을 행사하거나 행사할 목적으로 수입 또는 수출한 자는 10년 이하의 징역에 처한다.

◎ 자격정지 또는 벌금 임의적 병과(법220)
◎ 미수범 처벌함(법223)

(1) 위조유가증권행사죄

형법 제217조는 위조유가증권행사죄와 위조유가증권수입 · 수출죄를 규정하고 있다. 형법 제217조 전단의 위조유가증권행사죄는 단순 고의범이다. 이에 대해 형법 제217조 후단의 위조유가증권수입 · 수출죄는 행사할 목적을 요하는 목적범이다. 위조유가증권행사죄의 처벌목적은 유가증권의 유통질서를 보호하고자 함에 있다.[3)]

---

1) 2005. 10. 27. 2005도4528, 공 2005, 1892.
2) 2000. 5. 30. 2000도883, 공 2000, 1585.
3) 1983. 6. 14. 81도2492, 공 1983, 1105 = 『4만원짜리 위조어음 교부 사건』:

갑은 ㉠위조약속어음을 입수하였다. 갑에게 을이 ㉠위조어음을 구입하려고 왔다. 갑은 을이 ㉠어음을 유통시킬 것임을 알고 있었다. 갑은 3회에 걸쳐 을에게 ㉠위조약속어음 3매를 1매에 4만원씩 받고 건네주었다. 이후 을은 ㉠위조어음을 진짜 어음인 것처럼 A 등에게 제시하여 유통시켰다.

검사는 갑을 위조유가증권행사죄로 기소하였다. 갑의 피고사건은 제1심을 거친 후, 항소심에 계속되었다. 항소법원은 다음의 이유를 들어 무죄로 판단하였다. (가) 위조유가증권행사죄는 위조유가증권을 마치 진정 또는 진실한 유가증권인 것처럼 사용하는 경우에만 성립된다. (나) 피교부자인 을도 ㉠약속어음이 위조된 것이라는 정을 잘 알고 있었다. (다) 갑이 ㉠약속어음을 진정 또는 진실한 약속어음인 것처럼 사용한 것이라고 인정할 수 없다. (라) 갑의 ㉠약속어음 교부행위는 위조유가증권행사죄를 구성하지 않는다. 검사는 불복 상고하였다.

대법원은 다음의 이유를 제시하여 원심판결을 파기환송하였다. (가) 위조유가증권행사죄의 처벌목적은 유

(가) 객 체 위조유가증권행사죄의 객체는 (가) 위조, 변조한 유가증권(법214① · ②), 자격모용으로 작성된 유가증권(법215), 허위작성한 유가증권(법216)이다. 위조유가증권행사죄의 유가증권은 위조된 유가증권의 원본을 말한다. 전자복사기 등을 사용하여 기계적으로 복사한 사본은 위조유가증권행사죄의 객체에 해당하지 않는다.[1) 2)]

위조유가증권행사죄의 객체는 반드시 범인 자신이 행사할 목적으로 위조 · 변조, 자격모용작성, 허위기재한 것에 국한되지 않는다. 타인이 행사할 목적으로 위조 · 변조, 자격모용작성, 허위기재한 유가증권도 포함한다. 유가증권의 작성자가 유가증권위조죄(법214) 또는 허위유가증권작성죄(법215)로 처벌받는지에 관계없이 위조유가증권행사죄는 성립할 수 있다.

(나) 행 사 행사는 위조 · 변조된 유가증권, 자격모용으로 작성된 유가증권, 허위기재된 유가증권을 그 용법에 따라서 진정 또는 진실한 것으로 사용하는 행위를 말한다. 위조 · 변조, 자격모용작성, 허위기재 등의 유가증권을 유통에 두는 것을 의미하지 않는다. 이 점은 위조통화행사죄(법207④)의 행사와 구별된다.[3)]

위조유가증권행사죄는 위조 · 변조, 자격모용작성, 허위기재한 유가증권을 진정 · 진실한 것이라고 타인에게 인식시킬 수 있는 상태에 두는 것으로 기수에 이른다. 봉투 속에 위조유가증권을 넣어두고 "이 봉투 속에 진정한 유가증권이 있다"고 말하는 것만으로는 행사에 해당하지 않는다.[4)] 아직 인식할 수 있는 상태에 이르지 않았기 때문이다.

통화의 경우에는 위조통화를 선의로 취득한 후 그 정을 알고 행사한 자에 대해 위조통화지정행사죄(법210)가 별도로 규정되어 있다. 그러나 유가증권의 경우에는 그러한 감경적 구성요건이 마련되어 있지 않다. 따라서 위조어음을 선의로 취득한 자가 그 후에 그 사정을 알고서 진정한 것처럼 이를 타인에게 배서양도하는 등 이를 유통에 두거나, 또는 증거자료로서 법원에 제출하는 행위는 모두 위조유가증권행사죄를 구성한다.

가증권의 유통질서를 보호하고자 함에 있다. (나) [이 점은] 단순히 문서의 신용성을 보호하고자 하는 위조공 · 사문서행사죄의 경우와는 다르다. (다) 교부자가 진정 또는 진실한 유가증권인 것처럼 위조유가증권을 행사하였을 때 위조유가증권행사죄가 성립한다. (라) 뿐만 아니라 위조유가증권임을 알고 있는 자에게 교부하였더라도 피교부자가 이를 유통시킬 것임을 인식하고 교부하였다면 위조유가증권행사죄가 성립한다. (마) 위조유가증권 교부행위 그 자체가 유가증권의 유통질서를 해할 우려가 있어 처벌의 이유와 필요성이 충분히 있기 때문이다.

(바) 갑으로부터 ㉠어음들을 교부받은 을이 이를 모두 유통케 한 사실을 알 수 있다. (사) 갑도 ㉠어음 교부 당시 그와 같이 유통될 것임을 충분히 인식하였다고 엿볼 만한 자료들이 많이 있다. (아) 원심으로서는 마땅히 더 나아가 그와 같은 사실을 더 심리하였어야 옳았을 터이다.

1) 2007. 2. 8. 2006도8480, [미간행] = 『선하증권 팩스 사본 사건』.
2) 2010. 5. 13. 2008도10678, [미간행] = 분석 각론 『선하증권 견본 복사 사건』.
3) 2012. 3. 29. 2011도7704, 공 2012상, 733 = 분석 각론 『친구 안심용 위조지폐 사건』.
4) 2010. 12. 9. 2010도12553, 공 2011상, 184 = 분석 각론 『봉투 속 위조수표 사건』.

위조어음에 진실한 기명날인을 하고 인수, 배서를 한 자는 그 문언에 따라 어음상의 책임을 부담하게 된다. 그러므로 인수, 배서를 한 사람에게 당해 위조어음을 제시하고 채무의 이행을 청구하는 것은 위조유가증권행사죄를 구성하지 않는다. 이러한 행위는 당연한 권리행사이기 때문이다.

(다) 위조문서행사죄와의 비교　　문서에 관한 죄는 문서에 대한 공공의 신용성을 보호하려고 한다. 따라서 위조공문서행사죄(법229)나 위조사문서행사죄(법234)의 경우 행사의 상대방은 그 문서가 위조된 것임을 알지 못해야 한다. 위조문서인 사정을 알고 있는 공범자나 그 대리인에게 위조문서를 제시하거나 교부하는 행위는 위조문서의 행사에 해당하지 않는다.

단순히 문서의 신용성을 보호하고자 하는 위조문서행사죄와 달리, 위조유가증권행사죄의 처벌목적은 유가증권의 유통질서를 보호하고자 함에 있다. 따라서 위조유가증권행사죄의 경우에는 (가) 교부자가 진정 또는 진실한 유가증권인 것처럼 상대방에게 위조유가증권을 행사하였을 때뿐만 아니라, (나) 위조유가증권임을 알고 있는 자에게 교부하였더라도 피교부자가 이를 유통시킬 것임을 인식하고 교부한 때에도 위조유가증권의 행사에 해당한다. (나)의 경우 피교부자가 유통시킬 것임을 알면서 교부하는 행위 그 자체가 유가증권의 유통질서를 해할 우려가 있어 처벌의 이유와 필요성이 충분히 있기 때문이다.[1)]

그러나 위조유가증권의 교부자와 피교부자가 서로 유가증권위조를 공모하였거나 위조유가증권을 다른 사람에게 행사하여 그 이익을 나누어 가질 것을 공모한 공범의 관계에 있다면 위조유가증권의 행사를 인정하는 데에 신중을 기할 필요가 있다. 예컨대 갑과 을이 A에 대한 사기범행을 공모하면서, (가) 갑은 유가증권을 위조하고, (나) 갑이 위조된 유가증권을 을에게 교부한 후, (다) 을이 교부받은 위조유가증권을 A에게 행사(제시)하는 방법으로 범행을 진행하기로 계획하였으나 범행이 (나) 단계에 그친 경우를 생각해 본다. 이 경우 갑이 공범 을에게 위조유가증권을 교부하는 행위는 이를 피해자 A에게 행사함으로써 달성하려는 사기범죄 실현의 전단계 행위에 불과하다. 이러한 상황에서는 위조유가증권이 아직 범인들의 수중에 있다고 볼 것이어서 위조유가증권이 행사되었다고 볼 수는 없다.[2)]

(2) 위조유가증권수입 · 수출죄

위조유가증권수입 · 수출죄는 행사할 목적을 요하는 목적범이다. 객체는 위조유가증권행사죄와 같다. 위조유가증권의 수입이라 함은 대한민국 외에서 대한민국 내로 반입하는 행위를 말한다. 수출은 대한민국 내에서 대한민국 외로 반출하는 행위를 말한다. 기수시기에 관

1) 2010. 12. 9. 2010도12553, 공 2011상, 184 = 분석 각론『봉투 속 위조수표 사건』.
2) 2010. 12. 9. 2010도12553, 공 2011상, 184 = 분석 각론『봉투 속 위조수표 사건』.

한 설명은 위조통화수출 · 수입죄와 관련하여 설명한 바와 같다.[1)]

제4 인지 · 우표에 관한 죄

1. 인지등위조죄

형법 제218조 (인지 · 우표의 위조등) ① 행사할 목적으로 대한민국 또는 외국의 인지, 우표 기타 우편요금을 표시하는 증표를 위조 또는 변조한 자는 10년 이하의 징역에 처한다.

◎ 자격정지 또는 벌금 임의적 병과(법220)
◎ 미수범 처벌함(법223)
◎ 예비 · 음모 처벌함(법224)

우표나 수입인지 등은 특정한 재산권을 증서에 표창한 것이 아니어서 유가증권에 해당하지 않는다. 우표나 수입인지는 증권 그 자체가 법률상 제한된 특정한 목적을 위하여 금전에 갈음하는 효력을 가진다. 이와 같이 금전에 갈음하는 효력을 가지는 증권을 금액권(金額券) 또는 금권(金券)이라고 한다.[2)]

유가증권은 추상적인 권리가 증권에 화체되어 있다. 공시최고 방법을 통해 유가증권으로부터 추상적 권리를 분리해 내는 절차를 제권판결절차(민소법475 이하 참조)라고 한다.[3)] 그런

---

1) 전술 398면 이하 참조.

2) 최기원, 어음 · 수표법, 제5증보판, (2008), 19면.

3) 2007. 5. 31. 2006도8488, 공 2007, 1006 = 『신주발행 직후 제권판결 사건』:

P회사는 주식회사이다. A는 P회사 설립 당시 B의 명의를 빌려 주식인수를 하고 그 대금을 납입하였다(㉠주식). A는 자신의 필요에 따라 ㉠주식에 대한 주주 명의를 B에서 Q회사로 변경하였다. P회사는 제1차 증자를 실시하였다. 제1차 증자 당시 C가 P회사의 주식 일부를 인수하였다(㉡주식). A는 Q회사 명의로 C 소유의 ㉡주식을 양수하고 그 대금을 지급하였다. A는 ㉡주식에 대한 주주 명의를 C에서 Q회사로 변경하였다. ㉠주식과 ㉡주식의 합계는 55,500주에 이른다(㉢주식). ㉢주식은 P회사 법인등기부에 Q회사의 소유로 등기되었다.

Q회사의 대표이사는 갑이다. A는 갑에게 ㉢주식에 대한 주권의 발행을 요구하였다. 갑은 A에게 ㉢주식에 대한 ㉣주권을 발행하였다. A는 ㉣주권을 교부받아 보관하였다. 그런데 갑은 ㉣주권의 발행과 동시에 ㉣주권에 대해 분실을 이유로 관할법원에 공시최고신청(민소법 제477조)을 하였다. 아무런 권리의 신고가 없이 공시최고기간 3개월(민소법 제481조)이 경과하였다. 갑은 관할법원으로부터 ㉣주권에 대한 제권판결(민소법 제487조, 제475조)을 받았다(㉤제권판결).

검사는 갑을 사기죄로 기소하였다. 갑의 피고사건은 제1심을 거친 후, 항소심에 계속되었다. 항소법원은 유죄를 인정하였다. 갑은 불복 상고하였다. 갑은 상고이유로 다음의 점을 주장하였다. (가) ㉤제권판결은 그 신청인 갑에게 주권상의 권리를 행사할 수 있는 형식적 자격을 인정하는 데 그친다. (나) ㉤제권판결은 그 신청인 갑을 실질적 권리자로 확정하는 것이 아니다. (다) 이와 같은 ㉤제권판결은 재산상 이익에 해당하지 않는

데 금액권의 경우에는 제권판결절차에 의한 권리의 회복이 인정되지 않고, 그 자체의 물리적 멸실에 의하여 그 가치가 소멸된다. 우리 입법자가 형법 각칙 제19장에서 유가증권에 관한 죄와 우표 및 수입인지에 관한 죄를 병렬적으로 규정한 것은 위와 같이 우표나 수입인지가 유가증권으로서의 성질을 가지고 있지 않음에 주목하였기 때문이다.

인지는 「민사소송 등 인지법」이나 「인지세법」 등의 법령에 정해진 바에 따라서 일정한 수수료 또는 인지세를 납부하는 방법으로 첩부, 사용하게 하기 위하여 정부 기타의 발행권자가 일정한 금액을 권면에 기재하여 발행한 증표를 말한다.

우표는 정부 기타의 발행권자가 일반인에게 우편요금의 납부용으로 첩부, 사용하게 하기 위하여 일정한 금액을 권면에 표시하여 발행한 증권을 말한다. 기타 우편요금을 표시하는 증표 또한 우표에 준하여 취급된다.

우리 형법은 인지, 우표의 특수한 기능을 고려하여 국제적 단속의 필요성을 인정하고 있다. 그리하여 대한민국의 인지, 우표뿐만 아니라 외국의 인지, 우표도 인지위조죄의 객체에 포함시키고 있다. 세계주의적 입장의 한 표현이라 하겠다. 그러나 총칙에서 세계주의를 선언하는 규정이 없어 외국인의 국외범을 처벌하지 못하는 문제점이 있다.[1] 인지위조죄의 기타 성립요건은 유가증권위조죄에서 설명한 것에 준한다.

2. 위조인지등행사죄

형법 제218조 ② 위조 또는 변조된 대한민국 또는 외국의 인지, 우표 기타 우편요금을 표시하는 증표를 행사하거나 행사할 목적으로 수입 또는 수출한 자도 제1항의 형과 같다.

◎ 자격정지 또는 벌금 임의적 병과(법220)
◎ 미수범 처벌함(법223)

형법 제218조 제2항은 위조인지등행사죄와 위조인지등수입·수출죄를 규정하고 있다.

다. (라) 재산상 이익이 없으므로 사기죄는 성립하지 않는다. (마) ㉣주권의 전제가 되는 ㉢주식은 Q회사의 소유에 속한다.

대법원은 다음의 이유를 제시하여 상고를 기각하였다. (가) 주권을 교부한 자가 이를 분실하였다고 허위로 공시최고신청을 하여 제권판결을 선고받아 확정되었다면, 그 제권판결의 적극적 효력에 의해 그 자는 그 주권을 소지하지 않고도 주권을 소지한 자로서의 권리를 행사할 수 있는 지위를 취득하였다고 할 것이다. (나) 이로써 사기죄에 있어서의 재산상 이익을 취득한 것으로 보기에 충분하다. (다) 이는 제권판결이 그 신청인에게 주권상의 권리를 행사할 수 있는 형식적 자격을 인정하는 데 그치며, 그를 실질적 권리자로 확정하는 것이 아니라고 하여 달리 볼 것은 아니다. (라) 갑이 법원을 기망하여 A가 소지한 P주식회사의 ㉣주권에 대한 제권판결을 받은 것은 사기죄에 해당한다. (마) ㉢주식은 A가 취득하여 Q회사에게 명의신탁한 것이다.

1) 전술 390면 참조.

형법 제218조 제2항 전단의 위조인지등행사죄는 단순한 고의범이다. 이에 대해 후단의 위조인지등수입 · 수출죄는 행사할 목적을 요하는 목적범이다. 행사, 수입, 수출 등의 개념은 위조유가증권행사죄(법217)에서 설명한 것과 같다.

3. 위조인지등취득죄

형법 제219조 (위조인지 · 우표등의 취득) 행사할 목적으로 위조 또는 변조한 대한민국 또는 외국의 인지, 우표 기타 우편요금을 표시하는 증표를 취득한 자는 3년 이하의 징역 또는 1천만원 이하의 징역에 처한다.

◎ 자격정지 또는 벌금 임의적 병과(법220)
◎ 미수범 처벌함(법223)

위조인지등취득죄는 행사할 목적을 요구하는 목적범이다. 취득이란 자기의 소지로 옮기는 일체의 행위를 말한다. 취득의 개념은 위조통화취득죄(법208)에서 설명한 바와 같다.[1] 위조인지등취득죄의 취득은 위조 · 변조된 것임을 알고 행해질 것이 요구된다.

4. 소인말소죄

형법 제221조 (소인말소) 행사할 목적으로 대한민국 또는 외국의 인지, 우표 기타 우편요금을 표시하는 증표의 소인 기타 사용의 표지를 말소한 자는 1년 이하의 징역 또는 300만원 이하의 벌금에 처한다.

소인말소죄는 일단 첩부하여 사용한 인지, 우표의 재사용을 방지하기 위하여 마련된 범죄유형이다. 인지, 우표 기타 우편요금을 표시하는 증표는 재사용을 방지하기 위하여 법령이 정하는 바에 따라 권한 있는 자가 일정한 방식으로 소인(消印)을 하게 되어 있다.

소인을 말소한다 함은 인지, 우표 등에 진정하게 표시되어 있는 소인의 흔적을 소멸시켜서 그 인지나 우표 등을 다시 사용할 수 있도록 만드는 일체의 행위를 말한다. 그 수단, 방법은 묻지 않는다.

5. 인지등유사물제조죄 · 인지등유사물판매죄

형법 제222조 (인지 · 우표유사물의 제조 등) ① 판매할 목적으로 대한민국 또는 외국의 공채증서, 인지, 우표 기타 우편요금을 표시하는 증표와 유사한 물건을 제조, 수입 또는 수출한 자는 2

1) 전술 399면 이하 참조.

년 이하의 징역 또는 500만원 이하의 벌금에 처한다.
② 전항의 물건을 판매한 자도 전항의 형과 같다.

◎ 미수범 처벌함(법223)

형법 제222조는 인지등유사물제조죄와 인지등유사물판매죄를 규정하고 있다. 통화유사물제조죄 및 통화유사물판매죄를 규정한 형법 제211조에 대응하는 조문이다. 인지등유사물제조죄는 판매할 목적을 요하는 목적범이다. 이에 대해 인지등유사물판매죄는 단순한 고의범이다.

인지등유사물제조죄 및 인지등유사물판매의 객체는 대한민국 또는 외국의 공채증서, 인지, 우표 기타 우편요금을 표시하는 증표와 유사한 물건이다. 유사한 물건이라 함은 진정한 공채증서, 인지, 우표 등과 유사하기는 하지만 위조의 정도에는 이르지 아니하여 일반인으로 하여금 일견 진정한 공채증서, 우표 도는 인지라고 오신하게 할 정도의 외관을 갖추지 못한 것을 말한다. 제조, 수입, 수출, 판매의 개념은 통화유사물제조죄 및 통화유사물판매죄(법211)에서 설명한 바에 준한다.[1)]

1) 전술 400면 이하 참조.

제20장 문서에 관한 죄

제1 서 설

1. 형식주의와 실질주의

(1) 문서에 관한 죄의 입법형식

형법 각칙 제20장은 문서에 관한 죄를 규정하고 있다. 문서에 관한 죄는 문서에 대한 공공의 신용을 보호하기 위하여 마련된 것이다. 넓은 의미에서 볼 때 문서란 사람의 생각을 기록해 놓은 것이다. 그러나 문서는 단순한 기록의 의미를 넘어서서 법적 거래생활에서 여러 가지 중요한 기능을 담당하고 있다.

문서에 관한 죄의 보호법익이 문서에 대한 공공의 신용에 있음은 다툼이 없으나 문서에 관한 죄를 규율하는 방식에는 서로 다른 접근방법이 제시되고 있다.

(가) 형식주의　　문서에 관한 죄를 문서의 작성명의에 대한 공공의 신용을 침해하는 범죄라고 보는 태도이다. 이 입장에서는 형식적, 객관적으로 문서에 기록된 생각이 '누구'의 것인가 하는 점만을 문제 삼는다. 문서에 생각의 '주체'로 기재된 사람(작성명의인)과 실제의 작성자를 대비하여 양자가 일치하는 성질을 가리켜서 문서의 진정성(眞正性)이라고 한다. 형식주의는 '주체'를 중심으로 문서의 진정성이 인정되지 않는 경우만을 문서에 관한 죄의 규율대상으로 설정하며, 문서에 기재된 '생각'이 실제와 일치하는지는 문제 삼지 않는다.

(나) 실질주의　　문서에 관한 죄를 문서에 기재된 '생각' 자체에 대한 공공의 신용을 침해하는 범죄라고 보는 태도이다. 문서에 기재된 '생각'과 실제가 일치하는 성질을 가리켜서 문서의 진실성(眞實性)이라고 한다. 실질주의는 문서의 내용을 중심으로 문서의 진실성이 인정되지 않는 경우를 문서에 관한 죄의 규율대상으로 설정하고, 문서에 기재된 생각의 '주체'와 실제의 '주체'가 일치하는가는 문제 삼지 않는다.

(2) 우리 형법의 입법태도

문서에 관한 죄의 구체적 규율방식은 형식주의와 실질주의로 나누어 볼 수 있지만, 실제의 입법례를 보면 대부분 양자를 절충하는 방식에 서 있다.[1] 우리 입법자는 기본적으로 형

1) 유기천, 형법학 각론강의 하, (전정신판), (1983), 119면은 문서위조죄의 기원으로 로마의 코르넬리우스법(Lex Cornelia testamentaria)을 언급하면서, 성서(聖書)의 위조를 처벌하기 위한 것이라고 설명하고 있

식주의를 채택하되, 실질주의를 보충적으로 가미하는 입법태도를 취하고 있다.

문서는 문서에 기재된 생각의 '주체'(작성명의인)을 기준으로 공문서와 사문서로 나누어 볼 수 있다. 공문서는 공무원 또는 공무소가 작성명의인인 문서를 말한다. 사문서는 공문서를 제외한 그 밖의 문서를 가리킨다. 우리 형법은 문서를 공문서와 사문서로 나누어서 달리 규율하는 방식을 취하고 있다.

(가) 형식주의 측면　　형법은 공문서와 사문서 모두 위조와 변조를 처벌한다(법225, 231). 위조와 변조 여부는 문서의 작성명의인을 기준으로 판단한다. 이것은 우리 형법이 공문서와 사문서 모두에 대해 형식주의를 취하고 있음을 의미한다.

(나) 실질주의 측면　　우리 형법은 허위공문서작성죄를 처벌하면서(법227), 사문서의 경우에는 그에 상응하는 처벌규정을 두고 있지 않다. 다만 진단서, 검안서 등 극히 일부의 경우에 대해서만 허위작성행위를 처벌하고 있다(법233). 이것은 공문서의 경우 실질주의가 관철되어 있음에 대하여, 사문서의 경우에는 극히 제한된 범위에 한하여 실질주의가 채택되어 있음을 의미한다.

(다) 중간영역　　우리 형법은 공문서와 사문서 모두에 대해 자격모용에 의한 문서작성죄를 처벌하고 있다(법226, 232). 자격모용에 의한 문서작성죄는 생각의 '주체'는 일치하지만 그 주체의 '자격'이 실제와 일치하지 않는 경우를 대상으로 한다. 이러한 경우의 불일치를 '주체'의 불일치로 볼 것인지, '내용'의 불일치로 볼 것인지 문제된다.

우리 입법자는 자격모용에 의한 각종 문서작성죄를 규정하여 논란의 여지를 입법적으로 해소하였다. 자격모용공문서작성죄(법226)는 공문서위조죄(법225)와 같은 형으로, 자격모용사문서작성죄(법232)는 사문서위조죄(법231)와 같은 형으로 각각 처벌되고 있다. 이 점에서 우리 입법자는 자격모용에 의한 각종 문서작성죄를 형식주의 관점에서 규율하였음을 알 수 있다.[1)]

2. 문서의 개념요소

(1) 문서의 개념

(가) 개념정의　　형법상 문서에 관한 죄에서 문서라 함은 (가) 문자 또는 이에 대신할 수 있는 가독적 부호로, (나) 영속적으로 물체상에 기재된, (다) 의사 또는 관념의 표시인,

---

다. 그러나 코르넬리우스 법이 기원 전 81년에 제정되었다는 사실에 비추어 볼 때 이는 유언장 위조를 가리킴이 분명하다. 자세한 내용은, 최병조, 로마법상의 문서위조죄 – *Lex Cornelia de falsis*에 관한 소고 –, 서울대학교 법학, 제58권 제4호, (2017. 12.), 1면 이하, 특히 11면 각주 35) 참조.

1) 자격모용에 의한 문서작성죄의 입법경위에 대해서는, 후술 447면 이하 참조.

(라) (ㄱ) 원본 또는 (ㄴ) 이와 사회적 기능, 신용성 등을 동일시할 수 있는 기계적 방법에 의한 복사본으로서, (마) 그 내용이 법률상, 사회생활상 주요 사항에 관한 증거로 될 수 있는 것을 말한다.[1] 문서는 광의의 문서와 협의의 문서로 구별된다.

(나) 광의의 문서 문자 또는 이에 대신할 수 있는 가독적 부호를 사용하여 어느 정도 영속할 수 있는 물체상에 기재된 의사 또는 관념의 표시를 가리킨다. 그리고 그 표시된 내용은 적어도 법률상 또는 사회생활상 중요한 사항에 관하여 증거로 될 수 있는 것이어야 한다.

(다) 협의의 문서 광의의 문서 가운데에서 발음적 부호를 쓴 것을 가리켜서 협의의 문서(文書)라고 한다. 그리고 그 밖에 상형적 부호를 쓴 문서를 가리켜서 도화(圖畵)라고 한다. 협의의 문서와 도화는 개념상 구별되지만 형법 조문에는 보통 나란히 규정되어 있어서 양자를 구별할 실익은 적다. 아래에서는 서술의 편의를 위하여 '문서'의 개념을 도화를 포함하는 넓은 의미로 사용하기로 한다.

(라) 문서의 개념요소 어느 기록물이 문서에 관한 죄의 객체로서 협의의 문서에 해당하려면 (가) 영속적 기능, (나) 보장적 기능, (다) 증명적 기능, (라) 원본적 기능의 네 가지 요소를 갖추어야 한다. 이에 대한 자세한 내용은 항을 바꾸어서 설명한다.

(2) 문서의 영속적 기능

(가) 기록매체 문서는 문자나 문자에 갈음하여 읽어낼 수 있는 부호로 사람의 생각을 기록해 놓은 것이다. 이때 사람의 생각은 일정한 권리 · 의무를 발생시키는 '의사'를 표시한 것일 수도 있고, 일정한 사실의 존부를 나타내는 '관념'을 표시한 것일 수도 있다.

① 문 자 사람의 생각은 우선 말로 표현된다. 문자는 말을 눈으로 볼 수 있도록 나타내는 기호이다. 문서는 문자로 사람의 생각을 기록해 놓은 것이다. 문자는 한글, 한자, 로마자 기타 외국문자 등 모든 문자를 포함한다. 현재 사용하고 있는 문자뿐만 아니라 과거에 사용했던 문자라도 읽어낼 수 있는 것이면 된다.

② 기타 부호 문자가 아니더라도 읽어낼 수 있는 부호로 기재된 것이면 문서에 해당할 수 있다. 맹인용 점자, 전신부호, 속기용 부호 등에 의하여 표시된 기록도 문서에 해당한다. 도화는 상형적 부호로 의사 또는 관념을 표시한 넓은 의미의 문서이다. 본인만 해독할 수 있거나 특정한 당사자 사이에서만 이해될 수 있는 부호로 기재한 것은 문서에 해당하지 않는다. 공공의 신용에 영향을 미칠 염려가 없기 때문이다.

③ 특수매체기록 특수매체기록이란 전자(電子)적 방식, 자기(磁氣)적 방식, 광기술 방식 기타 사람의 지각에 의하여 인식할 수 없는 방식으로 작성된 기록으로서, 컴퓨터 등 정보

---

1) 2007. 11. 29. 2007도7480, [미간행] = 분석 각론 『미애 주민등록증 스캔 사건』.

처리장치에 의한 정보처리에 제공되는 것을 말한다.

문서는 읽어낼 수 있는 부호에 의하여 기록된 것만을 포함한다. 따라서 레코드나 녹음테이프 등 청각을 이용한 것이나 컴퓨터 디스크 등 일정한 전환장치를 통하여 해독할 수 있는 것은 문서에 해당하지 않는다.

우리 입법자는 1995년 형법개정시에 컴퓨터가 일상생활에 널리 보급·사용되는 것에 주목하여 새로운 유형의 문서에 관한 죄를 신설하였다. 전자기록 등 특수매체기록을 객체로 하는 공전자기록위작·변작죄(법227의2)와 사전자기록위작·변작죄(법232의2)가 그것이다.[1)]

(나) 기록의 구체성　문서는 구체적인 생각을 기록해 놓은 것이어야 한다. 문서로부터 사람의 일정한 생각을 읽어낼 수 있으면 족하고, 반드시 문장의 형식을 완비할 필요는 없다.

문서는 인장 또는 기호와 구별된다. 인장은 사람의 동일성을 표시하기 위하여 사용되는 일정한 상형이며, 기호는 사람 이외의 사물에 대하여 그 동일성을 증명하기 위한 부호이다. 인장이나 기호는 사람의 의사 또는 관념이 표시되어 있지 않다는 점에서 문서와 구별되며, 형법 각칙 제21장 인장에 관한 죄의 규율대상이 된다.

문서 가운데에는 의사 또는 관념의 표시가 완결된 문장으로 이루어지지 않고 기재사항이 생략된 것이 있다. 이를 가리켜서 생략문서라고 한다. 문서의 기재내용이 대폭 생략되어 있다 할지라도 그것이 사람이나 물건의 동일성을 나타내는 데에 그치지 않고 그 이외의 사항도 증명·표시하는 한 인장이나 기호가 아니라 문서에 해당한다. 예컨대 영수필을 나타내는 소인(消印)은 문서에 해당한다.[2)]

---

1) 후술 441면 이하 참조.

2) 1995. 9. 5. 95도1269, 공 1995, 3458 =『영수필 소인 사건』:

지방세의 납부절차는 다음과 같다. 구청이 납세자에게 고지서를 발부한다. 고지서에는 구청통보용 영수필 통지서와 영수증의 두 부분이 있다. 납세자가 은행원에게 납부할 세금과 고지서를 제출한다. 은행원은 다음과 같이 처리한다. (가) 구청통보용 영수필 통지서와 영수증 부분에 각각 은행의 수납인을 날인한다. (나) 구청통보용 영수필 통지서와 영수증을 분리한다. (다) 구청통보용 영수필 통지서를 구청에 송부한다. (라) 납세자에게 영수증을 교부한다. 구청 세무과 직원은 은행에서 송부되어 온 구청통보용 영수필 통지서를 관계 서류철에 편철한다. 세무계장은 관계 서류철에 편철된 구청통보용 영수필 통지서를 확인한 후, 하단에 소인을 날인한다.

갑은 M시 N구청의 세무계장이다. 갑은 은행을 통한 납부절차를 이용하여 납부된 세금을 횡령하기로 마음먹었다. 갑은 은행의 영수필 통지서 하단에 날인할 소인을 가짜로 새겼다(㉠소인). 갑이 범행에 사용한 ㉠소인은 원형의 고무인이 3단으로 나뉘어, 상단에는 '소인', 하단에는 '갑'이라고 새겨져 있고, 가운데에는 일자란이 있어 그때그때 일자를 바꾸어 가면서 사용할 수 있도록 만들어진 것이었다. 갑은 부하 직원 을 등과 공모하여 납세자들이 납부한 세금을 은행원들이 수납한 것처럼 서류를 꾸몄다. 부하 직원 을 등은 구청통보용 영수필 통지서를 관계 서류철에 편철하였다. 갑은 편철된 구청통보용 영수필 통지서 하단에 ㉠소인을 날인하였다. 갑은 서류상으로 세금이 납부된 것처럼 처리한 후, 납부된 세금을 공범자들과 나누어 가졌다.

검사는 갑을 횡령죄, 허위공문서작성죄 및 허위작성공문서행사죄로 기소하였다. 갑의 피고사건은 제1심을 생략문서에 해당하는 그 밖의 예로서는 우편접수시각증명서, 우체국의 날짜인, 은행의 출금표, 은행의 지급전표, 백지위임장, 차주 및 금액의 기재가 없는 보증증서, 날인이 없는 연대보증서 등을 들 수 있다.

(다) 기록의 영속성 문서는 반드시 영구적일 필요는 없지만 어느 정도 영속성 내지 계속성을 갖춘 상태에 있어야 한다. 모래 위에 적어둔 기록, 나무판자 위에 물로 써둔 기록 같은 것은 문서라고 할 수 없다. 컴퓨터 모니터 화면에 나타나는 이미지는 이미지 파일을 보기 위한 프로그램을 실행할 경우에 그때마다 전자적 반응을 일으켜 화면에 나타나는 것에 지나지 않아서 계속적으로 화면에 고정된 것으로는 볼 수 없으므로 문서에 해당하지 않는다.[1] [2]

기록의 계속성이 인정되면 반드시 종이에 기재하지 않아도 문서가 될 수 있다. 예컨대 나무토막, 도자기, 가죽, 헝겊, 돌, 금속판 등에 기록해 둔 것도 문서에 해당할 수 있다. 영속성을 갖추도록 기록하는 도구에는 제한이 없다. 잉크, 먹, 연필 등으로 기재한 것 이외에 타자기에 의한 타자, 인쇄기 등에 의한 인쇄, 염료를 사용한 표시, 수를 놓아 기재한 것, 약품이나 불 등으로 금속판이나 목판에 새겨 놓은 것도 모두 문서에 해당할 수 있다.

(3) 문서의 보장적 기능

(가) 작성명의인의 존재 문서에는 사람의 생각(의사 또는 관념)이 기록되어 있다. 따라서 문서에는 일정한 생각을 외부에 나타내는 사람이 반드시 전제되어 있다. 이때 문서에 생각의 주체로 표시된 사람을 작성명의인이라고 한다. 작성명의인을 알 수 없는 것은 문서라고 할 수 없다.

작성명의인과 문서를 실제로 작성한 사람이 반드시 같을 필요는 없다. 예컨대 갑이 자신의 생각을 구술하고 을이 이를 종이에 받아 적어 문서를 작성한 경우를 생각해 본다. 이때 문서에는 갑의 생각(의사 또는 관념)과 함께 그 생각의 주체가 갑이라는 점이 기록된다. 이러한 상황에서 그 문서의 작성명의인은 갑이 되고 을은 문서의 작성보조자에 지나지 않는다.

거친 후, 항소심에 계속되었다. 항소법원은 유죄를 인정하였다. 갑은 불복 상고하였다. 갑은 상고이유의 하나로 다음의 점을 주장하였다. (가) ㉠소인은 단순히 인장을 위조한 것에 지나지 않는다. (나) ㉠소인을 날인한 것은 허위공문서작성죄에 해당하지 않는다.

대법원은 다음의 이유를 제시하여 상고를 기각하였다. (가) 소인을 영수필 통지서에 날인하는 의미는 은행 등 수납기관으로부터 그 수납기관에 세금이 정상적으로 입금되었다는 취지의 영수필 통지서가 송부되어 와서 이에 기하여 수납부 정리까지 마쳤으므로 이제 그 영수필 통지서는 보관하면 된다는 점을 확인함에 있다. (나) 이러한 의미는 '소인'이라고 새겨진 부분에 함축되어 있다. (다) 소인이 가지는 의미가 위와 같은 것이라면 이는 하나의 문서로 보아야 할 것이고, 이를 가리켜 단순한 표시 내지 기호에 불과하다 할 수는 없다.

1) 2007. 11. 29. 2007도7480, [미간행] = 분석 각론『미애 주민등록증 스캔 사건』.

2) 2011. 11. 10. 2011도10468, [미간행] = 분석 각론『잔액증명서 스캔 사건』.

문서에 관한 죄의 입법형식과 관련하여 형식주의를 취하는 경우에는 문서의 작성명의인을 기준으로 범죄성립 여부를 검토하게 된다.

(나) 작성명의인의 특정　일반적으로 문서는 사람의 생각(의사 또는 관념)을 기록해 놓은 것이지만, 문서에 관한 죄의 객체로 되기 위해서는 그 문서에 작성명의인이 분명하게 드러나 있어야 한다. 작성명의인은 자연인, 법인, 법인격 없는 단체 등 그 형태를 가리지 않는다. 거래관계에서 독립한 사회적 지위를 가지고 활동하고 있는 존재로 취급될 수 있으면 작성명의인에 해당한다.[1]

작성명의인은 특정되어야 한다. 작성명의인이 누구인지 판별할 수 없는 것은 문서에 관한 죄의 문서에 해당하지 않는다. 작성명의인을 알 수 없는 문서는 일반인의 신뢰대상이 되지 않고 거래상 증거로서의 가치도 없어서 보호할 실익이 없기 때문이다.

(다) 작성명의인의 실재 여부　문서의 작성명의인이 반드시 실제로 존재해야 하는가 하는 문제가 있다. 만일 이를 긍정한다면 허무인이나 사망자를 작성명의인으로 하는 문서는 문서에 관한 죄의 객체에 해당하지 않게 된다.

문서에 관한 죄의 문서에 해당하려면 문서의 작성명의인이 현실세계에도 실제로 존재하고 있어야 한다는 견해가 있다. 이 입장에서는 (가) 문서는 사람의 생각(의사 또는 관념)을 기록해 둔 것인데, 존재하지 않는 사람은 생각을 외부에 표시할 수 없고, (나) 조문상으로도 '공무원 또는 공무소의 문서'(공문서의 경우) 또는 '타인의 문서'(사문서의 경우)라고 규정되어 특정인의 존재를 전제로 하고 있다고 주장한다.

이에 대해 문서의 작성명의인이 반드시 현실세계에 존재할 필요가 없다고 보는 견해가 있다. 이 입장에서는 (가) 문서에 관한 죄가 사회생활상 거래의 안전과 신용을 보호하기 위하여 마련된 범죄유형이며, (나) 이러한 신용과 안전을 유지하려면 작성명의인의 실재 여부와 관계없이 일반인이 진정한 문서라고 오신하게 할 염려가 있는 경우는 모두 문서로 보아야 한다고 주장한다.

종래 판례는 문서를 공문서와 사문서로 나누어서 공문서의 경우에는 작성명의인의 실재를 요하지 않으나,[2] 사문서의 경우에는 실재하는 작성명의인을 요한다는 이원적인 태도를

---

1) 2008. 2. 14. 2007도9606, 공 2008, 415 = 『부동산중개소 대표자 사건』 참조.

2) 1968. 9. 17. 68도981, 집 16③, 형12 = 『제2기획통제실장 사건』:

갑은 '경제기획원 조사통계국 경남 제2기획통제실장' 명의로 ㉠임용통지서를 작성하였다. '경제기획원 조사통계국 경남 제2기획통제실장'이라는 공무소나 공무원은 실존하지 않았다. 갑은 A에게 ㉠임용통지서를 제시하여 금원을 편취하였다.

검사는 갑을 사기죄, 공문서위조죄, 위조공문서행사죄로 기소하였다. 갑의 피고사건은 제1심을 거친 후, 항소심에 계속되었다. 항소법원은 유죄를 인정하였다. 갑은 불복 상고하였다. 갑은 상고이유로 다음의 점을 주장하였다. (가) ㉠임용통지서는 실존하지 않는 공무소 또는 공무원 명의의 문서이다. (나) 허무인 명의의 공문서의

취하고 있었다. 그리하여 타인명의의 사문서를 위조하여 행사하였다고 하더라도, 그 명의인이 실재하지 않는 허무인이거나, 문서의 작성일자 전에 이미 사망한 경우에는 사문서위조죄 및 위조사문서행사죄가 성립하지 않는다는 입장을 취하였다.

그러나 대법원은 전원합의체 판결을 통하여 공문서, 사문서를 가리지 않고 작성명의인의 실재를 요하지 않는다는 입장으로 판례를 변경하였다. 대법원은 판례변경을 하면서 그 논거로 다음의 점을 들었다. (가) 문서위조죄는 문서의 진정에 대한 공공의 신용을 그 보호법익으로 하는 것이므로 행사할 목적으로 작성된 문서가 일반인으로 하여금 당해 명의인의 권한 내에서 작성된 문서라고 믿게 할 수 있는 정도의 형식과 외관을 갖추고 있으면 문서위조죄가 성립한다. (나) 이러한 요건을 구비한 이상 그 명의인이 실재하지 않는 허무인이거나 또는 문서의 작성일자 전에 이미 사망하였다고 하더라도 그러한 문서 역시 공공의 신용을 해할 위험성이 있으므로 문서위조죄가 성립한다. (다) 이러한 사정은 공문서뿐만 아니라 사문서의 경우에도 마찬가지라고 보아야 한다.[1]

(4) 문서의 증명적 기능

(가) 증명기능　　문서에 표시된 사람의 생각(의사 또는 관념)은 법률상 또는 사회생활상 중요한 사항에 관한 증거가 될 수 있는 것이어야 한다. 즉 직접적으로 권리 · 의무의 발생, 존속, 변경, 소멸 등을 표시하거나, 사회생활에서 중요한 사실에 관한 증거가 될 수 있는 것이어야 한다. 우리 형법은 사문서위조죄(법231)와 관련하여 '권리 · 의무 또는 사실증명에 관한 타인의 문서 또는 도화'라는 표현을 사용하여 이 점을 분명히 하고 있다.

문서에는 처음부터 증명의 목적으로 작성된 것과 작성된 후에 일정한 사정에 의하여 증명의 방법으로 된 것이 모두 포함된다. 계약서와 같이 권리 · 의무를 직접 발생시키는 것 이외에 이력서, 추천서, 안내장 등 사실증명에 관한 것도 모두 문서에 포함된다.

(나) 한계영역　　문서는 증명기능을 가진 것으로서 사람의 생각(의사 또는 관념)이 객관적으로 표시된 것이어야 한다. 소설이나 시 또는 서화(書畵)는 사람의 생각을 드러내는 것이기는 하지만 권리 · 의무의 발생 · 변경 · 소멸을 표시하거나 사실의 존부를 증명하기 위하여

경우 공문서위조죄는 성립하지 않는다.

대법원은 다음의 이유를 제시하여 상고를 기각하였다. (가) 경제기획원조사 통계국 경남 제2기획통제실장이라는 공무소 또는 공무원은 실존하지 않는다. (나) 그러나 경제기획원 조사통계국은 실존한다. (다) 그 산하에 경남 제2기획통제실장이라는 공무원이 실존하는 것으로 일반인이 오신할 우려가 있다. (라) 그 이름의 문서가 실존하는 공무원이 작성한 문서로 볼 수 있는 정도의 형식과 외관을 갖춘 문서인 이상 공문서위조죄가 성립한다.

1) 2005. 2. 24. 2002도18 전원합의체 판결, 공 2005, 534 = 분석 각론『'강남한의원' 경력증명서 사건』.

작성된 것이 아니므로 문서에 해당하지 않는다. 그러나 서화의 경우 언제 누구에 의하여 기록된 것인가를 나타낸 낙관(落款) 부분은 증명기능을 가진 것으로서 문서에 해당한다.

(5) 문서의 원본적 기능

(가) 원본성 문서는 사람의 생각(의사 또는 관념)이 확정적으로 직접 기록된 것이어야 한다. 사람의 생각이 다른 매개체의 개입 없이 직접 표시되어 있는 상태를 가리켜서 문서의 원본성이라고 한다. 문서에 원본성이 요구되는 것은 사람의 생각과 그 기록 사이에 오류개입의 여지를 차단해야만 문서가 증명기능을 제대로 발휘할 수 있기 때문이다.

문서는 사람의 생각이 원본으로서 표시된 것이어야 한다. 원본을 옮겨 적은 사본은 문서에 해당하지 않는다. 사본 가운데 원본의 내용을 전부 그대로 옮겨 적어 놓은 것을 등본, 일부를 옮겨 적어 놓은 것을 초본이라고 한다. 문서의 등본 또는 초본은 사본이므로 문서에 해당하지 않는다. 그러나 등본이나 초본에 '원본과 상위 없음'이라는 인증이 기재된 경우 그 인증부분은 원본성이 있어서 문서로 인정된다.

문서는 사람의 생각이 확정적으로 원본에 표시된 것이어야 한다. 단순한 초안이나 초고는 문서에 해당하지 않는다.[1] 그러나 가계약서, 가영수증 등과 같이 본계약서나 본영수증이 작성될 때까지 시한부로 본계약서, 본영수증의 사명을 대신하는 것은 사람의 생각(의사 또는 관념)이 확정적으로 원본에 표시되고 있어서 문서에 해당한다.

(나) 복사문서 문서의 원본성과 관련하여 복사문서의 문서성이 문제된다.

① 문제의 소재 예컨대 타인의 영업감찰을 전자복사기로 복사한 후 복사된 사본 가운데 필요한 항목을 지우고 다른 내용을 기재하는 행위가 문서에 관한 죄를 구성할 것인지 문제된다. 원본성의 관점에서 볼 때 복사된 영업감찰은 원본인 영업감찰을 그대로 옮겨온 것으로서 사본에 불과하다. 사본은 원본성이 없어서 문서에 관한 죄의 문서에 해당하지 않으므로 위의 사안에서 문서에 관한 죄를 인정하기는 곤란하다. 그러나 실제 거래사회에서는 복사문서가 널리 증명의 방법으로 이용되고 있어서 이를 문서에 관한 죄의 객체에서 제외하게 되면 여러 가지 부작용이 초래될 수 있다.

② 판례의 변화 복사문서에 대해 문서성을 인정할 것인가 하는 문제를 놓고 대법원은 일련의 전원합의체 판결을 통하여 입장의 변경을 거듭하였다. 대법원은 처음에 원본을 기계적으로 복사한 복사문서는 그것에 "원본과 다름이 없다"는 내용의 인증이 없는 한 문서에 해당하지 않는다는 입장을 취하였다. 이후 대법원은 거래사회에서 복사문서가 증명의 용도로 널리 사용되는 실정을 고려하여 기계적인 방법으로 원본을 복사한 복사문서는 문서에 관

1) 2005. 12. 23. 2005도4478, [미간행] = 분석 각론『조카 이름 서명 사건』.

한 죄의 객체인 문서에 해당한다는 쪽으로 입장을 전환하였다.[1]

③ 형법개정　　우리 입법자는 1995년 형법 부분개정시에 복사문서의 문서성에 관한 논의를 입법적으로 해결하였다. 신설된 형법 제237조의2는 "이 장의 죄에 있어서 전자복사기, 모사전송기 기타 이와 유사한 기기를 사용하여 복사한 문서 또는 도화의 사본도 문서 또는 도화로 본다"고 규정하고 있는데, 이것은 대법원판례의 취지를 입법화한 것이다.[2]

형법이 복사문서를 문서로 간주하는 규정을 두었다고 해도 이것을 가지고 입법자가 문서의 원본성 요건을 전면적으로 포기한 것으로 해석할 일은 아니다. 문서의 증명기능을 고려할 때 문서의 원본성은 포기할 수 없는 요건이다. 형법 제237조의2가 복사문서를 문서로 간주한 것은 전자복사기나 모사전송기 등과 같이 오류개입의 가능성이 배제되었다고 일반인들이 신뢰할 수 있는 기기를 사용하여 문서를 복사한 경우로 한정된다. 따라서 필사본과 같이 오류개입의 가능성이 남아 있는 사본의 경우에는 여전히 문서성이 부정된다.

④ 복사문서의 범위　　형법 제237조의2에 따라서 전자복사기, 모사전송기 기타 이와 유사한 기기를 사용하여 복사한 문서의 사본은 문서의 원본과 마찬가지로 문서에 관한 죄의 문서에 해당한다. 또한 복사한 문서를 다시 복사한 재사본(再寫本)도 문서로 된다.

그러므로 (가) 진정한 문서원본(A)을 임의로 전자복사기로 복사하여 사본(B)을 만드는 행위,[3] (나) 위조된 문서원본(A)을 전자복사기로 복사하여 사본(B)을 만드는 행위,[4] (다) 진정한 문서(A)를 전자복사기로 복사한 문서(B)에 일부 조작을 가한 후 이를 다시 전자복사하여 사본(C)을 만드는 행위는[5] 모두 별개의 문서를 창출하는 행위로서 문서위조죄에 해당한다.

---

1) 1989. 9. 12. 87도506 전원합의체 판결, 공 1989, 1418.

2) 법무부, 형법개정법률안 제안이유서, (1992), 233면.

3) 2016. 7. 14. 2016도2081, 공2016하, 1212 = 『경유증표 컬러복사 사건』 ☞ 부록 1569면.

4) 1996. 5. 14. 96도785, 공 1996, 1969 = 『공소시효 완성 매도증서 사건』:

갑은 M토지에 관한 ㉠매도증서를 위조하였다. 갑은 ㉠매도증서를 행사하지 않고 소지하고 있었다. ㉠매도증서에 대한 사문서위조죄의 공소시효가 완성되었다. 이후 갑은 ㉠매도증서를 전자복사기로 복사하였다(㉡복사본). 갑은 M토지에 대해 취득시효완성으로 인한 소유권이전등기절차의 이행을 명하는 승소판결을 받을 목적으로 소송을 제기하였다(㉮소송). 갑은 ㉮소송에서 ㉠매도증서의 ㉡복사본을 증거로 제출하였다. 이후 재판과정에서 ㉡복사본이 거짓임이 판명되었다.

검사는 갑을 사기미수죄, 사문서위조죄, 위조사문서행사죄로 기소하였다. 갑의 피고사건은 제1심을 거친 후, 항소심에 계속되었다. 항소법원은 유죄를 인정하였다. 갑은 불복 상고하였다.

대법원은 다음의 이유를 제시하여 상고를 기각하였다. 대법원은 ㉡복사본 부분에 대해 다음과 같이 판단하였다. (가) 전자복사기로 복사한 문서의 사본도 문서위조죄 및 동 행사죄의 객체인 문서에 해당한다. (나) 위조된 문서원본을 단순히 전자복사기로 복사하여 그 사본을 만드는 행위도 공공의 신용을 해할 우려가 있는 별개의 문서사본을 창출하는 행위로서 문서위조행위에 해당한다.

5) 2000. 9. 5. 2000도2855, 공 2000, 2155 = 『주민등록증사본 재복사 사건』 ☞ 부록 1570면.

3. 특수매체기록

(1) 입법취지

(가) 컴퓨터 관련 범죄의 신설 사회 각 분야에서 정보화가 진행됨에 따라 전자기록 등 특수매체를 이용한 정보처리가 증가하게 되었고, 그만큼 컴퓨터 등 정보처리장치와 관련된 형법적 보호의 필요성이 증대하고 있다. 입법자는 이러한 사회발전을 고려하여 1995년의 형법 일부개정시에 컴퓨터 관련 범죄를 새로이 규정하거나 기존의 구성요건을 보완하였다.

신설 또는 보완된 컴퓨터 관련 범죄는 전자기록 등 특수매체기록을 객체로 하는 경우와 그 밖의 경우로 나누어 볼 수 있다. 전자가 새로운 형태의 정보저장매체를 대상으로 설정한 것이라면, 후자는 정보처리장치의 기능 자체에 주목하는 것이라고 할 수 있다.

특수매체기록이란 전자(電子)적 방식, 자기(磁氣)적 방식, 광기술 방식 기타 사람의 지각에 의하여 인식할 수 없는 방식으로 작성된 기록으로서, 컴퓨터 등 정보처리장치에 의한 정보처리에 제공되는 것을 말한다. 특수매체기록을 객체로 하는 범죄로는 공무상비밀내용탐지죄(법140③), 공용서류무효죄(법141①), 공전자기록위작 · 변작죄(법227의2), 공정증서원본불실기재죄(법228①), 위조공문서등행사죄(법229), 사전자기록위작 · 변작죄(법232의2), 위조사문서등행사죄(법234), 비밀내용탐지죄(법316②), 권리행사방해죄(법323), 손괴죄(법366) 등이 있다.

이에 대해 정보처리장치의 기능을 중심으로 하는 범죄로는 컴퓨터등업무방해죄(법314②)와 컴퓨터등사용사기죄(법347의2)를 들 수 있다. 이 가운데 컴퓨터등업무방해죄는 특수매체기록의 손괴를 구성요건에 포함하고 있지만 정보처리장치에 장애를 일으킨다는 점이 핵심을 이루고 있다. 한편 각종 자동설비의 이용과 관련한 편의시설부정이용죄(법348의2)도 간접적으로 정보처리장치의 기능에 관한 범죄라고 할 수 있다.

(나) 특수매체기록과 문서 전자기록(電磁記錄) 등 특수매체기록은 사람의 의사나 관념을 기록해 놓은 것이기는 하지만 가독성이 없어서 문서나 도화에 포함되지 않는다. 그러나 거래사회에서 전자기록 등 특수매체기록이 문서나 도화에 못지않은 증명기능을 발휘하고 있음은 부인할 수 없다. 여기에서 우리 입법자는 전자기록 등 특수매체기록을 문서에 준하는 것으로 파악하여 문서에 관한 죄의 규율대상으로 설정하고 있다. 형법 각칙 제20장 문서에 관한 죄에 규정된 각종 범죄들 가운데 특수매체기록을 객체로 하는 범죄들은 거래사회에서의 특수매체기록에 대한 신용성을 보호법익으로 하고 있다.

(2) 특수매체기록의 범위

형법은 컴퓨터 등 정보처리장치를 이용한 신종범죄에 대처하기 위하여 '전자기록(電磁記

錄)등 특수매체기록'이라는 표현을 사용하고 있다. 그러나 개념의 구체적인 내용에 대해서는 정의규정을 두고 있지 않다. 이에 대해 독일 형법이나 일본 형법은 컴퓨터 관련 신종범죄를 규정하면서 객체에 대한 개념규정을 마련하고 있다. 아래에서는 외국의 입법례를 참조하면서 특수매체기록의 범위를 정리해 보기로 한다.

특수매체기록이란 전자(電子)적 방식, 자기(磁氣)적 방식, 광기술 방식 기타 사람의 지각에 의하여 인식할 수 없는 방식으로 작성된 기록으로서, 컴퓨터 등 정보처리장치에 의한 정보처리에 제공되는 것을 말한다.

(가) 정 보 특수매체기록은 정보를 기록한 것이어야 한다. 정보는 정보처리시스템의 외부에 존재하는 일정한 사정을 의미한다. 문서와 대비해 볼 때 특수매체기록상의 정보는 문서에 기록된 사람의 생각(의사 또는 관념)에 대응한다. 따라서 정보는 거래사회에서 중요성이 인정되는 권리 · 의무 또는 사실의 증명에 관한 것이어야 한다.

(나) 지각불능 특수매체기록은 문서와 마찬가지로 일정한 사항을 증명하는 내용을 담고 있지만, 그 내용을 사람이 오관(五官)에 의하여 지각할 수 없다는 점에서 문서와 구별된다. 문서가 가독적 부호를 매개로 하고 있어서 내용을 직접적으로 인식할 수 있음에 반하여 특수매체기록은 사람의 직접적 인식이 불가능하다.

(다) 전자기록 형법은 특수매체기록에 정보를 기록하는 방법에 대해 '전자기록(電磁記錄) 등'이라는 표현을 사용하고 있다. 이에 대해 독일 형법은 '전기적 · 자기적으로 또는 기타 직접 인식할 수 없도록 저장되고 전달되는 정보'라는 표현을, 일본 형법은 '전자(電子)적 방식, 자기(磁氣)적 방식 기타 사람의 지각에 의해서는 인식할 수 없는 방식으로 만들어지는 기록'이라는 표현을 각각 사용하고 있다. 우리 형법의 '전자기록 등 특수매체기록'도 전자적 기록과 자기적 기록을 모두 포함하고 있음은 물론이다.[1)]

(라) 기타 특수매체기록 우리 형법은 '전자기록 등 특수매체기록'이라고 하여 전자적 기록, 자기적 기록 이외에 다른 기록수단을 예정하고 있다. 광기술이나 레이저 기술을 이용한 기록이 그것이다.[2)] 독일 형법과 일본 형법 또한 '사람이 인식할 수 없는 방식'이라는 표지를 사용하여 앞으로의 과학기술 발전에 대비하고 있다. 그런데 기타 기록의 한계에 대해서는 견해가 일치하고 있지 않다.

독일 형법의 경우에는 특수매체기록에 해당하기 위하여 정보가 직접 지각에 의하여 인식할 수 없는 방식으로 입력되거나 전송될 것을 요구한다.[3)] 그리하여 특수매체기록은 반드

1) 법무부, 형법개정법률안 제안이유서, (1992), 229면 참조.
2) 법무부, 형법개정법률안 제안이유서, (1992), 229면 참조.
3) 독일형법 제11조 ③ 이 조항을 원용하는 규정에서는 음성 · 영상을 기록한 매체, 정보저장매체

시 컴퓨터와 관련될 것을 요하지 않으며, 기계 · 기구 등의 보조장치 없이는 그 내용을 지득할 수 없는 것을 모두 포함하고 있다.[1] 이에 반해 일본 형법의 경우에는 '전자계산기에 의하여 정보처리의 용도에 제공된 것'만 특수매체기록에 포함된다.[2]

양자의 차이는 특히 마이크로필름과 같은 경우에 나타난다. 독일 형법의 해석론으로는 마이크로필름이 특별한 보조장치 없이 내용을 파악할 수 없는 것이라는 이유로 특수매체기록에 포함되고 있다.[3] 그러나 일본 형법의 해석론에 따르면 '전자계산기에 의하여 정보처리의 용도에 제공된 것'이 아니라는 이유로 마이크로필름을 특수매체기록에서 제외한다.

우리 형법은 단순히 '전자기록 등 특수매체기록'이라는 표현을 사용하여 그 한계를 명시하고 있지 않다. 형법개정 과정에서 특수매체기록에 마이크로필름 기록도 포함시키자는 의견이 제시되었다. 그러나 마이크로필름에 의한 기록은 단순한 문자의 축소 및 기계적인 재생에 지나지 않아 일반적인 문서의 위조 · 변조로 규율할 수 있다는 이유로 이 제안은 채택되지 않았다.[4]

(마) 기록의 영속성 여부 문서의 경우에는 기재내용이 증명의 용도에 사용될 수 있도록 기록의 영속성이 요구된다. 이러한 문서의 성질을 특수매체기록에도 요구하여 특수매체기록의 범위를 한정할 것인지 문제된다. 논의는 특히 컴퓨터의 임시기억장치인 램(RAM, Random Access Memory)에 정보가 기록될 때 발생한다.

판례는 램에 올려진 전자기록도 원본파일과 불가분적인 것으로 원본파일의 개념적 연장선상에 있다는 입장을 취하고 있다. 판례는 (ㄱ) 형법이 전자기록위작 · 변작죄를 문서위조 · 변조죄와 따로 처벌하고자 한 입법취지, (ㄴ) 저장매체에 따라 생기는 그 매체와 저장된 전자기록 사이의 결합강도와 각 매체별 전자기록의 지속성의 상대적 차이, (ㄷ) 전자기록의 계속성과 증명적 기능과의 관계, (ㄹ) 전자기록위작 · 변작죄의 보호법익과 그 침해행위의 태양 및 가벌성 등에 비추어 램에 올려진 전자기록 역시 전자기록위작 · 변작죄에서 말하는 전자

(Datenspeicher), 도화 및 기타 표현물을 문서와 같은 것으로 본다.

제202조a ① 그를 위해서 작성된 것이 아니고 무권한 접근에 대하여 특별히 보호된 정보(Daten)에 권한 없이 보안장치를 해제함으로써 접근하거나 제3자로 하여금 접근하게 한 자는 3년 이하의 자유형 또는 벌금에 처한다.

② 제1항의 정보(Daten)는 전기적 · 자기적으로 또는 기타 직접 인식할 수 없도록 저장되고 전달되는 정보만을 의미한다.

1) Fischer, StGB, 57. Auflage, (2010), § 202a Rn 4.

2) 일본형법 제7조의2 이 법률에서 '전자(電磁)적 기록'이라 함은 전자(電子)적 방식, 자기(磁氣)적 방식 기타 사람의 지각에 의해서는 인식할 수 없는 방식으로 만들어지는 기록으로서 전자계산기에 의한 정보처리용으로 제공되는 것을 말한다.

3) Fischer, StGB, 57. Auflage, (2010), § 202a Rn 4.

4) 법무부, 형법개정법률안 제안이유서, (1992), 229면 이하 참조.

기록 등 특수매체기록에 해당한다고 본다.[1]

4. 공문서와 사문서

공문서는 공무원 또는 공무소가 그 직무에 관하여 작성하는 문서이다. 즉 작성명의인이 공무원 또는 공무소인 문서이다. 이 경우 공무원 또는 공무소는 대한민국의 공무원 또는 공무소를 가리킨다. 외국의 공무원 또는 공무소가 작성명의인인 문서는 공문서가 아니라 사문서에 해당한다.[2]

특별법에 의하여 공무원의 개념이 확장되는 경우가 있다. 어느 특별법이 "[공무소 아닌 기관의] 집행간부 및 직원은 형법이나 그 밖의 법률에 따른 벌칙을 적용할 때에는 공무원으로 본다."는 규정을 두고 있는 경우를 본다. 이 경우에 '형법이나 그 밖의 법률에 따른 벌칙'에는 (가) 해당 기관의 집행간부 및 직원들이 지위를 남용하여 범법행위를 한 경우에 적용할 벌칙만을 말하는 것이 아니라, (나) 제3자가 해당 기관의 집행간부 및 직원들에 대하여 범법

---

1) 2003. 10. 9. 2000도4993, 공 2003, 2199 = 분석 각론『월드컵경기장 부정 입찰 사건』☞ 부록 1570면.

2) 1998. 4. 10. 98도164, 공 1998, 1407 =『홍콩 국제운전면허증 사건』:

㉠국제운전면허증은 홍콩 교통국장이 A에게 발행한 것이다. ㉠면허증은 영문으로 기재되어 있으며, 유효기간 1년이 경과한 것이었다. 갑은 운전면허가 없다. 갑은 ㉠면허증을 입수하였다. 갑은 ㉠국제운전면허증에 붙어있던 A의 사진을 떼어내고 그 자리에 자신의 사진을 붙인 후 이를 휴대하였다. 갑은 서울 시내에서 승용차를 운전하면서 경찰관에게 적발당할 경우 ㉠국제운전면허증을 제시할 생각이었다.

검사는 갑을 사문서위조죄로 기소하였다. 제1심법원은 다음의 이유를 들어 무죄로 판단하였다. (가) ㉠국제운전면허증은 A가 발급받은 것으로서 그 유효기간은 1년이다. (나) 갑의 행위 당시에는 이미 유효기간을 경과하여 사문서로서의 효력을 상실하였다. (다) 갑이 유효기간을 고치지 아니한 이상 문서에 새로운 사실증명의 효력을 부여하여 이를 유효한 것으로 만들었다고 할 수 없다. 검사는 불복 항소하였다. 항소법원은 항소를 기각하고, 제1심판결을 유지하였다. 검사는 불복 상고하였다.

대법원은 다음의 이유를 제시하여 원심판결을 파기환송하였다. (가) 문서위조죄는 문서의 진정에 대한 공공의 신용을 그 보호법익으로 한다. (나) 갑이 위조하였다는 ㉠국제운전면허증은 그 유효기간을 경과하여 본래의 용법에 따라 사용할 수 없게 되었다. (다) 그렇다고 하여도 이를 행사하는 경우 그 상대방이 유효기간을 쉽게 알 수 없도록 되어 있거나, 문서 자체가 진정하게 작성된 것으로서 갑이 명의자로부터 국제운전면허를 받은 것으로 오신하기에 충분한 정도의 형식과 외관을 갖추고 있다면 갑의 행위는 문서위조죄에 해당한다.

(라) 갑은 자동차 운전면허를 받은 바 없이 서울 시내에서 승용차를 운전하면서 경찰관에게 적발당할 경우 ㉠국제운전면허증을 제시하려고 하였다. (마) 갑이 사진을 바꾸어 붙인 ㉠국제운전면허증을 살펴보면 거기에는 이를 발행받은 자의 성명 · 출생지 · 생년월일 · 주소가 영문으로 기재되어 있다. (바) 표지에 고무인으로 발행일이 날인되어 있으며, 표지의 뒷면에 작은 활자의 영문으로 ㉠면허증이 효력을 가지는 국가와 유효기간이 발행일로부터 1년이라는 취지가 기재되어 있다.

(사) 이와 같은 경우 ㉠국제운전면허증은 비록 유효기간을 일정기간 경과하였기는 하지만, 이를 행사할 경우 그 상대방이 유효기간에 관한 기재를 쉽게 인식할 수 없다고 보인다. (아) 뿐만 아니라 그 문서의 형식과 외관으로 볼 때 이는 명의자인 홍콩 당국이 갑에게 국제운전면허를 부여하였음을 증명하는 내용의 진정한 문서라고 오신할 위험성이 충분하다. (자) 따라서 ㉠국제운전면허증은 문서위조죄의 문서에 해당한다고 보아야 한다.

행위를 한 경우에 적용할 벌칙과 같이 피해자인 해당 기관의 집행간부 및 직원들을 보호하기 위한 벌칙도 포함된다.[1)]

행위주체가 공무원 또는 공무소가 아닌 경우에는, 형법 또는 기타 특별법에 의하여 공무원 등으로 의제되는 경우를 제외하고는, 계약 등에 의하여 공무와 관련되는 업무를 일부 대행하는 경우가 있다 하더라도 공무원 또는 공무소가 될 수 없다. 따라서 이들이 작성한 문서는 공문서에 해당하지 않는다.[2) 3)]

---

1) 2021. 3. 11. 2020도14666, 공 2021상, 821 = 『금융감독원 대출정보 사건』:

「금융위원회의 설치 등에 관한 법률」(금융위원회법)은 "금융감독원의 집행간부 및 직원은 형법이나 그 밖의 법률에 따른 벌칙을 적용할 때에는 공무원으로 본다."는 규정을 두고 있다(㉮규정). 금융감독원장은 금융감독원의 집행간부이다. 갑은 M보이스피싱 조직에서 편취금을 수거하여 송금하는 역할을 담당하였다. 갑은 성명불상자 을과 공모하여 행사할 목적으로 금융감독원장 명의의 '금융감독원 대출정보내역'이라는 문서를 위조하였다(㉠문서). 성명불상자 을은 ㉠문서가 진정한 문서라고 A를 기망하였다. 갑은 A에게 ㉠문서를 교부하였다. A는 을에게 기망당하여 ㉠문서가 위조된 사실을 알지 못하였다.

검사는 갑을 사문서위조죄 및 위조사문서행사죄로 기소하였다(기타 죄명은 생략함). 제1심법원은 유죄를 인정하였다. 갑은 불복 항소하였다. 항소법원은 항소를 기각하고, 제1심판결을 유지하였다. 갑은 불복 상고하였다.

대법원은 다음의 이유를 제시하여 원심판결을 파기환송하였다. (가) [금융감독원 임직원을 벌칙적용에서 공무원으로 의제하는] ㉮규정은 (ㄱ) 금융감독원장 등 금융감독원의 집행간부 및 직원에게 공무원과 동일한 책임을 부담시킴과 동시에 (ㄴ) 그들을 공무원과 동일하게 보호해 주기 위한 필요에서 (ㄷ) 모든 벌칙의 적용에 있어서 공무원으로 본다고 해석함이 타당하다. (나) ㉮규정에서 말하는 벌칙은 금융감독원장 등 금융감독원의 집행간부 및 직원들이 지위를 남용하여 범법행위를 한 경우에 적용할 벌칙만을 말하는 것이 아니다. (다) ㉮규정에서 말하는 벌칙에는 제3자가 금융감독원장 등 금융감독원의 집행간부 및 위 직원들에 대하여 범법행위를 한 경우에 적용할 벌칙과 같이 피해자인 금융감독원장 등 금융감독원의 집행간부 및 직원들을 보호하기 위한 벌칙도 포함된다. (라) 금융감독원 집행간부인 금융감독원장 명의의 문서를 위조, 행사한 행위는 사문서위조죄, 위조사문서행사죄에 해당하는 것이 아니라 공문서위조죄, 위조공문서행사죄에 해당한다.

2) 2008. 1. 17. 2007도6987, [미간행] = 분석 각론 『경찰서 후생계 사건』.

3) 1996. 3. 26. 95도3073, 공 1996, 1470 = 『국고수납대리점 영수증 사건』:

갑은 진해시 국고수납대리점인 상업은행 진해지점에 주민세를 납부하고 납세자보관용 영수증을 받았다(㉠영수증). ㉠영수증의 기재를 보면, 농협중앙회 진해지소(시금고)가 수납하는 형식의 인쇄된 영수증 서식을 이용하여 상업은행 진해지점이 주민세 수납행위를 하고, 그 내역을 기재한 후 수납인란에 상업은행 진해지점의 수납인을 찍어 만든 것이다. 갑은 ㉠영수증상의 금액을 변조하고, 이를 관계 서류에 첨부하여 관계 기관에 제출하였다.

검사는 갑을 공문서변조죄 및 동 행사죄 등으로 기소하였다. 갑의 피고사건은 제1심을 거친 후, 항소심에 계속되었다. 항소법원은 유죄를 인정하였다. 갑은 불복 상고하였다.

대법원은 다음의 이유를 제시하여 원심판결을 파기환송하였다. (가) 형법 제225조의 공문서변조나 위조죄의 객체인 공문서는 공무원 또는 공무소가 그 직무에 관하여 작성하는 문서이다. (나) 그 행위주체가 공무원과 공무소가 아닌 경우에는 (ㄱ) 형법 또는 기타 특별법에 의하여 공무원 등으로 의제되는 경우(예컨대 정부투자기관관리기본법 제18조, 지방공기업법 제83조, 한국은행법 제112조의2, 특정범죄가중처벌등에관한법률 제4조)를 제외하고는 (ㄴ) 계약 등에 의하여 공무와 관련되는 업무를 일부 대행하는 경우가 있다 하더라도 공무원 또는 공무소가 될 수는 없다. (다) 특히 형벌법규의 구성요건을 법률의 규정도 없이 유추 확대해석하이에 반해 공무원 또는 공무소가 직무에 관하여 작성하였다고 믿을 만한 외관을 갖추고 있는 경우에는 가령 문서의 작성이 당해 공무원 또는 공무소의 직무권한 내에 속하지 않더라도 그 문서는 공문서에 해당한다.

사문서는 공문서 이외의 모든 문서를 가리킨다. 즉 작성명의인이 공무원 또는 공무소가 아닌 문서를 말한다. 사문서는 일반적으로 사인(私人)이 작성명의인인 경우를 가리키지만, 외국의 공무원 또는 공무소가 작성명의인인 경우도 사문서에 포함된다.[1] 나아가 형법은 사문서의 범위에 대해 권리 · 의무 또는 사실증명에 관한 문서라고 명시하고 있다(법231).

5. 위조 개념의 분류

형법 각칙 제20장 문서에 관한 죄에는 여러 가지 형태의 행위유형들이 규정되어 있다. 그런데 문서에 관한 죄의 공통적인 구성요건요소로 위조 또는 변조의 개념이 등장하고 있다. 아래에서는 위조의 개념을 기준으로 관련되는 구성요건표지들을 정리해 본다. 문서에 관한 죄에서 사용되는 위조의 개념은 네 가지로 나누어 볼 수 있다.

(가) 최광의의 위조　　문서에 관한 죄의 구성요건적 행위를 총칭하는 개념이다. 위조, 변조, 자격모용에 의한 문서작성, 허위문서작성 및 위조문서 등의 행사를 모두 포함한다.

(나) 광의의 위조　　최광의의 위조개념 가운데에서 위조문서 등의 행사를 제외한 나머지 행위유형을 가리킨다. 광의의 위조는 다시 유형위조와 무형위조로 나누어진다.

유형위조는 작성권한 없는 자가 함부로 타인명의를 사용하여 문서를 작성하는 행위이다. 유형위조로 인하여 작성된 문서를 가리켜서 부진정문서라고 한다. 이에 대해 무형위조는 작성권한 있는 자가 진실에 반하는 내용의 문서를 작성하는 행위이다. 무형위조로 인하여 작성된 문서를 가리켜서 허위문서라고 한다.

(다) 협의의 위조　　광의의 위조에서 무형위조를 제외한 것, 즉 유형위조만을 말한다. 유형위조는 다시 위조와 변조로 구별된다. 위조는 작성권한 없는 자가 타인의 작성명의를 함부로 사용하여 새로운 문서를 만들어 내는 것을 말한다. 변조는 이미 진정하게 성립된 문서의 내용에 작성권한 없는 자가 그 동일성을 해하지 아니할 정도로 변경을 가하는 것을 말한

는 것은 죄형법정주의원칙에 반한다.

(라) ㉠영수증의 기재를 보면 농협중앙회 진해지소(시금고)가 수납하는 형식의 인쇄된 영수증 서식을 이용하여 상업은행 진해지점이 주민세 수납행위를 하고, 그 내역을 기재한 후 수납인란에 상업은행 진해지점의 수납인을 찍어 만든 납세자 보관용 영수증에 불과하다. (마) 금융기관의 이와 같은 업무는 지방재정법 제64조 제1항, 동 시행령 제72조에 의하여 지방자치단체와의 금고설치계약을 체결하고 금고업무를 취급하게 되거나 또는 위 시행령 제73조에 의해 시금고업무의 일부를 또 다시 대행해 주는 데 불과하다. (바) 이와 같은 계약에 기하여 지방세의 수납업무를 일부 관장한다고 해서 그 은행직원이나 은행이 공무원 또는 공무소가 되는 것은 아니다.

1) 1998. 4. 10. 98도164, 공 1998, 1407 =『홍콩 국제운전면허증 사건』.

다. 문서 내용의 변경이 중요부분에 관한 것이고 이로 인하여 변경 전의 문서와 사회통념상 별개의 문서를 작성하였을 때에는 문서의 변조가 아니라 위조가 된다.[1]

(라) 최협의의 위조 협의의 위조, 즉 유형위조 가운데에서 변조를 제외한 것을 가리킨다. 공문서위조죄(법225)와 사문서위조죄(법231)의 구성요건에서 등장하는 '위조'는 최협의의 위조를 가리킨다.

6. 자격모용에 의한 문서작성

(1) 비교법적 고찰

자격모용에 의한 문서작성죄는 일본 개정형법가안의 영향을 받아 우리 형법에 규정된 것이다. 일본 형법에는 자격모용 사안에 관하여 직접적으로 규정한 조문이 없다. 이 때문에 작성자의 명의는 일치하되 자격이 불일치한 경우를 유형위조로 볼 것인지 아니면 무형위조로 볼 것인지 다투어지고 있다. 일본의 개정형법가안은 이러한 논란을 입법적으로 해소하기 위하여 각종 자격모용에 의한 문서작성죄를 규정하였다.

우리 형법은 일본 개정형법가안의 입법례를 참고하여 자격모용에 관한 규정들을 여러 곳에 두고 있는데, 자격모용에 의한 유가증권작성죄(법215), 자격모용에 의한 공문서작성죄(법226), 자격모용에 의한 사문서작성죄(법232)가 그것이다. 아래에서는 자격모용과 관련된 이 세 가지 유형의 조문을 묶어서 함께 설명하기로 한다.

(2) 자격모용의 의미

타인의 자격을 모용하여 자신의 이름으로 문서(이하 유가증권을 포함하여 설명함)를 작성하는 경우에는 몇 가지 형태가 있다.

(가) 단순한 자격사칭 자신의 이름으로 문서를 작성하면서 자격을 마음대로 기재하는 경우이다. 예컨대 박사학위를 취득하지 아니한 사람이 박사학위 자격을 기재하여 자기의 명의로 문서를 작성하는 경우 또는 의사 아닌 사람이 의사의 자격을 부기하여 자기의 명의로 문서를 작성하는 경우가 여기에 해당한다.

이러한 경우는 박사학위 또는 의사라는 자격이 함부로 작성명의에 부기(附記)되고 있다고 해도 사회 일반인들에게 타인의 명의로 작성된 문서라고 오인하게 할 염려가 없다. 문서의 작성명의인에 대해 아무런 거짓이 없으므로 이러한 경우의 자격 기재행위는 위조에 해당하지 않으며, 자격모용에 의한 문서작성죄로 규율할 필요도 없다.

1) 1962. 12. 20. 62도183, 총람 225조 14번 = 분석 각론『이봉기 대 이영기 사건』.

우리 형법은 공무원의 자격을 사칭하여 그 직권을 행사하는 행위에 대해 공무원자격사칭죄(법118)를 규정하여 별도로 대처하고 있다. 또한 「경범죄 처벌법」은 "국내외의 공직(公職), 계급, 훈장, 학위 또는 그 밖에 법령에 따라 정하여진 명칭이나 칭호 등을 거짓으로 꾸며 대거나 자격이 없으면서 법령에 따라 정하여진 제복, 훈장, 기장 또는 기념장(記念章), 그 밖의 표장(標章) 또는 이와 비슷한 것을 사용한 사람"을 관명사칭죄로 처벌하고 있다(동법3① vii).

(나) 동명이인의 자격사칭 타인의 자격을 모용하여 자기명의로 문서를 작성하는 것처럼 보이는 경우의 하나로 동명이인에 의한 문서작성이 있다. 예컨대 의학박사가 아닌 갑이 동명이인인 의학박사 갑인 것처럼 행세하면서 의학박사의 자격을 부기하여 갑 명의로 문서를 작성하는 경우를 생각해 본다. 이러한 경우의 문서작성은 단순히 자신의 작성명의에 자격을 함부로 부기한 것이 아니라, 타인의 작성명의를 함부로 사용한 것이므로 전형적인 유형위조에 해당한다. 따라서 이 경우에는 별도로 자격모용에 의한 문서작성죄를 논할 필요가 없다.

(다) 대표 · 대리 자격의 모용 타인의 대표자 또는 대리인의 자격이 없음에도 불구하고 대표자 또는 대리인의 자격을 함부로 사용하여 자기명의로 문서를 작성하는 경우이다. 형법에서 말하는 '자격모용에 의한 문서작성'에서 '자격모용'은 바로 '대표자 또는 대리인 자격의 모용'을 의미한다.[1]

대리의 방식에는 (가) 대리인임을 표시하고 자기명의로 문서를 작성하는 경우(대리방식) 이외에, (나) 대리인이 본인명의로 바로 문서를 작성하는 경우(대행방식)도 포함된다. 이 가운데 대행방식은 문서에 대리인 또는 대표자의 자격이 나타나지 않는다. 따라서 권한 없이 대행방식으로 본인명의의 문서를 작성하는 행위는 전형적인 유형위조로서 문서위조죄를 구

1) 1993. 7. 27. 93도1435, 공 1993, 2479 = 『합참자료실장 부동산매매 사건』:
M부동산은 군이 사용하는 토지로서 국유재산이다. 갑은 A를 기망하여 대금을 받고 M부동산을 매도하였다. 갑은 ㉠부동산매매계약서와 ㉡영수증을 작성하였다. 갑은 ㉠계약서의 매도인란 및 ㉡영수증의 영수인란에 '국방부 합참자료실장 이사관 갑'이라는 이름을 기재하고 그 옆에 갑의 도장을 압날한 다음 그 상단에 '국방부장관'이라는 고무인을 압날하였다. 갑은 이렇게 작성된 ㉠부동산매매계약서와 ㉡영수증을 A에게 교부하였다.

검사는 갑을 특정경제범죄법위반죄(사기), 자격모용공문서작성죄 및 동 행사죄 등으로 기소하였다. 갑의 피고사건은 제1심을 거친 후, 항소심에 계속되었다. 항소법원은 유죄를 인정하였다. 갑은 불복 상고하였다.

대법원은 다음의 이유를 제시하여 상고를 기각하였다. (가) 정당한 대표권이나 대리권이 없는 자가 마치 대표권이나 대리권이 있는 것처럼 가장하여 타인의 자격을 모용하여 문서를 작성하는 경우 자격모용에 의한 문서작성죄가 성립한다. (나) 갑은 ㉠부동산매매계약서와 ㉡영수증을 작성함에 있어 매도인란 또는 영수인란에 '국방부 합참자료실장 이사관 갑'이라는 이름을 기재하고 그 옆에 갑의 도장을 압날한 다음 그 상단에 '국방부장관'이라는 고무인을 압날하였다. (다) 이렇게 함으로써 마치 갑이 국방부장관으로부터 적법한 문서작성권한을 부여받아 그 문서를 작성할 자격이 있는 것처럼 이를 모용하여 ㉠부동산매매계약서와 ㉡영수증을 작성하고 이를 행사하였다.

성한다.

우리 형법이 규정하고 있는 자격모용사문서작성죄(법232), 자격모용공문서작성죄(법226), 자격모용유가증권작성죄(법215)는 대리인 또는 대표자라는 자격을 표시하고 자기명의로 문서를 작성하는 경우를 대상으로 하고 있다.

대리 · 대표의 자격을 모용하여 문서(유가증권 포함)를 작성하는 형태는 다시 (가) 처음부터 대리 · 대표의 자격이 부여되지 않았음에도 문서를 작성한 경우,[1] (나) 대리 · 대표의 자격이 부여되었으나 대리 · 대표의 자격이 소멸한 상황에서 문서를 작성한 경우,[2] [3] (다) 대리 · 대표의 자격이 부여되고 있으나 가처분 등에 의하여 대리 · 대표권이 제한된 영역에서 문서를 작성한 경우,[4] (라) 대리 · 대표의 자격이 부여되고 있으나 대리 · 대표권이 부여된 영역 내에서 자기 또는 제3자의 이익을 위하는 등 대리 · 대표의 권한을 남용하여 문서를 작성한 경우[5] [6] 등으로 나누어진다. 이 가운데 (라)의 대리 · 대표권 남용의 경우는 자격모

---

1) 1993. 7. 27. 93도1435, 공 1993, 2479 = 『합참자료실장 부동산매매 사건』.

2) 1993. 4. 27. 92도2688, 공 1993, 1621 = 분석 각론 『전보 구청장 결재 사건』.

3) 2005. 4. 15. 2004도6404, [미간행] = 분석 각론 『장교복지회 주택조합 사건』.

4) 2007. 7. 26. 2005도4072, 공 2007, 1407 = 분석 각론 『회장 직무집행 가처분 사건』.

5) 2007. 10. 11. 2007도5838, 공 2007, 1792 = 『차액 착복용 별도계약서 사건』:

M토지는 P문중의 소유이다. P문중의 대표자는 A이다. B는 M토지를 매수하려는 사람이다. 갑은 B로부터 M토지를 3억 5천만원에 매수할 대리권을 수여받았다. 갑은 C의 중개하에 매수인 B를 대리하여 P문중과 사이에 M토지를 3억 5천만원에 매수하기로 하는 매매계약을 체결하였다(㉠매매계약서). 갑은 실제로는 3억원만 매도인에게 지급하고 나머지 5천만원은 중간에서 착복하려고 하였다. P문중의 대표자 A도 매매대금 중 일부를 착복할 목적으로 매매대금을 2억 5천만원으로 기재한 별도의 매매계약서 작성을 요청하였다. 이에 갑은 매수인 B를 대리하여 M토지의 매매대금을 2억 5천만원으로 기재한 ㉡매매계약서를 별도로 작성하였다.

검사는 ㉡매매계약서 작성 부분에 대해 갑을 자격모용사문서작성죄로 기소하였다. 갑의 피고사건은 제1심을 거친 후, 항소심에 계속되었다. 항소법원은 무죄를 선고하였다. 검사는 불복 상고하였다.

대법원은 다음의 이유를 제시하여 상고를 기각하였다. (가) 자격모용사문서작성죄를 구성하는지 여부는 그 문서를 작성함에 있어 타인의 자격을 모용하였는지 아닌지의 형식에 의하여 결정할 것이다. (나) 그 문서의 내용이 진실한지 아닌지는 자격모용사문서작성죄의 성립 여부에 아무런 영향을 미칠 수 없다. (다) 타인의 대표자 또는 대리자가 그 대표명의 또는 대리명의를 써서 문서를 작성할 권한을 가지는 경우에 그 지위를 남용하여 단순히 자기 또는 제3자의 이익을 도모할 목적으로 문서를 작성하였다 하더라도 자격모용사문서작성죄는 성립하지 않는다.

(라) 부동산을 매수할 권한을 위임받은 대리인에게는 대리명의 또는 직접 본인명의로 부동산 매매계약서를 작성할 권한이 있다. (마) 매수인이 그 대리인에게 특정 금액에 부동산을 매수할 권한을 위임한 경우 특별한 사정이 없는 한 그 특정 금액은 물론, 그보다 낮은 금액에 부동산을 매수할 권한까지 대리인에게 위임한 것이라고 봄이 매수인의 추정적 의사에 부합한다. (바) 갑이 자기 또는 제3자의 이익을 도모할 목적으로 위임받은 매매금액 범위 내에서 매매대금을 허위로 기재한 ㉡매매계약서를 작성한 행위는 그 작성 권한을 남용한 경우로 볼 수 있을 뿐 자격모용사문서작성죄를 구성한다고 볼 수는 없다.

6) 2012. 9. 27. 2012도7467, 공 2012하, 1794 = 분석 각론 『대출채권양수도약정서 사건』.

용에 의한 문서작성죄의 처벌대상에서 제외된다. 이 점에 관하여는 아래에서 설명한다.

자격모용사문서작성죄(법232), 자격모용공문서작성죄(법226) 및 자격모용유가증권작성죄(법215)는 일본 개정형법가안의 영향을 받아서 규정된 것이다. 이들 자격모용 관련 범죄들의 성립범위를 규명하기 위하여 일본 형법하의 논의상황과 일본 개정형법가안의 구상을 살펴볼 필요가 있다.[1]

(3) 일본 형법하의 논의상황

(가) 논의의 계기 일본 형법은 문서에 관한 죄를 유형위조와 무형위조로 대별하고 있다. 유형위조는 공문서위조죄(동법154, 155) 및 사문서위조죄(동법159)로 대표되며, 무형위조는 허위공문서작성죄(동법156) 및 허위진단서작성죄(동법160)로 대표된다. 공문서의 경우 무형위조(허위공문서작성죄)는 유형위조(공문서위조죄)에 비하여 가볍게 처벌되고 있다. 사문서의 경우 무형위조는 원칙적으로 처벌되지 않으며, 허위진단서작성죄의 경우만 예외적으로 처벌된다.[2]

이러한 상황에서 대리 · 대표의 자격을 모용하되 대리인 · 대표자가 자기명의로 문서(유가증권 포함)를 작성하는 행위가 유형위조에 해당하는지 아니면 무형위조에 해당하는지 문제되었다. 유형위조에 해당한다면 문서위조죄가 성립함에 반하여, 무형위조에 해당한다면 범죄불성립이 되기 때문이다.

(나) 일본 형법의 초기 판례 이에 대해 일본 형법하의 초기 판례는 문서의 작성명의와 대리 · 대표의 자격을 불가분의 일체로 파악하였다. 예컨대 "A의 대리인 갑"이라고 표시하여 문서를 작성하는 경우를 생각해 본다. 일본의 초기 판례에 따르면 작성자(갑)의 명의부분이 일치하더라도 대표 · 대리 자격(A의 대리인)을 함부로 사용하여 작성된 문서는 전체적으로 보아 전혀 다른 별개의 사람에 의하여 작성된 것으로 인정된다. 그리하여 자격모용에 의한 사문서 작성행위는 사문서위조죄로, 자격모용에 의한 공문서 작성행위는 공문서위조죄로, 자격모용에 의한 유가증권 작성행위는 유가증권위조죄로 각각 규율되었다.

(다) 반대설의 논거 이러한 초기 판례의 태도에 대해 학설은 찬성과 반대로 나뉘었다. 판례에 반대하는 입장에서는 다음과 같은 논리를 전개하였다. 대리 · 대표의 자격을 모용하여 문서를 작성하는 경우에 자격에 관한 사항('A의 대리인')을 본문 중에 기재하고 작성명의인('갑')을 별도로 기재하는 경우를 생각해 보자. 예컨대 대리권 없는 갑이 "갑은 본인 A의 대리인으로서 이 계약서를 작성한다"는 문구를 계약서 본문 중에 적어 넣고, 문서의 말미에 작성

---

1) 자세한 내용은, 신동운, "일본 개정형법가안과 문서위조죄", 서울대학교 법학, 제58권 제2호, (2017. 6.), 57면 이하 참조.

2) 이러한 사정은 우리 형법도 같다.

자 갑 자신의 이름을 기재하는 사례가 여기에 해당한다. 그런데 이러한 경우는 문서의 내용에 거짓이 있는 것으로서 무형위조에 속한다. 이러한 사정은 대리 · 대표의 자격 부분을 문서의 본문으로부터 분리시켜서 작성자 명의 부분에 부기(附記)하더라도 달라지지 않는다.

(라) 대리권남용에 대한 초기 판례 　일본 형법하에서 특별히 논란되었던 것은 타인을 위하여 사무를 처리하는 사람이 대리 · 대표의 권한을 남용하여 허위내용의 문서를 작성하는 경우에 이를 유형위조로 처벌할 수 있을 것인가 하는 문제이었다.

이에 대해 일본 형법의 초기 판례는 '직무집행의 범위'를 기준으로 제시하였다. 즉 (가) 대리 · 대표권 있는 사람이 직무집행의 범위에 속하지 않는 사항에 관하여 대리 · 대표의 자격으로 문서를 작성하는 경우는 유형위조에 해당한다. (나) 직무집행의 범위에 속하는 사항에 관하여 대리 · 대표의 자격으로 문서를 작성하는 경우는 무형위조에 해당한다. (다) 개인적 이익을 도모하기 위하여 대리 · 대표의 지위를 남용하여 문서를 작성하는 경우는 직무집행의 범위에 속하지 않는다(유형위조).

(마) 대리권남용에 대한 판례 변경 　이후 일본의 판례는 대리 · 대표의 권한 있는 사람이 자기 또는 제3자의 이익을 꾀할 목적으로 대리 · 대표의 자격을 남용하여 문서(유가증권 포함)를 작성하는 (다)의 경우에 대해 이는 유형위조에 해당하지 않는다는 입장으로 전환하였다.[1] 그 결과 대리인 · 대표자가 대리권 또는 대표권을 남용하여 사문서를 작성하거나 유가증권을 발행하더라도 사문서위조죄 또는 유가증권위조죄로 처벌받지 않게 되었다. 이러한 판례변경의 이면에는 특히 유가증권위조와 관련하여 위조의 항변을 차단함으로써 거래의 안전을 도모하려는 의도가 깃들어 있었다.

일본의 변경된 판례는 태도전환의 이유로 다음의 점을 제시하였다. (가) 자기 또는 제3자의 이익을 꾀하여 대리인 · 대표자의 자격으로 문서를 작성하는 것은 본인과 대리인 · 대표자 사이의 내부관계의 문제에 지나지 않는다. (나) 대리권 · 대표권의 남용으로 작성된 문서에 기한 의사표시는 외부적 관계에서 사법상 유효하다. (다) 대리권 · 대표권 남용의 경우에 유형위조를 인정하지 않음으로써 오히려 문서의 신용성을 높이고 거래의 안전을 지킬 수 있다.[2) 3)]

1) 1922. 10. 20. 大正11年れ第316號 刑事聯合部判決. 泉二新熊, 日本刑法 下卷 (各論), 44版, (1939), 307頁 이하 참조.

2) 동일한 판단이유는 우리나라 판례에서도 찾아볼 수 있다.

3) 1983. 4. 12. 83도332, 공 1983, 861 =『자격남용 사문서작성 판결이유 사건』:

(사실관계 불명임.) 갑은 A의 대리인이다. 갑은 A의 대리인의 자격을 남용하여 ㉠문서를 작성하였다. 갑은 B에게 ㉠문서를 교부하였다.

검사는 갑을 사문서위조죄 및 위조사문서행사죄로 기소하였다. 갑의 피고사건은 제1심을 거친 후, 항소심에 계속되었다. 항소법원은 무죄를 선고하였다. 검사는 불복 상고하였다.

대법원은 다음의 이유를 제시하여 상고를 기각하였다. (가) 사람이 문서를 작성한 경우에 그 행위가 문서

(바) 개정형법가안의 구상 대리 · 대표의 자격을 모용하여 문서를 작성하는 행위를 유형위조로 볼 것인가 무형위조로 볼 것인가, 대리권 · 대표권을 남용하여 사문서나 유가증권을 작성하는 행위를 무형위조로 보아 처벌대상에서 제외하는 것이 과연 타당한가 하는 점을 둘러싸고 일본에서는 해석상 논란이 계속되었다. 이러한 상황에서 일본 개정형법가안의 입안자들은 논란을 입법적으로 해소하려고 하였다.

개정형법가안의 성립 과정에서 심의용 초안의 작성에 임하였던 기초위원회는 다음의 조문을 성안하였다. 즉 (가) 타인을 위하여 그의 사무를 처리하는 자가 자기 또는 제3자의 이익을 도모하여 그의 자격을 남용하여 행사의 목적으로 그의 사무에 관한 허위의 문서 또는 도화를 작성하거나 문서 또는 도화를 변조한 경우를 처벌한다. (나) 타인의 사무의 처리자라는 자격을 속여서 권리, 의무에 관한 문서 또는 도화를 작성한 경우도 처벌한다.[1] 조문 신설의 이유에 대해 (가)의 조문은 무형위조를 처벌하기 위한 것이고, (나)의 조문은 유형위조를 처벌하기 위함이라는 설명이 제시되었다.[2]

이렇게 제안된 두 조문은 이후 논의 과정에서 타당성이 인정되었고, 상응하는 조문이 공문서 및 유가증권에 대해서도 성안되었다.[3] 그러나 이후 심의가 더 진행되면서 조문 체계와 관련하여 (가)의 무형위조를 (나)의 유형위조 다음에 배치하기로 하였다. 이후 더 심의가 진행되는 과정에서 (가)의 무형위조에 대한 대처는 배임죄를 적용하는 것으로도 충분하다는 반론이 제기되어 (나)의 유형위조 조문만 유보조항의 형태로 가안에 들어오게 되었다.[4]

위조죄를 구성하느냐의 여부는 그 문서의 작성명의로 타인의 명의를 모용하였느냐 아니하였느냐라는 형식에 의하여 결정할 것으로서 그 문서의 내용의 진실여부는 특별한 처벌규정이 있는 경우 이외에는 동 죄의 성립 여부에 아무런 소장(消長)이 없다.

(나) 그러므로 타인의 대표자 또는 대리자가 그 대표명의 또는 대리명의를 써서 또는 직접 본인의 명의를 사용하여 문서를 작성할 권한을 가지는 경우에 그 지위를 남용하여 단순히 자기 또는 제3자의 이익을 도모할 목적으로 마음대로 그 대표자 또는 대리 명의 또는 직접 본인 명의로 문서를 작성한 때라고 할지라도 문서위조죄는 성립하는 것이 아니다.

(다) 왜냐하면 (ㄱ) 그 목적이 본인을 위하여서이거나 또는 자기 또는 제3자의 이익을 도모하는 때문이거나는 오직 본인과 대표자 또는 대리자 간에 있어서의 내부관계에 그치고 외부관계에 있어서는 아무런 차별이 있는 것이 아니며, (ㄴ) 형식상 그 작성 명의에 허위가 없으므로 (ㄷ) 이러한 문서에 있어서 행하여진 의사표시는 사법상 유효하고 직접 본인에 대하여 그 효력이 생기는 것이라고 하지 아니할 수 없기 때문이다.

1) **일본 개정형법 예비초안 제233조** 타인을 위하여 그의 사무를 처리하는 자가 자기 또는 제3자의 이익을 도모하여 그의 자격을 남용하여 행사의 목적으로 그의 사무에 관한 허위의 문서 또는 도화를 작성하거나 문서 또는 도화를 변조한 때에는 5년 이하의 징치 또는 천엔 이하의 벌금에 처한다.

제234조 타인의 사무의 처리자라는 자격을 사칭하여 권리, 의무에 관한 문서 또는 도화를 작성한 자도 또한 전조의 예와 같다.

2) 刑法改正起草委員會議事日誌, 제43회(1928. 6. 12.).

3) 허위공문서작성죄가 무형위조를 처벌하고 있다는 이유로 자격남용공문서작성죄는 성안되지 않았다.

4) **일본 개정형법가안 제301조** 타인의 사무처리자라는 자격을 사칭하여 유가증권을 작성하거나 배서 기타

(사) 우리 형법에의 영향 　우리 입법자는 일본 개정형법가안의 구상을 받아들였다. 그리하여 형법은 (가) 자격모용에 의한 유가증권작성죄(법215), (나) 자격모용에 의한 공문서작성죄(법226), (다) 자격모용에 의한 사문서작성죄(법232)의 세 가지 범죄유형을 규정하고 있다. 앞에서 본 바와 같이, 자격남용에 의한 유가증권작성죄, 자격남용에 의한 공문서작성죄, 자격남용에 의한 사문서작성죄라는 범죄유형은 채택하고 있지 않다.[1) 2)]

(4) 문서위조죄와 자격모용문서작성죄의 관계

자격모용에 의한 문서작성죄는 문서위조죄와 마찬가지로 문서의 진정에 대한 공공의 신용을 보호법익으로 한다.[3)] 일본 개정형법가안의 성안과정에서 나타나는 바와 같이 자격모용에 의한 문서작성행위는 유형위조로 파악된다. 자격모용에 의한 문서작성죄가 유형위조에 속한다는 점은 자격모용유가증권작성죄(법215) · 자격모용공문서작성죄(법2226,) · 자격모용사문서작성죄(법232)의 법정형이 유가증권위조죄(법214) · 공문서위조죄(법225) · 사문서위조죄(법231)의 법정형과 각각 일치한다는 점에서도 확인된다.

그런데 여기에서 유가증권위조죄 · 공문서위조죄 · 사문서위조죄와 자격모용유가증권작성죄 · 자격모용공문서작성죄 · 자격모용사문서작성죄의 상호관계가 문제된다. 양자는 모두 유형위조로서 법정형도 동일하기 때문에 각각의 적용영역을 어떻게 정할 것인지 문제된다. 생각건대 이 문제는 (가) 조직내 문서(이하 유가증권을 포함함)에서의 작성권한에 관한 것인가, 아니면 (나) 조직명의의 문서를 작성할 법률상의 일반적 권한에 관한 것인가를 기준으로 판단하면 좋을 것이라고 본다.

법인이나 단체 등의 조직 내부에서 어느 사무를 담당하는 자가 있을 때, 그가 조직의 기관으로서 조직명의의 문서를 작성할 법률상의 일반적 권한을 가지고 있지 않음에도 불구하고 함부로 조직의 명의를 사용하여 문서를 작성하면 그 행위는 전형적인 유형위조로서 유가증권위조죄(법214) · 공문서위조죄(법225) · 사문서위조죄(법231)에 해당한다. 이에 대해 조직명의의 문서를 작성할 법률상의 일반적 권한을 가지는 자(대표자 또는 대리인)로 오신하게 할 정도로 자격을 함부로 표시하여 자기명의로 문서를 작성한다면 자격모용유가증권작성죄(법

의 기재를 한 자는 전조[유가증권위조]의 예에 의한다.

제308조 공(公)의 자격을 사칭하여 공(公)의 문서 또는 도화를 작성한 자는 전조[공문서위조]의 예에 의한다.

제314조 타인의 사무처리자라는 자격을 사칭하여 문서 또는 도화를 작성한 자는 전조[사문서위조]의 예에 의한다.

1) 1983. 4. 12. 83도332, 공 1983, 861 = 『자격남용 사문서작성 판결이유 사건』.

2) 2007. 10. 11. 2007도5838, 공 2007, 1792 = 『차액 착복용 별도계약서 사건』.

3) 2008. 2. 14. 2007도9606, 공 2008, 415 = 『부동산중개소 대표자 사건』 참조.

215) · 자격모용공문서작성죄(법226) · 자격모용사문서작성죄(법232)에 해당한다.

이와 같이 양자는 구별할 수 있지만 그 구별실익은 실제상 별로 크지 않을 것이라고 생각된다. 자격모용에 의한 유가증권작성죄 · 공문서작성죄 · 사문서작성죄(법215, 226, 232)와 유가증권위조죄 · 공문서위조죄 · 사문서위조죄(법214, 225, 231)는 모두 유형위조로서 각각 대응하는 법정형이 동일하다. 그렇다면 양자의 구별에 다소 엇갈림이 있더라도 이는 판결에 영향을 미친 위법(형소법361의5 i, 383 i 참조)에 해당하지 않을 것이기 때문이다.

7. 전자기록의 위작과 변작

(1) 비교법적 고찰

형법은 특수매체기록을 객체로 하는 범죄유형으로 공전자기록위작 · 변작죄(법227의2)와 사전자기록위작 · 변작죄(법232의2)를 규정하고 있다. 양자 모두 전자기록 등 특수매체기록을 객체로 하고 행위태양이 위작 또는 변작이라는 점에서 공통된다. 아래에서는 먼저 비교법적 고찰을 통하여 전자기록위작 · 변작죄의 구조적 특징을 검토해 본다.

(가) 독일 형법　　독일 형법은 특수매체기록을 문서와 동일하게 취급하고 있다(동법 11③).[1] 가독성 요건을 갖추지 못하여 문서가 되지 못하는 특수매체기록을 법률상 가독성 요건을 갖춘 문서와 같은 것으로 의제하는 것이다. 그 결과 독일 형법 제269조의 특수매체기록에 대한 문서죄는 유형위조를 규정한 것으로 해석되고 있다.[2] 권한 있는 자가 내용만을 허위로 변경하는 경우는 무형위조로서 처벌대상에서 제외된다.[3]

(나) 일본 형법　　일본 형법은 특수매체기록에 대한 조작행위를 가리켜서 '부정하게 작성한다'는 표현을 사용하고 있다.[4] 이 경우 '부정하게 작성한다' 함은 권한 없이 또는 권한을 남용하여 전자적 기록을 만들어내는 것으로서, 특수매체기록에 대한 유형위조와 무형위조를 모두 포함하는 개념이다. 이러한 용어 사용법에 대해서는, 전자(電磁)적 기록이 일정한 시스템에 사용되어 증명기능을 발휘한다는 특질에 비추어 위조, 변조, 허위작성과 같은 개념

---

1) 전술 442면 각주 3)번 참조.

2) 독일형법 제11조 ③ 이 조항을 원용하는 규정에서는 음성 · 영상을 기록한 매체, 정보저장매체(Datenspeicher), 도화 및 기타 표현물을 문서와 같은 것으로 본다.

제269조 ① 법적 거래시에 기망을 할 목적으로, 이를 지각(知覺)할 때 위조 또는 변조된 문서가 존재할 정도에 이르도록, 증명상 중요한 정보(Daten)를 입력 또는 변경한 자 또는 그와 같이 입력 또는 변경된 정보를 행사한 자는 5년 이하의 자유형 또는 벌금에 처한다.

3) Fischer, StGB, 57. Auflage, (2010), § 269 Rn 4.

4) 일본형법 제161조의2 ① 타인의 사무처리를 그르치게 할 목적으로 그 사무처리에 제공되는 권리의무 또는 사실증명에 관한 전자적 기록을 부정하게 작성한 자는 5년 이하의 징역 또는 50만엔 이하의 벌금에 처한다.

을 사용하지 않고 '부정하게 작성한다'는 개념을 채택하였다는 설명이 제시되고 있다.[1)]

(다) 한국 형법 우리 형법은 특수매체기록에 대한 조작행위를 가리키는 표현으로 '위작 또는 변작'이라는 용어를 사용하고 있다. 이 개념이 독일 형법처럼 유형위조만을 가리키는 것인지, 아니면 일본 형법처럼 유형위조와 무형위조를 모두 포함하는 것인지 문제된다.

이 점에 대해 형법개정안 성안 단계에서는 "위작이란 권한 없이 전자기록 등을 만드는 경우뿐만 아니라 허위내용의 전자기록을 만드는 경우를 포함하고, 변작이란 권한 없이 또는 허위내용으로 기록을 변경하는 경우를 말한다"는 설명이 제시되었다.[2)] 개정안의 입안자들은 위작과 변작을 유형위조와 무형위조를 모두 포함하는 개념으로 보고 있었던 것이다.

(2) 공전자기록에 관한 판례의 입장

특수매체기록에 관한 신설 조문이 시행된 후 위작과 변작의 개념이 어느 범위에까지 미칠 것인지를 놓고 논의가 제기되었다. 이 문제에 대해 판례는 '위작'에 대해 유형위조와 무형위조가 모두 포함되는 개념이라고 판단하였다.[3) 4)]

---

1) 前田雅英 編, 條解 刑法, 第二版, (2009), 411頁.

2) 법무부, 형법개정법률안 제안이유서, (1992), 229면 이하 참조.

3) 2005. 6. 9. 2004도6132, 공 2005, 1191 = 『경찰범죄정보시스템 허위입력 사건』:

갑은 M경찰서 조사계 소속 경찰관이다. 경찰에는 경찰범죄정보시스템이 운영되고 있다. 갑은 A에 대한 ㉠ 고소사건을 처리하지 않았다. B는 조사계 소속 일용직이다. 갑은 그 정을 모르는 B를 시켜서 A에 대한 ㉠사건을 검찰에 송치한 것으로 경찰범죄정보시스템에 입력하게 하였다.

검사는 갑을 공전자기록등위작죄로 기소하였다. 갑의 피고사건은 제1심을 거친 후, 항소심에 계속되었다. 항소법원은 다음의 이유를 들어 무죄로 판단하였다. (가) '위작'은 전자기록을 작성할 권한이 없는 자가 허위의 기억을 만들어 저장 기억하게 하는 등의 행위를 말한다. (나) 갑은 ㉠사건의 담당 경찰관으로서 경찰범죄정보시스템에 접근하여 ㉠사건의 처리정보를 입력할 수 있는 권한이 있었다. 검사는 불복 상고하였다.

대법원은 다음의 이유를 제시하여 원심판결을 파기환송하였다. (가) 형법 제227조의2에서 위작의 객체로 규정한 전자기록은 그 자체로는 물적 실체를 가진 것이 아니어서 별도의 표시·출력장치를 통하지 아니하고는 보거나 읽을 수 없다. (나) 전자기록은 그 생성 과정에 여러 사람의 의사나 행위가 개재됨은 물론 추가 입력한 정보가 프로그램에 의하여 자동으로 기존의 정보와 결합하여 새로운 전자기록을 작출하는 경우도 적지 않다. (다) 전자기록의 이용 과정을 보아도 그 자체로서 객관적·고정적 의미를 가지면서 독립적으로 쓰이는 것이 아니라 개인 또는 법인이 전자적 방식에 의한 정보의 생성·처리·저장·출력을 목적으로 구축하여 설치·운영하는 시스템에서 쓰임으로써 예정된 증명적 기능을 수행한다.

(라) 위와 같은 시스템을 설치·운영하는 주체와의 관계에서 (ㄱ) 전자기록의 생성에 관여할 권한이 없는 사람이 전자기록을 작출하거나 (ㄴ) [전자기록의 생성에 관여할 권한이 없는 사람이] 전자기록의 생성에 필요한 단위 정보의 입력을 하는 경우는 물론 형법 제227조의2에서 말하는 전자기록의 '위작'에 포함된다. (마) (ㄷ) 시스템의 설치·운영 주체로부터 각자의 직무 범위에서 개개의 단위정보의 입력 권한을 부여받은 사람이 그 권한을 남용하여 허위의 정보를 입력함으로써 시스템 설치·운영 주체의 의사에 반하는 전자기록을 생성하는 경우도 형법 제227조의2에서 말하는 전자기록의 '위작'에 포함된다.

4) 2011. 5. 13. 2011도1415, 공 2011상, 1250 = 분석 각론 『중고버스 영업용 등록 사건』.

(가) 특수매체기록의 특성 판례는 전자기록의 특성에 대해 다음과 같이 분석하였다. (가) 전자기록은 그 자체로는 물적 실체를 가진 것이 아니어서 별도의 표시 · 출력장치를 통하지 아니하고는 보거나 읽을 수 없다. (나) 전자기록의 생성과정에는 여러 사람의 의사나 행위가 개재된다. (다) 전자기록의 경우 추가 입력한 정보가 프로그램에 의하여 자동으로 기존의 정보와 결합하여 새로운 전자기록을 작출하는 경우도 적지 않다. (라) 전자기록의 이용과정을 보아도 그 자체로서 객관적 · 고정적 의미를 가지면서 독립적으로 쓰이는 것이 아니라 개인 또는 법인이 전자적 방식에 의한 정보의 생성 · 처리 · 저장 · 출력을 목적으로 구축하여 설치 · 운영하는 시스템에서 쓰임으로써 예정된 증명적 기능을 수행한다.

(나) 위작의 개념범위 전자기록의 이러한 특성을 감안하여 판례는 전자적 방식에 의한 정보처리 시스템을 설치 · 운영하는 주체와의 관계에서 다음과 같이 위작의 범위를 정리하였다.

(가) 전자기록의 생성에 관여할 권한이 없는 사람이 전자기록을 작출하거나 전자기록의 생성에 필요한 단위 정보의 입력을 하는 경우가 전자기록의 위작에 해당함은 물론이다. (나) 시스템의 설치 · 운영 주체로부터 각자의 직무 범위에서 개개의 단위정보의 입력 권한을 부여받은 사람이 그 권한을 남용하여 허위의 정보를 입력함으로써 시스템 설치 · 운영 주체의 의사에 반하는 전자기록을 생성하는 경우도 전자기록의 위작에 포함된다.[1]

(다) 변작의 개념범위 위작은 전자기록을 작출하거나 전자기록의 생성에 필요한 단위 정보를 입력하는 행위이다. 이에 대해 변작은 전자기록에 허구의 내용을 수정입력하는 것을 말한다. 위작과 대비할 때 변작은 다음 두 가지 경우로 구체화된다.

(가) 전자기록의 생성에 관여할 권한이 없는 사람이 전자기록에 허구의 내용을 수정입력하는 경우는 전자기록의 변작에 해당한다.[2] (나) 시스템의 설치 · 운영 주체로부터 각자의 직무 범위에서 개개의 단위정보의 입력 권한을 부여받은 사람이 그 권한을 남용하여 허위의 정보를 수정입력하는 경우도 전자기록의 변작에 포함된다.

(3) 사전자기록에 관한 판례의 입장

공전자기록위작죄에 사용된 '위작'의 개념이 사전자기록위작죄에도 그대로 적용될 것인지 문제된다. 사문서의 경우에는 원칙적으로 유형위조만을 처벌하고, 무형위조는 허위진단서작성죄와 같은 예외적인 경우에만 처벌한다. 사문서에 관한 입법형식을 사전자기록에도 그대로 적용할 것인가 하는 점이 논의의 관건이다. 이에 대해 대법원은 다수의견과 소수의견으

1) 2005. 6. 9. 2004도6132, 공 2005, 1191 = 『경찰범죄정보시스템 허위입력 사건』.
2) 2003. 10. 9. 2000도4993, 공 2003, 2199 = 분석 각론 『월드컵경기장 부정 입찰 사건』.

로 나뉘었다.[1)]

(가) 다수의견　　공전자기록위작죄에 사용된 '위작'의 개념은 사전자기록위작죄에도 그대로 적용된다는 입장이다. 다수의견은 (가) 동일한 법령에서의 용어는 법령에 다른 규정이 있는 등 특별한 사정이 없는 한 동일하게 해석 · 적용되어야 한다는 점, (나) 공전자기록위작죄와 사전자기록위작죄는 행위의 객체가 '공전자기록'이냐 아니면 '사전자기록'이냐만 다를 뿐 다른 구성요건은 모두 동일하고, 두 죄 모두 형법 제20장 문서에 관한 죄에 규정되어 있다는 점 등을 논거로 제시하고 있다.

---

1) 2020. 8. 27. 2019도11294 전원합의체 판결, 공 2020하, 1881 =『가상화폐거래소 차명계정 사건』:

P회사는 가상화폐 거래소 운영업체이다. 갑은 P회사의 대표이사이다. 을은 P회사의 사내이사로서 회사의 자금 등을 관리하고 있다. P회사는 M가상화폐 거래시스템을 구축 · 운영하고 있다. 갑과 을은 마치 많은 회원들이 M거래시스템을 이용해 매매주문을 내고 그에 따라 매매거래가 활발히 이루어지는 것처럼 꾸미려고 하였다. 갑과 을은 다음과 같은 행위를 하였다(다수의 행위를 통칭하여 서술함). (가) M거래시스템상에 ㉠차명계정을 생성한다. (나) ㉠차명계정에 실제 보유하고 있지 않은 ㉡원화(KRW)와 ㉢가상화폐를 보유하고 있는 것처럼 원화 포인트와 가상화폐 포인트를 허위로 입력한다. (다) N자동주문 프로그램을 이용하여 ㉠차명계정을 주문자로 하고 허위 입력한 ㉡원화(KRW)와 ㉢가상화폐에 대한 매매주문을 낸다.

검사는 갑과 을을 사전자기록위작죄 및 위작사전자기록행사죄로 기소하였다. 검사는 다음 요지의 공소사실을 기재하였다. "갑과 을은 M거래시스템의 관리자 계정에 접속한 다음 ㉠차명계좌를 생성한 후 ㉠차명계정에 ㉡원화 포인트와 ㉢가상화폐 포인트 등의 보유량 정보를 조작 입력하여 위작하고, 이를 M거래시스템상에 표시하여 행사하였다." 갑과 을의 피고사건은 제1심을 거친 후, 항소심에 계속되었다. 항소법원은 유죄를 인정하였다. 갑과 을은 불복 상고하였다.

대법원에서는 공전자기록위작죄에 사용된 '위작'의 개념이 사전자기록위작죄에도 그대로 적용될 것인지를 놓고 긍정설과 부정설이 8 대 5로 나뉘었다. 대법원은 다수의견에 따라 갑과 을의 상고를 기각하였다. (이하의 논지 소개는 임의로 축약한 것임.)

다수의견은 다음의 논거를 제시하였다. (가) 동일한 법령에서의 용어는 법령에 다른 규정이 있는 등 특별한 사정이 없는 한 동일하게 해석 · 적용되어야 한다. (나) 공전자기록등위작죄와 사전자기록등위작죄는 행위의 객체가 '공전자기록'이냐 아니면 '사전자기록'이냐만 다를 뿐 다른 구성요건은 모두 동일하고, 두 죄 모두 형법 제20장(문서에 관한 죄)에 규정되어 있다. (다) 사전자기록은 개인 또는 법인이 전자적 방식에 의한 정보의 생성 · 처리 · 저장 · 출력을 목적으로 구축하여 설치 · 운영하는 시스템에서 쓰임으로써 예정된 증명적 기능을 수행한다.

(라) 공전자기록의 위작에 대응하여 사전자기록의 위작은 (ㄱ) 시스템을 설치 · 운영하는 주체(개인 또는 법인)와의 관계에서 전자기록의 생성에 관여할 권한이 없는 사람이 전자기록을 작출하는 경우, (ㄴ) 시스템을 설치 · 운영하는 주체(개인 또는 법인)와의 관계에서 전자기록의 생성에 관여할 권한이 없는 사람이 전자기록의 생성에 필요한 단위정보의 입력을 하는 경우, (ㄷ) 시스템을 설치 · 운영하는 주체(개인 또는 법인)와의 관계에서 시스템의 설치 · 운영 주체로부터 각자의 직무 범위에서 개개의 단위정보의 입력 권한을 부여받은 사람이 그 권한을 남용하여 허위의 정보를 입력함으로써 시스템 설치 · 운영 주체의 의사에 반하는 전자기록을 생성하는 경우에 각각 성립한다.

소수의견은 위의 (ㄱ)과 (ㄴ) 경우는 사전자기록의 위작에 해당하지만 (ㄷ)의 경우는 위작으로 볼 수 없다고 주장하였다. 소수의견은 다음의 논거를 제시하였다. (가) 사전자기록의 위작은 사문서의 위조에 대응한다. (나) 사문서의 위조는 원칙적으로 유형위조만을 처벌한다. (다) 위의 (ㄷ) 경우는 무형위조를 처벌하는 것이다. (라) 이것은 부당하게 처벌범위를 확장하는 해석으로 죄형법정주의에 반한다.

다수의견은 사전자기록의 위작은 공전자기록의 위작에 대응하여 (가) 시스템을 설치·운영하는 개인 또는 법인과의 관계에서 사전자기록의 생성에 관여할 권한이 없는 사람이 사전자기록을 작출하는 경우, (나) 시스템을 설치·운영하는 개인 또는 법인과의 관계에서 사전자기록의 생성에 관여할 권한이 없는 사람이 사전자기록의 생성에 필요한 단위정보의 입력을 하는 경우, (다) 시스템을 설치·운영하는 개인 또는 법인과의 관계에서 시스템의 설치·운영 주체로부터 각자의 직무 범위에서 개개의 단위정보의 입력 권한을 부여받은 사람이 그 권한을 남용하여 허위의 정보를 입력함으로써 시스템 설치·운영 주체의 의사에 반하는 전자기록을 생성하는 경우에 성립한다는 결론을 제시하였다.

(나) 소수의견 공전자기록위작죄에 사용된 '위작'의 개념을 사전자기록위작죄에 그대로 적용할 수는 없다는 입장이다. 소수의견은 위의 (가)와 (나)의 경우는 사전자기록의 위작에 해당하지만 (다)의 경우는 사전자기록의 위작으로 볼 수 없다고 주장한다.

소수의견은 다음과 같은 논거를 제시한다. 사전자기록의 위작은 사문서의 위조에 대응하는 개념이며, 사문서의 위조는 원칙적으로 유형위조만을 처벌한다. 그런데 시스템의 설치·운영 주체인 개인이나 법인으로부터 각자의 직무 범위에서 개개의 단위정보의 입력 권한을 부여받은 사람이 그 권한을 남용하여 허위의 정보를 입력하는 위의 (다)의 경우는 무형위조를 처벌하는 것이다. 이것은 부당하게 처벌범위를 확장하는 해석으로 죄형법정주의에 반한다.

(다) 사 견 다수의견이 타당하다고 본다. 위에 소개한 논거 이외에 다수의견이 지적하고 있는 다음의 논거는 충분한 설득력이 있다고 생각된다.

사전자기록위작죄는 전자기록 등 특수매체기록에 대한 공공의 신용을 보호법익으로 하는 범죄이다. 사전자기록위작죄를 통하여 보호하고자 하는 법익은 전자기록 내용의 진정성에 대한 공공의 신용이다. 전자기록 내용의 진정성에 대한 공공의 신용은 권한 없는 사람이 전자기록의 작성 등에 관여한 경우뿐만 아니라, 권한이 있는 사람이 그 권한을 남용하여 허위의 정보를 입력하는 경우에도 위험성이 발생될 수 있다. 나아가 시스템 관리자라고 하더라도 그가 시스템 설치·운영자로부터 부여받은 권한을 초월하거나 남용하여 전자기록의 작성 등을 한 경우에는 사전자기록위작죄를 통하여 보호하고자 하는 법익이 침해된다고 보기에 충분하다.

8. 위조문서 등의 행사

(1) 비교법적 고찰

문서에 관한 죄는 문서(이하 문서, 도화 및 특수매체기록의 통칭으로 사용함) 자체를 만들어

내거나 문서의 내용에 변경을 가하는 죄와 이렇게 작성 또는 변경된 문서를 행사하는 죄로 나누어볼 수 있다. 여기에서 행사라 함은 위조된 문서를 진정한 문서로, 허위작성된 문서를 진실한 문서로 각각 사용하는 것을 말한다.

문서의 작성 · 변경에 관한 죄는 이렇게 만들어진 문서를 행사하는 죄에 대해 수단과 목적의 관계에 있다. 여기에서 양자의 관계를 형법적으로 어떻게 파악할 것인지 문제되는데, 그 기준은 어디까지나 입법자가 결정할 사항이다.

(가) 독일 형법　독일 형법은 수단이 되는 문서의 위조 · 변조와 목적이 되는 위조 · 변조문서의 행사를 동일한 조문에 함께 규정하고 있다.[1] 우리 형법상 뇌물수수죄의 경우 뇌물의 요구, 약속과 뇌물의 수수가 동일한 조문에 함께 규정되어 있는 것(법129)과 비슷한 형태이다. 문서의 위조 · 변조와 위조 · 변조문서의 행사가 동일 구성요건에 규정됨에 따라 위조 · 변조와 행사라는 두 개의 행위는 단순일죄를 구성한다(협의의 포괄일죄).[2]

(나) 일본 형법　일본 형법은 수단이 되는 문서의 위조 · 변조와 목적이 되는 위조 · 변조문서의 행사를 각각 별도의 조문에서 규정하면서, 행사죄를 위조 · 변조와 동일한 형에 처한다고 규정하고 있다. 그런데 일본 형법은 총칙의 죄수론에 관한 규정에서 목적과 수단의 관계에 있는 죄(소위 견련범)를 과형상 일죄로 파악하는 규정을 두고 있다(동법51 후단). 그 결과 문서위조 · 변조죄와 위조 · 변조문서행사죄가 실체법상으로는 별개의 죄로 파악됨에도 형을 과할 때에는 가장 중한 형에 따라 처단하게 된다. 위조 · 변조죄와 행사죄는 형이 동일하므로 결국 양자 중 하나의 범죄로만 처벌하는 것과 같은 결과가 된다.

(다) 한국 형법　우리 형법은 문서위조 · 변조죄와 위조 · 변조문서의 행사죄를 별개의 조문에서 규정하면서, 행사죄를 위조 · 변조죄에 정한 형으로 처단하고 있다. 이 점은 일본 형법과 입법태도를 같이한다. 그런데 우리 형법은 일본과 같은 견련범 개념을 채택하고 있지 않다. 그 결과 문서위조 · 변조죄와 위조 · 변조문서행사죄는 실체법적으로 수개의 죄로 파악될 뿐만 아니라, 과형상으로도 수죄로 파악된다. 즉 수단이 되는 위조 · 변조죄와 목적이 되는 행사죄는 실체적 경합관계에 서게 된다.[3]

---

1) 독일형법 제267조　① 법적 거래에서의 기망을 목적으로 부진정 문서를 작성하거나 진정한 문서를 변조하거나 부진정 문서 또는 변조된 문서를 행사한 자는 5년 이하의 자유형 또는 벌금에 처한다.

2) Fischer, StGB, 57. Auflage, (2010), § 267 Rn 44.

3) 1965. 12. 21. 65도938, 집 13②, 형74 =『송사에 밝은 지인 사건』:

M부동산은 A와 그의 딸 B가 C로부터 매수한 것이다. 그런데 D가 M부동산에 대해 D 명의로 소유권 이전등기를 하였다. [지인] 갑은 A와 B가 M부동산의 등기명의를 복구하려고 고심하고 있음을 알게 되었다. 갑은 A와 B에게 자신이 송사에 밝으니 소송을 하여 찾아 주겠다고 제의하여 수락을 받았다. 갑은 A가 원래 무식한데다 지려까지 천박함을 기화로 이를 이용하려고 마음먹었다.

갑은 "갑이 A에게 대여한 16만원의 변제를 위하여 A와 B로부터 M부동산을 대물변제로 받았다"는 전연

위조 · 변조죄와 행사죄가 실체적 경합관계로 파악됨에 따라 두 죄는 형법 제37조 이하의 경합범 처벌규정에 따라 처단형이 결정된다. 위조 · 변조죄와 행사죄를 동시에 재판하고 두 죄를 모두 징역형으로 다스린다면 처단형은 문서위조 · 변조죄의 형에 2분의 1을 가중한 범위에서 결정하게 된다(법38① ii 참조).[1)]

(2) 문서의 부정행사

형법은 위조 · 변조된 문서나 허위작성된 문서를 행사하는 행위를 처벌하고 있다(법229, 234). 이 점은 일본 형법의 경우와 같다. 그런데 우리 형법은 여기에서 한걸음 더 나아가 진정 · 진실한 문서라 할지라도 이를 부정행사하는 행위를 처벌하고 있다(법230, 236). 진정 · 진실한 문서의 부정행사죄는 일본 개정형법가안의 영향을 받아 규정된 것이다.

일본 형법은 인장에 관한 죄의 경우에는 부정사용행위를 처벌하면서(동법165②, 167② 참조) 문서에 관한 죄의 경우에는 부정사용행위를 처벌하는 규정을 두고 있지 않다. 양자 간의 불균형을 보완하기 위하여 일본 개정형법가안은 공문서부정행사죄와 사문서부정행사죄

허위의 ㉠청구원인으로 A와 B를 피고로 하여 부동산 소유권이전등기절차 이행청구소송을 관할법원에 제기하였다. 갑은 A와 B에게 D로부터 등기명의를 회복하는 방법으로 소송을 제기한 것이니 A와 B는 안심하고 법정에 출석할 필요가 없다고 말하여 A와 B가 법정에 출석하지 않도록 하였다. 갑은 법원으로부터 의제자백에 의한 갑 승소의 판결을 받았다. A와 B가 갑의 말을 믿고 항소를 하지 아니하여 판결은 확정되었다(㉡확정판결). 갑은 ㉡확정판결에 의하여 관할법원 등기공무원에게 등기신청을 하였고, 그 결과 M부동산의 소유명의를 갑 명의로 하는 등기가 이루어졌다(㉢등기).

검사는 갑을 공정증서원본불실기재죄 및 동 행사죄로 기소하였다. 제1심법원은 공정증서원본불실기재죄와 불실기재공정증서원본행사죄의 실체적 경합범으로 유죄를 인정하였다. 갑은 불복 항소하였다. 항소법원은 항소를 기각하고, 제1심판결을 유지하였다. 갑은 불복 상고하였다. 갑은 상고이유로 다음의 점을 주장하였다. (가) 법원의 ㉡확정판결에 기한 등기신청이므로 허위신고라고 할 수 없다. (나) 등기부를 직접 비치하는 행위를 한 바 없으므로 행사에 해당하지 않는다. (다) 공정증서원본불실기재죄와 동 행사죄는 실체적 경합관계에 있지 않다.

대법원은 다음의 이유를 제시하여 상고를 기각하였다. 대법원은 첫 번째 주장에 대해 다음과 같이 판단하였다. (가) ㉢등기부의 기재는 ㉡확정판결에 의하여 되었다 하더라도 갑이 ㉡확정판결의 내용이 진실에 반하는 것임을 알면서 이에 기하여 등기공무원에게 등기신청을 하는 것은 허위신고를 하는 것에 해당한다. (나) 허위신고를 하여 등기공무원으로 하여금 등기부에 불실의 사실을 기재하게 한 이상 공정증서원본불실기재죄를 구성한다.

대법원은 두 번째 및 세 번째 주장에 대해 다음과 같이 판단하였다. (가) 등기공무원이 등기를 한 때에 그 등기부를 그 법원 또는 등기소에 비치하는 것은 등기 공무원의 직무상 당연히 할 행위이다. (나) 그 필연의 결과인 불실의 사실을 기재한 등기부 행사의 행위는 허위 등기 신청자가 등기공무원의 직무상 당연히 할 행위를 이용하여 간접으로 이를 실행한 것이다. (다) 자기가 직접 그 행위에 관여하지 아니하였다 하여 그 행위에 대한 형법상의 책임을 면할 수 없다. (라) 공정증서원본불실기재의 죄와 동 행사죄는 경합범임이 명백하다.

1) 과형상 일죄와 과형상 수죄의 구별에 대해서는, 신동운, 형법총론, 제14판, (2022), 793면 이하 참조.

를 성안하였다.[1] 우리 입법자는 이러한 가안의 구상을 받아들여 문서 부정행사죄를 입법화하였다.

문서 부정행사죄에서 부정행사란 (가) 사용권한자와 용도가 특정된 타인의 진정 · 진실한 문서를 (나) 사용권한 없는 자가 사용권한 있는 것처럼 가장하여 부정한 목적으로 행사하거나, 또는 (다) 권한 있는 자라도 정당한 용법에 반하여 부정하게 행사하는 것을 말한다.[2]

제 2 공문서에 관한 죄의 기본유형 – 공문서위조죄

형법 제225조 (공문서등의 위조 · 변조) 행사할 목적으로 공무원 또는 공무소의 문서 또는 도화를 위조 또는 변조한 자는 10년 이하의 징역에 처한다.

◎ 자격정지 임의적 병과(법237)
◎ 미수범 처벌함(법235)

1. 행위주체

공문서는 공무원 또는 공무소가 직무에 관하여 작성한 문서이다. 공문서는 사회에서 신

---

1) 法務資料 別冊第23號 刑法並びに監獄法改正調査委員會議事速記錄, (1957), 339頁, 345頁 참조.

2) 2007. 3. 30. 2007도629, 2007, 659 = 『편의상 차용증 작성 사건』 :

A와 B는 P회사를 운영하고 있다. 갑은 변호사이다. 갑은 P회사의 법률자문 역할을 담당하고 있다. A와 C 사이에 ㉮파산선고사건이 관할법원에서 진행되었다. ㉮사건과 관련하여 A가 재산목록을 작성하여 제출해야 하는 상황이 되었다. 갑은 "편의상 채권채무가 있는 것처럼 해 두자"라고 A와 B에게 제의하였다. A와 B는 이에 동의하였다. A와 B는 "금 5천만원, 차용인 A, 연대보증인 B"라는 내용의 '차용증 및 이행각서'(㉠차용증)를 작성하여 갑에게 교부하였다.

이후 갑은 A와 B를 상대로 관할법원에 ㉯대여금청구소송을 제기하였다. 이 과정에서 갑은 관할법원 종합민원실에서 ㉠차용증을 첨부하여 "금 5천만원 및 이에 대한 이자를 구한다"는 취지의 ㉡대여금청구소장을 법원 직원 D에게 제출하였다. ㉯사건의 재판과정에서 ㉠차용증이 편의상 만든 것임이 밝혀졌다.

검사는 갑을 사기미수죄 및 사문서부정행사죄로 기소하였다. 갑의 피고사건은 제1심을 거친 후, 항소법원에 계속되었다. 항소법원은 유죄를 인정하였다. 갑은 불복 상고하였다.

대법원은 다음의 이유를 제시하여 원심판결을 파기환송하였다. (가) 형법 제236조 소정의 사문서부정행사죄는 (ㄱ) 사용권한자와 용도가 특정되어 작성된 권리의무 또는 사실증명에 관한 타인의 사문서 또는 사도화를 (ㄴ) 사용권한 없는 자가 사용권한이 있는 것처럼 가장하여 부정한 목적으로 행사하거나 또는 (ㄷ) 권한 있는 자라도 정당한 용법에 반하여 부정하게 행사하는 경우에 성립된다. (나) ㉠차용증은 그 작성명의인들(A와 B)이 자유의사로 작성한 문서로 그 사용권한자가 특정되어 있다고 할 수 없고 또 그 용도도 다양하다. (다) 갑이 그 작성명의인들(A와 B)의 의사에 의하지 아니하고 ㉠차용증 상의 채권이 실제로 존재하는 것처럼 그 지급을 구하는 민사소송을 제기하면서 소지하고 있던 ㉠차용증을 법원에 제출하였다고 하더라도 그것이 사문서부정행사죄에 해당한다고 할 수 없다.

뢰성이 높기 때문에 형법은 유형위조와 무형위조를 모두 처벌하고 있다. 형법 제225조는 공문서의 유형위조를 처벌하는 조문이다.

공문서위조 · 변조죄(이하 공문서위조죄로 통칭함)는 신분범이 아니다. 보통은 공무원 아닌 사람이 행위주체가 될 것이지만 공무원인 경우에도 자기의 직무권한 밖의 문서를 위조 또는 변조하면 공문서위조 · 변조죄가 성립한다.[1)]

공문서위조죄는 외국인의 국외범을 처벌한다(법5 vi). 행위지의 법률에 의하여 처벌되는지를 묻지 않는다(법6 단서 참조).

2. 행위객체

(1) 공문서와 공도화

공문서위조죄의 객체는 공무원 또는 공무소의 문서 또는 도화이다. 공무원 또는 공무소의 문서 또는 도화(圖畫)라 함은 공무원 또는 공무소가 작성명의인인 문서 또는 도화를 말한다.

공문서는 공무원 또는 공무소가 직무에 관하여 작성한 문서이다. 공문서의 예로는 주민등록증, 운전면허증, 여권 등 다양한 형태를 들 수 있다. 공도화는 공무원 또는 공무소가 직

---

1) 1996. 11. 22. 96도1862, 공 1997, 141 = 『지방세무주사보 기재정정 사건』:

1992. 4. 21.경부터 갑은 지방세무주사보로서 M시 N구청 세무과에서 부동산 취득세의 과세 및 징수업무 등에 종사하였다. 1993. 5. 20. 갑은 N구청 관내 ㉠토지를 취득한 A로부터 세금 100만원을 수령하였다(㉡취득세). 갑은 ㉠토지에 대한 ㉢재산세 과세대장의 변동사항 기록 확인란에 '93. 5. 20. 신납'이라고 기재하였다(㉣기재). 갑은 이후 ㉡취득세 납부금을 횡령하였다. 1993. 11. 30. 갑은 다른 부서로 인사이동이 되었다. [갑은 ㉡취득세 금액을 M시 금고에 입금하여 관련 장부를 맞추었다.] 1994. 11. 하순경 갑은 ㉡취득세 횡령사실을 은폐하기 위하여 ㉢재산세 과세대장 변동사항 기록 확인란의 '93. 5. 20. 신납'(㉣기재)을 한 줄로 그어 버리고 그 옆에 '94. 11. 30. 납기'(㉤기재)라고 기재하였다.

검사는 갑을 업무상 횡령죄, 공문서변조죄, 변조공문서행사죄로 기소하였다. 갑의 피고사건은 제1심을 거친 후, 항소심에 계속되었다. 항소법원은 유죄를 인정하였다. 갑은 불복 상고하였다. 갑은 상고이유로 다음의 점을 주장하였다. (가) 1993. 5. 20. ㉡취득세는 M시 금고에 입금되지 않았다. (나) 따라서 ㉣기재는 허위이다. (다) 허위인 ㉣기재를 ㉤기재로 정정한 것은 공문서변조죄가 되지 않는다. (라) 허위인 ㉣기재를 ㉤기재로 정정한 것은 권한 내의 행위이므로 공문서변조죄가 되지 않는다. (마) 허위인 ㉣기재를 ㉤기재로 정정한 것은 사회상규에 위배되지 않는 정당행위이다.

대법원은 다음의 이유를 제시하여 상고를 기각하였다. (가) 갑이 ㉤기재와 같이 정정할 당시에는 인사이동되어 ㉢과세대장의 작성권한이 없었다. (나) 그러므로 갑의 ㉤기재 행위는 공문서변조죄에 해당한다. (다) 갑이 자신의 ㉡취득세 횡령행위를 은폐하기 위하여 ㉤기재와 같이 정정한 행위를 가리켜 권한의 위임에 따른 것이라거나 사회상규에 위배되지 아니하는 정당한 행위라고는 할 수 없다. (라) 갑이 A로부터 ㉡취득세를 수납한 이상 ㉢재산세 과세대장에 '93. 5. 20. 신납'(㉣기재)이라고 기재한 것을 허위라고 할 수 없다. (마) ㉣기재가 허위임을 전제로 갑이 이를 '94. 11. 30. 납기'(㉤기재)라고 정정한 행위는 공문서변조죄가 되지 않는다고 할 수 없다.

무에 관하여 작성한 도화를 말한다. 도화는 사람의 생각을 상형적인 부호로 나타낸 것이다. 공도화의 예로 지적도를 들 수 있다.[1] 도화가 공문서에 첨부되면 공문서의 일부로 된다. 공문서에 첨부한 도면에 간인이 날인되지 아니하였다는 이유만으로 그 도면을 공문서의 일부가 아니라고 볼 수는 없다.[2]

---

1) 1980. 8. 12. 80도1134, 공 1980, 13093 = 『원도 제7호 정정 사건』:

광주시 M구청의 N지구에 경지정리작업이 진행되고 있다. N지구 경지정리확정지구에 대해 여러 장의 원도가 작성되어 있다(㉠원도). 이 가운데 원도 제7호는 N지구의 가환지에 관한 것이다(㉠원도 제7호). ㉠원도는 광주시장의 위탁에 의하여 대한지적협회 전남도지부가 측량 작성하여 전라남도 세정과 지적계 기좌의 검사를 마친 후 광주시에 납품된 것이다. 광주시에 납품된 ㉠원도는 다시 광주시 본청으로부터 M구청에 회송되었다.

갑은 M구청의 지적계장이다. 갑은 측량기사의 자격을 가지고 있다. 갑은 지적계장으로서 ㉠원도를 보관하게 되었다. [갑은 자신이 측량해 본 결과 가환지에 관한 ㉠원도 제7호의 ⓐ부분에 정확하지 않은 부분이 있다고 판단하였다.] 갑은 소정의 절차를 거침이 없이 단독으로 ⓐ부분의 내용에 변경을 가져오는 ⓑ기재를 하였다. 갑은 내용이 변경된 ㉠원도 제7호를 다른 원도들과 함께 사무실에 비치하였다.

검사는 갑을 공도화변조죄 및 변조공도화행사죄로 기소하였다. 갑의 피고사건은 제1심을 거친 후, 항소심에 계속되었다. 항소법원은 유죄를 인정하였다. 갑은 불복 상고하였다. 갑은 상고이유로 다음의 점을 주장하였다. (가) ㉠원도 제7호는 가환지에 관한 것으로 아직 확정된 것이 아니다. (나) 따라서 ㉠원도 제7호는 아직 공도화라고 할 수 없다. (다) 갑은 측량기사이다. (라) 측량 결과 ㉠원도 제7호와 다른 ⓐ부분을 발견하였다. (마) 지적계장으로서 ⓐ부분을 바르게 정정한 것은 공도화변조죄에 해당하지 않는다. (바) 공도화변조죄가 성립하지 않으므로 변조공도화행사죄도 성립하지 않는다.

대법원은 다음의 이유를 제시하여 상고를 기각하였다. (가) ㉠원도 제7호는 이미 이해관계인의 권리에 관한 사항을 기입한 것으로서 형법 제225조에 이른바 공무소가 비치한 도화라고 봄이 상당하다. (나) 그럼에도 불구하고 갑이 소정의 절차를 거침이 없이 단독으로 그 내용에 변경을 가져오는 기재를 하였다면 공무소가 비치한 도화의 변조죄를 범한 것에 해당한다. (다) 측량도면의 정정은 측량기사가 지적측량규정에 따라서 그 작성 또는 정정을 스스로 하는 경우를 말한다. (라) 다른 측량기사가 적법하게 작성 · 완료한 것을 보관하면서 그 내용을 함부로 변경한다는 것은 비록 갑이 측량기사라 하더라도 허용될 수 없다.

2) 1985. 6. 25. 85도540, 공 1985, 1084 = 『환지계획 도면 바꿔치기 사건』:

갑은 의정부시에서 도시계획사무를 담당하는 공무원이다. 의정부시장 명의로 작성하여 경기도지사에게 송부하는 ㉠환지계획인가신청서가 있다. ㉠인가신청서에는 ㉡도면이 첨부되어 있다. ㉠신청서와 ㉡도면 사이에는 간인이 되어 있지 않다. 갑은 ㉠신청서에 첨부된 ㉡도면의 ⓐ도로 위치에 잘못 표시된 부분이 있다고 판단하였다. 갑은 적법한 절차를 거치지 않고 임의로 ㉡도면을 정정된 ㉢도면과 바꿔치기한 후 이를 사무실에 비치하였다.

검사는 갑을 공문서변조죄 및 변조공문서행사죄로 기소하였다. 갑의 피고사건은 제1심을 거친 후, 항소심에 계속되었다. 항소법원은 유죄를 인정하였다. 갑은 불복 상고하였다. 갑은 상고이유로 다음의 점을 주장하였다. (가) ㉡도면과 ㉠인가신청서 사이에 간인이 없어 ㉡도면은 공문서가 아니다. (나) ㉡도면은 지적계 기사 등이 정확 여부를 검사하지 아니하였기 때문에 착오표시를 발견하지 못한 허물이 있어 공문서에 해당하지 않는다. (다) ㉡도면을 정확한 ㉢정정도면으로 대체하는 데에는 의정부시장의 승낙이 예상된다. (라) 정확한 도면으로 바꾸기 위한 것이므로 공문서변조죄의 고의가 없다.

대법원은 다음의 이유를 제시하여 상고를 기각하였다. (가) 공문서에 첨부한 도면에 간인이 날인되지 아니하였다는 이유만으로 그 도면을 공문서의 일부가 아니라고 볼 수는 없다. (나) ㉠인가신청서에 첨부된 ㉡도면의 ⓐ도로 위치가 갑의 주장처럼 잘못 표시된 것이라고 하자. (다) 그렇다고 하여도 ㉡도면이 공문서의 일

(2) 직무관련성

공문서는 공무원 또는 공무소가 그 직무에 관하여 작성한 문서를 말한다. 문서를 작성하는 권한이 법령에 의한 것인가, 내규에 의한 것인가, 관례에 의한 것인가를 묻지 않는다. 공문서는 공무소, 공무원이 직무상 작성하는 문서이면 족하다. 공법관계에서 작성된 것인지 사법관계에서 작성된 것인지는 문제 삼지 않는다. 대외적으로 발부되는 것뿐만 아니라 공무소 내부에서 보관하는 문서도 모두 공문서에 포함된다.[1)]

부인 것은 틀림없다. (라) 지적계 기사 등이 그 정확 여부를 검사하지 아니하였기 때문에 착오표시를 발견하지 못한 허물이 있다고 하여 공문서가 아니라고 할 수는 없다.

(마) ㉠환지신청서는 의정부시장 명의로 작성하여 경기도지사에게 송부한 것이다. (바) ㉠환지계획인가신청서에 첨부된 당초의 ㉡도면에 설사 잘못 표시된 부분이 있다고 하자. (사) 그렇다고 하여도 의정부시에서 도시계획사무를 담당한 갑이 적법한 절차를 거침이 없이 임의로 ㉡도면을 ㉢정정도면과 바꿔치기 한 행위에 대하여는 공문서변조, 동 행사의 범의를 인정하기에 넉넉하다. (아) 도면에 간인이 없다든가 시장의 승낙이 예상된다는 등 사유가 있다고 하여 범의를 부인할 수는 없다.

1) 1995. 3. 24. 94도1112, 공 1995, 1782 = 『누락 토지 추가기재 사건』 :

갑은 군수사령부의 관재업무를 담당하는 실무자이다. 갑은 토지보상과 관련된 업무를 처리하는 과정에서 토지가격 감정의뢰서를 기안하였다(㉠감정의뢰서). ㉠감정의뢰서에는 ㉡재산명세서가 첨부되었다. ㉡재산명세서는 토지가격 감정의뢰의 대상이 되는 토지들을 특정하기 위하여 작성된 문건이다. ㉡재산명세서에는 보상 대상인 M토지가 누락되어 있었다. 갑은 ㉠감정의뢰서 기안용지에 서명한 다음 군수사령관 A의 결재를 받았다.

이후 감정의뢰에 따른 감정을 하는 과정에서 M토지의 누락사실이 발견되었다. 감정평가사 B는 M토지까지 감정하여 작성한 ㉢감정평가서를 군수사령부에 송부하였다. ㉢감정평가서에 대해 군수사령관 A의 결재가 있었다. 갑은 사후에 ㉡재산명세서와 ㉢감정평가서를 일치시킨다는 생각에서 임의로 누락된 M토지를 ㉡재산명세서에 추가로 기재하였다(㉣재산명세서). [이후 보상금지급과 관련한 의혹이 제기되었다.] 갑은 ㉣재산명세서가 첨부된 ㉤감정의뢰서를 군검찰에 제출하였다.

검사는 갑을 공문서변조죄 및 동 행사죄로 기소하였다. 제1심법원은 유죄를 인정하였다. 갑은 불복 항소하였다. 항소법원은 항소를 기각하고, 제1심판결을 유지하였다. 갑은 불복 상고하였다. 갑은 상고이유로 다음의 점을 주장하였다. (가) 갑이 M토지를 추가기재한 ㉡재산명세서는 독립된 문서가 아니다. (나) 독립 문서가 아닌 ㉡재산명세서에 추가기재한 행위는 공문서변조죄에 해당하지 않는다. (다) 갑의 행위는 M토지 누락 부분을 바로잡기 위한 것이므로 공문서변조죄의 고의가 없다. (라) M토지가 포함된 ㉢감정평가서에 군수사령관 A의 결제가 있는 것으로 볼 때 ㉡재산명세서에 추가 기재하는 데에 추정적 승낙이 있다. (마) 변경된 ㉤감정의뢰서를 군검찰에 제출한 것은 토지보상을 위한 것이 아니므로 변조공문서 행사에 해당하지 않는다.

대법원은 다음의 이유를 제시하여 상고를 기각하였다. (가) ㉡재산명세서는 ㉠토지가격감정의뢰서와 일체를 이루는 문서의 일부에 불과할 뿐 그 자체가 독립된 문서가 아니다. (나) ㉠토지가격감정의뢰서는 ㉡재산명세서와 아울러 그 작성권한이 군수사령관 A에게 있는 A 명의의 공문서임이 명백하다. (다) 갑이 ㉡재산명세서를 작성하고 ㉠감정의뢰서를 스스로 기안하여 그 기안용지에 자신의 서명을 한 것은 갑이 군수사령부의 관재업무를 담당하는 실무자로서 그 최종결재권자인 군수사령관 A를 보조하는 지위에서 한 것일 뿐이다. (라) 이것을 가지고 ㉠감정의뢰서의 작성명의인이 갑이라고 할 수 없다. (마) 위와 같은 사정은 ㉠감정의뢰서가 군수사령부에 보관되는 내부문서라고 하여 달리 볼 바 아니다.

(바) 갑이 사후에 ㉡재산명세서와 ㉢감정평가서를 일치시킨다는 생각에서 ㉡재산명세서상에 누락된 M토지를 추가기재한 것이라고 하더라도 그 과정에서 갑이 적법한 절차를 거침이 없이 임의로 결재된 원문서에

(3) 작성명의

(가) 판단기준 공무원 또는 공무소가 직무에 관하여 문서를 작성할 경우 그 문서의 작성명의인은 공무원 또는 공무소가 된다. 이때 공무원 또는 공무소는 대한민국의 공무원 또는 공무소를 의미한다. 외국의 공무원이나 공무소 명의로 된 문서는 사문서에 지나지 않는다.[1)]

이장이 지방자치단체의 기관으로서 그의 직무에 관하여 작성하는 문서는 공문서이다.[2)] 이에 반하여 개인소유 선박의 선장이 세관에 대하여 휴대품이나 탁송품을 신고하는 신고서는 사문서에 불과하다. 공무원인 학교장이 기성회이사의 자격으로 작성한 허위의 지출결의서는 공무원자격으로 그 직무에 관하여 작성한 것이라 할 수 없어 공문서에 해당하지 않는다.[3)]

공문서 여부는 문서의 작성명의인을 기준으로 판단한다. 이 점에서 공문서는 공용문서(법141 참조)와 구별된다. 공용문서는 용도와 관련하여 국가 또는 지방자치단체가 직무에 사용하는 문서를 가리킨다. 공용문서에는 공문서와 사문서가 모두 포함된다.

없는 사항을 추가기재한 이상 그러한 행위에 대하여는 공문서변조의 범의를 인정하기에 충분하다. (사) 감정의뢰서에 누락된 M토지에 대한 감정까지 하여 작성한 ㉢감정평가서에 대하여 ㉠감정의뢰서 작성명의자인 군수사령관 A의 결재가 있었다고 하여 이로써 ㉠감정의뢰서 추가기재 행위에 대하여 작성명의자의 승낙이 있었다고 볼 수 없다.

(아) 공문서변조죄에 있어서 행사할 목적이란 변조된 공문서를 진정한 문서인 것처럼 사용할 목적을 말한다. (자) 즉 행사의 상대방이 누구이든지 간에 그 상대방에게 문서의 진정에 대한 착오를 일으킬 목적이면 충분한 것이다. (차) 반드시 변조 전의 그 문서의 본래의 용도에 사용할 목적에 한정되는 것은 아니다. (카) 갑이 군검찰에 제출하기 위하여 ㉠감정의뢰서에 추가기재 행위를 하였다고 하여 갑에게 행사할 목적이 없었다고 할 수 없다. (타) 추가기재 방법으로 변조한 ㉤감정의뢰서를 진정한 문서인 것처럼 군검찰에 제출한 갑의 행위가 변조공문서를 행사한 것이 아니라고 볼 수 없다.

1) 1998. 4. 10. 98도164, 공 1998, 1407 =『홍콩 국제운전면허증 사건』.

2) 1971. 8. 31. 71도1052, 집 19②, 형74.

3) 1971. 7. 27. 71도934, 집 19②, 형65 =『기성회 허위 지출결의서 사건』:

갑은 공립학교인 P중학교의 교장이다. 갑은 서무과장 을과 공모하여 학교기성회의 ㉠지출결의서를 각각 기성회장, 기성회 간사의 자격으로 허위 작성하여 비치하였다. 갑과 을은 ㉠지출결의서를 근거로 기성회 회계에서 ㉡금전을 인출하여 사용하였다.

검사는 갑과 을을 업무상 횡령죄, 허위공문서작성죄, 허위작성공문서행사죄로 기소하였다. 갑의 피고사건은 제1심을 거친 후, 항소심에 계속되었다. 항소법원은 유죄를 인정하였다. 갑은 불복 상고하였다.

대법원은 허위공문서 작성 부분에 대해 다음의 이유를 제시하여 원심판결을 파기환송하였다. (가) 허위공문서 작성, 동 행사는 공무원이 행사할 목적으로 그 직무에 관하여 허위의 문서 또는 도화를 작성하거나 변[개]하고 또 이를 행사하는 경우에 성립한다. (나) 학교의 기성회는 학부형들이 그 학교를 후원할 목적으로 조직한 사설단체이다. (다) 학교기성회의 지출결의서는 그 기성회장의 금전지출의 의사를 결정하는 사문서이다.

(라) P학교의 서무담당 직원인 을과 학교장인 갑이 공모하여 행사의 목적으로 허위의 ㉠지출결의서를 작성·행사하였다. (마) 이는 갑이 기성회의 이사 자격으로, 을이 기성회 간사자격으로 작성·행사한 것이라 인정될 수 있다. (바) 공무원 자격으로 그 직무에 관하여 ㉠지출결의서를 작성·행사한 것이라 할 수 없어 이에 허위공문서작성, 동 행사죄가 성립할 수 없다.

(나) 허무인 문제 공문서의 작성명의인인 공무원 또는 공무소가 실재하지 않아도 되는지 문제된다. 생각건대 공문서에 대한 사회의 높은 신뢰도에 비추어 공무원이 실존하는 것으로 일반인이 오신할 우려가 있는 이상 이를 공문서위조죄로 규율할 필요가 있다. 그러므로 실재하지 않는 공무원 또는 공무소 이름의 문서가 실존하는 공무원 또는 공무소가 작성한 문서로 볼 수 있는 정도의 형식과 외관을 갖추면 공문서위조죄가 성립한다.[1]

(다) 혼합문서 하나의 문건에 공무원 또는 공무소의 생각(의사 또는 관념)과 그 밖의 사람의 생각(의사 또는 관념)이 함께 기재되는 경우가 있다. 이 경우 공무원 또는 공무소의 생각을 기재한 부분만 공문서로 인정된다.[2] 사인의 생각을 기재한 문서를 공문서에 첨부하여 직인을 간인하였다 하여도 사인의 생각을 기재한 부분이 공문서의 일부로 되는 것은 아니다.[3]

---

1) 1968. 9. 17. 68도981, 집 16③, 형12 =『제2기획통제실장 사건』.

2) 1991. 9. 24. 91도1733, 공 1991, 2644 =『교원실태조사카드 사건』:

갑은 공립학교 P중학교의 교감이다. A는 P중학교에 교사로 재직중이다. 갑은 A를 다른 학교로 전출시키는데 행사할 목적으로 ㉠교원실태조사카드 용지를 마음대로 작성하였다. ㉠교원실태조사카드는 왼쪽이 본인희망란, 오른쪽이 학교의견란으로 구성되어 있다. 갑은 본인 희망란에 A의 인적사항, 담당과목, 생활근거지 등을 기재한 다음 제1희망란에 'M군' 제2희망란에 'N군', 작성자(본인)란에 'A', 본인의 희망보충란에 "생활근거지 가까운 곳으로 가야 가정적 안정을 가질 수 있기 때문에 전보를 희망하오니 선처바랍니다"라고 기재하였다. 갑은 A의 도장을 몰래 가지고 와서 타교로 전보되기를 원합니까의 원한다 란, A의 이름 뒤 및 본인의 희망보충란 끝에 이를 각각 날인하였다(㉡부분). 한편 학교의견란에는 근무성적, 교과지도력에 알맞는 학교, 전보제청란이 있고, "위와 같이 내신합니다"라는 인쇄부분이 있으며, 그 끝에 P중학교장의 고무인과 직인이 이미 날인되어 있었다(㉢부분). [갑은 이후 ㉠교원실태조사카드를 관계기관에 제출하였다.]

검사는 갑을 공문서위조죄 및 동 행사죄로 기소하였다. 갑의 피고사건은 제1심을 거친 후, 항소심에 계속되었다. 항소법원은 유죄를 인정하였다. 갑은 불복 상고하였다.

대법원은 다음의 이유를 제시하여 원심판결을 파기환송하였다. (가) ㉠교원실태조사카드의 양식과 각 작성명의 부분의 내용에 비추어 볼 때 ㉠교원실태조사카드의 P중학교장의 작성명의 부분(㉢부분)은 공문서라고 할 수 있다. (나) 그러나 작성자 A 명의 부분(㉡부분)은 개인적으로 전출을 희망하는 의사표시를 한 것에 지나지 아니하여 이것을 가리켜 공무원이 직무에 작성한 공문서라고 할 수는 없다. (다) 그렇다면 가사 갑이 A의 명의 부분을 A의 의사에 반하여 작성하였다고 하여도 공문서를 위조한 것이라고 할 수 없다.

3) 2009. 1. 30. 2006도7777, 공 2009, 274 =『이혼의사확인서 사건』:

(구 호적법하의 사안이다.) 갑과 A는 이혼을 하기 위하여 ㉠이혼신고서를 가정법원에 제출하였다. 가정법원판사 B는 갑과 A의 이혼의사를 확인하고 ㉡이혼의사확인서에 서명하였다. 가정법원서기관 C는 ㉢이혼의사확인서등본을 작성하고 ㉠이혼신고서를 이에 첨부하여 간인한 다음 갑과 A에게 이를 교부하였다. 갑은 ㉢이혼의사확인서등본과 간인으로 연결된 ㉠이혼신고서를 떼어내고 ㉠이혼신고서의 내용과는 다른 ㉣이혼신고서를 작성하여 ㉢이혼의사확인서등본과 함께 호적관서에 제출하였다.

검사는 갑을 공문서변조죄 및 동 행사죄로 기소하였다. 갑의 피고사건은 제1심을 거친 후, 항소심에 계속되었다. 항소법원은 무죄를 선고하였다. 검사는 불복 상고하였다.

대법원은 다음의 이유를 제시하여 상고를 기각하였다. (가) 가정법원의 서기관 등이 이혼의사확인서등본(㉢등본)을 작성한 뒤 이를 이혼의사확인신청 당사자 쌍방에게 교부하면서 이혼신고서(㉠신고서)를 확인서등본 뒤에 첨부하여 그 직인을 간인하였다. (나) 그렇다고 하더라도 그러한 사정만으로 이혼신고서(㉠신고서)가

사인간의 계약서 등에 대해 공증인이 사서증서(私署證書) 인증을 하는 경우가 있다(공증인법2 ii 참조). 사서증서란 당사자의 서명 또는 날인이 들어 있는 증서를 말한다. 각종 계약서나 합의서 등은 사서증서에 해당한다. 사서증서 인증의 경우 당사자들이 미리 사서증서를 작성한 후 공증인 앞에 나아가는 절차를 밟게 된다. 사서증서의 인증은 공증인이 (가) 촉탁인으로 하여금 공증인 앞에서 사서증서에 서명 또는 날인하게 하거나 (나) 사서증서의 서명 또는 날인을 본인이나 그 대리인으로 하여금 확인하게 한 후 그 사실을 증서에 적는 방법으로 한다(공증인법57①).

사서증서의 인증에서 공증인이 사서증서에 대하여 하는 '인증'은 당해 사서증서(예컨대 계약서)에 나타난 서명 또는 날인이 작성명의인에 의하여 정당하게 성립하였음을 인증하는 것일 뿐 그 사서증서(예컨대 계약서)의 기재내용을 인증하는 것은 아니다. 사서증서인증서 중 공증인의 인증기재 부분은 공문서에 해당하지만,[1] 공증인의 인증이 있었다고 하여 사서증서의 기재내용이 공문서인 인증기재 부분의 내용을 구성하지는 않는다.[2]

공문서인 이혼의사확인서등본(㉢등본)의 일부가 되었다고 볼 수 없다. (다) 따라서 당사자가 이혼의사확인서등본(㉢등본)과 간인으로 연결된 이혼신고서(㉠신고서)를 떼어내고 원래 이혼신고서의 내용과는 다른 이혼신고서(㉣신고서)를 작성하여 이혼의사확인서등본(㉢등본)과 함께 호적관서에 제출하였다고 하더라도 공문서인 이혼의사확인서등본을 변조하였다거나 변조된 이혼의사확인서등본을 행사하였다고 할 수 없다.

1) 2007. 1. 25. 2006도3844, 공 2007, 387 = 분석 각론『투자증서 인증 사건』.

2) 2005. 3. 24. 2003도2144, 공 2005, 690 =『온천수개발 사서인증 사건』:

갑은 지하수 개발업자이다. M토지는 A의 소유이다. 갑은 M토지에서 온천수가 나올 것으로 생각하였다. 갑은 A와 온천개발에 관한 계약을 체결하였다. 갑과 A는 ㉠온천수개발합의서를 작성하였다. ㉠합의서에는 다음의 조항이 기재되었다. (가) 갑은 시공에 필요한 비용의 전액을 부담한다. (나) 온천구 시공 전에 필요한 환경영향평가 등 준비비용 일체와 온천구 허가취득비용 및 예상치 못했던 일체의 비용을 갑이 전액 부담한다. 갑과 A는 ㉠합의서에 서명날인을 하였다. [이로써 ㉠합의서는 사서증서에 해당한다.]

갑과 A는 ㉠온천수개발합의서를 작성한 후 P공증인합동사무소에서 ㉡사서증서인증서를 교부받았다. ㉡인증서는 공증인법에 따라 작성된 것이었다. 공증인법 제57조 제1항은 사서증서의 인증은 (ㄱ) 촉탁인으로 하여금 공증인 앞에서 사서증서에 서명 또는 날인하게 하거나 (ㄴ) 사서증서의 서명 또는 날인을 본인이나 그 대리인으로 하여금 확인하게 한 후 그 사실을 증서에 적는 방법으로 한다고 규정하고 있다.

갑은 M토지에 대해 B에게 도급을 주어 온천수개발공사를 완료하였다. 그러나 온천수는 나오지 않았다. 갑은 ㉠인증합의서를 변조하여 A를 상대로 공사대금청구소송을 제기하여 공사비 및 기타 투자비용을 사취하기로 마음먹었다. 갑은 공증인의 ㉡인증을 받은 ㉠온천수개발합의서의 일부를 "온천구 시공허가권 취득비용 및 시공 외 필요한 일체의 비용은 A가 전액 부담한다."라는 내용으로 고쳤다(㉢합의서). 갑은 A를 피고로 관할 법원에 공사대금청구소송을 제기하였다. 갑은 ㉣소장에 공증인이 ㉡인증을 한 ㉢합의서를 제출하였다. 이후 재판과정에서 ㉢합의서가 변경된 것임이 밝혀졌다.

검사는 갑을 사기미수죄, 사문서변조죄 및 동 행사죄로 기소하였다. 갑의 피고사건은 제1심을 거친 후, 항소심에 계속되었다. 항소법원은 갑에게 공문서변조죄 및 동 행사죄를 인정하였다. 갑은 불복 상고하였다.

대법원은 다음의 이유를 제시하여 원심판결을 파기환송하였다. (가) 사서증서에 대하여 하는 인증(공증인법 제57 제1항)은 당해 사서증서에 나타난 서명 또는 날인이 작성명의인에 의하여 정당하게 성립하였음을 인증하는 것일 뿐 그 사서증서의 기재 내용을 인증하는 것은 아니다. (나) 사서증서인증서 중 인증기재 부분은 인감증명서의 사용용도란의 기재는 증명청인 동장이 작성한 증명문구에 의하여 증명되는 부분과는 아무런 관계가 없다. 따라서 권한 없는 자가 임의로 인감증명서의 사용용도란의 기재를 고쳐 썼다고 하더라도 공무원 또는 공무소의 문서 내용에 대하여 변경을 가하여 새로운 증명력을 작출한 경우라고 볼 수 없으므로 공문서변조죄나 이를 전제로 하는 변조공문서행사죄는 성립하지 않는다.[1)]

공문서에 해당한다. (다) 사서증서에 나타난 서명 또는 날인이 작성명의인에 의하여 정당하게 성립하였음을 인정하는 내용의 인증이 있었다고 하여 사서증서의 기재 내용이 공문서인 인증기재 부분의 내용을 구성하는 것은 아니다. (라) 이 사건과 같이 사서증서(㉠합의서)의 기재 내용을 일부 변조한 행위는 공문서변조죄가 아니라 사문서변조죄에 해당한다.

1) 2004. 8. 20. 2004도2767, 공 2004, 1621 =『인감증명 사용용도란 변경 사건』:

㉠인감증명서 2통은 A가 서울시 서초구 관할 M동장으로부터 발부받은 것이다. ㉠인감증명서의 사용용도란에는 '토지사용승인용(70㎡)'이라고 기재되어 있다. 갑과 을은 공모하여 A의 승낙 없이 ㉠인감증명서 2통의 사용용도란에 기재된 '토지사용승인용(70㎡)'의 '70'을 지운 후 '135'로 기재하였다. 갑과 을은 사용용도란을 고쳐적은 ㉡인감증명서를 성남시 N구청 공무원에게 일괄 제출하였다.

검사는 갑과 을을 공문서변조죄, 변조공문서행사죄로 기소하였다. 갑과 을의 피고사건은 제1심을 거친 후, 항소심에 계속되었다. 항소법원은 무죄를 선고하였다. 검사는 불복 상고하였다. 검사는 상고이유로 다음의 점을 주장하였다. (가) 1985. 9. 24. 85도1490 대법원판결은 공무원이 작성한 문서와 개인이 작성한 문서가 1개 문서 중에 포함되어 있는 경우에도 공무원이 작성한 증명문구에 의하여 증명되는 개인작성 부분을 변조한 경우에는 공문서변조죄가 성립한다고 판시하고 있다. (나) 1985. 9. 24. 85도1490 판결에서 대법원은 사용용도란의 기재사항을 변경한 행위를 공문서변조죄에 해당한다고 판단하였다. (다) 원심판결은 1985. 9. 24. 85도1490 대법원판결에 반한다.

대법원은 다음의 이유를 제시하여 상고를 기각하였다. 대법원은 인감증명법의 관련 규정을 다음과 같이 분석하였다. (가) 인감증명법 제12조 제1항, 동법시행령 제13조 등 인감증명의 신청과 인감증명서의 발급에 관한 법령의 규정에 의하여 [다음의 사항을 알 수 있다.] (나) 인감의 증명을 신청함에 있어서 그 용도가 부동산매도용일 경우에는 부동산매수자란에 매수자의 성명(법인인 경우에는 법인명), 주소 및 주민등록번호를 기재하여 신청하여야 한다. (다) 그렇지만 그 이외의 경우에는 신청 당시 사용용도란을 기재하여야 하는 것은 아니다. (라) 필요한 경우에 신청인이 [사용용도란에] 직접 기재하여 사용하도록 되어 있다. (마) 사용용도에 따른 인감증명서의 유효기간에 관한 종전의 규정도 삭제되어 유효기간의 차이도 없다. (바) 인감증명서의 사용용도란의 기재는 증명청인 동장이 작성한 증명문구에 의하여 증명되는 부분과는 아무런 관계가 없다. (사) 따라서 권한 없는 자가 임의로 인감증명서의 사용용도란의 기재를 고쳐 썼다고 하더라도 공무원 또는 공무소의 문서 내용에 대하여 변경을 가하여 새로운 증명력을 작출한 경우라고 볼 수 없으므로 공문서변조죄나 이를 전제로 하는 변조공문서행사죄가 성립되지는 않는다고 볼 것이다.

대법원은 원심판결의 당부에 대해 다음과 같이 판단하였다. (가) 원심이 같은 취지에서, "갑과 을이 공모하여 A의 승낙 없이, 서울 서초구 M동장이 A에게 발행한 ㉠인감증명서 2통의 사용용도란에 기재된 토지사용승인용(70㎡)의 '70'을 지운 후 '135'로 기재하여 공문서인 ㉠각 인감증명서를 변조하고, 이를 성남시 N구청 공무원에게 일괄 제출하여 행사하였다."는 취지의 이 사건 공문서변조, 변조공문서행사의 공소사실은 죄가 되지 않는 경우에 해당한다고 판단한 것은 정당하다. (나) 거기에 상고이유에서 주장하는 바와 같은 공문서변조죄에 대한 법리오해 등의 위법이 있다고 할 수 없다.

(다) 상고이유에서 들고 있는 대법원 1985. 9. 24. 85도1490 판결은, 인감증명을 받으려는 자는 용도를 기재한 원서를 증명청에 제출하여야 하고, 그 기재한 용도에 따른 인감증명서가 발급되면, 그 용도기재의 여하에 따라 인감증명서의 유효기간이 달라지도록 규정하고 있던 구 인감증명법시행령(1985. 6. 29. 대통령령 제

3. 실행행위

(1) 위 조

문서에 관한 죄에서 가장 일반적으로 사용되는 개념이다. 위조 개념의 계층적 구조에 대해서는 앞에서 설명하였다.[1] 공문서위조죄의 위조와 관련한 개념요소들을 살펴본다.

(가) 작성권한 없는 자 　공문서의 위조는 공문서의 작성권한 없는 자가 공무원 또는 공무소의 명의를 사용하여 문서를 작성하는 것을 말한다. 다만 공문서의 작성권한 없는 자가 공무원의 자격을 모용하여 자신의 명의로 공문서를 작성하는 경우에는 자격모용공문서작성죄(법226)가 성립한다.[2]

위조는 작성권한 없는 자에 의한 문서작성행위이다. 일반인 이외에 공무원도 위조행위의 주체가 될 수 있다. 문서를 작성할 권한이 있는 공무원을 보조하는 직무에 종사하는 공무원이 작성권한을 가진 공무원의 결재도 받지 아니하고 임의로 허위내용의 공문서를 작성권한자 명의로 작성한 때에는 공문서위조죄가 성립한다.[3]

문서의 작성권한을 갖는 공무원이 그 문서의 기재사항을 인식하고 그 문서를 작성할 의사로써 이에 서명날인하였다면, 설령 그 서명날인이 타인의 기망으로 착오에 빠진 결과 그

11715호로 개정되기 전의 것)이 시행될 때의 사안에 관한 것이다. (라) [위 판결은] 이 사건에서 원용하기에는 적절치 아니하므로, 원심판결에 판례위반의 위법이 있다고도 할 수 없다.

1) 전술 446면 이하 참조.

2) 2008. 1. 17. 2007도6987, [미간행] = 분석 각론 『경찰서 후생계 사건』.

3) 1990. 10. 12. 90도1790, 공 1990, 2341 = 『호적계장 호적 변경 사건』:

M면의 면장은 A이다. 갑은 M면사무소 호적계장으로 ㉠호적부를 관리하고 있다. 갑은 면장 A가 알지 못하는 사이에 (ㄱ) B의 호적부편제중 B의 딸 C의 호적기재 출생란의 1972.를 삭선을 그어 지우고 그 상단에 1970.이라 써넣고 (ㄴ) 주민등록번호란도 701205-(이하생략)이라고 고쳐 쓰고 이어 (ㄷ) 사유란에 "서기 1987년 12월 2일 춘천지방법원 원주지원의 허가에 의하여 서기 1988년 1월 2일 출생년 '서기 1972년'을 '서기 1970년'으로 정정"이라 기재하였다(㉡기재). 갑은 ㉡기재 옆에 갑이 소지하고 있던 면장 A의 실인을 찍었다. 갑은 ㉠호적부를 그곳 사무실에 비치하였다.

검사는 갑을 허위공문서작성죄 및 동 행사죄로 기소하였다. 갑의 피고사건은 제1심을 거친 후, 항소심에 계속되었다. 항소법원은 유죄를 인정하였다. 갑은 불복 상고하였다.

대법원은 다음의 이유를 제시하여 원심판결을 파기 환송하였다. (가) 형법 제227조가 규정한 허위공문서작성죄는 그 문서를 작성할 권한이 있는 공무원이 허위내용의 공문서를 작성한 경우에 성립한다. (나) 문서를 작성할 권한 있는 공무원을 보조하는 직무에 종사하는 공무원이 작성권한을 가진 공무원의 결재도 받지 아니하고 임의로 허위내용의 공문서를 작성권한자 명의로 작성한 때에는 공문서위조죄(형법 제225조)가 성립된다. (다) 갑은 호적정정기재를 함에 있어 면장의 결재를 받지 아니하고 면장 모르게 하였다는 자료가 보일 뿐 면장의 결재를 받아서 그와 같이 하였다고 볼 만한 증거는 보이지 않는다. (라) 그렇다면 갑의 소위는 공문서위조, 동 행사죄를 구성하는 것은 별론으로 하고 형법 제227조가 규정한 허위공문서작성죄에 해당할 수는 없다.

문서의 기재사항이 진실에 반함을 알지 못한 데 기인한다고 하여도, 그 문서의 성립은 진정하며, 작성명의가 함부로 사용된 경우에 해당하지 않는다. 따라서 공무원 아닌 자가 관공서에 허위내용의 증명원을 제출하여 그 내용이 허위인 사정을 모르는 담당 공무원으로부터 그 증명원 내용과 같은 증명서를 발급받은 경우에도 증명원제출자를 공문서위조죄의 간접정범으로 처벌할 수 없다.[1)]

(나) 새로운 문서의 작성 공문서위조죄의 위조는 변조와 함께 유형위조의 일종이지만, 새로운 공문서를 만들어낸다는 점에서 변조와 구별된다. 이미 위조된 부분이 들어 있는 문건이라도 이를 사용하여 새로운 문서를 만들어내면 위조에 해당한다. 기존의 문서를 거짓으로 고친 경우에 고친 부분이 문서의 본질적인 부분에 변경을 가하는 것이면 위조가 된다. 그러나 본질적인 부분의 변경에 이르지 아니한 경우에는 변조에 해당한다. 타인의 자동차운전면허증이나 여권에 있는 사진을 자기의 것으로 바꾸어 붙이는 행위는 본질적 부분의 변경에 해당하므로 공문서위조에 해당한다.[2)]

유효기간이 경과하여 무효가 된 공문서라고 할지라도 작성권한자가 유효기간과 발행일자를 정정하여 새로운 공문서를 작성한다면 그것은 법률상 유효한 새로운 공문서가 된다. 따라서 작성권한자의 부하되는 업무담당자가 유효일자와 발행일자를 정정하여 정정기재부분에 함부로 작성권한자의 직인을 압날하여 공문서를 작성하는 행위는 형식과 외관에 의하여 효

---

1) 2001. 3. 9. 2000도938, 공 2001, 909 =『실적증명서 부풀리기 사건』:

갑은 P건설회사의 대표이사이다. P회사는 M시가 발주하는 공사 입찰과정에서 공사실적이 부족하여 최종 낙찰에서 탈락될 위기에 처하였다. P회사는 N구청이 발주한 L공원 내 지하주차장 공사의 기본 및 실시 설계 용역을 수주한 사실이 있다(㉠설계용역). 갑은 마치 L공원 내 보수공사 전체를 수주한 것처럼 사업명을 '공원 내 지하주차장 보수공사'(㉡보수공사)라고 허위기재된 ㉢실적증명원을 작성하였다. 갑은 ㉢실적증명원을 그 정을 모르는 N구청의 담당직원 A에게 제출하였다.

갑은 실적증명원을 제출할 때 N구청에 사업마다 10부씩의 공사실적증명원을 제출하면서 그 가운데 1부씩의 증명원에는 사실과 다른 허위의 내용을 기재하는 방식을 사용하였다. N구청의 담당 공무원 A는 제출된 10부의 증명원 전부가 사실에 맞게 기재된 것으로 생각하였다. A는 그중 1부가 사실과 다르게 허위로 기재된 사실을 모른 채 ㉢증명원 기재와 같은 사실을 증명한다는 취지로 N구청의 직인을 찍어 ㉣공사실적증명서를 작성하여 교부하였다. 갑은 ㉣공사실적증명서를 M시에 제출하였다. (유사한 실적증명서 발부 사실은 여러 건 있다.)

검사는 갑을 공문서위조죄 및 위조공문서행사죄로 기소하였다. 갑의 피고사건은 제1심을 거친 후, 항소심에 계속되었다. 항소법원은 무죄를 선고하였다. 검사는 불복 상고하였다. 검사는 상고이유로, 간접정범에 의한 공문서위조죄가 성립한다고 주장하였다.

대법원은 다음의 이유를 제시하여 상고를 기각하였다. (가) 허위의 ㉣공사실적증명서는 공무원 아닌 자가 공무원에게 허위사실을 기재한 ㉢증명원을 제출하여 그것을 알지 못한 공무원으로부터 증명서를 받아낸 경우이다. (나) ㉣공사실적증명서의 내용이 허위이기는 하지만 그 작성행위는 작성권한이 있는 공무원에 의하여 이루어진 것이므로 공문서위조죄가 성립하지 않는다. (다) 따라서 ㉣공사실적증명서를 행사하더라도 위조공문서임을 전제로 하는 위조공문서행사죄는 성립하지 않는다.

2) 1998. 4. 10. 98도164, 공 1998, 1407 =『홍콩 국제운전면허증 사건』 참조.

력이 있는 공문서를 위조한 경우에 해당한다.[1)]

(다) 위조의 정도와 방법 　위조는 일반인이 공무원 또는 공무소의 권한 내에서 작성된 문서라고 믿을 수 있는 형식과 외관을 구비한 문서를 작성할 때 성립한다.[2)] 이러한 정도에 이르지 아니한 경우에는 공문서위조죄가 성립하지 않는다.[3)] 단순히 문서의 형식이나 요

---

1) 1980. 11. 11. 80도2126, 공 1981, 13413 = 『'정정하면 무효' 문서 정정 사건』:

공무원 A는 ㉠공문서를 작성할 권한이 있다. 갑은 A의 업무보조자이다. 유효기간이 경과한 A 작성명의의 ㉡공문서가 있다. 갑은 ㉡공문서의 유효기간과 발행일자를 정정하고(㉢기재) 정정기재부분에 작성권한자 A의 직인을 압날하였다(㉣공문서). 그런데 ㉣공문서에는 "이 문서의 기재조항 중에 정정한 것이 있는 경우에는 무효로 한다"는 문구가 기재되어 있었다(㉤정정무효 문구).

검사는 갑을 공문서위조죄 및 위조공문서행사죄로 기소하였다. 갑의 피고사건은 제1심을 거친 후, 항소심에 계속되었다. 항소법원은 유죄를 인정하였다. 갑은 불복 상고하였다. 갑은 상고이유로 다음의 점을 주장하였다. (가) 기존의 ㉡공문서에 변경을 가한 것은 새로운 문서를 작성한 것이 아니므로 위조에 해당하지 않는다. (나) ㉣공문서에는 "이 문서의 기재조항 중에 정정한 것이 있는 경우에는 무효로 한다"는 ㉤문구가 기재되어 있으므로 정정된 ㉣공문서는 효력이 없다. (다) 효력이 없는 문서를 작성하는 행위는 위조에 해당하지 않는다.

대법원은 다음의 이유를 제시하여 상고를 기각하였다. (가) 유효기간이 경과하여 무효가 된 공문서라고 할지라도 작성권한자가 유효기간과 발행일자를 정정하여 새로운 공문서를 작성하였다면 그것은 법률상 유효한 새로운 공문서이다. (나) ㉣공문서의 기재조항 중에 정정한 경우에는 무효로 한다는 기재부분(㉤기재)이 있다고 하더라도 이는 작성권한자 아닌 자의 권한 없는 정정은 무효로 한다는 취지이지 작성권한자의 정당한 정정까지를 뜻하는 것이 아니다. (다) 만일 작성권한자의 정당한 정정까지를 뜻한다면 작성권한자의 정당한 정정에 의한 작성으로 무효인 공문서가 탄생한다는 모순된 결론이 나온다. (라) 작성권한자의 부하되는 업무담당자가 정정기재(㉢기재)를 하고 정정기재부분에 함부로 작성권한자의 직인을 압날하여 공문서를 작성하였다면 형식과 외관에 의하여 효력이 있는 공문서를 위조한 경우에 해당한다.

2) 1992. 11. 27. 92도2226, 공 1993, 316 = 『정보사령부 부지매각 사건』:

M부동산은 정보사령부 부지이다. 갑은 A를 기망하여 M부동산을 매각하였다. A는 계약금으로 3억원을 B의 계좌로 입금하였다. 갑은 ㉠문건을 작성하여 A에게 교부하였다. ㉠문건은 다음과 같은 형태로 되어 있다. (가) 제목 : 입금통보서. (나) 내용 : 정보사령부 부지 매각 약정대금조의 일부로 국방부 시설국장 보좌관 B의 은행구좌로 금 3억원이 입금됨에 따라 갑과 A 간의 약정은 확정되었고 1991. 3. 9. 이를 공고키로 하였음을 통보한다. (다) 말미 : 국방부 시설국장 보좌관 B(직함은 타자로 기재됨), B의 직책과 이름이 각인된 고무명판 및 원형직인 날인, B의 인장 날인. 이후 B가 ㉠문건을 작성한 사실이 없음이 밝혀졌다.

검사는 갑을 사기죄, 공문서위조죄, 위조공문서행사죄로 기소하였다. 갑의 피고사건은 제1심을 거친 후, 항소심에 계속되었다. 항소법원은 유죄를 인정하였다. 갑은 불복 상고하였다.

대법원은 다음의 이유를 제시하여 상고를 기각하였다. (가) 일반인으로 하여금 공무원 또는 공무소의 권한 내에서 작성된 문서라고 믿을 수 있는 형식과 외관을 구비한 문서를 작성하면 공문서위조죄가 성립한다. (나) 갑이 ㉡문건 형태로 문서를 작성한 행위는 공문서위조죄에 해당한다.

3) 1992. 5. 26. 92도699, 공 1992, 2068 = 『발신 3호 출근통지서 사건』:

갑은 타자용지에 타자기로 "발신 3호 성명 김○진, 귀하는 1990년 11월 24일 오전 10시까지 의정부시청 총무과로 출근하시요. 1990년 11월 20일 총무과"라고 기재하고 A의 사인이 찍힌 ㉠출근통지서를 작성하였다. [갑은 ㉠출근통지서를 B에게 제시하였다.]

검사는 갑을 공문서위조죄 및 동 행사죄로 기소하였다. 갑의 피고사건은 제1심을 거친 후, 항소심에 계속되었다. 항소법원은 다음의 이유를 들어 무죄로 판단하였다. (가) ㉠출근통지서는 대외적인 발신문서의 내용

건에 다소 미흡한 점이 있다는 것만으로는 공문서위조에 영향을 미치지 않는다. 위조의 방법에 제한은 없다. 일본 형법은 서명 또는 날인을 사용한 경우와 그렇지 아니한 경우를 구별하고 있으나(동법155 참조) 우리 형법은 이러한 구별을 두고 있지 않다.

공문서의 위조 여부는 공문서의 형식과 외관을 갖추었는지 여부에 따라 결정한다. 공문서의 위조 여부는 피고인이 만든 문서를 기준으로 판단해야 한다. 공문서위조죄의 보호법익은 공문서의 진정에 대한 공공의 신용이다. 그러므로 공문서로서의 형식과 외관을 갖추었는지 여부는 평균 수준의 사리분별력을 갖는 일반인을 기준으로 판단하여야 한다. 피고인이 행사의 상대방으로 구체적으로 예정한 사람을 판단의 기준으로 삼을 수는 없다.[1)]

을 가지고 있는데도 그 두문에 발신기관명이 기재되어 있지 않다. (나) 그 작성명의도 공무소인 의정부시청이나 공무원인 그 시장 또는 보조기관인 총무과장으로 되어 있지 않고 말단에 총무과로만 기재되어 있어 본문의 내용을 읽어보지 않고는 어느 기관의 총무과인지 선뜻 알아볼 수 없다. (다) 위 '총무과'라는 기재부분 옆에는 직인이나 관인이 아닌 A의 사인이 찍혀 있다. (라) ㉠출근통지서의 외관은 공문서라고 보기 어려울 정도로 극히 조악하다. 검사는 불복 상고하였다.

대법원은 다음과 같이 판단하여 검사의 상고를 기각하였다. "위와 같은 문서는 외견상으로도 공무소 또는 공무원이 그 직무권한 내에서 작성한 공문서라고 보기 어렵다."

1) 2020. 12. 24. 2019도8443, 공 2021상, 311 =『서귀포시 콘도미니엄 사건』:

서귀포시에 M콘도미니엄이 있다. N시설운영위원회는 M콘도미니엄 입주민들의 모임이다. N운영위원회는 인터넷으로 S단체대화방을 운영하고 있다. S대화방에는 M콘도미니엄 수분양자들이 참여하고 있다. M콘도미니엄 입주민들 가운데 상당수는 중국인들이다. 갑은 N운영위원회의 대표이다. 갑은 중국인들을 상대로 N운영위원회가 대한민국 정부 기관에서 실체를 인정받아 직인이 등록되었고 갑이 단체 대표로 인증을 받았다는 등 N위원회가 대표성을 갖춘 단체라는 외양을 작출할 필요가 있었다.

갑은 N운영위원회 ㉠한자 직인과 ㉡한글 직인을 각각 제작하였다. 갑은 서귀포시 L동 주민센터에서 ㉢행정용 봉투를 가져왔다. 갑은 ㉢행정용 봉투의 좌측 상단 '서귀포시 L동장' 문구 옆에 미리 제작하여 둔 ㉠한자 직인과 ㉡한글 직인을 날인하였다. 갑은 ㉠한자 직인과 ㉡한글 직인이 날인된 ㉢행정용 봉투의 좌측 상단 '서귀포시 L동장' 문구를 오렸다(㉣부분). 갑은 주민센터에서 갑의 ㉤인감증명서를 발급받았다. ㉤인감증명서의 중앙에는 '용도'란이 있다. 갑은 '용도'란에 오려둔 ㉣부분('서귀포시 L동장')을 붙였다. 갑은 '용도'란에 ㉣부분이 붙은 ㉤인감증명서를 휴대전화로 촬영하였다(㉥사진파일). 갑은 ㉥사진파일을 N운영위원회의 S대화방에 게재하였다.

검사는 갑을 공문서위조죄 및 위조공문서행사죄로 기소하였다. 공판절차에서는 ㉣부분('서귀포시 L동장')이 붙은 ㉤인감증명서가 공문서의 외관을 갖추었다고 볼 수 있는지가 문제되었다. 제1심법원은 유죄를 인정하였다. 갑은 불복 항소하였다. 항소법원은 항소를 기각하고, 제1심판결을 유지하였다. 갑은 불복 상고하였다.

대법원은 다음의 이유를 제시하여 원심판결을 파기환송하였다. 대법원은 공문서 위조의 판단기준에 대해 다음과 같이 설시하였다. (가) 공문서의 위조 여부는 공문서의 형식과 외관을 갖추었는지 여부에 따라 판단한다. (나) 공문서의 위조 여부는 피고인이 만든 문서를 기준으로 판단해야 한다. (다) 공문서위조죄의 보호법익은 공문서의 진정에 대한 공공의 신용이다. (라) 공문서로서의 형식과 외관을 갖추었는지 여부는 평균 수준의 사리분별력을 갖는 일반인을 기준으로 판단하여야 한다. (마) 피고인이 행사의 상대방으로 구체적으로 예정한 사람을 공뭉서 위조 여부의 판단의 기준으로 삼을 수는 없다.

대법원은 갑의 행위에 대해 다음과 같이 판단하였다. (가) 갑이 만든 문서 자체를 평균 수준의 사리분별력을 갖춘 일반인이 보았을 때 진정한 문서로 오신할 만한 공문서의 외관과 형식을 갖추었다고 볼 수 있는지를 판단해야 한다. (나) (판단 과정 생략함). (다) 갑이 만든 문서는 공무원 또는 공무소가 N시설운영위원회를

(라) 작성권한자의 승낙　공문서의 작성권한자가 공문서를 실제로 작성하는 사람에게 문서작성을 승낙한 경우에는 위조가 성립하지 않는다. 공문서의 작성명의인과 실제로 생각(의사 또는 관념)을 표시하는 사람 사이에 불일치가 있다고 볼 수 없기 때문이다.[1)]

공문서 작성권자로부터 일정한 요건이 구비되었는지를 심사하여 그 요건이 구비되었음이 확인될 경우에 한하여 작성권자의 직인을 사용하여 작성권자 명의의 공문서를 작성하라는 포괄적인 권한을 수여받은 업무보조 공무원의 경우에는 작성권한자의 승낙을 생각할 수 없다.[2)]

등록된 단체라거나 갑이 위 단체의 대표임을 증명하기 위해 작성한 문서라고 보기 어렵다. (라) 평균 수준의 사리분별력을 갖는 사람이 조금만 주의를 기울여 살펴보면 위 사실을 쉽게 알아볼 수 있다고 보인다. (마) 갑이 만든 문서는 공문서로서의 외관과 형식을 갖추지 못하여 공문서위조죄가 성립한다고 보기 어렵다. (바) 그러한 이상 이를 사진촬영하여 그 파일을 메신저 단체대화방에 게재한 행위가 위조공문서행사죄에 해당한다고 할 수도 없다.

1) 1983. 5. 24. 82도1426, 공 1983, 1034 =『진지 이전공사 대신 서명 사건』:

M군부대의 지대장은 대령 A이다. 갑은 A의 부하이다. A와 갑은 M군부대 진지이전 공사금을 과다계상하여 차액을 유용하였다. 감사원의 서울특별시에 대한 감사에서 군부대 진지이전 공사금이 문제되었다. 갑은 육군 양식의 ㉠기안지에 내용을 거짓으로 꾸민 ㉡공사비청구서를 만들고 이에 맞도록 ㉢설계 내역서를 첨부한 다음 A에게 결재란의 서명을 요청하였다. A는 지단장이 직접 이에 서명을 할 수는 없다고 하면서 백지에 자신의 이름 석자를 서명하였다(㉣서명). A는 갑에게 ㉣서명을 보고 ㉠기안지의 결재란에 갑이 대신 서명하라고 말하였다. A의 말을 듣고 갑은 A의 ㉣서명을 흉내 내어 ㉠기안지의 결재란에 서명한 다음(㉤서명) 이를 사무실에 비치하였다.

검사는 갑을 횡령죄, 공문서위조죄 및 위조공문서행사죄로 기소하였다. 갑의 피고사건은 제1심을 거친 후, 항소심에 계속되었다. 항소법원은 유죄를 인정하였다. 갑은 불복 상고하였다.

대법원은 공문서위조 및 동 행사죄 부분에 대해 다음의 이유를 제시하여 원심판결을 파기환송하였다. (가) 공문서의 위조라 함은 행사할 목적으로 공무원 또는 공무소의 문서를 정당한 작성권한 없는 자가 작성권한 있는 자의 명의로 작성하는 것을 말한다. (나) ㉠공문서의 작성권한 있는 지단장 A는 감사원의 서울특별시에 대한 감사에서 문제가 된 진지 이전 공사금에 대하여 A 및 갑이 유용한 범행 등을 합리화시키기 위하여 갑에게 ㉠문서를 작성케 하고 그의 서명을 대신하게 하여 비치하도록 지시 내지 승낙하였다. (다) 갑의 ㉤서명 행위에는 공문서위조죄 등의 구성요건해당성이 조각된다.

2) 1996. 4. 23. 96도424, 공 1996, 1651 =『이륜자동차 신고필증 사건』:

M시에 N동이 있다. N동의 동장은 A이다. 갑은 N동사무소의 사무장으로서 동장의 업무처리를 보좌하는 공무원이다. 이륜자동차 사용신고필증의 작성권자는 동장 A이다. A는 이륜자동차 사용신고와 관련된 업무처리를 사무장 갑에게 위임하였다. B는 동장 A를 보조하여 사용신고필증의 교부를 담당하고 있다. M시는 이륜자동차 사용신고필증의 교부에 관하여 새로운 업무처리지침을 내렸다(㉠지침). ㉠업무지침 이후 보증인 2인의 보증서만으로는 이륜자동차 사용신고필증을 교부할 수 없게 되었다. C는 ㉡이륜자동차의 실제 소유자가 아니다. C는 ㉡이륜자동차에 대한 사용신고필증의 교부를 N동사무소에 신청하였다. 갑은 ㉠지침 및 C가 소유자가 아니라는 사실을 잘 알고 있었다. 갑은 B에게 동장 A의 직인을 날인하여 C에게 ㉢사용신고필증을 교부하도록 지시하였다.

검사는 갑을 허위공문서작성죄로 기소하였다. 갑의 피고사건은 제1심을 거친 후, 항소법원에 계속되었다. 항소법원은 갑에게 공문서위조죄를 인정하였다. 갑은 불복 상고하였다. 갑은 상고이유로 다음의 점을 주장하였다. (가) ㉢사용신고필증의 작성명의인은 동장 A이다. (나) ㉢사용신고필증의 내용이 허위이므로 동장 A가 포괄적 권한을 수여받은 업무보조 공무원이 위임의 취지에 반하여 공문서 용지에 허위내용을 기재하고 그 위에 보관하고 있던 작성권자의 직인을 날인하였다면 그 업무보조 공무원에게는 공문서위조죄가 성립한다.[1] 업무보조 공무원에게 그와 같은 문서작성을 하도록 지시한 중간결재자 공무원도 공문서위조죄의 공범으로서 책임을 진다.[2]

작성권자의 직인 등을 보관하는 담당자는 일반적으로 작성권자의 결재가 있는 때에 한하여 보관 중인 직인 등을 날인할 수 있을 뿐이다. 다른 공무원 등이 작성권자의 결재를 받지 않고 직인 등을 보관하는 담당자를 기망하여 작성권자의 직인을 날인하도록 하여 공문서를 완성한 때에는 공문서위조죄가 성립한다.[3]

허위공문서작성죄로 처벌되어야 한다.

대법원은 다음의 이유를 제시하여 상고를 기각하였다. 대법원은 작성권한을 위임받은 업무보조공무원의 공문서위조죄 여부에 대해 다음과 같이 설시하였다. (가) 공문서 작성권자로부터 일정한 요건이 구비되었는지의 여부를 심사하여 그 요건이 구비되었음이 확인될 경우에 한하여 작성권자의 직인을 사용하여 작성권자 명의의 공문서를 작성하라는 포괄적인 권한을 수여받은 업무보조자인 공무원이 있다. (나) 업무보조 공무원이 그 위임의 취지에 반하여 공문서 용지에 허위내용을 기재하고 그 위에 보관하고 있던 작성권자의 직인을 날인하였다면, 그 업무보조자인 공무원에게 공문서위조죄가 성립한다. (다) 업무보조 공무원에게 위와 같은 행위를 하도록 지시한 중간결재자인 공무원도 공문서위조죄의 공범으로서의 책임을 면할 수 없다.

대법원은 갑의 행위에 대해 다음과 같이 판단하였다. (가) ㉢이륜자동차 사용신고필증의 작성권자는 동장이다. (나) 동장은 이륜자동차 사용신고와 관련된 그의 업무처리를 사무장인 갑에게 위임하였다. (다) 동장은 갑에 의하여 허위내용의 이륜자동차 사용신고필증이 작성되고 있다는 사실을 전혀 모르고 있었다. (라) 동장 명의의 문서인 ㉢사용신고필증에 동장의 직인을 날인한 갑에게만 공문서위조죄가 성립한다. (마) 동장에게는 허위공문서작성죄가 성립하지 않는다.

1) 1996. 4. 23. 96도424, 공 1996, 1651 =『이륜자동차 신고필증 사건』.

2) 1996. 4. 23. 96도424, 공 1996, 1651 =『이륜자동차 신고필증 사건』.

3) 2017. 5. 17. 2016도13912, 공 2017상, 1331 =『전투비행단 체력단련장 사건』:

M전투비행단에는 N체력단련장이 있다. 갑은 N체력단련장 관리사장(공무원 아님)으로 근무하면서 체력단련장 시설의 관리 · 운영 업무를 총괄하였다. M전투비행단은 부대 내 골프장에 전동카트를 설치하기로 하였다. P회사는 전동카트 설치 공사업체이다. P회사의 대표는 A이다. M전투비행단 측은 M전투비행단장 명의로 P회사와 다음 내용의 합의서를 작성하였다(㉠합의서). (가) P회사는 M전투비행단에 전자유도 전동카트시스템을 기부채납한다. (나) M전투비행단이 P회사에 지불하는 원금상환액의 총액이 시설투자비 10억원에 금융비용을 포함한 액수에 이를 때까지 P회사가 N체력단련장을 사용 · 수익한다.

㉠합의서가 작성된지 3년이 경과한 시점이다. 갑은 ㉠합의서 내용 중 시설투자비 '10억원'을 '11억원'으로 변경한 수정합의서를 작성하여 컴퓨터로 출력하였다(㉡수정합의서). ㉡수정합의서의 작성에는 부대복지관리위원회의 심의의결이 없었다. B는 M전투비행단장 명의의 직인을 관리하는 담당자이다. 갑은 M전투비행단장의 결재를 받지 않았는데도 결재를 받은 것처럼 B를 기망하여 B로 하여금 ㉡수정합의서에 직인을 날인하도록 하였다. 갑은 직인이 날인된 ㉡수정합의서를 P회사 대표 A에게 진정하게 작성된 문서인 것처럼 교부하였다.

검사는 갑을 공문서위조죄 및 위조공문서행사죄로 기소하였다. 갑의 피고사건은 제1심을 거친 후, 항소심에 계속되었다. 항소법원은 다음의 이유를 들어서 무죄로 판단하였다. (가) ㉡수정합의서에는 M비행단장의 직인이 날인되어 있다. (나) ㉡수정합의서는 작성권한 있는 공무원에 의하여 작성된 문서이다. (다) 갑의 행위는 허위공문서작성죄에 해당할 수는 있어도 공문서위조죄에는 해당하지 않는다. 검사는 불복 상고

(마) 문서작성보조 공무원 문서작성보조 공무원의 행위가 공문서위조죄(법225; 10년 이하 징역)와 허위공문서작성죄(법227; 7년 이하 징역 또는 2천만원 이하 벌금)의 어느 것에 해당하는지 문제된다. 허위공문서작성죄의 주체는 그 문서를 작성할 권한이 있는 명의인인 공무원에 한하고 그 공무원의 문서작성을 보조하는 직무에 종사하는 공무원은 허위공문서작성죄의 주체가 될 수 없다.[1]

보조 직무에 종사하는 공무원이 허위공문서를 기안하여 허위임을 모르는 작성권자의 결재를 받아 공문서를 완성한 때에는 허위공문서작성죄의 간접정범이 된다.[2] 그렇지만 이러한 결재를 거치지 않고 임의로 작성권자의 직인 등을 부정 사용함으로써 공문서를 완성한 때에는 공문서위조죄가 성립한다.[3] 공문서의 작성권한 없는 사람이 허위공문서를 기안하여 작성권자의 결재를 받지 않고 공문서를 완성한 경우에도 마찬가지로 공문서위조죄가 성립한다.[4]

(2) 변 조

공문서변조죄는 권한 없는 자가 공무소 또는 공무원이 이미 작성한 문서내용에 대하여 동일성을 해하지 않을 정도로 변경을 가하여 새로운 증명력을 작출케 함으로써 공공적 신용

하였다.

대법원은 다음의 이유를 제시하여 원심판결을 파기환송하였다. 대법원은 업무보조 공무원의 문서위조죄 성립 여부에 대해 다음과 같이 설시하였다. (가) 허위공문서작성죄의 주체는 그 문서를 작성할 권한이 있는 명의인인 공무원에 한한다. (나) 작성권한 있는 공무원의 문서작성을 보조하는 직무에 종사하는 공무원은 허위공문서작성죄의 주체가 될 수 없다. (다) 보조 직무에 종사하는 공무원이 허위공문서를 기안하여 허위임을 모르는 작성권자의 결재를 받아 공문서를 완성한 때에는 허위공문서작성죄의 간접정범이 된다. (라) 그렇지만 보조 직무에 종사하는 공무원이 이러한 결재를 거치지 않고 임의로 작성권자의 직인 등을 부정 사용함으로써 공문서를 완성한 때에는 공문서위조죄가 성립한다. (마) 이는 공문서의 작성권한 없는 사람이 허위공문서를 기안하여 작성권자의 결재를 받지 않고 공문서를 완성한 경우에도 마찬가지이다.

(바) 작성권자의 직인 등을 보관하는 담당자는 일반적으로 작성권자의 결재가 있는 때에 한하여 보관 중인 직인 등을 날인할 수 있을 뿐이다. (사) 이러한 경우 다른 공무원 등이 작성권자의 결재를 받지 않고 직인 등을 보관하는 담당자를 기망하여 작성권자의 직인을 날인하도록 하여 공문서를 완성한 때에도 공문서위조죄가 성립한다.

대법원은 갑의 행위에 대해 다음과 같이 판단하였다. (가) 갑은 허위의 내용이 기재된 ⓛ수정합의서를 기안하여 작성권자인 M전투비행단장의 결재를 받지 않고 이를 모르는 단장 명의 직인 담당자로부터 단장의 직인을 날인받아 ⓛ수정합의서를 완성하였다. (나) 이러한 갑의 행위는 형법 제225조에서 정한 공문서위조죄에 해당한다. (다) 이러한 문서를 행사한 행위는 형법 제229조에서 정한 위조공문서행사죄에 해당한다.

1) 2017. 5. 17. 2016도13912, 공 2017상, 1331 = 『전투비행단 체력단련장 사건』.
2) 2017. 5. 17. 2016도13912, 공 2017상, 1331 = 『전투비행단 체력단련장 사건』.
3) 2017. 5. 17. 2016도13912, 공 2017상, 1331 = 『전투비행단 체력단련장 사건』.
4) 2017. 5. 17. 2016도13912, 공 2017상, 1331 = 『전투비행단 체력단련장 사건』.

을 해할 위험성이 있을 때 성립한다.[1)]

공문서의 변조란 작성권한 없는 자가 이미 진정하게 성립된 공무원 또는 공무소 작성명의 문서의 내용에 대하여 그 동일성을 해하지 아니할 정도로 변경을 가하는 것을 말한다. 변

---

1) 2021. 2. 25. 2018도19043, 공 2021상, 725 =『등기증명서 열람일자 삭제 사건』:

M부동산이 있다. 2013. 1. 14. M부동산에 A 명의로 상속을 원인으로 한 소유권이전등기가 마쳐졌다. A는 갑의 어머니이다. 갑은 인터넷을 통하여 M부동산의 등기사항을 열람하였다. 갑은 열람 후 열람한 M부동산에 관한 등기사항전부증명서를 출력하였다(㉠증명서). ㉠증명서에는 '열람 시점'이 증명서 하단에 기재되어 있다. ㉠증명서에는 M부동산에 대해 근저당권설정등기나 소유권이전담보가등기 등의 사항이 일체 기재되어 있지 않았다.

㉠증명서 출력 이후의 시점이다. 갑은 B로부터 돈을 빌렸다. 2013. 1. 23. 접수 일자로 갑은 M부동산에 대하여 B에게 근저당권설정등기를 마쳐주었다(ⓐ등기). 2013. 2. 6. 접수 일자로 갑은 M부동산에 대하여 B에게 소유권이전담보가등기를 마쳐 주었다(ⓑ등기). 이후 갑은 다시 M부동산을 담보로 돈을 빌려야 할 상황에 이르렀다. 2015. 8.말 무렵 갑은 ㉠등기사항전부증명서 하단의 '열람 일시'를 수정 테이프로 지우고 복사해 두었다(㉡증명서). 2016. 8. 10. 갑은 C로부터 돈을 빌리게 되었다. 갑은 '열람 일시'를 지우고 복사해 두었던 ㉡등기사항전부증명서를 C에게 교부하였다.

검사는 갑을 공문서변조죄 및 변조공문서행사죄로 기소하였다. 제1심법원은 유죄를 인정하였다. 갑을 불복 항소하였다. 항소법원은 다음의 이유를 들어서 무죄로 판단하였다. (가) 갑은 인터넷을 통하여 출력한 ㉠등기사항전부증명서 하단의 '열람 일시' 부분을 수정 테이프로 지우고 복사하였다. (나) 갑의 행위는 공공적 신용을 해할 위험이 있는 정도의 새로운 증명력을 작출한 것으로 단정할 수 없다. 검사는 불복 상고하였다.

대법원은 다음의 이유를 제시하여 원심판결을 파기환송하였다. 대법원은 공문서변조죄의 성립요건에 대해 다음과 같이 설시하였다. (가) 공문서변조죄는 권한 없는 자가 공무소 또는 공무원이 이미 작성한 문서내용에 대하여 동일성을 해하지 않을 정도로 변경을 가하여 새로운 증명력을 작출케 함으로써 공공적 신용을 해할 위험성이 있을 때 성립한다. (나) 이때 일반인으로 하여금 공무원 또는 공무소의 권한 내에서 작성된 문서라고 믿을 수 있는 형식과 외관을 구비한 문서를 작성하면 공문서변조죄가 성립한다. (다) 일반인으로 하여금 공무원 또는 공무소의 권한 내에서 작성된 문서라고 믿게 할 수 있는지 여부는 (ㄱ) 그 문서의 형식과 외관은 물론 (ㄴ) 그 문서의 작성경위, 종류, 내용 및 (ㄷ) 일반 거래에 있어서 그 문서가 가지는 기능 등 여러 가지 사정을 종합적으로 고려하여 판단하여야 한다.

대법원은 사실관계를 분석하였다(내용 생략함). 대법원은 갑의 행위에 대해 다음과 같이 판단하였다. (가) 갑이 등기사항전부증명서의 열람 일시를 삭제하여 복사한 행위는 변경 전 ㉠등기사항전부증명서가 나타내는 권리·사실관계와 다른 새로운 증명력을 가진 문서를 만든 것에 해당한다. (나) 그로 인하여 공공적 신용을 해할 위험성도 발생하였다고 판단된다.

대법원은 위와 같이 판단한 이유를 구체적으로 다음과 같이 제시하였다. (가) 등기사항전부증명서의 열람 일시는 등기부상 권리관계의 기준 일시를 나타내는 역할을 하는 것으로서 권리관계나 사실관계의 증명에서 중요한 부분에 해당한다. (나) 열람 일시의 기재가 있어 그 일시를 기준으로 한 부동산의 권리관계를 증명하는 등기사항전부증명서와 열람 일시의 기재가 없어 부동산의 권리관계를 증명하는 기준 시점이 표시되지 않은 등기사항전부증명서 사이에는 증명하는 사실이나 증명력에 분명한 차이가 있다. (다) 변경 후 ㉡등기사항전부증명서는 권리관계의 기준 시점이 표시되지 않은 것으로서, 타인에게 제시·교부되어 그 일시 무렵 M부동산에 관하여 근저당권설정등기 및 소유권이전담보가등기가 존재하지 않는다는 내용의 허위사실을 증명하는 데 이용되었다. (라) 법률가나 관련 분야의 전문가가 아닌 평균인 수준의 사리분별력을 갖는 일반인의 관점에서 보면, 변경 후 ㉡등기사항전부증명서가 조금만 주의를 기울여 살펴보기만 해도 그 열람 일시가 삭제된 것임을 쉽게 알아볼 수 있을 정도로 공문서로서의 형식과 외관을 갖추지 못했다고 보기도 어렵다.

조는 진정하게 성립된 공문서에 변경을 가하는 것이다. 허위로 작성된 공문서에 함부로 변경을 가하는 것은 변조에 해당하지 않는다.[1] 공문서의 변조는 작성권한자의 의사에 반하여 진정하게 성립된 공문서의 내용에 변경을 가하는 행위이다. 결재권자의 지시나 승낙을 받은 경우는 변조에 해당하지 않는다.[2] 이 경우 결재권자를 중심으로 허위공문서변개죄(법227)가 성립할 수 있음은 별개의 문제이다.

변조는 위조와 마찬가지로 공무원 또는 공무소의 권한 내에서 작성된 문서라고 믿을 수 있는 형식과 외관을 구비할 때 성립한다. 방법이 조잡하여 공문서에 대한 공공의 위험을 초래할 정도에 이르지 못한 경우에는 변조에 해당하지 않는다.[3] 일반인으로 하여금 공무원 또는 공무소의 권한 내에서 작성된 문서라고 믿게 할 수 있는지 여부는 (가) 그 문서의 형식과

---

1) 1986. 11. 11. 86도1984, 공 1987, 51 =『허위 폐품반납증 고치기 사건』:

갑과 을은 군인이다. 갑과 을은 공문서인 ㉠폐품반납증을 허위로 작성하여 비치해 두고 있었다. [상급부대의 검열이 나오게 되었다.] 갑은 을에게 지시하여 이미 허위로 작성된 ㉠폐품반납증의 내용을 고친 후 이를 비치하도록 하였다(㉡폐품반납증).

군검사는 을을 공문서변조죄 및 동 행사죄로, 갑을 공문서변조죄 및 동 행사죄의 교사범으로 기소하였다. 갑과 을의 피고사건은 제1심을 거친 후, 항소심에 계속되었다. 항소법원은 무죄를 선고하였다. 군검사는 불복 상고하였다.

대법원은 다음의 이유를 제시하여 상고를 기각하였다. (가) 공문서변조라 함은 권한 없이 이미 진정하게 성립된 공무원 또는 공무소 명의 문서내용에 대하여 그 동일성을 해하지 아니할 정도로 변경을 가하는 것을 말한다. (나) ㉠폐품반납증은 이미 허위로 작성된 공문서이므로 형법 제225조 소정의 공문서변조죄의 객체가 되지 않는다.

2) 1979. 8. 31. 79도1572, 공 1979, 12238 =『가옥과세대장 용도변경 사건』:

A는 M면의 면장이다. 갑은 M면의 직원이다. M면에 ㉠가옥과세대장이 있다. 면장 A는 갑에게 ㉡가옥의 용도를 조사해 보고, 용도구분이 일치하지 않으면 ㉠대장에 이를 고쳐 적으라고 지시하였다. 갑은 현장조사 확인을 한 후 [별도의 결재절차 없이] ㉡가옥에 대한 ㉠가옥과세대장의 용도구분을 고쳐적은 다음 사무실에 ㉠대장을 비치하였다.

검사는 갑을 공문서변조죄 및 동 행사죄로 기소하였다. 갑의 피고사건은 제1심을 거친 후, 항소심에 계속되었다. 항소법원은 무죄를 선고하였다. 검사는 불복 상고하였다.

대법원은 다음의 이유를 제시하여 상고를 기각하였다. (가) 갑이 ㉠가옥과세대장상의 용도구분을 고친 것은 결재권자인 면장의 사전지시와 승낙을 받은 것이다. (나) 용도구분변경은 내무부고시 제8호 부동산 과세싯가 표준액표 제16항에 의한 현장조사확인 연후에 이를 고친 것이다. (다) 이는 가옥과세대장을 사실대로 고쳐 적은데 지나지 아니하므로 갑에게 공문서변조와 동 행사의 범의가 있다고 볼 수 없다.

3) 1997. 3. 28. 97도30, 공 1997, 1299 =『주민등록증 비닐커버 덧기재 사건』:

갑은 자신의 ㉠주민등록증(주민등록번호 710226-○○○○○○○) 비닐커버 위에 '700226-○○○○○○○'를 덧기재하고 투명 테이프를 붙이는 방법으로 주민등록번호를 고쳤다(㉡주민등록증). 갑은 ㉡주민등록증을 관계 기관에 제시하였다.

검사는 갑을 공문서변조죄 및 동 행사죄로 기소하였다. 갑의 피고사건은 제1심을 거친 후, 항소심에 계속되었다. 항소법원은 무죄를 선고하였다. 검사는 불복 상고하였다.

대법원은 다음의 이유를 제시하여 상고를 기각하였다. (가) 갑의 변조행위는 공문서 자체에 변경을 가한 것이 아니다. (나) 또한 그 변조방법이 조잡하여 공문서에 대한 공공의 위험을 초래할 정도에 이르지 못하였다.

외관은 물론 (나) 그 문서의 작성경위, 종류, 내용 및 (다) 일반 거래에 있어서 그 문서가 가지는 기능 등 여러 가지 사정을 종합적으로 고려하여 판단하여야 한다.[1]

4. 고의와 목적

공문서위조죄는 고의범이므로 객체가 공문서라는 점과 위조·변조에 대한 고의가 필요하다. 실제와 일치시키기 위한 것이라 하더라도 문서작성 업무보조 공무원이 적법한 절차를 거침이 없이 임의로 결재된 원문서에 없는 사항을 추가기재한 이상 그러한 행위는 공문서변조의 범의를 인정하기에 충분하다.[2]

공문서위조죄는 행사할 목적을 요하는 목적범이다. 행사할 목적이란 위조·변조된 공문서를 진정한 문서인 것처럼 사용할 목적을 말한다. 행사할 목적은 적극적 의욕이나 확정적 인식을 요하지 않으며, 미필적 인식이 있으면 족하다. 행사의 상대방이 누구이든지 간에 그 상대방에게 문서의 진정에 대한 착오를 일으킬 목적이면 충분하다. 반드시 위조·변조 전에 의도했던 문서의 본래 용도에 사용할 목적에 한정되지 않는다.[3]

행사할 목적은 공문서를 위조·변조할 때에 있으면 족하다. 위조·변조된 공문서를 행사할 때에 이르기까지 행사의 목적이 있어야만 하는 것은 아니다. 따라서 위조된 공문서를 행사하려다가 이를 임의로 중지하였다고 하더라도 공문서위조죄의 성립에는 영향이 없다.[4]

제3 공문서에 관한 죄의 특수유형

1. 자격모용공문서작성죄

형법 제226조 (자격모용에 의한 공문서 등의 작성) 행사할 목적으로 공무원 또는 공무소의 자격을 모용하여 문서 또는 도화를 작성한 자는 10년 이하의 징역에 처한다.

◎ 자격정지 임의적 병과(법237)
◎ 미수범 처벌함(법235)

(1) 실행행위

(가) 자격의 모용 정당한 대리권이나 대표권이 없는 자가 마치 대리권이나 대표권이

---

1) 2021. 2. 25. 2018도19043, 공 2021상, 725 = 『등기증명서 열람일자 삭제 사건』.
2) 1995. 3. 24. 94도1112, 공 1995, 1782 = 『누락 토지 추가기재 사건』.
3) 1995. 3. 24. 94도1112, 공 1995, 1782 = 『누락 토지 추가기재 사건』.
4) 1970. 11. 30. 70도2238, 집 18③, 형124.

있는 것처럼 가장하여 타인의 자격을 모용하여 자신의 명의로 문서를 작성하는 것이 자격모용에 의한 문서작성이다.[1] 자격모용에 의한 공문서작성죄는 외국인의 국외범을 처벌한다(법5 vi). 행위지의 법률에 의하여 처벌되는지를 묻지 않는다(법6 단서 참조).

공문서작성과 관련한 자격모용의 형태는 (가) 처음부터 대리권 · 대표권이 없는 경우와[2] (나) 대리권 · 대표권이 소멸한 경우가 있다.[3] 공문서의 경우에는 작성권한이 법령에 의하여 명확하게 규정되어 있으므로 대리권 · 대표권의 남용은 생각하기 어렵다.

(나) 문서 · 도화의 작성　　자격모용공문서작성죄는 작성권한자의 자격을 모용하여 행위자 자신의 명의로 공문서 또는 공도화(이하 공문서로 통칭함)를 작성할 때 성립한다. 자격을 모용하여 공문서를 새로이 만들어 내는 행위는 공문서위조에 준하는 행위이다.

공문서의 위조 외에 변조도 처벌되는 것에 대응하여, 자격을 모용하여 공문서를 새로이 만들어내는 경우뿐만 아니라 자격을 모용하여 기존의 공문서 내용에 동일성을 잃지 않을 정도의 변경을 가하는 경우도 자격모용에 의한 공문서의 작성에 포함된다고 새겨야 할 것이다.

공무원 또는 공무소의 자격을 모용하여 작성된 문서 · 도화가 일반인으로 하여금 당해 명의인의 권한 내에서 작성된 문서라고 믿게 할 수 있는 정도의 형식과 외관을 갖추고 있으면 자격모용공문서작성죄가 성립한다.[4]

(2) 고의와 목적

자격모용에 의한 공문서작성죄의 기타 구성요건요소는 공문서위조죄의 경우와 같다. 자격모용공문서작성죄는 유형위조의 일종이다. 그러므로 행사할 목적은 문서가 정당한 권한에 기하여 작성된 것처럼 다른 사람으로 하여금 오신하게 할 목적을 의미한다.[5]

2. 허위공문서작성죄

형법 제227조 (허위공문서작성등) 공무원이 행사할 목적으로 그 직무에 관하여 문서 또는 도화를 허위로 작성하거나 변개한 때에는 7년 이하의 징역 또는 2천만원 이하의 벌금에 처한다.

◎ 자격정지 임의적 병과(법237)
◎ 미수범 처벌함(법235)

---

1) 전술 447면 이하 참조.
2) 1993. 7. 27. 93도1435, 공 1993, 2479 = 『합참자료실장 부동산매매 사건』.
3) 1993. 4. 27. 92도2688, 공 1993, 1621 = 분석 각론 『전보 구청장 결재 사건』.
4) 2008. 2. 14. 2007도9606, 공 2008, 415 = 『부동산중개소 대표자 사건』.
5) 2007. 7. 27. 2006도2330, 공 2007, 1431 참조.

(1) 입법취지

허위공문서작성죄는 공무원이 행사할 목적으로 그 직무에 관한 문서를 허위로 작성하거나 변개함으로써 성립하는 범죄이다. 공문서 · 공도화(이하 공문서로 통칭함)에 대한 무형위조에 해당한다. 공문서는 사문서에 비하여 신용성이나 증명력이 높다. 이 때문에 입법자는 사문서와 달리 공문서 전반에 대해 무형위조를 처벌하고 있다. 다만 그 법정형은 유형위조를 규정한 공문서위조죄(법225) 및 자격모용공문서작성죄(법226)에 비하여 낮으며, 벌금형의 부과도 가능하다. 허위공문서작성죄는 외국인의 국외범을 처벌한다(법5 vi). 행위지의 법률에 의하여 처벌되는지를 묻지 않는다(법6 단서 참조).

허위공문서작성죄의 구성요건요소 가운데 공무원, 문서, 도화, 행사할 목적 등의 개념은 앞에서 살펴본 바와 같다. 아래에서는 허위공문서작성죄에 특유한 성립요건들을 중심으로 검토한다.

(2) 행위주체

허위공문서작성죄의 주체는 문서를 작성할 권한 있는 공무원이다. 작성권한 있는 공무원으로부터 문서의 전결권을 위임받은 자도 허위공문서작성죄의 주체가 될 수 있다.

(가) 공무원　　허위공문서작성죄는 공무원만 주체가 될 수 있는 신분범이다. 국가공무원법, 지방공무원법 등 각종 신분에 관한 법률에 의하여 공무원의 신분을 가지지 않은 사람을 허위공문서작성죄로 처벌하려면 그에 관한 특별규정이 있어야 한다. 수행하는 업무가 국가의 사무에 해당한다거나 소속된 기관에 행정기관성이 인정된다는 사정만으로는 허위공문서작성죄로 처벌할 수 없다.[1)]

---

1) 2009. 3. 26. 2008도93, [미간행] = 『영상물등급위원회 임직원 사건』:

갑은 영상물등급위원회 임직원이다. 2005. 6.경부터 2005. 9.경까지 사이에 갑은 영상물등급위원회장 명의의 접수일부인을 허위로 작성하고 [이를 민원인에게 교부하였다(㉠행위).] 갑이 ㉠행위를 하던 당시에 시행되던 법률은 「음반 · 비디오물 및 게임물에 관한 법률」(음반법)이었다. 음반법은 "영상물등급위원회의 위원 · 직원은 형법 그 밖의 법률에 의한 벌칙의 적용에 있어서는 이를 공무원으로 본다."고 규정하고 있었다. 이후 음반법이 폐지되고 2006. 10. 28.부터 「영화 및 비디오물의 진흥에 관한 법률」(영화법)이 시행되었다. 영화법은 벌칙 적용에 있어서 영상물등급위원회 임직원이 공무원으로 의제되는 형법 등의 조문을 뇌물 관련 범죄로 축소하였다.

검사는 갑을 허위공문서작성죄 및 동 행사죄로 기소하였다. 갑은 다음의 점을 이유로 무죄를 주장하였다. (가) 영화법 처벌규정의 개정으로 허위공문서작성죄 및 그 행사죄에 대하여는 영상물등급위원회 임직원이 공무원으로 의제되지 않게 되었다. (나) 갑은 허위공문서작성죄 및 동 행사죄의 처벌대상이 되지 않는다. 갑의 피고사건은 제1심을 거친 후, 항소심에 계속되었다. 항소법원은 다음의 이유를 들어 유죄를 인정하였다. (가) 영상물등급위원회가 수행하도록 되어 있는 게임물의 등급분류에 관한 업무는 국가의 사무이므로 영상물등급위원회는 행정기관성이 인정된다. (나) 영상물등급위원회에 접수된 게임물의 등급분류 신청서에 기재되는 접수번호 및 접수일자에 관한 접수인은 공문서에 해당한다. 갑은 불복 상고하였다.

공증인은 그 직무에 관하여 공무원의 지위를 가지는 것으로 의제된다(공증인법2 2문). 당사자 본인이나 그 대리인으로 하여금 사서증서(私署證書)의 서명 또는 날인이 본인의 것임을 확인하게 한 바가 없음에도 불구하고 본인이나 그 대리인이 사서증서의 서명 또는 날인이 본인의 것임을 확인한 것처럼 공증인이 인증서에 기재하였다면 허위공문서작성죄가 성립한다.[1]

(나) 문서의 작성권한 허위공문서작성죄의 주체는 문서의 작성권한 있는 공무원이다. 문서의 작성권한이란 공무원이 직무와 관련하여 적법하게 문서를 작성할 수 있는 권한을 말한다. 공무원이 직무상 권한 내에서 작성하지 않은 문서는 허위공문서작성죄의 객체에 해당하지 않는다. 공무원이 인사이동으로 문서작성의 권한이 없어진 후에 문서를 작성하거나 변개하는 행위는 공문서위조죄 또는 공문서변조죄에 해당한다.[2]

(3) 행위객체

허위공문서작성죄의 객체는 공무원의 직무에 관한 문서이다. 직무에 관한 문서라 함은 공무원이 직무권한 내에서 작성하는 문서를 말한다. 직무권한은 반드시 법률상 근거가 있음을 필요로 하지 않는다. 따라서 명령, 내규 또는 관례에 의한 직무집행권한으로 작성하는 문서도 허위공문서작성죄의 객체에 포함된다.[3]

구체적인 행위가 공무원의 직무에 속하는지 여부는 (가) 그것이 공무의 일환으로 행하여졌는가 하는 형식적인 측면과 함께, (나) 그 공무원이 수행하여야 할 직무와의 관계에서 합리적으로 필요하다고 인정되는 것이라고 할 수 있는가 하는 실질적인 측면을 아울러 고려하여 결정해야 한다.[4]

허위공문서작성죄의 객체에는 권리 · 의무를 증명하는 공문서뿐만 아니라 사실증명에 관한 공문서도 포함된다. 그러나 단순히 의견을 기재한 문서는 허위공문서작성죄의 객체에 해

대법원은 다음의 이유를 제시하여 원심판결을 파기환송하였다. (가) 허위공문서작성죄 및 그 행사죄는 '공무원'만이 그 주체가 될 수 있는 신분범이다. (나) 신분상 공무원이 아님이 분명한 갑을 허위공문서작성죄 및 그 행사죄로 처벌하려면 그에 관한 특별규정이 있어야 한다. (다) 갑의 업무가 국가의 사무에 해당한다거나, 갑이 소속된 영상물등급위원회의 행정기관성이 인정된다는 사정만으로는 갑을 허위공문서작성죄 및 동 행사죄로 처벌할 수 없다. (라) 갑의 ㉠범행 당시 적용되던 음반법은 폐지되고 영화법이 시행되었다. (마) 영화법은 영상물등급위원회 임직원이 공무원으로 의제되는 형법 등의 조문을 뇌물 관련 범죄로 축소하였다. (바) 그렇다면 원심으로서는 위와 같은 형벌법령 개정의 경위와 동기 등을 살펴 갑에게 처벌가능성에 관하여 형법 제1조 제2항의 규정을 적용할 수 있는지 여부에 관하여 심리하였어야 한다.

1) 2007. 1. 25. 2006도3844, 공 2007, 387 = 분석 각론『투자증서 인증 사건』.
2) 1996. 11. 22. 96도1862, 공 1997, 141 =『지방세무주사보 기재정정 사건』.
3) 1981. 12. 8. 81도943, 공 1981, 146 =『건설과 예산품의서 사건』.
4) 2009. 9. 24. 2007도4785, [미간행] = 분석 각론 『특성화사업단장 사건』.

당하지 않는다.[1) 2)]

허위공문서작성죄의 객체인 공문서는 대외적인 것인가 내부적인 것인가를 구별하지 않는다.[3)] 문서상 작성명의인이 명시된 경우뿐만 아니라, 작성명의인이 명시되어 있지 않더라도 문서의 형식, 내용 등 그 문서 자체에 의하여 누구가 작성하였는지를 미루어서 알 수 있을 정도의 것이라면 허위공문서작성죄의 문서에 해당한다.[4)]

---

1) 2019. 3. 14. 2018도18646, 공 2019상, 882 =『심리전단 보도자료 사건』:

국가정보원 내의 심리전단이 댓글 작성 등을 통해 정치활동에 관여하였다는 의혹이 제기되었다. 갑은 국가정보원 직원이다. 갑은 의혹을 부인하는 내용의 ㉠보도자료를 작성하여 언론기관에 배포하였다.

검사는 갑을 허위공문서작성죄 및 허위작성공문서행사죄로 기소하였다. 갑의 피고사건은 제1심을 거친 후, 항소심에 계속되었다. 항소법원은 갑에게 유죄를 인정하였다. 갑은 불복 상고하였다. 갑은 상고이유로 다음의 점을 주장하였다. (가) ㉠보도자료는 국가정보원의 의견을 기재한 것일 뿐이다. (나) ㉠보도자료의 작성명의인이 분명하지 않다. (다) 그러므로 ㉠보도자료는 허위공문서작성죄의 객체에 해당하지 않는다.

대법원은 다음의 이유를 제시하여 상고를 기각하였다. (가) 갑이 작성한 ㉠보도자료는 그 내용이 국가정보원의 의견뿐 아니라 국가정보원 심리전단 소속 직원들이 조직적으로 정치현안에 관한 댓글 등을 게시하였는지 여부에 관한 사실 확인을 포함하고 있다. (나) ㉠보도자료는 사실관계에 관한 증명적 기능을 수행하고 있다. (다) ㉠보도자료는 문서의 형식과 내용, 체제에 비추어 국가정보원 대변인 명의인 점이 명백히 드러난다. (라) 그러므로 ㉠보도자료는 허위공문서작성죄의 객체가 된다.

2) 2022. 8. 19. 2020도9714, 공 2022하, 1877 =『국조특위 답변서 사건』 ☞ 부록 1571면.

3) 1981. 12. 8. 81도943, 공 1981, 146 =『건설과 예산품의서 사건』:

갑은 M군청 건설과 공무원이다. 갑은 건설과 예산품의서의 기안책임자이다. 예산품의서는 관리계장, 건설과장의 결재를 거쳐 건설과장 명의로 부군수, 군수의 순으로 결재를 받게 되어 있다. 갑은 ㉠예산품의서를 작성하였다. 갑은 ㉠예산품의서에 허위의 내용을 기재하고 그 [정]을 모르는 상사들로 하여금 그 초안 내용이 진실한 것으로 오신케 하여 서명날인하게 하였다. 갑은 ㉠예산품의서로 ㉡돈을 인출하여 임의로 사용하였다.

검사는 갑을 업무상 횡령죄, 허위공문서작성죄, 허위작성공문서행사죄로 기소하였다. 제1심법원은 유죄를 인정하였다. 갑은 불복 항소하였다. 항소법원은 항소를 기각하고, 제1심판결을 유지하였다. 갑은 불복 상고하였다. 갑은 상고이유로 다음의 점을 주장하였다. (가) 허위공문서작성죄의 객체인 공문서는 대외적 문서이어야 한다. (나) ㉠예산품의서는 M군청 건설과의 대내적 문서에 불과하다.

대법원은 다음의 이유를 제시하여 상고를 기각하였다. (가) 형법 제227조의 허위공문서작성죄에 있어서의 직무에 관한 문서라 함은 공무원이 그 직무권한 내에서 작성하는 문서를 말한다. (나) 그 문서는 대외적인 것이거나 내부적인 것을 구별하지 않는다. (다) 그 직무권한이 반드시 법률상 근거가 있음을 필요로 하는 것은 아니다. (라) 널리 명령, 내규, 또는 관례에 의한 직무집행의 권한으로써 작성하는 경우를 포함한다. (마) ㉠예산품의서 기안용지가 당해 공무소 내에서의 대내적인 기안문서라 할지라도 공무원이 그 직무권한 내에서 직무집행을 위하여 작성하는 서류인 이상 공문서에 해당함은 의문의 여지가 없다.

(바) ㉠예산품의서는 갑이 관리계장, 건설과장의 결재를 거쳐 건설과장 명의로 부군수, 군수의 순으로 결재를 받게 되어 있다. (사) 작성권한 있는 공무원의 직무를 보좌하여 공문서를 기안 또는 초안하는 직권이 있는 자가 그 직위를 이용하여 행사할 목적으로 그 직무상 기안하는 문서에 허위의 내용을 기재하고 그 [정]을 모르는 상사로 하여금 그 초안 내용이 진실한 것으로 오신케 하여 서명날인케 함으로써 허위내용의 공문서를 작성토록 한 자는 소위 허위공문서작성죄의 간접정범의 죄책을 면할 수 없다.

4) 1995. 11. 10. 95도2088, 공 1995, 3971 =『조직원 검거용 조서 사건』:

갑은 23년차 경찰공무원이다. 갑은 M경찰서 형사과에서 근무하고 있다. 관할 검찰청의 검사 A는 갑에게

(4) 실행행위

허위공문서작성죄는 작성권한 있는 공무원이 행사할 목적으로 그 직무에 관하여 문서를 허위로 작성하거나 변개할 때 성립한다.

(가) 허위작성 작성권한 있는 공무원이 진실에 반하는 기재를 하여 공문서를 새로이 만들어내는 것을 허위작성이라고 한다. 허위공문서작성죄에서 허위는 표시된 내용과 진실이 부합하지 아니하여 그 문서에 대한 공공의 신용을 위태롭게 하는 경우를 말한다.[1)]

상위 조직의 마약사범을 검거하도록 수사지휘를 하였다. 갑은 상위 조직원을 검거하는 데에 B에 대한 피의자신문조서가 필요하다고 생각하였다. 갑은 B에 대한 ㉠피의자신문조서를 허위로 작성하였다. ㉠신문조서에는 조서 말미에 작성자의 서명, 날인이 없다. ㉠신문조서 첫머리에는 작성 사법경찰리와 참여 사법경찰리의 직위와 성명이 적혀 있다. [갑은 ㉠피의자신문조서를 수사기록에 편철하여 담당 검사 A에게 제출하였다.]

검사는 갑을 허위공문서작성죄 및 허위작성공문서행사죄로 기소하였다. 제1심법원은 유죄를 인정하였다. 갑은 불복 항소하였다. 항소법원은 항소를 기각하고, 제1심판결을 유지하였다. 갑은 불복 상고하였다. 갑은 상고이유로 다음의 점을 주장하였다. (가) ㉠신문조서에는 작성자의 서명, 날인이 없다. (나) 작성명의인이 명시되어 있지 않으므로 ㉠신문조서는 허위공문서작성죄의 공문서에 해당하지 않는다.

대법원은 다음의 이유를 제시하여 상고를 기각하였다. (가) 허위공문서작성죄에 있어서의 객체가 되는 문서는 문서상 작성명의인이 명시된 경우가 있다. (나) 뿐만 아니라 작성명의인이 명시되어 있지 아니하더라도 문서의 형식, 내용 등 그 문서 자체에 의하여 누구가 작성하였는지를 추지할 수 있을 정도의 것이라면 허위공문서작성죄의 객체가 될 수 있는 문서이다. (다) B에 대한 ㉠피의자신문조서는 각 그 조서 말미에 작성자의 서명, 날인이 없다. (라) 그러나 ㉠피의자신문조서 첫머리에 작성 사법경찰리와 참여 사법경찰리의 직위와 성명을 적어 넣은 것이 있어 그 문서 자체에 의하여 작성자를 추지할 수 있다. (마) ㉠피의자신문조서는 허위공문서작성죄의 객체가 되는 공문서로 볼 수 있다.

1) 1985. 6. 25. 85도758, 공 1985, 1089 =『인감증명 본인란 표시 사건』:

갑은 인감증명서 작성권한이 있는 공무원이다. 갑은 A에 대한 ㉠인감증명서를 발행하면서 인감증명서의 인적사항과 인감 및 그 용도를 일치하게 기재하였다. 그런데 갑은 본인이 아닌 대리인에 의한 신청임에도 ㉠인감증명서의 본인란에 ○표를 하였다.

검사는 갑을 허위공문서작성죄 및 동 행사죄로 기소하였다. 갑의 피고사건은 제1심을 거친 후, 항소심에 계속되었다. 항소법원은 유죄를 인정하였다. 갑은 불복 상고하였다.

대법원은 다음의 이유를 제시하여 상고를 기각하였다. (가) 형법상 문서에 관한 죄에 있어서 문서라 함은 문자 또는 이에 대신할 수 있는 가독적 부호로 계속적으로 물체상에 기재된 의사 또는 관념의 표시로서 그 내용은 법률상, 사회생활상 주요사항에 관한 증거로 될 수 있는 것을 말한다. (나) 공문서허위작성죄에 있어서 허위라 함은 표시된 내용과 진실이 부합하지 아니하여 그 문서에 대한 공공의 신용을 위태롭게 하는 경우를 말한다. (다) 작성권한 있는 공무원이 인감증명서를 발행함에 있어 인감증명서의 인적사항과 인감 및 그 용도를 일치하게 기재하였어도 본인이 아닌 대리인에 의한 신청임에도 그 증명서의 본인란에 ○표를 하였다면 그 사항에 관하여는 허위기재한 것으로 보아야 한다.

(라) 관련 규정에 의하면 인감증명서를 발부함에 있어서 증명청은 본인 또는 대리인에 의한 신청을 확인하도록 하고 있다. (마) 인감증명서 자체에도 이를 각각 구별하여 표시하도록 되어 있다. (바) 인감증명서는 각종의 법률적 행위 등에 있어서 본인인 여부 및 본인의 진정한 의사인 여부를 확인하게 하는데 일반적으로 사용된다. (사) 인감증명서가 본인 또는 대리인 중 누구의 신청에 의하여 발행된 문서이냐 하는 점 역시 그 증명력을 담보함에 필요한 사항이다. (아) 대리인의 신청에 의한 것이 본인의 신청에 의한 것으로 허위기재되었다면 인감증명서의 공공의 신용을 해할 위험이 있다.

① 허위와 법령오류의 구별 허위는 기재내용과 실제 사실관계의 불일치를 의미한다.[1] 고의로 법령을 잘못 적용하여 공문서를 작성하였다고 하더라도 그 법령적용의 전제가 된 사실관계에 대한 내용에 거짓이 없다면 허위공문서작성죄는 성립하지 않는다.[2] [3]

관련법령에 의한 사업계획 적합 통보서는 단순히 일정한 처리사업을 관계 법령에 따라 허가한다는 내용이 아니라, 해당 사업을 하려는 자가 관련법령에 따라 제출한 사업계획이 관련법령의 규정에 적합하다는 사실을 확인하거나 증명하는 것이다. 해당 사업계획이 관계 법령의 규정에 적합하지 아니함을 알면서 적합하다는 내용으로 통보서를 작성한 것이라면 그 통보서는 허위의 공문서에 해당한다.[4]

② 형식심사 공무원 작성권한 있는 공무원이 형식심사 권한만을 가지고 있는 경우에 허위의 신고내용을 알면서 이를 기재하는 것이 허위공문서작성죄에 해당하는지 문제된다. 형식심사권한만 가지고 있다 하더라도 신고사항이 허위임이 명백한 경우에는 공무원은 그 기재를 거부할 수 있다고 할 것이므로 공무원이 신고사항이 허위인 것을 알고 있으면서 고의로 신고인의 뜻을 받아 이를 기재한다면 허위공문서작성죄가 성립한다.[5]

③ 사후의 사정 허위공문서작성죄는 허위공문서를 작성할 때 그 내용이 허위라는 사실을 인식하면 성립한다. 이후에 객관적 사실관계가 기재내용과 부합하게 되었다고 하여도

---

1) 2003. 2. 11. 2002도4293, 공 2003, 847 = 분석 각론『폐기물이전매립공사 입찰 사건』.
2) 2003. 2. 11. 2002도4293, 공 2003, 847 = 분석 각론 『폐기물이전매립공사 입찰 사건』.
3) 2011. 5. 13. 2011도1415, 공 2011상, 1250 = 분석 각론『중고버스 영업용 등록 사건』.
4) 2003. 2. 11. 2002도4293, 공 2003, 847 = 분석 각론 『폐기물이전매립공사 입찰 사건』.
5) 1977. 12. 27. 77도2155, 공 1978, 10539 =『허위 호적신고 기재 사건』:

갑은 호적공무원이다. 갑은 신고인 A의 신고사항이 허위인 것을 알고 있으면서 A의 뜻을 받아 신고내용을 호적부에 기재하였다.

검사는 갑을 공문서위조죄 및 동 행사죄로 기소하였다. 갑의 피고사건은 제1심을 거친 후, 항소심에 계속되었다. 항소법원은 허위공문서작성죄 및 동 행사죄를 인정하였다. 갑은 불복 상고하였다. 갑은 상고이유로 다음의 점을 주장하였다. (가) 호적사무를 관장하는 호적리는 호적에 기재를 함에 있어서 그 신고가 적어도 형식상의 요건을 갖추고 있는 경우 그의 기재절차를 밟는다. (나) 호적리는 신고사항이 진실한 여부를 심사한 후 그 수리 여부를 결정할 필요는 없다. (다) 호적리 갑은 A의 신고가 형식상의 요건을 구비하였으므로 그 신고내용을 호적부에 기재한 것이다. (라) 이를 가리켜서 허위공문서작성이라고 할 수 없다.

대법원은 다음의 이유를 제시하여 상고를 기각하였다. (가) 호적사무를 관장하는 호적리는 호적에 기재를 함에 있어서 그 신고가 적어도 형식상의 요건을 갖추고 있는 경우 그의 기재절차를 밟는다. (나) 호적리는 신고사항이 진실한 여부를 심사한 후 그 수리 여부를 결정할 필요는 없다. (다) 호적부는 사람의 신분을 공증하고 타인으로 하여금 각 사람이 가지는 신분 지위 등을 알게 하기 위하여 설정된 공부이다. (라) 호적부는 그 기재사항이 적법하고 진실에 부합될 것임은 당연한 이치이다. (마) 신고사항이 허위인 것이 명백한 경우에 있어서는 호적리는 그 기재를 거부할 수 있다고 해석함이 법정신에 적합하다. (바) 호적리가 신고사항이 허위인 것을 알고 있으면서 고의로 신고인의 뜻을 받아 이를 호적부에 기재한 때에는 형법 제227조의 허위공문서작성죄를 구성한다.

허위공문서작성죄의 성립에 영향을 미치지 못한다.[1)]

(나) 변 개 작성권한 있는 공무원이 권한을 남용하여 기존의 진실한 공문서에 부당하게 변경을 가하여 허위내용의 문서로 만드는 것을 가리켜 변개라고 한다. 변개는 허위작성과 함께 무형위조에 속한다. 변조가 작성권한 없는 자가 기존의 진정문서 내용에 함부로 변경을 가하는 유형위조임에 대하여, 변개는 작성권한 있는 자에 의한 무형위조라는 점에서 구별된다. 1995년 개정 전의 형법은 '변작'이라는 표현을 사용하고 있었으나, 문서를 만드는 것보다 문서를 고친다는 점을 보다 분명히 하기 위하여 '변개'로 표현이 바뀌었다.[2)]

(5) 고의와 목적

허위공문서작성죄가 성립하려면 행위자가 당해 공문서의 작성이나 변경이 그의 직무에 관한 것이라는 점과 작성 또는 변경된 문서의 내용이 허위라는 점을 인식·인용하여야 한

---

1) 1983. 12. 27. 82도3063, 공 1984, 279 = 『집수암거공사 준공검사 사건』:

M읍의 N장소에서 P업체가 집수암거공사를 진행하였다(㉠공사). 갑은 ㉠공사의 준공검사를 담당한 공무원이다. 준공검사를 하려면 공사를 위한 정산설계서를 확인하고 그 설계서에 의하여 시공된 것인지를 검사하여야 한다. 준공검사 당시 P업체에는 ㉠공사의 정산설계서 원본은 없고, ㉡초안만 있었다. 갑은 "정산설계서에 의하여 준공검사하였음"(㉢기재)이라고 기재한 ㉣준공검사조서를 작성하였다. 갑은 ㉣준공검사조서를 M읍장에게 제출하였다. 이후 P업체는 ㉠공사를 위한 정산설계서(㉤원본)를 완성하여 비치하였다. ㉠공사는 정산설계서 ㉤원본대로 시공되었음이 확인되었다.

검사는 갑을 허위공문서작성죄 및 동 행사죄로 기소하였다. 갑의 피고사건은 제1심을 거친 후, 항소심에 계속되었다. 항소법원은 유죄를 인정하였다. 갑은 불복 상고하였다. 갑은 상고이유로 다음의 점을 주장하였다. (가) ㉢기재의 내용은 준공검사 후에 작성된 정산설계서 ㉤원본의 내용과 일치하고, 공사현장의 준공상태에 부합한다. (나) ㉢기재를 내용으로 하는 ㉣준공검사조서는 허위공문서에 해당하지 않는다. (다) 정산설계서 초안을 가지고 준공검사를 하는 것이 관행이다. (라) ㉡초안을 가지고 ㉣준공검사조서를 작성할 때 허위공문서를 작성한다고 생각하지 않았다.

대법원은 다음의 이유를 제시하여 상고를 기각하였다. (가) 허위공문서작성죄는 허위공문서를 작성함에 있어서 그 내용이 허위라는 사실을 인식하면 성립한다. (나) 갑이 정산설계서 ㉡초안에 의하여 ㉣준공검사조서를 작성하였다 하더라도 원본이 반드시 초안과 그 내용을 같이 하는 것이라고 단정할 수 없다. (다) 갑의 주장과 같은 일반행정상의 선례 내지 관례가 있음을 인정할 수 없다. (라) 갑이 ㉣준공검사조서를 작성함에 있어 정산설계서를 확인하고 준공검사를 하지 아니하였으면서도 마치 정산설계서를 확인하고 그 설계서에 의하여 준공검사를 한 것처럼 준공검사용지에 "정산설계서에 의하여 준공검사"를 하였다는 내용(㉢기재)을 기입하여 공문서인 ㉣준공검사조서를 허위로 작성한 사실을 인정할 수 있다. (마) 갑에게 허위공문서작성의 범의가 있었음이 명백하다.

(바) 갑이 실제로 정산설계서를 확인하고 그 설계서에 의하여 준공검사를 하지 아니하였으면서도 준공검사용지에 "정산설계서에 의하여 준공검사"를 한 것으로 기재(㉢기재)한 이상 그것만으로 곧 허위공문서작성죄가 성립한다. (사) ㉣준공검사조서의 내용이 객관적으로 정산설계서 ㉡초안이나 그 후에 작성된 정산설계서 ㉤원본의 내용과 일치한다거나 공사현장의 준공상태에 부합한다 하더라도 그러한 사정만으로는 허위공문서작성죄의 성립에 아무런 영향을 미치지 못한다.

2) 법무부, 형법개정법률안 제안이유서, (1992), 229면 참조.

다. 허위공문서작성죄에서 행사의 목적이라 함은 허위내용의 문서를 그 내용이 진실한 문서인 것처럼 그 문서의 효용에 따라 사용할 목적이 있는 것을 말한다.[1] 통화에 관한 죄(법207)와 달리 유통시킬 목적을 요하지 않는다.

(6) 허위공문서작성죄의 간접정범

허위공문서작성죄는 문서작성의 권한 있는 공무원이 주체로 되는 신분범이다. 그런데 이러한 신분 없는 사람이 사정을 모르는 작성권한 있는 공무원을 이용하여 허위공문서를 작성하게 한 경우에 그 사람을 허위공문서작성죄의 간접정범으로 처벌할 수 있을 것인지 문제된다.

(가) 업무보조 공무원 문서 작성권한이 있는 공무원의 직무를 보좌하는 자가 그 직위를 이용하여 행사할 목적으로 허위의 내용이 기재된 문서초안을 그 정을 모르는 상사에게 제출하여 결재하도록 하는 등의 방법으로 작성권한이 있는 공무원으로 하여금 허위의 공문서를 작성하게 한 경우에는 허위공문서작성죄의 간접정범이 성립한다.[2] 그러나 문서의 작성권한이 있는 공무원의 직무를 보좌하는 자라 할지라도 그 직위를 이용하는 경우가 아니라면 허위공문서작성죄의 간접정범으로 처벌할 수 없다.[3]

보조 직무에 종사하는 공무원이 허위공문서를 기안하여 허위임을 모르는 작성권자의 결재를 받아 공문서를 완성한 때에는 허위공문서작성죄(법227; 7년 이하 징역 또는 2천만원 이하 벌금)의 간접정범이 될 것이지만, 이러한 결재를 거치지 않고 임의로 작성권자의 직인 등을 부정 사용함으로써 공문서를 완성한 때에는 공문서위조죄(법225; 10년 이하 징역)가 성립

---

1) 1989. 12. 12. 89도1253, 공 1990, 307 = 『공사감독일지 허위기재 사건』:

갑은 M도의 도로공사 현장감독을 담당하는 공무원이다. 갑은 N공사현장을 감독하면서 ㉠골재가 자재시험관의 시험검사를 마친 합격품인지 여부를 확인하지 않았다. 또한 갑은 ㉠골재 반입량을 직접 확인한 바 없이 시공자 측에서 제출하는 서류와 구두보고 등만을 검토·확인하였다. 그럼에도 갑은 자신이 직접 확인한 것처럼 ㉡공사감독일지를 작성한 다음, 이를 M도 도로과 사무실에 비치하였다.

검사는 갑을 허위공문서작성죄 및 동 행사죄로 기소하였다. 제1심법원은 유죄를 인정하였다. 갑은 불복 항소하였다. 항소법원은 항소를 기각하고, 제1심판결을 유지하였다. 갑은 불복 상고하였다. 갑은 상고이유로 다음의 점을 주장하였다. (가) ㉡공사감독일지는 단순히 직무를 수행함에 있어 참작하는 개인적인 문서에 불과하다. (나) ㉡공사감독일지 작성시에 행사의 목적이 없어 허위공문서작성죄는 성립하지 않는다.

대법원은 다음의 이유를 제시하여 상고를 기각하였다. (가) 공사현장감독은 부실공사를 예방하기 위하여 공사가 설계 및 시방서에 따라 시행되는지 여부를 확인함에 그 목적이 있다. (나) 공사감독일지는 그 감독상황을 확인하는 데 작성의 의의가 있다. (다) ㉡공사감독일지는 갑이 공사감독관의 지위에서 직무상 작성하는 문서로서 당해 관할관청에 비치하여야 할 공문서이다. (라) 갑이 ㉡공사감독일지를 작성한 행위에 행사할 목적이 인정된다. (마) 실제로 ㉡공사감독일지를 사무실에 비치한 행위는 행사에 해당한다.

2) 1992. 1. 17. 91도2837, 공 1992, 948 = 백선 총론 『훈련확인서 사건』.

3) 2010. 1. 14. 2009도9963, [미간행] = 분석 각론 『준보전 산지 통보서 사건』.

한다.[1) 2)]

(나) 일반인 일반인이 그 정을 모르는 작성권한 있는 공무원을 이용하여 허위공문서를 작성하게 한 경우 그 자체만으로는 허위공문서작성죄의 간접정범으로 처벌할 수 없다. 대법원은 초기에 이러한 경우에 대해 간접정범의 성립을 인정하였으나,[3)] 이후 판례를 변경하여 불처벌의 입장으로 선회하였다. 판례는 그 이유에 대해 다음과 같은 설명을 제시하고 있다.[4) 5)]

① 불처벌의 논거 형법은 문서에 관한 죄를 유형위조와 무형위조로 구별하면서, 무형위조에 대해서는 공문서에 관하여서만 이를 처벌할 뿐 사문서의 무형위조는 허위진단서작성죄(법233) 이외에는 처벌하지 않는다. 공문서의 무형위조에 관하여서도 형법은 원칙적으로 작성권한 있는 공무원에 의한 허위공문서작성죄만을 처벌한다(법227; 7년 이하 징역 또는 2천만

---

1) 2017. 5. 17. 2016도13912, 공 2017상, 1331.

2) 업무보조 공무원을 둘러싼 공문서위조죄와 허위공문서작성죄의 한계사례에 대해서는, 전술 469면 참조.

3) 1955. 2. 25. 4286형상39, 집 1⑥, 형1 = 백선 총론『생고무 횡령 사건』.

4) 1961. 12. 14. 4292형상645, 전원합의체 판결, 집 9, 형193 = 백선 총론『도민증 사건』.

5) 1970. 7. 28. 70도1044, 집 18②, 형65 =『사무 폭주 등기과 사건』:

M법원 등기과에는 사무량이 폭주하였다. 이 때문에 등기부등본 교부신청자가 사법서사 또는 그 보조원인 경우 이들이 등기부를 차람하여 등기부등본 용지에 옮겨 기재한 후 제출하면 등기공무원은 단순히 서명날인만 하여 등기부등본을 발부하고 있었다. 갑은 M법원 등기과의 이러한 실정을 이용하기로 하였다. N부동산의 등기부에는 ㉠저당권설정등기가 기재되어 있다. 갑은 ㉡등기부등본 용지에 저당권설정등기가 말소된 내용의 허위기재(㉢기재)를 한 후 등기과에 제출하였다. 그 정을 모르는 등기과 등기 공무원 A는 착오로 서명날인하여 ㉡등기부등본 1통을 발급하였다.

검사는 갑을 간접정범 형태에 의한 허위공문서작성죄로 기소하였다. 갑의 피고사건은 제1심을 거친 후, 항소심에 계속되었다. 항소법원은 유죄를 인정하였다. 갑은 불복 상고하였다.

대법원은 다음의 이유를 제시하여 원심판결을 파기환송하였다. (가) 형법은 소위 무형위조에 관하여서는 공문서에 관하여서만 이를 처벌할 뿐 일반 사문서의 무형위조를 인정하지 않는다(다만 형법 제233조[허위진단서작성]의 경우는 예외). (나) 뿐만 아니라 공문서의 무형위조에 관하여서도 형법 제227조의 허위공문서작성의 경우 이외에 특히 공무원에 대하여 허위의 신고를 하고, 공정증서원본 면허장, 감찰, 또는 여권에 사실 아닌 기재를 하게 한 때에 한하여 형법 제228조의 경우의 처벌규정을 만들고 있다. (다) 더구나 형법 제228조[공정증서원본불실기재]의 경우를 형법 제227조[허위공문서작성]의 경우의 형벌보다 현저히 가볍게 벌하고 있다. (라) 이러한 점으로 보아 공무원 아닌 자가 허위공문서 작성의 간접정범인 때에는 형법 제228조[공정증서원본불실기재]의 경우 이외에는 이를 처벌하지 아니하는 취지로 해석함이 상당하다.

(마) 등기부등본은 형법 제228조에서 말하는 공정증서원본, 면허장, 감찰 여권 등 문서에 해당하지 않는다. (바) 등기부등본의 작성과 교부는 부동산 등기법과 동법 시행규칙에 의하여 당사자의 신청에 의하여 등기공무원이 발급하는 것이다. (사) 등기공무원 A는 ㉢기재사항을 인식하고 ㉡등본을 작성할 의사로서 이에 서명날인과 법원청인을 찍어 인증하였다. (아) 위 서명날인이 A의 허위기재로 인한 착오의 결과, 그 기재 사항이 진실에 반하는 것을 알지 못하는데 기인한 것이라 하더라도 ㉡등본의 성립은 진정한 것이다. (자) 하등 작성명의를 위조한 것이 아님을 알 수 있으므로 이는 공문서 무형위조의 간접정범이라 볼 수 있다. (차) 위와 같은 간접정범에 의한 공문서 무형위조의 소위는 죄가 되지 아니하는 것으로 보아야 한다.

원 이하 벌금). 공무원 아닌 자가 공무원에 대하여 허위의 신고를 한 경우에 대해 형법은 공정증서원본 등에 사실 아닌 기재를 하게 한 때에 한하여 예외적으로 공정증서원본불실기재죄로 처벌하며, 법정형을 허위공문서작성죄에 비하여 가볍게 하고 있다(법228① 참조; 5년 이하 징역 또는 1천만원 이하 벌금).

공정증서원본불실기재죄는 권리 · 의무를 증명하는 등 중요한 공문서를 객체로 하고 있다. 공정증서원본불실기재죄는 정을 모르는 공무원을 이용하여 공정증서원본 등에 사실 아닌 기재를 하는 범죄로서, 간접정범 형태에 의한 허위공문서작성의 구조를 가지고 있다.

공정증서원본불실기재죄의 특성에 비추어 볼 때 일반적인 공문서는 공정증서원본 등에 비해 거래사회에서 증명기능이 낮다고 할 수 있다. 이러한 일반적인 공문서에 대해 허위공문서작성죄의 간접정범을 인정하여 공정증서원본불실기재죄보다 무겁게 처벌하는 것은 모순이다. 그러므로 공무원 아닌 자가 허위공문서작성에 간접정범의 형태로 관여하는 행위는 공정증서원본불실기재죄의 경우 외에는 이를 처벌하지 아니하는 취지로 해석함이 상당하다.[1]

② 공범 인정 　일반인에 대해 허위공문서작성죄의 간접정범은 성립하지 않는다. 이에 대해 문서작성을 보조하는 공무원이 사정을 모르는 상사에게 제출하여 결재하도록 하는 등의 방법으로 작성권한이 있는 공무원으로 하여금 허위의 공문서를 작성하게 한 경우에는 허위공문서작성죄의 간접정범이 성립한다. 이 경우 업무보조 공무원에 의한 허위공문서작성죄의 간접정범에 일반인이 공범으로 관여하는 것은 가능하다.[2] 형법 제33조 본문에 의하여 신분 없는 일반인에게 신분이 확장되기 때문이다.

(7) 다른 죄와의 관계

공무원이 어떠한 위법사실을 발견하고도 직무상 의무에 따른 적절한 조치를 취하지 아니하고 위법사실을 적극적으로 은폐할 목적으로 허위공문서를 작성, 행사한 경우에 그 죄수가 문제된다. 이러한 경우에는 직무위배의 위법상태가 허위공문서작성 당시부터 그 속에 포함되어 있다. 따라서 작위범인 허위공문서작성죄 및 동 행사죄만 성립하고 부작위범인 직무유기죄는 따로 성립하지 않는다.[3]

---

1) 1970. 7. 28. 70도1044, 집 18②, 형65 = 『사무 폭주 등기과 사건』.

2) 1992. 1. 17. 91도2837, 공 1992, 948 = 백선 총론 『훈련확인서 사건』.

3) 1999. 12. 24. 99도2240, 공 2000, 352 = 『도박 묵인용 근무일지 사건』:

갑은 수사업무에 종사하는 경찰관이다. 갑은 A 등의 도박범행사실을 적발하고 그들의 인적사항을 확인하였다. 갑은 도박사실을 상사인 파출소장에게 즉시 보고하여 그 도금(賭金) 등을 압수하고 A 등을 도박죄로 형사입건하는 등 범죄수사에 필요한 조치를 다하지 않았다. 갑은 A 등으로부터 도박사실을 묵인하여 달라는 부탁을 받았다. 갑은 도박사실을 발견하지 못한 것처럼 ㉠근무일지를 허위로 작성하고 소속 파출소장에게 이를 허위로 보고하였다.

그러나 위법사실 발견 이후에 별도의 직무로 허위공문서를 작성한 경우는 직접적으로 기존의 위법사실을 은폐하기 위하여 문서를 작성한 것이 아니다. 그러므로 이 때에는 허위공문서작성죄 및 동 행사죄와 직무유기죄가 실체적 경합관계에 서게 된다.[1]

3. 공전자기록위작 · 변작죄

형법 제227조의2 (공전자기록위작 · 변작) 사무처리를 그르치게 할 목적으로 공무원 또는 공무소의 전자기록 등 특수매체기록을 위작 또는 변작한 자는 10년 이하의 징역에 처한다.

◎ 자격정지 임의적 병과(법237)
◎ 미수범 처벌함(법235)

(1) 행위객체

공전자기록위작 · 변작죄는 사무처리를 그르치게 할 목적으로 공무원 또는 공무소의 전자기록 등 특수매체기록을 위작 또는 변작할 때 성립하는 범죄이다. 공전자기록위작 · 변작죄는 보호주의에 기하여 외국인의 국외범을 처벌한다(법5 vi). 행위지의 법률에 의하여 처벌되는지를 묻지 않는다(법6 단서 참조).

공전자기록위작 · 변작죄에서 공무원이란 원칙적으로 법령에 의해 공무원의 지위를 가지는 자를 말한다. 공무소란 공무원이 직무를 행하는 관청 또는 기관을 말한다. 공무원 또는 공무소의 전자기록은 공무원 또는 공무소가 그 직무상 작성할 권한을 가지는 전자기록을 말한다. 공무원과 공무소가 아닌 경우에는, 형법 또는 특별법에 의하여 공무원이나 공무소로 의제되는 경우를 제외하고는, 계약 등에 의하여 공무와 관련되는 업무를 일부 대행하는 경우가 있더라도 공무원 또는 공무소가 될 수 없다.[2]

검사는 갑을 허위공문서작성죄, 허위작성공문서행사죄, 직무유기죄로 기소하였다. 제1심법원은 직무유기죄가 별도로 성립한다고 보고, 이를 허위공문서작성죄 및 동 행사죄에 대한 실체적 경합범으로 의율하였다. 갑은 불복 항소하였다. 항소법원은 항소를 기각하고, 제1심판결을 유지하였다. 갑은 불복 상고하였다.

대법원은 다음의 이유를 제시하여 원심판결을 파기환송하였다. (가) 공무원이 어떠한 위법사실을 발견하고도 직무상 의무에 따른 적절한 조치를 취하지 아니하고 위법사실을 적극적으로 은폐할 목적으로 허위공문서를 작성, 행사한 경우에는 직무위배의 위법상태는 허위공문서작성 당시부터 그 속에 포함된다. (나) 그러한 경우에는 작위범인 허위공문서작성, 동 행사죄만이 성립하고 부작위범인 직무유기죄는 따로 성립하지 않는다. (다) 수사업무에 종사하는 갑의 직무위배의 위법상태는 ㉠근무일지를 허위로 작성할 당시부터 그 속에 포함되어 허위공문서작성, 동 행사죄만이 성립하고 직무유기죄는 따로 성립하지 않는다.

1) 1993. 12. 24. 92도3334, 공 1994, 582 = 백선 각론 1 『석산개발 진입로 사건』.

2) 2020. 3. 12. 2016도19170, 공 2020상, 789 = 『환경공단 올바로시스템 사건』:

건설폐기물 관련법령에는 다음의 규정들이 있다. "건설폐기물을 배출, 수집 · 운반 또는 처리를 하는 자는 건설폐기물을 배출, 수집 · 운반 또는 처리를 할 때마다 건설폐기물의 인계 · 인수에 관한 내용을 ㉯규정에 따공전자기록은 공무원 또는 공무소가 직무를 수행하는 과정에서 작성하거나 이미 작성되어 있는 전자(電磁)기록 등 특수매체기록을 말한다. 특수매체기록의 의미에 대해서는 앞에서 설명하였다.[1)]

공전자기록의 예로는 자동차등록시스템,[2)] 주민등록시스템, 경찰범죄정보시스템[3)] 등을 들 수 있다. 공전자기록은 공무원 또는 공무소의 전자기록등이면 족하고, 공법상 관계로 작성된 것인지 사법상 관계로 작성된 것인지는 묻지 않는다.[4)]

(2) 실행행위

(가) 위 작 위작은 공전자기록 등 특수매체기록을 새로이 만들어 내는 행위이다. 전

른 전자정보처리프로그램에 입력하여야 한다."(㉮규정) "환경부장관은 건설폐기물의 인계 · 인수에 관한 정보를 처리할 수 있는 전자정보처리프로그램을 구축 · 운영하여야 한다."(㉯규정) "폐기물의 인계 · 인수 내용들을 관리할 수 있는 전산처리기구의 설치 · 운영 업무 및 전자정보처리프로그램의 구축 · 운영 업무를 한국환경공단에 위탁한다."(㉰규정) "㉰규정에 정한 전산처리기구는 한국환경공단법에 의하여 설립된 한국환경공단을 말한다."(㉱규정)

한국환경공단은 한국환경공단법에 의해 설립된 법인이다. 한국환경공단의 임직원은 공무원이 아니다. 한국환경공단의 임직원은 관련 법률에 의하여 형법 제129조부터 제132조까지의 규정을 적용할 때 공무원으로 의제된다. '올바로시스템'은 위의 규정들에 따라 폐기물 인계 · 인수 내용 등의 전산처리를 위하여 전산처리기구에 구축 · 운영하는 전자정보처리프로그램이다.

갑은 건설폐기물 중간처리업체인 P회사를 운영하고 있다. 을은 폐기물 수집 · 운반업체인 Q회사를 운영하고 있다. P회사와 Q회사는 공동수급체로서 건설폐기물 수집 · 운반 · 처리용역을 M기관으로부터 도급받았다. 갑은 P회사가 수행하였어야 할 건설폐기물 처리용역 부분을 R회사에 재위탁하여 처리하도록 하였다. 갑과 을은 '올바로시스템'에 접속하여 마치 P회사가 Q회사로부터 폐기물을 인수하여 처리를 마친 것처럼 허위 정보를 입력하였다.

검사는 갑을 공전자기록위작죄 및 위작공전자기록행사죄로 기소하였다. 갑의 피고사건에 대해 제1심법원은 유죄를 인정하였다. 갑과 을은 불복 항소하였다. 항소법원도 유죄를 인정하였다. 갑은 불복 상고하였다.

대법원은 다음의 이유를 제시하여 원심판결을 파기환송하였다. 대법원은 본문 소개의 판단기준을 제시하였다. 대법원은 갑의 행위에 대해 다음과 같이 판단하였다. (가) 한국환경공단은 환경부장관의 위탁을 받아 건설폐기물 인계 · 인수에 관한 내용 등의 전산처리를 위한 전자정보처리프로그램인 올바로시스템을 구축 · 운영하고 있다. (나) 그렇다고 하더라도 그 업무를 수행하는 한국환경공단 임직원을 공전자기록의 작성권한자인 공무원으로 보거나 한국환경공단을 공무소로 볼 수는 없다. (다) 한국환경공단법 등은 한국환경공단 임직원을 형법 제129조 내지 제132조의 적용에 있어 공무원으로 본다고 규정하고 있다. (라) 그렇다고 하여 한국환경공단 임직원 또는 그들이 직무를 행하는 한국환경공단을 형법 제227조의2에 정한 공무원 또는 공무소에 해당한다고 보는 것은 형벌법규를 피고인에게 불리하게 확장해석하거나 유추해석하는 것이어서 죄형법정주의 원칙에 반한다. (마) 이는 한국환경공단 또는 그 임직원이 환경부장관으로부터 위탁받은 업무와 관련하여 직무상 작성한 문서를 공문서로 볼 수 없는 것과 마찬가지이다.

1) 전술 441면 이하 참조.

2) 2011. 5. 13. 2011도1415, 공 2011상, 1250 = 분석 각론『중고버스 영업용 등록 사건』.

3) 2005. 6. 9. 2004도6132, 공 2005, 1191 =『경찰범죄정보시스템 허위입력 사건』.

4) 2017. 8. 31. 2015헌가30, 헌공 251, 855.

자기록의 생성에 필요한 단위 정보를 입력하는 경우도 추가입력한 정보가 프로그램에 의하여 자동으로 기존의 정보와 결합하여 새로운 전자기록을 작출하게 되므로 위작에 해당한다.

위작은 위조와 구별된다. 위조는 작성권한 없는 자가 문서 · 도화를 새로이 만들어내는 유형위조 행위이다. 이에 대하여 위작은 유형위조와 무형위조를 모두 포함하는 개념이다. 따라서 (가) 권한이 없는 사람이 (ㄱ) 전자기록을 작출하거나 (ㄴ) 전자기록의 생성에 필요한 단위 정보의 입력을 하는 경우와 (나) 권한 있는 사람이 그 권한을 남용하여 허위의 정보를 입력하여 전자기록을 생성하는 경우가 모두 위작에 포함된다.[1]

(나)의 경우 허위의 정보라 함은 진실에 반하는 내용을 의미한다.[2] 관계 법령에 의하여 요구되는 자격을 갖추지 못하였음에도 불구하고 고의로 이를 갖춘 것처럼 단위 정보를 입력하였다고 하더라도, 그 전제 또는 관련된 사실관계에 대한 내용에 거짓이 없다면 허위의 정보를 입력하였다고 볼 수 없다.[3]

(나) 변 작　　변작은 기존의 특수매체기록에 변경을 가하는 행위이다. 변작은 변조와 구별된다. 변조는 작성권한 없는 자가 이미 존재하는 진정한 문서 · 도화의 내용에 함부로 변경을 가하는 것으로 유형위조이다. 이에 대해 변작은 유형위조와 무형위조를 모두 포함한다. 따라서 (가) 권한 없는 사람이 기존의 특수매체기록에 변경을 가하는 경우는 물론 (나) 권한 있는 사람이 권한을 남용하여 기존의 특수매체기록에 변경을 가하는 경우도 변작에 포함된다.[4]

(3) 고의와 목적

공전자기록위작 · 변작죄는 사무처리를 그르치게 할 목적으로 공전자기록을 위작 · 변작할 때 성립한다. 문서에 관한 죄의 '행사할 목적'에 상응하는 구성요건요소이다. 문서에 관한 죄의 '행사할 목적'은 사람에게 증명을 위하여 문서를 제시하는 등의 행위를 전제로 하고 있다. 그러나 공전자기록위작 · 변작죄의 경우에는 공전자기록을 사람에게 제시하는 등의 행위를 상정하기가 어렵다. 이 때문에 공전자기록위작 · 변작죄의 경우에는 '행사할 목적' 대신에 '사무처리를 그르치게 할 목적'이라는 요건이 설정되고 있다.

사무처리를 그르치게 할 목적이란 위작 또는 변작된 전자기록이 사용됨으로써 시스템을 설치 · 운용하는 주체의 사무처리를 잘못되게 하려는 목적을 말한다.[5] 사무처리를 그르치게 한다 함은 정당하거나 정상적인 공무처리 이외의 하자 있는 업무처리를 하게 하는 모든 경

---

1) 2005. 6. 9. 2004도6132, 공 2005, 1191 = 『경찰범죄정보시스템 허위입력 사건』.
2) 2011. 5. 13. 2011도1415, 공 2011상, 1250 = 분석 각론 『중고버스 영업용 등록 사건』.
3) 2011. 5. 13. 2011도1415, 공 2011상, 1250 = 분석 각론 『중고버스 영업용 등록 사건』.
4) 2003. 10. 9. 2000도4993, 공 2003, 2199 = 분석 각론 『월드컵경기장 부정 입찰 사건』 참조.
5) 2013. 11. 28. 2013도9003, [미간행].

우를 포함한다.[1] 사무처리를 그르치게 할 목적은 초과주관적 구성요건요소이므로 공무처리를 그르치게 되었다는 결과가 현실적으로 발생할 필요는 없다.

공전자기록위작 · 변작죄는 권한 없는 자의 유형위조와 권한 있는 자의 무형위조를 모두 처벌대상으로 하고 있다. 그러나 사무처리를 그르치게 할 목적이라는 요건에 의해 처벌범위가 제한된다. 예컨대 정보를 입수하기 위하여 공무원 또는 공무소의 전자기록 등을 복사하여 새로운 특수매체기록을 만들어내는 행위는 공무원 또는 공무소의 사무처리를 그르치게 할 목적이 없어서 공전자기록위작 · 변작죄를 구성하지 않는다.

공전자기록위작 · 변작죄는 권한 없는 자의 유형위조와 권한 있는 자의 무형위조를 모두 처벌대상으로 하고 있다. 무형위조의 범죄형태가 포함되어 있음에도 불구하고 그 법정형은 유형위조를 처벌하는 공문서위조죄와 마찬가지로 10년 이하의 징역이다. 공전자기록위작 · 변작죄에 벌금형이 규정되어 있지 않은 점은 주목된다. 이에 대해 헌법재판소는 합헌판단을 내리고 있다.[2]

4. 공정증서원본불실기재죄

형법 제228조 (공정증서원본 등의 불실기재) ① 공무원에 대하여 허위신고를 하여 공정증서원본 또는 이와 동일한 전자기록 등 특수매체기록에 불실의 사실을 기재 또는 기록하게 한 자는 5년 이하의 징역 또는 1천만원 이하의 벌금에 처한다.
② 공무원에 대하여 허위신고를 하여 면허증, 허가증, 등록증 또는 여권에 불실의 사실을 기재하게 한 자는 3년 이하의 징역 또는 700만원 이하의 벌금에 처한다.

◎ 미수범 처벌함(법235)

(1) 입법취지

공정증서원본불실기재죄의 보호법익은 특별한 신빙성이 인정되는 공문서에 대한 공공의 신용을 보장하는 것이다.[3] 공정증서원본불실기재죄는 허위공문서작성죄(법227)와 마찬가지

---

1) 법무부, 형법개정법률안 제안이유서, (1992), 229면 참조.
2) 2017. 8. 31. 2015헌가30, 헌공 251, 855.
3) 2007. 5. 31. 2006도8488, 공 2007, 1006 =『신주인수 당일 변경등기 사건』:

P회사는 주식회사이다. P회사의 대표이사는 갑이다. A 등 3명은 P회사의 주식 35%를 가지고 있다. B는 P회사의 주식 20,000주를 가지고 있다. P회사는 신주 20,000주를 발행하기로 하였다. [주주들은 신주인수권을 가지고 있다. 갑은 신주발행으로 P회사의 지배권이 변경되는 것을 걱정하였다.] 갑은 A 등에게 신주발행에 대해 적법한 통지를 하지 않았다. 갑의 우호세력인 B가 신주 20,000주 전부를 인수하였다. 갑은 B의 인수 당일 관할법원 등기과에 신주인수에 대한 법인등기부 변경등기를 신청하였다. 그 정을 모르는 담당 공무원 C는 P회사의 법인등기부에 B의 주식 수를 40,000주로 변경하는 등기를 경료하였다. [A 등은 갑을 고소하였

로 공문서에 대한 무형위조에 속한다. 나아가 작성권한 없는 사람이 정을 모르는 작성권한 있는 공무원에게 허위신고를 하여 허위공문서를 작성하게 한다는 점에서 간접정범의 구조를 가지고 있다.[1)]

공정증서원본불실기재죄의 경우에는 행사할 목적이 구성요건요소로 명시되어 있지 않다. 이 점에서 다른 경우의 문서에 관한 죄와 차이를 보이고 있지만, 실제상 행사할 목적 없는 공정증서원본불실기재죄란 생각하기 어렵다.

공정증서원본불실기재죄는 외국인의 국외범을 처벌한다(법5 vi). 행위지의 법률에 의하여 처벌되는지를 묻지 않는다(법6 단서 참조).

(2) 행위객체

공정증서원본불실기재죄의 객체는 (가) 공정증서원본, (나) 이와 동일한 전자기록 등 특수매체기록, (다) 면허증, 허가증, 등록증, 여권 등의 세 가지 형태로 나누어진다.

(가) 공정증서원본 넓은 의미에서 볼 때 공정증서란 공무원이 그 권한 내에서 적법하게 작성한 일체의 증서를 말한다. 좁은 의미에서 공정증서는 공증인이 작성한 증서를 말한다. 그러나 허위공문서작성죄와의 관계에 비추어 볼 때 공정증서원본불실기재죄의 객체인

다. 그러나 신주발행 무효의 소는 제기하지 않았다.]

검사는 갑을 공정증서원본불실기재죄 및 불실기재공정증서원본행사죄로 기소하였다. 갑의 피고사건은 제1심을 거친 후, 항소심에 계속되었다. 항소법원은 유죄를 인정하였다. 갑은 불복 상고하였다.

대법원은 다음의 이유를 제시하여 원심판결을 파기환송하였다. (가) 형법 제228조 제1항의 공정증서원본불실기재죄는 특별한 신빙성이 인정되는 공문서에 대한 공공의 신용을 보장함을 보호법익으로 하는 범죄이다. (나) 공정증서원본불실기재죄는 공무원에 대하여 진실에 반하는 허위신고를 하여 공정증서원본 또는 이와 동일한 전자기록 등 특수매체기록에 실체관계에 부합하지 아니하는 불실의 사실을 기재 또는 등록하게 함으로써 성립한다. (다) 공정증서원본 등에 기재된 사항이 존재하지 아니하거나 외관상 존재한다고 하더라도 무효에 해당하는 하자가 있다면 그 기재는 불실기재에 해당한다.

(라) 주식회사의 신주발행의 경우 신주발행에 법률상 무효사유가 존재한다고 하더라도 그 무효는 신주발행무효의 소에 의해서만 주장할 수 있다(상법 제429조). (마) 신주발행무효의 판결이 확정되더라도 그 판결은 장래에 대하여만 효력이 있다(상법 제431조 제1항). (바) 그 신주발행이 판결로써 무효로 확정되기 이전에 그 신주발행사실을 담당 공무원에게 신고하여 공정증서인 법인등기부에 기재하게 하였다고 하여 그 행위가 공무원에 대하여 허위신고를 한 것이라거나, 그 기재가 불실기재에 해당하는 것이라고 할 수는 없다.

(사) 갑이 P주식회사의 신주발행으로 인한 법인등기부의 변경등기를 신청할 당시는 물론 그 이후에도 위 신주발행은 신주발행무효의 소를 통한 판결로써 무효로 확정된 바 없다. (아) 비록 P주식회사의 신주를 발행하는 과정에서 일부 주주의 신주인수권을 침해하여 그 신주발행에 무효사유가 있었다고 하더라도 그 신주발행이 판결로써 무효로 확정되지 아니한 상태였다. (자) 그러한 이상 그 신주발행사실을 담당 공무원에게 신고하여 공정증서인 법인등기부에 기재하게 한 것이 공무원에 대하여 허위신고를 한 것이라거나 그 기재가 불실기재에 해당하는 것이라고 할 수는 없다. (차) 갑의 위 행위에 대하여는 공정증서원본불실기재죄나 불실기재공정증서원본행사죄가 성립하지 않는다.

1) 허위공문서작성죄와의 관계에 대해서는, 전술 486면 이하 참조.

공정증서는 범위가 적절하게 조절되지 않으면 안 된다.

① 공정증서의 범위　　공정증서원본불실기재죄에서 말하는 공정증서원본은 권리 또는 의무에 관한 공정증서의 원본만을 가리키며, 사실증명에 관한 것은 포함하지 않는다. 일본 형법은 '등기부, 호적부 그 밖의 권리 또는 의무에 관한 공정증서'라고 규정하여 이 점을 분명히 밝히고 있다.[1] 우리 형법은 이를 명시하고 있지 않으나 동일한 취지로 해석해야 한다.

부동산등기부, 법인등기부, 가족관계등록부 등은 권리 또는 의무의 증명에 관련된 것으로서 공정증서에 속한다. 그러나 사실관계를 증명하는 데에 그치는 토지대장,[2] 인감대장,[3] 주민등록부[4]는 공정증서에 해당하지 않는다.

② 공증인의 인증문서　　공증인은 그 직무에 관하여 공무원으로 의제된다(공증인법2 2문). 공증인은 (가) 법률행위나 그 밖에 사권(私權)에 관한 사실에 대한 공정증서를 작성하고, (나) 사서증서(私署證書) 등에 대한 인증을 한다(동조 i, ii 참조). 이 가운데 (가)의 경우에 작성된 인증문서는 권리 또는 의무에 관한 공정증서에 해당한다.[5] [6]

(가)의 공정증서에 해당하는 예로 어음공정증서가 있다. 발행인과 수취인이 통모하여 진

---

1) 일본형법 제157조 ① 공무원에 대하여 허위의 신고를 하여 등기부, 호적부 그 밖의 권리 또는 의무에 관한 공정증서의 원본에 불실한 기재를 하게 하거나 또는 권리 또는 의무에 관한 공정증서의 원본으로 사용되는 전자적 기록에 불실한 기록을 하게 한 자는 5년 이하의 징역 또는 50만엔 이하의 벌금에 처한다.

2) 1988. 5. 24. 87도2696, 공 1988, 1008 =『불실등기용 토지대장 사건』:

갑은 P종중 소유의 M부동산이 갑의 선조(피상속인)의 소유라고 관할 행정관청에 허위신고하여 ㉠토지대장을 고쳤다. 갑은 ㉠토지대장을 근거로 M부동산에 대한 ㉡등기부에 소유권보존등기 및 이전등기를 하였다.

검사는 갑을 공정증서원본불실기재죄 및 동 행사죄로 기소하였다. 제1심법원은 유죄를 인정하였다. 갑은 불복 항소하였다. 항소법원은 항소를 기각하고, 제1심판결을 유지하였다. 갑은 불복 상고하였다. 갑은 상고이유로 다음의 점을 주장하였다. (가) 불실의 기재를 한 것은 ㉠토지대장이다. (나) ㉠토지대장은 권리의무에 변동을 주는 효력이 없으므로 공정증서에 해당하지 않는다.

대법원은 다음의 이유를 제시하여 상고를 기각하였다. (가) 원심은 갑이 공정증서인 부동산등기부에 불실의 사실을 기재하게 한 것을 공정증서원본불실기재죄로 의율하였다. (나) 토지대장에의 불실기재를 범죄행위로 삼고 있지 아니함은 원심판결 이유 기재상 뚜렷하다.

3) 1968. 11. 19. 68도1231, 집 16③, 형53.

4) 1969. 3. 25. 69도163, 집 17①, 형100 =『허위 퇴거 주민등록부 사건』:

갑은 위조된 ㉠퇴거증명서를 관할 M동 동장에게 제출하였다. 그 정을 모르는 관계 공무원 A는 ㉡주민등록부에 허위기재한 후 ㉡주민등록부를 M동사무소에 비치하였다.

검사는 갑을 공정증서원본불실기재죄 및 동 행사죄로 기소하였다. 갑의 피고사건은 제1심을 거친 후, 항소심에 계속되었다. 항소법원은 유죄를 인정하였다. 갑은 불복 상고하였다.

대법원은 다음의 이유를 제시하여 원심판결을 파기환송하였다. (가) 주민등록부는 주민의 거주관계를 파악하고, 상시로 인구의 동태를 명확히 하여 행정사무의 적정하고 간이한 처리를 도모하기 위하여 호적과 관계없이 원칙적으로는 호적 이외의 주소 또는 거소를 등록하는 공부(公簿)이다. (나) 주민등록부는 권리의무의 득실·변경 등의 증명을 목적으로 하는 공부가 아니므로 공정증서가 아니다.

5) 2012. 4. 26. 2009도5786, 공 2012상, 936 = 분석 각론『가압류 대비용 어음 공증 사건』☞ 부록 1572면.

6) 2008. 12. 24. 2008도7836, [미간행] = 분석 각론『전처 명의 차용증 사건』.

정한 어음채무의 부담이나 어음채권의 취득에 관한 의사 없이 단지 발행인의 채권자로부터 채권의 추심이나 강제집행을 받는 것을 회피하기 위하여 형식적으로만 약속어음의 발행을 가장하는 경우가 있다. 이러한 경우 그 어음발행행위는 통정허위표시로서 무효이다. 발행인과 수취인 사이에 통정허위표시로서 무효인 어음발행행위를 공증인에게는 마치 진정한 어음 발행행위가 있는 것처럼 허위로 신고함으로써 공증인으로 하여금 그 어음발행행위에 대하여 집행력 있는 어음공정증서원본을 작성케 하고 이를 비치하게 하였다면, 이러한 행위는 공정증서원본불실기재 및 불실기재공정증서원본행사죄에 해당한다.[1]

그러나 (나)의 경우에 작성된 사서증서 인증문서는 공정증서에 해당하지 않는다. 사서증서의 인증문서는 당사자로 하여금 공증인의 면전에서 사서증서에 서명 또는 날인하게 하거나 사서증서의 서명 또는 날인을 본인이나 그 대리인으로 하여금 인증하게 한 후 그 사실을 증서에 기재한 것으로서(동법57① 참조), 사서증서의 성립에 대한 증명력을 높여 주려는 것에 지나지 않기 때문이다.[2]

③ 원 본 공정증서원본불실기재죄의 객체는 공정증서의 원본으로 한정된다. 복사문서의 문서성을 인정한 형법 제237조의2는 공정증서원본불실기재죄의 조문도 포함하는 것처럼 규정되어 있으나 공정증서원본불실기재죄의 경우에는 '원본'이 구성요건표지로 설정되어 있으므로 형법 제237조의2가 적용될 여지는 없다.

원본(原本)은 사람의 의사나 관념을 중간 매개체 없이 직접 기록해 둔 기록매체를 말한다. 공정증서의 정본(正本)은 공정증서원본불실기재죄 및 동 행사죄의 객체에 해당하지 않는다. 정본은 권한 있는 자가 원본에 기하여 작성한 사본(寫本)의 일종으로서 법률상 원본과

1) 2012. 4. 26. 2009도5786, 공 2012상, 936 = 분석 각론『가압류 대비용 어음 공증 사건』.

2) 1975. 9. 9. 75도331, 공 1975, 8666 =『입목매매 사서증서 사건』:

갑은 A의 인장을 받아 소지하고 있었다. 갑은 이를 기화로 M입목을 갑이 A로부터 매수한 양 A 명의의 ㉠입목매매계약서를 위조하였다. 갑은 ㉠계약서를 들고 P공증인 합동사무소로 갔다. 갑은 공증인 B에게 ㉠계약서를 진정하게 성립된 문서인 것처럼 제출하였다. 공증인 B는 ㉠계약서에 "매도인과 매수인의 기명날인이 각 본인의 것임을 확인하여 이를 인증한다"는 내용의 인증을 하였다(㉡인증서).

검사는 갑을 공정증서원본불실기재죄로 기소하였다. 갑의 피고사건은 제1심을 거친 후, 항소심에 계속되었다. 항소법원은 ㉡인증서가 공정증서원본에 해당한다고 판단하여 유죄를 인정하였다. 갑은 불복 상고하였다.

대법원은 다음의 이유를 제시하여 원심판결을 파기환송하였다. (가) 원심이 공정증서의 원본이라고 인정하고 있는 ㉡인증문서는 (ㄱ) 갑이 위조하였다는 A 명의의 ㉠입목매매계약서를 공증인 B에게 제출하여 (ㄴ) 공증인 B로부터 ㉠증서에 "매도인과 매수인의 기명날인이 각 본인의 것임을 확인하여 이를 인증"한다는 내용의 인증문을 부여케 한 (ㄷ) 이른바 공증인이 인증한 사서증서임이 분명하다. (나) 이와 같은 사서증서의 인증은 (ㄱ) 당사자로 하여금 공증인의 면전에서 사서증서에 서명 또는 날인하게 하거나 (ㄴ) 사서증서의 서명 또는 날인을 본인이나 그 대리인으로 하여금 인증하게 한 후 (ㄷ) 그 사실을 증서에 기재함으로서 동 증서의 성립에 대한 증명력을 높여 주려는 것에 불과한 것이다. (다) 사서증서에 공증인이 인증을 하였다 하여 동 증서가 형법 제228조 제1항 소정의 공정증서원본이 될 수는 없다.

동일한 효력을 갖는다. 그러나 형법은 공정증서의 원본만을 객체로 명시하고 있으므로 죄형법정주의의 원칙상 사본의 일종인 정본은 공정증서원본불실기재죄의 객체가 될 수 없다.[1)]

(나) 특수매체기록 1995년의 형법 일부개정에 의하여 공정증서원본과 동일한 성질을 가진 전자기록 등 특수매체기록이 공정증서원본불실기재죄의 객체에 추가되었다.

특수매체기록은 공정증서원본과 동일한 성질을 가지는 것이어야 한다. 그러므로 단순히 사실증명을 위한 특수매체기록은 여기에 포함되지 않는다. 일본 형법은 '권리 또는 의무에 관한 공정증서의 원본으로서 사용되는 전자(電磁)적 기록'이라는 표현을 사용하여 이 점을 분명히 하고 있다. 우리 형법은 '공정증서와 동일한 전자기록 등 특수매체기록'이라는 표현을 사용하여 동일한 취지를 나타내고 있다.

(다) 면허증 등 형법은 권리 · 의무에 관계되는 공정증서가 아닐지라도 거래사회에서 고도의 신빙성을 가지고 있는 사실증명에 관한 공문서를 공정증서원본불실기재죄의 객체로 규정하고 있다. 면허증,[2)] 허가증, 등록증, 여권[3)]이 그것이다. 다만 이러한 공문서들은 권

---

1) 2002. 3. 26. 2001도6503, 공 2002, 1046 =『불실공정증서 정본 제출 사건』:

갑은 불실의 사실이 기재된 A 발행의 ㉠약속어음을 공증인 B에게 제출하여 공증을 받았다(㉡공정증서). 공증인 B는 ㉡공정증서의 원본을 사무실에 보관하였다(㉮사실). 갑은 공증인 B에게 ㉡공정증서의 정본을 요청하였다. B는 '정본이다'라는 문구가 기재된 ㉡공정증서의 사본을 갑에게 교부하였다(㉢공정증서정본). 갑은 A에 대해 관할법원에 강제집행을 신청하려고 하였다. 민사소송법 제355조 제1항에 따르면 법원에 문서를 제출하거나 보낼 때에는 원본, 정본 또는 인증이 있는 등본으로 하여야 한다. 갑은 불실의 사실이 기재된 ㉢공정증서정본을 그 정을 모르는 법원 직원 C에게 교부하였다(㉯사실).

검사는 ㉯사실에 대해 갑을 불실기재공정증서원본행사죄로 기소하였다. 갑의 피고사건은 제1심을 거친 후, 항소심에 계속되었다. 항소법원은 무죄를 선고하였다. 검사는 불복 상고하였다.

대법원은 다음의 이유를 제시하여 상고를 기각하였다. (가) 형법 제229조, 제228조 제1항의 규정과 형벌법규는 문언에 따라 엄격하게 해석하여야 하고 피고인에게 불리한 방향으로 지나치게 확장해석하거나 유추해석하여서는 아니 되는 원칙에 비추어 본다. (나) 형법 제229조, 제228조 제1항에서 규정한 '공정증서원본'에는 공정증서의 정본이 포함된다고 볼 수 없다.

2) 1976. 7. 27. 76도1709, 공 1976, 9319 =『허위 침사자격증 교부 사건』:

갑은 과거에 침사자격이나 그 면허를 받은 사실이 없다. 갑은 그러한 사실이 있었던 것 같은 허위사실을 신고하여 서울특별시장으로부터 ㉠침사자격증을 교부받았다. ㉠침사자격증에는 "침사의 자격을 인정함"이라는 내용(㉡기재)이 기재되어 있었다.

검사는 갑을 면허증불실기재죄로 기소하였다. 갑의 피고사건은 제1심을 거친 후, 항소심에 계속되었다. 항소법원은 다음의 이유를 들어 무죄로 판단하였다. (가) ㉠침사자격증에 기재된 "침사의 자격을 인정함"이라는 내용(㉡기재)은 객관적으로 존재하는 사실을 증명한 취지가 아니다. (나) ㉡기재는 서울특별시장이 갑에게 침구시술을 할 수 있는 새로운 자격 내지는 권능을 부여한 판단내용을 기재한 것이다. (다) ㉡기재 자체에 불실의 사실이 없다. 검사는 불복 상고하였다.

대법원은 다음의 이유를 제시하여 원심판결을 파기환송하였다. (가) ㉠침사자격증은 형법 제228조 제2항 소정의 '면허증'에 해당한다. (나) 갑의 허위신고로 말미암아 침사의 자격이 인정될 수 없는 사람에게 "침사의 자격을 인정함"(㉡기재)이라고 기재하게 된 것이다. (다) ㉡기재 자체가 바로 불실의 사실에 해당한다.

3) 2022. 4. 28. 2020도12239, 공 2022상, 1073 =『위장결혼 여권 사건』.

리 · 의무에 관계되는 공문서에 비하여 거래사회에서의 중요성이 약하다는 점에서 법정형이 완화되고 있다(법228②).

면허증은 특정인에게 일정한 행위를 할 수 있는 권능을 부여하였음을 증명하는 공무소의 증서를 말한다. 허가증은 특정인에게 공무소의 허가가 있음을 증명하는 증서이며, 등록증은 특정인이 공무소에 등록되어 있음을 증명하는 증서이다. 허가증이나 등록증은 이를 교부받은 자가 항상 휴대 또는 비치해야 하는 문서이다. 여권은 공무소가 특정인에 대하여 외국에 여행할 수 있음을 허가하는 증명서이다.

형법 제228조는 모든 공문서를 객체로 하지 않고 공정증서원본 또는 이와 동일한 전자기록 등 특수매체기록(동조①)과 면허증, 허가증, 등록증, 여권(동조②)으로 객체를 제한하고 있다. 제한의 취지는 공문서 중 일반사회생활에서 특별한 신빙성을 요하는 공문서에 대한 공공의 신용을 보호하기 위함이다.

형법 제228조 제2항의 등록증은 공무원이 작성한 모든 등록증을 말하는 것이 아니라, 일정한 자격이나 요건을 갖춘 자에게 그 자격이나 요건에 상응한 활동을 할 수 있는 권능 등을 인정하기 위하여 공무원이 작성한 증서를 말한다.[1] 「부가가치세법」에 따른 사업자등록증은 단순히 사업사실의 등록을 증명하는 증서에 불과하고 그에 의하여 사업을 할 수 있는 자격이나 요건을 갖추었음을 인정하는 것은 아니다. 그러므로 공정증서원본불실기재죄의 등록증에 해당하지 않는다.[2]

(3) 실행행위

공정증서원본불실기재죄는 행위자가 공무원에 대하여 허위신고를 하고 이를 토대로 공무원이 공정증서원본 등에 허위사실을 기재 · 기록할 때 성립한다.

(가) 허위사실의 신고　　일정한 사실의 존부에 관하여 진실에 반하는 신고를 하는 것이다. 신고사항의 내용이 허위인 경우는 물론 신고자격을 허위로 신고한 것도 포함한다.

① 허위신고　　공정증서원본불실기재죄에서 불실의 사실 기재는 당사자의 허위신고에 의하여 이루어져야 한다. 불실의 등기가 당사자의 허위신고에 의하지 않고 법원의 촉탁에 의하여 이루어진 경우에는, 가령 그 전제절차에 허위적 요소가 있다고 하더라도, 그것은 법원의 촉탁에 의하여 이루어진 것이지 당사자의 허위신고에 의하여 이루어진 것이 아니므로 공정증서원본불실기재죄를 구성하지 않는다.[3]

---

1) 2005. 7. 15. 2003도6934, 공 2005, 1374 = 분석 각론 『사업자등록증 불실기재 사건』.
2) 2005. 7. 15. 2003도6934, 공 2005, 1374 = 분석 각론 『사업자등록증 불실기재 사건』.
3) 1976. 5. 25. 74도568, 공 1976, 9196 = 『불실 경매신청등기 촉탁 사건』:
(연도 생략함.) 갑은 허위의 ㉠공정증서에 기하여 관할 M법원에 L부동산에 대한 ㉡강제경매신청을 하였다.

등기부의 기재가 법원의 확정판결에 의하여 이루어졌다고 하더라도 행위자가 그 확정판결의 내용이 진실에 반하는 것임을 알면서 이에 기하여 등기공무원에게 등기신청을 하는 것은 공무원에 대한 허위신고에 해당한다. 허위신고를 하여 등기공무원으로 하여금 등기부에 불실의 사실을 기재하게 한 이상 공정증서원본불실기재죄를 구성한다.1)

② 허위사실의 인식 공정증서원본불실기재죄는 고의범이다. 따라서 행위자에게 허위신고에 의하여 공무원으로 하여금 불실의 사실을 기재하게 한다는 점에 대한 인식 · 인용이 있을 것을 요한다. 객관적으로 불실의 기재가 있다 하여도 행위자에게 그에 대한 인식이 없는 경우에는 공정증서원본불실기재죄가 성립하지 않는다.2)

---

4. 25. M법원은 L부동산에 대해 강제경매개시결정을 내렸다(ⓒ결정). ⓒ결정과 동시에 M법원은 L부동산에 대해 [경매신청 사실이 있음을 공시하는] 경매신청등기를 하도록 관할 등기소에 직권으로 촉탁하였다(ⓔ촉탁). 4. 29. L부동산에 대해 M법원의 ⓒ강제경매개시결정을 원인으로 하는 경매신청등기가 경료되었다(ⓜ등기).

검사는 갑을 공정증서원본 불실기재죄 및 불실기재 공정증서원본 행사죄로 기소하였다. 갑의 피고사건은 제1심을 거친 후, 항소심에 계속되었다. 항소법원은 무죄를 선고하였다. 검사는 불복 상고하였다. 검사는 상고이유로 다음의 점을 주장하였다. (가) ⓜ경매신청등기는 갑의 ⓛ강제경매신청에 의하여 법원이 직권으로 촉탁하여 기재되었다. (나) ⓛ강제경매신청을 한 때에는 이미 ⓜ경매신청등기 신청을 한 것과 같다. (다) 갑이 허위의 ㉠공정증서에 기하여 ⓛ강제경매신청을 함으로서 등기공무원으로 하여금 허위의 ⓜ경매신청등기를 하게 한 소위는 공정증서원본불실기재죄가 된다.

대법원은 다음의 이유를 제시하여 상고를 기각하였다. (가) 형법 제228조 제1항 소정의 공정증서원본불실기재죄에 있어서의 불실의 사실기재는 당사자의 허위신고에 의하여 이루어져야 한다. (나) 불실의 등기가 당사자의 허위신고에 의하지 아니하고 법원의 촉탁에 의하여 이루어진 경우가 있다. (다) 그러한 경우에는 가령 그 전제절차에 허위적 요소가 있다고 하더라도 그것은 법원의 촉탁에 의하여 이루어진 것이지 당사자의 허위신고에 의하여 이루어진 것이 아니므로 공정증서원본불실기재죄를 구성하지 않는다.

(라) ⓜ경매신청등기는 법원의 직권촉탁에 의하여 경료된 것이며, 갑의 허위신고에 의하여 경료된 것이 아니다. (마) 갑의 ⓛ강제경매신청에 관한 소위는 공정증서원본불실기재죄를 구성하지 않는다. (바) 따라서 동 행사죄도 구성하지 않는다.

1) 1965. 12. 21. 65도938, 집 13②, 형74 =『송사에 밝은 지인 사건』.

2) 1996. 4. 26. 95도2468, 공 1996, 1772 =『권리 확신 허위보증서 사건』:

M토지는 실제 소유권이 누구에게 있는지 다툼이 있는 토지이다. 갑은 M토지가 자신의 부친 A가 적법하게 취득한 토지인 것으로 알고 있었다. 갑은 실체관계에 부합하도록 하기 위하여 허위의 ㉠보증서 등을 만들었다. 갑은 ㉠보증서를 관할 등기소에 제출하여 「부동산소유권이전등기에 관한 특별조치법」에 기한 소유권보존등기를 경료받았다.

검사는 갑을 공정증서원본불실기재죄 및 동 행사죄로 기소하였다. 갑의 피고사건은 제1심을 거친 후, 항소심에 계속되었다. 항소법원은 무죄를 선고하였다. 검사는 불복 상고하였다.

대법원은 다음의 이유를 제시하여 상고를 기각하였다. (가) 공정증서원본불실기재죄는 허위신고에 의하여 불실의 사실을 기재한다는 점에 대한 인식이 있을 것을 요하는 고의범이다. (나) 객관적으로 불실의 기재가 있다 하여도 그에 대한 인식이 없는 경우에는 공정증서원본불실기재죄가 성립하지 않는다.

(다) 비록 허위의 보증서 등에 의하여 「부동산소유권 이전등기에 관한 특별조치법」에 기한 소유권보존등기를 경료받았다 하더라도 그 등기의 실체관계에 부합하는 권리관계가 있다고 믿고서 이를 경료한 것이라면 불실기재에 대한 고의 내지는 인식이 있었다고 볼 수 없다. (라) 따라서 공정증서원본불실기재죄 및 이를 전제로 한 동 행사죄는 성립하지 않는다. (마) M토지의 실제 소유권이 누구에게 있는지 여하를 불문하고 갑으로

③ 입증문제 허위서류를 제출하여 등기를 경료하게 한 피고인이 당해 등기가 실체적 권리관계에 부합하는 유효한 등기라고 주장하는 것은 공소사실에 대한 적극부인에 해당한다. 이 경우 공소사실을 유죄로 인정하려면 실체적 권리관계에 부합하는 사실이 검사가 제출하는 증거에 의하여 인정되어야 한다. 피고인이 실체관계에 부합한다는 사실을 적극적으로 증명해야 하는 것은 아니다.[1]

(나) 불실의 사실 기재 공정증서원본불실기재죄는 공정증서 등에 불실의 사실을 기재하거나 전자기록 등 특수매체기록에 불실의 사실을 기록하게 할 때 성립한다.

① 불실의 의미 불실(不實)이란 진실(眞實)하지 않다는 의미이다.[2] 그러므로 불실의

서는 그에 대한 등기 당시 불실기재의 점에 대한 고의 내지는 인식이 있었다고 할 수 없다.

1) 2000. 3. 24. 98도105, 공 2000, 1098 =『수복지구 사찰림 사건』:

M수복지구 내에 N임야가 있다. N임야는 일제 당시 P사찰 명의로 사정(査定)받은 사찰림이었다. N임야는 6·25 사변으로 지적공부가 멸실된 후 국유지로 지적복구가 되었다. 갑은 P사찰의 주지이다. 갑은 「수복지역 내 소유자 미복구토지의 복구등록과 보존등기 등에 관한 특별조치법」에 의거하여 N임야에 대해 P사찰 명의로 소유자복구등록신청을 하였으나 기각되었다. 이후 관할지역의 공무원 을과 병은 N임야에 관하여 "N임야는 P사찰이 옛날부터 관리하고 있었음이 확인된다"는 내용의 ㉠사실조사서를 위조하였다. 을과 병은 위조된 ㉠사실조사서를 근거로 ㉡임야대장의 소유권란을 변조하여 P사찰 명의로 ㉡임야대장상 소유권이 복구되었다(㉮사실). 갑은 이러한 사실을 알면서 법무사 A를 통해 관할 등기소 등기공무원 B에게 변조된 ㉡임야대장등본 등을 제출하여 N임야에 대한 소유권보존등기신청을 하였다. N임야는 P사찰 명의로 ㉢소유권보존등기가 경료되었다(㉯사실).

검사는 갑, 을, 병을 공문서위조죄, 동 행사죄, 공문서변조죄, 동 행사죄, 공정증서원본불실기재죄, 동 행사죄의 공동정범으로 기소하였다. 갑, 을, 병의 피고사건은 제1심을 거친 후, 항소심에 계속되었다. 항소법원은 다음의 이유를 들어 갑, 을, 병을 유죄로 인정하였다. (가) 갑, 을, 병이 상호 공모하여 공소사실 기재 범죄를 저지른 사실이 인정된다. (나) N임야에 관한 소유권보존등기가 실체관계에 부합한다고 볼 자료도 없다.

(이하 갑에 대해서만 고찰함.) 갑은 불복 상고하였다. 갑은 상고이유로 다음의 점을 주장하였다. (가) N임야는 P사찰의 소유이므로 ㉢소유권보존등기는 권리의 실체관계에 부합한다. (나) 을, 병에게 ㉡임야대장의 소유권란을 불법으로 복구하여 줄 것을 청탁한 일이 없다. (다) 당시 소유관계를 잘 알지 못한 채 신도들로부터 소유자복구등록이 되었다는 말을 듣고 그에 따라 N임야가 P사찰의 소유인 것으로 믿고 ㉢소유권보존등기를 경료한 것이다.

대법원은 다음의 이유를 제시하여 원심판결을 파기환송하였다. (가) 부동산에 관하여 경료된 소유권이전등기나 보존등기가 절차상 하자가 있거나 등기원인이 실제와 다르다 하더라도 그 등기가 실체적 권리관계에 부합하는 유효한 등기인 경우에는 공정증서원본불실기재, 동 행사죄의 구성요건 해당성이 없게 된다. (나) 공정증서원본불실기재, 동 행사죄로 공소가 제기된 경우 피고인이 당해 등기가 실체적 권리관계에 부합하는 유효한 등기라고 주장하는 것은 공소사실에 대한 적극부인에 해당한다.

(다) 갑은 N임야의 ㉢소유권보존등기가 실체관계에 부합한다는 취지의 주장을 하고 있다. (라) 공소사실을 유죄로 인정하기 위하여는 N임야가 실제로 국가의 소유인 사실이 검사가 제출하는 증거에 의하여 인정되어야 한다. (마) 갑이 N임야에 관한 P사찰 명의의 ㉢소유권보존등기가 실체관계에 부합한다는 사실을 적극적으로 증명하여야 하는 것은 아니다. (바) N임야가 당초 P사찰의 소유이었는지 여부가 불분명한 사실만 인정된다. (사) N임야가 국가의 소유라는 점을 인정할 증거는 찾아볼 수 없다. (아) 갑이 을, 병에게 청탁하였거나 함께 공모하였다는 증거가 없다.

2) 한자어 '不實'을 '불실'로 읽을 것인지 '부실'로 읽을 것인지 문제된다. 본서에서는 '진실하지 않다'는 단순 부정의 뜻을 나타내기 위하여 '불실'로 읽기로 한다. '부실'은 '부실공사'의 경우와 같이 '충실하지 않다'는

기재 · 기록이란 객관적 사실에 반하는 사실을 공정증서원본에 기재하거나 공전자기록에 기록하는 것을 말한다.

불실 여부는 기재 · 기록된 내용과 객관적 사실을 비교하여 판단해야 한다. 기재 · 기록에 이르는 과정에서 허위의 증명서 등이 제출되었다고 해도 결과적으로 기재내용이 객관적 사실과 일치한다면 공정증서원본불실기재죄는 성립하지 않는다. 이 경우 허위의 증명서 제출과 관련하여 위계에 의한 공무집행방해죄 등 다른 범죄가 성립할 수 있음은 별개의 문제이다.[1]

의미로 이해되기 쉬워서 사용을 피하였다. 대검찰청예규 「공소장 및 불기소장에 기재할 죄명에 관한 예규」는 형법 제228조의 죄명을 기재할 때 '불실기재'라는 표현을 사용하도록 규정하고 있다.

1) 2016. 1. 28. 2015도17297, 공 2016상, 396 = 『우수 무인 확인서 사건』:

A는 M부동산을 소유하고 있다. A는 동생 갑에게 M부동산을 매도하였다. 갑은 M부동산에 대한 소유권이전등기업무를 법무사 을에게 의뢰하였다. A는 M부동산의 등기필증을 분실하였다. 이 경우 M부동산에 관하여 갑 앞으로 소유권이전등기신청을 하는 방법으로 두 가지가 있다. 하나는 A가 등기소에 출석하여 매도인 본인임을 확인하기 위하여 우수 무인이 찍힌 확인서면을 등기신청서에 첨부하는 방법이다. 다른 하나는 변호사 또는 법무사가 등기의무자인 A로부터 위임을 받아 이를 확인하는 서면을 등기신청서에 첨부하는 방법이다. 갑과 을은 첫 번째 방법을 사용하되 편법을 동원하였다. 갑은 M토지에 대한 소유권이전등기신청을 진행하면서 ㉠확인서면 2매에 등기의무자인 A의 우수 무인을 받지 않고 자신(갑)의 우수 무인을 찍었다. 법무사 을은 관할 등기소에서 ㉠확인서면을 소유권이전등기 신청서류와 함께 제출하였다. 그 정을 모르는 등기소 담당 직원 B는 M부동산에 대해 갑 명의의 ㉡소유권이전등기를 마쳤다.

검사는 갑과 을을 위계에 의한 공무집행방해죄로 기소하였다. 제1심법원은 유죄를 인정하였다. 갑과 을은 불복 항소하였다. 항소법원은 항소를 기각하고, 제1심판결을 유지하였다. 갑과 을은 불복 상고하였다. 갑과 을은 상고이유로 다음의 점을 주장하였다. (가) 등기관은 등기신청이 실체법상의 권리와 일치하는지 여부를 심사할 실질적인 심사권한이 없다. (나) 갑이 ㉠확인서에 A의 우수 무인을 받지 않고 자신의 우수 무인을 찍은 것은 위계에 해당하지 않는다. (다) ㉡소유권이전등기는 실체에 부합하는 등기이다. (라) 공무집행이 방해된 결과가 없다. 대법원은 다음의 이유를 제시하여 상고를 기각하였다.

대법원은 위계에 의한 공무집행방해죄에 대해 다음과 같이 판단하였다. (가) 위계에 의한 공무집행방해죄는 상대방의 오인, 착각, 부지를 일으키고 이를 이용하는 위계에 의하여 상대방으로 하여금 그릇된 행위나 처분을 하게 함으로써 공무원의 구체적이고 현실적인 직무집행을 방해하는 경우에 성립한다.

(나) 행정청에 대한 일방적 통고로 그 효과가 완성되는 '신고'의 경우가 있다. (다) '신고'의 경우에는 신고인이 신고서에 허위사실을 기재하거나 허위의 소명자료를 제출하였다고 하더라도, 그것만으로는 담당 공무원의 구체적이고 현실적인 직무집행이 방해받았다고 볼 수 없어 특별한 사정이 없는 한 그러한 허위 신고가 위계에 의한 공무집행방해죄를 구성한다고 볼 수 없다.

(라) 행정관청이 (ㄱ) 출원에 의한 인 · 허가처분 여부를 심사하거나 (ㄴ) 신청을 받아 일정한 자격요건 등을 갖춘 때에 한하여 그에 대한 수용 여부를 결정하는 등의 업무를 하는 경우가 있다. (마) 이 경우에는 위 '신고'의 경우와 달리, 그 출원자나 신청인이 제출한 허위의 소명자료 등에 대하여 담당 공무원이 나름대로 충분히 심사를 하였으나 이를 발견하지 못하여 인 · 허가처분을 하게 되거나 신청을 수리하게 되었다면, 이는 출원자나 신청인의 위계행위가 원인이 되어 행정관청이 그릇된 행위나 처분에 이르게 된 것이어서 위계에 의한 공무집행방해죄가 성립한다.

대법원은 등기신청과 위계에 의한 공무집행방해죄의 관계에 대해 다음과 같이 판단하였다. (가) 등기신청은 위와 같은 단순한 '신고'가 아니라 그 신청에 따른 등기관의 심사 및 처분을 예정하고 있는 것이다. (나) 그러므로 등기신청인이 제출한 허위의 소명자료 등에 대하여 등기관이 나름대로 충분히 심사를 하였음에도

② 무효와 취소 공정증서원본에 기재된 사항이 외관상 존재하는 사실이라 하더라도 이에 무효나 부존재에 해당되는 흠이 있다면 그 기재는 불실기재에 해당된다. 그러나 객관적으로 존재하는 사실이고 이에 취소사유에 해당되는 하자가 있을 뿐인 경우에는 그 취소 전에 그 사실의 내용이 공정증서원본에 기재된 이상 그 기재는 공정증서원본불실기재죄를 구성하지 않는다.[1) 2)]

실제로는 채권 · 채무관계가 존재하지 아니함에도 공증인에게 허위신고를 하여 가장된 금전채권에 대해 집행력이 있는 공정증서원본을 작성하고 이를 비치하게 한 것이라면 공정증서원본불실기재죄 및 불실기재공정증서원본행사죄의 죄책을 면할 수 없다.[3)]

발행인과 수취인이 통모하여 진정한 어음채무의 부담이나 어음채권의 취득에 관한 의사 없이 단지 발행인이 채권자로부터 채권의 추심이나 강제집행을 받는 것을 회피하기 위하여 형식적으로만 약속어음의 발행을 가장한 경우 이러한 어음발행행위는 통정허위표시로서 무효이다. 이와 같이 발행인과 수취인 사이에 통정허위표시로서 무효인 어음발행행위를 공증인에게는 마치 진정한 어음발행행위가 있는 것처럼 허위로 신고함으로써 공증인으로 하여금 그 어음발행행위에 대하여 집행력 있는 어음공정증서원본을 작성하게 하고 이를 비치하게 하였다면, 이러한 행위는 공정증서원본불실기재죄 및 불실기재공정증서원본행사죄에 해당한다.[4)]

기재된 사실과 객관적 사실의 일치 여부를 판단하는 것은 쉽지 않다. 항목을 바꾸어서 몇 가지 논의되는 유형을 살펴본다.

(다) 부동산등기 부동산등기와 관련하여 불실기재가 문제되는 경우를 살펴본다.

① 실체부합 등기 소유권보존등기나 소유권이전등기에 절차상 하자가 있거나 등기원인이 실제와 다르다 하더라도, (가) 그 등기가 실체적 권리관계에 부합하게 하기 위한 것이거나, (나) 실체적 권리관계에 부합하는 유효한 등기인 경우에는 공정증서원본불실기재죄가 성립하지 않는다.[5)]

이를 발견하지 못하여 그 등기가 마쳐지게 되었다면 위계에 의한 공무집행방해죄가 성립할 수 있다. (다) 등기관은 등기신청에 대하여 부동산등기법상 그 등기신청에 필요한 서면이 제출되었는지 여부 및 제출된 서면이 형식적으로 진정한 것인지 여부를 심사할 권한을 가지고 있다. (라) 등기관은 그 등기신청이 실체법상의 권리관계와 일치하는지 여부를 심사할 실질적인 심사권한은 가지고 있지 않다. (마) 그렇다고 하여 [위와] 달리 보아야 하는 것은 아니다. (바) 갑과 을에게는 위계에 의한 공무집행방해죄가 성립한다.

1) 2009. 2. 12. 2008도10248, 공 2009, 359 = 분석 각론 『주주총회 소집결의 하자 사건』.

2) 2004. 9. 24. 2004도4012, [미간행] = 분석 각론 『상속지분 증여 등기 사건』.

3) 2008. 12. 24. 2008도7836, [미간행] = 분석 각론 『전처 명의 차용증 사건』.

4) 2012. 4. 26. 2009도5786, 공 2012상, 936 = 분석 각론 『가압류 대비용 어음 공증 사건』.

5) 1987. 3. 10. 86도864, 공 1987, 914 = 『교환 토지 의제자백 사건』:

A는 ㉠가옥을 소유하고 있다. B는 ㉡토지 · 건물에 거주하고 있다. B는 ㉡토지 · 건물의 소유자가 아니다. 1959. 11. A는 B가 소유자인 것으로 알고 ㉠가옥과 ㉡토지 · 건물을 교환하였다. 갑은 A의 자녀이다. A와

공동상속인 중의 1명이 다른 공동상속인들과의 합의 없이 법정상속분에 따른 공동상속등기를 마쳤다고 하더라도 그것이 실체적 권리관계에 부합되는 것이라면 이를 불실의 등기라고는 할 수 없다.[1)]

실체적 권리관계에 부합하는 경우에 공정증서원본불실기재죄가 성립하지 않는다는 법리는 등기 경료 당시를 기준으로 그 등기가 실체권리관계에 부합하여 유효한 경우로 한정된다. 등기 경료 당시에는 실체권리관계에 부합하지 아니한 등기가 사후에 이해관계인들의 동의 또는 추인 등의 사정으로 실체권리관계에 부합하게 되었다 하더라도 공정증서원본불실기재죄의 성립에는 영향이 없다.[2)]

갑을 포함한 그의 가족들은 ㉡토지 · 건물에 거주하였다. 1966. 9. A가 사망하였다. (일자 불명) B가 사망하였다. 갑을 포함한 A의 유족들은 ㉡토지 · 건물을 상속하여 ㉡토지상에 계속 거주하고 있다.

(1980.이 되었다.) 갑은 ㉡토지에 관하여 이미 사망한 등기명의자 B를 상대로 매매를 원인으로 하는 소유권이전등기절차이행청구의 소를 제기하였다(㉢소송). 갑은 의제자백에 의한 승소판결을 받았다(㉣판결). 갑은 ㉣확정판결에 기하여 갑 명의로 ㉡토지에 대한 소유권이전등기를 경료하였다(㉤등기).

검사는 갑을 사기죄, 공정증서원본불실기재죄, 불실기재공정증서원본행사죄로 기소하였다. 갑의 피고사건은 제1심을 거친 후, 항소심에 계속되었다. 항소법원은 무죄를 선고하였다. 검사는 불복 상고하였다.

대법원은 다음의 이유를 제시하여 상고를 기각하였다. (가) ㉡토지에 대하여는 망 A가 점유를 개시한 1959. 11.경부터 20년이 경과한 1979. 11.경 이미 점유에 의한 부동산소유권 취득시효가 완성되었다. (나) 그 후 경료된 갑 명의의 ㉤소유권이전등기는 절차상의 하자가 있다. (다) 그렇다고 하더라도 ㉤소유권이전등기는 결국 실체적 권리관계에 부합하는 유효한 등기이다. (라) 그러한 만큼 ㉢소송에 있어서 갑에게 ㉡토지를 편취하려는 범의가 있었다고 볼 수 없다. (마) 또한 위와 같이 경료된 ㉤등기를 불실의 등기라고도 할 수 없다.

1) 1995. 11. 7. 95도898, 공 1995, 3956 = 분석 각론 『계모 명의 법정상속 등기 사건』.

2) 2001. 11. 9. 2001도3959, 공 2002, 108 = 『1/6지분 단독 등기 사건』:

「부동산소유권이전등기 등에 관한 특별조치법」(부동산특조법)은 한시법이다. 부동산특조법은 이웃의 보증서 및 관할 관청의 확인서가 있으면 미등기 부동산에 대해 소유권보존등기를 할 수 있도록 하고 있다. 부동산특조법은 허위의 보증서를 작성하거나 허위의 확인서를 발급받는 행위를 처벌하고 있다(㉠벌칙규정).

M부동산은 미등기 부동산이다. M부동산 중 1/6지분은 토지대장상 A의 명의로 되어 있다(㉡지분). A가 사망하였다. A의 상속인은 B이다. B가 사망하였다. B의 상속인은 갑을 포함하여 C, D 등 수인이다. 을은 갑의 이웃사람이다. 을은 C, D 등이 알지 못하는 사이에 "갑이 [아버지] B로부터 ㉡지분 전부를 매수하였다"는 내용의 보증서를 갑에게 작성해 주었다(㉢보증서). 갑은 ㉢보증서를 제출하여 관할 관청으로부터 ㉣확인서를 발급받았다. 갑은 ㉣확인서를 관할 등기소에 제출하여 갑 단독명의로 ㉡지분에 대한 소유권보존등기를 마쳤다(㉤등기).

검사는 갑과 을을 부동산특조법위반죄, 공정증서원본불실기재죄, 불실기재공정증서원본행사죄로 기소하였다. [이 단계에 이르러 ㉡지분의 다른 상속인 C, D 등은 갑 단독명의의 등기에 모두 동의하였다.] 갑과 을의 피고사건은 제1심을 거친 후, 항소심에 계속되었다. 항소법원은 갑과 을에게 유죄를 인정하였다. 을은 불복 상고하였다.

대법원은 다음의 이유를 제시하여 상고를 기각하였다. (가) 부동산특조법 소정의 보증서 및 확인서발급신청서를 작성함에 있어서 (ㄱ) 상속인이 피상속인으로부터 '상속'받은 부동산을 (ㄴ) 상속인이 피상속인으로부터 '매수'한 것처럼 기재하더라도 (ㄷ) 정당한 이해관계 있는 타인의 권리를 해칠 염려가 없으므로 (ㄹ) 이를 가리켜 허위의 방법으로 확인서를 발급받았거나 허위의 보증서를 작성한 경우에 해당한다고 할 수 없다. (나) 그러나 (ㄱ) 실제 소유자인 피상속인의 상속인이 '수인'인데도 (ㄴ) 보증서 및 확인서발급신청서에는 실제 소유자의 공동상속인 중 '1인'이 부동산 전부를 매수한 것처럼 기재하여 확인서를 발급받아 이를 행사한 경우에는 (ㄷ)

② 특별조치법과의 관계　「부동산등기 특별조치법」은 부동산의 소유권 이전을 내용으로 하는 계약을 체결한 자는 60일 이내에 소유권이전등기를 신청하도록 규정하고 있다. 다만, 그 계약이 취소 · 해제되거나 무효인 경우에는 그렇지 않다(동법2① 본문 · 단서). 또한「부동산등기 특별조치법」은 소유권이전등기를 신청하여야 할 자가 그 등기를 신청함에 있어서 등기신청서에 등기원인을 허위로 기재하여 신청하여서는 아니 된다고 규정하면서 이에 위반하는 한 자를 3년 이하의 징역이나 1억원 이하의 벌금으로 처벌하고 있다(동법6, 8ii).

여기에서「부동산등기 특별조치법」위반죄와 형법상 공정증서원본불실기재죄의 관계가 문제된다.「부동산등기 특별조치법」위반죄가 성립하기 위해서는 당해 부동산소유권이전계약이 유효해야 한다(동법2① 본문 · 단서). 이에 대해 형법상 공정증서원본불실기재죄가 성립하려면 소유권이전등기는 실체관계에 부합하지 않아야 하므로 당해 부동산 소유권이전계약이 무효이어야 한다.

③ 토지거래허가제　양자의 관계가 특히 문제되는 사안은 토지거래 허가 대상 토지를 거래하면서 처음부터 허가를 배제하거나 잠탈하는 내용의 계약을 체결한 다음 해당 거래 부동산에 대해 등기를 하는 경우이다.

「국토의 계획 및 이용에 관한 법률」상의 토지거래 허가구역 내의 토지에 대한 토지거래계약은 관할 관청의 허가를 받아야만 그 효력이 발생하고, 허가를 받기 전에는 원칙적으로 무효이다. 다만 허가받을 것을 전제로 체결한 거래계약은 일단 허가를 받으면 소급해서 유효한 계약이 되는 것이지만, 처음부터 허가를 배제하거나 잠탈하는 내용의 계약을 체결한 경우에는 확정적으로 무효이다.[1)]

「부동산등기 특별조치법」위반죄가 성립하기 위해서는 당해 부동산소유권이전계약이 유효해야 한다. 토지거래 허가구역 안에 소재한 토지에 관한 매매계약은 처음부터 토지거래허가를 잠탈할 목적으로 증여를 가장하여 소유권이전등기를 마치려는 의도하에 체결된 것으로서 확정적으로 무효이다. 그러므로 소유권이전등기를 신청해야 할 자가 등기신청서에 등기원인을 허위로 기재하여 신청하더라도「부동산등기 특별조치법」위반죄는 성립하지 않는다.[2)]

양수 경위가 실제와 다른 허위의 확인서를 발급받아 행사한 것이어서 부동산특조법 ㉠벌칙규정에 해당한다. (다) 소유권보존등기나 소유권이전등기에 절차상 하자가 있거나 등기원인이 실제와 다르다 하더라도 (ㄱ) 그 등기가 실체적 권리관계에 부합하게 하기 위한 것이거나 (ㄴ) 실체적 권리관계에 부합하는 유효한 등기인 경우에는 공정증서원본불실기재 및 동 행사죄가 성립되지 않는다. (라) 이는 등기 경료 당시를 기준으로 그 등기가 실체권리관계에 부합하여 유효한 경우에 한정되는 것이다. (마) 등기 경료 당시에는 실체권리관계에 부합하지 아니한 등기인 경우에는 사후에 이해관계인들의 동의 또는 추인 등의 사정으로 실체권리관계에 부합하게 된다 하더라도 공정증서원본불실기재 및 동 행사죄의 성립에는 아무런 영향이 없다.

1) 2007. 11. 30. 2005도9922, 공 2007하, 2092 = 분석 각론 『허가 대상 토지 증여 사건』.
2) 2007. 11. 30. 2005도9922, 공 2007하, 2092 = 분석 각론 『허가 대상 토지 증여 사건』.

매도인과 매수인이 토지거래 허가구역 안에 있는 토지에 관하여 실제로는 매매계약을 체결하고서도 처음부터 토지거래허가를 잠탈하려는 목적으로 등기원인을 실제와 달리 '증여'로 한 매수인 명의의 소유권이전등기를 경료하였다면, 그 토지거래계약은 확정적 무효이고, 이에 터 잡은 소유권이전등기는 실체관계에 부합하지 않는다. 그 결과 등기원인을 실제와 달리하여 등기를 한 행위는 허위신고를 하여 공정증서원본에 불실의 사실을 기재하게 한 때에 해당하게 된다.[1]

④ 거래가액신고 「부동산등기법」은 매매를 원인으로 하는 소유권이전등기를 신청하는 경우에는 등기신청서에 거래신고필증에 기재된 거래가액을 기재하고, 신청서에 기재된 거래가액을 부동산등기부 갑구의 권리자 및 기타사항란에 기재하도록 하고 있다(동법68). 「부동산 거래신고 등에 관한 법률」은 부동산의 실제 매매가격 등을 거래계약의 체결일부터 60일 이내에 등록관청에 신고하도록 규정하면서, 이에 위반하는 사람에게 과태료의 제재를 부과하고 있다(동법3, 28).

여기에서 부동산 등기부에 실제 거래가액과 다른 가액을 기재하게 하는 행위가 과태료 제재 이외에 공정증서원본불실기재죄에 해당할 것인지 문제된다. 공정증서원본불실기재죄나 공전자기록불실기록죄는 공정증서원본 또는 이와 동일한 전자기록 등 특수매체기록에 그 증명하는 사항에 관하여 실체관계에 부합하지 아니하는 불실의 사실을 기재 또는 기록하게 함으로써 성립한다. 여기서 불실의 사실이라 함은 권리의무관계에 중요한 의미를 갖는 사항이 객관적인 진실에 반하는 것을 말한다.[2]

부동산 거래가액을 신고하도록 하는 취지는 부동산거래의 투명성을 확보하기 위한 데에 있을 뿐이다. 부동산등기부에 기재되는 거래가액은 당해 부동산의 권리의무관계에 중요한 의미를 갖는 사항에 해당한다고 볼 수 없다. 따라서 부동산의 거래당사자가 거래가액을 시장 등에게 거짓으로 신고하여 신고필증을 받은 뒤 이를 기초로 사실과 다른 내용의 거래가액이 부동산등기부에 등재되도록 하였다면, 「부동산 거래신고 등에 관한 법률」에 따른 과태료의 제재를 받게 됨은 별론으로 하고, 형법상의 공전자기록불실기재죄 및 불실기재공전자기록행사죄는 성립하지 않는다.[3]

(라) 법인등기 불실의 법인등기와 관련한 경우를 몇 가지 살펴본다.

① 주주총회 결의 주주총회의 결의가 취소사유에 그치는 경우에 그 결의사항을 법인등기부에 등기하는 것은 불실기재에 해당하지 않는다. 공정증서원본에 기재된 사항이 객관적으로 존재하는 사실이고, 이에 취소사유에 해당되는 하자가 있을 뿐인 경우에는 그 취소

1) 2007. 11. 30. 2005도9922, 공 2007하, 2092 = 분석 각론 『허가 대상 토지 증여 사건』.
2) 2013. 1. 24. 2012도12363, 공 2013상, 441 = 분석 각론 『7천만원 증액 신고 사건』.
3) 2013. 1. 24. 2012도12363, 공 2013상, 441 = 분석 각론 『7천만원 증액 신고 사건』.

전에 그 사실의 내용이 공정증서원본에 기재된 이상 그 기재가 공정증서원본불실기재죄를 구성하지 않기 때문이다.[1)]

② 1인회사 이른바 1인회사에서 1인주주의 의사는 바로 주주총회나 이사회의 의사와 같다. 그리하여 가사 주주총회나 이사회의 결의가 없어 해임에 의한 임원변경등기가 불법하게 이루어졌다 하더라도 그것이 1인주주의 의사에 합치되는 이상 이를 가리켜 의사록을 위조하거나 불실의 등기를 한 것이라고는 볼 수 없다.[2)]

그러나 임원의 사임서나 이에 따른 이사사임등기는 주주총회나 이사회의 결의 또는 1인주주의 의사와는 무관하고 오로지 당해 임원의 의사에 따라야 한다. 그러므로 당해 임원의 의사에 기하지 아니한 사임서의 작성 및 이에 기한 등기부 기재 행위는 사문서위조 및 공정증서원본불실기재의 죄책을 면할 수 없다.[3)]

---

1) 2009. 2. 12. 2008도10248, 공 2009상, 359 = 분석 각론『주주총회 소집결의 하자 사건』.

2) 1996. 6. 11. 95도2817, 공 1996, 2259 =『1인회사 해임등기 사건』:

P주식회사는 갑이 모든 주식을 보유한 1인회사이다. A는 P회사의 법인등기부에 이사로 등재되어 있다. 갑은 A를 이사의 지위에서 해임하였다는 내용을 P회사 법인등기부에 기재하게 하였다. 여기에는 A와의 합의도 없었고, 주주총회의 소집 등 상법 소정의 형식적인 절차를 거친 바도 없었다.

검사는 갑을 공정증서원본불실기재죄 및 불실기재공정증서원본행사죄로 기소하였다. 제1심법원은 무죄로 판단하였다. 검사는 불복 항소하였다. 항소법원은 항소를 기각하고, 제1심판결을 유지하였다. 검사는 불복 상고하였다.

대법원은 다음의 이유를 제시하여 상고를 기각하였다. (가) 소위 1인주주회사에 있어서는 그 1인주주의 의사가 바로 주주총회 및 이사회의 결의이다. (나) 1인주주는 타인을 이사 등으로 선임하였다 하더라도 언제든지 해임할 수 있다. (다) 1인주주인 갑이 A와의 합의 없이 주주총회의 소집 등 상법 소정의 형식적인 절차도 거치지 않고 A를 이사의 지위에서 해임하였다는 내용을 법인등기부에 기재하게 하였다고 하더라도 공정증서원본에 불실의 사항을 기재하게 한 것이라고 할 수는 없다.

3) 1992. 9. 14. 92도1564, 공 1992, 2934 =『사망이사 대 퇴임이사 사건』:

P회사는 갑이 모든 주식을 가지고 있는 1인회사이다. A는 P회사의 법인등기부에 이사로 등재되어 있다. A가 사망하였다. 갑은 A 명의의 사임서를 작성하였다(㉠사임서). 갑은 ㉠사임서를 관할 등기소에 제출하였다. 이후 P회사의 법인등기부에는 "갑의 사임으로 이사에서 퇴임"이라고 기재되었다(㉡등기부).

검사는 갑을 사문서위조죄, 위조사문서행사죄, 공정증서원본불실기재죄, 불실기재공정증서원본행사죄로 기소하였다. 갑의 피고사건은 제1심을 거친 후, 항소심에 계속되었다. 항소법원은 유죄를 인정하였다. 갑은 불복 상고하였다.

대법원은 다음의 이유를 제시하여 상고를 기각하였다. (가) 이른바 1인회사에 있어서 1인주주의 의사는 바로 주주총회나 이사회의 의사와 같은 것이다. (나) 가사 주주총회나 이사회의 결의나 그에 의한 임원변경등기가 불법하게 되었다 하더라도 그것이 1인주주의 의사에 합치되는 이상 이를 가리켜 의사록을 위조하거나 불실의 등기를 한 것이라고는 볼 수 없다. (다) 임원의 사임서나 이에 따른 이사사임등기는 위와 같은 주주총회나 이사회의 결의 또는 1인주주의 의사와는 무관하고 오로지 당해 임원의 의사에 따라야 한다. (라) 당해 임원의 의사에 기하지 아니한 사임서의 작성이나 이에 기한 등기부의 기재를 하였다면 이는 사문서위조 및 공정증서원본불실기재의 죄책을 면할 수 없다

(마) P주식회사의 이사이던 망 A가 이사직에서 사임한 바 없다. (바) 망 A가 생전에 1인주주인 갑에게 사임의 의사를 밝힌 바도 인정되지 않는다. (사) 갑은 A의 사망 후에 사망으로 인한 퇴임절차 대신 사임에 의한 퇴임절차를 밟았다. (아) 이는 사문서위조 및 공정증서원본불실기재죄의 죄책을 져야 하는 것이다.

③ 납입가장행위 주식회사의 설립업무(또는 증자업무)를 담당한 자와 주식인수인이 사전에 공모하여, 주금납입취급은행 이외의 제3자로부터 납입금에 해당하는 금액을 차입하여 주금을 납입하고, 납입취급은행으로부터 납입금보관증명서를 교부받아, 회사의 설립등기절차(또는 증자등기절차)를 마친 직후, 납입된 주금을 인출하여 위 차용금채무의 변제에 사용하는 것을 가리켜서 견금방식의 가장납입이라고 한다. 견금(見金)방식 가장납입의 경우에는 실질적으로 회사의 자본이 늘어난 것이 아니어서 상법상의 납입가장죄(상법628①) 및 공정증서원본불실기재죄와 불실기재공정증서원본행사죄가 성립한다.[1]

견금방식 가장납입행위는 실질적으로 회사의 자본을 증가시키는 것이 아니고 등기를 위하여 납입을 가장하는 편법에 불과하다. 주금의 납입 및 인출의 전과정에서 회사의 자본금에는 실제 아무런 변동이 없다. 따라서 납입가장행위에 관여하는 자들에게 회사의 돈을 임의로 유용한다는 불법영득의 의사가 있다고 보기 어려워 업무상 횡령죄는 성립하지 않는다.[2] [3]

④ 범죄목적 회사설립 주식회사의 발기인 등이 상법 등 법령에 정한 회사설립의 요건과 절차에 따라 회사설립등기를 함으로써 회사가 성립하였다고 볼 수 있는 경우 회사설립등기와 그 기재 내용은 특별한 사정이 없는 한 공정증서원본불실기재죄에서 말하는 불실의 사실에 해당하지 않는다. 발기인이나[4] 유한회사의 사원[5] 등이 회사를 설립할 당시 회사를

1) 2004. 6. 17. 2003도7645 전원합의체 판결, 공 2004, 1881 = 분석 각론『레이디 가장납입 사건』.
2) 2004. 6. 17. 2003도7645 전원합의체 판결, 공 2004, 1881 = 분석 각론『레이디 가장납입 사건』.
3) 횡령죄 부분에 대해서는, 후술 1354면 이하 참조.
4) 2020. 2. 27. 2019도9293, 공 2020상, 760 =『대포통장용 주식회사 사건』:

갑과 그의 공범들은 P주식회사를 설립한 후 P회사 명의로 통장을 개설하여 이른바 대포통장을 유통시키기로 공모하였다. 갑 등은 상호, 본점, 1주의 금액, 발행주식의 총수, 자본금의 액, 목적, 임원 등이 기재된 P회사설립등기 신청서를 법원 등기관에게 제출하였다. 등기관은 상업등기 전산정보처리시스템의 법인등기부에 P회사설립등기 신청서의 기재 내용을 입력하였다.

검사는 갑을 공전자기록불실기재죄 및 불실기재공전자기록행사죄로 기소하였다. 갑의 피고사건은 제1심을 거친 후, 항소심에 계속되었다. 항소법원은 무죄를 선고하였다. 검사는 불복 상고하였다. 검사는 다음과 같이 상고이유를 주장하였다. (가) 갑 등은 범죄의 목적으로 회사설립을 위한 절차 없이 P회사 설립등기신청을 하였다. (나) P회사는 회사로서의 실체가 없다. (다) P회사는 상법상 부존재한다. (라) 갑 등이 법인등기부에 P회사설립의 내용을 입력하게 한 것은 공전자기록불실기재죄에서 말하는 허위신고를 하여 불실의 사실을 기록하게 하고 이를 행사한 것에 해당한다.

대법원은 다음의 이유를 제시하여 상고를 기각하였다. (자세한 논지는 지면관계로 소개를 생략함.) (가) 갑 등은 실제 회사를 설립하려는 의사를 가지고 상법이 정하는 회사설립에 필요한 정관 작성, 주식 발행 · 인수, 임원 선임 등의 절차를 이행하였다. (나) 이로써 P회사는 상법상 주식회사로 성립하였다고 봄이 타당하다. (다) P회사의 설립행위에 일부 하자가 있었다거나, 갑 등이 P회사 설립 당시 정관에 기재된 목적 수행에 필요한 영업의 실질을 갖추거나, 영업에 필요한 인적 · 물적 조직을 갖추지 않았다는 등의 사정만으로는 P회사의 성립 자체를 부정하고 P회사가 부존재한다고 인정할 수 없다. (라) 따라서 P회사에 대한 회사설립등기는 공정증서원본 등 불실기재죄에서 말하는 불실의 사실에 해당한다고 볼 수 없다.

5) 2020. 3. 26. 2019도7729, 공 2020상, 856 =『대포통장용 유한회사 사건』.

실제로 운영할 의사 없이 회사를 이용한 범죄 의도나 목적이 있었다거나, 회사로서의 인적 · 물적 조직 등 영업의 실질을 갖추지 않았다는 이유만으로는 불실의 사실을 법인등기부에 기록하게 한 것으로 볼 수 없다.

⑤ 특별법　　특별법에 의하여 불실등기 행위가 처벌되는 경우가 있다. 예컨대「소비자생활협동조합법」은 조합등의 임직원 또는 청산인이 거짓 또는 부정한 방법으로 등기를 한 때에는 3년 이하의 징역 또는 3천만원 이하의 벌금으로 처벌하고 있다(동법85② iii).[1]

(마) 위장결혼과 위장이혼　　위장결혼은 다른 목적을 위하여 형식상 혼인신고를 하는 경우이다. 예컨대 참다운 부부관계를 설정할 의사 없이 국내 취업을 위한 입국을 가능하게 할 목적으로 형식상 혼인신고를 한 경우가 여기에 해당한다. 위장결혼의 경우에는 두 사람 사이에 혼인의 계출에 관하여는 의사의 합치가 있었으나 참다운 부부관계의 설정을 바라는 효과의사는 없다. 이 경우 두 사람의 혼인은 우리나라 법에 의하여 혼인으로서의 실질적 성립요건을 갖추지 못하여 그 효력이 없다. 그리하여 그 혼인신고 행위는 공정증서원본불실기재죄를 구성한다.[2] 위장결혼으로 취득한 대한민국 국적을 인적 사항으로 기재하여 여권을

---

1) 2017. 4. 7. 2016도19980, 공 2017상, 1063.

2) 1996. 11. 22. 96도2049, 공 1997, 142 =『취업희망 위장결혼 사건』:

조선족 여자 A는 한국에 입국하여 취업하기를 희망하고 있었다. 갑은 A와 위장결혼을 하기로 약속하였다. 갑은 중국으로 갔다. 중국 혼인법이 규정하는 혼인 방식을 다음과 같다. (가) 혼인하고자 하는 남녀 쌍방은 직접 혼인등기소에 가서 혼인등기를 하여야 한다. (나) 혼인법의 규정에 부합되는 때에는 등기가 되어 혼인증이 발급된다. (다) 혼인증을 취득하면 부부관계가 성립된다. 갑은 중국에서 A와 함께 결혼사진을 촬영하였다. 갑은 중국의 관할지 M시청에 가서 결혼사진을 첨부하여 혼인신고를 하였다. 갑은 M시청에서 결혼증을 발급받았다. 갑은 관할 M시 공증처에서 혼인공증을 받았다(㉠혼인증서). 갑은 한국으로 귀국하였다. 갑은 갑의 본적지 N면에서 ㉠혼인증서에 기하여 혼인신고를 하였다(㉡혼인신고). 갑과 A는 호적부에 배우자로 등재되었다.

검사는 갑을 공정증서원본불실기재죄 및 동 행사죄로 기소하였다. 제1심법원은 유죄를 인정하였다. 갑은 불복 항소하였다. 항소법원은 다음의 이유(골자만 소개함)로 무죄로 판단하였다. (가) 우리나라는 혼인에 혼인신고를 요하는 엄격한 형식주의를 취하고 있다. (나) ㉡혼인신고 자체에 대해 갑과 A 사이에 의사의 합치가 있었다. (다) ㉡혼인신고는 공정증서원본불실기재죄 등에 있어서의 허위신고에 해당되지 않는다. 검사는 불복 상고하였다.

대법원은 다음의 이유를 제시하여 원심판결을 파기환송하였다. 대법원은 위장결혼의 법적 효과에 대해 다음과 같이 설시하였다. (가) 혼인의 성립요건은 각 당사자에 관하여 그 본국법에 의한다(국제사법 제36조 제1항). (나) 갑과 A의 혼인이 중국에서 중국의 방식에 의하여 성립되었다 하더라도, 혼인의 실질적 성립요건을 구비한 것으로서 유효한지 여부는 갑의 본국법인 우리나라 법에 의하여 정해져야 한다. (이상 현행법을 기준으로 저자가 재구성함.)

(다) 우리나라 민법 제815조 제1호는 '당사자간에 혼인의 합의가 없는 때'에는 그 혼인은 무효로 한다라고 규정하고 있다. (라) 이 혼인무효 사유는 당사자간에 사회관념상 부부라고 인정되는 정신적, 육체적 결합을 생기게 할 의사를 갖고 있지 않은 경우를 가리킨다. (마) 당사자 사이에 혼인의 계출 자체에 관하여 의사의 합치가 있어 일응 법률상의 부부라는 신분관계를 설정할 의사는 있었다고 인정되는 경우가 있다. (바) 그러한 경우라도 그것이 단지 다른 목적을 달성하기 위한 방편에 불과한 것으로서 그들간에 참다운 부부관계의 설정

발급받은 경우에는 형법 제228조 제2항의 여권불실기재죄가 성립한다.[1)]

위장이혼은 다른 목적을 위하여 형식상 협의이혼을 하는 경우이다. 협의이혼의 경우에는 혼인의 경우와 달리 이혼의사의 존부에 관하여 가정법원의 확인을 받아 「가족관계의 등록 등에 관한 법률」이 정한 바에 의하여 신고해야 효력이 생긴다(동법75①). 협의상 이혼이 가장 이혼으로서 무효로 인정되려면 누구나 납득할 만한 특별한 사정이 인정되어야 한다. 특별한 사정이 인정되지 않으면 이혼당사자 간에 일시적으로나마 법률상 적법한 이혼을 할 의사가 있었다고 보는 것이 이혼신고의 법률상 및 사실상의 중대성에 비추어 상당하다. 따라서 위장 이혼의 경우에는 공정증서원본불실기재죄가 성립하지 않는다.[2)]

을 바라는 효과의사가 없을 때에는 그 혼인은 민법 제815조 제1호의 규정에 따라 그 효력이 없다.

대법원은 갑의 행위에 대해 다음과 같이 판단하였다. (가) 갑은 중국 국적의 조선족 여자인 A와 참다운 부부관계를 설정할 의사 없이 단지 A의 국내 취업을 위한 입국을 가능하게 할 목적으로 형식상 혼인하기로 한 것이다. (나) 갑과 A 사이에는 혼인의 계출에 관하여는 의사의 합치가 있었다. (다) 그러나 갑과 A 사이에 참다운 부부관계의 설정을 바라는 효과의사는 없었다. (라) 갑과 A의 혼인은 우리나라의 법에 의하여 혼인으로서의 실질적 성립요건을 갖추지 못하여 그 효력이 없다. (마) 갑이 중국에서 중국의 방식에 따라 혼인식을 거행하였다고 하더라도(㉠혼인증서) 우리나라의 법에 비추어 그 효력이 없는 혼인의 신고를 한 것이다. (바) 갑의 ㉡혼인신고 행위는 공정증서원본불실기재 및 동 행사죄의 죄책을 면할 수 없다.

1) 2022. 4. 28. 2020도12239, 공 2022상, 1073 =『위장결혼 여권 사건』.

2) 1997. 1. 24. 95도448, 공 1997, 696 =『위장협의 협의이혼 사건』:

갑과 A는 부부 사이이다. 갑은 관할 가정법원에 협의이혼의 절차를 밟아 협의상 이혼 확인서를 발부받았다(㉠확인서). 갑은 관할 관청에 ㉠확인서를 제출하여 이혼신고를 하였다(㉡이혼신고). 갑의 호적부에는 갑과 A가 이혼한 것으로 기재되었다(㉢기재). [관할 세무당국은 갑이 조세를 면탈할 목적으로 위장이혼한 것으로 판단하였다. 갑 소유였던 모든 부동산이 A 명의로 이전되어 있었기 때문이다.] (저자가 임의로 보충함.)

검사는 갑을 공정증서원본불실기재죄 및 동 행사죄로 기소하였다. 제1심법원은 무죄를 선고하였다. 검사는 불복 항소하였다. 항소법원은 항소를 기각하고, 제1심판결을 유지하였다. 검사는 불복 상고하였다. 검사는 상고이유로 다음의 점을 주장하였다. (가) 갑은 A와 협의 없이 일방적으로 이혼신고를 하였다. (나) 그렇지 않다 하더라도 실제로는 이혼할 의사가 없음에도 A와 통모하여 형식적으로만 협의상 이혼을 한 것이다. (다) 갑의 ㉡이혼신고는 무효이다. (라) 무효인 ㉡신고에 의한 ㉢기재는 공정증서원본불실기재에 해당한다.

대법원은 다음의 이유를 제시하여 상고를 기각하였다. 대법원은 위장이혼의 법적 성질에 대해 다음과 같이 설시하였다. (가) 민법 제836조 제1항 및 호적법의 관련 규정에 의하면 협의상 이혼은 이혼의사의 존부에 관하여 가정법원의 확인을 받아 호적법이 정한 바에 의하여 신고하여야 효력이 생긴다. (나) 협의상 이혼이 가장이혼으로서 무효로 인정되려면 누구나 납득할 만한 특별한 사정이 인정되어야 한다. (다) 그렇지 않으면 이혼당사자 간에 일시적으로나마 법률상 적법한 이혼을 할 의사가 있었다고 보는 것이 이혼신고의 법률상 및 사실상의 중대성에 비추어 상당하다. (라) 협의상 이혼의 의사표시가 기망에 의하여 이루어진 것일지라도 그것이 취소되기까지는 유효하게 존재하는 것이다. (마) 협의상 이혼의사의 합치에 따라 이혼신고를 하여 호적에 그 협의상 이혼사실이 기재되었다면, 이는 공정증서원본불실기재죄에 정한 불실의 사실에 해당하지 않는다.

대법원은 갑의 행위에 대해 다음과 같이 판단하였다. (가) 원심이 확정한 사실관계에 의하면, 갑이 A와 협의 없이 일방적으로 이혼신고를 하였다거나 또는 실제로는 이혼할 의사가 없음에도 A와 통모하여 형식적으로만 협의상 이혼을 한 것이라고 보기 어렵다. (나) 오히려 갑과 A에게는 일시적으로나마 호적상 이혼신고를 하여 법률상 부부관계를 해소할 의사의 합치가 있었다고 보여지므로, ㉡이혼신고를 무효라고 할 수 없다.

5. 위조공문서행사죄

형법 제229조 (위조등 공문서의 행사) 제225조 내지 제228조의 죄에 의하여 만들어진 문서, 도화, 전자기록 등 특수매체기록, 공정증서원본, 면허증, 허가증, 등록증 또는 여권을 행사한 자는 그 각 죄에 정한 형에 처한다.

◎ 제225조[공문서위조; 10년 이하 징역], 자격정지 임의적 병과(법237)

◎ 제226조[자격모용공문서작성; 10년 이하 징역], 자격정지 임의적 병과(법237)

◎ 제227조[허위공문서작성; 7년 이하 징역 또는 2천만원 이하 벌금], 자격정지 임의적 병과(법237)

◎ 제227조의2[공전자기록위작 · 변작], 자격정지 임의적 병과(법237)

◎ 미수범 처벌함(법235)

(1) 행위객체

위조공문서행사죄의 객체는 위조 · 변조, 자격모용작성, 허위작성 등의 죄에 의하여 만들어진 문서 · 도화, 위작 · 변작된 전자기록 등 특수매체기록, 공정증서원본, 면허증, 허가증, 등록증 또는 여권이다. 이하에서는 서술의 편의를 위하여 이상의 객체들을 위조공문서 라고 통칭하기로 한다.

위조공문서행사죄의 객체인 공문서는 범인이 직접 위조 · 변조, 자격모용작성, 허위작성한 것일 필요가 없다. 일본 형법은 위조공문서행사죄의 객체를 '제154조부터 전조까지의 문서 또는 도화' 등으로 규정하고 있어서 해당 문서 · 도화가 행사의 목적으로 작성된 것임을 요하지 않는다.[1] 그러나 우리 형법 제229조는 '제225조 내지 제228조의 죄에 의하여 만들어진' 공문서를 객체로 하고 있어서 해당 공문서는 행사할 목적으로 만들어진 것이어야 한다.

위조공문서행사죄는 외국인의 국외범을 처벌한다(법5 vi). 행위지의 법률에 의하여 처벌되는지를 묻지 않는다(법6 단서 참조).

(2) 실행행위

위조공문서행사죄에서의 행사는 위조된 공문서나 허위작성된 공문서 등을 진정한 문서 또는 내용이 진실한 공문서인 것처럼 그 문서의 효용방법에 따라 이를 사용하는 것을 말한다.[2]

---

1) 前田雅英 編, 條解 刑法, 第二版, (2009), 402頁.

2) 1975. 3. 25. 75도422, 공 1975, 8419 = 『주민등록증 "당신 것이냐" 사건』:
갑은 대공용의자로 수사선상에 올라 내사중인 사람이다. A는 군 보안부대원이다. A는 M장소에서 갑을 검

(가) 행사의 방법 행위자가 상대방에 대하여 위조공문서 등이 진정한 문서 등이라고 적극적으로 주장할 필요는 없다. 단지 상대방이 진정 또는 진실한 문서라고 오신할 수 있으면 족하다. 행사는 위조공문서를 교부 · 제시하는 행위, 열람하게 하는 행위, 관청에 비치하게 하는 행위[1] 등 여러 가지 형태로 나타난다. 제시의 경우 반드시 범인 자신이 스스로 직접 제시하는 것만을 의미하지는 않는다.[2]

허위사실을 신고하여 등기를 마친 후 등기부를 관청에 비치하게 하는 행위는 행위자가 직접 비치행위에 관여하지 아니하였다 하여도 불실기재공정증서원본의 행사에 해당한다. 등기공무원이 등기를 한 후 등기부를 법원 또는 등기소에 비치하는 것은 등기공무원이 직무상 당연히 할 행위이므로 허위등기 신청자가 등기공무원의 직무상 당연히 할 행위를 이용하여 간접적으로 행사의 행위를 실행한 것이 된다.[3]

위조문서를 전자복사나 사진복사 등의 기계적 방법에 의하여 복사한 후 이 사본을 제시하는 행위가 위조문서의 행사에 해당하는지가 종래 문제되었다.[4] 그러나 이 문제는 복사문서의 문서성을 긍정한 형법 제237조의2에 의하여 입법적으로 해결되었다. 이제 위조된 공문서의 복사본을 제시하는 행위는 위조공문서 행사에 해당한다.

(나) 행사의 정도 위조공문서행사죄가 성립하기 위한 행사의 정도는 위조공문서나 허위공문서 등을 (가) 상대방에게 제시 · 교부하거나 (나) 일정한 장소에 비치함으로써 상대방이 그 내용을 인식하거나 인식할 수 있는 상태에 두면 족하다. 그 행사로 인하여 현실적인 손해가 발생하거나 발생할 위험이 있을 필요는 없다.

(다) 상대방의 인식 여부 문서에 관한 죄는 문서에 대한 공공의 신용을 보호하기 위

문하여 주민등록증의 제시를 요구하였다. 갑은 A에게 주민등록증이 N장소에 있는 하숙집 방에 있다고 말하였다. A는 갑을 일단 보안대 분견대 사무실로 연행하였다. A는 N장소의 하숙방에 가서 수색한 결과 비닐장판 밑에 둔 B 명의의 위조된 ㉠주민등록증을 찾아내었다. A는 ㉠주민등록증을 가지고 와서 갑에게 보이면서 "당신 것이냐"고 물었다. 갑은 "내 것이다"라고 대답하였다.

검사는 갑을 위조공문서행사죄로 기소하였다. 갑의 피고사건은 제1심을 거친 후, 항소심에 계속되었다. 항소법원은 다음의 이유를 들어 무죄로 판단하였다. (가) 갑이 ㉠주민등록증을 임의로 A에게 제시한 것이 아니다. (나) 이는 위조공문서행사죄의 구성요건을 충족시키지 못한다. 검사는 불복 상고하였다.

대법원은 다음의 이유를 제시하여 원심판결을 파기환송하였다. (가) 위조문서행사죄에 있어서의 '행사'라는 것은 위조된 문서 등을 진정한 문서 또는 내용이 진실한 문서인 것처럼 그 문서의 효용방법에 따라 이를 사용하는 것을 말한다. (나) 반드시 범인 자신이 스스로 직접 이를 제시하는 것만을 의미하는 것은 아니다. (다) 갑이 위조된 ㉠주민등록증을 직접 제시한 것은 아닐지라도 갑이 제시한 것과 다를 바가 없다. (라) 또한 위조된 ㉠주민등록증을 그 효용에 따라 사용한 것이라고 보지 않을 수 없다.

1) 1989. 12. 12. 89도1253, 공 1990, 307 = 『공사감독일지 허위기재 사건』.
2) 1975. 3. 25. 75도422, 공 1975, 8419 = 『주민등록증 "당신 것이냐" 사건』.
3) 1965. 12. 21. 65도938, 집 13②, 형74 = 『송사에 밝은 지인 사건』.
4) 전술 439면 이하 참조.

하여 마련된 범죄유형이다. 따라서 위조문서 등을 행사할 때 그 상대방은 그 문서가 위조 · 변조, 허위작성된 것임을 알지 못해야 한다. 위조공문서인 정을 알고 있는 공범자나[1] 그 대리인에게[2] 이러한 공문서를 제시하거나 교부하는 행위는 위조공문서의 행사에 해당하지 않는다.

(라) 미 수 　위조공문서등행사죄는 미수범을 처벌한다(법235). 행사의 미수는 문서의 내용을 인식할 수 있는 상태에 두려고 하였으나 이에 이르지 못한 경우에 인정된다. 그 밖에 상대방이 이미 위조공문서임을 알고 있는 경우도 행사의 미수에 해당한다. 위조공문서를 우편으로 발송하였으나 도착하지 아니한 경우도 행사의 미수에 그친다.

(3) 다른 죄와의 관계

(가) 공문서위조죄 등 　위조공문서행사죄가 선행하는 공문서위조죄와의 관계에서 실체적 경합관계에 있다 함은 앞에서 설명하였다.[3]

---

1) 1986. 2. 25. 85도2798, 공 1986, 582 = 『철거확인원 브로커 교부 사건』:
M시의 N지역은 철거대상지역이다. 철거민들에게는 철거보조금 및 공동주택 입주자격이 주어진다. [갑은 N지역 동사무소 직원이다.] A는 철거 관련 서류를 가짜로 만들어주면 1건당 1백만원을 주겠다고 갑에게 제안하였다. B, C, D 등은 가공인물이거나 N철거대상지역에 실제로 거주하지 아니하는 사람이다. 갑은 B, C, D 등을 철거대상 무허가 건물의 소유자인 것처럼 꾸며 철거보조금지급신청 및 M시 건립 공동주택입주신청에 필요한 철거확인원, 인감증명서, 주민등록표 등을 허위로 작성하거나 위조하였다(㉠서류). 갑은 ㉠서류를 A에게 교부하였다.
검사는 ㉠서류 교부행위 부분에 대해 갑을 허위공문서행사죄 및 위조공문서행사죄로 기소하였다. 갑의 피고사건은 제1심을 거친 후, 항소심에 계속되었다. 항소법원은 무죄를 선고하였다. 검사는 불복 상고하였다.
대법원은 다음의 이유를 제시하여 상고를 기각하였다. (가) 위조 · 변조 · 허위작성된 문서의 행사죄는 이와 같은 문서를 진정한 것 또는 그 내용이 진실한 것으로 각 사용하는 것을 말한다. (나) 그 문서가 위조 · 변조 · 허위작성되었다는 정을 아는 공범자 등에게 제시, 교부하는 경우 등에 있어서는 행사죄가 성립할 여지가 없다. (다) 갑은 ㉠서류를 A에게 교부하였다. (라) 이는 ㉠문서 등이 위조 또는 허위작성된 것이라는 것을 아는 A에게 교부한 것으로 행사죄가 성립할 여지가 없다.

2) 1973. 1. 30. 72도2639, 총람 229조 16번 = 『허위 실적증명서 심부름 사건』:
갑은 M동사무소 직원이다. 을은 건설업자이다. 을은 갑에게 가짜 '건설공사 및 거래실적증명서' 발급을 부탁하였다. 을은 [사환] A에게 사정을 말하면서 내용이 거짓인 '건설공사 및 거래실적증명원'을 A에게 주었다(㉠증명원). A는 ㉠증명원을 갑에게 제출하였다. 갑은 ㉠증명원의 내용이 허위임을 알면서 동장 B의 직인을 날인하여 '건설 및 거래실적증명서'를 작성하였다(㉡증명서). 갑은 ㉡증명서를 A에게 교부하였다.
[검사는 갑을 허위공문서작성죄 및 동 행사죄로 기소하였다.] 갑의 피고사건은 제1심을 거친 후, 항소법원에 계속되었다. 항소법원은 허위작성공문서행사죄 부분에 대해 무죄로 판단하였다. 검사는 불복 상고하였다.
대법원은 다음의 이유를 제시하여 상고를 기각하였다. (가) ㉡증명서를 교부받은 A는 허위공문서작성죄의 공범이라고 할 수 있는 을의 대리인 내지 사자이다. (나) A는 ㉡증명서가 허위공문서인 정을 알고 있다. (다) 갑의 A에 대한 ㉡허위공문서 교부행위는 허위공문서행사죄에 해당하지 않는다.

3) 전술 458면 이하 참조.

(나) 수뢰후부정처사죄 수뢰후부정처사죄(법131①)에서 공무원이 수뢰후 행한 부정행위가 공문서변조죄 및 동 행사죄와 같이 보호법익을 달리하는 별개 범죄의 구성요건을 충족하는 경우에는 수뢰후부정처사죄 외에 별도로 공문서변조죄 및 동 행사죄가 성립하고, 이들 죄와 수뢰후부정처사죄는 각각 상상적 경합관계에 선다.[1)]

이와 같이 공문서변조죄와 동 행사죄가 수뢰후부정처사죄와 각각 상상적 경합범 관계에 있을 때에는 공문서변조죄와 동 행사죄 상호간은 실체적 경합관계에 있다고 할지라도 상상적 경합관계에 있는 수뢰후부정처사죄와 대비하여 가장 중한 죄에 정한 형으로 처단하면 족하고, 따로이 경합범 가중을 할 필요가 없다.[2)]

---

1) 2001. 2. 9. 2000도1216, 공 2001, 678 =『도시계획선 일치 부탁 사건』:

갑은 M구청 건설도시국 도시과에서 근무하고 있다. 갑은 토지분할, 지목 변경, 합병, 지적 고시에 따른 도시계획도 지적선의 정리, 토지이용계획확인원 발급 업무에 종사하고 있다. 을은 P건축사 사무실 직원이다. 갑은 을로부터 3백만원을 받았다(㉮행위). 갑은 돈을 받을 때 을로부터 다음의 부탁을 받았다. (가) M구 N지점에 ㉠다세대주택의 부지가 있다. (나) ㉠부지 경계선이 8m 도시계획도로선(㉡도로선)과 90cm 떨어져 평행으로 되어 있어서 ㉠다세대주택의 건축에 애로가 있다. (다) ㉠지번의 토지 경계선과 ㉡도시계획도로선을 일치시켜 달라.

갑은 일과 후 M구청 지적서고에서 ㉢도시계획도를 꺼내어 사무실로 가지고 왔다. 갑은 지우개로 ㉠지번의 토지 경계선과 90 cm 떨어져 평행으로 그어져 있는 ㉡도시계획도로선을 지웠다. 갑은 붉은 색 먹으로 ㉠지번의 경계선과 일치되도록 8 m 도시계획도로선(㉣도로선)을 새로 그어 도시계획도를 고쳤다(㉯행위). 갑은 변경된 ㉤도시계획도를 M구청 지적서고의 제자리에 갖다 놓았다(㉰행위). 을은 다시 갑을 찾아왔다. 갑은 을로부터 ㉠토지를 분할하는데, 도시계획도를 신속하게 작성해 달라는 부탁을 받았다. 갑은 그와 함께 30만원을 받았다(㉱행위).

검사는 갑을 수뢰후부정처사죄, 공도화변조죄, 변조공도화행사죄, 뇌물수수죄로 기소하였다. 제1심법원은 유죄를 인정하고, 다음과 같이 처단형을 결정하였다. (가) ㉮, ㉯행위는 수뢰후부정처사죄(1년 이상 징역)에 해당한다. (나) ㉯행위는 공문서변조죄(10년 이하 징역)에 해당한다. (다) ㉰행위는 변조공문서행사죄(10년 이하 징역)에 해당한다. (라) ㉱행위는 뇌물수수죄(1월 이상 5년 이하 징역 또는 10년 이하의 자격정지)에 해당한다. (마) ㉮, ㉯, ㉰, ㉱ 각 죄는 형법 제37조 전단의 경합범에 해당한다. (바) 그 형이 가장 무거운 수뢰후부정처사죄(㉮, ㉯행위)의 형에 경합범 가중을 하여 갑에 대한 처단형을 결정한다. 갑은 불복 상고하였다.

대법원은 다음의 이유를 제시하여 원심판결을 파기환송하였다. (가) 형법 제131조 제1항의 수뢰후부정처사죄에 있어서 공무원이 수뢰후 행한 부정행위가 공도화변조 및 동 행사죄와 같이 보호법익을 달리하는 별개 범죄의 구성요건을 충족하는 경우에는 수뢰후부정처사죄 외에 별도로 공도화변조 및 동 행사죄가 성립한다. (나) 이들 공도화변조 및 동 행사죄와 수뢰후부정처사죄는 각각 상상적 경합 관계에 있다. (다) 이와 같이 (ㄱ) 공도화변조죄와 동 행사죄가 수뢰후부정처사죄와 각각 상상적 경합범 관계에 있을 때에는 (ㄴ) 공도화변조죄와 동 행사죄 상호간은 실체적 경합범 관계에 있다고 할지라도 (ㄷ) 상상적 경합범 관계에 있는 수뢰후부정처사죄와 대비하여 가장 중한 죄에 정한 형으로 처단하면 족한 것이고 (ㄹ) 따로이 경합범 가중을 할 필요가 없다.

(라) 그리고 (ㄱ) 위 각 죄와 별도로 ㉱뇌물수수죄가 성립한다고 하여도 그 법정형이 5년 이하의 징역 또는 10년 이하의 자격정지인 점, (ㄴ) 공도화변조죄 및 동 행사죄의 각 법정형(10년 이하의 징역)과 수뢰후부정처사죄의 법정형(1년 이상의 유기징역) 및 경합범 가중시의 처벌례(형법 제38조 제1항 제2호 본문) 등에 비추어 보면, 원심과 같이 죄수평가를 한 경우 처단형의 범위에 차이가 생기게 됨이 분명하다.

2) 2001. 2. 9. 2000도1216, 공 2001, 678 =『도시계획선 일치 부탁 사건』.

(다) 직무유기죄 공무원이 어떠한 위법사실을 발견하고도 직무상 의무에 따른 적절한 조치를 취하지 아니하고 위법사실을 적극적으로 은폐할 목적으로 허위공문서를 작성, 행사한 경우에는 직무위배의 위법상태는 허위공문서작성 당시부터 그 속에 포함되는 것으로, 작위범인 허위공문서작성, 동 행사죄만이 성립하고 부작위범인 직무유기죄는 따로 성립하지 않는다.[1)]

6. 공문서부정행사죄

형법 제230조 (공문서 등의 부정행사) 공무원 또는 공무소의 문서 또는 도화를 부정행사한 자는 2년 이하의 징역이나 금고 또는 500만원 이하의 벌금에 처한다.

◎ 미수범 처벌함(법235)

(1) 행위객체

(가) 제한해석의 필요성 우리 형법은 문서의 부정행사죄를 규정하고 있다(법230, 236). 공문서부정행사죄는 그 가운데 하나이다.[2)] 형법 제203조의 공문서부정행사죄는 공문서의 사용에 대한 공공의 신용을 보호법익으로 하는 범죄로서 추상적 위험범이다.[3)] 공문서

---

1) 1999. 12. 24. 99도2240, 공 2000, 352 =『도박 묵인용 근무일지 사건』.

2) 전술 460면 이하 참조.

3) 2022. 9. 29. 2021도14514, 공 2022하, 2223 =『장애인전용구역 주차표지 사건』:

'장애인사용자동차표지'는 장애인이 이용하는 자동차 등을 지원하는 데에 편리하도록 장애인이 사용하는 자동차 등임을 알아 볼 수 있는 표지이다. 장애인사용자동차표지는 시장 · 군수 · 구청장이 발급한다. '장애인전용주차구역 주차표지'는 장애인전용주차구역에 주차할 수 있음을 표시하는 표지이다. 장애인전용주차구역 주차표는 보행에 장애가 있는 사람이 신청하는 경우 국가보훈처장과 특별자치시장 · 특별자치도지사, 시장 · 군수 · 구청장이 발급한다. ⓐ자동차에 대해 '장애인전용주차구역 주차표지가 있는 장애인사용자동차표지'가 발급되었다(㉠표지). ㉠표지는 실효되었다. 갑은 장애인이 아니다. 갑은 ㉠표지를 차 안에 비치한 채 ⓐ자동차를 M아파트 주차장의 장애인전용주차구역이 아닌 장소에 주차하였다.

검사는 갑을 공문서부정행사죄로 기소하였다. 제1심법원은 유죄를 인정하였다. 갑은 불복 항소하였다. 항소법원은 항소를 기각하고, 제1심판결을 유지하였다. 항소법원은 유죄판단의 이유로 다음의 점을 제시하였다. (가) 갑은 장애인전용주차구역에 승용차를 주차하지 않았다. (나) 그렇다고 하더라도 갑은 사용권한이 없는 장애인사용자동차표지를 승용차에 비치하여 마치 장애인이 사용하는 자동차인 것처럼 외부적으로 표시하였다. (다) 그러므로 갑의 행위는 장애인사용자동차표지를 부정행사한 경우에 해당한다. 갑은 불복 상고하였다.

대법원은 다음의 이유를 제시하여 원심판결을 파기 환송하였다. 대법원은 공문서부정행사죄의 적용범위에 대해 다음과 같이 설시하였다. (가) 형법 제[230]조의 공문서부정행사죄는 공문서의 사용에 대한 공공의 신용을 보호법익으로 하는 범죄로서 추상적 위험범이다. (나) 형법 제230조는 본죄의 구성요건으로 단지 '공무원 또는 공무소의 문서 또는 도화를 부정행사한 자'라고만 규정하고 있어, 자칫 처벌범위가 지나치게 확대될 염려가 있다. (다) 그러므로 형법 제230조의 죄에 관한 범행의 주체, 객체 및 태양을 되도록 엄격하게 해석하여

부정행사죄는 외국인의 국외범을 처벌한다(법5 vi). 행위지의 법률에 의하여 처벌되는지를 묻지 않는다(법6 단서 참조).

형법은 공문서부정행사죄의 구성요건을 '공무원 또는 공무소의 문서 또는 도화를 부정행사한 자'라고만 규정하여 문언상으로는 모든 공문서가 행위의 객체에 포함되고 그 사용권한자와 용도가 특정되었는지 여부는 묻지 않는 것처럼 되어 있다. 그러나 이렇게 되면 공문서부정행사죄의 적용범위가 지나치게 확대될 위험이 있다.[1] 따라서 공문서부정행사죄의 객체인 공문서와 부정행사의 개념을 신중하게 제한적으로 해석하지 않으면 안 된다.

(나) 판례의 기준 이와 관련하여 판례는 공문서부정행사죄는 (가) (ㄱ) 사용권한자와 (ㄴ) 용도가 특정되어 작성된 공문서를, (나) 사용권한 없는 자가 사용권한이 있는 것처럼 가장하여 부정한 목적으로 행사하거나, 또는 (다) 권한 있는 자라도 정당한 용법에 반하여 부정하게 행사하는 경우에 성립된다는 엄격한 기준을 제시하고 있다.[2]

처벌범위를 합리적인 범위 내로 제한하여야 한다. (라) 사용권한자와 용도가 특정되어 있는 공문서를 사용권한 없는 자가 사용한 경우에도 그 공문서 본래의 용도에 따른 사용이 아닌 경우에는 공문서부정행사죄가 성립되지 아니한다.

대법원은 장애인 지원과 관련한 법령들을 분석하여(내용은 생략함) 다음의 판단기준을 설시하였다. (가) 장애인복지법과 장애인등편의법의 규정과 관련 법리에 따르면, [다음의 사항을 알 수 있다.] (나) 장애인사용자동차표지는 장애인이 이용하는 자동차에 대한 조세감면 등 필요한 지원의 편의를 위하여 장애인이 사용하는 자동차를 대상으로 발급되는 것이다. (다) 장애인전용주차구역 주차표지가 있는 장애인사용자동차표지는 보행상 장애가 있는 사람이 이용하는 자동차에 대한 지원의 편의를 위하여 발급되는 것이다. (라) (ㄱ) 장애인사용자동차표지를 사용할 권한이 없는 사람이 (ㄴ) 장애인전용주차구역에 주차하는 등 장애인 사용 자동차에 대한 지원을 받을 것으로 합리적으로 기대되는 상황이 아니라면 (ㄷ) 단순히 이를 자동차에 비치하였더라도 (ㄹ) 장애인사용자동차표지를 본래의 용도에 따라 사용했다고 볼 수 없어 (ㅁ) 공문서부정행사죄가 성립하지 않는다.

대법원은 갑의 행위에 대해 다음과 같이 판단하였다. (가) 갑은 실효된 '장애인전용주차구역 주차표지가 있는 장애인사용자동차표지'를 승용차에 비치한 채 M아파트의 주차장 중 장애인전용주차구역이 아닌 장소에 승용차를 주차하였다. (나) 이는 갑이 장애인사용자동차에 대한 지원을 받을 것으로 합리적으로 기대되는 상황에서 장애인사용자동차표지를 승용차에 비치한 경우에 해당한다고 볼 수 없다. (다) 이러한 사실을 앞서 본 법리에 비추어 살펴보면, 갑이 장애인사용자동차표지를 본래의 용도에 따라 사용한 것으로 볼 수 없으므로 공문서부정행사죄가 성립하지 않는다.

1) 2001. 4. 19. 2000도1985 전원합의체 판결, 공 2001, 1185 = 분석 각론 『타인 운전면허증 제시 사건』.

2) 1999. 5. 14. 99도206, 공 1999, 1219 = 『타인 주민등록표등본 제시 사건』:

(사안을 임의로 구성함.) 갑은 경찰관 A로부터 신분증 제시를 요구받았다. 갑은 주민등록증이 없다고 하면서 소지하고 있던 ㉠주민등록표등본을 제시하였다. ㉠주민등록표등본은 갑이 아닌 B에 관한 것이었다.

검사는 갑을 공문서부정행사죄로 기소하였다. 제1심법원은 무죄를 선고하였다. 검사는 불복 항소하였다. 항소법원은 항소를 기각하고, 제1심판결을 유지하였다. 검사는 불복 상고하였다.

대법원은 다음의 이유를 제시하여 상고를 기각하였다. (가) 공문서부정행사죄는 (ㄱ) 사용권한자와 용도가 특정되어 작성된 공문서 또는 공도화를 (ㄴ) 사용권한 없는 자가 사용권한이 있는 것처럼 가장하여 부정한

(다) 공문서의 진실성 여부 위조공문서등행사죄와 비교해 볼 때 공문서부정행사죄의 객체는 진정 · 진실하게 작성된 공문서이어야 한다. 그러나 판례는 허위작성된 공문서에 대해서도 공문서부정행사죄를 인정하고 있다.[1]

형법은 작성권한 없는 자의 공문서 무형위조에 대해서는 공정증서원본 등에 대한 간접정범 형태의 무형위조(법228)만을 처벌하고 그 밖의 경우에는 불문에 부치고 있다. 허위작성된 공문서에 대해서도 공문서부정행사죄를 인정하는 판례의 입장에 따르면 공문서부정행사죄는 일반 공문서에 대한 간접정범 형태의 무형위조를 처벌하지 못하는 난점을 극복하는 장치로 주목된다.

그러나 공문서부정행사죄의 원래 입법취지에 비추어 보거나 공문서부정행사죄의 처벌범위가 지나치게 확장되는 위험성을 고려해 본다면 판례의 입장은 지나친 것이라고 생각

목적으로 행사하거나 또는 (ㄷ) 권한 있는 자라도 정당한 용법에 반하여 부정하게 행사하는 경우에 성립된다.

(나) 주민등록표등본은 시장 · 군수 또는 구청장이 주민의 성명, 주소, 성별, 생년월일, 세대주와의 관계 등 주민등록법 소정의 주민등록사항이 기재된 개인별 · 세대별 주민등록표의 기재 내용 그대로를 인증하여 사본 · 교부하는 문서이다. (다) 주민등록표등본은 그 사용권한자가 특정되어 있다고 할 수 없고, 또 용도도 다양하며, 반드시 본인이나 세대원만이 사용할 수 있는 것이 아니다. (라) 주민등록법 제18조 제2항[현행법 제29조 제2항]의 규정에 의하면, 주민등록표등본의 교부신청은 본인 및 세대원뿐만 아니라 공무상 필요한 경우나 관계 법령에 의한 소송 · 비송사건 · 경매목적 수행상 필요한 경우 기타 대통령령이 정하는 경우에는 제3자도 할 수 있도록 되어 있다. (마) 타인의 주민등록표등본을 그와 아무런 관련 없는 사람이 마치 자신의 것인 것처럼 행사하였다고 하더라도 공문서부정행사죄가 성립되지 아니한다.

1) 1982. 9. 28. 82도1297, 공 1982, 1045 = 『무호적자 주민등록증 발급 사건』 :

갑은 호적이 없어 주민등록증을 발급받지 못하고 있었다. 을의 형 A는 6 · 25 사변 중 행방불명되었다. 갑과 을은 공동하여 A 명의로 주민등록증을 발급받기로 하였다. 갑은 그 정을 모르는 주민등록 담당공무원 B에게 자신이 A인 양 허위의 신고를 하였다. 착오를 일으킨 B는 갑의 사진이 부착되고 갑의 지문이 찍힌 A 명의의 ㉠주민등록증을 발급하였다. 갑은 ㉠주민등록증을 소지하고 있다가 검문 경찰관 C에게 제시하였다.

검사는 갑과 을을 공문서부정행사죄로 기소하였다. 갑과 을의 피고사건은 제1심을 거친 후, 항소심에 계속되었다. 항소법원은 다음의 이유를 들어 무죄로 판단하였다. (가) 공문서부정행사죄는 진정하게 성립된 공무소의 문서를 권한 없는 자가 행사하는 경우이다. (나) ㉠주민등록증은 갑 자신의 사진이 첨부되고 갑 자신의 지문이 찍힌 갑의 주민등록증이다. (다) 갑이 이를 사용하였다 하여 공문서부정행사죄가 성립되는 것은 아니다. 검사는 불복 상고하였다.

대법원은 다음의 이유를 제시하여 원심판결을 파기환송하였다. (가) 공문서부정행사죄는 그 사용권한자와 용도가 특정되어 작성된 공문서 또는 공도화를 사용권한 없는 자가 그 사용권한 있는 것처럼 가장하여 부정한 목적으로 행사한 때 성립한다. (나) 또한 공문서부정행사죄는 형식상 그 사용권한이 있는 자라도 그 정당한 용법에 반하여 부정하게 행사한 때에 성립한다.

(다) 갑은 ㉠주민등록증이 허위사실이 기재되어 발행되었다는 사실을 잘 알고 있다. (라) ㉠문서는 형식상으로는 그 사용목적이 그에 부착된 사진상의 인물이 A의 신원사항을 가진 사람임을 증명하는 용도로 작성되어 있다. (마) 주민등록증의 발행목적상 갑에게 위와 같은 허위사실을 증명하는 용도로 이를 사용할 수 있는 권한이 없다는 것을 충분히 인식하고 있었다고 인정된다. (바) 그럼에도 불구하고, 이를 이와 같은 부정한 목적을 위하여 행사하였다면 이는 공문서부정행사죄를 구성한다.

된다. 공문서부정행사죄는 어디까지나 진정 · 진실하게 성립된 공문서를 객체로 삼아야 할 것이다.

(라) 공문서의 용도특정성 공문서부정행사죄의 객체가 되는 공문서는 (가) 사용권한자와 (나) 용도가 특정되어 있는 것이어야 한다. 이에 해당하는 예로서 주민등록증, 운전면허증 등을 들 수 있다. 다만 다른 사람의 주민등록증을 부정하게 사용하는 행위는 「주민등록법」에 따른 처벌대상이 된다(동법37 viii). 다른 사람의 주민등록번호를 부정하게 사용하는 행위도 「주민등록법」에 따른 처벌대상이 된다(동법37 x).[1)]

그러나 주민등록표등본,[2)] 신원증명서,[3)] 인감증명,[4)] 등기필증[5)] 등은 그 사용권한자가 특정되어 있다고 할 수 없고, 또 용도도 다양하며, 반드시 본인이나 특정인만이 사용할 수 있는 것이 아니므로 공문서부정행사죄의 객체에 해당하지 않는다. 따라서 이러한 경우의 공문서는 설사 그 문서와 아무 관련 없는 사람이 문서상의 명의인인 양 가장하여 이를 행사하였다 하더라도 공문서부정행사죄는 성립하지 않는다.

운전면허증을 발급받은 사람은 자동차 등을 운전할 때 운전면허증 등을 지니고 있어야 하고(도로교통법92①), 운전자는 운전 중에 교통안전이나 교통질서 유지를 위하여 경찰공무원이 운전면허증 등을 제시할 것을 요구할 때에는 이에 응하여야 한다(동조②). 도로교통법이 제시의 객체로 규정한 운전면허증은 적법한 운전면허의 존재를 추단 내지 증명할 수 있는 운전면허증 그 자체를 가리키는 것이지, 그 이미지파일 형태는 여기에 해당하지 않는다.[6)]

---

1) 2014. 2. 27. 2013도10461, 공 2014, 811.
2) 1999. 5. 14. 99도206, 공 1999, 1219 = 『타인 주민등록표등본 제시 사건』.
3) 1993. 5. 11. 93도127, 공 1993, 1753.
4) 1983. 6. 28. 82도1985, 공 1983, 1211.
5) 1981. 12. 8. 81도1130, 공 1982, 186.
6) 2019. 12. 12. 2018도2560, 공 2020상, 288 = 『이미지파일 제시 사건』:

갑은 운전면허가 취소된 상태였다. 갑은 A 몰래 A의 운전면허증을 갑의 휴대전화로 촬영하여 그 이미지파일을 휴대전화에 보관하였다. 갑은 M장소에서 운전을 하다가 경찰관으로부터 운전면허증의 제시를 요구받았다. 갑은 휴대전화에 저장된 A의 운전면허증 이미지파일을 제시하였다.

검사는 갑을 공문서부정행사죄로 기소하였다. 갑의 피고사건은 제1심을 거친 후, 항소심에 계속되었다. 항소법원은 유죄를 인정하였다. 갑은 불복 상고하였다.

대법원은 다음의 이유를 제시하여 원심판결을 파기환송하였다. 대법원은 공문서부정행사죄의 입법취지와 성립요건을 설시하였다(내용 생략함). 대법원은 도로교통법의 운전면허증 관련 규정을 분석하였다(내용 생략함). 대법원은 사실관계를 분석하였다. 대법원은 갑의 행위에 대해 다음과 같이 판단하였다. (가) 자동차 등의 운전자가 운전 중에 도로교통법 제92조 제2항에 따라 경찰공무원으로부터 운전면허증의 제시를 요구받은 경우가 있다. (나) 이 경우 운전면허증의 특정된 용법에 따른 행사는 도로교통법 관계 법령에 따라 발급된 운전면허증 자체를 제시하는 것이라고 보아야 한다.

(2) 실행행위

(가) 권한 없는 자의 부정행사 먼저, 사용권한자와 용도가 특정되어 작성된 공문서 또는 공도화를 사용권한 없는 자가 사용권한이 있는 것처럼 가장하여 부정한 목적으로 행사하면 공문서부정행사죄가 성립한다.

권한 없는 자의 경우 당해 공문서의 용도 내 사용 여부가 중요한 판단기준이 된다. 사용권한자와 용도가 특정되어 있는 공문서를 사용권한 없는 자가 사용한 경우에도 그 공문서 본래의 용도에 따른 사용이 아닌 경우에는 공문서부정행사죄가 성립하지 않는다.

피고인(갑)이 제3자로부터 신분확인을 위하여 신분증명서의 제시를 요구받고 다른 사람(A)의 운전면허증을 제시한 행위는 공문서부정행사죄에 해당한다. 운전면허증은 운전면허증에 표시된 사람이 운전면허시험에 합격한 사람이라는 자격증명과 이를 지니고 있으면서 내보이는 사람이 바로 그 사람이라는 동일인증명의 기능을 동시에 가지고 있기 때문이다.[1]

국가유공자증의 본래 용도는 제시인이 국가유공자법에 따라 등록된 국가유공자로서 관련 혜택을 받을 수 있는 자격이 있음을 증명하는 것이고, 신분의 동일성을 증명하는 것이 아니다. 피고인(갑)이 신분 확인을 위한 증서의 제시를 요구받고 다른 사람(A)의 국가유공자증을 제시한 경우 공문서부정행사죄는 성립하지 않는다.[2]

피고인(갑)이 다른 사람(A)의 주민등록증을 내보이면서 "다른 사람(A)으로부터 허락을 받았다."고 속이는 경우가 있다. 이 경우 제시된 주민등록증은 피고인(갑)의 동일인증명을 위하여 사용된 것이 아니다. 다른 사람(A)의 주민등록증 제시가 공문서 본래의 용도에 따른 사용이 아니므로 공문서부정행사죄는 성립하지 않는다.[3]

(다) 이 경우 자동차 등의 운전자가 경찰공무원에게 다른 사람의 운전면허증 자체가 아니라 이를 촬영한 이미지파일을 휴대전화 화면 등을 통하여 보여주는 행위는 운전면허증의 특정된 용법에 따른 행사라고 볼 수 없다. (라) 운전면허증 이미지파일을 휴대전화 화면 등을 통하여 보여주는 행위로 인하여 경찰공무원이 그릇된 신용을 형성할 위험이 있다고 할 수 없다. (마) 운전면허증 이미지파일을 휴대전화 화면 등을 통하여 보여주는 행위는 결국 공문서부정행사죄를 구성하지 아니한다.

1) 2001. 4. 19. 2000도1985 전원합의체 판결, 공 2001, 1185 = 분석 각론 『타인 운전면허증 제시 사건』.

2) 2022. 10. 14. 2020도13344, 판례속보 = 『타인 국가유공자증 제시 사건』.

3) 2003. 2. 26. 2002도4935, 공 2003, 949 = 『'어머니 허락' 주민등록증 사건』:

갑은 A의 ㉠주민등록증을 습득하였다. B는 P이동전화기대리점 직원이다. 갑은 B에게 ㉠주민등록증을 내보이고, "A는 나(갑)의 어머니인데 어머니의 허락을 받았다"고 속였다. 갑은 자신의 이름을 가명으로 하여 A 이름으로 이동전화 가입신청을 하여 ㉡이동전화기를 교부받았다.

검사는 갑을 공문서부정행사죄로 기소하였다. 갑의 피고사건은 제1심을 거친 후, 항소심에 계속되었다. 항소법원은 무죄를 선고하였다. 검사는 불복 상고하였다.

대법원은 다음의 이유를 제시하여 상고를 기각하였다. (가) (ㄱ) 사용권한자와 용도가 특정되어 있는 공문서를 사용권한 없는 자가 사용한 경우에도 (ㄴ) 그 공문서 본래의 용도에 따른 사용이 아닌 경우에는 (ㄷ) 형법 제230조의 공문서부정행사죄가 성립하지 않는다. (나) 주민등록법의 관련 규정에 의하면, 주민등

(나) 권한 있는 자의 부정행사 사용권한 있는 자라도 사용권한자와 용도가 특정되어 작성된 공문서 · 공도화를 정당한 용법에 반하여 부정하게 행사하면 공문서부정행사죄가 성립한다.

권한 있는 자의 경우에는 당해 공문서의 용도 외 사용 여부가 중요한 판단기준이 된다. 공문서의 용도 그 자체에 사용된 것일 뿐이고 그 본래의 용도를 벗어나 행사된 것으로 보기 어렵다면 공문서부정행사죄는 성립하지 않는다.[1)]

제 4 사문서에 관한 죄의 기본유형 – 사문서위조죄

형법 제231조 (사문서등의 위조 · 변조) 행사할 목적으로 권리 · 의무 또는 사실증명에 관한 타인의 문서 또는 도화를 위조 또는 변조한 자는 5년 이하의 징역 또는 1천만원 이하의 벌금에 처한다.

◎ 미수범 처벌함(법235)

1. 비교법적 고찰

비교법적으로 볼 때 독일 형법은 문서에 관한 죄를 규정하면서 공문서와 사문서를 구별하고 있지 않다. 이에 반해 우리 형법은 공문서와 사문서를 구별하면서, 사문서위조죄를 공

록증은 시장 · 군수 또는 구청장이 관할구역 안에 주민등록이 된 자 중 17세 이상의 자에 대하여 주민의 성명, 사진, 주민등록번호, 주소, 지문 등을 수록하여 발급하는 문서이다. (다) 주민등록증은 국가기관 · 지방자치단체 · 공공단체 · 사회단체 · 기업체 등에서 그 업무를 수행함에 있어 대상자의 신분을 확인하기 위하여 사용할 수 있도록 한 것이다. (라) 갑이 A의 ㉠주민등록증을 사용한 것이 타인의 주민등록증을 그 본래의 사용용도인 신분확인용으로 사용한 것이라고 볼 수 없어 공문서부정행사죄가 성립하지 않는다.

1) 2009. 2. 26. 2008도10851, 공 2009, 398 = 『해운조합 선박국적증서 제출 사건』 :

갑은 P선박회사의 대표이사이다. P회사는 HM9001호 선박을 소유하고 있다. P회사는 [HM9001호보다 규모가 큰] H9001호 선박도 소유하고 있다. HM9001호 선박이 M수역 돌핀부두 파손 및 N수역 김양식장 파손 사고를 내었다. 갑은 P회사 부사장 A를 통해 Q해운조합에 공제금청구를 위한 사고신고를 하였다. 갑은 M수역 사고 및 N수역 사고가 H9001호 선박에 의하여 발생한 것처럼 위장하기로 하였다. 갑은 검정용 자료로서 H9001호의 ㉠선박국적증서와 ㉡선박검사증서를 제출하였다.

검사는 갑을 공문서부정행사죄로 기소하였다. 갑의 피고사건은 제1심을 거친 후, 항소심에 계속되었다. 항소법원은 권한 있는 자가 정당한 용법에 반하여 공문서를 부정하게 행사한 경우에 해당한다는 이유로 유죄를 인정하였다. 갑은 불복 상고하였다.

대법원은 다음의 이유를 제시하여 원심판결을 파기환송하였다. (가) 어떤 선박[H9001호]이 사고를 낸 것처럼 허위로 사고신고를 하면서 그 선박의 [㉠]선박국적증서와 [㉡]선박검사증서가 함께 제출되었다고 하자. (나) [㉠]선박국적증서와 [㉡]선박검사증서는 위 선박[H9001호]의 국적과 항행할 수 있는 자격을 증명하기 위한 용도 그 자체에 사용된 것일 뿐이고, 그 본래의 용도를 벗어나 행사된 것으로 보기는 어렵다. (다) 이와 같은 행위를 공문서부정행사죄에 해당한다고 할 수는 없다.

문서위조죄에 비하여 가볍게 처벌하고, 허위진단서작성죄(법233)의 예외적인 경우에 한하여 무형위조를 처벌하고 있다.

이 점과 관련하여 문서에 관한 죄를 규정하면서 공문서와 사문서를 구별하여 취급할 필요가 있는가 하는 의문을 제기할 수 있다. 실제의 거래사회에서 문서가 발휘하는 기능과 중요성을 고려할 때 공문서와 사문서 사이에 본질적 차이가 없다고 볼 수도 있기 때문이다.

그러나 (가) 문서위조죄의 보호법익이 문서내용보다 작성명의인에 대한 일반인의 신용에 있다고 볼 때 공문서가 사문서에 비하여 신용성이 높다는 점, (나) 문서의 내용도 전체적으로 공문서가 더 중요한 경우가 많다는 점, (다) 유형위조의 처벌 이외에 허위문서작성이나 불실기재와 같은 무형위조를 단속할 필요성이 사문서보다 공문서의 경우에 더욱 높다는 점 등을 생각할 때 현행 형법의 입법태도에 합리적인 이유가 있다고 생각된다.

일본 형법은 사문서위조죄를 규정하면서 인장 또는 서명이 사용된 경우와 그렇지 아니한 경우를 나누어 법정형을 달리하고 있다(동법159 참조). 우리 형법은 이와 같은 구별을 하지 않고 사문서위조죄의 구성요건을 단순화하였다. 따라서 우리 형법상 인장 또는 서명이 없다는 이유로 문서가 미완성이라거나 사문서위조죄가 미수에 그친다는 주장은 성립하지 않는다.[1)]

2. 행위객체

사문서는 문서 가운데 공문서를 제외한 것으로서, 권리 · 의무 또는 사실증명에 관한 타인의 문서를 말한다. 문서 및 도화의 개념[2)] 및 공문서와 사문서의 구별[3)]은 이미 앞에서 설

---

1) 2000. 2. 11. 99도4819, 공 2000, 753 =『채권계약서 입회인 사건』:

A와 B는 ㉠채권계약서를 작성하였다. 갑은 ㉠채권계약서의 입회인으로 C의 상호와 성명을 마음대로 적어넣었다. 그러나 C의 인장은 찍지 않았다.

검사는 갑을 사문서위조죄로 기소하였다. 갑의 피고사건은 제1심을 거친 후, 항소심에 계속되었다. 항소법원은 유죄를 인정하였다. 갑은 불복 상고하였다. 갑은 상고이유로 다음의 점을 주장하였다. (가) 단순히 입회인으로 기재한 문서는 법률상의 사실을 증명하는 문서에 해당하지 않는다. (나) 입회사실을 기재한 ㉠문서는 법률상의 사실을 기재한 문서가 아니므로 사문서에 해당하지 않는다. (다) ㉠문서에는 C의 인장이 찍혀 있지 아니하여 미완성의 문서이다. (라) ㉠문서는 아직 미완성이므로 사문서의 위조에 이르지 않았다.

대법원은 다음의 이유를 제시하여 상고를 기각하였다. (가) 사실증명에 관한 사문서에는 법률상 또는 사회생활상의 사실의 증명에 관한 문서가 포함된다. (나) 채권계약서의 입회인으로 타인의 명의를 함부로 써서 작성한 ㉠문서는 사문서에 해당한다. (다) 사문서의 작성명의자의 인장이 찍히지 아니하였더라도 그 사람의 상호와 성명이 기재되어 그 명의자의 문서로 믿을 만한 형식과 외관을 갖춘 갑의 행위의 경우 사문서위조라고 볼 수 있다.

2) 전술 433면 이하 참조.

3) 전술 444면 이하 참조.

명하였다. 입법자는 1995년 말 형법 일부개정을 통하여 복사문서의 문서성을 인정하는 규정을 마련하였다(법237의2). 이에 따라 복사문서의 문서성 여부를 둘러싼 논란은 입법적으로 극복되었다.[1] 아래에서는 사문서를 중심으로 필요한 사항을 정리해 본다.

(1) 작성명의인의 특정

문서의 위조는 작성권한 없는 자가 타인 명의로 문서를 작성하는 행위이다. 작성명의인이 없는 문서는 문서위조죄의 객체가 될 수 없다. 일반인이 명의자에 의하여 작성된 문서라고 오신할 만한 형식과 외관을 갖춘 이상 작성명의인이 있는 문서라고 보아야 한다.[2] 작성명의인이 실재하지 않는 허무인이거나 문서의 작성일자 이전에 이미 사망하였다고 하더라도 그러한 문서 역시 공공의 신용을 해할 위험성이 있으므로 사문서위조죄의 객체가 된다.[3]

실제의 본명 대신 가명이나 위명을 사용하여 사문서를 작성하는 경우가 있다. 이 경우 그 문서의 작성명의인과 실제 작성자 사이에 인격의 동일성이 그대로 유지되는 때에는 위조가 되지 않는다. 그러나 명의인과 작성자의 인격이 상이할 때에는 위조죄가 성립할 수 있다.[4]

문서의 진정한 작성명의인이 누구인지는 문서의 표제나 명칭만으로 판단해서는 안 된다. 문서의 형식과 외관은 물론 문서의 종류, 내용, 일반 거래에서 그 문서가 가지는 기능 등 제반 사정을 종합적으로 참작하여 판단해야 한다.[5]

어떤 문서가 '문중규약'이라는 표제하에 작성되었다고 하여 이를 가리켜 일률적으로 문중이라는 단체 명의의 문서라고 단정할 수는 없다. 그 문서가 문중규약의 존재와 내용 등을 확인하는 취지에서 작성된 것으로 볼 수 있으면 이는 사실증명에 관한 문서이다. 이 경우에는 문중규약의 존재와 내용 등을 확인하는 의사표시의 주체가 그 문서의 작성명의자이다. 그 작성명의자의 승낙이나 위임이 없이 그 명의를 모용하여 문중규약의 존재와 내용 등을 확인하는 문서를 작성하였다면 이는 사문서위조죄를 구성한다.[6]

법인의 이사회 의사록과 같이 2명 이상의 연명으로 된 문서를 작성하거나 그 문서를 행사한 경우에는 작성명의인 수대로 문서에 관한 죄가 성립한다.[7]

---

1) 전술 439면 이하 참조.
2) 2000. 2. 11. 99도4819, 공 2000, 753 = 『채권계약서 입회인 사건』.
3) 2005. 2. 24. 2002도18 전원합의체 판결, 공 2005, 534 = 분석 각론 『'강남한의원' 경력증명서 사건』.
4) 2010. 11. 11. 2010도1835, [미간행] = 분석 각론 『가명 현금보관증 사건』.
5) 1996. 2. 9. 94도1858, 공 1996, 1004 = 『산소 보존용 문중규약 사건』 ☞ 부록 1573면.
6) 1996. 2. 9. 94도1858, 공 1996, 1004 = 『산소 보존용 문중규약 사건』.
7) 2007. 7. 26. 2005도4072, 공 2007, 1407 = 분석 각론 『회장 직무집행 가처분 사건』.

(2) 회사명의 문서와 작성명의인

'P주식회사 대표이사 갑'과 같이 주식회사의 대표이사가 그 대표자격을 표시하는 방식으로 작성된 문서의 경우 그 문서에 표현된 의사 또는 관념이 귀속되는 주체는 대표이사 개인(갑)이 아닌 주식회사(P회사)이다. 그러므로 그 문서의 명의자는 주식회사(P회사)이다. 주식회사의 대표이사가 그 대표자격을 표시하는 방식으로 문서를 작성한 행위가 위조에 해당하는지는 그 작성자(갑)가 주식회사(P회사) 명의의 문서를 적법하게 작성할 권한이 있는지에 따라 판단하여야 한다.[1] 문서에 대표이사로 표시되어 있는 사람(을)으로부터 그 문서 작성에 관하여 위임 또는 승낙을 받았는지에 따라 사문서위조죄나 자격모용사문서작성죄의 성립 여부를 판단할 것은 아니다.[2]

예컨대 P주식회사의 대표이사 갑이 허위내용의 ㉠차용증을 작성하면서 작성일자를 소급하였기 때문에 해당 일자 당시 재직중이던 대표이사 을의 명의를 마음대로 이용하여 "P주식회사 대표이사 을"이라는 문구를 ㉠차용증에 기재한 행위를 생각해 본다. 이 경우 ㉠차용증을 실제로 작성할 당시 P회사의 적법한 대표이사는 갑이다. 따라서 갑의 행위는 사문서위조죄(법231)나 자격모용사문서작성죄(법232)에 해당하지 않는다. ㉠차용증에 대표이사로 표시된 을로부터 ㉠차용증의 작성에 관하여 위임 또는 승낙을 받았는지 여부는 사문서위조죄나 자격모용사문서작성죄의 성립에 영향을 미치지 않는다.[3]

원래 주식회사의 적법한 대표이사는 회사의 영업에 관하여 재판상 또는 재판 외의 모든 행위를 할 권한이 있다(상법389③, 209①). 그러므로 대표이사(갑)가 직접 주식회사(P회사) 명의 문서를 작성하는 행위는 자격모용사문서작성죄(법232) 또는 사문서위조죄(법231)에 해당하지 않는 것이 원칙이다. 이는 그 문서의 내용이 진실에 반하는 허위이거나 대표권을 남용하여 자기 또는 제3자의 이익을 도모할 목적으로 작성된 경우에도 마찬가지이다.[4] [5]

주식회사(P회사)의 적법한 대표이사(갑)라 하더라도 그 권한을 포괄적으로 위임하여 다른 사람(을)으로 하여금 대표이사의 업무를 처리하게 하는 것은 허용되지 않는다. 다른 사람(을)이 대표이사(갑)로부터 권한을 위임받아 적법하게 주식회사(P회사) 명의로 문서를 작성하기 위하여는 대표이사(갑)로부터 개별적 · 구체적으로 주식회사(P회사) 명의의 문서 작성에 관하여 위임 또는 승낙을 받아야 한다.[6] 피고인(을)이 다른 회사(P회사)로부터 사업 면허와

---

1) 2008. 12. 24. 2008도7836, [미간행] = 분석 각론 『전처 명의 차용증 사건』.
2) 2008. 12. 24. 2008도7836, [미간행] = 분석 각론 『전처 명의 차용증 사건』.
3) 2008. 12. 24. 2008도7836, [미간행] = 분석 각론 『전처 명의 차용증 사건』.
4) 2008. 12. 24. 2008도7836, [미간행] = 분석 각론 『전처 명의 차용증 사건』.
5) 2008. 11. 27. 2006도2016, 공 2008하, 1820 = 분석 각론 『오피스텔 투자 사기 사건』.
6) 2008. 11. 27. 2006도2016, 공 2008하, 1820 = 분석 각론 『오피스텔 투자 사기 사건』.

관련한 명의대여를 받았다고 하더라도 차용증의 작성에 관하여 다른 회사 대표자(갑)의 구체적 위임 또는 승낙이 없었다면 피고인(을)이 다른 회사(P회사) 명의로 된 차용증을 작성하고 이를 교부한 행위는 사문서위조죄 및 위조사문서행사죄에 해당한다.[1)]

주식회사의 지배인은 회사의 영업에 관하여 재판상 또는 재판 외의 모든 행위를 할 권한이 있다(상법11①). 그러므로 지배인이 직접 주식회사 명의의 문서를 작성하는 행위는 위조나 자격모용사문서작성에 해당하지 않는 것이 원칙이다. 이는 그 문서의 내용이 진실에 반하는 허위이거나 대표권을 남용하여 자기 또는 제3자의 이익을 도모할 목적으로 작성된 경우에도 마찬가지이다.[2)]

그러나 회사의 내부규정 등에 의하여 각 지배인이 회사를 대리할 수 있는 행위의 종류, 내용, 상대방 등을 한정하여 그 권한을 제한한 경우에 그 제한된 권한 범위를 벗어나서 회사 명의의 문서를 작성하였다면, 이는 자기 권한 범위 내에서 권한 행사의 절차와 방식 등을 어긴 경우와 달리 사문서위조죄에 해당한다.[3)]

(3) 사문서의 유형

(가) 권리 · 의무에 관한 문서 권리 · 의무의 발생 · 변경 · 소멸에 관한 사항이 기재된 문서를 말한다.[4)] 권리 · 의무에 관한 문서의 예로 매매계약서, 예금청구서 등을 들 수 있다. 주민등록증발급신청서는 주민등록증의 발급을 받고자 하는 자가 그 발급을 받기 위하여 시장 또는 군수에게 제출하는 권리행사에 관한 문서이고, 인감증명교부신청서는 인감의 증명을 받고자 하는 자가 그 증명을 받기 위하여 증명청에 제출하는 권리행사에 관한 문서이다. 따라서 주민등록발급신청서나 인감증명교부신청서를 위조한 행위는 사문서위조죄에 해당한다.[5)]

(나) 사실증명에 관한 문서 권리 · 의무에 관한 문서 이외의 문서로서 거래상 중요한 사실을 증명하는 문서를 의미한다. 거래상 중요한 사실을 증명하는 문서는 법률관계의 발생 · 존속 · 변경 · 소멸의 전후과정을 증명하는 것이 주된 취지인 문서뿐만 아니라, 직접적인 법률관계에 단지 간접적으로만 연관된 의사표시 내지 권리 · 의무의 변동에 사실상으로만 영향을 줄 수 있는 의사표시를 내용으로 하는 문서도 포함된다.[6)] 예컨대 입회인으로 타인의

1) 2010. 5. 13. 2010도1040, 공 2010상, 1184 = 분석 각론 『골재채취업자 차용증 사건』.
2) 2010. 5. 13. 2010도1040, 공 2010상, 1184 = 분석 각론 『골재채취업자 차용증 사건』.
3) 2012. 9. 27. 2012도7467, 공 2012하, 1794 = 분석 각론 『대출채권양수도약정서 사건』.
4) 2009. 4. 23. 2008도8527, [미간행] = 『작가협회 교육원장 사건』 ☞ 부록 1574면.
5) 1975. 5. 13. 74도2916, 공 1975, 8520.
6) 2009. 4. 23. 2008도8527, [미간행] = 『작가협회 교육원장 사건』.

명의를 함부로 써서 작성한 채권계약서,[1] 신용장에 날인된 은행의 접수일부인[2] 등은 사실증명에 관한 사문서에 해당한다.

사실증명에 관한 문서에 해당하는지 여부는 문서의 제목만을 고려할 것이 아니라 문서의 내용과 더불어 문서 작성자의 의도, 그 문서가 작성된 객관적인 상황, 문서에 적시된 사항과 그 행사가 예정된 상대방과의 관계 등을 종합적으로 고려하여 판단해야 한다.[3]

3. 실행행위

위조와 변조의 일반적인 내용에 대해서는 앞에서 설명하였다.[4] 아래에서는 사문서위조죄와 관련한 내용을 중심으로 검토를 진행하기로 한다.

(1) 위조와 변조

사문서위조죄의 위조는 작성권한 없는 자가 타인의 명의로 사문서를 작성하는 행위를 말한다. 예명이나 필명과 같이 본래의 명의와 일치하지 않는 이름을 사용하여 문서를 작성하더라도 작성명의인과 실제 작성자의 동일성에 차이가 없다면 위조에 해당하지 않는다. 그러나 출입국신고서와 같이 본래의 명의를 사용해야 일정한 증명력이 발생하게 되는 문서의 경우 다른 이름을 사용하면 위조에 해당한다.

사문서변조죄의 변조는 이미 진정하게 성립된 타인명의의 사문서에 작성권한 없는 자가 문서의 내용에 대하여 그 동일성을 해하지 아니할 정도로 변경을 가하는 것을 말한다. 이미 진정하게 성립된 타인 명의의 문서가 존재하지 않는다면 사문서변조죄가 성립할 수 없다.[5] [6]

---

1) 2000. 2. 11. 99도4819, 공 2000, 753 = 『채권계약서 입회인 사건』.
2) 1979. 10. 30. 77도1879, 공 1980, 12356.
3) 2009. 4. 23. 2008도8527, [미간행] = 『작가협회 교육원장 사건』.
4) 전술 446면 이하 참조.
5) 2017. 12. 5. 2014도14924, 공 2018상, 121 = 『경영정상화 계획 파일 사건』 ☞ 부록 1576면.
6) 2018. 9. 13. 2016도20954, 공 2018하, 2015 = 『서명거부사유 삭제 사건』:

갑은 P학교법인의 이사장이다. A, B, C, D, E는 P학교법인의 이사들이다. 갑은 ⓐ일자에 이사회를 개최하였다. 갑은 이사회 개최 후 ㉠회의록을 작성하였다. 갑은 회의에 참석한 이사 C, D, E 및 감사로부터 ㉠회의록 각 페이지 하단의 간서명과 마지막 페이지에 기재된 기명 옆에 서명을 받았다. 갑은 이사 A와 B로부터 서명을 받으려고 하였다. 이사 A는 이사장 갑이 사전에 회의의 내용을 공개하였다는 이유로 서명을 거부하였다. 갑은 A에게 ㉠회의록에 거부사유를 기재하도록 하였다. 이사 A는 "이사장의 이사회 내용 사전 유출로 인한 책임을 물어 회의록 서명을 거부합니다. A (서명)"이라고 기재하였다(㉡문구). 이사 B는 ㉠회의록에 서명을 하지 않았다. 수일 후 갑은 ㉠회의록에서 임의로 ㉡문구를 삭제하였다. 갑은 다음날 ㉠회의록을 PDF파일로 이미지화한 다음 P학원 홈페이지에 게시하였다.

위조 · 변조의 방법에는 제한이 없다. 작성명의인으로 하여금 서명 · 날인하게 하거나 내용을 변경하게 하는 경우와 같이 간접정범 형태로도 가능하다. 작성명의인이 진정으로 작성한 문서라고 볼 수 있을 정도의 형식과 외관을 갖추어서 일반인이 명의자의 진정한 사문서로 오신하기에 충분한 정도에 이르면 위조가 된다. 이때 반드시 작성명의인의 서명이나 날인이 있어야 하는 것은 아니다.[1)]

일반인이 명의자의 진정한 사문서로 오신하기에 충분한 정도인지 여부는 문서의 형식과 외관은 물론 문서의 작성경위, 종류, 내용 및 일반거래에서 그 문서가 가지는 기능 등 여러 가지 사정을 종합적으로 고려하여 판단해야 한다.[2)]

검사는 갑을 사문서변조죄 및 변조사문서행사죄로 기소하였다. 제1심법원은 유죄를 인정하였다. 갑은 불복 항소하였다. 항소법원은 제1심판결을 파기하고, 무죄를 선고하였다. 항소법원은 무죄판단의 이유로 다음의 점을 제시하였다. (가) 사문서의 객체는 피고인이 아닌 타인 명의의 문서이다. (나) 이사회 회의록에는 서명한 사람 별로 각각의 문서가 성립한다. (다) 이사 A가 기재한 ㉠문구는 이사회 회의록이라고 오신할 만한 형식과 외관을 갖추지 않았다. (라) 갑이 ㉡문구를 삭제할 당시 ㉠회의록은 A 명의의 완성된 문서라고 보기 어렵다. 검사는 불복 상고하였다.

대법원은 다음의 이유를 제시하여 원심판결을 파기환송하였다. 대법원은 이사회 회의록의 서명과 관련하여 다음과 같이 설시하였다. (가) 이사회 회의록에 관한 이사의 서명권한에는 서명거부사유를 기재하고 그에 대해 서명할 권한이 포함된다. (나) 이사는 이사회 회의록에 서명함에 있어 이사장이나 다른 이사들의 동의를 받을 필요가 없다. (다) 이사는 서명거부사유를 기재하고 그에 대한 서명을 함에 있어서도 이사장 등의 동의가 필요 없다. (라) 이사가 이사회 회의록에 서명 대신 서명거부사유를 기재하고 그에 대한 서명을 하면, 특별한 사정이 없는 한 그 내용은 이사회 회의록의 일부가 된다. (마) 이사회 회의록의 작성권한자인 이사장이라 하더라도 임의로 서명거부사유와 서명을 삭제한 경우에는 이사회 회의록 내용에 변경을 가하여 새로운 증명력을 가져오게 되므로 사문서변조에 해당한다.

대법원은 갑의 행위에 대해 다음과 같이 판단하였다. (가) 이사 A는 ㉠회의록에 대한 서명권한의 범위 내에서 ㉠회의록에 서명거부사유를 기재하고 그에 대한 서명을 하였다(㉡문구). (나) 그러한 이상 ㉡문구는 ㉠회의록의 일부가 되었다. (다) 서명거부사유를 기재한 ㉡문구는 서명거부의 의미로 서명 자체를 하지 않은 것과 그 내용면에서 동일하다고 할 수 없다. (라) 갑은 임의로 ㉡문구를 삭제함으로써 ㉠회의록의 새로운 증명력을 작출했다고 볼 수 있다.

1) 2000. 2. 11. 99도4819, 공 2000, 753 =『채권계약서 입회인 사건』.

2) 2009. 5. 14. 2009도5, [미간행] =『날인 없는 매매계약동의서 사건』:

M지역에 재개발사업이 추진되고 있다. [재개발사업의 추진 주체는 P주택조합이다.] P조합은 M지역 내 토지 소유자들을 상대로 매매계약동의서를 받고 있다. 갑은 컴퓨터 및 필기구를 이용하여 매매계약동의서를 미리 작성해 두었다. 매매계약동의서에는 부동산 표시, 매매가격, 계약금지급일, 작성일, 작성자 주소, 성명이 구체적으로 기재되어 있었다. 매매계약에 동의한 A 등 7명은 매매계약동의서의 주소, 성명 다음에 날인을 하였다(㉠동의서). 매매계약에 유보적인 B 등 12명은 아직 동의서에 날인을 하지 않았다(㉡동의서). 갑은 ㉠동의서와 ㉡동의서의 사본을 함께 P조합의 담당자 C에게 제출하였다.

검사는 갑을 사문서위조죄 및 위조사문서행사죄로 기소하였다. 제1심 공판절차에서 갑은 B 등 12명에 대해 가격을 포함한 충분한 협의가 있어서 날인한다고 하면 바로 받으려고 미리 서식에 이름과 주소, 예상가격을 기재하여 휴대하고 있었다고 주장하였다. 제1심법원은 유죄를 인정하였다. 갑은 불복 항소하였다. 항소법원은 항소를 기각하고, 제1심판결을 유지하였다. 갑은 불복 상고하였다.

대법원은 다음의 이유를 제시하여 원심판결을 파기환송하였다. 대법원은 사문서의 위조에 대해 다음과 같

(2) 명의인의 승낙

위조 · 변조는 작성권한 없는 자가 타인명의를 모용하여 문서를 작성하거나 내용에 변경을 가하는 것을 말한다. 그러므로 사문서를 작성하거나 변경할 때 그 명의인의 명시적이거나 묵시적인 승낙이 있었다면 사문서위조죄에 해당하지 않는다.[1)]

행위 당시 명의인의 현실적인 승낙은 없었지만 행위 당시의 모든 객관적 사정을 종합하여 명의인이 행위 당시 그 사실을 알았다면 당연히 승낙했을 것이라고 추정되는 경우에는 사문서위조죄가 성립하지 않는다.[2)] 그러나 사후에 피해자의 동의 또는 추인 등으로 문서에 기재된 대로 법적 효과의 승인을 받더라도 이미 성립한 사문서위조죄에는 영향이 없다.[3)]

이 설시하였다. (가) 사문서위조죄는 그 명의자가 진정으로 작성한 문서로 볼 수 있을 정도의 형식과 외관을 갖추어 일반인이 명의자의 진정한 사문서로 오신하기에 충분한 정도이면 성립하는 것이다. (나) 반드시 그 작성명의자의 서명이나 날인이 있어야 하는 것은 아니다. (다) 일반인이 명의자의 진정한 사문서로 오신하기에 충분한 정도인지 여부는 그 문서의 형식과 외관은 물론 그 문서의 작성경위, 종류, 내용 및 일반거래에 있어서 그 문서가 가지는 기능 등 여러 가지 사정을 종합적으로 고려하여 판단하여야 한다.

대법원은 갑의 행위에 대해 다음과 같이 판단하였다. (가) ㉡동의서는 ㉠동의서와 함께 제시되었다. (나) 제시받은 당사자[C]는 B 등 12명의 소유자들에 대하여는 확정적인 매매계약동의를 받지 못하였음을 쉽게 구별하여 확인할 수 있다. (다) B 등 12명에 대해서는 가격을 포함한 충분한 협의가 있어서 날인한다고 하면 바로 받으려고 미리 서식에 이름과 주소, 예상가격을 기재하여 휴대하고 있었다는 갑의 주장에 설득력이 있다. (라) 매매계약동의서는 당사자 사이에 장차 매매계약을 체결하는 것에 대한 합의가 있었음을 증명하는 서류로서 그 후 당사자들은 그에 따른 매매계약을 체결할 일정한 구속을 받게 된다는 기능을 가지고 있다. (마) 이상의 점들에 비추어 보면 ㉡매매계약동의서는 B 등 12명이 작성한 진정한 문서로 오신하기에 충분한 정도의 형식과 외관을 갖춘 완성된 문서라고 인정하기에 부족하다.

1) 2011. 9. 29. 2010도14587, 공 2011하, 2280 = 분석 각론 『결혼정보회사 월급통장 사건』.

2) 2011. 9. 29. 2010도14587, 공 2011하, 2280 = 분석 각론 『결혼정보회사 월급통장 사건』.

3) 1999. 5. 14. 99도202, 공 1999, 1215 = 『가등기 서류 되찾기 사건』 :

갑은 A와 B가 추진하는 ㉠사업에 1억 1천만원을 투자하기로 하였다(㉡투자금). 갑은 종형 C로부터 자금을 받았다(㉢자금). M부동산은 A와 B의 소유이다. ㉡투자금의 회수에 대비하여 갑은 A와 B에게 M부동산에 대한 가등기를 원하였다. A와 B는 갑이 더 투자를 하면 가등기를 하기로 하고 가등기 서류를 P법무사 사무실에 맡겨 두었다(㉣가등기 서류). ㉣가등기 서류는 백지의 매매계약서와 위임장으로 구성되어 있다(㉤백지 매매계약서, ㉥위임장). 갑은 ㉣서류를 A와 B 모르게 혼자서 되찾아 왔다. 갑은 ㉤백지 매매계약서에 갑과 A · B 사이에 매매예약이 성립된 것처럼 백지 부분을 임의로 보충하였다(㉦매매계약서). 갑은 ㉦매매계약서와 ㉥위임장을 관할 등기소에 제출하였다. M부동산은 갑의 종형 C 명의로 가등기가 경료되었다(㉧가등기). A와 B는 나중에 ㉧가등기가 경료된 것을 알게 되었다. 갑은 A · B와 다음의 약정을 하였다. (가) A와 B는 어차피 갑에게 ㉡투자금을 반환해야 한다. (나) ㉧가등기를 갑이 투자한 ㉡투자금의 반환채무를 담보하는 것으로 보기로 한다.

검사는 갑을 사문서위조죄, 위조사문서행사죄, 공정증서원본불실기재죄, 불실기재공정증서원본행사죄로 기소하였다. 갑의 피고사건은 제1심을 거친 후, 항소심에 계속되었다. 항소법원은 유죄를 인정하였다. 갑은 불복 상고하였다.

대법원은 다음의 이유를 제시하여 상고를 기각하였다. (가) 사문서위조나 공정증서원본불실기재가 성립

작성명의인의 승낙과 관련하여 판례에 나타난 유형을 몇 가지 살펴본다.

(가) 서명사취사기　행위자의 기망행위에 의해 유발된 착오로 인하여 피기망자가 내심의 의사와 다른 처분문서에 서명 또는 날인함으로써 피해자에게 재산상 손해를 초래한 경우를 가리켜서 서명사취사기라고 한다.[1] 사명사취사안에서 피기망자로 하여금 내심의 의사와 다른 처분문서에 서명 또는 날인하게 하는 행위는 간접정범 형태의 사문서위조죄(법231)에 해당한다.[2] 여기에서 더 나아가 사기죄(법347①·②)가 성립할 것인지 문제된다. 만일 사기죄가 성립한다면 사문서위조죄와 사기죄는 상상적 경합관계에 서게 된다.

종전의 대법원판례는 피기망자에게 처분의사가 없어서 사기죄의 성립요소인 처분행위가 인정되지 않아 사기죄가 성립하지 않는다는 태도를 취하고 있었다. 2017년 대법원은 판례변경을 단행하여 사기죄의 성립을 인정하는 쪽으로 입장을 전환하였다.[3] 서명사취사기 사안에 대한 대법원의 새로운 판례에서 주목되는 점은 다음의 두 가지이다.

먼저, 피기망자가 행위자의 기망행위로 인하여 착오에 빠진 결과 내심의 의사와 다른 효과를 발생시키는 내용의 처분문서에 서명 또는 날인함으로써 처분문서의 내용에 따른 재산상 손해가 초래되었다면 그와 같은 처분문서에 서명 또는 날인을 한 피기망자의 행위는 사기죄에서 말하는 처분행위에 해당한다.[4]

다음으로, 비록 피기망자가 처분결과, 즉 문서의 구체적 내용과 그 법적 효과를 미처 인식하지 못하였다고 하더라도, 어떤 문서에 스스로 서명 또는 날인함으로써 그 처분문서에 서명 또는 날인하는 행위에 관한 인식이 있었던 이상 피기망자의 처분의사 역시 인정된다.[5]

(나) 이사의 사임　법인의 이사가 사임하는 행위는 상대방 있는 단독행위이다. 사임의 의사표시는 상대방에게 도달함과 동시에 그 효력을 발생한다. 통상적으로 회사의 이사가 사임하면 그 즉시 이사로서의 지위를 상실한다. 자신의 이름을 회사의 이사인 것처럼 사용하도록 허락한 사람이 회사에 대해 사임의 의사표시를 하는 경우 그 의사표시에는 명의사용에 대한 기존의 승낙이나 동의를 더 이상 유지하지 않는다는 의사도 포함된다. 상대방도 이러한

한 후, 사후에 피해자의 동의 또는 추인 등의 사정으로 문서에 기재된 대로 효과의 승인을 받거나, 등기가 실체적 권리관계에 부합하게 된 경우가 있다. (나) 그렇다고 하더라도 이미 성립한 범죄에는 아무런 영향이 없다.

1) 서명사취사기와 처분의사의 관계에 대해서는, 후술 1173면 참조.
2) 2000. 6. 13. 2000도778, 공 2000, 1700 = 『문중총회 회의록 서명날인 사건』.
3) 2017. 2. 16. 2016도13362 전원합의체 판결, 공 2017상, 673 = 『토지거래허가 서명사취사기 사건』.
4) 2017. 2. 16. 2016도13362 전원합의체 판결, 공 2017상, 673 = 『토지거래허가 서명사취사기 사건』.
5) 2017. 2. 16. 2016도13362 전원합의체 판결, 공 2017상, 673 = 『토지거래허가 서명사취사기 사건』.

의사를 인식하였다고 보는 것이 일반적이므로 회사는 사임의 의사표시 이후에는 더 이상 그의 명의를 사용할 수 없다.[1]

그러나 사임으로 인하여 필요한 이사의 수에 결원이 생기는 등의 사유가 있는 경우에는 사임한 이사가 명의사용을 곧바로 금지한 것으로 단정할 수 없다. 또한 사임 의사표시의 상대방인 법인의 대표이사도 명의사용 금지의 의사를 인식하였다고 단정할 수 없다.[2]

이사가 사임한 경우에 더 이상의 명의사용을 금지한 것인지 여부 및 상대방이 이를 인식하였는지 여부는 (가) 당초 이사로 선임된 동기, (나) 사임으로 인한 이사 정원의 미달 여부, (다) 사임의 동기, (라) 이사와 회사 및 대표이사와의 관계, (마) 사임 이후의 명의사용에 대하여 이의를 제기하였는지 여부 등의 사정을 종합하여 살펴보아야 한다.[3]

(다) 명의신탁 신탁자에게 아무런 부담이 지워지지 않은 채 재산이 수탁자에게 유효하게 명의신탁된 경우에는 특단의 사정이 없는 한 그 재산의 처분 기타 권한행사에서는 수

---

1) 2009. 5. 14. 2008도11040, 공 2009, 930 =『1인회사 공장부지 매도 사건』:

P회사는 갑이 대주주인 1인회사이다. P회사는 M공장부지를 소유하고 있다. A와 B는 P회사의 이사이고 C는 감사이다. B는 P회사에 사임의 의사를 표시하였다. [B의 후임 이사는 아직 선임되지 않았다.] 갑은 A, B, C 등 3인 명의로 M공장부지를 Q회사에 매도하기로 하는 이사회 의사록을 작성하였다(㉠의사록). 갑은 ㉠의사록을 P회사에 비치하고, [그 사본을] 상대방 Q회사의 대표이사 D에게 교부하였다.

검사는 B 명의를 사용한 것에 대해 갑을 사문서위조죄 및 동 행사죄로 기소하였다. 갑의 피고사건은 제1심을 거친 후, 항소심에 계속되었다. 항소법원은 무죄를 선고하였다. 검사는 불복 상고하였다.

대법원은 다음의 이유를 제시하여 상고를 기각하였다. (가) 법인의 이사가 사임하는 행위는 상대방 있는 단독행위라 할 것이어서 그 의사표시가 상대방에게 도달함과 동시에 그 효력을 발생하는 것이다. (나) 통상 이사가 사임하면 그 즉시 이사로서의 지위를 상실한다. (다) 자신의 이름을 회사의 이사인 것처럼 사용하도록 허락한 사람이 사임의 의사표시를 하는 경우 그 의사표시에는 명의사용에 대한 기존의 승낙이나 동의를 더 이상 유지하지 않는다는 의사도 포함된다. (라) 상대방도 이러한 의사를 인식하였다고 보는 것이 일반적이라고 할 것이므로 그 이후에는 더 이상 그 명의를 사용할 수 없다.

(마) 그러나 사임으로 인하여 필요한 이사의 수에 결원이 생기는 등의 사유가 있는 경우가 있다. (바) 이러한 경우에는 자신의 이름을 회사의 이사인 것처럼 사용하도록 허락한 사람이 사임의 의사표시를 하더라도 명의사용을 곧바로 금지한 것이라고 단정할 수 없다. (사) 이러한 경우에는 사임 의사표시의 상대방인 1인회사의 대표이사도 그 금지의 의사를 인식하였다고 단정할 수는 없다. (아) 그러므로 이사가 사임한 경우에 더 이상의 명의사용을 금지한 것인지 여부 및 상대방이 이를 인식하였는지 여부는 (ㄱ) 당초 이사로 선임된 동기, (ㄴ) 사임으로 인한 이사 정원의 미달 여부, (ㄷ) 사임의 동기, (ㄹ) 이사와 회사 및 1인주주와의 관계, (ㅁ) 사임 이후의 명의사용에 대하여 이의를 제기하였는지 여부 등의 사정을 종합하여 살펴보아야 한다.

(자) 갑이 P회사의 이사인 A, 감사인 C뿐만 아니라 사임의 의사를 표시하였던 이사 B 등 3인 명의로 이사회 의사록을 작성하고 이를 P회사에 비치하거나 Q회사 대표이사 D에게 교부한 행위는 사문서위조 및 위조사문서행사죄에 해당하지 않는다.

2) 2009. 5. 14. 2008도11040, 공 2009, 930 =『1인회사 공장부지 매도 사건』.

3) 2009. 5. 14. 2008도11040, 공 2009, 930 =『1인회사 공장부지 매도 사건』.

탁자가 자신의 명의사용을 포괄적으로 신탁자에게 허용하였다고 봄이 상당하다. 따라서 신탁자가 수탁자 명의로 신탁재산의 처분에 필요한 서류를 작성할 때 수탁자로부터 개별적인 승낙을 받지 아니하였다 하더라도 사문서위조죄 및 동 행사죄는 성립하지 않는다.[1)]

---

1) 2022. 3. 31. 2021도17197, 공 2022상, 848 =『주식거래 과세신고서 사건』:

(주식의 명의신탁행위는 부동산의 경우와 달리 불법이 아니다.) 갑은 P회사의 실제 사주이다. A는 갑의 부인이다. A는 갑이 운영하는 M사업의 투자자이다. 갑은 B 등 다른 사람의 동의 아래 명의를 빌려 P회사의 주식을 보유하고 있었다. 갑은 B 명의로 P회사 주식 5,000주(㉠주식)를 보유하고 있었다. 2009. 7. 갑은 B가 C에게 ㉠주식을 양도한다는 내용의 주식양도계약서를 작성하였다. 2011. 6. 갑은 C 명의로 P회사가 발행한 신주 1,250주(㉡주식)를 인수하고 인수대금 1,250만원을 납부하였다. 2014. 12. 갑은 C 명의의 ㉠, ㉡주식(합계 6,250주)을 자신의 조카 D에게 양도하는 내용의 주식양도계약서를 작성하고 명의개서를 마쳤다. 2015. 3. 갑은 C 명의로 증권거래세 과세표준신고서를 작성하여 관할 세무서에 제출하였다(㉢신고서). [갑과 배우자 A 사이에 불화가 발생하였다.] 2018. 11. 26. A는 갑을 사문서위조죄 등으로 고소하였다.

검사는 다음의 공소사실로 갑을 사문서위조죄 및 위조사문서행사죄로 기소하였다. "갑은 2015. 3. 31. ㉢과세표준신고서 1장을 위조하고 이를 행사하였다." 갑의 피고사건은 제1심을 거친 후, 항소심에 계속되었다. 항소법원은 갑이 C에게 ㉠, ㉡주식을 명의신탁하였다는 사실을 인정하였다. 항소법원은 다음의 이유를 들어서 갑이 ㉢과세표준신고서를 위조하였다고 판단하였다. (가) 명의신탁된 재산의 처분으로 과세표준과 세액을 신고하는 행위는 공법행위이다. (나) 과세표준과 세액을 신고하는 공법행위는 명의신탁 재산에 대한 처분 등 사법상 권한을 행사하는 것과 다르다. (다) 이러한 과세표준 및 세액 신고행위가 재산의 처분행위의 구성요소라거나 처분 등과 관련된 필수적 수반행위라고 할 수 없다. 갑은 불복 상고하였다.

대법원은 다음의 이유를 제시하여 원심판결을 파기환송하였다. 대법원은 명의신탁시 명의수탁자의 명의 사용과 사문서위조죄의 관계에 대해 다음과 같이 설시하였다. (가) 신탁자에게 아무런 부담이 지워지지 않은 채 재산이 수탁자에게 명의신탁된 경우가 있다. (나) 이러한 경우에는 특별한 사정이 없는 한 재산의 처분 기타 권한행사에 관해서 수탁자가 자신의 명의사용을 포괄적으로 신탁자에게 허용하였다고 보아야 한다. (다) 그러므로 신탁자가 수탁자 명의로 신탁재산의 처분에 필요한 서류를 작성할 때에 수탁자로부터 개별적인 승낙을 받지 않았더라도 사문서위조 · 동행사죄가 성립하지 않는다.

(라) 이에 비하여 수탁자가 명의신탁 받은 사실을 부인하여 신탁자와 수탁자 사이에 신탁재산의 소유권에 관하여 다툼이 있는 경우가 있다. (마) 또한 수탁자가 명의신탁 받은 사실 자체를 부인하지 않더라도 신탁자의 신탁재산 처분권한을 다투는 경우가 있다. (바) 이러한 경우들에는 [수탁자가] 신탁재산에 관한 처분 기타 권한행사에 관해서 신탁자에게 부여하였던 수탁자 명의사용에 대한 포괄적 허용을 철회한 것으로 볼 수 있어 명의사용이 허용되지 않는다.

대법원은 명의신탁과 공법행위의 관계에 대해 다음과 같이 설시하였다. (가) 신탁자에게 아무런 부담이 지워지지 않은 채 재산이 수탁자에게 명의신탁된 경우 특별한 사정이 없는 한 수탁자는 신탁자에게 자신의 명의사용을 포괄적으로 허용하였다고 봄이 타당하다. (나) 사법행위와 공법행위를 구별하여 신탁재산의 처분 등과 관련한 사법상 행위에 대하여만 명의사용을 승낙하였다고 제한할 수는 없다. (다) 명의신탁된 주식의 처분 후 수탁자 명의의 과세표준신고를 하는 것은 법령에 따른 절차로서 신고를 하지 않는다면 오히려 수탁자에게 불이익할 수 있다. (라) 명의신탁된 주식의 처분 후 수탁자 명의의 과세표준신고를 하는 것은[,] 명의수탁자가 명의신탁주식의 처분을 허용하였음에도 처분 후 과세표준 등의 신고행위를 위한 명의사용에 대하여는 승낙을 유보하였다고 볼 특별한 사정이 존재하지 않는 한[,] 허용된 범위에 속한다고 보아야 한다.

대법원은 갑의 행위에 대해 다음과 같이 판단하였다. (가) 주식을 양도하는 경우 양도인은 원칙적으로 증권거래세 과세표준과 세액을 신고하고 세액을 납부하여야 한다(증권거래세법 ㉮규정; 조문 생략함). (나) 주식을 양도하는 경우 양도인이 기한 내에 신고 및 납부를 하지 않으면 무신고가산세 또는 납부지연가산세가 부과된다(국세기본법 ㉯규정; 조문 생략함). (다) 이 사건에서 [명의신탁자 갑은] 명의신탁한 주식에 대하여 그러나 수탁자가 명의신탁 받은 사실을 부인하면서 신탁재산이 수탁자 자신의 소유라고 주장하는 등 신탁자와 수탁자 사이에 신탁재산의 소유권에 관하여 다툼이 있는 경우에는 더 이상 신탁자가 그 재산의 처분 등과 관련하여 수탁자의 명의를 사용하는 것이 허용된다고 볼 수 없다. 수탁자가 명의신탁 받은 사실 자체를 부인하는 것은 아니더라도 신탁자의 신탁재산 처분권한을 다투는 등 신탁재산에 관한 처분이나 기타 권한행사에서 신탁자에게 부여하였던 수탁자 명의사용에 대한 포괄적 허용을 철회한 것으로 볼 만한 사정이 있는 경우에도 마찬가지이다.[1]

제 5 사문서에 관한 죄의 특수유형

1. 자격모용사문서작성죄

형법 제232조 (자격모용에 의한 사문서의 작성) 행사할 목적으로 타인의 자격을 모용하여 권리·의무 또는 사실증명에 관한 문서 또는 도화를 작성한 자는 5년 이하의 징역 또는 1천만원 이하의 징역에 처한다.

◎ 미수범 처벌함(법235)

(1) 법적 성질

자격모용사문서작성죄는 대리권 또는 대표권 없는 자가 타인의 대리자격 또는 대표자격

양도의 형식을 빌려 명의수탁자를 변경하였다. (라) 이러한 때에도 형식적으로 ㉠, ㉡주식은 C로부터 제3자[D]에게 양도되었다. (마) 그러한 이상 과세관청은 양도인인 C가 과세표준을 신고하지 않는다면 C에게 무신고가산세 부과처분을 할 수밖에 없다.

(바) 실질과세의 원칙상 ㉠, ㉡주식의 실제 소유자로서 이득이 귀속되는 사람인 갑이 ㉠, ㉡주식의 양도에 따른 최종적인 납세의무자이다. (사) 그렇다고 하더라도 신탁자인 갑이 과세표준을 신고하지 않아 수탁자[C]에게 무신고가산세가 부과된다면 명의수탁자와 과세관청 사이에 과세처분에 따라 세액을 납부하는 법률관계가 성립된다. (아) 수탁자인 C는 이를 별도의 쟁송 등으로 다투어야 하는 부담을 안게 된다.

(자) 명의수탁자는 자신의 명의사용을 승낙할 당시 신탁자가 신탁재산을 처분할 수 있음을 예상하였을 것이다. (차) 그러므로 만약 수탁자인 C가 신탁재산의 처분 등과 관련한 명의사용을 허락하면서도 과세표준신고 등 특정한 행위에 대하여는 그 명의사용을 제한하였다고 보려면 그럴만한 특별한 사정이 인정되어야 한다. (카) 이 사건에서 그러한 사정이 보이지도 않는다.

(타) 원심은 갑과 C 사이에서 주식의 명의신탁이 이루어졌음을 인정하면서도 C 명의로 과세표준신고를 하는 행위는 공법행위라는 등의 이유로 이 사건 공소사실을 유죄로 판단하였다. (파) 원심의 판단에는 사문서위조죄, 위조사문서행사죄에서 명의사용 승낙의 범위에 관한 법리를 오해하여 판결에 영향을 미친 위법이 있다.

1) 2007. 11. 30. 2007도4812, 공 2008, 2096 = 『차용금 주장 명의수탁자 사건』 ☞ 부록 1577면.

을 모용하여 문서를 작성함으로써 성립하는 범죄이다.[1] 자격모용에 의한 사문서작성죄는 유형위조에 해당한다. 따라서 사문서위조죄와 마찬가지로 문서의 진정에 대한 공공의 신용을 그 보호법익으로 한다.[2]

---

1) 도입 경위에 대하여는, 전술 447면 이하 참조.

2) 2008. 2. 14. 2007도9606, 공 2008상, 415 = 분석 각론『부동산중개소 대표자 사건』:

(분석의 편의를 위하여 판례원문에서 익명처리된 '○○부동산'을 '제일부동산'으로, 대표 '△△△'을 '홍길동'이라고 표시하여 정리함.) '제일부동산'은 A가 부동산중개업을 영위하기 위하여 부동산중개업법에 따라 개설등록한 부동산중개사무소이다. A는 '제일부동산'을 개설등록한 무렵부터 M장소에 사무소를 두고 사무소 운영에 필요한 물적 설비를 갖추었다. 갑(홍길동)은 A가 등록한 '제일부동산'의 등록명의를 빌려 부동산중개행위를 하기로 하였다.

N부동산은 B의 소유이다. 갑은 M사무소에서 N부동산의 매매를 C에게 중개하였다. 이 과정에서 갑은 자신이 '제일부동산'의 대표자라고 말하였다. C는 갑이 '제일부동산'의 대표자 자격으로 N부동산 매매계약을 중개하는 것으로 알았다. C는 갑에게 N부동산중개 및 부동산매매계약서 작성을 의뢰하였다. 갑은 '제일부동산'의 M사무실에서 다음 내용의 부동산매매계약서를 작성하였다(㉠계약서). (가) 부동산표시 : 주소 ⓐ, 대지 364㎡(110평) 및 판넬구조 사무실 53㎡(16평), (나) 매매대금 : 사억구천만원, (다) 매도인 : 주소 ⓑ B, (라) 공인중개사 : 제일부동산 등록번호 ⓒ, 전화번호 ⓓ, 대표 홍길동. 갑(홍길동)은 '제일부동산 대표 홍길동'의 이름 옆에 갑 자신의 도장을 날인하였다(이상 ㉮행위). 갑은 ㉠계약서를 C에게 교부하였다(㉯행위).

검사는 갑을 자격모용사문서작성죄 및 자격모용작성사문서행사죄로 기소하였다. 제1심법원은 무죄를 선고하였다. 검사는 불복 항소하였다. 항소법원은 다음의 이유를 들어서 항소를 기각하였다. (가) 대표권을 가장하여 자격모용사문서작성죄가 성립하기 위해서는 적어도 피모용자가 대표권을 가지는 법인 혹은 단체를 전제로 한다. (나) 대리권을 가장하여 자격모용사문서작성죄가 성립하기 위해서는 피모용자인 자연인과의 대리관계를 현명하여야 한다. (다) 이 사건의 경우 피모용자인 '제일부동산'은 민법상의 법인, 권리능력 없는 사단 혹은 재단으로서의 성격을 가진다기보다는 단순히 부동산중개사무소의 상호일 뿐이다. (라) 갑이 '제일부동산 대표 홍길동'이라고 표시한 것은 갑이 '제일부동산' 사무실을 직접 운영한다는 것을 나타낼 뿐이다. (마) 갑이 '제일부동산 대표 홍길동'이라고 표시한 것은 갑이 '제일부동산' 사무실에 관하여 어떠한 대표권이 있음을 나타내는 것은 아니다. (바) 갑에게 자격모용사문서작성 및 동행사죄가 성립되지 않는다. 검사는 불복 상고하였다.

대법원은 다음의 이유를 제시하여 원심판결을 파기환송하였다. 대법원은 자격모용사문서작성죄의 '타인'의 범위에 대해 다음과 같이 설시하였다. (가) 자격모용에 의한 사문서작성죄는 문서위조죄와 마찬가지로 문서의 진정에 대한 공공의 신용을 그 보호법익으로 한다. (나) 행사할 목적으로 타인의 자격을 모용하여 작성된 문서가 일반인으로 하여금 당해 명의인의 권한 내에서 작성된 문서라고 믿게 할 수 있는 정도의 형식과 외관을 갖추고 있으면 자격모용에 의한 사문서작성죄는 성립한다. (다) 위와 같은 요건이 구비되었다면 자격모용에 의한 사문서작성죄에서 '타인'에는 (ㄱ) 자연인뿐만 아니라 (ㄴ) 법인, 법인격 없는 단체를 비롯하여 (ㄷ) 거래관계에서 독립한 사회적 지위를 갖고 활동하고 있는 존재로 취급될 수 있으면 여기에 해당한다고 보아야 한다.

대법원은 사실관계를 분석하였다(내용 생략함). 대법원은 갑의 행위에 대해 다음과 같이 판단하였다. (가) 사정이 이러하다면, 일반인으로서는 ㉠부동산매매계약서에서 작성명의인으로 된 '제일부동산'이라는 표시가 법인이나 단체, 그 밖에 다른 개인사업체 등의 어느 명칭에 해당하는지 알 수 없다. (나) 그러한 이상 '제일부동산'을 작성명의인으로 하여 그의 권한 내에서 작성된 문서라고 믿게 할 수 있는 정도의 형식과 외관을 갖추고 있다고 보기에 충분하다. (다) '제일부동산'은 A가 부동산중개업을 영위하기 위하여 등록한 부동산중개사무소이다. (라) 부동산중개행위 등 부동산중개업을 영위하는 과정에서 '제일부동산'의 명의로 이루어진 모든 행위는 그 법률효과가 그 명칭의 부동산중개사무소 등록자에게 귀속될 수 있는 관계에 있다. (마) 그러므로 ㉠부동산매매계약서의 공인중개사란에 작성명의인으로 기재된 '제일부동산'은 단순히 상호를 가리키는 것이

행사할 목적으로 타인의 자격을 모용하여 작성된 문서가 일반인으로 하여금 당해 명의인의 권한 내에서 작성된 문서라고 믿게 할 수 있는 정도의 형식과 외관을 갖추고 있으면 자격모용사문서작성죄는 성립한다.[1)]

(2) 실행행위

(가) 작성명의인 자격모용사문서작성죄에서의 타인에는 (가) 자연인뿐만 아니라 (나) 법인, 법인격 없는 단체가 포함된다. 나아가 (다) 거래관계에서 독립한 사회적 지위를 가지고 활동하고 있는 존재로 취급될 수 있으면 자격모용에 의한 사문서작성죄에서의 타인에 해당한다.[2)]

대표자 또는 대리인의 자격으로 임대차 등 계약을 하는 경우 그 자격을 표시하는 방법에는 특별한 규정이 없다. 대표자 또는 대리인의 자격을 표시하지 않더라도 피고인 자신을 위한 행위가 아니고 작성명의인을 위하여 법률행위를 한다는 것을 인식할 수 있을 정도의 표시가 있으면 대표 또는 대리관계의 표시로서 충분하다.[3)]

아니라 독립한 사회적 지위를 갖고 활동하고 있는 존재로 취급될 수 있다. (바) 따라서 갑의 ㉮, ㉯행위는 자격모용사문서작성 및 동행사죄에 해당된다.

1) 2008. 2. 14. 2007도9606, 공 2008상, 415 =『부동산중개소 대표자 사건』.

2) 2008. 2. 14. 2007도9606, 공 2008상, 415 =『부동산중개소 대표자 사건』.

3) 2017. 12. 22. 2017도14560, 공 2018상, 404 =『분양대행자 임대차계약서 사건』:

P회사는 M오피스텔을 소유하고 있다. Q회사는 P회사가 M오피스텔의 분양사업을 위해 만든 회사이다. 갑은 P회사의 대표이사 A와 M오피스텔에 관하여 매매대금 67억 5천만원에 매수하는 계약을 체결하였다. 갑은 매매대금을 지급하지 못하였다. 갑은 M오피스텔의 분양을 대행하기로 P회사와 약정하였다. 갑은 M오피스텔에 대한 분양대행 권한을 가지게 된 것뿐이다. 갑에게는 P회사의 동의 없이는 M오피스텔을 임대할 권한이 없다.

갑은 임차인 B와 M오피스텔 ⓐ호에 대한 전세계약을 하였다. 갑은 ㉠전세계약서를 작성하여 B에게 교부하였다. ㉠전세계약서의 ㉡임대인 란에는 임대인의 성명이 'Q회사(갑) (갑의 개인도장 날인)'으로 기재되어 있었다. ㉡임대인 란에 갑은 Q회사의 대표자 또는 대리인이라는 자격을 표시하지 않았다. 갑은 임차인 B로부터 전세금 5천만원을 지급받았다.

검사는 갑을 사기죄, 자격모용사문서작성죄, 자격모용작성사문서행사죄로 기소하였다. (이하 사기죄는 논외로 함.) 제1심법원은 항소법원은 자격모용사문서작성죄 및 자격모용작성사문서행사죄에 대해 무죄로 판단하였다. 검사는 불복 항소하였다. 항소법원은 항소를 기각하고, 제1심판결을 유지하였다. 항소법원은 무죄 판단의 이유로 다음의 점을 제시하였다. (가) 문서를 작성함에 있어 모용하는 타인의 자격은 적어도 해당 문서 자체의 형식과 외관을 통해 파악될 수 있어야 한다. (나) 갑은 ㉡임대인 란에 갑의 이름을 기재하고 성명 란 옆에 갑의 도장을 날인하였을 뿐, Q회사의 대리인 또는 대표자의 자격을 기재하지 않았다. (다) 따라서 갑이 Q회사의 대리인 또는 대표자 등 자격을 모용하여 ㉠임대차계약서를 작성하였다고 인정하기 부족하다. 검사는 불복 상고하였다.

대법원은 다음의 이유를 제시하여 원심판결을 파기환송하였다. 대법원은 자격모용죄의 자격 표시에 대해 다음과 같이 설시하였다. (가) 자격모용에 의한 사문서작성죄는 문서위조죄와 마찬가지로 문서의 진정에 대한 일반인이 명의인의 권한 내에서 작성된 문서로 믿게 하기에 충분한 정도인지는 문서의 형식과 외관은 물론 문서의 작성 경위, 종류, 내용과 거래에서 문서가 가지는 기능 등 여러 사정을 종합하여 판단해야 한다.[1)]

(나) 대표이사 주식회사의 적법한 대표이사는 회사의 영업에 관하여 재판상 또는 재판 외의 모든 행위를 할 권한이 있으므로, 대표이사가 직접 주식회사 명의 문서를 작성하는 행위는 사문서위조죄는 물론 자격모용사문서작성죄에도 해당하지 않는 것이 원칙이다. 이는 그 문서의 내용이 진실에 반하는 허위이거나 대표권을 남용하여 자기 또는 제3자의 이익을 도모할 목적으로 작성된 경우에도 마찬가지이다.[2)]

(다) 지배인 주식회사의 지배인은 회사의 영업에 관하여 재판상 또는 재판 외의 모든 행위를 할 권한이 있으므로, 지배인이 직접 주식회사 명의 문서를 작성하는 행위는 사문서위조죄는 물론 자격모용사문서작성에도 해당하지 않는 것이 원칙이고, 이는 그 문서의 내용이 진실에 반하는 허위이거나 대표권을 남용하여 자기 또는 제3자의 이익을 도모할 목적으로 작성된 경우에도 마찬가지이다.[3)]

그러나 회사의 내부규정 등에 의하여 지배인이 회사를 대리할 수 있는 행위의 종류, 내용, 상대방 등을 한정하여 그 권한을 제한한 경우에 지배인이 그 제한된 권한 범위를 벗어나서 회사 명의의 문서를 작성하였다면, 이는 자기 권한 범위 내에서 권한 행사의 절차와 방식 등을 어긴 경우와 달리 사문서위조죄(법231)에 해당한다.[4)]

(라) 이 사 민법상 법인의 이사 전원 또는 그 일부의 임기가 만료되었다고 하더라도 (가) 후임 이사의 선임이 없거나, (나) 후임 이사의 선임이 있었다고 하더라도 그 선임결

공공의 신용을 보호법익으로 한다. (나) 행사할 목적으로 타인의 자격을 모용하여 작성된 문서가 일반인으로 하여금 명의인의 권한 내에서 작성된 문서라고 믿게 할 수 있는 정도의 형식과 외관을 갖추고 있으면 자격모용사문서작성죄는 성립한다. (다) 대표자 또는 대리인의 자격으로 임대차 등 계약을 하는 경우 그 자격을 표시하는 방법에는 특별한 규정이 없다. (라) 피고인 자신을 위한 행위가 아니고 작성명의인을 위하여 법률행위를 한다는 것을 인식할 수 있을 정도의 표시가 있으면 대표 또는 대리관계의 표시로서 충분하다.

대법원은 갑의 행위에 대해 다음과 같이 판단하였다. (가) ㉠임대차계약서의 형식과 외관, ㉠계약서의 작성 경위, 종류, 내용, 거래에서 ㉠계약서가 가지는 기능 등 여러 가지 사정을 종합해 본다. (나) 일반인으로서는 ㉠임대차계약서가 Q회사의 대표자 또는 대리인의 자격을 가진 갑에 의해 Q회사 명의로 작성된 문서라고 믿게 할 수 있는 정도의 형식과 외관을 갖추고 있다고 볼 수 있다. (다) ㉠임대차계약서의 임대인 성명으로 'Q회사(갑)'으로 기재되어 대표자 또는 대리인의 자격 표시가 없고 또 갑의 개인 도장이 찍혀있다는 점은 위와 같은 결론에 영향을 주지 않는다. (라) 따라서 갑의 행위는 자격모용사문서작성과 자격모용작성사문서행사에 해당된다고 보아야 한다.

1) 2017. 12. 22. 2017도14560, 공 2018상, 404 = 『분양대행자 임대차계약서 사건』.
2) 2008. 11. 27. 2006도2016, 공 2008하, 1820 = 분석 각론 『오피스텔 투자 사기 사건』.
3) 2010. 5. 13. 2010도1040, 공 2010상, 1184 = 분석 각론 『골재채취업자 차용증 사건』.
4) 2012. 9. 27. 2012도7467, 공 2012하, 1794 = 분석 각론 『대출채권양수도약정서 사건』.

의가 무효이고, (다) 임기가 만료되지 아니한 다른 이사만으로는 정상적인 법인의 활동을 할 수 없는 경우에는, (라) 임기가 만료된 구 이사로 하여금 법인의 업무를 수행하게 함이 부적당하다고 인정할 만한 특별한 사정이 없는 한, (마) 구 이사는 후임 이사가 선임될 때까지 종전의 직무를 수행할 수 있다. 그러므로 후임 이사가 선임될 때까지의 사이에 구 이사가 법인의 이사 자격으로 작성한 이사회 의사록 및 위임장은 자격을 모용하여 작성한 문서라고 할 수 없다.[1)]

그러나 이사에 대하여 직무집행정지 가처분결정이 있은 후에는 그 가처분결정이 취소되지 않은 상태에서 그 이사는 이사의 자격으로 이사회 의사록과 위임장을 작성할 수 없다. 이사가 가처분결정이 있음을 알고서도 이사회 의사록과 위임장을 작성하면 이는 자격모용에 의한 사문서작성죄에 해당한다.[2)]

(마) 수임인 위임계약은 일반적으로 당사자인 위임인과 수임인 사이에 강한 신임관계를 기초로 하고 있다. 그러므로 민법 제689조 제1항에 의하여 각 당사자는 언제든지 위임계약을 해지할 수 있다. 수임인의 이익도 목적으로 하는 위임계약이라 할지라도, 위임인이 그 위임계약의 해지권 자체를 포기한 것이라고 볼 수 없는 경우에는 위임인은 부득이한 사유가 없어도 민법 제689조에 의하여 위임계약을 해지할 수 있다.

위임자(A)가 수임인(갑)에게 시공업자를 선정하는 권한을 위임하여 선정된 업체와 위임자 명의로 계약을 체결할 수 있는 대리권을 수여하였다가 그 후 그 대리권이 적법하게 철회된 경우가 있다. 이 경우 수임인이었던 피고인(갑)이 위임자(A) 명의로 계약서를 작성하여 시공업자(B)와 계약을 체결하는 행위는 피고인(갑)에게 그러한 대리권이 존재하지 아니하였으므로, 피고인(갑)에게 미필적으로라도 고의가 인정되는 한, 자격모용사문서작성죄 및 자격모용작성사문서행사죄가 인정된다.[3)]

(3) 고의와 목적

자격모용사문서작성죄가 성립하려면 행사할 목적 이외에 정당한 대리권이나 대표권이 없음을 알고도 마치 대리권이나 대표권이 있는 것처럼 가장하여 타인의 자격을 모용한다는 인식이 있어야 한다.[4)]

자격모용사문서작성죄에서 '행사할 목적'이라 함은 그 문서가 정당한 권한에 기하여 작성된 것처럼 다른 사람으로 하여금 오신하도록 하게 할 목적을 말한다. 사문서를 작성하는

1) 2007. 7. 26. 2005도4072, 공 2007, 1407 = 분석 각론 『회장 직무집행 가처분 사건』.
2) 2007. 7. 26. 2005도4072, 공 2007, 1407 = 분석 각론 『회장 직무집행 가처분 사건』.
3) 2005. 4. 15. 2004도6404, [미간행] = 분석 각론 『장교복지회 주택조합 사건』.
4) 1996. 7. 12. 93도2628, 공 1996, 2558.

자가 다른 사람의 대리인 또는 대표자로서의 자격을 모용하여 문서를 작성한다는 것을 인식 · 인용하면서, 그 문서를 진정한 문서로서 어떤 효용에 쓸 목적으로 사문서를 작성하였다면 자격모용사문서작성죄의 행사의 목적과 고의가 인정된다.[1]

2. 사전자기록위작 · 변작죄

형법 제232조의2 (사전자기록위작 · 변작) 사무처리를 그르치게 할 목적으로 권리 · 의무 또는 사실증명에 관한 타인의 전지기록 등 특수매체기록을 위작 또는 변작한 자는 5년 이하의 징역 또는 1천만원 이하의 벌금에 처한다.

◎ 미수범 처벌함(법235)

(1) 행위객체

(가) 전자기록 사전자기록위작 · 변작죄는 컴퓨터 범죄의 신설방침에 따라서 1995년 형법 일부개정시에 도입되었다.[2] 사전자기록위작 · 변작죄에서 말하는 권리 · 의무 또는 사실증명에 관한 타인의 전자(電磁)기록 등 특수매체기록은 일정한 저장매체에 전자(電子)방식이나 자기(磁氣)방식 등에 의하여 저장된 기록을 의미한다. 컴퓨터의 기억장치 중 하나인 램(RAM, Random Access Memory)은 임시기억장치 또는 임시저장매체이기는 하지만, 램에 올려진 전자기록 역시 전자기록 등 특수매체기록에 해당한다.[3]

행위자가 사전자기록(데이터베이스)에 관련 전산자료를 변경입력한 후 즉시 변경된 자료를 삭제하여 원본파일의 변경까지 초래하지는 아니한 경우에 사전자기록변작죄가 성립할 것인지 문제된다. 전자기록 프로그램 처리 구조에 따르면 원본파일로부터 램에 올려지는 임시적 복제파일의 생성은 당연히 예정되어 있다. 램에 올려진 전자기록은 원본파일과 불가분적인 것으로 원본파일의 개념적 연장선상에 있다. 그러므로 전자기록(데이터베이스)에 행위자가 사무처리를 그르치게 할 목적으로 허구의 내용을 권한 없이 수정입력한 것은 그 자체로 사전자기록을 변작한 행위의 구성요건에 해당되고, 수정입력의 시점에서 사전자기록변작죄는 기수에 이른다.[4]

(나) 타인의 전자기록 법인이 컴퓨터 등 정보처리장치를 이용하여 전자적 방식에 의한 정보의 생성 · 처리 · 저장 · 출력을 목적으로 전산망 시스템을 구축하여 설치 · 운영하는

1) 2007. 7. 27. 2006도2330, 공 2007, 1431.
2) 전술 441면 이하 참조.
3) 2003. 10. 9. 2000도4993, 공 2003, 2199 = 분석 각론『월드컵경기장 부정 입찰 사건』.
4) 2003. 10. 9. 2000도4993, 공 2003, 2199 = 분석 각론『월드컵경기장 부정 입찰 사건』.

경우 이 시스템을 설치 · 운영하는 주체는 법인이다. 법인의 임직원은 법인으로부터 정보의 생성 · 처리 · 저장 · 출력의 권한을 위임받아 그 업무를 실행하는 사람에 불과하다. 따라서 법인이 설치 · 운영하는 전산망 시스템에 제공되어 정보의 생성 · 처리 · 저장 · 출력이 이루어지는 전자기록 등 특수매체기록은 그 법인의 임직원과의 관계에서 '타인'의 전자기록 등 특수매체기록에 해당한다.[1)]

(2) 실행행위

사전자기록위작 · 변작죄의 실행행위는 위작과 변작이다. 사전자기록위작 · 변작죄에서 위작과 변작의 개념은 기본적으로 공전자기록위작 · 변작죄의 위작 · 변작과 같다.[2)]

위작은 사전자기록 등 특수매체기록을 새로이 만들어 내는 행위이다. 위작은 유형위조와 무형위조를 모두 포함하는 개념이다. 먼저, 사전자기록 위작이 유형위조에 해당하는 경우로는 (가) 사전자기록의 생성에 관여할 권한이 없는 사람이 사전자기록을 작출하는 경우와 (나) 사전자기록의 생성에 관여할 권한이 없는 사람이 사전자기록의 생성에 필요한 단위 정보를 입력하는 경우가 있다.[3)] 사전자기록의 생성에 필요한 단위 정보를 입력하는 (나)의 경우도 추가입력한 정보가 프로그램에 의하여 자동으로 기존의 정보와 결합하여 새로운 사전자기록을 작출하게 되므로 위작에 해당한다.

다음으로, 사전자기록 위작이 무형위조에 해당하는 경우로는 (다) 시스템의 설치 · 운영 주체로부터 각자의 직무 범위에서 개개의 단위정보의 입력 권한을 부여받은 사람이 그 권한을 남용하여 허위의 정보를 입력하여 사전자기록을 생성하는 경우가 있다.[4)] 이 경우 사전자기록에 관한 시스템에 '허위'의 정보를 입력한다는 것은 입력된 내용과 진실이 부합하지 아니하여 그 전자기록에 대한 공공의 신용을 위태롭게 하는 경우를 말한다.[5)] 사전자기록의 생성에 필요한 정보를 허위로 입력하는 (다)의 경우도 허위 입력한 정보가 프로그램에 의하여 자동으로 기존의 정보와 결합하여 새로운 사전자기록을 작출하게 되므로 위작에 해당한다.

변작은 기존의 사전자기록에 변경을 가하는 행위이다. 사전자기록 변작은 유형위조와 무형위조를 모두 포함한다. 따라서 (가) 권한 없는 사람이 기존의 특수매체기록에 변경을 가하는 경우는 물론 (나) 권한 있는 사람이 권한을 남용하여 기존의 특수매체기록에 변경을 가하

1) 2020. 8. 27. 2019도11294 전원합의체 판결, 공 2020하, 1881 = 『가상화폐거래소 차명계정 사건』.
2) 전술 454면 이하 참조.
3) 2020. 8. 27. 2019도11294 전원합의체 판결, 공 2020하, 1881 = 『가상화폐거래소 차명계정 사건』.
4) 2020. 8. 27. 2019도11294 전원합의체 판결, 공 2020하, 1881 = 『가상화폐거래소 차명계정 사건』.
5) 2020. 8. 27. 2019도11294 전원합의체 판결, 공 2020하, 1881 = 『가상화폐거래소 차명계정 사건』.

는 경우도 사전자기록 변작에 포함된다.[1]

(3) 고의와 목적

사전자기록위작·변작죄는 목적범이다. 사전자기록을 위작·변작한다는 고의 이외에 사무처리를 그르치게 할 목적이 요구된다. 전자적 방식에 의한 정보의 생성·처리·저장·출력을 목적으로 구축·설치한 시스템을 설치·운영하는 주체의 의사에 반하는 행위가 있더라도 사무처리를 그르치게 할 목적이 없다면 사전자기록위작·변작죄는 성립하지 않는다.

사무처리를 그르치게 할 목적이란 위작·변작된 사전자기록이 사용됨으로써 전자적 방식에 의한 정보의 생성·처리·저장·출력을 목적으로 구축·설치한 시스템을 운영하는 주체인 개인 또는 법인의 사무처리를 잘못되게 하는 것을 말한다.[2]

사무처리를 그르치게 할 목적은 재산상, 신분상 기타 사람의 생활관계에 영향을 미칠 수 있다고 인정되는 일의 처리를 그르치게 할 목적을 말한다. 사문서위조죄(법231)의 '행사할 목적'에 대응한다. 사문서위조죄에서 '행사할 목적'은 위조사문서의 교부 등 사람에 대한 행위를 전제로 한다. 이에 대해 사전자기록위작죄의 경우에는 행위의 상대방이 등장하지 않는다. 이 때문에 사전자기록에 대해서는 '사무처리를 그르치게 할 목적'이라는 별도의 표현이 사용되고 있다.

그르치게 한다 함은 정당하거나 정상적인 사무처리 이외의 하자 있는 업무처리를 하게 하는 모든 경우를 포함한다. 정보를 입수하기 위하여 타인의 사전자기록을 권한 없이 복사하는 것만으로는 아직 사무처리를 그르치게 할 목적이 인정되지 않는다.

사무처리를 그르치게 할 목적은 초과주관적 구성요건요소이므로 사무처리가 그르치게 되었다는 결과가 현실적으로 발생할 필요가 없다.

3. 허위진단서작성죄

형법 제233조 (허위진단서등의 작성) 의사, 한의사, 치과의사 또는 조산사가 진단서, 검안서 또는 생사에 관한 증명서를 허위로 작성한 때에는 3년 이하의 징역이나 금고, 7년 이하의 자격정지 또는 3천만원 이하의 벌금에 처한다.

◎ 미수범 처벌함(법235)

(1) 행위주체

우리 형법은 허위내용의 문서를 작성하는 무형위조는 원칙적으로 공문서에 관하여서만

---

1) 2003. 10. 9. 2000도4993, 공 2003, 2199 = 분석 각론『월드컵경기장 부정 입찰 사건』 참조.
2) 2020. 8. 27. 2019도11294 전원합의체 판결, 공 2020하, 1881 =『가상화폐거래소 차명계정 사건』.

처벌하고(법227) 사문서의 경우에는 처벌하지 않기로 하고 있다. 이에 대한 유일한 예외가 허위진단서작성죄이다. 허위진단서작성죄는 진단서 등 일정한 사문서에 대하여 허위내용을 기재하는 무형위조를 내용으로 하고 있다. 허위진단서작성죄는 행사할 목적을 요구하지 않는다는 점에서 공문서의 무형위조를 처벌하는 허위공문서작성죄(법227)와 대비된다.

허위진단서작성죄는 신분범이다. 허위진단서작성죄의 주체는 의사, 한의사, 치과의사, 조산사이며 그 밖의 사람은 주체가 될 수 없다.

(2) 행위객체

허위진단서작성죄의 객체는 진단서, 검안서 또는 생사에 관한 증명서이다.

진단서란 의사 등이 진찰의 결과에 관한 판단을 표시하여 사람의 건강상태를 증명하기 위하여 작성하는 문서를 말한다.[1] 의사가 환자의 수형(受刑)생활 또는 수감(收監)생활의 가능 여부에 관하여 진단서에 기재한 의견이 허위진단서작성죄의 '허위 기재'에 해당할 수 있을 것인지 문제된다.

의사가 진단서에 단순히 환자의 수형생활 또는 수감생활의 가능 여부에 대한 의견만 기재한 것이라면 그 의견은 허위진단서작성죄의 '허위 기재'에 해당하지 않는다. 그러나 의사가 환자의 수형생활 또는 수감생활의 가능 여부에 관하여 진단서에 기재한 의견이 환자의 건강상태에 기초한 향후 치료 소견의 일부로서 의료적 판단을 기재한 것으로 볼 수 있다면, 이는 환자의 건강상태를 나타내고 있다는 점에서 허위진단서 작성의 대상이 될 수 있다.[2]

진단서에 해당하는지 여부는 서류의 제목, 내용, 작성목적 등을 종합적으로 고려하여 판단해야 한다. 의사 등이 환자에게 작성하여 교부한 '입퇴원 확인서'는 그 문언의 제목, 내용 등에 비추어 의사의 전문적 지식에 의한 진찰이 없더라도 확인 가능한 환자들의 입원 여부 및 입원기간의 증명이 주된 목적인 서류로서, 환자의 건강상태를 증명하기 위한 서류라고 볼 수 없으므로, 허위진단서작성죄의 진단서에 해당하지 않는다.[3]

---

1) 2017. 11. 9. 2014도15129, 공 2017하, 2364 = 『형집행정지 진단서 사건』 ☞ 부록 1579면.

2) 2017. 11. 9. 2014도15129, 공 2017하, 2364 = 『형집행정지 진단서 사건』.

3) 2013. 12. 12. 2012도3173, 공 2014상, 210 = 『맘모톰 입퇴원 확인서 사건』:

갑은 의사이다. 갑은 환자 A(통칭함)에게 허위의 ㉠진단서를 작성하여 교부하였다. ㉠진단서에는 환자 A의 인적사항, 병명, 진단일 및 '1일 입원하에' 맘모톰 절제술을 시행하였다는 향후치료의견이 기재되어 있다. 갑은 환자 B(통칭함)에게 허위의 ㉡입퇴원 확인서를 작성하여 교부하였다. ㉡입퇴원 확인서에는 환자 B의 인적사항, 병명, 입원기간 및 그러한 입원사실을 확인한다는 내용이 기재되어 있다.

검사는 갑을 허위진단서작성죄로 기소하였다. 갑의 피고사건은 제1심을 거친 후, 항소심에 계속되었다. 항소법원은 ㉡입퇴원 확인서도 진단서의 일종이라고 판단하였다. 항소법원은 ㉠진단서 부분과 ㉡입퇴원 확인서 부분 모두에 대해 허위진단서작성죄를 인정하였다. 갑은 불복 상고하였다.

대법원은 다음의 이유를 제시하여 원심판결을 파기환송하였다. (가) 형법 제233조의 허위진단서작성죄에서 검안서는 사람의 신체의 상해상태나 사체를 검사한 결과를 기록한 문서이다. 생사에 관한 증명서란 의사 등이 작성하는 출생증명서 또는 사망증명서 등을 말한다. 이러한 문서들은 반드시 공무소 등에 제출될 용도임을 요하지 않는다. 보험금 지급청구를 위하여 보험회사에 제출하는 경우처럼 그 처벌의 필요성이 확장될 수도 있다.

사망의 진단은 사망 사실과 그 원인 등을 의학적 · 법률적으로 판정하는 의료행위이다. 「의료법」 제17조 제1항은 사망의 진단 결과에 관한 판단을 표시하는 사망진단서의 작성 · 교부 주체를 의사 · 치과의사 · 한의사로 한정하고 있다. 사망 여부와 사망 원인 등을 확인 · 판정하는 사망의 진단은 사람의 생명 자체와 연결된 중요한 의학적 행위이며, 그 수행에 의학적 전문지식이 필요하기 때문이다.[1)]

사망의 진단은 의사 · 치과의사 · 한의사가 환자의 사망 당시 또는 사후에라도 현장에 입회해서 직접 환자를 대면하여 수행하여야 하는 의료행위이다. 간호사는 의사 · 치과의사 · 한의사의 개별적 지도 · 감독이 있더라도 사망의 진단을 할 수 없다.[2)]

(3) 실행행위

허위진단서작성죄의 실행행위는 진단서 등을 허위로 작성하는 것이다. 허위진단서 등 작성에 해당하는 '허위의 기재'는 (가) 사실에 관한 것이건 (나) 판단에 관한 것이건 불문한다. 현재의 진단명과 증상에 관한 기재뿐만 아니라 현재까지의 진찰 결과로서 발생 가능한 합병증과 향후 치료에 대한 소견을 기재한 경우에도 그로써 환자의 건강상태를 나타내고 있는 이상 허위진단서 작성의 대상이 될 수 있다.[3)]

허위진단서작성죄는 원래 허위의 증명을 금지하려는 것이므로, (가) 진단서 등의 내용이 실질상 진실에 반하는 기재여야 할 뿐 아니라, (나) 그 내용이 허위라는 피고인의 주관적 인식이 필요하다. 이에 대한 인식은 미필적 인식으로도 충분하다.[4)] 진단서 등의 내용이 허위라는 피고인의 인식에 대하여는 검사가 증명책임을 진다.[5)]

진단서라고 함은 의사가 진찰의 결과에 관한 판단을 표시하여 사람의 건강상태를 증명하기 위하여 작성하는 문서를 말한다. (나) 형법 제233조에서 규율하는 진단서에 해당하는지 여부는 서류의 제목, 내용, 작성목적 등을 종합적으로 고려하여 판단하여야 한다. (다) 갑이 환자 B에게 작성하여 교부한 '입퇴원 확인서'는 그 문언의 제목, 내용 등에 비추어 의사의 전문적 지식에 의한 진찰이 없더라도 확인 가능한 환자들의 입원 여부 및 입원기간의 증명이 주된 목적인 서류이다. (라) 환자의 건강상태를 증명하기 위한 서류라고 볼 수 없으므로, 이를 형법상 허위진단서작성죄에서 규율하는 진단서라고 보기는 어렵다.

1) 2022. 12. 29. 2017도10007, 공 2023상, 401 = 『호스피스 간호사 사망진단서 사건』 ☞ 부록 1580면.

2) 2022. 12. 29. 2017도10007, 공 2023상, 401 = 『호스피스 간호사 사망진단서 사건』.

3) 2017. 11. 9. 2014도15129, 공 2017하, 2364 = 『형집행정지 진단서 사건』.

4) 2017. 11. 9. 2014도15129, 공 2017하, 2364 = 『형집행정지 진단서 사건』.

5) 2017. 11. 9. 2014도15129, 공 2017하, 2364 = 『형집행정지 진단서 사건』.

의사가 진찰을 소홀히 하거나 착오를 일으켜 오진한 결과로 객관적으로 진실에 반하는 진단서를 작성하였다면 허위진단서작성에 대한 인식이 있다고 할 수 없으므로 허위진단서작성죄가 성립하지 않는다.[1)]

(4) 의료법

「의료법」은 의료업에 종사하고 직접 진찰하거나 검안(檢案)한 의사, 치과의사, 한의사가 아니면 진단서 · 검안서 · 증명서 또는 처방전을 작성하여 환자에게 교부하지 못하도록 하고, 이에 위반하는 사람을 1년 이하의 징역이나 1,000만원 이하의 벌금으로 처벌하고 있다(동법 17, 90 참조). 나아가 사체검안 자체가 무면허 의료행위에 해당할 수 있다.[2)] 따라서 허위로 작성된 것임을 입증하지 못하여 허위진단서작성죄가 성립하지 않더라도 「의료법」위반죄가 성립할 수 있다는 점은 유의할 필요가 있다.

「의료법」위반죄의 경우에는 처방전이 규율 대상에 포함되어 있다. 의사 등이 「의료법」 제17조 제1항에 따라 직접 진찰해야 할 상대방은 처방전에 환자로 기재된 사람을 가리킨다. 의사 등이 처방전에 환자로 기재한 사람이 아닌 제3자를 진찰하고도 환자의 성명 및 주민등록번호를 허위로 기재하여 처방전을 작성 · 교부하였다면 그러한 행위는 「의료법」 제17조 제1항 위반죄에 해당한다.[3)]

4. 위조사문서등행사죄

형법 제234조 (위조사문서등의 행사) 제231조 내지 제233조의 죄에 의하여 만들어진 문서, 도화 또는 전자기록 등 특수매체기록을 행사한 자는 그 각 죄에 정한 형에 처한다.

◎ 미수범 처벌함(법235)

(1) 실행행위

위조사문서등행사죄의 주체에는 제한이 없다. 행사의 객체인 사문서가 반드시 그 범인이 직접 위조한 것일 필요는 없다. 행사는 위조된 사문서를 진정한 것처럼 그 문서의 효용방법에 따라 사용하는 것을 말한다.[4)] 범인 자신이 스스로 직접 위조사문서를 제시하는 것은 물론, 범인이 직접 제시한 것은 아닐지라도 범인이 제시한 것과 다를 바가 없고 또 그 효용에

1) 2006. 3. 23. 2004도3360, [미간행] = 분석 각론 『MRI 누락 진단서 사건』.
2) 2022. 12. 29. 2017도10007, 공 2023상, 401 = 『호스피스 간호사 사망진단서 사건』.
3) 2013. 4. 11. 2011도14690, 공 2013상, 903 = 분석 각론 『3개월 처방 부탁 사건』.
4) 행사 개념에 대해서는, 전술 458면 이하 참조.

따라 이를 사용한 것으로 인정되면 행사에 해당한다.

행사의 일환으로서 제시는 문서 자체의 외관과 기재내용을 상대방이 지각작용에 의하여 인식할 수 있도록 보여주는 것이다. 제시방법은 직접적인 것뿐만 아니라 간접적인 것도 포함한다. 문서의 외관과 기재내용을 원본 그대로 전달하는 중개수단을 통하여 보여주는 것도 제시에 포함된다.

그러므로 (가) 위조된 문서 그 자체를 직접 상대방에게 제시하거나, (나) 이를 기계적인 방법으로 복사하여 그 복사본을 제시하는 경우[1]는 물론, (다) 이를 모사전송의 방법으로 제시하거나, (라) 컴퓨터에 연결된 스캐너(scanner)로 읽어 들여 이미지화한 다음 이를 전송하여 컴퓨터 화면상에서 보게 하는 경우[2]도 행사에 해당하며, 위조사문서행사죄가 성립한다.

그러나 문서를 컴퓨터 스캔 장치를 이용하여 스캔한 후, 포토샵을 이용하여 변조된 이미지 파일을 생성한 다음, 상대방에게 보내는 이메일에 변조된 이미지가 저장되어 있는 파일을 마치 진정하게 성립한 것처럼 첨부·전송하여, 그 정을 모르는 상대방으로 하여금 첨부파일을 열람하게 하여, 상대방이 사용하는 컴퓨터 모니터에 위조한 문서 이미지가 나타나도록 하는 행위는 변조사문서행사죄에 해당하지 않는다.

그 이유는 컴퓨터 모니터 화면에 나타나는 이미지가 이미지 파일을 보기 위한 프로그램을 실행할 경우에 그때마다 전자적 반응을 일으켜 화면에 나타나는 것에 지나지 않아 계속적으로 화면에 고정된 것으로 볼 수 없어서 문서에 관한 죄의 문서에 해당되지 않기 때문이다.[3] 이에 반해 포토샵으로 위조된 이미지 파일을 문서로 출력한 후, 이 문서를 팩시밀리로 전송하는 행위는 위조사문서행사죄에 해당한다.[4]

(2) 고 의

위조사문서 등을 행사할 때 상대방은 그 문서가 위조·변조된 것임을 알지 못해야 한다. 위조문서인 정을 알고 있는 공범자나 그 대리인에게 위조문서를 교부하는 행위는 행사에 해당하지 않는다.[5] 위조문서임을 알고 있는 사람에 대해서까지 문서의 진정성에 대한 신용을 보호할 필요는 없기 때문이다.

위조된 사문서를 민사소송사건에서 진정하게 성립된 문서로서 제출하는 행위는 위조사문서행사죄를 구성한다. 동기가 사실의 경위설명에 불과한 것인지, 제출행위가 판결에 영향

1) 1989. 9. 12. 87도506 전원합의체 판결, 공 1989, 1418.
2) 2008. 10. 23. 2008도5200, 공 2008하, 1648 = 분석 각론『가입신청서 스캔 사건』.
3) 2011. 11. 10. 2011도10468, [미간행] = 분석 각론『잔액증명서 스캔 사건』.
4) 2011. 11. 10. 2011도10468, [미간행] = 분석 각론『잔액증명서 스캔 사건』.
5) 1973. 1. 30. 72도2639, 총람 229조 16번 =『허위 실적증명서 심부름 사건』.

을 미쳤는지, 행사의 목적이 사기나 부당이득에 있는 것인지 등은 위조사문서행사죄의 성립에 영향을 미치지 않는다.

(3) 다른 죄와의 관계

(가) 배임죄 사문서위조죄와 위조사문서행사죄는 실체적 경합관계에 있다.[1] 그러나 사문서위조행위와 위조사문서행사행위가 하나의 배임죄를 구성하는 경우에는 객관적 사실관계가 형법 제40조에서 말하는 하나의 행위로 평가되어 사문서위조죄, 위조사문서행사죄, 배임죄 전체가 상상적 경합관계에 서게 된다.[2) 3)]

(나) 통화위조죄 통화에 관한 죄는 문서에 관한 죄에 대해 특별관계에 있으므로 통

---

1) 전술 458면 이하 참조.

2) 2009. 4. 9. 2008도5634, 공 2009상, 682 =『배상금 합의서 날인 사건』:

갑은 P건설회사의 개발기획팀 부장으로 근무하고 있다. 2005. 4. 22. P건설회사와 Q건설회사 사이에 계약금을 5억원으로 하는 ㉠양해각서가 체결되었다. P회사는 ㉠양해각서를 이행하지 못하였다. [이행하지 못한 책임의 소재를 놓고 P회사와 Q회사 사이에 의견이 대립하였다.] A는 Q회사의 관계자이다. 2005. 6. 28. A는 다음 내용의 ㉡합의서를 작성하여 갑을 찾아왔다. (가) P회사는 Q회사에 계약금 5억원의 배액을 배상한다. (나) 1차로 2005. 6. 29.까지 (계약금) 5억원을 반환한다. (다) 2차로 2005. 7. 6.까지 (위약금) 5억원을 지급한다. A는 갑에게 ㉡합의서에 P회사의 인감을 날인해 달라고 요구하였다. 갑은 대표이사의 승낙을 받는 등 정상적인 결재절차를 밟지 않고 ㉡합의서에 P회사의 인감을 날인하였다. 갑은 P회사의 인감이 날인된 ㉡합의서를 A에게 건네주었다.

[P회사와 Q회사 사이에 ㉡합의서의 효력을 둘러싸고 민사분쟁이 발생하였다. P회사는 갑을 고소하였다.] 검사는 갑에 대해 사문서위조죄 및 위조사문서행사죄로 약식명령을 청구하였다. 2006. 10. 13. 관할법원은 갑에게 벌금 50만원의 ㉢약식명령을 고지하였다. 갑은 ㉢약식명령에 대해 정식재판을 청구하지 아니하여 ㉢약식명령은 확정되었다(㉮확정판결).

이후 검사는 갑을 특정경제범죄법위반죄(배임)로 기소하였다. 검사의 공소사실 요지는 다음과 같다(㉯공소사실). "갑은 대표이사의 승낙을 받는 등 정상적인 결재절차를 밟아 합의서를 작성해야 하는 임무에 위배하여 ㉡합의서에 P회사의 인감을 날인한 뒤 A에게 건네주어, Q회사로 하여금 당초 지급받을 약정금보다 5억원을 초과한 재산상 이익을 취득하게 하고, P회사에게 당초 반환할 약정금을 초과하여 5억원의 재산상 채무를 추가로 부담하게 하여 동액 상당의 재산상 손해를 가하였다." 갑의 피고사건은 제1심을 거친 후, 항소심에 계속되었다. 항소법원은 ㉮확정판결의 효력이 ㉯공소사실에 미친다는 이유로 면소판결을 선고하였다. 검사는 불복 상고하였다.

대법원은 다음의 이유를 제시하여 상고를 기각하였다. (가) 형법 제40조의 상상적 경합관계의 경우에는 그 중 1죄에 대한 확정판결의 기판력은 다른 죄에 대하여도 미친다. (나) 여기서 1개의 행위라 함은 법적 평가를 떠나 사회관념상 행위가 사물자연의 상태로서 1개로 평가되는 것을 의미한다. (다) 약식명령이 확정된 위 사문서위조 및 그 행사죄의 ㉮범죄사실과 같이 동일한 ㉡합의서를 임의로 작성 · 교부하여 회사에 재산상 손해를 가하였다는 ㉯공소사실은 그 객관적 사실관계가 하나의 행위이다. (라) [이는] 1개의 행위가 수개의 죄에 해당하는 경우로서 형법 제40조에 정해진 상상적 경합관계에 있다. (마) 같은 취지에서 확정된 ㉮약식명령의 기판력이 ㉯공소사실에도 미친다고 한 원심의 판단은 정당하다.

3) 2001. 2. 9. 2000도1216, 공 2001, 678 =『도시계획선 일치 부탁 사건』 참조.

화에 관한 죄가 성립하면 문서에 관한 죄는 별도로 성립하지 않는다. 위조된 외국통화가 외국에서 더 이상 강제통용력을 가지지 않게 되었거나 국내에서 사실상 거래대가의 지급수단이 되고 있지 않은 경우에는 그 위조통화를 행사하더라도 위조통화행사죄(법207④)를 구성하지 않는다.

판례는 이러한 경우에 대해 위조사문서행사죄 또는 위조사도화행사죄로 의율할 수 있다는 입장을 취하고 있다. 위조통화에 기재된 내용이 법률상 또는 사회생활상 의미 있는 사항에 관한 증거가 될 수 있는 것이어서 문서에 관한 죄의 객체인 문서 또는 도화에 해당한다는 것이 그 이유이다.[1)]

5. 사문서부정행사죄

형법 제236조 (사문서의 부정행사) 권리·의무 또는 사실증명에 관한 타인의 문서 또는 도화를 부정행사한 자는 1년 이하의 징역이나 금고 또는 300만원 이하의 벌금에 처한다.

공문서의 경우와 마찬가지로(법230) 진정한 사문서를 부정하게 사용하는 사례가 많으므로 우리 형법은 위조사문서행사죄 이외에 사문서부정행사죄를 규정하여 이러한 행위에 대처하고 있다.[2)] 우리 입법자는 공문서부정행사죄에 대해서는 미수범을 처벌하고 있으나(법235, 230) 사문서부정행사죄에 대해서는 미수범 처벌규정을 두고 있지 않다.

사문서부정행사죄의 객체는 사용권한자 및 용도가 특정되어 작성된 권리·의무 또는 사실증명에 관한 타인의 사문서·사도화로 한정된다. 차용증과 같은 것은 그 사용권자가 특정되어 있다고 볼 수 없고 용도도 다양하다. 그러므로 설령 피고인이 작성명의자의 의사에 의하지 아니하고 해당 차용증을 민사소송에서 법원에 제출하더라도 사문서부정행사죄는 성립하지 않는다.[3)]

사문서부정행사죄에서 부정행사란 (가) 사용권한자와 용도가 특정된 타인의 사문서·사도화를, (나) 사용권한 없는 자가 사용권한 있는 것처럼 가장하여 부정한 목적으로 행사하거나, (다) 권한 있는 자라도 정당한 용법에 반하여 부정하게 행사하는 것을 말한다.[4)]

사문서부정행사죄의 객체에는 문서와 도화가 규정되어 있을 뿐, 전자기록등 특수매체기록이 포함되어 있지 않다. 이와 관련하여 각종 카드의 부정사용 문제가 제기된다. 후불식 전

---

1) 2013. 12. 12. 2012도2249, 공 2014상, 207 =『영국 10만 파운드 위폐 사건』.
2) 전술 460면 이하 참조.
3) 2007. 3. 30. 2007도629, 2007, 659 =『편의상 차용증 작성 사건』.
4) 2007. 3. 30. 2007도629, 2007, 659 =『편의상 차용증 작성 사건』.

화카드의 경우를 보면, 카드번호와 카드발행자 등이 문자로 인쇄된 플라스틱 카드에 사용자에 관한 각종 정보가 전자기록되어 있는 자기띠가 부착되어 있다.

후불식 전화카드의 경우 그 자기띠 부분은 카드의 나머지 부분과 불가분적으로 결합되어 전체가 하나의 문서를 구성한다. 후불식 전화카드를 공중전화기에 넣어 사용하는 경우 비록 전화기가 전화카드로부터 판독할 수 있는 부분은 자기띠 부분에 수록된 전자기록에 한정된다고 할지라도, 전화카드 전체가 하나의 문서로서 사용된 것으로 보아야 하고 그 자기띠 부분만 사용된 것으로 볼 수는 없다. 따라서 절취한 후불식 전화카드를 공중전화기에 넣어 사용한 행위는 권리 · 의무에 관한 타인의 사문서를 부정행사한 경우에 해당한다.[1]

---

1) 2002. 6. 25. 2002도461, 공 2002, 1872 = 분석 각론『후불식 전화카드 사건 2』.

제21장　인장에 관한 죄

제1 서　설

1. 인장에 관한 죄의 성질

(1) 문서에 관한 죄와의 관계

형법 각칙 제21장은 인장에 관한 죄를 규정하고 있다. 사람의 의사표시는 서면에 의하여 이루어지는 일이 많다. 서면에는 특정인의 인격이나 특정물의 동일성을 확실하게 나타내기 위하여 서명, 날인, 기명, 기호 등이 빈번히 사용되고 있다. 법률 가운데에는 서명이나 기명 날인을 반드시 요구하는 경우도 있다. 서명, 날인, 기명, 기호 등은 일정한 문서의 작성과 관련하여 부정하게 행사되는 일이 많으며, 이러한 경우에는 문서에 관한 죄가 우선하여 성립하게 된다.

그런데 문서작성에 사용되지 않는 경우라 할지라도 함부로 다른 사람의 서명 · 날인 · 기명이나 물건의 기호를 위조하거나 부정사용하는 행위는 그 자체가 사회경제생활에서 공공의 신용 및 거래상의 안전을 해할 위험이 있다. 이러한 점을 고려하여 우리 형법은 인장에 관한 죄를 독립한 범죄유형으로 규정하고 있다.

인장에 관한 죄의 보호법익은 인장 · 서명 · 기명 · 기호의 진정에 대한 공공의 신용 및 거래상의 안전이며, 그 보호의 정도는 추상적 위험범이다. 특정한 개인에게 재산상 손해를 가하는 등의 결과발생을 요하지 않는다.

(2) 법정형의 문제

형법 각칙 제21장 인장에 관한 죄에 규정된 범죄에 대해서는 공(公)인장에 관한 죄인가 사(私)인장에 관한 죄인가를 구별하지 않고 법정형으로 징역형만 규정되어 있다(법238①, 239①). 이에 대해 형법 각칙 제20장 문서에 관한 죄를 보면, 원칙적으로 공문서의 경우에만 법정형이 징역형으로 한정되어 있다(허위공문서작성죄, 공정증서원본불실기재죄의 경우에는 벌금형도 가능함). 사문서의 경우에는 징역형 이외에 벌금형도 가능하다.

인장에 관한 죄는 문서에 관한 죄에 대해 보충관계에 있으며 죄질 또한 상대적으로 가볍다고 평가된다. 입법론적으로 볼 때 인장에 관한 죄, 그 가운데에서도 사(私)인장에 관한 죄에 대해 벌금형을 도입할 필요가 크다고 생각된다.

인장에 관한 죄에는 다수의 행위객체와 행위태양이 등장한다. 아래에서는 서술의 간소화를 위하여 필요하다고 생각되는 경우 인장 · 서명 · 기명 · 기호를 '인장 등'으로 통칭하고, 죄명은 인장위조죄, 위조인장행사죄 등으로 약칭하기로 한다.

2. 인장에 관한 죄의 객체

(1) 인장 · 서명 · 기명 · 기호

형법 제21장 인장에 관한 죄의 공통적인 객체는 인장 · 서명 · 기명 · 기호이다. 이 가운데 인장 · 서명 · 기명은 사람에 대한 것이며, 기호는 물건에 대한 것이다.

(가) 인 장　　특정인의 인격 및 그 동일성을 증명하기 위해 사용되는 일정한 상징을 말한다. 상징은 반드시 문자가 아니어도 좋으며, 성명에 국한되지도 않는다. 특정 인격의 동일성을 증명하는 것으로 사용되는 것이라면 지장(무인)도 인장에 해당한다. 인장의 주체는 허무인이어도 상관없다. 일반인으로 하여금 주체의 동일성을 오신하게 할 만한 것이면 된다.

인장(印章)은 일반적으로 인과(印顆; 도장)와 인영(印影)을 함께 가리킨다. 인영이란 일정한 사항을 증명하기 위하여 물체상에 나타나게 한 문자나 기타 부호의 영적(影蹟)을 말한다. 인과는 인영을 나타나게 하는 데 필요한 문자나 기타 부호를 조각한 물체를 가리킨다.

인장은 극도로 생략된 문서와 구별된다. 생략문서에는 비록 고도로 생략되었다고는 하지만 작성명의인의 의사 또는 관념이 표시되어 있다.[1] 이에 대해 인장에는 처음부터 작성명의인의 의사 또는 관념이라는 것을 상정할 수 없다. 이 때문에 작성명의인은 인장의 주체를 결정하는 기준이 될 수 없고, 인장을 사용하는 사람이 인장의 주체가 된다.

(나) 서 명　　특정인이 자기를 표시하는 문자이다. 반드시 성명에 한하지 않고 상호 기타 일반거래에서 사용하는 일체의 명칭을 포함한다. 기명(記名)과의 관계에 비추어 볼 때 서명(署名)은 자서(自署)로 한정된다.

(다) 기 명　　서명과 같이 특정인의 주체를 표시하는 것으로 서명 이외의 것을 말한다. 고무명판이나 프린터 인쇄 등 자서(自署) 이외의 방법으로 특정인의 주체를 표시하는 것이면 기명에 해당한다.

(라) 기 호　　물건에 압날하거나 부착하여 그 물건의 동일성을 증명하는 것이다. 인장 · 서명 · 기명이 사람의 동일성을 표시하기 위한 것임에 반하여, 기호는 농수산물이나 상품 등 물건의 동일성을 증명할 목적으로 사용되는 부호이다. 기호는 기명과 달리 명칭을 표

---

1) 생략문서에 대해서는, 전술 435면 참조.

시하지 않는다. 기호는 거래상 어느 정도 중요한 것임을 요한다. 중요도의 유무는 법원의 구체적 판단에 의하여 결정된다.

(2) 인장위조죄의 미수와 기수

형법 제21장 인장에 관한 죄에 규정된 죄의 미수범은 모두 처벌된다(법240). 미수범 처벌과 관련하여 특히 인장위조의 미수가 문제된다.

인장의 범위에 인과와 인영을 모두 포함시키는 입장에서는 인영을 함부로 나타내는 것은 물론 인과(印顆) 자체를 함부로 만들어내는 것도 인장위조의 기수에 해당한다고 본다.[1] 이에 따르면 인과를 함부로 만들어내어 이를 날인하는 행위는 인장위조죄와 위조인장행사죄를 구성하게 되며, 양자는 실체적 경합관계에 선다.[2]

이에 대해 인장의 범위를 인영으로 한정하는 입장에서는 인영을 함부로 나타내는 행위만을 인장위조로 본다. 그리고 그 전단계로서 인과를 함부로 만들어내는 행위는 인장위조죄의 실행의 착수로서 미수범(법240)으로 처벌된다고 본다.

생각건대 인장위조는 인영의 현출 자체를 기준으로 기수 여부를 판단해야 한다고 본다. 일본 형법은 인장부정행사죄 및 위조인장행사죄에 대해서만 미수범을 처벌하고(동법168), 인장위조죄에 대해서는 미수범 처벌규정을 두고 있지 않다.[3] 이에 대해 우리 형법은 인장위조죄, 인장부정사용죄, 위조인장행사죄, 부정사용인장행사죄 전반에 걸쳐 미수범을 처벌하고 있다(법240).

우리 형법이 인장위조죄 자체의 미수범을 처벌함에 따라 인과의 위조를 기수범으로 포착하여 처벌할 필요성은 그만큼 줄어들게 되었다. 한편 이론적으로 보더라도 인과는 인영을 현출시키는 도구로 사용되는 것에 지나지 않으므로, 결국 법률적 의미는 인영의 현출에 있다. 그러므로 인장의 주된 의미도 인영 부분에서 찾아야 한다.

이렇게 볼 때 인과의 위조 자체는 인장위조의 실행의 착수에 불과하며, 위조된 인과를 날인하여 인영이 현출될 때 위조는 기수에 이른다고 볼 것이다. 이러한 해석의 타당성은 우

---

1) 인과(印顆)의 경우 그 제작을 완료한 때에 인장위조는 기수로 된다는 것이 일본 판례의 태도이다. 大審院 明治43(1910). 11. 21. 大審院刑事判決錄 16-2093. 前田雅英 編, 條解 刑法, 第二版, (2009), 435頁 참조.

2) 일본 형법에 따르면 양자는 견련범 관계에 있어서 과형상 1죄로 파악된다.

일본형법 제54조 ① 1개의 행위가 2개 이상의 죄명에 저촉되거나 또는 범죄의 수단 혹은 결과인 행위가 다른 죄명에 저촉한 때에는 그의 가장 중한 형에 의하여 처단한다.

3) **일본형법 제168조** 제164조 제2항[옥새부정사용 및 위조옥새사용], 제165조 제2항[공인부정사용 및 위조공인사용], 제166조 제2항[공기호부정사용 및 위조공기호사용] 및 전조 제2항[사인부정사용 및 위조사인행사]의 죄의 미수는 벌한다.

리 형법이 인장위조죄의 미수를 벌하고 있다는 점(법240) 이외에 인장의 위조를 서명의 위조와 동일하게 취급하고 있다는 점(법238①, 239①)에서도 찾아 볼 수 있다.

제 2 공인장 등에 관한 죄

1. 공인위조죄 · 공인부정사용죄

형법 제238조 (공인 등의 위조, 부정사용) ① 행사할 목적으로 공무원 또는 공무소의 인장, 서명, 기명 또는 기호를 위조 또는 부정사용한 자는 5년 이하의 징역에 처한다.

◎ 자격정지 임의적 병과(법238②)

◎ 미수범 처벌함(법240)

(1) 행위객체

형법 제238조는 공인위조죄와 공인부정사용죄를 규정하고 있다. 공인위조죄는 공인을 새로이 만들어내는 것임에 대하여 공인부정사용죄는 진정하게 성립되어 있는 공인을 권한 없이 함부로 사용하는 것을 말한다.

공인위조죄 · 공인부정사용죄의 객체는 공무원 또는 공무소의 인장 · 서명 · 기명 · 기호이다(이하 공인 등으로 통칭함).[1] 공무원의 인장이라 함은 공무원이 공무상 사용하는 인장을 의미한다. 공무소의 인장이라 함은 공무소가 그 사무에 관하여 사용하는 인장을 말한다. 양자를 통칭하여 공인(公印)이라고 한다. 관청의 직인은 공인에 해당한다. 반드시 공무소의 명칭이 표시될 필요는 없다. 공무원이나 공무소가 사용하는 것이면 직인뿐만 아니라 개인의 인장도 공인에 포함된다.

공인위조죄 · 공인부정사용죄는 외국인의 국외범을 처벌한다(법5 vi). 행위지의 법률에 의하여 처벌되는지를 묻지 않는다(법6 단서 참조).

(2) 실행행위

(가) 위 조 　공인위조죄의 실행행위는 공인 등의 위조이다. 위조는 정당한 권한 없이 공무원 또는 공무소의 인장 · 서명 · 기명 · 기호를 만들어내는 행위를 말한다.

① 공인의 위조 　공인의 위조는 물체상에 부진정한 인영을 현출시키는 것을 말한다. 위조된 공인은 진정한 공인과 꼭 같은 것일 필요는 없다. 동일한 형식일 필요도 없다. 다만

1) 공무원 개념에 대해서는, 전술 76면 이하 참조.

일반인이 그것을 진정한 것이라고 오신하게 할 정도에 이르면 족하다. 공인의 주체가 실재하는 사람일 필요도 없다.

공인위조의 방법에는 제한이 없다. 함부로 공무원 또는 공무소의 인과를 제작하여 날인하는 행위, 공인의 인영을 모사하거나 복사하는 행위, 기존의 진정한 공인의 인영에 변경을 가하여 전혀 새로운 증명력을 가지게 하는 행위 등은 모두 공인위조에 포함된다. 공인위조죄는 공인이 새로이 표시되는 상황을 전제로 하여 그 성립의 진정만을 보호한다.

문서변조죄의 경우 변조는 진정하게 성립된 문서의 내용에 그 동일성을 해하지 않는 범위에서 변경을 가하는 것이다. 그런데 인장의 경우에는 변경을 가할 대상으로서 내용(의사 또는 관념)에 해당하는 것이 없다. 형법이 인장의 위조를 처벌하면서 인장의 변조에 대해 규정을 두고 있지 않은 것은 바로 이 때문이다. 기존 인영의 일부분에 조작을 가하여 동일성이 없는 새로운 인영을 나타냈다면 그러한 행위는 인장위조에 해당한다.

② 서명 · 기명 · 기호의 위조 서명 · 기명 · 기호의 위조는 권한 없이 공무원 또는 공무원이 사용하는 서명 · 기명 · 기호를 물체상에 나타내는 것을 말한다. 그 방법에는 제한이 없다. 일반인이 진정한 것이라고 오신하게 할 정도에 이르면 족하다.

(나) 부정사용 공인부정사용죄의 실행행위는 부정사용이다. 부정사용의 경우에는 위조와 달리 이미 진정하게 성립한 인장 · 서명 · 기명 · 기호가 존재하고 있다. 부정사용이라 함은 (가) 진정하게 성립한 공무원 또는 공무소의 인장 · 서명 · 기명 · 기호를, (나) 권한 없이 사용하거나, (다) 권한 있는 자라도 권한을 남용하여 부당하게 사용하는 것을 말한다.[1)]

(3) 고의와 목적

공인위조죄 · 공인부정사용죄는 목적범이다. 공인 등을 위조하거나 부정사용한다는 인식 · 인용 외에 그 위조 또는 부정사용이 모두 행사할 목적으로 이루어져야 한다. 행사할 목적이란 공인 등을 그 본래의 용법에 따라서 이용하려고 하는 의도를 말한다. 즉 제3자와의 관계에서 공무원 또는 공무소의 인장 등으로서의 고유한 기능을 발휘하도록 하려는 의도이다.

(4) 다른 죄와의 관계

공인위조죄 · 공인부정사용죄는 공문서에 관한 죄 또는 유가증권(공채증서)에 관한 죄와 결부되는 일이 많다. 이 경우 공인 등의 위조는 공문서위조죄나 유가증권위조죄의 예비단계를 이루거나 위조 또는 부정사용된 공인 등의 현출 부분이 위조공문서 또는 위조유가증권의

---

1) 1997. 7. 8. 96도3319, 공 1997, 2435 = 분석 각론 『절취 번호판 주행 사건』.

일부분이 된다. 그러므로 공문서위조죄나 유가증권위조죄의 기수 또는 미수가 성립하는 경우 공인위조죄 · 공인부정사용죄는 공문서위조죄나 유가증권위조죄에 흡수되어 버린다. 공인위조죄 · 공인부정사용죄는 공문서위조죄나 유가증권위조죄가 성립하지 않을 때 비로소 독립하여 성립한다.

「자동차관리법」은 자동차등록증, 등록번호판 등을 위조 · 변조 또는 부정사용하거나 위조 또는 변조한 것을 매매, 매매 알선, 수수(收受) 또는 사용하는 행위를 금지하면서, 이에 위반하는 사람을 10년 이하의 징역 또는 5천만원 이하의 벌금으로 처벌하고 있다(동법71①, 78ii). 여기에서 자동차 등록번호판의 부정사용을 둘러싸고 「자동차관리법」위반죄가 형법의 공기호위조죄(5년 이하 징역)에 대해 특별관계에 있어서 「자동차관리법」위반죄만 성립하는 것이 아닌가 하는 의문이 제기된다. 만일 특별관계가 인정된다면 법원은 「자동차관리법」위반죄의 법정형에 따라 벌금형을 선고할 수도 있다.

공기호부정사용죄는 인장에 관한 죄의 한 태양으로서 인장의 진정에 대한 공공의 신용, 즉 거래상의 신용과 안정을 보호법익으로 하고 있다. 반면에 「자동차관리법」의 입법취지는 자동차를 효율적으로 관리하고 자동차의 성능과 안전을 확보함으로써 공공의 복리를 증진함을 그 목적으로 하고 있어 보호법익을 달리하고 있다. 뿐만 아니라 그 주관적 구성요건으로서 형법상의 공기호부정사용죄는 고의와 더불어 행사할 목적을 요하는 반면 「자동차관리법」은 행사할 목적을 주관적 구성요건요소로 설정하고 있지 않다.

결국 「자동차관리법」위반죄는 형법상 공기호부정사용죄에 대해 법조경합(특별관계)의 관계에 서지 않는다.[1] 「자동차관리법」이 국가의 자동차관리에 관하여 마련된 특별법이라고 볼 때 「자동차관리법」위반죄와 형법상 공기호부정사용죄는 서로 상상적 경합관계에 있다고 생각된다. 공기호부정사용죄는 벌금형을 법정형으로 규정하고 있지 아니하므로 법원은 피고인을 징역형으로만 처벌할 수 있다.

2. 위조공인등행사죄

형법 제238조 ② 위조 또는 부정사용한 공무원 또는 공무소의 인장, 서명, 기명 또는 기호를 행사한 자도 전항의 형과 같다.

◎ 자격정지 임의적 병과(법238②)
◎ 미수범 처벌함(법240)

---

1) 1997. 6. 27. 97도1085, 공 1997, 2241 = 분석 각론 『번호판 바꿔 달기 사건』.

(1) 행 사

형법 제238조 제2항은 위조한 공인 등을 행사하거나 부정사용한 공인 등을 행사하는 행위를 처벌하고 있다. 행사는 위조되거나 부정사용된 공인 등을 마치 진정한 것처럼 그 용법에 따라 사용하는 행위이다.[1] 위조공인의 행사에는 타인에게 인영을 나타내는 외부적 행위가 있어야 한다.[2]

공범자와 같이 위조된 것임을 아는 사람에게 날인하여 인영을 나타내는 등의 방법으로 위조인장을 사용하는 것은 위조공인 행사에 해당하지 않는다. 이러한 경우까지 인장의 진정에 대한 신용을 보호할 필요가 없기 때문이다.

위조공인행사죄나 부정사용공인행사죄의 미수범은 처벌된다(법240). 공인위조죄와 위조공인행사죄, 공인부정사용죄와 부정사용공인행사죄는 각각 실체적 경합관계에 있다.

(2) 부정사용과 행사의 관계

부정사용과 행사의 관계가 문제된다. 우리 형법은 위조공인행사죄 외에 부정사용공인행사죄를, 위조사인행사죄 외에 부정사용사인행사죄를 각각 처벌하고 있다(법238②, 239②). 이에 대해 일본 형법은 위조공인행사죄와 위조사인행사죄만을 처벌하고 있으며, 부정사용공인의 행사 또는 부정사용사인의 행사에 대해서는 별도로 처벌규정을 두고 있지 않다.[3] 이와 관련하여 논의되는 것으로 자동차 등록번호판 부정사용의 문제가 있다.

---

1) 1997. 7. 8. 96도3319, 공 1997, 2435 = 분석 각론 『절취 번호판 주행 사건』.

2) 1981. 12. 22. 80도1472, 공 1982, 191 = 『철제 극인 타기 사건』:

갑은 M군청 소재 N임야에서 소나무와 낙엽송 벌채허가를 받았다. 갑은 허가량을 초과하여 약 1,700주를 더 벌채하였다(㉠임산물). ㉡철제 극인(極印)은 M군청에 비치된 임산물 생산 확인용 장비이다. [갑은 담당 공무원 A로부터 ㉡철제 극인을 몰래 빌렸다.] 갑은 ㉠임산물의 말구(末口; 밑동)에 ㉡철제 극인을 타기(打記)하였다. 갑은 ㉡극인이 타기된 ㉠임산물을 산판에 적치하거나 반출하였다.

검사는 갑을 공기호부정사용죄 및 부정사용공기호행사죄로 기소하였다. 제1심법원은 유죄를 인정하였다. 갑은 불복 항소하였다. 항소법원은 항소를 기각하고, 제1심판결을 유지하였다. 갑은 불복 상고하였다.

대법원은 다음의 이유를 제시하여 원심판결을 파기환송하였다. 대법원은 부정사용공기호행사죄 부분에 주목하였다. 대법원은 갑의 행위에 대해 다음과 같이 판단하였다. (가) 형법 제238조 제2항에 규정된 부정사용된 공기호의 행사죄는 위조·변조문서의 행사와 같이 부정사용된 공기호를 이를 진정한 것으로 임의로 공범자 이외의 자에게 보이는 등 사용하는 행위를 말하는 것이니 이는 타인에 대한 외부적 행위라고 할 것이다. (나) 갑이 부정사용된 ㉡공기호 그 자체를 타인에게 제시하는 등의 사실이 없다. (다) 갑은 ㉡극인이 타기된 소나무 등을 산판에 적치하였거나 반출하였다. (라) 그렇다고 하여 곧 부정사용공기호행사죄가 된다고 할 수 없다.

3) 일본형법 제165조 ① 행사할 목적으로 공무소나 공무원의 인장 또는 서명을 위조한 자는 3월 이상 5년 이하의 징역에 처한다.

② 공무소나 공무원의 인장 또는 서명을 부정하게 사용하거나 위조한 공무소나 공무원의 인장 또는 서명을 사용한 자도 전항과 같다.

자동차 등록번호판은 공무소가 사용하는 기호이므로 공기호에 해당한다. 자동차 등록번호판의 부정사용이라 함은 (가) 진정하게 만들어진 자동차 등록번호판을, (나) 권한 없는 자가 사용하거나, (다) 권한 있는 자라도 권한을 남용하여 부당하게 사용하는 행위를 말한다. 타인 차량의 자동차번호판을 자신의 차에 부착하는 행위는 형법 제238조 제1항의 공기호부정사용죄에 해당한다.[1]

형법 제238조 제2항은 부정사용한 공기호를 행사하는 행위를 처벌하고 있다. 여기에서 부정사용한 공기호의 행사가 무엇을 의미하는지 문제된다. '행사'는 용법에 따라 사용하는 것이다. 부정사용한 자동차등록번호판의 행사는 부정사용한 자동차 등록번호판(공기호)을 마치 진정한 것처럼 그 용법에 따라 사용하는 행위를 말한다.

자동차 등록번호판의 용법에 따른 사용행위는 자동차 등록번호판을 자동차에 부착하여 운행함으로써 일반인으로 하여금 자동차의 동일성에 대한 인식을 할 수 있게 하는 것을 말한다. 부정사용한 자동차등록번호판의 '행사'는 부정사용된 자동차 등록번호판이 부착된 자동차를 운행하여 당해 자동차의 동일성에 관한 오인을 불러일으킬 수 있는 상태를 야기하는 행위를 말한다. 당해 자동차의 운행과는 별도로 부정사용한 자동차 등록번호판을 교통경찰관 등 타인에게 제시하는 등의 행위가 있어야 부정사용공기호행사죄가 성립하는 것은 아니다.[2]

제 3 사인장 등에 관한 죄

1. 사인위조죄 · 사인부정사용죄

형법 제239조 (사인등의 위조, 부정사용) ① 행사할 목적으로 타인의 인장, 서명, 기명 또는 기호를 위조 또는 부정사용한 자는 3년 이하의 징역에 처한다.

◎ 미수범 처벌함(법240)

(1) 행위객체

형법 제239조 제1항은 행사할 목적으로 타인의 인장 · 서명 · 기명 · 기호를 위조하거나 부정사용한 자를 처벌하고 있다. 이 경우 타인은 공무원 또는 공무소 이외의 다른 사람을 말한다. 공인(公印) 이외의 인장을 사인(私印)이라고 한다. 사인은 공무원이나 공무소 이외의

---

1) 1997. 7. 8. 96도3319, 공 1997, 2435 = 분석 각론 『절취 번호판 주행 사건』.
2) 1997. 7. 8. 96도3319, 공 1997, 2435 = 분석 각론 『절취 번호판 주행 사건』.

다른 사람이 사용하는 인장이다. 사인은 권리의무의 증명에 관련된 인장, 사실증명을 위하여 사용된 인장을 넘어서서 사회생활상 교섭이 있는 사항에 관한 인장까지도 포함한다. 서화의 낙관에 사용된 인장도 사인위조죄의 인장에 해당한다. 아래에서는 서술의 편의를 위하여 공무원 또는 공무소 이외의 다른 사람이 사용하는 인장 · 서명 · 기명 · 기호를 사인 등으로 통칭한다.

(2) 실행행위

(가) 위 조 　사인위조죄의 실행행위는 위조이다. 위조는 정당한 권한 없이 타인의 인장 · 서명 · 기명 · 기호를 만들어내는 행위를 말한다. 권한 없는 자가 대리 · 대표명의로 인장 등을 위조하는 경우도 포함한다. 인장의 위조는 타인의 인영(印影)을 권한 없이 나타내는 것을 말한다. 타인의 인영을 권한 없이 복사하는 것도 인장위조에 해당한다.[1)]

제3자(갑)의 인장을 타인(을)의 진정한 인장인 것처럼 날인하는 행위는 인장 자체는 진정하지만 인영이 부진정하므로 부진정한 인영을 나타내는 행위로서 사인위조에 해당한다.

사인위조죄가 성립하려면 인영으로 나타낸 그 인장이 일반인으로 하여금 특정인의 진정한 인장으로 오신하게 할 정도에 이르러야 한다. 일반인이 특정인의 진정한 인장으로 오신하기에 충분한 정도인지 여부는 그 인장의 형식과 외관, 작성경위 등을 고려하여야 할 뿐만 아니라, 그 인장이 현출된 문서 등에서의 인장 현출의 필요성, 그 문서 등의 작성경위, 종류, 내용 및 일반거래에서 그 문서 등이 가지는 기능 등도 함께 고려하여 판단해야 한다.[2)]

어떤 문서에 권한 없는 자가 타인의 서명을 기재하는 경우에는 그 문서가 완성되기 전이라도 일반인으로서는 그 문서에 기재된 타인의 서명을 그 명의인의 진정한 서명으로 오신할 수도 있다. 그러므로 일단 서명이 완성되었으면 문서가 완성되지 아니한 경우에도 서명위조죄는 성립한다.[3)]

(나) 부정사용 　사인부정사용죄의 실행행위는 부정사용이다. 부정사용은 진정하게 성립되어 있는 타인의 인장 · 서명 · 기명 · 기호를 그 용법에 따라 사용하는 경우에 나타난다. 부정사용이라 함은 (가) 진정하게 성립한 타인의 인장 · 서명 · 기명 · 기호를, (나) 권한 없이 사용하거나, (다) 권한 있는 자라도 권한을 남용하여 부당하게 사용하는 것을 말한다. 사문서의 작성에 대해 승낙이 있다고 할지라도 인장의 사용이 본인의 의사에 반하는 경우에는 사인부정사용죄가 성립한다.

---

1) 2010. 1. 14. 2009도5929, [미간행] = 분석 각론 『교무처장 직인 사건』.
2) 2010. 1. 14. 2009도5929, [미간행] = 분석 각론 『교무처장 직인 사건』.
3) 2005. 12. 23. 2005도4478, [미간행] = 분석 각론 『조카 이름 서명 사건』.

(3) 고의와 목적

사인위조죄 · 사인부정사용죄는 목적범이다. 사인 등을 위조하거나 부정사용한다는 인식 · 인용 외에 그 명의인의 의사에 반하여 위법하게 행사할 목적이 인정되어야 한다. 타인의 인장을 조각할 당시에는 미처 그 명의인의 승낙을 얻지 아니하였다고 하더라도, 명의인의 승낙을 얻어 그 명의인의 문서를 작성하는 데 사용할 의도로 인장을 조각하였는데, 그 명의인의 승낙을 얻지 못하여 이를 사용하지 아니하고 명의인에게 돌려주었다면, 특별한 사정이 없는 한 행사의 목적이 있었다고 할 수 없다.[1)]

2. 위조사인등행사죄

형법 제239조 ② 위조 또는 부정사용한 타인의 인장, 서명, 기명 또는 기호를 행사한 때에도 전항의 형과 같다.

◎ 미수범 처벌함(법240)

형법 제239조 제2항은 위조한 사인 등을 행사하거나 부정사용한 사인 등을 행사하는 행위를 처벌하고 있다. 여기에서 행사는 위조되거나 부정사용된 사인 등을 진정한 사인 등인 것처럼 용법에 따라 사용하는 행위를 말한다. 권한 없이 복사한 타인의 인영을 다른 사람들이 열람할 수 있는 상태에 두거나,[2)] 인과(印顆)의 경우에는 날인하여 일반인이 열람할 수 있는 상태에 두면 그것으로 행사가 된다. 위조된 인과 그 자체를 타인에게 교부하는 것만으로는 아직 위조사인행사죄를 구성한다고 할 수 없다.[3)]

수사기관이 수사대상자의 진술을 기재한 후 진술자(갑)로 하여금 그의 면전에서 조서의 말미에 서명 등을 하도록 한 후 그 자리에서 바로 회수하는 경우가 있다. 이 경우 진술자가 그 문서에 서명을 하는 순간 그 서명은 바로 수사기관이 열람할 수 있는 상태에 놓이게 된다.

그러므로 진술자(갑)가 마치 타인(을)인 양 행세하며 수사서류에 타인의 서명을 기재하였다면, 그 서명을 수사기관이 열람하기 전에 즉시 파기하였다는 등의 특별한 사정이 없는 이상, 그 서명을 기재함과 동시에 위조사서명행사죄가 성립한다. 위조사서명행사죄가 성립된 직후에 수사기관이 진술자의 서명이 위조된 것임을 알게 되었다고 하더라도 이미 성립한 위조사서명행사죄에는 영향이 없다.[4)]

---

1) 1992. 10. 27. 92도1578, 공 1992, 3337 = 분석 각론 『피해자 도장 새기기 사건』.
2) 2010. 1. 14. 2009도5929, [미간행] = 분석 각론 『교무처장 직인 사건』.
3) 1984. 2. 28. 84도90, 공 1984, 564 = 분석 각론 『학교법인 직인 교부 사건』.
4) 2005. 12. 23. 2005도4478, [미간행] = 분석 각론 『조카 이름 서명 사건』.

제22장 성풍속에 관한 죄

제1 서 설

1. 성풍속에 관한 죄의 성질

형법 각칙 제22장은 성풍속에 관한 죄를 규정하고 있다. 성풍속에 관한 죄는 성도덕 내지 건전한 성적 풍속을 보호법익으로 하고 있다. 강간죄나 강제추행죄 등도 성생활과 관련을 맺고 있으나, 이들 범죄는 풍속에 관한 죄라고 하기보다는 개인의 성적 자기결정권을 침해하는 죄로서의 성격을 가진다. 이 때문에 우리 형법은 각칙 제32장에서 강간과 추행의 죄라는 별도의 장을 마련하고 있다.

성풍속을 해하는 죄의 유형에는 두 가지가 있다. 첫째로, 음행매개죄(법242)는 풍속범인 동시에 개인의 성적 자기결정권을 보호하는 성질도 가지고 있다. 둘째로, 음란물건반포죄(법243), 음란물건제조죄(법244), 공연음란죄(법245) 등은 성적 관계에서 도덕감정을 보호하는 풍속범으로서의 성격을 갖는다.

1953년 형법 제정 이래 존재하였던 간통죄(법241)는 2015년 2월 26일 선고된 헌법재판소의 위헌결정에 의하여 효력을 상실하였고[1], 2016년 형법 일부개정에 의하여 간통죄를 규정하였던 형법 제241조는 삭제되었다. 성풍속에 관한 죄의 장에 규정된 죄 이외에 이와 유사한 성격을 가진 것으로서 「아동 · 청소년의 성보호에 관한 법률」(동법11)이 있다.

성생활 및 성풍속을 형법상 어느 범위에서 규율하여야 할 것인가를 놓고 많은 논의가 있으며, 입법례도 다양하다. 이 문제는 각 사회의 문화 및 국가 기능과 밀접한 관계를 가지고 있다. 형법의 임무를 개인의 법익보호에서 구할 것인가 아니면 국가의 도덕적 질서확보에 중점을 둘 것인가에 따라 여러 가지 상이한 결론이 나올 수 있다. 전자의 입장에 서게 되면, 가능한 한 도덕문제는 개인에게 맡기고 국가는 간섭하지 말아야 한다고 보게 된다. 이에 대하여 후자의 입장에 서게 되면 국가는 도덕의 수호자로서 도덕에 어긋나는 행위 내지 성적 음란행위를 처벌해야 한다고 주장하게 된다.

---

1) 2015. 2. 26. 2009헌바17, 헌집 27-1상, 20.

2. 가상공간과 성풍속에 관한 죄

형법 각칙 제22장 성풍속에 관한 죄는 소위 오프라인에서의 성범죄만을 규율하고 있다. 1953년에 제정된 우리 형법은 소위 온라인 내지 가상공간에서의 성범죄를 상정하고 있지 않다. 가상공간에서의 성범죄에 대해서는 여러 가지 특별법들이 규율하고 있다. 「정보통신망 이용촉진 및 정보보호 등에 관한 법률」(동법44의7① i, 74① ii),[1] 「성폭력범죄의 처벌 등에 관한 특례법」(동법13, 14, 14의2, 14의3),[2] 「아동 · 청소년의 성보호에 관한 법률」(동

---

1) **정보통신망 이용촉진 및 정보보호 등에 관한 법률 제44조의7** (불법정보의 유통금지 등) ① 누구든지 정보통신망을 통하여 다음 각 호의 어느 하나에 해당하는 정보를 유통하여서는 아니 된다.

1. 음란한 부호 · 문언 · 음향 · 화상 또는 영상을 배포 · 판매 · 임대하거나 공공연하게 전시하는 내용의 정보

제74조 (벌칙) ① 다음 각 호의 어느 하나에 해당하는 자는 1년 이하의 징역 또는 1천만원 이하의 벌금에 처한다.

2. 제44조의7 제1항 제1호를 위반하여 음란한 부호 · 문언 · 음향 · 화상 또는 영상을 배포 · 판매 · 임대하거나 공공연하게 전시한 자

제75조 (양벌규정) 법인의 대표자나 법인 또는 개인의 대리인, 사용인, 그 밖의 종업원이 그 법인 또는 개인의 업무에 관하여 제71조부터 제73조까지 또는 제74조제1항의 어느 하나에 해당하는 위반행위를 하면 그 행위자를 벌하는 외에 그 법인 또는 개인에게도 해당 조문의 벌금형을 과(科)한다. 다만, 법인 또는 개인이 그 위반행위를 방지하기 위하여 해당 업무에 관하여 상당한 주의와 감독을 게을리하지 아니한 경우에는 그러하지 아니하다.

2) **성폭력범죄의 처벌 등에 관한 특례법 제13조** (통신매체를 이용한 음란행위) 자기 또는 다른 사람의 성적 욕망을 유발하거나 만족시킬 목적으로 전화, 우편, 컴퓨터, 그 밖의 통신매체를 통하여 성적 수치심이나 혐오감을 일으키는 말, 음향, 글, 그림, 영상 또는 물건을 상대방에게 도달하게 한 사람은 2년 이하의 징역 또는 2천만원 이하의 벌금에 처한다.

제14조 (카메라 등을 이용한 촬영) ① 카메라나 그 밖에 이와 유사한 기능을 갖춘 기계장치를 이용하여 성적 욕망 또는 수치심을 유발할 수 있는 사람의 신체를 촬영대상자의 의사에 반하여 촬영한 자는 7년 이하의 징역 또는 5천만원 이하의 벌금에 처한다.

② 제1항에 따른 촬영물 또는 복제물(복제물의 복제물을 포함한다. 이하 이 조에서 같다)을 반포 · 판매 · 임대 · 제공 또는 공공연하게 전시 · 상영(이하 "반포등"이라 한다)한 자 또는 제1항의 촬영이 촬영 당시에는 촬영대상자의 의사에 반하지 아니한 경우(자신의 신체를 직접 촬영한 경우를 포함한다)에도 사후에 그 촬영물 또는 복제물을 촬영대상자의 의사에 반하여 반포등을 한 자는 7년 이하의 징역 또는 5천만원 이하의 벌금에 처한다.

③ 영리를 목적으로 촬영대상자의 의사에 반하여 「정보통신망 이용촉진 및 정보보호 등에 관한 법률」 제2조 제1항 제1호의 정보통신망(이하 "정보통신망"이라 한다)을 이용하여 제2항의 죄를 범한 자는 3년 이상의 유기징역에 처한다.

④ 제1항 또는 제2항의 촬영물 또는 복제물을 소지 · 구입 · 저장 또는 시청한 자는 3년 이하의 징역 또는 3천만원 이하의 벌금에 처한다.

⑤ 상습으로 제1항부터 제3항까지의 죄를 범한 때에는 그 죄에 정한 형의 2분의 1까지 가중한다.

제14조의2 (허위영상물 등의 반포등) ① 반포등을 할 목적으로 사람의 얼굴 · 신체 또는 음성을 대상으로 한 촬영물 · 영상물 또는 음성물(이하 이 조에서 "영상물등"이라 한다)을 영상물등의 대상자의 의사에 반하여 성적 욕망 또는 수치심을 유발할 수 있는 형태로 편집 · 합성 또는 가공(이하 이 조에서 "편집등"이라 한다)한

법11)[1] 등은 그의 대표적인 예들이다.

특별법에서 사용되고 있는 구성요건표지들은 상당 부분 형법상의 성풍속에 관한 죄의 구성요건표지들과 일치한다. 따라서 이하에서 검토하는 성풍속에 관한 죄의 법리들은 가상공간에서의 성범죄에 대해서도 동일하게 적용된다. 한편 가상공간에서의 성범죄에 대해 발전된 법리는 형법상의 성풍속에 관한 죄에 대해서도 동일한 구속력을 가진다.

형법 각칙 제22장 성풍속에 관한 죄는 다양한 형태의 범죄유형을 규정하고 있어서 특별한 기본적 범죄유형을 찾기 어렵다. 아래에서는 순서에 따라 개별 범죄유형들을 살펴보기로 한다.

자는 5년 이하의 징역 또는 5천만원 이하의 벌금에 처한다.

② 제1항에 따른 편집물·합성물·가공물(이하 이 항에서 "편집물등"이라 한다) 또는 복제물(복제물의 복제물을 포함한다. 이하 이 항에서 같다)을 반포등을 한 자 또는 제1항의 편집등을 할 당시에는 영상물등의 대상자의 의사에 반하지 아니한 경우에도 사후에 그 편집물등 또는 복제물을 영상물등의 대상자의 의사에 반하여 반포등을 한 자는 5년 이하의 징역 또는 5천만원 이하의 벌금에 처한다.

③ 영리를 목적으로 영상물등의 대상자의 의사에 반하여 정보통신망을 이용하여 제2항의 죄를 범한 자는 7년 이하의 징역에 처한다.

④ 상습으로 제1항부터 제3항까지의 죄를 범한 때에는 그 죄에 정한 형의 2분의 1까지 가중한다.

제14조의3 (촬영물 등을 이용한 협박·강요) ① 성적 욕망 또는 수치심을 유발할 수 있는 촬영물 또는 복제물(복제물의 복제물을 포함한다)을 이용하여 사람을 협박한 자는 1년 이상의 유기징역에 처한다.

② 제1항에 따른 협박으로 사람의 권리행사를 방해하거나 의무 없는 일을 하게 한 자는 3년 이상의 유기징역에 처한다.

③ 상습으로 제1항 및 제2항의 죄를 범한 경우에는 그 죄에 정한 형의 2분의 1까지 가중한다.

제15조 (미수범) 제3조부터 제9조까지, 제14조, 제14조의2 및 제14조의3의 미수범은 처벌한다.

1) 아동·청소년의 성보호에 관한 법률 제2조 (정의) 이 법에서 사용하는 용어의 뜻은 다음과 같다.

5. "아동·청소년성착취물"이란 아동·청소년 또는 아동·청소년으로 명백하게 인식될 수 있는 사람이나 표현물이 등장하여 제4호[아동·청소년의 성을 사는 행위] 각 목의 어느 하나에 해당하는 행위를 하거나 그 밖의 성적 행위를 하는 내용을 표현하는 것으로서 필름·비디오물·게임물 또는 컴퓨터나 그 밖의 통신매체를 통한 화상·영상 등의 형태로 된 것을 말한다.

제11조 (아동·청소년성착취물의 제작·배포 등) ① 아동·청소년성착취물을 제작·수입 또는 수출한 자는 무기징역 또는 5년 이상의 유기징역에 처한다.

② 영리를 목적으로 아동·청소년성착취물을 판매·대여·배포·제공하거나 이를 목적으로 소지·운반·광고·소개하거나 공연히 전시 또는 상영한 자는 5년 이상의 징역에 처한다.

③ 아동·청소년성착취물을 배포·제공하거나 이를 목적으로 광고·소개하거나 공연히 전시 또는 상영한 자는 3년 이상의 징역에 처한다.

④ 아동·청소년성착취물을 제작할 것이라는 정황을 알면서 아동·청소년을 아동·청소년성착취물의 제작자에게 알선한 자는 3년 이상의 징역에 처한다.

⑤ 아동·청소년성착취물을 구입하거나 아동·청소년성착취물임을 알면서 이를 소지·시청한 자는 1년 이상의 징역에 처한다.

⑥ 제1항의 미수범은 처벌한다.

⑦ 상습적으로 제1항의 죄를 범한 자는 그 죄에 대하여 정하는 형의 2분의 1까지 가중한다.

제 2 성풍속에 관한 죄의 유형

1. 음행매개죄

형법 제242조 (음행매개) 영리의 목적으로 사람을 매개하여 간음하게 한 자는 3년 이하의 징역 또는 1천 5백만원 이하의 벌금에 처한다.

(1) 실행행위

음행매개죄의 주체는 남자에 한정되지 않고 여자도 포함한다. 음행매개죄의 객체는 사람이다. 2013년 형법 일부개정시에 입법자는 각종 성범죄의 객체를 '부녀'에서 '사람'으로 변경하였다. 이러한 개정의 일환으로 음행매개죄의 객체가 '미성년 또는 음행의 상습 없는 부녀'로부터 단순히 '사람'으로 변경되었다. 따라서 성년 · 미성년, 남자 · 여자를 가리지 아니하고 모든 사람이 음행매개죄의 객체가 된다.

음행매개죄의 실행행위는 영리의 목적으로 사람을 매개하여 간음하게 하는 것이다.

매개는 간음하는 두 사람 사이에 서서 간음을 중개하거나 편의를 도모하는 일체의 행위를 말한다. 간음에 이르게 하는 데에 도움을 주거나 간음에 이르게 할 목적으로 행해지는 수단 · 방법이 여기에 포함된다.

「풍속영업의 규제에 관한 법률」은 성매매 또는 음란행위를 알선하는 행위를 처벌하고 있다(동법3 i, 10①, 3 ii, 10②). 알선행위 자체를 처벌하므로 알선에 의하여 성행위를 하려는 당사자가 실제로 성행위를 해야만 하는 것은 아니다.[1] 그러나 형법 제242조의 음행매개죄는

---

1) 2020. 4. 29. 2017도16995, 공 2020상, 1034 =『원피스 남자손님 사건』:

풍속영업규제법 제3조 제2호는 풍속영업을 하는 자에 대하여 '음란행위를 알선하는 행위'를 금지하고 있다. 갑은 P유흥주점을 운영하고 있다. A 등은 P주점의 남성 손님이다. B 등은 P주점의 여성종업원이다. B 등은 A 등에게 자신들이 착용한 원피스와 비슷한 모양의 여성용 원피스를 남자 손님들에게 소위 '커플룩'이라고 제공하면서 원피스로 갈아입으라고 하였다. (이하 생략함.)

검사는 갑을 풍속영업규제법위반죄로 기소하였다. 제1심법원은 유죄를 인정하였다. 갑은 불복 항소하였다. 항소법원은 제1심판결을 파기하고, 무죄를 선고하였다. 항소법원은 무죄 판단의 이유로 다음의 점을 제시하였다. (가) 여성종업원 B 등의 접객행위가 음란행위라고 단정하기에 부족하다. (나) 갑이 음란행위를 알선하였다고 보기 어렵다. 검사는 불복 상고하였다.

대법원은 다음의 이유를 제시하여 원심판결을 파기환송하였다. (음란행위 부분은 소개를 생략함.) (가) 풍속영업규제법에서 음란행위를 '알선'하였다고 함은 풍속영업을 하는 자가 음란행위를 하려는 당사자 사이에 서서 이를 중개하거나 편의를 도모하는 것을 의미한다. (나) 음란행위의 '알선'이 되기 위하여 반드시 그 알선에 의하여 음란행위를 하려는 당사자가 실제로 음란행위를 하여야만 하는 것은 아니다. (다) 음란행위의 '알선'이 되기 위하여는 음란행위를 하려는 당사자들의 의사를 연결하여 더 이상 알선자의 개입이 없더라도 당사

사람을 매개하여 '간음하게 한 자'를 처벌하므로 매개에 의하여 간음이 이루어질 때 범죄가 성립한다. 음행매개죄에는 미수범 처벌규정이 없다.

간음은 배우자 이외의 자와의 성관계를 말한다. 간음은 성도덕과 관련하여 비난의 대상이 될 수 있는 성관계를 의미하며, 성매매가 여기에 해당하는 전형적인 예이다.

음행매개죄는 영리의 목적으로 행하여지는 목적범이다. 영리의 목적이라 함은 음행매개를 함에 있어서 재산적 이득을 얻으려는 의사 또는 이윤을 추구하는 의사를 말한다. 이 경우 영리의 목적은 이는 널리 경제적인 이익을 취득할 목적을 말하는 것으로서 (가) 반드시 음행매개의 직접적인 대가가 아니라 (나) 음행매개행위를 통하여 간접적으로 얻게 될 이익을 위한 경우에도 영리의 목적이 인정된다.[1] 영리의 목적은 일시적인지 계속적인지를 묻지 않는다. 자기가 이익을 취득할 목적인지, 제3자가 취득하게 할 목적인지도 불문한다.

자 사이에 음란행위에 이를 수 있을 정도의 주선행위만 있으면 족하다. (라) (음란성 판단 생략함.) (마) 갑이 여성종업원들에게 따르게 한 영업방식이나 행위는 결국 갑의 추가 개입이 없더라도 남자 손님들의 성욕을 자극하여 성적 흥분을 유발함으로써 여성종업원들과 사이에 음란행위로 나아갈 수 있도록 편의를 도모한 주선행위라고 평가함에는 부족함이 없다.

1) 2020. 9. 24. 2020도8978, 공 2020하, 2098 = 『도박사이트 음란물 게시 사건』:

형법 제247조는 영리를 목적으로 도박공간을 개설하는 행위를 도박공간개설죄로 처벌하고 있다. 청소년성보호법은 영리를 목적으로 아동·청소년이용음란물[현행법에서는 아동·청소년성착취물]을 공연히 전시하는 행위를 처벌하고 있다(ⓐ규정). 갑은 ㉠불법 도박사이트를 운영하고 있었다(㉮행위). 갑은 ㉠불법 도박사이트를 홍보하기로 하였다. 갑은 을 등 직원들과 공모하여 ㉡오픈채팅방을 개설하였다. 갑은 ㉡오픈채팅방에 ㉢아동·청소년이용음란물을 게시하였다(㉯행위).

검사는 갑을 다음의 공소사실로 기소하였다. (가) ㉮행위 : 도박공간개설죄, (나) ㉯행위 : 청소년성보호법 위반죄(아동·청소년이용음란물전시죄). 갑의 피고사건은 제1심을 거친 후, 항소심에 계속되었다. 항소법원은 ㉮행위에 영리의 목적이 인정될 뿐만 아니라 ㉯행위에도 영리의 목적이 인정된다고 판단하였다. 항소법원은 ㉮행위와 ㉯행위 모두에 대해 유죄를 인정하였다. 갑은 불복 상고하였다. 갑은 상고이유로 다음의 점을 주장하였다. (가) ㉯행위는 단순히 홍보를 위한 것이다. (나) ㉯행위에는 영리의 목적이 없다.

대법원은 다음의 이유를 제시하여 상고를 기각하였다. 대법원은 청소년성보호법 위반죄의 영리의 목적에 대해 다음과 같이 설시하였다. (가) [행위시법] 청소년성보호법 제11조 제2항은 영리를 목적으로 아동·청소년이용음란물[현행법에서는 아동·청소년성착취물]을 공연히 전시한 자는 10년[현행법은 5년] 이하의 징역에 처한다고 규정한다. (나) 위 조항에서 규정하는 '영리의 목적'이란 위 법률이 정한 구체적 위반행위를 함에 있어서 재산적 이득을 얻으려는 의사 또는 이윤을 추구하는 의사를 말한다. (다) 이는 널리 경제적인 이익을 취득할 목적을 말하는 것으로서 (ㄱ) 반드시 아동·청소년이용음란물 배포 등 위반행위의 직접적인 대가가 아니라 (ㄴ) 위반행위를 통하여 간접적으로 얻게 될 이익을 위한 경우에도 영리의 목적이 인정된다.

대법원은 갑의 ㉯행위에 대해 다음과 같이 판단하였다. (가) 사설 ㉠인터넷 도박사이트를 운영하는 사람이, [다음의 행위를 하는 경우가 있다.] (나) 먼저 ㉡오픈채팅방을 개설하여 아동·청소년이용음란 동영상을 게시하고 1:1 대화를 통해 불특정 다수를 ㉡위 오픈채팅방 회원으로 가입시킨다. (다) 그러한 다음, ㉡오픈채팅방에서 자신이 운영하는 ㉠도박사이트를 홍보하면서 회원들이 가입 시 입력한 이름, 전화번호 등을 이용하여 전화를 걸어 ㉠도박사이트 가입을 승인해주는 등의 방법으로 가입을 유도하고 ㉠도박사이트를 이용하여 도박을 하게 한다. (라) [그러한 경우라고 한다면] (ㄱ) 영리를 목적으로 도박공간을 개설한 행위가 인정됨은 물론, (ㄴ) 나아가 영리를 목적으로 아동·청소년이용음란물을 공연히 전시한 행위도 인정된다.

영리의 목적이 있으면 음행매개죄는 성립하고 그 목적이 현실적으로 달성되었는지는 묻지 않는다.

(2) 특별법

음행매개죄에 대해 특별관계에 서 있는 것으로서 「성매매알선 등 행위의 처벌에 관한 법률」의 처벌규정(동법4, 19 참조)[1], 「아동 · 청소년의 성보호에 관한 법률」(청소년성보호법)의 처벌규정(동법2, 15)[2], 「풍속영업의 규제에 관한 법률」(풍속영업규제법)의 처벌규정(동

---

1) **성매매알선 등 행위의 처벌에 관한 법률 제4조**(금지행위) 누구든지 다음 각 호의 어느 하나에 해당하는 행위를 하여서는 아니 된다.
 1. 성매매
 2. 성매매알선 등 행위
 3. 성매매 목적의 인신매매
 4. 성을 파는 행위를 하게 할 목적으로 다른 사람을 고용 · 모집하거나 성매매가 행하여진다는 사실을 알고 직업을 소개 · 알선하는 행위
 5. 제1호, 제2호 및 제4호의 행위 및 그 행위가 행하여지는 업소에 대한 광고행위
 제19조(벌칙) ① 다음 각 호의 어느 하나에 해당하는 사람은 3년 이하의 징역 또는 3천만원 이하의 벌금에 처한다.
 1. 성매매알선 등 행위를 한 사람
 2. 성을 파는 행위를 할 사람을 모집한 사람
 3. 성을 파는 행위를 하도록 직업을 소개 · 알선한 사람
 ② 다음 각 호의 어느 하나에 해당하는 사람은 7년 이하의 징역 또는 7천만원 이하의 벌금에 처한다.
 1. 영업으로 성매매알선 등 행위를 한 사람
 2. 성을 파는 행위를 할 사람을 모집하고 그 대가를 지급받은 사람
 3. 성을 파는 행위를 하도록 직업을 소개 · 알선하고 그 대가를 지급받은 사람

2) **아동 · 청소년의 성보호에 관한 법률 제2조**(정의) 이 법에서 사용하는 용어의 뜻은 다음과 같다.
 1. "아동 · 청소년"이란 19세 미만의 자를 말한다. 다만, 19세에 도달하는 연도의 1월 1일을 맞이한 자는 제외한다.
 4. "아동 · 청소년의 성을 사는 행위"란 아동 · 청소년, 아동 · 청소년의 성(性)을 사는 행위를 알선한 자 또는 아동 · 청소년을 실질적으로 보호 · 감독하는 자 등에게 금품이나 그 밖의 재산상 이익, 직무 · 편의제공 등 대가를 제공하거나 약속하고 다음 각 목의 어느 하나에 해당하는 행위를 아동 · 청소년을 대상으로 하거나 아동 · 청소년으로 하여금 하게 하는 것을 말한다.
 가. 성교 행위
 나. 구강 · 항문 등 신체의 일부나 도구를 이용한 유사 성교 행위
 다. 신체의 전부 또는 일부를 접촉 · 노출하는 행위로서 일반인의 성적 수치심이나 혐오감을 일으키는 행위
 라. 자위 행위
 제15조(알선영업행위 등) ① 다음 각 호의 어느 하나에 해당하는 자는 7년 이상의 유기징역에 처한다.
 1. 아동 · 청소년의 성을 사는 행위의 장소를 제공하는 행위를 업으로 하는 자
 2. 아동 · 청소년의 성을 사는 행위를 알선하거나 정보통신망(「정보통신망 이용촉진 및 정보보호 등에 관한 법률」 제2조 제1항 제1호의 정보통신망을 말한다. 이하 같다)에서 알선정보를 제공하는 행위를 업으로 하는 자
 3. 제1호 또는 제2호의 범죄에 사용되는 사실을 알면서 자금 · 토지 또는 건물을 제공한 자

법3, 10)[1] 등이 주목된다.

청소년성보호법은 '아동 · 청소년의 성매매 행위'가 아닌 '아동 · 청소년의 성을 사는 행위'라는 용어를 사용하고 있다. 이는 아동 · 청소년은 보호대상에 해당하고 성매매의 주체가 될 수 없어 아동 · 청소년의 성을 사는 사람을 주체로 표현한 것이다.[2] 아동 · 청소년의 성을

---

4. 영업으로 아동 · 청소년의 성을 사는 행위의 장소를 제공 · 알선하는 업소에 아동 · 청소년을 고용하도록 한 자

② 다음 각 호의 어느 하나에 해당하는 자는 7년 이하의 징역 또는 5천만원 이하의 벌금에 처한다.

1. 영업으로 아동 · 청소년의 성을 사는 행위를 하도록 유인 · 권유 또는 강요한 자
2. 아동 · 청소년의 성을 사는 행위의 장소를 제공한 자
3. 아동 · 청소년의 성을 사는 행위를 알선하거나 정보통신망에서 알선정보를 제공한 자
4. 영업으로 제2호 또는 제3호의 행위를 약속한 자

③ 아동 · 청소년의 성을 사는 행위를 하도록 유인 · 권유 또는 강요한 자는 5년 이하의 징역 또는 3천만원 이하의 벌금에 처한다.

1) **풍속영업의 규제에 관한 법률 제3조**(준수 사항) 풍속영업을 하는 자(허가나 인가를 받지 아니하거나 등록이나 신고를 하지 아니하고 풍속영업을 하는 자를 포함한다. 이하 "풍속영업자"라 한다) 및 대통령령으로 정하는 종사자는 풍속영업을 하는 장소(이하 "풍속영업소"라 한다)에서 다음 각 호의 행위를 하여서는 아니 된다.

1. 「성매매알선 등 행위의 처벌에 관한 법률」 제2조 제1항 제2호에 따른 성매매알선등행위
2. 음란행위를 하게 하거나 이를 알선 또는 제공하는 행위

제10조(벌칙) ① 제3조 제1호를 위반하여 풍속영업소에서 성매매알선등행위를 한 자는 3년 이하의 징역 또는 3천만원 이하의 벌금에 처한다.

② 제3조 제2호부터 제4호까지의 규정을 위반하여 음란행위를 하게 하는 등 풍속영업소에서 준수할 사항을 지키지 아니한 자는 3년 이하의 징역 또는 2천만원 이하의 벌금에 처한다.

제12조(양벌규정) 법인의 대표자나 법인 또는 개인의 대리인, 사용인, 그 밖의 종업원이 그 법인 또는 개인의 업무에 관하여 제10조의 위반행위를 하면 그 행위자를 벌하는 외에 그 법인 또는 개인에게도 해당 조문의 벌금형을 과(科)한다. 다만, 법인 또는 개인이 그 위반행위를 방지하기 위하여 해당 업무에 관하여 상당한 주의와 감독을 게을리하지 아니한 경우에는 그러하지 아니하다.

2) 2016. 2. 18. 2015도15664, 공 2016상, 490 = 『청소년성매수 알선 사건』:

청소년성보호법은 '아동 · 청소년의 성을 사는 행위'를 금지하고 있다(ⓐ규정). 청소년성보호법은 ⓐ규정 위반행위를 처벌하고 있다(ⓑ규정). 청소년성보호법은 '아동 · 청소년의 성을 사는 행위'를 알선하는 행위를 처벌하고 있다(ⓒ규정). A는 아동 · 청소년이다. 갑과 을은 병에게 A의 성을 사는 행위를 알선하였다. 병은 A가 아동 · 청소년임을 알지 못하였다(갑과 을의 주장임).

검사는 갑과 을을 청소년성보호법 위반죄(성을 사는 행위 알선)로 기소하였다. 갑과 을의 피고사건은 제1심을 거친 후, 항소심에 계속되었다. 항소법원은 유죄를 인정하였다. 갑과 을은 불복 상고하였다. 갑과 을은 상고이유로 다음의 점을 주장하였다. (가) 청소년성보호법 ⓐ규정이 적용되는 '아동 · 청소년의 성을 사는 행위를 알선하는 행위'가 인정되기 위해서는 성매수자가 상대방이 '아동 · 청소년'임을 인식하여야 한다. (나) 원심은 이에 대한 심리를 누락하였다.

대법원은 다음의 이유를 제시하여 상고를 기각하였다. 대법원은 청소년성보호법의 관련 규정들을 다음과 같이 분석하였다. (가) 청소년성보호법 제2조 제4호[ⓐ규정]는 '아동 · 청소년의 성을 사는 행위'란 (ㄱ) 아동 · 청소년, 아동 · 청소년의 성을 사는 행위를 알선한 자 또는 아동 · 청소년을 실질적으로 보호 · 감독하는 자 등에게 (ㄴ) 금품이나 그 밖의 재산상 이익, 직무 · 편의제공 등 대가를 제공하거나 약속하고 (ㄷ) 성교 행위

사는 행위를 알선하는 행위를 업으로 하여 청소년성보호법상의 성매수알선죄가 성립하기 위해서는 그러한 알선행위를 업으로 하는 사람이 아동 · 청소년을 알선의 대상으로 삼아 그 성을 사는 행위를 알선한다는 것을 인식하여야 한다. 그렇지만 이에 더하여 위와 같은 알선행위로 아동 · 청소년의 성을 사는 행위를 한 사람이 그 행위의 상대방이 아동 · 청소년임을 인식하여야 한다고 볼 수는 없다.[1)]

2. 음화등반포죄

형법 제243조 (음화반포등) 음란한 문서, 도화, 필름 기타 물건을 반포, 판매 또는 임대하거나 공연히 전시 또는 상영한 자는 1년 이하의 징역 또는 500만원 이하의 벌금에 처한다.

(1) 보호법익

음화등반포죄는 성적인 도덕감정을 해치는 범죄로서 이욕범 및 영업범으로서의 성질을 가지고 있다. 형법 제243조가 헌법 제21조의 표현의 자유 및 제22조의 학문 · 예술의 자유를 침해하는 것이 아닌가 하는 의문을 제기할 수 있다. 그러나 표현의 자유 또는 학문 · 예술의 자유라 할지라도 무제한적인 것은 아니며 그 스스로의 한계가 있다. 그러므로 명백히 사회의 성적 풍속을 해치는 경우에는 형사처벌을 과하여도 위헌의 문제는 없다.

음화등반포죄는 음화등제조죄 및 공연음란죄 등과 함께 건전한 성풍속 내지 성도덕 보

등 그 각 목의 어느 하나에 해당하는 행위를 (ㄹ) 아동 · 청소년을 대상으로 하거나 (ㅁ) 아동 · 청소년으로 하여금 하게 하는 것을 말한다고 규정하고 있다. (나) 이어 청소년성보호법은 제13조 제1항[ⓑ규정] '아동 · 청소년의 성을 사는 행위를 한 자'는 1년 이상 10년 이하의 징역 또는 2천만원 이상 5천만원 이하의 벌금에 처한다고 규정하고 있다. (다) 청소년성보호법은 이와 별도로 제15조 제1항 제2호[ⓒ규정)]에서 '아동 · 청소년의 성을 사는 행위를 알선하는 행위를 업으로 하는 자'는 7년 이상의 유기징역에 처한다고 규정하고 있다.

대법원은 청소년성보호법상 아동 · 청소년 성매수 알선행위의 요건에 대해 다음과 같이 설시하였다. (가) 청소년성보호법은 성매매의 대상이 된 아동 · 청소년을 보호 · 구제하려는 데 입법 취지가 있다. (나) 청소년성보호법에서 '아동 · 청소년의 성매매 행위'가 아닌 '아동 · 청소년의 성을 사는 행위'라는 용어를 사용한 것은 아동 · 청소년은 보호대상에 해당하고 성매매의 주체가 될 수 없어 아동 · 청소년의 성을 사는 사람을 주체로 표현한 것이다. (다) 그리고 아동 · 청소년의 성을 사는 행위를 알선하는 행위를 업으로 하는 사람이 그 알선의 대상이 아동 · 청소년임을 인식하면서 위와 같은 알선행위를 하였다면, 그 알선행위로 아동 · 청소년의 성을 사는 행위를 한 사람이 그 행위의 상대방이 아동 · 청소년임을 인식하고 있었는지 여부는 위와 같은 알선행위를 한 사람의 책임에 영향을 미칠 이유가 없다.

대법원은 갑과 을의 행위에 대해 다음과 같이 판단하였다. (가) 따라서 아동 · 청소년의 성을 사는 행위를 알선하는 행위를 업으로 하여 청소년성보호법 제15조 제1항 제2호[ⓐ규정]의 위반죄가 성립하기 위해서는 그러한 알선행위를 업으로 하는 사람이 아동 · 청소년을 알선의 대상으로 삼아 그 성을 사는 행위를 알선한다는 것을 인식하여야 한다. (나) 그렇지만 이에 더하여 위와 같은 알선행위로 아동 · 청소년의 성을 사는 행위를 한 사람이 그 행위의 상대방이 아동 · 청소년임을 인식하여야 한다고 볼 수는 없다.

1) 2016. 2. 18. 2015도15664, 공 2016상, 490 = 『청소년성매수 알선 사건』.

호를 주된 보호법익으로 하고, 공공의 성적 혐오감 내지 불쾌감의 방지를 부차적 보호법익으로 한다.[1] 헌법재판소는 음란 개념과 죄형법정주의의 관계에 대해, 음란의 개념은 매체의 특성에 따라 달라지지 않고 성표현물 그 자체의 내용을 기준으로 판단하여야 함을 전제로 죄형법정주의(헌법12①)나 표현의 자유(헌법21①)에 있어 명확성원칙에 위반되지 않는다고 판시하였다.[2]

(2) 특별법

음화등반포죄에 대해 특별관계에 서 있는 것으로서 「정보통신망 이용촉진 및 정보보호 등에 관한 법률」(정보통신망법)(동법44의7, 74, 75),[3] 「성폭력범죄의 처벌 등에 관한 특례법」(성폭력처벌법)(동법13, 14, 14의2, 14의3),[4] 「아동 · 청소년의 성보호에 관한 법률」(청소년성보호

---

1) 2013. 8. 29. 2011헌바176, 헌집 25-2상, 413.

2) 2013. 8. 29. 2011헌바176, 헌집 25-2상, 413.

3) **정보통신망 이용촉진 및 정보보호 등에 관한 법률 제44조의7** (불법정보의 유통금지 등) ① 누구든지 정보통신망을 통하여 다음 각 호의 어느 하나에 해당하는 정보를 유통하여서는 아니 된다.

1. 음란한 부호 · 문언 · 음향 · 화상 또는 영상을 배포 · 판매 · 임대하거나 공공연하게 전시하는 내용의 정보

제74조 (벌칙) ① 다음 각 호의 어느 하나에 해당하는 자는 1년 이하의 징역 또는 1천만원 이하의 벌금에 처한다.

2. 제44조의7 제1항 제1호를 위반하여 음란한 부호 · 문언 · 음향 · 화상 또는 영상을 배포 · 판매 · 임대하거나 공공연하게 전시한 자

제75조 (양벌규정) 법인의 대표자나 법인 또는 개인의 대리인, 사용인, 그 밖의 종업원이 그 법인 또는 개인의 업무에 관하여 제71조부터 제73조까지 또는 제74조 제1항의 어느 하나에 해당하는 위반행위를 하면 그 행위자를 벌하는 외에 그 법인 또는 개인에게도 해당 조문의 벌금형을 과(科)한다. 다만, 법인 또는 개인이 그 위반행위를 방지하기 위하여 해당 업무에 관하여 상당한 주의와 감독을 게을리하지 아니한 경우에는 그러하지 아니하다.

4) **성폭력범죄의 처벌 등에 관한 특례법 제13조** (통신매체를 이용한 음란행위) 자기 또는 다른 사람의 성적 욕망을 유발하거나 만족시킬 목적으로 전화, 우편, 컴퓨터, 그 밖의 통신매체를 통하여 성적 수치심이나 혐오감을 일으키는 말, 음향, 글, 그림, 영상 또는 물건을 상대방에게 도달하게 한 사람은 2년 이하의 징역 또는 2천만원 이하의 벌금에 처한다.

제14조 (카메라 등을 이용한 촬영) ① 카메라나 그 밖에 이와 유사한 기능을 갖춘 기계장치를 이용하여 성적 욕망 또는 수치심을 유발할 수 있는 사람의 신체를 촬영대상자의 의사에 반하여 촬영한 자는 7년 이하의 징역 또는 5천만원 이하의 벌금에 처한다.

② 제1항에 따른 촬영물 또는 복제물(복제물의 복제물을 포함한다. 이하 이 조에서 같다)을 반포 · 판매 · 임대 · 제공 또는 공공연하게 전시 · 상영(이하 "반포등"이라 한다)한 자 또는 제1항의 촬영이 촬영 당시에는 촬영대상자의 의사에 반하지 아니한 경우(자신의 신체를 직접 촬영한 경우를 포함한다)에도 사후에 그 촬영물 또는 복제물을 촬영대상자의 의사에 반하여 반포등을 한 자는 7년 이하의 징역 또는 5천만원 이하의 벌금에 처한다.

③ 영리를 목적으로 촬영대상자의 의사에 반하여 「정보통신망 이용촉진 및 정보보호 등에 관한 법률」 제2조 제1항 제1호의 정보통신망(이하 "정보통신망"이라 한다)을 이용하여 제2항의 죄를 범한 자는 3년 이상의 유기징역에 처한다.

법)의 처벌규정(동법11),[1] 「풍속영업의 규제에 관한 법률」(풍속영업규제법)의 처벌규정(동법3, 10)[2] 등이 주목된다.

---

④ 제1항 또는 제2항의 촬영물 또는 복제물을 소지 · 구입 · 저장 또는 시청한 자는 3년 이하의 징역 또는 3천만원 이하의 벌금에 처한다.

⑤ 상습으로 제1항부터 제3항까지의 죄를 범한 때에는 그 죄에 정한 형의 2분의 1까지 가중한다.

제14조의2 (허위영상물 등의 반포등) ① 반포등을 할 목적으로 사람의 얼굴 · 신체 또는 음성을 대상으로 한 촬영물 · 영상물 또는 음성물(이하 이 조에서 "영상물등"이라 한다)을 영상물등의 대상자의 의사에 반하여 성적 욕망 또는 수치심을 유발할 수 있는 형태로 편집 · 합성 또는 가공(이하 이 조에서 "편집등"이라 한다)한 자는 5년 이하의 징역 또는 5천만원 이하의 벌금에 처한다.

② 제1항에 따른 편집물 · 합성물 · 가공물(이하 이 항에서 "편집물등"이라 한다) 또는 복제물(복제물의 복제물을 포함한다. 이하 이 항에서 같다)을 반포등을 한 자 또는 제1항의 편집등을 할 당시에는 영상물등의 대상자의 의사에 반하지 아니한 경우에도 사후에 그 편집물등 또는 복제물을 영상물등의 대상자의 의사에 반하여 반포등을 한 자는 5년 이하의 징역 또는 5천만원 이하의 벌금에 처한다.

③ 영리를 목적으로 영상물등의 대상자의 의사에 반하여 정보통신망을 이용하여 제2항의 죄를 범한 자는 7년 이하의 징역에 처한다.

④ 상습으로 제1항부터 제3항까지의 죄를 범한 때에는 그 죄에 정한 형의 2분의 1까지 가중한다.

제14조의3 (촬영물 등을 이용한 협박 · 강요) ① 성적 욕망 또는 수치심을 유발할 수 있는 촬영물 또는 복제물(복제물의 복제물을 포함한다)을 이용하여 사람을 협박한 자는 1년 이상의 유기징역에 처한다.

② 제1항에 따른 협박으로 사람의 권리행사를 방해하거나 의무 없는 일을 하게 한 자는 3년 이상의 유기징역에 처한다.

③ 상습으로 제1항 및 제2항의 죄를 범한 경우에는 그 죄에 정한 형의 2분의 1까지 가중한다.

제15조 (미수범) 제3조부터 제9조까지, 제14조, 제14조의2 및 제14조의3의 미수범은 처벌한다.

제15조의2 (예비, 음모) 제3조부터 제7조까지의 죄를 범할 목적으로 예비 또는 음모한 사람은 3년 이하의 징역에 처한다.

1) **아동 · 청소년의 성보호에 관한 법률 제11조** (아동 · 청소년성착취물의 제작 · 배포 등) ① 아동 · 청소년성착취물을 제작 · 수입 또는 수출한 자는 무기징역 또는 5년 이상의 유기징역에 처한다.

② 영리를 목적으로 아동 · 청소년성착취물을 판매 · 대여 · 배포 · 제공하거나 이를 목적으로 소지 · 운반 · 광고 · 소개하거나 공연히 전시 또는 상영한 자는 5년 이상의 징역에 처한다.

③ 아동 · 청소년성착취물을 배포 · 제공하거나 이를 목적으로 광고 · 소개하거나 공연히 전시 또는 상영한 자는 3년 이상의 징역에 처한다.

④ 아동 · 청소년성착취물을 제작할 것이라는 정황을 알면서 아동 · 청소년을 아동 · 청소년성착취물의 제작자에게 알선한 자는 3년 이상의 징역에 처한다.

⑤ 아동 · 청소년성착취물을 구입하거나 아동 · 청소년성착취물임을 알면서 이를 소지 · 시청한 자는 1년 이상의 징역에 처한다.

⑥ 제1항의 미수범은 처벌한다

⑦ 상습적으로 제1항의 죄를 범한 자는 그 죄에 대하여 정하는 형의 2분의 1까지 가중한다.

2) **풍속영업의 규제에 관한 법률 제3조** (준수 사항) 풍속영업을 하는 자(허가나 인가를 받지 아니하거나 등록이나 신고를 하지 아니하고 풍속영업을 하는 자를 포함한다. 이하 "풍속영업자"라 한다) 및 대통령령으로 정하는 종사자는 풍속영업을 하는 장소(이하 "풍속영업소"라 한다)에서 다음 각 호의 행위를 하여서는 아니 된다.

3. 음란한 문서 · 도화(圖畵) · 영화 · 음반 · 비디오물, 그 밖의 음란한 물건에 대한 다음 각 목의 행위

가. 반포(頒布) · 판매 · 대여하거나 이를 하게 하는 행위

(3) 행위객체

(가) 대상물 음화등반포죄의 객체는 음란한 문서, 도화, 필름 기타 물건이다. 문서, 도화, 필름 등은 음란한 물건의 예시이다. 컴퓨터 통신망을 통하여 전송되는 컴퓨터 프로그램 파일은 형법 제243조에서 말하는 문서, 도화, 필름 기타 물건에 해당하지 않는다.[1)]

(나) 음란성 음란물반포죄의 객체를 한정짓는 기준은 음란성이다. 음란이라 함은 (가) 사회통념상 일반 보통인의 성욕을 자극하여 성적 흥분을 유발하고, (나) 정상적인 성적 수치심을 해하여, (다) 성적 도의관념에 반하는 것을 말한다.[2)]

음란성은 행위의 상대방에게 성욕을 자극하여 흥분시키는 동시에 일반인의 정상적인 성적 정서와 선량한 사회의 풍속을 해칠 가능성이 있음을 의미한다. 그러나 현실적으로 성적 수치심을 해칠 것을 요하지 않으며, 보통인이 성적 수치심을 느낄 수 있는 성질을 가지면 그것으로 족하다.

(다) 음란물 음란물은 (가) 표현물을 전체적으로 관찰 · 평가해 볼 때, (나) 단순히 저속하다거나 문란한 느낌을 준다는 정도를 넘어서서, (다) 존중 · 보호되어야 할 인격을 갖춘 존재인 사람의 존엄성과 가치를 심각하게 훼손 · 왜곡하고, 사회적으로 유해한 영향을 끼칠 위험성이 있다고 평가할 수 있을 정도로, (라) 노골적인 방법에 의하여 성적 부위나 행위를 적나라하게 표현 또는 묘사한 것으로서, (마) 사회통념에 비추어 전적으로 또는 지배적으로 성적 흥미에만 호소하고, (바) 하등의 문학적 · 예술적 · 사상적 · 과학적 · 의학적 · 교육적 가치를 지니지 않는 것을 뜻한다.[3)]

표현물의 음란 여부를 판단할 때에는 표현물 제작자의 주관적 의도를 기준으로 하지 않는다.[4)] 음란성을 판단할 때에는 그 시대의 건전한 사회통념에 따라 객관적으로 판단하되 그 사회의 평균인의 입장에서 대상물 전체를 대상으로 하여 규범적으로 판단하여야 한다.[5)]

나. 관람 · 열람하게 하는 행위

다. 반포 · 판매 · 대여 · 관람 · 열람의 목적으로 진열하거나 보관하는 행위

제10조 (벌칙) ② 제3조 제2호부터 제4호까지의 규정을 위반하여 음란행위를 하게 하는 등 풍속영업소에서 준수할 사항을 지키지 아니한 자는 3년 이하의 징역 또는 2천만원 이하의 벌금에 처한다.

제12조 (양벌규정) 법인의 대표자나 법인 또는 개인의 대리인, 사용인, 그 밖의 종업원이 그 법인 또는 개인의 업무에 관하여 제10조의 위반행위를 하면 그 행위자를 벌하는 외에 그 법인 또는 개인에게도 해당 조문의 벌금형을 과(科)한다. 다만, 법인 또는 개인이 그 위반행위를 방지하기 위하여 해당 업무에 관하여 상당한 주의와 감독을 게을리하지 아니한 경우에는 그러하지 아니하다.

1) 1999. 2. 24. 98도3140, 공 1999, 604.
2) 2008. 6. 12. 2008도76, [미간행] = 분석 각론 『성인 사이트 과장광고 사건』.
3) 2008. 6. 12. 2008도76, [미간행] = 분석 각론 『성인 사이트 과장광고 사건』.
4) 2008. 6. 12. 2008도76, [미간행] = 분석 각론 『성인 사이트 과장광고 사건』.
5) 2000. 10. 27. 98도679, 공 2000, 2476 = 『유부남 여고생 소설 사건』:

(4) 실행행위

음화등반포죄의 행위는 음란한 문서, 도화, 필름 기타 물건을 반포, 판매 또는 임대하거나 공연히 전시, 상영하는 것이다.

반포는 불특정 또는 다수인에게 무상으로 교부하는 것을 말한다. 계속적 · 반복적으로 전달하여 불특정 또는 다수인에게 반포하려는 의사를 가지고 있다면 특정한 1인 또는 소수의 사람에게 교부하는 것도 반포에 해당할 수 있다.[1] '반포'할 의사 없이 특정한 1인 또는 소수

갑은 소설가이다. 갑은 P회사와 출판계약을 체결한 다음 ㉠소설을 저작하여 이를 책으로 발간하고 판매하였다. ㉠소설은 38세의 유부남인 작가 A가 서울과 여러 도시들을 다니며 18세의 여고생 B와 벌이는 괴벽스럽고 변태적인 섹스행각의 묘사가 대부분을 차지하고 있다(내용 생략). 성적 묘사 부분은 양적으로나 질적으로 ㉠소설의 중추를 차지하고 있다.

검사는 갑을 음란물제조죄 및 음란물판매죄로 기소하였다. 갑의 피고사건은 제1심을 거친 후, 항소심에 계속되었다. 항소법원은 유죄를 인정하였다. 갑은 불복 상고하였다. 갑은 상고이유로 다음의 점을 주장하였다. (가) 헌법은 언론 · 출판의 자유와 학문 · 예술의 자유를 보장하고 있다. (나) ㉠소설은 문학성 및 예술성을 추구한 작품으로서 음란물이 아니다. (다) ㉠소설을 판매한 것은 P회사이므로 음란물판매죄는 성립하지 않는다.

대법원은 다음의 이유를 제시하여 상고를 기각하였다. 대법원은 표현의 자유와 음란물제조 · 판매죄의 관계에 대해 다음과 같이 설시하였다. (가) 헌법은 제21조 제1항 및 제22조 제1항에서 언론 · 출판의 자유와 학문 · 예술의 자유를 보장하고 있다. (나) 헌법은 제21조 제4항에서 언론 · 출판이 공중도덕이나 사회윤리를 침해하여서는 아니됨을 선언하고 있다. (다) 헌법은 제37조 제2항에서 사회질서와 공공복리 등을 위하여 필요한 경우에 국가는 법률로써 국민의 자유와 권리를 제한할 수 있음을 분명히 하고 있다. (라) 이에 따라 형법은 건전한 성적 풍속 내지 성도덕을 보호하기 위하여 제243조 및 제244조에서 음란한 문서를 제조한 자나 이를 판매한 자를 처벌하도록 규정하고 있다.

대법원은 음란성의 개념에 대해 다음과 같이 설시하였다. (가) 형법 제243조 및 제244조에서 말하는 '음란'이라 함은 정상적인 성적 수치심과 선량한 성적 도의관념을 현저히 침해하기에 적합한 것을 가리킨다. (나) 이를 판단함에 있어서는 (ㄱ) 그 시대의 건전한 사회통념에 따라 객관적으로 판단하되 (ㄴ) 그 사회의 평균인의 입장에서 (ㄷ) 문서 전체를 대상으로 하여 (ㄹ) 규범적으로 평가하여야 한다. (다) 문학성 내지 예술성과 음란성은 차원을 달리하는 관념이다. (라) 그러므로 어느 문학작품이나 예술작품에 문학성 내지 예술성이 있다고 하여 그 작품의 음란성이 당연히 부정되는 것은 아니다. (마) 다만 그 작품의 문학적 · 예술적 가치, 주제와 성적 표현의 관련성 정도 등에 따라서는 그 음란성이 완화되어 결국은 형법이 처벌대상으로 삼을 수 없게 되는 경우가 있을 수 있을 뿐이다.

대법원은 갑의 행위에 대해 다음과 같이 판단하였다. (가) ㉠소설은 갑이 주장하는 바와 같은 주제를 고려하더라도, 그리고 오늘날 우리 사회의 보다 개방된 성관념에 비추어 보더라도 음란하다고 보지 않을 수 없다. (나) P회사와 사이에 출판계약을 체결한 다음 ㉠소설을 저작하여 이를 책으로 발간하고 판매한 갑의 행위는 형법 제244조의 제조 및 형법 제243조의 판매에 해당한다.

1) 2016. 12. 27. 2016도16676, 공 2017상, 287 = 『자기 여자 주장 촬영물 사건』:

(연도 생략함.) 1월 경 갑은 A를 만나서 사귀게 되었다. 갑은 A의 동의를 얻어 A와의 성관계 동영상, 나체 사진 등을 자신의 휴대전화로 촬영하였다(㉠촬영물). 11. 27. 갑은 밤늦게 귀가한 A로부터 B와 함께 모텔에 있었다는 말을 듣고 화가 나 A와 다투었다. 11. 28. (다음 날) 오전 갑은 화가 난 상태에서 B의 휴대전화에 이제는 갑의 여자이니 A를 만나지 말라는 말과 함께 ㉠촬영물을 전송하였다. B는 사건 발생 2년전부터 A와 교제하면서 A에게 생활비 등을 지원해주는 관계였다. B는 ㉠촬영물을 전송받기 전에 이미 A로부터 갑

의 사람에게 무상으로 교부하는 것은 단순한 '제공'에 해당하여 음화등반포죄에 해당하지 않는다.[1] 반포에 해당하려면 목적물의 현실적인 교부가 있어야 한다.

판매란 불특정 또는 다수인에 대한 유상의 양도를 의미한다. 불특정 또는 다수인을 상대방으로 할 목적이 있는 한 1명에 대한 1회의 유상의 교부 · 양도행위도 음화등판매죄를 구성한다. 판매는 단순한 계약만으로는 부족하고 목적물의 현실적인 인도를 요구한다. 판매는 유상양도이지만 그 형태가 반드시 매매, 교환 등에 한정되지 않고 그 대가가 수수되는 것이면 족하다.

임대는 유상의 대여를 의미한다.

공연히 전시한다 함은 음화 등 음란한 물건을 불특정 또는 다수인이 관람할 수 있는 상태하에 현출시키는 것을 뜻한다. 불특정 또는 다수인이 전시된 음란한 물건을 실제 인식하지 못했다고 하더라도 음란한 물건을 불특정 또는 다수인이 관람할 수 있는 상태에 두면 된다.[2] 특정된 소수인만이 볼 수 있는 상태에 두는 것은 공연히 전시하는 것에 해당하지 않

과의 관계에 대하여 들어서 알고 있었다. 갑도 A와 교제를 시작한 후 A로부터 B와의 관계에 대하여 들어서 알고 있었다. B는 ㉠촬영물을 전송받은 후 바로 삭제하였다.

검사는 갑을 성폭력처벌법위반죄(카메라이용촬영)로 기소하였다. 갑의 피고사건은 제1심을 거친 후, 항소심에 계속되었다. 항소법원은 갑의 행위가 성폭력처벌법상 카메라이용촬영죄가 규정한 촬영물의 반포에 해당한다고 판단하여 유죄를 인정하였다. 갑은 불복 상고하였다.

대법원은 다음의 이유를 제시하여 원심판결을 파기환송하였다. 대법원은 성폭력처벌법상의 카메라이용촬영죄가 규정한 촬영물의 '반포' 개념에 대해 다음과 같이 설시하였다. (가) 성폭력처벌법 제14조 제2항은 카메라나 그 밖에 이와 유사한 기능을 갖춘 기계장치를 이용하여 성적 욕망 또는 수치심을 유발할 수 있는 다른 사람의 신체를 촬영한 촬영물이 촬영 당시에는 촬영대상자의 의사에 반하지 아니하는 경우에도 사후에 그 의사에 반하여 촬영물을 반포 · 판매 · 임대 · 제공 또는 공공연하게 전시 · 상영한 사람을 처벌하도록 규정하고 있다. (나) 여기에서 '반포'는 불특정 또는 다수인에게 무상으로 교부하는 것을 말한다. (다) 계속적 · 반복적으로 전달하여 불특정 또는 다수인에게 반포하려는 의사를 가지고 있다면 특정한 1인 또는 소수의 사람에게 교부하는 것도 반포에 해당할 수 있다. (라) 한편 '반포'와 별도로 [위 규정에] 열거된 '제공'은 '반포'에 이르지 아니하는 무상 교부 행위를 말한다. (마) '반포'할 의사 없이 특정한 1인 또는 소수의 사람에게 무상으로 교부하는 것은 [위 규정의] '제공'에 해당한다.

대법원은 사실관계를 분석하였다. 대법원은 갑의 행위에 대해 다음과 같이 판단하였다. (가) 갑은 A가 B를 다시 만난 것을 알고 화가 나자 B에게 갑과 A의 관계를 분명히 알려 B가 더 이상 A를 만나지 못하게 할 의도로 B에게 ㉠촬영물을 전송한 것으로 보인다. (나) 갑이 불특정 또는 다수인에게 교부하거나 전달할 의사로 B에게 ㉠촬영물을 전송하였다고 보기는 어렵다. (다) 따라서 갑의 행위는 성폭력처벌법 제14조 제2항에서 정한 촬영물의 '제공'에 해당할 수는 있어도 그 촬영물의 '반포'에는 해당하지 아니한다.

1) 2016. 12. 27. 2016도16676, 공 2017상, 287 = 『자기 여자 주장 촬영물 사건』.

2) 2022. 6. 9. 2022도1683, 공 2022하, 1401 = 『네이버 밴드 전체공개 사건』:

갑은 A(여)와 5년간 교제하였다. 갑과 A는 ㉠네이버 밴드를 비공개로 함께 이용하였다. 갑은 A의 동의하에 반신욕하는 A의 상반신 사진을 촬영하였다(㉡사진). A는 갑에게 이별통고를 하였다. 갑은 ㉠네이버 밴드에서 A를 탈퇴시켰다. 갑은 ㉠네이버 밴드를 '전체공개'로 전환하였다. 갑은 ㉡사진을 A의 동의 없이 ㉠네이버 밴드에 게시하였다. 갑은 ㉠네이버 밴드의 링크를 A에게 보냈다.

는다.[1] 사람의 음란한 행위를 불특정 또는 다수인이 관람할 수 있는 상태하에 현출시키는 것은 음란물전시죄(법243)가 아니라 공연음란죄(법245)에 해당한다.

상영은 필름을 관람할 수 있는 상태로 현출시키는 행위를 말한다.

(5) 고 의

음화등반포죄의 고의가 인정되려면 음란성이 문제된 물건 등의 존재와 그러한 물건을 반포, 매매, 임대하거나, 공연히 전시하거나 상영하는 것을 인식 · 인용하여야 한다. 문제는 음화등반포죄의 고의에 음란성의 인식이 있어야 하는가 하는 점이다.

검사는 갑을 성폭력처벌법위반죄(카메라등이용촬영)로 기소하였다. 제1심법원은 유죄를 인정하였다. 갑은 불복 항소하였다. 갑은 항소이유로 다음의 점을 주장하였다. (가) ㉠네이버 밴드는 갑과 A만 접속하던 곳이다. (나) 네이버 밴드 앱은 대부분 지인 간 소통 공간으로 활용되는 특성상 제3자가 ㉠밴드에 접속하여 ㉡촬영물을 볼 가능성이 거의 없다. (다) 실제로도 제3자가 ㉠밴드에 접속하여 ㉡사진을 본 흔적이 없다. (라) 이러한 점들을 고려하면, 갑이 ㉠네이버 밴드에 ㉡사진을 게시하고 밴드를 전체공개로 전환한 것을 '촬영물을 전시'한 것으로 볼 수는 없다. 항소법원은 갑의 항소이유를 배척하고 유죄를 인정하였다. 갑은 불복 상고하였다. 갑의 상고이유는 항소이유와 같다.

대법원은 다음의 이유를 제시하여 상고를 기각하였다. 대법원은 성폭력처벌법상의 촬영물 게시에 대해 다음과 같이 설시하였다. (이하 성폭력처벌법의 해당 조문은 행위시법이 아니라 현행법에 따름.) (가) 성폭력처벌법은 제14조 제1항에서 '카메라나 그 밖에 이와 유사한 기능을 갖춘 기계장치를 이용하여 성적 욕망 또는 수치심을 유발할 수 있는 사람의 신체를 촬영대상자의 의사에 반하여 촬영'하는 행위를 처벌하도록 규정하고 있다.

(나) 성폭력처벌법은 제14조 제2항에서 (ㄱ) '제1항에 따른 촬영물 또는 복제물을 반포 · 판매 · 임대 · 제공 또는 공공연하게 전시 · 상영한 자'뿐만 아니라 (ㄴ) '제1항의 촬영이 촬영 당시에는 촬영대상자의 의사에 반하지 아니한 경우(자신의 신체를 직접 촬영한 경우를 포함한다)에도 사후에 그 촬영물 또는 복제물을 촬영대상자의 의사에 반하여 반포 · 판매 · 임대 · 제공 또는 공공연하게 전시 · 상영한 자'도 7년 이하의 징역 또는 5천만원 이하의 벌금에 처하도록 규정하고 있다.

(다) 이는 성적 욕망 또는 수치심을 유발할 수 있는 타인의 신체를 촬영한 촬영물 또는 복제물이 인터넷 등 정보통신망을 통하여 급속도로 광범위하게 유포됨으로써 피해자에게 엄청난 피해와 고통을 초래하는 사회적 문제를 감안하여, 죄책이나 비난 가능성이 촬영 행위 못지않게 크다고 할 수 있는 촬영물 등의 반포 등 유포 행위를 한 자에 대해서도 촬영자와 동일하게 처벌하기 위함이다.

(라) 이러한 법률 규정의 내용 및 입법 취지 등에 비추어 본다. (마) 성폭력처벌법 제14조 제2항에서 유포행위의 한 유형으로 열거하고 있는 '공공연한 전시'란 불특정 또는 다수인이 촬영물 등을 인식할 수 있는 상태에 두는 것을 의미한다. (바) 촬영물 등의 '공공연한 전시'로 인한 범죄는 불특정 또는 다수인이 전시된 촬영물 등을 실제 인식하지 못했다고 하더라도 촬영물 등을 위와 같은 상태에 둠으로써 성립한다.

대법원은 다음과 같은 원심판단을 그대로 유지하였다. (가) 갑은 자신이 운영하는 ㉠네이버 밴드를 누구든지 볼 수 있는 전체공개로 전환한 다음 ㉡촬영물을 A의 의사에 반하여 게시한 사실이 인정된다. (나) ㉡촬영물은 갑이 ㉠네이버 밴드를 전체공개로 전환한 이후에는 해당 애플리케이션 등에 대한 별도의 가입절차 없이 인터넷을 사용하는 누구라도 접근할 수 있는 상태에 놓이게 되었다. (다) 그러므로 갑이 ㉠네이버 밴드에 ㉡촬영물을 게시한 것은 ㉡촬영물을 공공연하게 전시한 행위에 해당한다. (라) 갑에게 그러한 고의도 인정된다.

1) 1973. 8. 21. 73도409, 집 21②, 형47.

음화등반포죄가 성립하려면 행위자에게 음란성에 대한 인식이 있어야 한다. 음란성은 어디까지나 음화등반포죄의 객관적 구성요건요소이기 때문이다. 그러나 그 인식은 음란물 제조자나 판매자의 주관적 의사에 좌우되지 않는다. '음란성'은 전형적인 규범적 표지이다. 음란성의 인식은 사실의 인식이 아니라 의미의 인식에 해당한다. 의미의 인식은 전문가적인 인식일 필요가 없다. 행위자가 속하는 사회의 통상인의 판단으로 이해되는 정도의 의미인식이 행위자에게 있으면 족하다(문외한의 평행한 평가).

판례는 음란성 여부를 판단할 때에는 표현물 제작자의 주관적 의도가 아니라 사회 평균인의 입장에서 그 전체적인 내용을 관찰하여 건전한 사회통념에 따라 객관적이고 규범적으로 평가하여야 한다는 입장을 취하고 있다.[1]

(6) 위법성조각사유

(가) 상대적 음란개념 논의 음화등반포죄, 음화등제조죄, 공연음란죄 및 각종 특별법 위반죄 등에서 음란성과 학술성 내지 예술성의 한계가 문제되고 있다. 학술작품 또는 예술작품의 음란성 판단과 관련하여 상대적 음란개념이 논의된 바가 있다.

상대적 음란개념이란 부수적 사정 여하에 따라서 객체의 음란성에 대한 평가가 달라질 수 있음을 인정하는 견해이다. 예컨대 성교에 관한 논문이 학술지에 실리면 그것은 학문의 자유와 관련하는 것으로 음란성이 부정되지만, 그 논문을 일간신문에 게재하는 행위는 음란성이 인정되어 처벌대상이 된다고 보는 것이다. 상대적 음란개념에 따라 음란성이 부정되면 음화등반포죄 등의 구성요건해당성이 없어 범죄가 성립하지 않는다.

상대적 음란개념을 인정할 것인가를 놓고 긍정설[2]과 부정설[3]이 대립하고 있다. 생각건대 상대적 음란개념은 동일한 문서나 물체가 학자나 연구자에게 한정되어 공개되었는가 아니면 일반인에게도 공개되었는가에 따라서 음란성이 좌우되는 불합리가 있다. 일정한 자격자의 범위를 설정하여 범죄의 성립을 제한하는 것은 이해할 수 있다 하더라도, 그것은 어디까지나 위법성조각 등 범죄성립조각의 문제로 볼 것이지 그 자격범위 자체가 대상물의 음란성을 증감 · 변경할 수는 없다. 이러한 점 때문에 상대적 음란성의 관념은 채택하기 곤란하며, 부정설이 타당하다고 본다.

(나) 사회상규 2017년 대법원은 음란성과 학술성 · 예술성의 한계를 획정함에 있어

1) 2017. 10. 26. 2012도13352, 공 2017하, 2217 = 『교수 블로그 사진 사건』 ☞ 부록 1582면.
2) 김혜정 외, 676면; 손동권 · 김재윤, 711면; 이정원, 647면; 정성근 · 박광민, 745면.
3) 김성돈, 722면; 박상기, 583면; 배종대, 642면; 이재상 · 장영민 · 강동범, 654면; 이형국 · 김혜경, 746면; 임웅, 844면; 주호노, 1453.

형법 제20조의 사회상규 개념에 주목하여 다음과 같은 판단기준을 제시하였다.[1]

「음란물이 그 자체로는 하등의 문학적 · 예술적 · 사상적 · 과학적 · 의학적 · 교육적 가치를 지니지 아니하더라도, 앞서 본 음란성에 관한 논의의 특수한 성격 때문에, 그에 관한 논의의 형성 · 발전을 위해 문학적 · 예술적 · 사상적 · 과학적 · 의학적 · 교육적 표현 등과 결합되는 경우가 있다. 이러한 경우 음란 표현의 해악이 이와 결합된 위와 같은 표현 등을 통해 상당한 방법으로 해소되거나 다양한 의견과 사상의 경쟁메커니즘에 의해 해소될 수 있는 정도라는 등의 특별한 사정이 있다면, 이러한 결합 표현물에 의한 표현행위는 공중도덕이나 사회윤리를 훼손하는 것이 아니어서, 법질서 전체의 정신이나 그 배후에 놓여 있는 사회윤리 내지 사회통념에 비추어 용인될 수 있는 행위로서 형법 제20조에 정하여진 '사회상규에 위배되지 아니하는 행위'에 해당된다.」

판례의 입장은 어느 행위에 대해 구성요건해당성 단계에서 음란성이 인정된다고 하더라도 특별한 사정이 인정되면 형법 제20조의 사회상규에 위배되지 아니하는 행위로서 위법성이 조각될 수 있다는 것이다. 종래의 상대적 음란개념이 구성요건해당성 차원에서 논의되는 문제였다면, 새로운 판례의 입장은 위법성 차원에서 문제를 해결하려는 것이다.

판례는 음란성과 관련하여 위법성이 조각되는 특별한 사정으로 (가) 음란 표현의 해악이 문학적 · 예술적 · 사상적 · 과학적 · 의학적 · 교육적 표현 등과 결합된 표현을 통해 상당한 방법으로 해소되는 경우와 (나) 음란 표현의 해악이 다양한 의견과 사상의 경쟁메커니즘에 의해 해소될 수 있는 경우의 두 가지를 제시하고 있다.

3. 음화등제조죄

형법 제244조 (음화제조 등) 제243조의 행위에 공할 목적으로 음란한 물건을 제조, 소지, 수입 또는 수출한 자는 1년 이하의 징역 또는 500만원 이하의 벌금에 처한다.

음화등제조죄에서 제조라 함은 음란한 물건을 만들어 내는 것을 말한다. 소지란 음란한 물건을 자기의 사실적 지배하에 두는 것을 말한다. 음란한 물건을 제조한 사람이 제조한 음란물을 계속하여 소지하는 행위는 포괄하여 한 개의 음란물제조죄를 구성한다. '제조'와 '소지'가 동일한 조문에 병렬적으로 기재되어 있기 때문이다(협의의 포괄일죄).[2] [3]

---

1) 2017. 10. 26. 2012도13352, 공 2017하, 2217 = 『교수 블로그 사진 사건』.

2) 청소년성보호법은 아동 · 청소년성착취물제작죄와 아동 · 청소년성착취물소지죄를 각각 별도의 조항에 규정하고 있다. 이 때문에 아동 · 청소년성착취물제작죄와 아동 · 청소년성착취물소지죄의 죄수관계가 문제된다.

3) 2021. 7. 8. 2021도2993, 공 2021하, 1500 = 『아동음란물 제조 후 소지 사건』:

(갑의 행위 당시 청소년성보호법은 '아동 · 청소년이용음란물'이라는 용어를 사용하고 있었다. 2020년 개정

수입 · 수출이란 국외에서 국내로 들여보내거나 국내에서 국외로 반출하는 것을 말한다. 아편제조죄(법198)의 경우에는 수입행위만을 처벌하고 있다. 이에 대해 음란물제조죄는 수입행위뿐만 아니라 수출행위도 처벌대상에 포함하고 있다. 이는 음란물 유통에 대한 입법자의 국제적 협력의지를 보여주고 있다.

음란물제조죄는 음란물반포죄에 대해 수단 · 목적의 관계에 서는 경우가 많다. 우리 형법은 목적 · 수단의 관계에 있는 범죄를 견련범으로 포착하여 과형상 일죄로 파악하는 방식을 채택하고 있지 않다. 따라서 음란물제조죄와 음란물반포죄는 실체적 경합관계에 서게 된다.

4. 공연음란죄

형법 제245조 (공연음란) 공연히 음란한 행위를 한 자는 1년 이하의 징역, 500만원 이하의 벌금,

청소년성보호법은 '아동 · 청소년이용음란물'을 '아동 · 청소년성착취물'로 변경하였다. 아울러 2020년 개정 청소년성보호법은 아동 · 청소년성착취물소지죄의 법정형을 종전의 '1년 이하의 징역 또는 2천만원 이하의 벌금'에서 '1년 이상의 징역'으로 대폭 상향조정하였다. 이하에서는 판례 원문에 따라 행위시의 청소년성보호법 조문에 따라 판례를 분석 · 정리한다.)

A는 아동이다. 갑은 직접 A에게 ㉠음란동영상을 촬영하여 갑에게 전송하도록 하였다(㉮행위). 갑은 성명불상자 B로부터 아동 · 청소년의 음란동영상을 전송받았다(㉯행위).

검사는 갑을 다음의 공소사실로 기소하였다. (가) ㉮행위 : 아동 · 청소년이용음란물제조죄, 아동 · 청소년이용음란물소지죄. (나) ㉯행위 : 아동 · 청소년이용음란물소지죄. 제1심법원은 다음과 같이 판단하였다. (가) ㉮행위 : 아동 · 청소년이용음란물제조죄 유죄, 아동 · 청소년이용음란물소지죄 유죄. (나) ㉯행위 : 아동 · 청소년이용음란물소지죄 유죄. 제1심법원은 ㉮행위에 대해 아동 · 청소년이용음란물제조죄와 아동 · 청소년이용음란물소지죄의 실체적 경합범을 인정하였다. 갑은 불복 항소하였다. 항소법원은 항소를 기각하고, 제1심판결을 유지하였다. 갑은 불복 상고하였다.

대법원은 다음의 이유를 제시하여 원심판결을 파기환송하였다. 대법원은 청소년성보호법상의 아동 · 청소년이용음란물제조죄와 아동 · 청소년이용음란물소지죄의 관계에 대해 다음과 같이 설시하였다. (가) 청소년성보호법 제11조 제5항의 청소년성보호법 위반(아동 · 청소년이용음란물소지)죄는 아동 · 청소년이용음란물임을 알면서 이를 소지하는 행위를 처벌함으로써 아동 · 청소년이용음란물의 제작을 근원적으로 차단하기 위한 처벌규정이다. (나) 청소년성보호법 제11조 제1항의 청소년성보호법 위반(아동 · 청소년이용음란물제작 · 배포등)죄의 법정형은 무기징역 또는 5년 이상의 유기징역이다. (다) 반면에 (행위시법) 청소년성보호법 위반(아동 · 청소년이용음란물소지)죄의 법정형은 1년 이하의 징역 또는 2천만원 이하의 벌금형이다. (라) [2020년 개정 후 청소년성보호법 위반(아동 · 청소년성착취물소지)죄의 법정형은 1년 이상의 징역이다.]

(마) 아동 · 청소년이용음란물 제작행위에 아동 · 청소년이용음란물 소지행위가 수반되는 경우 아동 · 청소년이용음란물을 제작한 자에 대하여 자신이 제작한 아동 · 청소년이용음란물을 소지하는 행위를 별도로 처벌하지 않더라도 정의 관념에 현저히 반하거나 해당 규정의 기본 취지에 반한다고 보기 어렵다. (바) 따라서 아동 · 청소년이용음란물을 제작한 자가 그 음란물을 소지하게 되는 경우 청소년성보호법 위반(아동 · 청소년이용음란물소지)죄는 청소년성보호법 위반(아동 · 청소년이용음란물제작 · 배포등)죄에 흡수된다고 봄이 타당하다. (사) 다만 아동 · 청소년이용음란물을 제작한 자가 제작에 수반된 소지행위를 벗어나 사회통념상 새로운 소지가 있었다고 평가할 수 있는 별도의 소지행위를 개시하였다면 이는 청소년성보호법 위반(아동 · 청소년이용음란물제작 · 배포등)죄와 별개의 청소년성보호법 위반(아동 · 청소년이용음란물소지)죄에 해당한다.

구류 또는 과료에 처한다.

공연음란죄는 공연히 음란한 행위를 한 자를 처벌대상으로 하고 있다. 음란한 행위라 함은 (가) 일반 보통인의 성욕을 자극하여 성적 흥분을 유발하고 (나) 정상적인 성적 수치심을 해하여 (다) 성적 도의관념에 반하는 행위를 가리킨다. 음란한 행위는 그 행위가 반드시 성행위를 묘사하거나 성적인 의도를 표출할 것을 요하는 것은 아니다.[1]

성기 · 엉덩이 등 신체의 주요한 부위를 노출한 행위가 있었을 경우 그 일시와 장소, 노출 부위, 노출 방법 · 정도, 노출 동기 · 경위 등 구체적 사정에 비추어, 그것이 단순히 다른 사람에게 부끄러운 느낌이나 불쾌감을 주는 정도에 불과하다면 「경범죄 처벌법」 제3조 제1항 제33호에 해당할 뿐이며, 형법 제245조의 음란행위에 해당한다고 할 수 없다.[2) 3)] 그렇

1) 2020. 1. 16. 2019도14056, 공 2020상, 516 = 『참전비 앞 노출 사건』:

M장소에는 ㉠참전비가 있다. ㉠참전비에는 알몸이거나 유방을 노출한 채로 앉은 자세, 서 있는 자세 등 다양한 자세의 여인들이, 역시 알몸이거나 성기 부위만 가린 남성들과 함께 있는 모습을 부조한 조각상이 있다. (연월일 생략함.) 20:26경 갑은 ㉠참전비 앞길에서 바지와 팬티를 내리고 성기와 엉덩이를 노출한 채 ㉠참전비 앞에 서 있거나 그 주위를 서성거렸다. 갑의 행위 당시는 야간이었으나 주위의 조명 등으로 ㉠참전비 앞길은 어둡지 않았고, 다수의 사람들이 통행하고 있었다. 행인 A는 M장소를 지나가던 중 갑의 행동을 보았다. A는 다른 여성 4인과 아이들이 그곳을 지나가는 것을 보게 되었다. A는 갑을 경찰에 신고하였다.

검사는 갑을 공연음란죄로 기소하였다. 갑의 피고사건은 제1심을 거친 후, 항소심에 계속되었다. 항소법원은 다음의 이유를 들어서 무죄로 판단하였다. (가) 공연음란죄에서의 '음란한 행위'는 성행위만을 의미한다. (나) 갑의 행위는 일반인의 성욕을 자극하여 성적 흥분을 유발함으로써 정상인의 성적 부끄러움을 가하는 정도가 아니다. 검사는 불복 상고하였다.

대법원은 다음의 이유를 제시하여 원심판결을 파기환송하였다. (가) 형법 제245조 공연음란죄에서의 '음란한 행위'라 함은 (ㄱ) 일반 보통인의 성욕을 자극하여 성적 흥분을 유발하고 (ㄴ) 정상적인 성적 수치심을 해하여 성적 도의관념에 반하는 행위를 가리킨다. (나) 그 행위가 반드시 성행위를 묘사하거나 성적인 의도를 표출할 것을 요하는 것은 아니다. (다) 경범죄 처벌법 제3조 제1항 제33호는 '공개된 장소에서 공공연하게 성기 · 엉덩이 등 신체의 주요한 부위를 노출하여 다른 사람에게 부끄러운 느낌이나 불쾌감을 준 사람'을 처벌하도록 규정하고 있다. (라) 성기 · 엉덩이 등 신체의 주요한 부위를 노출한 행위가 있었을 경우 그 일시와 장소, 노출 부위, 노출 방법 · 정도, 노출 동기 · 경위 등 구체적 사정에 비추어, 그것이 단순히 다른 사람에게 부끄러운 느낌이나 불쾌감을 주는 정도에 불과하다면 경범죄 처벌법 제3조 제1항 제33호에 해당할 뿐이다. (마) 그와 같은 정도가 아니라 일반 보통인의 성욕을 자극하여 성적 흥분을 유발하고 정상적인 성적 수치심을 해하는 것이라면 형법 제245조의 '음란한 행위'에 해당한다고 할 수 있다. (바) 갑이 성기와 엉덩이를 노출한 행위는 그 일시와 장소, 노출 부위, 노출 방법 · 정도 · 시간, 노출 경위 등 구체적 사정을 종합해 볼 때, 비록 성행위를 묘사하거나 성적인 의도를 표출한 것은 아니라고 하더라도 공연히 음란한 행위를 한 것에 해당한다고 볼 수 있다.

2) 2004. 3. 12. 2003도6514, 공 2004, 673 = 분석 각론 『"술은 어디로 먹나" 사건』.

3) 개정전 「경범죄 처벌법」 제3조 제1항 제33호는 "여러 사람의 눈에 뜨이는 곳에서 공공연하게 알몸을 지나치게 내놓거나 가려야 할 곳을 내놓아 다른 사람에게 부끄러운 느낌이나 불쾌감을 준 사람"을 처벌하고 있었다. 2016년 11월 헌법재판소는 이 조항에 대해 죄형법정주의의 명확성원칙에 위배된다는 이유로 위헌결

지만 그와 같은 정도가 아니라 일반 보통인의 성욕을 자극하여 성적 흥분을 유발하고 정상적인 성적 수치심을 해하는 것이라면 형법 제245조의 '음란한 행위'에 해당한다.[1)]

'음란'이라는 개념 자체는 사회와 시대적 변화에 따라 변동하는 상대적이고도 유동적인 것이고, 그 시대에 있어서 사회의 풍속, 윤리, 종교 등과도 밀접한 관계를 가지는 추상적인 것이다. 그러므로 음란성을 구체적으로 판단함에 있어서는 행위자의 주관적 의도가 아니라 사회 평균인의 입장에서 그 전체적인 내용을 관찰하여 건전한 사회통념에 따라 객관적이고 규범적으로 평가하여야 한다.[2)]

음란한 행위와 추행은 구별된다. 강제추행죄(법298)에서 추행은 일반인에게 성적 수치심이나 혐오감을 일으키고, 선량한 성적 도덕관념에 반하는 행위인 것만으로는 부족하고, 행위 상대방인 피해자의 성적 자기결정권을 침해하는 것이어야 한다. 건전한 성풍속이라는 일반적인 사회적 법익을 보호하려는 목적을 가진 공연음란죄의 음란한 행위가 특정한 사람을 상대로 행하여졌다고 해서 반드시 그 사람에 대하여 '추행'이 된다고 말할 수는 없다. 무엇보다도 문제의 행위가 피해자의 성적 자유를 침해하는 것으로 평가될 수 있어야 추행에 해당한다.[3)]

공연음란죄는 공연히 음란한 행위를 할 때 성립한다. 공연히라 함은 불특정 또는 다수인이 인식할 수 있는 상태를 의미한다. 실제로 불특정 또는 다수인이 인식하게 되었음을 요하지 않으며, 그 가능성이 있는 것으로 족하다. 특정 소수인만이 인식할 수 있는 상태이면 공연성이 부정된다.[4)] 그러나 일정한 계획하에 반복할 의도로 불특정인을 끌어들여 이들을 관객으로 하여 반복할 가능성이 있는 때에는 불특정 또는 다수인이 인식할 수 있는 상태에 해당한다.

음란한 행위에는 동작에 의한 경우 이외에 음란한 언어를 사용하는 경우도 포함된다. 성교시의 음란한 감정을 표현한 발성을 테이프에 녹음한 뒤 이를 재생하여 불특정 또는 다수인에게 듣게 하는 행위는 공연음란죄(법245조)가 아니라 음화등반포죄(법243조)에 해당한다.

공연음란죄의 고의는 공연히 음란한 행위를 하는 것을 인식 · 인용하는 것이다. 행위자에

정을 내렸다(2016. 11. 24. 2016헌가3, 헌공 242, 1834).

2017년 10월 「경범죄 처벌법」 제3조 제1항 제33호는 "공개된 장소에서 공공연하게 성기 · 엉덩이 등 신체의 주요한 부위를 노출하여 다른 사람에게 부끄러운 느낌이나 불쾌감을 준 사람"으로 개정되었다.

1) 2020. 1. 16. 2019도14056, 공 2020상, 516 = 『참전비 앞 노출 사건』.
2) 2020. 1. 16. 2019도14056, 공 2020상, 516 = 『참전비 앞 노출 사건』.
3) 2012. 7. 26. 2011도8805, 공 2012하, 1527 = 분석 각론 『허심청 온천 사건』.
4) 1973. 8. 21. 73도409, 집 21②, 형47.

게 주관적으로 성욕의 흥분·만족 등의 성적인 목적이 있어야 하는 것은 아니다. 행위의 음란성에 대해서는 의미의 인식이 있는 것으로 족하다.[1] 공연성을 인식하지 못하였다면 음란한 행위를 하는 것을 인식하더라도 공연음란죄를 구성하지 않는다.

1) 2000. 12. 22. 2000도4372, 공 2001, 402.

제23장 도박과 복표에 관한 죄

제1 서 설

1. 입법취지

형법 각칙 제23장은 도박과 복표에 관한 죄를 규정하고 있다. 도박과 복표행위는 우연한 사정에 의하여 재물 또는 재산상 이익을 취득하려는 행위로서 아무런 생산성도 없다. 오히려 사람의 건전한 근로정신과 근로의욕을 저하시켜 사회일반의 명랑한 노동생활의 기풍을 퇴폐하게 하고, 경제의사의 마비를 가져오게 한다. 도박과 복표행위는 사람들의 사행심을 조장할 뿐만 아니라 이로 인해 이차적 범죄까지도 유발하는 위험을 안고 있다.

형법이 도박과 복표에 관한 죄를 규정한 것은 정당한 노동에 의하지 아니하고 재물 또는 재산상 이익을 취득하는 행위를 벌함으로써 경제에 관한 건전한 도덕법칙을 보호하기 위함이다.[1)]

도박과 복표에 관한 죄를 어느 정도 처벌할 것인지는 각국의 사정 및 국민성과 밀접하게 관련을 맺고 있다. 우리 형법은 도박과 복표의 죄를 상당히 강하게 처벌하는 한편, 일시 오락의 정도에 불과한 도박은 반사회성이 없다고 보아 이를 처벌하지 않기로 하고 있다.

형법의 도박죄에 대해 특별관계에 있는 것으로 「풍속영업의 규제에 관한 법률」(풍속영업규제법)상의 처벌규정이 주목된다(동법3 iv, 10).[2)] 풍속영업규제법상의 도박죄에는 형법의 도박죄와 달리 '일시오락의 정도'라는 위법성조각사유가 규정되어 있지 않다. 그러나 판례는

---

1) 1983. 3. 22. 82도2151, 공 1983, 771 = 분석 각론 『100원짜리 민화투 사건』.

2) **풍속영업의 규제에 관한 법률 제3조** (준수 사항) 풍속영업을 하는 자(허가나 인가를 받지 아니하거나 등록이나 신고를 하지 아니하고 풍속영업을 하는 자를 포함한다. 이하 "풍속영업자"라 한다) 및 대통령령으로 정하는 종사자는 풍속영업을 하는 장소(이하 "풍속영업소"라 한다)에서 다음 각 호의 행위를 하여서는 아니 된다.

4. 도박이나 그 밖의 사행(射倖)행위를 하게 하는 행위

제10조 (벌칙) ② 제3조 제2호부터 제4호까지의 규정을 위반하여 음란행위를 하게 하는 등 풍속영업소에서 준수할 사항을 지키지 아니한 자는 3년 이하의 징역 또는 2천만원 이하의 벌금에 처한다.

제12조 (양벌규정) 법인의 대표자나 법인 또는 개인의 대리인, 사용인, 그 밖의 종업원이 그 법인 또는 개인의 업무에 관하여 제10조의 위반행위를 하면 그 행위자를 벌하는 외에 그 법인 또는 개인에게도 해당 조문의 벌금형을 과(科)한다. 다만, 법인 또는 개인이 그 위반행위를 방지하기 위하여 해당 업무에 관하여 상당한 주의와 감독을 게을리하지 아니한 경우에는 그러하지 아니하다.

형법 제20조의 '기타 사회상규에 위배되지 아니하는 행위'에 해당하여 위법성이 조각될 수 있음을 인정하고 있다.[1]

2. 2013년 형법 일부개정

(1) 도박에 관한 죄

2013년 형법 일부개정에 의하여 도박과 복표에 관한 죄에 변화가 있었다.

(가) 도박죄　종래 도박죄는 그 객체에 '재물'뿐만 아니라 '재산상 이익'도 포함하는 것으로 해석상 인정되어 왔다. 그러나 개정 전의 도박죄 조문은 도박의 객체를 '재물'로 한정하여 규정하고 있었다. 입법자는 도박죄의 객체에 '재물'뿐만 아니라 '재산상 이익'도 포함된다는 점을 명확히 하기 위하여 종전의 도박죄 구성요건 중 '재물로써' 부분을 삭제하였다.

(나) 도박개장죄　인터넷상에 도박사이트를 개설하여 전자화폐나 온라인으로 도박대금을 결제하도록 하는 행위에 대해 판례는 도박개장죄(법247)로 처벌하고 있었다. 그러나 개정 전의 조문은 '도박을 개장(開場)'한 경우를 처벌하도록 규정되어 있어 도박할 수 있는 가상공간을 제공한 경우 처벌되지 않는 것으로 비추어질 수 있었다. 입법자는 도박하는 장소뿐만 아니라 가상공간에서 '도박을 하는 공간'을 개설한 경우도 처벌할 수 있도록 규정을 명확히 정비하였다.

(2) 법정형의 조정

근래 도박장소의 개설이나 복표발매로 인한 수입이 범죄단체 · 범죄조직의 운영자금으로 사용되는 등 도박장소 개설이나 복표발매로 인하여 각종 사회문제가 발생하고 있다. 입법자는 도박장소개설죄(법247)와 복표발매죄(법248①)가 「국제연합 국제조직범죄방지협약」의 대상범죄가 될 수 있도록 법정형을 '3년 이하의 징역 또는 2천만원 이하의 벌금'에서 '5년 이하의 징역 또는 3천만원 이하의 벌금'으로 상향조정하고, 도박죄(법246), 복표발매중개(법248②) 및 복표취득죄(동조③)도 물가 인상률 등을 고려하여 법정형을 현실화하였다.

제 2 도박죄의 기본유형 - 도박죄

형법 제246조 (도박) ① 도박을 한 사람은 1천만원 이하의 벌금에 처한다. 다만, 일시오락 정도에 불과한 경우에는 예외로 한다.

---

1) 2004. 4. 9. 2003도6351, 공 2004, 840 = 백선 총론『여관주인 훌라 도박 사건』.

1. 행위객체

도박은 2명 이상의 사람이 상호간에 재물 또는 재산상 이익을 걸고 우연한 승패에 의하여 그 재물 또는 재산상 이익의 득실을 결정하는 행위이다. 도박의 객체는 재물 또는 재산상 이익이다. 가액의 많고 적음, 교환가치의 유무 등을 불문한다. 동산, 부동산, 채권 등을 모두 포함하며, 재산상 이익의 대상이 될 수 있는 것이면 무엇이든지 가능하다. 재물 또는 재산상 이익을 거는 데 대한 합의가 있는 이상 현실적으로 재물 또는 재산상 이익을 현출할 필요는 없다.

2. 실행행위

도박은 재물 또는 재산상 이익을 걸고 우연한 승부에 의하여 재물의 득실을 결정하는 행위를 말한다. 여기서 우연이라 함은 주관적으로 당사자가 확실히 예견할 수 없거나 자유로이 지배할 수 없는 사실에 관하여 승패를 결정하는 것을 말한다. 당사자의 능력이 승패의 결과에 영향을 미친다고 하더라도 다소라도 우연성이라는 사정에 영향을 받게 될 때에는 도박에 해당한다.[1)]

승부의 대상이 되는 우연한 사실은 반드시 장래의 사실에 국한되지 않는다. 과거의 사실 또는 현재 진행되고 있는 사실이라도 당사자들이 알고 있지 못하면 도박의 대상이 되는 사실에 포함될 수 있다. 승패에 따른 위험부담은 도박 당사자 모두가 부담해야 한다. 일방만이 전적으로 위험을 부담하고 타방은 전혀 위험을 부담하지 않는 것은 도박이라고 할 수 없다.

승부의 우연성이란 (가) 도박에 관여하는 사람의 쌍방이 알고 있는 지식을 기준으로 하여, (나) 그들이 알지 못하는 사건 또는 결과를 가지고 승부를 결정하는 것으로서, (다) 관여자의 어느 쪽이 이기고 질 것인가를 확실히 알 수 없음을 말한다. 우연성을 결정하는 기준으로서 사건이나 결과는 객관적으로 불확실함을 요하지 않는다. 당사자들 사이에서 주관적으로 불확실하기만 하면 된다.

도박죄는 필요적 공범이다. 도박자 쌍방에 모두 우연성이 존재해야 한다. 사기도박은 도박 당사자의 일방이 사기의 수단을 가지고 승패를 결정하는 경우이다. 사기도박에서는 도박의 우연성 요소가 결여되므로 사기죄만 성립하고, 도박죄는 성립하지 않는다.[2)]

도박에 해당하려면 당사자 상호간에 우연한 사실에 의한 승부의 결과로써 패자가 승자에게 일정한 재물이나 재산상 이익의 급부를 약속하는 행위가 있어야 한다. 현장에서 재물이

---

1) 2008. 10. 23. 2006도736, 공 2008하, 1622 = 분석 각론 『내기 골프 사건』.
2) 2011. 1. 13. 2010도9330, 공 2011상, 373 = 분석 각론 『몰래 카메라 도박 사건』.

나 재산상 이익을 지급하지 않더라도 나중에 지급하겠다는 의사표시만 있으면 도박죄는 성립한다. 일단 재물 또는 재산상 이익을 건 이상 무승부가 되어도 도박죄는 성립한다.

도박죄는 도박행위를 개시하면 곧 범죄가 완성된다. 그 승부가 결정되거나 재물이나 재산상 이익의 현실적인 수수(授受)가 있을 필요는 없다.

3. 일시오락의 정도

도박죄의 입법취지는 건전한 근로의식을 배양 · 보호함에 있다. 일시적인 오락은 일반 서민대중이 여가를 이용하여 평소의 심신의 긴장을 해소하는 행위이다. 일시적인 오락은 이를 인정함이 국가정책적 입장에서 보더라도 허용된다. 이 점을 고려하여 입법자는 일시오락의 정도에 불과한 도박행위를 처벌하지 않기로 하고 있다(법246 단서).[1]

일시오락의 특례를 인정한 형법 제246조 단서는 단순도박죄(법246 본문)에만 인정되는 위법성조각사유이다. 도박죄의 구성요건에 해당하는 행위라 할지라도 단순히 일시적 오락의 정도에 그치는 경우는 그 정도의 경미성이나 사회적 상당성을 고려하여 법질서 전체의 관점에서 위법성을 조각하기로 한 것이다.

「풍속영업의 규제에 관한 법률」(풍속영업규제법)은 여관 등 풍속업소에서 도박이나 그 밖의 사행행위를 하게 하는 행위를 금지하면서, 이에 위반하는 행위를 3년 이하의 징역 또는 2천만원 이하의 벌금으로 처벌하고 있다(동법3 iv, 10). 판례는 풍속영업규제법에 위반한 도박행위가 경미한 경우 사회통념상 용인될 수 있는 행위로서 사회상규에 위배되지 아니하는 행위에 해당하여 위법성이 조각될 수 있다는 입장을 취하고 있다.[2]

금전을 걸고 하는 도박과 일시오락의 관계가 문제된다. 일본 형법은 "일시의 오락에 공하는 물건을 건 데에 그친 때"에는 도박죄로 처벌하지 않는다고 규정하고 있다(동법185 단서 참조).[3] 이 단서조항의 적용에 대해서는 재물의 경제적 가치가 근소하고 즉시 소비된다는 점이 중요한 판단기준으로 채택되고 있다. 그런데 금전은 경제적 거래를 목적으로 사용되는 것이므로 그 성질상 일시 오락에 공하는 물건으로 볼 수 없다고 해석될 여지가 있다.

우리 형법은 '물건을 건다'라는 개념을 사용하지 않고, '일시 오락의 정도에 불과한 경우'라는 새로운 기준을 설정하고 있다. 이러한 입법태도에 따라 금전 자체가 도박에 사용된 경우라 할지라도 일시 오락의 정도에 해당하면 도박죄를 구성하지 않는다.

---

1) 1983. 3. 22. 82도2151, 공 1983, 771 = 분석 각론『100원짜리 민화투 사건』.

2) 2004. 4. 9. 2003도6351, 공 2004, 840 = 백선 총론『여관주인 훌라 도박 사건』.

3) **일본형법 제185조** 도박을 한 자는 50만엔 이하의 벌금 또는 과료에 처한다. 단, 일시의 오락에 공하는 물건을 건[賭한] 데에 그치는 때에는 그렇지 않다.

도박죄에 있어서 일시오락에 의한 위법성의 한계는 (가) 도박의 시간과 장소, (나) 도박자의 사회적 지위 및 재산정도, (다) 재물의 근소성, (라) 그 밖에 도박에 이르게 된 경위 등 모든 사정을 참작하여 구체적으로 판단하여야 한다.1)

제3 도박죄의 특수유형

1. 상습도박죄

형법 제246조 (상습도박) ② 상습으로 제1항의 죄를 범한 사람은 3년 이하의 징역 또는 2천만원 이하의 벌금에 처한다.

◎ 벌금 임의적 병과(법249)

상습도박죄에서의 상습성은 반복하여 도박행위를 하는 습벽으로서, 행위자의 속성을 말한다. 도박의 습벽 유무를 판단할 때에는 도박의 전과나 도박횟수 등이 중요한 판단자료가 된다. 그러나 도박전과가 없다 하더라도 도박의 성질과 방법, 도금의 규모, 도박에 가담하게 된 태양 등의 모든 사정을 참작하여 도박의 습벽이 인정되는 경우에는 상습성을 인정할 수 있다.2)

도박의 상습성은 동일 종류 또는 동일 방법에 속하는 도박을 하는 습벽일 필요는 없다. 도박행위를 수차 반복하는 것은 객관적으로 보면 도박행위의 누범(累犯)에 해당한다. 그런데

---

1) 1985. 11. 12. 85도2096, 공 1986., 92 = 『세입자들 고스톱 사건』:

갑은 M건물에 세들어 살면서 공무원시험준비를 하고 있었다. 을, 병, 정, 무는 모두 M건물에 세들어 살고 있는 사람들이다. 을, 병, 정, 무는 각기 세탁소 경영, 영업용 택시운전기사, 정육점 경영, 회사원 등의 생업에 종사하고 있다. 갑 등은 평소에 한 건물에 사는 관계로 얼굴을 알고 지내는 정도의 친분관계에 있었다. 갑 등은 서로의 친교를 두텁게 하기 위해 술내기 화투놀이(속칭 고스톱)를 하기로 하였다. 갑 등은 이들 중 한 사람인 정의 정육점 내실에서 낮 3시경부터 7시경까지 1점당 100원을 걸고 화투를 쳤다(㉮행위). 그 결과 잃은 사람의 돈액수는 200원 내지 4,000원 정도, 딴 사람(갑)의 돈 액수는 8,000원 정도였다. ㉮화투놀이 후 갑 등 화투놀이에 참가한 사람은 모두 부근 포장마차에서 갑이 딴돈 8,000원과 그외 일부 추렴한 돈을 합쳐 10,000원 상당의 술을 마셨다.

검사는 갑을 도박죄로 기소하였다. 갑의 피고사건은 제1심을 거친 후, 항소심에 계속되었다. 항소법원은 다음과 같은 종전 대법원판례(4291형상335)의 기준을 확인하였다. "도박죄에 있어서의 위법성의 한계는 (ㄱ) 도박의 시간과 장소, (ㄴ) 도박자의 사회적 지위 및 재산정도, (ㄷ) 재물의 근소성, (ㄹ) 그 밖에 도박에 이르게 된 경위 등 모든 사정을 참작하여 구체적으로 판단하여야 할 것이다." 항소법원은 사실관계를 확인한 후, 다음과 같이 판단하였다. "위 사실관계 아래에서라면 갑의 도박행위는 위법성의 한계인 일시 오락의 정도에 그친다." 검사는 불복 상고하였다.

대법원은 원심법원의 판단을 그대로 유지하여 상고를 기각하였다.

2) 2008. 10. 23. 2006도736, 공 2008하, 1622 = 분석 각론 『내기 골프 사건』.

그것이 주관적으로 보아 도박을 하는 습벽의 발로라고 인정될 경우에는 별도로 상습도박죄를 구성한다. 상습도박죄가 성립하기 위하여 도박행위가 연일·연야 계속될 필요는 없다. 범인에게 일정한 직업이 있는지 여부도 상관없다.

상습도박의 전과가 있는 자를 상습도박죄로 처벌할 경우에 상습도박죄(법246②)로 가중처벌하는 외에 누범가중(법35)을 할 수 있을 것인지 문제된다. 생각건대 상습범은 누범과 구별된다. 상습성 있는 자의 도박행위는 그 행위 자체가 도박 상습성의 일단(一端)을 표시하는 것이다. 상습도박을 가중처벌하는 것은 행위자의 인격에 대해 가중된 비난을 가하는 것이다. 이에 대해 누범에 의한 가중처벌은 이전의 범죄행위에 대한 처벌이 행위자의 재범을 방지하는 데에 효과가 없었음을 고려하여 더 강화된 형벌을 부과하는 것이다. 행위자의 인격에 대한 비난을 강화한 것은 아니다. 이렇게 볼 때 상습도박 범인에 대해 별도로 누범가중을 인정하는 것이 타당하다.

다만 단순도박죄(법246①)가 전범(前犯)이 되어 있는 상습도박죄(동조②)의 경우에는 누범가중의 문제가 일어나지 않는다. 도박죄는 1천만원 이하의 벌금으로 처벌된다. 이 때문에 '금고 이상의 형을 선고받아 그 집행이 종료되거나 면제된 후 3년 내'라는 누범(법35)의 요건이 처음부터 충족되지 않는다. 누범가중의 문제는 전범이 상습도박죄인 경우에 발생한다.

상습도박죄에 의하여 생긴 재산은 「범죄수익은닉의 규제 및 처벌 등에 관한 법률」에 따라 몰수·추징의 대상이 된다(동법2 i 가목, 8, 10).[1)]

2. 도박장소개설죄

형법 제247조 (도박장소 등 개설) 영리의 목적으로 도박을 하는 장소나 공간을 개설한 사람은 5년 이하의 징역 또는 3천만원 이하의 벌금에 처한다.

◎ 벌금 임의적 병과(법249)

도박장소개설죄는 영리의 목적으로 스스로 주재자가 되어 그 지배하에 도박을 하는 장소나 가상공간을 개설함으로써 성립하는 범죄이다. 도박장소개설죄는 도박죄(법246①·②)와는 별개의 독립된 범죄이다.[2)] 도박장소개설죄는 도박죄에 비하여 무겁게 처벌된다. 도박장소·공간의 개설자는 스스로 재물이나 재산상 이익의 상실이라는 위험을 부담하지 않고, 다른 사람의 사행본능을 이용하여 도박범을 유인하거나 도박을 촉진시킴으로써 영리를 꾀한

---

1) 전술 116면 참조.
2) 2009. 2. 26. 2008도10582, 공 2009상, 396 = 분석 각론『실내낚시터 경품 사건』.

다. 이 점에서 도박장소개설죄는 도박죄보다 반사회성이 더 큰 범죄라고 할 수 있다.

종래 판례는 인터넷상에 도박사이트를 개설하여 전자화폐나 온라인으로 결제하도록 하는 경우를 도박장소개설죄로 처벌하고 있었다.[1] 2013년 형법 일부개정을 통하여 입법자는 도박하는 물리적 장소뿐만 아니라 도박하는 사이버상의 '공간'을 개설한 경우도 처벌할 수 있도록 하였다.

도박개장죄에서 도박은 참여한 당사자가 재물을 걸고 우연한 승부에 의하여 재물의 득실을 다투는 것을 의미한다. 영리의 목적은 도박개장의 대가로 불법한 재물 또는 재산상의 이익을 얻으려고 하는 의사를 말한다.

도박장소개설죄는 영리의 목적으로 도박하는 장소나 공간을 개설하면 기수에 이른다. 현실로 도박이 행하여졌음을 요하지 않는다. 영리의 목적으로 인터넷 도박게임 사이트를 개설하여 운영하는 경우 게임이용자들과 게임회사 사이에서 재물이 오고갈 수 있는 상태에 있으면 도박장소개설죄는 기수에 이른다. 게임이용자가 도박게임 사이트에 접속하여 실제로 게임을 하였는지 여부는 관계없다.[2]

도박장소개설죄는 '영리의 목적'으로 도박하는 장소나 공간을 개장하는 행위를 처벌하는 목적범이다. 영리의 목적은 장소 · 공간제공비, 수수료 등의 명목으로 도박개장의 대가로서 불법한 경제적 이익을 얻으려고 하는 의사이다. 경제적 이익을 얻으려는 계획이 있으면 족하고 현실적으로 이익을 얻을 필요는 없다.

도박장소개설죄에 의하여 생긴 재산은 「범죄수익은닉의 규제 및 처벌 등에 관한 법률」에 따라 몰수 · 추징의 대상이 된다(동법2ⅰ가목, 8, 10).[3) 4)]

3. 복표발매죄

형법 제248조 (복표의 발매 등) ① 법령에 의하지 아니한 복표를 발매한 사람은 5년 이하의 징역 또는 3천만원 이하의 벌금에 처한다.
② 제1항의 복표발매를 중개한 사람은 3년 이하의 징역 또는 2천만원 이하의 벌금에 처한다.
③ 제1항의 복표를 취득한 사람은 1천만원 이하의 벌금에 처한다.

◎ 복표발매자(법248①)에 대한 벌금 임의적 병과(법249)

---

1) 2009. 12. 10. 2008도5282, 공 2010상, 173 = 분석 각론 『머니머니썬 사건』.
2) 2009. 12. 10. 2008도5282, 공 2010상, 173 = 분석 각론 『머니머니썬 사건』.
3) 전술 116면 참조.
4) 2018. 5. 30. 2018도3619, 공 2018하, 1244 = 『비트코인 몰수 사건』.

(1) 행위객체

(가) 도박과 복표의 구별　　복표발매죄의 복표도 우연에 의하여 승패가 결정된다는 의미에서 도박과 유사한 측면을 가지고 있다. 복표발매 등의 행위를 제한하고 처벌하는 것은 건전한 근로관념과 사회의 미풍양속을 보호하기 위함이다.

도박과 복표는 양자 모두 우연한 사정에 의하여 재물이나 재산상 이익의 득실을 결정한다는 점에서 공통된다. 그러나 도박과 복표 사이에는 다음의 차이점들이 있다.

첫째로, 도박은 추첨의 방법을 사용하지 않고 우연한 승부로써 재물 또는 재산상 이익의 득실을 결정한다. 이에 대해 복표는 추첨의 방법에 의하여 그 손익을 결정한다.

둘째로, 도박의 경우에는 도박하는 자가 단지 재물 또는 재산상 이익을 제공함에 그치고 승패의 결정이 있을 때까지는 그에 대한 권리를 상실하지 않는다. 승패가 결정될 때 비로소 승자가 그 재물 또는 재산상 이익을 취득하고 패자는 그에 대한 권리를 상실한다. 이에 대해 복표의 경우에는 복표발매자가 거출한 재물을 즉시 취득한다.

셋째로, 도박의 경우에는 도박을 주최한 자와 도박의 상대방이 모두 위험을 부담한다. 이에 대해 복표의 경우에는 복표발매자가 재물이나 재산상 이익을 우연한 승부에 걸지 않는다. 설혹 복표구매자가 예상보다 적어서 복표발매자가 손해를 입는다고 하여도, 도박처럼 우연한 승부에 건 재물이나 재산상 이익이 상실될 위험은 존재하지 않는다.

(나) 특별법　　건전한 국민생활을 해치는 지나친 사행심의 유발을 방지하고 선량한 풍속을 유지하기 위하여 「사행행위 등 규제 및 처벌 특례법」(사행행위처벌법)이 시행되고 있다. 사행행위처벌법은 (가) 여러 사람으로부터 재물이나 재산상의 이익을 모아 (나) 우연적 방법으로 득실을 결정하여 (다) 재산상의 이익이나 손실을 주는 행위를 사행행위로 정의하고 있다(동법2① i). 사행행위처벌법은 특정한 표찰을 요구하고 있지 않다는 점에서 복표발매죄보다 적용범위가 넓다.

사행행위처벌법은 사행행위영업 외에 투전기나 사행성 유기기구를 이용하여 사행행위를 업으로 한 자를 5년 이하의 징역 또는 5천만원 이하의 벌금으로(동법30① i), 허가를 받지 아니하고 사행행위영업을 한 자를 3년 이하의 징역 또는 2천만원 이하의 벌금으로(동조② i) 각각 처벌하고 있다.

「국민체육진흥법」은 권한 없는 자가 체육진흥투표권(복표) 또는 이와 비슷한 것을 발행(정보통신망에 의한 발행을 포함한다)하여 결과를 적중시킨 자에게 재물이나 재산상의 이익을 제공하는 행위를 금지하면서 이에 위반한 자를 형사처벌하고 있다(동법26①, 47 ii).[1] 아울러

---

1) 2017. 11. 14. 2017도13140, 공 2017하, 2417 = 『체육진흥투표권 유사행위 사건』 :
국민체육진흥법은 서울올림픽기념국민체육진흥공단(이하 국민체육진흥공단)에게 '체육진흥투표권'의 발행

이와 관련된 정보제공이나 알선행위도 처벌하고 있다(동법26②, 49 i).

(다) 복표의 개념요소 복표발매죄의 보호법익과 사행행위의 개념정의 등을 종합해 보면, 복표의 개념요소는 (가) 특정한 표찰이 있을 것, (나) 그 표찰을 발매하여 다수인으로부터 금품을 모을 것, (다) 추첨 등의 우연한 방법에 의하여 (라) 그 다수인 중 일부 당첨자에게 재물 또는 재산상 이익을 주고 다른 참가자에게 손실을 줄 것의 네 가지로 파악된다.

① 경품권 등과의 구별 복표와 유사하지만 구별해야 할 것으로 경품권이나 사은권이 있다. 경품권이나 사은권은 경제상의 거래에 부수하는 특수한 이익의 급여 내지 가격할인과

을 허용하고 있다(ⓐ규정). '체육진흥투표권'은 복표의 일종이다. 체육진흥투표권은 정보통신망에 의하여도 발행할 수 있다. 체육진흥투표권으로 스포츠 경기의 결과를 적중시킨 자에게는 일정한 금액이 지급된다. 국민체육진흥법은 국민체육진흥공단이 아니면서 체육진흥투표권과 비슷한 것을 발행하여 결과를 적중시키는 자에게 재물이나 재산상 이익을 제공하는 행위를 '유사행위'로 규정하고 있다(ⓑ규정). 국민체육진흥법은 '유사행위'를 한 자를 처벌하고 있다(ⓒ규정).

갑은 인터넷에서 ㉠스포츠 중계사이트를 운영하였다. 갑은 해외의 유명 ㉡베팅사이트 운영자와 다음 내용의 계약을 체결하였다. (가) ㉡해외 베팅사이트에서 사용 가능한 ㉢게임머니가 있다. (나) ㉠사이트의 회원이 ㉢게임머니의 충전을 요청한다. (다) 갑은 회원들로부터 갑이 관리하는 계좌로 입금받으면 ㉢게임머니를 충전해 준다. (라) 이로써 ㉠사이트의 회원들이 ㉡해외 사이트에서 스포츠 경기 결과 등을 적중하는 데 ㉢게임머니를 걸 수 있도록 한다.

검사는 갑을 국민체육진흥법 위반죄로 기소하였다. 갑의 피고사건은 제1심을 거친 후, 항소심에 계속되었다. 항소법원은 유죄를 인정하였다. 갑은 불복 상고하였다.

대법원은 다음의 이유를 제시하여 원심판결을 파기환송하였다. 대법원은 국민체육진행법의 관계 규정을 다음과 같이 분석하였다. (가) 국민체육진흥법 제26조 제1항은 "서울올림픽기념국민체육진흥공단과 수탁사업자가 아닌 자는 체육진흥투표권 또는 이와 비슷한 것을 발행(정보통신망에 의한 발행을 포함한다)하여 결과를 적중시킨 자에게 재물이나 재산상의 이익을 제공하는 행위를 '유사행위'로 규정하고 있다. (나) 국민체육진흥법 제26조 제1항은 '유사행위'를 하여서는 아니 된다고 규정하고 있다. (다) 국민체육진흥법 제47조 제2호에서는 이를 위반한 자를 처벌하도록 규정하고 있다. (라) 위와 같은 '유사행위' 금지규정과 위반자 처벌규정은 체육진흥투표권 발행사업을 도입하기 위하여 국민체육진흥법이 1999. 8. 31. 법률 제6013호로 일부 개정되면서 '서울올림픽기념국민체육진흥공단이 체육진흥투표권 발행사업을 할 수 있다'는 규정과 함께 신설되었다.

대법원은 국민체육진행법상의 유사행위 금지규정에 대해 다음과 같이 설시하였다. (가) 이러한 국민체육진흥법 규정 내용, '유사행위' 금지규정과 위반자 처벌규정의 신설 경위 및 국민체육진흥법의 입법 취지 등을 종합해 본다. (나) 국민체육진흥법에 근거한 체육진흥투표권 발행사업과 유사하게 (ㄱ) '체육진흥투표권 또는 이와 비슷한 것을 발행하고, (ㄴ) 결과를 적중시킨 자에게 재물이나 재산상의 이익을 제공'해야 국민체육진흥법 제26조 제1항의 '유사행위'에 해당한다고 볼 수 있다. (다) 이와 달리 (ㄱ) 체육진흥투표권 또는 이와 비슷한 것을 발행하기만 하고 결과를 적중시킨 자에게 재물이나 재산상의 이익을 제공하지 않거나, (ㄴ) 이러한 체육진흥투표권 또는 이와 비슷한 것을 발행하지 않은 채 결과를 적중시킨 자에게 재물이나 재산상의 이익만을 제공하는 경우라면, 특별한 사정이 없는 한 국민체육진흥법 제26조 제1항의 '유사행위'에 해당한다고 볼 수 없다.

대법원은 사실관계를 분석하였다. 대법원은 갑의 행위에 대해 다음과 같이 판단하였다. (가) [공소사실에는] 체육진흥투표권 또는 이와 비슷한 것을 발행한 것으로 볼 수 있는 해외 사이트 운영자들과의 공모관계가 적시되지 않았다. (나) 그러한 채 갑이 (생략) 위와 같은 방식으로 ㉠중계사이트를 운영하였다는 공소사실만으로는, 국민체육진흥법 제26조 제1항의 '유사행위'에 해당하지 아니한다.

관련된 표찰이다. 경품권이나 사은권의 경우에는 일부 당첨자에게 재물 또는 재산상 이익을 주고 다른 참가자에게 손실을 준다는 관계는 존재하지 않는다.

어떠한 표찰이 복표인지 경품권인지 문제된다. 복표에 해당하는지 여부는 그 표찰 자체가 갖는 성질에 의하여 결정되어야 한다. 그 표찰의 기본적인 성질이 앞에서 본 복표의 (나), (다), (라)의 개념요소를 갖추고 있다면 그 표찰은 복표에 해당한다. 표찰에 광고 등 다른 기능이 일부 가미되어 있는 관계로 당첨되지 않은 참가자의 손실을 광고주 등 다른 사람이 대신 부담한다면 그 표찰은 특별한 사정이 없는 한 복표로서의 성질을 상실하지 않는다.[1]

---

1) 2003. 12. 26. 2003도5433, 공 2004, 305 = 분석 각론『광고복권 발행 사건』:

갑은 P회사의 감사 겸 사실상 운영자이다. 을은 P회사의 이사이다. 갑과 을은 다음 내용의 ㉠복표를 발행하였다. (가) 복표명 : '광고복권'. (나) 당첨방법 : 복권 유효기간인 4주 내에 회차에 상관없이 (ㄱ) 주택복권의 매회 1등 당첨번호와 일치하면 5,000만원을, (ㄴ) 2등 당첨번호와 일치하면 500만원을, (ㄷ) 3등 당첨번호와 일치하면 40만원을, (ㄹ) 행운상 당첨번호와 일치하면 100만원을 지급함. 갑과 을은 ㉠광고복권을 1장당 120원 내지 300원씩을 받고 지사를 통하여 슈퍼마켓, 주유소, 식당, 편의점 등에 판매하였다. 갑과 을이 판매한 ㉠광고복권은 3백만장, 시가 6억원에 이르렀다.

검사는 무허가로 복표를 발매하였다는 공소사실로 갑과 을을 형법 제248조 제1항의 복표발매죄로 기소하였다. 갑과 을의 피고사건은 제1심을 거친 후, 항소심에 계속되었다. 항소법원은 다음의 이유를 제시하여 무죄로 판단하였다. (가) 형법 제248조가 규정하는 '복표'라고 할 수 있기 위하여는 (ㄱ) 특정한 표찰일 것, (ㄴ) 그 표찰을 발매하여 다수인으로부터 금품을 모을 것, (ㄷ) 추첨 등의 우연한 방법에 의하여 그 다수인 중 일부 당첨자에게 재산상의 이익을 주고 다른 참가자에게 손실을 줄 것을 요건으로 한다. (나) 갑과 을은 광고주가 광고복권을 주문하면 그 복권 표면에 광고주의 업체 지면광고 및 복권번호가 기재된 광고복권을 제작하여 이를 광고주에게 1장당 120원에서 300원의 가격으로 판매하였다. (다) 광고주들은 이를 영업을 위한 홍보 및 판촉 수단으로 고객들에게 무료로 배포하였다. (라) 이에 의하면, (ㄱ) 갑과 을이 발행한 '광고복권'은 특정한 표찰로서, (ㄴ) 갑과 을이 이를 다수의 광고주들에게 장당 120원에서 300원을 받고 판매함으로써 표찰을 발매하여 다수인으로부터 금품을 모았으며, (ㄷ) 비록 주택복권 당첨번호를 원용하지만 추첨이라는 방식을 통하여 당첨자를 확정한 후 그 당첨자에게 당첨금을 지급한다는 점에서 일단 '복표'의 일부 요건을 충족한다고 할 수 있다. (마) 이 사건의 경우 광고주들이 스스로 당첨되기 위하여 ㉠표찰(㉠광고복권)을 매집한다는 극히 예외적이고 비상식적인 경우를 제외한다. (바) 이 사건의 경우 ㉠광고복권은 자신들의 영업 판촉을 위한 홍보물로 구입하여 배포함으로써 그 복권가격에 상응하는 광고효과를 기대한다. (사) 뿐만 아니라, 광고복권을 무상으로 받는 소비자 또는 고객들로서는 당첨으로 이익을 얻을 기회는 있을지라도 낙첨에 의하여 아무런 재산상 손실을 입지는 않는다. (아) 그러므로 비록 ㉠광고복권이 그 복권의 판매수입을 기초로 유사한 외관 및 추첨방식에 의하여 광고복권 소지자에게 당첨금을 지급한다고 할지라도, 이를 형법에서 규정하는 '복표'라고 볼 수는 없다. (자) 따라서 이러한 표찰을 발행하여 판매하였다고 할지라도 복표발매죄는 성립하지 않는다. 검사는 불복 상고하였다.

대법원은 다음의 이유를 제시하여 원심판결을 파기환송하였다. 대법원은 복표발매죄의 요건에 대해 다음과 같이 설시하였다. (가) 형법은 각칙 제23장에서 '도박과 복표에 관한 죄'라는 제목 아래 도박죄와 함께 복표발매죄 등을 규정하고 있다. (나) 복표도 우연에 의하여 승패가 결정된다는 의미에서 도박에 유사한 측면이 있다. (다) 그러므로 건전한 국민의 근로관념과 사회의 미풍양속을 보호하려는 데에 그 발매 등의 행위를 제한하고 처벌할 이유가 있다. (라) 여기에다가 사행행위등규제및처벌특례법 제2조 제1항 제1호 (가)목의 규정 취지를 종합하여 본다. (마) 원심이 형법 제248조가 규정하는 복표의 개념요소를 (ㄱ) 특정한 표찰일 것, (ㄴ) 그 표찰을 발매하여 다수인으로부터 금품을 모을 것, (ㄷ) 추첨 등의 우연한 방법에 의하여 그 다수인 중 일

② 표찰이 없는 경우　　표찰의 발매 없이 경마 또는 경륜 등의 결과에 따라 이익의 분배를 결정하는 행위를 도박죄로 처벌할 것인지 복표발매죄로 처벌할 것인지 문제된다. 논의의 실익은 법정형의 차이에 있다. 만일 위의 행위를 도박죄로 다스린다면 설혹 상습범에 해당하더라도 3년 이하의 징역 또는 2천만원 이하의 벌금으로 처벌된다(법246②). 이에 대해 복표에 관한 죄로 본다면 5년 이하의 징역 또는 3천만원 이하의 벌금으로 무겁게 처벌된다(법248①).

이에 대해서는 견해가 대립한다. 필요설의 입장에서는 미리 일정한 번호표찰을 발매하고 그 후 추첨 기타의 우연적 방법에 의하여 구매자 사이에 불평등한 이익을 분배하는 것을 복표로 이해한다. 이에 대해 불필요설의 입장에서는 표찰의 발매가 없더라도 우연한 승부에 의하여 당첨자에게는 일정한 이익을 주고 당첨되지 아니한 자에게는 이익을 주지 아니할 목적으로 다수인으로부터 재물 또는 재산상 이익을 거출하게 하는 수단·방법으로 사용되는 것이면 모두 복표에 해당한다고 본다.

생각건대 복표발매죄의 구성요건적 행위인 발매, 발매중개 및 취득은 모두 추첨용 표찰을 전제로 하고 있으므로 필요설의 입장이 타당하다고 생각된다. 따라서 경마 등의 방법에 의하는 행위는 도박죄 내지 상습도박죄로 처벌해야 할 것이다. 다만 실무상으로는 보다 무거

부 당첨자에게 재산상의 이익을 주고 다른 참가자에게 손실을 줄 것의 세 가지로 파악한 것은 정당한 것으로 수긍할 수 있다. (바) 이 점에서 [복표는] 경제상의 거래에 부수하는 특수한 이익의 급여 내지 가격할인에 불과한 경품권이나 사은권 등과는 그 성질이 다른 것이다.

대법원은 복표 여부를 판단하는 기준에 대해 다음과 같이 설시하였다. (가) 어떠한 표찰이 형법 제248조 소정의 복표에 해당하는지 여부는 그 표찰 자체가 갖는 성질에 의하여 결정되어야 한다. (나) 그 기본적인 성질이 위와 같은 개념요소를 갖추고 있다면, 거기에 광고 등 다른 기능이 일부 가미되어 있는 관계로 당첨되지 않은 참가자의 손실을 그 광고주 등 다른 사업주들이 대신 부담한다고 하더라도, 특별한 사정이 없는 한 복표로서의 성질을 상실하지는 않는다고 보아야 한다.

대법원은 갑과 을의 행위에 대해 다음과 같이 판단하였다. (가) 갑과 을은 ㉠광고복권(㉠표찰)을 발매함에 있어서 특정한 사업자가 아닌 불특정 다수의 사업자들을 상대로 하여 그 전체의 당첨확률과 발행비용 및 이윤 등을 감안한 가격으로 ㉠표찰을 계속적으로 발매함으로써 스스로의 계산 아래 다수인으로부터 금품을 모았다. (나) 이에 따라 ㉠표찰은 주택복권의 추첨결과를 이용한 우연성에 의하여 일부 당첨자만 이익을 얻고 그 이외의 사람들은 당연히 손실을 볼 수밖에 없는 구조를 갖추고 있다. (다) ㉠표찰을 구입한 사업자들은 통상의 경우 홍보 및 판촉 수단으로 고객들에게 ㉠표찰을 무료로 교부하지만, ㉠표찰 자체에 그러한 제한이 설정되어 있는 것은 아니다. (라) 사업자들이 ㉠표찰을 고객 등에게 다시 팔거나 그 구입비용을 상품의 가격에 전가할 수도 있다. (마) 사업자 자신이 직접 당첨에 응할 수도 있다. (바) 형법 제248조 제3항이 규정하는 복표취득죄에 있어서 그 취득은 유상이건 무상이건 가리지 않는다.

(사) 사정이 이러하다면, ㉠표찰(㉠광고복권)은 통상의 경우 이를 홍보 및 판촉의 수단으로 사용하는 사업자들이 당첨되지 않은 참가자들의 손실을 대신 부담하여 주는 것일 뿐이다. (아) ㉠표찰은 그 자체로는 추첨 등의 우연한 방법에 의하여 일부 당첨자에게 재산상의 이익을 주고 다른 참가자에게 손실을 주는 복표로서의 성질을 갖추고 있다고 보아야 한다.

운 형을 규정한 사행행위처벌법(동법30① i)으로 처벌되는 경우가 많을 것이다.

(2) 실행행위

복표발매죄는 (가) 법령에 의하지 아니한 복표를 발매하거나(법248①), (나) 이러한 복표의 발매를 중개하거나(동조②), (다) 이러한 복표를 취득함으로써(동조③) 성립한다. 단순히 법령에 의하지 아니한 복표를 취득하는 것만으로도 처벌된다는 점은 주목된다.

발매는 구매자로 하여금 추첨 등의 방법에 의하여 사행의 이익을 얻게 하려고 복표를 파는 것을 말한다. 발매중개는 복표발매에서 발매자와 구매자 사이에 서서 매매의 주선을 하는 일체의 행위를 말한다. 반드시 복표의 매매가 이루어져야 하는 것은 아니다. 취득은 유상, 무상을 불문하고[1] 복표를 사실상의 소지하거나 점유를 이전받는 것을 말한다.

1) 2003. 12. 26. 2003도5433, 공 2004, 305 = 분석 각론『광고복권 발행 사건』.

제3편 인격적 법익에 관한 죄

제24장 살인의 죄

제1 서 설

1. 살인죄의 체계

(1) 형법상의 살인죄

형법 각칙 제24장은 살인의 죄를 규정하고 있다. 살인죄는 사람을 살해함으로써 그 생명을 침해하는 범죄이다. 사람의 생명은 인간생존의 기본전제로서 헌법 제10조에서 규정한 인간으로서의 존엄과 가치의 출발점을 이룬다. 우리 형법은 살인의 죄의 장에서 살인죄를 보통살인죄(법250①)와 존속살해죄(법250②)로 대별하면서, 그 밖의 특수유형으로 촉탁 · 승낙에 의한 살인죄(법252①), 자살관여죄(법252②), 위계 · 위력에 의한 살인죄(법253)를 규정하고 있다.

2023년에 들어와서 영아살해 사안이 다수 발견되었고, 이에 영아의 생명보호가 사회문제로 되었다. 2023년 8월 8일 영아살해죄(법251)와 영아유기죄(법272)를 삭제하는 형법 일부개정법률이 공포되었다. 개정법률은 정부의 개정법률 공포 후 6개월이 경과한 2024년 2월 9일부터 시행된다.[1]

형법은 살인의 죄의 장 이외의 곳에서 내란목적살인죄(법88), 약취 · 매매 · 유인 · 이송등살인죄(법291①), 강간등살인죄(법301의2 1문), 인질살해죄(법324의4 1문), 강도살인죄(법338 제1문), 해상강도살인죄(법340③ 전단) 등을 규정하고 있다.

(2) 특별법상의 살인죄

특별법의 경우를 보면, 「특정범죄 가중처벌 등에 관한 법률」은 약취 · 유인 13세미만 미성년자살인죄(동법5의2② ii), 보복살인죄(동법5의9①)를 규정하고 있다. 「성폭력범죄의 처벌 등에 관한 특례법」은 강간등살인죄(동법9①)를 규정하고 있다. 「아동 · 청소년의 성보호에 관한 법률」은 강간등살인죄(동법10①)를 규정하고 있다. 「군형법」은 상관살해죄(동법53①), 초병살해죄(동법59①)를 규정하고 있다.

---

1) 본서에서는 개정법률에 따라 영아살해죄와 영아유기죄의 설명을 삭제한다. 개정법률이 시행되기 전까지의 영아살해죄와 영아유기죄에 대한 설명은 본서의 구판을 참조하기 바람.

형법 제250조 제1항의 살인죄는 이상의 각종 살인죄에 대해 기본적 구성요건이 된다. 이상의 각종 살인죄가 성립하면 형법상의 살인죄는 법조경합 관계에 선다.

2. 공소시효의 배제

2015년 7월 31일 입법자는 형사소송법을 일부 개정하여 살인죄에 대한 공소시효의 적용을 배제하였다. 즉 사람을 살해한 범죄(종범은 제외한다)로 사형에 해당하는 범죄에 대하여는 형사소송법 제249조부터 제253조까지에 규정된 공소시효를 적용하지 않는다(형소법253의2). 위에서 살펴본 각종 살인죄 가운데 영아살해죄(법251), 촉탁 · 승낙살인죄(법252①), 자살관여죄(법252②)는 사형이 규정되어 있지 않으므로 공소시효 배제 대상에서 제외된다.

살인죄에 대한 공소시효 배제 규정은 개정법률 시행 전(2015년 7월 31일)에 범한 범죄로 아직 공소시효가 완성되지 아니한 범죄에 대하여도 적용된다(형소법 부칙2).

제2 살인죄의 기본유형 – 살인죄

형법 제250조 (살인) ① 사람을 살해한 자는 사형, 무기 또는 5년 이상의 징역에 처한다.

◎ 유기징역에 처할 때 자격정지 임의적 병과(법256)
◎ 미수범 처벌함(법254)
◎ 예비 · 음모 처벌함(법255)
◎ 특정강력범죄법상 단기누범 가중(동법2, 3)

1. 행위객체

(1) 자연인

살인죄의 행위객체는 사람이다. 사람은 범인 이외의 다른 사람을 말한다. 사람은 생명을 가진 모든 자연인을 말한다. 태아는 살인죄의 객체에 포함되지 않는다. 법인도 살인죄의 객체에 포함되지 않는다. 생명이 있는 자연인이면 모두 살인죄의 객체가 된다. 살인의 범행 당시에 일정한 생명기능을 가지면 족하며, 독자적인 생존능력의 유무는 문제되지 않는다. 빈사상태에 있는 환자, 기형아, 낙태시술에 의하여 모체 바깥으로 배출되었으나 아직 살아 있는, 생존의 가망이 없는 영아,[1] 실종선고를 받은 사람, 사형이 확정된 사람, 자살 도중에 있는 사람 등은 모두 살인죄의 객체가 된다.

---

1) 2005. 4. 15. 2003도2780, 공 2005, 778 = 분석 각론『염화칼륨 태아 사망 사건』.

(2) 사람의 시기(始期)

(가) 학 설 살인죄의 객체가 되는 '사람'이 어느 시점부터 존재하는지를 놓고 견해가 나뉘고 있다. 이에 대하여는 태아의 출생과정과 관련하여 진통설(분만개시설), 일부노출설,[1] 전부노출설, 독립호흡설 등이 제시되고 있다.

진통설은 주기적인 진통을 동반하면서 태아가 태반으로부터 분리하기 시작할 때, 즉 분만이 개시된 때를 사람의 시기(始期)로 본다. 진통설은 분만개시설이라고도 부른다. 진통설은 우리 학계의 일반적인 견해이다. 일부노출설은 태아의 신체 일부분이 모체 밖으로 노출되었을 때를 살인죄의 객체로서 사람이 된 것으로 본다. 전부노출설은 분만이 종료되어 태아가 모체로부터 완전히 분리된 때를 사람의 시기로 본다. 독립호흡설은 태아가 태반에 의한 호흡을 그치고 독립하여 호흡을 시작한 때로부터 사람으로 본다.

생명이라는 법익이 중대한 점, 산모가 출산을 위해 주기적인 압박진통을 시작할 때 생명체는 이미 태아로서의 지위를 벗어나 사람으로서 보다 강력한 보호를 받아야 한다는 점을 종합해 볼 때 진통설(분만개시설)이 타당하다.

(나) 판 례 판례는 "규칙적인 진통을 동반하면서 분만이 개시된 때(소위 진통설 또는 분만개시설)가 사람의 시기라고 봄이 타당하다"고 판시하여 진통설을 취하고 있다.[2]

---

1) 일본 형법에는 영아살해죄 규정이 없다. 일본 판례는 일부노출설을 취하고 있다. 大審院判決 大正 8(1919). 12. 13. 刑錄25輯1367頁.

2) 2007. 6. 29. 2005도3832, 2007, 1222. = 분석 각론『거대 태아 방치 사건』:

(연도 생략함.) 갑은 P조산원을 운영하는 조산사이다. 4. 13.경 임신 5개월째인 A가 P조산원에 왔다. 갑은 A로부터 질식(膣式)분만에 의한 자연분만을 의뢰받았다. 갑은 이때 A가 이미 제왕절개 방법으로 두 딸을 출산하였을 뿐 자연분만의 경험이 없는데다가 당뇨증상 및 양수과다증상이 있음을 알게 되었다. 7. 28.이 A의 출산예정일이었다. 출산예정일이 지나도록 진통이 오지 않았다. A는 걱정이 되어 갑을 찾아갔다. 갑은 "8. 10.까지 기다려봐서 그 때까지 진통이 없으면 조산원에 입원하여 분만을 하자"고 A에게 제의하였다. 8. 10.이 되어도 A에게 진통이 없었다. 8. 10. 11:00경 A는 분만하기 위하여 갑을 찾아갔다. 갑은 그 날 17:00경에 입원 준비를 하여 다시 오라고 하면서 A를 되돌려 보냈다. 8. 10. 17:00경에 A는 다시 갑을 찾아갔다. 갑은 운동을 조금 더 한 후 그 날 23:00경에 오라고 하여 A를 또다시 되돌려 보냈다.

8. 11. 00:30경 A가 진통이 온다며 입원 및 출산 준비를 하고 조산원에 왔다. 8. 11. 03:00경 갑이 검진할 때에는 A의 자궁문이 손가락 넓이(약 3cm) 정도밖에 열려 있지 않았고, A에게 출산 전의 주기적인 진통이 시작되지 아니하였다. A가 이와 같이 자연분만을 위하여 대기하는 사이에 A의 당뇨증상으로 태아는 5.2kg의 거대아로 성장하였다(㉠태아). 8. 11. 06:20경까지 A는 대기실에서 대기하였다. 8. 11. 06:20경까지 사이에 거대아로 성장한 ㉠태아는 A의 자궁 내에서 분만전 저산소성 손상으로 인한 심폐정지로 사망하였다. 8. 11. 09:29경 A는 Q병원에서 사망한 ㉠태아를 반출하기 위한 응급 제왕절개수술을 받았다(㉡수술).

검사는 갑이 임부 A를 방치하여 ㉡응급 제왕절개수술을 받게 함으로써 A가 상해를 입었다고 판단하였다. 검사는 갑을 업무상 과실상해죄로 기소하였다. 제1심법원은 유죄를 인정하였다. 갑은 불복 항소하였다. 항소심 공판절차에서 검사는 다음 내용으로 택일적 공소장변경을 신청하였다. (가) ㉮공소사실 : 태아의 사망: 업무상 과실치사죄. (나) ㉯공소사실 : 태아 사망으로 인한 A의 상해: 업무상 과실치상죄. 항소법원은 검사의 공소장변경신청을 허가하였다.

(다) 분만개시설 진통설 내지 분만개시설에 의하여 사람의 시기를 결정하는 경우에도 진통의 단계가 문제된다. 분만개시를 위한 진통은 가진통(假陣痛), 개구진통(開口陣痛), 압박진통(壓迫陣痛)의 순으로 진행된다. 종전에는 압박진통을 기준으로 하는 견해가 유력하

항소법원은 갑에게 다음 내용의 업무상 과실이 인정된다고 판단하였다. "(전략) 당뇨 증상이 있는 고령·고위험의 임산부가 출산예정일을 약 2주 도과하였을 경우에는 태아의 크기 등을 고려하여 자연분만을 포기하고 즉시 임산부를 산부인과 전문병원으로 전원시켜 산부인과 전문의로 하여금 유도분만이나 제왕절개의 방법으로 태아를 안전하게 출산하도록 조치하는 등 임산부 및 그 태아에 대한 건강을 확보하기 위하여 필요한 최선의 노력을 기울여야 할 업무상 주의의무가 있다." 그러나 항소법원은 다음의 점을 들어서 갑을 무죄로 판단하였다. (가) ㉠태아가 A의 모체 내에서 사망하였다는 사실 자체를 A의 신체의 완전성을 훼손하는 상해로 볼 수 없다. (나) 8. 11. 03:00경에 A의 자궁문이 다소 열려 있었다 하더라도, 아직 A에게 분만의 개시라고 할 수 있는 진통은 시작되지도 아니하였다. (다) 그러므로 A의 자궁 내에 있던 ㉠태아는 아직 '사람'이 되었다고 볼 수 없다.

검사는 불복 상고하였다. 검사는 상고이유로 다음의 점을 주장하였다. (가) 제왕절개 수술의 경우 임산부의 상태변화, 의료진의 처치경과 등 제반 사정을 토대로 (ㄱ) '의학적으로 제왕절개 수술이 가능하였고 (ㄴ) 규범적으로 수술이 필요하였던 시기'를 사후적으로 판단하여 이를 분만의 시기로 볼 수 있다. (나) 8. 11. 00:30경 출산을 위해 갑의 조산원에 입원할 당시 A는 임신성 당뇨증상 및 이미 두 번의 제왕절개 출산 경험이 있는 37세의 고령의 임산부이었고, 분만예정일을 14일이나 넘겨 ㉠태아가 5.2㎏까지 성장한 상태이었다. (다) 그리하여 의학적으로 자연분만이 부적절하여 제왕절개 수술이 유일한 출산방법이었다. (라) 그러므로 A가 갑의 조산원에 입원하는 시점[8. 11. 00:30경]을 분만의 시기로 볼 수 있다. (마) 그러므로 ㉠태아를 '사람'으로 볼 수 있다. (바) 따라서 갑에게 업무상 과실치사죄가 성립한다.

대법원은 다음의 이유를 제시하여 상고를 기각하였다. 대법원은 ㉠태아에 대한 업무상 과실치사죄 부분(㉮공소사실)에 대해 다음과 같이 판단하였다. 대법원은 사람의 시기(始期)에 대해 다음과 같이 설시하였다. (가) 사람의 생명과 신체의 안전을 보호법익으로 하고 있는 형법의 해석으로는 규칙적인 진통을 동반하면서 분만이 개시된 때(소위 진통설 또는 분만개시설)가 사람의 시기라고 봄이 타당하다고 함은 종래 대법원이 취하여 온 견해이다. (나) 원심이 A에게 분만의 개시라고 할 수 있는 규칙적인 진통이 시작된 바 없었으므로 ㉠태아는 아직 업무상과실치사죄의 객체인 '사람'이 되었다고 볼 수 없다는 이유 등으로 ㉮공소사실에 관하여 무죄를 선고한 것은 정당하다. (다) [검사가 상고이유로 주장한] '(ㄱ) 의학적으로 제왕절개 수술이 가능하였고 (ㄴ) 규범적으로 수술이 필요하였던 시기'는 판단하는 사람 및 상황에 따라 다를 수 있어, 분만개시 시점 즉, 사람의 시기가 불명확하게 된다는 점에서 채용하기 어렵다

대법원은 임부 A에 대한 업무상 과실치상죄 부분(㉯공소사실)에 대해 다음과 같이 판단하였다. (가) 현행 형법은 사람에 대한 상해 및 과실치사상의 죄에 관한 규정과는 별도로 태아를 독립된 행위객체로 하는 낙태죄, 부동의 낙태죄, 낙태치상 및 낙태치사의 죄 등에 관한 규정을 두어 포태한 부녀의 자기낙태행위 및 제3자의 부동의 낙태행위, 낙태로 인하여 위 부녀에게 상해 또는 사망에 이르게 한 행위 등에 대하여 처벌하도록 하고 있다. (나) [현재 형법의 낙태죄 규정 가운데 부녀의 자기낙태 및 의사에 의한 동의낙태 부분은 2019년 헌법재판소가 헌법불합치로 선언한 이후 입법조치가 없어서 무효로 된 상태이다.] (다) 현행 형법은 과실낙태행위 및 낙태미수행위에 대하여 따로 처벌규정을 두지 아니하였다. (라) 이러한 점 등에 비추어보면, 우리 형법은 태아를 임산부 신체의 일부로 보지 않는다고 해석된다. (마) 이러한 점 등에 비추어 보면 우리 형법은 낙태행위가 임산부의 태아양육, 출산 기능의 침해라는 측면에서 낙태죄와는 별개로 임산부에 대한 상해죄를 구성하는 것으로 보지는 않는다고 해석된다. (바) 따라서 태아를 사망에 이르게 하는 행위가 임산부 신체의 일부를 훼손하는 것이라고 할 수 없다. (사) 따라서 태아의 사망으로 인하여 그 태아를 양육, 출산하는 임산부의 생리적 기능이 침해되어 임산부에 대한 상해가 된다고 볼 수는 없다. (아) 원심이 같은 취지에서 그 판시와 같은 이유로 ㉯공소사실에 관하여 무죄로 판단한 것은 정당하다.

였으나, 의료기술이 발달하면서 개구진통이 분만개시의 기준시점으로 인정되고 있다.

진통이 개시되기 전에 인위적으로 출산하도록 하는 경우(예컨대 제왕절개수술)에 분만개시의 시점이 문제된다. 출산과정에서 생명보호의 필요성이 급증하는 시점이 언제인가 하는 관점에서 볼 때 산모의 자궁에 출산을 위한 시술행위가 가해지는 순간을 분만개시 시점으로 보아야 할 것이다.

(라) 규범적 분만개시설 분만개시설과 관련하여 근래 소위 규범적 분만개시설이 주장된 바가 있다. 규범적 분만개시설이란 임산부의 상태변화, 의료진의 처치경과 등 제반 사정을 토대로 (가) 의학적으로 제왕절개수술이 가능하였고 (나) 규범적으로 수술이 필요하였던 시기를 사후적으로 판단하여 이를 분만시기로 보자는 주장을 말한다. 이에 따르면 주의의무에 위반하여 제왕절개 수술 시점을 놓쳐서 태아를 사망에 이르게 하는 행위는 '사람'을 사망에 이르게 한 행위로서 과실치사죄 내지 업무상 과실치사죄를 구성하게 된다.

그러나 판례는 "의학적으로 제왕절개 수술이 가능하였고 규범적으로 수술이 필요하였던 시기"는 판단하는 사람 및 상황에 따라 다를 수 있어 분만개시 시점이 불명확하게 되고, 이에 따라 사람의 시기(始期)도 불명확하게 된다는 이유로 규범적 분만개시설의 주장을 배척하였다.[1]

(3) 사람의 종기(終期)

(가) 학설의 개관 사람은 사망함으로써 그 생명이 종료된다. 죽은 사람은 살인죄의 객체가 될 수 없다. 사망을 판정하는 기준으로는 호흡종지설, 맥박종지설, 삼징후설, 뇌사설 등이 제시되고 있다.

호흡종지설은 호흡이 영구적으로 그쳤을 때를 사람의 사망시점으로 보는 견해이다. 맥박종지설은 심장의 고동이 영구적으로 정지한 때를 사람의 사망시점으로 보는 견해이다. 맥박종지설은 심장사설(心臟死說)이라고도 한다.[2] 삼징후설(三徵候說)은 호흡과 맥박의 영구정지 및 동공의 확대 · 고정을 기준으로 사람의 사망 여부를 결정하는 견해이다.[3] 뇌사설은 뇌의 기능이 소생불능의 상태로 정지하면 사람이 사망하였다고 보는 견해이다.[4] 뇌사설의 입장에서는 일정한 시간 동안 뇌파 정지를 조사하여 사망 여부를 판정하게 된다.

호흡종지설, 맥박종지설, 삼징후설 등은 사람의 사망 시점을 판단하기 위한 전통적인 견

1) 2007. 6. 29. 2005도3832, 2007, 1222. = 분석 각론『거대 태아 방치 사건』.

2) 김성돈, 58면; 김일수 · 서보학, 15면; 배종대, 22면; 오영근, 17면.

3) 정영일, 6면(심폐사설).

4) 김혜정 외, 9면; 박상기, 17면; 손동권 · 김재윤, 9면; 이재상 · 장영민 · 강동범, 16면; 이정원, 28면; 이형국 · 김혜경, 13면; 임웅, 17면; 정성근 · 박광민, 45면; 주호노, 19면.

해이다. 이에 대해 뇌사설은 현대의학의 발달에 따라 심장이식 등 장기이식이 이루어지면서 유력하게 대두된 견해이다. 현재 학계에서는 사람의 종기에 대한 판단기준에 관하여 의견이 일치되어 있지 않다. 생명을 최대한 두텁게 보호해야 한다는 생명보호의 요청과 장기이식을 통한 생명구제의 요청이 대립 · 갈등하고 있기 때문이다.

(나) 장기이식법 이러한 문제상황에 직면하여 우리 입법자는 「장기등 이식에 관한 법률」(장기이식법)을 제정하여 해결책을 도모하고 있다. 2000년부터 시행된 장기이식법에 의하면 장기이식과 관련하여 '사람'은 '살아 있는 사람'과 '뇌사자'로 구분된다.

살아있는 사람이란 사람 중에서 뇌사자를 제외한 사람을 말한다(동법4 v). 뇌사자란 장기이식법에 따른 뇌사판정기준 및 뇌사판정절차에 따라 뇌 전체의 기능이 되살아날 수 없는 상태로 정지되었다고 판정된 사람을 말한다(동법4 v).

사람의 종기와 관련하여 장기이식법이 특별히 주목되는 이유는 이 법률이 "뇌사자가 이 법에 따른 장기등의 적출로 사망한 경우에는 뇌사의 원인이 된 질병 또는 행위로 인하여 사망한 것으로 본다."고 규정하고 있기 때문이다(동법21①). 이 경우 뇌사자의 사망시각은 뇌사판정위원회가 일정한 뇌사판정절차(동법18②)에 따라 뇌사판정을 한 시각이다(동법21②).

장기이식법의 제정과 함께 사람의 종기에 관한 판단기준으로 뇌사설이 더욱 강력한 힘을 얻고 있다. 그러나 장기이식법이 뇌사설을 입법화한 것이라고 속단할 일은 아니다. 장기이식법 제21조는 어디까지나 "뇌사자가 장기이식법에 따른 장기 등의 적출로 사망한 경우"에 제한적으로 적용되는 조문이며, 그 법적 효과도 "사망한 것으로 본다"는 의제(擬制)에 지나지 않기 때문이다. 장기이식법이 적용되지 않는 영역에서의 사람의 종기에 관한 판단기준은 여전히 학설 · 판례에 맡겨져 있다.

(다) 학설의 검토 뇌사설의 입장에서는 두뇌활동이 인격의 중추라는 점, 뇌조직이 사망하면 두뇌활동은 생각할 수 없다는 점, 뇌조직의 손상은 불가역적(不可逆的)이어서 인공적으로 기능이 회복되거나 유지되는 심장이나 폐(肺)의 경우와 구별된다는 점 등을 들어서 뇌사 시점을 사람의 사망시점으로 파악해야 한다고 주장한다.

그러나 장기이식법이 제한적으로 인정하고 있는 경우를 제외하면, 뇌사 여부를 확실하게 판단할 수 있는 일반적 기준과 방법이 아직 갖추어져 있지 않다고 생각된다. 나아가 심장박동과 호흡기능이 유지되고 있는 사람을 뇌사라는 이유로 사망자로 단정한다는 것은 일반인의 생활감정에 반하는 일이라고 하지 않을 수 없다. 장기이식법은 제한적인 영역에서 뇌사자의 장기이식 가능성을 열어두고 있다. 이 범위를 넘어서서 뇌사설을 전면적으로 인정하여 생명보호의 범위를 축소하는 것은 온당하지 못하다. 장기이식법이 규율하지 않는 그 밖의 영역에서는 전통적인 관점에 따라 사람의 종기를 파악하는 것이 타당하다고 본다.

전통적인 견해 가운데 호흡종지설이나 맥박종지설은 명확한 기준을 제시하지 못한다. 정지된 호흡이나 심장박동을 인공적으로 회복할 수 있으며, 인공심폐장치를 통해 그 기능을 유지할 수 있기 때문이다. 이 점에서 호흡 및 맥박의 종지 이외에 동공확산도 함께 기준으로 삼아 사망시점의 명확화를 도모하는 삼징후설이 타당하다고 본다. 동공확산은 불가역적이기 때문이다.

2. 실행행위

살인죄의 실행행위는 살해이다. 살해란 사람의 생명을 자연적인 사망시점보다 앞서서 인위적으로 단절시키는 행위를 가리킨다. 살해행위는 그 행위에 의하여 사망의 결과가 발생하는 것이면 족하다. 행위의 방법이나 형태는 묻지 않는다. 예모(豫謀)의 유무나 방법의 직·간접성을 구별하지 않는다. 살해의 방법에는 타살, 사살, 교살과 같은 유형적인 것 이외에 정신적 고통이나 충격과 같은 무형적인 것도 모두 포함된다. 작위 이외에 부작위에 의한 살해도 가능하다.[1] [2]

간접정범 형태의 살해도 가능하다. 간접정범은 어느 행위로 인하여 처벌되지 아니하는 자 또는 과실범으로 처벌되는 자를 교사 또는 방조하여 범죄행위의 결과를 발생하게 한 자를 가리킨다(법34①). 정을 모르는 택배 배달원에게 독극물을 배달하도록 한 결과 피해자가 그 독극물을 복용하여 사망한 경우가 간접정범 형태의 살해의 전형적인 사례이다.

간접정범 형태의 살해행위와 관련하여 무고나 위증을 통해 국가의 형사재판으로 피해자

---

1) 1992. 2. 11. 91도2951, 공 1992, 1077 = 백선 총론『조카 익사 사건』.

2) 2015. 11. 12. 2015도6809 전원합의체 판결, 공 2015하, 1915 =『세월호 사건 1』:

(사실관계 생략함.) 검사는 세월호 선장 갑을 살인죄 등으로 기소하였다. 갑의 피고사건은 제1심을 거친 후, 항소심에 계속되었다. 항소법원은 부작위에 의한 살인죄를 인정하였다. 갑은 불복 상고하였다.

대법원은 다음의 이유를 제시하여 상고를 기각하였다. (이하 발췌 소개함.) (가) (전략) 살인죄와 같이 일반적으로 작위를 내용으로 하는 범죄를 부작위에 의하여 범하는 이른바 부진정부작위범의 경우에는 (ㄱ) 보호법익의 주체가 그 법익에 대한 침해위협에 대처할 보호능력이 없고, (ㄴ) 부작위행위자에게 그 침해위협으로부터 법익을 보호해 주어야 할 법적 작위의무가 있을 뿐 아니라, (ㄷ) 부작위행위자가 그러한 보호적 지위에서 법익침해를 일으키는 사태를 지배하고 있어 그 작위의무의 이행으로 결과발생을 쉽게 방지할 수 있어야 (ㄹ) 그 부작위로 인한 법익침해가 작위에 의한 법익침해와 동등한 형법적 가치가 있는 것으로서 범죄의 실행행위로 평가될 수 있다. (나) 다만 여기서의 작위의무는 법령, 법률행위, 선행행위로 인한 경우는 물론, 신의성실의 원칙이나 사회상규 혹은 조리상 작위의무가 기대되는 경우에도 인정된다.

(다) 또한 부진정부작위범의 고의는 반드시 구성요건적 결과발생에 대한 목적이나 계획적인 범행 의도가 있어야 하는 것은 아니다. (라) 법익침해의 결과발생을 방지할 법적 작위의무를 가지고 있는 자가 그 의무를 이행함으로써 그 결과발생을 쉽게 방지할 수 있었음을 예견하고도 결과발생을 용인하고 이를 방관한 채 그 의무를 이행하지 아니한다는 인식을 하면 족하다. (마) 이러한 작위의무자의 예견 또는 인식 등은 확정적인 경우는 물론 불확정적인 경우이더라도 미필적 고의로 인정될 수 있다.

를 사형에 처하도록 한 행위가 살인죄에 해당할 것인지 문제된다. 이에 대해 무고자나 위증자가 착오에 빠진 법원의 형사재판 진행을 지배한다고 보아 살인죄의 성립을 긍정하는 견해도 있다.[1] 그러나 형사절차에서는 당사자주의 원칙 아래 검사와 피고인이 공격 · 방어를 행하고 이를 토대로 법원이 실체적 진실을 규명한다. 이 과정에서 무고나 위증의 진위가 독자적으로 검토되므로 법원과 무고자 또는 법원과 위증자 사이에 정범과 교사범 또는 정범과 방조범에 준하는 관계를 상정할 수 없다. 결국 무고 내지 위증의 방법을 통한 간접정범 형태의 살인죄는 인정되지 않는다고 본다.[2]

3. 고 의

살인죄가 성립하려면 고의가 인정되어야 한다. 살인죄의 고의는 자기의 행위로 인하여 피해자가 사망할 수도 있다는 사실을 인식 · 인용하는 것으로 족하다. 피해자의 사망을 희망하거나 목적으로 할 필요는 없다. 확정적 고의가 아닌 미필적 고의로도 족하다.[3] 행위객체에 대하여 사람이라는 인식이 있으면 족하다. 독자적 생존능력이 없더라도 생명기능이 있음을 인식하면 된다.

갑인 줄 알고 살해하였으나 을이 사망한 경우(객체의 착오) 또는 갑을 향하여 총을 발사하였으나 을에게 명중한 경우(방법의 착오)는 살인죄의 고의 성립을 방해하지 않는다. 동일한 구성요건 간의 착오이므로 고의가 조각되지 않기 때문이다(법정적 부합설).[4]

문제가 되는 것은 저주나 기도 등의 방법에 의하여 사람을 살해하려고 한 경우이다. 미신적인 방법에 의하여 범죄를 실현하려고 하는 경우를 가리켜서 미신범이라고 한다. 미신범이 살인죄를 구성하지 않는다는 점에 대해서는 견해가 일치하고 있다. 그 이론구성에서는 고의를 부인하는 견해와 불능범임을 이유로 하는 견해가 각각 제시되고 있다.[5]

4. 위법성조각사유

(1) 일반적 위법성조각사유

살인죄의 구성요건을 충족하는 행위가 있으면 일단 그 행위의 위법성이 추정된다. 여기에서 위법성을 조각시키는 사유가 문제된다. 형법 총칙상의 위법성조각사유 가운데 우선 피

---

1) 김성돈, 59면; 이정원, 31면; 임웅, 20면.

2) 권오걸, 10면; 김일수 · 서보학, 16면; 김혜정 외, 10면; 박상기, 18면; 손동권 · 김재윤, 10면; 이재상 · 장영민 · 강동범, 19면; 이형국 · 김혜경, 15면; 정성근 · 박광민, 47면; 정영일, 7면.

3) 1994. 3. 22. 93도3612, 공 1994, 1373 =『타워파 여관 습격 사건』☞ 부록 1585면.

4) 각종 부합설에 대해서는, 신동운, 형법총론, 제14판, (2022), 226면 이하 참조.

5) 미신범 문제에 관하여는, 신동운, 형법총론, 제14판, (2022), 564면 이하 참조.

해자의 승낙(법24)은 고려의 대상에서 제외된다. 생명은 처분할 수 있는 법익이 아니기 때문이다. 승낙에 기한 살인행위는 촉탁·승낙에 의한 살인죄(법252①)로 처벌된다.

살인죄의 경우에는 위법성조각사유로서의 긴급피난(법22①)이 적용되지 않는다. 생명은 다른 법익과 비교교량의 대상이 되지 않기 때문이다. 다만 책임조각사유로서의 긴급피난(법22①·③)이 인정될 수는 있다. 청구권보전을 위하여 인정되는 자구행위(법23)가 살인죄의 경우에 적용될 수 없음은 물론이다.

살인죄와 관련하여 고려되는 위법성조각사유로서 가장 전형적인 것은 정당방위(법21①)이다. 다음으로 형법 제20조의 정당행위 가운데 법령에 의한 행위를 들 수 있다. 군인의 전투행위, 교도관리의 사형집행행위(법66, 군형법3), 경찰관의 무기사용행위(경찰관직무집행법10의4) 등이 그 예이다. 인명을 손상하는 경찰관의 무기사용행위는 정당방위나 긴급피난의 요건이 구비되지 않는 한 비례성의 원칙하에 보충적으로만 허용된다(동조 본문·단서 참조).

(2) 안락사 문제

살인죄의 위법성조각사유로서 특히 다투어지는 것으로 안락사 문제가 있다. 일반적으로 안락사란 임종시에 고통을 겪지 않고 편안하게 죽음을 맞이하도록 하는 행위를 말한다. 그런데 생명을 단축시키지 아니하고 고통만을 덜어준다면 그것은 살인죄와 전혀 무관한 행위이다. 이를 가리켜서 진정안락사라고 한다. 살인죄와 관련하여 문제가 되는 안락사는 고통을 덜어주기 위하여 생명을 인위적으로 단축시키는 행위를 말한다.

종래 안락사가 살인죄의 위법성을 조각시킬 수 있는지에 대해 여러 가지 견해가 제시되어 왔다. 판례는 근래 의사의 연명의료 중단행위를 허용한 바가 있다.[1] 입법자는 2016년 「호스피스·완화의료 및 임종과정에 있는 환자의 연명의료결정에 관한 법률」(연명의료결정법)을 제정하여 안락사 문제에 대한 입법적 해결책을 제시하였다. 연명의료결정법은 호스피스와 연명의료, 연명의료중단등결정 및 그 이행에 관하여 다른 법률에 우선하여 적용된다(동법4).

(3) 호스피스·완화의료

호스피스·완화의료란 일정한 질환(동법2 vi 각목 참조)으로 말기환자로 진단을 받은 환자(동법2 iii 참조) 또는 임종과정에 있는 환자(동법2 ii, i 참조)와 그 가족에게 통증과 증상의 완화 등을 포함한 신체적, 심리사회적, 영적 영역에 대한 종합적인 평가와 치료를 목적으로 하는 의료를 말한다(동법2 vi 참조). 호스피스·완화의료는 소위 진정안락사에 해당하며 살인죄와는 관계가 없다.

---

1) 2009. 5. 21. 2009다17417 전원합의체 판결, 공 2009상, 849 = 분석 각론『연명치료중단 사건』.

(4) 연명의료중단

안락사와 관련하여 문제가 될 수 있는 것은 연명의료중단행위이다. 연명의료결정법은 일정한 요건을 정하여 연명의료중단행위를 허용하고 있다.

(가) 임종과정 환자 연명의료중단행위는 임종과정에 있는 환자를 대상으로 한다. 임종과정에 있는 환자는 연명의료결정법 제16조에 따라 담당의사와 해당 분야의 전문의 1명으로부터 임종과정에 있다는 의학적 판단을 받은 자를 말한다(동법2 ii). 임종과정은 (가) 회생의 가능성이 없고, (나) 치료에도 불구하고 회복되지 아니하며, (다) 급속도로 증상이 악화되어 사망에 임박한 상태를 말한다(동법2 i).

담당의사는 환자에 대한 연명의료중단결정을 이행하기 전에 해당 환자가 임종과정에 있는지 여부를 해당 분야의 전문의 1명과 함께 판단하고 그 결과를 보건복지부령으로 정하는 바에 따라 기록(전자문서로 된 기록 포함)하여야 한다(동법16①). 한편, 호스피스전문기관(동법25 참조)에서 호스피스를 이용하는 말기환자가 임종과정에 있는지 여부에 대한 판단은 담당의사의 판단으로 갈음할 수 있다(동법16②).

(나) 의사표현에 의한 연명의료중단결정 연명의료중단결정은 원칙적으로 환자의 의사(意思)에 의하여 이루어진다. 연명의료중단결정을 원하는 환자의 의사는 네 가지 방법으로 확인된다.

첫째로, 의료기관에서 작성된 연명의료계획서가 있는 경우 이를 환자의 의사로 본다(동법17① i). 이 경우 '연명의료계획서'란 말기환자등의 의사(意思)에 따라 담당의사가 환자에 대한 연명의료중단등결정 및 호스피스에 관한 사항을 계획하여 문서(전자문서를 포함한다)로 작성한 것을 말한다(동법2 viii).

둘째로, 담당의사가 사전연명의료의향서(동법12 참조)의 내용을 환자에게 확인하는 경우 이를 환자의 의사로 본다(동법17① ii 1문). 이 경우 '사전연명의료의향서'란 19세 이상인 사람이 자신의 연명의료중단등결정 및 호스피스에 관한 의사를 직접 문서(전자문서를 포함한다)로 작성한 것을 말한다(동법2 ix).

셋째로, 담당의사 및 해당 분야 전문의 1명이 (가) 환자가 사전연명의료의향서의 내용을 확인하기에 충분한 의사능력이 없다는 의학적 판단을 내리고, (나) 환자의 사전연명의료의향서가 연명의료중단(동법2 iv)과 관련하여 적법한 절차(동법12 참조)에 따라 작성되었다는 사실을 모두 확인한 경우에 이를 환자의 의사로 본다(동법17① ii 2문).

넷째로, 위의 세 가지 경우에 해당하지 않는 경우이다. 이 때에는 (가) 19세 이상의 환자가 의사를 표현할 수 없는 의학적 상태인 경우에, (나) 환자의 연명의료중단결정에 관한 의사로 보기에 충분한 기간 동안 일관하여 표시된 연명의료중단에 관한 의사에 대해, (다) 19

세 이상의 환자가족(배우자, 직계비속, 직계존속, 이에 해당하는 사람이 없는 경우 형제자매) 2명 이상의 일치하는 진술(환자가족이 1명인 경우는 그 1명의 진술)이 있고, (라) 담당의사와 해당 분야 전문의 1명의 확인을 거치면 이를 환자의 의사로 본다(동법17① iii 본문 참조). 다만, 환자가족의 진술과 배치되는 내용의 다른 환자가족의 진술 또는 보건복지부령으로 정하는 객관적인 증거가 있는 경우에는 그러하지 아니하다(동법17① iii 단서).

(다) 의사표현 없는 연명의료중단결정 　위의 방법에 의하여 환자의 의사를 확인할 수 없고 환자가 의사표현을 할 수 없는 의학적 상태인 경우가 있다. 이 때에는 두 가지 경우에 연명의료중단결정이 있는 것으로 인정된다.

첫째로, 환자가 미성년자인 경우이다. 이 경우에는 (가) 미성년자인 환자의 법정대리인(친권자에 한정한다)이 연명의료중단결정의 의사표시를 하고 (나) 담당의사와 해당 분야 전문의 1명이 확인한 경우에 해당 환자를 위한 연명의료중단결정이 있는 것으로 본다(동법18① 본문 i),

둘째로, 일정 범위의 환자가족 전원이 합의하는 경우이다. 환자 가족의 범위는 원칙적으로 배우자와 1촌 이내의 직계존속 · 비속이다. 이에 해당하는 사람이 없는 경우에는 2촌 이내의 직계 존속 · 비속으로 확장되며, 이상에도 해당하는 사람이 없는 경우에는 형제자매까지 확대된다(동법18① ii 각호 참조).

환자가족 전원이 합의하는 경우에는 (가) 환자가족(행방불명자 등 대통령령으로 정하는 사유에 해당하는 사람은 제외) 전원의 합의로 연명의료중단결정의 의사표시를 하고 (나) 담당의사와 해당 분야 전문의 1명이 확인한 경우에 해당 환자를 위한 연명의료중단결정이 있는 것으로 본다(동법18① 본문 ii).

다만, 위의 두 가지 경우에 담당의사 또는 해당 분야 전문의 1명이 환자가 연명의료중단결정을 원하지 아니하였다는 사실을 확인한 경우에는 해당 환자를 위한 연명의료중단결정이 있는 것으로 보지 않는다(동법18① 단서).

미성년자인 환자의 법정대리인(친권자에 한정한다)이 연명의료중단결정의 의사표시를 한 경우 및 일정범위 환자가족 전원의 합의로 연명의료중단결정의 의사표시를 한 경우에 연명의료중단등결정을 확인한 담당의사 및 해당 분야의 전문의는 보건복지부령으로 정하는 바에 따라 확인 결과를 기록(전자문서로 된 기록을 포함한다)하여야 한다(동법18②).

(라) 연명의료중단결정 　위에서 살펴본 것처럼, 환자의 의사가 확인된 경우에는 그 의사에 따라 연명의료중단결정이 내려진다(동법15 i, 17 참조). 환자의 의사를 확인할 수 없고 환자가 의사표현을 할 수 없는 의학적 상태인 경우에 미성년자인 환자의 법정대리인(친권자에 한정한다)이나 일정범위 환자가족 전원이 연명의료중단결정의 의사표시를 하고 담당의사와 해당 분야 전문의 1명이 확인한 경우에는 해당 환자를 위한 연명의료중단결정이 있는 것으로

본다(동법15 ii, 18① 본문).

여기에서 연명의료중단결정은 (가) 임종과정에 있는 환자에 대한 연명의료를 시행하지 않거나 (나) 임종과정에 있는 환자에 대한 연명의료를 중단하기로 하는 결정을 말한다(동법2 v).

(마) 중단되는 연명의료의 내용 중단되는 연명의료는 임종과정에 있는 환자에게 하는 심폐소생술, 혈액 투석, 항암제 투여, 인공호흡기 착용 및 그 밖에 대통령령으로 정하는 의학적 시술로서 치료효과 없이 임종과정의 기간만을 연장하는 것을 말한다(동법2 iv). 연명의료중단결정 이행시 통증 완화를 위한 의료행위와 영양분 공급, 물 공급, 산소의 단순 공급은 시행하지 아니하거나 중단되어서는 안 된다(동법19②).

(바) 연명의료중단결정의 이행 담당의사는 (가) 임종과정에 있는 환자의 의사(意思)가 그 확인방법을 통하여 연명의료중단결정을 원하는 것이고, 임종과정에 있는 환자의 의사에도 반하지 아니하는 경우(동법17 참조), 또는 (나) 환자의 의사를 확인할 수 없는 경우에 연명의료중단결정이 있는 것으로 보는 경우(동법18 참조)에만 연명의료중단결정을 이행할 수 있다(동법15).

담당의사가 연명의료중단결정의 이행을 거부할 때에는 해당 의료기관의 장은 윤리위원회의 심의를 거쳐 담당의사를 교체하여야 한다. 이 경우 의료기관의 장은 연명의료중단결정의 이행 거부를 이유로 담당의사에게 해고나 그 밖에 불리한 처우를 해서는 안 된다(동조19③).

담당의사는 연명의료중단결정(동법15 참조)이 인정된 환자에 대하여 즉시 연명의료중단결정을 이행하여야 한다(동법19①). 담당의사는 연명의료중단결정을 이행하는 경우 그 과정 및 결과를 기록(전자문서로 된 기록 포함)하여야 한다(동조④).

(사) 연명의료중단의 법적 효과 이상의 요건을 갖춘 연명의료중단행위는 법령에 의한 행위에 해당하며, 형법 제20조에 따라 위법성이 조각된다.

(5) 적극적 안락사

(가) 개 념 적극적 안락사란 고통제거를 목적으로 생명을 인위적으로 단축시키는 행위를 말한다. 고통에 시달리는 환자에게 독극물을 투여함으로써 임종의 고통을 단축시키는 경우가 여기에 해당한다. 적극적 안락사는 제3자가 적극적으로 생명단축조치를 시행한다는 점에서 단순히 생명연장조치를 시행하지 아니하는 연명치료중단행위와 구별된다.

(나) 긍정설 적극적 안락사에 대해 엄격한 요건하에 이를 허용하자는 견해가 있다.[1] 이 입장에서는 (가) 환자가 불치병으로 인해 사망이 임박할 것, (나) 환자의 육체적 고통이 심각할 것, (다) 환자의 고통을 제거 · 완화하기 위한 것일 것, (라) 환자의 촉탁 또는 승

1) 김성돈, 65면; 오영근, 36면; 이형국 · 김혜경, 19면; 임웅, 26면; 정성근 · 박광민, 49면.

낙이 있을 것, (마) 원칙적으로 의사에 의해 시행될 것, (바) 시행방법이 윤리적으로 타당할 것이라는 조건이 모두 충족될 때 안락사를 허용한다.

(다) 부정설 그러나 이 견해에는 찬성할 수 없다.[1] 생명은 가장 신성하고 존엄한 법익이므로 어느 누구도 이를 박탈할 수 없다. 또한 완전히 불치이고 사망의 시점이 임박하였다는 절대적 판단을 내릴 수도 없다. 안락사를 허용할 경우 합법적인 살인행위가 자행될 가능성이 있다. 그리고 무엇보다도 우리 형법은 촉탁·승낙에 의한 살인죄(법252①)를 처벌하고 있다.

이상의 점들에 비추어 볼 때 고통감경의 동기만을 내세워 적극적 안락사의 위법성을 조각시킬 수는 없다. 적극적 안락사는 설사 상대방의 명시적이고 적극적인 요구가 있다고 할지라도 위법성이 조각되지 않는다. 예컨대 중증의 기형아를 출산 직후에 살해하는 행위는 설사 그 행위가 장차 아동 및 부모가 겪게 될 고통을 사전에 제거하기 위한 것이라고 할지라도 위법성이 조각되지 않는다. 중증 기형아의 양육은 사회정책적 관점에서 대처해야 할 문제이다.

5. 미수와 기수

(1) 실행의 착수

살인죄의 미수범은 처벌된다(법254). 행위자가 살인의 고의를 가지고 다른 사람의 생명에 위험을 가하는 행위를 개시할 때 실행의 착수가 인정된다. 살인의 고의를 가지고 피해자에게 총을 겨누거나 칼 등 흉기를 휘두를 때 살인의 실행의 착수가 인정된다. 판례는 살인의 고의를 가지고 흉기를 들고 피해자에 접근하는 단계에서부터 실행의 착수를 인정하고 있다.[2] [3]

---

1) 권오걸, 15면; 김일수·서보학, 18면; 박상기, 20면; 배종대, 28면; 손동권·김재윤, 14면; 이재상·장영민·강동범, 22면; 이정원, 34면; 정영일, 16면; 주호노, 65면.

2) 1986. 2. 25. 85도2773, 공 1986, 580 =『낫 들고오기 사건』:

갑은 A와의 ㉠분쟁으로 격분하였다. 갑은 A를 살해하려고 밖으로 나가 웃방 마루 밑 못 그릇에 놓여 있던 낫을 들었다. 갑이 A를 죽이려고 안으로 들어오려고 하자 직계존속 B 등이 갑을 제지하였다. A는 그 틈을 타서 뒷문으로 도망하였다(㉮부분). 갑은 자신을 제지하는 B에게 낫을 휘둘러 B가 사망하였다(㉯부분).

검사는 갑을 존속살해죄 및 살인미수죄로 기소하였다. 갑의 피고사건은 제1심을 거친 후, 항소심에 계속되었다. 항소법원은 유죄를 인정하였다. 갑은 불복 상고하였다. 갑은 상고이유로 다음의 점을 주장하였다. (가) ㉮부분의 경우 갑은 낫을 들고 안으로 들어오려고 하였을 뿐이다. (나) 아직 살인의 실행의 착수가 있었다고 볼 수 없다.

대법원은 다음의 이유를 제시하여 상고를 기각하였다. (가) 갑은 격분하여 A를 살해할 것을 마음먹고 밖으로 나가 웃방 마루 밑 못 그릇에 놓여있던 낫을 들고 들어오려고 하였다. (나) 그러나 B 등이 이를 제지하자 그 틈을 타서 A가 뒷문으로 도망을 하여 살인의 목적을 이루지 못하여 미수에 그쳤다. (다) 갑이 낫을 들고 A에게 접근함으로써 살인의 실행행위에 착수하였다. (라) 그러나 B 등의 제지로 장애미수에 그쳤다.

3) 1970. 6. 30. 70도861, 집 18②, 형32 =『중대장 사무실 수류탄 사건』:

갑은 그의 소속 중대장 대위 A에게 원한을 품었다. 갑은 A를 살해하여 보복할 목적으로 수류탄의 안전핀

살인의 고의를 가지고 피해자에게 독이 든 드링크제를 교부한 경우에는 피해자가 이를 마시고 사망에 이를 위험성이 충분하다고 보이므로 드링크제의 교부 시점에 살인죄의 실행의 착수를 인정할 수 있다. 판례는 중간 전달자에게 독이 든 드링크제를 교부하는 시점에서부터 실행의 착수를 인정하고 있다.[1)]

독살할 목적으로 독극물을 택배로 보낸 경우와 같이 배달인을 도구로 하는 간접정범 사안에서 실행의 착수시점이 문제된다. 이에 대해서는 행위자가 택배를 보내는 시점에 실행의 착수를 인정하는 견해와 피해자가 독극물을 수령한 때에 실행의 착수를 인정하는 견해가 대립하고 있다.

이 문제는 간접정범의 본질과 관련이 있다. 간접정범을 정범으로 파악하는 입장에서는

을 빼고 A의 사무실로 들어갔다. [갑은 그곳에 있던 B 등에게 제압당하였다.]

군검사는 갑을 상관살해미수죄로 기소하였다. 갑의 피고사건은 제1심을 거친 후, 항소심에 계속되었다. 항소법원은 유죄를 인정하였다. 갑은 불복 상고하였다. 갑은 상고이유로 다음의 점을 주장하였다. (가) 갑이 수류탄을 들고 A의 사무실로 들어간 것은 단순히 상관에 대한 협박 내지 모욕 정도밖에 되지 않는다. (나) 갑에게 살인의 실행의 착수가 있었다고 볼 수 없다.

대법원은 다음의 이유를 제시하여 상고를 기각하였다. (가) 갑은 그 소속 중대장 A 대위를 살해 보복할 목적으로 수류탄의 안전핀을 빼고 그 사무실로 들어갔다. (나) 그러한 이상 이를 살인미수죄로 다스린 원심의 조처는 정당하다. (다) 갑의 행위를 단순히 상관에 대한 협박 내지 모욕 정도밖에 안 된다고는 할 수 없다.

1) 1990. 7. 24. 90도1149, 공 1990, 1832 =『농약 드링크 교부 사건』:

갑과 을은 A를 살해하기로 하였다. 갑은 A를 살해하라고 하면서 ㉠드링크(원비-디) 병을 을에게 주었다. ㉠드링크 병에는 성인 남자를 죽게 하기에 족한 용량의 ㉡농약이 들어 있었다(㉮부분). [을이 A에게 ㉠드링크 병을 마시라고 주었는지는 밝혀지지 않았다.]

A는 ㉢승용차를 소유하고 있었다. 갑은 ㉢승용차의 브레이크호스를 잘라 브레이크액을 유출시켰다. 이 때문에 ㉢승용차의 주된 제동기능이 완전히 상실되었다. A는 ㉢자동차를 몰고 갔다. A는 반대차선을 따라 오던 ㉣자동차와의 충돌을 피하기 위하여 브레이크 페달을 밟았다. 그러나 ㉢자동차는 전혀 제동이 되지 않았다. A는 사이드브레이크를 잡아당김과 동시에 ㉢승용차를 인도에 부딪치게 함으로써 겨우 위기를 모면하였다(㉯부분).

검사는 ㉮부분에 대해 갑과 을을 살인미수죄로 기소하였다. 검사는 ㉯부분에 대해 갑을 살인미수죄로 기소하였다. 갑의 피고사건은 제1심을 거친 후, 항소심에 계속되었다. 항소법원은 갑과 을에게 유죄를 인정하였다. 갑은 불복 상고하였다. 을은 상고하지 않았다. 갑은 상고이유로 다음의 점을 주장하였다. (가) ㉮부분에서 갑의 행위는 ㉠드링크 병을 준 것뿐이다. (나) ㉯부분에서 갑의 행위는 ㉢승용차의 브레이크호스를 절단한 것뿐이다. (다) 이상의 행위는 살인의 예비에 해당할 뿐이다. (라) 살인의 실행의 착수가 없으므로 살인미수죄는 성립하지 않는다.

대법원은 다음의 이유를 제시하여 상고를 기각하였다. (가) 갑이 을에게 A를 살해하라고 하면서 준 ㉠드링크병(원비-디병)에 성인 남자를 죽게 하기에 족한 용량의 ㉡농약이 들어 있었다. (나) 갑이 A 소유의 ㉢승용차의 브레이크호스를 잘라 브레이크액을 유출시켜 주된 제동기능을 완전히 상실시킴으로써 그 때문에 피해자가 그 자동차를 몰고 가다가 반대차선을 따라 오던 자동차와의 충돌을 피하기 위하여 브레이크 페달을 밟았으나 전혀 제동이 되지 아니하여 사이드브레이크를 잡아당김과 동시에 인도에 부딪치게 함으로써 겨우 위기를 모면하였다. (다) 그렇다면 갑의 위 행위는 어느 것이나 사망의 결과발생에 대한 위험성을 배제할 수 없다. (라) 같은 취지에서 원심이 갑에게 각각 살인미수죄로 다스린 것은 정당하다.

이용자가 도구를 이용하는 시점에 실행의 착수를 인정한다. 따라서 행위자가 독극물을 택배로 보내는 시점에 살인미수가 성립한다고 본다.[1] 이에 대해 간접정범을 공범으로 파악하는 입장에서는 정범에 해당하는 도구를 기준으로 하여 실행의 착수 여부를 판단한다. 그리하여 피해자가 택배 배달인으로부터 독극물을 수령할 때 비로소 실행의 착수를 인정하게 된다.

생각건대 간접정범을 "교사 또는 방조의 예에 의하여 처벌한다"고 규정한 형법 제34조 제1항의 문언에 비추어 볼 때 간접정범은 공범의 확장된 형태로 볼 것이므로, 피해자가 독극물을 수령할 때 실행의 착수가 인정된다고 본다.[2]

(2) 기수시점

살인죄는 사망의 결과가 발생하면 기수에 이른다. 살인죄는 결과범이므로 살해의 실행행위와 사망의 결과발생 사이에 인과관계가 인정되어야 한다(법17). 살인의 실행행위가 피해자의 사망이라는 결과를 발생하게 한 유일한 원인이거나 직접적인 원인이어야만 되는 것은 아니다. 살인의 실행행위와 피해자의 사망 사이에 피해자의 과실이 개재되어 그 사실이 치사의 직접적인 원인이 된 경우가 있다. 그렇다고 하더라도 그와 같은 사실이 통상 예견할 수 있는 것에 지나지 않는다면 살인의 실행행위와 피해자의 사망과의 사이에 인과관계가 인정된다.[3]

6. 예비와 음모

(1) 예비 · 음모

살인죄는 예비 · 음모도 처벌된다(법255). 형법 제28조는 "범죄의 음모 또는 예비행위가 실행의 착수에 이르지 아니한 때에는 법률에 특별한 규정이 없는 한 벌하지 아니한다"고 규정하고 있다. 형법 제255조는 '법률에 특별한 규정'이 있는 경우의 하나이다.

(가) 예 비 예비는 범죄를 실현하기 위한 준비행위로서 실행의 착수에 이르지 않은 일체의 행위를 가리킨다. 살인예비죄가 성립하기 위하여는 형법 제255조에서 명문으로 요구하는 살인죄를 범할 목적 외에도 살인의 준비에 관한 고의가 있어야 한다. 나아가 실행의 착수까지에는 이르지 아니하는 살인죄의 실현을 위한 준비행위가 있어야 한다.

여기에서의 준비행위는 물적인 것에 한정되지 아니하며 특별한 정형이 있는 것도 아니다. 그렇지만 단순히 범행의 의사 또는 계획만으로는 준비행위가 있다고 할 수 없고 객관적

1) 정성근 · 박광민, 47면.
2) 간접정범의 실행의 착수 시점에 대해서는, 신동운, 형법총론, 제14판, (2022), 716면 이하 참조.
3) 1994. 3. 22. 93도3612, 공 1994, 1373 =『타워파 여관 습격 사건』.

으로 보아서 살인죄의 실현에 실질적으로 기여할 수 있는 외적 행위를 필요로 한다.[1] 예컨대 갑이 A를 살해하기 위하여 을을 고용하면서 을에게 대가의 지급을 약속한 경우, 갑에게는 살인죄를 범할 목적 및 살인의 준비에 관한 고의뿐만 아니라 살인죄의 실현을 위한 준비행위를 하였음을 인정할 수 있으므로 살인예비죄가 성립한다.[2]

(나) 음 모 　음모는 범죄의 실행의 착수 이전에 2명 이상의 자 사이에 성립한 범죄실행의 합의이다. 범죄실행의 합의 자체는 행위로 표출되지 않은 합의 당사자들 사이의 의사표시에 불과하다. 그러한 만큼 실행행위로서의 정형이 없고, 따라서 합의의 모습 및 구체성의 정도도 매우 다양하게 나타날 수밖에 없다.

살인음모죄에 해당하는 합의가 있다고 하기 위해서는 단순히 살인에 관한 범죄결심을 외부에 표시 · 전달하는 것만으로는 부족하다. 객관적으로 살인죄의 실행을 위한 합의라는 것이 명백히 인정되고, 그러한 합의에 실질적인 위험성이 인정되어야 한다.[3]

(2) 예비 · 음모의 중지범

(가) 문제의 소재 　살인의 예비 · 음모죄가 성립한 후 자의로 범의를 포기하거나 중지한 경우에 이에 대하여 중지범의 특례를 인정할 것인지 문제된다. 논의가 발생하는 이유는 형법이 중지미수에 대하여 형의 필요적 감면을 규정하면서(법26), 예비 · 음모행위의 중지 일반에 대해서는 아무런 규정을 두고 있지 않기 때문이다. 이러한 법상황 아래에서는 일단 실행행위에 착수한 후에 중지하면 형이 감경 · 면제되지만 실행에 착수하기 전 단계에서 중지한 경우에는 형을 감경 또는 면제받을 수 없다.

(나) 학 설 　이에 대해 예비 · 음모죄의 경우에도 중지범의 특례를 인정하자는 견해도 유력하다. 예비 · 음모죄의 형량과 중지미수범의 형량 사이에 현저한 불균형이 생기는 점, 중지범의 특례를 인정한 형사정책적 배려를 존중해야 한다는 점 등이 그 논거이다.

우리 형법은 내란죄(법90①), 외환죄(법101①), 폭발물사용죄(법120①), 방화죄(법175)의 예비 · 음모에 대해 형의 필요적 감경 · 면제를 인정하는 경우로 자수의 특례를 규정하고 있다. 그러나 살인죄의 예비 · 음모에 대해서는 그러한 특례가 규정되어 있지 않다. 자수의 특례를 별도로 규정한 우리 형법의 조문체계에 비추어 볼 때 살인죄의 예비 · 음모에 대해 중지범의 특례를 인정하는 것은 타당하지 않다고 본다.[4]

1) 2009. 10. 29. 2009도7150, 공 2009하, 2067 = 분석 총론 『살인대가 약정 사건』.
2) 2009. 10. 29. 2009도7150, 공 2009하, 2067 = 분석 총론 『살인대가 약정 사건』.
3) 2015. 1. 22. 2014도10978 전원합의체 판결, 공 2015상, 357 = 『통진당 강연모임 사건』 (분석 생략함).
4) 자세한 내용은, 신동운, 형법총론, 제14판, (2022), 540면 이하 참조.

(다) 판 례 예비 · 음모의 중지범 문제에 대해 판례는 중지범의 특례를 인정하지 않는다는 입장이다. 중지범은 범행의 실행에 착수한 후 자의로 그 행위를 중지한 때를 말하는 것이므로, 실행의 착수가 있기 전인 예비 · 음모행위를 처벌하는 경우에는 중지범의 관념을 인정할 수 없다는 것이다.[1]

7. 죄 수

생명은 일신전속적 법익이다. 살인죄를 논할 때에는 일단 피해자를 기준으로 죄수를 결정해야 한다. 단일한 범의로 동일한 장소에서 동일한 방법으로 시간적으로 접착된 상황에서 수인을 살해하였다면 수개의 살인죄가 실체적으로 경합한다.[2] 그러나 하나의 자연적 행위로 수인을 살해한 경우에는 수개의 살인죄가 서로 상상적 경합관계에 있다(법40).

강도살인죄(법338)나 강간살인죄(법301의2 1문) 등과 같이 살인죄가 다른 범죄와 결합하여 별개의 범죄를 구성하는 경우가 있다. 이 경우 형법 제250조 제1항의 살인죄는 별도의 결합범의 일부가 된다(법조경합). 살인죄가 별도의 결합범에 일반법 · 특별법의 관계로 법조경합을 이루기 위해서는 살인행위가 강도 또는 강간 등의 기회에 이루어져야 한다.

강도 또는 강간의 기회라 함은 이들 범죄가 실행의 착수에 이른 후 범죄가 완료에 이르기 전까지의 시점을 말한다. 강도 또는 강간범죄가 완료된 후에는 살해행위가 별도로 살인죄를 구성하게 되며, 선행하는 강도죄 또는 강간죄와 실체적 경합관계에 서게 된다.[3]

---

1) 1999. 4. 9. 99도424, 공 1999, 947 = 백선 총론『녹두 770톤 사건』 참조.

2) 1991. 8. 27. 91도1637, 공 1991, 2469 =『처 자식 순차 발사 사건』:

갑은 휴대하고 있던 권총에 실탄 6발을 장전하여 처와 자식들의 머리에 각기 1발씩 순차로 발사하여 살해하였다.

검사는 갑을 살인죄로 기소하였다. 갑의 피고사건은 제1심을 거친 후, 항소심에 계속되었다. 항소법원은 살인죄의 실체적 경합범을 인정하였다. 갑은 불복 상고하였다. 갑은 상고이유로 다음의 점을 주장하였다. (가) 단일한 범의로 동일한 장소에서 동일한 방법으로 시간적으로 접착된 상황에서 처와 자식들을 살해하였다. (나) 그러니 포괄일죄로서 단순일죄가 성립한다.

대법원은 다음의 이유를 제시하여 상고를 기각하였다. (가) 갑이 소론과 같이 단일한 범의로 동일한 장소에서 동일한 방법으로 시간적으로 접착된 상황에서 처와 자식들을 살해하였다고 하자. (나) 그렇다고 하더라도 갑이 휴대하고 있던 권총에 실탄 6발을 장전하여 처와 자식들의 머리에 각기 1발씩 순차로 발사하여 살해하였다면, 피해자들의 수에 따라 수개의 살인죄를 구성하는 것이라고 보아야 한다.

3) 1987. 1. 20. 86도2360, 공 1987, 329 =『용서 구하는 강간범 사건』:

갑은 A를 강간하여 상해를 입힌 다음 A에게 용서를 구하였다. A가 이에 불응하면서 강간사실을 부모에게 알리겠다고 말하였다. 그러자 갑은 A를 살해하였다.

검사는 갑을 강간치상죄와 살인죄로 기소하였다. 갑의 피고사건은 제1심을 거친 후, 항소심에 계속되었다. 항소법원은 두 죄의 실체적 경합범을 인정하였다. 갑은 불복 상고하였다.

대법원은 다음의 이유를 제시하여 상고를 기각하였다. "갑의 위와 같은 소위는 강간치상죄와 살인죄의 경합범이 된다."

사람을 살해한 다음 범죄의 흔적을 은폐하기 위하여 사체를 다른 장소로 옮겨 유기하였을 때에는 살인죄와 사체유기죄(법161①)가 실체적 경합관계에 서게 된다.[1] 그러나 범행 후 사체의 발견을 불가능하게 하기 위하여 피해자를 인적이 드문 장소로 유인하여 살해한 후 사체를 그대로 둔 채 도주한 경우에는 살인죄만 성립하며, 별도로 사체유기죄는 성립하지 않는다.[2]

제 3 살인죄의 특수유형

1. 존속살해죄

형법 제250조 (존속살해) ② 자기 또는 배우자의 직계존속을 살해한 자는 사형, 무기 또는 7년 이상의 징역에 처한다.

◎ 유기징역에 처할 때 자격정지 임의적 병과(법256)
◎ 미수범 처벌함(법254)
◎ 예비 · 음모 처벌함(법255)
◎ 특정강력범죄법상 단기누범 가중(동법2, 3)

(1) 위헌성 논의

존속살해죄에서 검토를 요하는 문제로 위헌성 논쟁이 있다. 존속살해죄의 법정형은 사형, 무기 또는 7년 이상의 징역으로 보통살인죄의 법정형보다 형량이 높다.

존속살해죄에 대해 직계비속이라는 사회적 신분 때문에 형을 가중하는 것이 헌법 제11조 제1항의 평등원칙에 반하는 것이 아닌가 하는 의문에 제기된다. 헌법재판소는 이에 대해 견해가 나뉘었으나, 다수의견에 따라 합헌으로 판단하였다.[3] 헌법재판소의 다수의견 및 소수의견의 요지를 정리하면 다음과 같다.

(가) 합헌설 첫째, 조선시대 이래 현재에 이르기까지 존속살해죄에 대한 가중처벌은 계속되어 왔다. 그러한 입법의 배경에는 우리 사회의 효를 강조하는 유교적 관념 내지 전통사상이 자리 잡고 있음을 부정할 수 없다.

둘째, 우리 형법은 존속살해죄 이외에도 존속상해죄(법257②), 존속폭행죄(법260②), 존속유기죄(법271②) 등 여러 가지 존속에 대한 범죄에 대하여도 가중처벌 규정을 두고 있다. 이

1) 1984. 11. 27. 84도2263, 공 1985, 119 = 분석 각론 『시체 마루 밑 은닉 사건』.
2) 1986. 6. 24. 86도891, 공 1986, 982 = 분석 각론 『만경산 강도살인 사건』.
3) 2013. 7. 25. 2011헌바267, 헌집 25-2상, 82 : 헌법재판소는 7(합헌) 대 2(위헌)로 견해가 나뉘었다.

는 범죄의 객체가 자기 또는 배우자의 직계존속이라는 특수한 신분관계에 해당하는 경우 가해자인 직계비속의 패륜성(悖倫性)에 대한 고도의 사회적 비난가능성이 인정되기 때문에 그 형을 가중하고자 하는 것이다

셋째, 1995년 형법 일부개정으로 존속살해죄의 법정형이 '사형 또는 무기징역'에서 '사형, 무기 또는 7년 이상의 징역'으로 완화되었다. 법정형의 하한이 '5년 이상의 징역'인 보통살인죄(법250①)와의 법정형 격차가 현저하게 줄어들어 기존에 제기되었던 양형에서의 구체적 불균형 문제도 해소되었다고 봄이 상당하다. 개개 사건에서 범행동기나 행위태양 등에 비추어 비난가능성이 상대적으로 가벼운 경우에는 법관의 양형을 통하여 그 책임에 맞는 적정한 형벌을 선고하는 것이 가능하게 되었다.

(나) 위헌설　　첫째, 존속살해죄는 여전히 봉건적 윤리관념에 그 근거를 두고 있다. 그 차별 목적은 존속과 비속 간의 지배복종관계에 기반한 권위주의적이고 가부장적인 가족질서를 유지하기 위함이다.

둘째, 헌법이 보장하는 가족제도(헌법36①)는 가족 구성원 모두가 인격을 가진 개인으로서 평등하게 존중받는 민주적인 가족관계를 그 내용으로 한다. 존속살해죄에 의한 차별 취급은 헌법이 보장하고자 하는 민주적인 가족관계 또는 가족제도와도 조화될 수 없다.

셋째, 존속살해죄는 그 범행동기 등도 전혀 감안하지 않고 일률적으로 형의 하한을 가중하는 방법을 택하고 있다. 이로써 존속살해죄에 대해 일단 선고할 수 있는 형을 상향시키고 있을 뿐만 아니라, 일반적인 정상참작감경사유(법53) 외에 별도의 감경사유가 없는 이상 집행유예의 선고가 아예 불가능하도록 하고 있다. 이는 합리성의 범주 내로 포섭하기 어렵다.

(2) 행위객체

존속살해죄는 자기 또는 배우자의 직계존속을 살해하는 범죄이다. 보통의 살인죄(법250①)에 대한 가중적 구성요건으로서 부진정 신분범이다. 실행행위로서 살해, 미수범 처벌(법254, 250), 예비 · 음모 처벌(법255, 250), 자격정지의 임의적 병과(법256, 250) 등은 보통살인죄의 경우와 같다.

존속살해죄에서 가중처벌의 계기가 되는 구성요건표지는 '자기 또는 배우자의 직계존속'이다. 자기는 범인 자신을 가리킨다. 배우자는 민법상 적법한 혼인관계를 가진 사람을 말한다. 직계존속은 법률상의 개념으로 민법에 의하여 그 범위가 결정된다. 배우자 및 직계존속은 법률상의 개념이므로 다음의 점에 주의를 요한다.[1)]

---

1) 전경근, "형법에 있어서의 친족의 범위", 경찰법연구, 제9권 제1호(2011), 181면 이하 참조.

(가) 직계존속 사실상 혈족관계가 있는 부모관계일지라도 법적으로 인지(認知)의 절차(민법855 이하 참조)를 완료하지 않은 한 직계존속이라고 볼 수 없다.[1] 다만, 혼인 외의 출생자와 생모 간에는 그 생모의 인지나 출생신고를 기다리지 않고 자식의 출생으로 당연히 법률상의 친족관계가 생긴다.[2]

(나) 입양관계 아무 특별한 관계가 없는 타인 사이라도 일단 합법적인 절차에 의하여 입양관계(민법866 이하 참조)가 성립하면 입양한 부모는 직계존속에 해당한다.[3] 가족관계등록부상 친권자라고 등재되어 있다 하더라도 사실이 그렇지 않은 경우에는 법률상 친자관계가 성립하지 않는다.[4] 다만 당사자 간에 양친자 관계를 창설하려는 명백한 의사가 있고, 나아가 기타 입양의 성립요건이 모두 구비된 경우에, 입양신고 대신 친생자 출생신고가 있었다면, 형식에 다소 잘못이 있더라도 입양의 효력이 있으며, 친자관계가 인정된다.[5]

2005년 민법 개정에 의하여 친양자제도(민법908의2 이하 참조)가 도입되었다. 민법이 규정하는 일반 양자의 경우에는 입양이 되더라도 친생부모와의 친족관계가 소멸하지 않는다(민법882의2②). 양부모와 친생부모 모두 직계존속이 되는 것이다. 그러므로 일반 양자의 경우 피

---

1) 1981. 10. 13. 81도2466, 공 1981, 14460 = 『업둥이 엄마 살해 사건』:

A남과 B녀 부부는 자기 집 문전에 버려진 생후 몇 시간밖에 되지 아니하는 영아(갑)를 발견하였다. A와 B는 갑을 주어다 키우면서 호적에는 친자식으로 입적하였다. 이후 갑이 B를 살해하였다.

검사는 갑을 존속살해죄로 기소하였다. 제1심법원은 유죄를 인정하였다. 갑은 불복 항소하였다. 항소법원은 항소를 기각하고, 제1심판결을 유지하였다. 갑은 불복 상고하였다.

대법원은 다음의 이유를 제시하여 원심판결을 파기환송하였다. (가) 형법 제250조 제2항의 직계존속이란 법률상의 개념이다. (나) 사실상 혈족관계가 있는 부모관계일지라도 법적으로 인지절차를 완료하지 아니한 한 직계존속이라 볼 수 없다. (다) 아무 특별한 관계가 없는 타인 사이라도 일단 합법한 절차에 의하여 입양관계가 성립한 뒤에는 직계존속이다.

(라) B의 남편 A는 경찰과 검찰에서 갑은 자기들 부부 사이에 출생한 자식이 아니고 자기의 문전에 버려진 생후 몇 시간 밖에 되지 아니한 영아를 주어다 길러 호적에는 친자식으로 입적하였다고 진술하고 있으니 갑이 B의 친생자가 아님이 분명하다. (마) 당사자 간에 양친자관계를 창설하려는 명백한 의사가 있고 나아가 기타 입양의 성립요건이 모두 구비된 경우에 입양신고 대신 친생자 출생신고가 있다면 형식에 다소 잘못이 있더라도 입양의 효력이 있다. (바) 이 사건에 있어서는 이 점에 관하여는 아무런 심리와 판단이 없다. (사) 그렇다면 B가 갑의 직계존속임을 전제로 하여 갑의 이 사건 소위에 대하여 존속살인으로 의률 처단하였음은 위법하다.

2) 1980. 9. 9. 80도1731, 공 1980, 13177 = 『생모 살해 사건』:

A는 갑의 생모이다. 갑은 A의 호적에 출생신고가 되어 있지 않다. 갑은 A를 살해하였다.

검사는 갑을 존속살해죄로 기소하였다. 갑의 피고사건은 제1심을 거친 후, 항소심에 계속되었다. 항소법원은 유죄를 인정하였다. 갑은 불복 상고하였다.

대법원은 다음의 이유를 제시하여 상고를 기각하였다. "혼인 외의 출생자와 생모 간에는 그 생모의 인지나 출생신고를 기다리지 않고 자의 출생으로 당연히 법률상의 친족관계가 생기는 것이[다.]"

3) 1981. 10. 13. 81도2466, 공 1981, 14460 = 『업둥이 엄마 살해 사건』.

4) 1983. 6. 28. 83도996, 공 1983, 1156.

5) 1981. 10. 13. 81도2466, 공 1981, 14460 = 『업둥이 엄마 살해 사건』.

고인이 타가에 입양되었더라도 실부모와의 친자관계가 유지되어 존속살해죄가 성립한다.

이에 대해 친양자의 경우에는 입양으로 인하여 친생부모와의 친족관계가 원칙적으로 소멸한다(민법908의3② 본문). 여기에서 피고인이 친양자로 입양된 후 친생부모를 살해한 경우에 존속살해죄가 성립할 것인지 문제된다. 생각건대 형법상 친족관계는 민법의 규정에 따라 통일적으로 해석해야 한다는 점, 죄형법정주의에 따라 피고인에게 불리하게 처벌범위를 확장하는 것은 허용되지 않는다는 점 등에 비추어 볼 때 존속살해죄의 성립을 부인하는 것이 타당하다고 본다.

(다) 배우자 배우자와 이혼한 후 그의 직계존속을 살해하는 행위는 존속살해죄에 해당하지 않는다. 피고인과 피해자 사이에 존재하는 인척관계는 이혼으로 종료하였기 때문이다(민법775①).

배우자가 사망한 경우에 그의 직계존속을 살해하는 것이 존속살해죄에 해당하는지 문제된다. 긍정설의 입장에서는 배우자가 사망하더라도 생존 배우자의 재혼(민법775② 참조)에 의하여 인척관계가 소멸하지 않는 한 사망한 배우자의 직계존속은 여전히 배우자의 직계존속에 해당한다고 새긴다. 이에 대해 부정설은 형법 제250조 제2항이 '배우자의 직계존속'이라는 표현을 사용하고 있다는 점에 주목한다. '배우자의 직계존속'이라는 표현은 살아 있는 배우자의 직계존속을 가리킨다는 것이다. 생각건대 생존 배우자의 재혼이 있을 때까지는 직계존비속의 관계가 여전히 유지된다고 보아야 할 것이므로 존속살해죄의 성립을 인정해야 할 것이다.

(3) 고의와 착오

존속살해죄가 성립하려면 자기 또는 배우자의 직계존속을 살해한다는 점에 대한 인식·인용이 있어야 한다. 이러한 내용의 고의가 없다면 형법 제15조 제1항에 의하여 보통살인죄만 성립한다.

존속살해의 고의를 가지고 보통살인의 결과를 발생하게 한 경우(객체의 착오)를 어떻게 처리할 것인지 문제된다. 존속살해죄의 불능미수와 보통살인죄의 기수의 상상적 경합을 인정하는 견해가 있다.[1] 그러나 동일한 행위객체에 대해 사망의 결과가 발생하였으므로 단순히 보통살인죄의 기수 책임을 인정하는 것이 타당하다고 본다.[2]

---

1) 권오걸, 18면; 김성돈, 71면; 김일수·서보학, 22면; 박상기, 23면; 배종대, 38면; 손동권·김재윤, 19면; 이정원, 43면; 임웅, 34면.

2) 이재상·장영민·강동범, 28면; 이형국·김혜경, 27면; 정성근·박광민, 55면; 정영일, 10면.

(4) 공범과 신분

직계비속이 존속살해죄를 범하는 경우에 신분 없는 사람이 범행에 가담할 수 있다. 이때 비신분자에 대한 형벌을 어떻게 결정할 것인지 문제된다. 학설은 대립하고 있다. 공범과 신분을 규정한 형법 제33조를 해석할 때 본문을 진정신분범에 관한 규정으로, 단서를 부진정신분범에 관한 규정으로 해석하는 진정신분범 · 부진정신분범설의 입장에서는 신분자에게는 존속살해의 죄와 형(법250②; 사형, 무기 또는 7년 이상의 징역), 비신분자에게는 보통살인의 죄와 형(법205①; 사형, 무기 또는 5년 이상의 징역)으로 각각 책임을 지우는 것이 타당하다고 본다.[1]

그러나 형법 제33조 본문을 진정신분범 · 부진정신분범 전체에 적용되는 원칙규정으로, 형법 제33조 단서를 부진정신범의 과형에 관한 예외규정으로 보는 본문 · 단서설의 입장에서는 비신분자에게도 존속살해죄(법250②)의 성립을 긍정하되, 처벌의 면에서는 보통살인죄의 형(법205①; 사형, 무기 또는 5년 이상의 징역)을 적용한다.[2] 우리 형법 제33조가 진정신분범과 부진정신분범을 별도의 조항으로 규정하지 아니하고 본문 · 단서의 구조를 취하고 있다는 점에서 볼 때 본문 · 단서설이 타당하다고 본다.

판례는 처가 아들과 함께 남편을 살해한 사안에서 처를 존속살해죄의 공동정범으로 처벌한 바 있다.[3]

2. 촉탁 · 승낙살인죄

형법 제252조 (촉탁, 승낙에 의한 살인 등) ① 사람의 촉탁이나 승낙을 받아 그를 살해한 자는 1년 이상 10년 이하6 징역에 처한다.

◎ 유기징역에 처할 때 자격정지 임의적 병과(법256)
◎ 미수범 처벌함(법254)

(1) 입법취지

형법 제252조는 촉탁 · 승낙에 의한 살인죄와 자살관여죄를 규정하고 있다. 촉탁 · 승낙살인죄와 자살관여죄는 살인죄(법250①)에 대한 감경적 구성요건이다. 미수범은 처벌하지만(법254), 예비 · 음모는 처벌하지 않는다. 유기징역에 처할 때 자격정지를 병과할 수 있다(법256).

---

1) 김일수 · 서보학, 22면; 김혜정 외, 19면; 박상기, 23면; 배종대, 38면; 손동권 · 김재윤, 20면; 이재상 · 장영민 · 강동범, 28면; 이정원, 44면; 임웅, 35면; 정성근 · 박광민, 55면.

2) 자세한 내용은, 신동운, 형법총론, 제14판, (2022), 736면 이하 참조.

3) 1961. 8. 2. 4294형상284, 총람 33조 7번 = 백선 총론 『모자 남편 살해 사건』.

형법 제252조 제1항은 피해자의 촉탁이나 승낙을 받아 그를 살해한 행위를 가벼운 형으로 처벌하고 있다. 촉탁 · 승낙살인죄는 살인죄(법250①)에 대하여 위법성이 감경된 것으로 이해된다. 형법은 자살자나 자살을 시도한 자를 처벌하지 않는다. 또한 피해자의 진지한 촉탁이나 승낙이 있을 때 행위자에게는 심각한 심리적 갈등상태가 야기된다. 이러한 점들을 감안하여 입법자는 감경적 구성요건으로서 촉탁 · 승낙에 의한 살인죄를 규정하고 있다.

형법 제24조는 피해자의 승낙을 일반적 위법성조각사유로 인정하고 있다. 동시에 피해자 승낙의 제한사유로 '법률에 특별한 규정이 없는 한'이라는 제한을 설정하고 있다. 형법 제252조 제1항은 법률에 특별한 규정이 있는 경우에 해당하는 예이다.

(2) 실행행위

촉탁 · 승낙에 의한 살인죄는 살인죄의 일종이다. 그러므로 앞에서 설명한 살인죄의 여러 가지 요건들이 그대로 적용된다. 여기에 피해자의 촉탁 또는 승낙이라는 요건이 추가된다.

(가) 촉 탁 　죽음을 결의한 피해자로부터 그 실행을 위탁받는 것을 의미한다. 가해자는 피해자의 촉탁을 받아 비로소 살해의 결의를 하게 된다. 이 점에서 촉탁은 승낙과 구별된다. 촉탁은 직접적이어야 하며, 애매한 것이어서는 안 된다. 촉탁은 언어, 문서뿐만 아니라 거동에 의할 수도 있다.

(나) 승 낙 　이미 살인의 고의를 가진 자가 살해에 대해 피해자의 동의를 얻는 것을 말한다. 동의는 반드시 명시적일 필요는 없지만, 자유로운 상태에서 행해지지 않으면 안 된다. 독일 형법은 촉탁살인죄만을 감경적 구성요건으로 규정하고 있다.[1)]

촉탁과 승낙은 피해자의 진지한 요청에 의한 것이어야 한다. 즉 피해자의 진정한 의사에 합치하는 것을 말한다. 단순히 일시적인 기분이나 술 취한 상태에서 하는 촉탁이나 승낙은 촉탁 · 승낙살인죄의 요건을 충족하지 못한다. 피해자는 죽음의 의미를 이해할 수 있는 정신적 능력을 가지고 있어야 한다. 이러한 능력이 없는 어린이나 정신병자의 촉탁 · 승낙은 효력이 없다. 위계 또는 위력으로써 피해자로 하여금 살인의 촉탁 또는 승낙을 하게 하였다면 위계 · 위력에 의한 살인죄가 성립된다(법253 전단).

동반자살을 시도하였으나 그중 일부 사람은 사망하고 다른 사람은 살아난 경우에 촉탁 · 승낙에 의한 살인죄를 인정할 것인지 문제된다. 동반자살은 일반적으로 자살시도자들 사이에 심리적 의존관계가 있음을 특징으로 한다. 이는 일종의 정신적 방조에 해당한다. 따라서 동반자살을 시도하였으나 일부는 사망하고 일부는 살아난 경우 생존자는 촉탁 · 승낙살

---

1) 독일형법 제216조 피해자의 명시적이고 진지한 촉탁에 의하여 사람을 살해한 자는 6월 이상 5년 이하의 자유형에 처한다.

인죄가 아니라 자살방조죄(법252②)로 처단하는 것이 타당하다고 본다.

촉탁 · 승낙살인죄의 미수범은 처벌된다(법254, 252). 촉탁 · 승낙살인죄의 실행의 착수 시점은 살해행위를 개시한 때이다. 피해자로부터 살해의 촉탁을 받아 이를 수락하거나 살해에 대해 피해자의 승낙을 얻는 단계는 아직 피해자에게 사태진행의 주도권이 있다. 또한 이 단계에서는 행위자가 피해자의 생명에 현실적으로 위험이 있는 행위를 개시한 것이라고 볼 수 없다. 따라서 촉탁을 수락하거나 피해자의 승낙을 받는 것만으로는 아직 촉탁 · 승낙살인죄의 실행의 착수에 해당하지 않는다. 촉탁 · 승낙살인죄의 예비 · 음모는 처벌되지 않는다(법255).

(3) 연명의료중단행위

피해자의 촉탁 · 승낙에 의한 살인행위는 형사처벌의 대상이 된다. 피해자의 승낙이 있다 하더라도 범죄성립을 조각시키지 않으며, 법정형이 감경될 뿐이다. 그런데 소위 연명의료중단행위와 관련하여 피해자의 승낙이 위법성을 조각시키는 경우가 있다. 대법원은 연명의료 중단행위에 관한 민사판례에서 연명의료 중단행위의 적법성을 긍정한 바 있었다.[1] 이어서 입법자는 2016년에 「호스피스 · 완화의료 및 임종과정에 있는 환자의 연명의료결정에 관한 법률」을 제정하여 연명의료중단행위를 합법화하였다. 연명의료중단행위의 요건과 효과에 대해서는 앞에서 설명하였다.[2]

3. 자살관여죄

형법 제252조 ② 사람을 교사하거나 방조하여 자살하게 한 자도 제1항의 형에 처한다.

◎ 유기징역에 처할 때 자격정지 임의적 병과(법256)
◎ 미수범 처벌함(법254)

(1) 입법취지

형법 제252조 제2항은 사람을 교사 또는 방조하여 자살하게 한 자를 처벌하고 있다. 다른 사람을 교사 · 방조하여 자살하게 하는 범죄를 가리켜서 자살관여죄라고 한다. 형법은 자살을 별도의 범죄로 처벌하지 않는다. 살인죄의 '사람'은 범인 이외의 다른 사람을 의미한다. 자살행위는 처음부터 살인죄의 구성요건에 해당될 수 없다. 그러나 사람의 생명이 가지는 존

1) 2009. 5.21. 2009다17417 전원합의체 판결, 공 2009, 849 = 분석 각론 『연명치료중단 사건』.
2) 전술 598면 이하 참조.

엄성과 사회적 의미 등을 고려할 때 자살 자체는 벌할 수 없다 하더라도 자살에 관여하는 행위는 처벌할 필요가 있다.

형법 총칙의 공범규정은 공범종속성의 원칙을 기초로 하고 있다. 총칙의 규정에 따르면 정범인 자살자에게 범죄가 성립하지 않으므로 자살의 교사 · 방조 행위를 처벌할 수 없다. 이에 입법자는 형법 제252조 제2항의 특별규정을 두어 자살교사 · 방조죄를 처벌하고 있다.

촉탁 · 승낙에 의한 살인죄는 피해자가 자살의 의도를 가지고 있으나 스스로 실행할 의사가 없는 경우에 피해자의 촉탁 또는 승낙에 의하여 사망의 결과를 달성시켜 주는 것이다. 자살교사죄는 피해자에게 자살의 결의를 불러일으킨다는 점에서 승낙살인죄와 비슷한 측면이 있다. 그러나 자살교사죄의 경우에는 피해자 스스로 자살을 한다는 점에서 다른 사람이 살해행위에 나아가는 승낙살인죄와 구별된다. 자살방조죄 또한 자살자 자신이 자살을 실행하는 과정에서 이를 용이하게 해준다는 점에서 촉탁살인죄와 구별된다.

자살관여죄는 정범에 종속된 공범이 아니라 독립한 범죄유형이다. 그러나 구조상으로는 일반적인 교사범이나 방조범의 구조를 가지고 있다. 따라서 타인의 자살행위에 관여하는 일체의 행위를 처벌대상에 포함하는 것은 아니며, 정범의 고의와 교사 · 방조의 고의 및 인과관계 등의 요건이 요구된다.

(2) 실행행위

(가) 자 살 　자살은 죽음의 의미를 이해할 능력이 있는 사람이 자신의 자유로운 의사결정에 의하여 스스로 생명을 단절하는 행위를 말한다. 죽음의 의미를 이해할 수 있는 능력은 형법 총칙에서 말하는 책임능력(법10①)과 동일한 것일 필요는 없으며 사실상의 이해능력으로도 충분하다.

자유로운 의사결정의 능력이 없는 사람을 교사하여 자살하게 하거나, 죽음의 결과에 대하여 인식하지 못하는 사람의 행동을 이용하여 그 사람을 사망에 이르게 하는 행위는 살인죄를 구성한다. 설사 이해능력이 있는 사람이라고 하더라도 위계 또는 위력으로 자살을 결의하게 한 때에는 위계 · 위력에 의한 살인죄가 성립한다(법253조 후단).

(나) 자살교사 　자살의 의사가 없는 사람에게 자살의 결의를 가지게 하는 것이 자살교사이다. 교사의 방법에는 제한이 없다. 권유, 종용, 기망, 협박, 명령, 지휘, 지시, 애원, 간청, 이익의 제공 등 여러 가지 방법이 모두 포함된다. 명시적인 방법뿐만 아니라 묵시적인 방법도 포함된다.

(다) 자살방조 　자살하려는 사람의 자살행위를 도와주어 용이하게 실행하도록 하는 것이 자살방조이다. 자살방조의 방법에는 자살도구인 총, 칼 등을 빌려주거나 독약을 만들어

주거나 조언 또는 격려를 한다거나 기타 적극적 · 소극적, 물질적 · 정신적 방법이 모두 포함된다.

자살방조죄가 성립하기 위해서는 (가) 방조 상대방의 구체적인 자살의 실행을 원조하여 이를 용이하게 하는 행위가 존재해야 하며, (나) 그 점에 대한 방조 행위자의 인식이 있어야 한다.[1)]

(라) 동반자살 자살관여죄와 관련하여 문제되는 것에 동반자살이 있다. 동반자살에

---

1) 2005. 6. 10. 2005도1373, 공 2005, 1203 = 분석 각론 『청산염 판매광고 사건』 :

(연도 생략함.) A는 자살을 하려고 마음먹은 사람이다. A는 인터넷 사이트에서 자살 관련 카페(동호회)를 검색하였다(㉠카페로 통칭함). A는 ㉠카페에서 자살에 사용할 청산염 등 유독물의 구입처와 동반 자살자를 물색하였다. 2. 18.경부터 2. 25.경까지 갑은 ㉠카페 게시판에 청산염 등 자살용 유독물의 일반적 효능 소개를 곁들인 판매 광고용 글을 올렸다(㉡광고행위). A는 갑과 자살용 청산염 구입을 위한 상담용 이메일을 주고받고 통화까지 하였다. 그런데 갑은 실제로는 자살용 청산염을 소지한 바 없었다. 갑은 단지 금원 편취의 의도로 ㉠카페에 자살용 청산염 ㉡판매광고를 한 것이었다. 2. 25.경 A는 갑의 의도를 알아차리고 갑과의 접촉을 중단하였다. A는 다른 불상의 경로를 통해 자살용 청산염을 입수하였다. 3. 9.경 A는 B, C를 A의 소재지로 불러모아 동반 자살하였다.

검사는 자살 관련 ㉠카페(동호회)에 청산염 판매 광고(㉡광고)를 한 갑을 자살방조죄로 기소하였다. 갑의 피고사건은 제1심을 거친 후, 항소심에 계속되었다. 항소법원은 무죄를 선고하였다. 검사는 불복 상고하였다. 검사는 상고이유로 다음의 점을 주장하였다. (가) ㉡광고 이후 자살용 청산염이 A에게 제공되지 않는 것은 사실이다. (나) 그렇다면 ㉡광고는 물질적 방조에는 해당하지 않는다. (다) 그러나 갑은 A가 자살하려는 것을 알고 있었다. (라) 그러니 자살용 청산염의 효능을 소개하면서 판매를 광고한 ㉡광고행위는 정신적 방조에 해당한다.

대법원은 다음의 이유를 제시하여 상고를 기각하였다. 대법원은 자살방조죄의 성립요건에 대해 다음과 같이 설시하였다. (가) 형법 제252조 제2항의 자살방조죄는 자살하려는 사람의 자살행위를 도와주어 용이하게 실행하도록 함으로써 성립되는 것이다. (나) 자살방조의 방법에는 자살도구인 총, 칼 등을 빌려주거나 독약을 만들어 주거나 조언 또는 격려를 한다거나 기타 적극적, 소극적, 물질적, 정신적 방법이 모두 포함된다. (다) 이러한 자살방조죄가 성립하기 위해서는 (ㄱ) 그 방조 상대방의 구체적인 자살의 실행을 원조하여 이를 용이하게 하는 행위의 존재 및 (ㄴ) 그 점에 대한 행위자의 인식이 요구된다고 보아야 할 것이다.

대법원은 사실관계를 분석하였다. 대법원은 갑의 행위에 대해 다음과 같이 판단하였다. (가) 갑의 ㉡판매광고의 행위는 단지 금원 편취 목적의 사기행각의 일환으로 이루어진 것일 뿐이다. (나) 갑의 ㉡판매광고의 행위는 그 후 다른 경로로 입수한 청산염을 이용한 A, B, C 변사자들의 자살행위에 어떠한 물질적 혹은 유형적 기여도 하지 못하였다.

(다) A, B, C 변사자들은 ㉠자살 관련 카페에서의 상호 교감을 통해 이미 자살을 결의하고 구체적 실행방법만을 물색하고 있던 상황이었다. (라) 거기에다가 갑의 ㉡판매광고가 사기행각임이 발각되기까지 하였다. (마) 이러한 점들에 비추어 갑이 A, B, C 변사자들의 자살의 실행에 정신적 혹은 무형적으로 기여하였다고 보기도 어렵다.

(바) 기록에 의하면 A, B, C 변사자들의 자살에 사용된 청산염의 효능에 대하여는 이미 ㉠자살 관련 카페의 회원들 사이에서는 주지의 사실이었던 것으로 보인다. (사) 이러한 사정에 비추어 갑의 ㉡행위가 A, B, C 변사자들이 실행한 자살행위를 원조하여 이를 용이하게 한 방조행위에 해당한다고 보기 어렵다. (아) 나아가 위와 같은 사정하에서라면 단지 가짜 청산염 판매광고의 수법으로 금원을 편취하고자 한 갑에게 A, B, C 변사자들의 구체적 자살행위에 관한 방조의 범의가 있다고 보기도 어렵다.

는 두 가지 경우가 있을 수 있다. 첫째는, 동반자살하려는 사람들 가운데 한 사람은 진정으로 죽을 마음이 없으면서 다른 사람을 유혹하여 사망하게 하는 경우이다. 이것은 위계에 의한 살인죄(법253)에 해당하며 통상의 살인죄(법250)의 예에 의하여 처벌된다.

둘째는, 진정한 의사로 죽을 약속이 되어 동반자살을 기도하였으나, 그중 한 사람은 살아나고 다른 사람은 사망한 경우이다. 이 경우는 구체적 사실관계에 따라 자살교사 또는 자살방조의 책임이 인정된다. 행위자 자신도 자살행위로 나아갔다는 점은 자살관여죄의 성립에 영향을 미치지 않는다.

(3) 미수와 기수

자살관여죄의 미수범은 처벌된다(법254, 252). 자살관여죄의 실행의 착수 시점을 놓고 견해가 나뉘고 있다.

(가) 교사 · 방조기준설　　교사 · 방조기준설의 입장에서는 자살을 교사하거나 방조하는 행위가 있을 때 실행의 착수를 인정한다.[1] 교사 · 방조를 통해 피해자를 자살로 치닫게 할 위험성이 있다는 점을 고려하여 입법자가 자살관여죄를 독립범죄로 규정하였다는 것이다.

(나) 자살자기준설　　자살자기준설은 자살행위가 개시될 때 실행의 착수를 인정한다.[2] 판례는 간첩방조죄(법98①) 사안에서 정범의 간첩행위를 용이하게 하여야 간첩방조죄가 성립한다고 판시한 바 있다.[3] 판례의 기준에 따르면 자살방조죄의 경우에도 자살자의 자살행위를 용이하게 하는 행위가 있어야 자살방조죄가 성립한다. 아직 자살자가 자살행위에 나아가지 않았다면 자살방조죄가 성립하지 않는다.

(다) 사 견　　생각건대 자살자기준설이 타당하다고 본다. 그 논거로는, 교사 · 방조의 형태는 다종다양한데 교사 · 방조만으로 실행의 착수를 인정하면 촉탁 · 승낙살인죄와 비교해서 실행의 착수 시점이 달라진다는 점, 자살행위가 개시되기 전에는 아직 생명침해의 구체적 위험이 발생하지 않는다는 점, 일반적인 범죄의 경우 정범이 실행에 착수해야 교사범 또는 방조범이 처벌되는데(법31①, 32①), 자살을 처벌하지 않는 현행 법체계에서 교사 · 방조만을 기준으로 미수범을 인정하는 것은 형사처벌의 지나친 확장이라는 점 등을 들 수 있다.

자살관여죄를 독립범죄로 볼 것인가 하는 문제는 일본 형법의 해석론으로 의미가 있는

---

1) 권오걸, 28면; 김성돈, 78면; 김일수 · 서보학, 29면; 김혜정 외, 28면; 박상기, 34면; 오영근, 39면; 이용식, 92면; 이재상 · 장영민 · 강동범, 37면; 임웅, 46면; 정성근 · 박광민, 63면; 정영일, 18면.

2) 손동권 · 김재윤, 28면; 이정원, 56면; 이형국 · 김혜경, 43면; 주호노, 64면.

3) 1986. 2. 25. 85도2533, 공 1986, 569 = 백선 각론 1 『위장업체 동업 사건』.

논쟁이다. 일본 형법은 자살관여죄의 미수범은 처벌하지만 예비죄는 처벌하지 않는다(동법 201 이하 참조).[1] 이 때문에 교사·방조기준설이 처벌불비를 방지하는 장점이 있다. 그러나 실패한 교사에 관하여 특칙이 마련되어 있는 우리 형법은 사정이 다르다.[2]

우리 입법자의 결단에 따르면 자살을 교사하였던바, 자살자가 자살의 실행을 승낙한 후 실행의 착수에 이르지 않거나 자살의 실행을 승낙하지 않은 경우, 자살교사자는 살인예비죄(법255)에 준하여 처벌된다(법31② · ③). 그러나 자살을 방조하려고 하였으나 상대방이 자살의 실행에 나아가지 않았다면 처벌되지 않는다. 교사와 달리 처벌을 위한 특별규정이 없기 때문이다.[3]

4. 위계 · 위력에 의한 살인죄

형법 제253조 (위계 등에 의한 촉탁살인 등) 전조의 경우에 위계 또는 위력으로써 촉탁 또는 승낙하게 하거나 자살을 결의하게 한 때에는 제250조의 예에 의한다.

◎ 유기징역에 처할 때 자격정지 임의적 병과(법256)
◎ 미수범 처벌함(법254)
◎ 예비 · 음모 처벌함(법255)
◎ 특정강력범죄법상 단기누범 가중(동법2, 3)

우리 입법자는 위계 · 위력에 의한 살인죄를 규정하여 감경적 구성요건인 촉탁 · 승낙살인죄(법252①)나 자살관여죄(법252②)의 지나친 적용을 방지하려 하고 있다. 예컨대 동반자살을 가장하여 다른 사람으로 하여금 자살하게 하거나, 불치의 병을 가진 것으로 잘못 생각하게 하여 자살하게 한 경우 등이 여기에 해당된다.

위계 · 위력에 의한 살인죄는 일본의 개정형법가안에서 영향을 받은 범죄유형이다. 일본 형법의 해석론에 따르면 다소 피해자의 의사에 흠이 있더라도 촉탁 · 승낙의 자의성(自意性)이나 자살에의 자의성을 인정하는 입장이 제시될 수 있었다. 가안의 입안자들은 해석

---

1) 일본형법 제201조 제199조[살인]의 죄를 범할 목적으로 그 예비를 한 자는 2년 이하의 징역에 처한다. 다만, 정상에 의하여 그 형을 면제할 수 있다.

제202조 사람을 교사하거나 방조하여 자살을 하게 하거나, 사람을 그의 촉탁을 받거나 그의 승낙을 얻어 살해한 자는 6월 이상 7년 이하의 징역에 처한다.

제203조 제199조[살인] 및 전조[촉탁 · 승낙살인, 자살관여]의 죄의 미수는 벌한다.

2) 이정원, 56면.

3) 손동권 · 김재윤, 28면은 자살교사죄의 미수범을 인정한다. 그러나 실행의 착수를 인정하지 않으면서 미수범을 인정하는 결론은 납득하기 어렵다.

상의 혼란을 방지하기 위하여 명문으로 위계 · 위력에 의한 경우를 촉탁 · 승낙살인죄나 자살관여죄의 적용범위에서 제외하였다.[1] 우리 입법자는 가안 입안자들의 구상을 그대로 수용하였다.

위계는 목적을 상대방에게 알리지 아니하고 다른 사람의 부지 · 착오를 이용하여 그 목적을 달성하는 것이다. 따라 죽을 의사가 없음에도 불구하고 있는 것처럼 상대방이 믿게 하여 자살하게 하는 경우나, 식용수에 특정 소화제를 탄 약을 마시면 죽었다가 살아난다고 기망하고, 자기는 다른 물을 마셔서 거짓으로 실험한 후에 피해자가 자살하도록 한 경우 등을 예로 들 수 있다.

위력은 사람의 의사를 억압할 수 있는 유형, 무형의 모든 힘을 말한다. 따라서 폭행 · 협박은 물론이며 자기가 가지고 있는 사회적, 경제적 지위를 이용하는 것도 포함된다.[2]

위계 · 위력에 의한 살인은 형법 제250조의 예에 의하여 처벌된다(법253 참조). 그러므로 보통살인죄(법250①) 이외에 존속살해죄(법250②)로도 처벌될 수 있다. 미수범(법254) 및 예비 · 음모(법255)가 처벌되며, 유기징역에 처할 때 자격정지를 병과할 수 있다(법256).

---

1) 法務資料 別冊第23號 刑法並びに監獄法改正調査委員會議事速記錄, (1957), 359頁 참조.

2) 1987. 1. 20. 86도2395, 공 1987, 398 = 『'함께 죽자' 권유 사건』:

갑은 7세, 3세 된 어린 자식들에게 함께 죽자고 권유하여 물속에 따라 들어오게 하여 익사하게 하였다. 검사는 갑을 보통살인죄로 기소하였다. 제1심법원은 유죄를 인정하였다. 갑은 불복 항소하였다. 항소법원은 항소를 기각하고, 제1심판결을 유지하였다. 갑은 불복 상고하였다. 갑은 상고이유로, 살인의 고의가 없었다고 주장하였다.

대법원은 다음의 이유를 제시하여 상고를 기각하였다. (가) 갑은 7세, 3세 남짓 된 어린자식들에 대하여 함께 죽자고 권유하여 물속에 따라 들어오게 하여 결국 익사하게 하였다. (나) 비록 피해자들을 물속에 직접 밀어서 빠뜨리지는 않았다고 하더라도 자살의 의미를 이해할 능력이 없고 갑의 말이라면 무엇이나 복종하는 어린 자식들을 권유하여 익사하게 한 이상 살인죄의 범의는 있었음이 분명하다.

제25장 상해와 폭행의 죄

제1 서 설

1. 상해죄와 폭행죄의 관계

형법 각칙 제25장은 상해와 폭행의 죄에 관하여 규정하고 있다. 상해와 폭행의 죄는 사람의 신체를 보호법익으로 하는 범죄이다. 신체는 개인적 법익 가운데에서 생명 다음으로 중요한 법익이다.

우리 형법상 상해죄(법257)는 고의범이다. 일본 형법의 해석론으로는 상해죄를 폭행죄의 결과적 가중범으로 이해하는 것이 통설이다.[1] 일본의 해석론에 따르면, 상해죄의 성립에는 상해의 원인인 폭행에 대한 의사만 있으면 족하고, 상해의 의사는 필요하지 않다. 일본 형법에는 상해죄의 미수범 처벌규정이 없다. 따라서 예컨대 상해를 가하려고 단도를 던졌으나 명중하지 않은 경우에는 폭행죄의 성립을 인정한다.

우리 형법은 상해죄(법257)와 폭행죄(법260)를 엄격히 구분하여 양자를 모두 독자적인 고의범으로 규정하고 있다. 상해죄에 대해서는 미수범 처벌규정까지 두고 있다(법257③). 그 결과 상해를 가하려고 단도를 던졌으나 명중하지 않은 사례의 경우 폭행죄가 아니라 상해죄의 미수범이 성립한다. 우리 입법자는 폭행죄의 결과적 가중범으로 폭행치사상죄(법262)를 따로 규정함으로써 상해죄가 고의범임을 더욱 분명히 하고 있다.

2. 상해죄의 체계

상해죄는 결과범이다. 상해죄가 성립하려면 상해의 고의를 가진 행위와 상해의 결과발생이 있고, 양자 사이에 인과관계가 인정되어야 한다(법17). 상해의 고의 있는 행위와 그로 인한 상해의 부위 및 정도는 증거에 의하여 명백하게 확정되어야 한다. 상해 부위의 판시 없는 상해죄 인정은 위법하다.[2]

---

1) 일본형법 제204조 사람의 신체를 상해한 자는 15년 이하의 징역 또는 50만엔 이하의 벌금이나 과료에 처한다.

제208조 ① 폭행을 가한 자가 사람을 상해함에 이르지 않았을 때에는 2년 이하의 징역 또는 30만엔 이하의 벌금, 구류 또는 과료에 처한다.

② 전항의 죄는 고소를 기다려 논한다.

2) 1993. 5. 11. 93도711, 공 1993, 1755 : 『목 근처 손톱자국 사건』 :

형법은 제257조 제1항에서 상해죄의 기본적 구성요건을 정하고, 존속상해죄(법257②)와 특수상해죄(법258의2)를 가중적 구성요건으로, 중상해죄(법258)와 상해치사죄(법259)를 결과적 가중범으로 규정하고 있다.

상해죄, 중상해죄, 특수상해죄의 상습범은 그 죄에 정한 형의 2분의 1까지 가중하여 처벌된다(법264). 존속상해죄, 중상해죄, 특수상해죄, 상습상해죄, 상습중상해죄, 상습특수상해죄의 경우에는 10년 이하의 자격정지를 병과할 수 있다(법265).

3. 폭행죄의 체계

형법 제260조 제1항은 폭행죄의 기본적 구성요건이다. 존속폭행죄(법260②)와 특수폭행죄(법261)는 가중적 구성요건이며, 폭행치사상죄(법262)는 결과적 가중범이다. 폭행죄와 특수폭행죄의 상습범은 그 죄에 정한 형의 2분의 1까지 가중하여 처벌된다(법264). 존속폭행죄, 특수폭행죄, 상습폭행죄, 상습특수폭행죄의 경우에는 10년 이하의 자격정지를 병과할 수 있다(법265).

4. 폭력행위 등 처벌에 관한 법률

(1) 적용대상 범죄

상해죄와 폭행죄에 대한 특별법으로 「폭력행위 등 처벌에 관한 법률」(폭력행위처벌법)이

갑과 A 사이에 몸싸움이 있었다. A는 경찰에서 다음과 같이 진술하였다. "본인(A)의 목 근처에 손톱자국이 있었는데 잠을 자고 보니 흔적이 없었다." [배우자] B도 경찰에서 다음과 같이 진술하였다. "A의 목 근처에 손톱자국이 있었는데 잠을 자고 보니 흔적이 없었다." A의 상해에 대해 의사의 진단서는 없었다.

검사는 갑을 다음의 공소사실로 상해죄로 기소하였다. "갑은 (연월일 생략) 12:50경 A에게 욕설을 하면서 그의 멱살을 잡고 흔드는 등 폭행하여 동인에게 치료일수 미상의 상해를 가하였다." 제1심법원은 공소사실을 유죄로 인정하였다. 갑은 불복 항소하였다. 갑은 항소이유로, A가 상해를 입은 사실이 없다고 주장하였다. 항소법원은 항소를 기각하고, 제1심판결을 유지하였다. 갑은 불복 상고하였다.

대법원은 다음의 이유를 제시하여 원심판결을 파기환송하였다. 대법원은 상해죄의 성립요건에 대해 다음과 같이 설시하였다. (가) 상해죄의 성립에는 (ㄱ) 상해의 고의가 있는 행위와 (ㄴ) 이로 인하여 발생하는 인과관계 있는 상해의 결과가 있어야 한다. (나) 그러므로 상해죄에 있어서는 상해의 고의 있는 행위와 그로 인한 상해의 부위와 정도가 증거에 의하여 명백하게 확정되어야 한다. (다) 상해부위의 판시 없는 상해죄의 인정은 위법한 것이다.

대법원은 원심판결의 당부에 대해 다음과 같이 판단하였다. (가) 원심이 유지한 제1심판결은 갑이 A에게 치료일수 미상의 상해를 가하였다고 인정하였을 뿐이다. (나) 원심이 유지한 제1심판결에는 A의 신체의 어느 부위에 어떠한 내용의 상해를 입혔다는 것인지 알 길이 없다. (다) A의 상해에 대하여 의사가 진단을 한 것도 아니다. (라) A나 참고인 B의 진술은 경찰에서 A의 목 근처에 손톱자국이 있었는데 잠을 자고 보니 흔적이 없었다는 것이다. (마) 공소사실이나 원심이 들고 있는 상해가 이것을 가리키는 것이라면 원심으로서는 이것이 (ㄱ) A의 신체의 완전성을 해하거나 (ㄴ) [생리적] 기능의 장애 등을 일으키는 상해에 해당하는 것인지도 살펴보아야 할 것이다.

주목된다. 폭력행위처벌법은 집단적 또는 상습적으로 폭력행위 등을 범하거나 흉기 또는 그 밖의 위험한 물건을 휴대하여 폭력행위 등을 범한 사람 등을 처벌함을 목적으로 하고 있다(동법1).

폭력행위처벌법은 (가) 상해죄(법257①), 존속상해죄(법257②), (나) 폭행죄(법260①), 존속폭행죄(법260②), (다) 체포 · 감금죄(법276①), 존속체포 · 감금죄(법276②), (라) 협박죄(법283①), 존속협박죄(법283②), (마) 주거침입죄(법319①), 퇴거불응죄(법319②), (바) 강요죄(법324①), (사) 공갈죄(법350), (아) 재물손괴죄(법366)에 대해 특별법으로서 우선하여 적용된다.

(2) 2016년 개정의 내용

2016년 개정 전의 폭력행위처벌법은 위의 범죄에 대해 (가) 상습으로 범하는 경우(상습범), (나) 2인 이상 공동으로 범하는 경우(공동범), (다) 단체나 다중의 위력을 보이거나 위험한 물건을 휴대하여 범하는 경우(특수범)를 가중처벌하고 있었다. 그런데 헌법재판소는 각종 특별법상의 일부 가중처벌규정에 대해, 기본법인 형법과 동일한 구성요건을 두면서 법정형만 높여서 규정한 것은 형벌체계상의 정당성과 균형을 잃어 헌법의 기본원리에 위배되고 평등의 원칙에 위반된다는 이유로 여러 차례 위헌결정을 내린 바가 있었다.

2016년 입법자는 이러한 헌법재판소의 위헌 결정 취지를 존중하여 폭력행위처벌법상의 가중처벌규정을 대폭 정비하였다. 이로써 형법상 폭력범죄는 폭력행위처벌법이 정한 별도의 구성요건을 충족하지 않으면 폭력행위처벌법에 따라 처벌할 수 없게 되었다.[1)]

---

1) 2018. 1. 24. 2017도15914, 공 2018상, 543 = 『필로폰 수거 접이식 칼 사건』 :

갑은 저녁시간 대에 혼자 필로폰이 은닉된 장소에서 은밀하게 ㉠필로폰을 수거해 가려고 하였다(㉮행위). 갑은 이 과정에서 [만일의 사태에 대비하여] 접이식 ㉡칼을 소지하고 있었다(㉯행위). [갑은 수사기관에 체포되었다.]

폭력행위처벌법 제7조는 "정당한 이유 없이 이 법에 규정된 범죄에 공용(供用)될 우려가 있는 흉기나 그 밖의 위험한 물건을 휴대하거나 제공 또는 알선한 사람은 3년 이하의 징역 또는 300만원 이하의 벌금에 처한다."라고 규정하고 있다. 검사는 갑을 다음의 공소사실로 기소하였다. (가) ㉮행위 : 마약류관리법위반죄. (나) ㉯행위 : 폭력행위처벌법위반죄(우범자). 제1심법원은 다음의 이유를 들어서 무죄를 선고하였다. (가) 폭력행위처벌법 제7조의 '이 법에 규정된 범죄'에 형법상의 폭력범죄까지 포함한다고 해석하는 것은 지나친 확장해석으로 허용될 수 없다. (나) 갑이 당시 소지하고 있던 소형 접이식 ㉡칼과 폭력행위처벌법의 집단적 또는 상습적 폭력범죄와의 연관성이 희박하여 범죄의 증명이 없다. 검사는 불복 항소하였다. 항소법원은 항소를 기각하고, 제1심판결을 유지하였다. 검사는 불복 상고하였다. 검사는 상고이유로, 폭력행위처벌법 제7조의 '이 법에 규정된 범죄'에는 형법상의 폭력범죄까지 포함된다고 주장하였다.

대법원은 다음의 이유를 제시하여 상고를 기각하였다. 대법원은 죄형법정주의원칙에 대해 다음과 같이 설시하였다. (가) 죄형법정주의는 국가형벌권의 자의적인 행사로부터 개인의 자유와 권리를 보호하기 위하여 범죄와 형벌을 법률로 정할 것을 요구한다. (나) 그러한 취지에 비추어 보면 형벌법규의 해석은 엄격하여야 하고, 명문의 형벌법규의 의미를 피고인에게 불리한 방향으로 지나치게 확장해석하거나 유추해석하는 것은

(3) 개정 후의 주요 내용

2016년 개정 폭력행위처벌법에서는 (가)의 상습범과 (다)의 특수범 가중처벌규정이 삭제되고, 형법에 규정된 각종 상습범과 특수범이 이를 대체하게 되었다. 그러나 2인 이상이 공동하여 범하는 공동범의 경우는 여전히 폭력행위처벌법의 가중처벌 대상으로 남아 있다(동법2②). 한편 폭력행위처벌법의 각종 특수범을 삭제하는 과정에서 형법에는 규정되어 있지 않았던 특수상해죄(법258의2), 특수강요죄(법324②), 특수공갈죄(법350의2)가 형법에 각각 신설되었다.

폭행죄(법260①)와 협박죄(법283①)는 반의사불벌죄이다(법260③, 283③). 그러나 이들 범죄를 2명 이상이 공동하여 범한 경우에는 폭력행위처벌법 제2조 제4항에 따라 반의사불벌죄의 특칙이 적용되지 않는다.

2016년의 개정 폭력행위처벌법에서 입법자는 상습범과 특수범에 대한 가중처벌규정을 삭제하였으나 이를 완전히 폐지한 것은 아니다. 폭력행위처벌법의 규율대상이 된 형법상의 각종 상습범과 특별범을 위반하여 2회 이상 징역형을 받은 사람이 다시 일정한 특수범을 범한 경우에는 범죄유형에 따라 가중처벌된다(동법2③, 3).[1)]

죄형법정주의의 원칙에 어긋나는 것으로서 허용되지 않는다.

대법원은 헌법재판소가 내린 일련의 위헌결정을 분석하였다(내용 생략함). 대법원은 이를 토대로 폭력행위처벌법의 적용범위에 대해 다음과 같이 설시하였다. (가) 이러한 헌법재판소의 위헌결정에 따라 위헌결정 대상조항과 이와 유사한 가중처벌 규정을 둔 조항을 정비하기 위하여 2016. 1. 6. 법률 제13718호로 폭력행위처벌법이 일부 개정되어 같은 날 시행되었다. (나) 이로써 형법상 폭력범죄는 폭력행위처벌법이 정한 별도의 구성요건을 충족하지 않으면 폭력행위처벌법에 따라 처벌할 수 없게 되었다.

(다) 그리고 폭력행위처벌법 제7조는 "정당한 이유 없이 이 법에 규정된 범죄에 공용될 우려가 있는 흉기나 그 밖의 위험한 물건을 휴대하거나 제공 또는 알선한 사람은 3년 이하의 징역 또는 300만원 이하의 벌금에 처한다."라고 정하고 있다. (라) 이러한 폭력행위처벌법위반(우범자)죄는 대상범죄인 '이 법에 규정된 범죄'의 예비죄로서의 성격을 지니고 있다.

(마) 위와 같은 형벌규정 해석에 관한 일반적 법리와 폭력행위처벌법의 개정경위와 내용, 폭력행위처벌법 제7조의 문언, 내용과 체계 등에 비추어 본다. (바) 폭력행위처벌법 제7조에서 말하는 '이 법에 규정된 범죄'는 '폭력행위처벌법에 규정된 범죄'만을 말한다고 해석함이 타당하다.

1) **폭력행위 등 처벌에 관한 법률 제2조**(폭행 등) ① 삭제

② 2명 이상이 공동하여 다음 각 호의 죄를 범한 사람은 형법 각 해당 조항에서 정한 형의 2분의 1까지 가중한다.

1. 형법 제260조 제1항(폭행), 제283조 제1항(협박), 제319조(주거침입, 퇴거불응) 또는 제366조(재물손괴 등)의 죄
2. 형법 제260조 제2항(존속폭행), 제276조 제1항(체포, 감금), 제283조 제2항(존속협박) 또는 제324조 제1항(강요)의 죄
3. 형법 제257조 제1항(상해) · 제2항(존속상해), 제276조 제2항(존속체포, 존속감금) 또는 제350조(공갈)의 죄

③ 이 법(형법 각 해당 조항 및 각 해당 조항의 상습범, 특수범, 상습특수범, 각 해당 조항의 상습범의 미

(4) 우범자 처벌규정의 적용범위

폭력행위처벌법은 그 밖에도 폭력단체구성 · 활동죄(동법4), 폭력단체이용 · 지원죄(동법5)를 가중처벌하고 있다. 나아가 폭력행위처벌법은 정당한 이유 없이 이 법에 규정된 범죄에 공용(供用)될 우려가 있는 흉기나 그 밖의 위험한 물건을 휴대하거나 제공 또는 알선한 사람을 3년 이하의 징역 또는 300만원 이하의 벌금으로 처벌하고 있다(동법7).[1]

수범, 특수범의 미수범, 상습특수범의 미수범을 포함한다)을 위반하여 2회 이상 징역형을 받은 사람이 다시 제2항 각 호에 규정된 죄를 범하여 누범으로 처벌할 경우에는 다음 각 호의 구분에 따라 가중처벌한다.

1. 제2항 제1호에 규정된 죄를 범한 사람: 7년 이하의 징역
2. 제2항 제2호에 규정된 죄를 범한 사람: 1년 이상 12년 이하의 징역
3. 제2항 제3호에 규정된 죄를 범한 사람: 2년 이상 20년 이하의 징역

④ 제2항과 제3항의 경우에는 형법 제260조 제3항 및 제283조 제3항을 적용하지 아니한다.

제3조 (집단적 폭행 등) ① 삭제

② 삭제

③ 삭제

④ 이 법(형법 각 해당 조항 및 각 해당 조항의 상습범, 특수범, 상습특수범, 각 해당 조항의 상습범의 미수범, 특수범의 미수범, 상습특수범의 미수범을 포함한다)을 위반하여 2회 이상 징역형을 받은 사람이 다시 다음 각 호의 죄를 범하여 누범으로 처벌할 경우에는 다음 각 호의 구분에 따라 가중처벌한다.

1. 형법 제261조(특수폭행)(제260조 제1항의 죄를 범한 경우에 한정한다), 제284조(특수협박)(제283조 제1항의 죄를 범한 경우에 한정한다), 제320조(특수주거침입) 또는 제369조 제1항(특수손괴)의 죄: 1년 이상 12년 이하의 징역
2. 형법 제261조(특수폭행)(제260조 제2항의 죄를 범한 경우에 한정한다), 제278조(특수체포, 특수감금)(제276조 제1항의 죄를 범한 경우에 한정한다), 제284조(특수협박)(제283조 제2항의 죄를 범한 경우에 한정한다) 또는 제324조 제2항(강요)의 죄: 2년 이상 20년 이하의 징역
3. 형법 제258조의2 제1항(특수상해), 제278조(특수체포, 특수감금)(제276조 제2항의 죄를 범한 경우에 한정한다) 또는 제350조의2(특수공갈)의 죄: 3년 이상 25년 이하의 징역

1) 폭력행위 등 처벌에 관한 법률 제4조 (단체 등의 구성 · 활동) ① 이 법에 규정된 범죄를 목적으로 하는 단체 또는 집단을 구성하거나 그러한 단체 또는 집단에 가입하거나 그 구성원으로 활동한 사람은 다음 각 호의 구분에 따라 처벌한다.

1. 수괴(首魁): 사형, 무기 또는 10년 이상의 징역
2. 간부: 무기 또는 7년 이상의 징역
3. 수괴 · 간부 외의 사람: 2년 이상의 유기징역

② 제1항의 단체 또는 집단을 구성하거나 그러한 단체 또는 집단에 가입한 사람이 단체 또는 집단의 위력을 과시하거나 단체 또는 집단의 존속 · 유지를 위하여 다음 각 호의 어느 하나에 해당하는 죄를 범하였을 때에는 그 죄에 대한 형의 장기 및 단기의 2분의 1까지 가중한다.

1. 형법에 따른 죄 중 다음 각 목의 죄

가. 형법 제8장 공무방해에 관한 죄 중 제136조(공무집행방해), 제141조(공용서류 등의 무효, 공용물의 파괴)의 죄

나. 형법 제24장 살인의 죄 중 제250조제1항(살인), 제252조(촉탁, 승낙에 의한 살인 등), 제253조(위계 등에 의한 촉탁살인 등), 제255조(예비, 음모)의 죄

다. 형법 제34장 신용, 업무와 경매에 관한 죄 중 제314조(업무방해), 제315조(경매, 입찰의 방해)의 죄

라. 형법 제38장 절도와 강도의 죄 중 제333조(강도), 제334조(특수강도), 제335조(준강도), 제336조(인질

폭력행위처벌법 제7조 위반죄(우범자)는 대상범죄인 '이 법에 규정된 범죄'의 예비죄로서의 성격을 지니고 있다. 여기에서 '이 법에 규정된 범죄'는 '폭력행위처벌법에 규정된 범죄'만을 의미하며,[1] 위험한 물건의 '휴대'라 함은 범죄현장에서 사용할 의도 아래 위험한 물건을 몸 또는 몸 가까이에 소지하는 것을 말한다.[2]

정당한 이유 없이 폭력행위처벌법에 규정된 범죄에 공용(供用)될 우려가 있는 흉기를 휴대하고 있었다면 다른 구체적인 범죄행위가 없다고 하더라도 그 휴대행위 자체에 의하여 폭력행위처벌법 제7조 위반죄(우범자)의 구성요건을 충족한다.[3]

그렇지만 흉기나 그 밖의 위험한 물건을 소지하고 있다는 사실만으로 폭력행위처벌법에 규정된 범죄에 공용(供用)될 우려가 있는 것으로 추정된다고 볼 수는 없다. 형사재판에서 공소가 제기된 범죄의 구성요건을 이루는 사실에 대한 증명책임은 검사에게 있다. 따라서 피고인이 폭력행위처벌법에 규정된 범죄에 공용될 우려가 있는 흉기나 그 밖의 위험한 물건을 휴대하였다는 점은 검사가 증명하여야 한다.[4]

제 2 상해죄의 기본유형 - 상해죄

형법 제257조 (상해) ① 사람의 신체를 상해한 자는 7년 이하의 징역, 10년 이하의 자격정지 또는

강도), 제337조(강도상해, 치상), 제339조(강도강간), 제340조제1항(해상강도) · 제2항(해상강도상해 또는 치상), 제341조(상습범), 제343조(예비, 음모)의 죄

2. 제2조 또는 제3조의 죄(형법 각 해당 조항의 상습범, 특수범, 상습특수범을 포함한다)

③ 타인에게 제1항의 단체 또는 집단에 가입할 것을 강요하거나 권유한 사람은 2년 이상의 유기징역에 처한다.

④ 제1항의 단체 또는 집단을 구성하거나 그러한 단체 또는 집단에 가입하여 그 단체 또는 집단의 존속 · 유지를 위하여 금품을 모집한 사람은 3년 이상의 유기징역에 처한다.

제5조 (단체 등의 이용 · 지원) ① 제4조 제1항의 단체 또는 집단을 이용하여 이 법이나 그 밖의 형벌 법규에 규정된 죄를 범하게 한 사람은 그 죄에 대한 형의 장기 및 단기의 2분의 1까지 가중한다.

② 제4조 제1항의 단체 또는 집단을 구성하거나 그러한 단체 또는 집단에 가입하지 아니한 사람이 그러한 단체 또는 집단의 구성 · 유지를 위하여 자금을 제공하였을 때에는 3년 이상의 유기징역에 처한다.

제6조 (미수범) 제2조, 제3조, 제4조제2항[형법 제136조, 제255조, 제314조, 제315조, 제335조, 제337조(강도치상의 죄에 한정한다), 제340조 제2항(해상강도치상의 죄에 한정한다) 또는 제343조의 죄를 범한 경우는 제외한다] 및 제5조의 미수범은 처벌한다.

제7조 (우범자) 정당한 이유 없이 이 법에 규정된 범죄에 공용(供用)될 우려가 있는 흉기나 그 밖의 위험한 물건을 휴대하거나 제공 또는 알선한 사람은 3년 이하의 징역 또는 300만원 이하의 벌금에 처한다.

1) 2017. 9. 21. 2017도7687, 공 2017하, 2047 = 『시비용 칼 빼기 과도 사건』 ☞ 부록 1587면.
2) 2017. 9. 21. 2017도7687, 공 2017하, 2047 = 『시비용 칼 빼기 과도 사건』.
3) 2017. 9. 21. 2017도7687, 공 2017하, 2047 = 『시비용 칼 빼기 과도 사건』.
4) 2017. 9. 21. 2017도7687, 공 2017하, 2047 = 『시비용 칼 빼기 과도 사건』.

1천만원 이하의 벌금에 처한다.

◎ 미수범 처벌함(법257③)
◎ 결과적 가중범 처벌함(법259①)
◎ 특수상해죄 가중처벌함(법258의2①)
◎ 상습범 가중처벌함(법264)
◎ 폭력행위처벌법 적용대상임(동법2② iii)

1. 상해의 개념

(1) 신체의 완전성설과 생리적 기능설

상해죄는 사람의 신체를 상해하는 것을 내용을 하는 범죄이다. 상해는 두 가지 의미로 이해된다. 하나는 고의로 상해의 결과를 발생시키는 행위 자체이며, 다른 하나는 상해의 고의를 가지고 발생시킨 결과 자체이다. 결과로서의 상해는 특히 각종 결과적 가중범에서 가중처벌의 근거로서 중요한 의미를 갖는다.

결과로서의 상해에 대해서는 (가) 신체의 완전성 침해로 보는 견해, (나) 생리적 기능의 침해로 보는 견해, (다) 생리적 기능의 침해 및 신체 외형의 중대한 변화로 보는 견해 등이 제시되고 있다.

(가) 신체의 완전성설　　상해를 신체의 완전성을 침해하는 것으로 보는 견해이다.[1] 이 입장은 독일 형법의 영향을 받은 것으로 보인다. 독일 형법은 폭행죄를 별도로 규정하지 않고, 신체를 함부로 대하는 행위를 상해죄의 범주 내에서 규율하고 있다.[2]

상해를 신체의 완전성을 침해하는 것으로 보게 되면, 예컨대 부녀자의 머리카락을 절단한 것은 신체의 완전성을 해친 것으로 상해에 해당한다. 신체의 완전성을 침해하는 경우에는 물리적인 실력행사에 의하여 신체의 외형적 완전상태에 손상을 주는 것과 무형적인 방법으로 정신적인 타격을 가하는 것이 모두 포함된다.

(나) 생리적 기능설　　신체의 생리적 기능에 대한 침해를 상해로 보는 견해이다.[3] 이 입장에 따르면 상해는 신체의 건강상태를 불량하게 변경시키는 것을 의미한다. 상해는 반드

---

1) 유기천, 형법학 각론강의 상, (전정신판), (1983), 47면.

2) 독일형법 제223조 (상해) ① 타인을 신체적으로 함부로 대하거나(körperlich mißhandelt) 건강을 해한 자는 5년 이하의 자유형 또는 벌금에 처한다.
② 미수범은 처벌한다.

3) 김성돈, 84면; 김일수 · 서보학, 49면; 김혜정 외, 36면; 손동권 · 김재윤, 37면; 박상기, 41면; 오영근, 45면; 이재상 · 장영민 · 강동범, 46면; 이정원, 65면; 이형국 · 김혜경, 54면; 임웅, 60면; 정성근 · 박광민, 72면; 정영일, 22면; 주호노, 77면.

시 신체의 외부적 손상을 요하지 않는다. 역으로 신체의 외부적 손상을 가져왔다고 할지라도 생리적 기능에 침해를 초래하지 않았다면 상해로 보지 않는다.

(다) 절충설 생리적 기능에 대한 침해 및 신체 외형의 중대한 변화를 상해로 보는 견해이다.[1] 이 입장에 따르면 신체의 건강상태를 불량하게 변경하는 것 이외에 신체 외형의 중대한 변화도 상해로 본다. 신체 외형이 중대하게 변화된 예로는 부녀자의 두발을 삭발해 버린 경우 등을 들 수 있다.

(라) 사 견 우리 형법은 상해죄와 폭행죄를 분리하면서 양자를 모두 고의범으로 규정하고 있다. 신체의 완전성 침해나 신체 외형의 중대한 변화에 주목하는 입장은 우리 형법의 기본결단에 부합하지 않는다고 생각된다. 요컨대 생리적 기능의 침해 여부를 중심으로 상해의 성립 여부를 판단하는 입장이 타당하다고 본다.

(2) 판례의 입장

판례는 상해를 (가) 피해자의 신체의 건강상태가 불량하게 변경되고, (나) 생활기능에 장애가 초래되는 것으로 정의하고 있다.[2] 판례는 생리적 기능의 손상에 중점을 두는 태도이

---

1) 배종대, 49면.

2) 2000. 3. 23. 99도3099, 공 2000, 1096 = 분석 각론 『음모 절단 사건』:

(사안의 행위 당시 강제추행죄는 친고죄였다. 강제추행치상죄는 친고죄가 아니다. 강간죄를 위시한 각종 성범죄는 2012년 일반 범죄로 전환되었다.) (연월일 생략함.) 16:00경 갑은 갑의 친구 A의 원룸에서 그 곳에 데려온 A가 밥을 먹지 않는다는 이유로 A를 강제로 눕혀 옷을 벗긴 뒤 1회용 면도기로 A의 음모를 반 정도 깎아버렸다(㉮행위). 갑이 ㉮행위를 통하여 깎은 음모는 위에서 아래로 가로 약 5cm, 세로 약 3cm 정도였다(㉯결과). A는 갑을 강간죄로 고소하였다.

검사는 갑을 강간치상죄로 기소하였다. 제1심 공판절차 진행중에 A는 고소를 취소하였다. 갑의 피고사건은 제1심을 거친 후, 항소심에 계속되었다. 항소법원은 다음의 이유를 들어서 공소기각판결을 내렸다. (가) 갑이 A를 강제로 눕혀 옷을 벗긴 뒤 1회용 면도기로 피해자의 음모를 위에서 아래로 가로 약 5cm, 세로 약 3cm 정도 깎은 사실이 인정된다(㉯결과). (나) 그러나 위와 같은 정도의 음모의 절단은 이로 인하여 (ㄱ) 신체의 완전성이 손상되고 생활기능에 장애가 왔다거나 (ㄴ) 건강상태가 불량하게 변경되었다고 보기 어렵다. (다) 그러므로 ㉯결과를 강제추행치상죄의 상해에 해당한다고 할 수 없다. (라) 따라서 갑의 행위는 강제추행죄만이 성립하고 강제추행치상죄로는 처벌할 수 없다. (마) 그런데 이 사건 공소제기 후 제1심판결 선고 전에 갑에 대한 고소가 적법하게 취소된 사실이 인정된다. (바) 그러므로 형사소송법 제327조 제5호에 의하여 공소를 기각한다. 검사는 불복 상고하였다. 검사는 상고이유로, ㉯결과는 상해에 해당한다고 주장하였다.

대법원은 다음의 이유를 제시하여 상고를 기각하였다. 대법원은 강제추행죄에서의 상해에 대해 다음과 같이 설시하였다. (가) 강제추행치상죄에 있어서의 상해는 (ㄱ) 피해자의 신체의 건강상태가 불량하게 변경되고 (ㄴ) 생활기능에 장애가 초래되는 것을 말한다. (나) 신체의 외모에 변화가 생겼다고 하더라도 신체의 생리적 기능에 장애를 초래하지 아니하는 이상 상해에 해당한다고 할 수 없다.

(다) 음모는 성적 성숙함을 나타내거나 치부를 가려주는 등의 시각적 · 감각적인 기능 이외에 특별한 생리적 기능이 없다. (라) [갑이] A의 음모의 모근(毛根) 부분을 남기고 모간(毛幹) 부분만을 일부 잘라냄으로써 음모의 전체적인 외관에 변형만이 생겼다. (마) 그렇다면 이로 인하여 A에게 수치심을 야기하기는 하겠다.

다. 판례에 따르면 신체의 외모에 변화가 생겼다고 하더라도, 그것이 신체의 생리적 기능에 장애를 초래하지 아니하는 이상 상해에 해당하지 않는다.[1)]

상해를 생리적 기능에 대한 침해로 파악하면 단순한 상처와 형법상의 상해는 구별된다. 신체에 생긴 상처는 신체의 완전성에 대한 침해에 해당한다. 그런데 상처 가운데에는 일상생활에서 얼마든지 생길 수 있는 극히 경미한 상처이어서 굳이 따로 치료할 필요도 없는 경우가 있다. 이와 같이 경미한 상처는 건강상태를 불량하게 변경하였다고 보기 어려워서 상해에 해당하지 않는다.[2)]

2. 행위객체

상해죄의 객체는 사람의 신체이다. 상해죄에서 사람은 범인 이외의 자연인이다. 자상(自傷)은 범인이 자기의 신체를 손상하는 행위이다. 자상행위는 상해죄의 구성요건에 해당하지 않는다. 자상행위가 병역법(동법86)이나 군형법(동법41) 등과 같은 특별법에 의하여 처벌되는 것은 별개의 문제이다.

상해죄의 행위객체인 '사람'은 살인죄의 '사람'과 같다. 분만개시 전의 태아는 '사람'에 해당하지 않는다. 우리 형법은 태아를 독립된 행위객체로 포착하여 각칙 제27장에서 낙태의 죄로 규율하고 있다. 낙태죄의 경우에는 과실범 처벌규정이 없다. 여기에서 태아를 사산(死産)하게 하는 행위를 임부에 대한 상해죄 또는 임부에 대한 과실치상죄(법266①) 내지 업무상 과실치상죄(법268)로 처벌할 수는 없겠는가 하는 의문이 제기된다.

그러나 태아는 임부와 독립한 존재이며 임부의 신체 일부가 아니다. 분만개시 전의 태아가 사망하더라도 이를 가리켜서 태아를 양육·출산하는 임부의 생리적 기능이 침해되어 임부에 대한 상해에 해당한다는 식의 추론은 허용되지 않는다.[3)]

3. 실행행위

상해죄의 실행행위는 상해이다. 상해는 사람의 생리적 기능을 훼손하는 행위이다. 상해의 수단·방법에는 제한이 없다. 유형적인 폭행뿐만 아니라 무형적인 협박에 의하여도 상해는 가능하다. 오랜 시간 동안의 협박과 폭행을 이기지 못하고 실신하였다가 정신을 차리게

(바) 그렇지만 병리적으로 보아 A의 (ㄱ) 신체의 건강상태가 불량하게 변경되거나 (ㄴ) 생활기능에 장애가 초래되었다고 할 수는 없을 것이다. (사) 그러므로 그것이 폭행에 해당할 수 있음은 별론으로 하고 강제추행치상죄의 상해에 해당한다고 할 수는 없다.

1) 2000. 3. 23. 99도3099, 공 2000, 1096 = 분석 각론 『음모 절단 사건』.

2) 1996. 12. 23. 96도2673, 공 1997, 583 = 분석 각론 『영장집행 실랑이 사건』.

3) 2007. 6. 29. 2005도3832, 공 2007, 1222 = 『거대 태아 방치 사건』.

되었다면 외부적으로 어떤 상처가 발생하지 않았다고 하더라도 생리적 기능에 훼손을 입어 신체에 대한 상해가 있는 것으로 인정된다.[1]

상해는 작위뿐만 아니라 부작위에 의하여도 가능하다. 또 범인이 직접 하수하는 경우 외에 자연력, 기계, 동물을 이용할 수도 있다. 상해는 간접정범의 형태를 취할 수도 있다. 행위자의 협박 정도가 피해자의 의사결정의 자유를 상실하게 하기에 족한 것이어서 피해자가 자신의 생명을 보존하기 위해 스스로 자기 신체에 손상을 가하였다면 이는 피해자의 자상(自傷)이 아니라 상해죄를 구성한다.[2]

상해죄(법257①)는 고의범이다. 상해의 고의가 없는 경우에는 상해죄가 성립하지 않는다. 상해의 고의 없이 폭행을 수단으로 상해의 결과를 발생시킨 경우에는 결과적 가중범으로서 폭행치상죄(법262)가 성립한다. 판례는 상해죄와 폭행치상죄를 사실상 동일하게 취급하고 있다. 두 죄가 같은 장에 규정되어 죄질이 같고 법정형이 동일하다는 것이 그 이유이다.[3] [4]

우리 형법은 상해죄의 미수범을 처벌하고 있다(법257① · ③). 상해의 고의를 가지고 폭행 또는 협박을 가할 때 상해죄의 실행의 착수가 인정된다.

4. 위법성조각사유

(1) 싸움과 정당방위

상해죄의 성립과 관련하여 싸움과 정당방위의 관계가 문제된다. 서로 격투를 하는 자 상호간에는 공격행위와 방어행위가 연속적으로 교차되고, 방어행위는 동시에 공격행위가 되는 양면적 성격을 띤다. 따라서 어느 한쪽 당사자의 행위만을 가려내어 방어를 위한 정당행위라

---

1) 1996. 12. 10. 96도2529, 공 1997, 456 = 분석 각론『회칼 협박 실신 사건』.

2) 1970. 9. 22. 70도1638, 집 18③, 형25 =『콧등 절단 사건』:

군인 갑은 A와 동거한 사실이 있다. 갑은 탈영한 후 A에게 다른 남자와 정을 통한 사실을 추궁하면서 상대 남자를 말하라고 추궁하였다. 갑은 대답을 하지 못하고 당황하던 A에게 면도칼을 주면서 "네 코를 자르지 않으면 돌로 죽인다"는 등 위협을 가하였다. 자신의 생명에 위험을 느낀 A는 생명을 보존하기 위하여 갑이 준 면도칼로 자신의 콧등을 절단하였다. A는 전치 3개월의 상처를 입어 안면불구가 되었다.

군검사는 갑을 중상해죄와 군무이탈죄로 기소하였다. 갑의 피고사건은 제1심을 거친 후, 항소심에 계속되었다. 항소법원은 유죄를 인정하였다. 갑은 불복 상고하였다. 갑은 상고이유로 다음의 점을 주장하였다. (가) A의 상처는 자상행위로 인한 것이다. (나) 자상행위는 상해죄에 해당하지 않는다.

대법원은 다음의 이유를 제시하여 상고를 기각하였다. (가) 갑에게 피해자 여인[A]의 상해결과에 대한 인식이 있다. (나) 또 그 여인에게 대한 협박 정도가 그의 의사결정의 자유를 상실케 함에 족하다. (다) 그러한 이상 갑에게 중상해 사실을 인정하고 피해자 여인의 자상행위로 인정하지 아니한 원판결 판단에 소론 위법이 있다는 논지는 이유 없다.

3) 1985. 1. 29. 84도2655 공 1985, 406 = 분석 각론『정류장 도주 사건』.

4) 후술 654면 참조.

고 하거나 정당방위에 해당한다고 보기 어려운 것이 일반적이다.

그러나 소극적 방어행위의 경우에는 예외적으로 위법성이 조각된다. 외관상 서로 격투를 하는 것처럼 보이는 경우라고 할지라도, 실제로는 한쪽 당사자가 일방적으로 불법한 공격을 가하고, 상대방은 이러한 불법한 공격으로부터 자신을 보호하면서 이를 벗어나기 위한 저항수단으로 유형력을 행사하는 경우가 있다. 이러한 경우라면 그 행위가 적극적인 반격이 아니라 소극적인 방어의 한도를 벗어나지 않는 한, 그 행위에 이르게 된 경위와 그 목적·수단 및 행위자의 의사 등 제반 사정에 비추어 볼 때 사회통념상 허용될 만한 상당성이 있는 행위로서 위법성이 조각된다.[1)]

(2) 의사의 치료행위

상해죄와 관련하여 주목되는 위법성조각사유로 피해자의 승낙(법24)이 있다. 상해죄에서 피해자의 승낙이 인정되려면 그 승낙이 법률상 이를 처분할 수 있는 사람의 승낙일 뿐만 아

---

1) 1999. 10. 12. 99도3377, 공 1999, 2387 =『묵 만드는 외딴집 사건』:

갑은 66세의 여자이다. A는 54세의 여자이다. B는 59세의 남자이다. A와 B는 부부 사이이다. 갑은 외딴집에서 묵을 만들고 있었다. A와 B가 갑을 찾아왔다. A와 B는 갑이 A가 첩의 자식이라는 헛소문을 퍼뜨렸다며 다음의 행위를 하였다. (가) A는 갑의 멱살을 잡고 밀어 넘어뜨리고 배 위에 올라타 주먹으로 팔, 얼굴 등을 폭행하였다. (나) B도 이에 가세하여 갑의 얼굴에 침을 뱉으며 발로 밟아 폭행을 하였다. 갑은 연로한 탓에 힘에 부쳐 달리 피할 방법이 없었다. 갑은 A와 B의 폭행에 대항하여 A의 팔을 잡아 비틀고, 다리를 물었다(㉮행위). 갑의 ㉮행위로 A는 오른쪽 팔목과 대퇴부 뒤쪽에 멍이 들어 약 2주간의 치료를 요하는 상해를 입었다.

검사는 갑을 상해죄로 기소하였다. 갑의 피고사건은 제1심을 거친 후, 항소심에 계속되었다. 항소법원은 무죄를 선고하였다. 검사는 불복 상고하였다.

대법원은 다음의 이유를 제시하여 상고를 기각하였다. 대법원은 소극적 방어행위의 이론에 대해 다음과 같이 설시하였다. (가) 서로 격투를 하는 자 상호간에는 공격행위와 방어행위가 연속적으로 교차되고 방어행위는 동시에 공격행위가 되는 양면적 성격을 띠는 것이다. (나) 그러므로 어느 한쪽 당사자의 행위만을 가려내어 방어를 위한 정당행위라거나 또는 정당방위에 해당한다고 보기 어려운 것이 보통이다.

(다) 그러나 외관상 서로 격투를 하는 것처럼 보이는 경우라고 할지라도 실지로는 한쪽 당사자가 일방적으로 불법한 공격을 가하고 상대방은 이러한 불법한 공격으로부터 자신을 보호하고 이를 벗어나기 위한 저항수단으로 유형력을 행사한 경우가 있다. (라) 그러한 경우라면 그 행위가 적극적인 반격이 아니라 소극적인 방어의 한도를 벗어나지 않는 한 그 행위에 이르게 된 경위와 그 목적수단 및 행위자의 의사 등 제반 사정에 비추어 볼 때 사회통념상 허용될 만한 상당성이 있는 행위로서 위법성이 조각된다고 보아야 할 것이다.

대법원은 갑의 행위에 대해 다음과 같이 판단하였다. (가) 오십대의 남녀로서 부부인 A, B가 66세의 여자인 갑이 혼자 묵을 만들고 있는 외딴 장소에 찾아와 갑을 넘어뜨리고 함께 일방적으로 불법한 폭행을 가하였다. (나) 이에 대하여 갑이 취한 ㉮행위는 자신을 보호하고 이를 벗어나기 위한 저항수단으로서 소극적인 방어의 한도를 벗어나지 않는 것이다. (다) 그 밖에 기록에 나타난 갑의 ㉮행위의 경위와 그 목적수단 및 갑의 의사 등 제반 사정에 비추어 볼 때 갑의 ㉮행위는 사회통념상 허용될 만한 상당성이 있는 행위로서 위법성이 조각된다고 보아야 할 것이다.

니라, 그 승낙이 윤리적 · 도덕적으로 사회상규에 반하는 것이 아니어야 한다.[1]

의사의 치료행위와 상해죄의 관계가 문제된다. 의사는 질병의 확인, 환자의 상태와 자연적 변화, 진료행위에 의한 생체반응 등 환자의 건강상태 등과 당시의 의료수준 그리고 자기의 지식경험에 따라 적절하다고 판단되는 진료방법을 선택할 수 있는 상당한 범위의 재량을 가진다.[2] 의사로서의 정상적인 진찰행위의 일환이라고 볼 수 있는 경우는 업무로 인한 행위로서 형법 제20조에 따라 위법성이 조각된다.[3]

그러나 환자의 수술과 같이 신체를 침해하는 진료행위는 형법 제24조가 규정한 피해자의 승낙 법리에 따라 위법성이 조각된다. 의사가 수술 등 신체를 침해하는 진료행위를 하는 경우에는 질병의 증상, 치료방법의 내용 및 필요성, 발생이 예상되는 위험 등에 관하여 당시의 의료수준에 비추어 상당하다고 생각되는 사항을 설명하여, 당해 환자가 그 필요성이나 위험성을 충분히 비교해 보고 그 진료행위를 받을 것인지의 여부를 선택하도록 함으로써, 그 진료행위에 대한 동의를 받아야 한다.[4] 의사의 불정확 또는 불충분한 설명을 근거로 이루어진 환자의 승낙은 수술의 위법성을 조각할 유효한 승낙이라고 볼 수 없다.[5]

(3) 징계행위

징계행위로서 체벌은 엄격히 금지된다. 체벌은 단순히 상해죄를 넘어 아동학대에 해당하며, 「아동학대범죄의 처벌 등에 관한 특례법」에 의하여 가중처벌된다.[6] 훈육 목적의 체벌은 위법성이 조각되지 않는다.

2021년 입법자는 민법을 개정하여 친권 가운데 징계권규정(민법915)을 삭제하였다. 종래 친권자의 징계권 규정이 아동학대 가해자인 친권자의 항변사유로 이용되는 등 아동학대를 정당화하는 데 악용될 소지가 있었다. 이에 입법자는 징계권 규정을 삭제하여 이러한 폐단을 방지하고 아동의 권리와 인권을 보호하려고 하였다.

훈육 목적의 학생 체벌 또한 허용되지 않는다. 「초 · 중등교육법」 제18조 제1항 본문은 "학교의 장은 교육을 위하여 필요한 경우에는 법령과 학칙으로 정하는 바에 따라 학생을 징계하거나 그 밖의 방법으로 지도할 수 있다."고 규정하고 있다. 또한 2022년 말 신설된 「초 · 중등교육법」 제20조의2는 "학교의 장과 교원은 학생의 인권을 보호하고 교원의 교육활

1) 1985. 12. 10. 85도1892, 공 1986, 280 = 분석 각론 『잡귀 사건』.
2) 2009. 5. 21. 2009다17417 전원합의체 판결, 공 2009상, 849 = 분석 각론 『연명치료중단 사건』.
3) 1986. 6. 10. 85도2133, 공 1986, 895 = 백선 총론 『재차 소파수술 사건』.
4) 2009. 5. 21. 2009다17417 전원합의체 판결, 공 2009상, 849 = 분석 각론 『연명치료중단 사건』.
5) 1993. 7. 27. 92도2345, 공 1993, 2469 = 백선 총론 『자궁적출 사건』.
6) 2022. 10. 27. 2022도1718, 판례속보 = 『중학생 머리 체벌 사건』 ☞ 부록 1588면.

동을 위하여 필요한 경우에는 법령과 학칙으로 정하는 바에 따라 학생을 지도할 수 있다."고 규정하고 있다. 「초 · 중등교육법」의 위임에 따른 「초 · 중등교육법 시행령」 제31조 제8항은 "법 제18조 제1항 본문에 따라 지도를 할 때에는 학칙으로 정하는 바에 따라 훈육 · 훈계 등의 방법으로 하되, 도구, 신체 등을 이용하여 학생의 신체에 고통을 가하는 방법을 사용해서는 아니 된다."고 규정하고 있다.

5. 처벌의 정도

형법 제257조 제1항은 단순상해죄를 7년 이하의 징역, 10년 이하의 자격정지 또는 1천만원 이하의 벌금으로 처벌하고 있다.

「폭력행위 등 처벌에 관한 법률」(폭력행위처벌법) 제2조 제2항 제3호는 2명 이상이 공동하여 단순상해죄를 범한 사람에 대해 형법 제257조 제1항에 정한 형의 2분의 1까지 가중하여 처벌한다. 이 경우 '공동하여'라 함은 2명 이상이 동일한 장소에서 동일한 기회에 상호 다른 사람의 범행을 인식하고 이를 이용하여 범행을 한 경우를 말한다.[1)]

폭력행위처벌법 제2조 제3항은 폭력행위처벌법 제2항 제3호의 공동상해죄를 범하여 2회 이상 징역형을 받은 사람이 다시 제2항 제3호의 공동상해죄를 범하여 누범으로 처벌할 경우에는 2년 이상 20년 이하의 징역으로 가중처벌하고 있다.

형법 제258조의2 제1항은 단체 또는 다중의 위력을 보이거나 위험한 물건을 휴대하여 형법 제257조 제1항의 상해죄를 범한 경우를 1년 이상 10년 이하의 징역으로 처벌하고 있다.

「노인복지법」은 65세 이상의 노인에게 상해를 입히는 행위를 7년 이하의 징역 또는 7천만원 이하의 벌금으로 처벌하고 있다(동법39의9 i, 55의2). 상해 금지규정 위반으로 인한 「노인복지법」 위반죄는 행위객체가 노인에 한정되는 점 외에는 형법상의 및 상해죄와 행위태양이 동일하여 본질적인 차이가 없으므로 노인에 대한 형법상 및 상해죄를 가중처벌하기 위한 것이다.[2)]

6. 동시범의 특례

(1) 동시범 특례의 의의

형법 제263조는 "독립행위가 경합하여 상해의 결과를 발생하게 한 경우에 있어서 원인된 행위가 판명되지 아니한 때에는 공동정범의 예에 의한다."고 규정하고 있다. 이 조문에서

---

1) 1994. 4. 12. 94도128, 공 1994, 1552 = 백선 총론 『창당방해 사건』.
2) 2023. 2. 2. 2022어48, 공 2023상, 577 = 『어머니 주먹 폭행 사건』 ☞ 부록 1590면.

독립행위란 2명 이상의 사람이 의사연락 없이 개별적으로 하는 상해행위를 말하며, 독립행위의 경합은 그러한 상해의 독립행위들이 병존하고 있는 상태를 가리킨다.

형법 제19조는 총칙의 규정으로서 독립행위가 경합한 경우에 그 원인된 행위가 판명되지 않으면 각 행위를 미수범으로 처벌하도록 규정하고 있다. 형법 제263조는 상해죄에 관하여 인정된 특별규정이다. 상해죄에서는 수개의 독립행위가 경합한 경우에 원인행위가 판명되지 않으면 각자를 공동정범의 예에 따라 처벌한다. 상해의 결과는 이미 발생되어 있으므로 독립행위로 상해를 한 사람들은 공동정범의 예에 따라 각자 상해죄의 기수범으로 처벌된다.

원래 공동정범으로 처벌하려면 행위자 상호간에 의사연락 및 실행행위의 분담이 있어야 한다. 독립행위의 경합은 2명 이상의 사람이 의사연락 없이 개별적으로 행위를 하는 경우이다. 독립행위가 경합하여 상해의 결과가 발생한 경우에 형법 제263조가 없다면 각 행위자는 각각 단독정범으로 자신의 행위에 의하여 발생한 상해의 결과에 대해서만 책임을 진다. 이것은 형법상 책임개별화의 원칙에 입각한 결론이다.

또한 형사절차에서는 무죄추정의 원칙(헌법27④, 형소법275의2, 307②)과 증거재판주의(형소법307①)가 지배하므로, 어떠한 상해의 결과가 어떠한 행위에 의하여 발생되었는지가 증명되어야만 비로소 행위자를 상해죄의 기수범으로 처벌할 수 있다. 이러한 관계가 입증되지 못하면 형법 제19조에 의하여 각각의 독립행위자는 상해죄의 미수범(법257③)으로 처벌된다.

그런데 사람의 신체에 대해 상해의 결과가 현실적으로 발생하였음에도 불구하고 원인된 행위가 판명되지 아니하였다고 하여 상해죄의 미수범으로밖에 처벌할 수 없다면 피해자 보호가 대단히 취약하게 된다. 또한 상해죄는 여러 사람이 집단적으로 행위할 때 그 피해가 기하급수적으로 커지는 특성이 있다. 한편 집단범죄 형태의 상해죄에 대해 형사재판의 실무상 발생하는 입증 곤란의 문제점도 외면할 수 없다. 동시범의 특례를 규정한 형법 제263조는 이러한 점들을 감안하여 입법자가 형사정책적으로 마련한 규정이다.

(2) 위헌 논의

독립한 가해행위가 경합하여 상해의 결과가 발생하였으나 그 원인행위가 판명되지 아니한 경우에 형법 제263조는 독립행위의 경합에 관한 일반규정인 형법 제19조에 따르지 아니하고, 공동정범의 예에 의하여 각 가해행위자에게 상해의 결과에 대한 책임을 부담시키고 있다.

이와 같은 형법 제263조에 대해 상해의 결과에 대하여 책임이 없는 자에게 상해의 결과에 대한 책임을 묻는 것으로서 책임주의원칙에 반하는 것은 아닌지가 헌법재판소에서 논란되었다. 헌법재판소는 5 대 4로 위헌의견이 많았으나 위헌결정에 필요한 6명 재판관의 찬성을 얻지 못하여 형법 제263조는 합헌으로 결정되었다.[1)]

(3) 형법 제263조의 법적 성질

(가) 문제의 소재　　형법 제263조는 원인행위와 상해의 결과발생 사이의 인과관계 입증이라는 문제를 해결해 주는 한편, 공동정범의 성립에 필요한 의사연락의 요건을 구비시켜 주는 기능을 한다. 여기에서 형법 제263조의 법적 성질을 어떻게 파악할 것인가가 문제이다.

입법자는 어떠한 사실에 대해 특별한 법적 효력을 부여할 때 의제(간주), 법률상 추정, 거증책임의 전환 등의 방법을 사용한다.

① 의 제　　일정한 법적 효과를 부여할 때 그 전제되는 사실이 실제로는 존재하지 않음에도 불구하고 법률의 세계에는 존재하는 것으로 취급하는 것이다. 의제는 '본다'는 용어로 표현되기도 한다. 의제의 경우에는 반증이 허용되지 않는다.

② 법률상 추정　　어떠한 사실(A)이 증명될 때 일정한 법적 효과의 발생을 위하여 필요한 요건사실(B)이 존재한다고 일단 추정하지만, 증거능력 있는 증거를 가지고 증거조사절차를 통해 반대사실(C)에 대한 증명(반증)이 이루어질 때에는 그 요건사실(B)의 존재를 부인할 수 있도록 하는 것이다. 법률상 추정의 경우에는 이를 위해 법적 근거가 마련되어 있다.

③ 사실상 추정　　일정한 사실(A)이 인정되면 그로부터 다른 사실(B)의 존재를 추론할 수 있는 것이 일반적인 경우에 다른 사실(B)을 인정하는 데에 이의를 제기하면 그러한 추론을 허용하지 않는 것이다. 예컨대 어느 행위에 구성요건해당성이 인정되면 그로부터 위법성이 추정되는 것이 보통이지만, 정당방위를 주장하면 위법성 추정은 깨지게 된다. 이 경우의 추정은 사실상 추정에 불과하기 때문이다.

법률상 추정과 달리 사실상 추정의 경우에는 단순히 추정된 사실을 다투기만 하여도 추정이 깨진다. 이 때문에 법률에서 어느 특정한 법적 효과를 부여하려고 할 경우 입법자는 사실상 추정의 기법을 사용하지 않는다.

④ 거증책임의 전환　　거증책임이란 어떠한 사실(A)의 존재 또는 부존재가 입증되지 않을 때 소송당사자의 어느 한쪽이 불이익을 입게 될 지위를 의미한다. 형사절차에서는 검사가 그 불이익을 부담하는 것이 원칙이다. 즉 사실의 존재가 불분명할 경우에는 피고인에게 유리하게 판단해야 한다(의심스러울 때에는 피고인에게 유리하게).

그러나 특별한 입법정책적 고려하에서는 오히려 피고인에게 불리하게 판단되는 경우도 생길 수 있다. 이러한 경우를 가리켜서 거증책임의 전환이라고 한다. 거증책임의 전환은 앞

---

1) 2018. 3. 29. 2017헌가10, 헌공 제258호, 529.

에서 본 의제나 법률상 추정과 달리 검사와 법원이 사실규명의 노력을 다한 후에 검토되는 극한적 개념이다.

(나) 학 설 형법 제263조의 법적 성질을 어떻게 파악할 것인가를 놓고 (가) 의제를 규정한 것으로 보는 견해,[1] (나) 법률상 추정을 규정한 것으로 보는 견해, (다) 거증책임전환을 규정한 것으로 보는 견해,[2] (라) 인과관계에 관하여는 거증책임을 전환한 것으로 보고, 공동정범에 필요한 의사연락은 의제된다고 보는 견해[3] 등이 있다. 그 밖에도 인과관계와 의사연락의 조합 여하에 따라 다양한 학설들이 나올 수 있다.[4][5]

(다) 사 견 형법 제263조의 성질은 인과관계와 의사연락이라는 두 가지 관점에서 살펴볼 필요가 있다. 먼저 인과관계의 문제를 보면, 우리 형법 제19조가 "동시(同時) 또는 이시(異時)의 독립행위가 경합한 경우에 그 결과발생의 원인된 행위가 판명되지 아니한 때에는 각 행위를 미수범으로 처벌한다."고 규정한 점에 유의할 필요가 있다. 원래 이 조문을 충실하게 적용한다면 상해의 독립행위가 경합하여 인과관계가 불분명할 경우 피고인에게 유리하게 상해죄의 미수범(법257③)으로 처벌해야 할 것이다.

그러나 앞에서 본 바와 같이 입법자는 상해죄에 대해 특별한 형사정책적 고려를 하고 있다. 인과관계의 입증에 대해서는 형법 제263조가 피고인에게 거증책임을 전환시킨 후 기수범으로 처벌하려는 것이라고 생각된다. 거증책임전환설은 검사와 법원에게 최대한의 사실규명 활동을 요구하기 때문에 의제설 또는 법률상 추정설에 비하여 피고인에게 보다 유리하다. 최대한의 증명활동을 하였으나 사실관계의 판단에 의문이 남을 때 재판불능의 사태를 방지하기 위하여 최후의 구제수단으로 등장하는 개념이 거증책임이기 때문이다.

다음으로, 공동정범에 필요한 의사연락의 측면을 본다. 집단행동으로 일어나는 상해의 경우 피해가 기하급수적으로 증가한다. 형법 제263조는 이러한 점을 고려하여 독립행위자를 공동정범의 예에 의하여 처벌한다. 상해의 독립행위는 2명 이상의 사람들 사이에 상해의 의사연락이 없는 경우이다. 이에 대해 상해죄의 공동정범은 2명 이상의 사람들 사이에 상해의 의사연락이 있는 경우이다.

의사연락은 있거나 없거나의 양자택일적 성질을 가지고 있다. 독립행위자를 공동정범으

---

1) 김성돈, 97면.

2) 김일수 · 서보학, 59면(제한적 거증책임전환설); 김혜정 외, 56면; 박상기, 53면; 이재상 · 장영민 · 강동범, 58면; 이형국 · 김혜경, 60면; 임웅, 75면; 정영일, 34면.

3) 정성근 · 박광민, 81면; 주호노, 127면.

4) 오영근, 62면은 형법 제263조가 피고인이 자신의 행위로 인해 결과가 발생하지 않았음을 증명하는 일응의 증거를 제출할 책임(증거제출책임)을 규정한 것이라고 본다.

5) 손동권 · 김재윤, 53면은 인과관계에 대해 사실상 추정설을 취하고 있다.

로 처벌하려면 존재하지 않는 의사연락을 존재하는 것으로 취급해야 한다. 결국 형법 제263조는 독립행위자들 사이에 상해의 의사연락을 의제한 규정이다.

여기에서 법적 성질을 종합해 보면, 형법 제263조는 (가) 기수범 처벌을 위한 인과관계의 입증에 대해서는 거증책임전환 규정으로, (나) 공동정범으로 처단하기 위한 의사연락 부분에 대해서는 의제를 인정하는 규정으로 파악된다.

(라) 판 례　　판례의 입장은 분명하지 않다. 판례 가운데에는 상해의 독립행위가 경합한 경우에 대해 "가해자 모두를 공동정범으로 보자"고 하여 의제적 입장을 피력한 것이 있다.[1]

(4) 형법 제263조의 요건과 효과

(가) 독립행위의 확인　　형법 제263조의 해석상 주의할 점으로 다음의 사항들을 들 수 있다. 먼저, 형법 제263조가 적용되려면 다수의 독립행위들이 존재한다는 사실이 확인되어야 한다. 가해행위를 하였을 가능성 자체가 분명하지 않은 사람은 처음부터 동시범으로 다스릴 수 없다.[2]

다음으로, 다수자의 행위는 서로 독립하여야 한다. 즉 행위자들 사이에 의사의 연락이 없어야 한다. 만일 가해자들이 공범관계에 있어 공동가공의 의사가 있었다면 독립행위경합의 문제는 처음부터 제기될 수 없다.[3]

(나) 이시의 독립행위　　이시(異時)의 독립행위가 경합한 경우에 형법 제263조를 적용할 수 있는지 문제된다. 판례는 형법 제19조와 제263조의 규정취지를 새겨 볼 때 이시의 상해행위가 경합하여 결과가 일어난 경우에도 그 원인된 행위가 판명되지 아니한 때에는 공동정범의 예에 의하여야 한다는 입장을 취하고 있다.[4]

형법 제263조가 규정한 동시범의 특례는 자기책임의 원칙과 무죄추정의 원칙을 형사정책적 고려하에 예외적으로 배제한 것이다. 이 때문에 형법 제263조는 되도록 축소해석해야 한다. 시간적으로 전혀 무관한 이시(異時)의 독립행위들에 대해서는 형법 제263조를 적용할 수 없다. 판례는 다수의 독립행위가 서로 접촉된 전후관계에 있을 것을 요구하고 있다.[5]

(다) 법적 효과　　상해의 결과에 대해 원인행위가 판명되면 형사책임 개별화의 원칙에 따라 독립행위자들은 각자 자기 행위에 대해 책임을 져야 한다. 따라서 형법 제263조가 동

---

1) 1984. 5. 15. 84도488, 공 1984, 1153 = 분석 각론 『비골개방성 골절상 사건』.
2) 1984. 5. 15. 84도488, 공 1984, 1153 = 분석 각론 『비골개방성 골절상 사건』.
3) 1985. 12. 10. 85도1892, 공 1986, 280 = 분석 각론 『잡귀 사건』.
4) 1981. 3. 10. 80도3321, 공 1981, 13853 = 분석 각론 『쇠스랑 강타 사건』.
5) 1985. 12. 10. 85도1892, 공 1986, 280 = 분석 각론 『잡귀 사건』.

시범의 특례를 규정하면서 '원인된 행위가 판명되지 아니한 때'라는 요건을 설정한 것은 당연한 일이다.

형법 제263조를 근거로 원인된 행위가 판명되지 않았음에도 불구하고 원인된 행위가 판명된 것처럼 취급하려면 그 전제로서 법원과 검사의 사실규명 노력이 충분히 이루어져야 한다. 거증책임의 전환은 극한적 개념이기 때문이다. 원인규명을 위한 심리활동이 충분히 이루어진 이후에 비로소 피고인에게 불리한 판단이 가능하게 된다.

형법 제263조의 요건들이 갖추어지면 각각의 독립행위자들은 공동정범의 예에 의하여 처벌된다. 공동정범의 예에 의한다 함은 상해의 의사연락이 없고 인과관계의 증명이 없어도 각자를 모두 상해죄 기수범의 공동정범으로 처벌한다는 뜻이다.

(5) 형법 제263조의 적용범위

동시범의 특례를 규정한 형법 제263조는 상해의 결과가 발행한 경우만을 적용대상으로 명시하고 있다. 여기에서 상해가 아니라 사망의 결과가 발생한 경우에도 형법 제263조를 적용할 수 있는지 문제된다. 판례는 형법 제263조가 상해치사죄(법259)에도 적용된다고 보고 있다.[1] 사망은 상해의 결과가 극단화된 경우로 보는 입장이라고 생각된다.

판례는 폭행치사상죄(법262)의 경우에도 동시범의 특례가 적용됨을 밝히고 있다. 즉 원인행위가 상해행위이건 폭행행위이건 사망의 결과가 발생하면 형법 제263조가 적용된다고 본다.[2] 폭행죄가 상해죄와 동일한 장에 규정되어 있고, 사망의 결과가 발생하였다는 점에서 상해치사죄의 경우와 별다른 차이가 없다는 점을 고려한 것이다.

형법 제263조는 형법 각칙 제25장 상해와 폭행의 장에 규정된 죄에 인정되는 특별규정이다. 판례는 상해죄와 폭행죄 이외의 범죄에 대해서는 동시범의 특례를 인정하지 않는다. 형법 제263조는 보호법익을 달리하는 강간치상죄에는 적용할 수 없다.[3] 같은 관점에서 강도치상죄나 살인죄에 대해서도 동시범의 특례규정은 적용되지 않는다.

제 3 상해죄의 특수유형

1. 존속상해죄

형법 제257조 (존속상해) ② 자기 또는 배우자의 직계존속에 대하여 제1항의 죄를 범한 때에는

1) 1985. 5. 14. 84도2118, 공 1985, 866 = 백선 총론『뱃놀이 사건』.
2) 2000. 7. 28. 2000도2466, 공 2000, 1978 = 백선 총론『벤치 밀쳐내기 사건』.
3) 1984. 4. 24. 84도372, 공 1984, 952.

10년 이하의 징역 또는 1천 5백만원 이하의 벌금에 처한다.

◎ 자격정지 임의적 병과(법265)
◎ 미수범 처벌함(법257③)
◎ 결과적 가중범 가중처벌함(법259②)
◎ 특수상해죄 가중처벌함(법258의2①)
◎ 상습범 가중처벌함(법264)
◎ 폭력행위처벌법 적용대상임(동법2② iii)

형법 제257조 제2항은 자기 또는 배우자의 직계존속에 대하여 상해의 죄를 범한 경우를 가중처벌하고 있다. 존속상해죄는 자기 또는 배우자의 직계존속을 상해한다는 점에서 형이 가중된 부진정신분범이다. 배우자, 직계존속의 개념은 존속살인죄에서의 그것과 동일하다.[1] 존속상해죄의 미수범은 처벌된다(법257③).

헌법재판소는 형법 제259조 제2항의 존속상해치사죄에 대해 합헌성을 긍정한바 있다. 헌법재판소는 그 근거로 존속상해치사죄가 보편적 사회질서나 도덕원리, 나아가 인륜에 반하는 행위로 인식되어 그 패륜성에 대하여는 통상의 상해치사죄에 비하여 고도의 사회적 비난을 받아야 할 이유가 충분하다는 점을 들고 있다.[2] 같은 관점에서 형법 제257조 제2항의 존속상해죄도 합헌으로 판단될 것이다.

형법 제257조 제2항은 존속상해죄를 10년 이하의 징역 또는 1천500만원 이하의 벌금으로 처벌하고 있다. 「폭력행위 등 처벌에 관한 법률」(폭력행위처벌법) 제2조 제2항 제3호는 2명 이상이 공동하여 존속상해죄를 범한 사람에 대해 형법 제257조 제2항에 정한 형의 2분의 1까지 가중하여 처벌한다. 폭력행위처벌법 제2조 제3항은 폭력행위처벌법 제2항 제3호의 공동존속상해죄를 범하여 2회 이상 징역형을 받은 사람이 다시 제2항 제3호의 공동존속상해죄를 범하여 누범으로 처벌할 경우에는 2년 이상 20년 이하의 징역으로 가중처벌하고 있다.

형법 제258조의2 제1항은 단체 또는 다중의 위력을 보이거나 위험한 물건을 휴대하여 형법 제257조 제2항의 존속상해죄를 범한 경우를 1년 이상 10년 이하의 징역으로 처벌하고 있다.

---

1) 전술 607면 이하 참조.
2) 2002. 3. 28. 2000헌바53, 헌집 14-1, 159 = 분석 각론 『존속상해치사 합헌 사건』.

2. 중상해죄

형법 제258조 (중상해, 존속중상해) ① 사람의 신체를 상해하여 생명에 대한 위험을 발생하게 한 자는 1년 이상 10년 이하의 징역에 처한다.

② 신체의 상해로 인하여 불구 또는 불치나 난치의 질병에 이르게 한 자도 전항의 형과 같다.

◎ 자격정지 임의적 병과(법265)

◎ 특수상해죄 가중처벌함(법258의2①)

◎ 상습범 가중처벌함(법264)

(1) 중상해죄의 구조

형법 제258조는 중상해죄를 규정하고 있다. 중상해의 의미는 (가) 상해의 수단이 중한 경우와 (나) 상해의 결과가 중한 경우로 나누어 볼 수 있다. 독일 형법의 경우에는 상해의 수단이 중한 경우를 '위험한 상해의 죄'(동법224)로, 상해의 결과가 중한 경우를 '중한 상해의 죄'(동법226)로 각각 분리하여 규정하고 있다.[1)]

독일 형법상 '위험한 상해의 죄'(동법224)는 전형적인 고의범이지만, '중한 상해의 죄'는 원칙적으로 결과적 가중범이다(동법226①). 다만, 중한 결과에 대해 고의가 있는 경우에는 형이 가중된다(동조②). 이 경우는 기본범죄인 고의의 상해죄와 고의의 중한 결과가 결합한 것으로 전형적인 고의범이다.

---

1) **독일형법 제224조** (위험한 상해) ① 다음 각호의 1에 해당하는 방법으로 상해를 가한 자는 6월 이상 10년 이하의 자유형에 처하고, 중하지 아니한 경우에는 3월 이상 5년 이하의 자유형에 처한다.

1. 독극물 또는 기타 건강을 해하는 물질의 투여
2. 무기 기타 생명에 위험한 도구의 사용
3. 교활한 기습공격
4. 수인이 공동으로 행위한 경우
5. 생명을 위협하는 신체취급(Behandlung)

② 미수범은 처벌한다.

제226조 (중한 상해) ① 상해로 피해자에게 다음 각호의 1에 해당하는 결과를 야기한 경우에는 1년 이상 10년 이하의 자유형에 처한다.

1. 한쪽 또는 양쪽 눈의 시력, 청력, 언어능력 또는 생식능력을 상실하게 하는 결과
2. 신체의 중요부위를 상실하게 하거나 영구히 더 이상 사용할 수 없게 하는 결과
3. 현저히 지속적으로 변형을 초래하거나 질병, 신체마비, 정신병 또는 정신장애에 빠뜨리는 결과

② 행위자가 제1항에 규정된 결과를 의도적으로 또는 그 정을 알면서 야기한 경우에는 3년 이상의 자유형에 처한다.

③ 제1항에서 중하지 아니한 경우에 대해서는 6월 이상 5년 이하의 자유형에 처하고, 제2항에서 중하지 아니한 경우에 대해서는 1년 이상 10년 이하의 자유형에 처한다.

우리 형법 제258조의 중상해죄를 어떻게 파악할 것인지 문제된다. 형법 제258조 제2항의 중상해죄가 결과적 가중범이라는 데에는 의문이 없다. 문제는 형법 제258조 제1항의 중상해죄이다. 이에 대해서는 고의범이라는 견해[1]와 결과적 가중범이라는 견해[2]가 제시되고 있다. 고의범으로 파악할 경우 형법 제258조 제1항에 규정된 중상해에 대한 고의가 인정되어야 범죄가 성립한다. 판례는 고의범으로 파악하고 있다.[3]

생각건대 형법 제258조 제1항의 중상해죄는 결과적 가중범으로 파악하는 것이 타당하다고 본다. 상해의 결과가 진행되는 경우를 보면, 단순한 상해, 불구 · 불치의 상해, 치명상에 가깝지만 목숨을 건진 상해, 치명상으로서 목숨을 잃게 한 상해로 단계를 구분해 볼 수 있다. 우리 형법이 상해죄(법257), 중상해죄(법258), 상해치사죄(법259)의 순서로 조문을 배치한 것은 상해의 결과발생에 주목한 것이다.

입법자가 결과발생의 정도에 주목하였다는 사실은 중상해죄와 상해치사죄에 미수범 처벌규정이 없다는 점에서도 확인된다. 중상해죄와 상해치사죄는 모두 중한 결과발생에 중점을 둔 결과적 가중범이기 때문에 미수범을 처벌하지 아니한 것이다.

형법 제258조 제1항의 중상해죄가 결과적 가중범이라는 점은 형법 제258조의2로 특수상해죄가 신설되면서 더욱 뚜렷해졌다. 특수상해죄는 단체 또는 다중의 위력을 보이거나 위험한 물건을 휴대하여 범한다는 상해 자체의 태양에 주목한 가중처벌유형이다. 특수상해죄의 미수범은 처벌된다(법258의2③). 특수상해죄의 신설을 통하여 형법 제258조 제1항의 중상해죄를 고의범으로 포착할 필요성은 그만큼 더 줄어들었다고 할 수 있다.

형법 제258조 제1항의 중상해죄가 결과적 가중범이라는 점은 특수상해죄의 미수범처벌을 규정한 형법 제258조의2 제3항이 중상해의 유형과 관계없이 형법 제258조의2 제2항의 특수중상해죄를 미수범 처벌대상에 포함시키고 있지 않다는 점에서도 다시 한번 확인된다.

(2) 부진정 결과적 가중범 여부

형법 제258조 제1항의 중상해죄가 결과적 가중범이라고 할 때, 이를 부진정 결과적 가중범이라고 설명하는 것이 지금까지의 일반적인 견해이다.[4] 형법 제258조 제1항의 중상해죄

---

1) 김일수 · 서보학, 53면; 정성근 · 박광민, 53면.

2) 김성돈, 90면; 김혜정 외, 44면; 박상기, 47면; 배종대, 54면; 손동권 · 김재윤, 43면; 오영근, 52면; 이재상 · 장영민 · 강동범, 52면; 이정원, 71면; 이형국 · 김혜경, 64면; 임웅, 67면; 정성근 · 박광민, 75면; 정영일, 21면; 주호노, 89면.

3) 2018. 7. 24. 2018도3443, 공 2018하, 1817 = 『자전거 앞 급정거 사건』.

4) 김성돈, 90면; 김일수 · 서보학, 53면; 김혜정 외, 44면; 박상기, 47면; 배종대, 54면; 손동권 · 김재윤, 43면; 오영근, 52면; 이재상 · 장영민 · 강동범, 52면; 이정원, 71면; 이형국 · 김혜경, 64면; 임웅, 68면; 정성근 · 박광민, 75면; 정영일, 21면.

는 기본범죄인 상해죄와 과실로 인한 중한 결과발생(생명에 대한 위험발생, 다른 말로 바꾸면 "죽을 뻔하였다.")가 결합한 경우인데, 기본범죄인 상해죄와 고의의 중한 결과발생이 결합한 경우에 대해서까지 형법 제258조 제1항을 적용하려면 부진정 결과적 가중범으로 파악해야 한다는 것이다.

그러나 이러한 설명은 불필요하다고 본다. 부진정 결과적 가중범은 중한 결과부분을 고의범으로 포착하여 선행하는 기본범죄와 상상적 경합으로 처리할 수 있는 사안을 대상으로 한다. 예컨대 현주건조물방화치사죄(법164② 2문; 사형, 무기 또는 7년 이상의 징역)의 사안은 현주건조물방화죄(법164①; 무기 또는 5년 이상의 징역)와 살인죄(법250①; 사형, 무기 또는 5년 이상의 징역)가 상상적으로 경합하는 경우이다. 그런데 중한 결과를 고의범으로 포착하여 상상적 경합범(법40)으로 처단할 경우(사형, 무기 또는 5년 이상의 징역) 충분한 형량을 확보할 수 없는 상황이 발생한다. 이럴 때 중한 결과에 대해 과실범 형태를 취하고 있는 진정 결과적 가중범의 조문을 적용하는 것(사형, 무기 또는 7년 이상의 징역)이 부진정 결과적 가중범이다.

형법 제258조 제1항의 중상해죄를 놓고 볼 때, 중한 결과는 생명에 대한 위험발생이다. 우리 형법상 '생명에 대한 위험발생'을 독자적인 고의범 구성요건으로 포착하고 있는 조문은 없다. 만일 고의로 생명에 대한 위험발생을 야기한다면 이는 살인미수에 해당한다. 살인죄(법250①)는 사형, 무기 또는 5년 이상의 징역으로 처벌된다. 기본범죄인 상해죄(법257①; 7년 이하의 징역, 10년 이하의 자격정지 또는 1천만원 이하의 벌금)와 중한 결과의 살인죄(법250①; 사형, 무기 또는 5년 이상의 징역)를 상상적 경합관계로 묶은 다음(사형, 무기 또는 5년 이상의 징역) 미수감경을 하더라도 형법 제258조 제1항의 중상해죄(1년 이상 10년 이하의 징역)보다 훨씬 높은 형을 확보할 수 있다. 이렇게 볼 때 형법 제258조 제1항의 중상해죄는 진정 결과적 가중범임을 알 수 있다.

형법 제258조 제1항의 중상해죄를 부진정 결과적 가중범으로 파악하는 견해는 '중한 상해의 죄'에 대해 고의범을 가중처벌하는 독일 형법(동법226② 참조)의 해석론에 영향을 받은 것이 아닌가 생각된다. 그러나 우리 형법의 조문체계 아래에서는 그러한 해석론이 통용될 수 없다.

(3) 중상해죄의 성립요건

형법 제258조는 상해로 인하여 (가) 생명에 대한 위험의 발생, (나) 불구 또는 불치나 난치의 질병을 발생하게 한 경우를 가중처벌하는 결과적 가중범이다. 중한 상해의 결과발생에 대해 인식·인용은 필요하지 않으나, 형법 제15조 제2항에 따라 예견가능성이 있고, 형법 제17조에 따라 인과관계가 인정되어야만 가중처벌할 수 있다.

생명에 대한 위험발생은 치명상에 가까운 상해를 의미한다. 상해치사죄(법259①)와 비교해 볼 때 생명을 잃을 정도로 치명적인 상해가 발생하였으나 목숨을 건진 경우이다. 의식불명으로 생사가 불투명한 상황에서 다행히 회복한 경우가 여기에 해당하는 예이다.

불구는 신체의 일부를 상실하거나, 신체의 중요기능을 영구적으로 발휘할 수 없는 상태를 말한다. 불구는 불치 또는 난치의 질병과의 균형상 중대한 불구로 해석된다. 실명한 경우[1]나 안면불구[2]는 불구에 해당하지만, 이빨 2개가 빠진 정도는 불구에 해당하지 않는다.[3] 1~2개월간 입원할 정도로 다리가 부러진 상해, 3주간의 치료를 요하는 흉부자상 등은 중상해에 해당하지 않는다.[4]

불치 또는 난치의 질병은 피해자의 생리적 기능에 영구적으로 장애가 발생하거나 생리적 기능의 회복이 대단히 어려워 생활기능에 지속적인 장애가 초래되는 상태를 말한다. 불구, 불치·난치의 질병 여부는 의학적 견지에서 판단되어야 한다.

(4) 중상해죄의 처벌 정도

형법 제258조 제1항 및 제2항은 중상해죄를 1년 이상 10년 이하의 징역으로 처벌하고 있다. 형법 제258조의2 제2항은 단체 또는 다중의 위력을 보이거나 위험한 물건을 휴대하여 형법 제258조의 중상해죄를 범한 경우를 2년 이상 20년 이하의 징역으로 처벌하고 있다.

3. 존속중상해죄

형법 제258조 (존속중상해) ③ 자기 또는 배우자의 직계존속에 대하여 전2항의 죄를 범한 때에는 2년 이상 15년 이하의 징역에 처한다.

◎ 자격정지 임의적 병과(법265)
◎ 특수존속상해죄 가중처벌함(법258의2①)
◎ 상습범 가중처벌함(법264)

형법 제258조 제3항은 자기 또는 배우자의 직계존속에 대하여 중상해의 죄를 범한 경우를 2년 이상 15년 이하의 징역으로 처벌하고 있다. 형법 제258조의2 제2항은 단체 또는 다중의 위력을 보이거나 위험한 물건을 휴대하여 형법 제258조 제3항의 존속중상해죄를 범한

---

1) 1960. 4. 6. 4292형상395, 총람 258조 3번.
2) 1970. 9. 22. 70도1638, 집 18③, 형25 =『콧등 절단 사건』.
3) 1960. 2. 29. 4259형상413, 총람 258조 4번.
4) 2005. 12. 9. 2005도7527, 공 2006, 152.

경우를 2년 이상 20년 이하의 징역으로 처벌하고 있다.

4. 특수상해죄

형법 제258조의2 (특수상해) ① 단체 또는 다중의 위력을 보이거나 위험한 물건을 휴대하여 제257조 제1항 또는 제2항의 죄를 범한 때에는 1년 이상 10년 이하의 징역에 처한다.
② 단체 또는 다중의 위력을 보이거나 위험한 물건을 휴대하여 제258조의 죄를 범한 때에는 2년 이상 20년 이하의 징역에 처한다.

◎ 자격정지 임의적 병과(법265)
◎ 미수범 처벌함(법258의2③)
◎ 상습범 가중처벌함(법264)

(1) 입법취지

형법 제258조의2는 특수상해죄를 규정하고 있다. 종래「폭력행위 등 처벌에 관한 법률」(폭력행위처벌법) 제3조 제1항에 규정되어 있던 구성요건을 형법으로 이동한 것이다. 헌법재판소는 폭력행위처벌법 제3조 제1항의 폭행, 협박, 손괴 부분에 대해 형법상의 특수폭행죄(법261), 특수협박죄(법284), 특수손괴죄(법369) 등과의 중복을 이유로 위헌결정을 내렸다.[1]

그러나 헌법재판소는 폭력행위처벌법 제3조 제1항 중 형법과 중복되지 않는 상해 부분에 대해서는 합헌결정을 내렸다.[2] 폭력행위처벌법 제3조 제1항 중 상해 부분과 같은 맥락에 서 있는 것으로 강요와 공갈 부분이 있다. 이에 입법자는 2015년 12월 폭력행위처벌법 제3조 제1항을 폐지하면서, 특수상해죄(법258의2), 특수강요죄(법324②), 특수공갈죄(법350의2)를 각각 형법에 신설하였다. 특수상해죄에서 사용되는 단체 또는 다중의 위력, 위험한 물건의 휴대 등의 표지는 특수공무방해죄(법144①)에서 설명한 것과 같다.[3]

단체 또는 다중에 이르지 아니하였으나 2명 이상이 공동하여 상해를 한 경우에는 폭력행위처벌법 제2조 제2항에 의하여 가중처벌된다.

(2) 특수상해죄의 유형

형법 제258조의2가 규정하고 있는 특수상해죄는 (가) 단순한 특수상해죄(법258의2①),

1) 2015. 9. 24. 2014헌바154, 헌공 228, 1415.
2) 2015. 9. 24. 2014헌가1, 헌공 228, 1376.
3) 전술 229면 이하 참조.

(나) 특수존속상해죄(법258의2①), (다) 특수중상해(법258의2②)로 나누어진다.

(가) 특수상해죄 단체 또는 다중의 위력을 보이거나 위험한 물건을 휴대하여 범하는 상해죄(법257①)의 법정형은 1년 이상 10년 이하의 징역이다(법258의2①). 특수상해죄(법258의2①)의 미수범은 처벌된다(동조③).

(나) 특수존속상해죄 단체 또는 다중의 위력을 보이거나 위험한 물건을 휴대하여 범하는 존속상해죄(법257②)의 법정형은 1년 이상 10년 이하의 징역이다(법258의2①). 특수존속상해죄(법258의2①)의 미수범은 처벌된다(동조③).

(다) 특수중상해죄 단체 또는 다중의 위력을 보이거나 위험한 물건을 휴대하여 범하는 중상해죄(법258)의 법정형은 2년 이상 20년 이하의 징역이다(법258의2②). 특수중상해죄는 (가) 생명에 대한 위험을 발생하게 한 중상해죄(법258①)의 가중유형으로서의 특수중상해죄, (나) 불구 · 불치 · 난치의 결과에 이르게 한 중상해죄(동조②)의 가중유형으로서의 특수중상해죄, (다) 자기 또는 배우자의 직계존속에 대하여 범한 존속중상해죄(동조③)의 가중유형으로서의 특수존속중상해죄로 나누어진다. 그러나 그 법정형은 모두 같다.

특수중상해죄의 미수범에 대해서는 처벌규정이 없다(법258의2③ 참조). 특수중상해죄가 결과적 가중범의 구조를 가지고 있기 때문이다.

5. 상해치사죄

형법 제259조 (상해치사) ① 사람의 신체를 상해하여 사망에 이르게 한 자는 3년 이상의 유기징역에 처한다.

형법 제259조 제1항은 사람의 신체를 상해하여 사망에 이르게 한 경우를 가중처벌하고 있다. 상해치사죄는 상해죄에 대한 결과적 가중범이다. 따라서 상해치사죄가 성립하려면 기본범죄인 상해죄에 대한 고의가 있어야 하고 사망의 결과에 대한 예견가능성이 있어야 하며(법15②), 상해행위와 사망의 결과 사이에 인과관계가 존재해야 한다(법17).

상해치사죄와 관련하여 공범의 처벌 여부가 문제된다. 판례는 결과적 가중범인 상해치사죄의 공동정범은 폭행 기타의 신체침해 행위를 공동으로 할 의사가 있으면 성립되고 결과를 공동으로 할 의사는 필요 없다는 입장이다.[1] 여러 사람이 상해의 범의로 범행하던 중 한 사

---

1) 2013. 4. 26. 2013도1222, [미간행] = 『발등 동맥 절단 사건』:

[갑과 을은 A를 상대로 난투극을 벌였다. 구체적인 상황은 다음과 같다.] 갑은 냄비뚜껑을 A의 이마에 던지고 소주병이 깨질 때까지 A의 머리 부위를 수 차례 가격하였다(㉠상황). 갑은 계속하여 과도와 식칼을 이용하여 A의 머리 부위를 반복하여 때리거나 A를 협박하였다(㉡상황). 싸움 과정에서 을이 식칼로 A의 발등 동맥을 절단하였다. 갑은 을의 행위를 보고도 이를 제지하지 않았다(㉢상황). 당시 A가 입은 상해의 부위는

람이 중한 상해를 가하여 피해자가 사망에 이르게 된 경우, 나머지 사람들은 사망의 결과를 예견할 수 없는 때가 아닌 한, 상해치사의 죄책을 면할 수 없다.[1]

갑과 을이 피해자를 상해하기로 공모하여 갑은 사무실에서 대기하고, 실행행위를 분담하기로 공모한 을이 사건현장에 가서 피해자를 상해하여 사망하게 하였다면, 공모에만 참여한 갑에 대해서도 상해치사죄의 공동정범이 인정된다.[2]

갑이 을 등 공범과 공동하여 피해자의 신체를 상해하거나 피해자의 신체에 대하여 폭행을 가하는 기회에, 을이 피해자를 살해한 경우 갑의 죄책이 문제된다. 이 경우 갑은 피해자에 대한 살인행위를 공모하거나 공범의 살인행위에 관여하지 아니하였기 때문에 살인죄의 죄책은 지지 않는다. 그러나 상해나 폭행행위에 관하여는 갑과 을 사이에 서로 인식이 있었고, 예견이 가능한 공범의 가해행위로 사망의 결과가 초래된 이상, 갑은 상해치사죄의 죄책을 면할 수 없다.[3]

교사자가 피교사자에 대하여 상해 또는 중상해를 교사하였는데 피교사자가 이를 넘어 살인을 실행한 경우에, 일반적으로 교사자는 상해죄 또는 중상해죄의 교사범이 된다. 그렇지만 이 경우에 교사자에게 피해자의 사망이라는 결과에 대해 과실 내지 예견가능성이 있을 때에는 상해치사죄의 교사범으로서의 죄책을 진다.[4]

6. 존속상해치사죄

형법 제259조 ② 자기 또는 배우자의 직계존속에 대하여 전항의 죄를 범한 때에는 무기 또는 5년 이상의 징역에 처한다.

전신에 걸쳐 광범위했고 상해 정도 또한 심히 중하였다(㉣상황). 이후 A는 사망하였다.

검사는 갑과 을을 상해치사죄의 공동정범으로 기소하였다. 공소사실 요지는 다음과 같다. "갑과 을은 공모하여 A에게 상해를 가하여 사망에 이르게 하였다." 갑의 피고사건은 제1심을 거친 후, 항소심에 계속되었다. 항소심은 유죄를 인정하였다. 갑은 불복 상고하였다. 을은 상고하지 않았다. 갑은 상고이유로 다음의 점을 주장하였다. (가) A에게 중한 상해를 가한 것은 을이다. (나) 을이 입힌 중한 상해로 A가 사망하였다. (다) 갑은 A가 사망하리라고는 예견하지 못하였다. (라) 갑에게 상해치사죄를 인정하는 것은 위법하다.

대법원은 다음의 이유를 제시하여 상고를 기각하였다. (가) 결과적 가중범인 상해치사죄의 공동정범은 폭행 기타의 신체침해 행위를 공동으로 할 의사가 있으면 성립되고 결과를 공동으로 할 의사는 필요 없다. (나) 여러 사람이 상해의 범의로 범행 중 한 사람이 중한 상해를 가하여 피해자가 사망에 이르게 된 경우가 있다. (다) 이 경우 나머지 사람들은 사망의 결과를 예견할 수 없는 때가 아닌 한 상해치사의 죄책을 면할 수 없다. (라) ㉠, ㉡, ㉢, ㉣상황 등을 볼 때 을이 A에게 식칼로 상해를 가하는 과정에서 잘못하면 A가 사망에 이르게 될 수도 있다는 것을 갑도 충분히 예견할 수 있었다.

1) 2013. 4. 26. 2013도1222, [미간행] =『발등 동맥 절단 사건』.

2) 1991. 10. 11. 91도1755, 공 1991, 2782.

3) 1991. 5. 14. 91도580, 공 1991, 1685.

4) 1993. 10. 8. 93도1873, 공 1993, 3117 = 백선 총론『경호원 살인 사건』.

자기 또는 배우자의 직계존속에 대하여 상해치사죄를 범한 경우에는 형법 제259조 제2항에 의하여 무기 또는 5년 이상의 징역으로 가중처벌된다. 헌법재판소는 존속상해치사죄에 대해 합헌 판단을 내린 바 있다.[1)]

7. 상습상해죄

형법 제264조 (상습범) 상습으로 제257조, 제258조, 제258조의2, 제260조 또는 제261조의 죄를 범한 때에는 그 죄에 정한 형의 2분의 1까지 가중한다.

◎ 자격정지 임의적 병과(법265)

형법 제264조는 상습상해죄를 가중처벌하고 있다.[2)] 상습성은 반복하여 범죄행위를 하는 습벽으로서, 행위자의 속성을 말한다. 범행의 습벽 유무를 판단할 때에는 전과나 범행횟수 등이 중요한 판단자료가 된다. 그러나 전과가 없다 하더라도 범행의 성질과 방법, 범행의 규모, 범행에 가담하게 된 태양 등의 모든 사정을 참작하여 범행의 습벽이 인정되는 경우에는 상습성을 인정할 수 있다.

형법 제264조가 가중처벌의 대상으로 삼고 있는 죄는 (가) 상해죄(법257①), (나) 존속상해죄(법257②), (다) 중상해죄(법258①·②), (라) 존속중상해죄(법258③), (마) 특수상해죄(법258의2①), (바) 특수중상해죄(법258의2②)이다. 그 밖에도 형법 제264조는 (사) 폭행죄(법260①), (아) 존속폭행죄(법260②), (자) 특수폭행죄(법261)를 상습범 가중처벌 대상으로 규정하고 있다.

형법 제264조에서 말하는 '상습'이란 형법 제264조에 열거된 상해 내지 폭행행위의 습벽을 말한다. 형법 제264조에 열거되지 아니한 다른 유형의 범죄까지 고려하여 상습성의 유무를 결정해서는 안 된다. 그러므로 상습폭행죄의 상습성을 판단함에 있어 피고인의 재물손괴나 주거침입 전과까지 종합하여 판단하는 것은 위법하다.[3)]

---

1) 2002. 3. 28. 2000헌바53, 헌집 14-1, 159 = 분석 각론『존속상해치사 합헌 사건』.

2) 상습폭행죄에 대해서는 폭행죄의 항목에서 별도로 설명하기로 한다. 후술 000면 참조.

3) 2018. 4. 24. 2017도21663, 공 2018상, 1038 =『상습폭행 재물손괴 전과 사건』:

갑은 일련의 폭력범죄 전과를 가지고 있다. 그 가운데에는 ㉮재물손괴죄와 ㉯주거침입죄의 전과가 있다. 갑은 술을 마시면 폭력적인 행동을 하는 성향이 있다. 갑은 술을 마시고 ㉰폭행 및 ㉱협박을 하였다.

검사는 갑을 형법상 ㉰상습협박 및 ㉱상습폭행의 공소사실로 기소하였다. 제1심법원은 갑의 일련의 폭력범죄 전과를 근거로 상습폭행죄를 인정하였다. 갑은 불복 항소하였다. 갑은 항소이유로, 제1심법원이 폭행의 상습성을 인정하면서 죄질이 다른 재물손괴죄와 주거침입죄의 전과를 근거로 삼은 것은 위법하다고 주장하였다. 항소법원은 갑의 주장을 배척하고 항소를 기각하였다. 갑은 불복 상고하였다.

대법원은 다음의 이유를 제시하여 상고를 기각하였다. 대법원은 상해죄 및 폭행죄의 상습범에 관하여 다음 형법 제264조에서 말하는 '상습'이란 이 조문에 열거된 (가) 내지 (바)의 각 상습상해죄 별로 상호 간의 상습성만을 의미하는 것이 아니라 이 조문에 열거된 (가) 내지 (자)의 모든 범죄행위를 포괄한 상해 · 폭행죄의 습벽을 의미한다. 따라서 상해 · 폭행죄의 습벽을 가진 자가 형법 제264조에 열거된 상해죄와 폭행죄 중 서로 다른 수종의 죄를 범하였다면 그 각 행위는 그중 가장 중한 법정형의 상해죄 또는 폭행죄의 상습범으로서 포괄일죄에 해당한다.[1)]

상습상해죄는 가중대상이 되는 상해죄에 정한 형의 2분의 1까지 가중하여 처벌한다. 2분의 1 가중은 가중대상이 되는 상해죄에 정한 법정형의 단기와 장기를 모두 가중한다는 의미이다.[2)]

제 4 폭행죄의 기본유형 – 폭행죄

형법 제260조 (폭행) ① 사람의 신체에 대하여 폭행을 가한 자는 2년 이하의 징역, 500만원 이하의 벌금, 구류 또는 과료에 처한다.

◎ 반의사불벌죄임(법260③)
◎ 결과적 가중범 처벌함(법262)
◎ 특수폭행죄 가중처벌함(법261)
◎ 상습범 가중처벌함(법264)
◎ 폭력행위처벌법 적용대상임(동법2② i)

1. 폭행 개념의 분류

형법 제260조 제1항은 사람의 신체에 대하여 폭행을 가한 경우를 처벌하고 있다. 일반적

과 같이 설시하였다. (가) 상해죄 및 폭행죄의 상습범에 관한 형법 제264조는 "상습으로 제257조[상해, 존속상해], 제258조[중상해, 존속중상해], 제258조의2[특수상해], 제260조[폭행, 존속폭행] 또는 제261조[특순폭행]의 죄를 범한 때에는 그 죄에 정한 형의 2분의 1까지 가중한다."라고 규정하고 있다. (나) 형법 제264조에서 말하는 '상습'이란 위 규정에 열거된 상해 내지 폭행행위의 습벽을 말하는 것이다. (다) 그러므로 위 규정에 열거되지 아니한 다른 유형의 범죄까지 고려하여 상습성의 유무를 결정하여서는 아니 된다.

대법원은 갑의 행위에 대해 다음과 같이 판단하였다. (가) 원심이 상습폭행죄의 상습성을 판단함에 있어 갑의 재물손괴나 주거침입 전과까지 종합하여 판단하는 것에 위법이 없다는 취지로 이유 설시한 부분은 부적절하다. (나) 그러나 기록에 의하여 알 수 있는 갑의 범행전력, 범행수법, 범행횟수 등에 비추어 상습폭행죄의 상습성을 인정한 제1심판결을 그대로 유지한 원심의 결론은 정당한 것으로 수긍할 수 있다.

1) 2012. 8. 17. 2012도6815, [미간행] 참조 = 『폭처법 상습범 죄수판단 사건』.
2) 2017. 6. 29. 2016도18194, 공 2017하, 1596 = 『톱날 상습특수상해 사건』.

으로 말할 때 폭행은 유형력(물리력)을 불법하게 행사하는 것을 의미한다. 형법전에는 폭행의 개념이 사용되는 경우가 많다. 동일한 '폭행'이라 할지라도 개개의 특별구성요건과 관련하여 조금씩 다르게 이해되고 있다. 형법전에서 사용되는 폭행의 개념은 네 가지로 유형화해 볼 수 있다.

(가) 최광의의 폭행　　유형력이 불법하게 행사되는 모든 경우를 포함하며, 그 대상은 사람뿐만 아니라 물건에도 미친다. 소요죄(법115), 다중불해산죄(법116)에서의 폭행이 여기에 해당한다. 내란죄(법87)에서 말하는 폭동 가운데 폭행 부분은 같은 개념으로 이해된다.[1)]

(나) 광의의 폭행　　사람에 대한 유형력의 행사를 의미한다. 그러나 반드시 사람의 신체에 대하여 유형력이 가해짐을 요하지 않는다. 물체에 대해 가해진 유형력일지라도 그것이 사람의 신체에 물리적으로 감응을 일으킬 수 있는 것이면 족하다. 공무집행방해죄(법136①),[2)] 직무강요죄(법136②), 특수도주죄(법146), 공무원의 폭행 · 가혹행위죄(법125), 강요죄(법324①) 등의 폭행이 여기에 해당된다.

(다) 협의의 폭행　　유형력이 사람의 신체에 대하여 가해지는 경우를 말한다. 형법 제260조의 폭행죄가 성립하려면 사람의 신체에 대해 폭행이 가해져야 한다. 따라서 폭행죄의 폭행은 협의의 폭행에 해당된다.[3)] 공무원의 폭행 · 가혹행위죄(법125)에서의 폭행도 협의의

---

1) 전술 7면 이하 참조.

2) 1981. 3. 24. 81도326, 공 1981, 13856 = 백선 각론 1 『파출소 인분 투척 사건』:

순경 A는 M파출소에서 근무하고 있었다. 갑이 M파출소에 왔다. 갑은 M파출소 사무실 바닥에 인분이 들어 있는 물통을 던졌다(㉮행위). 갑은 책상 위에 있던 재떨이에 인분을 퍼 담아 M파출소 사무실 바닥에 던졌다(㉯행위). 갑은 순경 A에 대하여 "씹할 놈들 너희가 나를 잡아 넣어, 소장 데리고 와 라"고 폭언하였다(㉰행위).

검사는 갑을 형법 제136조 제1항의 공무집행방해죄로 기소하였다. 갑의 피고사건은 제1심을 거친 후, 항소심에 계속되었다. 항소법원은 유죄를 인정하였다. 갑은 불복 상고하였다. 갑은 상고이유로 다음의 점을 주장하였다. (가) 이 사안에서 형법 제136조 제1항의 '직무를 집행하는 공무원'은 순경 A이다. (나) 순경 A에 대해 갑이 유형력을 행사한 사실이 없다.

대법원은 다음의 이유를 제시하여 상고를 기각하였다. 대법원은 공무집행방해죄의 '폭행', '협박' 개념에 대해 다음과 같이 설시하였다. (가) 형법 제136조에 규정된 공무집행방해죄에 있어서의 폭행은 공무를 집행하는 공무원에 대하여 유형력을 행사하는 행위를 말한다. (나) 그 폭행은 공무원에 직접적으로나 간접적으로 하는 것을 포함한다고 해석된다. (다) 형법 제136조에 규정된 협박이라 함은 사람을 공포케 할 수 있는 해악을 고지함을 말한다. (라) 그 방법도 언어, 문서, 직접, 간접 또는 명시, 암시를 가리지 아니한다고 해석된다.

대법원은 갑의 행위에 대해 다음과 같이 판단하였다. (가) 순경 A가 공무를 집행하고 있는 경찰관 파출소 사무실 바닥에 인분이 들어 있는 물통을 던지고(㉮행위) 또 책상 위에 있던 재떨이에 인분을 퍼 담아 동 사무실 바닥에 던지는 행위(㉯행위)는 순경 A에 대한 폭행이다. (나) 또 순경 A에 대하여 "씹할 놈들 너희가 나를 잡아 넣어, 소장 데리고 와 라"고 폭언을 농한 것(㉰행위)은 이에 불응하면 신체에 위해를 가할 것을 암시하는 협박에 해당한다. (다) 이런 취지에서 갑의 소위를 공무집행죄로 단정하였음은 정당한 조치라 할 것이다.

3) 1977. 2. 8. 75도2673, 총람 260조 12번 = 『앞마당 인분 투척 사건』:

폭행에 해당한다.

(라) 최협의의 폭행 사람에 대한 유형력의 행사로서, 그 사람의 반항을 억압하기에 충분할 정도로 강력한 유형력의 행사를 말한다. 강도죄(법333), 준강도죄(법335) 등의 폭행은 여기에 해당한다. 강간죄(법297)의 폭행은 항거불능 이외에 항거가 현저히 곤란한 정도의 유형력 행사까지 포함한다.[1] 이 경우의 폭행도 최협의의 폭행 가운데 포함할 수 있다. 그러나 강제추행죄(법298)의 폭행은 협의의 폭행에 해당한다.[2]

A는 그의 가족들과 함께 안방에서 놀고 있었다. 갑은 A에 대한 평소의 감정을 화풀이하기 위하여 비닐봉지에 넣어 둔 인분을 A의 집 앞마당에 던졌다(㉮행위).

검사는 갑을 폭행죄로 기소하였다. 갑의 피고사건은 제1심을 거친 후, 항소심에 계속되었다. 항소법원은 폭행이 인정되지 않는다는 이유로 무죄로 판단하였다. 검사는 불복 상고하였다.

대법원은 다음의 이유를 제시하여 상고를 기각하였다. (가) [형법 제260조 제1항의] 폭행이란 사람에 대한 유형력의 행사 등 불법한 공격을 뜻하고 그 대상은 사람의 신체이다. (다) (반드시 신체에 접촉할 필요는 없다.) (다) 이 사건에 있어서 ㉮행위가 있을 뿐 달리 A의 신체에 대하여 공격한 것이 아니다. (라) ㉮사실만으로는 형법상 [폭행죄]의 폭행의 범주에 들어간다고 할 수 없다.

1) 후술 787면 참조.

2) 2015. 9. 10. 2015도6980, 공 2015하, 1577 =『기습추행 미수 사건』:

갑은 인적이 없고 외진 곳에 이르러 여자 청소년 A에게 약 1m 간격으로 가까이 접근하여 양팔을 높이 들어 A를 껴안으려고 하였다(㉮행위). 인기척을 느낀 A가 뒤돌아보면서 "왜 이러세요?"라고 소리치자, 갑은 그 상태로 몇 초 동안 A를 쳐다보다가 다시 오던 길로 되돌아갔다.

검사는 갑을 청소년성보호법위반죄(강제추행미수)로 기소하였다. 제1심법원은 유죄를 인정하였다. 갑은 불복 항소하였다. 항소법원은 다음의 이유를 들어 무죄로 판단하였다. (가) ㉮행위 자체로는 A에 대한 추행행위에 해당하는 폭행행위가 존재하지 아니하여 이른바 '기습추행'에 해당하지 않는다. (나) 갑의 ㉮행위만으로는 A의 항거를 곤란하게 하는 정도의 폭행이나 협박이라고 보기 어려워 강제추행의 실행의 착수가 있었다고 볼 수 없다. 검사는 불복 상고하였다.

대법원은 다음의 이유를 제시하여 원심판결을 파기환송하였다. 대법원은 강제추행과 폭행의 관계에 대하여 다음과 같이 판단하였다. (가) 강제추행죄는 상대방에 대하여 폭행 또는 협박을 가하여 항거를 곤란하게 한 뒤에 추행행위를 하는 경우를 포함한다. (나) 뿐만 아니라 강제추행죄는 폭행행위 자체가 추행행위라고 인정되는 경우도 포함한다. (다) 이 경우의 폭행은 반드시 상대방의 의사를 억압할 정도의 것일 필요는 없다.

(라) 추행은 (ㄱ) 객관적으로 일반인에게 성적 수치심이나 혐오감을 일으키게 하고 (ㄴ) 선량한 성적 도덕관념에 반하는 행위로서 (ㄷ) 피해자의 성적 자유를 침해하는 것을 말한다. (마) 이에 해당하는지 여부는 피해자의 의사, 성별, 연령, 행위자와 피해자의 이전부터의 관계, 그 행위에 이르게 된 경위, 구체적 행위태양, 주위의 객관적 상황과 그 시대의 성적 도덕관념 등을 종합적으로 고려하여 신중히 결정되어야 한다.

(바) 추행의 고의로 상대방의 의사에 반하는 유형력의 행사, 즉 폭행행위를 하여 그 실행행위에 착수하였으나 추행의 결과에 이르지 못한 때에는 강제추행미수죄가 성립한다. (사) 이러한 법리는 폭행행위 자체가 추행행위라고 인정되는 이른바 '기습추행'의 경우에도 마찬가지로 적용된다.

대법원은 갑의 ㉮행위에 대해 다음과 같이 판단하였다. (가) 갑은 A를 추행하기 위하여 뒤따라간 것으로 보이므로 추행의 고의를 충분히 인정할 수 있다. (나) 갑이 A에게 가까이 접근하여 갑자기 뒤에서 A를 껴안는 ㉮행위는 일반인에게 성적 수치심이나 혐오감을 일으키게 하고 선량한 성적 도덕관념에 반하는 행위로서 A의 성적 자유를 침해하는 행위라 할 것이어서 그 자체로 이른바 '기습추행' 행위로 볼 수 있다.

(다) 실제로 갑의 팔이 A의 몸에 닿지는 않았다 하더라도 양팔을 높이 들어 갑자기 뒤에서 A를 껴안으려

2. 행위객체

폭행죄의 폭행은 사람의 신체에 대한 유형력의 행사를 의미한다. 폭행죄의 객체는 자연인인 다른 사람의 신체이다. 이 경우 반드시 사람의 신체에 접촉할 필요는 없지만 적어도 사람의 신체에 대하여 유형력이 행사되어야 한다.[1] 단순히 피해자에게 욕설을 하거나 피해자 집의 대문을 발로 차는 정도는 폭행에 해당하지 않는다.[2]

3. 실행행위

폭행죄의 폭행은 좁은 의미의 폭행에 해당한다. 폭행죄의 폭행은 사람의 신체에 대한 유형력의 행사를 가리킨다. 그 유형력의 행사는 신체적 고통을 주는 물리력의 작용을 의미한다. 폭행 개념의 한계는 사회통념에 따라 판단되어야 한다.

신체의 청각기관을 직접적으로 자극하는 음향은 경우에 따라 유형력에 포함될 수 있다. 피해자의 신체에 공간적으로 근접하여 고성으로 폭언 · 욕설을 하거나, 그와 동시에 손발이나 물건을 휘두르거나 던지는 행위는 직접 피해자의 신체에 접촉하지 아니하였더라도 피해자에 대한 불법한 유형력의 행사로서 폭행에 해당한다.[3]

그러나 거리상 멀리 떨어져 있는 사람에게 전화기를 이용하여 전화하면서 고성을 내거나 그 전화 대화를 녹음한 후 듣게 하는 경우에는, 특수한 방법으로 수화자의 청각기관을 자극하여 그 수화자로 하여금 고통스럽게 느끼게 할 정도의 음향을 이용하였다는 등의 특별한 사정이 없는 한, 신체에 대한 유형력의 행사(폭행)로 볼 수는 없다.[4]

판례는 폭행죄의 지나친 확대적용을 방지하기 위하여 형법 제20조로부터 소극적 방어행위의 이론을 도출해 내고 있다. 설사 신체에 대해 유형력이 행사되었다 하더라도 행위 당시의 상황에서 사회윤리나 사회통념상 취할 수 있는 본능적이고 소극적인 방어행위라고 평가할 수 있다면 이는 사회상규에 위배되지 않는 행위라고 보아야 한다.[5]

는 ㉮행위는 A의 의사에 반하는 유형력의 행사로서 폭행행위에 해당하고, 그때에 이른바 '기습추행'에 관한 실행의 착수가 있다고 볼 수 있다. (라) 그런데 마침 A가 뒤돌아보면서 "왜 이러세요?"라고 소리치는 바람에 A의 몸을 껴안는 추행의 결과에 이르지 못하고 미수에 그친 것이다. (마) 그러므로 갑의 ㉮행위는 아동 · 청소년에 대한 강제추행미수죄에 해당한다.

1) 1977. 2. 8. 75도2673, 총람 260조 12번 =『앞마당 인분 투척 사건』.

2) 1991. 1. 29. 90도2153 = 분석 각론『대문 발로 차기 사건』.

3) 2003. 1. 10. 2000도5716, 공 2003, 654 = 분석 각론『전화 욕설 사건』.

4) 2003. 1. 10. 2000도5716, 공 2003, 654 = 분석 각론『전화 욕설 사건』.

5) 2014. 3. 27. 2012도11204, [미간행] =『키즈 카페 엉덩방아 사건』:

갑(34세)은 P실내 어린이 놀이터(키즈 카페)에서 자신의 딸 A(4세)가 노는 모습을 보고 있었다. A에

「경범죄 처벌법」 제3조 제1항 제19호는 정당한 이유 없이 길을 막거나 시비를 걸거나 주위에 모여들거나 뒤따르거나 몹시 거칠게 겁을 주는 말이나 행동으로 다른 사람을 불안하게 하거나 귀찮고 불쾌하게 하는 행위를 처벌하고 있다. 이러한 행위는 형법 제260조 제1항의 폭행에서 제외된다.

4. 고의와 위법성조각사유

폭행죄는 전형적인 고의범이다. 폭행에 대한 고의는 미필적 고의로도 족하다.[1] 폭행죄의 위법성조각사유로서 소극적 방어행위의 이론이나 징계권행사의 한계 등이 문제된다. 이 문제는 상해죄의 위법성조각에 관한 설명에 준하여 해결해야 한다.[2]

5. 공　　범

폭행죄는 「폭력행위 등 처벌에 관한 법률」(폭력행위처벌법)의 적용대상 범죄이다. 2명 이상이 공동하여 폭행죄를 범한 경우에는 형법 제260조 제1항에서 정한 형의 2분의 1까지 가중하여 처벌한다(폭력행위처벌법2② i). 단체 또는 다중의 위력을 보여 폭행죄를 범한 경우에는 5년 이하의 징역 또는 1천만원 이하의 벌금에 처한다(법261).

게 접근하던 어린아이 B(2세)가 갑자기 A의 눈 쪽을 향해 오른손을 뻗었다. 갑은 왼손을 [B의 얼굴 쪽에] 내밀어 B의 행동을 제지하였다(㉮행위). 이로 인해 B는 바닥에 넘어져 엉덩방아를 찧었다. [B는 상해를 입었다.] P어린이 놀이터의 바닥에는 충격방지용 고무매트가 깔려 있었다. A는 그 전에도 또래 아이들과 놀다가 다쳐서 당시에는 얼굴에 손톱자국의 흉터가 몇 군데 남아 있는 상태였다. B의 부모는 갑을 고소하였다.

검사는 갑을 폭행치상죄로 기소하였다. 갑은 자신의 행위가 사회상규에 위배되지 않는 행위라고 주장하였다. 갑의 피고사건은 제1심을 거친 후, 항소심에 계속되었다. 항소법원은 다음의 이유를 들어 유죄를 인정하였다. (가) 갑의 ㉮행위 당시 현재의 부당한 침해가 있었다고 보기 어렵다. (나) 설령 그러한 침해가 있었다고 하더라도 자신의 딸[A]을 잡아끌지 않고 2세의 유아[B]에게 34세의 성인이 얼굴에 대한 폭행을 통하여 그 침해를 방위하는 것은 그 수단이 상당한 범위를 벗어난 것이다. 갑은 불복 상고하였다.

대법원은 다음의 이유를 제시하여 원심판결을 파기환송하였다. (가) 형법 제20조에서 정한 사회상규에 위배되지 않는 행위란 법질서 전체의 정신이나 그 배후의 사회윤리 또는 사회통념에 비추어 용인될 수 있는 행위를 말한다. (나) 어떤 행위가 그 동기나 목적이 정당하고 수단이나 방법이 상당하며 보호법익과 침해법익이 균형을 이루는 등으로 당시의 상황에서 사회윤리나 사회통념상 취할 수 있는 본능적이고 소극적인 방어행위라고 평가할 수 있다면 이는 사회상규에 위배되지 않는 행위라고 보아야 할 것이다. (다) 갑의 ㉮행위는 B의 갑작스런 행동에 놀라서 자신의 어린 딸[A]이 다시 얼굴에 상처를 입지 않도록 보호하기 위한 것으로 딸에 대한 B의 돌발적인 공격을 막기 위한 본능적이고 소극적인 방어행위라고 평가할 수 있다. (라) 따라서 이를 사회상규에 위배되는 행위라고 보기는 어렵다.

1) 1985. 1. 29. 84도2655, 공 1985, 406 = 분석 각론 『정류장 도주 사건』.

2) 전술 627면 이하 참조.

6. 반의사불벌죄

(1) 반의사불벌죄의 의의

폭행죄는 원칙적으로 반의사불벌죄이다(법260③). 반의사불벌죄는 친고죄와 구별된다. 친고죄는 고소권자의 고소가 있어야 공소를 제기할 수 있는 범죄를 말한다. 사자에 대한 명예훼손죄(법308, 312①), 모욕죄(법311, 312①), 비밀장치침해죄 · 비밀내용탐지죄(법316, 318), 업무상 비밀누설죄(법317, 318) 등이 이에 속한다.

반의사불벌죄는 피해자가 처벌을 원하지 않는다는 의사표시를 하면 수사나 재판을 할 수 없는 범죄를 말한다. 폭행죄(법260① · ② · ③), 협박죄(법283① · ② · ③), 명예훼손죄(법307, 312②), 출판물에 의한 명예훼손죄(법309, 312②), 과실치상죄(법266① · ②) 등이 여기에 해당한다.

반의사불벌죄의 경우에는 피해자로부터 처벌을 원하는 의사표시가 없어도 수사와 공소제기를 할 수 있다. 그러나 피해자가 처벌을 원하지 아니한다는 의사표시를 하거나, 처벌을 원하는 의사표시를 철회(고소취소)하면 그때부터 일정한 법적 효과가 발생한다.

반의사불벌죄는 피해자 보호를 위하여 우리 형법이 마련한 독특한 범죄유형이다. 가해자와 피해자 사이의 화해를 촉진하고, 신속한 피해배상을 가능하게 함을 입법취지로 한다. 폭행죄(법260① · ② · ③)는 협박죄(법283① · ② · ③)와 함께 반의사불벌죄의 전형적인 예에 속한다. 상해죄는 반의사불벌죄가 아니다. 폭행죄의 경우에는 피해자로부터 처벌을 원하지 아니한다는 의사표시가 있으면 형사절차가 종료된다. 이 점에서 폭행죄는 상해죄와 구별되며, 폭행과 상해를 구별하는 실제적 이익도 상당 부분 여기에 있다고 말할 수 있다.

(2) 처벌불원 의사표시의 요건과 효과

반의사불벌죄에서 처벌을 원하지 않는다는 의사표시의 존재는 소극적 소송조건을 이룬다. 반의사불벌죄의 수사절차에서 피해자가 처벌을 원하지 않는다는 의사표시를 하거나, 처벌을 원하는 의사표시를 철회(고소취소)하면 검사는 불기소처분으로 피의사건을 종결해야 한다. 처벌을 원하지 않는다는 의사표시에도 불구하고 공소가 제기되었다면 법원은 공소기각판결(형소법327 ii)을 선고해야 한다.

공소가 제기된 후에 피해자가 처벌을 원하지 않는다는 의사표시를 하거나, 처벌을 원하는 의사표시를 철회(고소취소)하면 이 때에도 법원은 공소기각판결(형소법327 vi)을 선고해야 한다. 고소취소는 제1심 판결선고 전까지 할 수 있다(형소법232① · ③). 고소를 취소한 사람은 다시 고소하지 못한다(동조② · ③).

폭행죄에서 처벌을 원하지 않는다는 의사표시는 의사능력이 있는 피해자가 단독으로 할 수 있다. 피해자가 사망한 후 그 상속인이 피해자를 대신하여 처벌을 원하지 않는다는 의사표시를 할 수는 없다.[1)]

형법상 폭행죄는 협박죄(법283③)와 함께 반의사불벌죄이다. 존속폭행죄(법260②) 및 존속협박죄(법283②)도 반의사불벌죄이다. 그러나 상습폭행죄, 상습존속폭행죄(법264)[2)] 및 상습협박죄, 상습존속협박죄(법285)는 반의사불벌죄에 해당하지 않는다.

(3) 폭력행위처벌법과 반의사불벌죄의 배제

폭행죄는 「폭력행위 등 처벌에 관한 법률」(폭력행위처벌법)의 적용대상 범죄이다. 2명 이상이 공동하여 폭행죄(법260①)를 범한 경우에는 폭력행위처벌법이 적용된다(폭력행위처벌법2②i). 폭력행위처벌법이 적용되는 폭행죄에 대해서는 형법 제260조 제3항 및 제283조 제3항의 반의사불벌죄 규정이 적용되지 않는다(폭력행위처벌법2④ 참조).

7. 처벌의 정도

형법 제260조 제1항은 폭행죄를 2년 이하의 징역, 500만원 이하의 벌금, 구류 또는 과료

---

1) 2010. 5. 27. 2010도2680, [미간행] = 『생일빵 사망 사건』:

갑은 속칭 '생일빵'을 한다고 A를 가격하여(㉮행위) 사망에 이르게 하였다.

검사는 갑을 폭행치사죄로 기소하였다. 제1심 판결선고 전에 A의 유족 B는 재판부에 처벌을 원하지 않는다는 의사표시를 하였다. 갑의 피고사건은 제1심을 거친 후, 항소심에 계속되었다. 항소법원은 사망에 대한 예견가능성이 없다는 이유로 폭행죄만을 유죄로 인정하였다. 갑은 불복 상고하였다. 검사도 불복 상고하였다. 갑은 상고이유로 다음의 점을 주장하였다. (가) ㉮행위는 사회상규에 위배되지 않는 행위이다. (나) 피해자 A의 상속인 B로부터 처벌을 원하지 않는다는 의사표시가 있으므로 공소기각판결을 해야 한다. 검사는 상고이유로 다음의 점을 주장하였다. (가) ㉮행위와 A의 사망 사이에 인과관계가 인정된다. (나) 그러므로 폭행치사죄가 인정되어야 한다.

대법원은 다음의 이유를 제시하여 상고를 모두 기각하였다. (가) 갑의 ㉮행위는 사회상규에 위배되는 행위로 폭행죄가 성립한다. (나) 폭행죄의 처벌불원의 의사표시는 의사능력이 있는 피해자가 단독으로 할 수 있다. (다) 피해자가 사망한 후 그 상속인이 피해자를 대신하여 처벌불원의 의사표시를 할 수는 없다.

(라) 폭행치사죄는 결과적 가중범으로서 폭행과 사망의 결과 사이에 인과관계가 있는 외에 사망의 결과에 대한 예견가능성 즉 과실이 있어야 한다. (마) 이러한 예견가능성의 유무는 폭행의 정도와 피해자의 대응상태 등 구체적 상황을 살펴서 엄격하게 가려야 한다. (바) 갑이 폭행할 당시 A가 사망할 것이라고 예견할 수 없었다.

2) 1965. 1. 26. 64도687, 집 13①, 형12 = 『존속상습폭행 고소취소 사건』:

갑은 그의 아버지 A를 상습적으로 폭행하였다. A는 갑을 고소하였다. 검사는 갑을 상습존속폭행죄로 기소하였다. 제1심 재판 도중에 아버지 A는 고소를 취소하였다. 제1심법원은 유죄를 인정하였다. [갑은 불복 항소하였다.] 항소법원은 고소가 취소되었다는 이유로 공소기각판결을 선고하였다. 검사는 불복 상고하였다.

대법원은 다음의 이유를 제시하여 원심판결을 파기환송하였다. (가) 본건 공소사실을 보면 상습존속폭행죄(형법 제264조)로 되어 있다. (나) 상습존속폭행죄에 대해서는 단순존속폭행의 죄에 적용되는 형법 제260조 제3항은 적용될 수 없다.

의 형으로 처벌하고 있다. 「폭력행위 등 처벌에 관한 법률」(폭력행위처벌법) 제2조 제2항 제1호는 2명 이상이 공동하여 단순폭행죄를 범한 사람에 대해 형법 제260조 제1항에 정한 형의 2분의 1까지 가중하여 처벌한다. 폭력행위처벌법 제2조 제3항은 폭력행위처벌법 제2항 제1호의 공동폭행죄를 범하여 2회 이상 징역형을 받은 사람이 다시 제2항 제1호의 공동폭행죄를 죄를 범하여 누범으로 처벌할 경우에는 7년 이하의 징역으로 가중처벌하고 있다.

형법 제261조는 단체 또는 다중의 위력을 보이거나 위험한 물건을 휴대하여 형법 제260조 제1항의 폭행죄를 범한 경우를 5년 이하의 징역 또는 1천만원 이하의 벌금으로 처벌하고 있다.

「노인복지법」은 65세 이상 노인의 신체에 폭행을 가하는 행위를 5년 이하의 징역 또는 5천만원 이하의 벌금으로 처벌하고 있다(동법39의9 i, 55의3① ii). 폭행 금지규정 위반으로 인한 「노인복지법」위반죄는 행위객체가 노인에 한정되는 점 외에 형법상의 폭행죄 와 행위태양이 동일하여 본질적인 차이가 없으므로 노인에 대한 형법상 폭행죄를 가중처벌하기 위한 것이다.[1)]

제5 폭행죄의 특수유형

1. 존속폭행죄

형법 제260조 (존속폭행) ② 자기 또는 배우자의 직계존속에 대하여 제1항의 죄를 범한 때에는 5년 이하의 징역 또는 700만원 이하의 벌금에 처한다.

◎ 자격정지 임의적 병과(법265)
◎ 반의사불벌죄임(법260③)
◎ 결과적 가중범 처벌함(법262)
◎ 특수폭행죄 가중처벌함(법261)
◎ 상습범 가중처벌함(법264)
◎ 폭력행위처벌법 적용대상임(동법2② ii)

존속폭행죄는 자기 또는 배우자의 직계존속에 대하여 폭행죄를 범한 경우에 성립한다. 배우자 및 직계존속은 존속살해죄(법250②)에서 설명한 것과 같다.[2)] 존속폭행죄는 반의사불

1) 2023. 2. 2. 2022어48, 공 2023상, 577 = 『어머니 주먹 폭행 사건』.
2) 전술 607면 이하 참조.

벌죄이다(법260③). 그러나 상습존속폭행죄(법264)는 반의사불벌죄가 아니다.[1] 존속폭행죄의 경우에는 자격정지를 병과할 수 있다(법265).

2명 이상이 공동하여 존속폭행죄를 범한 경우에는 「폭력행위 등 처벌에 관한 법률」(폭력행위처벌법)이 적용된다(동법2② ii). 폭력행위처벌법이 적용되는 존속폭행죄는 반의사불벌죄에서 제외되며(동법2④), 존속폭행죄에 정한 형의 2분의 1까지 가중하여 처벌한다(폭력행위처벌법2②). 단체 또는 다중의 위력을 보여 존속폭행죄를 범한 때에는 5년 이하의 징역 또는 1천만원 이하의 벌금으로 처벌한다(법261).

형법 제260조 제2항은 존속폭행죄를 5년 이하의 징역 또는 700만원 이하의 벌금으로 처벌하고 있다. 폭력행위처벌법 제2조 제2항 제2호는 2명 이상이 공동하여 존속폭행죄를 범한 사람에 대해 형법 제260조 제2항에 정한 형의 2분의 1까지 가중하여 처벌한다. 폭력행위처벌법 제2조 제3항은 폭력행위처벌법 제2항 제2호의 공동존속폭행죄를 범하여 2회 이상 징역형을 받은 사람이 다시 제2항 제2호의 공동존속폭행죄를 죄를 범하여 누범으로 처벌할 경우에는 1년 이상 12년 이하의 징역으로 가중처벌하고 있다.

형법 제261조는 단체 또는 다중의 위력을 보이거나 위험한 물건을 휴대하여 형법 제261조 제2항의 존속폭행죄를 범한 경우를 5년 이하의 징역 또는 1천만원 이하의 벌금으로 처벌하고 있다(법261).

2. 특수폭행죄

형법 제261조 (특수폭행) 단체 또는 다중의 위력을 보이거나 위험한 물건을 휴대하여 제260조 제1항 또는 제2항의 죄를 범한 때에는 5년 이하의 징역 또는 1천만원 이하의 벌금에 처한다.

◎ 자격정지 임의적 병과(법265)
◎ 상습범 가중처벌함(법264)

특수폭행죄는 단체 또는 다중의 위력을 보이거나 위험한 물건을 휴대하여 폭행죄(법260①) 또는 존속폭행죄(법260②)를 범한 경우에 성립한다. 종래 「폭력행위 등 처벌에 관한 법률」(폭력행위처벌법)에 유사한 가중처벌규정이 있었으나(동법3①), 헌법재판소가 이에 대해 위헌결정을 내린 후 2015년 12월 말 폭력행위처벌법 일부개정에 의하여 위 규정은 삭제되었다. 특수폭행의 경우 이제 폭력행위처벌법 제3조 제1항이 아니라 형법 제261조가 직접 적용된다.

---

1) 1965. 1. 26. 64도687, 집 13①, 형12 =『존속상습폭행 고소취소 사건』.

특수폭행죄의 가중적 구성요건표지는 (가) 단체 또는 다중의 위력을 보이거나, (나) 위험한 물건을 휴대하는 것이다. 그 내용은 특수공무방해죄에서 설명한 것과 같다.[1] 다중에 이르지 아니하였으나 2명 이상이 공동하여 폭행을 한 경우에는 폭력행위처벌법 제2조 제2항에 의하여 처벌된다.

3. 폭행치사상죄

형법 제262조 (폭행치사상) 제260조와 제261조의 죄를 지어 사람을 사망이나 상해에 이르게 한 때에는 제257조부터 제259조까지의 예에 의한다.

(1) 상해죄와의 관계

폭행치사상죄는 폭행죄(법260①), 존속폭행죄(법260②), 특수폭행죄(법261)를 범하여 사람을 상해나 사망에 이르게 한 때에 성립한다. 폭행치사상죄는 전형적인 결과적 가중범이다. 폭행과 상해 · 사망의 결과 사이에 인과관계(법17)가 있는 외에 상해 · 사망의 결과에 대한 예견가능성(법15②)이 있어야 한다. 예견가능성의 유무는 폭행의 정도와 피해자의 대응상태 등 구체적 상황을 살펴서 엄격하게 가려야 한다.[2]

우리 형법상 상해죄(법257①)는 전형적인 고의범이다. 따라서 상해의 고의를 가지고 행위한 때에만 상해죄가 성립한다. 상해의 고의가 없는 경우에는 상해죄가 성립하지 않는다. 폭행죄(법260①)도 전형적인 고의범이다. 폭행죄가 성립하려면 폭행의 고의가 필요하다. 이 경우 폭행에 대한 고의는 미필적 고의로도 족하다.[3]

형법 제262조는 폭행치상죄와 폭행치사죄를 규정하고 있다 이 가운데 폭행치상죄는 상해죄와 폭행죄의 중간형태이다. 폭행에 대한 고의는 인정할 수 있지만 상해에 대한 고의를 인정할 수 없을 때 폭행치상죄가 성립한다.[4]

판례 가운데에는, 상해죄는 결과범이므로 그 성립에는 상해의 원인인 폭행에 관한 인식이 있으면 충분하고, 상해를 가할 의사의 존재는 필요하지 않다고 판단한 예가 있다. 이 판례에서 대법원은 피고인이 폭행을 가한다는 인식 없이 한 행위의 결과로 피해자가 상해를 입었다 하여도 '상해죄'를 구성하지 않는다고 판단하였다.[5]

---

1) 전술 229면 이하 참조.
2) 2010. 5. 27. 2010도2680, [미간행] =『생일빵 사망 사건』.
3) 1985. 1. 29. 84도2655, 공 1985, 406 = 분석 각론『정류장 도주 사건』.
4) 1985. 1. 29. 84도2655, 공 1985, 406 = 분석 각론『정류장 도주 사건』.
5) 1983. 3. 22. 83도231, 공 1983, 1031 =『팔씨름 자해 사건』:
갑은 A가 경영하는 포장마차에서 B와 술내기 팔씨름을 하여 이겼다. B가 다시 한번 하자고 덤벼들자 갑이 판례는 상해죄를 폭행죄의 결과적 가중범으로 파악하고 있는 일본 형법의 해석론에 영향을 받은 것이라고 생각된다. 보다 정확하게 표현한다면 피고인이 폭행을 가한다는 인식 없이 한 행위의 결과로 피해자가 상해를 입었다 하여도 '폭행치상죄'를 구성하지 않는다라고 적어야 할 것이다.

판례는 상해죄(법257①)와 폭행치상죄(법262)를 사실상 동일하게 취급하고 있다. 폭행치상죄를 적용해야 함에도 불구하고 상해죄를 적용하는 것은 법률적용에 위법이 있다고 할 것이지만, 상해죄나 폭행치상죄나 동일한 장에 규정된 동일 죄질의 것이고 그 법정형도 동일하므로 이러한 잘못은 판결결과에 영향을 주지 않는다는 것이 판례의 입장이다(형소법361의5 i, 383 i 참조).[1)]

(2) '예에 의한다'의 의미

형법 제262조는 "전2조의 죄를 범하여 사람을 사상에 이르게 한 때에는 제257조 내지 제259조의 예에 의한다"고 규정하고 있다. 여기에서 '제257조 내지 제259조의 예에 의한다'는 부분이 구체적으로 무엇을 의미하는지 문제된다. 이 문제는 특히 특수상해죄와 특수폭행치상죄의 관계에서 더욱 부각되고 있다.

(가) 문제의 소재　　특수폭행치상죄의 해당규정은 형법 제262조, 제261조이다. 형법 제262조, 제261조는 1953년 형법 제정 당시부터 존재하였다. 2016년 형법 제258조의2 특수상해죄의 신설 이전에는 형법 제262조의 '제257조 내지 제259조의 예에 의한다'는 의미는 형법 제260조(폭행, 존속폭행) 또는 제261조(특수폭행)의 죄를 범하여 상해, 중상해, 사망의 결과가 발생한 경우, 그 결과에 따라 상해의 경우에는 형법 제257조, 중상해의 경우에는 형법 제258조, 사망의 경우에는 형법 제259조의 예에 준하여 처벌하는 것으로 해석·적용되어 왔다. 그리하여 특수폭행치상죄의 경우 법정형은 형법 제257조 제1항에 의하여 '7년 이하의 징역, 10년 이하의 자격정지 또는 1천만원 이하의 벌금'이었다.

은 식탁 위에 있던 식칼을 집어 들어 자신의 팔뚝을 자해하였다. 포장마차 주인 A는 이를 제지하려고 양팔로 갑을 뒤에서 붙잡았다. 갑은 그 제지를 벗어나려고 식칼을 잡은 채 이를 뿌리쳤다. 이 과정에서 A는 ㉠상처를 입었다.

검사는 갑을 상해죄로 기소하였다. 갑의 피고사건은 제1심을 거친 후, 항소심에 계속되었다. 항소법원은 상해의 고의가 인정되지 않는다는 이유로 무죄로 판단하였다. 검사는 불복 상고하였다. 검사는 상고이유로, 상해죄의 성립에 상해를 가할 의사는 필요하지 않다고 주장하였다.

대법원은 다음의 이유를 제시하여 상고를 기각하였다. (가) 상해죄는 결과범이므로 그 성립에는 상해의 원인인 폭행에 관한 인식이 있으면 충분하고, 상해를 가할 의사의 존재는 필요하지 않음은 소론과 같다. (나) 원심이 확정한 바에 의하면 갑에게는 폭행에 대한 인식마저 인정할 수 없다. (다) 갑이 폭행을 가한다는 인식 없는 행위의 결과로 A가 상해를 입었다 하여도 상해죄를 구성하지 않는다.

1) 1985. 1. 29. 84도2655 공 1985, 406 = 분석 각론『정류장 도주 사건』.

그런데 2016년 형법 일부개정으로 특수상해죄가 형법 제258조의2로 신설되었다. 이에 따라 문언상으로 형법 제262조의 '제257조 내지 제259조의 예에 의한다'는 규정에 형법 제258조의2가 포함되었고, 그 결과 특수폭행치상의 경우 특수상해인 형법 제258조의2 제1항의 예에 의하여 처벌하여야 하는 것으로 해석될 여지가 생기게 되었다. 이러한 해석을 따를 경우 특수폭행치상죄의 법정형은 형법 제258조의2 제1항이 정한 '1년 이상 10년 이하의 징역'이 되어 종래와 같이 형법 제257조 제1항의 예에 의하는 것보다 법정형이 상향되는 결과가 발생하게 된다.

(나) 판 례 이러한 상황에서 대법원은 죄형법정주의, 폭력행위처벌법의 개정경과 및 형법 제258조의2 특수상해죄의 신설경위, 형법 제262조의 연혁, 문언과 체계 등을 논거로 제시하면서, "특수폭행치상의 경우 형법 제258조의2의 신설에도 불구하고 종전과 같이 형법 제257조 제1항의 예에 의하여 처벌하는 것으로 해석함이 타당하다."는 입장을 천명하였다.[1)]

---

1) 2018. 7. 24. 2018도3443, 공 2018하, 1817 =『자전거 앞 급정거 사건』:

갑은 ⓐ승용차를 운전하여 가던 중 A가 타고 가던 자전거 앞으로 승용차의 진로를 변경한 후 급하게 정차하였다. A는 충돌을 피하려다가 자전거와 함께 땅바닥에 넘어져 약 2주간의 치료를 요하는 상해를 입었다.

검사는 갑을 특수폭행치상죄로 기소하였다(㉮공소사실). 공소사실의 요지는 다음과 같다. "갑은 (사실관계 생략) 위험한 물건인 자동차를 이용하여 A를 폭행하여 약 2주간의 치료를 요하는 상해를 입게 하였다." 형법 제262조(폭행치사상)는 제260조(폭행, 존속폭행)와 제261조(특수폭행)의 죄를 지어 사람을 사망이나 상해에 이르게 한 경우에는 제257조(상해, 존속상해), 제258조(중상해, 존속중상해), 제258조의2(특수상해), 제259조(상해치사)의 예에 따른다고 규정하고 있다. 형법 제257조의 예에 따를 경우 벌금형의 선고가 가능하다. 형법 제258조의2의 예에 따를 경우 벌금형이 없으므로 징역형만 선고해야 한다.

제1심법원은 ㉮공소사실에 대해 형법 제257조 제1항의 예에 따르기로 하였다. 제1심법원은 벌금형을 선고하였다. 검사는 불복 항소하였다. 항소법원은 다음과 같이 판단하였다. (가) 형법 제262조는 형법 제258조의2의 적용을 배제하고 있지 않다. (나) 특수폭행치상죄를 특수상해죄의 예에 따라 처벌하더라도 형벌체계상의 부당함이나 불균형이 있어 보이지 않는다. 항소법원은 제1심판결을 파기하였다. 항소법원은 형법 제258조의2의 예에 따라 징역형을 선고하였다. 갑은 불복 상고하였다.

대법원은 다음의 이유를 제시하여 원심판결을 파기환송하였다. 대법원은 죄형법정주의원칙에 대해 설시하였다(내용 생략함). 대법원은 특수폭행치상죄를 규정한 형법 제262조[폭행치사상], 제261조[특수폭행]의 개정경위를 분석하였다(내용 생략함).

대법원은 개정 전 특수폭행치상죄와 개정 후 특수폭행치상죄의 차이점을 다음과 같이 분석하였다. (가) 특수폭행치상죄의 해당규정인 형법 제262조, 제261조는 형법 제정 당시부터 존재하였는데, (중략) 특수폭행치상죄의 경우 법정형은 형법 제257조 제1항에 의하여 "7년 이하의 징역, 10년 이하의 자격정지 또는 1천만원 이하의 벌금"이었다. (나) 그런데 2016. 1. 6. 형법 개정으로 특수상해죄가 형법 제258조의2로 신설됨에 따라 문언상으로 형법 제262조의 "제257조 내지 제259조의 예에 의한다"는 규정에 형법 제258조의2가 포함되어 특수폭행치상의 경우 특수상해인 형법 제258조의2 제1항의 예에 의하여 처벌하여야 하는 것으로 해석될 여지가 생기게 되었다. (다) 이러한 해석을 따를 경우 특수폭행치상죄의 법정형이 형법 제258조의2 제1항이 정한 "1년 이상 10년 이하의 징역"이 되어 종래와 같이 형법 제257조 제1항의 예에 의하는 것보다 상향되는 결과가 발생하게 된다.

(라) 그러나 앞서 본 형벌규정 해석에 관한 법리와 다음과 같은 폭력행위 등 처벌에 관한 법률의 개정 경

(다) 단순상해 폭행으로 인하여 단순한 상해의 결과가 발생한 경우 폭행치상죄는 상해죄(법257①)에, 존속폭행치상죄는 존속상해죄(법257②)에 각각 대응하며, 해당하는 상해죄의 법정형으로 처벌한다. 그러나 특수폭행치상죄는 특수상해죄(법258②)에 대응하지 않으며, 단순상해죄(법257①)의 법정형에 따른다. 이에 따라 벌금형의 부과가 가능하다.[1]

(라) 중상해 폭행으로 인하여 중상해의 결과가 발생한 경우는 중상해죄(법258①·②) 및 존속중상해죄(법258③)에 각각 대응하며, 해당하는 상해죄의 법정형으로 처벌한다.

(마) 사 망 폭행으로 인하여 사망의 결과가 발생한 경우는 상해치사죄(법259①) 및 존속상해치사죄(법259②)에 각각 대응하며, 해당하는 상해치사죄의 법정형으로 처벌한다.

(바) 미수범 여부 폭행치사상죄는 상해의 결과가 발생한 경우를 전제로 한 결과적 가중범이다. '제257조 내지 제259조의 예에 의한다'고 할 때 상해죄의 미수범 처벌을 규정한 형법 제257조 제3항 및 특수상해죄의 미수범 처벌을 규정한 형법 제258조의2 제3항은 적용대상에 포함되지 않는다.[2] 이 미수범 처벌규정들은 중한 결과가 발생하지 아니한 경우를 대상으로 하고 있기 때문이다.

(사) 동시범의 특례 폭행치사상죄는 상해죄 또는 상해치사죄의 예에 따라 처벌되므로 폭행치사상죄에 대해서는 동시범의 특례(법263)가 적용된다.[3] 폭행치사상죄의 유죄판결

과 및 형법 제258조의2의 신설 경위와 내용, 그 목적, 형법 제262조의 연혁, 문언과 체계 등을 고려해 본다. (마) 이상의 점들을 고려할 때, 특수폭행치상의 경우 형법 제258조의2의 신설에도 불구하고 종전과 같이 형법 제257조 제1항의 예에 의하여 처벌하는 것으로 해석함이 타당하다.

대법원은 폭력행위처벌법의 개정 경위를 분석하였다(내용 생략함). 대법원은 특수폭행치상죄의 경우 형법 제257조의 예에 의하도록 하는 이유를 다음과 같이 설시하였다. (가) 형법 제262조(폭행치사상)는 형법 제정 당시부터 현재에 이르기까지 지금과 같은 문언과 체계를 유지하고 있다. (나) 종래에 형법 제262조와 관련하여 일부 입법론적인 문제제기가 있기는 하였으나 결과적가중범인 폭행치상죄와 특수폭행치상죄를 고의범인 상해죄, 중상해죄의 예에 준하여 처벌하고, 폭행치상죄와 특수폭행치상죄 사이의 행위불법의 차이를 고려하지 않고 동일한 법정형에 의하여 처벌하는 것으로 해석하여 왔다. (다) 또한 앞서 본 바와 같은 2016. 1. 6. 형법 개정 과정에서 특수폭행치상죄의 법정형을 상향시켜야할 만한 사회적 상황의 변경이 있었다고 보기 힘들다. (라) 이러한 상황에서, 형법 제258조의2 특수상해죄의 신설로 형법 제262조, 제261조의 특수폭행치상죄에 대하여 그 문언상 특수상해죄의 예에 의하여 처벌하는 것이 가능하게 되었다는 이유만으로 형법 제258조의2 제1항의 예에 따라 처벌할 수 있다고 해보자. (마) 그렇게 해석한다면 그 법정형의 차이로 인하여 종래에 벌금형을 선택할 수 있었던 경미한 사안에 대하여도 일률적으로 징역형을 선고해야 하므로 형벌체계상의 정당성과 균형을 갖추기 위함이라는 위 법 개정의 취지와 목적에 맞지 않는다. (바) 또한 형의 경중과 행위자의 책임, 즉 형벌 사이에 비례성을 갖추어야 한다는 형사법상의 책임원칙에 반할 우려도 있다. (사) 또한 법원이 해석으로 특수폭행치상에 대한 가중규정을 신설한 것과 같은 결과가 되어 죄형법정주의원칙에도 반하는 결과가 된다.

1) 2018. 7. 24. 2018도3443, 공 2018하, 1817 = 『자전거 앞 급정거 사건』.

2) 김성돈, 111면; 손동권·김재윤, 69면; 이재상·장영민·강동범, 69면; 이정원, 85면; 이형국·김혜경, 64면; 88면; 정성근·박광민, 95면.

3) 2000. 7. 28. 2000도2466, 공 2000, 1978 = 백선 총론 『벤치 밀쳐 내기 사건』.

이유에는 피고인이 범한 폭행의 구체적 사실이 명시되어야 한다.[1]

(3) 특별법

「의료법」은 의료현장에서의 의료인 등에 대한 폭행 · 협박과 이로 인한 상해의 결과발생을 별도로 중하게 처벌하고 있다.[2]

4. 상습폭행죄

형법 제264조 (상습범) 상습으로 제257조, 제258조, 제258조의2, 제260조 또는 제261조의 죄를 범한 때에는 그 죄에 정한 형의 2분의 1까지 가중한다.

◎ 자격정지 임의적 병과(법265)

형법 제264조는 상습폭행죄를 가중처벌하고 있다. 상습성은 반복하여 범죄행위를 하는 습벽으로서, 행위자의 속성을 말한다. 범행의 습벽 유무를 판단할 때에는 전과나 범행횟수 등이 중요한 판단자료가 된다. 그러나 전과가 없다 하더라도 범행의 성질과 방법, 범행의 규

---

1) 1999. 12. 28. 98도4181, 공 2000, 424 =『방법 미상 폭행치사 사건』:

A는 사고 당시 일행과 함께 많은 술을 마신 상태였다. A는 넘어져 우측 후두부가 도로 바닥에 부딪쳤다. A는 두부선상골절이 발생하여 사망하였다. 갑이 A에게 폭행을 가하여 A가 넘어졌다는 혐의가 제기되었다. 갑은 A가 술에 취하여 넘어진 것이라고 주장하였다.

검사는 갑을 폭행치사죄로 기소하였다. 공소사실의 요지는 다음과 같다. "갑이 발로 A의 우측 허벅지 부위를 수회 차고(㉠행위) 오른쪽 주먹으로 왼쪽 얼굴 부위를 1회 때려(㉡행위) 그 충격으로 A가 뒤로 넘어지면서 우측 후두부가 도로 바닥에 부딪쳐 뇌출혈로 사망에 이르게 하였다(㉢결과)." 갑의 피고사건은 제1심을 거친 후, 항소심에 계속되었다. 항소법원은 다음과 같이 판단하여 유죄를 인정하였다. (가) ㉠행위와 ㉡행위는 인정하기 어렵다. (나) 그러나 갑의 '방법 미상의 폭행'(㉣행위)에 의하여 ㉢결과가 발생한 사실은 인정된다. 갑은 불복 상고하였다.

대법원은 다음의 이유를 제시하여 원심판결을 파기환송하였다. (가) 유죄판결에는 그 판결 이유에 범죄사실과 증거의 요지, 법령의 적용을 명시하여야 한다. (나) 여기서 범죄사실은 특정한 구성요건에 해당하는 위법하고 유책한 구체적 사실을 말한다. (다) 폭행치사죄는 폭행죄를 범하여 사람을 사망에 이르게 한 죄이므로 이를 유죄로 인정한 판결이유에는 피고인의 폭행의 구체적 사실이 명시되어야 한다. (라) 원심판결 이유는 갑이 "불상의 방법으로 A를 가격하여 그 충격으로 A가 뒤로 넘어지면서 우측 후두부가 도로 바닥에 부딪쳐 사망에 이르렀다"고 판시하고 있다. (마) 이러한 기재만으로는 갑이 범한 폭행 사실의 구체적 사실을 기재하였다고 할 수 없으므로, 원심판결에는 이유불비의 위법이 있다.

2) 의료법 제12조 (의료기술 등에 대한 보호) ③ 누구든지 의료행위가 이루어지는 장소에서 의료행위를 행하는 의료인, 제80조에 따른 간호조무사 및 「의료기사 등에 관한 법률」 제2조에 따른 의료기사 또는 의료행위를 받는 사람을 폭행 · 협박하여서는 아니 된다.

제87조의2 (벌칙) ① 제12조 제3항을 위반한 죄를 범하여 사람을 상해에 이르게 한 경우에는 7년 이하의 징역 또는 1천만원 이상 7천만원 이하의 벌금에 처하고, 중상해에 이르게 한 경우에는 3년 이상 10년 이하의 징역에 처하며, 사망에 이르게 한 경우에는 무기 또는 5년 이상의 징역에 처한다.

모, 범행에 가담하게 된 태양 등의 모든 사정을 참작하여 범행의 습벽이 인정되는 경우에는 상습성을 인정할 수 있다.

형법 제264조가 가중처벌의 대상으로 삼고 있는 죄는 (가) 상해죄(법257①), (나) 존속상해죄(법257②), (다) 중상해죄(법258① · ②), (라) 존속중상해죄(법258③), (마) 특수상해죄(법258의2①), (바) 특수중상해죄(법258의2②), (사) 폭행죄(법260①), (아) 존속폭행죄(법260②), (자) 특수폭행죄(법261)이다.

형법 제264조에서 말하는 폭행의 '상습'이란 이 조문에 열거된 (사) 내지 (자)의 각 폭행죄 별로 동종 범죄 상호 간의 상습성만을 의미하는 것이 아니라 이 조문에 열거된 (가) 내지 (자)의 모든 범죄행위를 포괄한 상해 · 폭행죄의 습벽을 의미한다. 따라서 상해 · 폭행죄의 습벽을 가진 자가 형법 제264조에 열거된 상해죄와 폭행죄 중 서로 다른 여러 종류의 죄를 범하였다면 그 각 행위는 그중 가장 중한 법정형의 상해죄 또는 폭행죄의 상습범으로서 포괄일죄에 해당한다.[1)]

형법 제264조에서 말하는 '상습'이란 형법 제264조에 열거된 상해 내지 폭행행위의 습벽을 말한다. 형법 제264조에 열거되지 아니한 다른 유형의 범죄까지 고려하여 상습성의 유무

---

1) 2018. 4. 24. 2017도10956, 공 2018상, 1036 =『계부 상습폭행 사건』:

갑은 수회의 폭력전과가 있다. A는 갑의 계부, B는 갑의 친모이다. 갑은 ⓐ일시와 ⓑ일시에 각각 A를 폭행하였다. 갑은 ⓑ일시에 A를 폭행하던 중 이를 말리던 친모 B를 폭행하였다.

검사는 갑을 "갑은 상습으로 A를 폭행하고, 어머니인 B를 존속폭행하였다."는 공소사실로 기소하였다(㉮공소사실). 제1심판결 선고 전 친모 B는 갑의 처벌을 원하지 않는다는 의사를 밝혔다. 갑의 피고사건은 제1심을 거친 후, 항소심에 계속되었다. 항소법원은 다음과 같이 판단하였다. (가) ㉮공소사실은 상습폭행과 존속폭행의 두 가지 행위로 이루어지고 있다. (나) 갑에게 단순폭행의 습벽이 인정된다. (다) A에 대한 상습폭행 부분은 유죄로 인정된다. (라) 갑에게 존속폭행의 습벽까지 인정할 증거는 없다. (마) B에 대한 상습존속폭행은 성립할 수 없고 존속폭행만 성립할 수 있다. (바) B는 제1심판결 선고 전에 처벌을 원하지 않는다는 의사를 밝혔다. (사) 존속폭행 부분에 대해서는 공소기각판결을 선고한다. 검사는 불복 상고하였다.

대법원은 다음의 이유를 제시하여 원심판결을 파기환송하였다. 대법원은 폭행죄의 상습성에 대해 다음과 같은 판단기준을 설시하였다. (가) 폭행죄의 상습성은 폭행 범행을 반복하여 저지르는 습벽을 말한다. (나) 동종 전과의 유무와 그 사건 범행의 횟수, 기간, 동기 및 수단과 방법 등을 종합적으로 고려하여 상습성 유무를 결정하여야 한다. (다) 단순폭행, 존속폭행의 범행이 동일한 폭행 습벽의 발현에 의한 것으로 인정되는 경우가 있다. (라) 이 경우 그중 법정형이 더 중한 상습존속폭행죄에 나머지 행위를 포괄하여 하나의 죄만이 성립한다고 봄이 타당하다. (마) 상습존속폭행죄로 처벌되는 경우에는 형법 제260조 제3항이 적용되지 않는다. (바) 그러므로 상습존속폭행죄의 경우에는 피해자의 명시한 의사에 반하여도 공소를 제기할 수 있다.

대법원은 갑의 행위에 대해 다음과 같이 판단하였다. (가) 갑에게 폭행 범행을 반복하여 저지르는 습벽이 있다. (나) 갑이 이러한 습벽에 의하여 단순폭행, 존속폭행 범행을 저지른 사실이 인정된다고 하자. (다) 그렇다면 단순폭행, 존속폭행의 각 죄별로 상습성을 판단할 것이 아니라 포괄하여 그중 법정형이 가장 중한 상습존속폭행죄만 성립한다고 볼 여지가 있다. (라) 원심은 ㉮공소사실의 B 부분에 대하여 공소기각을 선고하였다. (마) 원심판결에는 형법 제264조[상습범], 폭행죄의 상습성, 죄수 등에 관한 법리를 오해하여 판결에 영향을 미친 잘못이 있다.

를 결정해서는 안 된다. 그러므로 상습폭행죄의 상습성을 판단함에 있어 피고인의 재물손괴나 주거침입 전과까지 종합하여 판단하는 것은 위법하다.[1)]

형법 제260조 제3항은 단순폭행죄와 존속폭행죄를 반의사불벌죄로 규정하고 있다. 그러나 상습폭행죄와 상습존속폭행죄는 반의사불벌죄로 규정되어 있지 않다. 상습존속폭행죄로 처벌되는 경우에는 형법 제260조 제3항이 적용되지 않는다. 그러므로 피해자의 명시한 의사에 반하여도 공소를 제기할 수 있다.[2)] 상습폭행죄의 경우에는 10년 이하의 자격정지를 병과할 수 있다(법265, 264).

---

1) 2018. 4. 24. 2017도21663, 공 2018상, 1038 =『상습폭행 재물손괴 전과 사건』:

갑은 상해 범행으로 4회 처벌받은 전력이 있다(㉮사정). 갑은 ㉮전과 외에도 재물손괴, 주거침입, 협박 등의 폭력행위로 인한 범행을 수차례 저지른 사실이 있다(㉯사정). ㉮, ㉯와 같은 범행이 오랜 세월 동안 지속적으로 반복되어 왔다(㉰사정). 갑은 술을 마시면 폭력적인 행동을 하는 성향이 있다(㉱사정). 갑은 A에게 폭행을 가하였다.

검사는 갑을 상습폭행죄로 기소하였다. 제1심법원은 ㉮, ㉯, ㉰, ㉱사정에 비추어 볼 때 갑에게 폭행을 포함한 폭력행위의 습벽이 인정된다고 판단하였다. 제1심법원은 갑에게 상습폭행죄를 인정하였다. 갑은 불복 항소하였다. 갑은 항소이유로 다음의 점을 주장하였다. (가) 갑에게 폭력범죄 전력이 다수 있는 것은 사실이나, 이러한 사정만으로 폭행의 상습성이 있다고 보기 어렵다. (나) 제1심판결은 재물손괴, 주거침입(㉯사정)까지 모두 폭행의 상습성을 인정하는 전과로 판단하였다. (다) 재물손괴와 주거침입(㉯사정)을 폭행의 상습성을 인정하는 전과로 보기 어렵다.

항소법원은 다음의 이유를 들어서 항소를 기각하였다. (가) [종전 대법원판례에 따라 판단한다.] (나) 「폭력행위 등 처벌에 관한 법률」 제2조 제1항에서 말하는 상습성이라 함은 동 법조항에게 기한 형법 각조에 해당하는 각개 범죄행위의 상습성만을 의미하는 것이 아니고 각개 범죄행위를 포괄한 폭력행위를 하는 습벽도 포함하는 것이라고 해석된다. (다) 그러므로 손괴죄의 상습성을 따로 인정할 자료없이 상해죄의 전과사실 등에 의하여 손괴를 포함한 폭력행위범행의 상습성을 인정하고 상해와 재물손괴 행위를 상습폭력행위 범행의 포괄일죄로 인정 처단할 수 있다. (라) [2016년] 「폭력행위 등 처벌에 관한 법률」 제2조 제1항이 삭제되었다. (마) 그렇다고 하더라도 형법상 상습폭행죄의 상습성 판단도 위와 동일하다. (바) 이 사건 폭행의 상습성을 검토함에 있어서 재물손괴나 주거침입 전과 등의 사정을 모두 종합하여 폭행의 상습성 존부를 판단하는 것에 위법이 있다고 볼 수 없다. 갑은 불복 상고하였다. 상고이유는 항소이유와 같다.

대법원은 다음의 이유를 제시하여 상고를 기각하였다. 대법원은 상습폭행죄의 상습성에 대해 다음과 같이 설시하였다. (가) 상해죄 및 폭행죄의 상습범에 관한 형법 제264조[상습범]는 "상습으로 제257조[상해, 존속상해], 제258조[중상해, 존속중상해], 제258조의2[특수상해], 제260조[폭행, 존속폭행] 또는 제261조[특수폭행]의 죄를 범한 때에는 그 죄에 정한 형의 2분의 1까지 가중한다."라고 규정하고 있다. (나) 형법 제264조에서 말하는 '상습'이란 위 규정에 열거된 상해 내지 폭행행위의 습벽을 말하는 것이다. (다) 그러므로 위 규정에 열거되지 아니한 다른 유형의 범죄까지 고려하여 상습성의 유무를 결정하여서는 아니 된다.

대법원은 갑의 행위에 대해 다음과 같이 판단하였다. (가) 위 법리에 비추어 본다. (나) 원심이 상습폭행죄의 상습성을 판단함에 있어 갑의 재물손괴나 주거침입 전과(㉯사정)까지 종합하여 판단하는 것에 위법이 없다는 취지로 이유 설시한 부분은 부적절하다. (다) 그러나 기록에 의하여 알 수 있는 갑의 범행전력, 범행수법, 범행횟수 등에 비추어 상습폭행죄의 상습성을 인정한 제1심판결을 그대로 유지한 원심의 결론은 정당한 것으로 수긍할 수 있다.

2) 2018. 4. 24. 2017도10956, 공 2018상, 1036 =『계부 상습폭행 사건』.

제26장 과실치사상의 죄

제1 서 설

1. 과실범의 체계

형법 각칙 제26장은 과실치사상의 죄를 규정하고 있다. 형법은 고의범 처벌을 원칙으로 하며(법13), 과실범은 법률에 특별한 규정이 있는 경우에만 처벌한다(법14). 과실에 의한 행위도 법익침해의 점에서는 고의범과 동일하다. 그렇지만 과실범은 고의범에 비하여 행위의 태양에서 위법성과 비난가능성이 경미하다. 이 때문에 입법자는 과실로 인한 피해발생 문제에 대해서는 민사적 조치에 맡기고, 중대한 법익침해에 대해서만 과실범을 처벌하기로 하고 있다.

과실범의 형벌은 고의범에 비하여 현저히 가벼운 것이 특징이다. 과실범은 고의범에 비하여 불법성과 비난가능성이 낮기 때문이다. 우리 입법자는 이 점을 고려하여 과실범을 처벌할 때 징역 대신에 금고를 법정형에 규정하고 있다. 금고는 징역과 달리 정해진 노역에 복무시키지 않는다(법67, 68). 그런데 과실범이 징역형을 규정한 다른 범죄와 동시적 경합범(법37 전단)의 관계에 서는 경우가 있다. 이 경우 징역과 금고는 같은 종류의 형으로 보며, 과실범이라 할지라도 징역형으로 처벌한다(법38②).[1)]

형법은 주로 사람의 생명이나 신체와 관련된 범죄에 대해 과실범을 규정하고 있는데 각칙 제26장에 규정된 과실치상죄(법266), 과실치사죄(법267), 업무상 과실치사상죄(법268)는 그 대표적인 예이다.

이 밖에도 형법은 실화죄(법170, 171), 과실폭발성물건파열죄(법173의2), 과실일수죄(법181), 과실교통방해죄(법189)를 규정하여 과실범을 처벌하고 있다. 이들 과실범은 간접적으로 사람의 생명 · 신체에 대한 위험발생과 관련을 맺고 있다. 형법은 재산범죄 가운데 업무상 과실장물취득죄(법364)를 처벌하고 있다. 생명 · 신체와 관계가 없지만 장물취득죄(법362)의 고의 입증 문제를 해결하기 위하여 마련된 범죄유형이다.

현대 사회에서 과학기술의 발전, 산업의 발달, 고속교통기관의 보급 등은 생활에 많은 편의를 제공하면서 삶의 질을 높이고 있다. 그러나 동시에 과실로 인한 사고나 재해가 급속

---

1) 2013. 12. 12. 2013도6608, 공 2014상, 217 = 분석 신형소 III 『무보험 차량 교통사고 사건』.

히 증가하면서 피해규모도 급격히 확대되고 있다. 이에 입법자는 과실범의 신속한 처리와 피해배상을 위한 입법장치를 마련하는 한편, 안전을 위협하는 행위를 규제하기 위해 특별법으로 여러 가지 새로운 범죄유형을 설정하고 있다. 이와 관련하여 「산업안전법」[1] 이외에 2022년부터 시행된 「중대재해 처벌 등에 관한 법률」이[2] 주목된다.

---

1) 2022. 3. 31. 2020도12560, 공 2022상, 845 = 『지장철탑 감전사 사건』 ☞ 부록 1591면.

2) **중대재해 처벌 등에 관한 법률 제2조**(정의) 이 법에서 사용하는 용어의 뜻은 다음과 같다.
1. "중대재해"란 "중대산업재해"와 "중대시민재해"를 말한다.
2. "중대산업재해"란 「산업안전보건법」 제2조 제1호에 따른 산업재해 중 다음 각 목의 어느 하나에 해당하는 결과를 야기한 재해를 말한다.
가. 사망자가 1명 이상 발생
나. 동일한 사고로 6개월 이상 치료가 필요한 부상자가 2명 이상 발생
다. 동일한 유해요인으로 급성중독 등 대통령령으로 정하는 직업성 질병자가 1년 이내에 3명 이상 발생
3. "중대시민재해"란 특정 원료 또는 제조물, 공중이용시설 또는 공중교통수단의 설계, 제조, 설치, 관리상의 결함을 원인으로 하여 발생한 재해로서 다음 각 목의 어느 하나에 해당하는 결과를 야기한 재해를 말한다. 다만, 중대산업재해에 해당하는 재해는 제외한다.
가. 사망자가 1명 이상 발생
나. 동일한 사고로 2개월 이상 치료가 필요한 부상자가 10명 이상 발생
다. 동일한 원인으로 3개월 이상 치료가 필요한 질병자가 10명 이상 발생
(이하 생략)

제4조(사업주와 경영책임자등의 안전 및 보건 확보의무) ① 사업주 또는 경영책임자등은 사업주나 법인 또는 기관이 실질적으로 지배·운영·관리하는 사업 또는 사업장에서 종사자의 안전·보건상 유해 또는 위험을 방지하기 위하여 그 사업 또는 사업장의 특성 및 규모 등을 고려하여 다음 각 호에 따른 조치를 하여야 한다.
1. 재해예방에 필요한 인력 및 예산 등 안전보건관리체계의 구축 및 그 이행에 관한 조치
2. 재해 발생 시 재발방지 대책의 수립 및 그 이행에 관한 조치
3. 중앙행정기관·지방자치단체가 관계 법령에 따라 개선, 시정 등을 명한 사항의 이행에 관한 조치
4. 안전·보건 관계 법령에 따른 의무이행에 필요한 관리상의 조치
② 제1항제1호·제4호의 조치에 관한 구체적인 사항은 대통령령으로 정한다.

제5조(도급, 용역, 위탁 등 관계에서의 안전 및 보건 확보의무) 사업주 또는 경영책임자등은 사업주나 법인 또는 기관이 제3자에게 도급, 용역, 위탁 등을 행한 경우에는 제3자의 종사자에게 중대산업재해가 발생하지 아니하도록 제4조의 조치를 하여야 한다. 다만, 사업주나 법인 또는 기관이 그 시설, 장비, 장소 등에 대하여 실질적으로 지배·운영·관리하는 책임이 있는 경우에 한정한다.

제6조(중대산업재해 사업주와 경영책임자등의 처벌) ① 제4조 또는 제5조를 위반하여 제2조 제2호 가목의 중대산업재해에 이르게 한 사업주 또는 경영책임자등은 1년 이상의 징역 또는 10억원 이하의 벌금에 처한다. 이 경우 징역과 벌금을 병과할 수 있다.
② 제4조 또는 제5조를 위반하여 제2조 제2호 나목 또는 다목의 중대산업재해에 이르게 한 사업주 또는 경영책임자등은 7년 이하의 징역 또는 1억원 이하의 벌금에 처한다.
③ 제1항 또는 제2항의 죄로 형을 선고받고 그 형이 확정된 후 5년 이내에 다시 제1항 또는 제2항의 죄를 저지른 자는 각 항에서 정한 형의 2분의 1까지 가중한다.

제7조(중대산업재해의 양벌규정) 법인 또는 기관의 경영책임자등이 그 법인 또는 기관의 업무에 관하여 제6조에 해당하는 위반행위를 하면 그 행위자를 벌하는 외에 그 법인 또는 기관에 다음 각 호의 구분에 따른

2. 과실범의 구조

형법 제14조는 과실의 개념을 "정상적으로 기울여야 할 주의(注意)를 게을리하여 죄의 성립요소인 사실을 인식하지 못한 행위"라고 정의하고 있다. 이 규정은 인식 없는 과실만을 명문으로 규정하고 있으나 인식 있는 과실도 과실의 개념에 포함된다는 점에 대하여는 다툼이 없다.

과실범은 결과범이다. 과실행위(부작위 포함)와 결과발생 사이에는 인과관계가 존재해야 한다(법17). 행위자의 작위 · 부작위가 결과발생의 직접원인이 되는 경우는 물론이고, 피해자의 과실과 같은 다른 사정이 경합한 경우에도 인과관계는 인정된다.

과실은 주의의무위반이다. 주의의무는 결과예견의무와 결과회피의무로 구성된다. 주의의무가 구성요건 단계에서 문제될 때에는 평균인을 기준으로 판단해야 하며, 주의의무가 책임 단계에서 문제될 때에는 구체적 행위자를 기준으로 판단해야 한다(신과실론). 주의의무의 발생근거는 법령에 명시된 경우뿐만 아니라 계약, 기타 관습상 필요한 경우를 모두 포함한다.[1]

제 2 과실치사상죄의 기본유형

1. 과실치상죄

형법 제266조 (과실치상) ① 과실로 인하여 사람의 신체를 상해에 이르게 한 자는 500만원 이하의 벌금, 구류 또는 과료에 처한다.

◎ 반의사불벌죄임(법266②)

형법 제266조 제1항은 과실로 인하여 사람의 신체를 상해한 경우를 처벌하고 있다. 과실로 상해를 입히는 일은 일상생활에서 자주 일어난다. 이에 대해서는 민사상 손해배상으로 피해구제를 할 수 있고, 과실치상의 사안을 모두 형사처벌하는 것은 형사정책적으로도 문제

벌금형을 과(科)한다. 다만, 법인 또는 기관이 그 위반행위를 방지하기 위하여 해당 업무에 관하여 상당한 주의와 감독을 게을리하지 아니한 경우에는 그러하지 아니하다.

1. 제6조 제1항의 경우: 50억원 이하의 벌금
2. 제6조 제2항의 경우: 10억원 이하의 벌금

(이하 생략)

1) 과실범의 성립요건에 대해서는, 신동운, 형법총론, 제14판, (2022), 253면 이하 참조.

가 있다. 이에 입법자는 과실치상죄를 반의사불벌죄로 규정하고 있다(법266②).

과실치상죄의 구성요건요소로서 사람, 신체, 상해 등의 개념은 살인죄 및 상해죄에서 설명한 바와 같다. 과실치상죄의 법정형은 500만원 이하의 벌금, 구류 또는 과료이다. 실화죄(법170① · ②), 과실일수죄(법181), 과실교통방해죄(법189①) 등과 마찬가지로 징역이나 금고가 부과되지 않는다.

과실치상죄에서 주의의무의 형태는 생활관계의 유형에 따라 다양하게 나타난다. 미성년자 보호자의 주의의무, 유해음식물 취급시의 주의의무, 위험행위시의 주의의무, 위험시설 유지 · 관리시의 주의의무 등은 그 예이다.

2. 과실치사죄

형법 제267조 (과실치사) 과실로 인하여 사람을 사망에 이르게 한 자는 2년 이하의 금고 또는 700만원 이하의 벌금에 처한다.

형법 제267조는 과실로 인하여 사람을 사망에 이르게 한 경우를 처벌하고 있다. 과실치상죄와 달리 과실치사죄는 반의사불벌죄가 아니다. 과실치사죄는 단순한 과실(경과실)로 사람을 사망에 이르게 한 경우의 처벌을 규정한 것이다. 사람이나 사망의 개념은 살인죄에서 설명한 것과 같다.[1] 분만중의 영아는 사람에 해당한다. 조산사가 해산을 돕는 과정에서 태아를 질식사에 이르게 한 행위는 업무상 과실치사죄에 해당한다.[2]

과실치사죄는 사망의 결과에 대해 고의가 없고 과실만 있는 경우에 성립한다. 사망의 원인이 된 상해나 폭행에 대해 인식 · 인용이 있어서 고의가 인정된다면 상해치사죄(법259) 또는 폭행치사죄(법262)가 성립한다.

제3 과실치사상죄의 특수유형

1. 업무상 과실치사상죄

형법 제268조 (업무상과실 · 중과실 치사상) 업무상과실 또는 중대한 과실로 사람을 사망이나 상해에 이르게 한 자는 5년 이하의 금고 또는 2천만원 이하의 벌금에 처한다.

---

1) 전술 590면 이하 참조.

2) 1982. 10. 12. 81도2621, 공 1982, 1116.

(1) 가중처벌의 근거

업무상 과실치사상죄는 과실치상죄 및 과실치사죄에 대한 가중처벌규정이다. 단순한 과실치상죄는 반의사불벌죄이다(법266① · ②). 그러나 형법 제268조의 업무상 과실치사상죄는 상해의 결과발생을 일으키는 데에 그쳤다고 하더라도 반의사불벌죄에 해당하지 않는다.

이론적으로 보면 과실치상죄와 과실치사죄가 기본적 구성요건이고 업무상 과실치사상죄는 가중적 구성요건이다. 그러나 실제상으로는 업무상 과실치사상죄가 형법 각칙 제26장에 규정된 과실범의 핵심을 이룬다.

업무상 과실치사상죄는 그 행위의 주체가 업무자라는 점에서 형이 가중되는 신분적 가중유형이다. 업무자의 과실행위를 보통의 과실행위보다 무겁게 처벌하는 근거에 대해서는 (가) 위험한 업무에 종사하는 자에게 특히 무거운 주의의무가 과해지기 때문이라고 보는 견해,[1] (나) 일반인과 업무자 모두 동일한 주의의무를 부담하지만, 업무자에게는 고도의 주의능력이 있기 때문이라고 보는 견해,[2] (다) 일반인과 업무자는 동일한 주의의무를 부담하지만, 업무자에게는 결과에 대한 예견가능성이 크기 때문이라고 보는 견해[3] 등이 제시되고 있다.

이상의 견해대립은 논의의 실익이 거의 없다고 생각된다. 굳이 찾자면 업무상 과실과 중과실의 구별에 의미가 있을 것이다. (나)견해가 제시한 고도의 주의능력이나 (다)견해가 제시한 결과에 대한 보다 큰 예견가능성은 조금만 주의를 기울이면 결과발생을 예견하거나 회피할 수 있다는 말과 다름이 없다. (나)견해와 (다)견해가 상정하는 경우는 굳이 업무상 과실로 포착하지 않더라도 중과실 개념을 통해 충분히 대처를 할 수 있다.

형법 제14조에 따르면 '정상적으로 기울여야 할 주의의무를 게을리할 때' 과실이 인정된다. 이 경우 정상적으로 기울여야 할 주의의무는 기본적으로 사회의 일반인을 표준으로 해서 결정된다. 그러나 일정한 업무 영역으로 오면 업무 자체의 특수성 때문에 입법자가 보다 높은 주의의무를 업무 참여자에게 부과할 수 있다. 이 경우 부과되는 높은 주의의무는 책임단계에서 논의되는 개별적 행위자에 대한 것이 아니다. 높은 주의의무는 업무 영역에 참여하는 사람들 모두에게 '정상적으로 기울여야 하는 주의의무'(법14)로 요구되는 객관적 주의의무이다.

예컨대 의료과오사고에서 의료종사자의 과실을 인정하기 위해서는 의료종사자가 결과발생을 예견할 수 있고 또 회피할 수 있었음에도 불구하고 이를 예견하거나 회피하지 못한 과실이 인정되어야 한다. 그러한 과실의 유무를 판단함에는 같은 업무 또는 분야에 종사하는

1) 김일수 · 서보학, 80면; 박상기, 70면; 손동권 · 김재윤, 79면; 임웅, 104면; 정영일, 48면.
2) 배종대, 79면.
3) 김성돈, 116면; 김혜정 외, 77면; 이재상 · 장영민 · 강동범, 75면; 이정원, 87면; 정성근 · 박광민, 80면.

평균적인 의료종사자의 주의 정도를 표준으로 해야 한다. 이에는 사고 당시의 일반적인 의학의 수준과 의료 환경 및 조건, 의료행위의 특수성 등이 고려되어야 한다.[1) 2)]

(2) 업무상 과실

(가) 업무 개념의 분류　　형법에는 여러 곳에서 '업무' 개념이 등장하고 있다. 먼저 총칙을 보면, 형법 제20조가 정당행위의 하나로 업무로 인한 행위를 들고 있다. 이 경우 업무는 사회의 제도로서 적극적 기능을 수행하는 정당한 업무로서 그 수행방법이 상당하여야 한다. 의사, 변호사, 성직자 등의 업무가 여기에 속한다.

형법 각칙에서 업무 개념이 사용되는 경우는 대략 네 가지로 나누어 볼 수 있다. 첫째로, 업무자의 과실행위를 가중처벌하는 경우가 있다. 업무상 과실치사상죄(법268), 업무상 실화죄(법171), 업무상 과실폭발성물건파열죄(법173의2②), 업무상 과실교통방해죄(법189②)가 여기에 해당한다.[3)] 둘째로, 업무자의 고의행위를 가중처벌하는 경우가 있다. 업무상 횡령죄(법356), 업무상 배임죄(법356) 등이 여기에 해당한다. 셋째로, 형법상 보호대상으로서 업무 개념이 사용되는 경우가 있다. 업무방해죄(법314)의 업무가 그것이다. 넷째로, 행위태양으로서 업무 개념이 사용되는 경우가 있다. 아동혹사죄(법274)나 업무상위력간음죄(법303①)에서의 업무가 여기에 해당한다.

(나) 업무의 개념요소　　업무 개념은 각각의 구성요건과 관련하여 독자적인 의미를 가지게 된다. 그럼에도 불구하고 업무 개념에는 몇 가지 공통적인 요소가 들어 있다. 일반적으로 업무는 사람이 사회생활상의 지위에서 계속적·반복적으로 종사하는 일이라고 정의된다. 여기에서 업무의 개념 요소를 분석해 본다.

첫째로, 업무는 사람이 사회생활상의 지위에서 종사하는 일이어야 한다. 식사, 산책, 수면 등 오로지 개인적으로 하는 일은 계속적·반복적으로 하더라도 업무에 해당하지 않는다. 업무의 근거는 법령, 계약에 한정되지 않고 관습이나 사실상의 것일 수도 있다. 업무에 해당하는 일이기만 하면 되고, 직업이나 수입을 얻기 위한 일일 필요는 없다. 본업일 필요도 없고 부수적인 일이라도 좋다.

둘째로, 업무는 사회생활상의 지위에서 계속적·반복적으로 종사하는 일이어야 한다. 업무의 계속성·반복성은 행위자가 어느 일을 계속적·반복적으로 한 경우[4)] 이외에 행위자가

---

1) 2011. 9. 8. 2009도13959, 공 2011하, 2164 = 분석 각론 『산소 부족 인턴 사건』.

2) 2018. 5. 11. 2018도2844, 공 2018상, 1121 = 『수술 후 지연성 천공 사건』 ☞ 부록 1592면.

3) 형법 제364조의 업무상 과실장물취득죄는 가중처벌되는 경우가 아니다. 장물취득죄의 미필적 고의가 인정되지 않는 경우에 대비하여 마련된 범죄유형이다. 후술 1507면 참조.

4) 1972. 5. 9. 72도701, 집 20②, 형10 = 『완구배달 자전거 사건』:

어느 일을 계속적 · 반복적으로 할 의사를 가지고 한 경우에도 인정된다. 따라서 단 1회의 행위도 계속적 · 반복적으로 할 의사를 가지고 한 경우에는 업무에 해당할 수 있다. 그러나 호기심에서 한 경우와 같이 계속적 · 반복적으로 할 의사가 없는 경우에는 업무에 해당하지 않는다.[1)]

(다) 업무상 과실치사상죄의 업무 업무상 과실치사상죄의 업무는 사람이 사회생활상의 지위에서 계속적 · 반복적으로 종사하는 일을 말한다. 업무상 과실치사상죄의 업무에는 (가) 수행하는 직무 자체가 위험성을 갖기 때문에 안전배려를 의무의 내용으로 하는 업무는 물론, (나) 사람의 생명 · 신체에 대한 위험을 방지하는 것을 의무내용으로 하는 업무도 포함한다.[2)]

업무상 과실치사상죄의 업무는 특별한 경험이나 법규상의 면허를 필요로 하지 않는다.

갑은 완구도매상의 점원으로서 자전거를 타고 소매상을 다니면서 완구배달을 하였다. 갑은 완구배달을 하던 중 M지점 내리막길을 과속으로 달려 내려오다가 마침 도로를 횡단하던 A를 발견하고 급정거하였다. 그러나 서지 못하고 충돌하여 A에게 상해를 입혔다(㉮사고).

검사는 갑을 중과실치상죄(선택적으로 업무상 과실치상죄)로 기소하였다. 갑의 피고사건은 제1심을 거친 후, 항소심에 계속되었다. 항소법원은 ㉮사고가 갑의 단순한 과실에서 나온 사고라고 하는 것은 몰라도 중대한 과실에서 나온 사고라고는 볼 수 없다는 이유로 무죄로 판단하였다. 검사는 불복 상고하였다.

대법원은 다음의 이유를 제시하여 원심판결을 파기환송하였다. (가) 갑은 완구상 점원으로서 완구배달을 하기 위하여 자전거를 타고 소매상을 돌아다니는 일을 하고 있었다. (나) 그렇다고 한다면 그는 자전거를 운전하는 업무에 종사하고 있다고 보아야 할 것이다. (다) 갑은 자전거를 운전하는 업무에 종사하던 중 업무상 필요한 주의의무를 태만히 한 탓으로 타인의 신체에 상해를 입혔다. (라) 이는 공소사실에서 적시한 바와 같이 업무상 과실치상죄에 해당한다.

1) 1966. 5. 31. 66도536, 집 14②, 형9 = 『호기심 중위 운전 사건』:

갑은 육군 중위로서 소속 부대 부관이다. 갑은 운전면허가 없다. 갑은 소속 부대 하사 A의 결혼 피로연에 참석하여 술을 마셨다. 갑은 운전병 B가 운전하던 ㉠짚차로 귀대하던 중 M검문소에 이르렀다. 운전병 B가 헌병의 검문을 받기 위하여 ㉠차량에서 하차하였다. 갑은 과거부터 운전에 호기심을 가지고 있었다. 갑은 운전석이 비어 있음을 보고 취흥에 가지고 있던 ㉡키로 ㉠차량을 시동하여 운행하였다. 갑은 시속 50Km의 과속으로 진행하다가 N지점에 이르러 차량의 조종을 상실하였다. ㉠차량은 길옆 배수로에 빠져 전복되었다.

군검사는 갑을 군형법상 업무상 과실군용물손괴죄로 기소하였다. 갑의 피고사건은 제1심을 거친 후, 항소심에 계속되었다. 항소법원은 유죄를 인정하였다. 갑은 불복 상고하였다.

대법원은 다음의 이유를 제시하여 원심판결을 파기환송하였다. (가) 갑은 육군중위로서, 소속 중대 부관이며, ㉠차량의 운전업무에 종사하는 자가 아니다. (나) 갑에게 ㉠차량을 운전함에 있어서 업무상 과실이 있다고 인정하기 위하여서는, 갑이 오락을 위하여서 한다 할지라도, 적어도 반복적 · 계속적으로 ㉠차량의 운전을 한 사실이 필요하다. (다) 이와 같은 경우에 비로소 갑의 ㉠자동차 운전 행위는 자동차 운전업무에 속한다 할 것이다. (라) 그 업무는 성질상 사람의 생명 · 신체에 대한 위험을 포함하는 것이라 할 것이므로, 갑은 자동차 운전 업무에 종사하는 자로서의 업무상 주의의무를 다 할 책임이 있다.

(마) 원심은 의당 갑이 ㉠차량을 오락을 위하여 반복적 · 계속적으로 운전한 사실 여부를 심사 · 판단하였어야 한다. (바) 갑의 단 1회의 운전행위만을 대상으로 하여 업무상 과실이 있다고 단정한 것은 군형법 제73조 제2항의 업무상 과실에 관한 법리를 그릇한 위법이 있다.

2) 2007. 5. 31. 2006도3493, [미간행] = 분석 각론 『수용자 휴일 사망 사건』.

면허 없는 사람이 기계를 조작하다가 사고를 낸 경우에도 업무상 과실치사상죄가 성립한다.[1] 업무상 과실치사상죄의 업무는 반드시 적법한 것임을 요하지 않는다. 예컨대 골재채취허가를 받지 않고 하천에서 자갈을 채취하여 웅덩이가 생긴 후 그 웅덩이에서 어린아이가 익사하였다면 자갈채취업자는 업무상 과실치사죄의 죄책을 진다.[2]

(라) 구체적 유형 업무상 과실치사상죄에서 문제되는 업무 영역과 주의의무의 관계에 대해 몇 가지 경우를 살펴본다. 교통사고와 관련한 주의의무에 대해서는 항목을 바꾸어서 후술한다.

① 의료사고와 과실 인간의 생명과 건강을 담당하는 의사에게는 그 업무의 성질에 비추어 위험방지를 위하여 필요한 최선의 주의의무가 요구된다. 따라서 의사로서는 환자의 상태에 충분히 주의하고 진료 당시의 의학적 지식에 입각하여 치료방법의 효과와 부작용 등 모든 사정을 고려하여 최선의 주의를 기울여 치료를 실시하지 않으면 안 된다.[3]

이러한 주의의무의 기준은 진료 당시의 이른바 임상의학의 실천에 의한 의료수준에 의하여 결정되어야 한다. 그 의료수준은 규범적으로 요구되는 수준으로 파악되어야 하고, 당해 의사나 의료기관의 구체적 상황에 따라 고려되어서는 안 된다.[4]

의료사고에서 의료종사자의 과실을 인정하려면 의료종사자가 결과발생을 예견할 수 있고 또 회피할 수 있었음에도 불구하고 이를 예견하거나 회피하지 못한 과실이 인정되어야 한다. 의사의 과실이 있는지 여부는 같은 업무 또는 분야에 종사하는 평균적인 의료인이 보통 갖추어야 할 통상의 주의의무를 기준으로 판단하여야 한다.[5] 이때 사고 당시의 일반적인 의학 수준, 의료환경과 조건, 의료행위의 특수성 등을 고려하여야 한다.[6] [7]

어떠한 의료행위가 의사들 사이의 분업적인 진료행위를 통하여 이루어지는 경우에 관여한 의사들 사이에 주의의무의 분배가 문제된다. 이 문제는 수평적 분업관계과 수직적 분업관계로 경우를 나누어 살펴보아야 한다.

먼저, 수직적 분업관계가 있다. 수직적 분업관계은 어느 의사(A)가 자신은 환자의 수술이나 시술에 전념하고 마취과 의사(B)로 하여금 마취와 환자 감시 등을 담당토록 하거나, 특정 의료영역에 관한 진료 도중 환자에게 나타난 문제점이 자신(A)이 맡은 의료영역 내지 전

---

1) 1979. 9. 11. 79도1250, 공 1979, 12240 = 분석 각론『도립병원 정전 사건』.
2) 1985. 6. 11. 84도2527, 공 1985, 1031 = 분석 각론『무허가 골재채취 사건』.
3) 2010. 10. 28. 2008도8606, 공 2010하, 2200 = 분석 총론『활력징후 검사 사건』.
4) 2010. 10. 28. 2008도8606, 공 2010하, 2200 = 분석 총론『활력징후 검사 사건』.
5) 2018. 5. 11. 2018도2844, 공 2018상, 1121 =『수술 후 지연성 천공 사건』
6) 2011. 9. 8. 2009도13959, 공 2011하, 2164 = 분석 각론『산소 부족 인턴 사건』.
7) 2018. 5. 11. 2018도2844, 공 2018상, 1121 =『수술 후 지연성 천공 사건』

공과목에 관한 것이 아니라 그에 선행하거나 병행하여 이루어진 다른 의사(C)의 의료영역 내지 전공과목에 속하는 등의 사유로 다른 의사(C)에게 그 관련된 협의진료를 의뢰한 경우에 찾아볼 수 있다. 이러한 경우처럼 서로 대등한 지위에서 각자의 의료영역을 나누어 환자 진료의 일부를 분담하였다면, 진료를 분담 받은 다른 의사(B 또는 C)의 전적인 과실로 환자에게 발생한 결과에 대하여는 어느 의사(A)에게 책임을 인정할 수 없다.[1)]

---

1) 2022. 12. 1. 2022도1499, 공 2023상, 231 =『장정결 시행 승인 사건』:

갑은 P대학병원 소화기내과 위장관 파트의 임상조교수이다. 갑은 소속 전공의를 지휘 · 감독하며 그 전공의들과 함께 환자를 진료하는 의사이다. 을은 P대학병원 내과 2년차 전공의이다. 을은 소화기내과 위장관 파트에서 근무하면서 갑의 지휘 · 감독 하에 환자를 진료하는 의사이다. A는 부분 장폐색을 일으킨 환자이다.

갑은 A를 진찰한 결과 대장 내시경 검사의 필요성을 인정하고 이를 시행하기로 결정하였다. 갑은 을에게 대장 내시경 검사를 위한 장정결제 투여 등 그에 관한 세부적인 절차를 위임하였다. 갑은 A에게 대장 내시경 검사가 필요하다고 설명하였다. 을은 A를 진찰한 다음 대장 내시경 검사가 가능하다고 판단하였다. 갑은 출근하지 않고 집에 있었다. 을은 갑에게 다음과 같이 보고하였다. (가) A를 진찰하였다. (나) 대장 내시경 검사가 가능하다고 판단된다. (다) 환자 및 가족들의 동의도 받았다. 갑은 대장 내시경 검사를 위한 준비절차로서 을의 장정결 시행을 승인하였다. 을은 A에게 검사 전날 저녁 쿨프렙 1L, 검사 당일 아침 쿨프렙 1L를 각 투여하도록 처방하였어야 하나 착오로 총 4L 투여 처방을 내렸다. 장정결 시행이 과도하게 이루어진 결과로 A가 사망하였다.

검사는 갑과 을을 업무상 과실치사죄로 기소하였다. 갑과 을의 피고사건은 제1심을 거친 후, 항소심에 계속되었다. 항소법원은 갑과 을에게 유죄를 인정하였다. 항소법원은 갑에 대한 유죄판단의 이유로 다음의 점을 들었다. (가) 갑은 을을 지휘 · 감독하는 지위에 있다. (나) 갑은 직접 수행하지 않은 장정결제 처방과 장정결로 발생할 수 있는 위험성에 관한 설명에 대하여 책임이 있다. 갑과 을은 불복 상고하였다.

대법원은 을의 상고를 기각하였다. 대법원은 다음의 이유를 제시하여 원심판결 중 갑에 대한 부분을 파기환송하였다. 대법원은 의사의 주의의무에 대해 설시하였다(내용 생략함). 대법원은 분업적 의료행위를 둘러싼 의사의 주의의무에 대해 다음과 같이 설시하였다. (가) (ㄱ) 어떠한 의료행위가 의사들 사이의 분업적인 진료행위를 통하여 이루어지는 경우에도 (ㄴ) 그 의료행위 관련 임상의학 분야의 현실과 수준을 포함하여 구체적인 진료환경 및 조건, 해당 의료행위의 특수성 등을 고려한 규범적인 기준에 따라 (ㄷ) 해당 의료행위에 필요한 주의의무의 준수 내지 위반이 있었는지 여부가 판단되어야 함은 마찬가지이다.

(나) 따라서 의사가 환자에 대하여 주된 의사의 지위에서 진료하는 경우라도, (ㄱ) 자신은 환자의 수술이나 시술에 전념하고 마취과 의사로 하여금 마취와 환자 감시 등을 담당토록 하거나, (ㄴ) 특정 의료영역에 관한 진료 도중 환자에게 나타난 문제점이 자신이 맡은 의료영역 내지 전공과목에 관한 것이 아니라 그에 선행하거나 병행하여 이루어진 다른 의사의 의료영역 내지 전공과목에 속하는 등의 사유로 다른 의사에게 그 관련된 협의진료를 의뢰한 경우처럼 (ㄷ) 서로 대등한 지위에서 각자의 의료영역을 나누어 환자 진료의 일부를 분담하였다면, (ㄹ) 진료를 분담받은 다른 의사의 전적인 과실로 환자에게 발생한 결과에 대하여는 책임을 인정할 수 없다.

(다) 한편 (ㄱ) 수련병원의 전문의와 전공의 등의 관계처럼 의료기관 내의 직책상 주된 의사의 지위에서 지휘 · 감독 관계에 있는 다른 의사에게 특정 의료행위를 위임하는 수직적 분업의 경우에는, (ㄴ) 그 다른 의사에게 전적으로 위임된 것이 아닌 이상 (ㄷ) 주된 의사는 자신이 주로 담당하는 환자에 대하여 다른 의사가 하는 의료행위의 내용이 적절한 것인지 여부를 확인하고 감독하여야 할 업무상 주의의무가 있고, (ㄹ) 만약 의사가 이와 같은 업무상 주의의무를 소홀히 하여 환자에게 위해가 발생하였다면 주된 의사는 그에 대한 과실 책임을 면할 수 없다.

(라) 이때 (ㄱ) 그 의료행위가 지휘 · 감독 관계에 있는 다른 의사에게 전적으로 위임된 것으로 볼 수 있는

다음으로, 수직적 분업관계이다. 수직적 분업관계는 수련병원의 전문의와 전공의 등의 관계처럼 의료기관 내의 직책상 주된 의사(A)의 지위에서 지휘 · 감독 관계에 있는 다른 의사(B)에게 특정 의료행위를 위임하는 경우에 찾아볼 수 있다. 수직적 분업의 경우에는, 그 다른 의사(B)에게 전적으로 위임된 것이 아닌 이상, 주된 의사(A)는 자신이 주로 담당하는 환자에 대하여 다른 의사(B)가 하는 의료행위의 내용이 적절한 것인지 여부를 확인하고 감독하여야 할 업무상 주의의무가 있고, 만약 다른 의사(B)가 이와 같은 업무상 주의의무를 소홀히 하여 환자에게 위해가 발생하였다면 주된 의사(A)는 그에 대한 과실 책임을 면할 수 없다.[1]

이때 다른 의사(B)가 하는 의료행위가 주된 의사(A)의 지휘 · 감독 관계에 있는 다른 의사(B)에게 '전적으로 위임된 것'으로 볼 수 있는지 여부는 위임받은 의사(B)의 자격 내지 자질과 평소 수행한 업무, 위임의 경위 및 당시 상황, 그 의료행위가 전문적인 의료영역 및 해당 의료기관의 의료 시스템 내에서 위임 하에 이루어질 수 있는 성격의 것이고 실제로도 그

지 여부는 (ㄴ) 위임받은 의사의 자격 내지 자질과 평소 수행한 업무, 위임의 경위 및 당시 상황, 그 의료행위가 전문적인 의료영역 및 해당 의료기관의 의료 시스템 내에서 위임하에 이루어질 수 있는 성격의 것이고 실제로도 그와 같이 이루어져 왔는지 여부 등 여러 사정에 비추어 (ㄷ) 해당 의료행위가 위임을 통해 분담 가능한 내용의 것이고 실제로도 그에 관한 위임이 있었다면, (ㄹ) 그 위임 당시 구체적인 상황하에서 위임의 합리성을 인정하기 어려운 사정이 존재하고 이를 인식하였거나 인식할 수 있었다고 볼 만한 다른 사정에 대한 증명이 없는 한, (ㅁ) 위임한 의사는 위임받은 의사의 과실로 환자에게 발생한 결과에 대한 책임이 있다고 할 수 없다.

대법원은 의사의 설명의무와 관련하여 설명의 주체에 대해 다음과 같이 설시하였다. (가) 의료행위에 앞서 환자에게 그로 인하여 발생할 수 있는 위험성 등을 구체적으로 설명하여야 하는 주체는 (ㄱ) 원칙적으로 주된 지위에서 진료하는 의사라 할 것이나 (ㄴ) 특별한 사정이 없는 한 다른 의사를 통한 설명으로도 충분하다. (나) 따라서 이러한 경우 (ㄱ) 다른 의사에게 의료행위와 함께 그로 인하여 발생할 수 있는 위험성에 대한 설명까지 위임한 주된 지위의 의사의 주의의무 위반에 따른 책임을 인정하려면, (ㄴ) 그 위임사실에도 불구하고 (ㄷ) 위임하는 의사와 위임받는 의사의 관계 및 지위, 위임하는 의료행위의 성격과 그 당시의 환자 상태 및 그에 대한 각자의 인식 내용, 위임받은 의사가 그 의료행위 수행에 필요한 경험과 능력을 보유하였는지 여부 등에 비추어 (ㄹ) 위임의 합리성을 인정하기 어려운 경우에 해당하여야 한다.

대법원은 사실관계를 분석하였다(내용 생략함). 대법원은 위에서 제시한 법리에 따라 사실관계의 해당 여부를 판단하였다(포섭과정 생략함). 대법원은 원심판단의 당부에 대해 다음과 같이 판단하였다. (가) 을이 분담한 의료행위에 관하여 갑에게도 주의의무 위반에 따른 책임을 인정하려면, 원심으로서는 (ㄱ) 부분 장폐색 환자에 대한 장정결 시행의 빈도와 처방 내용의 의학적 난이도, (ㄴ) 을이 내과 2년차 전공의임에도 소화기내과 위장관 부분 업무를 담당한 경험이 미흡하였거나 기존 경력에 비추어 보아 적절한 업무수행을 기대하기 어렵다는 등의 특별한 사정이 있었는지 여부 등을 구체적으로 심리하여 (ㄷ) [갑이] 을에게 장정결 처방 및 그에 관한 설명을 위임한 것이 합리적이지 않았다는 사실에 대한 증명이 있었는지를 판단하였어야 한다. (나) 그럼에도 원심은 갑이 을을 지휘 · 감독하는 지위에 있다는 사정만으로 직접 수행하지 않은 장정결제 처방과 장정결로 발생할 수 있는 위험성에 관한 설명에 대하여 책임이 있다고 단정하고 말았다. (다) 거기에는 의사의 의료행위 분담에 관한 법리를 오해하고 필요한 심리를 제대로 하지 아니함으로써 판결에 영향을 미친 잘못이 있다.

1) 2022. 12. 1. 2022도1499, 공 2023상, 231 =『장정결 시행 승인 사건』.

와 같이 이루어져 왔는지 여부 등 여러 사정에 비추어 판단하여야 한다.[1]

해당 의료행위가 위임을 통해 분담 가능한 내용의 것이고 실제로도 그에 관한 위임이 있었다면, 원칙적으로 위임한 주된 의사(A)는 위임받은 의사(B)의 과실로 환자에게 발생한 결과에 대한 책임이 있다고 할 수 없다.[2] 그러나 주된 의사(A)의 위임 당시 구체적인 상황 하에서 위임의 합리성을 인정하기 어려운 사정이 존재하고 주된 의사(A)가 이를 인식하였거나 인식할 수 있었다고 볼 만한 다른 사정에 대한 증명이 있다면 위임한 주된 의사(A)는 위임받은 의사(B)의 과실로 환자에게 발생한 결과에 대해 책임이 있다.[3]

의료사고로 인한 피해를 신속 · 공정하게 구제하고 보건의료인의 안정적인 진료환경을 조성할 목적으로 「의료사고 피해구제 및 의료분쟁 조정 등에 관한 법률」(의료분쟁조정법)이 제정 · 시행되고 있다. 의료분쟁조정법은 이 법률이 규정한 조정이나 중재가 성립한 경우에 피해자의 명시한 의사에 반하여 공소를 제기할 수 없다는 특례를 규정하고 있다(동법51① 본문, ②). 그러나 조정이나 중재가 성립해야만 반의사불벌죄로 된다는 점에서 후술하는 「교통사고처리 특례법」상의 반의사불벌죄(동법3② 참조) 특례와 구별된다.

② 도급계약과 과실　　공사도급계약의 경우 원칙적으로 도급인에게는 수급인의 업무와 관련하여 사고방지에 필요한 안전조치를 취할 주의의무가 없다. 그러나 법령에 의하여 도급인에게 수급인의 업무에 관하여 구체적인 관리 · 감독의무 등이 부여되어 있거나 도급인이 공사의 시공이나 개별작업에 관하여 구체적으로 지시 · 감독하였다는 등의 특별한 사정이 있는 경우에는 도급인에게도 수급인의 업무와 관련하여 사고방지에 필요한 안전조치를 취할 주의의무가 있다.[4]

③ 공장경영과 과실　　공장장이 설치된 기계의 수리작업과정에 대한 공원의 훈련 및 감독, 신규공원의 채용 등 공장운영 전반에 대한 실무적인 감독자로 일하고 있는 경우 경영자는 공원에 대한 사전 안전교육과 기계조작 및 작업방법 등에 관한 구체적이고 직접적인 감독책임이 있다고 할 수 없다.[5]

공장 운영이나 공사장 감독 등과 관련되는 특별법으로 「산업안전보건법」이 있다. 이 법률은 사업주에게 각종 안전조치 의무를 부과하고, 그에 위반하는 경우를 형사처벌하고 있다(동법38, 167 참조).[6] 「산업안전보건법」이 규정한 안전조치 의무를 위반하여 사망의

---

1) 2022. 12. 1. 2022도1499, 공 2023상, 231 = 『장정결 시행 승인 사건』.
2) 2022. 12. 1. 2022도1499, 공 2023상, 231 = 『장정결 시행 승인 사건』.
3) 2022. 12. 1. 2022도1499, 공 2023상, 231 = 『장정결 시행 승인 사건』.
4) 2010. 12. 23. 2010도1448, [미간행] = 분석 각론 『배관공사 추락 사건』.
5) 1984. 11. 27. 84도2025, 공 1985, 110 = 분석 각론 『신진요업사 사고 사건』.
6) 산업안전보건법 제38조 (안전조치) ① 사업주는 다음 각 호의 어느 하나에 해당하는 위험으로 인한 산

결과가 발생하였다면 「산업안전보건법」위반죄와 업무상 과실치사상죄가 상상적으로 경합한다.[1] 「산업안전보건법」은 양벌규정(동법173)을 통해 법인 사업주에 대한 형사처벌을 가능하

업재해를 예방하기 위하여 필요한 조치를 하여야 한다.

1. 기계 · 기구, 그 밖의 설비에 의한 위험
2. 폭발성, 발화성 및 인화성 물질 등에 의한 위험
3. 전기, 열, 그 밖의 에너지에 의한 위험

② 사업주는 굴착, 채석, 하역, 벌목, 운송, 조작, 운반, 해체, 중량물 취급, 그 밖의 작업을 할 때 불량한 작업방법 등에 의한 위험으로 인한 산업재해를 예방하기 위하여 필요한 조치를 하여야 한다.

③ 사업주는 근로자가 다음 각 호의 어느 하나에 해당하는 장소에서 작업을 할 때 발생할 수 있는 산업재해를 예방하기 위하여 필요한 조치를 하여야 한다.

1. 근로자가 추락할 위험이 있는 장소
2. 토사 · 구축물 등이 붕괴할 우려가 있는 장소
3. 물체가 떨어지거나 날아올 위험이 있는 장소
4. 천재지변으로 인한 위험이 발생할 우려가 있는 장소

④ 사업주가 제1항부터 제3항까지의 규정에 따라 하여야 하는 조치(이하 "안전조치"라 한다)에 관한 구체적인 사항은 고용노동부령으로 정한다.

제167조 (벌칙) ① 제38조 제1항부터 제3항까지 …를 위반하여 근로자를 사망에 이르게 한 자는 7년 이하의 징역 또는 1억원 이하의 벌금에 처한다.

② 제1항의 죄로 형을 선고받고 그 형이 확정된 후 5년 이내에 다시 제1항의 죄를 저지른 자는 그 형의 2분의 1까지 가중한다.

제168조 (벌칙) 다음 각 호의 어느 하나에 해당하는 자는 5년 이하의 징역 또는 5천만원 이하의 벌금에 처한다.

1. 제38조 제1항부터 제3항까지 …을 위반한 자
2. (생략)

1) 1991. 12. 10. 91도2642, 공 1992, 560 = 『근로자 협착 사망 사건』:

P건설회사는 M장소에서 상시 근로자 20명을 사용하여 N국도 확장공사를 하고 있다. 갑은 M건설 현장의 현장소장이다. 현장소장은 시공 및 안전관리 업무를 총괄한다. P회사 근로자들은 M공사장에서 기존에 매설된 하수관의 파손상태 여부를 확인하기 위하여 굴착작업을 하였다. 갑은 근로자 A로 하여금 굴착장소에서 하수관의 파손상태 여부를 확인하게 하였다. 그러던 중 지반의 붕괴로 A가 토사에 깔려서 사망하였다.

검사는 갑에 대해 산업안전법위반죄로 관할법원에 약식명령을 청구하였다. 관할법원은 갑에게 1백만원의 벌금을 과하는 ㉮약식명령을 고지하였다. ㉮약식명령은 확정되었다. ㉮약식명령이 인정한 범죄사실은 다음과 같다. (가) 갑은 P건설회사가 상시 근로자 20명을 사용하여 건설업을 행하는 국도 N호선 확장공사의 현장소장으로서 시공 및 안전관리 업무를 총괄하는 자이다. (나) 지반의 붕괴 및 토석의 낙하 등에 의하여 근로자에게 위험을 미칠 우려가 있는 때에는 그 위험을 방지하기 위하여 지반을 안전한 경사로 하고 낙하의 위험이 있는 토석을 제거하거나 옹벽 및 흙막이 지보공 등을 설치하여야 한다. (다) (연월일시 생략) 동 공사장에서 기매설한 하수관의 파손상태 여부를 확인하기 위하여 굴착작업을 한 후, 근로자 A로 하여금 굴착장소에서 하수관의 파손상태 여부를 확인케 하던 중 지반의 붕괴로 협착 사망케 하였다. (라) 이에 대한 방지조치를 취하지 아니함으로써, 산업안전보건법 제23조 제3항의 규정에 위반하였다.

검사는 갑을 다시 업무상 과실치사죄로 기소하였다. 갑에 대한 공소사실은 다음과 같다(㉯공소사실). (가), (나), (다) (생략; ㉮범죄사실의 해당 부분과 같음.) (라) 갑은 위와 같은 위험을 방지하기 위하여 필요한 조치를 취하지 아니한 업무상 과실로 인하여 A를 사망에 이르게 하였다.

제1심법원은 확정된 ㉮약식명령의 효력이 ㉯공소사실에 미친다고 판단하였다. 제1심법원은 갑에 대해 면

게 한다는 점에서 주목된다.

④ 임대차계약과 과실 단지 건물의 소유자로서 건물을 비정기적으로 수리하거나 건물의 일부분을 임대하였다는 사정만으로는 업무상 과실치사상죄(법268)의 업무로 인정할 수 없다. 건물 소유자는 안전배려 내지 안전관리 사무에 계속적·반복적으로 종사한다는 사회생활상의 지위를 가지지 않기 때문이다.[1] 그러나 임대인에게 보통의 주의의무위반을 이유로 과실치상죄(법266①) 또는 과실치사죄(법267)가 성립할 수는 있다.[2]

전기배선이 벽 내부에 매립 설치되어 건물 구조의 일부를 이루고 있다면 그에 관한 관리책임은 일반적으로 소유자에게 있다. 이 경우 주의의무는 업무상 주의의무가 아니라 일반적인 주의의무이다. 전기배선을 임차인이 직접 하였으며 그 이상을 미리 알았거나 알 수 있었다는 등의 특별한 사정이 있는 때에는 임차인에게도 그 부분의 하자로 인한 화재를 예방할 일반적인 주의의무가 있다.[3]

⑤ 골프경기와 과실 골프와 같은 개인 운동경기에서 경기에 참가하는 자는 자신의 행동으로 인해 다른 사람이 다칠 수도 있으므로 경기규칙을 준수하고 주위를 살펴 상해의 결과가 발생하는 것을 미연에 방지해야 할 주의의무가 있다.[4]

소판결을 선고하였다. 검사는 불복 항소하였다. 항소법원은 항소를 기각하고, 제1심판결을 유지하였다. 검사는 불복 상고하였다. 검사는 상고이유로 다음의 점을 주장하였다. (가) 갑은 산업안전보건법 관련규정 위반으로 벌금 1백만원을 선고받았다. (나) A의 사망에 대한 업무상 과실치사죄의 죄책은 남아 있다. (다) 확정된 ㉮범죄사실의 효력은 ㉯공소사실에 미치지 않는다.

대법원은 다음의 이유를 제시하여 상고를 기각하였다. (가) 위와 같은 산업안전보건법상의 위험방지조치의무와 이 사건 업무상 주의의무가 일치하고 있다. (나) 이는 1개의 행위가 2개의 업무상과실치사죄와 산업안전보건법위반죄에 해당하는 경우이다. (다) 그러므로 갑은 형이 더 중한 업무상과실치사죄에 정한 형으로 처벌받았어야 할 것이다. (라) 그렇지만 이미 산업안전보건법위반죄로 처벌을 받았다. (마) 이 사건의 경우는 형사소송법 제326조 제1호 소정의 "확정판결이 있은 때"에 해당한다. (바) 갑에 대하여 면소의 선고를 한 제1심판결은 결국 정당하다.

1) 2009. 5. 28. 2009도1040, 공 2009하, 1068 = 분석 각론『서예학원 화재 사건』.

2) 2017. 12. 5. 2016도16738, 공 2018상, 127.

3) 2009. 5. 28. 2009도1040, 공 2009하, 1068 = 분석 각론『서예학원 화재 사건』.

4) 2022. 12. 1. 2022도11950, 공 2023, 238 =『골프장 캐디 책임 사건』:

갑은 P골프장의 경기 보조원이다. A, B, C, D는 한 조를 이루어 골프 경기를 하였다. 갑은 A 등의 경기 보조를 하였다. 갑은 8번 홀 두 번째 샷을 위해 B와 C를 전기자동차에 태워 이동하다가 A의 공을 지난 지점에 정차하여 B가 A의 앞쪽에 위치하도록 하였다. 갑은 걸어서 이동해 온 A에게 그의 공을 찾아 페어웨이 안쪽으로 놓아준 후 골프채를 건네준 다음, 곧바로 D가 공을 찾고 있는 곳으로 이동하였다. 갑은 A에게 공을 찾아준 후 A나 B에게 예상할 수 있는 사고의 위험성에 관한 주의를 촉구하지 않았다. A의 두 번째 샷이 앞에 위치하고 있던 B에게 맞아 B가 상해를 입었다.

검사는 갑을 업무상 과실치상죄로 기소하였다. 갑의 피고사건은 제1심을 거친 후, 항소심에 계속되었다. 항소법원은 유죄를 인정하였다. 갑은 불복 상고하였다.

대법원은 다음의 이유를 제시하여 상고를 기각하였다. 대법원은 업무상과실치상죄의 업무에 대해 다음과 골프경기의 경기보조원은 그 업무의 내용상 기본적으로는 골프채의 운반 · 이동 · 취급 및 경기에 관한 조언 등으로 골프경기 참가자를 돕는 역할을 수행한다. 경기보조원은 아울러 경기 진행 도중 경기 참가자의 행동으로 다른 사람에게 상해의 결과가 발생할 위험성을 고려해 예상할 수 있는 사고의 위험을 미연에 방지하기 위한 조치를 취함으로써 경기 참가자들의 안전을 배려하고 그 생명 · 신체의 위험을 방지할 업무상 주의의무를 부담한다.[1]

(3) 중대한 과실

형법 제268조는 업무상 과실 이외에 중대한 과실로 인하여 사람을 사상에 이르게 한 경우를 가중처벌하고 있다. 중대한 과실은 과실행위의 가벌성이 중대하여 업무상 과실과 같은 정도로 평가되는 경우이다.

중대한 과실은 행위자가 주의의무를 심히 게으르게 하는 것을 말한다.[2] 행위자 정도의

같이 설시하였다. (가) 업무상과실치상죄의 '업무'란 사람의 사회생활면에서 하나의 지위로서 계속적으로 종사하는 사무[를 말한다.] (나) 업무상과실치상죄의 '업무'는 (ㄱ) 수행하는 직무 자체가 위험성을 갖기 때문에 안전배려를 의무의 내용으로 하는 경우는 물론 (ㄴ) 사람의 생명·신체의 위험을 방지하는 것을 의무의 내용으로 하는 업무도 포함한다.

대법원은 골프 경기 참여자의 주의의무에 대해 다음과 같이 설시하였다. (가) 골프와 같은 개인 운동경기에서, 경기에 참가하는 자는 자신의 행동으로 인해 다른 사람이 다칠 수도 있으므로 경기규칙을 준수하고 주위를 살펴 상해의 결과가 발생하는 것을 미연에 방지해야 할 주의의무가 있다. (나) 골프와 같은 개인 운동경기에서, 경기보조원은 그 업무의 내용상 (ㄱ) 기본적으로는 골프채의 운반·이동·취급 및 경기에 관한 조언 등으로 골프경기 참가자를 돕는 역할을 수행하면서 (ㄴ) 아울러 경기 진행 도중 위와 같이 경기 참가자의 행동으로 다른 사람에게 상해의 결과가 발생할 위험성을 고려해 예상할 수 있는 사고의 위험을 미연에 방지하기 위한 조치를 취함으로써 경기 참가자들의 안전을 배려하고 그 생명·신체의 위험을 방지할 업무상 주의의무를 부담한다.

대법원은 다음과 같은 원심의 판단을 그대로 유지하였다. (가) (사실관계; 생략함.) (나) 경기보조원인 갑으로서는 골프경기 중 공에 맞는 사고가 발생할 위험이 높으므로 타구 진행방향에 다른 사람이 있는지 확인하고 그 사람으로 하여금 안전한 위치로 이동하도록 요구하는 등의 조치를 취하여야 한다. (다) 더욱이 A의 전방에 B가 위치한다는 사실을 갑 스스로 잘 알고 있는 상황에서 (ㄱ) B로 하여금 A의 타구 진행방향에서 벗어나 안전한 곳에 있도록 하거나 (ㄴ) A에게는 B가 안전한 위치로 갈 때까지 두 번째 샷을 하지 말도록 주의를 줄 의무가 있었다. (라) 그럼에도 갑은 (ㄱ) 위와 같이 전기자동차에 태운 B를 A의 앞쪽에서 하차하도록 정차시켰을 뿐만 아니라, (ㄴ) A의 공을 찾아준 후에는 B나 A에게 예상할 수 있는 사고의 위험성에 관한 주의를 촉구하는 등 안전한 경기운영을 위한 아무런 조치도 취하지 않았다. (마) 그러므로 경기보조원으로서의 주의의무를 다하지 않은 업무상과실을 인정할 수 있다.

1) 2022. 12. 1. 2022도11950, 공 2023상, 238 =『골프장 캐디 책임 사건』.

2) 1982. 11. 23. 82도2346, 공 1983, 136 =『주차장 출입구 붕괴 사건』:

갑은 M주차장 관리인이다. M주차장의 ㉠출입구는 문주 아래 부분에 금이 가서 도괴될 위험이 있었다. 갑은 건물 소유자 A에게 보수를 요구하였으나 더 이상의 조치는 취하지 않았다. 이러한 상황에서 B 등 어린이들이 문주 아래 부분에서 놀다가 ㉠출입구가 무너져 다쳤다.

검사는 갑을 중과실치상죄로 기소하였다. 갑의 피고사건은 제1심을 거친 후, 항소심에 계속되었다. 항소법

연령이나 경험 · 지식을 가진 사람으로서 약간의 주의만 하더라도 쉽게 결과발생을 예견할 수 있을 것임에도 불구하고, 그와 같이 예견될 수 있는 결과에 대해 주의를 다하지 않아 결과발생에 이르게 한 행위는 중대한 과실에 해당한다.[1]

(4) 소송법적 사항

업무상 과실치사상죄의 공소시효는 피해자들이 사상에 이른 결과가 발생함으로써 그 범죄행위가 종료한 때로부터 진행한다.[2] 동일 피해자가 업무상 과실로 상해를 입은 후 사망에 이르기까지 사이에 업무상 과실치상죄의 공소시효기간이 경과하였다 하더라도 업무상 과실치사죄의 공소시효는 사망의 시점부터 진행된다.

여러 사람이 하나의 업무상 과실행위로 시간을 달리하여 사망한 경우에 공소시효의 기산점이 문제된다. 상상적 경합관계에 있는 여러 개의 업무상 과실치사죄 가운데 사망의 결과

원은 유죄를 인정하였다. 갑은 불복 상고하였다.

대법원은 다음의 이유를 제시하여 상고를 기각하였다. (가) 갑으로서는 소유자에게 그 보수를 요청하는 외에, 그 보수가 있을 때까지 임시적으로라도 받침대를 세우는 등 도괴를 방지하거나, 그 근처에 사람이나 자동차 등의 근접을 막는 등 도괴로 인한 인명의 피해를 막는 등 조치를 하여야 할 주의의무가 있다. (나) M주차장에는 사람이나 자동차의 출입이 빈번하고 근처 거주의 어린아이들이 문주 근방에서 놀이를 하는 사례가 많다. (다) 그럼에도 불구하고 소유자에게 보수를 요구하는데 그친 것은 위 주의의무를 심히 게으르게 한 중대한 과실에 해당한다.

1) 1997. 4. 22. 97도538, 공 1997, 1685 = 분석 각론『노인 안수기도 사건』.

2) 1996. 8. 23. 96도1231, 공 1996, 2937 =『삼풍 부실 골조공사 사건』:

(삼풍백화점 붕괴사고 관련 판례의 일부이다.) P회사는 M건물(이후의 삼풍백화점)을 건설하였다. Q회사는 P회사로부터 M건물의 ㉠골조공사를 도급받았다. 갑, 을, 병, 정은 Q회사의 건축주임, 건축기사, 철근반장, 형틀반장이다(이하 갑 등으로 약칭함). 갑 등은 부실시공을 하였다. (주의의무 위반 내용은 생략함.) M건물의 골조는 예정된 철근콘크리트골조의 강도와 내력을 가지지 못하게 되었다. 1989년 말 M건물이 완공되었다. 1995. 6. 29. M건물이 붕괴되었다. 이 사고로 현장에서 A 등 500명이 넘는 사망자와 B 등 900명이 넘는 부상자가 발생하였다.

검사는 갑 등을 업무상 과실치사상죄로 기소하였다. 갑 등의 피고사건은 제1심을 거친 후, 항소심에 계속되었다. 항소법원은 유죄를 인정하였다. 갑 등은 불복 상고하였다. 갑 등은 상고이유로 다음의 점을 주장하였다. (가) 갑 등의 행위는 ㉠골조공사를 시공한 것이다. (나) ㉠공사의 부실시공은 업무상 과실에 해당한다. (다) ㉠공사는 1989년 이전에 시행되었다. (라) M건물 붕괴 시점은 1995. 6. 29.이다. (마) 갑 등에 대한 공소제기는 사고 발생시점 이후이다. (바) 업무상 과실치사상죄의 공소시효는 5년(2007년 형소법 개정 이후에는 7년)이다. (사) 갑 등에 대한 공소시효는 완성되었다.

대법원은 다음의 이유를 제시하여 상고를 기각하였다. (가) 공소시효의 기산점에 관하여 형사소송법 제252조가 규정하고 있다. (나) 형사소송법 제252조 제1항 소정의 '범죄행위'에는 당해 범죄의 결과까지도 포함되는 취지로 해석함이 상당하다. (다) 업무상과실치사상죄의 공소시효는 피해자들이 사상에 이른 결과가 발생함으로써 그 범죄행위가 종료한 때로부터 진행한다. (라) 이 사건의 경우 피해자들이 사상에 이른 1995. 6. 29.부터 5년이 경과하기 전에 공소가 제기되었음이 역수상 명백하다. (마) 공소시효가 완성된 후에 공소가 제기되었다는 갑 등의 주장을 배척한다.

가 마지막으로 발생한 시점을 기준으로 상상적 경합관계에 있는 범죄들 전부에 대해 공소시효가 진행된다고 보는 견해가 있다.

그러나 판례는 상상적 경합관계에 있는 수개의 죄는 실체법적으로 수개의 죄이며 각각의 죄 별로 공소시효완성 여부를 판단해야 한다는 입장이다.[1] 판례에 따를 때 동일한 업무상 과실행위로 사망의 결과가 시간을 달리하여 발생한 경우에는 각각의 사망 시점을 기준으로 공소시효 완성 여부를 판단해야 한다.

2. 교통사고처리특례법

(1) 교통사고처리특례법의 적용범위

보통의 과실치상죄는 반의사불벌죄이지만(법266①) 업무상 과실치상죄 또는 중과실치상죄는 반의사불벌죄에 해당하지 않는다. 형법 규정에 따르면 피해자가 가해자의 형사처벌을 원하지 않더라도 일단 기소되면 법원은 유죄판결을 하지 않을 수 없다. 이에 입법자는 급증하는 자동차 교통과 그에 따른 사고의 급격한 증가를 고려하여 1982년부터 「교통사고처리특례법」(교통사고처리법)을 제정 · 시행하고 있다.

교통사고처리법은 '교통사고'와 관련하여 적용된다. 교통사고처리법에서 규정하고 있는 교통사고는 차의 교통으로 인하여 사람을 사상(死傷)하거나 물건을 손괴하는 것을 말한다(동법2 ii). 여기에서 '차의 교통'은 차량을 운전하는 행위 및 그와 동일하게 평가할 수 있을 정도

---

1) 2006. 12. 8. 2006도6356, [미간행] = 『8년전 청탁 기망 사건』:

갑은 공무원 A가 취급하는 ㉮사건에 관하여 청탁을 한다고 기망하여 B로부터 금품을 교부받았다(㉯행위). [6년 후] 검사는 갑을 변호사법위반죄와 사기죄로 기소하였다. 변호사법위반죄(동법 제111조)의 법정형은 5년 이하의 징역 또는 1천만원 이하의 벌금이다. 당시 변호사법위반죄의 공소시효는 5년(현행법 7년)이었다(형소법 제249조 제1항 제4호). 사기죄(형법 제347조)의 법정형은 10년 이하의 징역 또는 2천만원 이하의 벌금이다. 당시 사기죄의 공소시효는 7년(현행법 10년)이었다(형소법 제249조 제1항 제3호). 제1심법원은 사기죄로 유죄를 인정하였다. 갑은 불복 항소하였다. 항소법원은 항소를 기각하고, 제1심판결을 유지하였다. 갑은 불복 상고하였다. 갑은 상고이유로 다음의 점을 주장하였다. (가) [㉯행위는 공소제기 시점으로부터 6년 전에 있었다.] (나) 이 사건의 변호사법위반죄와 사기죄는 상상적 경합관계에 있다. (다) 상상적 경합관계에 있는 수개의 죄는 과형상 1죄로 취급된다. (라) 변호사법위반죄의 공소시효완성의 효과는 사기죄에도 미친다. (마) 따라서 사기죄 부분에 대해서도 공소시효 완성을 이유로 한 면소판결(형소법 제326조 제3호)을 선고해야 한다.

대법원은 다음의 이유를 제시하여 상고를 기각하였다. (가) 1개의 행위가 여러 개의 죄에 해당하는 경우 형법 제40조는 이를 과형상 일죄로 처벌한다는 것에 지나지 않는다. (나) 공소시효를 적용함에 있어서는 각 죄마다 따로 따져야 한다. (다) 공무원이 취급하는 사건에 관하여 청탁 또는 알선을 할 의사와 능력이 없음에도 청탁 또는 알선을 한다고 기망하여 금품을 교부받은 경우에 성립하는 사기죄와 변호사법 위반죄는 상상적 경합의 관계에 있다. (라) 변호사법 위반죄의 공소시효가 완성되었다고 하여 그 죄와 상상적 경합관계에 있는 사기죄의 공소시효까지 완성되는 것은 아니다.

로 밀접하게 관련된 행위를 모두 포함한다.[1)]

교통사고처리법에서 말하는 차의 '교통'은 「자동차손해배상 보장법」(동법2 ii)에서 규정하고 있는 '운행'보다 제한적으로 해석된다. 「자동차손해배상 보장법」은 주차중의 사고에 대해서도 손해배상을 인정하고 있다. 그러나 주차중의 사고에 대해서는 교통사고처리법이 적용되지 않는다.[2)]

(2) 교통사고처리특례법과 형사절차상의 특례

교통사고처리법 제3조 제1항은 "차의 운전자가 교통사고로 인하여 형법 제268조의 죄를 범한 경우에는 5년 이하의 금고 또는 2천만원 이하의 벌금에 처한다."고 규정하여 교통사고와 관련하여 별도의 업무상 과실치사상죄를 정하고 있다.

교통사고처리법 제3조 제1항의 업무상 과실치사상죄는 '차의 운전자가 교통사고로 인하여'라는 표지를 제외하면 형법 제268조가 규정한 업무상 과실치사상죄와 구성요건 및 법정형이 동일하다. 사실상 동일한 구성요건을 재차 규정한 것은 차량운전으로 인한 교통사고에 대해 반의사불벌죄의 특례 및 보험 · 공제에 가입된 경우의 공소권 제한의 특례를 인정하기 위함이다.

(가) 반의사불벌죄 차량운전으로 인한 교통사고는 대인사고와 대물사고로 나누어 볼 수 있다. 차량운전의 과실로 사람에게 상해를 입힌 경우(대인사고)에는 업무상 과실치상죄 또는 중과실치상죄가 성립한다. 차량운전의 과실로 재물손괴의 결과를 발생시킨 경우(대물사고)에는 「도로교통법」 제151조[업무상 과실 또는 중과실에 의한 재물손괴] 위반죄가 성립한다.

교통사고처리법은 대인사고 및 대물사고에 대해 반의사불벌죄의 특례를 인정하고 있다. 차의 교통으로 업무상 과실치상죄 또는 중과실치상죄와 「도로교통법」 제151조의 죄를 범한 운전자에 대하여는 원칙적으로 피해자의 명시적인 의사에 반하여 공소를 제기할 수 없다(교통사고처리법3② 본문). 그러나 대인사고 중 사망사고에 대해서는 교통사고처리법상의 특례가 인정되지 않는다.

교통사고로 업무상 과실치상죄 또는 중과실치상죄를 범한 경우(대인사고)에 다음의 사유가 있을 때에는 교통사고처리법상의 특례적용에 제한이 가해진다(교통사고처리법3② 단서).

(가) 차의 운전자가 업무상 과실치상죄 또는 중과실치상죄를 범하고도 피해자를 구호하는 등 「도로교통법」 제54조 제1항에 따른 조치를 하지 아니하고 도주하거나, 피해자를 사

---

1) 2017. 5. 31. 2016도21034, 공 2017하, 1440 = 『오리 상하차 정차 사건』 ☞ 부록 1593면.
2) 2009. 7. 9. 2009도2390, 공 2009하, 1384 = 분석 각론 『토마토 상자 추락 사건』.

고 장소로부터 옮겨 유기하고 도주한 경우.

(나) 차의 운전자가 업무상 과실치상죄 또는 중과실치상죄를 범하고 「도로교통법」 제44조 제2항을 위반하여 음주측정 요구에 따르지 아니한 경우(운전자가 채혈 측정을 요청하거나 동의한 경우는 제외한다).

(다) 일정한 유형의 12개 중대한 교통규칙위반(교통사고처리법3② 단서 i~xii)에 해당하는 행위[1]로 차의 운전자가 업무상 과실치상죄 또는 중과실치상죄를 범한 경우.

---

1) 교통사고처리 특례법 제3조(처벌의 특례) ① 차의 운전자가 교통사고로 인하여 「형법」 제268조의 죄를 범한 경우에는 5년 이하의 금고 또는 2천만원 이하의 벌금에 처한다.

② 차의 교통으로 제1항의 죄 중 업무상과실치상죄 또는 중과실치상죄와 「도로교통법」 제151조의 죄를 범한 운전자에 대하여는 피해자의 명시적인 의사에 반하여 공소를 제기할 수 없다. /

다만, 차의 운전자가 제1항의 죄 중 업무상과실치상죄 또는 중과실치상죄를 범하고도 피해자를 구호하는 등 「도로교통법」 제54조 제1항에 따른 조치를 하지 아니하고 도주하거나 피해자를 사고 장소로부터 옮겨 유기하고 도주한 경우, /

같은 죄를 범하고 「도로교통법」 제44조 제2항을 위반하여 음주측정 요구에 따르지 아니한 경우(운전자가 채혈 측정을 요청하거나 동의한 경우는 제외한다)와 /

다음 각 호의 어느 하나에 해당하는 행위로 인하여 같은 죄를 범한 경우에는 그러하지 아니하다.

1. 「도로교통법」 제5조에 따른 신호기가 표시하는 신호 또는 교통정리를 하는 경찰공무원등의 신호를 위반하거나 통행금지 또는 일시정지를 내용으로 하는 안전표지가 표시하는 지시를 위반하여 운전한 경우

2. 「도로교통법」 제13조 제3항을 위반하여 중앙선을 침범하거나 같은 법 제62조를 위반하여 횡단, 유턴 또는 후진한 경우

3. 「도로교통법」 제17조 제1항 또는 제2항에 따른 제한속도를 시속 20킬로미터 초과하여 운전한 경우

4. 「도로교통법」 제21조 제1항, 제22조, 제23조에 따른 앞지르기의 방법 · 금지시기 · 금지장소 또는 끼어들기의 금지를 위반하거나 같은 법 제60조 제2항에 따른 고속도로에서의 앞지르기 방법을 위반하여 운전한 경우

5. 「도로교통법」 제24조에 따른 철길건널목 통과방법을 위반하여 운전한 경우

6. 「도로교통법」 제27조 제1항에 따른 횡단보도에서의 보행자 보호의무를 위반하여 운전한 경우

7. 「도로교통법」 제43조, 「건설기계관리법」 제26조 또는 「도로교통법」 제96조를 위반하여 운전면허 또는 건설기계조종사면허를 받지 아니하거나 국제운전면허증을 소지하지 아니하고 운전한 경우. 이 경우 운전면허 또는 건설기계조종사면허의 효력이 정지 중이거나 운전의 금지 중인 때에는 운전면허 또는 건설기계조종사면허를 받지 아니하거나 국제운전면허증을 소지하지 아니한 것으로 본다.

8. 「도로교통법」 제44조 제1항을 위반하여 술에 취한 상태에서 운전을 하거나 같은 법 제45조를 위반하여 약물의 영향으로 정상적으로 운전하지 못할 우려가 있는 상태에서 운전한 경우

9. 「도로교통법」 제13조 제1항을 위반하여 보도(步道)가 설치된 도로의 보도를 침범하거나 같은 법 제13조제2항에 따른 보도 횡단방법을 위반하여 운전한 경우

10. 「도로교통법」 제39조 제3항에 따른 승객의 추락 방지의무를 위반하여 운전한 경우

11. 「도로교통법」 제12조 제3항에 따른 어린이 보호구역에서 같은 조 제1항에 따른 조치를 준수하고 어린이의 안전에 유의하면서 운전하여야 할 의무를 위반하여 어린이의 신체를 상해(傷害)에 이르게 한 경우

12. 「도로교통법」 제39조 제4항을 위반하여 자동차의 화물이 떨어지지 아니하도록 필요한 조치를 하지 아니하고 운전한 경우

(나) 보험 · 공제의 가입 교통사고를 일으킨 차가 「보험업법」, 「여객자동차 운수사업법」 또는 「화물자동차 운수사업법」의 관련 규정에 따른 보험 또는 공제에 가입된 경우에는 차의 교통으로 업무상 과실치상죄 또는 중과실치상죄와 「도로교통법」 제151조[업무상 과실 또는 중과실에 의한 재물손괴]의 죄를 범한 운전자에 대하여 공소를 제기할 수 없다(교통사고처리법4① 본문). '보험 또는 공제에 가입된 경우'는 가입한 보험 · 공제에 의하여 교통사고 손해배상금 전액의 신속 · 확실한 보상의 권리가 피해자에게 주어지는 경우만을 가리킨다.[1)]

다만, 보험 · 공제에 가입되어 있다고 하더라도 다음의 경우에는 공소권 제한의 특례가 인정되지 않는다(교통사고처리법4① 단서).[2)]

먼저, 교통사고처리법 제3조 제2항 단서가 규정한 위의 (가)의 도주운전, (나)의 음주측정불응, (다)의 12개 교통규칙위반 사유가 있는 경우에 공소권제한의 특례는 인정되지 않는다. 나아가, 여기에 다음의 두 가지 사유가 추가된다.

(라) 피해자가 신체의 상해로 인하여 생명에 대한 위험이 발생하거나, 불구가 되거나 불치 또는 난치의 질병이 생긴 경우.

---

1) 2012. 10. 25. 2011도6273, 공 2012하, 1988 = 분석 각론 『자전거사고 보험처리 사건』.

2) **교통사고처리 특례법 제4조** (보험 등에 가입된 경우의 특례) ① 교통사고를 일으킨 차가 「보험업법」 제4조, 제126조, 제127조 및 제128조, 「여객자동차 운수사업법」 제60조, 제61조 또는 「화물자동차 운수사업법」 제51조에 따른 보험 또는 공제에 가입된 경우에는 제3조 제2항 본문에 규정된 죄를 범한 차의 운전자에 대하여 공소를 제기할 수 없다. /

다만, 다음 각 호의 어느 하나에 해당하는 경우에는 그러하지 아니하다.

1. 제3조 제2항 단서에 해당하는 경우

2. 피해자가 신체의 상해로 인하여 생명에 대한 위험이 발생하거나 불구가 되거나 불치 또는 난치의 질병이 생긴 경우

3. 보험계약 또는 공제계약이 무효로 되거나 해지되거나 계약상의 면책 규정 등으로 인하여 보험회사, 공제조합 또는 공제사업자의 보험금 또는 공제금 지급의무가 없어진 경우

② 제1항에서 "보험 또는 공제"란 /

교통사고의 경우 「보험업법」에 따른 보험회사나 「여객자동차 운수사업법」 또는 「화물자동차 운수사업법」에 따른 공제조합 또는 공제사업자가 인가된 보험약관 또는 승인된 공제약관에 따라 /

피보험자와 피해자 간 또는 공제조합원과 피해자 간의 손해배상에 관한 합의 여부와 상관없이 /

피보험자나 공제조합원을 갈음하여 피해자의 치료비에 관하여는 통상비용의 전액을, /

그 밖의 손해에 관하여는 보험약관이나 공제약관으로 정한 지급기준금액을 대통령령으로 정하는 바에 따라 우선 지급하되, /

종국적으로는 확정판결이나 그 밖에 이에 준하는 집행권원(執行權原)상 피보험자 또는 공제조합원의 교통사고로 인한 손해배상금 전액을 보상하는 보험 또는 공제를 말한다.

③ 제1항의 보험 또는 공제에 가입된 사실은 보험회사, 공제조합 또는 공제사업자가 제2항의 취지를 적은 서면에 의하여 증명되어야 한다.

(마) 보험계약 또는 공제계약이 무효로 되거나 해지되거나 계약상의 면책 규정 등으로 인하여 보험회사, 공제조합 또는 공제사업자의 보험금 또는 공제금 지급의무가 없어진 경우.

(3) 교통사고와 신뢰의 원칙

교통사고처리법은 반의사불벌죄의 특례(동법3② 본문)와 보험 · 공제와 관련한 공소권제한의 특례(동법4① 본문)를 규정하고 있다. 그러나 (가) 해당 교통사고에 특례 적용을 제한하는 사유가 있거나, (나) 피해자가 사망한 교통사고(업무상 과실치사죄)의 경우에는 교통사고처리법상의 특례가 인정되지 않는다. 이 경우에는 업무상 과실치사상죄의 일반적인 법리에 따라 형사처벌 여부를 판단해야 한다.

교통사고의 형사처벌과 관련하여 신뢰의 원칙이 주목된다. 신뢰의 원칙은 어느 교통참여자(갑)가 교통규칙을 준수하여 교통에 참여하고 있을 때 다른 교통참여자(을)도 교통규칙을 준수하여 교통에 참여할 것으로 믿어도 좋다는 법리를 말한다. 신뢰의 원칙이 적용되는 경우에는 교통참여자(갑)의 주의의무가 축소된다.

교통참여자가 교통규칙을 준수했다고 해도 신뢰의 원칙이 무제한적으로 적용되는 것은 아니다. 제한되는 경우로는 (가) 자신은 교통규칙을 준수하고 있더라도 상대방이 교통규칙을 준수하지 않고 있음을 알게 된 경우, (나) 어린이나 노약자 등과 같이 처음부터 상대방에게 교통규칙의 준수를 기대하기 어려운 경우, (다) 평소의 경험지식에 비추어 볼 때 위험상황이 예상되는 경우 등을 들 수 있다.[1]

판례는 교통사고와 관련하여 신뢰의 원칙을 인정하고 있다. 여기에서 몇 가지 사례를 소개한다.

편도 5차선 도로의 1차로를 신호에 따라 진행하던 피고인으로서는 피해자가 편도 5차선 도로의 오른쪽에 연결된 소방도로에서 오토바이를 운전하여 맞은편 쪽으로 가기 위해서 편도 5차선 도로를 대각선 방향으로 가로 질러 진행하는 경우까지 예상을 하여 진행할 주의의무가 없다.[2]

고속도로를 운행하는 자동차의 운전자로서는 일반적인 경우에 고속도로를 횡단하는 보행자가 있을 것까지 예견하여 보행자와의 충돌사고를 예방하기 위하여 급정차 등의 조치를 취할 수 있도록 대비하면서 운전할 주의의무가 없다. 고속도로를 무단횡단하는 보행자를 충격하여 사고를 발생시킨 경우라도 운전자가 상당한 거리에서 보행자의 무단횡단을 미리 예상할 수 있는 사정이 있었고, 그에 따라 즉시 감속하거나 급제동하는 등의 조치를 취하였다

1) 신뢰의 원칙에 대해서는, 신동운, 형법총론, 제14판, (2022), 257면 이하 참조.
2) 2007. 4. 26. 2006도9216, [미간행].

면 보행자와의 충돌을 피할 수 있었다는 등의 특별한 사정이 인정되는 경우에만 자동차 운전자의 과실이 인정될 수 있다.[1)]

두 줄의 황색중앙선 표시가 있는 편도 2차선의 직선도로상을 운행하는 차량의 운전자로서는 특별한 사정이 없는 한 상대방향에서 운행하여 오는 차량이 도로중앙선을 넘어 자기가 진행하는 차선에 진입하지 않으리라고 믿는 것이 우리의 경험법칙에 합당하다.[2)]

---

1) 2000. 9. 5. 2000도2671, 공 2000, 2152.
2) 1995. 7. 11. 95도382, 공 1995, 2843.

제27장 낙태의 죄

제1 서 설

1. 입법취지

(1) 제정형법과 낙태죄

형법 각칙 제27장은 낙태의 죄를 규정하고 있다. 낙태죄는 태아를 자연적인 분만기에 앞서서 인위적으로 모체 밖으로 배출시키거나 태아를 모체내에서 살해하는 범죄이다. 우리 형법 제정 당시 부녀 자신에 의한 낙태행위(자낙태)를 형벌로 다스려야 할 것인가를 놓고 국회 심의과정에서 일대 논쟁이 전개된 바 있다.

1953년 형법 제정 당시 낙태죄 처벌론자의 입장에서는 (가) 태아의 생명존중, (나) 임부의 건강보호, (다) 건전한 성풍속 유지, (라) 국가의 인구정책적 필요성 등을 지적하였다. 이에 대해 낙태죄 폐지론자의 입장에서는 다음의 점들을 지적하였다. (가) 낙태를 합법화함으로써 비밀리에 행해지는 불법 낙태시술을 방지하여 임부의 건강을 보호한다. (나) 낙태죄를 두어 출산을 강요할 경우 부녀의 장래 사회생활에 중대한 제약을 가져오는 일이 많다. (다) 사회경제적 여건으로 보아 양육하기 곤란한 다수의 아이를 출산하게 하는 것은 바람직하지 않다. (라) 성풍속 유지를 강조하지만 한 번의 실수 그 자체보다는 부녀의 장래를 생각해야 한다.[1]

이상의 여러 관점을 고려한 후 우리 입법자는 부녀 자신에 의한 낙태죄(자낙태)를 처벌하기로 하였다. 그러나 부녀 자신에 의한 낙태죄에 대해 징역형 외에 벌금형을 규정하였고(법269①), 낙태죄 전반에 대해 미수범을 처벌하지 않기로 하였다. 한편, 의사 등 업무자의 동의낙태죄를 벌금형 없이 2년 이하의 징역형으로 처벌하고(법270①), 자격정지를 필요적으로 병과함으로써(동조④) 간접적으로 낙태 빈발의 소지를 차단하고자 하였다.

(2) 낙태죄와 위헌 논의

현실적으로 보면 낙태죄 규정은 조문의 실효성이 없는 대표적인 예로 거론되고 있다. 이와 같은 실제상의 집행률 때문에 낙태죄의 존폐 문제는 계속적으로 논의의 대상이 되어

---

1) 신동운 편저, 형법 제·개정 자료집, 한국형사정책연구원, (2009), 302면 이하 참조.

왔다. 현행 형법은 예컨대 임신 12주 내의 초기 낙태나 사회적 · 경제적 사유에 의한 낙태를 허용하고 있지 않다. 이러한 입법태도에 대해 위헌 논의가 제기되어 왔다.

2012년 헌법재판소는 임신 초기의 낙태나 사회적 · 경제적 사유에 의한 낙태를 허용하고 있지 아니한 현행 형법의 자기낙태죄(법269①) 조항에 대해 임부의 자기결정권에 대한 과도한 제한이라고 보기 어렵다는 이유로 합헌 판단을 내린 바가 있었다. 또한 의사 등이 임부의 촉탁이나 승낙을 받아 낙태를 하게 한 경우를 징역형으로만 처벌하도록 하고 있는 동의낙태죄(법270①) 조항에 대해서도 헌법상 비례원칙이나 평등원칙에 위배되지 않는다고 판단하였다.[1)]

2019년 헌법재판소는 2012년의 결정을 변경하여 현행 형법의 자기낙태죄(법269①) 조항 및 의사동의낙태죄(법270①) 조항에 대해 헌법불합치결정을 내렸다. 헌법재판소는 형법 제269조 제1항 및 제270조 제1항 중 '의사'에 관한 부분은 2020. 12. 31.을 시한으로 입법자가 개정할 때까지 계속 적용된다고 판시하였다.[2)] 2023년 현재 입법자는 해당 낙태죄 조항을 개정하지 않고 있다. 따라서 형법 제269조 제1항 및 형법 제270조 제1항 중 '의사'에 관한 부분은 효력을 상실한 상태이다.

2. 낙태죄의 보호법익

낙태죄의 일차적 보호법익은 태아의 생명이다. 태아는 생명의 유지를 위하여 모(母)에게 의존해야 한다. 그렇지만 태아는 그 자체로 모와 별개의 생명체이고, 특별한 사정이

---

1) 2012. 8. 23. 2010헌바402, 헌공 191, 1581 = 분석 각론 『낙태죄 위헌소원 사건』.

2) 2019. 4. 11. 2017헌바127, 판례집 31-1, 404 = 『낙태죄 헌법불합치 결정 사건』:

갑은 산부인과 의사이다. 갑은 69회에 걸쳐 부녀의 촉탁 또는 승낙을 받아 낙태하게 하였다는 공소사실(업무상승낙낙태) 등으로 기소되었다. 갑은 제1심 재판 계속 중 재판부에 위헌법률심판제청을 하였으나 기각되었다. 갑은 헌법재판소에 헌법소원심판을 청구하였다. 헌법재판소는 자기낙태죄와 의사동의낙태죄의 위헌 여부에 대해 심판하였다. 헌법재판소 재판관들은 헌법불합치 4명, 단순위헌 3명, 합헌 2명으로 견해가 나뉘었다.

헌법재판소는 다음과 같이 판단하였다. (이유 제시 부분은 소개를 생략함.) (가) 자기낙태죄 조항은 (ㄱ) 입법목적을 달성하기 위하여 필요한 최소한의 정도를 넘어 임신한 여성의 자기결정권을 제한하고 있어 침해의 최소성을 갖추지 못하였고, (ㄴ)태아의 생명 보호라는 공익에 대하여만 일방적이고 절대적인 우위를 부여함으로써 법익균형성의 원칙도 위반하였으므로, (ㄷ) 과잉금지원칙을 위반하여 임신한 여성의 자기결정권을 침해한다. (나) 자기낙태죄 조항과 동일한 목표를 실현하기 위하여 임신한 여성의 촉탁 또는 승낙을 받아 낙태하게 한 의사를 처벌하는 의사낙태죄 조항도 같은 이유에서 위헌이라고 보아야 한다.

헌법재판소는 낙태죄 조항에 대하여 합헌을 선언한 종전의 결정례를 변경하였다. 헌법재판소는 다음 내용의 헌법불합치결정을 내렸다. (가) 형법 제269조 제1항(자기낙태죄)는 헌법에 합치되지 아니한다. (나) 형법 제270조 제1항 중 '의사'에 관한 부분(의사동의낙태죄)는 헌법에 합치되지 아니한다. (다) 위 조항들은 2020. 12. 31.을 시한으로 입법자가 개정할 때까지 계속 적용된다.

없는 한 인간으로 성장할 가능성이 크므로, 태아에게도 생명권이 인정된다.[1] 낙태죄는 임부의 동의 유무에 따라 동의낙태죄(법269②, 270①)와 부동의낙태죄(법270②)로 나누어지며 형벌의 정도가 달라진다. 이 점을 생각하면 임부의 생명 · 신체도 낙태죄의 보호법익에 포함된다.

우리 형법은 낙태죄를 상해죄와 별도의 장에서 규정하고 있다. 태아를 임부 신체의 일부로 보아 낙태행위를 임부에 대한 상해죄로 다스리는 것은 허용되지 않는다.[2] 낙태행위가 임부의 태아양육기능이나 출산기능을 침해한다는 이유로 임부에 대한 상해죄를 인정하는 접근방법도 허용되지 않는다.[3] 낙태죄는 살인죄나 상해죄와 달리 미수범이나 과실범이 처벌되지 않는다.

제2 낙태죄의 기본유형 – 낙태죄

형법 제269조 (낙태) ① 부녀가 약물 기타 방법으로 낙태한 때에는 1년 이하의 징역 또는 200만원 이하의 벌금에 처한다.

형법 제269조 제1항은 부녀가 약물 기타 방법으로 낙태하는 행위(자낙태)를 처벌하는 규정이다. 그러나 그러나 2019년 헌법재판소는 "자기낙태죄 조항은 입법목적을 달성하기 위하여 필요한 최소한의 정도를 넘어 임신한 여성의 자기결정권을 제한하고 있어 침해의 최소성을 갖추지 못하였고, 태아의 생명 보호라는 공익에 대하여만 일방적이고 절대적인 우위를 부여함으로써 법익균형성의 원칙도 위반하였으므로, 과잉금지원칙을 위반하여 임신한 여성의 자기결정권을 침해한다."고 판단하여 헌법불합치 결정을 선고하였다.[4]

헌법재판소는 이 헌법불합치 결정에서 형법 제269조 제1항이 "2020. 12. 31.을 시한으로 입법자가 개정할 때까지 계속 적용된다."고 결정하였다.[5] 그러나 헌법재판소가 제시한 시한까지 형법 제269조 제1항의 개정이 이루어지지 않았으므로 2023년 현재 이 조항은 위헌 무효로 되어 있다.

1) 2012. 8. 23. 2010헌바402, 헌공 191, 1581 = 분석 각론 『낙태죄 위헌소원 사건』.
2) 2007. 6. 29. 2005도3832, 공 2007, 1222 = 『거대 태아 방치 사건』.
3) 2007. 6. 29. 2005도3832, 공 2007, 1222 = 『거대 태아 방치 사건』.
4) 2019. 4. 11. 2017헌바127, 헌집 31-1, 404 = 『낙태죄 헌법불합치 결정 사건』.
5) 2019. 4. 11. 2017헌바127, 헌집 31-1, 404 = 『낙태죄 헌법불합치 결정 사건』.

제 3 낙태죄의 특수유형

1. 일반인 동의낙태죄

형법 제269조 ② 부녀의 촉탁 또는 승낙을 받아 낙태하게 한 자도 제1항의 형과 같다.

◎ 결과적 가중범 처벌함(법269③)

(1) 행위주체

형법 제269조 제2항은 일반인에 의한 동의낙태죄를 규정하고 있다. 의사 등에 의한 동의낙태죄는 형법 제270조 제1항에 별도로 규정되어 있다. 일반인에 의한 동의낙태죄는 필요적 공범이다. 일반인 동의낙태죄와 자기낙태죄는 구성요건의 내용상 2인 이상의 관여자가 낙태라는 동일한 목표를 향하여 서로 다른 방향에서 구성요건의 실현에 관여한다는 점에서 강학상 대향범(對向犯)에 해당한다.[1]

입법자는 임부를 자낙태죄(법269①)로, 임부 이외의 낙태행위자를 일반인에 의한 동의낙태죄(법269②)와 의사 등에 의한 동의낙태죄(법270①)로 규정하여 각각 처벌하려 하고 있다. 그러나 임부의 자낙태죄(법269①) 규정과 의사 등에 의한 동의낙태죄(법270①) 규정이 현재 위헌 무효이므로 임부 이외의 일반인 동의낙태행위자만 처벌된다(법269②). 일반인에 의한 동의낙태죄는 필요적 공범이므로 낙태를 촉탁 · 승낙한 임부를 일반인에 의한 동의낙태죄의 교사범이나 방조범으로 처벌할 수 없다.

일반인 동의낙태죄의 행위 주체는 임부 이외의 사람이다. 일반인 동의낙태죄는 그 행위주체에 제한이 없으므로 신분범이 아니다. 형법 제270조 제1항은 의사 등에 의한 동의낙태죄를 별도로 규정하고 있다. 따라서 의사 등 일정한 업무자는 일반인 동의낙태죄의 행위주체에서 제외된다.

(2) 행위객체

(가) 수정설과 착상설　　일반인에 의한 동의낙태죄의 객체는 생명이 있는 태아이다. 태아의 시기(始期)와 관련하여 수정설과 착상설이 대립하고 있다.

① 수정설　　난자와 정자가 결합하여 수정란 단계에 이를 때부터 이를 낙태죄의 객체로 인정하는 견해가 수정설(受精說)이다. 수정설의 입장에서는 수정 후 착상 전의 배아라고

1) 2019. 4. 11. 2017헌바127, 헌집 31-1, 404 =『낙태죄 헌법불합치 결정 사건』.

할지라도 생명체로 인식된다는 점을 강조한다. 수정설의 입장에서는 태아가 어느 정도 발육해 있는지를 묻지 않으므로 임신 초기의 착상저지 행위도 낙태죄를 구성한다고 본다.

② 착상설 수정란이 모체의 자궁에 착상(着床)할 때 비로소 낙태죄의 객체로 인정하는 견해가 착상설이다. 착상은 통상 수정 후 14일 경에 이루어진다. 착상설의 입장에서는 현재의 과학기술 수준에서 수정란이 모태 내에 수용될 때 비로소 독립적인 인간으로서의 성장 가능성을 기대할 수 있다고 본다. 착상설에 따르면 사후피임약의 복용 등 임신 초기의 착상저지 행위는 낙태죄에 해당하지 않는다.

③ 판 례 헌법재판소는 "태아는 수정란이 자궁에 착상한 때로부터 낙태죄의 객체로 되는데 착상은 통상 수정 후 14일 경에 이루어지므로, 그 이전의 생명에 대해서는 형법상 어떠한 보호도 행하고 있지 않다."고 판시하여 착상설을 지지하고 있다.[1]

(나) 태아와 분만개시 일단 분만이 개시된 후에는 태아가 아직 모체 밖으로 배출되지 않았다고 해도 낙태죄의 객체에 해당하지 않는다. 분만 개시 이후의 태아는 '분만중의 영아'로서 영아살해죄(법251)를 위시하여 각종 살인죄 및 과실치사죄(법267) · 업무상 과실치사죄(법268)의 객체가 된다.

의학적으로 제왕절개수술이 가능하였고 규범적으로 제왕절개수술이 필요하다고 판단되는 시기를 분만개시 시점으로 보자는 주장(소위 규범적 분만개시설)이 제기된 바 있다. 그러나 판례는 분만개시의 시점, 즉 사람의 시기(始期)가 불분명하게 된다는 이유로 이 주장을 채택하고 있지 않다.[2]

의학적으로 제왕절개수술이 가능하였고 규범적으로 수술이 필요하다고 판단되는 시기의 태아는 아직 '사람'으로 볼 수 없어 살인죄나 과실치사죄의 객체가 될 수 없고, 낙태죄의 객체에 해당된다. 따라서 태아가 사망할 경우 고의가 인정되면 낙태죄로 처벌되지만, 고의가 없으면 처벌되지 않는다. 낙태죄의 과실범은 처벌되지 않기 때문이다.

낙태죄의 객체로서 태아는 생명이 있는 태아이어야 한다. 낙태행위시에 이미 태아가 사망한 경우에는 낙태죄가 성립하지 않는다. 생명이 있는 한 태아가 독자적 생존능력을 아직 갖추지 못하였다고 해도 낙태죄의 객체에 해당한다.

(3) 실행행위

(가) 촉 탁 일반인 동의낙태죄의 실행행위는 부녀의 촉탁 또는 승낙을 받아 낙태하게 하는 것이다. 부녀는 임신한 부녀 자신을 의미한다. 촉탁은 부녀 쪽에서 낙태를 의뢰하는

1) 2008. 7. 31. 2004헌바81, 헌집 20②상, 91 = 분석 각론『사산 태아 헌법소원 사건』.
2) 2007. 6. 29. 2005도3832, 공 2007, 1222 = 분석 각론『거대 태아 방치 사건』.

것이며, 승낙은 시술자 쪽에서 임부의 동의를 받는 것을 말한다. 촉탁과 승낙은 모두 임부의 진의에 기초하여 자유롭게 이루어져야 한다. 내연녀에게 "낙태하지 않으면 헤어지고, 낙태하면 혼인신고를 하겠다"고 거짓말을 하여 임부로 하여금 낙태시술을 받아 낙태하게 하였다면, 이는 부동의낙태죄(법270②)에 해당한다.

(나) 낙 태　일반인 동의낙태죄는 부녀의 촉탁 또는 승낙을 받아 낙태하게 하는 범죄이다. 낙태는 (가) 태아를 자연적 분만기에 앞서서 인위적으로 모체 밖으로 배출시키거나, (나) 모체 안에서 태아를 살해하는 행위이다. 우리 입법자는 임부 이외의 사람이 임부에 대하여 행하는 낙태행위를 '낙태하게 하다'로 표현하고 있다.

낙태하게 하다는 말은 행위자 자신이 임부에게 낙태행위를 하여 임부에게 낙태의 결과를 발생시키는 것을 말한다. 임부에게 낙태를 교사하여 임부가 낙태한 경우 교사범의 성립이 문제된다. 자낙태죄 규정이 효력을 잃기 전의 종전 판례는 이 경우 자낙태죄(법269①)의 교사범 성립을 인정하였다.[1] 그러나 헌법재판소의 헌법불합치결정에 의하여 자낙태 규정이 효력을 상실함에 따라 임부에게 낙태를 교사하여 임부가 낙태한 경우 교사범은 성립하지 않는다. 교사범의 전제가 되는 정범이 존재하지 않기 때문이다. 그러나 형법 제34조 제1항이 규정하는 바에 따라 임부에게 낙태를 교사하여 낙태하게 한 자는 '어느 행위로 인하여 처벌되지 아니하는 자'를 교사하여 낙태의 결과를 발행한 자에 해당하여 간접정범으로 처벌된다.

(다) 미수범 불처벌　우리 형법은 낙태죄 전반에 대해 미수범 처벌규정을 두고 있지 않다. 태아가 자연적인 분만기에 앞서서 모체 밖으로 배출되기만 하면 그것으로 일반인 동의낙태죄는 기수에 이른다. 낙태 결과 태아가 사망하였는지 여부는 일반인 동의낙태죄의 성립에 영향이 없다.[2]

낙태에 의해 모체 밖으로 배출된 태아에게 생명이 있고, 생존이 가능한 상태임에도 낙태행위자가 미숙아를 살해한 행위는 낙태의 완성이 아니라, 살인죄에 해당한다.[3] 이 경우 일반인 동의낙태죄와 살인죄는 실체적 경합관계에 있다.

(라) 고 의　일반인 동의낙태죄가 성립하려면 낙태에 대한 고의가 필요하다. 고의는 (가) 태아를 자연적 분만기에 앞서서 모체 밖으로 배출시킨다는 인식 · 인용 또는 (나) 태아를 모체 안에서 살해한다는 인식 · 인용을 말한다. (가)의 경우 태아의 사망에 대한 인식 · 인용이 있음을 요하지 않는다.

---

1) 2013. 9. 12. 2012도2744, 공 2013하, 1860 = 분석 총론『전공의 낙태권유 사건』. (의사의 동의낙태죄 규정이 헌법불합치결정에 의하여 효력을 상실하기 전의 판례이다.)

2) 2005. 4. 15. 2003도2780, 공 2005, 778 = 분석 각론『염화칼륨 태아 사망 사건』.

3) 2005. 4. 15. 2003도2780, 공 2005, 778 = 분석 각론『염화칼륨 태아 사망 사건』.

(4) 위법성조각사유

일반인 동의낙태죄에는 합법적 인공임신중절을 규정한 「모자보건법」 제14조 및 이를 토대로 한 형법 제20조의 '법령에 의한 행위'의 규정이 적용되지 않는다. 「모자보건법」 제14조는 '의사'에 의한 인공임신중절만을 허용하고 있기 때문이다.

일반인 동의낙태행위는 형법의 일반 규정에 의하여 위법성이 조각될 수 있다. 낙태시술이 임신의 지속이 모체의 건강을 해칠 우려가 현저할 뿐더러 기형아 내지는 불구아를 출산할 가능성마저도 없지 않다고 판단한 다음에 부득이 취하게 된 조치라고 인정되면, 이는 긴급피난에 해당되어 위법성이 조각된다.[1]

그러나 낙태시술이 널리 행해지고 있다고 해도 낙태행위가 형법 제20조의 사회상규에 위배되지 않는 행위라고 볼 수는 없다. 일반인이 부녀의 촉탁 또는 승낙을 받았다 하더라도 일체의 낙태행위가 정상적인 행위이고 일반인의 동의낙태죄(법270①)에 의한 처벌이 무가치하게 되었다고 볼 수는 없다.[2]

2. 일반인 동의낙태죄치상 · 치사죄

형법 제269조 ③ 제2항의 죄를 범하여 부녀를 상해에 이르게 한 때에는 3년 이하의 징역에 처한다. 사망에 이르게 한 때에는 7년 이하의 징역에 처한다.

형법 제269조 제3항은 일반인 동의낙태치상 · 치사죄를 규정하고 있다. 일반인 동의낙태치상죄에서 부녀의 상해는 낙태행위에 당연히 수반되는 변화의 범위를 넘어 임부의 건강상

---

1) 1976. 7. 13. 75도1205, 공 1976, 9317 = 『낙태시술 후 사망 사건』 :
(의사에 의한 동의낙태죄 규정이 헌법불합치결정에 의하여 효력을 상실하기 전의 판례이다.) 갑은 산부인과 전문의이다. 갑은 임부 A에게 낙태시술을 하였다. 수술 후 A가 사망하였다.
검사는 다음의 공소사실로 갑을 기소하였다. (가) 주위적 공소사실 : 업무상 낙태치사죄. (나) 예비적 공소사실 : 업무상 촉탁낙태죄 및 업무상 과실치사죄. 제1심법원은 무죄를 선고하였다. 검사는 불복 항소하였다. 항소법원은 항소를 기각하고, 제1심판결을 유지하였다. 검사는 불복 상고하였다.
대법원은 다음의 이유를 제시하여 상고를 기각하였다. (가) A가 사망하게 된 것이 갑이 A에 대하여 한 낙태시술과 그 뒤의 치료과정에서 산부인과 전문의인 의사로서 통상적으로 요구되는 업무상의 주의의무를 다하지 못한 과실에 원인된 것이라고 단정할 만한 증거가 없다(이상 업무상 과실치사죄 부분).
(나) 증거들에 의하면 갑이 A에게 낙태시술을 하게 된 이유는 임신의 지속이 모체의 건강을 해칠 우려가 현저할 뿐더러 기형아 내지는 불구아를 출산할 가능성마저도 없지 않다고 판단한 아래 부득이 취하게 된 조치로서 인정된다. (다) 이는 정당행위 내지 긴급피난에 해당되어 그 위법성이 없는 경우에 해당한다(이상 업무상 낙태치사죄, 업무상 촉탁낙태죄 부분).

2) 1985. 6. 11. 84도1958, 공 1985, 1025 = 백선 총론 『성남 낙태 사건』 참조. (의사의 동의낙태죄 규정이 헌법불합치결정에 의하여 효력을 상실하기 전의 판례이다.)

태가 불량하게 변경될 것을 요구한다. 일반인 동의낙태죄와 임부의 상해 또는 사망 사이에는 인과관계가 존재해야 하며(법17), 상해 또는 사망의 결과발생에 대해 예견가능성이 인정되어야 한다(법15②).

3. 의사등 동의낙태죄

형법 제270조 (의사 등의 낙태) ① 의사, 한의사, 조산사, 약제사 또는 약종상이 부녀의 촉탁 또는 승낙을 받아 낙태하게 한 때에는 2년 이하의 징역에 처한다.

◎ 자격정지 필요적 병과(법270④)
◎ 결과적 가중범 처벌함(법270③)

형법 제270조 제1항은 의사, 한의사, 조산원, 약제사 또는 약종상이 부녀의 촉탁 또는 승낙을 받아 낙태하게 한 경우를 처벌하고 있다. 2012년 헌법재판소는 형법 제270조 제1항 중 '조산사'에 관한 부분이 헌법에 위반되지 아니한다고 판시한 바가 있었다.[1] 그러나 2019년 헌법재판소는 2012년의 헌법재판소 결정을 변경하였다.

2019년 헌법불합치 결정에서 헌법재판소는 "자기낙태죄 조항은 입법목적을 달성하기 위하여 필요한 최소한의 정도를 넘어 임신한 여성의 자기결정권을 제한하고 있어 침해의 최소성을 갖추지 못하였고, 태아의 생명 보호라는 공익에 대하여만 일방적이고 절대적인 우위를 부여함으로써 법익균형성의 원칙도 위반하였으므로, 과잉금지원칙을 위반하여 임신한 여성의 자기결정권을 침해한다."고 판단하면서, "자기낙태죄 조항과 동일한 목표를 실현하기 위하여 임신한 여성의 촉탁 또는 승낙을 받아 낙태하게 한 의사를 처벌하는 의사낙태죄 조항도 같은 이유에서 위헌이라고 보아야 한다."고 판시하였다.[2]

헌법재판소는 2019년의 헌법불합치 결정에서 형법 제270조 제1항 중 '의사'에 관한 부분은 헌법에 합치되지 않는다고 판시하였다. 헌법재판소는 형법 제270조 제1항이 "2020. 12. 31.을 시한으로 입법자가 개정할 때까지 계속 적용된다."고 결정하였다.[3] 그러나 헌법재판소가 제시한 시한까지 형법 제270조 제1항의 개정이 이루어지지 않았으므로 2023년 현재 형법 제270조 제1항 가운데 '의사' 부분은 위헌 무효로 되어 있다.

그러나 '의사'를 제외한 부분, 즉 '한의사, 조산사, 약제사 또는 약종상' 부분에 대해서는 2019년 헌법재판소의 헌법불합치결정 효력이 미치지 않는다. 따라서 한의사, 조산사, 약제사

1) 2012. 8. 23. 2010헌바402, 헌집 24-2상, 471.
2) 2019. 4. 11. 2017헌바127, 헌집 31-1, 404 = 『낙태죄 헌법불합치 결정 사건』.
3) 2019. 4. 11. 2017헌바127, 헌집 31-1, 404 = 『낙태죄 헌법불합치 결정 사건』.

또는 약종상이 부녀의 촉탁 또는 승낙을 받아 낙태하게 한 때에는 2년 이하의 징역으로 처벌된다. 낙태하게 하다는 말은 행위자 자신이 임부에게 낙태행위를 하여 임부에게 낙태의 결과를 발생시키는 것을 말한다.

4. 부동의낙태죄

형법 제270조 (부동의 낙태) ② 부녀의 촉탁 또는 승낙 없이 낙태하게 한 자는 3년 이하의 징역에 처한다.

◎ 자격정지 필요적 병과(법270④)

◎ 결과적 가중범 처벌함(법270③)

형법 제270조 제2항은 부녀의 촉탁 또는 승낙 없이 낙태하게 한 행위를 처벌하고 있다. 형법 제270조 제2항의 부동의낙태죄는 자기낙태죄에 대하여 불법이 가중되는 가중적 구성요건이다.[1)]

부동의낙태죄는 행위주체에 제한이 없다. 의사, 한의사, 조산사, 약제사, 약종상이라 할지라도 부녀의 촉탁 · 승낙 없이 낙태하게 하면 부동의낙태죄에 해당한다. 태아의 부(父)라 할지도 행위주체에 포함된다.

부녀의 촉탁이나 승낙 없이 낙태하게 하면 부동의낙태죄가 성립한다. 부녀로부터 반대의사가 표명될 필요는 없다. 사후에 승낙이 있다 할지라도 부동의낙태죄의 성립에 영향이 없다. 낙태행위는 피고인 자신이 행한 경우와 타인으로 하여금 하게 한 경우를 모두 포함한다.

형법은 낙태죄의 미수범을 처벌하지 않고 있다. 그리하여 태아가 자연적인 분만기에 앞서서 모체 밖으로 배출되기만 하면 그것으로 부동의낙태죄는 기수에 이른다. 낙태 결과 태아가 사망하였는지 여부는 부동의낙태죄의 성립에 영향이 없다.[2)]

일본 형법은 부동의낙태죄에 대한 미수범 처벌규정을 두고 있다.[3)] 독일 형법은 자낙태의 경우를 제외하고 낙태죄 전반에 대해 미수범 처벌규정을 두고 있다.[4)] 이에 대해 우리 형

---

1) 2019. 4. 11. 2017헌바127, 헌집 31-1, 404 = 『낙태죄 헌법불합치 결정 사건』.

2) 2005. 4. 15. 2003도2780, 공 2005, 778 = 분석 각론 『염화칼륨 태아 사망 사건』 참조.

3) **일본형법 제215조** (부동의낙태) ① 여자의 촉탁을 받지 아니하거나 또는 그의 승낙을 얻지 아니하고 낙태하게 한 자는 6월 이상 7년 이하의 징역에 처한다.

② 전항의 죄의 미수는 벌한다.

4) **독일형법 제218조** (낙태) ① 낙태한 자는 3년 이하의 자유형 또는 벌금에 처한다. 자궁 내 수정란의 착상완료 전에 이를 저지한 행위는 이 법에서 의미하는 낙태로 보지 않는다.

② 특히 중한 경우는 6월 이상 5년 이하의 자유형에 처한다. 특히 중한 경우란 특별한 사정이 없는 한 행위자가 다음 각호의 어느 하나에 해당하는 경우를 말한다.

법은 미수범 처벌규정을 두고 있지 않다. 미수범 처벌규정이 없으므로 낙태죄의 불능미수나 불능범 처벌 여부에 관한 논의는 우리 형법상 일어나지 않는다.

5. 부동의낙태치상 · 치사죄

형법 제270조 ③ 제1항 또는 제2항의 죄를 범하여 부녀를 상해에 이르게 한 때에는 5년 이하의 징역에 처한다. 사망에 이르게 한 때에는 10년 이하의 징역에 처한다.

◎ 자격정지의 필요적 병과(법270④)

형법 제270조 제3항은 의사등의 동의낙태죄(법270①)나 부동의낙태죄(법270②)로 인하여 부녀가 상해를 입거나 사망한 경우를 결과적 가중범으로 처벌하고 있다. 2019년 헌법재판소의 헌법불합치 결정에 의하여 형법 제270조 제1항 가운데 의사에 의한 동의낙태죄가 위헌무효로 실효되었다. 따라서 형법 제270조 제3항은 '한의사, 조산사, 약제사 또는 약종상'에 의한 동의낙태죄(법270①)나 부동의낙태죄(법270②)로 인하여 부녀가 상해를 입거나 사망한 경우에 적용된다.

'한의사, 조산사, 약제사 또는 약종상'에 의한 동의낙태치상죄나 부동의낙태치상죄에서 중한 결과로서의 상해는 낙태행위에 당연히 수반되는 변화의 범위를 넘어 임부의 건강상태가 불량하게 변경될 것을 요구한다.

'한의사, 조산사, 약제사 또는 약종상'에 의한 동의낙태죄나 부동의낙태죄와 임부의 상해 또는 사망 사이에는 인과관계가 존재해야 하며(법17), 상해 또는 사망의 결과발생에 대해 예견가능성이 인정되어야 한다(법15②).

1. 임부의 의사에 반하여 행위한 자
2. 중과실로 임부에 대하여 사망을 야기하거나 중한 건강훼손의 위험을 야기한 자
③ 임부가 낙태한 경우에는 1년 이하의 자유형 또는 벌금에 처한다.
④ 미수범은 처벌한다. 임부는 미수로 인해 처벌받지 않는다.

제28장 유기와 학대의 죄

제1 서 설

1. 입법취지

형법 각칙 제28장은 유기와 학대의 죄를 규정하고 있다. 유기죄는 일정한 사정으로 인하여 부조(扶助)를 요하는 자를 보호할 의무 있는 자가 요부조자를 유기함으로써 그의 생명·신체를 위험에 처하게 하는 범죄이다. 일본 형법은 유기죄만을 규정하고 있으나, 우리 형법은 전형적인 유기죄(법271, 272) 이외에 학대죄(법273)와 아동혹사죄(법274)를 규정하고 있다.

형법 제273조가 규정하고 있는 학대죄는 엄밀한 의미에서 유기죄가 아니다. 학대죄는 생명·신체에 대한 위험발생에 이르기 전까지의 단계에서 성립한다. 예컨대 의붓자식을 못살게 구는 행위는 아직 피해자의 생명·신체를 위험에 처하게 하는 행위라고 할 수 없다. 그러나 정신적으로 보면 생명·신체의 보존에 필요한 보호를 하지 않는 것과 거의 같다고 생각될 정도로 심한 경우가 있다. 이에 입법자는 학대죄를 규정하여 유기죄의 법정형(3년 이하 징역 또는 5백만원 이하 벌금)보다 다소 가벼운 형(2년 이하 징역 또는 5백만원 이하 벌금)으로 다스리고 있다.

형법 제274조가 규정하고 있는 아동혹사죄는 보호감독자가 16세 미만의 아동을 생명·신체에 위험한 업무에 종사하는 자에게 인도하거나 그 아동을 인수할 때 성립하는 범죄이다. 미성년자약취·유인죄(법287)의 보호법익을 보호감독자의 보호감독권에서 구할 경우 아동을 생명·신체에 위험한 업무에 사용할 영업자나 그 종업원에게 인도·인수하더라도 보호감독자의 승낙이 있으면 미성년자약취·유인죄로 처벌할 수 없다. 아동혹사죄는 이러한 미비점에 대처하기 위한 범죄유형이다.

아동의 입장에서 볼 때 아동혹사죄가 상정하고 있는 인도·인수의 상황은 아동이 단순히 유기되는 것보다 더 나쁘다. 보호책임자를 중심으로 보더라도 아동혹사는 유기행위보다 도덕적으로 더 큰 비난의 대상이 된다. 이러한 점을 고려하여 입법자는 아동혹사죄의 법정형(5년 이하 징역 또는 7백만원 이하 벌금)을 유기죄의 법정형(3년 이하 징역 또는 5백만원 이하 벌금)보다 높이고 있다.

2023년에 들어와서 영아살해 사안이 다수 발견되었고, 이에 영아의 생명보호가 사회문제로 되었다. 2023년 8월 8일 영아살해죄(법251)와 영아유기죄(법272)를 삭제하는 형법

일부개정법률이 공포되었다. 개정법률은 6개월의 유예기간이 지난 2024년 2월 9일부터 시행된다.[1)]

2. 특별법상의 유기죄와 학대죄

(1) 특정범죄가중법상 도주운전죄

유기죄의 특수한 형태로 「특정범죄 가중처벌 등에 관한 법률」(특정범죄가중법)이 규정하고 있는 도주차량 운전자 처벌규정(동법5의3)이 있다. 교통사고를 낸 운전자는 피해자를 구호하는 등 「도로교통법」(동법54①)이 정한 조치를 취해야 할 부조의무가 있다.[2)] 사고운전자가

---

1) 본서에서는 개정법률에 따라 영아살해죄와 영아유기죄의 설명을 삭제한다. 개정법률이 시행되기 전까지의 영아살해죄와 영아유기죄에 대한 설명은 본서의 구판을 참조하기 바람.

2) **도로교통법 제54조** (사고발생 시의 조치) ① 차 또는 노면전차의 운전 등 교통으로 인하여 사람을 사상하거나 물건을 손괴(이하 "교통사고"라 한다)한 경우에는 그 차 또는 노면전차의 운전자나 그 밖의 승무원(이하 "운전자등"이라 한다)은 즉시 정차하여 다음 각 호의 조치를 하여야 한다.

1. 사상자를 구호하는 등 필요한 조치
2. 피해자에게 인적 사항(성명 · 전화번호 · 주소 등을 말한다. 이하 제148조 및 제156조 제10호에서 같다) 제공

② 제1항의 경우 그 차 또는 노면전차의 운전자등은 경찰공무원이 현장에 있을 때에는 그 경찰공무원에게, 경찰공무원이 현장에 없을 때에는 가장 가까운 국가경찰관서(지구대, 파출소 및 출장소를 포함한다. 이하 같다)에 다음 각 호의 사항을 지체 없이 신고하여야 한다. 다만, 차 또는 노면전차만 손괴된 것이 분명하고 도로에서의 위험방지와 원활한 소통을 위하여 필요한 조치를 한 경우에는 그러하지 아니하다.

1. 사고가 일어난 곳
2. 사상자 수 및 부상 정도
3. 손괴한 물건 및 손괴 정도
4. 그 밖의 조치사항 등

제148조 (벌칙) 제54조 제1항에 따른 교통사고 발생 시의 조치를 하지 아니한 사람(주 · 정차된 차만 손괴한 것이 분명한 경우에 제54조 제1항 제2호에 따라 피해자에게 인적 사항을 제공하지 아니한 사람은 제외한다)은 5년 이하의 징역이나 1천500만원 이하의 벌금에 처한다.

제156조 (벌칙) 다음 각 호의 어느 하나에 해당하는 사람은 20만원 이하의 벌금이나 구류 또는 과료(科料)에 처한다.

10. 주 · 정차된 차만 손괴한 것이 분명한 경우에 제54조 제1항 제2호에 따라 피해자에게 인적 사항을 제공하지 아니한 사람

특정범죄 가중처벌 등에 관한 법률 제5조의3 (도주차량 운전자의 가중처벌) ① 「도로교통법」 제2조에 규정된 자동차 · 원동기장치자전거의 교통으로 인하여 형법 제268조의 죄를 범한 해당 차량의 운전자(이하 "사고운전자"라 한다)가 피해자를 구호하는 등 도로교통법 제54조 제1항에 따른 조치를 하지 아니하고 도주한 경우에는 다음 각 호의 구분에 따라 가중처벌한다.

1. 피해자를 사망에 이르게 하고 도주하거나, 도주 후에 피해자가 사망한 경우에는 무기 또는 5년 이상의 징역에 처한다.
2. 피해자를 상해에 이르게 한 경우에는 1년 이상의 유기징역 또는 500만원 이상 3천만원 이하의 벌금에 처한다.

구호조치를 취하지 않고 도주하는 행위를 처벌하는 것은 유기죄의 가중처벌 형태라고 할 수 있다.

같은 취지에서 특정범죄가중법은 선박으로 인하여 교통사고를 낸 선박의 선장 또는 승무원에게도 피해자 구호의무를 부과하고 이에 위반하여 도주한 경우를 가중처벌하고 있다(특정범죄가중법5의12).[1] 이 경우도 유기죄의 가중처벌 형태라고 할 수 있다.

(2) 아동복지법 및 아동학대처벌법

(가) 아동복지법　　최근 보호자에 의한 아동학대 행위가 사회적인 문제로 대두되고 있다. 이와 관련하여 먼저 「아동복지법」이 주목된다. 「아동복지법」은 아동이 건강하게 출생하여 행복하고 안전하게 자랄 수 있도록 아동의 복지를 보장하는 것을 목적으로 하고 있다(동법1).

「아동복지법」에 따른 '아동'은 18세 미만인 사람을 말하며(동법3 i), '보호자'는 친권자, 후견인, 아동을 보호 · 양육 · 교육하거나 그러한 의무가 있는 자 또는 업무 · 고용 등의 관계로 사실상 아동을 보호 · 감독하는 자를 말한다(동조 iii).

「아동복지법」의 규율대상이 되는 '아동학대'는 (가) 보호자를 포함한 성인이 아동의 건강 또는 복지를 해치거나 정상적 발달을 저해할 수 있는 신체적 · 정신적 · 성적 폭력이나 가혹행위를 하는 것과 (나) 아동의 보호자가 아동을 유기하거나 방임하는 것을 말한다(동조 vii).

---

② 사고운전자가 피해자를 사고 장소로부터 옮겨 유기하고 도주한 경우에는 다음 각 호의 구분에 따라 가중처벌한다.

1. 피해자를 사망에 이르게 하고 도주하거나, 도주 후에 피해자가 사망한 경우에는 사형, 무기 또는 5년 이상의 징역에 처한다.

2. 피해자를 상해에 이르게 한 경우에는 3년 이상의 유기징역에 처한다.

1) **특정범죄 가중처벌 등에 관한 법률 제5조의12** (도주선박의 선장 또는 승무원에 대한 가중처벌) 「해사안전법」 제2조에 따른 선박의 교통으로 인하여 형법 제268조의 죄를 범한 해당 선박의 선장 또는 승무원이 피해자를 구호하는 등 「수상에서의 수색 · 구조 등에 관한 법률」 제18조 제1항 단서에 따른 조치를 하지 아니하고 도주한 경우에는 다음 각 호의 구분에 따라 가중 처벌한다.

1. 피해자를 사망에 이르게 하고 도주하거나, 도주 후에 피해자가 사망한 경우에는 무기 또는 5년 이상의 징역에 처한다.

2. 피해자를 상해에 이르게 한 경우에는 1년 이상의 유기징역 또는 1천만원 이상 1억원 이하의 벌금에 처한다.

수상에서의 수색 · 구조 등에 관한 법률 제18조 (인근 선박등의 구조지원) ① 조난현장의 부근에 있는 선박등의 선장 · 기장 등은 조난된 선박등이나 구조본부의 장 또는 소방관서의 장으로부터 구조요청을 받은 때에는 가능한 한 조난된 사람을 신속히 구조할 수 있도록 최대한 지원을 제공하여야 한다. 다만, 조난된 선박 또는 조난사고의 원인을 제공한 선박의 선장 및 승무원은 요청이 없더라도 조난된 사람을 신속히 구조하는 데 필요한 조치를 하여야 한다.

「아동복지법」은 (ㄱ)「아동학대범죄의 처벌 등에 관한 특례법」 제2조 제4호에 따른 아동학대범죄와 (ㄴ) 아동에 대한 형법 제2편 제24장 살인의 죄 중 제250조부터 제255조까지의 죄를 '아동학대관련범죄'(동조 vii의2)로 분류하여 관련되는 규율을 하고 있다.

「아동복지법」은 아동매매행위, 성적 학대행위, 신체적 학대행위, 정서적 학대행위, 방임행위 등 일정한 금지행위를 열거하고(동법17 참조), 이에 위반하는 행위를 금지행위의 유형에 따라 차등화하여 형사처벌하고 있다(동법71).[1] 또한 「아동복지법」은 법원이 아동학대관련범

---

1) 아동복지법 제3조(정의) 이 법에서 사용하는 용어의 뜻은 다음과 같다.

1. "아동"이란 18세 미만인 사람을 말한다.

2. "아동복지"란 아동이 행복한 삶을 누릴 수 있는 기본적인 여건을 조성하고 조화롭게 성장·발달할 수 있도록 하기 위한 경제적·사회적·정서적 지원을 말한다.

3. "보호자"란 친권자, 후견인, 아동을 보호·양육·교육하거나 그러한 의무가 있는 자 또는 업무·고용 등의 관계로 사실상 아동을 보호·감독하는 자를 말한다.

4.~6. (생략)

7. "아동학대"란 보호자를 포함한 성인이 아동의 건강 또는 복지를 해치거나 정상적 발달을 저해할 수 있는 신체적·정신적·성적 폭력이나 가혹행위를 하는 것과 아동의 보호자가 아동을 유기하거나 방임하는 것을 말한다.

7의2. "아동학대관련범죄"란 다음 각 목의 어느 하나에 해당하는 죄를 말한다.

가. 「아동학대범죄의 처벌 등에 관한 특례법」 제2조 제4호에 따른 아동학대범죄

나. 아동에 대한 형법 제2편 제24장 살인의 죄 중 제250조부터 제255조까지의 죄

8.~11. (생략)

제17조(금지행위) 누구든지 다음 각 호의 어느 하나에 해당하는 행위를 하여서는 아니 된다.

1. 아동을 매매하는 행위

2. 아동에게 음란한 행위를 시키거나 이를 매개하는 행위 또는 아동에게 성적 수치심을 주는 성희롱 등의 성적 학대행위

3. 아동의 신체에 손상을 주거나 신체의 건강 및 발달을 해치는 신체적 학대행위

4. 삭제

5. 아동의 정신건강 및 발달에 해를 끼치는 정서적 학대행위

6. 자신의 보호·감독을 받는 아동을 유기하거나 의식주를 포함한 기본적 보호·양육·치료 및 교육을 소홀히 하는 방임행위

7. 장애를 가진 아동을 공중에 관람시키는 행위

8. 아동에게 구걸을 시키거나 아동을 이용하여 구걸하는 행위

9. 공중의 오락 또는 흥행을 목적으로 아동의 건강 또는 안전에 유해한 곡예를 시키는 행위 또는 이를 위하여 아동을 제3자에게 인도하는 행위

10. 정당한 권한을 가진 알선기관 외의 자가 아동의 양육을 알선하고 금품을 취득하거나 금품을 요구 또는 약속하는 행위

11. 아동을 위하여 증여 또는 급여된 금품을 그 목적 외의 용도로 사용하는 행위

제71조(벌칙) ① 제17조를 위반한 자는 다음 각 호의 구분에 따라 처벌한다.

1. 제1호(「아동·청소년의 성보호에 관한 법률」 제12조에 따른 매매는 제외한다)에 해당하는 행위를 한 자는 10년 이하의 징역에 처한다.

1의 2. 제2호에 해당하는 행위를 한 자는 10년 이하의 징역 또는 5천만원 이하의 벌금에 처한다.

죄로 형 또는 치료감호를 선고하는 경우에 아동관련기관을 운영하거나 취업을 할 수 없도록 하는 취업제한명령을 선고하도록 하고 있다(동법29의3 이하 참조).

(나) 아동학대처벌법 아동학대 행위가 점점 더 심각한 사회문제로 부각됨에 따라 입법자는「아동학대범죄의 처벌 등에 관한 특례법」(아동학대처벌법)을 제정하여 2014년부터 시행하고 있다. 아동학대처벌법은 아동학대를「아동복지법」이 규정한 바에 따라 (가) 보호자를 포함한 성인이 아동의 건강 또는 복지를 해치거나 정상적 발달을 저해할 수 있는 신체적·정신적·성적 폭력이나 가혹행위를 하는 것과 (나) 아동의 보호자가 아동을 유기하거나 방임하는 것으로 정의하고 있다(동법2 iii, 아동복지법3 vii).

(다) 아동학대범죄 아동학대처벌법은 보호자에 의한 일련의 아동학대 행위를 '아동학대범죄'라는 범주로 묶어서 처벌 및 처리절차에 관한 특례를 규정하고 있다. 아동학대범죄는 보호자에 의한 아동학대로서 상해·폭행, 유기·학대·아동혹사 등 일정한 범주의 죄를 말한다(동법2 iv 참조).[1)]

---

2. 제3호부터 제8호까지의 규정에 해당하는 행위를 한 자는 5년 이하의 징역 또는 3천만원 이하의 벌금에 처한다.

3. 제10호 또는 제11호에 해당하는 행위를 한 자는 3년 이하의 징역 또는 2천만원 이하의 벌금에 처한다.

4. 제9호에 해당하는 행위를 한 자는 1년 이하의 징역 또는 500만원 이하의 벌금에 처한다.

1) **아동학대범죄의 처벌 등에 관한 특례법 제2조**(정의) 이 법에서 사용하는 용어의 뜻은 다음과 같다.

1. "아동"이란「아동복지법」제3조 제1호에 따른 아동을 말한다.

2. "보호자"란「아동복지법」제3조 제3호에 따른 보호자를 말한다.

3. "아동학대"란「아동복지법」제3조 제7호에 따른 아동학대를 말한다.

4. "아동학대범죄"란 보호자에 의한 아동학대로서 다음 각 목의 어느 하나에 해당하는 죄를 말한다.

가. 형법 제2편 제25장 상해와 폭행의 죄 중 제257조(상해) 제1항·제3항, 제258조의2(특수상해) 제1항(제257조 제1항의 죄에만 해당한다)·제3항(제1항 중 제257조 제1항의 죄에만 해당한다), 제260조(폭행) 제1항, 제261조(특수폭행) 및 제262조(폭행치사상)(상해에 이르게 한 때에만 해당한다)의 죄

나. 형법 제2편 제28장 유기와 학대의 죄 중 제271조(유기) 제1항, 제272조(영아유기), 제273조(학대) 제1항, 제274조(아동혹사) 및 제275조(유기등 치사상)(상해에 이르게 한 때에만 해당한다)의 죄

다. 형법 제2편 제29장 체포와 감금의 죄 중 제276조(체포, 감금) 제1항, 제277조(중체포, 중감금) 제1항, 제278조(특수체포, 특수감금), 제280조(미수범) 및 제281조(체포·감금등의 치사상)(상해에 이르게 한 때에만 해당한다)의 죄

라. 형법 제2편 제30장 협박의 죄 중 제283조(협박) 제1항, 제284조(특수협박) 및 제286조(미수범)의 죄

마. 형법 제2편 제31장 약취, 유인 및 인신매매의 죄 중 제287조(미성년자 약취, 유인), 제288조(추행 등 목적 약취, 유인 등), 제289조(인신매매) 및 제290조(약취, 유인, 매매, 이송 등 상해·치상)의 죄

바. 형법 제2편 제32장 강간과 추행의 죄 중 제297조(강간), 제297조의2(유사강간), 제298조(강제추행), 제299조(준강간, 준강제추행), 제300조(미수범), 제301조(강간등 상해·치상), 제301조의2(강간등 살인·치사), 제302조(미성년자등에 대한 간음), 제303조(업무상위력 등에 의한 간음) 및 제305조(미성년자에 대한 간음, 추행)의 죄

사. 형법 제2편 제33장 명예에 관한 죄 중 제307조(명예훼손), 제309조(출판물등에 의한 명예훼손) 및 제311조(모욕)의 죄

아동학대범죄에 대하여는 아동학대처벌법이 우선적으로 적용된다. 다만 「성폭력범죄의 처벌 등에 관한 특례법」이나 「아동 · 청소년의 성보호에 관한 법률」에서 가중처벌하는 경우에는 그 법에서 정한 바에 따른다(아동학대처벌법3).

3. 유기죄의 구조

형법 각칙 제28장이 규정한 범죄 가운데 유기죄(법271, 272)는 요부조자의 생명 · 신체에 대한 위험범이다. 1953년 우리 형법이 제정되기 전까지 1907년의 일본 형법이 의용되고 있었다. 의용형법은 "노유(老幼), 불구 또는 질병 때문에 부조를 요하는 자를 유기한 자는 1년 이하의 징역에 처한다."(동법217)고 규정하고, 노인, 어린이, 불구자 또는 병자를 보호할 책임 있는 자가 유기한 경우에는 이를 가중처벌하였다(동법218① · ② 참조).[1)]

우리 형법은 "노유, 질병, 기타 사정으로 인하여 부조를 요하는 자를 보호할 법률상 또는 계약상 의무 있는 자가 유기한 때에는 3년 이하의 징역 또는 5백만원 이하의 벌금에 처한다"고 규정하고 있다(법271①). 의용형법과 비교해 보면, 의용형법의 유기죄(동법 217)에 해당하는 구성요건은 없다.[2)] 또한 의용형법의 보호책임자유기죄(동법218①)와 비

아. 형법 제2편제 36장 주거침입의 죄 중 제321조(주거 · 신체 수색)의 죄

자. 형법 제2편 제37장 권리행사를 방해하는 죄 중 제324조(강요) 및 제324조의5(미수범)(제324조의 죄에만 해당한다)의 죄

차. 형법 제2편 제39장 사기와 공갈의 죄 중 제350조(공갈), 제350조의2(특수공갈) 및 제352조(미수범)(제350조, 제350조의2의 죄에만 해당한다)의 죄

카. 형법 제2편 제42장 손괴의 죄 중 제366조(재물손괴등)의 죄

타. 「아동복지법」 제71조 제1항 각 호의 죄(제3호의 죄는 제외한다)

파. 가목부터 타목까지의 죄로서 다른 법률에 따라 가중처벌되는 죄

하. 제4조(아동학대살해 · 치사), 제5조(아동학대중상해) 및 제6조(상습범)의 죄

제4조 (아동학대치사) 제2조 제4호 가목부터 다목까지의 아동학대범죄를 범한 사람이 아동을 사망에 이르게 한 때에는 무기 또는 5년 이상의 징역에 처한다.

제5조 (아동학대중상해) 제2조 제4호 가목부터 다목까지의 아동학대범죄를 범한 사람이 아동의 생명에 대한 위험을 발생하게 하거나 불구 또는 난치의 질병에 이르게 한 때에는 3년 이상의 징역에 처한다.

제6조 (상습범) 상습적으로 제2조 제4호 가목부터 파목까지의 아동학대범죄를 범한 자는 그 죄에 정한 형의 2분의 1까지 가중한다. 다만, 다른 법률에 따라 상습범으로 가중처벌되는 경우에는 그러하지 아니하다.

1) **의용형법 제217조** (유기) 노유(老幼), 불구 또는 질병 때문에 부조를 요하는 자를 유기한 자는 1년 이하의 징역에 처한다.

제218조 (보호책임자유기 등) ① 노자(老者), 유자(幼者), 불구자 또는 병자를 보호할 책임 있는 자가 이를 유기하거나 그 생존에 필요한 보호를 하지 않은 때에는 3월 이상 5년 이하의 징역에 처한다.

② 자기 또는 배우자의 직계존속에 대하여 범한 때에는 6월 이상 7년 이하의 징역에 처한다.

제219조 (유기 등 치사상) 전2조의 죄를 범하여 사람을 사상에 이르게 한 자는 상해의 죄와 비교하여 중한 것에 따라 처단한다.

2) 형법 심의 당시 정부안에는 다음의 조문이 들어 있었으나 국회 본회의 심의과정에서 부결되었다. 신동

교해 보더라도, 우리 형법은 부조를 요하는 자(요부조자)의 범위를 '기타 사정'으로 인한 자에게까지 확대하는 반면, 부조의무자의 범위를 '법률상 또는 계약상 의무'가 있는 자로 한정하고 있다.

원래 유기죄는 낙태죄, 영아살해죄 등과 더불어 생활고 때문에 일어나는 경우가 많으며, 대체로 무력적(無力的) 곤궁범이라고 할 수 있다. 따라서 생활난이 심할수록 부조를 요하는 자가 증가하고, 유기죄가 발생할 가능성도 높아진다. 우리 형법의 입법자들은 형법전 심의 당시 6·25전쟁으로 인한 극도의 경제적·사회적 궁핍상태를 목도하였다. 그리하여 제정형법의 입법자들은 한편으로는 요부조자의 범위를 확장하고, 다른 한편으로 부조의무자의 범위를 제한하였고(법271①), 영아유기죄(법272) 규정을 신설하여 유기죄의 성립범위를 적절히 조절하려고 노력하였다.[1]

이러한 제정 당시의 입법취지에도 불구하고, 현행 형법이 극단의 개인주의적 입장에서 유기죄를 취급하였다고 평가하는 것[2]은 온당하지 않다고 본다. 경제적·사회적 여건의 개선과 함께 유기죄의 성립범위를 재조정하는 작업은 앞으로 수행해야 할 입법자의 과제이다. 2023년에 들어와서 영아의 생명보호가 사회문제로 대두되었다. 2023년 8월 8일 영아유기죄(법272)를 삭제하는 형법 일부개정법률이 공포되었다. 개정법률은 공포 후 6개월이 경과한 2024년 2월 9일부터 시행된다.

4. 유기죄의 보호법익

(1) 구체적 위험범설과 추상적 위험범설

유기죄는 타인의 부조를 요하는 자를 보호 없는 상태에 둠으로써 그 사람의 생명·신체에 위험을 초래하는 범죄이다. 유기죄의 보호법익은 요부조자의 생명·신체의 안전이다. 유기죄는 위험범이다. 유기죄의 법적 성질에 대해 구체적 위험범설[3]과 추상적 위험범설[4]이 제시되고 있다.

1953년 제정형법 전에 시행되던 의용형법의 유기죄 해석론은 당시의 독일 형법(1871년

운 편저, 형법 제·개정 자료집, 한국형사정책연구원, (2009), 320면 참조.

형법 정부안 제293조 노유, 질병 기타 사정으로 인하여 생명의 위험상태에 있는 자를 용이히 구조할 수 있는 자[가] 그를 유기하여 사상에 이르게 한 때에는 3년 이하의 징역 또는 5만원 이하의 벌금에 처한다.

1) 신동운 편저, 형법 제·개정 자료집, 한국형사정책연구원, (2009), 318면 이하 참조.

2) 유기천, 형법학 각론강의 상, (전정신판), (1983), 84면; 이재상·장영민·강동범, 103면.

3) 유기천, 형법학 각론강의 상, (전정신판), (1983), 85면.

4) 김성돈, 132면; 김일수·서보학, 88면; 김혜정 외, 106면(결합설); 박상기, 86면; 배종대, 114면; 손동권·김재윤, 105면; 오영근, 87면; 이재상·장영민·강동범, 105면; 이정원, 103면; 임웅, 131면(결합설); 정성근·박광민, 121면; 주호노, 203면(결합설).

제국형법)으로부터 많은 영향을 받고 있었다.[1] 독일 제국형법은 유기죄의 형태를 이치(移置; aussetzen; 장소적으로 옮김)와 치거(置去; verlassen; 두고 떠남)로 나누었고, '부조를 요하는 사람'이라는 표지가 구성요건에 명시되어 있다는 이유로 유기죄를 구체적 위험범으로 해석하고 있었다.[2]

당시 독일 형법의 영향을 받아 의용형법의 유기죄에 대한 해석을 둘러싸고 구체적 위험범설과 추상적 위험범설이 대립하였다. 의용형법 하의 논의를 우리 형법의 해석론으로 수용하려는 시도가 있다. 그러나 의용형법 하의 논의는 우리 형법의 경우로 오면 별다른 의미가 없다. 주요한 부분에서 입법적 해결이 이루어져 있기 때문이다.

두 학설이 결론의 차이를 보이는 예로 파출소 앞이나 보육원 문 앞에 어린아이를 버려둔 후 경찰관이나 보육원 직원이 어린아이를 데려가는 것을 보고 돌아오는 사안을 생각할 수 있다. 구체적 위험범설의 입장에서는 이 경우 아직 요부조자의 생명 · 신체에 위험이 구체적으로 발생하지 아니하였으므로 유기죄가 성립하지 않는다고 본다. 이에 대해 추상적 위험범설의 입장에서는 유기행위가 있을 때 생명 · 신체에 대한 위험발생이 있다고 입법자가 인정한 것이므로(추상적 위험범) 유기죄가 성립한다고 본다.

(2) 학설에 대한 검토

구체적 위험범설을 취하는 입장에서는 (가) 행위자가 유기한 후에 다른 사람이 요부조자를 구제하는 것을 확인한 다음에 돌아오는 행위는 구체적으로 위험성이 없기 때문에 유기죄를 구성하지 않으며, (나) 구체적으로 위험을 가져오지 않는 행위는 대체로 처벌할 근거가 없다고 주장한다.[3]

---

1) 독일 제국형법 제221조 (유기) ① 유년(幼年), 노쇠 또는 질병 때문에 부조를 요하는 사람[요부조자]을 이치(移置; aussetzen)하거나, 자기의 보호 아래 있는 요부조자나 숙박, 운송, 수용을 제공해야 할 요부조자를 고의로 부조를 요하는 상태에 치거(置去; verlassen)한 자는 3월 이상 5년 이하의 자유형에 처한다.

② 육친(肉親)이 어린 자녀[Kinder]에게 위의 행위를 한 경우에는 6월 이상 5년 이하의 자유형에 처한다.

③ 위의 행위로 이치(移置)되거나 치거(置去)된 사람에게 중상해가 야기된 경우에는 1년 이상 10년 이하의 자유형에 처하고, 위의 행위로 사망이 야기된 경우에는 3년 이상의 자유형에 처한다.

2) 독일의 입법자는 1998년 형법 개정을 통해 이치(移治; aussetzen)와 치거(置去; verlassen)의 개념을 폐기하였고, '부조를 요하는 상태'라는 표지를 명시하여 유기죄가 구체적 위험범임을 명확히 하였다. Töndle/Fischer, StGB, 49. Auflage, (1999), §221, Rn. 1.

독일형법 제221조 (유기) ① 사람을

1. 부조를 요하는 상태에 빠뜨리거나(versetzen),
2. 자기의 보호 아래 있거나 그 밖에 보호할 의무가 있음에도 불구하고 부조를 요하는 상태에 방치하고, 이를 통해 생명에 대한 위험이나 중상해의 위험에 처하게 한 자는 3월 이상 5년 이하의 징역에 처한다.

(②, ③, ④항에 대한 소개는 생략함.)

3) 유기천, 형법학 각론강의 상, (전정신판), (1983), 85면.

그러나 유기죄는 추상적 위험범으로 파악하는 것이 타당하다. 먼저, 요부조자를 보호 없는 상태에 둠으로써 생명 · 신체를 위험에 빠지게 하는 데에 유기죄의 본질이 있음을 부인할 수 없다. 그리고 무엇보다도 우리 형법은 유기죄를 범하여 '사람의 생명에 대한 위험을 발생케 한 때'를 결과적 가중범으로 구성하여 별도로 처벌하고 있다(법271③ · ④). 이것은 기본적 구성요건을 이루는 유기죄(법271① · ②)의 경우 생명 · 신체에 대한 구체적 위험발생을 요구하지 않는다는 입법자의 결단을 간접적으로 나타내고 있다.

(3) 판례의 입장

판례는 "유기를 당한 사람의 생명 · 신체에 위험을 발생하게 할 가능성이 있으면 유기행위의 요건은 충족되고 반드시 보호의 가능성이 전혀 없을 것을 요하는 것은 아니다."라고 판시하고 있다.[1] 판례의 입장은 추상적 위험범설에 입각하고 있는 것으로 보인다.

제 2 유기죄의 기본유형 – 유기죄

형법 제271조 (유기) ① 나이가 많거나 어림, 질병 그 밖의 사정으로 도움이 필요한 사람을 법

1) 2015. 11. 12. 2015도6809 전원합의체 판결, 공 2015하, 1915 =『세월호 사건 2』:

갑은 선박 ○○호의 선장이고, 을 등은 선원들이다. (이하 선원 을 등에 대해 검토함.) ○○호가 침몰하기 시작하였다. 승객들은 선내 대기 안내방송에 따라 침몰하는 ○○호의 선내에서 구조를 기다리며 대기 중에 있었다. 선원 을 등은 퇴선을 위한 조치를 취하지 않을 경우 승객 등의 생명 · 신체에 위험이 발생한다는 사실을 인식하였다. (일자 생략함.) 09:26경 을 등은 진도 VTS로부터 10분 후에 경비정이 도착한다는 말을 들었다. 을 등은 그 이후로도 대피명령 및 퇴선명령, 퇴선유도 등 승객 등을 구조하기 위하여 필요하고도 가능한 조치를 전혀 취하지 않았다. (이후 결과발생 생략함.)

검사는 을 등을 유기치사상죄로 기소하였다. 을 등의 피고사건은 제1심을 거친 후, 항소심에 계속되었다. 항소법원은 을 등이 유기의 고의로 공동하여 ○○호의 승객 등을 유기하였다고 판단하였다. 항소법원은 을 등에게 유기치사죄를 인정하였다. 을 등은 불복 상고하였다. 을 등은 상고이유로 다음의 점을 주장하였다. (가) 유기의 고의가 없었다. (나) 당시에는 아직 구조 가능성이 남아 있어서 보호의 가능성이 전혀 없지는 않은 상태였다.

대법원은 다음의 이유를 제시하여 상고를 기각하였다. (가) 유기행위는 부조를 요하는 자를 보호 없는 상태로 둠으로써 생명 · 신체를 위태롭게 하는 것이다. (나) 유기행위는 작위뿐만 아니라 부작위에 의하여도 성립한다. (다) 유기를 당한 사람의 생명 · 신체에 위험을 발생하게 할 가능성이 있으면 유기행위의 요건은 충족되고 반드시 보호의 가능성이 전혀 없을 것을 요하는 것은 아니다.

(라) 피고인이 주관적 요소인 고의나 공동 가공의 의사를 부인하는 경우가 있다. (마) 이 경우에는 사물의 성질상 범의와 상당한 관련성이 있는 간접사실 또는 정황사실을 증명하는 방법에 의하여 이를 입증할 수밖에 없다. (바) 무엇이 상당한 관련성이 있는 간접사실에 해당할 것인가는 정상적인 경험칙에 바탕을 두고 치밀한 관찰력이나 분석력에 의하여 사실의 연결 상태를 합리적으로 판단하는 방법에 의하여야 한다. (사) 을 등이 유기의 고의로 공동하여 ○○호의 승객 등을 유기하였다고 판단한 원심의 판단은 정당하다.

률상 또는 계약상 보호할 의무가 있는 자가 유기한 경우에는 3년 이하의 징역 또는 500만원 이하의 벌금에 처한다.

◎ 결과적 가중범 처벌함(법271③, 275①)

1. 행위주체

유기죄의 주체는 도움이 필요한 사람을 보호할 법률상 또는 계약상 의무 있는 자이다. 이러한 의무 있는 자에 의해서만 범죄가 성립될 수 있다는 점에서 유기죄는 신분범이다.

(1) 법령상 보호의무

보호의무의 발생이 법령의 규정에 근거한 경우가 있다. 근거 법령이 공법인지 사법인지는 묻지 않는다. 「경찰관 직무집행법」에 따라 경찰관은 국민의 생명 · 신체의 안전을 보호하기 위한 응급조치를 강구해야 할 공법상의 직무가 있으므로(동법2①, 4①) 유기죄의 주체성이 인정된다.[1]

「수상에서의 수색 · 구조 등에 관한 법률」(수상구조법)에 따라 조난현장의 부근에 있는 선박등의 선장 · 기장 등은 구조요청을 받은 때에는 가능한 한 조난된 사람을 신속히 구조할 수 있도록 최대한 지원을 제공하여야 한다(동법18① 본문).

또한 조난사고의 원인을 제공한 선박의 선장 및 승무원은 요청이 없더라도 조난된 사람을 신속히 구조하는 데 필요한 조치를 하여야 한다(수상구조법 18① 단서). 이 경우 '조난사고의 원인을 제공한 선박의 선장 및 승무원'에는 조난사고의 원인을 스스로 제공하여 '조난된 선박의 선장 및 승무원'도 포함된다.[2]

보호의무는 사법상으로도 발생할 수 있다. 친족관계나 혼인관계에 의한 부양의무가 대표적인 예이다. 민법상 친족관계에 기한 부양의무는 경제적 사정을 이유로 한다(민법974, 975 참조). 형법상의 보호의무는 생존에 필요한 기본동작이 부자유한 사람에게 생명 · 신체의 안전을 보호하기 위하여 인정된다. 그러므로 형법상의 보호의무와 민법상의 부양의무가 반드시 일치하지는 않는다.

형법상 보호의무를 인정하려면 구체적으로 도움을 필요로 하는 사정이 존재해야 한다. 민법상 부양의무의 순서(민법976 참조)는 형법상 보호의무를 결정하는 직접적 기준이 되지 않는다. 민법상 선순위 부양의무자가 있더라도 그가 부양할 능력이 없거나 실제로 부양하지 않

1) 1972. 6. 27. 72도863, 집 20②, 형34 = 분석 각론 『쌍백지서 사건』.
2) 2015. 11. 12. 2015도6809 전원합의체 판결, 공 2015하, 1915 = 『세월호 사건 2』.

을 때에는 후순위자가 형법상 보호의무자가 될 수 있다.

사법상 보호의무 가운데에는 부부 간의 부양의무(민법826①)도 있다.[1] 부부 간의 부양의무는 혼인관계에서 발생한다. 법률상의 부부는 아니지만 사실혼 관계에 있는 경우에도 민법 규정의 취지 및 유기죄의 보호법익에 비추어 법률상 보호의무가 인정된다. 그러나 단순히 내연관계에 있는 사이에서는 부양의무가 발생하지 않으며, 유기죄도 성립하지 않는다.[2]

사실혼에 해당하여 법률혼에 준하는 보호를 받기 위하여는 단순한 동거 또는 간헐적인 정교관계를 맺고 있다는 사정만으로는 부족하다. 당사자 사이에 주관적으로 혼인의사가 있고 객관적으로도 사회관념상 가족질서적인 면에서 부부 공동생활을 인정할 만한 혼인생활의 실체가 존재해야 한다.[3]

「민법」 제913조는 친권자에게 자에 대한 보호의무를 부과하고 있다. 친권자가 자를 유기할 경우 형법상 유기죄가 성립한다. 그러나 자가 18세 미만자인 자를 유기하는 경우에는 특별법이 적용된다. 자(子)가 18세 미만자인 경우에는 '아동'에 해당하여 「아동학대범죄의 처벌 등에 관한 특례법」(아동학대처벌법)이 우선하여 적용되기 때문이다(동법3). 그리하여 친권자가 자신의 보호 · 감독을 받는 아동(18세 미만자)을 유기하는 행위는 「아동복지법」에 의하여 5년 이하의 징역 또는 3천만원 이하의 벌금으로 처벌된다(동법17 vi, 71① ii).

(2) 계약상 보호의무

계약에 의하여 보호의무가 발생하는 경우가 있다. 계약은 유기한 자와 유기당한 자 사이에서 이루어진 것인지, 유기한 자와 제3자 사이에 체결된 것인지를 묻지 않는다. 계약이 반드시 명시적일 필요도 없다.

간호사나 보모와 같이 계약에 기한 주된 급부의무가 부조를 제공하는 것인 경우에 계약상 보호의무가 발생함은 물론이다. 그러나 계약상 보호의무가 주된 급부의 경우로 한정되는 것은 아니다.

계약의 해석상 계약관계의 목적이 달성될 수 있도록 상대방의 생명 · 신체에 대해 주의와 배려를 한다는 부수적 의무가 인정되는 경우가 있다. 계약상 부수적 의무의 한 내용으로 상대방을 부조해야 하는 경우에 유기죄에서 말하는 계약상 보호의무가 인정될 수 있다. 그러나 민사상 부수적 부조의무가 인정된다고 해서 곧바로 형사상 보호의무가 발생하는 것은 아

1) 2018. 5. 11. 2018도4018, 공 2018상, 1128.
2) 2008. 2. 14. 2007도3952, 공 2008상, 411 = 분석 각론 『필로폰 과다 복용 사건』.
3) 2008. 2. 14. 2007도3952, 공 2008상, 411 = 분석 각론 『필로폰 과다 복용 사건』.

니다. 제반 사정을 고려하여 신중하게 유기죄에서 말하는 계약상 보호의무 여부를 판단해야 한다.[1]

(3) 사회상규에 기한 보호의무 여부

법령, 계약 이외의 사유로서 조리나 사회상규에 근거하여 보호의무의 발생을 인정할 것인지 문제된다. 의용형법은 노인이나 어린이, 불구자 또는 병자를 보호할 책임 있는 자의 유기를 벌하고 있었다(동법217). 보호책임의 근거로는 법률상, 계약상의 의무 이외에 사무관리, 관습, 조리 등이 넓게 인정되고 있었다. 우리 형법의 해석상으로도 사무관리, 관습, 조리 등을 보호의무의 근거로 인정하는 견해가 있다.[2]

그러나 우리 입법자는 6 · 25전쟁의 혼란을 목도하면서 유기죄의 성립범위를 조정하였다. 유기죄에서 보호대상의 범위를 넓히는 대신 법률상 또는 계약상 의무 있는 자만을 유기죄의 주체로 한정하고 있다. 이러한 입법적 결단에 비추어 볼 때 사회상규에 기한 보호책임은 인정할 수 없다.[3] 판례 또한 사회상규에 기한 보호의무를 부정하고 있다.[4] 다만, 앞에서 본 부수적 계약의무의 법리를 통하여 유기죄의 성립범위에 적정을 기하는 것은 별개의 문제이다.

형법 제18조는 부진정부작위범을 규정하고 있다. 작위의무는 법령, 계약, 사무관리, 조리 또는 사회상규 등에 의하여 발생한다.[5] 형법 제18조의 부작위범 규정을 통해 유기죄의 보호의무 범위를 확장하려는 시도가 있다.[6] 그러나 이것은 입법자가 '법률상 또는 계약상 의무'라는 표현을 통해 보호의무의 발생근거를 의도적으로 제한한 점에 비추어 보면 지나친 확장해석이라고 생각된다. 총칙의 일반원칙은 각칙에 입법자의 특별한 결단이 있을 때 특별법 우선의 원칙에 따라 후퇴해야 하기 때문이다.

2. 행위객체

유기죄의 객체는 나이가 많거나 어림, 질병 그 밖의 사정으로 도움이 필요한 사람이다. 도움이 필요한 사람(요부조자)이란 정신적 · 육체적 결함 때문에 다른 사람의 도움 없이는 일

1) 2011. 11. 24. 2011도12302, 공 2012상, 103 = 분석 각론 『만취 손님 방치 사건』.
2) 유기천, 형법학 각론강의 상, (전정신판), (1983), 86면; 이정원, 109면; 임웅, 136면.
3) 김성돈, 135면; 김일수 · 서보학, 89면; 김혜정 외, 109면; 박상기, 87면; 배종대, 115면; 오영근, 90면; 이재상 · 장영민 · 강동범, 107면; 이형국 · 김혜경, 126면; 정성근 · 박광민, 123면; 주호노, 205면.
4) 1977. 1. 11. 76도3419, 공 1972, 9876 = 분석 각론 『마차 4리 사건』.
5) 부진정부작위범에 대해서는, 신동운, 형법총론, 제14판, (2022), 140면 이하 참조.
6) 유기천, 형법학 각론강의 상, (전정신판), (1983), 87면; 이정원, 109면; 임웅, 136면.

상생활에 필요한 기초적 행동을 할 수 없어 자기의 생명 · 신체에 대한 위험을 스스로 극복할 수 없는 사람을 말한다. 일상생활에 필요한 기초적 행동을 하기가 현저히 곤란한 자도 도움이 필요한 사람에 포함된다.

도움이 필요한 사람인가 아닌가를 판단하는 기준은 신체적으로 일상생활에 필요한 기초적 행동을 할 수 있는 가능성 여부이다. 일단 행동이 가능하다면, 의식주에 필요한 기초물자를 자급할 수 없는 경제적 궁핍상태에 있는 사람이라 하더라도 유기죄의 객체에 해당하지 않는다.

나이가 많거나 어림(노유)에 따른 도움의 필요성은 연령만으로 정해지는 것이 아니라 구체적 사정에 비추어 결정된다. 질병은 육체적 · 정신적 질병을 모두 포함한다. 질병의 원인, 치료기간의 길고 짧음, 치료의 가능성 등은 묻지 않는다. 그 밖의 사정은 임신이나 출산, 술에 만취한 상태, 불구, 부상, 백치 등 건전한 상식에 비추어 보아 스스로 자기의 생명 · 신체에 대한 위험을 배제할 수 없는 상태를 가리킨다. 그 상태가 일시적인지 계속적인지는 묻지 않는다.

3. 실행행위

유기죄는 나이가 많거나 어림, 질병 그 밖의 사정으로 도움이 필요한 사람을 보호할 법률상 또는 계약상 의무가 있는 자가 유기한 때에 성립하는 범죄이다. 여기에서 보호의무는 도움이 필요한 상대방(요부조자)의 생명 · 신체에 대한 안전을 도모하는 것이므로 그 상대방이 직면하게 될 생명 · 신체에 대한 위험을 실질적으로 차단하기 위하여 필요하고도 가능한 조치를 다하는 것을 내용으로 한다.[1]

유기는 도움이 필요한 사람을 보호 없는 상태에 둠으로써 요부조자의 생명 · 신체에 위험을 야기하게 하는 행위를 말한다. 유기행위는 도움이 필요한 사람을 보호 없는 상태로 둠으로써 생명 · 신체를 위태롭게 하는 것이므로 작위뿐만 아니라 부작위에 의하여도 성립한다.[2]

유기는 일차적으로 보호의무자와 요부조자 사이를 장소적으로 멀어지게 하는 행위의 형태로 나타난다. 유기는 요부조자를 생명 · 신체에 위험한 장소로 적극적으로 이동시키는 행위(이치; 移置)와 요부조자를 위험한 장소에 두고 떠나는 행위(치거; 置去)를 모두 포함한다.

유기는 장소적 이동을 수반하지 않는 경우에도 인정될 수 있다. 보증인적 지위에 있는 자의 부작위가 그것이다. 예컨대 모(母)가 질병으로 인하여 보호를 요하는 딸을 병원에 입원

1) 2015. 11. 12. 2015도6809 전원합의체 판결, 공 2015하, 1915 =『세월호 사건 2』.
2) 2015. 11. 12. 2015도6809 전원합의체 판결, 공 2015하, 1915 =『세월호 사건 2』.

시켜 놓고 의사가 그 당시 국내의 의료기술상 최선의 치료방법이라는 수혈을 하려고 해도 이를 완강하게 거부하고 방해하였다면, 이는 결과적으로 요부조자를 위험한 장소에 두고 떠난 것이나 다름이 없어서 그 행위의 성질로 보면 치거(置去)에 해당한다.[1]

형법 제271조 제1항의 유기죄는 추상적 위험범이다. 유기를 당한 사람의 생명 · 신체에 위험을 발생하게 할 가능성이 있으면 유기행위의 요건은 충족되고 반드시 보호의 가능성이 전혀 없을 것을 요하는 것은 아니다.[2] 위험발생의 형태는 유형적인 경우와 무형적인 경우를 모두 포함한다. 위험을 모르는 어린아이나 정신병자, 또는 강제하에 있는 사람을 위험한 장소로 가게 하는 것도 유기에 해당할 수 있다.

4. 고 의

유기죄가 성립하려면 행위자가 나이가 많거나 어림, 질병 그 밖의 사정으로 도움이 필요한 사람(요부조자)을 보호할 법률상 또는 계약상 의무 있는 자에 해당하여야 할 뿐만 아니라, 요부조자 보호책임의 발생원인이 된 사실이 존재한다는 것을 인식하고, 이에 기한 보호의무를 해태한다는 인식 · 인용이 있어야 한다.[3] 요부조자의 생명에 대한 위험이 구체적으로 발생한다는 점에 대한 인식은 요구되지 않는다.

행위자가 착오로 자기와 요부조자 사이에 보호책임의 기초가 되는 사정이 존재하는 것을 인식하지 못한 경우에는 구성요건적 착오(법13① 본문)에 해당하여 유기죄가 성립하지 않는다. 그러나 행위자가 자신과 요부조자 사이의 관계는 형법상 보호의무 관계에 해당하지 않는다고 잘못 평가한 경우는 금지착오(법16)로서 그 오인에 정당한 이유가 있는 때에 한하여 책임이 조각된다.

제3 유기죄의 특수유형

1. 존속유기죄

형법 제271조 (존속유기) ② 자기 또는 배우자의 직계존속에 대하여 제1항의 죄를 지은 에는 10년 이하의 징역 또는 1천500만원 이하의 벌금에 처한다.

◎ 결과적 가중범 처벌함(법271④, 275②)

---

1) 1980. 9. 24. 79도1387, 공 1980, 13244 = 분석 각론 『여호와의 증인 수혈거부 사건』.
2) 2015. 11. 12. 2015도6809 전원합의체 판결, 공 2015하, 1915 = 『세월호 사건 2』.
3) 2008. 2. 14. 2007도3952, 공 2008상, 411 = 분석 각론 『필로폰 과다 복용 사건』.

존속유기죄는 유기죄(법271①)에 '자기 또는 배우자의 직계존속'이라는 표지가 추가된 가중적 구성요건이다. 존속 · 비속 및 배우자 등에 대한 설명은 존속살해죄(법250②) 항목에서 설명한 것과 같다.[1)]

2. 중유기죄

형법 제271조 ③ 제1항의 죄를 지어 사람의 생명에 위험을 발생하게 한 경우에는 7년 이하의 징역에 처한다.

형법 제271조 제3항은 중유기죄를 규정하고 있다. 중유기죄는 유기죄(법271①)를 범하여 사람의 생명에 대한 위험을 발생하게 한 경우를 가중처벌하는 범죄유형이다. 중유기죄의 가중적 구성요건표지는 사람의 생명에 대한 위험을 발생하게 하는 것이다. 사람의 생명에 대한 위험발생은 중상해죄(법258①)의 가중적 구성요건표지로 사용된 것과 같은 의미이다.[2)]

생명에 대한 위험발생은 치명상에 가까운 위험발생을 의미한다. 생명을 거의 잃을 정도로 치명적인 위험이 발생하였으나 목숨을 건진 경우이다. 의식불명으로 생사가 불투명한 상황에서 다행히 회복한 경우가 여기에 해당하는 예이다.

중유기죄가 성립하려면 (가) 요부조자의 생명에 대한 위험이 구체적으로 입증되고, (나) 유기죄와 생명에 대한 위험발생 사이에 인과관계가 존재하며(법17), (다) 사람의 생명에 대한 위험발생에 대한 예견가능성이 있어야 한다(법15②). 유기죄를 범하는 시점에 이미 도움이 필요한 사람의 생명에 대한 위험발생을 방지할 수 없는 상태였다면 중유기죄는 성립하지 않는다.

3. 존속중유기죄

형법 제271조 ④ 제2항의 죄를 지어 사람의 생명에 위험을 발생하게 한 경우에는 2년 이상의 유기징역에 처한다.

형법 제271조 제4항은 존속중유기죄를 규정하고 있다. 존속중유기죄는 존속유기죄에 대한 결과적 가중범이다. '자기 또는 배우자의 직계존속'의 표지를 제외하면 중유기죄와 구조를 같이한다.

---

1) 전술 607면 이하 참조.
2) 전술 637면 이하 참조.

제 4 학대죄의 기본유형 – 학대죄

형법 제273조 (학대) ① 자기의 보호 또는 감독을 받는 사람을 학대한 자는 2년 이하의 징역 또는 500만원 이하의 벌금에 처한다.

◎ 존속학대 가중처벌함(법273②)
◎ 결과적 가중범 처벌함(법275①)

1. 행위주체

학대죄는 자기의 보호·감독을 받는 사람을 학대하는 범죄이다. 학대죄는 우리 형법이 신설한 범죄유형이다. 학대죄의 주체는 타인을 보호하거나 감독하는 자이다. 이 경우 그 보호·감독의 근거는 법령, 계약, 사무관리, 관습, 사회상규 등을 묻지 않으며, 사실상 그러한 지위를 가지고 있는 것으로도 족하다.

2. 행위객체

행위의 객체는 행위자의 보호·감독을 받는 자이다. 외국의 입법례에서는 아동, 소년, 병자, 불구자, 부녀 등으로 제한하는 경향이 있다고 하나, 우리 형법은 제한을 두고 있지 않다. 행위 객체가 자기 또는 배우자의 직계존속인 경우에는 가중처벌된다(법273②). 학대죄의 객체에 제한은 없으나, 아동학대의 경우에는 특별법이 우선하여 적용된다.

3. 실행행위

(1) 학대의 개념

학대는 피보호감독자에게 육체적으로 고통을 주거나, 정신적으로 차별대우를 하는 행위를 가리킨다.[1] 형법의 규정체계상 학대죄와 유기죄가 같은 장에 위치하고 있는 점 등에 비추어 단순히 상대방의 인격에 대한 반인륜적 침해만으로는 부족하고 적어도 유기에 준할 정도에 이르러야 학대에 해당한다.[2]

학대행위의 예로는 음식물을 주지 않거나 잠을 못 자게 하는 행위, 폭행·협박, 음란한 행위, 정신적 고통을 가하는 행위 등 여러 가지를 생각할 수 있다. 행위가 어느 정도에 이르

1) 2000. 4. 25. 2000도223, 공 2000, 1363 = 분석 각론 『아동 성관계 8년 사건』.
2) 2000. 4. 25. 2000도223, 공 2000, 1363 = 분석 각론 『아동 성관계 8년 사건』.

면 학대에 해당하는지는 행위자와 피보호감독자 사이의 관계, 주변 환경 등 구체적인 사정에 따라서 결정해야 한다. 학대죄는 학대행위가 있음과 동시에 범죄가 완성되는 즉시범이다.

(2) 아동학대

「아동복지법」은 18세 미만의 사람을 '아동'으로 정의하면서(동법3 i), 아동학대범죄를 별도로 규정하고 있다. 「아동복지법」은 "아동학대란 보호자를 포함한 성인이 아동의 건강 또는 복지를 해치거나 정상적 발달을 저해할 수 있는 신체적 · 정신적 · 성적 폭력이나 가혹행위를 하는 것과 아동의 보호자가 아동을 유기하거나 방임하는 것을 말한다."라고 규정하고 있다(동조 vii).

「아동복지법」은 아동에 대한 성적 학대행위, 신체적 학대행위, 정서적 학대행위 등을 금지하고 있다(동법17 ii, iii, v). 「아동복지법」은 성적 학대행위를 한 자를 10년 이하의 징역 또는 5천만원 이하의 벌금으로(동법71① i의2), 신체적 학대행위 및 정서적 학대행위를 한 자를 5년 이하의 징역 또는 3천만원 이하의 벌금으로(동조 ii) 각각 처벌하고 있다.

신체적 학대행위는 아동의 신체에 손상을 주거나 신체의 건강 및 발달을 해치는 행위를 말한다(아동복지법17iii). 「아동학대범죄의 처벌 등에 관한 특례법」(아동학대처벌법)은 「초 · 중등교육법」 제2조에 따른 학교의 장과 그 종사자가 보호하는 아동에 대하여 아동학대범죄를 범한 때에는 가중처벌하고 있다(아동학대처벌법7, 10② 20호). 「초 · 중등교육법」 시행령 등 관련규정은 도구, 신체 등을 이용하여 학생의 신체에 고통을 가하는 방법으로 훈육 · 훈계하는 행위(체벌)를 금지하고 있다. 「초 · 중등교육법」 시행령 등 관련규정에서 금지하는 수단과 방법을 사용하여 체벌을 하였다면 훈육 또는 지도 목적으로 행하여졌다고 할지라도 신체적 학대행위에 해당한다.[1]

정서적 학대행위는 아동의 정신건강 및 발달에 해를 끼치는 행위를 말한다. 정서적 학대행위에는 가정폭력에 아동을 노출시키는 행위도 포함된다(동조v). 정서적 학대행위는 정신적 폭력이나 가혹행위로서 아동의 정신건강 또는 복지를 해치거나 정신건강의 정상적 발달을 저해할 정도 혹은 그러한 결과를 초래할 위험을 발생시킬 정도에 이르는 것을 말한다.[2] 이

1) 2022. 10. 27. 2022도1718, 판례속보 = 『중학생 머리 체벌 사건』.

2) 2020. 3. 12. 2017도5769, 공 2020상, 794 = 『교구장 위 40분 사건』:

갑은 P어린이집 보육교사이다. A는 4세인 아동이다. A가 창틀에 매달리는 등 위험한 행동을 하였다. 갑은 A를 안아 바닥에서 약 78cm 높이의 교구장 위에 올려놓았다. 갑은 교구장을 1회 흔들고, A의 몸을 잡고는 교구장 뒤 창 쪽으로 흔들어 보였다. 갑은 A를 약 40분 동안 교구장 위에 앉혀두었다. A는 정신적 고통 등을 호소하며 일주일이 넘도록 어린이집에 등원하지 않았다.

검사는 갑을 아동복지법위반죄(아동학대)로 기소하였다. 갑의 피고사건은 제1심을 거친 후, 항소심에 계속되었다. 항소법원은 유죄를 인정하였다. 갑은 불복 상고하였다.

러한「아동복지법」위반죄는 형법상 학대죄에 대해 법조경합 중 특별관계에 있다.「아동학대범죄의 처벌 등에 관한 특례법」에 대해서는 앞에서 설명하였다.[1)]

2021년 개정 전의「민법」제915조는 친권자에게 자(子)에 대한 징계권을 인정하고 있었다. 2021년 입법자는 친권자의 징계권 규정이 아동학대 가해자인 친권자의 항변사유로 이용되는 등 아동학대를 정당화하는 데 악용될 소지가 있다는 점에 주목하여 민법 제915조를 삭제하였다. 따라서 아동학대의 경우 친권자의 징계권 행사임을 이유로 한 위법성조각은 인정되지 않는다.

(3) 노인학대

「노인복지법」은 노인학대를 규정하고 있다. 노인학대라 함은 노인에 대하여 신체적 · 정신적 · 정서적 · 성적 폭력 및 경제적 착취 또는 가혹행위를 하거나 유기 또는 방임을 하는 것을 말한다(동법2 iv).「노인복지법」은 '노인학대관련범죄'로 상해, 폭행, 유기, 학대, 체포 · 감금, 강간, 유사강간, 준강간 등을 규정하고 있다(동법2 v 참조).

「노인복지법」은 65세 이상의 노인에게 노인학대행위를 하는 자를 다음과 같이 처벌하고 있다(동법39의9, 55의2, 55의3, 55의4 참조).

대법원은 다음의 이유를 제시하여 상고를 기각하였다. (가) 아동복지법은 제1조에서 "이 법은 아동이 건강하게 출생하여 행복하고 안전하게 자랄 수 있도록 아동의 복지를 보장하는 것을 목적으로 한다."라고 규정하여 입법 목적을 밝히고 있다. (나) 아동복지법은 제2조 제3항에서 "아동에 관한 모든 활동에 있어서 아동의 이익이 최우선적으로 고려되어야 한다."라고 규정하여 그 기본이념을 밝히고 있다. (다) 한편 아동복지법 제3조 제7호에서는 "아동학대란 보호자를 포함한 성인이 아동의 건강 또는 복지를 해치거나 정상적 발달을 저해할 수 있는 신체적·정신적·성적 폭력이나 가혹행위를 하는 것과 아동의 보호자가 아동을 유기하거나 방임하는 것을 말한다."라고 규정하고 있다. (라) 아동복지법 제17조 제5호에서는 '누구든지 아동에게 아동의 정신건강 및 발달에 해를 끼치는 정서적 학대행위를 하여서는 아니 된다'고 규정하고 있다.

(마) 위와 같은 아동복지법의 입법 목적, 기본이념 및 관련 조항들의 내용 등을 종합해 본다. (바) 아동복지법상 금지되는 정서적 학대행위란, 정신적 폭력이나 가혹행위로서 아동의 정신건강 또는 복지를 해치거나 정신건강의 정상적 발달을 저해할 정도 혹은 그러한 결과를 초래할 위험을 발생시킬 정도에 이르는 것을 말한다. (사) 어떠한 행위가 이에 해당하는지 여부는 행위자와 피해아동의 관계, 행위 당시 행위자가 피해아동에게 보인 태도, 피해아동의 연령, 성별, 성향, 정신적 발달상태 및 건강상태, 행위에 대한 피해아동의 반응 및 행위를 전후로 한 피해아동의 상태 변화, 행위가 발생한 장소와 시기, 행위의 정도와 태양, 행위에 이르게 된 경위, 행위의 반복성이나 기간, 행위가 피해아동 정신건강의 정상적 발달에 미치는 영향 등을 종합적으로 고려하여 판단하여야 한다.

대법원은 갑의 행위에 대해 다음과 같이 판단하였다. (가) 보육교사인 갑이 강압적이고 부정적인 태도를 보이며 4세인 아동 A를 높이 78cm에 이르는 교구장 위에 약 40분 동안 앉혀놓았다. (나) 이는 그 자체로 위험한 행위이다. (다) 뿐만 아니라 그 과정에서 아동 A는 공포감 내지 소외감을 느꼈을 것으로 보인다. (라) 실제로 아동 A가 정신적 고통 등을 호소하며 일주일이 넘도록 어린이집에 등원하지 못하였다. (마) 이와 같은 여러 사정에 비추어 갑이 아동 A를 정서적으로 학대하였다고 인정된다.

1) 전술 694면 이하 참조.

(가) 노인에게 상해를 입히는 행위 : 7년 이하의 징역 또는 7천만원 이하의 벌금(동법 39의9 i, 55의2).

(나) 노인의 신체에 폭행을 가하는 행위 : 5년 이하의 징역 또는 5천만원 이하의 벌금(동법39의9 i, 55의3① ii).

(다) 노인에게 성적 수치심을 주는 성폭행 · 성희롱 등의 행위 : 5년 이하의 징역 또는 5천만원 이하의 벌금(동법39의9 ii, 55의3① ii).

(라) 자신의 보호 · 감독을 받는 노인을 유기하거나 의식주를 포함한 기본적 보호 및 치료를 소홀히 하는 방임행위 : 5년 이하의 징역 또는 5천만원 이하의 벌금(동법 39의9 iii, 55의3① ii).

(마) 노인에게 구걸을 하게 하거나 노인을 이용하여 구걸하는 행위 : 5년 이하의 징역 또는 5천만원 이하의 벌금(동법39의9 iv, 55의3① ii).

(바) 노인을 위하여 증여 또는 급여된 금품을 그 목적외의 용도에 사용하는 행위 : 3년 이하의 징역 또는 3천만원 이하의 벌금(동법39의9 vi, 55의4 i).

(사) 폭언, 협박, 위협 등으로 노인의 정신건강에 해를 끼치는 정서적 학대행위 : 5년 이하의 징역 또는 5천만원 이하의 벌금(동법39의9 vi, 55의3① ii).

「노인복지법」은 65세 이상 노인에게 가해지는 폭행 또는 상해 형태의 학대행위를 형법의 단순폭행죄(법260①) 및 단순상해죄(법257①)보다 중하게 처벌하고 있다. 폭행 또는 상해 금지규정 위반으로 인한 「노인복지법」 위반죄는 행위객체가 노인에 한정되는 점 외에 형법상의 폭행죄 및 상해죄와 행위태양이 동일하여 본질적인 차이가 없으므로 노인에 대한 형법상 폭행죄 및 상해죄를 가중처벌하기 위한 것이다. 노인에 대한 폭행 또는 상해 금지규정 위반으로 인한 「노인복지법」 위반죄는 「가정폭력범죄의 처벌 등에 관한 특례법」(가정폭력처벌법)에서 정한 "폭행죄 또는 상해죄가 '다른 법률에 따라 가중처벌되는 죄'"에 해당하여 가정보호사건의 대상이 되는 '가정폭력범죄'에 포함된다.[1)]

제5 학대죄의 특수유형

1. 존속학대죄

형법 제273조 (존속학대) ② 자기 또는 배우자의 직계존속에 대하여 전항의 죄를 범한 때에는 5년 이하의 징역 또는 700만원 이하의 벌금에 처한다.

---

1) 2023. 2. 2. 2022어48, 공 2023상, 577 = 『어머니 주먹 폭행 사건』.

◎ 결과적 가중범 처벌함(법275②)

존속학대죄는 가중처벌된다. 배우자 및 직계존속의 개념은 존속살해죄에서 설명한 것과 같다.[1)]

2. 아동혹사죄

형법 제274조 (아동혹사) 자기의 보호 또는 감독을 받는 16세 미만의 자를 그 생명 또는 신체에 위험한 업무에 사용할 영업자 또는 그 종업자에게 인도한 자는 5년 이하의 징역에 처한다. 그 인도를 받은 자도 같다.

(1) 성립요건

아동혹사죄는 보호감독자가 16세 미만의 자를 그의 생명 · 신체에 위험한 업무에 사용할 영업자나 그 종업자에게 인도하는 범죄이다. 이 경우 16세 미만자를 인도받는 자도 아동혹사죄로 처벌된다. 아동혹사죄는 인도한 자와 인도받는 자가 반드시 등장한다는 점에서 필요적 공범이며, 각자 정범으로 처벌된다.

아동혹사죄의 보호법익은 아동의 복지권이다. 아동혹사죄의 객체는 16세 미만의 아동이면 족하고, 아동의 구체적인 발육 정도는 묻지 않는다. 입법자가 아동혹사죄의 객체를 16세 미만의 아동으로 제한한 것은 16세 이상이 되면 자유로운 의사에 기초하여 위험업무에의 종사를 승낙할 수 있는 판단능력을 가졌다고 보았기 때문이다. 따라서 16세 미만 아동의 경우 그의 동의나 승낙은 위법성을 조각하지 않는다.

아동혹사죄가 성립하려면 행위자에게 아동이 16세 미만이라는 점과 아동을 생명 · 신체에 위험한 업무에 사용하게 한다는 점에 대한 인식 · 인용이 있어야 한다. 이러한 인식 · 인용을 가지고 아동의 신체를 현실적으로 인도 · 인수할 때 아동혹사죄는 성립한다. 실제로 아동이 생명 · 신체의 위험이 있는 업무에 종사할 것을 요하지 않는다.

(2) 특별법과의 관계

아동혹사죄에 대해 특별관계에 있는 것으로 「아동복지법」 및 「아동학대범죄의 처벌 등에 관한 특례법」(아동학대처벌법)상의 아동학대범죄가 있다.[2)]

---

1) 전술 607면 이하 참조.
2) 전술 694면 이하 참조.

「아동복지법」은 공중의 오락 또는 흥행을 목적으로 아동의 건강 또는 안전에 유해한 곡예를 시키는 행위 또는 이를 위하여 아동을 제3자에게 인도하는 행위를 1년 이하의 징역 또는 5백만원 이하의 벌금으로 처벌하고 있다(동법17 ix, 71①iv). 「아동복지법」의 아동은 18세 미만인 사람이라는 점(동법3 i)과 법정형이 형법의 아동혹사죄의 법정형보다 낮다는 점을 생각하면, 위의 「아동복지법」위반죄 가운데 아동인도죄는 형법의 아동혹사죄에 대해 법조경합 중 보충관계에 있다고 본다.

아동혹사죄의 경우에는 유기죄나 학대죄와 달리 결과적 가중범을 처벌하는 규정이 없다(법275 참조). 16세 미만의 아동을 위험업무 종사자에게 인도하거나 이를 인도받는 행위 자체로 기수에 이르며, 이 단계에서는 상해나 사망의 결과발생을 상정할 수 없기 때문이다. 그러나 아동학대처벌법이 적용되는 경우에는 아동혹사중상해죄(동법5 참조) 및 아동혹사치사죄(동법4 참조)의 형태로 결과적 가중범이 처벌된다.

3. 유기등치상 · 치사죄

형법 제275조 (유기등 치사상) ① 제271조 내지 제273조의 죄를 범하여 사람을 상해에 이르게 한 때에는 7년 이하의 징역에 처한다. 사망에 이르게 한 때에는 3년 이상의 유기징역에 처한다.

(1) 유기등치상 · 치사죄의 유형과 처벌

형법 제275조 제1항은 결과적 가중범을 규정하고 있다. 형법 제271조 제3항의 중유기죄 및 형법 제271조 제4항의 존속중유기죄도 결과적 가중범에 속한다. 우리 입법자는 '사람의 생명에 대한 위험을 발생하게 한 경우'를 형법 제271조에 별도로 규정하고 있다.

형법 제275조 제1항이 규정한 결과적 가중범의 형태는 유기등치상죄와 유기등치사죄로 나누어진다. 유기등치상죄는 (가) 유기치상죄(법275①, 271①), (나) 영아유기치상죄(법275①, 272), (다) 학대치상죄(법275①, 273①)로 나타난다. 유기등치상죄는 그 형태를 묻지 않고 모두 7년 이하의 징역으로 처벌된다.

유기등치사죄는 (가) 유기치사죄(법275①, 271①), (나) 영아유기치사죄(법275①, 272), (다) 학대치사죄(법275①, 273①)로 나타난다. 유기등치사죄는 그 형태를 묻지 않고 모두 3년 이상의 유기징역으로 처벌된다.

형법 제275조는 아동혹사죄를 결과적 가중범의 기본범죄로 규정하고 있지 않다. 그러나 「아동학대범죄의 처벌 등에 관한 특례법」(아동학대처벌법)은 아동혹사죄(법275)를 아동학대범죄의 하나로 규정하고 있다(아동학대처벌법2iv 나목). 그리하여 아동혹사죄의 경우에도 아동학대치사죄(아동학대처벌법4; 무기 또는 5년 이상의 징역)나 아동학대중상해죄(동법5; 3년 이상의 징역)의 형태로 결과적 가중범이 가중처벌된다.

(2) 유기등치상 · 치사죄의 성립요건

유기등치상 · 치사죄는 결과적 가중범이다. 따라서 중한 결과에 대해 인과관계가 존재하고(법17), 중한 결과발생에 대해 예견가능성이 인정되어야 한다(법15②). 형법 제275조 제1항의 유기치사 · 치상죄는 결과적 가중범이므로 이 죄가 성립하려면 유기행위와 사상의 결과 사이에 상당인과관계가 있어야 하고, 행위 시에 결과의 발생을 예견할 수 있어야 한다.[1]

유기행위가 피해자의 사상이라는 결과를 발생하게 한 유일하거나 직접적인 원인이 된 경우뿐만 아니라, 그 행위와 결과 사이에 제3자의 행위가 일부 기여하였다고 할지라도 유기행위로 초래된 위험이 그대로 또는 그 일부가 사상이라는 결과로 현실화된 경우라면 상당인과관계를 인정할 수 있다.[2]

유기등치상 · 치사죄가 성립하려면 기본범죄인 유기죄나 학대죄의 고의가 있으면 족하고, 그 이상으로 요부조자나 피보호감독자의 생명 · 신체에 실제로 위해를 가할 의사를 요하지 않는다.

행위자가 요부조자나 피보호감독자의 생명 또는 신체에 위해를 가한다는 점을 인식 · 인용하고 있는 경우에는 살인죄 또는 상해죄만 성립한다. 이 경우 유기등치상죄는 상해죄에 대해, 유기등치사죄는 살인죄에 대해 각각 법조경합 관계에 있어서 별도로 성립하지 않는다. 사망의 결과가 발생하고 살해의사가 있는 것처럼 보이는 경우라 할지라도, 그 의사가 단순한 희망이나 막연한 예감 정도에 그치는 경우라면 살인의 고의를 인정할 수 없다. 이러한 경우에는 유기등치사죄가 성립한다.

4. 존속유기등치상 · 치사죄

형법 제275조 ② 자기 또는 배우자의 직계존속에 대하여 제271조 또는 제273조의 죄를 범하여 상해에 이르게 한 때에는 3년 이상의 유기징역에 처한다. 사망에 이르게 한 때에는 무기 또는 5년 이상의 징역에 처한다.

형법 제275조 제2항은 존속유기등치상죄와 존속유기등치사죄를 규정하고 있다. 그 구조는 '자기 또는 배우자의 직계존속' 부분을 제외하면 형법 제275조 제1항의 유기등치상죄 및

1) 2015. 11. 12. 2015도6809 전원합의체 판결, 공 2015하, 1915 =『세월호 사건 2』.
2) 2015. 11. 12. 2015도6809 전원합의체 판결, 공 2015하, 1915 =『세월호 사건 2』.

유기등치사죄와 같다.

형법 제275조 제2항이 규정한 결과적 가중범의 형태는 존속유기등치상죄와 존속유기등치사죄로 나누어진다. 존속유기등치상죄는 (가) 존속유기치상죄(법275②, 271②), (나) 존속학대치상죄(법275②, 273②)로 나타난다. 존속유기등치상죄는 그 형태를 묻지 않고 모두 3년 이상의 유기징역으로 처벌된다.

존속유기등치사죄는 (가) 존속유기치사죄(법275②, 271①), (나) 존속학대치사죄(법275②, 273②)로 나타난다. 존속유기등치사죄는 그 형태를 묻지 않고 모두 무기 또는 5년 이상의 유기징역으로 처벌된다.

제29장 체포와 감금의 죄

제1 서 설

1. 체포 · 감금죄의 체계

형법 각칙 제29장은 체포와 감금의 죄를 규정하고 있다. 체포와 감금의 죄는 사람의 의사실행의 자유에 대한 범죄이다. 사람이 온전하게 사회생활을 하려면 생명 · 신체와 함께 개개인에게 의사결정의 자유와 의사실행의 자유가 필요하다.

의사결정의 자유와 의사실행의 자유는 개인이 어떠한 행위를 할 때 스스로의 의사결정에 따라 행동할 수 있는 자유이다. 즉 외부의 압력 때문에 자신의 의사결정이나 의사실행에 부당한 영향을 받지 않을 자유를 말한다. 의사결정의 자유 내지 의사실행의 자유는 일차적 · 현실적 자유이다. 이 점에서 정치적 · 종교적 · 사회적 자유와 구별된다.

체포와 감금은 시간적으로 연속하여 일어나는 일이 많다. 이 때문에 입법자는 체포와 감금을 동일한 구성요건에서 병렬적으로 규정하고 있다. 형법은 의사결정의 자유와 의사실행의 자유를 보장하기 위하여 체포 · 감금죄 이외에도 약취 · 유인죄, 협박죄, 강간죄 · 강제추행죄, 강요죄 등을 규정하고 있다.

체포와 감금의 죄는 체포 · 감금죄(법276①)를 기본유형으로 한다. 가중유형으로는 중체포 · 감금죄(법277①), 특수체포 · 감금죄(법278), 상습체포 · 감금죄(법279)가 있다. 또한 신분적 가중유형으로 존속체포 · 감금죄(법276②)와 존속중체포 · 감금죄(법277②)가 있다. 이들 범죄에 대해서는 미수범을 처벌한다(법280). 결과적 가중범으로는 체포 · 감금치사상죄(법281①)와 존속체포 · 감금치사상죄(법281②)가 있다. 체포와 감금의 죄에는 10년 이하의 자격정지를 병과할 수 있다(법282).

2. 다른 죄와의 관계

체포 · 감금죄는 아래에서 보는 바와 같이 다른 범죄의 수단으로 행해지는 경우가 많다. 체포 · 감금이 다른 범죄의 수단으로 규정된 결합범의 경우에 체포 · 감금죄는 다른 범죄에 대해 법조경합(흡수관계)의 관계 있다.

사람을 체포 · 감금하여 이를 인질로 삼아 제3자에 대하여 권리행사를 방해하거나 의무 없는 일을 하게 한 자는 인질강요죄(법324의2)로 처벌되며, 이로 인하여 상해 또는 사망의 결과가 발생하면 인질상해 · 치상죄(법324의3) 또는 인질살해 · 치사죄(법324의4)로 가중처벌된다.

사람을 체포 · 감금하여 이를 인질로 삼아 재물 또는 재산상의 이익을 취득하거나 제3자로 하여금 이를 취득하게 한 자는 인질강도죄(법336)로 처벌되며, 이로 인해 상해 또는 사망의 결과가 발생한 경우에는 강도상해 · 치상죄(법337) 또는 강도살인 · 치사죄(법338)로 가중처벌된다.

재판, 검찰, 경찰 기타 인신구속에 관한 직무를 행하는 자 또는 이를 보조하는 자가 그 직권을 남용하여 사람을 체포 또는 감금한 경우에는 불법체포 · 감금죄(법124)로 처벌되며, 이로 인하여 상해 또는 사망의 결과가 발생한 경우는 「특정범죄 가중처벌 등에 관한 법률」(동법4의2① · ②)에 의하여 가중처벌된다.

체포와 감금의 죄는 「폭력행위 등 처벌에 관한 법률」(2명 이상 공동, 누범; 동법2② · ③ 참조), 「특정범죄 가중처벌 등에 관한 법률」(보복범죄; 동법5의9 ② · ③) 및 「아동학대범죄의 처벌 등에 관한 특례법」(아동학대범죄; 동법2 iv 다)의 적용대상 범죄이다.

제2 체포 · 감금죄의 기본유형 – 체포 · 감금죄

형법 제276조 (체포, 감금) ① 사람을 체포 또는 감금한 자는 5년 이하의 징역 또는 700만원 이하의 벌금에 처한다.

◎ 자격정지 임의적 병과(법282)
◎ 미수범 처벌함(법280)
◎ 결과적 가중범 처벌함(법281①)
◎ 중체포 · 감금죄 가중처벌함(법277①)
◎ 특수체포 · 감금죄 가중처벌함(법278)
◎ 상습범 가중처벌함(법279)
◎ 폭력행위처벌법 적용대상임(동법2② ii)

1. 보호법익

체포죄는 사람의 신체에 대하여 직접적이고 현실적인 구속을 가하여 신체활동의 자유를 박탈하는 죄이다. 체포죄의 보호법익은 신체활동의 자유이다.[1] 감금죄는 사람이 특정한 구

1) 2020. 3. 27. 2016도18713, 공 2020상, 867 = 『경비과장 체포미수 사건』:

역에서 나가는 것을 불가능하게 하거나 또는 심히 곤란하게 하는 죄이다. 감금죄는 사람의 장소이동의 자유를 그 보호법익으로 한다. 신체활동의 자유와 장소이동의 자유는 모두 행동의 자유에 속한다. 결국 체포죄 · 감금죄의 보호법익은 행동의 자유가 된다.[1)]

체포죄는 신체활동의 자유를 침해하는 범죄이다. 감금죄는 장소이동의 자유를 침해하는 범죄이다. 보호법익이 보다 특정되어 있다는 점에서 체포죄나 감금죄는 일반적으로 사람의 의사결정의 자유를 보호법익으로 하고 있는 협박죄(법283①)나 사람의 의사실행의 자유를 보호법익으로 하고 있는 강요죄(법324)와 구별된다.

사람의 행동의 자유는 완전한 자유를 의미한다. 제한적이거나 상대적으로 행동의 자유가 인정된다고 하더라도 완전한 행동의 자유가 없으면 체포죄 · 감금죄가 성립한다. 체포죄 · 감금죄에서 행동의 자유에 대한 박탈은 반드시 전면적이어야 할 필요가 없다. 감금된 특정구역 내부에서 일정한 생활의 자유가 허용되어 있었다고 하더라도 감금죄의 성립에 영

(사실관계를 축약하여 소개함.) 갑 등 집회참가자들(이하 갑으로 통칭함)은 M장소에서 집회를 하려고 하였다. 관할 경찰서 측은 M장소의 집회가능 공간 중간에 폴리스라인을 설치하였다. 현장 지휘책임자는 관할 경찰서 경비과장 A이다. 갑은 폴리스라인 앞에 현수막을 펼치면서 경찰관 A에게 집회를 방해한다고 항의하였다. 이 과정에서 갑과 A 사이에 언쟁이 있었다.

언쟁 도중 갑과 A 사이에 다음의 언사가 오고갔다. (가) 갑 : "당신, 조금 있다 현행범으로 체포당할지 몰라." (나) A : "체포하세요, 마음대로 하세요." (다) 갑 : "체포하겠습니다", "직권남용죄, 집회방해죄로 체포합니다." 갑은 위의 말들을 하면서 A의 오른팔을 움켜잡거나 등을 떠밀어 M장소 앞 인도 쪽으로 약 6~7m 정도를 끌고 갔다. 그 후 갑은 잠시 멈춰 서서 A와 다시 언쟁을 벌이다가 A의 팔을 붙잡은 채 M장소 앞 인도 쪽으로 약 15m 정도를 더 끌고 갔다. 갑 등은 현장에 있던 국가인권위원회 조사관의 만류와 경찰관들의 저지로 인해 더 이상 A를 끌고 가지 못하였다. 갑이 A를 끌고 가는 과정에서 A는 팔에 멍이 드는 등 가벼운 상처를 입었다.

검사는 갑을 공무집행방해죄 및 체포치상죄로 기소하였다. (이하에서는 체포죄를 중심으로 소개함.) 제1심 법원은 갑에게 체포미수죄를 인정하였다. 갑은 불복 항소하였다. 검사도 불복 항소하였다. 항소법원은 갑과 검사의 항소를 모두 기각하였다. 갑은 불복 상고하였다. 갑은 상고이유로, 갑의 행위는 단순한 폭행에 지나지 않는다고 주장하였다. 검사도 불복 상고하였다. 검사는 상고이유로, 갑의 행위는 체포기수에 해당한다고 주장하였다.

대법원은 다음의 이유를 제시하여 갑의 상고를 기각하였다. (가) 체포죄는 사람의 신체에 대하여 직접적이고 현실적인 구속을 가하여 신체활동의 자유를 박탈하는 죄이다. (나) 체포죄의 실행의 착수 시기는 체포의 고의로 타인의 신체적 활동의 자유를 현실적으로 침해하는 행위를 개시한 때이다. (다) 피고인들[갑]이 A의 팔을 잡아당기거나 등을 미는 등의 방법으로 A를 끌고 가 그 신체적 활동의 자유를 침해하는 행위를 개시함으로써 체포죄의 실행에 착수하였다. (라) 피고인들[갑]에게 A를 체포하려는 고의도 인정된다.

대법원은 다음의 이유를 제시하여 검사의 상고를 기각하였다. (가) 체포죄는 계속범이다. (나) 체포죄는 체포의 행위에 확실히 사람의 신체의 자유를 구속한다고 인정할 수 있을 정도의 시간적 계속이 있어야 기수에 이른다. (다) 신체의 자유에 대한 구속이 그와 같은 정도에 이르지 못하고 일시적인 것으로 그친 경우에는 체포죄의 미수범이 성립할 뿐이다. (라) 피고인들[갑]의 행위는 A의 신체활동의 자유를 일시적 · 부분적으로 박탈한 데에 그친 것이다. (마) 그러므로 이를 들어 체포죄의 기수에 이르렀다고 볼 수 없다.

1) 2000. 3. 24. 2000도102, 공 2000, 1109 = 분석 각론 『동성로파 감시 사건』 ☞ 부록 1595면.

향이 없다.[1)]

감금죄의 보호법익으로서 행동의 자유는 장소이동의 자유를 의미한다. 장소이동의 자유는 현실적인 자유뿐만 아니라 잠재적 자유까지 포함한다. 따라서 행위자의 감금행위시에 피해자가 실제로 장소를 옮기려고 했는지 여부는 감금죄의 성립에 영향을 미치지 않는다. 결국 감금죄의 성립 여부는 피해자가 원하였다면 아무런 제한을 받지 않고 장소를 옮길 수 있었는가 하는 가상적 판단에 의하여 결정된다. 이러한 의미에서 감금죄의 보호법익은 사람의 잠재적 장소이동의 자유라고 말할 수 있다.

2. 행위객체

(1) 객체의 범위

체포죄 · 감금죄의 주체에는 제한이 없다. 체포죄 · 감금죄의 객체는 사람이다. 사람은 범인 이외의 다른 사람을 말한다. 이 경우 사람은 신체활동의 자유 및 장소이동의 자유를 가지는 모든 자연인이다.

감금죄와 관련하여 의사능력 및 행위능력을 가지고 있는 사람만 감금죄의 객체가 될 수 있는지 문제된다. 체포죄의 경우에는 신체에 대해 직접적인 속박이 가해지고 있으므로 의사능력과 관련한 문제는 제기되지 않는다. 감금죄의 객체를 어디까지 인정할 것인가에 대해 몇 가지 견해를 생각해 볼 수 있다. 항을 바꾸어 살펴본다.

(2) 감금죄의 객체

(가) 무제한설 의사능력이나 행위능력의 유무를 묻지 않고 자연인이면 모두 감금죄의 객체가 될 수 있다고 보는 견해이다. 이에 따르면 만취자, 수면자, 정신병자, 갓난아이 등은 모두 감금죄의 객체에 해당한다. 이 입장에서는 감금을 행위태양으로 사용하고 있는 인질강요죄(법324의2)나 인질강도죄(법336)의 경우에 피해자의 의사능력이나 행위능력이 아무런 영향을 미치지 않는다는 점을 지적한다.

판례의 입장은 분명하지 않으나, "정신병자라고 해서 감금죄의 객체가 될 수 없다고 볼 수도 없는 법리이다."라고 판시하여 무제한설의 관점을 취한 것으로 볼 여지가 있다.[2)]

(나) 현실적 자유설 현실적으로 이동하려고 해도 이동을 저지당해서 이동할 수 없는 경우에만 감금죄가 성립한다고 보는 견해이다.[3)] 이에 따르면 예컨대 방안에서 숙면중인 사

1) 2000. 3. 24. 2000도102, 공 2000, 1109 = 분석 각론 『동성로파 감시 사건』.

2) 2002. 10. 11. 2002도4315, 공 2002, 2784 = 분석 각론 『정신병자 감금 사건』.

3) 임웅, 144면. 한편 김성돈, 164면은 "[체포 · 감금]죄의 보호법익을 현실적 의사실행의 자유로 보면서 체

람이 있음에도 방 바깥에서 자물쇠를 채워두었으나 그 사람이 깨어나기 전에 자물쇠를 열어 놓았다면 감금죄가 성립하지 않는다고 본다.

현실적 자유설의 입장에서는 (가) 감금죄를 잠재적 자유에 대한 범죄로 볼 경우 자유를 침해할 가능성이 있는 행위는 모두 처벌대상에 포함되어 감금죄의 처벌범위가 지나치게 확장된다는 점, (나) 우리 입법자가 감금죄의 미수범(법280)을 처벌하기로 한 것은 감금죄가 장소이동의 자유를 현실적으로 침해하는 범죄임을 전제로 하였기 때문이라는 점, (다) 잠재적 자유설을 취할 경우 감금죄의 미수범 처벌규정(법280)은 사문화된다는 점 등을 논거로 제시한다.

(다) 잠재적 자유설　　현실적으로 장소이동을 저지당하지 않더라도, 언제든지 장소이동을 의욕할 때 이동할 수 없는 상태에 있는 경우라면 감금죄가 성립한다고 보는 견해이다.[1] 예컨대 감금되는 시점에 숙면중이어서 현실적인 이동을 생각할 수 없다 할지라도 언제 잠이 깨서 이동하려고 할지 알 수 없으므로 숙면중인 단계에서도 이동의 자유를 보호해야 한다는 것이다.

잠재적 자유설의 입장에서는 (가) 이동하려고 생각할 때 이동할 수 없는 상태가 만들어져 있다면 이는 행동의 자유가 현실적으로 침해된 것과 마찬가지여서 처벌가치가 충분하다는 점, (나) 피해자가 현실적으로 이동하려고 하는 것을 기준으로 감금죄를 결정하게 되면 감금죄의 성립 여부가 대단히 불안정하게 된다는 점 등을 논거로 들고 있다.

(라) 사　견　　잠재적 자유설이 타당하다고 본다. 먼저, 무제한설은 인질강요죄(법324의2)나 인질강도죄(법336)와 관련한 예를 들고 있으나, 갓난아이 등을 인질로 하는 경우는 약취 · 유인의 표지를 통하여 충분히 해결할 수 있다. 다음으로, 현실적 자유설에 따르면 피해자의 구체적 사정에 따라 감금죄의 성립 여부가 달라져서 법적 안정성이 크게 위협받는다.

잠재적 자유설에 대해 가해지는 비판 가운데 핵심적인 것은 감금죄의 미수범 처벌규정(법280)을 어떻게 설명할 것인가 하는 점이다. 잠재적 자유설에 따르면 예컨대 숙면자가 있는 방에 잠금장치를 하는 순간 감금죄는 기수에 이르게 되는데, 미수범 처벌규정(법280)을 공문(空文)으로 만드는 해석론은 허용되지 않는다는 것이다.

포나 감금을 하면 이와 같은 의사실행의 자유가 침해될 위험이 있는 것이라는 점에서 보면 이 죄를 추상적 위험범으로 해석하는 것이 타당하다."라고 적고 있다. 그러나 '현실적 의사실행의 자유'에 대한 '추상적 위험'은 결국 잠재적 위험설과 같은 의미를 갖는 것이 아닌가 생각된다.

1) 김일수 · 서보학, 110면; 김혜정 외, 146면; 박상기, 117면; 배종대, 141면; 손동권 · 김재윤, 121면; 이재상 · 장영민 · 강동범, 123면; 이정원(가상적 이전의사설), 148면; 이형국 · 김혜경, 163면; 정성근 · 박광민, 133면; 정영일, 74면; 주호노, 234면.

이 점에 대해서는 체포죄 · 감금죄의 미수범 처벌과 관련하여 항을 바꾸어 설명한다.

(3) 체포죄 · 감금죄의 미수범 처벌문제

(가) 비교법적 고찰 체포죄 · 감금죄의 미수범을 처벌할 것인가에 대해서는 입법례마다 차이가 있다. 독일 형법의 경우에는 감금죄의 미수범을 처벌한다.[1] 이에 대해 일본 형법은 체포죄 · 감금죄의 미수범 처벌규정을 두고 있지 않다.

독일의 경우를 보면, 각종 재산범죄에 대해 미수범 처벌규정을 두고 있으므로 재산보다 중한 법익인 신체의 자유를 침해하는 범죄에 대해 미수범 처벌규정을 두는 것은 법체계상 당연하다는 설명이 제시되고 있다.[2] 한편 독일 형법의 해석론으로는 잠재적 자유설이 압도적 다수설이다.[3] 잠재적 자유설에 따르면 기수 시점이 크게 앞당겨지기 때문에 실제상 미수범 처벌규정은 의미가 크지 않다고 한다.[4]

(나) 입법연혁 우리 형법상 체포죄 · 감금죄의 미수범 처벌규정(법280)은 일본의 개정형법가안에서 영향을 받은 것이다. 애당초 일본 개정형법가안의 미수범 처벌규정은 체포죄 · 감금죄의 미수범 처벌규정을 두었던 1927년 독일 형법개정안(동초안275②)[5]에서 시사를 받은 것이다.[6]

가안의 논의과정에서 미수범 조문의 필요성이 계속 논란되었다. 논의 결과 체포 후에 가혹행위를 하는 경우에 대비하여 중체포죄 · 중감금죄를 신설하였고,[7] 중체포죄 · 중감금죄의 미수범을 처벌할 필요가 있다는 이유로 미수범 처벌규정이 채택되었다.[8]

(다) 잠재적 자유설 이상의 비교법적 고찰에 비추어 볼 때 우리 형법상 체포죄 · 감

---

1) 독일형법 제239조 (자유박탈) 사람을 감금하거나 또는 기타의 방법으로 자유를 박탈한 자는 5년 이하의 자유형 또는 벌금에 처한다.

② 미수범은 처벌한다.

(③ 이하 생략함.)

2) Nomos Kommentar StGB Band 2, 2. Auflage(2005), § 239, Rn. 23.

3) Nomos Kommentar StGB Band 2, 2. Auflage(2005), § 239, Rn. 7.

4) Nomos Kommentar StGB Band 2, 2. Auflage(2005), § 239, Rn. 23.

5) 당시 독일 제국형법은 자유박탈죄에 대해 미수범 처벌규정을 두지 않았다. 독일 형법상 자유박탈죄에 대한 미수범 처벌규정은 1998년 형법 일부개정시에 신설되었다.

6) 刑法改正起草委員會議事日誌, 제308회(1937. 1. 19.).

7) 일본 개정형법가안 제373조 ① 사람을 체포 또는 감금하여 능학(陵虐) 행위를 한 자는 7년 이하의 징역에 처한다.

② 자기 또는 배우자의 직계존속에 대하여 전항의 죄를 범한 때에는 1년 이상 10년 이하의 징역에 처한다.

제374조 본장의 미수범은 이를 벌한다.

8) 刑法改正起草委員會議事日誌, 제249회(1934. 7. 31.).

금죄의 미수범 처벌규정(법280)은 충분히 의미 있는 조문임을 알 수 있다. 즉 체포죄 · 감금죄가 기수에 이르기 전에 중지범의 특례(법26)를 적용 가능하게 하며, 중체포죄 · 중감금죄(법277)에서 가혹행위에 나아가지 아니한 단계에서의 미수범 처벌을 가능하게 하기 때문이다.

요컨대 신체활동의 자유(체포죄)와 장소이동의 자유(감금죄)를 가능하면 넓게 보호해야 한다는 점, 현실적 자유를 기준으로 할 때 법적 안정성이 위태로워진다는 점, 우리 형법의 미수범 처벌규정의 실천적 의미가 확인된다는 점 등에 비추어 볼 때 잠재적 자유설이 타당하다고 본다.

(라) 논의의 실익 체포죄 · 감금죄의 보호법익은 신체활동의 자유(체포죄) 내지 장소이동의 자유(감금죄)이며, 그 성질은 잠재적 자유이다. 신체활동의 자유 및 장소이동의 자유와 관련한 피해자의 의사결정 및 의사실현의 능력은 자연적 · 사실적 의미의 것으로 족하다. 반드시 법률적인 책임능력이나 행위능력을 요하지 않는다.

잠재적인 신체활동의 자유 또는 장소이동의 자유가 있는 한 정신병자[1]나 어린아이라 할지라도 체포죄 · 감금죄의 객체가 될 수 있다. 그러나 수유 단계의 영아나 고도의 정신병자는 의사결정 및 의사실현을 위한 사실상의 능력조차 없으므로 체포죄 · 감금죄의 객체에 해당하지 않는다.

잠재적 자유설에 입각할 때 숙면자나 정신병자 등이 감금된 경우에 감금된 자가 감금된 사실을 인식하지 못하더라도 감금죄가 성립한다.

3. 실행행위

(1) 체 포

(가) 체포의 개념과 유형 체포는 사람의 신체에 대하여 직접적이고 현실적인 구속을 가하여 신체활동의 자유를 박탈하는 행위이다. 체포의 수단과 방법을 불문한다.[2] 손발을 포

---

1) 2002. 10. 11. 2002도4315, 공 2002, 2784 = 분석 각론『정신병자 감금 사건』.

2) 2018. 2. 28. 2017도21249, 공 2018상, 665 =『엘리베이터 쫓아가기 사건』:

A는 갑의 [아파트] 안에 있었다. 갑은 A를 침대에 던지듯이 눕히고 A의 양손을 A의 머리 위로 올린 후 갑의 팔로 누르고 갑의 양쪽 다리로 A의 양쪽 다리를 누르는 방법으로 A를 제압하였다. 갑은 73kg의 건장한 체격이고 A는 50kg의 마른 체격으로서 상당한 신체적 차이가 있다. 당시 갑과 A가 있던 곳은 갑의 집이었으므로 A가 갑을 피하여 도망쳐 나오거나 다른 사람에게 구조를 요청하기는 쉽지 않았다.

A는 갑의 집에서 나가려고 하였다. 갑은 A가 나가지 못하도록 현관에서 거실 쪽으로 A를 세 번 밀쳤다. A가 갑을 뿌리치고 현관문을 열고 나와 엘리베이터를 누르고 기다리는데 갑이 팬티 바람으로 쫓아 나왔다. A가 엘리베이터를 탔는데도 갑이 A의 팔을 잡고 끌어내리려고 해서 A는 이를 뿌리쳤다. 갑은 닫히는 엘리베이터 문을 손으로 막으며 엘리베이터로 들어오려고 하였다. 그러자 A는 버튼을 누르고 손으로 갑의 가슴을 밀어내었다.

승으로 묶거나 몸을 붙잡는 등의 유형적인 방법을 사용하는 경우는 물론, 경찰관 사칭이나 협박과 같은 무형적인 방법도 사용할 수 있다.

체포는 상대방에 대한 현실적 지배를 요한다. 일정한 장소에 출두할 것을 명하고 만일 출두하지 않으면 구인하겠다고 위협한 결과 출두한 경우 그것만으로는 아직 체포라고 할 수 없다. 이 경우는 체포죄가 아니라 강요죄(법324①)를 구성한다.

체포는 작위뿐만 아니라 부작위 형태로도 이루어질 수 있다. 체포는 제3자를 이용하여 할 수도 있다. 경찰관으로 하여금 직무상 체포할 수 있는 자라고 오신하게 하여 피해자를 체포하게 하는 경우가 그 예이다.

(나) 체포의 미수와 기수 체포죄는 사람의 신체에 대하여 직접적이고 현실적인 구속을 가하여 신체활동의 자유를 박탈하는 죄이다. 체포죄의 실행의 착수 시기는 체포의 고의로 타인의 신체적 활동의 자유를 현실적으로 침해하는 행위를 개시한 때이다.[1) 2)]

체포죄는 계속범이다. 체포의 행위에 확실히 사람의 신체활동의 자유를 구속한다고 인정할 수 있을 정도의 시간적 계속이 있어야 체포죄는 기수에 이른다. 신체활동의 자유에 대한 구속이 그와 같은 정도에 이르지 못하고 일시적인 것으로 그친 경우에는 체포죄의 미수범이 성립할 뿐이다.[3)]

검사는 갑을 강간미수죄와 체포미수죄로 기소하였다. 갑의 피고사건은 제1심을 거친 후, 항소심에 계속되었다. 항소법원은 강간미수죄와 체포미수죄를 모두 인정하였다. 갑은 불복 상고하였다. 갑은 상고이유로 다음의 점을 주장하였다. (가) [A가 충분히 피신하였으므로] 갑의 행위는 강간미수죄의 폭행에 해당하지 않는다. (나) [A의 피신 이후의] 갑의 행위는 체포미수죄의 성립에 필요한 유형력의 행사라고 볼 수 없다.

대법원은 다음의 이유를 제시하여 상고를 기각하였다. 대법원은 먼저 강간미수죄 부분에 대해 다음과 같이 판단하였다. (가) 강간죄가 성립하기 위한 가해자의 폭행 · 협박이 있었는지 여부는 그 폭행 · 협박의 내용과 정도는 물론 유형력을 행사하게 된 경위, 피해자와의 관계, 행위 당시와 그 후의 정황 등 모든 사정을 종합하여 피해자가 당시 처하였던 구체적인 상황을 기준으로 판단해야 한다. (나) 사후적으로 보아 피해자가 범행 현장을 벗어날 수 있었다거나 피해자가 사력을 다하여 반항하지 않았다는 사정만으로 가해자의 폭행 · 협박이 피해자의 항거를 현저히 곤란하게 할 정도에 이르지 않았다고 섣불리 단정하여서는 안 된다. (다) (사실관계 분석; 생략함.) (라) 증거에 의하여 인정되는 여러 사정을 종합할 때, 갑이 A의 반항을 억압하거나 현저히 곤란하게 할 정도의 유형력을 행사하였다고 판단된다.

대법원은 체포미수죄 부분에 대해 다음과 같이 판단하였다. (가) 형법 제276조 제1항의 체포죄에서 말하는 '체포'는 사람의 신체에 대하여 직접적이고 현실적인 구속을 가하여 신체활동의 자유를 박탈하는 행위를 의미하는 것으로서 그 수단과 방법을 불문한다. (나) 체포죄는 계속범으로서 체포의 행위에 확실히 사람의 신체의 자유를 구속한다고 인정할 수 있을 정도의 시간적 계속이 있어야 한다. (다) 체포의 고의로써 타인의 신체적 활동의 자유를 현실적으로 침해하는 행위를 개시한 때 체포죄의 실행에 착수하였다고 볼 것이다. (라) (사실관계 분석; 생략함.) (바) 갑은 A의 신체적 활동의 자유를 박탈하려는 고의를 가지고 A의 신체에 대한 유형력의 행사를 통해 일시적으로나마 A의 신체를 구속하였다.

1) 2020. 3. 27. 2016도18713, 공 2020상, 867 = 『경비과장 체포미수 사건』.
2) 2018. 2. 28. 2017도21249, 공 2018상, 665 = 『엘리베이터 쫓아가기 사건』.
3) 2020. 3. 27. 2016도18713, 공 2020상, 867 = 『경비과장 체포미수 사건』.

체포미수죄(법276①, 280)와 폭행죄(법260①)의 구별이 문제된다. 폭행죄는 반의사불벌죄(법260③)임에 대해 체포죄는 반의사불벌죄가 아니다. 체포죄의 기수가 인정되려면 확실히 사람의 신체활동의 자유를 구속한다고 인정할 수 있을 정도의 시간적 계속이 요구된다. 체포미수는 체포의 고의로 타인의 신체적 활동의 자유를 현실적으로 침해하는 행위를 개시할 때 인정된다. 체포의 고의 없이 가해지는 순간적인 신체속박은 폭행에 지나지 않는다. 그러나 체포의 고의를 가지고 체포의 실행의 착수에 이르렀다면 시간의 길고 짧음을 묻지 않고 체포미수죄가 성립한다.

(2) 감 금

(가) 감금의 개념과 유형 감금은 사람이 특정한 구역에서 나가는 것을 불가능하게 하거나 심히 곤란하게 하는 행위이다.[1] 특정한 장소에 들어가지 못하도록 막는 것은 감금에 해당하지 않는다. 사람이 특정한 구역에서 나가는 것을 불가능하게 하거나 심히 곤란하게 하는 장애는 물리적 · 유형적 장애뿐만 아니라 심리적 · 무형적 장애에 의하여도 가능하다.[2]

감금의 본질은 사람의 장소이동의 자유를 구속하는 것이다. 장소이동의 자유를 구속하는 수단과 방법에는 아무런 제한이 없다. 장소이동의 자유를 구속하는 수단과 방법은 유형적인 것이거나 무형적인 것이거나를 가리지 않는다.[3]

피해자를 방안에 가두고 자물쇠를 잠그거나 출구에 감시인을 세우는 행위, 맹견을 매어 두어 피감금자의 탈출을 방해하는 행위 등은 유형적 · 물리적 방법에 의한 감금행위의 예이다.

무형적 · 심리적 방법에 의하는 예로는 자동차를 고속으로 주행하여 두려움을 느낀 피해자로 하여금 차량에서 내리지 못하게 하는 경우[4]를 들 수 있다. 무형적 · 심리적인 방법은 반드시 협박에 국한하지 않는다. 위계를 사용하거나 피해자의 착오를 이용하여 탈출을 방해하는 경우, 피감금자의 수치심이나 공포심을 이용하는 경우 등도 감금죄의 행위수단이 될 수 있다.

감금죄에서 장소이동의 자유 박탈은 반드시 전면적이어야 할 필요가 없다. 감금된 특정 구역 내부에서 일정한 생활의 자유가 허용되어 있었다고 하더라도 감금죄의 성립에는 아무

1) 2000. 3. 24. 2000도102, 공 2000, 1109 = 분석 각론 『동성로파 감시 사건』.
2) 2000. 3. 24. 2000도102, 공 2000, 1109 = 분석 각론 『동성로파 감시 사건』.
3) 2000. 3. 24. 2000도102, 공 2000, 1109 = 분석 각론 『동성로파 감시 사건』.
4) 2000. 2. 11. 99도5286, 공 2000, 762 = 백선 총론 『애인 탈출 사망 사건』.

런 영향이 없다.[1)]

감금죄는 간접정범의 형태로도 행할 수 있다.[2)] 재산분할의 목적으로 사정을 모르는 정신건강의학과 전문의로부터 입원결정을 받아 피해자를 정신병원에 강제입원시키는 행위는 감금에 해당한다.[3) 4)]

피감금자가 특정구역을 쉽사리 탈출할 수 있는 상태에 있을 때에는 감금이라고 말할 수 없다. 그렇지만 공포나 수치심과 같은 무형적인 방법에 의하여 피해자를 탈출할 수 없게 하는 것은 감금에 해당한다. 피해자가 처음에 특정 장소에 간 것이 자발적인 것이고, 그 장소에 시정장치 등 출입에 물리적인 장애사유가 없었다고 해도 범인의 협박과 폭행행위로 말미암아 야기된 공포심 때문에 피해자가 그 장소 밖으로 나가지 못하였다면 감금죄가 성립한다.[5)]

---

1) 2000. 3. 24. 2000도102, 공 2000, 1109 = 분석 각론 『동성로파 감시 사건』.

2) 2006. 5. 25. 2003도3945, 공 2006, 1196 = 분석 각론 『PC방 갈취 사건』.

3) 2015. 10. 29. 2015도8429, 공 2015상, 1858 = 『재산분할 회피 강제입원 사건 - 보호자 부분』 ☞ 부록 1595면.

4) 2015. 10. 29. 2015도8429, 공 2015상, 1858 = 『재산분할 회피 강제입원 사건 - 의사 부분』 ☞ 부록 1597면.

5) 1985. 6. 25. 84도2083, 공 1985, 1081 = 『투자회수용 자인서 사건』 :

갑은 A가 경영하는 M산업사에 140만원을 투자하였다. A는 M산업사의 물품대금 일부를 가지고 N캬바레를 인수, 경영하였다. 이로 인해 M산업사가 부실하게 되고 채권자들로부터 A 등 경영진이 고소당하는 사태가 발생하였다. (연월일 생략함.) 오전 11시경 A는 M산업사와 N캬바레에 관한 실정을 해명하기 위하여 갑이 관리인으로 근무하는 P회사의 L사무실을 찾아 갔다. L사무실에는 안에서 개폐가 가능한 시정장치가 붙은 문이 있었다. 갑은 찾아온 A에게 (내용 생략) 협박하여 M산업사의 물품대금 7천만원을 횡령하였다는 자인서를 쓰라고 요구하였다. 오후 1시경 A의 처 B가 관련 서류를 주고 돌아갔다. 갑은 A가 자신의 요구대로 자인서를 쓰지 않자 A의 얼굴과 전신을 여러 번 구타하였다(㉮부분). 이에 A는 7천만원을 횡령하였다는 자인서를 작성해 주었다(㉯부분).

이어서 갑은 A에게 5천만원을 내어놓되 우선 3천만원을 마련해 오라고 협박하였다. 오후 5시경에 갑은 M산업사 채무관계로 고소된 C를 면회하려고 경찰서에 갔다가 오후 6시경에 돌아왔다. A는 그 사이에 L사무실을 나갈 수 있었으나 갑 몰래 L사무실을 떠나본들 다시 붙잡히게 될 것 같다고 생각하여 떠나지 않았다. 다음날 새벽 2시경 A는 갑에게 2천만원을 주겠다고 약속한 후 L사무실을 나왔다. A는 약속한 돈을 주지 않았다(㉰부분).

검사는 다음의 공소사실로 갑을 기소하였다. (가) ㉮부분 : 중감금죄. (나) ㉯부분 : 강요죄. (다) ㉰부분 : 공갈미수죄. 갑의 피고사건은 제1심을 거친 후, 항소심에 계속되었다. 항소법원은 다음과 같이 판단하였다. (가) ㉮부분 : 중감금죄 무죄. (나) ㉯부분 : 강요죄 유죄. (다) ㉰부분 : 공갈미수죄 유죄. 항소법원은 갑을 강요죄와 공갈미수죄의 실체적 경합범으로 처단하였다. 갑은 유죄 부분에 불복하여 상고하였다. 검사는 무죄 부분에 불복하여 상고하였다.

대법원은 다음의 이유를 제시하여 원심판결을 파기환송하였다. 대법원은 검사의 ㉮부분에 대한 상고에 대해, "가사 위 피해자[A]가 처음에 L장소에 간 것이 자발적인 것이고 또 L장소에 시정장치등 출입에 물리적인 장애사유가 없었다고 하여도 감금이 성립한다"고 판단하였다.

대법원은 ㉯, ㉰부분에 대한 갑의 상고에 대해 다음과 같이 판단하였다. (가) 갑의 주된 범의가 A로부터 돈

(나) 체포와 감금의 구별 체포와 감금의 구별을 어떻게 할 것인지 문제된다. 개념상으로 볼 때 체포는 사람의 신체에 대한 직접적 구속이며, 감금은 신체에 대한 간접적 구속이다. 그러나 체포와 감금은 연속적으로 행해지는 일이 많다. 또한 동일한 구성요건이 예상하고 있는 행위태양에 해당하기 때문에 양자를 구별할 실익도 적다. 그러나 예컨대 노상에서 사람에게 권총을 겨누어 움직이지 못하게 하는 행위처럼 양자의 구별에 관한 한계적 사례를 생각할 수 있다. 이 경우에는 원칙적으로 체포에 해당한다고 보아야 할 것이다.

(다) 감금의 미수와 기수 감금죄의 미수범은 처벌한다(법280). 개념적으로 볼 때 사람의 장소이동의 자유를 속박하는 행위에 착수하면 감금죄의 실행의 착수가 인정된다. 예컨대 사람을 감금하려고 그 수단이 되는 폭행 · 협박을 개시할 때, 위계에 의한 감금의 경우에는 사람을 속여 방안에 들어가게 하거나 자동차에 태우는 등의 행위를 할 때 각각 감금죄의 실행의 착수가 인정된다.

피해자가 장소이동의 자유에 대한 속박으로부터 벗어나기가 불가능하거나 현저히 곤란한 상태에 이를 때 감금죄는 기수에 이른다.

(라) 미수범의 처벌범위 감금죄의 미수범처벌을 규정한 형법 제280조의 해석을 둘러싸고 견해가 나뉘고 있다. 일본 형법에는 감금죄의 미수범 처벌규정이 없다. 우리 형법은 일본 개정형법가안(가안374 참조)의 영향을 받아 감금죄의 미수범을 처벌하고 있다. 여기에서 구체적으로 언제까지 감금죄의 미수범으로 처벌되며, 언제부터 감금죄의 기수범으로 처벌될 것인지 문제된다. 감금죄의 미수범 · 기수범 구별기준에 관하여 다음과 같은 견해들이 제시되고 있다.

① 기수범설 피해자의 장소이동의 자유가 박탈되는 순간 감금죄가 기수에 이른다고 보는 견해이다.[1] 이 입장에서는 감금행위에 나아갈 때 이미 기수범이 성립한다고 보고, 피해자의 자유가 회복될 때까지 기수범이 반복되면서 법익침해행위도 계속된다고 본다. 이 견해에 따르면 감금죄의 미수범은 실제상 성립될 여지가 거의 없다. 다만 예외적으로 불능미수(법27)의 경우에 미수범 처벌규정의 필요성을 인정한다. 예컨대 피해자가 있다고 생각하여 그 장소의 출입문을 잠갔으나 실제로는 피해자가 그 곳에 없었던 경우 행위자를 불능미수(법27)로 처벌할 수 있다고 본다.

을 갈취하는 데에 있었던 것이라면 갑은 단일한 공갈의 범의하에 갈취의 방법으로 일단 자인서를 작성케 한 후 이를 근거로 계속하여 갈취행위를 한 것으로 보아야 할 것이므로 갑의 위 행위는 포괄하여 공갈미수의 일죄만을 구성한다. (나) 이와 달리 갑의 처음 범의는 자인서를 받아내는 데에 있었으나 자인서를 받아낸 후 금전갈취의 범의까지 일으켜 폭행 · 협박을 계속한 것이라면 강요죄와 공갈미수죄의 실체적 경합으로 볼 여지가 있다. (다) 원심판시 사실의 표현에 따르면 오히려 전자로 보여짐에도 불구하고 경합범으로 처단하고 말았다.

1) 김성돈, 168면.

② 시간적 계속설 　장소이동의 자유 박탈이 시간적으로 어느 정도 계속된 경우에 감금죄의 기수범이 성립한다고 보고, 일시적인 자유박탈에 그친 경우를 미수범으로 보는 견해이다.[1] 감금죄가 계속범이라는 점에 착안하는 입장이다. 장소이동의 자유 박탈이 계속적인가 일시적인가는 사회통념에 따라 결정해야 한다고 본다.

③ 피해자 인식설 　피해자가 장소이동의 자유가 속박되었음을 인식하는 것을 기준으로 인식 이전 단계에서는 감금죄의 미수범을, 인식 후에는 감금죄의 기수범을 각각 인정하는 견해이다.[2] 이 입장에서는 만취자, 수면자에 대하여도 체포 · 감금죄의 구성요건에 해당하는 행위를 실행할 수 있으나(미수범), 피해자가 이에 대한 인식을 가질 때 비로소 기수에 이른다고 본다.

④ 학설의 검토 　먼저, 피해자 인식설은 구체적 피해자의 인식 유무에 따라 감금죄의 기수와 미수를 구별하려고 하나, 이는 우연적 사정에 좌우되는 흠이 있다. 피해자의 인식 유무라는 우연적이고 주관적인 사유에 의하여 기수범 또는 미수범으로 처벌이 달라지는 것은 법적 안정성의 관점에서 바람직하지 않다. 또한 감금죄의 보호법익이 사람의 잠재적 장소이동의 자유이기 때문에 피해자의 인식 유무에 영향을 받지 않는다고 봄이 타당하다.

다음으로, 기수범설은 미수범 처벌규정이 없는 일본 형법의 해석론으로 유력한 견해이지만, 우리 형법의 해석론으로 채용하기는 곤란하다. 형법 제280조의 미수범 처벌규정을 사문화시키기 때문이다.

⑤ 사 견 　생각건대 감금죄의 기수범과 미수범은 시간적 계속설에 따라 구별하는 것이 타당하다고 본다. 시간적 계속설에 대해서는, 어느 정도 계속하여 장소이동의 자유가 제한될 때 감금죄가 기수에 이를 것인지 판단하기 곤란하다는 점과 체포와 감금이 동일한 구성요건에 규정되어 있는 관계로 극히 짧은 시간 동안의 감금도 체포죄의 기수범으로 포착된다는 점 등이 난점으로 제시되고 있다.

그러나 장소이동의 자유가 어느 정도 계속되어야 감금의 기수에 이를 것인지는 건전한 사회통념에 따라 판단할 수 있다. 또한 미수범은 단순히 시간적인 길고 짧음에 의해서만 결정되는 것이 아니라 주관적 구성요건인 범행결의와 관련해서 판단된다. 통상적인 감금의 고의를 가지고 실행에 착수하였으나 일시적 자유제한에 그쳤다면 감금죄의 미수범에 해당한다. 감금의 고의는 장소이동의 자유에 대한 속박을 내용으로 한다. 감금의 고의 없이 일시적으로 신체속박을 가하는 행위는 단순한 폭행에 지나지 않는다.

---

1) 박상기, 120면; 손동권 · 김재윤, 124면; 오영근, 105면; 이용식, 115면; 이재상 · 장영민 · 강동범, 127면; 이형국 · 김혜경, 168면; 임웅, 147면; 정성근 · 박광민, 139면; 정영일, 77면.

2) 김일수 · 서보학, 113면(시간적 계속 포함); 배종대, 144면; 이정원, 151면.

⑥ 판 례 2018년 판례는 "체포죄는 계속범으로서 체포의 행위에 확실히 사람의 신체의 자유를 구속한다고 인정할 수 있을 정도의 시간적 계속이 있어야 하나, 체포의 고의로써 타인의 신체적 활동의 자유를 현실적으로 침해하는 행위를 개시한 때 체포죄의 실행에 착수하였다고 볼 것이다."라고 판시함으로써 시간적 계속설의 입장을 분명히 하였다.[1] 동일한 법리는 감금죄의 경우에도 그대로 적용될 것이라고 본다.

4. 고 의

체포의 고의는 사람의 신체에 대하여 직접적이고 현실적인 구속을 가하여 신체활동의 자유를 박탈한다는 점에 대한 인식 · 인용이다. 체포된 사람이 체포된 사실을 인식하였는지 여부는 고의의 인식대상이 되지 않는다.

감금의 고의는 사람이 특정한 구역에서 나가는 것을 불가능하게 하거나 심히 곤란하게 한다는 점에 대한 인식 · 인용이다. 감금된 사람이 감금된 사실을 인식하였는지 여부는 고의의 인식대상이 되지 않는다.

정신질환자를 강제입원시키는 과정에서 감금죄가 문제되는 경우가 있다. 정신건강의학과 전문의가 최선의 주의를 다하지 아니하거나 신중하지 못했던 점이 일부 있었다고 하더라도 피해자를 정확히 진단하여 치료할 의사를 가지고 피해자를 입원시킨 경우에는 감금죄의 고의가 인정되지 않는다.[2]

체포죄와 감금죄는 고의범만을 처벌한다. 과실에 의한 체포행위 · 감금행위는 처벌되지 않는다. 예컨대 도서관 이용자가 모두 퇴실한 것으로 오신한 수위가 출입문을 잠근 경우 감금죄는 성립하지 않는다.

5. 위법성조각사유

(1) 일반적인 경우

체포 · 감금행위는 그 행위의 위법성이 조각되는 경우가 적지 않다. 특히 형법 제20조의 정당행위와 관련하여 여러 가지 경우를 생각할 수 있다.

시민의 현행범인체포(형소법212), 경찰관의 정신착란자 · 미아 · 주취자 등의 보호조치(경찰관직무집행법4①), 검사 및 사법경찰관이 법령에 의하여 피의자를 체포 · 구속하는 행위(형소법200의2, 200의3, 212, 201 참조) 등은 법령에 의한 정당행위로서 위법성이 조각된다. 다만, 수사기관에 의한 체포 · 구속의 경우 불법체포 · 감금죄(법124)가 성립할 가능성에 유의할

---

1) 2018. 2. 28. 2017도21249, 공 2018상, 665 = 『엘리베이터 쫓아가기 사건』.
2) 2015. 10. 29. 2015도8429, 공 2015상, 1858 = 『재산분할 회피 강제입원 사건 - 의사 부분』.

필요가 있다.

(2) 정신질환자의 강제입원

「정신건강증진 및 정신질환자 복지서비스 지원에 관한 법률」(정신건강복지법)에 기하여 의사가 정신질환자를 치료하기 위해 병원에 수용하는 경우가 있다. '정신질환자'란 망상, 환각, 사고(思考)나 기분의 장애 등으로 인하여 독립적으로 일상생활을 영위하는 데 중대한 제약이 있는 사람을 말한다(정신건강복지법3i). 정신질환자에는 의학적으로 정신병 또는 정신장애의 진단을 받은 사람뿐만 아니라 그러한 정신장애의 의심이 있는 사람도 포함된다.[1)]

정신질환자의 강제입원 행위가 사회상규에 위배되지 않는 행위로서 형법 제20조에 의하여 위법성이 조각되려면 (가) 행위의 동기나 목적의 정당성, (나) 행위의 수단이나 방법의 상당성, (다) 보호이익과 침해이익과의 법익권형성, (라) 긴급성, (마) 그 행위 외에 다른 수단이나 방법이 없다는 보충성이라는 요건을 갖추어야 한다.[2)]

정신건강복지법은 정신질환자의 입원을 (가) 정신질환자나 그 밖에 정신건강상 문제가 있는 사람의 자의에 의한 입원(동법41① ; 자의입원), (나) 보호의무자의 동의에 의한 입원(동법42 ①; 동의입원), (다) 보호의무자의 신청에 의한 입원(동법43① ; 신청입원), (라) 시장 · 군수 · 구청장 등에 의한 입원(동법44① ; 행정입원), (마) 긴급상황에서 의사와 경찰관의 동의를 받아 하는 입원(동법50① ; 응급입원)의 다섯 가지 경우로 나누어 절차와 요건을 규정하고 있다.

정신질환자 등의 신청에 의한 자의입원의 경우 정신의료기관 등의 장은 자의입원을 한 사람이 퇴원 등을 신청한 경우에는 지체 없이 퇴원을 시켜야 한다(동법41②). 환자로부터 퇴원 요구가 있는데도 정신건강복지법에 정해진 절차를 밟지 않은 채 방치한 경우는 위법한 감금행위에 해당한다.[3)]

1) 2015. 10. 29. 2015도8429, 공 2015상, 1858 = 『재산분할 회피 강제입원 사건 - 보호자 부분』.
2) 2015. 10. 29. 2015도8429, 공 2015상, 1858 = 『재산분할 회피 강제입원 사건 - 보호자 부분』.
3) 2017. 8. 18. 2017도7134, 공 2017하, 1827 = 『노숙자 자의입원 사건』 :

갑은 P정신병원 원장이다. 을 등은 P정신병원 직원들이다. 갑은 을 등과 함께 P병원의 수익을 올리는 방안을 강구하였다. 갑은 을 등을 시켜서 서울역 등에서 노숙자들을 데려와 P병원에 입원하게 하였다. 노숙자들의 입원은 정신보건법상 자의입원의 형식을 취하였다. A는 자의입원한 노숙자 가운데 한 사람이다.

갑은 A를 폐쇄병동에 입실시켰다. 2013. 12. 27.경 A는 갑에게 퇴원신청을 하였다. 갑은 A를 퇴원시키지 않고 계속 폐쇄병동에 입실시켰다. A는 여러 차례 퇴원요청을 하였다. 갑은 A의 퇴원요청을 받아들이지 않았다. 2014. 3. 19.경 A는 경찰에 전화를 하였다. A는 경찰에 자신이 벌금 수배자임을 밝히고 잡아가라는 신고를 하였다. A는 신고를 받고 출동한 경찰과 함께 P병원에서 나올 수 있었다.

검사는 갑 등을 감금죄로 기소하였다. (정신보건법위반죄, 의료법위반죄 등은 검토에서 제외함.) 갑 등의 피고사건은 제1심을 거친 후, 항소심에 계속되었다. 항소법원은 갑 등에게 유죄를 인정하였다. 갑은 불복 상

보호의무자에 의한 동의입원의 경우 정신의료기관등의 장은 보호자의 동의에 따라 입원을 한 정신질환자가 퇴원을 신청한 경우에는 지체 없이 퇴원을 시켜야 한다(동법42② 본문). 다만, 정신질환자가 보호의무자의 동의를 받지 아니하고 퇴원을 신청한 경우에는 정신건강의학과전문의 진단 결과 환자의 치료와 보호 필요성이 있다고 인정되는 경우에 한정하여 정신의료기관등의 장은 퇴원의 신청을 받은 때부터 72시간까지 퇴원을 거부할 수 있고, 퇴원을 거부하는 기간 동안 신청입원(동법43) 또는 행정입원(동법44)으로 전환할 수 있다(동법42② 단서).

보호의무자에 의한 신청입원의 경우에는 (가) 원칙적으로 보호의무자 2명의 신청(동법43①) 외에, (나) 정신건강의학과 전문의가 입원이 필요하다고 진단한 다음(동조①·② 참조), (다) 정신건강의학과 전문의의 진단에 기하여 정신의료기관의 장이 입원을 결정해야만 한다(동조③·④·⑤ 참조).[1] 이러한 요건을 갖춘 입원조치에 대하여 정신질환자가 저항하는 때에 비로소 정신의학적·사회적으로 보아 상당하다고 인정되는 범위 내의 물리력의 행사가 허용된다.[2]

정신건강복지법에 따를 때 일반인이 정신질환자를 정신병원에 입원시키려면 (가) 정신질환자가 자발적으로 정신건강의학과의 치료를 받도록 설득하여 보거나(동법41 참조), (나) 그것이 여의치 않을 경우 정신건강의학과 전문의와 상담하여 시장·군수·구청장에 의한 행정입원의 절차를 밟거나(동법44 참조), (다) 상황이 긴급한 경우에는 의사와 경찰관의 동의를 얻어 응급입원의 절차를 취해야 한다(동법50 참조). 일반인이 정신질환자를 강제로 정신병원에 데리고 가 입원시키는 행위는 형법 제20조가 규정한 사회상규의 적용요건을 갖추지 못하여 감금죄의 위법성이 조각되지 않는다.[3]

6. 공 범

체포·감금죄는 계속범이다.[4] 피해자의 자유에 대한 속박이 계속되고 있는 동안에는 체포·감금죄에 해당하는 행위가 계속하여 되풀이되고 있는 것으로 해석된다. 따라서 체포·

고하였다. 을 등은 상고하지 않았다.

대법원은 다음의 이유를 제시하여 갑의 상고를 기각하였다. (가) 구 정신보건법 제23조 제2항은 '정신의료기관의 장은 자의(自意)로 입원 등을 한 환자로부터 퇴원 신청이 있는 경우에는 지체 없이 퇴원을 시켜야 한다.'고 정하고 있다. (나) 환자로부터 퇴원 요구가 있는데도 구 정신보건법에 정해진 절차를 밟지 않은 채 방치한 경우에는 위법한 감금행위가 있다고 보아야 한다.

1) 2015. 10. 29. 2015도8429, 공 2015상, 1858 =『재산분할 회피 강제입원 사건』.
2) 2015. 10. 29. 2015도8429, 공 2015상, 1858 =『재산분할 회피 강제입원 사건』.
3) 2015. 10. 29. 2015도8429, 공 2015상, 1858 =『재산분할 회피 강제입원 사건』.
4) 2018. 2. 28. 2017도21249, 공 2018상, 665 =『엘리베이터 쫓아가기 사건』.

감금 도중에 공동정범으로 관여한 자는 관여한 이후부터 진행된 체포 · 감금죄의 공동정범이 된다. 체포 · 감금죄는 계속범이므로 공소시효는 체포 · 감금으로 인한 피해자의 자유속박이 해제된 때로부터 진행한다.

7. 죄 수

체포죄와 감금죄는 같은 구성요건에 규정되어 있는 동일한 성질의 범죄이다. 따라서 사람을 체포한 다음에 계속하여 감금한 경우에는 체포 · 감금죄의 포괄일죄가 성립한다. 사람의 행동의 자유는 일신전속적 법익이므로 체포 · 감금죄의 죄수는 체포 · 감금된 피해자의 수에 따라서 결정된다. 체포 · 감금의 수단으로 사용된 폭행 · 협박은 체포 · 감금죄에 흡수되므로 폭행죄 또는 협박죄가 별도로 성립하지 않는다.[1]

감금행위가 강간죄나 강도죄의 수단이 된 경우 감금죄는 강간죄나 강도죄에 흡수되지 아니하고 별죄를 구성한다.[2] 감금행위를 수단으로 강간죄를 범하는 경우 감금죄와 강간죄는 상상적 경합관계에 있다. 강간죄의 성립에 언제나 직접적이고 또 필요한 수단으로서 감금행위를 수반하는 것은 아니어서 양죄는 서로 독자성을 갖기 때문이다.[3]

감금행위를 수단으로 강도범행을 하는 경우에는 감금죄와 강도죄가 성립하며, 두 죄는 상상적 경합관계에 있다. 그러나 감금행위가 단순히 강도상해 범행의 수단이 되는 데 그치지 않고 강도상해의 범행이 끝난 뒤에도 계속되었다면 1개의 행위가 감금죄와 강도상해죄에 해당하는 경우라고 볼 수 없다. 강도상해 범행 후의 감금죄와 강도상해죄는 실체적 경합관계에 있다.[4]

---

1) 1982. 6. 22. 82도705, 공 1982, 722 = 분석 각론『망우리 공동묘지 사건』.

2) 1997. 1. 21. 96도2715, 공 1997, 692 =『감금후 카드강취 사건』:

갑과 을은 A와 B를 감금하였다. 갑과 을은 A로부터 ㉠신용카드를 강취하였다. 갑은 ㉠신용카드를 가지고 C가 경영하는 ㉠신용카드 가맹점 M상점으로 갔다. 갑은 ㉠신용카드의 정당한 소지인인 것처럼 행세하면서 M상점에서 ㉡주류를 구매하였다.

검사는 갑을 감금죄, 특수강도죄, 신용카드부정사용죄, 사기죄로 기소하였다. 갑의 피고사건은 제1심을 거친 후, 항소심에 계속되었다. 항소법원은 유죄를 인정하였다. 갑은 불복 상고하였다. 갑은 상고이유로 다음의 점을 주장하였다. (가) 감금죄는 특수강도죄의 수단에 불과하여 특수강도죄에 흡수된다. (나) 신용카드부정사용죄가 성립하면 사기죄는 신용카드부정사용죄에 흡수된다.

대법원은 다음의 이유를 제시하여 상고를 기각하였다. (가) 감금행위가 강간죄나 강도죄의 수단이 된 경우에도 감금죄는 강간죄나 강도죄에 흡수되지 아니하고 별죄를 구성한다. (나) 갑의 A, B에 대한 감금행위는 그를 수단으로 한 A, B에 대한 특수강도죄와 별도의 죄를 구성한다. (다) 갑이 강취한 신용카드를 가지고 자신이 그 신용카드의 정당한 소지인인양 가맹점의 점주를 속이고 그에 속은 점주로부터 주류 등을 제공받아 이를 취득하였다. (라) 그러한 것이라면 신용카드부정사용죄와 별도로 사기죄가 성립한다.

3) 1983. 4. 26. 83도323, 공 1983, 936 = 백선 총론『조개 트럭 사건』.

4) 2003. 1. 10. 2002도4380, 공 2003, 668 = 분석 각론『행신동 단란주점 사건』.

미성년자를 유인한 자가 계속하여 미성년자를 불법하게 감금하였을 때에는 미성년자유인죄(법287) 외에 감금죄가 별도로 성립하며, 양죄는 실체적 경합관계에 있다.[1)]

8. 처벌의 정도

형법 제276조 제1항은 체포 · 감금죄를 5년 이하의 징역 또는 700만원 이하의 벌금으로 처벌하고 있다. 「폭력행위 등 처벌에 관한 법률」(폭력행위처벌법) 제2조 제2항 제2호는 2명 이상이 공동하여 체포 · 감금죄를 범한 사람에 대해 형법 제276조 제1항에 정한 형의 2분의 1까지 가중하여 처벌한다. 폭력행위처벌법 제2조 제3항은 폭력행위처벌법 제2항 제2호의 공동체포 · 감금죄를 범하여 2회 이상 징역형을 받은 사람이 다시 제2항 제2호의 공동체포 · 감금죄를 범하여 누범으로 처벌할 경우에는 1년 이상 12년 이하의 징역으로 가중처벌하고 있다.

형법 제278조는 단체 또는 다중의 위력을 보이거나 위험한 물건을 휴대하여 형법 제276조 제1항의 체포 · 감금죄를 범한 경우를 형법 제276조 제1항에 정한 형의 2분의 1까지 가중하여 처벌하고 있다.

제 3 체포 · 감금죄의 특수유형

1. 존속체포 · 감금죄

형법 제276조 (존속체포, 존속감금) ② 자기 또는 배우자의 직계존속에 대하여 제1항의 죄를 범한 때에는 10년 이하의 징역 또는 1천 500만원 이하의 벌금에 처한다.

◎ 자격정지 임의적 병과(법282)
◎ 미수범 처벌함(법280)
◎ 결과적 가중범 처벌함(법281②)
◎ 중존속체포 · 감금죄 가중처벌함(법277②)
◎ 특수체포 · 감금죄 가중처벌함(법278)
◎ 상습범 가중처벌함(법279)
◎ 폭력행위처벌법 적용대상임(동법2② iii)

배우자 및 직계존속의 개념은 존속살해죄의 항목에서 설명한 것과 같다.[2)] 2명 이상이

---

1) 1999. 5. 26. 98도1036, 공 1998, 1836 = 분석 각론 『특송차 운전기사 사건』.
2) 전술 607면 이하 참조.

공동하여 존속체포 · 감금죄를 범한 때에는 「폭력행위 등 처벌에 관한 법률」이 적용된다. 그리하여 형법 제276조 제2항에 정해진 형의 2분의 1까지 가중하여 처벌한다(폭력행위처벌법2② iii). 단체 또는 다중의 위력을 보여 존속체포 · 감금죄를 범한 때에는 존속체포 · 감금죄에 정한 형의 2분의 1까지 가중한다(법278).

형법 제276조 제2항은 존속체포 · 감금죄를 10년 이하의 징역 또는 1천500만원 이하의 벌금으로 처벌하고 있다. 「폭력행위 등 처벌에 관한 법률」(폭력행위처벌법) 제2조 제2항 제3호는 2명 이상이 공동하여 존속체포 · 감금죄를 범한 사람에 대해 형법 제276조 제2항에 정한 형의 2분의 1까지 가중하여 처벌한다. 폭력행위처벌법 제2조 제3항은 폭력행위처벌법 제2항 제3호의 공동존속체포 · 감금죄를 범하여 2회 이상 징역형을 받은 사람이 다시 제2항 제3호의 공동존속체포 · 감금죄를 범하여 누범으로 처벌할 경우에는 2년 이상 20년 이하의 징역으로 가중처벌하고 있다.

형법 제278조는 단체 또는 다중의 위력을 보이거나 위험한 물건을 휴대하여 형법 제276조 제2항의 존속체포 · 감금죄를 범한 경우를 형법 제276조 제2항에 정한 형의 2분의 1까지 가중하여 처벌하고 있다.

2. 중체포 · 감금죄

형법 제277조 (중체포, 감금) ① 사람을 체포 또는 감금하여 가혹한 행위를 가한 자는 7년 이하의 징역에 처한다.

◎ 자격정지 임의적 병과(법282)
◎ 미수범 처벌함(법280)
◎ 결과적 가중범 처벌함(법281①)
◎ 특수중체포 · 감금죄 가중처벌함(법278)
◎ 상습범 가중처벌함(법279)

중체포 · 감금죄는 체포 · 감금행위 중에 다시 가혹한 행위를 함으로써 성립하는 범죄이다. 체포 · 감금죄의 결합범적 가중유형이다. 가혹한 행위라 함은 정신적 · 육체적 고통을 가하는 일체의 행위를 말한다. 폭행을 하는 것,[1] 여자를 발가벗겨서 수치심을 일으키게 하는 것, 음란한 행위를 하는 것 등은 유형적 방법에 의한 가혹행위의 예이다. 또한 협박을 가하는 것과 같이 무형적 방법에 의한 가혹행위도 가능하다.

중체포 · 감금죄는 중상해죄(법258① · ②), 중유괴죄(법271③) 등과 달리 결과적 가중범이

1) 1985. 6. 25. 84도2083, 공 1985, 1081 = 『투자회수용 자인서 사건』.

아니다. 중체포 · 감금죄는 체포 · 감금이 기수에 이른 후 이어서 가혹행위가 가해지는 경우에 대처하기 위한 범죄유형이다. 따라서 중체포 · 감금죄의 경우에는 체포 · 감금 외에 가혹행위에 대한 고의도 필요하며, 중상해죄, 중유기죄 등과 달리 미수범이 처벌된다(법280, 277).

피해자에게 가해진 폭행 · 협박이 단순히 체포 · 감금을 유지하는 수단으로 사용된 것이라면 그 폭행 · 협박은 체포 · 감금죄에 흡수되어 별죄를 구성하지 않는다. 그러나 이러한 정도를 넘어서서 정신적 · 육체적 고통을 가하는 정도에 이르는 경우에는 가혹한 행위에 해당하여 중체포 · 감금죄가 성립한다.

가혹행위는 작위뿐만 아니라 부작위로도 가능하다. 일상생활을 영위하는 데 필요한 최소한도의 의식주를 공급하지 않거나 필요한 정도의 휴식이나 수면을 허용하지 않는 것은 부작위에 의한 가혹행위의 예가 될 수 있다. 처음부터 체포 · 감금하여 가혹한 행위를 하려고 한 경우 이외에 체포 · 감금 도중에 가혹한 행위를 하려는 의사가 생긴 경우에도 중체포 · 감금죄가 성립한다. 기본범죄인 체포 · 감금죄가 계속범이기 때문이다.

중체포 · 감금죄는 2명 이상이 공동으로 범하더라도 폭력행위처벌법 제2조 제2항에 의한 가중처벌의 대상이 되지 않는다. 중체포 · 감금죄가 가중처벌 대상범죄로 규정되어 있지 않기 때문이다.

형법 제278조는 단체 또는 다중의 위력을 보이거나 위험한 물건을 휴대하여 형법 제277조 제1항의 중체포 · 감금죄를 범한 경우를 형법 제277조 제1항에 정한 형의 2분의 1까지 가중하여 처벌하고 있다.

3. 존속중체포 · 감금죄

형법 제277조 (존속중체포, 존속중감금) ② 자기 또는 배우자의 직계존속에 대하여 전항의 죄를 범한 때에는 2년 이상의 유기징역에 처한다.

◎ 자격정지 임의적 병과(법282)
◎ 미수범 처벌함(법280)
◎ 결과적 가중범 처벌함(법281②)
◎ 특수존속중체포 · 감금죄 가중처벌함(법278)
◎ 상습범 가중처벌함(법279)

자기 또는 배우자의 직계존속에 대한 중체포 · 감금죄는 가중처벌된다. 배우자 및 직계존속의 개념은 존속살해죄의 항목에서 설명한 것과 같다. 존속중체포 · 감금죄는 2명 이상이 공동으로 범하더라도 폭력행위처벌법 제2조 제2항에 의한 가중처벌의 대상이 되지 않는다.

가중처벌 대상범죄로 규정되어 있지 않기 때문이다.

형법 제278조는 단체 또는 다중의 위력을 보이거나 위험한 물건을 휴대하여 형법 제277조 제2항의 존속중체포 · 감금죄를 범한 경우를 형법 제277조 제2항에 정한 형의 2분의 1까지 가중하여 처벌하고 있다.

4. 특수체포 · 감금죄

형법 제278조 (특수체포, 특수감금) 단체 또는 다중의 위력을 보이거나 위험한 물건을 휴대하여 전 2조의 죄를 범한 때에는 그 죄에 정한 형의 2분의 1까지 가중한다.

◎ 자격정지 임의적 병과(법282)
◎ 미수범 처벌함(법280)
◎ 결과적 가중범 처벌함(법281① · ②)

특수체포 · 감금죄는 단체 또는 다중의 위력을 보이거나 위험한 물건을 휴대하여 각종 체포 · 감금죄를 범할 때 성립한다. 단체, 다중, 위력, 위험한 물건의 휴대 등 가중적 구성요건요소에 대한 설명은 특수공무방해죄(법144①)에서 설명한 것과 같다.[1]

특수체포 · 감금죄는 (가) 특수체포 · 감금죄(법278, 276①), (나) 특수존속체포 · 감금죄(법278, 276②), (다) 특수중체포 · 감금죄(법278, 277①), (라) 특수존속중체포 · 감금죄(법278, 277②)의 형태로 나타난다. 체포 · 감금죄(법278), 존속체포 · 감금죄(법276②), 중체포 · 감금죄(법277①), 존속중체포 · 감금죄(법277②)에 각각 정해진 형의 2분의 1까지 가중하여 처벌한다. 2분의 1 가중은 각조에 정한 법정형의 단기와 장기를 모두 가중한다는 의미이다.[2]

5. 상습체포 · 감금죄

형법 제279조 (상습범) 상습으로 제276조 또는 제277조의 죄를 범한 때에는 전조의 예에 의한다.

◎ 자격정지 임의적 병과(법282)
◎ 미수범 처벌함(법280)

형법 제279조가 가중처벌의 대상으로 삼고 있는 죄는 (가) 체포 · 감금죄(법276①), (나) 존속체포 · 감금죄(법276②), (다) 중체포 · 감금죄(법277①), (라) 존속중체포 · 감금죄(법277①)이다.

---

1) 전술 229면 이하 참조.
2) 2017. 6. 29. 2016도18194, 공 2017하, 1596 =『톱날 상습특수상해 사건』 참조.

형법 제279조는 상습범 가중처벌 대상으로 특수체포·감금죄를 규정한 형법 제278조를 지시하고 있지 않다. 따라서 특수체포·감금죄(법278, 276①), 특수존속체포·감금죄(법278, 276②), 특수중체포·감금죄(법278, 277①), 특수존속중체포·감금죄(법278, 277②)는 상습체포·감금죄의 가중처벌 대상범죄에 포함되지 않는다.

형법 제279조에서 말하는 체포·감금죄의 상습이란 이 조문에 열거된 (가) 내지 (라)의 각 범죄행위 별로 상호 간의 상습성만을 의미하는 것이 아니라 이 조문에 열거된 모든 범죄행위를 포괄한 체포·감금죄의 습벽을 의미한다. 따라서 체포·감금죄의 습벽을 가진 자가 형법 제279조에 열거된 체포·감금죄 중 서로 다른 수종의 죄를 범하였다면 그 각 행위는 그중 가장 중한 법정형의 체포·감금죄의 상습범으로서 포괄일죄에 해당한다.[1]

상습체포·감금죄는 가중처벌의 대상이 되는 체포·감금죄에 정해진 형의 2분의 1까지 가중하여 처벌한다(법279, 278). 2분의 1 가중은 각조에 정한 법정형의 단기와 장기를 모두 가중한다는 의미이다.[2]

6. 체포·감금치사상죄

형법 제281조 (체포, 감금등의 치사상) ① 제276조 내지 제280조의 죄를 범하여 사람을 상해에 이르게 한 때에는 1년 이상의 유기징역에 처한다. 사망에 이르게 한 때에는 3년 이상의 유기징역에 처한다.

◎ 자격정지 임의적 병과(법282)

(1) 체포·감금치사상죄의 유형과 처벌

형법 제281조 제1항은 체포·감금치사상죄를 규정하고 있다. 체포·감금치사상죄는 결과적 가중범이다. 따라서 (가) 체포죄·감금죄(미수범 포함)가 성립해야 하고(법281, 280), (나) 체포·감금 행위와 상해 또는 사망의 결과발생 사이에 인과관계가 존재하며(법17), (다) 상해 또는 사망의 결과발생에 대한 예견가능성이 인정되어야 한다(법15②).

체포·감금치상의 죄는 (가) 체포·감금치상죄(법281①, 276①), (나) 중체포·감금치상죄(법281①, 277①), (다) 특수체포·감금치상죄(법281①, 278①), (라) 상습체포·감금치상죄(법281①, 279), (마) 체포·감금미수치상죄(법281①, 280)와 같이 다양한 형태로 나타난다. 그러나 가중처벌의 정도는 1년 이상의 유기징역으로 동일하다(법281① 1문).

체포·감금치사의 죄는 (가) 체포·감금치사죄(법281①, 276①), (나) 중체포·감금치사죄

---

1) 2012. 8. 17. 2012도6815, [미간행] 참조 =『폭처법 상습범 죄수판단 사건』.
2) 2017. 6. 29. 2016도18194, 공 2017하, 1596 =『톱날 상습특수상해 사건』 참조.

(법281①, 277①), (다) 특수체포 · 감금치사죄(법281①, 278①), (라) 상습체포 · 감금치사죄(법281①, 279), (마) 체포 · 감금미수치사죄(법281①, 280)와 같이 다양한 형태로 나타난다. 그러나 가중처벌의 정도는 3년 이상의 유기징역으로 동일하다(법281① 2문).

(2) 체포 · 감금죄와 사물관할

「법원조직법」에 의할 때 법정형이 사형, 무기 또는 단기 1년 이상의 징역 또는 금고에 해당하는 형사사건은 원칙적으로 합의부 관할사건이다(동법32① iii 본문).

체포 · 감금죄(법276① ; 5년 이하의 징역 또는 500만원 이하의 벌금), 중체포 · 감금죄(법277① ; 7년 이하의 징역), 특수체포 · 감금죄(법278; 2분의 1 가중), 상습체포 · 감금죄(법279; 2분의 1 가중)의 경우 법정형의 단기에 제한이 없으므로 단독판사 관할사건에 속한다.

그러나 체포 · 감금치상죄의 법정형은 1년 이상의 유기징역이고, 체포 · 감금치사죄의 법정형은 3년 이상의 유기징역이다(법281①). 따라서 체포 · 감금치상죄 및 체포 · 감금치사죄의 경우는 모두 합의부 관할사건에 속한다.[1)]

7. 존속체포 · 감금치사상죄

형법 제281조 ② 자기 또는 배우자의 직계존속에 대하여 제276조 내지 제280조의 죄를 범하여 상해에 이르게 한 때에는 2년 이상의 유기징역에 처한다. 사망에 이르게 한 때에는 무기 또는 5년 이상의 징역에 처한다.

---

1) 1999. 11. 26. 99도4398, 공 2000, 119 =『감금치상죄 단독판사 심판 사건』:

갑은 ㉮폭력행위와 ㉯감금치상 행위를 하였다. 검사는 갑을 폭력행위처벌법위반죄 및 감금치상죄로 기소하였다. 갑의 피고사건에 대해 춘천지방법원 원주지원 단독판사가 제1심으로 심판하였다. [갑은 불복 항소하였다.] 춘천지방법원 본원 합의부가 항소심으로서 실체판단을 하여 유죄를 인정하였다. 갑은 항소심판결에 불복하여 상고하였다.

대법원은 다음 주문의 판결을 선고하였다. “원심 및 제1심판결을 모두 파기하고, 사건을 춘천지방법원 원주지원 합의부에 이송한다.” 대법원은 갑의 피고사건에 대한 관할에 대해 다음과 같이 판단하였다. (가) 형법 제281조 소정의 감금치상죄는 단기 1년 이상의 징역에 해당하는 범죄이다. (나) 법원조직법 제32조 제1항 제3호 본문에 의하면 감금치상죄에 대한 제1심 관할법원은 지방법원과 그 지원의 합의부이다. (다) 「각급법원의 설치와 관할구역에 관한 법률」 제4조에 따른 [별표3] 고등법원 · 지방법원과 그 지원 · 소년부지원의 관할구역에 의하면 이 사건의 경우 춘천지방법원 원주지원 합의부가 제1심의 심판권을 가지고, 그 항소 사건은 서울고등법원에서 심판권을 가진다.

대법원은 원심판결의 당부에 대해 다음과 같이 판단하였다. (가) 원심 및 제1심이 이 사건에 대하여 그 실체에 들어가 심판한 조치는 관할권이 없음에도 이를 간과하고 실체판결을 한 것으로서, 소송절차의 법령을 위반한 잘못을 저지른 것이다. (나) 관할제도의 입법 취지(관할획일의 원칙)와 그 위법의 중대성 등에 비추어 이는 판결에 영향을 미쳤음이 명백하다. (다) 그러므로 직권으로 원심판결 및 제1심판결을 파기하고, 사건을 관할권이 있는 춘천지방법원 원주지원 합의부에 이송하기로 관여 법관들의 의견이 일치되어 주문과 같이 판결한다.

◎ 자격정지 임의적 병과(법282)

(1) 존속체포 · 감금치사상죄의 유형과 처벌

존속에 대한 체포 · 감금치상의 죄는 (가) 존속체포 · 감금치상죄(법281②, 276②), (나) 존속중체포 · 감금치상죄(법281②, 277②), (다) 존속특수체포 · 감금치상죄(법281②, 278②), (라) 상습체포 · 감금치상죄(법281②, 279), (마) 존속체포 · 감금미수치상죄(법281②, 280)와 같이 다양한 형태로 나타난다. 그러나 가중처벌의 정도는 2년 이상의 유기징역으로 동일하다(법281② 1문).

존속에 대한 체포 · 감금치사의 죄는 (가) 존속체포 · 감금치사죄(법281②, 276②), (나) 존속중체포 · 감금치사죄(법281②, 277②), (다) 존속특수체포 · 감금치사죄(법281②, 278②), (라) 상습존속체포 · 감금치사죄(법281②, 279), (마) 존속체포 · 감금미수치사죄(법281②, 280)와 같이 다양한 형태로 나타난다. 그러나 가중처벌의 정도는 무기 또는 5년 이상의 유기징역으로 동일하다(법281② 2문).

(2) 존속체포 · 감금죄와 사물관할

존속체포 · 감금죄(법276②; 10년 이하의 징역 또는 1,500만원 이하의 벌금)는 법정형의 단기에 제한이 없으므로 단독판사 관할사건에 속한다. 형의 2분의 1을 가중하는 특수존속체포 · 감금죄(법278, 276②) 및 상습존속체포 · 감금죄(법279, 276②)도 마찬가지이다.

그러나 존속중체포 · 감금죄(법277②; 2년 이상의 유기징역), 특수존속중체포 · 감금죄(법278; 2분의 1 가중), 상습존속중체포 · 감금죄(법279; 2분의 1 가중)의 경우는 법정형이 2년 이상의 징역 또는 그에 2분의 1을 가중한 범위의 징역이므로 법정형의 단기에 제한이 있다. 따라서 존속중체포 · 감금죄(법277②), 특수존속중체포 · 감금죄(법278), 상습존속중체포 · 감금죄(법279, 277②)는 합의부 관할사건에 속한다.

존속체포 · 감금치상죄의 법정형은 2년 이상의 유기징역이고, 존속체포 · 감금치사죄의 법정형은 무기 또는 5년 이상의 징역이다(법281②). 따라서 양자 모두 모두 합의부 관할사건에 속한다.

제30장 협박의 죄

제1 서 설

1. 협박죄의 의의

형법 각칙 제30장은 협박의 죄를 규정하고 있다. 협박죄의 보호법익은 개인의 의사결정의 자유이다. 개인이 자유롭게 활동하려면 그 전제로 의사결정의 자유를 보호해야 한다. 부당한 외부적 영향을 받지 않는 상태에서 개인이 자유롭게 의사결정을 할 수 있어야 자유로운 활동이 가능하기 때문이다. 이 점에서 협박죄는 자유를 침해하는 각종 범죄의 출발점을 이룬다.

넓은 의미에서 볼 때 형법에 규정되어 있는 대부분의 범죄들은 인간의 의사결정 또는 의사실행의 자유에 대한 침해를 방지하기 위하여 규정된 것이다. 이 가운데 협박죄는 개인의 의사결정의 자유만을 보호법익으로 하고 있다. 이에 대해 그 밖의 구성요건들은 의사결정의 자유를 넘어 의사실행의 자유, 성적 자기결정의 자유, 재산권 등과 같은 다른 법익을 보호하는 데 중점을 두고 있다.

협박은 사람의 의사결정의 자유를 침해하는 행위이다. 협박이 강요죄, 강간죄, 공갈죄, 강도죄 등과 같은 다른 범죄의 수단으로 사용되는 경우 협박행위는 이들 범죄에 흡수되어 별도의 범죄를 구성하지 않는다. 형법 각칙 제30장 협박의 죄에 규정된 협박죄는 다른 범죄 구성요건의 일부로 되지 않고 독립성을 유지하는 경우이다.

2. 협박죄의 체계

일본 형법은 협박죄와 강요죄를 같은 장(동법 제2편 제32장 협박의 죄)에 규정하고 있다.[1)]

---

1) 일본형법 제222조 ① 생명, 신체, 자유, 명예 또는 재산에 대하여 해를 가할 것을 고지하여 사람을 협박한 자는 2년 이하의 징역 또는 30만엔 이하의 벌금에 처한다.
② 친족의 생명, 신체, 자유, 명예 또는 재산에 대하여 해를 가할 것을 고지하여 사람을 협박한 자도 전항과 같다.

제223조 ① 생명, 신체, 자유, 명예 또는 재산에 대하여 해를 가할 것을 고지하여 협박하거나 또는 폭행을 하여 사람에게 의무 없는 일을 하게 하거나 권리의 행사를 방해한 자는 3년 이하의 징역에 처한다.
② 친족의 생명, 신체, 자유, 명예 또는 재산에 대하여 해를 가할 것을 고지하여 협박하여 사람에게 의무 없는 일을 하게 하거나 권리의 행사를 방해한 자도 전항과 같다.

그러나 우리 입법자는 협박죄와 강요죄를 분리하여 강요죄를 형법 각칙 제37장 권리행사를 방해하는 죄에 규정하고 있다(법324 내지 324의6 참조). 강요죄의 행위수단이 협박에 국한되지 않고 폭행까지 포함한다는 점을 고려하여 협박죄가 규정되어 있는 각칙 제30장 및 폭행죄가 규정되어 있는 제25장과는 별개의 장에서 규정한 것이라고 생각된다.

협박의 죄의 기본유형은 협박죄(법283①)이다. 가중적 구성요건으로는 존속협박죄(법283②), 특수협박죄(법284), 상습협박죄(법285)가 있다.

제 2 협박죄의 기본유형 – 협박죄

형법 제283조 (협박) ① 사람을 협박한 자는 3년 이하의 징역, 500만원 이하의 벌금, 구류 또는 과료에 처한다.

◎ 미수범 처벌함(법286)
◎ 반의사불벌죄임(법283③)
◎ 특수협박죄 가중처벌함(법284)
◎ 상습범 가중처벌함(법285)
◎ 폭력행위처벌법 적용대상임(동법2② i)

1. 행위객체

협박죄의 객체는 사람이다. 사람은 범인 이외의 다른 사람을 말한다. 협박죄는 자유에 대한 범죄이므로 의사결정의 자유를 향유할 수 있는 자연인만이 그 객체가 될 수 있다. 법인은 협박죄의 객체에 포함되지 않는다.[1] 우리 입법자는 협박에 관한 죄를 각칙 제29장 체포와 감금의 죄 및 제31장 약취, 유인 및 인신매매의 죄 사이에 규정하고 있다. 이것은 협박죄가 체포 · 감금죄 및 약취 · 유인, 인신매매의 죄와 함께 자연인에 대한 범죄임을 보여주고 있다.

자연인인 이상 어린아이나 정신질환자도 협박죄의 객체가 될 수 있다. 그렇지만 협박죄가 의사결정의 자유를 보호법익으로 하고 있다는 점에서 볼 때 어린아이나 정신질환자에게 최소한의 의사능력은 있어야 한다. 이 경우 의사능력은 협박의 내용이 되는 언어나 행동의 의미를 이해할 수 있는 정도이면 족하다.

협박죄는 개인적 법익에 대한 범죄이므로 상대방이 존재하고 있음을 전제로 하고 있다.

---

③ 전2항의 죄의 미수는 벌한다.

1) 2010. 7. 15. 2010도1017, 공 2010하, 1610 = 분석 각론 『추심업체 지사장 사건』.

협박행위의 상대방을 전혀 특정할 수 없는 경우에는 협박죄가 성립하지 않는다.

2. 실행행위

협박죄의 실행행위는 협박이다. 일반적으로 협박은 공포심을 일으키게 할 정도의 해악을 고지하는 것이라고 정의되고 있다. 우리 형법은 폭행의 개념과 더불어 협박의 개념을 여러 곳에서 사용하고 있다. 그러나 문언상 동일한 협박의 개념이라 하여도 각 범죄의 성격에 따라 그 내용에 다소 차이가 생기게 된다.

(1) 협박 개념의 분류

협박은 폭행과 함께 각종 구성요건의 행위수단으로 등장하는 일이 많다. 폭행이 최광의의 폭행, 광의의 폭행, 협의의 폭행, 최협의의 폭행으로 구분되는 것에 상응하여[1] 협박도 최광의의 협박, 광의의 협박, 협의의 협박, 최협의의 협박으로 나누어 볼 수 있지 않을까 생각된다. 그런데 물건에 대한 폭행에 대응하는 물건에 대한 협박이라는 것은 상정할 수 없으므로 폭행죄에서의 최광의의 폭행에 대응하는 최광의의 협박은 처음부터 성립할 수 없다.

일본 형법의 협박죄는 해악고지의 대상이 되는 법익을 생명, 신체, 자유, 명예 또는 재산으로 한정하고 있다(동법222①). 또한 법익의 주체도 자기 또는 친족으로 제한하고 있다(동조②). 일본 형법의 해석론으로는 해악고지의 대상에 제한이 가해져 있지 않은 협박을 광의의 협박으로, 해악고지의 대상이 한정된 협박(협박죄 및 강요죄의 협박)을 협의의 협박으로, 상대방의 반항을 억압할 정도의 협박을 최협의의 협박으로 분류하는 것이 일반적이다.[2]

그러나 우리 입법자는 협박죄 및 강요죄를 규정하면서 해악고지의 대상이 되는 법익이나 법익의 주체에 아무런 제한을 가하고 있지 않다. 따라서 일본과 같은 3분법은 타당하지 않으며, 광의의 협박과 최협의의 협박으로 나누어 볼 수 있다.

(가) 광의의 협박 　협박은 객관적으로 사람의 의사결정의 자유를 제한하거나 의사실행의 자유를 방해할 정도로 공포심을 일으키게 할 만한 해악을 고지하는 것을 말한다.[3] 고지되는 해악의 내용, 성질, 고지의 방법은 묻지 않는다. 협박으로 인해 상대방이 현실적으로 공포심을 일으켰는지는 문제 삼지 않는다.

고지되는 해악에는 인위적인 것뿐만 아니라 천재지변 또는 신력이나 길흉화복에 관한 것도 포함될 수 있다. 다만 천재지변 또는 신력이나 길흉화복을 해악으로 고지하는 경우에는

---

1) 전술 645면 참조.
2) 大コンメンタール刑法, 第二版, 第11巻, 303頁 이하 참조.
3) 2002. 2. 8. 2000도3245, 공 2002, 720＝분석 각론『조상천도제 사건』참조.

상대방으로 하여금 행위자 자신이 그 천재지변 또는 신력이나 길흉화복을 사실상 지배하거나 그에 영향을 미칠 수 있는 것으로 믿게 하는 명시적 또는 묵시적 행위가 있어야 협박에 해당한다.[1)]

광의의 협박개념이 사용되고 있는 예로는 외국원수협박죄(법107), 외국사절협박죄(법108), 공무집행방해죄(법136①), 직무강요죄(법136②), 특수도주죄(법146) 등을 들 수 있다. 내란죄(법87)의 '폭동' 개념에 포함되는 협박,[2)] 소요죄(법115), 다중불해산죄(법116) 등이 예정하고 있는 협박도 집단범죄의 특수성에 비추어 광의의 협박으로 이해된다.

(나) 최협의의 협박 상대방의 반항을 억압할 정도의 공포심을 일으키는 고도의 해악고지를 말한다. 강간죄(법297), 강도죄(법333), 준강도죄(법335)의 협박이 여기에 해당한다.

(다) 협박죄의 협박 협박죄의 협박은 광의의 협박에 해당한다. 객관적으로 사람의 의사결정의 자유를 제한하거나 의사실행의 자유를 방해할 정도로 공포심을 일으키게 할 만한 해악을 고지하는 것을 말한다.[3)]

우리 형법은 일본 형법과 달리 법익의 종류나 협박 상대방과 관련된 사람의 범위에 제한을 두고 있지 않다. 독일 형법은 협박죄의 해악고지가 범죄의 실행에 해당할 것을 요구한다.[4)] 그러나 우리 형법에는 그러한 제한이 없다. 따라서 고지된 해악이 실현될 때 범죄를 구성하지 않더라도 협박에 해당할 수 있다.

(2) 해악의 내용과 정도

협박죄의 협박은 일반적으로 보아 사람에게 공포심을 일으키게 할 만한 정도의 해악을 고지하는 것이다.[5)]

---

1) 2002. 2. 8. 2000도3245, 공 2002, 720 = 분석 각론『조상천도제 사건』 참조.

2) 내란죄의 폭동과 협박의 관계에 대해서는, 전술 7면 참조.

3) 2002. 2. 8. 2000도3245, 공 2002, 720 = 분석 각론『조상천도제 사건』 참조.

4) **독일형법 제241조**(협박) ① 타인에 대하여 타인 또는 타인과 가까운 사람에 대해 중죄[법정형이 1년 이상의 자유형인 범죄]를 실행하겠다고 협박한 자는 1년 이하의 자유형 또는 벌금에 처한다.

② 확정적 고의를 가지고 타인 또는 타인과 가까운 사람에 대해 중죄의 실행이 임박해 있는 것처럼 타인을 기망한 자도 동일하게 처벌한다.

5) 1995. 9. 29. 94도2187, 공 1995, 3648 =『수박 도둑 훈계 사건』:

갑은 자기 집 옆에 ㉠수박밭을 가지고 있다. 갑은 이전부터 수박이 없어지는 것을 수상하게 여기고 수박밭에 숨은 채 지키고 있었다. 저녁 8시경 갑은 마침 은행나무 잎을 따기 위하여 ㉠수박밭 부근을 서성대는 A(13세, 여)를 발견하였다. 갑은 A가 그 동안 수박을 들고 간 것으로 생각하였다. 갑은 A를 불러 세운 다음 A에게 "도둑 잡았다", "어제도 그제도 네가 수박을 따갔지" 등으로 말하면서 자신의 소행이 아님을 극구 변명하는 A를 윽박질렀다.

갑은 이어 "가자"라고 말하면서 A를 앞세우고 ㉠수박밭에서 약 50m 떨어진 B의 집까지 갔다. 갑은 A의 손목을 잡고 B의 집안으로 끌고 들어가 B에게 "이것이 수박밭에 들어왔더라"라고 말하였다. 갑은 B의 만류

(가) 해악고지의 범위 　협박죄의 협박에서 고지되는 해악의 내용에는 제한이 없다. 피해자 본인이나 그 친족뿐만 아니라 그 밖의 제3자에 대한 법익 침해를 내용으로 하는 해악을 고지하는 것이라고 하더라도 피해자 본인과 제3자가 밀접한 관계에 있어 그 해악의 내용이 피해자 본인에게 공포심을 일으키게 할 만한 정도의 것이라면 협박죄가 성립할 수 있다.

피해자와 밀접한 제3자에는 자연인뿐만 아니라 법인도 포함된다.[1] 법인은 협박죄의 객체가 될 수 없지만, 자연인인 피해자 본인과 밀접한 관계에 있는 제3자로서 협박죄의 성립에 영향을 미칠 수 있다. 피해자 본인에게 법인에 대한 법익을 침해하겠다는 내용의 해악을 고지한 것이 피해자 본인에 대하여 공포심을 일으키게 할 만한 정도가 되는지 여부는 고지된 해악의 구체적 내용 및 그 표현방법, 피해자와 법인의 관계, 법인 내에서의 피해자의 지위와 역할, 해악의 고지에 이르게 된 경위, 당시 법인의 활동 및 경제적 상황 등 여러 사정을 종합하여 판단해야 한다.[2]

(나) 해악고지의 구체성 　해악고지의 내용은 고지방법에 따라 구체적 · 명시적인 경우도 있고 추상적 · 암시적인 경우도 있다. 추상적 · 암시적인 경우라 할지라도 협박죄가 성립하려면 적어도 발생 가능한 것으로 생각될 수 있는 정도의 구체적인 해악고지가 있어야

로 A를 돌려보내면서도 계속하여 A에게, "앞으로 수박이 없어지면 네 책임으로 한다"고 말하였다(㉡발언). 그 후 A는 스스로 음독 자살하였다.

검사는 갑을 협박죄로 기소하였다. 갑의 피고사건은 제1심을 거친 후, 항소심에 계속되었다. 항소법원은 유죄를 인정하였다. 갑은 불복 상고하였다.

대법원은 다음의 이유를 제시하여 원심판결을 파기환송하였다. (가) 협박죄에 있어서 협박이라 함은 일반적으로 보아 사람으로 하여금 공포심을 일으킬 수 있을 정도의 해악을 고지하는 것을 의미한다. (나) 그러한 해악의 고지는 구체적이어서 해악의 발생이 일응 가능한 것으로 생각될 수 있을 정도일 것을 필요로 한다. (다) 갑이 "앞으로 수박이 없어지면 네 책임으로 한다"(㉡발언)고 말하였다고 하더라도 그것만으로는 갑이 구체적으로 어떠한 법익에 어떠한 해악을 가하겠다는 것인지를 알 수 없어 이를 해악의 고지라고 보기 어렵다. (라) A의 나이 등 제반 사정을 고려하더라도 갑의 ㉡발언으로 인하여 A가 어떠한 공포심을 느꼈다고 볼 만한 자료는 보이지 않는다. (마) A는 갑이 학교에 알릴까봐 지레 걱정을 하였던 것으로 보일 뿐이다.

(바) 가사 갑이 A에게 ㉡발언을 한 것이 다소간의 해악의 고지에 해당한다고 가정하자. (사) 그렇다고 하더라도 갑은 전에도 여러 차례 수박을 절취당하여 그 범인을 붙잡기 위해 수박밭을 지키고 있던 중 마침 같은 마을에 거주하며 갑과 먼 친척간이기도 한 A가 갑의 ㉠수박밭에 들어와 두리번거리는 것을 발견하자 A가 수박을 훔치려던 것으로 믿은 나머지 A를 훈계하려고 ㉡발언을 하였으며, 그 과정에서 폭행을 가하거나 달리 유형력을 행사한 바는 없었다. (아) 그렇다면 가사 갑의 ㉡발언으로 인하여 A가 어떤 공포심을 느꼈다고 하더라도 갑이 ㉡발언을 하게 된 경위, 갑과 A의 나이 및 신분관계 등에 비추어 볼 때 이는 정당한 훈계의 범위를 벗어나는 것이 아니어서 사회상규에 위배되지 아니하므로 위법성이 없다. (자) 그 후 A가 스스로 음독 자살하기에 이르렀다 하더라도 이는 A가 자신의 결백을 밝히려는 데 그 동기가 있었던 것으로 보일 뿐 그것이 갑의 협박으로 인한 결과라고 보기도 어려우므로 그와 같은 결과의 발생만을 들어 이를 달리 볼 것은 아니다.

1) 2010. 7. 15. 2010도1017, 공 2010하, 1610 = 분석 각론 『추심업체 지사장 사건』.

2) 2010. 7. 15. 2010도1017, 공 2010하, 1610 = 분석 각론 『추심업체 지사장 사건』.

한다.[1)]

(다) 해악고지의 정도 고지된 해악의 내용은 행위자와 상대방의 성향, 고지 당시의 주변 상황, 행위자와 상대방 사이의 친숙의 정도 및 지위 등의 상호관계 등 행위 전후의 여러 사정을 종합하여 볼 때에 일반적으로 보아 사람으로 하여금 공포심을 일으키기에 충분한 것이어야 한다.[2)]

---

1) 1995. 9. 29. 94도2187, 공 1995, 3648 =『수박 도둑 훈계 사건』.

2) 2022. 12. 15. 2022도9187, 공2023상, 285 =『사임제안서 전달 사건』:

A는 P회사의 대표이사이자 최대주주이다. 갑 등은 P회사의 직원들이다. 갑을 비롯한 직원들의 임금이 체불되고 사무실 임대료를 내지 못할 정도로 P회사의 재정 상태가 악화되었다. P회사의 경영상황이 우려되고 대표이사 겸 최대주주인 A의 경영능력이 의심받는 상황에 이르렀다. 갑 등은 동료 직원들과 함께 A를 만나 ㉠사임제안서를 전달하였다. 갑 등은 별다른 말을 하지 않았다. A도 약 5분 동안 ㉠사임제안서를 읽은 후 바로 그 자리를 떠났다.

㉠사임제안서는 경영위기 상황에서도 P회사의 갱생을 바라면서 잔류하기로 한 직원 전원의 동의 아래 P회사의 주요 투자자인 Q, R 2개 기관과 협의 · 공유한 결과를 최종적으로 정리한 내용이다. ㉠사임제안서의 핵심은 A가 대표이사에서 사임하고 P회사의 주식 중 10%를 제외한 나머지를 포기하는 대신, A가 P회사의 업무와 관련하여 부담하는 체불 임금 · 퇴직금 등에 관한 법적 책임을 전부 면제시켜 주는 것이다(㉡내용). 또한 ㉠사임제안서에는 A가 거부하는 경우에 대비하여 다음 내용이 기재되어 있다(㉢내용). (가) 임금이 체불된 직원들이 관련 기관에 해당 사항을 신고할 것이다. (나) 이러한 사정을 P회사의 주요 투자자인 Q, R 2개 기관에 고지할 것이다. (다) 그렇게 될 경우 Q, R 2개 기관에서 A를 상대로 채권회수를 위한 소송을 제기하게 되어 장기간 법적 분쟁을 겪게 될 것이다. (라) 결과적으로 P회사도 실패한 기업으로 분류되어 청산될 수 있다.

검사는 갑 등을 협박죄로 기소하였다. 갑 등의 피고사건은 제1심을 거친 후, 항소심에 계속되었다. 항소법원은 유죄를 인정하였다. 갑 등은 불복 상고하였다.

대법원은 다음의 이유를 제시하여 원심판결을 파기환송하였다. 대법원은 협박죄의 성립요건에 대해 다음과 같이 설시하였다. (가) 협박죄에서 '협박'은 일반적으로 보아 사람으로 하여금 공포심을 일으킬 수 있는 정도의 해악을 고지하는 것을 의미한다. (나) 협박죄에서 주관적 구성요건으로서의 고의는 행위자가 그러한 정도의 해악을 고지한다는 것을 인식 · 용인하는 것을 내용으로 한다. (다) 협박죄가 성립되려면 고지된 해악의 내용이 행위자와 상대방의 성향, 고지 당시의 주변 상황, 행위자와 상대방 사이의 친숙의 정도 및 지위 등의 상호관계 등 행위 전후의 여러 사정을 종합하여 볼 때에 일반적으로 사람으로 하여금 공포심을 일으키기에 충분한 것이어야 한다.

대법원은 권리행사의 일환으로 상대방에게 일정한 해악을 고지한 경우 협박죄의 성립 여부에 대해 다음과 같이 설시하였다. (가) 권리행사의 일환으로 상대방에게 일정한 해악을 고지한 경우에도, (ㄱ) 그러한 해악의 고지가 사회의 관습이나 윤리관념 등에 비추어 사회통념상 용인할 수 있는 정도이거나 (ㄴ) 정당한 목적을 위한 상당한 수단에 해당하는 등 사회상규에 반하지 아니하는 때에는 협박죄가 성립하지 아니한다.

(나) 따라서 민사적 법률관계하에서 이해관계가 상충되는 당사자 사이에 권리의 실현 · 행사 과정에서 이루어진 상대방에 대한 불이익이나 해악의 고지가 (ㄱ) 일반적으로 보아 공포심을 일으킬 수 있는 정도로서 협박죄의 '협박'에 해당하는지 여부와 (ㄴ) 그것이 사회상규에 비추어 용인할 수 있는 정도를 넘어선 것인지 여부를 판단할 때에는, 행위자와 상대방의 관계 및 사회경제적 위상의 차이, 고지된 불이익이나 해악의 내용이 당시 상황에 비추어 이해관계가 대립되는 당사자의 권리 실현 · 행사의 내용으로 통상적으로 예견 · 수용할 수 있는 범위를 현저히 벗어난 정도에 이르렀는지, 해악의 고지 방법과 그로써 추구하는 목적 사이에 합리적 관련성이 존재하는지 등 여러 사정을 세심히 살펴보아야 한다.

일반적으로 사람으로 하여금 공포심을 일으키기에 충분하지 아니한 해악을 고지한다면 그것은 협박죄의 협박에 해당하지 않는다. 단순히 사람을 곤혹스럽게 하는 정도에 그치는 것은 협박이라고 할 수 없다. 일반적으로 사람에게 공포심을 일으키게 할 만한 정도로 충분한 해악의 고지인지를 판단할 때에는 주위의 사정을 종합적으로 고려하여 객관적으로 판단해야 한다.

해악은 일반인에게 공포심을 일으키게 할 수 있는 정도의 것이면 족하다. 상대방이 현실적으로 공포심을 일으킬 필요는 없다. 협박죄는 사람의 의사결정의 자유를 보호법익으로 하며, 그 보호의 정도는 추상적 위험범이기 때문이다. 또한 행위자가 실제로 해악이 발생할 것이라고 믿을 필요도 없다.

사소한 일에도 공포심을 일으키는 사람이나 쉽게 미신을 믿는 사람에게 길흉화복의 도래에 관한 고지를 하여 공포심을 느끼게 하는 행위가 협박에 해당할 것인지 문제된다. 생각건대 이러한 경우라 할지라도 일반적으로 사람으로 하여금 공포심을 일으키기에 충분하지 아니한 해악을 고지한 것으로 판단된다면 협박을 인정할 수 없다고 본다.

일반인으로서는 공포심을 느끼지 않지만 소심하거나 미신을 믿는 나머지 공포심을 느끼는 경우까지 협박을 인정한다면 협박죄의 성립범위가 지나치게 확장될 우려가 있다. 설사 이러한 경우에 해악의 고지를 인정한다고 하더라도 그것이 사회의 관습이나 윤리관념 등에 비추어 볼 때 사회통념상 용인할 수 있을 정도의 것이라면 사회상규에 위배되지 아니하는 행위(법20)로서 위법성이 조각되어 협박죄가 성립하지 않는다고 보아야 할 것이다.[1)]

그러나 천재지변 또는 신력이나 길흉화복을 해악으로 고지하는 경우에 상대방으로 하여금 행위자 자신이 그 천재지변 또는 신력이나 길흉화복을 사실상 지배하거나 그에 영향을 미칠 수 있는 것으로 믿게 하는 명시적 또는 묵시적 행위가 있다면 그 행위는 협박에 해당한다.[2)]

(라) 해악고지의 방법 해악고지의 방법에는 제한이 없다. 말이나 문서에 의하는 경우는 물론이고 태도나 거동에 의하는 경우도 협박에 해당한다. 가위로 목을 찌를 듯이 겨눈 행위처럼 한마디 말도 없이 거동에 의해서도 협박죄가 성립할 수 있다.[3)] 자동차를 주행하여

대법원은 갑 등의 ㉠사임제안서 전달 행위에 대해 다음과 같이 판단하였다. (상세한 추론과정은 소개를 생략함.) (가) 갑 등의 ㉠사임제안서 전달 행위를 협박죄에서의 '협박'으로 볼 수 없다. (나) 설령 갑 등의 ㉠사임제안서 전달 행위가 '협박'에 해당하더라도 (ㄱ) 사회통념상 용인할 수 있는 정도이거나 (ㄴ) P회사의 경영정상화라는 정당한 목적을 위한 상당한 수단에 해당하여 사회상규에 반하지 아니한다고 봄이 타당하다.

1) 2022. 12. 15. 2022도9187, 공2023상, 285 = 『사임제안서 전달 사건』 참조.

2) 2002. 2. 8. 2000도3245, 공 2002, 720 = 분석 각론 『조상천도제 사건』 참조.

3) 1975. 10. 7. 74도2727, 공 1975, 8704 = 『가위로 목 겨누기 사건』:

갑은 갑의 집 앞에서 A와 사소한 문제로 시비를 하였다. A가 A의 집으로 돌아가자 갑은 A를 따라서 그

피해자가 자동차에서 탈출할 수 없게 하는 것도 협박에 해당한다.[1] 해악고지는 조건부로도 족하다. 해악의 고지는 행위자 스스로 상대방에 대하여 하는 방법 이외에 다른 사람을 매개로 하여 간접적으로 하는 방법도 포함된다.

(마) 상대방의 인식 해악의 고지가 인정되려면 상대방이 고지된 해악을 인식해야 한다. 행위자가 제3자에게 피해자를 구타하겠다고 말하고, 이 말을 피해자에게 전해 달라고 한 경우를 생각해 본다. 제3자의 중개를 통해 협박하는 경우 제3자에게 통고를 하는 것만으로는 아직 해악의 고지에 해당하지 않는다. 제3자가 피해자에게 해악의 통고를 전달하여 피해자가 이를 인식할 때 해악의 고지가 인정된다.

(바) 제3자에 의한 가해 해악고지는 행위자가 직접 해악을 가하겠다고 고지하는 방법은 물론, 제3자로 하여금 해악을 가하도록 하겠다는 방법으로도 가능하다. 제3자에 의한 가해행위는 해악고지자가 직접 해악을 가하겠다고 고지한 것과 마찬가지로 평가할 수 있는 것이어야 한다. 이에 해당하는 경우는 (가) 해악고지자가 제3자의 행위를 사실상 지배하거나 제3자에게 영향을 미칠 수 있는 지위에 있는 것으로 믿게 하는 명시적 · 묵시적 언동이 있었던 경우 또는 (나) 제3자의 행위가 해악고지자의 의사에 의하여 좌우될 수 있는 것으로 상대방이 인식한 경우로 한정된다.[2]

만약 해악고지자가 이러한 명시적 · 묵시적 언동을 하거나 상대방이 이러한 인식을 한 적이 없다면, 비록 상대방이 현실적으로 겁을 먹었다고 하더라도 이러한 해악고지자의 행위는 협박죄를 구성하지 않는다.[3]

(3) 협박과 경고의 구별

해악고지의 내용은 장차 일어날 것임을 요한다. 이미 가해행위를 하였다는 고지는 협박에 해당하지 않는다. 해악의 발생시기는 반드시 현재적일 필요는 없다. 장래에 발생할 해악이나 조건부 해악을 고지하는 것도 무방하다. 이 경우 해악고지의 내용은 반드시 합리적이거나 실현가능한 것임을 요하지 않는다.

집 마당까지 갔다. 갑은 그곳에서 소지중이던 가위를 A의 목에 겨누면서 찌를 것처럼 겨누었다.

검사는 갑을 특수협박죄로 기소하였다. 갑의 피고사건은 제1심을 거친 후, 항소심에 계속되었다. 항소법원은 유죄를 인정하였다. 갑은 불복 상고하였다.

대법원은 다음의 이유를 제시하여 상고를 기각하였다. (가) 협박죄에 있어서의 해악을 가할 것을 고지하는 행위는 통상 언어에 의하는 것이나 경우에 따라서는 한마디 말도 없이 거동에 의하여서도 조치할 수 있다. (나) 가위로 목을 찌를 듯이 겨누었다면 신체에 대하여 위해를 가할 고지로 못 볼 바 아니다.

1) 1983. 4. 26. 83도323, 공 1983, 936 = 백선 총론 『조개트럭 사건』.
2) 2006. 12. 8. 2006도6155, 공 2007, 165 = 분석 각론 『지하철 폭파 허위신고 사건』.
3) 2006. 12. 8. 2006도6155, 공 2007, 165 = 분석 각론 『지하철 폭파 허위신고 사건』.

협박은 해악의 발생 여부가 고지자의 의사에 달려 있다는 취지로 고지됨을 요한다. 천재지변, 신력(神力)이나 길흉화복의 도래와 같이 행위자의 지배력을 초월하여 발생하는 해악을 단순히 고지하는 행위는 경고로서 협박에 해당하지 않는다. 그러나 천재지변, 신력이나 길흉화복의 도래가 행위자의 지배력이 미치는 범위 내에 있는 것처럼 상대방에게 느끼게 하는 방식으로 고지하는 경우는 협박에 해당한다.[1]

(4) 미수와 기수

우리 형법은 일본 형법이나 독일 형법과 달리 협박죄의 미수범 처벌규정을 두고 있다(법286). 협박죄의 협박은 일반적으로 보아 사람에으로 하여금 공포심을 일으키기에 충분한 정도의 해악을 고지하는 것이다. 해악의 고지는 상대방이 해악의 내용을 인식할 때 인정된다. 그런데 해악고지가 상대방이 내용을 인식하는 상태를 넘어서서 상대방에게 현실적으로 공포심을 불러일으켜야 하는지 문제된다. 이와 관련하여 침해범설과 위험범설이 제시되어 왔다.

(가) 침해범설 협박죄의 본질을 침해범으로 보는 견해이다. 협박죄의 보호법익은 사람의 의사결정의 자유이다. 침해범설에 따르면 상대방의 의사결정의 자유가 현실적으로 침해될 때 협박죄가 성립한다. 이에 따르면 해악고지에 의해 상대방이 현실적으로 공포심을 느끼게 되었을 때 협박죄는 기수에 이르며, 단순히 해악을 고지하는 것만으로는 미수범에 그치게 된다.

(나) 위험범설 협박죄의 본질을 위험범으로 보는 견해이다. 이 입장에서는 해악을 고지하여 상대방에게 이를 인식하게 하는 행위를 할 때 입법자가 그 자체를 의사결정의 자유를 침해하는 행위로 평가하였다고 본다(추상적 위험범). 위험범설에 따르면 해악의 고지가 상대방에게 현실적으로 공포심을 불러일으키지 아니하였다고 하여도 협박죄의 기수범을 인정한다.

(다) 판 례 대법원은 전원합의체 판결을 통하여 이 문제에 대한 유권적 해결책을 제시하였다.[2] 협박죄의 기수시기와 관련하여 다수의견은 위험범설을, 소수의견은 침해범설을 각각 취하였다.

대법원 다수의견은 위험범설의 논거로 다음의 점을 제시하고 있다. (가) 형법 제286조의 미수범 처벌조항이 있다 하여 협박죄를 반드시 침해범으로 해석할 것은 아니다. (나) 지극히 주관적이고 복합적인 상대방의 정서적 반응을 객관적으로 심리 · 판단하는 것은 현실적으로

1) 2002. 2. 8. 2000도3245, 공 2002, 720 = 분석 각론 『조상천도제 사건』.
2) 2007. 9. 28. 2007도606 전원합의체 판결, 공 2007, 1726 = 분석 각론 『경찰관 집안 동생 사건』.

불가능에 가깝다. (다) 상대방이 자신의 정서적 반응이나 감정상태를 회고하여 표현한다고 해도 공포심을 일으켰는지 여부의 의미나 판단기준이 사람마다 다르며, 그 정도를 측정할 객관적 척도도 존재하지 않는다.

다만 위험범설을 취하고 있는 다수의견도 극히 예외적인 경우에 협박죄의 미수범 성립을 인정하고 있다. 이에 해당하는 경우로는 (가) 해악의 고지가 현실적으로 상대방에게 도달하지 아니한 경우, (나) 해악의 고지가 도달은 하였으나 상대방이 이를 전혀 지각하지 않은 경우, (다) 고지된 해악의 의미를 상대방이 인식하지 못한 경우 등이 있다.[1]

3. 고 의

협박죄의 고의는 일반적으로 보아 사람으로 하여금 공포심을 일으킬 수 있는 정도의 해악을 고지한다는 것을 행위자가 인식·인용하는 것이다.[2] 이러한 협박의사가 있었는지 여부는 행위의 외형뿐만 아니라 그러한 행위에 이르게 된 경위, 피해자와의 관계 등 여러 상황을 종합적으로 고려하여 판단해야 한다.[3]

협박죄의 고의는 상대방에게 해악을 고지하여 공포심을 일으키게 하려는 의사가 있고, 피협박자에 대하여 자신에게 그러한 의사가 있다는 것과 사실상 해악이 일어날 가능성이 있음을 인식시키는 것으로 족하다. 실제로 해악을 실현할 의사가 있었는지는 묻지 않는다. 또 결과발생의 가능성을 인식하지 않아도 좋다.

상대방에게 공포심을 일으킬 수 있다는 점을 인식·인용하고 있는 한 종국적으로 상대방에게 공포심을 일으키는 것 이외의 다른 목적을 가지고 있다고 하더라도 협박죄의 성립에 영향이 없다.

4. 위법성조각사유

(1) 사회상규에 위배되지 아니하는 행위

협박에 해당하는 해악의 고지가 있다고 하여도 그 해악의 고지가 (가) 사회의 관습이나 윤리관념 등에 비추어 사회통념상 용인할 수 있는 정도이거나 (나) 정당한 목적을 위한 상당한 수단에 해당하는 등 사회상규에 반하지 아니하는 때(법20)에는 위법성이 조각되어 협박죄가 성립하지 않는다.[4] 그러나 해악의 고지가 외관상 권리행사나 직무집행으로 보이는 경우

---

1) 2007. 9. 28. 2007도606 전원합의체 판결, 공 2007, 1726 = 분석 각론『경찰관 집안 동생 사건』.
2) 2007. 9. 28. 2007도606 전원합의체 판결, 공 2007, 1706 = 분석 각론『경찰관 집안 동생 사건』.
3) 2010. 7. 15. 2010도1017, 공 2010하, 1610 = 분석 각론『추심업체 지사장 사건』.
4) 2022. 12. 15. 2022도9187, 공2023상, 285 =『사임제안서 전달 사건』.

에도 그것이 실질적으로 권리나 직무권한의 남용이 되어 사회상규에 반하는 때에는 협박죄가 성립한다.[1)]

신문기자가 취재원에게 취재에 응해줄 것을 요구하고 이에 응하지 아니할 경우 자신이 조사한 바대로 보도하겠다고 한 것은 설사 그 행위가 해악의 고지에 해당한다 하더라도 그것은 특별한 사정이 없는 한 기사 작성을 위한 자료를 수집하고 이를 보도하기 위한 것으로서 신문기자로서의 일상적인 업무 범위 내에 속하는 것이어서 사회상규에 반하지 아니하는 행위(법20)에 해당한다.[2)]

해악의 고지로 상대방이 어떤 공포심을 느꼈다고 하더라도 해악고지의 경위, 해악고지자와 상대방의 나이 및 신분관계 등에 비추어 볼 때 그 해악의 고지가 정당한 훈계의 범위를 벗어나는 것이 아니라면 사회상규에 위배되지 아니하여 위법성이 없다.[3)]

(2) 권리행사의 일환으로 해악을 고지한 경우

권리행사의 일환으로 상대방에게 일정한 해악을 고지하는 경우가 있다. 이러한 경우 그 해악의 고지가 협박죄의 협박에 해당하는 경우에도 그러한 해악의 고지가 (가) 사회의 관습이나 윤리관념 등에 비추어 사회통념상 용인할 수 있는 정도이거나 (나) 정당한 목적을 위한 상당한 수단에 해당하는 등 사회상규에 반하지 아니하는 때(법20)에는 협박죄가 성립하지 않는다.

민사적 법률관계하에서 이해관계가 상충되는 당사자 사이에 권리의 실현 · 행사 과정에서 이루어진 상대방에 대한 불이익이나 해악의 고지가 사회상규에 비추어 용인할 수 있는 정도를 넘어선 것인지 여부를 판단할 때에는, (가) 행위자와 상대방의 관계 및 사회경제적 위상의 차이, (나) 고지된 불이익이나 해악의 내용이 당시 상황에 비추어 이해관계가 대립되는 당사자의 권리 실현 · 행사의 내용으로 통상적으로 예견 · 수용할 수 있는 범위를 현저히 벗어난 정도에 이르렀는지, (다) 해악의 고지 방법과 그로써 추구하는 목적 사이에 합리적 관련성이 존재하는지 등 여러 사정을 세심히 살펴보아야 한다.[4)]

법률상 타인으로부터 재물 또는 재산상 이익을 받을 권리가 있는 사람이 그 권리실행을 위하여 해악을 고지하는 경우에 그 수단의 점만을 문제 삼아 협박죄의 성립을 인정하는 것은 허용되지 않는다. 정당한 권리를 가졌다 하더라도 그 권리행사를 빙자하여 협박의 수단으로

---

1) 2007. 9. 28. 2007도606 전원합의체 판결, 공 2007, 1726 = 분석 각론 『경찰관 집안 동생 사건』.
2) 2011. 7. 14. 2011도639, 공 2011하, 1672 = 분석 각론 『신문기자 취재 요청 사건』.
3) 1995. 9. 29. 94도2187, 공 1995, 3648 = 『수박 도둑 훈계 사건』.
4) 2022. 12. 15. 2022도9187, 공2023상, 285 = 『사임제안서 전달 사건』.

로 상대방에게 공포심을 일으켜서 재물의 교부 또는 재산상 이익을 받은 경우와 같이 그 행위가 권리행사라고 인정되지 않는 경우에는 협박죄를 넘어 공갈죄가 성립한다.[1)]

5. 반의사불벌죄

협박죄는 폭행죄와 함께 일상생활에서 비교적 자주 일어나는 범죄유형이다. 입법자는 개인 간의 화해를 촉진하고 존중한다는 취지에서 폭행죄와 마찬가지로(법260③) 협박죄를 반의사불벌죄로 규정하고 있다(법283③). 반의사불벌죄의 특례는 존속협박죄의 경우에도 인정된다(법283② · ③). 그러나 상습존속협박죄는 반의사불벌죄에 포함되지 않는다.[2)]

협박죄는 「폭력행위 등 처벌에 관한 법률」(폭력행위처벌법)의 적용대상 범죄이다. 폭력행위처벌법 제2조 제2항은 2명 이상이 공동하여 형법 제283조 제1항의 협박죄를 범한 경우를 가중처벌하고 있다. 폭력행위처벌법이 적용되는 공동협박죄의 경우에는 반의사불벌죄의 특례가 인정되지 않는다(폭력행위처벌법2④).

6. 처벌의 정도

형법 제283조 제1항은 단순협박죄를 3년 이하의 징역, 500만원 이하의 벌금, 구류 또는 과료의 형으로 처벌하고 있다. 폭력행위처벌법 제2조 제2항 제1호는 2명 이상이 공동하여 형법 제283조 제1항의 협박죄를 범한 사람에 대해 형법 제283조 제1항에 정한 형의 2분의 1까지 가중하여 처벌한다. 폭력행위처벌법 제2조 제3항은 폭력행위처벌법 제2항 제1호의 공동협박죄를 범하여 2회 이상 징역형을 받은 사람이 다시 제2항 제1호의 공동협박죄를 범하여 누범으로 처벌할 경우에는 7년 이하의 징역으로 가중처벌하고 있다.

형법 제284조는 단체 또는 다중의 위력을 보이거나 위험한 물건을 휴대하여 형법 제283조 제1항의 협박죄를 범한 경우를 7년 이하의 징역 또는 1천만원 이하의 벌금으로 처벌하고 있다.

제 3 협박죄의 특수유형

1. 존속협박죄

형법 제283조 (존속협박) ② 자기 또는 배우자의 직계존속에 대하여 제1항의 죄를 범한 때에는 5

1) 2001. 2. 23. 2000도4415, 공 2011, 813 = 분석 각론 『퇴원 조건부 재산분할 사건』.
2) 1965. 1. 26. 64도687, 집 13①, 형12 = 『존속상습폭행 고소취소 사건』 참조.

년 이하의 징역 또는 700만원 이하의 벌금에 처한다.

◎ 미수범 처벌함(법286)

◎ 반의사불벌죄임(법283③)

◎ 특수존속협박죄 가중처벌함(법284)

◎ 상습범 가중처벌함(법285)

◎ 폭력행위처벌법 적용대상임(동법2② ii)

형법 제283조 제2항은 존속협박죄를 가중처벌하고 있다. 배우자 및 직계존속의 개념은 존속살해죄(법250②)에서 설명한 것과 같다.[1] 존속협박죄는 반의사불벌죄이다(법283②).

형법 제283조 제2항은 존속협박죄를 5년 이하의 징역 또는 700만원 이하의 벌금으로 처벌하고 있다. 「폭력행위 등 처벌에 관한 법률」(폭력행위처벌법) 제2조 제2항 제2호는 2명 이상이 공동하여 존속협박죄를 범한 사람에 대해 형법 제283조 제2항에 정한 형의 2분의 1까지 가중하여 처벌한다. 폭력행위처벌법 제2조 제3항은 폭력행위처벌법 제2항 제2호의 공동존속협박죄를 범하여 2회 이상 징역형을 받은 사람이 다시 제2항 제2호의 공동존속협박죄를 범하여 누범으로 처벌할 경우에는 1년 이상 12년 이하의 징역으로 가중처벌하고 있다.

형법 제284조는 단체 또는 다중의 위력을 보이거나 위험한 물건을 휴대하여 형법 제283조 제2항의 존속협박죄를 범한 경우를 7년 이하의 징역 또는 1천만원 이하의 벌금으로 처벌하고 있다.

2. 특수협박죄

형법 제284조 (특수협박) 단체 또는 다중의 위력을 보이거나 위험한 물건을 휴대하여 전조 제1항, 제2항의 죄를 범한 때에는 7년 이하의 징역 또는 1천만원 이하의 벌금에 처한다.

◎ 미수범 처벌함(법286)

◎ 상습범 가중처벌함(법285)

형법 제284조는 특수협박죄를 규정하고 있다. 특수협박죄의 형태는 특수협박죄(법284, 283①)와 특수존속협박죄(법284, 283②)로 구체화된다. 특수협박죄의 가중적 구성요건요소인 '단체 또는 다중의 위력'이나 '위험한 물건의 휴대'는 특수공무방해죄(법144①)에서 설명한 것과 같다.[2]

---

1) 전술 607면 이하 참조.

2) 전술 229면 이하 참조.

3. 상습협박죄

형법 제285조 (상습범) 상습으로 제283조 제1항, 제2항 또는 전조의 죄를 범한 때에는 그 죄에 정한 형의 2분의 1까지 가중한다.

◎ 미수범 처벌함(법286)

형법 제285조는 상습협박죄를 규정하고 있다. 형법 제285조가 가중처벌의 대상으로 삼고 있는 죄는 (가) 단순협박죄(법283①), (나) 존속협박죄(법283②), (다) 특수협박죄(법284), (라) 존속특수협박죄(법284)이다.

상습성은 반복하여 범죄행위를 하는 습벽으로서, 행위자의 속성을 말한다. 범행의 습벽 유무를 판단할 때에는 전과나 범행횟수 등이 중요한 판단자료가 된다. 그러나 전과가 없다 하더라도 범행의 성질과 방법, 범행의 규모, 범행에 가담하게 된 태양 등의 모든 사정을 참작하여 범행의 습벽이 인정되는 경우에는 상습성을 인정할 수 있다.

형법 제285조에서 말하는 협박죄의 상습이란 이 조문에 열거된 (가) 내지 (라)의 각 범죄행위 별로 상호 간의 상습성만을 의미하는 것이 아니라 이 조문에 열거된 모든 범죄행위를 포괄한 협박 범죄의 습벽을 의미한다. 따라서 협박 범죄의 습벽을 가진 자가 형법 제285조에 열거된 협박 범죄 중 서로 다른 수종의 죄를 범하였다면 그 각 행위는 그중 가장 중한 법정형의 협박범죄의 상습범으로서 포괄일죄에 해당한다.[1]

상습협박죄는 가장 중한 법정형의 협박범죄에 정한 형의 2분의 1을 가중하여 처벌한다(법285). 2분의 1 가중은 단기와 장기를 모두 가중한다는 의미이다.[2]

존속협박죄(법283②)는 반의사불벌죄이다(법283③). 존속폭행죄(법260②)가 반의사불벌죄이지만(법260③) 상습존속폭행죄가 반의사불벌죄에 해당하지 않는 것과 마찬가지로[3] 상습존속협박죄(법285, 283②) 또한 반의사불벌죄에 해당하지 않는다.

---

1) 2012. 8. 17. 2012도6815, [미간행] 참조 = 『폭처법 상습범 죄수판단 사건』.
2) 2017. 6. 29. 2016도18194, 공 2017하, 1596 = 『톱날 상습특수상해 사건』 참조.
3) 1965. 1. 26. 64도687, 집 13①, 형12 = 『존속상습폭행 고소취소 사건』.

제31장　약취, 유인 및 인신매매의 죄

제1 서　설

1. 2013년 형법 일부개정

형법 각칙 제31장은 약취, 유인 및 인신매매의 죄를 규정하고 있다. 형법 각칙 제31장의 죄는 제29장 체포와 감금의 죄, 제30장 협박의 죄와 함께 자유에 대한 죄에 속한다. 형법 각칙 제31장은 2013년의 형법 일부개정에 의하여 상당한 변화를 맞이하였다.

(가) 장명 변경　　우리나라가 가입한 「인신매매방지의정서」의 이행입법이라는 관점에서 형법 각칙 제31장의 명칭을 '약취와 유인의 죄'에서 '약취, 유인 및 인신매매의 죄'로 변경하고, 인신매매 관련 처벌조항(법289)을 정비하였다.

(나) 신종범죄 추가　　목적범 형태의 약취 · 유인죄를 정비하여 기존의 '추행, 간음, 결혼, 영리, 국외이송' 목적 이외에 '노동력 착취, 성매매와 성적 착취, 장기적출' 등 신종범죄를 목적으로 하는 경우를 추가하였다(법288). 그와 함께 종래 감경적 구성요건의 형태를 취하고 있던 결혼 목적 약취 · 유인죄(구법291)를 폐지하여 처벌에 균형을 맞추었다.

(다) 구성요건 정비　　결과적 가중범을 신설하되 상해와 치상, 살인과 치사의 법정형을 구분하여 책임주의에 부합하도록 하고(법290, 291), 종래 방조범 형태로 인정되던 약취 · 유인 · 인신매매를 위하여 사람을 모집 · 운송 · 전달하는 행위를 독자적인 구성요건으로 처벌하도록 하였다(법292②).

(라) 세계주의 도입　　인류에 대한 공통적 범죄인 각종 약취 · 유인죄와 인신매매죄에 대해 대한민국 영역 밖에서 죄를 범한 외국인에게도 우리 형법이 적용될 수 있도록 세계주의를 도입하였다(법296의2).

2. 약취 · 유인죄 및 인신매매죄의 체계

(1) 조문의 상호관계

형법 각칙 제31장 약취, 유인 및 인신매매의 죄는 크게 보아 (가) 약취 · 유인죄(법287, 288), (나) 인신매매죄(법289), (다) 결합범 및 결과적 가중범(법290, 291), (라) 피인취자수수 · 은닉죄(법292) 등으로 구성되어 있다. 약취 · 유인죄, 인신매매죄, 피인취자수수 · 은닉죄는 미수범(법294 참조)을 처벌할 뿐만 아니라 예비 · 음모(법296 참조)까지도 처벌한다. 또한 법정형에 규정된 징역형에 더하여 벌금형을 병과할 수 있다(법295).

약취 · 유인은 체포 · 감금과 함께 다른 범죄의 수단으로 사용되는 경우가 많다. 이와 관련하여 입법자는 (가) 사람을 약취 · 유인하여 이를 인질로 삼아 제3자에 대하여 권리행사를 방해하거나 의무 없는 일을 하게 하는 경우를 인질강요죄(법324의2)로, (나) 사람을 약취 · 유인하여 이를 인질로 삼아 재물 또는 재산상 이익을 취득하거나 제3자로 하여금 이를 취득하게 하는 경우를 인질강도죄(법336)로, (다) 13세 미만의 미성년자에 대해 일정한 목적하에 미성년자약취 · 유인죄(법287)를 범하는 경우를 「특정범죄 가중처벌 관한 법률」위반죄(동법5의2 참조)로 규정하여 별도의 범죄로 처벌하고 있다.

이와 같이 약취 · 유인 행위가 다른 구성요건요소와 결합하여 새로운 결합범을 구성하는 경우 형법상의 약취 · 유인죄는 다른 결합범에 흡수되어 독자적으로 성립하지 않는다.

(2) 사후중지의 특례

형법 제295조의2는 약취 · 유인죄, 인신매매죄, 피인취자수수 · 은닉죄 등의 피해자를 보호하기 위하여 사후중지의 특례를 인정하고 있다. 형법 제295조의2의 적용대상 범죄는 (가) 미성년자약취 · 유인죄(법287), (나) 추행등목적 약취 · 유인죄(법288), (다) 인신매매죄(법289), (라) 약취등상해죄 · 약취등치상죄(법290), (마) 피인취자이송은닉죄 · 피인취대상자모집죄(법292) 및 이들 범죄의 미수범(법294)이다.

이상의 적용대상 범죄를 범한 사람이 약취 · 유인, 매매 또는 이송된 사람을 안전한 장소로 풀어준 때에는 그 형을 감경할 수 있다(법295의2). 형법 총칙의 중지범(법26)은 실행의 착수 이후 기수에 이르기 전까지의 단계에서만 인정되는 특례로서 법적 효과는 형의 필요적 감경 또는 면제이다. 이에 대해 형법 제295조의2가 규정한 사후중지범은 기수에 이른 후에 추가적으로 적용되는 특례로서, 법적 효과는 형의 임의적 감경이다.

(3) 세계주의

형법 제296조의2는 외국인의 국외범에 대해 세계주의를 규정하고 있다. 세계주의의 적용대상 범죄는 (가) 미성년자약취 · 유인죄(법287), (나) 추행등목적 약취 · 유인죄(법288), (다) 인신매매죄(법289), (라) 약취등상해 · 치상죄(법290), (마) 약취등살인 · 치사죄(법291), (바) 피인취자수수 · 은닉죄 및 피인취대상자모집죄(법292), (사) 이들 범죄의 미수범(법294)이다.

이들 범죄에 관한 형벌법규는 대한민국 영역 밖에서 죄를 범한 외국인에게도 적용한다. 인류에 대한 공통적 범죄인 약취·유인죄와 인신매매죄에 대해 공통적으로 대처하기 위함이다.

3. 보호법익

(1) 자유권설과 감호권설

형법 각칙 제31장 약취, 유인 및 인신매매의 죄의 장에서 규정한 범죄의 객체는 미성년자(법287)와 사람(법288, 289)이다. 일반적인 성인의 경우 약취·유인죄의 보호법익이 약취·유인된 사람의 자유로운 생활관계라는 점에는 의문이 없다.

그런데 미성년자(민법5)나 제한능력자(민법9)의 경우에는 친권자 또는 후견인이라는 보호감독자가 있다. 이와 같이 보호감독자가 있는 미성년자나 제한능력자에 대한 약취·유인죄의 보호법익을 두고 견해가 나뉘고 있다.

(가) 학 설 자유권설은 미성년자나 제한능력자에 대한 약취·유인죄나 인신매매죄의 본질을 오로지 피인취자(被引取者)의 자유로운 생활관계를 침해하는 것으로 보는 견해이다. 이에 대해 감호권설은 피인취자에게 자유로운 생활관계의 침해가 따르기는 하지만 보다 기본적인 것은 인적 보호감독관계의 침해에 있다고 보는 견해이다.

보호감독관계를 보다 명확하게 규정한 입법례로 독일 형법을 들 수 있다. 독일 형법은 14세 미만 아동에 대한 경우에는 폭행·협박·위계의 방법에 의하지 아니하더라도 약취·유인죄로 처벌하고 있다(동법235① ii).[1] 피해자의 자유로운 생활관계 침해를 떠나서 보호감독관계의 침해 자체에 중점을 둔 구성요건이라고 할 수 있다.

(나) 판 례 판례는 미성년자나 제한능력자의 자유로운 생활관계 외에 보호감독자의 감호권도 약취·유인죄의 보호법익으로 보고 있다.[2] 미성년자나 제한능력자를 두텁게 보호한다는 관점에서 판례의 입장이 타당하다고 본다.

판례의 입장에 따를 때, 행위자가 미성년자나 제한능력자를 보호감독하고 있던 부모나 후견인의 감호권을 침해하여 미성년자나 제한능력자를 자신의 사실적 지배 아래로 옮기면 약취·유인죄가 성립한다. 미성년자나 제한능력자의 동의가 있다고 할지라도 약취·유인죄

---

1) 독일형법 제235조 ① 다음의 행위를 한 자는 5년 이하의 자유형 또는 벌금에 처한다.
1. 폭행, 공포심을 느끼게 하는 해악의 고지를 통한 협박 또는 위계로 18세 미만의 사람을 양 부모, 부모의 일방, 후견인 또는 보호자로부터 데려가거나 자신이 데리고 있는 것
2. 자신의 친족이 아닌 아동[14세 미만자]을 양 부모, 부모의 일방, 후견인 또는 보호자로부터 데려가거나 자신이 데리고 있는 것
(이하 조항 생략함.)

2) 2003. 2. 11. 2002도7115, 공 2003, 870 = 분석 각론『미성년자 가출 동의 사건』.

의 성립에 변함이 없다.[1] 보호감독관계의 침해가 인정되기 때문이다.

역으로, 미성년자나 제한능력자를 보호감독하는 사람이라 하더라도 (가) 다른 보호감독자의 감호권을 침해하거나, (나) 자신의 감호권을 남용하여 미성년자나 제한능력자 본인의 이익을 침해하는 경우에는 약취·유인죄가 성립할 수 있다.[2]

(2) 계속범설과 상태범설

약취·유인죄(법287, 288)의 법적 성질을 놓고 계속범설과 상태범설이 대립하고 있다. 동일한 논의는 인신매매죄(법289)에도 그대로 해당된다. 아래에서는 서술의 편의상 약취·유인죄를 중심으로 논의를 진행하기로 한다.

(가) 상태범설　　피인취자를 자기 또는 제3자의 사실적 지배하에 옮김으로써 일단 약취·유인죄는 기수에 이른다고 보고, 그 이후에 진행되는 사실적 지배상태의 계속은 이미 일어난 위법상태가 계속되는 것일 뿐 새로운 법익침해 행위는 일어나지 않는다고 보는 견해이다.

(나) 계속범설　　피인취자를 자기 또는 제3자의 사실적 지배하에 옮길 때에 기수에 달할 뿐만 아니라 피인취자를 사실적 지배하에 두고 있는 동안 그의 자유로운 생활관계와 보호감독관계의 침해행위가 지속되는 것이기 때문에 약취·유인죄가 계속 진행된다고 보는 견해이다.[3]

(3) 논의의 실익

약취·유인죄(법287, 288)를 상태범으로 볼 것인가 계속범으로 볼 것인가 하는 논의의 실익은 처단형의 계산, 공소시효의 기산점, 신법·구법의 기준시점, 공범의 성립 여부 등에서 나타난다.

(가) 처단형　　처단형을 계산할 때 차이가 있다. 예컨대 미성년자를 약취하여 사실적 지배관계를 설정한 다음 계속하여 피약취자를 감금한 경우를 상정해 본다. 이 경우 상태범설에 의하면 사실적 지배관계를 설정할 때 미성년자약취죄(법287; 10년 이하의 징역)는 기수에 이르고, 이어서 일어나는 감금죄(법276①; 5년 이하의 징역 또는 7백만원 이하의 벌금)는 별개의 범죄로서 양자는 실체적 경합관계를 이룬다. 이 경우 양 죄를 동시적 경합범으로서 징역형으

---

1) 2003. 2. 11. 2002도7115, 공 2003, 870 = 분석 각론『미성년자 가출 동의 사건』.

2) 2008. 1. 31. 2007도8011, 공 2008, 341 = 분석 각론『친권자 약취 사건』.

3) 김성돈, 176면; 김일수·서보학, 122면; 김혜정 외, 166면; 박상기, 126면; 배종대, 151면; 손동권·김재윤, 138면; 오영근, 121면; 이용식, 117면; 이재상·장영민·강동범, 138면; 이정원, 161면; 이형국·김혜경, 184면; 임웅, 176면; 정성근·박광민, 165면; 정영일, 102면; 주호노, 258면.

로 처벌한다면 처단형은 15년 이하의 징역이 될 것이다(법38① ii).

이에 대해 계속범설에 따르면 미성년자약취죄로 인한 사실적 지배관계의 계속과 감금죄에 의한 장소이동의 자유 제한은 동시에 진행되고 있으므로 양 죄는 상상적 경합관계에 있다. 그 결과 양 죄에 대한 처단형은 중한 죄인 미성년자약취죄에 따라 10년 이하의 징역이 된다(법40).

(나) 확정판결의 효력　　확정판결의 효력범위에 차이가 있다. 소송법적으로 볼 때, 위의 사례에서 상태범설에 따르면 양자는 실체적 경합관계에 있으므로 소송법상 수개의 죄가 된다. 그리하여 미성년자약취죄에 대한 확정판결의 효력은 감금죄에 미치지 않으며, 감금죄에 대한 확정판결의 효력 또한 미성년자약취죄에 미치지 않는다.

이에 대해 계속범설에 따르면 양죄는 상상적 경합관계에 있어서 과형상 일죄를 이룬다. 그리하여 미성년자약취죄에 대한 확정판결의 효력은 감금죄에 미치며, 그 역의 경우도 마찬가지이다.

(다) 행위시법　　행위시법의 판단기준이 달라진다. 예컨대 미성년자를 약취하여 사실적 지배관계가 설정된 후 그 지배관계가 계속되는 도중에 미성년자약취죄의 법정형이 무거운 형으로 변경된 경우를 생각해 본다. 이 경우 상태범설에 의하면 피약취자에 대한 사실적 지배관계가 설정될 때의 법률(구법)은 행위시법이 되고 이후 개정된 법률(신법)은 재판시법이 된다. 법원은 양자를 비교하여 경한 법률인 구법을 적용해야 한다. 이에 대해 계속범설에 따르면 약취행위가 계속되는 도중에 개정된 법률(신법)은 행위시의 법률로서 신법을 적용해야 한다.

(라) 공소시효　　공소시효의 기산점에 차이가 있다. 상태범설에 의하면 범인이 피약취 · 유인자에 대해 사실적 지배관계를 설정한 때로부터 공소시효가 계산되기 시작한다. 이에 대해 계속범설에 의하면 피약취 · 유인자에 대한 사실적 지배관계가 개시되어 계속되다가 그 지배상태가 해제된 때로부터 공소시효가 계산되기 시작한다.

(마) 공 범　　공동정범의 성립에 차이가 있다. 예컨대 범인이 미성년자인 부녀를 유인하여 사실적 지배관계를 설정한 상태에서 제3자가 범인과 공모하여 피해 부녀를 추업에 취업시키려고 일자리를 알아보는 경우를 생각해 본다.[1] 이 경우 상태범설에 의하면 범인의 미성년자 유인행위는 이미 기수에 이르렀으므로 제3자는 공동정범으로 미성년자유인죄

---

1) 이 경우는 일본에서 실제로 있었던 사안이다. 이에 대해 일본의 법원은 제3자에 대해 미성년자유인죄의 공동정범을 인정하였다. 미성년자에 대한 보호감독자의 사실적 지배관계가 회복될 때까지 보호감독관계가 계속 침해된다는 것이 그 이유였다. 그러나 일본의 학계에서는 상태범설과 계속범설이 대립하고 있다. 일본의 학설 및 판례에 대한 분석은, 大コンメンタール刑法, 第二版, 第11卷, 381頁 이하 참조.

에 가담할 수 없다. 이에 대해 계속범설에 의하면 미성년자에 대한 사실적 지배관계가 계속되는 동안 미성년자유인죄가 계속되고 있으므로 제3자는 미성년자유인죄의 공동정범이 될 수 있다.

(4) 사 견

생각건대 약취 · 유인죄(법287, 288)의 법적 성질은 상태범설의 관점에서 파악하는 것이 타당하다고 본다. 약취 · 유인죄의 핵심은 범인이 기존의 자유로운 생활관계 내지 보호감독관계를 깨뜨리고 피해자에 대해 새로운 사실적 지배관계를 설정하였다는 데에 있다. 이후에 진행되는 법익침해행위는 별도의 구성요건으로 포착하는 것이 더 바람직하다.

상태범설에 대해서는 사실적 지배관계가 계속되는 동안에 가담하는 제3자를 공동정범으로 처벌할 수 없다는 비판을 생각할 수 있다. 그러나 우리 형법은 약취 · 유인죄(법287, 288) 이후에 일어나는 각종 법익침해 행위에 대해 아동혹사죄(법274), 인신매매죄(법289), 인질강요죄(법324의2), 인질강도죄(법336), 「특정범죄 가중처벌 등에 관한 법률」상의 13세 미만자 약취 · 유인죄(특정범죄가중법5의2) 등을 규정하여 처벌의 미비가 없도록 하고 있다. 사실적 지배관계가 계속되는 동안에 가담하는 제3자의 처벌은 이후의 새로운 범죄로 다스려도 충분하다고 생각된다.

(5) 판례의 입장

판례는 상태범설의 입장이라고 생각된다. 판례는 미성년자를 유인한 다음에 감금한 사안에 대해 "미성년자유인죄 이외에 감금죄가 별도로 성립한다"고 판시하였다.[1] 대법원이 "감금죄가 별도로 성립한다"는 표현을 사용한 것은 위의 사안을 상상적 경합범으로 보아 처단형을 산정한 원심판결의 잘못을 지적하기 위함이었다.

한편 감금행위를 수단으로 강도상해죄를 범한 다음에 감금행위를 계속한 사안에 대해 판례는 계속된 감금행위 부분에 대한 감금죄의 기판력은 강도상해죄에 미치지 않는다고 판단하고 있다.[2] 강도죄는 전형적인 상태범이다. 강도죄 이후에 일어난 감금죄에 대해 확정판결이 있을 때 그 효력은 그에 앞서 일어난 강도죄에 미치지 않는다는 것이다. 이러한 판례의 접근방법은 약취 · 유인죄(법287, 288)에도 그대로 적용될 수 있다고 생각된다.

---

1) 1998. 5. 26. 98도1036, 공 1998, 1836 = 분석 각론 『특송차 운전기사 사건』.
2) 2003. 1. 10. 2002도4380, 공 2003, 668 = 분석 각론 『행신동 단란주점 사건』 참조.

제2 약취 · 유인죄의 기본유형 – 미성년자약취 · 유인죄

형법 제287조 (미성년자의 약취, 유인) 미성년자를 약취 또는 유인한 사람은 10년 이하의 징역에 처한다.

◎ 미수범 처벌함(법294)
◎ 예비 · 음모 처벌함(법296)
◎ 사후중지범에 대한 특례 있음(법295의2)
◎ 세계주의 적용됨(법296의2)
◎ 결과적 가중범 처벌함(법290, 291)
◎ 특정강력범죄법상 단기누범 가중(동법2, 3)

1. 행위주체

미성년자약취 · 유인죄의 주체에 제한은 없다. 미성년자의 보호감독자라 할지라도 (가) 다른 보호감독자의 보호감독권을 침해하거나, (나) 자신의 보호감독권을 남용하여 미성년자 본인의 이익을 침해하는 경우에는 미성년자약취 · 유인죄의 주체가 될 수 있다.[1)]

미성년자를 보호감독하는 자라 하더라도 다른 보호감독자의 보호감독권을 침해하는 경우에는 미성년자약취 · 유인죄의 주체가 될 수 있다. 예컨대 부모가 이혼하였거나 별거하는 상황에서 미성년의 자녀를 부모의 일방이 평온하게 보호 · 양육하고 있는데, 상대방 부모가 폭행 · 협박 또는 불법적인 사실상의 힘을 행사하여 기존의 보호 · 양육 상태를 깨뜨리고 자녀를 탈취하여 자기 또는 제3자의 사실상 지배하에 옮기는 행위는 미성년자약취죄를 구성한다.[2)]

부모가 함께 동거하면서 미성년의 자녀를 보호 · 양육하여 오던 중 부모의 일방이 상대방 부모나 그 자녀에게 어떠한 폭행 · 협박이나 불법적인 사실상의 힘을 행사함이 없이 그 자녀를 데리고 종전의 거소를 벗어나 다른 곳으로 옮겨 자녀에 대한 보호 · 양육을 계속하였다면, 그 행위가 보호 · 양육권의 남용에 해당한다는 등 특별한 사정이 없는 한, 설령 이에 관하여 법원의 결정이나 상대방 부모의 동의를 얻지 아니하였다고 하더라도 그러한 행위에 대하여 곧바로 미성년자약취죄의 성립을 인정할 수는 없다.[3)]

---

1) 2008. 1. 31. 2007도8011, 공 2008, 341 = 분석 각론 『친권자 약취 사건』.
2) 2013. 6. 20. 2010도14328 전원합의체 판결, 공 2013하, 1399 = 분석 각론 『베트남 여성의 자녀 약취 사건』.
3) 2013. 6. 20. 2010도14328 전원합의체 판결, 공 2013하, 1399 = 분석 각론 『베트남 여성의 자녀 약취

부모의 별거 또는 이혼 상황에서 일방 배우자가 면접교섭권을 행사하기 위하여 자녀를 적법하게 데리고 갔다가 면접교섭 기간이 종료하였음에도 양육친에게 데려다주지 않은 경우 그 사정만으로 항상 미성년자약취죄가 성립한다고 볼 수는 없다.[1]

그러나 미성년 자녀의 양육자 지정 등에 관한 가정법원의 결정을 위반하는 경우에는 사정이 다르다. 자녀의 최대한의 복리 우선의 원칙과 관련하여, 가정법원은 미성년 자녀의 양육자 지정 등에 관한 결정을 할 때 자녀의 복리를 최우선적으로 고려하므로, 이러한 가정법원의 결정을 위반하는 행위는 특별한 사정이 없는 한 자녀의 복리를 침해하는 것으로 볼 수 있다. 그리하여 적법한 면접교섭 기간이 종료하였음에도 가정법원의 결정을 위반하여 미성년 자녀를 양육친에게 데려다주지 않은 경우 피고인의 행위는 불법적인 사실상의 힘을 수단으로 피해아동을 그 의사와 복리에 반하여 자유로운 생활 및 보호관계로부터 이탈시켜 자기의 사실상 지배하에 옮긴 적극적 행위와 형법적으로 같은 정도의 행위로 평가할 수 있으므로, 미성년자약취죄의 약취행위에 해당한다.[2]

2. 행위객체

미성년자약취 · 유인죄의 객체는 미성년자이다. 이 경우 미성년자는 형사미성년자(법9 참조)가 아니라 민법상의 미성년자인 만 19세 미만의 사람을 의미한다(민법4). 미성년자인 이상 성별, 의사능력의 유무 및 현실적으로 타인의 보호감독을 받고 있는지 여부는 미성년자약취 · 유인죄의 성립에 영향을 미치지 않는다.

미성년자에는 의사능력이 없는 영아는 물론 성인에 가까운 판단능력을 가지고 있는 청소년도 모두 포함된다. 13세 미만 미성년자에 대한 약취 · 유인죄는 약취 · 유인의 목적에 따라 「특정범죄 가중처벌 등에 관한 법률」위반죄(동법5의2 참조)로 가중처벌된다.[3]

미성년자가 혼인한 경우에도 미성년자약취 · 유인죄의 객체가 될 수 있는지 문제된다. 민법은 성년의제제도를 채택하여 미성년자가 혼인한 경우 성년자로 보고 있다(민법826의2). 여기에서 혼인한 미성년자가 미성년자약취 · 유인죄의 객체에서 제외되지 않는가 하는 의문이 제기된다.

이와 관련하여 형법에 고유한 미성년자 개념은 없으며 민법의 미성년자 개념에 따라야

사건』.

1) 2021. 9. 9. 2019도16421, 공 2021하, 1924 = 『프랑스 여성 아동 인도청구 사건』 ☞ 부록 1597면.

2) 2021. 9. 9. 2019도16421, 공 2021하, 1924 = 『프랑스 여성 아동 인도청구 사건』.

3) 2013년 말 개정에 의하여 특정범죄가중법 제5조의2의 적용대상이 '미성년자'에서 '13세 미만의 미성년자'로 축소되었다.

한다는 관점에서 혼인한 미성년자를 미성년자약취 · 유인죄의 객체에서 배제하는 견해가 있다. 이 입장에서는 미성년자를 민법에 따라 통일적으로 해석하는 것이 죄형법정주의의 원칙에 부합한다고 주장한다.[1]

생각건대 민법에 의하여 성년으로 의제되는 경우라 할지라도 형법적으로는 미성년자약취 · 유인죄의 미성년자에 해당한다고 본다.[2] 미성년자약취 · 유인죄는 성인에 비하여 판단능력이 부족한 미성년자를 두텁게 보호하기 위하여 마련된 범죄유형이다. 성년의제제도는 부부의 혼인생활 독립의 요청에서 나오는 것이므로 민법 이외의 법률에 대하여는 그 적용이 제한된다고 보아야 한다.

3. 실행행위

(1) 약취와 유인

(가) 사실적 지배관계 　미성년자약취 · 유인죄는 미성년자의 자유로운 생활관계 또는 보호감독자의 보호감독관계로부터 미성년자를 자기 또는 제3자의 사실적 지배관계 아래로 옮기는 범죄이다. 이 경우 사실적 지배관계는 미성년자에 대한 물리적 · 실력적 지배관계를 의미한다. 사실적 지배관계 아래에 둔다는 의미는 전에 사실적 지배관계를 가지지 아니한 자가 새로이 사실적 지배관계를 획득하는 것을 말한다.

단순히 미성년자를 약취 · 유인한 자가 이후 추행 등의 목적으로 사실적 지배관계를 계속하는 경우에는 추행 등을 목적으로 사람을 약취 · 유인한 것이 되어 추행등목적 약취 · 유인죄(법288)가 성립한다. 이 경우 미성년자약취 · 유인죄(법287)와 추행등목적 약취 · 유인죄(법288)는 실체적 경합관계에 있다.

(나) 약　취 　폭행 · 협박 또는 불법적인 사실상의 힘을 그 수단으로 미성년자를 자기 또는 제3자의 사실적 지배 아래로 옮기는 행위이다.[3] 미성년자를 물리적 · 실력적 지배 아래 둘 수 있을 정도이면 족하고 반항을 억압할 정도일 필요는 없다.[4]

약취는 부작위에 의하여도 가능하다. 예컨대 부모의 별거 또는 이혼 상황에서 일방 배우자가 면접교섭권을 행사하기 위하여 자녀를 적법하게 데리고 갔다가 면접교섭 기간이 종료

---

1) 이재상 · 장영민 · 강동범, 136면.

2) 김성돈, 177면; 김일수 · 서보학, 120면; 김혜정 외, 163면; 박상기, 128면; 배종대, 150면; 손동권 · 김재윤, 134면; 오영근, 119면; 이정원, 160면; 이형국 · 김혜경, 181면; 임웅, 176면; 정성근 · 박광민, 167면; 정영일, 99면; 주호노, 252면.

3) 2013. 6. 20. 2010도14328 전원합의체 판결, 공 2013하, 1399 = 분석 각론『베트남 여성의 자녀 약취사건』.

4) 1990. 2. 13. 89도2558, 공 1990, 709.

한 후 법원의 아동인도결정이 있음에도 불구하고 양육친에게 데려다주지 않은 경우 피고인의 행위는 불법적인 사실상의 힘을 수단으로 피해아동을 그 의사와 복리에 반하여 자유로운 생활 및 보호관계로부터 이탈시켜 자기의 사실상 지배하에 옮긴 적극적 행위와 형법적으로 같은 정도의 행위로 평가할 수 있으므로, 미성년자약취죄의 약취행위에 해당한다.[1]

(다) 유 인 기망 또는 유혹을 수단으로 미성년자를 꾀어 현재의 보호상태로부터 이탈하게 하여 자기 또는 제3자의 사실적 지배 아래로 옮기는 행위를 말한다. 기망은 허위의 사실로 상대방에게 착오를 야기하는 행위를 말한다. 유혹은 기망의 정도에는 이르지 아니하나 감언이설로써 상대방을 현혹시켜 판단의 적정을 그르치게 하는 행위이다. 유혹의 내용은 반드시 허위일 것을 요하지 않는다.[2]

약취와 유인의 차이를 보면, 약취는 폭행 · 협박 또는 불법한 사실상의 힘을 수단으로 사용하여 처음부터 피해자의 의사에 반하고 있다. 이에 대해 유인은 기망 · 유혹을 수단으로 사용하여 피해자의 하자 있는 의사를 이용한다. 유아와 같이 의사능력을 갖추지 못한 사람에 대해서는 미성년자유인죄가 성립할 수 없고 미성년자약취죄만 성립한다. 약취와 유인은 동일한 구성요건에 규정되어 있으므로 유인행위와 약취행위가 병합하여 실행된 경우에는 미성년자약취 · 유인죄의 단순일죄가 성립한다.

(라) 피해자의 승낙 미성년자약취 · 유인죄에는 위법성조각사유로서 피해자의 승낙(법24)이 적용되지 않는다. 피해자의 승낙이 문제되는 경우는 특히 미성년자유인죄의 경우이다.

미성년자약취 · 유인죄는 심신의 발육이 불충분하고 지려와 경험이 풍부하지 못한 미성년자를 특별히 보호하기 위하여 마련된 범죄유형이다. 또한 미성년자약취 · 유인죄는 미성년자의 자유 이외에 보호감독자의 감호권도 보호법익으로 하고 있다. 따라서 미성년자의 약취 · 유인행위에 피해자의 동의가 있었다 하더라도 미성년자약취 · 유인죄의 성립에는 영향이 없다.[3]

마찬가지로 약취 · 유인의 범행 후에 피해자가 동의하거나 용서를 한 경우라 할지라도 미성년자약취 · 유인죄의 성립에 영향을 미치지 못한다.

(2) 장소이동의 요부

미성년자에 대한 약취 · 유인은 피해자에게 장소적 이전이 일어나는 형태로 이루어지는

1) 2021. 9. 9. 2019도16421, 공 2021하, 1924 = 『프랑스 여성 아동 인도청구 사건』.
2) 1996. 2. 27. 95도2980, 공 1996, 1186 = 분석 각론 『저능아 조카 사건』.
3) 2003. 2. 11. 2002도7115, 공 2003, 870 = 분석 각론 『미성년자 가출 동의 사건』.

경우가 많다. 그러나 반드시 피해자에게 장소적 이전이 일어날 필요는 없다.[1] 장소적 이전 없이 미성년자를 기존의 자유로운 생활관계 또는 보호감독관계로부터 이탈시켜 범인이나 제3자의 사실상 지배 아래에 두는 경우도 약취 · 유인에 포함된다.

장소적 이전이 없더라도 약취 · 유인에 해당하는 사례로는 (가) 범인이 미성년자 혼자 머무는 주거에 침입하여 미성년자를 감금한 다음 폭행 · 협박에 의하여 부모의 출입을 봉쇄하여 독자적인 생활관계를 형성하기에 이른 경우, (나) 미성년자와 부모가 거주하는 주거에 침입하여 부모만을 강제로 퇴거시키고 독자적인 생활관계를 형성하기에 이른 경우 등을 들 수 있다.[2]

(3) 미수와 기수, 예비 · 음모

미성년자약취 · 유인죄는 미수범을 처벌한다(법294, 287). 실행의 착수시기는 폭행 · 협박 · 기망 · 유혹의 수단을 사용하기 시작하는 때이다. 기수시기는 피해자를 자기 또는 제3자의 실력적 지배관계 안으로 옮긴 때이다. 미성년자약취 · 유인죄를 범한 사람이 약취 · 유인된 사람을 안전한 장소에 풀어준 때에는 그 형을 감경할 수 있다(법295의2, 287).

미성년자약취 · 유인죄를 범할 목적으로 예비 또는 음모한 사람도 처벌된다(법296, 287). 미성년자약취 · 유인죄를 규정한 형법 제287조는 대한민국 영역 밖에서 죄를 범한 외국인에게도 적용된다(법296의2).

4. 고 의

미성년자약취 · 유인죄가 성립하려면 행위자가 미성년자를 자기 또는 제3자의 물리적 · 실력적 지배 아래로 옮긴다는 고의를 가지고 미성년자를 약취 또는 유인해야 한다.[3] 이를 위해서는 피해자가 미성년자라는 점, 약취 · 유인의 행위를 한다는 점에 대한 인식 · 인용이 있어야 한다. 유인하는 행위가 피해자의 의사에 반한다는 것까지 인식 · 인용할 필요는 없다.[4] 약취 · 유인의 동기나 목적을 불문한다. 미성년자를 보호, 양육하기 위하여 약취 · 유인

---

1) 2008. 1. 17. 2007도8485, 공 2008, 267 = 분석 각론 『도망친 어머니 사건』.

2) 2008. 1. 17. 2007도8485, 공 2008, 267 = 분석 각론 『도망친 어머니 사건』.

3) 1998. 5. 15. 98도690, 공 1998, 1693.

4) 1976. 9. 14. 76도2072, 공 1976, 9357 = 『가출 편지 사건』 :

(청소년성보호법이 시행되기 전의 사안이다.) 갑은 13세 미만 미성년자 A에게 ㉠제안(내용불명)을 하면서 가출하자고 하였다. A는 갑의 ㉠제안에 동의하여 가출하였다. A는 가출할 때 ㉠제안을 동의하여 가출한다는 내용의 ㉡편지를 부모 B, C에게 써놓고 나왔다. 이후 갑은 A와 성관계를 가졌다.

검사는 갑을 미성년자의제강간죄와 미성년자유인죄로 기소하였다. 제1심법원은 유죄를 인정하였다. 갑은 불복 항소하였다. 항소법원은 항소를 기각하고, 제1심판결을 유지하였다. 갑은 불복 상고하였다. 갑은 상고이

하는 경우에도 미성년자약취 · 유인죄가 성립할 수 있다.

강도 범행을 하는 과정에서 혼자 주거에 머무르고 있는 13세 미만 미성년자를 체포 · 감금한 후 미성년자의 신체에 위해를 가할 것처럼 협박하여 부모로부터 금품을 강취하는 경우에 「특정범죄 가중처벌 등에 관한 법률」(특정범죄가중법)이 규정하고 있는 13세 미만 미성년자약취강도죄(동법5의2)가 성립할 것인지 문제된다.

특정범죄가중법이 규정한 13세 미만자 미성년자약취강도죄(동법5의2)가 성립하려면 미성년자약취죄(법287)가 먼저 인정되어야 한다. 일시적으로 부모와의 보호관계가 사실상 침해 · 배제되었다 할지라도, 그 의도가 미성년자를 기존의 생활관계 및 보호감독관계로부터 이탈시키는 데에 있었던 것이 아니라, 단지 금품 강취를 위하여 반항을 제압하는 데에 있었다거나 금품 강취를 위하여 고지한 해악의 대상이 그곳에 거주하는 미성년자였던 것에 불과하다면, 특별한 사정이 없는 한 미성년자를 약취한다는 고의가 인정되지 않는다. 미성년자약취죄가 성립하지 않으므로 13세 미만 미성년자약취강도죄 또한 성립하지 않는다.[1]

이 경우 미성년자를 체포 · 감금하여 이를 인질로 삼아 재물 또는 재산상 이익을 취득하거나 제3자로 하여금 취득하게 하는 행위로서 인질강도죄(법336)에 해당할 수 있음은 별개의 문제이다.[2]

제 3 약취 · 유인죄의 특수유형

1. 추행등목적 약취 · 유인죄

형법 제288조 (추행 등 목적 약취, 유인 등) ① 추행, 간음, 결혼 또는 영리의 목적으로 사람을 약취 또는 유인한 사람은 1년 이상 10년 이하의 징역에 처한다.

유로 다음의 점을 주장하였다. (가) A는 가출을 자유롭게 승낙하였다. (나) 자유롭게 승낙하였으므로 유인에 해당하지 않는다. (다) 가출할 때 A의 의사에 반한다고 생각하지 않았다. (라) 미성년자 유인의 고의가 없다.

대법원은 다음의 이유를 제시하여 상고를 기각하였다. (가) 형법상 미성년자유인죄라 함은 기망, 유혹 같은 달콤한 말을 수단으로 하여 미성년자를 꾀어 현재의 보호상태로부터 이탈케 하여 자기 또는 제3자의 사실적 지배하에 옮기는 것이다. (나) 이는 기망, 유혹을 수단으로 하여 사려 없고 나이 어린 피해자의 하자 있는 의사를 이용하는데 있는 것이다. (다) 미성년자유인죄의 범의는 피해자가 미성년자라는 것을 알면서 유인의 행위에 대한 인식이 있으면 족한 것이다. (라) 유인하는 행위가 피해자의 의사에 반하는 것까지 인식하여야 하는 것은 아니다. (마) 유인으로 인하여 피해자가 하자 있는 의사로 자유롭게 승락하였다 하더라도 미성년자유인죄의 성립에 소장(消長)이 있는 것은 아니다.

(바) A가 갑의 유인으로 인하여 가출함에 있어 ㉡내용의 편지를 부모들에게 써놓고 나왔다 하더라도 미성년자유인죄의 성립에는 아무런 소장이 없다. (사) 갑에게 미성년자유인죄의 범의가 있다고 인정된다.

1) 2008. 1. 17. 2007도8485, 공 2008, 267 = 분석 각론 『도망친 어머니 사건』.

2) 2008. 1. 17. 2007도8485, 공 2008, 267 = 분석 각론 『도망친 어머니 사건』.

② 노동력 착취, 성매매와 성적 착취, 장기적출을 목적으로 사람을 약취 또는 유인한 사람은 2년 이상 15년 이하의 징역에 처한다.

③ 국외에 이송할 목적으로 사람을 약취 또는 유인하거나 약취 또는 유인된 사람을 국외에 이송한 사람도 제2항과 동일한 형으로 처벌한다.

◎ 벌금 임의적 병과(법295)
◎ 미수범 처벌함(법294)
◎ 예비 · 음모 처벌함(법296)
◎ 사후중지범에 대한 특례 있음(법295의2)
◎ 세계주의 적용됨(법296의2)
◎ 결과적 가중범 처벌함(법290, 291)
◎ 특정강력범죄법상 단기누범 가중(동법2, 3)

(1) 행위객체

형법 제288조는 추행 등 일정한 목적을 가지고 사람을 약취 또는 유인하는 행위를 처벌하고 있다. 추행등목적 약취 · 유인죄의 객체는 성년자 · 미성년자, 남자 · 여자를 모두 포함한다. 형법 제288조의 죄는 기본적으로 목적범이지만, 약취 · 유인된 사람을 국외에 이송한 자를 처벌하는 경우(법288③ 후단)는 목적범이 아니다.

추행등목적 약취 · 유인죄와 관련하여 특별법으로 주목되는 것에 「아동 · 청소년의 성보호에 관한 법률」이 있다.[1)]

---

1) **아동 · 청소년의 성보호에 관한 법률 제12조**(아동 · 청소년 매매행위) ① 아동 · 청소년의 성을 사는 행위 또는 아동 · 청소년성착취물을 제작하는 행위의 대상이 될 것을 알면서 아동 · 청소년을 매매 또는 국외에 이송하거나 국외에 거주하는 아동 · 청소년을 국내에 이송한 자는 무기징역 또는 5년 이상의 징역에 처한다.

② 제1항의 미수범은 처벌한다.

제13조(아동 · 청소년의 성을 사는 행위 등) ① 아동 · 청소년의 성을 사는 행위를 한 자는 1년 이상 10년 이하의 징역 또는 2천만원 이상 5천만원 이하의 벌금에 처한다.

② 아동 · 청소년의 성을 사기 위하여 아동 · 청소년을 유인하거나 성을 팔도록 권유한 자는 3년 이하의 징역 또는 3천만원 이하의 벌금에 처한다.

③ 16세 미만의 아동 · 청소년 및 장애 아동 · 청소년을 대상으로 제1항 또는 제2항의 죄를 범한 경우에는 그 죄에 정한 형의 2분의 1까지 가중처벌한다.

제14조(아동 · 청소년에 대한 강요행위 등) ① 다음 각 호의 어느 하나에 해당하는 자는 5년 이상의 유기징역에 처한다.

1. 폭행이나 협박으로 아동 · 청소년으로 하여금 아동 · 청소년의 성을 사는 행위의 상대방이 되게 한 자
2. 선불금(先拂金), 그 밖의 채무를 이용하는 등의 방법으로 아동 · 청소년을 곤경에 빠뜨리거나 위계 또는 위력으로 아동 · 청소년으로 하여금 아동 · 청소년의 성을 사는 행위의 상대방이 되게 한 자
3. 업무 · 고용이나 그 밖의 관계로 자신의 보호 또는 감독을 받는 것을 이용하여 아동 · 청소년으로 하여금 아동 · 청소년의 성을 사는 행위의 상대방이 되게 한 자

(2) 실행행위

(가) 약취 · 유인　　추행등목적 약취 · 유인죄의 실행행위는 원칙적으로 약취와 유인이다. 약취와 유인에 대한 설명은 미성년자약취 · 유인죄의 그것과 같다. 피인취자가 추행 등의 목적에 동의한 경우라 할지라도 위법성조각사유로서 피해자의 승낙(법24)은 적용되지 않는다. 추행등목적 유인죄의 경우 피해자의 동의나 승낙을 수반하게 되지만, 기망이나 유혹에 의한 것이어서 진의에 기초한 것이라고 볼 수 없기 때문이다. 약취 · 유인 후 피해자가 범행에 동의하거나 용서를 하였다고 해도 이미 성립한 추행등목적 약취 · 유인죄에 영향을 미치지 않는다.

(나) 국외이송　　형법 제288조 제3항 후단은 약취 또는 유인된 사람을 국외에 이송한 사람을 처벌하고 있다. 피인취자 국외이송죄는 목적범이 아니다. 행위객체는 약취 · 유인된 사람이면 되고 약취 · 유인의 목적은 묻지 않는다. 국외이송은 원칙적으로 피해자를 대한민국의 영토, 영해, 영공의 바깥으로 이송하는 것이며, 외국의 영토, 영해, 영공에 들어감을 요하지 않는다.

형법 제296조의2에 의하여 형법 제287조에 세계주의가 적용되어 외국인의 국외범을 처벌한다. 그러므로 국외 이송은 피인취자를 체재국의 영토, 영해, 영공 바깥으로 이송하는 행위까지 포함하게 된다.

(다) 미수 등　　추행등목적 약취 · 유인죄는 미수범을 처벌한다(법294, 288). 실행의 착수시기는 폭행 · 협박 · 불법한 사실상의 힘, 기망 · 유혹의 수단을 사용하기 시작하는 때이다. 기수시기는 피해자를 자기 또는 제3자의 실력적 지배관계 안으로 옮긴 때이다.

추행등목적 약취 · 유인죄를 범할 목적으로 예비 또는 음모한 사람도 처벌된다(법296, 288). 추행등목적 약취 · 유인죄를 범한 사람이 약취 · 유인된 사람을 안전한 장소로 풀어준 때에는 그 형을 감경할 수 있다(법295의2, 288).

(3) 고의와 목적

추행등목적 약취 · 유인죄는 목적범이므로 약취 · 유인에 대한 고의 이외에 추행 등에 대한 목적이 있어야 한다. 추행 등의 목적은 행위 전 또는 행위 도중에 있어야 한다. 적법하게

---

4. 영업으로 아동 · 청소년을 아동 · 청소년의 성을 사는 행위의 상대방이 되도록 유인 · 권유한 자

② 제1항 제1호부터 제3호까지의 죄를 범한 자가 그 대가의 전부 또는 일부를 받거나 이를 요구 또는 약속한 때에는 7년 이상의 유기징역에 처한다.

③ 아동 · 청소년의 성을 사는 행위의 상대방이 되도록 유인 · 권유한 자는 7년 이하의 징역 또는 5천만원 이하의 벌금에 처한다.

④ 제1항과 제2항의 미수범은 처벌한다.

사실적 지배관계를 설정한 후에 추행 등의 목적이 생긴 경우에도 추행등목적 약취 · 유인죄가 성립한다. 추행 등의 목적 달성 여부는 추행등목적 약취 · 유인죄의 성립에 영향을 미치지 않는다.

형법 제288조는 약취 · 유인의 목적 여하에 따라 처벌을 달리하고 있다. 형법 제288조의 각종 약취 · 유인죄와 그 미수범에 대하여는 벌금이 임의적으로 병과된다(법295).

(가) 제1항 목적　　추행, 간음, 결혼 또는 영리의 목적으로 사람을 약취 또는 유인한 사람은 1년 이상 10년 이하의 징역에 처한다(법288①).

추행의 목적은 피인취자를 음란한 행위의 주체 또는 객체로 삼으려는 목적을 말한다. 추행이란 일반인에게 성적 수치심이나 혐오감을 일으키고 선량한 성적 도덕관념에 반하는 행위로서 추행의 상대방인 피해자의 성적 자기결정의 자유를 침해하는 것을 말한다.[1)]

간음의 목적은 혼인 이외의 성교행위의 목적을 말한다. 결혼의 목적은 행위자 또는 제3자와 결혼하게 할 목적을 말한다. 결혼은 사실상의 것으로 족하며 반드시 법률상의 혼인을 의미하지 않는다.

영리의 목적은 자기 또는 제3자로 하여금 재물 또는 재산상의 이익을 얻게 하려는 목적을 말한다. 반드시 계속적, 반복적으로 이익을 얻는 것을 요하지 않는다. 반드시 불법한 이익일 필요는 없다. 채권의 변제를 받기 위하여 채무자를 약취하는 경우도 영리목적 약취죄를 구성한다.

영리를 목적으로 사람을 약취 · 유인한 후 이를 인질로 삼아 재물 또는 재산상 이익을 취득하였다면 영리목적 약취 · 유인죄(법288①)와 인질강도죄(법336)가 순차적으로 성립하며, 양자는 실체적 경합관계에 있다.

(나) 제2항 목적　　노동력 착취, 성매매와 성적 착취, 장기적출을 목적으로 사람을 약취 또는 유인한 사람은 2년 이상 15년 이하의 징역에 처한다(법288②).

노동력 착취 목적, 성매매와 성적 착취 목적, 장기적출 목적 등은 노동력 착취, 성매매와 성적 착취, 장기적출 등을 통해 불법하게 이익을 취득하려는 목적을 말한다. 영리 목적이 보다 구체화되고 가중된 형태로서 신종범죄에 해당한다.

성매매와 성적 착취를 목적으로 피해자를 약취 · 유인한 후 성매매나 성적 착취에 해당하는 행위를 하게 한 경우에는 성매매등 목적 약취 · 유인죄 이외에 「성매매알선 등 행위의 처벌에 관한 법률」위반죄(동법18 참조)가 성립하며 양자는 실체적 경합관계에 있다.

(다) 제3항 목적　　국외에 이송할 목적으로 사람을 약취 또는 유인한 사람도 제2항 목적의 경우와 동일하게 2년 이상 15년 이하의 징역으로 처벌한다(법288③ 전단 · ②).

---

1) 2012. 7. 26. 2011도8805, 공 2012하, 1527 = 분석 각론 『허심청 온천 사건』.

국외이송의 목적은 피인취자를 대한민국의 영토, 영해, 영공 바깥으로 이송할 목적을 말한다. 피인취자가 현실적으로 다른 나라에 이송될 것을 요하지 않는다. 대한민국의 법적 보호가 미치지 않는 영역으로 피해자를 이송하려는 목적에 불법의 정도가 높다고 보아 별도의 구성요건으로 포착되고 있으며, 노동력 착취 등의 목적과 같은 정도로 무겁게 처벌된다.

국외이송의 목적은 원칙적으로 피인취자를 대한민국의 영토, 영해, 영공 바깥으로 이송할 목적을 말한다. 그런데 형법 제296조의2에 의하여 형법 제288조에 세계주의가 적용되어 외국인의 국외범을 처벌한다. 그러므로 국외이송의 목적은 피인취자를 체재국의 영토, 영해, 영공 바깥으로 이송할 목적까지 포함하게 된다.

(4) 공 범

추행등 목적을 가지고 미성년자를 약취·유인하는 자의 범행(법288; 1년 이상 10년 이상의 징역 등)에 추행 등의 목적 없이 미성년자약취·유인죄(법287; 10년 이하의 징역)의 범행에만 가담하는 자를 어떻게 처벌해야 할 것인지 문제된다. 이러한 경우 추행등 목적 약취·유인죄는 미성년자약취·유인죄에 대해 일종의 부진정신분범과 같은 관계로 볼 여지가 있기 때문이다.

이에 대해 추행 등의 목적을 형법 제33조의 신분관계에 해당하는 것으로 보는 견해를 생각할 수 있다. 판례는 모해 목적 위증죄(법152②)의 경우에 모해 목적을 신분관계로 파악한 바가 있다.[1] 판례의 관점에 따른다면 추행등 목적 약취·유인죄는 미성년자약취·유인죄에 대해 일종의 부진정신분범과 같은 성질을 가지게 되고, 공범과 신분에 관한 형법 제33조가 적용될 것이다.

판례가 취하고 있는 본문·단서설에 따르면, 추행 등의 목적을 가지고 미성년자에 대한 약취·유인행위를 하는 경우에 추행 등의 목적 없이 공범으로 가공하면 목적을 가진 자와 목적이 없는 자 모두에 대해 추행등목적 약취·유인죄(법288)가 성립한다. 다만 추행 등의 목적이 없는 자는 미성년자약취·유인죄(법287)의 형으로 처벌된다.[2]

그러나 추행 등의 목적은 형법 제33조의 신분관계에 해당하지 않는다고 보아야 한다. 추행 등의 목적은 초과주관적 불법요소로서 약취·유인의 행위 자체와 관련된다. 이를 가리켜서 행위자 관련적 요소인 신분관계로 볼 수는 없다. 이렇게 본다면 추행 등의 목적 없이 미성년자약취·유인행위에 공범으로 관여한 자는 형법 제15조 제1항에 따라 처음부터 미성년자약취·유인죄(법287)로 처단해야 할 것이다.

---

1) 1994. 12. 23. 93도1002, 공 1995, 735 = 백선 총론『모해위증 교사 사건』.
2) 공범과 신분에 관한 형법 제33조의 해석에 대해서는, 신동운, 형법총론, 제14판, (2022), 736면 이하 참조.

(5) 죄 수

동일한 하나의 약취 · 유인행위에 추행, 간음, 결혼, 영리의 목적(제1항 목적)이 경합하는 경우에는 추행등목적 약취 · 유인죄의 포괄일죄가 성립한다. 동일한 하나의 약취 · 유인행위에 노동력 착취, 성매매와 성적 착취, 장기적출의 목적(제2항 목적)이 경합하는 경우에는 노동력 착취등 약취 · 유인죄의 포괄일죄가 성립한다.

동일한 하나의 약취 · 유인행위에 추행 등의 목적(제1항 목적)과 노동력착취 등의 목적(제2항 목적)이나 국외이송의 목적(제3항 목적)이 경합하는 경우에는 중한 죄인 노동력착취등목적 약취 · 유인죄 또는 국외이송목적 약취 · 유인죄가 성립하며 추행등목적 약취 · 유인죄는 이에 흡수된다고 본다.

동일한 하나의 약취 · 유인행위에 노동력착취 등의 목적(제2항 목적)과 국외이송의 목적(제3항 목적)이 경합하는 경우에는 노동력착취등 약취 · 유인죄와 국외이송 약취 · 유인죄가 각각 성립하며, 양자는 상상적 경합관계에 있다고 본다. 입법자가 국외이송 약취 · 유인죄의 불법성에 특히 주목하여 구성요건을 별도로 마련하고 있기 때문이다.

추행 목적으로 피해자를 약취 · 유인한 후에 영리 목적으로 피해자에 대한 사실적 지배를 계속한 경우에 죄수관계가 문제된다. 상태범설의 관점에서 볼 때 추행 목적으로 피해자를 약취 · 유인하여 사실적 지배관계를 설정할 때 추행목적 약취 · 유인죄는 기수에 이른다. 이후 영리 목적으로 기존의 사실적 지배관계를 계속하는 경우에는 새롭게 영리 목적 약취 · 유인죄가 성립하며, 두 죄는 실체적 경합관계에 있다.

2. 인신매매죄

형법 제289조 (인신매매) ① 사람을 매매한 사람은 7년 이하의 징역에 처한다.

② 추행, 간음, 결혼 또는 영리의 목적으로 사람을 매매한 사람은 1년 이상 10년 이하의 징역에 처한다.

③ 노동력 착취, 성매매와 성적 착취, 장기적출을 목적으로 사람을 매매한 사람은 2년 이상 15년 이하의 징역에 처한다.

④ 국외에 이송할 목적으로 사람을 매매하거나 매매된 사람을 국외로 이송한 사람도 제3항과 동일한 형으로 처벌한다.

◎ 벌금 임의적 병과(법295)

◎ 미수범 처벌함(법294)

◎ 예비 · 음모 처벌함(법296)

◎ 사후중지범에 대한 특례 있음(법295의2)

◎ 세계주의 적용됨(법296의2)

◎ 결과적 가중범 처벌함(법290, 291)

◎ 특정강력범죄법상 단기누범 가중(동법2, 3)

(1) 행위객체

형법 제289조는 인신매매죄를 규정하고 있다. 형법 제289조는 2013년 형법 일부개정시에 종전의 부녀매매죄를 대체하여 전면적으로 개편되었다.

인신매매죄는 사람을 매매하는 것을 내용으로 하는 범죄이다. 사람은 범인 이외의 다른 사람을 말한다. 이 경우 사람은 자연인이다. 성년 · 미성년, 남자 · 여자, 기혼 · 미혼을 묻지 않는다. 인신매매죄는 사람의 자유로운 생활관계를 보호법익으로 하는 죄이다.

인신매매죄의 성립 여부는 단순히 행위주체 및 행위객체에 중점을 두고 볼 것이 아니다. 매매의 일방이 어떤 경위로 취득한 사람에 대한 실력적 지배를 대가를 받고 상대방에게 넘긴다는 행위에 중점을 두고 판단해야 한다. 따라서 매도인이 매매 당시 사람을 실력으로 지배하고 있었는지 여부가 인신매매죄의 핵심적 표지가 된다.

사람에 대한 실력적 지배란 계속된 협박이나 명시적 혹은 묵시적인 폭행의 위협 등의 험악한 분위기로 인하여 보통의 사람이라면 법질서에 보호를 호소하기를 단념할 정도의 상태를 말한다. 법질서의 보호가 완전히 배제된 상태가 아니라 사람이 법질서에 호소하기를 단념할 정도의 상태이면 족하다.[1]

인신매매란 이와 같이 불법적인 실력적 지배가 있는 상태에서 사람의 신체에 대한 인계 · 인수가 이루어지는 것을 말한다. 불법적인 실력적 지배가 반드시 약취 · 유인에 의하여 취득된 것임을 요하지 않는다.

아동(18세 미만자)을 매매하는 행위를 한 자는 「아동복지법」에 의하여 10년 이하의 징역으로 보다 무겁게 처벌된다(동법17 i, 71① i).[2] 형법 제289조 제1항의 인신매매죄는 「아동복지법」상의 아동매매죄에 대해 법조경합의 관계에 있다.

아동은 아직 가치관과 판단능력이 충분히 형성되지 아니하여 자기결정권을 자발적이고 진지하게 행사할 것을 기대하기가 어렵고, 자신을 보호할 신체적 · 정신적 능력이 부족할 뿐

---

1) 1992. 1. 21. 91도1402 전원합의체 판결, 공 1992, 951 = 분석 각론 『봉제공장 여공 사건』.

2) **아동복지법 제17조** (금지행위) 누구든지 다음 각 호의 어느 하나에 해당하는 행위를 하여서는 아니 된다.
1. 아동을 매매하는 행위
제71조 (벌칙) ① 제17조를 위반한 자는 다음 각 호의 구분에 따라 처벌한다.
1. 제1호(「아동 · 청소년의 성보호에 관한 법률」 제12조에 따른 매매는 제외한다)에 해당하는 행위를 한 자는 10년 이하의 징역에 처한다.

아니라, 보호자 없이는 사회적 · 경제적으로 매우 취약한 상태에 있다. 이러한 처지에 있는 아동을 마치 물건처럼 대가를 받고 신체를 인계 · 인수하면 그것으로써 아동매매죄는 성립한다. 설령 이러한 행위에 대하여 아동이 명시적인 반대 의사를 표시하지 아니하거나 더 나아가 동의 · 승낙의 의사를 표시하였다 하더라도 이러한 사정은 아동매매죄의 성립에 아무런 영향을 미치지 않는다.[1]

(2) 실행행위

사람을 매매한다 함은 거래 일방의 사실적 지배 아래 있는 사람을 보수나 대가를 받고 다른 사람에게 넘기거나 넘겨받는 것을 말한다.[2] 매매에는 매도와 매수가 모두 포함된다. 반드시 피해자에 대한 장소적 이전을 요하지 않는다.

민법의 경우와 달리 인신매매죄에서는 교환도 매매의 일종으로 보아야 한다. 대가를 받고 피해자에 대한 사실적 지배를 이전한다는 점에서 성질이 동일하기 때문이다. 인신매매죄

---

1) 2015. 8. 27. 2015도6480, 공 2015하, 1454 = 『가출 중학생 매매 사건』:

A는 가출한 13세의 중학교 1학년생이다. 갑은 A를 자신의 아는 형 B의 집에 수일간 머무르게 하면서 숙박과 식사를 제공하였다. 그러던 중 갑은 인터넷으로 물색한 C로부터 대가에 해당하는 돈을 받기로 하고 C에게 A를 넘기려고 하였다. A는 자신이 다른 사람의 집에 가게 된다는 사정을 알고도 갑에게 특별한 반대의 의사표시를 하지 않고 갑을 따라 나섰다. 당시 A는 갑이 대가를 받기로 한 점은 알지 못하였다. 갑은 A를 C에게 넘기려는 현장에서 경찰관에게 체포되었다.

검사는 갑을 아동복지법 위반죄(아동매매미수)로 기소하였다. 갑의 피고사건은 제1심을 거친 후, 항소심에 계속되었다. 항소법원은 유죄를 인정하였다. 갑은 불복 상고하였다. 갑은 상고이유로 다음의 점을 주장하였다. (가) 갑은 A를 인계할 당시 폭행 · 협박을 사용하지 않았다. (나) A는 자신이 다른 사람의 집으로 옮겨 가는 것에 대하여 동의하였다.

대법원은 다음의 이유를 제시하여 상고를 기각하였다. 대법원은 아동매매죄의 성립요건에 대해 다음과 같이 설시하였다. (가) 아동복지법 제17조 제1호의 '아동을 매매하는 행위'는 '보수나 대가를 받고 아동을 다른 사람에게 넘기거나 넘겨받음으로써 성립하는 범죄'이다. (나) '아동'은 같은 법 제3조 제1호에 의하면 18세 미만인 사람을 말한다.

대법원은 아동매매죄와 피해자의 승낙의 관계에 대해 다음과 같이 설시하였다. (가) 아동은 아직 가치관과 판단능력이 충분히 형성되지 아니하여 자기결정권을 자발적이고 진지하게 행사할 것을 기대하기가 어렵다. (나) 아동은 자신을 보호할 신체적 · 정신적 능력이 부족할 뿐 아니라, 보호자 없이는 사회적 · 경제적으로 매우 취약한 상태에 있다. (다) 그러므로 이러한 처지에 있는 아동을 마치 물건처럼 대가를 받고 신체를 인계 · 인수함으로써 아동매매죄는 성립한다. (라) 설령 위와 같은 행위에 대하여 아동이 명시적인 반대 의사를 표시하지 아니하거나 더 나아가 동의 · 승낙의 의사를 표시하였다 하더라도 이러한 사정은 아동매매죄의 성립에 아무런 영향을 미치지 아니한다.

대법원은 사실관계를 분석하였다. 대법원은 갑의 행위에 대해 다음과 같이 판단하였다. (가) 갑의 행위는 아동복지법에서 정한 '아동을 매매하는 행위'에 해당한다. (나) 갑이 A를 인계할 당시 폭행 · 협박을 사용하지 않았다거나, A가 다른 사람의 집으로 옮겨 가는 것에 대하여 동의하였다는 이유만으로 아동매매죄의 성립에 영향을 미치는 것은 아니다.

2) 2015. 8. 27. 2015도6480, 공 2015하, 1454 = 『가출 중학생 매매 사건』 참조.

는 필요적 공범으로 매도인과 매수인이 모두 처벌된다.

(3) 미수와 기수, 예비 · 음모

인신매매죄의 미수범은 처벌된다(법294). 인신매매죄의 실행의 착수시점은 매매에 대한 청약이 있는 때이다. 기수시점은 피해자에 대한 사실적 지배가 현실적으로 이전된 때이다. 사실적 지배의 이전이 있어야 하므로 단순한 계약의 체결만으로는 아직 기수에 이르지 않는다. 인신매매죄를 범한 사람이 매매된 사람을 안전한 장소로 풀어준 때에는 그 형을 감경할 수 있다(법295의2, 289).

인신매매죄를 범할 목적으로 예비 또는 음모한 사람도 처벌된다(법296, 289). 인신매매죄를 규정한 형법 제289조는 대한민국 영역 밖에서 죄를 범한 외국인에게도 적용된다(법296의2).

(4) 고의와 목적

단순한 인신매매죄는 사람을 매매하는 것을 내용으로 하는 범죄로서 고의범이다(법289①; 7년 이하의 징역). 여기에 일정한 목적이 추가되면 가중처벌된다. 가중사유인 추행 등 목적의 내용은 추행등목적 약취 · 유인죄에서 설명한 것과 같다.

형법 제289조는 추행 등 목적의 내용에 따라 가중처벌의 정도를 달리하고 있다. 이를 보면, (가) 추행, 간음, 결혼 또는 영리의 목적으로 사람을 매매하는 경우는 1년 이상 10년 이하의 징역으로(법289②), (나) 노동력 착취, 성매매와 성적 착취, 장기적출을 목적으로 사람을 매매하는 경우는 2년 이상 15년 이하의 징역으로(법289③), (다) 국외에 이송할 목적으로 사람을 매매하는 경우는 2년 이상 15년 이하의 징역으로(법289④ 전단 · ③) 각각 가중처벌된다. 이 가운데 성매매와 성적 착취 목적 인신매매에 대해서는 「성매매알선 등 행위의 처벌에 관한 법률」이 규정하고 있는 개념정의(동법2① iii)를 참고할 필요가 있다.[1)]

---

1) 성매매알선 등 행위의 처벌에 관한 법률 제2조 (정의) ① 이 법에서 사용하는 용어의 뜻은 다음과 같다.

1. (생략)
2. (생략)
3. "성매매 목적의 인신매매"란 다음 각 목의 어느 하나에 해당하는 행위를 하는 것을 말한다.

가. 성을 파는 행위 또는 형법 제245조에 따른 음란행위를 하게 하거나, 성교행위 등 음란한 내용을 표현하는 사진 · 영상물 등의 촬영 대상으로 삼을 목적으로 위계, 위력, 그 밖에 이에 준하는 방법으로 대상자를 지배 · 관리하면서 제3자에게 인계하는 행위

나. 가목과 같은 목적으로 「청소년 보호법」 제2조 제1호에 따른 청소년(이하 "청소년"이라 한다), 사물을 변별하거나 의사를 결정할 능력이 없거나 미약한 사람 또는 대통령령으로 정하는 중대한 장애가 있는 사람이나 그를 보호 · 감독하는 사람에게 선불금 등 금품이나 그 밖의 재산상의 이익을 제공하거나 제공하기로 약속

한편 매매된 사람을 국외로 이송하는 죄는 목적범이 아니라 단순한 고의범이다. 국외 이송의 대상이 된 사람이 어떠한 목적에서 매매되었는지는 묻지 않는다. 피매매자 국외이송죄는 국외이송목적 인신매매죄와 같이 2년 이상 15년 이하의 징역으로 처벌된다(법289④ 후단·③).

형법 제289조의 각종 인신매매죄와 그 미수범에 대하여는 벌금이 임의적으로 병과된다(법295).

3. 약취등상해죄

형법 제290조 (약취, 유인, 매매, 이송 등 상해) ① 제287조부터 제289조까지의 죄를 범하여 약취, 유인, 매매 또는 이송된 사람을 상해한 때에는 3년 이상 25년 이하의 징역에 처한다.

◎ 벌금 임의적 병과(법295)
◎ 미수범 처벌함(법294)
◎ 예비·음모 처벌함(법296)
◎ 사후중지범에 대한 특례 있음(법295의2)
◎ 세계주의 적용됨(법296의2)
◎ 특정강력범죄법상 단기누범 가중(동법2, 3)

(1) 입법취지

형법 제290조는 제1항에서 약취등상해죄를, 제2항에서 약취등치상죄를 규정하고 있다. 형법 제290조는 2013년 4월 형법 일부개정시에 신설되었다. 입법자는 「인신매매방지의정서」의 이행입법으로 형법 제31장의 장(章)명을 '약취와 유인의 죄'에서 '약취, 유인 및 인신매매의 죄'로 변경하면서 형법 제290조에 결과적가중범을 신설하되 상해와 치상, 살인과 치사 등의 법정형을 구분하여 책임주의에 부합하도록 하였다.

형법 제290조는 약취·유인죄의 가중처벌을 규정한 「특정범죄 가중처벌 등에 관한 법률」(특정범죄가중법) 제5조의2를 폐지하는 대신 약취등상해·치상죄를 규정하려는 의도도 포함하고 있었다.[1] 그런데 특정범죄가중법 제5조의2가 폐지되지 않고 효력을 유지하는 관계

하고 대상자를 지배·관리하면서 제3자에게 인계하는 행위

다. 가목 및 나목의 행위가 행하여지는 것을 알면서 가목과 같은 목적이나 전매를 위하여 대상자를 인계받는 행위

라. 가목부터 다목까지의 행위를 위하여 대상자를 모집·이동·은닉하는 행위

4. (생략)

1) 법무부, 형법개정법률안 제안이유서, (1992), 148면 참조.

로 특별법 조문이 우선하여 적용되고 있었다.

2016년 특정범죄가중법 제5조의2가 개정되어 행위객체가 13세 미만의 미성년자로 제한되었다.[1] 이에 따라 13세 이상의 미성년자 및 성년자에 대한 약취등상해죄 및 약취등치상죄에 대해서는 형법 제290조가 적용되게 되었다.

(2) 성립요건

형법 제290조 제1항은 약취등상해죄를 규정하고 있다. 약취등상해죄는 형법 제287조부터 제289조까지의 죄와 형법 제257조 제1항의 상해죄가 결합한 고의범이다. 기본범죄에 대한 고의뿐만 아니라 상해의 결과에 대해서도 고의가 인정되어야 한다. 약취등상해죄의 개별 구성요건표지는 형법 제287조부터 제289조까지 규정된 죄의 표지와 형법 제257조 제1항의 상해죄 표지와 같다.

약취등상해죄는 (가) 미성년자약취 · 유인상해죄(법290①, 287), (나) 추행등목적 약취 · 유인상해죄(법290①, 288), (다) 인신매매상해죄(법290①, 299)로 구체화된다. 그 법정형은 3년 이상 25년 이하의 징역으로 동일하다.

약취등상해죄의 미수범은 처벌된다(법294, 290①). 약취등상해죄의 예비 · 음모 또한 처벌

---

1) **특정범죄 가중처벌 등에 관한 법률** 제5조의2 (약취 · 유인죄의 가중처벌) ① 13세 미만의 미성년자에 대하여 형법 제287조의 죄를 범한 사람은 그 약취 또는 유인의 목적에 따라 다음 각 호와 같이 가중처벌한다.

1. 약취 또는 유인한 미성년자의 부모나 그 밖에 그 미성년자의 안전을 염려하는 사람의 우려를 이용하여 재물이나 재산상의 이익을 취득할 목적인 경우에는 무기 또는 5년 이상의 징역에 처한다.

2. 약취 또는 유인한 미성년자를 살해할 목적인 경우에는 사형, 무기 또는 7년 이상의 징역에 처한다.

② 13세 미만의 미성년자에 대하여 형법 제287조의 죄를 범한 사람이 다음 각 호의 어느 하나에 해당하는 행위를 한 경우에는 다음 각 호와 같이 가중처벌한다.

1. 약취 또는 유인한 미성년자의 부모나 그 밖에 그 미성년자의 안전을 염려하는 사람의 우려를 이용하여 재물이나 재산상의 이익을 취득하거나 이를 요구한 경우에는 무기 또는 10년 이상의 징역에 처한다.

2. 약취 또는 유인한 미성년자를 살해한 경우에는 사형 또는 무기징역에 처한다.

3. 약취 또는 유인한 미성년자를 폭행 · 상해 · 감금 또는 유기하거나 그 미성년자에게 가혹한 행위를 한 경우에는 무기 또는 5년 이상의 징역에 처한다.

4. 제3호의 죄를 범하여 미성년자를 사망에 이르게 한 경우에는 사형, 무기 또는 7년 이상의 징역에 처한다.

③ 제1항 또는 제2항의 죄를 범한 사람을 방조하여 약취 또는 유인된 미성년자를 은닉하거나 그 밖의 방법으로 귀가하지 못하게 한 사람은 5년 이상의 유기징역에 처한다.

④ 삭제

⑤ 삭제

⑥ 제1항 및 제2항(제2항 제4호는 제외한다)에 규정된 죄의 미수범은 처벌한다.

⑦ 제1항부터 제3항까지 및 제6항의 죄를 범한 사람을 은닉하거나 도피하게 한 사람은 3년 이상 25년 이하의 징역에 처한다.

⑧ 제1항 또는 제2항 제1호 · 제2호의 죄를 범할 목적으로 예비하거나 음모한 사람은 1년 이상 10년 이하의 징역에 처한다.

된다(법296, 290①). 약취등상해죄를 범한 사람이 피인취자를 안전한 장소로 풀어준 때에는 형을 감경할 수 있다(법295의2, 290). 약취등상해죄를 규정한 형법 제290조 제1항은 대한민국 영역 밖에서 죄를 범한 외국인에게도 적용된다(법296의2).

4. 약취등치상죄

형법 제290조 (약취, 유인, 매매, 이송 등 치상) ② 제287조부터 제289조까지의 죄를 범하여 약취, 유인, 매매 또는 이송된 사람을 상해에 이르게 한 때에는 2년 이상 20년 이하의 징역에 처한다.

◎ 벌금 임의적 병과(법295)
◎ 사후중지범에 대한 특례 있음(법295의2)
◎ 세계주의 적용됨(법296의2)
◎ 특정강력범죄법상 단기누범 가중(동법2, 3)

형법 제290조 제2항은 약취등치상죄를 규정하고 있다. 약취등치상죄는 형법 제287조부터 제289조까지의 죄로 인하여 상해의 중한 결과가 발생한 결과적 가중범이다. 결과적 가중범이므로 형법 제287조부터 제289조까지에 규정된 기본범죄와 상해의 중한 결과 사이에 인과관계가 존재해야 하고(법17), 상해의 결과발생에 대한 예견가능성이 인정되어야 한다(법15②). 형법 제287조부터 제289조까지에 규정된 기본범죄는 미수범(법294)으로도 족하다.

약취등치상죄는 (가) 미성년자약취 · 유인치상죄(법290②, 287), (나) 추행등목적 약취 · 유인치상죄(법290②, 288), (다) 인신매매치상죄(법290②, 289)의 형태로 구체화된다. 그 법정형은 2년 이상 20년 이하의 징역으로 동일하다. 약취등치상죄에 대해서는 벌금의 임의적 병과규정(법295)이 적용된다.

약취등치상죄에는 미수범이나 예비 · 음모를 처벌하는 규정이 없다. 결과적 가중범이기 때문이다. 약취등치상죄를 범한 사람이 피인취자를 안전한 장소로 풀어준 때에는 형을 감경할 수 있다(법295의2, 290). 약취등치상죄를 규정한 형법 제290조 제2항은 대한민국 영역 밖에서 죄를 범한 외국인에게도 적용된다(법296의2).

5. 약취등살인죄

형법 제291조 (약취, 유인, 매매, 이송 등 살인) ① 제287조부터 제289조까지의 죄를 범하여 약취, 유인, 매매 또는 이송된 사람을 살해한 때에는 사형, 무기 또는 7년 이상의 징역에 처한다.

◎ 벌금 임의적 병과(법295)
◎ 미수범 처벌함(법294)

◎ 예비 · 음모 처벌함(법296)
◎ 세계주의 적용됨(법296의2)
◎ 특정강력범죄법상 단기누범 가중(동법2, 3)

형법 제291조 제1항은 약취등살인죄를 규정하고 있다. 형법 제291조는 형법 제290조와 그 성립경위를 같이한다. 약취등살인죄는 형법 제287조부터 제289조까지의 죄와 형법 제250조 제1항의 살인죄가 결합한 고의범이다. 고의의 결합범이므로 형법 제287조부터 제289조까지의 죄에 대한 고의와 살인죄에 대한 고의가 요구된다. 약취등살인죄의 개별 구성요건표지는 형법 제287조부터 제289조까지의 죄의 표지와 형법 제250조 제1항의 살인죄 표지와 같다.

약취등살인죄는 (가) 미성년자약취 · 유인살인죄(법291①, 287), (나) 추행등목적 약취 · 유인살인죄(법291①, 288), (다) 인신매매살인죄(법291①, 289)의 형태로 구체화된다. 그 법정형은 사형, 무기 또는 7년 이상의 징역으로 동일하다. 약취등살인죄에 대해서는 벌금의 임의적 병과규정(법295)이 적용된다.

약취등살인죄의 미수범은 처벌된다(법294, 291①). 약취등살인죄의 예비 · 음모 또한 처벌된다(법296, 291①). 약취등살인죄를 규정한 형법 제291조 제1항은 대한민국 영역 밖에서 죄를 범한 외국인에게도 적용된다(법296의2). 약취등살인죄는 사람을 살해한 범죄로서 사형에 해당하므로 공소시효의 적용이 배제된다(형소법253의2).

6. 약취등치사죄

형법 제291조 (약취, 유인, 매매, 이송 등 치사) ② 제287조부터 제289조까지의 죄를 범하여 약취, 유인, 매매 또는 이송된 사람을 사망에 이르게 한 때에는 무기 또는 5년 이상의 징역에 처한다.

◎ 세계주의 적용됨(법296의2)
◎ 특정강력범죄법상 단기누범 가중(동법2, 3)

형법 제291조 제2항은 약취등치사죄를 규정하고 있다. 약취등치사죄는 형법 제287조부터 제289조까지의 죄로 인하여 사망의 중한 결과가 발생한 결과적 가중범이다. 결과적 가중범이므로 형법 제287조부터 제289조까지에 규정된 기본범죄와 사망의 중한 결과 사이에 인과관계가 존재해야 하고(법17), 사망의 결과발생에 대한 예견가능성이 인정되어야 한다(법15②). 형법 제287조부터 제289조까지에 규정된 기본범죄는 미수범(법294)으로도 족하다.

약취등치사죄는 (가) 미성년자약취 · 유인치사죄(법291②, 287), (나) 추행등목적 약취 · 유인치사죄(법291②, 288), (다) 인신매매치사죄(법291②, 289)의 형태로 구체화된다. 그 법정형은 무기 또는 5년 이상의 징역으로 동일하다. 약취등치사죄에 대해서는 벌금의 임의적 병과규정(법295)이 적용된다.

약취등치사죄에는 미수범이나 예비 · 음모를 처벌하는 규정이 없다. 결과적 가중범이기 때문이다. 약취등치사죄의 법정형에 사형이 규정되어 있지 않은 점은 주목된다. 약취등치사죄를 규정한 형법 제291조 제2항은 대한민국 영역 밖에서 죄를 범한 외국인에게도 적용된다(법296의2).

7. 피인취자수수 · 은닉죄

형법 제292조 (약취, 유인, 매매, 이송된 사람의 수수 · 은닉 등) ① 제287조부터 제289조까지의 죄로 약취, 유인, 매매 또는 이송된 사람을 수수(授受) 또는 은닉한 사람은 7년 이하의 징역에 처한다.

◎ 벌금 임의적 병과(법295)
◎ 미수범 처벌함(법294)
◎ 예비 · 음모 처벌함(법296)
◎ 사후중지범에 대한 특례 있음(법295의2)
◎ 세계주의 적용됨(법296의2)

(1) 입법취지

형법 제292조는 미성년자약취 · 유인죄(법287), 추행등목적 약취 · 유인죄(법288), 인신매매죄(법289)가 범해지는 과정에서 사전적 또는 사후적으로 관여하는 행위를 처벌하고 있다. 각종 약취 · 유인죄나 인신매매죄가 상태범인지 계속범인지 다투어지고 있다.[1] 그 계기 가운데 하나는 이들 범죄에 관여하는 자를 처벌하는 방안을 찾기 위함이다. 2013년 형법 일부개정을 통해 입법자는 종래 방조범 형태로 인정되던 약취, 유인, 인신매매 등을 위하여 사람을 모집, 운송, 전달하는 행위를 독자적인 구성요건으로 처벌하도록 하였다.

형법 제292조는 각종 약취 · 유인죄와 인신매매죄를 철저히 봉쇄하려는 입법적 노력의 표현이다. 형법 제292조는 우리나라가 가입한 국제조약 「인신매매방지의정서」에 대한 이행입법의 일환이라고 할 수 있으며, 형법 제296조의2가 규정한 세계주의의 적용대상이다. 따라서 각종 약취 · 유인죄 및 인신매매죄에 대한 사전적 · 사후적 관여행위는 행위장소 및 행

---

1) 전술 755면 참조.

위자의 국적을 묻지 않고 형법 제292조의 적용대상이 된다.

(2) 성립요건

(가) 행위객체 형법 제292조 제1항은 미성년자약취 · 유인죄(법287), 추행등목적 약취 · 유인죄(법288), 인신매매죄(법289)의 죄로 약취 · 유인, 매매 또는 이송된 사람을 수수 또는 은닉하는 행위를 처벌하고 있다. 형법 제292조 제1항이 규정한 범죄를 통칭하여 피인취자수수 · 은닉죄로 부르기로 한다.

피인취자수수 · 은닉죄의 객체에는 각종 약취 · 유인죄(법287, 288① · ② · ③ 전단) 및 인신매매죄(법289① · ② · ③ · ④ 전단)의 피해자뿐만 아니라 피인취자국외이송죄(법288③ 후단, 289④ 후단)의 피해자도 포함된다.

(나) 법적 성질 피인취자수수 · 은닉죄는 피해자에 대한 각종 약취 · 유인죄(법287, 288), 인신매매죄(법289) 또는 국외이송죄(법288③ 후단, 289④ 후단)가 있은 후 이에 관여하는 행위를 처벌하기 위하여 마련된 범죄유형이다. 피해자의 자유로운 생활관계가 이미 침해되고 있는 단계에서 그의 법익침해를 더욱 확장하는 행위를 독립한 범죄로 규정하여 처벌하는 것이다.

피인취자수수 · 은닉죄의 법적 성질에 대해서는 계속범설과 상태범설의 입장에서 각각 상이한 설명을 제시하고 있다. 계속범설의 입장에서는 피인취자의 수수 · 은닉행위는 약취 · 유인죄가 계속되는 상황에서 본범의 실행행위를 돕는 것이라고 본다. 원래 피인취자의 수수 · 은닉행위는 형법 제32조에 의하여 방조범으로 처벌할 수 있지만 입법자가 이를 독립한 범죄로 규정한 것이라고 이해한다.

이에 대해 상태범설의 입장에서는 약취 · 유인죄가 완성한 단계에서 피해자를 수수 · 은닉하는 행위는 사후종범에 불과하지만 형법 제292조가 이를 특별히 독립한 범죄로서 처벌하려는 것으로 새긴다. 상태범설의 입장이 타당하다고 생각된다.

(다) 실행행위 피인취자수수 · 은닉죄의 실행행위는 수수 또는 은닉이다. 수수(授受)는 피해자에 대한 실력적 지배를 옮기는 행위를 말한다. 실력적 지배를 넘겨주는 행위와 실력적 지배를 넘겨받는 행위를 모두 포함한다. 피해자를 직접적으로 넘겨주거나 넘겨받는 행위 외에 피해자를 일차적으로 넘겨받은 자로부터 피해자를 다시 넘겨주거나 넘겨받는 행위도 모두 포함한다. 수수는 유상 · 무상을 불문한다. 은닉은 피해자의 발견을 곤란하게 하기 위한 일체의 행위를 말한다.

(라) 미수범 등 피인취자수수 · 은닉죄의 미수범은 처벌한다(법294, 292①). 피해자에 대한 실력적 지배를 넘겨주려고 할 때 또는 피해자에 대한 발견을 어렵게 하기 위하여 일정

한 장소로 데려가기 시작할 때 실행의 착수가 인정된다. 피해자가 범인의 실력적 지배 아래에 놓일 때 또는 피해자를 발견이 곤란한 장소 등에 데려갔을 때 기수에 이른다.

피인취자수수 · 은닉죄는 본범의 형태를 묻지 않고 7년 이하의 징역으로 동일하게 처벌한다(법292①). 피인취자수수 · 은닉죄에 대해서는 벌금의 임의적 병과규정(법295)이 적용된다.

피인취자수수 · 은닉죄를 범한 사람이 피인취자를 안전한 장소로 풀어준 때에는 그 형을 감경할 수 있다(법295의2, 292①). 피인취자수수 · 은닉죄는 예비 · 음모도 처벌된다(법296, 292①). 피인취자수수 · 은닉죄를 규정한 형법 제292조 제1항은 대한민국 영역 밖에서 죄를 범한 외국인에게도 적용한다(법296의2).

8. 피인취대상자모집죄

형법 제292조 ② 제287조부터 제289조까지의 죄를 범할 목적으로 사람을 모집, 운송, 전달한 사람도 제1항과 동일한 형으로 처벌한다.

◎ 사후중지범에 대한 특례 있음(법295의2)
◎ 세계주의 적용됨(법296의2)

(1) 입법취지

형법 제292조 제2항은 각종 약취 · 유인죄 및 인신매매죄에 사전적으로 관여하는 행위를 처벌하고 있다. 형법 제296조는 각종 약취 · 유인죄와 인신매매죄를 비롯한 일련의 범죄에 대해 예비 · 음모를 3년 이하의 징역으로 처벌하고 있다. 그런데 형법 제296조는 각종 약취 · 유인죄나 인신매매죄 등을 범하려는 자가 행하는 예비 · 음모만을 처벌대상으로 삼고 있다.

각종 약취 · 유인죄나 인신매매죄의 예비 단계에서 제3자가 관여하는 행위는 형법 제296조로 다스리기 곤란하다. 나아가 제3자가 개입할 경우 각종 약취 · 유인죄나 인신매매죄로 인한 피해가 크게 확산될 여지가 있다. 이에 입법자는 형법 제292조 제2항을 통해 제3자의 사전적 관여행위를 독자적 구성요건으로 설정하면서, 7년 이하의 징역으로 무겁게 처벌하고 있다.

형법 제292조는 각종 약취 · 유인죄 및 인신매매죄의 사전적 · 사후적 관여행위를 독자적 구성요건으로 포착하고 있다. 그런데 사후적 관여행위인 형법 제292조 제1항 위반죄의 경우에는 미수범(법294, 292①)과 예비 · 음모(법296, 292①)가 처벌된다. 이에 대해 사전적 관여행위인 형법 제292조 제2항 위반죄의 경우에는 미수범과 예비 · 음모가 처벌되지 않는다.

형법 제292조 제2항 위반죄가 각종 약취 · 유인죄 및 인신매매죄의 예비 단계에서 이루어지는 행위를 독자적 구성요건으로 포착한 것이므로 이에 대해 또 다시 미수범이나 예비 · 음모를 설정하는 것이 적절하지 않다고 입법자가 판단하였기 때문이다.

(2) 성립요건

형법 제292조 제2항은 미성년자약취 · 유인죄(법287), 추행등목적 약취 · 유인죄(법288), 인신매매죄(법289)를 범할 목적으로 사람을 모집, 운송, 전달하는 행위를 처벌하고 있다. 아래에서는 형법 제292조 제2항의 죄를 피인취대상자모집죄로 통칭하기로 한다.

피인취대상자모집죄는 아직 약취 · 유인, 인신매매의 행위가 이루어지기 전의 모집 · 운송 · 전달 행위를 처벌대상으로 한다. 모집은 약취 · 유인 및 인신매매의 대상자를 모으는 행위이다. 운송은 모집된 사람을 일정한 장소에서 다른 장소로 옮기는 행위이다. 전달은 모집된 사람을 일정한 사람에게 넘겨주는 해위를 말한다.

피인취대상자모집죄는 목적범이므로 모집 · 운송 · 전달의 고의 이외에 미성년자약취 · 유인죄(법287), 추행등목적 약취 · 유인죄(법288) 및 인신매매죄(법289)를 범하려는 목적이 있어야 한다. 대상자를 모집 · 운송 · 전달한 자가 이어서 목적범죄인 각종 약취 · 유인죄 및 인신매매죄의 실현에 나아갔다면 피인취대상자모집죄(법292②)와 목적범죄인 미성년자약취 · 유인죄(법287), 추행등목적 약취 · 유인죄(법288), 인신매매죄(법289)가 성립하며, 양자는 실체적 경합관계에 선다.

피인취대상자모집죄는 목적범죄의 유형에 관계없이 7년 이하의 징역으로 동일하게 처벌된다. 미수범이나 예비 · 음모는 처벌되지 않는다. 벌금의 임의적 병과규정(법295)도 적용되지 않는다.

피인취대상자모집죄를 범한 사람이 모집운송전달한 사람을 안전한 장소로 풀어준 때에는 그 형을 감경할 수 있다(법295의2, 292②). 피인취대상자모집죄를 규정한 형법 제292조 제2항은 대한민국 영역 밖에서 죄를 범한 외국인에게도 적용된다(법296의2).

제32장 강간과 추행의 죄

제1 서 설

1. 보호법익

(1) 성적 자유와 성적 자기결정권

형법 각칙 제32장은 강간과 추행의 죄를 규정하고 있다. 1953년 제정 당시 형법 각칙 제32장의 장명(章名)은 '정조에 관한 죄'였다. 1995년 말 형법 개정에 의하여 각칙 제32장의 장명은 '강간과 추행의 죄'로 바뀌었다. 정조(貞操)란 현재 또는 장래의 배우자인 남성을 전제로 한 '여성의 정조' 내지 '성적 순결'을 의미한다. 정조에 대립하는 개념으로 개인의 성적 자유 내지 성적 자기결정권이 있다.

여기에서 성적 자유는 적극적으로 성행위를 할 수 있는 자유가 아니라 소극적으로 원치 않는 성행위를 하지 않을 자유를 말한다. 성적 자기결정권은 성행위를 할 것인가 여부, 성행위를 할 때 그 상대방을 누구로 할 것인가 여부, 성행위의 방법 등을 스스로 결정할 수 있는 권리를 의미한다.[1] 성적 자기결정권은 성생활에 대해 자유롭고 독립된 개인으로서

---

1) 2019. 6. 13. 2019도3341, 공 2019하, 1413 =『필로폰 동의 후 성추행 사건』:

A는 16세의 여자 청소년이다. 갑은 A가 성년자인 줄로 알았다. 갑은 A와 성매매를 하기로 합의하였다. 갑과 A는 M모텔에서 만났다. 갑은 A에게 필로폰 주사를 권하였다. A는 갑의 제안을 승낙하고 필로폰 주사를 맞았다. A는 무기력한 상태에 이르렀다. 갑은 A에 대해 정도가 심한 성적 추행행위를 하였다.

검사는 갑을 형법상 심신미약자추행죄의 공소사실로 기소하였다. (마약법위반죄 등 그 밖의 공소사실은 논의에서 제외함.) 제1심법원은 유죄를 인정하였다. 갑은 불복 항소하였다. 항소법원은 다음의 이유를 들어서 무죄로 판단하였다. (가) 갑과 A 사이에 성매매에 대한 합의가 있었다. (나) 갑과 A 사이에 필로폰 주사에 대한 합의가 있었다. (다) 갑의 추행행위는 A의 동의에 따른 것이다. (라) 따라서 심신미약자추행죄는 성립하지 않는다. 검사는 불복 상고하였다.

대법원은 다음의 이유를 제시하여 원심판결을 파기환송하였다. 대법원은 성폭력범죄의 보호법익과 관련하여 성적 자유 및 성적 자기결정권의 개념을 설시하였다(내용 생략함). 대법원은 성폭력범죄와 피해자의 동의의 관계에 대해 다음과 같이 설시하였다. (가) 성폭력 범죄에서 피해자의 동의가 있었다고 할 때에는 보통 그 의미를 '다른 사람의 행위를 승인하거나 시인'한다는 뜻으로 사용한다. (나) 피해자에게 이루어진 행위에 대하여 피해자의 동의가 있다는 이유로 범죄의 성립을 부정하는 이유는 그러한 행위는 피해자의 성적 자유 또는 성적 자기결정권을 침해한 것으로 보지 않기 때문이다. (다) 그런데 피해자가 사전에 성매매에 동의하였다 하더라도 (ㄱ) 피해자는 여전히 그 동의를 번복할 자유가 있을 뿐만 아니라 (ㄴ) 자신이 예상하지 않았던 성적 접촉이나 성적 행위에 대해서는 이를 거부할 자유를 가지는 것이다. (라) 그러므로 피해자에 대하여 이루어진 행위에 대하여 피해자의 동의가 있었는지 여부는 그 행위의 경위 및 태양, 피해자의 연령, 범행 당시의 정황

남성 또는 여성이 가지는 기본적 권리이다. 입법자가 형법 각칙 제32장의 장명을 '강간과 추행의 죄'로 바꾼 것은 성적 자기결정권이라는 사회 일반의 보편적 인식과 법감정을 반영한 것이다.[1)]

(2) 성적 자기결정권과 피해자의 동의

성적 자기결정권을 침해하는 범죄를 일반적으로 통칭하여 성폭력범죄라고 한다. 성폭력범죄의 경우 피해자의 동의가 있으면 범죄성립이 부정된다. 성폭력범죄에서 피해자의 동의가 있었다고 할 때에는 보통 그 의미를 '다른 사람의 행위를 승인하거나 시인'한다는 뜻으로 사용한다. 피해자에게 이루어진 행위에 대하여 피해자의 동의가 있다는 이유로 범죄의 성립을 부정하는 이유는 그러한 행위는 피해자의 성적 자유 또는 성적 자기결정권을 침해한 것으로 보지 않기 때문이다.[2)]

그런데 예컨대 피해자가 사전에 성매매에 동의하였다 하더라도 피해자는 여전히 그 동의를 번복할 자유가 있을 뿐만 아니라 자신이 예상하지 않았던 성적 접촉이나 성적 행위에 대해서는 이를 거부할 자유를 가진다. 그러므로 피해자에 대하여 이루어진 행위에 대하여 피해자의 동의가 있었는지 여부는 그 행위의 경위 및 태양, 피해자의 연령, 범행 당시의 정황 등 여러 사정을 종합적으로 고려하여 볼 때 그 행위로 인하여 피해자의 성적 자유 또는 성적 자기결정권이 침해되었는지를 기준으로 삼아 구체적 · 개별적으로 판단하여야 한다.[3)]

(3) 2012년 형법 개정

2012년 말에는 형법의 각종 성범죄에 관하여 중요한 개정이 있었다. 변화된 시대 상황을

등 여러 사정을 종합적으로 고려하여 볼 때 그 행위로 인하여 피해자의 성적 자유 또는 성적 자기결정권이 침해되었는지를 기준으로 삼아 구체적·개별적으로 판단하여야 한다.

대법원은 갑의 행위에 대해 다음과 같이 판단하였다. (가) 갑의 행위(심한 성적 추행행위)는 그 경위 및 태양, A의 연령 등에 비추어 볼 때 A와 같은 처지에 있는 일반적 · 평균적 사람이 예견하기 어려운 가학적인 행위로서 성적 수치심이나 혐오감을 일으키는 데에서 더 나아가 성적 학대라고 볼 수 있다. (나) A가 성매매에 합의하였다 하더라도 이와 같은 행위가 있을 것으로 예상하였다거나 또는 이에 대하여 사전 동의를 하였다고 보기 어렵다. (다) 또한 A가 필로폰 투약에 동의하였다 하여 이를 들어 A에게 어떠한 성적 행위를 하여도 좋다는 승인을 하였다고 볼 수도 없다. (라) A는 수사기관 및 원심법정에서 필로폰 투약을 한 상태에서 갑의 행위에 적극적으로 저항할 수 없었다고 진술하고 있다. (마) 심신미약의 상태에 있는 A가 원치 않는 성적 접촉 또는 성적 행위에 대하여 거부의사를 명확히 밝히지 않았다 하여 동의를 한 것으로 쉽게 단정해서는 안 된다.

1) 2013. 5. 16. 2012도14788 전원합의체 판결, 공 2013하, 1161 = 분석 각론『옷가게 부부 강간 사건』.
2) 2019. 6. 13. 2019도3341, 공 2019하, 1413 =『필로폰 동의 후 성추행 사건』.
3) 2019. 6. 13. 2019도3341, 공 2019하, 1413 =『필로폰 동의 후 성추행 사건』.

반영하고 다양화된 성범죄에 효과적으로 대처하기 위하여 입법자는 (가) 성범죄의 객체를 '부녀'에서 '사람'으로 확대하였고, (나) 유사강간죄(법297의2)를 신설하였으며, (다) 각종 성범죄를 친고죄에서 비친고죄로 전환하였고(구법306 등 삭제), (라) 헌법재판소에 의하여 위헌결정[1]이 내려졌던 혼인빙자간음죄(구법304)를 삭제하였다.

2. 성범죄에 관한 특별법

형법 각칙 제32장 강간과 추행의 죄에 대한 특별법으로서 「성폭력범죄의 처벌 등에 관한 특례법」(성폭력처벌법 또는 성폭법)과 「아동 · 청소년의 성보호에 관한 법률」(청소년성보호법)이 있다. 성폭력처벌법의 대상범죄에는 제한이 없으나, 청소년성보호법의 대상범죄는 아동 · 청소년대상 성범죄로 한정된다. 아동 · 청소년은 19세 미만의 자이다. 다만 19세에 도달하는 연도의 1월 1일을 맞이한 자는 제외한다(청소년성보호법2 i 본문 · 단서). 한편 성폭력처벌법 제7조는 13세 미만의 사람에 대하여 성범죄를 범한 경우를 가중처벌하고 있다. 결국 청소년성보호법상의 적용을 받는 성범죄는 13세 이상 19세 미만의 아동 · 청소년 대상 범죄가 된다.

성폭력처벌법 및 청소년성보호법은 형법 각칙 제32장에 규정된 죄들을 위시한 각종 성범죄를 가중처벌하기 위하여 관련되는 구성요건들을 설정하고 있다. 아울러 형법상의 성범죄와 관련이 없는 새로운 구성요건들도 규정하고 있다.

성폭력처벌법의 경우 공중 밀집 장소에서의 추행(동법11), 성적 목적을 위한 다중이용장소 침입행위(동법12), 통신매체를 이용한 음란행위(동법13), 카메라 등을 이용한 촬영(동법14), 허위영상물 등의 반포등(동법14의2), 촬영물 등을 이용한 협박 · 강요(동법14의3) 등이 새로운 구성요건에 해당한다.

청소년성보호법의 경우 19세 이상의 사람이 범하는 장애인 아동 · 청소년에 대한 간음 · 추행(동법8), 19세 이상의 사람이 13세 이상 16세 미만의 아동 · 청소년의 궁박한 상태를 이용하여 행하는 간음 · 추행(동법8의2), 아동 · 청소년성착취물의 제작배포 등(동법11), 아동 · 청소년 매매행위(동법12), 아동 · 청소년의 성을 사는 행위 등(동법13), 아동 · 청소년에 대한 강요행위 등(동법14), 알선영업행위 등(동법15), 아동 · 청소년에 대한 성착취 목적 대화 등(동법15의2), 피해자 등에 대한 강요행위(동법16) 등이 새로운 구성요건으로 주목된다.

성폭력처벌법과 청소년성보호법은 각종 성범죄의 처벌절차에 관한 특례를 규정하고 있다는 점에서도 주목된다. 한편 성폭력처벌법과 청소년성보호법은 음주 또는 약물로 인한 심

---

1) 2009. 11. 26. 2008헌바58, 헌집 21-2하, 520.

신장애 상태에서 성폭력범죄나 아동 · 청소년대상 성폭력범죄를 범한 때에는 일부 경미한 성범죄(성폭법2② i)를 제외하고 심신상실(법10①), 심신미약(법10②), 농아자특례(법11)의 적용을 배제할 수 있도록 하고 있다(성폭력처벌법20, 청소년성보호법19).

2012년 「가정폭력범죄의 처벌 등에 관한 특례법」(가정폭력처벌법)이 개정되어 형법 제32장에 속하는 일정한 성범죄가 가정폭력범죄의 범주에 포함되게 되었다(동법2 iii 마). 가정폭력처벌법은 가정폭력범죄에 대해 이 법률을 다른 법률에 우선하여 적용하도록 하고 있다(동법3 본문). 다만, 아동학대범죄에 대하여는 「아동학대범죄의 처벌 등에 관한 특례법」(아동학대처벌법)을 우선 적용한다(동조 단서). 아동학대범죄의 범주에는 형법 제32장에 규정된 주요 성범죄들이 포함된다(아동학대처벌법2 iv 바목).

소위 부부강간 등 가정내 성폭력이 강간죄나 강제추행죄 등에 해당하더라도 법원이나 수사기관은 형사처벌보다 가정폭력처벌법에 따른 보호처분이 보다 적절하다고 판단하는 경우에는 해당 사건을 가정보호사건으로 처리할 수 있다(동법9①, 12, 40① 참조).[1]

성범죄와 관련하여 형법, 성폭력처벌법, 청소년성보호법이 중첩적으로 적용되는 경우가 있다. 이와 관련하여 적용법률의 우선순위가 논의된다. 이 문제는 일단 법정형을 기준으로 판단해야 하며, 가장 무거운 법정형이 규정되어 있는 형벌법규를 적용해야 할 것이다. 개략적으로 말한다면, 주거침입, 흉기휴대 등의 가중적 요소가 구비된 성범죄의 경우에는 성폭력처벌법이 적용된다.

가중적 요소가 없으나 피해자가 아동 · 청소년인 성범죄의 경우에는 청소년성보호법이 적용된다. 그러나 아동 · 청소년인 피해자가 13세 미만인 경우에는 다시 성폭력처벌법이 적용된다. 성폭력처벌법상의 법정형이 청소년성보호법의 법정형보다 높기 때문이다(성폭법7 참조).

형법 각칙 제32장에 규정된 성범죄 가운데 주요한 것들은 「치료감호 등에 관한 법률」, 「성폭력범죄의 처벌 등에 관한 특례법」, 「전자장치 부착 등에 관한 법률」(동법2 ii 참조) 및 「성폭력범죄자의 성충동 약물치료에 관한 법률」(동법2 ii 다 참조)이 규정한 각종 보안처분의 적용대상이 된다.[2]

형사실무상 형법 각칙 제32장의 범죄가 직접 성립하는 경우는 많지 않다고 생각된다. 그러나 각칙 제32장에 규정된 성범죄들은 성폭력처벌법이나 청소년성보호법을 적용할 때 출발점이 된다는 점에서 여전히 중요한 의미를 갖는다.

---

1) 2013. 5. 16. 2012도14788 전원합의체 판결, 공 2013하, 1161 = 분석 각론 『옷가게 부부강간 사건』 참조.

2) 구체적인 내용은, 신동운, 형법총론, 제14판, (2022), 941면 이하 참조.

한편 형법 제32장의 성범죄 규정들이 피고인이 착오를 주장하는 사안에서 적용되는 경우가 있다. 성폭력처벌법이 피해자의 연령을 가중처벌의 기준으로 정하는 경우가 있다. 이러한 경우에 피고인이 피해자의 연령이 기준 이상인 줄로 알았다고 착오를 주장하는 경우가 있다. 청소년성보호법은 아동·청소년을 대상으로 한 성범죄를 가중처벌하고 있다. 청소년성보호법상의 성범죄에 대해 피고인이 피해자가 아동·청소년임을 인식하지 못하였다고 주장하여 고의를 부인하는 경우가 있다. 이상의 경우에 고의가 입증되지 않으면 성폭력처벌법이나 청소년성보호법을 적용하여 가중처벌할 수가 없다. 이러한 상황이 대두되면 형법 제32장의 성범죄 규정이 적용된다(법15①).

제2 강간죄의 기본유형 - 강간죄

형법 제297조 (강간) 폭행 또는 협박으로 사람을 강간한 자는 3년 이상의 유기징역에 처한다.

◎ 미수범 처벌함(법300)

◎ 결과적 가중범 처벌함(법301, 301의2)

◎ 상습범 가중처벌함(법305의2)

◎ 특수강간 특정강력범죄법상 단기누범 가중(동법2, 3)

1. 행위주체

강간죄의 주체는 통상적으로 남자이다. 그러나 여자도 강간죄의 주체가 될 수 있다. 여자도 남자와 함께 공동정범이나 합동범[1]의 형태로 강간죄를 범할 수 있다. 정신병자를 이용하여 피해자를 강간하게 하는 경우와 같이 간접정범의 형태로도 강간죄를 범할 수 있다. 강간죄의 법정형은 3년 이상의 유기징역이다. 친족관계에 있는 사람이 강간죄를 범한 경우는 성폭력처벌법에 의하여 7년 이상의 유기징역으로 가중처벌된다(동법5①).

2. 행위객체

(1) 사 람

2012년 입법자는 양성 평등의 관점에서 강간죄의 객체를 '부녀'에서 '사람'으로 변경하였다. 이는 전통적인 정조의 개념을 떠나 개인의 성적 자기결정권을 존중하겠다는 입법적 결단의 표현이다. 성전환자에 대한 강간죄 성립 논란은 이제 입법적으로 해결되었다.

---

1) 1998. 2. 27. 97도1757, 공 1998, 951 = 분석 각론 『초등학교 여자 친구 사건』.

강간죄의 객체는 사람이다. 남자 · 여자, 성년자 · 미성년자, 기혼 · 미혼을 묻지 않는다. 행위자와 이전부터 성적 관계가 있었던 사람이라 할지라도 강간죄의 객체가 될 수 있다. 신체적 또는 정신적인 장애가 있는 사람에 대하여 강간죄를 범한 경우는 성폭력처벌법에 의하여 무기 또는 7년 이상의 징역으로 가중처벌된다(동법6①).

(2) 미성년자

강간죄의 객체에는 미성년자(민법4; 19세 미만자)도 포함된다. 미성년자에 대한 강간죄에는 특별법이 적용된다. 연령을 기준으로 강간죄의 법정형을 표로 정리해 보면 다음과 같다.

피해자 연령	범죄유형	적용법령	법정형
13세 미만	성교 (폭행 · 협박 불명)	형법305	3년 이상 징역
13세 미만	성교 (폭행 · 협박 증명)	성폭법7①	무기 또는 10년 이상 징역
13세 이상 19세 미만	성교 (폭행 · 협박)	아청법7①	무기 또는 5년 이상 징역
19세 이상	성교 (폭행 · 협박)	형법297	3년 이상 징역

(3) 배우자

강간죄는 폭행 또는 협박으로 사람을 강간하는 범죄이다. 강간이란 강제로 이루어지는 간음을 의미한다. 일반적으로 간음(姦淫)은 배우자 아닌 자와의 성관계를 말한다. 배우자 사이에 강간죄가 성립할 수 있을 것인지 문제된다.

먼저, 형식상 혼인관계가 존속하더라도 당사자 사이에 혼인관계가 파탄되었을 뿐만 아니라 더 이상 혼인관계를 지속할 의사가 없고 이혼의사의 합치가 있어 실질적인 부부관계로 인정될 수 없는 상태에 이르렀다면 법률상의 배우자인 처도 강간죄의 객체가 된다.[1)]

---

1) 2009. 2. 12. 2008도8601, 공 2009상, 358 = 『별거 부부 강제 성관계 사건』:

갑과 A는 혼인신고를 한 부부 사이이다. 갑과 A는 서로 별거를 하였다. 갑과 A는 관할법원에 ㉠협의이혼신청서를 제출하였다. 다음날 갑은 [흉기를 가지고] A의 의사에 반하여 강제로 성관계를 가졌다. 갑은 성관계 장면을 카메라로 촬영하였다.

검사는 갑을 성폭력처벌법위반죄(특수강간, 카메라등이용촬영)로 기소하였다. 갑의 피고사건은 제1심을 거친 후, 항소심에 계속되었다. 항소법원은 유죄를 인정하였다. 갑은 불복 상고하였다. 갑은 상고이유로 다음의 점을 주장하였다. (가) 갑와 A는 아직 혼인관계에 있어서 부부 사이이다. (나) 부부 사이에 강간죄는 성립하지 않는다.

대법원은 다음의 이유를 제시하여 상고를 기각하였다. (가) 혼인관계가 존속하는 상태에서 남편이 처의 의사에 반하여 폭행 또는 협박으로 성교행위를 한 경우 강간죄가 성립하는지 여부는 별론으로 한다. (나) 그렇다고 하더라도 적어도 당사자 사이에 혼인관계가 파탄되었을 뿐만 아니라 더 이상 혼인관계를 지속할 의사가 없고 이혼의사의 합치가 있어 실질적인 부부관계가 인정될 수 없는 상태에 이르렀다면, 법률상의 배우자인 처

다음으로, 혼인관계가 실질적으로 유지되고 있는 배우자 사이에 강간죄가 성립될 수 있을 것인지 문제된다. 혼인관계가 실질적으로 유지되고 있는 배우자 사이의 강간행위를 부부강간이라고 한다.

문리적으로 볼 때 강간은 강제로 이루어지는 간음을 의미한다. 간음(姦淫)은 일반적으로 배우자 아닌 자와의 성관계를 가리킨다. 이러한 개념정의에서 출발한다면 남편의 부인에 대한 강간행위 또는 그 역의 경우는 강간죄를 구성하지 않는다는 결론에 이르게 될 것이다. 대법원도 한 때 이와 같은 입장에 서서 소위 부부강간에 대해 강간죄가 성립하지 않는다는 입장을 취한 바가 있었다.[1] 그러나 2013년 대법원은 전원합의체 판결을 통해 부부강간에 대해 강간죄를 인정하는 쪽으로 태도를 전환하였다.[2]

대법원은 판례변경의 논거로 다음의 점을 제시하였다. 첫째로, 우리 입법자가 형법 제32장의 장명을 '정조에 관한 죄'에서 '강간과 추행의 죄'로 변경한 것은 개개인의 성적 자기결정권을 보호하기 위한 결단에 기초한 것이며, 성적 자기결정권은 배우자 사이에도 존중되어야 한다. 둘째로, 부부 사이에 민법상의 동거의무(민법826①)가 인정된다고 하더라도 거기에 폭행 · 협박에 의하여 강요된 성관계를 감내할 의무가 내포되어 있다고 할 수 없다. 혼인이 여성의 성적 자기결정권에 대한 포기를 의미하는 것은 아니며, 성적으로 억압된 삶을 인내하는 과정일 수도 없다. 셋째로, 부부 사이의 내밀한 관계에 대해서까지 국가가 과도하게 개입하는 문제에 대해서는 「가정폭력범죄의 처벌 등에 관한 특례법」에 따른 보호조치 등의 방법으로 형사처벌의 지나침을 방지할 수 있다.

3. 실행행위

(1) 피해자의 의사

강간죄의 행위는 폭행 또는 협박으로 사람을 강간하는 것이다. 강간은 화간(和姦)에 대립하는 개념이다. 상대방의 의사에 합치하여 이루어진 성관계라면 이는 피해자의 승낙(법24)에 의하여 위법성이 조각되는 경우가 아니라 처음부터 강간죄의 구성요건해당성이 없다. 성적 자기결정권의 침해가 없기 때문이다.

도 강간죄의 객체가 된다.

(다) 갑과 A는 서로 별거를 하다가 이 사건 발생 전날 관할법원에 협의이혼신청서를 제출하였다. (라) 갑과 A가 아직 법률상 혼인관계에 있기는 하나 실질적으로는 혼인관계가 파탄에 이르렀다. (마) 그와 같은 상황에서 갑이 A의 의사에 반하여 강제로 성관계를 가졌으므로 강간죄가 성립한다.

1) 1970. 3. 10. 70도29, 집 18① 형33.

2) 2013. 5. 16. 2012도14788 전원합의체 판결, 공 2013하, 1161 = 분석 각론『옷가게 부부 강간 사건』.

(2) 폭행 · 협박의 정도

강간죄의 수단은 폭행 또는 협박이다.[1] 강간죄가 성립하려면 가해자의 폭행 · 협박은 (가) 피해자의 항거를 불가능하게 하거나 (나) 피해자의 항거를 현저히 곤란하게 할 정도의 것이어야 한다.[2]

가해자의 폭행 · 협박이 피해자의 항거를 불가능하게 하거나 현저히 곤란하게 할 정도의 것이었는지는 폭행 · 협박의 내용과 정도는 물론 유형력을 행사하게 된 경위, 피해자와의 관계, 성교 당시와 그 후의 정황 등 모든 사정을 종합하여 판단해야 한다.[3]

사후적으로 보아 피해자가 범행 현장을 벗어날 수 있었다거나 피해자가 사력을 다하여 반항하지 않았다는 사정만으로 가해자의 폭행 · 협박이 피해자의 항거를 현저히 곤란하게 할 정도에 이르지 않았다고 섣불리 단정하여서는 안 된다.[4]

가해자가 폭행을 수반함이 없이 오직 협박만을 수단으로 피해자를 간음한 경우에도 그 협박의 정도가 피해자의 항거를 불가능하게 하거나 현저히 곤란하게 할 정도의 것이었다면 강간죄가 성립한다. 협박과 간음 사이에 시간적 간격이 있더라도 협박에 의하여 간음이 이루어진 것으로 인정될 수 있다면 강간죄가 성립한다.[5]

폭행 · 협박과 간음 사이에는 인과관계가 있어야 하나, 폭행 · 협박이 반드시 간음행위보다 선행되어야 하는 것은 아니다.[6] 피고인이 피해자의 의사에 반하여 기습적으로 자신의 성기를 피해자의 성기에 삽입하고, 피해자가 움직이지 못하도록 반항을 억압한 다음 간음행위를 계속한 경우 피고인의 행위는, 비록 간음행위를 시작할 때 폭행 · 협박이 없었다고 하더라도 간음행위와 거의 동시 또는 그 직후에 피해자를 폭행하여 간음한 것으로 볼 수 있고, 이는 강간죄를 구성한다.[7]

(3) 미수와 기수

강간죄의 미수범은 처벌된다(법300). 행위자가 피해자의 항거를 불가능하게 하거나 현저히 곤란하게 할 정도의 폭행 · 협박을 개시한 때에 실행의 착수가 인정된다. 행위자의 폭행 · 협박에 의하여 피해자가 실제로 항거불능하게 되거나 항거가 현저히 곤란한 상황에 이르러

1) 마취제 등 약물의 사용과 폭행의 관계에 대해서는, 후술 805면 참조.
2) 2004. 6. 25. 2004도2611, 공 2004, 1295 = 분석 각론 『버디버디 채팅 사건』.
3) 2004. 6. 25. 2004도2611, 공 2004, 1295 = 분석 각론 『버디버디 채팅 사건』.
4) 2018. 2. 28. 2017도21249, 공 2018상, 665 = 『엘리베이터 쫓아가기 사건』.
5) 2007. 1. 25. 2006도5979, 공 2007, 392 = 분석 각론 『1인 2역 간음 사건』.
6) 2017. 10. 12. 2016도16948, 공 2017하, 2156.
7) 2017. 10. 12. 2016도16948, 공 2017하, 2156.

야만 실행의 착수가 인정되는 것은 아니다.[1] 실제 간음행위가 시작되어야만 강간죄의 실행의 착수가 있다고 볼 것은 아니다.[2]

---

1) 2000. 6. 9. 2000도1253, 공 2000, 1695 =『술 취한 손 뿌리치기 사건』:

갑은 술에 많이 취해 있었다. 갑은 A의 방으로 들어갔다. 갑은 침대에서 일어나 나가려는 A를 간음하려고 팔을 낚아채었다(㉠행위). A는 술 취한 사람이라 마음대로 할 수 있다고 생각하고, 갑의 손을 뿌리치고 동생 B의 방으로 건너갔다(㉡사정).

검사는 갑을 강간미수죄로 기소하였다. 갑의 피고사건은 제1심을 거친 후, 항소심에 계속되었다. 항소법원은 다음의 이유를 들어 무죄로 판단하였다. (가) 갑은 당시 A를 간음할 의사로 A의 반항을 억압할 정도의 유형력을 행사하였다고 볼 수 없다. (나) 갑은 술에 만취하여 그러한 정도의 유형력을 행사할 상태에 있지 않았다. 검사는 불복 상고하였다.

대법원은 다음을 이유를 제시하여 원심판결을 파기환송하였다. (가) 강간죄는 [사람을] 간음하기 위하여 피해자의 항거를 불능하게 하거나 현저히 곤란하게 할 정도의 폭행 또는 협박을 개시한 때에 그 실행의 착수가 있다. (나) 실제로 그와 같은 폭행 또는 협박에 의하여 피해자의 항거가 불능하게 되거나 현저히 곤란하게 되어야만 실행의 착수가 있다고 볼 것은 아니다.

(다) 갑은 A의 의사에 반하여 A의 반항을 억압하거나 현저하게 곤란하게 할 정도의 유형력의 행사를 개시하였다. (라) 당시 갑이 술에 많이 취하여 있어 A가 마음대로 할 수 있었다고 생각하였다거나, A가 갑을 뿌리치고 동생 방으로 건너갔다고 하자(㉡사정). (마) 그렇다고 하더라도 ㉡사정은 갑이 술에 취하여 실제로 A의 항거를 불능하게 하거나 현저히 곤란하게 하지 못하여 강간죄의 실행행위를 종료하지 못한 것에 불과한 것이다. (바) ㉡사정이 갑이 강간죄의 실행에 착수하였다고 판단하는 데 장애가 되는 것은 아니다.

2) 2021. 8. 12. 2020도17796, 공 2021하, 1730 =『화장실 부축 유사강간 사건』:

갑은 M주점에서 술을 마시고 있었다. 갑은 화장실에 간다고 하였다. A는 20세 여성이다. A는 갑을 남자화장실 앞까지 부축해 주었다. 갑은 갑자기 A를 M주점의 여자화장실로 끌고 갔다. 갑은 여자화장실의 문을 잠근 후 강제로 입맞춤을 하였다. 이에 A가 저항하였다. 갑은 A를 여자화장실 용변 칸으로 밀어 넣고 유사강간하려고 하였다. A가 소리를 질러 갑은 유사강간행위를 하지 못하였다.

검사는 갑을 성폭력처벌법위반죄(주거침입유사강간)로 기소하였다. 주거침입유사강간죄의 법정형은 무기징역 또는 7년 이상의 징역이다. 갑의 피고사건은 제1심을 거친 후, 항소심에 계속되었다. 항소법원은 유죄를 인정하였다. 갑은 불복 상고하였다.

대법원은 다음의 이유를 제시하여 원심판결을 파기환송하였다. 대법원은 갑의 상고이유와 관계 없이 직권으로 판단하였다. 대법원은 주거침입강간죄의 실행의 착수시점에 대해 다음과 같이 설시하였다. (헌법재판소는 2023. 2. 23. 2021헌가9 결정으로 주거침입강제추행죄에 대해 위헌을 선언하였다. 대법원 판결내용 가운데 주거침입강제추행죄 부분은 삭제하여 소개함.) (가) 주거침입강간죄 등은 사람의 주거 등을 침입한 자가 피해자를 간음 등 성폭력을 행사한 경우에 성립하는 것으로서, 주거침입죄를 범한 후에 사람을 강간하는 등의 행위를 하여야 하는 일종의 신분범이다. (나) 선후가 바뀌어 강간죄 등을 범한 자가 그 피해자의 주거에 침입한 경우에는 이에 해당하지 않고 강간죄 등과 주거침입죄 등의 실체적 경합범이 된다.

(다) 주거침입강간죄 등의 실행의 착수시기는 주거침입 행위 후 강간죄 등의 실행행위에 나아간 때이다. (라) 한편 강간죄는 사람을 강간하기 위하여 피해자의 항거를 불능하게 하거나 현저히 곤란하게 할 정도의 폭행 또는 협박을 개시한 때에 그 실행의 착수가 있다고 보아야 할 것이다. (마) 실제 간음행위가 시작되어야만 그 실행의 착수가 있다고 볼 것은 아니다. (바) 유사강간죄의 경우도 이와 같다.

대법원은 갑의 행위에 대해 다음과 같이 판단하였다. (가) 갑은 자신을 부축한 A를 끌고 여자화장실로 억지로 들어가게 한 뒤 바로 화장실 문을 잠그고 강제로 입맞춤을 하였고 이어서 추행행위와 유사강간까지 시도하였다. (나) 그러므로 갑은 A를 화장실로 끌고 들어갈 때 이미 A에게 유사강간 등의 성범죄를 의욕하였다고 보인다. (다) 또한 갑은 A의 반항을 억압한 채 A를 억지로 끌고 여자화장실로 들어가게 하였다. (라)

강간죄의 수단인 폭행 · 협박은 강간죄가 성립되면 당연히 이에 흡수되며 별도로 폭행죄나 협박죄를 구성하지 않는다.

강간죄의 기수시기에 관하여 삽입설과 만족설이 대립하고 있다. 강간죄의 본질은 행위자의 불법한 성적 만족을 처벌하려는 데 있는 것이 아니라 피해자의 성적 자기결정권을 보호하는 데에 있다. 따라서 일방의 성기가 상대방의 성기에 들어가기 시작하는 순간에 강간죄는 기수에 이르며, 사정(射精)을 필요로 하지 않는다.

4. 특수강간죄

성폭력처벌법은 강간죄에 대해 여러 가지 가중적 구성요건을 규정하고 있다. 강간죄를 위시하여 형법 각칙 제32장에 규정된 각종 성범죄들은 1953년 제정형법 이래 친고죄로 규정되어 있었다(구법306). 이 때문에 피해자가 수치심을 느끼거나 보복을 염려하여 고소를 하지 않거나 제기하였던 고소를 취소하면 성범죄자를 처벌할 수 없었다. 이러한 폐단을 제거하기 위하여 1994년 이래 성폭력처벌법은 기존의 성범죄에 일정한 표지를 추가한 가중적 구성요건들을 신설하면서 이를 비친고죄로 규정하였다.

2012년 말 형법 일부개정에 의하여 형법상 성범죄들이 전부 친고죄에서 비친고죄로 전환되었다. 친고죄에 따른 문제점들이 제거됨에 따라 성폭력처벌법이 규정한 각종 가중적 구성요건의 필요성은 그만큼 줄어들었다고 할 수 있다. 성폭력처벌법은 각종의 결합범 형태로 성폭력범죄의 법정형을 높이고 있다. 입법론적으로 볼 때 이러한 가중적 범죄유형들을 대폭 정비해야 할 시점이라고 생각된다. 각종 결합범의 법정형이 지나치게 높을 뿐만 아니라 성범죄 이외의 다른 범죄들과의 균형을 고려해야 하기 때문이다.

성폭력처벌법이 규정하고 있는 가중적 범죄유형 가운데 강간죄를 중심으로 가중적 구성요건 및 법정형을 정리하면 다음과 같다.

그러한 이상, 그와 같은 갑의 강제적인 물리력의 행사는 유사강간을 위하여 A의 항거를 불능하게 하거나 현저히 곤란하게 할 정도의 폭행 또는 협박을 개시한 경우에 해당한다고 봄이 타당하다. (마) 성폭력처벌법위반(주거침입유사강간)죄는 먼저 주거침입죄를 범한 후 유사강간 행위에 나아갈 때 비로소 성립된다. (바) 갑은 여자화장실에 들어가기 전에 이미 유사강간죄의 실행행위를 착수하였다. (사) 결국 갑이 그 실행행위에 착수할 때에는 성폭력처벌법위반(주거침입유사강간)죄를 범할 수 있는 지위, 즉 '주거침입죄를 범한 자'에 해당되지 아니한다.

대법원은 유사강간죄 미수범과 주거침입죄의 실체적 경합범을 인정하였다. (유사강간죄의 법정형은 2년 이상의 유기징역이다. 주거침입죄의 법정형은 3년 이하의 징역 또는 500만원 이하의 벌금이다. 두 죄를 동시적 경합범으로 가중하면 처단형은 2년 이상 33년 이하의 징역이 된다. 이에 대해 주거침입유사강간죄로 처벌하게 되면 법정형인 무기징역 또는 7년 이상의 징역이 곧 처단형이 된다.)

가중사유	기본범죄	적용법령	법정형
[기본유형]	성교 (폭행 · 협박)	형법297	3년 이상 징역
친족	성교 (폭행 · 협박)	성폭법5①	7년 이상 징역
흉기 · 위험물건 휴대	성교 (폭행 · 협박)	성폭법4①	무기 또는 7년 이상 징역
2명 이상 합동	성교 (폭행 · 협박)	성폭법4①	무기 또는 7년 이상 징역
주거침입	성교 (폭행 · 협박)	성폭법3①	무기 또는 7년 이상 징역
야간주거침입절도(미수범 포함)	성교 (폭행 · 협박)	성폭법3①	무기 또는 7년 이상 징역
특수절도(미수범 포함)	성교 (폭행 · 협박)	성폭법3①	무기 또는 7년 이상 징역
신체적 · 정신적 장애인	성교 (폭행 · 협박)	성폭법6①	무기 또는 7년 이상 징역
특수강도(미수범 포함)	성교 (폭행 · 협박)	성폭법3②	사형, 무기 또는 10년 이상 징역

특수강간죄의 가중적 구성요건요소 가운데 '친족'의 범위는 민법의 예에 따라 결정한다. 의붓아버지와 의붓딸의 관계는 성폭력처벌법 제5조 제4항이 규정한 4촌 이내의 인척으로서 친족관계에 해당한다. 따라서 피고인이 피해자를 준강간한 행위에 대하여는 성폭력처벌법 제5조 제3항 및 제1항이 적용되어 7년 이상의 유기징역으로 처벌된다.[1]

특수강간죄 가운데 주거침입죄가 가중적 구성요건요소로 규정되는 경우가 있다. 주거침입강간죄는 사람의 주거 등을 침입한 자가 피해자를 간음하는 성폭력을 행사한 경우에 성립한다. 주거침입강간죄는 주거침입죄를 범한 후에 사람을 강간하는 행위를 하여야 하는 일종의 신분범이다. 주거침입강간죄의 실행의 착수시기는 주거침입 행위 후 강간죄의 실행행위에 나아간 때이다.[2]

선후가 바뀌어 강간죄를 범한 자가 그 피해자의 주거에 침입한 경우는 주거침입강간죄 등에 해당하지 않는다. 강간죄 등을 범한 자가 그 피해자의 주거에 침입한 경우는 강간죄 등과 주거침입죄 등의 실체적 경합범이 된다.[3]

제3 강간죄의 특수유형

1. 유사강간죄

형법 제297조의2 (유사강간) 폭행 또는 협박으로 사람에 대하여 구강, 항문 등 신체(성기는 제외한다)의 내부에 성기를 넣거나 성기, 항문에 손가락 등 신체(성기는 제외한다)의 일부 또는 도구를

1) 2020. 11. 5. 2020도10806, 공 2020하, 2348 = 『의붓딸 준강간 사건』.
2) 2021. 8. 12. 2020도17796, 공 2021하, 1730 = 『화장실 부축 유사강간 사건』.
3) 2021. 8. 12. 2020도17796, 공 2021하, 1730 = 『화장실 부축 유사강간 사건』.

넣는 행위를 한 사람은 2년 이상의 유기징역에 처한다.

◎ 미수범 처벌함(법300)
◎ 결과적 가중범 처벌함(법301, 301의2)
◎ 상습범 가중처벌함(법305의2)
◎ 특수유사강간 특정강력범죄법상 단기누범 가중(동법2, 3)

(1) 입법취지

2012년 형법 일부개정에 의하여 유사강간죄가 신설되었다. 유사강간은 폭행 · 협박으로 구강, 항문 등 신체(성기는 제외)의 내부에 성기를 넣거나 성기, 항문에 손가락 등 신체(성기는 제외)의 일부 또는 도구를 넣는 행위를 말한다. 성기 내부에 성기를 넣는 행위는 유사강간에서 제외된다.

유사강간은 강간과 유사한 성적 행위이다. 유사강간은 강간과 마찬가지로 피해자의 성적 자기결정권을 심각하게 침해하는 행위이지만 직접적 처벌규정이 없어서 종래 강제추행죄로 규율되어 왔다. 이제 신설된 규정에 의하여 유사강간행위를 강간죄에 준하여 처벌할 수 있게 되었다.

강간죄(법297)의 법정형은 3년 이상의 유기징역이다. 이에 대해 유사강간죄의 법정형은 2년 이상의 유기징역으로 강간죄보다 낮게 규정되어 있다. 여성의 정조라는 관점에서 강간죄를 성기와 성기의 결합으로 파악하였던 데에서 비롯된 차별이 아닌가 생각된다. 강간과 유사강간은 성적 자기결정권의 침해라는 점에서 동일하게 평가된다. 그렇다면 법정형도 양자를 동일하게 규정하는 것이 입법론적으로 타당하다고 본다.

유사강간죄의 행위주체, 행위객체, 실행행위, 미수와 기수 등에 대한 설명은 강간죄의 경우에 준한다. 피해자가 방어할 틈도 없이 기습적으로 유사성교행위를 한 때에도 유사강간죄가 성립할 것인지 문제된다.

이를 부정하는 입장에서는, 유사강간죄도 강간죄의 일종이므로 강간죄와 같은 정도의 강력한 폭행 · 협박이 요구되는데 기습유사강간행위는 그러한 폭행 · 협박에 해당한다고 볼 수 없다는 점, 기습유사강간행위를 굳이 유사강간죄로 처벌하지 않는다 하더라도 강제추행죄로 최대 징역 10년까지 선고할 수 있어 행위에 상응한 적절한 처벌을 하지 못할 가능성은 거의 없다는 점 등을 논거로 제시한다.

이에 대해 유사강간죄를 인정하는 입장에서는, 기습에 의한 유사강간 행위의 경우 피해자가 항거할 여유도 없어 결과적으로 항거가 불가능 하거나 또는 현저히 곤란하게 된 것과 마찬가지로 평가할 수 있다는 점, 기습성이 강제성을 대체하기 때문에 그 힘의 대소강약을 불문한다는 점 등을 논거로 제시한다. 2016년 대법원은 기습유사강간행위를 유사강간죄로 처벌하는 입장을 천명하였다.[1]

성폭력처벌법 및 청소년성보호법과 관련하여 미성년자에 대한 유사강간죄를 정리하면 다음과 같다.

피해자 연령	범죄유형	적용법령	법정형
13세 미만	유사성교 (폭행 · 협박 불명)	형법305②	2년 이상 징역
13세 미만	유사성교 (폭행 · 협박 증명)	성폭법7②	7년 이상 징역
13세 이상 19세 미만	유사성교 (폭행 · 협박)	아청법7②	5년 이상 징역
19세 이상	유사성교 (폭행 · 협박)	형법297의2	2년 이상 징역

(2) 특수유사강간

성폭력처벌법이 규정하고 있는 가중적 범죄유형 가운데 유사강간죄를 중심으로 한 가중적 구성요건을 정리하면 다음과 같다.

가중사유	기본범죄	적용법령	법정형
[기본유형]	유사성교 (폭행 · 협박)	형법297의2	2년 이상 징역
신체적 · 정신적 장애인	유사성교 (폭행 · 협박)	성폭법6②	5년 이상 징역
주거침입	유사성교 (폭행 · 협박)	성폭법3①	무기 또는 7년 이상 징역
야간주거침입절도 (미수범 포함)	유사성교 (폭행 · 협박)	성폭법3①	무기 또는 7년 이상 징역
특수절도(미수범 포함)	유사성교 (폭행 · 협박)	성폭법3①	무기 또는 7년 이상 징역
특수강도(미수범 포함)	유사성교 (폭행 · 협박)	성폭법3②	사형, 무기 또는 10년 이상 징역

성폭력처벌법은 흉기나 그 밖의 위험한 물건을 휴대하여 성범죄를 범하거나 2명 이상이 합동하여 성범죄를 범한 경우(동법4 참조) 및 친족이 성범죄를 범한 경우(동법5 참조)를 가중처벌하고 있다. 그런데 이들 규정에는 유사강간죄가 대상범죄에 포함되어 있지 않다.

성폭력처벌법이 강간죄뿐만 아니라 강제추행죄를 대상범죄에 포함시키고 있음에도 불구하고 유사강간죄를 이들 가중처벌규정의 대상범죄에 포함시키지 않은 것은 입법의 미비라고 생각된다. 그러나 죄형법정주의의 원칙에 비추어 볼 때 입법으로 보완되지 않는 한 특수유사강간죄 또는 친족간 유사강간죄라는 이유로 가중처벌할 수 없다고 본다.

---

1) 2016. 12. 15. 2016도14099, 법률신문 2017. 3. 20.자 = 『사우나 기습유사강간 사건』 ☞ 부록 1599면.

2. 강제추행죄

형법 제298조 (강제추행) 폭행 또는 협박으로 사람에 대하여 추행을 한 자는 10년 이하의 징역 또는 1천 500만원 이하의 벌금에 처벌에 처한다.

◎ 미수범 처벌함(법300)
◎ 결과적 가중범 처벌함(법301, 301의2)
◎ 상습범 가중처벌함(법305의2)
◎ 특수강제추행 특정강력범죄법상 단기누범 가중(동법2, 3)

(1) 행위객체

강제추행죄의 주체에 제한은 없다. 남자 · 여자를 묻지 않는다. 강제추행죄의 객체는 사람이다. 정신적 또는 신체적 장애가 있는 사람도 강제추행죄의 객체에 포함된다.

강제추행죄의 객체에는 미성년자(민법4; 19세 미만자)도 포함된다. 미성년자에 대한 강제추행죄에는 특별법이 적용된다. 사람을 폭행 · 협박으로 강제추행한 경우에 연령을 기준으로 법정형을 정리해 보면 다음과 같다.

피해자 연령	범죄유형	적용법령	법정형
13세 미만	추행 (폭행 · 협박 불명)	형법305	10년 이하 징역 또는 1천 5백만원 이하의 벌금
13세 미만	추행 (폭행 · 협박 증명)	성폭법7③	5년 이상 징역
13세 이상 19세 미만	추행 (폭행 · 협박)	아청법7③	2년 이상 징역 또는 1천만원 이상 3천만원 이하 벌금
19세 이상	추행 (폭행 · 협박)	형법298	10년 이하 징역 또는 1천 5백만원 이하의 벌금

(2) 실행행위

(가) 추 행　　강제추행죄의 행위는 폭행 또는 협박으로 사람에 대하여 추행하는 것이다. 강제추행죄의 추행은 단순한 음란행위(법245 참조)와 구별된다. 일반적으로 음란행위란 (가) 성욕을 흥분시키거나 자극하여, (나) 일반인에게 성적 수치심이나 혐오감을 일으키고, (다) 선량한 성적 도덕관념에 반하는 행위를 가리킨다.

그런데 강제추행죄는 개인의 성적 자기결정권을 침해하는 범죄이다. 따라서 강제추행죄의 추행은 (가) 쓸데없이 성욕을 흥분시키거나 자극하여, (나) 객관적으로 일반인에게 성적 수치심이나 혐오감을 일으키고, (다) 선량한 성적 도덕관념에 반하는 행위인 것만으로는

부족하고, (라) 그 행위의 상대방인 피해자의 성적 자기결정의 자유를 침해하는 것이어야 한다.[1)]

강제추행죄의 추행 개념은 피해자의 성적 자기결정권의 보호라는 관점에서 파악해야 한다. 가해자에게 성욕을 과도하게 흥분시키거나 만족시키려는 목적이나 주관적 경향이 있었는지는 강제추행죄의 추행 여부를 결정하는 기준이 되지 않는다.

피해자의 성적 자기결정권의 보호라는 관점에서 볼 때 강제추행죄가 기수에 이르기 위해서는 객관적으로 일반인에게 성적 수치심이나 혐오감을 일으키게 할 만한 행위로서 선량한 성적 도덕관념에 반하는 행위를 행위자가 대상자를 상대로 실행하는 것으로 충분하다. 행위자의 행위로 말미암아 대상자가 성적 수치심이나 혐오감을 반드시 실제로 느껴야 하는 것은 아니다.[2)]

---

1) 2012. 7. 26. 2011도8805, 공 2012하, 1527 = 분석 각론『허심청 온천 사건』.

2) 2020. 6. 25. 2015도7102, 공 2020하, 1550 =『지하철 안 추행 사건』:

갑은 지하철을 타고 이동하던 중 지하철 내에서 A(여, 28세)의 등 뒤에 밀착하여 무릎을 굽힌 후 성기를 피해자의 엉덩이 부분에 붙이고 앞으로 내미는 등의 행위를 하였다.

검사는 성폭력처벌법위반죄(공중밀집장소에서의 추행)로 기소하였다. 제1심법원은 다음의 이유를 들어서 무죄로 판단하였다. (가) 갑이 A를 추행할 의도로 자신의 성기를 A에게 밀착시켰다고 볼 수도 있다. (나) 정작 A는 갑의 추행 사실을 몰랐으므로 피해자의 성적 자유가 침해되었다고 볼 수 없다. (다) 따라서 추행이 기수에 이르렀다고 보기 어렵다. (라) 성폭력처벌법위반죄(공중밀집장소에서의 추행)에는 미수범처벌규정이 없다.

검사는 불복 항소하였다. 항소심에서 검사는 강제추행미수죄를 예비적 공소사실로 추가하는 공소장변경신청을 하였다. 추가된 예비적 공소사실의 내용은 다음과 같다. "갑은 (중략) 앞으로 내미는 등으로 A를 추행하려 하였으나 A가 이를 인식하지 못하여 미수에 그쳤다." 항소법원은 검사의 공소장변경신청을 허가하였다.

항소법원은 다음과 같이 판단하여 주위적 공소사실(공중밀집장소에서의 추행)을 유죄로 인정하였다. (가) 일반적으로 성폭력처벌법위반(공중밀집장소에서의추행)죄가 기수에 이르기 위하여는 행위자의 행위로 인하여 대상자가 성적 수치심이나 혐오감을 반드시 실제로 느껴야 하는 것은 아니다. (나) 객관적으로 일반인에게 성적 수치심이나 혐오감을 일으키게 할 만한 행위로서 선량한 성적 도덕관념에 반하는 행위를 행위자가 대상자를 상대로 실행하는 것으로 족하다. 갑은 불복 상고하였다.

대법원은 다음의 이유를 제시하여 상고를 기각하였다. 대법원은 성폭력처벌법위반(공중밀집장소에서의추행)죄의 입법취지와 추행의 개념을 다음과 같이 설시하였다. (가) 구 성폭력처벌법 제11조는 '대중교통수단, 공연·집회 장소, 그 밖에 공중이 밀집하는 장소에서 사람을 추행한 사람'을 1년(현행법 3년) 이하의 징역 또는 300만원(현행법 3천만원) 이하의 벌금에 처하도록 하고 있다. (나) 입법 취지는 (ㄱ) 도시화된 현대사회에서 다중이 출입하는 공공연한 장소에서 추행 발생의 개연성과 함께 그에 대한 처벌의 필요성이 높아진 반면, (ㄴ) 피해자와 접근이 용이하고 추행장소가 공개되어 있는 등의 사정으로 피해자의 명시적·적극적인 저항이나 회피가 어려운 상황을 이용하여 (ㄷ) 유형력을 행사하는 것 이외의 방법으로 이루어지는 추행행위로 말미암아 (ㄹ) 형법 등 다른 법률에 따른 처벌이 여의치 않은 상황에 대처하기 위한 것이다.

(다) 여기에서 '추행'이란 (ㄱ) 일반인을 기준으로 객관적으로 성적 수치심이나 혐오감을 일으키게 하고 (ㄴ) 선량한 성적 도덕관념에 반하는 행위로서 (ㄷ) 피해자의 성적 자기결정권을 침해하는 것을 말한다. (라) 이에 해당하는지는 피해자의 성별, 연령, 행위자와 피해자의 관계, 그 행위에 이르게 된 경위, 구체적 행위 양태, 주위의 객관적 상황과 그 시대의 성적 도덕관념 등을 종합적으로 고려하여 신중히 결정해야 한다. 대법원

강제추행죄의 추행은 피해자의 성적 자기결정권의 보호라는 관점에서 파악해야 한다. 이 점에서 강제추행죄의 추행은 형법 각칙 제22장 성풍속에 관한 죄에서 규정하고 있는 음란한 행위와 구별된다.

음란한 행위가 특정인을 상대로 행하여졌다고 해서 반드시 그 사람에 대하여 추행이 된다고 말할 수 없다. 강제추행죄의 추행에 해당하려면 무엇보다도 문제의 행위가 피해자의 성적 자기결정권을 침해하는 것으로 평가될 수 있어야 한다. 이에 해당하는지 여부는 피해자의 의사, 성별, 나이, 행위자와 피해자의 이전부터의 관계, 그 행위에 이르게 된 경위, 구체적 행위태양, 주위의 객관적 상황과 그 시대의 성적 도덕관념 등을 종합적으로 고려하여 신중히 결정되어야 한다.[1)]

(나) 폭행 · 협박 강제추행죄가 성립하려면 폭행 또는 협박으로 사람에 대하여 추행을 하여야 한다. 강간죄와 비교해 볼 때 강제추행죄의 경우에는 징역의 하한에 제한이 없고 벌금이 허용되는 등 법정형이 크게 완화되어 있다. 이러한 관계로 강제추행죄의 폭행 · 협박은 (가) 항거를 불가능하게 할 정도의 폭행 · 협박, (나) 항거를 현저히 곤란하게 할 정도의 폭행 · 협박은 물론이고, 더 나아가 (다) 항거를 단순히 곤란하게 할 정도의 폭행 · 협박까지 모두 포함한다.

강제추행죄의 폭행 · 협박이 피해자의 항거를 곤란하게 할 정도의 것이었는지 여부는 폭행 · 협박의 내용과 정도는 물론, 유형력을 행사하게 된 경위, 피해자와의 관계, 추행 당시와 그 후의 정황 등 모든 사정을 종합하여 판단해야 한다.

강제추행죄의 폭행 · 협박에 이르지 않는 방법으로 추행하는 경우가 있다. 대중교통수단 등 공중이 밀집하는 장소에서 이루어지는 추행이 그것이다. 공중밀집 장소에서는 범인의 피해자 접근이 용이하다. 또한 추행장소가 공개되어 있는 등의 사정으로 피해자의 명시적 · 적극적인 저항이나 회피가 어렵다. 이러한 상황을 이용하여 폭행 · 협박 이외의 방법으로 추행행위가 이루어지면 형법상 강제추행죄로 처벌할 수 없다. 이에 대처하기 위하여 성폭력처벌법 제11조는 공중밀집장소에서의 추행죄를 규정하고 있다.[2) 3)]

(다) 기습추행 강제추행죄에서 폭행 · 협박으로 사람에 대하여 추행을 한다는 것은 (가) 항거를 불가능하게 할 정도의 폭행 · 협박, (나) 항거를 현저히 곤란하게 할 정도의 폭

은 원심법원의 판단(위에 소개하였음)을 그대로 유지하였다.

1) 2018. 2. 8. 2016도17733, 공 2018상, 593 = 『강제추행 간접정범 사건』.

2) 2020. 6. 25. 2015도7102, 공 2020하, 1550 = 『지하철 안 추행 사건』.

3) **성폭력범죄의 처벌 등에 관한 특례법 제11조** (공중 밀집 장소에서의 추행) 대중교통수단, 공연 · 집회 장소, 그 밖에 공중(公衆)이 밀집하는 장소에서 사람을 추행한 사람은 3년 이하의 징역 또는 3천만원 이하의 벌금에 처한다.

행 · 협박, (다) 항거를 단순히 곤란하게 할 정도의 폭행 · 협박의 경우처럼 먼저 상대방에 대하여 폭행 · 협박을 가한 다음에 추행행위를 하는 경우뿐만 아니라, (라) 폭행행위 자체가 추행행위라고 인정되는 경우도 포함한다. 폭행행위 자체가 추행행위라고 인정되는 경우를 가리켜 기습추행이라고 한다.

기습추행의 경우에 폭행은 반드시 상대방의 의사를 억압할 정도의 것임을 요하지 않는다. 상대방의 의사에 반하는 유형력의 행사가 있는 이상 그 힘의 대소 강약을 불문한다.[1]

이 기준에 따라 대법원은, 피해자의 옷 위로 엉덩이나 가슴을 쓰다듬는 행위, 피해자의 의사에 반하여 그 어깨를 주무르는 행위, 교사가 여중생의 얼굴에 자신의 얼굴을 들이밀면서 비비는 행위나 여중생의 귀를 쓸어 만지는 행위, 사장이 여직원의 허벅지를 옷 위로 쓰다듬는 행위 등에 대하여 피해자의 의사에 반하는 유형력의 행사가 이루어져 기습추행에 해당한다고 판단한 바 있다.[2]

---

1) 1983. 6. 28. 83도399, 공 1983, 1153 = 분석 각론『강제 키스 사건』.

2) 2020. 3. 26. 2019도15994, 공 2020상, 861 =『미용업체 직원 허벅지 사건』:

갑은 미용업체인 P회사를 운영하는 사람이다. A(여, 27세)는 P회사의 가맹점인 Q점에서 근무하는 사람이다. 갑은 M노래방에서 A를 비롯한 직원들과 회식을 하였다. 회식 도중 갑은 A를 자신의 옆자리에 앉혔다. [A는 갑이 자신을 추행하였다고 주장하였다.]

검사는 갑을 강제추행죄로 기소하였다. 공소사실의 요지는 다음과 같다. "갑은 (일시 장소 생략) M노래방에서 A를 비롯한 직원들과 회식을 하던 중 A를 강제추행할 마음을 먹고, A를 자신의 옆자리에 앉힌 후 A에게 귓속말로 '일하는 것 어렵지 않냐. 힘든 것 있으면 말하라'고 하면서 갑자기 A의 볼에 입을 맞추고(㉮행위), 이에 놀란 A가 '하지 마세요'라고 하였음에도, 계속하여 '괜찮다. 힘든 것 있으면 말해라. 무슨 일이든 해결해 줄 수 있다'고 하면서 오른손으로 A의 오른쪽 허벅지를 쓰다듬었다(㉯행위)."

제1심 공판기일이 열렸다. 갑은 공소사실을 전부 부인하였다. A는 다음과 같이 진술하였다. (가) 갑이 A에게 귓속말로 "힘든 것 있으면 말해라. 무슨 일이든 해결해 줄 수 있다."고 말하였다. (나) 이때 갑이 A의 볼에 입을 맞추었다(㉮행위). (다) 이때 갑이 A의 허벅지를 쓰다듬었다(㉯행위). 증인 B는 다음과 같이 증언하였다. (가) 갑은 A의 다리를 옷 위로 쓰다듬고 A의 옆에 기대거나 A를 뒤에서 안는 등의 행위를 하였다(㉰행위). (나) 그러나 A는 가만히 있었다. 증인 C는 다음과 같이 증언하였다. (가) 갑이 A의 허벅지를 쓰다듬는 것을 보았다(㉯행위). (나) ㉯행위 직후 A는 그냥 가만히 있었다. 제1심법원은 다음과 같이 판단하여 유죄를 인정하였다. (가) ㉮행위 : A의 진술에 신빙성이 없어서 사실 자체를 인정하지 않음. (나) ㉯행위 : 추행 인정됨. (다) ㉰행위 : 추행 인정됨. 갑은 불복 항소하였다.

항소법원은 다음의 이유를 들어서 제1심판결을 파기하고, 무죄를 선고하였다. (가) 이른바 '기습추행'의 경우에도 강제추행죄가 성립할 수 있다. (나) 기습추행의 경우에도 폭행행위라고 평가될 수 있을 정도의 유형력의 행사가 있어야 한다. (다) 증인의 진술에 따르면 A는 갑의 ㉯, ㉰행위 즉시 거부의사를 밝히지 않고 가만히 있었다. (라) 갑이 A의 신체 일부를 만진 행위를 들어 폭행행위라고 평가할 수 있을 정도의 유형력의 행사가 있었다고 볼 수 없다. 검사는 불복 상고하였다.

대법원은 다음의 이유를 제시하여 원심판결을 파기환송하였다. 대법원은 기습추행의 처벌 여부에 대해 다음과 같이 설시하였다. (가) 우리 형사법의 체계에 비추어 볼 때, 폭행행위 자체가 추행행위라고 인정되는 경우인 이른바 '기습추행'의 경우에도 강제추행죄가 성립할 수 있다. (나) 그렇지만 이 경우에도 폭행행위라고 평가될 수 있을 정도의 유형력의 행사가 있어야만 한다.

(라) 간접정범 강제추행죄는 사람의 성적 자유 내지 성적 자기결정의 자유를 보호하기 위한 죄로서 정범 자신이 직접 범죄를 실행하여야 성립하는 자수범이라고 볼 수 없다. 그러므로 처벌되지 아니하는 타인을 도구로 삼아 피해자를 강제로 추행하는 간접정범의 형태로도 강제추행죄를 범할 수 있다.[1)]

대법원은 A의 진술과 목격자들의 진술을 분석하였다(내용 생략함). 대법원은 갑의 ㉯, ㉰행위에 대해 다음과 같이 판단하였다. (가) 증인들의 진술 내용이나 당시 이루어진 회식의 지속 시간, 진행 과정 및 분위기, 갑의 부적절한 행동의 유형 및 반복성, A의 반응, 다른 회식 참석자들의 상황 인식 등에 비추어 보더라도, 갑의 위와 같이 A의 신체 일부를 만진 ㉰행위를 들어 폭행행위라고 평가할 수 있을 정도의 유형력의 행사가 있었다고 볼 수 없다. (나) 그러나 이 사건 공소사실 중 갑이 A의 허벅지를 쓰다듬은 ㉯행위로 인한 강제추행 부분에 관한 원심의 판단은 다음과 같은 이유로 수긍하기 어렵다.

대법원은 갑의 ㉯행위 부분에 대해 구체적으로 다음과 같이 판단하였다. (가) 강제추행죄는 (ㄱ) 상대방에 대하여 폭행 또는 협박을 가하여 항거를 곤란하게 한 뒤에 추행행위를 하는 경우뿐만 아니라 (ㄴ) 폭행행위 자체가 추행행위라고 인정되는 이른바 기습추행의 경우도 포함된다. (나) 특히 기습추행의 경우 추행행위와 동시에 저질러지는 폭행행위는 반드시 상대방의 의사를 억압할 정도의 것임을 요하지 않고 상대방의 의사에 반하는 유형력의 행사가 있기만 하면 그 힘의 대소강약을 불문한다는 것이 일관된 판례의 입장이다. (다) 이에 따라 대법원은, (ㄱ) 피해자의 옷 위로 엉덩이나 가슴을 쓰다듬는 행위(2002. 8. 23. 2002도2860), (ㄴ) 피해자의 의사에 반하여 그 어깨를 주무르는 행위(2004. 4. 16. 2004도52), (ㄷ) 교사가 여중생의 얼굴에 자신의 얼굴을 들이밀면서 비비는 행위나 여중생의 귀를 쓸어 만지는 행위(2015. 11. 12. 2012도8767) 등에 대하여 피해자의 의사에 반하는 유형력의 행사가 이루어져 기습추행에 해당한다고 판단한 바 있다.

(라) 추행은 (ㄱ) 객관적으로 일반인에게 성적 수치심이나 혐오감을 일으키게 하고 (ㄴ) 선량한 성적 도덕관념에 반하는 행위로서 (ㄷ) 피해자의 성적 자유를 침해하는 것이다. (마) 이에 해당하는지 여부는 피해자의 의사, 성별, 연령, 행위자와 피해자의 이전부터의 관계, 그 행위에 이르게 된 경위, 구체적 행위태양, 주위의 객관적 상황과 그 시대의 성적 도덕관념 등을 종합적으로 고려하여 신중히 결정되어야 한다.

대법원은 사실관계를 분석하였다(내용 생략함). 대법원은 갑의 행위에 대해 결론적으로 다음과 같이 판단하였다. (가) 갑이 여성인 A가 성적 수치심이나 혐오감을 느낄 수 있는 부위인 허벅지를 쓰다듬은 ㉯행위는 A의 의사에 반하여 이루어진 것이다. (나) 그러한 한 갑의 ㉯행위는 앞서 본 법리에 비추어 A의 성적 자유를 침해하는 유형력의 행사에 해당할 뿐 아니라 일반인에게도 성적 수치심이나 혐오감을 일으키게 하는 추행행위라고 보아야 한다.

1) 2018. 2. 8. 2016도17733, 공 2018상, 593 =『강제추행 간접정범 사건』:

(여러 명의 피해자들을 A로 통칭함.) 갑은 스마트폰 채팅 애플리케이션을 통하여 알게 된 청소년 A로부터 은밀한 신체 부위가 드러난 사진을 전송받았다. 갑은 A의 개인정보나 A의 지인에 대한 인적사항을 알게 된 것을 기화로 A에게 시키는 대로 하지 않으면 기존에 전송받았던 신체 사진과 개인정보 등을 유포하겠다고 A를 협박하였다. 갑은 협박으로 겁을 먹은 A로 하여금 스스로 가슴 사진, 성기 사진, 가슴을 만지는 동영상을 촬영하도록 한 다음, 그와 같이 촬영된 사진과 동영상을 전송받았다.

검사는 갑을 청소년성보호법위반죄(강제추행)로 기소하였다. 갑의 피고사건은 제1심을 거친 후, 항소심에 계속되었다. 항소법원은 갑의 행위가 A의 신체에 대한 접촉이 있는 경우와 동등한 정도로 성적 수치심 내지 혐오감을 주거나 성적 자기결정권을 침해하는 것이라고 보기 어렵다는 이유로 무죄로 판단하였다. 검사는 불복 상고하였다.

대법원은 다음의 이유를 제시하여 원심판결을 파기환송하였다. 대법원은 강제추행죄의 자수범 여부에 대해 다음과 같이 설시하였다. (가) 강제추행죄는 사람의 성적 자유 내지 성적 자기결정의 자유를 보호하기 위한 강제추행에 관한 간접정범의 의사를 실현하는 도구로서의 타인에는 피해자도 포함될 수 있다. 피해자를 도구로 삼아 피해자의 신체를 이용하여 추행행위를 한 경우에도 강제추행죄의 간접정범에 해당할 수 있다.[1)]

(마) 미수와 기수　　강제추행죄의 미수범은 처벌된다(법300). 강제추행죄의 실행의 착수시기는 폭행 · 협박이 추행에 앞서서 행해지는 경우에는 폭행 · 협박이 개시된 때이다. 기습추행은 폭행 자체가 추행행위라고 인정되는 경우이다. 기습추행의 경우 폭행행위를 하여 실행에 착수하였으나 추행의 결과에 이르지 못한 때에는 강제추행미수죄가 성립한다.

실제로 피고인의 팔이 피해자의 몸에 닿지는 않았다 하더라도 양팔을 높이 들어 갑자기 뒤에서 피해자를 껴안으려는 행위는 피해자의 의사에 반하는 유형력의 행사로서 폭행행위에 해당하고, 그 때에 기습추행에 관한 실행의 착수가 인정된다. 그런데 마침 피해자가 뒤돌아 보면서 소리치는 바람에 피해자의 몸을 껴안는 추행의 결과에 이르지 못하고 미수에 그쳤다면 피고인의 행위는 강제추행미수죄에 해당한다.[2)] 피해자의 성적 자기결정권을 침해하여 추행에 이를 때 강제추행죄는 기수에 이른다.

(3) 고 의

강제추행죄의 고의는 폭행 · 협박으로 사람에 대하여 추행하는 것을 인식 · 인용하는 것이다. 미필적 고의로도 족하다. 강제추행죄는 피해자의 성적 자기결정권을 보호하는 죄이다. 따라서 가해자의 성욕을 자극하거나 만족시키려고 하는 성적 의도하에 행하여짐을 요하지 않는다.

행위가 피해자의 성적 자기결정권을 침해하려는 것이 아니면 강제추행죄는 성립되지 않

죄로서 정범 자신이 직접 범죄를 실행하여야 성립하는 자수범이라고 볼 수 없다. (나) 그러므로 처벌되지 아니하는 타인을 도구로 삼아 피해자를 강제로 추행하는 간접정범의 형태로도 범할 수 있다. (다) 여기서 강제추행에 관한 간접정범의 의사를 실현하는 도구로서의 타인에는 피해자도 포함될 수 있다고 봄이 타당하다. (라) 그러므로 피해자를 도구로 삼아 피해자의 신체를 이용하여 추행행위를 한 경우에도 강제추행죄의 간접정범에 해당할 수 있다.

대법원은 갑의 행위에 대해 다음과 같이 판단하였다. (가) 갑은 A를 협박하여 겁을 먹은 A로 하여금 어쩔 수 없이 나체나 속옷만 입은 상태가 되게 하여 스스로를 촬영하게 하거나, 성기에 이물질을 삽입하거나 자위를 하는 등의 행위를 하게 하였다. (나) 그렇다면 이러한 행위는 A를 도구로 삼아 A의 신체를 이용하여 그 성적 자유를 침해한 행위로서, 그 행위의 내용과 경위에 비추어 일반적이고도 평균적인 사람으로 하여금 성적 수치심이나 혐오감을 일으키게 하고 선량한 성적 도덕관념에 반하는 행위라고 볼 여지가 충분하다. (다) 따라서 원심이 확정한 사실관계에 의하더라도, 갑의 행위 중 위와 같은 행위들은 A를 이용하여 강제추행의 범죄를 실현한 것으로 평가할 수 있다. (라) 갑이 직접 위와 같은 행위들을 하지 않았다거나 A의 신체에 대한 직접적인 접촉이 없었다고 하더라도 달리 볼 것은 아니다.

1) 2018. 2. 8. 2016도17733, 공 2018상, 593 =『강제추행 간접정범 사건』.

2) 2015. 9. 10. 2015도6980, 공 2015하, 1577 =『기습추행 미수 사건』.

는다. 행위자가 시비 끝에 단순히 바지를 벗어 자신의 성기를 피해자에게 보여준 것만으로는 그것이 비록 객관적으로 일반인에게 성적 수치심이나 혐오감을 일으키게 하는 행위라 할지라도 행위자가 강제추행죄의 추행을 하였다고는 볼 수 없다.[1] 부녀를 협박하여 나체로 사진을 촬영하게 하였다고 해도 그것이 오로지 그 부녀에게 복수를 하거나 모욕 또는 학대를 하려는 목적에서 행하여진 것이라면 강제추행죄는 성립하지 않는다. 이 경우 다른 사람에게 의무 없는 일을 강요한 행위로서 강요죄(법324①)가 성립하는 것은 별개의 문제이다.

(4) 위법성조각사유

피해자의 승낙(법24)이 있는 경우는 위법성이 조각되는 것이 아니라 처음부터 강제추행죄의 구성요건에 해당하지 않는다. 판례 가운데에는 강제 키스 사안에서 추정적 승낙을 이유로 강제추행죄의 성립을 부정한 예가 있다.[2]

(5) 특수강제추행죄

성폭력처벌법이 규정하고 있는 가중적 범죄유형 가운데 강제추행죄를 중심으로 가중적 구성요건 및 법정형을 정리하면 다음과 같다.

가중사유	기본범죄	적용법령	법정형
[기본유형]	추행 (폭행 · 협박)	형법298	10년 이하 징역 또는 1천 5백만원 이하 벌금
신체적 · 정신적 장애인	추행 (폭행 · 협박)	성폭법6③	3년 이상 징역 또는 3천만원 이상 5천만원 이하 벌금
흉기 · 위험물건 휴대	추행 (폭행 · 협박)	성폭법4②	5년 이상 유기징역
2명 이상 합동	추행 (폭행 · 협박)	성폭법4②	5년 이상 유기징역
친족	추행 (폭행 · 협박)	성폭법5②	5년 이상 유기징역
주거침입	추행 (폭행 · 협박)	성폭법3①	~~무기 또는 7년 이상 징역~~ 위헌
야간주거침입절도(미수범 포함)	추행 (폭행 · 협박)	성폭법3①	무기 또는 7년 이상 징역
특수절도(미수범 포함)	추행 (폭행 · 협박)	성폭법3①	무기 또는 7년 이상 징역
특수강도(미수범 포함)	추행 (폭행 · 협박)	성폭법3②	사형, 무기 또는 10년 이상 징역

2023년 헌법재판소는 특수강제추행죄를 규정하고 있는 성폭력처벌법 제3조 제1항의 범죄 가운데 주거침입죄(법319①)를 범한 사람이 강제추행죄(법298) 또는 준강제추행죄(법299)를 범한 경우를 무기징역 또는 7년 이상의 징역으로 처벌한다는 부분에 대해 위헌으로 결정

1) 2012. 7. 26. 2011도8805, 공 2012하, 1527 = 분석 각론 『허심청 온천 사건』.
2) 1983. 6. 28. 83도399, 공 1983, 1153 = 분석 각론 『강제 키스 사건』.

하였다. 법정형의 '하한'을 일률적으로 높게 책정하여 경미한 강제추행 또는 준강제추행의 경우까지 모두 엄하게 처벌하는 것은 책임주의에 반한다는 것이 위헌결정의 이유이다.[1)]

그러나 헌법재판소는 성폭력처벌법 제3조 제1항의 범죄 가운데 야간주거침입절도미수(법330, 342)의 죄를 범한 사람이 준강제추행죄(법299)를 범한 경우를 무기징역 또는 7년 이상의 징역으로 처벌하는 부분에 대해서는 합헌결정을 내렸다. 야간주거침입절도강제추행행위의 불법성이 크고 법익 침해가 중대하기 때문에 입법자가 야간주거침입절도강제추행죄의 법정형을 무기징역 또는 7년 이상의 징역으로 정한 데에는 합리적인 이유가 있고, 이 법정형이 야간주거침입절도강제추행죄의 죄질이나 행위자의 책임에 비하여 지나치게 가혹하다고 할 수 없다는 것이 합헌결정의 이유이다.[2)]

3. 준강간죄 · 준강제추행죄

형법 제299조 (준강간, 준강제추행) 사람의 심신상실 또는 항거불능의 상태를 이용하여 간음 또는 추행을 한 자는 제297조, 제297조의2 및 제298조의 예에 의한다.

◎ 미수범 처벌함(법300)
◎ 결과적 가중범 처벌함(법301, 301의2)
◎ 상습범 가중처벌함(법305의2)
◎ 특수준강간 · 준강제추행 특정강력범죄법상 단기누범 가중(동법2, 3)

(1) 보호법익

형법 제299조는 준강간죄와 준강제추행죄를 규정하고 있다. 준강간죄 · 준강제추행죄는 사람의 심신상실 또는 항거불능의 상태를 이용하여 간음 또는 추행을 함으로써 성립하는 범죄이다. 준강간죄 · 준강제추행죄는 정신적 또는 신체적 사정으로 성적인 자기방어를 할 수 없는 사람의 성적 자기결정권을 보호해 주는 것을 보호법익으로 하고 있다.[3)] 여기에서 성적

---

1) 2023. 2. 23. 2021헌가9, 헌공 317, 264.
2) 2023. 2. 23. 2022헌가2, 헌공 317, 277.
3) 2000. 5. 26. 98도3257, 공 2000, 1574 =『성 요구 안찰기도 사건』:
갑은 목사이다. A와 B는 성인 여성이다. 갑은 안수기도 과정에서 A에게 성관계를 요구하였다. A는 본인의 병을 낫게 하려는 마음에서 갑의 요구에 응하였다. 갑은 안찰기도 과정에서 B에게 성적 접촉을 요구하였다. B는 가족의 병을 낫게 하려는 마음에서 갑의 요구에 응하였다. A와 B는 위의 행위 당시 갑과 대화를 주고받기도 하였다.
검사는 갑을 준강간죄 및 준강제추행죄로 기소하였다. 제1심법원은 무죄를 선고하였다. 검사는 불복 항소하였다. 항소법원은 항소를 기각하고, 제1심판결을 유지하였다. 검사는 불복 상고하였다.
대법원은 다음의 이유를 제시하여 상고를 기각하였다. (가) 형법 제299조는 사람의 심신상실 또는 항거불

자기결정권은 원치 않는 성적 관계를 거부할 권리라는 소극적 측면을 말한다.[1)]

준강간죄 · 준강제추행죄는 자수범이 아니다. 행위자의 성적 만족 여부가 아니라 피해자의 성적 자기결정권 침해가 핵심을 이루기 때문이다. 준강간죄 및 준강제추행죄는 심신상실 또는 항거불능의 상태에 있는 사람을 실제로 간음 · 추행하는 자와 공모하여 범죄를 실현하거나(공동정범), 책임무능력자를 이용하여 실현할 수 있다(간접정범).

(2) 행위 객체

심신상실 또는 항거불능의 상태는 피해자인 사람에게 존재해야 한다. 그러므로 준강간죄에서 행위의 대상은 '심신상실 또는 항거불능의 상태에 있는 사람'이다.[2)]

(가) 심신상실 준강간죄 · 준강제추행죄의 심신상실[3)]은 정신기능의 장애로 인하여 성적 행위에 대한 정상적인 판단능력이 없는 상태를 의미한다.[4)]

준강간죄 · 준강제추행죄에서 말하는 심신상실과 형법 제10조 제1항의 심신상실과의 관계가 문제된다.[5)] 이에 대해서는 양자가 반드시 일치하는 것은 아니라고 보는 견해[6)]와 양자가 일치된다고 보는 견해[7)]가 대립하고 있다.

능의 상태를 이용하여 간음 또는 추행을 한 자를 같은 법 제297조, 제298조의 강간 또는 강제추행의 죄와 같이 처벌하도록 규정하고 있다. (나) 형법 제299조의 죄는 정신적 또는 신체적 사정으로 인하여 성적인 자기방어를 할 수 없는 사람에게 성적 자기결정권을 보호해 주는 것을 보호법익으로 하고 있다. (다) 형법 제302조에서 미성년자 또는 심신미약자에 대하여 위계 또는 위력으로써 간음 또는 추행을 한 자의 처벌에 관하여 따로 규정하고 있다. (라) 이러한 점 등에 비추어 보면, 형법 제299조에서의 항거불능의 상태라 함은 위 제297조, 제298조와의 균형상 심신상실 이외의 원인 때문에 심리적 또는 물리적으로 반항이 절대적으로 불가능하거나 현저히 곤란한 경우를 의미한다고 보아야 할 것이다.

(마) A와 B는 본인이나 가족의 병을 낫게 하려는 마음에서 목사인 갑의 요구에 응하였고, 당시 갑과 대화를 주고받기도 하였다. (바) A와 B는 그 교육 정도, 혼인생활 등에 비추어 모두 정상적인 판단능력을 가진 성인 여자들이다. (사) 통상적으로는 갑의 안수, 안찰기도시 그 대상자가 정신이 혼미해져 의지대로 행동할 수 없게 되는 것은 아니다. (아) 갑의 이 사건 범행의 경위 및 횟수, 당시 갑과 A와 B가 주고받은 대화의 내용 등에 비추어 본다. (자) A와 B는 당시 갑의 성적 행위를 인식하고 이에 따른 것이 항거가 현저히 곤란한 상태였다고 보기 어렵고 달리 이를 인정할 증거가 없다.

1) 2021. 2. 4. 2018도9781, 공 2021상, 567 = 『블랙아웃 대 패싱아웃 사건』 ☞ 부록 1600면.

2) 2019. 3. 28. 2018도16002 전원합의체 판결, 공 2019상, 1005 = 총론 1069면 『준강간 불능미수 사건』.

3) 1953년 제정형법 이래 형법 제299조는 '심신상실'의 한자 표기를 心身喪失로 나타내고 있다. 그러나 일본 형법이나 일본 개정형법가안은 우리 형법 제299조에 대응하는 조문에서 心神喪失이라는 한자를 사용하고 있다. 형법 제299조의 心身喪失은 心神喪失의 오식이라고 생각된다. 조속히 바로잡히기를 희망한다.

4) 2021. 2. 4. 2018도9781, 공 2021상, 567 = 『블랙아웃 대 패싱아웃 사건』.

5) 비슷한 문제상황은 형법 제348조 준사기죄에도 나타난다. 후술 1238면 이하 참조.

6) 김성돈, 209면; 김일수 · 서보학, 141면; 김혜정 외, 191면; 배종대, 173면; 손동권 · 김재윤, 161면; 이재상 · 장영민 · 강동범, 172면; 이정원, 185면: 이형국 · 김혜경, 214면; 주호노, 322면.

7) 박상기, 154면; 오영근, 152면; 임웅, 226면; 정성근 · 박광민, 198면.

준강간죄 · 준강제추행죄에서 말하는 심신상실이 형법 제10조 제1항의 심신상실과 반드시 일치하지 않는다고 보는 견해는 심신미약자에 대한 간음죄(법302)와 같은 범죄유형을 두고 있지 않은 일본 형법의 해석론에 영향을 받은 것으로 보인다.[1] 그러나 우리 형법은 일본 형법과 달리 각칙 제32장 강간과 추행의 죄에서 '심신상실'(법299)과 '심신미약'(법302)이라는 표지를 분리하여 사용하고 있다. 이러한 입법방식은 일본 개정형법가안에 영향을 받은 것으로서, 그 취지는 총칙의 책임능력과 관련한 심신상실 및 심신미약의 개념에 대응시키기 위한 것이었다.[2]

이렇게 볼 때 준강간죄 · 준강제추행죄의 심신상실은 심신장애로 인하여 사물을 변별할 능력이 없거나 의사를 결정할 능력이 없는 상태를 의미한다(법10①). 판례는 형법 제299조의 성적 행위와 관련하여 심신상실의 개념을 "정신기능의 장애로 인하여 성적 행위에 대한 정상적인 판단능력이 없는 상태"라는 정의를 제시하고 있다.[3]

심신상실은 일시적인가 지속적인가를 묻지 않는다. 심신상실자의 동의는 상정할 수 없다. 설령 동의의 외관이 있었다 해도 피해자의 정신능력이 정상적이 아니기 때문에 일반인의 동의와 같이 볼 수 없다.

심신미약의 상태에 있는 사람의 경우에는 준강간 · 준강제추행죄가 성립하지 않는다. 심신미약자(법10②)의 경우에는 온전하지는 않지만 아직 판단능력이 남아 있어서 스스로 성적인 자기방어를 할 가능성이 있다. 심신미약자에 대해 위계 · 위력으로써 간음 또는 추행을 한 자는 형법 제302조를 통하여 별도로 처벌된다.

(나) 항거불능 준강간죄 · 준강제추행죄의 항거불능은 심신상실 이외의 원인 때문에 심리적 또는 물리적으로 반항이 절대적으로 불가능하거나 현저히 곤란한 경우를 말한다.[4] [5] 형법 제299조는 '항거불능'이라는 표현을 사용하고 있지만, 성적 자기결정권을 두텁게 보호해야 한다는 점과 강간죄 및 강제추행죄와 균형을 맞추어야 한다는 점에서 '항거가 현저히 곤란한 경우'도 '항거불능'에 포함된다.

준강제추행죄의 경우에 강제추행죄를 규정한 형법 제298조와의 균형상 '항거가 곤란한 경우'까지 포함된다고 보아야 할 것이 아닌가 하는 의문이 제기된다. 생각건대 형법 제302조

1) 일본형법 제178조 ① 사람의 심신상실(心神喪失) 혹은 항거불능에 편승하거나 또는 심신(心神)을 상실하게 하거나 혹은 항거불능하게 하여 추행행위를 한 자는 제176조[강제추행]의 예에 의한다.
② 여자의 심신상실(心神喪失) 혹은 항거불능에 편승하거나 또는 심신(心神)을 상실하게 하거나 혹은 항거불능하게 하여 간음한 자는 전조[강간]의 예에 의한다.

2) 刑法改正起草委員會議事日誌, 제345회(1938. 3. 22.).

3) 2021. 2. 4. 2018도9781, 공 2021상, 567 =『블랙아웃 대 패싱아웃 사건』.

4) 2009. 4. 23. 2009도2001, [미간행] = 분석 각론 『여신도 성추행 사건』.

5) 2021. 2. 4. 2018도9781, 공 2021상, 567 =『블랙아웃 대 패싱아웃 사건』.

가 심신미약자에 대해 이루어지는 위계 · 위력에 의한 추행죄를 별도로 처벌하고 있다는 점과 형법 제299조가 '항거불능'이라는 표현을 사용하고 있다는 점에 비추어 볼 때 항거불능의 경우와 항거가 현저히 곤란한 경우까지만을 항거불능에 포함시키는 것이 타당하다고 본다.

「성폭력범죄의 처벌 등에 관한 특례법」은 "신체적 또는 정신적 장애로 항거불능 또는 항거곤란 상태에 있음을 이용하여 사람을 간음하거나 추행한 사람"을 처벌하는 별도의 규정(동법6④)을 두어 단순한 '항거곤란' 부분에 대한 처벌의 불비를 보충하고 있다.

피해자가 잠을 자고 있는 상태는 항거불능에 해당한다.[1] 항거불능 상태의 다른 예로서 피해자가 생명, 신체에 대한 위험 때문에 공포심에 싸여 있는 경우를 생각할 수 있다. 항거불능의 상태는 반드시 생명, 신체에 대한 위험 등 물리적인 상황에 한정되지 않는다. 피해자가 가해자에 대한 종교적 믿음이 무너지는 정신적 충격을 받으면서 가해자의 행위가 종교적으로 필요한 행위로서 이를 용인해야 하는지에 관해 판단과 결정을 하지 못한 채 곤혹과 당황, 경악 등 정신적 혼란을 겪는 경우도 항거불능의 상태에 해당한다.[2]

같은 관점에서 의사가 질병의 치료에 필요하다고 피해자에게 말하고 간음 · 추행의 행위를 하는 것은 피해자에게 심리적 또는 물리적으로 항거가 현저히 곤란한 경우에 해당하여 준강간죄 또는 준강제추행죄가 성립한다고 볼 것이다.

(다) 알코올 블랙아웃 　피해자가 (가) 깊은 잠에 빠져 있거나 (나) 술 · 약물 등에 의해 일시적으로 의식을 잃은 상태에 있었다면 준강간죄 또는 준강제추행죄에서의 심신상실 상태에 해당한다.[3] 피해자가 완전히 의식을 잃지는 않았더라도 잠을 자거나 술 · 약물 등의 사유로 정상적인 판단능력과 대응 · 조절능력을 행사할 수 없는 상태에 있었다면 준강간죄

1) 2000. 1. 14. 99도5187, 공 2000, 441 =『뒤척이는 피해자 사건』:

A(여)는 잠을 자고 있었다. 갑은 A의 바지와 팬티를 발목까지 벗기고 웃옷을 가슴 위까지 올렸다. 갑은 A의 가슴, 엉덩이, 음부 등을 만지고 자신의 성기를 A의 음부에 삽입하려고 하였다. A는 몸을 뒤척이고 비트는 등 잠에서 깨어 거부하는 듯한 기색을 보였다. 갑은 더 이상 간음행위에 나아가는 것을 포기하였다.

검사는 갑을 준강간미수죄로 기소하였다. 갑의 피고사건은 제1심을 거친 후, 항소심에 계속되었다. 항소법원은 유죄를 인정하였다. 갑은 불복 상고하였다. 갑은 상고이유로 다음의 점을 주장하였다. (가) A가 잠을 자고 있는 사이에는 추행을 할 의도가 있었을 뿐 간음을 할 의도는 없었다. (나) 준강제추행죄는 몰라도 준강간죄의 미수범은 성립하지 않는다.

대법원은 다음의 이유를 제시하여 상고를 기각하였다. (가) 갑의 행위를 전체적으로 관찰한다. (나) 갑은 잠을 자고 있는 A의 옷을 벗기고 자신의 바지를 내린 상태에서 피해자의 음부 등을 만지는 행위를 한 시점에서 피해자의 항거불능의 상태를 이용하여 간음을 할 의도를 가지고 간음의 수단이라고 할 수 있는 행동을 시작한 것이다. (다) 갑의 행동은 준강간죄의 실행에 착수하였다고 보아야 한다. (라) 그 후 갑이 위와 같은 행위를 하는 바람에 A가 잠에서 깨어나 갑이 성기를 삽입하려고 할 때에는 객관적으로 항거불능의 상태에 있지 아니하였다고 하더라도 준강간미수죄의 성립에 지장이 없다.

2) 2009. 4. 23. 2009도2001, [미간행] = 분석 각론『여신도 성추행 사건』.

3) 2021. 2. 4. 2018도9781, 공 2021상, 567 =『블랙아웃 대 패싱아웃 사건』.

또는 준강제추행죄에서의 항거불능 상태에 해당한다.[1] 준강간죄 · 준강제추행죄의 심신상실 · 항거불능과 관련하여 소위 알코올 블랙아웃이 여기에 해당하는지 문제된다.

의학적 개념으로서의 알코올 블랙아웃(black out)은 중증도 이상의 알코올 혈중농도, 특히 단기간 폭음으로 알코올 혈중농도가 급격히 올라간 경우 그 알코올 성분이 외부 자극에 대하여 기록하고 해석하는 인코딩 과정(기억형성에 관여하는 뇌의 특정 기능)에 영향을 미침으로써 행위자가 일정한 시점에 진행되었던 사실에 대한 기억을 상실하는 것을 말한다.[2] 알코올 블랙아웃은 인코딩 손상의 정도에 따라 단편적인 블랙아웃과 전면적인 블랙아웃이 모두 포함한다.

알코올 블랙아웃은 알코올의 심각한 독성화와 전형적으로 결부된 형태로서의 의식상실의 상태, 즉 알코올의 최면진정작용으로 인하여 수면에 빠지는 의식상실(passing out)과 구별되는 개념이다.[3]

음주 후 준강간 또는 준강제추행을 당하였음을 호소한 피해자의 경우, 범행 당시 알코올이 기억형성의 실패만을 야기한 알코올 블랙아웃(black out) 상태였다면 피해자는 기억장애 외에 인지기능이나 의식 상태의 장애에 이르렀다고 인정하기 어렵다. 그렇지만 피해자가 술에 취해 수면상태에 빠지는 등 의식을 상실한 패싱아웃(passing out) 상태였다면 심신상실의 상태에 있었음을 인정할 수 있다.[4]

준강간죄 또는 준강제추행죄에서의 심신상실 · 항거불능의 개념에 비추어 볼 때 피해자가 의식상실 상태(passing out)에 빠져 있지는 않지만 알코올의 영향으로 의사를 형성할 능력이나 성적 자기결정권 침해행위에 맞서려는 저항력이 현저하게 저하된 상태였다면 그러한 상태의 알코올 블랙아웃(black out)은 '항거불능'에 해당하여, 이러한 알코올 블랙아웃 상태의 피해자에 대한 성적 행위 역시 준강간죄 또는 준강제추행죄를 구성할 수 있다.[5]

음주로 심신상실 상태에 있는 피해자에 대하여 준강간 또는 준강제추행을 하였음을 이유로 기소된 피고인이 피해자의 동의가 있었다고 하면서 '피해자가 범행 당시 의식상실 상태가 아니었고 그 후 기억하지 못할 뿐이다.'라는 취지에서 알코올 블랙아웃(black out)을 주장하는 경우가 있다. 이러한 경우 법원은 피해자의 신체 및 의식 상태가 범행 당시 알코올 블랙아웃(black out)인지 아니면 패싱아웃(passing out) 또는 행위통제능력이 현저히 저하된 상태였는지를 구분할 수 있는 사정들과 더불어 그 밖의 제반 사정을 면밀하게 살펴 범행 당

1) 2021. 2. 4. 2018도9781, 공 2021상, 567 = 『블랙아웃 대 패싱아웃 사건』.
2) 2021. 2. 4. 2018도9781, 공 2021상, 567 = 『블랙아웃 대 패싱아웃 사건』.
3) 2021. 2. 4. 2018도9781, 공 2021상, 567 = 『블랙아웃 대 패싱아웃 사건』.
4) 2021. 2. 4. 2018도9781, 공 2021상, 567 = 『블랙아웃 대 패싱아웃 사건』.
5) 2021. 2. 4. 2018도9781, 공 2021상, 567 = 『블랙아웃 대 패싱아웃 사건』.

시 피해자가 심신상실 또는 항거불능 상태에 있었는지 여부를 판단해야 한다.[1]

피해사실 전후의 객관적 정황상 피해자가 심신상실 등이 의심될 정도로 비정상적인 상태에 있었음이 밝혀진 경우 혹은 피해자와 피고인의 관계 등에 비추어 피해자가 정상적인 상태하에서라면 피고인과 성적 관계를 맺거나 이에 수동적으로나마 동의하리라고 도저히 기대하기 어려운 사정이 인정되는데도, 피해자의 단편적인 모습만으로 피해자가 단순히 '알코올 블랙아웃'에 해당하여 심신상실 상태에 있지 않았다고 단정하여서는 안 된다.[2]

(3) 실행행위

준강간죄 · 준강제추행죄의 실행행위는 피해자의 심신상실 또는 항거불능의 상태를 이용하여 간음 · 추행하는 것이다.[3]

(가) 이용행위 준강간죄 · 준강제추행죄의 실행행위는 사람의 심신상실 또는 항거불능의 상태를 이용하여 간음 또는 추행을 하는 것이다. 여기서 '이용하여'는 피고인이 피해자의 심신상실 또는 항거불능의 상태를 인식하고 이에 편승하여 간음이나 추행의 행위에 나아가는 것을 의미한다.[4]

심신상실 또는 항거불능의 상태를 이용하는 형태에는 제한이 없다. 제3자의 폭행 · 협박으로 항거불능의 상태에 빠져 있는 상황을 이용하는 경우는 항거불능의 상태를 이용하는 경우에 해당한다.

그러나 범인이 폭행 · 협박을 통해 피해자를 항거불능 상태에 빠뜨린 후 이를 이용하는 경우는 제외된다. 이 경우에는 폭행 · 협박을 수단으로 한 강간죄(법297) 또는 강제추행죄(법298)가 바로 성립하기 때문이다.

(나) 마취제 등의 사용 형법 제299조는 일본 형법 제178조와 달리 심신상실 또는 항거불능의 상태를 이용하는 경우만을 규정하고, 심신상실이나 항거불능 상태에 빠지게 하는 경우는 언급하고 있지 않다. 전형적인 폭행 · 협박 이외의 방법으로 심신상실이나 항거불능 상태에 빠지게 하는 사례로 마취제, 수면제, 최면술 등을 생각할 수 있다.

여기에서 우리 형법상 행위자가 전형적인 폭행 · 협박 이외의 방법으로 피해자를 심신상실이나 항거불능에 빠지게 하여 간음 · 추행을 하는 경우에 준강간죄 · 준강제추행죄가 성립할 것인지 문제된다.[5]

---

1) 2021. 2. 4. 2018도9781, 공 2021상, 567 = 『블랙아웃 대 패싱아웃 사건』.
2) 2021. 2. 4. 2018도9781, 공 2021상, 567 = 『블랙아웃 대 패싱아웃 사건』.
3) 2019. 3. 28. 2018도16002 전원합의체 판결, 공 2019상, 1005 = 총론 1069면 『준강간 불능미수 사건』.
4) 2022. 11. 10. 2020도13672, 공2023상, 83 = 『3급 지적장애인 간음 사건』 참조.
5) 동일한 문제상황은 소위 혼취강도의 경우에도 나타난다. 후술 1083면 이하 참조.

준강간죄 · 준강제추행죄를 규정한 형법 제299조는 일본 개정형법가안으로부터 영향을 받고 있다. 가안의 경우를 보면, 총칙 부분의 개념정의 조항에서 폭행 개념을 정의해 놓고,[1] 이 폭행 개념이 적용되는 관계로 일본 형법 제178조 제1항 후단 및 제2항 후단 부분이 불필요하다고 판단하였다.[2] 요컨대 가안의 입법취지는 준강간죄 · 준강제추행죄의 처벌범위를 축소하기 위한 것이 아니었다. 그런데 우리 입법자는 가안을 참고하면서도 형법 총칙에 개념정의 조항을 두지 않았다. 폭행 개념에 대한 정의조항이 없기 때문에 논란이 발생하는 것이다.

생각건대 강간죄나 강제추행죄의 폭행과 관련하여 폭행을 반드시 사람의 신체에 대해 유형력이 가해지는 경우로 한정할 필요는 없다고 본다. 강간죄나 강제추행죄는 피해자의 항거를 불가능하게 하거나 곤란하게 함으로써 성적 자기결정권을 침해하는 데에 본질이 있다. 따라서 반드시 신체에 대해 가해지는 유형력에 의하지 않더라도 마취제나 수면제의 사용과 같이 상대방을 항거불능 또는 항거곤란에 이르게 하는 것은 폭행에 포함된다고 보아야 한다. 이렇게 볼 때 마취제, 수면제, 최면술 등을 사용하는 경우에는 곧바로 강간죄(법297) 또는 강제추행죄(법298)의 성립을 인정해야 할 것이다.[3]

판례 또한 "약물 투약으로 항거가 불가능하거나 현저히 곤란해[진다]"는 점을 인정하여 약물 투약행위를 곧바로 강간죄 또는 강제추행죄의 폭행으로 인정하고 있다. 나아가 판례는 "피해자는 약물 투약으로 항거가 불가능하거나 현저히 곤란해진 데에서 더 나아가 건강상태가 나쁘게 변경되고 생활기능에 장애가 초래되는 피해를 입었다고 할 것이므로, 이는 강간치상죄나 강제추행치상죄에서 말하는 상해에 해당한다."는 입장을 취하고 있다.[4]

---

1) 일본 개정형법가안 제7조 ④ 폭행에는 사람의 건강을 해할 물건을 시용(施用)하거나 사람의 의식에 장애를 일으키거나 항거를 방해하기 위하여 최면술 기타 수단을 시용하는 행위를 포함한다.

제390조 사람의 심신상실(心神喪失) 또는 항거불능에 편승하여 간음 또는 추행의 행위를 한 자는 전2조[강간, 강제추행]의 예에 의한다.

2) 刑法改正起草委員會議事日誌, 제44회(1928. 6. 16.).

3) 김성돈, 199면; 김일수 · 서보학, 142면; 이형국 · 김혜경, 204면; 임웅, 211면; 정영일, 112면.

4) 2017. 6. 29. 2017도3196, 공 2017하, 1600 = 『졸피뎀 강간 사건』:

졸피뎀(Zolpidem)은 중추신경계를 억제하여 깊은 단계의 수면을 유도하는 약물이다. 졸피뎀은 환각, 우울증 악화, 자살충동, 기억상실 등의 부작용을 일으킬 수 있어 이를 오용하거나 남용할 경우 인체에 위해를 초래할 수 있는 향정신성의약품으로 지정되어 있다.

A(여, 40세)는 평소 건강에 별다른 이상이 없었던 사람이다. A는 갑으로부터 졸피뎀 성분의 수면제가 섞인 커피를 받아 마신 다음 곧바로 정신을 잃고 깊이 잠들었다가 약 4시간 뒤에 깨어났다. 갑이 A에게 투약한 수면제는 성인 권장용량의 1.5배 내지 2배 정도에 해당하는 양이었다. A는 그때마다 잠이 든 이후의 상황에 대해서 제대로 기억하지 못하였고, 가끔 정신이 희미하게 든 경우도 있었으나 자신의 의지대로 생각하거나 행동하지 못한 채 곧바로 기절하다시피 다시 깊은 잠에 빠졌다. 이러한 상태의 A에 대해 갑은 성적 행위(내용생략)를 하였다. A는 의식을 회복한 다음에 그때마다 특별한 치료를 받지는 않았다. 그러나 결국 갑의 반복된 약물 투약과 그에 따른 성행위 등의 범행으로 외상 후 스트레스 장애를 입었다.

(4) 고 의

고의는 객관적 구성요건요소의 총체를 인식하고 인용하는 것이다. 객관적 구성요건요소가 실현되는 것을 가리켜서 '구성요건적 결과발생'이라고 한다. 준강간죄 · 준강제추행죄의 객관적 구성요건은 피해자가 심신상실 또는 항거불능의 상태에 있다는 것과 피고인이 그러한 상태를 이용하여 간음 · 추행한다는 것이다.

준강간 · 준강제추행의 고의는 피해자가 심신상실 또는 항거불능의 상태에 있다는 것과 그러한 상태를 이용하여 간음 · 추행한다는 구성요건적 결과 발생의 가능성을 인식하고 그러한 위험을 용인하는 내심의 의사를 말한다.[1)]

(5) 미수와 기수

(가) 실행의 착수 준강간죄 · 준강제추행죄의 미수범은 처벌된다(법300). 피해자의 심신상실이나 항거불능 상태를 이용하여 간음 · 추행을 할 의도를 가지고 간음 · 추행의 수단이 되는 행동을 개시할 때 준강간죄 · 준강제추행죄의 실행의 착수가 인정된다. 이후 간음 · 추행이 이루어지면 기수에 이른다.

수면중인 피해자에게 가해자가 간음의 수단이 되는 행동을 하고 이 때문에 피해자가 잠에서 깨어난 경우에 가해자가 간음행위를 하려는 시점에는 피해자가 객관적으로 항거불능의 상태에 있지 않다 하더라도 준강간죄의 미수범 성립에는 지장이 없다.[2)]

검사는 갑을 강간치상죄 · 강제추행치상죄 · 마약류관리에관한법률위반죄(향정)의 공소사실로 기소하였다. 갑의 피고사건은 제1심을 거친 후, 항소심에 계속되었다. 항소법원은 유죄를 인정하였다. 갑은 불복 상고하였다.

대법원은 다음의 이유를 제시하여 상고를 기각하였다. 대법원은 강간치상죄 등의 상해에 대해 다음과 같이 설시하였다. (가) 강간치상죄나 강제추행치상죄에 있어서의 상해는 피해자의 신체의 완전성을 훼손하거나 생리적 기능에 장애를 초래하는 것, 즉 피해자의 건강상태가 불량하게 변경되고 생활기능에 장애가 초래되는 것을 말한다. (나) 여기서의 생리적 기능에는 육체적 기능뿐만 아니라 정신적 기능도 포함된다.

(다) 따라서 수면제와 같은 약물을 투약하여 피해자를 일시적으로 수면 또는 의식불명 상태에 이르게 한 경우에도 약물로 인하여 피해자의 건강상태가 불량하게 변경되고 생활기능에 장애가 초래되었다면 자연적으로 의식을 회복하거나 외부적으로 드러난 상처가 없더라도 이는 강간치상죄나 강제추행치상죄에서 말하는 상해에 해당한다. (라) (상해 여부 판단방법 : 생략함.)

대법원은 갑의 행위에 대해 다음과 같이 판단하였다. (가) (사실관계 분석 : 생략함) (나) 위와 같은 사실관계를 앞서 본 법리에 비추어 살펴본다. (다) 갑의 약물 투약으로 정보나 경험을 기억하는 A의 생리적 기능에는 일시적으로 장애가 발생하였다. (라) 여기에 A의 신체 · 정신상의 구체적 상태, 사용된 수면제의 종류와 용량, 투약방법, A에게 발생한 의식장애나 기억상실의 정도 등을 종합해 본다. (마) A는 약물 투약으로 항거가 불가능하거나 현저히 곤란해진 데에서 더 나아가 건강상태가 나쁘게 변경되고 생활기능에 장애가 초래되는 피해를 입었다. (바) 이는 강간치상죄나 강제추행치상죄에서 말하는 상해에 해당한다. (사) 이는 A가 당시 자연적으로 의식을 회복하거나 특별한 치료를 받지 않았다고 하더라도 달리 볼 것은 아니다.

1) 2019. 3. 28. 2018도16002 전원합의체 판결, 공 2019상, 1005 = 총론 1069면『준강간 불능미수 사건』.

2) 2000. 1. 14. 99도5187, 공 2000, 441 =『뒤척이는 피해자 사건』.

(나) 불능미수 준강간죄 · 준강제추행죄는 피해자에게 간음 또는 추행의 결과가 발생한 경우에도 미수범으로 처벌될 수 있다. 불능미수의 경우가 그러하다.

형법 제27조는 "실행의 수단 또는 대상의 착오로 인하여 결과의 발생이 불가능하더라도 위험성이 있는 때에는 처벌한다. 단, 형을 감경 또는 면제할 수 있다."고 규정하고 있다. 여기에서 '결과의 발생'은 객관적 구성요건요소가 남김없이 실현되는 것을 의미한다. 이를 가리켜서 '구성요건적 결과 발생'이라고 한다. 준강간죄와 관련하여 불능미수의 성립범위가 문제된다.

준강간죄에서 구성요건적 결과 발생은 (가) 피해자가 심신상실 또는 항거불능의 상태에 있다는 것과 (나) 피고인이 그러한 상태를 이용하여 간음한다는 것이다. 피고인이 피해자가 심신상실 또는 항거불능의 상태에 있다고 인식하고 그러한 상태를 이용하여 간음할 의사로 피해자를 간음하였으나 피해자가 실제로는 심신상실 또는 항거불능의 상태에 있지 아니한 경우가 있다.

이러한 경우는 실행의 수단 또는 대상의 착오로 인하여 준강간죄에서 규정하고 있는 구성요건적 결과의 발생이 처음부터 불가능하였고 실제로 준강간죄의 구성요건적 결과가 발생하였다고 할 수 없다. 피고인이 준강간의 실행에 착수하였으나 준강간죄의 구성요건요소를 남김없이 실현하지 못하여 범죄가 기수에 이르지 못하였으므로 준강간죄의 미수범이 성립한다. 이때 피고인이 행위 당시에 인식한 사정을 놓고 일반인이 객관적으로 판단하여 보았을 때 준강간의 결과가 발생할 위험성이 있었다면 준강간죄의 불능미수가 성립한다.[1]

그리하여 피해자가 수면중이라고 생각하고 피해자를 간음하였으나 피해자의 수면상태가 확인되지 않은 경우[2] 또는 피해자가 수면중이라고 생각하고 피해자를 간음하였으나 피해자의 사망 여부가 확인되지 않은 경우[3] 등에 대해 판례는 준강간죄의 불능미수로 범죄성립을 인정하였다.

(다) 기 수 심신상실 또는 항거불능의 상태에 있는 사람에 대하여 그 사람의 심신상실 또는 항거불능의 상태를 이용하여 간음 · 추행을 하면 구성요건이 충족되어 준강간죄 · 준강제추행죄가 기수에 이른다.

(6) 특수준강간죄 · 특수준강제추행죄

성폭력처벌법이 규정하고 있는 가중적 범죄유형 가운데 준강간죄 및 준강제추행죄를 중심으로 가중적 구성요건 및 법정형을 정리하면 다음과 같다.

---

1) 2019. 3. 28. 2018도16002 전원합의체 판결, 공 2019상, 1005 = 『준강간 불능미수 사건』.
2) 2019. 3. 28. 2018도16002 전원합의체 판결, 공 2019상, 1005 = 『준강간 불능미수 사건』.
3) 2013. 7. 11. 2013도5355, [미간행].

2023년 헌법재판소가 특수강제추행죄를 규정하고 있는 성폭력처벌법 제3조 제1항의 범죄 가운데 주거침입죄(법319①)를 범한 사람이 강제추행죄(법298) 또는 준강제추행죄(법299)를 범한 경우를 무기징역 또는 7년 이상의 징역으로 처벌한다는 부분에 대해 위헌으로 결정하였다는 점은[1] 앞에서 설명하였다.

가중사유	기본범죄	적용법령	법정형
[기본유형]	성교 (심신상실 · 항거불능)	형법299, 297	3년 이상 징역
	유사성교 (심신상실 · 항거불능)	형법299, 297의2	2년 이상 징역
	추행 (심신상실 · 항거불능)	형법299, 298	10년 이하 징역 또는 1천 5백만원 이하 벌금
흉기 · 위험물건 휴대	성교 (심신상실 · 항거불능)	성폭법4③ · ①	무기 또는 7년 이상 징역
	유사성교 (심신상실 · 항거불능)	성폭법4③ · ②	5년 이상 징역
	추행 (심신상실 · 항거불능)	성폭법4③ · ②	5년 이상 징역
2명 이상 합동	성교 (심신상실 · 항거불능)	성폭법4③ · ①	무기 또는 7년 이상 징역
	유사성교 (심신상실 · 항거불능)	성폭법4③ · ②	5년 이상 징역
	추행 (심신상실 · 항거불능)	성폭법4③ · ②	5년 이상 징역
친족	성교 (심신상실 · 항거불능)	성폭법5③ · ①	7년 이상 징역
	유사성교 (심신상실 · 항거불능)	성폭법5③ · ②	5년 이상 징역
	추행 (심신상실 · 항거불능)	성폭법5③ · ②	2년 이상 징역
주거침입	성교 (심신상실 · 항거불능)	성폭법3①	무기 또는 7년 이상 징역
	유사성교 (심신상실 · 항거불능)	성폭법3①	무기 또는 7년 이상 징역
	추행 (심신상실 · 항거불능)	성폭법3①	~~무기 또는 7년 이상 징역~~ 위헌
야간주거침입절도 (미수범 포함)	성교 (심신상실 · 항거불능)	성폭법3①	무기 또는 7년 이상 징역
	유사성교 (심신상실 · 항거불능)		
	추행 (심신상실 · 항거불능)		
특수절도 (미수범 포함)	성교 (심신상실 · 항거불능)	성폭법3①	무기 또는 7년 이상 징역
	유사성교 (심신상실 · 항거불능)		
	추행 (심신상실 · 항거불능)		
신체적 · 정신적 장애	성교 (심신상실 · 항거불능)	성폭법6④ · ①	무기 또는 7년 이상 징역
	유사성교 (심신상실 · 항거불능)	성폭법6④ · ②	5년 이상 유기징역
	추행 (심신상실 · 항거불능)	성폭법6④ · ③	3년 이상 징역 또는 3천만원 이상 5천만원 이하 벌금
특수강도 (미수범 포함)	성교 (심신상실 · 항거불능)	성폭법3②	사형, 무기 또는 10년 이상 징역
	유사성교 (심신상실 · 항거불능)		
	추행 (심신상실 · 항거불능)		

1) 2023. 2. 23. 2021헌가9, 헌공 317, 264.

(7) 장애인 준강간죄

「성폭력범죄의 처벌 등에 관한 특례법」(성폭력처벌법) 제6조 제4항은 "신체적인 또는 정신적인 장애로 항거불능 또는 항거곤란 상태에 있음을 이용하여 사람을 간음하거나 추행한 사람은 제1항부터 제3항까지의 예(장애인에 대한 강간, 유사강간, 강제추행)에 따라 처벌한다." 고 규정하고 있다. 이 조문은 형법 제299조와 달리 신체적 장애의 경우를 규율대상에 포함하고, '항거불능' 이외에 '항거곤란'의 상태도 구성요건표지로 설정하고 있다.

성폭력처벌법 제6조 제4항에서 규정하는 '신체적인 또는 정신적인 장애'란 같은 '신체적인 기능이나 구조 등 또는 정신적인 기능이나 손상 등의 문제로 일상생활이나 사회생활에서 상당한 제약을 받는 상태'를 의미한다.[1] '신체적인 또는 정신적인 장애로 항거불능인 상태'에는 (가) 신체장애 또는 정신장애 그 자체로 항거불능의 상태에 있는 경우뿐 아니라, (나) 신체적인 또는 정신적인 장애가 주된 원인이 되어 심리적 또는 물리적으로 반항이 불가능하거나 곤란한 상태에 이른 경우도 포함한다.[2)][3]

장애인에 대한 강간죄 · 강제추행죄 및 장애인에 대한 준강간죄 · 준강제추행죄는 장애인의 성적 자기결정권을 보호법익으로 한다. 장애인에 대한 강간죄 등이 성립하려면 피해자가 지적장애등급을 받은 장애인이라고 하더라도 단순한 지적장애 외에 성적 자기결정권을 행사하지 못할 정도의 정신장애를 가지고 있다는 점이 증명되어야 하고, 행위자도 간음 당시 피해자에게 이러한 정도의 정신장애가 있음을 인식하여야 한다.[4]

피해자가 피고인을 상대로 성적 자기결정권을 행사할 수 없거나 행사하기 곤란한 항거불능 또는 항거곤란 상태에 있었는지 여부는 피해자의 장애 정도와 함께 다른 여러 사정들을 종합하여 범행 당시를 기준으로 판단해야 한다. 피해자의 장애가 성적 자기결정권을 행사하지 못할 정도인지 여부가 절대적인 기준이 되는 것은 아니다.[5]

피해자가 피고인을 상대로 성적 자기결정권을 행사할 수 없거나 행사하기 곤란한 항거불능 또는 항거곤란 상태에 있었는지를 판단함에 있어서는 장애와 관련된 피해자의 상태는 개인별로 그 모습과 정도에 차이가 있다는 점에 대한 이해를 바탕으로 해당 피해자의 상태를 충분히 고려하여야 한다. 비장애인의 시각과 기준에서 피해자의 상태를 판단하여 '장애로 인한 항거불능 또는 항거곤란 상태'에 해당하지 않는다고 쉽게 단정해서는 안 된다.[6]

---

1) 2022. 11. 10. 2020도13672, 공2023상, 83 = 『3급 지적장애인 간음 사건』.
2) 2014. 2. 13. 2011도6907, 공 2014상, 638 = 『장애인 모임 부장 사건』 ☞ 부록 1602면.
3) 2022. 11. 10. 2020도13672, 공2023상, 83 = 『3급 지적장애인 간음 사건』.
4) 2013. 4. 11. 2012도12714, 공 2013하, 1152 = 분석 각론 『지적장애 3급 채팅 사건』.
5) 2022. 11. 10. 2020도13672, 공2023상, 83 = 『3급 지적장애인 간음 사건』.
6) 2022. 11. 10. 2020도13672, 공2023상, 83 = 『3급 지적장애인 간음 사건』.

「아동 · 청소년의 성보호에 관한 법률」(청소년성보호법)은 장애 아동 · 소년에 대한 간음 · 추행행위를 가중처벌하는 한편, 13세 이상의 장애 아동 · 소년으로 하여금 다른 사람을 간음 · 행하게 하는 행위도 가중처벌하고 있다.[1)]

4. 강간등상해 · 치상죄

형법 제301조 (강간 등 상해, 치상) 제297조, 제297조의2 및 제298조부터 제300조까지의 죄를 범한 자가 사람을 상해하거나 상해에 이르게 한 때에는 무기 또는 5년 이상의 징역에 처한다.

◎ 특정강력범죄법상 단기누범 가중(동법2, 3)

(1) 강간등상해 · 치상죄의 구조

(가) 대상범죄　　형법 제301조는 형법 제297조, 제297조의2 및 제298조부터 제300조까지의 죄를 범한 자가 사람을 상해하거나 상해에 이르게 한 경우를 가중처벌하고 있다. 미성년자 · 심신미약자에 대해 위계 · 위력으로써 범하는 간음 · 추행죄(법302), 피보호감독자에 대해 위계 · 위력으로써 범하는 간음죄(법303①), 피구금자에 대한 간음죄(법303②)는 형법 제301조의 가중처벌 대상범죄에 포함되지 않는다.

형법 제301조에 의하여 가중처벌의 근거가 되는 상해는 고의로 일으킨 경우와 과실로 일으킨 경우로 나누어진다. 전자는 강간죄 등과 상해죄가 결합한 형태를 취하며(결합범), 후자는 강간죄 등에 과실상해죄가 결합한 형태를 취한다(결과적 가중범). 입법자는 양자를 무기 또는 5년 이상의 징역으로 동일하게 가중처벌하고 있다. 형법 제301조가 규정한 강간등상해 · 치상죄에 대해서는 미수범 처벌규정이 없다(법300 참조). 상해의 결과가 발생하였음을 중시하기 때문이다.

(나) 결합범　　결합범으로 가중처벌되는 경우는 (가) 강간상해죄(법301, 297), (나) 유사강간상해죄(법301, 297의2), (다) 강제추행상해죄(법301, 298), (라) 준강간상해죄 · 준강제추행상해죄(법301, 299), 그리고 (마) 이들 각 범죄의 미수범상해죄(법301, 300)로 나타난다. 기본범죄와 상해죄가 결합된 형태이므로 상해에 대한 인과관계(법17) 외에 기본범죄에 대한 고

---

1) **아동 · 청소년의 성보호에 관한 법률 제8조** (장애인인 아동 · 청소년에 대한 간음 등) ① 19세 이상의 사람이 13세 이상의 장애 아동 · 청소년(「장애인복지법」 제2조 제1항에 따른 장애인으로서 신체적인 또는 정신적인 장애로 사물을 변별하거나 의사를 결정할 능력이 미약한 아동 · 청소년을 말한다. 이하 같다)을 간음하거나 13세 이상의 장애 아동 · 청소년으로 하여금 다른 사람을 간음하게 하는 경우에는 3년 이상의 유기징역에 처한다.

② 19세 이상의 사람이 13세 이상의 장애 아동 · 청소년을 추행한 경우 또는 13세 이상의 장애 아동 · 청소년으로 하여금 다른 사람을 추행하게 하는 경우에는 10년 이하의 징역 또는 5천만원 이하의 벌금에 처한다.

의와 상해에 대한 고의가 각각 요구된다.

(다) 결과적 가중범 결과적 가중범으로 가중처벌되는 경우는 (가) 강간치상죄(법301, 297), (나) 유사강간치상죄(법301, 297의2), (다) 강제추행치상죄(법301, 298), (라) 준강간치상죄 · 준강제추행치상죄(법301, 299), 그리고 (마) 이들 각 범죄의 미수범치상죄(법301, 300)로 나타난다. 결과적 가중범이므로 기본범죄와 상해의 결과 사이에 인과관계가 존재해야 하고(법17), 상해의 중한 결과발생에 대한 예견가능성이 인정되어야 한다(법15②).

(2) 중한 결과로서의 상해

(가) 상해의 범위 강간죄 등의 기본범죄와 관련하여 상해가 발생하는 경우에는 (가) 강간 · 강제추행 등의 행위 자체에 기인한 경우, (나) 강간 · 강제추행 등의 수단으로 사용된 폭행 · 협박으로 인한 경우, (다) 강간 · 강제추행 등 행위에 수반하여 일어난 경우가 모두 포함된다. (다)의 강간 등 행위에 수반하여 상해가 일어나는 경우에는 피해자가 범행을 피하려고 하는 과정에서 발생한 상해가 포함된다.

강간 · 강제추행 등의 행위가 미수에 그쳤다 하여도 상해의 결과가 발생하면 강간등상해 · 치상죄가 성립한다(법301, 300). 예컨대 행위자가 성기의 삽입을 시도하였으나 성공하지 못하였거나 사정(射精)을 하지 못하였다 하더라도, 행위자의 강간행위에 수반된 추행이나 간음행위 자체로 피해자가 상해를 입은 사실이 인정되면 강간치상죄가 성립한다.[1]

(나) 상해의 정도 강간등상해 · 치상죄의 상해는 피해자의 신체의 건강상태가 불량하게 변경되고 생활기능에 장애가 초래되는 것을 말한다(생리적 기능설). 음모의 절단 등으로 신체의 외모에 변화가 생겼다고 하더라도 신체의 생리적 기능에 장애를 초래하지 아니하였다면 상해에 해당하지 않는다.[2]

강간등상해 · 치상죄의 상해는 반드시 외부적인 상처가 있음을 요하지 않는다. 신체의 생리적 기능에는 육체적 기능뿐만 아니라 정신적 기능도 포함된다.[3] 상해의 결과에는 성병의 감염, 처녀막의 파열,[4] 외관상 상처가 없더라도 보행불능, 수면장애, 식욕감퇴 등 기능의 장애를 일으킨 경우,[5] 극심한 위협적 사건에서 심리적인 충격을 경험한 후 일으키는 특수한 정신과적 증상인 외상후 스트레스 장애[6] 등이 모두 포함된다.

1) 1999. 4. 9. 99도519, 공 1999, 950 = 분석 각론 『문신 협박 사건』.
2) 2000. 3. 23. 99도3099, 공 2000, 1096 = 분석 각론 『음모 절단 사건』.
3) 2017. 6. 29. 2017도3196, 공 2017하, 1600 = 『졸피뎀 강간 사건』.
4) 1957. 5. 3. 4290형상40, 총람 301조 1번.
5) 1969. 3. 11. 69도161, 집 17①, 형63.
6) 1999. 1. 26. 98도3732, 공 1999, 407 = 분석 각론 『외상후 스트레스 사건』.

수면제와 같은 약물을 투약하여 피해자를 일시적으로 수면 또는 의식불명 상태에 이르게 한 경우에도 약물로 인하여 피해자의 건강상태가 불량하게 변경되고 생활기능에 장애가 초래되었다면 자연적으로 의식을 회복하거나 외부적으로 드러난 상처가 없더라도 이는 강간치상죄나 강제추행치상죄에서 말하는 상해에 해당한다.[1]

(3) 특별법상의 가중처벌

형법 제301조의 강간등상해 · 치상죄의 법정형은 무기 또는 5년 이상의 징역이다. 성폭력처벌법은 기본범죄가 특수강도강간등(동법3①), 특수강간등(동법4), 장애인에 대한 강간 · 강제추행등(동법6), 13세 미만의 미성년자에 대한 강간강제추행등(동법7), 이들 범죄의 미수범(동법15)인 경우에 피해자를 상해하거나 상해에 이르게 한 때에는 무기 또는 10년 이상의 징역으로 가중처벌한다(동법8①). 기본범죄가 친족관계에 의한 강간등(동법5) 및 이들 범죄의 미수범(동법15)인 경우에는 무기 또는 7년 이상의 징역으로 가중처벌한(동법8②).

청소년성보호법은 아동 · 청소년에 대한 강간죄, 유사강간죄, 강제추행죄, 준강간죄 · 준강제추행죄, 위계 · 위력에 의한 간음죄 · 추행죄 및 이들 각 범죄의 미수죄를 범한 사람이 다른 사람을 상해하거나 상해에 이르게 한 때에는 무기징역 또는 7년 이상의 징역으로 가중처벌하고 있다(동법9, 7).

5. 강간등살인 · 치사죄

형법 제301조의2 (강간등 살인 · 치사) 제297조, 제297조의2 및 제298조부터 제300조까지의 죄를 범한 자가 사람을 살해한 때에는 사형 또는 무기징역에 처한다. 사망에 이르게 한 때에는 무기 또는 10년 이상의 징역에 처한다.

◎ 특정강력범죄법상 단기누범 가중(동법2, 3)

(1) 강간등살인 · 치사죄의 구조

(가) 대상범죄 형법 제301조의2는 각종 성범죄를 범한 자가 사람을 살해하거나 사망에 이르게 한 경우를 가중처벌하고 있다. 대상이 되는 기본범죄는 강간죄(법297), 유사강간죄(법297의2), 강제추행죄(법298), 준강간죄 · 준강제추행죄(법299), 그리고 이들 범죄의 미수범(법300)으로 한정된다.

강간등상해 · 치상죄와 마찬가지로 미성년자 · 심신미약자에 대해 위계 · 위력으로써 범

---

1) 2017. 6. 29. 2017도3196, 공 2017하, 1600 = 『졸피뎀 강간 사건』.

하는 간음 · 추행죄(법302), 피보호감독자에 대해 위계 · 위력으로써 범하는 간음죄(법303①), 피구금자에 대한 간음죄(법303②)는 형법 제301조의2의 가중처벌 대상범죄에 포함되지 않는다. 형법 제301조의2가 규정한 강간등살인 · 치사죄에 대해서는 미수범 처벌규정이 없다(법300 참조). 사망이라는 결과가 발생하였음을 중시하기 때문이다.

(나) 결합범 형법 제301조의2가 규정한 사망의 결과발생은 고의로 사람을 살해한 경우와 과실로 사람을 사망에 이르게 한 경우로 나누어진다. 고의로 피해자를 살해한 경우는 강간죄 등과 살인죄가 결합한 형태를 취한다(결합범).

결합범으로 가중처벌되는 경우는 (가) 강간살인죄(법301의2, 297), (나) 유사강간살인죄(법301의2, 297의2), (다) 강제추행살인죄(법301의2, 298), (라) 준강간살인죄 · 준강제추행살인죄(법301의2, 299), 그리고 (마) 이들 범죄의 미수범살인죄(법301의2, 300)로 나타난다. 기본범죄와 살인죄가 결합된 형태이므로 사망에 대한 인과관계(법17) 외에 기본범죄에 대한 고의와 살인에 대한 고의가 각각 요구된다.

살인죄와 결합된 위의 성범죄들은 사형 또는 무기징역으로 처벌된다(법301의2 1문). 강간등살인죄는 사람을 살해한 범죄로서 사형에 해당하므로 공소시효의 적용이 배제된다(형소법253의2).

(다) 결과적 가중범 결과적 가중범으로 가중처벌되는 경우는 (가) 강간치사죄(법301의2, 297), (나) 유사강간치사죄(법301의2, 297의2), (다) 강제추행치사죄(법301의2, 298), (라) 준강간치사죄 · 준강제추행치사죄(법301의2, 299), 그리고 (마) 이들 각 범죄의 미수치사죄(법301의2, 300)로 나타난다. 결과적 가중범이므로 기본범죄와 사망의 결과 사이에 인과관계가 존재해야 하고(법17), 사망의 중한 결과발생에 대한 예견가능성이 인정되어야 한다(법15②).

위의 결과적 가중범들은 무기 또는 10년 이상의 징역으로 처벌된다(동조 2문). 사형이 법정형으로 규정되어 있지 않은 점이 주목된다. 따라서 공소시효 배제규정(형소법253의2)도 적용되지 않는다.

(2) 사망의 결과발생과 인과관계

강간등살인죄와 강간등치사죄를 논할 때 인과관계가 문제된다. 범인이 폭행을 가하여 간음하려고 하므로 피해자가 극도의 흥분과 공포심에 사로잡힌 나머지 이를 피하기 위하여 창문을 박차고 뛰어나가기에 이르러 사망의 결과가 발생한 경우라면 범인의 간음행위와 피해자의 사망 사이에 상당인과관계가 인정된다.[1]

그러나 강간을 당한 피해자가 집에 돌아가 자살한 경우, 그 원인이 강간을 당함으로 인

1) 1995. 5. 12. 95도425, 공 1995, 2156 = 백선 총론 『속셈학원 강사 사건』.

하여 생긴 수치심과 장래에 대한 절망감 등에 있었다 하더라도 그 자살행위가 바로 강간행위로 인하여 생긴 당연한 결과라고 볼 수는 없어 강간행위와 피해자의 자살행위 사이에 인과관계는 인정되지 않는다.[1)]

(3) 특별법에 의한 가중처벌

(가) 고의범　　형법 제301조의2는 강간살인죄 등의 결합범을 사형 또는 무기징역으로 처벌하고 있다(법301의2 1문). 성폭력처벌법은 이 법률이 규정하고 있는 각종 성범죄(미수범 포함)를 범한 사람이 피해자를 살해한 경우를 사형 또는 무기징역으로 처벌하고 있다(동법9①). 청소년성보호법은 아동·청소년에 대한 강간죄, 유사강간죄, 강제추행죄, 준강간죄·준강제추행죄, 위계·위력에 의한 간음죄·추행죄 및 이들 각 범죄의 미수죄를 범한 사람이 다른 사람을 살해한 때에는 사형 또는 무기징역에 처한다(동법10①, 7).

법정형만을 비교하면 성폭력처벌법 제9조 제1항이나 청소년성보호법 제10조 제1항은 형법 제301조의2 제1문과 같지만, 성폭력처벌법이나 청소년성보호법이 규정한 성범죄에는 여러 가지 결합범이 포함되어 있다는 점에서 독자적인 의미가 있다.

예컨대 주거에 침입하여 강간하려는 고의(성폭법3①)를 가지고 주거침입하는 단계에서 피해자를 살해한 경우를 생각해 본다. 형법에 의하면 주거침입죄(법319①; 3년 이하의 징역 또는 5백만원 이하 벌금)와 살인죄(법250①; 사형, 무기 또는 5년 이상의 징역)가 성립하며 양자는 실체적 경합관계에 있다. 강간죄는 예비를 처벌하지 않으므로 고려의 대상에서 제외된다. 이에 대해 성폭력처벌법에 의하면 특수강간살인죄(동법9①)가 성립되어 사형 또는 무기징역으로 처벌되며, 유기징역은 허용되지 않는다.

(나) 결과적 가중범　　형법 제301조의2는 강간치사죄 등 결과적 가중범을 무기 또는 10년 이상의 징역으로 처벌하고 있다(동조 2문). 성폭력처벌법은 흉기·위험한 물건 휴대(동법4), 2명 이상 합동(동법4), 친족관계(동법5) 등의 가중사유가 구비된 성범죄(미수범 포함)를 범한 사람이 피해자를 사망에 이르게 한 경우(결과적 가중범)를 무기 또는 10년 이상의 징역으로 처벌하고 있다(동법9②).

---

1) 1982. 11. 23. 82도1446, 공 1983, 236 =『귀가 후 음독자살 사건』:

갑 등은 A를 강간하였다. A는 집으로 돌아갔다. A는 강간을 당함으로 인하여 생긴 수치심과 장래에 대한 절망감 등에 빠져서 음독자살하였다. 검사는 갑 등을 강간치사죄로 기소하였다. 갑의 피고사건은 제1심을 거친 후, 항소심에 계속되었다. 항소법원은 강간죄를 인정하였다. 검사는 불복 상고하였다.

대법원은 다음의 이유를 제시하여 상고를 기각하였다. (가) 갑 등에 의하여 강간을 당한 A가 집에 돌아가 음독자살하기에 이르른 원인이 소론과 같이 강간을 당함으로 인하여 생긴 수치심과 장래에 대한 절망감 등에 있었다 하자. (나) 그렇다고 하더라도 그 자살행위가 바로 갑 등의 강간행위로 인하여 생긴 당연의 결과라고 볼 수는 없다. (다) 갑 등의 강간행위와 A의 자살행위 사이에 인과관계를 인정할 수는 없다.

기본범죄의 가중처벌사유가 장애인(동법6), 13세 미만 미성년자(동법7)인 경우(미수범 포함)에 피해자를 사망에 이르게 한 때에는 사형, 무기 또는 10년 이상의 징역으로 처벌한다(동법9③). 이 경우 결과적 가중범의 법정형에 사형이 규정되어 있다는 점은 주목된다.

청소년성보호법은 아동 · 청소년에 대한 강간죄, 유사강간죄, 강제추행죄, 준강간죄 · 준강제추행죄, 위계 · 위력에 의한 간음 · 추행죄 및 이들 각 범죄의 미수죄를 범한 사람이 다른 사람을 사망에 이르게 한 경우를 사형, 무기징역 또는 10년 이상의 징역으로 처벌하고 있다(동법10②, 7). 이 경우 역시 결과적 가중범의 법정형에 사형이 규정되어 있다는 점이 주목된다.

6. 미성년자 · 심신미약자 간음 · 추행죄

형법 제302조 (미성년자 등에 대한 간음) 미성년자 또는 심신미약자에 대하여 위계 또는 위력으로써 간음 또는 추행을 한 자는 5년 이하의 징역에 처한다.

◎ 상습범 가중처벌함(법305의2)

(1) 서 설

형법 제302조는 미성년자 또는 심신미약자에 대한 위계 · 위력간음죄를 규정하고 있다. 형법 제302조는 미성년자나 심신미약자와 같이 판단능력이나 대처능력이 일반인에 비하여 낮은 사람은 낮은 정도의 유 · 무형력의 행사에 의해서도 저항을 제대로 하지 못하고 피해를 입을 가능성이 있기 때문에 그 범죄의 성립요건을 보다 완화된 형태로 규정한 것이다.[1)]

미성년자 또는 심신미약자에 대한 위계 · 위력간음죄는 강간죄(법297), 유사강간죄(법297의2), 강제추행죄(법298)에 대해 보충관계에 있다. 강간죄, 유사강간죄, 강제추행죄가 성립하면 형법 제302조는 적용될 여지가 없다. 강제추행죄(법298; 10년 이하의 징역 또는 1,500만원 이하의 벌금)의 경우에는 벌금형이 규정되어 있으나 미성년자 또는 심신미약자에 대한 위계 · 위력간음죄(법302)의 경우에는 벌금형이 없다. 형법 제302조의 위계 · 위력에 의한 간음 · 추행죄는 미수범이 처벌되지 않으며(법300), 강간상해 · 치상죄(법301)나 강간살인 · 치사죄(법301의2)의 기본범죄에 포함되지 않는다.

형법 제302조가 규정한 위계 · 위력에 의한 간음 · 추행죄의 행위객체는 미성년자 또는 심신미약자이며, 행위태양은 위계 또는 위력에 의한 간음 · 추행이다. 형법 제302조의 범죄는 (가) 미성년자에 대하여 위계 또는 위력으로써 간음 · 추행을 하는 경우와, (나) 심신미약자에

---

1) 2019. 6. 13. 2019도3341, 공 2019하, 1413 =『필로폰 동의 후 성추행 사건』.

대하여 위계 또는 위력으로써 간음·추행을 하는 경우로 나누어 볼 수 있다.

(2) 행위객체

(가) 미성년자 19세 미만의 사람을 가리킨다(민법4). 남자, 여자를 가리지 않는다. 형법 제305조의 의제강간죄 및 성폭력처벌법 제7조 제5항[1]과 대비해 볼 때 형법 제302조의 미성년자는 13세 이상 19세 미만의 사람을 가리킨다.[2]

형법은 미성년자에 대한 성범죄에 대해 여러 가지 구성요건을 마련하고 있다. 간음행위(성교)를 중심으로 미성년자에 대한 성범죄 유형을 살펴보면, (가) 폭행·협박으로 13세 이상의 미성년자를 강간한 경우(법297; 3년 이상의 유기징역), (나) 위계·위력으로 13세 이상의 미성년자를 간음한 경우(법302; 5년 이하의 징역), (다) 폭행·협박, 위계·위력을 묻지 않고 13세 미만의 미성년자를 간음한 경우(법305, 297; 3년 이상의 유기징역)로 나누어진다.

(나) 심신미약자 정신기능의 장애로 인하여 사물을 변별하거나 의사를 결정할 능력이 미약한 사람을 말한다.[3] 심신미약은 형법 제10조 제2항의 심신미약과 같은 의미라 함은 전술하였다.[4] 심신미약 상태가 지속적인가 일시적인가는 묻지 않는다.

(3) 실행행위

(가) 위 계 위계는 행위자의 행위목적을 달성하기 위하여 피해자에게 오인, 착각, 부지를 일으키게 하여 이를 이용하는 것을 말한다. 미성년자·심신미약자에 대한 간음·추행죄에서의 위계는 행위자가 간음·추행의 목적을 달성하기 위하여 피해자에게 오인, 착각, 부지를 일으키고 피해자의 그러한 심적 상태를 이용하는 것이다. 행위자가 위계에 의하여 간

---

1) **성폭력범죄의 처벌 등에 관한 특례법 제7조**(13세 미만의 미성년자에 대한 강간, 강제추행 등) ① 13세 미만의 사람에 대하여 형법 제297조(강간)의 죄를 범한 사람은 무기징역 또는 10년 이상의 징역에 처한다.

② 13세 미만의 사람에 대하여 폭행이나 협박으로 다음 각 호의 어느 하나에 해당하는 행위를 한 사람은 7년 이상의 유기징역에 처한다.

1. 구강·항문 등 신체(성기는 제외한다)의 내부에 성기를 넣는 행위
2. 성기·항문에 손가락 등 신체(성기는 제외한다)의 일부나 도구를 넣는 행위

③ 13세 미만의 사람에 대하여 형법 제298조(강제추행)의 죄를 범한 사람은 5년 이상의 유기징역에 처한다.

④ 13세 미만의 사람에 대하여 형법 제299조(준강간, 준강제추행)의 죄를 범한 사람은 제1항부터 제3항까지의 예에 따라 처벌한다.

⑤ 위계 또는 위력으로써 13세 미만의 사람을 간음하거나 추행한 사람은 제1항부터 제3항까지의 예에 따라 처벌한다.

2) 2019. 6. 13. 2019도3341, 공 2019하, 1413 = 『필로폰 동의 후 성추행 사건』.

3) 2019. 6. 13. 2019도3341, 공 2019하, 1413 = 『필로폰 동의 후 성추행 사건』.

4) 전술 801면 이하 참조.

음 · 추행의 목적을 달성하였다면 위계와 간음 · 추행행위 사이의 인과관계를 인정할 수 있으며, 위계에 의한 간음 · 추행의 죄가 성립한다.

종래 판례는 행위자의 위계에 의하여 피해자가 오인, 착각, 부지에 빠지게 되는 대상을 간음행위 자체로 한정하였다. 그러나 2020년 대법원은 전원합의체판결로 판례를 변경하였다.[1] 변경된 판례에 따르면 위계에 의하여 피해자가 오인, 착각, 부지에 빠지게 되는 대상은 (가) 간음행위 자체일 수도 있고, (나) 간음행위에 이르게 된 동기이거나 (다) 간음행위와 결부된 금전적 · 비금전적 대가와 같은 요소일 수도 있다. 대법원은 판례변경의 이유로 위계에 의한 간음추행죄가 성폭력범행에 특히 취약한 사람을 보호하고 행위자를 강력하게 처벌하려는 입법취지를 가지고 있다는 점, 피해자의 인지적 · 심리적 · 관계적 특성으로 피해자에게 온전한 성적 자기결정권 행사를 기대하기 어려운 사정이 있다는 점을 제시하였다.[2]

(나) 위 력   위력은 피해자의 성적 자유의사를 제압하기에 충분한 세력을 말한다. 유형적인가 무형적인가를 묻지 않는다. 따라서 폭행 · 협박뿐만 아니라 행위자의 사회적 · 경제적 · 정치적인 지위나 권세를 이용하는 것도 위력에 포함된다.[3][4]

행위자의 위력에 의하여 피해자가 왜곡된 성적 결정에 기초하여 성적 행위를 하였다면 왜곡이 발생한 지점이 성적 행위 그 자체인지 성적 행위에 이르게 된 동기인지는 묻지 않는다. 성적 자기결정권에 대한 침해가 발생한 것은 마찬가지이기 때문이다. 따라서 피해자의 왜곡된 성적 결정의 기초가 되는 대상은 (가) 간음 · 추행행위 자체일 수도 있고, (나) 간음 · 추행행위에 이르게 된 동기이거나 (다) 간음 · 추행행위와 결부된 금전적 · 비금전적 대가와 같은 요소일 수도 있다.[5][6]

위력에 의한 간음 · 추행죄의 경우에 피해자의 동의와 위력의 관계가 문제된다. 예컨대 피해자가 사전에 성매매에 동의하였다면 피해자의 성적 자유의사를 제압한 것이 아니라는 이유로 위력에 의한 간음죄는 성립하지 않는다고 볼 여지가 있다. 그러나 피해자가 사전에 성매매에 동의하였더라도 피해자는 여전히 그 동의를 번복할 자유가 있을 뿐만 아니라 자신이 예상하지 않았던 성적 접촉이나 성적 행위에 대해서는 이를 거부할 자유를 가진다. 그러므로 피해자에 대하여 이루어진 간음 · 추행행위에 대하여 피해자의 동의가 있었는지 여부는

---

1) 2020. 8. 27. 2015도9436 전원합의체 판결, 공 2020하, 1872 = 『스토킹 방지용 성관계 사건』 ☞ 부록 1603면.

2) 2020. 8. 27. 2015도9436 전원합의체 판결, 공 2020하, 1872 = 『스토킹 방지용 성관계 사건』.

3) 2007. 8. 23. 2007도4818, 공 2007, 1514 참조.

4) 2019. 6. 13. 2019도3341, 공 2019하, 1413 = 『필로폰 동의 후 성추행 사건』.

5) 2020. 8. 27. 2015도9436 전원합의체 판결, 공 2020하, 1872 = 『스토킹 방지용 성관계 사건』.

6) 2020. 10. 29. 2020도4015, [미간행] = 『성매매 차용증 사건』 ☞ 부록 1605면.

그 행위로 인하여 피해자의 성적 자유 또는 성적 자기결정권이 침해되었는지를 기준으로 삼아 구체적 · 개별적으로 판단해야 한다.[1)]

(다) 간 음 간음은 배우자 이외의 사람과의 성관계를 말한다. 추행은 객관적으로 피해자와 같은 처지에 있는 일반적 · 평균적인 사람으로 하여금 성적 수치심이나 혐오감을 일으키게 하고 선량한 성적 도덕관념에 반하는 행위로서 구체적인 피해자를 대상으로 하여 피해자의 성적 자유를 침해하는 것을 의미한다.[2)]

형법 제302조의 간음 · 추행죄는 강간죄, 유사강간죄, 강제추행죄에 대해 보충관계에 있는 범죄유형이다. 그렇기 때문에 항거불능이나 항거가 현저히 곤란한 정도(강간 · 유사강간의 경우) 또는 항거곤란한 정도(강제추행의 경우)의 폭행 · 협박은 위력에서 제외된다. 위력의 내용으로서 폭행 · 협박은 피해자의 자유의사를 제압할 만한 것이면 족하다.

(4) 특별법

「아동 · 청소년의 성보호에 관한 법률」(청소년성보호법)은 위계 · 위력으로써 아동 · 청소년을 간음하거나 추행하는 경우를 가중처벌하고 있다(동법7⑤).[3)] 또한 청소년성보호법은 13세 이상 16세 미만인 아동 · 청소년의 궁박한 상태를 이용하여 간음 · 추행하는 행위 및 13세 이상 16세 미만인 아동 · 청소년으로 하여금 다른 사람을 간음 · 추행하게 하는 행위를 처벌하고 있다(동법8의2① · ②). 청소년성보호법은 (가) 법정형의 상향조정, (나) 미수범 처벌(동법7⑥), (다) 결합범 및 결과적 가중범의 대상범죄 포함(동법9, 10) 등의 특례를 인정하고 있다.

특별법상의 위계 · 위력에 의한 간음 · 추행죄의 입법취지는 아동 · 청소년, 미성년자, 심신미약자, 피보호자 · 피감독자, 장애인 등 성폭력범행에 특히 취약한 사람을 보호대상으로

1) 2019. 6. 13. 2019도3341, 공 2019하, 1413 = 『필로폰 동의 후 성추행 사건』.

2) 2019. 6. 13. 2019도3341, 공 2019하, 1413 = 『필로폰 동의 후 성추행 사건』.

3) **아동 · 청소년의 성보호에 관한 법률 7조** (아동 · 청소년에 대한 강간 · 강제추행 등) ① 폭행 또는 협박으로 아동 · 청소년을 강간한 사람은 무기징역 또는 5년 이상의 유기징역에 처한다.

② 아동 · 청소년에 대하여 폭행이나 협박으로 다음 각 호의 어느 하나에 해당하는 행위를 한 자는 5년 이상의 유기징역에 처한다.

1. 구강 · 항문 등 신체(성기는 제외한다)의 내부에 성기를 넣는 행위
2. 성기 · 항문에 손가락 등 신체(성기는 제외한다)의 일부나 도구를 넣는 행위

③ 아동 · 청소년에 대하여 형법 제298조[강제추행]의 죄를 범한 자는 2년 이상의 유기징역 또는 1천만원 이상 3천만원 이하의 벌금에 처한다.

④ 아동 · 청소년에 대하여 형법 제299조[준강간, 준강제추행]의 죄를 범한 자는 제1항부터 제3항까지의 예에 따른다.

⑤ 위계 또는 위력으로써 아동 · 청소년을 간음하거나 아동 · 청소년을 추행한 자는 제1항부터 제3항까지의 예에 따른다.

⑥ 제1항부터 제5항까지의 미수범은 처벌한다.

하면서, 강간죄 등과 비견되는 독립적인 가벌성을 지닌 범죄로 규정하여, 행위자를 강력하게 처벌하려는 것이다.[1]

형법 제302조의 미성년자 간음 · 추행죄와 청소년성보호법상 미성년자에 대한 간음 · 추행죄를 비교하여 가중적 구성요건 및 법정형을 정리하면 다음과 같다.

가중사유	기본범죄	적용법령	법정형
[기본유형]	성교	형법302	5년 이하 징역
[기본유형]	추행 (유사성교 포함)	형법302	5년 이하 징역
(없음)	성교	아청법7⑤ · ①	무기 또는 5년 이상 징역
(없음)	유사성교	아청법7⑤ · ②	5년 이상 징역
(없음)	추행	아청법7⑤ · ③	2년 이상 징역 또는 1천만원 이상 3천만원 이하 벌금

청소년성보호법은 미성년자에 대하여 위계 또는 위력으로써 간음 · 추행하는 행위를 가중처벌하고 있는데, 특별한 가중사유가 제시되어 있지 않다. 나아가 가중처벌의 정도도 아동 · 청소년에 대한 강간, 유사강간, 강제추행, 준강간 · 준강제추행의 죄의 예에 따르도록 하고 있다. 그러나 단순한 위계 · 위력이 사용된 경우를 강간죄의 폭행 · 협박이 사용된 경우 등과 동일하게 취급하는 것은 지나치다고 하지 않을 수 없다. 별도의 가중사유 없이 형량을 지나치게 높이는 현행 가중처벌규정은 헌법위반의 흠이 있다고 생각된다.[2]

7. 업무상 위력등에 의한 간음죄

형법 제303조 (업무상위력 등에 의한 간음) ① 업무, 고용 기타 관계로 인하여 자기의 보호 또는 감독을 받는 사람에 대하여 위계 또는 위력으로써 간음한 자는 7년 이하의 징역 또는 3천만원 이하의 벌금에 처한다.

② 법률에 의하여 구금된 사람을 감호하는 자가 그 사람을 간음한 때에는 10년 이하의 징역에 처한다.

◎ 상습범 가중처벌함(법305의2)

(1) 행위객체

2012년 형법 일부개정을 통하여 입법자는 업무상 위력 등에 의한 간음죄의 객체를 '부

1) 2020. 10. 29. 2020도4015, [미간행] =『성매매 차용증 사건』.
2) 2015. 9. 24. 2014헌바154, 헌공 228, 1415 참조.

녀'로부터 '사람'으로 변경하였다. 단순히 부녀의 정조를 보호하는 차원을 넘어서서 개개인의 성적 자기결정권을 보호하기 위함이다. 한편 2018년 입법자는 조직 내 권력형 성폭력 사건에 강력히 대처하기 위하여 법정형을 상향 조정하였다.

(가) 보호 · 감독관계 업무상 위력 등에 의한 간음죄의 첫 번째 행위객체는 업무, 고용 기타 관계로 자기의 보호 또는 감독을 받는 사람이다. 피해자에 대한 보호 · 감독의 원인은 업무, 고용관계에 국한되지 않으며 기타 관계를 포함한다. 기타 관계로 자기의 보호 · 감독을 받는 사람에는 사실상의 보호 · 감독을 받는 상황에 있는 사람[1]뿐만 아니라 채용 절차에서 영향력의 범위 안에 있는 사람[2]도 포함된다.

친족관계도 피해자에 대한 보호 · 감독의 원인이 되는 기타 관계에 포함된다. 성폭력처벌법은 친족관계에서 강간, 강제추행, 준강간 · 준강제추행의 죄를 범한 자를 가중처벌하고 있으나(동법5 참조), 친족관계에 있는 자에 대한 위계 · 위력에 의한 간음죄는 가중처벌 대상에 포함하고 있지 않다.

---

1) 1976. 2. 10. 74도1519, 공 1976, 9013 =『번개전업사 주인 사건』:

갑과 A는 부부 사이이다. A는 집의 살림살이를 하면서 그의 자금으로 M미장원을 개설하여 경영하고 있다. B는 A가 M미장원을 개업한지 얼마 되지 않아 고용한 1명뿐인 종업원이다. 갑은 번개전업사라는 상호로 전기용품상회를 별도로 경영하고 있다. 갑은 A를 도와 A가 취사관계로 미장원을 비운 경우 M미장원 청소를 해 주고 손님이 오는 경우 살림집에 연락하여 주는 등 잡일을 거들어 주고 있었다. B는 갑을 '주인 아저씨', '주인 남자'라고 부르면서 직접 간접의 지시에 따르고 있었다.

갑은 B에게 저녁을 사준다는 구실로 B를 데리고 나왔다. 갑은 식사 후에 B의 숙소로 보내준다고 하면서 상경 후 B가 아직 서울지리에 생소함을 이용하여 버스를 같이 타고 다니는 등 고의로 시간을 지연시켰다. 갑은 야간통행금지에 임박한 시간으로 부득이 부근 여관에 투숙하지 않을 수 없는 것 같이 하여 B를 N여관으로 데리고 갔다. N여관에서 갑과 B 사이에 성관계가 이루어졌다. 이후 B는 갑을 강간죄로 고소하였다. 갑은 화간임을 주장하였다.

검사는 갑을 다음의 공소사실로 기소하였다. (가) 주위적 공소사실 : 강간치상죄. (나) 예비적 공소사실 : 업무상 위계에 의한 간음죄. 갑의 피고사건은 제1심을 거친 후, 항소심에 계속되었다. 항소법원은 다음의 이유로 무죄를 선고하였다. (가) 강간치상 사실을 인정할 증거가 없다. (나) B가 갑의 보호감독을 받고 있었다고 인정할 증거가 없다. 검사는 불복 상고하였다.

대법원은 다음의 이유를 제시하여 원심판결을 파기환송하였다. (가) 형법 제303조에서 '기타 관계로 자기의 보호 또는 감독을 받는 부녀'라 함에는 사실상의 보호 또는 감독을 받는 상황에 있는 부녀인 경우도 이에 포함되는 것으로 보는 것이 우리의 일반 사회통념이나 실정 그리고 동 법조를 신설하여 동 법조 규정 상황하에 있는 부녀의 애정의 자유가 부당하게 침해되는 것을 보호하려는 법의 정신에 비추어 타당하다. (나) 비록 갑이 직접 B를 M미장원의 종업원으로 고용한 것은 아니라 하더라도 자기의 처가 경영하는 미장원에 매일같이 출입하면서 미장원 일을 돕고 있었다면 M미장원 종업원인 B는 갑을 주인으로 대접하고 또 그렇게 대접하는 것이 우리의 일반 사회실정이다. (다) 갑도 M미장원 종업원인 B에 대하여 남다른 정의로서 처우해 왔다고 보는 것이 또한 우리의 인지상정이라 할 수 있다. (라) 사정이 그와 같다면 갑은 B에 대하여 사실상 자기의 보호 또는 감독을 받는 상황에 있는 부녀의 경우에 해당된다고 못 볼 바 아니다.

2) 2020. 7. 9. 2020도5646, 공 2020하, 1630 =『면접 구직자 추행 사건』 ☞ 부록 1607면.

(나) 구금관계 업무상 위력 등에 의한 간음죄의 두 번째 객체는 법률에 의하여 구금된 사람이다. 이 경우에는 위계 또는 위력을 사용하지 않아도 간음행위만으로 범죄가 성립한다. 법률에 의하여 구금된 사람과 이를 감호하는 사람 사이에 비정상적인 간음이 이루어질 수 있음을 감안하여 피해자의 승낙 유무를 묻지 않고 간음행위를 처벌하도록 한 것이다.

(2) 실행행위

업무상 위력 등에 의한 간음죄의 행위는 위계 또는 위력으로써 간음하는 것이다. 위계와 위력은 위계 · 위력에 의한 미성년자간음죄(법302)의 그것과 같다. 간음은 혼인관계 이외의 성관계를 말한다. 유사강간행위는 간음에 포함되지 않는다고 볼 것이다. 간음이 아닌 그 밖의 추행행위는 형법 제303조의 처벌대상이 되지 않는다.

이러한 처벌불비의 흠을 제거하기 위하여 성폭력처벌법은 "업무, 고용이나 그 밖의 관계로 인하여 자기의 보호, 감독을 받는 사람에 대하여 위계 또는 위력으로 추행한 사람은 3년 이하의 징역 또는 1천 500만원 이하의 벌금에 처한다."고 규정하고(동법10①), "법률에 따라 구금된 사람을 감호하는 사람이 그 사람을 추행한 때에는 5년 이하의 징역 또는 2천만원 이하의 벌금에 처한다."고 규정하고 있다(동조②).

형법 제303조의 피보호감독자 간음 · 추행죄와 성폭력처벌법의 피보호감독자에 대한 간음 · 추행죄를 비교하여 구성요건 및 법정형을 정리하면 다음과 같다.

	행위태양	적용법령	법정형
위계 · 위력	성교	형법303①	5년 이하 징역 또는 1천 5백만원 이하 벌금
위계 · 위력	추행 (유사성교 포함)	성폭법10①	3년 이하 징역 또는 1천 5백만원 이하 벌금
법률상 구금	성교	형법303②	7년 이하 징역
법률상 구금	추행 (유사성교 포함)	성폭법10②	5년 이하 징역 또는 2천만원 이하 벌금

8. 미성년자의제강간 · 강제추행죄

형법 제305조 (미성년자에 대한 간음, 추행) ① 13세 미만의 사람에 대하여 간음 또는 추행을 한 자는 제297조, 제297조의2, 제298조, 제301조 또는 제301조의2의 예에 의한다.

② 13세 이상 16세 미만의 사람에 대하여 간음 또는 추행을 한 19세 이상의 자는 제297조, 제297조의2, 제298조, 제301조 또는 제301조의2의 예에 의한다.

◎ 상습범 가중처벌함(법305의2)

◎ 특수의제강간 특정강력범죄법상 단기누범 가중(동법2, 3)

(1) 입법취지

형법 제305조 제1항은 13세 미만의 미성년자에 대하여 간음 또는 추행을 한 자를 (가) 강간죄(법297), (나) 유사강간죄(법297의2), (다) 강제추행죄(법298), (라) 준강간죄 · 준강제추행죄(법299), (마) 강간등상해 · 치상죄(법301), (바) 강간등살인 · 치사죄(법301의2)의 예에 따라 처벌하도록 하고 있다.

입법자는 2020년 형법을 일부개정하여 형법 제305조 제2항을 신설하였다. 텔레그램을 이용한 성착취 사건 등 사이버 성범죄로 인한 피해가 날로 증가하여 사회문제가 되고 있다. 성범죄로 인한 피해 발생을 미연에 방지하여 국민의 성적 자기결정권 등 기본권을 보호하고 범죄로부터 안전한 사회를 조성하기 위하여 입법자는 19세 이상 성인 범죄자가 범하는 미성년자 의제강간 연령기준을 종전의 13세 미만자로부터 16세 미만자로 상향조정하였다. 적용대상 성범죄는 13세 미만자에 대한 미성년자 의제강간죄(제1항)의 경우와 같다.

형법 제305조 제1항과 제2항은 다양한 형태의 범죄를 예정하고 있다. 아래에서는 서술의 편의를 위하여 형법 제305조 제1항 및 제2항의 대상범죄를 미성년자의제강간죄로 통칭하기로 한다.

미성년자의제강간죄는 13세 미만의 미성년자(제1항) 또는 19세 이상 성인이 범하는 경우 13세 이상 16세 미만의 미성년자(제2항)를 특별히 보호하려는 입법취지에서 마련된 것이다. 형법 각칙 제32장이 규정하고 있는 강간과 추행의 죄는 기본적으로 개인의 성적 자기결정권을 보호하기 위하여 마련된 것이다. 그러나 13세 미만의 미성년자(제1항) 또는 13세 이상 16세 미만의 미성년자(제2항)는 신체적 · 정신적으로 미성숙하여 아직 성적 자기결정권을 행사할 수 있는 의사능력을 갖추고 있지 못하다. 이 때문에 미성년자의제강간죄의 보호법익은 성적 자기결정권 이외의 영역에서 찾아야 한다.

미성년자의제강간죄는 13세 미만의 미성년자(제1항) 또는 13세 이상 16세 미만의 미성년자(제2항)가 외부로부터의 부적절한 성적 자극이나 물리력의 행사가 없는 상태에서 심리적 장애 없이 성적 정체성 및 가치관을 형성할 권익을 보호법익으로 한다.[1] 미성년자의제강간죄가 성립하는 데에는 행위자에게 성욕을 자극 · 흥분 · 만족시키려는 주관적 동기나 목적을 요하지 않는다.[2]

1) 2009. 9. 24. 2009도2576, 공 2009하, 1805 = 분석 각론 『기간제 교사 사건』 참조.

2) 2009. 9. 24. 2009도2576, 공 2009하, 1805 = 분석 각론 『기간제 교사 사건』.

(2) 고 의

형법 제305조가 규정한 미성년자의제강간죄의 객체는 13세 미만의 미성년자(제1항) 또는 13세 이상 16세 미만의 미성년자(제2항)이다. 13세 미만의 미성년자(제1항) 또는 13세 이상 16세 미만의 미성년자(제2항)에 대한 간음·추행 등의 죄가 성립하려면 피해자가 13세 미만의 미성년자(제1항) 또는 13세 이상 16세 미만의 미성년자(제2항)라는 점과 행위자가 그 점을 알면서 피해자를 간음·추행한 사실이 있어야 한다. 행위자가 상대방이 13세 미만의 미성년자(제1항) 또는 13세 이상 16세 미만의 미성년자(제2항)임을 알면서 간음·추행하였다는 사실은 검사가 증명해야 한다.[1]

피해자는 범행 당시 13세 미만(제1항) 또는 13세 이상 16세 미만(제2항)이기만 하면 된다. 간음·추행을 할 때 피해자에게 폭행·협박을 가하거나 간음·추행이 피해자의 의사에 반한다는 것은 미성년자의제강간죄의 요건이 아니다.[2] 승낙하에 간음·추행을 하였다거나 간음·추행의 대가를 지급하였다거나, 피해자의 주위환경이 사창가였다는 점 등은 미성년자의제강간죄의 성립에 영향을 미치지 않는다.

(3) '예에 의한다'의 의미

미성년자의제강간죄의 처벌은 강간죄(법297), 유사강간죄(법297의2), 강제추행죄(법298), 준강간죄·준강제추행죄(법299), 강간등상해·치상죄(법301), 강간등살인·치사죄(법301의2)의 예에 의한다(법305①·②). 원래 강간죄 등이 성립하려면 폭행·협박이나 심신상실·항거불능의 사유가 객관적으로 입증되고 그에 대한 고의가 인정되어야 한다.

검사가 이를 입증하면 피해자가 13세 미만의 미성년자(제1항) 또는 13세 이상 16세 미만의 미성년자(제2항)라 할지라도 원칙으로 돌아가서 강간죄(법297) 등이 성립한다. 이러한 사정은 성폭력처벌법이 13세 미만 미성년자에 대한 성범죄를 가중처벌하면서 폭행·협박의 표지를 유지하고 있는 점에서 확인할 수 있다(동법7).

그런데 13세 미만 미성년자(제1항) 또는 13세 이상 16세 미만 미성년자(제2항)의 경우에는 폭행·협박이나 심신상실·항거불능의 사유에 대한 입증이 쉽지 않다. 이러한 경우에 형법 제305조 제1항과 제2항은 특별한 의미를 갖는다. 13세 미만 미성년자(제1항) 또는 13세 이상 16세 미만 미성년자(제2항)의 경우 폭행·협박이나 심신상실·항거불능의 사유에 대한 입증이 이루어지지 않더라도 이를 의제하여 강간죄(법297) 등의 예에 따라 처벌할 수 있기 때문이다.

1) 2012. 8. 30. 2012도7377, 공 2012하, 1650 = 분석 총론 『12세 여중생 강간 사건』.
2) 1975. 5. 13. 75도855, 공 1975, 8545.

형법 제305조 제1항과 제2항은 강간죄 등의 예에 의한다고 규정하면서도 강간죄 등의 미수범 처벌을 규정한 형법 제300조를 명시하고 있지 않다. 그러나 형법 제305조 제1항과 제2항에서 '예에 의한다'는 의미는 법정형을 강간죄 등의 예에 따라 정한다는 것뿐만 아니라 미수범 처벌에 관하여도 강간죄 등의 예에 따른다는 취지이다. 그리하여 미성년자의제강간죄에도 형법 제300조의 미수범 처벌규정이 적용된다.[1)]

(4) 특별법

성폭력처벌법 제7조는 13세 미만 미성년자에 대한 강간죄 등을 가중처벌하고 있다. 13세 미만 미성년자에 대한 성범죄의 가중처벌 구성요건과 법정형을 정리해 보면 다음과 같다.

	행위태양	적용법령	법정형
폭행 · 협박	성교	성폭법7①	무기 또는 10년 이상 징역
폭행 · 협박	유사성교	성폭법7②	7년 이상 징역
폭행 · 협박	추행	성폭법7③	5년 이상 징역
심신상실 · 항거불능	성교	성폭법7④ · ①	무기 또는 10년 이상 징역
심신상실 · 항거불능	유사성교	성폭법7④ · ②	7년 이상 징역
심신상실 · 항거불능	추행	성폭법7④ · ③	5년 이상 징역
위계 · 위력	간음	성폭법7⑤ · ①	무기 또는 10년 이상 징역
위계 · 위력	유사성교	성폭법7⑤ · ②	7년 이상 징역
위계 · 위력	추행	성폭법7⑤ · ③	5년 이상
폭행 · 협박 불명	성교	형법305, 297	3년 이상 징역
폭행 · 협박 불명	유사성교	형법305, 297의2	2년 이상 징역
폭행 · 협박 불명	추행	형법305, 298	10년 이하 징역 또는 1천 5백만원 이하 벌금
심신상실 · 항거불능 불명	성교	형법305, 299, 297	3년 이상 징역
심신상실 · 항거불능 불명	유사성교	형법305, 299, 297의2	2년 이상 징역
심신상실 · 항거불능 불명	추행	형법305, 299, 298	10년 이하 징역 또는 1천 5백만원 이하 벌금

성폭력처벌법 제7조는 13세 미만 미성년자에 대한 폭행 · 협박의 사유와 위계 · 위력의 사유를 동일한 법정형으로 가중처벌하고 있다. 형법은 미성년자에 대해 폭행 · 협박으로 간음 · 추행한 경우(법297, 298)와 위계 · 위력에 의하여 간음 · 추행한 경우(법302)의 법정형을 달리 정하고 있다. 형법과의 관계에 비추어 볼 때 성폭력처벌법 제7조 중 위계 · 위력에 의한

1) 2007. 3. 15. 2006도9453, 공 2007, 595 = 분석 각론 『학원 승합차 운전수 사건』.

가중처벌의 경우는 과잉처벌의 흠이 있다고 생각된다.

성폭력처벌법은 13세 미만의 사람 및 신체적인 또는 정신적인 장애가 있는 사람에 대하여 형법 제297조(강간), 제298조(강제추행), 제299조(준강간, 준강제추행), 제301조(강간등 상해 · 치상), 제301조의2(강간등 살인 · 치사) 또는 제305조(미성년자에 대한 간음, 추행)의 죄에 대해 형사소송법상의 공소시효규정을 배제하고 있다(성폭력처벌법21③ i).

9. 상습강간등죄

형법 제305조의2 (상습범) 상습으로 제297조, 제297조의2, 제298조부터 제300조까지, 제302조, 제303조 또는 제305조의 죄를 범한 자는 그 죄에 정한 형의 2분의 1까지 가중한다.

형법 제305조의2는 각종 성폭력범죄의 상습범을 가중처벌하고 있다. 형법 제305조의2는 2010년에 신설되었다. 강간 등 성폭력범죄를 범하는 경향이 있는 자는 다시 성폭력범죄를 저지를 가능성이 대단히 높으므로 성폭력범죄를 억제하고 잠재적 피해자를 보호하기 위하여 성폭력범죄의 상습범을 가중처벌하려는 것이 신설규정의 입법취지이다.

상습성은 반복하여 범죄행위를 하는 습벽으로서, 행위자의 속성을 말한다. 범행의 습벽 유무를 판단할 때에는 전과나 범행횟수 등이 중요한 판단자료가 된다. 그러나 전과가 없다 하더라도 범행의 성질과 방법, 범행의 규모, 범행에 가담하게 된 태양 등의 모든 사정을 참작하여 범행의 습벽이 인정되는 경우에는 상습성을 인정할 수 있다.

형법 제305조의2가 가중처벌의 대상으로 삼고 있는 죄는 (가) 강간죄(법297), (나) 유사강간죄(법297의2), (다) 강제추행죄(법298), (라) 준강간죄 · 준강제추행죄(법299), (마) 이상 범죄의 미수범(법300), (바) 위계 · 위력에 의한 미성년자 · 심신미약자 간음 · 추행죄(법302), (사) 업무상 위계 · 위력에 의한 간음죄(법303), (아) 미성년자의제강간죄(법305)이다.

형법 제305조의2에서 말하는 상습이란 이 조문에 열거된 (가) 내지 (아)의 각 범죄행위별로 상호 간의 상습성만을 의미하는 것이 아니라 이 조문에 열거된 모든 범죄행위를 포괄한 성범죄의 습벽을 의미한다. 따라서 성범죄의 습벽을 가진 자가 형법 제305조의2에 열거된 성범죄 중 서로 다른 수종의 죄를 범하였다면 그 각 행위는 그중 가장 중한 법정형의 성범죄의 상습범으로서 포괄일죄에 해당한다.[1)]

상습 성범죄에 대한 가중처벌의 정도는 가중대상 성범죄에 정해진 형의 2분의 1까지 가중하는 것이다. 2분의 1까지 가중한다 함은 가중대상 성범죄에 정한 법정형의 단기와 장기를

1) 2012. 8. 17. 2012도6815, [미간행] 참조 = 『폭처법 상습범 죄수판단 사건』.

모두 가중한다는 의미이다.[1)]

상습 성범죄는 성폭력범죄를 범하는 행위자의 습벽에 주목하는 범죄유형이다. 강간등상해 · 치상죄(법301)와 강간등살인 · 치사죄(법301의2)는 형법 제305조의2의 상습범 가중처벌 대상범죄에 포함되지 않는다. 이들 범죄는 상해 또는 사망의 결과가 발생하였다는 과거의 객관적 사정이 구성요건의 핵심을 이루고 있기 때문이다.

10. 예비 · 음모

형법 제305조의3 (예비, 음모) 제297조, 제297조의2, 제299조(준강간죄에 한정한다), 제301조(강간 등 상해죄에 한정한다) 및 제305조의 죄를 범할 목적으로 예비 또는 음모한 사람은 3년 이하의 징역에 처한다.

형법 제305조의3은 각종 성범죄에 대한 예비 · 음모를 처벌하고 있다. 형법 제305조의3은 2020년에 신설되었다. 텔레그램을 이용한 성착취 사건 등 사이버 성범죄로 인한 피해가 날로 증가하고 있다. 성범죄로 인한 피해 발생을 미연에 방지하여 국민의 성적 자기결정권 등 기본권을 보호하고 범죄로부터 안전한 사회를 조성하기 위하여 입법자는 미성년자 의제강간 연령기준을 높이고(법305②), 강간 등의 예비 · 음모에 대한 처벌규정(법305의3)을 신설하였다.

형법 제305조의3에 의하여 예비 · 음모가 처벌되는 성범죄는 강간죄(법297), 유사강간죄(법297의2), 준강간죄(법299), 강간등상해죄(법301), 미성년자의제간음 · 추행죄(법305)이다. 강제추행죄(법298), 준강제추행죄(법299), 강간등치상죄(법301), 강간등치사죄(법301의2 2문)는 예비 · 음모 처벌대상에서 제외된다.

강간등살인죄(법301의2 1문)는 형법 제305조의2가 규정한 예비 · 음모 처벌 대상범죄에 포함되어 있지 않다. 그러나 강간죄 등의 예비 · 음모가 처벌되고(법305의3, 297, 297의2, 299) 나아가 살인죄의 예비 · 음모가 처벌되므로(법255, 250) 강간등살인죄(법301의2 1문)의 예비 · 음모는 당연히 처벌대상이 된다.

---

1) 2017. 6. 29. 2016도18194, 공 2017하, 1596 = 『톱날 상습특수상해 사건』 참조.

제33장 명예에 관한 죄

제1 서 설

1. 명예훼손죄의 체계

형법 각칙 제33장은 명예에 관한 죄를 규정하고 있다. 각칙 제33장에는 사실적시 명예훼손죄(법307①), 허위사실적시 명예훼손죄(법307②), 사자(死者)에 대한 허위사실적시 명예훼손죄(법308), 출판물등에 의한 사실적시 명예훼손죄(법309①), 출판물등에 의한 허위사실적시 명예훼손죄(법309②), 모욕죄(법311) 등 여러 유형의 명예에 관한 죄가 규정되어 있다.

입법자는 개인의 명예를 충실하게 보호하기 위하여 명예에 관한 죄의 유형을 상세히 규정하는 한편, 표현의 자유를 보장하기 위하여 형법 제310조에서 위법성조각사유의 특례를 마련하고 있다. 또한 명예훼손이나 모욕이 일상생활에서 자주 일어날 수 있다는 점과 피해자의 보호를 충실히 할 필요가 있다는 점에서 명예훼손죄를 반의사불벌죄로(법307, 309, 312①), 사자명예훼손죄와 모욕죄를 친고죄(법308, 311, 312②)로 각각 규정하고 있다.

2. 보호법익

(1) 명예 개념의 분류

명예에 관한 죄의 보호법익은 명예이다. 일반적으로 명예란 사람의 인격적 가치를 말한다. 명예 개념은 구체적으로 다음과 같이 분류할 수 있다.

첫째로, 내적 명예가 있다. 내적 명예는 객관적으로 존재하는 개인의 절대적 가치이다. 내적 명예는 자기 또는 타인의 평가와는 무관하다. 둘째로, 명예감정이 있다. 명예감정은 자기의 인격적 가치에 대한 주관적 평가이다. 명예감정은 개개인이 가지고 있는 명예에 대한 태도에 따라서 그 정도에 차이가 나타날 수 있다. 셋째로, 외적 명예가 있다. 외적 명예는 어느 사람의 가치에 대한 사회적 평가이다. 외적 명예는 어느 사람이 마땅히 누려야 할 사회적 평가를 향유할 수 있도록 그 사람의 인격에 대한 존중을 외부적으로 요청하는 것이다.

이와 같은 명예의 여러 측면 가운데에서 내적 명예는 외부로부터 침해될 수 있는 성질의 것이 아니므로 형법적 보호의 대상에서 제외된다. 따라서 명예에 관한 죄의 보호법익으로 등장할 수 있는 것은 명예감정과 외적 명예이다. 우리 형법이 명예감정을 느낄 수 없는 사자(死者)에 대한 명예훼손죄(법308)를 규정하고 있음을 볼 때 일반적으로 명예에 관한 죄의 보호법익은 외적 명예라고 볼 수 있다.

그런데 모욕죄의 보호법익과 관련하여 외적 명예로 보는 견해와 명예감정으로 보는 견해가 제시되고 있다. 생각건대 우리 형법은 독일 형법[1]과 달리 '공연(公然)히' 사람을 모욕할 것을 요구하고 있으므로(법311) 모욕죄의 보호법익도 외부적 명예로 보아야 한다.

명예에 관한 죄가 성립하는 데에는 보호법익이 현실적으로 침해됨을 요하지 않는다. 단순히 침해의 위험성이 발생하는 것으로 족하기 때문에 명예에 관한 죄는 추상적 위험범으로 파악된다. 추상적 위험범으로 파악되는 범죄는 일반적으로 그 법익이 중대하기 때문이다. 그러나 명예에 관한 죄는 법익 자체의 중대성 때문이 아니라 형사절차상 명예훼손의 입증 곤란 때문에 위험범으로 파악되고 있다.

(2) 사실적 명예와 규범적 명예

보호법익으로서의 명예를 어떻게 파악할 것인지 문제된다. 이와 관련하여 사실적 명예설과 규범적 명예설이 제시되고 있다. 사실적 명예설은 명예를 사람에 대한 사회의 평가, 세평이나 명성과 같은 객관적 · 사실적인 것으로 파악하는 견해이다. 이에 대해 규범적 명예설은 보호받을 만한 사회적 평가인지를 따져서 이를 긍정할 수 있을 때 명예로 파악하는 견해이다.

규범적 명예설의 입장에서는 다음의 논거를 제시한다. 첫째로, 사실적 명예설에 의하면 악사추문(惡事醜聞)이 공공연한 비밀이 되어 사회적으로 이미 낮은 평가를 받고 있는 사람은 명예를 보호받지 못한다. 둘째로, 사실적 명예설에 의하면 허명이나 자기과시와 같이 부당하게 높은 사실적 평가까지도 명예로 보호하게 되는데, 이는 적절하지 않다.

생각건대 명예는 사실적 명예설의 관점에서 파악해야 할 것이다. 처음부터 사회적 평가가 낮은 사람이라 할지라도 그러한 사실이 완전히 공공연한 것으로 되어 있지 않은 경우에는 사회적 평가가 저하된다고 볼 수 있다. 또한 허명이나 부당하게 높은 사회적 평가라 할지라도 사회적 평가로서 존재하고 있다면 일단 이를 존중해야 한다. 그렇지 않으면 사회생활상의 평화가 교란될 것이기 때문이다. 규범적 명예설의 관점에서 지적하는 문제점은 형법 제310조의 위법성조각사유를 통해 충분히 해결할 수 있다고 본다.

---

1) 독일형법 제185조 모욕은 1년 이하의 자유형 또는 벌금에 처한다. 모욕이 신체동작을 매개로 이루어지는 경우에는 2년 이하의 자유형 또는 벌금에 처한다.

3. 특 별 법

(1) 정보통신망법

형법 각칙 제33장 명예훼손죄는 1995년 말의 벌금형 일부 개정을 제외하면 1953년 제정된 이래의 모습을 그대로 유지하고 있다. 그런데 과학기술의 발전과 컴퓨터의 보급에 따라 소위 사이버 공간에서의 명예훼손이나 모욕이 사회문제로 대두되고 있다. 이에 입법자는 「정보통신망 이용촉진 및 정보보호 등에 관한 법률」(정보통신망법)의 벌칙규정을 통하여 정보통신망을 통한 명예훼손행위를 처벌하고 있다(동법70).[1] 그러나 모욕행위를 처벌하는 규정을 별도로 두고 있지 않으므로 정보통신망을 통한 모욕행위에는 형법상의 모욕죄(법311)가 적용된다.

정보통신망법상의 명예훼손죄는 매체의 특성을 제외하면 형법상의 명예훼손죄와 구조가 대부분 같으며, 형법상 명예훼손죄의 설명이 그대로 적용된다. 그러나 정보통신망법상의 명예훼손죄는 '비방할 목적'이 구성요건요소로 규정되어 있으며, 이 때문에 형법 제310조와 같은 위법성조각사유는 상정할 수 없다.[2] 동일한 내용의 명예훼손행위가 온라인과 오프라인에서 각각 이루어진다면 형법상의 명예훼손죄와 정보통신망법상의 명예훼손죄가 성립하며, 양자는 실체적 경합관계에 있다.

(2) 공직선거법

「공직선거법」은 공직선거와 관련된 명예훼손행위를 허위사실공표죄(동법250) 및 후보자비방죄(동법251)로 규정하여 처벌하고 있다.[3] 「공직선거법」은 후보자비방죄의 위법성조각과

1) **정보통신망 이용촉진 및 정보보호 등에 관한 법률 제70조**(벌칙) ① 사람을 비방할 목적으로 정보통신망을 통하여 공공연하게 사실을 드러내어 다른 사람의 명예를 훼손한 자는 3년 이하의 징역 또는 3천만원 이하의 벌금에 처한다.

② 사람을 비방할 목적으로 정보통신망을 통하여 공공연하게 거짓의 사실을 드러내어 다른 사람의 명예를 훼손한 자는 7년 이하의 징역, 10년 이하의 자격정지 또는 5천만원 이하의 벌금에 처한다.

③ 제1항과 제2항의 죄는 피해자가 구체적으로 밝힌 의사에 반하여 공소를 제기할 수 없다.

2) 후술 847면 이하 참조.

3) **공직선거법 제250조**(허위사실공표죄) ①당선되거나 되게 할 목적으로 연설·방송·신문·통신·잡지·벽보·선전문서 기타의 방법으로 후보자(후보자가 되고자 하는 자를 포함한다. 이하 이 조에서 같다)에게 유리하도록 후보자, 후보자의 배우자 또는 직계존비속이나 형제자매의 출생지·가족관계·신분·직업·경력등·재산·행위·소속단체, 특정인 또는 특정단체로부터의 지지여부 등에 관하여 허위의 사실[학력을 게재하는 경우 제64조 제1항의 규정에 의한 방법으로 게재하지 아니한 경우를 포함한다]을 공표하거나 공표하게 한 자와 허위의 사실을 게재한 선전문서를 배포할 목적으로 소지한 자는 5년 이하의 징역 또는 3천만원 이하의 벌금에 처한다.

관련하여 명문의 규정을 두고 있다(동법251 단서). 명예훼손죄의 위법성조각사유를 규정한 형법 제310조는 '오로지 공공의 이익에 관한 때'를 요건으로 설정하고 있다. 이에 대해 「공직선거법」 제251조 단서는 단순히 '공공의 이익에 관한 때'라고 규정하여 요건을 완화하고 있다. 공직후보자에 대한 검증을 보다 철저히 하기 위함이다.

제 2 명예훼손죄의 기본유형 – 사실적시 명예훼손죄

형법 제307조 (명예훼손) ① 공연히 사실을 적시하여 사람의 명예를 훼손한 자는 2년 이하의 징역이나 금고 또는 500만원 이하의 벌금에 처한다.

◎ 반의사불벌죄임(법312②)
◎ 형법 제310조의 특칙 적용됨

1. 행위주체

사실적시 명예훼손죄의 주체는 자연인인 개인이다. 법인의 대표이사가 법인의 명의를 사용하여 다른 사람의 명예를 훼손한 때에는 법인의 대표자가 행위자로서 처벌된다.

2. 행위객체

(1) 명 예

사실적시 명예훼손죄가 성립하려면 공연히 사실을 적시하여 사람의 명예를 훼손하여야 한다. 즉 사람의 명예가 행위객체이다. 명예는 사람이 실제로 사회생활에서 누리고 있는 사실적 평가를 말한다. 명예는 적극적 평가이어야 한다. 악명과 같은 소극적 평판은 명예에 포함되지 않는다.

명예는 사람의 인격적 가치에 대한 사회 일반의 평가를 말한다. 평가되는 가치는 반드시 윤리적인 것에 그치지 않고, 정치적 · 사교적 · 학문적 · 예술적 능력도 포함된다. 나아가 신체적 · 정신적 자질, 직업, 신분, 혈통 등 널리 사회생활상 인정되고 있는 가치를 모두 포함

---

② (생략)
③ (생략)
제251조 (후보자비방죄) 당선되거나 되게 하거나 되지 못하게 할 목적으로 연설 · 방송 · 신문 · 통신 · 잡지 · 벽보 · 선전문서 기타의 방법으로 공연히 사실을 적시하여 후보자(후보자가 되고자 하는 자를 포함한다), 그의 배우자 또는 직계존 · 비속이나 형제자매를 비방한 자는 3년 이하의 징역 또는 500만원 이하의 벌금에 처한다. 다만, 진실한 사실로서 공공의 이익에 관한 때에는 처벌하지 아니한다.

한다.

사람의 경제적 능력은 신용이라는 별도의 법익을 구성한다. 신용은 사람의 지급능력 및 지급의사에 대한 사회적 평가를 말한다. 입법자는 형법 각칙 제34장 신용, 업무와 경매에 관한 죄에서 신용훼손죄(법313)를 별도로 규정하고 있다. 따라서 명예훼손죄의 명예에 신용은 포함되지 않는다.

(2) 명예의 주체

명예의 주체는 사람이다. 자연인은 모두 명예의 주체가 된다. 정신병자 등도 명예의 주체에 포함된다. 명예의 주체인 사람에는 자연인 이외에 법인도 포함된다.[1] 법인격 없는 단체도 사회적으로 독립한 존재로 인정되는 한 명예훼손죄의 사람에 해당한다. 형법이 명예훼손죄를 처벌함으로써 보호하고자 하는 법익은 사람의 가치에 대한 평가인 외부적 명예이다. 이 외부적 명예는 개인적 법익이다. 따라서 국가나 지방자치단체는 형법상 명예훼손죄의 피해자가 될 수 없다.[2]

국민의 기본권을 보호 내지 실현해야 할 책임과 의무를 지고 있는 공권력의 행사자인 국가나 지방자치단체는 기본권의 수범자일 뿐 기본권의 주체가 아니다. 또한 그 정책결정이나 업무수행과 관련된 사항은 항상 국민의 광범위한 감시와 비판의 대상이 되어야 하며 이러한 감시와 비판은 그에 대한 표현의 자유가 충분히 보장될 때에 비로소 정상적으로 수행될 수

---

1) 2018. 12. 28. 2018도14171, 법률신문 2019 1. 14. =『순위조작 의혹제기 사건』:

갑은 P출판사(법인)에서 출간된 ㉠소설이 종합 베스트셀러 순위에 신규 진입했다는 기사를 자신의 페이스북에 인용하면서 순위 조작 의혹을 제기하였다.

검사는 갑을 P출판사를 비방하였다는 공소사실로 정보통신망법 위반죄로 기소하였다. 제1심법원은 다음의 이유를 들어서 무죄를 선고하였다. (가) 형법상 명예훼손죄를 범하기 위해서는 문언상 '사람'의 명예를 훼손해야 한다. (나) 법률문언의 통상적인 의미에서 '사람'에는 법률상 인격을 의제하는 법인이나 법인격 없는 단체가 포섭된다고 해석할 수 없다. (다) 법인에 대한 명예훼손은 민법상 손해배상 등으로 보호하면 충분하다.

검사는 불복 항소하였다. 항소법원은 다음의 이유를 들어서 원심판결을 파기하고 유죄를 인정하였다. (가) 일반적으로 명예훼손죄의 보호법익은 사람의 가치에 대한 사회적 평가인 이른바 '외부적 명예'이다. (나) 법인도 사회적 평가의 대상으로 명예훼손죄의 보호법익을 향유하여 당연히 명예의 주체가 된다. 갑은 불복 상고하였다.

대법원은 상고를 기각하였다. 대법원은 특별한 이유를 제시하지 않았다. 대법원이 유지한 원심판결은 다음과 같이 판단하였다(발췌 소개함). (가) 우리 대법원은 명예훼손죄가 어떤 특정한 사람 또는 인격을 보유하는 단체에 대하여 그 명예를 훼손함으로써 성립한다고 판시하여(2000. 10. 10. 99도5407 참조) 일관되게 명예훼손죄에서 법인도 피해자에 해당되는 것을 전제로 판결하고 있다. (나) 정보통신망법의 허위사실 적시 정보통신망을 통한 명예훼손죄의 경우에도 '사람'에는 자연인뿐만 아니라 법인도 포함된다고 판시하고 있다(2009. 10. 29. 2009도3696 참조).

2) 2011. 9. 2. 2010도17237, 공 2011하, 2152 = 분석 각론『광우병 PD수첩 사건』.

있다. 그러므로 국가나 지방자치단체는 국민에 대한 관계에서 형벌의 수단을 통해 보호되는 외부적 명예의 주체가 될 수는 없고, 명예훼손죄의 피해자가 될 수 없다.[1]

그러나 공직자는 명예훼손죄의 피해자가 될 수 있다. 정부 또는 국가기관의 정책결정이나 업무수행과 관련된 사항을 주된 내용으로 하는 언론보도로 인하여 정부 또는 국가기관의 정책결정이나 업무수행에 관여한 공직자에 대한 사회적 평가가 저하되는 경우가 있다. 그렇다고 하더라도 그 보도의 내용이 공직자 개인에 대한 악의적이거나 심히 경솔한 공격으로서 현저히 상당성을 잃은 것으로 평가되지 않는 한, 정부 또는 국가기관의 정책결정이나 업무수행과 관련된 사항을 주된 내용으로 하는 언론보도로 인하여 곧바로 공직자 개인에 대한 명예훼손이 된다고 볼 수는 없다.[2]

명예의 주체인 사람은 특정되어야 한다. 단지 '서울시민' 또는 '경기도민' 등과 같이 막연한 표시에 의할 때에는 명예훼손죄가 성립하지 않는다.[3] 그러나 집합적 명사를 쓴 경우에도 그것에 의하여 그 범위에 속하는 특정인을 가리키는 것이 명백하다면 그 행위는 각 개인의 명예를 훼손하는 행위에 해당한다.[4] 명예의 주체로서 사람이 특정되기 위해 반드시 피해자

1) 2016. 12. 27. 2014도15290, 공 2017상, 281 = 『고흥군 홈페이지 비방 사건』 :

갑은 고흥군청 인터넷 홈페이지에 고흥군을 비방할 목적으로 허위 내용의 ㉠글을 게시하거나 고흥군에 대한 경멸적인 표현의 ㉡글을 게재하였다.

검사는 갑을 다음의 공소사실로 기소하였다. (가) ㉠글 : 정보통신망법위반죄(명예훼손). (나) ㉡글 : 형법상 모욕죄. 제1심법원은 공소사실을 모두 유죄로 인정하였다. 갑은 불복 항소하였다. 항소법원은 항소를 기각하고, 제1심판결을 유지하였다. 갑은 불복 상고하였다.

대법원은 다음의 이유를 제시하여 원심판결을 파기환송하였다. 대법원은 모욕죄의 주체에 대해 다음과 같이 설시하였다. (가) 형법이 명예훼손죄 또는 모욕죄를 처벌함으로써 보호하고자 하는 사람의 가치에 대한 평가인 외부적 명예는 개인적 법익이다. (나) 국민의 기본권을 보호 내지 실현해야 할 책임과 의무를 지고 있는 공권력의 행사자인 국가나 지방자치단체는 기본권의 수범자일 뿐 기본권의 주체가 아니다. (다) 국가나 지방자치단체의 정책결정이나 업무수행과 관련된 사항은 항상 국민의 광범위한 감시와 비판의 대상이 되어야 하며 이러한 감시와 비판은 그에 대한 표현의 자유가 충분히 보장될 때에 비로소 정상적으로 수행될 수 있다. (라) 그러므로 국가나 지방자치단체는 국민에 대한 관계에서 형벌의 수단을 통해 보호되는 외부적 명예의 주체가 될 수는 없고, 따라서 명예훼손죄나 모욕죄의 피해자가 될 수 없다.

대법원은 갑의 행위에 대해 다음과 같이 판단하였다. (가) 앞에서 본 법리에 비추어 보면, 고흥군은 지방자치단체로서 명예훼손죄 또는 모욕죄의 피해자가 될 수 없다. (나) 그러함에도 지방자치단체도 그 피해자가 될 수 있다는 그릇된 전제에서 고흥군에 대하여 위 각 죄가 성립한다고 판단한 원심판결에는 명예훼손죄와 모욕죄의 피해자에 관한 법리를 오해하여 판결에 영향을 미친 잘못이 있다.

2) 2011. 9. 2. 2010도17237, 공 2011하, 2152 = 분석 각론 『광우병 PD수첩 사건』.

3) 1960. 11. 26. 4293형상244, 총람 307조 10번.

4) 2000. 10. 10. 99도5407, 공 2000, 2361 = 『3.19 동지회 보도자료 사건』 :

M고등학교의 교사는 총 66명이다. 그중 약 37명이 3.19 동지회 소속 교사들이다. A는 3.19 동지회 소속 교사이다. M학교에 학생들이 무단하교하는 사태가 발생하였다. 갑은 M고등학교 이사 B의 지시로 다음 내용의 ㉠보도자료를 만들었다. "3.19 동지회 소속 교사들이 학생들을 선동하여 무단하교를 하게 하였다."(㉡내용) 갑은 ㉠보도자료를 서울특별시 교육청 내 공보실에서 기자들에게 배포하였다. ㉡내용은 사실이 아니었다.

의 성명이 명시될 필요는 없다. 표현의 내용을 주위사정과 종합하여 판단할 때 사실의 적시행위가 특정인을 지목하는 것임을 알아차릴 수 있는 경우에는 그 특정인에 대한 명예훼손죄를 구성한다.[1)]

3. 실행행위

사실적시 명예훼손죄의 실행행위는 공연히 사실을 적시하여 사람의 명예를 훼손하는

A는 갑을 고소하였다.

검사는 갑을 명예훼손죄로 기소하였다. 갑의 피고사건은 제1심을 거친 후, 항소심에 계속되었다. 항소법원은 유죄를 인정하였다. 갑은 불복 상고하였다. 갑은 상고이유로 다음의 점을 주장하였다. (가) ㉡내용은 '3.19 동지회'라는 단체에 대한 것이다. (나) '3.19 동지회'는 막연한 표시에 의한 집합명사이다. (다) ㉡내용으로 A의 명예가 훼손되었다고 할 수 없다.

대법원은 다음의 이유를 제시하여 상고를 기각하였다. 대법원은 사실적시의 특정성에 대해 다음과 같이 설시하였다. (가) 명예훼손죄는 어떤 특정한 사람 또는 인격을 보유하는 단체에 대하여 그 명예를 훼손함으로써 성립하는 것이다. (나) 그러므로 그 피해자는 특정한 것임을 요한다. (다) 다만 서울시민 또는 경기도민이라 함과 같은 막연한 표시에 의해서는 명예훼손죄를 구성하지 않는다. (라) 그렇지만 집합적 명사를 쓴 경우에도 그것에 의하여 그 범위에 속하는 특정인을 가리키는 것이 명백하면, 이를 각자의 명예를 훼손하는 행위라고 볼 수 있다.

대법원은 갑의 행위에 대해 다음과 같이 판단하였다. (가) 갑이 작성하여 배포한 보도자료에는 A의 이름을 직접적으로 적시하고 있지는 않다. (나) 그러나 3.19 동지회 소속 교사들이 학생들을 선동하여 무단하교를 하게 하였다고 적시하고 있다. (다) M고등학교의 교사는 총 66명으로서 그중 약 37명이 3.19 동지회 소속 교사들이다. (라) M학교의 학생이나 학부모, 교육청 관계자들은 3.19 동지회 소속 교사들이 누구인지 알고 있다. (마) 그렇다면 3.19 동지회는 그 집단의 규모가 비교적 작고 그 구성원이 특정되어 있다. (바) 그러므로 갑이 3.19 동지회 소속 교사들에 대한 허위의 사실을 적시함으로써 3.19 동지회 소속 교사들 모두에 대한 명예가 훼손되었다고 할 것이다. (사) 따라서 3.19 동지회 소속 교사인 A의 명예 역시 훼손되었다고 보아야 할 것이다.

1) 1982. 11. 9. 82도1256, 공 1983, 129 = 『'어떤 분자' 방송 사건』:

A는 S씨 종중 재산관리위원장이다. A와 갑 사이에 종중재산의 관리에 관하여 다툼이 있어 왔다. A와 갑은 M부락에 거주하고 있다. M부락의 주민 80세대 중 50세대가 S씨 종중원이다. 갑은 부락민들에 대한 공보용으로 설치되어 있는 방송시설을 이용하여 부락민 전체가 들을 수 있도록 "어떤 분자가 종중재산을 횡령 착복하였다"는 내용의 방송을 하였다(㉠방송).

검사는 갑을 허위사실적시 명예훼손죄로 기소하였다. 갑의 피고사건은 제1심을 거친 후, 항소심에 계속되었다. 항소법원은 유죄를 인정하였다. 갑은 불복 상고하였다. 갑은 상고이유로 다음의 점을 주장하였다. (가) 허위사실적시 명예훼손죄가 성립하려면 피해자가 특정된 허위사실의 적시행위가 있어야 한다. (나) 설사 특정된 사실이 적시되었다고 하더라도 사회통념상 용인될 수 있는 정도의 것이다.

대법원은 다음의 이유를 제시하여 상고를 기각하였다. (가) 형법 제307조 제2항의 명예훼손죄가 성립하려면 피해자가 특정된 허위사실의 적시행위가 있어야 함은 소론과 같다. (나) 그러나 반드시 사람의 성명을 명시하여 허위의 사실을 적시하여야만 하는 것은 아니다. (다) 사람의 성명을 명시한 바 없는 허위사실의 적시행위도 그 표현의 내용을 주위사정과 종합 판단하여 그것이 특정인을 지목하는 것인가를 알아차릴 수 있는 경우에는 그 특정인에 대한 명예훼손죄를 구성한다. (라) 갑의 ㉠방송을 청취한 부락민중 적어도 S씨 종중원들로서는 그 '어떤 분자'라는 것이 바로 A를 지목하는 것이라는 것쯤은 알아차릴 수 있는 상황이었다고 보기에 충분하다.

것이다.

(1) 공연성

(가) 전파가능성설 공연성(公然性)의 의미에 관하여 (가) 불특정한 다수인이 인식할 수 있는 상태라고 보는 견해, (나) 특정, 불특정을 가리지 않고 다수인이 인식할 수 있는 상태라고 보는 견해, (다) 불특정 또는 다수인이 인식할 수 있는 상태라고 보는 견해 등이 제시되고 있다. 세 번째의 견해를 가리켜서 전파가능성설이라고 한다. 판례는 전파가능성설을 취하고 있다.[1] 2020년 대법원은 전원합의체 판결을 통하여 전파가능성 이론에 대한 지지를 다시 한번 확인하였다.[2]

전파가능성설에 따르면 비록 개별적으로는 한 사람에 대하여 사실을 유포하였다 하더라도 그로부터 불특정 또는 다수인에게 전파될 가능성이 있다면 공연성 요건은 충족된다. 역으로 특정 다수인에게 사실을 적시하였다 하더라도 전파될 가능성이 없다면 공연성을 결하게 된다. 전파가능성설에 따를 때 발언 이후 적시된 사실이 실제 전파되었는지 여부는 중요하지

---

1) 2000. 2. 11. 99도4579, 공 2000, 747 =『대학교수 친구 사건』:

갑과 A는 원래 법률상의 부부이다. B는 A의 친구인 대학교수이다. 갑과 A는 서로 이혼소송을 제기하였다(㉮소송). B는 ㉮소송 과정에서 A에게 ㉠진술서를 작성해 주었다. ㉠진술서는 ㉮소송에서 A에게 유리한 증거자료였다. 1997. 5. 9. 관할 제1심법원은 갑의 청구에 기하여 이혼한다는 판결을 선고하였다. 1998. 1. 말경 갑은 B에게 사실관계를 알리는 내용의 ㉡편지를 보냈다. 이 기회에 갑은 A에게 보내는 ㉢서신도 함께 동봉하였다. ㉢서신에는 ㉣문구(명예훼손 사실 기재)가 기재되어 있었다(㉯부분). A는 친구인 B로부터 ㉢서신을 전달받았다. A는 ㉯부분에 대해 갑을 고소하였다. A는 ㉯부분과 다른 ㉰사실로 갑을 고소하였다. A는 ㉢서신을 ㉰사건의 자료로 첨부하였다.

검사는 ㉯부분에 대해 갑을 명예훼손죄로 기소하였다. 갑의 피고사건은 제1심을 거친 후, 항소심에 계속되었다. 항소법원은 다음의 이유를 들어 유죄를 인정하였다. (가) 갑은 A의 친구인 B 앞으로 ㉣내용의 편지를 작성하여 도달하게 하였다. (나) 갑의 이 사건 범행 경위, 범행 목적, 갑과 B 및 A의 관계 등을 종합하여 보면, 불특정 또는 다수인에게 전파될 가능성, 즉 공연성이 충분히 인정된다. 갑은 불복 상고하였다. 갑은 상고이유로 다음의 점을 주장하였다. (가) ㉣내용은 전파될 가능성이 없다. (나) 공연성 요건이 구비되지 않았으므로 명예훼손죄는 성립하지 않는다. 대법원은 다음의 이유를 제시하여 원심판결을 파기환송하였다.

대법원은 명예훼손죄의 공연성 요건에 대해 다음과 같이 설시하였다. (가) 명예훼손죄에 있어서 공연성은 불특정 또는 다수인이 인식할 수 있는 상태를 의미한다. (나) 비록 개별적으로 한 사람에 대하여 사실을 유포하더라도 이로부터 불특정 또는 다수인에게 전파될 가능성이 있다면 공연성의 요건을 충족한다. (다) 이와 달리 전파될 가능성이 없다면 특정한 한 사람에 대한 사실의 유포는 공연성을 결한다.

대법원은 갑의 ㉯부분에 대해 다음과 같이 판단하였다. (가) (사실관계 분석; 생략함.) (나) A는 친구인 B로부터 ㉢서신을 전달받은 다음, 이 사건 공소사실과는 다른 사실로 갑을 고소함에 있어서 ㉢서신을 자료로 첨부하였을 뿐이다. (다) 달리 B가 ㉣사실을 불특정 또는 다수인에게 전파하였음을 엿볼 수 있는 자료는 기록상 이를 찾아볼 수 없다. (라) 이와 같은 사정하에서는 특히 B와 갑과의 관계에 비추어 보아 갑이 적시한 사실이 불특정 또는 다수인에게 전파될 가능성이 있다고 볼 수는 없다.

2) 2020. 11. 19. 2020도5813 전원합의체 판결, 공 2021상, 57 =『전파가능성 전합판결 사건』☞ 부록 1607면.

않다. 발언 후 실제 전파 여부라는 우연한 사정은 공연성 인정 여부를 판단함에 있어 소극적 사정으로만 고려된다.[1)]

전파가능성설에 의하면 특히 발언 상대방이 (가) 발언자나 피해자의 배우자, 친척, 친구 등 사적으로 친밀한 관계에 있는 경우, (나) 직무상 비밀유지의무를 지고 있거나 또는 이를 처리해야 할 공무원이나 이와 유사한 지위에 있는 경우에는 그러한 관계나 신분으로 인하여 비밀의 보장이 상당히 높은 정도로 기대되는 경우로서 공연성이 부정된다. 이처럼 (가) 발언자와 상대방 및 피해자와 상대방이 특수한 관계에 있는 경우, (나) 상대방이 직무상 특수한 지위 내지 신분을 가지고 있는 경우에는 그 상대방에 대한 사실적시 행위에 관하여 공연성을 인정하기 위해서는 그러한 관계나 신분에도 불구하고 적시된 사실이 불특정 또는 다수인에게 전파될 수 있다고 볼 만한 특별한 사정이 존재하여야 한다.[2)]

전파가능성설에 따르면 예컨대 어느 사람에게 그 사람만 들을 수 있는 방법으로 그 사람 본인의 사회적 가치 내지 평가를 떨어뜨릴 만한 사실을 이야기하였다면 그러한 이야기는 불특정 또는 다수인에게 전파될 가능성이 없어 공연성의 요건을 충족하지 못한다.[3)] 다른 사람의 명예에 관한 사실적시가 다수인 앞에서 이루어졌다고 하더라도 그 다수인 사이에 예컨대 부부관계나 집안관계 등 특별한 사정이 있어서 다른 사람들에게 알려질 우려가 없다면 공연성 요건은 인정되지 않는다.[4)]

(나) 제한 법리　전파가능성설에 대해서는 전파가능성 법리를 제한 없이 적용할 경우 공연성 요건이 무의미하게 되고 명예훼손죄의 처벌이 확대되어 표현의 자유가 위축될 우려가 있다는 비판이 제기되어 왔다. 이와 관련하여 판례는 다음과 같은 제한의 법리들을 발전시키고 있다.

첫째로, 엄격한 증명의 법리에 의한 제한이다. 명예훼손죄에서 공연성 요건은 명예훼손죄의 구성요건요소이다. 행위자가 특정 소수에 대해 사실을 적시한 경우는 공연성이 부정되는 유력한 사정이 될 수 있으므로, 전파될 가능성에 관하여는 검사의 엄격한 증명이 필요하다.[5)]

둘째로, 불특정 또는 다수인에 대한 전파가능성의 정도를 '고도의 가능성', 즉 개연성의 정도로 높이는 것이다. 전파가능성설에 따르면 특정한 개인이나 소수인에게 개인적 또는 사적으로 정보를 전달하는 것과 같은 행위는 공연하다고 할 수 없다. 다만 특정한 개인

1) 2020. 11. 19. 2020도5813 전원합의체 판결, 공 2021상, 57 = 『전파가능성 전합판결 사건』.
2) 2020. 11. 19. 2020도5813 전원합의체 판결, 공 2021상, 57 = 『전파가능성 전합판결 사건』.
3) 2005. 12. 9. 2004도2880, 공 2006, 142 = 분석 각론 『귓속말 신도 사건』.
4) 1985. 11. 26. 85도2037, 공 1986, 176.
5) 2020. 11. 19. 2020도5813 전원합의체 판결, 공 2021상, 57 = 『전파가능성 전합판결 사건』.

또는 소수인이라고 하더라도 불특정 또는 다수인에게 전파 또는 유포될 '개연성'이 있을 때 공연하다고 할 수 있다.[1)]

셋째로, 명예훼손죄의 고의 입증과 관련한 제한이다. 공연성은 명예훼손죄의 구성요건요소이다. 명예훼손죄가 성립하려면 적어도 미필적 고의가 필요하다. 전파가능성을 이유로 명예훼손죄의 공연성을 인정하는 경우에는 행위자에게 전파가능성에 대한 인식이 있음은 물론 나아가 그 위험을 용인하는 내심의 의사가 있어야 한다.[2)]

행위자가 전파가능성을 용인하고 있었는지 여부는 외부에 나타난 행위의 형태와 상황 등 구체적인 사정을 기초로 일반인이라면 그 전파가능성을 어떻게 평가할 것인가를 고려하면서 행위자의 입장에서 그 심리상태를 추인하여야 한다.[3)]

(2) 사실의 적시

(가) 사실적시와 의견표현 명예훼손죄에서 사실의 적시는 시간적 · 공간적으로 구체적인 과거 또는 현재의 사실관계에 관하여 보고하거나 진술하는 것을 말한다. 사실은 증거를 가지고 확인할 수 있는 것을 말한다. 단순히 가치판단이나 평가를 내용으로 하는 의견표현은 사실의 적시에 해당하지 않는다.[4)]

판단해야 할 진술이 사실인가 아니면 의견인가를 구별할 때에는 언어의 통상적 의미와 용법, 입증가능성, 문제된 말이 사용된 문맥, 그 표현이 행하여진 사회적 상황 등 전체적 정황을 고려하여 판단해야 한다.[5)]

다른 사람의 말이나 글을 비평하면서 사용한 표현을 쉽사리 사실의 적시로 판단해서는 안 된다. 비평자의 주장 내지 의견에 대해 그 내용의 합리성이나 서술방식의 공정성 등과 관련하여 비판의 여지가 있다고 할지라도 그러한 비판은 가급적 학문적 논쟁과 사상의 자유경쟁 영역에서 다루어지도록 하는 것이 바람직하다. 명예훼손죄의 구성요건을 해석하면서 겉으로 드러난 표현방식을 문제 삼아 사실의 적시에 해당한다고 쉽사리 단정함으로써 형사처벌의 대상으로 함부로 끌어들일 일은 아니다.[6)]

다른 사람의 말이나 글을 비평하면서 사용한 표현이 겉으로 보기에 증거에 의해 입증 가능한 구체적인 사실관계를 서술하는 형태를 취하고 있다고 하더라도, 글의 집필의도, 논리적

---

1) 2020. 11. 19. 2020도5813 전원합의체 판결, 공 2021상, 57 = 『전파가능성 전합판결 사건』.
2) 2020. 11. 19. 2020도5813 전원합의체 판결, 공 2021상, 57 = 『전파가능성 전합판결 사건』.
3) 2020. 11. 19. 2020도5813 전원합의체 판결, 공 2021상, 57 = 『전파가능성 전합판결 사건』.
4) 2011. 9. 2. 2010도17237, 공 2011하, 2152 = 분석 각론 『광우병 PD수첩 사건』.
5) 2008. 11. 13. 2006도7915, [미간행] = 분석 각론 『효산콘도 감사중단 사건』.
6) 2017. 5. 11. 2016도19255, 공 2017상, 1325.

흐름, 서술체계 및 전개방식, 해당 글과 비평의 대상이 된 말 또는 글의 전체적인 내용 등을 종합하여 볼 때, 평균적인 독자의 관점에서 문제된 부분이 실제로는 비평자의 주관적 의견에 해당하고, 다만 비평자가 자신의 의견을 강조하기 위한 수단으로 그와 같은 표현을 사용한 것이라고 이해된다면 명예훼손죄에서 말하는 사실의 적시에 해당한다고 볼 수 없다.[1] 그리고 이러한 법리는 어떠한 의견을 주장하기 위해 다른 사람의 견해나 그 근거를 비판하면서 사용한 표현의 경우에도 다를 바 없다.[2]

(나) 사실적시의 범위 적시되는 사실은 반드시 악사추행(惡事醜行)에 한정되지 않고 사람의 사회적 평가를 저하시킬 만한 것이면 족하다. 사람의 사회적 평가를 저하시킬 만한 것이면 과거의 사실, 현재의 사실을 모두 포함한다.

장래의 일을 적시하더라도 그것이 과거 또는 현재의 사실을 기초로 하거나 이에 대한 주장을 포함하는 경우에는 명예훼손죄가 성립한다. 장래의 일을 적시하는 것이 과거 또는 현재의 사실을 기초로 하거나 이에 대한 주장을 포함하는지 여부는 그 적시된 표현 자체는 물론 전체적인 취지나 내용, 적시에 이르게 된 경위 및 전후 상황, 기타 제반 사정을 종합적으로 참작하여 판단해야 한다.[3]

---

1) 2017. 5. 11. 2016도19255, 공 2017상, 1325.

2) 2017. 12. 5. 2017도15628, 공 2018상, 149. =『종중 적통 부인 책자 사건』(분석 생략함).

3) 2003. 5. 13. 2002도7420, 공 2003, 1393 =『감사관 사무실 폭언 사건』:

갑과 K 등과의 사이에 수년 전부터 M땅 문제로 분쟁이 지속되었다. 갑과 K 등 사이에 상호 고발과 진정이 거듭되었다. 갑은 이 과정에서 경찰서, 도청, 시청 등지에 수시로 찾아가 민원을 제기하였다. 갑은 사건을 담당하는 공무원 등을 상대로 고발, 진정하기도 하였다. 갑은 자신에 대한 형사사건을 담당했던 경찰관 A를 상대로 진정을 제기하였다(㉮진정). 경찰은 ㉮진정사건을 내사한 결과 혐의가 없는 것으로 판단하였다. 2001. 8. 14. 경찰은 검찰에 입건 여부에 대한 지휘를 품신하였다.

갑은 종전부터 경북도청에 수차례 찾아가 민원을 제기하기도 하고 자신의 사정을 하소연하기도 하였다. 2001. 8. 중순 일자불상 14:00경 갑은 경북도청 2층 감사관 사무실에서 경산시청 공무원 C 등 6명이 듣고 있는 가운데 다음과 같이 소리쳤다(㉯폭언). "[나에 대해] 사건을 조사한 경산경찰서 경찰관 A, B에게 내일부로 대구지방검찰청에서 구속영장이 떨어진다." 갑은 그 며칠 후에 경북도청을 다시 찾아가 "A와 B가 구속되었다."라고 말하기도 하였다. 2001. 8. 20. 갑이 A를 상대로 진정한 ㉮사건은 검사의 지휘에 따라 내사종결되었다. A와 B에 대해 구속영장이 청구된 일은 없었다. A와 B는 갑을 고소하였다.

검사는 ㉯폭언 부분에 대해 갑을 명예훼손죄로 기소하였다. 갑의 피고사건은 제1심을 거친 후, 항소심에 계속되었다. 항소법원은 다음의 이유를 들어 무죄를 선고하였다. (가) 허위사실적시에 의한 명예훼손죄는 사실의 적시를 요건으로 하고 있다. (나) 사실이란 현실적으로 발생하고 증명할 수 있는 과거와 현재의 상태를 말하는 것이다. (다) 장래의 사실의 적시는 의견진술이 될 수는 있어도 사실이 되지 않는다. (라) 다만 그것이 현재의 사실에 대한 주장을 포함할 때에만 사실에 해당할 수 있다. (마) 갑이 적시한 것은 "내일부로 구속영장이 떨어진다."는 것이다. (바) 이는 장래의 사실을 적시한 것으로 보인다. (사) 그것이 현재 검사가 구속영장을 청구하였다거나 현재 수사중이라는 의미로 파악될 수는 없다고 보여진다. (아) 이에 현재의 사실에 대한 주장이 포함되어 있다고 보기 어렵다. (자) 이는 갑이 A, B에 대한 구속영장이 떨어질 것을 바라거나 이를 예견하고 자신의 의견을 진술한 것일 뿐이다. (차) A, B가 형사처벌을 받을 가능성이 있는 사람이라는 가치적시되는 사실은 반드시 비공지임을 요하지 않는다. 공지의 사실이라 하여도 이를 적시함으로써 더욱 그 사람의 사회적 평가를 저하시킬 우려가 있는 것이면 된다.

(다) 사실적시의 내용 　비록 사실을 적시하였더라도 그 사실이 특정인의 사회적 가치 내지 평가를 침해할 수 있는 내용이 아니라면 명예훼손죄는 성립하지 않는다.[1] 누구든지

판단을 나타낸 것이므로 사실의 적시가 될 수 없다. 검사는 불복 상고하였다. 검사는 상고이유로 다음의 점을 주장하였다. (가) 갑의 ㉯폭언은 사실적시에 해당한다. (나) 사실적시가 인정되므로 명예훼손죄가 성립한다.

대법원은 다음의 이유를 제시하여 원심판결을 파기환송하였다. 대법원은 명예훼손죄의 사실적시에 대해 다음과 같이 설시하였다. (가) 명예훼손죄가 성립하기 위하여는 사실의 적시가 있어야 한다. (나) 여기에서 적시의 대상이 되는 사실이란 현실적으로 발생하고 증명할 수 있는 과거 또는 현재의 사실을 말한다. (다) 장래의 일을 적시하더라도 (ㄱ) 그것이 과거 또는 현재의 사실을 기초로 하거나 (ㄴ) 이에 대한 주장을 포함하는 경우에는 명예훼손죄가 성립한다. (라) 장래의 일을 적시하는 것이 (ㄱ) 과거 또는 현재의 사실을 기초로 하거나 (ㄴ) 이에 대한 주장을 포함하는지 여부는 그 적시된 표현 자체는 물론 전체적인 취지나 내용, 적시에 이르게 된 경위 및 전후 상황, 기타 제반 사정을 종합적으로 참작하여 판단하여야 할 것이다.

대법원은 갑의 행위에 대해 다음과 같이 판단하였다. (가) 갑은 (사실관계 분석; 중략) 공소사실과 같이 "[㉮진정]사건을 조사한 경산경찰서 경찰관인 A, B가 내일부로 대구지방검찰청에서 구속영장이 떨어진다."고 말하였고 그 며칠 후에 다시 찾아가 "A, B가 구속되었다."고 말하기도 하였다. (나) 그러나 갑이 A를 상대로 진정한 사건은 2001. 8. 20. 검사의 지휘에 따라 내사종결되었고 A, B에 대하여 구속영장이 청구된 적은 없었다. (다) 이와 같이 갑이 위 공소사실과 같은 말(㉯폭언)을 한 전체적인 취지나 내용, 이에 이르게 된 경위나 전후 상황, 기타 기록에 나타나는 제반 사정에 비추어 본다. (라) 갑이 위 공소사실과 같은 말(㉯폭언)을 한 것은 단순히 갑의 희망이나 의견을 진술한 것이라거나 또는 갑의 가치판단을 나타낸 것에 불과하다고 볼 수 없다. (마) 갑이 위 공소사실과 같은 말(㉯폭언)을 한 것은 (ㄱ) A, B에 대한 사건이 수사중이라거나 검사가 구속영장을 청구하였다는 현재의 사실을 기초로 하거나 (ㄴ) 이에 대한 주장을 포함하고 있다. (바) 그러므로 이는 명예훼손죄에 있어서의 사실의 적시에 해당한다.

1) 2014. 9. 4. 2012도13718, 공 2014하, 2076 =『냉면 대 국수 사망 사건』:

P종교단체가 있다. A는 P단체의 지도적 위치에 있었다. A가 사망하였다. P단체의 신도들에게는 A가 (연도 생략) 2. 24. P단체 신도들과 함께 점심식사로 국수를 먹은 직후 지병인 뇌출혈이 발병하여 병원으로 이송되어 다음날 부산 소재 T병원에서 사망하였다고 알려져 있다(㉠사실). P단체는 다음과 같은 표현으로 A를 신앙의 대상으로 신봉하고 있다. (가) A는 성경의 예언을 통해서 돌아가셨다. (나) A는 스스로 올리우실 것을 예언하고 올리우셨다. (다) A는 재림예수, 아버지하나님이다.

갑은 Q종교단체에 속한다. Q단체는 P단체에 대해 비판적인 관계에 있다. 갑은 Q단체 신도들이 모인 강연자리에서 다음과 같이 발언하였다. "A가 식당에서 냉면을 먹다가 갑자기 쓰러져 병원으로 옮겼으나 중풍으로 죽었다"(㉡발언). [P단체 신도들은 갑이 A의 죽음을 우스꽝스럽게 묘사하여 P단체의 명예를 훼손하였다고 판단하였다. P단체 신도 B는 갑을 허위사실적시 명예훼손죄로 고소하였다.]

검사는 갑을 허위사실적시 명예훼손죄로 기소하였다. 갑의 피고사건은 제1심을 거친 후, 항소심에 계속되었다. 항소법원은 다음의 점을 들어서 유죄를 인정하였다. (가) ㉠사실이 인정된다. (나) 그럼에도 갑은 그와 달리 A를 우스꽝스럽게 묘사하여(㉡발언) 비하하였다. (다) 그렇게 함으로써 허위사실을 적시하여 P단체의 명예를 훼손하였다. 갑은 불복 상고하였다.

대법원은 다음의 이유를 제시하여 원심판결을 파기환송하였다. (종교적 비판의 자유에 관한 부분; 생략함.) 대법원은 허위사실의 입증에 대해 다음과 같이 설시하였다. (가) 형사재판에서 공소가 제기된 범죄의 구성요건을 이루는 사실은 그것이 주관적 요건이든 객관적 요건이든 그 입증책임이 검사에게 있다. (나) 형법 제307조 제2항의 허위사실 적시에 의한 명예훼손죄로 기소된 사건에서 (ㄱ) 사람의 사회적 평가를 떨어뜨리

범죄가 있다고 생각할 때에는 고발할 수 있다. 그러므로 어떤 사람이 범죄를 고발하였다는 사실이 주위에 알려졌다고 하여도 고발사실 자체만으로 고발인의 사회적 가치나 평가가 침해될 가능성이 있다고 볼 수는 없다. 그러나 고발의 동기나 경위가 불순하다거나 온당하지 못하다는 등의 사정이 함께 알려진 경우에는 고발인의 명예가 침해될 가능성이 있다고 판단된다.[1)]

우리 사회의 발전과 가족생활의 변화에 따라 혼인 제도에 대한 사회일반의 인식도 변화하여 이혼에 대한 부정적인 인식과 평가가 점차 사라지고 있다. 이러한 인식과 평가의 변화를 감안하면 피고인이 피해자의 이혼 경위나 사유, 혼인관계 파탄의 책임 유무를 언급하지 않고 이혼 사실 자체만을 언급한 것은 피해자의 사회적 가치나 평가를 떨어뜨린다고 볼 수 없다.[2)]

(라) 사실적시의 진실 여부 　형법 제307조 제1항의 '사실'은 제2항의 '허위의 사실'과 반대되는 '진실한 사실'을 말하는 것이 아니라 가치판단이나 평가를 내용으로 하는 '의견'에 대치되는 개념이다. 따라서 형법 제307조 제1항의 명예훼손죄는 적시된 사실이 진실한 사실

는 사실이 적시되었다는 점, (ㄴ) 그 적시된 사실이 객관적으로 진실에 부합하지 아니하여 허위일 뿐만 아니라, (ㄷ) 그 적시된 사실이 허위라는 것을 피고인이 인식하고서 이를 적시하였다는 점은 모두 검사가 입증하여야 한다. (다) 이 경우 적시된 사실이 허위의 사실인지 여부를 판단함에 있어서는 적시된 사실의 내용 전체의 취지를 살펴보아야 한다. (라) 중요한 부분이 객관적 사실과 합치되는 경우에는 그 세부에 있어서 진실과 약간 차이가 나거나 다소 과장된 표현이 있다고 하더라도 이를 허위의 사실이라고 볼 수 없다.

(마) 그리고 비록 허위의 사실을 적시하였더라도 그 허위의 사실이 특정인의 사회적 가치 내지 평가를 침해할 수 있는 내용이 아니라면 형법 제307조 소정의 명예훼손죄는 성립하지 않는다. (바) 사회 평균인의 입장에서 허위의 사실을 적시한 발언을 들었을 경우와 비교하여 (ㄱ) 오히려 진실한 사실을 듣는 경우에 피해자의 사회적 가치 내지 평가가 더 크게 침해될 것으로 예상되거나, (ㄴ) 양자 사이에 별다른 차이가 없을 것이라고 보는 것이 합리적인 경우라면, 형법 제307조 제2항의 허위사실 적시에 의한 명예훼손죄로 처벌할 수는 없다.

대법원은 갑의 ㉡발언이 허위사실 적시 명예훼손에 해당하는지에 대해 다음과 같이 판단하였다. (가) 갑이 A가 냉면을 먹다가 갑자기 사망하였다는 취지로 발언(㉡발언)한 것만으로는 허위의 사실을 적시한 것이라고 보기 어렵다. (나) 면과 국수는 사전적 의미에서 아무런 차이가 없으므로 냉면도 국수의 일종이라고 할 수 있다. (다) 뇌출혈은 중풍(뇌졸중)의 원인이나 종류 중 하나로서 일반인들 사이에서는 모두 구분 없이 혼용되는 경우가 많다. (라) 질병으로 그 자리에서 곧바로 사망하였다는 사실과 병원으로 옮겨진 상태에서 다음날 사망하였다는 사실 사이에 허위사실 적시에 의한 명예훼손으로 처벌할 만큼 피해자의 사회적 가치 내지 평가의 침해 여부나 정도에 유의미한 차이가 발생한다고 할 수 없다.

(마) 그리고 이 사건에서 검사가 제출한 증거만으로는 A가 사망 전에 냉면이나 라면이 아닌 일반적인 국수를 먹었는지에 관하여도 합리적인 의심을 배제할 정도로 명백히 증명되었다고 보기 어렵다. (바) (㉡발언이 허용되는 종교적 비판에 해당하는지에 대한 판단 부분; 생략함.) (사) ㉡발언 안에 다소 과장 · 왜곡되거나 부적절한 표현이 있더라도 결국 갑이 적시한 사실은 중요한 부분에 있어서 진실에 합치하는 것이거나, 적어도 허위라는 증명이 되었다고 볼 수는 없는 것이다.

1) 2009. 9. 24. 2009도6687, 공 2009하, 1810 = 분석 각론 『선거법위반 고발 사건』.

2) 2022. 5. 13. 2020도15642, 공 2022하, 1195 = 『이혼녀 당산제 참석 사건』 (분석 생략함).

인 경우이든 허위의 사실인 경우이든 모두 성립될 수 있다.[1)]

적시된 사실이 허위의 사실이라고 하더라도 행위자에게 허위성에 대한 인식이 없는 경우에는 형법 제307조 제2항의 명예훼손죄가 아니라 형법 제307조 제1항의 명예훼손죄가 성립될 수 있다. 형법 제307조 제1항의 법정형이 2년 이하의 징역 등으로 되어 있는 반면 형법 제307조 제2항의 법정형은 5년 이하의 징역 등으로 되어 있는 것은 적시된 사실이 객관적으로 허위일 뿐 아니라 행위자가 그 사실의 허위성에 대한 주관적 인식을 하면서 명예훼손행위를 하였다는 점에서 가벌성이 높다고 본 것이다.[2)]

(마) 사실적시의 구체성　적시된 사실은 이로써 특정인의 사회적 가치 내지 평가가 침해될 가능성이 있을 정도로 구체성을 띠어야 한다. 특정인의 사회적 가치나 평가를 저하시키기에 충분한 구체적인 사실의 적시가 있다고 하려면 반드시 그러한 구체적 사실이 직접적으로 명시되어 있을 것을 요구하는 것은 아니지만, 적어도 적시된 내용 중의 특정 문구에 의하여 그러한 사실이 곧바로 유추될 수 있을 정도는 되어야 한다.[3)] 그리고 피해자가 특정되었다고 하기 위해서는 표현의 내용을 주위사정과 종합하여 볼 때, 그 표현이 누구를 지목하는가를 알아차릴 수 있을 정도가 되어야 한다.[4)]

(바) 사실적시의 방법　사실적시의 수단 · 방법에 제한은 없다. 언어에 의하는 경우 이외에 문서 · 도화에 의하는 경우도 포함한다. 신문, 잡지, 라디오 기타 출판물에 의하는 경우도 형법 제307조 제1항의 적용대상이 된다. 다만 비방의 목적이 추가되는 경우에는 형법 제309조 제1항이 적용된다.

사실의 적시는 사실을 직접적으로 표현한 경우에 한정되지 않는다. 간접적이고 우회적인 표현에 의하더라도 그 표현의 전취지에 비추어 그와 같은 사실의 존재를 암시하고, 또 이로써 특정인의 사회적 가치 내지 평가가 침해될 가능성이 있을 정도의 구체성이 있으면 충분하다.[5)]

사실의 적시에는 적시자가 스스로 체험한 사실을 표시하는 경우뿐만 아니라 다른 사실로부터 추측한 결론을 표시하거나 남으로부터 전문(傳聞)한 것을 표시하는 경우도 포함된다. 그러나 단순히 불미스러운 소문의 진위를 확인하기 위하여 사람들에게 물어보는 행위는 경험칙상 충분히 있을 수 있는 일로서 명예훼손의 고의 없는 단순한 확인에 지나지 아니하며,

---

1) 2017. 4. 26. 2016도18024, 공 2017상, 1212 = 『한센병 환자 호소문 사건』 ☞ 부록 1609면.
2) 2017. 4. 26. 2016도18024, 공 2017상, 1212 = 『한센병 환자 호소문 사건』.
3) 2011. 8. 18. 2011도6904, 공 2011하, 1964 = 분석 각론 『검찰청 번호 허위문자 사건』.
4) 2020. 5. 28. 2019도12750, 공 2020하, 1298 = 『'학교폭력범 접촉금지!' 사건』.
5) 2008. 11. 13. 2006도7915, [미간행] = 분석 각론 『효산콘도 감사중단 사건』.

사실의 적시라고 할 수 없다.[1] 또한 질문에 대하여 단순한 확인 취지의 답변을 소극적으로 한 것에 불과하다면 이를 명예훼손에서 말하는 사실의 적시라고 단정할 수 없다.[2]

(3) 명예의 훼손

명예훼손죄의 규정은 '명예를 훼손한'이라고 규정되어 있다. 그럼에도 불구하고 명예훼손죄는 침해범이 아니라 추상적 위험범이다. 명예훼손죄를 추상적 위험범으로 보는 이유는 명예훼손이 갖는 행위반가치와 결과반가치의 특수성에 있다. 즉, 명예훼손죄의 보호법익인 명예에 대한 침해가 객관적으로 확인될 수 없고 이를 증명할 수도 없기 때문이다.[3] 따라서 불특정 또는 다수인이 적시된 사실을 실제 인식하지 못하였다고 하더라도 그러한 상태에 놓인 것만으로도 명예가 훼손된 것으로 보아야 하고 이를 불능범이나 미수로 평가할 수 없다.[4]

사실적시 명예훼손죄는 추상적 위험범이다. 사람의 사회적 평가를 저하시킬 만한 사실을 공연히 적시하는 행위를 하면 바로 명예의 훼손이 있는 것으로 인정된다. 제3자에게 인식될 수 있는 상태하에서 사실이 적시되면 족하며, 적시된 명예훼손적 사실이 현실적으로 제3자에 의하여 인식될 필요는 없다.

어떤 표현이 명예훼손적인지 여부는 그 표현에 대한 사회통념에 따른 객관적 평가에 의하여 판단해야 한다. 가치중립적인 표현을 사용하였다고 해도 사회통념상 그로 인하여 특정인의 사회적 평가가 저하되었다고 판단된다면 명예훼손죄가 성립할 수 있다.[5]

언론보도로 인한 명예훼손이 문제되는 경우에 공적 존재에 대한 공적 관심사안과 사적 영역에 속하는 사안 간에는 심사기준에 차이를 두어야 한다. 언론보도의 표현이 사적 영역에 속하는 사안에 관한 것인 경우에는 언론의 자유보다 명예의 보호라는 인격권이 우선할 수 있다. 그러나 공공적 · 사회적 의미를 가진 사안에 관한 것인 경우에는 그 평가를 달리해야 하고, 언론에 대한 제한이 완화되어야 한다.[6]

4. 고 의

형법 제307조 제1항 사실적시 명예훼손죄의 고의는 객관적 구성요건요소의 인식 · 인용으로 족하다. 공연성도 구성요건요소의 하나이므로 고의의 인식대상이 된다. 적시된 사실이

1) 1985. 5. 28. 85도588, 공 1985, 972 = 『전임목사 소문 확인 사건』 (분석 생략함).
2) 2022. 4. 14. 2021도17744, 공 2022상, 973 = 『과태료 책임추궁 답변 사건』 (분석 생략함).
3) 2020. 11. 19. 2020도5813 전원합의체 판결, 공 2021상, 57 = 『전파가능성 전합판결 사건』.
4) 2020. 11. 19. 2020도5813 전원합의체 판결, 공 2021상, 57 = 『전파가능성 전합판결 사건』.
5) 2008. 11. 27. 2008도6728, [미간행] = 분석 각론 『소주 불매 권유 사건』.
6) 2011. 9. 2. 2010도17237, 공 2011하, 2152 = 분석 각론 『광우병 PD수첩 사건』.

불특정 또는 다수인에게 전파될 가능성이 있다는 점에 대해 인식이 없다면 명예훼손죄의 고의는 부정된다.

명예훼손죄가 성립하기 위해서는 주관적 구성요소로서 타인의 명예를 훼손한다는 고의를 가지고 사람의 사회적 평가를 저하시키는 데 충분한 구체적 사실을 적시하는 행위를 할 것이 요구된다. 따라서 불미스러운 소문의 진위를 확인하고자 질문을 하는 과정에서 타인의 명예를 훼손하는 발언을 하였다면 이러한 경우에는 그 동기에 비추어 명예훼손의 고의를 인정하기 어렵다.[1]

사실적시 명예훼손죄의 고의에는 사람의 명예를 훼손할 목적 또는 비방의 목적을 적극적으로 요하지 않는다. 행위자가 범행 당시에 다소 흥분하고 있었다 하여도 그러한 정도만으로는 행위자의 범죄 인식을 부정할 수 없다.

형법 제307조 제1항의 '사실'은 제2항의 '허위의 사실'과 반대되는 '진실한 사실'을 말하는 것이 아니라 가치판단이나 평가를 내용으로 하는 '의견'에 대치되는 개념이다. 따라서 형법 제307조 제1항의 명예훼손죄는 적시된 사실이 진실한 사실인 경우이든 허위의 사실인 경우이든 모두 성립될 수 있다.[2]

적시된 사실이 허위의 사실이라고 하더라도 행위자에게 허위성에 대한 인식이 없는 경우에는 형법 제307조 제2항의 명예훼손죄가 아니라 형법 제307조 제1항의 명예훼손죄가 성립한다. 형법 제307조 제1항의 법정형이 2년 이하의 징역 등으로 되어 있는 반면 형법 제307조 제2항의 법정형은 5년 이하의 징역 등으로 되어 있는 것은 적시된 사실이 객관적으로 허위일 뿐 아니라 행위자가 그 사실의 허위성에 대한 주관적 인식을 하면서 명예훼손행위를 하였다는 점에서 가벌성이 높다고 본 것이다.[3]

행위자가 자신이 적시하는 사실이 진실인 줄 알고 있을 때에는 사실적시 명예훼손죄(법307①)의 고의만 인정된다. 행위자가 적시하는 사실이 허위인 줄 알고 있었다면 허위사실적시 명예훼손죄(법307②)의 고의가 인정된다. 행위자가 적시하는 사실이 허위인 줄로 알았으나 실제로는 적시된 사실이 진실인 경우가 있다. 이러한 경우는 구성요건적 착오에 해당하며, 형법 제15조 제1항에 의하여 사실적시 명예훼손죄(법307①)가 성립한다.

5. 위법성조각사유

형법 제307조 제1항 사실적시 명예훼손죄의 위법성조각에 관하여는 후술하는 형법

---

1) 2018. 6. 15. 2018도4200, 공 2018하, 1347 = 『마트 입점비 질문 사건』 (분석 생략함).
2) 2017. 4. 26. 2016도18024, 공 2017상, 1212 = 『한센병 환자 호소문 사건』.
3) 2017. 4. 26. 2016도18024, 공 2017상, 1212 = 『한센병 환자 호소문 사건』.

제310조 외에 형법 총칙의 일반적인 위법성조각사유들이 적용될 수 있다. 피해자의 승낙(법24)에 의한 명예훼손행위는 위법성이 조각된다. 비록 승낙이 있다 해도 피해자의 사회적 평가를 해할 위험이 있는 행위가 존재하는 이상 명예훼손죄의 구성요건에 해당한다. 그러나 처분할 수 있는 자의 승낙에 의한 것이므로 형법 제24조에 의하여 위법성이 조각된다.

증인의 증언, 피고인 및 변호인의 정당한 방어권행사, 예술 및 학술상의 공정한 논평 등은 형법 제20조의 정당행위에 해당하여 위법성이 조각된다. 그러나 소송의 당사자가 변론에서 행한 상대방 또는 제3자에 대한 명예훼손적 사실의 진술은 그 내용이 허위이면 설사 그것이 공격방어의 일환으로 행하여졌다고 하여도 명예훼손죄의 성립을 조각시키지는 못한다.

국회의원이 국회에서 직무상 행한 발언은 국회의원의 면책특권에 의하여 명예훼손죄를 구성하지 않는다(헌법45 참조). 이 경우 명예훼손죄의 불성립은 위법성조각에 의한 것이 아니다. 국회의원의 면책특권은 인적 처벌조각사유로 파악되기 때문이다.[1)]

6. 형법 제310조의 특례

(1) 형법 제310조의 의의

형법 제307조 제1항 사실적시 명예훼손죄에 관한 일반적 위법성조각사유로는 피해자의 승낙(법24), 정당행위(법20) 등이 있다. 그러나 우리 입법자는 이에 머무르지 않고 형법 제310조에서 "제307조 제1항의 행위가 진실한 사실로서 오로지 공공의 이익에 관한 때에는 처벌하지 아니한다"는 특례규정을 마련하면서, 그 표제를 '위법성의 조각'이라고 붙이고 있다.

우리 형법은 진실에 부합하지 않는 허위의 사실을 적시하여 다른 사람의 명예를 훼손하는 경우를 처벌함은 물론(법307②) 진실한 사실을 적시하는 경우에도 그것이 다른 사람의 명예를 훼손하는 때에는 이를 처벌하고 있다(법307①). 이것은 개개인의 명예를 충실하게 보호하려는 태도라고 말할 수 있다. 그러나 다른 한편으로는 자유민주주의를 지향하고 있는 우리 헌법체계하에서 모든 국민은 알 권리를 가지며, 언론출판의 자유가 보장되고 있다(헌법21① 참조). 여기에서 개개인의 명예 보호와 사회 일반인의 알 권리 확보 사이에 조화를 도모할 필요가 있다(헌법21④ 참조). 이를 위하여 형사법적 차원에서 마련된 장치가 형법 제310조이다.

1) 신동운, "국회의원의 면책특권과 그 형사법적 효과", 서울대학교 법학, 제34권 제2호, (1993. 8.), 204면 이하 참조.

(2) 형법 제310조의 법적 성질

(가) 실체법적 효과 사실적시행위가 진실한 사실로서 오로지 공공의 이익에 관한 것임이 판명되면 그 행위는 처벌하지 않는다. 형법 제310조는 '처벌하지 아니한다'는 표현을 사용하여 일견 객관적 처벌조건을 규정한 것과 같은 외관을 보이고 있다. 그러나 우리 입법자는 범인은닉죄(법151②) 및 증거인멸죄(법155④)의 친족간 특례에서도 보는 바와 같이 각칙에서 특별한 범죄불성립요건을 규정할 때 '처벌하지 아니한다'는 표현을 사용하고 있다. 이것은 입법자가 총칙 이외의 영역에서 특별히 범죄불성립사유를 규정하고 있음을 나타내는 표현기법이다. 요컨대 형법 제310조의 '처벌하지 아니한다'는 의미는 해석을 통해 구체화되어야 한다.

형법 제310조의 '처벌하지 아니한다'는 표현의 실체법적 효과에 관하여는 (가) 구성요건해당성조각설, (나) 위법성조각설, (다) 객관적 처벌조건설 등을 생각해 볼 수 있다. 견해 대립의 계기는 형법 제310조의 요건사실에 관한 인식을 명예훼손죄의 고의와 어떻게 관련지을 것인가에서 비롯된다.

생각건대 형법 제310조의 요건이 충족되는 경우 일단 형법 제307조 제1항 사실적시 명예훼손죄의 구성요건해당성이 인정되지만 그 위법성이 조각되는 것으로 보아야 할 것이다. 이렇게 새길 때 우리 법체계상 허용되고 있는 언론의 자유를 보다 넓게 보장할 수 있으며, 형법 제310조의 표제를 '위법성의 조각'이라고 규정한 입법자의 의도를 충실히 반영할 수 있을 것이다.

(나) 소송법적 효과 형법 제310조가 적용되어 실체법적으로 위법성조각의 효과가 발생하려면 그 요건으로서 적시된 사실의 진실성이 입증되어야 한다. 적시사실의 진실성을 둘러싸고 (가) 진실임이 증명된 경우, (나) 허위임이 증명된 경우, (다) 진위 여부에 대한 판단이 곤란한 경우의 세 가지 상황이 존재한다.

(가)의 경우, 즉 진실임이 증명된 경우에는 공공의 이익에 관한 요건이 추가로 충족되면 형법 제310조를 적용할 수 있다. (나)의 경우, 즉 허위임이 증명된 경우에는 형법 제310조의 적용이 처음부터 부정된다. 문제로 되는 것은 (다)의 경우, 즉 적시된 사실이 진위 불명인 경우이다.

① 거증책임전환 형사재판에서 진실규명을 위한 노력을 다하였으나 인간의 인식능력의 한계로 사실의 존부에 대한 판단을 할 수 없는 상황이 발생할 수 있다. 이러한 경우 법원은 재판불능의 사태를 방지하기 위하여 소송당사자의 어느 한편에 불리한 사실을 인정하고 이를 토대로 유·무죄의 판단을 내리게 된다. 이때 불리한 사실을 인정받게 되는 당사자의 지위를 가리켜서 거증책임이라고 한다.

거증책임은 원칙적으로 소를 제기한 당사자에게 있다. 그러나 특별한 사정이 인정되면 거증책임이 반대당사자에게 넘어갈 수도 있다. 이러한 경우를 가리켜서 거증책임의 전환이라고 한다. 형사재판의 경우 거증책임은 원칙적으로 검사에게 있다. 그런데 명예훼손죄의 특수성을 고려하여 거증책임전환을 인정해야 할 것인지 문제된다.

② 학계의 견해　　학계는 대체적으로 거증책임의 전환을 인정하지 않고 있다.[1] 피고인에게 사실의 증명을 요구한다는 명문의 규정이 없고, 피고인에게 사실증명을 요구하는 것은 '의심스러운 때에는 피고인에게 유리하게'라는 법원칙(형소307② 참조)에 반한다는 것이다.

③ 사　견　　그러나 거증책임 전환을 인정하는 것이 타당하다고 본다.[2] 비판설의 입장에서는 형법 제310조가 거증책임에 관하여 명문의 규정을 두고 있지 않다는 점을 들고 있다. 그러나 사실의 증명에 대해 명문의 규정을 두고 있는 입법례에서도 '증명의 주체'에 관하여는 명시하고 있지 않다.[3]

형법 제310조가 사실적시 명예훼손행위의 위법성을 조각시켜주는 것은 올바른 정보를 전달함으로써 언론의 자유나 알 권리의 증진에 도움이 된다는 적극적 측면을 중시하기 때문이다. 진위 불명한 사실의 적시는 아직 언론의 자유나 알 권리의 증진에 도움이 되지 않는다(헌법21④ 참조). 진위 불명의 영역에까지 피고인에게 형법 제310조를 적용할 수는 없다. 형법 제310조는 그 자체로서 거증책임전환의 법적 근거가 되기에 충분하다고 본다.

④ 판례의 입장　　판례는 거증책임전환설을 취하고 있다. 판례에 따르면 적시된 사실의 진실성은 피고인이 증명해야 한다. 그러나 검사의 경우와 달리 피고인은 적시된 사실의 진실성을 엄격한 증명이 아니라 자유로운 증명의 방법으로 증명하면 족하다.[4] 행위자가 적시사실의 진실성을 증명할 때에는 전문증거(傳聞證據)의 증거능력을 제한한 형사소송법 제310조의2는 적용되지 않는다.[5]

---

1) 김성돈, 241면; 김일수 · 서보학, 165면; 김혜정 외, 222면; 박상기, 181면; 배종대, 211면; 손동권 · 김재윤, 202면; 오영근, 176면; 이재상 · 장영민 · 강동범, 201면; 이정원, 214면; 이형국 · 김혜경, 254면; 임웅, 257면; 정성근 · 박광민, 223면; 정영일, 152면.

2) 주호노, 400면.

3) 일본형법 제230조의2 ① 전조 제1항[명예훼손죄]의 행위가 공공의 이익에 관한 사실에 관계되고 또한 그 목적이 오로지 공익을 도모함에 있었다고 인정되는 때에는 사실의 진부를 판단하여 진실한 것이라는 증명이 있었던 때에는 이를 벌하지 않는다.

독일형법 제186조 타인에 대한 관계에서 타인을 경멸하거나 또는 세평을 저하시키기에 적합한 사실을 주장하거나 유포한 자는 이러한 사실이 증명할 만큼 진실이 아닌 경우에는 1년 이하의 자유형 또는 벌금에 처하고, 그 행위가 공연히 또는 문서의 반포(제11조 제3항)를 통해 이루어진 경우에는 2년 이하의 자유형 또는 벌금에 처한다.

4) 1996. 10. 25. 95도1473, 공 1996, 3491 = 분석 신형소 I 『재건축조합 유인물 사건』.

5) 1996. 10. 25. 95도1473, 공 1996, 3491 = 분석 신형소 I 『재건축조합 유인물 사건』.

(3) 형법 제310조의 적용범위

형법 제310조는 허위사실을 적시하는 경우에 적용이 없다. 허위사실이 적시되는 경우에는 사회 일반인의 알 권리 확보에 아무런 기여가 없고 오히려 해가 되기 때문이다. 따라서 허위사실적시 명예훼손죄(법307②), 사자명예훼손죄(법308), 출판물에 의한 허위사실적시 명예훼손죄(법309②), 정보통신망법상의 허위사실 적시명예훼손죄(동법70②)에 대해서는 형법 제310조의 특례가 인정되지 않는다.

나아가 진실한 사실을 적시하는 경우라 하더라도 사람을 비방할 목적이 있는 경우에는 형법 제310조가 적용되지 않는다. 형법 제310조는 그 요건의 하나로 공공의 이익을 위한다는 주관적 요건을 설정하고 있다. 그런데 비방할 목적은 행위자의 주관적 의도의 방향에서 볼 때 공공의 이익을 위한다는 것과 상반되는 관계에 있다.[1) 2)] 따라서 비방의 목적이 요구되는 출판물에 의한 사실적시 명예훼손죄(법309①) 및 정보통신망법상의 사실적시 명예훼손죄(동법70①)에 대해서도 형법 제310조가 적용되지 않는다.

한편 형법 제311조의 모욕죄에 대해서도 형법 제310조의 특례는 적용되지 않는다. 모욕죄의 경우에는 알권리의 실현에 긍정적으로 기여하는 사실의 적시가 없기 때문이다. 이상을 종합해 보면 형법 제310조는 형법 제307조 제1항 사실적시 명예훼손죄의 경우에 한하여 적용됨을 알 수 있다.[3)]

(4) 진실한 사실

(가) 진실성의 범위 형법 제310조가 적용되기 위한 첫 번째 요건은 적시된 사실이 진실한 사실이어야 한다. 진실한 사실은 객관적 사실과 합치되었음이 증명된 사실을 말한다. 내용 전체의 취지를 살펴 볼 때 중요한 부분이 객관적 사실과 합치되는 사실이라면 세부에

---

1) 형법 제310조에 대한 정부원안은 다음과 같이 규정되어 있었다.

정부원안 제333조 제330조[현행법 제307조] 제1항 또는 전조[현행법 제309조] 제1항의 행위가 진실한 사실로서 오로지 공공의 이익에 관한 때에는 처벌치 아니한다.

위 원안에 대해 법사위에서는 정부원안에서 '또는 전조 제1항' 부분을 삭제할 것을 수정안으로 제안하였고, 본회의에서 수정안이 채택되었다. 수정안에 대해서는 다음의 설명이 제시되었다.

○법제사법위원장(윤길중) (중략) 이 제333조[현행법 제310조]에서 다만 진실한 사실을 오로지 공익에 관한 이유로써 공표한 이런 것에 대해서는 범죄가 성립이 되지 아니되도록, 위법성이 조각되도록 그렇게 규정이 되어가지고 있는데, 여기에 [제]332조[현행법 제309조]는 「타인을 비방할 목적」이라는 이런 문구가 있기 때문에 「오로지 공공의 이익에 반한 때에는 처벌하지 않는다」는 이 조문의 취지에 서로 상반이 되는 것입니다.

신동운 편저, 형법 제 · 개정 자료집, 한국형사정책연구원, (2009), 324면 참조.

2) 2009. 6. 11. 2009도156, [미간행] = 분석 각론 『858기 소설 사건』.

3) 1998. 10. 9. 97도158, 공 1998, 2715 = 분석 각론 『개인택시조합 선거 사건』.

서 진실과 약간 차이가 나거나 다소 과장된 표현이 있더라도 무방하다.[1)]

적시된 사실이 진실한 사실이라는 증명은 피고인이 하여야 한다. 다만 엄격한 증명에 의할 필요는 없다. 형사소송법 제310조의2에 의하여 증거능력이 부정되는 전문증거(傳聞證據)라 할지라도 피고인은 적시된 사실이 진실임을 입증하는 증거로 제출할 수 있다.[2)]

(나) 진실성의 착오 형법 제310조의 특례가 인정되려면 적시된 사실이 진실함을 행위자가 입증하는 것이 원칙이다. 그런데 행위자에게 검사만큼 충분한 입증능력이 없는 경우가 많다. 나아가 알 권리의 확충과 언론의 자유를 확보하기 위하여 위법성조각의 여지를 확장할 필요가 있다.

이와 관련하여 판례는 형법 제310조와 관련한 착오에 대해 일정한 배려를 하고 있다. 즉, (가) 적시된 사실이 진실한 사실이 아니거나 진실한 사실이라는 증명이 없더라도 (나)행위자가 그 사실을 진실한 것으로 믿었고, (다) 또 그렇게 믿을 만한 상당한 이유가 있는 경우는 (라) 형법 제310조의 '진실한 사실'에 포함된다고 판단함으로써, 형법 제310조의 적용범위를 확대하고 있다.[3) 4)]

형법 제310조를 위법성조각사유라고 할 때 그 적용요건에 대한 착오는 위법성조각사유에 대한 착오에 해당한다. 총칙규정인 형법 제16조에 따른다면, 피고인의 사실적시 행위는 자기의 행위가 형법 제310조에 의하여 죄가 되지 아니하는 것으로 오인한 행위로서 그 오인에 정당한 이유가 있는 때에 해당한다고 볼 여지가 있다. 그런데 형법 제16조에 의하면 그 법적 효과는 책임조각에 그칠 뿐이다.

이에 대해 판례는 형법 제310조에 대한 착오에 대해 '위법성이 조각된다'는 판단을 내리고 있다. 위법성이 조각된다면 법질서단일의 원칙에 따라 법질서 전체의 관점에서 허용되는 것이므로 그 사실적시 행위는 민사소송에서도 불법행위(민법750)에 해당하지 않게 된다.

이와 같은 판례의 태도는 다음과 같은 이유에서 타당하다고 생각된다. 먼저, 형법 제310조는 인격권으로서의 개인의 명예 보호와 헌법 제21조에 의한 표현의 자유 보장이라는 상충되는 두 법익의 조화를 도모하기 위한 것이므로 확대 적용할 필요가 있다.

다음으로, 명예훼손죄에 대한 재판의 특수성을 고려할 필요가 있다. 형사재판의 실제에서는 적시된 사실의 진실 여부가 명확하게 밝혀지지 않는 경우가 많다. 그렇다고 객관적 사

---

1) 2000. 2. 11. 99도3048, 공 2000, 740 = 『미술사학과 임용절차 사건』 ☞ 부록 1611면.
2) 1996. 10. 25. 95도1473, 공 1996, 3491 = 분석 신형소 I 『재건축조합 유인물 사건』.
3) 1993. 6. 22. 92도3160, 공 1993, 2188 = 분석 신형소 I 『배차실 대자보 사건』.
4) 2020. 11. 19. 2020도5813 전원합의체 판결, 공 2021상, 57 = 『전파가능성 전합판결 사건』 참조.

실이 밝혀질 때까지 명예훼손죄의 재판을 무한정 미룰 수도 없다. 이러한 상황에서 (가)행위자가 적시된 사실을 진실한 것으로 믿었고, (나) 또 그렇게 믿을 만한 상당한 이유가 있었는다는 기준은 명예훼손죄의 재판을 신속하게 종결할 수 있는 가능성을 제공한다.

(5) 공공의 이익

(가) 공공의 이익 형법 제310조의 적용을 위한 두 번째 요건은 적시된 사실이 오로지 공공의 이익에 관한 것이어야 한다. 적시된 사실이 진실임이 증명되더라도 공공의 이익에 관한 것이 아니면 형법 제310조는 적용되지 않는다.

공공의 이익에 관한 때라 함은 (가) 적시된 사실이 객관적으로 볼 때 공공의 이익에 관한 것으로서, (나) 행위자도 주관적으로 공공의 이익을 위하여 그 사실을 적시한 것이어야 한다.[1] 공공의 이익에 관한 것에는 널리 국가 · 사회 기타 일반 다수인의 이익에 관한 것뿐만 아니라 특정한 사회집단이나 그 구성원 전체의 관심과 이익에 관한 것도 포함한다.[2]

2020년 대법원은 전원합의체 판결을 통하여 사실적시와 관련하여 전파가능성설을 유지하면서도, 표현의 자유와의 조화를 고려하여 진실한 사실의 적시의 경우에는 형법 제310조의 '공공의 이익'도 보다 더 넓게 인정되어야 한다는 입장을 천명하였다. 그리하여 대법원은 (가) 사실적시의 내용이 사회 일반의 일부 이익에만 관련된 사항이라도 다른 일반인과의 공동생활에 관계된 사항이라면 공익성을 지닌다고 할 것이고, (나) 나아가 개인에 관한 사항이더라도 그것이 공공의 이익과 관련되어 있고 사회적인 관심을 획득한 경우라면 직접적으로 국가 · 사회 일반의 이익이나 특정한 사회집단에 관한 것이 아니라는 이유만으로 형법 제310조의 적용을 배제할 것은 아니라는 기준을 확인하였다. 요컨대 사인이라도 그가 관계하는 사회적 활동의 성질과 사회에 미칠 영향을 헤아려 공공의 이익에 관련되는지 판단하여야 한다는 것이다.[3]

적시된 사실이 공공의 이익에 관한 것인지 여부는 (가) 당해 적시사실의 내용과 성질, 당해 사실의 공표가 이루어진 상대방의 범위, 그 표현의 방법 등 그 표현 자체에 관한 제반 사정을 감안함과 동시에 (나) 그 표현에 의하여 훼손되거나 훼손될 수 있는 명예의 침해 정도 등을 비교 · 고려하여 결정해야 한다.[4]

피해자에 대한 회사 측의 징계 의결이 있기 전에 징계절차에 회부되었다는 사실 자체를 회사 내의 불특정 또는 다수인이 볼 수 있는 장소에 게시하는 행위는 공공의 이익에 관한

---

1) 1998. 10. 9. 97도158, 공 1998, 2715 = 분석 각론 『개인택시조합 선거 사건』.
2) 2008. 11. 13. 2006도7915, [미간행] = 분석 각론 『효산콘도 감사중단 사건』.
3) 2020. 11. 19. 2020도5813 전원합의체 판결, 공 2021상, 57 = 『전파가능성 전합판결 사건』.
4) 2000. 2. 11. 99도3048, 공 2000, 740 = 『미술사학과 임용절차 사건』.

것으로 볼 수 없다. 적시된 내용이 피해자의 사생활에 관한 것이 아니고 피해자가 회사에서 근무 중 저지른 비위행위에 관하여 징계절차가 개시되었다는 것이어서 공적인 측면이 있음은 부인할 수 없다. 그러나 공적인 측면이 있다고 하여 징계절차에 회부된 단계부터 그 과정 전체가 낱낱이 공개되어도 좋다고 말할 수는 없다. 징계혐의 사실은 징계절차를 거친 다음 일응 확정되는 것이므로 징계절차에 회부되었을 뿐인 단계에서 그 사실을 공개함으로써 피해자의 명예를 훼손하는 경우, 이를 사회적으로 상당한 행위라고 보기는 어렵다.[1]

형법 제310조는 "오로지 공공의 이익에 관한 때"라는 표현을 사용하고 있다. '오로지'라는 표현의 통상적인 의미는 '전적으로'라는 뜻을 갖지만 형법 제310조의 적용과 관련하여서는 '주된 동기 내지 목적에서'라는 의미로 이해된다. 따라서 행위자의 주요한 동기 내지 목적이 공공의 이익을 위한 것이라면 부수적으로 다른 개인적 목적이나 동기가 내포되어 있거나 그 표현에 다소 모욕적인 표현이 들어 있다 하더라도 형법 제310조의 적용은 배제되지 않는다.[2]

(나) 공인의 명예훼손　공공의 이익과 관련하여 공인(公人)의 활동에 대한 평가와 명예훼손의 관계가 문제된다. 공인이나 공적 기관의 공적 활동이나 정책에 대하여는 국민의 알 권리 및 다양한 사상 · 의견의 교환을 보장하는 언론자유의 측면에서 감시와 비판기능이 보장되어야 한다.

따라서 공인의 활동을 평가할 때에는 (가) 명예를 훼손당한 사람이 공인인지, (나) 그 표현이 객관적으로 국민이 알아야 할 공공성 · 사회성을 갖춘 공적 관심사안에 관한 것으로서 사회의 여론형성 내지 공개토론에 기여하는 것인지, (다) 피해자가 그와 같은 명예훼손적 표현의 위험을 자초한 것인지 여부 등의 사정도 적극 고려되어야 한다.[3]

이러한 공적 관심사안에 관하여 (가) 진실한 사실을 공표한 경우 또는 (나) 진실이라고 봄에 상당한 사실을 공표한 경우에는 그것이 악의적이거나 현저히 상당성을 잃은 공격에 해당하지 않는 한 원칙적으로 공공의 이익에 관한 것이라는 증명이 있는 것으로 보아야 한다.[4]

객관적으로 피해자의 사회적 평가를 저하시키는 사실에 관한 발언이 보도, 소문이나 제3자의 말을 인용하는 방법으로 단정적인 표현이 아닌 전문 또는 추측의 형태로 표현되었더라도, 표현 전체의 취지로 보아 사실이 존재할 수 있다는 것을 암시하는 방식으로 이루어진 경

---

1) 2021. 8. 26. 2021도6416, 공 2021하, 1877 = 『징계절차 회부사실 적시 사건』.
2) 2000. 2. 11. 99도3048, 공 2000, 740 = 『미술사학과 임용절차 사건』.
3) 2007. 1. 26. 2004도1632, 공 2007, 410 = 『농림부장관 비방 광고 사건』 ☞ 부록 1612면.
4) 2007. 1. 26. 2004도1632, 공 2007, 410 = 『농림부장관 비방 광고 사건』.

우에는 사실을 적시한 것으로 보아야 한다.[1]

그러나 공론의 장에 나선 전면적 공적 인물의 경우에는 비판과 의혹의 제기를 감수해야 하고 그러한 비판과 의혹에 대해서는 해명과 재반박을 통해서 이를 극복해야 하며 공적 관심사에 대한 표현의 자유는 중요한 헌법상 권리로서 최대한 보장되어야 한다.[2] 따라서 공적 인물과 관련된 공적 관심사에 관하여 의혹을 제기하는 형태의 표현행위에 대해서는 일반인에 대한 경우와 달리 암시에 의한 사실의 적시로 평가하는 데 신중해야 한다.[3]

기자회견 등 공개적인 발언으로 인한 명예훼손죄 성립 여부가 문제 되는 경우 발언으로 인한 피해자가 공적 인물인지 사적 인물인지, 발언이 공적인 관심사안에 관한 것인지 순수한 사적인 영역에 속하는 사안에 관한 것인지, 발언이 객관적으로 국민이 알아야 할 공공성이나 사회성을 갖춘 사안에 관한 것으로 여론형성이나 공개토론에 기여하는 것인지 아닌지 등을 따져보아 공적 인물에 대한 공적 관심사안과 사적인 영역에 속하는 사안 사이에 심사기준의 차이를 두어야 한다.[4]

문제된 표현이 사적인 영역에 속하는 경우에는 표현의 자유보다 명예의 보호라는 인격권이 우선할 수 있으나, 공공적 · 사회적인 의미를 가진 경우에는 이와 달리 표현의 자유에 대한 제한이 완화되어야 한다. 특히 정부 또는 국가기관의 정책결정이나 업무수행과 관련된 사항은 항상 국민의 감시와 비판의 대상이 되어야 하고, 이러한 감시와 비판은 표현의 자유가 충분히 보장될 때 비로소 정상적으로 이루어질 수 있으며, 정부 또는 국가기관은 형법상 명예훼손죄의 피해자가 될 수 없다.[5]

그러므로 정부 또는 국가기관의 정책결정 또는 업무수행과 관련된 사항을 주된 내용으로 하는 발언으로 인하여 정책결정이나 업무수행에 관여한 공직자에 대한 사회적 평가가 다소 저하될 수 있더라도, 발언 내용이 공직자 개인에 대한 악의적이거나 심히 경솔한 공격으로서 현저히 상당성을 잃은 것으로 평가되지 않는 한, 그 발언은 여전히 공공의 이익에 관한 것으로서 공직자 개인에 대한 명예훼손이 된다고 할 수 없다.[6]

이때 그러한 표현이 국가기관에 대한 감시 · 비판을 벗어나 공직자 개인에 대한 악의적이거나 심히 경솔한 공격으로서 현저히 상당성을 잃은 것인지는 표현의 내용이나 방식, 의혹사항의 내용이나 공익성의 정도, 공직자의 사회적 평가를 저하하는 정도, 사실 확인을 위한

1) 2021. 3. 25. 2016도14995, 공 2021상, 935 = 『세월호 7시간 명예훼손 사건』 (분석 생략함).
2) 2021. 3. 25. 2016도14995, 공 2021상, 935 = 『세월호 7시간 명예훼손 사건』.
3) 2021. 3. 25. 2016도14995, 공 2021상, 935 = 『세월호 7시간 명예훼손 사건』.
4) 2021. 3. 25. 2016도14995, 공 2021상, 935 = 『세월호 7시간 명예훼손 사건』.
5) 2021. 3. 25. 2016도14995, 공 2021상, 935 = 『세월호 7시간 명예훼손 사건』.
6) 2021. 3. 25. 2016도14995, 공 2021상, 935 = 『세월호 7시간 명예훼손 사건』.

노력의 정도, 그 밖의 주위 여러 사정 등을 종합하여 판단해야 한다.[1)]

7. 죄수와 반의사불벌죄

(1) 죄 수

명예훼손죄의 죄수는 피해자의 수를 기준으로 결정된다. 1통의 문서에 의하여 2명 이상의 사람에 대한 명예훼손이 행해지는 경우에는 수개의 명예훼손죄가 성립하며, 이들 수죄는 상상적 경합관계에 있다. 명예훼손이 동시에 피해자의 업무방해를 초래한 경우에는 명예훼손죄와 업무방해죄(법314①)의 상상적 경합이 성립한다.

특정인에 대한 사실적시행위가 그 사람의 신용훼손을 초래한 경우에는 신용훼손죄(법313)만 성립한다. 사람에 대한 사회적 평가 가운데 경제적 지급능력이나 지급의사는 '신용'이라는 별도의 법익으로 포착되므로 '명예'는 별도로 성립할 수 없다. 그러나 하나의 사실적시행위가 신용 이외의 영역에서 명예를 훼손하고 나아가 그 사람의 신용까지도 훼손하는 상황이라면 명예훼손죄와 신용훼손죄가 성립하며 두 죄는 상상적 경합관계에 있다.

형법 제307조의 명예훼손죄와 「공직선거법」 제251조의 후보자비방죄는 보호법익과 구성요건의 내용이 서로 다른 별개의 범죄로서 상상적 경합관계에 있다.[2)]

(2) 반의사불벌죄

형법 제307조 제1항의 사실적시 명예훼손죄는 반의사불벌죄이다(법312②). 친고죄의 경우에는 형사소송법 제233조가 규정한 고소불가분의 원칙이 적용된다. 따라서 친고죄의 공범 중 그 1인 또는 수인에 대한 고소 또는 그 취소는 다른 공범자에 대하여 효력이 있다.

그러나 반의사불벌죄에 대해서는 형소법 제233조가 준용되지 않는다는 것이 판례의 태도이다. 반의사불벌죄인 사실적시 명예훼손죄(법307①)의 공범 중 그 1인 또는 수인에 대한 고소 또는 그 취소는 다른 공범자에 대하여 효력이 없다.[3)]

제3 명예훼손죄의 특수유형

1. 허위사실적시 명예훼손죄

형법 제307조 (명예훼손) ② 공연히 허위의 사실을 적시하여 사람의 명예를 훼손한 자는 5년 이

---

1) 2021. 3. 25. 2016도14995, 공 2021상, 935 = 『세월호 7시간 명예훼손 사건』.
2) 1998. 3. 24. 97도2956, 공 1998, 1248.
3) 1994. 4. 26. 93도1689, 공 1994, 1566 = 분석 신형소 『사망 정치인 여비서 사건』.

하의 징역 또는 10년 이하의 자격정지 또는 1천만원 이하의 벌금에 처한다.

◎ 반의사불벌죄임(법312②)

(1) 허위사실 적시

형법 제307조 제2항의 허위사실적시 명예훼손죄가 성립하기 위하여는 적시된 사실이 허위이고, 나아가 허위사실적시에 대한 고의가 인정되어야 한다. 허위사실을 적시하였더라도 허위임을 인식·인용하지 않았다면 형법 제307조 제1항의 사실적시 명예훼손죄가 성립한다.[1)]

허위사실적시 명예훼손죄가 성립하려면 (가) 행위자가 공연히 사실의 적시를 해야 하고, (나) 그 적시한 사실이 사람의 사회적 평가를 저하시키는 것으로서 허위이어야 하며, (다) 행위자가 그와 같은 사실이 허위라고 인식하였어야 한다.[2)] 허위사실이 범인 스스로 허구해 낸 것인지 여부는 묻지 않는다. 허위사실적시 명예훼손죄의 경우에는 형법 제310조의 특칙이 적용되지 않는다.[3)]

적시된 사실이 허위의 사실인지 여부를 판단할 때에는 적시된 사실의 내용 전체의 취지를 살펴보아야 한다. 중요한 부분이 객관적 사실과 합치되는 경우에는 세부에서 진실과 약간 차이가 나거나 다소 과장된 표현이 있다 하더라도 이를 허위의 사실이라고 볼 수 없다.[4)]

적시된 사실이 민사판결에서 인정된 사실에 반한다고 하여 곧바로 허위사실이 되는 것은 아니다. 민사재판에서 법원은 당사자 사이에 다툼이 있는 사실관계에 대하여 처분권주의와 변론주의, 그리고 자유심증주의의 원칙에 따라 신빙성이 있다고 보이는 당사자의 주장과 증거를 받아들여 사실을 인정하는 것이어서, 민사판결의 사실인정이 항상 진실한 사실에 해당한다고 단정할 수는 없다.[5)]

다른 특별한 사정이 없는 한, 그 진실이 무엇인지 확인할 수 없는 과거의 역사적 사실관계 등에 대하여 민사판결을 통하여 어떠한 사실인정이 있었다는 이유만으로, 이후 그와 반대되는 사실의 주장이나 견해의 개진 등을 형법상 명예훼손죄 등에 있어서 '허위의 사실적시'라는 구성요건에 해당한다고 쉽게 단정하여서는 안 된다. 성급한 단정은 판결에 대한 자유로운 견해 개진과 비판, 토론 등 헌법이 보장한 표현의 자유를 침해하는 위헌적인 법률해석이 되어 허용될 수 없다.[6)]

---

1) 2017. 4. 26. 2016도18024, 공 2017상, 1212 = 『한센병 환자 호소문 사건』.
2) 2000. 2. 25. 99도4757, 공 2000, 906.
3) 1998. 10. 9. 97도158, 공 1998, 2714 = 분석 각론 『개인택시조합 선거 사건』.
4) 2014. 9. 4. 2012도13718, 공 2014하, 2076 = 『냉면 대 국수 사망 사건』.
5) 2017. 12. 5. 2017도15628, 공 2018상, 149 = 『종중 적통 부인 책자 사건』 (분석 생략함).
6) 2017. 12. 5. 2017도15628, 공 2018상, 149 = 『종중 적통 부인 책자 사건』 (분석 생략함).

허위의 사실을 적시하였더라도 그 허위의 사실이 특정인의 사회적 가치 내지 평가를 침해할 수 있는 내용이 아니라면 허위사실적시 명예훼손죄는 성립하지 않는다. 사회 평균인의 입장에서 허위의 사실을 적시한 발언을 들었을 경우와 비교하여 오히려 진실한 사실을 듣는 경우에 피해자의 사회적 가치 내지 평가가 더 크게 침해될 것으로 예상되거나, 양자 사이에 별다른 차이가 없을 것이라고 보는 것이 합리적인 경우라면, 허위사실 적시에 의한 명예훼손죄로 처벌할 수 없다.[1]

(2) 허위사실의 증명방법

적시된 사실이 허위라는 점은 검사가 이를 적극적으로 증명하여야 한다. 단지 적시된 사실이 진실이라는 증명이 없다는 것만으로는 허위사실적시 명예훼손죄가 성립할 수 없다. 적시된 사실(A)이 허위라는 점을 증명하려면 반대되는 사실(B)을 입증해야 한다. 반대되는 사실(B)은 (가) 특정한 사실이 존재하는 경우, (나) 특정한 사실이 부존재하는 경우, (다) 불특정한 사실이 부존재하는 경우로 나누어진다.

(가)의 경우, 즉 어느 사실이 적극적으로 존재한다는 것의 증명과 (나)의 경우, 즉 특정 기간과 특정 장소에서의 특정행위의 부존재에 관한 것의 증명은 적극적 당사자인 검사가 합리적 의심의 여지 없이 증명해야 한다.[2] 그러나 (다)의 경우, 즉 특정되지 아니한 기간과 공간에서의 구체화되지 아니한 사실의 부존재를 증명하는 것까지 검사에게 요구하는 것은 합리적이지 못하다.

(다)의 경우에 의혹을 받을 일을 한 사실이 없다고 주장하는 사람(피해자 을)에 대하여 의혹을 받을 사실이 존재한다고 적극적으로 주장하는 사람(행위자 갑)은 그러한 사실의 존재를 수긍할 만한 소명자료를 제시해야 할 부담을 지며, 검사는 제시된 자료의 신빙성을 탄핵하는 방법으로 허위사실임을 입증할 수 있다. 이때 사실적시자(갑)가 제시해야 할 소명자료는 단순히 소문을 제기하는 것만으로는 부족하고 적어도 허위임을 검사가 입증하는 것이 가능할 정도의 구체성을 갖추어야 한다. 이러한 소명자료의 제시가 없거나 제시된 소명자료의 신빙성이 탄핵된 때에는 사실적시자(갑)는 허위사실공표의 책임을 져야 한다.[3]

(3) 고의와 반의사불벌죄

허위사실적시 명예훼손죄가 성립하려면 적시된 사실이 허위라는 점에 대한 인식 · 인용

---

1) 2014. 9. 4. 2012도13718, 공 2014하, 2076 =『냉면 대 국수 사망 사건』.
2) 2008. 11. 13. 2006도7915, [미간행] = 분석 각론『효산콘도 감사중단 사건』.
3) 2008. 11. 13. 2006도7915, [미간행] = 분석 각론『효산콘도 감사중단 사건』.

이 있어야 한다. 미필적 고의로도 족하다. 검사는 적시된 사실이 허위라는 점뿐만 아니라 피고인에게 허위사실적시에 대한 고의가 있었다는 점까지도 증명해야 한다.[1] 적시된 사실이 허위의 사실이라고 하더라도 행위자에게 허위성에 대한 인식이 없는 경우에는 형법 제307조 제2항의 명예훼손죄가 아니라 형법 제307조 제1항의 명예훼손죄가 성립한다.[2]

허위사실적시 명예훼손죄도 반의사불벌죄에 속한다(법312②, 307②). 허위사실 여부가 다투어지는 상황에서 고소취소는 공판절차의 신속한 종결을 가능하게 한다.

(4) 공직선거법상 허위사실공표죄

형법 제307조 제2항의 허위사실적시 명예훼손죄와 관련하여 검토해 볼 것으로 「공직선거법」상의 허위사실공표죄(동법250 참조)가 있다. 이 가운데 상대방 후보자를 당선되지 못하게 할 목적으로 허위사실을 공표하는 경우(동조②)는 형법의 허위사실적시 명예훼손죄와 상당 부분 중첩된다.[3]

「공직선거법」 제250조 제2항에서 정한 허위사실공표죄를 적용할 때 소문 기타 다른 사람의 말을 전달하는 형식이나 의혹을 제기하는 형식을 빌려서 '어떤 사실'을 공표한 경우에는 그러한 소문이나 의혹 등이 있었다는 것이 허위인지 여부가 아니라 그 소문이나 의혹 등의 내용인 '어떤 사실'이 허위인지 여부에 의하여 판단하여야 한다.[4]

민주주의 정치제도 아래에서 언론의 자유는 가장 기초적인 기본권으로서 선거 과정에서

1) 2008. 11. 13. 2006도7915, [미간행] = 분석 각론 『효산콘도 감사중단 사건』.

2) 2017. 4. 26. 2016도18024, 공 2017상, 1212 = 『한센병 환자 호소문 사건』.

3) 공직선거법 제250조(허위사실공표죄) ① 당선되거나 되게 할 목적으로 연설 · 방송 · 신문 · 통신 · 잡지 · 벽보 · 선전문서 기타의 방법으로 후보자(후보자가 되고자 하는 자를 포함한다. 이하 이 조에서 같다)에게 유리하도록 후보자, 후보자의 배우자 또는 직계존비속이나 형제자매의 출생지 · 가족관계 · 신분 · 직업 · 경력등 · 재산 · 행위 · 소속단체, 특정인 또는 특정단체로부터의 지지 여부 등에 관하여 허위의 사실[학력을 게재하는 경우 제64조 제1항의 규정에 의한 방법으로 게재하지 아니한 경우를 포함한다]을 공표하거나 공표하게 한 자와 허위의 사실을 게재한 선전문서를 배포할 목적으로 소지한 자는 5년 이하의 징역 또는 3천만원 이하의 벌금에 처한다.

② 당선되지 못하게 할 목적으로 연설 · 방송 · 신문 · 통신 · 잡지 · 벽보 · 선전문서 기타의 방법으로 후보자에게 불리하도록 후보자, 그의 배우자 또는 직계존 · 비속이나 형제자매에 관하여 허위의 사실을 공표하거나 공표하게 한 자와 허위의 사실을 게재한 선전문서를 배포할 목적으로 소지한 자는 7년 이하의 징역 또는 500만원 이상 3천만원 이하의 벌금에 처한다.

③ 당내경선과 관련하여 제1항(제64조 제1항의 규정에 따른 방법으로 학력을 게재하지 아니한 경우를 제외한다)에 규정된 행위를 한 자는 3년 이하의 징역 또는 6백만원 이하의 벌금에, 제2항에 규정된 행위를 한 자는 5년 이하의 징역 또는 1천만원 이하의 벌금에 처한다. 이 경우 "후보자" 또는 "후보자(후보자가 되고자 하는 자를 포함한다)"는 "경선후보자"로 본다.

4) 2016. 12. 27. 2015도14375, 공 2017상, 283 = 『교육감 후보자 영주권 사건』 ☞ 부록 1614면.

도 충분히 보장되어야 하고, 공직선거에서 후보자를 검증하는 것은 필요하고도 중요한 일이므로 후보자의 공직 적격성을 의심하게 하는 사정이 있는 경우 이에 대한 문제 제기가 쉽게 봉쇄되어서는 안 된다. 따라서 후보자에 관한 의혹 제기가 진실인 것으로 믿을 만한 상당한 이유가 있는 근거에 기초하여 이루어진 경우에는 비록 나중에 그 의혹이 진실이 아닌 것으로 밝혀지더라도 표현의 자유 보장을 위하여 이를 벌할 수 없다.[1]

2. 사자명예훼손죄

형법 제308조 (사자의 명예훼손) 공연히 허위의 사실을 적시하여 사자의 명예를 훼손한 자는 2년 이하의 징역이나 금고 또는 500만원 이하의 벌금에 처한다.

◎ 친고죄임(법312①)

(1) 친고죄

사자명예훼손죄는 허위의 사실을 적시한 경우에만 성립한다. 이 점에서 통상의 명예훼손죄와 구별된다. 사자(死者)에 대하여도 진실한 비평을 용납하지 않는다면 사회적 · 역사적 평가가 불가능하게 될 것이기 때문이다. 사자명예훼손죄는 친고죄이다(법312①). 따라서 형사소송법 제233조가 규정한 고소불가분의 원칙이 적용된다. 그리하여 사자명예훼손죄의 공범 중 그 1인 또는 수인에 대한 고소 또는 그 취소는 다른 공범자에 대하여 효력이 있다.[2]

사자명예훼손죄에 대하여는 그 친족 또는 자손이 고소할 수 있다(형소법227). 생존 중의 사람에 대해 허위사실을 적시한 후 피해자가 사망한 경우에는 사자에 대한 명예훼손죄가 아니라 형법 제307조 제2항의 허위사실적시 명예훼손죄가 성립한다. 이 경우 고소권자는 형소법 제225조 제2항에 따라 피해자의 배우자, 직계친족 또는 형제자매가 된다. 다만, 이들은 피해자의 의사에 반하여 고소하지 못한다(법312②, 307).

(2) 보호법익

(가) 사자의 명예 · 비밀 보호 　헌법 제10조는 인간의 존엄과 가치를 선언하고 있고, 헌법 제17조는 사생활의 비밀과 자유를 보장하고 있다. 따라서 모든 국민은 자신에 관한 정보를 스스로 통제할 수 있는 자기결정권과 사생활이 함부로 공개되지 않고 사적 영역의 평온과 비밀을 요구할 수 있는 권리를 갖는다. 이와 같은 개인의 인격적 이익을 보호할 필요성은 그의 사망으로 없어지는 것이 아니다. 사람의 사망 후에 사적 영역이 무분별하게 폭로되

1) 2016. 12. 27. 2015도14375, 공 2017상, 283 = 『교육감 후보자 영주권 사건』.
2) 1994. 4. 26. 93도1689, 공 1994, 1566 = 분석 신형소 『사망 정치인 여비서 사건』.

고 그의 생활상이 왜곡된다면 살아있는 동안 인간의 존엄과 가치를 보장하는 것이 무의미해질 수 있다. 사람은 적어도 사망 후에 인격이 중대하게 훼손되거나 자신의 생활상이 심각하게 왜곡되지 않을 것이라고 신뢰하고 그러한 기대 속에서 살 수 있는 경우에만 인간으로서의 존엄과 가치가 실효성 있게 보장되고 있다고 말할 수 있다.[1)]

이 점과 관련한 규정으로 사자의 명예를 보호하는 형법 제308조, 저작자 사망 후의 저작인격권 보호에 관한 「저작권법」 제14조 제2항, 사망한 사람의 인격권에 대한 침해 금지와 그에 대한 구제절차를 정하고 있는 「언론중재 및 피해구제 등에 관한 법률」 제5조의2, 의료인의 비밀 누설 금지대상에 생존하는 개인뿐만 아니라 이미 사망한 사람도 포함시키는 「의료법」 제19조 등을 들 수 있다.[2)]

(나) 보호법익 사자명예훼손죄의 보호법익에 관하여는 유족의 명예라고 보는 견해, 유족이 사자에 대하여 품고 있는 추모감정이라고 보는 견해, 사자에 대한 사회적 평가 내지 추억으로서 공공의 법익이라고 보는 견해, 역사적 존재로서 사자의 명예 그 자체라고 보는 견해 등이 제시되고 있다. 판례는 "사자의 명예훼손죄는 사자에 대한 사회적·역사적 평가를 보호법익으로 하는 것"이라고 판단하여 사자의 명예 그 자체로 보는 입장이다.[3)]

생각건대 사자의 명예 그 자체로 보는 견해가 타당하다고 본다. 유족명예설은 유족이 없는 사자에 대하여는 사자명예훼손죄가 성립할 수 없다는 점과 유족의 명예 자체는 이미 형법 제307조 및 제309조에 의하여 보호되고 있다는 점에서 비판된다.

명예감정설은 사자에 대한 추모감정(Andenken)의 훼손을 구성요건요소로 하고 있는 독일 형법의 경우에는 타당할지 모르나[4)] 사실의 적시를 구성요건요소로 하고 있는 우리 형법

1) 2018. 5. 11. 2018도2844, 공 2018상, 1121 = 『사망 환자 진료기록 공개 사건』.

2) 2018. 5. 11. 2018도2844, 공 2018상, 1121 = 『사망 환자 진료기록 공개 사건』.

3) 1983. 10. 25. 83도1520, 공 1983, 1782 = 『'빚 때문에 죽은 척' 사건』:

(사실관계를 임의로 보완함.) A가 사망하였다. 갑은 A의 처 B로부터 A의 ㉠인장을 교부받았다. 갑은 ㉠인장을 가지고 A가 생존 당시 작성한 것처럼 ㉡차용증의 작성일자를 그 명의자의 생존중의 일자로 소급하여 작성하였다. [갑은 ㉡차용증을 가지고 B에게 차용금 반환을 요구하였다.] 갑은 여러 사람들 앞에서 "A는 사망한 것이 아니고 빚 때문에 도망다니며 죽은 척하는 나쁜 놈이다."라고 말하였다(㉢발언). B는 갑을 고소하였다.

검사는 갑을 사문서위조죄 및 사자명예훼손죄 등으로 기소하였다. 갑의 피고사건은 제1심을 거친 후, 항소심에 계속되었다. 항소법원은 유죄를 인정하였다. 갑은 불복 상고하였다. 갑은 상고이유로 다음의 점을 주장하였다. (가) A는 사망하지 않았다. (나) ㉢발언은 허위가 아니다.

대법원은 다음의 이유를 제시하여 상고를 기각하였다. (가) 형법 제308조의 사자의 명예훼손죄는 사자에 대한 사회적, 역사적 평가를 보호법익으로 한다. (나) 그 구성요건으로서의 사실의 적시는 허위의 사실일 것을 요한다. (다) 갑은 A의 사망사실을 알면서 A는 사망한 것이 아니고 빚 때문에 도망다니며 죽은 척하는 나쁜 놈이라고 말하였다. (라) 갑의 공연히 허위사실을 적시한 행위는 사자의 명예훼손죄로 의율해야 한다.

4) 독일형법 제189조 사자에 대한 추모감정(Andenken)을 훼손한 자는 2년 이하의 자유형 또는 벌금에

의 해석으로는 적합하지 않다.

사자에 대한 사회적 평가 내지 추억을 보호법익으로 파악하는 사회적 평가설에 대해서도 사자에 대한 사회적 평가 내지 추억을 추모감정의 일종이라고 볼 수 있으므로 명예감정설에 대한 비판이 그대로 해당된다. 뿐만 아니라 사회적 평가설은 명예훼손죄를 개인적 법익에 관한 범죄로 규율하고 있는 우리 형법의 체계에도 맞지 않다.

우리 형법 제308조는 '사자의 명예'라는 표현을 사용하고 있다. 이 표현에 근거하여 사자명예훼손죄의 보호법익을 사자의 명예 자체라고 볼 수 있다. 이러한 접근방법에 대해서는 사자는 법익의 주체가 될 수 없다는 비판을 생각할 수 있지만, 사자는 법익의 주체가 될 뿐 인격의 주체나 권리의 주체가 되는 것은 아니므로 무리는 없다고 생각된다.[1]

(3) 허구와 허위사실의 한계

예술의 자유와 사자명예훼손죄의 관계가 문제된다. 이미 망인이 된 역사적 인물을 모델로 한 역사드라마 등에서 허위사실을 적시하여 역사적 사실을 왜곡하는 등의 방법으로 그 모델이 된 인물의 명예를 훼손하는 경우는 비록 그것이 예술작품의 창작과 표현 활동의 영역에서 발생한 일이라 하더라도 사자명예훼손죄에 의한 처벌의 대상이 된다.[2]

허위사실적시와 허구는 구별된다. 역사드라마 · 역사소설 등의 특성상 작가는 허구적 묘사를 통하여 객관적 사실들 사이의 간극을 메워야 한다. 합리적인 시청자나 독자라면 역사적 사실의 서술을 주로 하는 기록물이 아닌 허구적 성격의 역사드라마의 경우 이를 당연한 전제로 삼아 시청할 것으로 예상된다. 따라서 허구적 묘사가 역사적 개연성을 잃지 않고 있는 한 그 부분만 따로 떼어 역사적 진실성에 대한 증명이 없다는 이유로 허위라거나 연출자 또는 작가에게 그 허위의 점에 대한 인식이 있었다고 단정해서는 안 된다.[3]

3. 출판물등에 의한 사실적시 명예훼손죄

형법 제309조 (출판물 등에 의한 명예훼손) ① 사람을 비방할 목적으로 신문, 잡지 또는 라디오 기타 출판물에 의하여 제307조 제1항의 죄를 범한 자는 3년 이하의 징역이나 금고 또는 700만원 이하의 벌금에 처한다.

◎ 반의사불벌죄임(법312②)

처한다.

1) 절도죄에서 사자의 점유에 관한 문제에 대해서는, 후술 1025면 이하 참조.
2) 2010. 4. 29. 2007도8411, 공 2010상, 1059 = 분석 각론 『'서울 1945' 사건』.
3) 2010. 4. 29. 2007도8411, 공 2010상, 1059 = 분석 각론 『'서울 1945' 사건』.

(1) 비방 목적

형법 제309조 제1항은 형법 제307조 제1항의 사실적시 명예훼손죄에 대한 가중처벌 규정이다. 반의사불벌죄이다(법312②, 309①). 형법 제309조 제1항이 규정한 출판물 등에 의한 사실적시 명예훼손죄는 형법 제307조 제1항의 사실적시 명예훼손죄와 달리 '공연성'의 요건을 규정하고 있지 않다. 그 대신에 전형적으로 전파가능성이 높은 '신문, 잡지 또는 라디오 기타 출판물'에 의한 사실적시를 요구하고 있다. 출판물 등에 의한 사실적시 명예훼손죄가 성립하려면 형법 제307조 제1항의 구성요건요소 이외에 (가) 주관적 요건으로서 비방 목적과 (나) 객관적 요건으로서 출판물 등의 방법에 의한다는 요건이 구비되어야 한다.

출판물등에 의한 사실적시 명예훼손죄는 사람을 비방할 목적을 필요로 하는 목적범이며, 이 점에서 형법 제307조 제1항의 사실적시 명예훼손죄와 구별된다. 출판물등에 의한 사실적시 명예훼손죄가 성립하려면 피고인이 출판물등에 의하여 적시한 사실이 다른 사람의 사회적 평가를 떨어트릴 만한 것임을 인식해야 할 뿐만 아니라, 사람을 비방할 목적이 있어야 한다.

'사람을 비방할 목적'에서 비방의 목적은 가해의 의사 내지 목적을 말한다. 이때 비방할 목적으로 적시된 사실은 이로써 특정인의 사회적 가치 내지 평가가 침해될 가능성이 있을 정도로 구체성을 띠어야 한다.[1] 비방할 목적이 있는지는 피고인이 적시한 사실이 사회적 평가를 떨어트릴 만한 것인지와 별개의 구성요건이다. 적시한 사실이 사회적 평가를 떨어트리는 것이라고 해서 비방할 목적이 당연히 인정되는 것은 아니다. 출판물등에 의한 사실적시 명예훼손죄에서 정한 모든 구성요건에 대한 증명책임은 검사에게 있다.[2]

'비방의 목적'과 형법 제310조의 '공공의 이익'은 서로 상반되는 관계에 있다. 따라서 적시된 사실이 공공의 이익에 관한 것인 때에는 특별한 사정이 없는 한 비방의 목적은 부정된다.[3]

'적시된 사실이 공공의 이익에 관한 것인 경우'란 (가) 적시된 사실이 객관적으로 볼 때 공공의 이익에 관한 것으로서 (나) 행위자도 주관적으로 공공의 이익을 위하여 그 사실을 적시한 것이어야 한다. 공공의 이익에 관한 것에는 널리 국가 · 사회 그 밖에 일반 다수인의 이익에 관한 것뿐만 아니라 특정한 사회집단이나 그 구성원 전체의 관심과 이익에 관한 것도 포함한다.[4]

---

1) 2009. 6. 11. 2009도156, [미간행] = 분석 각론 『858기 소설 사건』.
2) 2022. 7. 28. 2022도4171, 공 2022하, 1824 = 『동창생 채팅방 경고 사건』(분석 생략함).
3) 2009. 6. 11. 2009도156, [미간행] = 분석 각론 『858기 소설 사건』.
4) 2022. 7. 28. 2022도4171, 공 2022하, 1824 = 『동창생 채팅방 경고 사건』 참조.

적시된 사실이 공공의 이익에 관한 것인지는 명예훼손의 피해자가 공무원 등 공인(公人)인지 아니면 사인(私人)에 불과한지, 그 표현이 객관적으로 공공성 · 사회성을 갖춘 공적 관심 사안에 관한 것으로 사회의 여론형성이나 공개토론에 기여하는 것인지 아니면 순수한 사적인 영역에 속하는 것인지, 피해자가 명예훼손적 표현의 위험을 자초한 것인지 여부, 그리고 표현으로 훼손되는 명예의 성격과 침해의 정도, 표현의 방법과 동기 등 여러 사정을 고려하여 판단해야 한다. 행위자의 주요한 동기와 목적이 공공의 이익을 위한 것이라면 부수적으로 다른 사익적 목적이나 동기가 포함되어 있더라도 비방할 목적이 있다고 보기는 어렵다.[1]

비방의 목적이 부정되는 경우에는 형법 제307조 제1항의 명예훼손죄의 성립 여부가 문제될 수 있고, 나아가 적시된 사실이 진실인 경우에는 형법 제310조에 의하여 위법성이 조각될 수 있다.[2]

(2) 출판물 등

출판물 등에 의한 명예훼손죄의 경우에는 출판물 등이 그 자체로 불특정 또는 다수인에 대한 전파성을 예정하는 본질과 특성에 따라 구성요건에서 공연성을 요구하지 않는다. 형법이 출판물 등에 의한 명예훼손죄를 일반 명예훼손죄보다 무겁게 처벌하는 이유는 사실적시의 방법인 신문, 잡지 또는 라디오 기타 출판물의 이용이 그 성질상 다수인이 견문할 수 있는 높은 전파성과 신뢰성 및 장기간의 보존가능성 등을 가지고 있어서 피해자에 대한 법익침해의 정도가 더욱 크다는 데에 있다.[3]

'기타 출판물'에 해당하기 위하여는 그것이 등록 · 출판된 제본 인쇄물이나 제작물은 아니라고 할지라도 적어도 그와 같은 정도의 효용과 기능을 가지고 사실상 출판물로 유통 · 통용될 수 있는 외관을 가진 인쇄물로 볼 수 있어야 한다.[4]

컴퓨터와 인터넷이 보급되면서 사이버 공간에서의 명예훼손이 문제되고 있다. 정보통신망을 통한 명예훼손행위에 대해서는 「정보통신망 이용촉진 및 정보보호 등에 관한 법률」 제70조가 별도로 명예훼손죄를 규정하고 있다.[5]

---

1) 2022. 7. 28. 2022도4171, 공 2022하, 1824 = 『동창생 채팅방 경고 사건』 참조.
2) 1998. 10. 9. 97도158, 공 1998, 2715 = 분석 각론 『개인택시조합 선거 사건』.
3) 2000. 2. 11. 99도3048, 공 2000, 740 = 『미술사학과 임용절차 사건』.
4) 2000. 2. 11. 99도3048, 공 2000, 740 = 『미술사학과 임용절차 사건』.
5) 전술 830면 참조.

4. 출판물등에 의한 허위사실적시 명예훼손죄

형법 제309조 (출판물 등에 의한 명예훼손) ② 제1항의 방법으로 제307조 제2항의 죄를 범한 자는 7년 이하의 징역, 10년 이하의 자격정지 또는 1천 500만원 이하의 벌금에 처한다.

◎ 반의사불벌죄임(법312②)

형법 제309조 제2항은 형법 제307조 제2항의 허위사실적시 명예훼손죄에 대한 가중처벌 규정이다. 반의사불벌죄이다(법312②, 309②). 형법 제307조 제2항이 요구하고 있는 '공연성' 요건에 갈음하여 전형적으로 전파가능성이 높은 '신문, 잡지 또는 라디오 기타 출판물'에 의한 사실적시가 요구된다.

형법 제309조 제2항의 명예훼손죄가 성립하려면 형법 제307조 제2항의 구성요건요소 이외에 (가) 주관적 요건으로 비방 목적과 (나) 객관적 요건으로서 출판물 등의 방법에 의한다는 요건이 구비되어야 한다.

출판물 등에 의한 허위사실적시 명예훼손죄가 성립하려면 (가) 피고인이 공연히 적시한 사실이 거짓이고, (나) 적시한 사실이 거짓임을 피고인이 인식하여야 할 뿐만 아니라, (다) 피고인에게 사람을 비방할 목적이 있어야 한다. 비방할 목적이 있는지 여부는 피고인이 드러낸 사실이 거짓인지 여부와 별개의 구성요건으로서, 드러낸 사실이 거짓이라고 해서 비방할 목적이 당연히 인정되는 것은 아니다.[1)]

출판물 등에 의한 허위사실적시 명예훼손죄 규정에서 정한 모든 구성요건에 대한 증명책임은 검사에게 있다.[2)] 허위사실의 증명방법에 대해서는 형법 제307조 제2항의 허위사실적시 명예훼손죄 항목에서 설명하였다.[3)]

5. 모 욕 죄

형법 제311조 (모욕) 공연히 사람을 모욕한 자는 1년 이하의 징역이나 금고 또는 200만원 이하의 벌금에 처한다.

◎ 친고죄임(법312①)

---

1) 2020. 12. 10. 2020도11471, 공 2021상, 253 = 『자산운영사 CEO 비방 사건』 (분석 생략함).
2) 2020. 12. 10. 2020도11471, 공 2021상, 253 = 『자산운영사 CEO 비방 사건』.
3) 전술 854면 참조.

(1) 보호법익

모욕죄의 보호법익을 놓고 외적 명예설과 명예감정설이 대립하고 있다.

(가) 명예감정설 명예훼손죄는 외적 명예에 대한 공격임에 반하여 모욕죄는 순전히 피해자의 주관적, 형식적 가치를 보호해 주는 것이라고 보는 견해이다.[1] 그 이유로서 다음의 점이 제시되고 있다. 첫째로, 모욕죄는 명예훼손죄와 달리 사실의 적시를 요하지 않는데, 이로 인하여 외부적 가치의 내용에 들어 갈 수 없고 따라서 그에 대한 침해는 상정하기 곤란하다. 둘째로, 명예감정설을 취할 경우 유아, 정신병자, 법인 등에 대한 모욕죄를 인정할 수 없지 않은가 하는 의문이 생길 여지가 있지만, 모욕죄는 침해범이 아니라 위험범이므로 이들에 대하여도 주관적 가치로서의 명예감정은 보호가 가능하다.

(나) 외적 명예설 모욕죄의 보호법익도 명예훼손죄의 경우와 같이 외부적 명예라고 보되 다만 모욕죄의 경우에는 명예훼손죄의 경우와 달리 사실의 적시를 요하지 않을 뿐이라고 보는 견해이다.[2] [3] 그 이유로는 다음의 점이 제시되고 있다. 첫째로, 비록 구체적 사실을 열거하지 않더라도 얼마든지 피해자의 인격가치에 대한 외부적 평가를 해할 수 있다. 둘째로, 모욕죄를 개인의 명예감정만을 보호하기 위한 죄로 이해한다면 개인 대 개인의 모욕도 처벌해야 할 것인데 우리 형법은 공연성을 모욕죄의 요건으로 설정하고 있다. 셋째로, 명예감정설에 의하면 객관적으로 명예감정을 가지고 있지 않은 유아, 정신병자, 법인 등에 대한 모욕죄의 성립을 설명하기 곤란하다.

(다) 사 견 생각건대 모욕죄의 보호법익은 외적 명예설의 관점에서 파악하는 것이 타당하다고 본다. 우리 형법은 모욕죄의 구성요건표지로 공연성을 요구하고 있다. 이에 반해 독일 형법은 모욕죄의 성립에 공연성을 요구하고 있지 않다(동법185).[4] 따라서 모욕 상대방의 주관적 측면을 고려하지 않을 수 없다. 그러나 우리 형법은 공연성을 요구하므로 다른 사람들과의 관계에서 외부적 명예가 전면에 등장하게 된다.

(라) 판 례 판례는 "명예훼손죄와 모욕죄의 보호법익은 다 같이 사람의 가치에 대한 사회적 평가인 이른바 외부적 명예인 점에서는 차이가 없으나 다만 명예훼손은 사람의 사회적 평가를 저하시킬 만한 구체적 사실을 적시하여 명예를 침해함을 요하는 것으로서 구

---

1) 유기천, 형법학 각론강의 상, (전정신판), (1983), 137면 이하 참조.

2) 김성돈, 228면; 김혜정 외, 229면; 박상기, 190면; 배종대, 218면; 손동권 · 김재윤, 208면; 오영근, 186면; 이재상 · 장영민 · 강동범 204면; 이형국 · 김혜경, 237면; 임웅, 267면; 정성근 · 박광민, 211면; 정영일, 148면; 주호노, 364면.

3) 이정원, 197면은 명예를 순수한 규범적 개념으로 이해해야 한다고 주장하면서, 개인에게뿐 아니라 사회적 승인관계에서도 인정되는 '인격의 중요한 가치' 내지 '이러한 가치로부터 도출되는 존중대우의 요구'가 명예라는 법익이라고 본다.

4) 전술 829면 참조.

체적 사실이 아닌 단순한 추상적 판단이나 경멸적 감정의 표현으로서 사회적 평가를 저하시키는 모욕죄에 비하여 그 형을 무겁게 하고 있다."고 판시하여 외적 명예설을 택하고 있다.[1]

(마) 논쟁의 실익 모욕죄의 보호법익에 관한 학설대립의 실익은 고소와 관련하여 찾아볼 수 있다. 모욕죄는 명예훼손죄와 달리 친고죄이다(법312①). 명예훼손죄와 모욕죄는 그 구성요건에 차이가 있으나 명예에 대한 죄인 점에서 양자가 그 성질을 같이한다. 그러므로 고소장에 명예훼손죄라는 죄명을 붙이고 명예훼손에 관한 사실을 적어 두었으나 그 사실이 명예훼손죄를 구성하지 않고 모욕죄를 구성하는 경우에 그 고소는 모욕죄에 대한 고소로서의 효력을 갖는다.[2]

(2) 행위객체

명예의 주체로 될 수 있는 사람은 모두 모욕죄의 피해자가 될 수 있다. 자연인은 물론, 법인이나 법인격 없는 단체가 모두 포함된다. 형법이 모욕죄를 처벌함으로써 보호하고자 하는 것은 사람의 가치에 대한 평가로서 외부적 명예이다. 외부적 명예는 개인적 법익이다.

국가나 지방자치단체는 국민의 기본권을 보호 내지 실현해야 할 책임과 의무를 지고 있는 공권력의 행사자이다. 국가나 지방자치단체는 기본권의 수범자일 뿐 기본권의 주체가 아니다. 국가나 지방자치단체의 정책결정이나 업무수행과 관련된 사항은 항상 국민의 광범위한 감시와 비판의 대상이 되어야 한다. 이러한 감시와 비판은 그에 대한 표현의 자유가 충분히 보장될 때에 비로소 정상적으로 수행될 수 있다. 그러므로 국가나 지방자치단체는 국민에 대한 관계에서 형벌의 수단을 통해 보호되는 외부적 명예의 주체가 될 수는 없다. 결국 국가나 지방자치단체는 모욕죄의 피해자가 될 수 없다.[3]

---

1) 1985. 10. 22. 85도1629, 공 1985, 1589.

2) 1981. 6. 23. 81도1250, 공 1981, 14114 =『모욕죄로 공소장변경 사건』:

A는 갑을 명예훼손죄로 고소하였다(㉠고소장). A는 ㉠고소장에 명예훼손죄라는 죄명을 붙이고, 명예훼손에 관한 사실을 적어 두었다.

검사는 갑을 명예훼손죄를 기소하였다. 갑의 피고사건은 제1심을 거친 후, 항소심에 계속되었다. [제1심법원은 공소사실을 무죄로 판단하였다. 검사는 불복 항소하였다.] 항소심 공판절차에서 검사는 명예훼손죄를 모욕죄로 변경하는 공소장변경신청을 하였다. 항소법원은 검사의 공소장변경신청을 허가하였다. 항소법원은 모욕죄를 인정하였다. 갑은 불복 상고하였다. 갑은 상고이유로, 명예훼손죄에 대한 ㉠고소는 친고죄인 모욕죄에 효력이 미치지 않는다고 주장하였다.

대법원은 다음의 이유를 제시하여 상고를 기각하였다. (가) 고소가 어떠한 사항에 관한 것인가의 여부는 반드시 고소인이 고소장에 붙인 죄명에 구애될 것이 아니라 고소의 내용에 의하여 결정되어야 한다. (나) 명예훼손죄와 모욕죄는 각 그 구성요건에는 차이가 있으나 명예에 대한 죄인 점에서 그 성질을 같이한다. (다) ㉠고소장에 명예훼손죄라는 죄명을 붙이고, 명예훼손에 관한 사실을 적어 두었다. (라) 그러나 그 사실이 명예훼손죄를 구성하지 않고 모욕죄를 구성하는 경우에는 ㉠고소는 모욕죄에 대한 고소로서의 효력을 갖는다.

3) 2016. 12. 27. 2014도15290, 공 2017상, 281 =『고흥군 홈페이지 비방 사건』.

모욕죄는 특정한 사람이나 단체 등에 대해 사회적 평가를 저하시킬 만한 경멸적 감정을 표현함으로써 성립하는 것이므로 그 피해자는 특정되어야 한다.[1] 이른바 집단표시에 의한 모욕을 인정할 것인지 문제된다.

모욕의 내용이 그 집단에 속한 특정인에 대한 것이라고는 해석되기 힘들고, 집단표시에 의한 비난이 개별구성원에 이르러서는 비난의 정도가 희석되어 구성원 개개인의 사회적 평가에 영향을 미칠 정도에 이르지 아니한 경우에는 구성원 개개인에 대한 모욕이 성립하지 않는다.[2] [3]

---

1) 2014. 3. 27. 2011도15631, 공 2014상, 985 =『여성 아나운서 비하 발언 사건』:

갑은 국회의원이다. 국회의장배 전국 대학생 토론대회가 열렸다. 갑은 토론대회에 참여했던 학생들과 저녁 회식을 하였다. 갑은 이 자리에서 참가자들에게 장래 희망을 물었다. 참가한 여학생들 가운데 장래의 희망이 아나운서라고 답한 사람들이 있었다. 갑은 그 여학생들에게 (아나운서 지위를 유지하거나 승진하기 위하여) "다 줄 생각을 해야 하는데, 그래도 아나운서 할 수 있겠느냐. ○○여대 이상은 자존심 때문에 그렇게 못 하더라"라고 말하였다(㉠발언).

여성 아나운서 가운데에는 공중파 방송 아나운서 외에 유선방송에 소속되어 있거나 그 밖의 다양한 형태로 활동하는 여성 아나운서들이 존재한다. P연합회는 8개 공중파 방송 아나운서 295명으로 구성된 단체이다. P연합회의 회원 가운데 A를 포함한 여성 아나운서 154명은 갑을 모욕죄로 고소하였다.

검사는 갑을 모욕죄로 기소하였다. 제1심법원은 갑의 ㉠발언은 여성 아나운서들 집단의 개별구성원, 적어도 P연합회에 등록되어 있는 회원들인 A 등 고소인들에 대한 사회적 평가를 저하시킬 위험성이 있는 경멸적 표현에 해당한다고 판단하여 유죄를 인정하였다. 갑은 불복 항소하였다. 항소법원은 항소를 기각하고, 제1심판결을 유지하였다. 갑은 불복 상고하였다.

대법원은 다음의 이유를 제시하여 원심판결을 파기환송하였다. 대법원은 모욕죄의 특정성에 대해 다음과 같이 설시하였다. (가) 모욕죄는 특정한 사람 또는 인격을 보유하는 단체에 대하여 사회적 평가를 저하시킬 만한 경멸적 감정을 표현함으로써 성립하는 것이므로 그 피해자는 특정되어야 한다. (나) 이른바 집단표시에 의한 모욕은, (ㄱ) 모욕의 내용이 그 집단에 속한 특정인에 대한 것이라고는 해석되기 힘들고, (ㄴ) 집단표시에 의한 비난이 개별구성원에 이르러서는 비난의 정도가 희석되어 구성원 개개인의 사회적 평가에 영향을 미칠 정도에 이르지 아니한 경우에는 (ㄷ) 구성원 개개인에 대한 모욕이 성립되지 않는다고 봄이 원칙이다.

(다) 그 비난의 정도가 희석되지 않아 구성원 개개인의 사회적 평가를 저하시킬 만한 것으로 평가될 경우에는 예외적으로 구성원 개개인에 대한 모욕이 성립할 수 있다. (라) (ㄱ) 구성원 개개인에 대한 것으로 여겨질 정도로 구성원 수가 적거나 (ㄴ) 당시의 주위 정황 등으로 보아 집단 내 개별구성원을 지칭하는 것으로 여겨질 수 있는 때에는 집단 내 개별구성원이 피해자로서 특정된다고 보아야 한다. (마) 그 구체적인 기준으로는 집단의 크기, 집단의 성격과 집단 내에서의 피해자의 지위 등을 들 수 있다.

대법원은 ㉠발언의 특정성에 대해 다음과 같이 판단하였다. (가) 갑의 ㉠발언은 여성 아나운서에 대하여 수치심과 분노의 감정을 불러일으키기에 충분한 경멸적인 표현에 해당한다. (나) 그러나 공소사실은 여성 아나운서 집단에 속한 개개의 여성 아나운서가 피해자임을 전제로 하고 있다. (다) 무엇보다도 그 비난의 정도는 여성 아나운서 개개인의 사회적 평가를 저하시킬 정도여야 한다. (라) (사실관계 분석 부분; 생략함.) (마) 갑의 ㉠발언은 여성 아나운서 일반을 대상으로 한 것이다. (바) 그 개별구성원인 A 등에 이르러서는 비난의 정도가 희석되어 피해자 개개인의 사회적 평가에 영향을 미칠 정도에까지는 이르지 않는다. (사) 갑의 ㉠발언은 형법상 모욕죄에 해당한다고 보기는 어렵다고 볼 여지가 충분하다.

2) 2014. 3. 27. 2011도15631, 공 2014상, 985 =『여성 아나운서 비하 발언 사건』.

3)「공직선거법」은 집단표시를 사용하여 특정 지역 · 지역인 또는 성별을 공연히 비하 · 모욕한 자를 처벌하

그러나 그 비난의 정도가 희석되지 않아 구성원 개개인의 사회적 평가를 저하시킬 만한 것으로 평가될 경우에는 예외적으로 구성원 개개인에 대한 모욕이 성립할 수 있다.[1] 구성원 개개인에 대한 것으로 여겨질 정도로 구성원 수가 적거나 당시의 주위 정황 등으로 보아 집단 내 개별구성원을 지칭하는 것으로 여겨질 수 있는 때에는 집단 내 개별구성원이 피해자로서 특정된다. 그 구체적인 기준으로는 집단의 크기, 집단의 성격과 집단 내에서의 피해자의 지위 등을 들 수 있다.[2]

(3) 실행행위

모욕죄의 행위는 공연히 사람을 모욕하는 하는 것이다. 사람의 범위는 앞에서 설명하였다.

(가) 공연성 공연히라 함은 불특정 또는 다수인이 인식할 수 있는 상태를 말한다.[3) 4] 명예훼손죄의 공연성 요건에는 전파가능성 이론이 적용된다. 명예훼손죄의 전파가능성 법리는 모욕죄에도 동일하게 적용된다.[5] 따라서 개별적으로 소수의 사람이 있는 곳에게 모욕적인 발언을 하였더라도 그 상대방이 불특정 또는 다수인에게 모욕적인 발언을 전파할 가능성이 있는 때에는 공연성이 인정된다.[6]

모욕죄에서 공연성의 존부는 발언자와 상대방 또는 피해자 사이의 관계나 지위, 발언의

고 있다.

공직선거법 제110조 (후보자 등의 비방금지) ② 누구든지 선거운동을 위하여 정당, 후보자, 후보자의 배우자 또는 직계존비속이나 형제자매와 관련하여 특정 지역 · 지역인 또는 성별을 공연히 비하 · 모욕하여서는 아니된다.

제256조 (각종제한규정위반죄) ⑤ 다음 각 호의 어느 하나에 해당하는 자는 1년 이하의 징역 또는 200만원 이하의 벌금에 처한다.

10의2. 제110조 제2항을 위반하여 특정 지역 · 지역인 또는 성별을 공연히 비하 · 모욕한 자

1) 2014. 3. 27. 2011도15631, 공 2014상, 985 = 『여성 아나운서 비하 발언 사건』.

2) 2014. 3. 27. 2011도15631, 공 2014상, 985 = 『여성 아나운서 비하 발언 사건』.

3) 2015. 9. 24. 2015도11286, 공 2015하, 1633.

"군형법 제64조 제1항은 '상관을 그 면전에서 모욕한 사람'을 처벌한다고 규정하고 있을 뿐 제64조 제2항과 달리 공연한 방법으로 모욕할 것을 요구하지 아니하므로, 상관을 그 면전에서 모욕한 경우에는 공연성을 갖추지 아니하더라도 군형법 제64조 제1항의 상관모욕죄가 성립한다."

4) 군형법 제64조 (상관 모욕 등) ① 상관을 그 면전에서 모욕한 사람은 2년 이하의 징역이나 금고에 처한다.

② 문서, 도화(圖畵) 또는 우상(偶像)을 공시(公示)하거나 연설 또는 그 밖의 공연(公然)한 방법으로 상관을 모욕한 사람은 3년 이하의 징역이나 금고에 처한다.

③ 공연히 사실을 적시하여 상관의 명예를 훼손한 사람은 3년 이하의 징역이나 금고에 처한다.

④ 공연히 거짓 사실을 적시하여 상관의 명예를 훼손한 사람은 5년 이하의 징역이나 금고에 처한다.

5) 2022. 6. 16. 2021도15122, 판례속보 = 『층간소음 욕설 사건』 ☞ 부록 1615면.

6) 2022. 6. 16. 2021도15122, 판례속보 = 『층간소음 욕설 사건』.

경위와 상황, 발언 내용, 상대방에게 발언을 전달한 방법과 장소 등 행위 당시의 객관적 제반 사정에 관하여 심리한 다음, 그로부터 발언을 들은 상대방이 불특정 또는 다수인에게 전파할 가능성이 있는지 여부를 검토하여 종합적으로 판단하여야 한다. 발언 상대방이 발언자나 피해자의 배우자, 친척, 친구 등 사적으로 친밀한 관계에 있어 그러한 관계로 인하여 비밀의 보장이 상당히 높은 정도로 기대되는 경우에는 공연성이 부정된다.[1)]

전파가능성을 이유로 모욕죄의 공연성을 인정하는 경우에는 적어도 범죄구성요건의 주관적 요소로서 미필적 고의가 필요하므로 전파가능성에 대한 인식이 있음은 물론 나아가 그 위험을 용인하는 내심의 의사가 있어야 한다. 행위자가 전파가능성을 용인하고 있었는지 여부는 외부에 나타난 행위의 형태와 행위의 상황 등 구체적인 사정을 기초로 하여 일반인이라면 그 전파가능성을 어떻게 평가할 것인가를 고려하면서 행위자의 입장에서 그 심리상태를 추인하여야 한다.[2)]

(나) 모 욕 모욕은 사실을 적시하지 아니하고 사람의 사회적 평가를 저하시킬 만한 추상적 판단이나 경멸적 감정을 표현하는 것을 의미한다.[3)] 어떠한 표현이 모욕죄의 모욕에 해당하는지는 상대방 개인의 주관적 감정이나 정서상 어떠한 표현을 듣고 기분이 나쁜지 등 명예감정을 침해할 만한 표현인지를 기준으로 판단할 것이 아니라 당사자들의 관계, 해당 표

---

1) 2022. 6. 16. 2021도15122, 판례속보 = 『층간소음 욕설 사건』.

2) 2022. 6. 16. 2021도15122, 판례속보 = 『층간소음 욕설 사건』.

3) 2015. 9. 10. 2015도2229, 공 2015하, 1571 = 『나이 먹은 관리소장 사건』 :

갑은 M아파트 입주자대표회의 감사이다. A는 M아파트 관리소장이다. 갑은 A의 외부특별감사에 관한 업무처리에 항의하기 위해 아파트 관리소장실을 방문하였다. 그 자리에서 갑과 A는 업무처리 방식을 두고 언쟁을 하게 되었다. 언쟁 과정에서 갑과 A 사이에 다음과 같은 대화가 오고갔다. (가) 갑 : "야, 이따위로 일할래." (나) A : "나이가 몇 살인데 반말을 하느냐." (다) 갑 : "나이 처먹은 게 무슨 자랑이냐." 당시 관리소장실 안에는 갑과 A만 있었다. 그러나 관리소장실의 문은 열려 있었다. 관리소장실 밖의 관리사무소에는 직원 4~5명이 업무를 하고 있었다. A는 갑을 고소하였다.

검사는 갑을 모욕죄로 기소하였다. 갑의 피고사건은 제1심을 거친 후, 항소심에 계속되었다. 항소법원은 모욕죄를 인정하였다. 갑은 불복 상고하였다.

대법원은 다음의 이유를 제시하여 원심판결을 파기환송하였다. (가) 형법 제311조의 모욕죄는 사람의 가치에 대한 사회적 평가를 의미하는 외부적 명예를 보호법익으로 하는 범죄이다. (나) 모욕죄에서 말하는 모욕이란 사실을 적시하지 아니하고 사람의 사회적 평가를 저하시킬 만한 추상적 판단이나 경멸적 감정을 표현하는 것을 의미한다. (다) 따라서 어떠한 표현이 상대방의 인격적 가치에 대한 사회적 평가를 저하시킬 만한 것이 아니라면 설령 그 표현이 다소 무례한 방법으로 표시되었다 하더라도 이를 두고 모욕죄의 구성요건에 해당한다고 볼 수 없다.

(라) (사실관계 분석 ; 생략함.) (마) 이러한 사실관계와 함께 기록에 의하여 인정되는 갑과 A의 관계, 갑이 이러한 발언을 하게 된 경위와 발언의 횟수, 발언의 의미와 전체적인 맥락, 발언을 한 장소와 발언 전후의 정황 등에 비추어 본다. (바) 갑의 위 발언은 상대방을 불쾌하게 할 수 있는 무례하고 저속한 표현이기는 하다. (사) 그렇지만 객관적으로 A의 인격적 가치에 대한 사회적 평가를 저하시킬 만한 모욕적 언사에 해당한다고 보기는 어렵다.

현에 이르게 된 경위, 표현방법, 당시 상황 등 객관적인 제반 사정에 비추어 상대방의 외부적 명예를 침해할 만한 표현인지를 기준으로 엄격하게 판단하여야 한다.[1]

어떠한 표현이 상대방의 인격적 가치에 대한 사회적 평가를 저하시킬 만한 것이 아니라면 설령 그 표현이 다소 무례한 방법으로 표시되었다 하더라도 이를 두고 모욕죄의 구성요건에 해당한다고 볼 수 없다.[2] [3] 어떠한 표현이 상대방에 대한 부정적 · 비판적 의견이나 감정을 나타내면서 경미한 수준의 추상적 표현이나 욕설이 사용된 경우 등이라면 특별한 사정이 없는 한 외부적 명예를 침해할 만한 표현으로 볼 수 없어 모욕죄의 구성요건에 해당된다고 볼 수 없다.[4]

모욕의 수단, 방법에는 제한이 없다. 구술, 문서, 도화는 물론 거동에 의한 경우도 포함된다. 언어적 수단이 아닌 비언어적 · 시각적 수단만을 사용하여 표현을 하더라도 그것이 사람의 사회적 평가를 저하시킬 만한 추상적 판단이나 경멸적 감정을 전달하는 것이라면 모욕죄가 성립한다.

최근 영상 편집 · 합성 기술이 발전함에 따라 합성 사진 등을 이용한 모욕 범행의 가능성이 높아지고 있다. 시각적 수단만을 사용한 모욕이라 하더라도 그 행위로 인하여 피해자가 입는 피해나 범행의 가벌성 정도는 언어적 수단을 사용한 경우와 비교하여 차이가 없다.[5]

---

1) 2022. 8. 31. 2019도7370, 공 2022하, 2066 = 『노조지부장 '야비한 사람' 사건』.

2) 2015. 9. 10. 2015도2229, 공 2015하, 1571 = 『나이 먹은 관리소장 사건』.

3) 2018. 11. 29. 2017도2661, 공 2019상, 239 = 『반말 이름 부르기 사건』 (분석 생략함).

4) 2022. 8. 31. 2019도7370, 공 2022하, 2066 = 『노조지부장 '야비한 사람' 사건』 (분석 생략함).

5) 2023. 2. 2. 2022도4719, 공 2023상, 569 = 『개 그림 얼굴 가리기 사건』:

갑과 A는 상호 갈등관계에 있었다. 갑은 'M보험알기'라는 인터넷 유투브를 운영하고 있었다(M유튜브채널). 갑은 M유튜브채널에 A의 방송 영상을 게시하면서 '개' 얼굴 모양의 그림으로 A의 얼굴을 가렸다.

검사는 갑을 모욕죄로 기소하였다. 공소사실의 요지는 다음과 같다. "갑은 A의 얼굴에 '개' 얼굴을 합성하는 방법으로 A를 공연히 모욕하였다." 제1심법원은 다음의 이유를 들어서 무죄를 선고하였다. (가) 갑이 A의 방송 영상을 게시하면서 A의 얼굴에 개 얼굴을 합성한 사실은 인정된다. (나) 그러나 다른 모욕적 표현이 없이 단지 개 얼굴 모양의 그림으로 A의 얼굴을 가린 것만으로는 갑이 A의 사회적 가치 내지 평가를 저하시키는 것이라고 인정하기에 부족하다. 검사는 불복 항소하였다.

항소법원은 다음과 같이 판단하여, 검사의 항소를 기각하였다. (가) 갑이 A의 방송 영상을 게시하면서 A의 얼굴에 개 얼굴을 합성한 사실은 인정된다. (나) 갑이 '개' 얼굴 모양의 그림을 사용한 것 외에 그 그림에 덧붙여 A를 '개'라고 지칭하였다거나 A를 모욕하는 내용의 효과음이나 자막 등을 추가하여 사용한 것으로는 보이지 않는다. (다) 다른 모욕적 표현이 없이 단지 개 얼굴 모양의 그림으로 A의 얼굴을 가린 것만으로는 갑이 A의 사회적 가치 내지 평가를 저하시키는 것이라고 인정하기에 부족하다. 검사는 불복 상고하였다.

대법원은 다음의 이유를 제시하여 상고를 기각하였다. 대법원은 모욕죄의 모욕 개념에 대해 다음과 같이 설시하였다. (가) 형법 제311조의 모욕죄는 사람의 가치에 대한 사회적 평가를 의미하는 외부적 명예를 보호법익으로 하는 범죄이다. (나) 모욕죄에서 말하는 모욕이란 사실을 적시하지 아니하고 사람의 사회적 평가를 저하시킬 만한 추상적 판단이나 경멸적 감정을 표현하는 것을 의미한다. (다) 따라서 어떠한 표현이 상대방의 인격적 가치에 대한 사회적 평가를 저하시킬 만한 것이 아니라면 설령 그 표현이 다소 무례한 방법으로 표시 사람의 외적 명예를 저하시킬 만한 추상적 판단이나 경멸적 감정이 공연히 표시되면 족하고 제3자가 이를 현실적으로 인식하였음을 요하지 않는다. 또 피해자가 그 장소에 있을 필요도 없다.

모욕죄가 성립하려면 공연히 사람의 외부적 명예를 저하시킬 만한 추상적 판단을 표시한다는 인식 · 인용이 있어야 한다. 그러나 반드시 사람을 경멸할 목적이 있음을 요하지 않는다.

(4) 위법성조각사유

형법 제310조에 의하여 위법성이 조각되는 것은 그 법문이 명백히 규정하고 있는 바와 같이 형법 제307조 제1항의 사실적시 명예훼손죄에 한한다. 모욕죄에서는 언급되는 사실이 진실이라 하더라도 위법성을 조각하지 않는다.[1] 피해자의 승낙(법24)과 같이 일반적인 위법성조각사유가 인정되면 모욕죄의 성립이 조각될 수 있다.

판례는 모욕죄의 구성요건에 해당하는 행위라 할지라도 사회상규에 위배되지 않는 경우에는 모욕죄의 성립을 부정하고 있다.[2] 판례는 그 이유를 다음과 같이 제시하고 있다. 공연히 타인을 모욕한 경우에 이를 처벌하는 것은 사람의 인격적 가치에 대한 사회적 평가 즉 외부적 명예를 보호하기 위함이다. 반면에 모욕죄의 형사처벌은 표현의 자유를 제한하고 있다. 어떠한 글이 모욕적 표현을 포함하는 판단이나 의견을 담고 있을 경우에도 그 시대의 건전한 사회통념에 비추어 살펴보아 그 표현이 사회상규에 위배되지 않는 행위로 볼 수 있는 때에는 형법 제20조의 정당행위에 해당하여 위법성이 조각된다고 보아야 한다. 이로써 표현

되었다 하더라도 이를 두고 모욕죄의 구성요건에 해당한다고 볼 수 없다.

대법원은 모욕의 수단에 대해 다음과 같이 설시하였다. (가) 모욕의 수단과 방법에는 제한이 없다. (나) 언어적 수단이 아닌 비언어적 · 시각적 수단만을 사용하여 표현을 하더라도 그것이 사람의 사회적 평가를 저하시킬 만한 추상적 판단이나 경멸적 감정을 전달하는 것이라면 모욕죄가 성립한다. (다) 최근 영상 편집 · 합성 기술이 발전함에 따라 합성 사진 등을 이용한 모욕 범행의 가능성이 높아지고 있다. (라) 시각적 수단만을 사용한 모욕이라 하더라도 그 행위로 인하여 피해자가 입는 피해나 범행의 가벌성 정도는 언어적 수단을 사용한 경우와 비교하여 차이가 없다.

대법원은 갑의 행위에 대해 다음과 같이 판단하였다. (가) 원심이, 갑이 A를 '개'로 지칭하지는 않은 점 및 갑이 효과음, 자막을 사용하지 않았다는 사정을 무죄의 근거로 든 것은 적절하다고 보기 어렵다. (나) 그러나 원심판단은 영상의 전체적인 내용을 살펴볼 때, 갑이 A의 얼굴을 가리는 용도로 동물 그림을 사용하면서 A에 대한 부정적인 감정을 다소 해학적으로 표현하려 한 것에 불과하다고 볼 여지도 상당하다. (다) 원심판단은 (ㄱ) 해당 영상이 A를 불쾌하게 할 수 있는 표현이기는 하지만 (ㄴ) 객관적으로 A의 인격적 가치에 대한 사회적 평가를 저하시킬 만한 모욕적 표현을 한 경우에 해당한다고 단정하기는 어렵다는 취지로서 수긍할 수 있다.

1) 1959. 12. 23. 4291형상539, 총람 311조 4번.

2) 2003. 11. 28. 2003도3972, 공 2004, 84 = 분석 각론 『'엄마의 싸움' 사건』.

의 자유로 획득되는 이익 및 가치와 명예 보호에 의하여 달성되는 이익 및 가치를 적절히 조화할 수 있다.[1]

판례의 태도는 명예훼손죄의 형법 제310조에 상응하는 위법성조각사유를 모욕죄에 대해 인정하고 있다는 점에서 주목된다. 판례의 입장은 특히 소위 사이버 모욕의 사안에서 중요한 의미가 있다.

어떤 글이 모욕적 표현을 담고 있는 경우에도 (가) 그 글이 객관적으로 타당성이 있는 사실을 전제로 하여, (나) 그 사실관계나 이를 둘러싼 문제에 관한 자신의 판단과 피해자의 태도 등이 합당한가 하는 데 대한 자신의 의견을 밝히고, (다) 자신의 판단과 의견이 타당함을 강조하는 과정에서 부분적으로 모욕적인 표현이 사용된 것에 불과하다면 사회상규에 위배되지 않는 행위로서 형법 제20조에 의하여 위법성이 조각될 수 있다.[2]

인터넷 등 공간에서 작성된 단문의 글이라고 하더라도, 그 내용이 자신의 의견을 강조하거나 압축하여 표현한 것이라고 평가할 수 있고 표현도 지나치게 모욕적이거나 악의적이지 않다면 마찬가지로 위법성이 조각될 수 있다.[3] [4] 한편, 판례는 연예인의 사생활에 대한 모욕적인 표현에 대하여 표현의 자유를 근거로 모욕죄의 구성요건에 해당하지 않거나 사회상규에 위배되지 않는다고 판단하는 데에는 신중할 필요가 있다는 입장을 취하고 있다.[5]

---

1) 2021. 8. 19. 2020도14576, 공 2021하, 1733 = 『단톡방 '도라이' 상관모욕 사건』 (분석 생략함).
2) 2021. 3. 25. 2017도17643, 공 2021상, 943 = 『'기레기' 표현 댓글 사건』 (분석 생략함).
3) 2022. 8. 25. 2020도16897, 공 2022하, 2056 = 『페이스북 '양두구육' 사건』 (분석 생략함).
4) 2022. 10. 27. 2019도14421, 공 2022하, 2342 = 『'버스노조 악의 축' 사건』 (분석 생략함).
5) 2022. 12. 15. 2017도19229, 공 2023상, 277 = 『'국민호텔녀' 댓글 사건』 ☞ 부록 1617면.

제34장 신용, 업무와 경매에 관한 죄

제1 서 설

형법 각칙 제34장은 신용, 업무와 경매에 관한 죄를 규정하고 있다. 신용훼손죄(법313) 또는 업무방해죄(법314)는 사람에게 경제적 손해를 가져오는 것이 보통이므로 재산에 대한 죄와 비슷한 성질을 가지고 있다. 그러나 신용훼손죄가 반드시 사람의 재산권을 침해하는 결과를 수반하는 것은 아니다. 또 업무방해죄도 보호의 대상이 되는 업무의 중심이 경제적 활동에 있는 것이 보통이지만 반드시 이에 국한되는 것은 아니다. 이러한 점에서 보면 신용훼손죄 또는 업무방해죄를 반드시 재산적 범죄라고 말할 수는 없다. 오히려 이들 범죄는 자유로운 행동결정권의 적정한 행사를 방해한다는 점에서 개인의 자유와 안전에 대한 죄로서의 성질을 가지고 있다고 생각된다.

경매 · 입찰방해죄(법315) 또한 경매 · 입찰을 방해함으로써 발생하는 재산에 대한 죄로서의 성격을 띠고 있지만, 그 방해방법으로 위계 · 위력 등을 사용하는 경우 사람의 자유 · 안전에 대한 범죄로서의 성질도 아울러 가진다고 말할 수 있다.

이러한 점을 종합하여 볼 때 형법 각칙 제34장의 죄는 재산에 대한 죄의 성질을 가지는 동시에 자유에 대한 죄의 성격도 아울러 가지고 있다고 하겠다.

제2 신용훼손죄

형법 제313조 (신용훼손) 허위의 사실을 유포하거나 기타 위계로써 사람의 신용을 훼손한 자는 5년 이하의 징역 또는 1천 500만원 이하의 벌금에 처한다.

1. 보호법익

(1) 신용과 명예

신용훼손죄의 보호법익은 신용이다. 신용이란 경제적 신용, 즉 사람의 지급능력 또는 지급의사에 대한 사회적 신뢰를 의미한다.[1)] 명예훼손죄의 경우에 설명한 바와 같이 신용도 사

1) 2011. 5. 13. 2009도5549, 공 2011상, 1235 = 분석 각론 『퀵서비스 영수증 사건』.

람에 대한 사회적 평가라는 점에서 명예와 그 성격을 같이한다. 그러나 우리 입법자는 신용훼손죄(법313; 5년 이하의 징역 또는 1,500만원 이하의 벌금)를 명예훼손죄에서 분리하여 별도의 장에서 규정하고 있으며, 허위사실적시 명예훼손죄(법307②; 5년 이하의 징역, 10년 이하의 자격정지 또는 1,000만원 이하의 벌금)보다 무겁게 처벌하고 있다. 한편 경제적 지급능력 또는 지급의사로서의 신용은 재산 그 자체는 아니다. 이렇게 볼 때 신용은 명예나 재산과 구별되는 독립된 법익이다.

(2) 명예훼손죄와의 관계

허위사실을 유포하여 신용을 훼손하는 행위가 신용훼손죄를 구성하는 외에 허위사실적시 명예훼손죄(법309②)를 구성할 것인지 문제된다. 이에 대해서는 경우를 나누어 살펴볼 필요가 있다. 먼저, 허위사실의 유포가 피해자의 경제적 지급능력 또는 지급의사에 한정되는 경우가 있다. 이 경우에는 입법자가 신용을 일반적인 명예와 구별하여 독자적으로 규율하고 있다는 점에 비추어 신용훼손죄만 성립하며, 허위사실적시 명예훼손죄는 신용훼손죄에 대해 법조경합의 관계에 있다.

다음으로, 동일한 허위사실 유포가 피해자의 경제적 지급능력이나 지급의사에 관한 것일 뿐만 아니라 피해자의 기타 영역에 대한 사회적 평가나 가치에 관련되는 것이라면 신용훼손죄와 허위사실적시 명예훼손죄가 각각 성립하며, 양자는 상상적 경합관계에 있다.

2. 실행행위

(1) 허위사실 유포

허위사실을 유포한다 함은 객관적으로 보아 진실과 부합하지 않는 과거 또는 현재의 사실을 불특정 또는 다수인에게 전파하는 것을 말한다.[1] 유포한 사실이 전부 허위인가 일부 허위인가는 신용훼손죄의 성립에 영향이 없다.

유포는 불특정 또는 다수인에게 전파하는 것을 말한다. 유포의 방법에는 제한이 없다. 범인이 스스로 불특정 또는 다수인에게 직접 고지하는 경우 외에 순차로 불특정 다수인에게 전파될 것을 예견하고 특정 또는 소수인에게 고지하는 경우에도 신용훼손죄가 성립한다.

허위사실의 유포는 객관적으로 보아 진실과 부합하지 않는 과거 또는 현재의 사실을 유포하는 것이다. 단순한 의견이나 가치판단을 표시하는 것은 이에 해당하지 않는

1) 2006. 12. 7. 2006도3400, [미간행], = 분석 각론 『연체이자 투서 사건』.

다.[1] 장래의 사실을 적시하더라도 (가) 그것이 과거 또는 현재의 사실을 기초로 하거나 (나) 이에 대한 주장을 포함하는 경우에는 신용훼손죄가 성립한다. 허위사실 자체 및 허위사실에 대한 피고인의 인식은 검사가 증명하여야 한다. 허위사실의 입증방법은 허위사실적시 명예훼손죄의 항목에서 설명한 것과 같다.[2]

(2) 위 계

위계라 함은 행위자의 행위목적을 달성하기 위하여 상대방에게 오인 · 착각 또는 부지를 일으키게 하여 이를 이용하는 것을 말한다.[3] 허위사실의 유포는 위계의 한 형태로서 예시된 것이라고 볼 수 있다. 위계를 사용하는 상대방과 신용을 훼손당하는 사람은 동일인이 아니어도 무방하다.

(3) 신용 훼손

신용을 훼손한다 함은 사람의 지급능력 또는 지급의사에 대한 타인의 신뢰에 위해를 가하는 것을 말한다. 피고인(갑)이 허위의 사실을 유포하여 손님들로 하여금 불친절하고 서비스를 지연시킨 사업체가 피해자(A)가 운영하는 사업체처럼 인식하게 한 경우에 그러한 피고인(갑)의 행위는 신용훼손죄에 해당하지 않는다. 피해자(A)의 경제적 신용, 즉 지급능력이나 지급의사에 대한 사회적 신뢰를 저해하는 행위라고 볼 수 없기 때문이다.[4]

3. 고 의

신용훼손죄의 고의는 미필적 고의로도 족하다. 허위사실을 유포하거나 기타 위계를 사용한다는 점과 그 결과 다른 사람의 신용을 저하시킬 염려가 있는 상태가 발생한다는 점에 대한 미필적 인식이 있으면 족하다.[5]

제 3 업무방해죄의 기본유형 – 업무방해죄

형법 제314조 (업무방해) ① 제313조의 방법 또는 또는 위력으로써 사람의 업무를 방해한 자는 5년 이하의 징역 또는 1천 500만원 이하의 벌금에 처한다.

1) 1983. 2. 8. 82도2486, 공 1983, 538 = 『낙찰계 파계 불입금 사건』 ☞ 부록 1617면.
2) 전술 854면 이하 참조.
3) 2006. 12. 7. 2006도3400, [미간행], = 분석 각론 『연체이자 투서 사건』.
4) 2011. 5. 13. 2009도5549, 공 2011상, 1235 = 분석 각론 『퀵서비스 영수증 사건』.
5) 2006. 12. 7. 2006도3400, [미간행], = 분석 각론 『연체이자 투서 사건』.

1. 보호법익

업무방해죄의 보호법익은 업무를 통한 사람의 사회적 · 경제적 활동을 보호하려는 데에 있다.[1] 업무방해죄의 성질에 관하여 논의가 제기되고 있다. 동일한 행위가 피해자의 신용을 훼손함과 동시에 그 사람의 업무를 방해하는 경우에 이를 통일적으로 파악할 것인지 아니면 별개의 죄로 파악할 것인지가 문제된다. 원래 이 문제는 동일한 조문의 전단과 후단으로 신용훼손죄와 업무방해죄가 함께 규정되어 있는 일본 형법의 특수성에서 비롯한 것이다.[2]

우리 입법자는 신용훼손죄(법313)와 업무방해죄(법314)를 조문상으로 분리하면서 경매 · 입찰방해죄(법315)와 함께 형법 각칙 제34장에 같이 규정하고 있다. 이러한 입법태도는 신용훼손죄, 업무방해죄, 경매 · 입찰방해죄가 사람의 경제적 활동의 자유를 보호한다는 점에서 공통되면서도, 각각 독자적 의미를 갖는다는 점을 인정한 것이라고 생각된다. 따라서 허위의 풍설을 유포하여 신용을 훼손하는 행위는 신용훼손죄를 구성하는 외에 업무방해죄도 구성하며, 양자는 상상적 경합관계에 있다.[3]

2. 행위객체

(1) 업무의 의의

(가) 업무의 주체　　업무방해죄의 객체는 사람의 업무이다. 사람은 범인 이외의 다른 사람을 말한다. 이 경우 사람은 자연인, 법인 및 법인격 없는 단체를 가리킨다.[4] 학교법인은

---

1) 2009. 11. 19. 2009도4166 전원합의체 판결, 공 2009하, 2123 = 분석 각론 『경찰민원실 소란 사건』.

2) 일본형법 제233조 (신용훼손 및 업무방해) 허위의 풍설을 유포하거나 위계를 사용하여 사람의 신용을 훼손하거나 또는 그 업무를 방해한 자는 3년 이하의 징역 또는 50만엔 이하의 벌금에 처한다.

제234조 (위력업무방해) 위력을 사용하여 사람의 업무를 방해한 자도 전조의 예에 의한다.

3) 2011. 5. 13. 2009도5549, 공 2011상, 1235 = 분석 각론 『퀵서비스 영수증 사건』.

4) 2007. 12. 27. 2005도6404, 공 2008상, 167 = 『지방공기업 채용비리 사건』:

P공사(公社)는 지방공기업법에 따라서 설립된 것이다. 지방공기업법의 관련규정과 P공사의 정관 관련규정에 의하면 공사의 직원은 사장이 임면하는 것으로 규정되어 있다. 또 계약직원 운영관리 내규 관련규정에는 사장이 계약직원에 대한 일체의 채용권한을 갖는다고 규정되어 있다.

갑은 P공사의 사장이다. A 등은 P공사의 신규직원 채용시험업무 담당자들이다. B는 P공사의 일반행정 6급시험 응시자이다. C는 전문계약직인 사서직 응시자이다. [갑과 A 등은 B, C를 합격할 수 있게 하는 방안을 모색하였다.] 갑은 A 등에게 지시하여 B의 필기시험성적을 조작하게 하였다. 갑은 A 등에게 지시하여 C를 면접대상자에 포함시킬 수 있도록 응시자격 요건을 변경하였다. B는 일반행정 6급시험에 합격하여 채용되었다. C는 전문계약직 사서로 채용되었다.

검사는 갑을 위계에 의한 업무방해죄로 기소하였다. 갑의 피고사건은 제1심을 거친 후, 항소심에 계속되었다. 항소법원은 다음의 이유를 들어 무죄를 선고하였다. (가) P공사는 업무의 주체가 아니다. (나) B와 C는 시험업무 담당자 A 등의 오인 · 착각 · 부지에 의하여 채용되지 않았다. (다) 업무주체 및 위계가 없으므로 업무방해죄가 성립하지 않는다. 검사는 불복 상고하였다. 검사는 상고이유로 다음의 점을 주장하였다. (가) P공

업무의 주체가 될 수 있다. 그러나 학교법인이 설립운영하는 대학교 자체는 법적 성질이 영조물에 불과하여 업무방해죄에서 말하는 업무의 주체가 될 수 없다.[1] 또한 업무가 자기의 업무에 속할 때에도 업무방해죄가 성립하지 않는다.[2]

업무의 주체(A)가 스스로 업무를 수행하지 않고 다른 사람(B)에게 위임하여 처리하게 하는 경우에도 위임자(A)가 업무의 주체가 된다. 그러나 업무 주체(A)가 강제집행을 집행관에게 의뢰한 경우에는 사정이 다르다. 집행관은 「집행관법」 제2조에 따라 재판의 집행 등을 담당하면서 그 직무 행위의 구체적 내용이나 방법 등에 관하여 전문적 판단에 따라 합리적인 재량을 가진 독립된 단독의 사법기관이다. 따라서 채권자(A)의 집행관(B)에 대한 집행위임은 비록 「민사집행법」 제16조 제3항, 제42조 제1항, 제43조 등에 '위임'으로 규정되어 있더라도 이는 집행개시를 구하는 신청을 의미하는 것이지 일반적인 민법상 위임이라고 볼 수

사는 업무의 주체가 될 수 있다. (나) 갑의 지시 및 A 등의 지시이행에 의하여 B, C가 채용된 것은 위계에 의한 것이다.

대법원은 다음의 이유를 제시하여 상고를 기각하였다. 대법원은 업무방해죄의 업무 주체에 대해 다음과 같이 판단하였다. (가) 업무방해죄에 있어서의 행위의 객체는 타인의 업무이다. (나) 여기서 타인이라 함은 범인 이외의 자연인과 법인 및 법인격 없는 단체를 가리킨다. (다) [지방공기업법 관련규정], P공사의 정관 제13조에 의하면, 공사의 직원은 사장이 임면하는 것으로 규정되어 있다. (라) 또 계약직원 운영관리 내규 제7조 제1항에는 사장이 계약직원에 대한 일체의 채용권한을 갖는다고 규정되어 있다. (마) 그리하여 P공사의 신규직원의 채용권한은 사장인 갑에게 귀속되어 있다. (바) 갑이 위 규정에 따라 신규직원의 채용권한을 행사하는 것은 갑이 법인인 P공사의 기관으로서의 지위에서 공사의 업무를 집행하는 것에 불과하다. (사) 그러므로 신규직원 채용업무가 P공사의 업무가 아니라고 볼 수는 없다.

대법원은 업무방해죄의 위계에 대해 다음과 같이 판단하였다. (가) 형법 제314조 제1항 소정의 위계에 의한 업무방해죄에 있어서의 '위계'라 함은 행위자의 행위목적을 달성하기 위하여 상대방에게 오인·착각 또는 부지를 일으키게 하여 이를 이용하는 것을 말한다. (나) P공사의 신규직원 채용시험업무 담당자들인 A 등이 일반행정 6급시험 응시자인 B의 필기시험성적을 조작한 것과 전문계약직인 사서직 응시자 C를 면접대상자에 포함시킬 수 있도록 응시자격 요건을 변경한 것은 (ㄱ) 갑의 부정한 지시에 따른 결과일 뿐이지 (ㄴ) 갑의 행위에 의해 A 등 시험업무 담당자들이 오인·착각 또는 부지를 일으킨 결과가 아니다. (다) 이와 같이 신규직원 채용권한을 갖고 있는 갑 및 A 등 시험업무 담당자들이 모두 공모 내지 양해하에 위와 같은 부정한 행위를 하였다면 법인인 P공사에게 위 신규직원 채용업무와 관련하여 오인·착각 또는 부지를 일으키게 하였다고 볼 수는 없다. (라) 그렇다면 이 사건에서는 갑의 위 시험업무 담당자들에 대한 부정한 지시나 이에 따른 업무 담당자들의 부정행위로 말미암아 공사의 신규직원 채용업무와 관련하여 오인·착각 또는 부지를 일으킨 상대방이 있다고 할 수 없다. (마) 그러므로 갑 등의 위 부정행위가 곧 위계에 의한 업무방해죄에 있어서의 '위계'에 해당한다고 할 수 없다.

(바) 원심이 위 신규직원 채용업무가 P공사의 업무가 아니라는 전제에서 그 업무가 업무방해죄에 있어서 타인의 업무가 아니라고 판단한 것은 잘못이다. (사) 갑의 행위가 위계에 의한 업무방해죄에 있어서의 위계에 해당되지는 않는다는 취지에서 이 부분 공소사실을 무죄로 인정한 것은 결론에 있어 정당한 것으로 수긍이 가고, 거기에 위계에 의한 업무방해죄에 관한 법리오해의 위법이 없다.

1) 1999. 1. 15. 98도663, 공 1999, 315 =『체육학과 부정 편입학 사건』☞ 부록 1619면.

2) 1999. 1. 15. 98도663, 공 1999, 315 =『체육학과 부정 편입학 사건』.

없다.[1] 그리하여 집행관(B)의 강제집행을 방해하는 행위는 강제집행을 의뢰한 사람(A)의 업무를 방해하는 행위라고 볼 수 없다.[2]

(나) 업무의 범위 업무는 직업 또는 계속적으로 종사하는 사무나 사업을 말한다. 여기서 사무 또는 사업은 단순히 경제적 활동만을 의미하는 것이 아니라 널리 사람이 사회생활상의 지위에서 계속적으로 행하는 일체의 사회적 활동을 의미한다.[3] 업무에는 주된 업무뿐만 아니라 주된 업무와 밀접불가분의 관계에 있는 부수적인 업무도 포함된다. 그러나 계속적이 아닌 1회적 사무는 업무에 해당하지 않는다.[4] 또한 단순히 권리를 행사하거나 의무를 이행하는 것만 가지고는 업무에 해당한다고 할 수 없다.[5]

(다) 보호할 가치 업무는 직업 또는 계속적으로 종사하는 사무나 사업으로서 일정기간 사실상 평온하게 이루어져 사회적 활동의 기반이 되는 것을 말한다.[6] 업무방해죄의 업무는 보호의 객체로서의 업무를 말한다. 따라서 업무의 기초가 된 계약 또는 행정행위 등이 반드시 적법해야 하는 것은 아니다. 그렇지만 타인의 위법한 행위에 의한 침해로부터 보호할 가치는 있는 것이어야 한다.[7] 어떤 사무나 활동 자체가 위법의 정도가 중하여 사회생활상 도저히 용인될 수 없는 정도로 반사회성을 띠는 경우에는 업무방해죄의 보호대상이 되는 업무에 해당하지 않는다.[8]

법률상 보호할 가치가 있는 업무인지 여부는 그 사무가 사실상 평온하게 이루어져 사회

---

1) 집행관법 제2조 (직무) 집행관은 지방법원에 소속되어 법률에서 정하는 바에 따라 재판의 집행, 서류의 송달, 그 밖에 법령에 따른 사무에 종사한다.

민사집행법 제16조 (집행에 관한 이의신청) ③ 집행관이 집행을 위임받기를 거부하거나 집행행위를 지체하는 경우 또는 집행관이 계산한 수수료에 대하여 다툼이 있는 경우에는 법원에 이의를 신청할 수 있다.

제42조 (집행관에 의한 영수증의 작성 · 교부) ① 채권자가 집행관에게 집행력 있는 정본을 교부하고 강제집행을 위임한 때에는 집행관은 특별한 권한을 받지 못하였더라도 지급이나 그 밖의 이행을 받고 그에 대한 영수증서를 작성하고 교부할 수 있다. 집행관은 채무자가 그 의무를 완전히 이행한 때에는 집행력 있는 정본을 채무자에게 교부하여야 한다.

제43조 (집행관의 권한) ① 집행관은 집행력 있는 정본을 가지고 있으면 채무자와 제3자에 대하여 강제집행을 하고 제42조에 규정된 행위를 할 수 있는 권한을 가지며, 채권자는 그에 대하여 위임의 흠이나 제한을 주장하지 못한다.

② 집행관은 집행력 있는 정본을 가지고 있다가 관계인이 요청할 때에는 그 자격을 증명하기 위하여 이를 내보여야 한다.

2) 2023. 4. 27. 2020도34, 공 2023상, 966 = 『재건축 강제집행 방해 사건』 ☞ 부록 1621면.

3) 2009. 11. 19. 2009도4166 전원합의체 판결, 공 2009하, 2123 = 분석 각론 『경찰민원실 소란 사건』.

4) 1993. 2. 9. 92도2929, 공 1993, 1029 = 분석 각론 『조경공사 방해 사건』.

5) 2013. 6. 14. 2013도3829, 공 2013하, 1286 = 분석 각론 『교실내 학부모 욕설 사건』.

6) 2013. 8. 23. 2011도4763, 공 213하, 1734 = 분석 각론 『본점식당 골든벨 사건』.

7) 2007. 8. 23. 2006도3687, 2007, 1501.

8) 2011. 10. 13. 2011도7081, 공 2011하, 2402 = 분석 각론 『병풍 치기 사건』.

적 활동의 기반이 되고 있느냐에 따라 결정된다. 그 업무의 개시나 수행과정에 실체상 또는 절차상의 하자가 있다고 하더라도 그 정도가 반사회성을 띠는 데까지 이르지 아니한 이상 업무방해죄의 보호대상이 된다.[1]

의료인이나 의료법인이 아닌 자가 의료기관을 개설하여 운영하는 행위는 업무방해죄의 보호대상이 되는 업무에 해당하지 않는다. 그러나 무자격자에 의해 개설된 의료기관에 고용된 의료인이 환자를 진료한다고 하여 그 진료행위 또한 당연히 반사회성을 띠는 행위라고 볼 수는 없다. 이때 의료인의 진료업무가 업무방해죄의 보호대상이 되는 업무인지는 의료기관의 개설 · 운영 형태, 해당 의료기관에서 이루어지는 진료의 내용과 방식, 피고인의 행위로 인하여 방해되는 업무의 내용 등 사정을 종합적으로 고려하여 판단해야 한다.[2]

---

1) 2023. 3. 16. 2021도16482, 공 2023상, 738 = 『사무장병원 업무방해 사건』:

P병원의 개설 명의인은 A(의료인)이다. 그런데 실제로 P병원은 B(비의료인)가 개설하여 운영하는 병원이다. P병원에서 의사 A가 환자 관련 업무를 수행하고 있었다. 갑은 A를 붙잡는 등의 진료방해 행위를 하였다.

검사는 갑을 업무방해죄로 기소하였다. 갑의 피고사건은 제1심을 거친 후, 항소심에 계속되었다. 항소법원은 다음의 이유를 들어서 무죄를 선고하였다. (가) P병원은 의사 A를 개설 명의자로 하여 의료인이 아닌 B가 개설하여 운영하는 병원이다. (나) P병원의 운영에 관한 업무는 업무방해죄의 보호대상이 되는 업무에 해당하지 않는다. (다) A의 진료행위도 P병원의 운영에 관한 업무에 포함되어 별개의 보호가치 있는 업무로 볼 수 없다. 검사는 불복 상고하였다.

대법원은 다음의 이유를 제시하여 원심판결을 파기환송하였다. 대법원은 업무방해죄의 업무 범위에 대해 다음과 같이 설시하였다. (가) 형법상 업무방해죄의 보호대상이 되는 '업무'라 함은 직업 또는 계속적으로 종사하는 사무나 사업을 말하는 것이다. (나) 형법상 업무방해죄의 보호대상이 되는 '업무'는 타인의 위법한 행위에 의한 침해로부터 보호할 가치가 있는 것이면 된다. (다) 그 업무의 기초가 된 계약 또는 행정행위 등이 반드시 적법하여야 하는 것은 아니다. (라) 법률상 보호할 가치가 있는 업무인지 여부는 그 사무가 사실상 평온하게 이루어져 사회적 활동의 기반이 되고 있느냐에 따라 결정되는 것이다. (마) 그 업무의 개시나 수행과정에 실체상 또는 절차상의 하자가 있다고 하더라도 그 정도가 반사회성을 띠는 데까지 이르지 아니한 이상 업무방해죄의 보호대상이 된다고 보아야 한다.

대법원은 소위 사무장병원의 업무와 업무방해죄의 관계에 대해 다음과 같이 설시하였다. (가) 의료인이나 의료법인이 아닌 자가 의료기관을 개설하여 운영하는 행위는 업무방해죄의 보호대상이 되는 업무에 해당하지 않는다. (나) 그러나 무자격자에 의해 개설된 의료기관에 고용된 의료인이 환자를 진료한다고 하여 그 진료행위 또한 당연히 반사회성을 띠는 행위라고 볼 수는 없다. (다) 이때 의료인의 진료업무가 업무방해죄의 보호대상이 되는 업무인지는 의료기관의 개설 · 운영 형태, 해당 의료기관에서 이루어지는 진료의 내용과 방식, 피고인의 행위로 인하여 방해되는 업무의 내용 등 사정을 종합적으로 고려하여 판단해야 한다.

대법원은 원심판결의 당부에 대해 다음과 같이 판단하였다. (가) 원심판결 이유와 증거에 의하면, P병원은 A를 개설 명의자로 하여 의료인이 아닌 B가 개설하여 운영하는 병원인 사실, 갑이 P병원에서 환자 관련 업무를 수행하고 있는 A를 붙잡는 등의 행위를 한 사실을 알 수 있다. (나) 위와 같은 갑의 행위와 그 당시의 주변 상황 등을 종합해 보면, 이 부분 공소사실 전부 또는 그중 일부는 갑이 A의 환자에 대한 진료행위를 방해한 것으로 볼 여지가 있다. (다) 따라서 원심으로서는 이 부분 공소사실에 대하여 갑이 P병원의 일반적인 운영 외에 A의 진료행위를 방해한 것인지에 대해 더 세밀하게 심리하여 업무방해죄 성립 여부를 판단했어야 한다.

2) 2023. 3. 16. 2021도16482, 공 2023상, 738 = 『사무장병원 업무방해 사건』.

(2) 업무상 과실치사상죄와의 비교

업무방해죄의 업무는 보호의 객체로서의 업무를 말한다. 따라서 행위주체로서의 지위를 말하는 업무상 횡령죄(법356, 355①), 업무상 배임죄(법356, 355②), 업무상 과실치사상죄(법268), 업무상 실화죄(법171)에서의 업무나 행위상황을 의미하는 아동혹사죄(법274)의 업무와 구별된다. 참고로 여기에서 업무방해죄의 업무와 업무상 과실치사상죄의 업무를 비교해 본다.

첫째로, 업무상 과실치사상죄의 업무는 (가) 사람의 생명 · 신체에 대한 위험을 내포하는 업무 또는 (나) 사람의 생명 · 신체에 대한 위험을 방지해야 할 업무를 의미한다. 이에 대해 업무방해죄의 업무는 생명 · 신체와 관련된 것에 국한되지 않는다. 둘째로, 업무상 과실치사상죄에서는 오락으로 행하는 자동차의 운전이나 사냥 등도 계속성이 있으면 업무에 해당할 수 있다. 그러나 업무방해죄의 경우에는 그렇지 않다. 셋째로, 업무상 과실치사상죄의 경우에는 부적법한 업무나 위법한 업무도 주의의무의 발생근거가 된다. 그러나 업무방해죄의 경우에는 형법적 보호의 가치가 있는 업무만을 대상으로 하므로 그 업무수행이 정당한 것이어야 한다.[1] 넷째로, 업무상 과실치사상죄의 경우에는 공무 · 사무를 묻지 않고 모두 업무로 인정되지만, 업무방해죄의 업무에는 공무가 포함되지 않는다.

---

1) 1977. 5. 24. 76도3460, 공 1977, 10120 =『집행 토지 보리 경작 사건』:

M토지는 국유토지였다. 갑은 M토지에 보리를 파종하였다(㉠보리). M토지는 공개입찰에 의하여 A에게 매매되었다. 이듬해 4월 관할법원의 확정판결에 의하여 M토지에 대한 A에의 인도집행이 완료되었다. 이 무렵 갑이 M토지에 파종한 ㉠보리는 30센티미터 이상 성장하였다. A는 인도받은 M토지를 경작하기 위해 소를 사용한 쟁기질을 하여 성장한 ㉠보리를 갈아뭉개려고 하였다. 갑은 A가 경작하지 못하도록 하려고 소를 가로막고 쟁기를 잡아당겨 A의 행위를 방해하였다(㉮행위). 갑은 10월까지 계속 M토지를 경작하였다(㉯행위). [A는 갑을 고소하였다.]

검사는 갑을 업무방해죄로 기소하였다. 갑의 피고사건은 제1심을 거친 후, 항소심에 계속되었다. 항소법원은 무죄를 선고하였다. 검사는 불복 상고하였다.

대법원은 다음의 이유를 제시하여 상고를 기각하였다. 대법원은 ㉮행위 부분에 대해 다음과 같이 판단하였다. (가) M토지에 대한 확정판결에 의하여 4월경 소유자 A에의 인도집행이 완료되었다. (나) 그렇다고 할지라도 M토지는 종전부터 갑이 경작하던 것으로 전년도에 파종한 ㉠보리가 30 cm이상 성장되어 있었다. (다) ㉠보리는 갑의 소유로서 그가 수확할 권한이 있으니 A가 M토지를 경작하기 위하여 소를 사용하여 쟁기질을 하고 성장한 ㉠보리를 갈아 뭉게는 행위는 갑의 재산에 대한 현재의 부당한 침해이다. (라) 그러므로 이를 막기 위하여 그 경작을 못하도록 소 앞을 가로막고 쟁기를 잡아당기는 등의 갑의 ㉮행위는 정당방위라 할 것이니 죄가 될 리 없다.

대법원은 ㉯행위 부분에 대해 다음과 같이 판단하였다. (가) M토지에 대한 인도집행이 있은 후에도 갑은 다시 M토지를 점유 · 경작하고 있었다. (나) M토지의 점유가 비록 불법이라 할지라도 새로운 점유상태가 형성되었다. (다) A가 M토지에 대해 다시 적법한 인도절차를 밟았다고 볼 만한 자료가 없다. (라) M토지에 대한 A의 경작은 정당한 업무수행이라 할 수 없다. (마) 그러므로 갑이 A가 경작하려는 행위를 방해하였다 해도 업무방해죄가 성립되지 않는다.

(3) 공무집행방해죄와의 관계

업무방해죄의 업무에 공무가 포함되는가 하는 문제에 대하여 긍정설과 부정설이 대립하고 있다. 논의의 계기는 폭행에 이르지 아니하는 위력에 의한 공무집행방해행위를 위력에 의한 업무방해라는 이유로 업무방해죄로 처벌할 수 있을 것인가 하는 점에 있다. 종래 판례는 이를 긍정하였으나, 2009년 대법원은 전원합의체의 판례변경을 통해 업무방해죄의 업무에는 공무가 포함되지 않는다는 입장으로 선회하였다.[1)]

판례는 업무방해죄의 업무에서 공무를 제외하는 이유로 다음의 논거를 제시하고 있다. 첫째로, 양자의 보호법익과 보호대상이 다르다. 업무방해죄는 사람의 사회적 · 경제적 활동을 보호하려는 것임에 대하여 공무집행방해죄는 공무원에 의하여 구체적으로 행해지는 국가 또는 공공기관의 기능을 보호하는 데에 있다. 둘째로, 업무방해죄는 허위사실의 유포, 위계, 위력을 행위태양으로 하고 있음에 대하여 공무집행방해죄는 폭행 · 협박 · 위계만으로 행위태양을 한정하고 있다. 업무방해죄의 행위태양에 비해 공무집행방해죄의 행위태양은 보다 제한되어 있다. 셋째로, 형법은 공무집행방해죄(법136, 137) 외에도 직무강요죄(법136②), 법정 · 국회의장모욕죄(법138), 인권옹호직무방해죄(법139), 공무상강제처분표시무효죄 · 공무상비밀장치침해죄 · 공무상비밀내용탐지죄(법140① · ② · ③), 부동산강제집행효용침해죄(법140의2), 공용서류무효죄 · 공용물파괴죄(법141① · ②), 공무상보관물무효죄(법142) 등 공무방해행위를 처벌하는 규정을 개별적 · 구체적으로 마련하고 있다. 넷째로, 국가는 법집행기관을 확보하고 있으므로 위력에 의한 공무집행 방해행위를 개인적 법익을 침해하는 죄인 업무방해죄로 대처해야 할 현실적 필요성이 적다.

3. 실행행위

업무방해죄의 행위는 허위의 사실을 유포하거나 위계를 사용하거나 또는 위력으로 사람의 업무를 방해하는 것이다.

(1) 허위사실 유포

실제 사실과 일치하지 않는 다른 사항을 내용으로 하는 사실이 허위사실이다. 허위사실의 유포는 허위사실을 불특정 또는 다수인에게 전파시키는 것을 말한다. 단순한 의견이나 가치판단을 표시하는 것은 허위사실의 유포에 해당하지 않는다. 유포한 대상이 사실과 의견 가운데 어느 것에 속하는지 판단할 때는 언어의 통상적 의미와 용법, 증명가능성, 문제 된 말

1) 2009. 11. 19. 2009도4166 전원합의체 판결, 공 2009하, 2123 = 분석 각론『경찰민원실 소란 사건』.

이 사용된 문맥, 당시의 사회적 상황 등 전체적 정황을 고려해서 판단해야 한다.[1)]

의견표현과 사실적시가 혼재되어 있는 경우에는 이를 전체적으로 보아 허위사실을 유포하여 업무를 방해한 것인지 등을 판단해야지, 의견표현과 사실적시 부분을 분리하여 별개로 범죄의 성립 여부를 판단해서는 안 된다.[2)] 반드시 기본적 사실이 거짓이어야 하는 것은 아니고 비록 기본적 사실은 진실이더라도 이에 거짓이 덧붙여져 타인의 업무를 방해할 위험이 있는 경우도 업무방해에 해당한다.[3)]

그러나 그 내용 전체의 취지를 살펴볼 때 중요한 부분이 객관적 사실과 합치되고 단지 세부적으로 약간의 차이가 있거나 다소 과장된 표현이 있는 정도에 지나지 않아 타인의 업무를 방해할 위험이 없는 경우는 이에 해당하지 않는다.[4) 5)]

검사가 허위사실 자체에 대한 증명 및 피고인의 허위사실 인식에 대한 증명을 해야 한다는 점은 허위사실적시 명예훼손죄의 항목에서 설명한 것과 같다.[6)]

(2) 위 계

(가) 위계의 범위　　위계는 행위자의 행위목적을 달성하기 위하여 상대방에게 오인·착각 또는 부지를 일으키게 하여 이를 이용하는 것을 말한다.[7)]

컴퓨터 등 정보처리장치에 정보를 입력하는 등의 행위가 그 입력된 정보 등을 바탕으로 업무를 담당하는 사람의 오인·착각·부지를 일으킬 목적으로 행해진 경우에는 그 행위가 업무를 담당하는 사람을 직접적인 대상으로 이루어진 것이 아니라고 하여도 위계에 해당한다.[8)]

---

1) 2021. 9. 30. 2021도6634, 공 2021하, 2164 = 『상급노조 가입 홍보글 사건』 ☞ 부록 1622면.

2) 2021. 9. 30. 2021도6634, 공 2021하, 2164 = 『상급노조 가입 홍보글 사건』.

3) 2021. 9. 30. 2021도6634, 공 2021하, 2164 = 『상급노조 가입 홍보글 사건』.

4) 2006. 9. 8. 2006도1580, 공 2006, 1711.

5) 2021. 9. 30. 2021도6634, 공 2021하, 2164 = 『상급노조 가입 홍보글 사건』.

6) 전술 854면 이하 참조.

7) 2005. 3. 25. 2003도5004, 공 2005, 698 = 분석 각론 『음악학원 전대 사건』.

8) 2013. 11. 28. 2013도5117, 공 2014상, 145 = 『당내 경선 대리투표 사건』:

P정당의 국회의원 비례대표 후보를 추천하기 위한 ㉠당내 경선이 실시되었다. P정당은 인터넷 전자투표시스템을 이용한 전자투표를 실시하기로 하였다(㉡전자투표). ㉡전자투표를 하려면 시스템에 접속하는 과정과 후보자를 선택하여 클릭하는 과정에서 당원명부에 등록된 휴대전화로 전송받은 ㉢고유인증번호를 2차례 시스템에 입력하여야 한다. 이는 한 사람이 여러 번 투표권을 행사하거나 대리투표하는 것을 방지하려는 데 그 목적이 있다. 갑은 ㉠당내 경선과정에서 선거권자 A(통칭함)로부터 ㉢인증번호를 전달받았다. 갑은 전달받은 ㉢인증번호를 시스템에 입력하여 A 명의로 자신이 지지하는 후보자 B에게 전자투표를 하였다(㉮행위).

검사는 갑을 업무방해죄로 기소하였다. 갑의 피고사건은 제1심을 거친 후, 항소심에 계속되었다. 항소법원은 유죄를 인정하였다. 갑은 불복 상고하였다. 갑은 상고이유로 다음의 점을 주장하였다. (가) 위계는 사상표권은 설정등록에 의하여 발생한다(상표법82①). 국내에서 상표를 사용하는 자 또는 사용하려는 자는 자기의 상표를 등록받을 수 있다(상표법3① 본문). 실제로 상표를 사용한 사실이 있거나 처음으로 사용하였는지 여부는 상표권 발생의 요건으로 볼 수 없다.[1] 피고인이 피해 회사가 사용 중인 상표나 서비스표를 피해 회사보다 시간적으로 먼저 등록출원을 하였다거나 피해 회사가 사용 중인 상표나 서비스표의 제작에 실제로는 관여하지 않았으면서도 상표나 서비스표 등록출원을 하였다는 등의 사정만으로는 피해 회사에 대한 위계에 해당한다고 단정하기 어렵다.[2]

인터넷 자유게시판 등에 실제의 객관적인 사실을 게시하는 행위는 설령 그로 인하여 피해자의 업무가 방해된다고 하더라도 위계에 해당하지 않는다.[3] 업무 담당자들이 서로 공모 내지 양해하여 업무와 관련한 부정한 행위를 하였다면 그 업무와 관련하여 오인·착각 또는 부지를 일으키게 하였다고 볼 수는 없다.[4]

(나) 심사업무와 위계 상대방으로부터 신청을 받아 상대방이 일정한 자격요건 등을 갖춘 경우에 한하여 그에 대한 수용 여부를 결정하는 업무가 심사업무이다. 심사업무에서는 업무담당자가 신청서에 기재된 사유가 사실과 부합하지 않을 수 있음을 전제로 그 자격요건 등을 심사·판단하게 된다. 이때 그 업무담당자가 사실을 충분히 확인하지 아니한 채 신청인이 제출한 허위의 신청사유나 허위의 소명자료를 가볍게 믿고 이를 수용하는 경우가 있다. 이러한 경우는 업무담당자의 불충분한 심사에 기인한 것으로서 신청인의 위계가 업무방해의

람인 상대방에게 오인, 착각, 부지를 일으키는 것이다. (나) 사람이 아닌 전자투표 시스템에 ⓒ인증번호를 입력한 것은 위계에 해당하지 않는다. (다) 당내 경선에는 보통·직접·평등·비밀선거의 원칙을 지킬 필요가 없다.

대법원은 다음의 이유를 제시하여 상고를 기각하였다. (보통·직접·평등·비밀선거 부분은 고찰을 생략함.) (가) 위계에 의한 업무방해죄에서 '위계'란 행위자가 행위목적을 달성하기 위하여 상대방에게 오인, 착각 또는 부지를 일으키게 하여 이를 이용하는 것을 말한다. (나) 업무방해죄의 성립에는 업무방해의 결과가 실제로 발생함을 요하지 않고 업무방해의 결과를 초래할 위험이 발생하면 족하다. (다) 업무수행 자체가 아니라 업무의 적정성 내지 공정성이 방해된 경우에도 업무방해죄가 성립한다. (라) 컴퓨터 등 정보처리장치에 정보를 입력하는 등의 행위가 그 입력된 정보 등을 바탕으로 업무를 담당하는 사람의 오인, 착각 또는 부지를 일으킬 목적으로 행해진 경우가 있다. (마) 이러한 경우에는 그 행위가 업무를 담당하는 사람을 직접적인 대상으로 이루어진 것이 아니라고 하여 위계가 아니라고 할 수는 없다.

(바) 갑의 ㉮행위는 ㉠당내 경선업무에 참여하거나 관여한 여러 P정당 관계자들로 하여금 비례대표 후보자의 지지율 등에 관한 사실관계를 오인, 착각하도록 하여 경선업무의 적정성이나 공정성을 방해한 경우에 해당한다. (사) 위와 같은 범행에 컴퓨터를 이용한 것은 단지 그 범행 수단에 불과하다.

1) 2020. 11. 12. 2017도7236, [미간행] = 『서비스표 먼저 등록 사건』 (분석 생략함).

2) 2020. 11. 12. 2017도7236, [미간행] = 『서비스표 먼저 등록 사건』.

3) 2007. 6. 29. 2006도3839, 공 2007, 1224.

4) 2007. 12. 27. 2005도6404, 공 2008상, 167 = 『지방공기업 채용비리 사건』.

위험성을 발생시켰다고 할 수 없어 위계에 의한 업무방해죄를 구성하지 않는다.[1)]

이에 반해 신청인이 업무담당자에게 허위의 주장을 하면서 이에 부합하는 허위의 소명자료를 첨부하여 제출하는 경우가 있다. 이 경우에 신청의 수리 여부를 결정하는 업무담당자가 관계규정이 정한 바에 따라 그 요건의 존부에 관하여 나름대로 충분히 심사를 하였음에도 불구하고 신청사유 및 소명자료가 허위임을 발견하지 못하여 그 신청을 수리하게 될 정도에 이르렀다면 이는 업무담당자의 불충분한 심사가 아니라 신청인의 위계행위에 의하여 업무방해의 위험성이 발생된 것이어서 위계에 의한 업무방해죄가 성립한다.[2)]

학생이 제출하는 봉사활동확인서에 따라 학교생활기록부에 봉사활동내역 및 시간 등을 기재한 후, 이를 토대로 공적심사위원회를 통하여 봉사활동시간의 적정성에 관한 자료를 검토 · 심의하여 봉사상 수상자를 선정하도록 하는 절차에서 허위의 봉사활동확인서를 제출하는 행위가 위계에 의한 업무방해죄에 해당하는지 문제된다. 봉사상 심사 및 선정 업무는 학생이 제출한 봉사활동확인서의 내용이 진실함을 전제로 이루어지는 것이다. 봉사상 심사 및 선정 업무를 학생으로부터 봉사상에 관한 신청을 받아 해당 학생이 일정한 자격요건 등을 갖춘 경우에 한하여 그에 대한 수용 여부를 결정하는 업무라거나, 봉사활동확인서의 내용이 사실과 부합하지 않을 수 있음을 전제로 봉사상 수상의 자격요건 등을 심사 · 판단하는 업무라고 볼 수 없다. 피고인이 허위 봉사활동확인서를 제출함으로써 학교장의 봉사상 심사 및 선정 업무 방해의 결과를 초래할 위험이 발생하였으므로 위계에 의한 업무방해죄가 성립한다.[3)]

(3) 위 력

(가) 위력의 범위 위력은 사람의 자유의사를 제압 · 혼란하게 할 만한 일체의 세력이다. 유형적이든 무형적이든 상관없다. 그러므로 폭행 · 협박은 물론 사회적 · 경제적 · 정치적 지위와 권세에 의한 압박 등도 위력에 포함된다.[4)] 업무방해죄의 위력은 적어도 그러한 위력으로 인하여 피해자의 자유의사를 제압하기에 충분하다고 평가될 정도의 세력에는 이르러야 한다.[5)] 그러나 위력에 의하여 현실적으로 피해자의 자유의사가 제압될 것을 요하지는 않는다.

어떤 행위의 결과 상대방의 업무에 지장이 초래되었더라도 행위자가 (가) 상대방의 의사

---

1) 2010. 3. 25. 2008도4228, [미간행] = 분석 각론 『상품권 발행업체 지정 사건』.
2) 2010. 3. 25. 2008도4228, [미간행] = 분석 각론 『상품권 발행업체 지정 사건』.
3) 2020. 9. 24. 2017도19283, 공 2020하, 2093 = 『허위 봉사활동확인서 제출 사건』(분석 생략함).
4) 2005. 3. 25. 2003도5004, 공 2005, 698 = 분석 각론 『음악학원 전대 사건』.
5) 2023. 3. 30. 2019도7446, 판례속보 = 『입시사정 순위변경 사건』(분석 생략함).

결정에 관여할 수 있는 권한을 가지고 있거나 (나) 업무상의 지시를 할 수 있는 지위에 있는 경우에는 그 행위의 내용이나 수단이 사회통념상 허용될 수 없는 등 특별한 사정이 없는 한 위력을 행사한 것이라고 할 수 없다.[1]

업무방해죄의 위력은 범인의 위세, 사람 수, 주위의 상황 등에 비추어 피해자의 자유의사를 제압하기 족한 정도가 되어야 한다. 그러한 위력에 해당하는지는 범행의 일시 · 장소, 범행의 동기, 목적, 인원수, 세력의 태양, 업무의 종류, 피해자의 지위 등 제반 사정을 고려하여 객관적으로 판단하여야 하고, 피해자 등의 의사에 의해 결정되는 것은 아니다.[2]

퇴사 직전에 회사의 공용폴더로 백업을 하지 않은 자료를 인수인계 없이 삭제한 행위는 업무방해죄의 위력에 해당한다.[3] 소비자불매운동은 소비자보호를 규정한 헌법 제124조를 통하여 제도로서 보장된다. 그러나 소비자불매운동이 헌법상 보장되는 소비자보호는 물론 정치적 표현의 자유나 일반적 행동의 자유 등의 점에서도 전체 법질서상 용인될 수 없을 정도로 사회적 상당성을 갖추지 못하면 소비자불매운동이라는 행위 자체가 위법한 세력의 행사로서 위력의 개념에 포함된다.[4]

---

1) 2023. 3. 30. 2019도7446, 판례속보 = 『입시사정 순위변경 사건』.

2) 2022. 9. 7. 2021도9055, 공 2022하, 2134 = 『대형마트 피켓시위 사건』:

갑은 마트산업노동조합 간부이고 을 등은 조합원들이다. P대형마트에서는 점장 C와 대표이사 D 등 간부들이 현장점검을 하고 있었다. 갑 등은 P대형마트에 들어가 점장 C와 대표이사 D 등 간부들을 약 30분간 따라 다니면서 해고와 전보 인사발령에 항의하는 피켓 시위를 하였다.

검사는 갑 등을 폭력행위처벌법위반죄(공동주거침입)와 업무방해죄로 기소하였다. 제1심법원은 유죄를 인정하였다. 갑 등은 불복 항소하였다. 항소법원은 갑 등에게 유죄를 인정하였다. 갑 등은 불복 상고하였다.

대법원은 다음의 이유를 제시하여 원심판결을 파기환송하였다. 대법원은 주거침입 부분에 대해 다음과 같이 판단하였다. (가) 갑 등은 일반적으로 출입이 허용되어 개방된 P대형마트 매장에 관리자의 출입 제한이나 제지가 없는 상태에서 통상적인 방법으로 들어갔다. (나) 그러한 이상 사실상의 평온상태를 해치는 행위 태양으로 들어갔다고 볼 수 없으므로 건조물침입죄에서 규정하는 침입행위에 해당하지 않는다. (다) P대형마트 관리자 C의 명시적 출입 금지 의사는 확인되지 않는다. (라) 설령 갑 등이 P대형마트 매장에 들어간 행위가 그 관리자의 추정적 의사에 반하였더라도, 그러한 사정만으로는 사실상의 평온상태를 해치는 행위 태양으로 출입하였다고 평가할 수 없다.

대법원은 업무방해죄의 위력에 대해 다음과 같이 설시하였다. (가) 업무방해죄의 '위력'이란 사람의 자유의사를 제압 · 혼란하게 할 만한 일체의 세력으로, 유형적이든 무형적이든 묻지 않는다. (나) 업무방해죄의 '위력'은 현실적으로 피해자의 자유의사가 제압되어야만 하는 것도 아니다. (다) 업무방해죄의 '위력'은 범인의 위세, 사람 수, 주위의 상황 등에 비추어 피해자의 자유의사를 제압하기 족한 정도가 되어야 한다. (라) 그러한 위력에 해당하는지는 범행의 일시 · 장소, 범행의 동기, 목적, 인원수, 세력의 태양, 업무의 종류, 피해자의 지위 등 제반 사정을 고려하여 객관적으로 판단하여야 하고 피해자 등의 의사에 의해 결정되는 것은 아니다.

대법원은 사실관계를 분석하였다(내용 생략함). 대법원은 갑 등이 공모하여 C 등의 자유의사를 제압하기에 족한 위력을 행사하였다고 단정하기는 어렵다고 판단하였다(포섭과정 생략함).

3) 2022. 1. 14. 2017도16384 법률신문 2022. 2. 3.자 = 『퇴사 전 백업 불이행 사건』(분석 생략함).

4) 2013. 3. 14. 2010도410, 공 2013상, 677 = 분석 각론 『광고중단 항의전화 사건』.

정치적인 의사표현을 위한 집회나 행위가 헌법 제21조에 따라 보장되는 정치적 표현의 자유나 헌법 제10조에 내재된 일반적 행동의 자유의 관점 등에서 보호받을 가능성이 있더라도 전체 법질서상 용인될 수 없을 정도로 사회적 상당성을 갖추지 못한 때에는 그 행위 자체가 위법한 세력의 행사로서 업무방해죄에서 말하는 위력의 개념에 포섭될 수 있다.[1]

업무방해죄는 작위범이다. 업무방해죄는 부작위에 의하여도 범할 수 있다. 업무방해죄와 같이 작위를 내용으로 하는 범죄를 부작위에 의하여 범하는 부진정 부작위범이 성립하기 위해서는 부작위를 실행행위로서의 작위와 동일시할 수 있어야 한다. 피고인이 공사대금을 받을 목적으로 피해자의 토지 위에 있는 건축자재를 치우지 않았다고 하더라도, 피고인이 자신의 공사를 위하여 쌓아 두었던 건축자재를 공사 완료 후에 단순히 치우지 않은 행위가 위력으로써 피해자의 추가 공사 업무를 방해하는 업무방해죄의 실행행위로서 피해자의 업무에 대하여 하는 적극적인 방해행위와 동등한 형법적 가치를 가진다고 볼 수는 없다.[2]

(나) 위력의 상대방　업무방해죄의 위력은 원칙적으로 피해자에게 행사되어야 한다. 위력 행사의 상대방이 피해자가 아닌 제3자인 경우가 있다. 이 경우 그 위력 행사로 인하여 피해자의 자유의사가 제압될 가능성이 직접적으로 발생함으로써 이를 실질적으로 피해자에 대한 위력의 행사와 동일시할 수 있는 특별한 사정이 있는 경우가 아니라면 피해자에 대한 업무방해죄가 성립하지 않는다.[3] [4]

(다) 폭행과 위력의 관계　위력에 의한 업무방해죄와 폭행죄의 관계가 문제된다. 업무방해죄와 폭행죄는 그 구성요건과 보호법익을 달리하고 있다. 업무방해죄의 성립에 일반적 · 전형적으로 사람에 대한 폭행행위를 수반하는 것은 아니다. 또 폭행행위가 업무방해죄에 비하여 별도로 고려되지 않을 만큼 경미한 것이라고 할 수도 없다. 그러므로 설령 피해자

1) 2022. 6. 16. 2021도16591, 판례속보 =『정당 비난 기자회견 사건』(분석 생략함).

2) 2017. 12. 22. 2017도13211, 공 2018상, 402 =『형틀 건축자재 방치 사건』(분석 생략함).

3) 2013. 3. 14. 2010도410, 공 2013상, 677 = 분석 각론『광고중단 항의전화 사건』.

4) 2017. 5. 30. 2016도21551, 법률신문 2017. 6. 14.자 =『동대표 공고문 철거 사건』:

갑은 A의 아버지이다. A는 M아파트의 동대표이다. A는 비리 의혹으로 해임되었다. M아파트 엘리베이터에 기존 동대표 해임공고와 동대표 재선출 공고문이 게시되었다(㉠공고문). 갑은 ㉠공고문을 떼어내었다.

검사는 갑이 M아파트 선거관리위원회의 업무를 방해하였다는 공소사실로 갑을 업무방해죄로 기소하였다. 제1심법원은 유죄를 인정하였다(선고유예). 갑은 불복 항소하였다. 항소법원은 업무방해죄의 성립요건인 '위력'을 행사한 것으로 보이지 않는다는 이유로 무죄를 선고하였다. 검사는 불복 상고하였다.

대법원은 다음의 이유를 제시하여 원심판결을 파기환송하였다. (가) 업무방해죄의 '위력'은 업무중인 사람에게 직접 가해지는 힘만을 의미하는 것이 아니다. (나) 자유의사를 제압하기에 충분한 물적 상태를 만들어 자유로운 행동을 불가능하게 하거나 현저히 곤란하게 하는 경우도 포함된다. (다) 갑의 행위로 선거관리 업무에 상당한 지장을 받았다. (라) 그러한 만큼, '유형력의 행사로 일정한 물적 상태를 만들어 놓음으로써 업무를 현저히 곤란하게 한 행위'에 해당하여 위력에 의한 업무방해죄가 된다.

에 대한 폭행행위가 동일한 피해자에 대한 업무방해죄의 수단이 되었다 하더라도, 그러한 폭행행위가 불가벌적 수반행위에 해당하여 업무방해죄에 대하여 흡수관계에 있다고 볼 수 없다. 따라서 공동폭행에 의한 업무방해의 경우에는 업무방해죄와 「폭력행위 등 처벌에 관한 법률」위반죄(공동폭행)가 상상적 경합관계에 서게 된다.[1)]

(4) 업무의 방해

업무방해죄의 업무는 업무의 집행 그 자체를 방해하는 것에 한하지 않고 널리 업무의 경영을 저해하는 행위를 모두 포함한다.[2)] 업무방해죄의 성립에는 업무방해의 결과가 실제로 발생함을 요하지 않는다. 업무방해의 결과를 초래할 위험이 발생하면 족하다.[3)] 이러한 의미에서 업무방해죄는 추상적 위험범이다.[4)] 이 점은 위계에 의한 공무집행방해죄(법137)가 공무집행방해의 결과발생을 요하는 것과 뚜렷이 구별되는 부분이다.[5)] 그러나 결과발생의 염

---

1) 2012. 10. 11. 2012도1895, 공 2012하, 1862 = 분석 각론『택시친목회 공동폭행 사건』.

2) 1999. 5. 14. 98도3767, 공 1999, 1213 =『항공속달 전단지 사건』:

P회사는 고객의 의뢰에 따라 항공속달에 의하여 서류를 배달하는 것을 업무로 하는 회사이다. A는 P회사를 통해 ㉠서류를 B에게 전달하려고 하였다. 갑은 A가 의뢰한 ㉠서류를 가지고 P회사에 갔다. 갑은 P회사의 직원 C에게 ㉠서류의 포장 안에 통상의 M종교의 선교 인쇄물을 넣는다고 말하였다. 갑은 A가 모르는 사이에 타종교를 심하게 비방하는 내용의 ㉡영문종교전단을 ㉠서류의 포장 안에 집어넣었다. ㉡영문종교전단이 들어 있는 ㉠서류는 P회사를 통하여 수신인 B에게 전달되었다. [P회사는 갑을 고소하였다.]

검사는 갑을 업무방해죄로 기소하였다. 갑의 피고사건은 제1심을 거친 후, 항소심에 계속되었다. 항소법원은 유죄를 인정하였다. 갑은 불복 상고하였다. 갑은 상고이유로 다음의 점을 주장하였다. (가) 배달을 의뢰받은 ㉠서류 자체가 훼손되지 않고 배달되었으므로 P회사의 업무는 방해되지 않았다. (나) 선교의 목적으로 ㉡전단을 넣은 것이므로 업무방해죄의 고의가 없다. 대법원은 다음의 이유를 제시하여 상고를 기각하였다.

대법원은 업무방해죄의 방해 부분에 대해 다음과 같이 판단하였다. (가) 업무방해죄에 있어 업무를 '방해한다' 함은 업무의 집행 자체를 방해하는 것은 물론이고 널리 업무의 경영을 저해하는 것도 포함한다. (나) 고객의 의뢰에 따라 항공속달에 의하여 서류를 배달하는 것을 업무로 하는 P회사가 그 업무를 수행함에 있어 고객이 배달을 의뢰하지 않은 ㉡전단이 ㉠서류와 함께 전달이 되었다. (다) 이로써 이를 배달받은 사람으로서는 ㉠서류뿐 아니라 ㉡전단도 배달을 의뢰한 고객이 보낸 것으로 오인하게 된다. (라) 더구나 ㉡전단의 내용은 특정 종교를 심하게 비방하는 것으로서 사회통념상 용인되기 어렵다. (마) 결국 P회사가 배달을 의뢰한 고객의 위탁취지에 어긋나게 업무를 처리한 결과가 되었다. (바) 배달을 의뢰받은 서류 자체가 훼손되지 않고 배달되었다고 하여 P회사의 업무가 방해되지 않았다고 할 수 없다. (사) 뿐만 아니라 위와 같이 배달을 의뢰한 고객의 위탁취지에 어긋나게 배달이 이루어짐으로써 종국에는 P회사의 업무의 경영이 저해될 위험이 발행하였다고 하지 아니할 수 없다.

대법원은 업무방해죄의 고의 부분에 대해 다음과 같이 판단하였다. (가) 갑이 C가 모르는 사이에 ㉡전단을 서류 포장 안에 집어넣어 함께 발송되게 한다는 인식이 있었다고 인정되므로 업무방해의 고의를 인정하기에 충분하다. (나) 갑이 신봉하는 교리를 선교할 목적으로 그와 같은 행위를 하였다고 하여 업무방해의 고의가 부정되는 것은 아니다.

3) 2010. 3. 25. 2008도4228, [미간행] = 분석 각론『상품권 발행업체 지정 사건』.

4) 1995. 10. 12. 95도1589, 공 1995, 3836.

5) 전술 204면 이하 참조.

려가 없는 경우에는 업무방해죄가 성립하지 않는다.[1]

어떤 행위의 결과 상대방의 업무에 지장이 초래되었다 하더라도 행위자가 가지는 정당한 권한을 행사한 것으로 볼 수 있는 경우에는 그 행위의 내용이나 수단 등이 사회통념상 허용될 수 없는 특별한 사정이 없는 한 업무방해죄를 구성하는 위력을 행사한 것이라고 볼 수 없다.

제3자로 하여금 상대방에게 어떤 조치를 취하게 하는 등으로 상대방의 업무에 곤란을 야기하거나 그러한 위험이 초래되게 하였다 하더라도 행위자가 그 제3자의 의사결정에 관여할 수 있는 권한을 가지고 있거나 그에 대하여 업무상 지시를 할 수 있는 지위에 있는 경우에는 특별한 사정이 없는 한 업무방해죄를 구성하지 않는다.[2]

4. 위법성조각사유

(1) 파업과 위력

업무방해죄의 주요 논점 가운데 하나로 근로자의 쟁의행위가 있다. 종래 대법원은 근로자의 집단적 쟁의행위로서의 파업에 대해 이는 위력에 의한 업무방해죄의 구성요건에 해당한다고 판단해 왔다. 그리하여 파업에 대해서는 형법 제20조의 정당행위로서 위법성이 조각될 것인지가 주로 논의되었다.

그러나 2011년 대법원은 판례를 변경하여 구성요건해당성 단계에서부터 위력에 의한 업무방해죄의 성립을 부정할 수 있다는 입장으로 선회하였다. 이와 관련하여 대법원은 다음의 기준을 제시하고 있다.

파업은 근로자가 그 주장을 관철할 목적으로 근로의 제공을 거부하여 업무의 정상적인 운용을 저해하는 쟁의행위이다. 파업은 집단적으로 노무제공을 중단하는 실력행사이므로 업무방해죄에서 말하는 위력에 해당하는 요소를 포함하고 있다. 그러나 근로자는 원칙적으로 헌법상 보장된 기본권으로서 단결권 · 단체교섭권 및 단체행동권을 가지고 있으므로(헌법33 ①) 쟁의행위로서의 파업이 언제나 업무방해죄의 위력에 해당하는 것으로 볼 것은 아니다.[3]

파업이 전후 사정과 경위 등에 비추어 사용자가 예측할 수 없는 시기에 전격적으로 이루어져 사용자의 사업운영에 심대한 혼란 내지 막대한 손해를 초래하는 등으로 사용자의 사업계속에 관한 자유의사가 제압 · 혼란될 수 있다고 평가할 수 있는 경우에 비로소 그 집단적 노무제공의 거부는 위력에 해당하여 업무방해죄가 성립한다.[4]

---

1) 2009. 1. 30. 2008도10560, [미간행] = 분석 각론 『폐기물운반 도로 사건』.
2) 2013. 2. 28. 2011도16718, 공 2013상, 611 = 분석 각론 『택시신문 광고중단 사건』.
3) 2011. 3. 17. 2007도482 전원합의체 판결, 공 2011상, 865 = 분석 각론 『철도노조 출근거부 사건』.
4) 2011. 3. 17. 2007도482 전원합의체 판결, 공 2011상, 865 = 분석 각론 『철도노조 출근거부 사건』.

(2) 노동쟁의와 정당행위

노동쟁의행위가 위력에 의한 업무방해죄의 구성요건해당성이 인정된다고 하여도 형법 제20조에 의한 정당행위에 해당하면 위법성이 조각될 수 있다. 위력에 의한 쟁의행위가 형법상 정당행위가 되려면 다음의 조건들을 모두 갖추어야 한다. (가) 쟁의행위의 주체는 단체교섭의 주체로 될 수 있는 자이어야 한다. (나) 쟁의행위의 목적은 근로조건의 향상을 위한 노사간의 자치적 교섭을 조성하는 데에 있어야 한다. (다) 사용자가 근로자의 근로조건 개선에 관한 구체적인 요구에 대하여 단체교섭을 거부하였을 때 쟁의행위를 개시하되 특별한 사정이 없는 한 조합원의 찬성결정 및 노동쟁의 발생신고 등 절차를 거쳐야 한다. (라) 쟁의행위의 수단과 방법은 사용자의 재산권과 조화를 이루어야 함은 물론 폭력의 행사에 해당되지 않아야 한다.[1)]

쟁의행위에서 추구되는 목적이 여러 가지이고 그중 일부가 정당하지 못한 경우에는 주된 목적 내지 진정한 목적의 당부에 의하여 그 쟁의목적의 당부를 판단해야 한다. 부당한 요구사항을 제외하였다면 쟁의행위를 하지 않았을 것이라고 인정되는 경우에는 그 쟁의행위 전체가 정당성을 갖지 못한다.[2)]

(3) 구체적 사례

(가) 정리해고　　정리해고나 사업조직의 통폐합 등 기업의 구조조정 실시 여부는 경영주체의 고도의 경영상 결단에 속하는 사항으로서 이는 원칙적으로 단체교섭의 대상이 될 수 없다. 정리해고나 사업조직의 통폐합 등의 구조조정이 긴박한 경영상의 필요나 합리적 이유 없이 불순한 의도로 추진되는 등의 특별한 사정이 없는 한, 노동조합이 실질적으로 그 실시 자체를 반대하기 위하여 쟁의행위에 나아간다면, 비록 정리해고나 사업조직의 통폐합 등의 실시로 인하여 근로자들의 지위나 근로조건의 변경이 필연적으로 수반된다고 하더라도 그 쟁의행위는 목적의 정당성을 인정할 수 없다.[3)]

(나) 직장점거　　직장 또는 사업장시설의 점거는 적극적 쟁의행위의 한 형태이다. 직장 또는 사업장시설 점거행위는 그 점거의 범위가 직장 또는 사업장시설의 일부분이고 사용자측의 출입이나 관리지배를 배제하지 않는 병존적인 점거에 지나지 않을 때에는 정당한 쟁의행위로 볼 수 있다. 그러나 직장 또는 사업장시설을 전면적·배타적으로 점거하여 조합원 이외의 자의 출입을 저지하거나 사용자측의 관리지배를 배제하여 업무의 중단 또는 혼란을

1) 2000. 5. 12. 98도3299, 공 2000, 1454.
2) 2011. 1. 27. 2010도11030, 공 2011상, 532 = 분석 각론『정리해고 사전 합의 사건』.
3) 2011. 1. 27. 2010도11030, 공 2011상, 532 = 분석 각론『정리해고 사전 합의 사건』.

야기하게 하는 행위는 정당성의 한계를 벗어난 것이다.[1)]

제 4 업무방해죄의 특수유형

1. 컴퓨터등장애 업무방해죄

형법 제314조 ② 컴퓨터등 정보처리장치 또는 전자기록등 특수매체기록을 손괴하거나 정보처리장치에 허위의 정보 또는 부정한 명령을 입력하거나 기타 방법으로 정보처리에 장애를 발생하게 하여 사람의 업무를 방해한 자도 제1항의 형과 같다.

(1) 행위객체

1995년 형법 일부개정시에 형법 제314조 제2항으로 컴퓨터등장애 업무방해죄가 신설되었다. 컴퓨터 사용방해나 데이터의 부정조작이 업무방해죄를 구성하는가 하는 문제점을 입법적으로 해결하고 업무방해죄의 구성요건을 명확히 하기 위하여 이루어진 개정이다.[2)]

컴퓨터등장애 업무방해죄의 객체는 (가) 컴퓨터 등 정보처리장치와 (나) 전자기록 등 특수매체이다. 정보처리장치란 컴퓨터시스템을 의미한다. 하드웨어와 소프트웨어를 모두 포함한다. 특수매체기록이란 전자적(電子的) 방식, 자기적(磁氣的) 방식, 광기술 방식 기타 사람의 지각에 의하여 인식할 수 없는 방식으로 작성된 기록으로서, 컴퓨터 등 정보처리장치에 의한 정보처리에 제공되는 것을 말한다.[3)]

(2) 실행행위

형법 제314조 제2항의 컴퓨터등업무방해죄는 행위태양으로 컴퓨터등 정보처리장치 또는 전자기록등 특수매체기록을 손괴하는 행위, 컴퓨터 등 정보처리장치에 허위의 정보를 입력하는 행위, 컴퓨터 등 정보처리장치에 부정한 명령을 입력하는 행위, 기타 방법이라는 네 가지 유형을 규정하고 있다. 이에 대해 형법 제347조의2의 컴퓨터등사용사기죄는 행위태양으로 컴퓨터등 정보처리장치에 허위의 정보를 입력하는 행위, 컴퓨터등 정보처리장치에 부정한 명령을 입력하는 행위, 권한 없이 정보를 입력 · 변경하는 행위라는 세 가지 유형을 규정하고 있다.

두 죄의 실행행위를 비교해 보면, (가) 컴퓨터 등 정보처리장치에 허위의 정보를 입력하

1) 2007. 12. 28. 2007도5204, 공 2008, 187.
2) 법무부, 형법개정법률안 제안이유서, (1992), 171면 참조.
3) 법무부, 형법개정법률안 제안이유서, (1992), 171면 참조.

는 행위와 (나) 컴퓨터 등 정보처리장치에 부정한 명령을 입력하는 행위는 두 죄의 행위태양으로 공통되는 반면, 컴퓨터등 업무방해죄의 경우에는 (다) 권한 없이 정보를 입력 · 변경하는 행위에 대한 언급이 없고 (라) 컴퓨터등 정보처리장치 또는 전자기록등 특수매체기록을 손괴하는 행위와 (마) 기타 방법이 추가되어 있다.

(가) 손 괴 형법 제314조 제2항은 컴퓨터등업무방해죄의 첫 번째 행위태양을 컴퓨터등 정보처리장치 또는 전자기록등 특수매체기록을 손괴하는 행위로 규정하고 있다. 손괴는 목적물의 효용을 상실하게 하는 행위이다. 손괴는 물리적인 파괴나 멸실뿐만 아니라 전자기록의 소거(消去)도 포함한다.[1] 손괴행위를 통하여 컴퓨터 등 정보처리장치에 장애를 발생하게 하여 사람의 업무를 방해하는 경우에 컴퓨터등장애 업무방해죄가 성립한다. 이 경우에 손괴죄는 별도로 성립하지 않는다.

(나) 허위정보 입력 형법 제314조 제2항은 컴퓨터등업무방해죄의 두 번째 행위태양으로 컴퓨터 등 정보처리장치에 허위의 정보를 입력하는 행위를 규정하고 있다. 허위의 정보를 입력한다 함은 객관적으로 진실에 반하는 내용의 정보를 입력하는 것을 말한다.[2] 악성

---

1) 법무부, 형법개정법률안 제안이유서, (1992), 171면 참조.

2) 2022. 5. 12. 2021도1533, 공 2022하, 1181 =『숙박업소 바로예약 앱 사건』:

P회사는 숙박업소의 예약과 관련한 '바로예약 애플리케이션'을 개발하였다(㉠앱). ㉠앱은 P회사의 ㉡서버를 통하여 운영되고 있다. ㉠앱과 ㉡서버를 통하여 숙박업소 정보가 구축되었다(㉢데이터베이스). P회사는 ㉡서버의 URL이나 명령구문을 적극적으로 공개하지는 않았다. 그러나 ㉡서버의 URL이나 명령구문은 누구라도 간단한 기술조작이나 통상 사용되는 소위 '패킷캡쳐 프로그램' 등을 통해 쉽게 알아낼 수 있는 정보이었다. 일반 이용자들 중 일부는 ㉠앱을 통해 ㉡서버에 회원으로 가입한 후 자유롭게 ㉢숙박업소 정보에 접근할 수 있었다. 일반 이용자들 중 일부는 ㉠앱을 통해 ㉡서버에 회원으로 가입하지 않고도 ㉢숙박업소 정보에 자유롭게 접근할 수 있었다. P회사는 ㉠앱이나 ㉡서버로의 접근을 막는 별도의 보호조치를 취하지 않았다. 갑은 ㉡서버의 URL과 ㉡서버로 정보를 호출하는 명령구문들을 알아내었다. 갑은 ㉣프로그램을 자체 개발하였다. 갑은 ㉣프로그램을 사용하여 P회사의 ㉡서버에 명령구문을 입력하는 방식으로 P회사의 ㉢숙박업소 정보를 수집하였다.

검사는 갑을 다음의 공소사실로 기소하였다. (가) 정보통신망법위반죄(정보통신망 침입). (나) 저작권법위반죄(데이터 무단복제). (다) 컴퓨터등장애 업무방해죄. 갑의 피고사건은 제1심을 거친 후, 항소심에 계속되었다. 항소법원은 공소사실을 전부 무죄로 판단하였다. 검사는 불복 상고하였다. (이하 정보통신망법위반죄와 저작권법위반죄 부분은 소개를 생략함.)

대법원은 다음의 이유를 제시하여 상고를 기각하였다. 대법원은 컴퓨터등장애 업무방해죄의 성립요건에 대해 다음과 같이 설시하였다. (가) 형법 제314조 제2항에서 '허위의 정보 또는 부정한 명령의 입력'이란 (ㄱ) 객관적으로 진실에 반하는 내용의 정보를 입력하거나 (ㄴ) 정보처리장치를 운영하는 본래의 목적과 상이한 명령을 입력하는 것이고, (ㄷ) '기타 방법'이란 컴퓨터의 정보처리에 장애를 초래하는 가해수단으로 컴퓨터의 작동에 직접 · 간접으로 영향을 미치는 일체의 행위를 말한다. (나) 한편 컴퓨터등장애 업무방해죄가 성립하기 위해서는 위와 같은 가해행위 결과 정보처리장치가 그 사용목적에 부합하는 기능을 하지 못하거나 사용목적과 다른 기능을 하는 등 정보처리에 장애가 현실적으로 발생하여야 한다.

대법원은 다음과 같은 원심의 판단을 그대로 유지하였다. (가) 검사가 제출한 증거들만으로는 갑이 정보처

프로그램을 통하여 컴퓨터 사용자들이 실제로 검색과 클릭을 하지 않았음에도 불구하고 마치 검색하고 클릭한 것처럼 관련 컴퓨터 시스템 서버에 허위의 신호를 발송하도록 하는 행위는 허위의 정보를 입력하는 경우에 해당한다.[1)]

(다) 부정한 명령 입력 형법 제314조 제2항은 컴퓨터등업무방해죄의 세 번째 행위태양으로 컴퓨터 등 정보처리장치에 부정한 명령을 입력하는 행위를 규정하고 있다. 부정한 명령을 입력한다 함은 프로그램을 조작하는 경우를 말한다. 컴퓨터바이러스 프로그램의 입력은 여기에 해당한다.[2)] 부정한 명령의 입력은 정보처리장치를 운영하는 본래의 목적과 상이한 명령을 입력하는 것이다.[3)]

판례는 정보처리장치를 더 이상 관리 운영할 권한이 없게 된 자가 그 정보처리장치에 입력되어 있던 관리자의 아이디와 비밀번호를 무단으로 변경하는 행위를 가리켜서 정보처리장치에 부정한 명령을 입력하여 정당한 아이디와 비밀번호로 정보처리장치에 접속할 수 없게 만드는 행위라고 보고 있다.[4)]

권한이 없어진 자가 관리자의 아이디와 비밀번호를 무단으로 변경하는 행위는 형법 제347조의2 컴퓨터등사용사기죄의 경우라면 '권한 없이 정보를 입력·변경하는 행위'에 해당하게 될 것이다. 그렇지만 형법 제314조 제2항의 컴퓨터등업무방해죄의 경우에는 이러한 행위태양이 규정되어 있지 않다. 그렇기 때문에 판례가 이러한 행위를 '부정한 명령을 입력하는 행위'에 포함시킨 것이라고 생각된다.

(라) 기타 방법 형법 제314조 제2항은 컴퓨터등업무방해죄의 네 번째 행위태양으로 '기타 방법'을 규정하고 있다. 기타 방법은 컴퓨터 등 정보처리장치에 허위의 정보를 입력하거나 부정한 명령을 입력하는 것은 아니지만 그에 준할 정도로 정보처리에 장애를 발생하게 할 수 있는 방법을 말한다.

'기타 방법'은 컴퓨터의 정보처리에 장애를 초래하는 가해수단으로 컴퓨터의 작동에 직접·간접으로 영향을 미치는 일체의 행위를 말한다.[5)] 전원의 절단이나 실내온도의 조작 등은 기타 방법으로 정보처리에 장애를 발생하게 하는 경우에 해당한다.[6)]

리장치에 부정한 명령을 입력하여 장애가 발생하게 하였다고 보기 어렵다. (나) 컴퓨터등장애 업무방해죄 부분은 무죄이다.

1) 2013. 3. 28. 2010도14607, 공 2013상, 811 = 분석 각론 『꽃배달 부정클릭 사건』.
2) 법무부, 형법개정법률안 제안이유서, (1992), 171면 참조.
3) 2022. 5. 12. 2021도1533, 공 2022하, 1181 = 『숙박업소 바로예약 앱 사건』.
4) 2006. 3. 10. 2005도382, 공 2006, 696 = 분석 각론 『대학 웹서버 관리자 사건』.
5) 2022. 5. 12. 2021도1533, 공 2022하, 1181 = 『숙박업소 바로예약 앱 사건』.
6) 법무부, 형법개정법률안 제안이유서, (1992), 171면 참조.

(3) 장애의 발생

컴퓨터등장애 업무방해죄가 성립하려면 정보처리에 장애가 현실적으로 발생하여야 한다. 현실적 장애에는 (가) 정보처리장치가 그 사용목적에 부합하는 기능을 하지 못하는 경우와 (나) 사용목적과 다른 기능을 하는 경우가 모두 포함된다.[1) 2)]

일단 정보처리에 장애가 발생하면 현실적으로 업무방해의 결과가 발생할 필요가 없다. 업무방해의 위험을 초래하는 것으로 족하다. 예컨대 권한 없는 자가 관리자의 아이디와 비밀번호를 무단으로 변경하는 행위는 정보처리장치에 부정한 명령을 입력하여 정당한 아이디와 비밀번호로 정보처리장치에 접속할 수 없게 만드는 행위로서 정보처리에 장애를 현실적으로 발생시킨 것이다. 나아가 그 행위는 정보처리의 장애를 통하여 업무방해의 위험을 초래할 수 있다. 그러므로 설사 프로그램을 초기화하는 방법으로 쉽게 관리자의 아이디와 비밀번호를 복구하여 업무수행에 현실적인 지장을 받지 않았다고 하여도 컴퓨터등장애 업무방해죄가 성립한다.[3)]

(4) 특별법

「정보통신망 이용촉진 및 정보보호 등에 관한 법률」(정보통신망법)은 악성프로그램 전달죄를 처벌하고 있다. 악성프로그램이란 정보통신시스템, 데이터 또는 프로그램 등을 훼손·멸실·변경·위조하거나 그 운용을 방해할 수 있는 프로그램을 말한다(동법48②). 정보통신망법은 누구든지 정당한 사유 없이 악성프로그램을 전달 또는 유포하여서는 아니 된다고 규정하면서(동법48②) 이를 위반한 사람을 7년 이하의 징역 또는 7천만원 이하의 벌금으로 처벌하고 있다(동법70의2).

정보통신망법은 악성프로그램이 정보통신시스템, 데이터 또는 프로그램 등에 미치는 영향을 고려하여 악성프로그램을 전달 또는 유포하는 행위만으로 범죄 성립을 인정한다. 악성프로그램을 전달 또는 유포하는 행위로 인하여 정보통신시스템 등의 훼손·멸실·변경·위조 또는 그 운용을 방해하는 결과가 발생할 것을 요하지 않는다.[4)]

제 5 경매·입찰방해죄

형법 제315조 (경매, 입찰의 방해) 위계 또는 위력 기타 방법으로 경매 또는 입찰의 공정을 해한

---

1) 2013. 3. 28. 2010도14607, 공 2013상, 811 = 분석 각론 『꽃배달 부정클릭 사건』.
2) 2022. 5. 12. 2021도1533, 공 2022하, 1181 = 『숙박업소 바로예약 앱 사건』.
3) 2006. 3. 10. 2005도382, 공 2006, 696 = 분석 각론 『대학 웹서버 관리자 사건』.
4) 2019. 12. 12. 2017도16520, 공 2020상, 285 = 『자동 댓글 프로그램 사건』 (분석 생략함).

자는 2년 이하의 징역 또는 700만원 이하의 벌금에 처한다.

1. 행위객체

우리 형법은 경매 · 입찰방해죄(법315)를 신용훼손죄(법313) 및 업무방해죄(법314)와 나란히 규정하고 있다. 경매 · 입찰을 방해하는 행위도 업무방해의 일종이라고 할 수 있지만 그 행위가 사람의 경제적 활동에 미치는 영향을 특별히 고려하여 업무방해죄와 별도로 경매 · 입찰방해죄를 규정한 것이다.

우리 형법은 경매 · 입찰방해죄를 개인적 법익에 관한 죄로 규정하고 있다. 이 점은 일본 형법이 경매 · 입찰방해죄를 공무방해죄의 일종으로 규정하고 있는 것과 크게 구별되는 부분이다.[1) 2)] 따라서 우리 형법상 경매 · 입찰방해죄의 보호대상은 국가나 공공단체의 경매 · 입찰과 사인의 경매 · 입찰을 모두 포함한다. 경매 · 입찰시행자가 법적 의무에 기하여 시행한 경매 · 입찰만이 경매 · 입찰방해죄의 객체가 되는 것은 아니다.[3)]

형법상 입찰방해죄에 대해 특별관계에 있는 것으로 「건설산업기본법」상의 입찰방해죄(동법95 참조)가 있다.[4) 5)]

---

1) **일본형법 제96조의6** ① 위계 또는 위력을 사용하여 공(公)의 경매 또는 입찰로 계약을 체결하기 위한 일의 공정을 해치게 할 행위를 한 자는 3년 이하의 징역 또는 250만엔 이하의 벌금에 처하거나 이를 병과한다.

② 공정한 가격을 해치거나 부정한 이익을 얻을 목적으로 담합한 자도 전항과 같다.

2) 2010. 10. 14. 2010도4940, 공 2010하, 2130 = 분석 각론 『음성유도기 입찰 사건』 코멘트 참조.

3) 2007. 5. 31. 2006도8070, 2007, 1004 = 『이사장 예정가격 누출 사건』 ☞ 부록 1623면.

4) **건설산업기본법 제95조**(벌칙) 건설공사의 입찰에서 다음 각 호의 어느 하나에 해당하는 행위를 한 자는 5년 이하의 징역 또는 2억원 이하의 벌금에 처한다.

1. 부당한 이익을 취득하거나 공정한 가격 결정을 방해할 목적으로 입찰자가 서로 공모하여 미리 조작한 가격으로 입찰한 자
2. 다른 건설사업자의 견적을 제출한 자
3. 위계 또는 위력, 그 밖의 방법으로 다른 건설사업자의 입찰행위를 방해한 자

5) 2001. 2. 9. 2000도4700, 공 2001, 684 = 『고등학교 창호공사 수의계약 사건』 :

갑은 P고등학교를 설립하여 Q학교법인 이사장으로 근무하였다. 갑은 형의 선고를 받고 이사장 자격을 상실하였다. A는 갑의 배우자이다. 갑은 A를 이사장으로 내세운 다음 실질적으로 학교경영 전반을 통할하였다. B는 P고등학교의 행정실장이다. C는 R업체의 대표이다.

관련법령에 의하면 사립학교에서 정부보조금을 지급받아 발주하는 1억원 이상의 공사의 경우 다음의 절차를 밟아야 한다. (가) 입찰공고를 실시한다. (나) 입찰공고시 10개의 복수예비가격을 발표한다. (다) 이를 토대로 입찰현장에서 3개의 예비가격을 골라 그 평균가액의 90%의 직상금액으로 응찰한 자를 낙찰자로 선정한다.

관할 교육청은 P고등학교 이중창 설치공사(㉠공사)와 관련하여 국고보조금 9,600만원을 지급하기로 하였다. P고등학교는 국고보조금을 받는 조건으로 2,400만원의 자체부담금을 납부하게 되었다. Q학교법인은 경영상태가 어려워 자체부담금을 납부할 수 없었다. R업체의 대표 C는 갑에게 다음의 제안을 하였다. (가) ㉠공사를 R업체에 수의계약으로 맡겨달라. (나) 그러면 Q학교법인의 자체부담금을 책임지겠다. 갑은 C의 제안을

2. 실행행위

(1) 경매와 입찰

경매란 매도인이 다수인에 대하여 구두로 매수인의 청약을 촉진하게 하여 최고가격의 청약자에게 승낙을 함으로써 매매를 성립시키는 것을 말한다. 입찰이란 경쟁계약에서 경쟁에 참가한 다수인에 대하여 문서로 계약의 내용을 표시하게 하여 가장 유리한 청약자를 상대방으로 하여 계약을 체결하는 것을 말한다. 경매의 경우에는 경쟁자가 서로 표시하는 가격을 알 수 있으나 입찰의 경우에는 서면에 의하므로 이러한 기회가 없다.

경매 · 입찰방해죄의 행위는 위계 또는 위력 기타 방법으로 경매 또는 입찰의 공정을 해하는 것이다.

수락하였다. 갑은 P고등학교의 행정실장 B를 시켜서 다음 내용의 서류를 갖추었다. (가) R, S, T 3개 업체가 ㉠공사 입찰에 응찰하였다. (나) R업체에서 1억 2천만원에 낙찰받았다. R업체는 ㉠공사를 수의계약으로 수주하여 진행하였다. (그 밖의 유사한 행위들은 검토에서 생략함.)

검사는 갑을 배임수재죄 및 건설산업기본법위반죄(입찰방해)로 기소하였다. 제1심법원은 유죄를 인정하였다. 갑은 불복 항소하였다. 항소법원은 항소를 기각하고, 제1심판결을 유지하였다. 갑은 불복 상고하였다. 갑은 상고이유로 다음의 점을 주장하였다. (가) 자체부담금 2,400만원의 이익을 취득한 것은 제3자인 Q학교법인이다. (나) 갑이 이익을 취득한 것이 아니므로 배임수재죄는 성립하지 않는다. (다) ㉠공사 입찰은 실제로 실시된 것이 아니었다. (라) 서류만을 갖추기 위한 것이므로 입찰방해죄는 성립하지 않는다.

대법원은 다음의 이유를 제시하여 원심판결을 파기환송하였다. (대법원은 배임수재죄에 대한 갑의 상고이유를 받아들였다. 배임수재죄 부분은 고찰에서 제외한다. 2016년 형법 일부개정에 의하여 제3자 이익취득의 경우도 배임수증재죄의 처벌대상에 포함되었다.)

대법원은 건설산업기본법위반죄(입찰방해) 부분에 대해 다음과 같이 판단하였다. (가) 건설산업기본법 제95조는 건설공사의 입찰에 있어 다음 각 호의 1에 해당하는 행위를 한 자는 5년 이하의 징역 또는 5천만원 이하의 벌금에 처한다고 규정하고 있다. (나) 제3호에서는 "위계 또는 위력 기타의 방법으로 다른 건설업자의 입찰행위를 방해한 자"를 들고 있다. (다) 이는 같은 호의 '다른 건설업자'라는 법문이나 이와 병렬관계에 있는 같은 조 제1호 및 제2호의 규정 내용에서도 알 수 있듯이 건설공사의 입찰에 있어 입찰의 공정을 해치는 행위를 하는 건설업자들을 특별히 가중 처벌하기 위한 것이다. (라) 이는 입찰방해죄를 규정한 형법 제315조의 특별규정이다.

(마) 그리고 건설산업기본법 제95조 제3호에서 규정하고 있는 입찰방해 행위가 있다고 인정하기 위하여는 그 방해의 대상인 입찰이 현실적으로 존재하여야 한다. (바) 실제로 실시된 입찰절차에서 실질적으로는 단독입찰을 하면서 마치 경쟁입찰을 한 것처럼 가장하는 경우는 위 규정에서 말하는 입찰방해 행위에 해당한다. (사) 이와 달리 실제로는 수의계약을 체결하면서 입찰절차를 거쳤다는 증빙을 남기기 위하여 입찰을 전혀 시행하지 아니한 채 형식적인 입찰서류만을 작성하여 입찰이 있었던 것처럼 조작한 행위는 위 규정에서 말하는 입찰방해 행위에 해당한다고 할 수 없다.

대법원은 갑의 행위에 대해 다음과 같이 판단하였다. (가) 갑은 학교직원, 건설업자 등과 공모하여 (사실관계; 중략) 입찰절차를 전혀 거치지 아니하고도 입찰을 실시한 것처럼 관계서류를 꾸미는 방법으로 건설업자와 수의계약을 체결하였다. (나) 그렇다면 이는 방해의 대상이 되는 입찰이 존재한다고 볼 수 없어 건설산업기본법 제95조 제3호의 입찰방해 행위가 성립할 여지가 없다.

(2) 위계와 위력

위계라 함은 행위자의 행위목적을 달성하기 위하여 상대방에게 오인, 착각 또는 부지를 일으키게 하여 그 오인, 착각 또는 부지를 이용하는 것을 말한다. 위계에 의하여 공(公)경매 · 입찰의 공정을 해하는 행위가 공무방해의 결과를 발생시킨 경우에는 경매 · 입찰방해죄 이외에 위계에 의한 공무집행방해죄(법137)가 성립하게 되며, 양자는 상상적 경합관계에 있다. 그러나 공경매 · 입찰이 현실적으로 진행되었다면 경매 · 입찰방해죄(법315)만 성립한다.[1] 위계에 의한 공무집행방해죄가 성립하려면 공무집행방해의 결과가 현실적으로 발생해야 하기 때문이다.

위력이란 사람의 자유의사를 제압 · 혼란하게 할 만한 일체의 유형적 또는 무형적 세력을 말한다. 폭행 · 협박은 물론 사회적, 경제적, 정치적 지위와 권세에 의한 압력 등을 포함한다.[2]

---

1) 2000. 3. 24. 2000도102, 공 2000, 1109 = 분석 각론『입찰가격 알아내기 사건』.

2) 2000. 7. 6. 99도4079, 공 2000, 1906 =『오렌지 수입업체 교체 사건』:

(사실관계가 불명하여 임의로 보완함.) [P조합은 감귤 재배 농민들로 구성된 농업협동조합이다.] 갑은 P조합의 조합장이다. [외국과의 자유무역협정에 따라 외국 과일의 수입이 허용되었다. 정부는 국내 과수농가의 수입을 보전해 주기 위하여 과수농가로 구성된 조합에 오렌지 수입권을 부여하였다.] P조합은 Q회사와 ㉠오렌지수입대행계약을 체결하였다. A는 Q회사의 실무책임자이다. Q회사는 오렌지를 수입하기 위하여 ㉡입찰을 실시하였다. P조합과 Q회사의 관계자들은 쌍방이 합의하여 ㉡입찰의 낙찰자를 R업체로 결정하였다.

[갑은 R회사가 낙찰자로 선정된 사실을 알게 되었다.] 갑은 Q회사의 실무책임자 A에게 다음과 같이 말하였다(㉮발언). (가) ㉡입찰의 낙찰자를 R업체에서 S업체로 변경해라. (나) 나(갑)의 지시대로 시행하지 않으면 앞으로 P조합과 Q회사 간의 ㉠오렌지수입대행계약을 취소할 것이니 수입대행포기각서를 써라. Q회사는 ㉡입찰의 낙찰자를 R업체에서 S업체로 변경하였다.

검사는 갑을 입찰방해죄로 기소하였다. 제1심법원은 유죄를 인정하였다. 갑은 불복 항소하였다. 항소법원은 항소를 기각하고, 제1심판결을 유지하였다. 갑은 불복 상고하였다. 갑은 상고이유로 다음의 점을 주장하였다. (가) Q회사는 P조합의 오렌지 수입을 대행하는 회사이다. (나) ㉡입찰은 P조합이 시행하는 것을 Q회사가 대행한 것이다. (다) 갑은 P조합의 조합장이다. (라) 갑의 ㉮발언은 ㉡입찰 시행자인 P조합의 의견을 제시한 것이다. (마) ㉮발언은 입찰방해죄의 위력에 해당하지 않는다.

대법원은 다음의 이유를 제시하여 상고를 기각하였다. 대법원은 입찰방해죄의 위력에 대해 다음과 같이 판단하였다. (가) 형법 제315조 소정의 입찰방해죄에 있어 '위력'이란 사람의 자유의사를 제압, 혼란케 할 만한 일체의 유형적 또는 무형적 세력을 말하는 것이다. (나) (ㄱ) 폭행, 협박은 물론 (ㄴ) 사회적, 경제적, 정치적 지위와 권세에 의한 압력 등을 포함하는 것이다. (다) 갑이 A에게 행한 ㉮언행은 입찰방해죄에 있어 '위력'에 해당한다.

대법원은 갑의 행위에 대해 다음과 같이 판단하였다. (가) 이 사건 오렌지 수입에 관한 입찰절차는 P조합과 Q회사 간에 체결된 수입대행계약에 따라 Q회사가 시행하는 것이다. (나) ㉠수입대행계약의 내용을 살펴보면 Q회사는 입찰, 오퍼제시, 가격조사, 구매방법과 조건에 따른 제반절차이행, 계약, 수입항에서 통관 완료하여 P조합에게 물품을 인도할 때까지의 모든 절차를 대행하도록 되어 있다. (다) 뿐만 아니라 Q회사는 수입물품의 검사, 검역 등 부적합판정으로 인한 재선별, 재포장, 폐기 등의 절차이행과 그로 인한 손해 및 물품하

(3) 담 합

경매 · 입찰방해죄의 행위수단으로 기타 방법이 있다. 기타 방법은 위계와 위력 이외의 다른 방법을 말한다. 기타 방법에 속하는 것으로 입찰과 관련한 담합(談合)이 있다. 담합은 입찰자들 상호간에 특정업체가 낙찰받기로 하는 합의를 말한다. 담합은 '공정한 가격결정'을 해치는 경우와 그렇지 아니한 경우로 나누어 볼 수 있다. 공정한 가격결정을 해치는 경우에는 입찰자에게 손해가 발생하고 낙찰자는 부당한 이익을 얻게 된다. 일본 형법(동법96의6②)은 공정한 가격결정을 해치는 담합행위를 입찰방해죄의 처벌대상으로 삼고 있으나 우리 입법자는 아무런 규정을 두고 있지 않다.

판례는 '공정한 자유경쟁'이라는 관점에서 유형을 가리지 않고 모든 담합행위를 입찰방해죄의 규율대상에 포함시키고 있다. 입찰의 공정을 해한다 함은 공정한 자유경쟁을 방해할 염려가 있는 상태를 발생시키는 것이다. 입찰의 공정을 해하는 행위에는 '가격결정'뿐만 아니라 '적법하고 공정한 경쟁방법'을 해하는 행위도 포함된다.[1)]

입찰자들(갑, 을, 병, 정) 상호간에 특정업체(갑)가 낙찰받기로 하는 담합이 이루어진 상태에서 그 특정업체(갑)와 다른 입찰자들(을, 병)은 당초의 합의에 따라 입찰에 참가하였으나 일부 입찰자(정)가 자신이 낙찰받기 위하여 당초의 합의에 따르지 아니한 채 오히려 낙찰받기로 한 특정업체(갑)보다 저가로 입찰하는 경우가 있다. 이러한 경우 일부 입찰자(정)의 행위는 담합을 이용하여 낙찰을 받은 것이라는 점에서 적법하고 공정한 경쟁방법을 해한 것이 된다. 그리하여 일부 입찰자(정)의 행위는 저가입찰에도 불구하고 입찰방해죄에 해당한다.[2)]

입찰참가자들 사이의 담합행위가 입찰방해죄로 되기 위하여는 반드시 입찰참가자 전원들 사이에 담합이 이루어져야 하는 것은 아니다. 입찰참가자들 중 일부와의 사이에만 담합이 이루어진 경우라고 하더라도 그것이 입찰의 공정을 해하는 것으로 평가되는 이상 입찰방해죄는 성립한다.[3)]

자로 인한 일정 범위의 손해를 부담하도록 되어 있다. (라) 이러한 점에 비추어 ㉠수입대행계약은 단순히 수입을 대행하는 계약이 아니다. (마) 그러므로 Q회사가 P조합의 대리인의 지위에서 ㉡입찰절차를 시행하는 것이라고 볼 수 없다.

(바) 입찰절차에 있어 최종적인 공급자의 선정 및 가격의 결정을 P조합과 Q회사가 상호 협의하여 결정하도록 되어 있다. (사) 갑은 P조합의 조합장이다. (아) 그렇다고 하더라도 갑이 ㉮언행으로 이미 쌍방 협의에 의하여 이루어진 기존의 낙찰자 선정결정을 무시하고 다른 업체로 낙찰자를 변경하도록 하여 ㉡입찰절차의 공정을 해한 이상 그 죄책을 면할 수 없다.

1) 2009. 5. 14. 2008도11361, 공 2009상, 939 = 분석 각론 『일부 업체 담합 사건』.

2) 2010. 10. 14. 2010도4940, 공 2010하, 2130 = 분석 각론 『음성유도기 입찰 사건』.

3) 2009. 5. 14. 2008도11361, 공 2009상, 939 = 분석 각론 『일부 업체 담합 사건』.

(4) 공정을 해함

경매 · 입찰의 공정을 해한다 함은 공정한 자유경쟁을 방해할 염려가 있는 상태를 발생시키는 것을 의미한다. 경매 · 입찰방해죄는 위계 또는 위력 기타의 방법으로 입찰의 공정을 해하는 경우에 성립하는 위험범이다. 결과의 불공정이 현실적으로 나타나는 것을 요하지 않는다.[1]

입찰방해 행위가 있다고 인정하기 위하여는 그 방해의 대상인 입찰이 현실적으로 존재해야 한다. 실제로 실시된 입찰절차에서 실질적으로는 단독입찰을 하면서 마치 경쟁입찰을 한 것처럼 가장하는 경우는 입찰방해 행위에 해당한다. 이와 달리 실제로는 수의계약을 체결하면서 입찰절차를 거쳤다는 증빙을 남기기 위하여 입찰을 전혀 시행하지 아니한 채 형식적인 입찰서류만을 작성하여 입찰이 있었던 것처럼 조작한 행위는 입찰방해죄의 입찰방해 행위에 해당하지 않는다.[2]

입찰 실시자가 특정인과 공모하여 그 특정인이 낙찰자로 선정될 수 있도록 예상가격을 알려주고 그 특정인은 나머지 입찰 참가인들과 담합하여 입찰에 응하였다면 입찰의 공정을 해한 것으로 된다.[3]

---

1) 2010. 10. 14. 2010도4940, 공 2010하, 2130 = 분석 각론『음성유도기 입찰 사건』.
2) 2001. 2. 9. 2000도4700, 공 2001, 684 =『고등학교 창호공사 수의계약 사건』.
3) 2007. 5. 31. 2006도8070, 공 2007, 1004 =『이사장 예정가격 누출 사건』.

제35장 비밀침해의 죄

제1 서 설

1. 비밀침해 범죄의 유형

(1) 비밀침해죄의 체계

형법 각칙 제35장은 비밀침해의 죄를 규정하고 있다. 사람의 일신상, 가정상 또는 사회생활상의 비밀이 폭로되지 않고 유지되도록 하기 위하여 비밀침해에 관한 죄를 규정한 것이다. 비밀침해의 죄는 개인의 비밀을 침해하는 것을 내용을 한다. 우리 형법은 비밀침해의 죄의 장을 개인적 법익을 보호하는 죄의 영역에 위치시킴으로써 보호법익이 개인의 비밀임을 분명히 밝히고 있다.

형법은 간첩죄(법98), 외교상비밀누설죄(법113), 공무상비밀누설죄(법127), 공무상비밀장치침해죄 · 공무상비밀내용탐지죄(법140② · ③) 등을 별도로 규정하여 국가 또는 지방자치단체의 비밀을 보호하고 있다. 이처럼 국가 또는 지방자치단체의 비밀이 별도로 보호되고 있지만, 비밀침해의 죄가 보호하는 개인의 비밀 속에는 개인의 사적 생활에 관한 비밀뿐만 아니라 공적 생활상의 비밀도 포함될 수 있다는 점에 주의할 필요가 있다.

개인의 비밀을 지키는 것은 원칙적으로 개개인의 책임에 맡겨져 있다. 형법은 다른 사람에 의한 비밀의 탐지나 비밀의 공개를 개인이 방지하기 곤란한 세 가지 경우에 한하여 비밀침해행위를 범죄로 규정하고 있다. 이를 보면, (가) 봉함 기타 비밀장치한 편지 등을 개봉하는 행위를 대상으로 하는 비밀장치침해죄(법316①), (나) 비밀장치된 편지 등이나 특수매체기록을 기술적 수단을 이용하여 그 내용을 알아내는 행위를 대상으로 하는 비밀내용탐지죄(법316②), 그리고 (다) 의사 등 일정한 업무자가 비밀을 누설하는 행위를 대상으로 하는 업무상비밀누설죄(법317)가 그것이다.

이 가운데 봉함 기타 비밀장치한 편지 등을 개봉하는 행위를 내용으로 하는 형법 제316조 제1항의 비밀장치침해죄는 비밀 자체에 대한 보호가 아니라 비밀유지장치를 보호하는 형태를 취하고 있다. 개인의 비밀에 대한 침해에 대해 형법적 개입을 가능하면 억제하려는 태도라고 생각된다.

우리 입법자는 형법 제316조의 표제어를 '비밀침해'로 표기하고 있다. 그러나 형법 제316조 제1항의 비밀침해죄는 비밀 자체에 대한 침해가 아니므로 '비밀장치침해'가 보다 정확한 표현이라고 본다. 본서에서는 형법 제316조 제1항의 비밀침해죄를 '비밀장치침해죄'로,

형법 제316조 제2항의 비밀침해죄를 '비밀내용탐지죄'로 표기하여 서술을 진행하기로 한다.

(2) 공무방해죄와의 관계

우리 형법은 동일한 유형의 비밀침해죄라 할지라도 그것이 국가 또는 지방자치단체와 관련된 것일 경우에는 이를 공무방해죄의 일종으로 규정하는 태도를 취하고 있다. 이러한 접근방법은 동일한 유형의 손괴죄(법366)라 할지라도 그것이 국가 또는 지방자치단체와 관련된 것일 때에는 공용서류무효죄(법141①) 및 공용물파괴죄(법141②)로 포착하여 공무방해죄의 일종으로 다스리는 것과 같다. 국가 또는 지방자치단체와 관련된 법익을 개인적 법익과 구별하여 보다 두텁게 보호하려는 것이 입법자의 의도라고 생각된다.

공무상비밀장치침해죄(법140②; 5년 이하의 징역 또는 700만원 이하의 벌금)를 보면, 봉함 기타 비밀장치한 문서(편지 포함) 또는 도화를 개봉한다는 구성요건표지는 비밀장치침해죄(법316①; 3년 이하의 징역이나 금고 또는 500만원 이하의 벌금)의 구성요건표지와 같다. 다만 '공무원이 그 직무에 관하여'라는 표지가 추가되어 있다는 점에 차이가 있다.

마찬가지로 공무상비밀내용탐지죄(법140③; 5년 이하의 징역 또는 700만원 이하의 벌금)를 보면, 봉함 기타 비밀장치한 문서, 도화 또는 전자기록등 특수매체기록을 기술적 수단을 이용하여 그 내용을 알아낸다는 구성요건표지는 비밀내용탐지죄(법316②; 3년 이하의 징역이나 금고 또는 500만원 이하의 벌금)의 구성요건표지와 같다. 다만 '공무원이 그 직무에 관하여'라는 표지가 추가되어 있다는 점에 차이가 있을 뿐이다.

공무상비밀장치침해죄(법140②)와 비밀장치침해죄(법316①)의 관계 및 공무상비밀내용탐지죄(법140③)와 비밀내용탐지죄(법316②)의 관계가 문제된다. 전자는 국가적 법익에 관한 죄임에 대하여 후자는 개인적 법익에 관한 죄이다. 특히 비밀장치침해죄(법316①) 및 비밀내용탐지죄(법316②)는 친고죄이다(법318). 이렇게 볼 때 하나의 행위가 공무상비밀장치침해죄(법140②)와 비밀장치침해죄(법316①)에 모두 해당하거나 공무상비밀내용탐지죄(법140③)와 비밀내용탐지죄(법316②)에 모두 해당하는 경우에는 두 죄를 상상적 경합범으로 처리해야 할 것이다.

(3) 친고죄

형법 제318조는 "본장의 죄는 고소가 있어야 공소를 제기할 수 있다."고 규정하여 비밀침해의 죄를 전부 친고죄로 하고 있다. 비밀침해의 죄가 비교적 경미한 개인적 법익에 대한 침해라는 점과 일단 소추되면 비밀이 보다 넓게 공개된다는 점을 고려한 것이다.

고소권자는 원칙적으로 범죄의 피해자이다(형소법223). 피해자의 법정대리인은 독립하여 고소할 수 있고(형소법225①), 피해자가 사망한 때에는 그 배우자, 직계친족 또는 형제자매가 고소할 수 있다. 단, 이 경우 피해자의 명시한 의사에 반하지 못한다(동조② 본문 · 단서).

친고죄에는 고소불가분의 원칙이 적용된다(형소법233). 따라서 비밀장치침해죄(법316①), 비밀내용탐지죄(법316②), 업무상 비밀누설죄(법317)의 공범 중 그 1인 또는 수인에 대한 고소 또는 그 취소는 다른 공범자에 대하여 효력이 있다.

2. 특별법상의 비밀침해 범죄

형법은 제316조와 제317조의 두 조문에 걸쳐서 비밀침해 범죄를 규정하고 있다. 그러나 개인의 사생활이나 경제생활에 대한 보호의 필요성이 강조됨에 따라 각종 특별법이 여러 가지 비밀침해 범죄를 새로이 규정하고 있다.

특별법상의 비밀침해죄의 경우에는 형법상의 비밀침해 범죄와 달리 양벌규정이 적용될 수 있다는 점에 주목할 필요가 있다. 비밀침해 범죄로 인한 이익의 귀속주체가 법인인 경우에는 형법상 비밀침해죄를 적용하여 법인을 처벌할 수 없다. 각종 특별법이 규정한 양벌규정은 법인 불처벌의 미비점에 대처하는 장치로 기능한다.

「통신비밀보호법」상의 대화비밀침해죄(동법3, 16①),[1) 2) 3) 4)] 「전기통신사업법」상의 통신비밀침해죄(동법83, 94, 95),[5)] 「정보통신망 이용촉진 및 정보보호 등에 관한 법률」상의 정

---

1) **통신비밀보호법 제3조** (통신 및 대화비밀의 보호) ① 누구든지 이 법과 형사소송법 또는 군사법원법의 규정에 의하지 아니하고는 우편물의 검열 · 전기통신의 감청 또는 통신사실확인자료의 제공을 하거나 공개되지 아니한 타인간의 대화를 녹음 또는 청취하지 못한다. 다만, 다음 각호의 경우에는 당해 법률이 정하는 바에 의한다. (이하 생략함.)

제14조 (타인의 대화비밀 침해금지) ①누구든지 공개되지 아니한 타인간의 대화를 녹음하거나 전자장치 또는 기계적 수단을 이용하여 청취할 수 없다.

제16조 (벌칙) ① 다음 각호의 1에 해당하는 자는 1년 이상 10년 이하의 징역과 5년 이하의 자격정지에 처한다.

1. 제3조의 규정에 위반하여 우편물의 검열 또는 전기통신의 감청을 하거나 공개되지 아니한 타인간의 대화를 녹음 또는 청취한 자

2. 제1호의 규정에 의하여 지득한 통신 또는 대화의 내용을 공개하거나 누설한 자

2) 2006. 10. 12. 2006도4981, 공 2006, 1939 = 분석 각론 『도깨비 게임기 사건』.

3) 2003. 11. 13. 2001도6213, 공 2003, 2389 = 분석 각론 『렉카차 무선감청 사건』.

4) 2012. 10. 25. 2012도4644, 공 2012하, 2004 = 분석 각론 『통합문자메시지 해킹 사건』.

5) **전기통신사업법 제83조** ① 누구든지 전기통신사업자가 취급 중에 있는 통신의 비밀을 침해하거나 누설하여서는 아니 된다.

② 전기통신업무에 종사하는 사람 또는 종사하였던 사람은 그 재직 중에 통신에 관하여 알게 된 타인의 비밀을 누설하여서는 아니 된다.

③ 전기통신사업자는 법원, 검사 또는 수사관서의 장(중략), 정보수사기관의 장이 재판, 수사(중략), 형의 집행 또는 국가안전보장에 대한 위해를 방지하기 위한 정보수집을 위하여 다음 각 호의 자료의 열람이나 제출(이하 "통신자료제공"이라 한다)을 요청하면 그 요청에 따를 수 있다. (이하 생략함.)

제94조 (벌칙) 다음 각 호의 어느 하나에 해당하는 자는 5년 이하의 징역 또는 2억원 이하의 벌금에 처한다.

2. 제83조 제2항을 위반하여 재직 중에 통신에 관하여 알게 된 타인의 비밀을 누설한 자

보통신망 비밀침해죄(동법49, 71),[1) 2) 3) 4) 5)] 「부정경쟁방지 및 영업비밀보호에 관한 법률」상의 영업비밀침해죄(동법18),[6) 7) 8) 9)] 「산업기술의 유출방지 및 보호에 관한 법률」상의

---

3. 제83조 제3항을 위반하여 통신자료제공을 한 자 및 그 제공을 받은 자

제95조(벌칙) 다음 각 호의 어느 하나에 해당하는 자는 3년 이하의 징역 또는 1억 5천만원 이하의 벌금에 처한다.

7. 제83조 제1항을 위반하여 전기통신사업자가 취급 중에 있는 통신의 비밀을 침해하거나 누설한 자

1) **정보통신망 이용촉진 및 정보보호 등에 관한 법률 제49조** 누구든지 정보통신망에 의하여 처리 · 보관 또는 전송되는 타인의 정보를 훼손하거나 타인의 비밀을 침해 · 도용 또는 누설하여서는 아니 된다.

제71조(벌칙) 다음 각 호의 어느 하나에 해당하는 자는 5년 이하의 징역 또는 5천만원 이하의 벌금에 처한다.

11. 제49조를 위반하여 타인의 정보를 훼손하거나 타인의 비밀을 침해 · 도용 또는 누설한 자

2) 2006. 3. 24. 2005도7309, 공 2006, 773 = 분석 각론 『이메일 무단출력 사건』.

3) 2012. 12. 13. 2010도10576, 공 2013상, 199 = 분석 각론 『교인명단 업로드 사건』.

4) 2017. 6. 19. 2017도4240, 공 2017하, 1590.

"이 사건 조항[제49조]에 규정된 '정보통신망에 의하여 처리 · 보관 또는 전송되는 타인의 비밀 누설'이란 타인의 비밀에 관한 일체의 누설행위를 의미하는 것이 아니라, [가] 정보통신망에 의하여 처리 · 보관 또는 전송되는 타인의 비밀을 정보통신망에 침입하는 등의 부정한 수단 또는 방법으로 취득한 사람이나, [나] 그 비밀이 위와 같은 방법으로 취득된 것임을 알고 있는 사람이 [다] 그 비밀을 아직 알지 못하는 타인에게 이를 알려주는 행위만을 의미하는 것으로 제한하여 해석함이 타당하다."

5) 2018. 12. 27. 2017도15226, 공 2019상, 420 = 『이석 중 컴퓨터 열람복사 사건』.

"정보통신망법 제49조의 '타인의 비밀 침해 또는 누설'에서 요구되는 '정보통신망에 침입하는 등 부정한 수단 또는 방법'에는 [가] 부정하게 취득한 타인의 식별부호(아이디와 비밀번호)를 직접 입력하거나 [나] 보호조치에 따른 제한을 면할 수 있게 하는 부정한 명령을 입력하는 등의 행위에 한정되지 않는다. 이러한 행위가 없더라도 [다] 사용자가 식별부호를 입력하여 정보통신망에 접속된 상태에 있는 것을 기화로 정당한 접근권한 없는 사람이 사용자 몰래 정보통신망의 장치나 기능을 이용하는 등의 방법으로 타인의 비밀을 취득 · 누설하는 행위도 포함된다."

6) **부정경쟁방지 및 영업비밀보호에 관한 법률 제18조**(벌칙) ① 영업비밀을 외국에서 사용하거나 외국에서 사용될 것임을 알면서도 다음 각 호의 어느 하나에 해당하는 행위를 한 자는 15년 이하의 징역 또는 15억원 이하의 벌금에 처한다. 다만, 벌금형에 처하는 경우 위반행위로 인한 재산상 이득액의 10배에 해당하는 금액이 15억원을 초과하면 그 재산상 이득액의 2배 이상 10배 이하의 벌금에 처한다.

1. 부정한 이익을 얻거나 영업비밀 보유자에 손해를 입힐 목적으로 한 다음 각 목의 어느 하나에 해당하는 행위

가. 영업비밀을 취득 · 사용하거나 제3자에게 누설하는 행위

나. 영업비밀을 지정된 장소 밖으로 무단으로 유출하는 행위

다. 영업비밀 보유자로부터 영업비밀을 삭제하거나 반환할 것을 요구받고도 이를 계속 보유하는 행위

2. 절취 · 기망 · 협박, 그 밖의 부정한 수단으로 영업비밀을 취득하는 행위

3. 제1호 또는 제2호에 해당하는 행위가 개입된 사실을 알면서도 그 영업비밀을 취득하거나 사용(제13조 제1항에 따라 허용된 범위에서의 사용은 제외한다)하는 행위

② 제1항 각 호의 어느 하나에 해당하는 행위를 한 자는 10년 이하의 징역 또는 5억원 이하의 벌금에 처한다. 다만, 벌금형에 처하는 경우 위반행위로 인한 재산상 이득액의 10배에 해당하는 금액이 5억원을 초과하면 그 재산상 이득액의 2배 이상 10배 이하의 벌금에 처한다.

7) 2009. 7. 9. 2009도250, [미간행] = 분석 각론 『냉각탑 설계도 사건』.

8) 2009. 10. 15. 2008도9433, 공 2009하, 1904 = 분석 각론 『담수 프로젝트 사건』.

9) 2008. 4. 24. 2006도9089, 공 2008상, 809 = 분석 각론 『재택근무용 파일 사건』.

산업기술 비밀누설죄(동법36②, 14 ii),[1) 2)] 「개인정보 보호법」상의 업무상 개인정보 누설죄(동법59 ii, 71 v)[3) 4)], 「의료법」 상의 정보 누설 금지죄(동법19, 88) [5) 6)] 등은 그 예이다.

제2 비밀침해죄의 기본유형 – 비밀장치침해죄

형법 제316조 (비밀침해) ① 봉함 기타 비밀장치한 사람의 편지, 문서 또는 도화를 개봉한 자는 3년 이하의 징역이나 금고 또는 500만원 이하의 벌금에 처한다.

◎ 친고죄임(법318)

---

1) **산업기술의 유출방지 및 보호에 관한 법률 제14조** 누구든지 다음 각 호의 어느 하나에 해당하는 행위를 하여서는 아니 된다.

1. 절취 · 기망 · 협박 그 밖의 부정한 방법으로 대상기관의 산업기술을 취득하는 행위 또는 그 취득한 산업기술을 사용하거나 공개(비밀을 유지하면서 특정인에게 알리는 것을 포함한다. 이하 같다)하는 행위

2. 제34조의 규정 또는 대상기관과의 계약 등에 따라 산업기술에 대한 비밀유지의무가 있는 자가 부정한 이익을 얻거나 그 대상기관에게 손해가 발생하는 것을 알면서도 유출하거나 그 유출한 산업기술을 사용 또는 공개하거나 제3자가 사용하게 하는 행위

(이하 생략함.)

제36조(벌칙) 국가핵심기술을 외국에서 사용하거나 사용되게 할 목적으로 제14조 제1호부터 제3호까지의 어느 하나에 해당하는 행위를 한 자는 3년 이상의 유기징역에 처한다. 이 경우 15억원 이하의 벌금을 병과한다.

② 산업기술을 외국에서 사용하거나 사용되게 할 목적으로 제14조 각 호(제4호를 제외한다)의 어느 하나에 해당하는 행위를 한 자(제1항에 해당하는 행위를 한 자는 제외한다)는 10년 이하의 징역 또는 15억원 이하의 벌금에 처한다.

③ 제14조 각 호(제4호 · 제6호 · 제6호의2 및 제8호는 제외한다)의 어느 하나에 해당하는 행위를 한 자는 10년 이하의 징역 또는 10억원 이하의 벌금에 처한다.

(④ 이하 생략)

2) 2013. 12. 12. 2013도12266, 공 2014, 223 참조.

3) **개인정보 보호법 제59조**(금지행위) 개인정보를 처리하거나 처리하였던 자는 다음 각 호의 어느 하나에 해당하는 행위를 하여서는 아니 된다.

2. 업무상 알게 된 개인정보를 누설하거나 권한 없이 다른 사람이 이용하도록 제공하는 행위

제71조(벌칙) 다음 각 호의 어느 하나에 해당하는 자는 5년 이하의 징역 또는 5천만원 이하의 벌금에 처한다.

5. 제59조 제2호를 위반하여 업무상 알게 된 개인정보를 누설하거나 권한 없이 다른 사람이 이용하도록 제공한 자 및 그 사정을 알면서도 영리 또는 부정한 목적으로 개인정보를 제공받은 자

4) 2016. 3. 10. 2015도8766, 공 2016상, 593 =『동대표 해임동의서 열람 사건』☞ 부록 1624면.

5) **의료법 제19조**(정보 누설 금지) ① 의료인이나 의료기관 종사자는 이 법이나 다른 법령에 특별히 규정된 경우 외에는 의료 · 조산 또는 간호업무나 제17조에 따른 진단서 · 검안서 · 증명서 작성 · 교부 업무, 제18조에 따른 처방전 작성 · 교부 업무, 제21조에 따른 진료기록 열람 · 사본 교부 업무, 제22조 제2항에 따른 진료기록부등 보존 업무 및 제23조에 따른 전자의무기록 작성 · 보관 · 관리 업무를 하면서 알게 된 다른 사람의 정보를 누설하거나 발표하지 못한다.

6) 2018. 5. 11. 2018도2844, 공 2018상, 1121 =『사망 환자 진료기록 공개 사건』(분석 생략함).

1. 행위객체

형법 제316조에 규정된 비밀침해죄의 행위유형은 (가) 비밀장치한 문서 등을 개봉하는 행위와 (나) 비밀장치된 문서 등을 기술적 수단을 이용하여 그 내용을 알아내는 행위의 두 가지이다. 1995년 형법 일부개정 이전에는 (가)의 비밀장치 침해 유형만이 형법 제316조의 규율대상이었으나 1995년 형법 개정시에 (나)의 비밀내용탐지 유형의 구성요건이 신설되었다.

형법 제316조 제1항이 규정한 비밀장치침해죄는 비밀장치한 문서 등을 개봉하는 행위를 대상으로 하고 있다. 비밀장치침해죄의 객체는 봉함 기타 비밀장치한 사람의 편지, 문서, 도화이다. 봉함된 편지 이외의 것도 행위객체로 된다는 점에서 비밀장치침해죄의 성립범위는 헌법상 보장되는 통신의 자유(헌법18)와 그 범위가 반드시 일치하지는 않는다.[1)]

(가) 편지 등 　편지는 특정인으로부터 다른 특정인에게 의사를 전달하는 문서를 말한다. 반드시 우편물임을 요하지 않는다. 문서는 편지 이외의 것으로서 문자 기타의 가독적(可讀的) 부호를 가지고 특정인의 의사 또는 관념을 표시한 것이다. 도화(圖畫)는 상형적 부호를 가지고 특정인의 의사 또는 관념을 표시한 것이다. 편지, 문서 또는 도화의 내용은 사적인 것뿐만 아니라 공적인 것도 포함한다.

(나) 봉 함 　봉함은 예컨대 봉투를 풀로 붙인 경우와 같이 그 외부 포장을 깨뜨리지 않고는 쉽사리 그 내용을 알 수 없게 한 것을 말한다. 봉함된 편지는 발신인에 의하여 봉함된 때로부터 수신인이 이를 개봉할 때까지의 것을 말한다. 봉함이 되어 있는 한 발송 전, 발송 중, 도착 후를 묻지 않는다.

(다) 비밀장치 　비밀장치는 봉함 이외의 방법으로 외부 포장을 만들어서 그 안의 내용을 알 수 없게 만드는 일체의 장치를 가리킨다.[2)] 형법은 '기타 비밀장치'라는 표현을 사용하여 널리 비밀을 보호하려 하고 있다. 비밀장치는 반드시 문서 자체에 비밀장치가 되어 있는 것만을 의미하지 않으며, 잠금장치가 있는 용기나 서랍 등도 포함한다.[3)] 편지, 문서 또는 도화에 봉함이나 비밀장치가 되어 있지 않으면 비밀장치침해죄의 객체에 해당하지 않는다. 우편엽서나 봉함하지 않은 편지나 문서 등이 여기에 해당한다.

---

1) 일본 형법은 봉함된 신서(信書)를 중심으로 규정하여 통신비밀보호에 중점을 두고 있는 것으로 생각된다.

일본형법 제133조 정당한 이유가 없음에도 봉함해 놓은 신서를 개봉한 자는 1년 이하의 징역 또는 20만엔 이하의 벌금에 처한다.

2) 2008. 11. 27. 2008도9071, [미간행] = 분석 각론 『서랍 아랫칸 사건』.

3) 2008. 11. 27. 2008도9071, [미간행] = 분석 각론 『서랍 아랫칸 사건』.

2. 실행행위

비밀장치침해죄의 실행행위는 봉함 기타 비밀장치한 사람의 편지, 문서 또는 도화를 개봉하는 것이다. 개봉은 봉함되거나 비밀장치된 것을 파기하여 편지, 문서 또는 도화의 내용을 알 수 있는 상태로 만드는 것을 말한다.

개봉에서 말하는 파기는 물리적인 손괴만을 의미하는 것은 아니며, 봉함이나 비밀장치의 원상태를 변경한다는 의미이다. 풀을 붙여 놓은 부분에 수증기를 쐬어 봉투를 파기하지 않고 여는 경우 또는 비밀장치를 위하여 단단히 묶어놓은 끈을 훼손 없이 풀어놓는 경우도 개봉에 해당한다.

비밀장치침해죄의 기수시기는 봉함 또는 비밀장치된 편지 등의 내용을 알 수 있는 상태로 만들어 낸 시점이다. 행위자가 편지 등을 읽었거나 내용을 알아낼 필요는 없다.

3. 위법성조각사유

(1) 법령에 의한 행위

편지 등의 개봉행위의 위법성이 조각되는 경우로 우선 법령에 의한 행위를 들 수 있다. 형사소송법에 의한 우편물의 압수(형소법107, 219), 「통신비밀보호법」에 의한 우편물 검열(동법3①), 「우편법」에 의한 법규위반 우편물 또는 반환불가 우편물의 개봉조치(동법28①·②, 35), 「형의 집행 및 수용자의 처우에 관한 법률」에 따른 서신검열(동법43③·④ 단서) 등은 그 예이다.

친권자가 미성년의 자녀 앞으로 온 편지를 개봉하는 행위가 민법 제913조(보호·교양의 권리의무)를 근거로 위법성이 조각될 것인지 문제된다. 이에 대해서는 자녀의 보호·교양을 위하여 필요한 한도에서 허용된다고 보는 견해[1]와 편지개봉 등의 지나친 수단을 사용하지 않고 보호·교양하는 것이 민법 제913조의 취지라고 보아 허용하지 않는 견해[2]가 제시되고 있다. 자녀의 연령, 발신인, 긴급성 등 여러 가지 사정을 고려하여 친권자가 행한 편지 개봉행위는 민법 제913조에 의하여 위법성이 조각된다고 본다.

(2) 피해자의 승낙

편지 등의 개봉에 대해 피해자의 승낙이 있으면 위법성이 조각된다(법24). 편지의 경우에

1) 김일수·서보학, 194면; 박상기, 221면; 오영근, 208면; 이재상·장영민·강동범, 232면; 이정원, 240면; 이형국·김혜경, 293면; 임웅, 291면.

2) 배종대, 248면; 손동권·김재윤, 244면.

피해자가 누구인가에 대해 견해가 나뉘고 있다. 이 문제는 다음에 논의하는 비밀장치침해죄의 '고소권자' 결정과 같은 관점에서 해결하는 것이 타당하다고 본다. 개봉에 대한 승낙은 개별적 · 구체적으로 이루어져도 좋고 개괄적으로 이루어져도 좋다. 출장간 남편 앞으로 온 편지를 부인이 개봉하는 경우와 같이 묵시적 승낙으로도 좋다.

추정적 승낙에 의한 개봉도 형법 제24조의 요건에 준하여 위법성이 조각될 수 있다. 그러나 사생활의 비밀을 충실히 보호해야 한다는 점에서 추정적 승낙의 요건은 신중하게 검토할 필요가 있다.

4. 고소권자

비밀장치침해죄 가운데 편지개봉의 경우에 고소권자를 누구로 볼 것인지 문제된다. 이에 대해서는 (가) 편지의 발신인과 수신인 모두가 고소권을 가진다고 보는 견해,[1] (나) 발신인은 언제나 고소권을 가지고, 수신인은 일단 편지가 발송되고 난 이후부터 고소권을 가진다고 보는 견해, (다) 발신인은 언제나 고소권을 가지고, 수신인은 편지가 도착한 이후부터 고소권을 가진다고 보는 견해, (라) 편지가 수신인에게 도달되기 전까지는 발신인이, 도달한 후에는 수신인이 고소권을 가진다고 보는 견해[2] 등이 제시되고 있다.

비밀장치침해죄 중 편지개봉죄의 고소권자는 비밀의 주체를 표준으로 판단해야 하며, 편지의 소유권이나 비밀장치에의 접근가능성 여하에 영향을 받지 않는다고 본다. 또 편지의 내용에 관하여 수신인이 가지는 비밀이익은 편지의 도달 유무에 관계없이 형법적으로 보호할 만한 가치가 있다. 이렇게 볼 때 편지개봉 형태의 비밀장치침해죄의 고소권자는 발신인과 수신인 모두가 된다고 보아야 할 것이다.

제 3 비밀침해죄의 특수유형

1. 비밀내용탐지죄

형법 제316조 ② 봉함 기타 비밀장치한 사람의 편지, 문서, 도화 또는 전자기록 등 특수매체기록을 기술적 수단을 이용하여 그 내용을 알아낸 자도 제1항의 형과 같다.

◎ 친고죄임(법318)

---

1) 김성돈, 282면; 김일수 · 서보학, 194면; 김혜정 외, 257면; 박상기, 221면; 배종대, 249면; 손동권 · 김재윤, 245면; 오영근, 209면; 이재상 · 장영민 · 강동범, 232면; 이형국 · 김혜경, 293면; 임웅, 291면; 정성근 · 박광민, 256면.

2) 이정원, 241면은 봉함 또는 비밀장치된 상태에의 접근가능성에 주목한다.

(1) 입법취지

형법 제316조 제2항은 비밀장치된 편지 등을 기술적 수단을 이용하여 그 내용을 알아내는 행위를 처벌하고 있다. 1995년 형법 일부개정 이전까지는 행위자가 비밀장치된 편지 등을 개봉할 때에만 비밀장치침해죄가 성립하였다. 일본 형법은 현재도 이러한 입법태도를 취하고 있다(동법133 참조).[1]

종전의 규정에 의하면 편지 등을 개봉하지 않고 기술적 수단을 이용하여 그 내용을 알아낸 경우에는 행위자를 처벌할 수 없었다. 이러한 문제점을 제거하기 위하여 1995년말 형법 일부개정시에 형법 제316조 제2항으로 비밀내용탐지죄가 신설되었다. 신설된 비밀내용탐지죄에는 종전의 비밀장치침해죄가 규정하지 아니하였던 전자기록 등 특수매체기록이 객체에 포함되고 있다.[2]

(2) 행위객체

비밀내용탐지죄(법316②)의 객체는 봉함 기타 비밀장치한 사람의 편지, 문서, 도화 또는 전자기록 등 특수매체기록이다. 비밀장치침해죄(법316①)의 객체에 더하여 전자기록 등 특수매체기록이 추가되고 있다.

특수매체기록이란 사람의 지각에 의하여 인식할 수 없는 방식으로 작성된 기록으로서, 컴퓨터 등 정보처리장치에 의한 정보처리에 제공되는 것을 말한다. 특수매체기록은 전자기록(電磁記錄)과 기타의 특수매체기록으로 구분된다. 전자기록은 전자적(電子的) 기록과 자기적(磁氣的) 기록을 모두 포함한다. 기타의 특수매체기록에는 광기술이나 레이저 기술을 이용한 기록이 포함된다.[3]

특수매체기록은 기록의 일종이므로 사람의 생각(의사 또는 관념)이 수록되어 있어야 한다. 사람의 생각이 기록되어 있다는 점에서 특수매체기록은 문서와 비슷하다. 그렇지만 문자나 그 밖의 가독적 부호가 아니라 전자적 또는 자기적 신호 등에 의하여 기록된 것이라는 점에서 문서와 구별된다.

마이크로필름 기록이 특수매체기록에 포함될 것인가 하는 문제가 있다. 이를 긍정하는 견해도 있으나, 마이크로필름 기록은 단순한 문자의 축소 및 그 기계적 확대에 의한 재생용의 기록으로 보아야 할 것이다. 따라서 마이크로필름 기록은 문서의 일종일 뿐 특수매체기록

1) 일본형법 제133조(신서개봉) 정당한 이유가 없음에도 봉함해 둔 신서를 개봉한 자는 1년 이하의 징역 또는 20만엔 이하의 벌금에 처한다.

2) 법무부, 형법개정법률안 제안이유서, (1992), 166면 참조.

3) 전술 441면 이하 참조.

에는 포함되지 않는다.

특수매체기록은 편지 등과 달리 그 외부 포장을 개봉하더라도 내용을 바로 인식할 수 없다는 특성이 있다. 이 때문에 형법은 특수매체기록을 비밀장치침해죄(법316①)의 대상에서 제외하여 별도로 취급하고 있다.

인터넷이나 기타 전기통신의 경우에는 데이터의 송수신이 일어나고 있다. 이 경우 전송 중인 데이터가 특수매체기록에 해당하는가 하는 의문이 생긴다. 이 문제는 특수매체기록이 어디까지나 기록의 일종이라는 관점에서 접근해야 한다. 유체물에 고착되지 아니한 채로 전송 중인 데이터는 아직 기록에 해당한다고 할 수 없다. 전송 중인 데이터는 형법 제316조 제2항에 의해서가 아니라 「통신비밀보호법」에 의한 감청의 대상이 되며(동법3) 이 법에 의하여 보호받게 된다(동법3, 16①).[1] 또한 「정보통신망 이용촉진 및 정보보호 등에 관한 법률」은 정보통신망에 의하여 처리 · 보관 또는 전송되는 타인을 비밀을 침해 · 도용 또는 누설하는 행위를 별도로 처벌하고 있다(동법49, 71).

(3) 실행행위

비밀내용탐지죄의 실행행위는 기술적 수단을 이용하여 비밀장치된 문서 등의 내용을 알아내는 것이다. 기술적 수단의 종류는 다종다양하지만 단순히 자연광이나 전등 등에 비추어 보는 행위는 기술적 수단을 이용한 것이라고 볼 수 없다.

내용을 알아낸다 함은 비밀장치한 문서 등의 내용을 인식하는 것을 말한다. 인식의 수단은 기술적 방법이어야 한다. 편지, 문서, 도화의 경우에는 투시장치에의 투과, 화학적 반응의 이용, 마이크로필름 판독기의 사용 등 물리적 · 화학적 방법을 사용할 수 있다. 특수매체기록의 경우 비밀소지자의 패스워드나 비밀번호를 이용하여 컴퓨터 등으로 특수매체기록의 내용을 탐지해 내는 것이 내용을 알아내는 행위에 해당한다.[2]

비밀내용탐지죄가 성립하려면 비밀장치 해제행위를 넘어서서 내용을 알아내는 행위까지 있어야 한다.[3] 형법 제316조의 비밀장치침해죄 및 비밀내용탐지죄는 미수범을 처벌하지 않는다. 그러므로 기술적 수단을 이용하는 것만으로는 비밀내용탐지죄가 성립하지 않는다.

이러한 문제점을 극복하기 위하여 내용인식의 단계에까지는 이르지 아니하였더라도 내

---

1) 2012. 10. 25. 2012도4644, 공 2012하, 2004 = 분석 각론 『통합문자메시지 해킹 사건』 참조.

2) 2009. 12. 24. 2007도6243, 공 2010상, 287 = 분석 각론 『어헤드원 검색 사건』.

3) 김성돈, 281면; 김일수 · 서보학, 193면; 김혜정 외, 256면; 배종대, 249면; 손동권 · 김재윤, 243면; 이재상 · 장영민 · 강동범, 231면; 이형국 · 김혜경, 292면; 임웅, 290면; 정성근 · 박광민, 255면; 정영일, 186면; 주호노, 498면.

용을 지득할 수 있는 상태에 이른 때에 비밀내용탐지죄의 기수에 이른다고 보는 견해가 제시되고 있다.[1] 그러나 형법 제316조 제2항이 '그 내용을 알아낸 자'라는 표현을 사용하여 내용의 지득을 요구하고 있으므로 이러한 해석은 허용되지 않는다고 본다.

비밀내용탐지죄의 이러한 성질 때문에 전자기록 등 특수매체기록을 무단복사하는 행위, 타인의 전산망에 무단으로 접근하는 행위(소위 해킹) 등은 형법 제316조 제2항의 비밀내용탐지죄를 구성하지 않는다. 물론 특별법으로 처벌하는 것은 별개의 문제이다. 복사한 파일을 판독하거나 타인의 컴퓨터에 수록된 파일을 열람하는 행위는 내용을 알아내는 것이므로 비밀내용탐지죄를 구성한다.

(4) 비밀장치침해죄와의 관계

비밀내용탐지죄(법316②)는 비밀장치침해죄(법316①)에 대하여 보충관계에 있다. 비밀내용탐지죄는 비밀장치침해죄로 포착되지 아니하는 행위를 처벌하기 위하여 신설된 것이기 때문이다. 따라서 비밀장치를 해제하는 개봉행위가 인정되면 이후에 일어나는 내용지득행위는 불가벌적 사후행위가 된다.

다만 전자기록 등 특수매체기록의 경우에는 개봉행위를 설정할 수 없기 때문에 처음부터 형법 제316조 제2항이 적용된다. 봉함된 특수매체기록의 외포를 개봉한 후 이를 기술적 수단을 이용하여 판독하였다고 하여도 개봉행위를 처벌하는 형법 제316조 제1항이 적용될 여지는 없다. 특수매체기록이 비밀장치침해죄의 대상으로 규정되어 있지 않기 때문이다.

2. 업무상 비밀누설죄

형법 제317조 (업무상비밀누설) ① 의사, 한의사, 치과의사, 약제사, 약종상, 조산사, 변호사, 변리사, 공인회계사, 공증인, 대서업자나 그 직무상 보조 또는 차등(此等)의 직에 있던 자가 그 업무처리중 지득한 타인의 비밀을 누설한 때에는 3년 이하의 징역이나 금고, 10년 이하의 자격정지 또는 700만원 이하의 벌금에 처한다.

② 종교의 직에 있는 자 또는 있던 자가 그 직무상 지득한 사람의 비밀을 누설한 때에도 전항의 형과 같다.

◎ 친고죄임(법318)

(1) 행위주체

업무상 비밀누설죄는 진정신분범이다. 업무상 비밀누설죄의 주체는 (가) 의사, 한의사,

1) 박상기, 219면; 오영근, 207면; 이정원, 240면.

치과의사, 약제사, 약종상, 조산사, 변호사, 변리사, 공인회계사, 공증인, 대서업자 또는 이러한 직에 있던 자, (나) 이상 업무자의 직무상 보조 또는 이러한 직에 있던 자, (다) 종교의 직에 있는 자 또는 있던 자만이 될 수 있다. 업무상 비밀누설죄는 형법 제317조에 열거되어 있는 자에 대해서만 성립한다. 일반인은 행위주체가 될 수 없다.

의사, 변호사, 종교인 등 형법 제317조에 열거되어 있는 일정한 업무자들은 직무의 성질상 자연스럽게 타인의 비밀을 지득할 기회가 많다. 이 때문에 업무상 지득한 비밀의 누설행위를 방지할 필요가 크다. 우리 형법은 이들 업무자 및 업무자였던 사람들뿐만 아니라 이들을 보조하는 사람들까지도 행위주체에 포함시키고 있다.[1)]

공무원은 업무상 비밀누설죄의 주체에 포함되지 않는다. 공무원 또는 공무원이었던 자가 법령에 의한 직무상의 비밀을 누설하는 경우에는 공무상비밀누설죄(법127)가 성립한다. 한편 각종 특별법에 의하여 업무자의 비밀누설행위가 처벌되는 경우가 있다. 「정신건강증진 및 정신질환자 복지서비스 지원에 관한 법률」상의 비밀누설죄(동법71, 85 vi), 「후천성면역결핍증 예방법」상의 비밀누설죄(동법7, 26 i), 「감염병의 예방 및 관리에 관한 법률」상의 비밀누설죄(동법74, 78 iii) 등은 여기에 속하는 예이다.

(2) 행위객체

업무상 비밀누설죄의 객체는 업무상 지득한 타인의 비밀이다.

(가) 비 밀 　비밀은 일반적으로 알려져 있지 아니한 사실로서 다른 사람에게 이를 알리지 아니함으로써 본인에게 이익이 되는 것을 말한다.[2)]

① 비공개성 　비밀은 일반적으로 알려지지 아니한 사실이어야 한다. 일반적으로 알려진 공지의 사실은 비밀이 될 수 없다. 공지의 사실은 이를 알지 못하는 사람에 대해서도 비밀이라고 할 수 없다. 그러나 단순히 소문 정도에 지나지 않는 경우는 비밀에 해당한다. 일반적으로 알려지지 아니한 사실이라면 특정한 소규모의 사람들에게 알려져 있는 사실이라도 이를 알지 못한 사람들에게는 비밀이 될 수 있다. 비밀의 주체가 비밀의 존재를 알지 못한 경우도 비밀에 포함된다.

② 비밀이익 　비밀은 이를 다른 사람에게 알리지 않는 것이 본인에게 이익이 되는

---

1) 일본형법 제134조 ① 의사, 약제사, 의약품판매업자, 조산사, 변호사, 변호인, 공증인 또는 이러한 직에 있었던 자가 정당한 이유가 없음에도 그의 직무상 취급하였던 일에 대해 지득한 사람의 비밀을 누설한 때에는 6월 이하의 징역 또는 10만엔 이하의 벌금에 처한다.

② 종교, 기도 또는 제사의 직에 있는 자 또는 이러한 직에 있었던 자가 정당한 이유가 없음에도 그의 업무상 취급한 일에 대해 지득한 사람의 비밀을 누설한 때에도 전항과 같다.

2) 2006. 3. 24. 2005도7309, 공 2006, 773 = 분석 각론『이메일 무단출력 사건』참조.

것을 말한다. 비밀로 유지하는 것에 이익이 있다 함은 반드시 경제적 이익이 있음을 요하지 않는다. 감추어진 정신적·육체적 결함과 같이 본인 자신은 의식하지 않더라도 이를 다른 사람에게 알리지 않는 것이 본인에게 이익이 되는 한에서는 비밀이 될 수 있다.

비밀이익이 인정되려면 비밀누설에 대비하여 법적 보호를 제공해야 할 정도로 비밀로 유지하는 것에 타당하고도 상당한 이유가 있어야 한다. 생활의 평온이 법적으로 보호할 가치가 있는 이상 적법한 사실 이외에 위법한 사실도 비밀이 될 수 있다. 예컨대 범죄를 범한 사람이 그 사실을 변호사에게 고백한 경우에 그 범죄사실도 비밀로 보호된다.

③ 비밀가치 비밀은 본인이 다른 사람에게 알리고 싶어 하지 않는 사항(주관적 비밀)과 일반적으로 보아 누구라도 다른 사람에게 알리고 싶어 하지 아니할 사항(객관적 비밀)으로 나누어 볼 수 있다. 업무상 비밀누설죄에서의 비밀이 어느 범위까지 포함할 것인지에 대해 견해가 나뉘고 있다.

주관설은 본인이 주관적으로 비밀로 삼고자 하는 것이면 비밀로 족하다고 보는 견해이다. 주관설을 취하는 입장에서는 업무상 비밀누설죄가 어디까지나 개인의 사생활의 평온을 침해하는 죄로서 반드시 어떤 구체적 이익을 전제로 하지 않는다고 본다. 나아가 사람마다 비밀로 보호되기를 바라는 정도가 다양하기 때문에 비밀의 객관적 표준을 세우기가 어렵다고 주장한다.

객관설은 일반인이 객관적으로 비밀로 삼을 만하다고 생각하는 사실이어야 비밀에 해당한다고 보는 견해이다. 확장적 절충설은 본인이 주관적으로 비밀로 삼고자 하는 것과 객관적으로 일반인들이 비밀로 삼을 만하다고 생각하는 것을 모두 비밀로 보아야 한다는 견해이다. 가중적 절충설은 본인이 주관적으로 비밀로 삼고자 하는 사실로서 일반인도 객관적으로 비밀로 삼을 만한 사실임을 요한다는 견해이다.[1)]

생각건대 업무상 비밀누설죄의 법정형(법317; 3년 이하의 징역이나 금고, 10년 이하의 자격정지 또는 700만원 이하의 벌금)이 사실적시 명예훼손죄의 법정형(법307①; 2년 이하의 징역이나 금고 또는 500만원 이하의 벌금)보다 무겁게 규정되어 있다는 점, 사람마다 비밀이기를 바라는 정도가 다양하기 때문에 오히려 객관적 표준이 필요하다는 점 등에서 가중적 절충설이 타당하다고 본다.

(나) 타인의 비밀 비밀은 타인의 비밀이어야 한다. 타인은 범인 이외의 다른 사람이다. 이 경우 사람은 자연인, 법인, 법인격 없는 단체 등 그 형태를 묻지 않는다. 국가나 지방

1) 김성돈, 284면; 김일수·서보학, 196면; 박상기, 224면; 배종대, 251면; 손동권·김재윤, 246면; 오영근, 210면; 이재상·장영민·강동범, 234면; 이정원, 244면; 이형국·김혜경, 295면; 임웅, 296면; 정성근·박광민, 258면; 정영일, 189면.

자치단체는 업무상 비밀누설죄의 비밀의 주체가 될 수 없다. 국가 또는 지방자치단체가 비밀의 주체인 경우에는 간첩죄(법98), 외교상기밀누설죄(법113), 공무상비밀누설죄(법127) 등이 성립한다. 다만 개인의 비밀이 동시에 국가나 지방자치단체의 비밀이 되는 경우에 그 개인의 비밀을 보호하는 결과로서 국가나 지방자치단체의 비밀이 보호대상에 포함될 수 있다.

타인은 현존하는 사람이어야 한다. 사자(死者)의 비밀을 누설해도 업무상 비밀누설죄는 성립하지 않는다. 해산된 단체의 비밀도 같다. 다만「의료법」등 특별법에 기한 업무상 비밀누설죄의 경우에는 사자(死者)의 비밀을 누설하는 행위가 처벌대상이 된다.[1) 2)]

(다) 업무 관련성 비밀은 그 업무처리 중 지득한 것(법317①)이거나 또는 그 직무상 지득한 것(동조②)이어야 한다. 예컨대 이웃사람으로서 알게 되거나 술집 등에서 우연히 엿들어서 알게 된 사항 등은 업무 또는 직무와 관계없이 알게 된 사항이므로 업무상 비밀누설죄의 비밀에 해당하지 않는다. 그러나 업무 또는 직무에 관하여 알게 된 사항인 한 의뢰인 본인이 직접 말하여 알게 된 것과 업무자가 조사하여 알게 된 것이 모두 비밀에 포함된다.

(3) 실행행위

업무상 비밀누설죄의 행위는 비밀을 누설하는 것이다. 누설이란 비밀을 아직 알지 못하는 다른 사람에게 이를 알려 주는 일체의 행위를 말한다.[3)] 비밀주체인 본인에게 말하는 것

---

1) 의료법 제19조(정보 누설 금지) ① 의료인이나 의료기관 종사자는 이 법이나 다른 법령에 특별히 규정된 경우 외에는 의료·조산 또는 간호업무…를 하면서 알게 된 다른 사람의 정보를 누설하거나 발표하지 못한다.

제21조(기록 열람 등) ② 의료인, 의료기관의 장 및 의료기관 종사자는 환자가 아닌 다른 사람에게 환자에 관한 기록을 열람하게 하거나 그 사본을 내주는 등 내용을 확인할 수 있게 하여서는 아니 된다.

제88조(벌칙) 다음 각 호의 어느 하나에 해당하는 자는 3년 이하의 징역이나 3천만원 이하의 벌금에 처한다.

1. 제19조, 제21조 제2항…을 위반한 자. 다만, 제19조, 제21조 제2항…을 위반한 자에 대한 공소는 고소가 있어야 한다.

2) 2018. 5. 11. 2018도2844, 공 2018상, 1121 =『사망 환자 진료기록 공개 사건』.

"[의료법] 제19조에서 누설을 금지하고 있는 '다른 사람의 [정보'는] 당사자의 동의 없이는 원칙적으로 공개되어서는 안 되는 비밀영역으로 보호되어야 한다. 이러한 보호의 필요성은 환자가 나중에 사망하더라도 소멸하지 않는다. [의료법] 제21조 제[2]항은 환자가 사망하였는지 여부를 묻지 않고 환자가 아닌 다른 사람에게 환자에 관한 기록을 열람하게 하거나 사본을 내주는 등 내용을 확인할 수 있게 해서는 안 된다고 정하고 있는데, 이 점을 보더라도 환자가 사망했다고 해서 보호 범위에서 제외된다고 볼 수 없다."

3) 2022. 11. 10. 2018도1966, 공 2023상, 80 =『고발장 개인정보 기재 사건』:

개인정보보호법은 개인정보를 처리하거나 처리하였던 사람이 업무상 알게 된 개인정보를 누설하면 처벌하고 있다(㉮규정). 갑은 M농업협동조합의 경제상무로 근무하였다. M농협의 조합장은 A이다. (갑은 퇴직하였다.) 갑은 M농협 조합장 A에게 농업협동조합법 위반 등의 혐의가 있다고 주장하는 내용의 고발장을 수

은 누설이 아니다. 본인 이외의 다른 사람인 한 상대방이 1명인지 다수인인지는 묻지 않는다. 이미 비밀을 알고 있는 사람에게 알려주는 것은 누설이 아니다. 비밀침해의 새로운 위험이 발생하지 않기 때문이다.

누설의 방법에는 제한이 없다. 구두의 고지, 서면에 의한 통지 등 모두 가능하다. 타인의 비밀을 기재한 서면을 방치함으로써 다른 사람이 이를 볼 수 있도록 하는 경우와 같이 부작위에 의한 누설도 가능하다. 공연히 타인의 비밀을 누설하여 그의 명예를 훼손한 경우에는 업무상 비밀누설죄와 명예훼손죄가 성립하며, 양자는 상상적 경합관계에 있다.

업무상 비밀누설죄는 미수범을 처벌하지 않는다. 업무상 비밀누설죄의 기수시기에 대해서는, 비밀이 누설될 때(발송 시점)라고 보는 견해(추상적 위험범설),[1] 비밀의 고지가 상대방에게 도달하는 시점이라고 보는 견해(구체적 위험범설)[2]와 상대방이 고지의 내용을 알게 된 시점이라고 보는 견해(침해범설)[3]가 제시되고 있다. 생각건대 비밀의 고지가 상대방에게 도달한 때에 업무상 비밀누설죄는 기수에 이른다고 본다. 상대방에게 도달한 이상 상대방이 그 내용인 비밀을 인식할 가능성이 생기며 이로써 비밀침해의 위험성이 인정되기 때문이다.

(4) 공 범

형법 제317조는 직무상 지득한 비밀을 누설하는 행위를 처벌하고 있을 뿐 비밀을 누설받는 상대방을 처벌하는 규정을 두고 있지 않다. 업무자가 비밀을 누설하는 행위와 상대방이 업무자로부터 비밀을 누설받는 행위는 필요적 공범의 한 유형인 대향범 관계에 있다. 대향범

사기관에 제출하였다(㉠고발장). 갑은 ㉠고발장을 제출하면서 자신이 M조합의 경제상무로 근무할 때 확보하여 보관하고 있던 개인정보가 담긴 자료들을 첨부하여 제출하였다.

검사는 갑을 개인정보보호법 ㉮규정 위반죄로 기소하였다. 제1심법원은 유죄를 인정하였다. 갑은 불복 항소하였다. 항소법원은 개인정보보호법에 따른 개인정보 누설에는 고소 · 고발에 수반하여 수사기관에 개인정보를 알려주는 행위가 포함되지 않는다고 판단하였다. 항소법원은 제1심판결을 파기하고 무죄로 판단하였다. 검사는 불복 상고하였다.

대법원은 다음의 이유를 제시하여 원심판결을 파기환송하였다. 대법원은 개인정보보호법과 관련된 규정들을 분석하였다(내용 생략함). 대법원은 개인정보보호법의 '누설' 개념에 대해 다음과 같이 설시하였다. (가) '누설'이라 함은 아직 개인정보를 알지 못하는 타인에게 알려주는 일체의 행위를 말한다. (나) 고소 · 고발장에 다른 정보주체의 개인정보를 첨부하여 경찰서에 제출한 것은 (ㄱ) 그 정보주체의 동의도 받지 아니하고 (ㄴ) 관련 법령에 정한 절차를 거치지 아니한 이상 개인정보의 '누설'에 해당한다. (다) (다만 피고인의 위 행위가 범죄행위로서 처벌대상이 될 정도의 위법성을 갖추고 있지 않아 위법성이 조각될 수 있는지는 별개의 문제이다.)

1) 김성돈, 284면; 김혜정 외, 259면.

2) 김일수 · 서보학, 197면; 박상기, 225면; 손동권 · 김재윤, 247면; 이재상 · 장영민 · 강동범, 235면; 이정원, 246면; 이형국 · 김혜경, 296면; 임웅, 297면; 주호노, 503면.

3) 오영근, 211면.

에 대해서는 공범에 관한 형법 총칙 규정이 적용될 수 없으므로 비밀누설의 상대방을 업무자와의 공동정범이나 업무자에 대한 교사범으로 처벌할 수 없다.[1)]

(5) 위법성조각사유

(가) 신고의무 형법 제317조에 규정된 업무자가 일정한 비밀을 누설하더라도 위법성이 조각되는 경우가 있다. 법령상 비밀사항을 고지할 의무를 부담하는 자가 타인의 비밀을 고지한 때에는 형법 제20조에 의하여 위법성이 조각된다. 의사가 「감염병의 예방 및 관리에 관한 법률」(동법11) 또는 「후천성면역결핍증 예방법」(동법5) 등에 기하여 환자를 신고하는 경우 등이 그 예이다.

(나) 소송수행 변호사가 소송수행을 위하여 업무상 지득한 타인의 비밀을 누설하는 경우에 그 행위의 위법성이 조각될 것인지 문제된다. 이 문제는 역으로 업무상 비밀누설죄를 내세워 변호사가 소송에서 진실을 밝히지 않는 경우에 형사처벌의 대상이 될 것인가 하는 형태로도 제기된다.

변호인이 피고인(갑)을 위하여 변호하는 과정에서 피고인(갑)이 진범이 아니라 진범(을)을 위하여 피고인(갑)이 범인인 것처럼 허위자백하여 재판받고 있음을 알게 된 경우에 이를 재판부에 알리는 행위가 업무상 비밀누설죄(법317)를 구성할 것인지 문제된다. 역으로 변호인이 업무상 비밀누설죄를 내세워 피고인(갑)의 허위자백을 재판부에 알리지 않는 행위가 진범(을)을 위한 범인은닉죄(법151①)에 해당할 것인지 문제된다.

형사변호인의 기본적인 임무는 피의자 · 피고인을 보호하고 그의 이익을 대변하는 것이다. 그러나 그러한 이익은 법적으로 보호받을 가치가 있는 정당한 이익으로 제한된다.[2)] 따라서 변호인이 피고인의 허위자백을 재판부에 알리는 행위는 정당한 변호행위로서 위법성이 조각된다.

그러나 변호인이 피고인의 허위자백을 유지하는 행위는 위법성이 조각되지 않는다. 변호인의 비밀유지의무는 변호인이 업무상 알게 된 비밀을 다른 곳에 누설하지 않을 소극적 의무를 말하는 것일 뿐이다. 진범을 은폐하는 허위자백을 피고인으로 하여금 적극적으로 유지하게 하는 행위는 변호인의 비밀유지의무에 의하여 정당화될 수 없으므로 범인은닉죄가 성립한다.[3)]

(다) 증언거부권 의사, 변호사, 종교인 등 일정한 업무자는 업무상 지득한 타인의

---

1) 2011. 4. 28. 2009도3642, 공 2011상, 1212 = 분석 각론『체포영장 명단 누출 사건』 참조.
2) 2012. 8. 30. 2012도6027, 공 2012하, 1641 = 분석 총론『보이스피싱 허위자백 사건』.
3) 2012. 8. 30. 2012도6027, 공 2012하, 1641 = 분석 총론『보이스피싱 허위자백 사건』.

비밀에 관하여 증언거부권을 가지고 있다(형소법149, 민소법 315 참조). 그런데 이들 업무자가 증언거부권을 행사하지 않고 업무상 지득한 타인의 비밀을 법정에서 증언한 경우에 업무상 비밀누설죄가 성립할 것인지 문제된다.

업무상 비밀누설죄의 성립을 긍정하는 입장[1]에서는 다음의 논거를 제시한다. 증언거부권은 타인과의 특수한 신임관계를 맺게 되는 특정업무를 보호함과 동시에 신임관계에 입각하여 업무자에게 비밀을 알려준 본인의 인권을 보호하는 것을 목적으로 한다. 의사나 변호사 등 업무자의 조력을 안심하고 받을 수 있게 하고 원만한 종교생활을 할 수 있게 하려면 증언거부권을 행사하지 않고 법정에서 진술하는 업무자에게 업무상 비밀누설죄의 성립을 인정해야 한다.

그러나 다음의 이유에서 업무상 비밀누설죄의 성립을 부정하는 입장[2]이 타당하다고 본다. 모든 국민은 국가의 사법작용이 적정하게 이루어지도록 협조하여야 할 의무를 지고 있다. 나아가 의사, 변호사, 종교인 등 업무자의 증언거부권은 권리일 뿐 의무는 아니다. 따라서 업무자가 증언거부권을 행사하지 않고 타인의 비밀에 관하여 증언한다고 하여도 반드시 업무상 비밀누설죄를 구성한다고는 말할 수 없다.

(라) 피해자의 승낙 　비밀의 주체인 본인의 승낙이 있으면 업무상 비밀누설죄는 성립하지 않는다. 본인의 승낙이 있는 경우에는 위법성조각(법24)이 아니라 처음부터 구성요건해당성이 배제된다. 본인이 비밀이익을 포기하였기 때문이다.

(6) 고소권자

업무상 비밀누설죄는 친고죄이다(법318). 여기에서 고소권자가 누구인지 문제된다. 먼저, 업무자에게 업무를 의뢰한 본인은 비밀의 주체로서 피해자(형소법223)가 되어 고소권을 가진다. 다음으로, 피해자의 법정대리인이나 사망한 피해자의 배우자, 직계친족 또는 형제자매 등에게 고소권이 인정되는 경우가 있다(형소법225 참조). 문제는 그 밖의 경우에도 고소권이 인정될 수 있겠는가 하는 점이다.

생각건대 이를 긍정하는 것이 타당하다고 본다. 예컨대 의사가 환자의 정신적 · 신체적 결함을 누설한 경우에 그 환자 본인뿐만 아니라 환자의 근친자도 고소권을 가지는 것이 마땅하다. 업무자에게 의뢰하지 아니한 환자의 근친자라 할지라도 비밀의 주체가 될 수 있고, 비밀이 누설된 피해자로서 고소권자가 될 수 있다고 보기 때문이다.

---

1) 김일수 · 서보학, 198면; 박상기, 226면(이익형량설); 이정원, 247면; 이형국 · 김혜경, 297면(이익형량설).

2) 김성돈, 285면; 배종대, 253면; 손동권 · 김재윤, 248면; 오영근, 212면; 이재상 · 장영민 · 강동범, 236면; 임웅, 298면; 정성근 · 박광민, 260면.

제36장 주거침입의 죄

제1 서 설

1. 보호법익

(1) 학설의 개관

형법 각칙 제36장은 주거침입의 죄를 규정하고 있다. 주거침입죄는 사람의 주거 및 간수하는 장소의 평온을 침해하거나 위태롭게 하는 행위를 처벌하기 위하여 규정된 죄이다. 입법례 가운데에는 일본 형법처럼 주거침입죄를 정밀(靜謐)을 해하는 죄로서 사회적 질서를 침해하는 범죄로 위치를 정한 예도 있다(동법 제2편 제12장).[1] 그러나 우리 형법은 주거침입죄를 각칙 제36장에 규정하여 개인적 법익을 침해하는 죄로서의 위치를 부여하고 있다. 주거침입죄의 보호법익이 무엇인가에 대해 학설이 나뉘고 있다.

(가) 주거권설 가장(家長)의 지위에 있는 자가 가지는 주거 출입에 대한 허가권을 주거권으로 보고, 주거침입죄를 주거권자의 주거권을 침해하는 범죄라고 보는 견해이다. 주거권설에 대해서는 (가) 모든 범죄를 권리침해로 파악하려는 19세기적 법사상에 집착하는 흠이 있고, (나) 가장의 지위에 있는 자만 주거의 출입에 대한 허가권을 가지고 있다고 보는 점에서 헌법상 평등원칙에 반하는 흠이 있다는 비판이 가해지고 있다.

(나) 사실상 평온설 법적 권리가 아니라 사실상 주거의 평온을 주거침입죄의 보호법익으로 보는 견해이다.[2] 사실상 평온설의 입장에서는 당해 주거에 거주하는 모든 사람은 외부로부터 주거의 사실상 평온이 침해되지 않도록 보호받는다고 본다.

사실상 평온설에 대해서는 주거침입죄의 보호법익을 사실상 주거의 평온으로만 이해하게 되면 주거침입죄는 개인적 법익에 대한 죄로서의 성격을 잃고 공공의 질서에 대한 죄로 변질될 위험이 있다는 비판이 제기되고 있다.

(다) 신주거권설 주거침입죄의 보호법익을 주거에 타인이 출입하도록 할 것인지 말

---

1) **일본형법 제130조** 정당한 이유가 없음에도 사람의 주거, 사람이 간수하는 저택, 건조물 또는 함선에 침입하거나 요구를 받았음에도 불구하고 이러한 장소에서 퇴거하지 아니한 자는 3년 이하의 징역 또는 10만엔 이하의 벌금에 처한다.

2) 김성돈, 286면; 김일수 · 서보학, 201면; 김혜정 외, 262면; 배종대, 254면; 오영근, 215면; 임웅, 300면(구분설); 정성근 · 박광민, 262면; 정영일, 193면.

것인지를 결정하는 자유라고 보는 견해이다.[1] 신주거권설은 사실상 평온설을 비판하기 위하여 제시된 이론이다. 종래의 주거권설이 가장의 권리와 연결시켰음에 반하여, 신주거권설은 이러한 제한 없이 주거나 건조물 등을 관리하는 권리의 일종으로서 주거 등에의 출입 여부를 결정하는 자유라고 보는 점에서 차이가 있다.

신주거권설에 대해서는 사실상 평온설로부터 다음의 비판이 가해지고 있다. (가) 주거 등에의 출입을 허용하는 자유라는 것이 과연 권리로서 성격을 가지고 있는지 분명하지 않다. (나) 단순히 건조물 등에의 출입을 허용할 것인가라는 형식적 관점만을 중시하는 문제점이 있다. (다) 공공 건조물에는 개인이 출입 여부를 결정할 수 없으므로 이론의 타당성에 의문이 있다.

(라) 사 견 생각건대 사실상 평온설이 타당하다고 본다. 첫째로, 신주거권설에 대한 비판은 사실상 평온설에 대한 간접적 논거가 될 수 있다. 둘째로, 우리 형법은 각칙 제36장에서 주거침입의 죄를 개인적 법익에 대한 범죄로 분명하게 규정하고 있어서 사실상 평온설을 취하더라도 주거침입죄가 사회적 법익에 관한 범죄로 변질될 염려는 없다. 셋째로, 신주거권설은 주거 등에의 출입 여부를 결정하는 자유라는 점에 주목하고 있으나, 행위자가 주거 등에 들어갈 생각이 없었다고 주장하는 상황에 대해 주거침입죄를 인정할 수 없다는 난점을 안고 있다. 넷째로, 형법 제319조 제1항은 '점유하는 방실'도 주거침입죄의 객체에 포함시키고 있는데, 이는 권리 여부를 묻지 않고 '점유한다'는 사실상의 지배상태에 주목하는 태도로서 사실상 평온설에 입각한 것이다.

(2) 판례의 입장

판례는 주거침입죄의 보호법익을 주거의 사실상 평온으로 보고 있다. 대법원은 2021년 전원합의체 판결을 통하여 사실상 평온설을 다시 한번 확인하면서, 동시에 '주거의 사실상 평온'의 침해 여부에 관하여 거주자의 주관적 의사를 판단기준으로 삼던 종전의 태도를 버리고 행위자의 행위태양에 주목하는 객관적 기준으로 전환하였다. 대법원은 판례변경의 이유로 다음의 점을 제시하였다.[2]

첫째로, 주거침입죄의 보호법익은 사적 생활관계에 있어서 사실상 누리고 있는 주거의 평온, 즉 '사실상 주거의 평온'이다. 사실상 주거의 평온은 주거를 점유할 법적 권한이 없더라

---

1) 박상기, 228면; 이재상 · 장영민 · 강동범, 238면; 이정원, 250면; 이형국 · 김혜경, 299면(종합설); 주호노, 513면(종합설).

2) 2021. 9. 9. 2020도12630 전원합의체 판결, 공 2021하, 1970 = 『혼외 성관계 목적 출입 사건』 ☞ 부록 1626면.

도 사실상의 권한이 있는 거주자가 주거에서 누리는 사실적 지배·관리관계가 평온하게 유지되는 상태를 말한다. 주거침입죄의 보호법익은 주거를 점유하는 사실상태를 바탕으로 발생하는 것으로서 사실적 성질을 가진다.

둘째로, 공동주거의 경우에는 주거의 사실상 평온이 제한된다. 공동주거의 경우에는 여러 사람이 하나의 생활공간에서 거주한다. 공동주거의 성질에 비추어 공동거주자 각자는 다른 거주자와의 관계로 인하여 주거에서 누리는 사실상 주거의 평온이라는 법익이 일정 부분 제약될 수밖에 없다. 공동거주자는 공동주거관계를 형성하면서 이러한 사정을 서로 용인하였다고 보아야 한다.

셋째로, 부재중인 일부 공동거주자와의 관계에서 주거침입죄가 성립하는지를 판단할 때에도 주거침입죄의 보호법익의 사실적 성질 및 공동주거관계의 특성을 고려하여야 한다. 공동거주자 개개인은 각자 사실상 주거의 평온을 누릴 수 있다. 그러므로 어느 거주자가 부재중이라고 하더라도 (가) 사실상의 평온상태를 해치는 행위태양으로 들어가거나, (나) 그 거주자가 독자적으로 사용하는 공간에 들어간 경우에는 그 거주자의 사실상 주거의 평온을 침해하는 결과를 가져올 수 있다.

그러나 행위자가 공동거주자 중 주거 내에 현재하는 거주자의 현실적인 승낙을 받아 통상적인 출입방법에 따라 주거에 들어갔다면, 설령 행위자의 출입이 부재중인 다른 거주자의 의사에 반하는 것으로 추정된다고 하더라도 주거침입죄의 보호법익인 사실상 주거의 평온을 깨트렸다고 볼 수는 없다.

넷째로, 만일 외부인의 출입에 대하여 공동거주자 중 주거 내에 현재하는 거주자의 승낙을 받아 통상적인 출입방법에 따라 들어갔음에도 불구하고 그것이 부재중인 다른 거주자의 의사에 반하는 것으로 추정된다는 사정만으로 주거침입죄의 성립을 인정하게 되면, 주거침입죄를 의사의 자유를 침해하는 범죄의 일종으로 보는 것이 되어 주거침입죄가 보호하고자 하는 법익의 범위를 넘어서게 된다. 그리고 '평온의 침해' 내용이 주관화·관념화되며, 출입 당시 현실적으로 존재하지 않는, 부재중인 거주자의 추정적 의사에 따라 주거침입죄의 성립 여부가 좌우되어 범죄 성립 여부가 명확하지 않고 가벌성의 범위가 지나치게 넓어지게 되어 부당한 결과를 가져오게 된다.

(3) 사실상 평온설에 따른 구체적 결론

2021년 대법원 전원합의체 판결은 주거침입죄의 보호법익을 주거의 사실상 평온으로 파악하고 보호법익의 침해 여부를 행위태양을 기준으로 객관적으로 판단한다. 변경된 판례의 기준에 따르면 다음과 같은 결론이 도출된다.

(가) 신체일부의 침입　　주거침입죄는 사실상 주거의 평온을 보호법익으로 하는 것이므로 반드시 행위자의 신체의 전부가 타인의 주거 안으로 들어가야만 성립하는 것은 아니다. 행위자가 주거에 출입할 생각이 없이 신체의 일부만 타인의 주거 안에 들여놓았다고 해도 거주자가 누리는 사실상 주거의 평온을 해할 수 있는 정도에 이르렀다면 주거침입죄는 기수에 이른다.[1]

(나) 권원의 상실　　주거의 거주자 또는 건물의 관리자가 주거에 거주하거나 건조물 등을 간수할 법률상 정당한 권리를 가지고 있는지는 주거침입죄의 성립을 좌우하지 않는다. 일단 적법하게 거주나 관리를 개시한 후에 그 권원을 상실하여 사법상 불법점유가 되었다고 하더라도 적법한 절차에 의하여 그 점유를 풀지 않는 한 주거 또는 건조물 등은 거주자 또는 관리자의 점유하에 있다. 이러한 경우 주거 또는 건조물의 사실상 평온은 보호되어야 하므로 권리자가 부적법 상태를 배제하려고 정당한 절차에 따르지 않고 그 주거 또는 건조물에 들어간 경우에는 주거침입죄가 성립한다.[2]

(다) 공동주거　　공동주거의 경우에는 여러 사람이 하나의 생활공간에서 거주한다. 이러한 성질에 비추어 공동거주자 각자는 다른 거주자와의 관계로 인하여 주거에서 누리는 사실상 주거의 평온이라는 법익이 일정 부분 제약될 수밖에 없다. 공동거주자는 공동주거관계를 형성하면서 이러한 사정을 서로 용인하였다고 보아야 한다.[3]

동업자들이 공동관리중인 건조물은 동업자들의 공동점유하에 있다. 따라서 동업자들 사이에 분규가 발생한 상황에서 공동점유자 중의 1명이 다른 공동점유자의 의사에 반하여 건조물에 임의로 출입하였다 해도 건조물침입죄는 성립하지 않는다.[4]

그러나 공동거주자 개개인은 각자 사실상 주거의 평온을 누릴 수 있으므로 어느 거주자가 부재중이라고 하더라도 (가) 사실상의 평온상태를 해치는 행위태양으로 주거에 들어가거나, (나) 그 거주자가 독자적으로 사용하는 공간에 들어간 경우에는 그 거주자의 사실상 주거의 평온을 침해하는 결과를 가져올 수 있다.[5]

(라) 공동거주자의 승낙　　복수의 거주자(A, B)가 있는 경우에 한 사람(A)의 승낙이 다른 거주자(B)의 의사에 직접 · 간접으로 반하는 경우가 있다. 외부인(갑)이 거주자 한 사람(A)의 승낙에 의하여 주거에 출입하는 행위가 그 의사에 반한 사람(B)의 주거의 사실상 평온을 해치는 것이 되어 주거침입죄를 구성하는지 문제된다.

---

1) 1995. 9. 15. 94도2561, 공 1995, 3473 = 분석 각론 『"얼굴만 침입" 사건』.
2) 1983. 3. 8. 82도1363, 공 1983, 677 = 분석 각론 『사찰 경내 난입 사건』.
3) 2021. 9. 9. 2020도12630 전원합의체 판결, 공 2021하, 1970 = 『혼외 성관계 목적 출입 사건』.
4) 1982. 4. 27. 81도2956, 공 1982, 544 = 분석 각론 『염료 동업 파기 사건』.
5) 2021. 9. 9. 2020도12630 전원합의체 판결, 공 2021하, 1970 = 『혼외 성관계 목적 출입 사건』.

종래의 판례는 주관설적 관점에서 접근하여 거주자의 명시적 또는 추상적 의사에 반하는 출입이 있으면 주거의 사실상 평온이 침해되는 것으로 보았다. 그리하여 행위자(갑)가 간통을 목적으로 상간자인 배우자(A)의 동의를 얻어 주거에 들어가는 행위는 다른 배우자(B)의 주거의 평온을 해치는 것이 되어 주거침입죄가 인정되었다.[1] 이러한 사정은 2016년 간통죄(구법241)가 폐지된 후에도 변함이 없었다.

2021년 대법원은 공동거주자의 주관적 의사를 기준으로 삼던 종전의 태도를 버리고 객관적 기준으로 전환하였다. 대법원은 피고인이 공동거주자(A, B) 중 주거 내에 현재하는 거주자(A)의 현실적인 승낙을 받아 통상적인 출입방법에 따라 들어갔다면, 설령 그것이 부재 중인 다른 거주자(B)의 의사에 반하는 것으로 추정된다고 하더라도 주거침입죄의 보호법익인 사실상 주거의 평온을 깨트렸다고 볼 수는 없다고 판시하였다.[2]

2. 주거침입죄와 다른 죄와의 관계

(1) 견련범의 불인정

주거침입죄는 다른 범죄를 범하기 위한 수단으로 행해지는 일이 많다. 본래의 주된 범죄와 그 수단이 되는 범죄를 가리켜서 견련범이라고 한다. 일본 형법은 견련범을 과형상 일죄로 파악하고 있다(동법54① 후단). 이러한 입법례에 따르면 목적범죄의 수단이 되는 주거침입죄는 목적범죄와 견련범 관계에 있어서 양자는 과형상 일죄를 이룬다.[3]

그러나 우리 형법은 견련범 형태의 과형상 일죄를 인정하지 않는다. 따라서 수단이 되는 주거침입죄는 독자적 성격을 가지게 되고, 수단이 되는 주거침입죄와 목적이 되는 주된 범죄는 원칙적으로 실체적 경합관계에 서게 된다.[4]

예외적으로 입법자가 주거침입죄를 그 목적범죄와 결합시켜 하나의 독립한 범죄로 규정하는 경우가 있다. 이러한 때에는 주거침입죄는 가중적 구성요건요소로서 당해 결합범에 흡수되어 독자적인 의미를 갖지 않는다. 야간주거침입절도죄(법330), 특수절도죄(법331①; 야간손괴주거침입절도), 특수강도죄(법334①; 야간주거침입강도), 「성폭력범죄의 처벌 등에 관한 특례법」(성폭력처벌법)에 의한 특수강간죄(동법3 참조; 주거침입죄를 범한 사람이 강간ㆍ유사강간ㆍ준강간의 죄를 범한 경우) 등은 그 예이다.

---

1) 1984. 6. 26. 83도685, 공 1984, 1325 = 분석 각론『간통 목적 출입 사건』.
2) 2021. 9. 9. 2020도12630 전원합의체 판결, 공 2021하, 1970 =『혼외 성관계 목적 출입 사건』.
3) **일본형법 제54조** ① 1개의 행위가 2개 이상의 죄명에 해당하거나 또는 범죄의 수단 또는 결과인 행위가 다른 죄명에 해당하는 때에는 그 가장 중한 형에 따라 처단한다.
② (생략함.)
4) 우리 형법의 과형상 일죄에 대해서는, 신동운, 형법총론, 제14판, (2022), 793면 이하 참조.

그러나 성폭력처벌법의 결합범 가운데 주거침입죄와 강제추행죄가 결합한 부분 및 주거침입죄와 준강제추행죄가 결합한 부분은 헌법재판소의 위헌결정에 의하여 무효로 되었다.[1] 따라서 주거침입 강제추행이나 주거침입 준강제추행의 경우에는 주거침입죄와 강제추행죄, 주거침입죄와 준강제추행죄의 실체적 경합범이 성립한다.

(2) 주거침입죄와 절도죄의 관계

(가) 문제의 소재 절도죄의 경우 주거침입이 수단으로 사용되는 경우가 많다. 여기에서 절도죄와 주거침입죄의 관계가 문제된다. 야간주거침입절도죄(법330) 및 특수절도죄의 일종인 야간손괴주거침입절도죄(법331①)를 제외하고 일반적으로 주거침입은 절도죄의 구성요건요소가 아니다. 그러므로 절도범이 범행수단으로 주거침입을 한 경우에 그 주거침입행위는 절도죄에 흡수되지 않고 별개로 주거침입죄를 구성하며, 절도죄와 실체적 경합관계에 서는 것이 원칙이다.[2]

---

1) 2023. 2. 23. 2021헌가9, 헌공 317호 264.

"「성폭력범죄의 처벌 등에 관한 특례법」(2020. 5. 19. 법률 제17264호로 개정된 것) 제3조 제1항 중 '형법 제319조 제1항(주거침입)의 죄를 범한 사람이 같은 법 제298조(강제추행), 제299조(준강제추행) 가운데 제298조의 예에 의하는 부분의 죄를 범한 경우에는 무기징역 또는 7년 이상의 징역에 처한다.'는 부분은 헌법에 위반된다."

2) 2015. 10. 15. 2015도8169, 공 2015하, 1721 = 『연희동 주간 빈집털이 사건』:

갑은 절도죄로 수회 유죄판결을 받은 일이 있다. 갑은 연희동 일대에서 주간에 빈집을 대상으로 귀금속을 절취하려고 마음먹었다. 2014. 5. 20. 14 : 00경 갑은 ㉠아파트에서 A 소유의 시가 2,000만원 상당의 다이아몬드 반지 1개를 꺼내 가지고 갔다(①범행). 6. 1. 18 : 00경에서 19:40경 사이 갑은 ㉡빌라에서 까르띠에 시계 1개 등 합계 1,200만원 상당의 재물을 가지고 나왔다(②범행). 6. 3. 12 : 30~13 : 30경 갑은 C 거주의 ㉢연립주택에 침입하여 훔칠 물건을 물색을 하였으나 절취할 물건을 발견하지 못하였다(③범행). 6. 3. 13 : 00~13 : 30경 갑은 D 거주의 ㉣연립주택에 들어갔으나 발각되자 도망갔다(④범행). 6. 7. 13 : 25경 갑은 ㉤빌라에 재물을 훔치기 위해 침입했으나 발각되자 도망갔다(⑤범행).

검사는 갑을 특정범죄가중법위반죄(절도) 및 주거침입죄로 기소하였다. 2015. 2. 26. 2014헌가16 헌법재판소 결정에 의하여 특정범죄가중법상의 상습절도죄는 위헌으로 판단되었다. 갑의 피고사건은 제1심을 거친 후, 항소심에 계속되었다. 2015. 5. 15. 항소법원은 판결을 선고하였다. 항소법원은 상습절도죄(형법 제332조)를 인정하면서 그와 별도로 주거침입죄(형법 제319조 제1항)를 인정하고 이들 각 죄에 대해 경합범 가중을 하여 갑을 처단하였다. 갑은 불복 상고하였다. 갑은 상고이유로 다음의 점을 주장하였다. (가) 주거침입죄는 상습절도죄에 대해 법조경합관계에 있다. (나) 상습절도죄의 단순일죄만 성립한다.

2015. 10. 15. 대법원은 판결을 선고하였다. (2016년 개정시에 특정범죄가중법상의 상습절도죄는 폐지되었다.) 대법원은 다음의 이유를 제시하여 상고를 기각하였다. (가) 야간주거침입절도죄 및 특수절도(야간손괴침입절도)죄를 제외하고 일반적으로 주거침입은 절도죄의 구성요건이 아니다. (나) 절도범인이 그 범행수단으로 주거침입을 한 경우에 그 주거침입행위는 절도죄에 흡수되지 아니하고 별개로 주거침입죄를 구성하여 절도죄와는 실체적 경합의 관계에 서는 것이 원칙이다.

(다) 형법 제332조는 상습으로 단순절도(형법 제329조), 야간주거침입절도(형법 제330조)와 특수절도(형법 제331조) 및 자동차 등 불법사용(형법 제331의2)의 죄를 범한 자는 그 죄에 정한 각 형의 2분의 1을 가중

이와 관련하여 상습절도죄를 범할 목적으로 주거침입을 한 경우에 이를 상습절도죄의 일부로 보아 포괄일죄로 파악할 것인지, 아니면 상습절도죄와 별개의 주거침입죄를 인정할 것인지 문제된다.

(나) 형법의 상습절도죄　　형법 제332조는 "상습으로 제329조 내지 제331조의2의 죄를 범한 자는 그 죄에 정한 형의 2분의 1까지 가중한다."고 규정하고 있다. 상습절도죄를 규정한 형법 제332조를 주거침입죄와 관련하여 정리해 보면, (가) 주거침입을 구성요건요소로 하지 않는 상습단순절도죄(법332, 329; 6년 이하의 징역 또는 1천만원 이하의 벌금에 2분의 1 가중), (나) 주거침입을 구성요건요소로 하고 있는 상습야간주거침입절도죄(법332, 330; 10년 이하의 징역에 2분의 1 가중), (다) 주거침입을 구성요건요소로 하고 있는 상습야간손괴주거침입절도죄(법332, 331①; 1년 이상 10년 이하의 징역에 2분의 1 가중)의 세 가지 경우로 나누어 볼 수 있다.

이 가운데 (나)의 상습야간주거침입절도죄와 (다)의 상습특수절도죄(상습야간손괴주거침입절도)의 경우에는 야간의 주거침입이 구성요건요소에 포함되어 있으므로 야간에 이루어진 주거침입죄가 상습범의 포괄일죄에 포함되는 것은 분명하다. 그러나 주간에 이루어진 주거침입이 별도의 범죄를 구성할 것인지 문제된다. 문제상황은 세 가지 형태로 나타난다.

첫째는, 형법의 상습단순절도죄(법332, 329)를 범한 범인이 상습적인 절도범행의 수단으로 주간에 주거침입을 한 경우이다. 둘째는, 상습야간주거침입절도죄(법332, 330)를 범할 목적으로 주간에 주거침입을 하였다가 절도에 이르지 아니하고 주거침입에 그친 경우이다. 셋째는, 상습특수절도죄[상습야간손괴주거침입절도, 상습흉기휴대절도, 상습합동절도](법332, 331)를 범할 목적으로 주간에 주거침입을 하였다가 절도에 이르지 아니하고 주거침입에 그친 경우이다.

이에 대해 판례는 다음의 판단기준을 제시하고 있다. 첫째로, (가)의 경우이다. 형법의

하여 처벌하도록 규정하고 있다. (라) 형법 제332조는 주거침입을 구성요건으로 하지 않는 상습단순절도와 주거침입을 구성요건으로 하고 있는 상습야간주거침입절도 또는 상습특수절도(야간손괴침입절도)에 대한 취급을 달리하여, 주거침입을 구성요건으로 하고 있는 상습야간주거침입절도 또는 상습특수절도(야간손괴침입절도)를 더 무거운 법정형을 기준으로 가중처벌하고 있다.

(마) 따라서 상습으로 단순절도를 범한 범인이 상습적인 절도범행의 수단으로 주간(낮)에 주거침입을 한 경우에 그 주간 주거침입행위의 위법성에 대한 평가가 형법 제332조, 제329조[상습단순절도]의 구성요건적 평가에 포함되어 있다고 볼 수 없다. (바) 그러므로 상습절도죄(형법 제332조)를 범한 범인이 그 범행의 수단으로 주간에 주거침입을 한 경우 그 주간 주거침입행위는 상습절도죄와 별개로 주거침입죄를 구성한다. (사) 또 상습절도죄(형법 제332조)를 범한 범인이 그 범행 외에 상습적인 절도의 목적으로 주간에 주거침입을 하였다가 절도에 이르지 아니하고 주거침입에 그친 경우에도 그 주간 주거침입행위는 상습절도죄와 별개로 주거침입죄를 구성한다.

상습단순절도죄(법332, 329)를 범한 범인이 상습적인 절도범행의 수단으로 주간에 주거침입을 한 경우에 그 주간주거침입행위의 위법성에 대한 평가는 형법의 상습단순절도죄에 포함되어 있다고 볼 수 없다. 그러므로 상습단순절도죄를 범한 범인이 그 범행의 수단으로 주간에 주거침입을 한 경우 그 주간주거침입행위는 상습단순절도죄(법332, 329)와 별개로 주거침입죄(법319①)를 구성한다.[1)]

나아가 판례는 "형법 제332조에 규정된 상습절도죄[상습단순절도, 상습야간주거침입절도, 상습특수절도]를 범한 범인이 그 범행 외에 상습적인 절도의 목적으로 주간에 주거침입을 하였다가 절도에 이르지 아니하고 주거침입에 그친 경우에도 그 주간 주거침입행위는 상습절도죄와 별개로 주거침입죄를 구성한다."고 판시하여 (가)의 경우에 제시된 법리가 (나) 및 (다)의 경우에도 마찬가지로 적용된다는 입장을 취하고 있다.[2)]

(다) 특정범죄가중법의 상습절도죄 「특정범죄 가중처벌 등에 관한 법률」(특정범죄가중법)은 형법과 별도로 가중된 형태의 상습절도죄를 규정하고 있다. 특정범죄가중법 제5조의4 제6항은 "상습적으로 형법 제329조부터 제331조까지의 죄[단순절도, 야간주거침입절도, 특수절도]나 그 미수죄 또는 제2항의 죄[5명 이상 공동 상습절도]로 두 번 이상 실형을 선고받고 그 집행이 끝나거나 면제된 후 3년 이내에 다시 상습적으로 형법 제329조부터 제331조까지의 죄[단순절도, 야간주거침입절도, 특수절도]나 그 미수죄 또는 제2항의 죄[5명 이상 공동 상습절도]를 범한 경우에는 3년 이상 25년 이하의 징역에 처한다."고 규정하고 있다.

요컨대 특정범죄가중법 제5조의4 제6항은 상습절도범이 두 번 이상 실형을 선고받고 형의 집행을 받았음에도 불구하고 다시 상습절도죄를 범한 경우를 3년 이상 25년 이하의 중형으로 가중처벌한다. 특정범죄가중법 제5조의4 제6항은 2005년 「사회보호법」이 폐지될 때 재범자에 대한 보호감호를 폐지하면서 그에 대한 대체방안으로 도입되었다. 「사회보호법」상의 보호감호가 재범의 위험성이 인정된 범죄인에 대한 보안처분으로서의 격리처분이라면, 특정범죄가중법 제5조의4 제6항은 재범의 위험성이 현실화된 범죄인에게 장기간의 징역형을 부과함으로써 보호감호와 비슷한 격리 효과를 거둘 수 있도록 하는 법적 장치이다.

특정범죄가중법 제5조의4 제6항이 가지는 특수한 성격과 관련하여 상습절도죄와 주거침입죄의 관계가 문제된다. 이에 대해 판례는 다음과 같이 판시하고 있다.

「[특정범죄가중법] 제5조의4 제6항에 규정된 상습절도 등 죄를 범한 범인이 그 범행의 수단으로 주거침입을 한 경우에 주거침입행위는 상습절도 등 죄에 흡수되어 위 조문에 규정된 상습절도 등 죄의 1죄만이 성립하고 별개로 주거침입죄를 구성하지 않으며, 또 위 상습절

---

1) 2015. 10. 15. 2015도8169, 공 2015하, 1721 = 『연희동 주간 빈집털이 사건』.
2) 2015. 10. 15. 2015도8169, 공 2015하, 1721 = 『연희동 주간 빈집털이 사건』.

도 등 죄를 범한 범인이 그 범행 외에 상습적인 절도의 목적으로 주거침입을 하였다가 절도에 이르지 아니하고 주거침입에 그친 경우에도 그것이 절도상습성의 발현이라고 보이는 이상 주거침입행위는 다른 상습절도 등 죄에 흡수되어 위 조문에 규정된 상습절도 등 죄의 1죄만을 구성하고 상습절도 등 죄와 별개로 주거침입죄를 구성하지 않는다.」[1)]

(라) 양자의 차이 특정범죄가중법 제5조의4 제6항의 상습절도죄에 대한 판례의 태도는 일견 형법상의 상습절도죄에 대한 판례[2)]의 태도와 조화되지 않는 것처럼 보인다. 특정범

---

1) 2017. 7. 11. 2017도4044, 공 2017하, 1698 = 『렌터카 빈집털이 사건』 :

갑은 동종의 절도범죄 등으로 징역형의 실형을 포함하여 여러 차례 처벌받은 바 있다. 갑은 동종의 절도범죄로 인한 형 집행을 종료한 후 누범기간 내에 있다. 갑은 인적이 드문 주택가 골목길을 돌아다니며 빈집을 골라 침입하여 금품을 절취할 것을 마음먹었다. 갑은 골목길을 ⓐ렌트카를 타고 다니며 배회하였다. 2016. 5. 12. 10:42경 갑은 M장소 1층 주택에 이르러 대문이 열려있는 것을 발견하고 그 안으로 침입하였다(제1 주간주거침입행위). 갑은 시정되지 않은 창문을 통하여 그곳 안방 화장대 서랍에 보관 중이던 A 소유의 200만원 상당의 ㉠귀금속을 가지고 갔다(제1 절도행위). 갑은 제1 주간주거침입행위를 포함하여 ㉡범죄일람표 기재 일시·장소의 주택에 이르러 대문이 열려있는 것을 발견하고 그 안으로 들어가 침입하였다(㉮주간주거침입으로 통칭함). 갑은 제1 절도행위를 포함하여 ㉡범죄일람표 기재와 같이 상습으로 총 12회에 걸쳐 합계 800만원 상당의 귀금속 등을 절취하였다(㉯상습절도로 통칭함). 갑은 대문이 열려있는 것을 발견하고 빈집 안으로 침입하였으나 절취할 재물을 발견하지 못하여 그냥 나온 경우들도 있다(㉰주간주거침입으로 통칭함).

검사는 갑을 다음의 공소사실로 기소하였다. (가) ㉯상습절도 : 특정범죄가중법 제5조의4 제6항. (나) ㉮주간주거침입 : 형법 제319조 제1항. 제1심법원은 다음과 같이 판단하였다. (가) ㉯상습절도 : 특정범죄가중법 제5조의4 제6항 유죄. (나) ㉮주간주거침입 : 형법 제319조 제1항 무죄. 제1심법원은 ㉮주거침입 무죄 판단의 이유로 다음의 점을 제시하였다. (가) 갑의 주거침입행위는 특정범죄가중법 제5조의4 제6항에서 규정하는 상습절도죄에 흡수되어 특정범죄가중법상 상습절도죄의 1죄만을 구성한다. (나) 갑의 주거침입행위는 상습절도죄와는 별개로 주거침입죄를 구성하지 않는다. 제1심법원은 갑에게 징역 4년을 선고하였다. 검사는 무죄 판단 부분에 불복하여 항소하였다.

항소법원은 형법상 상습절도죄와 주거침입죄의 관계에 관한 대법원판결(2015. 10. 15. 2015도8169)에 주목하였다. 항소법원은 다음과 같이 판단하였다. (가) 일반적으로 주거침입은 절도죄의 구성요건이 아니다. (나) 그러므로 절도범이 그 범행수단으로 주거침입을 한 경우에 그 주거침입행위는 절도죄에 흡수되지 아니하고 별개로 주거침입죄를 구성한다. (다) 이 경우 주거침입죄는 절도죄와 실체적 경합의 관계에 서는 것이 원칙이다. 항소법원은 제1심판결을 파기하고 갑에게 징역 4년을 선고하였다. 갑은 불복 상고하였다.

대법원은 다음의 이유를 제시하여 원심판결을 파기환송하였다. 대법원은 특정범죄가중법 제5조의4 제6항의 상습절도죄와 주거침입죄의 관계에 대해 다음과 같이 설시하였다. (가) 특정범죄가중법 제5조의4 제6항에 규정된 상습절도 등 죄를 범한 범인이 그 범행의 수단으로 주거침입을 한 경우가 있다. (나) 이 경우에 주거침입행위는 상습절도 등 죄에 흡수되어 특정범죄가중법 제5조의4 제6항에 규정된 상습절도 등 죄의 1죄만이 성립하고 별개로 주거침입죄를 구성하지 않는다. (다) 특정범죄가중법 제5조의4 제6항에 규정된 상습절도 등 죄를 범한 범인이 그 범행 외에 상습적인 절도의 목적으로 주거침입을 하였다가 절도에 이르지 아니하고 주거침입에 그친 경우가 있다. (라) 그러한 경우에도 그것이 절도상습성의 발현이라고 보이는 이상 주거침입행위는 다른 상습절도 등 죄에 흡수되어 특정범죄가중법 제5조의4 제6항에 규정된 상습절도 등 죄의 1죄만을 구성하고 상습절도 등 죄와 별개로 주거침입죄를 구성하지 않는다. (대법원은 이러한 판단에 이르게 된 구체적인 논거는 제시하지 않았다.)

2) 2015. 10. 15. 2015도8169, 공 2015하, 1721 = 『연희동 주간 빈집털이 사건』.

죄가중법의 경우에는 주거침입행위가 상습절도죄에 흡수된다는 입장을 취하고 있음에 대해, 형법의 경우에는 주간주거침입행위가 상습절도죄에 흡수되지 않고 독자적으로 성립하여 실체적 경합관계에 선다는 입장을 취하고 있기 때문이다.

그러나 상습절도의 법정형 차이에 비추어 보면 판례가 양자를 달리 취급하는 이유를 알 수 있다. 형법상 상습절도죄(법332)의 경우에는 개별 절도죄에 규정된 법정형의 2분의 1을 가중하여 처벌한다. 따라서 개별 절도죄가 단순절도죄(법329)인가, 야간주거침입절도죄(법330)인가, 특수절도죄(법331)인가에 따라 형법상 상습절도죄의 법정형이 달라진다. 이에 반해 특정범죄가중법 제5조의4 제6항 상 상습절도죄의 경우에는 개별 절도죄의 법정형 차이에도 불구하고 '3년 이상 25년 이하의 징역'이라는 동일한 법정형으로 처벌된다. 그리하여 특정범죄가중법상 상습절도죄를 범한 범인이 그 범행의 수단으로 주간에 주거침입을 한 경우라도 야간주거침입절도죄와 마찬가지로 주거침입행위는 특정범죄가중법상 상습절도죄에 흡수되어 1죄만이 성립하고 별개로 주거침입죄를 구성하지 않게 된다.

제2 주거침입죄의 기본유형 – 주거침입죄

형법 제319조 (주거침입) ① 사람의 주거, 관리하는 건조물, 선박이나 항공기 또는 점유하는 방실에 침입한 자는 3년 이하의 징역 또는 500만원 이하의 벌금에 처한다.

◎ 미수범 처벌함(법322)
◎ 특수주거침입죄 가중처벌함(법320)
◎ 폭력행위처벌법 적용대상임(동법2② i)

1. 행위객체

주거침입죄의 객체는 사람이 주거, 관리하는 건조물, 선박이나 항공기 또는 점유하는 방실이다.[1] 이를 나누어 보면, (가) 사람이 주거하는 건조물, 선박이나 항공기, (나) 사람이 관리하는 건조물, 선박이나 항공기, (다) 사람이 점유하는 방실의 세 가지 유형으로 나타난다.

(1) 사람이 거주하는 건조물 등

(가) 주 거 주거침입죄의 첫 번째 객체는 사람이 거주하는 건조물, 선박이나 항공기

1) '사람의 주거'와 관련된 일본어식 표현의 문제점에 대해서는, 전술 350면 각주 1) 참조.

이다. 사람이 거주한다 함은 사람이 일상생활을 영위하기 위하여 일정한 장소 · 공간에 머무르는 것을 말한다. 그리고 사람이 일상생활을 영위하기 위하여 거주하는 장소 · 공간을 주거라고 한다.

주거는 주거에의 거주가 일시적인지 계속적인지는 묻지 않는다. 주거에의 거주가 어느 정도 계속되어야만 주거침입죄의 객체에 해당하지 않겠는가 하는 의문이 생길 수 있다. 그러나 우리 형법은 '점유하는 방실'도 주거침입죄의 객체로 규정하고 있으므로 이러한 의문은 입법적으로 해결되어 있다.

주거는 그 설비 · 구조 여하를 묻지 않는다. 따라서 반드시 건조물에 한정되지 않는다. 천막, 판잣집, 토굴 등도 그것이 사람의 일상생활 영위를 위하여 거주에 사용되는 경우에는 사람의 주거에 해당한다. 자동차라 할지라도 캠핑용 자동차와 같이 일상생활에 사용되는 경우라면 주거에 해당한다. 그러나 노숙자가 점거하여 기거하는 지하도 등은 주거라고 할 수 없다. 일상생활을 영위하는 장소라고 볼 수 없기 때문이다.

주거에는 거주자가 반드시 현재(現在)하고 있을 필요도 없다. 따라서 거주자가 외출중인 빈집이나 별장 등도 주거침입죄의 주거에 포함된다.[1)]

(나) 위요지 주거는 단순히 가옥이나 건조물만을 말하는 것이 아니라 그 위요지(圍繞地)를 포함한다.[2)] 위요지가 되기 위하여는 (가) 가옥에 인접한 주변 토지로서, (나) 거주자가 외부와의 경계에 문과 담 등을 설치하여 그 토지가 가옥의 이용을 위하여 제공되었다는 것이 명확히 드러나야 한다.[3)] 가옥과 떨어져 있는 부속지 또는 가옥의 직접적인 부속지라도 '둘러싸여 있다'고 말할 수 있을 정도의 물리적 장벽이 없는 것은 위요지에 해당하지 않는다.[4)]

---

1) 1957. 4. 12. 4280형상350, 총람 319조 9번 =『수복 후 빈집 사건』:

M지역의 ㉠가옥은 A가 사는 집이다. 6 · 25 전쟁이 발발하자 A는 ㉠가옥을 떠나 피난을 갔다. 이후 M지역이 수복되었다. 갑은 빈집 ㉠가옥에 들어가 거주하였다. [A가 피난에서 돌아왔다. 갑은 ㉠가옥을 비워주지 않았다.]

검사는 갑을 주거침입죄로 기소하였다. [갑의 피고사건은 제1심을 거친 후, 항소심에 계속되었다. 항소법원은 유죄를 인정하였다. 갑은 불복 상고하였다.]

대법원은 다음의 이유를 제시하여 상고를 기각하였다. (가) 6 · 25 사변중 난을 피하기 위하여 공가로 된 가옥은 [당]해 가옥의 점유자가 그 점유를 포기한 것이 아니다. (나) 난을 피하기 위하여 사실상 점유가 일시적으로 이탈되었음에 불과하여 점유의 의사는 계속되었다고 할 수 있다. (다) 뿐만 아니라 직후 수복으로 인하여 군경 또는 관계 행정기관이 그 관리 · 수호의 임(任)에 당한 바이므로, 설사 가주(家主)의 복귀 전이라 하더라도 [이]를 간수 없는 건조물이라 할 수는 없다. (라) 이러한 가옥에 자의로 들어가는 행위는 주거침입죄에 해당한다.

2) 2001. 4. 24. 2001도1092, 공 2001, 1303.

3) 2005. 10. 7. 2005도5351, 공 2005, 1809 = 분석 각론『타워크레인 농성 사건』.

4) 2010. 4. 29. 2009도14643, 공 2010상, 1074.

다가구용 단독주택이나 다세대주택 · 연립주택 · 아파트 등 공동주택 안에서 공용으로 사용하는 엘리베이터,[1] 계단과 복도[2]는 주거로 사용하는 각 가구 또는 세대의 전용 부분에 필수적으로 부속하는 부분으로서 그 거주자들에 의하여 일상생활에서 감시 · 관리가 예정되어 있고 사실상의 주거의 평온을 보호할 필요성이 있는 부분이다. 그러므로 다가구용 단독주택이나 공동주택의 내부에 있는 엘리베이터, 공용 계단과 복도 등은 특별한 규정이 없는 한 사람의 주거에 부속한 위요지로서 '사람의 주거'에 해당한다.

(다) 사 람 '사람의 주거'에서 사람은 행위자 이외의 다른 사람을 말한다. 행위자가 (가) 그 주거에서 단독으로 거주하고 있거나 (나) 다른 사람과 공동으로 생활하고 있다면, 그 주거는 다른 사람의 주거에 해당하지 않는다. 그리하여 행위자 자신이 단독으로 또는 다른 사람과 공동으로 거주하거나 관리 또는 점유하는 주거 등에 임의로 출입하더라도 주거침입죄를 구성하지 않는다.[3]

다만 다른 사람과 공동으로 주거에 거주하거나 건조물을 관리하던 사람이 (ㄱ) 공동생활관계에서 이탈하거나 (ㄴ) 주거 등에 대한 사실상의 지배 · 관리를 상실한 경우 등 특별한 사정이 있는 경우에는 주거침입죄가 성립할 수 있다.[4] 예컨대 가출한 자녀가 야간에 절도의 목적으로 종래 함께 살던 부모 집에 주거의 사실상 평온을 해치는 행위태양으로 침입하였다면 주거침입이 인정되어 야간주거침입절도죄(330)가 성립하게 된다.

피해자를 유인하여 살해한 후 곧이어 피해자가 살던 가옥에 들어간 행위가 주거침입죄를 구성할 것인지 문제된다. 피해자의 주거 상태는 피해자가 살해되기 전과 후 사이에 변화가 없고, 피해자가 사망하였다는 사실은 범인만이 알고 있는 상태라면 사회통념상 피해자가 살해되기 전에 누리고 있던 사실상의 평온이 계속된다고 볼 수 있다. 이 경우 사망자에 대해 주거의 사실상 평온을 인정하는 것과 같은 결과에 이를 수 있지만, 사망자에 대한 절도죄를 인정하는 것[5]과 같은 취지에서 주거침입죄를 인정할 수 있다고 본다.

(2) 관리하는 건조물 등

(가) 관 리 건조물 등을 관리한다 함은 사실상의 지배 · 관리를 한다는 의미이다. 관리는 함부로 타인이 침입하는 것을 방지할 만한 인적 · 물적 설비를 갖추는 형태로 나타난다.

---

1) 2009. 9. 10. 2009도4335, 공 2009하, 1705 = 분석 각론 『엘리베이터 안 폭행 사건』.

2) 2009. 8. 20. 2009도3452, 공 2009하, 1589 = 분석 각론 『다가구 주택 계단 사건』.

3) 2021. 9. 9. 2020도6085 전원합의체 판결, 공 2021하, 1930 = 『체인 걸쇠 손괴 출입 사건』 ☞ 부록 1628면.

4) 2021. 9. 9. 2020도6085 전원합의체 판결, 공 2021하, 1930 = 『체인 걸쇠 손괴 출입 사건』.

5) 1993. 9. 28. 93도2143, 공 1993, 3023 = 분석 각론 『자취방 살해 사건』.

경비원이나 관리인을 두는 것은 물론이고 열쇠로 잠가 놓거나 문에 못질을 해 둔 경우도 간수에 해당한다.

(나) 건조물 등　　건조물이라 함은 주위벽 또는 기둥과 지붕 또는 천정으로 구성된 구조물로서 사람이 기거하거나 출입할 수 있는 장소를 말한다.[1] 건조물의 위요지도 건조물에 포함된다. 건설기계의 일종인 타워크레인은 작업을 위하여 토지에 고정되었을 뿐이고 그 운전실은 기계를 운전하기 위한 작업공간 그 자체이지 건조물침입죄의 건조물에 해당하지 않는다.[2]

주거침입죄의 객체에는 주거와 건조물 외에 선박과 항공기가 포함된다. 그러나 자동차는 포함되어 있지 않다. 이 점은 신체 · 주거수색죄(법321)가 자동차를 행위객체에 포함하고 있는 것과 구별된다.

선박 또는 항공기는 그 대소를 불문한다. 그러나 적어도 사람의 주거에 사용할 수 있는 정도에 이르러야 한다. 선박이나 항공기는 일단 출항하거나 이륙하면 지상으로부터 분리되어 그 평온 · 안전을 보호해야 할 특별한 필요성이 있고, 또 어떠한 사고가 발생하는 경우에 그 결과가 중대하게 되므로 우리 입법자는 이를 주거침입죄의 객체로 규정하고 있다.

(다) 점유하는 방실　　일본 형법 제130조는 주거침입죄의 객체를 주거, 간수하는 저택, 건조물, 함선으로 한정하고 있다.[3] 이와 관련하여 일본 형법의 해석론으로 주거침입죄의 객체가 어디까지인지를 놓고 논의가 제기되고 있다. 예컨대 대형빌딩의 외부에서 빌딩 안으로 침입하는 행위는 건조물침입에 해당한다. 그러나 빌딩 안에서 빌딩 내의 사무실로 침입하는 행위가 건조물침입에 해당할 것인지 문제된다. 일본 개정형법가안은 이러한 문제점을 입법적으로 해결하기 위하여 '점유하는 방실'을 주거침입죄의 객체에 추가하였다.[4] 우리 입법자는 가안의 입법례를 참고하여 '점유하는 방실'을 주거침입죄의 객체로 명시하고 있다.

점유하는 방실은 건조물 내에서 거주자가 사실상 지배 · 관리하는 일 구획을 말한다. 건조물 내의 사무실이나 여관의 방, 산후조리원의 입원실[5] 등이 여기에 해당한다. 건조물에 설치된 화장실도 화장실 이용자가 평온하게 사용 중인 경우에는 점유하는 방실에 해당한다.[6]

---

1) 2005. 10. 7. 2005도5351, 공 2005, 1809 = 분석 각론 『타워크레인 농성 사건』.
2) 2005. 10. 7. 2005도5351, 공 2005, 1809 = 분석 각론 『타워크레인 농성 사건』.
3) 전술 913면 참조.
4) 刑法改正起草委員會議事日誌, 제49회(1928. 7. 9.).
5) 2018. 4. 10. 2017도16256, 법률신문 2018. 5. 10.자 = 『조리원 입원실 젖병 사건』 (분석 생략함).
6) 2012. 8. 23. 2012도815, [미공간] = 분석 각론 『여자화장실 강간 사건』.

2. 실행행위

(1) 침 입

(가) 행위태양 주거침입죄의 실행행위는 사람의 주거, 관리하는 건조물, 점유하는 방실 등에 침입하는 것이다. 2021년 변경 전의 판례에 의하면 침입은 거주자, 관리자 또는 점유자의 의사에 반하여 주거나 관리하는 건조물 등에 들어가는 행위를 말하는 것으로 정의되었다. 그러나 2021년 판례변경을 통하여 대법원은 거주자의 '의사'를 중시하는 주관설을 폐기하고 행위태양을 기준으로 하는 객관설로 전환하였다.[1)]

변경된 판례에 따르면 침입은 거주자가 주거에서 누리는 사실상의 평온상태를 해치는 행위태양으로 주거에 들어가는 것을 의미한다.[2)] 침입에 해당하는지 여부는 출입 당시 객관적·외형적으로 드러난 행위태양을 기준으로 판단함이 원칙이다.[3)]

객관설의 기준에 따르면, 사실상의 평온상태를 해치는 행위태양으로 주거에 들어가는 것이라면 대체로 거주자의 의사에 반하는 것이겠지만, 단순히 주거에 들어가는 행위 자체가 거주자의 의사에 반한다는 거주자의 주관적 사정만으로 바로 침입에 해당한다고 볼 수는 없다.[4)]

피고인이 일반적으로 출입이 허용되어 개방된 공공기관의 청사 로비에 관리자의 출입제한이나 제지가 없는 상태에서 통상적인 방법으로 들어갔다면 사실상의 평온상태를 해치는 행위 태양으로 청사 로비에 들어갔다고 볼 수 없으므로 피고인의 행위는 건조물침입죄에서 규정하는 침입행위에 해당하지 않는다. 설령 피고인이 청사에 들어간 행위가 청사 관리자의 추정적 의사에 반하였더라도, 그러한 사정만으로는 사실상의 평온상태를 해치는 행위 태양으로 청사 로비에 출입하였다고 평가할 수 없다.[5)]

---

1) 2021. 9. 9. 2020도12630 전원합의체 판결, 공 2021하, 1970 = 『혼외 성관계 목적 출입 사건』.
2) 2021. 9. 9. 2020도12630 전원합의체 판결, 공 2021하, 1970 = 『혼외 성관계 목적 출입 사건』.
3) 2021. 9. 9. 2020도12630 전원합의체 판결, 공 2021하, 1970 = 『혼외 성관계 목적 출입 사건』.
4) 2021. 9. 9. 2020도12630 전원합의체 판결, 공 2021하, 1970 = 『혼외 성관계 목적 출입 사건』.
5) 2022. 6. 16. 2021도7087, [미간행] = 『시청 로비 농성 사건』:

갑 등은 150여 명의 조합원들과 함께 M시청 건물 안으로 들어가 1층 로비 바닥에 앉아 구호를 외치며 소란을 피웠다.

검사는 갑 등을 폭력행위처벌법위반죄(공동주거침입)로 기소하였다. 제1심법원은 갑 등이 관리자의 의사에 반하여 M시청에 들어감으로써 건조물의 사실상의 평온을 해하였다고 판단하여 유죄를 인정하였다. 갑 등은 불복 항소하였다. 항소법원은 항소를 기각하고, 제1심판결을 유지하였다. 갑 등은 불복 상고하였다.

대법원은 다음의 이유를 제시하여 원심판결을 파기환송하였다. 대법원은 주거침입죄의 침입행위에 해당하는지는 거주자의 의사에 반하는지가 아니라 사실상의 평온상태를 해치는 행위 태양인지에 따라 판단되어야 한다는 2017도18272 전원합의체 판결을 확인하였다. 대법원은 사실관계를 분석하였다(소개를 생략함). 대법

(나) 범죄목적 출입 2021년 변경 전 판례에 따르면 침입은 거주자, 관리자, 점유자의 의사에 반하여 들어가면 족하며, 어떤 저항을 받는 것을 요하지 않는 것으로 이해되었다. 그리하여 일반인의 출입이 허용된 음식점 등이라 하더라도 영업주의 명시적 또는 추정적 의사에 반하여 들어간 것이라면 주거침입죄를 인정하였다.[1] 또한 평소에 타인의 주거에 무상출입이 허용된 자라 하더라도 절도나 강도의 목적으로 들어갔다면 거주자의 의사에 반한 것이므로 주거침입죄가 성립한다고 판단하였다.[2] 그러나 거주자의 의사를 기준으로 하는 종전의 판례들은 2021년 대법원 전원합의체 판결에 의하여 모두 폐기되었다.[3]

새로운 판례의 기준에 의하면 거주자나 관리자의 착오는 별다른 의미가 없다. 관리자에 의해 출입이 통제되는 건조물에 관리자의 승낙을 받아 건조물에 통상적인 출입방법으로 들어가는 경우가 있다. 이러한 경우에 관리자의 승낙의 의사표시에 기망이나 착오 등의 하자가 있더라도 특별한 사정이 없는 한 건조물침입죄가 성립하지 않는다. 이러한 경우 관리자의 현실적인 승낙이 있었으므로 가정적 · 추정적 의사는 고려할 필요가 없다. 단순히 승낙의 동기에 착오가 있다고 해서 승낙의 유효성에 영향을 미치지 않는다. 그러므로 관리자가 행위자의 실제 출입 목적을 알았더라면 출입을 승낙하지 않았을 사정이 있더라도 건조물침입죄가 성립한다고 볼 수 없다.[4]

나아가 관리자의 현실적인 승낙을 받아 통상적인 출입방법에 따라 건조물에 들어간 경우에는 출입 당시 객관적 · 외형적으로 드러난 행위태양에 비추어 사실상의 평온상태를 해치는 모습으로 건조물에 들어간 것이라고 평가할 수도 없다.[5] [6]

변경된 판례에 따르면, 일반인의 출입이 허용된 음식점에 영업주의 승낙을 받아 통상적인 출입방법으로 들어갔다면 특별한 사정이 없는 한 주거침입죄에서 규정하는 침입행위에 해당하지 않는다. 설령 행위자가 범죄 등을 목적으로 음식점에 출입하였거나 영업주가 행위

원은 갑 등의 행위에 대해 다음과 같이 판단하였다. (가) 갑 등은 일반적으로 출입이 허용되어 개방된 시청사 로비에 관리자의 출입 제한이나 제지가 없는 상태에서 통상적인 방법으로 들어갔다. (나) 그러한 이상 갑 등이 사실상의 평온상태를 해치는 행위 태양으로 M시청 1층 로비에 들어갔다고 볼 수 없으므로 건조물침입죄에서 규정하는 침입행위에 해당하지 않는다. (다) M시청 관리자의 명시적 출입 금지 의사는 확인되지 않는다. (라) 설령 갑 등이 M시청에 들어간 행위가 M시청 관리자의 추정적 의사에 반하였더라도, 그러한 사정만으로는 사실상의 평온상태를 해치는 행위 태양으로 시청 로비에 출입하였다고 평가할 수 없다. (마) 따라서 갑 등에 대하여는 건조물침입죄가 성립하지 않는다.

1) 1997. 3. 28. 95도2674, 공 1997, 1289.
2) 1978. 10. 10. 75도2665, 공 1979, 11489 = 『집행위원회 음식점 도청기 사건』.
3) 2021. 9. 9. 2020도12630 전원합의체 판결, 공 2021하, 1970 = 『혼외 성관계 목적 출입 사건』.
4) 2022. 3. 31. 2018도15213, 공 2022상, 836 = 『명함형 녹화장비 반입 사건』.
5) 2022. 3. 31. 2018도15213, 공 2022상, 836 = 『명함형 녹화장비 반입 사건』.
6) 2022. 9. 7. 2021도9055, 공 2022하, 2134 = 『대형마트 피켓시위 사건』.

자의 실제 출입 목적을 알았더라면 출입을 승낙하지 않았을 것이라는 사정이 인정되더라도 그러한 사정만으로는 출입 당시 객관적 · 외형적으로 드러난 행위 태양에 비추어 사실상의 평온상태를 해치는 방법으로 음식점에 들어갔다고 평가할 수 없으므로 침입행위에 해당하지 않는다.[1]

---

1) 2022. 3. 24. 2017도18272 전원합의체 판결, 공 2022상, 819 = 『몰카 설치 목적 출입 사건』:

P회사는 광양항 자유무역지역 내에 있는 철송장에 목재펠릿 등 보세화물을 보관하고 이를 화력발전소에 운송해 주는 회사이다. 갑은 P회사의 부사장이다. 을은 P회사의 관리팀장이다. Q회사는 인터넷 언론사이다. A는 Q언론사 소속의 기자이다. P회사가 관리하는 철송장에 보관 중인 수입펠릿을 상·하차하는 과정에서 발생하는 먼지 등으로 인해 민원이 발생하였다. 이와 관련하여 기자들이 찾아왔다. A는 Q언론사의 인터넷 홈페이지에 다음 내용의 기사를 게재하였다(㉠기사). (가) 수입금지 품목인 왕겨펠릿이 목재펠릿으로 둔갑하여 광양항에 수입되어 화력발전소에 납품되었다. (나) 광양세관이 적발·압류하여 철송장에 보관 중인 왕겨펠릿은 썩어 곰팡이가 핀 상태로 방치되어 환경오염 피해도 심각하다. (다) 그런데 압류품에 대한 관리감독과 환경피해에 따른 책무의 구분도 명확하지 않다. (라) 불법 수입된 왕겨펠릿을 보관하는 철송장에 대한 관리 업체는 이를 수입한 업체의 하도급업체로 보여 향후 이에 대한 관리감독이 절실하다.

갑과 을은 기자들에게 향응을 제공하고 기자들이 부당한 요구를 하는 장면 등을 녹음·녹화하여 만일의 상황에 대비하기로 하였다. 갑은 B가 운영하는 R음식점에서 기자 A를 만나기로 하였다. 갑과 을은 R음식점 영업주 B의 승낙을 받아 ⓐ방실에 미리 들어갔다. 갑은 ⓐ방실에 ㉡녹음 · 녹화장치를 설치하였다. 을은 ⓐ방실에 설치된 ㉡녹음 · 녹화장치의 작동 여부를 확인하였다. 갑과 을은 A와 식사를 하였다. 식사를 마친 후 을은 ㉡녹음 · 녹화장치를 제거하였다. 음식점 영업주 B는 ㉡녹음 · 녹화장치 설치 사실을 알지 못하였다. (다른 음식점에서의 유사행위 부분은 생략함.)

검사는 갑과 을을 방실침입죄로 기소하였다. 제1심법원은 유죄를 인정하였다. 갑과 을은 불복 항소하였다. 항소법원은 다음의 이유를 들어 제1심판결을 파기하고 무죄를 선고하였다. (가) 갑과 을은 R음식점의 영업주로부터 승낙을 받고 음식점의 방실에 들어갔다. (나) 갑과 을은 R음식점의 방실에서 다른 손님인 A와의 대화장면을 녹음·녹화하는 것에 대하여는 음식점의 영업주로부터 승낙을 받지 않았다. (다) 비록 그렇다고 하더라도 ㉠녹음·녹화행위가 불법행위 등에 해당하지 않는다. (라) 그러므로 갑과 을이 R음식점의 방실에 들어간 것 자체가 영업주의 의사에 반하는 것으로 보기 어렵다.

검사는 불복 상고하였다. 검사는 상고이유로 다음의 점을 주장하였다. (가) 대법원은 종전에 일반인의 출입이 허용된 음식점이더라도 영업주의 명시적 또는 추정적 의사에 반하여 들어갔다면 주거침입죄가 성립한다고 인정하였다. (나) 즉, 거주자가 행위자의 실제 출입 목적을 알았더라면 출입을 승낙하지 않았을 것이라는 사정이 경험칙상 명백히 인정되는 경우에는 출입 목적이 불법에 이르지 않았더라도 피해자의 추정적 의사에 반한다고 인정할 수 있다. (다) 일반인의 출입이 포괄적으로 허용된 음식점이더라도 출입이 통상의 이용 목적을 벗어났다면 영업주의 추정적 의사에 반한다고 볼 수 있다. (라) 그러므로 이러한 경우에는 주거침입죄가 성립한다. (마) R음식점의 영업주인 B는 갑과 을이 다른 손님인 A와의 대화 장면을 녹음·녹화하기 위한 장치를 설치할 목적 등으로 R음식점의 방실에 출입한다는 사정을 알았더라면 갑과 을의 출입을 승낙하지 않았을 것임이 명백하다. (바) 갑과 을이 위와 같은 목적으로 R음식점의 방실에 출입한 것은 음식점의 통상적인 이용 목적을 벗어난 것이다. (사) 그러므로 갑과 을이 위와 같은 목적으로 R음식점의 방실에 출입한 것은 영업주인 B의 추정적 의사에 반하는 침입행위에 해당한다.

대법원은 다음의 이유를 제시하여 상고를 기각하였다. 대법원은 전원일치의 의견(별개의견 2명 포함)으로 종전 판례를 변경하기로 하였다. 대법원은 갑과 을 사건의 쟁점을 다음과 같이 정리하였다. "이 사건의 쟁점은 행위자가 거주자의 승낙을 받아 주거에 들어갔더라도 (ㄱ) 범죄나 불법행위 등을 목적으로 한 출입이거나 (ㄴ) 거주자가 행위자의 실제 출입 목적을 알았더라면 출입을 승낙하지 않았을 것이라는 사정이 인정되는 경

(다) 공동주택의 공용 부분 출입　　거주자가 아닌 외부인이 공동주택의 공용 부분에 출입한 것이 공동주택 거주자들에 대한 주거침입에 해당하는지를 판단할 때에는 다음의 점을 고려하여야 한다.

먼저, (가) 아파트 등 공동주택의 공동현관이 주거로 사용하는 각 세대의 전용 부분에 필수적으로 부속하는 부분으로 거주자와 관리자에게만 부여된 비밀번호를 출입문에 입력하여야만 출입할 수 있거나, (나) 외부인의 출입을 통제 · 관리하기 위한 취지의 표시나 경비원이 존재하는 등 외형적으로 외부인의 무단출입을 통제 · 관리하고 있는 사정이 존재하여야 한다.

우 주거침입죄가 성립하는지 여부이다."

대법원은 주거침입죄의 침입 여부에 대해 2021. 9. 9. 2020도12630 전원합의체 판결에서 제시한 판단기준을 확인하면서 다음과 같이 설시하였다. (가) 주거침입죄는 사실상 주거의 평온을 보호법익으로 한다. (나) 주거침입죄의 구성요건적 행위인 침입은 주거침입죄의 보호법익과의 관계에서 해석하여야 한다. (다) 그러므로 침입이란 주거의 사실상 평온상태를 해치는 행위태양으로 주거에 들어가는 것을 의미한다. (라) 침입에 해당하는지는 출입 당시 객관적·외형적으로 드러난 행위태양을 기준으로 판단함이 원칙이다. (마) 사실상의 평온상태를 해치는 행위태양으로 주거에 들어가는 것이라면 대체로 거주자의 의사에 반한다. (바) 그렇지만 단순히 주거에 들어가는 행위 자체가 거주자의 의사에 반한다는 주관적 사정만으로는 바로 침입에 해당한다고 볼 수 없다. (사) 거주자의 의사에 반하는지는 사실상의 평온상태를 해치는 행위태양인지를 평가할 때 고려할 요소 중 하나이지만 주된 평가 요소가 될 수는 없다. (아) 따라서 침입행위에 해당하는지는 거주자의 의사에 반하는지가 아니라 사실상의 평온상태를 해치는 행위태양인지에 따라 판단되어야 한다.

대법원은 거주자의 승낙과 주거침입의 관계에 대해 다음과 같이 설시하였다. (가) 행위자가 거주자의 승낙을 받아 주거에 들어갔으나 (ㄱ) 범죄 등을 목적으로 한 출입이거나 (ㄴ) 거주자가 행위자의 실제 출입 목적을 알았더라면 출입을 승낙하지 않았을 것이라는 사정이 인정되는 경우가 있다. (나) 이 경우 행위자의 출입행위가 주거침입죄에서 규정하는 침입행위에 해당하려면, (ㄱ) 출입하려는 주거 등의 형태와 용도·성질, 외부인에 대한 출입의 통제·관리 방식과 상태, 행위자의 출입 경위와 방법 등을 종합적으로 고려하여 (ㄴ) 행위자의 출입 당시 객관적·외형적으로 드러난 행위태양에 비추어 주거의 사실상 평온상태가 침해되었다고 평가되어야 한다. (다) 이때 거주자의 의사도 고려되지만 주거 등의 형태와 용도·성질, 외부인에 대한 출입의 통제·관리 방식과 상태 등 출입 당시 상황에 따라 그 정도는 달리 평가될 수 있다. (라) 일반인의 출입이 허용된 음식점에 영업주의 승낙을 받아 통상적인 출입방법으로 들어갔다면 특별한 사정이 없는 한 주거침입죄에서 규정하는 침입행위에 해당하지 않는다. (마) 설령 행위자가 (ㄱ) 범죄 등을 목적으로 음식점에 출입하였거나 (ㄴ) 영업주가 행위자의 실제 출입 목적을 알았더라면 출입을 승낙하지 않았을 것이라는 사정이 인정되더라도 그러한 사정만으로는 출입 당시 객관적·외형적으로 드러난 행위태양에 비추어 사실상의 평온상태를 해치는 방법으로 음식점에 들어갔다고 평가할 수 없으므로 침입행위에 해당하지 않는다.

대법원은 사실관계를 분석하였다. 대법원은 갑과 을의 행위에 대해 다음과 같이 판단하였다. (가) 갑과 을이 R음식점의 영업주로부터 승낙을 받아 통상적인 출입방법에 따라 R음식점의 방실에 들어간 이상 사실상의 평온상태를 해치는 행위태양으로 음식점의 방실에 들어갔다고 볼 수 없으므로 주거침입죄에서 규정하는 침입행위에 해당하지 않는다. (나) 설령 갑과 을이 다른 손님인 A와의 대화 내용과 장면을 녹음·녹화하기 위한 장치를 설치하거나 장치의 작동 여부 확인 및 이를 제거할 목적으로 R음식점의 방실에 들어간 것이어서 음식점의 영업주가 이러한 사정을 알았더라면 갑과 을의 출입을 승낙하지 않았을 것이라는 사정이 인정되더라도, 그러한 사정만으로는 사실상의 평온상태를 해치는 행위태양으로 R음식점의 방실에 출입하였다고 평가할 수 없다. (다) 따라서 갑과 을에 대하여는 주거침입죄가 성립하지 않는다.

다음으로, (다) 외부인이 이를 인식하고서도, (라) (ㄱ) 그 출입에 관한 거주자나 관리자의 승낙이 없음은 물론, (ㄴ) 거주자와의 관계 기타 출입의 필요 등에 비추어 보더라도 정당한 이유 없이 (마) 비밀번호를 임의로 입력하거나 조작하는 등의 방법으로 거주자나 관리자 모르게 공동현관에 출입하여야 한다.

이러한 사정들이 인정된다면 외부인이 아파트 등 공동주택의 공동현관에 출입하는 행위는 그 출입 목적 및 경위, 출입의 태양과 출입한 시간 등을 종합적으로 고려할 때 공동주택 거주자의 사실상 주거의 평온상태를 해치는 행위태양으로 볼 수 있어서 공동주택 거주자들에 대한 주거침입에 해당한다.[1]

---

1) 2022. 1. 27. 2021도15507, 공 2022상, 505 =『공동출입문 비밀번호 입력 사건』:

갑과 A는 연인 사이였다가 7개월 전에 헤어졌다. A는 M아파트에 거주하고 있다. 갑은 A와 대화를 하고 싶다는 이유로 A의 집에 들어가기로 마음먹었다. 갑은 심야시간에 M아파트로 갔다. M아파트에는 지하 2층 주차장에서 A의 집이 속해 있는 ㉠동으로 연결된 ㉡출입구가 있다. 갑은 ㉡출입구의 공동출입문에 A와 교제할 당시 A를 통해 알게 된 비밀번호를 입력하였다. 갑은 ㉡출입구로 들어가 엘리베이터를 탑승하여 A의 집이 있는 층으로 올라갔다. 갑은 A의 집 현관문 앞에 이르러 약 1분간 현관문 비밀번호를 누르며 A의 집에 출입하려고 시도하였다. A가 '누구세요?'라고 묻자 갑은 도주하여 M아파트 지하주차장 출구로 나왔다.

검사는 갑을 주거침입죄로 기소하였다. 제1심법원은 주거침입죄의 기수를 인정하였다. 갑은 불복 항소하였다. 항소법원은 항소를 기각하고 제1심판결을 유지하였다. 갑은 불복 상고하였다.

대법원은 다음의 이유를 제시하여 상고를 기각하였다. 대법원은 주거침입죄의 침입 여부를 판단할 때 거주자의 의사가 아니라 출입 당시 객관적·외형적으로 드러난 행위태양을 기준으로 판단해야 한다는 2020도12630 전원합의체 판결의 법리를 확인하였다. 대법원은 다가구용 단독주택이나 다세대주택·연립주택·아파트와 같은 공동주택 내부의 엘리베이터, 공용 계단, 복도 등 공용 부분도 그 거주자들의 사실상 주거의 평온을 보호할 필요성이 있어 주거침입죄의 객체인 '사람의 주거'에 해당한다는 법리를 확인하였다. 대법원은 외부인이 아파트 등 공동주택의 공동현관에 출입하는 행위가 주거침입에 해당하는지를 판단할 때 고려해야 할 요소에 대해 본문 소개 (가)~(마)의 법리를 제시하였다.

대법원은 갑의 출입행위와 관련한 사실관계를 분석하였다(자세한 내용은 생략함). 대법원은 갑의 행위에 대해 다음과 같이 판단하였다. (가) 갑은 심야 시간에 M아파트의 출입구와 A의 현관문 앞까지 무단으로 출입하였다. (나) 갑은 행위는 A와 같은 동에 거주하는 입주자들의 사실상 주거의 평온상태를 해치는 행위라고 봄이 타당하다.

대법원은 위와 같은 판단에 이르게 된 이유를 다음과 같이 제시하였다. 대법원은 M아파트 공동현관의 객관적 상황에 대해 다음과 같이 판단하였다. (가) 갑이 출입한 ㉡출입구는 A가 주거로 이용하는 전용 부분에 필수적으로 부속하는 부분이다. (나) M아파트의 관리자나 거주자들은 비밀번호가 설정된 공동출입문의 설치를 통해 출입문 안쪽의 공용 부분에 대해 평소 외부인의 출입을 통제·관리하고 있었다. (다) 갑은 M아파트의 거주자가 아니다. (라) 갑은 과거 A와 교제할 때 A의 집에 방문하는 차원에서 일시적으로 출입하였을 뿐이다. (마) 갑은 이 사건 이전 약 7개월의 장기간 동안 M아파트에 출입하지 아니하였다.

대법원은 갑의 주관적 의도에 대해 다음과 같이 판단하였다. (가) 갑은 과거 A와 사귀면서 그 비밀번호를 알게 된 점을 기화로 A에게 방문을 허락받는 등의 절차를 취하지 아니한 채 심야 시간에 공동출입문의 비밀번호를 무단으로 입력하는 방법으로 출입구의 잠금장치를 해제하였다. (나) 갑은 M아파트 관리자나 거주자들만의 출입이 허용되는 공간인 출입구 내부 및 A의 현관문 앞까지 출입하였다. (다) 이러한 사정을 종합하면, 갑은 A의 주거에 몰래 들어간다는 의도를 가지고 있었던 것으로 보인다.

대법원은 거주자의 출입 승낙 여부 등에 대해 다음과 같이 판단하였다. (가) 갑은 과거 A와 일시 교제한

(2) 공동주거와 주거침입

(가) 공동주거의 특징 주거침입죄가 사실상 주거의 평온을 보호법익으로 하는 이상, 공동주거에서 생활하는 공동거주자 개개인은 각자 사실상 주거의 평온을 누릴 수 있다. 공동거주자 각자는 특별한 사정이 없는 한 공동주거관계의 취지 및 특성에 맞추어 공동주거 중 공동생활의 장소로 설정한 부분에 출입하여 공동의 공간을 이용할 수 있다. 같은 이유에서 공동거주자 각자는 다른 공동거주자가 공동주거에 출입하여 이용하는 것을 용인할 수인의무도 있다.[1)]

(나) 공동거주자의 출입금지 공동거주자 각자가 공동생활의 장소에서 누리는 사실상 주거의 평온이라는 법익은 공동거주자 상호 간의 관계로 인하여 일정 부분 제약될 수밖에 없다. 공동거주자는 이러한 사정에 대한 상호 용인하에 공동주거관계를 형성하기로 하였다고 보아야 한다. 따라서 공동거주자 상호 간에는 특별한 사정이 없는 한 다른 공동거주자가 공동생활의 장소에 자유로이 출입하고 이를 이용하는 것을 금지할 수 없다.[2)]

(다) 공동거주자의 실력적 출입 공동거주자 중 한 사람이 법률적인 근거 기타 정당한 이유 없이 다른 공동거주자가 공동생활의 장소에 출입하는 것을 금지하는 경우가 있다. 이러한 경우에 다른 공동거주자가 이에 대항하여 공동생활의 장소에 들어갔더라도 이는 사전 양해된 공동주거의 취지 및 특성에 맞추어 공동생활의 장소를 이용하기 위한 방편에 불과할 뿐, 그의 출입을 금지한 공동거주자의 사실상 주거의 평온이라는 법익을 침해하는 행위라고는 볼 수 없으므로 주거침입죄는 성립하지 않는다.[3)]

공동거주자 중 한 사람이 법률적인 근거 기타 정당한 이유 없이 다른 공동거주자가 공동생활의 장소에 출입하는 것을 금지하기 위하여 출입문에 잠금장치를 설치하는 경우가 있다. 이 경우 설령 다른 공동거주자가 공동생활의 장소에 출입하기 위하여 출입문의 잠금장치를 손괴하는 등 다소간의 물리력을 행사하여 출입을 금지한 공동거주자의 사실상 평온상태를 해쳤더라도, 그러한 행위 자체를 처벌하는 별도의 규정(예컨대 손괴죄)에 따라 처벌될 수 있음은 별론으로 하고, 주거침입죄는 성립하지 않는다.[4)]

(라) 공동거주자의 내부 승낙과 외부인 출입 공동거주자 중 한 사람의 승낙에 따른

사이였고, A를 통해 ㉠출입구의 공동출입문 비밀번호를 알게 되었다고 주장한다. (나) 갑이 주장하는 사유만으로는 갑의 출입 당시 갑과 A와의 관계 및 M아파트에 대한 사용현황 등을 고려할 때 A나 M아파트 관리자의 현실적·추정적 승낙이 있었다고 인정하기도 어렵다. (다) 나아가 갑이 위와 같은 행위를 하게 된 데에 정당한 사유가 있다거나 그 밖에 위법성이 조각되는 경우에 해당한다고 볼 수도 없다.

1) 2021. 9. 9. 2020도6085 전원합의체 판결, 공 2021하, 1930 =『체인 결쇠 손괴 출입 사건』.

2) 2021. 9. 9. 2020도6085 전원합의체 판결, 공 2021하, 1930 =『체인 결쇠 손괴 출입 사건』.

3) 2021. 9. 9. 2020도6085 전원합의체 판결, 공 2021하, 1930 =『체인 결쇠 손괴 출입 사건』.

4) 2021. 9. 9. 2020도6085 전원합의체 판결, 공 2021하, 1930 =『체인 결쇠 손괴 출입 사건』.

외부인의 공동생활 장소의 출입 및 이용행위가 외부인의 출입을 승낙한 공동거주자의 통상적인 공동생활 장소의 출입 및 이용행위의 일환이자 이에 수반되는 행위로 평가할 수 있는 경우가 있다. 이러한 경우에는 출입하는 외부인의 행위를 전체적으로 그 공동거주자의 행위와 동일하게 평가할 수 있다.[1)]

공동거주자의 승낙은 공동주거의 내부에서 이루어지는 경우와 외부에서 이루어지는 경우로 나누어 볼 수 있다. 먼저, 내부에서 이루어지는 승낙의 경우를 본다. 객관설의 기준에 따르면 외부인(갑)이 공동거주자(A와 B) 중 주거 내에 현재하는 거주자(A)로부터 현실적인 승낙을 받아 통상적인 출입방법에 따라 주거에 들어간 경우라면, 특별한 사정이 없는 한 사실상의 평온상태를 해치는 행위태양으로 주거에 들어간 것이라고 볼 수 없으므로 주거침입죄에서 규정하고 있는 침입행위에 해당하지 않는다.[2)]

(마) 공동거주자의 외부 승낙과 외부인 출입 다음으로, 공동거주자의 승낙이 외부에서 이루어지는 경우를 본다. 공동거주자의 승낙에 따라 외부인이 공동거주자와 함께 공동주거에 들어가는 경우가 여기에 해당한다. 공동거주자 중 한 사람이 법률적인 근거 기타 정당한 이유 없이 다른 공동거주자가 공동생활의 장소에 출입하는 것을 금지하고, 이에 대항하여 다른 공동거주자가 외부인과 함께 공동주거에 들어가는 상황이 여기에 해당한다. 앞에서 본 바와 같이, 이러한 상황에서 다른 공동거주자가 공동생활의 장소에 들어가는 과정에서 그의 출입을 금지한 공동거주자의 사실상 평온상태를 해쳤더라도 주거침입죄는 성립하지 않는다.[3)]

이 경우 다른 공동거주자의 승낙을 받아 공동생활의 장소에 함께 들어간 외부인의 출입 및 이용행위가 주거침입죄에 해당하는지 문제된다. 문제의 상황에서 외부인의 출입 및 이용행위가 전체적으로 그의 출입을 승낙한 공동거주자의 통상적인 공동생활 장소의 출입 및 이용행위의 일환이자 이에 수반되는 행위로 평가할 수 있는 경우가 있다. 그러한 경우라면 외부인의 출입을 금지하는 공동거주자의 사실상 평온상태를 해쳤음에도 불구하고 그 외부인에 대하여도 주거침입죄가 성립하지 않는다.[4)]

(3) 미수와 기수

침입은 반드시 행위자의 신체 전부가 타인의 주거 등의 안으로 들어가야 하는 것은 아니다. 신체의 일부만 타인의 주거 안으로 들어갔다고 하더라도 거주자가 누리는 사실상 주거의

1) 2021. 9. 9. 2020도6085 전원합의체 판결, 공 2021하, 1930 = 『체인 걸쇠 손괴 출입 사건』.
2) 2021. 9. 9. 2020도12630 전원합의체 판결, 공 2021하, 1970 = 『혼외 성관계 목적 출입 사건』.
3) 2021. 9. 9. 2020도6085 전원합의체 판결, 공 2021하, 1930 = 『체인 걸쇠 손괴 출입 사건』.
4) 2021. 9. 9. 2020도6085 전원합의체 판결, 공 2021하, 1930 = 『체인 걸쇠 손괴 출입 사건』.

평온을 해할 수 있는 정도에 이르렀다면 침입에 해당하며, 주거침입죄는 기수에 이른다.[1]

주거침입죄는 미수범을 처벌한다(法322). 주거침입죄의 실행의 착수시점 및 기수시점이 문제된다. 신체의 일부라도 침입하려는 고의를 가지고 주거로 들어가는 문의 시정장치를 부수거나 문을 여는 등 침입을 위한 구체적 행위를 시작하였다면 주거침입죄의 실행의 착수가 인정된다.[2]

이후 신체의 일부라도 주거 · 건조물 등에 들어갔다면 주거침입죄는 기수에 이른다. 다만, 신체의 극히 일부분이 주거 안으로 들어갔지만 사실상 주거의 평온을 해하는 정도에 이르지 아니하였다면 주거침입죄는 미수에 그친다.[3]

주거침입죄는 계속범이다.[4] 주거침입죄의 보호법익은 사실상 주거의 평온이므로 사실상 주거의 평온에 대한 침해가 계속되는 동안 주거침입죄가 계속하여 성립한다고 보기 때문이다.

3. 고 의

주거침입죄의 고의는 거주자, 관리자, 점유자 등의 의사에 반하여 주거 등에 들어간다는 인식 · 인용이다. 주거침입죄의 고의에 반드시 신체의 전부가 타인의 주거, 건조물 등이나 점유하는 방실 안으로 들어간다는 인식이 있어야만 하는 것은 아니다. 신체의 일부라도 타인의 주거, 건조물 등이나 점유하는 방실 안으로 들어간다는 인식이 있으면 족하다.[5]

4. 위법성조각사유

법령에 의한 압수 · 수색 · 검증(형소법115 이하, 215, 216, 217, 222 등)을 위하여 타인의 주거에 들어가는 행위는 정당행위로서 위법성이 조각된다. 주거침입행위가 정당방위, 긴급피난, 자구행위 등에 해당하면 위법성이 조각된다. 예컨대 맹견에 쫓긴 나머지 타인의 주거에 들어간 행위는 긴급피난으로서 위법성이 조각된다.

근로자들의 직장 또는 사업장시설의 점거는 적극적인 쟁의행위의 한 형태이다. 직장이나 사업장시설의 점거 범위가 (가) 직장 또는 사업장시설의 일부분이고 (나) 사용자 측의 출입이나 관리지배를 배제하지 않는 병존적 점거에 지나지 않을 때에는 정당한 쟁의행위로 볼 수 있다.

---

1) 1995. 9. 15. 94도2561, 공 1995, 3473 = 분석 각론 『"얼굴만 침입" 사건』.
2) 1995. 9. 15. 94도2561, 공 1995, 3473 = 분석 각론 『"얼굴만 침입" 사건』.
3) 1995. 9. 15. 94도2561, 공 1995, 3473 = 분석 각론 『"얼굴만 침입" 사건』.
4) 박상기, 226면; 오영근, 225면; 임웅, 309면; 정성근 · 박광민, 262면.
5) 1995. 9. 15. 94도2561, 공 1995, 3473 = 분석 각론 『"얼굴만 침입" 사건』.

그러나 이와 달리 (가) 직장 또는 사업장시설을 전면적 · 배타적으로 점거하여 조합원 이외의 자의 출입을 저지하거나 (나) 사용자 측의 관리지배를 배제하여 업무의 중단 또는 혼란을 야기하게 하는 것과 같은 행위는 정당성의 한계를 벗어난 것이어서 위법성이 조각되지 않으며, 건조물침입죄가 성립한다.[1]

5. 처벌의 정도

형법 제319조 제1항은 주거침입죄를 3년 이하의 징역 또는 500만원 이하의 벌금으로 처벌하고 있다. 「폭력행위 등 처벌에 관한 법률」(폭력행위처벌법) 제2조 제2항 제1호는 2명 이상이 공동하여 주거침입죄를 범한 사람에 대해 형법 제319조 제1항에 정한 형의 2분의 1까지 가중하여 처벌한다. 폭력행위처벌법 제2조 제3항은 폭력행위처벌법 제2항 제1호의 공동주거침입죄를 범하여 2회 이상 징역형을 받은 사람이 다시 제2항 제1호의 공동주거침입죄를 죄를 범하여 누범으로 처벌할 경우에는 7년 이하의 징역으로 가중처벌하고 있다. 단체 또는 다중의 위력을 보여 주거침입죄를 범한 때에는 5년 이하의 징역에 처한다(법320).

제 3 주거침입죄의 특수유형

1. 퇴거불응죄

형법 제319조 (퇴거불응) ② 전항의 장소에서 퇴거요구를 받고 응하지 아니한 자도 전항의 형과 같다.

◎ 미수범 처벌함(법322)
◎ 특수퇴거불응죄 가중처벌함(법320)
◎ 폭력행위처벌법 적용대상임(동법2② i)

(1) 실행행위

형법 제319조 제2항은 퇴거불응죄를 규정하고 있다. 퇴거불응죄는 사람의 주거, 관리하는 건조물, 선박이나 항공기 또는 점유하는 방실에서 퇴거요구를 받고 응하지 않을 때 성립하는 범죄이다. 퇴거불응죄는 처음에는 거주자나 관리자의 의사에 반하지 아니하고 주거나 건조물 등에 들어간 경우에 성립한다. 처음부터 거주자나 관리자의 의사에 반하여 들어간 경우에는 형법 제319조 제1항의 주거침입죄가 성립한다. 퇴거불응죄는 퇴거할 때까지 범행이

---

1) 2012. 5. 24. 2010도9963, [미간행] = 『점거 노동자 교육활동 사건』 (분석 생략함).

계속되는 계속범이다.

퇴거요구를 받고 응하지 아니한다 함은 사람의 주거 등에 들어간 자가 퇴거의 요구를 받고 그 장소에서 퇴거하지 아니하는 것을 말한다.[1] 진정부작위범의 한 예이다. 행위자가 주거 등에 일단 적법하게 들어간 이상 현관에 들어간 정도에 불과하거나, 단 1회의 퇴거요구에 불응하더라도 퇴거불응죄가 성립한다.[2]

퇴거요구는 퇴거요구를 할 수 있는 권리자에 의해 이루어져야 한다. 퇴거요구는 반드시 명시적일 필요는 없다. 요구권자의 태도 등에 의해 주거에 체류하는 것이 거주자의 의사에 반한다는 점이 묵시적으로 알려지는 것으로 족하다.

행위자의 체류가 거주자 등의 의사에 반한다고 하려면 거주자 등의 의사 자체가 정당하다는 것이 전제되어야 한다. 따라서 예컨대 채무자의 주거에 변제를 받으러 온 채권자가 채무자의 퇴거요구에 무조건 응하지 않는다고 하여 곧바로 퇴거불응죄가 성립한다고는 볼 수 없다.

(2) 노동쟁의

노동쟁의의 일환으로 사용자 측이 행한 직장폐쇄에 불응하여 근로자 측이 직장점거를 한 경우에 퇴거불응죄가 성립할 것인지 문제된다. 사용자의 직장폐쇄는 노사간의 교섭태도, 경과, 근로자 측 쟁의행위의 태양, 그로 인하여 사용자 측이 받는 타격의 정도 등에 관한 구체적인 사정에 비추어 형평의 견지에서 근로자 측의 쟁의행위에 대한 대항·방위 수단으로서 상당성이 인정되는 경우에 한하여 정당한 쟁의행위로 평가받을 수 있다.

근로자들의 직장점거가 쟁의의 목적달성을 위하여 필요한 범위 내에서 제한적으로 개시되었다면 그 직장점거 행위는 적법하다. 그러나 사용자가 이에 대응하여 적법하게 직장폐쇄

---

1) 1991. 8. 13. 91도1324, 공 1991, 2384 = 『직장폐쇄 대항 퇴거불응 사건』:

P회사에 노사분규가 발생하였다. 갑 등은 P회사의 근로자들이다. 갑 등은 쟁의행위의 일환으로 적법하게 직장점거를 하였다. 이에 대응하여 P회사 측은 적법하게 직장폐쇄를 하면서 갑 등에게 2회에 걸쳐서 퇴거요구를 하였다. 갑 등은 이에 불응하고 직장점거를 계속하였다.

검사는 갑을 퇴거불응죄로 기소하였다. 갑의 피고사건은 제1심을 거친 후, 항소심에 계속되었다. 항소법원은 유죄를 인정하였다. 갑은 불복 상고하였다.

대법원은 다음의 이유를 제시하여 상고를 기각하였다. (가) 근로자들의 직장점거가 쟁의의 목적달성을 위하여 필요한 범위 내에서 제한적으로 개시됨으로써 적법한 것이었다 하더라도 사용자가 이에 대응하여 적법하게 직장폐쇄를 하게 되면, 사용자의 사업장에 대한 물권적 지배권이 전면적으로 회복된다. (나) 그 결과 사용자는 점거중인 근로자들에 대하여 정당하게 사업장으로부터의 퇴거를 요구할 수 있고 퇴거를 요구받은 이후의 직장점거는 위법함을 면치 못한다. (다) 근로자들의 직장점거 자체가 회사의 업무를 위력으로 방해하는 등 그 적법성에 의심이 가는 경우에는 더 말할 나위가 없다.

2) 2019. 7. 25. 2018헌가7, 헌공 제274호, 802 = 『주거수색죄 합헌 결정 사건』(분석 생략함).

를 하게 되면, 사용자의 사업장에 대한 물권적 지배권이 전면적으로 회복되는 결과 사용자는 점거중인 근로자들에 대하여 정당하게 사업장으로부터의 퇴거를 요구할 수 있게 된다. 그 결과 퇴거를 요구받은 이후의 근로자 측의 직장점거 행위는 위법하다. 적법하게 직장폐쇄를 단행한 사용자로부터 퇴거요구를 받고도 불응한 채 직장점거를 계속하는 행위는 퇴거불응죄에 해당한다.[1)]

그러나 사용자의 직장폐쇄가 정당한 쟁의행위로 인정되지 아니하는 때에는 사정이 다르다. 적법한 쟁의행위로서 사업장을 점거중인 근로자들이 위법하게 직장폐쇄를 단행한 사용자로부터 퇴거요구를 받았으나 이에 불응한 채 직장점거를 계속하였다 하더라도 퇴거불응죄는 성립하지 않는다.[2)]

(3) 미수범 처벌문제

형법 제322조는 "본장의 미수범은 처벌한다"고 규정하여 퇴거불응죄의 미수범도 처벌하는 것처럼 보인다. 퇴거불응죄의 미수범 처벌에 대해 견해의 대립이 있다. 미수범 성립을 긍정하는 입장에서는 행위자가 퇴거요구를 받고 이에 응하지 않는 것이 퇴거불응죄의 실행의 착수이며, 퇴거에 필요한 시간이 어느 정도 경과함으로써 기수에 이른다고 본다.[3)] 이에 대해 미수범을 부정하는 입장에서는 퇴거에 불응할 때 퇴거불응죄는 성립되어 계속되므로 퇴거불응죄의 미수범은 성립할 여지가 없다고 본다.[4)] 진정부작위범의 미수범을 상정할 수 없으므로 부정설이 타당하다고 생각된다.[5)]

(4) 공 범

퇴거불응죄(법319②)는 「폭력행위 등 처벌에 관한 법률」의 적용대상이다. 2명 이상이 공동하여 퇴거불응죄를 범한 사람에 대해서는 형법 제319조 제2항에서 정한 형의 2분의 1까지 가중한다(폭력행위처벌법2② i). 단체 또는 다중의 위력을 보여 퇴거불응죄를 범한 때에는 5년 이하의 징역에 처한다(법320).

퇴거불응죄는 「폭력행위 등 처벌에 관한 법률」(폭력행위처벌법)의 적용대상이다. 폭력행위처벌법에 의한 가중처벌의 정도는 주거침입죄에서 설명한 것과 같다.

---

1) 1991. 8. 13. 91도1324, 공 1991, 2382 = 『직장폐쇄 대항 퇴거불응 사건』.
2) 2007. 12. 28. 2007도5204, 공 2008, 187.
3) 손동권 · 김재윤, 263면; 오영근, 228면; 임웅, 312면; 주호노, 539면.
4) 김성돈, 299면; 김일수 · 서보학, 211면; 김혜정 외, 274면; 박상기, 236면; 배종대, 266면; 이용식, 147면; 이재상 · 장영민 · 강동범, 250면; 이정원, 264면; 이형국 · 김혜경, 316면; 정성근 · 박광민, 271면.
5) 진정부작위범의 미수범처벌 문제에 대해서는, 신동운, 형법총론, 제14판, (2022), 575면 참조.

2. 특수주거침입죄

형법 제320조 (특수주거침입) 단체 또는 다중의 위력을 보이거나 위험한 물건을 휴대하여 전조의 죄를 범한 때에는 5년 이하의 징역에 처한다.

◎ 미수범 처벌함(법322)

2016년 개정전 「폭력행위 등 처벌에 관한 법률」은 단체나 다중의 위력으로써 또는 흉기 기타 위험한 물건을 휴대하여 형법 제319조의 죄를 범한 자를 가중처벌하고 있었다(동법3①). 2016년 폭력행위처벌법 일부개정에 의하여 폭력행위처벌법 제3조 제1항이 삭제됨에 따라 형법 제320조가 직접 적용되게 되었다. 단체 또는 다중의 위력, 위험한 물건의 휴대 등의 의미는 특수공무방해죄(법144①)의 항목에서 설명한 바와 같다.[1)]

3. 신체 · 주거수색죄

형법 제321조 (주거 · 신체 수색) 사람의 신체, 주거, 관리하는 건조물, 자동차, 선박이나 항공기 또는 점유하는 방실을 수색한 자는 3년 이하의 징역에 처한다.

◎ 미수범 처벌함(법322)

(1) 행위주체

헌법은 신체의 자유(헌법12①), 주거의 자유(헌법16)와 사생활의 비밀과 자유(헌법17)를 기본권으로 보장하고 있다. 특히 주거의 자유에 대해 헌법은 거듭하여 영장주의를 천명하고 있다(헌법12③, 16). 형법 제321조가 규정한 신체 · 주거수색죄는 형법 제124조가 규정한 불법체포 · 감금죄와 함께 영장주의를 실효성 있게 보장하기 위하여 마련된 범죄유형이다. 신체 · 주거수색죄는 3년 이하의 징역형으로 처벌된다. 주거침입죄와 달리 벌금형이 규정되어 있지 않다.

신체 · 주거수색죄의 주체에는 사인 뿐 아니라 수사기관 등 공무원이 포함된다. 그러므로 신체 · 주거수색죄는 헌법과 형사소송법이 정하는 영장주의를 간접적으로 담보하려는 의미를 가지며, 주거의 사실상의 평온, 사생활의 비밀과 자유를 보호법익으로 한다.[2)]

형법 제321조가 규정한 신체 · 주거수색죄는 형법 제124조가 규정한 불법체포 · 감금죄

---

1) 전술 229면 이하 참조.
2) 2019. 7. 25. 2018헌가7, 헌공 제274호, 802 = 『주거수색죄 합헌 결정 사건』.

와 달리 신분범이 아니다. 신체 · 주거수색죄의 행위주체는 반드시 압수 · 수색 등 강제력의 행사와 관련이 있는 공무원에 한정되지 않는다. 일반인들도 신체 · 주거수색죄의 주체가 될 수 있다.

(2) 실행행위

주거침입죄(법319①)와 비교해 볼 때, 신체 · 주거수색죄(법321)의 객체에는 주거침입죄의 행위객체 외에 사람의 신체와 자동차가 추가되어 있다. 또한 법정형에는 징역형만 규정되고 벌금형이 제외되어 있다. 일상생활의 다양한 영역에서 신체의 자유, 주거의 자유, 사생활의 비밀과 자유가 침해될 수 있음을 감안하여 입법자가 보호범위와 처벌정도를 강화한 것이라고 생각된다.

신체 · 주거수색죄의 수색은 피해자의 의사에 반하는, 행위자의 적극적인 조사행위를 의미한다. 신체 · 주거수색죄의 수색은 필연적으로 피해자의 사생활 영역에 대한 물리력의 행사를 수반하게 되므로 피해자는 더 큰 공포심과 불쾌감을 느낄 수 있으며, 피해자의 사적 영역 또한 더 깊이 침해될 수 있다. 이 때문에 입법자는 주거침입죄나 퇴거불응죄와 달리 신체 · 주거수색죄의 법정형을 징역형으로만 규정하고 있다.[1)]

신체 · 주거수색죄는 적법하게 주거 등에 들어간 자가 불법하게 사람의 신체, 주거, 관리하는 건조물, 자동차, 선박이나 항공기 또는 점유하는 방실을 수색하는 경우에 성립한다. 처음부터 위법하게 주거 등에 침입하여 신체나 주거 등을 수색한 경우에는 주거침입죄(법319①)와 신체 · 주거수색죄(법321)가 순차적으로 성립하며 양자는 실체적 경합관계에 선다.

(3) 위법성조각사유

신체 · 주거수색죄와 정당행위의 관계가 문제된다. 적법한 수색(형소법109, 215, 216, 217)은 법령에 의한 행위(법20)로서 위법성이 조각된다. 신체 · 주거수색죄의 위법성조각 여부는 특히 사인 간의 경우에 문제된다. 현행범인은 누구든지 체포할 수 있다(형소법212). 현행범체포시에 검사 또는 사법경찰관은 체포현장에서 수색을 할 수 있다(형소법216① ii). 그러나 사인에게는 수색이 허용되지 않는다.

다만 정당방위(법21)나 긴급피난(법22)의 경우에는 신체나 주거 등에 대한 수색이 허용될 것이다. 사인에 의한 자구행위로서의 수색은 형법 제23조가 규정한 자구행위의 요건 또는 민법 제209조가 규정한 자력구제[2)]의 요건을 갖춘 경우가 아니면 허용되지 않는다.

---

1) 2019. 7. 25. 2018헌가7, 헌공 제274호, 802 = 『주거수색죄 합헌 결정 사건』.
2) 2017. 9. 7. 2017도9999, 공 2017하, 1937 = 『자력구제 주장 아파트 사건』 참조.

회사의 주주총회에 적법하게 참석한 주주라고 할지라도 주주총회장에서의 질문, 의사진행 발언, 의결권의 행사 등 주주총회에서의 통상적인 권리행사 범위를 넘어서서 회사의 구체적인 회계장부나 서류철 등을 열람하려면 별도로 법률에 정해진 바(상법466 등)에 따라 회사에 그 열람을 청구해야 한다. 회사 측에서 정당한 이유 없이 열람을 거부하는 경우라 할지라도 주주는 법원에 그 이행을 청구하여 그 결과에 따라 회계장부 등을 열람할 수 있을 뿐이다. 주주총회 장소라고 하여 회사 측의 의사에 반하여 회사 사무실을 뒤지거나 회사의 회계장부를 강제로 찾아 열람할 수는 없다.[1] 설사 회사 측이 회사 운영을 부실하게 하여 소수주주들에게 손해를 입게 하였다고 하더라도 이와 같은 사정만으로 주주총회에 참석한 주주가 강제로 사무실을 뒤져 회계장부를 찾아내는 것이 사회통념상 용인되는 정당행위로 되는 것은 아니며, 방실수색죄에 해당한다.[2]

1) 2001. 9. 7. 2001도2917, 공 2001, 2209 = 『주주총회 사무실 뒤지기 사건』 ☞ 부록 1631면.
2) 2001. 9. 7. 2001도2917, 공 2001, 2209 = 『주주총회 사무실 뒤지기 사건』.

제37장 권리행사를 방해하는 죄

제1 서 설

1. 조문체계의 특성

형법 각칙 제37장은 '권리행사를 방해하는 죄'라는 이름 아래 상이한 유형의 범죄들을 함께 규정하고 있다. 각칙 제37장에는 (가) 좁은 의미의 권리행사방해죄(법323, 325, 326), (나) 강요죄(법324 내지 324의6, 326), (다) 강제집행면탈죄(법327)의 세 가지 범죄유형이 하나의 장에 함께 규정되어 있다. 이들 범죄유형들은 개인적 법익에 관한 죄라는 점에서는 공통되지만 그 밖의 점에서는 서로 성격을 달리한다.

(나)의 강요죄는 재산권과 전혀 관계없이 개인의 행동결정의 자유를 보호한다는 점에서 의사결정의 자유를 보호하는 형법 각칙 제30장 협박의 죄와 맥락을 같이하고 있다. 이에 대해 (가)의 좁은 의미의 권리행사방해죄와 (다)의 강제집행면탈죄는 권리자에게 경제적 불이익을 가져오기 때문에 재산범죄에 가까운 성격을 가지고 있다. 우리 입법자가 이와 같이 이질적인 범죄유형들을 동일한 장에 모아놓은 것은 형법 각칙 제37장 권리행사를 방해하는 죄가 인격적 법익에 관한 죄에서 재산적 법익에 관한 죄로 넘어가는 가교적 위치에 있음을 고려한 것이라고 생각된다.

권리행사를 방해하는 죄를 각칙에서 별도의 장으로 규정하고 있는 것은 우리 형법의 특징 가운데 하나이다. 독일 형법이나 일본 형법은 권리행사방해죄라는 독립된 장을 두고 있지 않다. 권리행사방해의 죄를 독립한 장으로 설정하고 있는 입법례는 일본의 개정형법가안인데, (가)의 좁은 의미의 권리행사방해죄와 (다)의 강제집행면탈죄만을 동일한 장에 규정해 놓고 있다.[1] 우리 입법자는 가안의 입법례를 참고하면서도 여기에 (나)의 강요죄를 추가하

---

1) 일본 개정형법가안 제46장 권리의 행사를 방해하는 죄

제458조 타인의 점유에 속하거나 물권을 부담하는 자기의 물건을 취거, 은닉 또는 손괴하여 그 권리의 행사를 방해한 자는 3년 이하의 징역, 금고 또는 천엔 이하의 벌금에 처한다.

제459조 ① 폭행 또는 협박으로 타인의 점유에 속하는 자기의 물건을 강취한 자는 10년 이하의 징역에 처한다.

② 타인의 점유에 속하는 자기의 물건을 취거함에 당하여 그 취환(取還)을 거부하거나 체포를 면탈하거나 죄적을 인멸하기 위하여 폭행 또는 협박을 한 때에도 또한 전항과 같다.

③ 전2항의 미수범은 이를 벌한다.

고 있다.

아래에서는 (가) 좁은 의미의 권리행사방해죄, (나) 강요죄, (다) 강제집행면탈죄의 순서로 그 특징을 살펴보기 한다. 서술의 편의를 위하여 아래에서는 좁은 의미의 권리행사방해죄를 단순히 권리행사방해죄로 표현하기로 한다.

2. 비교법적 고찰

(1) 권리행사방해죄의 특성

일본 형법은 절도죄와 강도죄(동법 각칙 제36장)를 규정하면서 '자기의 재물이라 할지라도 타인의 점유에 속하거나 공무소의 명령에 의하여 타인이 간수하는 것인 때'에는 이를 타인의 재물로 간주하는 규정을 두고(동법242), 이를 사기 및 공갈의 죄(동법 각칙 제37장)에 준용하고 있다(동법251). 또한 '자기의 물건이라 할지라도 압류되거나 물권을 부담하거나 임차된 것'에 대한 손괴행위를 손괴의 죄(동법 각칙 제40장)로 처벌하고 있다(동법262).[1]

이처럼 일본 형법이 자기소유의 물건을 타인소유의 물건과 동일하게 취급함에 따라 일본에서는 절도죄 등의 보호법익을 소유권이 아니라 단순히 점유 그 자체로 보아야 한다는 주장이 대두되는 등 해석론상 많은 논란이 야기되고 있다.[2]

이러한 논란을 배경으로 일본 개정형법가안의 입안자들은 소유권을 보호하는 범죄와 점유 자체를 보호하는 범죄를 체계상으로 분리하기로 하고, 후자를 재산에 관한 범죄의 마지막 부분에 독립한 장으로 규정하였다. 즉 순수하게 타인의 소유권을 침해하는 행위들은 절도 및 강도의 죄(가안 제41장) 이하에서 규정하되, 소유자가 자기소유의 재물을 침해하는 경우는 '권리의 행사를 방해하는 죄'라는 별도의 장(가안 제46장)에서 규정하기로 하였다. 또한 타인의 소유권을 침해하지 않는다는 점을 감안하여 그 법정형을 완화하였다. 가안의 장명(章名)

제460조 전조의 죄를 범한 자는 제427조 내지 제429조[강도상해, 강도살인, 강도강간] 및 제431조[강도미수]의 적용에 대하여는 이를 강도로 간주한다.

제461조 제458조의 죄를 범하여 사람의 생명 또는 신체에 대하여 위험을 발생시킨 자는 7년 이하의 징역에 처한다.

제462조 강제집행을 면탈할 목적으로 재산을 은닉, 손괴 또는 양도하거나 또는 허위의 채무를 부담하거나 기타 채권자를 해할 행위를 한 자는 3년 이하의 징역 또는 천엔 이하의 벌금에 처한다.

1) **일본형법 제242조** 자기의 재물이라도 타인의 점유에 속하거나 공무소의 명령에 의하여 타인이 간수하는 것인 때에는 본장[제36장 절도와 강도죄의 죄]의 죄에 대하여는 타인의 재물로 간주한다.

제251조 제242조[타인점유 자기물건], 제244조[친족간 특례] 및 제245조[전기]의 규정은 이 장[사기 및 공갈의 죄]에 대하여 준용한다.

제262조 자기의 물건이라도 압류를 당하거나 물권을 부담하거나 임대한 것을 손괴하거나 상해한 때에는 전3조[사용(私用)문서손괴, 건조물손괴, 기물손괴]의 예에 의한다.

2) 후술 1005면 이하 참조.

에 사용된 '권리'라는 표현은 소유권 이외의 물권이나 그에 준하는 권리를 나타내기 위한 것이었다.[1)]

우리 형법은 권리행사방해죄를 통한 점유의 보호라는 일본 개정형법가안의 구상을 충실하게 받아들여 권리행사방해죄의 적용범위를 절도죄 · 강도죄(취거의 경우) 및 손괴죄(은닉 · 손괴의 경우)에 대응하는 경우로 한정하고 있다.

우리 입법자가 사기죄 · 공갈죄에 대응하는 경우를 권리행사방해죄의 대상에 포함시키지 않은 것은, 비록 흠이 있는 의사표시이기는 하지만 어디까지나 상대방의 의사표시에 기초하여 재물에 대한 점유가 이전된 것이므로 사실상의 지배상태(점유)를 깨뜨리는 것이 아니어서 독자적으로 보호할 필요가 없다는 인식에 기초한 것이다.[2)]

또한 횡령죄 및 배임죄에 대응하는 경우도 권리행사방해죄에 규정되어 있지 않다. 횡령죄는 재물에 대한 점유가 이미 보관자에게 있으므로 권리행사방해죄가 규정하는 사실상의 지배상태(점유)를 깨뜨리는 상황을 상정할 수 없다. 배임죄에 대응하는 경우를 권리행사방해죄의 대상에 포함시키지 않는 것은 배임죄의 객체가 '재산상 이익'이어서 사실상의 지배상태(점유)에 대한 보호를 논할 여지가 없기 때문이다.

(2) 강요죄의 특성

우리 입법자는 권리행사방해죄에 관한 일본 개정형법가안의 구상을 받아들이면서도 여기에서 한걸음 더 나아가 강요죄를 권리행사의 장에 규정하는 입법적 결단을 내렸다.

일본 형법은 협박의 죄의 장(동법 각칙 제32장)에서 협박죄의 가중적 구성요건으로 강요죄

---

1) 法務資料 別冊第23號 刑法並びに監獄法改正調査委員會議事速記錄, (1957), 452頁 참조.

2) 1988. 2. 23. 87도1952, 공 1988, 621 =『맥콜 반환서 사건』:

㉠상품(맥콜)은 갑의 소유이다. 채권자 A는 채무자 갑으로부터 ㉡차용금 채무의 담보로 ㉠상품을 제공받았다. A는 ㉠상품을 B에게 보관시키고 있었다. 갑은 "㉠상품은 C로부터 교부받은 것이며 이를 C에게 반환한다"는 내용으로 된 ㉢반환서를 C에게 작성해 주었다. C는 B에게 ㉢반환서를 제시하면서 ㉠상품은 갑에게 편취당한 장물이므로 이를 인계하여 달라고 요구하였다. C의 말을 믿은 B는 C에게 ㉠상품을 교부하였다.

검사는 갑을 권리행사방해죄로 기소하였다. 갑의 피고사건은 제1심을 거친 후, 항소심에 계속되었다. 항소법원은 무죄를 선고하였다. 검사는 불복 상고하였다.

대법원은 다음의 이유를 제시하여 상고를 기각하였다. (가) 형법 제323조 소정의 권리행사방해죄에 있어서의 '취거'라 함은 타인의 점유 또는 권리의 목적이 된 자기의 물건을 그 점유자의 의사에 반하여 그 점유자의 점유로부터 자기 또는 제3자의 점유로 옮기는 것을 말한다. (나) 그러므로 점유자의 의사나 그의 하자 있는 의사에 기하여 점유가 이전된 경우에는 여기에서 말하는 취거로 볼 수 없다. (다) C가 ㉠맥콜을 가져간 것은 B의 교부행위에 의한 것이고 B의 의사에 반하여 가져간 것이 아니라는 취지에서 이를 갑의 취거행위로 볼 수 없다.

를 규정하고 있다. 한편 일본 형법은 협박죄의 미수범은 처벌하지 않되 강요죄는 미수범까지 처벌하고 있다.[1] 이에 대해 우리 형법은 협박죄와 강요죄 모두 미수범을 처벌하고 있다(법286, 324의5). 나아가 강요죄의 기본적 구성요건(법324①)에 더하여 특수강요죄(법324②), 인질강요죄 등(법324의2 이하 참조) 여러 가지 가중적 구성요건들을 마련하고 있다.

우리 입법자가 강요죄를 협박죄와 분리하여 규정한 이유는 분명하지 않다. 입법자료가 남아 있지 않기 때문이다. 그러나 체계상으로 볼 때 강요죄를 협박죄와 분리하여 규정한 이유는 강요죄의 수단이 협박뿐만 아니라 폭행까지 포함하고 있기 때문이라고 생각된다. 일본 형법과 같이 협박죄를 내부적 의사결정의 자유를 침해하는 범죄로, 강요죄를 외부적 의사실행(행동결정)의 자유를 침해하는 범죄로 파악하는 체계 아래에서는 폭행을 수단으로 하는 강요행위를 강요죄로 포착하는 것이 논리적으로 곤란하게 된다.[2]

형법 각칙 제37장 권리행사를 방해하는 죄는 자유에 관한 죄로부터 재산에 관한 죄로 넘어가는 가교적 위치에 있다. 우리 입법자가 각칙 제37장에서 강요죄를 규정한 것은 일본 형법과 같은 입법례의 체계상 문제점을 의식하였기 때문이라고 생각된다. 아울러 강요죄의 규율대상에 의무이행의 강요뿐만 아니라 권리행사를 방해하는 경우도 포함하고 있어서 강요죄가 넓은 의미에서 '권리행사를 방해하는 죄'로서의 성격을 가지고 있다는 점도 입법시에 고려되었을 것이라고 추측된다.

(3) 강제집행면탈죄의 특성

강제집행면탈죄는 일본 개정형법가안의 입법례에서 유래한 것이다. 일본은 전전(戰前)에 개정형법가안의 일부 조문을 형법 일부개정을 통하여 입법화하였다.[3] 이 과정에서 일본 형법은 강제집행면탈죄를 경매방해죄와 함께 공무집행을 방해하는 죄의 장에 규정하게 되었다(동법96의2).[4] 그리하여 일본의 경우에는 강제집행면탈죄를 재산범죄의 일종으로 보는 견해

---

1) 전술 738면 이하 참조.

2) 이러한 난점은 일본 개정형법가안의 심의과정에서도 지적되었다. 그러나 가안은 강요죄를 협박죄의 장에 규정하는 방식을 유지하였다. 法務資料 別冊第23號 刑法並びに監獄法改正調査委員會議事速記錄, (1957), 408頁 참조.

3) 일본 개정형법가안 각칙은 1940년에 발표되었다. 일본 형법의 강제집행면탈죄와 경매방해죄는 1941년 형법 일부개정에 의하여 신설되었다.

4) **일본형법 제5장 공무의 집행을 방해하는 죄**(1941년 개정 당시를 기준으로 함)

제96조의2 강제집행을 면탈할 목적으로 재산을 은닉, 손괴, 가장양도하거나 가장의 채무를 부담한 자는 2년 이하의 징역 또는 천엔 이하의 벌금에 처한다.

제96조의3 ① 위계 또는 위력을 사용하여 공(公)의 경매 또는 입찰의 공정을 해할 행위를 한 자는 2년 이하의 징역 또는 5천엔 이하의 벌금에 처한다.

② 공정한 가격을 해하거나 부정한 이익을 얻을 목적으로 담합한 자도 또한 같다.

와 공무집행을 방해하는 죄로 보는 견해가 대립하고 있다.[1)]

우리 입법자는 일본 개정형법가안의 구상을 충실하게 따라 강제집행면탈죄를 개인적 법익에 관한 죄의 장에 규정하면서, '채권자를 해한다'는 표지를 추가로 설정하여 체계상 논란의 여지를 입법적으로 차단하고 있다. 이러한 입법적 결단으로부터 강제집행면탈죄의 성립요건의 하나로 채권자의 권리가 반드시 존재해야 한다는 결론이 도출된다.

제 2 권리행사방해죄의 기본유형 – 권리행사방해죄

형법 제323조 (권리행사방해) 타인의 점유 또는 권리의 목적이 된 자기의 물건 또는 전자기록 등 특수매체기록을 취거, 은닉 또는 손괴하여 타인의 권리행사를 방해한 자는 5년 이하의 징역 또는 700만원 이하의 벌금에 처한다.

◎ 친족상도례 적용됨(법328)

1. 행위객체

형법 제323조는 협의의 권리행사방해죄를 규정하고 있다. 권리행사방해죄의 객체는 타인의 점유 또는 권리의 목적이 된 자기의 물건 또는 전자기록 등 특수매체기록이다. 이에 해당하기 위하여는 먼저 해당 목적물이 행위자의 소유에 속하여야 한다.[2)]

---

1) 大コンメンタール刑法, 第二版, 第6卷, 184頁 이하 참조.

2) 2003. 5. 30. 2000도5767, 공 2003, 1487 = 분석 각론 『레간자 택시 지입 사건』:

갑은 ⓐ레간자 택시를 구입하였다. 갑은 P택시회사에 ⓐ레간자 택시를 지입하여 운행하였다. 갑의 지입 후 ⓐ택시는 자동차등록원부에 P회사 명의로 등록되었다. 갑은 일일입금 및 공과금을 납부하지 아니하여 P회사로부터 ⓐ택시의 반환을 요구받고 있었다. 갑은 ⓐ택시를 P회사 차고지에 입고하였다. 이로써 ⓐ택시에 대한 점유는 P회사에 있다. 다음날 갑은 P회사 차고지에 주차되어 있던 ⓐ택시를 점유권자인 P회사의 승낙 없이 임의로 취거하였다.

검사는 갑을 권리행사방해죄로 기소하였다. 제1심법원은 유죄를 인정하였다. 갑은 불복 항소하였다. 항소법원은 항소를 기각하고, 제1심판결을 유지하였다. 갑은 불복 상고하였다.

대법원은 다음의 이유를 제시하여 원심판결을 파기환송하였다. 대법원은 권리행사방해죄의 성립요건에 대해 다음과 같이 설시하였다. (가) 형법 제323조의 권리행사방해죄는 타인의 점유 또는 권리의 목적이 된 자기의 물건을 취거, 은닉 또는 손괴하여 타인의 권리행사를 방해함으로써 성립하는 것이다. (나) 그러므로 그 취거, 은닉 또는 손괴한 물건이 자기의 물건이 아니라면 권리행사방해죄가 성립할 여지가 없다.

대법원은 갑의 행위에 대해 다음과 같이 판단하였다. (가) ⓐ택시는 자동차등록원부에 P회사 명의로 등록되어 있다. (나) 그러므로 갑이 ⓐ 택시를 P회사에 지입하여 운행하였다 하더라도, 갑이 P회사와 사이에 ⓐ택시의 소유권을 갑이 보유하기로 약정하였다는 등의 특별한 사정이 없는 한, ⓐ택시는 그 등록명의자인 P회사의 소유이고 갑의 소유는 아니다. (다) 갑과 P회사 사이에 ⓐ택시를 갑의 소유로 하기로 하는 약정이 있었다고 인정하기 어렵다. (라) 달리 ⓐ택시가 갑의 소유라고 인정할 증거도 없다.

(1) 자기소유의 물건

형법 제323조가 규정한 권리행사방해죄는 절도죄(법329) 및 손괴죄(법366)에 대응하는 범죄유형이다. 권리행사방해죄의 객체는 타인의 점유 또는 권리의 목적이 된 자기소유의 물건이다. 이 점에서 권리행사방해죄는 타인소유의 재물에 대한 범죄인 절도죄, 손괴죄와 대비된다.

(가) 자기소유 피고인이 취거, 은닉 또는 손괴한 물건이 자기의 물건이 아니라면 권리행사방해죄는 성립하지 않는다. 소유권의 유무는 원칙적으로 민사법의 법리에 따라 결정된다. 자기와 타인이 공동소유하는 물건은 처음부터 타인소유의 물건에 해당하여 권리행사방해죄가 성립하지 않으며, 절도죄[1] 또는 손괴죄가 성립할 수 있다.

자동차소유권의 득실변경은 등록을 하여야 그 효력이 생기므로(자동차관리법6) 자동차를 보유하고 있더라도 아직 자기명의로 등록을 하지 아니하였다면 자기소유의 물건에 해당하지 않는다.[2] [3]

물건의 소유자가 아닌 사람은 형법 제33조 본문에 따라 소유자의 권리행사방해 범행에 가담한 경우에 한하여 그의 공범이 될 수 있을 뿐이다. 그러나 권리행사방해죄의 공범으로 기소된 물건의 소유자에게 고의가 없는 등으로 범죄가 성립하지 않는다면 공동정범이 성립할 여지가 없다.[4]

---

1) 1982. 4. 27. 81도2956, 공 1982, 544 = 분석 각론 『염료 동업 파기 사건』.

2) 2006. 3. 23. 2005도4455, 공 2006, 748 = 분석 각론 『공동대표 렌트카 회수 사건』.

3) 지입차량의 임의처분에 대한 형사책임에 관하여는, 후술 1329면 참조.

4) 2017. 5. 30. 2017도4578, 공 2017하, 1433 = 『사실혼 배우자 에쿠우스 사건』:

갑과 을은 사실혼 관계에 있다. 갑은 P자동차회사로부터 을 명의로 ㉠에쿠스 승용차량을 구입하면서 Q회사로부터 6,350만원을 대출받았다. 갑은 그 담보로 ㉠승용차에 Q회사를 저당권자로 한 채권가액 4,445만원의 근저당권을 설정하였다. ㉠승용차는 을의 명의로 등록되었다. 갑은 친구 A에게 1,800만원을 빌린 후 담보제공의 방법으로 ㉠승용차를 A에게 넘겨주었다.

검사는 갑과 을이 공모하였다고 판단하였다. 검사는 갑이 A에게 ㉠승용차를 넘겨주어 Q회사가 ㉠승용차를 찾을 수 없도록 한 것이라고 판단하였다. 검사는 갑과 을을 권리행사방해죄로 기소하였다. 공소사실의 요지는 다음과 같다. "갑은 을과 함께 공모하여 타인의 권리의 목적이 된 자기의 물건(㉠승용차)을 은닉하여 타인(Q회사)의 권리행사를 방해하였다." 제1심법원은 갑과 을의 사건을 분리하였다. 을의 피고사건은 제1심을 거친 후, 항소심에 계속되었다. 을 사건의 항소법원은 을이 갑과 공모하였다는 점에 관한 증명이 부족하다는 이유로 무죄를 선고하였고, 이 판결은 확정되었다.

갑의 피고사건에 대해 제1심법원은 유죄를 인정하였다. 갑은 불복 항소하였다. 갑 사건의 항소법원은 다음의 이유를 제시하여 제1심판결을 파기하고 갑에게 무죄를 선고하였다. (가) 공동정범으로 기소된 ㉠에쿠스 승용차의 소유자인 을이 무죄인 이상, 갑 단독으로는 더 이상 권리행사방해죄의 주체가 될 수 없다. (나) 달리 갑이 ㉠에쿠스 승용차의 소유자임을 인정할 증거가 없다. 검사는 불복 상고하였다.

대법원은 다음의 이유를 제시하여 상고를 기각하였다. (가) 형법 제323조의 권리행사방해죄는 타인의 점유 또는 권리의 목적이 된 자기의 물건을 취거, 은닉 또는 손괴하여 타인의 권리행사를 방해함으로써 성립한다.

물건의 소유자가 법인인 경우에는 법인의 대표자가 권리행사방해죄의 주체가 된다. 법인의 대표기관이 아닌 대리인이나 지배인은 권리행사방해죄의 주체가 될 수 없으나, 법인의 대표자의 범행에 가담하는 경우에는 공범으로 처벌된다. 그런데 법인의 대표기관이 아닌 대리인이나 지배인이 대표기관과 공모 없이 한 행위일지라도 그 직무권한 범위 내에서 직무에 관하여 타인이 점유하는 법인의 물건을 취거한 경우에는 대표기관이 한 행위와 법률적 · 사실적 효력이 동일하다. 그러므로 이 경우에는 법인의 대표기관이 아닌 대리인이나 지배인이 대표기관과 공모 없이 한 행위일지라도 권리행사방해죄가 규정하는 '자기의 물건을 취거한 경우'에 해당한다.[1)]

(나) 그러므로 그 취거, 은닉 또는 손괴한 물건이 자기의 물건이 아니라면 권리행사방해죄가 성립할 수 없다. (다) 물건의 소유자가 아닌 사람은 형법 제33조 본문에 따라 소유자의 권리행사방해 범행에 가담한 경우에 한하여 그의 공범이 될 수 있을 뿐이다. (라) 그러나 권리행사방해죄의 공범으로 기소된 물건의 소유자에게 고의가 없는 등으로 범죄가 성립하지 않는다면 공동정범이 성립할 여지가 없다.

1) 2020. 9. 24. 2020도9801, [미간행] = 『경락부동산 전자열쇠 교체 사건』:

P회사는 부동산 임대업 등을 목적으로 하는 회사이다. P회사의 대표이사는 A이다. 갑은 A의 형이다. 갑은 P회사의 관리부장으로 회사 업무를 총괄하면서 부동산 임대 및 주유소 영업 관리 업무를 담당하고 있었다. Q회사는 건설공사를 하는 회사이다. 2015. 1. 13.경부터 Q회사는 M건물 ⓐ호실에 대해 공사대금 채권에 기하여 유치권을 행사하고 있었다. Q회사는 ⓐ호실 출입문에 '유치권 행사 공고문' 1부를 게시해 놓았다(㉠공고문). Q회사는 출입문에 ㉡전자열쇠를 부착해 놓았다.

2018. 10. 22. 갑은 M건물 ⓐ호실을 P회사 명의로 경락받았다. 2018. 10. 31. 갑은 ⓐ호실에 대해 공매를 원인으로 하여 P회사 명의의 소유권이전등기를 마쳤다. ㉠공고문은 Q회사 소유이다. 2018. 11. 2. 갑은 P회사 대표이사 A로부터 ⓐ호실에 관한 모든 업무 및 권한을 위임받았다. 2018. 11. 2. 11:00경 갑은 ⓐ호실 출입문 앞에 이르러 출입문에 게시되어 있는 Q회사 소유의 '유치권 행사 공고문'(㉠공고문) 1부를 손으로 떼어 내었다. 갑은 드릴을 사용하여 Q회사가 설치해 놓은 ㉡전자열쇠를 부수고 안으로 들어갔다. 갑은 새로이 ㉢전자열쇠를 설치하였다.

검사는 갑을 권리행사방해죄로 기소하였다. 갑의 피고사건은 제1심을 거친 후, 항소심에 계속되었다. 항소법원은 다음의 이유를 들어서 무죄로 판단하였다. (가) ⓐ호실은 P회사의 소유이다. (나) 갑은 P회사의 대표이사가 아닌 영업부장일 뿐이다. (다) 검사가 제출한 증거들만으로는 갑이 P회사 대표이사 A와 공모하였다고 보기 어렵다. 검사는 불복 상고하였다.

대법원은 다음의 이유를 제시하여 원심판결을 파기환송하였다. 대법원은 권리행사방해죄의 주체에 대해 다음과 같이 설시하였다. (이해를 높이기 위하여 갑, A를 괄호 속에 병기함.) (가) 법인의 대표기관(A)이 아닌 대리인이나 지배인(갑)이 대표기관(A)과 공모 없이 한 행위라도 그 직무권한 범위 내에서 직무에 관하여 타인(Q회사)이 점유하는 법인(P회사)의 물건을 취거한 경우에는 대표기관(A)이 한 행위와 법률적 · 사실적 효력이 동일하다. (나) 법인의 대표기관(A)이 아닌 대리인이나 지배인(갑)이 대표기관(A)과 공모 없이 한 행위라도 법인(P회사)의 물건을 법인(P회사)의 이익을 위해 취거하여 불법영득의사가 없는 점과 범의 내용 등에 관해서 [법인의 대표기관(A)이 한 경우와] 실질적인 차이가 없다. (다) 그러므로 법인의 대표기관(A)이 아닌 대리인이나 지배인(갑)이 대표기관(A)과 공모 없이 한 행위라도 권리행사방해죄가 규정하는 '자기의 물건을 취거한 경우'에 해당한다.

대법원은 사실관계를 분석하였다. 대법원은 갑의 행위에 대해 다음과 같이 판단하였다. (가) 갑은 P회사의 대표기관이 아니다. (나) 그렇기는 하나 갑의 행위는 P회사로부터 위임받은 직무권한 범위 내에서 직무에 관하여 한 행위로 P회사의 대표기관이 한 행위와 다름없다. (다) 그러므로 갑의 행위는 권리행사방해죄의 '자기

(나) 물 건 권리행사방해죄의 객체는 물건이다. 전자기록 등 특수매체기록은 물건의 예시이므로 당연히 물건에 포함된다.[1] 물건에는 동산뿐만 아니라 부동산[2]도 포함된다.

절도죄 등 재산범죄의 경우에는 '재물'이라는 표현이 사용되고 있다. 이에 대해 권리행사방해죄의 경우에는 '물건'이라는 표현이 사용되고 있다. 입법자가 이처럼 표현을 달리한 것은 '재물'이 타인소유의 물건임을 나타내기 위함이라고 생각된다.

권리행사방해죄의 객체로서 물건의 범위는 민법에 따라 결정된다. 민법은 물건을 유체물 및 전기 기타 관리할 수 있는 자연력으로 정의하고 있다(민법98). 한편 형법은 관리할 수 있는 동력은 재물로 간주한다고 규정하고 있다(법346). 민법과 형법이 서로 다른 개념정의를 제시하고 있지만 이는 민법(1958년 제정, 1960년 시행)이 형법(1953년 제정, 시행)보다 나중에 제정되었다는 사정에서 비롯된 것이다. 동력은 전기 기타 관리할 수 있는 자연력을 의미하게 되므로 결국 형법에서 '물건'과 '재물'의 범위는 동일하다.

(2) 타인의 점유

권리행사방해죄의 객체는 타인의 점유 또는 권리의 목적이 된 자기의 물건(특수매체기록 포함)이다.

(가) 타 인 법인 이외의 다른 사람을 말한다. 이 경우 사람은 자연인, 법인 이외에 법인격 없는 단체도 모두 포함한다. 자기소유의 물건을 타인과 공동점유하는 경우에는 타인의 점유에 해당한다.

(나) 점 유 점유는 물건에 대한 사실상의 지배상태이다. 권리행사방해죄에서 말하는 점유는 보호대상으로서의 점유이다. 판례는 다음과 같이 상당히 넓은 범위에서 권리행사방해죄의 점유를 인정하고 있다.[3] 판례가 인정하고 있는 점유의 형태를 보면 다음과 같다.

(가) 점유할 적법한 권원에 기한 점유가 포함됨은 물론이다. 그러나 점유는 반드시 점유할 권원에 기한 점유만을 의미하지는 않는다. 권리행사방해죄에서 말하는 점유에는 그 밖에도 (나) 일단 적법한 권원에 기하여 점유를 개시하였으나 사후에 점유 권한을 상실한 경우의 점유, (다) 점유 권원의 존부가 외관상 명백하지 아니하여 법정절차를 통하여 권원의 존부가 밝혀질 때까지의 점유, (라) 권원에 기하여 점유를 개시한 것은 아니나 동시이행의 항변권

물건'을 취거한 행위에 해당할 여지가 크다.

1) 특수매체기록에 대해서는, 전술 441면 이하 참조.

2) 2020. 9. 24. 2020도9801, [미간행] = 『경락부동산 전자열쇠 교체 사건』.

3) 2006. 3. 23. 2005도4455, 공 2006, 748 = 분석 각론 『공동대표 렌트카 회수 사건』.

등으로 대항할 수 있는 점유 등과 같이 법정절차를 통한 분쟁 해결시까지 잠정적으로 보호할 가치 있는 점유가 모두 포함된다.

그러나 (마) 절도범인의 점유와 같이 점유할 권리 없는 자의 점유임이 외관상 명백한 경우는 권리행사방해죄의 점유에 포함되지 않는다.[1]

(3) 타인의 권리

권리행사방해죄의 객체에는 '타인의 점유의 목적이 된 자기의 물건' 이외에 '타인의 권리의 목적이 된 자기의 물건'이 포함된다. 이 경우 타인의 권리란 범인 소유의 물건(특수매체기록 포함)을 타인이 적법하게 점유할 수 있는 권리를 가리킨다.

(가) 점유를 수반하는 권리　타인의 권리의 대표적인 예로는 전세권, 저당권,[2] 질권, 유치권[3] 등과 같은 제한물권, 그리고 임대차나 사용대차와 같이 점유를 수반하는 채권을 들 수 있다. 그런데 권리자가 현실적으로 물건을 지배하고 있다면 이 경우는 앞에서 살펴본 '타인의 점유'의 목적이 된 물건과 중첩된다.

(나) 점유를 수반하지 아니하는 권리　타인의 '권리'의 목적이 된 경우가 실질적 의미를 가지는 것은 그 권리가 물건에 대하여 점유를 수반하지 아니하는 때이다. 권리행사방해죄의 입법모델이 되었던 일본 개정형법가안은 행위객체를 '타인의 점유에 속하거나 물권을 부담하는 자기의 물건'이라고 제한적으로 규정하고 있었다(가안458).

그러나 우리 형법은 권리행사방해죄의 객체를 '타인의 점유 또는 권리의 목적이 된 자기의 물건(특수매체기록 포함)'으로 규정하고 있다. 일부 판례는 우리 형법의 문언에 주목하여 "권리행사방해죄의 구성요건 중 타인의 '권리'란 반드시 제한물권만을 의미하는 것이 아니라

---

1) 1994. 11. 11. 94도343, 공 1994, 3323 = 분석 각론 『가마솥 가져오기 사건』.

2) 1994. 9. 27. 94도1439, 공 1994, 2915 = 『선반기계 반출 사건』:

갑 소유의 ㉠공장 내에 ㉡선반기계 등이 있다. 갑은 ㉠공장 전체에 공장근저당권을 설정하고 A로부터 금전을 차용하였다. 갑은 B로부터 다시 금전을 차용하려고 하였다. 갑은 ㉠선반기계 등을 이중담보로 제공하기 위하여 ㉠공장 바깥의 다른 장소로 옮겼다.

검사는 갑을 배임죄로 기소하였다. 갑의 피고사건은 제1심을 거친 후, 항소심에 계속되었다. 항소법원은 권리행사방해죄를 인정하였다. 갑은 불복 상고하였다.

대법원은 다음의 이유를 제시하여 상고를 기각하였다. 대법원은 원심판결의 당부에 대해 다음과 같이 판단하였다. (가) 원심은 갑에게 ㉢파일성형설비에 대한 불법영득의사 및 공무상비밀표시무효죄의 범의를 인정하였다. (나) 원심은 이어 갑이 공장근저당권이 설정된 ㉡선반기계 등을 이중담보로 제공하기 위하여 이를 다른 장소로 옮긴 사실을 인정하였다. (다) 원심은 이는 공장저당권의 행사가 방해가 될 우려가 있는 행위로서 권리행사방해죄에 해당한다고 각 판단하였다. (라) 기록에 대조하여 살펴보면, 원심의 위 인정판단은 그대로 수긍이 되고, 거기에 소론과같은 사실오인 또는 권리행사방해죄의 성립에 관한 법리오해 등의 위법이 있다고 할 수 없다.

3) 2020. 9. 24. 2020도9801, [미간행] = 『경락부동산 전자열쇠 교체 사건』.

물건에 대하여 점유를 수반하지 아니하는 채권도 이에 포함된다"고 판시하고 있다.[1] 이에 대해 일부 판례는 단순히 채권적 사용관계에 불과한 경우는 포함되지 않는다는 입장을 취하고 있다.[2]

생각건대 권리행사방해죄가 절도죄 또는 손괴죄에 대응하는 범죄유형이라는 점과 민사사건이 형사사건화하는 폐해를 방지해야 한다는 점에 비추어 볼 때 물건의 점유를 수반하지 아니하는 채권을 권리행사방해죄의 객체에 포함시키는 것은 바람직하지 않다고 본다. 2014년 대법원은 차용금 채무를 담보하기 위하여 대물변제예약 형태로 제공된 부동산을 채무자가 임의처분한 행위에 대해 배임죄를 인정하던 종전 판례를 폐기하고 배임죄 불성립의 입장으로 선회하였다.[3] 동일한 문제의식은 권리행사방해죄의 권리를 해석할 때에도 일관되게 유지되어야 한다고 본다.

2. 실행행위

(1) 실행행위의 특징

권리행사방해죄의 실행행위는 권리행사방해죄의 객체가 된 물건이(특수매체기록 포함)을 취거, 은닉 또는 손괴하여 타인의 권리행사를 방해하는 것이다. 앞에서도 살펴본 바와 같이 우리 형법의 권리행사방해죄는 일본 개정형법가안에서 유래한 것으로서,[4] 일본 형법의 절도죄 및 손괴죄가 자기소유 물건을 타인소유 물건으로 간주하여 동일하게 처벌하는 문제점을 입법적으로 극복하기 위하여 마련된 범죄유형이다. 따라서 권리행사방해죄의 취거는 절

---

1) 1991. 4. 26. 90도1958, 공 1991, 1565 = 분석 각론『원목 불인도 사건』.

2) 1971. 6. 29. 71도926, 집 19②, 형46 =『변소 사용중지 사건』:

㉠변소는 갑의 선대 A가 건립한 것으로 갑이 물려받아 갑의 소유에 속한다. 6 · 25 당시에 피난민들이 이웃에 많이 거주하면서 변소가 없어 변소를 같이 사용할 것을 간청하였다. 갑의 선대 A는 그 편의를 보아주는 의미에서 ㉠변소를 같이 사용할 것을 허락해 주었다. 그 결과 ㉠변소는 피난민들이 같이 사용하여 온 것으로 사용자들이 약 6년 전에 그들의 비용으로 보수를 하였다. 갑은 B 등 사용자들에게 ㉠변소의 사용중지를 통고한 후 ㉠변소를 부수어버렸다.

검사는 갑을 다음의 공소사실로 기소하였다. (가) 주위적 공소사실 : 권리행사방해죄. (나) 예비적 공소사실 : 손괴죄. 갑의 피고사건은 제1심을 거친 후, 항소심에 계속되었다. 항소법원은 다음과 같이 판단하였다. (가) 주위적 공소사실 : 권리행사방해죄 무죄. (나) 예비적 공소사실 : 손괴죄 무죄. 검사는 불복 상고하였다.

대법원은 다음의 이유를 제시하여 상고를 기각하였다. (가) ㉠변소 사용권은 점유권이라기보다 채권적인 사용관계라고 보인다. (나) 갑이 ㉠변소 사용자들에게 변소의 사용중지를 통고한 후 ㉠변소를 손괴하였다고 하더라도 권리행사방해죄가 성립될 수 없다. (다) ㉠변소의 소유권이 갑에게 있는 이상 손괴죄도 성립되지 않는다.

3) 2014. 8. 21. 2014도3363 전원합의체 판결, 공 2014하, 1923 =『상속유증분 대물변제예약 사건』.

4) 전술 941면 참조.

도죄의 절취에,[1] 은닉 · 손괴는 손괴죄의 은닉 · 손괴에 각각 대응한다.[2]

(2) 취 거

타인의 점유 또는 권리의 목적이 된 자기의 물건을 그 점유자의 의사에 반하여 그 점유자의 점유로부터 자기 또는 제3자의 점유로 옮기는 것을 말한다. 점유자의 의사에 기하여 점유가 이전된 경우(횡령에 대응)나 점유자의 하자 있는 의사에 기하여 점유가 이전된 경우(사기 · 공갈에 대응)는 취거에 해당하지 않는다.[3]

권리행사방해죄에서 취거는 절도죄에서의 절취에 대응하는 개념이다. 절도죄는 타인소유의 재물에 대하여 불법영득의 의사를 가지고 행해진다는 점에서 자기소유의 물건을 객체로 하는 권리행사방해죄와 구별된다. 권리행사방해죄의 경우에는 취거시에 불법영득의사를 요하지 않는다.[4] 목적물이 자기소유에 속하기 때문에 행위자에게 타인의 소유권을 배제한다는 불법영득의사를 상정할 수 없다.

(3) 은닉과 손괴

권리행사방해죄에서 은닉과 손괴의 개념은 손괴죄(법366)의 은닉 · 손괴에 대응한다.

은닉은 타인의 점유 또는 권리의 목적이 된 자기소유 물건의 소재를 발견하기 불가능하게 하거나 또는 현저히 곤란한 상태에 두는 것을 말한다. 그로 인하여 권리행사가 방해될 우려가 있는 상태에 이르면 권리행사방해죄가 성립하고 현실로 권리행사가 방해되었을 것까지 필요로 하는 것은 아니다.[5]

---

1) 절도죄의 절취에 대해서는, 후술 1038면 이하 참조.

2) 손괴죄의 은닉, 손괴에 대해서는, 후술 1521면 이하 참조.

3) 1988. 2. 23. 87도1952, 공 1988, 621 =『맥콜 반환서 사건』.

4) 절도죄의 불법영득의사에 대해서는, 후술 1010면 이하 참조.

5) 2017. 5. 17. 2017도2230, 공 2017상, 1333 =『렌트카 직권말소 사건』:

자동차등록제도를 악용한 다음 형태의 범법행위가 있다. (저자가 임의로 정리함.) 갑은 을과 공모하여 P렌트카 회사를 설립한다. 갑은 P회사의 대표자이다. 을은 차량 구매업무를 담당한다. ㉠차량은 A가 Q회사로부터 대출을 받아 구입한 것이다. ㉠자동차 등록원부에는 Q회사의 ㉡저당권이 기재되어 있다. 을은 A로부터 ㉠자동차를 매입한다. ㉠자동차의 매입가는 ㉡저당권 해당 금액을 제외한 헐값이다. ㉠자동차에 대한 등록원부에는 소유자 P회사, 저당권자 Q회사로 기재된다.

㉠차량의 매입은 순전히 저당권등록의 말소를 목적으로 한 것이다. ㉠차량이 P회사 명의로 등록되면 다음 형태 가운데 하나로 처리된다. (가) ㉠차량을 새로운 구매자 B에게 처분 · 인도한다. (나) ㉠차량을 지입차주 C에게 처분 · 인도한다. (다) ㉠차량을 처음부터 인도받지 않고 최초 구매자 A가 보유하게 한다.

이후 P회사는 자동차대여사업자등록에 필요한 요건사항을 의도적으로 갖추지 않는다. 관계 당국은 P회사에 대한 자동차대여사업자등록을 취소한다. ㉠차량을 포함한 P회사 등록 차량들에 대해 ㉢직권 등록말소절차가 진행된다. ㉠차량에 대한 ㉢직권 등록말소절차는 저당권자인 Q회사에 통보된다. Q회사는 ㉠차량에 대해 손괴는 물건(특수매체기록 포함)의 전부 또는 일부에 유형력을 가하여 물리적인 훼손을 일으킴으로써 원래의 효용을 멸실시키거나 감소시키는 것을 말한다.

손괴죄(법366)의 경우에는 은닉, 손괴 이외에 '기타 방법으로 효용을 해하는 행위'까지 실행행위의 유형에 포함되고 있다. 그러나 권리행사방해죄(법323)의 경우에는 은닉과 손괴로 실행행위가 한정되어 있다. 권리행사방해죄의 객체가 자기소유의 물건이라는 점을 감안하여 행위태양을 제한한 결과라고 생각된다.

(4) 권리행사의 방해

형법 제323조는 권리행사방해죄의 실행행위와 관련하여 취거 · 은닉 · 손괴를 규정하는 외에 '타인의 권리행사를 방해한 자'라는 표지를 추가하고 있다. '권리행사 방해'를 내용으로 하는 강요죄(법324의5 참조)의 경우와 달리 형법 제323조의 권리행사방해죄는 미수범을 처벌하지 않는다. 타인의 권리행사를 방해한다는 표지와 관련하여 실해발생이 요구되는지 문제된다.

이 문제에 대해 판례는 목적물을 취거, 은닉 또는 손괴하는 등 타인의 권리행사에 관하여 방해의 결과를 발생하게 할 우려 있는 행위를 함으로써 권리행사방해죄가 성립하고 현실적으로 방해의 결과를 발생하는 것을 요하지 않는다는 태도를 취하고 있다.[1] 판례는 그 이

강제집행을 시도한다. ㉠차량은 A, B, C 등이 운행중이다. ㉠차량의 소재를 파악하지 못하여 Q회사의 강제집행 시도는 실패로 돌아간다. ㉠차량의 등록은 직권말소된다. 이후 직권말소된 ㉠차량의 구번호판이 반납된다. ㉠차량은 공부상 ㉡저당권 등록이 소멸된 새로운 번호로 신규등록된다. A, B, C 등은 ㉠차량을 저당권 부담 없는 정상 차량으로 운행한다.

검사는 갑과 을을 권리행사방해죄로 기소하였다. 갑과 을의 피고사건은 제1심을 거친 후, 항소심에 계속되었다. 항소법원은 ㉠차량의 저당권 등록이 말소되게 하였다는 사정만으로 ㉠차량을 '은닉'하였다고 단정할 수는 없다는 이유로 무죄를 선고하였다. 검사는 불복 상고하였다.

대법원은 다음의 이유를 제시하여 원심판결을 파기환송하였다. 대법원은 권리행사방해죄의 성립시점에 대해 다음과 같이 설시하였다. (가) [권리행사방해죄에서] '은닉'이란 타인의 점유 또는 권리의 목적이 된 자기 물건 등의 소재를 발견하기 불가능하게 하거나 또는 현저히 곤란한 상태에 두는 것을 말한다. (나) 그로 인하여 권리행사가 방해될 우려가 있는 상태에 이르면 권리행사방해죄가 성립한다. (다) 현실로 권리행사가 방해되었을 것까지 필요로 하는 것은 아니다.

대법원은 갑과 을의 행위에 대해 다음과 같이 판단하였다. (가) (사실관계 분석; 생략함) (나) 갑과 을은 처음부터 자동차대여사업자에 대한 등록취소 및 자동차등록 직권말소절차의 허점을 이용하여 권리행사를 방해할 목적으로 이 사건 범행을 모의하였다. (다) 갑과 을은 렌트카 사업자등록만 하였을 뿐 실제로는 그 영업을 하지 않았다. (라) 그러함에도 불구하고 차량 구입자들 또는 지입차주들로 하여금 차량을 관리 · 처분하도록 함으로써 그 차량들의 소재를 파악할 수 없게 하였다. (마) 나아가 자동차대여사업자등록이 취소되어 그 차량들에 대한 저당권등록마저 직권말소되도록 하였다. (바) 이러한 행위는 그 자체로 저당권자로 하여금 자동차등록원부에 기초하여 저당권의 목적이 된 자동차의 소재를 파악하는 것을 현저하게 곤란하게 하거나 불가능하게 하는 행위에 해당한다.

1) 2017. 5. 17. 2017도2230, 공 2017상, 1333 = 『렌트카 직권말소 사건』.

유로 권리행사방해죄가 사람들의 경제적 방면에서의 안전을 보호하는 것을 목적으로 하고 있다는 점을 들고 있다.[1)]

생각건대 판례의 태도가 타당하다고 본다. 권리행사방해죄는 자기소유 물건에 대한 범죄로서 타인의 소유권을 침해하지 않는다. 앞에서 살펴본 바와 같이 애당초 권리행사방해죄는 일본 형법상 자기소유 물건에 대한 절도죄 또는 손괴죄의 법정형을 완화하기 위하여 마련된 범죄유형이다.

형법은 절도죄 및 손괴죄의 경우에 미수범을 처벌하면서(법342, 371), 권리행사방해죄의 경우에는 미수범 처벌규정을 두고 있지 않다(법324의5 참조). 이러한 상황에서 권리행사가 현실적으로 방해될 것을 요구한다면 권리행사방해죄의 적용범위가 지나치게 좁아져서 원래의 입법취지에서 벗어나는 결과를 초래할 수 있다. 결론적으로 권리행사방해의 실해발생을 요하지 않는 판례의 태도가 타당하다고 본다.

3. 친족상도례

권리행사방해죄의 경우에는 친족상도례의 특례가 인정된다(법328). 친족상도례란 범인과 피해자 사이에 일정한 친족관계가 있을 때 형을 면제하거나 피해자의 고소를 기다려서 처벌하도록 하는 특례규정이다.

우리 입법자는 조문순서상 친족상도례의 특례가 처음으로 등장하는 형법 제328조에서 친족상도례의 내용을 규정한 다음에 이를 절도죄(법344), 사기죄 및 공갈죄(법354), 횡령죄 및 배임죄(법361), 장물죄(법365①)에 각각 준용하고 있다. 그러나 손괴죄에 대해서는 친족상도례 준용규정을 두고 있지 않다.

친족상도례의 특례는 범행 당시 범인과 피해자 사이에 일정한 친족관계가 있을 때 인정된다. 권리행사방해죄의 피해자는 범인 소유의 목적물에 대해 점유 또는 권리를 가지고 있는 사람이다. 범행 당시 범인과 점유자 · 권리자 사이에 일정한 친족관계가 존재해야 친족상도

---

1) 1960. 9. 14. 4292형상537, 총람 323조 1번 =『가압류 창고 철거 사건』:

㉠공장은 갑의 소유이다. ㉠공장이 채권자 A에 의해 가압류되어 그 등기까지 완료되었다. 갑은 공장시설을 확장한다는 구실하에 ㉠공장 내의 ㉡창고를 파괴 · 철거하였다.

검사는 갑을 권리행사방해죄로 기소하였다. [갑의 피고사건은 제1심을 거친 후, 항소심에 계속되었다. 항소법원은 유죄를 인정하였다. 갑은 불복 상고하였다.]

대법원은 다음의 이유를 제시하여 상고를 기각하였다. (가) 권리행사방해죄는 타인의 권리행사에 관하여 방해의 결과를 발생케 할 우려 있는 행위를 함으로써 성립하고 현실로 방해의 결과를 발생케 하였음을 필요로 하지 않는다. (나) 형법 제323조는 우리들의 경제적 방면에 있어서의 안전을 보호하는 것을 목적으로 한다. (다) 가압류된 건물의 소유자가 채권자의 승낙도 없이 자의로 그 건물을 파괴, 철거함은 권리의 목적이 된 자기의 물건을 손괴하여 타인의 권리행사를 방해하였다고 아니할 수 없다.

례의 특례가 인정된다.

여러 사람의 권리의 목적이 된 자기의 물건을 취거, 은닉 또는 손괴함으로써 그 여러 사람의 권리행사를 방해하였다면 권리자별로 각각 권리행사방해죄가 성립한다. 이 경우 각 죄는 서로 상상적 경합범의 관계에 있다.[1] 형법 제328조 제1항은 "직계혈족, 배우자, 동거친

1) 2022. 5. 12. 2021도16876, [미간행] = 『유류분 건물 철거 사건』:

서울 강남구에 고가의 M건물이 있다. M건물은 C의 소유이다. C가 사망하였다. C의 유언에 의해 갑과 을이 M건물의 지분을 2분의 1씩 공동소유하게 되었다. D는 갑에 대해 동거하지 않는 친족관계에 있다(제2항 친족). D는 을에 대해 동거하지 않는 친족관계에 있다(제2항 친족). E는 갑에 대해 직계혈족 관계에 있다(제1항 친족). E는 을에 대해 배우자의 직계혈족 관계에 있다(제1항 친족). D와 E는 함께 갑과 을에 대하여 각각 유류분반환청구의 소를 제기하였다. 유류분반환청구의 소의 구체적인 내용은 다음과 같다. (가) D의 갑에 대한 유류분환환청구의 소(1억 6천만원; ⓐ권리). (나) D의 을에 대한 유류분환환청구의 소(4천 8백만원; ⓑ권리). (다) E의 갑에 대한 유류분반환청구의 소(2억 4천만원; ⓒ권리). (라) E의 을에 대한 유류분반환청구의 소(7천만원; ⓓ권리).

2020. 4. 7. D, E는 갑과 을을 상대로 ⓐ, ⓑ, ⓒ, ⓓ유류분반환채권을 피보전채권으로 하여 관할법원으로부터 M건물에 대한 가압류결정을 받았다. 2020. 4. 7. D, E은 M건물에 대한 가압류등기를 마쳤다. 2020. 5. 1. 갑과 을은 M건물의 철거와 신축허가를 받는 과정에서 서울 강남구 소속 공무원으로부터 M건물에 가압류가 설정되어 있다는 사실을 고지받았다. 2020. 5. 6. 갑과 을은 M건물에 대한 부동산가압류 결정정본을 송달받았다. 2020. 5. 5.부터 2020. 5. 23.까지 갑과 을은 공모하여 D, E의 ⓐ, ⓑ, ⓒ, ⓓ권리의 목적이 된 M건물을 철거하였다. D, E는 함께 갑과 을을 고소하였다.

검사는 갑과 을을 권리행사방해죄로 기소하였다. 제1심법원은 공소사실 전부(ⓐ, ⓑ, ⓒ, ⓓ권리 침해)를 유죄로 인정하였다. 제1심법원은 다음과 같이 선고하였다. (가) 갑 : 벌금 300만원. (나) 을 : (벌금 300만원) 선고유예. 제1심법원은 친족상도례의 적용과 관련하여 다음과 같이 판단하였다. (가) 권리행사방해죄에 있어서 친족상도례에 관한 규정은 행위자가 권리자들 모두와 친족관계가 있어 형의 면제를 선고할 수 있는 경우에 적용된다. (나) 행위자가 일부 권리자와 사이에 친족상도례 규정을 적용할 수 없어 형의 면제를 선고할 수 없는 경우에는 친족상도례 규정의 적용이 없다. (다) 갑과 을은 D와 동거하지 않는 친족관계(제2항 친족)에 있고 D가 고소를 하였다. (라) 그러므로 갑 · 을과 D 사이에 친족상도례 규정을 적용할 수 없다(ⓐ, ⓑ권리침해 부분). (마) D 부분에 친족상도례 규정의 적용이 없으므로 E 부분에 한하여 형의 면제를 선고할 수는 없다(ⓒ, ⓓ권리침해 부분). 갑을 불복 항소하였다. 을은 항소하지 않았다. 검사는 양형부당을 이유로 제1심판결 전부에 불복하여 항소하였다.

항소법원은 갑과 을의 공소사실 전부를 유죄로 인정하였다. 항소법원은 친족상도례 규정의 적용 여부에 대해 다음과 같이 판단하였다. (가) 직계혈족, 배우자, 동거친족, 동거가족 또는 그 배우자간의 권리행사방해의 죄는 그 형을 면제한다(형법 제328조 제1항). (나) 수인의 권리자들 사이에 (ㄱ) 권리가 불가분관계(합유관계)에 있다거나, (ㄴ) 하나의 권리가 침해됨으로 인하여 다른 권리도 침해되는 경우(하나의 재물에 대한 점유자와 소유자가 따로 있는 경우)가 있다. (다) 이러한 경우에는 피고인이 권리자들 모두와 친족관계에 있어 형의 면제를 선고할 수 있는 경우에만 위 친족간 범행 규정을 적용하여 형의 면제를 선고할 수 있다. (라) 그러나 권리자들의 권리가 가분관계에 있는 경우가 있다. (마) 이러한 경우에는 권리자들은 개별적으로 권리를 행사할 수 있다. (바) 그러므로 권리자들이 함께 고소하였다는 우연한 사정만으로 형 면제 선고를 할 수 없다고 보는 것은 불합리하다. (사) 이러한 경우에는 권리자마다 개별적으로 위 친족간 범행 규정을 적용하여 형의 면제를 선고할 수 있다고 봄이 타당하다.

항소법원은 갑과 을에 대한 친족상도례 규정의 적용 여부에 대해 다음과 같이 판단하였다. (가) D, E의 유류분반환채권은 가분채권에 해당되고, 하나의 권리가 침해됨으로 인하여 다른 권리도 침해되는 경우에 해당

족, 동거가족 또는 그 배우자간의 제323조의 죄는 그 형을 면제한다."라고 정하고 있다. 이 조항에 따른 형면제 요건에 해당하는지는 각 죄마다 살펴보아야 한다.[1)]

예컨대 여러 명의 유류분권리자(D, E)가 각자의 유류분반환청구권을 보전하기 위하여 건물에 대한 가압류결정을 받아 가압류등기가 마쳐진 경우, 그 건물은 유류분권리자들 각자의 유류분반환청구권 집행을 보전하기 위한 가압류의 목적이 된다. 이는 유류분권리자들이 가압류를 개별적으로 신청하였는지 공동으로 신청하였는지에 따라 다르지 않다.[2)] 따라서 건물을 공동소유하고 있는 사람(갑, 을)들이 철거의 방식으로 그 건물을 손괴하였다면 각각의 소유자와 권리자 별로(갑-D, 갑-E, 을-D, 을-E) 친족상도례 규정의 적용 여부를 판단해야 한다.[3)] 친족상도례의 구체적인 내용은 재산죄의 항목에서 설명하기로 한다.[4)]

되지 않는다. (나) D, E가 함께 고소하고, 함께 가압류하였다는 사정만으로, 따로 고소하고 따로 가압류하였을 경우와 달리 취급할 합리적인 이유가 없다. (다) 갑에 대해서는 직계혈족인 E에 대한 권리행사방해의 점(ⓒ권리침해 부분)은 형법 제328조 제1항에 따라 형을 면제해야 한다. (라) 을에 대해서는 배우자의 직계혈족인 E에 대한 권리행사방해의 점(ⓓ권리침해 부분)은 형법 제328조 제1항에 따라 형을 면제해야 한다. 항소법원은 제1심판결을 파기하고 다음과 같이 선고하였다. (가) 갑 : 벌금 300만원. (나) 을 : (벌금 100만원) 선고유예. 검사는 항소심판결에 불복하여 상고하였다. 검사는 상고이유로, 친족상도례에 관한 법리오해의 위법이 있다고 주장하였다.

대법원은 다음의 이유를 제시하여 상고를 기각하였다. 대법원은 하나의 물건이 여러 사람의 권리의 목적이 된 경우 권리행사방해죄의 성립범위에 대해 다음과 같이 설시하였다. (가) 여러 사람의 권리의 목적이 된 자기의 물건을 취거, 은닉 또는 손괴함으로써 그 여러 사람의 권리행사를 방해하였다면 권리자별로 각각 권리행사방해죄가 성립한다. (나) 이 경우 각 죄는 서로 상상적 경합범의 관계에 있다. (다) 여러 명의 유류분권리자가 각자의 유류분반환청구권을 보전하기 위하여 부동산에 대한 가압류결정을 받아 가압류등기가 마쳐진 경우, 위 부동산은 유류분권리자들 각자의 유류분반환청구권 집행을 보전하기 위한 가압류의 목적이 된다. (라) 이는 유류분권리자들이 가압류를 개별적으로 신청하였는지 공동으로 신청하였는지에 따라 다르지 않다.

대법원은 친족상도례 규정의 적용 기준에 대해 다음과 같이 설시하였다. (가) 형법 제328조 제1항은 "직계혈족, 배우자, 동거친족, 동거가족 또는 그 배우자간의 제323조의 죄는 그 형을 면제한다."라고 정하고 있다. (나) 위 조항에 따른 형면제 요건에 해당하는지는 각 죄마다 살펴보아야 한다.

대법원은 다음과 같이 판단한 원심판결을 그대로 유지하였다. (가) 갑과 을에 대한 공소사실은 모두 유죄로 인정된다. (나) 그중 E에 대한 권리행사방해 부분(ⓒ, ⓓ권리침해)은 친족 사이의 범행에 해당한다. (다) 공소사실 전부에 관하여 하나의 형을 정하거나 그 형의 선고를 유예한 제1심판결을 파기한다. (라) D에 대한 권리행사방해 부분(ⓐ, ⓑ권리침해)에 관하여만 형을 정하거나 그 형의 선고를 유예한다. (마) E에 대한 권리행사방해 부분(ⓒ, ⓓ권리침해)에 관하여는 형법 제328조 제1항을 적용하여 형을 면제한다.

1) 2022. 5. 12. 2021도16876, [미간행] =『유류분 건물 철거 사건』.
2) 2022. 5. 12. 2021도16876, [미간행] =『유류분 건물 철거 사건』.
3) 2022. 5. 12. 2021도16876, [미간행] =『유류분 건물 철거 사건』.
4) 친족상도례의 내용에 대해서는, 후술 1026면 이하 참조.

제 3 권리행사방해죄의 특수유형

1. 점유강취죄

형법 제325조 (점유강취) ① 폭행 또는 협박으로 타인의 점유에 속하는 자기의 물건을 강취(强取)한 자는 7년 이하의 징역 또는 10년 이하의 자격정지에 처한다.

◎ 미수범 처벌함(법325③)
◎ 중점유강취죄 가중처벌함(법326)

형법 제325조 제1항은 점유강취죄를 규정하고 있다. 자기소유 물건을 객체로 한다는 점을 제외하면 점유강취죄는 강도죄(법333)에 대응한다. 자기소유의 물건을 객체로 하고 있으므로 불법영득의사는 필요하지 않다. 강도죄의 경우에는 '재산상의 이익'도 객체에 포함되고 있으나 점유강취죄의 경우에는 '물건'만 행위객체로 규정되어 있다. 특수매체기록은 물건에 당연히 포함된다.

형법 제325조 제1항이 규정한 점유강취죄는 자기소유의 물건을 객체로 한다는 점에서 형법 제323조의 권리행사방해죄와 공통점을 갖는다. 그러나 다음의 점에서 몇 가지 차이가 있다. (가) 권리행사방해죄의 경우에는 타인의 '점유'의 목적이 된 물건 이외에 타인의 '권리'의 목적이 된 물건도 객체에 포함된다. 그러나 점유강취죄의 경우에는 타인의 '점유'의 목적이 된 물건만 객체에 포함된다. (나) 권리행사방해죄는 미수범을 처벌하지 않으나 점유강취죄는 미수범까지 처벌한다(법325③). (다) 권리행사방해죄의 경우에는 친족상도례의 특례가 적용되지만(법328) 점유강취죄의 경우에는 강도죄와 마찬가지로 친족상도례의 특례가 인정되지 않는다.

점유강취죄(법325①)는 폭행 또는 협박으로 타인의 점유에 속하는 자기의 물건을 강취한 경우에 성립한다. 점유강취죄는 강도죄에 상응하는 구조를 가지고 있다. 불법영득의사의 점을 제외하면, 폭행 · 협박의 개념 및 정도는 강도죄의 그것과 같다.[1)]

2. 준점유강취죄

형법 제325조 (준점유강취) ② 타인의 점유에 속하는 자기의 물건을 취거(取去)하는 과정에서 그 물건의 탈환에 항거하거나 체포를 면탈하거나 범죄의 흔적을 인멸할 목적으로 폭행 또는 협박한

1) 후술 1082면 이하 참조.

때에도 제1항의 형에 처한다.

◎ 미수범 처벌함(법325③)
◎ 중준점유강취죄 가중처벌함(법326)

형법 제325조 제2항은 준점유강취죄를 규정하고 있다. 자기소유 물건을 객체로 한다는 점을 제외하면 준점유강취죄는 준강도죄(법335)에 대응한다. 자기소유의 물건을 객체로 하고 있으므로 불법영득의사는 필요하지 않다.

형법 제325조 제2항이 규정한 준점유강취죄는 자기소유의 물건을 객체로 한다는 점에서 형법 제323조의 권리행사방해죄와 공통점을 갖는다. 그러나 양자는 앞의 점유강취죄의 경우와 마찬가지로 여러 가지 차이점을 나타내고 있다.

준점유강취죄는 타인의 점유에 속하는 자기의 물건을 취거함에 당하여 그 탈환을 항거하거나 체포를 면탈하거나 범죄의 흔적을 인멸할 목적으로 폭행 또는 협박을 한 경우에 성립한다. 준점유강취죄는 준강도죄(법335)에 상응하는 구조를 가지고 있다. 불법영득의사의 점을 제외하면, 폭행 · 협박의 개념 및 정도는 준강도죄의 그것과 같다.[1] 탈환을 항거하거나 체포를 면탈하거나 범죄의 흔적을 인멸할 목적 또한 준강도죄의 그것과 같다.[2]

3. 중권리행사방해죄

형법 제326조 (중권리행사방해) 제324조 또는 제325조의 죄를 범하여 사람의 생명에 대한 위험을 발생하게 한 자는 10년 이하의 징역에 처한다.

형법 제326조는 중권리행사방해죄와 중강요죄를 규정하고 있다. 이 가운데 중권리행사방해죄는 점유강취죄(법325①), 준점유강취죄(법325②)에 대한 가중적 범죄유형이다. 점유강취죄와 준점유강취죄는 폭행 · 협박을 수단으로 한다는 점에서 공통된다. 형법 제326조는 폭행 · 협박을 수단으로 사용하는 과정에서 사람의 생명에 대한 위험을 발생하게 하는 경우를 가중처벌하기 위한 규정이다.

중상해죄(법258①)의 항목에서 설명한 바와 같이[3] '사람의 생명에 대한 위험발생'을 구성요건요소로 하는 중권리행사방해죄는 결과적 가중범이다. 사람이 상해로부터 사망에 이르는 과정을 생각해 보면, 단순한 상해, 불구 · 불치의 상해, 치명상에 가깝지만 목숨을 건진 상

---

1) 후술 1096면 이하 참조.
2) 후술 1099면 이하 참조.
3) 전술 637면 이하 참조.

해, 치명상으로서 목숨을 잃게 한 상해로 각 단계를 나눌 수 있다. 이 가운데 '사람의 생명에 대한 위험발생'은 치명상에 가깝지만 목숨을 건진 상해의 단계를 가리킨다. 사람의 생명에 대한 위험발생의 유무는 의학적 견지에서 판단되고 증명되어야 할 것이다.

제 4 강요죄의 기본유형 – 강요죄

형법 제324조 (강요) ① 폭행 또는 협박으로 사람의 권리행사를 방해하거나 의무 없는 일을 하게 한 자는 5년 이하의 징역 또는 3천만원 이하의 벌금에 처한다.

◎ 미수범 처벌함(법324의5)
◎ 특수강요죄 가중처벌함(법324②)
◎ 중강요죄 가중처벌함(법326)
◎ 폭력행위처벌법 적용대상임(동법2② ii)

1. 조문의 구조

(1) 협박죄와의 관계

강요죄는 폭행 또는 협박으로 사람의 권리행사를 방해하거나 의무 없는 일을 하게 한 경우에 성립하는 범죄이다. 강요죄는 사람의 자유를 침해하는 행위에 대한 형벌규정이다.[1] 강요죄는 그 성질상 사람의 자유를 보호하는 협박죄(법283)와 밀접한 관계를 가지고 있다. 협박죄의 보호법익은 사람의 의사결정의 자유이다. 이에 대하여 강요죄의 보호법익은 사람의 의사실행(행동결정)의 자유이다.

우리 입법자는 협박죄와 강요죄를 분리하여 각각 별도의 장에 규정하고 있다. 강요죄를 별도로 규정한 것은 강요죄가 협박 이외에 폭행까지 행위수단에 포함시키고 있기 때문이다. 2016년 형법 일부개정에 의하여 강요죄의 법정형에 벌금형이 추가되었고(법324①), 특수강요죄(법324②)가 신설되었다.

(2) 특별법

입법자가 특별법을 통해 특수한 형태의 강요죄를 규정하는 경우가 있다. 「특정범죄 가중처벌 등에 관한 법률」은 자기 또는 타인의 형사사건의 수사 또는 재판과 관련하여 필요한 사실을 알고 있는 사람 또는 그 친족에게 정당한 사유 없이 면담을 강요하거나 위력을 행사한

---

1) 1974. 5. 14. 73도2578, 공 1974, 7864 = 분석 각론 『진술서 강요 사건』.

사람을 3년 이하의 징역 또는 300만원 이하의 벌금으로 처벌하고 있다(동법5의9④). 「아동·청소년의 성보호에 관한 법률」은 폭행이나 협박으로 아동·청소년대상 성범죄의 피해자 또는 「아동복지법」 제3조 제3호에 따른 보호자를 상대로 합의를 강요한 자를 7년 이하의 유기징역으로 처벌하고 있다(아청법16).

2. 행위주체

강요죄의 주체에 제한은 없다. 공무원이 직권을 남용하여 사람으로 하여금 의무 없는 일을 하게 하거나 사람의 권리행사를 방해한 때에는 직권남용죄(법123; 5년 이하의 징역, 10년 이하의 자격정지 또는 1천만원 이하의 벌금)가 성립한다. 그러나 공무원이 폭행 또는 협박을 수단으로 사람으로 하여금 의무 없는 일을 하게 하거나 권리행사를 방해한 때에는 일반인과 마찬가지로 강요죄(법324①; 5년 이하의 징역 또는 3천만원 이하의 벌금)가 성립한다.[1] 폭행·협박을 남용의 전제가 되는 '직권'의 행사로 볼 수 없기 때문이다. 직권남용죄(법123)의 경우에는 미수범 처벌규정이 없다. 이에 대해 강요죄의 경우에는 미수범이 처벌된다(법324의5).

3. 행위객체

(1) 강요죄의 상대방

강요죄의 객체는 사람이다. 사람은 범인 이외의 다른 사람을 말한다. 강요죄의 객체인 사람의 범위와 관련하여 자연인으로 한정하는 견해와 자연인 이외에 법인이나 법인격 없는 단체까지 확장하는 견해가 있다.

판례는 (가) 협박죄의 객체를 자연인으로 한정하면서도, (나) 피해자 본인과 제3자가 밀접한 관계에 있어 제3자에 대한 해악의 고지가 피해자 본인에게 공포심을 일으킬 만한 정도의 것이라면 협박죄가 성립할 수 있으며, (다) 이 경우 제3자에는 자연인뿐만 아니라 법인도 포함된다는 입장을 취하고 있다.[2]

판례의 입장은 강요죄의 경우에도 그대로 적용될 수 있다고 본다. 즉 강요죄의 행위객체는 자연인이지만 자연인과 법인 사이에 밀접한 관계가 인정되는 경우에는 법인에 대한 해악의 고지가 자연인을 상대로 하는 강요행위에 해당할 수 있다.[3] 따라서 강요죄의 객체를 자연인으로 한정할 것인지 법인을 포함할 것인지에 대한 논쟁의 실익은 크게 감소되었다고 생각된다.

---

1) 2006. 4. 27. 2003도4151, 공 2006, 975 = 백선 총론 『얼차려 상사 사건』.
2) 2010. 7. 15. 2010도1017, 공 2010하, 1610 = 분석 각론 『추심업체 지사장 사건』.
3) 2013. 4. 11. 2010도13774, 공 2013상, 895 = 분석 각론 『팝업창 사과 사건』.

강요죄의 행위객체는 자연인이다. 의사능력을 가지고 있는 사람이면 모두 강요죄의 객체가 될 수 있다. 정신병자나 어린아이라 할지라도 의사능력을 가지고 있는 상황에서는 강요죄의 상대방이 될 수 있다.

(2) 강요죄의 피해자

강요죄는 결과범이다. 권리행사를 방해하거나 의무 없는 일을 하게 한다는 결과발생이 구성요건의 일부를 이룬다. 권리행사가 방해되거나 의무 없는 일을 하게 된 자는 강요죄의 피해자이다. 피해자에는 자연인 이외에 법인 또는 법인격 없는 단체가 포함된다.

폭행·협박의 상대방이 된 사람과 권리행사가 방해되거나 의무 없는 일을 하게 된 사람이 반드시 일치할 필요는 없다. 양자가 불일치하는 상황에서는 폭행·협박의 상대방이 된 사람도 강요죄의 피해자에 포함된다. 피해자는 고소권을 가지며(형소법223), 검사의 불기소처분에 대해 재정신청을 할 수 있다(형소법260①).

4. 실행행위

(1) 폭 행

(가) 폭행의 정도 강요죄의 수단인 폭행은 사람에 대한 유형력의 행사를 말한다. 강요죄의 폭행은 광의의 폭행을 의미한다. 사람에 대하여 가해지면 족하고 폭행죄(법260①)의 폭행과 같이 반드시 사람의 신체에 대하여 가해질 필요는 없다. 그러나 상대방의 반항을 억압할 정도에 이르러야 하는 것은 아니다.

강요죄의 폭행은 사람에 대한 직접적인 유형력의 행사뿐만 아니라 간접적인 유형력의 행사도 포함하며, 반드시 사람의 신체에 대한 것에 한정되지 않는다.[1] 사람에 대한 간접적

---

1) 2021. 11. 25. 2018도1346, 공 2022상, 130 = 『'U'자 도로 대문 앞 주차 사건』:

갑은 M도로를 소유하고 있다. M도로는 영문 알파벳 'U'자 모양의 도로이다. M도로를 따라 양측에 30여 개의 대지와 그 지상 주택이 있다. A는 M사건 도로에 접한 지상 주택을 소유하고 있다. A는 M도로 위에 구획된 주차선이나 자신의 주택 내부 주차장에 차량을 주차해 왔다. 갑은 A를 비롯한 M도로 인접 주택 소유자들에게 M도로 지분을 매입할 것을 요구하였다. A는 갑의 요구를 거부한 채 M도로 중 일부를 계속 주차공간으로 사용하였다. 갑은 을 소유의 ⓐ차량을 M도로 중 A 소유 주택 대문 앞에 주차하였다. 이 때문에 A 소유의 ⓑ차량은 A의 주택 내부의 주차장에 출입하지 못하였다.

검사는 갑을 강요죄로 기소하였다. 공소사실의 요지는 다음과 같다. "갑은 A를 폭행하여 차량 운행에 관한 권리행사를 방해하였다." 제1심법원은 공소사실을 유죄로 인정하였다. 갑은 불복 항소하였다. 항소법원은 항소를 기각하고, 제1심판결을 유지하였다. 갑은 불복 상고하였다.

대법원은 다음의 이유를 제시하여 원심판결을 파기환송하였다. 대법원은 강요죄에서 폭행의 의미에 대해 다음과 같이 설시하였다. (가) 강요죄는 폭행 또는 협박으로 사람의 권리행사를 방해하거나 의무 없는 일을 하게 하는 범죄이다(형법 제324조 제1항). (나) 여기에서 폭행은 사람에 대한 직접적인 유형력의 행사뿐만 아

인 유형력의 행사를 강요죄의 폭행으로 평가하기 위해서는 (가) 피고인이 유형력을 행사한 의도와 방법, (나) 피고인의 행위와 피해자의 근접성, (다) 유형력이 행사된 객체와 피해자의 관계 등을 종합적으로 고려해야 한다.[1)]

피고인이 피해자로 하여금 주차장을 이용하지 못하게 할 의도로 차량을 피해자 주택 대문 앞에 주차해 둔 것만으로는 강요죄가 성립하지 않는다. 주차 당시 피고인과 피해자 사이에 물리적 접촉이 있거나 피고인이 피해자에게 어떠한 유형력을 행사했다고 볼만한 사정이 없기 때문이다.[2)]

(나) 간접적 폭행 강요죄의 폭행은 간접적인 형태로도 가능하다. 상대방이 겁을 먹게 하도록 상대방과 일정한 관계에 있는 제3자에게 유형력을 행사하는 경우 또는 간접적으로 물건에 유형력을 행사하더라도 이를 통하여 상대방의 의사실행의 자유가 침해되는 경우에는 강요죄가 성립한다. 사람에 대한 간접폭행의 예로서는 맹인의 안내자에게 폭행을 가하여 맹인의 보행을 방해하는 경우를, 물건에 대한 간접폭행의 예로는 맹인의 지팡이를 빼앗아 맹인이 보행할 수 없게 하는 경우 등을 생각할 수 있다.

(다) 절대적 폭력과의 관계 강요죄의 폭행은 소위 심리적 폭력에 해당한다. 폭행(소위 거동에 의한 협박)으로 피해자에게 공포심을 일으키고 그로 인하여 하자 있는 의사에 기초하여 작위 또는 부작위를 하게 하기 때문이다. 이에 대해 절대적 폭력을 사용하는 경우에는 강요죄가 성립하지 않는다. 피해자를 완전히 기계적으로 행동하게 하는 데에 지나지 않기 때문이다.

강요죄의 폭행 · 협박으로 실현된 행위가 범죄에 해당하는 경우가 있다. 강요죄의 폭행 · 협박이 형법 제12조가 규정한 저항할 수 없는 폭력이나 방어할 방법이 없는 협박에 해당하는 경우 피강요자는 책임이 조각되어 처벌받지 않는다. 이 경우 강요자는 발생한 범죄(예컨대 살인죄)의 간접정범으로 처벌된다. 한편 강요자의 행위는 그 자체로 강요죄에 해당한다.

니라 간접적인 유형력의 행사도 포함하며, 반드시 사람의 신체에 대한 것에 한정되지 않는다. (다) 사람에 대한 간접적인 유형력의 행사를 강요죄의 폭행으로 평가하기 위해서는 (ㄱ) 피고인이 유형력을 행사한 의도와 방법, (ㄴ) 피고인의 행위와 피해자의 근접성, (ㄷ) 유형력이 행사된 객체와 피해자의 관계 등을 종합적으로 고려해야 한다.

대법원은 사실관계를 분석하였다. 대법원은 갑의 행위에 대해 다음과 같이 판단하였다. (가) 갑은 A로 하여금 주차장을 이용하지 못하게 할 의도로 을의 차량을 A의 주택 대문 앞에 주차하였다. (나) 그러나 주차 당시 갑과 A 사이에 사이에 물리적 접촉이 있거나 갑이 A에게 어떠한 유형력을 행사했다고 볼만한 사정이 없다. (다) 갑의 행위로 A에게 주택 외부에 있던 A의 차량을 주택 내부의 주차장에 출입시키지 못하는 불편이 발생하였다. (라) 그러나 A는 차량을 용법에 따라 정상적으로 사용할 수 있었다.

1) 2021. 11. 25. 2018도1346, 공 2022상, 130 = 『'U'자 도로 대문 앞 주차 사건』.

2) 2021. 11. 25. 2018도1346, 공 2022상, 130 = 『'U'자 도로 대문 앞 주차 사건』.

강요행위로 인하여 발생한 범죄와 강요죄는 상상적 경합관계에 있다고 생각된다. 따라서 강요자는 두 죄 가운데 무거운 죄에 정한 형으로 처벌되어야 할 것이다.[1]

(2) 협 박

(가) 협박의 정도 강요죄의 수단으로서 협박은 사람의 의사결정의 자유를 제한하거나 의사실행의 자유를 방해할 정도로 겁을 먹게 할 만한 해악을 고지하는 것을 말한다. 해악의 고지는 반드시 명시적인 방법이 아니더라도 말이나 행동을 통해서 상대방으로 하여금 어떠한 해악에 이르게 할 것이라는 인식을 갖게 하는 것이면 족하다.[2] 해악의 고지는 피해자

---

1) 형법 제12조의 강요된 행위와 강요죄의 관계에 대해서는, 신동운, 형법총론, 제14판, (2022), 476면 참조.

2) 2017. 10. 26. 2015도16696, 공 2017하, 2224 =『건설노조 협약서 사건』:

갑 등은 M노총 전국건설노조 충북건설기계지부 N지회 소속 노조원들이다(관련자들을 갑 등으로 통칭함). 충북 L하천 수해상습지 개선사업이 진행되고 있었다(㉠공사). A는 ㉠공사의 현장소장이다. B는 N지회에 가입하였다가 탈퇴한 사람이다. A와 B는 구두 합의에 따라 B의 장비를 A의 ㉠공사현장에 투입하여 공사를 진행하고 있었다. 갑 등은 자신들의 노조에도 가입하였다가 탈퇴한 B가 ㉠공사현장에 장비를 투입하여 공사를 진행하고 있다는 사실을 알게 되었다. 갑 등은 A와 B에게 압력을 넣어 공사현장에서 장비를 철수하게 하고, 대신 소속 노조원의 장비를 투입하게 하기로 의견을 모았다.

갑 등은 ㉠공사 현장 사무실을 찾아갔다. 갑 등은 A와 B에게 다음과 같이 말하였다. (가) M노총이 어떤 곳인지 아느냐. B의 장비는 M노총 소속 장비가 아니다. 당장 장비를 빼라. 어디 계속 사용할 테면 해봐라. 계속 사용을 하면 공사를 못하게 하겠다. 발주처(충청북도)에 진정을 넣겠다. (나) M노총이 어떤 곳인지 아느냐. 토요일까지 현장에서 장비를 빼라. 이후 갑 등은 ㉠공사현장에서 부실공사가 진행되고 있다는 내용의 N지회장 명의의 ㉡진정서를 작성하였다. 갑 등은 ㉠공사현장에서 촬영한 사진을 첨부하여 공사 발주처인 충청북도에 제출하여 ㉡진정을 제기하였다. 갑 등의 압박을 견디지 못하여, A는 B에게 현장에서 장비를 철수해 줄 것을 요청하였다. B는 결국 ㉠공사현장에서 장비를 철수하였다.

갑 등은 ㉠현장 사무실에서 약속한 내용을 문서로 남기지 않으면 충청북도에 제기한 ㉡진정을 철회하지 않겠다고 말하면서 A에게 협약서 작성을 요구하였다. 갑 등은 '공사현장에서 사용하는 모든 건설장비는 N지회와 합의하여 결정한다.'는 내용의 ㉢협약서를 미리 작성하여 가지고 왔다. A는 갑 등의 요구에 따라 ㉢협약서에 서명하였다.

검사는 갑 등을 폭력행위처벌법위반죄(공동강요)로 기소하였다. 갑 등의 피고사건은 제1심을 거친 후, 항소심에 계속되었다. 항소법원은 갑 등의 행위가 "갑 등이 달성하려는 목적을 실현하기 위한 수단으로 사회통념상 받아들일 수 없을 정도로 부적당하여 전체적으로 위법하다"고는 보기 어렵다고 판단하였다(상세한 이유는 생략함). 검사는 불복 상고하였다.

대법원은 다음의 이유를 제시하여 원심판결을 파기환송하였다. 대법원은 권리행사와 강요죄의 관계에 대해 다음과 같이 설시하였다. (가) 강요죄는 폭행 또는 협박으로 사람의 권리행사를 방해하거나 의무 없는 일을 하게 하는 범죄이다(형법 제324조). (나) 강요죄의 수단으로서 협박은 사람의 의사결정의 자유를 제한하거나 의사실행의 자유를 방해할 정도로 겁을 먹게 할 만한 해악을 고지하는 것을 말한다. (다) 해악의 고지는 반드시 명시적인 방법이 아니더라도 말이나 행동을 통해서 상대방으로 하여금 어떠한 해악에 이르게 할 것이라는 인식을 갖게 하는 것이면 족하다.

(라) 이러한 해악의 고지가 정당한 권리의 실현 수단으로 사용된 경우가 있다. (마) 비록 그러한 경우라고 하여도 그 권리실현의 수단 방법이 사회통념상 허용되는 정도나 범위를 넘는다면 강요죄가 성립한다고

이외의 제3자를 통해서 간접적으로 할 수도 있다.[1]

(나) 이익제공의 요구 행위자가 그의 직업, 지위 등에 기초한 위세를 이용하여 불법적으로 재물의 교부나 재산상 이익을 요구하고 상대방이 불응하면 부당한 불이익을 입을 위험이 있다는 위구심을 일으키게 하는 경우는 해악의 고지가 된다.[2] 그러나 행위자가 직무상

보아야 한다. (바) 여기서 어떠한 행위가 구체적으로 사회통념상 허용되는 정도나 범위를 넘는 것인지는 그 행위의 주관적인 측면과 객관적인 측면, 즉 추구된 목적과 선택된 수단을 전체적으로 종합하여 판단하여야 한다.

대법원은 갑 등의 행위에 대해 다음과 같이 판단하였다(임의로 축약하여 소개함). (가) A와 B가 건설장비를 투입하여 수해상습지 개선사업 공사를 진행한 것은 적법한 영업활동이다. (나) 갑 등의 행위는 A와 B의 정당한 영업활동을 방해함으로써 A와 B로 하여금 B의 장비를 철수시키고 자신들이 속한 N지회의 장비만을 사용하도록 하기 위하여 발주처에 대한 진정이라는 수단을 동원한 것이다. (다) 갑 등의 행위는 그 의도나 목적이 정당한 것이라고 보기 어렵다. (라) 갑 등의 행위는 나아가 A와 B의 정당한 영업활동의 자유를 침해하는 것이다. (마) ㉠공사가 부실공사가 아님에도 불구하고 공사 발주처에 부실공사를 조사해 달라는 진정을 하였다면 이는 사회통념상 허용되는 정도나 범위를 넘는 것으로서 강요죄의 수단인 협박에 해당한다. (바) 원심으로서는 갑 등이 이러한 행위로써 달성하려는 목적이 타인의 정당한 영업활동을 방해하려는 것인 이상 그 추구된 목적과 선택된 수단을 전체적으로 종합하여 판단하였어야 옳았다.

1) 2013. 4. 11. 2010도13774, 공 2013상, 895 = 분석 각론『팝업창 사과 사건』.

2) 2019. 8. 29. 2018도13792 전원합의체 판결, 공 2019하, 1891 =『스포츠 재단 출연 강요 사건』:

갑은 대통령이다. 을은 대통령실 경제수석비서관이다. 병은 문체부 차관이다. A, B, C 등은 각각 P, Q, R 등 재벌그룹의 총수들이다. 갑은 A, B, C 등과 개별적인 단독 면담을 가졌다. 갑은 각각의 개별 면담을 마친 후, 을, 병을 통하여 다음 내용의 지시를 하였다. (강요죄와 관련된 부분을 축약하여 소개함.) (가) K경제단체와 대기업들에 대한 M, N재단 관련 출연 등 요구(㉮요구). (나) P그룹에 대한 납품계약 체결과 광고발주 요구(㉯요구). (다) ⓐ회사에 대한 채용·보직변경과 광고대행사 선정 요구(㉰요구). (라) Q그룹에 대한 N재단 관련 추가 지원 요구(㉱요구). (마) R그룹에 대한 ⓑ법인 지원 요구(㉲요구). (바) ⓒ회사 등에 대한 스포츠단 창단, 용역계약 체결과 ⓓ법인 지원 요구(㉳요구). (사) S그룹에 대한 스포츠단 창단과 용역계약 체결 요구(㉴요구).

검사는 ㉮~㉴요구행위에 대해 을을 다음의 공소사실로 기소하였다. (가) 주위적 공소사실 : 직권남용죄. (나) 예비적 공소사실 : 강요죄. 을의 피고사건은 제1심을 거친 후, 항소심에 계속되었다. 항소법원은 다음과 같이 판단하였다. (가) 주위적 공소사실 : 직권남용죄 무죄. (나) 예비적 공소사실 : 강요죄 유죄. 항소법원은 다음과 같은 판단 이유를 제시하였다. (가) ㉮~㉴요구행위는 직권의 행사에 해당하지 않는다. (나) ㉮~㉴요구행위는 강요죄의 협박에 해당한다. 을은 유죄 부분에 불복하여 상고하였다. 을은 상고이유로, ㉮~㉴요구행위는 강요죄의 협박에 해당하지 않는다고 주장하였다.

대법원은 다음의 이유를 제시하여 원심판결을 파기환송하였다. ㉮~㉴요구행위가 강요죄의 협박에 해당하는가를 놓고 대법원은 10 대 3으로 견해가 나뉘었다. 다수의견은 ㉱, ㉲요구행위가 공무원의 뇌물 요구에 해당한다고 판단하였다. 다수의견은 ㉱, ㉲요구행위가 뇌물요구죄에 해당하므로 강요죄는 성립하지 않는다고 판단하였다. 다수의견은 나머지 ㉮, ㉯, ㉰, ㉳, ㉴요구행위는 강요죄의 협박에 해당하지 않는다고 판단하였다.

다수의견은 을의 요구행위가 협박에 해당하지 않는 이유로 다음의 점을 제시하였다(임의로 축약하여 정리함). (가) 공무원 갑, 을, 병은 사업자 선정, 신규 사업의 인허가, 세무조사 등 구체적인 사항에 대하여도 직·간접적인 권한을 행사할 수 있다. (나) 공무원의 권한 행사로 기업은 활동에 직무상 또는 사실상 영향을 받을 수 있다. (다) 공무원이 직무상 또는 사실상 영향력을 미칠 수 있는 기업 등에 대하여 그 지위에 기초하여 어떠한 이익 등의 제공을 요구하였다고 해서 곧바로 그 요구를 해악의 고지라고 평가할 수는 없다. (라) 기업

또는 사실상 상대방에게 영향을 줄 수 있는 직업이나 지위에 있고 직업이나 지위에 기초하여 상대방에게 어떠한 요구를 하였더라도 곧바로 그 요구행위를 강요죄의 협박에서 말하는 해악의 고지라고 단정하여서는 안 된다. 공무원의 요구행위가 상대방이 불응하면 부당한 불이익을 입을 위험이 있다는 위구심을 일으키는 정도에 이를 때 비로소 강요죄의 협박에 해당한다.

이익제공 요구의 문제는 특히 공무원이 자신의 직무와 관련한 상대방에게 공무원 자신 또는 자신이 지정한 제3자를 위하여 재산적 이익 등을 제공할 것을 요구하는 경우에 구체적인 의미를 가지게 된다. 공무원의 경우 직무상 지위를 이용한 요구행위는 직권남용죄, 뇌물요구죄, 강요죄의 세 가지 관점에서 살펴볼 필요가 있다.

먼저, 공무원이 자신의 직무와 관련한 상대방에게 자신의 직무권한 내에서 직무를 가장하여 재산적 이익 등을 요구하는 경우가 있다. 이 경우에는 직권남용죄(법123)가 성립한다.

다음으로, 공무원이 자신의 직무와 관련한 상대방에게 공무원 자신 또는 자신이 지정한 제3자를 위하여 유·무형의 이익 등을 제공할 것을 요구하고 상대방은 공무원의 지위에 따른 직무에 관하여 어떠한 이익을 기대하며 그에 대한 대가로서 요구에 응하는 경우가 있다. 이 경우에는 공무원에게 뇌물요구죄(법129①), 상대방에게 뇌물공여죄(법133①)가 각각 성립한다. 이 경우에 공무원의 이익제공 요구행위를 가리켜 객관적으로 사람의 의사결정의 자유를 제한하거나 의사실행의 자유를 방해할 정도로 겁을 먹게 할 만한 해악의 고지라고 단정할 수는 없다.[1]

세 번째로, 공무원이 상대방에게 직무상 권한이 없음에도 공무원 자신 또는 자신이 지정한 제3자를 위하여 일정한 이익 등을 제공할 것을 요구하고 상대방이 "불응하면 부당한 불이익을 입을 위험이 있다"는 위구심을 일으키는 경우이다. 이 경우에는 공무원의 요구행위가 해악의 고지로서 협박에 해당하여 강요죄가 성립한다. 그러나 요구행위가 상대방이 위구

관련자들이 공무원의 요구를 받고도 그에 따르지 않으면 인허가 관련 어려움, 세무조사 등 불이익(해악)을 받는다고 예상하는 것이 합리적이라고 볼 만한 사정이 제시되어야 한다. (마) 을의 요구행위로 기업이 인허가 관련 어려움, 세무조사 등 불이익(해악)을 받는다고 예상하는 것이 합리적이라고 볼 만한 사정이 증명되어 있지 않다. (바) 을의 요구행위를 강요죄의 협박에 해당한다고 볼 수 없다.

소수의견은 ㉮, ㉱, ㉲요구행위가 강요죄를 구성하지 않는다는 점에 다수의견과 견해를 같이 하였다. 소수의견은 ㉯, ㉰, ㉳, ㉴요구행위는 강요죄의 협박에 해당한다고 주장하였다. 소수의견은 기업 관련자들이 공무원의 요구를 받고도 그에 따르지 않으면 인허가 관련 어려움, 세무조사 등 불이익(해악)을 받는다고 예상하는 것이 합리적이라고 볼 만한 사정이 증명되었다고 주장하였다. 다수의견과 소수의견은 ㉮~㉴까지의 요구행위에 대한 원심판결의 강요죄 유죄 부분을 파기 환송하는 데에는 견해가 일치하였다. (소수의견은 다수의견과 결론을 같이 하므로 '별개의견'으로 표시되었다.)

1) 2019. 8. 29. 2018도13792 전원합의체 판결, 공 2019하, 1891 =『스포츠 재단 출연 강요 사건』.

심을 일으키는 정도에 이르지 않거나 검사가 요구행위의 상대방이 위구심을 일으켰다는 점을 증명하지 못한다면 공무원의 요구행위는 해악의 고지에 해당하지 아니하여 강요죄가 성립하지 않는다.[1]

행위자가 직업이나 지위에 기초하여 상대방에게 어떠한 이익 등의 제공을 요구하였을 때 그 요구행위가 강요죄의 수단으로서 해악의 고지에 해당하는지 여부는 (가) 행위자의 지위뿐만 아니라 그 언동의 내용과 경위, 요구 당시의 상황, 행위자와 상대방의 성행 · 경력 · 상호관계 등에 비추어 볼 때 (나) 상대방으로 하여금 그 요구에 불응하면 어떠한 해악에 이를 것이라는 인식을 갖게 하였다고 볼 수 있는지, (다) 행위자와 상대방이 행위자의 지위에서 상대방에게 줄 수 있는 해악을 인식하거나 합리적으로 예상할 수 있었는지 등을 종합하여 판단해야 한다..[2]

(다) 권리행사　　강요죄의 협박으로서 해악의 고지가 비록 정당한 권리의 실현 수단으로 사용된 경우라고 하여도 그 권리실현의 수단 방법이 사회통념상 허용되는 정도나 범위를 넘는다면 강요죄가 성립한다.[3] 어떠한 행위가 구체적으로 사회통념상 허용되는 정도나 범위를 넘는 것인지는 그 행위의 주관적인 측면과 객관적인 측면, 즉 추구된 목적과 선택된 수단을 전체적으로 종합하여 판단해야 한다.[4]

(라) 해악의 내용　　우리 형법은 일본 형법과 달리 해악의 대상이 되는 법익의 종류나 법익의 주체에 제한을 두고 있지 않다.[5] 해악이 제3자의 법익을 대상으로 하는 경우도 강요죄의 협박에 해당한다. 이 경우 해악의 고지로 인하여 피해자가 의사결정 및 행동결정의 자유를 침해당할 만한 밀접한 관계가 피해자와 제3자 사이에 존재하여야 한다. 제3자에는 자연인뿐만 아니라 법인도 포함된다.[6] 관계의 밀접성 여부는 사회통념에 따라 결정된다.

회사 측에서 요구하는 대로 골프장 회원 승계등록절차를 이행하지 않는 한 회원의 자격을 인정하지 않고 예약제한, 비회원요금 징수와 같은 재산상 불이익을 가하겠다는 의사를 통지하는 것은 재산상 불이익이라는 해악을 고지하는 방법으로 회원들을 협박하여 의무 없는 일을 강요하는 경우에 해당한다.[7]

---

1) 2019. 8. 29. 2018도13792 전원합의체 판결, 공 2019하, 1891 = 『스포츠 재단 출연 강요 사건』.
2) 2019. 8. 29. 2018도13792 전원합의체 판결, 공 2019하, 1891 = 『스포츠 재단 출연 강요 사건』.
3) 2017. 10. 26. 2015도16696, 공 2017하, 2224 = 『건설노조 협약서 사건』.
4) 2017. 10. 26. 2015도16696, 공 2017하, 2224 = 『건설노조 협약서 사건』.
5) 전술 740면 이하 참조.
6) 2010. 7. 15. 2010도1017, 공 2010하, 1610 = 분석 각론 『추심업체 지사장 사건』.
7) 2003. 9. 26. 2003도763, 공 2003, 2129 = 분석 각론 『골프장 특별회원 모집 사건』.

(3) 권리행사의 방해

강요죄는 폭행 또는 협박으로 사람의 권리행사를 방해하거나 의무 없는 일을 하게 하는 경우에 성립한다. 강요죄(법324①) 이외에 권리행사방해죄(법323)도 권리행사를 방해하는 행위를 처벌하고 있지만, 이 경우의 권리는 범인 소유의 물건과 관련한 타인의 재산권 보호에 중점이 놓여 있다. 이에 대해 강요죄는 사람의 의사결정 및 의사실행(행동결정)의 자유를 침해하는 행위에 대한 형벌규정으로 해석된다.[1] 그리하여 강요죄의 권리에는 재산적 권리와 비재산적 권리가 모두 포함된다.

권리행사를 방해한다 함은 피해자가 법률상 허용된 작위·부작위로 나아가는 것을 방해하는 것을 말한다. 공법상·사법상의 권리행사는 여기에 해당한다. 이에 해당하는 예로는 고소권자의 고소를 중지시키는 것, 계약 해제권의 행사를 방해하는 것 등을 들 수 있다. 청구권이나 물권과 같이 법률상 권리로 취급되고 있는 것 외에 법률상 인정되고 있는 지위에 기초하여 행하는 활동도 권리행사에 포함된다.

강요죄의 보호법익은 의사실행(행동결정)의 자유이다. 권리행사방해죄가 성립하려면 피해자가 실제로 권리를 행사할 의사를 가지고 있을 것이 요구된다. 반드시 확정적 의사를 요하지 않는다. 또한 가까운 장래에 행사할 의사가 아니어도 좋다. 그러나 권리를 행사할 의사가 전혀 없는 경우에는 권리행사를 방해한다고 할 수 없다.

(4) 의무 없는 일의 강요

의무 없는 일이라 함은 법령, 계약 등에 기하여 발생하는 법률상 의무 없는 일을 말한다. 법률상 의무 있는 일을 하게 한 경우에는 강요죄가 성립할 여지가 없다.[2] 법률상 의무 없는 일이 도덕적으로도 의무 없는 일인지는 문제 삼지 않는다. 단순한 심리적 의무감 또는 도덕적 의무감 때문에 하게 되는 일은 의무 없는 일에 포함되지 않는다.[3] 법률상 의무 없이 하게 되는 작위 또는 부작위는 법률행위와 사실행위를 모두 포함한다. 의무 없는 일을 하게 된 시간의 길고 짧음은 묻지 않는다.

1995년 개정 전의 형법 제324조는 권리행사를 방해하는 경우만을 강요죄의 요건으로 규정하고 있었다. 이 때문에 의무 없는 일을 강요하는 경우는 자유권의 행사를 방해하는 경우로 해석되었다. 상대방을 협박하여 진술서를 작성하게 하는 행위,[4] 계약포기서를 작성하게

1) 1974. 5. 14. 73도2578, 공 1974, 7864 = 분석 각론 『진술서 강요 사건』.
2) 2012. 11. 29. 2010도1233, 공 2013상, 106 = 분석 각론 『일지 형식 일기 사건』.
3) 1991. 12. 27. 90도2800, 공 1992, 806 = 백선 각론 1 『메모 지시 사건』 참조.
4) 1974. 5. 14. 73도2578, 공 1974, 7864 = 분석 각론 『진술서 강요 사건』.

하는 행위[1] 등을 자유권 행사를 방해하는 경우로 파악한 것이 그 예이다. 그러나 1995년 이후 의무 없는 일을 강요하는 경우가 강요죄에 명시되면서 이러한 우회적 해석은 필요가 없게 되었다.

몇 가지 관련되는 사례를 살펴본다. 전체 법질서상 용인될 수 없을 정도로 사회적 상당성을 갖추지 못한 소비자불매운동을 통해 대상 기업을 상대로 사죄광고를 하게 한 것은 의무 없는 일을 하게 한 것에 해당한다.[2]

상사 계급의 피고인이 병사들에 대해 수시로 폭력을 행사해 와 신체에 위해를 느끼고 겁을 먹은 상태에 있던 병사들에게 청소 불량 등을 이유로 40분 내지 50분간 머리박아(속칭 '원산폭격')를 시키거나 양손을 깍지 낀 상태에서 약 2시간 동안 팔굽혀펴기를 50~60회 정도 하게 한 행위는 강요죄에 해당한다.[3]

군대에서 상관이 직무수행을 태만히 하거나 지시명령을 불이행하고 허위보고 등을 한 부하에게 그 근무태도를 교정하고 직무수행을 감독하기 위하여 직무수행의 내역을 일지 형식으로 기재하여 보고하도록 명령하는 행위는 직무권한 범위 내에서 내린 정당한 명령이므로 그 명령을 실행할 법률상 의무가 있다. 그 명령을 실행하지 아니하는 경우 「군인사법」 소정의 징계처분이 내려진다거나 그에 갈음하여 얼차려 등의 제재가 부과된다고 하여 그와 같은 명령이 강요죄를 구성한다고 볼 수 없다.[4]

---

1) 1962. 1. 25. 4293형상233, 총람 324조 1번 =『귀속재산 계약포기 사건』:

갑은 M귀속재산을 놓고 A와 다툼을 벌이고 있었다. 갑은 A가 관재당국과 M귀속재산에 관한 매매계약 체결절차를 밟고 있음을 알게 되었다. 갑은 청년 10여 명을 대동하여 A를 강제로 인치한 후 폭력을 가하여 계약서포기, 소청취하서 등에 날인하게 하였다.

검사는 갑을 강요죄로 기소하였다. 갑의 피고사건은 제1심을 거친 후, 항소심에 계속되었다. 항소법원은 유죄를 인정하였다. 갑은 불복 상고하였다. 갑은 상고이유로 다음 점을 주장하였다. (가) 강요죄에서 말하는 권리는 재산적 권리를 말한다. (나) 단순한 계약체결권은 강요죄의 '권리'에 해당하지 않는다. (다) A는 귀속재산처리법상 M귀속재산을 매수할 수 없는 자이다. (라) A의 계약체결권은 보호받을 가치가 없다.

대법원은 다음의 이유를 제시하여 상고를 기각하였다. (가) 형법 제324조에서 말하는 권리라 함은 재산적 권리뿐만 아니라 비재산적 권리로 볼 수 있는 개인의 계약체결에 관한 자유권도 포함한다. (나) 타인의 계약체결에 관한 자유권을 폭력으로 침해한 경우에는 형법 제324조에 의하여 처단할 것이다. (다) 그 계약의 체결이 법률상 위법이 있거나 기타 계약체결에 관하여 법률상 제한이 있다 하여도 그 자유권이 불법한 폭력에 의하여 침해되어서는 안 되는 것이므로 역시 형법 제324조에 의하여 처단할 것이다. (라) 설사 A가 귀속재산처리법상 귀속재산을 매수할 수 없는 자였다고 하더라도 갑은 형법 제324조의 죄책을 면할 수 없다.

2) 2013. 4. 11. 2010도13774, 공 2013상, 895 = 분석 각론『팝업창 사과 사건』.

3) 2006. 4. 27. 2003도4151, 공 2006, 975 = 백선 총론『얼차려 상사 사건』.

4) 2012. 11. 29. 2010도1233, 공 2013상, 106 = 분석 각론『일지 형식 일기 사건』.

(5) 인과관계

강요의 수단인 폭행·협박과 다른 사람에게 권리행사를 방해하거나 의무 없는 일을 하게 한 것과의 사이에는 인과관계가 인정되어야 한다. 협박을 수단으로 한 경우 상대방이 현실적으로 공포심을 일으키고 그 결과로 권리행사를 하지 못하거나 의무 없는 일을 하였어야 한다.

5. 고 의

강요죄의 고의는 폭행·협박으로 사람의 권리행사를 방해하거나 의무 없는 일을 하게 하는 것에 대한 인식·인용이다. 폭행·협박과 권리행사방해 또는 의무 없는 일의 수행 사이의 인과관계에 대한 인식도 필요하다. 다만 구체적인 세부사항에 대한 인식까지 있을 필요는 없다.

강요죄의 고의를 가지고 행위하였다면 사람의 권리행사를 방해하거나 의무 없는 일을 하게 한 결과가 발생하지 않았더라도 강요죄의 미수범이 성립한다(법324의5, 324). 그러나 행위자가 주어진 사정에 비추어 법률상 의무 있는 일이라고 믿고 폭행·협박으로 피해자에게 그 일을 하게 한 경우에는 고의가 인정되지 않아 강요죄가 성립하지 않는다.[1)]

---

1) 2008. 5. 15. 2008도1097, 공 2008상, 880 =『일본 팬미팅 강요 사건』:

갑은 우두머리 급 조직폭력배이다. A는 유명 연예인이다. 갑은 신앙간증을 위해 일본에 갔다. 갑은 알고 있던 일본인 B를 만났다. 갑은 B로부터 다음의 말을 들었다. "팬미팅 공연에 대한 답례로 A 일행(A, C, D)에게 1억원이 넘는 고급시계를 주었음에도 약속을 이행하지 않는다." 갑은 C, D 등을 만나 B의 말이 어느 정도 사실임을 확인하였다. D는 갑에게 다음 내용의 ㉠확인서를 보여주었다. (가) A의 일본 팬미팅 공연에 관하여 D 측에 독점권이 있다. (나) 구체적인 행사내용은 A의 소속회사인 P회사와 D가 대표이사인 Q회사가 합법적인 절차에 의하여 서명·날인 작성한 ㉡계약서에 명시되어 있다. (연도 생략함.) 4. 13. 21:40경 갑은 A에게 전화를 걸었다. 갑은 A 측에게 다음 요지의 말을 하였다. "나 ○○○인데, 일본에서 시계를 받고도 팬미팅 공연을 해주지 않겠다고 한다며. 나와 만나자. 집이 M빌라 맞지. 그럼 내일부터 피바다가 돼도 상관없다 이거지." A는 갑의 요구를 거부하였다. 4. 14. 17:30경 갑은 A에게 다시 전화를 걸었다. (내용 생략함.)

검사는 갑을 강요미수죄로 기소하였다. A와 일본인 B 사이의 계약내용이 문제되었다. 제1심법원은 계약이 성립되지 않았다고 판단하였다. 제1심법원은 유죄를 인정하였다. 갑은 불복 항소하였다. 항소법원은 계약이 성립되지 않았다고 단정할 수 없다고 판단하였다. 항소심은 제1심판결을 파기하고 무죄를 선고하였다. 검사는 불복 상고하였다. 검사는 상고이유로 다음의 점을 주장하였다. (가) 갑에게 팬미팅 강요의 고의가 인정된다. (나) 팬미팅 계약이 있었다고 가정하자. (다) 그렇다고 하더라도 갑과의 만남을 강요한 부분은 그 자체로 강요죄에 해당한다.

대법원은 다음의 이유를 제시하여 상고를 기각하였다. 대법원은 강요죄의 요건에 대해 다음과 같이 설시하였다. (가) 강요죄는 폭행 또는 협박으로 사람의 권리행사를 방해하거나 의무 없는 일을 하게 하는 것을 말한다. (나) 여기에서 '의무 없는 일'이라 함은 법령, 계약 등에 기하여 발생하는 법률상 의무 없는 일을 말한다. (다) 폭행 또는 협박으로 법률상 의무 있는 일을 하게 한 경우에는 폭행 또는 협박죄만 성립할 뿐 강요죄는

6. 위법성조각사유

강요죄의 구성요건에 해당하는 행위라 할지라도 정당행위에 해당하여 위법성이 조각될 여지가 있다. 이와 관련하여 소비자불매운동과 강요죄의 관계가 문제된다.

소비자불매운동은 대상 기업에 특정한 요구를 하면서 이에 응하지 않을 경우 불매운동의 실행 등 대상 기업에 불이익이 되는 행동을 하는 것이다. 소비자불매운동을 하겠다고 고지하거나 공표하는 행위가 강요죄에 해당할 것인지 문제된다.

소비자불매운동이 헌법상 보장되는 소비자보호운동(헌법124)이나 정치적 표현의 자유(헌법21①) 또는 일반적 행동의 자유(헌법10①) 등의 관점에서 전체 법질서상 용인될 수 있으면 정당행위로서 위법성이 조각된다. 그러나 소비자불매운동의 일환으로 이루어지는 표현이나 행동이 소비자보호운동의 범주에 포함되지 않고 정치적 표현의 자유나 일반적 행동의 자유 등의 관점에서도 전체 법질서상 용인될 수 없을 정도로 사회적 상당성을 갖추지 못한 때에는 그 행위 자체가 협박에 해당하여 강요죄가 성립한다.[1]

7. 미 수 범

(1) 결과발생 요부

1995년 개정 전의 형법은 협박죄의 미수범을 처벌하면서도(법286) 강요죄에 대해서는 미수범 처벌규정을 두고 있지 않았다. 이 때문에 강요죄의 성립을 둘러싸고 피해자가 권리행사를 하지 못하거나 의무 없는 일을 행하였다는 실제 결과가 발생해야 하는가를 놓고 논란이 제기되었다. 이 문제에 대해 판례는 폭행 또는 협박에 의하여 권리행사가 현실적으로 방해되어야 강요죄가 성립한다는 입장을 취하였다.[2]

1995년 형법 개정시에 입법자는 강요죄는 협박죄보다 무거운 침해범이고 협박죄는 강요죄에 대하여 보충적 의미를 갖는데 불과하다는 점을 고려하여 강요죄의 미수범 처벌규정을

성립하지 않는다.

대법원은 갑의 팬미팅 강요 부분에 대해 다음과 같이 판단하였다. (가) 갑으로서는 A가 팬미팅 공연을 할 의무가 있다고 믿었을 가능성이 농후하다. (나) A에게 팬미팅 공연을 할 의무가 없다고 단정하기 어렵다. (다) 갑에게 A가 팬미팅 공연을 할 의무 없음에 대한 미필적 인식 즉, 강요죄의 고의가 있었다고 단정하기 어렵다.

대법원은 갑의 만남 강요 부분에 대해 다음과 같이 판단하였다. (가) 갑이 A에게 만나자고 한 것은 팬미팅 공연 약속의 이행을 강요하는 과정에서 나온 협박의 한 태양에 불과하다. (나) 따라서 갑이 만나서 이야기하자고 한 행위를 가리켜 팬미팅 공연의 약속 이행을 강요한 행위와는 별도의 강요행위라고 볼 수는 없다.

1) 2013. 4. 11. 2010도13774, 공 2013상, 895 = 분석 각론 『팝업창 사과 사건』.

2) 1993. 7. 27. 93도901, 공 1993, 2476 = 분석 각론 『여권 강제회수 사건』.

신설하였다(법324의5).[1] 미수범 처벌규정이 마련됨에 따라 권리행사의 방해 또는 의무 없는 일의 수행이라는 결과가 발생해야 한다는 점이 강요죄의 성립요건으로 명확하게 되었다.

강요죄의 미수는 강요의 수단인 협박이 미수에 그친 경우 및 폭행 · 협박이 기수에 이르렀으나 권리행사의 방해 또는 의무 없는 일의 수행이라는 결과가 발생하지 않은 경우에 성립한다. 예컨대 강요의 목적으로 상대방의 직장으로 협박장을 발송하여 도착하였으나 상대방이 이를 읽지 않은 경우에는 강요죄의 미수범이 인정된다.

(2) 법률상 의무 있는 일과 강요미수의 관계

판례는 폭행 또는 협박으로 법률상 의무 있는 일을 하게 한 경우에는 폭행 또는 협박죄만 성립할 뿐 강요죄는 성립하지 아니한다고 판시한 바가 있다.[2] 판례에 따르면 이 경우 강요죄의 미수범도 부정된다. 한편 공갈죄의 사안에서 판례는 해악의 고지가 권리의 실현수단으로 사용된 경우에 그 권리실현의 수단방법이 사회통념상 허용되는 정도나 범위를 넘는 때에는 공갈죄의 성립을 인정하고 있다.[3]

여기에서 두 판례의 태도가 모순되는 것이 아닌가 하는 의문이 제기될 수 있다. 강요죄의 사안에서는 행위수단인 폭행 · 협박을 분리하여 그 자체로 처벌하는 반면에 공갈죄의 사안에서는 행위수단을 포함하여 전체범죄인 공갈죄로 처벌하고 있기 때문이다. 그러나 그렇게 볼 필요는 없다.

폭행 · 협박으로 법률상 의무 있는 일을 하게 한 사안에서 강요죄의 미수범이 부정된 것은 해당 사안에서 행위자가 법률상 의무 있는 일을 하게 한다고 착오하였기 때문에 강요죄의 고의가 부정된 데에 기인한다. 만일 행위자에게 피해자로 하여금 법률상 의무 없는 일을 하게 한다는 인식 · 인용이 있었더라면 고의가 인정되어 강요죄의 미수범이 성립하였을 것이다. 따라서 위의 강요죄 판례와 공갈죄 판례는 서로 모순되지 않는다고 생각된다.

8. 처벌의 정도

형법 제324조 제1항은 강요죄를 5년 이하의 징역 또는 3천만원 이하의 벌금으로 처벌하고 있다. 「폭력행위 등 처벌에 관한 법률」(폭력행위처벌법) 제2조 제2항 제2호는 2명 이상이 공동하여 강요죄를 범한 사람에 대해 형법 제324조에 정한 형의 2분의 1까지 가중하여 처벌한다. 폭력행위처벌법 제2조 제3항은 폭력행위처벌법 제2항 제2호의 공동강요죄를 범하여 2

1) 법무부, 형법개정법률안 제안이유서, (1992), 154면 참조.
2) 2008. 5. 15. 2008도1097, 공 2008상, 880 = 『일본 팬미팅 강요 사건』.
3) 2001. 2. 23. 2000도4415, 공 2001, 813 = 분석 각론 『퇴원 조건부 재산분할 사건』.

회 이상 징역형을 받은 사람이 다시 제2항 제2호의 공동강요죄를 범하여 누범으로 처벌할 경우에는 1년 이상 12년 이하의 징역으로 가중처벌하고 있다.

형법 제324조 제2항은 단체 또는 다중의 위력을 보이거나 위험한 물건을 휴대하여 형법 제324조 제1항의 강요죄를 범한 자를 10년 이하의 징역 또는 5천만원 이하의 벌금으로 처벌하고 있다.

9. 죄 수

강요죄는 강도죄, 강간죄, 체포 · 감금죄, 공갈죄 등에 대하여 법조경합 관계에 있다. 따라서 이러한 범죄들을 범할 의사를 가지고 강요의 수단을 사용한 경우에는 강도죄 등이 성립하며 강요죄는 별도로 인정되지 않는다. 강요죄의 수단인 폭행죄 또는 협박죄가 강요죄에 흡수됨은 물론이다.

피고인이 폭행 · 협박을 수단으로 피해자로부터 횡령의 자인서를 받아낸 뒤 이를 근거로 폭행 · 협박을 계속하여 돈을 받아내려고 하였으나 돈을 받아내지 못한 사안에서 강요죄와 공갈미수죄의 관계가 문제된다.

먼저, 피고인의 주된 범의가 피해자로부터 돈을 갈취하는 데에 있었던 것이라면 피고인은 단일한 공갈의 범의하에 갈취의 방법으로 일단 자인서를 작성하게 한 후 이를 근거로 계속하여 갈취행위를 한 것으로 보아야 할 것이므로 피고인의 행위는 포괄하여 공갈미수의 일죄만을 구성한다.[1)]

다음으로, 피고인의 처음 범의는 자인서를 받아내는 데에 있었으나 자인서를 받아낸 후 금전 갈취의 범의까지 일으켜 폭행 · 협박을 계속한 것이라면 강요죄와 공갈미수죄가 성립하며, 두 죄는 실체적 경합관계에 있다.[2)]

제5 강요죄의 특수유형

1. 특수강요죄

형법 제324조 ② 단체 또는 다중의 위력을 보이거나 위험한 물건을 휴대하여 제1항의 죄를 범한 자는 10년 이하의 징역 또는 5천만원 이하의 벌금에 처한다.

◎ 미수범 처벌함(법324의5)

---

1) 1985. 6. 25. 84도2083, 공 1985, 1081 = 『투자회수용 자인서 사건』.
2) 1985. 6. 25. 84도2083, 공 1985, 1081 = 『투자회수용 자인서 사건』.

◎ 중특수강요죄 가중처벌함(법326)

2016년 입법자는 「폭력행위 등 처벌에 관한 법률」을 정비하면서 형법 제324조 제2항에 특수강요죄를 신설하였다. 특수강요죄는 형법 제324조 제1항의 강요죄에 "단체 또는 다중의 위력을 보이거나 위험한 물건을 휴대하여"라는 구성요건요소가 추가된 가중적 범죄유형이다. '단체 또는 다중의 위력을 보인다'는 표지 및 '위험한 물건을 휴대한다'는 표지는 특수공무방해죄(법144①)에서 설명한 것과 같다.[1)]

2. 인질강요죄

형법 제324조의2 (인질강요) 사람을 체포·감금·약취 또는 유인하여 이를 인질로 삼아 제3자에 대하여 권리행사를 방해하거나 의무 없는 일을 하게 한 자는 3년 이상의 유기징역에 처한다.

◎ 미수범 처벌함(법324의5)
◎ 사후중지범의 특례 있음(법324의6)

형법 제324조의2 이하에 규정된 각종 인질관련 범죄들은 1995년 말 형법 일부개정시에 신설되었다. 형법 제324조의2가 규정한 인질강요죄는 인질을 이용하여 강요행위를 한 경우에 가중처벌되는 범죄유형이다. 사람을 체포·감금, 약취·유인한 후에 이를 인질로 삼아 체포를 면하려고 하거나 정치범의 석방을 요구하거나 정치적 목적을 달성하려는 경우가 인질강요죄에 해당하는 예이다.[2)]

인질강요죄가 성립하기 위하여는, (가) 사람을 체포·감금, 약취·유인하고, (나) 이를 인질로 삼아, (다) 제3자에 대하여 권리행사를 방해하거나 의무 없는 일을 하게 한다는 세 단계의 표지가 충족되어야 한다.

체포·감금, 약취·유인의 표지는 체포·감금죄(법276①)의 구성요건표지[3)] 및 각종 약취·유인죄(법287, 288)의 구성요건표지와 같다.[4)] 인질로 삼는다 함은 (가) 체포·감금, 약취·유인된 자의 생명·신체 등의 안전에 관한 제3자의 우려를 이용하여 (나) 석방이나 생명·신체에 대한 안전을 보장하는 대상(代償)으로 제3자를 강요할 목적하에 (다) 체포·감금, 약취·유인된 자의 자유를 구속하는 것을 의미한다. 제3자에 대하여 권리행사를 방해하

1) 전술 229면 이하 참조.
2) 법무부, 형법개정법률안 제안이유서, (1992), 153면 참조.
3) 전술 716면 이하 참조.
4) 전술 758면 이하 참조.

거나 의무 없는 일을 하게 함으로써 인질강요죄는 기수에 이른다.[1]

인질강요죄의 미수범은 처벌된다(법324의5). 인질강요의 미수범이 자의로 실행에 착수한 행위를 중지하거나 그 행위로 인한 결과의 발생을 방지한 때에는 형을 감경 또는 면제한다(법26). 여기에서 한걸음 더 나아가 입법자는 인질강요죄에 사후중지의 특례를 인정하고 있다. 인질강요죄의 미수범 및 기수범이 인질을 안전한 곳으로 풀어준 때에는 그 형을 감경할 수 있다(법324의6). 인질강요죄의 미수범에 대해 사후중지의 특례가 인정되는 것은 범인의 중지행위에 자의성 요건이 인정되지 않는 경우가 있기 때문이다.

3. 인질상해 · 치상죄

형법 제324조의3 (인질상해 · 치상) 제324조의2의 죄를 범한 자가 인질을 상해하거나 상해에 이르게 한 때에는 무기 또는 5년 이상의 징역에 처한다.

◎ 미수범 처벌함(법324의5)
◎ 사후중지범의 특례 있음(법324의6)

(1) 인질상해죄

형법 제324조의3은 인질상해죄와 인질치상죄를 규정하고 있다. 인질상해죄는 인질강요죄를 범한 자가 인질을 상해하였을 때 성립한다. 인질상해죄는 고의범이다. 인질강요의 고의 및 상해의 고의가 필요하다. 인질상해죄의 미수범은 처벌된다(법324의5). 인질상해죄에 대해서는 사후중지의 특례가 인정된다(법324의6).

(2) 인질치상죄

인질치상죄는 인질강요죄를 범한 자가 인질을 상해에 이르게 하였을 때 성립한다. 인질치상죄는 결과적 가중범이다. 인질강요죄와 상해 사이에 인과관계가 존재해야 하고(법17), 상해의 중한 결과발생에 대해 예견가능성이 인정되어야 한다(법15②).

형법 제324조의5는 인질치상죄의 미수범을 처벌하는 것처럼 규정되어 있으나 입법상의 부주의라고 생각된다. 인질강요죄가 미수에 그치더라도 상해의 결과가 발생하였다면 인질상해죄로 처벌되며 미수감경은 인정되지 않는다. 인질치상죄에 대해서는 사후중지의 특례가 인정된다(법324의6).

---

1) 법무부, 형법개정법률안 제안이유서, (1992), 153면 참조.

4. 인질살해 · 치사죄

형법 제324조의4 (인질살해 · 치사) 제324조의2의 죄를 범한 자가 인질을 살해한 때에는 사형 또는 무기징역에 처한다. 사망에 이르게 한 때에는 무기 또는 10년 이상의 징역에 처한다.

◎ 미수범 처벌함(법324의5)

(1) 인질살해죄

형법 제324조의4는 인질살해죄와 인질치사죄를 규정하고 있다. 인질살해죄는 인질강요죄의 범인이 인질을 살해한 경우에 성립한다. 인질살해죄는 고의범이다. 인질강요죄의 고의와 살해의 고의가 필요하다.

인질살해죄는 사람을 살해한 범죄로서 사형에 해당하므로 공소시효의 적용이 배제된다(형소법253의2). 인질살해죄의 미수범은 처벌된다(법324의5). 인질살해죄에 대해서는 사후중지의 특례가 인정되지 않는다(법324의6 참조). 피해자가 사망하였기 때문이다. 인질살해의 범행이 미수에 그친 경우에도 사후중지의 특례는 인정되지 않는다. 인질을 살해하려고 실행에 착수한 것과 인질을 안전한 장소로 풀어주는 것은 양립할 수 없기 때문이다.

(2) 인질치사죄

인질치사죄는 인질강요죄의 범인이 인질을 사망에 이르게 한 경우에 성립한다. 인질치사죄는 결과적 가중범이다. 인질강요죄와 사망 사이에 인과관계가 존재해야 하고(법17), 사망의 중한 결과발생에 대해 예견가능성이 인정되어야 한다(법15②).

형법이 인질살해죄와 인질치사죄를 구별하여 인질치사죄에 사형을 제외한 점은 주목된다. 살해의 경우와 치사의 경우를 구별하여 결과적 가중범의 경우에 사형을 선고할 수 없게 한 것은 고의범과 결과적 가중범의 처벌에 차등을 둔 것이다.[1]

형법 제324조의5는 인질강요치사죄의 미수범을 처벌하는 것처럼 규정되어 있으나 입법상의 부주의라고 생각된다. 인질강요죄가 미수에 그치더라도 사망의 결과가 발생하였다면 인질살해죄로 처벌되며 미수감경은 인정되지 않는다. 인질치사죄에 대해서는 사후중지의 특례가 인정되지 않는다. 피해자가 사망하였기 때문이다.

---

1) 법무부, 형법개정법률안 제안이유서, (1992), 154면 참조.

5. 중강요죄

형법 제326조 제324조 또는 제325조의 죄를 범하여 사람의 생명에 대한 위험을 발생하게 한 자는 10년 이하의 징역에 처한다.

형법 제326조는 중권리행사방해죄와 중강요죄를 규정하고 있다. 우리 입법자는 강요죄(법324① · ②)와 점유강취죄 · 준점유강취죄(법325① · ②)가 폭행 · 협박을 수단으로 한다는 점에서 공통된다고 보아 동일한 조문에 중강요죄와 중권리행사방해죄를 규정하고 있다.

중강요죄는 강요죄(법324①) 및 특수강요죄(법324②)에 대한 가중적 범죄유형이다. 폭행 · 협박을 수단으로 사용하는 과정에서 사람의 생명에 대한 위험을 발생하게 한 경우를 가중처벌하는 것이다. 중상해죄(법258①)에서 '사람의 생명에 대한 위험발생'을 둘러싼 설명은 중강요죄에도 그대로 해당된다.[1]

제 6 강제집행면탈죄

형법 제327조 (강제집행면탈) 강제집행을 면할 목적으로 재산을 은닉, 손괴, 허위양도 또는 허위의 채무를 부담하여 채권자를 해한 자는 3년 이하의 징역 또는 1천만원 이하의 벌금에 처한다.

1. 강제집행면탈죄의 법적 성질

(1) 보호법익

앞에서도 설명한 바와 같이 우리 형법은 강제집행면탈죄를 개인적 법익을 침해하는 범죄로 규정하고 있다. 이에 대해 일본 형법은 강제집행면탈죄를 공무집행을 방해하는 죄의 하나로 규정하고 있다.[2] 강제집행면탈죄가 강제집행의 기능을 보호하는 점은 부인할 수 없으나, 우리 형법이 강제집행면탈죄를 개인적 법익에 관한 죄로 규정하고 있고 '채권자를 해한다'는 표지를 구성요건에 명시하고 있으므로 강제집행면탈죄의 주된 법익은 채권자의 권리보호에 있다.[3]

강제집행면탈죄의 보호법익을 채권자의 권리보호에서 구하게 되면 그 논리적 귀결로서 강제집행에 임박한 채권자의 권리가 존재해야만 강제집행면탈죄가 성립한다. 채권의 존재가

---

1) 전술 637면 이하 참조.

2) 전술 943면 이하 참조.

3) 2011. 9. 8. 2011도5165, 공 2011하, 2178 = 분석 각론『사실혼 재산분할청구 사건』.

인정되지 않는 한 강제집행면탈죄는 성립하지 않는다.[1] 채권자의 권리가 존재하고 있다고 인정되는 한 조건부 채권이라 할지라도 강제집행면탈죄는 성립한다. 은닉 등 면탈행위가 있은 후 조건의 불성취로 채권이 소멸되더라도 일단 성립한 강제집행면탈죄에는 영향을 미치지 않는다.[2]

---

1) 2011. 9. 8. 2011도5165, 공 2011하, 2178 = 분석 각론『사실혼 재산분할청구 사건』.

2) 1984. 6. 12. 82도1544, 공 1984, 1318 =『경양식집 잔대금 전부명령 사건』:

A는 M경양식집을 운영하고 있다. A는 B에 대해 ㉠채무를 부담하고 있다. B는 ㉠채무의 강제집행에 필요한 ㉡채무명의(집행권원)를 가지고 있다. B는 M경양식집 내의 N집기류에 대해 관할법원으로부터 ㉢처분금지가처분을 받아두었다. (연도 생략함.) 8. 20. 갑은 아버지 C의 명의로 M경양식집의 영업권 및 N집기류를 대금 1천만원에 A로부터 매수하기로 하였다. N집기류에 대해 갑과 A는 다음의 약정을 하였다. (가) N집기류 대금에 상당하는 250만원을 잔대금으로 한다(㉣잔대금). (나) 매도인(A)이 2월 내에 ㉢가처분을 해제하여 인도하면 매수인(C)은 ㉣잔대금을 지급한다. (다) 그 기간 내에 ㉢가처분을 해제하지 못할 경우 ㉣잔대금채권은 소멸한다.

B는 갑과 A 사이의 매매계약 사실을 알게 되었다. 8. 29. B는 A에 대한 ㉡채무명의에 기하여 영업권 및 N집기 매수인 C를 상대로 관할법원으로부터 ㉣잔대금 채권에 대한 압류 및 전부명령을 받았다(㉤전부명령). 8. 30. ㉤전부명령은 제3채무자 C에게 송달되었다. 9. 5. 갑과 공모한 A는 “㉣잔대금이 8. 30.까지 2차에 걸쳐 전액 지급되었다”는 내용의 허위의 영수증을 갑에게 발행해 주었다(㉥영수증).

이후 B는 영업권 및 N집기 매수인 C를 상대로 ㉣잔대금의 지급을 구하는 전부금청구소송을 제기하였다. 관할법원은 ㉥영수증과는 상관없이, A가 N집기류에 대한 ㉢가처분을 해제하지 아니한 채로 약정기간 2월이 경과되었으므로 ㉣잔대금 채권이 소멸되었다는 이유로 B에게 패소판결을 선고하였고, 이 판결은 그대로 확정되었다. [B는 갑을 고소하였다.]

검사는 갑을 강제집행면탈죄로 기소하였다. 갑의 피고사건은 제1심을 거친 후, 항소심에 계속되었다. 항소법원은 다음의 이유를 들어 무죄를 선고하였다. (가) B의 영업권 및 N집기 매수인 C에 대한 전부금청구권은 ㉣잔대금 채권이 성립한 후 소멸시까지 어느 때에도 집행가능한 채무명의가 부여될 수 없는 상태였다(ⓐ부분). (나) [㉣잔대금과 관련하여 가처분 해제에 필요한 2개월 기간의 경과로] 실제로 청구권이 없음이 확정되었다. (다) 갑 자신이 강제집행을 면탈할 목적으로 ㉥영수증을 작성하였다 할지라도 객관적으로 집행될 위험성이 없다. (라) 따라서 갑의 ㉥영수증 수취행위는 강제집행면탈죄를 구성하지 않는다. 검사는 불복 상고하였다.

대법원은 다음의 이유를 제시하여 상고를 기각하였다. 대법원은 먼저 원심판결의 잘못을 다음과 같이 지적하였다. (가) 강제집행면탈죄를 규정한 형법 제327조 소정의 강제집행에는 민사소송법(현재는 민사집행법; 저자 주)에 의한 강제집행 뿐만 아니라 이를 준용하는 가압류 · 가처분의 집행도 포함한다. (나) 가압류 · 가처분의 보전처분에 의한 집행을 당할 구체적인 위험이 있는 상태에서 형법 제327조 소정의 행위가 이루어지면 강제집행면탈죄는 성립된다.

(다) 집행할 채권이 ㉣잔대금과 같은 조건부 채권이라 하여도 그 채권자는 이를 피보전권리로 하여 보전처분을 함에는 법률상 아무런 장해가 없다. (라) 가처분 · 가압류 보전처분을 면할 목적으로 형법 제327조에 규정한 행위를 한 이상 강제집행면탈죄는 성립된다. (마) 그후 조건의 불성취로 채권이 소멸되었다 하여도 일단 성립한 범죄에는 영향을 미칠 수 없다. (바) 이와 견해를 달리하여 나온 원심의 조치(ⓐ부분 설시)는 강제집행면탈죄에 있어서의 집행당할 위험성에 대한 법리를 오해하였다는 비난을 면할 수는 없다.

대법원은 갑의 행위에 대해 다음과 같이 판단하였다. (가) B와 A의 관계에 있어서는, ㉤전부명령이 C에게 송달되어 ㉣잔대금 채권에 대한 집행은 완료되었다. (나) 갑이 A로부터 ㉥허위영수증을 수취한 것은 그 이후임이 분명하다. (다) 이것으로는 ㉣잔대금 채권에 대한 B의 강제집행을 방해하였다고는 볼 수가 없다. (라)

(2) 강제집행의 범위

(가) 강제집행　　강제집행과 관련된 법률로 「민사집행법」이 있다. 「민사집행법」은 제1편 총칙, 제2편 강제집행, 제3편 담보권 실행을 위한 경매, 제4편 보전처분으로 이루어져 있다. 「민사집행법」 제2편의 강제집행은 금전채권에 기초한 강제집행(동법 제2편 제2장)과 금전채권 외의 채권에 기초한 강제집행(동법 제2편 제3장)으로 이루어진다. 이 경우 강제집행은 채무자의 의사에 반하여 국가가 실력으로 채권자의 권리를 실현시켜주는 것을 의미한다.[1]

(나) 가압류와 가처분　　「민사집행법」 제4편 보전처분은 가압류와 가처분으로 이루어진다. 가압류는 금전채권이나 금전으로 환산할 수 있는 채권에 대하여 동산 또는 부동산에 대한 강제집행을 보전하기 위하여 행하는 법원의 처분이다(동법276①).

가처분은 다툼의 대상에 대해 현상이 바뀌면 당사자가 권리를 실행하지 못하거나 이를 실행하는 것이 매우 곤란할 염려가 있을 때(민사집행법300①) 또는 다툼이 있는 권리관계에 대하여 임시의 지위를 정하기 위하여(동조②) 행하는 법원의 처분이다. 가처분절차에는 가압류절차에 관한 규정이 원칙적으로 준용된다(동법301① 본문).

(다) 강제집행의 범위　　판례는 강제집행면탈죄를 국가의 강제집행권이 발동될 단계에 있는 채권자의 권리를 보호하기 위한 범죄로 파악하고 있다.[2] 판례는 강제집행면탈죄가 적용되는 강제집행을 「민사집행법」 제2편의 적용 대상인 강제집행과 제4편의 적용 대상인

전부금 채무자인 C와의 관계에 있어서는, ⓗ영수증의 발행 및 그 수취행위는 C의 재산에 대한 형법 제327조 소정의 어느 행위에도 해당되지 않는다. (마) 어느 모로 보나 갑의 ⓗ영수증 발행 및 그 수취행위는 강제집행면탈을 목적으로 재산을 은닉한 경우에 해당되지 않는다.

1) 2015. 9. 15. 2015도9883, 공 2015하, 1631 = 『교회 토지 본등기 사건』:

M토지는 P교회가 Q재단법인에 명의신탁한 부동산이다. M토지에 대해 허위인 제1차, 제2차 매매계약을 통하여 갑과 을 명의로 각각 소유권이전등기가 경료되었다. 을은 병과 공모하여 M토지에 대해 병 명의로 허위의 ㉠가등기를 해 두었다. P교회는 M토지의 소유권을 되찾기 위하여 ㉡처분금지가처분[신청]을 하였다. 그러자 을과 병은 M토지에 대해 병 명의로 ㉢본등기를 하였다.

검사는 을과 병을 강제집행면탈죄로 기소하였다. 을과 병의 피고사건은 제1심을 거친 후, 항소심에 계속되었다. 항소법원은 유죄를 인정하였다. 을과 병은 불복 상고하였다.

대법원은 다음의 이유를 제시하여 상고를 기각하였다. (가) 강제집행면탈죄는 국가의 강제집행권이 발동될 단계에 있는 채권자의 권리를 보호하기 위한 범죄이다. (나) 여기서의 강제집행에는 광의의 강제집행인 의사(意思)의 진술에 갈음하는 판결의 강제집행도 포함된다. (다) 강제집행면탈죄의 성립요건으로서의 채권자의 권리와 행위의 객체인 재산은 국가의 강제집행권이 발동될 수 있으면 충분하다.

(라) M토지에 관한 제1차, 제2차 매매계약은 모두 허위여서 그에 기초한 갑과 을 명의의 각 소유권이전등기는 원인무효이다. (마) P교회는 M토지에 관한 명의신탁계약을 해지하고 Q재단법인을 대위하여 갑과 을에게 각 소유권이전등기의 말소를 청구할 권리를 가진다. (바) 을과 병은 P교회가 ㉡처분금지가처분[신청]을 하자 그 집행을 면탈할 목적으로 M토지에 대한 ㉢본등기를 한 것이다. (사) 을과 병에 대한 공소사실은 유죄로 판단된다.

2) 2015. 9. 15. 2015도9883, 공 2015하, 1631 = 『교회 토지 본등기 사건』.

보전처분(가압류 · 가처분)의 집행으로 한정하고 있으며, 「민사집행법」 제3편의 적용 대상인 '담보권 실행 등을 위한 경매'를 면탈할 목적으로 재산을 은닉하는 등의 행위는 강제집행면탈죄의 규율 대상에 포함되지 않는다고 본다.[1)]

그런데 강제집행면탈죄의 강제집행에서 「민사집행법」 제3편의 적용 대상인 '담보권 실행 등을 위한 경매'를 제외하는 것이 적절한 것인지 의문이다. 우리 형법상 강제집행면탈죄는 개인적 법익을 침해하는 죄로 규정되어 있으며, 그 법익은 채권자의 권리보호에 있다.[2)] 이에 대해 일본 형법을 보면 강제집행면탈죄가 공무집행을 방해하는 죄의 장(동법 각칙 제5장)에 규정되어 있다.

---

1) 2015. 3. 26. 2014도14909, 공 2015상, 665 = 『임의경매 공장기계 은닉 사건』:

M토지 위의 N공장건물에 ㉠공장기계들이 설치되어 있다. N공장건물과 ㉠공장기계들은 P회사의 소유이다. A는 N공장건물 및 ㉠공장기계들에 대한 근저당권자이다. A는 근저당권자로서 관할법원에 N공장건물 및 ㉠공장기계들에 대한 경매개시 신청을 하였다. 관할법원은 경매개시결정을 내렸다. 갑은 "B로부터 ㉠공장기계들을 양도담보로 받아서 갑의 소유이다"라는 이유로 경매개시결정에 이의신청을 하였다. 관할법원은 갑의 이의신청을 기각하였다. 갑은 ㉠공장기계들에 대한 경매를 면할 목적으로 N공장 일부를 부순 후 그 안에 있던 ㉠공장기계들을 꺼내어 Q회사로 옮겼다.

검사는 갑을 강제집행면탈죄로 기소하였다. 공소사실의 요지는 다음과 같다. "갑은 강제집행을 면탈할 목적으로 N건물을 손괴하고 ㉠공장기계들을 은닉하여 채권자인 A를 해하였다." 제1심법원은 유죄를 인정하였다. 갑은 불복 항소하였다. 항소법원은 제1심판결을 파기하고, 무죄를 선고하였다.

항소법원은 무죄 판단의 이유로 다음의 점을 제시하였다. (가) 민사집행법상의 임의경매는 종전에 민사소송법에서 규율하고 있던 강제집행과는 별도로 경매법에서 따로 규율하고 있던 것이다. (나) 임의경매는 경매법이 폐지되면서 민사소송법에서 함께 규율하게 된 이후로도 '담보권 실행 등을 위한 경매'로서 '채권에 관한 강제집행'과는 구분되었다. (다) 임의경매는 민사집행법의 제정 이후에도 '채권에 관한 강제집행'과는 별도로 다루어지고 있다. (라) 이 사건의 경우와 같이 건물과 공장기계에 근저당권이 설정된 경우에 이를 손괴하거나 은닉한 경우에는 사안에 따라 소유자나 점유자에 대한 재물손괴죄, 절도죄나 권리행사방해죄 등으로 처벌할 수 있고, 이로써 채권자인 근저당권자의 이익이 충분히 보호된다. (마) 근저당권이 설정된 재산을 허위양도한다거나 그 채무자가 허위의 채무를 부담한다고 해서 근저당권자에 의한 임의경매를 면할 수는 없다. (바) 그러므로 근저당권자를 보호하기 위해 강제집행면탈죄를 적용할 필요도 없다. (사) 이러한 점 등을 종합하면, 형법 제327조의 강제집행면탈죄는 채무자 또는 제3자가 일반채권자들의 강제집행을 면할 목적으로 재산을 은닉, 손괴, 허위양도 또는 허위의 채무에만 적용되는 것이다. (아) 민사집행법상의 '담보권 실행 등을 위한 경매' 즉 임의경매는 형법 제327조에서 정한 강제집행에 해당하지 않는다고 보아야 한다.

항소법원은 갑의 행위에 대해 다음과 같이 판단하였다. (가) A는 N공장건물 및 ㉠공장기계들에 대한 근저당권자로서 임의경매를 신청하여 경매개시결정이 이루어졌다. (나) 이러한 임의경매는 형법 제327조에서 정한 강제집행에 해당하지 않는다. (다) 그러므로 갑이 근저당권의 목적이 된 N건물을 손괴하거나 ㉠공장기계들을 은닉한 행위는 강제집행면탈죄에 해당하지 않는다. 검사는 불복 상고하였다.

대법원은 다음의 이유를 제시하여 상고를 기각하였다. 대법원은 임의경매와 강제집행면탈죄의 관계에 대해 다음과 같이 설시하였다. (가) 형법 제327조의 강제집행면탈죄가 적용되는 강제집행은 민사집행법 제2편의 적용 대상인 '강제집행' 또는 가압류 · 가처분 등의 집행을 가리킨다. (나) 민사집행법 제3편의 적용 대상인 '담보권 실행 등을 위한 경매'를 면탈할 목적으로 재산을 은닉하는 등의 행위는 강제집행면탈죄의 규율 대상에 포함되지 않는다. 대법원은 위에 소개한 원심법원의 판단을 그대로 유지하였다.

2) 2011. 9. 8. 2011도5165, 공 2011하, 2178 = 분석 각론 『사실혼 재산분할청구 사건』.

국가의 강제집행권 발동에 주목하는 판례의 태도는 '공무집행'과 관련을 짓는 것이어서 우리 형법의 입법태도와 조화를 이루기 어렵다. 우리 형법상 강제집행면탈죄가 개인적 법익에 관한 죄로 규정되어 있다는 점과 채권자의 권리를 충실히 보호해야 한다는 점에서 볼 때 「민사집행법」 제3편의 적용 대상인 '담보권 실행 등을 위한 경매'(임의경매)의 경우에도 강제집행면탈죄의 성립을 인정하는 것이 타당하다고 본다.

(라) 체납처분 판례는 강제집행면탈죄의 강제집행이 「민사집행법」의 적용대상인 강제집행 또는 가압류 · 가처분 등의 집행을 가리킨다는 이유를 들어서 「국세징수법」에 의한 체납처분을 면탈할 목적으로 재산을 은닉하는 등의 행위가 강제집행면탈죄의 규율대상에 포함되지 않는다고 본다.[1] 국가의 조세채권은 개별 채권자의 권리에 해당하지 않는다. 우리 형법의 강제집행면탈죄가 개인적 법익에 관한 죄라는 관점에서 볼 때 판례의 태도는 타당하다고 생각된다.

(3) 구체적 위험

강제집행면탈죄는 강제집행을 당할 구체적인 위험이 있을 때 성립한다. 판례에 따를 때, 강제집행을 당할 구체적 위험이란 현실적으로 「민사집행법」에 의한 강제집행 또는 가압류 · 가처분의 집행을 받을 우려가 있는 객관적인 상태를 말한다. 즉 채권자가 본안소송이나 보전소송을 제기하거나 제기할 태세를 보이고 있는 상태를 가리킨다.[2] 반드시 채권자가 현실적으로 소송을 제기함을 요하지 않는다.[3]

---

1) 2012. 4. 26. 2010도5693, 공 2012상, 938 = 분석 각론 『교부금 회수 강제집행 사건』.

2) 2008. 6. 26. 2008도3184, [미간행] = 분석 각론 『재산분할 방지용 가등기 사건』.

3) 1973. 10. 31. 73도384, 공 1973, 7570 = 『가압류 신청 전 등기이전 사건』 :

A는 갑의 채권자이다. A가 채권확보를 위하여 소송을 제기할 듯한 기세를 보였다. 그러나 A는 아직 가처분, 가압류를 하지는 않았다. 또한 A는 지급명령신청이나 민사소송도 제기하지 않았다. 이러한 상태에서 갑과 을은 공모하여 갑 소유 M부동산을 을에게 허위양도하여 을 명의로 소유권이전등기를 마쳤다.

검사는 갑과 을을 강제집행면탈죄로 기소하였다. 갑의 피고사건은 제1심을 거친 후, 항소심에 계속되었다. 항소법원은 다음의 이유를 들어 무죄를 선고하였다. (가) 강제집행은 민사소송법(현재는 민사집행법)에 의한 강제집행 또는 동법을 준용하는 가압류, 가처분등의 집행을 지칭하는 것이다. (나) 강제집행면탈죄가 되려면 채권자가 가처분, 가압류를 한 사실이 있거나 최소한 지급명령신청이나 민사소송을 제기한 일이 있어서 구체적으로 강제집행을 받을 우려가 있는 상태하에 그 강제집행을 면할 목적이 있어야 한다. (다) A는 ㉠부동산이 을 명의로 소유권이전등기가 될 당시 이러한 신청이나 가압류 등을 한 사실이 없었다. 검사는 불복 상고하였다.

대법원은 다음의 이유를 제시하여 원심판결을 파기환송하였다. (가) 강제집행면탈죄[에 있어서]는 채권자가 채권확보를 위하여 소송을 제기할 듯한 기세를 보이자 채무자가 강제집행을 면할 목적으로 자기소유 재산을 타인에게 허위양도한 경우에는 구체적으로 강제집행이 사실상 일어나고 있었던 것이 아니었어도 강제집행을 면할 목적으로 재산을 허위양도한 것이다. (나) 원판결이 이와는 달리 사실상 강제집행, 가처분, 가압류 사

통상 약속어음의 부도는 그 발행인의 신용상태가 파탄상태에 이른 것이 객관적으로 확인되는 의미가 있어 변제기가 도래하지 아니한 일반 채권자들도 채권확보에 나설 것이 예상된다. 그러므로 약속어음의 부도는 강제집행의 구체적 위험이 있는 상황으로 인정된다.[1]

2. 행위객체

(1) 채무자의 재산

강제집행면탈죄는 강제집행이 임박한 채권자의 권리를 보호하기 위한 범죄유형이다. 그러므로 강제집행면탈죄의 객체는 채무자의 재산 중에서 채권자가 「민사집행법」상 강제집행 또는 보전처분의 대상으로 삼을 수 있는 것이어야 한다(판례의 입장).[2] [3] 동산 · 부동산뿐만 아니라 재산적 가치가 있어 「민사집행법」에 의한 강제집행 또는 보전처분이 가능한 특허 내지 실용신안 등을 받을 수 있는 권리도 포함된다.[4]

건축허가를 받아 예정된 층수의 상당 부분까지 골조공사가 완공된 건물은 아직 「민사집행법」상 강제집행이나 보전처분의 대상이 될 수 없다. 따라서 당해 건물에 대한 건축주 명의를 채무자로부터 다른 사람으로 변경한 행위는 강제집행면탈죄를 구성하지 않는다.[5]

압류금지물건(민사집행법195)이나 압류금지채권(민사집행법246①)은 강제집행면탈죄의 객체에 해당하지 않는다. 압류금지채권의 경우 압류금지채권의 목적물(예컨대 휴업급여)이 채무자의 예금계좌에 입금되기 전까지는 여전히 강제집행 또는 보전처분의 대상이 될 수 없다.[6]

실이나 지급명령신청 또는 민사소송제기 사실이 없었다는 이유로 강제집행을 당할 염려있는 상태가 아니라고 하여 강제집행면탈의 허위양도죄에 해당하지 아니한다고 판단하였음은 법령을 오해한 것이다.

1) 1999. 2. 9. 96도3141, 공 1999, 508.

2) 2009. 5. 14. 2007도2168, 공 2009, 905.

3) 2017. 4. 26. 2016도19982, 공 2017상, 1219.

“(전략) 의료법에 의하여 적법하게 개설되지 아니한 의료기관에서 요양급여가 행하여졌다면 해당 의료기관은 국민건강보험법상 요양급여비용을 청구할 수 있는 요양기관에 해당되지 아니하여 해당 요양급여비용 전부를 청구할 수 없고(2012. 1. 27. 2011두21669 등 참조), 해당 의료기관의 채권자로서도 위 요양급여비용 채권을 대상으로 하여 강제집행 또는 보전처분의 방법으로 채권의 만족을 얻을 수 없는 것이므로, 결국 위와 같은 채권은 강제집행면탈죄의 객체가 되지 아니한다.”

4) 2001. 11. 27. 2001도4759, 공 2002, 231.

5) 2014. 10. 27. 2014도9442, 공 2014하, 2294.

6) 2017. 8. 18. 2017도6229, 공 2017하, 1826 =『산업재해 보험급여 압류 사건』:

갑은 채권자 A로부터 여러차례 돈을 빌려 사용하고 변제하여 왔다. 갑에게는 변제하지 못한 채무 8,000만원이 있었다(㉠채무). 갑은 A에게 2012. 8. 9.까지 ㉠채무를 변제하기로 약속하였다. 갑은 A에게 ㉡약속어음을 발행하였다. 2011. 8. 9. 갑은 ㉡약속어음 공증을 하였다. 2012. 8. 9. 갑은 변제 기일에 ㉠채무를 변제하지 않았다. 채권자 A는 채무를 변제받기 위하여 ㉡약속어음공정증서에 집행문을 부여받았다. 갑은 산업재해 그러나 압류금지채권의 목적물이 채무자의 예금계좌에 입금된 경우에는 그 예금채권에 대하여 더 이상 압류금지의 효력이 미치지 않는다(민사집행법246② 참조). 그러므로 그 예금은 압류금지채권에 해당하지 아니하여 강제집행면탈죄의 객체에 해당한다.[1)]

압류금지채권의 목적물(예컨대 휴업급여)을 수령하는 데 사용하던 채무자의 기존 예금계좌(A계좌)가 채권자에 의해 압류된 경우가 있다. 이러한 경우에 채무자가 압류되지 않은 다른 예금계좌(B계좌)를 통하여 그 목적물을 수령하더라도 강제집행이 임박한 채권자의 권리를 침해할 위험이 있는 행위라고 볼 수 없어 강제집행면탈죄는 성립하지 않는다.[2)]

를 당하였다. 근로복지공단으로부터 갑 명의의 P은행 ⓐ계좌로 ⓒ보험급여(휴업급여)가 지급되었다. A는 P은행에 대한 갑의 ⓒ예금채권에 대해 청구금액 2,700만원의 채권압류 및 추심신청을 하였다. 2013. 4. 1. A는 관할 지방법원으로부터 ⓓ결정문을 받았다. 2013. 5. 14. 갑은 ⓒ보험급여(휴업급여) 중 일부인 130만원을 추심당하였다. 갑은 그 사실을 알게 되었다. 2013. 5.경 갑은 보험급여와 관련 있는 Q협회에 그 정을 밝히고 새로운 보험급여 수령계좌로 R은행 ⓑ계좌의 통장을 개설하였다. 갑은 근로복지공단 M지사로부터 수령계좌를 ⓑ계좌로 변경받았다. 갑은 ⓑ계좌로 나머지 보험급여(휴업급여)를 지급받았다.

검사는 갑을 다음 요지의 공소사실로 기소하였다. "갑은 강제집행을 면할 목적으로 보험급여(휴업급여) 수령계좌를 ⓐ계좌에서 ⓑ계좌로 변경하여 수령하는 방법으로 재산을 은닉하여 채권자인 A를 해하였다." 제1심법원은 유죄를 인정하였다. 갑은 불복 항소하였다. 항소법원은 다음의 이유를 제시하여 제1심판결을 파기하고 무죄를 선고하였다. (가) 강제집행면탈죄의 객체는 채무자의 재산 중에서 채권자가 민사집행법상 강제집행 또는 보전처분의 대상으로 삼을 수 있는 것이어야 한다. (나) 갑은 산업재해보상보험법 제52조에 따라 보험급여(휴업급여)를 받을 권리가 있다. (다) 위 보험급여를 받을 권리는 산업재해보상법 제88조 제2항에 따라 압류가 금지된다. (라) 위 보험급여가 이미 지급되어 갑의 예금계좌에 입금된 경우에는 예금채권이 되어 그 예금채권에 대하여 더 이상 압류금지의 효력이 미치지 아니하므로 압류금지채권에 해당하지 않는다. (마) 장차 수령할 보험급여(휴업급여)를 받을 권리는 아직 예금계좌에 입금되기 전이어서 예금채권에 해당하지 아니하고 여전히 압류가 금지된 채권에 해당하므로 위와 같은 법리가 적용되지 아니한다. (바) 따라서 갑이 장차 수령할 보험급여(휴업급여)는 강제집행의 대상이 될 수 없는 것이고, 강제집행면탈죄의 객체에 해당하지 아니한다. (사) 따라서 이 사건 공소사실은 범죄로 되지 아니하는 경우에 해당하여 형사소송법 제325조 전단에 의하여 무죄를 선고하여야 할 것이다. 검사는 불복 상고하였다.

대법원은 다음의 이유를 제시하여 상고를 기각하였다. (가) 형법 제327조는 "강제집행을 면할 목적으로 재산을 은닉, 손괴, 허위양도 또는 허위의 채무를 부담하여 채권자를 해한 자"를 처벌함으로써 강제집행이 임박한 채권자의 권리를 보호하기 위한 것이다. (나) 그러므로 강제집행면탈죄의 객체는 채무자의 재산 중에서 채권자가 민사집행법상 강제집행 또는 보전처분의 대상으로 삼을 수 있는 것이어야 한다. (다) 압류금지채권의 목적물이 채무자의 예금계좌에 입금된 경우에는 그 예금채권에 대하여 더 이상 압류금지의 효력이 미치지 아니하므로 그 예금은 압류금지채권에 해당하지 않는다. (라) 그렇지만 압류금지채권의 목적물이 채무자의 예금계좌에 입금되기 전까지는 여전히 강제집행 또는 보전처분의 대상이 될 수 없는 것이다. (마) 그러므로 (ㄱ) 압류금지채권의 목적물을 수령하는 데 사용하던 기존 예금계좌가 채권자에 의해 압류된 채무자가 (ㄴ) 압류되지 않은 다른 예금계좌를 통하여 그 목적물을 수령하더라도 (ㄷ) 강제집행이 임박한 채권자의 권리를 침해할 위험이 있는 행위라고 볼 수 없어 (ㄹ) 강제집행면탈죄가 성립하지 않는다.

1) 2017. 8. 18. 2017도6229, 공 2017하, 1826 = 『산업재해 보험급여 압류 사건』.

2) 2017. 8. 18. 2017도6229, 공 2017하, 1826 = 『산업재해 보험급여 압류 사건』.

(2) 명의신탁 부동산과 강제집행

명의신탁 부동산이 강제집행면탈죄의 객체인 재산에 해당할 것인지 문제된다. 채권자에 의한 강제집행이 진행중이거나 임박한 상황에서 채무자(갑)가 실권리자로서 부동산 소유자(을)로부터 매수하여 명의수탁자(병)에게 명의신탁해 놓은 부동산을 다른 사람(정)에게 양도하는 행위가 채무자(갑)의 '재산'을 은닉하는 경우에 해당할 것인지가 논의의 초점이다. 판례는 부동산이 계약명의신탁의 형식을 취하고 있는 경우에 대해 다음과 같은 이유를 제시하고 있다.

(가) 명의수탁자(병)가 당사자가 되어 명의신탁 약정이 있다는 사실을 알지 못하는 소유자(을)와 부동산에 관한 매매계약을 체결한 후 그 매매계약에 따라 당해 부동산의 소유권이전등기를 명의수탁자(병) 명의로 마친 경우에는 명의수탁자(병)가 당해 부동산의 완전한 소유권을 취득하게 된다(부동산실명법4② 단서). 반대로 (나) 부동산 소유자(을)가 계약명의신탁약정이 있다는 사실을 안 경우에는 수탁자(병) 명의의 소유권이전등기는 무효로 되어 당해 부동산의 소유권은 매도인(을)이 그대로 보유하게 된다.[1)]

이상의 분석에 의할 때 (가)와 (나) 어느 경우든지 명의신탁자(채무자 갑)는 그 매매계약에 의해서는 당해 부동산의 소유권을 취득하지 못하게 된다. 결국 그 부동산은 명의신탁자(채무자 갑)에 대한 강제집행이나 보전처분의 대상이 될 수 없으므로 강제집행면탈죄는 성립하지 않는다.[2)]

3. 실행행위

강제집행면탈죄는 강제집행을 면할 목적으로 재산을 은닉, 손괴, 허위양도 또는 허위의 채무를 부담하여 채권자를 해할 때 성립한다.

(1) 은닉과 손괴

(가) 은 닉 　은닉은 강제집행을 실시하는 자에 대하여 재산의 발견을 불능 또는 곤란하게 하는 것을 말한다.[3)] 재산의 소재를 불명하게 하는 경우는 물론 그 소유관계를 불명하게 하는 경우도 포함한다.[4)] 재산의 소유관계를 불명하게 하는 데 반드시 공부상의 소유자

---

1) 선의의 계약명의신탁에 대해서는, 후술 1321면 이하 참조.

2) 2011. 12. 8. 2010도4129, 공 2012상, 148 = 분석 각론『명의신탁용 유한회사 사건』.

3) 2001. 11. 27. 2001도4759, 공 2002, 231.

4) 2003. 10. 9. 2003도3387, 공 2003, 2207 =『슈퍼 금전등록기 명의변경 사건』:

갑은 P회사 명의로 M연쇄점 슈퍼를 경영하고 있다. M수퍼에는 상품과 비품들이 있다(㉠물품). 갑은 ㉠물품에 대한 소유관계를 불명하게 하여 강제집행을 저지하려고 마음먹었다. 갑은 M연쇄점의 ㉡금전등록기 사

명의를 변경하거나 폐업신고 후 다른 사람 명의로 새로 사업자등록을 할 것까지 요하는 것은 아니다.[1] 은닉이 반드시 강제집행 등의 착수 전에 비밀리에 행해질 필요는 없다.

그러나 채무자가 제3자 명의로 되어 있던 사업자등록을 다른 제3자 명의로 변경하였다는 사정만으로는 그 변경이 채권자의 입장에서 볼 때 사업장 내 유체동산에 관한 소유관계를 종전보다 더 불명하게 하여 채권자에게 손해를 입게 할 위험성을 야기한다고 단정할 수 없다.[2]

업자 이름을 P회사 대표이사 A에서 갑의 형 B로 변경하였다. C는 P회사에 대해 집행력 있는 ㉢공정증서정본을 소지하고 있다. C는 ㉢공정증서정본을 가지고 M연쇄점 내에 있는 ㉠물품에 대해 유체동산가압류 집행을 하려고 하였다. 집행위임을 받은 집행관 D는 ㉡금전등록기의 사업자 이름이 집행채무자의 이름과 다르다는 이유로 집행을 거부하였다. 결국 가압류 집행은 이루어지지 않았다.

검사는 갑을 강제집행면탈죄로 기소하였다. 갑의 피고사건은 제1심을 거친 후, 항소심에 계속되었다. 항소법원은 유죄를 인정하였다. 갑은 불복 상고하였다.

대법원은 다음의 이유를 제시하여 상고를 기각하였다. (가) 형법 제327조에 규정된 강제집행면탈죄에 있어서의 재산의 '은닉'이라 함은 강제집행을 실시하는 자에 대하여 재산의 발견을 불능 또는 곤란하게 하는 것을 말한다. (나) '은닉'은 재산의 소재를 불명하게 하는 경우는 물론 그 소유관계를 불명하게 하는 경우도 포함한다. (다) 재산의 소유관계를 불명하게 하는 데 반드시 공부상의 소유자 명의를 변경하거나 폐업 신고 후 다른 사람 명의로 새로 사업자 등록을 할 것까지 요하는 것은 아니다. (라) 강제집행면탈죄의 성립에 있어서는 채권자가 현실적으로 실제로 손해를 입을 것을 요하는 것이 아니라 채권자가 손해를 입을 위험성만 있으면 족하다.

(마) 사업자등록의 사업자 명의(P회사)는 실제로 변경되지 않았다. (바) 그렇다 하더라도 갑의 행위로 인해 M연쇄점 내의 ㉠물건들에 관한 소유관계가 불명하게 되었다. (사) 그로 인해 C가 손해를 입을 위험이 야기되었다.

1) 2003. 10. 9. 2003도3387, 공 2003, 2207 = 『슈퍼 금전등록기 명의변경 사건』.

2) 2014. 6. 12. 2012도2732, 공 2014하, 1426 = 『식당 사업자등록 변경 사건』:

갑은 P회사를 운영하고 있다. 2001. 11. 1. 갑은 M식당을 개업하였다. M식당 안에는 집기류 등 유체동산이 있다(㉠유체동산). 갑은 M식당에 대해 P회사 명의로 사업자등록을 하였다(㉡사업자등록). 2007. 8. 30. A는 갑을 상대로 관할법원에 약정금 등 청구소송을 제기하였다(㉮소송). B는 갑의 처이다. 2010. 4. 30. 갑은 M식당에 관하여 B 명의로 추가로 사업자등록을 하였다. 2010. 6. 9. 관할법원은 ㉮소송에서 "갑은 A에게 2억원과 이에 대한 지연손해금을 지급하라"는 내용의 판결을 선고하였다(㉯판결). 2010. 6. 30. 갑은 P회사 명의의 사업자등록에 관하여 폐업신고를 하였다. 2010. 10. 4. ㉯판결은 확정되었다.

A는 관할법원에 ㉯확정판결을 채무명의(집행권원)로 하여 강제집행을 신청하였다(㉰채무명의). 집행관 C는 ㉰채무명의에 기하여 M식당의 ㉠유체동산에 대한 강제집행을 실시하였다. 집행관 C는 M식당의 사업자등록이 B 명의로 되어 있다는 이유로 M식당 내부의 ㉠유체동산에 대해 압류집행을 실시하지 않았다. A는 갑을 고소하였다. 갑은 수사기관에서 갑과 P회사는 사실상 동일하다고 진술하였다.

검사는 갑을 강제집행면탈죄로 기소하였다. 공소사실의 요지는 다음과 같다. "갑이 강제집행을 면탈할 목적으로 M식당에 관하여 갑의 처 B 명의로 새로 사업자등록을 한 후 기존의 P회사 명의의 사업자등록에 관하여 폐업신고를 하여 M식당과 관련한 재산의 소유관계를 불명하게 함으로써 재산을 은닉하였다." 갑은 강제집행을 면탈하기 위하여 사업자등록 명의를 P회사에서 B로 변경한 것은 아니라고 주장하였다.

제1심법원은 다음의 점을 이유로 제시하여 유죄를 인정하였다. (가) 사업자등록 명의를 변경한 이유에 관한 갑의 변소가 설득력이 없다. (나) 갑이 검찰에서 갑 자신과 P회사를 동일시하는 취지의 진술을 하였다.

(나) 손 괴 손괴는 물리적으로 목적물을 파괴하는 등 재산적 가치를 감소시키는 행위를 말한다.

(2) 허위양도와 허위채무부담

(가) 허위양도 실제로 양도의 진의가 없음에도 불구하고 표면상 양도의 형식을 취하여 재산의 소유명의를 변경시키는 행위이다.[1] 유상 · 무상을 묻지 않는다. 진실한 양도라면 그것이 강제집행을 면탈할 목적으로 된 것으로서 채권자를 해할 우려가 있는 행위라고 할지라도 허위양도에 해당하지 않는다.[2]

(다) A가 경찰에서 M식당의 사업자등록이 B 명의로 되어 있어서 그 내부 유체동산에 대하여 압류집행이 이루어지지 못하였다고 진술하였다. (라) 영업장에 있는 유체동산의 경우 사업자등록 명의가 점유자를 파악하기 위한 중요한 기준이 된다. 갑은 불복 항소하였다. 항소법원은 항소를 기각하고, 제1심판결을 유지하였다. 갑은 불복 상고하였다.

대법원은 다음의 이유를 제시하여 원심판결을 파기환송하였다. (가) 형법 제327조에 규정된 강제집행면탈죄에 있어서의 재산의 '은닉'이라 함은 강제집행을 실시하는 자에 대하여 재산의 발견을 불능 또는 곤란하게 하는 것을 말한다. (나) '은닉'은 재산의 소재를 불명하게 하는 경우는 물론 그 소유관계를 불명하게 하는 경우도 포함한다. (다) 채무자가 제3자 명의로 되어 있던 사업자등록을 또 다른 제3자 명의로 변경하였다는 사정만으로는 그 변경이 채권자의 입장에서 볼 때 사업장 내 유체동산에 관한 소유관계를 종전보다 더 불명하게 하여 채권자에게 손해를 입게 할 위험성을 야기한다고 단정할 수 없다.

(라) 갑은 M식당에 관한 사업자등록 명의를 P회사에서 B로 변경하였다. (마) 그렇다고 하더라도 P회사와 B는 제3자의 지위에 있다. (바) 그러한 이상 A가 M식당에 있는 ㉠유체동산이 갑 소유임을 입증하여 강제집행에 나아갈 수 있음은 달라진 것이 없다. (사) 갑은 검찰에서 갑 자신과 P회사를 동일시하는 취지의 진술을 하였다. (아) 그렇다고 하여도 A가 갑에 대한 채무명의에 기해 바로 P회사가 점유하는 동산을 집행할 수 있는 것은 아니다.

(자) 갑의 P회사에서 B로의 사업자 명의의 변경이 A의 입장에서 볼 때 ㉠유체동산의 소유관계를 종전보다 더 불분명하게 하는 등의 결과를 초래하였다고 단정할 수 없다. (차) A가 M식당의 사업자등록이 B 명의로 되어 있어서 그 내부 ㉠유체동산에 대하여 압류집행이 이루어지지 못하였다는 사정만으로 이와 달리 볼 것도 아니다.

1) 2001. 11. 27. 2001도4759, 공 2002, 231.

2) 1983. 9. 27. 83도1869, 공 1983, 1635. =『미등기건물 이중 대물변제계약 사건』:

갑은 A로부터 [금전을 차용하면서] 자기소유 미등기부동산인 M건물에 ㉠대물변제계약을 체결하였다. A로부터 강제집행이 임박하였다. 갑은 강제집행을 면탈할 생각으로 사정을 알고 있는 을과 ㉡대물변제계약을 체결하였다. 갑은 을에 대해 실제로 1천만원 차용금채무를 부담하고 있으며, ㉡대물변제계약이 진의에 의하지 아니한 허위표시행위라고 볼 증거는 없다.

검사는 갑과 을을 강제집행면탈죄로 기소하였다. 갑의 피고사건은 제1심을 거친 후, 항소법원에 계속되었다. 항소법원은 무죄를 선고하였다. 검사는 불복 상고하였다.

대법원은 다음의 이유를 제시하여 상고를 기각하였다. 대법원은 허위양도에 대해 다음과 같이 설시하였다. 판단하였다. (가) 강제집행면탈죄에 있어서의 허위양도라 함은 진실한 양도가 아님에도 불구하고 표면상 진실한 양도인 것처럼 가장하여 재산의 명의를 변경하는 것을 말한다. (나) 그러므로 진실한 양도라면 그것이 강제집행을 면탈할 목적으로 된 것으로서 채권자를 해할 우려가 있는 행위라고 할지라도 강제집행면탈죄의 구성요건인 허위양도에 해당하지 않는다.

회사 재산에 대한 강제집행이 임박한 상황에서 회사의 대표이사가 회사 자금을 변칙처리하여 차명계좌로 입금시키는 행위는 횡령죄만을 구성하며 강제집행면탈죄는 성립하지 않는다. 차명계좌 입금행위가 진의에 의하여 재산을 양도한 것이라면 설령 그것이 강제집행을 면탈할 목적으로 이루어진 것으로서 채권자의 불이익을 초래하는 결과가 되었다고 하더라도 강제집행면탈죄의 허위양도 또는 은닉에는 해당하지 않기 때문이다.[1)]

(나) 허위의 채무부담 채무가 없음에도 불구하고 채무를 부담하고 있는 것처럼 가장하는 행위를 말한다. 제3자에 대해 차용증서를 작성하거나 가장의 채권자를 내세우거나 가장의 저당권을 설정하는 경우가 여기에 해당한다. 그러나 단순히 채무자가 구두로 채무를 부담하고 있다는 주장을 하는 정도로는 아직 강제집행의 목적을 해할 정도에 이르는 것이 아니기 때문에 허위의 채무부담이라고 볼 수 없다.

피고인이 타인에게 채무를 부담하고 있는 양 가장하는 방편으로 피고인 소유의 부동산에 관하여 소유권이전청구권보전을 위한 가등기를 경료해 주는 것만으로는 아직 허위채무를 부담하여 채권자를 해한 것이라고 할 수는 없다.[2)] 그러나 강제집행을 면탈할 목적으로 타인에 대해 허위채무를 부담하고 이를 근거로 가등기를 경료하였다면 강제집행면탈죄가 성립한다.[3)]

(3) 채권자를 해함

강제집행면탈죄는 강제집행을 면할 목적으로 재산 은닉 등의 행위를 하여 채권자를 해할 때 성립한다.

(가) 채권의 존재 강제집행면탈죄는 채권자의 권리보호를 주된 보호법익으로 하는 것이므로 강제집행의 기본이 되는 채권자의 권리가 존재해야 한다. 채권자에게 채권의 존재가 인정되지 않을 때에는 강제집행면탈죄는 성립하지 않는다.

강제집행면탈죄를 유죄로 인정하기 위해서는 먼저 채권이 존재하는지 여부에 관하여 심리·판단해야 한다. 민사절차에서 이미 채권이 존재하지 않는 것으로 판명된 경우에는 다른 특별한 사정이 없는 한 형사절차에서 이와 모순·저촉되는 판단을 할 수 없다.[4)]

대법원은 갑과 을의 행위에 대해 다음과 같이 판단하였다. (가) 갑과 을 사이의 ㉡양도행위는 강제집행면탈죄의 허위양도에 해당하지 않는다. (나) 갑이 M건물에 대하여 이미 A와 사이에 ㉠대물변제계약을 체결하였음에도 불구하고 그 집행을 면탈할 목적으로 2중으로 을과 사이에 ㉡대물변제계약을 체결하였다고 하여도 ㉡대물변제계약이 진의에 의한 것이라고 인정되는 이상 이를 허위양도라고 볼 수 없음은 분명하다.

1) 2000. 9. 8. 2000도1447, 공 2000, 2166.
2) 1987. 8. 18. 87도1260, 공 1987, 1486.
3) 2008. 6. 26. 2008도3184, [미간행] = 분석 각론『재산분할 방지용 가등기 사건』.
4) 2012. 8. 30. 2011도2252, 공 2012하, 1636 = 분석 각론『다른 주유소 단말기 사건』.

상계의 의사표시가 있는 경우 각 채무는 상계할 수 있는 때에 소급하여 대등액에 관하여 소멸한 것으로 보게 된다(민법493②). 따라서 상계로 인하여 소멸한 것으로 보게 되는 채권에 관하여는 그 상계의 효력이 발생하는 시점 이후에는 채권의 존재가 인정되지 않으므로 강제집행면탈죄가 성립하지 않는다.[1)]

(나) 채권자를 해할 우려 우리 형법은 일본 형법과 달리 강제집행면탈죄의 요건으로 '채권자를 해한다'는 요건을 추가적으로 설정하고 있다.[2)] 강제집행면탈죄는 미수범을 처벌하지 않으므로 '채권자를 해한다'는 요건이 충족되지 않으면 재산을 은닉하는 등의 행위가 있더라도 강제집행면탈죄는 성립하지 않는다.

강제집행면탈죄는 강제집행을 실시하려는 자에 대해 재산의 발견을 불능 또는 곤란하게 하는 은닉 등의 행위를 통하여 채권자를 해할 위험상태에 이름으로써 바로 성립하는 위험범이다.[3)] [4)] 반드시 채권자를 해하는 결과가 야기되거나 행위자가 어떤 이득을 취하여야 강제집행면탈죄가 성립하는 것은 아니다.[5)]

현실적으로 강제집행을 받을 우려가 있는 상태에서 강제집행을 면탈할 목적으로 허위의 채무를 부담하는 등의 행위를 하는 경우에는 달리 특별한 사정이 없는 한 채권자를 해할 위험이 있는 것으로 보아야 한다.[6)] 은닉한 부동산의 시가액보다 그 부동산에 의하여 담보된 채무액이 더 많다고 하여 그 은닉으로 인하여 채권자를 해할 위험이 없다고 할 수 없다.

채권자에게 채권이 존재하는 경우에도 채무자의 재산은닉 등의 행위 시점을 기준으로 채무자에게 채권자의 집행을 확보하기에 충분한 다른 재산이 있었다면 채권자를 해하였거나 해할 우려가 있는 경우에 해당하지 않는다.[7)] 채무자가 자기소유 자금을 금융기관 등에 예치하지 않고 단순히 거주지 안방 옷장 속에 보관해 왔다는 것만으로는 채권자를 해할 위험상

---

1) 2012. 8. 30. 2011도2252, 공 2012하, 1636 = 분석 각론『다른 주유소 단말기 사건』.

2) 일본형법 제96조의2 (2011년 개정된 조문) 강제집행을 방해할 목적으로 다음 각호의 어느 하나에 해당하는 행위를 한 자는 3년 이하의 징역 또는 250만엔 이하의 벌금에 처하거나 이를 병과한다. 정을 알면서 제3호에 규정하는 양도 또는 권리설정의 상대방이 된 자도 같다.

1. 강제집행을 받거나 받게 될 재산을 은닉하거나 손괴하거나 또는 그 양도를 가장하거나 채무의 부담을 가장하는 행위

2. 강제집행을 받거나 받게 될 재산에 대하여 그 현상을 개변(改變)하거나 가격을 감손(減損)하거나 또는 강제집행의 비용을 증대시키는 행위

3. 금전집행을 받게 될 재산에 대하여 무상 기타 불이익한 조건으로 양도를 하거나 권리설정을 하는 행위

3) 2009. 5. 28. 2009도875, 공 2009, 1062 = 분석 각론『채권추심 공소시효 사건』.

4) 2008. 5. 8. 2008도198, [미간행] =『허위 가등기 후 본등기 사건』☞ 부록 1633면.

5) 2009. 5. 28. 2009도875, 공 2009, 1062 = 분석 각론『채권추심 공소시효 사건』.

6) 2008. 6. 26. 2008도3184, [미간행] = 분석 각론『재산분할 방지용 가등기 사건』.

7) 2011. 9. 8. 2011도5165, 공 2011하, 2178 = 분석 각론『사실혼 재산분할청구 사건』.

태에 이르렀다고 보기 어렵다.[1]

(다) 공소시효 강제집행면탈죄는 그 죄의 성립과 동시에 범죄행위가 종료되어 공소시효가 진행된다. 채무자가 허위의 채무를 부담하는 내용의 채무변제계약 공정증서를 작성한 후 이에 기하여 채권압류 및 추심명령을 받은 경우 공소시효의 기산시점은 채권자를 해할 위험상태에 이른 시점, 즉 채권압류 및 추심명령의 시점이 된다.[2]

피고인(갑)이 허위의 금전채권에 기하여 이를 담보하는 양 설정한 소유권이전등기청구권 보전을 위한 가등기를 한 후, 이 가등기를 다른 사람(을)에게 양도해 주고, 그 사람(을)으로 하여금 본등기를 경료하게 함으로써 목적 부동산을 허위로 양도하게 하는 경우가 있다. 이러한 경우 담보가등기 설정행위 자체를 강제집행면탈 행위로 볼 수 있다. 그렇다고 하더라도 그 가등기를 양도하여 본등기를 경료하게 함으로써 소유권을 상실케 하는 행위는 면탈의 방법과 법익침해의 정도가 훨씬 중하다. 이러한 점을 고려할 때 피고인(갑)이 본등기를 경료하게 하는 행위는 가등기 설정에 의한 강제집행방해죄의 불가벌적 사후행위로 볼 수는 없다. 따라서 이러한 사안에서 공소시효기산점은 본등기 경료 시점이 된다.[3]

---

1) 2007. 6. 1. 2006도1813, 공 2007, 1022 = 『회장님 안방 비자금 사건』:

갑은 L그룹의 회장이다. 갑은 회장으로서 그룹 소속 계열사들의 재무 · 인사 등 업무를 장악하고 있다. P, Q, R회사 등은 L그룹 소속 계열사들이다. 갑은 계열사들 소유 금원 중 일부를 임의로 빼돌려 ㉠돈을 마련하였다. 갑은 자기소유의 ㉡돈을 가지고 있다. 갑은 ㉠돈과 ㉡돈을 구분하지 않고 거주지 안방 옷장 속 서랍 또는 금고 안에 보관해 왔다(㉮행위). [L그룹이 부도에 직면하였다.] 갑은 ㉠돈과 ㉡돈을 이용하여 제3자 명의로 M부동산을 취득하였다(㉯행위).

검사는 갑을 강제집행면탈죄로 기소하였다. 갑의 피고사건은 제1심을 거친 후, 항소심에 계속되었다. 항소법원은 ㉯행위 부분에 대해 유죄를 인정하였다. 갑은 불복 상고하였다. 갑은 상고이유로 다음의 점을 주장하였다. (가) 갑의 ㉮행위로 강제집행면탈죄가 이미 성립하였다. (나) 갑의 ㉯행위는 강제집행면탈죄의 불가벌적 사후행위에 지나지 않는다.

대법원은 다음의 이유를 제시하여 상고를 기각하였다. (가) 형법 제327조 강제집행면탈죄는 강제집행을 실시하려는 자에 대하여 재산의 발견을 불능 또는 곤란케 하는 은닉 등의 행위를 통하여 채권자를 해할 위험상태에 이름으로써 성립하는 위태범이다. (나) 갑은 자신 소유인 ㉡자금을 금융기관 등에 예치하지 않고 단순히 거주지 안방 옷장 속에 위와 같이 보관해 왔다(㉮행위 ㉡자금 부분). (다) 그러한 것만으로는, 갑의 평소 자금 관리 방법이나 위와 같이 개인 자금을 보관하게 된 구체적인 동기나 경위 등을 고려하지 않은 채, 획일적으로 강제집행면탈죄에서의 은닉행위에 해당한다거나 그로 인하여 갑의 채권자를 해할 위험상태에 이르렀다고 보기 어렵다.

(라) 갑은 L그룹 계열사들 소유 금원 중 일부(㉠자금)를 임의로 빼돌려 위와 같은 보관하였다(㉮행위 ㉠자금 부분). (마) 그러한 행위는 L그룹 계열사들에 대한 횡령행위의 일부를 구성하는 것일 뿐이다. (바) 이를 갑의 채권자들에 대한 강제집행면탈행위로서의 은닉행위로 평가할 수는 없다. (사) 갑이 거주지 안방 옷장 속에 자금을 보관해 온 행위가 은닉으로 인한 강제집행면탈죄에 해당함을 전제로 위 자금을 이용하여 제3자 명의로 부동산을 취득한 행위는 불가벌적 사후행위에 해당한다는 취지의 상고이유는 받아들일 수 없다.

2) 2009. 5. 28. 2009도875, 공 2009, 1062 = 분석 각론 『채권추심 공소시효 사건』.

3) 2008. 5. 8. 2008도198, [미간행] = 『허위 가등기 후 본등기 사건』.

4. 고의와 목적

강제집행면탈죄는 강제집행을 면할 목적으로 행해지는 목적범이다. 재산을 은닉하는 등 구체적인 행위를 할 때 그 행위에 대한 고의 이외에 강제집행을 면하려는 목적이 있어야 한다. 강제집행을 면할 목적은 강제집행이 행해지더라도 그 효과를 거둘 수 없게 하려는 의도이다. 그러나 강제집행의 전부 또는 일부가 행해짐을 요하지 않는다. 강제집행 면탈 목적의 궁극적인 달성 여부는 강제집행면탈죄의 성립에 영향이 없다.

5. 공 범

재산을 허위양도하거나 허위의 채무를 부담하는 경우에는 행위자 이외에 상대방이 존재하게 된다. 이 경우 상대방을 강제집행면탈죄의 공범으로 처벌할 수 있을 것인지 문제된다. 이에 대해 강제집행면탈죄를 필요적 공범의 일종인 대향범으로 파악하여 행위자만을 처벌하고 상대방은 불문에 부치는 것으로 해석할 여지가 있다. 그러나 강제집행면탈죄는 단독으로도 용이하게 범할 수 있는 범죄이므로 반드시 필요적 공범으로 볼 것은 아니다. 판례는 강제집행면탈죄의 임의적 공범을 인정하고 있다.[1)]

---

1) 1983. 5. 10. 82도1987, 공 1983, 981 = 『신축건물 싸게 사기 사건』 :

갑은 3층짜리 M건물을 신축하고 있다. 갑은 신축자금을 조달하기 위하여 을, 병, 정으로부터 7천만원을 빌렸다(㉠채무). M건물이 완공되어 갑 명의로 등기가 되었다(M부동산). ㉠채무에 대한 담보로 M부동산에 대해 을, 병, K(실권리자는 정) 명의로 소유권이전청구권 보존을 위한 가등기가 이루어졌다(㉡가등기).

갑은 M건물 신축 과정에서 A, B, C 등 여러 사람으로부터 약 1억원의 채무를 부담하였다(㉢채무). 갑은 D 등 여러 사람에게 M건물에 전세를 놓았다. 갑은 D 등에게 M건물의 일부씩에 전세권 설정등기를 해 주었다(㉣전세등기). D 등의 전세보증금은 약 1억원이 되었다(㉤채무). 갑의 채권자들에 대한 차용금의 원리금 지급이 지체되었다. 채권자들 중 A가 M부동산에 대해 강제경매신청을 하였다. 다른 채권자들은 M건물을 가압류하였다. 강제경매신청 및 가압류 사실은 M부동산 등기부에 기재되었다(㉥경매기입등기).

갑은 경매 등 정상적인 절차에 의하여 M부동산을 처분하여 정산하면 아무런 이익이 없게 됨을 알고 조금이라도 이익을 볼 수 있는 처분방법을 모색하였다. 무는 M부동산의 복잡한 권리관계를 이용하여 M부동산을 염가로 매수하려고 하였다.

무는 갑에게 1번 가등기권자 외의 채권자들에게는 채무를 변제하지 않는 방책으로 다음의 방법을 일러주었다. (가) 1번 가등기권자에게 소유권이전의 본등기를 필한다. (나) 그렇게 하면 후순위권리자들의 등기는 모두 직권 말소되고, 경매신청이나 가압류 등도 효력이 소멸하고, 경매절차를 진행할 수 없다. (다) 무는 갑으로부터 ㉦가격으로 M부동산을 매수한다. (라) 무는 매매 대금의 일부로 1번 가등기권자인 을, 병, 정(명의수탁자 K)에게 채무의 원리금을 모두 변제한다. (마) 통상 거래관행에 따라 가등기의 말소등기절차를 이행하지 않으면 후순위 등기는 말소되지 않는다. (바) 일단 1번 가등기에 의하여 을, 병, K 앞으로 소유권이전의 본등기를 필한다. (사) 본등기보다 후순위인 등기가 모두 직권 말소된 후 다시 갑 명의로 소유권을 회복해 준다. (아) 무는 갑에게 잔대금을 지급한다. (자) 갑은 M부동산에 대한 소유권이전등기를 무에게 이전한다.

갑은 가등기권리자 을, 병, 정에게 무가 제시한 방법을 알려주었다. 을, 병, 정은 무가 일러준 대로 절차를

6. 죄 수

강제집행면탈죄의 죄수 결정기준이 문제된다. 일본 형법은 강제집행면탈죄를 공무방해죄의 일종으로 규정하고 있다. 이러한 관점에 따르면 강제집행면탈죄의 죄수는 강제집행을 단위로 해서 결정하게 된다. 이에 따르면 은닉·손괴되는 재산이 여러 개가 있을지라도 강제집행이 하나이면 1죄를 이룬다. 채권자가 1명이고 채권이 다수인 경우는 물론 채권자 및 채권이 복수인 경우에도 강제집행이 하나이면 하나의 강제집행면탈죄를 구성하게 된다.

그러나 우리 형법은 강제집행면탈죄의 주된 보호법익을 채권자의 권리보호에 두고 있다. 현실적으로 강제집행이 이루어질 것을 요구하지 않으며 강제집행을 당할 구체적인 위험이 있는 상태이면 된다. 그러므로 채권자의 권리가 강제집행면탈죄의 죄수결정 기준으로 고려되어야 한다.

취하면 후순위권리자 A, D 등은 전혀 변제를 받을 수 없는 대신 갑이 상당한 돈을 차지할 수 있음을 알면서도 이에 동의하였다. 무는 을, 병, 정에게 갑의 ㉠채무의 원리금으로 1억원을 변제하였다. 이후 을, 병, K 명의로 M부동산에 대한 소유권이전 본등기가 경료되었다. [M부동산은 갑 명의를 거쳐 무 명의로 소유권이전등기가 경료되었다.]

검사는 갑, 을, 병, 정, 무를 강제집행면탈죄로 기소하였다. 제1심법원은 다음 요지의 범죄사실을 인정하였다. "갑, 을, 병, 정, 무는 을, 병, K 명의로 소유권이전등기를 필하여 M부동산을 은닉하였다." 제1심법원은 갑, 을, 병, 정, 무를 강제집행면탈죄의 공동정범으로 처단하였다. 갑, 을, 병, 정, 무는 불복 항소하였다. 항소법원은 항소를 기각하고, 제1심판결을 유지하였다. 을, 병, 정, 무는 불복 상고하였다. 갑은 상고하지 않았다. 을, 병, 정, 무는 상고이유로 다음의 점을 주장하였다. (가) 을, 병, 정은 자신들의 채권 담보의 실행방법으로 M부동산에 대해 소유권이전 본등기를 한 것이다. (나) 무는 정당한 가격으로 M부동산을 매수하였다. (다) M부동산은 을, 병, K(명의신탁자 정) 명의로 본등기되어 공시되어 있다. (라) 채권 담보실행 또는 정상적인 매매행위를 강제집행면탈이라고 할 수 없다. (마) M부동산에 본등기한 것을 두고 이를 재산의 '은닉'이라고 할 수 없다.

대법원은 다음의 이유를 제시하여 상고를 기각하였다. (가) 을, 병, 정은 단순히 자기들의 채권담보의 실행으로 소유권이전의 본등기를 한 것이 아니다. (나) 무는 단순하게 다른 채권자들의 가압류나 강제경매기입등기가 말소된 후에 M부동산을 매수하여 소유권이전등기를 마친 것이 아니다.

(다) 을, 병, 정, 무는 갑의 이익을 위하여 다른 채권자들이 강제집행을 못하게끔, (ㄱ) 무가 M부동산을 매수하고, (ㄴ) 그 매매대금의 일부로 선순위가등기권리자인 을, 병, 정에 대한 채무를 변제하되, (ㄷ) 일단 본등기를 경료하여 다른 채권자들의 가압류 및 강제경매의 기입등기를 직권 말소하게 하는 일련의 등기절차를 거치기로, 을, 병, 정, 무와 갑이 사전에 서로 협의, 공모하였다. (라) 을, 병, 정, 무는 갑의 강제집행면탈죄에 가담한 것이다. (마) 설사 을, 병, 정이 자기들의 채권담보의 실행책으로 소유권이전의 본등기를 하고, 또 무가 정당한 가격으로 M부동산을 매수하였다 할지라도 갑의 강제집행면탈죄의 공범으로서의 죄책을 면할 수 없다.

(바) 강제집행면탈죄에서 재산의 '은닉'이라 함은 재산의 소유관계를 불명하게 하는 행위도 포함한다. (사) 사전에 모의하여 을, 병, K(명의신탁자 정) 앞으로 소유권이전의 본등기를 한 것은 재산의 은닉에 해당한다.

제 4 편 재산적 법익에 관한 죄

제38장 절도와 강도의 죄

제 1 재산범죄의 의의와 분류

1. 재산범죄의 의의와 편별

(1) 재산범죄의 의의

우리 나라는 사유재산제도를 기반으로 하는 자본주의 경제체제에 입각하고 있다. 헌법은 "모든 국민의 재산권은 보장된다"(헌법22① 1문)고 규정하여 이를 분명하게 밝히고 있다. 국가는 개인의 재산이 불법하게 침해되지 않도록 보호해야 할 책무를 진다. 형법의 재산죄 규정들은 이러한 법적 보호의무를 구체화한 것이다.

우리 형법은 각칙 제38장에서부터 제42장에 걸쳐서 재산에 관계되는 각종 범죄들에 관하여 규정하고 있다. 이 범죄들은 모두 개인의 재산을 보호법익으로 하고 있다는 점에서 공통되며, 이 점을 강조하여 이들 범죄를 재산범죄라고 부른다.

개인의 재산을 보호법익으로 하는 범죄는 「특허법」, 「실용신안법」, 「상표법」, 「디자인보호법」, 「저작권법」 등 각종 특별법에 다수 규정되어 있다. 또한 형법전 가운데에서도 개인의 재산이 부차적으로 보호되는 범죄가 많다. 형법 각칙 제13장 방화와 실화의 죄, 제34장 신용, 업무와 경매에 관한 죄, 제37장 권리행사를 방해하는 죄 등이 그 예이다. 그러나 형법 각칙 제38장 이하의 재산범죄는 개인의 재산을 일차적 보호목적으로 삼고 있다는 점에서 부차적으로 재산보호를 꾀하는 다른 범죄유형들과 구별된다.

(2) 재산범죄의 편별

형법전에 재산범죄를 어떻게 편별할 것인가 하는 문제는 각국의 입법자가 결단할 사항이다. 계수사적 관점에서 볼 때 우리 형법의 재산죄 편별은 1940년에 발표된 일본 개정형법가안 각칙의 영향을 크게 받고 있다. 일본 개정형법가안은 1907년에 제정된 일본 형법의 불비점을 입법적으로 보완하기 위하여 마련된 개정시안이다. 1907년 일본 형법은 의용형법이라는 이름으로 1953년 우리 형법이 제정될 때까지 이 땅에 시행되었는데, 이 일본 형법은 1871년에 제정된 독일 제국형법으로부터 상당한 영향을 받고 있다.

이와 같은 계수사적 맥락을 기초로 한국, 일본, 독일의 재산죄 편별을 비교해 보면, 세

나라의 형법전이 일견 비슷해 보이지만 차이가 있는 부분도 적지 않다. 예컨대 재산범죄의 객체를 재물과 재산상 이익으로 준별한 점, 횡령죄와 배임죄가 동일한 장에 규정되어 있는 점 등은 우리 형법만의 특징이라고 할 수 있다. 비교법적 관점에서 부각되는 일련의 차이점은 우리 형법의 재산범죄 해석에 여러 가지 시사점을 제공한다.

2. 재산범죄의 분류

(1) 재물죄와 이득죄

재산범죄는 행위객체, 행위방법, 행위자의 주관적 의사 등 여러 가지 기준을 통하여 분류해 볼 수 있다. 재물죄와 이득죄의 분류는 구성요건상의 행위객체를 기준으로 한 것이다. 구성요건에서 재물을 객체로 설정하는 범죄가 재물죄이며, 재산상 이익을 객체로 하는 범죄가 이득죄이다.

전형적인 재물죄로는 절도죄(법329), 횡령죄(법355①), 장물죄(법362), 재물손괴죄(법366)를 들 수 있으며, 전형적인 이득죄로 배임죄(법355②)와 컴퓨터등사용사기죄(법347의2)를 들 수 있다. 강도죄(법333), 사기죄(법347), 공갈죄(법350)는 재물과 재산상 이익을 모두 객체로 하고 있으므로 재물죄인 동시에 이득죄이다.

(2) 영득죄와 손괴죄

재물죄는 다시 영득죄와 손괴죄로 분류할 수 있다. 영득죄는 타인의 소유에 속한 재물을 자기 또는 제3자에게 영득시키려는 의도로 행해지는 범죄이다. 이때 영득이라 함은 권리자를 배제하고 자신이 소유자로 나서는 것을 말한다. 절도죄(법329), 강도죄(법333), 사기죄(법347), 공갈죄(법350), 횡령죄(법355①) 등은 영득죄에 속한다. 손괴죄는 권리자를 배제하는 것과는 관계없이 재물 그 자체의 효용가치를 멸실 또는 감소시키는 범죄이다. 재물손괴죄(법366), 경계침범죄(법370) 등은 손괴죄에 속한다.

영득죄와 손괴죄의 구별실익은 범죄성립요소로서 불법영득의사를 요하는가에 있다. 영득죄의 경우에는 주관적 구성요건요소로서 고의 이외에 권리자를 배제하려는 불법영득의사를 필요로 한다. 이에 대해 손괴죄의 경우에는 손괴의 고의만 있으면 된다.

(3) 탈취죄, 편취죄, 갈취죄

영득죄 가운데 횡령죄를 제외한 다른 범죄는 다시 탈취죄, 편취죄, 갈취죄로 나누어진다. 절도죄(법329)와 강도죄(법333)를 탈취죄라고 한다. 탈취죄는 재물에 대한 탈취를 내용으로 하는 범죄유형이다. 탈취란 피해자의 의사에 반하여 점유를 배제하고 재물을 행위자 자신이나 제3자의 점유로 옮기는 행위를 말한다. 이때 피해자의 의사에 반하여 점유를 가져오는 행위를 절취(窃取)라고 한다. 이에 대해 반항을 억압할 정도의 폭행 · 협박으로 피해자의 의사에 반하여 점유를 가져오는 행위를 강취(强取)라고 한다. 자기의 지배하에 있는 재물이나 누구의 지배에도 속하지 않는 재물을 영득하는 행위는 횡령죄(법355①)나 점유이탈물횡령죄(법360)를 구성할 뿐 탈취죄에 해당하지 않는다.

편취죄는 재물의 편취를 내용으로 하는 범죄이다. 편취(騙取)란 일단 점유자의 의사에 기하여 재물의 지배를 취득하지만 기망에 의한 것이어서 자유로운 의사에 입각한 것이라고 볼 수 없는 경우를 말한다. 사기죄(법347)가 여기에 해당한다.

갈취죄는 재물의 갈취를 내용으로 하는 범죄이다. 갈취(喝取)란 일단 점유자의 의사에 기하여 재물의 지배를 취득하지만 폭행 · 협박에 의한 것이어서 자유로운 의사에 입각한 것이라고 볼 수 없는 경우를 말한다. 공갈죄(법350)가 여기에 해당한다.

3. 재물과 재산상 이익

(1) 전체로서의 재산

재산범죄는 재산에 대한 범죄행위이다. 재산은 어느 개인이 보유한 경제적 가치의 총체를 말한다. 유형 · 무형의 모든 가치를 포함한다. 이러한 경우의 재산을 전체로서의 재산이라고 부른다. 우리 형법은 재산범죄를 규정하면서 재산 개념을 직접적으로 사용하고 있지는 않다.

전체로서의 재산에 대응하는 개념으로 손해가 있다. 손해란 전체로서의 재산이 감소되는 것을 가리킨다. 손해는 변동되기 전의 재산과 변동된 후의 재산을 비교하여 줄어든 만큼의 차이를 의미한다. 우리 형법상 손해의 개념이 사용되고 있는 범죄는 배임죄이다(법355②).

(2) 재산의 범위

형법상 재산의 범위에 대해 견해가 나뉘고 있다.

(가) 법적 재산설 재산을 사법(私法)상 인정되는 권리의 총체로 파악하는 견해이다. 이에 따르면 재산은 개개인이 가지고 있는 재산권의 총합을 의미한다. 생명, 신체의 완전성, 명예와 같은 인격권은 재산에 포함되지 않는다. 예컨대 이성과의 정교는 성적 자기결정권에 관한 것이므로 재산에 포함되지 않으며, 재산죄의 객체로도 될 수 없다. 이성과의 정교에 대한 대가청구권 또한 사법상 권리로 인정되지 않으므로 재산에 포함되지 않는다.

(나) 경제적 재산설 경제적 가치가 부여될 수 있는 지위의 총체를 재산으로 보는 견해이다. 이에 따르면 재산은 개인이 처분할 수 있는 경제적 가치 있는 지위의 총체이다.

경제적 가치가 있는 지위가 법적으로 어떠한 평가를 받는지는 문제 삼지 않는다. 이 입장에서는 예컨대 이성과의 정교에 대한 대가도 거래사회에서 사실상 경제적 가치가 있는 것으로 평가되면 재산에 포함시킨다.

(다) 법적·경제적 재산설 극단적인 법적 재산설과 극단적인 경제적 재산설을 완화하기 위하여 등장한 이론이다. 이 견해는 원칙적으로 경제적 재산설의 입장에서 출발한다. 이 점에서 사법상의 권리만을 재산에 포함시키는 법적 재산설과 구별된다. 그러나 동시에 순수한 경제적 재산설과 달리 위법한 재산상태를 재산개념에서 배제한다. 예를 들어 절도범행에 의하여 취득한 물건이나 사기범행에 의하여 취득한 재산상 이익을 법질서 전체의 관점에서 살펴보아 재산에서 제외한다. 설사 경제적 가치가 있어서 재산이라고 평가할 수 있는 것이라 할지라도 '법질서 단일의 원칙'이라는 관점에서 법질서가 금지하거나 용인하지 않는 경제적 지위를 재산개념에서 제외시키려는 입장이다.

(라) 판 례 판례는 경제적 재산설을 취하고 있다. 예컨대 "일반적으로 부녀와의 성행위 자체는 경제적으로 평가할 수 없고, 부녀가 상대방으로부터 금품이나 재산상 이익을 받을 것을 약속하고 성행위를 하는 약속 자체는 선량한 풍속 기타 사회질서에 위반한 사항을 내용으로 하는 법률행위로서 무효이다. 그러나 사기죄의 객체가 되는 재산상의 이익이 반드시 사법(私法)상 보호되는 경제적 이익만을 의미하지 아니하고, 부녀가 금품 등을 받을 것을 전제로 성행위를 하는 경우 그 행위의 대가는 사기죄의 객체인 경제적 이익에 해당하므로, 부녀를 기망하여 성행위 대가의 지급을 면하는 경우 사기죄가 성립한다."고 판시한 판례는 경제적 재산설의 입장을 뚜렷이 보여주고 있다.[1]

(3) 재물과 재산상 이익의 구별

형법상 재산은 재물과 재산상 이익으로 나누어진다. 재물은 물건을 대상으로 하는 개별·재산이다. 물건은 유체물과 전기 기타 관리할 수 있는 자연력(법346, 민법98)이다. 물건은 소유권의 대상이 된다. 형법은 타인의 소유에 속하는 물건을 '재물'이라고 표현하고 있다. 이 점은 자기소유의 물건을 단순히 '물건'이라고 표현하고 있는 권리행사방해죄(법323) 및 점유강취죄(법325)와의 대비에서 확인할 수 있다.

재산상 이익은 경제적 가치가 있는 무형의 지위를 가리킨다. 전체로서의 재산은 개별재산인 재물의 총체와 재산상 이익의 총체로 구성된다. 재물과 재산상 이익은 전체로서의 재산을 구성하는 하위개념으로서 양자는 서로 독립된 관계에 있다. 재물은 재산상 이익이 구체화

1) 2001. 10. 23. 2001도2991, 공 2001, 2622 = 분석 각론 『화대 편취 사건』.

되거나 특화된 것이 아니다. "재물에 관한 범죄는 재산상 이익에 관한 범죄에 대해 특별관계에 있다"는 식의 접근방법은 성립하지 않는다.

우리 입법자는 재산범죄에 관한 조문을 편별하면서 재산범죄의 객체를 재물과 재산상 이익으로 대별하여 규정하고 있다. 재물과 재산상 이익을 준별하여 재산범죄를 편별하고 있는 것은 우리 형법의 특징 가운데 하나이다.

재물과 재산상 이익의 구별은 매우 중요하다. 양자의 구별은 여러 가지 의미를 가지고 있으나, 여기에서 한 가지를 지적한다면 장물죄의 성립 여부를 들 수 있다. 장물죄의 객체는 장물이다. 장물은 영득죄에 의하여 취득한 재물이다. 장물이 되려면 행위객체가 반드시 물건이어야 한다. 재산상 이익은 무형의 것으로서 물건이 아니다. 그러므로 재산상 이익을 객체로 하는 재산범죄에 사후적으로 관여하는 자에 대해서는 장물죄의 죄책을 물을 수 없다. 예컨대 배임행위에 제공된 물건은 배임행위로 인하여 영득한 물건은 아니어서 장물로 볼 수 없다. 따라서 배임행위에 제공된 물건을 그 정을 알면서 매수한 타인에 대해서는 장물취득죄(법362①)가 성립하지 않는다.[1)]

(4) 재산상 이익

전체로서의 재산은 재물과 재산상 이익으로 구성된다. 강도죄(법333), 사기죄(법347), 컴퓨터등사용사기죄(법347의2), 공갈죄(법350), 배임죄(법355②) 등의 구성요건에서는 재산상 이익이 객체로 등장하고 있다. 이 가운데 특히 컴퓨터등사용사기죄(법347의2)와 배임죄(법355②)의 경우에는 재산상 이익만이 행위객체로 규정되어 있다.

재산상 이익은 전체로서의 재산에서 재물을 제외한 것을 말한다. 즉 유체물과 전기 기타 관리할 수 있는 자연력(법346, 민법98)을 제외한 추상적 이익이 재산상 이익이다. 재산상 이익은 채무의 면제, 채무이행기의 연기, 채무부담의 약속, 재산적 가치 있는 역무(서비스)의 제공 등 다양한 형태로 나타난다. 계좌에서 계좌로 이체되는 자금(가상화폐)은 재물이 아니라 재산상 이익에 해당한다.[2)]

가상자산은 (가) 국가에 의해 통제받지 않고 (나) 블록체인 등 암호화된 분산원장에 의하여 부여된 경제적인 가치가 (다) 디지털로 표상된 정보로서 (라) 재산상 이익에 해당한다.[3)] 비트코인은 경제적인 가치를 디지털로 표상하여 전자적으로 이전, 저장과 거래가 가능하도록 한 가상자산의 일종으로 재산상 이익에 해당한다.[4)]

---

1) 후술 1491면 참조.
2) 2008. 6. 12. 2008도2440, 공 2008하, 1018 = 분석 각론『계좌이체 후 인출 사건』.
3) 2021. 12. 16. 2020도9789, 공 2022상, 223 =『가상자산 착오 이체 사건』☞ 부록 1635면.
4) 2021. 11. 11. 2021도9855, 공 2022상, 56 =『6000비트코인 이체 사건』:

재산상 이익은 적극재산이 증가하는 경우와 소극재산(부채)이 감소하는 경우를 모두 포함하며, 영구적 이익인가 일시적 이익인가를 묻지 않는다. 재산상 이익은 사실상 취득하면 족하다. 피해자의 처분행위가 법률상 유효인지 무효인지, 취소가 가능한지 등을 묻지 않는다.

재산상 이익이 행위객체로 등장하는 범죄유형이 이득죄이다. 그런데 이득죄를 검토할 때 재산상 이익의 취득 이외에 상대방의 손해발생을 요구할 것인지 문제된다. 이 문제는 재물을 객체로 하는 영득죄의 경우에도 제기될 수 있지만, 영득죄의 경우에는 범인 측의 재물 영득 자체가 곧 상대방의 손해가 된다고 인정할 수 있기 때문에 특별히 논의할 필요가 없다. 따라서 손해발생 문제는 이득죄의 경우에 실천적 의미를 가지게 된다.

일반론으로 생각할 때 한쪽에 재산상 이익이 생겼다고 해도 전체재산의 관점에서 보아 상대방에게 손해가 없었을 경우에는 이득죄의 성립이 없다고 보아야 할 것이다. 그러나 이것은 어디까지나 일반적인 기준이며, 입법자가 설정해 놓은 개별 구성요건의 입법목적과 조문 구성에 따라 결론이 달라질 수 있다.

을과 B, C 등은 P회사를 설립하였다. P회사는 블록체인 기술 기반의 암호화폐 거래 플랫폼인 ⓐ플랫폼과 ⓐ플랫폼에 기반한 암호화폐 ⓑ코인의 기술개발 및 배포를 목적으로 하고 있다. 을은 P회사의 대표이사에 취임하였다. 갑은 A의 아들이다. P회사는 창립멤버 5인(을, A, B, C, E)으로 구성된 5인위원회에서 의사결정을 한다. P회사는 ⓑ코인 프로젝트를 위하여 Q재단을 설립하였다. P회사와 Q재단은 사실상 일체이다. Q재단의 이사는 갑, A, D 3인이다. Q재단은 ICO(Initial Coin Offering)를 실시하여 6,902비트코인을 모집하였다(㉠비트코인). 모집된 ㉠비트코인은 갑, A, D 3인 명의 계좌로 이체되었다(㉡3인계좌).

P회사에 경영권 분쟁이 발생하였다. 갑은 자신의 아버지 A의 P회사에서의 지배력을 강화하고 경영권 분쟁을 해결하는 과정에서 유리한 지위를 점할 수 있는 방안을 모색하였다. 갑은 모집된 ㉠비트코인을 가지고 M이벤트에 참가할 것을 제안하였다. P회사의 5인위원회는 M이벤트 참가를 결정하였다. P회사는 ㉠비트코인 가운데 6,000비트코인을 ㉡3인계좌로부터 갑의 ㉢단독계좌로 이체하였다. 이체 당시 6000비트코인의 가치는 200억원에 달하였다. 이체 당시 갑은 M이벤트에 참가한 직후 곧바로 6000비트코인을 ㉡3인계좌로 복귀시키겠다고 약속하였다. M이벤트 참가가 종료되었다. 갑은 약속과 달리 6,000비트코인을 ㉡3인계좌에 반환하지 않았다. 갑은 P회사 측에서 갑에게 만족할 만한 제안을 하여 합의가 이루어지기 전까지는 6,000비트코인을 자신이 가지고 있겠다는 의사를 밝혔다.

검사는 갑을 특정경제범죄법위반죄(사기)로 기소하였다. 제1심법원은 유죄를 인정하였다. 갑은 불복 항소하였다. 항소법원은 항소를 기각하고, 제1심판결을 유지하였다. 갑은 불복 상고하였다. 갑은 상고이유로 다음의 점을 주장하였다. (가) 비트코인의 전송은 실물 자산이나 권리와 연결되어 있지 않은 '정보의 기록이나 변경'에 불과하다. (나) 비트코인의 전송 그 자체를 재산상 이익의 이전으로 볼 수 없다. (다) 따라서 비트코인을 전송받은 갑의 행위는 사기죄에 해당하지 않는다.

대법원은 다음의 이유를 제시하여 상고를 기각하였다. 대법원은 비트코인의 법적 성질에 대해 다음과 같이 설시하였다. (가) 비트코인은 (ㄱ) 경제적인 가치를 디지털로 표상하여 (ㄴ) 전자적으로 이전, 저장과 거래가 가능하도록 한 (ㄷ) 가상자산의 일종으로 (ㄹ) 사기죄의 객체인 재산상 이익에 해당한다. (나) 원심은 갑에 대한 특정경제범죄법 위반(사기) 부분을 유죄로 판단한 제1심판결을 그대로 유지하였다. 대법원은 원심판결에 특정경제범죄법(사기)의 법리를 오해한 잘못이 없다고 판단하였다.

4. 재물의 개념

(1) 재물죄의 객체

형법상 재물의 개념은 여러 곳에서 사용되고 있다. 재산죄 중에서 재물만을 행위의 객체로 설정하는 경우는 절도죄(법329), 횡령죄(법355①), 손괴죄(법366)이다. 강도죄(법333), 사기죄(법347), 공갈죄(법350)의 경우에는 재물과 재산상 이익이 함께 행위객체로 규정되어 있다.

재산범죄에 관한 일련의 조문들이 동일하게 '재물'이라는 표현을 사용하고 있다고 하더라도 그것이 사용된 개개의 구성요건과 관련하여 재물의 의미내용이 조금씩 달라질 수 있다. 아래에서는 개개의 구성요건과 관련한 구체적 차이점을 잠시 접어두고 재물의 일반적 개념요소들을 검토해 보기로 한다.

(2) 유체성설과 관리가능성설

재물의 의의에 관해서는 우선 그것이 유체물에 한정되는지, 아니면 무체물도 포함하는지 문제된다. 이에 대해서는 유체물설과 관리가능성설이 제시되어 왔다.

(가) 논의의 계기　　유체물설이란 형법상 유체물만 재물에 해당한다고 보는 견해이다. 이에 대해 관리가능성설은 유체물 이외에 전기와 같이 관리가 가능한 무체물도 형법상 재물에 포함된다고 보는 견해이다. 원래 유체물설 · 관리가능성설의 논란은 전기절도를 명문으로 규정하고 있지 않던 일본 구형법하에서 일어났던 것으로서, 당시 일본 판례는 관리가능성설에 입각하여 전기절도를 절도죄로 처벌한 바 있다. 이후 일본 형법은 전기에 관한 규정을 별도로 마련하였다.[1)]

이 문제에 대해 우리 형법은 제346조에서 "본장의 죄에 있어서 관리할 수 있는 동력은 재물로 간주한다."라고 규정한 다음, 이 조항을 재산범죄의 각 장에 준용하여(법354, 361, 372) 학설의 대립을 입법적으로 해결하고 있다.

그런데 형법 제346조가 규정되었다고 하여도 재물의 개념에 대한 논의가 완전히 종결된 것은 아니라는 주장이 제기되고 있다. 관리가능성설을 취하더라도 관리가능한 동력 이외에 관리가능한 무체물도 재물이라고 할 것인지에 대해 의문이 남을 뿐만 아니라 형법 제346조

---

1) 일본민법 제85조 이 법률에서 '물건'이란 유체물을 말한다.

일본형법 제245조 이 장[절도 및 강도의 죄]의 죄에 관하여는 전기는 재물로 간주한다.

제251조 제242조[타인의 점유 등에 속한 자기의 재물], 제244조[친족간의 범죄에 관한 특례] 및 제245조[전기]의 규정은 이 장의 죄[사기 및 공갈의 죄]에 대하여 준용한다.

가 준용되지 않고 있는 권리행사방해죄(법323)나 점유강취죄(법325)의 경우에 행위객체인 '물건'의 범위를 결정할 필요가 있다는 것이 그 이유이다.

(나) 입법적 해결 형법상의 재물개념은 원칙적으로 민법의 물건개념을 토대로 하고 있다. 일본의 경우를 보면 일본 민법 제85조는 "이 법률에 있어서 '물건'이란 유체물을 말한다."고 규정하고 있다. 1953년 우리 형법이 제정될 당시에는 일본 민법이 의용되고 있었으므로 전기절도의 문제가 논란될 여지가 있었고, 이에 대한 대비책으로 마련된 것이 우리 형법 제346조이다.

이후 1958년에 민법을 제정(1960년 시행)하면서 우리 입법자는 민법 제98조에서 "본법에서 물건이라 함은 유체물 및 전기 기타 관리할 수 있는 자연력을 말한다."고 규정하여 관리가능성설을 명시적으로 채택하였다. 형법상의 재물 개념이 민법상의 물건 개념에서 출발해야 한다는 점에 비추어 볼 때 관리가능한 무체물의 규율 문제나 권리행사방해죄(법323) 및 점유강취죄(법325)의 준용규정 부재의 문제는 우리 형법의 해석상 더 이상 거론할 필요가 없게 되었다.

(다) 한계사례 관리가능설의 관점에서 볼 때 유체물이라 할지라도 관리가능성이 없는 것은 재물에 해당하지 않는다. 예컨대 해[日], 달[月], 별[星辰], 공기, 바닷물 등이 그 예이다.

관리가능성설의 관점에서 볼 때 무체물도 재물에 포함될 수 있다. 다만 관리가능한 무체물의 범위는 어디까지나 자연력에 한정된다. 사람의 노동력이나 이를 대신하는 소나 말의 끄는 힘 등은 자연력이 아니므로 재물에 해당한다고 볼 수 없다. 타인의 문서를 몰래 복사하여 사본을 가지고 가는 행위는 물건 자체를 취거하는 행위가 아니므로 절도죄에 해당하지 않는다.[1] 다만 복사에 사용된 용지가 타인소유의 것이라면 절도죄에 해당한다.[2]

---

1) 1996. 8. 23. 95도192, 공 1996, 2931 = 분석 각론『퇴직금 내역서 복사 사건』.

2) 1986. 9. 23. 86도1205, 공 1986, 2996 =『연구실 복사문서 반출 사건』:

P회사는 화학공업회사이다. 갑은 P회사의 M연구실 사원으로 근무하고 있었다. M연구실에는 ㉠입도계산기, ㉡발포제, ㉢미국 특허원본, ㉣수지성분에 관한 미국 특허원본 등의 물품이 비치되어 있었다. M연구실에 비치된 위의 물품은 P회사 소유이다. 비치된 물품 중 ㉠입도계산기는 일반교과서, 잡지 등에 수록된 여러 수치들을 일목요연하게 비교 요약하여 놓은 간편한 대조표이다. ㉠입도계산서는 일정한 연구기관에 수수료를 지급하여야 구입할 수 있다. M연구실의 사원들에게는 그 업무수행을 위하여 위 물품들을 사용하거나 사본하여 사용하는 것이 허용되었다. 갑은 P회사를 퇴사하였다. 갑은 M연구실에 보관되어 있던 ㉠입도계산기, ㉡발포제, ㉢미국 특허사본 1부, ㉣수지성분에 관한 미국 특허사본 1부를 P회사의 승인 없이 가방에 넣어가지고 나왔다.

검사는 갑을 절도죄로 기소하였다. 갑의 피고사건은 제1심을 거친 후, 항소심에 계속되었다. 항소법원은 유죄를 인정하였다. 갑은 불복 상고하였다. 갑은 상고이유로 다음의 점을 주장하였다. (가) ㉠물품 등은 이미 공개된 기술내용에 관한 것이다. (나) ㉠물품 등은 외국회사에서 선전용으로 무료로 배부하여 주는 것이다. (다)

채권이나 무체재산권 같은 무형적 권리는 재물이라고 볼 수 없다. 추상적 권리를 재물이라고 보게 된다면 재물과 재산상 이익을 준별하는 우리 형법의 기본결단을 무시하는 결과가 될 것이며, 죄형법정주의에 반하게 된다. 다만 추상적 권리가 증권에 화체되면 그 증권은 재물이 된다.[1)]

재물과 구별되는 것으로 역무(서비스)가 있다. 역무(役務)는 무형적인 이익에 불과하고 물리적 관리의 대상이 될 수 없어 재물에 해당하지 않는다. 예컨대 타인의 전화기를 무단으로 사용하여 전화통화를 하는 행위는 전기통신사업자에 의하여 가능하게 된, 전화기의 음향송수신기능이라는 역무를 부당하게 이용하는 행위이므로 절도죄의 적용대상이 되지 않는다.[2)]

(라) 재산적 가치 논의 일반적으로 '재물'은 재산적 가치 있는 물건을 의미한다. 보통의 경우 재물은 금전적 교환가치 또는 경제적 가치를 가지고 있다. 이러한 재물이 재산범죄의 보호대상이 되는 데에는 의문이 없다. 판례상 경제적 가치가 있는 재물로 인정된 사례로 주민등록증,[3)] 불상,[4)] 폐지로서 소각할 것에 불과한 도시계획구조변경계획서,[5)] 심문기일소

㉠물품 등은 문서의 사본에 불과하다. (라) ㉠물품 등은 경제적 가치도 없어 인수인계 품목에 포함되지 아니하였다. (마) ㉠물품 등은 연구실 사원으로서 갑이 이를 사본하여 사물처럼 사용하여 온 것이다. (바) 결국 ㉠물품 등은 절도죄의 객체인 재물에 해당하지 않는다.

대법원은 다음의 이유를 제시하여 상고를 기각하였다.

(가) ㉠서류 등은 P회사에 있어서는 소유권의 대상으로 할 수 있는 주관적 가치뿐만 아니라 그 경제적 가치도 있다. (나) ㉠서류 등은 절도죄에 있어서의 재물에 해당한다. (다) 갑이 P회사를 퇴사하면서 승낙 없이 이를 가지고 갔다. (라) 비록 그것이 문서의 사본에 불과하고 또 인수인계 품목에 포함되지 아니하였다 하더라도 그 위법성이 [조]각된다 할 수 없다.

1) 2005. 2. 18. 2002도2822, 공 2005, 525 = 분석 각론『도매시장 주주총회 사건』.

2) 1998. 6. 23. 98도700, 공 1998, 2037 =『전화 무단사용 절도 사건』:

갑은 A의 전화를 무단으로 사용하여 전화통화를 하였다. [갑의 통화로 인하여 A에게 다액의 통화요금이 부과되었다.]

검사는 갑을 절도죄로 기소하였다. 갑의 피고사건은 제1심을 거친 후, 항소심에 계속되었다. 항소법원은 무죄를 선고하였다. 검사는 불복 상고하였다.

대법원은 다음의 이유를 제시하여 상고를 기각하였다.

(가) 전기통신사업자는 그가 갖추고 있는 통신선로, 전화교환기 등 전기통신설비를 이용하고 전기의 성질을 과학적으로 응용한 기술을 사용하여 전화가입자에게 음향의 송수신이 가능하도록 하여 줌으로써 상대방과의 통신을 매개하여 주는 역무를 제공한다. (나) 타인의 전화기를 무단으로 사용하여 전화통화를 하는 행위는 전기통신사업자에 의하여 가능하게 된 전화기의 음향송수신기능을 부당하게 이용하는 것이다. (다) 이러한 내용의 역무는 무형적인 이익에 불과하고 물리적 관리의 대상이 될 수 없어 재물이 아니라고 할 것이므로 절도죄의 객체가 되지 않는다.

3) 1969. 12. 9. 69도1627, 집 17④, 형18.

4) 1972. 1. 31. 71도2239, 집 20①, 형18.

5) 1981. 3. 24. 80도2902, 공 1981, 13810.

환장,[1] 찢어진 약속어음,[2] 인감증명서[3] 등이 있다.

그런데 형법상 재산죄의 객체인 재물은 반드시 객관적인 금전적 교환가치를 가질 필요가 없다. 소유자 또는 점유자가 주관적인 가치를 가지고 있으면 족하다. 목적물이 제3자에 대한 관계에서 객관적 가치가 경미하여 교환가격을 갖지 않는다 하더라도 당사자 간에 경제적 가치가 있다면 재물로서의 성질을 잃지 않는다. 주관적 경제적 가치의 유무를 판별함에는 그것이 타인에 의하여 이용되지 않는다고 하는 소극적 관계에서 그 가치가 성립할 수도 있다.[4]

(3) 부동산의 재물성

(가) 문제의 제기 　부동산이 재물죄의 객체가 될 수 있는지 문제된다. 물건은 동산과 부동산으로 구성된다(민법99 참조). 따라서 동산과 부동산은 모두 재물죄의 객체가 되는 것이 원칙이다. 그러나 절도죄 및 강도죄의 경우 부동산이 행위객체에 포함될 것인지를 놓고 논란이 제기되고 있다.

비교법적으로 볼 때 독일 형법은 절도죄의 객체를 동산에 한정하고 있다(동법242①). 강도죄의 경우에도 객체는 동산으로 한정되며, 이익강취죄는 인정되지 않는다(동법249①). 재산상 이익의 강취는 공갈죄의 일종인 강도적 공갈죄로 규율된다(동법255).[5]

---

1) 2000. 2. 25. 99도5775, 공 2000, 921.

2) 1987. 10. 13. 87도1240, 공 1987, 1742 =『두 갈래 약속어음 사건』:

A는 ㉠약속어음을 소지하고 있었다. 갑은 A가 ㉠어음을 부당하게 소지한 것이라고 하면서 ㉠어음을 찢어 버렸다. A는 찢어진 ㉠어음을 계속 소지하였다. 갑 일행은 A의 반항을 억압할 정도의 폭행·협박을 가하여 두 갈래로 찢어진 ㉠약속어음을 빼앗아갔다. 이 과정에서 갑 일행은 A에게 상해를 가하였다.

검사는 갑을 강도상해죄로 기소하였다. 갑의 피고사건은 제1심을 거친 후, 항소심에 계속되었다. 항소법원은 유죄를 인정하였다. 갑은 불복 상고하였다. 갑은 상고이유로 다음의 점을 주장하였다. (가) 두 갈래로 찢어진 ㉠약속어음은 강도죄의 객체인 재물에 해당하지 않는다. (나) A가 부당한 방법으로 소지하게 된 ㉠어음을 취거한 것은 강취에 해당하지 않는다.

대법원은 다음의 이유를 제시하여 상고를 기각하였다. (가) 찢어진 어음이라 하더라도 그것이 아직 객관적인 경제적 가치 내지 금전적 교환가치를 가지고 있는 경우에는 여전히 강도죄의 객체인 재물성이 있다. (나) 갑 일행이 A로부터 강취한 것은 갑이 이미 두 갈래로 찢은 후 A가 소지하고 있던 ㉠약속어음 1매이다. (다) 그와 같은 어음이라면 A가 재사용가능하거나 적어도 A에게는 그 어음의 원인채권을 변제받기 위한 증거 내지 수단으로 쓸 수 있는 사정에 있다. (라) 그러니 그 어음조각은 여전히 강도죄의 객체인 재물에 해당한다. (마) 가사 ㉠어음이 A가 이를 부당한 방법으로 소지하게 된 것이라 하여도 이 사건 범행의 성립에 아무런 소장(消長)이 없다.

3) 2011. 11. 10. 2011도9919, 공 2011하, 2611 = 분석 각론『밀서류 인감증명 사건』.

4) 1976. 1. 27. 74도3442, 공 1976, 8988 =『세 조각 약속어음 사건』.

5) **독일형법 제242조** ① 타인의 동산을 자기 또는 제3자에게 위법하게 속하게 할 의사(불법영득의사)로 타인으로부터 절취한 자는 5년 이하의 자유형 또는 벌금에 처한다.

이에 대해 일본 형법이나 우리 형법은 절도죄의 객체를 단순히 재물로 규정하는 한편, 강도죄의 객체로 재물 이외에 재산상 이익을 인정하고 있다. 이러한 조문상의 차이로부터 절도죄 및 강도죄의 경우에 부동산이 재물개념 속에 포함될 것인가 하는 의문이 제기된다.

그런데 강도죄의 경우에는 재물 이외에 재산상 이익이 객체가 될 수 있으므로 부동산을 재물로 보지 않더라도 재산상 이익이 문제되는 사안으로 구성하여 규율이 가능하다. 따라서 부동산이 재물 개념에 포함될 수 있는가 하는 점은 재산상 이익을 객체에서 배제하고 있는 절도죄의 경우에 현실적으로 문제된다. 이와 관련된 쟁점을 가리켜서 부동산절도의 문제라고 한다.

(나) 부동산절도의 문제 　부동산절도의 문제는 재물을 절도죄의 객체로 설정하고 있는 한국과 일본에서 공통적으로 등장하고 있다. 그러나 이에 대한 고찰방법이 반드시 같은 것은 아니다. 일본의 입법자는 1960년에 부동산침탈죄(일본형법235의2)와 경계침범죄(일본형법262의2)를 신설하여 부동산절도 문제를 입법적으로 해결하였다.[1)]

우리 형법은 1953년 제정 당시부터 경계침범죄(법370)를 두고 있으나 부동산침탈죄를 규정하고 있지는 않다. 따라서 부동산을 절도죄의 객체에 포함시킬 것인가 하는 문제는 여전히 학설 · 판례에 의한 해결을 기다리고 있다.

(다) 부동산절도의 유형 　부동산과 관련하여 절도죄가 문제되는 경우로 다음의 세 가지 형태를 생각해 볼 수 있다. 첫째로, 다른 사람의 토지에서 흙이나 모래를 채취하는 행위, 식재되어 있는 수목을 절취하는 행위,[2)] 입목에서 과실을 채취하는 행위, 분묘의 석등이나

제249조 ① 불법영득의 의사로 사람에 대한 폭행 또는 신체나 생명에 대한 현재의 위험을 고지한 협박에 의하여 타인의 동산을 강취한 자는 1년 이상의 자유형에 처한다.

제255조 공갈이 사람에 대한 폭행 또는 신체나 생명에 대한 현재의 위험을 고지한 협박에 의하여 이루어진 경우에 행위자는 강도와 동일하게 처벌된다.

1) 일본형법 제235조 타인의 재물을 절취한 자는 절도의 죄로 하여 10년 이하의 징역 또는 50만엔 이하의 벌금에 처한다.

제235조의2 타인의 부동산을 침탈한 자는 10년 이하의 징역에 처한다.

제262조의2 경계표를 손괴, 이동 또는 제거하거나 그 밖의 방법에 의하여 토지의 경계를 인식할 수 없게 한 자는 5년 이하의 징역 또는 50만엔 이하의 벌금에 처한다.

2) 1980. 9. 30. 80도1874, 공 1980, 13306 =『대밭 벌채 사건』:

M토지는 갑의 소유이다. [N가옥은 M토지와 인접하여 있다.] A는 B로부터 N가옥을 매수하여 이사하였다. A가 이사할 당시 M토지에는 B가 심은 10여주의 대나무가 있었다(㉠대나무). A는 갑으로부터 M토지를 임차하였다. A는 M토지에 대나무 100여주를 식재하고 20여년간 가꾸어 왔다(㉡대나무). 갑은 M토지(대밭)의 대나무를 모두 벌채해 갔다.

검사는 갑을 절도죄로 기소하였다. 갑의 피고사건은 제1심을 거친 후, 항소심에 계속되었다. 항소법원은 유죄를 인정하였다. 항소법원은 갑의 범죄사실을 다음과 같이 인정하였다. (가) A가 B로부터 가옥을 매수하여 이사한 때에는 M대밭에 B가 심은 10여주의 대나무가 있었는데 그후 A가 대나무 100여주를 M대밭에 식재

문관석, 망부석 등을 반출하는 행위[1] 등을 생각할 수 있다. 이러한 행위는 부동산의 일부분이 동산화하는 것이어서 목적물이 절도죄의 객체로 되는 점에 다툼이 없다.

둘째로, 경계선을 침범하여 이웃 토지를 침식하는 행위가 있다. 이 경우 침범당한 부동산이 절도죄의 객체가 될 수 있는지 문제된다. 생각건대 부동산은 점유가 침해되어도 그 위치가 변하는 바 없으며 피해자가 이를 회복하는 데에 동산과 크게 다른 점이 있어서 동산의 경우와 달리 취급할 필요가 있다. 우리 입법자는 이러한 점을 감안하여 경계침범죄(법370)를 손괴죄의 일종으로 규정함으로써 문제를 입법적으로 해결하고 있다.

셋째로, 타인의 토지를 불법적으로 점거하여 무허가 건물을 짓고 거주하거나 점포를 지어 영업을 하는 사례가 있다. 이러한 경우 불법 점거자를 재물손괴죄(법366)로도 처벌할 수 없다. 재물손괴죄는 다른 사람의 재물을 손괴 또는 은닉하거나 그 밖의 방법으로 그 효용을 해한 경우에 성립한다. 불법 점거자 때문에 소유자가 토지의 효용을 누리지 못하게 되었더라도 토지의 효용 자체가 침해된 것이 아니므로 불법점거행위는 재물손괴죄에 해당하지 않는다.[2]

타인소유 토지를 불법적으로 점거하여 사용하는 경우에는 불법점거의 수단으로 폭력이 행사되는 일이 많고, 피해자 측으로서도 민사재판으로 충분한 구제를 받을 수 없어 자력구제로 폭력에 호소하게 되는 일이 적지 않다. 일본에서는 1945년 패전 이후 이러한 사태가 빈발하자 이에 대한 단속의 필요에서 부동산침탈죄(일본형법235의2)를 신설하였다. 아직 부동산침탈죄의 규정을 두고 있지 않은 우리 형법의 경우에는 해석에 의하여 이 문제를 해결해야 한다. 이에 대해서는 견해가 나뉘고 있다.

(라) 부동산침탈의 문제 일부 학설은 부동산에 대한 절도죄를 인정한다.[3] 이 입장에

하고 20여년간 가꾸어 온 사실을 인정할 수 있다. (나) 그러하니 갑이 벌채하여 간 이 건 대나무 중에는 A 소유의 대나무가 포함되어 있다고 할 것이므로 갑의 이 건 범죄성립에는 소장이 없다. 갑은 불복 상고하였다. 갑은 상고이유로 다음의 점을 주장하였다. (가) M토지(대밭)는 갑의 소유이다. (나) M대밭 위에 식재된 대나무 또한 갑의 소유이다. (다) 자기소유 재물에 대해서는 절도죄가 성립하지 않는다.

대법원은 다음의 이유를 제시하여 상고를 기각하였다. (가) 타인의 토지상에 권원 없이 식재한 수목의 소유권은 토지 소유자에게 귀속한다. (나) 권원에 의하여 식재한 경우에는 그 소유권이 식재한 자에게 있다.

(다) 원심의 위 설시만으로는 A의 ㉡대나무 식재가 권원에 의한 것인지 여부를 확연히 알 수 없는 흠이 있다. (라) 원심 거시의 증거들에 의하면 A는 그가 갑으로부터 임차하고 있는 M토지의 울타리 안에 ㉡대나무를 식재하고 가꾸어 온 사실이 인정된다. (마) 원심 거시의 증거들에 의하면 갑이 그 울타리안의 대나무를 벌채하여 간 사실이 인정된다. (바) 원심의 위 판시는 결국 갑이 A의 권원에 의하여 식재한 A 소유의 ㉡대나무를 A의 의사에 반하여 벌채하여 간 것이라는 사실을 인정한 취지로 못 볼 바 아니다. (사) 위와 같은 사실관계 아래에서의 원심의 위 판단은 정당하다.

1) 1981. 8. 25. 80도509, 공 1981, 14307 = 분석 각론 『맹씨 망부석 사건』.
2) 2022. 11. 30. 2022도1410, 공 2023상, 222 = 『타인 대지 무단 건축 사건』.
3) 오영근, 254면; 임웅, 334면; 정성근 · 박광민, 283면; 정영일, 217면.

서는 우리 형법이 단순히 재물이라는 표현을 사용하고 있어서 부동산을 제외할 근거가 없다는 점, 절도죄의 절취는 재물에 대한 지배의 이전에 있지만 반드시 재물의 장소적 이전을 필요로 하는 것은 아니라는 점 등을 논거로 제시한다. 요컨대 절도죄의 객체를 가동성 있는 물건, 즉 동산에 한정할 필요가 없다고 본다.

그러나 로마법 이래의 전통과 각국의 입법례 등이 절도죄의 객체를 동산으로 한정하고 있다는 점, 절취개념의 구조상 재물의 탈취 내지 장소적 이전이 필요하다는 점, 우리 형법이 경계침범죄(법370)를 두고 있으면서 부동산침탈죄를 별도로 규정하고 있지 않은 점, 강제집행과 관련하여 일어나는 부동산점거행위에 대해서는 부동산강제집행효용침해죄(법140의2)를 통하여 어느 정도 대처할 수 있다는 점 등을 생각할 때 부동산은 절도죄의 객체가 될 수 없다고 본다.[1) 2)]

부동산절도를 인정하는 입장에서는 부동산에 식재되어 있는 수목을 절취한 행위에 대해 절도죄를 인정한 판례[3)]를 들어서 판례가 부동산절도를 인정하는 입장이라고 본다.[4)] 그러나 부동산에 식재된 수목을 절취하는 행위는 수목이 부동산으로부터 분리될 때 동산으로 전환되므로 단순한 동산절도에 해당한다. 따라서 판례가 부동산절도를 인정하는 입장이라고 보는 것은 적절하지 않다고 생각된다.

(4) 금제품의 재물성

(가) 개념정의 금제품(禁制品)이란 아편(법198, 205), 마약류(마약류관리에관한법률3, 58, 59 참조), 총포 · 도검 · 화약류(총포 · 도검 · 화약류등의안전관리에관한법률2, 10, 12, 71) 등과 같이 사인에 의한 소유 또는 점유가 법령상 금지되어 있는 물건을 말한다. 금제품이 재물에 포함되는지에 대해서는 여러 가지 견해들이 제시되고 있다.

(나) 학 설 금제품의 재물성에 대해서는 (가) 금제품을 재물로 인정하게 되면 다른 법이 소지나 소유를 금지함에도 불구하고 형법이 이를 보호하는 결과가 되어 법체계상 모순이 일어난다는 이유를 들어서 금제품을 재산범죄의 객체에서 제외하자는 부정설, (나) 금제품일지라도 절차를 밟아 몰수될 때까지는 그 점유를 보호해야 하므로 재물로 보아야 한다는 긍정설,[5)] (다) 금제품을 두 가지로 분류하여, 단지 그 소지가 금지되어 있음에 불과한 물건

---

1) 김성돈, 308면; 김일수 · 서보학, 228면; 김혜정 외, 284면; 박상기, 243면; 배종대, 274면; 손동권 · 김재윤 276면; 이재상 · 장영민 · 강동범, 260면; 이정원, 274면; 이형국 · 김혜경, 326면; 주호노, 551면.

2) 무단 건축행위와 손괴죄의 관계에 대해서는, 후술 1523면 참조.

3) 1980. 9. 30. 80도1874, 공 1980, 13306 =『대밭 벌채 사건』.

4) 임웅, 335면; 정성근 · 박광민, 283면.

5) 김성돈, 311면; 김일수 · 서보학, 228면; 박상기, 242면; 손동권 · 김재윤, 285면; 오영근, 240면(경제적

은 재물이 될 수 있으나, 위조통화와 같이 그 자체가 소유권의 목적이 될 수 없는 물건은 재물이 될 수 없다고 보는 절충설[1] 등이 제시되고 있다.

(다) 판 례 판례는 "비록 작성권한 없는 자에 의하여 위조된 [유가증권]이라고 하더라도 절차에 따라 몰수되기까지는 그 소지자의 점유를 보호하여야 한다는 점에서 형법상 재물로서 절도죄의 객체가 된다"고 판단하여 긍정설의 입장을 취하고 있다.[2] 판례가 취하고 있는 긍정설이 타당하다고 본다.

(5) 인체의 일부와 사체

(가) 인체의 일부 인격절대의 원칙상 사람은 물권 등의 객체가 될 수 없고, 따라서 재물로도 파악되지 않는다. 인체의 일부도 재물에 해당하지 않는다. 인위적으로 인체에 부착된 의수·의족도 그것이 신체에 고착되어 있는 한 신체의 일부이며 재물이 아니다. 그러나 인체의 일부라도 모발, 이빨, 혈액 등과 같이 인체에서 일단 분리되면 재물이 될 수 있다.

(나) 사체영득의 문제 사체가 재물이 될 수 있는지 문제된다. 민법상으로 볼 때 사체도 소유권의 객체가 될 수 있다. 다만 그 소유권의 내용은 보통의 소유권과 같이 객체를 사용·수익·처분할 수 있는 것이 아니라 오로지 매장, 제사, 공양의 권리·의무가 따르는 것이다. 그런데 이와 같이 특수한 권리의 객체가 되는 사체가 절취, 편취, 갈취 등의 방법에 의하여 영득되는 경우가 있다. 이러한 경우에 형법 제161조의 사체등영득죄 이외에 별도의 재산범죄가 성립할 것인지 문제된다.

원래 이 문제는 사체등영득죄와 재산범죄 사이에 형량의 차이가 현저한 일본 형법에서 제기된 것이다. 일본 형법에 따르면 사체등영득죄(동법191)의 법정형은 3년 이하의 징역으로 가볍게 처벌되고 있다. 이에 대해 절도죄(동법235)는 10년 이하의 징역 또는 벌금으로, 장물의 유상취득죄(동법256②)는 10년 이하의 징역 및 벌금으로 각각 규정되어 있다.[3] 이러한 상

이익설); 임웅, 337면; 정성근·박광민, 284면; 정영일, 212면; 주호노, 588면.

1) 김혜정 외, 285면; 배종대, 274면; 이재상·장영민·강동범, 263면; 이정원, 277면; 이형국·김혜경, 325면.

2) 1998. 11. 24. 98도2967, 공 1999, 84 = 분석 각론『리프트 탑승권 사건』.

3) **일본형법 제191조** 제189조[분묘발굴]의 죄를 범하고 사체, 유골, 유발 또는 관에 넣어둔 물건을 손괴하거나 유기하거나 영득한 자는 3월 이상 5년 이하의 징역에 처한다.

제235조 타인의 재물을 절취한 자는 절도의 죄로서 10년 이하의 징역 또는 50만엔 이하의 벌금에 처한다.

제256조 ① 도품, 기타 재산에 대한 죄에 해당하는 행위에 의하여 영득된 물건을 무상으로 양수한 자는 3년 이하의 징역에 처한다.

② 전항에 규정하는 물건을 운반하거나 보관하거나 유상으로 양수하거나 그 유상처분을 알선한 자는 10년 이하의 징역 및 50만엔 이하의 벌금에 처한다.

황에서 사체를 절취한 자나 절취한 사체를 매수한 자에 대해 사체영득죄 외에 재산범죄의 형량을 확보하려는 시도가 나오게 되었는데, 이것이 사체와 재물의 관계에 관한 논의의 계기이다.[1)]

사체에 대해 재물성을 긍정하는 견해가 있다.[2)] 그러나 우리 형법이 재산범죄와 구별하여 사체등영득죄(법161)를 별도로 규정하고 있는 것은 그 자체가 사체, 유골, 유발 등이 재산범죄의 객체로서 재물이 될 수 없다는 입법적 결단의 표현이라고 할 수 있다. 나아가 우리 형법 제161조 제1항이 사체등영득죄에 대해 절도죄(법329; 6년 이하 징역 또는 벌금)보다 무거운 7년 이하의 징역을 법정형으로 규정한 것도 일본 형법과 같은 문제점을 의식하여 이를 해소한 것이라고 할 수 있다. 이렇게 볼 때 사체는 재산범죄의 객체로서 재물에 해당하지 않는다고 새겨야 할 것이다.[3)]

(다) 재물로 되는 경우　　사체 및 그 일부는 원칙적으로 재물에 해당하지 않지만 사체로부터 탈락한 금이빨 등과 같이 사체와는 별개로 분리되어 유족 등의 권리에 속하는 것은 재물이 될 수 있다. 나아가 사체, 유골 등이라 할지라도 의학표본과 같이 더 이상 제사나 공양의 대상이 되지 않는 상태에 이른 것은 재물에 해당한다.

5. 재물죄의 보호법익

(1) 재물에 대한 소유와 점유의 관계

절도죄, 강도죄, 사기죄, 공갈죄, 횡령죄, 손괴죄는 재물을 행위객체로 설정하고 있다. 재물은 타인의 소유에 속하는 물건이다. 물건은 유체물 기타 관리할 수 있는 자연력으로서(법346, 민법98) 소유권의 객체가 된다. 한편 물건에 대한 사실상의 지배로서 점유가 있다. 재물에 대한 소유와 점유의 관계를 살펴보면, (가) 타인소유, 타인점유, (나) 타인소유, 자기점유, (다) 자기소유, 타인점유, (라) 자기소유, 자기점유의 네 가지 유형을 상정할 수 있다.

---

1) (1910년 대 일본에서 일어났던 판례의 사안이다.) 갑은 수년 동안 심장병을 앓아오면서 치료를 하려고 하였으나 좀처럼 낫지 않았다. 어느 날 갑은 을과 잡담을 하면서 인담(人膽)이 이 병에 특효가 있다고 하는데 이를 구할 길이 없다고 말하였다. 이 말을 들은 을은 이 기회에 인담을 구해 갑에게 매각하여 돈을 벌어볼 생각을 하였다. 이를 위한 방법으로 분묘발굴을 생각한 을은 병에게 일을 부탁하였고, 병은 M공동묘지에서 A의 사체를 발굴하였다. 이후 갑은 을로부터 분묘발굴에 의한 사체의 일부임을 알면서 돈을 주고 이를 매수하였다. 제1심법원은 사람의 사체가 재물에 해당하여 재산범죄가 성립한다고 판단하면서 갑에게 장물매수죄를 인정하였다. 泉二新熊, 日本刑法 下卷 (各論), 44版, (1939), 704頁 참조.

2) 김성돈, 309면. 박상기, 244면, 이재상 · 장영민 · 강동범, 262면은 재물성을 인정하면서 소유권의 대상이 될 수 없다는 견해를 취하고 있다.

3) 김일수 · 서보학, 227면; 배종대, 273면; 손동권 · 김재윤, 278면; 오영근, 240면; 이정원, 670면; 이형국 · 김혜경, 325면; 임웅, 336면; 정성근 · 박광민, 772면; 정영일, 218면; 주호노, 590면.

이 가운데 형법이 관심을 가지는 것은 (가), (나), (다)의 경우이다. (가)의 타인소유, 타인점유에는 절도죄, 강도죄, 사기죄, 공갈죄가, (나)의 타인소유, 자기점유에는 횡령죄가, (다)의 자기소유, 타인점유에는 권리행사방해죄가 각각 대응한다. 이 가운데 (가)의 타인소유, 타인점유에 해당하는 범죄를 둘러싸고 보호법익에 관한 논쟁이 제기되어 왔다.

(2) 절도죄의 보호법익에 관한 비교법적 고찰

재물죄의 보호법익에 관한 문제는 특히 절도죄의 보호법익에 관한 논쟁으로 구체화되고 있다. 절도죄의 실행행위는 절취이다. 절취는 재물에 대한 점유의 침해를 의미한다. 여기에서 절도죄의 보호법익을 소유권으로 볼 것인가, 아니면 점유로 볼 것인가를 놓고 종래 견해가 대립해 왔다. 이와 관련하여 먼저 비교법적으로 외국의 경우를 검토해 본다.

(가) 독일 형법　　절도죄의 보호법익을 소유권이라고 보는 견해를 가리켜서 소유권설이라고 한다. 절도죄의 보호법익을 소유권으로 명확하게 한 입법례로 독일 형법을 들 수 있다. 독일 형법은 담보물환취(還取)죄(동법289)라는 구성요건을 설정하고 있다.[1] 담보물환취죄(Pfandkehr)는 (가) 범인(갑)이 자기소유 동산으로서 타인(을)에게 용익물권이나 담보물권이 설정되어 있는 것을 그 권리자(을)의 의사에 반하여 소유자(갑)를 위하여 취거하는 행위와 (나) 범인(갑)이 제3자(병) 소유 동산으로서 타인(을)에게 용익물권이나 담보물권이 설정되어 있는 것을 그 권리자(을)의 의사에 반하여 소유자(병)를 위하여 취거하는 행위의 두 가지를 규율대상으로 설정하고 있다.

독일의 입법자가 절도죄 이외에 담보물환취죄를 특별히 규정한 것은 절도죄의 보호법익이 소유권이라는 점을 분명하게 하기 위함이다. 자기소유 또는 타인소유의 동산이 소유권 이외의 다른 권리(예컨대 유치권)의 대상이 되어 있을 때 그 물건을 취거하면 그 권리(예컨대 유치권) 자체를 보호법익으로 하는 담보물환취죄가 성립한다. 이에 반해 동산에 용익물권이나 담보물권이 설정되어 있지 않은 경우에 그 동산을 절취하면 절도죄가 성립한다. 그리하여 독일 형법상 절도죄의 보호법익은 온전한 의미에서의 소유권이 된다.

(나) 일본 형법　　점유를 절도죄의 독자적 보호법익이라고 보는 견해를 가리켜서 점유설이라고 한다. 점유설의 입장에서는 소유권이 아니라 점유 자체가 절도죄의 보호법익이라고 본다.

---

1) 독일형법 제242조 ① 타인의 동산을 자기 또는 제3자에게 위법하게 속하게 할 의사(불법영득의사)로 타인으로부터 절취한 자는 5년 이하의 자유형 또는 벌금에 처한다.

제289조 ① 자기소유 또는 타인소유의 동산에 대해 용익권, 질권, 기타 사용권이나 유치권이 설정되어 있는 경우에 소유자를 위하여 그 동산을 용익권자, 질권자, 사용권자 또는 유치권자로부터 위법한 의도로 취거한 자는 3년 이하의 자유형 또는 벌금형에 처한다.

점유설은 일본 형법상 절도죄의 해석론으로 전개되고 있는 견해이다. 일본 형법에 따르면 자기소유의 재물이라도 타인이 점유하고 있는 것은 타인소유의 재물로 취급된다.[1] 한편 일본 형법의 경우에는 우리 형법의 권리행사방해죄(법323)나 독일 형법의 담보물 환취죄(동법289)와 같은 범죄유형이 없다.

일본 형법에 따르면 일단 타인의 점유 대상이 되고 있는 재물은 그 재물이 자기소유인가 타인소유인가를 가리지 않고 모두 절도죄의 객체가 된다. 이렇게 되면 재물의 소유권이 누구에게 귀속되는가를 묻지 않는 결과가 되므로 절도죄의 보호법익은 소유권이 아니라는 견해가 성립할 수 있다. 이 입장에 따르면 자기소유인가 타인소유인가를 가리지 않고 공통되는 것은 재물에 대한 사실상의 지배, 즉 점유가 된다. 결국 절도죄의 보호법익은 점유라는 결론에 도달한다.

(3) 절도죄의 보호법익에 관한 검토

이상의 비교법적 지식을 배경으로 우리 형법상 절도죄의 보호법익을 검토해 보기로 한다. 절도죄의 보호법익과 관련하여 점유설, 소유권설, 본권 · 점유설 등이 제시되고 있다.

(가) 점유설 절도죄의 보호법익을 점유로 보는 견해이다. 점유설의 입장에서는 다음의 논거를 제시한다. (가) 우리 입법자는 절도죄를 규정하면서 '타인소유의 재물'이라고 하지 않고 '타인의 재물'이라고만 규정하고 있다. 따라서 문언 자체만 가지고 절도죄의 보호법익이 소유권이라는 결론을 도출할 수는 없다. (나) 절도죄의 기능은 무엇보다도 점유되어 있는 재물의 재산적 질서를 보호하는 데에 중점이 있다. 사회에서의 재산적 질서는 소유권의 존부 자체보다도 오히려 점유가 가지는 소유권 추정기능에 대한 신뢰를 기초로 하고 있다. 이 때문에 재물의 점유 자체가 보호의 대상이 되어야 한다.

그러나 우리 형법의 해석론으로는 점유설을 취할 수 없다. 우리 형법의 해석론으로 본권설과 점유설의 대립을 논하는 것은 일본 형법학의 논의를 답습하는 것에 지나지 않는다. 일본 형법은 절도죄와 강도죄를 규정하면서 '자기의 재물이라 할지라도 타인의 점유에 속하거나 공무소의 명령에 의하여 타인이 간수하는 것인 때'에는 이를 타인의 재물로 간주하는 규정을 두고(동법242), 이를 사기죄 · 배임죄 · 공갈죄에 준용하고 있다(동법251).[2] 또한 '자기의

---

1) 일본형법 제235조 타인의 재물을 절취한 자는 절도의 죄로서 10년 이하의 징역 또는 50만엔 이하의 벌금에 처한다.

제242조 자기의 재물이라도 타인이 점유하거나 공무소의 명령에 의하여 타인이 간수하는 것인 때에는 이 장[절도 및 강도의 장]의 죄에 관하여는 타인의 재물로 본다.

2) 일본형법 제251조 제242조, 제244조[친족간 특례] 및 제245조[전기]의 규정은 이 장의 죄에 대해 준용한다.

물건이라 할지라도 압류되거나 물권을 부담하거나 임차된 것'에 대한 손괴행위를 손괴죄로 처벌하고 있다(동법262).[1)]

이처럼 자기소유의 물건을 타인소유의 물건과 동일하게 취급하게 됨에 따라 일본 형법의 해석론에서는 절도죄 등의 보호법익이 소유권이 아니라 단순히 점유 그 자체라고 주장하는 견해가 대두될 여지가 있다. 자기소유의 물건도 타인소유의 물건처럼 취급되는 경우라면 소유권의 존부는 중요한 것이 아니며, 남는 것은 점유뿐이기 때문이다.

그러나 우리 입법자는 일본 형법과 다른 입법적 결단을 행하였다. 권리행사방해죄(법323), 점유강취죄(법325①), 준점유강취죄(법325②)를 두어 자기소유 물건에 대한 취거행위를 별도로 규율하고 있기 때문이다. 이와 같이 입법적 결단이 달라짐에 따라 우리 형법의 해석론으로 절도죄의 보호법익을 점유에서만 구하는 견해는 성립할 여지가 없어지게 되었다.

(나) 소유권설 절도죄의 보호법익을 소유권으로 보는 견해이다.[2)] 우리 형법에 권리행사방해죄(법323)가 있음을 들어서 절도죄의 보호법익을 순수한 소유권으로 보는 것이다. 그러나 소유권설 또한 적절하지 않다.

독일 형법과 비교해 볼 때, 범인(갑)이 자기소유 재물로서 타인(을)에게 용익물권이나 담보물권 등이 설정되어 있는 것을 그 권리자(을)의 의사에 반하여 취거하는 행위는 우리 형법상 권리행사방해죄(법323)로 처벌된다. 그러나 범인(갑)이 제3자(병) 소유 재물로서 타인(을)에게 용익물권이나 담보물권이 설정되어 있는 것을 그 권리자(을)의 의사에 반하여 취거하는 행위는 권리행사방해죄로 규율할 수 없다.

소유권설에 의하면 타인(을)에게 설정된 용익물권이나 담보물권은 소유권 자체가 아니다. 따라서 소유권설에 의하면 타인(을)에게 용익물권이나 담보물권이 설정된 재물을 함부로 취거하는 경우를 절도죄로도 규율할 수 없다. 결국 소유권설에 따르면 형법적 보호가 누락되는 결함이 나타나게 된다.

(다) 본권 · 점유설 소유권 이외에 용익물권이나 담보물권 등 소유권에 준하는 권리를 본권이라고 한다.[3)] 그리고 소유권 및 본권에 더하여 점유까지도 절도죄의 보호법익에 포함시키는 견해를 가리켜서 본권 · 점유설이라고 한다.[4)] 이 견해가 타당하다고 본다.

---

1) **일본형법 제262조** 자기의 물건이라도 압류되거나 물권을 부담하거나 임대한 것을 손괴하거나 상해한 때에는 전3조[사용(私用)문서손괴, 건조물손괴, 기물손괴]의 예에 의한다.

2) 김일수 · 서보학, 223면; 김혜정 외, 280면; 박상기, 247면; 배종대, 269면; 이용식, 2면; 이재상 · 장영민 · 강동범, 253면; 이정원, 267면.

3) 오영근, 252면은 '사실상의 소유상태'라는 표현을 사용하고 있다.

4) 김성돈, 304면; 손동권 · 김재윤, 270면; 오영근, 251면; 이형국 · 김혜경, 349면; 임웅, 326면; 정성근 ·

절도죄의 연혁이나 오늘날의 경제질서에 비추어 볼 때 절도죄의 본질이 소유권 침해에 있음은 부인할 수 없다. 그와 동시에 우리 형법의 체계상 타인소유의 재물에 설정된 용익물권이나 담보물권 등도 소유권에 준하여 보호할 필요가 있는 것도 사실이다. 요컨대 절도죄의 주된 보호법익은 소유권 및 그에 준하는 권리(본권)로 보아야 한다. 그와 동시에 소유권 및 본권의 침해가 언제나 점유 침해를 수단으로 이루어진다는 점에서 점유 또한 부차적으로 절도죄의 보호법익이 된다고 보아야 한다.

(라) 판 례 　판례는 절도죄의 주된 보호법익을 소유권 및 소유권에 준하는 권리(본권)로, 부차적 보호법익을 점유로 보고 있다. 판례는 타인소유의 리스 차량을 채권자에게 담보로 제공하였다가 이를 소유자에게 반환하기 위하여 함부로 취거한 사안에 대해 절도죄의 성립을 인정하였다.[1] 이 사안에서 순수한 의미의 소유권설을 취한다면 소유자에게

박광민, 293면; 주호노, 578면.

1) 2014. 2. 21. 2013도14139, 공 2014상, 790 =『리스 차량 반납용 절취 사건』:

㉠승용차는 P캐피탈회사 소유이다. 갑은 P회사로부터 A 명의로 ㉠승용차를 리스하여 운행하고 있었다. 그러던 중 갑은 사채업자 B로부터 1,300만원을 빌리면서 담보로 ㉠승용차를 인도하였다. 갑은 변제기에 차용금을 변제하지 못하였다. 그러자 사채업자 B는 ㉠승용차를 다른 사람에게 매도하였다. 최종적으로 C가 ㉠승용차를 매수하여 점유하게 되었다. 갑은 ㉠승용차를 회수하려고 마음먹었다. 갑은 C와 만나기로 약속한 다음 약속장소에 주차되어 있던 ㉠승용차를 미리 가지고 있던 보조열쇠를 이용하여 임의로 가져갔다. 이후 ㉠승용차는 A를 통하여 약 한 달 뒤에 P회사에 반납되었다.

검사는 갑을 절도죄로 기소하였다. 갑의 피고사건은 제1심을 거친 후, 항소심에 계속되었다. 항소법원은 다음의 이유를 들어 무죄를 선고하였다. (가) 갑은 P회사에 반납하고자 하는 의도에서 ㉠승용차를 가져간 것으로 보인다. (나) 이러한 갑의 행위를 절취행위로 볼 수 없다. (다) 갑에게 불법영득의사가 없다. 검사는 불복 상고하였다.

대법원은 다음의 이유를 제시하여 원심판결을 파기환송하였다. 대법원은 절도죄의 성립요건에 대해 다음과 같이 설시하였다. (가) 형법상 절취란 타인이 점유하고 있는 자기 이외의 자의 소유물을 점유자의 의사에 반하여 그 점유를 배제하고 자기 또는 제3자의 점유로 옮기는 것을 말한다. (나) 절도죄의 성립에 필요한 불법영득의 의사란 타인의 물건을 그 권리자를 배제하고 자기의 소유물과 같이 그 경제적 용법에 따라 이용·처분하고자 하는 의사를 말한다. (다) 단순히 타인의 점유만을 침해하였다고 하여 그로써 곧 절도죄가 성립하는 것은 아니다. (라) 그러나 재물의 소유권 또는 이에 준하는 본권을 침해하는 의사가 있으면 되고 반드시 영구적으로 보유할 의사가 필요한 것은 아니다. (마) 그것이 물건 그 자체를 영득할 의사인지 물건의 가치만을 영득할 의사인지를 불문한다. (바) 어떠한 물건을 점유자의 의사에 반하여 취거하는 행위가 결과적으로 소유자의 이익으로 된다는 사정 또는 소유자의 추정적 승낙이 있다고 볼 만한 사정이 있다고 하더라도, 다른 특별한 사정이 없는 한 그러한 사유만으로 불법영득의 의사가 없다고 할 수는 없다.

대법원은 갑의 행위에 대하여 다음과 같이 판단하였다. (가) 갑이 자기 이외의 자의 소유물인 ㉠승용차를 점유자인 C의 의사에 반하여 그 점유를 배제하고 자기의 점유로 옮긴 이상 그러한 행위가 '절취'에 해당함은 분명하다. (나) 갑이 ㉠승용차를 임의로 가져간 것이 소유자인 P회사의 의사에 반하는 것이라고는 보기 어렵다. (다) 실제로 ㉠승용차는 P회사에 반납되었다. (라) 그러한 사정을 감안하더라도 그러한 사정만으로는 갑에게 불법영득의 의사가 없다고 할 수 없다.

반환하기 위한 것이므로 불법영득의사가 없어 절도죄가 성립하지 않는다는 결론에 이르게 될 것이다.

판례는 "절도죄의 성립에 필요한 불법영득의 의사란 타인의 물건을 그 권리자를 배제하고 자기의 소유물과 같이 그 경제적 용법에 따라 이용·처분하고자 하는 의사를 말하는 것"이라고 정의하면서, "재물의 소유권 또는 이에 준하는 본권을 침해하는 의사가 있으면 되고 반드시 영구적으로 보유할 의사가 필요한 것은 아니[다]"라고 판시하여 절도죄의 성립을 인정하였다.[1)]

판례는 또한 점유를 절도죄의 부차적인 보호법익으로 인정하고 있다. 점유가 절도죄의 보호법익으로서 중요한 의미를 가지는 경우로 친족상도례를 들 수 있다. 일정한 친족관계에 있는 사람들 사이에는 친족상도례가 적용된다(법344, 328). 친족상도례가 적용되려면 범인과 피해자 사이에 친족관계가 인정되어야 한다. 피해자란 침해된 법익의 주체를 말한다. 판례는 절도범이 소유자와 점유자 모두에 대해 친족관계를 가지고 있어야 친족상도례의 적용을 인정하고 있다.[2)3)] 이러한 판례의 태도는 점유가 절도죄의 보호법익이 됨을 보여주고 있다.

6. 불법영득의사

(1) 불법영득의사의 필요성 논의

재물죄의 주관적 성립요소와 관련하여 논의되는 것으로서 불법영득의사의 문제가 있다. 독일 형법은 재물죄의 성립요소로서 불법영득의사를 명문으로 규정하고 있다.[4)] 이에 대해 우리 형법은 불법영득의사를 명시하고 있지 않다. 여기에서 절도죄 등 재물죄의 성립에 불법영득의사가 필요한지 문제된다.

아래에서는 논의의 편의를 위하여 절도죄의 불법영득의사에 대해 살펴본다. 절도죄의 불법영득의사에 관한 논의는 강도죄, 공갈죄, 사기죄, 횡령죄 등 영득죄의 경우에도 기본적으로 그대로 해당된다. 다만 손괴죄는 재물의 소유권을 침해할 의사 없이 목적물의 효용가치만을 감소시키려고 한다는 점에서 불법영득의사를 요하지 않는다. 불법영득의사에 관한 아래의 검토사항은 손괴죄에 해당이 없다.

---

1) 2014. 2. 21. 2013도14139, 공 2014상, 790 = 『리스 차량 반납용 절취 사건』.
2) 1980. 11. 11. 80도131, 공 1981, 13379 = 분석 각론 『보석세공 조카 삼촌 사건』.
3) 2012. 3. 29. 2010헌바89, 헌집 24-1상, 402 = 『이복남매 금고 사건』 ☞ 부록 1636면.
4) 전술 1000면 각주 5) 참조.

(2) 학설 및 판례의 개관

절도죄의 보호법익을 단순한 점유라고 보는 입장에서는 절도죄의 성립에 필요한 주관적 요소는 점유침해의 인식만으로 족하다고 보고, 소유권 또는 소유권에 준하는 권리(본권)을 침해하는 의사(불법영득의사)는 필요하지 않다고 새긴다.

이에 대해 절도죄의 주된 보호법익을 소유권 및 소유권에 준하는 권리(본권)로 보는 입장에서는 절도죄의 주관적 불법요소로서 당연히 소유권 내지 본권 침해의 의사(불법영득의사)가 요구된다고 본다. 우리 형법이 불법영득의사를 절도죄의 구성요건요소로 명시하고 있지는 않지만 불문(不文)의 구성요건요소로 파악하는 것이다.

판례는 "절도죄의 성립에 필요한 불법영득의 의사라 함은 권리자를 배제하고 타인의 물건을 자기의 소유물과 같이 그 경제적 용법에 따라 이용 · 처분하려는 의사를 말한다."고 정의하여 필요설의 입장을 지속적으로 견지해 오고 있다.[1] [2] [3]

---

1) 1983. 4. 12. 83도297, 공 1983, 857 =『유류대금 추심 사건』:

갑은 P관광회사에 대해 ㉠유류대금채권을 가지고 있다. A는 P회사 차고 관리과장이다. 갑은 A의 ㉡책상서랍을 A의 승낙 없이 공구로 뜯어서 열고 그 안에 있던 P회사 소유의 여객운송 수입금 130만원을 꺼내었다. 갑은 이 돈을 ㉠유류대금채권의 변제에 충당하였다.

검사는 갑을 절도죄로 기소하였다. 제1심법원은 유죄를 인정하였다. 갑은 불복 항소하였다. 항소법원은 항소를 기각하고, 제1심판결을 유지하였다. 갑은 불복 상고하였다. 갑은 상고이유로 다음의 점을 주장하였다. (가) 갑이 ㉡책상설합을 뜯은 것은 현금이 ㉡책상설합에 보관되어 있음을 밝혀두고자 한 것이다. (나) 그러므로 갑에게 불법영득의 의사가 없었다.

대법원은 다음의 이유를 제시하여 상고를 기각하였다. (가) 갑은 자기 채권의 추심을 위하여 타인의 점유하에 있는 타인소유의 금원을 불법하게 탈취한 것이라고 보지 않을 수 없다. (나) 불법영득의 의사를 인정하기에 넉넉하다.

2) 2000. 10. 13. 2000도3655, 공 2000, 2369 =『지갑 소각 사건』:

갑은 A를 살해한 후 A의 주머니에서 ㉠지갑을 꺼내었다. 갑은 살해도구로 이용한 골프채와 갑의 옷등 다른 증거품들과 함께 갑의 차량 트렁크에 싣고 서울로 돌아오던 중 지갑을 쓰레기 소각장에서 태워버렸다.

검사는 ㉠지갑 부분에 대해 갑을 절도죄로 기소하였다. 제1심법원은 불법영득의사가 인정되지 않는다는 이유로 무죄를 선고하였다. 검사는 불복 항소하였다. 항소법원은 항소를 기각하고, 제1심판결을 유지하였다. 검사는 불복 상고하였다.

대법원은 다음의 이유를 제시하여 상고를 기각하였다. (가) 절도죄의 성립에 필요한 불법영득의 의사라 함은 권리자를 배제하고 타인의 물건을 자기의 소유물과 같이 그 경제적 용법에 따라 이용, 처분하려는 의사를 말한다. (나) 갑이 살해된 A의 주머니에서 지갑을 꺼낸 것은 자신의 살인 범행의 증거를 인멸하기 위한 것이었다. (다) 결국 불법영득의 의사가 있었다고 보기 어렵다.

3) 1983. 3. 8. 83도54, 공 1983, 709 =『절도범 쪽지 사건』:

갑은 A와 B의 승낙 없이 A 소유의 ㉠카메라와 B 소유의 ㉡현금을 가지고 나왔다. 갑은 현금을 가지고 나올 때 일시 차용한다는 쪽지를 써 놓았다. 갑은 전당포 입질이 여의치 아니하여 카메라를 후일 되돌려 주었다.

검사는 갑을 상습절도죄로 기소하였다. 갑의 피고사건은 제1심을 거친 후, 항소심에 계속되었다. 항소법원

(3) 불법영득의사의 필요성

절도죄를 위시하여 각종 영득죄에는 불법영득의사가 필요하다. 앞에서 본권설과 점유설의 대립을 검토할 때 불법영득의사의 필요성에 대해 이미 검토한 바가 있다. 아래에서는 그 밖의 논거들을 살펴본다.

첫째로, 우리 형법의 조문체계를 들 수 있다. 절도죄의 객체는 '타인이 점유하는 재물'이 아니라 '타인의 재물'로 규정되어 있다. 한편 공무상보관물무효죄(법142)와 권리행사방해죄(법323)의 경우에는 '자기의 물건'이라는 표현이 사용되고 있다. '자기의 물건'에 대비해 볼 때 '타인의 재물'은 '타인소유의 물건'을 의미한다. 그러므로 절도죄의 보호법익은 기본적으로 '타인의 재물'에 대한 소유권 및 소유권에 준하는 권리(본권)이며, 행위자에게 불법영득의사가 있어야 한다.

둘째로, 손괴죄와 절도죄를 구별하기 위하여도 불법영득의사가 필요하다. 재물을 멸실시키는 손괴의 경우 목적물의 회수 가능성이 없어진다는 점에서 손괴죄가 절도죄보다 더 중하다고 생각할 여지도 있다. 그러나 법정형은 절도죄(법329; 6년 이하 징역, 1천만원 이하 벌금)가 손괴죄(법366; 3년 이하 징역, 7백만원 이하 벌금)에 비하여 훨씬 높다. 절도죄의 경우에는 소유자 및 소유자에 준하는 권리자(본권자)를 배제하고 재물을 자기의 소유물처럼 경제적으로 이용 · 처분하려는 불법영득의사가 보다 높은 비난의 근거를 제공하기 때문이다.

셋째로, 자동차등불법사용죄(법331의2)와 절도죄의 관계에 주목할 필요가 있다. 자동차등불법사용죄는 절도죄에 불법영득의사를 요구할 때 사용절도를 처벌할 수 없다는 난점에 주목하여 1995년 형법 일부개정시에 신설되었다.[1] 사용절도라는 보충적 처벌규정을 둠으로써 이제 불법영득의사의 형법상 근거는 더욱 확실해졌다고 말할 수 있다.[2]

은 유죄를 인정하였다. 갑은 불복 상고하였다. 갑은 상고이유로, 불법영득의사가 없었다고 주장하였다.

대법원은 다음의 이유를 제시하여 상고를 기각하였다. (가) 카메라의 소유주 A 및 현금의 소유주 B의 사전 승낙 없이 카메라와 현금을 가져 나왔다. (나) 그렇다면 거기에 불법영득의 의사가 있었다.

1) 법무부, 형법개정법률안 제안이유서, (1992), 174면.

2) 2002. 9. 6. 2002도3465, 공 2002, 2458 = 『중국집 오토바이 사건』 :

갑은 강도상해 등의 범행을 저질렀다. 갑은 도주하기 위하여 갑이 근무하던 인천 M아파트 상가 중국집 앞에 세워져 있던 ㉠오토바이를 소유자 A의 승낙 없이 타고 갔다. 갑은 ㉠오토바이를 N지점 P호텔 부근에 버린 다음 버스를 타고 광주로 가버렸다.

검사는 ㉠오토바이 부분에 대해 갑을 절도죄로 기소하였다. 갑의 피고사건은 제1심을 거친 후, 항소심에 계속되었다. 항소법원은 유죄를 인정하였다. 갑은 불복 상고하였다. 갑은 상고이유로, 절도죄가 아니라 자동차불법사용죄가 성립할 뿐이라고 주장하였다.

대법원은 다음의 이유를 제시하여 상고를 기각하였다. (가) 형법 제331조의2에서 규정하고 있는 자동차등불법사용죄는 타인의 자동차 등의 교통수단을 불법영득의 의사 없이 일시 사용하는 경우에 적용되는 것

(4) 불법영득의사의 내용

불법영득의사는 범죄유형에 따라 조금씩 차이가 있다. 절도죄에서 불법영득의사는 권리자를 배제하고 타인의 재물을 자기의 소유물과 같이 그 경제적 용법에 따라 이용 · 처분하려는 의사를 말한다. 이 경우 '권리자'는 소유자 및 소유권에 준하는 권리를 가진 사람(본권자)을 의미한다.

횡령죄의 경우 불법영득의사는 자기 또는 제3자의 이익을 꾀할 목적으로 임무에 위배하여 보관하는 타인의 재물을 자기소유인 경우와 같이 사실상 또는 법률상 처분하는 의사를 말한다.[1] 횡령죄의 불법영득의사에는 경제적 용법에 따라 이용 · 처분하려는 의사뿐만 아니라 법률상 처분하려는 의사까지 포함된다.

불법영득의사는 각종 영득죄의 성립요소로서 고의 이외에 요구되는 초과주관적 구성요건요소이다. 특히 절도죄와 관련하여 불법영득의사는 점유침해를 중심으로 파악할 때 확장되기 쉬운 절도죄의 성립범위를 적절하게 조절하는 기능을 발휘한다.

불법영득의사의 인식 정도에 대해 확정적 인식이 필요하다는 견해가 있다. 그러나 고의나 목적 등 다른 주관적 구성요건요소와 마찬가지로 미필적 인식으로 족하다고 본다. 불법영득의사는 절취 또는 횡령 등의 행위 시점에 존재해야 하며 그것으로 족하다. 이후에 반환할 의사는 불법영득의사에 영향을 미치지 않는다.[2] [3]

불법영득의사에서 불법이라 함은 재물의 소유권 또는 소유권에 준하는 권리(본권)의 귀속을 결정하는 법질서에 위반한다는 의미이다. 사법(私法)상 소유권 또는 소유권에 준하는 권리(본권)의 법리에 의하면 타인이 권리자를 배제하고 스스로 소유자가 될 수는 없다. 불법영득의사의 '불법성'은 형법적 관점에서 재물의 소유자 내지 소유자에 준하는 권리자(본권자)를 사실상의 지위에서 배제하는 것을 의미한다.

이다. (나) 불법영득의사가 인정되는 경우에는 절도죄로 처벌할 수 있을 뿐 자동차등불법사용죄로 처벌할 수 없다. (다) 절도죄의 성립에 필요한 불법영득의 의사라 함은 권리자를 배제하고 타인의 물건을 자기의 소유물과 같이 이용, 처분할 의사를 말하고 영구적으로 그 물건의 경제적 이익을 보유할 의사임은 요치 않는다. (라) 일시사용의 목적으로 타인의 점유를 침탈한 경우에도 (ㄱ) 이를 반환할 의사 없이 상당한 장시간 점유하고 있거나 (ㄴ) 본래의 장소와 다른 곳에 유기하는 경우에는 이를 일시 사용하는 경우라고는 볼 수 없으므로 영득의 의사가 없다고 할 수 없다. (마) 갑에게 ㉠오토바이를 불법영득할 의사가 없었다고 할 수 없다.

1) 2013. 8. 23. 2011도7637, [미간행] = 『상가 개발비 미납 사건』 ☞ 부록 1637면.

2) 1983. 3. 8. 83도54, 공 1983, 709 = 『절도범 쪽지 사건』.

3) 2013. 3. 14. 2011도7259, [미간행].

(5) 불법영득의사의 요소

(가) 배제의사 　불법영득의사는 배제의사와 획득의사로 나누어 볼 수 있다. 배제의사는 타인의 재물에 대해 그 소유권 또는 소유권에 준하는 권리(본권)를 침해하려는 의사이다.[1) 2)] 소유자 또는 소유자에 준하는 권리자(본권자)를 그 지위에서 배제하려고 한다는 점에서 불법영득의사의 소극적 요소라고 한다. 배제의사는 권리자를 영구적으로 배제하려는 의사이어야 한다.

불법영득의사의 배제의사 부분은 절도죄와 사용절도를 구별하는 기능을 한다. 소유자 또는 소유자에 준하는 권리자(본권자)를 배제하지 않고 재물의 경제적 용법에 따른 이용만을 하는 것이 사용절도이다. 사용절도 행위는 불법영득의사가 인정되지 않기 때문에 원칙적으로 절도죄를 구성하지 않는다. 다만 자동차등불법사용죄(법331의2)가 성립할 수는 있다.

소유자 자신은 불법영득의사를 가질 수 없다. 소유자가 스스로의 소유권을 배제한다는 것은 상정할 수 없기 때문이다. 다만 권리행사방해죄(법323)나 공무상보관물무효죄(법142)가 성립할 여지는 있다.[3)]

어떠한 물건을 점유자의 의사에 반하여 취거하는 행위가 결과적으로 소유자의 이익으로 된다는 사정 또는 소유자의 추정적 승낙이 있다고 볼 만한 사정이 있다고 하더라도, 다른 특별한 사정이 없는 한 그러한 사유만으로 불법영득의 의사가 없다고 할 수는 없다.[4)]

(나) 획득의사 　배제의사에 대해 획득의사는 타인의 재물을 자기의 소유물인 것처럼 경제적 용법에 따라 이용 · 처분하려는 의사이다. 새로운 사실상의 소유자를 등장하게 한다는 점에서 불법영득의사의 적극적 요소라고 한다. 획득의사는 배제의사와 달리 일시적 의사이어도 무방하다. 영구적으로 그 물건의 경제적 이익을 보유할 의사임을 요하지

---

1) 1965. 2. 24. 64도795, 집 13①, 형27 =『칼빙 소총 보충 사건』:

갑은 자신이 잃어버린 총을 보충하기 위하여 같은 소속대 3화기중대의 A가 소지하던 군용 칼빙 소총 1정을 무단으로 가지고 나왔다.

군검찰관은 갑을 [군용물]절도죄로 기소하였다. 갑의 피고사건은 제1심을 거친 후, 항소심에 계속되었다. 항소법원은 불법영득의사가 없음을 이유로 무죄를 선고하였다. 군검찰관은 불복 상고하였다.

대법원은 다음의 이유를 제시하여 상고를 기각하였다. (가) 절도죄의 성립에 있어 영구적으로 그 물건의 경제적 이익을 보지할 의사가 필요하지는 않다. (나) 그렇다고 하여도 단순한 점유의 침해만으로서는 절도죄가 구성될 수 없다. (다) 소유권 또는 이에 준하는 본권을 침해하는 의사가 있어야 한다. (라) 즉 목적물의 물질을 영득할 의사나 또 물질의 가치만을 영득할 의사이든 적어도 그 재물에 대한 영득의 의사가 있어야 한다. (마) 갑의 행위는 자기의 물건과 같이 그 경제적 용법에 따라 ㉠소총을 이용 또는 처분하여 권리자(본건에 있어서는 국가)를 배제할 의사를 가지고 한 것이 아니다. (바) 그러므로 갑에게 영득의 의사가 있었다고 볼 수 없다.

2) 2014. 2. 21. 2013도14139, 공 2014상, 790 =『리스 차량 반납용 절취 사건』.

3) 1994. 11. 11. 94도343, 공 1994, 3323 = 분석 각론『가마솥 가져오기 사건』 참조.

4) 2014. 2. 21. 2013도14139, 공 2014상, 790 =『리스 차량 반납용 절취 사건』.

않는다.[1] [2]

불법영득의사의 획득의사 부분은 절도죄와 손괴죄를 구별하는 기능을 한다. 소유자처럼 경제적 용법에 따른 이용을 할 의사 없이 재물의 효용만을 방해하는 것이 손괴죄이다.[3]

(6) 불법영득의사의 대상

불법영득의사는 소유자 또는 소유자에 준하는 권리자(본권자)를 배제하고 타인의 재물을 자기의 소유물과 같이 이용 · 처분하려는 의사이다. 그런데 불법영득의사의 대상이 무엇인가를 놓고 견해가 대립하고 있다.

(가) 물질설 재물의 실체 그 자체를 불법영득의 대상으로 보는 견해이다. 불법영득의 본질이 소유자에 준하는 실력적 지위를 장악하는 데에 있다고 보고, 이 지위의 장악은 타인의 재물을 그 실체대로 획득하여 소유자를 배제한 가운데 행위자 자신이 목적하는 바대로 사용하는 것이라고 본다. 예컨대 예금통장을 절취하여 예금을 인출하고 통장 자체는 반환한 경우에는 통장의 소유자를 배제한 것이 아니므로 불법영득의사를 부인하게 된다.[4]

(나) 가치설 재물의 경제적 가치를 불법영득의 대상으로 보는 견해이다. 재물에 화체된 경제적 가치를 소유자 또는 소유자에 준하는 권리자(본권자)를 배제한 가운데 행위자 자신의 재산에 포함시키려는 의사가 불법영득의사라는 것이다. 가치설의 입장에서는 절도죄도 재산범죄의 일종이므로 소유자 또는 소유자에 준하는 권리자(본권자)의 재산가치가 감소하고 그에 상응하여 행위자의 재산가치가 증가하는 관계가 인정되어야 한다고 본다. 예컨대 예금통장을 절취하여 예금을 인출하고 통장을 반환한 경우에 대해 가치설의 입장에서는 행위자가 소유자를 배제하고 그 통장의 가치를 취득하였다는 이유로 불법영득의사를 인정한다.

(다) 결합설 불법영득의사의 대상을 물질 자체 또는 그 물질이 가지고 있는 경제적 가치에 있다고 보는 견해이다. 물질설과 가치설을 극단적으로 밀고 갈 경우에 발생하는 문제를 완화하기 위하여 제시된 절충적 견해이다.

(라) 판 례 판례는 "단순한 점유의 침해만으로서는 절도죄를 구성할 수 없고 소유권 또는 이에 준하는 본권을 침해하는 의사 즉 목적물의 물질을 영득할 의사이거나 또는 그 물질의 가치만을 영득할 의사이든 적어도 그 재물에 대한 영득의 의사가 있어야 한다."고 판시

---

1) 2002. 9. 6. 2002도3465, 공 2002, 2458 = 『중국집 오토바이 사건』.
2) 2014. 2. 21. 2013도14139, 공 2014상, 790 = 『리스 차량 반납용 절취 사건』.
3) 1971. 1. 26. 70도2378, 집 19①, 형22 = 분석 각론 『창포밭 고무호스 사건』.
4) 다만, 은행직원을 상대로 한 사기죄가 성립하는 것은 별개의 문제이다. 후술 1050면 이하 참조.

하여 결합설의 입장을 취하고 있다.[1)]

판례는 타인의 예금통장을 무단사용하여 예금을 인출한 후 바로 예금통장을 반환한 사안에 대해 다음의 이유로 불법영득의사를 인정하였다. 즉, 예금통장은 이를 소지함으로써 예금채권의 행사자격을 증명할 수 있는 자격증권으로서 예금계약 사실뿐 아니라 예금액에 대한 증명기능이 있다. 예금통장의 이러한 증명기능은 예금통장 자체가 가지는 경제적 가치라고 보아야 한다. 예금통장을 사용하여 예금을 인출하게 되면 그 인출된 예금액에 대하여는 예금통장 자체의 예금액 증명기능이 상실되고 이에 따라 그 상실된 기능에 상응한 경제적 가치도 소멸한다고 말할 수 있다. 타인의 예금통장을 무단사용하여 예금을 인출한 후 바로 예금통장을 반환하였다 하더라도 그 사용으로 인한 위의 경제적 가치의 소모가 무시할 수 있을 정도로 경미한 경우가 아닌 이상, 예금통장 자체가 가지는 예금액 증명기능의 경제적 가치에 대한 불법영득의사가 인정된다.[2)]

(마) 사 견 결합설이 타당하다고 본다. 먼저, 물질설은 재물 자체의 물질성에 지나치게 집착함으로써 재물 자체와 동일시할 수 있는 가치의 경우까지도 절도죄의 적용범위에서 제외하는 난점이 있다. 다음으로, 가치설은 영득죄와 이득죄의 경계를 무너뜨리는 문제점을 안고 있다. 절도죄는 영득죄로서 특정 재물의 소유권을 일차적 보호법익으로 하고 있다. 이에 대해 이득죄는 전체재산의 불법한 변동을 방지하는 데에 주안점을 두고 있다. 입법자가 사기죄(법347②), 공갈죄(법350②)와 달리 절도죄의 구성요건에 '재산상 이익'을 객체로 설정하지 아니한 것은 이러한 차이점 때문이라고 생각된다.

절도죄가 특정 재물의 소유권 또는 소유권에 준하는 권리(본권)를 보호한다는 점에 비추어 볼 때 불법영득의사의 대상은 원칙적으로 재물 자체라고 보아야 한다. 다만 재물 그 자체

---

1) 1992. 9. 8. 91도3149, 공 1992, 2923 = 『사격장 군무이탈 사건』:

갑은 사격장에서 군무를 이탈하면서 ㉠총기를 휴대한 채 이탈하였다. 갑은 이때 ㉠총기를 휴대하고 있는지조차 인식할 수 없는 정신상태에 있었고, 총기는 어떤 경우라도 몸을 떠나서는 안 된다는 교육을 지속적으로 받아왔던 터이었다.

군검찰관은 총기휴대 부분에 대해 갑을 [군용물]절도죄로 기소하였다. 갑의 피고사건은 제1심을 거친 후, 항소심에 계속되었다. 항소법원은 무죄를 선고하였다. 군검찰관은 불복 상고하였다.

대법원은 다음의 이유를 제시하여 상고를 기각하였다. (가) 절도죄의 성립에 필요한 불법영득의 의사라 함은 권리자를 배제하고 타인의 물건을 자기의 소유물과 같이 그 경제적 용법에 따라 이용 · 처분할 의사를 말한다. (나) 영구적으로 그 물건의 경제적 이익을 보유할 의사가 필요한 것은 아니지만 단순한 점유의 침해만으로서는 절도죄를 구성할 수 없다. (다) 소유권 또는 이에 준하는 본권을 침해하는 의사 즉 목적물의 물질을 영득할 의사이거나 또는 그 물질의 가치만을 영득할 의사이든 적어도 그 재물에 대한 영득의 의사가 있어야 한다. (라) 갑이 군무를 이탈할 때 총기를 휴대하고 있는지 조차 인식할 수 없는 정신상태에 있었다. (마) 갑은 총기는 어떤 경우라도 몸을 떠나서는 안 된다는 교육을 지속적으로 받아왔다. (바) 그렇다면 사격장에서 군무를 이탈하면서 총기를 휴대하였다는 것만 가지고는 갑에게 불법영득의 의사가 있었다고 할 수 없다.

2) 2010. 5. 27. 2009도9008, 공 2010하, 1313 = 분석 각론 『예금통장 반환 사건』.

와 동일시 할 수 있는 가치의 경우에는 소유권의 충실한 보호를 위하여 경제적 가치도 부차적으로 불법영득의사의 대상에 포함시켜야 할 것이다. 그렇지만 이 경우에도 절도죄가 일반적인 이득죄로 변질되는 것을 방지하기 위하여 물질의 전부 또는 상당 부분과 동일시할 수 있을 정도로 밀접한 관련성을 요구해야 할 것이다.[1) 2)]

(7) 사용절도

(가) 의 의 사용절도란 일시 사용한 후 원상태로 반환할 의사를 가지고 타인의 재물을 자기의 점유하에 옮기는 행위를 말한다. 사용 후 반환할 의사를 가지고 있다는 점에서 재물의 소유자나 소유자에 준하는 권리자(본권자)를 배제하려는 불법영득의사의 소극적 요소를 찾아볼 수 없다. 그러나 재물의 경제적 이용을 꾀한다는 점에서 불법영득의사의 적극적 요소를 확인할 수 있다.

사용절도는 대부분 피해가 경미할 뿐만 아니라 불법영득의사의 소극적 요소를 결여하여

---

1) 1987. 12. 8. 87도1959, 공 1988, 306 =『인감도장 반환 사건』:

갑은 A의 ㉠도장과 ㉡인감도장을 A의 책상서랍에서 몰래 꺼내었다. 갑은 ㉠도장과 ㉡인감도장을 ㉢차용금증서의 연대보증인란에 찍고 난 후 곧 제자리에 넣어두었다.

검사는 갑을 절도죄로 기소하였다. 갑의 피고사건은 제1심을 거친 후, 항소심에 계속되었다. 항소법원은 갑에게 불법영득의사가 없다는 이유로 무죄를 선고하였다. 검사는 불복 상고하였다.

대법원은 다음의 이유를 제시하여 상고를 기각하였다. (가) 타인의 물건을 점유자의 승낙 없이 무단사용하는 경우에 있어서 (ㄱ) 그 사용으로 물건 자체가 가지는 경제적 가치가 상당한 정도로 소모되거나 또는 (ㄴ) 사용 후 본래의 장소가 아닌 다른 곳에 버리거나 (ㄷ) 곧 반환하지 아니하고 장시간 점유하고 있는 것과 같은 때에는 그 소유권 또는 본권을 침해할 의사가 있다고 보아 불법영득의 의사를 인정할 수 있다. (나) 그렇지 아니하고 그 사용으로 인한 가치의 소모가 무시할 수 있을 정도로 경미하고 또 사용후 곧 반환한 것과 같은 때에는 그 소유권 또는 본권을 침해할 의사가 있다고 할 수 없어 불법영득의 의사를 인정할 수 없다. (다) 갑이 A의 도장과 인감도장을 그의 책상서랍에서 몰래 꺼내어 가서 그것을 차용금증서의 연대보증인란에 찍고 난 후 곧 제자리에 넣어둔 사실만으로는 ㉠, ㉡도장에 대한 불법영득의 의사가 있었다고 인정할 수 없다.

2) 1998. 11. 10. 98도2642, 공 1998, 2907 =『현금카드 반환 사건』:

갑은 A로부터 ㉠지갑을 잠시 건네받아 멋대로 지갑에서 A 소유의 P은행 ㉡현금카드를 꺼내었다. 갑은 그 즉시 ㉡현금카드를 사용하여 현금자동지급기에서 70만원의 현금을 인출한 후 현금카드를 곧바로 A에게 반환하였다.

검사는 ㉠현금카드 부분에 대해 갑을 절도죄로 기소하였다. 제1심법원은 갑에게 불법영득의사가 없음을 이유로 무죄를 선고하였다. 검사는 불복 항소하였다. 항소법원은 항소를 기각하고, 제1심판결을 유지하였다. 검사는 불복 상고하였다.

대법원은 다음의 이유를 제시하여 상고를 기각하였다. 대법원은 불법영득의사와 사용절도의 관계에 관한 기존의 기준을 확인하였다(내용 생략함). 대법원은 갑의 행위에 대해 다음과 같이 판단하였다. (가) 은행이 발행한 현금카드를 사용하여 현금자동지급기에서 현금을 인출하였다 하더라도 그 현금카드 자체가 가지는 경제적 가치가 인출된 예금액만큼 소모되었다고 할 수는 없다. (나) 갑은 A로부터 지갑을 잠시 건네받아 멋대로 ㉠지갑에서 피해자 소유의 P은행 ㉡현금카드를 꺼내어 그 즉시 ㉡현금카드를 사용하여 현금자동지급기에서 금 70만원의 현금을 인출한 후 ㉡현금카드를 곧바로 A에게 반환하였다. (다) 이 사실관계를 전제로 할 때 갑이 ㉡현금카드를 불법영득할 의사가 있었다고 볼 수 없다.

소유권 질서에 위험을 야기하는 바가 적다. 이 때문에 사용절도는 원칙적으로 절도죄의 처벌대상에서 제외되고 있다.

(나) 자동차등불법사용죄 1995년 형법 일부개정시에 자동차등불법사용죄가 신설되었다(법331의2). 자동차 등의 사용절도행위에 대해서는 종래 불법영득의사가 없다는 이유로 절도죄의 성립을 인정하지 않았다. 그러나 자동차와 자가운전자의 증가에 따라 자동차의 불법사용이 증가할 것으로 예상되고, 이로 인한 실해와 피해자의 감정을 고려하여 사용절도행위를 특별히 처벌하기로 하였다. 사용절도가 처벌되는 것은 자동차, 선박, 항공기 또는 원동기장치사용자전거에 한정된다.[1)]

자동차 등의 무단사용은 자동차등불법사용죄로 규율된다. 그렇지만 불법영득의사를 가지고 자동차 등을 무단사용하는 경우에는 절도죄가 성립한다. 사용절도와 달리 소유자 또는 소유자에 준하는 권리자(본권자)를 배제하려는 의사가 인정되기 때문이다.[2)]

(다) 허용범위 사용절도는 불법영득의사의 소극적 요소를 갖추지 아니하여 절도죄의 처벌대상이 되지 않는다. 그렇지만 불법영득의사가 주관적 범죄성립요소라는 점에서 판단이 쉽지 않다. 판례는 이와 관련하여 다음의 기준을 제시하고 있다.

타인의 재물을 점유자의 승낙 없이 무단 사용하는 경우에, (가) 그 사용으로 인하여 재물 자체가 가지는 경제적 가치가 상당한 정도로 소모되거나, (나) 그 사용 후 그 재물을 본래의 장소가 아닌 다른 곳에 버리거나,[3)] (다) 곧 반환하지 아니하고 장시간 점유하고 있는 것[4)]과 같은 때에는 불법영득의사가 인정된다.

그러나 재물의 무단 사용으로 인한 경제적 가치의 소모가 무시할 수 있을 정도로 경미하고, 나아가 사용 후 곧 반환한 경우에는 그 소유권을 침해할 의사가 없어 불법영득의사가 인정되지 않으며, 사용절도가 된다.[5)] [6)] [7)]

---

1) 법무부, 형법개정법률안 제안이유서, (1992), 174면.

2) 2002. 9. 6. 2002도3465, 공 2002, 2458 = 『중국집 오토바이 사건』.

3) 2002. 9. 6. 2002도3465, 공 2002, 2458 = 『중국집 오토바이 사건』.

4) 1983. 3. 8. 83도54, 공 1983, 709 = 『절도범 쪽지 사건』.

5) 1998. 11. 10. 98도2642, 공 1998, 2907 = 『현금카드 반환 사건』.

6) 2000. 3. 28. 2000도493, 공 2000, 1125 = 『혼인신고 도장 사건』:

갑은 A의 승낙 없이 혼인신고서를 작성하기로 하였다. 갑은 A의 ㉠도장을 A의 집 안방 화장대 서랍에서 몰래 꺼내어 사용한 후 곧바로 제자리에 갖다 놓았다.

검사는 ㉠도장 부분에 대해 갑을 절도죄로 기소하였다. 갑의 피고사건은 제1심을 거친 후, 항소심에 계속되었다. 항소법원은 갑에게 불법영득의사가 없다는 이유로 무죄를 선고하였다. 검사는 불복 상고하였다.

대법원은 다음의 이유를 제시하여 상고를 기각하였다. 대법원은 불법영득의사의 판단기준을 확인하였다 (내용 생략함). 대법원은 갑에게 ㉠도장에 대한 불법영득의 의사가 있었다고 인정할 수 없다고 판단하였다.

7) 1999. 7. 9. 99도857, 공 1999, 1675 = 분석 각론 『도난카드 현금서비스 사건』.

7. 형법상의 점유

(1) 형법상 점유 개념의 분류

우리 형법은 여러 곳에서 점유 개념을 사용하고 있다. 일반적으로 점유란 물건에 대한 사실상의 지배상태를 말한다. 점유 개념은 민법에서도 사용하고 있으나 형법상의 점유 개념이 훨씬 더 현실적이다. 민법상의 점유와 구별되는 현실적인 지배상태를 강조하기 위하여 형법상의 점유를 소지라고 부르기도 한다.

형법상 점유 개념은 여러 맥락에서 사용되고 있다. 먼저 점유가 침해의 대상으로 등장하는 경우가 있다. 재물에 대한 탈취가 필요하게 되는 범죄(탈취죄)가 여기에 해당한다. 절도죄(법329) 및 강도죄(법333)의 점유가 전형적인 예이다. 자기소유 물건이지만 타인의 권리의 목적으로 되어 있는 물건을 객체로 하는 권리행사방해죄(법323), 점유강취죄(법325①) 및 중권리행사방해죄(법326)에서의 점유도 침해의 대상이 되는 경우이다.

다음으로, 점유가 행위주체를 확정하기 위하여 사용되는 경우가 있다. 횡령죄(법355①) 및 업무상 횡령죄(법356)의 경우에 '보관'으로 표현되는 예가 그것이다. 이 경우 보관은 사실상의 지배 외에 법률상의 지배까지 포함하는 개념이다.[1] 횡령죄 및 업무상 횡령죄의 경우에는 보관자만이 행위주체가 될 수 있다.

(2) 형법상 점유와 민법상 점유

일반적으로 점유란 재물에 대한 사실상의 지배를 의미한다. 그런데 형법상의 점유는 민법상의 점유에 비하여 보다 더 현실적인 내용을 가진다. 일본 민법은 "점유권은 자기를 위하여 하는 의사를 가지고 물건을 소지함으로써 취득한다"(동법180)라고 규정하여 점유의사를 요구하는 주관설의 입장에 서 있다. 그러나 우리 민법은 "물건을 사실상 지배하는 자는 점유권이 있다"(민법192①)고 규정하여 점유의 객관적인 측면을 보다 강조하는 표현을 사용하고 있다.[2]

우리 민법의 조문에 따를 때 형법상 점유와 민법상 점유는 상당히 접근하게 되었다. 그러나 아직도 양자 사이에는 적지 않은 차이가 있다. 민법의 경우에는 물건에 대한 사실상의 지배를 '점유권'으로 포착하여 이를 보장하는 데에 중점을 두고 있음에 반하여 형법의 경우에는 점유가 타인에게 속하는지 여부에 따라 범죄성립 및 처벌정도를 달리하기 때문이다.

규율의 관점이 달라짐에 따라 형법상의 점유와 민법상의 점유는 다음과 같은 차이점을

---

1) 후술 1336면 이하 참조.

2) 그러나 민법상의 통설은 아직도 '사실적 지배관계를 가지려는 의사'가 필요한 것으로 보고 있다. 그리고 이 의사는 법률행위에 있어서와 같은 어떤 법률효과의 발생을 원하는 것이 아니라 사실상의 지배를 하고자 하는 자연적 의사라고 한다. 곽윤직 · 김재형, 물권법, 제8판(전면개정), 재전정판, (2014), 188면 참조.

보인다. 첫째로, 민법상의 점유에는 다른 사람을 통한 간접점유(민법194)가 가능하지만[1] 형법상으로는 간접점유 형태의 점유는 인정되지 않는다. 둘째로, 민법상으로는 상속에 의한 점유의 이전(민법193)이 인정되지만[2] 형법상으로는 인정되지 않는다.[3] 셋째로, 민법상 점유보조자는 점유의 주체가 될 수 없으나(민법195),[4] 형법상으로는 사실상 지배를 가지는 한 점유보조자도 점유의 주체가 될 수 있다.[5]

(3) 형법상 점유의 성립요소

(가) 객관적 요소　어떤 물건이 타인의 점유하에 있다고 할 것인지의 여부는 (가) 객관적인 요소로서의 관리범위 내지 사실적 관리가능성 외에, (나) 주관적 요소로서의 지배의사를 참작하여 결정하되, (다) 궁극적으로는 당해 물건의 형상과 그 밖의 구체적인 사정에 따라 사회통념에 비추어 규범적 관점에서 판단해야 한다.[6]

형법상 점유가 있다고 하려면 먼저 점유자가 재물을 사실상으로 지배하는 객관적 상태가 인정되어야 한다. 이러한 사실상 지배상태를 가리켜서 점유사실이라고 한다. 사실상 지배상태가 허용되지 않는 경우라면 점유가 처음부터 성립하지 않는다.[7]

사실상의 지배는 반드시 악지(握持)를 요하지 아니한다. 예컨대, 강간을 당한 피해자가 도피하면서 현장에 놓아두고 간 손가방은 사회통념상 피해자의 지배하에 있는 물건으로 인

---

1) 민법 제194조 (간접점유) 지상권, 전세권, 질권, 사용대차, 임대차, 임치 기타의 관계로 타인으로 하여금 물건을 점유하게 한 자는 간접으로 점유권이 있다.

2) 민법 제193조 (상속으로 인한 점유권의 이전) 점유권은 상속인에 이전한다.

3) 2012. 4. 26. 2010도6334, 공 2012상, 940 = 분석 각론 『사망 동거남 가방 사건』.

4) 민법 제195조 (점유보조자) 가사상, 영업상 기타 유사한 관계에 의하여 타인의 지시를 받어 물건에 대한 사실상의 지배를 하는 때에는 그 타인만을 점유자로 한다.

5) 1982. 3. 9. 81도3396, 공 1982, 452 = 『가스대금 도주 사건』:

갑은 A의 M점포에서 종업원으로 일하고 있다. A는 갑에게 금고 열쇠와 오토바이 열쇠를 맡겼다. A는 갑에게 금고 안의 돈은 배달될 가스대금으로 지급하라고 지시한 후 외출하였다. 갑은 혼자서 점포를 지키다가 금고 안에서 현금을 꺼내어 오토바이를 타고 도주하였다(㉮범행).

검사는 갑을 다음의 공소사실로 기소하였다. (가) 선택적 공소사실 : 횡령죄. (나) 선택적 공소사실 : 절도죄. 갑의 피고사건은 제1심을 거친 후, 항소심에 계속되었다. 항소법원은 절도죄를 인정하였다. 갑은 불복 상고하였다.

대법원은 다음의 이유를 제시하여 원심판결을 파기환송하였다. (가) 민법상의 점유보조자라고 할지라도 그 물건에 대하여 사실상 지배력을 행사하는 경우에는 형법상 보관의 주체로 볼 수 있다. (나) 갑은 점원으로서는 평소는 점포 주인인 A의 점유를 보조하는 자에 지나지 않는다. (다) 그러나 ㉮범행 당시는 A의 위탁을 받아 금고 안의 현금과 오토바이를 사실상 지배하에 두고 보관한 것이다. (라) 갑의 ㉮범행은 자기의 보관하에 있는 타인의 재물을 영득한 것으로서 횡령죄에 해당한다.

6) 2008. 7. 10. 2008도3252, 공 2008, 1210 = 분석 각론 『대형냉장고 전기 사건』.

7) 1964. 6. 23. 64도209, 집12① 형48 = 분석 각론 『물 품어 올리기 사건』.

정된다.[1] 마치 물품을 구입할 것처럼 가장하여 피해자로부터 물품을 건네받은 다음 화장실 등에 갖다 오겠다는 핑계를 대고 도주하는 경우(책략절도) 당해 물건은 범인이 도주하기 전까지는 아직 피해자의 점유하에 있다.[2] 피해자가 인사불성이어서 재물이 존재함을 인식할 수 없는 경우에도 사실상 지배가 인정된다.[3]

(나) 주관적 요소　　점유의 성립을 위한 주관적 요소로 점유의사가 필요하다. 점유의사

---

1) 1984. 2. 28. 84도38, 공 1984, 563 =『강간 피해자 손가방 사건』:

갑은 A를 강간하였다. 이후 갑은 A가 도피하면서 현장에 놓아두고 간 ㉠손가방 안에 들어 있던 A의 ㉡돈을 꺼내어 가졌다.

검사는 ㉡돈 부분에 대해 갑을 절도죄로 기소하였다. 제1심법원은 유죄를 인정하였다. 갑은 불복 항소하였다. 항소법원은 항소를 기각하고, 제1심판결을 유지하였다. 갑은 불복 상고하였다. 갑은 상고이유로, 점유이탈물횡령죄에 해당할 뿐이라고 주장하였다.

대법원은 다음의 이유를 제시하여 상고를 기각하였다. (가) A 소유의 ㉠손가방은 소유자가 버리거나 유실한 물건이 아니다. (나) 강간을 당한 A가 도피하면서 현장에 놓아두고 간 것에 불과하여 사회통념상 A의 지배하에 있는 물건이라고 보아야 한다. (다) ㉠손가방 안에 들어있는 A 소유의 돈을 꺼낸 갑의 소위는 절도죄의 구성요건을 충족한다.

2) 1994. 8. 12. 94도1487, 공 1994, 2320 =『금은방 도주 사건』:

갑은 절도전과가 수회 있다. 갑은 A 경영의 금은방에서 마치 귀금속을 구입할 것처럼 가장하여 A로부터 ㉠순금목걸이 등을 건네받았다. 갑은 화장실에 갖다 오겠다는 핑계를 대고 ㉠순금목걸이 등을 가지고 도주하였다.

검사는 갑을 상습절도죄로 기소하였다. 갑의 피고사건은 제1심을 거친 후, 항소심에 계속되었다. 항소법원은 유죄를 인정하였다. 갑은 불복 상고하였다.

대법원은 다음의 이유를 제시하여 상고를 기각하였다. (가) ㉠순금목걸이 등은 갑이 도주하기 전까지는 아직 A의 점유하에 있었다. (나) 그러므로 이를 절도죄로 의율 처단한 원심의 조처는 정당하다.

3) 1956. 8. 17. 4289형상170, 집 4①, 형46 =『거만한 자 시계 사건』:

갑은 을과 함께 M제방을 통행하던 중 A에게 이유 없이 거만한 자라는 등의 욕설을 하였다. A가 "무엇이 거만하냐" 하고 응수한 끝에 언쟁이 되었다. 갑은 A를 구타하여 인사불성에 이르게 하였다. 갑은 현장을 떠나면서 그곳에 떨어진 A의 ㉠팔목시계를 발견하고 이를 가져가 자기 집 선반에 은닉하였다.

검사는 갑을 강도상해죄로 기소하였다. 갑의 피고사건은 제1심을 거친 후, 항소심에 계속되었다. 항소법원은 갑에게 상해죄 및 점유이탈물횡령죄를 인정하였다. 검사는 불복 상고하였다. 검사는 상고이유로 다음의 점을 주장하였다. (가) 점유이탈물이라면 유실물이거나, 표류물이거나, 점유자의 의사에 의하지 않고 점유를 떠난 물건이거나를 막론하고, 소유자 또는 점유자가 관리할 수 없는 상태에 놓여 있는 것이 요건이다. (나) A는 구타로 인하여 혼수상태에 빠져 사물에 대한 인식이 전연 없었다. (다) 부근 지상에 ㉠시계가 떨어져 있었다손 치더라도 ㉠시계를 A의 유실물이나 점유이탈물로 보는 것은 타당치 않다. (라) 거리 관계로 보아서 A의 지배범위 내에 있다고 보는 것이 적절한 것이므로 역시 계속해서 점유하고 있다고 보는 것이 타당하다. (마) 시계를 강취할 목적으로 상해를 가하였거나 상해를 가한 후 범의를 일으켜 혼수상태를 이용하여 시계를 탈취하였거나는 강도상해죄 구성에 하등 영향이 없다.

대법원은 다음의 이유를 제시하여 원심판결을 파기하고 자판(自判)하여 징역 1년을 선고하였다. (가) ㉠시계는 A가 갑으로부터 폭행을 당하고 졸도한 현장에 떨어져 있던 것이다. (나) ㉠시계는 A의 지배 내를 이탈한 것이라 할 수 없다. (다) 갑의 폭행은 A의 물건을 강취할 목적에서 나온 것이 아니다. (라) 타인에게 상해를 가한 후 우발적으로 혼수상태를 이용하여 타인의 물건을 절취한 경우에도 강도죄가 성립한다 함은 독자적 견해에 불과하다. (마) 갑은 (중략) A에게 약 5주일을 요할 상해를 가한 후 현장에 떨어진 A의 ㉠시계를 절취한 것이다. (바) [이 경우] 상해죄와 절도죄는 형법 제37조 전단의 동시적 경합범이다.

란 재물을 현실적으로 관리 · 지배하려는 의사를 말한다. 점유의사는 사법상의 일정한 법률효과를 의욕하는 의사와는 달리 재물을 사실상 지배하려는 자연적 의사이다. 따라서 재물의 점유자에게 의사능력이나 책임능력을 요하지 않으며, 유아나 정신병자도 점유자가 될 수 있다.

판례는 "객관적으로 어떤 사람이 재물을 사실상 지배하고 있다고 인정되는 이상 다른 특별한 사정이 없는 한 그 사람은 그 재물에 대한 지배의사를 가지고 있다고 봄이 상당하다."고 판시하여 점유사실로부터 점유의사를 추정하는 입장을 취하고 있다.[1] 그러나 사실상 지배의 외관이 인정된다고 해도 사실상의 지배의사가 없음을 표시한 경우에는 점유가 인정되지 않는다.[2]

점유의사는 반드시 개개의 재물에 대해 특정된 구체적인 의사일 필요가 없다. 자기가 지배하는 장소 내에 존재하는 재물 일반에 대하여 포괄적 · 추상적으로 지배 · 관리하려는 의사로도 충분하다. 토지의 소유권을 취득한 자가 구체적으로 그 토지 내에 있는 부속물의 존재를 인식하지 못하고 있는 경우라 하더라도 그에게는 부속물에 대한 사실상 지배의사가 인정된다.[3]

점유의사는 적극적으로 사실상 지배하려는 의사가 계속됨을 요하지 않으며, 잠재적으로 지배를 계속하려는 의사가 있으면 족하다. 적극적으로 사실상 지배를 포기하려는 의사가 없는 한 집안에서 물건의 위치를 잠시 잊어버린 경우나 수면 중이어서 물건이 존재함을 인식할 수 없는 경우에도 점유의사는 인정된다.

(다) 점유의 각종 유형 　형법상 점유는 사실상의 지배상태와 점유의사를 요소로 하여 성립하지만, 궁극적으로는 당해 물건의 형상과 그 밖의 구체적인 사정에 따라 사회통념에 비추어 규범적 관점에서 판단할 수밖에 없다.[4] 이처럼 구체적인 사정에 좌우되기 때문에 점유의 존부에 대해서는 일률적으로 단언할 수가 없다. 결국은 점유와 관련한 사실관계의 유형화를 통하여 어느 정도의 예측가능한 기준을 모색할 수밖에 없다.

물건을 잊어버리고 장소를 떠난 경우에 그 물건이 누구의 점유에 속하는지 문제된다. 어떤 물건을 잃어버린 장소가 타인의 관리 아래 있을 때에는 그 물건은 일응 그 관리자의 점유에 속한다.[5] 그러나 고속버스나 지하철 등의 경우에는 운전사나 승무원이 그 유실물을 현실적으로 발견하지 않는 한 이에 대한 점유를 개시하였다고 할 수 없다. 운전사나 승무원은 승객이 잊고 내린 유실물을 교부받을 권능을 가질 뿐이기 때문이다(유실물법 제10조

1) 1981. 8. 25. 80도509, 공 1981, 14307 = 분석 각론 『맹씨 망부석 사건』.
2) 1981. 8. 25. 80도509, 공 1981, 14307 = 분석 각론 『맹씨 망부석 사건』.
3) 1981. 8. 25. 80도509, 공 1981, 14307 = 분석 각론 『맹씨 망부석 사건』.
4) 2008. 7. 10. 2008도3252, 공 2008, 1210 = 분석 각론 『대형냉장고 전기 사건』.
5) 1988. 4. 25. 88도409, 공 1988, 930 = 분석 각론 『당구장 금반지 사건』.

참조).[1] [2]

자연상태의 동물이나 어패류는 소유나 점유의 대상이 되지 않는다.[3] 그러나 귀소 습성을 가진 개나 소 등의 경우에는 서식장소로 돌아오는 습성을 잃지 않는 한 점유가 인정된다.

(4) 형법상 점유의 귀속

점유는 재물을 사실상 지배하는 자에게 인정된다. 그러나 반드시 현실적으로 수중에 지니고 있는 사람만 점유자로 되는 것은 아니다. 점유의 귀속 문제는 특히 절도죄와 횡령죄를 구별할 때 의미가 있다. 절도죄는 타인점유의 재물을 객체로 함에 대하여 횡령죄는 자기점유의 재물을 객체로 하기 때문이다. 이와 관련하여 몇 가지 문제되는 사안을 검토한다.

(가) 공동점유 공동점유는 타인점유에 해당한다. 공동점유의 경우에 공동점유자의 1명이 다른 점유자의 동의를 얻지 않고 불법영득의사를 가지고 물건을 단독점유로 옮긴 때에는 절도죄가 성립한다.[4] 동업관계,[5] 종교단체분열[6] 등의 경우에 공동점유의 예를 찾아볼 수 있다.

(나) 상하관계의 점유 고용관계 등으로 인해 상하 · 주종관계에 있는 사람들 사이에 사실상 물건을 공동으로 지배하고 있을 때 어느 사람에게 점유가 인정될 것인지 문제된다. 기본적으로 이러한 경우 하위자는 점유보조자에 지나지 않기 때문에 점유는 상위자에게 속한다고 보아야 할 것이다.[7] 그러나 재물을 현실적으로 지배하고 있는 하위자에게 어느 정도의 처분권이 인정되고 있다면 하위자에게 단독점유가 인정된다.[8]

---

1) 1993. 3. 16. 92도3170, 공 1993, 1328 = 『고속버스 유실물 사건』 :

갑은 ㉠고속버스에서 승객이 잊고 내린 ㉡물건을 발견하였다. 갑은 ㉡물건을 가져갔다.

검사는 갑을 다음의 공소사실로 기소하였다. (가) 주위적 공소사실 : 절도죄. (나) 예비적 공소사실 : 점유이탈물횡령죄. 갑의 피고사건은 제1심을 거친 후, 항소심에 계속되었다. 항소법원은 다음과 같이 판단하였다. (가) 주위적 공소사실 : 절도죄 무죄. (나) 예비적 공소사실 : 점유이탈물횡령죄 유죄. 검사는 불복 상고하였다.

대법원은 다음의 이유를 제시하여 상고를 기각하였다. (가) 고속버스의 운전사는 고속버스의 관수자(管守者)로서 차내에 있는 승객의 물건을 점유하는 것이 아니고, 승객이 잊고 내린 유실물은 이를 교부받을 권능을 가질 뿐이다(유실물법 제10조 참조). (나) 고속버스 운전사는 그 유실물을 현실적으로 발견하지 아니하는 한 이에 대한 점유를 개시하였다고 할 수 없다. (다) 그 사이에 다른 승객이 유실물을 발견하고 이를 가져갔다면 이는 절도에 해당하지 아니하고 점유이탈물을 횡령한 경우에 해당한다.

2) 1999. 11. 26. 99도3963, 공 2000, 118 = 분석 각론 『지하철 분실물 사건』.

3) 2010. 4. 8. 2009도11827, [미간행] = 분석 각론 『모시조개 양식장 사건』.

4) 1984. 1. 31. 83도3027, 공 1984, 468 = 『돈궤짝 열쇠 사건』 ☞ 부록 1638면.

5) 1982. 4. 27. 81도2956, 공 1982, 544 = 분석 각론 『염료 동업 파기 사건』.

6) 1998. 7. 10. 98도126, 공 1998, 2174 = 분석 각론 『교회 분열 건축헌금 사건』.

7) 1988. 4. 25. 88도409, 공 1988, 930 = 분석 각론 『당구장 금반지 사건』.

8) 1982. 3. 9. 81도3396, 공 1982, 452 = 『가스대금 도주 사건』.

(다) 위탁물의 점유 위탁된 포장물(봉함물)의 경우에 위탁자를 점유자로 볼 것인지 수탁자를 점유자로 볼 것인지 문제된다. 논의의 실익은 포장물 또는 내용물을 수탁자가 임의로 가져가는 경우에 절도죄(법329; 6년 이하의 징역 또는 1천만원 이하의 벌금)와 횡령죄(법355 ①; 5년 이하의 징역 또는 1천 5백만원 이하 벌금) 가운데 어느 범죄가 성립할 것인가 하는 형태로 구체화된다. 절도죄가 성립한다면 야간주거침입절도죄(법330), 특수절도죄(법331), 상습절도죄(법332) 등의 가중유형이 인정될 수 있는 반면에, 횡령죄가 성립한다면 업무상 횡령죄(법356)와 「특정경제범죄 가중처벌 등에 관한 법률」(동법3)에 의한 가중처벌이 가능하다.

이에 대해서는 (가) 포장물 전체에 대하여는 수탁자가 점유를 가지지만, 그 내용물에 관하여는 위탁자에게 점유가 있다고 보는 견해(전체 횡령죄, 내용물 절도죄 성립), (나) 내용물을 포함한 포장물 전체에 대하여 위탁자에게 점유가 있다고 보는 견해(전체 · 내용물 모두 절도죄 성립), (다) 포장물 전체가 수탁자의 점유에 속한다고 보는 견해(전체 · 내용물 모두 횡령죄 성립),[1] (라) 포장물의 구체적인 위탁관계에 따라 형식적 위탁관계이면 위탁자에게 점유가 있고(절도죄 성립), 실질적 위탁관계이면 수탁자에게 점유가 있다(횡령죄 성립)고 보는 견해,[2] (마) 위탁된 용기가 커서 움직일 수 없으면 위탁자의 단독점유에 속하고(절도죄 성립), 용기가 작으면 원칙적으로 수탁자의 단독점유이지만(횡령죄 성립) 위탁자의 접근이 자유로우면 공동점유라고(절도죄 성립) 보는 견해[3] 등이 제시되고 있다.

판례 가운데에는 포장물의 내용을 탈취한 행위에 대해 절도죄를 인정한 예가 있다.[4] 그러나 (가)와 (나)의 학설 가운데 어느 것에 해당하는지는 분명하지 않다.

생각건대 내용물에 관하여 수탁자가 자유로이 처분할 수 있는 상태로 지배하고 있지 않다는 점에 비추어 볼 때 포장물 전체에는 수탁자에게 점유가 인정되지만, 내용물에는 위탁자에게 점유가 인정된다고 보아야 할 것이다. 따라서 수탁자가 포장물 전체를 가져가는 행위는

---

1) 김성돈, 317면; 손동권 · 김재윤, 284면; 오영근, 245면; 임웅, 346면.

2) 김혜정 외, 290면; 배종대, 282면; 이정원, 288면; 이형국 · 김혜경, 334면; 주호노, 597면.

3) 박상기, 254면; 이재상 · 장영민 · 강동범, 271면; 정성근 · 박광민, 304면.

4) 1969. 7. 8. 69도798, 집17②, 형69 = 『열차사무소 짐꾼 사건』:

갑과 을 등은 교통부 산하 철도청 M열차사무소 소속의 승무원들이다. 갑과 을이 승무한 N화차 내에는 ㉠수탁화물이 실려 있다. ㉠수탁화물의 운송인은 철도청이다. ㉠수탁화물 속에는 ㉡이삿짐이 적재되어 있다. 갑과 을은 ㉡이삿짐 포장을 풀고 그 속에 묶어 넣어둔 ㉢탁상용 시계 1개와 ㉣의류 등 9점을 빼내어 가졌다.

검사는 갑과 을을 특수절도(합동절도)로 기소하였다. 갑과 을의 피고사건은 제1심을 거친 후, 항소심에 계속되었다. 항소법원은 유죄를 인정하였다. 갑과 을은 불복 상고하였다. 갑과 을은 상고이유로 다음의 점을 주장하였다. (가) ㉢, ㉣물품은 승무원인 갑과 을의 점유하에 있다. (나) 자기가 점유하는 물건은 절도죄의 객체가 될 수 없다.

대법원은 다음의 이유를 제시하여 상고를 기각하였다. (가) 운송중의 ㉠화물은 교통부의 기관에 의하여 점유 · 보관되는 것이다. (나) 승무원 갑과 을의 점유 · 보관하에 있는 것이라 볼 수 없다.

횡령죄를, 포장물에서 내용물을 탈취하는 행위는 절도죄를 구성한다고 본다.

(라) 법인의 점유 법인이 점유의 주체가 될 수 있을 것인지 문제된다. 긍정설은 법인도 기관을 통하여 재물에 대한 사실상의 지배를 할 수 있으므로 점유의 주체가 될 수 있다고 본다. 이에 대해 부정설은 법인은 관념적으로만 존재할 뿐 사실상 지배를 할 수 없으며, 법인의 재산은 그 기관이나 보관 권한 있는 개인이 점유한다고 본다.

생각건대 긍정설에 따르면 법인의 대표자가 법인의 기관으로서 점유하고 있는 물건을 함부로 영득한 경우에 그 처리가 논란될 수 있다. 긍정설은 이 경우에 법인과 그 기관인 대표자를 공동점유자라고 보면서도, 법인에 대한 신임관계를 침해하는 측면을 고려하여 법인의 기관에게 업무상 횡령죄가 성립한다고 설명한다. 그러나 만일 공동점유로 본다면 공동점유는 타인점유에 해당하므로 타인점유로 보아서 절도죄의 성립을 인정해야 마땅하다.

사실상 지배라는 형법상 점유의 특성에 비추어 볼 때 법인의 점유는 인정하지 않는 것이 타당하다. 법인의 기관이 행한 영득행위에 대해서는 횡령죄의 성립을 인정해야 할 것이다.

(마) 사자의 점유 자연인은 사망과 동시에 점유의 주체가 될 수 없는 것이 원칙이다. 그럼에도 불구하고 사자(死者)의 점유를 인정할 것인지가 논의된다. 사자의 점유는 다음의 세 가지 경우로 나누어 고찰할 필요가 있다.

① 살해전 영득의사 범인이 재물강취의 의사로 피해자를 살해한 후 재물을 취거하는 경우가 있다. 이 경우는 생존 중 피해자가 가지고 있던 점유를 범인이 살해 · 탈취라는 일련의 행위로써 침해하여 자기의 점유로 옮기는 것이므로 사자의 점유는 처음부터 문제되지 않고 바로 강도살인죄가 성립한다.[1]

② 살해후 영득의사 범인이 피해자를 살해한 후 비로소 영득의사를 일으켜 재물을 취득하는 경우가 있다. 이에 대해서는 (가) 사자에게는 점유가 인정되지 않으므로 점유이탈물횡령죄만 성립한다고 보는 견해,[2] (나) 사자에게 일정 한도에서 점유를 인정하여 절도죄

---

1) 1985. 10. 22. 85도1527, 공 1985, 1588 =『탈영병 택시 강도 사건』:

갑은 군인이다. 갑은 5일간 군무를 이탈하였다. 갑은 A의 택시를 무임승차하였다. 갑은 택시요금을 요구하는 A의 추급을 벗어나려고 A를 살해하였다. 갑은 살해 직후 A의 주머니에서 택시 열쇠와 돈 8천원을 꺼내었다. 갑은 A의 택시를 운전하여 현장을 벗어났다.

검사는 갑을 군무이탈죄와 강도살인죄로 기소하였다. 갑의 피고사건은 제1심을 거친 후, 항소심에 계속되었다. 항소법원은 유죄를 인정하였다. 갑은 불복 상고하였다.

대법원은 다음의 이유를 제시하여 상고를 기각하였다. (가) 갑은 채무면탈의 목적으로 A를 살해하였다. (나) 갑은 A의 반항능력이 완전히 상실된 것을 이용하여 즉석에서 A가 소지하였던 재물까지 탈취한 것이다. (다) 살인행위와 재물탈취행위는 서로 밀접하게 관련되어 있어 살인행위를 이용한 재물탈취행위라고 볼 것이다. (라) 갑을 강도살인죄로 의율한 원심조치는 정당하다.

2) 김성돈, 314면; 김일수 · 서보학, 230면; 김혜정 외, 288면; 오영근, 243면; 이용식, 24면; 이재상 · 장영민 · 강동범, 266면; 이형국 · 김혜정, 330면.

를 인정하는 견해,[1] (다) 자기의 살해행위로 항거불능이 된 피해자로부터 점유를 탈취하는 것이므로 강도죄가 성립한다고 보는 견해 등이 제시되고 있다.

사자라고 할지라도 사회통념상 시간적 · 장소적으로 근접한 범위 안에서는 규범적 관점에서 사실상의 지배를 인정해야 할 경우가 있다. 절도죄를 인정하는 것이 타당하다고 본다. 판례는 "피해자가 생전에 가진 점유는 사망 후에도 여전히 계속되는 것으로 보아 이를 보호함이 법의 목적에 맞는 것"이라고 판단하여 (나)의 절도죄설을 취하고 있다.[2]

③ 제3자 취득행위 　살해행위와 무관한 자가 사체로부터 재물을 취거해 가는 경우를 생각할 수 있다. 이 경우에는 기본적으로 사자의 점유를 인정할 수 없어 점유이탈물횡령죄가 성립하는 데에 그친다. 그러나 피해자가 가진 생전의 점유상태가 그대로 유지된다고 볼 수 있는 특수한 상황이라면 절도죄가 성립할 여지가 있다.

8. 친족상도례

형법 제328조 (친족간의 범행과 고소) ① 직계혈족, 배우자, 동거친족, 동거가족 또는 그 배우자간의 제323조의 죄는 그 형을 면제한다.
② 제1항 이외의 친족간에 제323조의 죄를 범한 때에는 고소가 있어야 공소를 제기할 수 있다.
③ 전 2항의 신분관계가 없는 공범에 대하여는 전 2항을 적용하지 아니한다.

제344조 (친족간의 범행) 제328조의 규정은 제329조 내지 제332조의 죄 또는 미수범에 준용한다.

(1) 친족상도례의 의의

(가) 입법취지 　재산범죄의 범인과 피해자 사이에 친족관계가 인정되면 형사처벌에서 일정한 배려를 허용하는 규정을 가리켜서 친족상도례라고 한다. 우리 입법자는 권리행사방해죄(법323)와 관련하여 친족상도례의 규정을 마련하고(법328), 이를 절도죄(법344), 사기죄(법354), 공갈죄(법354), 횡령죄(법361), 배임죄(법361), 장물죄(법365) 등에 준용하는 방식을 취하고 있다. 그러나 강도죄 및 손괴죄에는 친족상도례가 인정되지 않는다.

친족상도례는 "법은 가정에 들어가지 않는다"는 사상이 표현된 예의 하나라고 할 수 있다. 친족관계가 인정되는 경우에는 형벌권의 개입을 자제하고 문제해결을 친족 간의 자율에 맡기는 것이 바람직하다는 정책적 판단에 입각한 특례이다. 정책적 배려에 따른 특례이므로 친족상도례의 적용에서 친족관계에 대한 착오는 형법상 배려의 대상이 되지 않는다.[3]

---

1) 배종대, 281면; 임웅, 341면; 정성근 · 박광민, 299면; 정영일, 214면.
2) 1993. 9. 28. 93도2143, 공 1993, 3023 = 분석 각론 『자취방 살해 사건』.
3) 인적 처벌조각사유 등을 위시한 정책적 사유에 대한 착오의 문제는, 신동운, 형법총론, 제14판, (2022), 488면 이하 참조.

(나) 친족관계　　친족상도례가 적용되려면 범인과 피해자 사이에 친족관계가 인정되어야 한다. 친족 여부는 민법 제767조 이하의 친족 규정에 따른다.[1] 피고인과 피해자 사이에 어느 일방을 기준으로 판단하면 친족관계가 인정되지만 다른 일방을 기준으로 판단하면 친족관계가 인정되지 않는 경우를 가리켜서 편면적 친족관계라고 한다. 편면적 친족관계도 형법 제328조의 적용에서는 친족관계로 인정된다.

1990년 민법의 개정으로 친족의 범위가 조정되었다. 개정된 민법 제769조는 혈족의 배우자, 배우자의 혈족, 배우자의 혈족의 배우자만을 인척으로 규정하고 있다. 개정전 민법 제769조가 인척으로 규정하였던 '혈족의 배우자의 혈족'은 인척에 포함되지 않는다. 따라서 피고인의 딸과 피해자의 아들이 혼인관계에 있어 피고인과 피해자가 사돈지간이라고 하더라도 친족관계가 인정되지 아니하여 친족상도례는 적용되지 않는다.[2]

친족관계는 범행 시점에 존재하고 있어야 한다. 다만 인지의 경우에는 친족법의 규정에 따라 소급하여 친족관계가 인정된다(민법860 본문).[3] 범행 이후 친족관계가 소멸하더라도 친족상도례는 인정된다.

입법자는 친족상도례의 친족을 가까운 친족과 그 밖의 친족으로 나누어 전자를 형면제의 사유로(법328①), 후자를 친고죄의 사유로(동조②) 규정하여 법적 배려의 정도를 달리하고 있다.

(2) 피해자

친족상도례가 인정되려면 범인과 피해자 사이에 친족관계가 인정되어야 한다.[4] 피해자가 다수이고 이들이 공동소유 또는 공동점유의 관계에 있다면 다수의 피해자 전부에 대해 친족관계가 인정되어야 한다. 피해자의 일부에 대해 친족관계가 없다면 친족상도례는 인정되지 않는다.[5]

친족상도례에서 피해자는 법익이 침해된 사람을 말한다. 피해자를 누구로 볼 것인지는 각 재산범죄의 보호법익과 관련하여 검토해야 한다.

---

1) 전경근, "형법에 있어서의 친족의 범위", 경찰법연구, 제9권 제1호(2011), 181면 이하 참조.

2) 2011. 4. 28. 2011도2170, 공 2011상, 1115.

3) 1997. 1. 24. 96도1731, 공 1997, 706 = 분석 각론『혼외자 대여금고 열기 사건』.

4) 권리행사방해죄의 친족상도례 규정을 적용할 때에는 주의할 점이 있다. 여러 사람의 권리의 목적이 된 자기의 물건을 취거, 은닉 또는 손괴함으로써 그 여러 사람의 권리행사를 방해하였다면 권리자별로 각각 권리행사방해죄가 성립한다. 친족상도례 규정에 따른 형면제 요건에 해당하는지는 각각의 권리행사방해죄마다 살펴보아야 한다. 전술 952면 참조.

5) 2015. 6. 11. 2015도3160, 공 2015하, 1023 =『잔금 전 소유권이전 사건』.

(가) 절도죄 　절도죄의 경우 피해자를 누구로 볼 것인가에 대해 견해가 나뉘고 있다. 절도죄의 보호법익을 소유권으로 보는 입장에서는 범인과 도품의 소유자 사이에 친족관계가 있으면 족하다고 본다.[1] 이에 대해 소유권 및 소유권에 준하는 권리(본권)와 점유를 절도죄의 보호법익으로 보는 입장에서는 범인과 도품의 소유자 및 소유자에 준하는 권리자(본권자) 사이뿐만 아니라 범인과 절취 상대방(점유자) 사이에도 친족관계가 인정되어야 한다고 본다.[2] 판례는 소유자와 점유자 양자에 대해 친족관계를 요구하는 입장이다.[3]

절도죄의 보호법익과 관련하여 검토한 바와 같이 범인과 도품의 소유자 및 소유자에 준하는 권리자(본권자) 사이뿐만 아니라 범인과 절취 상대방(점유자) 사이에도 친족관계를 요구하는 판례의 입장이 타당하다고 본다.[4]

(나) 사기죄 　사기죄의 경우 피해자는 재물의 소유자 또는 재산상 이익의 주체이다. 거래사회에서 요구되는 신의칙은 기망행위를 판단하는 기준으로서 독자적인 보호법익이 되지 않는다.[5] 피기망자는 피해자에 해당하지 않는다. 예컨대 법원을 기망하여 사기죄를 범하는 경우에 범인과 재물의 소유자 또는 범인과 재산상 이익의 주체 사이에 친족관계가 인정되면 족하다.[6]

(다) 공갈죄 　공갈죄의 경우 재물의 소유자 또는 재산상 이익의 주체가 피해자가 되는 것은 물론이다. 공갈죄의 경우에는 폭행 · 협박을 당하는 사람의 신체의 안전도 보호법익에 포함되므로 폭행 · 협박을 당한 사람도 피해자에 해당한다. 따라서 범인과 재물 또는 재산상 이익의 주체 사이에서뿐만 아니라 범인과 폭행 · 협박을 당한 상대방과의 사이에서도 친족관계가 인정되어야 한다.

(라) 횡령죄 및 배임죄 　횡령죄의 일차적 보호법익은 재물의 소유권이다. 그러나 우리 형법은 횡령죄를 배임죄와 함께 규정하여 재물의 보관과 관련한 신임관계도 부차적으로 보호하고 있다.[7] 따라서 횡령죄의 경우에는 범인과 재물의 소유자뿐만 아니라 범인과 재물의 위탁자 사이에도 친족관계가 존재해야 한다.[8]

---

1) 김일수 · 서보학, 221면; 김혜정 외, 312면; 배종대, 312면; 이재상 · 장영민 · 강동범, 299면; 이정원, 317면.

2) 김성돈, 342면; 박상기, 275면; 손동권 · 김재윤, 319면; 오영근, 276면; 이형국 · 김혜경, 344면; 임웅, 365면; 정성근 · 박광민, 290면; 정영일, 235면.

3) 1980. 11. 11. 80도131, 공 1981, 13379 = 분석 각론 『보석세공 조카 삼촌 사건』.

4) 절도죄의 보호법익 논의에 대해서는, 전술 1005면 이하 참조.

5) 사기죄의 보호법익에 관하여는, 후술 1130면 이하 참조.

6) 2007. 3. 15. 2006도2704, 공 2007, 578 = 분석 각론 『할아버지 통장 이체 사건』.

7) 횡령죄의 보호법익에 관하여는, 후술 1281면 이하 참조.

8) 2008. 7. 24. 2008도3438, 공 2008, 1263 = 분석 각론 『삼촌 조카 2백만원 사건』.

배임죄의 경우에는 재산상 이익이 행위객체가 된다. 배임죄의 경우에는 범인과 재산상 이익의 귀속주체(본인) 및 범인과 신임관계에 기초하여 본인의 재산에 관한 사무를 처리하게 한 사람(사무처리위탁자) 사이에 친족관계가 인정되어야 한다.

(마) 장물죄 우리 입법자는 장물죄에 대해 두 가지 측면에서 친족상도례를 허용하고 있다. 하나는 피해자와 범인 사이에 형법 제328조 제1항 및 제2항의 친족관계가 있는 경우이다(법365①). 이 경우 피해자는 도품에 대한 소유자로 이해된다. 장물죄는 기본적으로 도품에 대한 추구권을 보호법익으로 하는데, 추구권은 소유권에 기하여 도품을 찾아올 수 있는 권능을 말하기 때문이다.[1] 우리 입법자가 피해자와 범인 사이에 친족상도례를 허용한 것은 바로 이러한 점에 주목하였기 때문이다.

다음으로, 장물죄는 본범을 비호하는 범죄로서의 성질을 갖는다. 영득죄가 기수에 이른 후에 장물범이 개입하는 것은 일종의 사후종범으로 파악된다. 이러한 관점을 고려하여 우리 입법자는 본범과 장물범 사이에 형법 제328조 제1항의 친족관계가 있는 경우에 한하여 형을 감경 또는 면제하도록 하고 있다(법365② 본문). 형법 제328조 제2항의 친족관계 있는 자에 대해서는 형의 감경 · 면제는 물론, 친고죄로서의 배려도 허용되지 않는다. 신분관계가 없는 공범에 대하여는 친족상도례가 적용되지 않는다(법365② 단서).

(바) 특별법 「특정범죄 가중처벌 등에 관한 법률」은 각종 절도죄에 대한 가중처벌규정(동법5의4)을, 「특정경제범죄 가중처벌 등에 관한 법률」은 사기죄, 횡령죄, 배임죄에 대한 가중처벌규정(동법3)을, 「폭력행위 등 처벌에 관한 법률」은 공갈죄에 대한 가중처벌규정(동법 2 참조)을 각각 두고 있다. 이들 특별법에 의한 가중처벌규정의 경우 형법에 규정된 기본범죄의 성질이 그대로 유지된다. 따라서 특별히 명시적인 배제규정이 없는 한 형법의 각종 재산범죄에 관한 친족상도례는 특별법상의 가중처벌규정에도 그대로 적용된다.[2]

(3) 형면제 사유로서의 친족관계

(가) 친족의 범위 직계혈족, 배우자, 동거친족, 동거가족 또는 그 배우자 간의 재산범죄에 대해서는 그 형을 면제한다(법328①, 344, 354, 365①). 내연관계에 있는 자도 배우자에 포함된다는 견해가 있다.[3] 그러나 친족상도례가 법률이 인정하는 정책적 배려라는 관점에서 볼 때 법률혼관계에 있는 자만 배우자에 포함된다고 보아야 할 것이다.[4] 판례도 같은 입

---

1) 장물죄의 본질에 대해서는, 후술 1483면 이하 참조.

2) 2010. 7. 29. 2010도5795, 공 2010하, 1770 = 분석 각론 『처삼촌 소주병 공갈 사건』.

3) 오영근, 276면(사실상 배우자); 임웅, 364면.

4) 김성돈, 341면; 김일수 · 서보학, 220면; 김혜정 외, 311면; 박상기, 275면; 배종대, 312면; 손동권 · 김재윤, 320면; 이재상 · 장영민 · 강동범, 299면; 이정원, 318면; 이형국 · 김혜경, 343면; 정성근 · 박광민, 289면;

장이라고 생각된다.[1)]

형면제 대상 가운데 직계혈족과 배우자는 처음부터 친족에 포함된다(민법767 참조).[2)] 동거친족이란 직계혈족과 배우자 이외의 친족으로서 생계를 같이하는 사람을 말한다(민법779② 참조). 가출한 경우, 일시 숙박하고 있는 경우, 동일한 가옥 내에서 거주하고 있더라도 일상생활을 별도로 하고 있는 경우 등은 동거라고 볼 수 없다.

형법 제328조는 '동거친족'과 '동거가족'을 병렬적으로 규정하고 있다. 2005년 민법 개정에 따라 신설된 '가족'의 개념규정(민법779①)에 따르면[3)] '가족'은 '친족' 개념에 포섭된다. 따라서 '동거가족'은 '동거친족' 속에 포섭되어 독자적 의미를 갖지 않는다. 동거가족은 친족이 아니면서 동일한 주거에서 실질적으로 생계를 함께 하고 있는 사람을 말한다는 해석론은 더 이상 성립할 수 없게 되었다.

형법 제328조 제1항은 "직계혈족, 배우자, 동거친족, 동거가족 또는 그 배우자 간의 제323조의 죄는 그 형을 면제한다."고 규정하고 있다. 여기서 '그 배우자'는 동거가족의 배우자만을 의미하는 것이 아니라, 직계혈족, 동거친족, 동거가족 모두의 배우자를 의미한다.[4)]

정영일, 234면.

1) 2003. 12. 12. 2003도4533, 공 2004, 275 = 분석 각론 『사실혼 배우자 출국 사건』.

2) 민법 제767조 (친족의 정의) 배우자, 혈족 및 인척을 친족으로 한다.

제768조 (혈족의 정의) 자기의 직계존속과 직계비속을 직계혈족이라 하고 자기의 형제자매와 형제자매의 직계비속, 직계존속의 형제자매 및 그 형제자매의 직계비속을 방계혈족이라 한다.

제769조 (인척의 계원) 혈족의 배우자, 배우자의 혈족, 배우자의 혈족의 배우자를 인척으로 한다.

제779조 (가족의 범위) ① 다음의 자는 가족으로 한다.

1. 배우자, 직계혈족 및 형제자매
2. 직계혈족의 배우자, 배우자의 직계혈족 및 배우자의 형제자매

②제1항 제2호의 경우에는 생계를 같이 하는 경우에 한한다.

3) 가족 개념에 대해서는, 윤진수, 친족상속법 강의, (2016), 16면 이하 참조.

4) 2011. 5. 13. 2011도1765, [미간행] = 『친족상도례 '그 배우자' 사건』:

갑은 다단계판매 방식으로 A, B, C 등 여러 사람들에게 사기 범행을 하였다. 피해자 가운데 A에 대해 갑은 여러 번의 사기 범행을 하였다. 갑은 A의 직계혈족의 배우자이다.

검사는 갑을 특정경제범죄법위반죄(사기)로 기소하였다. 갑의 피고사건은 제1심을 거친 후, 항소심에 계속되었다. 항소법원은 갑의 A, B, C 등에 대한 사기 범행을 인정하였다. 항소법원은 B, C 등에 대한 사기 공소사실에 대해 형을 선고하였다. 항소법원은 A에 대한 상습사기 공소사실에 대해 형법 제354조, 제328조 제1항에 따라 형을 면제하였다. 검사는 불복 상고하였다. 검사는 상고이유로 다음의 점을 주장하였다. (가) 형법 제354조는 제328조 제1항을 준용하고 있다. (나) 형법 제328조 제1항은 "직계혈족, 배우자, 동거친족, 동거가족 또는 그 배우자 간의 제323조의 죄는 그 형을 면제한다."고 규정하고 있다. (다) 형법 제328조 제1항에서 '그 배우자'는 '동거가족의 배우자'를 의미한다.

대법원은 다음과 같이 판단하여 상고를 기각하였다. (가) 형법 제354조는 제328조 제1항을 준용하고 있다. (나) 형법 제328조 제1항은 "직계혈족, 배우자, 동거친족, 동거가족 또는 그 배우자 간의 제323조의 죄는 그 형을 면제한다."고 규정하고 있다. (다) 형법 제328조 제1항에서 '그 배우자'는 동거가족의 배우자만을 의미하

(나) 형의 면제 직계혈족, 배우자 등 가까운 친족관계 사이의 재산범죄는 그 형이 면제된다. 형의 면제는 유죄로는 인정하되 형벌을 과하지 않는 것이다(형소법321①, 322 참조).[1] 형면제가 인정되는 경우의 친족관계를 가리켜서 많은 사람들이 인적 처벌조각사유라고 부르고 있다.[2] 그러나 인적 처벌조각사유는 객관적 처벌조건과 함께 입법자가 특별한 정책적 고려하에 예외적으로 설정한 범죄불성립 요건으로서 무죄판결의 사유가 된다.[3] 따라서 친족상도례의 형면제는 '인적 형면제사유'로 부르는 것이 타당하다. 친족상도례에 의한 형면제는 인적 사유이므로 신분관계 없는 공범에 대해서는 형면제가 인정되지 않는다(법328③).

(4) 친고죄 사유로서의 친족관계

직계혈족, 배우자, 동거친족, 동거가족 또는 그 배우자 이외의 친족간에 절도죄 등 재산범죄를 범한 때에는 고소가 있어야 공소를 제기할 수 있다(법328②, 344, 354, 365①). 이 경우의 친고죄는 상대적 친고죄이다. 친족관계가 없는 공범에 대하여는 친고죄의 특례가 인정되지 않는다(법328③).

친고죄의 경우 고소가 없으면 공소를 제기할 수 없다. 고소가 없음에도 공소가 제기되었다면 수소법원은 공소기각판결을 선고해야 한다(형소법327 ii). 고소가 제기되어 검사가 공소를 제기하였다고 하더라도 고소권자는 제1심판결 선고 전까지 고소를 취소할 수 있으며(형소법232①), 고소취소가 있으면 수소법원은 공소기각판결을 선고해야 한다(형소법327 v).

먼 친족의 경우에 친고죄로 규정하면서 가까운 친족을 형면제라는 유죄판결의 대상으로 규정하는 것이 타당한가 하는 비판이 있다. 그러나 가까운 친족의 경우에는 먼 친족의 경우와 달리 설사 고소가 있다고 할지라도 형을 부과하지 않는다는 입법적 결단이 반영되어 있으므로 양자를 달리 취급하는 데에는 합리적 이유가 있다.[4]

는 것이 아니라, 직계혈족, 동거친족, 동거가족 모두의 배우자를 의미하는 것으로 볼 것이다. (라) 원심판결에서 갑이 A의 직계혈족의 배우자임을 이유로 형법 제354조, 제328조 제1항에 따라 A에 대한 상습사기의 점에 관한 공소사실에 대하여 형을 면제한 것은 정당하다.

1) 1997. 3. 20. 96도1167 전원합의체 판결, 공 1997, 1039 = 백선 총론 『공직선거법 자수 사건 1』.

2) 김성돈, 340면; 김일수 · 서보학, 220면; 김혜정 외, 310면; 박상기, 275면; 배종대, 311면; 손동권 · 김재윤, 318면; 오영근, 275면; 이용식, 14면; 이재상 · 장영민 · 강동범, 298면; 이정원, 317면; 이형국 · 김혜경, 342면; 임웅, 364면; 정성근 · 박광민, 290면; 정영일, 234면.

3) 신동운, 형법총론, 제14판, (2022), 486면 이하 참조.

4) 2012. 3. 29. 2010헌바89, 헌집 24-1상, 402 = 『이복남매 금고 사건』.

제 2 절도죄의 기본유형 – 절도죄

형법 제329조 (절도) 타인의 재물을 절취한 자는 6년 이하의 징역 또는 1천만원 이하의 벌금에 처한다.

◎ 자격정지 임의적 병과(법345)
◎ 미수범 처벌함(법342)
◎ 친족상도례 적용됨(법344)
◎ 상습범 가중처벌함(법332)

1. 절도죄의 특성

(1) 다른 범죄와의 구별

재산적 법익을 침해하는 범죄 가운데에서도 절도죄와 강도죄는 가장 직접적으로 재산권을 침해하는 범죄유형이다. 범죄피해가 직접적이라는 점에서 절도죄와 강도죄는 특히 위험하게 여겨지며, 또한 단순하고도 보편화된 범죄이기도 하다.

절도죄와 강도죄는 모두 타인이 점유하는 타인의 재물을 점유자의 의사에 반하여 탈취한다는 점에서는 공통점을 가진다. 그렇지만 행위의 태양이 절도죄에서는 단순히 의사에 반하는 절취임에 반하여 강도죄의 경우는 폭행 · 협박을 수단으로 반항을 억압하는 강취라는 점에서 구별된다. 절도죄는 재물만을 객체로 하고 있지만 강도죄는 재물 이외에 재산상 이익도 객체에 포함하고 있다. 절도죄의 경우에는 친족상도례의 적용이 있으나(법344 참조) 강도죄의 경우에는 그 적용이 없다.

절도죄는 타인소유(본권 포함), 타인점유의 재물을 객체로 하고 있다는 점에서 자기소유, 타인점유의 물건을 객체로 하는 권리행사방해죄(법323) 및 타인소유, 자기점유의 재물을 객체로 하는 횡령죄(법355①)와 구별된다. 절도죄는 재물을 그 점유자의 의사에 반하여 탈취하는 범죄라는 점에서 점유자의 하자 있는 의사에 기하여 재물을 취득하는 사기죄(법347) 및 공갈죄(법350)와 구별된다.

(2) 절도죄의 체계

형법 각칙 제38장이 규정한 여러 가지 절도죄 가운데 기본적 구성요건은 형법 제329조의 절도죄이다. 우리 입법자는 절도죄의 여러 상황에 대응하는 계층적 양형이 가능하도록 형법 제329조의 절도죄를 기준으로 여러 가지 구성요건을 설정하고 있다. 가중적 구성요건으로 야간주거침입절도죄(법330), 특수절도죄(법331)가 있으며, 감경적 구성요건으로 자동차등 불법사용죄(법331의2)가 있다.

절도죄는 미수범을 처벌하며(법342), 친족상도례가 적용된다(법344, 328). 절도죄로 유기징역에 처할 경우에는 10년 이하의 자격정지를 병과할 수 있으며(법345), 절도죄, 야간주거침입절도죄, 특수절도죄의 상습범은 그 죄에 정한 형의 2분의 1까지 가중처벌된다(법332). 「특정범죄 가중처벌 등에 관한 법률」(특정범죄가중법)에는 절도죄의 누범에 대한 가중처벌규정이 있다(동법5의4⑤ · ⑥). 상습절도에 대한 특정범죄가중법의 가중처벌규정(구법5의4①)은 위헌으로 선언되었고,[1] 2016년 특정범죄가중법 일부개정시에 삭제되었다.

(3) 위험범설과 침해범설

앞에서 살펴본 바와 같이 절도죄의 보호법익은 소유권 및 소유권에 준하는 권리(본권)와 점유이다. 절도죄의 보호정도에 대해 침해범설과 위험범설이 제시되고 있다.

(가) 위험범설 재물의 절취가 있다 해도 소유권의 침해는 일어날 수 없다고 보는 견해이다.[2] 이 입장에서는 다음의 논거를 제시한다. 첫째로, 절도죄의 보호법익인 소유권은 민법상의 개념이며, 형법상 별개의 소유권 개념은 존재하지 않는다. 재물의 절취를 통하여 행위자가 외관상 소유자의 지위를 취득할 수 있다고 해도 피해자는 이로 인하여 소유권을 잃지는 않는다. 따라서 절도죄에 의해 소유권이 침해될 수는 없다. 둘째로, 절도죄는 절취만 있으면 성립하는 것이며, 소유권의 내용이 침해되어야 기수에 이르는 것은 아니다.

(나) 침해범설 재물의 절취에 의해 소유권 및 소유권에 준하는 권리(본권)가 침해된다고 보는 견해이다.[3] 생각건대 점유의 침해로 인하여 소유권의 내용인 사용 · 수익 · 처분의 권능이 방해되는 경우 형법적 관점에서 보면 소유권 및 소유권에 준하는 권리(본권)가 사실상 침해되었다고 볼 수 있다. 나아가 점유의 침해가 있는 것도 부인할 수 없다. 그러므로 절도죄는 침해범으로 보는 것이 타당하다.

2. 행위객체

(1) 타인소유

절도죄의 객체는 타인의 재물이다. 타인의 재물은 먼저 타인소유의 재물을 가리킨다. 타

---

1) 2015. 2. 26. 2014헌가16, 헌공 221, 346.

2) 이재상 · 장영민 · 강동범, 254면.

3) 김성돈, 304면; 김일수 · 서보학, 224면; 김혜정 외, 280면; 박상기, 247면; 배종대, 269면; 손동권 · 김재윤, 271면; 오영근, 252면; 이정원, 267면; 이형국 · 김혜경, 349면; 임웅, 296면(점유 측면); 정성근 · 박광민, 293면; 정영일, 210면; 주호노, 579면.

인은 범인 이외의 다른 사람을 말한다. 타인에는 자연인 이외에 법인 또는 법인격 없는 단체가 모두 포함된다.[1)]

'자기의 물건'을 객체로 하는 권리행사방해죄(법323) 및 공무상보관물무효죄(법142)와 비교해 볼 때 '타인의 재물'은 타인이 소유하는 타인점유의 재물을 의미한다.[2) 3)] 이 경우 재물의 소유자와 점유자가 반드시 일치할 필요는 없다. 재물의 소유자가 누구임이 확정될 필요는 없다. 재물이 행위자 자신의 소유에 속하지 않으며 무주물도 아니라는 점이 인정되면 족하다.

재물의 소유권 귀속은 민사법의 소유권 법리에 따라서 결정된다.[4) 5)] 재물의 타인성이 문제되는 경우를 몇 가지 살펴본다.

(가) 양식어업권 「수산업법」에 의한 양식어업권은 행정관청의 면허를 받아 해상의 일정구역 내에서 패류 · 해조류 또는 정착성 수산동물을 포획 · 채취할 수 있는 권리를 가리킨다. 양식어업권은 그 지역에서 천연으로 생육하는 수산동식물을 어업면허를 받은 종류에 한하여 배타적 · 선점적으로 채취할 수 있는 권리에 불과하고, 그 지역 내의 수산동식물의 소

---

1) 형법전에는 범인 이외의 다른 사람을 나타낼 때 '사람'과 '타인'이라는 용어가 사용되고 있다. 일반적으로 '사람'은 자연인만을 가리킬 때 사용되고, '타인'은 자연인 이외에 법인이나 법인격 없는 단체까지 포함하는 의미로 사용되는 경향이 있다. 그러나 이러한 용어 사용법이 통일된 것은 아니다. 각 구성요건의 맥락에 따라 '사람' 또는 '타인'이 적용되는 범위를 살펴보아야 한다.

2) 1991. 4. 26. 90도1958, 공 1991, 1565 = 분석 각론 『원목 불인도 사건』.

3) 2003. 5. 30. 2000도5767, 공 2003, 1487 = 분석 각론 『레간자 택시 지입 사건』.

4) 1980. 9. 30. 80도1874, 공 1980, 13306 = 『대밭 벌채 사건』.

5) 1972. 12. 26. 72도2465, 공 1973, 7248 = 『못자리 파종 사건』:

M토지는 원래 갑 명의로 등기된 갑 소유의 논이다. 갑은 M토지를 계속 점유 경작하여 왔다. 그런데 M토지의 명의가 A, B 등에게 전전 이전등기되었다. 갑은 이와 같은 이전등기가 원인무효인 것이라고 다투어 민사소송이 계속 중이었다. 등기명의자 B는 M토지의 논에 못자리를 만들어 볍씨를 파종하였다(㉠모). 갑은 B의 승낙 없이 못자리의 ㉠모를 다른 곳으로 이앙해버렸다.

검사는 갑을 절도죄로 기소하였다. 제1심법원은 유죄를 인정하였다. 갑은 불복 항소하였다. 항소법원은 항소를 기각하고, 제1심판결을 유지하였다. 갑은 불복 상고하였다.

대법원은 다음의 이유를 제시하여 원심판결을 파기환송하였다. (가) 타인소유의 부동산을 매수하여 그 소유권이전등기를 경료한 자라 할지라도 제3자가 점유 경작한 토지에 대하여는 그 제3자로부터 그 점유의 인도를 받아야만 이를 경작할 수 있다. (나) 그 인도를 받음이 없이 경작에 착수하였다면 제3자의 점유를 침해한 결과가 된다. (다) 타인의 점유를 침해하여 못자리에 파종을 하였다면 점유권 없이 파종한 그 모의 소유권을 취득한다고 볼 수는 없다.

(라) B가 M토지에 대한 점유의 인도를 받은 것이라고 인정할 자료는 전혀 찾아 볼 수 없다. (마) 설사 갑이 점유 중에 있는 M토지에 대하여 B가 볍씨를 파종하였다고 하더라도 당연히 그 모의 소유자가 된다고 할 수는 없다. (바) 따라서 B가 M토지에 대한 점유의 인도를 받은 사실이 있는지를 심리 판단하지 아니하고서는 ㉠모를 B의 소유라고 단정할 수는 없다. (사) ㉠모를 갑이 다른 곳에 이앙하였다고 하여 타인의 모를 절취한 것이라고 단정할 수도 없다.

유권을 취득하는 것은 아니다. 따라서 어업권의 취득만으로 당연히 그 지역 내에서 자연 번식하는 수산동식물의 소유권이나 점유권까지 취득한다고는 볼 수 없다.[1)]

(나) 동업관계 공동소유의 물건은 타인소유의 재물에 해당한다.[2)] 두 사람 이상으로 된 동업관계 즉, 조합관계(민법703① · ②)에 있어 조합재산인 재물은 조합원의 합유에 속하며(민법271①, 704), 타인의 재물에 해당한다. 조합계약에서는 조합의 해산청구를 하거나(민법720) 스스로 탈퇴하거나(민법716) 다른 조합원을 제명(민법718① · ②)할 수 있을 뿐이고, 계약해제에 관한 계약법 총칙규정(민법543 이하)에 의하여 조합계약을 해제할 수는 없다. 따라서 일방적인 조합계약 해제통보 후 재물을 취거하는 것은 타인소유 재물의 취거에 해당하여 절도죄가 성립한다.[3)]

2명(갑과 을)이 동업조합관계에 있다가 그중 1명(을)이 탈퇴하면 조합관계는 해산됨이 없이 종료되어 청산이 뒤따르지 않는다. 이 경우 조합원의 합유에 속한 조합재산인 재물은 남은 조합원(갑)의 단독소유에 속하고, 탈퇴자(을)와 남은 자(갑) 사이에 탈퇴로 인한 계산을 하여야 한다. 따라서 남은 동업자(갑)가 재물을 취거하는 것은 타인소유 재물에 대한 것이 아니어서 절도죄가 성립하지 않는다.[4)]

(다) 동산 명의신탁 명의신탁된 동산의 경우에 재물의 타인성이 문제된다. 명의신탁이란 실제 권리자(명의신탁자)와 명목상의 권리자(명의수탁자) 사이에 대내적으로는 목적물이 실권리자의 소유에 속하는 것으로 인정하면서, 대외적으로는 명목상 권리자의 소유로 하는 약정을 말한다. 부동산의 경우 「부동산 실권리자명의 등기에 관한 법률」에 따라 명의신탁 약정은 원칙적으로 무효이다(동법4①). 그러나 동산의 경우 명의신탁 약정을 제한하는 법률은 제정되어 있지 않다. 동산 명의신탁의 경우 명의신탁된 동산은 수탁자의 신탁자에 대한 관계에서 타인의 재물에 해당한다.[5)]

(라) 동산 양도담보 금전채무를 담보하기 위하여 채무자가 그 소유의 동산을 채권자에게 양도하되 점유개정(민법189)에 의하여 채무자가 이를 계속 점유하기로 한 경우,[6)] 특별한 사정이 없는 한 동산의 소유권은 신탁적으로 이전된다. 채권자와 채무자 사이의 대내적 관계에서 채무자는 의연히 소유권을 보유하나 대외적인 관계에서 채무자는 동산의 소유권을

---

1) 2010. 4. 8. 2009도11827, [미간행] = 분석 각론 『모시조개 양식장 사건』.

2) 1998. 7. 10. 98도126, 공 1998, 2174 = 분석 각론 『교회 분열 건축헌금 사건』.

3) 1982. 4. 27. 81도2956, 공 1982, 544 = 분석 각론 『염료 동업 파기 사건』.

4) 2009. 2. 12. 2008도11804, [미간행] = 분석 각론 『2인 동업 파기 사건』.

5) 2007. 1. 11. 2006도4498, 공 2007, 317 = 분석 각론 『친정엄마 명의 자동차 사건』.

6) 민법 제189조(점유개정) 동산에 관한 물권을 양도하는 경우에 당사자의 계약으로 양도인이 그 동산의 점유를 계속하는 때에는 양수인이 인도받은 것으로 본다.

이미 채권자에게 양도한 무권리자가 된다.[1)]

따라서 동산에 관하여 양도담보계약이 이루어지고 채권자가 점유개정(민법189)의 방법으로 인도를 받았다면, 그 정산절차를 마치기 전이라도 양도담보권자인 채권자는 제3자에 대

1) 2008. 11. 27. 2006도4263, 공 2008하, 1824 =『통발어구 양도담보 사건』:

M선박은 홍게잡이 어선이다. ㉠통발어구는 홍게잡이를 위하여 사용하는 어구이다. M선박과 ㉠어구는 P수산회사의 소유이다. 갑과 을은 P회사의 임직원이다. P회사는 Q수협에 대하여 ㉡대출금채무를 지고 있다. P회사는 홍게잡이 어선이 출어할 때 선주들에게 전도금을 빌려주고 있다.

K는 P회사로부터 M선박과 ㉠어구를 매수하였다. K는 다음 형태로 P회사에 매수대금을 지급하였다. (가) 일부 현금지급. (나) ㉡채무의 인수. (다) P회사로부터 ㉢전도금 차용. K는 M선박에 대한 소유권이전등기를 경료하였다. 한편 K는 ㉠어구와 관련하여 P회사에 양도담보부 채무변제계약 공정증서를 작성해 주었다(㉣양도담보계약).

이후 A가 K로부터 M선박 및 ㉠어구를 매수하였다. A는 다음 형태로 K에게 매수대금을 지급하였다. (가) 일부 현금지급. (나) ㉡채무의 재인수. (다) ㉢전도금채무의 인수. K는 A에게 ㉠어구와 관련하여 ㉣양도담보 공정증서가 작성되어 있다는 점을 알려주었다. P회사는 K와 A 사이의 채무인수에 대해 승낙의 의사표시를 하였다. M선박에 대한 소유권이전등기는 K로부터 A에게 경료되었고, 채무자 명의도 A로 변경되었다.

A는 M선박의 조업을 중단하여 채무를 상환하지 못하였다. ㉠어구에 대한 P회사의 양도담보권부 피담보채무도 변제되지 않았다. 이후 M선박에 대해 임의경매가 실시되어 B가 낙찰을 받았다. P회사의 임직원 갑과 을은 채무자 A에게 '양도담보물정산서'를 내용증명우편으로 발송한 다음 ㉠어구를 B에게 매도하였다. 갑과 을은 B에게 말하여 ㉠어구를 가져가도록 하였다. B는 A가 알지 못하는 사이에 A가 N해상에 투망해 놓았던 ㉠어구를 가져갔다.

검사는 갑과 을을 절도죄로 기소하였다. 갑과 을의 피고사건은 제1심을 거친 후, 항소심에 계속되었다. 항소법원은 다음의 이유를 들어 유죄를 인정하였다. (가) ㉠어구는 양도담보설정자인 A의 소유에 속한다. (나) 양도담보권자 갑과 을이 양도담보 목적물인 ㉠어구를 B로 하여금 임의로 가져가게 한 것은 소유자인 A의 점유를 침해한 것으로서 절도죄에 해당한다. 갑은 불복 상고하였다.

대법원은 다음의 이유를 제시하여 원심판결을 파기환송하였다. 대법원은 동산 양도담보의 소유권 귀속에 대해 다음과 같이 설시하였다. (가) 금전채무를 담보하기 위하여 채무자가 그 소유의 동산을 채권자에게 양도하되 점유개정에 의하여 채무자가 이를 계속 점유하기로 한 경우가 있다. (나) 이 경우 특별한 사정이 없는 한 동산의 소유권은 신탁적으로 이전된다. (다) 채권자와 채무자 사이의 대내적 관계에서 채무자는 의연히 소유권을 보유한다. (라) 그러나 대외적인 관계에 있어서 채무자는 동산의 소유권을 이미 채권자에게 양도한 무권리자가 된다. (마) 따라서 동산에 관하여 양도담보계약이 이루어지고 채권자가 점유개정의 방법으로 인도를 받았다면, 그 정산절차를 마치기 전이라도 양도담보권자인 채권자는 제3자에 대한 관계에 있어서는 담보목적물의 소유자로서 그 권리를 행사할 수 있다.

(바) 한편, 양도담보권자인 채권자가 제3자에게 담보목적물을 매각한 경우가 있다. (사) 이 경우 제3자는 채권자와 채무자 사이의 정산절차 종결 여부와 관계없이 양도담보 목적물을 인도받음으로써 소유권을 취득하게 된다. (아) 양도담보의 설정자가 담보목적물을 점유하고 있는 경우 그 목적물의 인도는 채권자로부터 목적물반환청구권을 양도받는 방법으로도 가능하다. (자) 채권자가 양도담보 목적물을 위와 같은 방법으로 제3자에게 처분하여 그 목적물의 소유권을 취득하게 한 다음 그 제3자로 하여금 그 목적물을 취거하게 한 경우 그 제3자로서는 자기의 소유물을 취거한 것에 불과하다. (차) 그러므로 사안에 따라 권리행사방해죄를 구성할 여지가 있음은 별론으로 하고, 절도죄를 구성할 여지는 없다.

대법원은 ㉠어구의 처분과 관련하여 다음과 같이 판단하였다. (가) 동산 양도담보권자(P회사)가 양도담보의 목적물을 제3자(B)에게 매각한 경우 특별한 사정이 없는 한 그 제3자(B)는 양도담보설정자[K에서 A로 변경되었음]에 대한 관계에서도 유효하게 그 소유권을 취득한다. (나) 원심으로서는 양도담보의 목적물인 ㉠

한 관계에서는 담보목적물의 소유자로서 그 권리를 행사할 수 있다.[1)]

한편, 양도담보권자인 채권자가 제3자에게 담보목적물인 동산을 매각한 경우, 제3자는 채권자와 채무자 사이의 정산절차 종결 여부와 관계없이 양도담보 목적물을 인도받음(민법188①)으로써 소유권을 취득하게 된다.[2)] 양도담보의 설정자가 담보목적물인 동산을 점유하고 있는 경우에는 그 목적물의 인도는 제3자가 채권자로부터 목적물반환청구권을 양도받는 방법(민법190)으로도 가능하다.[3) 4)]

채권자가 양도담보 목적물인 동산을 목적물반환청구권을 양도하는 방법으로 제3자에게 처분하여 그 목적물의 소유권을 취득하게 한 다음 그 제3자로 하여금 그 목적물을 취거하게 한 경우 그 제3자로서는 자기의 소유물을 취거한 것에 불과하므로, 사안에 따라 권리행사방해죄(법323)를 구성할 여지가 있음은 별론으로 하고, 절도죄(법329)는 성립하지 않는다.[5)]

(2) 재 물

재물이란 타인소유의 물건이다. 물건은 유체물 및 전기 기타 관리할 수 있는 자연력을 말한다(법346, 민법98). 재물개념에 대해서는 앞에서 설명하였다.[6)] 금제품이라 할지라도 절도죄의 재물에 해당한다.[7) 8)] 부동산은 절도죄의 객체에서 제외된다.[9)]

계좌에서 계좌로 이체되는 자금(가상화폐)은 재물에 해당하지 않는다. 따라서 몰래 다른 사람의 신용카드를 이용하여 현금지급기에서 계좌이체를 한 행위는 컴퓨터등사용사기죄(법

어구가 제3자인 B에게 매각되었음에도 여전히 그 소유권이 그 설정자인 A에게 남아 있게 되는 근거가 무엇인지를 살펴야 한다. (다) 나아가 B가 먼 바다 수심 깊은 곳에 투하되어 있는 ㉠어구를 취거한 행위가 구체적으로 어떠한 방식으로 ㉠어구에 대한 A의 점유를 배제하였는지 여부에 대한 심리에 나아갔어야 한다[권리행사방해죄 성립 여부 검토 필요]. (라) 그러함에도 원심은 만연히 그 소유자가 A라는 전제에서 절도죄가 성립한다고 인정하였다. (마) 그렇게 함으로써 원심은 양도담보에 제공된 동산의 소유권 귀속에 관한 법리를 오해하거나 심리를 다하지 아니한 잘못을 저질렀다.

1) 2008. 11. 27. 2006도4263, 공 2008하, 1824 = 『통발어구 양도담보 사건』.

2) 민법 제188조(동산물권양도의 효력, 간이인도) ① 동산에 관한 물권의 양도는 그 동산을 인도하여야 효력이 생긴다.

② 양수인이 이미 그 동산을 점유한 때에는 당사자의 의사표시만으로 그 효력이 생긴다.

3) 민법 제190조(목적물반환청구권의 양도) 제삼자가 점유하고 있는 동산에 관한 물권을 양도하는 경우에는 양도인이 그 제삼자에 대한 반환청구권을 양수인에게 양도함으로써 동산을 인도한 것으로 본다.

4) 2008. 11. 27. 2006도4263, 공 2008하, 1824 = 『통발어구 양도담보 사건』.

5) 2008. 11. 27. 2006도4263, 공 2008하, 1824 = 『통발어구 양도담보 사건』.

6) 전술 997면 이하 참조.

7) 1998. 11. 24. 98도2967, 공 1999, 84 = 분석 각론 『리프트 탑승권 사건』.

8) 전술 1003면 이하 참조.

9) 전술 1000면 이하 참조.

347의2)에 해당하는 것과는 별도로 절도죄에는 해당하지 않는다.[1] 문서의 원본을 몰래 복사하여 사본을 가져가는 행위는 절도죄에 해당하지 않는다. 복사된 원본의 내용은 그 자체로 재물에 해당하지 않기 때문이다.[2] 그러나 복사용지 자체는 재물에 해당한다.

3. 실행행위

(1) 절취의 의의

절도죄의 실행행위는 타인의 재물을 절취하는 것이다. 절취란 타인이 점유하는 재물을 점유자의 의사에 반하여 자기 또는 제3자의 점유로 옮기는 행위를 말한다. 절취의 개념요소인 타인의 점유에는 타인의 단독점유와 타인과 범인의 공동점유가 모두 포함된다. 점유와 관련한 일반적 문제점들은 앞에서 설명하였다.[3]

(가) 점 유 어떤 물건이 타인의 점유하에 있다고 할 것인지 여부는 (가) 객관적인 요소로서의 관리범위 내지 사실적 관리가능성 외에 (나) 주관적 요소로서의 지배의사를 참작하여 결정하되, (다) 궁극적으로는 당해 물건의 형상과 그 밖의 구체적인 사정에 따라 사회통념에 비추어 규범적 관점에서 판단해야 한다.[4] 객관적으로 어떤 사람이 재물을 사실상 지배하고 있다고 인정되는 이상 다른 특별한 사정이 없는 한 그 사람은 그 재물에 대한 지배의사를 가지고 있다고 봄이 상당하다.[5]

행위자가 피해자를 살해한 후 피해자의 재물을 취거한 경우 피해자가 생전에 가진 점유는 사망 후에도 여전히 계속되는 것으로 보아 이를 보호함이 법의 목적에 맞는다. 따라서 행위자의 취거행위는 피해자의 점유를 침탈한 것으로서 절도죄에 해당한다.[6]

재물을 점유하는 소유자가 사망하여 상속으로 재물의 소유권을 취득하였다고 하더라도 상속인이 그 재물에 관하여 사실상의 지배를 가지게 되어야만 이를 점유하는 것으로서 그때부터 비로소 상속인에 대한 절도죄가 성립할 수 있다.[7] 형법상 상속에 의한 점유의 취득은 인정되지 않는다.

점유배제가 없는 경우에는 절도죄가 성립하지 않는다. 점유배제가 없는 점유취득의 경우에는 횡령죄(법355①) 또는 점유이탈물횡령죄(법360)가 성립할 수 있다. 점유배제가 있더라도

---

1) 2008. 6. 12. 2008도2440, 공 2008하, 1018 = 분석 각론 『계좌이체 후 인출 사건』.
2) 1996. 8. 23. 95도192, 공 1996, 2931 = 분석 각론 『퇴직금 내역서 복사 사건』.
3) 전술 1019면 이하 참조.
4) 2008. 7. 10. 2008도3252, 공 2008하, 1210 = 분석 각론 『대형냉장고 전기 사건』.
5) 1981. 8. 25. 80도509, 공 1981, 14307 = 분석 각론 『맹씨 망부석 사건』.
6) 1993. 9. 28 93도2143, 공 1993, 3023 = 분석 각론 『자취방 살해 사건』.
7) 2012. 4. 26. 2010도6334, 공 2012상, 940 = 분석 각론 『사망 동거남 가방 사건』.

점유취득을 의도하지 않은 경우 또한 절도죄가 성립하지 않는다. 새장의 새를 날아가게 하는 경우 등이 그 예이다. 이 경우에는 손괴죄(법366)가 성립할 수 있다.

임차인이 건물에서 퇴거하면서 대형냉장고의 전원을 연결한 채 그대로 두었다면 그 전기에 대한 점유 · 관리는 임차인이 그대로 보유하고 있는 것으로 보아야 한다. 임차인이 대형냉장고를 통하여 전기를 계속 사용하였다고 하더라도 이는 당초부터 자기의 점유 · 관리하에 있던 전기를 사용한 것에 불과하고, 타인의 점유 · 관리하에 있던 전기를 사용한 것이라고 볼 수 없다.[1)]

어떤 물건을 잃어버린 장소가 예컨대 당구장과 같이 타인의 관리 아래 있을 때에는 그 물건은 일응 그 관리자의 점유에 속한다. 그 물건을 관리자가 아닌 종업원 등 제3자가 취거하는 것은 유실물횡령이 아니라 절도죄에 해당한다.[2)]

지하철의 승무원은 「유실물법」상 전동차의 관수자(管守者)로서 승객이 잊고 내린 유실물을 교부받을 권능을 가질 뿐 전동차 안에 있는 승객의 물건을 점유한다고 할 수 없다. 승무원이 그 유실물을 현실적으로 발견하지 않는 한 이에 대한 점유를 개시하였다고 할 수도 없다. 그러므로 행위자가 그 사이에 유실물을 발견하고 가져간 행위는 점유이탈물횡령죄(법360)에 해당함은 별론으로 하고 절도죄에 해당하지 않는다.[3)]

(나) 점유자의 의사 　절취는 점유자의 의사에 반하는 행위이다. 점유자의 명시적 또는 묵시적 동의가 있으면 절취의 요건을 갖추지 못하여 절도죄의 구성요건해당성이 인정되지 않는다.[4)]

점유자의 동의는 재물의 취거시에 존재하고 있어야 한다. 사전 약정에 기하여 인도청구권 등이 인정된다고 하더라도, 재물의 취거 당시에 점유 이전에 관하여 점유자의 명시적 또는 묵시적인 동의가 있었던 것으로 인정되지 않는 한, 점유자의 의사에 반하여 점유를 배제하는 행위를 한 것이어서 절도죄가 성립한다. 이러한 경우에는 특별한 사정이 없는 한 불법

---

1) 2008. 7. 10. 2008도3252, 공 2008하, 1210 = 분석 각론 『대형냉장고 전기 사건』.

2) 1988. 4. 25. 88도409, 공 198, 930 = 분석 각론 『당구장 금반지 사건』.

3) 1999. 11. 26. 99도3963, 공 2000, 118 = 분석 각론 『지하철 분실물 사건』.

4) 1985. 11. 26. 85도1487, 공 1986, 170 = 『동거녀 6만원 사건』:

갑은 A와 동거중에 있었다. 갑은 돈 6만원을 A의 지갑에서 꺼내어갔다. A는 현장에서 이를 목격하고도 만류하지 않았다.

검사는 갑을 절도죄로 기소하였다. 제1심법원은 무죄를 선고하였다. 검사는 불복 항소하였다. 항소법원은 항소를 기각하고, 제1심판결을 유지하였다. 검사는 불복 상고하였다.

대법원은 다음의 이유를 제시하여 상고를 기각하였다. (가) 절도죄는 타인이 점유하는 재물을 절취하는 행위 즉 점유자의 의사에 의하지 아니하고 그 점유를 취득함으로써 성립하는 범죄이다. (나) A는 당시 갑과 동거중에 있었다. (다) 갑이 돈 6만원을 지갑에서 꺼내 가는 것을 A가 현장에서 이를 목격하고도 만류하지 않았다. (라) 이러한 사정 등에 비추어 볼 때 A가 이를 허용하는 묵시적 의사가 있었다고 봄이 상당하다.

영득의사가 없었다고 할 수 없다.[1)]

조합원은 누구나 수로에 있는 물을 자기 논에 넣어 관개에 이용할 수 있고 어떤 조합원이라도 수로를 막아서 물을 사용할 수 없다는 수리조합 규칙이 있는 경우에 일부 조합원이 자기 논에 물을 품어 넣기 위하여 특수한 공작물을 설치하여 저수하였다 하여도 그 물은 물을 막은 사람의 사실상이나 법률상 지배하는 것이 되지 못한다. 그러므로 이 물은 절도죄의 객체가 될 수 없다.[2)]

(2) 절취의 방법

절취의 수단, 방법은 묻지 않는다. 원래 절취의 '절(竊; 窃)'은 비밀리에 행한다는 의미이지만, 반드시 비밀리에 행해질 필요도 없다.

---

1) 2001. 10. 26. 2001도4546, 공 2001, 2641 =『굴삭기 각서 사건』:

P회사는 굴삭기를 판매하는 회사이다. 갑은 P회사의 직원이다. A는 P회사로부터 M굴삭기 1대를 할부로 매수한 후 자신의 명의로 등록하였다. A는 할부금이 연체되어 소유하는 N주택이 강제경매될 상황에 이르렀다. A는 P회사와 사이에 다음의 약정을 하였다(㉠약정). "추후 새로운 연체시에는 시간과 송무비 등의 경제적 손실을 고려하여 P회사가 경매신청을 생략하고 M굴삭기를 임의로 회수하여 처분할 수 있다." A는 ㉠약정과 함께 "민 · 형사상의 모든 책임을 본인이 감수할 것을 각서한다."는 각서 및 M굴삭기 처분에 필요한 각종 서류를 P회사에 제출하였다(㉡서류). A는 계속 할부금 등을 연체하였다. 갑은 ㉠약정서와 ㉡서류를 근거로 삼아 M굴삭기를 도로 P회사로 싣고 왔다. 갑이 M굴삭기를 취거할 당시 미리 A에게 통지 등의 절차를 거쳐 동의를 구한 사실은 없었다. 갑은 굴삭기를 취거한 후 A와 통화연락을 하였다. 갑은 싣고 온 M굴삭기를 B에게 매도하였다.

검사는 갑을 절도죄로 기소하였다. 제1심법원은 유죄를 인정하였다. 갑은 불복 항소하였다. 항소법원은 불법영득의사가 없다는 이유로 무죄를 선고하였다. 검사는 불복 상고하였다.

대법원은 다음의 이유를 제시하여 원심판결을 파기환송하였다. 대법원은 M굴삭기의 소유권 귀속에 대해 다음과 같이 판단하였다. (가) 등록한 건설기계에 대한 소유권의 이전은 그 등록이 있음으로써 비로소 효력이 발생한다. (나) ㉠약정서, ㉡서류 등의 작성, 교부만으로 M굴삭기에 대한 소유권이 P회사로 이전될 수는 없다. (다) 따라서 갑이 M굴삭기를 취거할 당시 그 소유권은 여전히 A에게 남아 있었다.

대법원은 M굴삭기의 점유 귀속에 대해 다음과 같이 판단하였다. (가) 형법상 절취란 타인이 점유하고 있는 자기 이외의 자의 소유물을 점유자의 의사에 반하여 그 점유를 배제하고 자기 또는 제3자의 점유로 옮기는 것을 말한다. (나) (ㄱ) 비록 약정에 기한 인도 등의 청구권이 인정된다고 하더라도, (ㄴ) 취거 당시에 점유 이전에 관한 점유자의 명시적 · 묵시적인 동의가 있었던 것으로 인정되지 않는 한, (ㄷ) 점유자의 의사에 반하여 점유를 배제하는 행위를 함으로써 절도죄는 성립한다. (다) 그러한 경우에 특별한 사정이 없는 한 불법영득의 의사가 없었다고 할 수는 없다.

(라) A는 약정된 기일에 채무를 이행하지 아니하는 경우 M굴삭기를 회수하여 가도 좋다는 약속을 하고 각서와 매매계약서 및 양도증명서 등을 작성하여 교부하였다. (마) 그렇다고 하더라도 그 의사표시 중에 자신의 동의나 승낙 없이 현실적으로 자신의 점유를 배제하고 M굴삭기를 가져가도 좋다는 의사까지 포함되어 있었던 것으로 보기는 어렵다. (바) 갑은 M굴삭기를 취거할 당시 미리 A에게 통지 등의 절차를 거쳐 동의를 구한 사실은 없다. (사) 다만 굴삭기를 취거한 후 A와 통화연락을 하였다. (아) 그렇다면 갑이 M굴삭기를 취거한 행위는 일응 절도죄에 해당하고 그 불법영득의 의사도 부인하기 어렵다.

2) 1964. 6. 23. 64도209, 집 12①, 형48 = 분석 각론『물 품어 올리기 사건』.

(가) 날치기　　피해자로부터 순간적이고 강력적인 방법으로 타인의 재물을 절취하는 범행수법을 가리켜서 속칭 날치기라고 한다. 날치기와 같이 강제력을 사용하여 재물을 절취하는 행위가 때로는 피해자를 넘어뜨리거나 부상을 입히는 경우가 있다. 날치기로 인한 상해의 결과가 피해자의 반항 억압을 목적으로 함이 없이 점유탈취의 과정에서 우연히 가해진 경우라면 이는 강도가 아니라 절도에 의한 상해에 불과하여 강도상해죄(법337)는 성립하지 않는다.

그러나 강제력의 행사가 사회통념상 객관적으로 상대방의 반항을 억압하거나 항거를 불가능하게 할 정도의 것이라면 이는 강도죄에서 말하는 폭행에 해당한다. 그러므로 날치기 수법의 점유탈취 과정에서 이를 알아채고 재물을 뺏기지 않으려는 피해자의 반항에 부딪혔음에도 계속하여 피해자를 끌고 가면서 억지로 재물을 빼앗은 행위는 피해자의 반항을 억압한 후 재물을 강취한 것으로서 강도죄 또는 강도상해죄가 성립한다.[1]

(나) 책략절도　　행위자가 기망 등의 수단을 사용하더라도 재물의 교부가 점유자의 처

---

1) 2007. 12. 13. 2007도7601, 공 2008, 89 =『손가방 날치기 사건』:

갑과 을은 승용차를 함께 타고 돌아다니면서 범행을 계획하였다. 갑과 을은 범행대상 여자가 나타나면 갑이 범행대상을 좇아가 돈을 빼앗고 을은 승용차에서 대기하다가 범행을 끝낸 갑을 차에 태워 도주하기로 공모하였다. 갑은 A녀가 현금인출기에서 돈을 인출하여 가방에 넣고 나오는 것을 발견하였다. 갑은 차에서 내려 A를 뒤따라 갔다. 갑은 A의 뒤쪽 왼편으로 접근하여 A의 왼팔에 끼고 있던 ㉠손가방의 끈을 오른손으로 잡아당겼다. A는 ㉠가방을 놓지 않으려고 버티다가 몸이 돌려지면서 등을 바닥 쪽으로 하여 넘어졌다. 갑이 ㉠가방 끈을 잡고 계속하여 당기자 A는 바닥에 넘어진 상태로 가방 끈을 놓지 않은 채 "내 가방, 사람 살려!!!"라고 소리치면서 약 5m 가량 끌려가다가 힘이 빠져 가방을 놓쳤다. 이 과정에서 A는 상해를 입었다. 갑은 A의 가방을 들고 도망가던 중 아파트 경비업체 직원 B에게 붙잡혔다.

검사는 갑과 을을 강도치상죄로 기소하였다. 갑과 을의 피고사건은 제1심을 거친 후, 항소심에 계속되었다. 항소법원은 절도죄와 상해죄의 경합범을 인정하였다. 검사는 불복 상고하였다.

대법원은 다음의 이유를 제시하여 원심판결을 파기환송하였다. 대법원은 소위 날치기 범죄의 성질에 대해 다음과 같이 설시하였다. (가) 이른바 '날치기'와 같이 강제력을 사용하여 재물을 절취하는 행위가 때로는 피해자를 넘어뜨리거나 부상하게 하는 경우가 있다. (나) 그러한 결과가 피해자의 반항 억압을 목적으로 함이 없이 점유탈취의 과정에서 우연히 가해진 경우라면 이는 강도가 아니라 절도에 불과하다. (다) 그 강제력의 행사가 사회통념상 객관적으로 상대방의 반항을 억압하거나 항거불능케 할 정도의 것이라면 이는 강도죄에서의 폭행에 해당한다. (라) 날치기 수법의 점유탈취 과정에서 이를 알아채고 재물을 뺏기지 않으려는 피해자의 반항에 부딪혔음에도 계속하여 피해자를 끌고 가면서 억지로 재물을 빼앗은 행위는 피해자의 반항을 억압한 후 재물을 강취한 것으로서 강도의 죄로 의율함이 마땅하다.

대법원은 갑의 행위에 대해 다음과 같이 판단하였다. (가) 갑이 A로부터 가방을 탈취하면서 A에게 사용한 강제력이 단지 A로부터 순간적이고 강력적인 방법으로 가방을 절취하는 날치기 수법의 절도행위 과정에서 우연히 가해진 것에 불과하다고 볼 수는 없다. (나) 이는 가방을 뺏기지 않으려는 A의 반항을 억압하기 위한 목적에서 행해진 것이다. (다) 또 A의 반항을 억압하기에 족한 정도의 폭행에 해당한다. (라) 그런데도 원심은 이와 반대로 판단하여 위와 같은 갑과 을의 행위를 강도치상죄가 아닌 절도죄 및 상해죄의 경합범으로 의율하고 말았다. (마) 이러한 원심판결에는 절도 및 강도의 죄에 관한 법리를 오해하여 판결에 영향을 미친 위법이 있다.

분의사에 기한 것이 아니라 점유자의 의사에 반하는 것이라면 절취가 인정된다. 마치 물품을 구입할 것처럼 가장하여 피해자로부터 물품을 건네받은 다음 화장실 등에 갖다 오겠다는 등 핑계를 대고 도주하는 경우 당해 물건은 범인이 도주하기 전까지는 아직 피해자의 점유하에 있으므로 절도죄가 성립한다.[1)]

행위자가 기망의 수단을 사용한 경우에 재물의 교부가 점유자의 처분의사에 기한 것이라면 점유자의 의사에 반하는 것이 아니어서 절취는 인정되지 않는다. 이 때에는 재물의 교부가 점유자의 처분행위에 의한 것이어서 사기죄가 성립한다.[2)]

결혼식장에서 축의금 접수인인 것처럼 행세하여 축의금을 가져가는 행위는 하객이 행위

---

1) 1994. 8. 12. 94도1487, 공 1994, 2320 =『금은방 도주 사건』.

2) 2022. 12. 29. 2022도12494, 공 2023상, 417 =『편의점 반지갑 교부 사건』∷

(연월일 생략함.) 11:50경 A는 드라이버를 구매하기 위해 P편의점에 방문하였다가 갈색 남성용 ㉠반지갑을 떨어뜨렸다. B는 P편의점의 주인이다. B가 ㉠반지갑을 발견하여 습득하였다. 12:00경 갑은 P편의점에서 우산을 구매하고 계산을 마쳤다. P편의점 주인 B가 갑에게 "이 지갑이 선생님 지갑이 맞느냐?"라고 질문하였다. 갑은 "내 것이 맞다."라고 대답한 후 ㉠반지갑을 교부받아 가지고 갔다.

검사는 갑을 절도죄로 기소하였다. 제1심법원은 무죄를 선고하였다. 검사는 불복 항소하였다. 항소심 공판절차에서 검사는 예비적 공소사실로 사기죄를 추가하는 공소장변경신청을 하였다. 항소법원은 공소장변경신청을 허가하였다. 항소법원은 다음과 같이 판단하였다. (가) 주위적 공소사실 : 절도죄 무죄. (나) 예비적 공소사실 : 사기죄 유죄. 검사는 무죄 부분에 불복하여 상고하였다. 검사는 상고이유로, 절도죄가 성립한다고 주장하였다.

대법원은 다음의 이유를 제시하여 상고를 기각하였다. 대법원은 절도죄와 사기죄의 차이점에 대해 다음과 같이 설시하였다. (가) 형법상 절취란 타인이 점유하고 있는 자기 이외의 자의 소유물을 점유자의 의사에 반하여 점유를 배제하고 자기 또는 제3자의 점유로 옮기는 것을 말한다. (나) 이에 반해 기망의 방법으로 타인으로 하여금 처분행위를 하도록 하여 재물 또는 재산상 이익을 취득한 경우에는 절도죄가 아니라 사기죄가 성립한다.

대법원은 사기죄의 성립요건에 대해 다음과 같이 설시하였다. (가) 사기죄에서 처분행위는 (ㄱ) 행위자의 기망행위에 의한 피기망자의 착오와 (ㄴ) 행위자 등의 재물 또는 재산상 이익의 취득이라는 최종적 결과를 중간에서 매개·연결한다. (나) 사기죄에서 처분행위는 (ㄱ) 착오에 빠진 피해자의 행위를 이용하여 재산을 취득하는 것을 본질적 특성으로 하는 사기죄와 (ㄴ) 피해자의 행위에 의하지 아니하고 행위자가 탈취의 방법으로 재물을 취득하는 절도죄를 구분하는 역할을 한다. (다) 처분행위가 갖는 이러한 역할과 기능을 고려하면 피기망자의 의사에 기초한 어떤 행위를 통해 행위자 등이 재물 또는 재산상의 이익을 취득하였다고 평가할 수 있는 경우라면, 사기죄에서 말하는 처분행위가 인정된다. (라) 사기죄가 성립되려면 피기망자가 착오에 빠져 어떠한 재산상의 처분행위를 하도록 유발하여 재산적 이득을 얻을 것을 요한다. (마) 피기망자와 재산상의 피해자가 같은 사람이 아닌 경우에는 피기망자가 피해자를 위하여 그 재산을 처분할 수 있는 권능을 갖거나 그 지위에 있어야 한다.

대법원은 사실관계를 분석하였다. 대법원은 갑의 행위에 대해 다음과 같이 판단하였다. (가) P편의점 주인 B는 ㉠반지갑을 습득하여 이를 진정한 소유자에게 돌려주어야 하는 지위에 있었다. (나) 그러므로 B는 A를 위하여 ㉠반지갑을 처분할 수 있는 권능을 갖거나 그 지위에 있었다. (다) 나아가 B는 이러한 처분 권능과 지위에 기초하여 ㉠반지갑의 소유자라고 주장하는 갑에게 ㉠반지갑을 교부하였다. (라) 이를 통해 갑이 ㉠반지갑을 취득하여 자유로운 처분이 가능한 상태가 되었다. (마) 따라서 B의 행위는 사기죄에서 말하는 처분행위에 해당한다. (바) 갑의 행위를 절취행위로 평가할 수는 없다.

자에게 축의금의 처분권을 주는 것이 아니므로 이를 사기죄에서 재물을 교부한 것이라고 볼 수 없다. 하객의 축의금 교부행위는 단지 축의금 접수대에 교부하는 것에 불과하다. 그러므로 행위자가 축의금을 가져가는 것은 축의금에 대한 혼주 측의 점유를 침탈한 절취행위에 해당한다.[1)]

4. 미수와 기수

(1) 실행의 착수

(가) 실행의 착수시점 절도죄는 미수범을 처벌하므로(법342) 실행의 착수시점이 문제된다. 절취는 기존 점유의 배제와 새로운 점유의 취득이라는 두 가지 요소로 구성된다. 따라서 타인의 점유를 침해하기 시작할 때 절도죄의 실행의 착수가 있고, 자기 또는 제3자에게 점유가 취득될 때 기수에 이른다. 그러나 구체적인 경우에 그 판단이 반드시 용이하지는 않다. 점유는 사실상의 지배상태와 점유의사를 요소로 하는데, 궁극적으로는 사회통념에 따라 규범적으로 그 존부가 결정되기 때문이다.

(나) 밀접행위설 절도죄의 실행의 착수시점은 행위자가 타인의 점유를 침해하는 행위를 개시한 때이다. 실행의 착수시점은 일반이론에 의하여 결정되어야 할 것이지만,[2)] 판례는 특히 절도죄와 관련하여 밀접행위설을 취하고 있다.

밀접행위설이란 행위자가 재물에 대한 사실상의 지배를 침해하는 데 밀접한 행위를 할 때에 실행의 착수가 있다고 보는 견해이다.[3)] 절취행위가 일상생활에서 자주 일어나기 때문

---

1) 1996. 10. 15. 96도2227, 공 1996, 3490 = 『축의금 접수인 사건』:

갑은 결혼예식장에서 신부 측 축의금 접수인인 것처럼 행세하였다. 갑은 하객 A가 갑에게 ㉠축의금을 내어놓자 이를 받아서 가버렸다.

검사는 갑을 절도죄로 기소하였다. 갑의 피고사건은 제1심을 거친 후, 항소심에 계속되었다. 항소법원은 유죄를 인정하였다. 갑은 불복 상고하였다.

대법원은 다음의 이유를 제시하여 상고를 기각하였다. (가) A의 교부행위의 취지는 신부 측에 전달하는 것일 뿐이다. (나) A의 교부행위는 갑에게 그 처분권을 주는 것이 아니므로 이를 갑에게 교부한 것이라고 볼 수 없다. (다) A의 교부행위는 단지 신부 측 접수대에 교부하는 취지에 불과하다. (라) 그러므로 갑이 ㉠돈을 가져간 것은 신부 측 접수처의 점유를 침탈하여 범한 절취행위라고 보는 것이 정당하다.

2) 신동운, 형법총론, 제14판, (2022), 505면 이하 참조.

3) 2009. 9. 24. 2009도5595, [미간행] = 『운전석 손잡이 사건』:

갑은 야간에 소지하고 있던 ㉠손전등과 노상에서 주운 박스 포장용 ㉡노끈을 이용하여 노상에 주차된 차량의 문을 열고 그 안에 들어 있는 현금 등을 절취할 것을 마음먹었다. 갑은 그 대상을 물색하기 위해 돌아다니다가 ㉢승합차량을 발견하였다. 갑은 먼저 차량의 문이 잠겨 있는지 확인하기 위해 양손으로 운전석 문의 손잡이를 잡고 열려고 하였다. 그러던 중 갑은 순찰중인 경찰관에게 발각되어 행위를 멈추었다.

검사는 갑을 절도미수죄로 기소하였다. 갑의 피고사건은 제1심을 거친 후, 항소심에 계속되었다. 항소법원은 다음의 이유를 들어 무죄를 선고하였다. (가) 야간에 노상에 주차된 차량은 통상 잠금장치가 되어 있을 가

에 법익침해의 위험성이 높다는 점에 주목하는 접근방법이라고 생각된다.[1] 절도죄의 실행의 착수가 있는지는 구체적 사건에서 범행의 방법, 태양, 주변상황 등을 종합 판단하여 결정해야 한다.[2]

판례의 사례를 몇 가지 살펴본다. 자동차 안의 물건을 훔치려고 자동차 문을 잡아당기다가 발견된 경우,[3] 타인의 집에 침입하여 훔칠 물건을 물색하던 중 그 집 사람에게 발견된 경우[4] 등에는 실행의 착수가 인정된다.

능성이 농후하다. (나) 그 차량 안에 들어 있는 물건 등을 훔치기 위해서는 그 잠금장치 등을 해제하고 들어가야 한다. (다) 이러한 잠금장치를 해제하는 것은 용이하지 않다. (라) 이러한 점을 감안하면 갑의 행위는 ㉢ 차량 안의 재물에 대한 소유자의 사실상의 지배를 침해하는 데에 밀접한 행위에 해당한다고 보기 어렵다. 검사는 불복 상고하였다.

대법원은 다음의 이유를 제시하여 원심판결을 파기환송하였다. (가) 갑의 행위는 승합차량 내의 재물을 절취할 목적으로 승합차량 내에 침입하려는 행위에 착수한 것으로 볼 수 있다. (나) 그로써 차량 내에 있는 재물에 대한 피해자의 사실상의 지배를 침해하는 데에 밀접한 행위가 개시된 것으로 보아 절도죄의 실행에 착수한 것으로 봄이 상당하다.

1) 1986. 11. 25. 86도2090, 공 1987, 128 = 『잠바 왼쪽 주머니 사건』:

갑은 수회의 전과가 있는 소매치기이다. 갑은 A의 잠바 왼쪽 주머니에 손을 넣던 중 발각되었다. 당시 A의 주머니 속에는 금품이 들어있지 않았다.

검사는 갑을 상습절도의 미수범으로 기소하였다. 제1심법원은 유죄를 인정하였다. 갑은 불복 항소하였다. 항소법원은 항소를 기각하고, 제1심판결을 유지하였다. 갑은 불복 상고하였다.

대법원은 다음의 이유를 제시하여 상고를 기각하였다. (가) 비록 A의 잠바 왼쪽 주머니에는 금품이 들어있지 않았었다 하더라도 갑의 소위는 절도라는 결과발생의 위험성을 충분히 내포하고 있다. (나) 이를 절도미수로 본 원심조치는 정당하다.

2) 2010. 4. 29. 2009도14554, [미간행] = 분석 각론 『공사현장 동파이프 사건』.

3) 1986. 12. 23. 86도2256, 공 1987, 278 = 백선 총론 『밍크코트 사건』.

4) 2003. 6. 24. 2003도1985, 공 2003, 1658 = 『두리번거리는 절도범 사건』:

A의 집은 M다세대주택 2층에 있다(㉠집). (연도 생략함.) 8. 21. 18:30 무렵이다. 갑은 A가 빨래를 걷으러 옥상으로 올라 간 사이에 ㉠집에 들어갔다. 갑은 절취할 재물을 찾으려고 신발을 신은 채 거실을 통하여 안방으로 들어가 여기저기를 둘러보았다. 갑은 절취할 재물을 찾지 못하고 다시 거실로 나와서 두리번거리고 있었다. 그러다가 갑은 현관문을 통하여 거실로 들어오는 A와 마주치게 되었다. 갑은 체포를 면탈할 목적으로 A를 밀어 1층 난간으로 떨어뜨렸다. A가 일어나 갑의 목덜미를 붙잡았다. 갑은 다시 주먹으로 A의 얼굴을 1회 때려 A에게 6주간의 치료가 필요한 상해를 가하였다.

검사는 갑을 강도상해죄로 기소하였다. 제1심법원은 유죄를 인정하였다. 갑은 불복 항소하였다. 항소법원은 다음의 이유를 들어 무죄로 판단하였다. (가) 갑이 A의 집에 들어가 재물을 물색하기 시작하였다고 인정하기에 부족하다. (나) 달리 절도범행의 실행에 착수하였다고 인정할 증거가 없다. 검사는 불복 상고하였다.

대법원은 다음의 이유를 제시하여 원심판결을 파기환송하였다. (가) 야간이 아닌 주간에 절도의 목적으로 다른 사람의 주거에 침입하여 절취할 재물의 물색행위를 시작하는 등 그에 대한 사실상의 지배를 침해하는 데에 밀접한 행위를 개시하면 절도죄의 실행에 착수한 것으로 보아야 한다. (나) 갑은 범행 당일 A가 빨래를 걷으러 옥상으로 올라 간 사이에 A의 다세대주택에 절취할 재물을 찾으려고 신발을 신은 채 거실을 통하여 안방으로 들어가 여기저기를 둘러보고는 절취할 재물을 찾지 못하고 다시 거실로 나와서 두리번거리고 있다가 A가 현관문을 통하여 거실로 들어가다가 마주치게 되었다. (다) [이는] 갑이 방 안으로 들어가다가 곧바로 A에게 발각되어 물색행위 등을 할 공사현장 안으로 들어간 후 창문을 통하여 건축 중인 아파트의 지하실을 살펴본 경우 그 지하실에 실제로 값비싼 동파이프가 보관되어 있었다고 하더라도 그 행위를 지하실에 놓여 있던 동파이프에 대한 피해자의 사실상의 지배를 침해하는 밀접한 행위라고 볼 수 없다.[1)]

피고인이 노상에 세워놓은 자동차 안에 있는 물건을 훔칠 생각으로 자동차의 유리창을 통하여 그 내부를 손전등으로 비추어 본 것에 불과하다면 비록 유리창을 따기 위해 면장갑을 끼고 있었고 칼을 소지하고 있었다 하더라도, 절도의 예비행위로 볼 수는 있겠으나, 타인의 재물에 대한 지배를 침해하는데 밀접한 행위를 한 것이라고는 볼 수 없어 절취행위의 착수에 이른 것이었다고 볼 수 없다.[2)]

주간에 절도 목적으로 들어가기 위하여 문고리를 뜯는 단계,[3)] 주간에 절도의 목적으로 타인의 주거에 침입하였으나 아직 절취할 물건의 물색행위를 시작하기 전의 단계에는 절도죄의 실행의 착수가 인정되지 않는다.[4)]

만한 시간적 여유가 없었던 경우가 아니다. (라) 갑이 방 안까지 들어갔다가 절취할 재물을 찾지 못하고 거실로 돌아 나온 경우이다. (마) 그러한 경우라면 갑이 절도의 목적으로 침입한 이상 물색행위를 하는 등 재물에 대한 A의 사실상의 지배를 침해하는 데 밀접한 행위를 하였던 것으로 보아야 한다.

1) 2010. 4. 29. 2009도14554, [미간행] = 분석 각론 『공사현장 동파이프 사건』.

2) 1985. 4. 23. 85도464, 공 1985), 818 = 백선 총론『손전등 사건』.

3) 1989. 2. 28. 88도1165, 공 1989, 563 =『열쇠고리 뜯는 절도범 사건』:

A의 집 부엌문에는 ㉠열쇠고리가 시정되어 있다. 갑은 절도할 생각으로 ㉠열쇠고리의 장식을 소지한 ㉡뿌라이야 등으로 뜯던 중 발각되었다.

검사는 갑을 절도미수죄로 기소하였다. 갑의 피고사건은 제1심을 거친 후, 항소심에 계속되었다. 항소법원은 무죄를 선고하였다. 검사는 불복 상고하였다.

대법원은 다음의 이유를 제시하여 상고를 기각하였다. (가) 갑이 A의 집 부엌문에 시정되어 있는 열쇠고리의 장식을 소지한 뿌라이야 등으로 뜯은 행위를 한 것만으로는 절도죄의 실행행위에 착수하였다고 볼 수 없다. (나) 달리 그 실행행위에 착수하였다고 인정할 만한 증거가 없다.

4) 1992. 9. 8. 92도1650, 공 1992, 2925 =『뛰어 나오는 절도범 사건』:

(연월일 생략함.) 11:20경 갑은 금품을 절취할 의도로 A가 사는 3층 건물에 침입하였다. 갑은 계단을 통해 그 집 3층으로 올라갔다. 갑은 마침 2층에서 3층 옥상에 빨래를 널기 위하여 올라가던 A를 만났다. 갑은 사람을 찾는 것처럼 가장하여 A에게 B라는 사람이 사느냐고 물었다. A가 없다고 대답하자 갑은 알았다며 계단으로 내려갔다. 갑은 A가 옥상에 올라가 빨래를 널고 있는 틈을 이용하여 그 집 2층 부엌을 통해 방으로 들어갔다. A는 옥상에 빨래를 널고 2층으로 내려와 방으로 통하는 부엌 앞에 이르렀다. A는 그 때 갑이 신발을 신은 채 방안에서 뛰어 나오는 것을 보았다(A의 증언).

검사는 갑을 특정범죄가중법위반죄(절도)로 기소하였다. 갑의 피고사건은 제1심을 거친 후, 항소심에 계속되었다. 항소법원은 유죄를 인정하였다. 항소법원이 인정한 범죄사실은 다음과 같다. "갑은 (중략) A가 옥상에 올라가 빨래를 널고 있는 틈을 이용하여 그 집 2층 부엌을 통해 방으로 들어가 절취할 금품을 물색하던 중 옥상에서 내려온 A에게 발각되어 그 뜻을 이루지 못하고 미수에 그쳤다." 갑은 불복 상고하였다.

대법원은 다음의 이유를 제시하여 원심판결을 파기환송하였다. (가) 절도죄의 실행의 착수시기는 재물에 대한 타인의 사실상의 지배를 침해하는 데에 밀접한 행위를 개시한 때라고 보아야 한다. (나) 야간이 아닌 주간에 절도의 목적으로 타인의 주거에 침입하였다고 하여도 아직 절취할 물건의 물색행위를 시작하기 전이라면 주거

(2) 기수시기

(가) 기 수 절도죄의 기수시기에 대해서는 (가) 행위자가 재물에 접촉하는 시점(접촉설), (나) 행위자가 재물을 자기의 지배하에 두는 시점(취득설), (다) 재물이 피해자의 지배범위로부터 장소적으로 이전되는 시점(이전설), (라) 재물을 안전한 장소에 감추어 두는 시점(은닉설) 등 여러 가지 견해를 생각할 수 있다. 판례는 취득설을 취하고 있다.[1) 2)]

취득설에 따를 때 절도죄의 기수가 성립하려면 재물에 접촉하는 것만으로는 부족하다. 그러나 재물을 장소적으로 이전하거나 안전하게 은닉하는 것까지 요하지는 않는다.

(나) 완 료 절도의 기수와 절도의 완료는 구별된다. 절도의 완료 내지 완성은 절도범이 안전하게 재물의 경제적 가치를 보유·이용할 수 있는 상태에 이를 때 인정된다. 절도범이 재물을 자유롭게 처분할 수 있는 안전한 장소로 이전하거나 경찰관 등의 추적을 완전히 벗어난 경우가 완료에 해당한다.

절도의 기수 이후에는 정범으로서 절취행위에 관여하는 것이 불가능하다.[3)] 그러나 완료에 이르기 전이라면 방조범의 성립이 가능하다. 절도가 완료에 이르기 전까지는 재물의 탈환이 가능하므로 재물탈환을 막기 위하여 폭행·협박을 하는 경우 준강도죄(법335)가 성립할 수 있다. 그러나 완료에 이른 후에는 준강도죄가 성립할 여지가 없다. 완료 후 도품에 관여하는 행위는 장물죄(법362)의 적용대상이 된다.

침입죄만 성립할 뿐 절도죄의 실행에 착수한 것으로 볼 수 없는 것이어서 절도미수죄는 성립하지 않는다.

(다) A가 옥상에 빨래를 널고 2층으로 내려와 방으로 통하는 부엌 앞에 이르렀을 때에 갑이 신발을 신은 채 방안에서 뛰어 나오는 것을 보았다는 것이어서 갑이 방안에 침입한 것은 인정된다. (라) 그러나 방안에 들어가 절취할 물건의 물색행위에까지 나간 것인지의 여부는 분명하지 않다. (마) 갑이 방안에 들어간 때로부터 A에게 발각될 때까지 물색행위를 할 만한 충분한 시간이 경과하였다면 절도목적으로 침입한 이상 물색행위를 하였을 것으로 보아도 무방하다. (바) 그럴만한 시간적 여유가 없었다면 갑이 방안에서 뛰어 나온 것만 가지고 절취할 물건을 물색하다가 뛰어 나온 것으로 단정할 수는 없다. (사) 원심이 이 점에 관하여 좀더 밝혀보지 않은 채 A의 증언만으로 만연히 갑이 절취할 금품을 물색하던 중 발각되어 미수에 그친 것으로 인정한 것은 위법하다.

1) 1991. 4. 23. 91도476, 공 1991, 1564 = 『'새로나' 까페 절도범 사건』:

A는 '새로나 까페'를 경영하고 있다(㉠까페). 갑은 야간에 아무도 없는 ㉠까페 내실에 침입하였다. 갑은 장식장 안에 들어 있던 정기적금통장, 도장, 현금 2만원을 꺼내서 들고 까페로 나오던 중이었다(㉡물건). 갑은 A에게 발각되었다. 갑은 ㉡물건을 A에게 돌려주었다.

검사는 갑을 야간주거침입절도죄로 기소하였다. 갑의 피고사건은 제1심을 거친 후, 항소심에 계속되었다. 항소법원은 야간주거침입절도죄의 기수를 인정하였다. 갑은 불복 상고하였다. 갑은 다음의 점을 상고이유로 주장하였다. (가) ㉡물품을 A에게 돌려주었다. (나) ㉡재물을 가져가지 않았으므로 절도죄의 미수에 해당한다.

대법원은 다음의 이유를 제시하여 상고를 기각하였다. (가) 갑은 A의 ㉡재물에 대한 소지(점유)를 침해하고, 일단 갑 자신의 지배 내에 옮겼다고 볼 수 있다. (나) 그러니 절도의 미수에 그친 것이라고 할 수 없다.

2) 2008. 10. 23. 2008도6080, 공 2008, 1651 = 분석 각론 『영산홍 절취 사건』.

3) 2008. 10. 23. 2008도6080, 공 2008, 1651 = 분석 각론 『영산홍 절취 사건』.

5. 고의와 불법영득의사

(1) 고 의

절도죄의 고의는 타인의 재물을 절취하는 데에 대한 인식 · 인용이다. 따라서 행위자가 점유자의 의사에 반하여 재물에 대한 타인의 점유를 배제하고 자기 또는 제3자의 점유 아래로 재물을 취거한다는 인식 · 인용이 필요하다.

절취의 고의는 처음부터 특정한 재물에 한정되어 있음을 요하지 않는다. 주거에 침입하여 훔칠 물건을 물색할 때 무엇이든지 훔칠 만한 물건이 있으면 이를 절취하겠다는 일반적인 인식이 있는 경우에도 절도죄의 고의는 인정된다.

절도죄의 객관적 구성요건요소는 타인소유이자 타인점유에 속하는 재물을 절취하는 것이다. 고의는 객관적 구성요건요소 전체에 걸친 인식 · 인용을 의미한다. 따라서 절도죄의 행위자는 그 재물이 타인소유 및 타인점유에 속하고 있음을 인식하여야 한다. 그러나 타인의 소유권 귀속에 관한 개개의 사실까지 인식할 필요는 없다. 일반 문외한으로서 타인의 재물이라는 점에 대한 법적, 사회적 의미를 올바로 파악하고 있으면 족하다.

행위자가 해당 재물이 무주물인 것으로 잘못 알았다거나 또는 전적으로 자기에게만 속하는 것으로 오신하였다면 구성요건적 착오(법13)의 문제로 해결해야 한다.[1] 그러나 소유권 귀속의 전제가 되는 법률관계를 오해하여 재물의 타인성을 오해하였다면 금지착오(법16)의 문제로 처리해야 한다.[2]

(2) 불법영득의사

절도죄는 소유권(본권 포함)을 주된 보호법익으로 하고 있다. 따라서 절도죄의 성립에는 불법영득의사가 요구된다. 절도죄의 불법영득의사는 소유자(본권자 포함)를 배제하고 타인의 재물을 자기의 소유물과 같이 그 경제적 용법에 따라 이용 · 처분하려는 의사를 말한다.[3] 불법영득의사는 절취의 고의와 구별되는 별개의 범죄성립요소이다. 사용절도는 불법영득의사가 없으므로 절도죄로 처벌되지 않는다. 다만 자동차 등을 권리자의 동의 없이 사용하는 경우에는 자동차등불법사용죄(법331의2)가 성립한다.

불법영득의사는 소유자(본권자 포함)를 영구적으로 배제하려는 의사이다. 그러나 영구적으로 물건의 경제적 이익을 보유할 의사임은 요하지 않는다. 일시 사용의 목적으로 타

---

1) 1983. 9. 13. 83도1762, 공 1983, 1544 = 백선 총론 『평원닭집 고양이 사건』.
2) 1982. 4. 27. 81도2956, 공 1982, 544 = 분석 각론 『염료 동업 파기 사건』.
3) 불법영득의사에 대해서는, 전술 1010면 이하 참조.

인의 점유를 침탈한 경우에도 (가) 그 사용으로 인하여 물건 자체가 가지는 경제적 가치가 상당한 정도로 소모되거나, (나) 상당한 장시간 점유하고 있거나, (다) 본래의 장소와 다른 곳에 유기하는 경우에는 이를 일시 사용하는 경우라고 볼 수 없으므로 불법영득의사가 인정된다.[1]

신용카드업자가 발행한 신용카드는 (가) 신용카드회원이 그 제시를 통하여 신용카드회원이라는 사실을 증명하거나, (나) 현금자동지급기 등에 주입하는 등의 방법으로 신용카드업자로부터 현금서비스를 받을 수 있는 증표로서의 가치를 가질 뿐이다. 신용카드를 사용하여 현급자동지급기에서 현금을 인출하였다 하여도 신용카드 자체가 가지는 경제적 가치가 인출된 예금액만큼 소모되었다고 할 수 없다. 그러므로 신용카드를 일시 사용하고 곧 반환한 경우에는 신용카드에 대한 불법영득의사가 인정되지 않는다.[2]

타인의 예금통장을 무단사용하여 예금을 인출한 후 바로 예금통장을 반환한 경우에는 원칙적으로 예금통장에 대한 불법영득의사가 인정된다. 예금통장을 반환하였다 하더라도 그 사용으로 인한 경제적 가치의 소모가 무시할 수 있을 정도로 경미한 경우가 아닌 이상, 예금통장 자체가 가지는 예금액 증명기능이라는 경제적 가치에 대한 불법영득의사가 인정되기 때문이다.[3]

6. 죄수 및 다른 죄와의 관계

(1) 죄수판단의 기준

절도죄는 절취행위의 수를 기준으로 죄수를 판단해야 한다(구성요건기준설).[4] 절도죄의 보호법익이 소유권 및 소유권에 준하는 권리(본권)인가 점유인가 하는 논쟁은 절도죄의 죄수판단에 영향을 미치지 않는다. 소유권(본권 포함)의 귀속 여부는 추상적 · 관념적인 것이어서

---

1) 2012. 7. 12. 2012도1132, 공 2012하, 1468 = 분석 각론 『스포츠피부 휴대전화 사건』.

2) 1999. 7. 9. 99도857, 공 1999, 1675 = 분석 각론 『도난카드 현금서비스 사건』.

3) 2010. 5. 27. 2009도9008, 공 2010하, 1313 = 분석 각론 『예금통장 반환 사건』.

4) 1989. 8. 8. 89도664, 공 1989, 1390 =『안방 후 셋방 절도 사건』:

갑은 [주간에] A의 집에 침입하여 그 집의 방안에서 A 소유의 재물을 절취하였다(㉮행위). 갑은 그 무렵 그 집에 세 들어 사는 B의 방에 침입하여 재물을 절취하려다 미수에 그쳤다(㉯행위).

검사는 갑을 주거침입, 절도, 절도미수의 죄로 기소하였다. (이하 주거침입죄는 별론으로 함.) 갑의 피고사건은 제1심을 거친 후, 항소심에 계속되었다. 항소법원은 절도죄와 절도미수죄의 실체적 경합범으로 유죄를 인정하였다. 갑은 불복 상고하였다. 갑은 상고이유로, ㉮행위와 ㉯행위는 하나의 절도죄를 구성한다고 주장하였다.

대법원은 다음의 이유를 제시하여 상고를 기각하였다. "위 두 범죄는 그 범행장소와 물품의 관리자를 달리하고 있어서 별개의 범죄를 구성한다."

절도죄의 죄수 판단에 대한 기준이 될 수 없다.

절취는 점유를 침해하는 행위이다. 절취행위가 1개의 사실상 지배(점유)를 침해한 경우에는 1개의 절도죄가, 수개의 사실상 지배(점유)를 침해한 경우에는 수개의 절도죄가 성립한다. 구성요건기준설에 따라 죄수를 결정하게 되면 행위의 핵심인 점유침해의 횟수를 기준으로 삼게 된다.

절취의 대상이 되는 재물의 수는 직접 점유침해의 개수를 결정하는 기준이 되지 않는다. 예컨대 동일한 가옥 내에 수개의 가재도구가 있는 경우와 같이 복수의 재물이라도 포괄하여 1개의 관리 아래 놓여 있는 경우에는 수개의 재물들을 아우르는 1개의 점유가 있을 뿐이다. 이러한 재물들을 절취한 경우에는 절취한 재물의 개수에 관계없이 침해된 점유가 1개이므로 성립하는 절도죄의 수는 1개가 된다.

공동점유의 경우와 같이 형법상 복수자에게 점유가 인정되는 재물을 절취한 경우 그 재물에 대한 점유침해의 수는 점유자 전원을 아울러서 1개가 되며, 성립하는 절도죄의 수도 1개가 된다.

범인이 동일한 범의 아래 동일한 기회에 동일한 관리자의 관리 아래 있는 가옥 내에서 여러 사람의 개별적 소유에 속하는 재물들을 절취한 경우는 1개의 점유를 침해한 것이어서 1개의 절도죄가 성립한다. 소유자이자 동시에 관리자인 사람에게 속하는 수개의 재물을 절취한 경우와 마찬가지로 1개의 점유가 침해되었다고 볼 수 있기 때문이다.

2개 이상의 절취행위가 있는 경우에는 절취행위 별로 수개의 절도죄가 성립하며, 수개의 절도죄는 서로 실체적 경합관계에 있다. 동일한 관리하에 있는 재물을 절취한 경우라 할지라도 2개 이상의 절취행위가 있다고 인정되는 경우에는 절취행위의 수에 따라 복수의 절도죄가 성립한다.

절도죄의 죄수와 관련하여 연속범의 개념을 인정하는 견해가 있다. 동일한 범의에 기초한 일련의 행위로 이루어진 절도범행을 연속범으로 파악하여 과형상 1죄로 처리해야 한다는 것이다. 그러나 우리 입법자는 의용형법에서 인정하였던 연속범 개념을 폐지하였으므로 이 견해는 찬성할 수 없다.[1] 수개의 절취범행은 일반원칙에 따라 실체적 경합범으로 처리되어야 한다. 다만 수개의 절취범행이 범인의 범죄습벽인 상습성에 기인한 것이라고 인정되는 경우에는 상습절도죄(법332, 329)의 포괄일죄가 성립한다.

야간주거침입절도죄(법330) 및 손괴 형태의 특수절도죄(법331①)를 제외하고 일반적으로 주거침입은 절도죄의 구성요건요소가 아니다. 그러므로 절도범인이 그 범행수단으로 주거침입을 한 경우에 그 주거침입행위는 절도죄에 흡수되지 아니하고 별개로 주거침입죄를 구성

1) 연속범 개념의 폐지에 대해서는, 신동운, 형법총론, 제14판, (2022), 798면 이하 참조.

하며, 절도죄와는 실체적 경합관계에 서는 것이 원칙이다.[1)]

(2) 불가벌적 사후행위

절도죄는 상태범이다. 일반적으로 상태범은 범행이 기수에 이르는 것과 동시에 법익침해행위가 종료하고 이후 법익침해의 상태가 이어지는 범죄유형을 말한다. 이에 대해 계속범은 범행이 기수에 이른 후에도 법익침해행위가 계속 반복되는 범죄유형을 말한다. 법익이 침해되어 있다는 외관에서는 양자가 유사하지만 법익침해행위가 더 이상 일어나지 않는다는 점에서 상태범은 계속범과 구별된다.

절도죄는 상태범이므로 절취행위가 기수에 이르면 법익침해행위는 종료하고 이후에는 법익침해의 상태가 이어질 뿐이다. 절도범이 도품을 손괴하거나 소비하더라도 그 행위는 절도죄에 의하여 포괄적으로 평가되어 있기 때문에 불가벌적 사후행위가 되어 별도로 손괴죄나 횡령죄를 구성하지 않는다.

절도죄가 기수를 넘어 완료에 이른 후에 본범 이외의 자가 도품을 운반하는 행위는 장물죄(법362)를 구성한다. 그러나 절도를 공모한 자들이 절취와 도품 운반을 나누어 범행하였다면 운반자는 절도죄의 공동정범으로만 처벌된다. 절도죄에 의하여 포괄적으로 평가되어 있기 때문이다.

도품에 대한 사후처분이 새로운 법익을 침해하는 경우에는 별죄를 구성한다. 따라서 절도범이 예금통장을 절취한 뒤 이를 이용하여 진실한 명의인이 예금을 찾는 것으로 은행원을 기망, 오신시켜 예금을 인출하였다면 절도죄 외에 사기죄가 성립한다.[2)] 그렇지만 자기앞수표나 열차승차권과 같이 현금과 동일하게 취급할 수 있는 것을 현금으로 바꾸는 행위는 새로운 법익을 침해하는 것이 아니어서 별개의 사기죄를 구성하지 않는다.[3)]

영업비밀이 담긴 타인의 재물을 절취하여 그 영업비밀을 부정사용한 행위는 절도의 불가벌적 사후행위에 해당하지 않으며, 절도죄와 별도로 「부정경쟁방지 및 영업비밀보호에 관한 법률」상 영업비밀부정사용죄가 성립한다.[4)]

(3) 범죄수익은닉죄

2001년부터 「범죄수익은닉의 규제 및 처벌 등에 관한 법률」(범죄수익은닉규제법)이 시행

---

1) 전술 918면 이하 참조.
2) 1974. 11. 26. 74도2817, 공 1975, 8242.
3) 1993. 11. 23. 93도213, 공 1994, 223 = 분석 각론 『자기앞수표 거스름돈 사건』 참조.
4) 2008. 9. 11. 2008도5364, 공 2008하, 1418.

되고 있다. 범죄수익은닉규제법은 범죄수익등의 은닉 · 가장행위(동법3 참조)와 범죄수익등의 수수행위(동법4)를 처벌하고 있다.[1] 범죄수익은닉규제법의 적용대상이 되는 특정범죄는 재산상의 부정한 이익을 취득할 목적으로 범한 죄로서 범죄수익은닉규제법 제2조 제1호가 규정한 각 목의 어느 하나에 해당하는 것을 말한다. 범죄수익은닉규제법의 적용대상이 되는 특정범죄에는 사형, 무기 또는 장기 3년 이상의 징역이나 금고에 해당하는 죄가 포함된다(동법 2 i 가목). 그리하여 절도 · 강도, 사기 · 공갈, 횡령, 배임, 배임수재, 장물 등의 죄는 특정범죄에 포함된다.[2]

절도죄는 상태범이므로 본범이 이후 도품을 은닉하더라도 불가벌적 사후행위에 해당하여 손괴죄(법366)를 구성하지 않는다. 그러나 이제 범죄수익은닉규제법에 의하여 도품의 은닉행위는 범죄수익의 은닉행위에 해당하여 처벌대상이 된다.[3] 재산범죄의 불가벌적 사후행위 이론에 대해 입법적으로 중대한 수정이 단행된 것이다. 이러한 변화는 단지 절도죄에 국한되지 않고 강도, 사기, 공갈, 횡령, 배임, 장물 등 형법상의 재산범죄 전반에 미친다는 점에 주목할 필요가 있다.

7. 카드사용 범죄와 절도죄

(1) 신용카드와 현금카드

(가) 카드의 형태 현재 거래사회에서는 여러 가지 형태의 카드가 사용되고 있다.

① 신용카드 이를 제시함으로써 반복하여 신용카드가맹점에서 일정한 사항을 결제할 수 있는 증표로서 신용카드업자가 발행한 것을 말한다(여신전문금융업법2 iii 참조).

② 직불카드 직불카드회원과 신용카드가맹점 간에 전자적(電子的) 또는 자기적(磁氣的) 방법으로 금융거래계좌에 이체하는 등의 방법으로 결제가 이루어질 수 있도록 신용카드업자가 발행한 증표(자금을 융통받을 수 있는 증표는 제외)를 말한다(여신전문금융업법2 vi).

③ 선불카드 신용카드업자가 대금을 미리 받고 이에 해당하는 금액을 기록(전자적 또는 자기적 방법에 따른 기록을 말한다)하여 발행한 증표로서 선불카드소지자가 신용카드가맹점에 제시하여 그 카드에 기록된 금액의 범위에서 결제할 수 있게 한 증표를 말한다(여신전문금융업법2 viii).

---

1) 전술 116면 참조.

2) 배임증재죄(형법 제357조 제2항)는 법정형이 2년 이하의 징역 또는 벌금형이지만 범죄수익은닉규제법의 별표에 의하여 특정범죄로 분류된다(동법 제2조 제1호 나목).

3) 2017. 7. 18. 2017도5759, 공 2017하, 1758 = 『도금액 상습절도 사건』 ☞ 부록 1639면.

④ 현금카드 　종래의 예금거래에서 은행원을 통하여 이루어졌던 예금출급 부분을 온라인 현금자동지급기를 통하여 이루어지게 하는 수단이다. 예금주가 현금자동지급기에 전자(電磁)적 기록으로 정보가 수록된 현금카드를 삽입한 후에 비밀번호와 인출하고자 하는 금액을 버튼을 통하여 조작하면, 현금자동지급기가 온라인을 통해 인출가능 여부를 확인한 후 예금이 자동으로 인출된다.

(나) 카드의 기능 　각종 카드는 기능의 관점에서 크게 신용카드와 현금카드로 나누어 볼 수 있다.

① 신용카드의 기능 　신용카드는 신용카드업자가 신용카드회원에게 신용을 제공한다는 점에 특징이 있다. 즉 신용카드업자가 (가) 물품대금을 신용카드가맹점에 결제하거나 (나) 신용카드회원에게 현금서비스를 직접 제공하여 대출금채권을 가지게 된다.

신용카드의 사용을 규율하는 특별법으로 「여신전문금융업법」이 있다. 이 법률은 기본적으로 직불카드와 선불카드를 신용카드와 같이 취급하고 있다(동법2 v 가목, 70 참조).

② 현금카드의 기능 　신용카드와 달리 현금카드는 신용제공과 관계없이 예금인출을 위한 수단일 뿐이다. 현금카드는 현금자동지급기를 전제로 한다. 현금자동지급기는 은행과 예금자 간의 약정에 따라 예금자가 은행이 지정해 준 비밀번호 등 정보를 입력하면 일정한 컴퓨터 프로그램에 따라 그 정보를 자동처리하는 것이고, 현금자동지급기에 삽입된 현금카드와 입력된 비밀번호 등 정보가 정확하기만 하면 현금자동지급기의 카드의 사용자가 누구이든 간에 인출가능한 한도 내에서 예금이 인출되는 특성을 지니고 있다.[1)]

---

1) 1996. 9. 20. 95도1728, 공 1996, 3244 =『콩가루 만들기 사건』:

갑은 같은 학원에 다니면서 알게 된 A와 부산 등지로 여행하던 중이었다. 갑은 A에게 "현금카드를 빌려주지 않으면 부산에 있는 아는 깡패를 동원하여 가루로 만들어 버리겠다."고 협박하였다. 갑은 겁을 먹은 A로부터 ㉠현금카드를 교부받았다(㉮행위). 갑은 ㉡현금자동지급기에 ㉠현금카드를 사용하여 여러 번에 걸쳐 도합 750만원을 인출하였다(㉯행위로 통칭함).

검사는 갑을 절도죄로 기소하였다. 갑의 피고사건은 제1심을 거친 후, 항소심에 계속되었다. 항소법원은 공갈죄를 인정하였다. 검사는 불복 상고하였다. 검사는 상고이유로, 갑의 ㉯현금인출행위가 ㉡현금인출기 관리자의 의사에 반하는 것이어서 절도죄가 성립한다고 주장하였다.

대법원은 다음의 이유를 제시하여 상고를 기각하였다. (가) 갑은 예금주인 현금카드 소유자를 협박하여 그 카드를 갈취하였다(㉮행위). (나) 하자 있는 의사표시이기는 하지만 피해자의 승낙에 의하여 현금카드를 사용할 권한을 부여받아 이를 이용하여 현금을 인출한 것이다(㉯행위). (다) 그러한 이상, 피해자가 그 승낙의 의사표시를 취소하기까지는 현금카드를 적법, 유효하게 사용할 수 있다. (라) 은행의 경우에도 피해자의 지급정지 신청이 없는 한 피해자의 의사에 따라 그의 계산으로 적법하게 예금을 지급할 수밖에 없다.

(마) 따라서 갑이 피해자인 A로부터 현금카드를 사용한 예금인출의 승낙을 받고 현금카드를 교부받은 행위(㉮행위)와 이를 사용하여 현금자동지급기에서 A의 예금을 여러 번 인출한 행위들(㉯행위)은 모두 A의 예금을 갈취하고자 하는 갑의 단일하고 계속된 범의 아래에서 이루어진 일련의 행위로서 포괄하여 하나의 공갈죄를 구성한다.

③ 겸용카드　통상 은행이 자기의 은행에 예금거래계좌를 가지고 있는 고객으로부터 신용카드 발급을 신청받는 경우에 그 신용카드에 예금거래계좌에 대한 현금카드 기능을 겸용할 것인지를 신청받아 한 개의 카드로 신용카드의 기능과 현금카드의 기능을 동시에 사용할 수 있도록 하고 있다. 이와 같은 겸용카드의 경우 신용제공을 이용하는 경우와 예금인출을 하는 경우는 분명하게 구별해야 한다. 전자의 경우는 신용카드업자의 처분행위가 개입하지만, 후자의 경우는 단순히 현금인출의 수단으로만 기능하기 때문이다.

이하에서는 예금인출을 위한 수단으로 현금카드가 사용되는 경우를 중심으로 절도죄의 성립 여부에 대해 살펴본다. 신용카드업자가 제공하는 신용제공과 관련하여 논의되는 신용카드 사용문제는 사기죄 항목에서,[1] 카드사용으로 인출된 현금과 장물죄의 관계는 장물죄 항목에서[2] 각각 검토하기로 한다.

(2) 현금대출과 현금인출

현금카드는 현금자동지급기와 밀접불가분의 관계를 가지고 있다. 이와 관련하여 현금자동지급기에서 카드를 무단으로 사용하여 현금을 인출하는 행위를 법적으로 어떻게 규율할 것인지 문제된다. 이때 주의해야 할 것은 현금서비스의 일환으로 이루어지는 현금대출 및 그와 관련된 현금인출과 단순히 예금인출의 형태로 이루어지는 현금인출을 구별해야 한다는 점이다.

(가) 신용카드에 의한 현금대출　신용카드의 경우 신용카드업자가 제공하는 신용의 형태로 현금서비스가 있다. 현금서비스의 이용은 (가) 계좌이체와 (나) 현금대출의 두 가지 형태로 나타난다. 계좌이체의 경우는 무형의 재산상 이익(가상화폐)이 계좌에서 계좌로 이전되는 것이어서 재물을 객체로 하는 절도죄가 성립할 여지가 없다. 이에 대해 현금대출의 경우에는 현금자동지급기에서 현금(재물)이 인출되기 때문에 절도죄가 논의될 여지가 있다.

현금서비스의 일환인 현금대출은 신용카드를 이용하는 것이어서 신용제공을 둘러싼 사기죄 또는 「여신전문금융업법」상의 신용카드 부정사용죄 성립이 문제된다. 이때 현금대출과 관련된 현금인출과 관련하여 사기죄와 절도죄 또는 신용카드 부정사용죄와 절도죄의 관계가 논의된다.

(나) 현금카드에 의한 현금인출　신용카드를 이용한 현금서비스의 일환으로 이루어지

1) 후술 1197면 이하 참조.
2) 후술 1498면 이하 참조.

는 현금대출 및 그와 관련된 현금인출은 사기죄 또는 「여신전문금융업법」상의 신용카드 부정사용죄의 문제로 검토된다. 이에 반해 현금카드를 이용한 현금인출은 절도죄와 관련하여 논의된다. 이하에서 언급하는 현금인출은 기본적으로 현금카드를 이용하여 예금자의 예금을 현금자동지급기에서 현금으로 인출하는 경우를 지칭하기로 한다.

(3) 현금인출의 유형과 절도죄

(가) 정상적 현금인출 현금카드는 카드의 명의인과 관련하여 자기명의의 현금카드와 타인명의의 현금카드로 나누어 볼 수 있다. 예금자가 자기명의의 현금카드를 사용하여 현금인출을 하는 것은 정상적인 거래의 일환이어서 문제될 것이 없다. 논란이 되는 것은 타인명의의 현금카드를 사용하여 현금인출을 하는 경우이다. 이 경우에도 행위자가 타인을 대리하여 현금카드를 사용하는 것은 카드명의자의 의사에 기초한 것이어서 문제가 없다.

문제가 되는 것은 명의자의 하자 있는 의사에 기인한 현금인출의 경우와 명의자의 의사에 반하는 현금인출의 경우이다.

(나) 의사에 기초한 현금인출 예금주인 현금카드 소유자로부터 그 카드를 편취하거나 갈취하여 현금인출을 하는 경우가 있다. 이 경우에는 비록 하자 있는 의사표시이기는 하지만 현금카드 소유자의 승낙에 의하여 행위자가 사용권한을 부여받고 있다.

이 경우 카드 소유자가 승낙의 의사표시를 취소하기까지 행위자는 현금카드를 적법 · 유효하게 사용할 수 있고, 은행 등 금융기관은 현금카드 소유자의 지급정지 신청이 없는 한 카드 소유자의 의사에 따라 그의 계산으로 적법하게 예금을 지급할 수밖에 없다. 따라서 행위자가 현금카드의 소유자로부터 현금카드를 사용한 예금인출의 승낙을 받고 현금카드를 교부받은 행위와 이를 사용하여 현금자동지급기에서 예금을 여러 번 인출하는 행위들은 모두 현금카드 소유자의 예금을 편취 또는 갈취하고자 하는 피고인의 단일하고 계속된 범의 아래에서 이루어진 일련의 행위로서 포괄하여 하나의 사기죄[1] 또는 공갈죄[2) 3)]를 구성한다.

이러한 경우 현금자동지급기에서 현금카드 소유자의 예금을 인출, 취득하는 행위를 가리켜 현금자동지급기 관리자의 의사에 반하여 그가 점유하고 있는 현금을 절취한 것이라 하여 이를 현금카드 편취행위 또는 갈취행위와 분리하여 따로 절도죄로 처단할 수는 없다.[4]

---

1) 2005. 9. 30. 2005도5869, 공 2005, 1761 = 『혼인빙자 현금카드 사용 사건』 ☞ 부록 1639면.
2) 1996. 9. 20. 95도1728, 공 1996, 3244 = 『콩가루 만들기 사건』.
3) 2007. 5. 10. 2007도1375, 공 2007, 930 = 분석 각론 『강취카드 대 갈취카드 사건』.
4) 2007. 5. 10. 2007도1375, 공 2007, 930 = 분석 각론 『강취카드 대 갈취카드 사건』.

(다) 의사에 반하는 현금인출 　절취한 현금카드를 이용하여 현금자동지급기에서 현금을 인출한 경우는 현금자동지급기 관리자의 의사에 반하여 그의 지배를 배제하고 그 현금을 자기의 지배하에 옮겨 놓는 것이 되어 절도죄를 구성한다.[1)]

강취한 현금카드를 이용하여 현금자동지급기에서 현금을 인출한 경우에 절도죄의 성립이 문제된다. 강도죄는 공갈죄와 달리 피해자의 반항을 억압할 정도로 강력한 정도의 폭행·협박을 수단으로 재물을 탈취해야 성립한다. 그러므로 피해자로부터 현금카드를 강취하였다고 인정되는 경우에는 피해자로부터 현금카드의 사용에 관한 승낙의 의사표시가 있었다고 볼 여지가 없다.

강취한 현금카드를 사용하여 현금자동지급기에서 예금을 인출한 행위는 피해자의 승낙에 기한 것이라고 할 수 없으므로, 현금자동지급기 관리자의 의사에 반하여 그의 지배를 배제하고 그 현금을 자기의 지배하에 옮겨 놓는 것이 된다. 그리하여 예금인출행위는 현금카드에 대한 강도죄와는 별도로 절도죄를 구성한다.[2)]

(라) 계좌이체 후의 현금인출 　절취한 현금카드를 이용하여 현금자동지급기에서 현금을 인출하였다면 현금자동지급기 관리자의 의사에 반하여 그의 지배를 배제하고 그 현금을 자기의 지배하에 옮겨 놓는 것이 되어 절도죄를 구성한다.

그렇지만 행위자가 타인소유의 현금카드를 이용하여 현금자동지급기에서 피해자의 계좌로부터 자기 또는 제3자의 계좌로 계좌이체를 한 행위는 행위객체가 재산상 이익(가상화폐)이기 때문에 컴퓨터등사용사기죄(법347의2)에서 컴퓨터 등 정보처리장치에 권한 없이 정보를 입력하여 정보처리를 하게 한 행위에 해당함은 별론으로 하고, 그 계좌이체 행위를 절취행위라고 볼 수 없다.

한편 피고인이 타인소유의 현금카드로 자신의 계좌로 자금을 계좌이체한 후 현금자동지급기에서 자신의 현금카드로 현금을 인출하는 행위도 절도죄를 구성하지 않는다. 행위자가 자신의 현금카드를 이용하는 것이어서 현금인출이 현금자동지급기 관리자의 의사에 반한다고 볼 수 없어 절취행위에 해당하지 않기 때문이다.[3)]

(마) 현금카드 사용절도 　피고인이 피해자의 현금카드를 사용하여 현금자동지급기에서 현금을 인출한 후 현금카드를 곧바로 피해자에게 반환한 경우 현금카드 자체에 대한 절도죄는 성립하지 않는다. 현금카드의 사용으로 인한 가치의 소모가 무시할 수 있을 정도로 경미하고, 또한 사용 후 곧 반환하여 현금카드에 대한 소유권을 침해할 의사가 있다고 할 수

---

1) 2008. 6. 12. 2008도2440, 공 2008, 1018 = 분석 각론 『계좌이체 후 인출 사건』.
2) 2007. 5. 10. 2007도1375, 공 2007, 930 = 분석 각론 『강취카드 대 갈취카드 사건』.
3) 2008. 6. 12. 2008도2440, 공 2008, 1018 = 분석 각론 『계좌이체 후 인출 사건』.

없어 불법영득의사가 인정되지 않기 때문이다.[1)]

(바) 신용카드 부정사용죄　「여신전문금융업법」은 신용카드 부정사용죄를 규정하고 있다(동법70 참조).[2)] 신용불량자가 신용카드를 발급받거나 타인의 명의를 모용하여 신용카드를 발급받는 경우에는 신용카드업자에 대한 관계에서 기망행위가 인정된다. 이 경우에는 통상적인 사기죄의 문제가 발생한다.[3)]

이에 대해 도난·분실된 카드를 사용하는 경우에는 신용카드업자에 대한 관계에서 기망행위를 찾아볼 수 없다. 이러한 상황과 관련하여 「여신전문금융업법」은 일련의 신용카드 부정사용행위를 규정하여 별도로 처벌하고 있다(동법70 참조).[4)]

「여신전문금융업법」은 신용카드, 직불카드, 선불카드를 통칭하여 '신용카드등'으로 표현하고 있다(동법2 v 가 참조). 「여신전문금융업법」이 규정하고 있는 신용카드 부정사용행위자의 유형에는 여러 가지가 있다. 이 가운데 '부정사용'을 중심으로 대표적인 것을 보면, (가) 신용카드등을 위조하거나 변조한 자, (나) 위조되거나 변조된 신용카드등을 사용한 자, (다) 분실하거나 도난당한 신용카드나 직불카드를 사용한 자, (라) 강취·횡령하거나, 사람을 기망하거나 공갈하여 취득한 신용카드나 직불카드를 사용한 자 등을 들 수 있다(동법70 ① 각호 참조).

① 물품구입과 현금서비스　신용카드 부정사용죄는 신용카드를 부정하게 '사용'하는 것이다. 신용카드 부정사용죄는 신용카드의 본래기능, 즉 신용카드업자가 제공하는 신용을 이용하는 경우를 대상으로 하고 있다. 따라서 도난되거나 분실된 신용카드 등으로 (ㄱ) 물품을 구입하거나 (ㄴ) 현금서비스(계좌이체 또는 현금대출)를 이용하는 경우에만 신용카드 부정사용죄가 성립한다.[5)]

---

1) 1998. 11. 10. 98도2642, 공 1998, 2907 =『현금카드 반환 사건』.

2) 여신전문금융업법 제70조 (벌칙) ① 다음 각 호의 어느 하나에 해당하는 자는 7년 이하의 징역 또는 5천만원 이하의 벌금에 처한다.

1. 신용카드등을 위조하거나 변조한 자
2. 위조되거나 변조된 신용카드등을 판매하거나 사용한 자
3. 분실하거나 도난당한 신용카드나 직불카드를 판매하거나 사용한 자
4. 강취·횡령하거나, 사람을 기망하거나 공갈하여 취득한 신용카드나 직불카드를 판매하거나 사용한 자

(5. 이하 생략함)

3) 후술 1198면 이하 참조.

4) 후술 1202면 이하 참조.

5) 1995. 7. 28. 95도997, 공 1995, 3034 =『다락 침입 신용카드 사건』:

(신용카드사업법이 여신전문금융업법으로 개편되기 전에 발생한 사안이다.) 갑은 A의 집에 세 들어 살고 있다(㉠가옥). 갑은 다락을 통하여 ㉠가옥 안방에 침입하였다. 갑은 그곳 장롱 서랍 속에 있던 A의 딸 B 소유의 ㉡신용카드 1매와 현금 2만원을 가지고 나왔다(㉮행위). 갑은 M전철역 내 ㉢현금자동인출기에서 ㉡신용카드를 사용하여 현금서비스 금 50만원을 인출하였다(㉯행위). 갑은 N전철역 내 ㉣현금자동인출기에서 ㉡

도난카드로 현금서비스 중 현금대출을 이용하는 경우에 현금자동지급기에서 현금을 취득하는 행위 자체는 현금자동인출기 관리자의 의사에 반하여 그의 지배를 배제하고 그 현금을 자기의 지배하에 옮겨 놓는 것이 되어 별도로 절도죄를 구성한다. 이때 신용카드 부정사용죄와 절도죄는 그 보호법익이나 행위태양이 전혀 달라서 실체적 경합관계에 있다.[1)]

신용카드 부정사용죄에서 강취, 횡령, 기망 또는 공갈로 취득한 신용카드라 함은 소유자 또는 점유자의 의사에 기하지 않고, 그의 점유를 이탈하거나 그의 의사에 반하여 점유가 배제된 신용카드를 가리킨다. 예컨대 술집 주인이 손님을 폭행 · 협박하여 술값의 결제를 하겠다는 합의를 받아낸 후, 손님이 교부한 신용카드를 가지고 현금서비스를 받거나 물품을 구입

신용카드를 사용하여 현금서비스 금 50만원을 인출하였다.

검사는 ㉮행위에 대해 갑을 주거침입죄와 절도죄로 기소하였다(제1공소사실). 검사는 ㉯, ㉰행위에 대해 절도죄와 신용카드업법위반죄(부정사용)로 기소하였다(제2공소사실). (제1공소사실은 다툼이 없음. 이하 제2공소사실을 중심으로 검토함.) 제1심법원은 제2공소사실에 대해 다음과 같이 판단하였다. (가) 절도죄와 신용카드업법위반죄(부정사용)를 모두 유죄로 인정한다. (나) 양자는 상상적 경합범이다. (다) 절도죄는 6년 이하의 징역 또는 1천만원 이하의 벌금으로 처벌한다. (라) 신용카드업법위반죄(부정사용)는 7년 이하의 징역 또는 5천만원 이하의 벌금으로 처벌한다. (마) 형이 더 중한 신용카드업법위반죄(부정사용)에 따라 처단형을 결정한다. [갑은 불복 항소하였다.]

항소법원은 제1심판결을 파기하고 다음과 같이 판단하였다. (가) 신용카드업법위반죄(부정사용)의 구성요건적 행위는 '사용'이다. (나) 이 경우 사용이라 함은 신용카드소지인이 신용카드의 본래 용도인 대금결제를 위하여 가맹점에 신용카드를 제시, 매출전표를 작성, 교부하는 것을 의미한다. (다) 절취한 신용카드를 이용하여 현금자동인출기에서 현금서비스를 받는 경우에는 이를 위 신용카드의 본래의 용도인 대금결제의 수단으로 사용한 것이라고 볼 수 없다. (라) 제2공소사실에 대해서는 절도죄만 유죄로 인정된다. (마) 제1공소사실의 주거침입죄와 절도죄 및 제2공소사실의 절도죄를 실체적 경합으로 처단한다. 검사는 불복 상고하였다.

대법원은 다음의 이유를 제시하여 원심판결을 파기환송하였다. 대법원은 신용카드의 사용에 대해 다음과 같이 설시하였다. (가) 신용카드업법 제6조 제2항에 의하면 신용카드업자는 (ㄱ) 신용카드회원에 대한 물품 및 용역의 할부구매 또는 연불구매를 위한 자금의 융통(신용구매)을 위한 업무(같은 항 제2호)와 (ㄴ) 신용카드회원에 대한 자금의 융통(신용대출)을 위한 업무(같은 항 제1호)를 함께 영위할 수 있도록 규정하고 있다. (나) 통상 신용카드업자는 신용카드회원에 대한 신용대출의 한 방법으로 현금자동인출기에 의한 현금서비스를 제공하고 있다. (다) 신용카드회원이 (ㄱ) 대금결제를 위하여 가맹점에 신용카드를 제시하고 매출표에 서명하는 일련의 행위뿐 아니라 (ㄴ) 신용카드를 현금인출기에 주입하고 비밀번호를 조작하여 현금서비스를 제공받는 일련의 행위도 신용카드의 본래 용도에 따라 사용하는 것으로 보아야 한다.

대법원은 갑의 신용카드의 부정사용 여부에 대해 다음과 같이 판단하였다. (가) 신용카드업법 제25조 제1항 소정의 부정사용이라 함은 도난 · 분실 또는 위조 · 변조된 신용카드를 진정한 카드로서 신용카드의 본래의 용법에 따라 사용하는 경우를 말한다. (나) 절취한 신용카드를 현금인출기에 주입하고 비밀번호를 조작하여 현금서비스를 제공받으려는 일련의 행위도 앞서 설시한 바와 같이 신용카드의 본래 용도에 따라 사용하는 경우에 해당한다. (다) 제2공소사실과 같이 갑이 B 명의의 신용카드를 부정사용하여 현금자동인출기에서 현금을 인출하고 그 현금을 취득까지 한 행위는 신용카드업법 제25조 제1항의 부정사용죄에 해당한다. (라) 뿐만 아니라 그 현금을 취득함으로써 현금자동인출기 관리자의 의사에 반하여 그의 지배를 배제하고 그 현금을 자기의 지배하에 옮겨 놓는 것이 되므로 별도로 절도죄를 구성한다. (마) 위 양죄의 관계는 그 보호법익이나 행위태양이 전혀 달라 실체적 경합관계에 있는 것으로 보아야 한다.

1) 1995. 7. 28. 95도997, 공 1995, 3034 =『다락 침입 신용카드 사건』.

하고 매출전표를 작성하였고 매출전표에 피해자 본인이 서명까지 한 경우라면, 신용카드에 대한 피해자의 점유가 피해자의 의사에 기하지 않고 이탈하였다거나 배제되었다고 보기 어려워 신용카드 부정사용죄는 성립하지 않는다.[1)]

---

1) 2006. 7. 6. 2006도654, 공 2006, 1575 =『유흥주점 옆 편의점 사건』:

갑이 운영하는 M유흥주점 옆에 을이 운영하는 N편의점이 있다. 갑은 을에게 유흥주점 손님들의 신용카드로 N편의점에서 물건을 구입한 것처럼 결제해 달라고 부탁하였다. 을은 이를 승낙하였다. 갑은 M유흥주점에서 손님 A 몰래 빈 양주병 5개를 올려놓은 다음 술값으로 135만원을 요구하였다. 갑은 이에 항의하는 A를 협박하였다. 갑은 A로부터 ㉠신용카드를 교부받았다. 갑은 N편의점에서 ㉠신용카드로 120만원 상당의 물건을 구입한 것처럼 허위의 매출전표를 작성하였다(㉡매출전표). 갑은 A로 하여금 ㉡매출전표에 서명하게 하였다. 2~3일 후 갑은 을로부터 카드결제액 상당의 담배와 술을 교부받았다. (갑은 손님 B로부터 같은 수법으로 술값을 과다청구하여 ㉢신용카드를 교부받았다. 갑은 ㉢카드로 N편의점에서 ㉣현금서비스를 받았다.)

검사는 갑을 여신전문금융업법위반죄(부정사용)로, 을을 여신전문금융업법위반죄(불법자금융통)로 기소하였다. 제1심법원은 갑과 을을 모두 무죄로 판단하였다. 검사는 불복 항소하였다. 항소법원은 항소를 기각하고, 제1심판결을 유지하였다. 검사는 불복 상고하였다.

대법원은 다음의 이유를 제시하여 상고를 기각하였다. 대법원은 갑의 신용카드 부정사용죄에 대해 다음과 같이 판단하였다. (가) 여신전문금융업법 관련규정(조문번호 생략)에 의하면, "강취 · 횡령하거나 사람을 기망 · 공갈하여 취득한 신용카드 또는 직불카드를 판매하거나 사용한 자"에 대하여 "7년 이하의 징역 또는 5천만원 이하의 벌금에 처한다."고 규정하고 있다. (나) 여기서 부정사용이라 함은 강취, 횡령, 기망 또는 공갈로 취득한 신용카드나 직불카드를 진정한 카드로서 본래의 용법에 따라 사용하는 경우를 말한다. (다) 강취, 횡령, 기망 또는 공갈로 취득한 신용카드라 함은 소유자 또는 점유자의 의사에 기하지 않고, 그의 점유를 이탈하거나 그의 의사에 반하여 점유가 배제된 신용카드를 가리킨다고 보아야 한다.

(라) 갑은 과다한 술값 청구에 항의하는 피해자들(A, B)을 폭행 또는 협박하여 피해자들(A, B)로부터 일정 금액을 지급받기로 합의하였다. (마) 그러한 다음 갑은 피해자들(B)이 결제하라고 건네준 신용카드로 합의한 대로 현금서비스를 받았다. (바) 또한 갑은 피해자들(A)이 결제하라고 건네준 신용카드로 편의점에서 술과 담배를 구입하는 것으로 매출전표를 작성하고 피해자들(A)의 서명을 거쳐 매출전표의 작성을 완료한 후 2~3일 지나 편의점에서 신용카드 결제금액 상당의 술과 담배를 인도받아 술값에 충당하였다.

(사) 이와 [같은 경우는] 합의에 따라 피해자들(A, B)이 건네준 신용카드로 현금서비스를 받거나(B) 물품을 구입하고 매출전표를 작성하였고, 매출전표에 피해자들(A) 본인이 서명까지 한 경우이다. (아) 이러한 경우에는 비록 갑이 피해자들(A, B)을 폭행 또는 협박하여 피해자들(A, B)로 하여금 술값을 결제하도록 하기에 이르렀다고 하더라도 신용카드에 대한 피해자들(A, B)의 점유가 피해자들(A, B)의 의사에 기하지 않고 이탈하였다거나 배제되었다고 보기 어렵다. (자) 따라서 같은 취지에서 갑에 대한 공소사실에 관하여 무죄를 선고한 원심의 판단은 정당하다.

대법원은 을의 불법자금융통죄 여부에 대해 다음과 같이 판단하였다. (가) 여신전문금융업법의 관련규정(조문번호 생략)에 의하면 "(ㄱ) 물품의 판매 또는 용역의 제공 등을 가장하거나 (ㄴ) 실제 매출금액을 초과하여 신용카드에 의한 거래를 하거나 (ㄷ) 신용카드에 의한 거래를 대행시키고 자금을 융통하여 준 자 또는 (ㄹ) 이를 중개 · 알선한 자"에 대하여 "3년 이하의 징역 또는 2천만원 이하의 벌금에 처한다."고 규정하고 있다. (나) 위 법조에서 규정하는 요건을 충족하기 위하여는 (ㄱ) 실제로 신용카드거래가 없었음에도 불구하고 신용매출이 있었던 것으로 가장하거나 (ㄴ) 실제의 매출금액을 초과하여 신용카드에 의한 거래를 할 것을 요한다. (다) (ㄱ) 실제로 신용카드에 의한 물품거래가 있었을 뿐만 아니라 (ㄴ) 그 매출금액 그대로 매출전표를 작성한 경우는 위 법조에서 규정하는 처벌대상에 포함되지 않는다.

(라) 갑은 합의에 따라 피해자들(A, B)이 건네준 신용카드로 현금서비스를 받거나(B) 물품을 구입하고 매출전표를 작성하였고, 매출전표에 피해자들(A) 본인이 서명까지 하였다. (마) 을은 갑이 피해자들(A, B)의

② 현금인출　도난된 신용카드가 현금카드를 겸용하고 있어서 현금카드 기능을 이용하여 예금자의 예금을 무단인출한 경우에는 카드의 이름이 신용카드로 되어 있다고 할지라도 신용카드 부정사용죄는 성립하지 않는다. 신용카드 본래의 기능을 이용한 것이 아니기 때문이다.[1] 그러나 전술한 바와 같이 이 경우 절도죄가 성립함은 물론이다.[2]

제 3　절도죄의 특수유형

1. 야간주거침입절도죄

형법 제330조 (야간주거침입절도) 야간에 사람의 주거, 관리하는 건조물, 선박, 항공기 또는 점유하는 방실(房室)에 침입하여 타인의 재물을 절취(竊取)한 자는 10년 이하의 징역에 처한다.

◎ 자격정지 임의적 병과(법345)
◎ 미수범 처벌함(법342)
◎ 친족상도례 적용됨(법344)
◎ 상습범 가중처벌함(법332)

(1) 야간주거침입절도죄의 구조

우리 형법은 절도죄의 유형을 세분화하여 법정형을 단계적으로 가중하는 입법형식을 취하고 있다. 야간주거침입절도죄는 절도죄의 일차적 가중유형이다. 원래 수단이 되는 주거침입죄와 목적이 되는 절도죄는 실체적 경합관계에 있지만, 야간의 주거침입죄와 절도죄를 하나로 묶어서 한 개의 결합범으로 규정한 것이다.

주거에 침입하여 절도를 하는 행위상황은 (가) 야간에 주거에 침입하여 야간에 절취행위를 하는 경우, (나) 야간에 주거에 침입하여 주간에 절취행위를 하는 경우, (다) 주간에 주거에 침입하여 야간에 절취행위를 하는 경우, (라) 주간에 주거에 침입하여 주간에 절취행위를

신용카드로 결제하고 을의 편의점으로부터 인도받은 술과 담배를 다른 사람들에게 정상가격 또는 할인가격으로 처분한다는 것을 알고 있었다. (바) 그러면서 을은 자신의 편의점에서 갑으로 하여금 계속 피해자들(A)의 신용카드로 술값을 결제하도록 하고 2~3일 후에 결제대금 상당의 술과 담배를 제공하여 주었다. (사) 피해자들(A)에게는 신용카드대금에 대한 결제의사는 있었으나 자금융통에 대한 의사는 없었다. (아) 실제로 신용카드에 의한 물품거래가 있었으며, 그 매출금액대로 매출전표가 작성되었다. (자) 이와 같은 경우에는 비록 갑이 제공받은 물품을 정상가격 또는 할인가격으로 처분한다는 것을 을이 알았다고 하더라도 이를 물품의 판매 또는 용역의 제공 등을 가장한 행위라고 보기 어렵다. (차) 따라서 같은 취지에서 을에게 무죄를 선고한 제1심판결을 그대로 유지한 원심의 판단은 정당하다.

1) 2003. 11. 14. 2003도3977, 공 2003, 2418 = 『절취 직불카드 현금인출 사건』 ☞ 부록 1641면.
2) 2008. 6. 12. 2008도2440, 공 2008, 1018 = 분석 각론 『계좌이체 후 인출 사건』.

하는 경우의 네 가지를 생각해 볼 수 있다.

이 가운데 (가)의 야간주거침입, 야간절취가 야간주거침입절도죄를 구성하는 데에는 의문이 없다. 또한 (라)의 주간주거침입, 주간절취가 야간주거침입절도죄를 구성하지 아니하는 데에도 의문이 없다. (라)의 경우에는 주거침입죄와 절도죄가 결합될 수 없으므로 양자는 실체적 경합관계에 있다.[1] 여기에서 (나)와 (다)의 경우에 야간주거침입절도죄를 인정할 것인지 문제된다.

이에 대해서는 (가) 야간에 주거침입이 이루어지기만 하면 절취 시점이 야간인가 주간인가는 묻지 않고 야간주거침입절도죄의 성립을 인정하는 견해(주거침입기준설), (나) 주거침입의 시점과는 무관하게 절취행위가 야간에 이루어지면 야간주거침입절도죄를 인정하는 견해(절취기준설), (다) 주거침입 또는 절취 중 어느 것이라도 야간에 이루어지기만 하면 야간주거침입절도죄를 인정하는 견해(양자택일설)를 각각 생각해 볼 수 있다.

이 문제에 대해 판례는 (가)의 주거침입기준설을 택하고 있다.[2] 판례는 주요 논거로 다음의 점을 들고 있다. 첫째로, 야간에 이루어지는 주거침입행위의 위험성 때문에 그러한 행위를 수반한 절도를 야간주거침입절도죄로 중하게 처벌하고 있는 것으로 보아야 한다. 둘째로, 현행 형법상 야간에 재산범죄를 범하였다는 이유만으로 가중처벌하는 규정이 없다. 셋째로, 만일 주간에 주거침입하여 야간에 재물을 절취한 경우에도 야간주거침입절도죄의 성립을 인정한다면 행위자가 주간에 주거에 침입하여 절도의 실행에는 착수하지 않은 상태에서 발각된 경우에 야간에 절취할 의사였다고 말하면 야간주거침입절도죄의 미수범이 되고, 주간절도를 계획하였다고 말하면 주거침입죄만 인정된다는 결론에 이르게 되는데, 이는 행위자의 주장에 따라 범죄성립이 좌우되는 불합리한 결과가 된다.

(2) 야간, 건조물, 침입의 개념

(가) 야 간 앞에서 살펴본 바와 같이 야간주거침입절도죄는 야간의 주거침입죄와 주간·야간을 불문한 절도죄가 결합된 범죄유형이다. '야간'이라는 구성요건표지를 제외하고 나머지 구성요건요소들은 주거침입죄와 절도죄의 그것과 같으므로 여기에서는 야간의 개념을 살펴본다.

---

1) 2008. 11. 27. 2008도7820, 공 2008, 1851.

"형법 제330조에 규정된 야간주거침입절도죄 및 같은 법 제331조 제1항에 규정된 손괴특수절도죄를 제외하고 일반적으로 주거침입은 절도죄의 구성요건이 아니므로 절도범인이 그 범행수단으로 주거침입을 한 경우에 그 주거침입행위는 절도죄에 흡수되지 아니하고 별개로 주거침입죄를 구성하여 절도죄와는 실체적 경합의 관계에 서는 것이 원칙이다."

2) 2011. 4. 14. 2011도300, 공 2011상, 977 = 분석 각론 『주간침입 야간절도 사건』.

야간을 휴식과 평안의 시기로 보아 일몰 후, 일출 전이라도 심리적으로 야간이라고 보기 어려울 때에는 야간주거침입절도죄가 성립되지 않는다고 보는 견해도 생각할 수 있다(심리적 기준설). 그러나 야간은 일몰 후부터 일출 전까지로 새기는 것이 타당하다고 본다(천문학적 기준설). 일몰 후부터 일출 전까지는 휴식과 안정의 시간으로서 일반적으로 심리적 불안상태도 수반된다고 볼 수 있지만, 무엇보다도 명확한 기준 없이 막연히 심리상태를 기준으로 할 경우 판단이 모호하게 될 위험이 있기 때문이다. 판례 또한 일몰과 일출을 기준으로 설정하고 있다.[1)]

(나) 건조물 야간주거침입절도죄에서 침입행위의 객체인 건조물은 주위벽 또는 기둥과 지붕 또는 천정으로 구성된 구조물로서 사람이 기거하거나 출입할 수 있는 장소를 말한다. 반드시 영구적인 구조물일 것을 요하지 않는다.[2)]

(다) 침 입 야간주거침입절도죄에서 침입은 거주자 · 관리자의 의사가 아니라 거주자 · 관리자가 주거 등에서 누리는 사실상의 평온상태를 해치는 행위태양으로 주거에 들어가는 것을 의미한다.

---

1) 1976. 4. 13. 76도414, 공 1976, 9165 =『명성사진관 카메라 사건』:

A는 M장소에 위치한 명성사진관을 경영하고 있다. 갑은 명성사진관의 종업원이다. 갑은 여러 건의 절도범행을 하였다. 갑의 범행 가운데에는 다음의 것이 있다. (연도 생략) 7. 15. 19:30경 갑은 M사진관 안에 둔 A 소유 “아사이 팬텍쓰” 사진기 중고 1대 시가 약 2만원 상당과 현금 3,500원을 절취하였다(㉮범행).

검사는 갑을 주거침입죄, 절도죄, 야간주거침입절도죄로 기소하였다. 갑의 피고사건은 제1심을 거친 후, 항소심에 계속되었다. 항소법원은 ㉮범행에 대해 야간주거침입절도죄를 인정하였다. 갑은 불복 상고하였다.

대법원은 다음의 이유를 제시하여 원심판결을 파기환송하였다. “㉮범죄사실은 검사가 기소한 죄명 중 절도에는 해당할지언정 야간주거침입절도의 죄에는 해당한다고 볼 수 없다.”

2) 1989. 2. 28. 88도2430, 공 1989, 569 =『알미늄 샷시 담배점포 사건』:

M담배점포는 내부가 약 1.5평(정면길이 230센티미터, 옆면길이 110센티미터) 정도 되는 알미늄 샷시로 된 구조물이다. M담배점포는 당초 지면에 접촉만 시켜놓았다가 지면에서 물이 스며드는 것을 막기 위하여 시멘트로 지면과 접촉부분을 막아놓았다. A는 M담배점포 내부에 담배, 복권 기타 잡화 등을 진열해 놓고 판매하고 있다. A는 가끔 그곳에서 밥을 끓여 먹거나 잠을 자기도 한다. 갑은 야간에 M담배점포 안에 들어가 A 소유의 ㉠물품을 절취하였다.

검사는 갑을 야간주거침입절도죄로 기소하였다. 갑의 피고사건은 제1심을 거친 후, 항소심에 계속되었다. 항소법원은 다음의 이유를 들어 단순절도죄를 인정하였다. (가) M건축물의 구조, 양상 및 이용상황 등에 비추어 본다. (나) M건축물은 아직 가설물의 범주를 벗어나 건조물에 이르렀다고는 볼 수 없다. 검사는 불복 상고하였다.

대법원은 다음의 이유를 제시하여 원심판결을 파기환송하였다. (가) 야간주거침입절도죄에 있어서 침입행위의 객체인 건조물은 주위벽 또는 기둥과 지붕 또는 천정으로 구성된 구조물로서 사람이 기거하거나 출입할 수 있는 장소를 말한다. (나) 반드시 영구적인 구조물일 것을 요하지 않는다. (다) M담배점포는 알미늄 샷시로 된 구조물이긴 하나 주위벽과 지붕으로 구성되어 사람이 그 내부에서 기거하거나 출입할 수 있다. (라) 뿐만 아니라 실제로 A는 그 내부에 담배, 복권 기타 잡화 등을 진열해 놓고 판매하는 일상생활을 영위해 오면서 침식의 장소로도 사용해 왔다. (마) M점포는 주거침입의 객체가 될 수 있는 건조물에 해당한다.

주거침입은 주거에 거주하는 거주자, 건조물이나 선박, 항공기의 관리자, 방실의 점유자 이외의 사람이 주거, 건조물, 선박이나 항공기, 방실에 침입한 경우에 성립한다. 따라서 주거 등 침입의 객체는 행위자 이외의 사람, 즉 '타인'이 거주하는 주거 등이다. 그러므로 행위자 자신이 단독으로 또는 다른 사람과 공동으로 거주하거나 관리 또는 점유하는 주거 등에 임의로 출입하더라도 주거 등의 침입을 구성하지 않는다. 다만 다른 사람과 공동으로 주거에 거주하거나 건조물을 관리하던 사람이 공동생활관계에서 이탈하거나 주거 등에 대한 사실상의 지배 · 관리를 상실한 경우 등 특별한 사정이 있는 경우에 주거침입이 성립할 수 있을 뿐이다.[1)]

---

1) 2023. 6. 29. 2023도3351, 판례속보 =『파견업체 스마트키 사건』:

(대법원은 2021. 9. 9. 2020도12630 전원합의체 판결을 통하여 주거침입죄의 침입 여부를 '주거의 사실상 평온' 침해 여부를 기준으로 판단하는 객관설로 전환하였다. 본 판례는 2021년 판례변경 이후에 나온 것이다.) P회사가 설립되었다. P회사의 관리자는 A이다. 갑은 Q업체를 경영하고 있다. P회사에는 Q업체의 직원 5명이 파견 근무하고 있다. 갑은 업무상 편의를 위하여 A로부터 P회사 출입을 위한 ㉠스마트키를 교부받았다. P회사에는 갑의 지문이 등록되었다. 갑은 P회사에 여러 차례 출입하면서 ㉠스마트키를 사용하였다. (연월일 생략함.) 일요일 22:00경 갑은 ㉠스마트키를 이용하여 P회사의 문을 열고 들어갔다. 갑은 P회사의 ㉡재물 및 A의 ㉢재물을 절취하였다.

검사는 갑을 야간주거침입절도죄로 기소하였다. 갑의 피고사건은 제1심을 거친 후, 항소심에 계속되었다. 항소법원은 유죄를 인정하였다. 갑은 불복 상고하였다.

대법원은 다음의 이유를 제시하여 원심판결을 파기환송하였다. 대법원은 주거침입죄의 침입 개념에 대해 다음과 같이 설시하였다. (가) 주거침입죄는 사실상 주거의 평온을 보호법익으로 한다. (나) 주거침입죄의 구성요건적 행위인 침입은 주거침입죄의 보호법익과의 관계에서 해석하여야 한다. (다) 그러므로 침입이란 거주자가 주거에서 누리는 사실상의 평온상태를 해치는 행위태양으로 주거에 들어가는 것을 의미한다. (라) 침입에 해당하는지 여부는 출입 당시 객관적 · 외형적으로 드러난 행위태양을 기준으로 판단함이 원칙이다. (마) 사실상의 평온을 해치는 행위태양으로 주거에 들어가는 것이라면 특별한 사정이 없는 한 거주자의 의사에 반한다. (바) 그렇지만 단순히 주거에 들어가는 행위 자체가 거주자의 의사에 반한다는 거주자의 주관적 사정만으로 바로 침입에 해당한다고 볼 수 없다. (사) 이는 건조물침입죄의 경우에도 마찬가지이다.

대법원은 주거침입죄의 객체에 대해 다음과 같이 설시하였다. (가) 형법은 제319조 제1항에서 '사람의 주거, 관리하는 건조물, 선박이나 항공기 또는 점유하는 방실에 침입한 자'를 주거침입죄로 처벌한다고 규정하였다. (나) 주거침입죄는 (ㄱ) 주거에 거주하는 거주자, (ㄴ) 건조물이나 선박, 항공기의 관리자, (ㄷ) 방실의 점유자(이하 '거주자 등'이라 한다) 이외의 사람이 위 주거, 건조물, 선박이나 항공기, 방실(이하 '주거 등'이라 한다)에 침입한 경우에 성립한다. (다) 따라서 주거침입죄의 객체는 행위자 이외의 사람, 즉 '타인'이 거주하는 주거 등이다. (라) 그러므로 (ㄱ) 행위자 자신이 단독으로 또는 (ㄴ) [행위자가] 다른 사람과 공동으로 거주하거나 관리 또는 점유하는 주거 등에 임의로 출입하더라도 주거침입죄를 구성하지 않는다. (마) 다만 다른 사람과 공동으로 주거에 거주하거나 건조물을 관리하던 사람이 (ㄱ) 공동생활관계에서 이탈하거나 (ㄴ) 주거 등에 대한 사실상의 지배 · 관리를 상실한 경우 등 특별한 사정이 있는 경우에 주거침입죄가 성립할 수 있을 뿐이다.

대법원은 사실관계를 분석하였다. 대법원은 원심판결의 당부에 대해 다음과 같이 판단하였다. (가) 적어도 A가 갑에게 P회사에 대한 출입권한을 부여한 이상, P회사는 A가 단독으로 관리 · 점유하는 건조물에 해당된다고 보기 어렵다. (나) 갑은 A와 공동으로 관리 · 점유하는 P회사 사무실에 임의로 출입한 것이므로 원칙적으로 건조물침입죄가 성립한다고 볼 수 없다. (다) 또한 갑이 A와의 관계에서 P회사에 대한 출입과 관련하여

(3) 미수와 기수

판례가 채택하고 있는 주거침입기준설에 의할 때 행위자가 절도의 고의를 가지고 야간에 주거침입의 실행에 착수할 때 야간주거침입절도죄의 실행의 착수가 인정된다. 주거침입죄의 경우 행위자가 주거침입의 고의를 가지고 주거로 들어가는 문의 시정장치를 부수거나 문을 여는 등 침입을 위한 구체적 행위를 시작할 때 실행의 착수가 인정된다.[1)]

그러나 주거침입죄의 실현에 이르는 현실적 위험성이 없는 단계라면 야간주거침입절도죄의 실행의 착수는 인정되지 않는다.[2)] 예컨대 침입 대상인 아파트에 사람이 있는지를 확인하기 위해 그 집의 초인종을 누른 행위만으로는 침입의 현실적 위험성을 포함하는 행위를 시작하였다거나, 주거의 사실상의 평온을 침해할 객관적인 위험성을 포함하는 행위를 한 것으로 볼 수 없다.[3)]

공동생활관계에서 이탈하였거나 이에 관한 사실상의 지배 · 관리를 상실한 경우 등의 특별한 사정이 있다고 보기도 어렵다. (라) 갑은 일요일 야간에 P회사 사무실에 절도 목적으로 출입하였다. (마) 그러나 갑은 A로부터 교부받은 스마트키를 이용하여 P회사에서 예정한 통상적인 출입방법에 따라 위 사무실에 들어간 것뿐이다. (바) 그 당시 객관적 · 외형적으로 드러난 행위태양을 기준으로 볼 때 사실상의 평온상태를 해치는 방법으로 P회사에 들어갔다고 볼 만한 사정도 보이지 않는다. (사) 그럼에도 원심은 판시와 같은 이유만으로, 공소사실을 유죄로 인정하였는바, 이러한 원심판결에는 건조물침입죄의 성립에 관한 법리를 오해함으로써 판결에 영향을 미친 잘못이 있다.

1) 1995. 9. 15. 94도2561, 공 1995, 3473 = 분석 각론 『"얼굴만 침입" 사건』.

2) 2008. 3. 27. 2008도917, [미간행] = 『가스배관 올라가기 사건』:

갑은 M다세대주택 2층의 불이 꺼져있는 것을 보고 물건을 절취하기 위하여 가스배관을 타고 올라가기 시작하였다. 발은 1층 방범창을 딛고 두 손은 1층과 2층 사이에 있는 가스배관을 잡고 있던 상태에서 갑은 순찰 중이던 경찰관에게 발각되었다. 그러자 갑은 그대로 뛰어내렸다(이상 ㉮행위).

검사는 갑을 야간주거침입절도죄로 기소하였다. 갑의 피고사건은 제1심을 거친 후, 항소심에 계속되었다. 항소법원은 공소사실을 무죄로 판단하였다. 검사는 불복 상고하였다.

대법원은 다음의 이유를 제시하여 상고를 기각하였다. (가) 주거침입죄의 실행의 착수는 주거자, 관리자, 점유자 등의 의사에 반하여[대법원은 2021. 9. 9. 2020도12630 전원합의체 판결을 통하여 '주거의 사실상 평온' 침해 여부를 기준으로 판단하는 객관설로 전환하였다.] 주거나 관리하는 건조물 등에 들어가는 행위를 개시할 것을 요한다. (나) 즉 구성요건의 일부를 실현하는 행위까지 요구하는 것은 아니지만, 주거침입의 범의로 예컨대, (ㄱ) 주거로 들어가는 문의 시정장치를 부수거나 (ㄴ) 문을 여는 등 침입을 위한 구체적 행위를 시작함으로써 범죄구성요건의 실현에 이르는 현실적 위험성을 포함하는 행위를 개시할 것을 요한다. (다) 갑의 ㉮행위만으로는 주거의 사실상의 평온을 침해할 현실적 위험성이 있는 행위를 개시한 때에 해당한다고 보기 어렵다.

3) 2008. 4. 10. 2008도1464, [미간행] = 『초인종 누르기 절도범 사건』:

갑과 을은 아파트의 초인종을 누르다가 사람이 없으면 만능키 등을 이용하여 문을 열고 안으로 들어가 물건을 훔치기로 모의하였다. 갑과 을은 함께 다니다가 [주간에] 갑이 A의 집 초인종을 누르면서 "자장면 시키지 않았느냐"라고 말하였다. 집 안에 있던 A가 "시킨 적 없다"고 대답하자 갑과 을은 계단을 이용하여 아래층으로 이동하였다.

검사는 갑과 을을 합동절도미수 및 폭력행위처벌법위반죄(공동주거침입)미수의 공소사실로 기소하였다. 제1심법원은 무죄를 선고하였다. 검사는 불복 항소하였다. 항소법원은 항소를 기각하고, 제1심판결을 유지하였주거침입기준설에 의할 때 야간의 주거침입 이후에 이루어지는 절취행위는 야간과 주간을 불문하며, 절취행위가 종료한 때에 야간주거침입절도죄는 기수에 이른다.

2. 특수절도죄

형법 제331조 (특수절도) ① 야간에 문이나 담 그 밖의 건조물의 일부를 손괴하고 제330조의 장소에 침입하여 타인의 재물을 절취한 자는 1년 이상 10년 이하의 징역에 처한다.

② 흉기를 휴대하거나 2명 이상이 합동하여 타인의 재물을 절취한 자도 제1항의 형에 처한다.

◎ 자격정지 임의적 병과(법345)
◎ 미수범 처벌함(법342)
◎ 친족상도례 적용됨(법344)
◎ 상습범 가중처벌함(법332)

(1) 특수절도의 유형

우리 입법자는 절도죄의 유형을 나누어 단계적으로 법정형을 가중하고 있다. 형법 제331조는 야간주거침입절도죄보다 한 단계 더 가중된 특수절도죄를 규정하고 있다. 특수절도죄는 (가) 야간주거침입절도가 침입의 방법으로 건조물 일부를 손괴하는 경우(야간손괴주거침입절도), (나) 절도가 흉기를 휴대한 경우(흉기휴대절도), (다) 2인 이상이 합동하여 절취행위를 한 경우(합동절도)의 세 가지 유형으로 이루어져 있다.

특수절도죄의 법정형은 1년 이상 10년 이하의 징역이다. 한편 「특정범죄 가중처벌 등에 관한 법률」(특정범죄가중법)에 따라 5명 이상이 공동하여 상습적으로 특수절도죄를 범한 경우에는 2년 이상 20년 이하의 징역으로 가중처벌된다(동법5의4②).

(2) 야간손괴주거침입절도

(가) 결합형태 야간손괴주거침입절도는 야간주거침입절도죄에 특수한 형태의 손괴죄

다. 검사는 불복 상고하였다.

대법원은 다음의 이유를 제시하여 상고를 기각하였다. (가) 주거침입죄의 실행의 착수는 주거자, 관리자, 점유자 등의 의사에 반하여[대법원은 2021. 9. 9. 2020도12630 전원합의체 판결을 통하여 주거침입죄의 침입 여부를 '주거의 사실상 평온' 침해 여부를 기준으로 판단하는 객관설로 전환하였다.] 주거나 관리하는 건조물 등에 들어가는 행위를 개시하는 것으로 족하다. (나) 즉 구성요건의 일부를 실현하는 행위까지 요구하는 것은 아니고 범죄구성요건의 실현에 이르는 현실적 위험성을 포함하는 행위를 개시하는 것으로 족하다. (다) 침입 대상인 아파트에 사람이 있는지를 확인하기 위해 그 집의 초인종을 누른 행위만으로는 침입의 현실적 위험성을 포함하는 행위를 시작하였다거나, 주거의 사실상의 평온을 침해할 객관적인 위험성을 포함하는 행위를 한 것으로 볼 수 없다.

가 연결된 결합범이다. 이 경우에 추가되는 가중적 구성요건요소는 '야간에 문호 또는 장벽 기타 건조물의 일부를 손괴'하는 것이다. '야간'이라는 행위상황은 손괴와 주거침입 모두에 요구된다. 그러나 절취행위와는 관련성이 없다. 주간에 손괴와 주거침입을 하여 절취행위를 하는 경우에는 손괴죄, 주거침입죄, 절도죄가 각각 성립하며, 실체적 경합관계에 있다.

(나) 문호 등의 손괴 　야간의 개념은 야간주거침입절도죄의 항목에서 살펴본 바와 같다. 문호 또는 장벽 기타 건조물의 일부라 함은 주거 등에 대한 침입을 방지하기 위하여 설치된 일체의 위장시설(圍障施設)을 말한다.[1] 손괴라 함은 물리적으로 문호 등의 위장시설을 훼손하여 그 효용을 상실시키는 것을 말한다.[2] [3]

(3) 흉기휴대절도

(가) 흉기의 의의 　흉기휴대절도행위를 특수절도죄로 가중처벌하는 이유는 흉기의

---

1) 2004. 10. 15. 2004도4505, 공 2004, 1902 = 『출입문 걷어차기 절도범 사건』:

갑은 A 경영의 M상점에 불이 꺼져 있어 사람이 없는 것으로 생각하고 M상점의 출입문을 손으로 열어보려고 하였다. 그러나 출입문은 그 하단에 부착되어 있던 잠금 고리에 의하여 잠겨져 있어 열리지 않았다. 갑이 출입문을 발로 걷어차자 잠금 고리의 아래쪽 부착 부분이 출입문에서 떨어져 출입문과의 사이가 뜨게 되면서 출입문이 열리게 되었다(이상 ㉮행위). 이에 갑은 M상점 안으로 침입하여 A 소유의 ㉠담배와 ㉡현금을 절취하였다(㉯행위).

검사는 갑을 특수절도죄(야간손괴주거침입절도)로 기소하였다. 제1심법원은 유죄를 인정하였다. 갑은 불복 항소하였다. 항소법원은 갑의 ㉮행위가 건조물의 일부를 손괴한 것으로 볼 수 없다고 판단하였다. 항소법원은 ㉯행위를 이유로 절도죄만을 인정하였다. 검사는 불복 상고하였다.

대법원은 다음의 이유를 제시하여 원심판결을 파기환송하였다. (가) 형법 제331조 제1항은 야간에 문호 또는 장벽 기타 건조물의 일부를 손괴하고 형법 제330조의 장소에 침입하여 타인의 재물을 절취한 자는 1년 이상 10년 이하의 징역에 처한다고 규정하고 있다. (나) 형법 제331조 제1항에 정한 '문호 또는 장벽 기타 건조물의 일부'라 함은 주거 등에 대한 침입을 방지하기 위하여 설치된 일체의 위장시설(圍障施設)을 말한다. (다) '손괴'라 함은 물리적으로 위와 같은 위장시설을 훼손하여 그 효용을 상실시키는 것을 말한다. (라) 갑의 ㉮행위는 물리적으로 위장시설을 훼손하여 그 효용을 상실시키는 행위에 해당한다.

2) 2004. 10. 15. 2004도4505, 공 2004, 1902 = 『출입문 걷어차기 절도범 사건』.

3) 2015. 10. 29. 2015도7559, [미간행] = 『방충망 분리 절도범 사건』:

갑은 야간에 A가 운영하는 M식당에 침입하여 절도범행을 하려고 하였다. 갑은 M식당의 창문과 방충망을 창틀에서 분리한 상태에서 적발되었다.

검사는 갑을 특수절도미수죄로 기소하였다. 제1심법원은 유죄를 인정하였다. 갑은 불복 항소하였다. 항소법원은 제1심판결을 파기하고, 무죄를 선고하였다. 검사는 불복 상고하였다.

대법원은 다음의 이유를 제시하여 상고를 기각하였다. (가) 형법 제331조 제1항은 야간에 문호 또는 장벽 기타 건조물의 일부를 손괴하고 형법 제330조의 장소에 침입하여 타인의 재물을 절취한 자는 1년 이상 10년 이하의 징역에 처한다고 규정하고 있다. (나) 형법 제331조 제1항에 정한 '손괴'는 물리적으로 문호 또는 장벽 기타 건조물의 일부를 훼손하여 그 효용을 상실시키는 것을 말한다. (다) 갑이 창문과 방충망을 창틀에서 분리한 사실만을 인정할 수 있다. (라) 달리 창문과 방충망을 물리적으로 훼손하여 그 효용을 상실하게 하였음을 인정할 만한 증거가 없다.

휴대로 인하여 피해자 등에 대한 위해의 위험이 커지기 때문이다. 형법 제331조의 '흉기'는 특수공무방해죄(법144①)나 특수폭행죄(법261) 등에서 규정하고 있는 '위험한 물건'보다 엄격한 의미를 갖는다.

형법 제331조가 규정한 흉기는 본래 살상용 · 파괴용으로 만들어진 것이거나 이에 준할 정도의 위험성을 가진 것으로 보아야 한다. 그러한 위험성을 가진 물건에 해당하는지 여부는 그 물건의 본래의 용도, 크기와 모양, 개조 여부, 구체적 범행 과정에서 그 물건을 사용한 방법 등 제반 사정에 비추어 사회통념에 따라 객관적으로 판단해야 한다.[1]

(나) 휴대하여 휴대란 몸 가까이에 소지하는 것을 말한다. 장소적으로 항상 몸에 지니고 있을 필요는 없으며, 즉시 사용할 수 있을 정도로 가까이에 있으면 된다. 절취행위의 개시로부터 종료시까지의 어느 시점에 휴대가 인정되면 족하다.

(4) 합동절도

(가) 의 의 합동절도란 2명 이상이 합동하여 타인의 재물을 절취하는 것을 말한다. 절도죄(법329)에 '2명 이상이 합동하여'라는 요건이 추가된 가중유형이다. 우리 형법이 '2명 이상이 합동하여' 죄를 범할 것으로 규정한 경우는 합동절도 형태의 특수절도죄(법331②)를 위시하여 특수강도죄(법334①), 특수도주죄(법146)의 세 가지가 있다. 「성폭력범죄의 처벌 등에 관한 특례법」은 2명 이상이 합동하여 범하는 강간, 강제추행, 준강간 · 준강제추행의 죄를 특수강간죄로 규정하여 가중처벌하고 있다(동법4 참조).

---

1) 2012. 6. 14. 2012도4175, [미간행] = 『택시 창문 드라이버 사건』:

갑은 ㉠드라이버를 가지고 ㉡택시의 운전석 창문을 파손한 다음 그 택시 안에 있던 ㉢재물을 절취하였다(㉮행위). (갑의 체포 과정에서 A가 상해를 입었다는 혐의가 제기되었다.)

검사는 갑을 강도치상죄로 기소하였다. 제1심법원은 특수절도죄를 인정하였다. 갑은 불복 항소하였다. 항소법원은 항소를 기각하고, 제1심판결을 유지하였다. 갑은 불복 상고하였다.

대법원은 다음의 이유를 제시하여 원심판결을 파기환송하였다. (가) 형법은 흉기와 위험한 물건을 분명하게 구분하여 규정하고 있다. (나) 형벌법규는 문언에 따라 엄격하게 해석 · 적용하여야 하고 피고인에게 불리한 방향으로 지나치게 확장해석하거나 유추해석해서는 안 된다. (다) 형법 제331조 제2항에서 '흉기를 휴대하여 타인의 재물을 절취한' 행위를 특수절도죄로 가중하여 처벌하는 것은 흉기의 휴대로 인하여 피해자 등에 대한 위해의 위험이 커진다는 점 등을 고려한 것으로 볼 수 있다. (라) 이에 비추어 위 형법 조항에서 규정한 흉기는 본래 살상용 · 파괴용으로 만들어진 것이거나 이에 준할 정도의 위험성을 가진 것으로 봄이 상당하다. (마) 그러한 위험성을 가진 물건에 해당하는지 여부는 그 물건의 본래의 용도, 크기와 모양, 개조 여부, 구체적 범행 과정에서 그 물건을 사용한 방법 등 제반 사정에 비추어 사회통념에 따라 객관적으로 판단할 것이다.

(바) 갑이 사용한 ㉠드라이버는 일반적인 드라이버와 동일한 것으로 특별히 개조된 바는 없는 것으로 보인다. (사) 그 크기와 모양 등 제반 사정에 비추어 보더라도 갑의 ㉮범행이 흉기를 휴대하여 타인의 재물을 절취한 경우에 해당한다고 보기는 어렵다.

(나) 요 건 합동범은 주관적 요건으로 공모 외에 객관적 요건으로 현장에서의 실행행위의 분담을 요한다. 이때 실행행위의 분담은 반드시 동시에 동일장소에서 실행행위를 특정하여 분담하는 것만을 뜻하는 것이 아니라 시간적으로나 장소적으로 서로 협동관계에 있다고 볼 수 있으면 족하다.[1)]

(다) 법적 성질 합동범의 성질에 관하여는 공범자의 실행행위 가담 요부와 관련하여 공모공동정범설, 가중적 공동정범설, 현장설, 현장적 공동정범설 등이 제시되고 있다.[2)]

공모공동정범설은 합동범을 공모공동정범으로 보는 견해이다. 현행 형법상 공모공동정범에 관한 명문의 근거가 없기 때문에 입법자가 실행공동정범 이외에 공모공동정범까지 공동정범을 포착하기 위하여 마련한 범죄유형이 합동범이라는 것이다. 이 견해에 따르면 합동절도의 공범자가 반드시 현장에 같이 있을 필요는 없다.

가중적 공동정범설은 합동범도 그 본질에서는 통상의 공동정범이지만 집단범죄에 대한 대책상 특별히 그 형을 가중하기 위하여 만들어진 개념이라고 보는 견해이다. 이 입장에 따르면 합동절도를 둘러싼 공범자의 현장성 논의는 불필요하다. 2인 이상이 현장에 있기만 하면 되고 그 밖의 점은 일반적인 공동정범 이론에 따라서 해결한다.

현장설은 2명 이상의 공범자 사이에 현장성이 인정될 때 합동범이 성립한다고 보는 견해이다.[3)] 이 경우 현장성이란 2명 이상의 공범자가 시간적 · 장소적으로 협동관계를 이루면서 실행행위를 분담하는 것을 말한다. 공동정범의 본질과 관련하여 공동의사주체설이나 기능적 행위지배설에 따르면 반드시 공범자의 직접적인 실행행위 분담이나 현장성을 요하지 않는다. 현장설은 이러한 일반원칙에 예외를 인정하여 현장성을 요구하는 견해이다. 현장설에 따르면 합동절도의 공범자는 반드시 현장에서 협동관계를 이루어야 한다. 현장성을 갖추지 아니한 단순한 공모자는 합동범이 될 수 없다.

현장적 공동정범설은 기본적으로 현장설을 취하면서도 현장에 있지 않은 공범자도 경우에 따라 합동범이 될 수 있다고 보는 견해이다.[4)] 2명 이상이 시간적 · 장소적으로 협동관계를 이루면서 실행행위를 분담해야 한다는 점에서는 현장설과 같지만, 그 밖의 사람은 범행현장에 없는 공모자라 할지라도 기능적 지배를 가지고 있는 한 합동범의 공동정범이 될 수 있다는 것이다.

(라) 판례의 기준 판례는 종래 현장설을 취하고 있었다. 종전의 판례는 합동절도의

---

1) 1992. 7. 28. 92도917, 공 1992, 2696 = 『비상벨 도주 사건』.

2) 합동범에 관한 자세한 설명은, 신동운, 형법총론, 제14판, (2022), 761면 이하 참조.

3) 김혜정 외, 306면; 배종대, 305면; 오영근, 270면; 이용식, 12면; 이재상 · 장영민 · 강동범, 291면; 이형국 · 김혜정, 364면; 임웅, 374면; 정성근 · 박광민, 325면; 주호노, 635면.

4) 김성돈, 333면; 김일수 · 서보학, 252면.

경우 주관적 요건으로서의 공모 외에 객관적 요건으로서 실행행위의 분담이 있어야 하고 그 실행행위에서는 시간적 · 장소적으로 협동관계에 있음을 요한다고 보았다.[1] 그러나 이후 판례는 현장에 있지 아니한 공모자에게도 합동절도의 공동정범을 인정하는 현장적 공동정범설을 택하기에 이르렀다.[2]

판례는 합동범의 성립범위를 제한할 경우 직접 실행행위에 참여하지 아니하면서 배후에서 합동절도의 범행을 조종하는 우두머리를 그 행위 기여도의 강력함에도 불구하고 합동절도로 처벌하지 못한다는 문제의식에서 출발하고 있다.

합동절도와 관련하여 판례는 다음과 같은 기준을 제시하고 있다. 먼저, 2명 이상의 범인이 합동절도의 범행을 공모한 후 1명의 범인만이 단독으로 실행행위를 한 경우에는 합동범의 객관적 요건을 갖추지 못하여 합동절도가 성립할 수 없다. 따라서 단순한 공모자는 합동절도의 공동정범이 될 수 없다.

다음으로, 3명 이상의 범인이 합동절도의 범행을 공모한 후 적어도 2명 이상의 범인이 범행현장에서 시간적 · 장소적으로 협동관계를 이루면서 실행행위를 분담하여 범행을 한 경우에는 공동정범의 일반이론에 비추어 단순한 공모자에게도 합동절도의 공동정범을 인정할 수 있다. 다만 이 경우 공모자는 현장에서 절도범행을 실행한 2명 이상의 실행정범의 행위를 자기의사의 실현수단으로 하여 합동범의 범행을 하였다고 평가할 만한 정범성의 표지를 갖추고 있어야 한다(기능적 행위지배).[3]

(마) 사 견 생각건대 합동절도는 현장설의 관점에서 본질을 파악하는 것이 타당하다고 본다. 현장설의 관점에서는 합동범의 공동정범을 인정하지 않는다.[4]

우리 입법자가 합동범을 기본범죄보다 무겁게 처벌하는 이유는 2명 이상이 합동하여 범행할 때 범죄피해의 위험성이 급증하기 때문이다. 법익침해의 위험성에 상응하여 형사처벌의 강도를 높이지만 여기에는 일정한 안전장치가 마련되지 않으면 안 된다. 공범자가 현장에서 시간적 · 장소적으로 협동하고 있다는 현장성은 법적 안정성을 위하여 포기할 수 없는 요건이다. 이러한 안전장치를 한계가 분명하지 아니한 기능적 행위지배라는 표지로 완화하는 것은 특별히 경계해야 할 일이다.

합동범의 성립범위를 제한할 경우 직접 실행행위에 참여하지 아니하면서 배후에서 합동절도의 범행을 조종하는 우두머리를 적절하게 처벌하지 못한다는 비판이 있다. 그러나 우리

1) 1996. 3. 22. 96도313, 공 1996, 1462.

2) 1998. 5. 21. 98도321 전원합의체 판결, 공 1998, 1829 = 백선 총론 『삐끼주점 사건』.

3) 1998. 5. 21. 98도321 전원합의체 판결, 공 1998, 1829 = 백선 총론 『삐끼주점 사건』.

4) 김혜정 외, 306면; 배종대, 305면; 오영근, 270면; 이용식, 12면; 이재상 · 장영민 · 강동범, 293면; 이형국 · 김혜정, 365면; 임웅, 374면; 정성근 · 박광민, 325면.

형법은 특수교사·방조(법34②)의 규정을 통하여 이러한 상황에 대처하고 있다. 현장성의 표지를 통하여 정범성의 표지를 좁혀 두었음에도 불구하고 현장성 없는 자에게 합동절도의 공동정범을 인정하는 것은 합동범 자체의 존재의의를 부인하는 것과 다름이 없다.

이렇게 볼 때 합동절도에서 '2명 이상이 합동하여'라는 표지는 2명 이상의 공범자들이 시간적·장소적으로 협동관계를 이루면서 절도범행을 실현시키는 경우만을 의미하는 것으로 새겨야 할 것이다.

(바) 실행의 착수　　합동절도에서 주거침입은 구성요건요소가 아니다. 따라서 절도범인이 그 범행수단으로 주거침입을 한 경우에 그 주거침입행위는 절도죄에 흡수되지 아니하고 별개로 주거침입죄를 구성하며, 절도죄와는 실체적 경합관계에 서게 된다. 그 결과 2명 이상이 합동하여 야간이 아닌 주간에 절도의 목적으로 타인의 주거에 침입하였다 하여도 아직 절취할 물건의 물색행위를 시작하기 전이라면 합동절도의 실행에 착수한 것으로 볼 수 없어 합동절도의 미수범은 성립하지 않는다.[1]

공범자의 1명(갑)이 이미 절도죄의 기수에 이른 단계에서는 다른 공범자(을)가 범행에 관여하더라도 합동절도는 성립하지 않는다. 도품에 대한 점유가 침해되어 그 사실적 지배가 공범자 1명(갑)에게 이동되었다면 그 이후에 다른 공범자(을)가 공범자(갑)와 함께 도품을 운반하더라도 그러한 행위가 다른 죄에 해당하는지의 여부는 별론으로 하고 다른 공범자(을)가 공범자(갑)와 합동하여 도품에 대한 절취행위를 하였다고 볼 수는 없다.[2]

3. 자동차등불법사용죄

형법 제331조의2 (자동차등 불법사용) 권리자의 동의 없이 타인의 자동차, 선박, 항공기 또는 원동기장치자전거를 일시 사용한 자는 3년 이하의 징역, 500만원 이하의 벌금, 구류 또는 과료에 처한다.

◎ 자격정지 임의적 병과(법345)
◎ 미수범 처벌함(법342)
◎ 친족상도례 적용됨(법344)
◎ 상습범 가중처벌함(법332)

(1) 절도죄와의 관계

(가) 입법취지　　자동차등불법사용죄는 1995년말 형법 일부개정시에 신설되었다. 절

1) 2009. 12. 24. 2009도9667, 공 2010, 292 = 분석 각론 『주간 시정장치 손괴 사건』.
2) 2008. 10. 23. 2008도6080, 공 2008하, 1651 = 분석 각론 『영산홍 절취 사건』.

도죄의 성립에는 불법영득의사가 있어야 하므로 종래 자동차 등의 불법사용행위는 사용절도에 해당하여 처벌할 수 없었다. 그러나 자동차와 자가운전자의 증가에 따라 자동차의 불법사용이 증가할 것으로 예상되고, 이로 인한 실해와 피해자의 감정을 고려하여 자동차 등의 불법사용행위를 처벌하기로 한 것이다.[1] 이러한 입법취지에 비추어 볼 때 자동차등불법사용죄의 보호법익은 소유권이 아니라 자동차 등에 대한 사용권으로 파악된다.[2]

(나) 절도죄와의 비교 불법영득의사가 인정되는 자동차 등의 불법사용행위는 절도죄로 처벌할 수 있을 뿐 자동차등불법사용죄로는 처벌할 수 없다.[3] 자동차등불법사용죄는 통상의 절도죄와 비교할 때 불법영득의 의사가 없다는 점에서 구성요건이 완화되어 있는 대신 형량도 낮고 구류 또는 과료가 선택형으로 규정되어 있다. 그러나 주관적인 요건을 제외한 나머지 범죄구성요건이나 행위태양은 절도죄와 동일하다.[4] 상습절도죄를 규정한 형법 제332조는 자동차등불법사용죄(법331의2)를 다른 절도죄와 함께 적용대상 구성요건의 하나로 열거하고 있다.

(2) 행위객체

자동차등불법사용죄는 권리자의 동의 없이 타인의 자동차 등을 일시 사용할 때 성립한다. 자동차등불법사용죄의 객체는 타인의 자동차, 선박, 항공기 또는 원동기장치자전거이다. 기계장치에 의한 동력으로 가동되는 운송수단은 모두 행위객체에 포함된다. 그러나 원동기가 장치되지 아니한 단순한 자전거나 인력거는 자동차등불법사용죄의 객체에 포함되지 않는다.

(3) 실행행위

(가) 일시 사용 자동차등불법사용죄가 성립하려면 자동차 등의 사용이 일시적인 사용에 그쳐야 한다. 일시 사용의 정도를 넘어가는 경우에는 불법영득의사가 인정되어 절도죄(법329)를 구성한다.[5] 자동차 등의 사용으로 인하여 자동차 등 목적물 자체가 가지는 경제적 가치가 상당한 정도로 소모되거나, 자동차 등을 사용한 후 자동차 등을 본래의 장소가 아닌 다른 곳에 버리거나, 곧 반환하지 아니하고 장시간 점유하고 있는 경우에는 일시사용이라고 할 수 없다.

---

1) 법무부, 형법개정법률안 제안이유서, (1992), 174면.
2) 2019. 7. 25. 2018헌가7, 헌공 제274호, 802 =『주거수색죄 합헌 결정 사건』.
3) 2002. 9. 6. 2002도3465, 공 2002, 2458 =『중국집 오토바이 사건』.
4) 2002. 4. 26. 2002도429, 공 2002, 1312 = 분석 각론『상습절도 자동차 불법사용 사건』.
5) 전술 1017면 이하 참조.

자동차등불법사용죄에서 자동차 등의 사용은 본래의 용법에 따른 사용, 즉 운송수단으로서의 사용을 의미한다. 운행을 계속하는 것뿐만 아니라 점유를 지속하는 것도 포함한다. 그러나 타인의 자동차 속에서 잠자는 행위 등은 용법에 따른 사용이 아니므로 일시 사용에 해당하지 않는다.

(나) 권리자 　자동차등불법사용죄는 권리자의 동의 없이 자동차 등을 일시 사용할 때 성립한다. 자동차등불법사용죄의 '권리자'를 자동차 등의 소유자라고만 보는 견해가 있다.[1] 이 입장에서는 자동차등불법사용죄의 보호법익이 소유권에 있다고 보고 점유에 기한 사용권은 권리행사방해죄(법323)의 보호대상이 될 뿐이라고 새긴다. 이 견해에 따르면 자동차 등의 소유자는 자동차등불법사용죄의 주체가 될 수 없다.

그러나 자동차등불법사용죄의 권리자는 소유자를 위시한 자동차 등의 정당한 사용권자라고 보아야 할 것이다.[2] 정당한 사용권자란 소유자를 위시하여 각종 물권이나 채권에 기하여 소유자에 준하여 자동차를 적법하게 사용할 수 있는 사람(본권자)을 말한다. 절도죄의 보호법익이 소유권 및 소유권에 준하는 권리(본권)와 점유에 있다고 볼 때 불법영득의사 없는 자동차 등의 사용절도를 처벌하는 것은 소유권 및 소유권에 준하는 권리(본권)에 기한 사용권을 보호하기 위함이라고 생각된다. 또한 리스 계약에 기한 자동차 사용이 급증하는 거래사회의 현실을 보더라도 권리자는 자동차 등의 정당한 사용권자라고 새겨야 할 것이다.

정당한 권리자는 자동차등불법사용죄의 주체가 될 수 없다. 소유자는 정당한 권리자이므로 자동차등불법사용죄의 주체가 될 수 없는 것이 원칙이다. 그러나 타인에게 사용권이 부여된 자동차 등을 그 소유자가 일시 사용하는 경우에는 자동차등불법사용죄가 성립할 수 있다. 또한 고용된 운전수가 자동차를 몰래 일시 사용하는 경우에도 자동차등불법사용죄가 성립한다. 정당한 사용권자가 아니기 때문이다.

(다) 동 의 　자동차등불법사용죄는 권리자의 동의가 없는 일시 사용행위를 처벌대상으로 한다. 자동차등불법사용죄에서 동의는 자동차 등의 일시사용을 허용하는 권리자의 의사표시이다. 동의는 명시적인 것과 묵시적인 것을 모두 포함한다. 권리자의 동의 없는 사용행위는 처음부터 권리자의 동의가 없는 경우, 권리자의 동의가 종료한 경우, 권리자가 동의한 범위를 벗어난 경우의 사용행위를 모두 가리킨다. 권리자가 동의를 철회하였음에도 불구하고 자동차의 이용을 계속하는 것 또한 자동차불법사용죄를 구성한다.

(라) 고의와 착오 　자동차불법사용죄는 고의범이다. 고의는 미필적 고의로도 족하다.

---

1) 이재상 · 장영민 · 강동범, 297면; 이정원, 315면.

2) 김성돈, 336면; 박상기, 272면; 배종대, 308면; 오영근, 274면; 이용식, 13면; 이형국 · 김혜경, 369면; 임웅, 378면(소유자 제외); 정성근 · 박광민, 329면; 주호노, 640면.

'동의 없이'는 자동차불법사용죄의 구성요건요소이다. 권리자의 동의가 없음에도 불구하고 권리자의 동의가 있는 것으로 오인하는 경우가 있다. 권한 없는 이웃집 사람이 자동차를 사용하도록 허용하는 경우에 이용자가 그 이웃집 사람을 자동차 이용의 정당한 권리자라고 생각하는 경우가 여기에 해당하는 예이다. 이러한 경우는 동의가 없음에도 불구하고 동의가 있는 것으로 오인하는 것으로서 고의가 없어서 자동차불법사용죄가 성립하지 않는다(법13 본문).

(마) 미수와 기수　　자동차불법사용죄의 미수범은 처벌한다(법342). 시동을 걸기 위하여 자동차나 원동기장치자전차 등의 운전석에 착석하는 행위가 있으면 실행의 착수가 인정된다. 시동을 걸고 자동차 등을 출발시키는 순간 자동차불법사용죄는 기수에 이른다. 그리고 자동차 등의 주행을 종료한 경우에 자동차불법사용죄는 완료에 이른다.

4. 상습절도죄

형법 제332조 (상습범) 상습으로 제329조 내지 제331조의2의 죄를 범한 자는 그 죄에 정한 형의 2분의 1까지 가중한다.

◎ 자격정지 임의적 병과(법345)
◎ 미수범 처벌함(법342)
◎ 친족상도례 적용됨(법344)

(1) 형법상 상습절도죄

(가) 상습절도죄의 성질　　형법 제332조는 절도죄의 상습범을 가중처벌하고 있다. 절도의 상습성이란 절도의 습벽이 있는 것을 말한다. 행위자가 절도의 습벽을 가지게 된 인격적 특성을 중시하여 행상책임(行狀責任)을 묻는 것이다.[1)]

형법 제332조가 상습절도죄로 가중처벌하는 범죄는 (가) 단순절도죄(법329), (나) 야간주거침입절도죄(법330), (다) 야간손괴주거침입절도죄(법331①), (라) 흉기휴대절도죄(법331② 전단), (마) 합동절도죄(법331② 후단), (바) 자동차등불법사용죄(법331의2)이다. 형법 제332조에서 말하는 절도의 '상습'이란 이 조문에 열거된 (가) 내지 (바)의 각 범죄 별로 동종 범죄 상호 간의 상습성만을 의미하는 것이 아니라 이 조문에 열거된 (가) 내지 (바)의 모든 범죄행위를 포괄한 절도죄의 습벽을 의미한다.

상습절도죄는 개개의 절도범행보다 행위자의 절도습벽에 주목한다. 절도의 습벽이 있는 자가 단순절도죄(법329), 야간주거침입절도죄(법330), 특수절도죄(법331), 자동차등불법사용죄

1) 상습범에 대해서는, 신동운, 형법총론, 제14판, (2022), 863면 이하 참조.

(법331의2) 등을 상습적으로 반복한 경우에는 그중 법정형이 가장 중한 특수절도죄(법331)의 상습범에 나머지의 행위를 포괄시켜 하나의 죄만 성립한다.[1)]

형법 제332조는 “상습으로 제329조 내지 제331조의2의 죄를 범한 자는 그 죄에 정한 형의 2분의 1까지 가중한다.”고 규정하고 있다. 2분의 1까지 가중한다 함은 각조에 정한 법정형의 단기와 장기를 모두 가중한다는 의미이다.[2)]

형법 제332조의 상습절도죄는 「범죄수익은닉의 규제 및 처벌 등에 관한 법률」(범죄수익은닉규제법)이[3)] 규율하는 특정범죄(동법2 i 가목)에 포함된다.

(나) 상습성의 판단방법　　절도행위를 여러 번 하였다는 것만으로 반드시 절도의 상습성이 인정된다고는 볼 수 없다. 여러 번 행해진 범행이 절도습벽이 발현한 것으로 인정되는 경우에만 상습성을 인정할 수 있다. 수회의 범행이 우발적인 동기에서 또는 경제적 사정이 급박한 나머지 범행한 것으로서 범인이 평소에 가지고 있던 절도습벽의 발현이라고 볼 수 없는 경우에는 상습절도로 인정할 수 없다.[4)]

절도의 상습성을 인정하는 증거자료에 제한은 없다. 법관의 자유심증에 의하여 절도행위를 반복하여 범행한 습벽이 증거에 의하여 인정되는 이상 상습절도를 인정할 수 있다. 「소년법」은 “소년이었을 때 범한 죄에 의하여 형을 선고받은 자가 그 집행을 종료하거나 면제받은 경우 자격에 관한 법령을 적용할 때에는 장래에 향하여 형의 선고를 받지 아니한 것으로 본다.”고 규정하고 있다(동법67). 판례는 소년보호처분을 받았다는 사실까지도 상습성 인정자

---

1) 2002. 4. 26. 2002도429, 공 2002, 1312 = 분석 각론 『상습절도 자동차 불법사용 사건』.

2) 2017. 6. 29. 2016도18194, 공 2017하, 1596 = 『톱날 상습특수상해 사건』 참조.

3) 전술 116면 참조.

4) 1976. 4. 13. 76도259, 공 1976, 9113 = 『암소 한 마리 사건』:

갑은 다음의 형을 받은 전과가 있다. (가) 1964. 7. 1 절도미수죄로 징역 4월. (나) 1969. 2. 10 특수절도죄로 징역 2년. (다) 1972. 7. 11 절도죄로 징역 6월. 1972. 12.경 갑은 (다)의 죄로 복역 후 출소하였다. 1975. 8. 25. 야간에 갑은 A의 집에 침입하여 암소 한 마리를 절취하였다.

검사는 갑을 상습야간주거침입절도죄로 기소하였다. 제1심법원은 갑의 3회 전과에 주목하여 유죄를 인정하였다. 갑은 불복 항소하였다. 항소법원은 항소를 기각하고, 제1심판결을 유지하였다. 갑은 불복 상고하였다.

대법원은 다음의 이유를 제시하여 원심판결을 파기환송하였다. (가) 절도죄에 있어서 상습성의 인정은 절도행위를 여러 번 하였다는 것만으로 반드시 상습성이 인정된다고는 볼 수 없다. (나) 그 여러 번 행하여진 범행이 절도습성의 발현한 것으로 인정되는 경우에만 상습성의 인정이 가능한 것이다. (다) 그 수회의 범행이 우발적인 동기에서 또는 경제적 사정이 급박한 나머지 범행한 것으로서 범인이 평소에 가지고 있던 절도습성의 발현이라고 볼 수 없는 경우에는 이를 상습절도로 인정할 수 없다.

(라) 그러함에도 불구하고 원심이 갑의 전과사실이 구체적으로 어떠한 절도행위이며 그 범행의 동기와 절취방법 등에 관한 심리를 하여 본건 범행이 과연 갑의 절도습성의 발현이라고 볼 것인지에 대한 심리를 한 흔적이 없다. (마) 또한 이 건 갑의 범행을 상습으로 인정할 자료도 기록상 찾아 볼 수 없다. (바) 그럼에도 불구하고 막연히 전과 3범이라 하여 이를 곧 바로 상습성으로 인정한 원심의 조처는 증거 없이 상습성을 인정한 위법이 있는 경우이다.

료로 사용할 수 있다는 입장을 취하고 있다.[1)]

(다) 기판력의 제한 상습범의 경우 범죄의 습벽이라는 행위자의 특성에 의하여 개별 범행들이 하나의 죄로 묶여서 포괄일죄를 구성하게 된다. 포괄일죄는 단순일죄이며, 확정판결의 효력(기판력)은 포괄일죄 전체에 미친다. 따라서 일부의 부분행위에 대해 확정판결이 있으면 나머지 부분행위들은 면소판결의 대상이 되어 처벌을 면하게 된다(형소법326 i). 그런데 극히 일부의 행위로 처벌받았다고 하여 나머지 행위 전체에 대해 범죄자가 형사처벌을 면하는 것은 부당하다는 지적이 계속되어 왔다.

이러한 상황에서 대법원은 상습사기죄 사안에서 종전의 입장을 변경하여 상습범의 기판력 확장은 최초의 부분범행이 상습범으로 기소된 경우로 한정된다는 법리를 제시하기에 이르렀다.[2) 3)] 새로운 기준에 따르면 예컨대 절도죄(법329)로 기소되어 확정판결을 받은 후 여죄의 절도범행들이 발견된 경우 여죄의 절도범행에 대해 형사처벌을 가할 수 있다. 그러나 처음부터 상습절도죄(법332)로 기소되었다면 상습절도죄의 기판력으로 인하여 이후 발견된 여죄는 처벌할 수 없다.

(라) 주거침입죄와의 관계 형법의 상습절도죄(법332)와 주거침입죄(법319①)의 관계가 문제된다. 주간주거침입행위는 원칙적으로 상습절도죄에 흡수되지 않고 실체적 경합관계에 선다. 이 점에 대해서는 주거침입죄의 항목에서 설명하였다.[4)]

(2) 특정범죄가중법의 절도죄 가중처벌 규정

(가) 제5조의4 제1항 2016년 개정되기 전의 「특정범죄 가중처벌 등에 관한 법률」(특

---

1) 1973. 7. 24. 73도1255 전원합의체 판결, 집 21②, 형38 = 『풀룻 절취 사건』:

갑은 소년일 때 4차에 걸쳐서 절도행위로 인한 보호처분을 받은 사실이 있다(㉮보호처분). 이후 갑은 A로부터 풀룻 악기를 절취하였다.

검사는 갑을 상습절도죄로 기소하였다. 갑의 피고사건은 제1심을 거친 후, 항소심에 계속되었다. 항소법원은 유죄를 인정하였다. 갑은 불복 상고하였다. 갑은 상고이유로, 소년보호처분을 상습성 인정의 자료로 삼을 수 없다고 주장하였다.

대법원은 9 대 3으로 견해가 나뉘었다. 다수의견은 보호처분을 포함하여 상습성 인정의 자료에 제한이 없다고 주장하였다. 소수의견은 소년보호의 관점에서 보호처분 사실을 상습성 인정의 자료로 삼아서는 안 된다고 주장하였다. 대법원은 다수의견에 따라 상고를 기각하였다. (이하 다수의견을 대법원으로 표시하여 소개함.) 대법원은 다음의 이유를 제시하였다. (가) 절도의 상습성을 인정함에 있어서는 이를 인정하는 증거자료에 어떠한 제한이 있을 수 없다. (나) 재판관의 자유심증에 의하여 절도행위를 반복하여 범행한 습벽이 증거에 의하여 인정되는 이상 상습절도임을 인정할 수 있다. (다) 갑은 과거에 4차에 걸쳐서 절도행위로 인하여 보호처분을 받은 사실이 있다. (라) 원심이 이를 증거로 하여 갑에 대한 절도의 상습성을 인정한 조치는 정당하다.

2) 2004. 9. 16. 2001도3206 전원합의체 판결, 공 2004, 1684 = 백선 총론 『신공항 사기범 사건』.

3) 이에 대한 자세한 설명은, 신동운, 간추린 신형사소송법, 제15판, (2023), 857면 이하 참조.

4) 전술 918면 참조.

정범죄가중법) 제5조의4 제1항은 상습절도죄를 무기 또는 3년 이상의 징역에 처하도록 규정하고 있었다. 가중처벌의 대상은 단순절도죄, 야간주거침입절도죄, 특수절도죄(야간손괴주거침입절도, 흉기휴대절도, 합동절도)와 이들 범죄의 미수범으로 되어 있었다.

헌법재판소는 이 조문에 대해 형법 제332조(상습절도)와 똑같은 구성요건을 규정하면서 법정형만 상향 조정하여 형사특별법으로서 갖추어야 할 형벌 체계상의 정당성과 균형을 잃어 헌법에 위반된다고 결정하였다.[1] 2016년 입법자는 헌법재판소의 위헌결정을 반영하여 특정범죄가중법 제5조의4 제1항을 삭제하였다.

개정전 특정범죄가중법 제5조의4 제1항은 적용대상으로 절도죄, 야간주거침입절도죄, 특수절도죄 및 이들 범죄의 미수범을 규정하고 있었다. 판례는 이를 이유로 절도죄, 야간주거침입절도죄, 특수절도죄의 미수범을 상습절도로 처벌하는 경우에 미수감경을 허용하지 않았다.[2] 이제 특정범죄가중법 제5조의4 제1항이 삭제됨에 따라 형법상 상습절도(법332)에 대해 미수감경(법25②) 및 중지범(법26)의 특례[3]를 인정할 가능성이 부활되었다.

(나) 제5조의4 제2항 2016년 입법자는 특정범죄가중법의 상습절도죄 규정을 정비하면서 제5조의4 제2항으로 "5명 이상이 공동하여 상습적으로 형법 제329조부터 제331조까지의 죄 또는 그 미수죄를 범한 사람은 2년 이상 20년 이하의 징역에 처한다."는 규정을 마련하였다. 일반적인 상습절도죄의 가중처벌규정(동법5조의4①)을 삭제하는 대신 '5명 이상이 공동하여'라는 가중적 구성요건요소를 추가하여 새롭게 상습절도 가중처벌규정을 마련한 것이다.

(다) 제5조의4 제5항 제1호 특정범죄가중법 제5조의4 제5항 제1호에 따르면 (가) 형법 제329조부터 제331조까지의 죄(절도죄, 야간주거침입절도죄, 특수절도죄) 또는 그 미수죄로 세 번 이상 징역형을 받은 사람이 (나) 다시 이들 죄(미수범을 포함한다)를 범하여 (다) 누범으로 처벌하는 경우에는 2년 이상 20년 이하의 징역으로 처벌된다.

특정범죄가중법 제5조의4 제5항 제1호에 의하여 가중처벌하려면 다음의 요건을 갖추어야 한다. (가) 전범(前犯)과 후범(後犯)은 모두 동종의 절도 고의범이어야 한다(실질적 관련성). (나) 전범에 대하여 '3회 이상의 징역형'을 선고받아 형이 아직 실효되지 않아야 한다. (다) 후범을 '누범'으로 처벌하여야 한다.[4]

이 가운데 (나)의 '세 번 이상 징역형을 받은 사람'은 형법 제329조부터 제331조까지의

1) 2015. 2. 26. 2014헌가16, 헌집 27-1, 13.
2) 2010. 11. 25. 2010도11620, 공 2011상, 81 = 분석 각론『식당 주인 가방 사건』.
3) 1986. 3. 11. 85도2831, 공 1986, 661 = 백선 총론『천광상회 사건』.
4) 2020. 3. 12. 2019도17381, 공 2020상, 804 =『전과 3범 6천원 절취 사건』☞ 부록 1641면.

죄(절도죄, 야간주거침입절도죄, 특수절도죄) 또는 그 미수죄로 세 번 이상 징역형을 받은 사실이 인정되는 사람이다. 전범 중 일부가 나머지 전범과 사이에 형법 제37조 후단의 사후적 경합범 관계에 있다고 하더라도 이를 세 번 이상의 징역형으로 처벌받은 형의 수를 산정할 때 제외해서는 안 된다.[1)]

(다)의 누범 요건과 관련하여 형법 제35조의 누범가중 규정과 특정범죄가중법 제5조의4 제5항 제1호 누범가중 규정의 관계가 문제된다. 이에 대해 판례는 다음과 같은 기준을 제시하고 있다.

특정범죄가중법 제5조의4 제5항 제1호의 규정은 그 입법취지가 반복적으로 범행을 저지르는 절도 사범에 관한 법정형을 강화하기 위한 데 있다. 특정범죄가중법 제5조의4 제5항 제1호의 규정은 조문의 체계가 일정한 구성요건을 규정하는 형식으로 되어 있으며, 적용요건이나 효과도 형법 제35조와 달리 규정되어 있다. 특정범죄가중법 제5조의4 제5항 제1호의 규정은 형법 제35조(누범) 규정과는 별개로 새로운 구성요건을 창설한 것으로 해석해야 한다. 따라서 특정범죄가중법 제5조의4 제5항 제1호를 적용할 때에는 특정범죄가중법 규정에 정한 형에 다시 형법 제35조의 누범가중을 한 형기범위 내에서 처단형을 정해야 한다.[2)]

---

1) 2020. 3. 12. 2019도17381, 공 2020상, 804 =『전과 3범 6천원 절취 사건』.

2) 2020. 5. 14. 2019도18947, 공 2020하, 1139 =『전과 3범 10회 절도 사건』:

갑은 절도죄 등으로 3차례에 걸쳐 징역형을 선고받았다(3회 전과). 2018. 8. 14. 갑은 3회 전과로 인한 형의 집행을 종료하였다. (갑의 형집행 기간은 총 20년에 달하였다.) 2019. 5. 16.경 갑은 타인의 재물을 1회 절취하였다. 2019. 5. 18.경부터 2019. 6. 17.까지 갑은 총 9회에 걸쳐 재물을 절취하거나 절취하려다가 미수에 그쳤다(총 10회 범행). 갑의 10회 범행은 누범기간 중에 일어났다.

검사는 특정범죄가중법 제5조의4 제5항 제1호와 형법 제319조 제1항(주거침입)을 적용하여 갑을 기소하였다. 제1심법원은 유죄를 인정하였다. 제1심법원은 다음과 같이 법정형을 확인하고 선택형을 정하였다. (가) 특정범죄가중법 : 2년 이상 20년 이하의 징역. (나) 주거침입죄 : 3년 이하의 징역 또는 500만원 이하의 벌금(징역형 선택). 제1심법원은 형법 제35조에 의하여 다음과 같이 누범가중을 하였다. (가) 특정범죄가중법 : 2년 이상 40년 이하의 징역. (나) 주거침입죄 : 1월 이상 6년 이하의 징역. 제1심법원은 형법 제37조 전단, 제38조 제1항 제2호, 제42에 따라 경합범 가중을 하였다. 형법 제38조 제1항 제2호에 따르면 징역형의 경우 형의 장기에 2분의 1까지 가중하되 각죄에 정한 형의 장기를 합산한 형기를 초과할 수 없다. 형법 제42조 단서에 따르면 유기징역에 대하여 형을 가중하는 때에는 50년까지로 한다. 제1심법원은 갑에 대한 처단형을 2년 이상 46년 이하의 징역으로 정하였다. 제1심법원은 처단형의 범위 내에서 갑에게 징역 2년을 선고하였다. 갑과 검사는 각각 양형부당을 이유로 불복 항소하였다.

항소법원은 다음의 이유를 들어서 직권으로 제1심판결을 파기하였다. (가) 형법 제8조는 "본법 총칙은 타 법령에 정한 죄에 적용한다. 단, 그 법령에 특별한 규정이 있는 때에는 예외로 한다."고 규정하고 있다. (나) 특정범죄가중법 제5조의4 제5항은 타 법령에서 정하고 있는 누범가중에 관한 특별한 규정이라고 보아야 한다. (다) 특정범죄가중법 제5조의4 제5항 위반죄에 대하여 형법 제35조의 누범 규정을 또다시 적용하는 것은 동일한 사유로 법정형을 반복하여 가중하는 결과를 초래하는 것이어서 부당하다.

항소법원은 다음과 같이 법정형을 확인하고 선택형을 정하였다. (가) 특정범죄가중법 : 2년 이상 20년 이

(라) 제5조의4 제6항 특정범죄가중법 제5조의4 제6항은 (가) 상습적으로 형법 제329조부터 제331조까지의 죄[단순절도죄, 야간주거침입절도죄, 특수절도죄]나 그 미수죄 또는 제2항의 죄[5명 이상 공동하여 범한 상습절도죄]로 두 번 이상 실형을 선고받고 (나) 그 집행이 끝나거나 면제된 후 3년 이내에 (다) 다시 상습적으로 형법 제329조부터 제331조까지의 죄[단순절도죄, 야간주거침입절도죄, 특수절도죄]나 그 미수죄 또는 제2항의 죄를 범한 사람을 3년 이상 25년 이하의 징역으로 처벌하고 있다.

특정범죄가중법 제5조의4 제6항은 보호감호를 규정하였던 「사회보호법」이 폐지됨에 따라 보호감호를 대체하는 장기간의 사회격리 장치로 입법되었다. 또한 주거침입죄는 특정범죄가중법상 제5조의4 제6항의 상습절도죄에 대해 흡수관계에 있다. 이러한 판례의 태도에 관하여는[1] 주거침입죄의 항목에서 설명하였다.[2]

제 4 강도죄의 기본유형 - 강도죄

형법 제333조 (강도) 폭행 또는 협박으로 타인의 재물을 강취하거나 기타 재산상의 이익을 취득하거나 제3자로 하여금 이를 취득하게 한 자는 3년 이상의 유기징역에 처한다.

◎ 자격정지 임의적 병과(법345)

하의 징역. (나) 주거침입죄 : 3년 이하의 징역 또는 500만원 이하의 벌금(징역형 선택). 항소법원은 형법 제37조 전단, 제38조 제1항 제2호, 제50조에 따라 경합범 가중을 하였다. [항소법원은 처단형을 2년 이상 23년 이하의 징역으로 정하였다.] 항소법원은 처단형의 범위 내에서 갑에게 징역 2년을 선고하였다. 검사는 불복 상고하였다. 검사는 상고이유로, 형법 제35조의 누범가중을 해야 한다고 주장하였다.

대법원은 다음의 이유를 제시하여 원심판결을 파기환송하였다. 대법원은 특정범죄가중법 제5조의4 제1항 제1호의 법적 성질에 대해 다음과 같이 설시하였다. (가) 특정범죄가중법 제5조의4 제1항 제1호는 형법 제329조부터 제331조까지의 죄 또는 그 미수죄로 세 번 이상 징역형을 받은 사람이 다시 형법 제329조부터 제331조까지의 죄(미수범을 포함한다)를 범하여 누범으로 처벌하는 경우에는 2년 이상 20년 이하의 징역에 처한다고 규정하고 있다. (나) 특정범죄가중법 제5조의4 제1항 제1호는 그 입법 취지가 반복적으로 범행을 저지르는 절도 사범에 관한 법정형을 강화하기 위한 데 있다. (다) 특정범죄가중법 제5조의4 제1항 제1호는 조문의 체계가 일정한 구성요건을 규정하는 형식으로 되어 있다. (라) 특정범죄가중법 제5조의4 제1항 제1호는 적용요건이나 효과도 형법 제35조와 달리 규정되어 있다. (마) 이러한 특정범죄가중법 제5조의4 제1항 제1호의 입법취지, 형식 및 형법 제35조와의 차이점 등에 비추어 본다.

(바) 특정범죄가중법 제5조의4 제1항 제1호는 형법 제35조(누범) 규정과는 별개로 '형법 제329조부터 제331조까지의 죄(미수범 포함)를 범하여 세 번 이상 징역형을 받은 사람이 그 누범 기간 중에 다시 해당 범죄를 저지른 경우에 형법보다 무거운 법정형으로 처벌한다'는 내용의 새로운 구성요건을 창설한 것으로 해석해야 한다. (사) 따라서 특정범죄가중법 제5조의4 제1항 제1호에 정한 형에 다시 형법 제35조의 누범가중한 형기범위 내에서 처단형을 정하여야 한다.

1) 2017. 7. 11. 2017도4044, 공 2017하, 1698 = 『렌터카 빈집털이 사건』.

2) 전술 920면 참조.

◎ 미수범 처벌함(법342)

◎ 예비 · 음모 처벌함(법343)

◎ 상습범 가중처벌함(법341)

◎ 특정강력범죄법상 단기누범 가중(동법2, 3)

1. 강도죄 서설

(1) 다른 죄와의 비교

(가) 절도죄 강도죄는 폭행 또는 협박으로 타인의 재물을 강취하거나 기타 재산상 이익을 취득하는 범죄이다. 강도죄는 재산적 법익 이외에 인격적 법익도 보호법익으로 하고 있다. 재물에 대한 점유를 탈취한다는 점에서 강도죄는 절도죄와 공통되지만, 폭행 · 협박을 재물탈취의 수단으로 하고 있다는 점에서 절도죄보다 중하게 처벌된다. 강도죄의 경우에는 절도죄와 달리 재물의 절취 이외에 재산상 이익의 취득도 처벌된다.

(나) 공갈죄 강도죄는 상대방의 반항을 억압하거나 항거를 불가능하게 하기에 족한 정도의 폭행 · 협박으로 피해자의 의사에 반하여 재물의 점유나 재산상 이익을 취득한다는 점에 특징이 있다. 이 점에서 하자가 있기는 하지만 그래도 상대방의 의사에 기초하여 재물 또는 재산상 이익을 취득하는 공갈죄(법350)와 구별된다.[1] 강도죄는 자기소유의 물건에 대

---

1) 2001. 3. 23. 2001도359, 공 2001, 1060 =『도박자금 강제 회수 사건』:

갑은 조직폭력배이다. 을은 A에게 ㉠도박자금을 빌려주었다. A는 이를 갚지 않았다. A는 ㉮형사사건으로 기소중지 상태이다. 을은 조직폭력배 갑과 상의하여 도박 빚을 받아내기로 하였다. 갑, 병, 정, 무 4명은 미리 준비한 승합차를 타고 A의 거주지를 찾아가 대기하였다. (연월일 생략) 12:30경 무렵 A가 나타났다. 갑은 A에게 "M경찰서 형사인데 돈을 갚지 않았으니 같이 경찰서로 가자."고 요구하여 승합차에 태웠다. 갑 일행은 승합차 내부의 사방에서 몸을 밀착시켜 A를 꼼짝달싹하지 못하도록 하였다. 갑은 "당장 돈을 갚지 않으면 여기에서 풀어줄 수 없다."고 위협하였다. A는 자신의 고모 B에게 휴대전화로 전화를 걸어 병의 통장으로 3백만원을 입금하게 하였다.

갑 일행은 A를 M시 공동묘지로 데려갔다. 가는 도중 A가 캔 맥주를 요구하였다. 갑 일행은 슈퍼마켓에 들러 A에게 캔 맥주를 사주었다. M공동묘지에서 병은 A에게 "당신을 찾는데 경비로 700만원이 들어갔으니 700만원을 더 주지 않으면 가만두지 않겠다"고 협박하였다. A는 고모 B에게 다시 전화를 걸어 700만원을 통장입금하라고 말하였다. B는 A를 직접 대면하기를 원하였다. 갑은 B가 있는 장소까지 차를 몰고 가서 A와 B를 대면시켜 주고 B로부터 700만원의 추가입금을 받았다. 갑은 돈을 받은 다음 ㉡확인서를 작성해 주었다. 14:23경 A는 갑 일행으로부터 풀려났다.

검사는 갑을 특수강도죄로 기소하였다. 제1심법원은 유죄를 인정하였다. 갑은 불복 항소하였다. 항소법원은 다음의 점을 들어서 항소를 기각하고, 제1심판결을 유지하였다. (가) A는 갑 일행으로부터 구타와 같은 신체에 대한 직접적인 폭행을 당하지는 않았다. (나) 그렇지만 다른 사건으로 기소중지되어 있어 갑 일행에 의하여 바로 경찰에 신병이 인계될 수 있는 약점이 있었다. (다) 거기에다가 승합차 내에서 꼼짝하지 못하도록 체포 · 감금되어 버리는 바람에 스스로 저항을 포기할 수밖에 없었다. (라) 갑 일행의 A에 대한 위와 같은 유형력의 행사는 강도죄에서 말하는 '피해자의 반항을 억압할 정도의 폭행 · 협박'으로 보기에 충분하다. 갑은 불복

해서는 성립하지 않는다. 폭행 · 협박으로 타인의 점유에 속하는 자기의 물건을 강취한 경우에는 점유강취죄(법325①)가 성립한다.

(2) 강도죄의 유형

강도죄의 유형으로는 강도죄(법333), 특수강도죄(법334), 인질강도죄(법336), 상습강도죄(법341)가 있으며, 절도죄와 강도죄의 중간영역에 위치하는 것으로 준강도죄(법335)가 있다. 또한 결합범 및 결과적 가중범으로 강도상해 · 치상죄(법337), 강도살인 · 치사죄(법338), 강도강간죄(법339)가 있다. 우리 입법자는 세계적인 추세에 발맞추기 위하여 해상강도죄(법340)를 별도로 규정하고 있다.

강도죄는 미수범(법342)을 처벌할 뿐만 아니라 예비 · 음모(법343)까지도 처벌한다. 강도죄에는 친족상도례의 특례가 인정되지 않으며(법344 참조), 유기징역에 처할 경우 자격정지를 병과할 수 있다(법345).

(3) 비교법적 고찰

(가) 일본 형법 비교법적으로 볼 때 우리 형법은 절도죄와 강도죄를 묶어서 같은 장에 규정하고 있으며, 재물 이외에 재산상 이익도 강도죄의 객체로 삼고 있다. 이 점에서 일본 형법과 궤를 같이 하고 있다.

(나) 독일 형법 이에 반해 독일 형법은 절도죄와 횡령죄를 '절도 및 횡령'의 장(동법

상고하였다.

대법원은 다음의 이유를 제시하여 원심판결을 파기환송하였다. (가) 강도죄에 있어서 폭행과 협박의 정도는 사회통념상 객관적으로 상대방의 반항을 억압하거나 항거불능케 할 정도의 것이라야 한다. (나) 이 사건 범행이 일어난 시각은 대낮이다(12:30경에서 14:23경 사이). (다) 갑 일행이 A를 데려 갔다는 공동묘지도 큰 길에서 멀리 떨어져 있다거나 인적이 드물어 장소 자체에서 외포심을 불러일으킬 수 있을 정도의 곳이라고는 보이지 않는다. (라) 갑 일행은 공동묘지로 가는 도중 슈퍼마켓에 들러 A의 요구에 의하여 캔 맥주를 사 주었다. (마) 휴대전화로 통장입금하라는 말을 듣고 A를 직접 대면하기를 원하는 A 고모(B)의 요구를 받아들여 고모가 있는 장소까지 차를 몰고 가서 A와 고모(B)를 대면시켜 주고 고모로부터 추가입금을 받았다. (바) 갑은 A 측으로부터 돈을 받은 다음 그런 취지의 확인서를 작성해 주었다. (사) 그 과정에서 갑 일행이 A에게 어떠한 유형적인 물리력도 행사하지 않았다.

(아) 갑 일행 4명은 A를 체포하여 승합차에 감금한 상태에서 경찰관을 사칭하면서 기소중지 상태의 A에 대하여 "경찰서로 가자.", "돈을 갚지 않으면 풀어줄 수 없다." 또는 "돈을 더 주지 않으면 가만 두지 않겠다."는 등의 협박을 하였다. (자) 그러한 정도만으로는, 공갈죄에 있어서의 폭행과 협박에 해당함은 별론으로 하더라도, 사회통념상 객관적으로 상대방의 반항을 억압하거나 항거불능케 할 정도에 이르렀다고 볼 수는 없다. (차) 경우에 따라 감금행위 자체를 강도의 수단인 폭행으로 볼 수 있다. (카) 그렇다고 하더라도, 원심이 인정하고 있는 사정만으로는 이 사건에서의 감금행위가 위에서 말하는 반항을 억압하거나 항거불능케 할 정도라고 보이지 않는다.

각칙 제19장)에 규정하고 있고, 강도죄를 공갈죄와 함께 '강도 및 공갈'의 장(동법 각칙 제20장)에 규정하고 있다. 독일 형법의 강도죄는 절도죄의 경우처럼 동산만을 객체로 설정하고 있다. 폭행 · 협박을 수단으로 재산상 이익을 취득하는 행위는 강도적 공갈(räuberische Erpressung)이라는 별도의 범죄유형으로 규율되고 있다.[1]

강도죄의 보호법익인 재산권과 신체의 완전성 및 의사결정의 자유가 목적 · 수단의 관계에 있다는 점을 들어서 강도죄가 절도죄의 가중유형이 아니라 절도죄와 독립된 범죄라고 보는 견해가 있다.[2] 이러한 접근방법은 독일 형법의 해석론으로부터 영향을 받은 것이라고 생각되며, 우리 형법의 해석론으로는 적합하지 않다고 본다.

(다) 한국 형법 우리 형법은 독일 형법과 달리 '절도와 강도의 죄'라는 동일한 장(각칙 제38장)에서 절도죄와 강도죄를 규정하고 있다. 법익침해의 강약에 따른 접근방법이라고 할 수 있다. 강도죄는 절도죄의 범죄유형을 점층적으로 확대한 것이라고 할 수 있다. 동일한 행위가 절도죄와 강도죄를 동시에 성립시킬 경우 절도죄는 강도죄에 흡수되며, 독자적 의미를 갖지 못한다.

강도죄는 절도죄를 전제로 하여 보다 강화된 범죄유형이다. 재물강취의 경우 절도죄가 기본을 이루면서 범행수단으로 폭행 · 협박이 추가된다. 따라서 재물강취의 경우에 강도죄의 구성요건요소는 대부분 절도죄의 그것과 같으며, 행위수단인 폭행 · 협박에 대한 고찰이 추가로 필요하게 된다. 이에 대해 이익강취의 경우에는 재물에 갈음하여 재산상 이익이라는 별도의 객체를 고찰할 필요가 있다. 그러나 이 경우에도 전체적인 범행구조는 재물강취에 준하여 파악해야 한다.

(4) 보호법익

우리 형법은 강도죄의 객체를 재물과 재산상 이익으로 규정하고 있다. 재물강취의 경우 일차적 보호법익은 절도죄와 같이 소유권 및 소유권에 준하는 권리(본권)와 점유이다. 이익강취의 경우에는 소유권 및 소유권에 준하는 권리(본권) 이외의 재산권이 일차적 보호법익이 된다. 강도죄의 경우 재물강취나 이익강취는 폭행 또는 협박을 수단으로 하여 이루어진다. 이 때문에 신체의 완전성 및 의사결정의 자유도 강도죄의 보호법익이 된다. 이러한 의미에서 강도죄는 재산범죄와 신체의 완전성 및 의사결정의 자유에 대한 범죄의 결합범이라고 할 수 있다.

---

1) 전술 1000면 이하 참조.

2) 이재상 · 장영민 · 강동범, 301면; 이정원, 319면; 임웅, 382면.

2. 행위객체

(1) 재 물

강도죄는 재물을 객체로 하는 재물강취와 재산상 이익을 객체로 하는 이익강취로 나누어 볼 수 있다. 재물강취의 경우 재물의 개념은 절도죄의 그것과 같다.[1] 따라서 타인소유의 타인점유에 속하는 물건이어야 한다. 범인과 공동소유 또는 공동점유하에 있는 재물은 타인소유 또는 타인점유의 재물에 해당한다. 부동산은 절도죄의 경우와 마찬가지로 강도죄의 재물에 포함되지 않는다. 그러나 재산상 이익에는 해당될 수 있다. 재물에는 금제품도 포함된다.

(2) 재산상 이익

재산상 이익은 전체로서의 재산에서 재물을 제외한 것을 말한다. 적극적 이익(재산의 증가)이든 소극적 이익(부채의 감소)이든 상관없다. 재산상 이익은 반드시 사법상 유효한 재산상의 이득만을 의미하는 것은 아니다.[2] 외견상 재산상 이익을 얻을 것이라고 인정할 수 있

---

1) 전술 1037면 이하 참조.

2) 1994. 2. 22. 93도428, 공 1994, 1135 =『룸싸롱 지불각서 사건』:

갑은 M병원에 입원해 있었다. 갑은 A와 N룸살롱을 동업한 적이 있었다. B는 갑의 채권자이다. 갑은 A와 B를 전화로 불러 입원실로 오게 하였다. 갑은 가지고 있던 ㉠종이를 A에게 내놓았다. 갑은 가슴에 품고 있던 ㉡식칼을 A의 목에 들이대면서 다음 내용의 ㉢지불각서를 쓰라고 협박하였다. “[A는] N룸싸롱을 경영하면서 손해를 보았으니 B에게 2천만원을 (연도 생략) 5. 24.까지 지급한다.” 갑은 A가 망설인다는 이유로 ㉡칼로 A의 오른쪽 어깨를 1회 찔렀다. 이로 인해 A는 2주간의 치료를 요하는 상해를 입었다. A는 ㉢각서를 작성하였다. 갑은 ㉢각서를 B에게 주면서 A로부터 돈을 받으라고 말하였다. 갑은 A로 하여금 A의 처 C에게 전화를 걸어 “사람을 보내면 돈을 주도록 하라”고 말하게 하였다.

검사는 갑을 강도상해죄로 기소하였다. 갑의 피고사건은 제1심을 거친 후, 항소심에 계속되었다. 항소법원은 다음의 이유를 들어 무죄를 선고하였다. 항소법원은 재물강취죄에 대해 다음과 같이 판단하였다. (가) A가 쓴 ㉢지불각서는 갑이 가지고 있던 ㉠종이를 A에게 내놓고 ㉡칼로 위협을 하면서 부르는 대로 쓰라고 하여 A는 그대로 기재만 하였다. (나) ㉢각서의 재물로서의 소유권은 당초부터 갑에게 있었다. (다) A가 ㉠종이 위에 채무부담에 관한 기재를 한 것만으로 그 각서의 소유권이 A에게 귀속한다고 볼 수 없다. (라) 갑이 A로 하여금 그와 같은 기재를 하게 한 행위가 곧 타인의 재물을 강취한 데 해당한다고 볼 수 없다.

항소심은 이득강취죄에 대해 다음과 같이 판단하였다. (가) 재산상 이득에 관한 강도죄가 성립하려면 폭행, 협박에 의한 피해자의 행위로 인하여 적어도 외형상으로나마 권리의무관계의 불법적인 변동이 있어야만 한다. (나) 예컨대 어음, 수표와 같은 유가증권에 강제로 서명날인하게 하여 이를 발행받는다거나 채무면제의 의사표시를 하게 하는 경우와 같은 것이다. (다) 설사 범인이 폭행, 협박에 의하여 피해자로 하여금 강제로 어떤 행위를 하게 하였으나 그로 말미암아 권리의무관계의 외형적인 변동조차도 일어나지 아니하는 경우가 있다. (라) 그러한 경우라면 형법 제324조의 [강요죄]가 성립될 수 있음은 별론으로 하고 강도죄가 성립할 수는 없다.

(마) 갑이 A를 강요하여 한 행위는, 갑의 B에 대한 채무를 A가 대신 부담하여 지급할 것을 강요하면서 갑이 부르는 대로 받아쓰도록 하여 “돈 2천만원을 (연도 생략) 5. 24.까지 B에게 지불한다”는 내용의 증거서류를 만들어 내도록 한 데 지나지 않는다. (바) A가 ㉢지불각서를 갑이 부르는 대로 받아 쓴 것만으로는 갑

는 사실관계만 있으면 된다.[1]

재산상 이익을 취득하는 유형에는 (가) 채무를 면제하게 하거나 그 이행기를 연기하게 하는 경우처럼 피해자에게 일정한 재산상의 처분행위를 하게 하는 경우, (나) 원래 대가의 지급 없이는 받을 수 없는 것인데 피해자로 하여금 일정한 노무를 제공하게 하는 경우, (다) 피해자에게 채무부담을 약속하게 하는 경우와 같이 일정한 의사표시를 하게 하는 경우 등이 있다. 상속개시에 의한 재산의 승계는 추상적인 권리변동으로서 재산의 이전이라는 외관을 갖추고 있지 않다. 따라서 상속을 노리고 피상속인을 살해하는 것은 재산상 이익의 강취라고 볼 수 없다.

3. 실행행위

(1) 강도죄와 폭행·협박의 의의

강도죄는 폭행 또는 협박으로 타인의 재물을 강취하거나 기타 재산상의 이익을 취득하

이나 B에 대하여 도대체 어떤 채무부담의 의사표시를 한 것이라고 인정할 수 없다. (사) 뿐만 아니라 B의 승낙이 없이는 채무인수행위로서의 효력도 생기지 않는다. (아) 그러므로 그로써 갑 또는 B에게 곧바로 어떤 재산적 이득이 돌아간다고 할 수는 없다. (자) 위와 같은 갑의 행위에 의하여서는 A 등의 권리의무관계에 외형적, 형식적 변동조차 일어나지 않는다. 검사는 불복 상고하였다.

대법원은 다음의 이유를 제시하여 원심판결을 파기환송하였다. 대법원은 이득강취죄에 대해 다음과 같이 설시하였다. (가) 형법 제333조 후단의 강도죄, 이른바 강제이득죄의 요건인 재산상의 이익이란 재물 이외의 재산상의 이익을 말한다. (나) [재산상 이익은] 적극적 이익(적극적인 재산의 증가)이든 소극적 이익(소극적인 부채의 감소)이든 상관없다. (다) 형법 제337조 소정의 강도상해·치상죄의 성립에는 강도범행의 기수나 미수 여부는 불문한다. (라) 그러므로 피해자에게 반항을 억압할 정도의 폭행, 협박을 가하여 (ㄱ) 채무를 부담하게 하거나 (ㄴ) 채권의 포기나 채무면제의 의사표시를 하게 한 경우와 같이 피해자의 자유의사가 결여된 상태하에서 처분행위의 외형을 지니는 행동에 의한 이득도 재산상의 이익에 포함되는 것이다.

(마) 이 경우 피해자의 의사표시는 사법상 무효이거나 적어도 강박을 이유로 취소가 가능하다. (바) 그렇지만 강제이득죄는 권리의무관계가 외형상으로라도 불법적으로 변동되는 것을 막고자 함에 [그 취지가] 있다. (사) 항거불능이나 반항을 억압할 정도의 폭행 협박을 그 요건으로 하는 강도죄의 성질상 그 권리의무관계의 외형상 변동의 사법상 효력의 유무는 그 범죄의 성립에 영향이 없다. (아) 법률상 정당하게 그 이행을 청구할 수 있는 것이 아니라도 강도죄에 있어서의 재산상의 이익에 해당한다. (자) 따라서 이와 같은 재산상의 이익은 반드시 사법상 유효한 재산상의 이득만을 의미하는 것이 아니다. (차) 외견상 재산상의 이득을 얻을 것이라고 인정할 수 있는 사실관계만 있으면 된다.

대법원은 ⓒ지불각서 부분에 대해 다음과 같이 판단하였다. (가) 갑은 A를 강요하여 ⓒ지불각서를 작성하게 하였다. (나) 그렇다면 이는 특별한 사정이 없는 한 A로 하여금 거기에 쓰여진 내용의 의사표시를 하게 한 것이 된다. (다) [이는] 외형상은 그 서면에 따른 채무부담의 의사표시를 한 것이 되는 것이다. (라) 이 서면이 동시에 그 의사표시에 관한 증거서류가 되는 것뿐이다. (마) 의사표시나 채무부담행위의 존재를 전제로 하지 아니하는 증거서류만을 만들어 낸다는 것은 의미가 없는 것이다. (바) 갑은 B에게 ⓒ지불각서를 주면서 A로부터 돈을 받으라고 하였다. (사) 갑은 지불각서 작성후 A로 하여금 집(피해자의 처)으로 전화하여 사람을 보내면 돈을 주도록 하라고 하였다. (아) 이는 A의 채무부담의 의사표시의 존재를 전제로 한 것이다.

1) 1997. 2. 25. 96도3411, 공 1997, 1021 =『취객 매출전표 사건』☞ 부록 1643면.

거나 제3자로 하여금 이를 취득하게 할 때 성립한다. 강도죄의 행위수단은 폭행 또는 협박이다

(가) 폭 행　　폭행은 신체에 대해 가해지는 유형력의 행사를 말한다. 일본 형법은 혼취강도죄를 규정하고 있으나[1] 우리 형법은 이에 해당하는 규정을 두고 있지 않다. 여기에서 수면제나 마취제를 복용하게 하거나 최면술을 사용하는 경우를 강도죄의 폭행으로 볼 수 있을 것인지 문제된다.[2]

생각건대 강도죄의 폭행과 관련하여 반드시 사람의 신체에 유형력이 가해질 필요는 없다고 본다. 강도죄는 피해자의 반항을 억압하거나 항거를 불가능하게 하여 재물을 탈취하거나 재산상 이익을 취득하는 데에 본질이 있다. 따라서 반드시 신체에 대한 폭행에 의하지 않더라도 마취약의 사용에 의한 경우와 같이 상대방을 항거불능의 상태에 이르게 하는 행위도 포함한다고 볼 것이다. 판례도 같은 입장이다.[3] 강도상해죄나 강도살인죄의 경우에는 상해행위 또는 살해행위 자체가 강도죄의 폭행에 해당할 수 있다.[4]

---

1) **일본형법 제239조** 사람을 혼취(昏醉)하게 하여 그의 재물을 도취(盜取)한 자는 강도로서 논한다.

2) 우리 형법의 '절도와 강도의 죄'는 일본의 개정형법가안으로부터 많은 영향을 받고 있다. 가안은 총칙부분에 폭행 개념을 정의하면서 수면제·마취제의 시용(施用) 및 최면술 사용을 폭행 개념에 포함시켰고, 폭행 개념이 확대됨에 따라 각칙에서 혼취강도죄를 삭제하였다.

일본 개정형법가안 제7조 ④ 폭행에는 사람의 건강을 해할 물건을 시용(施用)하거나 사람의 의식에 장애를 일으키거나 항거를 방해하기 위하여 최면술 기타 수단을 시용하는 행위를 포함한다.

3) 1979. 9. 25. 79도1735, 공 1979, 12241 =『아리반 우유 사건』:

갑은 '아리반'(신경안정제) 4알을 탄 ㉠우유 갑(匣)이나 ㉡[유산균 음료] '사와' 갑(匣)을 휴대하다가 차 칸 옆자리에 앉아 알게 된 A에게 주어서 마시게 하여 졸음에 빠뜨렸다(㉮행위). 갑은 A가 조는 틈에 A의 돈과 물건을 가져갔다. 갑의 유사 범행은 수회에 이르렀다.

검사는 갑을 상습강도죄로 기소하였다. 갑의 피고사건은 제1심을 거친 후, 항소심에 계속되었다. 항소법원은 유죄를 인정하였다. 갑은 불복 상고하였다. 갑은 상고이유로 다음의 점을 주장하였다. (가) ㉮행위는 신경안정제가 든 음료수를 마시게 하여 졸음에 빠지게 한 것이다. (나) 이는 강도죄의 폭행·협박에 해당하지 않는다.

대법원은 다음의 이유를 제시하여 상고를 기각하였다. "갑이 '아리반'(신경안정제) 4알을 탄 우유나 사와 갑을 휴대하다가 차칸 옆자리에 앉아 알게 되는 사람에게 주어서 마시게 하여 졸음에 빠지고 그 틈에 그 사람의 돈, 물건을 차지하는 수단을 쓴 그 방법은 강도죄에서 요구하는 남의 항거를 억압할 정도의 폭행[에 해당한다.]"

4) 1991. 6. 25. 91도643, 공 1991, 2072 =『여관털이 강도범 사건 1』:

갑, 을, 병, 정은 함께 밤중에 P여관에 투숙객을 가장하고 들어갔다. 정이 "조용히 하라"고 하면서 숙박할 방을 안내하려던 여관의 종업원 A의 옆구리와 허벅지를 칼로 찔러 상해를 가하고 201호실로 끌고 들어가던 중이었다. 마침 다른 방에서 여관 주인 B가 나왔다. 정은 주인 B도 같은 방에 밀어 넣은 후, B로부터 현금과 금반지를 강취하였다. 정은 1층 안내실에서 A 소유의 현금을 꺼내갔다. 이후 을 및 병은 여관 주인 B에 대한 특수강도죄로 유죄판결을 받고 확정되었다(㉮확정판결).

검사는 갑, 을, 병을 종업원 A에 대한 강도상해죄로 기소하였다(정은 공소외임). 갑의 피고사건은 제1심을 거친 후, 항소심에 계속되었다. 항소법원은 다음과 같이 판단하였다. (가) 갑, 을, 병, 정의 P여관에서의 일련의 범행은 포괄하여 1개의 강도상해죄(단순일죄)만을 구성한다. (나) [㉮확정판결이 있다.] (다) 을 및 병의

(나) 협 박 　협박은 피해자에게 공포심을 일으키게 할 만한 해악을 고지하는 것을 말한다. 해악의 내용에는 제한이 없으며 현실적으로 해악을 가할 의사나 능력이 있을 필요도 없다. 장난감 권총을 이용하거나 등 뒤에서 쇠파이프를 총인 것처럼 가장하는 경우도 협박에 해당한다.

(다) 상대방 　폭행 · 협박은 재물강취 또는 이익강취에 장애가 되는 사람에 대해 가해지면 족하다. 폭행 · 협박을 당한 사람이 탈취당한 재물의 소유자 또는 점유자일 것을 요하지 않는다.[1)]

(2) 폭행 · 협박의 정도

강도죄의 폭행 · 협박은 상대방의 반항을 억압하거나 항거를 불가능하게 할 정도의 것이어야 한다.[2)] 상대방의 반항을 억압하거나 항거불능하게 할 정도에 이르는지 여부는 사회통념에 따라 객관적으로 결정해야 한다. 판단과정에서는 범행장소, 범행시각, 주위상황, 상대방의 성별 · 연령 · 성격 등을 고려하여 구체적으로 판단해야 한다. 구체적 사안에서 피해자의 주관을 기준으로 그 피해자의 반항을 억압하였는지 여부는 문제 삼지 않는다.

폭행 · 협박이 객관적으로 상대방의 반항을 억압할 정도의 외관을 갖추고 있으면 실제로는 가해능력이 없더라도 강도죄가 성립할 수 있다. 예컨대 장난감 권총을 겨누고 협박하는 경우에 일반인이 피해자가 처한 사정 아래에서 용이하게 장난감 권총임을 알 수 없는 경우라면 반항을 억압하기에 충분한 협박이라고 인정된다.

사회통념상 객관적으로 상대방의 반항을 억압하거나 항거를 불가능하게 할 정도에 이르렀다고 볼 수 없는 폭행 · 협박은 공갈죄에서의 폭행과 협박에 해당함은 별론으로 하고, 강도

A에 대한 강도상해 공소사실에 대하여 면소를 선고한다. 검사는 불복 상고하였다.

대법원은 다음의 이유를 제시하여 원심판결의 잘못을 지적하였다. 그러나 대법원은 판결에 영향이 없음을 이유로 상고를 기각하였다. (가) 강도가 동일한 장소에서 동일한 방법으로 시간적으로 접착된 상황에서 수인의 재물을 강취하였다고 하자. (나) 그렇다고 하더라도 수인의 피해자들에게 폭행 또는 협박을 가하여 그들로부터 그들이 각기 점유관리하고 있는 재물을 각각 강취하였다면, 피해자들의 수에 따라 수개의 강도죄를 구성하는 것이라고 보아야 한다. (다) 다만 강도범인이 피해자들의 반항을 억압하는 수단인 폭행 · 협박행위가 사실상 공통으로 이루어졌기 때문에, 법률상 1개의 행위로 평가되어 상상적 경합으로 보아야 될 경우가 있는 것은 별문제이다. (라) 갑 등이 A와 B를 폭행 · 협박한 행위는 법률상 1개의 행위로 평가되는 것이 상당하다고 인정된다. (마) 그렇다면 A에 대한 강도행위와 B에 대한 강도행위가 각별로 강도죄를 구성한다.

(바) 그럼에도 불구하고, 원심은 갑 등의 위와 같은 행위가 포괄하여 1개의 강도죄만을 구성하는 것으로 잘못 판단하였다. (사) 그렇다고 하더라도 을 및 병이 B에 대한 특수강도죄에 관하여 받은 유죄의 확정판결의 효력은 그 죄와 상상적 경합의 관계에 있는 A에 대한 강도상해죄에 대하여도 어차피 미치게 된다. (아) 그러므로 원심이 저지른 위와 같은 잘못은 판결에 영향을 미칠 것이 못된다.

1) 2010. 12. 9. 2010도9630, 공 2011상, 175 = 분석 각론 『강간 후 강도 후 강간 사건』.

2) 2007. 12. 13. 2007도7601, 공 2008, 89 = 『손가방 날치기 사건』.

죄의 폭행 · 협박으로는 볼 수 없다.[1]

이른바 날치기와 같이 강제력을 사용하여 재물을 절취하는 행위가 때로는 피해자를 넘어뜨리거나 상해를 발생시키는 경우가 있다. 그러한 결과가 피해자의 반항을 억압하려는 목적 없이 점유탈취의 과정에서 우연히 가해진 경우라면 이는 강도가 아니라 절도에 불과하다. 그러나 그 강제력의 행사가 사회통념상 객관적으로 상대방의 반항을 억압하거나 항거를 불가능하게 할 정도의 것이라면 이는 강도죄의 폭행에 해당한다.[2]

(3) 인과관계

강도죄는 사람의 반항을 억압하거나 항거불능하게 하기에 충분한 폭행 또는 협박을 사용하여 타인의 재물을 강취하거나 재산상 이익을 취득함으로써 성립한다. 따라서 폭행 · 협박과 재물강취 또는 폭행 · 협박과 이익강취 사이에는 인과관계가 인정되어야 한다.

폭행 · 협박은 재물강취 또는 이익강취의 수단으로 이용되는 것이어야 한다. 재물탈취시에 폭행을 가한 사실이 있다 하여도 그것이 단지 피해자의 주의를 일시 다른 곳으로 돌려서 그 사이에 재물을 취거할 목적으로 행하여진 것이라면 그 폭행은 재물강취를 목적으로 하는 것이 아니므로 강도죄를 구성하지 않는다.

재물탈취 후 피해자의 저항을 배제하거나 죄적을 인멸하는 등의 목적이 없이 단지 피해자에 대한 모욕적 의사나 적개심을 표시할 목적으로 폭행 · 협박을 가한 경우에는 강도죄 또는 준강도죄가 성립하지 않는다. 이 때에는 절도죄와 폭행죄 또는 절도죄와 협박죄의 두 죄가 성립하며 양자는 실체적 경합관계에 있다.

폭행 · 협박과 재물강취 사이의 인과관계는 폭행 · 협박에 의한 반항억압의 상태가 처음부터 재물탈취의 계획하에 이루어졌거나 양자가 시간적으로 극히 밀접되어 있는 등 전체적 · 실질적으로 단일한 재물탈취 범의의 실현행위로 평가할 수 있는 경우에 인정된다.[3]

---

1) 2001. 3. 23. 2001도359, 공 2001, 1060 = 『도박자금 강제 회수 사건』.

2) 2007. 12. 13. 2007도7601, 공 2008, 89 = 『손가방 날치기 사건』.

3) 2009. 1. 30. 2008도10308, [미간행] = 『도우미 키홀더 사건』:

(연월일 생략함.) 갑은 03:00경 M주점에서 도우미 A를 만났다. 갑은 A와 성매매를 위해 M주점을 나와 N모텔로 갔다. 그 당시 갑은 A에게 화대를 지급하기 위해 현금인출기에서 20만원을 인출하여 모텔비 35,000원을 지급하였다. N모텔 408호실에서 갑이 A와 성관계를 하던 중에 A가 갑의 성교행위가 너무 과격하다는 이유로 항의를 하면서 성교를 중단하는 바람에 말다툼이 벌어졌다. 화가 난 갑은 A에 대해 폭행을 시작하였다. 갑은 A가 이불을 뒤집어쓴 후에도 계속해서 주먹과 발로 A를 구타하였다(㉮행위). 갑은 이불 속에 들어 있는 A를 두고 옷을 입고 방을 나가다가 탁자 위 A의 ㉠손가방 안에서 현금 20만원 등이 든 A의 ㉡키홀더를 우발적으로 가져갔다(㉯행위). 갑의 폭행으로 A는 4주간의 치료를 요하는 상해를 입었다(㉰상해).

검사는 갑을 강간상해죄로 기소하였다. 제1심법원은 다음과 같이 판단하였다. (가) 강간이 인정되지 않는다. (나) 강간상해죄는 인정되지 않는다. (다) 상해죄와 강도죄는 인정된다. 갑은 불복 항소하였다. 항소법원

피고인이 타인에 대하여 반항을 억압하기에 충분한 정도의 폭행 · 협박을 가한 사실이 있다 해도 그 타인이 재물 취거의 사실을 알지 못하는 사이에 그 틈을 이용하여 피고인이 우발적으로 타인의 재물을 취거한 경우에는 그 폭행 · 협박이 피해자의 재물탈취를 위한 피해자의 반항억압의 수단으로 이루어졌다고 할 수 없다. 이러한 경우에는 폭행 · 협박과 재물탈취 사이에 인과관계가 존재하지 아니하여 강도죄가 성립하지 않는다.[1)]

(4) 재물강취와 이익강취의 구별

강도죄의 실행행위는 재물을 강취하거나 재산상 이익을 취득하는 것이다. 전자를 재물강취, 후자를 이익강취라고 부른다. 이익강취를 강제이득이라고 부르기도 한다. 재물강취와 이익강취는 범인 스스로 영득 · 취득하는 경우는 물론 제3자로 하여금 영득 · 취득하게 하는 경우도 포함한다.

(가) 재물강취 강취란 반항을 억압하거나 항거를 불가능하게 할 정도의 폭행 · 협박을 수단으로 상대방의 의사에 반하여 타인의 재물을 자기 또는 제3자의 점유로 옮기는 것을 말한다. 행위자가 상대방으로부터 재물을 직접 탈취하는 경우는 물론 외관상 상대방이 교부하여 행위자가 재물을 수령하는 경우라 할지라도 객관적으로 판단하여 상대방의 의사에 반한 것이라면 강취에 해당한다.

폭행 · 협박으로 반항이 억압된 피해자가 알지 못하는 사이에 재물을 탈취하는 경우나

은 항소를 기각하고, 제1심판결을 유지하였다. 갑은 불복 상고하였다.

대법원은 다음의 이유를 제시하여 원심판결을 파기환송하였다. 대법원은 폭행 · 협박과 재물취거의 관계에 대하여 다음과 같이 설시하였다. (가) 형법 제333조의 강도죄는 사람의 반항을 억압함에 충분한 폭행 또는 협박을 사용하여 타인의 재물을 강취하거나 재산상의 이익을 취득함으로써 성립하는 범죄이다. (나) 피고인이 타인에 대하여 반항을 억압함에 충분한 정도의 폭행 또는 협박을 가한 사실이 있다 해도 그 타인이 재물 취거의 사실을 알지 못하는 사이에 그 틈을 이용하여 피고인이 우발적으로 타인의 재물을 취거한 경우가 있다. (다) 이 경우는 위 폭행이나 협박이 재물 탈취의 방법으로 사용된 것이 아님은 물론, 그 폭행 또는 협박으로 조성된 피해자의 반항억압의 상태를 이용하여 재물을 취득하는 경우에도 해당하지 않는다. (라) 이 경우에는 양자 사이에 인과관계가 존재하지 않는다.

(마) 위 폭행 또는 협박에 의한 반항억압의 상태가 (ㄱ) 처음부터 재물 탈취의 계획하에 이루어졌다거나 (ㄴ) 양자가 시간적으로 극히 밀접되어 있는 등 (ㄷ) 전체적 · 실질적으로 단일한 재물 탈취의 범의의 실현행위로 평가할 수 있는 경우에 해당하지 아니하는 한 (ㄹ) 강도죄의 성립을 인정하여서는 안 된다.

대법원은 갑의 행위에 대하여 다음과 같이 판단하였다. (가) 갑의 ㉡재물 취거행위는 A가 이불 속에 들어가 있어 이를 전혀 인식하지 못한 가운데 이루어졌다. (나) 그 원인이 되었던 갑의 A에 대한 폭행행위도 그와는 전혀 무관한 윤락행위 도중의 시비 끝에 발생하게 된 것이다. (다) ㉡재물의 취득이 A에 대한 ㉮폭행 직후에 이루어지긴 하였다. (라) 그렇기는 하지만 ㉮폭행이 A의 ㉡재물 탈취를 위한 A의 반항억압의 수단으로 이루어졌다고 단정할 수 없어 양자 사이에 인과관계가 존재한다고 보기 어렵다.

1) 2009. 1. 30. 2008도10308, [미간행] = 『도우미 키홀더 사건』.

반항이 억압된 피해자가 재물을 놓아두고 도망한 후에 이를 취득하는 경우에는 재물강취가 인정된다. 폭행 · 협박을 가하여 재물을 탈취할 의사 아래 먼저 재물을 탈취한 후 피해자에게 폭행 · 협박을 가하는 경우도 재물강취에 해당한다. 폭행 · 협박이 있다 할지라도 피해자가 오로지 범인을 동정하여 재물을 교부한 경우에는 그의 의사에 반하는 것이 아니어서 재물강취가 실현되었다고 볼 수 없다. 그러나 실행의 착수는 있었으므로 이 경우는 강도미수에 해당한다.

(나) 이익강취　　폭행 · 협박을 수단으로 상대방의 의사에 반하여 타인의 재산상 이익을 자기 또는 제3자에게 이전하는 것을 말한다. 재산상 이익의 이전과 관련하여 몇 가지 문제되는 점을 살펴본다.

① 처분행위 요부　　재산상 이익의 취득에 채무면제나 지급유예의 의사표시와 같은 피해자의 처분행위가 필요한가 하는 문제가 있다. 생각건대 사기죄 및 공갈죄의 경우에는 하자가 있기는 하지만 임의의 의사표시에 의하여 재산상 이익의 이전이 일어난다. 이에 대해 이익강취의 경우에는 상대방의 반항을 억압함으로써 재산상 이익이 이전되는 것이므로 의사표시를 요건으로 하는 처분행위가 개입할 여지가 없다.

② 외관상 이전　　이익강취의 경우 처분행위는 요하지 않지만 재산상 이익의 이전이라는 외관은 갖추어야 한다. 재산상 이익의 이전을 추상적으로 생각하면 채무자가 채권자를 살해하는 경우 또는 공동상속인의 1명이 다른 상속인을 살해하는 경우 등도 이익강취에 해당한다고 볼 여지가 있다. 그러나 이익강취는 재물강취와 동일한 구조를 가지고 있으므로 재물의 점유이전에 상응할 수 있을 정도로 재산상 이익의 이전이 외관상 구체적으로 인정되어야 한다.[1)]

재산상 이익의 이전이라는 외관이 문제되는 경우로 강도살인죄(법338 1문)의 사안이 있다. 채무자가 채무를 면탈하기 위하여 채권자를 살해한 경우에 강도살인죄가 성립할 것인가 하는 문제가 그것이다. 해당 사안은 두 가지로 나누어 살펴볼 필요가 있다.

먼저, 채무자가 채권자를 살해하였을 때 채무의 존재를 알고 있는 자가 없어지게 되는 등의 이유에 의하여 사실상 채무의 지급이 면제된 것과 같은 상황이 성립되는 경우가 있다. 이 경우에는 이득강취가 인정되므로 강도살인죄가 성립한다.[2)]

다음으로, 채무의 존재가 명백할 뿐만 아니라 채권자의 상속인이 존재하고 그 상속인에게 채권의 존재를 확인할 방법이 확보되어 있는 경우가 있다. 이 경우에는 채무자가 채무를 면탈할 의사로 채권자를 살해하더라도 일시적으로 채권자측의 추급을 면한 것에 불과하여

---

1) 2004. 6. 24. 2004도1098, 공 2004, 1274 = 분석 각론 『월악산 계곡 사건』.
2) 1999. 3. 9. 99도242, 공 1999, 707 = 분석 각론 『술값 허리잡기 사건』.

재산상 이익의 지배가 채권자측으로부터 범인 앞으로 이전되었다고 보기는 어렵다. 결국 이득강취가 인정되지 않으므로 강도살인죄가 성립할 수 없다.[1)]

유일한 상속인이 상속을 받을 목적으로 피상속인을 살해하는 경우 또는 회사의 경영권을 장악할 목적으로 실질적 경영자를 살해하여 경영권을 장악하는 경우 등에서 살해행위 자체만으로는 아직 재산상 이익의 이전이라는 외관이 인정된다고 볼 수 없으므로 강도살인죄는 인정되지 않는다.

(5) 미수와 기수

(가) 재물강취　　강도죄의 미수범은 처벌된다(법342). 재물강취의 경우 실행의 착수시기는 재물강취의 의사로 피해자의 반항을 억압하거나 항거를 불가능하게 하기에 족한 정도의 폭행 · 협박을 개시한 때이다. 재물강취의 경우 강도의 고의로 재물을 탈취하더라도 폭행 · 협박이 행해지지 않는 한 강도죄의 실행의 착수는 인정되지 않는다. 재물강취의 의도 없이 폭행 · 협박을 가한 후 상대방의 반항이 억압된 상태를 틈타 재물을 탈취한 경우는 재물탈취의 시점에 강도죄의 실행의 착수가 인정된다.

재물강취의 경우 기수시기는 절도죄와 마찬가지로 재물의 취득시기를 기준으로 한다. 폭행 · 협박을 수단으로 재물에 대한 피해자의 점유를 배제하고 자기 또는 제3자의 실력적 지배하에 옮길 때 기수에 이른다. 먼저 재물을 탈취한 후에 폭행 · 협박을 가한 경우에는 이로써 탈취한 재물을 확보한 시점에 강도죄는 기수에 이른다.

(나) 이익강취　　이익강취의 경우 실행의 착수시기는 재산상 이익을 취득할 의사로 피해자의 반항을 억압하거나 항거불능하게 하기에 족한 정도의 폭행 · 협박을 개시한 때이다.

이익강취의 경우 반항을 억압하거나 항거불능하게 하기에 충분한 폭행 · 협박을 가한 결과 외관상 재산상 이익의 이전이 일어난 단계에서 강도죄는 기수에 이른다. 채무면탈의 경우 상대방이 사실상 채무의 변제청구를 할 수 없게 되는 때에 이익강취는 기수에 이른다. 피해자를 살해한 경우에는 상속인이 없어서 채무변제의 청구를 할 수 없게 되거나 상속인이 채무자인 범인을 파악하여 채무의 변제를 청구하기가 현저히 곤란하게 되는 때에 기수에 이른다.

4. 고의와 불법영득의사 · 불법이득의사

(1) 고 의

강도죄는 고의범이다. 폭행 · 협박으로 상대방의 반항을 억압하거나 항거를 불가능하게

---

1) 2004. 6. 24. 2004도1098, 공 2004, 1274 = 분석 각론 『월악산 계곡 사건』.

하여 재물 또는 재산상 이익을 자기 또는 제3자에게 취득하게 하는 데에 대한 인식 · 인용이 필요하다. 재물강취의 경우 재물의 종류 · 수량을 구체적으로 인식할 필요는 없다. 예상 밖의 재물을 탈취한 경우에도 고의는 인정된다. 피해자에게 폭행을 가하여 실신시킨 경우에 이 상황을 이용하여 재물을 취거하는 행위는 피해자의 반항을 억압한다는 의사가 결여되어 있어 강도죄의 고의는 인정되지 않는다.

(2) 불법영득의사와 불법이득의사

재물강취의 경우 절도죄와 마찬가지로 불법영득의사가 필요하다. 불법영득의사는 권리자를 배제하고 소유자로서 재물을 경제적 용법에 따라 이용 · 처분하려는 의사를 말한다. 피해자를 희롱하기 위하여 돈을 빼앗은 경우,[1] 강간하는 과정에서 피해자가 도망가지 못하게 손가방을 빼앗은 경우[2] 등은 불법영득의사가 없어 강도죄가 성립하지 않는다.

---

1) 1986. 6. 24. 86도776, 공 1986, 977 =『찻집 주인 현금 사건』:

갑은 A 경영의 M찻집에서 A를 1회 강간하였다. 갑은 공포에 떨고 있던 A에게 돈을 내놓으라고 하였다. A는 서랍 안에 있던 현금 17만원을 주었다. 갑은 그 돈을 받은 즉시 이것은 팁이라고 하면서 A의 브라쟈 속으로 돈을 집어넣어 주었다. 이어서 갑은 범행이 발각될 것이 두려운 나머지 A를 살해하려고 칼로 찔렀으나 상해를 가함에 그쳤다.

검사는 갑을 강간죄와 강도살인미수죄로 기소하였다. 갑의 피고사건은 제1심을 거친 후, 항소심에 계속되었다. 항소법원은 유죄를 인정하였다. 갑은 강도살인미수죄 부분에 불복하여 상고하였다.

대법원은 다음의 이유를 제시하여 원심판결을 파기환송하였다. (가) 갑은 A로부터 빼앗은 돈을 그 자리에서 즉시 이것은 팁이라고 하면서 A의 브라쟈 속에 집어넣어 반환해 주었다. (나) 그렇다면 갑은 위 돈을 불법영득하려 한 것이 아니라 A를 희롱하기 위하여 돈을 빼앗은 다음 그대로 돌려주려고 한 의도였다고 보아야 한다. (다) 그렇다면 갑에게 불법영득의 의사가 있었다고 보기 어렵다.

2) 1985. 8. 13. 85도1170, 공 1985, 1274 =『손가방 돌려주기 사건』:

갑은 A와 우연히 술자리에서 합석하여 알게 되었다. 갑은 A를 반항할 수 없을 정도로 구타한 후에 A가 어깨에 메고 있던 ㉠손가방을 빼앗아 골목길에 놓아두고 A를 강간하였다. 다른 사람이 오는 틈을 타서 A가 도망하였다. 그러자 갑은 A의 ㉠손가방을 C가 숙식하고 있는 여관방으로 가져왔다. 갑은 그곳에서 손가방 속을 뒤져 현금 4,000원(㉡현금)을 꺼낸 후 ㉠손가방을 C에게 보관시켰다. 갑은 A의 친구 D에게 연락하여 ㉠손가방을 A에게 돌려주라고 하면서 전해주었다. (다른 피해자 B 부분은 생략함.)

검사는 갑을 강간치상죄와 강도죄로 기소하였다. 갑의 피고사건은 제1심을 거친 후, 항소심에 계속되었다. 항소법원은 다음과 같이 판단하였다. (가) 강간치상죄는 유죄로 인정된다. (나) 강도죄 부분은 불법영득의사가 없어 무죄를 선고한다. 검사는 강도죄 무죄 부분에 불복하여 상고하였다. 검사는 상고이유로 다음의 점을 주장하였다. (가) 갑은 불법영득의사를 가지고 ㉠손가방을 가져갔다. (나) ㉡현금을 꺼낸 것은 불법영득의사에 의한 것임이 분명하다.

대법원은 다음의 이유를 제시하여 상고를 기각하였다. (가) 불법영득의 의사라 함은 권리자를 배제하여 타인의 물건을 자기의 물건과 같이 그 경제적 용법에 따라 이용 · 처분하는 의사를 말하는 것이다. (나) 갑은 A의 손가방을 빼앗고 또 이를 A에게 돌려주었다. (다) 갑이 A에게 폭행을 가한 것은 A의 손가방을 강취하고자 한 것이 아니고 A를 강간하기 위함이다. (라) 갑이 손가방을 빼앗은 것은 A를 강간하는 과정에서 A가 도망가지 못하게 하는 것에 지나지 않는다. (마) 갑에게 위와 같은 불법영득의 의사가 있었다고 할 수 없다.

권리자의 동의 없이 자동차 등을 일시 사용하는 행위는 불법영득의사가 없어 절도죄가 성립하지 않으며, 자동차등불법사용죄(법331의2)로 처벌된다. 그러나 폭행 · 협박을 가하여 권리자의 동의 없이 자동차 등을 일시 사용하는 경우에는 불법영득의사가 인정된다. 폭행 · 협박은 자동차 등의 권리자를 배제하려는 의사의 표현으로 볼 수 있기 때문이다.

이익강취의 경우 재물강취의 불법영득의사에 대응하여 불법이득의사가 필요하다. 재산상 이익의 권리자를 배제하고 자신이 권리자로서 재산상 이익을 이용 · 처분하려는 의사가 불법이득의사이다.

5. 죄수 및 다른 죄와의 관계

강도죄의 죄수는 그 보호법익인 (가) 재산과 (나) 신체의 완전성(폭행의 경우) 및 의사결정의 자유(협박의 경우)의 두 가지 측면을 고려하여 결정해야 한다. 절도죄의 경우에는 절취행위의 수에 따라 죄수를 결정한다. 절도죄에서는 복수의 소유자나 복수의 재물이 대상으로 되어도 절취행위가 하나이면 1죄를 구성한다.[1]

이에 반해 강도죄에서는 수인의 피해자에게 폭행 · 협박을 가하여 재물을 탈취한 경우 피해자의 수만큼 강도죄가 성립한다. 피해자의 신체의 완전성 및 의사결정의 자유가 강도죄의 보호법익을 이루기 때문이다. 수인에 대한 폭행 · 협박이 1개의 자연적 행위에 의하여 이루어진 경우에는 수개의 강도죄가 상상적 경합범(법40)으로,[2] 별개의 행위로 이루어진 경우에는 수개의 강도죄가 실체적 경합범(법37)으로 파악된다.[3]

(바) 또 논지는 갑이 A의 손가방을 가지고 C가 숙식하고 있는 여관방에서 ㉠손가방 속에 들어 있는 돈 중 일부를 소비한 소위를 들어 갑에게 불법영득의 의사가 있었다고 보아야 한다고 한다. (사) 그러나 손가방을 빼앗고 다시 이를 돌려준 경위가 [위와 같다.] (아) 그렇다면 갑이 위 여관방에서 그 손가방 안에 들어 있던 돈 중 일부를 꺼내어 소비하였을 때 비로소 불법영득의 의사가 발현된 것이라고 볼 것이다. (자) 강간치상과 강도로 공소가 제기된 이 사건에 있어서 공소장변경 등의 조치가 없는 한 위와 같은 갑의 소위를 강도로 의율하거나 절도 등 기타의 죄로 처단할 수는 없다.

1) 전술 1048면 이하 참조.

2) 1991. 6. 25. 91도643, 공 1991, 2072 =『여관털이 강도범 사건 1』.

3) 1991. 6. 25. 91도643, 공 1991, 2072 =『여관털이 강도범 사건 2』:

갑 등은 밤중에 Q여관에 들어갔다. 갑 등은 1층 안내실에 있던 여관의 관리인 C의 목에 칼을 들이대고 "조용히 하라"고 하면서 C의 왼쪽 발가락을 칼로 1회 찔러 상해를 가하였다. 갑 등은 C로부터 현금과 손목시계 및 여관 방실들의 ㉠열쇠를 강취하였다(이상 ㉮행위). 갑 등은 다시 2층으로 올라가서 201호실의 문을 ㉠열쇠로 열고 들어가 투숙객들로부터 금품을 강취하였다(㉯행위). 이어서 갑 등은 같은 방법으로 202호실과 207호실의 투숙객들로부터 각각 금품을 강취하였다(㉰행위). 이후 갑 등은 201호실 투숙객(㉯행위) 및 207호실의 투숙객들(㉰행위)에 대한 특수강도죄로 유죄판결을 선고받아 확정되었다(ⓐ확정판결).

검사는 여관 관리인 C 부분(㉮행위)에 대해 갑 등을 강도상해죄로 기소하였다. 제1심법원은 유죄를 인정하였다. 갑 등은 불복 항소하였다. 갑 등은 항소이유로 다음의 점을 주장하였다. (가) ㉮, ㉯, ㉰사건은 법률상

수인의 피해자에게 폭행 · 협박을 가한 경우라 할지라도 시간적으로 접착된 상황에서 1개의 공동점유를 침해하는 데에 지나지 않는 경우라면 하나의 강도죄가 성립한다.[1)]

택시운전수를 폭행 · 협박하여 돈을 빼앗고 요금을 내지 않은 경우와 같이 재물강취와 이익강취가 동일한 기회에 이루어지는 경우에는 포괄하여 하나의 강도죄가 성립한다. 동일한 기회에 절도와 강도가 동일한 점유를 침해하는 형태로 이루어진 경우에는 점유침해라는 점에서 양자가 공통되므로 포괄하여 하나의 강도죄를 구성한다.

강취한 재물을 처분하는 행위는 강도죄로 이미 평가되어 불가벌적 행위에 해당하지만, 그 처분행위가 새로운 법익을 침해하는 경우에는 별개의 범죄가 성립한다.[2)]

강도의 수단인 폭행 · 협박이 동시에 감금죄를 구성하는 경우에는 강도죄와 감금죄가 각

1개로 평가되는 경우이다(상상적 경합). (나) 따라서 ㈏ 및 ㈐사건의 ⓐ확정판결 효력은 ㉮사건에 대해서도 미친다. (다) ㉮사건 부분에 대해 면소를 선고해야 한다. 항소법원은 다음의 이유를 들어 항소를 기각하였다. (가) ㉮, ㈏, ㈐사건은 실체적 경합범의 관계에 있다. (나) ㈏ 및 ㈐의 특수강도죄 확정판결의 효력은 ㉮사건에 대해 미치지 않는다. 갑 등은 불복 상고하였다.

대법원은 다음의 이유를 제시하여 상고를 기각하였다. (가) 강도가 서로 다른 시기에 다른 장소에서 수인의 피해자들에게 각기 폭행 또는 협박을 하여 각 그 피해자들의 재물을 강취하고, 그 피해자들 중 1인을 상해한 경우가 있다. (나) 이 경우에는 [『여관털이 강도범 사건 1』]과는 달라 각기 별도로 강도죄와 강도상해죄가 성립하는 것임은 물론, 법률상 1개의 행위로 평가되는 것도 아니다. (다) 그러므로 그 피해자들 중 1인에 대한 강도죄에 관하여 확정판결이 있었더라도, 그 확정판결의 효력은 그 밖의 피해자들에 대한 강도죄나 강도상해죄에 대하여는 미치지 않는 것임이 명백하다.

1) 1996. 7. 30. 96도1285, 공 1996, 2761 = 『부부 상대 금품 강취 사건』:

갑은 을, 병과 함께 A의 집에 침입하여 A 및 그의 처 B로부터 금품을 강취하였다.

검사는 갑과 을을 특수강도죄로 기소하였다. 제1심법원은 다음과 같이 판단하였다. (가) 피해자 A와 B 별로 특수강도죄가 구성된다. (나) 특수강도죄 사이에 상상적 경합관계가 있다. (다) 범정이 보다 무거운 B에 대한 특수강도죄로 의율한다. 갑은 불복 항소하였다. 항소법원은 항소를 기각하고, 제1심판결을 유지하였다. 갑은 불복 상고하였다.

대법원은 다음의 이유를 제시하여 상고를 기각하였다. 대법원은 다음의 분석을 통해 원심판결의 위법을 지적하였다. (가) 강도가 시간적으로 접착된 상황에서 가족을 이루는 수인에게 폭행 · 협박을 가하여 집안에 있는 재물을 탈취한 경우가 있다. (나) 이 경우 그 재물은 가족의 공동점유 아래 있다. (다) 이를 탈취하는 행위는 그 소유자가 누구인지에 불구하고 단일한 강도죄의 죄책을 지는 것으로 봄이 상당하다. 그러나 대법원은 원심판결의 잘못이 판결에 영향을 미치지 않았다고 판단하였다. (사안에서 상상적 경합범으로 처리하는 경우와 단순일죄로 처리하는 경우의 처단형이 동일하기 때문이다.)

2) 1991. 9. 10. 91도1722, 공 1991, 2567 = 『강취 예금통장 출금 사건』:

갑은 폭행 · 협박으로 A의 ㉠예금통장을 강취하였다. 갑은 A 명의의 ㉡예금청구서를 작성하였다. 갑은 ㉠통장과 ㉡예금청구서를 은행원 B에게 제출하였다. 갑은 B로부터 ㉢예금인출금을 교부받았다.

검사는 갑을 강도죄 등으로 기소하였다. 갑의 피고사건은 제1심을 거친 후, 항소심에 계속되었다. 항소법원은 강도죄, 사문서위조죄, 동 행사죄, 사기죄를 인정하였다. 갑은 불복 상고하였다.

대법원은 다음의 이유를 제시하여 상고를 기각하였다. (가) 갑은 예금통장을 강취하고 예금자 명의의 예금청구서를 위조한 다음 이를 은행원에게 제출, 행사하여 예금인출금 명목의 금원을 교부받았다. (나) 그렇다면 강도, 사문서위조, 동 행사, 사기의 각 범죄가 성립한다. (다) 이들은 실체적 경합관계에 있다.

각 성립하며 양자는 상상적 경합관계에 있다. 감금행위가 단순히 강도범행의 수단이 되는 데 그치지 아니하고 강도범행이 끝난 뒤에도 계속된 경우라면 강도 후의 감금죄와 선행한 강도죄는 실체적 경합관계에 있다.[1]

강도범인이 체포를 면탈할 목적으로 경찰관에게 폭행을 가한 때에는 강도죄와 공무집행방해죄(법136)가 성립한다. 양자는 상상적 경합관계가 아니라 실체적 경합관계에 있다.[2]

제 5 강도죄의 특수유형

1. 특수강도죄

형법 제334조 (특수강도) ① 야간에 사람의 주거, 관리하는 건조물, 선박이나 항공기 또는 점유하는 방실에 침입하여 제333조의 죄를 범한 자는 무기 또는 5년 이상의 징역에 처한다.
② 흉기를 휴대하거나 2인 이상이 합동하여 전조의 죄를 범한 자도 전항의 형과 같다.

◎ 자격정지 임의적 병과(법345)
◎ 미수범 처벌함(법342)
◎ 예비 · 음모 처벌함(법343)
◎ 상습범 가중처벌함(법341)
◎ 특정강력범죄법상 단기누범 가중(동법2, 3)

형법은 절도죄의 경우와 마찬가지로 강도죄의 유형을 세분화하여 법정형의 차등화를 꾀하고 있는데, 특수강도죄는 그 대표적인 예이다. 특수강도는 (가) 야간주거침입강도(법334①), (나) 흉기휴대강도(법334② 전단), (다) 합동강도(법334② 후단)로 나누어진다.

특수강도죄(법334)의 하나로 야간주거침입강도(법334①)가 있다. 야간주거침입강도는 야간주거침입절도(법330)에 대응하는 범죄유형이다. 특수절도죄의 하나로 야간손괴주거침입절도가 있다(법331①). 그러나 특수강도죄의 경우에는 '야간손괴주거침입강도'라는 가중유형이 별도로 인정되고 있지 않다. 야간에 문호 또는 장벽 기타 건조물의 일부를 손괴하고 주거 등에 침입하여 재물을 강취한 경우에는 특수강도죄(야간주거침입강도)(법334①)와 손괴죄(법366)가 성립하며, 양자는 실체적 경합관계에 있다.

특수강도죄의 가중요건인 야간주거침입, 흉기, 합동 등의 개념은 특수절도죄의 그것과

---

1) 2003. 1. 10. 2002도4380, 공 2003, 668 = 분석 각론『행신동 단란주점 사건』.
2) 1992. 7. 28. 92도917, 공 1992, 2696 =『비상벨 도주 사건』.

같다.[1] 야간주거침입강도의 경우 범인이 야간에 주거에 침입할 때 실행의 착수가 인정된다. 재물강취나 이익강취가 야간에 이루어짐을 요하지 않는다. 야간주거침입강도 형태의 특수강도죄(법334①)의 구성요건에는 '주거침입'이라는 요건이 포함되어 있으므로 야간주거침입강도 형태의 특수강도죄가 성립할 경우 주거침입죄(법319①)는 별도로 처벌할 수 없다.[2]

흉기휴대강도나 합동강도가 주간에 이루어지는 경우 실행의 착수시점은 폭행 · 협박이 가해지는 시점이다. 그런데 흉기휴대강도나 합동강도가 야간에 주거에 침입하여 범행을 하는 경우에 실행의 착수시점이 문제된다. 판례는 주거침입을 할 때를 기준으로 하는 것[3]과 폭행 · 협박에 나아갈 때를 기준으로 하는 것[4]이 있어서 태도가 일치되어 있지 않다.

---

1) 전술 1064면 이하 참조.

2) 2012. 12. 27. 2012도12777, [미간행] = 『차량 소리 도주 사건』:

갑은 야간에 A의 주거에 침입하여 재물을 물색하고 있었다. 그러던 중 A가 잠에서 깨어났다. 갑은 A를 폭행하여 간음하고 재물을 강취할 것을 마음먹었다. 갑은 주먹으로 A의 얼굴 부위를 수회 때려 A의 반항을 억압한 후 A의 바지와 팬티를 벗겨 A를 간음하려 하였다. 그러나 A의 집 밖에서 차량 소리가 들리는 바람에 갑은 A를 간음하지 못하고, 현금 8,730원을 가지고 나왔다.

검사는 갑을 강도강간미수 등의 공소사실로 기소하였다. 갑의 피고사건은 제1심을 거친 후, 항소심에 계속되었다. 항소법원은 갑의 범행이 (가) 강도상해, (나) 강도강간미수, (다) 주거침입죄가 성립한다고 보았다. 그리하여 항소법원은 갑을 주거침입죄로도 처단하였다. 갑은 불복 상고하였다.

대법원은 다음의 이유를 제시하여 원심판결을 파기환송하였다. 대법원은 야간주거침입강도죄와 주거침입죄의 관계에 대해 다음과 같이 설시하였다. (가) 형법 제334조 제1항은 "야간에 사람의 주거, 관리하는 건조물, 선박이나 항공기 또는 점유하는 방실에 침입하여 제333조(강도)의 죄를 범한 자는 무기 또는 5년 이상의 징역에 처한다."고 규정하고 있다. (나) 형법 제337조는 "강도가 사람을 상해하거나 상해에 이르게 한 때에는 무기 또는 7년 이상의 징역에 처한다."고 규정하고 있다. (다) 강도상해죄에 있어서의 강도는 형법 제334조 제1항 특수강도도 포함된다. (라) 그런데 형법 제334조 제1항 특수강도죄는 '주거침입'이라는 요건을 포함하고 있다. (마) 형법 제334조 제1항 특수강도죄가 성립할 경우 '주거침입죄'는 별도로 처벌할 수 없다. (바) 형법 제334조 제1항 특수강도에 의한 강도상해가 성립할 경우에도 별도로 '주거침입죄'를 처벌할 수 없다.

3) 1992. 7. 28. 92도917, 공 1992, 2696 = 『비상벨 도주 사건』.

4) 1991. 11. 22. 91도2296, 공 1992, 357 = 『집 보던 손녀 사건』:

형법상 강도강간죄는 무기 또는 10년 이상의 징역으로 처벌된다. 1994년 성폭력처벌법이 시행되기 전 특정범죄가중법은 특수강도강간죄를 사형, 무기 또는 10년 이상의 징역으로 처벌하였다. 1994년 이후 성폭력처벌법도 특수강도강간죄를 같은 법정형으로 처벌하고 있다(동법 제3조 제2항).

(1994년 성폭력처벌법 시행 전의 사안이다.) 갑은 타인의 재물을 강취하기로 마음먹었다. 갑은 야간에 흉기인 칼을 휴대한 채 시정되어 있지 않은 A의 집 현관문을 열고 마루까지 침입하여 동정을 살폈다. 갑은 마침 혼자서 집을 보던 A의 손녀 B가 화장실에서 용변을 보고 나오는 것을 발견하고 갑자기 욕정을 일으켰다. 갑은 칼을 B의 목에 들이대고 방안으로 끌고 B를 강간하였다.

검사는 갑을 특정범죄가중법상의 특수강도강간죄로 기소하였다. 갑의 피고사건은 제1심을 거친 후, 항소심에 계속되었다. 항소법원은 특수강도강간죄를 인정하였다. 갑은 불복 상고하였다.

대법원은 다음의 이유를 제시하여 원심판결을 파기환송하였다. (가) 형법 제334조 제1, 2항 소정의 특수강

생각건대 주거침입을 기준으로 실행의 착수 여부를 판단하는 것이 타당하다고 본다. 야간에 주거에 침입하여 이루어지는 흉기휴대강도나 합동강도는 야간주거침입강도로서의 성질을 내포하고 있기 때문이다.

2. 준강도죄

형법 제335조 (준강도) 절도가 재물의 탈환에 항거하거나 체포를 면탈하거나 범죄의 흔적을 인멸할 목적으로 폭행 또는 협박한 때에는 제333조 및 제334조의 예에 따른다.

◎ 자격정지 임의적 병과(법345)
◎ 미수범 처벌함(법342)
◎ 특정강력범죄법상 단기누범 가중(동법2, 3)

(1) 준강도죄의 본질

준강도죄는 재물탈취와 폭행 · 협박이 시간적으로 선후가 바뀌었을 뿐 실제에서는 폭행 · 협박을 수단으로 재물탈취를 하는 보통의 강도죄와 같은 수준의 실질적 위법성을 띠고 있다.[1] 준강도는 폭행 · 협박을 가하는 과정에서 살인이나 상해와 같은 중한 결과를 수반하는 경우가 많다. 이러한 점을 고려하여 입법자는 준강도를 강도죄의 예에 따라 중하게 처벌하고 있다.

(가) 비교법적 고찰　　비교법적으로 볼 때 일본 형법은 준강도죄를 '절도와 강도의 죄'의 장(동법 제2편 제36장)에 규정하고 있다. 이에 대해 독일 형법은 준강도죄를 '강도와 공갈의 죄'의 장(동법 각칙 제20장)에 규정하고 있다. 독일 형법은 강도와 공갈에 공통되는 폭행 · 협박에 중점을 두고 이를 준강도죄에 확장하는 입법례라고 할 수 있다. 이에 대해 일본 형법은 준강도죄를 절도죄와 강도죄의 중간영역에 위치시킴으로써 재물탈취와의 관련성을 중시하고 있다.

독일 형법은 준강도죄의 성립범위를 재물의 탈환거부로 한정하고 있다.[2] 이에 반해 일

도의 실행의 착수는 어디까지나 강도의 실행행위 즉 사람의 반항을 억압할 수 있는 정도의 폭행 또는 협박에 나아갈 때에 있다. (나) 야간에 흉기를 휴대한 채 타인의 주거에 침입하여 집안의 동정을 살피는 것만으로는 형법 제334조 제1, 2항에서 말하는 특수강도의 실행에 착수한 것이라고 할 수 없다. (다) 위의 특수강도에 착수하기도 전에 강간행위가 저질러졌다. (라) 위와 같은 강간행위가 특정범죄가중법 소정의 특수강도강간죄에 해당한다고 판단한 원심판결에는 동 범죄의 성립에 관한 법리오해가 있다.

1) 2004. 11. 18. 2004도5074 전원합의체 판결, 공 2004, 2096 = 분석 각론『양주병 바구니 사건』.

2) 독일형법 제252조 (강도적 절도) 절도범행의 현장에서 적발된 자가 소지하고 있는 도품을 계속 가지기 위하여 사람에게 폭행을 가하거나 생명 · 신체에 대한 현재의 위험을 가지고 협박한 때에는 강도와 동일하게 처벌한다.

본 형법은 재물의 탈환거부를 넘어서서 체포면탈이나 범죄흔적인멸의 경우까지 준강도죄의 성립범위에 포함시키고 있다.[1] 우리 형법은 준강도죄를 각칙 제28장 절도와 강도의 죄에 위치시키면서 폭행·협박의 적용대상을 재물의 탈환거부 외에 체포면탈, 범죄흔적인멸에까지 확대하고 있다. 여기에서 준강도죄의 본질과 관련한 논의가 제기된다.

(나) 본질 논쟁　　준강도죄의 본질을 어떻게 파악할 것인가를 놓고 절도범기준설과 폭행·협박기준설이 제시되고 있다. 절도범기준설은 준강도죄의 본질을 절도범으로 보는 견해이다. 이 입장에서는 준강도죄에 대한 가중처벌 여부와 미수·기수의 구별을 절도범을 중심으로 구별한다. 이에 대해 폭행·협박기준설은 준강도죄의 본질을 폭행·협박에서 구하는 견해이다. 이 입장에서는 준강도죄에 대한 가중처벌 여부와 미수·기수의 구별을 폭행·협박을 기준으로 판단한다. 판례에는 폭행·협박기준설[2]과 절도범기준설[3]이 혼재하고 있다. 자세한 내용은 후술하기로 한다.

(2) 행위주체

준강도죄의 주체는 '절도'이다. 즉 절도죄를 범한 범인을 말한다. 절도죄의 객체는 재물이다. 재산상 이익을 취득하거나 채무를 면하려고 폭행·협박을 하는 경우에는 준강도죄가 성립하지 않는다.[4]

---

1) 일본형법 제238조 (사후강도)　절도가 재물을 취득하고 이것이 도로 취거됨을 방해하거나 체포를 면탈하거나 또는 죄적을 은멸(隱滅)하기 위하여 폭행 또는 협박한 때에는 강도로써 논한다.

2) 1973. 11. 13. 73도1553 전원합의체 판결, 공 1973, 7621 = 분석 각론『절도범 주운 칼 사건』.

3) 2004. 11. 18. 2004도5074 전원합의체 판결, 공 2004, 2096 = 분석 각론『양주병 바구니 사건』.

4) 2014. 5. 16. 2014도2521, 공 2014상, 1263 =『래미안아파트 골목 사건』:

갑은 A가 운영하는 M술집에서 A로부터 술값 26만원의 지급을 요구받았다. 갑은 A를 유인·폭행하여 술값의 지급을 면하기로 마음먹었다. 갑은 A를 부근에 있는 래미안아파트 뒤편 골목으로 유인하였다. 갑은 발로 다리를 걸어 A를 바닥에 넘어뜨린 다음 A의 몸 위에 올라타 주먹으로 얼굴을 때리려고 하는 등의 행위를 한 다음 그대로 도주하였다. A는 이 과정에서 가벼운 상처를 입었다.

검사는 갑을 강도상해죄로 기소하였다. 갑의 피고사건은 제1심을 거친 후, 항소심에 계속되었다. 항소법원은 다음과 같이 판단하였다. (가) A의 상처는 강도상해죄의 상해에 해당하지 않는다. (나) 다음과 같은 범죄사실의 준강도죄가 인정된다. (다) "갑은 A에게 지급해야 할 술값 26만원의 지급을 면하여 같은 금액 상당의 재산상 이익을 취득하고 피해자를 폭행하였다." 갑은 불복 상고하였다.

대법원은 다음의 이유를 제시하여 원심판결을 파기환송하였다. (가) 형법 제335조는 '절도'가 재물의 탈환을 항거하거나 체포를 면탈하거나 죄적을 인멸한 목적으로 폭행 또는 협박을 가한 때에 준강도가 성립한다고 규정하고 있다. (나) 그러므로 준강도죄의 주체는 절도범인이고 절도죄의 객체는 재물이다. (다) 원심이 인정한 범죄사실은 갑이 A에게 지급해야 할 술값의 지급을 면하여 재산상 이익을 취득하고 피해자를 폭행하였다는 것이다. (라) 그 자체로 절도의 실행에 착수하였다는 내용이 포함되어 있지 않다. (마) 기록을 살펴보아도 이를 인정할 만한 사정이 없다.

준강도죄에서 절도범인은 절도의 실행에 착수한 자를 말한다. 재물의 탈환을 항거할 목적인 경우에는 절도가 이미 기수에 이르고 있다. 그러나 체포를 면탈하거나 범죄흔적을 인멸할 목적인 경우에는 절도의 기수와 미수를 불문한다.[1] 우리 형법은 절도범의 형태로 단순절도(법329) 외에 야간주거침입절도(법330), 특수절도(법331)를 인정하고 있다. 준강도의 주체인 절도에는 세 가지 유형의 절도가 모두 포함된다.

(3) 실행행위

(가) 절도의 기회 준강도죄는 절도범인이 절도의 기회에 재물의 탈환을 항거하거나 체포를 면탈하거나 범죄흔적을 인멸할 목적으로 폭행 또는 협박을 함으로써 성립한다. 절도의 기회란 폭행 · 협박이 재물탈취와 시간적 · 장소적으로 밀접한 관련성이 인정되는 상황을 말한다.

① 장소적 관점 장소적 관점에서 절도의 기회라 함은 (가) 절도범인과 피해자 측이 절도의 현장에 있는 경우, (나) 절도에 잇달아 또는 절도의 시간 · 장소에 접착하여 피해자 측이 범인을 체포할 수 있는 상황에 있는 경우, (다) 범인이 범죄흔적의 인멸에 나설 가능성이 높은 상황에 있는 경우를 말한다.[2]

장소적 관점에서 볼 때, 폭행 · 협박은 반드시 절도의 현장에서 일어날 것을 요하지 않는다. 피해자 측이 추적태세에 있는 상황이나 범인이 일단 체포되었으나 아직 신병확보가 확실하다고 할 수 없는 상황은 절도의 기회에 해당한다.[3] 그러나 절도범이 절도의 목적으로 도품에 접근하였다가 주인에게 발각되자 폭행 · 협박을 가하여 재물을 탈취하였다면(소위 돌변강도) 일반적인 강도죄가 성립한다.

② 시간적 관점 시간적 관점에서 절도의 기회란 폭행 · 협박이 재물탈취와 시간적으로 밀접한 관련성이 인정되는 상황을 말한다. 절도의 기회에 폭행 · 협박이 이루어졌는지는 사회통념에 따라 판단한다.

시간적 흐름이라는 관점에서 볼 때, 준강도죄의 폭행 · 협박은 절도범이 절도의 실행에 착수하여 (가) 그 실행중이거나, (나) 그 실행 직후, (다) 또는 실행의 범의를 포기한 직후로서 사회통념상 범죄행위가 완료되지 아니하였다고 인정할 만한 단계에서 행해져야 한다.[4]

---

1) 1990. 2. 27. 89도2532, 공 1990, 836.

2) 2009. 7. 23. 2009도5022, [미간행] = 분석 각론『절도범 추격 사건』.

3) 2009. 7. 23. 2009도5022, [미간행] = 분석 각론『절도범 추격 사건』.

4) 1999. 2. 26. 98도3321, 공 1999, 695 =『200미터 정류장 사건』:

갑은 A의 집에서 절도범행을 마친 지 10분가량 지나 A의 집에서 200m 가량 떨어진 버스정류장이 있는 곳까지 왔다. 갑은 절도범인이라고 의심하고 뒤쫓아 온 A에게 붙잡혀 A의 집으로 돌아왔다. 이 과정에서 갑

야간주거침입절도죄의 경우에는 절도범이 야간에 주거에 침입할 때 실행의 착수가 인정되므로 주거침입시부터 준강도가 성립할 수 있다.[1)]

절도범에 대한 추적이 계속되는 경우 등은 시간적·장소적으로 절도의 기회에 포함된다.[2)] 그러나 예컨대 절도범이 범행 수일 후 피해자에게 발각되어 재물탈환을 항거할 목적으로 폭행을 가하였다면 준강도죄는 성립하지 않는다. 절도범행의 완료 이후에 일어난 행위이기 때문이다.

(나) 폭행·협박의 정도 준강도죄의 폭행·협박은 일반 강도죄와의 균형상 사람의 반항을 억압하거나 항거를 불가능하게 할 정도의 것임을 요한다. 이 경우 폭행·협박은 일반적, 객관적으로 체포 또는 재물탈환을 하려는 자의 체포의사나 탈환의사를 제압할 정도라고 인정될 만한 정도에 이르러야 한다.[3)] 폭행·협박이 상대방의 반항을 억압하기에 충분한 것

은 달아나려고 A를 폭행하여(㉮폭행) 상해를 입혔다.

검사는 갑을 강도상해죄로 기소하였다. (주거침입죄는 별론으로 함.) 갑의 피고사건은 제1심을 거친 후, 항소심에 계속되었다. 항소법원은 다음과 같이 판단하였다. (가) 갑의 폭행은 사회통념상 절도범행이 이미 완료된 이후에 일어났다. (나) 준강도죄는 성립할 수 없다. (다) 절도죄와 상해죄의 경합범을 인정한다. 검사는 불복 상고하였다.

대법원은 다음의 이유를 제시하여 상고를 기각하였다. (가) 준강도는 절도범인이 절도의 기회에 재물탈환 항거 등의 목적으로 폭행 또는 협박을 가함으로써 성립되는 것이다. (나) 그러므로 그 폭행 또는 협박은 (ㄱ) 절도의 실행에 착수하여 그 실행중이거나 (ㄴ) 그 실행 직후 또는 (ㄷ) 실행의 범의를 포기한 직후로서 사회통념상 범죄행위가 완료되지 아니하였다고 인정될 만한 단계에서 행하여짐을 요한다. (다) 갑의 ㉮폭행은 사회통념상 절도범행이 이미 완료된 이후라 할 것이므로 준강도죄가 성립할 수 없다.

1) 2003. 10. 24. 2003도4417, 공 2003, 2285 =『202호 아파트 철제난간 사건』☞ 부록 1643면.

2) 1987. 10. 26. 87도1662, 공 1987, 1831 =『찹쌀창고 70미터 추격 사건』:

A 경영의 P상회에 ㉠창고가 있다. 갑은 을과 함께 ㉠창고에 보관된 찹쌀 등 ㉡곡물을 절취하기로 하였다. 갑과 을은 ㉠창고의 ㉢시정장치를 절단기로 자르고 문을 열려던 중이었다(㉮행위). 이때 갑과 을은 A로부터 신고를 받고 달려온 방범대원 B에게 발각되었다. B가 약 70미터를 추격한 끝에 갑을 붙잡게 되었다. 갑은 체포를 면하기 위하여 B에게 폭행을 가하여(㉯행위) 상해를 입혔다.

검사는 갑을 강도상해죄로 기소하였다. 제1심법원은 유죄를 인정하였다. 갑은 불복 항소하였다. 항소법원은 항소를 기각하고, 제1심판결을 유지하였다. 갑은 불복 상고하였다.

대법원은 다음의 이유를 제시하여 상고를 기각하였다. (가) 절도가 절도행위의 기회 계속중이라고 볼 수 있는 그 실행중 또는 실행 직후에 체포를 면탈할 목적으로 폭행을 가한 때에는 준강도죄가 성립된다. (나) 이로써 상해를 입혔을 때는 강도상해죄가 성립된다. (다) 갑의 ㉯폭행행위는 절취미수행위와 시간상 및 거리상 매우 근접하여 절취미수행위의 실행중 또는 실행직후에 행하여진 것이라고 보여진다. (라) 원심이 갑의 소위를 강도상해죄로 의율한 조치는 옳다.

3) 1990. 4. 24. 90도193, 공 1990, 1196 =『솥뚜껑 체포면탈 사건』:

절도범 갑이 A에게 붙잡히게 되었다. A는 체포에 필요한 정도를 넘어서서 발로 차며 늑골 골절 등 전치 3개월을 요하는 중상을 입힐 정도로 심한 폭력을 갑에게 가해왔다. 갑은 엉겁결에 곁에 있던 ㉠솥뚜껑을 들어 A의 폭력을 막아 내려고 하였다(㉮행위). 그러다가 ㉠솥뚜껑에 스치어 A가 눈가에 상처를 입었다.

검사는 갑을 강도상해죄로 기소하였다. 갑의 피고사건은 제1심을 거친 후, 항소심에 계속되었다. 항소법원은 준강도상해죄의 성립을 부정하였다. 검사는 불복 상고하였다.

인지는 구체적인 상황에 비추어 판단해야 한다. 옷을 잡히자 체포를 면하려고 충동적으로 저항을 시도하여 잡은 손을 뿌리치는 정도는 준강도죄의 폭행에 해당하지 않는다.[1]

폭행 · 협박은 현실적으로 상대방의 반항을 억압할 수 있었다든가 억압하였음을 요하지 않는다. 폭행의 경우 반격적이거나 상해를 생기게 할 정도일 필요도 없다. 폭행 · 협박의 상대방은 절도의 피해자에 한정되지 않는다. 절도에 장애가 되는 사람에 대하여 폭행 · 협박을 가함으로써 준강도죄는 성립한다. 따라서 경찰관이나 방범대원 등도 폭행 · 협박의 상대방이 될 수 있다.[2]

대법원은 다음의 이유를 제시하여 상고를 기각하였다. (가) 준강도죄의 구성요건인 폭행, 협박은 일반 강도죄와의 균형상 사람의 반항을 억압할 정도의 것임을 요한다. (나) 일반적, 객관적으로 체포 또는 재물탈환을 하려는 자의 체포의사나 탈환의사를 제압할 정도라고 인정될 만한 폭행, 협박이 있어야만 준강도죄가 성립된다. (다) 갑의 ㉮행위는 일반적, 객관적으로 A의 체포의사를 제압할 정도의 폭행에 해당하지 않는다. (라) 준강도상해죄의 성립은 인정되지 않는다.

1) 1985. 5. 14. 85도619, 공 1985, 876 =『목욕탕 절도범 도망 사건』:

갑은 M목욕탕에서 손님 A의 ㉠재물을 절취하려다가 발각되었다. 갑은 M목욕탕을 나와 출입문 앞길로 도망하였다. 그러던 중 A가 추적해 와 갑의 저고리 어깨와 등 부분을 붙잡았다. 갑은 도망하려고 A가 잡은 손을 뿌리쳤다. 이 바람에 A는 밀려 넘어지면서 상처를 입었다. 곧이어 M목욕탕 주인 B가 나와 A와 합세하여 갑을 체포하였다.

검사는 갑을 강도상해죄로 기소하였다. 갑의 피고사건은 제1심을 거친 후, 항소심에 계속되었다. 항소법원은 유죄를 인정하였다. 갑은 불복 상고하였다.

대법원은 다음의 이유를 제시하여 원심판결을 파기환송하였다. (가) 형법 제335조의 준강도죄의 구성요건인 폭행은 형법 제333조(강도)의 폭행의 정도와의 균형상 상대방의 반항(항쟁)을 억압할 정도이면 족하다. (나) 즉 반항을 억압하는 수단으로서 일반적, 객관적으로 가능하다고 인정하는 정도면 족하다. (다) 이는 체포되려는 구체적 상황에 비추어 체포의 공격력을 억압함에 족한 정도의 것인 여부에 따라 결정되어야 한다. (라) (사실관계; 생략함.) (마) 갑은 옷을 잡히자 체포를 면하려고 충동적으로 저항을 시도하여 잡은 손을 뿌리친 것으로 보인다. (바) 이러한 정도의 폭행은 A의 체포력을 억압함에 족한 정도에 이르지 않은 것으로 봄이 상당하다. (사) 이를 준강도죄로 의율할 수는 없다.

2) 1966. 12. 6. 66도1392, 집 14③, 형53 =『13종 물건 절도범 사건』:

갑은 M장소에서 A 소유의 손목시계 1개 등 13종의 물건을 절취하였다. 갑이 도망하려고 할 때 순찰중이던 방범원 B와 시민 C에게 발각되었다. B와 C는 갑을 추격하였다. 갑은 추격을 당하자 체포를 면탈할 목적으로 가지고 있던 단도로 B를 찔러 전치 3주일을 요하는 상해를 입게 하였다(㉮행위). 갑은 계속하여 도망하다가 다시 추격하여온 C에게 단도를 내밀며 "쫓아오면 이 칼로 찔러 죽인다"고 소리쳐 협박하였다(㉯행위).

검사는 갑을 다음의 공소사실로 기소하였다. (가) ㉮행위 : 강도상해죄. (나) ㉯행위 : 준강도죄. 제1심법원은 ㉮행위와 ㉯행위가 일괄하여 강도상해의 일죄를 구성하고 따로 별죄를 구성하지 않는다고 판단하였다. 제1심법원은 공소사실에 대해 다음과 같이 판단하였다. (가) ㉮행위 : 강도상해죄 유죄. (나) ㉯행위 : 준강도죄 무죄. 검사는 무죄 부분에 불복하여 항소하였다. 항소법원은 다음과 같이 판단하였다. (가) ㉮행위 : 강도상해죄 유죄. (나) ㉯행위 : 준강도죄 유죄. (다) 두 죄는 경합범으로 처단함이 옳다. 갑은 불복 상고하였다.

대법원은 다음의 이유를 제시하여 원심판결을 파기환송하였다. (가) 절도가 체포를 면탈할 목적으로 추격하여 온 수인에게 대하여, 같은 기회에 동시 또는 이시에 폭행 또는 협박을 하였다 하더라도, 준강도의 포괄일죄가 성립한다. (나) 또 준강도행위가 진전하여 상해행위를 수반하였다 하더라도, 일괄하여 준강도상해죄의 일죄가 성립하는 것이지, 별도로 준강도죄의 성립이 있는 것은 아니다. (다) 절도범인인 갑이 체포를 면탈할

(4) 고의와 목적

준강도죄는 절도가 (가) 재물의 탈환을 항거하거나, (나) 체포를 면탈하거나, (다) 범죄흔적을 인멸할 목적으로 폭행 · 협박을 가함으로써 성립하는 목적범이다. 이러한 목적을 가지고 폭행 · 협박을 함으로써 준강도죄는 성립하며, 목적의 달성 여부는 묻지 않는다.

독일 형법이 (가)의 재물의 탈환을 항거하는 경우만을 준강도죄의 대상으로 설정하는 것에 비하여 우리 형법은 (나) 및 (다)의 경우까지 준강도죄의 성립범위를 확장하고 있다. 세 가지 목적 가운데 적어도 어느 하나의 목적으로 폭행 · 협박이 이루어지면 족하다. 범인에게 이러한 목적이 있으면 족하고 폭행 · 협박의 상대방이 실제로 재물을 탈환하려고 하였는지, 범인을 체포하려고 하였는지는 문제되지 않는다.

(가) 재물탈환의 항거 절취한 재물을 피해자에게 탈환당하지 않으려고 대항하는 것을 말한다. 절도가 일단 재물을 자기의 배타적 지배하에 옮긴 뒤 피해자의 탈환에 항거하는 경우를 전제로 한다. 재물을 절취하기는 하였으나 아직 배타적 지배가 확립되지 아니한 상태에서 재물에 대한 지배를 확보할 목적으로 피해자에게 폭행 · 협박을 가하였다면 본래의 강도죄가 성립한다.

(나) 체포의 면탈 절도범이 피해자나 경찰관 등에게 붙잡혀 신체구속되는 상황을 막으려고 하는 것을 말한다.[1] 범인 자신뿐만 아니라 공범자의 체포를 면탈하게 하는 경우도 포함한다. 체포면탈의 경우는 재물탈환의 항거를 목적으로 하는 경우와 달리 재물에 대한 배타적 지배의 취득을 요건으로 하지 않는다. 또한 상대방이 실제로 체포하려고 하였는지도 묻지 않는다.

집안에 침입한 절도범을 발견한 주인이 집 밖으로 도망가려고 할 때 다른 사람에게 소리

목적으로 추격하여 온 방범원 B에 대하여는 상해를 가하고, 동일한 기회에 C에 대하여는 협박을 가하였다. (라) 이는 포괄하여 준강도상해죄의 일죄가 성립한다고 보아야 한다.

1) 1991. 11. 26. 91도2267, 공 1992, 368 =『봉고차 4인조 사건』:

갑, 을, 병, 정은 봉고 승합차량을 타고 다니면서 행인의 재물을 탈취할 것을 공모하였다. 갑 등은 지나가는 A를 범행대상으로 지목하고 봉고차를 세웠다. 을은 차량 안에서 대기하고 병은 차량 주위에서 망을 보았다. 갑과 정은 차량에서 내려 A에게 다가갔다. 정은 A가 들고 있던 가방을 나꿔챘다. 갑은 A를 힘껏 떠밀어 콘크리트바닥에 넘어져 상처를 입게 함으로써 추적을 할 수 없게 하였다.

검사는 갑 등을 강도상해죄로 기소하였다. 제1심법원은 유죄를 인정하였다. 갑 등은 불복 항소하였다. 항소법원은 항소를 기각하고, 제1심판결을 유지하였다. 갑 등은 불복 상고하였다. 갑 등은 상고이유로 다음의 점을 주장하였다. (가) 갑, 을, 병, 정은 사전에 A를 밀어 넘어뜨려서 반항을 억압하기로 하는 구체적인 의사연락이 없었다. (나) 그러므로 갑, 을, 병, 정에게는 강도상해죄의 공동정범이 성립하지 않는다.

대법원은 다음의 이유를 제시하여 상고를 기각하였다. (가) 갑, 을, 병, 정 사이에 사전에 A를 밀어 넘어뜨려서 반항을 억압하기로 하는 구체적인 의사연락이 없었다고 하자. (나) 그렇다고 하여도 합동하여 절도범행을 하는 도중에 갑이 체포를 면탈할 목적으로 A에게 폭행을 가하여 상처를 입혔다. (다) 그 폭행의 정도가 A의 추적을 억압할 정도의 것이었다. (라) 그러한 이상 갑, 을, 병, 정은 강도상해의 죄책을 면할 수 없다.

를 질러 자신을 체포하게 하는 것을 막으려고 절도범이 주인을 폭행 · 협박하는 경우에도 준강도죄가 성립한다. 절도범이 일단 체포되었으나 아직 신병확보가 확실하다고 할 수 없는 상태에서 도망하기 위하여 폭행 · 협박하는 경우에도 준강도죄가 성립한다.[1]

(다) 범죄흔적의 인멸　　절도범인으로 검거되었을 때 범행의 증명자료가 되는 증거를 소멸시키는 것을 말한다. 범행의 목격자 또는 증거물을 인멸하는 데 장애가 되는 사람에게 범죄의 증명자료를 무효로 할 목적으로 폭행 · 협박을 가하는 경우가 여기에 해당한다. 절취의 범행중에 범죄흔적을 인멸할 목적으로 사람을 살해한 때에는 강도살인죄가 성립한다.[2] 체포면탈의 경우와 마찬가지로 범죄흔적인멸의 경우에도 절도범은 재물에 대한 배타적 지배를 취득함을 요하지 않는다.

(5) 공 범

(가) 절도범 상호간의 관계　　절도범행을 수인이 공동으로 한 경우에 그 가운데 1명이 체포면탈 등의 목적으로 폭행 · 협박을 한 경우에 다른 공범자를 어떻게 처리할 것인지 문제된다. 절도범의 1명이 폭행 · 협박을 할 당시 공범자 사이에 의사연락이 있었다면 준강도죄의 공동정범이 인정되는 것은 당연하다. 문제는 공범자들이 서로 다른 방향으로 도주하는 경우와 같이 시간적 · 장소적으로 분리되는 상황에서 공범자 1명(갑)이 행한 폭행 · 협박을 다른 공범자(을)의 준강도 사유로 인정할 수 있는가 하는 점이다.

판례는 이 문제에 대해, 합동하여 절도를 한 경우 범인의 1명(갑)이 체포를 면탈할 목적으로 폭행을 하여 상해를 가한 때에는 나머지 범인(을)도 이를 예기하지 못한 것으로 볼 수 없으면 강도상해죄의 죄책을 면할 수 없다는 입장을 취하고 있다.[3] 판례의 기준에 따르면

---

1) 2009. 7. 23. 2009도5022, [미간행] = 분석 각론『절도범 추격 사건』.

2) 1983. 6. 28. 83도1210, 공 1983, 1164.

3) 1982. 7. 13. 82도1352, 공 1982, 838 =『몽둥이 뺏기 사건』:

A는 갑과 을이 자기 집에서 물건을 훔쳐 나왔다는 연락을 받고 도주로를 따라 추격하였다. 갑과 을은 A가 쫓아오는 것을 보고 도주하였다. A는 1킬로미터 가량 추격하여 갑을 체포하였다. A는 같이 추격하여 온 동리 사람들에게 갑을 인계하였다. A는 1킬로미터를 더 추격하여 을을 체포하였다. A는 가지고 간 나무 몽둥이로 을을 1회 구타하였다. 그러자 을은 몽둥이를 빼앗아 A를 구타하여 상해를 가하고 도주하였다. 을은 체포되었다.

검사는 갑을 강도상해죄로 기소하였다. 갑의 피고사건은 제1심을 거친 후, 항소심에 계속되었다. 항소법원은 유죄를 인정하였다. 갑은 불복 상고하였다.

대법원은 다음의 이유를 제시하여 원심판결을 파기환송하였다. (가) 갑과 을은 절도범행의 종료 후 얼마 되지 아니한 단계로서 안전지대에로 이탈하지 못하고 A 측에 의하여 체포될 가능성이 남아 있는 단계에서 추적당하여 체포되었다. (나) 갑과 을의 절취행위와 그 체포를 면하기 위한 을의 구타행위와의 사이에 시간상 및 거리상으로 극히 근접한 관계에 있다. (다) 을의 소위는 준강도상해죄에 해당된다.

(라) 갑으로서는 사전에 을과의 사이에 구타행위에 대해 상의한 바 없었다. (마) 체포 현장에 있어서도 갑

다른 공범자(을)가 이미 체포된 후에 공범자 1명(갑)이 폭행 · 협박을 가한 경우,[1] 또는 공범자 1명(갑)의 돌발적인 폭행 · 협박을 다른 공범자(을)가 전혀 예견할 수 없었던 경우[2] 등에는 다른 공범자(을)에 대해 준강도죄의 성립을 인정할 수 없고, 따라서 준강도를 기초로 한 강도상해 등의 죄책도 물을 수 없다.

(나) 절도범과 제3자의 관계 절도범인(갑)이 체포면탈 등의 목적으로 준강도의 폭행 · 협박을 하고 있는 상황에서 절도범인 아닌 자(을)가 이러한 상황을 알면서 폭행 · 협박에 가담하는 경우에 그의 죄책이 문제된다. 이에 대해서는 신분범으로 접근하는 방법과 일반 공범이론으로 접근하는 방법이 있다.

준강도(갑)를 신분범으로 보고 절도범인 아닌 자(을)에게 형법 제33조에 따라 신분을 확장하여 처리하는 방안이 있다. 판례 가운데에는 이 입장을 취하는 것으로 생각되는 예가 있

과의 사이에 전혀 의사연락 없이 을이 A로부터 그가 가지고 간 몽둥이로 구타당하자 돌연 이를 빼앗아 A를 구타하여 상해를 가하였다. (바) 갑은 이를 예기하지 못하였다. (사) 을의 구타 · 상해행위를 공모 또는 예기하지 못한 갑에게 준강도상해의 죄책을 문의할 수 없다.

1) 1982. 7. 13. 82도1352, 공 1982, 838 =『몽둥이 뺏기 사건』.

2) 1984. 2. 28. 83도3321, 공 1984, 658 =『담배창구 절도범 사건』:

A는 M담배가게 주인이다. 갑과 을은 M가게에서 물건을 훔치기로 하였다. 이때 갑은 M가게가 빈 가게로 알고 있었다. 을은 ㉠담배창구를 통하여 손으로 담배를 훔쳐내었다. 을은 이어서 ㉠창구를 통하여 M가게에 들어가 물건을 절취하였다. 갑은 가게 밖에서 망을 보았다. A가 대문을 열고 M담배가게로 나왔다. 갑은 예기치 않던 인기척 소리가 나므로 도주해버렸다. 을은 담배가게 ㉠창구로 다시 나오려고 하였다. 그러다가 을은 ㉠창구에 몸이 걸려 빠져 나오지 못하게 되어 A에게 손을 붙잡혔다. 을은 체포를 면탈할 목적으로 A에게 폭행을 가하여 상해를 입혔다.

검사는 갑을 강도상해죄로 기소하였다. 갑의 피고사건은 제1심을 거친 후, 항소심에 계속되었다. 항소법원은 다음과 같이 판단하였다. (가) 준강도상해죄에 대해 무죄를 선고한다. (나) 갑을 특수절도죄로 처단한다. 검사는 불복 상고하였다.

대법원은 다음의 이유를 제시하여 상고를 기각하였다. 대법원은 준강도상해죄의 공동정범에 대해 다음과 같이 설시하였다. (가) 준강도죄는 절도가 절도행위의 실행중 또는 실행 직후에 체포를 면탈할 목적으로 폭행, 협박을 한 때에 성립한다. (나) 이로써 상해를 가하였을 때에는 강도상해죄가 성립된다. (다) 공모 · 합동하여 절도를 한 경우 범인 중의 하나가 체포를 면탈할 목적으로 폭행을 하여 상해를 가한 때에는 나머지 범인도 이를 예기하지 못한 것으로 볼 수 없으면 강도상해죄의 죄책을 면할 수 없다.

대법원은 갑에 대해 다음과 같이 판단하였다. (가) 갑은 을의 폭행행위에 대하여 사전양해나 의사의 연락이 전혀 없었다. (나) 갑은 을과 절도를 공모함에 있어 범행장소가 빈 가게로 알고 있었다. (다) 을은 담배창구를 통하여 손으로 담배를 훔쳐내고 이어 창구를 통하여 가게에 들어가 물건을 절취하였다. (라) 갑은 가게 밖에서 망을 보던 중 예기치 않던 인기척 소리가 나므로 도주해버렸다. (마) 그 이후에 을이 담배가게 위 창구로 다시 나오려다가 창구에 몸이 걸려 빠져 나오지 못하게 되어 A에게 손을 붙들렸다. (바) 그러자 체포를 면탈할 목적으로 을이 A에게 폭행을 가하여 상해를 입혔다.

(사) A가 대문을 열고 담배가게에 나오고, 을은 인기척을 듣고 자그[마한] 담배창구로 몸을 밀어 빠져 나오는데 시간이 지체되었을 것이다. (아) 갑은 그동안 상당한 거리를 도주하였을 것으로 추정된다. (자) 이러한 상황하에서는 갑이 을의 폭행행위를 전연 예기할 수 없었다고 보여진다. (차) 갑에게 준강도상해죄의 공동책임을 지울 수 없다.

다.[1] 이 경우 폭행 · 협박은 별도로 폭행죄 · 협박죄를 구성하므로 준강도죄는 부진정신분범으로 파악된다.

---

1) 1976. 12. 14. 76도3267, 공 1977, 9821 =『종단 난입 강도 사건』:

P종단의 Q사찰은 P종단의 지도부가 있는 곳이다. P종단의 지도자는 종정 A이다. P종단에 분규가 발생하였다. 갑, 을, 병, 정 등은 P단체의 현 지도부에 반대하는 사람들이다. (이하 갑과 을 이외의 관련자들을 병으로 통칭함.) (연도 생략함.) 12. 23. 갑, 을과 병 등은 Q사찰에 인접한 M장소에 모였다. 병 등은 당초에는 호국승군단에 취직하거나 장미전시회에 참가하는 것으로 알고 M장소에 모인 것이었다.

12. 23. 22:00경부터 갑, 을과 병 등은 Q사찰에 난입하였다. 갑, 을과 병 등은 종정 A를 위시한 P종단 관계자들을 폭행 · 협박하여 체포 · 감금하였다. 이 과정에서 병 등은 P종단 관계자 승려 B 등에게 상해를 가하였다. 12. 24. 05:00경 갑과 을은 P종단의 ㉠예금통장과 ㉡인장을 빼앗았다. 12. 24. 10:00경 을은 종정 A를 살해하려고 하였다. 12. 24. 10:00경 경찰이 Q사찰에 진입하여 을의 살해시도를 제압하였다.

검사는 갑, 을과 병 등을 폭력행위처벌법위반죄(범죄단체조직), 강도상해죄, 강도살인미수죄로 기소하였다. 갑 등의 피고사건은 제1심을 거친 후, 항소심에 계속되었다.항소법원은 다음과 같이 판단하였다. (가) 갑은 폭력행위처벌법위반죄(범죄단체조직), 강도상해죄만 인정된다. (나) 을은 폭력행위처벌법위반죄(범죄단체조직), 강도상해죄, 강도살인미수죄가 인정된다. (다) 병 등은 폭력행위처벌법위반죄(범죄단체조직)만 인정된다. 검사는 무죄 부분에 불복하여 상고하였다. 갑, 을, 병 등은 유죄 부분에 불복하여 상고하였다. (이하 폭력행위처벌법위반죄 부분은 소개를 생략함.)

검사는 상고이유로 다음의 점을 주장하였다. (가) 병 등은 갑, 을과 공동정범의 관계에 있다. (나) 병 등에게 강도상해죄의 공모공동정범이 인정된다. 을은 상고이유로 다음의 점을 주장하였다. (가) ㉠예금통장과 ㉡인장을 빼앗은 행위는 12. 24. 05:00경에 일어났다. (나) 종정 A에 대한 살해시도는 그로부터 5시간이 경과된 10:00에 일어났다. (다) 종정 A에 대한 살해시도는 ㉠, ㉡재물의 강취와는 전혀 별개의 것으로서 단순한 살인미수에 불과하다. (라) 따라서 강도살인미수죄는 성립하지 않는다. 갑과 을은 상고이유로 다음의 점을 주장하였다. (가) 승려 B 등에게 상해를 가한 것은 병 등이다. (나) 갑과 을에게는 B에게 상해를 가할 의사가 없었다. (다) 따라서 강도상해죄는 성립하지 않는다.

대법원은 다음의 이유를 제시하여 상고를 모두 기각하였다. 대법원은 강도상해죄 및 강도살인미수죄의 성립범위에 대해 다음과 같이 설시하였다. (가) 강도상해죄는 강도의 신분을 가지는 자가 강도의 실행 중 또는 그 기회에 그 수단인 행위 또는 기타의 행위에 의하여 사람에게 상해의 결과를 발생케 함으로써 성립하는 강도죄와 상해죄의 결합범이다. (나) 강도살인미수죄는 강도의 신분을 가지는 자가 강도의 실행 중 또는 그 기회에 그 수단인 행위 또는 기타의 행위에 의하여 사람에게 살인미수의 결과를 발생케 함으로써 성립하는 강도죄와 살인미수죄의 결합범이다. (다) 그러므로 강도의 공동정범자는 강도의 기회에 공범자가 한 상해행위에 대하여 책임을 면할 수 없다. (라) 또한 강도살인미수죄의 성립요건인 살인미수의 원인이 된 흉행(兇行)이 반드시 강도의 실행행위의 내용을 이루고 있는 것에 한하지 아니하고 넓게 강도의 기회에 하여진 것이면 충분하다.

대법원은 강도살인미수죄 부분에 대해 다음과 같이 판단하였다. (가) 갑과 을의 ㉠예금통장과 ㉡인장의 강취행위가 있은 것은 12. 24. 05:00경이었다. (나) 을의 종정 A에 대한 흉행은 위 강취행위가 있었던 때로부터 5시간 경과된 12. 24. 10:00경이었다. (다) 사람의 반항을 억압하기에 충분한 폭행, 협박 및 체포 · 감금 등의 행위는 그 전날인 12. 23. 22:00경부터 경찰에 의하여 저지된 12. 24. 10:00경까지 계속되고 있었다. (라) 갑과 을이 ㉠예금통장 등을 탈취하는 행위가 12. 24. 05:00경에 있었다고 하더라도 위 재물강취의 목적을 완성할 의도는 경찰에 의하여 저지될 때까지 존재하고 있었다. (마) 을이 종정 A를 살해하려는 흉행을 하였음은 명백하다. (바) 을의 위 살인미수행위가 새로운 범의를 일으켜 저지른 것이었다고 하자. (사) 그렇다고 하여도 위 흉행이 강도의 기회의 연장선상의 시점에서 그와 관련하여 행하여진 것임이 인정된다. (아) 그러한 이상 강도살인미수죄의 구성요건은 충족된 것이다.

대법원은 강도상해죄 부분에 대해 다음과 같이 판단하였다. (가) 승려 B 등에 대한 상해의 원인이 되는 폭신분범설에 따르면 절도범인 아닌 자의 처리는 공범과 신분에 관한 학설에 따라 결론이 달라진다.[1] 진정신분범 · 부진정신분범설의 입장에서는 절도범(갑)은 준강도죄로, 절도범 아닌 자(을)는 폭행죄 또는 협박죄로 처단한다. 이에 대해 본문 · 단서설의 입장에서는 절도범(갑)과 절도범 아닌 자(을) 모두에 대해 준강도죄를 인정하되 절도범 아닌 자(을)에 대해서는 폭행죄 또는 협박죄의 형으로 처단하게 된다.

생각건대 준강도죄를 폭행 · 협박죄에 대한 부진정 신분범으로 보는 것은 타당하지 않다고 생각된다. 입법자가 절도범이 절도의 기회에 행하는 폭행 · 협박은 강도죄와 같은 정도의 실질적 위법성을 가지고 있다고 보고, 바로 이와 같은 특성 때문에 강도죄와 같이 취급하는 것이 준강도죄이다. 이처럼 준강도죄는 절도범행에 수반하는 행위상황에 주목하는 범죄유형이므로 준강도의 지위를 가리켜서 범인에게 고유한 인적 사유로서의 신분관계라고 말할 수는 없다. 따라서 절도범인이 체포면탈의 목적 등으로 폭행 · 협박하는 것을 알면서 이에 관여하는 자는 관여 이후의 행위인 폭행죄 · 협박죄의 공동정범으로 처벌하거나 전체범행인 준강도죄의 방조범으로 처단해야 할 것이다.[2]

(6) 준강도죄의 처벌

준강도죄의 처벌에 관하여 우리 형법 제335조는 '전2조의 예에 의한다'라고 규정하고 있다. 즉 준강도의 주체가 (가) 절도(법329)인 경우에는 강도(법333)로, (나) 야간주거침입절도(법330)인 경우에는 야간주거침입강도(법334①)로, (다) 야간손괴주거침입절도(법331①)의 경우에는 야간주거침입강도(법334①)로, (라) 흉기휴대절도(법331② 전단)의 경우에는 흉기휴대강도(법334② 전단)로, (마) 합동절도(법331② 전단)의 경우에는 합동강도(법334②후단)로 각각 처벌될 것이다. 그러나 구체적인 적용에서 해석상 문제가 적지 않다.[3]

행행위도 갑과 을에 관한 강도의 실행행위의 내용을 이루고 있거나 그 실행과정인 체포 · 감금 행위에 수반하여 이루어진 것임이 뚜렷하다. (나) 실제로 폭행의 행위를 한 병 등을 제외한 나머지 갑과 을에게 강도의 실행의 의사가 없었다고 하자. (다) 그렇다고 하더라도 이것 역시 갑과 을의 강도의 기회에 행하여진 것이었다. (라) 그러므로 갑과 을이 구체적으로 관지(觀知)하지 못한 다른 사람 병 등의 폭행일지라도 그것이 강도의 기회에 행하여진 이상 그로부터 생긴 결과에 대하여 그 책임을 면할 수는 없다. (마) 그렇다면 갑과 을에 대하여 강도상해죄가 성립하는 데에는 아무런 방해가 되지 않는다.

1) 신분관계에 관한 학설에 대해서는, 신동운, 형법총론, 제14판, (2022), 736면 이하 참조.

2) 1982. 12. 23. 82도2024, 공 1982, 230 = 백선 총론『여고생 협박전화 사건』참조.

3) 일본 형법에는 특수강도죄라는 가중처벌 규정이 없다. 따라서 준강도죄의 처벌범위와 관련한 문제는 일어나지 않는다.

일본형법 제236조 ① 폭행 또는 협박을 사용하여 타인의 재물을 강취한 자는 강도의 죄로 하여 5년 이하의 유기징역에 처한다.

② 전항의 방법에 의하여 재산상 불법한 이익을 취득하거나 타인에게 이를 취득하게 한 자도 동항과 같다.

(가) 특수강도죄의 적용범위 처음부터 흉기를 휴대한 절도범(법331②)이 재물의 탈환을 항거할 목적으로 폭행·협박을 하는 경우를 특수강도죄로 처벌하는 데에는 의문이 없다. 흉기를 휴대하여 재물을 강취하는 경우와 순서만 바뀌었을 뿐 재물탈취의 시점에 흉기를 휴대한 점은 동일하기 때문이다.

문제는 단순절도범이 절도의 실행에 착수한 이후에 비로소 흉기를 입수하여 폭행·협박을 하는 경우에 발생한다. 이에 대해서는 준강도의 본질을 절도에서 구하는 견해와 폭행·협박에서 구하는 견해 사이에 결론이 달라진다.

① 절도범기준설 준강도죄의 주체인 절도범을 기준으로 단순강도와 특수강도를 구별하여 적용하자는 견해이다.[1] 절도범기준설의 입장에서는 준강도죄를 규정한 형법 제335조가 단순히 '폭행 또는 협박'이라는 문언을 사용하고 있을 뿐 흉기 휴대 여부에 따른 차등을 두고 있지 않다는 점에 주목한다. 그리하여 특수절도범(흉기휴대절도)이 폭행·협박을 한 경우에만 흉기휴대강도로서 특수강도죄(법334②)로 처벌되고, 단순절도범이 뒤늦게 흉기를 사용하여 폭행·협박을 한 경우에는 단순강도죄(법333)로 처벌해야 한다고 본다.[2]

② 폭행·협박기준설 준강도죄의 실행행위인 폭행·협박을 기준으로 단순강도죄와 특수강도죄를 구별하여 적용하자는 견해이다.[3] 이 입장에서는 절도범의 성질을 묻지 않고 그의 흉기소지 여부에 주목한다. 그리하여 절도의 실행행위 전후를 불문하고 절도범이 흉기를 휴대하여 폭행·협박을 하였으면 특수강도죄(법334②)로 처벌해야 한다고 본다.[4]

③ 판 례 판례는 단순절도범이 재물탈환의 항거 등을 목적으로 도중에 습득한 흉기를 사용하여 폭행·협박하는 경우를 특수강도죄로 처벌하는 입장이다.[5] 폭행·협박기준설을 취한 것이라고 생각된다. 그러나 후술하는 것처럼 판례가 준강도죄의 미수범 처벌과 관련하여 절도범기준설로 태도를 전환한 이후에도 위의 기준이 그대로 유지될 수 있을지는 의문이다.

(나) 준강도죄의 미수 1995년 말 형법의 일부개정 이전까지는 절도죄 및 강도죄의 미수범처벌을 규정한 형법 제342조에 준강도죄가 들어 있지 않았다. 그리하여 판례는 절도

제238조(사후강도) 절도가 재물을 취득하고 이것이 도로 취거됨을 방해하거나 체포를 면탈하거나 또는 죄적을 은멸(隱滅)하기 위하여 폭행 또는 협박한 때에는 강도로써 논한다.

1) 임웅, 399면.

2) 1973. 11. 13. 73도1553 전원합의체 판결 소수의견, 공 1973, 7621 = 분석 각론『절도범 주운 칼 사건』 ☞ 부록 1644면.

3) 김성돈, 363면; 김일수·서보학, 272면(결합설); 이용식, 20면; 이재상·장영민·강동범, 318면; 이형국·김혜경, 388면; 정영일, 250면.

4) 1973. 11. 13. 73도1553 전원합의체 판결 다수의견, 공 1973, 7621 = 분석 각론『절도범 주운 칼 사건』.

5) 1973. 11. 13. 73도1553 전원합의체 판결 다수의견, 공 1973, 7621 = 분석 각론『절도범 주운 칼 사건』.

미수범이 준강도로 처벌되는 경우에는 준강도 기수범으로 처벌하였다.[1] 그러나 개정형법이 준강도죄를 미수범 처벌규정에 포함시킴에 따라 새로운 해석이 필요하게 되었다. 이와 관련하여 준강도죄의 미수가 어느 때에 성립하는지 문제된다. 이 문제 또한 준강도죄의 본질론과 관련하여 견해가 나뉘고 있다.

① 절도범기준설 절도의 미수 · 기수에 따라 준강도의 미수 · 기수가 정해진다고 보는 견해이다.[2] [3] 폭행 · 협박의 미수 · 기수는 묻지 않는다. 이 입장에서는 다음의 논거를 제시한다.

첫째로, 강도죄와 준강도죄는 구성요건요소인 재물탈취와 폭행 · 협박 사이에 시간적 순서상 전후의 차이가 있을 뿐 실질적으로 위법성이 같다. 둘째로, 피해자에 대한 폭행 · 협박을 수단으로 하여 재물을 탈취하고자 하였으나 그 목적을 이루지 못한 자가 강도미수죄로 처벌되는 것과 마찬가지로, 절도미수범인이 폭행 · 협박을 가하였으나 재물탈취의 목적을 달성하지 못하였다면 강도미수에 준하여 처벌하는 것이 합리적이다. 셋째로, 강도죄에서는 재물을 강취해야 기수가 됨에도 불구하고 준강도의 경우에는 폭행 · 협박을 기준으로 기수와 미수를 결정하게 되면, 재물을 절취하지 못한 채 폭행 · 협박만 가한 경우에도 준강도죄의 기수로 처벌받게 됨으로써 강도미수죄와의 불균형이 초래된다.

② 폭행 · 협박기준설 준강도죄의 실행행위인 폭행 · 협박을 기준으로 준강도죄의 미수 · 기수를 결정해야 한다고 보는 견해이다.[4] [5] 이 입장에서는 다음의 논거를 제시한다.

첫째로, 형법 제335조의 준강도죄에는 강도죄와 불법내용의 동일성을 인정할 수 있는 재물탈환항거를 목적으로 하는 폭행 · 협박 이외에 강도죄와 불법내용의 동일성을 인정할 수 없는 체포면탈이나 범죄흔적인멸을 목적으로 하는 폭행 · 협박을 포함하고 있어서 강도죄와 준강도죄의 구조나 본질이 반드시 같은 것은 아니다. 둘째로, 미수 · 기수를 결정하는 기준은 실행행위의 착수와 실행행위의 종료인데, 준강도죄의 실행행위는 어디까지나 폭행 · 협박이다. 셋째로, 일반적 · 객관적으로 보아 사람의 반항을 억압할 정도의 폭행 또는 협박행위가 개시되기는 하였으나 상대방에게 도달하지 않았거나 도달하였다고 하더라도 상대방의 반항이 전혀 억압되지 않은 경우를 충분히 상정할 수 있다. 넷째로, 준강

---

1) 1969. 10. 23. 69도1353, 집 17③, 형62.

2) 2004. 11. 18. 2004도5074 전원합의체 판결 다수의견, 공 2004, 2096 = 분석 각론『양주병 바구니 사건』 ☞ 부록 1646면.

3) 김성돈, 361면; 김일수, 273면; 김혜정 외, 329면; 이용식, 19면; 이재상 · 장영민 · 강동범, 317면; 정성근 · 박광민, 349면; 주호노, 663면.

4) 2004. 11. 18. 2004도5074 전원합의체 판결 소수의견, 공 2004, 2096 = 분석 각론『양주병 바구니 사건』.

5) 배종대, 337면.

도의 미수를 인정하지 않으면 강도미수와 불균형이 생긴다고 하나 양형단계에서 적절히 고려할 수 있다.

③ 결합설　절도미수와 폭행 · 협박미수의 두 경우 모두를 준강도의 미수로 보는 견해이다.[1) 2)] 기본적으로 폭행 · 협박기준설을 취하면서도 강도죄와 준강도죄가 실질적으로 위법성이 동일하다는 점을 부인하지 않는다. 논거는 절도기준설과 폭행 · 협박기준설을 동시에 사용한다.

④ 판 례　대법원은 의견이 나뉘었으나, 절도범기준설에 입각하여 종래의 판례를 변경하였다.[3)]

⑤ 사 견　생각건대 절도범기준설이 타당하다고 본다. 앞에 제시한 절도범기준설의 논거에 추가하여 다음의 논거를 제시해 볼 수 있다.

첫째로, 우리 형법은 준강도죄를 '절도와 강도의 죄' 장에 규정하여 재물탈취의 측면을 중시하고 있다. 이에 대해 독일 형법은 폭행 · 협박의 측면을 중시하여 준강도죄를 '강도와 공갈'의 장에 규정하고 있다. 폭행 · 협박기준설은 우리 입법자의 결단을 외면하는 흠이 있다. 둘째로, 폭행 · 협박기준설은 폭행 · 협박에 미수를 상정할 수 있다고 주장한다. 그러나 우리 형법은 폭행죄의 미수를 처벌하고 있지 않다. 협박미수는 형법상 처벌되고 있으나(법 283, 286) 절취행위와 시간적 · 장소적으로 밀접한 관련성이 요구되는 준강도죄에서 협박이 상대방에게 도달하지 않는다는 등 미수에 그치는 상황은 상정하기 곤란하다.

(다) 준강도죄의 예비 · 음모　형법 제335조는 준강도죄의 처리와 관련하여 '전2조의 예에 의한다'고 규정하고 있다. 즉 강도죄(법333) 및 특수강도죄(법334)와 동일하게 처벌한다는 것이다. 한편 형법 제343조는 '강도를 목적으로 예비 또는 음모한 자'를 처벌하고 있다. 그렇다면 준강도죄의 예비 · 음모도 형법 제335조를 매개로 하여 강도예비 · 음모로 처벌할 수 있는 것이 아닌가 하는 의문이 제기된다. 문제되는 상황은 예컨대 체포면탈 등의 목적으로 흉기를 휴대한 상태로 불심검문에서 적발된 절도범을 강도예비죄로 처벌할 것인가 하는 형태로 나타난다.

이 문제 또한 준강도죄의 본질과 관련하여 검토해야 한다고 본다. 폭행 · 협박기준설에 의하면 흉기를 휴대하는 것이 폭행 · 협박의 준비행위가 되므로 강도예비를 인정하게 될 것이다. 이에 대해 절도범기준설에 따르면 절도죄의 예비를 처벌하는 규정이 없으므로 강도예

1) 2004. 11. 18. 2004도5074 전원합의체 판결 별개의견, 공 2004, 2096 = 분석 각론『양주병 바구니 사건』.

2) 박상기, 287면; 손동권 · 김재윤, 342면; 오영근, 291면; 이정원, 343면; ; 이형국 · 김혜경, 386면; 임웅, 397면; 정영일, 249면.

3) 2004. 11. 18. 2004도5074 전원합의체 판결 반대의견, 공 2004, 2096 = 분석 각론『양주병 바구니 사건』.

비로도 처벌할 수 없다는 결론에 이르게 된다.

판례는 강도예비 · 음모죄가 성립하기 위해서는 예비 · 음모 행위자에게 미필적으로라도 '강도'를 할 목적이 있음이 인정되어야 하고 그에 이르지 않고 단순히 '준강도'할 목적이 있음에 그치는 경우에는 강도예비 · 음모죄로 처벌할 수 없다는 입장을 취하고 있다.[1]

(7) 죄 수

폭행 · 협박에 선행하는 절도기수 또는 절도미수는 준강도죄에 흡수되어 별도의 죄를 구성하지 않는다.

절도범이 체포를 면탈할 목적으로 체포하려는 여러 명의 피해자에게 같은 기회에 폭행을 가하는 경우가 있다. 준강도의 본질을 폭행 · 협박에서 구할 경우 수죄의 성립을 인정하게 될 것이다. 그러나 준강도죄의 본질은 절도범행에 있다. 동일한 절도의 기회에 행해지는 폭행은 포괄하여 일죄를 구성한다. 따라서 절도범이 체포를 면탈할 목적으로 체포하려는 여러 명의 피해자에게 같은 기회에 폭행을 가하여 그중 1명에게만 상해를 가하였다면 피고인의 이러한 행위는 포괄하여 하나의 강도상해죄만 성립한다.[2]

절도범인이 체포를 면탈할 목적으로 경찰관에게 폭행 · 협박을 가한 때에는 준강도죄와 공무집행방해죄를 구성하고, 양죄는 상상적 경합관계에 있다.[3]

3. 인질강도죄

형법 제336조 (인질강도) 사람을 체포 · 감금 · 약취 또는 유인하여 이를 인질로 삼아 재물 또는 재산상의 이익을 취득하거나 제3자로 하여금 이를 취득하게 한 자는 3년 이상의 유기징역에 처한다.

---

1) 2006. 9. 14. 2004도6432, 공 2006, 1768 = 분석 각론 『체포면탈용 흉기 소지 사건』.

2) 2001. 8. 21. 2001도3447, 공 2001, 2139 = 『공구함 준강도 사건』:

(연월일 생략함.) 01:50경 갑은 M빌라 내 지하주차장에서 A 소유의 베스타 승합차 조수석 문을 열고 안으로 들어가 공구함을 뒤졌다. 갑은 차에 설치된 도난경보장치의 경보음을 듣고 달려 온 A에게 발각되었다. A의 신고를 받고 출동한 경찰관 B와 C는 갑을 붙잡으려고 하였다. 그러자 갑은 체포를 면탈할 목적으로 팔꿈치로 B의 얼굴을 치고, 발로 C의 정강이를 걷어차 C에게 약 2주간의 치료를 요하는 상해를 입혔다.

검사는 갑을 준강도죄와 강도상해죄로 기소하였다. 제1심법원은 다음과 같이 판단하였다. (가) B에 대한 부분은 준강도죄가 인정된다. (나) C에 대한 부분은 강도상해죄가 인정된다. (다) 두 죄는 실체적 경합관계에 있다. (라) 형이 더 무거운 강도상해죄에 경합범 가중을 하여 처단한다. 갑은 불복 항소하였다. 항소법원은 항소를 기각하고, 제1심판결을 유지하였다. 갑은 불복 상고하였다.

대법원은 다음의 이유를 제시하여 원심판결을 파기하고 자판(自判)하여 형을 선고하였다. (가) 절도범이 체포를 면탈할 목적으로 체포하려는 여러 명의 피해자에게 같은 기회에 폭행을 가하여 그중 1인에게만 상해를 가하였다면 피고인의 이러한 행위는 포괄하여 하나의 강도상해죄만 성립한다. (나) 원심판결은 위법을 면치 못한다. (다) 원심판결과 제1심판결을 모두 파기한다. (라) 직접 판결하여 형을 선고한다(징역 3년 6월).

3) 1992. 7. 28. 92도917, 공 1992, 2696 = 『비상벨 도주 사건』.

◎ 자격정지 임의적 병과(법345)
◎ 미수범 처벌함(법342)
◎ 예비 · 음모 처벌함(법343)
◎ 상습범 가중처벌함(법341)
◎ 특정강력범죄법상 단기누범 가중(동법2, 3)

(1) 다른 범죄와의 관계

인질강도죄는 사람을 체포 · 감금, 약취 · 유인하여 이를 인질로 삼아 재물 또는 재산상의 이익을 취득하거나 제3자로 하여금 이를 취득하게 함으로써 성립한다. 인질강도죄는 공갈죄(법350), 인질강요죄(법324의2) 및 특정범죄가중법상의 13세 미만 미성년자약취 · 유인죄의 가중처벌규정(동법5의2 참조) 위반죄와 유사하면서도 차이가 있다.

(가) 공갈죄와의 관계 인질강도죄는 공갈죄와 비슷한 구조를 갖는다. 인질을 통한 금품 등의 요구를 공갈의 구체적인 모습으로 볼 수 있기 때문이다. 그러나 입법자는 체포 · 감금, 약취 · 유인된 사람을 인질로 삼아 금품 등을 요구하는 것 자체가 이미 상대방의 반항을 억압하는 정도에 이르렀다고 보고 인질강도죄를 공갈죄(법350①; 10년 이하 징역 또는 2천만원 이하 벌금)보다 무겁게, 강도죄(법333; 3년 이상 유기징역)와 같은 법정형으로 처벌하고 있다. 인질강도죄는 강도죄의 일종이므로 공갈죄와 달리 강도상해 · 치상죄(법337), 강도살인 · 치사죄(법338), 강도강간죄(법339) 등 각종 결합범의 근거가 된다.

(나) 인질강요죄와의 관계 인질강도죄는 사람을 체포 · 감금, 약취 · 유인하여 이를 인질로 삼는 것을 범행의 수단으로 한다는 점에서 인질강요죄(법324의2; 3년 이상 유기징역)와 공통된다. 그러나 인질강요죄가 '제3자에 대하여 권리행사를 방해하거나 의무 없는 일을 하게 하는 것'을 요건을 설정하여 자유를 보호하는 죄로 설정되어 있음에 대하여, 인질강도죄는 '재물 또는 재산상의 이익을 취득하거나 제3자로 하여금 이를 취득하게 하는 것'을 요건으로 하여 재산범죄의 일종으로 파악되고 있다.

재물 또는 재산상 이익의 취득은 의무 없는 일을 하게 하는 경우의 구체화라고 볼 수 있으므로 인질강요죄는 인질강도죄에 대하여 법조경합 관계(흡수관계)에 있다고 생각된다. 우리 입법자는 인질강도죄와 인질강요죄의 법정형을 '3년 이상의 유기징역'으로 동일하게 규정하고 있다. 다만 인질강도죄의 경우에는 인질강요죄와 달리 인질을 안전한 장소에 풀어줄 때 적용되는 사후중지범(법324의6)의 특례가 마련되어 있지 않다.

(다) 특정범죄가중법상 약취 · 유인죄와의 관계 「특정범죄 가중처벌 등에 관한 법률」(특정범죄가중법)은 13세 미만 미성년자를 약취 · 유인한 다음 이를 이용하여 재물 또는 재산

상 이익을 취득하는 행위를 가중처벌하고 있다(동법5의2① · ② 참조). 특정범죄가중법상의 미성년자약취 · 유인죄의 객체는 2016년 특정범죄가중법 일부개정에 의하여 13세 미만의 미성년자로 한정되었다.

특정범죄가중법상의 약취 · 유인죄는 약취 · 유인이라는 수단과 재물 또는 재산상 이익의 취득이라는 요건이 인질강도죄와 공통된다. 그러나 특정범죄가중법상의 가중처벌규정은 13세 미만 미성년자의 보호에 중점을 두고 마련된 것으로서, 미성년자를 자유로운 생활관계 또는 부모와의 보호관계로부터 이탈시킨다는 미성년자약취 · 유인죄의 요소가 반드시 구비되어야 한다. 이에 대해 인질강도죄는 인질의 대상을 13세 미만 미성년자로 한정하지 않는다. 따라서 인질을 기존의 보호관계 등으로부터 이탈시키지 않더라도 인질강도죄는 성립한다.[1)]

(2) 인질강도죄의 성립요소

인질강도죄는 체포 · 감금죄와 강도죄의 결합범 또는 약취 · 유인죄와 강도죄의 결합범으로서의 성질을 갖는다. 주된 보호법익은 타인의 재산권이며 신체의 자유도 부차적으로 보호된다.

인질강도죄의 주체에는 특별한 제한이 없다. 다만 13세 미만 미성년자를 약취 · 유인하여 이를 인질로 삼아 재물 또는 재산상의 이익을 취득하는 경우에는 특정범죄가중법상의 미성년자약취 · 유인죄(동법5의2② 참조)로 가중처벌된다.

체포 · 감금과 약취 · 유인은 체포 · 감금죄(법276①)[2)] 및 각종 약취 · 유인죄(법287, 288)[3)]의 그것과 같다. 인질로 삼는다 함은 체포 · 감금, 약취 · 유인된 자의 생명 · 신체 등의 안전에 관한 제3자의 우려를 이용하여 석방이나 생명 · 신체에 대한 안전을 보장하는 대상(代償)으로 제3자로부터 재물 또는 재산상 이익을 얻을 목적하에 체포 · 감금, 약취 · 유인된 자의 자유를 구속하는 것을 말한다.

인질강도죄의 미수범은 처벌한다(법342, 336). 인질강도죄는 피해자를 체포 · 감금하거나 약취 · 유인할 때 미수에, 자기 또는 제3자가 재물 또는 재산상 이익을 취득함으로써 기수에 이른다.

4. 강도상해 · 치상죄

형법 제337조 (강도상해 · 치상) 강도가 사람을 상해하거나 상해에 이르게 한 때에는 무기 또는

---

1) 2008. 1. 17. 2007도8485, 공 2008, 267 = 분석 각론『도망친 어머니 사건』.
2) 전술 716면 이하 참조.
3) 전술 758면 이하 참조.

7년 이상의 징역에 처한다.

◎ 자격정지 임의적 병과(법345)

◎ 미수범 처벌함(법342)

◎ 특정강력범죄법상 단기누범 가중(동법2, 3)

(1) 강도상해죄

(가) 입법취지 강도상해죄는 강도죄와 상해죄의 결합범이다. 강도죄를 범하는 자가 강도의 기회에 사람의 생명이나 신체에 침해를 가하는 일이 적지 않다. 입법자는 강도범의 잔인성에 엄중히 대처하기 위하여 강도상해 · 치상죄(법337), 강도살인 · 치사죄(법338)라는 가중적 구성요건을 마련하고 있다. 강도상해죄와 강도치상죄는 법정형이 무기 또는 7년 이상의 징역이다. 특별히 법률상 감경사유가 없는 한 법관이 정상참작감경(법53)을 하더라도 처단형이 3년 6개월이 되어 집행유예가 허용되지 않는다(법62① 참조).

(나) 행위주체 강도상해죄의 주체는 강도이다. 이 경우 강도는 강도의 실행에 착수한 자를 말하며, 강도(법333)와 특수강도(법334)는 물론, 강도 또는 특수강도의 예에 의하도록 되어 있는 준강도(법335)도 강도상해죄의 주체에 포함된다.[1] 강도기수의 범인은 물론 강도미수(법342)의 범인도 강도상해죄의 주체가 되지만, 강도예비 · 음모(법343)의 범인은 강도상해죄의 주체에 포함되지 않는다.

(다) 행위객체 강도상해죄의 객체는 사람이다. 이 경우 사람은 범인 이외의 다른 사람을 말한다. 강도의 직접 피해자에 한정되지 않는다. 체포를 면탈하기 위하여 경찰관이나 다른 추격자를 상해하는 경우에도 강도상해죄가 성립한다.[2]

(라) 상 해 강도상해죄에서의 상해는 피해자의 신체의 건강상태가 불량하게 변경되고 생활기능에 장애가 초래되는 것을 말한다. 반드시 외부적인 상처가 있어야만 하는 것이 아니고, 정신적 기능에 지장을 주는 것도 포함한다. 그러나 (가) 피해자가 입은 상처가 극히 경미하여 굳이 치료할 필요가 없고 (나) 치료를 받지 않더라도 일상생활을 하는 데 아무런 지장이 없으며 (다) 시일이 경과함에 따라 자연적으로 치유될 수 있는 정도라면, 그로 인하여 피해자의 신체의 건강상태가 불량하게 변경되었다거나 생활기능에 장애가 초래된 것으로 보기 어려워 강도상해죄에서의 상해에 해당한다고 할 수 없다.[3]

---

1) 1990. 2. 27. 89도2532, 공 1990, 836.

2) 2001. 8. 21. 2001도3447, 공 2001, 2139 =『공구함 준강도 사건』.

3) 2003. 7. 11. 2003도2313, 공 2003, 1749 =『간호사 정상출근 사건』:

(연도 생략함.) 9. 15. 02:00경 갑과 을은 A의 집에 들어갔다. 갑과 을은 A의 반항을 억압하고 강취한 신용카드의 비밀번호를 알아내는 과정에서 A를 수회 폭행하였고, 이로 인해 A의 얼굴과 팔다리 부분에 멍이

상해는 폭행에 의하여 일어나는 것이 보통이지만 협박에 의하여도 가능하다. 약물을 복용하게 하여 항거불능하게 하는 강도범행(혼취강도)의 경우에 피해자가 약물복용으로 정신을 잃는 것만으로는 아직 상해라고 할 수 없다. 그러나 수면제 등의 영향으로 피해자의 신체나 정신에 혼취상태 이외의 병적 증상을 나타내는 경우는 상해에 해당한다.[1] 혼취상태가 일시적이지 않고 장기간에 걸친 경우에도 상해가 인정될 여지가 있다.

상해는 범인의 가해행위로 인한 것이어야 한다. 피해자가 적극적 체포행위 과정에서 스스로의 행위 결과로 입은 상처는 강도상해죄의 상해에 해당하지 않는다.

(마) 강도의 기회 　강도상해죄는 강도범인이 그 강도의 기회에 상해행위를 함으로써 성립한다. 강도의 기회란 (가) 강도범행의 실행 중이거나 (나) 그 실행 직후 또는 (다) 실행의 범의를 포기한 직후로서 사회통념상 범죄행위가 완료되지 아니하였다고 볼 수 있는 단계를 말한다.[2]

생겼다(㉠상처). A는 간호사이다. 9. 16. (범행 다음날) A는 직장이 휴무였으므로 출근하지 않았다. 9. 17.부터 A는 정상적으로 근무하였다. A는 ㉠상처로 인하여 병원에서 치료를 받지 않았다. 9. 18.에는 A는 몸 상태가 호전되어 진단서도 발급받지 않았다.

검사는 갑과 을을 강도상해죄로 기소하였다. 갑과 을의 피고사건은 제1심을 거친 후, 항소심에 계속되었다. 항소법원은 상해가 인정되지 않는다고 판단하였다. 항소법원은 [특수강도죄만을 인정하였다.] 검사는 불복 상고하였다.

대법원은 다음의 이유를 제시하여 상고를 기각하였다. (가) 강도상해죄에 있어서의 상해는 피해자의 신체의 건강상태가 불량하게 변경되고 생활기능에 장애가 초래되는 것을 말한다. (나) (ㄱ) 피해자가 입은 상처가 극히 경미하여 굳이 치료할 필요가 없고 (ㄴ) 치료를 받지 않더라도 일상생활을 하는 데 아무런 지장이 없으며 (ㄷ) 시일이 경과함에 따라 자연적으로 치유될 수 있는 정도라면, 그로 인하여 피해자의 신체의 건강상태가 불량하게 변경되었다거나 생활기능에 장애가 초래된 것으로 보기 어려워 강도상해죄에 있어서의 상해에 해당한다고 할 수 없다. (다) A가 입은 상처는 일상생활에 지장을 초래하지 않았고 나아가 그 회복을 위하여 치료행위가 특별히 필요하지 않은 정도로서 강도상해죄에 있어서의 상해에 해당된다고 할 수 없다.

1) 2017. 6. 29. 2017도3196, 공 2017하, 1600 =『졸피뎀 강간 사건』 참조.

2) 2014. 9. 26. 2014도9567, 공 2014하, 2156 =『강릉 회칼 강도 사건』:

(연월일 생략함.) 05:41경 갑은 강릉시 ㉠지점에서 A가 운행 중이던 M택시에 승객인 양 탑승하였다. 06:40경 삼척시 ㉡지점에 이르자 갑은 미리 준비한 흉기인 회칼을 보여주면서 위협한 뒤 청색 테이프로 A의 손과 발을 묶었다. 갑은 A를 뒷좌석으로 옮긴 후 M택시를 운전하여 갔다. 06:54경 갑은 택시를 세워 A를 짐칸에 옮겨 태우고 미리 준비한 노끈으로 목과 팔 등을 묶은 다음, A의 주머니 속 지갑에 들어 있는 A 소유의 현금과 신용카드 2장을 빼앗았다. 08:02경 갑은 강릉시 ㉢지점에 있는 P새마을금고 앞에 이르렀다. 08:11경까지 갑은 P새마을금고에 들어가 재물을 강취할 기회를 엿보았으나 포기하고 다른 곳으로 택시를 운전하여 갔다. 09:07경부터 09:10경까지 갑은 [㉣지점에 있는] P새마을금고에서 A로부터 강취한 신용카드로 현금을 인출하였다(이상 ㉮행위).

09:43경 갑은 M택시를 운전하여 강릉시 ㉤지점에 이르렀다. A가 결박을 풀고 달아나자 회칼을 들고 쫓아가 A의 어깨를 잡아당겨 넘어뜨렸다. A가 갑이 손에 쥐고 있는 회칼의 칼날 부분을 잡았다. 그러자 갑은 회칼을 위쪽으로 잡아당겨 A에게 상해를 가하였다(이상 ㉯행위). A가 다시 달아났다. 갑은 M택시를 ㉤장소로부터 1㎞ 떨어진 강릉시 ㉥지점 앞 농로까지 운전하여 갔다. [㉥지점에서 갑은 검거되었다.]

상해는 반드시 강도범행의 수단으로 한 폭행에 의하여 일어날 것을 요하지 않는다. 상해행위가 강도가 기수에 이르기 전에 행하여져야만 하는 것도 아니다. 그러므로 강도범행 이후에도 피해자를 계속 끌고 다니거나 차량에 태우고 함께 이동하는 등으로 강도범행으로 인한 피해자의 심리적 저항불능 상태가 해소되지 않은 상태에서 강도범인의 상해행위가 있었다면 강취행위와 상해행위 사이에 다소의 시간적 · 공간적 간격이 있었다 하더라도 강도상해죄의 성립에 영향이 없다.[1]

(바) 미수와 기수　　강도상해죄의 미수범은 처벌한다(법342, 337). 강도상해죄의 미수 · 기수는 상해의 결과발생 유무에 따라 결정된다. 재물탈취의 유무는 강도상해죄의 미수 · 기수에 영향을 미치지 않는다. 절도가 체포를 면탈할 목적으로 폭행을 가하여 피해자에게 상해의 결과를 발생하게 한 경우에는 설사 재물의 탈취가 미수에 그쳤다 할지라도 강도상해죄의 기수범이 된다.

강도미수의 경우에도 상해가 있으면 강도상해죄는 기수에 이르게 된다. 강도상해죄의 미수는 강도범이 피해자를 상해하려고 하였으나 이를 달성하지 못한 경우에 인정된다.

(사) 공 범　　강도의 기회에 공범자 1명이 행한 상해에 대해 다른 공범자를 강도상해죄로 처벌할 수 있을 것인지 문제된다. 생각건대 강도상해죄는 강도죄와 상해죄가 결합된 고의범이므로 공범에게 상해에 대한 의사연락이 없으면 강도상해죄의 공동정범으로 처벌할 수 없다. 그러나 공범자들 사이에 재물강취의 수단으로 폭행이 가해질 것이라는 점에 관하여 상

검사는 갑을 강도상해죄로 기소하였다. 갑의 피고사건은 제1심을 거친 후, 항소심에 계속되었다. 항소법원은 유죄를 인정하였다. 갑은 불복 상고하였다. 갑은 상고이유로 다음의 점을 주장하였다. (가) ㉮행위와 ㉯행위는 시간적, 공간적으로 전혀 별개의 행위이다. (나) ㉮행위와 ㉯행위는 특수강도죄와 폭력행위처벌법위반죄(흉기휴대 상해)의 실체적 경합범에 해당한다. 대법원은 다음의 이유를 제시하여 상고를 기각하였다.

대법원은 강도상해죄의 성립범위에 대해 다음과 같이 설시하였다. (가) 형법 제337조의 강도상해죄는 강도범인이 그 강도의 기회에 상해행위를 함으로써 성립하는 것이다. (나) 강도상해죄는 강도범행의 실행 중이거나 그 실행 직후 또는 실행의 범의를 포기한 직후로서 사회통념상 범죄행위가 완료되지 아니하였다고 볼 수 있는 단계에서 상해가 행하여짐을 요건으로 한다. (다) 그러나 반드시 강도범행의 수단으로 한 폭행에 의하여 상해를 입힐 것을 요하는 것은 아니다. (라) 상해행위가 강도가 기수에 이르기 전에 행하여져야만 하는 것은 아니다. (마) 강도범행 이후에도 피해자를 계속 끌고 다니거나 차량에 태우고 함께 이동하는 등으로 강도범행으로 인한 피해자의 심리적 저항불능 상태가 해소되지 않은 상태에서 강도범인의 상해행위가 있었다면 강취행위와 상해행위 사이에 다소의 시간적 · 공간적 간격이 있었다는 것만으로는 강도상해죄의 성립에 영향이 없다.

대법원은 갑의 행위에 대하여 다음과 같이 판단하였다. (가) 갑이 A로부터 강취한 택시에 A를 태우고 돌아다니는 동안 A는 갑의 강도범행에 의하여 계속 제압된 상태에 있었다. (나) 갑이 그로부터 도망하려는 A에게 상해를 가한 경우 사회통념상 강도범행이 완료되지 아니한 상태에서 '강도의 기회'에 상해행위를 저지른 것으로 볼 수 있다. (다) 갑의 상해행위를 새로운 결의에 의해 강도범행과는 별개의 기회에 이루어진 독립의 행위라고 하기는 어렵다. (라) 따라서 갑의 행위는 특수강도죄와 폭력행위처벌법위반죄(흉기휴대 상해)의 경합범이 아닌 강도상해죄의 일죄로 처벌하는 것이 옳다.

1) 2014. 9. 26. 2014도9567, 공 2014하, 2156 = 『강릉 회칼 강도 사건』.

호의사의 연락이 있었으므로 구체적으로 상해에 대해서까지는 공모하지 않았다고 하더라도 폭행으로 생긴 결과에 대해 예견가능성이 있다고 보아야 한다. 따라서 상해의 고의 없는 다른 공범자에 대해서는 강도치상죄가 성립한다.[1)]

(아) 죄 수　　강도상해죄는 강도의 기회에 사람을 상해하는 잔혹성에 주목하여 가중처벌하는 범죄유형으로서, 재산보다도 신체의 완전성 쪽에 보호법익의 비중이 더 크다고 말할 수 있다. 따라서 강도상해의 죄수는 피해자의 수를 기준으로 결정해야 한다. 강도가 한 개의 강도범행을 하는 기회에 수명의 피해자에게 각각 폭행을 가하여 각각 상해를 입힌 경우에는 각 피해자별로 수개의 강도상해죄가 성립하며, 이들은 실체적 경합범의 관계에 있다.[2)]

절도범이 체포를 면탈할 목적으로 체포하려는 여러 명의 피해자에게 같은 기회에 폭행을 가하여 그중 1명에게만 상해를 가하였다면 범인(준강도)의 이러한 행위는 포괄하여 하나의 강도상해죄만 성립한다.[3)] 감금행위가 단순히 강도상해 범행의 수단이 되는 데 그치지 아니하고 강도상해의 범행이 끝난 뒤에도 계속된 경우에는 강도상해죄와 감금죄는 실체적 경합관계에 있다.[4)]

(2) 강도치상죄

강도치상죄는 강도범인이 강도의 기회에 사람을 상해에 이르게 한 때에 성립한다. 강도치상죄는 강도죄와 상해의 결과발생이 결합한 결과적 가중범이므로 강도범행과 상해 사이에 인과관계(법17)가 인정되고 결과발생에 대한 예견가능성(법15②)이 있어야 한다.[5)] 강도가 미

---

1) 1990. 11. 27. 90도2262, 공 1991, 295 = 백선 총론『노상강도 사건』 참조.

2) 1987. 5. 26. 87도527, 공 1987, 1111.

3) 2001. 8. 21. 2001도3447, 공 2001, 2139 =『공구함 준강도 사건』.

4) 2003. 1. 10. 2002도4380, 공 2003, 668 = 분석 각론『행신동 단란주점 사건』.

5) 1996. 7. 12. 96도1142, 공 1996, 2570 =『바둑이 도박 사건』:

갑은 A, B, C와 '바둑이'라는 카드도박을 하다가 3,200만원을 잃었다. 갑은 후배들을 동원하여 A 일행을 습격하였다. 갑은 이 과정에서 식칼을 들고 A로부터 잃은 돈을 빼앗으려 하였다. A는 이를 알고 베란다로 피신하였다. 갑이 쫓아오자 A는 베란다 창문을 통해 8미터 아래로 뛰어 내려 전치 6개월의 상해를 입었다.

검사는 갑을 강도치상죄와 상습도박죄로 기소하였다. 제1심법원은 유죄를 인정하였다. 갑은 불복 항소하였다. 항소법원은 항소를 기각하고, 제1심판결을 유지하였다. 갑은 불복 상고하였다. 갑은 상고이유로, A가 뛰어내려 중상을 입을 것으로는 예견하지 못하였다고 주장하였다.

대법원은 다음의 이유를 제시하여 상고를 기각하였다. (가) 폭행 또는 협박으로 타인의 재물을 강취하려는 행위와 이에 극도의 흥분을 느끼고 공포심에 사로잡혀 이를 피하려다 상해에 이르게 된 사실과는 상당인과관계가 있다. (나) 이 경우 강취 행위자가 상해의 결과의 발생을 예견할 수 있었다면 이를 강도치상죄로 다스릴 수 있다. (다) (사실관계 분석; 생략함.) (라) 위 모든 상황을 종합하여 보면 갑의 폭행 · 협박행위와 A의 상해 사이에는 상당인과관계가 있다. (마) 갑으로서는 A가 '바둑이' 도박으로 차지한 금원을 강취당하지 않기 위하

수에 그치더라도 상해의 결과가 발생하면 강도치상죄는 기수에 이른다. 형법 제342조의 미수범 처벌규정은 강도치상죄의 경우에 적용이 없다.

강도의 공범이 강도의 기회에 상해를 가한 경우에 다른 공범은 상해의 고의가 없더라도 예견가능성이 있으므로 강도치상죄가 성립한다.

(3) 처벌의 정도

형법 제337조는 강도상해죄와 강도치상죄를 무기 또는 7년 이상의 징역으로 처벌하고 있다. 특정범죄가중법 제5조의5는 형법 제337조의 죄 또는 그 미수죄로 형을 선고받고 그 집행이 끝나거나 면제된 후 3년 내에 다시 형법 제337조의 죄 또는 그 미수죄를 범한 사람을 사형, 무기 또는 10년 이상의 징역으로 가중처벌하고 있다.

5. 강도살인 · 치사죄

형법 제338조 (강도살인 · 치사) 강도가 사람을 살해한 때에는 사형 또는 무기징역에 처한다. 사망에 이르게 한 때에는 무기 또는 10년 이상의 징역에 처한다.

◎ 자격정지 임의적 병과(법345)
◎ 미수범 처벌함(법342)
◎ 특정강력범죄법상 단기누범 가중(동법2, 3)

(1) 강도살인죄

(가) 행위주체 강도살인죄의 주체는 강도이다. 범인이 강도의 실행에 착수한 이상 미수 · 기수를 묻지 않는다. 절도미수범도 체포면탈 등의 목적으로 폭행 · 협박하는 경우에는 준강도범(법335)이 되어 강도살인죄의 주체에 포함된다.[1] 채무자가 채무면탈의 목적으로 채권자를 살해한 경우에 강도살인죄가 성립할 것인지 문제된다. 앞에서도 살펴본 바와 같이,[2] 강도살인죄가 성립하려면 채무의 존재를 알고 있는 자가 없어지게 되는 등의 이유에 의하여 사실상 채무의 지급이 면제된 것과 같은 외부적 상황이 성립되어야 한다.[3]

(나) 실행행위 강도살인죄는 강도범인이 강도의 기회에 살인행위를 함으로써 성립한

여 반항하면서 경우에 따라서는 베란다의 외부로 통하는 창문을 통하여 주택 아래로 뛰어 내리는 등 탈출을 시도할 가능성이 있고 그러한 경우에는 A가 상해를 입을 수 있다는 예견도 가능하였다고 봄이 상당하다. (바) 갑의 위 범죄사실은 강도치상죄를 구성한다.

1) 1987. 9. 22. 87도1592, 공 1987, 1679.

2) 전술 1087면 참조.

3) 1999. 3. 9. 99도242, 공 1999,707 = 분석 각론 『술값 허리잡기 사건』.

다. 강도의 기회란 (가) 강도범행이 실행 중인 경우, (나) 강도범행의 실행 직후인 경우, (다) 강도실행의 범의를 포기한 직후로서 사회통념상 강도죄가 완료되지 아니하였다고 볼 수 있는 단계를 말한다.[1) 2)] 살인행위는 반드시 강도의 실행행위의 내용을 이루고 있는 것에 한하지 아니하고 넓게 강도의 기회에 행해진 것이면 된다.[3)]

범인이 피해자를 살해한 즉석에서 피해자가 소지하였던 재물을 탈취하는 경우가 있다. 이 경우는 피해자의 살해행위와 재물의 탈취행위가 밀접하게 관련되어 있어서 살인행위를 이용하여 재물을 탈취하는 행위라고 볼 수 있다. 따라서 이 경우에도 강도살인죄가 성립한다.[4)]

(다) 고 의　　강도살인죄는 강도죄와 살인죄의 결합범이다. 강도의 고의와 살인의 고의가 모두 요구된다. 강도살인죄는 강도범의 잔인성에 엄중히 대처하기 위하여 사형 또는 무기징역의 중형으로 처벌한다. 사형이 규정되어 있다는 점에서 무기 또는 10년 이상의 징역으로 처단하는 강도치사죄와 구별된다. 강도살인죄는 사람을 살해한 범죄로서 사형에 해당하므로 공소시효의 적용이 배제된다(형소법253의2).

사형이 규정되어 있다는 점에서 볼 때 강도살인죄의 성립에는 살인의 점에 대한 고의가 특별히 중요한 의미를 갖는다. 강도살인죄에서 살인의 고의는 반드시 살해의 목적이나 계획적인 살해의 의도가 있어야 인정되는 것은 아니다. 자기의 행위로 인하여 타인의 사망이라는 결과를 발생시킬 만한 가능성 또는 위험이 있음을 인식하거나 예견하면 족한 것이고, 그 인식이나 예견은 확정적인 것은 물론 불확정적인 것이라도 미필적 고의로 인정된다.[5)]

---

1) 1996. 7. 12. 96도1108, 공 1996, 2569 = 『150미터 도주 화물차 사건』:

갑의 강도범행 직후 경찰관 A와 B는 신고를 받고 출동하였다. A와 B는 범행현장으로부터 약 150m 지점에서, 화물차를 타고 도주하는 갑을 발견하고 순찰차로 추적하여 격투 끝에 갑을 붙잡았다. A와 B는 갑이 너무 힘이 세고 반항이 심하여 수갑도 채우지 못한 채 갑을 순찰차에 억지로 밀어 넣고서 파출소로 연행하고자 하였다. 그 순간 갑은 체포를 면하기 위하여 소지하고 있던 과도로써 옆에 앉아 있던 경찰관 A를 찔러 사망케 하였다.

검사는 갑을 강도살인죄로 기소하였다. 갑의 피고사건은 제1심을 거친 후, 항소심에 계속되었다. 항소법원은 유죄를 인정하였다. 갑은 불복 상고하였다.

대법원은 다음의 이유를 제시하여 상고를 기각하였다. (가) 갑의 A 살인행위는 강도행위와 시간상 및 거리상 극히 근접하여 사회통념상 범죄행위가 완료되지 아니한 상태에서 이루어진 것이라고 보여진다. (나) A 살인행위 당시에 갑이 체포되어 신체가 완전히 구속된 상태이었다고 볼 수 없다. (다) 원심이 갑의 소위를 강도살인죄로 적용하여 처벌한 것은 옳다.

2) 2004. 6. 24. 2004도1098, 공 2004, 1274 = 분석 각론 『월악산 계곡 사건』.

3) 1976. 12. 14. 76도3267, 공 1977, 9821 = 『종단 난입 강도 사건』.

4) 1999. 3. 9. 99도242, 공 1999, 707 = 분석 각론 『술값 허리잡기 사건』.

5) 2002. 2. 8. 2001도6425, 공 2002, 726 = 『음란망상 장교 사건』:

피고인이 범행 당시 살인의 범의는 없었고 단지 상해 또는 폭행의 범의만 있었을 뿐이라고 다투는 경우에 피고인에게 범행 당시 살인의 범의가 있었는지 여부는 피고인이 범행에 이르게 된 경위, 범행의 동기, 준비된 흉기의 유무 · 종류 · 용법, 공격의 부위와 반복성, 사망의 결과발생가능성 정도 등 범행 전후의 객관적인 사정을 종합하여 판단해야 한다.[1)]

(라) 공 범　강도의 공범자 가운데 1명이 고의로 살인을 한 경우에 다른 공범자를 어떻게 처단할 것인지 문제된다. 수인의 공범자 사이에 살해행위에 관한 고의의 공동이 있었으면 다른 공범자 또한 강도살인죄의 기수 또는 미수의 죄책을 진다. 그러나 고의의 공동이 없었으면 (가) 피해자가 사망한 경우에는 강도치사의 죄책을, (나) 강도살인이 미수에 그치고 피해자가 상해만 입은 경우에는 강도치상의 죄책을, (다) 피해자가 아무런 상해를 입지 아니한 경우에는 강도의 죄책만 진다.[2)] 이 경우 고의 없는 공범에게 강도치상죄 및 강도치사죄

장교 갑은 인터넷 음란물에 탐닉하였다. 갑은 무분별한 성적 망상과 충동에 빠진 끝에 A를 강간한 후에 강취범행을 하였다. (그 밖에도 B, C 등에 대한 성폭력범죄들이 다수 있다.)

검사는 갑을 성폭력처벌법위반죄 등으로 기소하였다. 갑의 피고사건은 제1심을 거친 후, 항소심에 계속되었다. 항소법원은 유죄를 인정하였다. 항소법원은 C에 대한 강간살인죄 등 다른 범죄들과 함께 양형을 하여 사형을 선고하였다. 갑은 불복 상고하였다.

대법원은 다음의 이유를 제시하여 원심판결을 파기환송하였다. 대법원은 원심판결에 양형부당의 위법이 있다고 판단하였다. 대법원은 성폭력처벌법위반죄(특수강도강간) 부분에 대해 다음과 같이 설시하였다. (가) 강간범이 강간행위 후에 강도의 범의를 일으켜 그 피해자의 재물을 강취하는 경우에는 형법상 강도강간죄가 아니라 강간죄와 강도죄의 경합범이 성립될 수 있을 뿐이다. (나) 성폭력처벌법 제5조 제2항은 형법 제334조(특수강도) 등의 죄를 범한 자가 형법 제297조(강간) 등의 죄를 범한 경우에 이를 특수강도강간 등의 죄로 가중하여 처벌하고 있다. (다) 그러므로 다른 특별한 사정이 없는 한 강간범이 강간의 범행 후에 특수강도의 범의를 일으켜 그 피해자의 재물을 강취한 경우에는 이를 성폭력처벌법 제5조 제2항 소정의 특수강도강간죄로 의율할 수 없다.

대법원은 원심판결의 당부에 대해 다음과 같이 판단하였다. (가) 원심은 이 사건 공소사실 중 B, C에 대한 각 특수강도강간의 점을 각 성폭력처벌법 제5조 제2항으로 의율·처단하고 있다. (나) 그러나 원심이 확정한 범죄사실에 의하더라도 갑이 B, C를 강간한 후에 강취범행을 한 것으로만 설시되어 있다. (다) 그리하여 과연 갑이 처음부터 특수강도의 범의를 가진 상태에서 그 폭행·협박의 한 방법으로 강간을 한 것인지 또는 강간 후에 비로소 특수강도의 범의가 발동되어 이를 실행한 것인지 여부 등이 불분명하다. (라) 그러므로 원심으로서는 이 점에 관하여 더 나아가 심리해 본 다음, 위 각 행위에 적용할 형벌법규를 정하였어야 할 것임에도 이에 관한 심리를 제대로 하지 아니한 채 법령을 적용한 위법이 있음을 아울러 지적해 둔다.

1) 2002. 2. 8. 2001도6425, 공 2002, 726 =『음란망상 장교 사건』.

2) 1991. 11. 12. 91도2156, 공 1992, 164 =『소나타 취객털이 사건』:

갑과 을은 유흥비를 마련하기 위해 술 취한 사람을 상대로 금품을 강취하기로 하였다. 갑과 을은 소나타 승용차를 빌려 운전하고 가다가 밤 00:00경에 술에 취한 A를 집까지 데려다 주겠다고 승용차에 태웠다. 갑과 을은 A를 태워 가다가 폭행과 협박을 한 후 금품을 강취하였다. 을은 계속하여 A를 주먹과 발로 때리며 승용차 밖으로 끌어낸 다음 경찰관서에 신고하지 못하도록 하기 위해 A의 뒤통수를 때렸다. A는 즉석에서 외상성 뇌출혈 등으로 사망하였다.

검사는 갑을 강도살인죄의 공동정범으로 기소하였다. 제1심법원은 유죄를 인정하였다. 갑은 불복 항소하였다. 항소법원은 항소를 기각하고, 제1심판결을 유지하였다. 갑은 불복 상고하였다. 갑은 상고이유로 다음의 점

가 성립하려면 상해 또는 사망의 중한 결과발생에 대한 예견가능성(법15②)이 있어야 한다.

(마) 죄 수 채무를 면탈하려고 채권자를 살해한 다음 피해자가 소지하고 있던 재물을 취거한 경우에는 이익강취와 재물강취가 각각 성립하지만 포괄하여 강도살인의 1죄를 구성한다. 재물강취가 일단 종료한 후에 범행의 발견이 두려워 퇴거하면서 다시 사람을 살해하는 것은 강도의 기회에 살인한 것에 해당하여 강도살인죄를 구성한다. 피해자의 재물을 강취한 후 피해자를 살해할 목적으로 현주건조물에 방화하여 사망에 이르게 한 경우는 강도살인죄와 현주건조물방화치사죄의 상상적 경합에 해당한다.[1)]

(2) 강도치사죄

강도치사죄는 강도범인이 강도의 기회에 사람을 사망에 이르게 한 때에 성립하는 범죄이다. 1995년 말 형법 일부개정에 의하여 강도치사죄의 법정형에서 사형이 제외되었다. 강도살인죄와 강도치사죄의 법정형을 구별하여 행위반가치에 따른 형의 차이를 명백히 하고, 결과적 가중범인 강도치사죄에 사형의 적용범위를 축소한 것이다.[2)]

강도치사죄는 강도치상죄와 마찬가지로 결과적 가중범이다. 따라서 살해의 고의는 필요

을 주장하였다. (가) 을과 술 취한 사람을 상대로 금품을 강취하기로 공모하고 A로 부터 금품을 강취한 사실이 있기는 하다. (나) 그렇지만 을의 살인범행에는 전혀 가담한 바 없다. (다) 당시 갑이나 을 모두 칼 등 흉기를 전혀 휴대하고 있지 않았다. (라) 을이 A를 살해까지 하리라고는 인식하지 못하였다. (마) 을이 A를 살해까지 하리라고는 전혀 예견할 수 없었다. (바) 강도살인죄의 공동정범은 인정되지 않는다. (사) 강도치사죄도 인정되지 않는다.

대법원은 다음의 이유를 제시하여 원심판결을 파기환송하였다. 대법원은 강도살인죄의 공동정범에 대해 다음과 같이 판단하였다. (가) 강도살인죄는 고의범이므로 강도살인죄의 공동정범이 성립하기 위하여는 강도의 점뿐 아니라 살인의 점에 관한 고의의 공동이 필요하다. (나) 갑이 을과 공모하여 강도의 범행을 한 사실은 인정할 수 있다. (다) 그러나 갑이 을과 살인의 공모까지 하였다고 인정하기는 어렵다. (라) 갑이 살해행위에 가담하였다고 인정할 증거도 없다.

대법원은 강도치사죄에 대해 다음과 같이 판단하였다. (가) 강도의 공범자 중 1인이 강도의 기회에 피해자에게 폭행 또는 상해를 가하여 살해한 경우가 있다. (나) 이 경우 다른 공모자가 살인의 공모를 하지 아니하였다고 하여도 그 살인행위나 치사의 결과를 예견할 수 없었던 경우가 아니면 강도치사죄의 죄책을 면할 수 없다. (다) 강도살인죄는 고의범이고 강도치사죄는 이른바 결과적 가중범으로서 살인의 고의까지 요하는 것이 아니다. (라) 수인이 합동하여 강도를 한 경우 그중 1인이 사람을 살해하는 행위를 하였다면 그 범인은 강도살인죄의 기수 또는 미수의 죄책을 지는 것이다. (마) 다른 공범자도 살해행위에 관한 고의의 공동이 있었으면 그 또한 강도살인죄의 기수 또는 미수의 죄책을 지는 것이 당연하다. (바) 고의의 공동이 없었으면 (ㄱ) 피해자가 사망한 경우에는 강도치사, (ㄴ) 강도살인이 미수에 그치고 피해자가 상해만 입은 경우에는 강도상해 또는 치상, (ㄷ) 피해자가 아무런 상해를 입지 아니한 경우에는 강도의 죄책만 진다고 보아야 할 것이다. (사) 원심판결에는 강도살인죄와 강도치사죄의 구성요건을 혼동하였거나 채증법칙에 위배하여 살인의 점에 관한 고의의 공동을 인정한 위법이 있다.

1) 1998. 12. 8. 98도3416, 공 1999, 181 = 『강도범 이불 방화 사건』.

2) 법무부, 형법개정법률안 제안이유서, (1992), 177면.

하지 않으나 적어도 선행행위인 폭행 · 협박의 고의는 존재해야 한다. 강도가 미수에 그치더라도 사망의 결과가 발생하면 강도치사죄는 기수에 이른다. 형법 제342조의 미수범 처벌규정은 강도치사죄의 경우에 적용이 없다. 따라서 미수감경(법25②)은 인정되지 않는다. 결과적 가중범에 대한 미수범 처벌규정은 의미가 없기 때문이다.

강도치사죄가 성립하려면 강도의 기본범죄와 사망의 중한 결과 사이에 인과관계(법17)가 인정되고 예견가능성(법15②)이 있어야 한다. 강도의 공범자 가운데 1명이 강도의 기회에 사람을 살해한 경우에 살해의 고의 없는 공범자는 강도치사의 죄책을 진다.[1)]

6. 강도강간죄

형법 제339조 (강도강간) 강도가 사람을 강간한 때에는 무기 또는 10년 이상의 징역에 처한다.

◎ 자격정지 임의적 병과(법345)
◎ 미수범 처벌함(법342)
◎ 특정강력범죄법상 단기누범 가중(동법2, 3)

(1) 형법상의 강도강간죄

(가) 입법취지　　강도강간죄는 강도죄와 강간죄의 결합범이다. 강도범인이 강도의 기회에 항거불능 상태에 있는 사람을 강간하는 일이 적지 않다. 아울러 범인이 피해자의 수치심을 이용하여 수사기관에 신고를 못하게 하려고 피해자를 강간하는 경우도 있다. 이러한 점을 고려하여 입법자는 강도강간죄라는 결합범을 마련하여 가중처벌하고 있다.

한편 입법자는 형법상의 강도강간죄만으로는 피해자를 충분히 보호할 수 없다고 보고, 「성폭력범죄의 처벌 등에 관한 특례법」을 통하여 가중처벌의 범위를 확장하고 있다(동법3 이하 참조).

(나) 행위주체　　강도강간죄의 주체는 강도이다. 강도의 범위는 강도상해죄, 강도살인죄의 경우와 같다. 강도의 실행에 착수한 자는 재물강취 또는 이익강취의 미수 · 기수를 묻지 않고 강도강간죄의 주체가 된다. 범인이 재물을 절취한 후 피해자를 발견하고 체포를 면탈하기 위하여 결박하던 중 욕정을 일으켜 강간한 경우에도 강도강간죄가 성립한다.

강도강간죄의 주체는 강도범인에 한정된다. 강간범이 강간행위 후에 강도의 범의를 일으켜 그 피해자의 재물을 강취하는 경우에는 강도강간죄가 아니라 강간죄와 강도죄의 실체적 경합범이 성립한다. 그러나 강간행위의 종료 전 단계, 즉 그 실행행위의 계속 중에 강도

---

1) 1991. 11. 12. 91도2156, 공 1992, 164 =『소나타 취객털이 사건』.

행위를 할 경우에는 이 때에 바로 강도의 신분을 획득하는 것이므로 이후에 그 자리에서 강간행위를 또 다시 계속한 때에는 강도가 피해자를 강간한 때에 해당하여 강도강간죄가 성립한다.[1)]

(다) 실행행위 강도강간죄의 실행행위는 강간행위이다. 강도가 유사강간(법297의2) 행위를 하는 경우도 강도강간죄의 실행행위에 포함된다. 그러나 강제추행(법298)은 포함되지 않는다. 「성폭력범죄의 처벌 등에 관한 특례법」은 특수강도의 기수범이나 미수범이 강간, 유사강간, 강제추행, 준강간, 준강제추행의 죄를 범하면 사형, 무기징역 또는 10년 이상의 징역으로 가중처벌한다(동법3②). 강간은 강도의 기회에 이루어지면 족하다. 피해자는 강도의 폭행 · 협박의 상대방에 한정되지 않는다.

강도강간죄의 미수범은 처벌된다(법339, 342). 강도강간죄의 미수는 강간이 미수에 그칠 때 성립한다. 강도가 미수에 그치더라도 강간이 기수에 이르면 강도강간죄의 기수범이 성립한다.

(라) 공 범 강도강간죄는 강도죄와 강간죄가 결합한 고의범이다. 강도 공범자의 1명이 피해자를 강간한 경우에 강간에 대해 공모하지 않은 자는 강도강간죄의 공동정범이 되지 않는다.[2)]

(마) 죄 수 강도강간죄는 강도범인이 피해자를 강간하였다는 점에 주목하여 마련된 가중처벌규정이다. 강도상해죄, 강도살인죄의 경우와 마찬가지로 강도강간죄의 경우에도 피해자의 수에 따라 죄수가 결정된다.

강도강간죄의 범인이 피해자를 살해(치사 포함)하거나 상해(치상 포함)한 경우에는 원칙적으로 강도강간죄(법339)와 강도살인 · 치사죄(법338), 강도강간죄(법339)와 강도상해 · 치상죄(법337)가 각각 성립하며 양 죄는 상상적 경합관계에 있다. 그러나 후술하는 바와 같이 「성폭력범죄의 처벌 등에 관한 특례법」(성폭력처벌법)이 새로운 유형의 각종 결합범을 신설함에 따라 단순일죄를 구성하는 경우가 많아지게 되었다.

그렇지만 성폭력처벌법은 절도범 또는 강도범을 주체로 한정하여 각종 가중유형을 규정하고 있다. 이 때문에 강간범이 강간범행 후에 특수강도의 범의를 일으켜 피해자의 재물을 강취한 경우에는 성폭력처벌법상의 특수강도강간죄(동법3②; 사형, 무기 또는 10년 이상의 징역)라는 단순일죄로 처벌할 수 없다.[3)]

---

1) 2010. 12. 9. 2010도9630, 공 2011상, 175 = 분석 각론『강간 후 강도 후 강간 사건』.

2) 1988. 9. 13. 88도1114, 공 1998, 1294 = 분석 각론『가정파괴범 사건』.

3) 2002. 2. 8. 2001도6425, 공 2002, 726 =『음란망상 장교 사건』.

(2) 성폭력처벌법상의 강도강간죄

(가) 입법취지　형법상의 강도강간죄는 강도가 강간한 경우만을 가중처벌하고 있다. 강도가 강제추행 등의 성범죄를 범한 경우에는 성립하지 않는다. 이 때문에 절도범이 피해자를 강간하거나 이 과정에서 피해자에게 사망이나 상해의 결과를 발생시킨 경우에 가중처벌할 수 없어서 피해자를 보호하는 데에 미흡하다는 비판이 있었다. 이러한 문제점에 대해 입법자는 「성폭력범죄의 처벌 등에 관한 특례법」(성폭력처벌법)을 통하여 처벌범위를 확장하거나 가중처벌을 강화하고 있다(동법3 이하 참조).

(나) 절도강간 등　성폭력처벌법 제3조 제1항은 주거침입죄, 야간주거침입절도죄(미수범 포함), 특수절도죄(미수범 포함)의 범인이 강간, 유사강간, 준강간의 죄를 범한 때에는 무기 또는 5년 이상의 징역으로 처벌하고 있다. 2023년의 헌법재판소 위헌결정에 의하여 성폭력처벌법 제3조 제1항 중 '형법 제319조 제1항(주거침입)의 죄를 범한 사람이 형법 제298조(강제추행), 제299조(준강제추행) 가운데 제298조의 예에 의하는 부분의 죄를 범한 경우에는 무기징역 또는 7년 이상의 징역에 처한다.'는 부분은 위헌 무효로 되었다.[1)]

성폭력처벌법은 절도강간(미수범 포함)의 죄를 범한 자가 사람을 상해하거나 상해에 이르게 한 때에는 무기징역 또는 10년 이상의 징역으로 처벌하고 있다(동법8① 참조). 성폭력처벌법은 절도강간(미수범 포함)의 죄를 범한 자가 사람을 살해한 때에는 사형 또는 무기징역으로 처벌하고 있다(동법9① 참조).

(다) 특수강도강간 등　성폭력처벌법은 특수강도죄(미수범 포함)의 범인이 강간, 유사강간, 강제추행, 준강간 · 준강제추행의 죄를 범한 때에는 사형, 무기 또는 10년 이상의 징역으로 처벌하고 있다(동법3②).[2)] 형법상 강도강간죄(법339)의 법정형은 무기 또는 10년 이상의

---

1) 2023. 2. 23. 2021헌가9, 헌공 317호 264.

2) 2006. 8. 25. 2006도2621, 공 2006, 1645 =『준강도범 강제추행 사건』:

성폭력처벌법 제3조 제2항은 다음과 같이 규정하고 있다. "형법 제334조(특수강도) 또는 제342조(미수범, 다만, 제334조의 미수범에 한한다)의 죄를 범한 사람이 같은 법 제297조(강간), 제297조의2(유사강간), 제298조(강제추행) 및 제299조(준강간, 준강제추행)의 죄를 범한 경우에는 사형, 무기징역 또는 10년 이상의 징역에 처한다." (판례의 사안이 발생한 2005년의 시점에는 성폭력처벌법 제5조 제2항이 같은 취지의 규정이었다.)

(연월일 생략함.) 04:10경 갑은 M아파트 1502호 소재 A(여, 51세)의 집에 이르렀다. 갑은 시정되지 않은 현관문을 열고 안으로 침입하여 훔칠 물건을 찾기 위하여 안방으로 기어갔다. 인기척에 놀라 잠이 깬 A는 소리를 지르며 저항하였다. 갑은 체포를 면탈할 목적으로 A에게 폭행을 가하여 약 182일간의 치료를 요하는 상해를 가하였다. 계속하여 갑은 항거불능 상태로 가만히 누워 있는 A를 보고 순간적으로 욕정을 일으켜 A를 약 5분간 강제로 추행하였다.

검사는 갑을 강도상해죄, 성폭력처벌법위반죄로 기소하였다. 제1심법원은 성폭력처벌법위반죄(특수강도강제추행)와 강도상해죄의 실체적 경합을 인정하였다. 갑은 불복 항소하였다. 항소법원은 강도상해죄와 강제추행죄의 상상적 경합을 인정하였다. 검사는 불복 상고하였다.

징역이다. 성폭력처벌법이 법정형에 사형을 추가하고 있다는 점은 주목된다.

성폭력처벌법은 특수강도강간(미수범 포함)의 죄를 범한 자가 사람을 살해한 때에는 사형 또는 무기징역으로 처벌하고 있다(동법9① 참조). 이 부분은 형법상 강도살인죄(법338)의 법정형과 같아서 별다른 의미가 없다.

(3) 처벌의 정도

형법 제339조는 강도강간죄를 무기 또는 10년 이상의 징역으로 처벌하고 있다. 「특정범죄 가중처벌 등에 관한 법률」 제5조의5는 형법 제339조의 죄 또는 그 미수죄로 형을 선고받고 그 집행이 끝나거나 면제된 후 3년 내에 다시 형법 제339조의 죄 또는 그 미수죄를 범한 사람을 사형, 무기 또는 10년 이상의 징역으로 가중처벌하고 있다.

7. 해상강도죄

형법 제340조 (해상강도) ① 다중의 위력으로 해상에서 선박을 강취하거나 선박 내에 침입하여 타인의 재물을 강취한 자는 무기 또는 7년 이상의 징역에 처한다.
② 제1항의 죄를 범한 자가 사람을 상해하거나 상해에 이르게 한 때에는 무기 또는 10년 이상의 징역에 처한다.
③ 제1항의 죄를 범한 자가 사람을 살해 또는 사망에 이르게 하거나 강간한 때에는 사형 또는 무기징역에 처한다.

◎ 자격정지 임의적 병과(법345)
◎ 미수범 처벌함(법342)

대법원은 다음의 이유를 제시하여 원심판결과 제1심판결을 파기하였다. 대법원은 자판(自判)하여 형을 선고하였다(형량 생략함.) (가) 형벌법규의 해석은 엄격하여야 하고 명문규정의 의미를 피고인에게 불리한 방향으로 지나치게 확장해석하거나 유추해석하는 것은 죄형법정주의의 원칙에 어긋나는 것으로서 허용되지 않는다. (나) 성폭력처벌법 제5조 제2항은 "형법 제334조(특수강도) 또는 제342조(미수범, 다만, 제334조의 미수범에 한한다)의 죄를 범한 자가 동법 제297조(강간) 내지 제299조(준강간, 준강제추행)의 죄를 범한 때에는 사형 · 무기 또는 10년 이상의 징역에 처한다."라고 규정하고 있다. (다) 성폭력처벌법 제5조 제2항은 형법의 특정조문을 명시하는 규정형식을 취하고 있다. (라) 성폭력처벌법 제5조 제2항, 형법 제298조의 특수강도강제추행죄는 특수강도죄와 강제추행죄의 결합범이다. (마) 특수강도강제추행죄는 특수강도의 신분을 가지게 된 자가 강제추행이라는 새로운 고의 아래 강제추행에 나아갈 때 성립하는 범죄이다. (바) 이러한 점 등에 비추어 보면, 성폭력처벌법 제5조 제2항 소정의 특수강도강제추행죄의 주체는 형법의 제334조 소정의 특수강도범 및 특수강도미수범의 신분을 가진 자에 한정되는 것으로 보아야 한다. (사) 형법 제335조, 제342조에서 규정하고 있는 준강도범 내지 준강도미수범은 성폭력처벌법 제5조 제2항의 행위주체가 될 수 없다.

대법원은 갑의 범행이 강도상해죄와 강제추행죄의 실체적 경합관계에 해당한다고 판단하였다. 대법원은 갑의 범행이 강도상해죄와 강제추행죄의 상상적 경합관계라고 판단한 원심판결에 형법 제40조 등의 법리를 오해하여 판결에 영향을 미친 위법이 있다고 판단하였다.

◎ 예비 · 음모 처벌함(법343)
◎ 해상강도죄(법340①) 상습범 가중처벌함(법341)
◎ 특정강력범죄법상 단기누범 가중(동법2, 3)

(1) 입법취지

해상강도죄는 이른바 해적죄로서 특수강도의 일종이다. 형법 제334조 제1항은 야간에 선박에 침입하여 강도죄를 범한 자를 특수강도로서 무기 또는 5년 이상의 징역으로 처벌하고 있다. 형법 제334조의 야간선박침입강도죄는 단독범이다. 이에 대해 형법 제340조 제1항의 해상강도죄는 '다중의 위력'을 수단으로 하는 범죄로서 무기 또는 7년 이상의 징역으로 처벌된다. 해상강도죄는 법정형의 하한이 7년 이상의 징역이므로 특별히 법률상 감경사유가 없는 한 법관이 재량으로 정상참작감경(법53)을 하더라도 집행유예가 허용되지 않는다(법62①).

해상강도죄는 해상에서의 강도행위가 위험하여 가중처벌한다는 국내법적 측면을 넘어서서, 해적행위의 방지를 위한 국제협력의 일환이라는 의미를 가지고 있다.[1] 다만 형법의 장소적 적용범위에 관하여 해상강도죄에 세계주의가 명시되지 않음으로써(법5, 6 참조) 국제협력이라는 해적죄 본래의 입법취지가 충분하게 부각되고 있지 않다.[2] 입법적 보완을 요하는 부분이라고 생각된다.

(2) 해상강도죄

해상강도죄의 행위유형은 (가) 다중의 위력으로 해상에서 선박을 강취하는 행위와 (나) 다중의 위력으로 해상에서 선박 내에 침입하여 타인의 재물을 강취하는 행위의 두 가지로 나누어진다. 선박은 대소, 종류를 불문하나 해상을 항행할 수 있을 정도의 것임을 요한다.

(가) 선박강취 　선원들의 반항을 억압하여 선박의 지배권을 장악하는 것을 말한다. 선박강취도 강도죄의 일종이므로 불법영득의사가 필요하다. 따라서 선박의 권리자를 배제하고 선박을 범인의 소유물과 같이 그 경제적 용법에 따라 이용 · 처분할 의사가 있어야 한다.[3]

---

1) 엄상섭은 미군정 말기에 작성된 "형법요강"에서 "「절도 및 강도죄」의 장을 「절도, 강도 및 해적죄」로 명칭을 고치고 그 장 하에 (중략) (2) 「해적죄」에 관한 조문을 신설할 것"이라는 항목이 들어 있음을 알려주고 있다. 그는 이 항목에 대해 "이는 미[국]인 고문 측의 의견을 존중하는 의미로 고려한 것이었으나 그러할 필요가 없다고 생각한다."는 해설을 제시하고 있다. 엄상섭, "형법요강해설", 신동운 · 허일태 편저, 효당 엄상섭 형법논집, (2003), 65면 참조.

2) 세계주의의 문제점에 대해서는, 전술 390면 참조.

3) 1997. 7. 25. 97도1142, 공 1997, 2764 =『페스카마호 사건』:

페스카마호는 남태평양 해상에서 조업하는 참치잡이 원양어선이다(㉠선박). ㉠선박에는 한국인 선원, M국적 선원, N국적 선원 등이 승선하고 있다. 선장 A, 1등 항해사 B는 한국인 선원이다. 갑은 2등 항해사이다.

(나) 선박침입재물강취 선박의 외부로부터 선박에 침입하여 재물을 강취하는 것이다. 야간선박침입강도 형태의 특수강도죄(법334①)와 대부분 중첩되지만 행위상황이 야간에 한정되지 않는다는 점, 다중의 위력으로 이루어진다는 점 등에서 차이가 있다.

(다) 다중의 위력 해상강도죄는 다중의 위력으로 해상에서 강도행위를 함으로써 성립한다. 다중이란 다수인의 집단을 말하며, 그 인원수에는 제한이 없으나 사람에게 집단적 위력을 보일 수 있는 정도이어야 한다. 위력이란 사람의 의사를 억압할 수 있는 세력으로서, 유형 · 무형의 것을 모두 포함한다.

(라) 해 상 영해와 공해를 모두 포함한다. 육지에 포함되어 있는 하천이나 호소는 제외된다. 해상강도죄가 해적행위에 대처한다는 취지에서 마련된 범죄유형이라는 점을 고려할 때 성질상 육지에서 쉽게 지배 · 통제할 수 있는 해안이나 항만 등은 해상강도의 '해상'에서 제외된다고 보아야 할 것이다.

(3) 처벌의 정도

형법 제340조 제1항은 해상강도죄를 무기 또는 7년 이상의 징역으로 처벌하고 있다. 해상강도상해 · 치상죄(법340②)는 무기 또는 10년 이상의 징역으로 가중처벌된다. 해상강도살인 · 치사죄(법340③ 전단)와 해상강도강간죄(법340③ 후단)는 사형 또는 무기징역으로 가중처벌된다.

갑을 포함한 6인은 M국적 선원의 일부이다(갑 등으로 통칭함). 한국인 선원들은 갑 등에 대하여 조업거부 등을 이유로 징계의결을 하였다. 한국인 선원들은 갑 등을 하선시키기 위하여 사모아로 회항하게 되었다.

갑 등은 자신들의 의사에 반하여 하선당하는 데 불만을 품었다. 갑 등은 1등 항해사 B를 제외한 선장, 갑판장 등 한국인 선원 7명을 살해하였다. 갑 등은 N국적 선원 등 4명을 살해하였다. 갑 등은 나머지 생존 선원들의 반항을 억압하여 ㉠선박의 지배권을 장악하였다. 갑은 B에게 지시하여 사모아로 향하던 항로를 한국으로 수정하였다가 다시 일본으로 수정하였다. 갑 등은 범행 후 ㉠선박의 매각이 여의치 아니함을 알게 되었다. 갑 등은 ㉠선박을 침몰시키고 일본으로 밀입국하기 위하여 뗏목을 만들었다. 갑 등은 B에 의하여 어창에 갇혀 제압당할 때까지 범행의 완벽한 은폐를 기도하였다. [갑 등에 대한 재판이 한국에서 열렸다.]

검사는 갑 등을 해상강도살인죄로 기소하였다. 갑 등의 피고사건은 제1심을 거친 후, 항소심에 계속되었다. 항소법원은 유죄를 인정하였다. 항소법원은 갑에게 사형을, 나머지 관련자들에게는 무기징역을 선고하였다. 갑 등은 불복 상고하였다. 갑 등은 상고이유로 다음의 점을 주장하였다. (가) 애당초 ㉠선박을 불법영득할 의사가 없었다. (나) 불법영득의사가 없으므로 해상강도죄는 성립하지 않는다. (다) 해상강도죄가 성립하지 않으므로 해상강도살인죄도 성립하지 않는다.

대법원은 다음의 이유를 제시하여 상고를 기각하였다. (가) 갑 등은 ㉠선박의 권리자를 배제하고 선박을 자신들의 소유물과 같이 그 경제적 용법에 따라 이용하고 처분할 의사가 있었다. (나) 갑 등에게 ㉠선박에 대한 불법영득의 의사가 없었다고 할 수 없다. (다) 갑 등은 한국인 선원 7명을 살해하고 나머지 선원들의 반항을 억압하여 선박의 지배권을 장악하였다. (라) 갑 등의 범행은 다중의 위력으로 선박을 강취한 것이다. (마) 이를 해상강도살인죄로 의율한 원심의 조치는 정당하다.

해상강도살인죄(법340③ 전단)는 사람을 살해한 범죄로서 사형에 해당하므로 공소시효의 적용이 배제된다(형소법253의2). 해상강도치사죄와 해상강도강간죄의 법정형에 사형이 포함되어 있음은 주목할 만하다.

8. 상습강도죄

형법 제341조 (상습범) 상습으로 제333조, 제334조, 제336조 또는 전조 제1항의 죄를 범한 자는 무기 또는 10년 이상의 징역에 처한다.

◎ 자격정지 임의적 병과(법345)
◎ 미수범 처벌함(법342)
◎ 특정강력범죄법상 단기누범 가중(동법2, 3)

(1) 형법에 의한 가중처벌

형법 제341조는 강도의 상습범을 무기 또는 10년 이상의 징역으로 가중처벌하고 있다. 상습범 가중처벌의 대상은 강도죄(법333), 특수강도죄(법334), 인질강도죄(법336), 해상강도죄(법340①)이다. 준강도죄(법335), 강도상해 · 치상죄(법337), 강도살인 · 치사죄(법338), 강도강간죄(법339), 해상강도상해 · 치상죄(법340②), 해상강도살인 · 치사죄(법340③), 해상강도강간죄(법340③)는 상습범 가중처벌 대상에서 제외된다.

상습강도죄는 강도의 습벽이 있는 자가 그 습벽이 발현되어 강도죄를 범한 경우에 성립한다. 절도와 강도는 유형을 달리하는 범행이므로 절도죄 또는 강도죄 별로 상습성 유무를 가려야 한다.[1] 절도의 전과만으로 강도죄의 상습성을 인정하는 자료로 삼을 수는 없다. 상습강도의 대상이 아닌 준강도(법335), 강도상해 · 치상(법337), 강도살인 · 치사(법338), 강도강간(법339)의 범행도 상습강도의 상습성 인정자료로 삼을 수 없다.[2]

상습강도죄는 포괄일죄로서 단순일죄를 이룬다. 수개의 강도범행을 하나의 죄로 묶어주는 계기는 강도의 상습성이다. 상습강도 범인이 상습강도 범행 이외에 상습적인 강도의 목적으로 강도예비를 하였다가 강도에 이르지 아니하고 강도예비에 그친 경우에 그것이 강도상습성의 발현이라고 인정될 때에는 강도예비행위는 상습강도죄에 흡수되어 상습강도죄의 1죄만을 구성한다. 상습강도죄와 별개로 강도예비죄를 구성하지 않는다.[3]

그러나 일련의 상습강도 범행 도중에 상습강도의 대상이 되지 않는 준강도, 강도상해 ·

---

1) 1990. 4. 10. 90감도8, 공 1990, 1100.
2) 1989. 12. 12. 89도1995, 공 1990, 310.
3) 2002. 11. 26. 2002도5211, 공 2003, 294.

치상, 강도살인 · 치사, 강도강간의 죄를 범한 경우에 이들 범죄는 상습강도죄에 포괄일죄로 묶이지 않는다. 이들 범죄는 상습강도죄에 대해 실체적 경합관계에 있다. 상습강도죄에 대한 확정판결의 효력은 상습강도죄에서 제외되는 범죄에 미치지 않는다.[1)]

(2) 특정범죄가중법에 의한 가중처벌

2016 입법자는 「특정범죄 가중처벌 등에 관한 법률」(특정범죄가중법)을 일부개정하면서 상습강도 가중처벌규정(동법5의4③)을 삭제하였다. 그러나 특정범죄가중법은 강도죄의 누범을 가중처벌하는 규정을 계속 유지하고 있다.

특정범죄가중법 제5조의4 제5항 제2호는 형법 제333조부터 제336조까지의 죄[강도, 특수강도, 준강도, 인질강도] 또는 그 미수죄로 세 번 이상 징역형을 받은 사람이 다시 형법 제333조부터 제336조까지의 죄[강도, 특수강도, 준강도, 인질강도]를 범하여 누범으로 처벌하는 경우 무기 또는 10년 이상의 징역으로 가중처벌하고 있다.

특정범죄가중법 제5조의4 제5항 제2호는 형법 제35조의 누범 규정과는 별개로 제333조부터 제336조까지의 죄[강도, 특수강도, 준강도, 인질강도. 미수범 포함]를 범하여 세 번 이상 징역형을 받은 사람이 그 누범 기간 중에 다시 해당 범죄를 저지른 경우에 형법보다 무거운 법정형으로 처벌한다는 내용의 새로운 구성요건을 창설한 것이다. 따라서 이 규정을 적용할 경우 특정범죄가중법 제5조의4 제5항 제2호에 정한 형에 다시 형법 제35조의 누범가중을 한 형기범위 내에서 처단형을 정하여야 한다.[2)]

1) 1982. 10. 12. 82도1764, 공 1982, 1120.
2) 2020. 5. 14. 2019도18947, 공 2020하, 1139 = 『전과 3범 10회 절도 사건』 참조.

제39장 사기와 공갈의 죄

제1 서 설

1. 사기죄의 의의

형법 각칙 제39장은 사기와 공갈의 죄를 규정하고 있다. 사기죄와 공갈죄는 모두 상대방의 하자 있는 의사에 기하여 재물의 교부나 재산상 이익의 이전이 이루어진다. 이 점에서 상대방의 의사에 기하지 않고 재물의 점유이전이 일어나거나(절도죄 · 강도죄의 경우), 외관상으로만 재산상 이익의 이전이 일어나는(강도죄의 경우) 탈취죄와 구별된다.

사기죄는 하자 있는 의사를 표시하게 하는 원인이 기망에 의한 착오에 있음에 대하여 공갈죄는 폭행 · 협박에 의한 강박에 있다는 점에서 차이가 있다. 그러나 두 죄는 모두 상대방의 하자 있는 의사에 기초하고 있다는 점과 행위객체로 재물과 재산상 이익이 모두 포함되어 있다는 점에서 공통된다. 행위객체를 재물로 국한해서 볼 때, 사기죄와 공갈죄는 타인이 점유하는 타인소유의 재물을 대상으로 한다는 점에서 자기가 점유하는 타인소유의 재물을 대상으로 하는 횡령죄와 구별된다.

2. 비교법적 고찰

우리 형법은 사기죄와 공갈죄를 동일한 장(각칙 제39장)에 규정하는 한편, 배임죄를 횡령죄와 함께 별도의 장(각칙 제40장)에 배치하고 있다. 이에 대해 일본 형법은 사기죄와 공갈죄를 '사기와 공갈의 죄'라는 동일한 장(동법 각칙 제37장)에 규정하면서 배임죄를 같은 장(동법 각칙 제37장)에 배치하고 있다. 한편 독일 형법은 사기죄와 배임죄를 '사기와 배임'의 장에 규정하고 있으며(동법 각칙 제22장), 공갈죄는 강도죄와 함께 '강도와 공갈'이라는 별도의 장(동법 각칙 제20장)에 배치하고 있다.

일본 형법과 독일 형법이 배임죄를 사기죄와 함께 규정하고 있는 것은 재산관계와 관련한 신뢰보호의 측면이 반영된 것으로 보인다. 우리 형법은 배임죄를 사기죄로부터 분리하여 '횡령과 배임의 장'에 배치함으로써 횡령죄와 배임죄의 공통요소로 위탁자 · 위임자와 수탁자 · 수임자 사이의 신뢰보호 관점을 보다 구체화하는 한편, 사기죄의 신뢰보호를 거래사회의 통상적인 준칙으로 일반화하고 있다.

일본 형법은 사기죄를 규정하면서 재물편취를 제1항으로, 이익편취를 제2항으로 배치하고 있다.[1] 이에 대해 우리 형법은 재물과 재산상 이익을 나란히 규정하여 양자가 대등한 위치에 있음을 확인하고, 범인에의 재산 이전은 제1항에, 제3자에의 재산 이전은 제2항에 배치하는 방식을 취하고 있다.

3. 구성요건의 체계

(1) 사기죄와 공갈죄의 체계

형법은 제347조에 사기죄의 기본적 구성요건을 규정하고, 수정적 구성요건으로 컴퓨터등사용사기죄(법347의2), 준사기죄(법348), 편의시설부정이용죄(법348의2)를, 가중적 구성요건으로 상습사기죄(법351)를 두고 있다.

형법은 공갈죄에 대해 제350조에 기본적 구성요건을 설정하고, 가중적 구성요건으로 특수공갈죄(법350의2)와 상습공갈죄(법351)를 규정하고 있다. 특수공갈죄는 2016년 「폭력행위 등 처벌에 관한 법률」의 일부개정과 함께 형법에 신설되었다. 형법 제349조의 부당이득죄는 상대방의 궁박한 상태를 이용하는 것으로 기망에 의한 의사표시와 폭행 · 협박에 의한 의사표시로 포착할 수 없는 중간영역에 위치하고 있다. 우리 입법자는 부당이득죄를 사기죄에 준하여 처벌하는 방식을 취하고 있다.

사기죄와 공갈죄는 미수범을 처벌한다(법352). 사기죄와 공갈죄의 경우 자격정지를 병과할 수 있으며(법353), 재물에 관한 규정(법328)과 친족상도례(법346)가 준용된다(법354).

(2) 특별법에 의한 가중처벌

(가) 특정경제범죄법 「특정경제범죄 가중처벌 등에 관한 법률」(특정경제범죄법)은 사기죄와 공갈죄의 가중적 구성요건을 규정하고 있다. 사기죄(법347), 컴퓨터등사용사기죄(법347의2), 상습사기죄(법351), 공갈죄(법350), 특수공갈죄(법350의2), 상습공갈죄(법351)의 경우에 그 범죄로 인하여 취득한 이득액이 일정액 이상에 이르면 이득액의 정도에 따라 가중처벌하며(동법3①), 이득액에 상당하는 벌금을 병과할 수 있다(동조②).[2]

---

1) **일본형법 제246조** ① 사람을 속여 재물을 교부하게 한 자는 10년 이하의 징역에 처한다.
② 전항의 방법에 의하여 재산상 불법의 이익을 얻거나 타인에게 이를 얻게 한 자도 동항과 같다.

2) **특정경제범죄 가중처벌 등에 관한 법률 제3조** (특정재산범죄의 가중처벌) ① 형법 제347조(사기), 제347조의2(컴퓨터등 사용사기), 제350조(공갈), 제350조의2(특수공갈), 제351조(제347조, 제347조의2, 제350조 및 제350조의2의 상습범만 해당한다), 제355조(횡령 · 배임) 또는 제356조(업무상의 횡령과 배임)의 죄를 범한 사람은 그 범죄행위로 인하여 취득하거나 제3자로 하여금 취득하게 한 재물 또는 재산상 이익의 가액(이하 이 조에서 "이득액"이라 한다)이 5억원 이상일 때에는 다음 각 호의 구분에 따라 가중처벌한다.

형법상 사기죄와 공갈죄의 경우에 교부받은 재물이나 재산상 이익의 가액이 얼마인지는 범죄성립이나 형량에 영향이 없다. 그러나 특정경제범죄법 제3조 위반죄의 경우에는 이득액이 일정금액 이상이라는 사실이 범죄구성요건의 일부를 이루며, 엄격한 증명의 대상이 된다. 따라서 특정경제범죄법 위반죄에서는 편취 또는 갈취한 재물이나 재산상 이익의 가액을 반드시 산정하여야 한다.[1)]

채무이행을 연기받는 것도 재산상의 이익이 된다. 따라서 기망행위로 대환이나 기한유예를 받아 채무이행을 연기받는 행위는 사기죄를 구성한다. 그러나 채무이행을 연기받은 것에 의한 재산상의 이익액은 산출할 수 없다. 그러므로 특정경제범죄법 제3조 제1항 제2호 사기죄의 이득액을 계산할 때 채무이행을 연기받은 액수를 이득액에 합산해서는 안 된다.[2)]

(나) 통신사기피해환급법 소위 보이스피싱 등 전기통신금융사기 범죄에 대처하기 위하여 「전기통신금융사기 피해 방지 및 피해금 환급에 관한 특별법」(통신사기피해환급법)이 2011년부터 시행되고 있다. 이 법률이 규정하고 있는 '전기통신금융사기'란 「전기통신기본법」 제2조 제1호에 따른 전기통신을 이용하여 타인을 기망 · 공갈함으로써 재산상의 이익을 취하거나 제3자에게 재산상의 이익을 취하게 하는 행위로서 (가) 자금을 송금 · 이체하도록 하는 행위, (나) 개인정보를 알아내어 자금을 송금 · 이체하는 행위를 말한다. 다만, 재화의 공급 또는 용역의 제공 등을 가장한 행위는 제외하되, 대출의 제공 · 알선 · 중개를 가장한 행위는 포함한다(동법2 ii).

통신사기피해환급법은 또한 전기통신금융사기를 목적으로 (가) 타인으로 하여금 컴퓨터 등 정보처리장치에 정보 또는 명령을 입력하게 하는 행위, (나) 취득한 타인의 정보를 이용하여 컴퓨터 등 정보처리장치에 정보 또는 명령을 입력하는 행위를 한 자를 처벌하고 있다(동법15의2①).[3)] 이 경우 '타인'은 기망의 상대방으로서 전기통신금융사기의 대상이 된 사람

---

1. 이득액이 50억원 이상일 때 : 무기 또는 5년 이상의 징역
2. 이득액이 5억원 이상 50억원 미만일 때 : 3년 이상의 유기징역

② 제1항의 경우 이득액 이하에 상당하는 벌금을 병과(併科)할 수 있다.

1) 2007. 4. 19. 2005도7288 전원합의체 판결, 공 2007, 923 = 분석 각론 『건축업자 대지 편취 사건』.

2) 2017. 12. 22. 2017도12649, 공 2018상, 388 = 『제작금융 대출 사건』.

3) **전기통신금융사기 피해 방지 및 피해금 환급에 관한 특별법 제2조** (정의) 이 법에서 사용하는 용어의 뜻은 다음과 같다.

2. "전기통신금융사기"란 「전기통신기본법」 제2조 제1호에 따른 전기통신을 이용하여 타인을 기망 · 공갈함으로써 재산상의 이익을 취하거나 제3자에게 재산상의 이익을 취하게 하는 다음 각 목의 행위를 말한다. 다만, 재화의 공급 또는 용역의 제공 등을 가장한 행위는 제외하되, 대출의 제공 · 알선 · 중개를 가장한 행위는 포함한다.

가. 자금을 송금 · 이체하도록 하는 행위

나. 개인정보를 알아내어 자금을 송금 · 이체하는 행위

을 의미한다.[1] 이러한 금융사기범죄의 미수범은 처벌되며(동조②), 상습범은 가중처벌된다(동조③).

(다) 보험사기방지법 날로 피해규모가 커져가는 보험사기 범행에 대처하기 위하여 2016년부터 「보험사기방지 특별법」(보험사기방지법)이 제정 · 시행되고 있다. 보험사기방지법은 보험사기행위의 조사 · 방지 및 보험사기행위자의 처벌에 관하여는 다른 법률에 우선하여 적용된다(동법3).

보험사고방지법은 보험사고의 발생, 원인 또는 내용에 관하여 보험자를 기망하여 보험금을 청구하는 행위를 '보험사기행위'로 규정하고(동법2 i), 보험사기행위로 보험금을 취득하거나 제3자에게 보험금을 취득하게 한 자를 '보험사기죄'로 처벌하고 있다(동법8).[2]

보험사기죄의 상습범은 가중처벌되며(동법9), 보험사기죄 및 상습보험사기죄의 미수범도 처벌된다(동법10). 또한 보험사기죄 및 상습보험사기죄로 취득하거나 제3자로 하여금 취득하게 한 보험금의 가액이 일정 금액 이상이면 가중처벌하며(동법11① 참조), 보험사기이득액에 상당하는 벌금을 병과할 수 있다(동조②).

제15조의2 (벌칙) ① 전기통신금융사기를 목적으로 다음 각 호의 어느 하나에 해당하는 행위를 한 자는 10년 이하의 징역 또는 1억원 이하의 벌금에 처한다.

1. 타인으로 하여금 컴퓨터 등 정보처리장치에 정보 또는 명령을 입력하게 하는 행위
2. 취득한 타인의 정보를 이용하여 컴퓨터 등 정보처리장치에 정보 또는 명령을 입력하는 행위

② 제1항의 미수범은 처벌한다.

③ 상습적으로 제1항의 죄를 범한 자는 그 죄에 대하여 정하는 형의 2분의 1까지 가중한다.

1) 2016. 2. 19. 2015도15101 전원합의체 판결, 공 2016상, 538 = 『대포통장 체크카드 사건』 ☞ 부록 1649면.

2) **보험사기방지 특별법 제2조** (정의) 이 법에서 사용하는 용어의 뜻은 다음과 같다.

1. "보험사기행위"란 보험사고의 발생, 원인 또는 내용에 관하여 보험자를 기망하여 보험금을 청구하는 행위를 말한다.

제8조 (보험사기죄) 보험사기행위로 보험금을 취득하거나 제3자에게 보험금을 취득하게 한 자는 10년 이하의 징역 또는 5천만원 이하의 벌금에 처한다.

제9조 (상습범) 상습으로 제8조의 죄를 범한 자는 그 죄에 정한 형의 2분의 1까지 가중한다.

제10조 (미수범) 제8조 및 제9조의 미수범은 처벌한다.

제11조 (보험사기죄의 가중처벌) ① 제8조 및 제9조의 죄를 범한 사람은 그 범죄행위로 인하여 취득하거나 제3자로 하여금 취득하게 한 보험금의 가액(이하 이 조에서 "보험사기이득액"이라 한다)이 5억원 이상일 때에는 다음 각 호의 구분에 따라 가중처벌한다.

1. 보험사기이득액이 50억원 이상일 때: 무기 또는 5년 이상의 징역
2. 보험사기이득액이 5억원 이상 50억원 미만일 때: 3년 이상의 유기징역

② 제1항의 경우 보험사기이득액 이하에 상당하는 벌금을 병과할 수 있다.

4. 보호법익

(1) 재산과 신의성실

(가) 논의의 실익　　사기죄의 보호법익은 재산이다. 재산에는 재물과 재산상 이익이 모두 포함된다. 그런데 사기죄의 보호법익에 신의성실도 포함되는지 문제된다. 이 경우 신의성실은 재산거래에 참여하는 사람들 사이에 지켜야 할 거래의 진실이나 경제상 · 법률상 거래의 안전을 유지하기 위한 준칙을 말한다. 신의성실이 사기죄에 포함되는지 여부에 관한 논쟁의 실익은 사기죄의 피해자를 누구로 볼 것인가 하는 점에 있다.

재산의 주체와 기망의 상대방이 다른 형태의 사기죄 유형을 가리켜서 삼각사기라고 한다. 신의성실을 사기죄의 보호법익으로 보게 되면 삼각사기의 경우에 피기망자도 피해자에 포함된다. 따라서 사기죄의 친족상도례(법354, 328) 적용에서 행위자와 재산의 주체 사이 외에 행위자와 피기망자 사이에도 친족관계를 요구하게 된다. 나아가 피기망자는 피해자로서 고소권(형소법223)을 가지며, 검사의 불기소처분에 대해 재정신청(형소법260①)을 할 수 있다.

이에 대해 신의성실을 사기죄의 보호법익에서 제외하면 범인과 재산의 주체 사이에 친족관계가 인정되기만 하면 친족상도례가 적용되고, 피기망자는 고소권이나 재정신청권을 가질 수 없다.

(나) 포함설　　재산 이외에 거래상 신뢰의 보호도 사기죄의 보호법익에 포함된다고 보는 견해이다.[1] 공갈죄의 보호법익에 재산 이외에 신체의 완전성 및 의사결정의 자유가 포함되어 있는 것처럼 사기죄의 보호법익에도 재산 이외에 신의성실 내지 거래의 안전이 포함되어야 한다는 것이다. 전통적으로 사기죄는 신의성실에 반하여 거짓으로 거래에 참여하는 자를 처벌하는 죄로 인식되어 왔으며, 현대의 경쟁사회에서 정보의 편차를 악용하는 사태를 방지해야 한다는 것이다.

(다) 불포함설　　재산 이외에 거래상 신뢰의 보호는 사기죄의 보호법익에 포함되지 않는다고 보는 견해이다.[2] 생각건대 불포함설이 타당하다고 본다. 우선, 거래상 신뢰의 보호는 그 자체로 보호법익에 해당하는 것이 아니라 기망이라는 행위태양을 판단하는 기준이 된다. 다음으로, 사기죄의 보호법익에 거래상 신뢰의 보호를 포함시키게 되면 사기죄는 문서에 관한 죄와 같이 공공의 이익을 해하는 죄로 변질될 우려가 있다. 나아가, 우리 형법은

---

1) 배종대, 343면; 임웅, 415면; 정영일, 261면.

2) 김성돈, 378면; 김일수 · 서보학, 336면; 김혜정 외, 345면; 박상기, 298면; 손동권 · 김재윤, 361면; 오영근, 309면(재산처분사자유 포함); 이재상 · 장영민 · 강동범, 330면; 이정원, 355면; 이형국 · 김혜경, 400면; 정성근 · 박광민, 365면; 주호노, 693면.

신의성실 위반을 핵심요소로 설정하고 있는 배임죄를 '사기와 공갈의 죄'의 장(각칙 제39장)에서 제외하여 '횡령과 배임의 죄'라는 별도의 장(각칙 제40장)에 위치시키고 있다. 이것은 사기죄의 보호법익을 재산으로 순화시키기 위한 입법적 결단의 표현이라고 볼 수 있다.

재산거래의 진실이나 신의성실 또는 경제상 · 법률상 거래의 안전 등이 사기죄의 규정에 의하여 어느 정도 영향을 받는 것은 사실이지만, 이것은 사기죄가 처벌됨으로써 반사적으로 보호받는 것에 불과하다. 사기죄의 보호법익은 재산권 자체라고 봄이 타당하다.

(라) 판 례 판례는 불포함설을 취하고 있다. 판례는 "사기죄의 보호법익은 재산권이라고 할 것이므로 사기죄에 있어서는 재산상의 권리를 가지는 자가 아니면 피해자가 될 수 없다. 그러므로 법원을 기망하여 제3자로부터 재물을 편취한 경우에 피기망자인 법원은 피해자가 될 수 없고 재물을 편취당한 제3자가 피해자라고 할 것이[다.]"라고 판단하여 불포함설을 취하고 있다.[1)]

(2) 재산의 보호

사기죄는 재산을 보호법익으로 한다. 따라서 재산을 침해하지 않는 경우에는 사기죄가 성립하지 않는다. 이와 관련하여 각종 증명서의 편취와 친족상도례의 문제를 생각할 수 있다.

(가) 증명서의 편취 기망행위를 통하여 일정한 사실을 증명하는 증명서를 발급받는 행위가 사기죄를 구성할 것인지 문제된다. 예컨대 보험회사를 기망하여 허위의 보험가입사실증명서를 발급받는 경우가 여기에 해당한다. 이 문제는 사기죄가 재산을 보호법익으로 설정하고 있다는 점에서 접근하여야 한다.

---

1) 2014. 9. 26. 2014도8076, [미간행] = 『모녀간 소송사기 사건』:

갑은 딸, A는 어머니이다. 갑은 거짓의 ㉠서류를 만들어 A를 상대로 ㉮소송을 제기하였다. 이후 법원에 제출된 ㉠서류들이 거짓임이 판명되었다.

검사는 갑을 사기미수죄, 사문서위조죄, 위조사문서행사죄로 기소하였다. 갑의 피고사건은 제1심을 거친 후, 항소심에 계속되었다. 항소법원은 공소사실을 전부 유죄로 인정하였다. 항소법원은 사기미수죄, 사문서위조죄, 위조사문서행사죄를 함께 놓고 형을 정하였다. 갑은 불복 상고하였다.

대법원은 다음의 이유를 제시하여 원심판결을 파기환송하였다. (가) 사기죄의 보호법익은 재산권이다. (나) 사기죄에 있어서는 재산상의 권리를 가지는 자가 아니면 피해자가 될 수 없다. (다) 법원을 기망하여 제3자로부터 재물을 편취한 경우에 피기망자인 법원은 피해자가 될 수 없다. (라) 재물을 편취당한 제3자가 피해자이다. (마) 피해자인 제3자와 사기죄를 범한 자가 직계혈족의 관계에 있을 때에는 그 범인에 대하여는 형법 제354조에 의하여 준용되는 형법 제328조 제1항에 의하여 그 형을 면제하여야 한다. (바) 그럼에도 원심은 이와 달리 사기미수의 점에 대하여 형을 면제하지 아니하고 실체판단에 나아가 유죄로 인정한 후 나머지 범죄사실과 함께 형을 정하였다. (사) 이러한 원심판결에는 소송사기에 있어서의 피해자 및 친족상도례의 적용범위에 관한 법리를 오해한 위법이 있다.

보험가입증명서의 경우 그 증명서는 보험에 가입하였음을 증명하는 문서일 뿐 재물이나 재산상 이익의 처분에 관한 사항을 포함하고 있는 것이 아니므로 사기죄가 성립하지 않는다.[1] 그러나 기망행위를 통하여 신용보증기금으로부터 신용보증서를 발급받은 경우는 신용보증금액 상당액의 재산상 이익을 취득하는 것이 되어 사기죄를 구성한다.[2]

인감증명서는 그 내용 중에 재물이나 재산상 이익의 처분에 관한 사항이 포함되어 있지 않다. 그러나 인감증명서는 인감과 함께 소지함으로써 인감 자체의 동일성을 증명함과 동시에 거래행위자의 동일성과 거래행위가 행위자의 의사에 의한 것임을 확인하는 자료로서 거래상 극히 중요한 기능을 가진다. 따라서 인감증명서는 그 소지인에게 재산적 가치가 있는 것으로 인정되며, 그 소지인을 기망하여 인감증명서를 편취하는 행위는 소지인에 대한 관계에서 사기죄를 구성한다.[3]

(나) 친족상도례 사기죄에는 친족상도례가 적용된다(법354, 328). 형법상 사기죄의 성질은 「특정경제범죄 가중처벌 등에 관한 법률」(특정경제범죄법) 제3조 제1항에 의해 가중 처벌되는 경우에도 그대로 유지된다. 특정경제범죄법에 친족상도례에 관한 형법 제354조, 제328조의 적용을 배제한다는 명시적인 규정이 없으므로 친족상도례를 규정한 형법 제354조는 특정경제범죄법 제3조 제1항 위반 사기죄에도 그대로 적용된다.[4]

---

1) 1997. 3. 28. 96도2625, 공 1997, 1293.

2) 2007. 4. 26. 2007도1274, [미간행].

3) 2011. 11. 10. 2011도9919, 공 2011하, 2611 = 분석 각론 『밑서류 인감증명 사건』.

4) 2010. 2. 11. 2009도12627, 공 2010상, 604 = 『셋톱박스 다단계판매 사건』:

(사실관계를 축약하여 임의로 정리함.) 갑은 다단계 방식으로 영업하는 P회사를 설립하였다. P회사는 'IP TV 셋톱박스' 등을 개발 · 판매한다는 투자설명회를 열었다. 갑은 다단계 회원을 모집하여 원리금과 고율의 배당금을 보장한다고 설명하였다. 갑은 회원 A, B 등으로부터 투자금을 받았다(㉮행위). P회사는 회원들의 예금계좌로 수당을 입금하였다. 회원들은 받은 수당을 가지고 나중에 재투자를 하였다. 회원 가운데 A는 갑의 친족이다. B는 친족이 아니다. A는 P회사에 투자금으로 5,400만원을 납입하였다. P회사가 A, B 등 회원들로부터 받은 돈은 2,200억원에 이르렀다(㉠금액).

P회사가 A, B 등 회원들에게 수당으로 지급한 돈은 ㉡금액이다. ㉠금액에서 ㉡금액을 제외한 금액은 ㉢금액이다. 갑은 회원들이나 회사 관계자들이 알지 못하는 사이에 ㉢금액의 일부를 가지고 고가의 N부동산을 Q법인 명의로 구입하였다(㉯행위). P회사가 회원들에게 더 이상 배당금을 지급할 수 없는 상태에 이르렀다. 사회적인 물의가 야기되자 갑은 ㉢금액에 해당하는 금액을 P회사에 변상하였다.

유사수신행위규제법은 미리 원금과 수익률을 보장하여 투자를 유치하는 행위를 처벌하고 있다. 특정경제범죄법은 이득액이 5억원 이상 또는 50억원 이상인 사기죄를 가중처벌하고 있다. 검사는 갑을 다음의 공소사실로 기소하였다. (가) ㉮행위 : 유사수신행위규제법위반죄. (나) ㉮행위 : 특정경제범죄법위반죄(상습사기). (다) ㉯행위 : 특정경제범죄법위반죄(횡령). 갑의 피고사건은 제1심을 거친 후, 항소심에 계속되었다. 항소법원은 공소사실을 전부 유죄로 인정하였다.

갑은 불복 상고하였다. 갑은 첫 번째 상고이유로 다음의 점을 주장하였다. (가) ㉮행위는 하나의 동일한 행위이다. (나) 유사수신행위규제법의 벌칙규정은 사기죄에 대해 법조경합관계(특별관계)에 있다. (다) 원심이 경합범 가중을 한 것은 위법하다. 갑은 두 번째 상고이유로 다음의 점을 주장하였다. (가) A는 갑의 친족이

사기죄의 보호법익은 재산이므로 재산상의 권리를 가지는 자가 아니면 피해자가 될 수 없다. 재물을 공동소유하고 있는 경우에 공동소유자 일부에 대해서만 친족관계가 있다면 친족상도례는 적용되지 않는다.[1]

다. (나) A가 납입한 금액은 특정경제범죄법상 이득액을 산정할 때 제외해야 한다. (다) 원심은 A가 납입한 부분까지 포함하여 이득액을 산정한 위법이 있다. 갑은 세 번째 상고이유로 다음의 점을 주장하였다. (가) P회사가 실제로 취득한 이득액은 회원들로부터 받은 ㉠금액에서 수당으로 지급한 ㉡금액을 제외한 금액은 ㉢금액이다. (나) 갑의 이득액 산정에서 피해자들이 지급받은 ㉡금액을 각 피해자별 편취액으로부터 공제하지 아니한 것은 위법하다. 갑은 네 번째 상고이유로, ㉯행위의 경우 피해가 회복되었으므로 횡령죄가 성립하지 않는다고 주장하였다.

대법원은 다음의 이유를 제시하여 상고를 기각하였다. 대법원은 첫 번째 상고이유에 대해 다음과 같이 판단하였다. (가) 법조경합은 1개의 행위가 외관상 수개의 죄의 구성요건에 해당하는 것처럼 보이나 실질적으로 1죄만을 구성하는 경우를 말한다. (나) 실질적으로 1죄인가 또는 수죄인가는 구성요건적 평가와 보호법익의 측면에서 고찰하여 판단하여야 한다. (다) 유사수신행위규제법 위반 행위들 그 자체를 사기행위라고 볼 수는 없다. (라) 형법 제347조 제1항의 사기죄와 유사수신행위규제법 위반죄는 법률상 1개의 행위로 평가되는 경우에 해당하지 않는다. (마) 양 죄는 각 그 구성요건을 달리하는 별개의 범죄로서, 서로 보호법익을 달리하고 있다. (바) 양 죄를 법조경합관계로 볼 것이 아니라 실체적 경합관계로 봄이 상당하다.

대법원은 갑의 두 번째 상고이유에 대해 다음과 같이 판단하였다. (가) 형법 제354조, 제328조의 규정에 의하면, 직계혈족, 배우자, 동거친족, 동거가족 또는 그 배우자 간의 사기죄는 그 형을 면제하여야 하고 그 외의 친족 간에는 고소가 있어야 공소를 제기할 수 있다. (나) 형법상 사기죄의 성질은 특정경제범죄법 제3조 제1항에 의해 가중처벌되는 경우에도 그대로 유지된다. (다) 특정경제범죄법에 친족상도례에 관한 형법 제354조, 제328조의 적용을 배제한다는 명시적인 규정이 없으므로, 형법 제354조는 특정경제범죄법 제3조 제1항 위반죄에도 그대로 적용된다.

(라) ㉮행위에 적용된 특정경제범죄법위반죄(상습사기)는 포괄일죄이다. (마) ㉮행위로 인한 이득액의 합계는 2,200억원이 넘는 다액이다. (바) 친족 A로 인한 이득액 합계는 5,400만원에 불과하다. (사) 그러므로 이를 제외하더라도 갑의 이득액이 갑에게 적용된 특경법 제3조 제1항 제1호의 이득액인 50억원 이상에 해당되는 점에는 변함이 없다. (아) 이와 같이 동일한 법정형의 범위내에서 이득액에 대하여 극히 미미한 부분을 잘못 판단한 것에 지나지 아니한 것은 판결에 영향을 미친 법령위배라고 볼 수 없다.

대법원은 갑의 세 번째 상고이유에 대해 다음과 같이 판단하였다. (가) 재물편취를 내용으로 하는 사기죄에 있어서는 기망으로 인한 재물교부가 있으면 그 자체로써 피해자의 재산침해가 되어 이로써 곧 사기죄가 성립한다. (나) 상당한 대가가 지급되었다거나 피해자의 전체 재산상에 손해가 없다 하여도 사기죄의 성립에는 그 영향이 없다. (다) 그러므로 사기죄에 있어서 그 대가가 일부 지급된 경우에도 그 편취액은 피해자로부터 교부된 재물의 가치로부터 그 대가를 공제한 차액이 아니라 교부받은 재물 전부이다. (라) 원심이 피해자들이 지급받은 각 수당액 및 피해자들이 각 재투자한 금액을 각 피해자별 편취액으로부터 공제하지 아니한 것은 위 법리에 따른 것으로 정당하다.

대법원은 갑의 네 번째 상고이유에 대해 다음과 같이 판단하였다. (가) 회사의 대표이사가 회사를 위한 지출 이외의 용도로 거액의 회사 자금을 가지급금 등의 명목으로 인출, 사용하는 경우가 있다. (나) 이러한 경우에 이자나 변제기의 약정이 없음은 물론 이사회 승인 등 적법한 절차도 거치지 아니하는 것은 통상 용인될 수 있는 범위를 벗어나 대표이사 등의 지위를 이용하여 회사 자금을 사적인 용도로 임의로 대여, 처분하는 것과 다름없어 횡령죄를 구성한다. (다) 횡령죄는 보관중인 타인의 재물을 임무에 반하여 임의 소비하거나 처분한 때 성립하고 사후에 이를 반환(변상)하였다 하더라도 이미 성립한 횡령죄에는 아무 영향이 없다.

1) 2015. 6. 11. 2015도3160, 공 2015하, 1023 =『잔금 전 소유권이전 사건』☞ 부록 1650면.

범인이 법원을 기망하여 제3자로부터 재물을 편취하는 소송사기의 경우에 피기망자인 법원은 피해자가 될 수 없고, 재물을 편취당한 제3자가 피해자이다. 따라서 피해자인 제3자와 범인 사이에 친족관계가 있을 때 친족상도례의 특례가 인정된다.[1)]

친족상도례가 적용되는 친족의 범위는 민법에 따라 정해진다. 개정 민법에 따르면 '혈족의 배우자의 혈족'은 인척에 포함되지 않는다. 피고인의 딸과 피해자의 아들이 혼인관계에 있어 피고인과 피해자가 사돈지간이라고 하여도 이를 민법상 친족으로 볼 수 없으므로 친족상도례는 인정되지 않는다.[2)]

형법 제354조에 의하여 준용되는 제328조 제1항은 "직계혈족, 배우자, 동거친족, 동거가족 또는 그 배우자 간의 제323조의 죄는 그 형을 면제한다."고 규정하고 있다. 여기서 '그 배우자'는 동거가족의 배우자만을 의미하는 것이 아니라, 직계혈족, 동거친족, 동거가족 모두의 배우자를 의미한다.[3)]

(3) 국가적 · 사회적 법익과 사기죄

사기죄는 개인적 법익을 보호하는 죄이다. 이와 관련하여 사기적 행위에 의하여 국가적 법익 또는 사회적 법익이 침해된 경우에 사기죄로 처벌할 수 있을 것인지 문제된다. 대표적인 문제 사례로 기망의 방법에 의한 조세포탈을 들 수 있다. 조세를 강제적으로 징수하는 국가 또는 지방자치단체의 직접적인 권력작용을 사기죄의 보호법익인 재산권과 동일하게 평가할 수는 없다. 기망행위에 의하여 조세를 포탈하거나 조세의 환급이나 공제를 받은 경우에는 「조세범 처벌법」 위반죄(동법3 참조)가 성립함은 별론으로 하고, 형법상의 사기죄(법347)는 성립하지 않는다.[4)]

---

1) 2014. 9. 26. 2014도8076, [미간행] = 『모녀간 소송사기 사건』.

2) 2011. 4. 28. 2011도2170, 공 2011상, 1115 = 분석 각론 『사돈지간 고소 사건』.

3) 2011. 5. 13. 2011도1765, [미간행].

4) 2008. 11. 27. 2008도7303, 공 2008, 1847 = 『면세유류확인서 세금환급 사건』:

갑은 주유소 업자이다. 갑은 위조된 ㉠면세유류공급확인서를 작성한 다음 P정유회사에 제출하여 [싼 값에 면세유를 공급받았다.] P정유회사는 ㉠확인서를 세무서에 제출하여 세금을 환급받았다.

검사는 갑을 특정경제범죄법위반죄(사기)로 기소하였다. 공소사실의 요지는 다음과 같다. "주유소를 운영하는 갑이 농 · 어민 등에게 「조세특례제한법」에 정한 면세유를 공급하지 않았으면서도 위조된 면세유류공급확인서를 작성하여 정유회사에 송부하고, 그 정을 모르는 정유회사 직원으로 하여금 위조된 면세유류공급확인서를 세무서에 제출하도록 하여 이에 속은 세무서 직원으로 하여금 국세 및 지방세를 정유회사에 환급하게 함으로써 피해자인 국가 및 지방자치단체로부터 환급세액 상당을 편취하였다." 갑의 피고사건은 제1심을 거친 후, 항소심에 계속되었다. 항소법원은 유죄를 인정하였다. 갑은 불복 상고하였다.

대법원은 다음의 이유를 제시하여 원심판결을 파기환송하였다. (가) 기망행위에 의하여 국가적 또는 공공적 법익을 침해한 경우라도 그와 동시에 형법상 사기죄의 보호법익인 재산권을 침해하는 것과 동일하게 평가할 수 있는 때에는 당해 행정법규에서 사기죄의 특별관계에 해당하는 처벌규정을 별도로 두고 있지 않는 사기죄의 보호법익은 재산권이다. 그러므로 기망행위에 의하여 국가적 또는 공공적 법익이 침해되었다는 사정만으로 사기죄가 성립한다고 할 수 없다. 따라서 관급공사의 도급계약 당시 관련 영업 또는 업무를 규제하는 행정법규나 입찰 참가자격, 계약절차 등에 관한 규정을 위반한 사정이 있더라도 그러한 사정만으로 도급계약을 체결한 행위가 기망행위에 해당한다고 단정해서는 안 된다.[1)]

기망행위에 의하여 국가적 또는 공공적 법익을 침해한 경우라도 그와 동시에 형법상 사기죄의 보호법익인 재산권을 침해하는 것과 동일하게 평가할 수 있는 때에는 당해 행정법규에서 사기죄의 특별관계에 해당하는 처벌규정을 별도로 두고 있지 않는 한 사기죄가 성립할 수 있다.[2)] 예컨대 관급공사의 도급계약 당시 관련 영업 또는 업무를 규제하는 행정법규나 입찰 참가자격, 계약절차 등에 관한 규정을 위반함으로 말미암아 계약 내용대로 이행되더라도 일의 완성이 불가능하였다고 평가할 수 있을 만큼 그 위법이 일의 내용에 본질적인 것인 때에는 사기죄가 성립한다.[3)]

중앙행정기관의 장, 지방자치단체의 장 등 법률에 따라 금전적 부담의 부과권한을 부여받은 자가 재화 또는 용역의 제공과 관계없이 특정 공익사업과 관련하여 권력작용으로 부담금을 부과하는 것은 일반 국민의 재산권을 제한하는 침해행정에 속한다. 이러한 침해행정 영역에서 일반 국민이 담당 공무원을 기망하여 권력작용에 의한 재산권 제한을 면하는 경우에는 부과권자의 직접적인 권력작용을 사기죄의 보호법익인 재산권과 동일하게 평가할 수 없다. 그러므로 행정법규에서 그러한 행위에 대한 처벌규정을 두어 처벌함은 별론으로 하고, 사기죄는 성립할 수 없다.[4)]

한 사기죄가 성립할 수 있다. (나) 그런데 기망행위에 의하여 조세를 포탈하거나 조세의 환급 · 공제를 받은 경우에는 조세범처벌법 제9조(지방세법 제84조에서 준용)에서 이러한 행위를 처벌하는 규정을 별도로 두고 있다. (다) 뿐만 아니라, 조세를 강제적으로 징수하는 국가 또는 지방자치단체의 직접적인 권력작용을 사기죄의 보호법익인 재산권과 동일하게 평가할 수 없다. (라) 그러므로 기망행위에 의하여 조세를 포탈하거나 조세의 환급 · 공제를 받은 경우에는 조세범처벌법 위반죄가 성립함은 별론으로 하고, 형법상 사기죄는 성립할 수 없다.

(마) 갑이 위조된 면세유류공급확인서를 이용하여 정유회사를 기망함으로써 공급받은 면세유의 가격과 정상유의 가격 차이 상당액의 이득을 취득한 행위가 피해자 정유회사에 대하여 사기죄를 구성하는 것은 별론으로 한다. (바) 갑이 국가 또는 지방자치단체를 기망하여 국세 및 지방세의 환급세액 상당을 편취하였다고 볼 수는 없다.

1) 2021. 10. 14. 2016도16343, 공 2021하, 2198 = 『안전진단 하도급 금지 위반 사건』 ☞ 부록 1651면.

2) 2008. 11. 27. 2008도7303, 공 2008, 1847 = 『면세유류확인서 세금환급 사건』

3) 2021. 10. 14. 2016도16343, 공 2021하, 2198 = 『안전진단 하도급 금지 위반 사건』.

4) 2019. 12. 24. 2019도2003, 공 2020상, 388 = 『농지보전부담금 면제 사기 사건』 :

「농지법」에 따르면 농지를 전용하려는 자는 농지의 보전·관리 및 조성을 위한 부담금을 납부하여야 한다(㉮규정). 「소기업 및 소상공인 지원을 위한 특별조치법」은 영세 자영 소상공인의 자유로운 기업활동을 촉진

(4) 재물편취와 보호법익

(가) 문제의 소재　재물편취와 관련하여 사기죄의 보호법익이 재물에 대한 소유권 및 소유권에 준하는 권리(본권)인지 또는 점유인지 논의되고 있다.[1] 이 문제는 특히 자기소유의 재물을 타인에게 담보로 제공한 자가 그 타인을 기망하여 물건을 돌려받은 경우에 사기죄로 처벌할 수 있을 것인가 하는 형태로 구체화된다.

일본 형법을 보면, 절도 및 강도의 죄에 관한 장(동법 각칙 제36장)에서 "자기의 재물이라도 타인이 점유하거나 공무소의 명령에 의하여 타인이 간수하는 것인 때에는 이 장의 죄에 대해서는 타인의 재물로 간주한다."는 규정이 있고(동법242), 이 규정은 사기 및 공갈의 죄의 장(동법 각칙 제37장)에 규정된 죄에 준용된다(동법251). 이와 같이 자기소유 물건이 타인소유 물건으로 간주되기 때문에 일본 형법의 해석론으로는 재물편취 사기죄의 경우 재물에 대한 점유만이 보호법익으로 파악될 여지가 있다. 이에 따르면 위의 사례에서 피담보 물건의 점유가 침해되므로 사기죄가 성립하게 된다.

우리 형법은 권리행사방해죄(법323)와 공무상보관물무효죄(법142)를 규정하여 자기소유 재물에 대한 점유침해를 별도로 처벌하고 있다. 그런데 권리행사방해죄(법323)를 보면 타인 점유의 목적이 된 자기소유의 물건을 취거, 은닉 · 손괴하는 경우만 규정되어 있을 뿐 기망에 의한 취득은 규율대상에 포함되어 있지 않다. 여기에서 자기소유, 타인점유인 물건을 편취하

하기 위하여 일정 규모 이하의 공장을 신축, 증축, 이전하는 경우에 농지보전부담금을 면제해 주도록 규정하고 있다(㉯규정). 갑은 마치 ㉠농지에 ㉡철구조물 제작공장을 신축하여 직접 운영하려는 의사가 있는 것처럼 관할 구청에 허위의 건축허가신청서, 사업계획서, 농지전용허가신청서 등을 제출하였다. 갑은 건축허가 및 농지전용허가를 득함으로써 ㉢농지보전부담금 합계 3억원을 면제받았다. 갑은 ㉡공장을 다른 소상공인들에게 매매하여 개발차익을 얻었다.

검사는 ㉢농지부담금 면제 부분에 대해 갑을 사기죄로 기소하였다. 제1심법원은 무죄를 선고하였다. 검사는 불복 항소하였다. 항소법원은 항소를 기각하고, 제1심판결을 유지하였다. 검사는 불복 상고하였다.

대법원은 다음의 이유를 제시하여 상고를 기각하였다. (가) (ㄱ) 기망행위에 의하여 국가적 또는 공공적 법익을 침해하는 경우라도 (ㄴ) 그와 동시에 형법상 사기죄의 보호법익인 재산권을 침해하는 것과 동일하게 평가할 수 있는 때에는 (ㄷ) 행정법규에서 사기죄의 특별관계에 해당하는 처벌규정을 별도로 두고 있지 않는 한 (ㄹ) 사기죄가 성립할 수 있다.

(나) 그런데 중앙행정기관의 장, 지방자치단체의 장 등 법률에 따라 금전적 부담의 부과권한을 부여받은 자(이하 '부과권자'라 한다)가 재화 또는 용역의 제공과 관계없이 특정 공익사업과 관련하여 권력작용으로 부담금을 부과하는 것은 일반 국민의 재산권을 제한하는 침해행정에 속한다. (다) (ㄱ) 이러한 침해행정 영역에서 일반 국민이 담당 공무원을 기망하여 권력작용에 의한 재산권 제한을 면하는 경우에는 (ㄴ) 부과권자의 직접적인 권력작용을 사기죄의 보호법익인 재산권과 동일하게 평가할 수 없는 것이므로, (ㄷ) 행정법규에서 그러한 행위에 대한 처벌규정을 두어 처벌함은 별론으로 하고, (ㄹ) 사기죄는 성립할 수 없다. (라) (조세에 관한 대법원 2008. 11. 27. 2008도7303 참조).

1) 전술 1005면 이하 참조.

는 행위를 사기죄로 처벌해야 할 것인지 문제된다.

(나) 문제의 해결 결론부터 말한다면 위의 사례에서 사기죄의 성립을 긍정하는 것이 타당하다. 그러나 그 논거로서 재물에 대한 점유를 사기죄의 독자적인 보호법익으로 파악할 필요는 없다. 우선, 재물편취의 경우 기망으로 인한 하자 있는 의사이기는 하지만 어디까지나 의사에 기초한 점유의 이전이 이루어지고 있다. 이러한 점을 고려하여 우리 형법은 편취나 갈취 형태의 점유이전을 권리행사방해죄(법323)의 규율대상에서 제외하고 있다.

다음으로, 우리 형법은 일본 형법과 같이 자기소유 물건을 타인소유 물건으로 간주하는 규정을 두고 있지 않다. 그러므로 일본 형법의 해석론으로 전개되는 점유설은 우리 형법의 해석론으로 채택할 수 없다.

절도죄의 항목에서 논한 것처럼, 자기소유 물건이 타인의 권리의 목적이 된 경우는 본권설의 관점에서 타인소유의 재물에 준하는 것으로 취급하면 족하다. 따라서 자기소유 물건으로서 타인에게 담보로 제공된 것을 기망의 수단으로 되찾아 오는 행위는 사기죄를 구성한다고 보아야 할 것이다.

(다) 친족상도례 이상의 논의를 보면, 자기소유 물건을 타인에게 담보로 제공한 후 기망의 수단으로 이를 되찾아오는 행위는 점유설에 의하건 본권설에 의하건 사기죄가 성립하는 점에서 차이가 없다. 본권설과 점유설의 실질적인 논쟁의 실익은 친족상도례의 적용범위에서 찾아볼 수 있다.

친족상도례가 적용되려면 범인과 피해자 사이에 일정한 친족관계가 존재해야 한다. 이 경우 피해자는 법익이 침해된 사람을 말한다. 점유설에 따르면 재물편취 사기죄에서 친족상도례가 적용되려면 범인과 재물의 소유자 및 소유자에 준하는 권리자(본권자) 사이뿐만 아니라 재물을 현실적으로 점유하고 있던 피기망자와 범인 사이에도 친족관계가 인정되어야 한다. 그러나 본권설을 취하게 되면 범인과 재물의 소유자 및 소유자에 준하는 권리자(본권자) 사이에서만 친족관계가 인정되면 족하다.

(5) 전체재산과 개별재산

(가) 재산개념 사기죄의 보호법익이 재산이라고 할 때, 이것이 개별재산을 의미하는지 아니면 전체재산을 의미하는지 문제된다. 전체재산은 개별재산의 총체이다. 개별재산은 재물 또는 재산상 이익이라는 형태로 구체화된다.

개별재산을 보호법익으로 보는 경우에는 개별재산의 변동을 중심으로 사기죄의 성립 여부를 검토한다. 이에 대해 전체재산을 보호법익으로 보는 경우에는 기망에 의한 처분행위 전후에 전체재산의 변화가 있었는가를 살피게 된다. 이 문제는 특히 행위자가 대가를 지급하면서 재물을 교부받거나 재산상 이익을 취득하는 경우에 사기죄가 성립할 것인가 하는 형태로 구체화된다.

(나) 비교법적 고찰　　독일 형법의 경우 사기죄의 구성요건으로 '재산적 이익(Vermögensvorteil)'의 취득을 목적으로 타인의 '재산'(Vermögen)에 손해를 가할 것(beschädigen)이 요구되고 있다.[1] 이 경우 재산적 이익(Vermögensvorteil)은 손해(Schaden)와 표리관계를 이룬다. 그리하여 독일 형법의 해석론으로는 사기죄의 보호법익을 전체재산으로 보고, 손해(전체재산의 감소)가 인정되어야 사기죄를 인정한다.

우리 형법은 손해발생의 요건 대신에 '재물의 교부를 받거나 재산상의 이익을 취득'할 것을 사기죄의 구성요건으로 명시하고 있다. 나아가 우리 형법은 배임죄(법355②)의 경우 손해발생을 요건으로 명시하면서 별도의 장에 위치시키되, 사기죄의 경우에는 손해발생을 언급하고 있지 않다.

(다) 논의의 계기　　우리 형법은 사기죄의 구성요건에서 '재산'이나 '손해'의 개념을 사용하고 있지 않다. 이와 관련하여, 우리 형법의 해석론으로도 사기죄의 보호법익을 전체재산으로 파악하고 이를 토대로 손해발생을 사기죄의 불문의 구성요건요소로 인정해야 할 것인지 문제된다.

이 문제는 두 가지 측면으로 나누어서 고찰할 필요가 있다. 하나는 사기죄의 보호법익을 전체재산으로 볼 것인가 개별재산으로 볼 것인가 하는 문제이다. 다른 하나는 전체재산의 감소(손해)를 사기죄의 성립요소로 볼 것인가 하는 문제이다. 먼저 전자의 경우를 살펴본다.

(라) 사기죄의 접근방법　　전체재산이란 금전적으로 환가될 수 있는 경제적 지위의 총체를 말한다. 여기에는 소유권을 필두로 각종의 권리들이 포함된다. 우리 입법자는 재산을 재물과 재산상 이익으로 대별하고 있다. 재물은 유체물 및 전기 기타 관리할 수 있는 자연력을 말한다(민법98, 법346, 354). 재산상 이익은 재산에서 재물을 제외한 나머지를 말한다.

사기죄의 경우 우리 입법자는 재물과 재산상 이익을 모두 객체로 설정하고 있다. 따라서 재물과 재산상 이익을 모두 합친 전체로서의 재산이 사기죄의 보호법익이 된다는 점에는 의문이 없다. 한편 우리 입법자가 재산범죄 전반에 걸쳐서 재물과 재산상 이익을 준별하는 입법태도를 취함에 따라 재물과 재산상 이익을 별도의 단위로 포착하여 사기죄 성립 여부를 검토해야 한다는 점도 부인할 수 없다.

---

1) 독일형법 제263조 ① 위법한 재산적 이익을 스스로 취득하거나 타인으로 하여금 취득하게 할 의사로 허위의 사실을 꾸며내거나 진실을 왜곡 또는 은폐하여 착오를 야기 또는 유지시킴으로써 타인의 재산에 손해를 가한 자는 5년 이하의 자유형 또는 벌금에 처한다.

재물편취의 경우 재물이 구체화되고 있으므로 재물편취 형태의 사기죄가 개별재산에 대한 범죄라는 점은 분명하다. 또한 이익편취의 경우에도 재물 이외의 개개의 재산상 이익이라는 재산권을 침해한다는 관점에서 볼 때 이익편취 형태의 사기죄도 개별재산에 대한 범죄라고 보아야 할 것이다.

판례는 동일한 사실관계에서 재물편취를 이익편취로 잘못 판단하거나 그 역인 경우에 대해 동일한 사실관계에 기초한 법률적 평가의 차이에 불과할 뿐이고 양자 모두 동일한 법조항에 규정된 죄로서 그 죄질과 처벌이 동일한 이상 그 잘못이 판결에 영향을 미쳤다고는 할 수 없다는 입장을 취하고 있다.[1]

---

1) 1997. 7. 11. 95도1874, 공 1997, 2574 =『건축주 명의변경 사건』:

A는 M부동산 위에 A 명의로 다세대주택 ㉠, ㉡, ㉢, ㉣ 4동을 신축하고 있었다. B는 A의 부인이다. C는 A의 아들이다. A가 사망하였다. (연도 생략) 6. 12. 갑은 B와 C를 상대로 관할법원에 ㉠, ㉡, ㉢, ㉣ 다세대주택에 관한 건축주명의변경절차이행청구 소송을 제기하였다(㉮소송). 갑은 ㉮소송의 청구원인으로 다음의 점을 주장하였다. "A로부터 채무 변제조로 건축주가 A로 된 ㉠, ㉡, ㉢, ㉣다세대주택을 양도받았다."

갑은 의제자백에 의한 승소판결을 선고받기 위하여 B의 주소를 D의 주소지로 이전하였다. D는 B에게 송달된 ㉮사건의 소장부본, 변론기일소환장 등을 수령하였다. D는 이를 B에게 전달하지 않았다. 9. 5. 갑은 의제자백에 의한 승소판결을 선고받았다(㉮판결). 10. 5. ㉮판결이 확정되었다. 11. 4. 갑은 ㉮확정판결에 기하여 관할시청에서 ㉠다세대주택의 건축주 명의를 A로부터 갑으로 변경하였다. 11. 8. 갑은 ㉮확정판결에 기하여 관할시청에서 ㉡, ㉢다세대주택의 건축주 명의를 A로부터 갑으로 변경하였다.

검사는 갑을 특정경제범죄법위반죄(사기)로 기소하였다. 제1심법원은 형법상 사기죄를 인정하였다. 제1심법원은 유죄판결에 다음과 같이 기재하였다. "㉠, ㉡, ㉢다세대주택에 관하여 망 A 명의를 갑 명의로 건축주 명의를 변경하여 ㉠, ㉡, ㉢, ㉣다세대주택 4동 시가 2억원 상당을 편취하였다." 갑은 불복 항소하였다. 항소법원은 제1심판결을 유지하였다. 갑은 불복 상고하였다. 갑은 상고이유로 다음의 점을 주장하였다. (가) 갑의 행위는 건축주 명의를 A에서 갑으로 변경한 것이다. (나) 이는 재물편취에 해당하지 않는다. (다) ㉮확정판결이 있은 후 ㉠, ㉡, ㉢다세대주택에 대해서면 건축주 명의가 A에서 갑으로 변경되었다. (라) 원심이 ㉠, ㉡, ㉢, ㉣다세대주택 4동 전체에 대해 재물편취를 인정한 것은 위법하다. 대법원은 다음의 이유를 제시하여 상고를 기각하였다.

대법원은 건축주 명의변경에 대해 다음과 같이 판단하였다. (가) 원심은 갑이 ㉠, ㉡, ㉢, ㉣다세대주택 4동에 관한 건축허가명의변경청구 소송에서 승소확정판결을 받음으로써 위 다세대주택 그 자체를 편취한 것으로 판단하였다. (나) 그러나 신축중인 건물에 관하여 건축허가 명의가 변경되었다 하여 그 소유권이 변경된 건축허가 명의인에게 이전되는 것은 아니다.

(다) 갑은 ㉮소송에서 승소확정판결을 받았고, 나아가 이에 기하여 ㉠, ㉡, ㉢다세대주택에 관한 건축허가 명의를 변경하였다. (라) 그렇다고 하여 갑이 ㉠, ㉡, ㉢, ㉣다세대주택 그 자체를 편취한 것으로는 볼 수 없다. (마) 갑은 단지 건축주로서 공사를 계속하여 다세대주택을 완공하고 사용승인을 받은 다음 건축물대장에 등재하여 완공된 다세대주택에 관하여 그의 명의로 소유권보존등기를 경료할 수 있는 등 건축허가에 따른 재산상 이익을 취득한 것으로 보아야 할 것이다. (바) 이 점에 있어 원심은 사기죄의 객체에 관한 법리를 오해한 위법이 있다.

대법원은 원심의 법리오해와 판결결과에의 영향에 대해 다음과 같이 판단하였다. (가) 갑이 편취한 것이 다세대주택 그 자체인가 아니면 건축허가로 인한 재산상 이익인가 하는 점은 동일한 사실관계에 기초한 법률

(마) 재물과 재산상 이익의 구별실익 사기죄의 객체는 '타인의 재물 또는 재산상 이익'이다. 비트코인은 경제적인 가치를 디지털로 표상하여 전자적으로 이전, 저장과 거래가 가능하도록 한 가상자산의 일종으로 사기죄의 객체인 재산상 이익에 해당한다.[1]

사기죄의 객체가 재물인지 재산상 이익인지는 사기죄의 객체를 둘러싼 장물죄(법362 이하)의 성립과 관련하여 의미가 있다. 장물죄에서 장물은 영득범죄로 인하여 취득한 재물이다.[2] 재산상 이익을 객체로 하는 경우에는 그 객체에 대해 장물죄가 성립하지 않는다.

사기죄의 객체가 재물인지 재산상 이익인지는 피해자와의 관계에서 살펴보아야 한다. 피해자 소유의 재물인지, 피해자가 보유하는 재산상 이익인지에 따라 사기죄의 객체가 재물인지 재산상 이익인지가 결정된다.[3]

본범(갑)이 피해자(A)를 기망하여 계좌에서 계좌로 자금을 이체하게 한 후, 이를 알고 있는 사람(을; 대포통장 개설자)이 자금을 이체받은 자신의 계좌로부터 현금을 인출하더라도 장물취득죄(법362①)는 성립하지 않는다. 계좌이체된 자금은 재산상 이익에 해당하여 장물이 될 수 없기 때문이다.[4]

이에 대해 본범(갑)이 피해자(A)를 기망하여 현금을 대포통장 계좌로 송금하게 한 후, 이를 알고 있는 대포통장 개설자(을)가 송금받은 자신의 계좌로부터 현금을 인출하는 경우라면 그 현금은 재물편취로 인한 장물에 해당한다. 그렇지만 다음의 이유로 현금인출자(을)에게 장물취득죄(법362①)가 성립하지 않는다.

위의 송금 사안을 보면, 본범(갑)에게 편취금이 귀속되는 과정이 없다. 대포통장 개설자(을)가 피해자(A)로부터 자신의 예금계좌로 돈을 송금받아 취득함으로써 곧바로 사기죄는 종료한다. 장물취득죄(법362①)에서 장물의 '취득'은 장물의 점유를 이전받음으로써 그 장물에 대하여 사실상 처분권을 획득하는 행위이다. 위의 송금 사안에서는 송금된 돈에 대한 점

적 평가의 차이에 불과할 뿐이다. (나) 양자 모두 동일한 법조항에 규정된 죄로서 그 죄질과 처벌이 동일하다. (다) 그러한 이상 원심이 갑이 재산상 이익을 취득하였음에도 불구하고 재물을 편취한 것으로 잘못 판단하였다 하더라도 그것이 판결에 영향을 미쳤다고는 할 수 없다.

대법원은 소송사기의 기수시점에 대해 다음과 같이 판단하였다. (가) 소송사기의 경우 당해 소송의 판결이 확정된 때에 범행이 기수에 이른다. (나) 갑이 ㉠, ㉡, ㉢, ㉣다세대주택 4동 전부에 대하여 승소판결을 선고받아 그 판결이 확정되었다. (다) 그러한 이상 승소확정판결을 받은 후 ㉠, ㉡, ㉢, ㉣다세대주택 4동 중 ㉠, ㉡, ㉢ 3동에 관하여만 건축주 명의변경이 이루어졌다 하더라도 ㉠, ㉡, ㉢, ㉣다세대주택 4동 전부에 대하여 건축허가에 따른 재산상 이익을 취득하였다.

1) 2021. 11. 11. 2021도9855, 공 2022상, 56 = 『6000비트코인 이체 사건』.

2) 후술 1490면 이하 참조.

3) 2010. 12. 9. 2010도6256, 공 2011상, 170 = 분석 각론 『대포통장 입금 사건』.

4) 2004. 4. 16. 2004도353, 공 2004, 862 = 분석 각론 『계좌자금 교부 사건』 참조.

유를 대포통장 개설자(을)가 본범(갑)으로부터 이전받아 사실상 처분권을 획득하는 과정이 없다. 따라서 대포통장 개설자(을)의 현금 인출행위는 장물의 '취득'에 해당하지 아니하여 이를 장물취득죄로 처벌할 수 없다.[1) 2)]

(6) 전체재산과 손해발생

사기죄의 보호법익을 전체재산으로 볼 것인가 개별재산으로 볼 것인가의 문제는 이어서 사기죄의 성립요건으로 손해발생을 요구할 것인가 하는 문제로 연결된다. 독일 형법의 해석론과 대비해 볼 때 우리 형법의 경우에도 불문(不文)의 구성요건으로 손해발생이 요구된다고 볼 것인지가 논의의 초점이다.

(가) 손해발생필요설　　명문의 규정이 없음에도 불구하고 사기죄의 성립에 손해발생이 반드시 필요하다고 보는 견해이다.[3)] 재물편취에서는 재물의 교부 · 상실 자체가 재산상 손해가 되므로 별도의 재산감소는 필요 없으나 이익편취에서는 전체재산에 대한 감소가 필요하다는 견해도 손해발생 필요설의 일종이라고 할 수 있다. 손해발생을 요하는 입장에서는 다음의 논거들을 제시한다.

첫째로, 사기죄는 재산에 관한 죄이므로 재산상 손해가 없는 경우에 사기죄의 성립을 인정할 수 없다. 만일 손해가 없어도 사기죄를 인정한다면 사기죄는 재산을 보호법익으로 하는 죄가 아니라 처분의 자유를 보호하는 죄로 변질된다. 둘째로, 정당한 대가를 지급하고 재물 또는 재산상 이익을 취득한 경우까지 사기죄의 성립을 인정한다는 것은 상식적으로 받아들일 수 없다. 재산상의 이익과 손해는 언제나 표리관계에 있기 때문이다. 셋째로, 대가가 지급된 경우에도 반드시 사기죄로 처벌할 수 없는 것은 아니다. 손해개념을 어떻게 이해할 것인가에 따라 처벌의 범위가 달라질 수 있기 때문이다.

(나) 손해발생불요설　　손해발생이 사기죄의 구성요건요소가 아니라고 보는 견해이다.[4)] 생각건대 다음의 논거를 이유로 손해발생불요설이 타당하다고 본다.

첫째로, 우리 형법은 독일 형법과 달리 손해발생이라는 요건을 사기죄의 구성요건에 명시하고 있지 않다. 이 점은 배임죄(법355②)의 경우에 손해발생을 명시한 것과 비교할 때 보다 분명해진다. 둘째로, 우리 입법자는 재물의 교부를 받거나 재산상 이익을 취득하는 점에

---

1) 2010. 12. 9. 2010도6256, 공 2011상, 170 = 분석 각론 『대포통장 입금 사건』.

2) 이 경우 을의 행위는 횡령죄에도 해당하지 않는다. 후술 1345면 이하 참조.

3) 김성돈, 395면; 김일수 · 서보학, 350면; 김혜정 외, 360면; 박상기, 321면; 배종대, 374면; 손동권 · 김재윤, 385면; 이용식, 33면; 이재상 · 장영민 · 강동범, 332면; 이정원, 377면; 이형국 · 김혜경, 414면; 임웅, 437면; 정성근 · 박광민, 382면; 주호노, 752면.

4) 오영근, 321면; 정영일, 264면.

중점을 두어 구성요건을 설정함으로써 사기죄의 중점을 전체재산의 감소에서 구하지 않고 하자 있는 의사에 의해 재물 또는 재산상 이익의 이전이 일어나는 점에 주목하고 있다. 셋째로, 손해발생을 사기죄의 요건으로 설정하지 않는다고 하여 사기죄가 재산처분의 자유를 보호하는 죄로 변질된다고 말할 수는 없다. 재물 또는 재산상 이익의 불법적인 변동 자체에 사기죄의 중점이 있다고 생각되기 때문이다. 넷째로, 대가를 지급하기만 하면 기망을 통하여 재물 또는 재산상 이익을 취득하더라도 사기죄 성립이 부정된다는 것은 상식적으로 납득하기 곤란하다.

(다) 판 례 대법원은 "사기죄는 타인을 기망하여 그로 인한 하자 있는 의사에 기하여 재물의 교부를 받거나 재산상의 이익을 취득함으로써 성립되는 것으로, 사기죄의 본질은 기망에 의한 재물이나 재산상의 이득의 취득에 있고 상대방에게 현실적으로 재산상 손해가 발생함을 그 요건으로 하지 않는다."고 판시하여 손해발생불요설의 입장을 취하고 있다.[1]

그리하여 판례는 금전편취를 내용으로 하는 사기죄에 있어서 그 대가가 일부 지급되거나 담보가 제공된 경우에도 그 편취액은 피해자로부터 교부된 금원으로부터 그 대가 또는 담보 상당액을 공제한 차액이 아니라 교부받은 금원 전부로 보고 있다.[2] 또한 판례는 다단계판매 사기의 경우 피해자가 지급받은 수당액이나 재투자 금액을 편취액에서 공제하지 않으며,[3] 상당한 대가가 지급되었다거나 피해자의 전체 재산상에 손해가 없다 하여도 사기죄의 성립에 영향이 없다고 판단하고 있다.[4]

제 2 사기죄의 기본유형 – 사기죄

형법 제347조 (사기) ① 사람을 기망하여 재물의 교부를 받거나 재산상의 이익을 취득한 자는 10년 이하의 징역 또는 2천만원 이하의 벌금에 처한다.

② 전항의 방법으로 제3자로 하여금 재물의 교부를 받게 하거나 재산상의 이익을 취득하게 한 때에도 전항의 형과 같다.

◎ 자격정지 임의적 병과(법353)

◎ 미수범 처벌함(법352)

---

1) 2009. 1. 15. 2006도6687, 공 2009, 176.

2) 2017. 12. 22. 2017도12649, 공 2018상, 388 = 『제작금융 대출 사건』.

3) 2010. 2. 11. 2009도12627, 공 2010상, 604 = 『셋톱박스 다단계판매 사건』.

4) 2007. 1. 25. 2006도7470, 공 2007, 401 = 분석 각론 『다단계판매 수당지급 사건』.

◎ 친족상도례 적용됨(법354)

◎ 상습범 가중처벌함(법351)

◎ 특정경제범죄법 적용대상임(동법3① · ②)

1. 행위객체

(1) 타인의 재물

(가) 타 인 사기죄의 객체는 재물 또는 재산상 이익이다. 재물의 일반적 개념은 앞에서 설명하였다.[1] 사기죄의 재물은 타인이 점유하는 타인의 소유권 및 소유권에 준하는 권리(본권)의 대상이 되는 재물을 말한다. 재물의 소유자 및 소유자에 준하는 권리자(본권자)인 타인은 자연인, 법인, 그 밖의 단체를 모두 포함한다. 재물의 소유자 및 소유자에 준하는 권리자(본권자)인 한 국가, 지방자치단체도 타인에 포함된다.

(나) 재산관련성 사기죄의 재물은 사기죄의 보호법익인 재산과 관련을 맺고 있어야 한다. 예컨대 재물이나 재산상 이익의 처분에 관한 사항을 포함하고 있지 않은 보험가입사실증명서는 사기죄의 재물에 포함되지 않는다.[2] 그러나 주권포기각서는 주권

---

1) 전술 997면 이하 참조.

2) 1997. 3. 28. 96도2625, 공 1997, 1293 = 『조작된 보험사실증명원 제출 사건』:

A는 ⓐ화물차를 운행하고 있다. A는 ⓐ화물차에 대해 P보험회사와 다음 내용의 ㉠자동차보험계약을 체결하였다. (가) 계약기간 : 1993. 8. 4.부터 1994. 8. 4.까지. (나) 총보험료 : 75만원. (다) 납입방식 : 4회 분납. (라) 자동실효 : 보험료의 납부는 14일까지 유예할 수 있으나 유예기간이 경과하면 자동차보험계약은 자동으로 실효된다. (마) 계약부활 : 실효된 계약을 부활하려면 밀린 보험료를 납부하여야 한다. A는 1회, 3회, 4회 보험료를 정해진 기간에 납입하였다. A는 2회 보험료를 납입하지 않았다. P회사는 A가 1회, 2회, 3회 보험료를 납입한 것으로 처리하였다. 4회 보험료 납입유예기간이 경과하였다. P회사는 4회 보험료 납입유예기간이 경과한 후 (라)의 자동실효약관에 따라 4회분 보험료 미납입을 이유로 ㉠보험계약이 실효된 것으로 처리하였다.

1994. 7. 8. A는 ㉡교통사고를 내었다. 이 날은 ㉠자동차보험의 계약기간 내의 날이다. ⓐ화물차가 가입된 ㉠자동차종합보험이 분납보험료 미불입으로 실효되어 A는 ㉡교통사고에 대해 보험처리를 받지 못하게 되었다. 갑은 P회사 M영업소에 근무하는 보험모집사원이다. 1994. 7. 10. A는 갑에게 ㉠보험이 유효한 것으로 하여 보험처리가 되도록 해달라는 부탁하였다. 1994. 7. 10. 갑의 M영업소에 보험가입자 B가 보험료로 18만원을 입금하였다. 갑은 여직원 C를 시켜서 이 돈의 입금내역을 ⓐ화물차량의 2회분 보험료로 입금된 것처럼 컴퓨터를 조작하여 입력하였다(㉮입력행위). 갑은 1993. 8. 4.부터 1994. 8. 4.까지 자동차종합보험에 유효하게 가입한 것으로 한 내용의 P회사 명의의 ㉢종합보험가입사실증명원을 출력하였다. 갑은 A에게 ㉢종합보험가입사실증명원을 건네주었다.

1994. 7. 22. A는 P회사 N지점 보상과 사무실로 갔다. A는 ㉢보험가입사실증명원을 제시하면서 ㉡교통사고에 대한 보험금 1천 3백만원을 청구하려고 하였다(㉯제시행위). N지점 보상과 사무실 직원 D는 ㉠자동차보험이 자동실효된 것을 발견하였다. A는 보험금을 청구할 수 없었다. 1994. 7. 23. A는 ㉢종합보험가입사실증명원을 담당 경찰관에게 제출하였다(㉰제출행위).

을 포기한다는 의사표시가 담긴 처분문서로서 경제적 가치가 있어 사기죄의 재물에 해당한다.[1]

(다) 부동산 부동산은 장소적 이전이 불가능하다. 부동산은 절취형태의 점유침해를 생각할 수 없어 절도죄의 객체로 되지 않는다.[2] 그러나 사기죄의 경우에는 기망에 의한 등

교통사고처리특례법 제5조 제2항은 보험회사의 사무를 처리하는 사람이 보험사실가입증명서를 거짓으로 작성한 경우를 처벌하고 있다. 교통사고처리특례법 제5조 제3항은 거짓으로 작성된 보험사실가입증명서를 그 정황을 알고 행사한 사람을 처벌하고 있다. 후술하는 대법원의 94다56852 전원합의체 판결이 나오기 전의 시점이다. 검사는 갑, A, C가 공모관계에 있다고 판단하였다. 검사는 갑을 다음의 공소사실로 기소하였다. (가) ㉮조작행위 : 교통사고처리특례법 제5조 제2항 위반죄(허위문서작성). (나) ㉯제시행위 : 사기미수죄. (다) ㉰제출행위 : 교통사고처리특례법 제5조 제3항 위반죄(허위문서행사).

상법 제650조 제2항은 다음과 같이 규정하고 있다. "계속보험료가 약정한 시기에 지급되지 아니한 때에는 보험자는 상당한 기간을 정하여 보험계약자에게 최고하고 그 기간 내에 지급되지 아니한 때에는 그 계약을 해지할 수 있다." 상법 제663조 본문에 따르면 상법 제650조 제2항은 당사자 간의 특약으로 보험계약자 또는 피보험자나 보험수익자의 불이익으로 변경하지 못한다. 1995. 11. 16. 대법원은 94다56852 전원합의체 판결을 통하여 보험계약의 자동실효조항이 무효라고 판단하였다. 이후 보험회사들은 자동실효된 보험계약들을 정상화하기로 결정하였다.

(제1심법원은 대법원 전원합의체 판결에 따를 때 ㉢보험사실증명원의 내용이 허위에 해당하지 않는다고 판단하였다.) 1996. 1. 16. 제1심법원은 다음과 같이 판단하였다. (가) ㉮조작행위 : 교통사고처리특례법 제5조 제2항 위반죄(허위문서작성) 무죄. (나) ㉯제시행위 : 사기미수죄 유죄. (다) ㉰제출행위 : 교통사고처리특례법 제5조 제3항 위반죄(허위문서행사) 무죄. 갑은 유죄 부분에 불복하여 항소하였다. 검사는 무죄 부분에 불복하여 항소하였다.

항소법원은 제1심판결의 무죄판단 부분을 유지하였다. 항소법원은 제1심판결의 유죄판단 부분을 파기하고 무죄를 선고하였다. 항소법원은 사기미수죄를 무죄로 판단한 것에 대해 다음의 이유를 제시하였다. (가) 갑의 행위는 단순히 A의 형사책임을 면하게 하기 위하여 보험가입사실증명원을 발급받아 수사기관에 제출한 것에 불과하다. (나) 갑의 행위는 보험금을 편취할 실행행위에는 이르지 못하였다. (다) 갑에게 P보험회사로부터 보험금을 편취하려는 고의가 있었다고 보기도 어렵다. (라) 달리 이를 인정할 만한 증거가 없다. 검사는 항소심판결에 불복하여 상고하였다. 검사는 상고이유에서 사기미수죄 부분만을 다투었다. 검사는 교통사고처리특례법 위반죄(허위문서작성, 허위문서행사) 부분은 다투지 않았다.

대법원은 다음의 이유를 제시하여 상고를 기각하였다. 대법원은 사기미수죄 부분에 대한 원심의 무죄 판단을 수긍하였다. 대법원은 ㉢보험가입사실증명원과 관련하여 다음과 같이 판단하였다. (가) 사기죄는 재산, 즉 재물이나 재산상의 이익을 보호법익으로 하는 범죄이다. (나) ㉢보험가입사실증명원은 갑이 A가 교통사고처리특례법 제4조에서 정한 취지의 보험에 가입하였음을 증명하는 보험가입증명원을 제출하여 보험회사가 이를 증명하는 내용의 문서일 뿐이다. (다) ㉢보험가입사실증명원은 재물이나 재산상의 이익의 처분에 관한 사항을 포함하고 있는 것은 아니다. (라) 그렇다면 이러한 문서의 불법취득에 의해 침해된 또는 침해될 우려가 있는 법익은 보험가입사실증명원인 서면 그 자체가 아니다. (마) 이러한 문서의 불법취득에 의해 침해된 또는 침해될 우려가 있는 법익은 그 문서가 [나타내는] 교통사고처리특례법 제4조에 정한 보험에 가입한 사실의 진위에 관한 내용이다. (바) 그러므로 이러한 증명에 의하여 사기죄에서 말하는 재물이나 재산상의 이익이 침해된 것으로 볼 것은 아니어서 사기죄가 성립할 여지가 없다. (사) 따라서 ㉢보험가입사실증명원에 대하여는 사기죄가 성립되지 않는다는 원심의 판단은 정당하다.

1) 1996. 9. 10. 95도2747, 공 1996, 3084.

2) 전술 1000면 이하 참조.

기이전의 형태로 일어나는 점유침해를 생각할 수 있다. 또한 미등기 부동산의 경우 기망에 의한 처분행위로 사실상 부동산의 점유이전이 일어나는 경우도 있다. 따라서 부동산은 사기죄의 재물에 포함된다.

(2) 재산상 이익

(가) 재산상 이익의 범위 사기죄의 두 번째 객체는 재산상 이익이다. 재산상 이익은 재산 가운데 재물을 제외한 것을 말한다. 재물 이외에 재산적 가치가 있는 이익을 총칭한다. 재산상 이익에 관한 내용은 기본적으로 강도죄에서 설명한 것과 같다.[1)]

재산상 이익에는 적극적 이익과 소극적 이익이 모두 포함된다. 채권을 취득하는 것, 상대방으로부터 채무보증이나 채무인수를 받는 것은 적극적 이익에 해당한다. 채무면제를 받는 것, 채무이행기를 연기받는 것[2)] 등은 소극적 이익에 해당하는 예이다.

(나) 재산관련성 재산상 이익은 재산의 일부를 이루는 것이므로 경제적으로 평가할 수 있는 것이어야 한다. 그러나 반드시 계산적으로 산출할 수 있는 이익에 한정하지 않는다. 기망을 통하여 기존 채무의 이행을 연기받는 경우에는 기존 채무액이 아니라 채무의 이행을 연기받는 것 자체가 재산상 이익에 해당한다.[3)] 기망으로 건축허가명의를 변경하는 것은 그의 명의로 소유권보존등기를 경료할 수 있는 등 건축허가에 따른 재산상 이익을 취득하는 것에 해당한다.[4)] 그 밖의 경우를 몇 가지 살펴본다.

① 성관계 이성과의 성행위 자체는 경제적으로 평가할 수 없는 것이어서 사기죄·공갈죄의 재산상 이익에 해당하지 않는다. 그러나 이성인 상대방이 금품 등을 받을 것을 전제로 성행위를 하는 경우 그 행위의 대가는 사기죄의 객체인 경제적 이익에 해당한다.[5)] 혼인을 빙자하여 상대방을 기망한 후 간음한 경우에도 사기죄가 성립하지 않는다. 재산상 이익을 취득하는 행위가 아니기 때문이다. 그러나 결혼을 가장하여 상대방을 기망한 후 결혼비용, 증여 등의 명목으로 금품을 편취하는 행위는 소위 결혼사기로서 사기죄를 구성한다.[6)]

② 확정판결 법원을 기망하여 자기에게 유리한 판결을 얻고 그 판결 확정에 의하여

---

1) 전술 1081면 이하 참조.
2) 1997. 7. 25. 97도1095, 공 1997, 2758 =『빙과회사 융통어음 사건』☞ 부록 1652면.
3) 1997. 7. 25. 97도1095, 공 1997, 2758 =『빙과회사 융통어음 사건』.
4) 1997. 7. 11. 95도1874, 공 1997, 2574 =『건축주 명의변경 사건』.
5) 2001. 10. 23. 2001도2991, 공 2001, 2622 = 분석 각론『화대 편취 사건』.
6) 1983. 6. 28. 83도831, 공 1983, 1155 참조.

타인의 협력 없이 자신의 의사만으로 재물이나 재산상 이익을 얻을 수 있는 지위를 취득하게 되면, 그 지위는 재산적 가치가 있는 구체적 이익으로서 사기죄의 객체인 재산상 이익에 해당한다.[1] 법원을 기망하여 유가증권에 대한 제권판결을 받은 것도 재산상 이익에 해당한다.[2] 소송사기의 문제는 후술한다.[3]

③ 등기말소　　부동산등기말소를 구하는 소송사기의 경우에 사기죄가 성립할 것인지 문제된다. 종래 대법원은 등기명의자를 상대로 등기말소를 구하는 소송을 제기한 경우에 대해 설령 승소한다고 하더라도 상대방의 등기가 말소될 뿐, 이로써 원고가 당해 부동산에 대하여 어떠한 권리를 회복 또는 취득하거나 의무를 면하는 것은 아니므로 법원을 기망하여 재물이나 재산상 이익을 편취한 것이라고 볼 수 없다는 태도를 취하였다.[4] 그러나 2006년 대법원은 판례를 변경하여 승소판결 자체가 재산상 이익에 해당한다는 입장을 취하고 있다.

대법원은 판례변경의 이유로 다음의 점을 제시하였다. 피고인이 자신이 토지의 소유자라고 허위의 주장을 하면서 소유권보존등기 명의자를 상대로 보존등기 말소를 구하는 소송을 제기한 경우 그 소송에서 토지가 피고인의 소유임을 인정하여 보존등기 말소를 명하는 내용의 승소확정판결을 받는다면, 피고인은 이를 근거로 언제든지 단독으로 상대방의 소유권보존등기를 말소시킨 후 승소판결을 소유권을 증명하는 판결로 하여 자기 앞으로의 소유권보존등기를 신청하여 그 등기를 마칠 수 있게 된다. 이때 피고인은 법원을 기망하여 유리한 판결을 얻음으로써 '대상 토지의 소유권에 대한 방해를 제거하고 그 소유명의를 얻을 수 있는 지위'라는 재산상 이익을 취득한 것이 된다.[5]

같은 관점에서, 부동산 위에 소유권이전청구권 보전의 가등기를 마친 자를 기망하여 그 가등기를 말소하게 하면 부동산 소유자는 가등기의 부담이 없는 부동산을 소유하게 되는 재산상 이익을 얻게 되어 사기죄가 성립한다.[6]

---

1) 2006. 4. 7. 2005도9858 전원합의체 판결, 공 2006, 2106 = 분석 각론『보존등기 말소청구 사건』.
2) 2007. 5. 31. 2006도8488, 공 2007, 1006 =『신주발행 직후 제권판결 사건』.
3) 후술 1190면 이하 참조.
4) 1983. 10. 25. 83도1566, 공 1983, 1784.
5) 2006. 4. 7. 2005도9858 전원합의체 판결, 공 2006, 2106 = 분석 각론『보존등기 말소청구 사건』.
6) 2008. 1. 24. 2007도9417, [미간행] =『명의신탁 가등기 말소 사건』:

A(신탁자)와 갑(수탁자)은 M농지에 대해 ㉠명의신탁약정을 하였다. A는 갑에 대한 명의신탁약정에 기한 소유권이전등기청구권을 보전할 목적으로 M농지에 대해 자신의 아들 B 명의로 ㉡가등기를 하였다. 이후 갑은 A에게 ㉡가등기를 먼저 말소해 주더라도 A가 요구할 때 언제든지 M농지의 소유권을 이전해 줄 것처럼 행세하면서 ㉡가등기의 말소를 요청하였다. 이에 속은 A는 ㉡가등기를 말소해 주었다. 갑은 A 몰래 M농지를 제3자 C에게 매도하고 소유권이전등기를 경료해 주었다.

검사는 갑을 사기죄로 기소하였다. 갑의 피고사건은 제1심을 거친 후, 항소심에 계속되었다. 항소법원은 유

(3) 불법원인급여와 사기죄

(가) 문제의 소재 재물 또는 재산상 이익의 타인성과 관련하여 불법원인급여가 문제된다. 예컨대 도박자금이나 뇌물용 자금으로 빌린다고 기망하여 차용한 돈을 임의소비하는 경우에 차용금이 불법원인으로 급여된 물건이어도 사기죄가 성립할 수 있겠는가 하는 것이 문제의 초점이다.

(나) 불법원인급여 민법 제746조는 "불법의 원인으로 인하여 재산을 급여하거나 노무를 제공한 때에는 그 이익의 반환을 청구하지 못한다. 그러나 그 불법원인이 수익자에게만 있는 때에는 그러하지 아니하다."라고 규정하고 있다. 여기에서 불법의 원인으로 인하여 재산을 급여하거나 노무를 제공한 것을 가리켜서 불법원인급여라고 한다. 그리고 이때 불법원인이라 함은 불법원인급여의 원인되는 행위가 선량한 풍속 기타 사회질서에 위반하는 경우를 말한다.[1]

죄를 인정하였다. 갑은 불복 상고하였다. 갑은 상고이유로 다음의 점을 주장하였다. (가) ㉠명의신탁약정은 부동산실명법에 의하여 무효이다. (나) 무효인 ㉠약정에 의한 ㉡가등기 또한 무효이다. (다) ㉡가등기 말소로 아무런 재산상 이익을 취득한 바가 없어 사기죄가 성립하지 않는다. (라) 갑에게 무효인 ㉡가등기 말소를 구할 권리가 인정된다. (마) 권리행사에 의한 ㉡가등기 말소는 사기죄에 해당하지 않는다.

대법원은 다음의 이유를 제시하여 상고를 기각하였다. (가) 사기죄는 타인을 기망하여 착오에 빠뜨리고 그 처분행위를 유발하여 재물이나 재산상의 이득을 얻음으로써 성립한다. (나) 여기에서 처분행위라 함은 재산적 처분행위를 의미한다. (다) 부동산 위에 소유권이전청구권 보전의 가등기를 마친 자가 그 가등기를 말소하면 부동산 소유자는 가등기의 부담이 없는 부동산을 소유하게 되는 이익을 얻게 된다. (라) 그러므로 가등기를 말소하는 것 역시 사기죄에서 말하는 재산적 처분행위에 해당한다. (마) 설령 그 후 ㉡가등기에 의하여 보전하고자 하였던 소유권이전청구권이 존재하지 않아 ㉡가등기가 무효임이 밝혀졌다고 하더라도 가등기의 말소로 인한 재산상의 이익이 없었던 것으로 볼 수 없다.

(바) 갑에게 B 명의의 가등기 말소를 구할 권리가 인정된다고 하자. (사) 그렇다 하더라도 갑이 기망행위를 사용하여 A로 하여금 ㉡가등기를 말소하게 한 경우 그 기망행위가 사회통념상 권리행사의 수단으로서 용인될 수 없는 것이라면 갑의 위와 같은 행위는 사기죄를 구성한다.

1) 2008. 10. 9. 2007도2511, [미간행] =『종교인 약제부장 사건』:

갑은 P재단법인 소속 Q병원 소속 종교인이다. 갑은 Q병원에서 사용되는 의약품의 선정, 구매 및 관리를 담당하는 약국장 및 약제부장으로 근무하고 있다. R회사 등 제약회사는 Q병원에 의약품을 납품하면서 약품 매출액의 5% 내지 20%에 해당하는 금원을 기부금 명목으로 갑에게 교부하였다(㉠돈). 갑은 교부받은 ㉠돈을 Q병원을 위해 보관해 왔다. Q병원 측은 갑이 ㉠돈을 보관하는 것을 알면서 묵인하였다. 갑이 ㉠돈을 보관한 기간은 수년에 달하였다. 갑은 ㉠돈 가운데 합계 1,360만원을 임의 소비하였다.

검사는 갑을 횡령죄로 기소하였다. 갑의 피고사건은 제1심을 거친 후, 항소심에 계속되었다. 항소법원은 다음의 이유를 들어 무죄를 선고하였다. (가) 갑은 기부금 명목으로 제공된 ㉠돈을 Q병원을 위하여 보관하였다. (나) Q병원은 수년간 이를 묵인하였다. (다) 이는 Q병원이 갑에게 불법의 원인으로 인하여 금원을 급여한 때에 해당한다. (라) Q병원은 ㉠돈의 반환을 구할 수 없다. (마) ㉠돈의 소유권은 급여를 받은 갑에게 귀속된다. (바) 갑이 ㉠돈을 Q병원에게 반환하지 않고 개인적인 용도로 사용하였다 하더라도 ㉠돈은 업무상 횡령죄의 객체인 '타인의 재물'이 아니다. 검사는 불복 상고하였다.

대법원은 다음의 이유를 제시하여 원심판결을 파기환송하였다. 대법원은 불법원인급여에 대해 다음과 같이 불법원인에 해당하는 경우로는 (가) 법률행위의 목적인 권리의무의 내용이 선량한 풍속 기타 사회질서에 위반되는 경우, (나) 그 내용 자체는 반사회질서적인 것이 아니라고 하여도 법률적으로 이를 강제함으로써 반사회질서적 성질을 띠게 되는 경우, (다) 그 내용 자체는 반사회질서적인 것이 아니라고 하여도 그 법률행위에 반사회질서적인 조건 또는 금전적 대가가 결부됨으로써 반사회질서적 성질을 띠게 되는 경우, (라) 표시되거나 상대방에게 알려진 법률행위의 동기가 반사회질서적인 경우 등이 있다.[1]

(다) 불법원인급여의 효과　　불법원인으로 재산을 급여하거나 노무를 제공한 때에는 그 이익의 반환을 청구하지 못한다(민법746 본문). 불법원인급여의 대상이 물건인 경우에 목적물을 급여한 사람은 (가) 그 원인행위가 법률상 무효임을 내세워 상대방에게 부당이득반환청구를 할 수 없고, (나) 급여한 물건의 소유권이 자기에게 있다고 하여 소유권에 기한 반환청구도 할 수 없다. 그리하여 결과적으로 급여한 물건의 소유권은 급여를 받은 상대방(수익자)에게 귀속된다.[2]

민법의 불법원인급여 법리에 따를 때 도박자금이나 뇌물 등은 불법원인급여에 해당한다. 여기에서 불법원인으로 급여된 재물 또는 재산상 이익의 타인성이 부정되어 형법상으로도 사기죄가 성립하지 않는 것이 아닌가 하는 의문을 제기할 수 있다.

(라) 판례의 태도　　불법원인급여물과 관련하여 판례는 일관하여 사기죄의 성립을 인

설시하였다. (가) 민법 제746조는 불법의 원인으로 인하여 재산을 급여하거나 노무를 제공한 때에는 그 이익의 반환을 청구하지 못한다고 규정하고 있다. (나) 그 뜻은 다음과 같은 의미이다. (다) 급여를 한 사람은 그 원인행위가 법률상 무효임을 내세워 상대방에게 부당이득반환청구를 할 수 없다. (라) 급여를 한 사람은 또 급여한 물건의 소유권이 자기에게 있다고 하여 소유권에 기한 반환청구도 할 수 없다. (마) 결국, 급여한 물건의 소유권은 급여를 받은 상대방에게 귀속된다는 의미이다.

대법원은 불법원인에 대해 다음과 같이 설시하였다. (가) 불법원인급여에서의 불법원인이라 함은 그 원인되는 행위가 선량한 풍속 기타 사회질서에 위반하는 경우를 말한다. (나) 다음의 경우는 여기에 해당한다. (다) 법률행위의 목적인 권리의무의 내용이 선량한 풍속 기타 사회질서에 위반되는 경우가 있다. (라) 그 내용 자체는 반사회질서적인 것이 아니라고 하여도 법률적으로 이를 강제함으로써 반사회질서적 성질을 띠게 되는 경우가 있다. (마) 그 법률행위에 반사회질서적인 조건 또는 금전적 대가가 결부됨으로써 반사회질서적 성질을 띠게 되는 경우가 있다. (바) 표시되거나 상대방에게 알려진 법률행위의 동기가 반사회질서적인 경우가 있다.

대법원은 갑의 행위에 대해 다음과 같이 판단하였다. (가) 갑은 병원을 대신하여 제약회사들로부터 의약품을 공급받는 대가로 그 의약품 매출액에 비례하여 기부금 명목의 금원을 제공받은 다음 병원을 위하여 보관하여 왔다. (나) 그러하였던 것뿐이라면 다른 특별한 사정이 없는 한 이를 두고 선량한 풍속 기타 사회질서에 반하는 행위로서 불법원인급여에 해당한다고 보기는 어렵다. (다) Q병원이 병원을 대신하여 R제약회사 등으로부터 ㉠금원을 제공받아 보관하고 있던 갑에 대해 그 반환을 구하지 못한다고 할 수는 없다.

1) 2008. 10. 9. 2007도2511, [미간행] = 『종교인 약제부장 사건』.

2) 1999. 6. 11. 99도275, 공 1999, 1451 = 『외국인연수생 업체 선정 사건』.

정하고 있다. 예컨대 화대 편취,[1] 도박자금 편취,[2] 뇌물용 금전의 편취,[3] 뇌물용 약속어음의 편취[4] 등의 경우에 사기죄의 성립을 긍정한 판례들이 그것이다. 판례는 불법원인급여에 해당하는 사안에서 사기죄의 객체가 되는 재산상의 이익이 반드시 사법(私法)상 보호되는 경제적 이익만을 의미하지 않는다는 이유를 들어서 사기죄를 긍정하거나,[5] 만약 진정한 용도를 고지하였으면 재물의 교부 등 처분행위가 없었을 것이라는 이유를 들어서 사기죄를 긍정하고 있다.[6]

(마) 사기죄 부정설 불법원인급여와 사기죄의 관계에 대하여 몇 가지 견해를 생각해 볼 수 있다.

먼저, 불법원인급여의 경우 사기죄가 성립하지 않는다고 보는 견해이다.[7] 이 입장에서는 불법원인급여물은 민법 제746조 본문에 의하여 반환청구권이 인정되지 않으므로 재산상 손해가 없어 사기죄가 성립하지 않는다고 본다.[8] 그러나 우리 형법은 사기죄의 성립요건으

1) 2001. 10. 23. 2001도2991, 공 2001, 2622 = 분석 각론『화대 편취 사건』.

2) 2006. 11. 23. 2006도6795, [미간행] =『도박자금 편취 사건』:

(사안을 임의로 보완함.) 갑은 A에게 Y도박을 하면 큰 돈을 벌 수 있다고 말하였다. 갑은 A에게 Y도박에 걸 돈을 빌려주면 고액의 이자를 붙여서 돌려주겠다고 말하였다. A는 도박자금으로 갑에게 ㉠돈을 빌려주었다. A는 빌린 ㉠돈을 개인 생활비로 지출하였다.

검사는 갑을 사기죄로 기소하였다. 제1심법원은 유죄를 인정하였다. 갑은 불복 항소하였다. 항소법원은 항소를 기각하고, 제1심판결을 유지하였다. 갑은 불복 상고하였다. 갑은 상고이유로 다음의 점을 주장하였다. (가) ㉠돈을 빌릴 당시 실제로 Y도박을 할 생각이었다. (나) ㉠돈을 빌린 후 생활이 갑자기 어려워져서 생활비로 사용하였을 뿐이다. (다) A가 ㉠도박자금을 빌려준 것은 불법원인급여에 해당한다. (라) A는 갑에게 ㉠돈의 반환을 청구하지 못한다. (마) A는 갑에게 ㉠돈의 소유권을 주장할 수 없다. (바) A와 갑 사이에는 ㉠돈을 타인의 재물이라고 할 수 없다. (사) ㉠돈을 타인의 재물이라고 할 수 없으므로 설령 갑의 기망행위가 인정되더라도 사기죄는 성립하지 않는다.

대법원은 다음의 이유를 제시하여 상고를 기각하였다. (가) 차용금의 편취에 의한 사기죄의 성립 여부는 차용 당시를 기준으로 판단하여야 한다. (나) 사기죄의 주관적 구성요건인 편취의 범의의 존부는 피고인이 자백하지 아니하는 한 범행 전후의 피고인의 재력, 환경, 범행의 내용, 거래의 이행과정, 피해자와의 관계 등과 같은 객관적 사정을 종합하여 판단하여야 한다. (다) 원심이 유지한 제1심판결의 채택증거들을 기록에 비추어 살펴보면, 갑이 편취의 범의로 이 사건 범행을 저지른 사실을 충분히 인정할 수 있다.

(라) 민법 제746조의 불법원인급여에 해당하여 급여자가 수익자에 대한 반환청구권을 행사할 수 없다고 하더라도, 수익자가 기망을 통하여 급여자로 하여금 불법원인급여에 해당하는 재물을 제공하도록 하였다면 사기죄가 성립한다. (마) 갑이 A로부터 도박자금으로 사용하기 위하여 금원을 차용하였더라도 사기죄의 성립에는 영향이 없다.

3) 2015. 10. 29. 2015도12838, [미간행] =『뇌물요구 거절 사건』.

4) 1995. 9. 15. 95도707, 공 1995, 3477 =『대법관 로비용 약속어음 사건』☞ 부록 1653면.

5) 2001. 10. 23. 2001도2991, 공 2001, 2622 = 분석 각론『화대 편취 사건』.

6) 1995. 9. 15. 95도707, 공 1995, 3477.

7) 김혜정 외, 374면(법률적 · 경제적 재산개념).

8) 김일수 · 서보학, 352면; 박상기, 383면; 이정원, 382면(재물 사기죄 긍정, 재산상 이익 사기죄 부정).

로 재산상 손해발생을 요하지 않는다는 점에서 수긍하기 곤란하다.

(바) 사기죄 긍정설　　불법원인급여의 경우에도 사기죄가 성립한다고 보는 견해이다. 긍정설은 논거의 구성방식에 따라 몇 가지로 나누어 볼 수 있다.

① 기망인정설　　피해자가 기망당하지 아니하였더라면 재물의 교부나 재산상 이익을 이전하지 않았을 것이라는 이유로 사기죄를 긍정하는 견해이다.[1] 사기죄의 재산개념을 형법 독자적 관점에서 파악하려는 입장이기도 하다. 사기죄의 기망이 재산상의 거래관계에서 신의성실의 의무를 저버리는 행위라는 점에 착안하면서, 불법원인급여를 야기하는 기망행위에 초점을 맞추는 입장이다. 판례가 기망의 점을 강조하고 있는 것은 이러한 시각의 표현이라고 생각된다. 그러나 이 견해는 불법원인급여물의 타인성 판단을 형법적 재산개념을 내세워 회피함으로써 문제를 정면에서 해결하지 못한다는 난점을 안고 있다.

② 불법부인설　　불법원인급여의 사안에서 교부된 재물이나 취득된 재산상 이익은 교부되거나 취득되기 전까지는 그 자체로 불법한 것이 아니며, 기망행위에 의하여 피해자의 적법한 재산상태에 교란을 야기하기 때문에 사기죄가 성립한다고 보는 견해이다. 위법한 재산상태의 교란상황에 대해 사기죄의 성립을 긍정하더라도 이는 불법을 촉진하는 것이 아니라 오히려 억제효과가 발휘된다고 본다. 그러나 이 견해는 일부분만 타당하다. 예컨대 현금을 뇌물이나 도박자금 용도로 기망하여 취득하는 경우에 현금은 그 자체로 불법한 것이 아니다. 그러나 성매매 사안에서의 성관계나 마약의 교부와 같은 경우는 교부된 재물이나 재산상 이익은 그 자체로 불법하다고 하지 않을 수 없다.

③ 원인제공설　　민법 제746조는 본문에서 "불법의 원인으로 인하여 재산을 급여하거나 노무를 제공한 때에는 그 이익의 반환을 청구하지 못한다."라고 하면서, 단서에서 "그러나 그 불법원인이 수익자에게만 있는 때에는 그러하지 아니하다."라고 규정하고 있다. 불법원인급여와 관련한 사기죄 사안을 보면, 도박자금이나 뇌물 용도의 현금을 편취하는 경우와 같이 행위자가 불법원인급여의 원인을 제공하고 있다. 이 점을 고려하면 사기죄 사안의 경우 불법원인이 수익자에게만 있는 것으로 볼 수 있다.[2] 원인제공을 중시하는 입장에 따르면 불법원인급여를 인정하여 급부물의 반환청구권을 부인할 경우에 대두하는 장물성 부인의 난점을 피할 수 있다.

이상의 분석에 비추어 볼 때 원인제공설이 타당하다고 본다. 요컨대 기망의 방법으로 불법원인급여에 해당하는 재물 또는 재산상 이익을 취득하는 행위는 사기죄를 구성한다고 볼

---

1) 김성돈, 380면; 배종대, 377면; 이재상 · 장영민 · 강동범, 359면; 이형국 · 김혜경, 420면; 임웅, 434면; 정성근 · 박광민, 390면; 정영일, 265면.

2) 손동권 · 김재윤, 392면.

것이다.

2. 실행행위

(1) 기망의 의미

(가) 기 망 널리 재산상의 거래관계에서 서로 지켜야 할 신의와 성실의 의무를 저버리는 모든 적극적 및 소극적 행위로서 사람으로 하여금 착오를 일으키게 하는 것을 말한다.[1] 기망행위의 수단, 방법에는 제한이 없다. 피기망자에 대한 직접적인 기망 이외에 간접정범 형태의 기망도 포함한다.[2]

---

1) 1992. 9. 14. 91도2994, 공 1992, 2929 = 분석 각론『백화점 변칙세일 사건』.

2) 2007. 9. 6. 2006도3591, 공 2007, 1596 =『차용증 양도 소송사기 사건』:

갑은 P상가회사의 대표이사이다. A는 P상가 내의 ⓐ점포를 분양받았다. 갑과 A 사이에 분쟁이 발생하여 갑이 A를 폭행하였다. 갑은 A의 처에게 [병원비 조로] 2천만원을 지급하면서 ㉠차용증을 받아두었다. 갑은 B에 대한 개인 채무를 변제하면서 ㉠차용증에 당초 없었던 약정이자를 부기하여 B에게 채권양도를 하였다. B는 A를 상대로 양수금 청구소송을 제기하면서 관할법원에 ㉠차용증을 증거자료로 제출하였다. A가 응소한 후 B는 소를 취하하였다.

검사는 갑을 사기미수죄로 기소하였다. 갑의 피고사건은 제1심을 거친 후, 항소심에 계속되었다. 항소법원은 갑에게 B의 소송제기에 대한 행위지배가 인정되지 않는다는 이유로 무죄를 선고하였다. 검사는 불복 상고하였다.

대법원은 다음의 이유를 제시하여 원심판결을 파기환송하였다. 대법원은 소송사기에 대해 다음과 같이 설시하였다. (가) 소송사기는 법원을 속여 자기에게 유리한 판결을 얻음으로써 상대방의 재물 또는 재산상 이익을 취득하는 범죄이다. (나) 이를 쉽사리 유죄로 인정하게 되면 누구든지 자기에게 유리한 주장을 하고 소송을 통하여 권리구제를 받을 수 있는 민사재판제도의 위축을 가져올 수밖에 없다. (다) 그러므로 (ㄱ) 피고인이 그 범행을 인정한 경우 외에는 (ㄴ) 그 소송상의 주장이 사실과 다름이 객관적으로 명백하고 피고인이 그 주장이 명백히 거짓인 것을 인식하였거나 (ㄷ) 증거를 조작하려고 하였음이 인정되는 때와 같이 범죄가 성립되는 것이 명백한 경우가 아니면 이를 유죄로 인정하여서는 안 된다.

(라) 단순히 사실을 잘못 인식하였다거나 법률적 평가를 잘못하여 존재하지 않는 권리를 존재한다고 믿고 제소한 행위는 사기죄를 구성하지 않는다. (마) 소송상 주장이 다소 사실과 다르더라도 존재한다고 믿는 권리를 이유 있게 하기 위한 과장표현에 지나지 아니하는 경우 사기의 범의가 있다고 볼 수 없다. (바) 소송사기에서 말하는 증거의 조작이란 (ㄱ) 처분문서 등을 거짓으로 만들어 내거나 (ㄴ) 증인의 허위 증언을 유도하는 등으로 객관적·제3자적 증거를 조작하는 행위를 말한다.

(사) 간접정범에 관하여 규정한 형법 제34조 제1항에 의하면, 어느 행위로 인하여 처벌되지 아니하는 자 또는 과실범으로 처벌되는 자를 교사 또는 방조하여 범죄행위의 결과를 발생하게 한 자는 교사 또는 방조의 예에 의하여 처벌하도록 되어 있다. (아) 범죄사실의 인식이 없는 타인을 이용하여 범죄를 실행하게 한 자는 형법 제34조 제1항 소정의 "어느 행위로 인하여 처벌되지 아니하는 자를 교사한 자"에 해당하여 간접정범으로서 단독으로 그 죄책을 부담한다. (자) 따라서 자기에게 유리한 판결을 얻기 위하여 소송상의 주장이 사실과 다름이 객관적으로 명백하거나 증거가 조작되어 있다는 정을 인식하지 못하는 제3자를 이용하여 그로 하여금 소송의 당사자가 되게 하고 법원을 기망하여 소송 상대방의 재물 또는 재산상 이익을 취득하려 하였다면 간접정범의 형태에 의한 소송사기죄가 성립하게 된다.

대법원은 갑의 행위에 대해 다음과 같이 판단하였다. (가) ㉠차용증은 위조되었다. (나) 갑은 ㉠차용증 기독일 형법은 기망의 표지를 좀더 구체적으로 표현하여 '허위의 사실을 꾸며내거나 진실한 사실을 왜곡 또는 은폐하여 착오를 야기 또는 유지시키는 것'으로 규정하고 있다.[1] 동일한 접근방법은 우리 형법의 경우에도 가능하다. 허위사실을 새로이 꾸며내서 착오를 야기하는 것,[2] 기존의 사실을 은폐 · 왜곡하여 착오를 야기하는 것,[3] 착오에 빠져 있는 상태를 유지하는 것[4] 등은 모두 기망에 해당한다. 기망은 행위 당시의 구체적 사정에 비추어 일반인을 착오에 빠지게 할 가능성이 있는 것이면 족하다.

(나) 부작위에 의한 기망 기망은 부작위의 형태로도 가능하다. 부작위에 의한 기망이란 법률상 고지의무 있는 자가 일정한 사실에 관하여 상대방이 착오에 빠져 있음을 알면서도 이를 고지하지 않는 것을 말한다.[5] 부작위에 의한 기망이 성립하려면 행위자가 상대방의 착오를 제거해야 할 보증인적 지위에 있어야 하고, 당해 부작위가 작위에 의한 기망행위와 동가치성을 가지고 있어야 한다.

부작위에 의한 기망에서 법률상 고지의무는 법령, 계약, 관습, 조리 등에 의하여 인정된다. 법률상 고지의무는 문제가 되는 구체적인 사례에 즉응하여 거래실정과 신의성실의 원칙에 의하여 결정되어야 한다.[6] 법률상 고지의무를 인정할 것인지는 법률문제로서 상고심의 심판대상이 된다. 그렇지만 법률상 고지의무의 근거가 되는 거래의 내용이나 거래관행 등 거래실정에 관한 사실을 주장하고 증명할 책임은 검사에게 있다.[7]

기망행위는 재산상의 거래관계에서 서로 지켜야 할 신의와 성실의 의무를 저버리는 행위이다. 일반거래의 경험칙상 상대방이 그 사실을 알았더라면 당해 법률행위를 하지 않았을 것이 명백한 경우에는 신의칙에 비추어 그 사실을 고지할 법률상 의무가 인정된다.[8] 따라서 이러한 관계가 인정될 때에는 부작위에 의한 기망이 성립하게 된다.

매출전표가 용역의 제공을 가장한 허위의 매출전표임을 고지하지 아니한 채 신용카드회사에게 제출하여 대금을 청구하는 경우,[9] 병원에 내원할 때에 이미 피고인으로부터 어떠한

재 내용 중 적어도 약정이자에 관한 부분이 허위라는 정을 명백히 인식하였다. (다) 갑이 그러한 인식이 전혀 없는 B를 도구로 이용하여 A를 상대로 소송을 제기한 것으로 충분히 인정할 수 있다.

1) 전술 1138면 각주 1) 참조.
2) 2005. 4. 29. 2002도7262, 공 2005, 871.
3) 2008. 10. 23. 2008도6549, [미간행].
4) 2000. 1. 28. 99도2884, 공 2000, 636.
5) 2004. 5. 27. 2003도4531, 공 2004, 1117 = 분석 각론 『은천아파트 수표 사건』.
6) 2020. 6. 25. 2018도13696, 공 2020하, 1552 = 『화투 그림 대작 사건』 ☞ 부록 1655면.
7) 2020. 6. 25. 2018도13696, 공 2020하, 1552 = 『화투 그림 대작 사건』.
8) 2004. 5. 27. 2003도4531, 공 2004, 1117 = 분석 각론 『은천아파트 수표 사건』.
9) 1999. 2. 12. 98도3549, 공 1999, 596.

시술을 받으면 아들을 낳을 수 있을 것이라는 착오에 빠져 있는 피해자들에게 사실대로 설명하지 아니한 채 마치 그 시술 등의 전체가 아들 낳기에 필요한 것처럼 시술 등을 행하고 피해자들로부터 의료수가 및 약값의 명목으로 금원을 수령한 경우[1], 매매잔금을 지급할 때 착오에 빠져 지급해야 할 금액을 초과하는 돈을 교부하는 것임을 알면서도 피해자가 건네주는 돈을 그대로 수령한 경우[2], 피고인이 대출심사를 받으면서 다른 금융회사에 동시에 진행 중인 대출이 있는지에 대하여 질문을 받고 대출 은행에 대하여 '없다'고 허위로 고지하여 대출을 받은 경우[3] 등은 고지의무가 인정되어 부작위에 의한 기망이 인정된 사례이다.

미술저작물의 저작자 아닌 자가 마치 저작자인 것처럼 행세하여 그 미술품을 판매하였다면 이는 형법상 사기죄에 해당한다. 그런데 피고인이 미술작품인 회화의 창작과정, 특히 조수 등 다른 사람이 관여한 사정을 알리지 않고 그림을 판매한 행위가 부작위에 의한 기망에 해당하여 사기죄가 성립할 것인지 문제된다.

대법원은 미술작품의 거래에서 그 작품이 친작인지 혹은 보조자를 사용하여 제작되었는지 여부는 일반적으로 작품 구매자들에게 반드시 필요하거나 중요한 정보라고 단정할 수는 없다는 입장을 취하고 있다. 그리하여 대법원은 미술작품의 제작과정이 작품 구매자들의 개인적이고 주관적인 기대와 다르다는 이유로 작품 구매자들이 해당 미술작품에 관하여 착오에 빠져 있었다거나 피고인에게 기망당하였다고 볼 수 없다고 판단하였다.[4]

미술저작물의 저작자 아닌 자가 마치 저작자인 것처럼 행세하여 그 미술품을 판매하였다면 이는 저작권법위반죄나 형법상 사기죄에 해당할 수 있다. 판매 대상 미술품이 다른 사람의 작품에 자신의 성명을 표시하여 판매하였다는 등 위작 시비 또는 저작권 시비에 휘말려 있다면 판매자는 구매자에게 미술작품의 제작과정을 사실대로 알려야 할 고지의무가 있다.[5]

(다) 기망의 정도 기망은 재물을 교부하게 하거나 재산상 이익을 취득하게 하는 현실적 위험성을 가진 것이어야 한다. 현실적 위험성을 가지지 못한 경우에는 처음부터 기망에 해당하지 않는다. 기망행위가 인정되지만 기망과 상대방의 착오 사이에 인과관계가 인정되지 않는 경우에는 사기미수가 성립한다. 이에 반해 처음부터 기망에 해당하지 않으면 사기미수도 성립하지 않는다.

이와 관련하여 각종 보조금지급을 위한 허위신고와 사기죄의 관계가 문제된다. 예컨대

---

1) 2000. 1. 28. 99도2884, 공 2000, 636.
2) 2004. 5. 27. 2003도4531, 공 2004, 1117 = 분석 각론『은천아파트 수표 사건』.
3) 2018. 8. 1. 2017도20682, 공 2018하, 1892 =『'동시 대출 신청 없음' 사건』(분석 생략함).
4) 2020. 6. 25. 2018도13696, 공 2020하, 1552 =『화투 그림 대작 사건』.
5) 2020. 6. 25. 2018도13696, 공 2020하, 1552 =『화투 그림 대작 사건』 참조.

태풍으로 피해를 입은 어민이 피해보상금을 더 받기 위하여 관할관청에 허위 피해신고를 한 경우,[1)] 장애인단체의 대표가 과대계상된 허위 정산보고서를 보조금 지급관청에 제출한 경우[2)] 등의 사안에 대해서는 사기죄의 실행의 착수에 이르렀다고 보아 사기미수죄의 성립을 인정할 여지가 있다.

그러나 허위신고를 하였다는 것만 가지고는 보조금 편취범행의 실행에 착수한 것이라고 할 수 없다. 보조금지급절차는 관계당국의 실사를 거쳐 대상자로 확인된 경우에 한하여 보조금을 지급하는 형태를 취하고 있으며, 거짓 신고를 통해 보조금을 교부받는 행위를 처벌하고 있다.[3)] 이 점에 비추어 볼 때, 보조금지급을 위한 신고는 그것이 허위신고라 할지라도 관계당국의 보조금 지원 및 정도를 결정하는 데에 하나의 참고자료가 될 뿐 그 지원이나 정도를 좌우할 수 있는 현실적 위험성이 없다. 그 결과 보조금지급을 위한 허위신고 자체는 사기죄의 실행행위로 포착되지 않는다.

독일 형법은 이러한 경우에 허위신고 자체를 사기죄의 한 가지 유형으로 포착하기 위하여 보조금사기죄라는 구성요건을 별도로 두고 있다(동법264).[4)] 그러나 우리 형법에는 아직 이에 상응하는 규정이 없다. 따라서 보조금 편취를 위한 허위신고는 사기죄의 실행의 착수로 인정되지 않으며, 실행의 착수가 없으므로 사기미수죄로도 처벌되지 않는다. 입법적으로 보완을 요하는 부분이라고 생각된다.

(라) 공사도급계약과 기망 공사도급계약에서 편취에 의한 사기죄의 성립 여부는 계약 당시를 기준으로 피고인에게 공사를 완성할 의사나 능력이 없음에도 피해자에게 공사를 완성할 것처럼 거짓말을 하여 피해자로부터 공사대금 등을 편취할 고의가 있었는지 여부에 의하여 판단해야 한다.[5)]

관급공사의 도급계약 당시 관련 영업 또는 업무를 규제하는 행정법규나 입찰 참가자격, 계약절차 등에 관한 규정을 위반한 사정이 있는 때에도 그러한 사정만으로 공사도급계약을

---

1) 1999. 3. 12. 98도3443, 공 1999, 709.

2) 2003. 6. 13. 2003도1279, 공 2003, 1575.

3) **보조금 관리에 관한 법률 제40조**(벌칙) 다음 각 호의 어느 하나에 해당하는 자는 10년 이하의 징역 또는 1억원 이하의 벌금에 처한다.

1. 거짓 신청이나 그 밖의 부정한 방법으로 보조금이나 간접보조금을 교부받거나 지급받은 자 또는 그 사실을 알면서 보조금이나 간접보조금을 교부하거나 지급한 자

2. (생략)

4) **독일형법 제264조** ① 다음의 사람은 5년 이하의 자유형 또는 벌금에 처한다.

1. 보조금지급 결정권한 있는 관청이나 보조금지급절차에 관계하는 당국이나 개인에게 자기 또는 제3자를 위하여 자기 또는 제3자에 관한 부정확 또는 불충분한 신고를 한 자 (이하 생략함.)

5) 2019. 12. 27. 2015도10570, 공 2020상, 399 = 『문화재 정비공사 위법 수주 사건』 ☞ 부록 1657면.

체결한 행위가 기망행위에 해당한다고 단정해서는 안 된다. 해당 규정 위반으로 말미암아 계약 내용대로 이행되더라도 공사의 완성이 불가능하였다고 평가할 수 있을 만큼 그 위법이 공사의 내용에 본질적인 것인지 여부를 심리 · 판단해야 한다.[1)]

(마) 보험사기와 기망　2016년부터 「보험사기방지 특별법」(보험사기방지법)이 시행되고 있다. 보험사기방지법은 독자적으로 보험사기죄(동법8)를 규정하고 있지만,[2)] 그 구조는 형법의 사기죄(법347)와 같다.

보험사기죄에서 기망행위를 언제부터 인정할 것인지 문제된다. 이에 대해서는 기본적으로 보험금을 청구하는 시점에 기망행위가 있다고 볼 것이다. 예컨대 보험계약자가 보험계약 체결시 보험금액이 목적물의 가액을 현저하게 초과하는 초과보험 상태를 의도적으로 유발한 후 보험사고가 발생하자 초과보험 사실을 알지 못하는 보험자에게 목적물의 가액을 묵비한 채 보험금을 청구하여 보험금을 교부받는 경우가 있다.

이 경우 보험자가 보험금액이 목적물의 가액을 현저하게 초과한다는 것을 알았더라면 같은 조건으로 보험계약을 체결하지 않았을 뿐만 아니라 협정보험가액에 따른 보험금을 그대로 지급하지 아니하였을 관계가 인정된다면, 보험계약자가 초과보험 사실을 알지 못하는 보험자에게 목적물의 가액을 묵비한 채 보험금을 청구한 행위는 보험사기죄의 실행행위로서의 기망행위에 해당한다.[3)]

그런데 보험사기죄의 실행행위로서 기망이 보험금청구시로부터 보험계약체결 당시로 앞당겨지는 경우가 있다. 이러한 경우는 보험사기죄의 실행행위가 부작위에 의한 기망의 형태로 일어날 때 나타난다. 부작위에 의한 기망은 보험계약자가 보험자와 보험계약을 체결하면서 상법상 고지의무(상법651)를 위반한 경우에 인정될 수 있다.

다만 보험계약자가 보험자와 보험계약을 체결하더라도 우연한 사고가 발생하여야만 보험금이 지급되는 것이므로, 고지의무 위반은 (가) 보험사고가 이미 발생하였음에도 이를 묵비한 채 보험계약을 체결하는 경우, (나) 보험사고 발생의 개연성이 농후함을 인식하면서도 보험계약을 체결하는 경우 또는, (다) 보험사고를 임의로 조작하려는 의도를 가지고 보험계약을 체결하는 경우와 같이 '보험사고의 우연성'이라는 보험의 본질을 해할 정도에 이르러야 비로소 보험금 편취를 위한 고의의 기망행위에 해당한다고 할 수 있다.[4)]

위의 (나)의 경우에 특히 상해보험계약(상법737)이나 질병보험계약(상법739의2)을 체결하

---

1) 2019. 12. 27. 2015도10570, 공 2020상, 399 = 『문화재 정비공사 위법 수주 사건』.

2) 전술 1129면 참조.

3) 2015. 7. 23. 2015도6905, 공 2015하, 1329.

4) 2017. 4. 26. 2017도1405, 공 2017상, 1222 = 『교통사고 후 보험가입 사건』 ☞ 부록 1658면.

는 보험계약자가 보험사고 발생의 개연성이 농후함을 인식하였는지 여부는 보험계약 체결 전 기왕에 입은 상해의 부위 및 정도, 기존 질병의 종류와 증상 및 정도, 상해나 질병으로 치료받은 전력 및 시기와 횟수, 보험계약 체결 후 보험사고 발생 시까지의 기간과 더불어 이미 가입되어 있는 보험의 유무 및 종류와 내역, 보험계약 체결의 동기 내지 경과 등을 두루 살펴 판단해야 한다.[1)]

(바) 무허가 의료기관　「의료법」(동법33②)을 위반하여 적법하게 개설되지 아니한 의료기관(무허가 의료기관)에서 환자를 진료하고 진료수가 등을 청구하는 행위가 사기죄의 기망에 해당하는지 문제된다. 이 문제는 국민건강보험공단을 상대로 한 청구와 일반 보험회사를 상대로 한 청구로 경우를 나누어서 살펴보아야 한다.

먼저, 무허가 의료기관이 국민건강보험공단에 요양급여비용을 청구하는 경우가 있다. 이 경우 요양급여비용의 청구는 사기죄의 기망에 해당한다. 「국민건강보험법」은 「의료법」에 따라 개설된 의료기관만을 요양기관으로 인정하고 요양급여비용을 청구할 수 있도록 하고 있다(국민건강보험법42, 44①, 47①). 무허가 의료기관이 환자를 진료하는 등의 요양급여를 실시하였더라도 해당 의료기관은 「국민건강보험법」상 요양급여비용을 청구할 수 있는 요양기관에 해당되지 아니하므로 요양급여비용을 적법하게 지급받을 자격이 없다.

무허가 의료기관이 마치 「의료법」에 의하여 적법하게 개설된 요양기관인 것처럼 국민건강보험공단에 요양급여비용의 지급을 청구하는 것은 국민건강보험공단으로 하여금 요양급여비용 지급에 관한 의사결정에 착오를 일으키게 하는 것이 되어 사기죄의 기망행위에 해당한다. 이러한 기망행위에 의하여 국민건강보험공단으로부터 요양급여비용을 지급받을 경우에는 사기죄가 성립한다.[2)]

다음으로, 무허가 의료기관이 보험회사 등에 대해 진료수가를 청구하는 경우가 있다. 이 경우 진료수가의 청구는 사기죄의 기망에 해당하지 않는다. 자동차보험의 경우 피해자는 보험회사에 대해 보험금을 자기에게 직접 지급해 줄 것을 청구할 수 있다. 이 가운데 자동차보험진료수가에 해당하는 금액은 피해자의 선택에 따라 진료한 의료기관에 직접 지급하여 줄 것을 청구할 수 있다(자동차손해배상보장법10① 참조).

무허가 의료기관이라 하더라도 면허를 갖춘 의료인을 통해 피해자에 대한 진료가 이루어지고 보험회사 등에 「자동차손해배상 보장법」에 따라 자동차보험진료수가를 청구한 것이라면 보험회사 등으로서는 특별한 사정이 없는 한 그 지급을 거부할 수 없다. 피해자를 진료한 의료기관이 무허가 의료기관이라는 사정은 피해자나 해당 의료기관에 대한 보험회사 등

1) 2017. 4. 26. 2017도1405, 공 2017상, 1222 = 『교통사고 후 보험가입 사건』.
2) 2018. 4. 10. 2017도17699, 공 2018상, 926 = 『사무장병원 보험청구 사건』 ☞ 부록 1659면.

의 자동차보험진료수가 지급의무에 영향을 미칠 수 있는 사유가 아니다. 그리하여 무허가 의료기관이 보험회사 등에 무허가 의료기관이라는 사실을 고지하지 아니한 채 그 지급을 청구하였다고 하여 사기죄에서 말하는 기망이 있다고 볼 수는 없다.[1)]

세 번째로, 무허가 의료기관이 보험회사 등에 무허가라는 사실을 고지하지 아니한 채 보험수익자에게 실손의료보험 청구를 위한 진료사실증명 등을 발급해 주는 경우가 있다. 이러한 경우도 사기죄의 기망에 해당하지 않는다. 실손의료보험의 경우 보험사고가 발생하면 보험수익자만이 보험회사에 대해 실손의료비 청구권을 행사할 수 있다. 피보험자를 진료한 의료기관으로서는 피보험자나 보험수익자로부터 그에 따른 진료비를 지급받을 수 있고, 경우에 따라 보험수익자의 청구에 응하여 진료사실증명 등을 발급해 줌으로써 단순히 그 보험금 청구 절차를 도울 수 있을 뿐이다.

따라서 특별한 사정이 없는 한 피보험자를 진료한 의료기관이 무허가 의료기관이라는 사정은 해당 피보험자에 대한 보험회사의 실손의료비 지급의무에 영향을 미칠 수 있는 사유가 아니다. 그리하여 무허가 의료기관이 보험회사 등에 무허가 의료기관이라는 사정을 고지하지 아니한 채 보험수익자에게 진료사실증명 등을 발급해 주었다 하더라도, 그러한 사실만으로는 사기죄에서 말하는 기망이 있다고 볼 수 없다.[2)]

(2) 기망과 신의칙

기망은 일반적으로 사람을 착오에 빠지게 하는 행위이지만, 사기죄의 기망은 이를 넘어서서 널리 재산상의 거래관계에서 자타 상호간 지켜야 할 신의성실의 의무를 배반하는 것이어야 한다. 신의성실과 관련하여 사기죄의 기망 여부가 논의되는 경우를 몇 가지 살펴본다.

(가) 과장광고 상품의 허위표시나 과대광고가 기망행위에 해당하는지 문제된다. 일반적으로 상품의 선전 · 광고에 다소의 과장 · 허위가 수반되더라도 그것이 일반 상거래의 관행과 신의칙에 비추어 시인될 수 있는 한 기망성이 결여된다. 그러나 거래에서 중요한 사항에 관하여 구체적 사실을 거래상의 신의성실의 의무에 비추어 비난받을 정도의 방법으로 허위로 고지한 경우에는 과장광고의 한계를 넘어 사기죄의 기망행위에 해당한다.

백화점과 같은 대형유통업체는 스스로의 대대적인 광고에 의해 소비자들의 신뢰를 창출한다. 이러한 업체가 당해 상품이 종전에 높은 가격에 판매된 사실이 없음에도 종전에는 높은 가격으로 판매되던 것을 특정한 할인판매기간에 한하여 특별히 할인된 가격으로 싸게 판

1) 2018. 4. 10. 2017도17699, 공 2018상, 926 = 『사무장병원 보험청구 사건』.
2) 2018. 4. 10. 2017도17699, 공 2018상, 926 = 『사무장병원 보험청구 사건』.

매하는 것처럼 광고 등을 통하여 허위 선전하는 것은 그 사술의 정도가 사회적으로 용인될 수 있는 상술의 정도를 넘은 것이어서 사기죄의 기망행위를 구성한다.[1]

노인들을 무료로 온천관광을 시켜주겠다고 모집하여 성인병 치료에 특별한 효능이 있는 좋은 약이라는 허위의 강의식 선전 · 광고행위를 하여 약품을 판매하는 경우,[2] 귀금속 세공업을 하던 가문을 180년 동안 시계제조업을 이어온 브랜드인 것처럼 허위의 광고문구를 작성하여 이를 잡지나 홈쇼핑 방송, 기타 각종 매체를 통해 홍보하여 명품시계를 판매하는 경우,[3] 동일한 장소에서 서로 다른 상호로 일반음식점 및 식육점을 동시에 운영하고 있으면서 '한우만을 판매한다'는 취지의 광고를 하면서 수입쇠고기를 판매한 경우[4] 등은 사회적으로 용인될 수 있는 한계를 넘은 것으로서 사기죄의 기망행위에 해당하는 예이다.

그러나 인터넷 사이트의 초기화면에 영상물등급심의위원회 등급분류 심의를 거친 성인 동영상물의 선전문구나 영상을 게시한 후 심의를 통과하지 않은 불법 포르노 시청을 기대하여 가입한 유료회원에게 심의필 성인 동영상물을 시청하게 하는 경우라면 가입 회원들에게 실제 제공하는 영상물의 선전 · 광고가 일반 상거래의 관행상 용인될 수 있는 상술의 정도를 넘는 사기의 기망행위에 해당한다고 보기 어렵다.[5]

(나) 잔돈사기 매수인이 매도인에게 매매잔금을 지급할 때 또는 매도인이 매수인에게 거스름돈을 지급할 때 착오에 빠져 지급해야 할 금액을 초과하는 돈을 교부하는 경우가 있다. 이때 교부받는 자가 사실대로 고지하였다면 교부자가 그와 같이 초과하여 교부하지 아니하였을 것임은 경험칙상 명백하다. 따라서 교부받는 자가 매매잔금 또는 거스름돈을 교부받기 전 또는 교부받던 중에 그 사실을 알게 되었을 경우에는 특별한 사정이 없는 한 교부자에게 사실대로 고지하여 피해자의 착오를 제거해야 할 신의칙상 의무를 진다. 따라서 그 의무를 이행하지 아니하고 교부자가 건네주는 돈을 그대로 수령한 경우에는 사기죄가 성립한다.

교부받는 자가 초과교부 사실을 미리 알지 못하고 매매잔금이나 거스름돈을 건네주고 받는 행위를 끝마친 후에야 비로소 초과 사실을 알게 되는 경우가 있다. 이 경우는 돈을 주고받는 행위는 이미 종료되어 버린 후의 일이다. 이 때에는 교부자의 착오 상태를 제거하기 위하여 그 사실을 고지해야 할 법률상 의무의 불이행은 더 이상 그 초과된 금액 편취의 수단으로서 의미가 없다. 따라서 교부하는 돈을 그대로 받은 행위는 점유이탈물횡령죄(法360)

---

1) 1992. 9. 14. 91도2994, 공 1992, 2929 = 분석 각론 『백화점 변칙세일 사건』.
2) 2004. 1. 15. 2001도1429, 공 2004, 368.
3) 2008. 7. 10. 2008도1664, [미간행].
4) 1997. 9. 9. 97도1561, 공 1997, 3202.
5) 2008. 6. 12. 2008도76, [미간행] = 분석 각론 『성인 사이트 과장광고 사건』.

가 될 수 있음은 별론으로 하고 사기죄를 구성하지 않는다.[1)]

(다) 권리행사 권리행사를 위하여 기망을 수단으로 사용하는 경우에 사기죄가 성립할 것인지 문제된다. 기망행위를 수단으로 한 권리행사의 경우 권리행사에 속하는 행위와 수단에 속하는 기망행위를 전체적으로 관찰하여 그와 같은 기망행위가 사회통념상 권리행사의 수단으로서 용인할 수 없는 정도라면 권리행사에 속하는 행위라 할지라도 사기죄를 구성한다.

입원의 필요성이 적은 환자들에게까지 입원을 권유하고 퇴원을 만류하는 등으로 장기간의 입원을 유도하여 과도한 요양급여비를 청구하는 행위는 사회통념상 권리행사의 수단으로서 용인할 수 없어 비록 그중 일부 기간에 관하여 실제 입원치료가 필요하였다고 하더라도 그 부분을 포함한 요양급여비 전체에 대하여 사기죄가 성립한다.[2)]

근저당권자가 경매개시결정 정본 등 서류의 수령을 피고인에게 위임한다는 내용의 피해자 명의의 위임장을 위조하여 법원에 제출하는 방법으로 경매개시결정 정본을 교부받음으로써 경매절차가 진행되도록 하는 피고인의 행위는 설사 그 근저당권이 유효하다고 할지라도 사회통념상 용인될 수 없어서 사기죄의 기망행위에 해당한다.[3)]

(라) 부동산이중매매 부동산매매계약이 체결되어 있음에도 불구하고 이를 고지하지 않고 부동산을 이중으로 매도하는 행위가 제2매수인에 대하여 사기죄를 구성하는지 문제된다.[4)]

일반적으로 부동산을 매매할 때 매도인이 매수인에게 매매와 관련된 어떤 구체적인 사정을 고지하지 아니함으로써 장차 매매의 효력이나 매매에 따르는 채무의 이행에 장애를 가져와 매수인이 매매목적물에 대한 권리를 확보하지 못할 위험이 생길 수 있음을 알면서도 매수인에게 그와 같은 사정을 고지하지 아니한 채 매매계약을 체결하고 매매대금을 교부받는 한편, 매수인이 그와 같은 사정을 고지받았더라면 매매계약을 체결하지 아니하거나 매매대금을 지급하지 아니하였을 것임이 경험칙상 명백한 경우에는 신의성실의 원칙상 매수인에게 미리 그와 같은 사정을 고지할 의무가 매도인에게 있다. 따라서 이러한 경우에 매도인이 매수인에게 그와 같은 사정을 고지하지 아니한 것은 사기죄의 구성요건인 기망에 해당한다.[5)]

---

1) 2004. 5. 27. 2003도4531, 공 2004, 1117 = 분석 각론『은천아파트 수표 사건』.
2) 2009. 5. 28. 2008도4665, 공 2009, 1047.
3) 2009. 7. 9. 2009도295, 공 2009, 1373.
4) 제1매수자에 대한 배임죄 성립 여부에 대해서는, 후술 1446면 이하 참조.
5) 2008. 5. 8. 2008도1652, [미간행] =『340억원 부동산 이중매매 사건』:
갑은 M부동산을 소유하고 있다. C는 P건설회사를 경영하고 있다. (연도 생략함.) 8. 2. 갑은 P회사와 M

그렇지만 매매로 인한 법률관계에 아무런 영향도 미칠 수 없는 것이어서 매수인의 권리실현에 장애가 되지 아니하는 사유까지 매도인이 매수인에게 고지할 의무가 있다고는 볼 수 없다. 부동산의 이중매매에서 매도인이 제1매매계약을 일방적으로 해제할 수 없는 처지에 있었다는 사정만으로는 바로 제2매매계약의 효력이나 그 매매계약에 따르는 채무의 이행에 장애를 가져오는 것이라고 할 수 없음은 물론, 제2매수인의 매매목적물에 대한 권리의 실현

부동산에 대하여 부동산매매계약을 체결하였다. 그러나 갑은 C로부터 계약금도 교부받지 못하였다. 8. 21. 갑은 D와 M부동산에 대하여 다음 내용의 매매계약을 체결하였다(제1매매계약). (가) 매매대금은 340억원으로 한다. (나) D는 갑의 260억원 상당의 채무를 인수한다. 8. 25. 갑은 제1매매계약의 계약금 및 중도금 명목으로 액면금 합계 90억원 상당의 약속어음 3매를 D로부터 교부받았다. 당시 갑은 M부동산을 담보로 대출받은 대출금 등 금융권채무, 개인채무 등으로 자금 압박을 받고 있었다. 갑은 교부받은 어음을 그 즉시 할인하여 사용하였다.

E는 Q회사를 경영하고 있다. 10. 19.경 갑은 M부동산에 대해 Q회사와 다음 내용의 매매계약을 체결하였다(제2매매계약). (가) 매매대금은 340억원으로 한다. (나) 계약금은 [C 경영의] P건설회사가 지급하기로 한다. (다) E가 P회사의 계약금을 승계한다. 제2매매계약을 체결할 당시 갑은 D와 제1매매계약이 체결되어 있다는 사실을 E에게 알리지 않았다. 10. 21. 갑은 E로부터 1차 중도금 명목으로 20억원을 갑 명의의 통장으로 송부받았다. 11. 11. 갑은 E로부터 2차 중도금 명목으로 10억원을 갑 명의의 통장으로 송부받았다. [갑은 제1매매계약의 매수인 D에게 M부동산의 소유권이전등기를 해주었다. 제2매매계약의 매수인 E는 갑을 고소하였다.]

검사는 제2매매계약과 관련하여 갑을 특정경제범죄법위반죄(사기)로 기소하였다. 갑의 피고사건은 제1심을 거친 후, 항소심에 계속되었다. 항소법원은 유죄를 인정하였다. 갑은 불복 상고하였다.

대법원은 다음의 이유를 제시하여 원심판결을 파기환송하였다. 대법원은 부동산 이중매매와 사기죄의 관계에 대해 다음과 같이 설시하였다. (가) (ㄱ) 부동산을 매매함에 있어서 매도인이 매수인에게 매매와 관련된 어떤 구체적인 사정을 고지하지 아니함으로써, (ㄴ) 장차 매매의 효력이나 매매에 따르는 채무의 이행에 장애를 가져와 매수인이 매매목적물에 대한 권리를 확보하지 못할 위험이 생길 수 있음을 알면서도, (ㄷ) 매수인에게 그와 같은 사정을 고지하지 아니한 채 매매계약을 체결하고 매매대금을 교부받는 한편, (ㄹ) 매수인이 그와 같은 사정을 고지받았더라면 매매계약을 체결하지 아니하거나 매매대금을 지급하지 아니하였을 것임이 경험칙상 명백한 경우에는, (ㅁ) 신의성실의 원칙상 매수인에게 미리 그와 같은 사정을 고지할 의무가 매도인에게 있다고 할 것이므로, (ㅂ) 매도인이 매수인에게 그와 같은 사정을 고지하지 아니한 것은 사기죄의 구성요건인 기망에 해당한다.

(나) 그렇지만 매매로 인한 법률관계에 아무런 영향도 미칠 수 없는 것이어서 매수인의 권리실현에 장애가 되지 아니하는 사유까지 매도인이 매수인에게 고지할 의무가 있다고는 볼 수 없다. (다) (ㄱ) 부동산의 이중매매에 있어서 매도인이 제1의 매매계약을 일방적으로 해제할 수 없는 처지에 있었다는 사정만으로는, (ㄴ) 바로 제2의 매매계약의 효력이나 그 매매계약에 따르는 채무의 이행에 장애를 가져오는 것이라고 할 수 없음은 물론, (ㄷ) 제2의 매수인의 매매목적물에 대한 권리의 실현에 장애가 된다고 볼 수도 없는 것이므로 (ㄹ) 매도인이 제2의 매수인에게 그와 같은 사정을 고지하지 아니하였다고 하여 제2의 매수인을 기망한 것이라고 평가할 수는 없을 것이다

대법원은 갑의 행위에 대해 다음과 같이 판단하였다. (가) (ㄱ) 이 사건 제2매매계약 당시 갑이 D에 대하여 M부동산에 대한 소유권이전등기의무를 부담하고 있었다는 사정은, (ㄴ) 이 사건 제2매매계약의 효력이나 그 매매계약에 따르는 채무의 이행에 장애를 가져오는 것이라고 볼 수 없음은 물론, (ㄷ) 제2매수인(E)의 매매목적물에 대한 권리의 실현에 장애가 된다고도 볼 수 없다. (나) 갑이 제2매수인(E)에게 그와 같은 사정을 고지하지 아니하였다고 하여 제2매수인(E)을 기망한 것이라고 평가할 수는 없다.

에 장애가 된다고 볼 수도 없다. 그러므로 매도인이 제2매수인에게 그와 같은 사정을 고지하지 아니하였다고 하여 제2매수인을 기망한 것이라고 평가할 수는 없다.[1)]

(마) 명의신탁 명의신탁된 사실을 알리지 않고 명의신탁된 재물을 제3자에게 처분하는 행위가 사기죄의 기망에 해당할 것인지 문제된다. 명의신탁이란 실제 권리자(명의신탁자)와 명목상의 권리자(명의수탁자) 사이에 일정한 목적물에 대해 대내적으로는 실권리자의 소유에 속하는 것으로 인정하면서 대외적으로 명목상 권리자의 소유로 해 두는 약정을 말한다. 예컨대 등기를 해야 소유권의 득실변경이 생기는 부동산(소위 부동산명의신탁)이나 등록을 해야 소유권의 득실변경이 생기는 자동차·중기의 경우(소위 동산명의신탁)에 명의신탁의 사례를 찾아볼 수 있다. 명의신탁과 기망의 관계는 명의수탁자와 제3자의 관계, 명의신탁자와 제3자의 관계, 명의신탁자와 명의수탁자의 관계라는 세 가지 측면에서 살펴볼 필요가 있다.

① 명의수탁자와 제3자의 관계 명의신탁의 법리에 따르면 대내적 소유권은 명의신탁자에게 있지만 대외적 소유권은 명의수탁자에게 귀속한다. 따라서 대외적으로는 수탁자에게 그 목적물의 처분권한이 인정된다. 제3자로서는 자기에게 소유권이 유효하게 이전되므로 실질적으로 아무런 재산상의 손해도 발생하지 않는다. 그 결과 명의수탁자가 명의신탁된 사실을 제3자에게 고지해야 할 의무는 신의칙상으로 발생하지 않으며, 고지의무 불이행을 이유로 한 기망행위도 성립하지 않는다.[2)] 이러한 법리는 부동산 명의신탁뿐만 아니라 동산인 자동차 명의신탁의 경우에도 마찬가지이다.[3)]

② 명의신탁자와 제3자의 관계 명의신탁자가 명의신탁 사실을 숨기고 명의수탁자의 명의로 제3자에게 목적물의 소유권을 이전하는 경우에 사기죄의 성립이 문제된다. 먼저, 명의수탁자가 소유권이전에 협력하는 경우에는 별다른 문제가 없다. 그러나 명의신탁자와 명의수탁자 사이에 의견대립이 있어 원만한 협력을 기대하기 어려운 경우라면 명의신탁자가 제3자에게 목적물의 소유권을 유효하게 이전해주는 것은 불가능하거나 현실적으로 매우 어렵게 된다.

일반거래의 경험칙에 비추어 볼 때, 이러한 경우 명의수탁자가 명의신탁자에게 목적물의 매도에 따른 절차이행에 협조하지 아니하겠다고 하는 사정을 미리 알게 된다면 제3자는 목적물을 매수하지 아니할 것이라는 관계가 인정된다. 그러므로 명의신탁자는 신의성실의 원칙상 제3자와 매매계약을 체결하기 전에 명의수탁자의 협력불원 의사를 제3자에게 미리 고

1) 2008. 5. 8. 2008도1652, [미간행] = 『340억원 부동산 이중매매 사건』.
2) 2007. 1. 11. 2006도4498, 공 2007, 317 = 분석 각론 『친정엄마 명의 자동차 사건』.
3) 2007. 1. 11. 2006도4498, 공 2007, 317 = 분석 각론 『친정엄마 명의 자동차 사건』.

지해야 할 법률상 의무가 있으며, 명의신탁자가 이를 숨긴 채 명의수탁자 명의로 계약을 체결하는 것은 제3자를 기망하는 것이 된다.[1)]

③ 명의신탁자와 명의수탁자의 관계　명의신탁자가 명의신탁 부동산에 명의신탁약정에 기한 소유권이전등기청구권을 보전할 목적으로 국외자의 명의로 가등기를 마쳐둔 상태에서 명의수탁자가 명의신탁자를 속여서 가등기를 말소하게 한 다음 제3자에게 소유권이전등기를 마쳐준 경우가 있다. 이 경우 명의수탁자의 가등기말소 행위만을 떼어내어 사기죄로 처단할 수 있을 것인지 문제된다.

「부동산 실권리자명의 등기에 관한 법률」에 의하면 부동산 명의신탁약정은 무효이다(동법4①). 이 점에 주목하여 명의수탁자 측이 가등기에 의하여 보전하고자 하였던 소유권이전청구권이 존재하지 않아 가등기가 무효임이 밝혀졌다는 이유를 내세워 가등기말소가 정당한 권리행사의 일환에 해당한다고 주장할 여지가 있다. 그러나 판례는 가등기말소에 이르는 기망행위는 사회통념상 권리행사의 수단으로서 용인될 수 없는 것이므로, 명의수탁자의 가등기말소행위는 사기죄를 구성한다는 입장이다.[2)]

(바) 다단계판매　불법적인 다단계판매행위는 (가) 수익사업에 거의 투자를 하지 않고 수익을 거둔 바도 없으면서 피해자들에게 수익사업을 통해 수당을 지급할 것을 약속하거나, (나) 적어도 스스로 그러한 수익사업이 없다면 영속적인 납입 자체가 불가능할 뿐 아니라 영속적인 납입이 있다고 하더라도 결국은 후순위 매출에 대하여는 지급이 불가능하다는 것을 알면서도 (다) 마치 수당을 지급받는 데 아무런 문제가 없는 것처럼 피해자들을 기망하여 이에 속은 피해자들로부터 금원을 편취하는 행위이다.[3)] 불법적인 다단계판매행위는 사기죄를 구성한다.

(3) 기망의 내용

(가) 사실의 범위　기망은 기본적으로 진실규명이 가능한 구체적인 사실을 대상으로 한다.[4)] 현재의 사실 및 과거의 사실에 관한 것은 물론, 장래의 사실에 관한 것일지라도 그것과 관련된 현재 또는 과거의 사실을 거짓으로 꾸며 장래를 추측하게 하는 것이면 기망에 해당한다. 예컨대 어음할인의 방법으로 금원을 교부받은 경우에 어음이 지급기일에 결제되지 않으리라는 점을 예견하였거나 지급기일에 지급될 수 있다는 확신이 없으면서도 그러한 내

---

1) 2007. 11. 30. 2007도4812, 공 2007, 2096 = 『차용금 주장 명의수탁자 사건』.
2) 2008. 1. 24. 2007도9417, [미간행] = 『명의신탁 가등기 말소 사건』.
3) 2007. 1. 25. 2006도7470, 공 2007, 401 = 분석 각론 『다단계판매 수당지급 사건』.
4) 2014. 1. 16. 2013도9644, [미간행] = 『1회 보험료 대납 사건』 ☞ 부록 1661면.

용을 수취인에게 고지하지 아니하고 이를 속여서 어음할인을 받았다면 사기죄가 성립한다.[1]

(나) 길흉화복의 고지 행위자가 피해자에게 불행을 고지하거나 길흉화복에 관한 어떠한 결과를 약속하고 기도비 등의 명목으로 대가를 교부받는 행위가 기망에 해당하는지 문제된다.

종교적 관점에서 장래에 일어날 불행한 사실이나 길흉화복에 관한 사실을 고지하는 경우 그 사실의 진위를 확인할 수 없다. 이 때문에 이러한 경우를 허위사실의 고지에 해당한다고 볼 수 없고, 따라서 원칙적으로 길흉화복의 고지행위를 기망행위로 볼 수 없다.[2] 그러나 장래에 일어날 불행한 사실이나 길흉화복에 관한 사실을 고지하는 행위가 전통적인 관습 또는 종교행위로서 허용될 수 있는 한계를 벗어났다면 이는 기망행위로 볼 수 있으며, 사기죄를 구성한다.[3]

(다) 가치판단 사실 이외에 가치판단이나 의견의 표시가 기망의 내용이 될 수 있는지 문제된다. 이에 대해 가치판단이나 의견표시도 기망의 내용이 될 수 있다고 보는 견해가

---

1) 2008. 2. 28. 2007도10416, 공 2008, 482.

2) 2002. 2. 8. 2000도3245, 공 2002, 720 = 분석 각론『조상천도제 사건』참조.

3) 2017. 11. 9. 2016도12460, 공 2017하, 2397 =『기도비 합계 1억원 사건』:

갑은 M사찰의 신도이다. A의 처 B는 정신분열병을 앓고 있다. A는 M사찰의 승려 C에게 B의 병에 대해 상의하였다. 마침 그곳에 있던 갑은 B가 귀신이 씌었다며 자신이 기도와 기치료를 하여 낫게 해줄 수 있다고 말하였다. 갑은 A에게 B를 자신에게 보내라고 말하여 B를 맡았다. 갑은 이후 A에게 B의 몸에 있는 귀신을 쫓아내기 위하여 기도비 200만원이 필요하다고 말하였다. A는 갑에게 200만원을 송금하였다. (이후 유사한 명목의 송금이 장기간에 걸쳐 계속되었다. 송금된 돈의 합계는 1억 여원에 이르렀다.)

갑에게 사기죄 혐의가 제기되었다. 갑은 수사기관에서 다음과 같이 진술하였다. (가) 기도는 특정한 장소를 정해놓고 하는 것이 아니다. (나) 자신이 숨을 쉬고 있는 한 그 사람을 생각하면서 염원을 하는 것이 자신만의 기도 방식이다. (다) 자신이 기도비를 생활비로 사용하는 것도 신의 계시에 따른 것이므로 기도비와 생활비를 구별할 수 없고 모두 제를 지내는 데 필요한 비용이다.

검사는 갑을 사기죄로 기소하였다. 갑의 피고사건은 제1심을 거친 후, 항소심에 계속되었다. 항소법원은 갑이 A의 궁박한 상황을 알고 기도나 제(祭) 등을 할 의사가 없이 자신도 그 효과를 믿지 아니하면서 효과가 있는 것처럼 가장하여 A를 적극적으로 기망하여 돈을 편취하였다고 인정할 증거가 부족하다는 이유를 들어 무죄를 선고하였다. 검사는 불복 상고하였다.

대법원은 다음의 이유를 제시하여 원심판결을 파기환송하였다. (가) 피고인이 피해자에게 불행을 고지하거나 길흉화복에 관한 어떠한 결과를 약속하고 기도비 등의 명목으로 대가를 교부받은 경우에 전통적인 관습 또는 종교행위로서 허용될 수 있는 한계를 벗어났다면 사기죄에 해당한다.

(나) (자세한 사실관계 분석; 생략함) (다) (전략) 여러 사정을 앞에서 본 사실관계 및 법리에 비추어 살펴보면, 갑이 A에게 위와 같이 말을 하고 A로부터 장기간에 걸쳐 합계 1억 889만원을 송금받은 행위는 전통적인 관습 또는 종교행위로서 허용될 수 있는 한계를 벗어난 것으로서 갑에게 사기죄가 성립한다고 봄이 타당하다. (라) A가 B의 병 치료 등을 위하여 갑의 기도라는 말에 의존하면서 그 비용 등으로 위 돈들을 지급하였고 이를 통하여 정신적인 위안을 받은 사정이 있다 하자. (마) 그렇다고 하더라도, 오히려 이는 갑이 위 돈들을 지급받기 위하여 내세운 명목에 현혹되거나 기망당한 결과라고 볼 수 있으므로 위 사정만으로는 위와 같은 판단에 방해가 되지 아니한다.

있다.[1] 이 입장에서는 가치판단이나 의견표시가 진술자의 전문적 지식이 뒷받침되어 일반인이 사실로 오인할 수 있는 정도로 표출되면 기망의 내용에 포함된다고 본다.

독일 형법은 '허위의 사실을 꾸며내거나 진실한 사실을 왜곡 또는 은폐하여 착오를 야기 또는 유지시킴으로써'라는 구성요건표지를 설정함으로써 기망을 사실에 관한 것으로 한정하고 있다.[2]

생각건대 우리 형법의 해석론으로도 가치판단이나 의견의 표시는 사실에 관하여 허구를 만들어 내는 것이 아니므로 기망에 해당하지 않는다고 보아야 할 것이다.[3] 전문가가 전문지식에 속하는 사실을 바탕으로 가치판단이나 의견표시를 하였다면 사실을 내용으로 하는 기망에 해당한다. 그러나 사실에 바탕을 두지 않은 단순한 가치판단이나 의견표시는 전문가의 진술이라 할지라도 기망에 해당한다고 볼 수 없다.

판례는 상대방을 착오에 빠지게 하여 행위자가 희망하는 재산적 처분행위를 하도록 하기 위한 판단의 기초가 되는 사실에 관한 것이면 기망으로 충분하다는 입장을 취하고 있다.[4] 사실한정설에 입각한 것으로 보인다.

(4) 기망의 상대방

(가) 피기망자 사기죄는 타인을 기망하여 착오에 빠뜨려 재물을 교부받거나 재산상의 이익을 얻음으로써 성립하는 것이므로 기망행위의 상대방, 즉 피기망자는 재물 또는 재산상 이익을 처분할 권한이 있어야 한다.[5]

기망의 상대방은 자연인에 한정된다. 기계를 조작하거나 컴퓨터 프로그램을 조작하는 것은 기망에 해당하지 않는다. 그렇지만 이로 인하여 자연인이 착오에 빠지게 되는 경우는 기망에 해당한다. 예외적으로 소송사기의 경우에는 법원이 피기망자로 된다. 법원이 자연인에 갈음하여 처분행위를 하는 지위에 있기 때문이다.

법인이나 단체, 공무소 등은 그 자체로 피기망자에 해당하지 않으며, 그 구성원인 개개의 자연인이 피기망자가 된다.[6] 사기죄의 피해자가 법인이나 단체인 경우에 기망행위가 있

---

1) 김성돈, 384면; 김일수 · 서보학, 340면; 박상기, 303면; 오영근, 313면; 정성근 · 박광민, 370면.

2) 전술 1138면 각주 1) 참조.

3) 김혜정 외, 348면; 배종대, 349면; 손동권 · 김재윤, 366면; 이재상 · 장영민 · 강동범, 336면; 이정원, 357면; 이형국 · 김혜경, 404면; 임웅, 420면; 주호노, 700면.

4) 2014. 1. 16. 2013도9644, [미간행] = 『1회 보험료 대납 사건』.

5) 2017. 8. 29. 2016도18986, 공 2017하, 1898 = 『경영과학연구실 연구비 사건』 ☞ 부록 1662면.

6) 2006. 3. 24. 2006도282, [미간행] = 『카드사기범 판결문 사건』:

갑은 이미 과다한 부채의 누적 등으로 신용카드 사용대금을 변제할 의사나 능력이 없었다. 갑은 그럼에도 불구하고 P카드회사로부터 ㉠신용카드를 발급받았다. 갑은 A가 경영하는 Q상점에서 ㉠신용카드로 ㉡물품을

었는지 여부는 법인이나 단체의 대표 등 최종 의사결정권자 또는 내부적인 권한 위임 등에 따라 실질적으로 법인의 의사를 결정하고 처분을 할 권한을 가지고 있는 사람을 기준으로 판단해야 한다.[1)]

피기망자는 특정인일 필요가 없다. 소위 광고사기와 같이 불특정인을 대상으로 기망행위가 일어날 수 있다. 착오에 빠져 재산적 처분행위를 할 수 있는 사람인 한 지려천박한 자, 미성년자, 심신미약자도 피기망자가 될 수 있다.

(나) 처분권한 기망행위의 상대방은 반드시 재물의 소유자 또는 점유자이거나 재산상 이익의 권리자일 필요는 없다. 그러나 피기망자는 재물이나 재산상 이익에 대하여 사실상 또는 법률상 재산적 처분행위를 할 수 있는 권능을 가지고 있거나 그러한 지위에 있어

구매하였다.

검사는 갑을 사기죄로 기소하였다. 갑의 피고사건은 제1심을 거친 후, 항소심에 계속되었다. 항소법원은 유죄를 인정하였다. 항소법원은 판결문에 피해자를 P카드회사로 기재하였으나 피기망자 및 처분자에 대해서는 분명하게 기재하지 않았다. 갑은 불복 상고하였다. 갑은 상고이유로 다음의 점을 주장하였다. (가) P회사를 기망한 것이 아니라 Q상점 또는 A를 기망한 것이다. (나) 원심판결에는 피해자, 피기망자, 처분행위자가 P회사인지, Q상점인지, A인지 분명하지 않다.

대법원은 다음의 이유를 제시하여 상고를 기각하였다. 대법원은 신용카드 거래 내용에 대해 다음과 같이 설시하였다. (가) 신용카드의 거래는 [다음과 같다.] (나) 신용카드업자로부터 카드를 발급받은 사람(이하 '카드회원'이라 한다)이 신용카드를 사용하여 가맹점으로부터 물품을 구입한다. (다) 그러면 신용카드업자는 그 카드를 소지하여 사용한 사람이 신용카드업자로부터 신용카드를 발급받은 정당한 카드회원인 한 그 물품구입대금을 가맹점에 결제한다. (라) 한편 신용카드업자는 카드회원에 대하여 물품구입대금을 대출해 준 금전채권을 가진다. (마) 또 카드회원이 현금자동지급기를 통해서 혹은 이른바 인터넷 뱅킹이나 폰 뱅킹의 방법으로 현금서비스를 받아 간다. (바) 그러면 현금대출관계가 성립되어 신용카드업자는 카드회원에게 대출금채권을 가진다. (사) 그러므로 궁극적으로는 카드회원이 신용카드업자에게 신용카드 거래에서 발생한 대출금채무를 변제할 의무를 부담하게 된다.

대법원은 신용카드 사용과 기망의 관계에 대해 다음과 같이 설시하였다. (가) 신용카드사용으로 인한 신용카드업자의 금전채권을 발생하게 하는 행위는 카드회원이 신용카드업자에 대하여 대금을 성실히 변제할 것을 전제로 하는 것이다. (나) 카드회원이 일시적인 자금궁색 등의 이유로 그 채무를 일시적으로 이행하지 못하게 되는 상황이 아니라 이미 과다한 부채의 누적 등으로 신용카드 사용으로 인한 대출금채무를 변제할 의사나 능력이 없는 상황이 있다. (다) 그러한 상황에 처하였음에도 불구하고 신용카드를 사용하였다면 사기죄에 있어서 기망행위 내지 편취의 범의를 인정할 수 있다.

대법원은 원심판결의 당부에 대해 다음과 같이 판단하였다. (가) [㉠신용카드 사용으로 인한] 사기죄의 피해자는 신용카드업자인 P회사이다. (나) 법인도 사기죄의 피해자가 될 수 있음은 당연하다. (다) 다만, 이 경우 현실적인 피기망자와 처분행위자는 사기 범행의 성질상 자연인이어야 한다. (라) 그 자연인은 법인의 임원 또는 직원으로서 당해 업무를 담당한 자 또는 그 업무에 관여한 다수의 자로 파악할 수 있으면 족하다. (마) 반드시 그 자연인의 이름 등이 특정되어야 하는 것은 아니다. (바) 원심도 이 사건 사기죄의 피해자를 P회사로 보면서 현실적인 피기망자 및 처분행위자를 위와 같이 파악한 것으로 이해된다. (사) 비록 원심판결에서 현실적인 피기망자 및 처분행위자의 이름 등을 특정하지 아니하였다고 하더라도 판결의 결과에 영향을 미칠 잘못이라고 할 수 없다.

1) 2017. 8. 29. 2016도18986, 공 2017하, 1898 =『경영과학연구실 연구비 사건』.

야 한다.

피해자를 위하여 재산을 처분할 수 있는 권능이나 지위는 반드시 사법상의 위임이나 대리권의 범위와 일치하지 않아도 된다. 예컨대 피해자의 의사에 기하여 재산을 처분할 수 있는 서류 등이 교부된 경우에는 이후 피기망자의 처분행위가 피해자의 진정한 의도와 어긋난다고 할지라도 피기망자가 처분권능을 갖거나 그 지위에 있는 것으로 보아야 한다.[1)]

피기망자와 피해자가 달라지는 경우를 가리켜서 삼각사기라고 한다. 소송사기가 그 대표적인 예이다.[2)] 은행원을 기망하여 예금을 인출하는 경우는 피기망자에게 처분권한이 인정되는 예이다.

---

1) 1994. 10. 11. 94도1575, 공 1994, 3027 =『철망상점 근저당권설정 사건』:

M토지는 A의 소유이다. A는 딸 부부 B와 C에게 M토지를 매각하여 사업자금에 사용하라고 하면서 자신의 ㉠인감도장을 주었다. B와 C는 D에게 ㉠인감도장을 주면서 M토지를 다른 사람에게 담보로 제공하여 4천만원을 마련해 달라고 부탁하였다. D는 다시 E에게 ㉠인감도장을 주면서 같은 내용의 부탁을 하였다.

갑은 N철망상점을 경영하고 있다. 갑은 거래처인 P회사에 연체된 채무가 2천 5백만원에 이르러 더 이상 철망을 공급받지 못하고 있었다. 갑은 E가 ㉠인감도장을 가지고 있음을 알게 되었다. 갑은 E에게 다음과 같이 말하였다. "나(갑)의 P회사에 대한 부채가 2백만원밖에 안 된다. M토지를 P회사에 담보로 제공하여 나와 동업을 하면 1월 내에 4천만원을 뽑을 수 있다." 이 말에 E는 ㉠인감도장으로 인감증명서 등 관련서류를 마련하였다(㉡서류). E는 ㉠인감도장과 ㉡서류를 가지고 M토지에 관하여 채권자를 P회사, 채무자를 갑, 채권최고액을 금 4천만원으로 하는 ㉢근저당설정계약을 체결하고 ㉣근저당권설정등기를 경료하였다.

검사는 갑을 사기죄로 기소하였다. 제1심법원은 다음의 이유를 들어 무죄를 선고하였다. (가) 피기망자인 E가 피해자 A를 위하여 M토지를 처분하거나 담보를 설정할 어떠한 권한이나 지위를 가지고 있었다고 보기 어렵다. (나) 따라서 갑과 A와의 관계에서 사기죄는 성립하지 않는다. (다) E가 근저당권설정등기로 인해 어떠한 손해를 입었다고 볼 수 없다. (라) 갑과 E의 관계에서도 사기죄는 성립하지 않는다. 검사는 불복 항소하였다. 항소법원은 항소를 기각하고, 제1심판결을 유지하였다. 검사는 불복 상고하였다.

대법원은 다음의 이유를 제시하여 원심판결을 파기환송하였다. 대법원은 사기죄의 피해자와 피기망자의 관계에 대해 다음과 같이 설시하였다. (가) 사기죄가 성립되려면 피기망자가 착오에 빠져 어떠한 재산상의 처분행위를 하도록 유발하여 재산적 이득을 얻을 것을 요한다. (나) 피기망자와 재산상의 피해자가 같은 사람이 아닌 경우에는 피기망자가 피해자를 위하여 그 재산을 처분할 수 있는 권능을 갖거나 그 지위에 있어야 한다. (다) 여기에서 피해자를 위하여 재산을 처분할 수 있는 권능이나 지위라 함은 반드시 사법상의 위임이나 대리권의 범위와 일치하여야 하는 것은 아니다. (라) 피해자의 의사에 기하여 재산을 처분할 수 있는 서류 등이 교부된 경우에는 피기망자의 처분행위가 설사 피해자의 진정한 의도와 어긋나는 경우라고 할지라도 위와 같은 권능을 갖거나 그 지위에 있는 것으로 보아야 하므로 사기죄의 성립에는 아무런 영향이 없다.

대법원은 갑과 A의 관계에 대해 다음과 같이 판단하였다. (가) A는 M토지를 매각하여 자신의 딸 B와 사위 C의 사업자금에 사용하도록 하기 위하여 ㉠인감도장을 이들에게 주었다. (나) B와 C는 다시 D에게 M토지의 매각을 위임하면서 ㉠인감도장을 교부하였다. (다) 피기망자인 E는 D로부터 교부받은 A의 ㉠인감도장을 사용하여 ㉡근저당권설정서류를 마련하였다. (라) A 등은 D에게 M토지에 관한 매도권한만을 위임한 바 있다. (마) 그러나 D, E 등을 거치는 사이에 위임의 취지가 변질되어 ㉣근저당권이 설정되기에 이르렀다. (바) 그렇다고 하더라도 이를 들어 피기망자인 E가 A를 위하여 M토지를 처분할 권능을 갖지 아니하거나 지위에 있지 아니하였다고 단정할 것이 아니다.

2) 후술 1190면 이하 참조.

상점 주인이 손님이 두고 간 지갑을 습득하였는데, 피고인이 자신이 지갑의 소유자라고 주장하면서 지갑을 받아간 사안에서 절도죄와 사기죄 가운데 어느 범죄가 성립할 것인지 문제된다. 상점 주인은 그 지갑을 진정한 소유자에게 돌려주어야 하는 지위에 있으므로 지갑 소유자를 위하여 지갑을 처분할 수 있는 권능을 갖는다. 주인이 소유자라고 주장하는 피고인에게 지갑을 교부하면 이를 통해 피고인은 지갑을 취득하여 자유로운 처분이 가능한 상태가 된다. 그리하여 상점 주인의 행위는 사기죄에서 말하는 처분행위에 해당하고, 피고인에게 사기죄가 성립한다.[1)]

이에 반해 피고인이 피해자의 등기서류를 위조하여 등기공무원에게 제출함으로써 피고인 명의로 피해자 소유의 부동산에 대한 소유권이전등기를 마친 경우에는 등기공무원에게 부동산의 처분권한이 있다고 볼 수 없어 사기죄가 성립하지 않는다.[2)]

(5) 기망에 의한 착오

(가) 착오의 의의 사기죄는 기망에 의하여 상대방을 착오에 빠지게 하고 이로 인하여 처분행위를 하게 함으로써 성립한다. 착오에 빠진다 함은 객관적 사실과 피기망자의 주관적 인식 사이에 불일치가 생기는 것을 말한다. 재산적 처분행위를 하도록 동기를 유발하는 것이면 족하다. 착오는 반드시 기망행위만을 유일한 원인으로 할 필요는 없다. 착오에 이르게 된 과정에 피기망자의 과실이 인정되더라도 사기죄의 성립에 지장이 없다.[3)]

(나) 법률행위와의 관계 사기죄의 기망이 어느 정도에 달해야 하는지 문제된다. 이에 대해 법률행위의 중요부분에 관한 것임을 요하며, 동기의 착오를 불러일으키는 데에 지나지 않는 경우라면 기망에 해당하지 않는다고 보는 견해가 있다.[4)]

그러나 사기죄의 기망은 반드시 법률행위의 중요부분에 관한 것임을 요하지 않는다.[5)] 판례의 입장 또한 같다. 기망에 해당하는지 여부는 민법 등 다른 법률의 해석상 그 행위의 법률상 효력이 인정되는지 여부에 구애됨이 없이 어디까지나 형법 독자의 견지에서 판단해야 한다.[6)]

법률행위의 동기에 관한 착오에 불과할지라도 상대방이 진실을 알았더라면 재물을 교부하거나 재산상 이익을 이전하지 않았을 것이라고 판단될 정도의 사항에 관하여 허위의 의사

1) 2022. 12. 29. 2022도12494, 공 2023상, 417 = 『편의점 반지갑 교부 사건』.
2) 1981. 7. 28. 81도529, 공 1981, 14219.
3) 2009. 6. 23. 2008도1697, [미간행].
4) 이재상 · 장영민 · 강동범, 341면; 이정원, 364면.
5) 김성돈, 383면; 김혜정 외, 348면; 손동권 · 김재윤, 376면; 오영근, 312면; 이용식, 28면; 주호노, 733면.
6) 2006. 10. 27. 2004도6083, [미간행] = 『만성피로증후군 보험청구 사건』 ☞ 부록 1663면.

표시가 있었다면 이는 기망에 해당한다. 예컨대 용도를 속이고 돈을 빌린 경우에 만일 진정한 용도를 고지하였더라면 상대방이 돈을 빌려주지 않았을 것이라는 관계에 있는 때에는 기망이 인정된다.[1)]

(다) 법인 · 단체의 대표자 기망의 상대방이 기망행위자와 동일인인 경우에는 기망의 상대방에게 기망행위로 인한 착오가 있다고 볼 수 없다. 이러한 상황은 법인이나 단체의 대표자나 실질적으로 의사결정을 하는 최종결재권자가 기망행위를 하는 경우에 찾아볼 수 있다.

먼저, 피해자가 법인 · 단체이고 기망행위자가 대표자 또는 실질적으로 의사결정을 하는 최종결재권자인 경우가 있다. 법인은 대표자 또는 최종결재권자를 통하여 처분행위를 하게 되므로 이 경우에는 기망의 상대방이 기망행위자와 동일인인 경우에 해당한다. 그 결과 기망의 상대방에게 기망행위로 인한 착오가 있다고 볼 수 없다.[2)] 이러한 경우에는 사안에 따라 업무상 횡령죄(법355①, 366) 또는 업무상 배임죄(법355②, 366) 등이 성립하는 것은 별론으로 하고 사기죄(법347)가 성립한다고 보기 어렵다.[3)]

다음으로, 법인 · 단체의 대표자 또는 실질적으로 의사결정을 하는 최종결재권자가 기망행위자와 공모하는 등 기망행위를 알고 있는 경우가 있다. 이 경우에도 기망의 상대방인 대표자나 최종결재권자에게 기망행위로 인한 착오가 있다고 볼 수 없다.[4)] 이러한 경우에도 사안에 따라 업무상 횡령죄(법355①, 366) 또는 업무상 배임죄(법355②, 366) 등이 성립하는 것은 별론으로 하고 사기죄(법347)가 성립한다고 보기 어렵다.[5)]

그런데 피해자인 법인 · 단체의 업무를 처리하는 실무자인 일반 직원이나 구성원 등이 기망행위임을 알고 있었던 경우에는 사정이 달라진다. 실무자인 일반 직원이나 구성원 등이 기망행위임을 알고 있었던 경우라 할지라도 피해자인 법인 · 단체의 대표자나 실질적으로 의사결정을 하는 최종결재권자 등이 기망행위임을 알지 못한 채 착오에 빠져 처분행위에 이른 경우라면, 기망행위자의 피해자 법인 · 단체에 대한 사기죄의 성립에 영향이 없다.[6)]

---

1) 2011. 9. 8. 2011도3489, 공 2011하, 2176 = 분석 각론 『차용금 사기 고소장 사건』 참조.
2) 2017. 8. 29. 2016도18986, 공 2017하, 1898 = 『경영과학연구실 연구비 사건』.
3) 2017. 8. 29. 2016도18986, 공 2017하, 1898 = 『경영과학연구실 연구비 사건』.
4) 2017. 8. 29. 2016도18986, 공 2017하, 1898 = 『경영과학연구실 연구비 사건』.
5) 2017. 8. 29. 2016도18986, 공 2017하, 1898 = 『경영과학연구실 연구비 사건』.
6) 2017. 9. 26. 2017도8449, 공 2017하, 2147 = 『보증금 위조 대출사기 사건』:

갑은 M건물을 소유하고 있다. M건물에는 A 등 다수의 임차인들이 거주하고 있다. M건물의 감정평가액은 50억원이다. 갑은 M건물에 대해 다음의 채무를 부담하고 있다. (가) 1순위 임대차보증금반환채무 24억원(㉠채무). (나) 선순위 근저당부채무 26억원(㉡채무). 갑은 M건물을 매각하여 자신의 채무를 소멸시키려고

(6) 처분행위

(가) 처분행위의 개념 사기죄가 성립하려면 행위자의 기망행위가 있고, 그에 따른 피기망자의 착오가 있으며, 착오에 기한 피기망자의 처분행위가 있어야 한다. 여기에서 처분행위란 의사에 기하여 재산에 변동을 일으키는 행위를 말한다.

사기죄에서 처분행위는 재산적 처분행위를 의미한다. 재산적 처분행위는 피기망자가 그 의사에 기초하여 직접 재산상 손해를 초래하는 작위에 나아가거나 부작위에 이르는 것을 말한다. 우리 형법은 '재물의 교부를 받거나 재산상의 이익을 취득[한다]'는 표현을 사용하여

하였다. 을은 부동산 중개업자이다. 갑은 을에게 M부동산 매매 중개를 의뢰하였다. 을은 매수희망자 병을 발견하였다. 갑, 을, 병은 다음의 방식으로 매매계약을 진행하기로 하였다. (가) 갑은 병에게 67억원에 M건물을 매도한다. (나) 병은 P저축은행으로부터 대출을 받는다. (다) 대출금은 매매대금의 일부로 한다. (라) 나머지 잔액은 을이 별도로 주선하여 병에게 조달하면, 병이 이를 가지고 지급한다. 병은 이러한 방식으로 자기 돈 전혀 없이 M건물을 취득할 수 있다.

갑은 을을 통하여 P저축은행에 대출을 신청하였다. P저축은행 측은 M부동산에 선순위 근저당부채무 26억원(㉡채무)이 있음을 알고 있다. P저축은행 측은 M부동산에 어느 정도의 1순위 임대차보증금반환채무(㉠채무)가 있는지 알 수 없다. 을은 갑으로부터 M건물 임차인 일람표를 받았다(㉢일람표). 을은 ㉢일람표의 보증금 란을 임의로 조작하여 금액 합계를 3억원으로 낮추었다. 병은 P저축은행에 M건물을 담보로 대출을 신청하였다. A는 P저축은행의 대출 담당 실무자이다. 병은 A에게 M건물의 시가가 67억원, 임차인 보증금채무가 3억원이라고 말하였다. 병은 A에게 ㉢일람표를 제출하였다. P저축은행 대출심사부는 M건물에 대해 42억원의 대출을 승인하였다. 42억원 대출 후 M건물에 대한 소유권 등기는 갑에서 병으로, 다시 병에서 Q신탁회사로 이전되었다. M건물의 임차인 B는 임차기간 만료 후 보증금을 돌려받지 못하였다. B는 M건물의 등기부 등본을 열람하고, M건물의 소유권이 갑으로부터 병, 병으로부터 Q신탁회사로 이전되었음을 알게 되었다.

검사는 갑, 을, 병을 특정경제범죄법위반죄(사기)로 기소하였다. (이하 갑을 중심으로 고찰함.) 갑의 피고사건은 제1심을 거친 후, 항소심에 계속되었다. 항소법원은 유죄를 인정하였다. 갑은 불복 상고하였다. 갑은 상고이유로 다음의 점을 주장하였다. (가) 을을 중개인으로 한 갑과 병 사이의 매매계약은 편법적인 것이다. (나) P저축은행 대출 담당자 A는 이러한 사실을 알고 있었다. (다) 피기망자가 이미 대출계약에 허위사실이 개입하고 있음을 알고 있었다(갑의 주장임). (라) 따라서 갑의 대출신청 행위를 P저축은행에 대한 기망으로 볼 수 없다.

대법원은 다음의 이유를 제시하여 상고를 기각하였다. 대법원은 피해자가 법인인 경우의 기망 여부에 대해 다음과 같이 설시하였다. (가) (전략) 사기죄의 피해자가 법인이나 단체인 경우에 기망행위로 인한 착오, 인과관계 등이 있었는지 여부는 (ㄱ) 법인이나 단체의 대표 등 최종 의사결정권자 또는 (ㄴ) 내부적인 권한 위임 등에 따라 실질적으로 법인의 의사를 결정하고 처분을 할 권한을 가지고 있는 사람을 기준으로 판단하여야 한다. (나) 따라서 피해자 법인이나 단체의 대표자 또는 실질적으로 의사결정을 하는 최종결재권자 등이 (ㄱ) 기망행위자와 동일인이거나 (ㄴ) 기망행위자와 공모하는 등 기망행위임을 알고 있었던 경우에는 기망행위로 인한 착오가 있다고 볼 수 없고, 재물 교부 등의 처분행위가 있었다고 하더라도 기망행위와 인과관계가 있다고 보기 어렵다. (다) 이러한 경우에는 사안에 따라 업무상횡령죄 또는 업무상배임죄 등이 성립하는 것은 별론으로 하고 사기죄가 성립한다고 볼 수 없다.

(라) 반면에 피해자 법인이나 단체의 업무를 처리하는 실무자인 일반 직원이나 구성원 등이 기망행위임을 알고 있었다고 하더라도, 피해자 법인이나 단체의 대표자 또는 실질적으로 의사결정을 하는 최종결재권자 등이 기망행위임을 알지 못한 채 착오에 빠져 처분행위에 이른 경우라면, 피해자 법인에 대한 사기죄의 성립에 영향이 없다. 대법원은 원심의 유죄 판단을 그대로 유지하였다.

재산권자가 아니라 행위자의 관점에서 재산적 처분행위의 요건을 나타내고 있다.

(나) 처분행위의 객체　　기망에 의한 처분행위는 재물의 교부와 재산상 이익의 이전이라는 형태로 나타난다. 따라서 처분행위의 객체는 재물 또는 재산상 이익이다.[1]

① 재물의 교부　　재물에 대한 처분행위는 교부의 형태로 이루어진다. 재물의 교부란 범인의 기망에 따라 피해자가 착오로 재물에 대한 사실상의 지배를 범인(법347①) 또는 제3자(동조②)에게 이전하는 것을 의미한다. 재물의 교부가 있었다고 하기 위하여 반드시 재물의 현실적 인도가 필요한 것은 아니다. 재물이 범인 또는 제3자의 사실상의 지배 아래에 들어가 그의 자유로운 처분이 가능한 상태에 놓인 경우에도 재물의 교부가 있었던 것으로 인정된다.[2]

재물편취에 의한 사기죄의 경우에 사기죄는 타인이 점유하는 재물을 그의 처분행위에 의하여 취득함으로써 성립한다. 자기가 이미 점유하고 있는 타인의 재물에 대하여는 이것을 영득함에 있어 기망행위를 한다고 하여도 사기죄(법347①)는 성립하지 아니하고 횡령죄(법

---

1) 사기죄에서 재물과 재산상 이익의 구별실익에 대해서는, 전술 1140면 참조.

2) 2003. 5. 16. 2001도1825, 공 2003, 1413 =『백두산 미륵불상 도자기 사건』:

갑과 을은 A에게 M도자기를 주문하였다. M도자기는 백두산 미륵불상 건립사업을 홍보하기 위하여 갑이 지은 시와 그의 낙관 및 백두산을 배경으로 한 미륵불상 사진 등이 새겨져 있는 것이었다. A는 주문에 따라 M도자기 5,000개를 모두 제작하였다. 갑은 보관 및 운송의 편의상 A로 하여금 제작된 M도자기를 갑과 을이 지정하는 전국의 사찰로 직접 배달하도록 하였다. A는 제작된 M도자기 중 1,600개는 지정된 사찰로 배달하였다(㉠도자기로 통칭함). 갑은 나머지 3,400개는 갑의 지시에 따라 지정된 사찰로 배달할 수 있는 상태에 놓인 채로 보관하였다(㉡도자기로 통칭함). [갑은 A에게 대금을 지급하지 않았다.]

검사는 갑을 사기죄로 기소하였다(을은 공소외임). 갑의 피고사건은 제1심을 거친 후, 항소심에 계속되었다. 항소법원은 다음과 같이 판단하여 유죄를 인정하였다. (가) 실제로 사찰에 배달된 ㉠도자기뿐만 아니라 A가 보관중인 ㉡도자기 모두가 갑에게 교부되었다. (나) ㉠, ㉡도자기 5,000개 전체에 대해 사기죄를 인정한다. 갑은 불복 상고하였다. 갑은 상고이유로, ㉠도자기만 교부받은 것이라고 주장하였다.

대법원은 다음의 이유를 제시하여 상고를 기각하였다. 대법원은 사기죄의 '재물의 교부'에 대해 다음과 같이 설시하였다. (가) 사기죄에 있어서 '재물의 교부'란 범인의 기망에 따라 피해자가 착오로 재물에 대한 사실상의 지배를 범인에게 이전하는 것을 의미한다. (나) 재물의 교부가 있었다고 하기 위하여 반드시 재물의 현실의 인도가 필요한 것은 아니다. (다) 재물이 범인의 사실상의 지배 아래에 들어가 그의 자유로운 처분이 가능한 상태에 놓인 경우에도 재물의 교부가 있었다고 보아야 한다.

대법원은 갑의 행위에 대해 다음과 같이 판단하였다. (가) A는 갑의 주문에 따라 도자기 5,000개를 모두 제작하였다. (나) 갑은 보관 및 운송의 편의상 A로 하여금 제작된 도자기를 갑이 지정하는 전국의 사찰로 직접 배달하도록 하여 A는 제작된 도자기 중 1,600개 정도를 지정된 사찰로 배달하였다. (다) 나머지 3,400개 정도의 도자기는 갑의 지시에 따라 지정된 사찰로 배달할 수 있는 상태에 놓인 채로 보관중이다. (라) 그 도자기는 백두산 미륵불상 건립사업을 홍보하기 위하여 갑이 지은 시와 그의 낙관 및 백두산을 배경으로 한 미륵불상 사진 등이 새겨져 있어 갑에게만 소용이 있을 뿐 다른 용도로 사용할 수 없다. (마) 보관중인 도자기는 갑의 사실상의 지배 아래에 들어가 갑의 자유로운 처분이 가능한 상태에 놓였다. (바) 실제로 배달된 도자기뿐만 아니라 A가 보관중인 도자기 모두가 갑에게 교부되었다.

355①)만을 구성한다.[1)]

사람을 기망하여 그가 소유하는 재물을 버리게 한 후 이를 습득하는 경우에 재물의 교부가 있었다고 볼 것인지 문제된다. 이에 대해서는 절도죄(법329), 사기죄(법347), 점유이탈물횡령죄(법360) 등을 생각해 볼 수 있으나, 피기망자가 의사에 기하여 재물을 내버리는 행위를 하고 이를 통하여 행위자가 자유롭게 처분할 수 있는 사실상의 지배상태로 재물이 이전된다고 생각되므로 사기죄를 인정하는 것이 타당하다고 본다.

② 재산상 이익의 취득 재산상 이익에 대한 처분행위는 범인(법347①) 또는 제3자(동조②)에게 이를 취득하게 하는 형태로 일어난다. 처분행위자의 관점에서 보면 의사에 기하여 재산상 이익을 이전하는 것이다. 재산상 이익을 이전하는 형태는 예컨대 등기의 말소, 변제기일의 연기, 건축허가 명의변경 등 극히 다양하다.[2)] 처분행위로 인한 재산상 이익이 결과적으로 누구에게 귀속하는지는 사기죄의 성부에 아무런 영향이 없다.[3)]

사기죄의 객체가 되는 재산상 이익은 반드시 사법(私法)상 보호되는 경제적 이익만을 의

---

1) 1987. 12. 22. 87도2168, 공 1988, 381 =『예금 변태처리 사건』:

[갑은 P은행 Q지점의 지점장이다. 을은 R업체를 운영하는 업자이다. A는 Q지점의 직원이다. B는 여유자금이 있다.] 갑과 을은 공모하여 예금주가 예금하는 돈을 은행에 입금하지 아니하고 예금주 몰래 이를 유용하기로 하였다. 갑은 직원 A에게 예금주를 데려오면 [인사고과에 반영하겠다고] 기망하였다. A는 지인 B를 권유하여 Q지점에 예금하러 오게 하였다. 갑은 정상 처리하는 것처럼 직원 A에게 말하여 B가 예금하는 ㉠돈을 교부받게 하였다. 갑은 ㉠돈을 B의 보통예금구좌에 입금하지 않고 업자 을의 당좌구좌에 입금하였다(변태처리).

검사는 갑과 을을 사기죄로 기소하였다. 갑과 을의 피고사건은 제1심을 거친 후, 항소심에 계속되었다. 항소법원은 다음의 이유를 들어 무죄를 선고하였다. (가) 갑의 행위는 업무상 횡령 등에 해당함은 별론으로 하고 따로 사기죄를 구성하지 않는다. (나) 을의 행위 역시 갑의 업무상 횡령행위에 가공한 것에 그치고 별도로 사기죄를 구성하지 않는다. 검사는 불복 상고하였다.

대법원은 다음의 이유를 제시하여 상고를 기각하였다. (가) 원래 예금계약은 예금자가 예금의 의사를 표시하면서 금융기관에 돈을 제공하고 금융기관이 그 의사에 따라서 그 돈을 받아 확인을 하면 그로써 성립하는 것이다. (나) (사실관계 분석; 생략함.) (다) A가 Q지점에 예금의 의사를 표시하면서 돈을 제공하는 B의 돈을 받아 이를 확인한 이상 그로써 B와 P은행 사이에 예금계약은 유효하게 성립되었다. (라) 그러므로 그의 의사대로 예금계약을 실현한 B에 대하여는 아무런 피해가 없어 그에 대한 사기죄는 성립할 여지가 없다. (마) 다만 예금으로 받은 ㉠돈의 유용행위만이 처벌의 대상이 될 따름이다.

(바) 사기죄는 타인이 점유하는 재물을 그의 처분행위에 의하여 취득하므로써 성립하는 죄이다. (사) 자기가 점유하는 타인의 재물에 대하여는 이것을 영득함에 기망행위를 한다 하여도 사기죄는 성립하지 아니하고 횡령죄만을 구성한다. (아) 갑이 을과 공모하여 A를 기망하고 그로 인하여 착오에 빠진 A의 요청에 따라 B를 은행에 예금하러 오도록 유인하였다. (자) 그렇다고 하더라도 이는 갑이 업무상 횡령을 하기 위한 일련의 예비행위나 수단에 불과하고 그로써 곧 사기죄가 성립한다고 볼 수 없다. (차) 을의 행위는 갑의 업무상 횡령행위를 용이하게 할 수 있도록 가공한 것으로 볼 수밖에 없다.

2) 재산상 이익과 관련한 논의는, 전술 993면 이하 참조.

3) 2009. 1. 30. 2008도9985, 공 2009, 295 =『택지분양권 전전매매 사건』☞ 부록 1665면.

미하지 않는다. 이성인 상대방이 금품 등을 받을 것을 전제로 성행위를 하는 경우 그 행위의 대가는 사기죄의 객체인 경제적 이익에 해당한다. 그러므로 이성인 상대방을 기망하여 성행위 대가의 지급을 면하는 경우에는 사기죄가 성립한다.[1)]

③ 채무면제와 처분행위 사기죄에서 '재산상의 이익'이란 채권을 취득하거나 담보를 제공받는 등의 적극적 이익뿐만 아니라 채무를 면제받는 등의 소극적 이익까지 포함한다.

그러나 단순한 채무변제 유예의 정도를 넘어서 채무의 면제라는 재산상 이익에 관한 사기죄가 성립하기 위해서는 채무자의 기망행위로 인하여 그 채무를 확정적으로 소멸 내지 면제시키는 채권자의 처분행위가 있어야 한다. 단지 채무의 이행을 위하여 채권 기타 재산적 권리의 양도가 있었다는 사정만으로 확정적으로 채무면제를 시키는 처분행위가 있었다고 단정하여서는 안 된다. 기존 채무의 확정적인 소멸 내지 면제를 전제로 이루어진 것인지 여부를 적극적으로 살핀 다음 채무면제를 목적으로 하는 사기죄의 성립 여부를 판단해야 한다.[2)]

(다) 처분행위의 요소 처분행위가 인정되려면 주관적 요건으로 재물 또는 재산상 이익을 처분한다는 의사와 객관적 요건으로 재물 또는 재산상 이익을 처분하는 사실이 필요하다.

① 처분의사 처분의 의사능력이 없는 경우에는 처분행위를 인정할 수 없다. 따라서 예컨대 어린아이나 심신상실자를 속여서 재물을 취득하는 행위는 사기죄가 아니라 절도죄에 해당한다. 그러나 처분의 의사능력이 있다면 사정은 다르다. 이 경우에는 처분의 의사능력이 미약하더라도 기망이 인정된다면 사기죄가 성립한다.

미성년자의 지려천박 또는 사람의 심신장애(심신미약)를 이용하여 재물의 교부를 받거나 재산상 이익을 취득한 자는 준사기죄(법348)로 처벌된다. 처분의 의사능력이 미약한 자를 이용하는 경우는 그 행위가 기망에 해당하지 않더라도 사기죄에 준하여 처벌하도록 한 것이다.

처분의사는 사기죄와 절도죄를 구별하는 중요한 표지이다. 사람을 속여서 그의 주의를 다른 데로 돌리게 한 다음 그 틈을 타서 재물을 취거하는 경우는 의사에 기초한 처분행위가 없으므로 사기죄가 아니라 절도죄에 해당한다(책략절도). 이에 반해 행위자가 기망의 수단을 사용한 경우에 재물의 교부가 점유자의 처분의사에 기한 것이라면 점유자의 의사에 반하는 것이 아니어서 절취는 인정되지 않는다. 이 때에는 재물의 교부가 점유자의 처분행위에 의한 것이어서 사기죄가 성립한다.[3)]

② 처분사실 처분행위가 인정되려면 주관적으로 피기망자에게 처분의사가 있고, 객

---

1) 2001. 10. 23. 2001도2991, 공 2001, 2622 = 분석 각론『화대 편취 사건』.
2) 2009. 2. 12. 2008도10971, [미간행] = 분석 각론『양도담보 쇼트기 처분 사건』.
3) 2022. 12. 29. 2022도12494, 공 2023상, 417 =『편의점 반지갑 교부 사건』.

관적으로는 처분의사에 기초한 행위가 있어야 한다. 객관적으로 나타나는 처분행위는 법률행위일 수도 있고 사실행위일 수도 있다. 법률행위의 형태로 처분행위가 이루어질 때 그 의사표시는 반드시 유효함을 요하지 않는다. 민사법상 무효 또는 취소할 수 있는 것이라도 사기죄의 성립에 영향이 없다.

③ 처분의사와 처분사실의 관계　사기죄에서 처분행위는 특히 사기죄와 절도죄를 구별하는 기준으로 중요한 의미를 가진다. 사기죄는 착오에 빠진 피해자의 행위를 이용하여 재산을 취득하는 것을 본질적 특성으로 한다. 이에 대해 절도죄는 피해자의 행위에 의하지 아니하고 행위자가 탈취의 방법으로 재물을 취득하는 것을 본질로 한다. 여기에서 처분행위의 존부가 중요한 의미를 갖게 된다.

그런데 처분행위의 존부를 판단할 때 주관적인 처분의사에 중점을 둘 것인지 객관적인 처분사실에 중점을 둘 것인지가 문제된다.

④ 종전 판례　이에 대해 종래 대법원은 처분의사에 보다 비중을 두고 있었다. 종전의 대법원판례는 처분의사를 처분결과에 대한 인식으로 파악하였다. 그리하여 주관적으로 피기망자에게 처분의사 즉 처분결과에 대한 인식이 있고, 객관적으로 이러한 의사에 지배된 행위가 있어야 처분행위가 인정된다고 판단하였다. 이 입장에 따르면 피해자가 기망을 당하여 자신에게 재산상 손해를 초래하는 행위(처분사실)를 하였다고 하더라도 그로써 생겨나는 결과에 대한 인식이 없으면 처분행위가 인정될 수 없기 때문에 사기죄는 성립하지 않는다.

처분의사와 처분사실의 관계를 잘 보여주는 것으로 서명사취사기가 있다. 상대방을 속여서 문서의 내용이 진실한 것이라고 믿게 하여 서명·날인하게 한 후 교부받는 행위를 가리켜서 서명사취사기라고 한다. 예컨대 토지의 소유권이전등기에 필요한 문서임에도 불구하고 토지거래허가를 받기 위한 문서라고 기망하여 서명·날인을 받는 행위가 여기에 해당한다.

서명사취사기 사안에 대해 종래 대법원은 처분의사(즉 결과에 대한 인식)를 중시하여 다음과 같은 판단기준을 제시하고 있었다. (가) 사기죄는 타인을 기망하여 착오에 빠뜨리고 그로 인한 처분행위로 재물의 교부를 받거나 재산상의 이익을 취득한 때에 성립한다. (나) 피고인이 피해자에게 문서의 진실한 용도를 속이고 그 서류를 교부받아 피고인 명의로 부동산에 관한 소유권이전등기를 경료하였다 하여도 피해자의 부동산에 관한 처분행위가 있었다고 할 수 없다. (다) 따라서 피고인의 행위는 사기죄를 구성하지 않는다.[1] 다만 판례는 서명사취사기 사안에 대해 사문서위조죄(법231)의 성립을 인정하였다.[2]

⑤ 판례 변경　그러나 2017년 대법원은 전원합의체 판결을 통해 처분사실이라는 결

---

1) 2001. 7. 13. 2001도1289, 공 2001, 1900.
2) 2000. 6. 13. 2000도778, 공 2000, 1700 = 『문중총회 회의록 서명날인 사건』 ☞ 부록 1666면.

과를 보다 중시하는 입장으로 판례를 변경하였다. 새로운 판례는 다음과 같은 기준을 제시하고 있다.[1]

---

1) 2017. 2. 16. 2016도13362 전원합의체 판결, 공 2017상, 673 = 『토지거래허가 서명사취사기 사건』:

A는 ㉠토지의 소유자이다. 갑은 A로부터 ㉠토지를 매수하기로 하였다. 갑은 토지거래허가 등에 필요한 서류라고 속여서 A로 하여금 ㉡근저당권설정계약서 등에 서명 · 날인하게 하고, A의 ㉢인감증명서를 교부받았다. 갑은 ㉡, ㉢서류를 이용하여 ㉠토지에 관하여 갑을 채무자로 하여 채권최고액 합계 10억 5천만원인 근저당권을 B에게 설정해 주고, 7억원을 차용하였다.

검사는 갑을 특정경제범죄법위반죄(사기)로 기소하였다. 갑의 피고사건은 제1심을 거친 후, 항소심에 계속되었다. 항소심 공판절차에서 검사는 사문서위조 · 위조사문서행사 · 공정증서원본불실기재 · 불실기재공정증서원본행사 등을 예비적 공소사실로 추가하는 공소장변경신청을 하였다. 항소법원은 검사의 공소장변경신청을 허가하였다. 항소법원은 다음의 이유로 주위적 공소사실(사기)에 대해 무죄를 선고하였다. (가) A에게 그 소유 ㉠토지에 근저당권 등을 설정하여 줄 의사가 없었다. (나) 따라서 A의 처분행위가 있었다고 할 수 없다. 검사는 불복 상고하였다.

대법원은 다음의 이유를 제시하여 원심판결을 파기환송하였다. 대법원은 7 대 6으로 견해가 나뉘었다. 다수의견은 다음의 문제제기를 하였다. (가) 사기죄는 본래 행위자가 기망행위를 수단으로 피기망자를 착오에 빠뜨려 피기망자로 하여금 자신의 행위가 어떤 결과를 가져올지 잘 모르는 상태에서 처분행위를 하도록 만드는 범죄이다. (나) 피기망자가 자신의 행위가 가져올 결과를 정확하게 인식하였다면 그것은 결국 기망을 당하지 않았거나 기망행위로 착오에 빠지지 않았다는 것을 의미하므로 사기죄가 성립할 수 없다. (다) 따라서 처분결과에 대한 피기망자의 인식이 있어야 처분의사를 인정할 수 있다는 종전의 견해는 재검토할 필요가 있다.

다수의견은 판례변경이 필요한 이유를 구체적으로 제시하였다(이하 발췌하여 소개함). (가) 사기죄에서 피기망자의 처분의사는 기망행위로 착오에 빠진 상태에서 형성된 하자 있는 의사이므로 불완전하거나 결함이 있을 수밖에 없다. (나) 처분행위의 법적 의미나 경제적 효과 등에 대한 피기망자의 주관적 인식과 실제로 초래되는 결과가 일치하지 않는 것이 오히려 당연하고, 이 점이 사기죄의 본질적 속성이다. (다) 따라서 처분의사는 착오에 빠진 피기망자가 어떤 행위를 한다는 인식이 있으면 충분하고, 그 행위가 가져오는 결과에 대한 인식까지 필요하다고 볼 것은 아니다.

(라) 사기죄의 성립요소로서 기망행위는 널리 거래관계에서 지켜야 할 신의칙에 반하는 행위로서 사람으로 하여금 착오를 일으키게 하는 것을 말한다. (마) 착오는 사실과 일치하지 않는 인식을 의미하는 것으로, 사실에 관한 것이든, 법률관계에 관한 것이든, 법률효과에 관한 것이든 상관없다. (바) 또한 사실과 일치하지 않는 하자 있는 피기망자의 인식은 처분행위의 동기, 의도, 목적에 관한 것이든, 처분행위 자체에 관한 것이든 제한이 없다. (사) 따라서 피기망자가 기망당한 결과 자신의 작위 또는 부작위가 갖는 의미를 제대로 인식하지 못하여 그러한 행위가 초래하는 결과를 인식하지 못하였다고 하더라도 그와 같은 착오 상태에서 재산상 손해를 초래하는 행위를 하기에 이르렀다면 피기망자의 처분행위와 그에 상응하는 처분의사가 있다고 보아야 한다.

(아) 이와 달리 피기망자에게 자신의 행위로 인한 결과에 대한 인식이 있는 경우에만 처분의사를 인정할 수 있다고 한다면, 행위자가 교묘하고 지능적인 수법을 사용하는 바람에 피기망자가 자신의 행위가 낳을 결과를 인식하지 못할 정도로 심하게 착오에 빠질수록 오히려 처분의사가 부정될 가능성이 높아지게 될 것이다. 이는 수긍하기 어려운 것이다.

다수의견은 결론적으로 다음의 판단기준을 제시하였다. (가) 비록 피기망자가 처분행위의 의미나 내용을 인식하지 못하였다고 하더라도, 피기망자의 작위 또는 부작위가 직접 재산상 손해를 초래하는 재산적 처분행위로 평가되고, 이러한 작위 또는 부작위를 피기망자가 인식하고 한 것이라면 처분행위에 상응하는 처분의사는 인정된다. (나) 다시 말하면 피기망자가 자신의 작위 또는 부작위에 따른 결과까지 인식하여야 처분의사를 인정할 수 있는 것은 아니다.

「비록 피기망자가 처분행위의 의미나 내용을 인식하지 못하였다고 하더라도, 피기망자의 작위 또는 부작위가 직접 재산상 손해를 초래하는 재산적 처분행위로 평가되고, 이러한 작위 또는 부작위를 피기망자가 인식하고 한 것이라면 처분행위에 상응하는 처분의사는 인정된다. 다시 말하면 피기망자가 자신의 작위 또는 부작위에 따른 결과까지 인식하여야 처분의사를 인정할 수 있는 것은 아니다.」

이러한 판례변경을 둘러싸고 대법원은 종전의 판례를 유지해야 한다는 소수의견과 이를 변경해야 한다는 다수의견으로 나뉘었는데, 다수의견의 논지를 요약하면 다음과 같다.[1)]

첫째로, 사기죄에서 피기망자의 처분의사는 기망행위로 착오에 빠진 상태에서 형성된 하자 있는 의사이므로 불완전하거나 결함이 있을 수밖에 없다. 처분행위의 법적 의미나 경제적 효과 등에 대한 피기망자의 주관적 인식과 실제로 초래되는 결과가 일치하지 않는 것이 오히려 당연하고, 이 점이 사기죄의 본질적 속성이다. 따라서 처분의사는 착오에 빠진 피기망자가 어떤 행위를 한다는 인식이 있으면 충분하고, 그 행위가 가져오는 결과에 대한 인식까지 필요하다고 볼 것은 아니다.

둘째로, 피기망자에게 자신의 행위로 인한 결과에 대한 인식이 있는 경우에만 처분의사를 인정할 수 있다고 한다면, 행위자가 교묘하고 지능적인 수법을 사용하는 바람에 피기망자가 자신의 행위가 낳을 결과를 인식하지 못할 정도로 심하게 착오에 빠질수록 오히려 처분의사가 부정될 가능성이 높아지게 될 것인데, 이는 수긍하기 어렵다.

셋째로, 피해자의 처분의사가 있는지를 따질 때 행위자의 고의(법13)와 착오에 관한 해석론을 그대로 옮겨와서 피해자가 처분행위로 인한 결과를 인식한 경우에만 처분의사가 인정된다고 해석하는 것은 타당하지 않다. 행위자의 고의와 피해자의 처분의사는 명확히 구별해야 한다. 피해자의 처분의사는 행위자의 고의와 달리 책임주의 원칙과 아무런 관계가 없고

소수의견은 다음과 같이 주장하였다(발췌 요약함). (가) 대법원은 사기죄의 처분의사 판단에서 피기망자에게 처분결과에 대한 인식이 필요 없는 것으로 해석한다. (나) 다수의견에 의하면 사기죄 성립 여부가 불분명해지고, 그 결과 처벌 범위 역시 확대될 우려가 있다.

대법원은 다수의견에 따라 종전의 판례를 변경하였다. (이하 다수의견을 대법원으로 표시하여 소개함.) 대법원은 다음의 이유를 제시하여 원심판결을 파기환송하였다. 대법원은 갑의 행위에 대해 다음과 같이 판단하였다. (가) A는 갑의 기망행위로 착오에 빠진 결과 토지거래허가 등에 필요한 서류로 잘못 알고 처분문서인 ㉡근저당권설정계약서 등에 서명 또는 날인함으로써 재산상 손해를 초래하는 행위를 하였다. (나) A의 위와 같은 행위는 사기죄에서 말하는 처분행위에 해당한다. (다) A는 자신이 서명 또는 날인하는 문서의 정확한 내용과 그 문서의 작성행위가 어떤 결과를 초래하는지를 미처 인식하지 못하였다. (라) 그렇다고 하더라도 토지거래허가에 관한 서류로 알고 그와 다른 근저당권설정계약에 관한 내용이 기재되어 있는 문서에 스스로 서명 또는 날인함으로써 그 문서에 서명 또는 날인하는 행위에 관한 인식이 있었던 이상 처분의사도 인정된다.

1) 2017. 2. 16. 2016도13362 전원합의체 판결, 공 2017상, 673 =『토지거래허가 서명사취사기 사건』.

처분행위의 주관적 요소에 불과하다.

변경된 판례의 기준을 토대로 대법원은 서명사취사기 사안에 대해 다음의 이유를 제시하였다.[1] (가) 피기망자가 행위자의 기망행위로 인하여 착오에 빠진 결과 내심의 의사와 다른 효과를 발생시키는 내용의 처분문서에 서명 또는 날인함으로써 처분문서의 내용에 따른 재산상 손해가 초래되었다면 그와 같은 처분문서에 서명 또는 날인을 한 피기망자의 행위는 사기죄에서 말하는 처분행위에 해당한다. (나) 비록 피기망자가 처분결과, 즉 문서의 구체적 내용과 그 법적 효과를 미처 인식하지 못하였다고 하더라도, 어떤 문서에 스스로 서명 또는 날인함으로써 그 처분문서에 서명 또는 날인하는 행위에 관한 인식이 있었던 이상 피기망자의 처분의사 역시 인정된다.

변경된 판례에 따를 때 서명사취사기 사안은 처분의사가 인정되어 사기죄(법347①)가 성립한다. 아울러 서명사취사기 사안에는 사문서위조죄(법231)도 인정된다.[2] 양자는 목적 · 수단의 관계에 있으며 실체적 경합관계에 선다.

(라) 부작위에 의한 처분행위 부작위에 의한 처분행위를 인정할 수 있을 것인지 문제된다. 이 문제는 특히 형태를 특정할 수 없는 재산상 이익과 관련하여 의미가 있다. 실제로 재산상 이익이 행위자에게 이전되는지가 외관상 뚜렷하게 드러나지 않기 때문이다. 부작위에 의한 처분행위의 문제는 권리절도(불가벌)와 이익편취(가벌)의 한계를 밝히는 데에 중요한 의미가 있다.

이에 대해서는 (가) 작위에 의한 의식적인 처분행위가 필요하다고 보는 견해,[3] (나) 부작위로도 족하지만 재산에 대한 처분이 이루어진다는 점에 대한 인식은 있어야 한다고 보는 견해, (다) 부작위에 의한 무의식적인 처분행위로도 족하다고 보는 견해[4]가 제시되고 있다.

판례는 부작위에 의한 처분행위를 인정하고 있다. 예컨대 동업자들이 피고인에 대하여 출자의무를 명시적으로 면제하지 아니하였으나, 피고인의 기망행위에 의하여 피고인이 출자금 전액에 대한 출자의무를 이행하였다는 착오에 빠진 결과 동업자들이 이를 면제해 주는 결과에 이른 경우,[5] 출판부수의 1/3 정도만 기재한 출고현황표를 피해자에게 송부함으로써

1) 2017. 2. 16. 2016도13362 전원합의체 판결, 공 2017상, 673 = 『토지거래허가 서명사취사기 사건』.

2) 2000. 6. 13. 2000도778, 공 2000, 1700 = 『문중총회 회의록 서명날인 사건』.

3) 정성근 · 박광민, 378면.

4) 김성돈, 391면; 김일수 · 서보학, 347면; 김혜정 외, 354면; 박상기, 312면; 배종대, 369면; 오영근, 316면; 이재상 · 장영민 · 강동범, 348면; 이정원, 367면; 이형국 · 김혜경, 412면; 임웅, 428면; 정영일, 273면; 주호노, 735면.

5) 2009. 3. 26. 2008도6641, [미간행].

피해자로 하여금 위 출고현황표에 기재된 부수가 실제 출판부수에 해당한다고 믿게 하여 피해자가 청구권의 존재 자체를 알지 못하는 착오에 빠진 결과 이를 행사하지 못하는 상태에 이른 경우[1] 등에서 판례는 부작위에 의한 처분행위를 인정하고 있다.

(마) 구체적 사례 처분행위 여부가 논의되는 경우를 몇 가지 살펴본다.

① 역무의 부당이용 역무(서비스)를 부당하게 이용하는 경우에 사기죄의 성립 여부가 문제된다. 예컨대 타인의 전화를 무단으로 이용하여 전화통화를 하는 경우에 전기통신사업자에게 착오에 기한 처분행위가 있었다고 볼 것인지 문제된다.

전화통화를 하는 행위는 전기통신사업자가 전화 가입자인 타인에게 통신을 매개하여 주는 역무를 이용하는 것이다. 따라서 타인의 전화를 무단으로 이용하여 전화통화를 하더라도 이는 전화 가입자와 전기통신사업자 사이에 체결된 서비스이용계약에 따라 제공되는 역무를 이용하는 것으로서 전기통신사업자가 착오에 빠져 처분행위를 한 것이라고 볼 수 없어 사기죄가 성립하지 않는다.[2]

역무를 부당하게 이용하는 행위는 경우에 따라 편의시설부정이용죄를 구성할 수 있다(법348의2).[3] 한편 경미한 사안의 경우, 영업용차 또는 배 등을 타고 정당한 이유 없이 제값을 치르지 아니한 사람은 「경범죄 처벌법」위반죄(동법3① 39호)로 처벌된다.

② 무전취식 등 무전취식이나 무전숙박 등의 경우에 사기죄의 성립 한계가 문제된다. 처음부터 대가를 지급할 의사와 능력 없이 음식을 주문한 후 식사하는 행위는 부작위에 의한 기망이 아니다. 손님이 주문을 할 때에는 지급의사를 가지고 있는 것이 보통이므로, 지급의사가 있는 것처럼 가장하여 주문하는 것은 작위행위에 해당한다.

---

1) 2007. 7. 12. 2005도9221, 공 2007, 1307.

2) 1999. 6. 25. 98도3891, 공 1999, 1552 =『전화 무단사용 사기 사건』:

갑은 A의 ㉠일반전화를 무단으로 이용하여 전화통화를 하였다. [이로 인하여 A에게 다액의 전화요금이 부과되었다.]

검사는 갑을 사기죄로 기소하였다. 갑의 피고사건은 제1심을 거친 후, 항소심에 계속되었다. 항소법원은 무죄를 선고하였다. 검사는 불복 상고하였다.

대법원은 다음의 이유를 제시하여 상고를 기각하였다. (가) 사기죄가 성립하기 위하여는 기망행위와 이에 기한 피해자의 처분행위가 있어야 한다. (나) 타인의 일반전화를 무단으로 이용하여 전화통화를 하는 행위는 전기통신사업자인 한국전기통신공사가 일반전화 가입자인 타인에게 통신을 매개하여 주는 역무를 부당하게 이용하는 것에 불과하다. (다) [전화통화하는 행위를] 한국전기통신공사에 대한 기망행위에 해당한다고 볼 수 없다. (라) 뿐만 아니라 이에 따라 제공되는 역무도 일반전화 가입자와 한국전기통신공사 사이에 체결된 서비스이용계약에 따라 제공되는 것이다. (마) [역무의 제공을] 한국전기통신공사가 착오에 빠져 처분행위를 한 것이라고 볼 수 없다. (바) 그러므로 결국 위와 같은 행위는 형법 제347조의 사기죄를 구성하지 않는다. (사) 이는 형법이 제348조의2를 신설하여 부정한 방법으로 대가를 지급하지 아니하고 공중전화를 이용하여 재산상 이익을 취득한 자를 처벌하는 규정을 별도로 둔 취지에 비추어 보아도 분명하다.

3) 후술 1241면 이하 참조.

이 경우 음식물을 사겠다는 범인의 매매청약의 의사표시는 민법 제107조의 진의 아닌 의사표시이고[1] 음식점 주인은 범인의 진의 아님을 모르고 승낙의 의사표시를 한 것이 된다. 이 때문에 그 음식물 매매(공급)계약은 민법 제107조에 의하여 유효하여 범인은 그 음식물대금을 지급할 의무가 있고 그 이행을 지체할 때는 민사적으로는 채무불이행의 책임을 진다. 그와 동시에, 형사적으로는 범인의 비진의 의사표시는 기망행위가 되고 음식점 주인은 착오에 빠져 승낙의 의사표시를 하게 되었고 또 그 착오로 말미암아 음식물을 교부하였으므로 사기죄가 성립한다.[2]

문제는 처음에는 지급의사가 있었으나 나중에 음식값을 지급하지 않는 경우이다. 먼저, 처음에는 지급의사가 있었으나 주인의 부재를 틈타서 도망하는 경우는 기망과 그에 따른 처분행위가 없어 사기죄는 성립하지 않는다. 주인의 의사에 반하여 채무를 면하는 행위는 권리절도에 해당하여 절도죄도 성립하지 않는다.

이에 대해 식사 후 잠깐 바깥에 나갔다고 오겠다고 거짓말하면서 주인의 승낙을 받아 그대로 도주한 경우에는 처분행위의 유무가 문제된다. 이 경우 주인으로부터 의식적인 채무면제의 의사표시가 없다는 점을 들어서 사기죄의 성립을 부정하는 견해를 생각할 수 있다. 그러나 채무면제가 아니라 지급유예라는 관점에서 보면, 주인이 사정을 알았더라면 지급유예의 의사표시를 하지 않았을 것이라고 판단되므로 재산상 이익을 취득하는 형태의 사기죄 성립을 긍정하는 것이 타당하다고 본다.

한편 경미한 사안의 경우, 다른 사람이 파는 음식을 먹고 정당한 이유 없이 제값을 치루지 아니한 사람은 「경범죄 처벌법」위반죄(동법3① 39호)로 처벌된다.

③ 도난수표 환전행위　　절도범인으로부터 그 정을 알면서 자기앞수표를 교부받은 자가 이를 음식대금으로 지급하고 거스름돈을 환불받은 행위는 사기죄를 구성하지 않는다. 금융기관 발행의 자기앞수표는 그 액면금을 즉시 지급받을 수 있다는 점에서 현금에 대신하는 기능을 가지고 있다. 장물인 자기앞수표를 취득한 후 이를 현금 대신 교부한 행위는 장물취득에 대한 가벌적 평가에 당연히 포함되는 불가벌적 사후행위로서 별도의 범죄를 구성하지 않는다.[3]

(바) 처분행위의 당사자　　우리 형법은 행위자를 중심으로 '재물의 교부를 받거나 재산

---

1) 민법 제107조 (진의 아닌 의사표시) ① 의사표시는 표의자가 진의 아님을 알고 한 것이라도 그 효력이 있다. 그러나 상대방이 표의자의 진의 아님을 알았거나 이를 알 수 있었을 경우에는 무효로 한다.
② 전항의 의사표시의 무효는 선의의 제삼자에게 대항하지 못한다.

2) 1978. 6. 13. 78도721, 공 1978, 10957.

3) 전술 1050면 이하 참조.

상의 이익을 취득[한다]'는 표현을 사용하여 처분행위의 유형을 나타내고 있다. 이를 피기망자를 중심으로 재구성하면 '재물의 교부를 하는 것'과 '재산상 이익을 이전하는 것'의 두 가지 형태로 나타낼 수 있다.[1]

---

1) 2016. 5. 24. 2015도18795, 공 2016하, 900 =『낙찰하한가 사전유출 사건』:

P공사(公社)는 여러 건의 건설공사를 발주하고 있다. Q회사 등은 M, N공사 등의 입찰에 참여하려는 건설업체들이다. Q회사 등은 관련 법령에 따른 적격심사를 통과한 건설사들이다. 갑은 Q회사를 운영하고 있다. P공사는 전산으로 운영되는 입찰시스템을 가지고 있다(Y시스템). B, C, D는 Y시스템의 유지·보수업무를 담당하고 있다. A는 B, C, D를 잘 아는 사람이다. E는 A 등과 Q회사 등 건설회사들 사이의 중개자이다.

A, B, C, D는 E를 통해 갑을 비롯한 공사업자들과 다음 사항에 합의하였다. (가) A, B, C, D는 M, N공사 등의 낙찰정보를 제공한다. (나) 갑 등은 그 대가로 공사의 종류에 따라 사전에 낙찰금액의 일정 비율에 해당하는 돈을 지급하기로 한다. A는 B, C, D로 하여금 Y시스템의 개찰 프로그램을 조작하게 하였다. A는 M, N공사 등 공사계약의 낙찰하한가를 알아내었다. A는 E를 통하여 낙찰하한가를 갑 등 공사업자들에게 알려주었다. 갑은 M공사의 낙찰하한가에 대한 낙찰정보를 제공받았다(㉠정보). 갑은 ㉠정보에 대한 대가로 ㉡돈을 A에게 주었다(㉮부분). A는 ㉡돈을 다시 B, C, D에게 나누어 주었다.

갑은 ㉠정보를 이용하여 M공사의 입찰에 참여하였다. Q회사는 M공사의 낙찰자로 선정되었다. 이러한 사정을 모르는 P공사(公社)는 ㉢공사계약을 체결하였다(㉯부분). P공사는 계약체결 후 Q회사에 ㉣공사대금을 지급하였다(㉰부분). (갑 이외에 다른 건설업자들도 같은 수법으로 낙찰을 받았다. 갑 등의 공사계약 체결은 총 12회에 이르렀다.)

검사는 다음의 공소사실로 갑을 기소하였다. (가) ㉮부분 : 배임증재죄. (나) ㉰부분 : 사기죄. 제1심법원은 다음과 같이 판단하였다. (가) ㉮부분 : 배임증재죄 무죄. (나) ㉰부분 : 사기죄 유죄. 갑은 유죄 부분에 불복하여 항소하였다. 검사는 무죄 부분에 불복하여 항소하였다. 항소법원은 항소를 모두 기각하고, 제1심판결을 유지하였다. 검사는 ㉮부분 배임증재죄 무죄 부분에 불복하여 상고하였다.

대법원은 다음의 이유를 제시하여 상고를 기각하였다. 대법원은 사기죄의 기망에 대해 다음과 같이 설시하였다. (가) 사기죄는 타인을 기망하여 착오에 빠뜨리고 그 처분행위를 유발하여 재물을 교부받거나 재산상 이익을 얻음으로써 성립한다(형법 제347조 제1항, 제2항). (나) 사기죄의 '기망'은 상대방이 처분행위를 하는 데 판단의 기초가 되는 사실에 대하여 착오를 일으키게 하는 것을 말한다. (다) '처분행위'는 기망행위자 등에게 재물을 교부하거나 재산상의 이익을 부여하는 재산적 처분행위를 말한다.

대법원은 사기죄 공범자들 사이의 재물 배분행위에 대해 다음과 같이 설시하였다. (가) 공동의 사기 범행으로 인하여 얻은 돈을 공범자끼리 수수한 행위가 있다. (나) 그 행위가 공동정범들 사이의 그 범행에 의하여 취득한 돈이나 재산상 이익의 내부적인 분배행위에 지나지 않는 것이라면 그 돈의 수수행위가 따로 배임수증재죄를 구성한다고 볼 수는 없다. (다) 부정한 방법으로 낙찰하한가를 알아낸 다음 이를 위 공사업자에게 알려주어 발주처로 하여금 위 공사업자를 낙찰자로 선정하도록 하여 공사계약의 체결에 이르게 하고 공사업자로부터 돈을 수수한 경우가 있다. (라) 이 경우에 그 돈의 성격을 타인의 업무에 관한 부정한 청탁의 대가로 볼 것인지, 아니면 공동의 사기 범행에 따라 편취한 것으로 볼 것인지 여부는 (중략; 여러 사정) 등을 종합적으로 고려하여 객관적으로 평가하여 판단해야 한다.

대법원은 갑의 사기죄 부분에 대해 다음과 같이 판단하였다. (가) 갑과 A 등이 행한 기망행위의 내용은 P공사로 하여금 (ㄱ) 최종 낙찰하한가가 비밀이 유지된 절차에서 결정된 가격일 뿐만 아니라 (ㄴ) 입찰자가 투찰한 입찰금액 또한 부정한 행위 없이 임의로 선택된 가격이라는 것을 믿게 하는 것이다. (나) 갑과 A 등이 행한 기망행위의 내용은 (ㄱ) 입찰자가 일단 낙찰자로 선정되어 발주처와 계약을 체결한 다음 공사를 끝까지 성실하게 시공하는 등 그 계약에 따른 급부 이행을 할 의사와 능력이 있는지의 여부 내지 (ㄴ) 그 계약에서 요구하는 급부의 내용이나 품질에 관하여 착오를 일으키게 하려는 것은 아니다. (다) 갑의 의사도 일단 공사를 낙찰받아 계약을 체결한 후 공사를 시행하겠다는 것이다. (라) 위와 같이 부정한 방법으로 낙찰받은 처분행위의 유형은 다시 재물의 교부나 재산상 이익의 이전이 행위자 자신에게 이루어지는 경우(법347①)와 제3자에게 이루어지는 경우로 나누어진다(동조②).

① 처분행위자 재물을 교부하거나 재산상 이익을 이전하는 사람은 피기망자가 되는 것이 보통이지만, 반드시 피기망자와 처분행위자가 동일할 필요는 없다. 피기망자의 처분행위에 구속되는 지위나 상태에 있는 사람이 재물을 교부하거나 재산상 이익을 이전하는 경우가 있다. 예컨대 소송사기의 경우 피기망자는 법원이지만 재물을 교부하는 사람은 패소자이다.

② 처분행위의 상대방 처분행위의 상대방에는 기망자 본인 이외에 제3자도 포함된다. 형법은 '제3자로 하여금 재물의 교부를 받게 하거나 재산상의 이익을 취득하게 한 때'라는 표현을 사용하여 이 점을 분명히 하고 있다. 여기에서 제3자의 범위가 문제된다.

제3자가 처분행위의 상대방이 되는 경우로는 (가) 제3자가 범인과의 사이에 정을 모르는 도구로 행동하는 경우, (나) 제3자가 범인의 이익을 위해 행동하는 대리인의 관계에 있는 경우, (다) 범인이 제3자에게 재물을 불법영득하게 할 의사가 있거나 또는 재산상 이익을 불법이득하게 할 의사가 있는 경우로 한정된다. (다)의 경우 불법영득하게 하거나 불법이득하게 할 의사는 반드시 적극적 의욕이나 확정적 인식이어야 하는 것은 아니고 미필적 인식으로도 족하다.[1)]

(사) 이중의 인과관계 사기죄가 성립하려면 이중의 인과관계가 인정되어야 한다.

공사를 시행하는 과정에서 공사의 내용이나 품질에 관한 별도의 기망행위를 하겠다는 것은 아니다. (마) M, N 등 각 공사에서 낙찰자로 선정되어 P공사와 공사계약을 체결한 갑 운영 업체들을 비롯한 입찰자들은 관련 법령에 따른 적격심사를 통과한 건설사들이다.

(바) 갑과 A 등의 기망행위로 인한 P공사의 처분행위는 공사대금 지급(㊁부분)이 아니다. (사) 갑과 A 등의 기망행위로 인한 P공사의 처분행위는 A 등으로부터 낙찰하한가를 전달받은 갑의 회사를 낙찰자로 결정하여 그와 공사계약을 체결하는 것(㊀부분) 자체이다. (아) 이러한 처분행위로 인하여 갑과 A 등이 편취한 것은 '발주처와 공사계약을 체결한 계약당사자의 지위'라는 액수 미상의 재산상 이익으로 봄이 타당하다.

(자) 원심은 갑과 A 등이 P공사로부터 계약당사자의 지위(㊀부분)라는 재산상 이익이 아닌 공사대금(㊁부분)을 편취하였다고 판단하였다. (차) 원심은 이를 전제로 갑의 배임증재죄 성립 여부를 판단하였다. (카) 이러한 원심판결에는 사기죄의 처분행위에 관한 법리를 오해한 잘못이 있다.

대법원은 갑의 배임증재죄 부분에 대해 다음과 같이 판단하였다. (가) 갑 등 공사업자들과 A 등은 공소사실과 같은 사기 범행을 공동 실행하여 공사업자들이 운영하는 회사들이 낙찰자로 선정되는 경우 그에 따른 일정한 이익을 분배하기로 미리 공모하였다. (나) 이에 따라 공사업자들이 낙찰정보를 제공받은 직후 또는 위 회사들이 낙찰자로 선정된 직후로서 공사계약을 체결할 무렵에 A 등에게 사전 약정에 따른 비율의 돈을 교부한 것이다. (다) 결국 A 등이 갑 등 공사업자들로부터 수수한 ㉠돈은 공동의 사기 범행으로 취득하였거나 가까운 장래에 취득할 재산상 이익 중 일부를 내부적으로 분배받은 것에 지나지 않는다고 봄이 타당하다. (라) 일부 공사업자가 계약 체결에 이르지 못한 경우에 돈을 지급한 적이 있다고 하여 달리 볼 것이 아니다. (마) 따라서 원심의 위와 같은 잘못은 [배임증재죄의 성립을 부정한] 결론에 영향이 없다.

1) 2009. 1. 30. 2008도9985, 공 2009, 295 =『택지분양권 전전매매 사건』.

① 의 의 　사기죄의 처분행위가 인정되려면 그 전단계로서 기망행위가 있어야 하고 그 기망행위로 상대방이 착오에 빠질 것이 요구된다. 즉 기망행위, 상대방의 착오, 피기망자의 재산적 처분행위 사이에 인과관계가 필요하다.[1] 사기죄에서 이와 같이 연결되는 인과관계를 가리켜서 이중의 인과관계라고 한다. 착오에 빠진 원인 가운데 피기망자 측에 과실이 있는 경우에도 사기죄가 성립한다.[2]

---

1) 2011. 2. 24. 2010도17512, 공 2011상, 692 = 분석 총론『목디스크 보험사기 사건』.

2) 2009. 6. 23. 2008도1697, [미간행] =『자동차담보채권 대출사기 사건』:

갑은 A 명의로 P회사라는 상호로 자동차를 담보로 소매대부업을 해오고 있다. 대부업의 내용은 저축은행이나 새마을금고 등으로부터 자금을 대출받아 일반소비자들에게는 그 이상의 높은 이율로 대출하여 줌으로써 차액 상당의 이익을 취하는 방식이다. P회사는 일반소비자에게 대출을 하면서 자동차를 담보로 채권을 확보한다(㉠자동차담보채권으로 통칭함). 갑이 운영하는 P회사는 Q저축은행 등에 27억원의 채무가 있었다. P회사는 자본금을 대출하는데 모두 사용하여 자본잠식 상태였다 갑도 약 4억 5천만원 정도의 개인채무가 있어서 신용불량자 상태였다. P회사의 적자 금액이 늘어나면서 경영상태가 악화되었다. 갑은 R새마을금고와 다음 내용의 계약을 체결하였다(㉡계약). (가) P회사는 ㉠자동차담보 채권을 R새마을금고에 양도담보로 제공한다. (나) R새마을금고는 P회사에 개개의 ㉠자동차담보채권액만큼 대출을 한다. R새마을금고 직원들은 대출을 실행하기 전에 P회사를 방문하여 재무상태 등에 대하여 실사를 하였다. 이 실사 단계에 R새마을금고 측이 조금만 주의를 기울였다면 P회사의 재무상태가 불량하다는 사실을 알 수 있었다. P회사는 그동안 보관하고 있던 일반소비자에 대한 ㉠자동차담보 대출채권서류를 R새마을금고에 제출하였다. R새마을금고는 P회사에 4억원을 대출하였다(㉢돈). 갑은 ㉡계약의 취지와 달리 대출받은 ㉢돈을 P회사의 Q회사에 대한 기존 채무 변제에 사용하였다.

검사는 갑을 사기죄로 기소하였다. 갑은 재물편취의 고의가 없었다고 주장하였다. 제1심법원은 다음의 이유를 들어서 무죄를 선고하였다. (가) 갑이 R새마을금고로부터 ㉢돈을 대출받을 당시 대출금 채무를 변제할 의사나 능력이 없었는지 하는 점에 대하여 강한 의심이 든다. (나) ㉢돈 대출은 R새마을금고에서 갑 운영의 P업체에 대하여 실사를 한 결과에 따라 정상적으로 대출이 이루어진 것이라고 판단된다. (다) R새마을금고로서도 갑이 운영하는 P대부업체가 Q상호저축은행으로부터 상당한 규모의 대출금 채무를 부담하고 있었던 사정을 사전에 이미 알았거나 조금만 더 주의를 기울여 조사를 했더라면 충분히 알 수 있었을 것이라고 판단된다. (라) 그러므로 갑이 R새마을금고를 기망했다고 보기는 어렵다. 검사는 불복 항소하였다. 항소법원은 항소를 기각하고, 제1심판결을 유지하였다. 검사는 불복 상고하였다.

대법원은 다음의 이유를 제시하여 원심판결을 파기환송하였다. 대법원은 피기망자의 과실과 사기죄의 관계에 대해 다음과 같이 설시하였다. (가) 사기죄가 성립하기 위해서는 기망행위와 상대방의 착오 및 재물의 교부 또는 재산상의 이익의 공여와의 사이에 순차적인 인과관계가 있어야 한다. (나) 착오에 빠진 원인 중에 피기망자 측에 과실이 있는 경우에도 사기죄가 성립한다. (다) 사기죄의 주관적 구성요건인 편취의 범의는 피고인이 자백하지 않는 이상 범행 전후 피고인의 재력, 환경, 범행의 내용, 거래의 이행과정 등과 같은 객관적인 사정 등을 종합하여 판단할 수밖에 없다. (라) 편취의 범의는 확정적인 고의가 아닌 미필적 고의로도 족하다.

대법원은 사실관계를 분석하였다. 대법원은 갑의 행위에 대해 다음과 같이 판단하였다. (가) 갑은 ㉡계약의 취지와는 달리 P회사 명의로 대출받은 4억원을 기존 채무의 변제에 사용하고, R새마을금고에 대한 채무를 변제하지도 않았다. (나) 갑이 ㉢돈 대출 당시 ㉢대출금채무를 변제할 의사나 능력이 없음에도 있는 것처럼 R새마을금고를 기망하여 이에 속은 R새마을금고로부터 ㉢대출금을 편취하였고, 그 편취의 범의 역시 인정된다고 봄이 상당하다. (다) ㉢대출을 실행하기 이전에 R새마을금고 직원들이 갑 운영의 P회사를 방문하여 그 재무상태 등에 대하여 실사를 하고 그 결과 ㉢대출이 실행되었다. (라) R새마을금고가 ㉢대출이 가능하다는 착오에 빠지는 원인 중에 R새마을금고 측의 과실이 있다고 하더라도 사기죄의 성립이 부정된다고는 어떠한 행위가 타인을 착오에 빠지게 한 기망행위에 해당하는지 및 그러한 기망행위와 재산적 처분행위 사이에 인과관계가 있는지 여부는 거래의 상황, 상대방의 지식, 성격, 경험, 직업 등 행위 당시의 구체적 사정을 고려하여 일반적 · 객관적으로 판단해야 한다.[1)]

② 부정되는 경우 기망의 상대방이 기망행위임을 알고 있었던 경우에는 기망행위와 처분행위 사이에 인과관계가 인정되지 않는다. 피해자인 법인 · 단체의 대표자 또는 실질적으로 의사결정을 하는 최종결재권자 등 기망의 상대방이 (가) 기망행위자와 동일인이거나 (나) 기망행위자와 공모하는 등 기망행위를 알고 있었던 경우에는 기망의 상대방에게 기망행위로 인한 착오가 있다고 볼 수 없고, 기망의 상대방이 재물을 교부하는 등의 처분을 했다고 하더라도 기망행위와 인과관계가 있다고 보기 어렵다. 이러한 경우에는 사안에 따라 업무상 횡령죄(법356, 355①) 또는 업무상 배임죄(법356, 355②) 등이 성립하는 것은 별론으로 하고 사기죄(법347① · ②)가 성립한다고 보기 어렵다.[2)]

③ 분식회계 분식회계와 금원대출의 처분행위 사이에 인과관계 인정 여부가 문제된다. 금융기관의 통상적인 여신처리기준에 의하면, 적자상태인 당해 기업에 대한 여신이 가능했을 수도 있다고 하더라도, 이로 인하여 획일적으로 부실 재무제표 제출로 인한 기망행위와 여신 결정 사이의 인과관계가 단절된다고 볼 수는 없다. 기업이 적자상태를 숨기기 위하여 흑자 상황인 것처럼 작성한 재무제표를 제출하였다는 사실이 발각될 경우 초래될 수 있는 신뢰성 평가에 미치는 부정적인 영향까지 적절하게 고려 · 평가하여 인과관계 단절 여부를 살펴보아야 한다.[3)]

분식회계에 의한 재무제표를 작성하여 대출을 받은 경우에, 분식회계의 방법으로 재무제표를 작성하였다는 사실을 금융기관이 여신 심사 당시 알았다면 당해 여신이 불가능하거나 곤란하였다고 볼 사정이 인정된다면, 회사의 변제의사나 변제능력, 담보 제공 여부와는 무관하게 부실 재무제표 제출로 인한 기망행위와 여신 결정 사이에 인과관계가 인정된다.[4)]

그러나 유상증자를 통하여 BIS비율을 맞추려고 한 경우와 같이 대출하는 돈의 회수가능성보다는 일단 유상증자를 할 수 있는지 여부에 관심이 더 있었다고 보이는 특수한 상황의 경우에는 분식회계에 의한 부실재무제표의 제출과 대출 사이에 인과관계가 부정될 수 있다.[5)]

할 수 없다.

1) 2016. 4. 28. 2012도14516, 공 2016상, 714 = 『보험설계사 카드빚 사건』 ☞ 부록 1666면.
2) 2017. 8. 29. 2016도18986, 공 2017하, 1898 = 『경영과학연구실 연구비 사건』.
3) 2017. 12. 22. 2017도12649, 공 2018상, 388 = 『제작금융 대출 사건』.
4) 2007. 6. 1. 2006도1813, 공 2007, 1022 = 『편법 재무제표 제출 사건』 ☞ 부록 1668면.
5) 2003. 10. 10. 2003도3516, [미간행].

3. 손해발생 여부와 이득액

(1) 손해발생 여부

사기죄는 재산죄이므로 피해자에게 재산상 손해가 발생해야 사기죄가 성립한다고 보는 견해가 있다. 그러나 전술한 바와 같이 우리 형법상 손해발생은 사기죄의 독자적인 구성요건 요소가 아니라고 본다.[1)]

(가) 재물편취의 경우　　재물편취를 내용으로 하는 사기죄에서는 기망으로 인한 재물 교부가 있으면 그 자체로서 피해자의 재산침해가 되어 이로써 곧 사기죄가 성립한다. 상당한 대가가 지급되었다거나 피해자의 전체 재산에 손해가 없다고 하여도 사기죄의 성립에는 영향이 없다.[2)] 형법 제347조 사기죄의 경우 재물편취시에 그 대가가 일부 지급된 경우에도 편취액은 교부된 재물의 가치로부터 그 대가를 공제한 차액이 아니라 교부받은 재물 전부이다.[3)]

(나) 재산상 이익 취득의 경우　　재물편취 이외에 재산상 이익을 취득하는 경우에는

---

1) 전술 1141면 이하 참조.

2) 2017. 12. 22. 2017도12649, 공 2018상, 388 =『제작금융 대출 사건』:

P회사는 선박을 제조 · 수출하고 있다. 갑은 P회사의 대표이사이다. 갑은 허위의 ㉠재무제표를 작성하여 Q은행에 제출하였다(㉮행위). Q은행은 ㉠재무제표를 심사자료의 하나로 삼아 P회사에 '제작금융' 대출을 하였다(㉡대출). ㉡대출을 위하여 P회사는 보유하고 있던 ㉢채권과 ㉣선박을 Q회사에 담보로 설정하였다.

검사는 갑을 특정경제범죄법위반죄(사기)로 기소하였다. 갑의 피고사건은 제1심을 거친 후, 항소심에 계속되었다. 항소법원은 유죄를 인정하였다. 갑은 불복 상고하였다. 갑은 상고이유로 다음의 점을 주장하였다. (가) ㉡대출을 받기 위해 Q은행에 설정해 준 ㉢채권이나 ㉣선박 등에 관한 담보권 실행을 통하여 변제받을 수 있는 부분은 편취액에서 공제하여야 한다. (나) 이 사건은 편취행위에 따른 이득액을 산정할 수 없는 경우에 해당하여 특정경제범죄법을 적용할 수 없다.

대법원은 다음의 이유를 제시하여 상고를 기각하였다. 대법원은 사기죄와 손해발생의 관계에 대해 다음과 같이 설시하였다. (가) 금원 편취를 내용으로 하는 사기죄에서는 기망으로 인한 금원 교부가 있으면 그 자체로써 피해자의 재산침해가 되어 바로 사기죄가 성립한다. (나) 상당한 대가가 지급되었다거나 피해자의 전체 재산상에 손해가 없다 하여도 사기죄의 성립에는 그 영향이 없다. (다) 그러므로 사기죄에 있어서 그 대가가 일부 지급되거나 담보가 제공된 경우에도 그 편취액은 피해자로부터 교부된 금원으로부터 그 대가 또는 담보 상당액을 공제한 차액이 아니라 교부받은 금원 전부라고 보아야 한다.

대법원은 부실 재무제표의 제출과 대출 사이의 인과관계에 대해 다음과 같이 설시하였다. (가) (재무제표의 중요성 부분; 생략함.) (나) 금융기관의 통상적인 여신처리기준에 의하면, 적자상태인 당해 기업에 대한 여신이 가능했을 수도 있다고 하더라도, 이로 인하여 획일적으로 부실 재무제표 제출로 인한 기망행위와 여신 결정 사이의 인과관계가 단절된다고 볼 수는 없다. (다) 기업이 적자상태를 숨기기 위하여 흑자 상황인 것처럼 작성한 재무제표를 제출하였다는 사실이 발각될 경우 초래될 수 있는 신뢰성 평가에 미치는 부정적인 영향까지 적절하게 고려 · 평가하여 인과관계 단절 여부를 살펴보아야 한다. (라) 갑이 허위의 재무제표를 작성하여 제출한 행위와 Q은행의 각 대출 사이에는 인과관계가 인정된다. (마) 편취된 이득액은 대출금 전액이 된다.

3) 2017. 12. 22. 2017도12649, 공 2018상, 388 =『제작금융 대출 사건』.

다소 의문이 있다. 사기죄가 전체재산에 대한 죄의 성질을 가진다고 보고 피해자의 전체재산에 손해가 일어나지 않는 한 사기죄는 성립하지 않는다고 생각할 여지가 있기 때문이다. 그러나 우리 형법은 독일 형법과 달리 손해발생의 요건을 구성요건에 명시하고 있지 않다. 또한 재물편취와 이익편취가 구조에서 동일하다고 생각할 때 재산상 이익의 이전이 있을 때 그 자체로 손해발생이 있었다고 볼 여지도 충분하다. 판례는 손해발생을 요구하지 않는 입장이다.[1)]

(2) 이득액의 산정

(가) 특정경제범죄법상의 사기죄　　사기죄의 가중처벌을 규정한 법률로서 「특정경제범죄 가중처벌 등에 관한 법률」(특정경제범죄법)이 있다. 특정경제범죄법 제3조는 사기죄로 인한 이득액의 정도에 따라서 (가) 이득액이 50억원 이상인 때에는 무기 또는 5년 이상의 징역으로, (나) 이득액이 5억원 이상 50억원 미만인 때에는 3년 이상의 유기징역으로 가중처벌하고 있다. (다) 이득액이 5억원 미만인 경우는 특정경제범죄법이 적용되지 않으며, 형법의 사기죄 규정(법347)에 따라 10년 이하의 징역 또는 2천만원 이하의 벌금으로 처벌된다.

특정경제범죄법 제3조가 가중적 요소로 설정하고 있는 이득액의 정도는 구성요건요소이다. 독일의 입법자가 사기죄의 구성요건요소로 '손해발생'을 요구하고 있다면, 우리 입법자는 특정경제범죄법상의 사기죄에 대해 '일정액의 이익취득'을 구성요건요소로 설정하고 있는 것이다.[2)] 이 경우 이득액은 구성요건요소이므로 검사는 엄격한 증명의 방식으로 이득액을 입증하여야 한다.

(나) 이득액의 범위　　특정경제범죄법상의 이득액은 손해발생과 구별된다. 손해발생은 기망행위 시점을 기준으로 전체재산의 전후를 비교하여 전체재산이 감소된 것을 의미한다. 이에 대해 '이득액'이란 불법영득의 대상으로 취득한 재물이나 불법이득의 대상으로 취득한 재산상 이익의 가액 합계이다. 궁극적으로 그와 같은 이득이 실현되었는지 여부는 이득액의 산정에 영향이 없다.[3)]

사기죄에 있어서 그 대가가 일부 지급되거나 담보가 제공된 경우에도 그 편취액은 피해자로부터 교부된 금원으로부터 그 대가 또는 담보 상당액을 공제한 차액이 아니라 교부받은 금원 전부라고 보아야 한다.[4)]

---

1) 2007. 1. 25. 2006도7470, 공 2007, 401 = 분석 각론 『다단계판매 수당지급 사건』.
2) 2007. 4. 19. 2005도7288 전원합의체 판결, 공 2007, 923 = 분석 각론 『건축업자 대지 편취 사건』.
3) 2006. 5. 26. 2006도1614, 공 2006, 1224.
4) 2017. 12. 22. 2017도12649, 공 2018상, 388 = 『제작금융 대출 사건』.

다단계판매 수법에 의한 재물편취의 경우에 피해자에게 대가가 일부 지급되거나[1] 피해자가 재투자를 하였다고[2] 하여도 편취한 이득액은 피해자로부터 교부된 재물의 가치로부터 그 대가나 재투자액을 공제한 차액이 아니라 교부받은 재물 전부이다.

재물을 편취한 후 현실적인 자금의 수수 없이 형식적으로 기왕에 편취한 금원을 새로이 장부상으로만 재투자하는 것으로 처리한 경우에는 그 재투자금액은 이를 편취액의 합산에서 제외해야 한다.[3]

(다) 부동산의 경우　　특정경제범죄법상의 이득액은 실제의 교환가치이어야 한다. 예컨대 사람을 기망하여 부동산의 소유권을 이전받거나 제3자로 하여금 이전받게 함으로써 이를 편취한 경우에 특정경제범죄법 제3조의 적용을 전제로 그 부동산의 가액을 산정하는 기준은 다음과 같다.

(가) 그 부동산에 아무런 부담이 없는 때에는 그 부동산의 시가 상당액이 곧 이득액이 된다. (나) 그 부동산에 근저당권설정등기가 경료되어 있는 경우에는 아무런 부담이 없는 상태에서의 그 부동산의 시가 상당액에서 근저당권의 채권최고액 범위 내에서의 피담보채권액을 뺀 실제의 교환가치가 이득액이 된다. (다) 그 부동산에 압류가 이루어져 있는 때에는 아무런 부담이 없는 상태에서의 그 부동산의 시가 상당액에서 압류에 걸린 집행채권액을 뺀 실제의 교환가치가 이득액이 된다. (라) 그 부동산에 가압류가 이루어져 있는 경우에는 아무런 부담이 없는 상태에서의 그 부동산의 시가 상당액에서 가압류에 걸린 청구금액 범위 내에서의 피보전채권액 등을 뺀 실제의 교환가치가 이득액이 된다.[4]

(라) 어음할인의 경우　　어음 · 수표의 할인에 의한 사기죄에서 피고인이 피해자로부터 수령한 현금액이 피고인이 피해자에게 교부한 어음 등의 액면금보다 적을 경우 피고인이 취득한 이득액은 원칙적으로 어음 · 수표의 액면금이 아니라 피고인이 수령한 현금액이다. 그러나 당사자가 선이자와 비용을 공제한 현금액만을 실제로 수수하면서도 선이자와 비용을 합한 금액을 대여원금으로 하기로 하고 대여이율을 정하는 등의 소비대차특약을 한 경우에는 어음 · 수표의 액면금 전체가 이득액이 된다.[5]

(마) 죄수와의 관계　　특정경제범죄법상 사기죄의 이득액은 죄수의 단위를 기준으로 산정한다. 단순일죄가 성립하는 경우에는 이득액 그 자체가 기준이 된다. 다수의 기망행위가 포괄일죄로 묶이는 경우가 있다. 포괄일죄는 단순일죄에 속하므로 포괄일죄가 성립하는 경

---

1) 2007. 1. 25. 2006도7470, 공 2007, 401 = 분석 각론『다단계판매 수당지급 사건』.
2) 2010. 2. 11. 2009도12627, 공 2010상, 604 =『셋톱박스 다단계판매 사건』.
3) 2007. 1. 25. 2006도7470, 공 2007, 401 = 분석 각론『다단계판매 수당지급 사건』.
4) 2007. 4. 19. 2005도7288 전원합의체 판결, 공 2007, 923 = 분석 각론『건축업자 대지 편취 사건』.
5) 2009. 7. 23. 2009도2384, 공 2009, 1461.

우에는 수개의 개별행위로 인한 이득액의 합산액이 전체 이득액이 된다. 그러나 수개의 기망행위가 실체적 경합범으로 처벌되는 경우에는 이득액이 합산되지 않는다. 경합범은 실체법상 수죄이기 때문이다.

① 동일한 피해자　　동일한 피해자에 대하여 수회에 걸쳐 기망행위를 하여 금원을 편취한 경우, 범의가 단일하고 범행 방법이 동일하다면 사기죄의 포괄일죄가 성립한다. 그러나 범의의 단일성과 계속성이 인정되지 아니하거나 범행 방법이 동일하지 않다면 각 범행은 실체적 경합범에 해당한다.[1)]

② 수인의 피해자　　수인의 피해자에 대하여 각 사람 별로 기망행위를 하여 각각 재물을 편취한 경우에는 범의가 단일하고 범행방법이 동일하더라도 각 피해자의 피해법익은 독립한 것이므로 이를 포괄일죄로 파악할 수 없다. 따라서 이 경우에는 피해자별로 독립하여 사기죄가 성립되며 개별적으로 특정경제범죄법상 사기죄의 이득액이 산정된다.[2)]

그러나 상습사기죄(법351)의 경우는 상습범으로서 포괄일죄에 해당한다. 그 결과 피해자별 이득액을 합산하여 이를 기준으로 하여 특정경제범죄법상 사기죄의 형량을 결정한다.[3)]

4. 고의와 불법영득의사 · 불법이득의사

(1) 고　의

(가) 고의의 인식대상　　사기죄의 주관적 성립요소는 고의 및 불법영득의사(재물의 경우) · 불법이득의사(재산상 이익의 경우)이다. 사기죄의 고의는 사기죄의 객관적 구성요건에 대한 인식 · 인용을 의미한다. 따라서 상대방을 기망한다는 점, 피기망자가 착오에 빠진다는 점, 피기망자가 처분행위를 한다는 점, 이중의 인과관계가 있다는 점 등에 대한 인식 · 인용이 필요하다.

(나) 고의의 판단방법　　사기죄의 고의는 고의의 일반법리에 따라 미필적 고의로도 족하다. 미필적 고의는 범죄사실의 발생가능성을 불확실한 것으로 표상하면서 이를 용인하고 있는 경우를 말한다. 미필적 고의가 있었다고 하려면 범죄사실의 발생가능성에 대한 인식이 있음은 물론, 나아가 범죄사실이 발생할 위험을 용인하는 내심의 의사가 있어야 한다.[4)]

기망행위에 대한 고의로서 편취의 범의는, 피고인이 자백하지 아니하는 한, 범행 전후의 피고인의 재력, 환경, 범행의 내용, 거래의 이행과정, 피해자와의 관계 등과 같은 객관적인

---

1) 2000. 2. 11. 99도4862, 공 2000, 756.
2) 2006. 2. 23. 2005도8645, 공 2006, 537 = 분석 신형소 『상가분양 이면계약 사건』.
3) 2000. 7. 7. 2000도1899, 공 2000, 1911.
4) 1987. 2. 10. 86도2338, 공 1987, 481 = 백선 총론 『도미니카 공화국 사건』.

사정을 종합하여 판단해야 한다.[1)]

(다) 고의의 판단시점　사기죄의 고의 여부는 기망행위 당시를 기준으로 판단하여야 한다.[2)] 차용금 등 재물을 편취하는 경우 또는 채무부담행위 등 재산상 이익을 취득하는 경우에 사기죄의 성립 여부는 그 행위 당시를 기준으로 판단해야 한다.

민사상 금전대차관계에서 채무불이행 사실을 가지고 바로 차용금 편취의 고의를 인정할 수는 없다. 그러나 피고인이 확실한 변제의 의사가 없거나 또는 차용 시 약속한 변제기일 내에 변제할 능력이 없는데도 변제할 것처럼 가장하여 금원을 차용한 경우에는 편취의 고의를 인정할 수 있다.[3)]

금전차용 당시에 진실로 변제의 의사를 가지고 있었으나 금전을 대여받은 후에 경제사정의 변화로 변제할 수 없게 된 경우에는 이른바 단순채무불이행에 불과하며, 이를 사기죄로 처벌할 수는 없다.[4)] 그러나 이미 과다한 부채의 누적 등으로 대출금채무를 변제할 의사나 능력이 없는 상황에 처하였음에도 불구하고 금전을 차용하였다면 사기죄의 고의가 인정된다.[5)] 설사 당시 피고인에게 대금을 변제할 의사와 능력이 있었다고 하더라도 사기죄의 고의가 인정된다.[6)]

소비대차 거래에서, 대주(貸主)와 차주(借主) 사이의 친척 · 친지와 같은 인적 관계 및 계속적인 거래 관계 등에 의하여 대주가 차주의 신용 상태를 인식하고 있어 장래의 변제 지체 또는 변제불능에 대한 위험을 예상하고 있었거나 충분히 예상할 수 있는 경우가 있다. 이러한 경우에는 차주가 차용 당시 구체적인 변제의사, 변제능력, 차용 조건 등과 관련하여 소비대차 여부를 결정지을 수 있는 중요한 사항에 관하여 허위 사실을 말하였다는 등의 다른 사정이 없다면, 차주가 그 후 제대로 변제하지 못하였다는 사실만을 가지고 변제능력에 관하여 대주를 기망하였다거나 차주에게 편취의 범의가 있었다고 단정할 수 없다.[7)]

(2) 불법영득의사 및 불법이득의사

(가) 필요성　사기죄의 주관적 성립요건으로 불법영득의사가 필요한가 하는 문제가 있다. 독일 형법은 '위법한 재산적 이익을 스스로 취득하거나 제3자로 하여금 취득하게 할

---

1) 2016. 4. 28. 2012도14516, 공 2016상, 714 = 『보험설계사 카드빚 사건』.
2) 2016. 4. 28. 2012도14516, 공 2016상, 714 = 『보험설계사 카드빚 사건』.
3) 2018. 8. 1. 2017도20682, 공 2018하, 1892 = 『'동시 대출 진행 없음' 사건』 (분석 생략함).
4) 1999. 7. 23. 99도1682, 공 1999, 1826.
5) 2006. 3. 24. 2006도282, [미간행] = 『카드사기범 판결문 사건』.
6) 1999. 2. 12. 98도3549, 공 1999, 596.
7) 2016. 4. 28. 2012도14516, 공 2016상, 714 = 『보험설계사 카드빚 사건』.

의사로'라고 명시하여 불법영득의사를 요구하고 있다.[1] 우리 형법은 명시적 규정을 두고 있지 않으나 사기죄의 보호법익이 재산권이라는 점에 비추어 볼 때 불법영득의사가 필요하다고 본다.

판례 또한 불법영득의사를 요구하는 입장이다. 대법원은 범인이 기망행위에 의해 스스로 재물을 취득하지 않고 제3자로 하여금 재물의 교부를 받게 한 경우에 사기죄가 성립하려면, 그 제3자가 (가) 범인과 사이에 정을 모르는 도구의 관계에 있거나, (나) 범인의 이익을 위해 행동하는 대리인의 관계에 있거나, (다) 그렇지 않다면 적어도 불법영득의사와의 관련상 범인에게 그 제3자로 하여금 재물을 취득하게 할 의사가 있어야 할 것이라고 판시하여 불법영득의사가 필요함을 밝히고 있다.[2]

(나) 불법영득의사 재물편취의 경우 사기죄에서 불법영득의사는 기본적으로 절도죄의 그것과 같다. 즉 사기죄에서 불법영득의사는 소유자 또는 소유자에 준하는 권리자(본권자)를 배제하고 타인의 재물을 자기의 소유물과 같이 경제적 용법에 따라서 이용하거나 처분하려는 의사를 말한다. 반드시 영구적으로 보유할 의사를 요하지 아니하며, 타인의 재물을 일시적으로 그 경제적 용법에 따라 이용 · 처분하려는 의사까지도 포함한다. 자기를 위한 경우뿐만 아니라 제3자를 위한 경우도 포함한다.[3]

(다) 불법이득의사 재물을 교부받는 경우와 재산상 이익을 취득하는 경우는 동일한 구조를 가지고 있다. 그러므로 재물편취에 준하여 재산상 이익을 취득하는 경우에도 주관적 구성요건으로 불법이득의사가 필요하다. 즉 재산상 이익의 권리자를 배제하고 자기 또는 제3자가 권리자와 같이 재산상 이익을 경제적 용법에 따라서 이용하거나 처분하려는 의사를 말한다.

5. 미수와 기수

(1) 실행의 착수

사기죄는 미수범을 처벌한다(법352). 사기죄의 실행의 착수시점은 재물 또는 재산상 이익을 취득할 의사로 기망행위를 개시한 때이다. 상대방이 실제로 착오에 빠졌는지는 묻지 않는다.

보험사기의 경우에는 2016년부터 시행된 「보험사기방지 특별법」(보험사기방지법)이 적용된다.[4] 보험사기방지법은 보험사기행위를 처벌하고 있다(동법2 i, 8). 그 구성요건은 사

1) 전술 1138면 각주 1) 참조.
2) 2009. 1. 30. 2008도9985, 공 2009상, 295 = 『택지분양권 전전매매 사건』.
3) 2009. 1. 30. 2008도9985, 공 2009상, 295 = 『택지분양권 전전매매 사건』.
4) 전술 1129면 이하 참조.

기죄의 구성요건과 대동소이하다.[1] 보험사기의 경우 원칙적으로 보험금 청구시에 실행의 착수가 인정된다. 보험금 편취의 목적으로 피보험자 본인임을 가장하는 등의 방법으로 생명보험계약을 체결하는 행위는 아직 기망행위의 실행의 착수로 인정할 수 없다. 단지 장차의 보험금 편취를 위한 예비행위에 지나지 않기 때문이다.[2]

그러나 (가) 보험계약 체결 당시에 이미 보험사고가 발생하였음에도 이를 숨긴 경우, (나) 보험사고의 구체적 발생 가능성을 예견할 만한 사정을 인식하고 있었던 경우 또는 (다) 고의로 보험사고를 일으키려는 의도를 가지고 보험계약을 체결한 경우와 같이 보험사고의 우연성과 같은 보험의 본질을 해칠 정도라고 볼 수 있는 특별한 사정이 있는 경우에는 보험계약 체결 자체를 가리켜서 미필적으로 보험금을 편취하려는 의사에 의한 기망행위의 실행에 착수한 것으로 볼 수 있다.[3]

보험사기는 피고인이 고의의 기망행위로 보험계약을 체결하고 보험사고가 발생하였다는 이유로 보험회사에 보험금을 청구하여 보험금을 지급받았을 때 사기죄는 기수에 이른다.[4] 보험회사가 고지의무 위반을 이유로 보험계약자와의 보험계약을 해지할 수 없게 된 시점은 기수시점으로 볼 수 없다. 보험금이 지급된 경우 보험사기죄의 공소시효는 범행종료 시점인 보험금 지급시점을 기준으로 기산한다.[5]

사기죄는 편취의 의사로 기망행위를 개시한 때에 실행에 착수한 것으로 보아야 한다. 사기도박에서도 사기적인 방법으로 도금(賭金)을 편취하려고 하는 자가 상대방에게 도박에 참가할 것을 권유하는 등 기망행위를 개시한 때에 실행의 착수가 인정된다.[6] 착오에 빠진 상대방이 재물 또는 재산상 이익을 도박에 거는 행위를 할 필요는 없다.

(2) 기수시점

(가) 판단기준 사기죄가 기수에 이르려면 기망행위에 의하여 상대방이 착오에 빠지고 이러한 심리상태에 기한 재산적 처분행위에 의하여 재물이 교부되거나 재산상 이익이 이전되어야 한다. 재물의 경우 교부시점은 재물에 대한 피기망자의 지배가 배제되고 범인 또는 범인과 일정한 관계에 있는 제3자의 지배가 설정되는 시점이다.

재물편취를 내용으로 하는 사기죄에서는 기망으로 인한 재물교부가 있으면 그 자체로써

---

1) 보험사기와 기망의 관계에 대해서는, 전술 1155면 이하 참조.
2) 2013. 11. 14. 2013도7494, 공 2013하, 2290 = 분석 각론 『생명보험 위장 가입 사건』.
3) 2013. 11. 14. 2013도7494, 공 2013하, 2290 = 분석 각론 『생명보험 위장 가입 사건』.
4) 2019. 4. 3. 2014도2754, 공 2019상, 1026 = 『당뇨병 불고지 보험사기 사건』 (분석 생략함).
5) 2019. 4. 3. 2014도2754, 공 2019상, 1026 = 『당뇨병 불고지 보험사기 사건』.
6) 2011. 1. 13. 2010도9330, 공 2011상, 373 = 분석 각론 『몰래 카메라 도박 사건』.

피해자의 재산침해가 되어 곧 사기죄는 성립하는 것이고, 그로 인한 이익이 결과적으로 누구에게 귀속하는지는 사기죄의 성부에 아무런 영향이 없다.[1] 상당한 대가가 지급되었다거나 피해자의 전체 재산상에 손해가 없다 하여도 사기죄의 성립에는 영향이 없다. 그러므로 사기죄에 있어서 그 대가가 일부 지급된 경우에도 그 편취액은 피해자로부터 교부된 재물의 가치로부터 그 대가를 공제한 차액이 아니라 교부받은 재물 전부이다.[2]

피해자가 먼저 채권이전의 의사표시를 하고 이후 실제로 금전을 교부한 경우에 기수시점이 문제된다. 의사표시 단계에서 재산상 이익의 이전이 있다고 보고 기수를 인정할 것인지, 금전을 교부할 때 재물의 교부가 있다고 보아 기수를 인정할 것인지 문제되기 때문이다.

이 문제는 재물 자체에 중점을 둘 것인지 아니면 재산상 이익에 중점을 둘 것인지에 따라 결정해야 한다. 일반적으로 재물의 편취를 최종 목적으로 하는 경우라면 의사표시만으로는 부족하고 재물의 교부가 있을 때 기수를 인정해야 한다. 그러나 예컨대 허위의 내용이 포함된 신용보증신청서류를 제출함으로써 이에 속은 신용보증기금으로부터 신용보증서를 발급받고 이를 은행에 제출하여 대출금을 송금받은 경우, 돈이 송금된 시점이 아니라 신용보증기금의 신용보증서 발급이 이루어질 때 사기죄는 기수에 이른다.[3]

(나) 기수 이후의 사정 　기수 시점 이후의 상황은 사기죄의 성립에 영향을 미치지 않는다. 예컨대 분식회계에 의한 재무제표 등으로 금융기관을 기망하여 대출을 받았다면 사기죄는 기수에 이르며, 변제의사와 변제능력의 유무 그리고 충분한 담보가 제공되었다거나 피해자의 전체 재산상에 손해가 없고, 사후에 대출금이 상환되었다고 하더라도 사기죄의 성립에는 영향이 없다.[4]

6. 소송사기

(1) 소송사기의 의의

(가) 의 의 　소송사기란 법원을 속여 자기에게 유리한 판결을 얻음으로써 상대방의 재물 또는 재산상 이익을 취득하는 행위이다. 소송사기는 민사소송에서 법원에 대해 허위의 주장을 하거나 허위의 증거를 제출하여 법원을 기망함으로써 자기에게 유리한 판결을 얻고, 이 판결에 기하여 강제집행 등을 함으로써 타인의 재물이나 재산상 이익을 취득하는 형태로 나타난다.

---

1) 2009. 1. 30. 2008도9985, 공 2009상, 295 =『택지분양권 전전매매 사건』.
2) 2010. 2. 11. 2009도12627, 공 2010상, 604 =『셋톱박스 다단계판매 사건』.
3) 2007. 4. 26. 2007도1274, [미간행].
4) 2005. 4. 29. 2002도7262, 공 2005, 871.

(나) 형 태 소송사기는 구두변론을 요하는 소송의 형태를 취하는 경우가 보통이지만, 지급명령, 집행명령, 경매, 배당요구 등 구두변론 없이 이루어지는 각종 신청의 형태를 취하는 경우도 있다.

소송사기는 적극적 소송당사자인 원고뿐만 아니라 방어적인 위치에 있는 피고의 경우에도 성립한다. 피고가 허위내용의 서류를 작성하여 이를 증거로 제출하거나 위증을 시키는 등의 적극적인 방법으로 법원을 기망하여 착오에 빠지게 한 결과 승소확정판결을 받음으로써 자기의 재산상의 의무이행을 면하게 된 경우에는 그 재산가액 상당에 대하여 사기죄가 성립한다.[1)]

(2) 소송사기의 구조와 한계

(가) 구 조 소송사기가 범죄를 구성하는지를 놓고 긍정설과 부정설을 구성해 볼 수 있다. 학계의 일반적인 견해와 판례[2)]는 긍정설을 취하고 있다. 소송사기의 구조를 분명히 하기 위하여 양설을 대비해 본다.

① 부정설 소송사기는 사기죄를 구성하지 않는다고 보는 견해이다. 부정설의 입장에서는 다음의 논거를 제시한다. 법원은 자유심증주의(민소법202)에 기하여 자유롭게 판단하므로 법원이 착오에 빠진다는 것은 생각할 수 없다. 소송제도를 이용한 허위주장은 기망이 될 수 없다. 패소자의 재판에 대한 복종을 처분행위라고 볼 수 없다.

② 긍정설 소송사기는 사기죄를 구성한다고 보는 견해이다. 법원은 사기적 소송행위가 있는 경우라도 소송법에 따라 의사를 결정해야 하므로 승소판결은 소송사기의 결과라고 하지 않을 수 없다. 또한 패소자가 기망자에게 권리가 없음을 확신함에도 불구하고 법원의 판단에 기하여 재물이 교부되거나 재산상 이익이 취득되는 것을 수인(受忍)할 수밖에 없는데, 이것은 피해자 자신의 처분행위와 다름이 없다.

(나) 판 례 판례는 소송사기를 처벌하되 신중을 기하는 입장이다. 판례는 다음의 이유를 제시하고 있다.

소송사기는 법원을 기망하여 제3자의 재물이나 재산상 이익을 편취할 것을 기도하는 범죄행위이다. 소송사기의 성립 여부를 검토할 때에는 신중을 기해야 한다. 소송사기를 넓게 인정하게 되면 누구든지 자기에게 유리한 법률상의 주장을 하고 민사재판을 통하여 권리구제를 받을 수 있다는 민사재판제도의 위축을 가져오기 때문이다.

---

1) 2004. 3. 12. 2003도333, 공 2004, 670.
2) 2007. 9. 6. 2006도3591, 공 2007, 1596 =『차용증 양도 소송사기 사건』.

그러므로 소송사기는 (가) 피고인이 범행을 인정한 경우 외에는 (나) 소송상의 주장이 사실과 다름이 객관적으로 명백하거나 (다) 피고인이 소송상의 주장이 명백히 허위인 것을 인식하였거나 (라) 증거를 조작하려고 한 흔적이 있는 등의 경우 외에는 이를 쉽사리 유죄로 인정하여서는 안 된다.[1] 소송사기에서 말하는 증거의 조작이란 처분문서 등을 거짓으로 만들어 내거나 증인의 허위증언을 유도하는 등 객관적 · 제3자적 증거를 조작하는 행위를 말한다.[2]

소송사기가 성립하기 위하여는 제소 당시에 행위자가 주장하는 권리가 존재하지 않는다는 것만으로는 부족하다. 행위자가 자신이 주장하는 채권이 존재하지 않는다는 사실을 잘 알면서도 허위의 주장과 증명으로써 법원을 기망한다는 인식을 하고 있어야만 한다. 행위자가 단순히 사실을 잘못 인식하였다거나 법률적 평가를 잘못하여 존재하지 않는 권리를 존재한다고 믿고 제소한 행위는 사기죄를 구성하지 않는다.[3]

(3) 소송사기와 사기죄의 요건

소송사기는 사기죄의 성립요소와 관련하여 여러 가지 쟁점을 낳고 있다. 이하에서 이를 정리해 본다.

(가) 재산상 이익   소송사기를 통하여 확정판결을 받을 경우 그 법적 성질이 문제된다. 이 문제는 특히 부동산등기의 말소와 관련하여 의미가 크다.

법원을 기망하여 자기에게 유리한 판결을 얻고 그 판결 확정에 의하여 타인의 협력 없이 자신의 의사만으로 재물이나 재산상 이익을 얻을 수 있는 지위를 취득하게 되면, 그 지위는 재산적 가치가 있는 구체적 이익으로서 사기죄의 객체인 재산상 이익에 해당한다.[4]

이와 관련하여 부동산등기말소를 구하는 소송사기의 경우에 사기죄가 성립할 것인지 문제된다.

① 구판례   종래 대법원은 등기명의자를 상대로 등기말소를 구하는 소송을 제기한 경우에 대해 설령 승소한다고 하더라도 상대방의 등기가 말소될 뿐, 이로써 원고가 당해 부동산에 대하여 어떠한 권리를 회복 또는 취득하거나 의무를 면하는 것은 아니므로 법원을 기망하여 재물이나 재산상 이익을 편취한 것이라고 볼 수 없다는 태도를 취해 왔다.[5]

② 신판례   그러나 2006년 대법원은 판례를 변경하여 승소판결 자체가 재산상 이익

---

1) 2022. 5. 26. 2022도1227, 공 2022하, 1322 =『경매 방지용 송금 사건』☞ 부록 1670면.
2) 2007. 9. 6. 2006도3591, 공 2007, 1596 =『차용증 양도 소송사기 사건』.
3) 2018. 12. 28. 2018도13305, 공 2019상, 430 =『포괄일급 근로계약서 변조 사건』(분석 생략함).
4) 2006. 4. 7. 2005도9858 전원합의체 판결, 공 2006, 2106 = 분석 각론『보존등기 말소청구 사건』.
5) 1983. 10. 25. 83도1566, [종합법률정보에서 제외됨].

에 해당한다는 것으로 입장을 변경하였다.

판례의 새로운 기준에 의할 때, 피고인(갑)이 자신이 토지의 소유자라고 허위의 주장을 하면서 소유권보존등기 명의자(을)를 상대로 보존등기의 말소를 구하는 소송을 제기한 경우 그 소송에서 토지가 피고인(갑)의 소유임을 인정하여 보존등기 말소를 명하는 내용의 승소확정판결을 받는다면, 피고인(갑)은 이를 근거로 언제든지 단독으로 상대방(을)의 소유권보존등기를 말소시킨 후 승소판결을 소유권을 증명하는 판결로 하여 자기(갑) 앞으로의 소유권보존등기를 신청하여 그 등기를 마칠 수 있게 된다. 이때 피고인(갑)은 법원을 기망하여 유리한 판결을 얻음으로써 '대상 토지의 소유권에 대한 방해를 제거하고 그 소유명의를 얻을 수 있는 지위'라는 재산상 이익을 취득한 것이 된다.[1)]

소송사기의 사안은 아니지만 같은 관점에 있는 것으로 가등기말소의 경우를 들 수 있다. 부동산 위에 소유권이전청구권 보전의 가등기를 마친 자를 기망하여 그 가등기를 말소하게 하면 부동산 소유자는 가등기의 부담이 없는 부동산을 소유하게 되는 재산상 이익을 얻게 되어 사기죄가 성립한다.[2)]

(나) 기 망 　소송사기는 소송에서 주장하는 권리가 존재하지 않는다는 사실을 알고 있으면서도 법원을 기망한다는 인식을 가지고 소를 제기하면 이로써 실행의 착수가 인정된다. 피해자에 대한 직접적인 기망이 있어야 하는 것은 아니다.[3)]

기망은 재물을 교부하게 하거나 재산상 이익을 취득하게 하는 현실적 위험성을 가진 것이어야 한다. 현실적 위험성을 가지지 못한 경우에는 처음부터 기망에 해당하지 않는다. 예컨대 사망자에 대한 소송제기는 기망으로 볼 수 없으며, 기망행위 자체가 없으므로 사기미수도 성립하지 않는다.[4)]

「민사소송법」 상 소송비용의 청구는 소송비용액 확정절차(민소법104, 114 참조)에 의하도록 규정되어 있다. 그럼에도 불구하고 소송비용을 편취할 의사로 소송비용의 지급을 구하는 손해배상청구의 소를 제기한 경우는 기망으로 볼 수 없다. 이 경우 불능미수의 문제가 발생할 여지가 있으나 객관적으로 소송비용의 청구방법에 관한 법률적 지식을 가진 일반인의 판단으로 보아 결과 발생의 가능성이 없어 위험성이 인정되지 않기 때문에 사기미수도 성립하지 않는다.[5)] [6)]

1) 2006. 4. 7. 2005도9858 전원합의체 판결, 공 2006, 2106 = 분석 각론 『보존등기 말소청구 사건』.
2) 2008. 1. 24. 2007도9417, [미간행] = 『명의신탁 가등기 말소 사건』.
3) 1993. 9. 14. 93도915, 공 1993, 2841.
4) 2002. 1. 11. 2000도1881, 공 2002, 499 = 백선 총론 『사망자 소송사기 사건』.
5) 2005. 12. 8. 2005도8105, 공 2006, 141 = 백선 총론 『소송비용 청구 사건』.
6) 사기죄의 불능범에 대해서는, 신동운, 형법총론, 제14판, (2022), 552면 이하 참조.

그러나 경매절차에서 피담보채권을 실제와 달리 허위로 크게 부풀려 경매를 신청하는 경우는 정당한 채권액에 의하여 경매를 신청한 경우보다 더 많은 배당금을 받을 수도 있으므로 이는 법원을 기망하여 배당이라는 법원의 처분행위에 의하여 재산상 이익을 취득하려는 행위로서 불능범에 해당하지 않는다.[1)]

(다) 처분행위　　소송사기 사안에서 법원의 재판은 피기망자의 처분행위에 상응하는 의미를 갖는다. 이와 관련하여 처분행위의 효력이 귀속되는 피해자가 누구인지 문제된다.

근저당권자(갑)가 집행법원을 기망하여 원인무효이거나 피담보채권이 존재하지 않는 근저당권에 기해 채무자(A) 소유의 부동산 또는 물상보증인(B) 소유의 부동산에 대하여 임의경매신청을 함으로써 경매절차가 진행된 결과 그 부동산이 경락자(C)에게 매각되는 경우가 있다. 이러한 사안에서 행위자에게 사기죄가 성립할 것인지, 성립한다면 피해자가 누구인지 문제된다.

먼저, 부동산의 소유자인 채무자(A) 또는 물상보증인(B)과의 관계에서 살펴본다. 위의 사안에서 경매절차가 진행된 결과 그 부동산이 매각되었다 하더라도 그 경매절차는 무효이므로 채무자나 물상보증인은 부동산의 소유권을 잃지 않는다. 따라서 소유자인 채무자나 물상보증인에 대한 관계에서는 사기죄가 성립하지 않는다.[2)]

---

1) 2012. 11. 15. 2012도9603, 공 2012하, 2098.

2) 2017. 6. 19. 2013도564, 공 2017하, 1587 = 『허위 차용증 임의경매 사건』:

A는 M빌라를 소유하고 있다. 갑은 A에게 2천만원의 대여금 채권을 가지고 있지 않다. 갑은 A 명의의 ㉠차용증을 허위로 작성하였다. 갑은 A 소유의 M빌라에 관하여 갑 앞으로 근저당권설정등기를 마쳤다(㉡등기). 갑은 ㉡근저당권설정등기에 기하여 관할 법원에 M빌라에 관한 부동산 임의경매를 신청하였다. B가 임의경매절차에서 M부동산을 낙찰받았다. B는 ㉢낙찰대금을 관할 법원에 납입하였다. 관할 법원은 ㉢낙찰대금에 대한 배당표를 작성하고 배당표에 따라 갑에게 1천만원을 배당금으로 지급하였다.

검사는 갑의 범행으로 인한 피해자를 M빌라 소유자 A로 파악하였다. 검사는 갑을 다음의 공소사실로 기소하였다. "갑은 피해자 A에 대한 2천만원의 대여금 채권이 없었음에도 불구하고, 피해자 A 명의의 차용증을 허위로 작성하고, 피해자 A 소유의 M빌라에 관하여 갑 앞으로 근저당권설정등기를 마친 다음, 그에 기하여 M빌라에 관한 부동산임의경매를 신청하여 배당금 1천만원을 교부받아 이를 편취하였다."

제1심법원은 무죄를 선고하였다. 검사는 불복 항소하였다. 항소법원은 다음의 이유를 들어서 항소를 기각하고, 제1심판결을 유지하였다. (가) 원인무효인 ㉡근저당권설정등기에 기한 임의경매절차가 진행되어 갑이 배당절차에서 배당금을 지급받았다. (나) 그렇다고 하더라도 이러한 경매절차는 원인무효이다. (다) A는 M빌라의 소유권을 상실하지 않는다. (라) 매수인(B)은 그 소유권을 취득하지 못한다. (마) 갑이 지급받은 배당금은 소유권을 취득하지 못하는 매수인(B)이 갑에게 부당이득반환청구를 할 수 있다. (바) 그러므로 법원의 임의경매절차가 A의 처분행위에 갈음하는 내용과 효력이 있었다고 볼 수 없다. 검사는 불복 상고하였다.

대법원은 다음의 이유를 제시하여 원심판결을 파기환송하였다. 대법원은 공소장변경 없는 직권판단의 경우에 대해 다음과 같이 설시하였다. (가) 기소된 공소사실의 재산상 피해자와 공소장에 기재된 피해자가 다른 것이 판명된 경우가 있다. (나) 이러한 경우에는 (ㄱ) 공소사실의 동일성을 해하지 않고 (ㄴ) 피고인의 방어권 행사에 실질적 불이익을 주지 않는 한 (ㄷ) [법원은] 공소장변경절차 없이 직권으로 (ㄹ) 공소장 기재의 피해자와 다른 실제의 피해자를 적시하여 이를 유죄로 인정하여야 한다. (다) 이 사건의 경우 공소사실과 동 다음으로, 경락부동산의 매수인(C)에 대한 관계를 살펴본다. 근저당권자(갑)가 집행법원을 기망하여 원인무효이거나 피담보채권이 존재하지 않는 근저당권에 기해 채무자 또는 물상보증인 소유의 부동산에 대하여 임의경매신청을 한 경우 그 경매절차는 무효이므로 매수인(C)은 그 부동산의 소유권을 취득할 수 없다.[1]

그런데 허위의 근저당권자(갑)가 매수인(C)이 납입한 매각대금에 대한 배당절차에서 배당금을 지급받기에 이르렀다면 집행법원의 배당표 작성과 이에 따른 배당금 교부행위는 매수인(C)에 대한 관계에서 그의 재산을 처분하여 직접 재산상 손해를 야기하는 행위로서 매수인의 처분행위에 갈음하는 내용과 효력을 가진다. 그 결과 매수인(C)에 대한 관계에서 사기죄가 성립한다.[2]

행위자(갑)가 타인(을)과 공모하여 그 공모자(을)를 상대로 제소하여 의제자백의[3] 판결을 받아 이에 기하여 피해자(A) 소유의 부동산에 대해 소유권이전등기를 하는 경우가 있다. 이 경우 사기죄가 성립할 것인지 문제된다.

판례는 소송사기가 사기죄를 구성하려면 피기망자인 법원의 재판이 피해자의 처분행위에 갈음하는 내용과 효력이 있는 것이어야 한다는 입장이다. 그리하여 (가) 행위자가 제3자와 공모하여 그 공모자를 상대로 제소한 경우, (나) 행위자가 법원을 기망하여 얻으려고 한 판결의 내용이 소송 상대방의 의사에 부합하는 경우 등에는 착오에 의한 재물의 교부행위가

일성이 인정되고 피고인의 방어권 행사에 불이익을 주지 않는다. (라) 그러한 이상 그 피해자가 공소장에 기재된 A가 아니라고 하여 곧바로 갑에 대하여 무죄를 선고할 것이 아니다. (마) [법원은] 진정한 피해자를 가려내어 그 피해자에 대한 사기죄로 처벌하여야 한다.

대법원은 갑의 행위에 대해 다음과 같이 판단하였다. (가) 근저당권자가 집행법원을 기망하여 원인무효이거나 피담보채권이 존재하지 않는 근저당권에 기해 채무자 또는 물상보증인 소유의 부동산에 대하여 임의경매신청을 함으로써 경매절차가 진행된 결과 그 부동산이 매각된 경우가 있다. (나) 그러한 경우라 하더라도 그 경매절차는 무효로서 채무자나 물상보증인은 부동산의 소유권을 잃지 않고, 매수인은 그 부동산의 소유권을 취득할 수 없다. (다) 이러한 경우에 허위의 근저당권자가 매각대금에 대한 배당절차에서 배당금을 지급받기에 이르는 때가 있다. (라) 그러한 때라면 집행법원의 배당표 작성과 이에 따른 배당금 교부행위는 매수인에 대한 관계에서 그의 재산을 처분하여 직접 재산상 손해를 야기하는 행위로서 매수인의 처분행위에 갈음하는 내용과 효력을 가진다. (마) 이 사건 공소사실에 따른 실제 피해자는 M빌라의 매수인(B)이라고 보아야 한다. (바) 그러므로 매수인(B)에 대한 관계에서 사기죄가 성립한다.

1) 2017. 6. 19. 2013도564, 공 2017하, 1587 = 『허위 차용증 임의경매 사건』.

2) 2017. 6. 19. 2013도564, 공 2017하, 1587 = 『허위 차용증 임의경매 사건』.

3) 민사소송법 제150조(자백간주) ① 당사자가 변론에서 상대방이 주장하는 사실을 명백히 다투지 아니한 때에는 그 사실을 자백한 것으로 본다. 다만, 변론 전체의 취지로 보아 그 사실에 대하여 다툰 것으로 인정되는 경우에는 그러하지 아니하다.

② 상대방이 주장한 사실에 대하여 알지 못한다고 진술한 때에는 그 사실을 다툰 것으로 추정한다.

③ 당사자가 변론기일에 출석하지 아니하는 경우에는 제1항의 규정을 준용한다. 다만, 공시송달의 방법으로 기일통지서를 송달받은 당사자가 출석하지 아니한 경우에는 그러하지 아니하다.

있다고 할 수 없어 소송사기죄가 성립하지 않는다고 판단하고 있다.[1)]

(라) 고 의 소송사기는 신중하게 판단해야 한다. 단순히 사실을 잘못 인식하였다거나 법률적 평가를 잘못하여 존재하지 않는 권리를 존재한다고 믿고 제소한 행위는 사기죄를 구성하지 않는다.[2)] 소송상 주장이 다소 사실과 다르더라도 그것이 존재한다고 믿는 권리를 이유 있게 하기 위한 과장된 표현에 지나지 아니한 경우에는 사기의 고의가 인정되지 않는다.[3)]

채권압류 및 추심명령의 경우에 소송사기가 성립하기 위하여는 제소 당시에 주장하는 채권이 존재하지 않는다는 것만으로는 부족하고 주장하는 채권이 존재하지 않는다는 사실을 잘 알면서도 허위의 주장과 입증으로써 법원을 기망한다는 인식을 하고 있어야만 한다.[4)]

(마) 불법영득의사 허위의 소송을 제기하더라도 불법영득의사나 불법이득의사가 없는 경우에는 사기죄가 성립하지 않는다.

(바) 미 수 소송에서 주장하는 권리가 존재하지 않음을 알고 있으면서도 법원을 기망한다는 인식을 가지고 소를 제기하면 이로써 실행의 착수가 인정된다. 이 경우 소장의 유효한 송달을 요하지 않는다. 제소자가 상대방의 주소를 허위로 기재함으로써 그 허위주소로 소송서류가 송달되어 그로 인하여 상대방 아닌 다른 사람이 그 서류를 받아 소송이 진행된 경우에도 실행의 착수가 인정된다.[5)]

지급명령신청의 경우에는 법원에 허위내용의 신청을 할 때 실행의 착수가 인정된다. 지급명령신청에 대해 상대방이 이의를 하면 지급명령은 이의의 범위 안에서 그 효력을 잃게 되고 지급명령을 신청한 때에 소를 제기한 것으로 보게 되는 것이지만, 이로써 이미 실행에 착수한 사기의 범행 자체가 없었던 것으로 되는 것은 아니다.[6)]

(사) 기 수 법원을 기망하여 자기에게 유리한 판결을 얻고 그 판결 확정에 의하여 타인의 협력 없이 자신의 의사만으로 재물이나 재산상 이익을 얻을 수 있는 지위를 취득하게 되면, 그 지위는 재산적 가치가 있는 구체적 이익으로서 사기죄의 객체인 재산상 이익에 해당하며, 판결확정시에 사기죄의 기수에 이른다.[7)][8)] 허위의 내용으로 신청한 지급명령이 그대로 확정된 경우에는 소송사기의 방법으로 승소 판결을 받아 확정된 경우와 마찬가지로

1) 1997. 12. 23. 97도2430, 공 1998, 448 = 『상가분양 의제자백 사건』 ☞ 부록 1671면.
2) 2007. 9. 6. 2006도3591, 공 2007, 1596 = 『차용증 양도 소송사기 사건』.
3) 2007. 9. 6. 2006도3591, 공 2007, 1596 = 『차용증 양도 소송사기 사건』.
4) 2009. 12. 10. 2009도9982, 공 2010, 187 = 분석 각론 『영업양도 1차계약 사건』.
5) 2006. 11. 10. 2006도5811, 공 2006, 2131.
6) 2004. 6. 24. 2002도4151, 공 2004, 1263.
7) 2006. 4. 7. 2005도9858 전원합의체 판결, 공 2006, 2106 = 분석 각론 『보존등기 말소청구 사건』.
8) 1997. 7. 11. 95도1874, 공 1997, 2574 = 『건축주 명의변경 사건』.

사기죄는 기수에 이른다.[1)]

7. 카드사용 범죄와 사기죄

(1) 카드의 형태와 기능

현재 거래사회에서는 여러 가지 형태의 카드가 사용되고 있다. 이를 보면 크게 신용카드와 현금카드로 나누어 볼 수 있다.[2)] 이 가운데 신용카드는 신용카드업자가 신용카드회원에게 발급한 카드이다. 신용카드업자는 신용카드회원에게 (가) 물품구입이나 (나) 현금서비스와 관련하여 신용을 제공하고 그 대신 대출금채권을 가지게 된다. 이 경우 신용제공을 둘러싼 처분행위가 있게 되므로 사기죄의 성립이 논의된다.

아래에서는 신용카드의 사용과 관련되는 상황을 중심으로 논의를 진행하기로 한다. 예금인출을 위한 수단으로 현금카드가 사용되는 경우에 대해서는 절도죄의 항목에서[3)] 검토하였고, 인출된 현금과 장물죄의 관계에 대해서는 장물죄의 항목에서[4)] 살펴보기로 한다.

(2) 신용카드 거래의 형태

신용카드업자로부터 카드를 발급받은 사람(카드회원)이 신용카드를 사용하는 형태에는 크게 물품구입과 현금서비스의 두 가지가 있다.

(가) 물품구입 카드회원이 신용카드를 사용하여 가맹점으로부터 물품을 구입하는 경우이다. 이 경우 신용카드업자는 그 카드를 소지하여 사용한 사람이 신용카드업자로부터 신용카드를 발급받은 정당한 카드회원인 한 그 물품구입대금을 가맹점에 결제하는 한편, 카드회원에 대하여 물품구입대금을 대출해 준 금전채권을 가지게 된다.

(나) 현금서비스 카드회원이 현금서비스를 받는 경우로서 다시 (가) 현금자동지급기를 통해서 현금을 인출하는 현금대출의 방법과 (나) ARS 전화서비스, 모바일 뱅킹, 인터넷 뱅킹 등을 이용한 계좌이체의 방법 두 가지 형태가 있다. 현금서비스의 경우에는 현금대출관계가 성립되어 신용카드업자는 카드회원에게 대출금채권을 가지게 된다.

이상을 종합해 보면, 궁극적으로 카드회원은 신용카드업자에게 신용카드 거래에서 발생한 대출금채무를 변제할 의무를 부담하게 된다.[5)]

---

1) 2004. 6. 24. 2002도4151, 공 2004, 1263.
2) 전술 1051면 이하 참조.
3) 전술 1054면 이하 참조.
4) 후술 1498면 이하 참조.
5) 2006. 3. 24. 2006도282, [미간행] = 『카드사기범 판결문 사건』.

(3) 자기명의 신용카드의 사용

신용카드를 이용하는 형태는 자기명의의 카드를 사용하는 경우와 타인명의의 카드를 사용하는 경우로 나누어 볼 수 있다.

(가) 기망행위 자기명의의 카드를 사용하는 경우 앞에서 본 것처럼 신용카드사용으로 인하여 신용카드업자에게 금전채권이 발생한다. 금전채권을 발생하게 하는 신용카드 사용행위는 카드회원이 신용카드업자에 대하여 대금을 성실히 변제할 것을 전제로 하고 있다. 그러므로 이미 과다한 부채의 누적 등으로 신용카드 사용으로 인한 대출금채무를 변제할 의사나 능력이 없는 상황에 처하였음에도 불구하고 신용카드를 사용하였다면 사기죄에서의 기망행위에 해당하며, 편취의 고의 또한 인정된다. 다만 카드회원이 일시적인 자금궁색 등의 이유로 그 채무를 일시적으로 이행하지 못하게 된 상황이라면 사기의 고의를 인정할 수 없다.[1]

(나) 피해자와 피기망자 자기명의 카드를 사용하는 경우에 사기죄의 피해자는 신용카드업자이다. 신용카드업자가 법인인 경우에도 사기죄의 피해자가 될 수 있다.

신용카드 사용의 경우 현실적인 피기망자와 처분행위자는 사기 범행의 성질상 자연인이어야 한다. 이 경우 그 자연인은 법인의 임원 또는 직원으로서 당해 업무를 담당한 자 또는 그 업무에 관여한 다수의 자로 파악할 수 있으면 족하다. 반드시 그 자연인의 이름 등이 특정되어야 하는 것은 아니다.[2]

(다) 포괄일죄 자기명의 신용카드사용으로 카드회사에 금전채권을 발생시키는 일련의 행위는 카드회사로부터 일정한 한도 내에서 신용공여가 이루어진 데에 바탕을 두고 있다. 즉 신용공여의 범위 내에서는 정당한 소지인의 카드사용에 의한 금전대출이 카드 발급시에 미리 포괄적으로 허용되어 있다.

따라서 피고인이 카드사용으로 인한 대금결제의 의사와 능력이 없으면서도 자기명의의 신용카드를 발급받아 현금서비스도 받고, 가맹점을 통한 물품구입대금의 대출도 받았다면 이들 현금서비스 및 물품구입은 모두가 피해자인 카드회사의 기망당한 의사표시에 따른 카드발급에 터잡아 이루어지는 것으로서 사기의 포괄일죄로 포착된다.[3] 이에 따라 「특정경제

1) 2006. 3. 24. 2006도282, [미간행] = 『카드사기범 판결문 사건』.

2) 2006. 3. 24. 2006도282, [미간행] = 『카드사기범 판결문 사건』.

3) 1996. 4. 9. 95도2466, 공 1996, 1475 = 『현금대출 절도죄 의율 사건』:

갑은 P은행 M지점으로 갔다. 갑은 사실은 신용카드를 사용하여 P은행으로부터 대출받는 대출금을 정상적으로 결제할 의사나 능력이 없었다. 그럼에도 불구하고 마치 그 대출금을 정상적으로 결제할 것처럼 가장하여 P은행으로부터 ㉠신용카드를 발급받았다. 갑은 ㉠신용카드를 가지고 P은행 N지점으로 갔다. 갑은 그 곳에 설치된 현금자동지급기에 ㉠신용카드를 투입하고 현금서비스 버튼을 눌러 현금 30만원을 꺼내었다. 갑은 같은 방법으로 22회에 걸쳐 현금 7백만원을 대출받았다(이상 ㉮현금대출로 통칭함). 갑은 ㉠신용카드를 가지고 신용카드 가맹점인 Q상점 등으로 가서 ㉡물품 등을 구입하였다(㉯물품구입으로 통칭함).

범죄 가중처벌 등에 관한 법률」상의 이득액은 포괄일죄의 관계에 있는 전체 편취행위를 대상으로 산정된다.

(라) 현금대출행위 현금서비스 가운데 현금자동지급기를 통한 현금대출이 있다. 현금대출에 따른 현금인출에 대해 현금자동지급기 관리자의 의사에 반하는 현금인출로 보아

검사는 ㉮현금대출 행위에 대해 갑을 다음과 같이 기소하였다. (가) 주위적 공소사실 : 사기죄. (나) 예비적 공소사실 : 절도죄. 검사는 ㉯물품구입 행위에 대해 갑을 사기죄로 기소하였다. 갑의 피고사건은 제1심을 거친 후, 항소심에 계속되었다. 항소법원은 ㉮현금대출 행위에 대해 다음과 같이 판단하였다. (가) 주위적 공소사실 : 사기죄 무죄. (나) 예비적 공소사실 : 절도죄 유죄. 항소법원은 ㉯물품구입 행위에 대해 유죄를 인정하였다.

항소법원은 ㉮현금대출 행위에 대한 사기죄 무죄 부분에 대해 다음의 이유를 제시하였다. (가) 사기죄란 기망행위와 피기망자의 착오, 그에 따른 처분행위가 있어야 하며, 위 각 요소간에 인과관계가 존재하여야 한다. (나) 이 사건에 있어서처럼 신용카드를 이용하여 현금자동지급기에서 현금을 인출하는 경우에는 사람에 대한 기망행위 및 그에 따른 처분행위에 의하여 현금을 편취하는 것이라고 할 수 없다. (다) 그러므로 비록 갑이 결제의 의사나 능력 없이 기계인 현금자동지급기로부터 금원을 신용대출받았다 하여도 이는 사기죄에 해당하지는 않는다. 검사는 사기죄 무죄 부분에 불복하여 상고하였다.

대법원은 다음의 이유를 제시하여 원심판결을 파기환송하였다. 대법원은 주위적 공소사실의 요지를 다음과 같이 정리하였다. (가) P회사는 무자력자인 갑으로부터 기망당하여 신용카드를 발급해주었다. (나) 이로써 P은행은 갑이 그 신용카드를 이용하여 현금자동지급기에서 현금을 인출하는 방법으로 금원을 신용대출받는 것을 허용하였다. (다) 갑은 그에 따라 현금을 인출하였다.

대법원은 신용카드 거래에 대해 다음의 분석을 제시하였다. (가) 신용카드의 거래[의 구조는 다음과 같다.] (나) 신용카드회사로부터 카드를 발급받은 사람이 위 카드를 사용하여 카드가맹점으로부터 물품을 구입한다. (다) 그 카드를 소지하여 사용하는 사람이 카드회사로부터 카드를 발급받은 정당한 소지인인 한 카드회사는 그 대금을 가맹점에 결제한다. (라) 카드회사는 카드사용자에 대하여 물품구입대금을 대출해 준 금전채권을 가지게 된다. (마) 또 카드사용자가 현금자동지급기를 통해서 현금서비스를 받아 가면 현금대출관계가 성립된다.

(바) 이와 같은 카드사용으로 인한 카드회사의 금전채권을 발생케 하는 카드사용 행위에는 카드회사로부터 일정한 한도 내에서 신용공여가 이루어진다. (사) 그 신용공여의 범위 내에서는 정당한 소지인에 의한 카드사용에 의한 금전대출이 카드 발급시에 미리 포괄적으로 허용되어 있다. (아) 현금자동지급기를 통한 현금대출도 결국 카드회사로부터 그 지급이 미리 허용된 것이다. (자) 단순히 그 지급방법만이 사람이 아닌 기계에 의해서 이루어지는 것에 불과하다.

대법원은 갑의 행위에 대해 다음과 같이 판단하였다. (가) 갑은 카드사용으로 인한 대금결제의 의사와 능력이 없으면서도 있는 것 같이 가장하여 카드회사를 기망하였다. (나) 카드회사는 이에 착오를 일으켜 일정 한도 내에서 카드사용을 허용해 주었다. (다) 이로써 갑은 기망당한 카드회사의 신용공여라는 하자 있는 의사표시에 편승하여 (ㄱ) 자동지급기를 통한 현금대출도 받고, (ㄴ) 가맹점을 통한 물품구입대금 대출도 받았다. (라) 그리고 카드발급회사로 하여금 같은 액수 상당의 피해를 입게 하였다. (마) 이로써 카드사용으로 인한 일련의 편취행위가 포괄적으로 이루어진다. (바) 따라서 이 사건에서 카드사용으로 인한 카드회사의 손해는 그것이 (ㄱ) 자동지급기에 의한 인출행위이든 (ㄴ) 가맹점을 통한 물품구입행위이든 불문하고 모두가 피해자인 카드회사의 기망당한 의사표시에 따른 카드발급에 터잡아 이루어지는 사기의 포괄일죄이다.

(사) 그럼에도 불구하고 원심은 이와 다른 견해에서 이 사건 공소사실 중 현금자동지급기를 통한 현금대출을 받은 부분만을 골라내어 절도로 보고, 주청구 부분의 사기죄가 성립되지 않는다고 판시하였다. (아) 이러한 원심의 조치는 사기죄의 구성요건에 관한 법리오해의 위법이 있다.

절도죄의 성립을 인정해야 할 것이 아닌가 하는 의문이 제기될 수 있다. 그러나 자기명의 카드 사용자의 현금인출행위는 카드회사로부터 그 지급이 미리 허용된 것이고, 단순히 그 지급방법만이 사람이 아닌 기계에 의해서 이루어지는 것에 불과하므로 물품구입, 인터넷뱅킹을 통한 현금서비스 등 여타의 카드사용행위와 함께 사기죄의 포괄일죄로 포착된다.[1)]

(4) 타인명의 신용카드의 사용

타인명의의 신용카드를 사용하는 경우는 (가) 타인의 명의를 모용하여 카드를 발급받은 후 이를 사용하는 경우와 (나) 처음부터 타인이 발부받은 카드를 무단으로 사용하는 경우로 나누어 볼 수 있다.

(가) 타인명의 모용카드의 사용　　피고인이 타인의 명의를 모용하여 신용카드를 발급받은 후 이를 사용하는 경우에 사기죄의 성립이 문제된다.

① 카드발급　　피고인이 타인의 명의를 모용하여 신용카드를 발급받은 경우 다음의 논리구성에 입각하여 모용카드의 사용행위가 사기죄에 해당하는 것이 아닌가 하는 의문이 제기될 수 있다. 즉, 신용카드회사는 피고인으로부터 기망을 당한 나머지 피고인에게 피모용자 명의로 발급된 신용카드를 교부한 것이고, 피고인은 이 카드를 이용하여 물품구입을 하거나 현금서비스(현금대출 또는 계좌이체)를 받을 수 있으므로 사기죄가 성립한다는 것이다.

그러나 피고인이 타인의 명의를 모용하여 신용카드를 발급받은 경우, 신용카드회사의 내심의 의사는 물론 표시된 의사도 어디까지나 카드명의인인 피모용자에게 신용카드 사용을 허용하는 데 있을 뿐, 피고인에게 이를 허용한 것이 아니다.[2)] 그러므로 이 경우를 자기명의

1) 1996. 4. 9. 95도2466, 공 1996, 1475 =『현금대출 절도죄 의율 사건』.

2) 2006. 7. 27. 2006도3126, 공 2006, 1584 =『전처 명의 신용카드 사건』:

갑은 차요금을 변제할 의사나 능력이 없다. 갑은 이혼한 처 A의 명의를 모용하여 P카드회사로부터 ㉠신용카드를 발급받았다. 갑은 ㉠카드로 ㉡현금자동지급기에서 현금서비스로 ㉢현금을 인출하였다.

검사는 갑을 다음의 공소사실로 기소하였다. (가) 주위적 공소사실 : 사기죄. (나) 예비적 공소사실 : 절도죄. 제1심법원은 다음과 같이 판단하였다. (가) 주위적 공소사실 : 사기죄 유죄. (나) 예비적 공소사실 : 절도죄 (판단 없음). 갑은 불복 항소하였다. 항소법원은 항소를 기각하고, 제1심판결을 유지하였다. 갑은 불복 상고하였다.

대법원은 다음의 이유를 제시하여 원심판결을 파기환송하였다. (가) 갑이 타인의 명의를 모용하여 신용카드를 발급받은 경우이다. (나) 카드회사는 갑으로부터 기망을 당한 나머지 갑에게 피모용자 명의로 발급된 신용카드를 교부하고, 사실상 갑이 지정한 비밀번호를 입력하여 현금자동지급기에 의한 현금대출(현금서비스)을 받을 수 있도록 하였다. (다) 그렇다고 카드회사의 내심의 의사는 물론 표시된 의사도 어디까지나 카드명의인인 피모용자[A]에게 이를 허용하는 데 있을 뿐, 갑에게 이를 허용한 것은 아니다. (라) 이러한 점에서 갑이 타인의 명의를 모용하여 발급받은 신용카드를 사용하여 현금자동지급기에서 현금대출을 받는 행위는 카드회사에 의하여 미리 포괄적으로 허용된 행위가 아니다. (마) [갑의 행위는] 현금자동지급기의 관리자의 의사에

신용카드의 경우와 같이 통상의 사기죄로 포착할 수 없다.

한편 피고인이 타인의 명의를 모용하여 신용카드를 발급받은 경우 신용카드회사가 피고인으로부터 기망을 당한 나머지 피고인에게 신용카드를 교부한 것으로 보아 재물편취의 사기죄를 인정할 수 있는 것이 아닌가 생각할 수 있다. 그러나 피고인은 신용카드 발급을 통해 신용공여를 받으려고 하는 것이므로 신용카드 자체에 대한 불법영득의사가 없어 사기죄가 성립하지 않는다고 본다.

② 포괄일죄의 부인　　타인의 명의를 모용하여 발급받은 신용카드를 이용하여 현금자동지급기에서 현금대출을 받아 현금을 인출하거나 ARS 전화서비스, 모바일 뱅킹, 인터넷 뱅킹 등으로 계좌이체를 하여 신용대출을 받는 일련의 행위는 포괄일죄로 묶이지 않는다. 피고인이 타인의 명의를 모용하여 신용카드를 발급받았다고 하더라도 카드회사가 피고인에게 타인명의의 신용카드를 사용할 권한을 주었다고는 볼 수 없다. 그러므로 일련의 카드사용행위를 포괄적으로 파악하여 카드회사에 대한 사기죄가 된다고 볼 수는 없다.[1]

③ 물품구입　　피고인이 타인의 명의를 모용하여 발급받은 신용카드를 가지고 자신이 그 신용카드의 정당한 소지인인양 가맹점의 점주를 속이고 그에 속은 점주로부터 물품을 구입하는 행위는 점주와의 관계에서 사기죄를 구성한다. 이러한 사정은 절취한 타인명의 신용카드 또는 강취한 타인명의 신용카드[2]를 사용하여 물품을 구입하는 경우와 맥락이 같다.

④ 현금대출　　피고인이 타인의 명의를 모용하여 발급받은 신용카드를 사용하여 현금서비스의 일환으로 현금자동지급기에서 현금대출을 받는 행위는 카드회사에 의하여 미리 포괄적으로 허용된 행위가 아니다. 이 경우 현금인출을 하는 행위는 현금자동지급기의 관리자의 의사에 반하여 그의 지배를 배제한 채 그 현금을 자기의 지배하에 옮겨 놓는 행위로서 절도죄에 해당한다.[3]

⑤ 계좌이체　　타인의 명의를 모용하여 발급받은 신용카드의 번호와 그 비밀번호를 이용하여 ARS 전화서비스나 모바일 또는 인터넷 등을 통하여 신용대출을 받는 방법으로 재산상 이익을 취득하는 행위는 컴퓨터 등 정보처리장치에 권한 없이 정보를 입력하여 정보처리를 하게 함으로써 재산상 이익을 취득하는 행위로서 컴퓨터등사용사기죄에 해당한다.[4]

반하여 그의 지배를 배제한 채 그 현금을 자기의 지배하에 옮겨 놓는 행위로서 절도죄에 해당한다.

1) 2006. 7. 27. 2006도3126, 공 2006, 1584 = 『전처 명의 신용카드 사건』.
2) 1997. 1. 21. 96도2715, 공 1997, 692 = 『감금후 카드강취 사건』 참조.
3) 2006. 7. 27. 2006도3126, 공 2006, 1584 = 『전처 명의 신용카드 사건』.
4) 2006. 7. 27. 2006도3126, 공 2006, 1584 = 『전처 명의 신용카드 사건』.

(나) 타인명의 도난카드 등의 사용 처음부터 타인명의로 정상 발급된 신용카드를 피고인이 무단으로 사용하는 경우가 있다. 이 경우는 신용카드업자에 대한 기망행위가 없으므로 피고인을 통상의 사기죄로 규율할 수 없다. 이에 대비하여 「여신전문금융업법」은 신용카드의 부정사용행위를 7년 이하의 징역 또는 5천만원 이하의 벌금으로 처벌하고 있다(동법70 참조).[1]

신용카드의 사용과 관련한 부정사용의 행위태양으로 (가) 위조 · 변조된 신용카드를 사용하는 행위, (나) 분실하거나 도난당한 신용카드를 사용하는 행위, (다) 강취 · 횡령하거나, 사람을 기망하거나 공갈하여 취득한 신용카드를 사용하는 행위[2] 등이 주목된다(동조 ii, iii, iv 참조). 신용카드부정사용죄와 신용카드 부정사용에 따른 절도죄 · 사기죄 · 공갈죄 등은 실체적 경합관계에 있다.[3]

위의 신용카드부정사용죄 유형 가운데 (다)의 경우 '강취, 횡령, 기망 또는 공갈로 취득한 신용카드'라 함은 소유자 또는 점유자의 의사에 기하지 않고, 그의 점유를 이탈하거나 그의 의사에 반하여 점유가 배제된 신용카드를 가리킨다.[4] 나아가 (다)의 경우 가운데 '기망하거나 공갈하여 취득한 신용카드'는 문언상 '기망이나 공갈을 수단으로 하여 다른 사람으로부터 취득한 신용카드'라는 의미이다. 그러므로 (가) 신용카드의 소유자 또는 점유자를 기망하거나 공갈하여 (나) 그들의 자유로운 의사에 의하지 않고 점유가 배제되어 (다) 그들로부터 사실상 처분권을 취득한 신용카드라고 해석된다.[5]

---

1) 여신전문금융업법 제70조 (벌칙) ① 다음 각 호의 어느 하나에 해당하는 자는 7년 이하의 징역 또는 5천만원 이하의 벌금에 처한다.

1. 신용카드등[신용카드 · 직불카드 · 선불카드]을 위조하거나 변조한 자
2. 위조되거나 변조된 신용카드등을 판매하거나 사용한 자
3. 분실하거나 도난당한 신용카드나 직불카드를 판매하거나 사용한 자
4. 강취 · 횡령하거나, 사람을 기망하거나 공갈하여 취득한 신용카드나 직불카드를 판매하거나 사용한 자
5. 행사할 목적으로 위조되거나 변조된 신용카드등을 취득한 자
6. 거짓이나 그 밖의 부정한 방법으로 알아낸 타인의 신용카드 정보를 보유하거나 이를 이용하여 신용카드로 거래한 자

(이하 생략)

2) 2006. 7. 6. 2006도654, 공 2006, 1575 = 『유흥주점 옆 편의점 사건』.

3) 1995. 7. 28. 95도997, 공 1995, 3034 = 『다락 침입 신용카드 사건』 참조.

4) 2006. 7. 6. 2006도654, 공 2006, 1575 = 『유흥주점 옆 편의점 사건』.

5) 2022. 12. 16. 2022도10629, 공 2023상, 291 = 『영치된 신용카드 부정사용 사건』:

여신전문금융업법은 '강취 · 횡령하거나, 사람을 기망하거나 공갈하여 취득한 신용카드나 직불카드를 판매하거나 사용한 자'를 처벌하도록 규정하고 있다(㉮처벌규정). A는 M교도소에 수용되어 있었다. 갑은 A에게 다음 내용의 편지를 보냈다. "A의 항소심 재판을 위해 변호인을 선임했다. 변호사에게 성공사례비를 먼저 주어야 한다. 며칠 뒤 큰돈이 나온다. 영치된 A 명의의 신용카드로 성공사례비를 지불한 뒤 카드대금을 금방 갚겠다." 그러나 갑은 사실 A의 신용카드로 성공사례비를 지불하더라도 그 대금을 변제할 의사나 능력이 없었다. 갑은 A의 신용카드를 생활비 등 개인적인 용도로 사용할 생각이었다. 갑은 M교도소에서 A로부터 ⓐ

예컨대 술집 지배인 갑이 손님 A를 폭행 · 협박하여 A가 건네준 신용카드로 (가) 현금서비스를 받는 방식 또는 (나) 물품을 구입한 것처럼 매출전표를 작성하고, 매출전표에 A 본인이 서명하는 방식으로 술값을 받아내는 경우가 있다. 이러한 경우 신용카드에 대한 손님 A의 점유가 A의 의사에 기하지 않고 이탈하였다거나 배제되었다고 보기 어렵다. 그리하여 갑에게 신용카드부정사용죄는 성립하지 않는다.[1)]

이에 반해 외부인 갑이 구속중인 피의자 A에게 변호사 성공사례비를 지급해야 한다고 기망하여 신용카드를 교부받은 후 그 신용카드로 개인적인 생활비를 결제한 경우를 생각해 본다. 이 경우 구속중인 피의자 A는 갑으로부터 기망당함으로써 A의 자유로운 의사에 의하지 않고 신용카드에 대한 점유를 상실한 것이 되며, 갑은 신용카드에 대한 사실상 처분권을 취득한 것이 된다. 따라서 갑이 신용카드의 소유자인 A를 기망하여 취득한 신용카드를 사용

신용카드를 교부받았다. 갑은 ⓐ신용카드로 1개월간 3천만원 상당을 결제하였다.

검사는 갑이 여신전문금융업법 ㉮처벌규정 가운데 '사람을 기망하여 취득한 신용카드를 사용한 자'에 해당한다고 판단하였다. 검사는 갑을 다음의 공소사실로 기소하였다. (가) 사기죄. (나) 여신전문금융업법위반죄(신용카드 부정사용). 제1심법원은 다음과 같이 판단하였다. (가) 사기죄 유죄. (나) 여신전문금융업법위반죄(신용카드 부정사용) 유죄. 갑은 불복 항소하였다.

항소법원은 다음과 같이 판단하였다. (가) 사기죄 유죄. (나) 여신전문금융업법위반죄(신용카드 부정사용) 무죄. 항소법원은 신용카드 부정사용죄 무죄 부분에 대해 다음의 이유를 제시하였다. (가) 기망하여 취득한 신용카드 사용으로 인한 여신전문금융업법 위반죄는 신용카드 자체를 기망하여 취득한 후 소유자 또는 점유자의 의사에 의하지 않고 신용카드를 사용한 경우에 인정된다. (나) 갑의 신용카드 사용 동기 및 경위에 비추어 보면 A가 갑에게 신용카드 사용권한을 준 것으로 보인다. (다) 그러므로 비록 신용카드 사용대금에 대한 갑의 편취행위가 인정된다고 하더라도 신용카드 부정사용이라고 할 수 없다. 검사는 무죄 부분에 불복하여 상고하였다.

대법원은 다음의 이유를 제시하여 원심판결을 파기환송하였다. 대법원은 신용카드부정사용죄의 성립요건에 대해 다음과 같이 설시하였다. (가) 법률을 해석할 때 입법취지와 목적, 제 · 개정 연혁, 법질서 전체와의 조화, 다른 법령과의 관계 등을 고려하는 체계적 · 논리적 해석 방법을 사용할 수 있다. (나) 그러나 문언 자체가 비교적 명확한 개념으로 구성되어 있다면 원칙적으로 이러한 해석 방법은 활용할 필요가 없거나 제한되어야 한다.

(다) 여신전문금융업법 제70조 제1항 제4호에서는 '강취 · 횡령하거나, 사람을 기망하거나 공갈하여 취득한 신용카드나 직불카드를 판매하거나 사용한 자'를 처벌하도록 규정하고 있다. (라) 여기에서 '사용'은 강취 · 횡령, 기망 또는 공갈로 취득한 신용카드나 직불카드를 진정한 카드로서 본래의 용법에 따라 사용하는 경우를 말한다. (마) 그리고 '기망하거나 공갈하여 취득한 신용카드나 직불카드'는 문언상 '기망이나 공갈을 수단으로 하여 다른 사람으로부터 취득한 신용카드나 직불카드'라는 의미이다. (바) 그러므로 '(ㄱ) 신용카드나 직불카드의 소유자 또는 점유자를 기망하거나 공갈하여 (ㄴ) 그들의 자유로운 의사에 의하지 않고 점유가 배제되어 (ㄷ) 그들로부터 사실상 처분권을 취득한 신용카드나 직불카드'라고 해석되어야 한다.

대법원은 갑의 행위에 대해 다음과 같이 판단하였다. (가) 갑은 교도소에 수용 중인 A를 기망하여 ⓐ신용카드를 교부받았다. (나) 갑은 그 뒤 약 1개월간 총 23회에 걸쳐 갑의 의사에 따라 ⓐ신용카드를 사용하였다. (다) A는 갑으로부터 기망당함으로써 A의 자유로운 의사에 의하지 않고 ⓐ신용카드에 대한 점유를 상실하였다. (라) 갑은 ⓐ신용카드에 대한 사실상 처분권을 취득하였다고 보아야 한다. (마) 따라서 ⓐ신용카드는 갑이 ⓐ신용카드의 소유자인 A를 기망하여 취득한 신용카드에 해당한다. (바) ⓐ신용카드를 사용한 갑의 행위는 기망하여 취득한 신용카드 사용으로 인한 여신전문금융업법 위반죄에 해당한다.

1) 2006. 7. 6. 2006도654, 공 2006, 1575 =『유흥주점 옆 편의점 사건』.

한 행위는 신용카드부정사용죄에 해당한다.[1)]

「여신전문금융업법」 제70조의 신용카드부정사용죄에서 말하는 '사용'은 강취 · 횡령, 기망 또는 공갈로 취득한 신용카드를 진정한 카드로서 본래의 용법에 따라 사용하는 경우를 말한다.[2)] 즉, 영득한 신용카드를 진정한 카드로서 (가) 물품구입이나 (나) 현금서비스 등 본래의 용법에 따라 사용하는 행위를 말한다.[3)]

신용카드가 겸용카드인 경우에 신용카드가 현금인출을 위한 현금카드로 사용된 경우에는 신용카드 부정사용죄가 성립하지 않는다. 예컨대 피고인이 피해자의 신용카드를 절취한 후 그 신용카드를 이용하여 현금자동지급기로부터 피해자의 예금을 인출한 행위는 물품구입 대금결제나 현금서비스 이용 등 신용카드 본래의 용법에 따른 사용행위가 아니므로 신용카드 부정사용죄에 해당하지 않는다.[4)]

8. 보이스피싱 범죄와 사기죄 등

(1) 전기통신금융사기범죄와 형법상 재산범죄와의 관계

소위 보이스피싱 등 전기통신금융사기범죄에 대처하기 위하여 2011년부터 「전기통신금융사기 피해 방지 및 피해금 환급에 관한 특별법」(통신사기피해환급법)이 시행되고 있다.[5)] 통신사기피해환급법은 전기통신금융사기(동법2 ii 참조)를 목적으로 (가) 타인으로 하여금 컴퓨터 등 정보처리장치에 정보 또는 명령을 입력하게 하는 행위, (나) 취득한 타인의 정보를 이용하여 컴퓨터 등 정보처리장치에 정보 또는 명령을 입력하는 행위를 한 자를 처벌하고 있다(동법 15의2①). 또한 전기통신금융사기범죄에 대해서는 양벌규정이 적용된다(동법17).[6)]

---

1) 2022. 12. 16. 2022도10629, 공 2023상, 291 = 『영치된 신용카드 부정사용 사건』.
2) 2022. 12. 16. 2022도10629, 공 2023상, 291 = 『영치된 신용카드 부정사용 사건』.
3) 2006. 7. 6. 2006도654, 공 2006, 1575 = 『유흥주점 옆 편의점 사건』.
4) 2003. 11. 14. 2003도3977, 공 2003, 2418 = 『절취 직불카드 현금인출 사건』.
5) 전술 1228면 참조.
6) **전기통신금융사기 피해 방지 및 피해금 환급에 관한 특별법 제15조의2** (벌칙) ① 전기통신금융사기를 목적으로 다음 각 호의 어느 하나에 해당하는 행위를 한 자는 10년 이하의 징역 또는 1억원 이하의 벌금에 처한다.

1. 타인으로 하여금 컴퓨터 등 정보처리장치에 정보 또는 명령을 입력하게 하는 행위
2. 취득한 타인의 정보를 이용하여 컴퓨터 등 정보처리장치에 정보 또는 명령을 입력하는 행위

② 제1항의 미수범은 처벌한다.
③ 상습적으로 제1항의 죄를 범한 자는 그 죄에 대하여 정하는 형의 2분의 1까지 가중한다.
제16조 (벌칙) 다음 각 호의 어느 하나에 해당하는 자는 3년 이하의 징역 또는 3천만원 이하의 벌금에 처한다.

1. 거짓으로 제3조 제1항에 따른 피해구제를 신청한 자
2. 거짓으로 제3조 제2항에 따른 지급정지를 요청한 자
3. 거짓으로 제6조 제1항에 따른 피해구제를 신청한 자

한편 「전자금융거래법」은 전자금융거래에 필요한 접근매체를 특별히 보호하고 있다. 접근매체는 전자식 카드, 인증서, 비밀번호 등 전자금융거래에 있어서 거래지시를 하거나 이용자 및 거래내용의 진실성과 정확성을 확보하기 위하여 사용되는 일정한 수단 또는 정보를 말한다(동법2 x 참조).

전자금융거래에 필요한 접근매체와 관련하여 (가) 접근매체를 양도하거나 양수하는 행위, (나) 대가를 수수(授受)·요구 또는 약속하면서 접근매체를 대여받거나 대여하는 행위 또는 보관·전달·유통하는 행위, (다) 범죄에 이용할 목적으로 또는 범죄에 이용될 것을 알면서 접근매체를 대여받거나 대여하는 행위 또는 보관·전달·유통하는 행위는 금지되며(동법6③ i, ii, iii) 이에 위반하면 형사처벌된다(동법49④ i, ii).[1) 2)]

---

4. 거짓으로 제7조 제1항에 따른 이의제기를 한 자

제17조(양벌규정) 법인의 대표자나 법인 또는 개인의 대리인, 사용인, 그 밖의 종업원이 그 법인 또는 개인의 업무에 관하여 제15조의2 및 제16조의 위반행위를 하면 그 행위자를 벌하는 외에 그 법인 또는 개인에게도 해당 조문의 벌금형을 과(科)한다. 다만, 법인 또는 개인이 그 위반행위를 방지하기 위하여 해당 업무에 관하여 상당한 주의와 감독을 게을리하지 아니한 경우에는 그러하지 아니하다.

1) **전자금융거래법 제2조**(정의) 이 법에서 사용하는 용어의 정의는 다음과 같다.

10. "접근매체"라 함은 전자금융거래에 있어서 거래지시를 하거나 이용자 및 거래내용의 진실성과 정확성을 확보하기 위하여 사용되는 다음 각 목의 어느 하나에 해당하는 수단 또는 정보를 말한다.

가. 전자식 카드 및 이에 준하는 전자적 정보

나. 「전자서명법」 제2조 제3호에 따른 전자서명생성정보 및 같은 조 제6호에 따른 인증서

다. 금융회사 또는 전자금융업자에 등록된 이용자번호

라. 이용자의 생체정보

마. 가목 또는 나목의 수단이나 정보를 사용하는데 필요한 비밀번호

제6조(접근매체의 선정과 사용 및 관리) ③ 누구든지 접근매체를 사용 및 관리함에 있어서 다른 법률에 특별한 규정이 없는 한 다음 각 호의 행위를 하여서는 아니 된다. (단서 생략)

1. 접근매체를 양도하거나 양수하는 행위

2. 대가를 수수(授受)·요구 또는 약속하면서 접근매체를 대여받거나 대여하는 행위 또는 보관·전달·유통하는 행위

3. 범죄에 이용할 목적으로 또는 범죄에 이용될 것을 알면서 접근매체를 대여받거나 대여하는 행위 또는 보관·전달·유통하는 행위

4. 접근매체를 질권의 목적으로 하는 행위

5. 제1호부터 제4호까지의 행위를 알선·중개·광고하거나 대가를 수수(授受)·요구 또는 약속하면서 권유하는 행위

제49조(벌칙) ④ 다음 각 호의 어느 하나에 해당하는 자는 5년 이하의 징역 또는 3천만원 이하의 벌금에 처한다.

1. 제6조 제3항 제1호를 위반하여 접근매체를 양도하거나 양수한 자

2. 제6조 제3항 제2호 또는 제3호를 위반하여 접근매체를 대여받거나 대여한 자 또는 보관·전달·유통한 자

(이하 생략)

2) 2023. 1. 12. 2021도10861, 공 2023상, 459 = 『수사협조자 체크카드 보관 사건』 ☞ 부록 1673면.

통신사기피해환급법이 규정하고 있는 전기통신금융사기범죄 및 「전자금융거래법」이 금지하고 있는 접근매체의 양도 · 대여 등의 범죄는 형법상 사기죄(법347① · ②), 컴퓨터등사용사기죄(법347의2), 공갈죄(법350① · ②) 등과 밀접하게 관련되어 있다. 그런데 전기통신금융사기범죄나 접근매체양도 · 대여죄는 전기통신금융거래의 안전성과 신뢰성을 보호법익으로 하고 있음에 대하여,[1] 사기죄, 컴퓨터등사용사기죄, 공갈죄 등은 특정한 개별 피해자의 재산권

1) 2017. 8. 18. 2016도8957, 공 2017하, 1822 = 『계좌번호 사진촬영 사건』 :

갑은 1,700만원 정도의 빚으로 생활고에 시달리고 있었다. 갑은 "월 300만원까지 가능한 아르바이트, 자세한 내용은 ⓐ번호 문의"라는 문자메시지를 받았다. 갑은 ⓐ번호로 전화하였다. 갑은 자신을 P회사의 김 팀장이라고 소개한 사람(을)으로부터 다음의 제의를 받았다. (가) P회사는 대기업에서 감세를 하려고 하는데, 그 작업을 대신해 주는 회사다. (나) 갑 명의 통장에 들어온 돈을 다시 인출해 주는 일을 해 주면 소정의 수수료를 주겠다.

갑은 다음날 자신을 P회사의 직원 '한 대리'라고 밝힌 성명불상자(병)를 만났다. 갑은 병으로부터 다음의 제안을 받았다. (가) 통장을 다른 사람으로부터 건네받는 것은 법에 저촉되기 때문에 통장을 받을 수 없다. (나) 갑 명의 통장에 입금된 돈을 직접 인출해 주면 인출금의 3%를 수수료로 주겠다. 갑은 병의 요청에 따라 평소에 사용하던 갑 명의의 ㉠통장과 ㉡신분증을 촬영하도록 허락하였다. 병은 갑에게 비밀번호, 보안카드, 공인인증서 등과 같은 접근매체들을 추가로 요구하지 않았다. 병은 갑으로부터 ㉠예금통장과 ㉡신분증을 건네받아 예금통장의 계좌번호 표시 부분과 신분증을 휴대전화에 부착된 카메라로 촬영한 다음 곧바로 갑에게 되돌려 주었다.

병은 보이스피싱 범행의 피해자 A에게 ㉠예금통장 계좌로 ㉢돈을 송금하도록 유도하였다. 입금된 ㉢돈은 갑만이 인출할 수 있었다. 갑은 날 갑은 ㉠계좌에 이체된 5,000만원을 2회에 걸쳐 인출하였다. 갑은 인출된 돈을 병에게 교부하였다. 갑은 ㉠계좌에서 현금을 인출해 준 대가로 215만원을 수령하였다. 이후 갑의 ㉠계좌는 거래정지를 당하였다. 갑은 은행으로부터 거래정지 당한 이유를 확인하는 과정에서 자신의 ㉠계좌가 보이스피싱에 사용되었음을 알게 되었다. 갑은 그 사실을 관할 경찰서에 제보하여 을(김 팀장)의 검거에 협조하였다.

검사는 갑을 다음의 공소사실로 기소하였다. (가) 컴퓨터등사용사기방조죄. (나) 전자금융거래법위반죄(접근매체 대여). 제1심법원은 다음과 같이 판단하였다. (가) 컴퓨터등사용사기방조죄 무죄. (나) 전자금융거래법위반죄(접근매체 대여) 무죄. 제1심법원은 무죄판단의 이유로 다음의 점을 제시하였다. (가) 컴퓨터등사용사기방조죄의 고의가 없다. (나) 통장 촬영을 허용하는 것은 통장 대여에 해당하지 않는다. 검사는 불복 항소하였다. 항소법원은 항소를 기각하고 제1심판결을 유지하였다. 검사는 불복 상고하였다.

대법원은 다음의 이유를 제시하여 상고를 기각하였다. 대법원은 컴퓨터사용사기방조죄의 고의가 인정되지 않는다고 판단하였다. 대법원은 통장 대여 부분에 대해 다음과 같이 판단하였다. (가) (전자금융거래법상 접근매체 분석 부분; 생략함.) (나) [전자금융거래법의 관련] 규정의 문언과 내용에 따르면, 법 제6조 제3항 제2호에서 정한 '접근매체의 대여'는 대가를 수수 · 요구 또는 약속하면서 일시적으로 다른 사람으로 하여금 접근매체 이용자의 관리 · 감독 없이 접근매체를 사용해서 전자금융거래를 할 수 있도록 접근매체를 빌려주는 행위를 가리킨다.

(다) 전자금융거래 기능이 포함된 예금통장에서 접근매체로서 기능을 하는 것은 그 통장에 부착된 마그네틱 띠이다. (라) 그러므로 이용자가 대가를 수수 · 요구 또는 약속하면서 제3자에게 예금통장에 부착된 마그네틱 띠에 포함된 전자정보를 이용하여 전자금융거래를 할 수 있도록 예금통장을 빌려주었다면 이는 접근매체의 대여에 해당한다. (마) 그러나 예금통장에 기재된 계좌번호가 포함된 면을 촬영하도록 허락한 것에 지나지 않는다면 이는 접근매체를 용도대로 사용하는 것이 애초에 불가능하므로, 접근매체의 대여에 해당한다고 볼 수 없다.

을 보호법익으로 하고 있다. 따라서 전기통신금융사기범죄나 접근매체양도 · 대여죄는 형법상의 사기죄, 컴퓨터등사용사기죄, 공갈죄 등에 대하여 실체적 경합관계에 있는 것으로 보아야 한다.

아래에서는 보이스피싱 등 전기통신금융사기범죄와 관련된 형법상의 각종 범죄를 정리해 보기로 한다.

(2) 전기통신금융사기범죄와 사기죄

이른바 보이스피싱 범죄인 전기통신금융사기의 범인이 피해자를 기망하여 피해자의 자금을 사기이용계좌로 송금 · 이체받으면 사기죄는 기수에 이른다.[1] 사기범행에 이용되리라는 사정을 알고서 자신 명의 계좌의 접근매체를 범인에게 양도한 자는 사기죄의 방조범으로 처벌된다.[2] 사기범행에 이용되리라는 사정을 알고서 자신 명의 계좌의 접근매체를 범인에게 양도한 자가 자신 명의 계좌에 입금된 사실을 알고 이를 인출하더라도 은행에 대해 별도로 사기죄가 성립하는 것은 아니다.[3]

---

1) 2017. 5. 31. 2017도3894, 공 2017하, 1452 =『금융감독원 자금전달 사건』:

갑과 을은 보이스피싱 조직원들이다. 갑은 A에게 금융감독원 직원을 사칭하면서 B의 ㉠계좌에 1,400만원(㉡돈)을 입금하라고 하였다(㉮행위). 갑은 B에게도 금융감독원 직원을 사칭하면서 ㉠계좌에 입금된 ㉡돈을 찾아서 을에게 전달하도록 하였다. B는 ㉡돈이 금융감독원에 전달되는 것으로 알고 을에게 ㉡돈을 교부하였다(㉯행위).

검사는 다음의 공소사실로 갑을 기소하였다. (가) ㉮행위 : A에 대한 사기죄. (나) ㉯행위 : B에 대한 사기죄. 갑의 피고사건은 제1심을 거친 후, 항소심에 계속되었다. 항소법원은 다음과 같이 판단하였다. (가) ㉮행위 : A에 대한 사기죄 유죄. (나) ㉯행위 : B에 대한 사기죄 유죄. 갑은 불복 상고하였다.

대법원은 다음의 이유를 제시하여 원심판결을 파기환송하였다. (가) 간접정범을 통한 범행에서 피이용자는 간접정범의 의사를 실현하는 수단으로서의 지위를 가질 뿐이다. (나) 피해자에 대한 사기범행을 실현하는 수단으로서 타인을 기망하여 그를 피해자로부터 편취한 재물이나 재산상 이익을 전달하는 도구로서만 이용한 경우가 있다. (다) 이러한 경우에는 편취의 대상인 재물 또는 재산상 이익에 관하여 피해자에 대한 사기죄가 성립할 뿐 도구로 이용된 타인에 대한 사기죄가 별도로 성립한다고 할 수 없다.

(라) ㉯행위 부분에서 B는 갑의 기망에 따라 단지 A에 대한 사기범행(㉮행위)을 실현하기 위한 도구로 이용되었을 뿐이다. (마) 그러므로 A에 대한 사기죄가 성립할 뿐 B에 대한 사기죄가 별도로 성립한다고 보기 어렵다.

2) 2017. 5. 31. 2017도3894, 공 2017하, 1452 =『금융감독원 자금전달 사건』 참조.

3) 2010. 5. 27. 2010도3498, 공 2010하, 1332 =『편취 송금 무단 인출 사건』:

갑은 자신의 명의로 된 P은행 ㉠통장과 현금카드 및 비밀번호를 가지고 있다(㉠접근매체). 갑은 6만원을 받고 성명을 알 수 없는 사람(B)에게 ㉠접근매체를 건네주었다(㉮행위). 1개월 후 갑은 B가 ㉠통장을 이용하여 C와 D로부터 편취한 20만원이 자신의 예금계좌에 입금되어 있음을 확인하였다. 갑은 다음날 P은행 M지점에서 은행 직원 E에게 자신의 신분증을 제시하면서 "통장을 해지할 것이니 통장에 입금된 돈을 달라."고 말하였다. E는 그 자리에서 예금인출금 명목으로 20만원을 갑에게 교부하였다(㉯행위).

검사는 갑을 다음의 공소사실로 기소하였다. (가) ㉮행위 : 전자금융거래법위반죄(접근매체 양도). (나) ㉯

전기통신금융사기범죄의 범인(갑)이 A를 기망하여 그 소유의 돈을 B의 계좌에 입금하게 한 다음, 다시 B를 기망하여 입금된 돈을 찾아 범인(갑)의 공범(을)에게 전달하도록 한 경우에 범인(갑)에게 어느 범위에서 사기죄가 성립하는지 문제된다.

위의 사안에서 B는 간접정범(갑)에서의 피이용자에 해당한다. 간접정범을 통한 범행에서 피이용자는 간접정범의 의사를 실현하는 수단으로서의 지위를 가질 뿐이다. 피해자(A)에 대한 사기범행을 실현하는 수단으로서 타인(B)을 기망하여 그(B)를 피해자(A)로부터 편취한 재물이나 재산상 이익을 전달하는 도구로서만 이용한 경우에는 편취의 대상인 재물 또는 재산상 이익에 관하여 피해자(A)에 대한 사기죄가 성립할 뿐 도구로 이용된 타인(B)에 대한 사기죄가 별도로 성립하지 않는다.[1)]

(3) 전기통신금융사기범죄와 횡령죄

(가) 착오송금 보이스피싱 범죄는 착오송금과 비슷한 외관을 나타내고 있다. 착오송금이란 송금절차의 착오로 인하여 금전이 다른 사람의 은행계좌에 입금된 경우를 말한다. 착오송금의 경우에 자기의 은행계좌에 금전이 입금되었음을 기화로 이를 임의로 인출하여 소

행위 : 사기죄. (접근매체 양도행위는 현재는 「전기통신금융사기 피해 방지 및 피해금 환급에 관한 특별법」에 의하여 처벌됨.) 제1심법원은 다음과 같이 판단하였다. (가) ㉮행위 : 전자금융거래법위반죄(접근매체 양도) 유죄. (나) ㉯행위 : 사기죄 유죄. 갑은 불복 항소하였다. 항소법원은 다음과 같이 판단하였다. (가) ㉮행위 : 전자금융거래법위반죄(접근매체 양도) 유죄. (나) ㉯행위 : 사기죄 무죄. 검사는 사기죄 무죄 부분에 불복하여 상고하였다.

대법원은 다음의 이유를 제시하여 상고를 기각하였다. (가) 사기죄는 타인을 기망하여 착오에 빠뜨리고 그 처분행위를 유발하여 재물을 교부받거나 재산상 이익을 얻음으로써 성립하는 것으로서, 기망, 착오, 재산적 처분행위 사이에 인과관계가 있어야 한다. (나) 계좌이체 또는 현금으로 계좌송금(이하 '계좌이체 등'이라고 한다)이 되었지만 예금원장에 입금의 기록이 된 때에 예금이 된다고 예금거래기본약관에 정하여져 있을 뿐이다. (다) 수취인과 은행 사이의 예금계약의 성립 여부를 송금의뢰인과 수취인 사이에 계좌이체 등의 원인인 법률관계가 존재하는지 여부에 의하여 좌우되도록 별도로 약정하였다는 등의 특별한 사정이 없다. (라) 그렇다면 송금의뢰인과 수취인 사이에 계좌이체 등의 원인인 법률관계가 존재하는지 여부에 관계없이 수취인과 은행 사이에는 계좌이체금액 상당의 예금계약이 성립하고, 수취인은 은행에 대하여 위 금액 상당의 예금채권을 취득한다.

(마) 송금의뢰인과 수취인 사이에 계좌이체 등의 원인이 되는 법률관계가 존재하지 않음에도 불구하고, 계좌이체에 의하여 수취인이 계좌이체금액 상당의 예금채권을 취득한 경우가 있다. (바) 이 경우에 송금의뢰인은 수취인에 대하여 위 금액 상당의 부당이득반환청구권을 가지게 되지만, 은행은 이익을 얻은 것이 없으므로 은행에 대하여는 부당이득반환청구권을 가지지 않는다. (사) 송금의뢰인이 수취인의 예금계좌에 계좌이체 등을 한 이후, 수취인이 은행에 대하여 예금반환을 청구함에 따라 은행이 수취인에게 그 예금을 지급하는 행위는 계좌이체금액 상당의 예금계약의 성립 및 그 예금채권 취득에 따른 것이다. (아) 은행이 수취인에게 그 예금을 지급하는 행위를 은행이 착오에 빠져 처분행위를 한 것이라고 볼 수 없다. (자) 결국 이러한 행위는 은행을 피해자로 한 형법 제347조의 사기죄에 해당하지 않는다.

1) 2017. 5. 31. 2017도3894, 공 2017하, 1452 = 『금융감독원 자금전달 사건』.

비하는 행위는 횡령죄(법355①)를 구성한다. 착오송금을 한 사람과 착오송금을 받은 사람 사이에 신의칙상 위탁신임관계가 인정되기 때문이다.[1) 2)]

(나) 피해자에 대한 관계　　보이스피싱 범죄와 관련한 횡령죄 문제는 피해자에 대한 관계와 본범과의 관계로 나누어 볼 수 있다. 먼저 피해자와 예금인출자와의 관계를 본다. 피해자에 대한 관계는 다시 (가) 인출자가 사기방조범이 아닌 경우와 (나) 인출자가 사기방조범인 경우로 나누어진다.

① 사기방조범이 아닌 경우　　보이스피싱 조직원(갑)에게 자기 명의 계좌의 통장 등 접근매체를 양도한 피고인(을)이 자신의 그 계좌로 송금된 사기피해금을 임의로 인출한 사안에서, 피고인(을)이 해당 계좌가 보이스피싱 범행에 이용될 것임을 인식하였다고 볼 증거가 없어서 그 계좌명의인(을)에게 사기방조죄가 성립하지 않는다면, 사기피해자(A)에 대한 관계에서 횡령죄가 성립한다. 그 이유는 다음과 같다.

계좌명의인(을)은 피해자와 사이에 아무런 법률관계 없이 송금 · 이체된 사기피해금 상당의 돈을 피해자(A)에게 반환하여야 한다.[3)] 이 경우 계좌명의인(을)은 피해자(A)를 위하여 사기피해금을 보관하는 지위에 있다. 만약 계좌명의인(을)이 착오송금된 돈을 영득할 의사로 인출하면 피해자(A)에 대한 횡령죄가 성립한다.[4)]

---

1) 2010. 12. 9. 2010도891, [미간행] =『홍콩달러 300만불 착오 송금 사건』.

2) 후술 1345면 참조.

3) 2014. 10. 15. 2013다207286, [미간행].

4) 2018. 7. 19. 2017도17494 전원합의체 판결, 공 2018하, 1801 =『보이스피싱 횡령 인정 사건』:

갑은 보이스피싱 조직원 을에게 자기 명의 ㉠계좌의 통장 등 접근매체를 양도하였다. 갑은 ㉠계좌가 보이스피싱에 이용된다는 사실을 알지 못하였다. ㉠계좌에 보이스피싱 범죄의 피해자 A가 ㉡돈을 송금하였다. 갑은 ㉠계좌에서 ㉡돈을 임의로 인출하여 사용하였다.

검사는 갑을 횡령죄로 기소하였다. 갑의 피고사건은 제1심을 거친 후, 항소심에 계속되었다. 항소법원은 무죄를 선고하였다. 검사는 불복 상고하였다.

대법원은 다음의 이유를 제시하여 원심판결을 파기환송하였다. 대법원은 다음과 같이 견해가 나뉘었다. (가) 피해자 A에 대한 횡령죄 인정(8명). (나) 을 등 본범에 대한 횡령죄 인정(4명). (다) 피해자 A는 물론 본범 을에 대해서도 위탁관계가 없다는 이유로 무죄 인정(1명). 대법원은 (가)의 다수의견에 따라 판단하였다. (이하 다수의견을 대법원으로 표시하여 소개함.)

대법원은 횡령죄의 보관자 지위에 대해 설시하였다(내용 생략함.) 대법원은 계좌명의인과 착오송금 피해자 사이의 횡령죄 성립 여부에 대해 다음과 같이 설시하였다. (가) 계좌명의인은 피해자와 사이에 아무런 법률관계 없이 송금·이체된 사기피해금 상당의 돈을 피해자에게 반환하여야 한다(2014. 10. 15. 2013다207286 참조). (나) 계좌명의인은 피해자를 위하여 사기피해금을 보관하는 지위에 있다고 보아야 한다. (다) 만약 계좌명의인이 그 돈을 영득할 의사로 인출하면 피해자에 대한 횡령죄가 성립한다(2005. 10. 28. 2005도5975, 2010. 12. 9. 2010도891 등 참조).

(라) [이에 반해] 이때 계좌명의인이 사기의 공범이라면 자신이 가담한 범행의 결과 피해금을 보관하게 된 것일 뿐이어서 피해자와 사이에 위탁관계가 없다. (마) 계좌명의인이 송금 · 이체된 돈을 인출하더라도 이는

② 사기방조범인 경우 보이스피싱 조직원(갑)에게 피고인(을)이 자기 명의 계좌의 통장 등 접근매체를 양도하고, 그 계좌에 송금된 사기피해금을 임의로 인출한 사안에서, 피고인(을)이 해당 계좌가 보이스피싱 범행에 이용될 것임을 인식하여 그 계좌명의인(을)에게 사기방조죄가 성립한다면, 피해자(A)에 대한 관계에서 횡령죄는 성립하지 않는다.[1)]

보이스피싱 범죄의 경우에는 피해자(A)와 사기죄 본범(갑)과의 사이에 착오송금에서와 같은 위탁신임관계가 인정되지 않는다. 범인(갑)이 피해자(A)의 자금을 점유하고 있다고 해도 범인(갑)과 피해자(A) 사이에 어떠한 위탁관계나 신임관계가 존재한다고 볼 수 없다. 그뿐만 아니라 이후 범인(갑)이 사기이용계좌에서 현금을 인출하였다고 하더라도 이는 이미 성립한 사기범행이 예정하고 있던 행위에 지나지 아니하여 새로운 법익을 침해한다고 보기도 어렵다. 결국 보이스피싱 범죄에서 범인(갑)이 송금 · 이체된 자금을 인출하는 행위는 사기의 피해자(A)에 대하여 별도의 횡령죄를 구성하지 않는다.[2)]

자신이 저지른 사기범행의 실행행위에 지나지 아니하여 새로운 법익을 침해한다고 볼 수 없으므로 사기죄 외에 별도로 횡령죄를 구성하지 않는다(2017. 5. 31. 2017도3045 등 참조).

대법원은 계좌명의인과 보이스피싱 본범과의 관계에 대해 다음과 같이 설시하였다. (가) 계좌명의인의 인출행위는 전기통신금융사기의 범인에 대한 관계에서는 횡령죄가 되지 않는다. (나) 계좌명의인이 전기통신금융사기의 범인에게 예금계좌에 연결된 접근매체를 양도하였다 하더라도 계좌명의인은 은행에 대하여 여전히 예금계약의 당사자로서 예금반환청구권을 가진다. (다) 그러한 이상 계좌명의인의 계좌에 송금 · 이체된 돈이 그 접근매체를 교부받은 사람에게 귀속되었다고 볼 수는 없다. (라) 접근매체를 교부받은 사람은 계좌명의인의 예금반환청구권을 자신이 사실상 행사할 수 있게 된 것일 뿐 예금 자체를 취득한 것이 아니다.

(마) 판례는 전기통신금융사기 범행으로 피해자의 돈이 사기이용계좌로 송금 · 이체되었다면 이로써 편취행위는 기수에 이른다고 보고 있다(2010. 12. 9. 2010도6256, 2017. 5. 31. 2017도3045 등 참조). (바) 이는 사기범이 접근매체를 이용하여 그 돈을 인출할 수 있는 상태에 이르렀다는 의미일 뿐 사기범이 그 돈을 취득하였다는 것은 아니다. (사) 또한 계좌명의인과 전기통신금융사기의 범인 사이의 관계는 횡령죄로 보호할 만한 가치가 있는 위탁관계가 아니다. (아) 사기범이 제3자 명의 사기이용계좌로 돈을 송금 · 이체하게 하는 행위는 그 자체로 범죄행위에 해당한다. (자) 그리고 사기범이 그 계좌를 이용하는 것도 전기통신금융사기 범행의 실행행위에 해당한다. (차) 계좌명의인과 사기범 사이의 관계를 횡령죄로 보호하는 것은 그 범행으로 송금 · 이체된 돈을 사기범에게 귀속시키는 결과가 되어 옳지 않다.

1) 2018. 7. 19. 2017도17494 전원합의체 판결, 공 2018하, 1801 =『보이스피싱 횡령 인정 사건』.

2) 2017. 5. 31. 2017도3894, 공 2017하, 1452 =『대여통장 자금인출 사건』:

갑은 보이스피싱 사기범행에 사용될 것이라는 사실을 알면서도 갑 명의의 ㉠통장을 을에게 양도하였다(㉮행위). 이후 성명불상자(병)에게 기망당한 A로부터 ㉡돈이 ㉠계좌에 입금되었다. 그러자 갑은 ㉡돈을 인출하여 사용하였다(㉯행위).

검사는 갑을 다음의 공소사실로 기소하였다. (가) ㉮행위 : 사기방조죄. (나) ㉯행위 : 횡령죄. 갑의 피고사건은 제1심을 거친 후, 항소심에 계속되었다. 항소법원은 다음과 같이 판단하였다. (가) ㉮행위 : 사기방조죄 유죄. (나) ㉯행위 : 횡령죄 유죄. 갑은 불복 상고하였다.

대법원은 다음의 이유를 제시하여 원심판결을 파기환송하였다. 대법원은 ㉮행위에 대해 사기방조죄의 유죄를 인정하였다. 대법원은 ㉯행위 횡령죄 부분에 대해 다음과 같이 판단하였다. (가) 전기통신금융사기(이른 이러한 법리는 사기범행에 이용되리라는 사정을 알고서 자신 명의 계좌의 접근매체를 범인(갑)에게 양도함으로써 사기범행을 방조한 종범(을)이 사기이용계좌로 송금된 피해자(A)의 자금을 임의로 인출한 경우에도 마찬가지로 적용된다. 자신 명의 계좌의 접근매체를 양도한 자(을)와 피해자(A) 사이에는 아무런 위탁관계나 신임관계가 존재하지 않는다. 자신 명의 계좌의 접근매체를 양도한 자(을)는 사기죄의 방조범으로 처벌될 뿐 별도로 횡령죄가 성립하지 않는다.[1)]

(다) 본범과의 관계　　다음으로, 본범과의 관계를 본다. 계좌명의인(을)이 범죄에 이용되는 줄 알면서 전기통신금융사기의 범인(갑)에게 예금계좌에 연결된 접근매체를 양도하였다 하더라도 계좌명의인(을)은 은행에 대하여 여전히 예금계약의 당사자로서 예금반환청구권을 가진다. 그러한 이상 계좌명의인(을)의 계좌에 송금 · 이체된 돈이 그 접근매체를 교부받은 사람(갑)에게 귀속되었다고 볼 수는 없다. 접근매체를 교부받은 사람(갑)은 계좌명의인(을)의 예금반환청구권을 자신이 사실상 행사할 수 있게 된 것일 뿐 예금 자체를 취득한 것이 아니다.[2)]

판례는 전기통신금융사기 범행으로 피해자(A)의 돈이 사기이용계좌로 송금 · 이체되었다면 이로써 본범(갑)의 편취행위는 기수에 이른다고 보고 있다.[3)] 그러나 이는 사기범(갑)이 접근매체를 이용하여 그 돈을 인출할 수 있는 상태에 이르렀다는 의미일 뿐 사기범(갑)이 그 돈을 취득하였다는 것은 아니다.[4)]

바 보이스피싱 범죄)의 범인[병]이 피해자[A]를 기망하여 피해자의 자금을 사기이용계좌로 송금 · 이체받으면 사기죄는 기수에 이른다. (나) 범인[병]이 피해자[A]의 자금을 점유하고 있다고 하여 피해자[A]와의 어떠한 위탁관계나 신임관계가 존재한다고 볼 수 없다. (다) 뿐만 아니라, 그 후 범인[병]이 사기이용계좌에서 현금을 인출하였다고 하더라도 이는 이미 성립한 사기범행이 예정하고 있던 행위에 지나지 아니하여 새로운 법익을 침해한다고 보기도 어렵다. (라) [범인 병의] 위와 같은 인출행위는 사기의 피해자[A]에 대하여 별도의 횡령죄를 구성하지 아니한다.

(마) 이러한 법리는 사기범행에 이용되리라는 사정을 알고서 자신 명의 계좌의 접근매체를 양도함으로써 사기범행을 방조한 종범[갑]이 사기이용계좌로 송금된 피해자[A]의 자금을 임의로 인출한 경우에도 마찬가지로 적용된다. (바) 사기범행의 종범인 피고인[갑]이 피해자[A]의 자금을 점유하고 있다고 하여 피해자[A]와의 관계에서 어떠한 위탁관계나 신임관계가 존재한다고 볼 수 없다. (사) 뿐만 아니라, 사기범행의 종범인 피고인[갑]이 그 후 사기범행에 이용된 계좌에서 현금을 인출하였다고 하더라도 이러한 행위는 이미 성립한 사기범행의 실행행위에 포함된 것에 지나지 아니하여 새로운 법익을 침해한다고 보기도 어렵다. (아) [종범 갑의] 위와 같은 인출행위가 사기의 피해자[A]에 대하여 별도의 횡령죄를 구성한다고 보기 어렵다.

1) 2017. 5. 31. 2017도3894, 공 2017하, 1452 = 『대여통장 자금인출 사건』.
2) 2018. 7. 19. 2017도17494 전원합의체 판결, 공 2018하, 1801 = 『보이스피싱 횡령 인정 사건』.
3) 2017. 5. 31. 2017도3894, 공 2017하, 1452 = 『금융감독원 자금전달 사건』.
4) 2018. 7. 19. 2017도17494 전원합의체 판결, 공 2018하, 1801 = 『보이스피싱 횡령 인정 사건』.

또한 계좌명의인(을)과 전기통신금융사기의 범인(갑) 사이의 관계는 횡령죄로 보호할 만한 가치가 있는 위탁신임관계가 아니다. 사기범(갑)이 피해자(A)로 하여금 제3자(을) 명의 사기이용계좌로 돈을 송금 · 이체하게 하는 행위는 그 자체로 범죄행위에 해당한다(통신사기피해환급법2 ii, 15① i). 그리고 사기범이 사기이용계좌를 이용하는 것도 전기통신금융사기 범행의 실행행위에 해당한다. 계좌명의인(을)과 사기범(갑) 사이의 관계를 횡령죄로 보호하는 것은 그 범행으로 송금 · 이체된 돈을 사기범(갑)에게 귀속시키는 결과가 되어 옳지 않다.[1]

(4) 전기통신금융사기범죄와 장물죄

본범(갑)이 피해자(A)를 기망하여 계좌에서 계좌로 자금을 이체하게 한 후, 이를 알고 있는 사람(을; 대포통장 개설자)이 자금을 이체받은 자신의 계좌로부터 현금을 인출하더라도 장물취득죄(법362①)는 성립하지 않는다. 계좌이체된 자금은 재산상 이익에 해당하여 장물이 될 수 없다.[2]

이에 대해 본범(갑)이 피해자(A)를 기망하여 현금을 대포통장 계좌로 송금하게 한 후, 이를 알고 있는 대포통장 개설자(을)가 송금받은 자신의 계좌로부터 현금을 인출하는 경우라면 그 현금은 재물편취로 인한 '장물'에 해당한다. 그렇지만 다음의 이유로 현금인출자(을)에게 장물취득죄(법362①)가 성립하지 않는다.

대포통장 개설자(을)가 피해자(A)로부터 자신의 예금계좌로 돈을 송금받아 취득하면 그로써 본범(갑)의 사기죄는 기수에 이른다. 장물취득죄(법362①)에서 장물의 '취득'은 장물의 점유를 이전받음으로써 그 장물에 대하여 사실상 처분권을 획득하는 행위이다. 위의 송금 사안을 보면, 대포통장 개설자(을)가 본범(갑)으로부터 송금된 돈에 대한 점유를 이전받아 사실상 처분권을 획득하는 과정이 없다. 대포통장 개설자(을)의 현금 인출행위는 장물의 '취득'에 해당하지 아니하므로 대포통장 개설자(을)를 장물취득죄로 처벌할 수 없다.[3]

(5) 전기통신금융사기범죄와 범죄수익가장죄

보이스피싱 범죄와 관련하여 형법상의 장물죄로 처벌하는 것은 여의치 않다. 그러나 특별법에 의하여 처벌하는 것은 별개의 문제이다.

「범죄수익은닉의 규제 및 처벌 등에 관한 법률」(범죄수익은닉규제법)은 이 법률이 규정하고 있는 특정범죄와 관련된 범죄수익 등의 은닉 · 가장행위(동법3 참조)와 범죄수익 등의 수수

---

1) 2018. 7. 19. 2017도17494 전원합의체 판결, 공 2018하, 1801 = 『보이스피싱 횡령 인정 사건』.
2) 2004. 4. 16. 2004도353, 공 2004, 862 = 분석 각론 『계좌자금 교부 사건』 참조.
3) 2010. 12. 9. 2010도6256, 공 2011상, 170 = 분석 각론 『대포통장 입금 사건』.

행위(동법4 참조)를 처벌하고 있다.[1] 범죄수익은닉규제법은 사형, 무기 또는 장기 3년 이상의 징역이나 금고에 해당하는 죄를 특정범죄의 하나로 규정하고 있다(동법2 i 가목). 사기죄(법347) 및 「특정경제범죄 가중처벌 등에 관한 법률」상의 사기죄(동법3①)는 장기 3년 이상의 징역에 해당하는 범죄이다. 그리하여 보이스피싱 범죄는 범죄수익은닉규제법상의 특정범죄에 해당한다.

보이스피싱 범죄의 경우 범인(갑)이 피해자(A)로부터 자신이나 공범의 계좌와 전혀 무관한 제3자(을) 명의의 계좌로 송금받는 행위는 범죄수익 취득을 가장하는 행위에 해당하여 범죄수익은닉규제법상 범죄수익가장죄(동법3)로 처벌된다.[2] 그 정황을 알면서 범죄수익 등을 수수(收受)한 자(을)는 범죄수익수수죄(동법4 본문)로 처벌된다.

(6) 전기통신금융사기범죄와 범죄단체조직죄

보이스피싱 범죄는 다수자가 결합하여 조직적으로 행해지는 경우가 많다. 보이스피싱 조직은 (가) 보이스피싱이라는 사기범죄를 목적으로 구성된 다수인의 계속적인 결합체로서, (나) 총책을 중심으로 간부급 조직원들과 상담원들, 현금인출책 등으로 구성되어 내부의 위계질서가 유지되고 조직원의 역할 분담이 이루어지는 최소한의 통솔체계를 갖추고 있다. 그리하여 보이스피싱 조직은 형법 제114조의 범죄단체조직죄에서 말하는 범죄단체에 해당한다.[3] 또한 보이스피싱 조직원으로서 보이스피싱 조직의 업무를 수행하는 행위는 범죄단체 가입 및 활동에 해당한다.[4]

(7) 부패재산몰수법에 따른 재산몰수

「부패재산의 몰수 및 회복에 관한 특별법」(부패재산몰수법) 제2조 제3항은 "'범죄피해재산'이란 별표에 규정된 죄 가운데 각 목의 어느 하나에 해당하는 죄의 범죄행위에 의하여 그 피해자로부터 취득한 재산 또는 그 재산의 보유 · 처분에 의하여 얻은 재산을 말한다"라고 규정하고 있다.

부패재산몰수법 제2조 제3항 가목은 형법 제347조 제1항에 해당하는 죄 중 「전기통신금융사기 피해 방지 및 피해금 환급에 관한 특별법」 제2조 제2호에 따른 전기통신금융사기에 해당하는 경우를 부패재산몰수법 제2조 제3항의 '범죄행위'에 포함시키고 있다. 보이스피싱

1) 전술 116면 참조.
2) 2017. 10. 26. 2017도8600, 공 2017하, 2232 = 『신용등급 보이스피싱 사건』.
3) 2017. 10. 26. 2017도8600, 공 2017하, 2232 = 『신용등급 보이스피싱 사건』.
4) 2017. 10. 26. 2017도8600, 공 2017하, 2232 = 『신용등급 보이스피싱 사건』.

사기 범행은 여기에 해당한다.

부패재산몰수법 제6조 제1항은 범죄피해재산으로서 범죄피해자가 그 재산에 관하여 범인에 대한 재산반환청구권 또는 손해배상청구권 등을 행사할 수 없는 등 피해회복이 심히 곤란하다고 인정하는 경우에는 몰수·추징을 할 수 있다고 규정하고 있다.[1]

형법 제49조 단서는 "행위자에게 유죄의 재판을 아니할 때에도 몰수의 요건이 있는 때에는 몰수만을 선고할 수 있다."라고 규정하고 있다. 그러나 우리 법제상 공소제기 없이 별도로 몰수만을 선고할 수 있는 제도는 마련되어 있지 않다. 대법원은 형법 제47조 단서에 근거하여 몰수를 선고하기 위해서는 (가) 몰수의 요건이 공소가 제기된 공소사실과 관련되어 있어야 하며, (나) 공소가 제기되지 않은 별개의 범죄사실을 법원이 인정하여 그에 관하여 몰수나 추징을 선고하는 것은 불고불리의 원칙에 위반되어 허용되지 않는다는 입장을 취하고 있다.[2] [3]

---

1) **부패재산의 몰수 및 회복에 관한 특례법 제2조**(정의) 이 법에서 사용하는 용어의 정의는 다음과 같다.

1. "부패범죄"란 불법 또는 부당한 방법으로 물질적·사회적 이득을 얻거나 다른 사람으로 하여금 얻도록 도울 목적으로 범한 죄로서 별표에 규정된 죄를 말한다.

2. "부패재산"이란 범죄수익 및 범죄수익에서 유래한 재산을 말한다.

가. "범죄수익"이란 부패범죄의 범죄행위에 의하여 생긴 재산 또는 그 범죄행위의 보수로서 얻은 재산을 말한다.

나. "범죄수익에서 유래한 재산"이란 범죄수익의 과실(果實)로서 얻은 재산, 범죄수익의 대가로서 얻은 재산 및 이들 재산의 대가로서 얻은 재산, 그 밖에 범죄수익의 보유 또는 처분에 의하여 얻은 재산을 말한다.

3. "범죄피해재산"이란 별표에 규정된 죄 가운데 다음 각 목의 어느 하나에 해당하는 죄의 범죄행위에 의하여 그 피해자로부터 취득한 재산 또는 그 재산의 보유·처분에 의하여 얻은 재산을 말한다.

가. 형법 제2편제39장 사기와 공갈의 죄 중 제347조, 제347조의2 및 제351조(제347조 및 제347조의2의 상습범만 해당한다)에 해당하는 죄[형법 제114조에 따른 범죄단체를 조직하여 범행한 경우, 「유사수신행위의 규제에 관한 법률」 제2조에 따른 유사수신행위 또는 「방문판매 등에 관한 법률」 제2조제5호에 따른 다단계판매의 방법으로 기망하여 범행한 경우 및 「전기통신금융사기 피해 방지 및 피해금 환급에 관한 특별법」 제2조제2호에 따른 전기통신금융사기에 해당하는 경우(이하 "특정사기범죄"라 한다)로 한정한다]와 「특정경제범죄 가중처벌 등에 관한 법률」 제3조 중 형법 제347조, 제347조의2 및 제351조(제347조 및 제347조의2의 상습범만 해당한다)에 해당하는 죄(특정사기범죄로 한정한다)

나. 형법 제2편 제40장 횡령과 배임의 죄 중 제355조, 제356조 및 제359조의 죄와 「특정경제범죄 가중처벌 등에 관한 법률」 제3조 중 형법 제355조 및 제356조에 해당하는 죄

(4. 5. 생략함)

제6조(범죄피해재산의 특례) ① 제3조의 재산이 범죄피해재산으로서 범죄피해자가 그 재산에 관하여 범인에 대한 재산반환청구권 또는 손해배상청구권 등을 행사할 수 없는 등 피해회복이 심히 곤란하다고 인정되는 경우에는 몰수·추징할 수 있다.

② 이 법에 따라 몰수·추징된 범죄피해재산은 피해자에게 환부한다.

③ 범죄피해재산의 환부 요건 및 절차 등 범죄피해재산의 환부에 필요한 사항은 대통령령으로 정한다.

2) 2008. 11. 13. 2006도4885, 공 2008하, 1707 = 『CD 담보 주식매매 사건』(분석 생략함).

3) 신동운, 형법총론, 제14판(2022), 847면 이하 참조.

2023년 대법원은 부패재산몰수법상 재산몰수의 경우에도 동일한 법리가 적용된다고 판시하였다. 2023년 판례에서 대법원은 다음의 점을 명확히 하였다. (가) 부패재산몰수법의 몰수 관련 규정에서 정한 몰수·추징의 원인이 되는 범죄사실은 공소제기된 범죄사실에 한정된다. (나) '범죄피해재산'은 공소제기된 범죄사실의 피해자로부터 취득한 재산 또는 그 재산의 보유·처분에 의하여 얻은 재산에 한정된다. (다) 나아가 공소제기된 범죄사실 피해자의 피해회복이 심히 곤란하다고 인정되는 경우에만 몰수·추징이 허용된다.[1)]

9. 죄수 및 다른 죄와의 관계

(1) 죄수 판단

사기죄에서 동일한 피해자에 대하여 수회에 걸쳐 기망행위를 하여 재물을 편취한 경우에 범의가 단일하고 범행방법이 동일하다면 사기죄의 포괄일죄가 성립한다. 그러나 범의의 단일성과 계속성이 인정되지 아니하거나 범행방법이 동일하지 않은 경우 수회의 기망행위는 사기죄의 실체적 경합범을 구성한다.[2)]

---

1) 2022. 11. 17. 2022도8662, 공 2023상, 100 = 『전달책 보관현금 몰수 사건』 ☞ 부록 1674면.

2) 1997. 6. 27. 97도508, 공 1997, 2424 = 『신도들 돈 편취 사건』 :

갑은 사이비종교인 M교단의 교주이다. 갑은 설교를 통해 수십 명의 신도들로부터 금원을 편취하였다. 갑은 신도 A에 대한 ㉠금원 편취의 범죄사실로 유죄의 확정판결을 받은 사실이 있다(㉮확정판결). 갑은 신도들에게 다음의 설교를 하였다. (가) 재물을 갑에게 맡기고 충성하며 M교단이 시행하는 건축공사에 참여하면 피 속의 마귀를 빨리 박멸소탕해 주겠다(ⓑ설교). (나) 헌금하지 않는 신도는 하나님이 깍쟁이 하나님이므로 영생할 수 없다(ⓒ설교). 갑은 ⓑ설교를 하면서 신도 B로부터 여러 차례에 걸쳐 건축비 차용금 명목으로 ㉡돈을 편취하였다. 갑은 ⓒ설교를 하면서 신도 C로부터 여러 차례에 걸쳐 헌금 명목으로 ㉢돈을 편취하였다.

검사는 갑을 다음의 공소사실로 기소하였다. (가) B에 대한 ㉡돈 편취 : 사기죄. (나) C에 대한 ㉢돈 편취 : 사기죄. 갑의 피고사건은 제1심을 거친 후, 항소심에 계속되었다. 항소법원은 다음과 같이 판단하였다. (가) B에 대한 ㉡돈 편취 : 사기죄 유죄(㉯사기죄). (나) C에 대한 ㉢돈 편취 : 사기죄 유죄(㉰사기죄). 항소법원은 ㉯사기죄와 ㉰사기죄를 실체적 경합범으로 판단하였다. 항소법원은 형법 제38조 제1항 제2호에 의한 경합범 가중을 한 처단형의 범위 내에서 갑에게 형을 선고하였다.

갑은 불복 상고하였다. 갑은 첫 번째 상고이유로 다음의 점을 주장하였다. (가) 갑의 ㉯, ㉰범행은 범행의 동기, 수단, 방법, 일시, 장소가 동일하다. (나) 갑의 ㉯, ㉰범행의 내용도 일정기간 내에 수십 명의 신도들로부터 금원을 편취한 것이다. (다) 갑의 ㉯, ㉰범행은 갑의 사기 습벽의 발현에 의하여 저질러진 범행으로 보아야 한다. (라) 갑은 ㉯, ㉰이전에 ㉯, ㉰사건과 동일한 기망방법으로 신도들로부터 금원을 편취한 사실로 사기죄의 ㉮확정판결을 받은 바 있다. (마) 그러므로 갑은 형사소송법 제326조 제1호에 따라 면소되어야 한다. 갑은 두 번째 상고이유로 다음의 점을 주장하였다. (가) 갑의 ㉯, ㉰범행은 범행의 동기, 수단, 방법, 일시, 장소가 동일하다. (나) 갑의 ㉯, ㉰범행은 사기죄의 포괄일죄를 이룬다. (다) 포괄일죄는 단순일죄이므로 법정형의 범위 내에서 처단형을 결정해야 한다. (라) 갑에게 경합범 가중을 한 것은 위법하다.

대법원은 다음의 이유를 제시하여 상고를 기각하였다. 대법원은 첫 번째 상고이유에 대해 다음과 같이 사기죄에서 수인의 피해자에 대하여 각 피해자별로 기망행위를 하여 각각 재물을 편취한 경우에는 그 범의가 동일하다고 하여도 포괄일죄가 성립하지 않는다. 이 경우에는 피해자별로 1개씩의 사기죄가 성립한다.[1)]

형법 제351조는 각종 사기죄의 상습범을 가중처벌하고 있다. 상습사기죄와 포괄일죄의 관계에 대해서는 후술한다.[2)]

사기죄의 기망행위는 간접정범의 형태로도 가능하다. 간접정범 형태의 사기죄에서 죄수가 문제된다. 피해자(A)에 대한 사기범행을 실현하는 수단으로서 타인(B)을 기망하여 그를 피해자로부터 편취한 재물이나 재산상 이익을 전달하는 도구로서만 이용한 경우에는 편취의 대상인 재물 또는 재산상 이익에 관하여 피해자(A)에 대한 사기죄가 성립할 뿐 도구로 이용된 타인(B)에 대한 사기죄는 별도로 성립하지 않는다. 간접정범을 통한 범행에서 피이용자는 간접정범의 의사를 실현하는 수단으로서의 지위를 가질 뿐이기 때문이다.[3)]

(2) 다른 죄와의 관계

(가) 기존 사기죄와의 관계 행위자가 피해자를 기망하여 금품을 교부받으면서 그 대가로 피해자에게 물품을 지급한 경우가 있다. 이때 행위자가 피해자를 기망하여 피해자가 보

판단하였다. (가) 갑의 범행 횟수가 수회이기는 하나 피해자별로 그 편취명목이 다르다. (나) 그에 따른 구체적, 직접적인 기망의 수단과 방법도 다르다. (다) 갑의 범행은 종교적인 행사라는 일련의 계속된 과정에서 종교적인 명목을 내세워 이루어졌다. (라) 여기에 갑의 범행의 경위, 갑의 생활환경, 지위, 성격 등 제반 사정을 종합해 본다. (마) 갑의 ㈏, ㈐범행은 갑의 사기 습벽의 발현에 의하여 저질러진 범행이라고 볼 수 없다.

대법원은 두 번째 상고이유에 대해 다음과 같이 판단하였다. 대법원은 사기죄의 죄수 관계에 대해 다음과 같이 설시하였다. (가) 사기죄에 있어서 수인의 피해자에 대하여 각 피해자별로 기망행위를 하여 각각 재물을 편취한 경우가 있다. (나) 그러한 경우에 그 범의가 단일하고 범행방법이 동일하다고 하더라도 포괄1죄가 성립하는 것이 아니다. (다) 그러한 경우에는 피해자별로 1개씩의 죄가 성립하는 것으로 보아야 한다. (라) 사기죄에 있어 동일한 피해자에 대하여 수회에 걸쳐 기망행위를 하여 금원을 편취한 경우가 있다. (마) 그러한 경우 범의가 단일하고 범행방법이 동일하다면 사기죄의 포괄1죄만이 성립한다. (바) 그러나 (ㄱ) 범의의 단일성과 계속성이 인정되지 아니하거나 (ㄴ) 범행방법이 동일하지 않은 경우에는 각 범행은 실체적 경합범에 해당한다.

대법원은 갑의 ㈏, ㈐범행에 대해 다음과 같이 판단하였다. (가) 피해자 B, C에 대한 ㈏, ㈐범행 중 건축비 차용금으로 편취한 ㈏사기범행 부분과 헌금 명목으로 편취한 ㈐사기범행 부분은 (ㄱ) 범의의 단일성과 계속성이 인정되지 아니하거나 (ㄴ) 범행방법이 동일하지 않다. (나) ㈏범행과 ㈐범행은 실체적 경합범에 해당한다.

1) 1997. 6. 27. 97도508, 공 1997, 2424 =『신도들 돈 편취 사건』.

2) 후술 1252면 이하 참조.

3) 2017. 5. 31. 2017도3894, 공 2017하, 1452 =『대여통장 자금인출 사건』.

유하고 있는 그 물품을 다시 편취하는 행위는 새로운 법익침해를 발생하게 한 것이어서 기존에 성립한 사기죄와는 별도의 새로운 사기죄(법347①)를 구성한다.[1)]

---

1) 2009. 10. 29. 2009도7052, 공 2009하, 2063 =『엑스박스 게임기 사건』:

P회사는 외국계 회사이다. P회사는 '엑스박스 360 게임기' 및 그 게임타이틀, 주변기기 등(㉠게임기로 통칭함)를 제조·판매하고 있다. Q회사는 P회사의 국내총판으로 선정되어 ㉠게임기의 유통판매 사업을 영위하고 있다. 을은 Q회사의 게임사업본부장이다. 병은 Q회사의 영업팀장이다. R회사는 Q회사로부터 ㉠게임기를 공급받아 이를 다시 하위 판매업체에 공급하는 회사이다. 갑은 R회사의 대표이사이다.

Q회사는 P회사에 대해 결제자금이 부족한 상황이 되었다. 갑, 을, 병은 이 사태를 해결하기 위한 방안으로 S회사에 주목하였다. S회사는 유상증자로 자금여력이 풍부해진 상황이었다. 갑, 을, 병은 다음의 계획을 세웠다. (가) S회사의 경영진을 설득하여 S회사로 하여금 R회사를 인수하는 방식으로 게임기 유통사업에 진출하도록 한다. (나) 이렇게 함으로써 S회사의 자금을 끌어들여 Q회사의 P회사에 대한 결제대금을 마련한다. 당시 지속적인 덤핑판매로 인하여 게임기의 시장가격이 공급가보다도 낮게 형성되어 있었다. S회사가 R회사를 인수하는 방법으로 게임기 유통사업에 참여하여 Q회사로부터 ㉠게임기를 공급받더라도 S회사가 ㉠게임기를 판매하여 수익을 올리기는커녕 손해를 볼 수밖에 없는 구조였다. 갑, 을, 병은 S회사의 경영진에게 이와 같은 사실을 고지하지 않았다.

갑, 을, 병은 R회사의 2006년도 순이익이 20억원에 달하고 R회사를 인수하여 게임기 유통사업에 진출하면 많은 수익을 올릴 수 있다고 S회사의 경영진에게 거짓말을 하였다. 이에 속은 S회사는 신주인수방식으로 R회사를 인수하여 게임기 유통사업에 참여하였다. 갑은 S회사의 게임사업본부장으로 취임하였다.

2007. 2. 27. S회사는 Q회사로부터 공급받을 ㉠게임기등에 대한 물품대금채무를 담보하기 위해 S회사 소유의 M공장용지 및 건물에 관하여 채권최고액 52억원의 근저당권을 설정하였다(㉮부분). 2007. 3. 7. S회사는 신주인수대금 명목으로 10억원을 R회사 명의의 계좌로 송금하였다. 2007. 3. 7. S회사는 Q회사와 사이에 S회사가 Q회사로부터 ㉠게임기를 공급받아 판매하기로 하는 내용의 물품공급계약을 체결하였다. 2007. 3. 16. S회사는 ㉠게임기에 대한 선급금 명목으로 8억원을 Q회사 명의의 계좌로 송금하였다. 2007. 4. 13. S회사는 ㉠게임기에 대한 선급금 명목으로 15억원을 Q회사 명의의 계좌로 송금하였다(이상 ㉯부분).

Q회사는 선급금 및 근저당권의 담보설정 한도 내에서 S회사에 64억원 상당의 ㉠게임기를 공급하였다(㉰부분). S회사는 공급받은 ㉠게임기에서 47억원 상당을 R회사에 다시 공급하였다(㉱부분). ㉱부분은 S회사의 게임사업본부장 갑의 주도에 의한 것이었다.

검사는 갑, 을, 병을 특정경제범죄법위반죄(사기)로 기소하였다. 공소사실 가운데에는 R회사에 대한 ㉱부분 게임기 공급 부분이 있다. 검사는 ㉱부분에 대해 다음의 공소사실로 갑, 을, 병을 기소하였다. (가) 주위적 공소사실 : 특정경제범죄법위반죄(사기). (나) 예비적 공소사실 : 특정경제범죄법위반죄(횡령). 주위적 공소사실(사기)의 요지는 다음과 같다. "갑, 을, 병은 공모하여 S회사가 Q회사로부터 공급받은 ㉠게임기를 다시 R회사에 공급하더라도 이를 정상적으로 판매하여 그 대금을 S회사에 지급할 의사가 없음에도 불구하고 그 대금을 정상적으로 지급할 것처럼 S회사의 경영진을 기망하여, S회사로 하여금 Q회사로부터 공급받은 64억원 상당의 게임기 등 가운데 47억원 상당을 R회사에 다시 공급하도록 함으로써 R회사가 위 47억원 상당의 게임기 등을 편취하도록 하였다." 예비적 공소사실(횡령)의 요지는 다음과 같다. "S회사의 게임사업본부장으로 취임한 갑이 을, 병과 공모하여 47억원 상당의 ㉠게임기를 업무상 보관하던 중 임의로 이를 R회사에 공급·인도함으로써 횡령하였다."

갑, 을, 병의 피고사건은 제1심을 거친 후, 항소심에 계속되었다. 항소법원은 다음과 같이 판단하였다. (가) 주위적 공소사실 : 특정경제범죄법위반죄(사기) 무죄. (나) 예비적 공소사실 : 특정경제범죄법위반죄(횡령) 무죄. 항소법원은 무죄판단의 이유로 다음의 점을 제시하였다. (가) S회사가 게임기 유통사업을 할 경우 높은 수익을 올릴 수 있을 것이라는 갑, 을, 병의 기망에 속아 R회사를 인수하여 그 인수대금을 지급하고, 선급금을 지급하며, 근저당권을 설정하여 줌으로써(㉮, ㉯부분) 특정경제범죄법위반(사기)죄가 성립되었다. (나) 그

(나) 횡령죄와의 관계 사기죄에서 행위자가 피해자를 기망하여 금품을 교부받으면서 피해자에게 그 대가로 물품을 지급한 경우가 있다. 이때 행위자가 피해자로부터 금품교부의 대가인 물품을 위탁받아 보관하던 중 횡령하는 행위는 새로운 법익의 침해가 발생하여 기존에 성립한 사기죄와는 별도로 새로운 횡령죄(법355①)가 성립한다.[1)]

재물편취에 의한 사기죄의 경우에 사기죄는 타인이 점유하는 재물을 그의 처분행위에 의하여 취득함으로써 성립한다. 자기가 이미 점유하고 있는 타인의 재물에 대하여는 이것을 영득함에 있어 기망행위를 한다고 하여도 사기죄(법347①)는 성립하지 아니하고 횡령죄(법355①)만을 구성한다.[2)]

피고인이 피해자(A)로부터 부도가 예상되는 수표의 할인을 의뢰받은 후, 의뢰받은 수표를 다른 피해자(B)로부터 할인받아 할인금을 보관하던 중 이를 임의로 소비한 경우를 분석해 본다. 먼저, 다른 피해자(B)와의 관계를 보면, 피고인이 부도위험을 고지하지 않고 다른 피해자(B)로부터 수표를 할인하여 현금을 받는 행위는 재물편취에 해당한다. 이어서, 피고인이 수표할인금을 임의로 소비한 것은 다른 피해자(B)와의 관계에서 사기죄의 불가벌적 사후행위에 해당한다.

다음으로, 금전사무위임자인 피해자(A)와의 관계를 본다. 금전수수를 수반하는 사무의 처리를 위임받은 자가 그 행위에 기하여 위임자를 위하여 제3자로부터 수령한 금전은 그 목적이나 용도를 한정하여 위탁된 금전과 마찬가지로 특별한 사정이 없는 한 그 수령과 동시

후 S회사가 Q회사로부터 선급금 및 근저당권의 담보설정 한도 내에서 64억원 상당의 ㉠게임기를 교부받았다(㉯부분). (다) 이것은 [㉮, ㉯부분에 대한] 특정경제범죄법위반(사기)죄가 성립한 후 그중 일부 대가의 지급에 다름 아니다. (라) 이에 관하여 새로운 특정경제범죄법위반(사기)죄나 특정경제범죄법위반(횡령)죄가 성립한다고 볼 수 없다. (마) 뿐만 아니라 ㉠게임기 중 70%에 해당하는 47억원 상당의 게임기를 R회사 명의로 판매한 것(㉱부분)도 S회사의 게임기 판매전략에 따른 것일 뿐 별도의 특정경제범죄법위반(사기)죄나 특정경제범죄법위반(횡령)죄가 성립하는 것이 아니다. 검사는 불복 상고하였다.

대법원은 다음의 이유를 제시하여 원심판결을 파기환송하였다. 대법원은 사기죄의 대가편취에 대해 다음과 같이 설시하였다. (가) 사기죄에 있어서 피해자에게 그 대가가 지급된 경우, 피해자를 기망하여 그가 보유하고 있는 그 대가를 다시 편취한 경우가 있다. (나) 사기죄에 있어서 피해자에게 그 대가가 지급된 경우, 피해자로부터 그 대가를 위탁받아 보관 중 횡령한 경우가 있다. (다) 그러한 경우들이라면 이는 새로운 법익의 침해가 발생한 경우이다. (라) 기존에 성립한 사기죄와는 별도의 새로운 사기죄나 횡령죄가 성립한다고 보아야 한다.

대법원은 갑, 을, 병의 행위에 대해 다음과 같이 판단하였다. (가) 47억원 상당의 ㉠게임기를 R회사에 공급하여 판매하도록 한 것이 S회사의 판매전략에 의한 것이라 하자. (나) 그렇다고 하더라도 S회사의 그와 같은 판매전략은 갑, 을, 병의 기망에 의해 수립된 것이다. (다) 또는 을, 병과 공모한 S회사의 게임사업본부장인 갑이 ㉠게임기 등을 횡령하려는 의도로 수립한 것이다. (라) 그렇다면 ㉠게임기에 대한 사기죄나 횡령죄가 성립할 여지가 있다.

1) 2009. 10. 29. 2009도7052, 공 2009, 2063 = 『엑스박스 게임기 사건』.

2) 1987. 12. 22. 87도2168, 공 1988, 381 = 『예금 변태처리 사건』.

에 위임자의 소유에 속하는 것이고, 위임을 받은 자는 위임자를 위하여 금전을 보관하는 관계에 있다.[1)]

따라서 피해자(A)가 피고인에게 수표의 할인을 의뢰하고 이에 따라 피고인이 다른 피해자(B)로부터 수표를 할인받은 할인금은 피해자(A)의 소유에 속하는 것으로 보아야 할 것이고, 피해자(A)를 위하여 금원을 보관하는 지위에 있는 피고인이 이를 임의로 소비한 것은 피해자(A)에 대한 관계에서는 새로운 법익을 침해한 것으로 횡령죄(법355①)가 성립한다.[2)]

(다) 배임죄와의 관계 　타인의 위탁에 의하여 그의 사무를 처리하는 자가 그 사무처리상 임무를 배반하여 본인에 대하여 기망행위를 하고 착오에 빠진 본인으로부터 재물을 교부받은 경우에 사기죄(법347① · ②)와 배임죄(법355②)의 관계가 문제된다. 종래 판례는 이 경우에 사기죄만을 인정하고, 배임죄의 구성요건이 충족되어도 별도로 배임죄를 구성하는 것이 아니라고 판단하였다.[3)]

그러나 2002년 대법원은 사기죄와 배임죄가 상상적 경합관계에 있다는 쪽으로 판례를 변경하였다.[4)] 대법원은 판례변경의 논거로 다음의 점을 제시하였다. (가) 사기죄의 경우 임무위배 행위가 당연히 포함된다고 할 수도 없고, 배임죄의 경우 기망적 요소를 구성요건의 일부로 하는 것이 아니어서 양 죄는 그 구성요건을 달리하는 별개의 범죄이다. (나) 우리 형법상 사기죄와 배임죄는 각각 별개의 장에 규정되어 있다.

피고인(갑)이 부동산에 피해자(A) 명의의 근저당권을 설정하여 줄 의사가 없음에도 피해자(A)를 속이고 근저당권 설정을 약정하여 금원을 편취한 후 그 부동산에 관하여 제3자(B) 명의로 근저당권설정등기를 마친 경우에 금원편취로 인한 사기죄 외에 부동산 이중저당으로 인한 배임죄가 별도로 성립할 것인지가 문제된다.

이러한 경우 기망에 의하였다고 할지라도 근저당권 설정의 약정은 사기 등을 이유로 취소(민법109①)되지 않는 한 여전히 유효하여 채무자(갑)에게는 피해자(A) 명의의 근저당권설정등기를 해 줄 임무가 발생한다. 그 임무에 위배하여 그 부동산에 관하여 제3자(B) 명의로 근저당권설정등기를 마친 경우에 이러한 채무자(갑)의 행위가 배임죄를 구성할 것인지 논란되었다.

대법원은 종래 이러한 행위는 금원을 편취한 사기죄(법347①)와는 전혀 다른 새로운 보호법익을 침해하는 행위로서 사기 범행의 불가벌적 사후행위가 되는 것이 아니라 별도로 배임

1) 후술 1294면 이하 참조.
2) 1998. 4. 10. 97도3057, 공 1998, 1399 = 『할인금 보관중 횡령 사건』.
3) 1983. 7. 12. 82도1910, 공 1983, 1216.
4) 2002. 7. 18. 2002도669 전원합의체 판결, 공 2002, 2010 = 분석 각론 『신협전무 사채놀이 사건』.

죄(법355②)를 구성한다는 입장을 취하고 있었다.[1] 그러나 2020년 대법원은 전원합의체 판결을 통하여 종래의 판례를 폐기하고 배임죄 불성립의 입장으로 전환하였다. 채권자를 위하여 근저당권설정등기를 해 줄 의무는 어디까지나 채무자의 자기 사무이어서 채무자를 채권자의 사무를 처리하는 자로 볼 수 없다는 것이 그 이유이다.[2]

---

1) 2008. 3. 27. 2007도9328, 공 2008, 639.

2) 2020. 6. 18. 2019도14340 전원합의체 판결, 공 2020하, 1429 = 『부동산 이중저당 판례변경 사건』:

갑은 P회사를 경영하고 있다. 2016. 6. 14.경 갑은 A로부터 전환사채 인수대금 18억원을 빌렸다(㉠채무). 갑은 P회사의 연대보증인으로서 다음 내용의 ㉡담보제공확약서를 작성하였다. "갑은 A에게 갑 소유의 M아파트에 관하여 4순위 근저당권을 설정해 준다." 2016. 9. 13. A는 갑에게 M아파트에 관하여 근저당권을 설정해 달라고 요구하였다. Q회사는 P회사의 주요 거래처이다. 2016. 10.경 Q회사는 갑에게 근저당권설정을 요구하였다. 갑은 M부동산에 관하여 Q회사에 채권최고액을 12억원으로 하는 4순위 근저당권을 설정해 주었다.

검사는 갑을 특정경제범죄법상 배임죄로 기소하였다. 갑의 피고사건은 제1심을 거친 후, 항소심에 계속되었다. 기존의 대법원판례는 부동산 이중저당 행위를 배임죄로 처벌하고 있었다. 2019. 9. 26. 항소법원은 종전 대법원판례에 따라 유죄를 인정하였다. 갑은 불복 상고하였다.

2020. 6. 18. 대법원은 판결을 선고하였다. 대법원은 9 대 3으로 견해가 나뉘었다. 대법원은 다수의견에 따라 종전 판례를 폐기하기로 하였다. 대법원은 다수의견에 따라 원심판결을 파기 환송하였다. (이하 다수의견을 대법원으로 표시하여 소개함.)

대법원은 배임죄의 성립범위에 대해 다음과 같이 설시하였다. (가) 배임죄는 (ㄱ) 타인의 사무를 처리하는 자가 (ㄴ) 그 임무에 위배하는 행위로써 (ㄷ) 재산상의 이익을 취득하거나 제3자로 하여금 이를 취득하게 하여 (ㄹ) 사무의 주체인 타인에게 손해를 가할 때 성립하는 것이다. (나) 그러므로 배임죄의 주체는 타인의 사무를 처리하는 지위에 있어야 한다. (다) 여기에서 '타인의 사무를 처리하는 자'라고 하려면, (ㄱ) 타인의 재산관리에 관한 사무의 전부 또는 일부를 타인을 위하여 대행하는 경우와 같이 (ㄴ) 당사자 관계의 전형적 · 본질적 내용이 (ㄷ) 통상의 계약에서의 이익대립관계를 넘어서 (ㄹ) 그들 사이의 신임관계에 기초하여 (ㅁ) 타인의 재산을 보호 또는 관리하는 데에 있어야 한다.

(라) 이익대립관계에 있는 통상의 계약관계에서 (ㄱ) 채무자의 성실한 급부이행에 의해 상대방이 계약상 권리의 만족 내지 채권의 실현이라는 이익을 얻게 되는 관계에 있다거나, (ㄴ) 계약을 이행함에 있어 상대방을 보호하거나 배려할 부수적인 의무가 있다는 것만으로는 채무자를 타인의 사무를 처리하는 자라고 할 수 없다. (마) 채무자를 타인(채권자)의 사무를 처리하는 자라고 하려면 (ㄱ) 위임 등과 같이 (ㄴ) 계약의 전형적 · 본질적인 급부의 내용이 (ㄷ) 상대방의 재산상 사무를 일정한 권한을 가지고 맡아 처리하는 경우에 해당하여야 한다.

대법원은 채무담보를 위한 저당권설정과 배임죄의 관계에 대해 다음과 같이 설시하였다. (가) 채무자가 금전채무를 담보하기 위한 저당권설정계약에 따라 채권자에게 그 소유의 부동산에 관하여 저당권을 설정할 의무를 부담하게 되는 경우가 있다. (나) 그렇게 되었다고 하더라도 이를 들어 채무자가 (ㄱ) 통상의 계약에서 이루어지는 이익대립관계를 넘어서 (ㄴ) 채권자와의 신임관계에 기초하여 채권자의 사무를 맡아 처리하는 것으로 볼 수 없다. (라) 채무자가 저당권설정계약에 따라 채권자에 대하여 부담하는 저당권을 설정할 의무는 계약에 따라 부담하게 된 채무자 자신의 의무이다. (마) 채무자가 위와 같은 의무를 이행하는 것은 채무자 자신의 사무에 해당할 뿐이므로, 채무자를 채권자에 대한 관계에서 '타인의 사무를 처리하는 자'라고 할 수 없다. (바) 따라서 채무자가 제3자에게 먼저 담보물에 관한 저당권을 설정하거나 담보물을 양도하는 등으로 담보가치를 감소 또는 상실시켜 채권자의 채권실현에 위험을 초래하더라도 배임죄가 성립한다고 할 수 없다.

(라) 뇌물죄 등과의 관계 공무원이 직무상 취급하는 사건과 관련하여 피해자를 기망하고 이에 속은 피해자로부터 무마 조로 뇌물을 받는 경우는 1개의 행위가 뇌물수수죄(법129①)와 사기죄(법347①)의 각 구성요건에 해당하며 두 죄는 상상적 경합관계에 있다.[1) 2)]

공무원이 취급하는 사건에 관하여 청탁 또는 알선을 할 의사와 능력이 없음에도 청탁 또는 알선을 한다고 기망하고, 이에 속은 피해자로부터 이른바 로비자금 명목으로 금원을 받는 행위는 사기죄(법347①)와 「변호사법」위반죄(동법111①)에 각각 해당하고 두 죄는 상상적 경합관계에 있다.[3)]

공동의 사기범행으로 취득한 돈을 공범자끼리 사례비로 주고 받은 행위가 공동정범들 사이의 그 범행에 의하여 취득한 돈이나 재산상 이익의 내부적인 분배행위에 지나지 않는 것이라면 그 돈의 수수행위가 따로 배임수재죄(법357①)를 구성한다고 볼 수는 없다.[4)]

(마) 절도죄와의 관계 절취할 의사로 관련서류를 갖추어 차량을 매도한 후 곧이어 그 차량을 절취한 경우에 절도죄(법329) 이외에 사기죄(법347①)가 별도로 성립할 것인지 문제된다. 피고인이 매수인에게 자동차를 인도하고 소유권이전등록에 필요한 일체의 서류를 교부함으로써 매수인이 언제든지 자동차의 소유권이전등록을 마칠 수 있게 된 이상, 피고인이 자동차를 양도한 후 다시 절취할 의사를 가지고 있었다 하더라도 자동차의 소유권을 이전하

(사) 위와 같은 법리는, (ㄱ) 채무자가 금전채무에 대한 담보로 부동산에 관하여 양도담보설정계약을 체결하고 (ㄴ) 이에 따라 채권자에게 소유권이전등기를 해 줄 의무가 있음에도 (ㄷ) 제3자에게 그 부동산을 처분한 경우에도 적용된다.

대법원은 2018년 별도의 전원합의체 판결을 통하여 부동산 이중매매 사안에 대한 배임죄 성립을 긍정한 바가 있었다. 대법원은 부동산 이중저당에 대한 배임죄 부정과 부동산 이중매매에 대한 배임죄 인정 사이에 모순이 없다는 점에 대해 다음과 같이 설시하였다. (가) 2018. 5. 17. 2017도4027 전원합의체 판결은 부동산 이중매매의 경우 배임죄의 성립을 인정하였다. (나) 부동산은 국민의 경제생활에서 차지하는 비중이 크다. (다) 부동산 매매대금은 통상 계약금, 중도금, 잔금으로 나뉘어 지급된다. (라) 계약금과 중도금은 매매대금 중 상당한 부분을 차지한다. (마) 매수인이 매도인에게 계약금과 중도금까지 지급하고도 매도인의 이중매매를 방지할 충분한 수단이 마련되어 있지 않은 것이 거래 현실이다. (바) 2017도4027 전원합의체 판결은 이러한 거래 현실의 특수성을 고려하여 부동산 이중매매의 경우 배임죄가 성립한다는 종래의 견해를 유지한 것이다. (사) 이러한 점에 비추어 보면, 2017도4027 전원합의체 판결의 취지는 이 판결(2019도14340)의 다수의견에 반하지 않는다.

대법원은 갑의 행위에 대해 다음과 같이 판단하였다. (가) ㉡근저당권설정계약에서 갑과 A 간 당사자 관계의 전형적 · 본질적 내용은 ㉠채무의 변제와 이를 위한 담보에 있다. (나) 갑을 통상의 계약에서의 이익대립관계를 넘어서 A와의 신임관계에 기초하여 A의 사무를 맡아 처리하는 것으로 볼 수 없다. (다) 그러한 이상 갑을 A에 대한 관계에서 '타인의 사무를 처리하는 자'에 해당한다고 할 수 없다.

1) 1977. 6. 7. 77도1069, 공 1977, 10157 = 백선 각론 1 『M16 분실 사건』.
2) 2015. 10. 29. 2015도12838, [미간행] = 『뇌물요구 거절 사건』.
3) 2006. 1. 27. 2005도8704, 공 2006, 380.
4) 2016. 5. 24. 2015도18795, 공 2016하, 900 = 『낙찰하한가 사전유출 사건』.

여 줄 의사가 없었다고 볼 수 없다. 피고인이 자동차를 매도할 당시 곧바로 다시 절취할 의사를 가지고 있으면서도 이를 숨긴 것을 기망이라고 할 수 없다. 결국 피고인이 자동차를 매도할 당시 기망행위가 없었으므로, 피고인에게 사기죄를 인정할 수 없다.[1)]

---

1) 2016. 3. 24. 2015도17452, 공 2016상, 633 =『승용차 매도후 절취 사건』:

D는 E에 대하여 ㉠차용금채무가 있다. E는 을에 대해 ㉡차용금 채무가 있다. D가 E에 대한 ㉠차용금을 갚지 못하였다. (연도 생략함.) 9. 11. D는 P캐피탈회사에서 대출받은 ㉢돈으로 ㉣스포티지 승용차를 구입하여 본인(D) 이름으로 등록을 마쳤다. 9. 12. D는 ㉠차용금채무의 담보로 E에게 다음의 행위를 하였다. (가) ㉣승용차를 인도하였다. (나) 자동차등록증, 자동차양도증명서, 본인의 주민등록등본, 인감증명서, 차량포기각서, 위임장 등 승용차의 소유권이전등록에 필요한 일체의 서류를 주었다(㉤서류). (다) 새로 발급받은 D 본인의 통장을 주었다.

㉤서류에 포함된 자동차양도증명서의 '양도인'란에는 D의 도장이 날인되어 있다. ㉤서류에 포함된 차량포기각서에는 다음 사항이 기재되어 있다. (가) 본인(D)은 변제기까지 변제하지 못할 시 본인 소유 차량을 포기함과 동시에 채권자에게 이의 없이 양도할 것을 각서합니다. (나) 상기 자동차(㉣스포티지 승용차)를 매매함에 있어 할부관계는 차주 본인이 책임을 질 것을 합의합니다. (다) 본인이 교부한 인감증명서로 자동차를 매매하여 차용금을 대체하고 부족할 시에는 추가로 지급할 것을 합의합니다. ㉤서류에 포함된 위임장에는 "채무자 차량의 명의이전에 관한 권한 일체를 채권자에게 위임하고 그로 인하여 발생하는 민·형사상 책임을 본인이 질 것을 확인합니다."라고 기재되어 있다.

9. 12. E는 을에 대한 ㉡차용금채무의 담보로 D로부터 받은 ㉣승용차와 소유권이전등록에 필요한 일체의 서류(㉤서류), D의 통장을 을에게 그대로 전달하였다. 갑은 을과 함께 ㉣승용차를 팔아 매매대금을 받아낸 다음 승용차를 절취하기로 공모하였다. 9. 14. 갑은 을과 함께 A에게 ㉣승용차를 매도하였다. 갑과 을은 A에게 ㉣승용차를 인도하면서 승용차의 소유권이전등록에 필요한 D 명의의 일체의 서류(㉤서류)를 주었다. 갑과 을은 A로부터 매매대금 750만원을 받았다(㉮행위). [같은 날] 갑과 을은 ㉣승용차에 미리 부착해 놓은 GPS로 승용차의 위치를 추적하여 ㉣승용차를 몰래 가지고 왔다(㉯행위). [㉣승용차 안에는 승용차의 소유권이전등록에 필요한 D 명의의 일체의 서류(㉤서류)가 들어 있었다.]

9. 16. 갑은 몰래 가져온 ㉣승용차를 다시 B에게 매도하였다. 갑은 B에게 ㉣승용차를 인도하면서 승용차의 소유권이전등록에 필요한 D 명의의 일체의 서류(㉤서류)를 주었다. 갑은 B로부터 720만원을 받았다(㉰행위). 9. 17. 갑은 ㉣승용차에 미리 부착해 놓은 GPS로 승용차의 위치를 추적하여 ㉣승용차를 몰래 가지고 왔다(㉱행위).

검사는 ㉮, ㉰행위에 대해서는 사기죄, ㉯, ㉱행위에 대해서는 특수절도죄로 갑과 을을 기소하였다. 검사의 공소사실은 다음과 같다. "갑은 을과 함께 사실은 매매대금을 수령하더라도 ㉣승용차의 소유권을 최종적으로 이전하여 줄 의사나 능력이 없음에도, A(B)에게 승용차를 매도하겠다고 거짓말을 하고 승용차를 양도하면서 매매대금 750만원(720만원)을 편취한 다음, 승용차에 미리 부착해 놓은 GPS로 승용차의 위치를 추적하여 승용차를 절취하였다."

제1심법원은 유죄를 인정하였다. 갑은 불복 항소하였다. 을을 항소하지 않았다. 항소법원은 갑의 ㉮, ㉯, ㉰, ㉱행위를 모두 유죄로 인정하고 실체적 경합범으로 처단하였다. 갑은 불복 상고하였다. 갑은 상고이유로 다음의 점을 주장하였다. (가) ㉯, ㉱범행은 ㉮, ㉰사기범행을 완성하기 위하여 필수불가결한 행위로서 사기범행에 포함되는 것이므로 불가벌적 사후행위에 해당한다. (나) 또는 ㉯, ㉱범행은 ㉮, ㉰사기범행과 동시에 이루어진 것으로 평가되어야 하므로 상상적 경합관계에 있다.

대법원은 다음의 이유를 제시하여 원심판결을 파기환송하였다. 대법원은 소유권이전의사 유무에 대해 다음과 같이 판단하였다. (가) D는 E에게 차용금채무의 담보로 승용차를 제공하면서 소유권이전등록에 필요한 일체의 서류와 본인 명의의 통장까지 교부하였다. (나) 이로써 D는 E의 승용차 처분에 동의하였다. (다) A나 B가 승용차의 소유권을 취득함에 있어 아무런 법률적 장애도 없었다. (라) 승용차의 소유자가 D이고 을이 대여

제 3 사기죄의 특수유형

1. 컴퓨터등사용사기죄

형법 제347조의2 (컴퓨터등 사용사기) 컴퓨터 등 정보처리장치에 허위의 정보 또는 부정한 명령을 입력하거나 권한 없이 정보를 입력 · 변경하여 정보처리를 하게 함으로써 재산상의 이익을 취득하거나 제3자로 하여금 취득하게 한 자는 10년 이하의 징역 또는 2천만원 이하의 벌금에 처한다.

◎ 자격정지 임의적 병과(법353)
◎ 미수범 처벌함(법352)
◎ 친족상도례 적용됨(법354)
◎ 상습범 가중처벌함(법351)
◎ 특정경제범죄법 적용대상임(동법3① · ②)

(1) 입법취지

(가) 컴퓨터 관련 범죄 컴퓨터의 보급에 따라 컴퓨터와 관련한 범죄가 증가하고 있다. 컴퓨터등사용사기죄는 공무상비밀내용탐지죄(법140③), 공전자기록위작 · 변작죄(법227의2), 사전자기록위작 · 변작죄(법232의2), 컴퓨터등업무방해죄(법314②), 비밀내용탐지죄(법316②) 등과 함께 컴퓨터 관련범죄에 대한 대책의 일환으로 1995년 말 형법 일부개정시에 신설되었다.

컴퓨터의 보급이 확대되면서 계좌이체나 각종 요금의 납부와 같이 거래관계의 결제가 컴퓨터에 의하여 자동으로 처리되는 경우가 일반화되고 있다. 이러한 경우에는 자연인이 개

금채권의 담보로 승용차를 점유하고 있었다는 사정은 기망의 대상이 될 수 없다. (마) 자동차를 매수한 후 그 소유권을 취득하기 위해서는 소유권이전등록까지 마쳐야 한다. (바) 매수인이 매도인으로부터 자동차와 함께 그 소유권이전등록에 필요한 일체의 서류를 건네받은 경우에는 혼자서도 소유권이전등록을 마칠 수 있다. (사) 갑은 A나 B에게 승용차를 인도하고 소유권이전등록에 필요한 일체의 서류를 교부하였다. (아) 이렇게 함으로써 A나 B가 언제든지 승용차의 소유권이전등록을 마칠 수 있게 되었다.

대법원은 절취의사와 기망의 관계에 대해 다음과 같이 판단하였다. (가) 갑은 승용차를 양도한 후 다시 절취할 의사를 가지고 있었다. (나) 그렇다 하더라도 이는 별개의 범죄로 매매대금을 편취하는 것과 같은 경제적 효과를 발생시키겠다는 범죄계획에 불과할 뿐이다. (다) 승용차의 소유권을 이전하여 줄 의사가 없었다고 볼 수는 없다. (라) 오히려 갑은 처음부터 승용차를 양도하였다가 절취할 의사를 가지고 있었다. (마) 그러므로 A나 B에게 일단 승용차의 소유권을 이전할 의사가 있었다고 보는 것이 거래관념에 맞다. (바) 또한 갑이 A나 B에게 승용차를 매도할 당시 곧바로 다시 절취할 의사를 가지고 있으면서도 이를 숨긴 것을 기망이라고 할 수도 없다. (사) 결국, 갑이 A나 B에게 승용차를 매도할 당시 기망행위가 없었다.

입하지 않기 때문에 기망이라는 것을 상정할 수 없다. 그리하여 무단으로 타인의 계좌에서 자금을 이체하는 행위 등에 대해 종래의 사기죄로 처벌할 수 없는 한계점이 노정되는데, 이와 같은 상황에 대처하기 위하여 마련된 범죄유형이 컴퓨터등사용사기죄이다.[1)]

(나) 특정경제범죄법 2018년 「특정경제범죄 가중처벌 등에 관한 법률」(특정경제범죄법)이 개정되었다. 개정전 특정경제범죄법 제3조는 사기죄(법347), 상습사기죄(법351, 347, 347의2), 공갈죄(법350), 특수공갈죄(법350의2), 상습공갈죄(법351, 350, 350의2), 횡령죄(법355①), 배임죄(법355②), 업무상 횡령죄(법356, 355①), 업무상 배임죄(법356, 355②)를 범한 사람이 그 범죄행위로 인하여 취득하거나 제3자로 하여금 취득하게 한 이득액이 5억원 이상일 때 법정 이득액 구간에 따라 가중 처벌하도록 하고 있었다.

그러나 컴퓨터등 정보처리장치에 허위의 정보 등을 입력하여 재산상 이익을 취득하는 컴퓨터등사용사기죄(법347의2)는 특정경제범죄법의 가중처벌 대상에서 제외되어 있었으므로 사기죄(법347)와 같이 가중처벌의 대상이 되어야 한다는 지적이 제기되었다. 이에 입법자는 특정경제범죄법 제3조를 개정하여 2018년부터 형법 제347조의2의 컴퓨터등사용사기죄를 특정재산범죄의 가중처벌 대상에 추가하였다. 그 결과 컴퓨터등사용사기죄(법347의2) 및 상습컴퓨터등사용사기죄(법351, 347의2)는 특정경제범죄법 제3조에 의하여 가중처벌된다.

(다) 통신사기피해환급법 컴퓨터등사용사기죄와 관련하여 소위 보이스피싱 등의 범죄유형이 주목된다. 입법자는 보이스피싱 등 전기통신금융사기 범죄에 대처하기 위하여 특별법으로 「전기통신금융사기 피해 방지 및 피해금 환급에 관한 특별법」(통신사기피해환급법)을 제정하여 2011년부터 시행하고 있다.[2)] 전기통신금융사기범죄와 컴퓨터등사용사기죄는 실체적 경합관계에 있다 함은 앞에서 설명하였다.[3)]

(2) 입법유형

비교법적으로 볼 때 우리 형법의 컴퓨터등사용사기죄는 독일 형법과 일본 형법을 혼용한 방식을 취하고 있다.

(가) 독일 형법 독일 형법은 컴퓨터를 이용하는 행위양태로 (가) 부정한 프로그램의 입력, (나) 허위정보의 입력, (다) 무권한 정보입력, (라) 기타 권한 없는 작용 등의 방법으로 컴퓨터 등의 정보처리에 영향을 미치는 것을 상정하고 있다. 그리고 그러한 행위의 결과로서 재산상 손해발생을 요하는 관계로 처분행위의 객체에는 재물과 재산상 이익이 모두 포함된다

1) 법무부, 형법개정법률안 제안이유서, (1992), 181면.
2) 전술 1128면 참조.
3) 전술 1204면 참조.

(동법263a①). 나아가 독일 형법은 자동설비등 부정이용죄(동법265a)를 규정하여 컴퓨터 등 정보처리장치를 이용한 자동설비의 무단이용행위를 별도로 처벌하고 있다.[1)]

(나) 일본 형법 일본 형법은 컴퓨터등사용사기죄를 처음부터 사기죄의 보충적 구성요건으로 규정하는 한편, 자동설비등 부정이용행위에 대해서는 별도의 조문을 마련하고 있지 않다.

사기죄의 경우 일본 형법은 재물편취(동법246①)와 이익편취(동법246②)로 나누어서 규정하는 태도를 취하고 있는데, 일본의 입법자는 컴퓨터등사용사기죄를 처음부터 이익편취죄(동법246②)의 보충적 구성요건으로 설정하여 객체를 재산상 이익으로 한정하고 있다. 재물을 점유자로부터 침탈하는 유형의 행위에 대해서는 절도죄를 적용하여 처벌할 수 있으므로 재물을 컴퓨터등사용사기죄의 객체로 삼을 필요가 없다는 것이 그 이유이다.[2)]

나아가 일본 형법은 컴퓨터를 이용하는 형태로 (가) 허위정보의 입력과 (나) 부정한 프로그램의 입력만을 명시하고 있고, 행위태양의 하부유형을 (ㄱ) 불실한 전자적 기록을 작성하여 재산상 이익을 취득하는 경우와 (ㄴ) 부정하게 작성된 전자적 기록을 사용하여 재산상 이익을 취득하는 경우로 세분화하고 있다.[3)]

(다) 한국 형법 우리 형법의 입법태도는 독일 형법과 일본 형법의 중간에 위치하고 있다. 먼저 컴퓨터등사용사기죄(법347의2) 이외에 편의시설부정이용죄(법348의2)도 규정하고 있다는 점은 독일 형법과 유사하다.

다음으로, 컴퓨터 등 정보처리장치를 이용하는 형태로 (가) 허위정보의 입력, (나) 부정한 프로그램의 입력, (다) 무권한 정보입력[4)]이라는 세 가지 방법을 규정하고 있다는 점과 행위태양의 하부유형을 세분화하지 않고 일반적으로 정보처리에 영향을 미치는 행위태양을 상정

---

1) 독일형법 제263조a ① 위법한 재산적 이익을 스스로 취득하거나 제3자로 하여금 취득하게 할 의사로 프로그램의 부정한 구성, 부정하거나 불충분한 정보의 입력, 정보의 권한 없는 입력, 기타 정보처리 과정에 대한 권한 없는 작용을 통하여 정보처리의 결과에 영향을 줌으로써 타인의 재산에 손해를 가한 자는 5년 이하의 자유형 또는 벌금에 처한다.

제265조a ① 자동설비나 공공목적에 공하는 전기통신망의 급부, 교통수단에 의한 운송 또는 행사나 시설에의 입장을 대가를 지급하지 아니할 의사로 몰래 취득한 자는 그 행위를 다른 규정에서 더 중한 형으로 처벌하고 있지 아니한 경우에는 1년 이하의 자유형 또는 벌금에 처한다.

2) 前田雅英 編, 條解 刑法, 第二版, (2009), 733頁.

3) 일본형법 제246조 ① 사람을 속여 재물을 교부하게 한 자는 10년 이하의 징역에 처한다.

② 전항의 방법에 의하여 재산상 불법한 이익을 얻거나 타인에게 이를 얻게 한 자도 동항과 같다.

제246조의2 전조에 규정한 것 이외에 사람의 사무처리에 사용되는 전자계산기에 허위의 정보 또는 부정한 지령을 부여하여 재산권의 득상(得喪) 또는 변경에 관계되는 불실한 전자적 기록을 만들거나 또는 재산권의 득상(得喪) 또는 변경에 관계되는 허위의 전자적 기록을 사람의 사무처리용으로 제공하여 재산상 불법한 이익을 얻거나 타인에게 이를 얻게 한 자는 10년 이하의 징역에 처한다.

4) 2001년 12월의 형법 일부개정에 의하여 '권한 없이 정보를 입력 · 변경하는 행위'가 추가되었다.

하고 있다는 점도 독일 형법과 공통된다. 그렇지만 '재산상 이익'만을 행위객체로 규정하고 있다는 점에서 독일 형법과 다르며, 일본 형법과 궤를 같이한다.

(라) 문제의 소재 우리 입법자가 컴퓨터등사용사기죄의 행위태양을 독일 형법과 비슷하게 규정하면서 행위객체를 일본 형법처럼 재산상 이익에 국한하였기 때문에 해석상 의문이 제기된다. 독일 형법의 경우에는 컴퓨터등사용사기죄를 규정할 때 기존의 사기죄 구조를 전제로 한 다음 컴퓨터에 허위정보나 부정한 프로그램을 입력하는 행위 등을 '자연인을 기망한다'는 사기죄의 구성요건요소에 갈음하고 있다. 컴퓨터등사용사기죄가 기본적으로 사기죄의 구성요건과 구조를 같이하기 때문에 재물과 재산상 이익을 구별하지 않으며, 양자 모두 컴퓨터등사용사기죄의 행위객체에 포함된다.

우리 형법은 독일 형법과 동일한 맥락에 서서 컴퓨터등사용사기죄를 규정하고 있음에도 불구하고 재산상 이익만을 행위객체로 명시하고 재물은 언급하고 있지 않다. 이 부분은 컴퓨터등사용사기죄의 행위객체를 '재산상 불법의 이익'으로 명시하고 있는 일본 형법과 같다. 이러한 차이점에도 불구하고 컴퓨터등 정보처리장치에 각종 정보나 명령을 입력하여 재물을 취득하는 경우를 독일 형법처럼 컴퓨터등사용사기죄로 규율할 수는 없겠는가 하는 의문이 제기된다. 이에 대해서는 후술한다.[1]

(3) 행위객체

컴퓨터등사용사기죄는 컴퓨터 등 정보처리장치와 관련하여 성립하는 범죄이다. 이 경우 정보처리장치란 정보처리를 위한 시설 · 장비를 가리킨다.

(가) 정 보 단순히 지식 · 정보라는 의미를 넘어서서 정보처리장치에 의하여 가공 · 처리될 수 있도록 기호화된 정보를 말한다. 기호화된 정보 그 자체를 의미한다는 점에서 이러한 정보가 수록되어 있는 전자매체등 특수매체기록(법227의2, 232의2, 314②, 316② 참조)과 구별된다.

(나) 정보처리 기호화된 정보의 입력(입력), 프로그램에 의한 정보의 처리(연산), 처리된 결과의 현출(출력)로 연결되는 일련의 자동처리과정을 말한다. 컴퓨터등사용사기죄에서의 정보처리는 재산권의 득실 · 변경에 관한 정보처리를 의미한다.

(다) 정보처리장치 컴퓨터는 입력 · 연산 · 출력의 전과정이 하나의 장치에 합체되어 있는 것으로서 정보처리장치의 대표적인 예이다. 그러나 그 밖에 입력, 연산, 출력의 어느 하나만을 수행하는 장치도 정보처리장치에 포함된다. 우리 형법이 '컴퓨터등 정보처리장치'라고 규정한 것은 이 점을 나타내기 위한 것이다.

---

1) 후술 1230면 이하 참조.

우리 형법상 컴퓨터등사용사기죄의 조문을 성안하는 과정에서 일본 형법의 예에 따라 정보처리장치를 사무처리에 사용하는 정보처리장치로 제한할 것인지에 대해 논의가 있었다. 그러나 이것은 사기죄의 본질에 비추어 당연한 규정이므로 별도로 규정할 필요가 없다는 결론에 이르러 단순히 '컴퓨터등 정보처리장치'라는 표현으로 귀착되었다.[1)]

(4) 실행행위

컴퓨터등사용사기죄의 실행행위는 (가) 컴퓨터등 정보처리장치에 허위의 정보를 입력하는 행위, (나) 컴퓨터 등 정보처리장치에 부정한 명령을 입력하는 행위, (다) 컴퓨터 등 정보처리장치에 권한 없이 정보를 입력·변경하는 행위라는 세 가지 유형의 행위태양을 통하여 정보처리를 하게 하는 것이다. 컴퓨터등업무방해죄의 행위태양에 포함되는 '기타 방법'은 컴퓨터등사용사기죄의 경우에 해당이 없다.[2)]

(가) 허위 정보의 입력 　컴퓨터등사용사기죄의 첫 번째 행위태양은 컴퓨터등 정보처리장치에 허위의 정보을 입력하여 정보처리를 하게 하는 것이다. '허위의 정보를 입력한다' 함은 사실관계와 일치하지 않는 자료를 입력하는 것을 말한다. 허위의 입금데이터를 입력하여 예금원장파일의 잔고를 증액시키는 경우가 여기에 해당하는 예이다.[3)]

(나) 부정한 명령의 입력 　컴퓨터등사용사기죄의 두 번째 행위태양은 컴퓨터등 정보처리장치에 부정한 명령을 입력하여 정보처리를 하게 하는 것이다. '부정한 명령을 입력한다' 함은 프로그램을 조작하는 것을 말한다.[4)] 프로그램이란 정보가 입력될 때 이를 일정한 방식으로 가공하도록 컴퓨터에 주어진 명령체계를 말한다. 명령을 입력한다 함은 프로그램의 전부 또는 일부를 삽입·변경·삭제하는 것을 말한다.

컴퓨터등사용사기죄(법347의2)는 사기죄(법347)에 대응하는 구조를 가지고 있다. 따라서 부정한 명령의 입력은 사기죄의 기망에 상응하는 내용의 명령입력을 의미한다. 부정한 명령의 입력은 당해 사무처리시스템에 예정되어 있는 사무처리의 목적에 비추어 지시해서는 안 될 명령을 입력하는 것을 의미한다.[5)]

이와 관련하여 (가) 당해 사무처리시스템의 프로그램을 구성하는 개개의 명령을 부정하게 변개·삭제하는 행위는 물론 (나) 프로그램 자체에서 발생하는 오류를 적극적으로 이용하여 그 사무처리의 목적에 비추어 정당하지 아니한 사무처리를 하게 하는 행위도 특별한 사

---

1) 법무부, 형법개정법률안 제안이유서, (1992), 182면.
2) 컴퓨터등업무방해죄의 행위유형에 대해서는, 전술 887면 이하 참조.
3) 법무부, 형법개정법률안 제안이유서, (1992), 182면.
4) 법무부, 형법개정법률안 제안이유서, (1992), 182면.
5) 2013. 11. 14. 2011도4440, 공 2013하, 2269 = 분석 각론『전자복권 프로그램 사건』.

정이 없는 부정한 명령의 입력에 해당한다.[1]

판례는 컴퓨터등업무방해죄(법314②)의 사안에서 정보처리장치를 관리 운영할 권한이 없게 된 자가 그 정보처리장치에 입력되어 있던 관리자의 아이디와 비밀번호를 무단으로 변경한 행위에 대해 정보처리장치에 부정한 명령을 입력하는 경우에 해당한다고 판단하였다.[2] 판례의 결론은 '정보의 무권한 입력'이 컴퓨터등업무방해죄(법314②)의 행위태양에 규정되어 있지 않기 때문에 이를 규율하기 위하여 도출된 것이라고 생각된다.

그러나 컴퓨터등사용사기죄(법347의2)의 사안에서 정보처리장치를 관리 운영할 권한이 없게 된 자가 그 정보처리장치에 입력되어 있던 관리자의 아이디와 비밀번호를 무단으로 변경한 행위가 문제되었다면 다음 항목의 '정보의 무권한 입력'에 해당한다고 보아야 할 것이다.

(다) 정보의 무권한 입력　　컴퓨터등사용사기죄의 세 번째 행위태양은 컴퓨터등 정보처리장치에 권한 없이 정보를 입력 · 변경하여 정보처리를 하게 하는 것이다. '권한 없이 정보를 입력 · 변경한다' 함은 사실관계와 일치하는 정보를 권한 없는 자가 입력하거나 변경하는 것을 말한다.

예컨대 금융기관 직원이 범죄의 목적으로 전산단말기를 이용하여 다른 공범들이 지정한 특정계좌에 무자원 송금의 방식(계좌이체)으로 자금을 입금하게 한 것은 권한 없이 정보를 입력하여 정보처리를 하게 한 경우에 해당한다. 그 직원이 평상시 금융기관의 여 · 수신업무를 처리할 권한이 있었다고 하여도 마찬가지이다.[3]

타인의 명의를 모용하여 발급받은 신용카드의 번호와 그 비밀번호를 이용하여 ARS 전화서비스나 모바일 또는 인터넷 등을 통하여 계좌이체 형식으로 신용대출을 받는 방법으로 재산상 이익을 취득하는 행위는 컴퓨터등 정보처리장치에 권한 없이 정보를 입력하여 정보처리를 하게 함으로써 재산상 이익을 취득하는 행위로서 컴퓨터등사용사기죄에 해당한다.[4]

(5) 정보의 처리

(가) 정보의 직접적 처리　　컴퓨터등사용사기죄는 컴퓨터등 정보처리장치에 (가) 허위의 정보를 입력하거나, (나) 부정한 명령을 입력하거나, (다) 권한 없이 정보를 입력 · 변경하여 정보처리를 하게 함으로써 재산상 이익을 취득할 때 성립한다. 이 경우 '정보처리를 한다'

---

1) 2013. 11. 14. 2011도4440, 공 2013하, 2269 = 분석 각론 『전자복권 프로그램 사건』.
2) 2006. 3. 10. 2005도382, 공 2006, 696 = 분석 각론 『대학 웹서버 관리자 사건』 참조.
3) 2006. 1. 26. 2005도8507, 공 2006, 374.
4) 2006. 7. 27. 2006도3126, 공 2006, 1584 = 『전처 명의 신용카드 사건』.

함은 사기죄의 경우 착오에 의한 처분행위에 상응한다. 그러므로 입력된 허위의 정보 등에 의하여 계산이나 데이터의 처리가 이루어짐으로써 직접적으로 재산처분의 결과를 초래해야 한다.[1)]

사람을 기망하여 컴퓨터 등에서 정보처리를 하게 하는 경우는 자연인을 기망하는 것이므로 컴퓨터등사용사기죄가 아니라 통상의 사기죄(법347)가 성립한다. 다만 정을 모르는 제3자

---

1) 2014. 3. 13. 2013도16099, 공 2014상, 892 =『전자입찰 악성프로그램 사건』:

M지방자치단체는 N시설공사를 조달청을 통해 전자입찰 방식으로 발주하였다. N공사는 적격심사를 거친 건설사들만 수주할 수 있다. 갑 등은 컴퓨터프로그래머들이다(갑으로 통칭함). 갑은 ㉠, ㉡악성프로그램을 개발하였다. ㉠악성프로그램은 시설공사 발주처인 지방자치단체 등의 재무관 컴퓨터에 있는 암호화되기 직전 15개의 예비가격과 그 추첨번호를 해킹하여 볼 수 있는 것이다. ㉡악성프로그램은 입찰자가 입찰자의 컴퓨터에 입찰금액을 입력하면서 선택하는 2개의 예비가격 추첨번호가 미리 지정된 추첨번호 4개 중에서 선택되어 조달청 서버로 전송되도록 하는 것이다.

갑은 ㉠, ㉡악성프로그램을 운용하여 사전에 N공사의 낙찰하한가를 알아내었다. 갑은 이를 토대로 P건설사에게 낙찰가능성이 높은 입찰금액을 대가를 받고 알려주었다. P건설사는 갑이 준 정보를 토대로 입찰에 참여하여 N공사의 낙찰을 받았다.

검사는 갑을 컴퓨터등사용사기죄, 정보통신망법위반죄, 입찰방해죄로 기소하였다. 제1심법원은 공소사실을 유죄로 인정하였다. (이하 컴퓨터등사용사기죄만 검토함.) 갑의 피고사건은 제1심을 거친 후, 항소심에 계속되었다. 항소법원은 다음의 이유를 들어 유죄를 인정하였다. (가) 사기죄의 기망행위와 피해자의 재산적 처분행위 사이에는 상당인과관계가 있는 것으로 족하다. (나) 이는 컴퓨터등사용사기죄의 경우에도 마찬가지이다. (다) 비록 M지방자치단체의 최종적 선정절차가 남아있더라도 상당인과관계가 부정되는 것은 아니다. 갑은 불복 상고하였다.

대법원은 다음의 이유를 제시하여 원심판결을 파기환송하였다. 대법원은 컴퓨터등사용사기죄의 '정보처리'에 대해 다음과 같이 설시하였다. (가) 형법 제347조의2는 컴퓨터 등 정보처리장치에 허위의 정보 또는 부정한 명령을 입력하거나 권한 없이 정보를 입력·변경하여 정보처리를 하게 함으로써 재산상의 이익을 취득하거나 제3자로 하여금 취득하게 하는 행위를 처벌하고 있다. (나) 이는 재산변동에 관한 사무가 사람의 개입 없이 컴퓨터 등에 의하여 기계적·자동적으로 처리되는 경우가 증가함에 따라 이를 악용하여 불법적인 이익을 취하는 행위도 증가하였으나 이들 새로운 유형의 행위는 사람에 대한 기망행위나 상대방의 처분행위 등을 수반하지 않아 기존 사기죄로는 처벌할 수 없다는 점 등을 고려하여 신설한 규정이다. (다) 여기서 '정보처리'는 사기죄에 있어서 피해자의 처분행위에 상응하는 것이다. (라) 그러므로 입력된 허위의 정보 등에 의하여 계산이나 데이터의 처리가 이루어짐으로써 직접적으로 재산처분의 결과를 초래하여야 한다. (마) 행위자나 제3자의 '재산상 이익 취득'은 사람의 처분행위가 개재됨이 없이 컴퓨터 등에 의한 정보처리과정에서 이루어져야 한다.

대법원은 갑의 행위에 대해 다음과 같이 판단하였다. (가) N공사는 적격심사를 거치게 되어 있다. (나) N공사의 전자입찰에 있어서 특정 건설사가 낙찰하한가에 대한 정보를 사전에 알고 투찰할 경우 그 건설사가 낙찰자로 결정될 가능성이 높은 것은 사실이다. (다) 그러나 가장 근접한 금액으로 투찰한 건설사라고 하더라도 적격심사를 거쳐 일정 기준 이상이 되어야만 낙찰자로 결정될 수 있다.

(라) 갑은 조달청의 국가종합전자조달시스템에 입찰자들이 선택한 추첨번호가 변경되어 저장되도록 하는 등 권한 없이 정보를 변경하여 정보처리를 하게 하였다. (마) 갑이 그렇게 함으로써 직접적으로 얻은 것은 낙찰하한가에 대한 정보일 뿐이다. (바) 위와 같은 정보처리의 직접적인 결과 P건설사가 낙찰자로 결정되어 낙찰금액 상당의 재산상 이익을 얻게 되었다고 보기 어렵다. (사) 위와 같은 정보처리의 직접적인 결과 P건설사에 대한 낙찰자 결정이 사람의 처분행위가 개재됨이 없이 컴퓨터 등의 정보처리과정에서 이루어졌다고 보기 어렵다.

를 이용하여 정보처리를 하게 하는 경우에는 간접정범 형태에 의한 컴퓨터등사용사기죄가 성립한다.

(나) 정보처리의 형태 　정보처리와 관련하여 일본 형법은 "(가) 재산권의 득상(得喪) 또는 변경에 관계되는 불실의 전자적 기록을 만들거나 또는 (나) 재산권의 득상 또는 변경에 관계되는 허위의 전자적 기록을 사람의 사무처리의 용도에 제공하여"라고 규정하여 정보처리의 형태를 구체적으로 나타내고 있다. 그러나 우리 형법은 단순히 '정보처리'라는 표현을 사용함으로써 전자적 기록을 새로이 만들었는지, 이미 만들어진 전자적 기록을 사용하였는지 등은 특별히 문제삼지 않는다.

(6) 재산상 이익의 취득

(가) 재산상 이익의 취득 　컴퓨터등사용사기죄에서 행위자나 제3자의 '재산상 이익 취득'은 사람의 처분행위가 개재됨이 없이 컴퓨터 등에 의한 정보처리과정에서 이루어져야 한다.[1] 재산상 이익이 이전되는 대표적인 예는 현금을 매개하지 아니한 무자원 송금의 방식(계좌이체)이다. 인터넷 뱅킹이나 모바일 결제시스템, 현금자동지급기 등을 이용한 자금이체나 수수료 결제 등에서 그 예를 찾아볼 수 있다.

컴퓨터등사용사기죄는 범인이 재산상 이익을 취득하거나 제3자로 하여금 취득하게 할 때 기수에 이른다. 재산상 이익을 제3자가 취득하는 경우에 본인과 제3자 사이에 일정한 관계가 인정되어야 함은 사기죄의 경우와 같다.[2] 제3자가 컴퓨터등사용사기죄의 재산상 이익 취득의 상대방이 되는 경우로는 (가) 제3자가 범인과의 사이에 정을 모르는 도구로 행동하는 경우, (나) 제3자가 범인의 이익을 위해 행동하는 대리인의 관계에 있는 경우, (다) 범인이 제3자에게 재물 또는 재산상 이익을 불법이득하게 할 의사가 있는 경우로 한정된다. (다)의 경우 불법이득하게 할 의사는 반드시 적극적 의욕이나 확정적 인식이어야 하는 것은 아니고 미필적 인식으로도 족하다.[3]

(나) 재물의 취득 문제 　컴퓨터등사용사기죄에서 재물이 객체에 포함될 수 있는지 문제된다. 이에 대해서는 항목을 바꾸어서 검토한다.

(7) 위임초과 현금인출행위와 컴퓨터등사용사기죄

(가) 문제의 제기 　앞의 비교법적 고찰 부분에서 언급한 바와 같이, 우리 형법의 컴퓨

1) 2014. 3. 13. 2013도16099, 공 2014상, 892 =『전자입찰 악성프로그램 사건』.
2) 전술 1180면 이하 참조.
3) 2009. 1. 30. 2008도9985, 공 2009, 295 =『택지분양권 전전매매 사건』.

터등사용사기죄는 독일 형법과 일본 형법의 중간에 위치하고 있다. 독일 형법의 입법태도에 따를 때 컴퓨터등사용사기죄는 컴퓨터등 정보처리장치에 의한 정보처리를 자연인에 대한 기망과 착오 및 처분행위에 갈음하는 것으로 보아 사기죄의 특수유형으로 규정된 것이라고 할 수 있다. 그렇다면 컴퓨터등사용사기죄의 객체를 '재산상 이익'으로 한정하고 '재물'을 배제할 이유는 뚜렷이 보이지 않는다.

이와 관련하여 거래사회에서 특히 많이 문제되는 것이 현금자동지급기에 의한 현금인출행위이다. 현금자동지급기는 은행과 예금자 간의 약정에 따라 예금자가 은행이 지정해 준 비밀번호 등 정보를 입력하면 일정한 컴퓨터 프로그램에 따라 그 정보를 자동처리하는 기기이다. 현금자동지급기는 기기에 삽입된 현금카드와 입력된 비밀번호 등 정보가 정확하기만 하면 현금자동지급기의 카드 사용자가 누구이든 간에 인출가능한 한도 내에서 예금이 인출되는 특성을 지니고 있다.[1] 따라서 현금자동지급기가 정보처리장치에 해당함은 분명하다. 문제는 인출되는 현금이 재산상 이익이 아니라 재물이라는 점이다.

(나) 종전의 판례 2006년까지 판례는 현금자동지급기에서 현금을 무단으로 인출하는 행위에 대해 컴퓨터등사용사기죄의 적용을 엄격하게 부인해 왔다. 판례는 이와 관련하여 다음의 논거를 제시하고 있었다. (가) 우리 형법은 재산범죄의 객체가 재물인지 재산상 이익인지에 따라 재물죄와 이득죄로 분리하여 규정하고 있다. (나) 형법이 일반 사기죄를 재물죄 겸 이득죄로 규정한 것과 달리 컴퓨터등사용사기죄는 그 객체를 재물이 아닌 재산상 이익으로만 한정하여 규정하고 있다. (다) 그러므로 현금자동지급기에서 현금을 인출하는 행위가 재물에 관한 범죄임이 분명한 이상 이를 컴퓨터등사용사기죄로 처벌할 수 없다.[2) 3) 4)]

이러한 일련의 일관된 판례는 재산상 이익만을 컴퓨터등사용사기죄의 객체로 인정한 일본 형법의 해석론을 충실하게 따른 것이라고 생각된다.

(다) 새로운 판례 독일 형법의 해석론에 따르면 재물도 재산상 이익과 마찬가지로 컴퓨터등사용사기죄의 객체에 포함된다. 독일 형법은 사기죄의 처분행위 요건과 관련하여 행위태양을 명시하지 않고 단지 재산상 손해발생만을 요건으로 규정해 놓고 있다. 이에 따르면 재물의 교부도 재산상 손해발생에 포함되며, 컴퓨터등사용사기죄의 규율대상이 된다.

---

1) 1996. 9. 20. 95도1728, 공 1996, 3244 = 『콩가루 만들기 사건』.
2) 2006. 7. 27. 2006도3126, 공 2006, 1584 = 『전처 명의 신용카드 사건』.
3) 2003. 5. 13. 2003도1178, 공 2003, 1409.
4) 2002. 7. 12. 2002도2134, 공 2002, 2004.

우리의 경우 독일 형법식의 해석론을 반영한 것으로 보이는 판례가 나와서 주목되고 있다. 2006년의 판례에서 문제된 사안은 피고인이 예금주인 현금카드 소유자로부터 일정한 금액의 현금을 인출해 오라는 부탁을 받으면서 이와 함께 현금카드를 건네받은 것을 기화로 그 위임받은 금액을 초과하여 현금을 인출한 행위를 내용으로 하고 있다.

이 사안에 대해 대법원은 "그 인출된 현금에 대한 점유를 취득함으로써 이 때에 그 인출한 현금 총액 중 인출을 위임받은 금액을 넘는 부분의 비율에 상당하는 재산상 이익을 취득한 것으로 볼 수 있으므로 이러한 행위는 그 차액 상당액에 관하여 형법 제347조의2에 규정된 '컴퓨터등 정보처리장치에 권한 없이 정보를 입력하여 정보처리를 하게 함으로써 재산상의 이익을 취득'하는 행위로서 컴퓨터등사용사기죄에 해당된다고 할 것이다."라고 판시하였다.[1)]

2006년까지의 기존 판례 입장에 따르면 인출된 현금 자체는 재물이므로 재산상 이익을 객체로 하는 컴퓨터등사용사기죄는 성립할 여지가 없다.[2)] 그럼에도 불구하고 2006년의 새로운 판례는 '인출한 현금 총액 중 인출을 위임받은 금액을 넘는 부분의 비율에 상당하는 재산상 이익'이라는 개념을 사용하여 재물을 재산상 이익에 포섭시키는 이론구성을 시도하고 있다.[3)]

(라) 학설의 검토　새로운 판례는 컴퓨터등 정보처리장치를 이용한 각종의 재산범죄를 컴퓨터등사용사기죄로 단일화하여 규율하려는 시도라고 보여 주목된다. 그러나 판례의 이론구성에 대한 반론이 적지 않다. 학설은 위임범위를 넘는 현금을 인출하는 행위에 대해 컴퓨터등사용사기죄를 부정하는 점에서 대체로 공통되지만 다시 구체적인 해결책에 대해서는 견해가 나뉜다. 이와 관련하여 몇 가지 상정 가능한 이론구성을 검토해 본다.

① 절도죄설　위임범위를 넘는 부분의 현금인출은 현금자동지급기 관리자의 의사에 반하는 것이어서 절도죄가 성립한다고 보는 견해이다.[4)] 그러나 행위자는 정당한 카드소유자의 위임을 받고 있고, 진실에 부합하는 정보를 입력하여 현금을 인출하고 있으므로 현금자동지급기 관리자의 의사에 반하여 현금을 절취하는 것이라고 말할 수 없다.[5)]

---

1) 2006. 3. 24. 2005도3516, 공 2006, 763 = 분석 각론 『3만원 삥땅 사건』.

2) 2006. 3. 24. 2005도3516, 공 2006, 763 = 분석 각론 『3만원 삥땅 사건』: 이 판례에서 제1심법원은 종전의 대법원판례와 같은 입장에서 컴퓨터등사용사기죄의 성립을 부정하였다.

3) 김일수 · 서보학, 362면; 오영근, 385면; 임웅, 321면은 재물이 재산상 이익에 포함된다는 입장을 취하고 있다. 그러나 이러한 해석론은 우리 형법이 재물과 재산상 이익을 준별하여 규정하고 있다는 점과 장물죄의 성립범위를 모호하게 한다는 점에서 찬성하기 곤란하다. 재물과 재산상 이익의 구별에 대하여는, 전술 993면 이하 참조.

4) 손동권 · 김재윤, 399면.

5) 2006. 3. 24. 2005도3516, 공 2006, 763 = 분석 각론 『3만원 삥땅 사건』: 이 판례에서 절도죄의 성립을 부정한 항소심의 판단내용이다.

② 사기죄설 위임을 받아 비밀번호와 함께 카드를 건네받은 것을 기화로 카드소유자에게 알리지 않고 초과금액을 인출하는 행위가 카드소유자와의 관계에서 사기죄를 구성하는 것으로 생각할 여지가 있다. 그러나 기망행위를 통하여 카드를 교부받는 경우와 달리 위임초과 현금인출의 사안에서는 카드를 교부받는 단계에서 기망의 고의가 없다. 따라서 사기죄의 성립을 인정하기는 곤란하다.[1]

③ 횡령죄설 현금인출을 금전사무처리의 일환으로 보고 초과금액의 인출행위가 횡령죄를 구성한다고 보는 견해이다.[2] 금전사무처리의 경우에는 수령한 금전을 보관한다는 위탁신임관계에 기초하여 횡령죄가 성립한다. 그러나 위임초과 현금인출의 사안에서는 초과인출된 현금 부분에 대해 이와 같은 위탁신임관계를 인정할 수 없으므로 횡령죄의 성립을 인정할 수가 없다.

④ 배임죄설 카드소유자가 비밀번호와 함께 카드를 교부하여 현금인출을 의뢰할 때 행위자에게 대리권이 부여된 것으로 보고, 이를 근거로 행위자에게 카드소지자를 위한 재산적 사무처리자의 지위를 인정하여 배임죄의 성립을 긍정하는 견해를 생각해 볼 수 있다. 그러나 임의의 금전사무 처리는 횡령죄를 구성한다고 하는 것이 판례의 일관된 태도일 뿐만 아니라, 배임죄는 재산상 이익을 객체로 한다는 점에서 재물인 현금을 인출하는 행위를 배임죄로 규율하기는 곤란하다.

⑤ 소송법설 우리 형법은 사기죄를 규정하면서 재물과 재산상 이익을 대등한 위치에 병렬시키고 있다. 이러한 점에 주목하여 판례는 동일한 사실관계에서 재물을 재산상 이익으로 잘못 파악하거나 그 역인 경우에 판결에 영향을 미친 위법(형소법361의5 i, 383 i 참조)이 없다는 이유로 실체법상의 잘못을 용인하는 태도를 취하고 있다.[3] 이러한 판례의 입장에 따를 때 "인출된 현금이 원래는 재물에 해당하지만 재산상 이익으로 평가해도 무방하다"는 결론이 도출될 여지가 있다. 초과인출된 현금을 가리켜서 '인출한 현금 총액 중 인출을 위임받은 금액을 넘는 부분의 비율에 상당하는 재산상 이익으로 볼 수 있다'는 판례의 입장은 이러한 관점에서 이해할 수 있다.

그러나 실체법의 문제와 소송법의 문제는 명확하게 구별해야 한다. 상소제도의 특성에서 나오는 결론을 가지고 실체법상의 해결책으로 대신할 수는 없다. 나아가 위의 현금 초과인출 사안에서 문제된 것은 단순히 재물편취와 이익취득의 대립이 아니라 절도죄(법329; 6년 이하의 징역 또는 1천만원 이하의 벌금)와 컴퓨터등사용사기죄(법347의2; 10년 이하의 징역 또는 2천

---

1) 정영일, 290면은 컴퓨터등사용사기죄를 인정하고 있다.
2) 이형국 · 김혜경, 428면.
3) 1997. 7. 25. 97도1095, 공 1997, 2758 =『빙과회사 융통어음 사건』.

만원 이하의 벌금)의 대립이어서 판결에 영향을 미치는 점도 분명하다.

(마) 사 견 이상의 학설 검토에서 살펴본 바와 같이 위임초과 현금인출행위를 현행 형법의 규정으로 규율하기는 쉽지 않다. 결국 현재로서는 어느 경우에도 해당하지 아니하여 무죄라고 할 수밖에 없다. 이와 같은 상황에서 일종의 고육책으로 시도된 것이 위에 소개한 2006년 판례의 이론구성이라고 할 수 있다.

그러나 실무상의 고충을 감안한다고 하더라도 2006년 판례의 태도는 찬성하기 어렵다. 우선 생각할 수 있는 것은 판례의 결론이 피고인에게 불리한 유추해석이어서 죄형법정주의에 반할 위험이 있다는 점이다. 이 점을 차치하더라도 무엇보다 주목할 점은 우리 형법이 재산범죄를 규정하면서 재물과 재산상 이익을 준별하고 있다는 점이다. 실무상 필요에 의하여 재물을 재산상 이익으로 환원시켜버린다면 재산범죄의 전체적인 체계가 무너질 위험이 있다. 이 점은 특히 초과인출한 현금을 그 사정을 알면서 취득한 제3자를 장물취득죄(법362①)로 처벌할 수 있을 것인가 하는 문제에서 더욱 두드러진다.

문제상황은 컴퓨터등사용사기죄(법347의2)와 편의시설부정이용죄(법348의2)를 비교해 보면 더욱 분명해진다. 편의시설부정이용죄는 자동판매기, 공중전화 기타 유료자동설비를 이용하는 경우를 상정하고 있는데, 여기에 컴퓨터등 정보처리장치를 부착한 자동설비가 포함됨은 분명하다. 그런데 우리 입법자는 편의시설부정이용죄를 규정하면서 그 객체를 재물 또는 재산상 이익으로 분명하게 이원화하고 있다. 이와 같이 상이한 입법적 결단은 존중되지 않으면 안 된다.

위임초과 현금인출 사안은 컴퓨터등사용사기죄와 재물의 관계를 둘러싼 현행 형법의 문제상황을 잘 드러내고 있다. 그러나 이 문제는 초과 인출된 현금을 '인출한 현금 총액 중 인출을 위임받은 금액을 넘는 부분의 비율에 상당하는 재산상 이익'으로 무리하게 확장해석하여 해결될 차원의 것이 아니다.

거래사회에서 실물이 파악되는 경우를 전통적인 사기죄 등으로 규율하고, 대상이 무형적인 경우에 컴퓨터등사용사기죄라는 보충적 구성요건으로 대처할 것인지, 아니면 컴퓨터등 정보처리장치라는 점에 주목하여 재물과 재산상 이익을 컴퓨터등사용사기죄로 일원화하여 규율할 것인지는 어디까지나 입법자의 결단에 달려 있는 문제이다. 입법론적으로는 컴퓨터등사용사기죄에 재물과 재산상 이익을 함께 규정하여 컴퓨터등 정보처리장치를 이용한 범죄행위에 통일적으로 대처할 필요가 있다고 생각된다.

(8) 미수와 기수

(가) 실행의 착수시점 컴퓨터등사용사기죄는 사기죄와 마찬가지로 미수범을 처벌한

다(법352). 실행의 착수시점은 컴퓨터등 정보처리장치에 정보처리를 위하여 (가) 허위의 정보를 입력하거나 (나) 부정한 명령을 입력하거나 (다) 권한 없이 정보를 입력 · 변경하는 시점이다. 기호화된 정보를 입력하기 위한 전단계로 필요한 서식에 허위내용을 기입하는 행위는 아직 실행의 착수에 이르렀다고 볼 수 없다.

(나) 기수시기　　컴퓨터등사용사기죄는 재산상 이익을 취득함으로써 기수에 이른다. 재산상 이익의 취득은 재산상 이익이 이전되는 것을 말한다. 범인 본인뿐만 아니라 제3자로 하여금 취득하게 하는 경우도 포함한다.

금융기관 직원이 전산단말기를 이용하여 다른 공범들이 지정한 특정계좌에 돈이 입금된 것처럼 허위의 정보를 입력하는 방법으로 특정계좌에 입금되도록 한 경우에는 이러한 입금절차를 완료함으로써 장차 그 계좌에서 이를 인출해 갈 수 있는 재산상 이익의 취득이 인정된다. 따라서 컴퓨터등사용사기죄는 이 단계에서 기수에 이른다. 이후 입금이 취소되어 현실적으로 인출되지 못하였다고 하더라도 이미 성립한 컴퓨터등사용사기죄에는 영향이 없다.[1)]

(9) 죄수 및 다른 죄와의 관계

컴퓨터등사용사기죄의 죄수판단 방법은 사기죄(법347)의 그것과 같다.[2)] 컴퓨터등사용사기죄와 타죄의 관계에 관하여 살펴본다.

(가) 사기죄와 관계　　컴퓨터등사용사기죄와 사기죄(법347)의 관계가 문제되는 경우가 있다. 이 문제는 특히 현금자동지급기의 이용과 관련하여 논란된다.[3)]

① 자기명의 카드의 이용　　피고인이 카드사용으로 인한 대금결제의 의사와 능력이 없으면서도 자기명의의 신용카드를 발급받아 현금서비스를 받는 경우가 있다. 이 경우 현금자동지급기에서 계좌이체를 하거나 현금대출을 받아 현금을 인출하는 행위는 모두 피해자인 신용카드업자의 기망당한 의사표시에 따른 카드발급에 터잡아 이루어지는 것이다. 따라서 계좌이체나 현금대출을 받는 행위는 모두 컴퓨터등사용사기죄가 아니라 통상의 사기죄로 규율된다.[4)]

② 타인명의 모용카드의 이용　　행위자(갑)가 타인(A)의 명의를 모용하여 신용카드를 발급받은 후 그 신용카드의 번호와 그 비밀번호를 이용하여 현금서비스를 받는 경우가 있다.

---

1) 2006. 9. 14. 2006도4127, 공 2006, 1775.
2) 전술 1215면 이하 참조.
3) 전술 1197면 이하 참조.
4) 1996. 4. 9. 95도2466, 공 1996, 1475.

현금서비스는 (가) 현금자동지급기에서 현금대출의 형식으로 현금을 인출하는 경우와 (나) ARS 전화서비스나 모바일 또는 인터넷 등을 통하여 계좌이체를 하는 경우로 나누어 볼 수 있다. 이러한 경우에 컴퓨터등사용사기죄와의 관계가 문제된다.

먼저, 현금대출의 경우를 본다. 이 경우 신용카드업자가 피고인(갑)으로부터 기망을 당한 나머지 피고인(갑)에게 피모용자 명의로 발급된 신용카드를 교부하고 사실상 피고인(갑)이 지정한 비밀번호를 입력하여 현금자동지급기에서 현금대출을 받을 수 있도록 하였다 할지라도, 신용카드업자의 내심의 의사는 물론 표시된 의사도 어디까지나 카드명의인인 피모용자(A)에게 신용카드의 사용을 허용하는 데 있을 뿐 피고인(갑)에게 이를 허용한 것은 아니다.

이러한 상황에서 피고인(갑)이 타인(A)의 명의를 모용하여 발급받은 신용카드를 사용하여 현금자동지급기에서 현금대출을 받아 현금을 인출하는 행위는 신용카드업자에 의하여 미리 포괄적으로 허용된 행위가 아니라, 현금자동지급기의 관리자의 의사에 반하여 그의 지배를 배제한 채 그 현금을 자기의 지배하에 옮겨 놓는 행위로서 절도죄에 해당한다.[1)]

다음으로, 계좌이체의 경우를 본다. 타인(A)의 명의를 모용하여 발급받은 신용카드의 번호와 그 비밀번호를 이용하여 ARS 전화서비스나 모바일 또는 인터넷 등을 통하여 계좌이체의 방법으로 신용대출을 받아 재산상 이익을 취득하는 행위는 역시 신용카드업자에 의하여 행위자(갑)에게 미리 포괄적으로 허용된 행위가 아니다. 그러므로 이 경우는 컴퓨터등 정보처리장치에 권한 없이 정보를 입력하여 정보처리를 하게 함으로써 재산상 이익을 취득하는 행위로서 컴퓨터등사용사기죄에 해당한다.[2)]

③ 타인명의 도난카드 등의 이용 　피고인(갑)이 도난당한 타인(A)의 신용카드번호와 그 비밀번호를 이용하여 ARS 전화서비스나 모바일 또는 인터넷 등을 통하여 신용대출을 받는 경우가 있다. 이 경우도 타인(A) 명의로 발급받은 모용카드의 경우와 마찬가지로 (가) 계좌이체의 경우는 컴퓨터등사용사기죄가 성립하고, (나) 현금대출의 경우에는 절도죄가 성립하게 된다.

④ 계좌이체후 현금인출 　모용카드 또는 도난카드 등을 이용하여 범인(갑)이 현금자동지급기에서 자금을 자기의 계좌로 이체하는 행위는 컴퓨터 등 정보처리장치에 권한 없이 정보를 입력하여 정보처리를 하게 한 경우에 해당하여 컴퓨터등사용사기죄가 성립한다. 그런데 이 경우 컴퓨터등사용사기죄로 취득한 예금채권을 범인이 자기의 현금카드를 사용하여 현금자동지급기에서 현금으로 인출한 경우에 별도로 범죄를 구성할 것인지 문제된다.

이러한 경우 범인(갑)이 자신의 현금카드를 사용하여 현금을 인출하는 행위는 현금카드

1) 2006. 7. 27. 2006도3126, 공 2006, 1584 = 『전처 명의 신용카드 사건』.
2) 2006. 7. 27. 2006도3126, 공 2006, 1584 = 『전처 명의 신용카드 사건』.

사용권한 있는 자의 정당한 사용에 의한 것으로서 현금자동지급기 관리자의 의사에 반하거나 기망행위 및 그에 따른 처분행위도 없었으므로, 별도로 절도죄나 사기죄의 구성요건에 해당하지 않는다.[1] 이러한 경우에 인출된 현금은 재산범죄에 의하여 취득한 재물이 아니므로 장물도 되지 않는다. 따라서 제3자가 이러한 정을 알면서 인출된 현금을 취득하더라도 장물취득죄는 성립하지 않는다.[2] 다만 「범죄수익의 규제 및 처벌에 관한 법률」에 의하여 처벌되는 것은 별개의 문제이다(동법3① iii 참조).

이에 대해 은행원에게 모용된 신용카드나 절취된 신용카드와 비밀번호를 제시하여 현금을 인출하는 경우라면 자연인인 은행원을 기망한 것이므로 별도로 통상의 사기죄(법347)가 성립하며,[3] 정을 알면서 인출된 현금을 취득하는 행위는 장물취득죄(법362①)에 해당하게 된다.

(나) 사문서부정행사죄와의 관계 피고인(갑)이 절취한 후불식 전화카드를 공중전화기에 넣어 사용하는 행위는 정보처리를 통한 재산상 이익의 취득이 없어 컴퓨터등사용사기죄(법347의2)에 해당하지 않는다.

후불식 전화카드를 이용하여 전화를 사용하면 그 요금이 미리 지정된 전화번호의 요금이나 신용카드 대금에 합산되어 다른 사람(A)에게 청구된다. 전화카드를 신용카드 겸용 공중전화기에 넣으면 전화기가 기계적 방식으로 전화카드의 자기띠 부분에 기록된 사용자(A) 정보와 비밀번호 등을 판독하여 작동된다. 이 경우 전화카드 자체는 그 카드번호를 부여받은 사람(A)이 통신회사의 전화카드 회원이라는 사실을 증명하는 사문서에 해당한다. 그리하여 피고인(갑)이 전화카드를 공중전화기에 넣어 사용하는 행위는 권리 · 의무에 관한 타인의 사문서를 부정행사한 경우(법236)에 해당한다.[4]

(10) 친족상도례의 문제

형법은 컴퓨터등사용사기죄의 경우에도 친족상도례의 특례를 인정하고 있다(법354, 328). 사기죄의 경우 친족상도례가 적용되려면 재물 또는 재산상 이익의 주체인 피해자(A)와 범인(갑) 사이에 친족관계가 인정되어야 한다.[5] 이때 친족관계는 자연인 사이의 관계를 의미한다. 이와 관련하여 범인이 권한 없이 컴퓨터 등 정보처리장치를 이용하여 친족(A)의 예금계좌로부터 범인(갑) 또는 제3자(B) 명의의 계좌로 자금을 이체한 경우에 피해자가 누구인지

1) 2004. 4. 16. 2004도353, 공 2004, 862 = 분석 각론 『계좌자금 교부 사건』.
2) 2004. 4. 16. 2004도353, 공 2004, 862 = 분석 각론 『계좌자금 교부 사건』.
3) 1974. 11. 26. 74도2817, 공 1975, 8242 참조.
4) 2002. 6. 25. 2002도461, 공 2002, 1872 = 분석 각론 『후불식 전화카드 사건 2』.
5) 전술 1026면 이하 참조.

문제된다.

문제의 사안에서 예금계좌 명의인(A 또는 B)이 거래 금융기관에 대하여 보유하고 있는 예금반환채권은 범인(갑)의 무단 자금이체행위로 인하여 영향을 받지 않는다. 거래 금융기관(P)으로서는 예금계좌 명의인(A 또는 B)에 대한 예금반환채무를 여전히 부담하면서 환거래 관계상 다른 금융기관(Q)에 대하여 자금이체로 인한 이체자금 상당액의 결제채무를 추가로 부담하게 된다. 그리고 이로써 거래 금융기관(P)은 이체된 예금 상당액의 채무를 이중으로 지급해야 할 위험에 처하게 된다. 이처럼 예금명의자(A 또는 B)가 거래하는 금융기관(P)이 피해자가 되므로 컴퓨터등 정보처리장치를 이용한 자금 무단이체의 경우에는 친족상도례의 특례가 인정되지 않는다.[1)]

2. 준사기죄

형법 제348조 (준사기) ① 미성년자의 사리변별력 부족 또는 사람의 심신장애를 이용하여 재물을 교부받거나 재산상 이익을 취득한 자는 10년 이하의 징역 또는 2천만원 이하의 벌금에 처한다.
② 제1항의 방법으로 제3자로 하여금 재물을 교부받게 하거나 재산상 이익을 취득하게 한 경우에도 제1항의 형에 처한다.

◎ 자격정지 임의적 병과(법353)
◎ 미수범 처벌함(법352)
◎ 친족상도례 적용됨(법354)
◎ 상습범 가중처벌함(법351)

(1) 입법취지

형법 제348조의 준사기죄는 미성년자의 사리변별력 부족이나 또는 사람의 심신장애(心神障碍)를 이용하여 재물을 교부받거나 재산상 이익을 취득할 때 성립하는 범죄이다. 입법자는 미성년자의 사리변별력 부족이나 사람의 심신장애를 이용하는 행위를 사기죄(법347)에서 기망의 수단을 사용한 경우와 동일하게 보아 준사기죄를 사기죄와 동일한 법정형으로 처벌하고 있다.

피해자가 사리분별력이 부족한 미성년자이거나 심신장애가 있는 사람이라 할지라도 행위자가 기망의 수단을 사용하여 피기망자를 착오에 빠지게 한 결과 재물의 교부를 받거나 재산상 이익을 취득하였다면 바로 사기죄(법347)가 성립한다. 이러한 의미에서 준사기죄(법348)는 사기죄(법347)의 보충적 구성요건이다.

---

1) 2007. 3. 15. 2006도2704, 공 2007, 578 = 분석 각론『할아버지 통장 이체 사건』.

(2) 실행행위

준사기죄의 실행행위는 미성년자의 사리분별력 부족 또는 사람의 심신장애를 이용하여 재물을 교부받거나 재산상 이익을 취득하는 것이다.

(가) 미성년자의 사리변별력 부족 미성년자는 19세 미만의 자이다(민법4). 미성년자가 결혼을 한 때에 성년으로 보는 성년의제의 제도(민법826의2)는 민사법상의 효과를 규정한 것이므로 준사기죄의 경우에는 적용이 없다고 본다.[1)]

사리변별력 부족이라 함은 지식이 부족하여 사리분별이 완전하지 못한 것을 말한다. 모든 면에서 사리변별력이 부족할 것을 요하지 않는다. 재물의 교부나 재산상 이익의 이전과 관련한 구체적 사항에 대하여 인정되면 족하다.

(나) 심신장애 심신장애란 사물을 변별할 능력이나 의사를 결정할 능력에 지장이 있는 상태를 말한다(법10① 참조).[2)] 미성년자의 사리변별력 부족을 이용하는 경우와 마찬가지로 심신장애는 재물의 교부나 재산상 이익의 이전과 관련한 구체적 사항에 대하여 인정되면 족하다.

형법은 준사기죄 이외에 총칙상 책임능력에 관하여도 심신장애(心神障碍)라는 표현을 사용하고 있다. 책임능력과 관련한 심신장애는 다시 심신상실과 심신미약으로 나누어진다(법10①·②). 한편 우리와 비슷한 조문을 가지고 있는 일본 형법은 준사기의 사유를 심신미약으로 한정하고 있다.[3)] [4)] 여기에서 우리 형법의 해석으로도 심신장애를 심신미약으로 한정해야 할 것인지 문제된다.

① 한정설 준사기죄의 심신장애를 심신미약으로 한정하여 새기는 견해이다.[5)] 책임능력제한사유로서의 심신장애와 준사기죄 구성요건요소로서의 심신장애를 동일하게 볼 필요가 없다는 것이다. 이 입장에서는 전혀 의사능력이 있다고 볼 수 없는 유아나 심신장애의 정도가 심하여 자유로운 의사능력을 기대하기 어려운 사람으로부터 재물을 취거하는 경우에는 의사에 기한 처분행위를 인정할 수 없어서 준사기죄가 아니라 절도죄가 성립한다고 본다.

② 비한정설 그러나 심신장애자를 심신미약자로 제한할 필요는 없다고 본다.[6)] 우리

---

1) 전술 759면 참조.

2) 심신장애에 대해서는, 신동운, 형법총론, 제14판, (2022), 399면 이하 참조.

3) **일본형법 제248조** 미성년자의 지려천박 또는 사람의 심신모약(心神耗弱)을 이용하여 그 재물을 교부하게 하거나 재산상 불법의 이익을 얻거나 또는 타인에게 이를 얻게 한 자는 10년 이하의 징역에 처한다.

4) 일본 형법의 '심신모약(心神耗弱)'은 우리 형법의 '심신미약(心神微弱)'에 해당하는 개념이다.

5) 박상기, 344면; 손동권·김재윤, 403면; 이재상·장영민·강동범, 366면; 이형국·김혜경, 440면; 임웅, 468면.

6) 김성돈, 420면; 김일수·서보학, 368면; 배종대, 396면; 오영근, 341면; 이용식, 39면; 정성근·박광민, 402면; 주호노, 783면.

형법의 준사기죄 조문은 일본 개정형법가안으로부터 영향을 받고 있다.[1] 가안의 입안자들은 일본 형법이 '심신미약'이라는 표현을 사용하였기 때문에 심신상실자로부터 재물이나 재산상 이익을 취득할 때 준사기죄가 성립하지 않는 것 아닌가 하는 의문이 제기될 수 있으므로 이를 피하기 위하여 '심신장애'라는 표현을 사용하였다.[2]

우리 형법은 일본 형법과 달리 심신미약 대신에 심신장애라는 표현을 사용하고 있다. 가안의 성립경위에서 알 수 있는 것처럼 '심신장애'는 '심신미약'과 '심신상실'을 함께 규정하기 위한 표현이다. 우선, 준사기죄의 심신장애에는 제한이 가해져 있지 않으므로 총칙상의 그것과 달리 해석할 이유가 없다. 다음으로, 심신상실자의 경우에도 재물에 대한 사실상 지배(점유)는 성립할 수 있다. 나아가 심신장애를 이용하여 재물의 교부를 받거나 재산상 이익을 취득하는 행위는 비난의 정도가 높기 때문에 절도죄(법329; 6년 이하의 징역 또는 1천만원 이하의 벌금)에 비하여 법정형이 높은 준사기죄(법348; 10년 이하의 징역 또는 2천만원 이하의 벌금)로 처벌함이 적당하다. 또한 심신상실의 경우에 절도죄로 처벌한다고 하더라도 재산상 이익이 객체로 되는 경우에는 소위 권리절도에 해당하여 처벌할 수 없다는 점도 주목할 필요가 있다.

(다) 이용하여 　미성년자의 사리변별력 부족이나 사람의 심신장애 때문에 유혹에 빠지기 쉬운 상태를 재물을 교부받거나 재산상 이익을 취득하는 데에 이용하는 것을 말한다. 적극적으로 유혹을 하는 것 이외에 재산적 처분행위를 하도록 미성년자나 심신장애자를 내버려 두는 것도 포함한다.

미성년자의 사리변별력 부족이나 사람의 심신장애를 이용하는 행위는 사람을 기망하는 정도에 이르지 않는 것이어야 한다. 사리변별력이 부족한 미성년자나 심신장애의 사람에게 기망의 방법으로 재물을 교부하게 하거나 재산상 이익을 이전하게 하는 경우에는 사기죄(법347①·②)가 성립한다.

(라) 재물의 교부 또는 재산상 이익의 취득 　준사기죄는 사기죄의 보충적 구성요건이다. 재물의 교부 또는 재산상 이익의 취득에 관한 내용은 사기죄(법347)의 그것과 같다.

(마) 미수와 기수 　준사기죄의 미수범은 처벌한다(법352). 실행의 착수시점은 행위자가 미성년자의 사리변별력 부족이나 사람의 심신장애를 이용하는 행위를 개시할 때이다. 적극적으로 피해자를 유혹하는 경우뿐만 아니라 피해자가 재산적 처분행위를 하고 있음을 알

---

1) 일본개정형법가안 제436조 미성년자의 지려천박 또는 사람의 심신장애(心神障碍)를 이용하여 재물을 교부하게 하거나 기타 재산상 불법한 이익을 얻거나 또는 제3자로 하여금 이를 얻게 한 자는 10년 이하의 징역에 처한다.

2) 刑法改正起草委員會議事日誌, 제211회(1933. 7. 11.).

고 이를 이용하는 때에도 실행의 착수가 인정된다. 기수시기는 재물이 교부되거나 재산상 이익이 이전하는 시점이다. 준사기죄의 성립에 고의와 불법영득의사 · 불법이득의사가 필요함은 사기죄의 경우와 같다.

3. 편의시설부정이용죄

형법 제348조의2 (편의시설부정이용) 부정한 방법으로 대가를 지급하지 아니하고 자동판매기, 공중전화 기타 유료자동설비를 이용하여 재물 또는 재산상의 이익을 취득한 자는 3년 이하의 징역, 500만원 이하의 벌금, 구류 또는 과료에 처한다.

◎ 자격정지 임의적 병과(법353)
◎ 미수범 처벌함(법352)
◎ 친족상도례 적용됨(법354)
◎ 상습범 가중처벌함(법351)

(1) 비교법적 고찰

형법 제348조의2 편의시설부정이용죄는 1995년 형법 일부개정시에 신설되었다. 비교법적으로 볼 때 편의시설부정이용죄는 독일 형법의 영향을 받고 있다.[1] 일본 형법에는 아직 편의시설부정이용죄가 규정되어 있지 않다.

독일 형법은 편의시설부정이용죄를 규정하면서 (가) 자동설비(Automat)의 급부(Leistung) 취득, (나) 공중용 전기통신망의 급부 취득, (다) 교통수단의 이용, (라) 행사 또는 시설에의 출입이라는 네 가지 행위유형을 설정하고 있다. 이에 대해 우리 형법은 자동판매기, 공중전화 기타 유료자동설비의 이용만을 편의시설부정이용죄의 규율대상으로 설정하고 있다.

독일 형법과 비교해 보면, '자동판매기 기타 유료자동시설 이용'의 경우는 독일 형법상 (가)의 '자동설비의 급부 취득'에 대응시킬 수 있으나, (나)의 '공중용 전기통신망의 이용'의 경우는 '공중전화의 이용'으로 한정되어 있다는 점에서 규율범위가 좁다. 독일 형법이 규정하고 있는 (다)의 '교통수단의 이용'과 (라)의 '행사 또는 시설에의 출입'은 우리 형법상 편의시설부정이용죄의 규율대상에 포함되어 있지 않다.

1992년 형법개정법률안은 (다)의 교통수단 무단이용까지 편의시설부정이용죄의 대상에 포함시키고 있었으나,[2] 국회 심의과정에서 이 부분은 삭제되었다. 경미한 사안의 경우에 영

---

1) 전술 1224면 이하 참조.
2) 1992년 형법개정안 제213조 ① 부정한 방법으로 대가를 지급하지 아니하고 자동판매기, 공중전화, 기타

업용 차 또는 배 등을 타고 정당한 이유 없이 제 값을 치르지 아니한 사람은 「경범죄 처벌법」위반죄로 처벌된다(동법3① 39호).

(2) 보호법익

편의시설부정이용죄의 입법취지를 자동설비뿐만 아니라 공공통신망 또는 편의시설의 사회적 기능을 보호하기 위한 것으로 이해하는 견해가 있다.[1] 자동판매기, 공중전화 기타 유료자동설비의 기술이 발달함에 따라 관리하는 사람이 없어도 부정을 행하지 않는다는 사회적 신뢰를 유지하여 자동설비의 사회적 기능을 보호하고자 마련된 것이 편의시설부정이용죄라는 설명도 같은 입장이라고 생각된다.[2]

그러나 형법 제348조의2 편의시설부정이용죄는 어디까지나 개인적 법익에 관한 죄이며 재산범죄의 일종이다.[3] 따라서 우리 형법은 대가지급을 요하는 유료자동설비에 한하여 범죄성립을 인정하고 있으며, 친족상도례의 특례도 허용하고 있다(법354). 편의시설부정이용죄의 보호법익은 유료자동설비 제공자의 재산권이다. 자동설비 이용을 둘러싼 사회적 신뢰는 편의시설부정이용죄의 반사적 효과에 지나지 않으며, 독자적인 보호법익이 될 수 없다.[4]

(3) 행위객체

(가) 자동설비 　　기계적 또는 전기적 작동에 의하여 물건이나 역무(서비스)를 제공하는 무인의 기계장치를 말한다. 자동설비 설치자 측의 인력투입을 요하지 않고 기계적 또는 전기적으로 스스로 작동할 것을 요한다.

자동설비는 다시 물건을 교부하는 자동설비와 역무(서비스)를 제공하는 자동설비로 나누어 볼 수 있다. 형법은 전자의 예로 자동판매기를, 후자의 예로 공중전화를 각각 들고 있으나 여기에 한정되지 않는다. 자동판매기는 형태를 묻지 않는다. 서비스를 제공하는 자동설비는 무인세차시설, 무인세탁시설, 무인보관함 등 그 예가 많다.

역무의 제공과 관련하여 모노레일, 자기부상열차 등과 같이 무인화, 자동화로 나아가는

유료자동설비를 이용하여 재물 또는 재산상의 이익을 취득한 자는 3년 이하의 징역, 5백만원 이하의 벌금, 구류 또는 과료에 처한다.

② 부정한 방법으로 대가를 지급하지 아니하고 공중교통기관을 이용한 자는 1년 이하의 징역, 2백만원 이하의 벌금, 구류 또는 과료에 처한다.

1) 법무부, 형법개정법률안 제안이유서, (1992), 182면. 국회에서 수정되기 전의 정부원안에 대한 설명이다.

2) 박상기, 345면; 배종대, 397면; 손동권 · 김재윤, 404면; 이재상 · 장영민 · 강동범, 367면; 이형국 · 김혜경, 441면; 정성근 · 박광민, 403면; 주호노, 784면.

3) 김성돈, 421면; 김혜정 외, 384면; 오영근, 342면; 임웅, 469면.

4) 이 점은 독일 형법의 해석론으로도 마찬가지이다. Fischer, StGB, 57. Auflage, (2010), § 265a Rn 2.

공공교통기관이 자동설비에 해당하는가 하는 문제가 있다. 그러나 편의시설부정이용죄는 자동설비를 적용대상으로 설정하고 있기 때문에 아직 그와 같이 완전 자동화에 이르지 아니한 공공교통기관은 적용범위에 포함되지 않는다고 본다. 이러한 해석의 타당성은 1992년 형법 개정법률안이 부정한 방법으로 대가를 지급하지 아니하고 공중교통기관을 이용한 자를 별도의 항을 두어 처벌하기로 하였으나, 국회 심의과정에서 이 조항이 채택되지 아니한 점에서도 찾아볼 수 있다.

(나) 유료설비 　편의시설부정이용죄가 성립하려면 부정한 방법으로 대가를 지급하지 아니하고 유료자동설비를 이용하여야 한다. 유료자동설비란 자동설비가 제공하는 물건이나 역무에 대해 대가를 지급해야 하는 자동설비를 말한다. 편의시설부정이용죄가 사기죄의 장에 규정되어 있는 것은 유료자동시설 이용에 대한 대가지급의 측면이 고려되었기 때문이다.

예금인출을 위한 현금자동지급기나 현금교환기는 유료의 자동설비가 아니어서 이러한 시설을 무단으로 사용하더라도 편의시설부정이용죄는 성립하지 않는다. 유료설비인가 아닌가는 경제적 관점에서 결정해야 한다. 예컨대 도로변의 주차요금계산기와 같이 행정적 단속을 목적으로 하는 자동설비는 유료설비에 포함되지 않는다.

(다) 물건제공형 유료자동설비 　유료자동설비는 다시 물건을 제공하는 자동설비와 역무(서비스)를 제공하는 자동설비로 나누어진다. 물건제공형 유료자동설비의 대표적인 예는 자동판매기이다.

① 자동판매기 　대가지급에 대한 반대급부로 물건을 제공하는 자동설비를 말한다. 자동판매기의 경우 대가를 지급하면 물건의 소유권이 구매자에게로 이전한다. 그러나 예컨대 박물관 등에서 사용하는 휴대용 무인음성안내기 자동대출기기와 같이 소유권을 유보한 가운데 물건을 제공하는 자동설비도 자동판매기에 준하는 유료자동설비이다. 양자는 유료자동설비라는 점에서 성질을 같이한다.

② 절도죄와의 관계 　자동판매기의 경우에는 대가를 지급할 경우 물건을 교부하겠다는 자동판매기 설치자 측의 잠재적 의사표시가 전제되고 있다. 원래 자동판매기를 무단으로 이용하여 물건을 취득하는 행위는 물건 보관자의 의사에 반하는 취거행위로서 절도죄를 구성한다. 그러나 자동시설 설치자 측으로부터 잠재적 교부의사가 전제되고 있다는 점에서 자동판매기 부정이용행위는 절취행위(법329; 6년 이하의 징역 또는 1천만원 이하의 벌금)에 비하여 가벼운 형(법348의2; 3년 이하의 징역, 500만원 이하의 벌금, 구류 또는 과료)으로 처벌되고 있다.[1)]

---

1) "자동판매기 등을 이용하여 재물을 취득하여 절도죄 등을 구성하는 경우에도 통상의 형으로 처벌하는 것이 부당할 정도로 사안이 경미한 때에는 본조에 의하여 처벌하는 것이 타당하다는 견해가 다수의견이 되

자동판매기 설치자의 잠재적 의사표시를 고려할 수 없을 정도로 분명하게 의사에 반하는 경우는 편의시설부정이용죄가 아니라 절도죄의 성립을 인정해야 할 것이다. 위조된 지폐나 동전을 투입하여 물건을 꺼내가는 경우 등이 여기에 해당하는 사례이다.

(라) 역무제공형 유료자동설비 역무(서비스)의 제공은 무형의 이익을 제공한다는 점에서 물건의 제공과 구별된다.

① 역무제공형 자동설비 영화나 비디오 등의 무인시청시설, 무인전자게임기, 무인세차기, 무인세탁기 등 역무제공형 자동설비의 예는 다양하다.

② 컴퓨터등사용사기죄와의 관계 역무제공형 자동설비는 무형의 이익인 역무(서비스)를 제공한다. 이 점에서 역무제공형 자동설비를 무단으로 이용할 경우에 재산상 이익을 객체로 하는 컴퓨터등사용사기죄(법347의2)가 성립될 여지가 있다. 그러나 컴퓨터등사용사기죄는 컴퓨터등 정보처리장치를 통하여 정보처리를 하게 하여야 성립한다. 이에 대해 단순한 기계적 장치 또는 전기적 장치를 이용하는 역무제공형 유료자동설비의 경우에는 처음부터 컴퓨터등사용사기죄가 성립할 여지가 없다.

새로이 등장하는 역무제공형 자동설비의 경우에는 컴퓨터등 정보처리장치를 부착하는 경우가 많다. 그러나 컴퓨터등사용사기죄가 성립하려면 (가) 허위의 정보를 입력하거나, (나) 부정한 명령을 입력하거나, (다) 권한 없이 정보를 입력 · 변경하여야 한다. 유료자동설비의 정보처리장치에 이러한 조작을 가한다면 컴퓨터등사용사기죄가 성립한다. 그러나 예컨대 위조 · 변조된 지폐나 동전을 투입하여 유료자동설비를 이용하는 경우에는 허위 또는 무권한 정보의 입력이나 부정한 명령의 입력이 없으므로 컴퓨터등사용사기죄(법347의2)는 성립하지 않고 편의시설부정이용죄(법348의2)만 인정된다.

③ 공중전화 형법은 역무제공형 자동설비의 대표적인 예로 공중전화를 들고 있다. 전화통화는 전기통신사업자가 그가 갖추고 있는 통신선로, 전화교환기 등 전기통신설비를 이용하고 전기의 성질을 과학적으로 응용한 기술을 사용하여 전화이용자에게 음향의 송수신이 가능하도록 하여 줌으로써 상대방과의 통신을 매개하여 주는 역무이다.[1] 공중전화통화는 공중, 즉 불특정 다수의 전화이용자에게 상대방과의 통신을 매개하여 주는 역무이다.

전화통화는 역무로서 무형적인 이익이며, 물리적 관리의 대상이 될 수 없어 재물에 해당하지 않는다. 따라서 타인의 전화를 무단으로 사용하더라도 절도죄는 성립하지 않는다.[2]

타인 전화의 무단사용은 전기통신사업자가 타인에게 통신을 매개하여 주는 역무를 부당

[었다.]" 법무부, 형법개정법률안 제안이유서, (1992), 183면.

1) 1999. 6. 25. 98도3891, 공 1999, 1552 =『전화 무단사용 사기 사건』.

2) 1998. 6. 23. 98도700, 공 1998, 2037 =『전화 무단사용 절도 사건』.

하게 이용하는 것에 불과하여 전기통신사업자에 대한 기망행위라고 볼 수 없다. 또한 제공되는 역무도 전화가입자와 전기통신사업자 사이에 체결된 서비스이용계약에 따라 제공되는 것으로서 전기통신사업자가 착오에 빠져 처분행위를 한 것이라고 볼 수 없다. 그리하여 타인의 전화를 무단으로 이용하여 전화통화를 하는 행위는 사기죄를 구성하지 않는다.[1)]

이처럼 절도죄와 사기죄가 부정되는 상황에서 전화통화의 역무 가운데 공중전화의 부정한 이용에 주목하여 형사처벌의 근거를 마련한 것이 공중전화와 관련된 편의시설부정이용죄이다.

(4) 실행행위

편의시설부정이용죄가 성립하려면 행위자가 부정한 방법으로 대가를 지급하지 아니하고 유료자동설비를 이용하여야 한다.

(가) 이용행위　　자동설비 본래의 기능에 따라 물건 또는 역무의 제공을 받는 것을 말한다. 자동설비를 손괴하여 내부의 물건을 꺼내는 행위는 자동설비의 본래 기능에 따른 것이 아니므로 편의시설부정이용죄는 성립하지 않는다. 사안에 따라 손괴죄와 절도죄가 성립하게 된다.

(나) 대가의 미지급　　편의시설부정이용죄는 유료자동설비를 대가를 지급하지 않고 이용할 때 성립한다. 대가를 지급하는 경우에는 편의시설부정이용죄가 성립하지 않는다. 공중전화 무단사용의 경우 편의시설부정이용죄에 해당하려면 대가를 지급하지 않고 전화역무를 이용해야 한다.

전기통신사업자가 발행한 타인의 후불식 통신카드를 절취하여 전화통화에 이용한 경우에는 통신카드서비스 이용계약을 한 피해자(A)가 그 통신요금을 납부할 책임을 부담하게 되므로 피고인(갑)이 '대가를 지급하지 아니하고' 공중전화를 이용한 경우에 해당하지 아니하여 편의시설부정이용죄를 구성하지 않는다.[2)] 피고인이 절취한 후불식 전화카드를 공중전화기에 넣어 사용한 행위는 권리 · 의무에 관한 타인의 사문서를 부정행사한 경우에 해당하여 사문서부정행사죄(법236)로 처벌된다.[3)]

(다) 부정한 방법　　유료자동설비의 이용은 부정한 방법에 의하여야 한다. 부정한 방법이란 유료자동설비의 제어장치를 우회하는 기법으로서 사회통념상 용납되지 아니하는 방법을 말한다. '부정한 방법'은 전형적인 규범적 표지이다. 그러므로 건전한 일반인을 행위

1) 1999. 6. 25. 98도3891, 공 1999, 1552 =『전화 무단사용 사기 사건』.
2) 2001. 9. 25. 2001도3625, 공 2001, 2396 = 분석 각론『후불식 전화카드 사건 1』.
3) 2002. 6. 25. 2002도461, 공 2002, 1872 = 분석 각론『후불식 전화카드 사건 2』.

자의 위치에 놓고 판단하는 소위 문외한의 평행한 평가를 통해 '부정한 방법' 여부를 판단해야 한다. 편의시설부정이용죄는 사기죄의 일종으로 규정되어 있다. 이 점에 비추어 볼 때 사기죄의 기망 개념에 내포되어 있는 거래사회상의 신의칙이 중요한 판단요소로 작용하게 된다.

(라) 고의와 불법영득의사 · 불법이득의사 편의시설부정이용죄가 성립하려면 사기죄의 경우와 마찬가지로 주관적 요건으로서 고의와 불법영득의사 또는 불법이득의사가 필요하다. 그런데 편의시설부정이용죄의 구성요건에는 사기죄의 경우(법347②)와 달리 제3자로 하여금 재물을 교부받거나 재산상 이익을 취득하게 하는 경우가 규정되어 있지 않다. 제3자가 제물을 교부받거나 재산상 이익을 취득하는 경우가 처벌대상에서 제외된 것은 편의시설부정이용죄가 사기죄에 비하여 경미한 범죄라고 판단한 데에서 비롯한 것으로 보인다. 이러한 인식은 편의시설부정이용죄의 법정형에 구류와 과료가 포함되어 있는 점에서도 확인할 수 있다.

(마) 미수와 기수 편의시설부정이용죄는 미수범을 처벌한다(법352). 부정한 방법으로 유료자동설비를 이용하기 시작할 때 실행의 착수가 인정되며, 재물의 교부를 받거나 재산상 이익을 취득할 때 기수에 이른다. 자동판매기 등 물건제공형 유료자동설비의 경우에는 물건이 제공됨으로써 재물의 취득이 인정된다. 공중전화 등 역무제공형 유료자동설비의 경우에는 무형의 역무가 제공됨으로써 재산상 이익의 취득이 인정된다.

4. 부당이득죄

형법 제349조 (부당이득) ① 사람의 곤궁하고 절박한 상태를 이용하여 현저하게 부당한 이익을 취득한 자는 3년 이하의 징역 또는 1천만원 이하의 벌금에 처한다.
② 제1항의 방법으로 제3자로 하여금 부당한 이익을 취득하게 한 경우에도 제1항의 형에 처한다.

◎ 자격정지 임의적 병과(법353)
◎ 친족상도례 적용됨(법354)
◎ 상습범 가중처벌함(법351)

(1) 입법취지

형법 제349조가 규정하고 있는 부당이득죄는 사람의 곤궁하고 절박한 상태를 이용하여 현저하게 부당한 이익을 취득함으로써 성립하는 범죄이다. 기망에 따른 하자 있는 의사에 기한 처분행위에 의하여 재물 또는 재산상 이익을 취득하는 것이 아니라는 점에서 사기죄(법347)와 구별된다.

부당이득죄는 일본 개정형법가안으로부터 영향을 받은 범죄유형이다.[1] 가안은 기존에 없던 범죄유형을 신설하기 때문에 신중을 기한다는 취지에서 '현저하게 부당한 고리(高利)를 급부 또는 약속하게' 하는 경우로 범죄성립 범위를 제한하였다.[2] 그러나 8 · 15해방과 6 · 25 전쟁의 와중에서 극심한 인플레이션을 경험하였던 우리 입법자는 고리대금 이외에 '현저하게 부당한 이익'을 취득하는 경우까지 부당이득죄의 성립범위를 확장하고, 나아가 제3자로 하여금 부당한 이익을 취득하게 한 경우에 처벌대상에 포함시키고 있다(법349②).

한편 우리 입법자는 부당이득죄의 적용에 신중을 기하기 위하여 미수범을 처벌하지 않고 있다(법352 참조). 그런데 형법 제351조(상습범)와 제352조(미수범)를 모아서 읽어보면 상습부당이득죄의 미수범이 처벌되는 것처럼 보인다. 그러나 기본적 구성요건인 부당이득죄의 미수범을 처벌하지 않는 상황에서 상습부당이득죄의 미수범을 처벌한다는 것은 해석상 상정하기 곤란하다. 상습부당이득죄는 단순한 부당이득죄와 범죄의 구조를 같이하면서 범죄의 습벽이라는 행위자의 특성에 주목하여 책임비난을 가중하는 것이기 때문이다.

형법의 재산범죄에 관한 규정들이 '재물' 또는 '재산상 이익'을 객체로 설정하고 있는 것에 대해 부당이득죄의 객체가 단순히 '이익'으로 규정되어 있다는 점은 주목할 만하다. 입법취지에 비추어 볼 때 '이익'은 '손해'의 반대되는 개념으로서 전체재산의 증가라는 의미로 이해해야 한다. 그리하여 부당이득죄의 '이익'은 '재산상 이익'을 넘어서서 '재물'까지 포함하는 것으로 보아야 할 것이다.

부당이득죄는 개인적 법익에 관한 죄이며 재산죄이다. 개개인이 처하고 있는 곤궁하고 절박한 상태를 이용하여 현저하게 부당한 이익을 취득하는 행위로부터 개인을 보호하는 것을 보호법익으로 한다. 다만, 우리 헌법이 규정하고 있는 자유시장경제질서와 여기에서 파생되는 사적 계약자유의 원칙을 고려할 때 부당이득죄의 성립을 인정함에는 신중을 요한다.[3]

---

1) 일본개정형법가안 제437조 사람의 궁박상태를 이용하여 그 때의 정황에 비추어 현저하게 부당한 고리(高利)를 급부 또는 약속하게 한 자는 3년 이하의 징역 또는 5천엔 이하의 벌금에 처한다.

2) 刑法改正起草委員會議事日誌, 제341회(1938. 2. 8.).

3) 2009. 1. 15. 2008도8577, 공 2009, 189 =『아파트 사업 알박기 사건』:

갑은 ㉠부동산을 매수하여 5년간 거주하였다. 갑은 인근으로 이사한 이후에도 계속하여 ㉠부동산을 소유 · 관리하여 왔다. P회사는 ㉠부동산을 포함하는 M사업부지에서 아파트 건축사업을 추진하기 시작하였다. P회사는 ㉠부동산을 비롯하여 몇 건의 부동산에 대한 계약을 체결하지 못하였다. P회사의 주택건설 사업계획승인신청은 지연되었고, 이로 인하여 월 6억원 정도의 금융비용이 발생하였다. 갑은 ㉠부동산을 매도하라는 P회사의 제안을 계속하여 거부하다가 인근의 다른 토지들에 비하여 40배가 넘는 가격으로 P회사에 ㉠부동산을 매도하였다.

검사는 갑을 부당이득죄로 기소하였다. 갑의 피고사건은 제1심을 거친 후, 항소심에 계속되었다. 항소법원은 다음의 점을 들어서 유죄를 인정하였다. (가) 갑은 ㉠대지를 P회사에게 현저하게 부당한 가격으로 매도하

(2) 실행행위

(가) 곤궁하고 절박한 상태 부당이득죄에서 '곤궁하고 절박한 상태'라 함은 급박한 곤궁상태를 의미한다.[1] 곤궁하고 절박한 상태는 개개인이 처한 구체적 상황을 가리키며, 경제위기 하의 생필품 품귀상황처럼 일반 사람들 모두가 직면하고 있는 궁핍상태는 곤궁하고 절박한 상태라고 할 수 없다.

곤궁하고 절박한 상태는 경제적 곤궁상태에 한정되지 않으며 정신적 · 육체적인 곤궁상태를 모두 포함한다. 예컨대 병원에 갈 여유가 없는 위급한 환자에게 시가의 수십배에 해당하는 가격으로 의약품을 판매하는 경우라면 부당이득죄가 성립할 여지가 있다.

피해자가 곤궁하고 절박한 상태에 있었는지 여부는 거래당사자의 신분과 상호 간의 관계, 피해자가 처한 상황의 절박성 정도 등 제반 상황을 종합하여 구체적으로 판단해야

였다. (나) M주택건축사업의 지연으로 P회사에게 거액의 금융비용이 발생하여 어려움을 겪게 될 것은 쉽게 예측할 수 있었다. (다) 갑과 P회사 사이의 매매교섭 당시 M주택건축사업이 상당 부분 진척되어 P회사로서는 갑의 요구에 따른 매매계약을 체결할 수밖에 없었다. 갑은 불복 상고하였다.

대법원은 다음의 이유를 제시하여 원심판결을 파기환송하였다. 대법원은 부당이득죄의 성립요건에 대해 다음과 같이 설시하였다. (가) 형법상 부당이득죄에 있어서 궁박이라 함은 '급박한 곤궁'을 의미한다. (나) '현저하게 부당한 이익의 취득'이라 함은 단순히 시가와 이익과의 배율로만 판단할 것이 아니라 구체적 · 개별적 사안에 있어서 일반인의 사회통념에 따라 결정하여야 한다.

(다) 피해자가 궁박한 상태에 있었는지 여부 및 급부와 반대급부 사이에 현저히 부당한 불균형이 존재하는지 여부는 거래당사자의 신분과 상호 간의 관계, 피해자가 처한 상황의 절박성의 정도, 계약의 체결을 둘러싼 협상과정 및 거래를 통한 피해자의 이익, 피해자가 그 거래를 통해 추구하고자 한 목적을 달성하기 위한 다른 적절한 대안의 존재 여부, 피고인에게 피해자와 거래하여야 할 신의칙상 의무가 있는지 여부 등 여러 상황을 종합하여 구체적으로 판단하여야 한다. (라) 특히 우리 헌법이 규정하고 있는 자유시장경제질서와 여기에서 파생되는 사적 계약자유의 원칙을 고려하여 그 범죄의 성립을 인정함에 있어서는 신중을 요한다.

대법원은 소위 알박기 행위에 대해 다음과 같이 설시하였다. (가) 개발사업 등이 추진되는 사업부지 중 일부의 매매와 관련된 이른바 '알박기' 사건에서 부당이득죄의 성립 여부가 문제되는 경우에도 위와 같은 여러 상황을 종합하여 구체적으로 판단하여야 한다. (나) 그 범죄의 성립을 인정하기 위하여는 (ㄱ) 피고인이 피해자의 개발사업 등이 추진되는 상황을 미리 알고 그 사업부지 내의 부동산을 매수한 경우이거나 (ㄴ) 피해자에게 협조할 듯한 태도를 취하여 사업을 추진하도록 한 후에 협조를 거부하는 경우 등과 같이 (ㄷ) 피해자가 궁박한 상태에 빠지게 된 데에 피고인이 적극적으로 원인을 제공하였거나 상당한 책임을 부담하는 정도에 이르러야 한다. (다) 이러한 정도에 이르지 아니하고, 단지 개발사업 등이 추진되기 오래 전부터 사업부지 내의 부동산을 소유하여 온 피고인이 이를 매도하라는 피해자의 제안을 거부하다가 수용하는 과정에서 큰 이득을 취하였다는 사정만으로 함부로 부당이득죄의 성립을 인정하여서는 안 된다.

대법원은 갑의 행위에 대해 다음과 같이 판단하였다. (가) 갑은 M주택건축사업이 추진되기 오래 전부터 ㉠부동산을 소유하여 왔다. (나) 그러다가 ㉠부동산을 매도하라는 P회사의 제안을 거부하다가 수용하는 과정에서 큰 이득을 취하였을 뿐이다. (다) 달리 피해자가 궁박한 상태에 빠지게 된 데에 갑이 적극적으로 원인을 제공하였다거나 상당한 책임을 부담하는 정도에 이르렀다고 볼 증거가 없다. (라) 갑에 대하여 부당이득죄가 성립한다고 인정하기 어렵다.

1) 2009. 1. 15. 2008도8577, 공 2009, 189 =『아파트 사업 알박기 사건』.

한다.[1] 개발사업 등이 추진되고 있는 사업부지 중 일부를 구입하지 못하여 사업계획이 좌초되거나 금융비용이 급격히 증가할 상황에 이른 경우는 곤궁하고 절박한 상태로 볼 수

---

1) 2007. 12. 28. 2007도6441, [미간행] =『문중원 11인 등기 사건』:

M토지는 P문중의 소유이다. M토지는 갑 등 11명의 문중원들에게 명의신탁되어 있었다. 갑을 제외한 명의자 10명은 자신들 또는 그 부(父) 등이 M토지의 형성에 상당한 기여를 한 점을 들어 M토지가 자신들의 공유라고 주장하고 있었다. 그리하여 갑을 중심으로 한 일부 문중원들과 나머지 명의자 10명을 중심으로 한 문중원들 사이에 M토지의 소유권에 관하여 다툼이 있어 왔다.

Q회사는 M토지 일원에 1,824세대의 대단위 N아파트 건설사업을 추진하였다. 2004. 11. 23.경 Q회사는 M토지의 명의수탁자인 A 등 5명으로부터 그들 명의로 소유권이전등기되어 있던 ㉠지분을 매수하였다. ㉠지분에 대한 등기명의는 A 등으로부터 Q회사로 이전되었다. C는 P문중의 회장이다. C는 갑 외의 나머지 명의자 10명에 속한다. Q회사가 A 등으로부터 M토지의 ㉠지분을 직접 매수하였음에도 C는 P종중을 위하여 별다른 조치를 취하지 않았다.

갑은 P문중의 임시총회 소집을 주도하였다. 갑은 문중원 12명이 참석한 임시총회 회의에서 B를 회장으로 내세우는 한편 자신은 총무로 선임되었다. 그리하여 갑은 M토지와 관련하여 사실상 P문중의 전권을 행사할 수 있게 되었다. 갑은 P문중 명의로 M토지에 대하여 처분금지가처분 신청을 하였다(㉮가처분신청). 갑은 그와 함께 Q회사와 A 등을 상대로 다음 청구취지의 민사소송을 제기하였다(㉯소송). (가) ㉠지분에 대한 토지지분권이전등기의 말소등기절차를 이행하라. (나) ㉠지분에 대해 명의신탁해지를 원인으로 하는 소유권이전등기절차를 이행하라.

당시 Q회사는 N아파트 건설사업 계획의 승인 및 분양허가 등을 받기 위하여 M토지의 소유권을 반드시 확보할 필요가 있었다. 2005. 2.경 Q회사는 R은행 등과 N아파트 건설사업 시행을 위한 업무협약을 체결하였다. Q회사는 R은행으로부터 1,530억원을 연이율 7.3%로 대출받았다(㉡대출금). ㉡대출금에 대한 한 달 이자는 7억원가량에 이르렀다. Q회사는 ㉡대출금 중 700억원 상당을 N사업부지 내에 있는 토지 매수대금으로 지급한 상태여서 N아파트 건설사업을 포기할 수 없었다. Q회사는 또한 상당한 기일이 소요되는 ㉯민사소송의 종료시까지 기다릴 여유가 없었다. 이에 따라 Q회사로서는 갑 등 M토지의 등기명의자 11명으로부터 M토지를 매수하는 방법을 추진하였다(㉢매매계약). 그와 동시에 Q회사는 P문중과의 사이에서도 별도로 매매계약 협상을 진행할 수밖에 없었다.

Q회사는 P문중을 대표한 갑과 협상을 진행하였다. 2005. 6. 9. Q회사는 P문중으로부터 M토지를 28억원에 매수하기로 하는 ㉣매매계약을 체결하였다. M토지의 매매에 관하여 P문중의 전권을 행사하는 갑은 ㉣매매계약과는 별도로 Q회사에 다음의 요구를 하였다. (가) ㉢매매계약과 관련하여 갑 명의의 1/11지분의 매매대금으로 17억원을 달라. (나) 그렇게 하지 않으면 갑의 지분에 관한 ㉢매매계약은 물론 P문중과 Q회사와의 ㉣매매계약도 체결할 수 없다. Q회사는 갑 명의의 1/11 지분에 대한 ㉢매매대금으로 갑에게 17억원을 지급하였다. Q회사는 갑 이외의 나머지 명의자들에게 ㉢매매대금으로 각각 4억 5천만원(최고액)을 지급하였다. 이로써 갑은 다른 명의자들보다 12억 5천만원을 더 받았다.

검사는 갑을 부당이득죄로 기소하였다. 제1심법원은 유죄를 인정하였다. 갑은 불복 항소하였다. 항소법원은 항소를 기각하고, 제1심판결을 유지하였다. 갑은 불복 상고하였다.

대법원은 다음의 이유를 제시하여 상고를 기각하였다. 대법원은 부당이득죄의 궁박 요건에 대하여 다음과 같이 설시하였다. (가) 부당이득죄에 있어서 궁박이란 '급박한 곤궁'을 의미하는 것이다. (나) 피해자가 궁박한 상태에 있었는지 여부는 거래당사자의 신분과 상호 간의 관계, 피해자가 처한 상황의 절박성의 정도 등 제반 상황을 종합하여 구체적으로 판단하여야 한다. (다) 특히 부동산의 매매와 관련하여 피고인이 취득한 이익이 현저하게 부당한지 여부는 우리 헌법이 규정하고 있는 자유시장 경제질서와 여기에서 파생되는 계약자유의 원칙을 바탕으로 피고인이 당해 토지를 보유하게 된 경위 및 보유기간, 주변 부동산의 시가, 가격결정을 둘러싼 쌍방의 협상과정 및 거래를 통한 피해자의 이익 등이 종합적으로 고려되어야 한다.

있다.[1)]

(나) 이용행위 부당이득죄가 성립하려면 곤궁하고 절박한 상태를 이용하는 행위가 있어야 한다. 단순히 경제적 이익을 추구하는 단계를 넘어서서, 피해자의 곤궁하고 절박한 상태를 잘 알면서 이를 악용하는 수준에 이르러야 한다.

개발사업 등이 추진되고 있는 사업부지 중 일부를 그 사업자에게 매도하면서 종전의 시가보다 많은 대가를 수령하는 소위 '알박기' 행위가 사업자의 곤궁하고 절박한 상태를 이용하는 행위인지 문제된다.

'알박기' 사안의 경우 (가) 피고인이 피해자의 개발사업 등이 추진되는 상황을 미리 알고 그 사업부지 내의 부동산을 매수한 경우이거나, (나) 피해자에게 협조할 듯한 태도를 취하여 사업을 추진하도록 한 후에 협조를 거부하는 경우 등과 같이 피해자가 곤궁하고 절박한 상태에 빠지게 된 데에 피고인이 적극적으로 원인을 제공하였거나 상당한 책임을 부담하는 정도에 이르면 궁박상태의 이용이 인정된다.[2)]

그러나 피고인이 개발사업 등의 추진 전에 이를 알지 못하고 부동산을 취득 · 소유하면서 그 위에 생활 또는 사업상의 기반을 쌓고 있어서 그 부동산을 타인에게 양도하는 것이 그의 생활 또는 사업 등에 상당한 변화를 초래하게 되는 경우에는 사업자의 곤궁하고 절박한 상태를 이용한 것이라고 말할 수 없다. 일반적으로 애초에 양도의 의무 및 의사가 없는 사람으로 하여금 양도를 결단하도록 하기 위하여 그러한 변화에 대한 주저를 극복할 상당한 경제적 유인(誘因) 등이 제공될 필요가 있고, 사업자로서도 그러한 사정을 통상 알 수 있기 때문이다.[3)]

(3) 행위객체

부당이득죄는 현저하게 부당한 이익을 취득할 때 성립한다.

대법원은 갑의 행위에 대해 다음과 같이 판단하였다. (가) (사실관계 분석; 생략함.) (나) 이와 같은 N아파트 건설사업의 경과, M토지에 관한 ㉢, ㉣매매계약의 경위 등 제반사정을 종합해 본다. (다) Q회사가 갑에게 17억원을 지급할 당시 Q회사는 N아파트 건설사업을 시급히 진행하여야 할 절박한 상황에 처해 있어 궁박한 상태에 있었다. (라) Q회사가 갑 등 명의자 11명과 ㉢매매계약을 체결한 외에 P문중과의 사이에서도 ㉣매매계약을 체결하게 된 것은 M토지에 관하여 P문중과 명의자들 사이에 그 소유권에 관한 분쟁이 있었기 때문으로 위 각 계약은 별개의 계약임이 명백하다. (마) 갑이 Q회사로부터 지급받은 17억원은 갑 이외의 나머지 명의자들이 지급받은 매매대금에 비하여 현저한 이득이다. (바) 그 차액 12억 5천만원은 갑이 M토지의 처분에 관한 P문중의 전권을 행사하는 지위에 있으면서 M토지를 매수하기 위해서는 갑의 요구에 응하지 않을 수 없는 Q회사의 궁박한 상태를 이용하여 취득한 부당이득이라고 봄이 상당하다.

1) 2007. 12. 28. 2007도6441, [미간행] = 『문중원 11인 등기 사건』.

2) 2009. 1. 15. 2008도8577, 공 2009, 189 = 『아파트 사업 알박기 사건』.

3) 2009. 1. 15. 2008도1246, 공 2009, 180.

(가) 현저한 부당 급부와 반대급부 사이에 현저히 부당한 불균형이 존재하는 것을 말한다. 현저하게 부당한 이익의 취득 여부는 제공된 급부의 시가와 그로 인해 취득한 이익의 배율로만 판단할 것이 아니며, 구체적 · 개별적 사안에서 일반인의 사회통념에 따라 결정해야 한다.[1]

급부와 반대급부 사이에 현저히 부당한 불균형이 존재하는지 여부는 거래당사자의 신분과 상호 간의 관계, 피해자가 처한 상황의 절박성의 정도, 계약의 체결을 둘러싼 협상과정 및 거래를 통한 피해자의 이익, 피해자가 그 거래를 통해 추구하고자 한 목적을 달성하기 위한 다른 적절한 대안의 존재 여부, 피고인에게 피해자와 거래하여야 할 신의칙상 의무가 있는지 여부 등 여러 상황을 종합하여 구체적으로 판단해야 한다.[2]

(나) 이익의 취득 이익의 취득은 외형상 재물의 교부 또는 재산상 이익의 취득이라는 형태로 나타난다. 그러나 사기죄와 달리 부당이득죄의 경우에는 전체재산의 증가가 이익의 취득이 된다.

이익의 취득은 전체재산의 증가를 의미한다. 전체재산의 증가 여부는 곤궁하고 절박한 상태 이용시점을 기준으로 전후의 전체재산을 비교하여 결정한다. 비교의 관점은 행위자를 기준으로 한다. 예컨대 불법체류노동자의 임금을 현저히 부당하게 저액으로 지급한 경우에 설사 당해 노동자가 기존의 생활상태에 비하면 그다지 저액이 아니라 할지라도 고용주의 입장에서 보면 현저하게 부당한 이익을 취득한 것으로 인정될 수 있다.

(4) 고의와 불법이득의사

부당이득죄는 고의범이므로 상대방의 궁박상태를 이용한다는 주관적 인식이 있어야 한다. 목적물을 객관적으로 현저하게 부당한 가격으로 매수하였다 하여도 행위자에게 궁박상태를 이용한다는 인식이 없다면 부당이득죄는 성립하지 않는다.

부당이득죄는 행위자 본인이 부당한 이익을 취득하는 경우(법349①)뿐만 아니라 제3자로 하여금 부당한 이익을 취득하게 하는 경우에도 성립한다(동조②). 그리하여 행위자 본인 또는 제3자에게 전체재산을 증가하게 하려는 의미에서의 불법이득의사가 있어야 한다. 이 경우 불법이득의사에는 재물에 대한 불법영득의사와 재산상 이익에 대한 불법이득의사가 모두 포함된다.

1) 2009. 1. 15. 2008도8577, 공 2009, 189 = 『아파트 사업 알박기 사건』.
2) 2009. 1. 15. 2008도8577, 공 2009, 189 = 『아파트 사업 알박기 사건』.

5. 상습사기죄

형법 제351조 (상습범) 상습으로 제347조 내지 전조의 죄를 범한 자는 그 죄에 정한 형의 2분의 1까지 가중한다.

◎ 자격정지 임의적 병과(법353)
◎ 미수범 처벌함(법352)
◎ 친족상도례 적용됨(법354)
◎ 특정경제범죄법 적용대상임(동법3① · ②, 단 법347, 347의2의 상습범에 한함)

(1) 상습사기죄와 포괄일죄

형법 제351조는 사기죄(법347), 컴퓨터등사용사기죄(법347의2), 준사기죄(법348), 편의시설부정이용죄(법348의2), 부당이득죄(법349)의 상습범을 그 죄에 정한 형의 2분의 1까지 가중처벌하고 있다. 형의 2분의 1까지 가중한다 함은 법정형의 상한과 하한을 모두 가중한다는 의미이다.[1)]

형법 제351조가 규정한 가중처벌의 사유는 상습성이다. 사기죄(법347)를 중심으로 형법 제351조의 특성을 정리해 본다. 동일한 법리는 사기죄(법347)와 함께 규정되어 있는 다른 유형의 범죄에도 적용된다.

(가) 상습성 상습사기죄에서 상습성이라 함은 반복하여 사기범행을 하는 습벽으로서 행위자의 속성을 말한다. 이러한 습벽의 유무를 판단할 때에는 (가) 사기의 전과가 중요한 판단자료가 되나 (나) 사기의 전과가 없다고 하더라도 범행의 횟수, 수단과 방법, 동기 등 제반 사정을 참작하여 사기의 습벽이 인정되는 경우에는 상습성을 인정해야 한다.[2)]

사기행위의 습벽은 행위자의 사기습벽으로 인정되는 것이면 족하다. 동종의 수법에 의한 사기범행의 습벽뿐만 아니라 이종의 수법에 의한 사기범행들 사이에도 이를 포괄하는 사기의 습벽이 인정된다.[3)] 상습성이 인정되는 일련의 사기범행은 포괄일죄로 파악된다.

---

1) 2017. 6. 29. 2016도18194, 공 2017하, 1596 = 『톱날 상습특수상해 사건』 참조.
2) 2007. 1. 25. 2006도7470, 공 2007, 401 = 분석 각론 『다단계판매 수당지급 사건』.
3) 1999. 11. 26. 99도3929, 공 2000, 114 = 『카드사기 대 대출사기 사건』 :
갑에게는 사기죄의 실형 전과가 수회 있다. 갑은 최종형의 집행종료 후 8개월만에 다시 일련의 문서위조 및 사기 범행을 하였다. 1997. 초반부터 1998. 중반에 걸쳐 검사는 순차적으로 갑이 범한 ㉮~㉳사건을 M 지방법원에 기소하였다. ㉮~㉳사건 가운데에는 다음과 같은 사기 범행이 들어 있다. (가) ㉯사건 : 사기(㉯사기). (나) ㉰사건 : 사기(㉰사기). (다) ㉱사건 : 상습사기(㉱상습사기). 제1심법원은 ㉮~㉳사건을 모두 병합하여 판결하였다. 제1심법원은 ㉯사기, ㉰사기, ㉱상습사기를 각각 별죄로 인정하여 모두 유죄로 인정하였다.

(나) 특정경제범죄법과 이득액 　사기죄 상호간의 관계는 특히 「특정경제범죄 가중처벌 등에 관한 법률」(특정경제범죄법)이 가중처벌의 사유로 규정하고 있는 이득액의 산정과 관련하여 중요한 의미가 있다. 상습사기죄는 포괄일죄로서 개별행위에 의한 이득액이 합산되기 때문이다.

특정경제범죄법에 의하여 상습사기죄가 가중처벌되는 경우는 사기죄(법347) 및 컴퓨터등 사용사기죄(법347의2)로 한정된다(특정경제범죄법3①). 상습범 가중처벌과 관련된 부분의 자세한 내용에 대해서는 앞에서 설명하였다.[1]

(2) 상습사기죄와 기판력

상습사기죄의 경우 상습성의 발로로 인정되는 일련의 행위들은 포괄일죄의 관계에 있다. 포괄일죄는 실체법상 단순일죄이며, 소송법적으로도 하나의 범죄사실로 파악된다. 소송법적

㉯사기 범행의 내용은 다음과 같다. "갑은 A 명의의 ㉠카드 회원가입신청서를 위조하여 A 명의로 발급받은 신용카드 등을 이용하여 1997. 1. 15.경부터 1997. 2. 23.경까지 사이에 15회에 걸쳐 물품 등을 구입하고 그 대금을 지급하지 아니하였다." ㉰사기 범행의 내용은 다음과 같다. "갑은 [1997. 3. 1.] 위조된 사문서를 이용하여 P금융기관으로부터 대출금을 받으려고 하다가 미수에 그쳤다." ㉱상습사기 범행의 내용은 다음과 같다. "갑은 1996. 12. 5.경부터 1997. 8. 27.경까지 사이에 6회에 걸쳐 위조된 공문서를 이용하여 Q은행, R 금융기관 등으로부터 대출금을 받았다." 갑은 불복 항소하였다.

항소법원은 ㉯사기, ㉰사기, ㉱상습사기를 유죄로 인정하면서 다음과 같이 판단하였다. (가) ㉰사기는 동종 범행 사기습벽의 발로에 의한 것이다. (나) ㉰사기와 ㉱상습사기는 상습사기로서 포괄일죄를 이룬다. (다) ㉯사기는 ㉰사기, ㉱상습사기와는 이종의 사기범행이다. (라) ㉯사기는 ㉰, ㉱상습사기와 별개의 단순일죄를 이룬다. 항소법원은 ㉰사기와 ㉱상습사기를 포괄하여 다음과 같은 범죄사실을 인정하였다. "갑은 1996. 12. 5.경부터 1997. 8. 27.경까지 사이에 7회에 걸쳐 위조된 공문서 또는 사문서를 이용하여 은행 기타 금융기관으로부터 대출금을 받거나 받으려고 하다가 미수에 그쳤다." 갑은 불복 상고하였다.

대법원은 다음의 이유를 제시하여 원심판결을 파기환송하였다. 대법원은 갑의 상고이유와 무관하게 직권으로 판단하였다. 대법원은 상습사기죄의 상습성에 대해 다음과 같이 설시하였다. (가) 상습사기죄에 있어서의 상습성이라 함은 반복하여 사기행위를 하는 습벽으로서 행위자의 속성을 말한다. (나) 여기서 말하는 사기행위의 습벽은 행위자의 사기습벽의 발현으로 인정되는 한 (ㄱ) 동종의 수법에 의한 사기범행의 습벽만을 의미하는 것이 아니라 (ㄴ) 이종의 수법에 의한 사기범행을 포괄하는 사기의 습벽도 포함한다.

대법원은 갑의 사기 범행에 대해 다음과 같이 판단하였다. (가) 갑에게는 사기죄의 실형 전과가 수회 있다. (나) 갑은 최종형의 집행종료 후 8개월만에 다시 ㉯, ㉰, ㉱사기 범행에 이르렀다. (다) ㉰, ㉱상습사기가 인정된다고 하자. (라) 원심이 별개의 단순일죄로 인정한 ㉯사기 범행은 1997. 1. 15.경부터 1997. 2. 23.경까지 사이에 이루어졌다. (마) 원심이 포괄일죄로 인정한 ㉰, ㉱상습사기 범행은 1996. 12. 5.경부터 1997. 8. 27.경까지 사이에 이루어졌다. (바) 그렇다면 원심이 별개의 단순일죄로 인정한 ㉯사기 범행도 상습사기의 범행 기간 중에 이루어진 것으로서 갑의 사기습벽의 발현에 기인한 것이라고 보지 않을 수 없다. (사) (더군다나 ㉯사기의 경우 타인 명의의 신청서를 위조하여 발급받은 신용카드를 이용한 점 등 그 수법에 있어서도 ㉰, ㉱상습사기와 크게 다른 점이 없다.) (아) 따라서 ㉯사기, ㉰사기, ㉱상습사기는 [상습사기로서] 모두 포괄일죄의 관계에 있다. (자) (그 밖에 소송법적인 문제는 소개를 생략함.)

1) 전술 1184면 이하 참조.

으로 하나의 범죄사실로 파악될 경우 공소제기의 효력범위나 확정판결의 효력범위는 그 전체에 미치는 것이 원칙이다(형소법248②).

(가) 구판례 종래 판례는 이러한 일반원칙에 좇아서 상습범의 일부 범행에 대해 확정판결이 있을 때 나머지 범행에 대해서도 확정판결의 효력이 인정되는 것으로 보았다. 그리하여 나중에 기소된 나머지 범행에 대해서는 확정판결 있음을 이유로 면소판결을 선고하였다(형소법326 i).[1]

(나) 신판례 그런데 상습범의 일부 범행에 대해 확정판결이 있을 때 나머지 범행 전부에 대해 확정판결의 효력을 인정하는 것은 실체적 진실에 입각한 형벌권의 실현이라는 관점에서 적절하지 못하다. 이러한 문제점을 의식하여 2004년 대법원은 판례를 변경하였다. 변경된 판례는 상습범의 경우 처음부터 상습범으로 기소된 경우에 한하여 전체 범죄사실에 대해 확정판결의 효력(기판력)을 인정하고 있다. 이 기준에 따르면, 일부 사기범행을 단순사기죄로 기소하여 확정판결이 있고, 그 범행과 함께 상습성의 발로로 인정되는 나머지 범행이 뒤늦게 기소된 경우 단순사기죄의 기판력은 나머지 상습사기 범행에 미치지 않는다.[2]

제 4 공갈죄의 기본유형 - 공갈죄

형법 제350조 (공갈) ① 사람을 공갈하여 재물의 교부를 받거나 재산상의 이익을 취득한 자는 10년 이하의 징역 또는 2천만원 이하의 벌금에 처한다.
② 전항의 방법으로 제3자로 하여금 재물의 교부를 받게 하거나 재산상의 이익을 취득하게 한 때에도 전항의 형과 같다.

◎ 자격정지 임의적 병과(법353)
◎ 미수범 처벌함(법352)
◎ 친족상도례 적용됨(법354)
◎ 특수공갈죄 가중처벌함(법350의2)
◎ 상습범 가중처벌함(법351)
◎ 폭력행위처벌법 적용대상임(동법2② iii)
◎ 특정경제범죄법 적용대상임(동법3① · ②)

---

1) 1978. 2. 14. 77도3564 전원합의체 판결, 공 1978, 11094.
2) 2004. 9. 16. 2001도3206 전원합의체 판결, 공 2004, 1684 = 백선 총론 『신공항 사기 사건』.

1. 공갈죄 서설

(1) 공갈죄의 특성

형법 제350조는 공갈죄를 규정하고 있다. 공갈죄는 사람을 공갈하여 재물의 교부를 받거나 재산상 이익을 취득함으로써 성립하는 범죄이다. 공갈죄는 하자 있는 의사에 기하여 재물의 교부나 재산상 이익의 이전이 일어난다는 점에서 사기죄와 구조가 비슷하다. 이 점에 착안하여 우리 입법자는 사기죄와 공갈죄를 동일한 장에 규정하고 있다. 그러나 공갈죄는 폭행 또는 협박을 수단으로 한다는 점에서 기망을 수단으로 하는 사기죄와 구별된다.

공갈죄는 수단으로 폭행 · 협박을 사용한다는 점에서 동일하게 폭행 · 협박을 사용하는 강도죄와 비슷하다. 이러한 점에 착안하여 독일 형법은 강도죄와 공갈죄를 '강도 및 공갈'이라는 동일한 장(동법 각칙 제20장)에 묶어서 규정하고 있다.[1] 그러나 공갈죄는 하자가 있기는 하지만 의사에 기하여 재물의 교부를 받거나 재산상 이익을 취득한다는 점에서 의사에 반하여 재물 또는 재산상 이익을 취득하는 강도죄와 구별된다. 독일의 입법자가 폭행 · 협박이라는 수단에 주목하고 있다면 우리 입법자는 처분행위 유무에 중점을 두고 있다.

(2) 공갈죄와 특별법

우리 입법자는 사기죄와 공갈죄의 구조가 비슷하다는 점에 착안하여 양자를 동일한 장에 규정하고 있다. 그런데 사기죄는 기망이라는 비폭력적 방법을 사용하는 범죄이어서 행위의 정형을 포착하기가 쉽지 않다. 이 때문에 사기죄(법347)의 기본적 구성요건 이외에 컴퓨터등사용사기죄(법347의2), 준사기죄(법348), 편의시설부정이용죄(법348의2), 부당이득죄(법349) 등 일련의 수정적 구성요건들이 마련되어 있다.

이에 대해 공갈죄의 경우에는 폭행 · 협박이라는 폭력적 방법이 사용되고 있어서 행위의 정형을 포착하는 것이 비교적 용이하다. 이러한 관계로 형법은 공갈죄에 대해 별도의 수정적

---

1) 독일형법 제249조 ① 불법영득의 의사로 사람에 대한 폭행 또는 신체나 생명에 대한 현재의 위험을 고지한 협박에 의하여 타인의 동산을 강취한 자는 1년 이상의 자유형에 처한다.

제253조 ① 자기 또는 제3자의 불법한 영리를 위하여 폭행 또는 상당한 해악을 고지한 협박에 의하여 타인에 대하여 위법하게 작위, 수인 또는 부작위를 강요하고 그로 인하여 피강요자 또는 타인의 재산에 손해를 가한 자는 5년 이하의 자유형 또는 벌금에 처한다.

② 의도된 목적을 위하여 폭행을 가하거나 또는 해악을 고지한 행위가 비난받아야 할 것으로 인정된 경우에 그 행위는 위법하다.

(③, ④ 생략함.)

제255조 공갈이 사람에 대한 폭행 또는 신체나 생명에 대한 현재의 위험을 고지한 협박에 의하여 이루어진 경우에 행위자는 강도와 동일하게 처벌된다.

구성요건을 마련하고 있지 않았다. 2016년 입법자는 「폭력행위 등 처벌에 관한 법률」(폭력행위처벌법)을 정비하면서 폭력행위처벌법에 들어 있던 특수공갈죄를 삭제하고, 이를 형법 제350조의2에 규정하였다.[1)]

소위 보이스피싱 등 전기통신금융사기 범죄에 대처하기 위하여 2011년부터 「전기통신금융사기 피해 방지 및 피해금 환급에 관한 특별법」(통신사기피해환급법)이 시행되고 있다. 이 법률이 규정하고 있는 '전기통신금융사기'란 「전기통신기본법」 제2조 제1호에 따른 전기통신을 이용하여 타인을 기망 · 공갈함으로써 재산상의 이익을 취하거나 제3자에게 재산상의 이익을 취하게 하는 행위로서 (가) 자금을 송금 · 이체하도록 하는 행위, (나) 개인정보를 알아내어 자금을 송금 · 이체하는 행위를 말한다(통신사기피해환급법2 ii).

통신사기피해환급법은 '전기통신금융사기' 범행을 처벌하고 있다(동법15의2①).[2)] 이 경우 구성요건에는 '전기통신금융사기'라는 용어가 사용되고 있음에도 불구하고 '기망' 이외에 '공갈'이 행위수단으로 규정되어 있다. 따라서 통신사기피해환급법이 규정하는 벌칙규정 가운데 '공갈'을 중심으로 한 구성요건은 공갈죄의 특수한 유형이라고 말할 수 있다.

2. 보호법익

(1) 재산권과 자유권

공갈죄는 재물 또는 재산상 이익을 객체로 설정하고 있다. 이 점에서 공갈죄는 사기죄 및 강도죄와 마찬가지로 재물죄이면서 동시에 이득죄이다. 공갈죄의 보호법익은 원칙적으로 재산권 일반이다. 그러나 공갈죄는 폭행 · 협박을 수단으로 타인의 의사결정 및 의사실행의 자유를 침해하는 측면이 있기 때문에 사람의 자유권도 이차적인 보호법익이 된다.

(2) 친족상도례

공갈죄의 경우에도 친족상도례의 특례가 인정된다(법354). 친족상도례가 인정되려면 범인과 피해자 사이에 친족관계가 인정되어야 한다. 공갈죄의 경우 재물 또는 재산상 이익의 주체뿐만 아니라 폭행 · 협박의 상대방도 피해자가 된다. 따라서 범인이 양자 모두에 대해 친족관계가 있을 때 친족상도례가 적용된다.

공갈죄의 친족상도례 특례는 특별한 규정이 없는 한 폭력행위처벌법에 규정된 공갈죄의 관련 구성요건에도 적용된다.[3)] 이 점은 공갈죄의 수단이 되는 폭행 · 협박에 대해 폭력행위

1) 후술 1271면 이하 참조.
2) 전술 1128면 참조.
3) 2010. 7. 29. 2010도5795, 공 2010하, 1770 = 분석 각론 『처삼촌 소주병 공갈 사건』.

처벌법이 반의사불벌죄의 특칙을 배제하고 있더라도(동법2④ 참조) 변함이 없다.[1)]

3. 행위객체

공갈죄의 객체는 타인의 재물 또는 재산상 이익이다. 그 내용은 기본적으로 사기죄의 경우에 설명한 것과 같다.[2)]

(1) 재 물

타인의 재물은 타인이 점유하는 타인의 소유권 및 소유권에 준하는 권리(본권)의 대상이 되는 재물을 말한다. 타인 소유의 재물인지 여부는 민법, 상법, 기타의 실체법에 의하여 결정된다. 타인을 공갈하여 자기소유의 재물을 교부받는 경우에는 공갈죄가 성립하지 않는다.

금전을 도난당한 경우 절도범이 절취한 금전만 소지하고 있는 때 등과 같이 구체적으로 절취된 금전을 특정할 수 있어서 객관적으로 다른 금전 등과 구분됨이 명백한 예외적인 경우에는 절도 피해자에 대한 관계에서 그 금전은 타인(절도범인)의 재물이라고 할 수 없다. 따라서 절도 피해자가 절도범인을 협박하여 절취당한 금전을 되찾아 오는 행위는 공갈죄를 구

---

1) 1994. 5. 27. 94도617, 공 1994, 1877 =『2항 친족 야간공갈 사건』:

('야간'의 공갈행위가 폭력행위처벌법에 의하여 가중처벌되던 당시의 판례이다. 현재는 '2명 이상이 공동하여' 행하는 공갈행위만이 폭력행위처벌법에 의한 가중처벌 대상이다.) 갑은 A와 형법 제328조 제2항의 친족관계에 있다. 갑은 야간에 A에 대해 공갈행위를 하였다. 형법상 공갈죄에는 친족상도례가 인정된다(형법 제354조, 제328조). 형법 제260조 제3항은 폭행죄를 반의사불벌죄로 규정하고 있다. 폭력행위처벌법 제2조 제4항은 형법 제260조 제3항의 적용을 배제하고 있다. A는 갑을 고소하였다.

검사는 갑을 폭력행위처벌법위반죄(공갈)로 기소하였다. 제1심판결 선고 전 A는 고소를 취소하였다. 갑의 피고사건은 제1심을 거친 후, 항소심에 계속되었다. 항소법원은 친족상도례에 관한 형법 제354조, 제328조를 적용하여 친고죄의 고소취소가 있다고 판단하였다. 항소법원은 형사소송법 제327조 제5호에 의하여 공소기각 판결을 선고하였다.

검사는 불복 상고하였다. 검사는 상고이유로 다음의 점을 주장하였다. (가) 형법 제260조 제3항은 폭행죄를 반의사불벌죄로 규정하고 있다. (나) 형법 제283조 제3항은 협박죄를 반의사불벌죄로 규정하고 있다. (다) 폭력행위처벌법 제2조 제4항은 형법 제260조 제3항과 제283조 제3항의 적용을 배제하고 있다. (라) 공갈죄는 폭행과 협박을 수단으로 하고 있다. (마) 그렇다면 폭력행위처벌법상 공갈죄의 경우 피해자의 의사표시(고소취소)는 영향을 미치지 않는다.

대법원은 다음의 이유를 제시하여 상고를 기각하였다. 대법원은 폭력행위처벌법상 공갈죄와 친족상도례의 관계에 대해 다음과 같이 설시하였다. (가) 공갈죄가 (야간에 범하여져) 폭력행위등처벌에관한법률 제2조 제2항에 의해 가중처벌되는 경우에도 형법상 공갈죄의 성질은 그대로 유지된다. (나) 특별법인 폭력행위처벌법에 친족상도례에 관한 형법 제354조, 제328조의 적용을 배제한다는 명시적인 규정이 없다. (다) 그러므로 형법 제354조는 폭력행위처벌법 제2조 제2항 위반죄에도 그대로 적용된다고 보아야 한다. (라) 폭력행위처벌법 제2조 제4항에서 공갈죄의 수단이 되는 폭행죄, 협박죄가 폭력행위처벌법에 의하여 가중처벌되는 경우에 형법 제260조 제3항, 제283조 제3항을 적용하지 않는다고 규정하고 있다 하여 이를 달리 새길 것이 아니다.

2) 전술 1143면 이하 참조.

성하지 않는다.[1)]

재물의 소유자 및 소유권에 준하는 권리자(본권자)인 타인은 자연인은 물론 법인이나 그 밖의 단체를 포함한다. 국가나 지방자치단체도 포함된다. 자기소유의 재물은 공갈죄의 객체에서 제외된다. 자기소유의 재물이라도 타인의 점유 또는 권리의 목적이 된 경우에는 권리행사방해죄(법323)가, 공무소로부터 보관명령을 받거나 공무소의 명령으로 타인이 관리하는 경우에는 공무상보관물무효죄(법142)가 성립할 여지가 있다. 그러나 폭행 · 협박을 수단으로 하는 경우는 권리행사방해죄나 공무상보관물무효죄의 행위유형에 포함되어 있지 않으므로 이들 범죄도 성립하지 않는다.

공갈죄의 경우에는 부동산도 객체에 포함된다.[2)] 상대방의 재산적 처분행위에 기하여 등기 이전의 형태로 사실상 부동산의 점유를 이전하는 것이 가능하기 때문이다. 도품도 공갈죄의 재물에 포함된다. 소유 및 소지가 금지되어 있는 금제품은 위법한 것이므로 법적 절차에 따라 이를 몰수할 수 있다. 그러나 법적 절차에 의하지 아니한 상황에서 제3자의 침해로부터 보호할 필요가 있다는 점에서 금제품도 공갈죄의 객체가 된다.[3)] 불법원인급여물을 공갈행위를 통하여 반환받는 것도 공갈죄를 구성한다.[4)]

(2) 재산상 이익

재산상 이익은 전체재산에서 재물을 제외한 것을 말한다. 적극적 이익과 소극적 이익을 모두 포함한다. 일시적 이익인가 영구적 이익인가를 묻지 않는다. 재산상 이익의 구체적인 예로는 채무면제를 받는 것, 채무지급을 일시 유예받는 것, 채무부담을 약속받는 것, 금전지

---

1) 2012. 8. 30. 2012도6157, 공 2012하, 1645 = 분석 각론『도박사이트 금고 절취 사건』.

2) 1992. 9. 14. 92도1506, 공 1992, 2931 =『상습공갈 폭처법 개정 사건』:

갑은 공갈죄의 전과가 수회 있다. 갑은 A를 공갈하여 M부동산의 소유권이전등기에 필요한 ㉠서류를 교부받았다. 갑은 교부받은 ㉠서류를 이용하여 M부동산에 대한 ㉡소유권이전등기를 마쳤다. ㉠서류를 교부받은 시점과 ㉡등기를 마친 시점의 중간에 폭력행위처벌법의 개정이 있었다. 폭력행위처벌법의 개정으로 상습공갈죄의 법정형이 1년 이상의 징역에서 3년 이상의 징역으로 상향조정되었다. (폭력행위처벌법상의 상습공갈죄는 2016년 폭력행위처벌법 개정으로 폐지되었다.)

검사는 갑을 개정된 폭력행위처벌법상의 상습공갈죄로 기소하였다. 갑의 피고사건은 제1심을 거친 후, 항소심에 계속되었다. 항소법원은 개정된 폭력행위처벌법을 적용하여 유죄를 인정하였다. 갑은 불복 상고하였다.

대법원은 다음의 이유를 제시하여 상고를 기각하였다. (가) 부동산에 대한 공갈죄는 그 부동산에 관하여 소유권이전등기를 경료받거나 또는 인도를 받은 때에 기수로 된다. (나) 소유권이전등기에 필요한 서류를 교부받은 때에 기수로 되어 그 범행이 완료되는 것은 아니다. (다) 따라서 M부동산 갈취의 점에 대하여는 기수로 되는 소유권이전등기가 경료된 때 시행 중인 폭력행위처벌법이 적용되어야 한다. (라) 소유권이전등기에 필요한 서류를 교부받은 당시 시행 중이던 개정전의 법률을 적용할 것은 아니다.

3) 금제품에 대해서는, 전술 1003면 이하 참조.

4) 2001. 3. 23. 2001도359, 공 2001, 1060 =『도박자금 강제 회수 사건』.

급을 약속받는 것 등을 들 수 있다. 불법원인급부의 반환청구를 공갈행위에 의하여 면하는 것도 공갈죄를 구성한다.

공갈죄는 재산범죄이므로 그 객체인 재산상 이익은 경제적 이익이 있는 것을 말한다. 일반적으로 이성인 상대방과의 정교 그 자체는 이를 경제적 이익으로 평가할 수 없는 것이므로 이성인 상대방을 공갈하여 그와 정교를 맺었다고 하여도 특단의 사정이 없는 한 이로써 재산상 이익을 갈취한 것이라고 볼 수는 없다.[1] 이때 강간죄(법297) 또는 강요죄(법324① · ②)가 성립할 수 있음은 별개의 문제이다.

4. 실행행위

(1) 공갈의 의의

공갈죄는 공갈로 사람에게 겁을 먹게 하여 범인(법350①) 또는 제3자(동조②)가 재물을 교부받거나 재산상 이익을 취득하는 범죄이다.

(가) 공갈의 개념　공갈은 상대방에게 그의 반항을 억압할 정도에 이르지 않는 폭행 · 협박을 가하여 재물의 교부 또는 재산상 이익의 이전을 요구하는 행위이다. 폭행 · 협박이 사회통념상 객관적으로 상대방의 반항을 억압하거나 항거를 불가능하게 할 정도에 이른 경우에는 강도죄가 성립한다.[2]

(나) 공갈의 상대방　공갈의 상대방은 반드시 공갈행위로 재산에 피해를 입는 사람일 필요가 없다. 예컨대 법인의 이사에게 폭행 · 협박을 가하여 법인의 재산을 처분하게 하는 경우에는 공갈의 상대방과 재산상 피해자가 일치하지 않는다. 공갈의 상대방은 재산상의 피해자와 동일함을 요하지 않으나, 공갈의 목적이 된 재물이나 재산상 이익을 처분할 수 있는 사실상 또는 법률상의 권한을 갖거나 그러한 지위에 있어야 한다. 공갈의 상대방도 공갈죄의 피해자가 된다.[3]

---

1) 1983. 2. 8. 82도2714, 공 1983, 546 = 분석 각론『나체쇼 접대부 사건』.

2) 2001. 3. 23. 2001도359, 공 2001, 1060 =『도박자금 강제 회수 사건』.

3) 2005. 9. 29. 2005도4738, 공 2005, 1748 =『랑데부살롱 주류 사건』:

A는 '랑데부살롱'에서 종업원으로 일하고 있다(M주점). M주점은 B가 건물주로부터 임차하여 C에게 운영을 위임하고 있다. 갑, 을, 병, 정은 M주점으로 갔다. 갑, 을, 병, 정은 A에게 은근히 조직폭력배임을 과시하면서 "이 새끼들아 술 내놔."라고 소리를 쳤다. 갑 등은 험악한 인상을 쓰면서 "너희들은 C가 깡패도 아닌데 왜 따라 다니며 어울리냐."라고 말하였다. 갑 등은 이러한 방법으로 A에게 신체에 위해를 가할 듯한 태도를 보였다. 이에 겁을 먹은 A는 갑 등에게 ㉠주류를 제공하였다.

검사는 갑 등을 폭력행위처벌법위반죄(공갈)로 기소하였다. 제1심법원은 다음 요지의 범죄사실을 인정하였다. "갑 등은 공동하여 (중략) 신체에 위해를 가할 듯한 태도를 보여 이에 겁을 먹은 피해자 A로부터 ㉠주류를 제공받아 이를 각 갈취하였다." 갑 등은 불복 항소하였다. 항소법원은 항소를 기각하고, 제1심판결을 유지하였다. 갑 등은 불복 상고하였다. 갑 등은 상고이유로, A는 공갈죄의 피해자가 아니라고 주장하였다.

(다) 기망과 공갈 기망과 공갈을 병행하여 재물 또는 재산상 이익을 취득하는 경우에 사기죄와 공갈죄 가운데 어느 것이 성립할 것인지 문제된다. 이 경우는 먼저 상대방이 착오에 빠져 처분행위를 하였는가, 장래의 사태에 대해 겁을 먹었기 때문에 처분행위를 하였는가를 살펴서 판단해야 한다. 만일에 양자가 대등한 무게를 지니고 있다면 공갈죄로 다스려야 할 것이다. 특수공갈죄(법350의2) 등 가중적 구성요건과의 관계를 고려해야 하기 때문이다.

(2) 공갈의 수단

(가) 폭 행 공갈행위는 폭행 또는 협박의 형태를 취한다. 폭행은 신체에 대해 가해지는 불법한 유형력의 행사이다. 공갈죄의 폭행은 상대방에게 공포심을 일으킬 수 있는 것으로서, 상대방의 반항을 억압할 정도에 이르지 않는 것을 말한다.[1] 상대방의 반항을 억압할 정도의 것인지 여부는 사회통념에 따라 객관적으로 판단한다.[2]

폭행은 예컨대 재물을 교부하는 자와 같이, 처분행위자에 대한 것이어야 한다. 제3자에 대한 폭행은 일정한 한도에서 처분행위자에 대한 협박이 될 수 있다.

(나) 협 박 공갈행위는 협박의 형태를 취하는 경우가 많다. 이를 구체적으로 살펴본다.

① 해악의 고지 공갈죄의 수단으로서 협박은 사람의 의사결정의 자유를 제한하거나 의사실행의 자유를 방해할 정도로 겁을 먹게 할 만한 해악을 고지하는 것을 말한다.[3] 고지

대법원은 다음의 이유를 제시하여 상고를 기각하였다. (가) 공갈죄에 있어서 공갈의 상대방은 재산상의 피해자와 동일함을 요하지는 않는다. (나) 그러나 공갈의 목적이 된 재물 기타 재산상의 이익을 처분할 수 있는 사실상 또는 법률상의 권한을 갖거나 그러한 지위에 있음을 요한다. (다) 갑 등으로부터 협박을 당한 A는 ㉠ 주류에 대한 사실상의 처분권자이다. (라) A를 공갈죄의 피해자라고 봄이 상당하다.

1) 폭행 개념의 분류에 대해서는, 전술 645면 이하 참조.

2) 2001. 3. 23. 2001도359, 공 2001, 1060 =『도박자금 강제 회수 사건』.

3) 2003. 5. 13. 2003도709, 공 2003, 1405 =『향촌동파 형님 투숙객 사건』:

M시에 N호텔이 있다. A, B, C는 N호텔의 프론트 직원이다. 2001. 2. 갑은 N호텔에 투숙하였다. 당시 갑은 이미 사업이 부도난 상태였다. 갑은 자신의 자력만으로는 적지 않은 호텔 이용료를 부담할 수 없었던 상황이었다. M시에는 폭력조직인 속칭 '향촌동파'가 활동하고 있다. 을은 '향촌동파' 조직원 D 등과 잘 아는 사이이다. 갑은 을을 비롯하여 스포츠 머리를 한 건장한 폭력배들과 함께 특별히 하는 일 없이 N호텔 커피숍 등에 모여 앉아 시간을 보내는 등 어울려 다녔다. 을과 D 등은 갑에게 "형님"이라면서 90도로 인사를 하였다.

2001. 5. 28.부터 갑의 호텔 이용료가 연체되기 시작하였다. 갑은 A, B, C 등 N호텔 프론트 직원들에게 호텔 객실을 내어달라고 요구하였다. A, B, C 등은 호텔 객실을 내어주었다. A는 갑에게 연체된 호텔 이용료를 달라는 요구를 제대로 하지 못하였다. B, C는 갑에게 객실요금을 지불해 줄 것을 요구하였다. 갑은 요금지불을 요구받을 때마다 어깨에 힘을 주면서 "나중에 주겠다."거나 "알았다."고 말하고 그냥 가버렸다. 2002. 2. 11. 갑은 마침내 N호텔에서 퇴실하였다. 그 때까지 갑의 연체 이용료는 1천만원에 달하였다.

A는 갑의 이용료 연체에 책임을 지고 N호텔을 그만두었다. A는 갑의 요금 연체 때문에 퇴직금을 받지 못하였다. 2002. 4. 첩보를 입수한 경찰이 갑과 을에 대한 조사에 착수하여 본격적인 수사에 들어갔다. 2002.

되는 해악의 종류에는 제한이 없다. 협박의 정도는 상대방에게 반항을 억압하지 않을 정도의 것임을 요한다. 협박이 상대방의 반항을 억압할 정도에 이르면 공갈이 아니라 강취에 해당한다.[1)]

해악의 고지가 없다면 공갈죄는 성립하지 않는다. 예컨대 시정(市政)에 대한 비판적인 기사를 게재해 오던 신문 발행인인 피고인이 관련 공무원에게 광고의뢰 및 직보배정을 다른 신문과 같은 수준으로 높게 해달라고 요청한 사실만으로는 상대방을 협박했다고 볼 수 없다. 아직 해악의 고지가 없기 때문이다.[2)]

---

5. 갑과 D는 연체된 호텔 이용료를 변제하였다. 갑은 자력이 없었던 관계로 아는 선배로부터 돈을 빌려 연체된 이용료를 갚았다.

검사는 갑을 공갈죄로 기소하였다. 갑은 호텔 이용료를 갈취한 사실이 없다고 공소사실을 부인하였다. 갑의 피고사건은 제1심을 거친 후, 항소심에 계속되었다. 항소법원은 다음의 이유를 들어 무죄를 선고하였다. (가) 호텔에 장기 투숙하는 과정에서 갑이 폭력배로 보이는 사람들과 어울린 사실은 있다. (나) 그렇다고 갑이 폭력배의 두목처럼 그 사람들을 부린 일은 없다. (다) 갑이 직접 프론트 직원들에게 욕설 내지 인상을 쓰는 방법으로 겁을 준 사실이 없다. (라) (기타 정황; 생략함.) (마) 갑에게 N호텔의 직원들에게 객관적으로 사람의 의사결정의 자유를 제한하거나 의사실행의 자유를 방해할 정도로 겁을 먹게 할 만한 해악을 고지하는 구체적인 행위가 있다고 볼 수 없다. 검사는 불복 상고하였다.

대법원은 다음의 이유를 제시하여 원심판결을 파기환송하였다. (가) 공갈죄의 수단으로서 협박은 사람의 의사결정의 자유를 제한하거나 의사실행의 자유를 방해할 정도로 겁을 먹게 할 만한 해악을 고지하는 것을 말한다. (나) 해악의 고지는 반드시 명시의 방법에 의할 것을 요하지 않는다. (다) 언어나 거동에 의하여 상대방으로 하여금 어떠한 해악에 이르게 할 것이라는 인식을 갖게 하는 것이면 족하다. (라) 또한 직접적이 아니더라도 피공갈자 이외의 제3자를 통해서 간접적으로 할 수도 있다. (마) 행위자가 그의 직업, 지위 등에 기하여 불법한 위세를 이용하여 재물의 교부나 재산상 이익을 요구하고 상대방으로 하여금 그 요구에 응하지 아니한 때에는 부당한 불이익을 초래할 위험이 있다는 위구심을 야기하게 하는 경우에도 해악의 고지가 된다.

(바) (사실관계 분석; 생략함.) (사) 이 사건에 있어서 갑 등이 취한 일련의 거동은, 폭력배와 잘 알고 있다는 지위를 이용하여 불법한 위세를 보임으로써 재산상 이익을 요구하고 상대방으로 하여금 그 요구에 응하지 아니한 때에는 부당한 불이익을 초래할 위험이 있다는 위구심을 야기하게 하는 해악의 고지에 해당한다고 보아야 할 것이다.

1) 2001. 3. 23. 2001도359, 공 2001, 1060 = 『도박자금 강제 회수 사건』.

2) 2002. 12. 10. 2001도7095, 공 2003, 407 = 『지방신문 직보배정 요구 사건』 :

M시에는 P, Q, R신문 등의 지방신문이 있다. 갑은 P신문의 발행인 겸 편집자이다. 갑은 P신문의 기사취재, 광고모집 등 신문사 운영을 총괄하고 있다. 갑은 P신문에 수 차례 M시의 시정에 관한 비판기사 및 사설을 보도하였다(㉠보도). ㉠보도는 객관적인 자료에 근거한 보도라기보다는 몇몇 사람들이 제기한 의혹이나 풍문에 기초한 것이었다. 갑은 좀 더 정확한 사실관계에 관한 확인의 노력을 다하지 아니한 채 갑 자신의 추측이나 판단을 근거로 ㉠보도를 작성하였다(이상 ㉮보도행위). 갑은 M시 공보관련 공무원에게 구두, 공문으로, 또는 P신문 지면을 통하여 다음의 요청을 하였다(㉯요구행위). "P신문이 M시로부터 받고 있는 광고의뢰 및 직보배정 수준을 Q, R신문 등의 수준과 같이 높여 달라." M시 공보관련 공무원은 갑의 요청에 응하지 않았다.

검사는 ㉮보도행위가 갑이 광고의뢰 및 직보배정의 대금 명목으로 M시로부터 금원을 갈취하기 위한 협박수단에 해당한다고 판단하였다. 검사는 갑을 다음의 공소사실로 기소하였다. (가) ㉮보도행위 : 출판물에 의한 명예훼손죄. (나) ㉯요구행위 : 공갈미수죄. 갑의 피고사건은 제1심을 거친 후, 항소심에 계속되었다. 항소법

② 해악고지의 방법 해악의 고지는 반드시 명시적 방법에 의할 것을 요하지 않는다. 언어나 거동에 의하여 상대방으로 하여금 어떠한 해악에 이르게 할 것이라는 인식을 갖게 하는 것이면 족하다. 해악의 고지는 직접적이 아니라도 무방하다. 피공갈자 이외의 제3자를 통해서 간접적으로 할 수도 있다.

해악의 고지는 언어 그 자체가 독립하여 상대방에게 겁을 먹게 하는 것일 필요는 없다. 행위자가 그의 직업, 지위 등에 기하여 불법한 위세를 이용하여 재물의 교부나 재산상 이익을 요구하고 상대방으로 하여금 그 요구에 응하지 아니한 때에는 부당한 불이익을 초래할 위험이 있다는 위구심을 야기하게 하는 경우에도 해악의 고지가 인정된다.[1] 예컨대 폭력배로 보이는 다수의 사람들로부터 인사를 받고 이에 적극적으로 응대하는 방식으로 위세를

원은 다음과 같이 판단하였다. (가) ㉮보도행위 : 출판물에 의한 명예훼손죄 유죄. (나) ㉯요구행위 : 공갈미수죄 무죄. 갑은 유죄 부분에 불복하여 상고하였다. 검사는 무죄 부분에 불복하여 상고하였다.

대법원은 다음의 이유를 제시하여 상고를 모두 기각하였다. (이하 공갈미수죄 부분만 검토함.) 대법원은 공갈죄의 협박에 대해 다음과 같이 설시하였다. (가) 공갈죄의 수단으로서 협박은 사람의 의사결정의 자유를 제한하거나 의사실행의 자유를 방해할 정도로 겁을 먹게 할 만한 해악을 고지하는 것을 말한다. (나) 해악의 고지는 반드시 명시의 방법에 의할 것을 요하지 않는다. (다) 해악의 고지는 언어나 거동에 의하여 상대방으로 하여금 어떠한 해악에 이르게 할 것이라는 인식을 갖게 하는 것이면 족하다. (라) 해악의 고지는 직접적이 아니더라도 피공갈자 이외의 제3자를 통해서 간접적으로 할 수도 있다. (마) (ㄱ) 행위자가 그의 직업, 지위에 기하여 불법한 위세를 이용하여 재물의 교부를 요구하고 (ㄴ) 상대방으로 하여금 그 요구에 응하지 아니한 때에는 부당한 불이익을 초래할 위험이 있다는 위구심을 야기하게 하는 경우도 해악의 고지가 된다.

대법원은 언론사의 보도가 공갈죄의 협박에 해당할 것인지에 대해 다음과 같이 설시하였다. (가) 원래 신문사 경영자가 자신이 발행하는 신문의 구독을 요청 또는 권유하는 것은 신문 부수의 확장을 위한 일상적인 업무의 범위 내에 속하는 것으로서, 특단의 사정이 없는 한, 사회통념상 용인되는 행위라고 보아야 한다. (나) 언론사 종사자가 취재원에 대하여 불리한 기사의 보도 여부를 놓고 광고 게재나 신문구독을 요구하는 경우가 있다. (다) 그러한 행위가 공갈죄의 수단으로서 해악의 고지에 해당되는지 여부는 (ㄱ) 그러한 요구를 한 자와 요구를 받은 자 사이의 관계와 지위, (ㄴ) 언론사의 사회적 영향력, (ㄷ) 당사자의 의도와 추구하고자 하는 경제적 이익의 내용, (ㄹ) 그러한 요구에 이른 전후 경위, (ㅁ) 당사자가 그 과정에서 보인 태도, (ㅂ) 관련 기사 내용과 그 기사가 상대방의 이해관계에 미치는 영향력의 크기, (ㅅ) 불리한 기사와 요구한 금품 사이의 견련성 정도, (ㅇ) 불이익을 시사한 구체적인 언동의 존부와 그 내용 등을 두루 심사하여 이를 신중하게 판단하여야 한다.

대법원은 사실관계를 분석하였다. 대법원은 다음과 같은 원심의 판단을 그대로 유지하였다. (가) M시의 시정에 대한 비판기사나 논설이 시장이나 관련 공무원들에 대하여 위협적인 수단이 됨에 충분하다. (나) M시 공보관련 공무원에게 광고의뢰, 직보배정을 요청하는 것 자체가 M시 시정에 대한 비난보도를 염려하는 상대방으로 하여금 심적 부담감을 느끼게 한다고 보는 것도 경험칙에 부합한다.

(다) [문제는] 갑이 광고의뢰 및 직보배정의 대금 명목으로 금원을 갈취하기 위한 협박 수단으로서 M시 시정에 관한 비판기사 및 사설을 보도한 것인지 여부이다. (라) 협박이 되려면 (ㄱ) 갑의 요청을 들어주지 아니할 경우 (ㄴ) 비난기사 등을 통하여 상대방에게 불이익을 가하겠다는 언질이나 태도를 나타내어 (ㄷ) 상대방에게 해악을 가할 것을 고지하였어야 한다. (마) 그런데 이 점에 관한 구체적인 내용과 증거가 없다. (바) 갑이 M시 관련 공무원에게 광고의뢰 및 직보배정을 Q, R신문과 같은 수준으로 높게 해달라고 요청한 사실만으로 그 상대방을 협박하였다고 볼 수 없다.

1) 2003. 5. 13. 2003도709, 공 2003, 1405 =『향촌동파 형님 투숙객 사건』.

과시하는 것이나[1] 피해자가 그의 의사에 반하여 장기간 정신병원에 입원해 있는 상황에서 보호자인 피고인이 수차례에 걸친 피해자의 퇴원요청을 거절하는 것도 해악의 고지에 해당한다.[2]

③ 해악의 실현주체 행위자 자신이 아닌 제3자가 해악을 가할 것이라고 고지하는 것도 협박에 해당한다. 예컨대 신문사 사주가 상대방 기업체의 신용을 해치는 기사들이 게재될 것 같다는 기자들의 분위기를 전달하는 방법으로 기업체의 대표에게 공포심을 일으켜서 신문사에 광고신청을 하고 광고료를 지급하도록 하는 행위는 공갈죄의 협박에 해당한다.[3]

해악을 가하는 자가 제3자인 경우에는 행위자가 제3자의 가해행위 결의에 영향을 미칠 수 있음을 상대방이 알게 하거나 상대방이 이를 추측할 수 있어야 한다. 현실적으로 행위자가 제3자에게 영향을 미칠 수 있음을 요하지 않는다.

④ 해악의 실현가능성 공갈자가 해악을 실제로 실현할 의사를 가지고 있는가, 해악이 실현가능한 것인가는 묻지 않는다. 단순히 천재지변이나 길흉화복의 예고는 해악이 피고인에 의하여 직접적, 간접적으로 좌우될 수 없는 것이고 가해자가 현실적으로 특정되어 있지도 않으며 해악의 발생가능성이 합리적으로 예견될 수 있는 것이 아니므로 협박으로 평가될 수 없다.[4] 그러나 천재지변이나 길흉화복의 도래를 자신의 힘으로 좌지우지할 수 있다고 믿게 하여 겁을 먹게 하는 행위는 공갈죄의 협박에 해당한다.[5]

⑤ 권리행사와 협박 공갈죄의 경우 고지된 해악의 실현은 반드시 그 자체가 위법한 것임을 요하지 않는다.[6] 해악의 고지가 권리실현의 수단으로 사용된 경우라고 하여도 그것이 권리행사를 빙자하여 협박을 수단으로 상대방을 겁먹게 하였고 권리실행의 수단 · 방법이 사회통념상 허용되는 정도나 범위를 넘는다면 공갈죄가 성립한다.[7]

해악의 고지가 정당한 권리자에 의하여 권리실행의 수단으로서 사용된 경우에 행위의 주관적인 측면과 객관적인 측면을 종합적으로 판단하여 그 방법이 사회통념상 허용되는 정도를 넘지 않는 경우에는 공갈죄가 성립하지 않는다.[8] 이 경우 위력에 의한 업무방해죄(법 314①) 등이 성립하는 것은 별개의 문제이다.[9]

---

1) 2003. 5. 13. 2003도709, 공 2003, 1405 = 『향촌동파 형님 투숙객 사건』.
2) 2001. 2. 23. 2000도4415, 공 2001, 813 = 분석 각론 『퇴원 조건부 재산분할 사건』.
3) 1997. 2. 14. 96도1959, 공 1997, 831.
4) 2002. 2. 8. 2000도3245, 공 2002, 720 = 분석 각론 『조상천도제 사건』.
5) 2002. 2. 8. 2000도3245, 공 2002, 720 = 분석 각론 『조상천도제 사건』.
6) 2001. 2. 23. 2000도4415, 공 2001, 813 = 분석 각론 『퇴원 조건부 재산분할 사건』.
7) 2007. 10. 11. 2007도6406, [미간행] = 『소액주주 배상금 요구 사건』 ☞ 부록 1676면.
8) 1990. 8. 14. 90도114, 공 1990, 1986 = 분석 각론 『이웃 건물 피해 사건』.
9) 2007. 10. 11. 2007도6406, [미간행] = 『소액주주 배상금 요구 사건』.

소비자불매운동의 일환으로 이루어지는 표현이나 행동이 정치적 표현의 자유나 일반적 행동의 자유 등의 관점에서도 전체 법질서상 용인될 수 없을 정도로 사회적 상당성을 갖추지 못한 때에는 그 행위 자체가 공갈죄에서 말하는 협박의 개념에 포섭될 수 있다.[1]

(3) 처분행위

공갈죄가 성립하려면, 폭행 또는 협박에 의한 하자 있는 의사에 기하여 상대방의 처분행위가 이루어져야 한다. 처분행위의 유형은 (가) 행위자가 재물의 교부를 받거나 재산상 이익을 취득하는 경우(법350①) 또는 (나) 제3자로 하여금 재물의 교부를 받게 하거나 재산상의 이익을 취득하게 하는 경우(동조②)로 나타난다.

제3자가 처분행위의 상대방이 되는 경우는 (가) 제3자가 범인과의 사이에 정을 모르는 도구로 행동하는 경우, (나) 제3자가 범인의 이익을 위해 행동하는 대리인의 관계에 있는 경우, (다) 범인이 제3자에게 재물을 불법영득하게 할 의사가 있거나 또는 재산상 이익을 불법이득하게 할 의사가 있는 경우로 한정된다. (다)의 경우 불법영득하게 하거나 불법이득하게 할 의사는 반드시 적극적 의욕이나 확정적 인식이어야 하는 것은 아니고 미필적 인식으로도 족하다.[2]

(가) 재물의 교부 재물의 경우 처분행위는 교부의 형태를 취한다. 재물의 교부란 재물의 점유를 범인(법350①) 또는 그와 일정한 관계에 있는 제3자(동조②)에게 이전하는 것을 말한다. 동산의 경우 재물의 교부는 반드시 직접 건네주는 행위만을 의미하지 않는다. 상대방이 겁을 먹은 것을 이용하여 범인이 스스로 재물을 취거하는 행위도 재물의 교부에 해당한다. 부동산의 경우 재물의 교부는 (가) 소유권이전등기를 경료하거나 (나) 부동산을 인도하는 형태를 취한다. 소유권이전등기에 필요한 서류를 교부받은 것만으로는 아직 재물의 교부가 이루어졌다고 말할 수 없다.[3]

(나) 재산상 이익의 취득 재산상 이익의 취득으로 인한 공갈죄가 성립하려면 공갈행위로 인하여 피공갈자가 재산상 이익을 공여하는 처분행위가 있어야 한다. 처분행위는 반드시 작위에 한하지 아니하고 부작위로도 족하다. 피공갈자가 겁을 먹어 묵인하고 있는 동안에 공갈자가 직접 재산상의 이익을 탈취한 경우에도 공갈죄가 성립할 수 있다.[4]

그러나 폭행의 상대방이 처분행위를 한 바 없고 단지 행위자가 법적으로 의무 있는 재산

---

1) 2013. 4. 11. 2010도13774, 공 2013상, 895 = 분석 각론 『팝업창 사과 사건』.
2) 2009. 1. 30. 2008도9985, 공 2009, 295 = 『택지분양권 전전매매 사건』 참조.
3) 1992. 9. 14. 92도1506, 공 1992, 2931 = 『상습공갈 폭처법 개정 사건』.
4) 2012. 1. 27. 2011도16044, 공 2012상, 409 = 분석 각론 『요금 안 내기 폭행 사건』.

상 이익의 공여를 면하기 위하여 상대방을 폭행하고 현장에서 도주함으로써 상대방이 행위자로부터 원래라면 얻을 수 있었던 재산상 이익을 실현하는 데에 장애가 발생한 것에 불과하다면 그 행위자에게 공갈죄의 죄책을 물을 수 없다.[1]

재산상 이익의 경우 처분행위는 취득의 형태를 취한다. 즉 범인(법350①) 또는 그와 일정한 관계에 있는 제3자(동조②)로 하여금 재산상 이익을 취득하게 하는 것이다. 재산상 이익의 취득은 영구적임을 요하지 않는다. 일시적으로 의무이행을 유예받는 것도 재산상 이익의 취득에 해당한다. 사기죄의 경우와 마찬가지로 적극적인 처분행위 이외에 묵시적인 처분행위로도 족하다.[2] 종업원이 주인을 협박해서 업소에 취직을 하여 주인으로부터 월급 상당액을 교부받은 경우에 종업원이 주인에게 종업원으로서 상당한 근로를 제공한 바가 없다면 이는 갈취행위로 보아야 한다.[3] 이 경우 고용관계 인정은 묵시적 처분행위에 기한 것이라고 볼 수 있다.

(4) 미수와 기수

(가) 실행의 착수시점　　공갈죄는 미수범을 처벌한다(법352). 실행의 착수시점은 재물을 교부받거나 또는 재산상 이익을 취득하려는 생각을 가지고 공갈행위를 개시하는 시점이다. 상대방에게 겁을 먹게 할 정도의 폭행 · 협박이 개시되면 실행의 착수가 인정된다. 상대방이 실제로 겁을 먹었음을 요하지 않는다.

(나) 기수시점　　공갈죄가 기수에 이르려면 공갈행위로 상대방이 겁을 먹고, 겁을 먹은 심리상태하에서 재물의 교부 또는 재산상 이익의 이전이라는 처분행위를 하여야 한다. 공갈행위와 겁을 먹은 심리상태, 그리고 겁을 먹은 심리상태와 재산적 처분행위 사이에 각각 인과관계가 인정되어야 한다(이중의 인과관계). 따라서 재물의 교부가 상대방이 겁을 먹은 데에 기인한 것이 아니라 연민의 정 등에 따른 것이라면 공갈죄는 기수로 되지 않고 미수에 그친다.

동산의 경우에는 상대방의 점유를 배제하여 행위자 또는 행위자와 일정한 관계에 있는 제3자에게 점유를 설정할 때 기수에 이른다. 피고인이 피해자를 공갈하여 피해자로 하여금 피고인이 지정한 예금구좌에 돈을 입금하게 한 경우에 입금된 돈은 피고인이 자유로이 처분할 수 있는 상태에 놓인 것이므로 공갈죄는 이 단계에서 이미 기수에 이른다.

부동산의 경우에는 부동산에 관하여 (가) 소유권이전등기를 경료받거나 (나) 부동산을

---

1) 2012. 1. 27. 2011도16044, 공 2012상, 409 = 분석 각론『요금 안 내기 폭행 사건』.

2) 전술 1169면 이하 참조.

3) 1991. 10. 11. 91도1755, 공 1991, 2782.

인도받은 때에 기수에 이른다. 소유권이전등기에 필요한 서류를 교부받은 때에 기수로 되어 그 범행이 완료되는 것은 아니다.[1)]

공갈행위로 겁을 먹고 재산적 처분에 관한 의사표시를 할 때 이로 인하여 생성되는 지위 자체를 재산상 이익의 취득으로 보아 기수범을 인정할 수 있을 것인지 문제된다. 예컨대 종업원이 주인을 협박하여 그 업소에 취직을 한 후 상당한 근로를 제공한 바 없이 주인으로부터 월급을 받으려고 하였으나 뜻을 이루지 못한 경우에 공갈죄의 기수범을 인정할 수 있겠는지 문제된다. 이 문제는 재물의 취득과 일정한 지위의 취득 가운데 어느 것에 중점이 있는가를 놓고 판단해야 한다. 일반적으로 볼 때 의사표시 자체만으로는 아직 재산상 이익의 취득이라고 볼 수 없다. 위의 사례는 아직 재물의 교부가 실현되지 아니한 경우로서 공갈미수에 해당한다고 볼 것이다.

5. 손해발생 여부와 이득액

(1) 공갈죄와 손해발생의 문제

공갈죄가 성립하기 위하여 피해자에게 재산상의 손해발생이 있음을 요하는지 문제된다. 사기죄의 경우에 논한 바와 같이,[2)] 피해자의 전체재산의 감소는 공갈죄의 성립에 필요한 독자적 요소가 아니다. 재물을 교부하는 경우에는 재물을 교부하는 것 자체가 손해라고 할 수 있다. 재산상 이익을 취득하게 하는 경우에도 재산상 이익이 이전되면 족하고 반드시 전체재산의 감소를 요하지 않는다. 행위자가 상당한 대가를 지급하거나 반대급부를 약속하더라도 공갈죄가 성립한다.

(2) 특별법과 이득액

「특정경제범죄 가중처벌 등에 관한 법률」(특정경제범죄법)은 공갈죄(법350), 특수공갈죄(법350의2), 상습공갈죄(법351, 350), 상습특수공갈죄(법351, 350의2)를 가중처벌 대상범죄로 규정하고 있다(동법3①). 이때 가중처벌의 기준이 되는 구성요건요소는 이득액이다. 이득액은 행위자가 공갈행위로 인하여 취득하거나 제3자로 하여금 취득하게 한 재물 또는 재산상 이익의 총액이다. 이득액은 단순일죄 또는 포괄일죄가 성립하는 경우의 개별 이득액의 합산액을 의미한다.

이득액은 실질적인 이득액을 말한다. 피고인이 공증을 받은 약속어음을 피해자로부터 갈취한 후, 공정증서를 집행권원으로 하여 피해자 소유 부동산에 대한 강제경매신청을 하였다

---

1) 1992. 9. 14. 92도1506, 공 1992, 2931 =『상습공갈 폭처법 개정 사건』.

2) 전술 1141면 이하 참조.

가 그 강제경매를 취하하는 조건으로 그 부동산에 관하여 근저당권자를 피고인으로 하는 근저당권을 설정받았다면, 그 근저당권은 피고인이 갈취한 기존의 약속어음채권을 확보 · 강화하는 것에 불과하여 피고인의 실질적 이득액은 약속어음 금액이 된다.[1] 그 밖의 이득액 산정방법은 사기죄의 항목에서 설명한 것과 같다.[2]

6. 고의와 불법영득의사 · 불법이득의사

공갈죄의 고의는 사람을 공갈하여 행위자 스스로 재물의 교부를 받거나 재산상 이익을 취득함을 인식 · 인용하는 것 또는 제3자로 하여금 재물의 교부를 받게 하거나 재산상 이익을 취득하게 함을 인식 · 인용하는 것이다.

공갈죄의 성립에는 고의 이외에 불법영득의사 또는 불법이득의사가 필요하다. 불법영득의사는 절도죄의 경우와 같은 내용을 갖는다.[3] 즉 소유자 또는 소유자에 준하는 권리자(본권자)를 배제하여 타인의 재물을 자기의 소유물과 같이 그 경제적 용법에 따라서 이용 · 처분하려는 의사이다. 불법이득의사는 재산상 이익의 권리자를 배제하고 자기 또는 제3자가 권

---

1) 1995. 6. 30. 95도825, 공 1995, 2691 =『경매취하용 근저당권 사건』:

채권자 갑은 채무 변제를 받기 위하여 채무자 A를 폭행 · 협박하였다. 겁을 먹은 A는 액면금액 3억원짜리 약속어음 2매를 발행하였다(㉠어음). A는 M공증인가 법률사무소에서 ㉠어음에 공증을 받았다(㉡공정증서). A는 갑에게 공증된 ㉠어음을 교부하였다. A는 N부동산을 소유하고 있다. 갑은 ㉡공정증서를 채무명의로 하여 N부동산에 대한 강제경매신청을 하였다(㉢경매신청). 갑은 ㉢강제경매를 취하하는 조건으로 A로부터 N부동산에 관하여 근저당권자를 갑으로 하는 채권최고액 금 3억원의 근저당권을 설정받았다.

검사는 갑을 특정경제범죄법위반죄(공갈)로 기소하였다. 갑의 피고사건은 제1심을 거친 후, 항소심에 계속되었다. 항소법원은 유죄를 인정하였다. 항소법원은 ㉠어음 6억원, ㉡근저당권 3억원, 기타 이득액을 합산하여 갑의 이득액을 10억 2천만원으로 산정하였다. 갑은 불복 상고하였다.

대법원은 다음의 이유를 제시하여 상고를 기각하였다. 대법원은 특정경제범죄법의 이득액 산정기준에 대해 다음과 같이 설시하였다. (가) 특정경제범죄법 제3조 제1항의 이득액은 단순일죄 또는 포괄일죄가 성립하는 경우의 이득액의 합산액을 의미한다. (나) 위 법조항의 입법취지에 비추어 그 이득액은 실질적인 이득액을 말한다.

대법원은 갑의 행위에 대해 다음과 같이 판단하였다. (가) 갑은 A로부터 A가 발행하고 M공증인가 법률사무소 사무실에서 공증을 받은 약속어음 3억원권 2매 액면금 합계금 6억원의 약속어음을 갈취하였다. (나) 그 후 갑은 위 공정증서를 채무명의로 하여 A 소유 N부동산에 대한 강제경매신청을 하였다. (다) 그러다가 그 강제경매를 취하하는 조건으로 N부동산에 관하여 근저당권자를 갑으로 하는 채권최고액 금 3억원의 근저당권을 설정받았다. (라) 그렇다면 위 근저당권은 갑이 갈취한 기존의 위 약속어음채권 금 6억원을 확보 · 강화하는 것에 불과하여 갑의 실질적 이득액은 금 6억원을 넘어설 수 없다.

(마) 이와는 달리 원심이 위 근저당권의 채권최고액 금 3억원을 이득액에 합산한 조치는 부당하다. (바) 그러나 이를 제외하더라도 갑이 A로부터 갈취한 이득액 합계가 금 7억 2천만원이다. (사) 이득액이 5억원 이상 50억원 이하이어서 특정경제범죄법 제3조 제1항 제2호에 해당되는 점은 다름이 없다.

2) 전술 1184면 이하 참조.

3) 전술 1187면 이하 참조.

리자와 같이 재산상 이익을 경제적 용법에 따라 이용하거나 처분하려는 의사를 말한다.

7. 처벌의 정도

형법 제350조는 공갈죄를 10년 이하의 징역 또는 2천만원 이하의 벌금으로 처벌하고 있다. 「폭력행위 등 처벌에 관한 법률」(폭력행위처벌법) 제2조 제2항 제3호는 2명 이상이 공동하여 공갈죄를 범한 사람에 대해 형법 제350조에 정한 형의 2분의 1까지 가중하여 처벌한다. 형의 2분의 1까지 가중한다 함은 법정형의 장기와 단기를 모두 가중한다는 의미이다.[1)]

폭력행위처벌법 제2조 제3항은 폭력행위처벌법 제2항 제3호의 공동공갈죄를 범하여 2회 이상 징역형을 받은 사람이 다시 제2항 제3호의 공동공갈죄를 범하여 누범으로 처벌할 경우에는 2년 이상 20년 이하의 징역으로 가중처벌하고 있다.

형법 제350조의2는 단체 또는 다중의 위력을 보이거나 위험한 물건을 휴대하여 형법 제350조의 공갈죄를 범한 자를 1년 이상 15년 이하의 징역으로 처벌하고 있다.

8. 죄수 및 다른 죄와의 관계

(1) 죄수관계

1개의 공갈행위로 동일인으로부터 재물을 교부받고 재산상 이익을 취득한 경우에는 포괄하여 1개의 공갈죄가 성립한다. 1개의 공갈행위로 여러 사람으로부터 재물을 교부받은 경우에는 피해자 별로 수개의 공갈죄가 성립하며, 수죄는 상상적 경합관계에 있다. 수개의 공갈행위로 동일인으로부터 수회에 걸쳐서 금전을 교부받는 경우가 있다. 이 경우 단일한 범의에 기하여 수회의 협박이 이루어졌다면 포괄일죄로서 1개의 공갈죄가 성립한다. 그러나 최초의 공갈행위가 종료한 후에 새로운 범의에 기초하여 별도의 공갈행위가 이루어졌다면 수개의 공갈죄가 성립한다.

(2) 범죄수익은닉규제법

「범죄수익은닉의 규제 및 처벌 등에 관한 법률」(범죄수익은닉규제법)은 이 법률이 규정하고 있는 특정범죄와 관련된 범죄수익 등의 은닉 · 가장행위(동법3 참조)와 범죄수익 등의 수수행위(동법4 참조)를 처벌하고 있다.[2)] 범죄수익은닉규제법은 사형, 무기 또는 장기 3년 이상의 징역이나 금고에 해당하는 죄를 특정범죄의 하나로 규정하고 있다(동법2 i 가목). 공갈죄(법

1) 2017. 6. 29. 2016도18194, 공 2017하, 1596 =『톱날 상습특수상해 사건』 참조.

2) 전술 116면 참조.

350), 특수공갈죄(법350의2) 및 「특정경제범죄 가중처벌 등에 관한 법률」상의 사기죄(동법3①)는 장기 3년 이상의 징역에 해당하는 범죄이다.

공갈을 수단으로 한 보이스피싱 범죄의 경우 범인(갑)이 피해자(A)로부터 자신(갑)이나 공범(을)의 계좌와 전혀 무관한 제3자(B) 명의의 계좌로 송금받는 행위는 범죄수익 취득을 가장하는 행위에 해당하여 범죄수익은닉규제법상 범죄수익가장죄(동법3)로 처벌된다.[1] 그 정황을 알면서 범죄수익 등을 수수(收受)한 자는 범죄수익수수죄(동법4 본문)로 처벌된다.

(3) 다른 죄와의 관계

(가) 폭행죄 · 협박죄와의 관계 공갈죄의 수단으로서 한 폭행 · 협박은 공갈죄에 흡수되어 별도로 폭행죄 또는 협박죄를 구성하지 않는다. 폭행죄와 협박죄는 반의사불벌죄이므로(법260②, 283③) 제1심 판결선고 전까지 고소를 취소할 수 있다(형소법232①). 그런데 공갈죄의 수단으로서 한 협박은 공갈죄에 흡수될 뿐 별도로 협박죄를 구성하지 않는다. 협박죄 부분에 대한 피해자의 고소는 결국 공갈죄에 대한 것이 되어 이후 고소가 취소되었다 하여도 공갈죄로 처벌하는 데에 아무런 장애가 되지 않는다.[2]

---

1) 2017. 10. 26. 2017도8600, 공 2017하, 2232 = 『신용등급 보이스피싱 사건』.

2) 1996. 9. 24. 96도2151, 공 1996, 3265 = 『동거 정산 폭언 사건』:

갑과 A는 동거를 시작하였다. 갑은 A에게 ㉠돈을 빌려주었다. 갑과 A가 동거를 끝내기로 하였다. 갑은 A에게 ㉠돈을 갚을 것을 요구하였다. A는 갑의 요구를 거절하였다. 갑은 A에게 매우 심한 폭언을 하면서 ㉠돈을 갚지 않으면 A의 ㉡비밀을 폭로하겠다고 협박하였다(㉮폭언행위). A는 갑을 고소하였다(㉯고소).

검사는 갑을 협박죄로 기소하였다. 협박죄는 반의사불벌죄이다(형법 제283조 제3항). 친고죄와 반의사불벌죄의 경우 제1심 판결 선고 전까지 고소를 취소할 수 있다(형소법 제232조 제1항). A가 제1심 공판절차에 고소를 취소하겠다는 뜻을 밝혔다. 검사는 공소사실을 협박죄에서 공갈죄로 변경하는 공소장변경신청을 하였다(㉰공소장변경신청). 제1심법원은 기본적 사실관계가 동일하다고 판단하여 검사의 ㉰공소장변경신청을 허가하였다.

갑의 피고사건은 제1심을 거친 후, 항소심에 계속되었다. 항소법원은 유죄를 인정하였다. 갑은 불복 상고하였다. 갑은 첫 번째 상고이유로 다음의 점을 주장하였다. (가) 갑은 A에 대해 ㉠금전채권을 가지고 있다. (나) 갑의 ㉮폭언행위는 갑이 A와의 동거를 정산하는 과정에서 ㉠금전채권에 대한 권리행사에 해당한다. (다) 갑의 ㉮폭언행위는 권리행사에 해당하므로 공갈죄가 성립하지 않는다. 갑은 두 번째 상고이유로 다음의 점을 주장하였다. (가) 검사는 공소를 제기할 당시에 갑의 ㉮폭언행위를 협박죄로 구성하여 기소하였다. (나) A는 제1심 공판절차에서 협박죄에 대한 고소를 취소하였다. (다) 검사는 협박죄에 대한 공소를 유지할 수 없다. (라) 제1심법원은 협박죄에서 공갈죄로 변경하는 ㉰공소장변경신청을 허가해서는 안 된다.

대법원은 다음의 이유를 제시하여 상고를 기각하였다. 대법원은 갑의 첫 번째 상고이유에 대해 다음과 같이 판단하였다. (가) 갑의 ㉮폭언행위가 당시 상황에 비추어 사회통념상 있을 수 있는 것이라고는 도저히 보여지지 않는다. (나) 가사 소론과 같이 갑이 A와의 동거를 정산하는 과정에서 A에 대하여 ㉠금전채권이 있다고 하자. (다) 그렇다고 하더라도 그 권리행사를 빙자하여 사회통념상 용인되기 어려운 정도를 넘는 협박을 수단으로 사용하였다면 공갈죄가 성립한다.

대법원은 갑의 두 번째 상고이유에 대해 다음과 같이 판단하였다. (가) 공갈죄의 수단으로서 한 협박은 공

(나) 강요죄와의 관계 협박을 수단으로 채무의 존재를 인정하는 자인서를 받아낸 뒤 이를 이용하여 금품을 갈취하는 경우에 죄수관계가 문제된다. 먼저, 피고인의 주된 범의가 피해자로부터 돈을 갈취하는 데에 있었던 것이라면 피고인은 단일한 공갈의 고의 아래 갈취의 방법으로 일단 자인서를 작성하게 한 후 이를 근거로 계속하여 갈취행위를 한 것이므로 피고인의 행위는 포괄하여 공갈죄 일죄만을 구성한다. 다음으로, 피고인의 처음 고의는 자인서를 받아내는 데에 있었으나 자인서를 받아낸 후 금전 갈취의 고의까지 일으켜 폭행 · 협박을 계속한 것이라면 강요죄와 공갈죄의 실체적 경합범이 된다.[1]

(다) 현금카드 사용과 공갈죄 피고인(갑)이 예금주인 현금카드 소유자(A)를 협박하여 그 카드를 갈취하고 이어서 갈취한 카드로 수회의 현금인출행위를 한 경우에 죄수가 문제된다. 갈취한 현금카드를 사용하는 경우 피고인(갑)은 피해자(A)가 그 승낙의 의사표시를 취소하기까지는 현금카드를 적법, 유효하게 사용할 수 있고, 은행도 피해자(A)의 지급정지 신청이 없는 한 피해자(A)의 의사에 따라 그의 계산으로 적법하게 예금을 지급할 수밖에 없다. 그러므로 피고인(갑)이 피해자(A)로부터 현금카드를 사용한 예금인출의 승낙을 받고 현금카드를 교부받은 행위와 이를 사용하여 현금자동지급기에서 피해자(A)의 예금을 여러 번 인출한 행위들은 모두 피해자(A)의 예금을 갈취하고자 하는 피고인(갑)의 단일하고 계속된 범의 아래에서 이루어진 일련의 행위로서 포괄하여 하나의 공갈죄를 구성한다.[2]

(라) 뇌물죄와의 관계 공무원이 (가) 직무집행의 의사 없이 또는 (나) 직무처리와 대가적 관계없이 타인을 공갈하여 재물을 교부하게 한 경우에는 공갈죄만 성립한다. 이러한 경우 재물의 교부자가 공무원의 해악의 고지로 인하여 겁을 먹은 결과 금품을 제공한 것이라면 그 교부자는 공갈죄의 피해자가 될 것이고 뇌물공여죄는 성립될 수 없다. 이 경우 제공된 금품은 피해자에게 환부되어야 한다(형소법333① 참조).

이에 반해 공무원에게 (가) 직무집행의 의사가 있거나 (나) 직무처리에 대한 대가관계로서 금품 등을 받았다면 공무원에게는 뇌물수수죄가, 공여자에게는 뇌물공여죄가 각각 성립한다.[3] 이 경우에 제공된 금품은 필요적 몰수 · 추징의 대상이 된다(법134).

갈죄에 흡수될 뿐 별도로 협박죄를 구성하지 않는다. (나) 그러므로 갑의 ㉮폭언행위에 대한 A의 ㉯고소는 결국 공갈죄에 대한 것이다. (다) 그리하여 그 후 고소가 취소되었다 하여 공갈죄로 처벌하는 데에 아무런 장애가 되지 않는다. (라) 검사는 공소를 제기할 당시에 갑의 ㉮폭언행위를 협박죄로 구성하여 기소하였다. (마) 그렇다고 하더라도 그 후 공판 중에 기본적 사실관계가 동일하여 공소사실을 공갈미수로 공소장 변경이 허용된 이상 그 공소제기의 하자는 치유된다. (바) 제1심법원의 공소장의 변경은 허용되어서는 아니된다는 주장은 독자적인 견해로서 받아들일 수 없다.

1) 1985. 6. 25. 84도2083, 공 1985, 1081 =『투자회수용 자인서 사건』.

2) 1996. 9. 20. 95도1728, 공 1996, 3244 =『콩가루 만들기 사건』.

3) 1994. 12. 22. 94도2528, 공 1995, 734 =『위장거래 세금계산서 사건』:

제 5 공갈죄의 특수유형

1. 특수공갈죄

형법 제350조의2 (특수공갈) 단체 또는 다중의 위력을 보이거나 위험한 물건을 휴대하여 제350조의 죄를 범한 자는 1년 이상 15년 이하의 징역에 처한다.

◎ 자격정지 임의적 병과(법353)
◎ 미수범 처벌함(법352)
◎ 친족상도례 적용됨(법354)
◎ 상습범 가중처벌함(법351)
◎ 특정경제범죄법 적용대상임(동법3① · ②)

형법 제350조의2 특수공갈죄는 단체 또는 다중의 위력을 보이거나 위험한 물건을 휴대하여 공갈죄(법350)를 범할 때 성립한다. 입법자는 입법자는 「폭력행위 등 처벌에 관한 법률」 제3조 제1항에 규정되어 있던 특수공갈죄를 삭제하면서 형법 제350조의2로 형법전

갑은 세무공무원이다. 을은 P회사의 대표이사이다. 갑은 P회사에 대한 세무조사를 실시하였다. 갑은 P회사가 제출한 손금항목의 계산서 중 Q회사 명의의 ㉠계산서가 위장거래에 기해 가공계상된 것이라고 판단하였다. 갑은 을에게 ㉠세금계산서를 바로잡아 탈루된 세금을 추징할 경우 추징할 세금이 모두 50억원에 이를 것이라고 알려 주었다(㉮발언). 을은 과다계상된 손금항목에 대한 조사를 하지 않고 이를 묵인한다는 조건으로 갑에게 3억원을 건네주었다(㉯교부).

검사는 갑을 특정범죄가중법위반죄(뇌물)로, 을을 뇌물공여죄로 각각 기소하였다. 갑과 을의 피고사건은 제1심을 거친 후, 항소심에 계속되었다. 항소법원은 유죄를 인정하였다. 갑과 을은 불복 상고하였다. 갑과 을은 상고이유로 다음의 점을 주장하였다. (가) Q회사의 ㉠세금계산서는 진정한 거래에 기하여 제출된 것이다. (나) 갑의 ㉮발언은 공갈에 해당한다. (다) 을의 ㉯교부는 공갈죄의 피해자로서 한 것이다. (라) 갑에게는 공갈죄가 인정될 뿐 뇌물수수죄가 성립하지 않는다. (마) 그러므로 을에게도 뇌물공여죄가 성립하지 않는다.

대법원은 다음의 이유를 제시하여 상고를 기각하였다. (가) 공무원이 (ㄱ) 직무집행의 의사 없이 또는 (ㄴ) 직무처리와 대가적 관계없이 타인을 공갈하여 재물을 교부하게 한 경우에는 공갈죄만이 성립한다. (나) 이러한 경우 재물의 교부자가 공무원의 해악의 고지로 인하여 외포의 결과 금품을 제공한 것이라면 그는 공갈죄의 피해자가 될 것이고 뇌물공여죄는 성립될 수 없다.

(다) [사실관계에] 의하면 세무공무원인 갑에게 세무조사라는 직무집행의 의사가 있었다. (라) 갑은 과다계상된 손금항목에 대한 조사를 하지 않고 이를 묵인하는 조건으로, 다시 말하면 그 직무처리에 대한 대가관계로서 금품을 제공받았다. (마) 을은 공무원의 직무행위를 매수하려는 의사에서 금품을 제공하였다.

(바) 갑은 세무조사 당시 Q회사 명의의 ㉠세금계산서가 위장거래에 의하여 계상된 허위의 계산서라고 판단하고 이를 바로잡아 탈루된 세금을 추징할 경우 추징할 세금이 모두 50억원에 이를 것이라고 알려 주었다. (사) 문제된 ㉠세금계산서가 진정한 거래에 기하여 제출된 것인지, 갑의 묵인행위로 인하여 P회사에게 추징된 세금액수가 실제적으로 줄어든 것이 있는지 여부에 관계없이 갑과 을의 행위는 뇌물죄를 구성한다.

에 특수공갈죄를 신설하였다.

특수공갈죄는 단순공갈죄(법350)에 '단체 또는 다중의 위력을 보이거나 위험한 물건을 휴대한다'는 구성요건표지를 추가한 것이다. 단체, 다중, 위력, 위험한 물건, 휴대 등의 개념은 특수공무방해죄(법144①)에서 설명한 바와 같다.[1]

2. 상습공갈죄

형법 제351조 (상습범) 상습으로 제347조 내지 전조의 죄를 범한 자는 그 죄에 정한 형의 2분의 1까지 가중한다.

◎ 자격정지 임의적 병과(법353)
◎ 미수범 처벌함(법352)
◎ 친족상도례 적용됨(법354)
◎ 특정경제범죄법 적용대상임(동법3① · ②, 다만 법350, 350의2의 상습범에 한정됨)

형법 제351조는 사기죄의 경우와 마찬가지로 공갈죄에 대해서도 상습범을 가중처벌하고 있다. 2016년 「폭력행위 등 처벌에 관한 법률」(폭력행위처벌법)의 개정에 의하여 폭력행위처벌법 제2조 제1항의 상습공갈죄는 폐지되었다. 상습공갈의 죄는 상습공갈죄(법351, 350) 및 상습특수공갈죄(법351, 350의2)의 형태로 구체화된다. 상급공갈죄는 각각의 공갈죄에 정한 형의 2분의 1까지 가중한다. 형의 2분의 1까지 가중한다 함은 법정형의 장기와 단기를 모두 가중한다는 의미이다.[2]

상습공갈죄에서 상습성의 개념은 상습사기죄의 항목에서 설명한 것과 같다.[3] 형법 제351조의 상습공갈죄는 「특정경제범죄 가중처벌 등에 관한 법률」 제3조가 규정한 가중처벌의 대상범죄의 하나이다. 상습공갈죄는 포괄일죄이다. 포괄일죄를 이루는 부분 공갈행위들로 인하여 취득한 이득액을 합산한 전체 이득액이 가중처벌의 기준이 된다.

---

1) 전술 229면 이하 참조.
2) 2017. 6. 29. 2016도18194, 공 2017하, 1596 = 『톱날 상습특수상해 사건』 참조.
3) 전술 1252면 이하 참조.

제40장 횡령과 배임의 죄

제1 서 설

1. 비교법적 고찰

(1) 형법 각칙 제40장의 특색

형법 각칙 제40장은 횡령과 배임의 죄를 규정하고 있다. 횡령죄(법355①)란 타인의 재물을 보관하는 자가 그 재물을 횡령하거나 그 반환을 거부함으로써 성립하는 범죄이다. 이에 대해 배임죄(법355②)는 타인의 사무를 처리하는 자가 그 임무에 위배하는 행위로써 재산상 이익을 취득하거나 제3자로 하여금 이를 취득하게 하여 본인에게 손해를 가함으로써 성립하는 범죄이다. 횡령죄는 재물을 객체로 함에 반하여 배임죄는 재산상 이익을 객체로 한다는 점에서 차이가 있다.

횡령죄와 배임죄를 같은 장에 규정할 뿐만 아니라 동일 조문인 형법 제355조에서 제1항과 제2항으로 배치하고 두 죄의 법정형을 동일하게 한 것은 우리 형법의 중요한 특징 가운데 하나이다. 형법은 또한 미수범 처벌(법359)과 업무자 가중처벌(법356)에 대해서도 횡령죄와 배임죄를 동일하게 취급하고 있다. 아래에서는 이와 같은 우리 형법의 특징이 어떠한 경위에서 유래되었는지를 비교법적으로 살펴본다.

(2) 독일 형법

독일 형법은 횡령죄를 절도죄와 함께 '절도와 횡령'의 장에 규정하고 있다(동법 각칙 제19장). 양자 모두 동산의 소유권에 대한 범죄라는 점에서 동일하되, 점유의 면에서 타인점유인가(절도) 자기점유인가(횡령) 하는 점에서 달라질 뿐이라고 보는 태도이다. 한편 독일 형법은 비위탁물횡령죄(Unterschlagung)[1]를 횡령죄(동법246)의 기본적 구성요건으로 하면서(동조①) 위탁물횡령죄(Veruntreuung)(동조②)를 더욱 무겁게 처벌하는 구조를 취하고 있다.[2] 독일의

---

1) 우리 형법의 점유이탈물횡령죄(법360)에 상응하는 범죄유형이다. 그렇지만 점유하게 된 사유를 묻지 않는다는 점에서 유실물 등의 사유를 명시하고 있는 우리 형법의 경우와 차이가 있다.

2) **독일형법 제246조** ① 타인의 동산을 자기 또는 제3자에게 위법하게 취득하게 한 자는 당해 행위가 다른 형법규정에서 더 중한 형을 규정하고 있지 아니한 경우에는 3년 이하의 자유형 또는 벌금에 처한다.
② 제1항의 경우에 그 물건이 행위자에게 위탁된 것인 경우에는 5년 이하의 자유형 또는 벌금형에 처한다.

입법자는 배임죄(Untreue)(동법266)를 '사기와 배임'의 장(동법 각칙 제22장)에 규정하여 전체 재산에 대한 범죄로 파악하고 있다.[1]

(3) 일본 형법

일본 형법은 횡령죄를 '횡령의 죄'라는 독립한 장(동법 제2편 제38장)으로 편별하면서, 횡령죄(동법252)[2]를 기본적 구성요건으로, 업무상 횡령죄(동법253)를 가중적 구성요건으로, 점유이탈물횡령죄(동법254)를 감경적 구성요건으로 각각 규정하고 있다.[3] 이에 대해 배임죄(동법247)는 '사기 및 공갈의 죄'의 장(동법 제2편 제37장)에 편별되어 있다.[4]

일본 형법의 횡령죄와 배임죄를 비교해 보면, 횡령죄는 징역형으로만 처벌되며(동법252 ①; 5년 이하 징역), 업무상 횡령죄를 가중처벌하고 있다(동법253; 10년 이하 징역). 이에 대해 일본 형법상 배임죄는 징역형 외에 벌금형도 규정되어 있는 반면(동법247; 5년 이하 징역 또는 50만엔 이하 벌금), 업무상 배임죄라는 가중처벌규정이 없다. 한편 배임죄의 경우에는 횡령죄와 달리 미수범을 처벌하여 미수감경이 가능하다(동법250). 이처럼 배임죄가 횡령죄보다 훨씬 가볍게 처벌됨에 따라 일본 형법의 운용에서는 횡령죄와 배임죄의 구별이 중요한 문제로 등장하게 된다.

(4) 일본 개정형법가안

앞에서도 언급한 바와 같이 일본 형법은 횡령죄와 배임죄 사이에 법정형에서 커다란 차

---

③ 미수범은 처벌한다.

1) 독일형법 제266조 ① 법률, 관청의 위임 또는 법률행위에 의하여 부여된, 타인의 재산을 처분하거나 타인에게 의무를 지우는 권한을 남용하거나, /

또는 법률, 관청의 위임, 법률행위 또는 신임관계에 기하여 부과된, 타인의 재산적 이해관계를 처리할 의무에 위배하고, /

이를 통하여 재산적 이해관계를 관리해 주어야 할 사람에게 손해를 가한 때에는 /

5년 이하의 자유형 또는 벌금에 처한다.

[미수범 처벌규정 없음.]

2) 독일 형법의 위탁물횡령죄(Veruntreuung)에 상응하는 범죄유형이다.

3) 일본형법 제252조 ① 자기가 점유하는 타인의 물건을 횡령한 자는 5년 이하의 징역에 처한다.

② 자기의 물건이라도 공무소로부터 보관을 명령받은 경우에는 이를 횡령한 자도 전항과 같다.

제253조 업무상 자기가 점유하는 타인의 물건을 횡령한 자는 10년 이하의 징역에 처한다.

제254조 유실물, 표류물 기타 점유를 떠난 타인의 물건을 횡령한 자는 1년 이하의 징역 또는 10만엔 이하의 벌금이나 과료에 처한다.

4) 일본형법 제247조 타인을 위하여 그 사무를 처리하는 자가 자기 또는 제3자의 이익을 도모하거나 본인에게 손해를 가할 목적으로 그 임무에 위배되는 행위를 하여 본인에게 재산상의 손해를 가한 때에는 5년 이하의 징역 또는 50만엔 이하의 벌금에 처한다.

제250조 이 장[제37장 사기 및 공갈의 죄]의 죄의 미수는 벌한다.

이를 두고 있다. 이 때문에 일본에서는 횡령죄와 배임죄의 구별을 둘러싸고 여러 가지 논란이 제기되고 있었다. 이러한 상황을 배경으로 횡령죄와 배임죄가 모두 타인의 재산에 관한 사무처리를 둘러싸고 일어나는 신임관계 위반을 특징으로 한다는 점에 착안하여 양자를 통일적으로 규율하자는 입법론이 대두되었는데, 이를 조문으로 성안한 것이 1940년에 발표된 일본의 개정형법가안 각칙이다.

일본의 개정형법가안은 횡령죄와 배임죄가 모두 신임관계 위반을 본질로 한다는 점에 착안하여 횡령죄와 배임죄를 '횡령과 배임의 죄'라는 동일한 장(가안 각칙 제43장)에 규정하였다. 즉 타인의 재물에 대한 신임관계를 배반하는 경우를 횡령죄로 규정하고(가안442①), 재물을 제외한 나머지 재산, 즉 재산상 이익을 둘러싼 신임관계 위반의 경우를 배임죄로 규정하였다(동조②). 일본 개정형법가안은 횡령죄의 신임관계 위반성을 강조하기 위하여 '반환거부'를 횡령죄의 유형으로 명시하는 한편(가안442①), 횡령죄가 영득죄인 것에 상응하여 배임죄에 '재산상 이익의 취득'이라는 구성요건요소를 추가하였다(동조②).[1)]

일본 개정형법가안의 입안자들은 횡령죄가 전통적으로 소유권 범죄로 인식되어 왔다는 점을 감안하여 횡령죄와 배임죄를 하나의 조항으로 합치지 않고 횡령죄를 같은 조문의 제1항으로, 배임죄를 제2항으로 배치하는 방식을 취하였다. 그 대신 양자가 성질을 같이 한다는 점을 중시하여 횡령죄와 배임죄 모두 '본인에게 손해를 가한다'는 요건을 명시하였다.

이와 같은 구상을 기초로 일본 개정형법가안은 동일한 조문(가안442)에서 제1항을 횡령죄로, 제2항을 배임죄로 규정하면서 법정형을 동일하게 하였다. 나아가 배임죄도 횡령죄와 마찬가지로 업무상 배임죄를 처벌하는 한편(가안443), 횡령죄도 배임죄와 마찬가지로 미수범을 처벌하기로 하였다(가안445). 이와 같은 입법구상 가운데 특히 주목할 부분은 횡령죄와 배임죄의 법정형을 동일하게 하였다는 점이다. 이 부분의 결단은 재판실무상 횡령과 배임의 구별이 용이하지 않다는 점에 주목하면서 양자의 법정형을 동일하게 할 때 실무상의 애로를 제거할 수 있다는 고려에 의한 것이다.[2)]

1940년에 발표된 일본 개정형법가안 각칙은 1931년에 발표된 가안의 총칙과 함께 어디

---

1) 일본 개정형법가안 제442조 ① 타인의 재물을 보관하는 자가 그 물건을 횡령한 때 또는 상당한 이유 없이 그 물건의 반환을 거부하여 본인에게 재산상의 손해를 가한 때에는 5년 이하의 징역 또는 5천엔 이하의 벌금에 처한다.

② 타인의 사무를 처리하는 자가 자기 또는 제3자의 이익을 도모하여 그 임무에 위배되는 행위를 하여 본인에게 손해를 가하고 재산상 불법의 이익을 취득하거나 제3자로 하여금 이를 취득하게 한 때에도 또한 전항과 같다.

2) 法務資料 別冊第23號 刑法並びに監獄法改正調査委員會議事速記錄, (1957), 439頁 이하 참조.

까지나 '가안(假案)'으로서, 이후에 진행될 형법개정작업의 출발점으로 마련된 심의용 초안이었다. 이 때문에 상당수의 조문들이 최종안을 유보한 상태로 공개되었다.[1] 그러나 일본이 본격적인 전시체제로 들어감에 따라 형법개정작업을 담당하던 위원회는 해산되었고, 일본 개정형법가안 또한 '가안(假案)'의 형태로 역사의 뒤안길로 사라지게 되었다.

(5) 제정형법의 성립

1953년 우리 형법이 제정 · 시행되었다. 1945년의 해방과 1948년의 대한민국 건국, 그리고 1950년의 6·25전쟁 발발 등 격동기를 거치면서 형법전이 성안 · 심의 · 제정되었다. 건국 직후 기본법령 입법의 준비작업이 충분하지 못한 상황에서 입법 관여자들은 서둘러서 일본의 구법령체계에서 벗어나야 한다는 과제에 직면하였다. 입법 관여자들은 신속하게 기본법령을 제정하기 위한 방편으로 일단 특정 입법례를 대본으로 삼아 작업에 임하기로 하였다.[2]

헌법을 제외한 기본법령 가운데 제일 먼저 입법된 것이 형법이었다. 형법의 경우 대본으로 주목된 입법모델은 일본의 개정형법가안이었다. 이러한 연고로 우리 형법의 많은 부분에서 일본 개정형법가안의 영향을 찾아볼 수 있는데, 그 대표적인 예가 '횡령과 배임의 죄'를 규정한 형법 각칙 제40장이다. 다만, 우리 입법자는 일본 개정형법가안의 입법례를 참조하면서도 횡령죄의 경우 가안과 달리 '본인에게 손해를 가한다'는 요건을 삭제하였다. 횡령죄의 영득죄로서의 성질을 보다 분명히 드러내기 위한 결단이라고 할 수 있다.[3]

(6) 유사한 입법례

애당초 일본 개정형법가안이 횡령죄와 배임죄를 동일한 장으로 묶고, 그 처벌도 동일하게 한 것은 실무에서 문제되는 횡령과 배임의 구별문제를 입법적으로 해결하기 위한 노력의 표현이었다. 이러한 접근방법은 거슬러 올라가면 독일의 나치스 형법개정안에도 나타나고 있다. 1935년의 나치스 형법개정안은 배임죄(Untreue)와 위탁물횡령죄(Veruntreuung)를 통합하여 하나의 신뢰침해죄(Treubruch)로 규정하되, 제1항에서 배임죄의 구성요건을, 제2항에서 위탁물횡령죄의 구성요건을 각각 배치하면서, 후자를 특히 '신뢰침해죄로 처벌한다'고

---

1) 특히 총칙과 각칙의 상호조화를 위하여 최종안을 유보한 조문이 많았다. 그러나 어느 조문이 유보된 것인지는 발표된 조문에 표시되지 않았다.

2) 엄상섭, "법전편찬에 대하여", 신동운 편저, 효당 엄상섭 형사소송법논집, (2005), 53면 이하 재수록.

3) 입법경위에 대해서는, 신동운, "횡령 후의 횡령죄 성립 여부", 서울대학교 법학, 제54권 제4호, (2013.12.), 291면 이하 참조.

명시하였다.[1) 2)] 그리고 신임관계 침해 없는 단순한 횡령죄(우리 형법의 점유이탈물횡령죄에 유사함)는 별도의 조문으로 규정하였다.

현재 횡령죄와 배임죄를 동일한 조문에서 규정하고 있는 실정법의 입법례로는 1995년에 재산범죄 부분을 전면 개정한 스위스 형법을 들 수 있다. 스위스 형법 제138조는 위탁물횡령(Veruntreuung)이라는 제목하에 제1항 제1문에서 위탁보관된 동산을 횡령하는 경우를, 같은 항 제2문에서 재산상 이익을 취득하는 경우를 각각 규정하고 있으며, 제2항에서 일정한 업무자의 제1항 행위를 가중처벌하고 있다.[3) 4)]

2. 횡령죄와 배임죄의 관계

(1) 판례의 태도

횡령죄과 배임죄의 구별을 둘러싼 애로사항을 입법적으로 해결하려는 우리 형법의 구상은 대법원판례로 구체화되고 있다. 즉 대법원은 동일한 사실관계에서 횡령죄로 처단해야 할 것을 배임죄로 처단한 경우에 이를 판결에 영향을 미친 위법에 해당하지 않는다고 판단하고 있다.[5)] 나아가 공소장변경절차(형소법298)와 관련하여 동일한 사실관계에서 법원은 배임죄

---

1) Gürtner, F., (Hrsg.), Das kommende deutsche Strafrecht Besonder Teil, Bericht über die Arbeit der amtlichen Strafrechtskommission, (1935), S. 310, 334 ff.

2) **귀르트너 초안 § a. 신뢰침해**(Treubruch) ① 신임관계(Treuverhältnis)에 기초하여 타인의 재산적 이해관계(Vermögensinteresse)를 관리해야 할 의무를 지고 있는 자가 그 의무를 침해하거나, 신임관계에 기초하여 타인의 재산을 관리해야 할 의무를 지고 있는 자가 그 의무에도 불구하고 악의적으로 그 의무를 이행하지 아니하고, 이로써 관리해야 할 재산의 주체에게 손해를 가한 때에는 경징역(Gefängnis)으로 처벌한다.

② 위탁받은 동산이나 법률, 관청의 위탁 또는 법률행위에 기하여 타인의 재산을 처분하거나 타인에게 의무를 부담시킬 권한이 있는 자가 그 권한을 남용하여 타인의 동산을 자기 또는 제3자에게 위법하게 영득하게 한 자는 특별히 신뢰침해죄(Treubruch)로 처벌한다.

③ 특별히 중한 경우에는 중징역(Zuchthaus)에 처한다.

§ b 일반횡령(Unterschlagung) 강도, 절도 또는 신뢰침해(Treubruch)의 경우를 제외하고 타인의 동산을 불법하게 영득한 자는 경징역으로 처벌한다. 경한 경우에는 구류로 처벌한다.

§ c (친족상도례: 생략)

3) **스위스형법 제138조**(위탁물횡령) ① 타인의 재물을 보관하는 자가 자기 또는 제3자에게 불법하게 이득하게 할 목적으로 이를 영득한 자 및 /

타인의 재산상 이익을 맡아서 처리하는 자가 불법하게 자기 또는 제3자에게 이익이 되도록 이를 처분한 자는 /

5년 이하의 자유형 또는 벌금형에 처한다. /

친족이나 가족 구성원에게 손해를 가한 위탁물횡령은 고소를 기다려 논한다.

② 관청의 구성원으로서, 관리, 후견인, 보좌인, 직업적인 재산관리인으로서, 또는 관청의 허가를 받아야 할 수 있는 직업, 영업, 상행위를 수행하면서 위의 행위를 한 자는 10년 이하의 자유형 또는 벌금형에 처한다.

4) Basler Kommentar, Strafrecht II, 2. Auflage, (2007), S. 296 ff 참조.

5) 1990. 3. 27. 89도1083, 공 1990, 1015 = 분석 각론『절반씩 부동산 투자 사건』.

로 기소된 공소사실에 대하여 공소장변경 없이도 횡령죄를 적용하여 처벌할 수 있다는 입장을 취하고 있다.[1] [2] 이러한 판례의 태도는 역의 경우에도 그대로 유지될 것으로 보인다.

(2) 한국 형법상 횡령죄와 배임죄의 관계

지금까지 학계에서는 횡령죄와 배임죄의 관계를 둘러싸고 횡령죄가 배임죄에 대해 특별관계에 있다고 보는 견해가 유력하다.[3] 또한 판례 가운데에도 이러한 표현을 사용한 예가 있다.[4] 그러나 특별관계로 보는 해석론은 횡령죄와 배임죄 사이에 처벌상 현저한 차이를 두고 있는 일본 형법의 해석론을 무비판적으로 차용한 것이라고 생각된다.[5] 일본 형법의 통설 · 판례는, 타인의 사무를 처리하는 자가 자신이 점유하고 있는 타인의 재물을 불법하게 처분하는 경우에 횡령죄와 배임죄가 모두 성립하는 것처럼 보이지만, 양죄는 법조경합관계에 있어서 보다 중하게 처벌되는 횡령죄만 성립한다고 설명하고 있다.[6]

법조경합 가운데 특별관계란 존속살해죄(법250②)와 보통살인죄(법250①)의 관계와 같이

---

1) 1999. 11. 26. 99도2651, 공 2000, 109.

"횡령죄와 배임죄는 다같이 신임관계를 기본으로 하고 있는 같은 죄질의 재산범죄로서 그 형벌에 있어서도 경중의 차이가 없고 동일한 범죄사실에 대하여 단지 법률적용만을 달리하는 경우에 해당하므로 법원은 배임죄로 기소된 공소사실에 대하여 공소장변경 없이도 횡령죄를 적용하여 처벌할 수 있다고 할 것이다."

2) 1999. 11. 26. 99도2651, [종합법률정보에서 제외됨] 대법원판례는 무효인 부동산명의신탁 사안에서 횡령죄의 성립을 부정한 2013. 2. 21. 2010도10500 전원합의체 판결에 의하여 폐기되었다. 그러나 횡령죄와 배임죄의 관계에 대한 판단 부분은 여전히 유효하다고 생각된다.

3) 김성돈, 476면; 김일수 · 서보학, 396면; 박상기, 412면; 배종대, 410면; 손동권 · 김재윤, 475면; 오영근, 385면; 이용식, 57면; 이재상 · 장영민 · 강동범, 394면; 이형국 · 김혜경, 516면.

4) 1961. 12. 14. 4294형상371, 총람 355조 1항 63번.

"횡령죄는 타인의 재물을 보관하는 자가 그 재물을 횡령[함으]로써 성립하는 것이고 여기서 재물이라 함은 물리적으로 관리 가능한 것이어야 하므로 재산상의 이익에 관하여는 배임죄는 성립할지언정 횡령죄는 성립의 여지가 없는 것이다. 즉 횡령죄는 배임죄의 특별규정으로 개개의 재물에 관하여 성립하는 것이라고 해석함이 타당하다고 할 것이다. 그러므로 회사명의의 약속어음을 발행하여 회사로 하여금 채무를 부담케 한 결과 회사에 손해가 발생함과 같은 경우는 배임죄는 될지언정 회사의 재물을 횡령한 것이라고는 할 수 없으므로 횡령죄로서 논할 수는 없는 것이다."

5) 일본의 형법학자 牧野英一는 횡령죄와 배임죄의 관계를 특별관계로 해야 한다고 하면서 다음과 같은 이유를 제시하였다.

"(전략) 실제로 판례상 양자가 같은 성질의 것으로 파악되어 왔다고 보면, 횡령죄는 배임죄의 일종인 경우로 파악되지 않으면 안 된다. 그렇게 보면 횡령이 기수인 경우에는 [일본형법] 제247조[배임]에 속하는 특별한 경우로서 제252조[횡령]가 적용된다. 그렇지만 그것이 미수에 그치는 경우에는 본칙(本則)인 배임죄의 규정으로 돌아가서 그 요건을 구비하는 한에 있어서 제250조[사기미수 · 배임미수]에 의하여 처벌되는 것으로 해석해야 하지 않겠는가. (후략)"

牧野英一, 刑法研究, 第9, (1940), 483頁.

6) 西田典之, 刑法各論, 第四版補正版, (2007), 241頁.

기본적 구성요건의 구성요건표지(예컨대 '사람을 살해')에 또 다른 구성요건표지(예컨대 '자기 또는 배우자의 직계존속')가 추가되고,[1] 이러한 추가적 구성요건요소로 인하여 법정형이 가중되는 경우를 가리킨다. 따라서 횡령죄를 배임죄에 비하여 무겁게 처벌하고 있는 일본 형법의 해석론으로는 횡령죄가 배임죄에 대해 특별관계에 있다고 말할 수도 있다.

그러나 우리 형법은 횡령죄와 배임죄를 동일한 법정형으로 처벌하고 있다. 양자에 차이가 있다면 횡령죄의 객체가 재물인 반면 배임죄의 객체는 재산상 이익이라는 점이다. 재물과 재산상 이익은 재산이라는 상위개념 아래 위치하는 두 개의 하위개념이다. 재산에서 재물을 제외한 나머지가 재산상 이익이라고 할 때 재물과 재산상 이익은 양자택일의 관계에 있다. 이렇게 볼 때 동일한 사안에서 일견 횡령죄도 성립할 수 있고 배임죄도 성립할 수 있다고 보이는 경우는 법조경합 가운데에서 택일관계에 해당하는 경우라고 할 수 있다.

횡령죄와 배임죄의 관계를 특별관계로 설명하기 곤란하다는 점은 특히 공소장변경절차(형소법298)와 관련하여 확인할 수 있다. 특별관계의 대표적인 예로 존속살해죄(법250②)와 보통살인죄(법250①)를 들 수 있다. 양자를 놓고 볼 때 존속살해죄의 공소사실을 보통살인죄의 공소사실로 변경하는 것은 공소장변경절차 없이도 가능하다. 그러나 보통살인죄의 공소사실을 공소장변경절차 없이 존속살해죄의 공소사실로 변경하는 것은 허용되지 않는다. 피고인에게 불이익한 변경이기 때문이다.[2] 그런데 판례는 공소장변경절차 없이 배임죄의 공소사실을 횡령죄의 공소사실로 변경하는 것을 허용하고 있다.[3] 횡령죄가 배임죄에 대해 특별관계의 관계에 있다면 그와 같은 결론은 도출할 수 없을 것이다. 요컨대 우리 형법의 해석론으로는 횡령죄와 배임죄의 관계를 택일관계로 파악하는 것이 타당하다고 본다.[4]

(3) 횡령죄와 배임죄의 구별실익

앞에서 설명한 것처럼, 횡령죄와 배임죄의 구별은 법정형, 업무자 가중처벌, 미수범 감경처벌의 모든 면에서 양자를 동일하게 취급하는 우리 형법의 경우에 그 의미가 크게 감소되었다. 그러나 구별의 실익은 아직도 일부 남아 있다.

우선, 위에서 언급한 공소장변경의 문제가 하나의 예이다. 다음으로, 횡령죄가 성립하는 경우에는 그로 인하여 취득한 재물은 장물에 해당하게 된다. 이에 대해 배임죄가 성립하는 경우에는 소유권 침해를 내용으로 하는 영23에 해당하지 아니하므로 장물죄의 성립

1) 1997. 6. 27. 97도1085, 공 1997, 2241 = 분석 각론 『번호판 바꿔 달기 사건』.
2) 신동운, 간추린 신형사소송법, 제15판, (2023), 421면 이하 참조.
3) 1999. 11. 26. 99도2651, 공 2000, 109.
4) 법조경합과 관련한 논의는, 신동운, 형법총론, 제14판, (2022), 787면 이하 참조.

을 상정할 수 없다.

제 2 횡령죄의 기본유형 – 횡령죄

형법 제355조 (횡령) ① 타인의 재물을 보관하는 자가 그 재물을 횡령하거나 그 반환을 거부한 때에는 5년 이하의 징역 또는 1천 500만원 이하의 벌금에 처한다.

◎ 자격정지 임의적 병과(법358)

◎ 미수범 처벌함(법359)

◎ 친족상도례 적용됨(법361)

◎ 특정경제범죄법 적용대상임(동법3①·②)

1. 횡령죄 서설

(1) 횡령죄와 다른 재산범죄의 비교

형법 제355조 제1항의 횡령죄는 타인의 재물을 보관하는 자가 그 재물을 횡령하거나 그 반환을 거부함으로써 성립하는 범죄이다. 횡령죄는 재물을 객체로 한다는 점에서 재산상 이익을 객체로 하는 형법 제355조 제2항의 배임죄와 구별된다. 횡령죄는 재물을 객체로 한다는 점에서 절도죄, 강도죄, 사기죄, 공갈죄와 함께 재물죄로 분류된다. 그러나 횡령죄는 자기가 점유하는 재물을 영득한다는 점에서 타인이 점유하는 재물을 영득하는 절도죄, 강도죄, 사기죄, 공갈죄와 구별된다.

횡령의 죄는 횡령죄(법355①), 업무상 횡령죄(법356), 점유이탈물횡령죄(법360)의 세 가지 유형으로 나누어진다. 이 가운데 횡령죄와 업무상 횡령죄는 상대방과의 신임관계에 기초하여 점유하게 된 타인의 재물을 영득한다는 점에서 신뢰위반을 특징으로 하고 있다. 신임관계 위반이라는 점에서 횡령죄는 타인의 사무를 처리하는 자가 임무에 위배하여 재산상 이익을 취득하는 배임죄와 성질을 같이 하고 있다.

(2) 횡령죄의 유형과 처벌

횡령죄의 법정형은 5년 이하의 징역 또는 1천 5백만원 이하의 벌금이다(법355①). 이에 대해 절도죄는 6년 이하 징역 또는 1천만원 이하의 벌금으로(법329),[1] 사기죄 및 공갈죄는

1) 절도죄의 벌금형이 횡령죄의 벌금형보다 가볍게 되어 있는 것은 다소 이례적이다. 절도죄가 곤궁범임을 감안한 입법자의 배려라고 생각된다.

10년 이하의 징역 또는 2천만원 이하의 벌금으로 각각 처벌된다(법347①, 350①). 횡령죄가 절도죄나 사기죄 · 공갈죄보다 가볍게 처벌되는 이유는 두 가지로 설명된다. 하나는 타인의 점유를 별도로 침해하지 않기 때문에 재물에 대한 타인의 이용을 방해하는 정도가 낮고, 그 결과 불법의 정도가 감소한다는 것이다. 다른 하나는 재물이 이미 자기의 점유하에 있어서 자유롭게 처분할 수 있는 만큼 범행의 유혹이 강하여 책임비난이 줄어든다는 것이다.

점유이탈물횡령죄(법360)의 법정형은 1년 이하의 징역이나 3백만원 이하의 벌금 또는 과료이다.[1)] 점유이탈물횡령죄가 횡령죄(법355①)보다도 훨씬 가볍게 처벌되는 것은 신임관계의 배반이 없어서 불법성이 낮고 행위동기의 측면에서 영득에 대한 유혹이 횡령죄보다 더 강하여 책임비난이 크게 감소된다고 보기 때문이다.

2. 보호법익

(1) 소유권과 신임관계

횡령죄의 일차적 보호법익은 소유권이다. 한편 우리 형법은 신임관계 위반을 횡령죄의 본질적 요소로 설정하고 있으므로 신임관계 보호도 부차적 보호법익에 해당한다.

(가) 소유권 측면　　횡령죄는 소유권이 침해될 위험성이 있으면 침해의 결과가 발생하지 않더라도 성립하는 위험범이다. 따라서 예컨대 다른 사람의 재물을 보관하는 사람이 그 사람의 동의 없이 함부로 이를 담보로 제공하는 경우 이는 불법영득의 의사를 표현하는 횡령행위로서 사법(私法)상 그 담보제공행위가 무효이거나 그 재물에 대한 소유권이 침해되는 결과가 발생하는지 여부에 관계없이 횡령죄를 구성한다.[2)]

자기소유의 재물에 대해서는 횡령죄가 성립하지 않는다.[3)] 타인의 권리의 목적이 된 자기소유의 물건을 보관하고 있는 자가 이를 은닉하는 행위는 권리행사방해죄(법323)를 구성한다. 공무소의 명령에 의하여 보관하고 있는 자기소유의 물건을 영득하는 경우에는 권리행사방해죄가 아니라 공무상보관물무효죄(법142)가 성립한다.

(나) 신임관계 측면　　우리 형법은 횡령죄의 미수범을 처벌하고 있다(법359). 횡령죄의 보호법익을 소유권으로만 본다면 횡령죄의 미수범 처벌을 설명할 수 없다. 소유권의 측면에서만 보면, 횡령죄는 소유권이 침해될 위험성이 있으면 침해의 결과가 발생되지 아니하더라도 곧바로 성립하는 위험범이기 때문이다.

횡령죄의 미수범 처벌은 신임관계의 침해 정도에 따라 결정된다고 본다. 동산의 경우에

1) 형법 제360조가 점유이탈물횡령죄에 벌금과 과료를 규정하면서 구류를 배제하고 있다는 점은 주목된다.
2) 2002. 11. 13. 2002도2219, 공 2003, 123 = 분석 각론 『남의 기계 공장저당 사건』.
3) 2012. 1. 12. 2011도12604, 공 2012상, 296 = 분석 각론 『착오 변제공탁 수령 사건』.

는 보관자가 목적물을 이미 점유하고 있다. 따라서 보관자가 불법영득의사를 외부에 표시하는 순간 위탁자와의 신임관계도 전부 침해되어 횡령죄는 기수에 이른다. 그러나 부동산 횡령의 경우는 사정이 조금 다르다.

부동산 횡령의 경우 부동산을 임의처분하는 계약체결이 있으면 횡령의 실행의 착수가 인정되고, 부동산에 대한 등기명의가 이전될 때 횡령죄는 기수에 이른다고 보아야 한다.[1] 부동산을 임의로 처분하는 계약을 체결할 때 신임관계가 침해되기 시작하여 등기이전이 이루어질 때 신임관계의 침해가 완성된다고 보기 때문이다. 토지에 식재된 입목은 부동산으로 취급된다. 판례는 입목을 보관자가 임의로 처분한 사안에서 계약체결 단계의 행위에 대해 횡령죄의 미수범을 인정한 바가 있다.[2] [3]

(2) 친족상도례

형법 각칙 제40장 횡령과 배임의 죄에는 친족상도례가 적용된다(법361, 328). 횡령죄의 일차적 보호법익은 소유권이므로 행위자와 소유자 사이에 친족관계가 있어야 함은 물론이다. 한편 신임관계의 보호는 횡령죄의 부차적 보호법익이다. 이 점에서 행위자와 위탁자 사이에도 친족관계가 인정되어야 한다. 예컨대 A가 자기소유 재물을 B에게 맡겨놓았는데 B가 다시 그 물건을 갑에게 맡겨놓은 상황을 생각해 본다. 이 경우 갑이 보관하고 있던 물건을 횡령하였다면, (가) 갑과 피해물건의 소유자 A 및 (나) 갑과 피해물건의 보관을 갑에게 위탁한 B와의 사이에 모두 친족관계가 인정되는 경우에만 친족상도례가 적용된다.[4]

법원에 의하여 후견인으로 임명된 친족이 피후견인의 재물을 횡령하는 경우가 있다. 이 경우 후견인과 피후견인 사이에 친족관계가 인정된다고 할지라도 위탁신임관계는 법원과 후견인 사이에 존재하므로 친족상도례는 적용되지 않는다. 점유이탈물횡령죄(법360)의 경우에는 처음부터 위탁신임관계가 존재하지 않으므로 행위자와 소유자 사이에 친족관계가 있으면 친족상도례가 적용된다.

3. 행위주체 – 재물의 타인소유 요건

횡령죄의 주체는 '타인의 재물을 보관하는 자'이다. 이러한 자만이 행위주체가 될 수 있다는 점에서 횡령죄는 신분범이다. 횡령죄에서 타인의 재물을 보관한다는 요건은 (가) 타인

1) 1992. 9. 14. 92도1506, 공 1992, 2931 = 『상습공갈 폭처법 개정 사건』 참조.
2) 2012. 8. 17. 2011도9113, 법률신문 2012. 8. 20.자 = 분석 각론 『가식 나무 계약금 사건』.
3) 횡령죄의 미수범 처벌 문제에 대해서는, 후술 1361면 이하 참조.
4) 2008. 7. 24. 2008도3438, 공 2008, 1263 = 분석 각론 『삼촌 조카 2백만원 사건』.

소유의 재물, (나) 재물에 대한 지배상태(보관), (다) 재물의 보관에 이르게 되는 신임관계라는 세 가지 요소로 이루어진다. 아래에서는 먼저 (가)의 타인소유의 재물과 관련된 요소를 살펴본다. '타인소유의 재물'에 관한 설명은 동시에 횡령죄의 객체에 관한 설명이기도 하다.

(1) 타인소유의 재물

횡령죄는 타인의 재물을 보관하는 자가 그 재물을 횡령하거나 그 반환을 거부할 때 성립하는 범죄이다. 따라서 횡령죄가 성립하려면 먼저 목적물이 타인의 재물이어야 한다. 이 경우 '타인의 재물'이란 타인소유의 재물을 말한다. 공동소유의 재물은 타인소유의 재물에 해당한다.[1] 재물이 아닌 재산상 이익은 횡령죄의 객체가 될 수 없다.

(가) 재물성 재물은 유체물, 전기 기타 관리할 수 있는 자연력을 말한다(법361, 346, 민법98). 여기에서 말하는 관리란 물리적 또는 물질적 관리를 가리킨다.[2] 재물과 재산상 이

---

1) 2007. 6. 1. 2006도1813, 공 2007, 1022 =『아파트 신축사업 공동자금 사건』:

갑은 L그룹의 회장이다. P, Q, R회사 등은 L그룹 소속 계열사들이다. 갑은 회장으로서 그룹 소속 계열사들의 재무 · 인사 등 업무를 장악하고 있다. P, Q, R회사는 M토지 지상에 아파트 신축분양사업을 추진하였다. R회사는 M토지를 소유하고 있다. 시공사는 Q회사이다. M토지는 Q회사에 대해 근저당권이 설정되어 있다. L그룹 회장 갑과 부회장 C는 사업추진에 필요한 자금을 평소 함께 관리해 왔다.

H회사의 대표이사는 E이다. 갑은 M아파트 부지를 E에게 매도하였다(㉠매매계약). 갑은 그 매매대금 중 일부로 5억 7,500만원을 지급받았다. 갑은 ㉠매매계약과는 별도로 E에게 P회사가 발행하고 Q회사가 배서한 ㉡약속어음을 교부하였다. 갑은 부회장 C를 통해 ㉡어음의 대가로 20억원을 받았다. 갑은 E로부터 받은 합계 25억 7,500만원 가운데 일부만 P, Q, R회사의 사업자금으로 입금하였다. 갑은 나머지 금액을 개인적 용도로 사용하였다.

검사는 갑을 특정경제범죄법위반죄(횡령)로 기소하였다. 갑의 피고사건은 제1심을 거친 후, 항소심에 계속되었다. 항소법원은 유죄를 인정하였다. 항소법원은 범죄사실을 인정하면서 다음과 같이 판단하였다. (가) 갑은 P, Q, R회사의 공동 소유 자금을 횡령하였다. (나) 횡령죄의 피해자는 P, Q, R 세 회사이다. 갑은 불복 상고하였다. 갑은 상고이유로 다음의 점을 주장하였다. (가) 갑은 P, Q, R회사 소유 자금을 지분 비율을 알 수 없는 상태로 구분 없이 함께 보관해 왔다. (나) 특정경제범죄법위반죄(횡령)가 성립하려면 피해자가 특정되어야 한다. (다) 피해자가 특정되지 않았으므로 특정경제범죄법위반죄(횡령)로 처벌할 수 없다.

대법원은 다음의 이유를 제시하여 상고를 기각하였다. (가) 수개의 회사 소유 자금을 지분 비율을 알 수 없는 상태로 구분 없이 함께 보관하던 사람이 그 자금 중 일부를 횡령한 경우가 있다. (나) 이 경우 수개의 회사는 횡령된 자금에 대하여 지분 비율을 알 수 없는 공동 소유자의 지위에 있다. (다) 수개의 회사는 모두 횡령죄의 피해자에 해당한다. (라) 갑은 합계 25억 7,500만원을 교부받은 다음 그중 일부만을 P, Q, R 세 회사들 사업자금으로 입금하고 나머지 금액을 개인적인 용도로 나누어 사용하였다. (마) 갑의 행위는 위 세 회사들 공동 소유 자금을 횡령한 것으로 그 피해자는 위 세 회사 모두이다.

2) 1994. 3. 8. 93도2272, 공 1994, 1221 =『광업권 반환거부 사건』:

A는 ㉠사금채취광업권을 가지고 있다. A는 ㉠광업권을 갑에게 명의신탁하였다. ㉠광업권은 갑의 명의로 등록되었다. A는 갑에게 ㉠광업권의 명의를 A 앞으로 변경하라고 요구하였다. 갑은 ㉠광업권을 A로부터 매수하였다고 주장하면서 명의변경을 거부하였다. 갑은 매매사실을 증명한다고 하면서 ㉡매매계약서를 제시하였다. [A는 갑을 고소하였다.]

익을 구별하고 횡령과 배임을 별개의 죄로 규정한 우리 형법의 체계에 비추어 볼 때 사무적으로 관리가 가능한 채권이나 그 밖의 권리 등은 재물에 포함된다고 해석할 수 없다.[1)]

① 부동산 우리 형법은 독일 형법과 달리 횡령죄의 객체를 동산으로 한정하고 있지 않다. 따라서 부동산도 횡령죄의 객체에 포함된다. 적법하게 명의신탁된 부동산과 관련하여 횡령죄가 성립하는 경우가 대표적인 예이다.[2)]

② 주식과 주권 상법상 주식(株式)은 자본구성의 단위 또는 주주의 지위로서 주주권(株主權)을 의미한다. 주식은 주주권을 표창하는 유가증권인 주권(株券)과 구별된다. 주권은 유가증권으로서 재물에 해당하므로 횡령죄의 객체가 될 수 있다. 그러나 자본의 구성단위 또는 주주권을 의미하는 주식은 재물이 아니므로 횡령죄의 객체가 될 수 없다.[3)]

상장회사의 주식은 증권예탁결제원에 예탁되어 계좌간 대체 기재의 방식에 의하여 양도된다. 이 경우 무형의 주식이 계좌이체 형식으로 양도되므로 횡령죄가 성립하지 않는 것이 아닌가 하는 의문이 제기될 수 있다. 그러나 증권예탁결제원에 예탁되어 계좌간 대체 기재의 방식에 의하여 양도되는 것은 주권이다. 주권은 유가증권으로서 재물에 해당하므로 횡령죄

검사는 갑을 횡령죄, 사문서위조죄, 위조사문서행사죄로 기소하였다. (이하 횡령죄 부분만 검토함.) 갑의 피고사건은 제1심을 거친 후, 항소심에 계속되었다. 항소법원은 유죄를 인정하였다. 항소법원이 인정한 범죄사실의 요지는 다음과 같다. "갑은 A와 합의하에 그로부터 그 소유의 ㉠광업권을 명의신탁받아 보관하던 중, A로부터 ㉠광업권을 반환하라는 요구를 받고도 A로부터 ㉠광업권을 금 5천만원에 매수한 것이라고 주장하면서 그 반환요구를 거부하여 ㉠광업권 시가 금 2억원 상당을 횡령하였다." 갑은 불복 상고하였다.

대법원은 다음의 이유를 제시하여 원심판결을 파기환송하였다. 대법원은 횡령죄의 재물에 대해 다음과 같이 설시하였다. (가) 형법 제355조 제1항 소정의 횡령죄의 객체는 자기가 보관하는 '타인의 재물'이므로 재물이 아닌 재산상의 이익은 횡령죄의 객체가 될 수 없다. (나) 횡령죄에 있어서의 재물은 동산, 부동산의 유체물에 한정되지 아니하고 관리할 수 있는 동력도 재물로 간주된다(형법 제361조, 제346조). (다) 여기에서 말하는 관리란 물리적 또는 물질적 관리를 가리킨다. (라) 재물과 재산상이익을 구별하고 횡령과 배임을 별개의 죄로 규정한 현행 형법의 규정에 비추어 볼 때 사무적으로 관리가 가능한 채권이나 그 밖의 권리 등은 재물에 포함된다고 해석할 수 없다.

대법원은 광업권과 재물의 관계에 대해 다음과 같이 설시하였다. (가) 광업법 제5조 제1항의 규정에 의하면, 같은 법에서 광업권이라 함은 등록을 한 일정한 토지의 구역(광구)에서 등록을 한 광물과 이와 동일 광상(鑛床)중에 부존하는 다른 광물을 채굴 및 취득하는 권리라고 정의하고 있다. (나) 따라서 광업권은 재물인 광물을 취득할 수 있는 권리에 불과하지 재물 그 자체는 아니므로 횡령죄의 객체가 된다고 할 수 없다. (다) 광업법 제12조는 광업권을 물권으로 하고 광업법에서 따로 정한 경우를 제외하고는 부동산에 관한 민법 기타 법령의 규정을 준용하도록 규정하고 있다. (라) 그렇다고 하여 광업권이 부동산과 마찬가지로 횡령죄의 객체가 된다고 할 수는 없다. (마) 그렇다면 광업권이 횡령죄의 객체가 됨을 전제로 하여 갑의 광업권 반환(광업권의 명의이전) 거부행위를 횡령죄로 의율처단한 원심판결에는 횡령죄의 객체에 관한 법리를 오해한 위법이 있다.

1) 1994. 3. 8. 93도2272, 공 1994, 1221 = 『광업권 반환거부 사건』.

2) 후술 1317면 이하 참조.

3) 2005. 2. 18. 2002도2822, 공 2005, 525 = 분석 각론 『도매시장 주주총회 사건』.

의 객체가 될 수 있다. 피고인이 다른 주주로부터 계좌간 대체 기재의 방식으로 양수받은 예탁주식은 유체물인 유가증권으로서 횡령죄의 객체가 될 수 있다.[1)]

③ 광업권 광업권은 등록을 한 일정한 토지의 구역(광구)에서 등록을 한 광물과 이와 동일 광상(鑛床) 중에 부존하는 다른 광물을 탐사하고 채굴 · 취득하는 권리이다(광업법3 iii 이하 참조). 광업권은 재물인 광물을 취득할 수 있는 권리에 불과하고 재물 그 자체는 아니므로 횡령죄의 객체가 되지 않는다. 광업법은 광업권을 물권으로 하고 「광업법」에서 따로 정한 경우를 제외하고는 부동산에 관한 민법 기타 법령의 규정을 준용하도록 규정하고 있다(동법10 ① 참조). 그러나 그렇다고 하여 광업권이 부동산과 마찬가지로 횡령죄의 객체가 된다고 할 수는 없다.[2)]

④ 가상자산 가상자산은 (가) 국가에 의해 통제받지 않고 (나) 블록체인 등 암호화된 분산원장에 의하여 부여된 (다) 경제적인 가치가 디지털로 표상된 정보로서 (라) 재산상 이익에 해당한다.[3)] 가상자산에 대해서는 현재까지 관련 법률에 따라 법정화폐에 준하는 규제가 이루어지지 않는 등 법정화폐와 동일하게 취급되고 있지 않고 그 거래에 위험이 수반되므로, 형법을 적용하면서 법정화폐와 동일하게 보호해야 하는 것은 아니다.[4)]

(나) 재물의 타인성 횡령죄의 객체는 타인소유에 속하는 재물이다. 타인이란 행위자 이외의 다른 사람을 말한다. 자연인, 법인, 법인격 없는 단체를 모두 포함한다. 타인소유 여부는 원칙적으로 민법에 따라 결정한다. 타인과 공동으로 소유하는 재물은 타인소유의 재물에 해당한다.

횡령죄는 타인의 재물에 대한 재산범죄로서 재물의 소유권 등 본권을 보호법익으로 하는 범죄이다. 따라서 횡령죄의 객체가 타인의 재물에 속하는 이상 구체적으로 누구의 소유인지는 횡령죄의 성립 여부에 영향이 없다.[5)]

---

1) 2007. 10. 11. 2007도6406, [미간행] = 『소액주주 배상금 요구 사건』.

2) 1994. 3. 8. 93도2272, 공 1994, 1221 = 『광업권 반환거부 사건』.

3) '가상자산'은 '가상화폐'와 구별된다. 가상화폐는 계좌에서 계좌로 이체되는 자금을 가리킨다. 전술 995면 참조.

4) 2021. 12. 16. 2020도9789, 공 2022상, 223 = 『가상자산 착오이체 사건』.

5) 2019. 12. 24. 2019도9773, 공 2020상, 390 = 『자회사 경유 납품대금 횡령 사건』:
(사안을 축약하여 정리함.) P회사는 라면 회사로서 P회사 그룹을 이루고 있다. P회사는 라면을 제조, 판매하는 회사이다. Q회사는 P회사에 라면 원재료를 구매하여 납품하는 회사이다. 갑은 P회사의 대주주이다. 갑은 P회사 그룹의 회장이다. 2003. 3. 29. 갑은 P회사의 임원직을 사임하였다. 2003. 9. 2. 갑은 R회사를 설립하였다. R회사의 대표이사로 A가 선임되었다. R회사의 실제 업무 지시는 갑이 직접 내렸다. 대표이사 A는 갑에게 보고한 후 업무를 집행하였다. 갑은 R회사의 자금을 관리하였다. 2005.경 갑은 P라면 회사 그룹의 경영 일선에 복귀하였다. 갑은 Q회사의 대표이사가 되었다. R회사는 그 때까지 별다른 사업을 수행하지 않던 상태였다. 2007. 9.경 갑의 지시에 의하여 Q회사는 R회사의 주식 전부를 인수하였다.

타인의 재물 여부가 문제된 법률관계에 당사자의 국적·주소, 물건 소재지, 행위지 등이 외국과 밀접하게 관련되어 있어서 「국제사법」 제1조 소정의 외국적 요소가 있는 경우에는 다른 특별한 사정이 없는 한 국제사법의 규정에 좇아 정해지는 준거법을 일차적인 기준으로 하여 당해 재물의 소유권 귀속관계 등을 결정해야 한다.[1)]

횡령죄와 관련하여 재물의 타인성이 문제되는 경우들을 몇 가지 살펴본다. 이 가운데 양도담보와 명의신탁의 문제는 별도의 항목에서 설명하기로 한다.

① **동업관계** 2명 이상이 동업관계에 있는 경우에 재물의 소유권 귀속이 문제된다. 동업재산은 동업자의 합유에 속하는 것이므로[2)] 타인소유 재물에 해당한다. 동업재산은 동업

Q회사가 P회사에 공급하는 라면의 원재료는 다양하다. Q회사가 공급하는 품목 가운데 농산물 생물과 바이패스 원료 분야가 있다(㉠품목으로 통칭함). 바이패스 원료란 Q회사가 납품업체로부터 공급받은 후 아무런 추가적 가공 없이 그대로 P회사에 납품할 수 있는 품목(예를 들어 건조어묵이나 고추씨기름 등)을 말한다. 갑은 R회사의 대표이사 A와 수익사업을 의논하였다. 갑은 R회사의 사업분야를 라면 원재료 가운데 ㉠품목을 P회사에 공급하는 것으로 정하였다.

2008.경부터 R회사는 ㉠품목을 P라면 회사에 공급하였다. R회사는 전담 직원을 고용하지 않았다. R회사의 Q회사와 별도의 사무실을 구비하지 않았다. R회사의 ㉠품목 납품업무는 Q회사의 직원들이 처리하였다. 2017.경까지 R회사의 ㉠품목 납품은 계속되었다. R회사의 ㉠품목 납품대금은 수십억원에 이르렀다(㉡납품대금). 갑은 ㉡납품대금을 사적인 용도에 사용하였다. 2018.경 R회사는 Q회사에 합병되었다.

검사는 갑을 특정경제범죄법위반죄(횡령)로 기소하였다. 갑의 피고사건은 제1심을 거친 후, 항소심에 계속되었다. 항소법원은 다음과 같이 판단하여 유죄를 인정하였다. (가) 갑은 자신이 대표이사로 있는 피해자 Q회사에 실질적으로 귀속될 ㉡물품대금을 실제로는 피해자 Q회사의 사업부서에 불과한 R회사 명의로 받은 후 이를 인출하는 등으로 불법영득의사를 실현하였다. (나) 이로써 갑에게 횡령 범행이 성립하였다.

갑은 불복 상고하였다. 갑은 상고이유로 다음의 점을 주장하였다. (가) R회사는 P회사와 실제 거래를 한 후 ㉡납품대금을 받았다. (나) R회사는 실체가 있는 법인이다. (다) ㉡납품대금 횡령 범행의 피해자는 R회사이다. (라) R회사의 대표이사는 A이다. (마) 갑은 R회사의 대표이사가 아니다. (바) 갑은 ㉡납품대금 횡령의 주체가 될 수 없다. (사) 원심은 법인격 부인의 법리를 적용한 잘못이 있다.

대법원은 다음의 이유를 제시하여 상고를 기각하였다. 대법원은 횡령죄에서 피해자의 특정 문제에 대해 다음과 같이 설시하였다. (가) 횡령죄는 타인의 재물에 대한 재산범죄로서 재물의 소유권 등 본권을 보호법익으로 하는 범죄이다. (나) 따라서 횡령죄의 객체가 타인의 재물에 속하는 이상 구체적으로 누구의 소유인지는 횡령죄의 성립 여부에 영향이 없다.

대법원은 주식회사 관련 횡령죄 사안에서의 횡령죄 주체에 관하여 다음과 같이 설시하였다. (가) 주식회사는 주주와 독립된 별개의 권리주체로서 그 이해가 반드시 일치하는 것은 아니다. (나) 주주나 대표이사 또는 그에 준하여 회사 자금의 보관이나 운용에 관한 사실상의 사무를 처리하는 자가 회사 소유의 재산을 사적인 용도로 함부로 처분하였다면 횡령죄가 성립한다.

대법원은 원심이 법인격 부인의 법리를 적용하였다는 주장에 대해 다음과 같이 판단하였다. (가) 법인격 부인 또는 남용 법리는 회사가 법인격을 남용했다고 볼 수 있는 예외적인 경우에 회사에 법인격이 있더라도 이를 무시하고 그 뒤에 있는 배후자에게 책임을 추궁하는 것이다. (나) 갑이 피해 회사(Q)의 자회사(R) 계좌를 이용하여 피해 회사(Q)의 납품대금을 횡령한 이 사건에서 법인격 부인 여부에 따라 횡령죄의 성립이 좌우되는 것도 아니다.

1) 2011. 4. 28. 2010도15350, 공 2011상, 1107 = 분석 각론 『미국 리스차량 수입 사건』.

2) 민법 제271조 (물건의 합유) ① 법률의 규정 또는 계약에 의하여 수인이 조합체로서 물건을 소유하는 때

자의 합유에 속하므로 동업관계가 존속하는 한 동업자는 동업재산에 대한 그의 지분을 임의로 처분할 권한이 없다. 동업관계가 종료하더라도 동업관계에 있는 2명 이상의 사람들 사이에 손익분배의 정산이 되지 아니하였다면, 동업자는 다른 동업자에 대한 관계에서 합유에 속하는 동업재산이나 그 매각대금에 대한 지분을 처분할 권한이 없다.

동업자의 한 사람이 그 지분을 임의로 처분하거나 동업재산의 처분으로 얻은 대금을 보관하던 중 임의로 소비하였다면 횡령죄의 죄책을 면할 수 없다.[1] 동업자의 한 사람이 동업재산의 매각대금을 매수인으로부터 받아 보관하던 중 임의로 소비하였다면 지분 비율에 관계없이 임의로 소비한 금액 전부에 대해 횡령죄의 죄책을 진다.[2]

동업조합의 법리는 내부적으로는 조합관계에 있지만 대외적으로는 조합관계가 드러나지 않는 이른바 내적 조합의 경우에도 마찬가지로 적용된다.[3]

다만, 2명의 동업으로 인한 조합관계에서 1명이 탈퇴하였다면 그 동업재산은 탈퇴하지 않고 남은 1명의 단독소유에 속하게 되고,[4] 탈퇴한 1명과 남은 1명 사이에는 탈퇴에 따른 투자금의 환급 등 계산만이 남는다. 그러므로 남은 1명이 동업재산을 타인에게 양도하더라도 횡령죄를 구성하지 않는다.[5]

② 익명조합 상법 제78조가 규정하는 익명조합은 (가) 당사자의 일방이 상대방의 영업을 위하여 출자하고 (나) 상대방은 그 영업으로 인한 이익을 분배할 것을 약정함으로써 그 효력이 생긴다. 익명조합의 경우 익명조합원이 영업을 위하여 출자한 금전 기타의 재산은 상대편인 영업자의 재산으로 본다(상법79).[6] 그리하여 영업자는 익명조합원에 대한 관계에서 타인의 재물을 보관하는 자의 지위에 서지 않는다.[7]

그러나 출자자와 영업자 사이에 영업으로 인한 이익을 분배할 것이 약정되어 있지 아니

에는 합유로 한다. 합유자의 권리는 합유물 전부에 미친다.

② 합유에 관하여는 전항의 규정 또는 계약에 의하는 외에 다음 3조의 규정에 의한다.

제703조 (조합의 의의) ① 조합은 2인 이상이 상호출자하여 공동사업을 경영할 것을 약정함으로써 그 효력이 생긴다.

② 전항의 출자는 금전 기타 재산 또는 노무로 할 수 있다.

제704조 (조합재산의 합유) 조합원의 출자 기타 조합재산은 조합원의 합유로 한다.

1) 2011. 6. 10. 2010도17684, 공 2011하, 1428 = 분석 각론 『사업권양도 계약금 사건』.

2) 2011. 6. 10. 2010도17684, 공 2011하, 1428 = 분석 각론 『사업권양도 계약금 사건』.

3) 2011. 11. 24. 2010도5014, 공 2012상, 78 = 분석 각론 『5천만원 부동산 투자 사건』.

4) 2009. 2. 12. 2008도11804, [미간행] = 분석 각론 『2인 동업 파기 사건』.

5) 2005. 7. 15. 2003도6934, 공 2005, 1374 = 분석 각론 『사업자등록증 불실기재 사건』.

6) 상법 제78조 (의의) 익명조합은 당사자의 일방이 상대방의 영업을 위하여 출자하고 상대방은 그 영업으로 인한 이익을 분배할 것을 약정함으로써 그 효력이 생긴다.

제79조 (익명조합원의 출자) 익명조합원이 출자한 금전 기타의 재산은 영업자의 재산으로 본다.

7) 2009. 4. 23. 2007도9924, [미간행] = 분석 각론 『익명조합 주장 사건』.

한 경우에는 그 법률관계를 익명조합관계라고 할 수 없다. 이 경우에는 출자자가 사업을 실질적으로 단독운영하는 것이 되므로, 사업장의 물건은 출자자의 단독소유에 속하게 된다. 이러한 상황에서 영업자가 출자자에게 사업장의 재물이 자신의 소유에 속한다고 주장하면서 반환을 거부하는 행위는 횡령죄에 해당한다.[1)]

익명조합은 소위 내적 조합과 구별된다. 내적 조합은 내부적으로는 조합관계에 있지만 대외적으로는 조합관계가 드러나지 않는 경우이다. 내적 조합의 경우에는 동업조합의 법리가 적용되어 조합원 중의 한 사람이 조합재산의 처분으로 얻은 대금을 임의로 소비하였다면 횡령죄가 성립한다.[2)]

어떠한 법률관계가 내적 조합에 해당하는지 아니면 익명조합에 해당하는지는 (가) 당사자들의 내부관계에서 공동사업이 있는지, (나) 조합원이 업무검사권 등을 가지고 조합의 업무에 관여하였는지, (다) 재산의 처분 또는 변경에 전원의 동의가 필요한지 등을 모두 종합하여 판단해야 한다.[3)]

③ 프렌차이즈 계약　　프렌차이즈 계약은 (가) 독립된 상인 간에 (나) 일방이 타방의 상호 · 상표 등의 영업표지를 이용하고 (다) 그 영업에 관하여 일정한 통제를 받으며 (라) 이에 대한 대가를 타방에 지급하기로 하는 특수한 계약 형태이다. 프렌차이즈 계약은 본사와 가맹점이 독립하여 공동경영하고 그 사이에서 손익분배가 공동으로 이루어지는 것이 아니므로 동업계약 관계로는 볼 수 없다. 따라서 가맹점 주인이 공급받은 물품을 판매하여 보관 중인 물품판매 대금은 그의 소유가 되어, 이를 소비하더라도 프랜차이즈 계약상의 채무불이행에 불과할 뿐 횡령죄는 성립하지 않는다.[4)]

---

1) 2009. 4. 23. 2007도9924, [미간행] = 분석 각론『익명조합 주장 사건』.
2) 2011. 11. 24. 2010도5014, 공 2012상, 78 = 분석 각론『5천만원 부동산 투자 사건』.
3) 2011. 11. 24. 2010도5014, 공 2012상, 78 = 분석 각론『5천만원 부동산 투자 사건』.
4) 1998. 4. 14. 98도292, 공 1998, 1426 =『편의점 송금 불이행 사건』:

P회사는 전국적인 M편의점 망을 운영하고 있다. 갑은 P회사와 M편의점 가맹점 계약을 맺었다(㉠가맹점계약). ㉠계약의 기본사항은 다음과 같다. (가) 본사에서는 편의점 운영 및 경영에 관한 기술과 상표 및 판매용 설비와 집기비품을 가맹점에게 공급한다. (나) 가맹점주는 이를 활용하여 가맹점의 운영을 책임지되 가맹점의 경영은 본사의 경영지도를 기초로 하여 가맹점의 독자적인 책임과 판단에 의하여 이루어진다. (다) 가맹점은 점포 운영의 사업주로서 점포 운영에 필요한 모든 권리와 의무를 가진다.

㉠계약 가운데 특히 중요한 내용은 다음과 같다. (가) 가맹점은 본사로부터 상품을 구입함을 원칙으로 한다. (나) 가맹점은 본사의 승인이 있으면 본사 이외의 자로부터 상품을 구입할 수 있으나 이 경우에는 그 상품대금 지불은 본사에 위탁하는 것으로 한다. (다) 판매가격은 본사가 추천하는 가격으로 한다. (라) 가맹점은 판매대금을 매일 본사에 송금하여야 한다. (마) 본사는 본사의 구좌로 입금된 가맹점의 매출대금을 1개월 단위로 정산한다. (바) 매출총이익의 30%(영업시간이 1일 24시간인 경우) 내지 33%(영업시간이 1일 24시간 미만인 경우)는 본사에게 귀속한다. (사) 그 나머지 매출이익은 가맹점에 귀속한다. (아) 가맹점계약 종료시 가맹점 내에 존재하는 상품은 가맹점의 소유로 한다. (자) 본사의 요구가 있으면 이를 본사 또는 본사가 지정

④ 공유지분 공유자 사이에 공유물의 수익배분을 둘러싸고 재물의 타인성이 문제되는 경우가 있다. 공유자 사이에 공유물을 사용 · 수익할 구체적 방법을 정하는 것은 공유물의 관리에 관한 사항으로서 민법 제265조에 따라 공유자의 지분의 과반수로써 결정된다. 이에 따라 공유물에 관하여 과반수 공유지분을 가진 자는 공유자 사이에 공유물의 관리방법에 관하여 협의가 미리 없었다 하더라도 공유물의 관리에 관한 사항을 단독으로 결정할 수 있다.

공유토지에 관하여 과반수 지분권을 가진 자가 그 공유토지의 특정된 한 부분을 배타적으로 사용 · 수익할 것을 정하는 것은 공유물의 관리방법으로서 적법하다. 따라서 예컨대 건물의 과반수 지분을 보유하고 있는 공유자들이 건물 임대수익금 배분방법을 결정하면서 소수지분보유자에게 지분 상당액을 배분하지 않고, 나머지 과반수 공유자들에게만 임대수익을 분배하는 방식으로 배분하더라도, 소수 지분보유자의 지분 상당액은 결의된 배분방법에 따라 배분받은 다른 공유자들에게 귀속되고 소수 지분보유자에게 곧바로 귀속되지 않는다. 따라서 이 경우 다수 지분보유자의 수익금배분행위는 횡령죄를 구성하지 않는다.[1)]

하는 제3자에게 양도한다.

갑은 자신이 운영하는 M편의점에서 판매하여 보관 중인 ㉡물품판매 대금을 본사인 P회사에 송금하지 않고 임의로 소비하였다. P회사는 갑을 고소하였다.

검사는 갑을 업무상 횡령죄로 기소하였다. 갑의 피고사건은 제1심을 거친 후, 항소심에 계속되었다. 항소법원은 무죄를 선고하였다. 검사는 불복 상고하였다.

대법원은 다음의 이유를 제시하여 상고를 기각하였다. (가) ㉠가맹점계약은 독립된 상인간에 일방이 타방의 상호, 상표 등의 영업표지를 이용하고 그 영업에 관하여 일정한 통제를 받으며 이에 대한 대가를 타방에 지급하기로 하는 특수한 계약 형태인 이른바 '프랜차이즈 계약'이다. (나) 그 기본적인 성격은 각각 독립된 상인으로서의 본사 및 가맹점주 간의 계약기간 동안의 계속적인 물품공급계약이다. (다) 본사의 경우 실제로는 가맹점의 영업활동에 관여함이 없이 경영기술지도, 상품대여의 대가로 결과적으로 매출액의 일정 비율을 보장받는 것에 지나지 않는다. (라) 본사와 가맹점이 독립하여 공동경영하고, 그 사이에서 손익분배가 공동으로 이루어진다고 할 수 없으므로 ㉠가맹점 계약을 동업계약 관계로는 볼 수 없다. (마) 따라서 가맹점주인 갑이 판매하여 보관 중인 ㉡물품판매 대금은 갑의 소유라 할 것이다. (바) 갑이 이를 임의 소비한 행위는 프랜차이즈 계약상의 채무불이행에 지나지 아니하므로, 결국 횡령죄는 성립하지 않는다.

1) 2009. 6. 11. 2009도2461, [미간행] = 『부지지분 대 건물지분 사건』:

M건물은 여러 사람들이 공유하고 있다. M건물의 공유자들 중에는 건물 지분과 부지 지분을 같이 가지고 있는 사람들이 있다(갑 측). M건물의 공유자들 중에는 건물 지분만 가지고 있는 사람들이 있다(을 측). 민법 제263조는 공유자는 그 지분을 처분할 수 있고 공유물 전부를 지분의 비율로 사용, 수익할 수 있다고 규정하고 있다. 민법 제265조 본문은 공유물의 관리에 관한 사항은 공유자의 지분의 과반수로써 결정한다고 규정하고 있다.

갑 측과 을 측 사이에 M건물의 임대수익 분배를 놓고 갈등이 계속되어 왔다. M건물의 임대수익 분배는 그동안 을 측이 해오고 있었다. 을 측은 M건물의 임대수익을 자신들에게 유리하게 분배하였다. 을 측이 분배받는 임대수익은 매월 ㉡금액에 달하였다. 갑 측은 부지 지분을 가지고 있는 공유자들을 모아서 4/6 지분을 확보하였다. 갑 측은 자신들의 보유지분이 과반수임을 이유로 민법 제265조에 기하여 M건물의 임대수익 분배 업무를 을 측으로부터 넘겨받았다.

갑 측은 을 측을 배제한 채 M건물의 임대수익 분배를 다음과 같이 결정하였다. (가) 매월 10일을 기준으

⑤ 회 사 합명회사 · 합자회사의 출자사원과 회사, 또는 주식회사의 주주와 회사 사이에는 타인성이 인정된다. 예컨대 합자회사의 영업에 의하여 수입된 금원은 결산기에 이르러 출자자들에게 이익배당 등 적법한 처분이 있기까지는 회사의 재산이지 출자사원의 소유라고 할 수 없다. 그러므로 회사의 경리까지 맡아보고 있는 대표사원이 보관하고 있던 회사 수입금 중 일부를 임의로 소비하였다면 횡령죄에 해당한다.[1)]

주식회사의 주식이 사실상 1명의 주주에 귀속하는 1인회사의 경우에도 회사와 주주는 별

로 M건물의 임대수익금을 새로운 방법으로 분배한다. (나) M건물과 부지의 전체 가액을 합산하였을 때 을 측의 지분이 미미하다. (다) 을 측에 ⓛ임대수익 분배를 하지 않기로 한다. (라) 임대수익금은 M건물 부지의 지분을 보유하고 있는 갑 측 공유자에게만 분배하기로 한다. ⓛ임대수익금을 분배받지 못하게 된 을 측은 갑측을 고소하였다.

검사는 갑을 업무상 횡령죄로 기소하였다. 갑의 피고사건은 제1심을 거친 후, 항소심에 계속되었다. 항소법원은 다음의 점을 이유로 유죄를 인정하였다. (가) 갑 측은 민법 제265조에 따라 공유자의 과반수 지분권에 기하여 적법하게 M건물을 관리하기 시작하였다. (나) 그렇다고 하더라도 과반수 관리권자의 공유물 관리행위는 다른 공유지분권자 전체에 대하여 그 효력이 미치는 것이다. (다) 민법 제263조에 따라 공유자는 공유물 전부를 그 지분의 비율로 사용 · 수익할 수 있다. (라) M건물의 임대수익에서 필요경비를 공제한 나머지 금원은 각 공유지분권자에게 지분의 비율로 균등하게 귀속된다고 보아야 한다. (마) 갑 측이 M건물의 관리권을 갖게 되었음을 기화로 M건물의 임차인들로부터 임대수익금을 수령하고도 그로부터 필요경비 등을 제외한 나머지 금액 중 을 측의 M건물 지분에 해당하는 ⓛ금액을 을 측에게 지급하지 아니하고 다른 공유지분권자들에게 함부로 분배한 것은 횡령죄를 구성한다. 갑은 불복 상고하였다.

대법원은 다음의 이유를 제시하여 원심판결을 파기환송하였다. 대법원은 금전사무의 위임과 횡령죄의 관계에 대해 다음과 같이 설시하였다. (가) 횡령죄는 타인의 재물을 보관하는 자가 그 재물을 횡령하는 것을 처벌하는 범죄이다. (나) 횡령죄가 성립되기 위해서는 횡령의 대상이 된 재물이 타인의 소유일 것을 요한다. (다) 금전의 수수를 수반하는 사무처리를 위임받은 자가 그 행위에 기하여 위임자를 위하여 제3자로부터 수령한 금전은 목적이나 용도를 한정하여 위탁된 금전과 마찬가지로 달리 특별한 사정이 없는 한 그 수령과 동시에 위임자의 소유에 속한다. (라) 위임을 받은 자는 이를 위임자를 위하여 보관하는 관계에 있다. (마) 수령한 금전이 사무처리의 위임에 따라 위임자를 위하여 수령한 것인지 여부는 수령의 원인이 된 법률관계의 성질과 당사자의 의사에 의하여 판단되어야 한다.

대법원은 공유자 사이의 수익금 배분기준에 대해 다음과 같이 설시하였다. (가) 공유자 사이에 공유물을 사용 · 수익할 구체적 방법을 정하는 것은 공유물의 관리에 관한 사항으로서 민법 제265조에 따라 공유자의 지분의 과반수로써 결정하는 것이다. (나) 공유물에 관하여 과반수 공유지분을 가진 자는 공유자 사이에 공유물의 관리방법에 관하여 협의가 미리 없었다 하더라도 공유물의 관리에 관한 사항을 단독으로 결정할 수 있다. (다) 공유토지에 관하여 과반수지분권을 가진 자가 그 공유토지의 특정된 한 부분을 배타적으로 사용 · 수익할 것을 정하는 것은 공유물의 관리방법으로서 적법하다.

대법원은 갑의 행위에 대해 다음과 같이 판단하였다. (가) 갑 측이 을 측에게 임대수익금 중 지분 상당액을 배분하지 않고 다른 공유자들에게 배분한 것은 공유자의 과반수로써 적법하게 결정된 M건물의 사용 · 수익방법에 따른 것이다. (나) ⓛ지분 상당액은 위 방법에 따라 배분받은 다른 공유자들에게 귀속되는 것일 뿐, 을 측에 곧바로 귀속된다고 보기 어렵다. (다) (다만, 이로 인하여 을 측의 공유 지분이 침해당하였다면 다른 공유자들 상대로 부당이득반환을 구할 수 있을 뿐이다.) (라) 결국 갑 측이 을 측을 위하여 ⓛ지분 상당액을 보관하는 지위에 있었다고 볼 수 없다.

1) 1982. 12. 28. 81도863, 공 1983, 387.

개의 인격체로 파악된다.[1] 1인회사의 재산이 곧바로 1인주주의 소유에 속한다고 볼 수 없다. 그러므로 1인주주가 회사 소유의 돈을 보관 중 임의로 소비하면 횡령죄를 구성한다.[2]

⑥ 매 매 우리 민법은 물권변동과 관련하여 형식주의를 취하고 있다. 부동산의 경우는 등기를, 동산의 경우는 인도를 각각 요한다(민법186, 188 참조). 따라서 부동산을 매도한 자가 아직 등기를 이전하지 아니한 상태에서 제3자에게 이중으로 당해 부동산을 매도한 경우 제1매수자에 대한 관계에서 횡령죄는 성립하지 않는다. 자기소유의 부동산을 매도한 것이기 때문이다. 다만 등기협력의무위반을 이유로 하여 배임죄는 성립할 여지가 있다.[3]

⑦ 할부판매 소유권 유보부 할부판매의 경우(「할부거래에 관한 법률」6① viii 참조) 목적물의 소유권은 대금이 완납될 때까지 매도인에게 속한다. 따라서 매수인이 목적물을 임의로 처분하면 횡령죄가 성립한다.

(다) 대체물과 횡령죄 대체물을 임의로 처분하는 경우에 횡령죄가 성립할 것인지 문제된다. 대체물이란 쌀이나 유류 등과 같이 원래의 물건이 그 성질, 종류, 품질, 수량 등에서 대등한 다른 물건으로 대체될 수 있는 것을 말한다. 이 문제는 경우를 나누어서 고찰할 필요가 있다.

먼저, 대체물이지만 대상물이 특정되어 위탁되는 경우가 있다. 이 때에는 대체물이 특정물로서 위탁된 경우이므로 이를 임의로 처분하면 횡령죄가 성립한다. 다음으로, 목적물의 보관을 위탁하면서 대등한 대체물로 반환할 것을 허용하는 경우가 있다. 이 경우에는 소비임치(민법702)로서 소비대차의 규정(민법598)이 준용되어 소유권이 보관자에게 이전된다.[4] 따라서

---

1) 2019. 12. 24. 2019도9773, 공 2020상, 390 = 『자회사 경유 납품대금 횡령 사건』.

2) 1999. 7. 9. 99도1040, 공 1999, 1677 = 『1인회사 수출대금 횡령 사건』:

P회사는 ㉠물품을 수출하는 회사이다. P회사는 ㉠물품을 수출하고 받은 ㉡돈을 소유하고 있다. 갑과 을은 P회사의 대주주이다. 병은 P회사의 대표이사이다. 갑, 을, 병은 공모하여 다음의 행위를 하였다. (가) ㉡돈으로 R회사의 주식을 구입하였다. (나) ㉡돈으로 M부동산을 매입하였다. (다) ㉡돈으로 갑, 을, 병 개인의 채무를 변제하였다.

검사는 갑, 을, 병을 특정경제범죄법위반죄(횡령)로 기소하였다. 갑, 을, 병의 피고사건은 제1심을 거친 후, 항소심에 계속되었다. 항소법원은 유죄를 인정하였다. 갑, 을, 병은 불복 상고하였다. 갑, 을, 병은 상고이유로 다음의 점을 주장하였다. (가) 갑과 을의 주식을 합치면 P회사의 주식 전부가 된다. (나) P회사의 주식을 100퍼센트 보유하고 있으므로 P회사의 ㉡돈은 사실상 갑과 을의 소유가 된다. (다) 갑과 을이 ㉡돈을 임의로 소비한 것은 자기소유의 금전을 소비한 것이다. (라) 갑과 을에게 횡령죄가 성립하지 않는다.

대법원은 다음의 이유를 제시하여 상고를 기각하였다. 대법원은 1인회사의 소유권 관계에 대해 다음과 같이 설시하였다. (가) 주식회사의 주식이 사실상 1인의 주주에 귀속하는 1인회사의 경우가 있다. (나) 1인회사의 경우에도 회사와 주주는 별개의 인격체로서 1인회사의 재산이 곧바로 그 1인 주주의 소유라고 볼 수 없다. (다) 그러므로 주주가 1인회사 소유의 금원을 업무상 보관 중 임의로 소비하면 횡령죄를 구성한다.

3) 후술 1446면 이하 참조.

4) 민법 제598조(소비대차의 의의) 소비대차는 당사자 일방이 금전 기타 대체물의 소유권을 상대방에게

이 경우에는 목적물이 자기소유의 물건에 해당하여 횡령죄는 성립하지 않는다. 다만 배임죄가 성립할 여지는 있다.[1]

(라) 금전과 횡령죄 금전은 대체물의 극단적인 형태라고 할 수 있다. 금전의 교부행위가 계약상 채무의 이행으로서 변제의 성질을 가지는 경우에는, 특별한 사정이 없는 한 금전이 상대방에게 교부됨으로써 그 소유권이 상대방에게 이전된다. 그러므로 상대방이 변제금으로 교부받은 돈을 임의로 소비하였더라도 횡령죄를 구성하지 않는다.[2]

이전할 것을 약정하고 상대방은 그와 같은 종류, 품질 및 수량으로 반환할 것을 약정함으로써 그 효력이 생긴다.

제702조(소비임치) 수치인이 계약에 의하여 임치물을 소비할 수 있는 경우에는 소비대차에 관한 규정을 준용한다. 그러나 반환시기의 약정이 없는 때에는 임치인은 언제든지 그 반환을 청구할 수 있다.

1) 1987. 4. 28. 83도1568, 공 1987, 918 = 분석 각론『치안본부 납품유류 횡령 사건』.

2) 2014. 1. 16. 2013도11014, [미간행] =『전 소유자 잔대금 횡령 사건』:

(사실관계를 축약하여 정리함.) M토지는 A의 소유이다. 2008. 8.경 갑은 A와 M토지에 관한 매매계약을 체결하였다(㉮선행계약). 2008. 8. 8.경 갑은 M토지에 관하여 소유권 등기를 마쳤다. 당시 A에 대한 매매잔대금채무 4억 6,400만원이 남아있었다. 2008. 10.경 갑은 B와 다음 내용의 매매계약을 체결하였다(㉯계약). "갑은 M토지 및 M토지에 대한 주택개발사업권 일체를 매매대금 21억 1,400만원으로 정하여 B에게 매도하기로 한다." 갑과 B는 21억 1,400만원 매매대금의 지급방법에 대하여 다음과 같이 합의하였다. (가) 16억 5,000만원에 대하여는 매수인 B가 M토지에 설정되어 있던 M농업협동조합 명의의 근저당권의 피담보채무 16억 5,000만원을 승계하여 계약체결일부터 이자를 지급한다. (나) 3억원에 대하여는 매수인 B가 A의 제3자에 대한 차용금채무 3억원을 승계한다. (다) 나머지 1억 6,400만원에 대하여는 A에게 현금으로 이를 지급한다. M토지에 대한 소유권이전등기는 사업승인일 이후 매수인 B가 지정하는 법인 앞으로 마쳐주기로 하였다. 2008. 10. 7.경 B는 A에게 500만원을 송금하였다. 2008. 10. 초순경부터 같은 달 16.경까지 사이에 B는 나머지 금액 1억 5,900만원을 갑의 처제 C 명의의 은행계좌로 송금하였다(㉠돈). 당시 갑은 B에 대하여 ㉠돈을 받으면 이를 A에게 매매대금으로 지급하겠다고 말하였다. 갑은 B로부터 교부받은 ㉠돈 1억 5,900만원 중 7,500만원을 A에게 송금하였다. 갑은 나머지 8,400만원은 그 무렵 갑의 다른 채권자에 대한 채무변제금 등으로 사용하였다. 2008. 12. 8.경 P회사가 설립되었다. B는 P회사의 대표이사로 취임하였다. 갑은 M토지에 관하여 P회사 명의의 소유권이전청구권가등기를 마쳐주었다. (M토지의 전 소유자 A는 잔금 4억 6,400만원 가운데 B의 채무인수 3억원 외에 500만원과 7,500만원을 받았을 뿐 나머지는 받지 못하였다.)

검사는 갑을 횡령죄로 기소하였다. 검사의 공소사실은 다음과 같다. "갑은 B를 위하여 1억 5,900만원을 보관하던 중 7,500만원을 A에게 송금하고 나머지 8,400만원을 임의 소비하여 횡령하였다." 갑의 피고사건은 제1심을 거친 후, 항소심에 계속되었다. 항소법원은 다음과 같이 판단하여 유죄를 인정하였다. (가) B는 '갑으로 하여금 M토지의 전 소유자인 A에게 갑과 A 사이에 체결된 M토지에 관한 ㉮매매계약에 따른 갑의 미지급 잔대금을 지급하도록' 그 목적과 용도를 특정하여 갑에게 ㉠돈 1억 5,900만원을 위탁하였다. (나) 갑도 B에게 그와 같은 목적과 용도에 따라 ㉠돈을 사용하기로 약정하고 이를 수탁하였다. (다) 그리하여 갑은 B를 위하여 ㉠돈 1억 5,900만원을 보관하는 지위에 있었다. 갑은 불복 상고하였다.

대법원은 다음의 이유를 제시하여 원심판결을 파기환송하였다. 대법원은 횡령죄에서 금전의 소유권 귀속관계에 대해 다음과 같이 설시하였다. (가) 횡령죄는 타인의 재물을 보관하는 자가 그 재물을 횡령하는 것을 처벌하는 범죄이다. (나) 횡령죄가 성립되기 위해서는 횡령의 대상이 된 재물이 타인의 소유일 것을 요한다. (다) 목적과 용도를 정하여 위탁한 금전은 정해진 목적, 용도에 사용할 때까지는 이에 대한 소유권이 위탁자

금전의 보관이 소비임치(민법702)의 형태로 위탁된 경우에는 당해 금전의 소유권이 수탁자에게 이전되어 횡령죄는 성립하지 않는다. 그런데 금전의 소유권과 관련하여 횡령죄의 성립 여부가 문제되는 경우들이 있다.

① 봉 금　　금전이 봉투 속에 밀봉되어 있는 경우처럼 봉금(封金)의 형태로 금전의 보관이 위탁되는 경우가 있다. 이 때에는 특정 금전에 대한 소유권이 위탁자에게 있으므로 수탁자가 이를 임의로 처분하는 행위는 타인의 재물을 영득한 것이 되어 횡령죄가 성립한다.

② 용도특정 금전　　문제가 되는 것은 사용용도를 특정하여 보관이 위탁된 금전을 수탁자가 임의로 처분하는 경우이다. 민사법의 이론에 의하면 금전은 특별히 봉함된 경우와 같이 특정성을 가진 경우를 제외하고는 그 점유가 있는 곳에 소유권도 있게 된다(민법188 참조).[1] 민사법의 관점을 횡령죄에 그대로 적용하면 금전을 수탁자가 임의로 소비하더라도 특정물로 위탁된 경우 외에는 횡령죄가 성립할 여지가 없게 된다.

그러나 민법 이론은 고도의 대체성이 있는 금전에 대해 물권적 반환청구권을 인정하는 것이 불필요할 뿐만 아니라, 금전이 교환수단으로서의 기능을 가지고 전전 유통됨을 전제로 하여 동적 안전을 보호하는 데 그 목적이 있다. 이에 대해 형법의 횡령죄는 내부적으로 신임관계에 있는 당사자 사이에서 재물의 소유자를 중심으로 정적 안전을 보호하려고 한다.

이러한 형사법의 특성에 비추어 볼 때, 목적과 용도를 정하여 위탁한 금전은 정해진 목적 · 용도에 사용할 때까지는 이에 대한 소유권이 위탁자에게 유보되어 있는 것으로서, 수탁자가 이를 임의로 소비하면 횡령죄가 성립한다.[2]

예컨대 정부와의 용역계약에 따라 관리 · 집행하게 된 정부출연금은 그 용도가 엄격히 제한되어 있다. 그럼에도 불구하고 집행하지 아니한 출연금을 반환하지 않고 임의사용하거나, 개인적인 용도로 사용하는 행위는 횡령죄를 구성한다.[3] 건물의 노후화 때문에 필연적으

에게 유보되어 있는 것으로서 수탁자가 임의로 소비하면 횡령죄를 구성한다. (라) 그러나 금전의 교부행위가 계약상 채무의 이행으로서 변제의 성질을 가지는 경우에는, 특별한 사정이 없는 한 금전이 상대방에게 교부됨으로써 그 소유권이 상대방에게 이전된다. (마) 그러므로 상대방이 변제금으로 교부받은 돈을 임의로 소비하였더라도 횡령죄를 구성하지 아니한다.

대법원은 사실관계를 분석하였다. 대법원은 갑의 행위에 대해 다음과 같이 판단하였다. (가) B가 2008. 10.경 갑에게 1억 5,900만원을 교부한 것은 ㉯매매계약에 기하여 갑에게 부담하는 매매대금지급채무를 이행하기 위한 변제행위에 해당한다. (나) 따라서 특별한 사정이 없는 한 ㉠돈 1억 5,900만원은 갑에게 교부됨으로써 소유권이 이전된다. (다) 그러므로 갑이 B를 위하여 ㉠돈을 보관하는 지위에 있다고 보기 어렵다.

1) 민법 제188조(동산물권양도의 효력) ① 동산에 관한 물권의 양도는 그 동산을 인도하여야 효력이 생긴다.

2) 2004. 3. 12. 2004도134, 공 2004, 675 = 분석 각론『납골당사업 실패 사건』.

3) 1999. 7. 9. 98도4088, 공 1999, 1671 =『정부출연금 대여 사건』:

로 발생하는 주요설비 등의 교체 및 보수에 사용하도록 건물 관리회사에 납부하여 적립한 특별수선충당금은 용도와 목적이 특정된 자금에 해당하므로 관리회사의 임원이 이를 임의로 사용하는 행위는 횡령죄에 해당한다.[1)]

③ 금전수수 사무처리　　금전의 수수를 수반하는 사무처리를 위임받은 자가 그 행위에 기하여 위임자를 위하여 제3자로부터 수령한 금전은 목적이나 용도를 특정하여 위탁된 금전과 마찬가지로 달리 특별한 사정이 없는 한 그 수령과 동시에 위임자의 소유에 속한다. 따라서 수령한 금전을 임의로 소비하는 행위는 횡령죄를 구성한다.[2)]

갑은 M정부기관과 ㉮용역계약을 맺었다. M정부기관은 갑에게 ㉠정부출연금을 갑에게 지급하였다. ㉡돈은 ㉠정부출연금 가운데 아직 집행되지 않고 남은 돈이다. 갑은 ㉡돈을 M정부기관에 반환하지 않고 다음과 같이 사용하였다. (가) ㉮용역계약의 성공적 수행을 위하여 A에게 ㉡돈의 일부를 빌려주었다. (나) ㉡돈의 일부를 주식취득자금으로 사용하였다. (다) ㉡돈의 일부를 임의로 사용하였다.

검사는 갑을 업무상 횡령죄로 기소하였다. 갑의 피고사건은 제1심을 거친 후, 항소심에 계속되었다. 항소법원은 유죄를 인정하였다. 갑은 불복 상고하였다. 갑은 상고이유로 다음의 점을 주장하였다. (가) ㉠정부출연금이 갑에게 지급된 순간 ㉠돈의 소유권은 갑에게 이전된다. (나) 따라서 ㉡돈 또한 갑의 소유에 속한다. (다) 갑은 자기소유의 ㉡돈을 사용하였으므로 횡령죄는 성립하지 않는다. (라) 갑은 ㉮용역계약의 성공적 수행을 위하여 A에게 ㉡돈의 일부를 빌려주었다. (마) 이 부분의 ㉡돈 사용행위에는 불법영득의사가 없다.

대법원은 다음의 이유를 제시하여 상고를 기각하였다. 대법원은 횡령죄의 불법영득의사에 대해 다음과 같이 설시하였다. (가) 업무상횡령죄에 있어서의 불법영득의 의사라 함은 (ㄱ) 자기 또는 제3자의 이익을 꾀할 목적으로 (ㄴ) 업무상의 임무에 위배하여 (ㄷ) 보관하고 있는 타인의 재물을 (ㄹ) 자기의 소유인 것과 같이 (ㅁ) 사실상 또는 법률상 처분하는 의사를 의미한다. (나) 행위자가 타인으로부터 용도가 엄격히 제한된 자금을 위탁받아 집행하면서 그 제한된 용도 이외의 목적으로 자금을 사용하는 경우가 있다. (다) 이 경우 행위자의 자금 사용이 (ㄱ) 개인적인 목적에서 비롯된 경우는 물론 (ㄴ) 결과적으로 자금을 위탁한 본인을 위하는 면이 있더라도, 그 사용행위 자체로서 불법영득의 의사를 실현한 것이 되어 횡령죄가 성립한다.

대법원은 다음과 같은 원심의 판단을 그대로 유지하였다. (가) 갑이 ㉮용역계약에 따라 관리 · 집행하게 된 ㉠정부출연금은 그 용도가 엄격히 제한되어 있다. (나) 그럼에도 불구하고 갑은 집행하지 아니한 출연금을 반환하지 않고 임의사용하거나, 개인적인 주식취득자금 또는 대여금으로 사용하였다. (다) 이와 같이 ㉠정부출연금을 사용한 것은 설사 갑에게 ㉮용역계약상의 사업성공을 꾀한다는 목적이 있었다고 하더라도, 그에 대한 불법영득의 의사를 부정할 수 없다. (라) 그러므로 갑은 위와 같은 행위에 대하여 업무상횡령죄의 죄책을 면할 수 없다.

1) 2004. 5. 27. 2003도6988, 공 2004, 1120 = 『지하주차장 단독 임대 사건』.

2) 2005. 11. 10. 2005도3627, 공 2005, 1999 = 『조명기구 정산금 사건』:

P회사는 다량의 ㉠조명기구가 필요하였다. A는 Q회사 명의로 P회사와 사이에 ㉠조명기구 납품계약을 체결하였다(㉡납품계약). 2000. 6. 28.경까지 A는 Q회사 또는 A 자신이 개인적으로 생산한 품목 및 개수 미상의 ㉠조명기구를 P회사에 납품해 오고 있었다. Q회사는 P회사에 대해 ㉢납품대금채권을 가지고 있었다. Q회사의 채권자들은 Q회사의 P회사에 대한 ㉢납품대금채권을 압류하려고 하였다. 2000. 7. 7.경 A는 채권자들의 압류를 피하기 위하여 ㉡납품계약의 납품자 명의를 Q회사에서 R회사로 변경하였다. R회사는 갑이 경영하는 회사이다. A는 그 이후 더 이상 P회사에 조명기구를 생산하여 납품할 수 없게 되었다. P회사는 R회사를 경영하는 갑에게 ㉡납품계약의 이행을 독촉하였다. 갑은 나머지 ㉠조명기구의 납품을 완료하였다.

A가 그동안 납품한 ㉠조명기구의 대금은 액수미상이다(㉣납품대금). A가 납품을 할 때 B, C를 포함한 여

그러나 금전의 수수를 수반하는 사무처리와 관련하여 위임자와 수임자 사이에 수령한 금전의 소유권을 바로 위임자의 소유로 귀속시킨다고 볼 수 없는 특별한 사정이 있는 경우에는 사정이 다르다. 당사자 사이에 별도의 채권 · 채무가 존재하여 수령한 금전에 관한 정산절차가 남아 있는 등 위임자에게 반환해야 할 금액을 쉽게 확정할 수 없는 사정이 있는 경우는 특별한 사정이 있는 경우에 해당한다. 이 경우 수령한 금전은 일단 수임자에게 귀속

러 명의 조명기구부품 납품업자들로부터 외상으로 부품을 납품받은 것이 있었다. A와 갑의 합의하에 R회사는 부품 납품업자들에 대한 외상대금을 변제하였다. B, C에 대한 외상대금은 액수미상인 관계로 변제되지 않았다(㉤외상대금). 갑은 P회사로부터 ㉠조명기구 납품대금으로 2억원을 수령하였다. A는 자신의 ㉣납품대금에서 B, C에 대한 ㉤외상대금을 제외한 나머지 금액(㉥정산금)을 돌려달라고 갑에게 요구하였다. 갑은 ㉥정산금을 포함한 2억원 전액을 임의로 지출하였다. A는 갑을 고소하였다.

검사는 갑을 횡령죄로 기소하였다. 공소사실의 요지는 다음과 같다. "갑은 A와 사이에 (중략) 액수미상의 ㉣납품대금에서 액수미상의 ㉤외상대금을 공제한 ㉥정산금을 교부하여 주기로 묵시적으로 합의하였으면서도 P회사로부터 납품대금 2억원을 수령하여 액수미상인 ㉥정산금을 피해자(Q회사와 A)를 위하여 보관하던 중 이를 임의로 지출하여 횡령하였다." 갑의 피고사건은 제1심을 거친 후, 항소심에 계속되었다. 항소법원은 유죄를 인정하였다. 갑은 불복 상고하였다.

대법원은 다음의 이유를 제시하여 원심판결을 파기환송하였다. 대법원은 금전수수 사무처리자와 횡령죄의 관계에 대해 다음과 같이 설시하였다. (가) 횡령죄는 타인의 재물을 보관하는 자가 그 재물을 횡령하는 것을 처벌하는 범죄이다. (나) 횡령죄가 성립되기 위해서는 횡령의 대상이 된 재물이 타인의 소유일 것을 요한다. (다) (ㄱ) 금전의 수수를 수반하는 사무처리를 위임받은 자가 그 행위에 기하여 위임자를 위하여 제3자로부터 수령한 금전은 (ㄴ) 목적이나 용도를 한정하여 위탁된 금전과 마찬가지로 (ㄷ) 달리 특별한 사정이 없는 한 (ㄹ) 그 수령과 동시에 위임자의 소유에 속한다. (라) 위임을 받은 자는 이를 위임자를 위하여 보관하는 관계에 있다고 보아야 한다.

대법원은 금전수수 사무처리 판단 여부에 대해 다음과 같이 설시하였다. (가) 수령한 금전이 사무처리의 위임에 따라 위임자를 위하여 수령한 것인지 여부는 수령의 원인이 된 법률관계의 성질과 당사자의 의사에 의하여 판단되어야 한다. (나) 당사자 사이에 별도의 채권, 채무가 존재하여 수령한 금전에 관한 정산절차가 남아 있는 등 위임자에게 반환하여야 할 금액을 쉽게 확정할 수 없는 사정이 있는 경우가 있다. (다) 이러한 경우에는 수령한 금전의 소유권을 바로 위임자의 소유로 귀속시키기로 하는 약정이 있었다고 쉽사리 단정하여서는 안 될 것이다.

대법원은 갑의 행위에 대해 다음과 같이 판단하였다. (가) (사실관계 분석; 생략함.) (나) R회사가 P회사에 대한 납품을 완료하고 부품 납품업자들에 대한 외상대금도 R회사가 변제하기로 할 당시 갑과 A 사이에 [묵시적으로] 약정한 당사자의 의사는 다음과 같다고 봄이 상당하다. (다) R회사가 P회사로부터 납품대금을 수령하면 그 특정의 금전을 Q회사와 A에게 그대로 반환하는 것이 아니다. (라) 수령한 금전에서 Q회사와 A가 납품한 금액을 계산하고 R회사가 부품납품업자들에게 대신 지급한 금액을 공제하는 등의 정산절차를 거쳐 그 나머지 금액을 Q회사와 A에게 지급하기로 하는 것이었다.

(마) 갑과 A 사이에 갑이 P회사로부터 수령한 납품대금 중 Q회사와 A의 납품액을 바로 Q회사와 A에게 귀속시키기로 약정하였다고 볼 수는 없다. (바) 오히려 R회사가 자기의 이름으로 취득한 납품대금은 일단 전액 자신에게 귀속되고, R회사는 거기에서 Q회사와 A의 납품금액을 확정하고 부품 납품업자들에게 대신 지급한 금액을 공제하는 등 정산절차를 거쳐 그 나머지 금액만큼 Q회사와 A에게 지급할 의무를 부담하는 데 불과하다고 볼 것이다. (사) 그러므로 갑이 이를 임의로 사용한 행위는 위 약정상의 채무불이행에 지나지 않고 횡령죄는 성립하지 않는다고 볼 것이다.

되며, 이를 수임자가 임의로 사용하더라도 횡령죄는 성립하지 않는다.[1]

수령한 금전이 사무처리의 위임에 따라 위임자를 위하여 수령한 것인지 아니면 정산 등이 필요하여 수임자에게 귀속되는지 여부는 수령의 원인이 된 법률관계의 성질과 당사자의 의사에 의하여 판단해야 한다.[2]

운송회사와 소속 근로자 사이에 체결되는 소위 사납금 약정이 있다. 사납금 약정 가운데 다음 형태의 약정이 있다. (가) 근로자는 운송회사로부터 일정액의 급여를 받는다. (나) 근로자는 당일 운송수입금을 전부 운송회사에 납입한다. (다) 운송회사는 근로자가 납입한 운송수입금을 월 단위로 정산한다. (라) 운송회사는 운송수입금이 월간 운송수입금 기준액인 사납금을 초과하는 경우에는 그 초과금액에 대하여 운송회사와 근로자에게 일정 비율로 배분하여 정산한다. (마) 운송회사는 운송수입금이 사납금에 미달되는 경우에는 그 부족금액에 대하여 근로자의 급여에서 공제하여 정산한다. 이러한 유형의 사납금 약정이 체결되었다면 근로자가 사납금 초과 수입금을 개인 자신에게 직접 귀속시키는 경우와는 달리, 근로자가 애초 거둔 운송수입금 전액은 운송회사의 관리와 지배 아래 있다고 봄이 상당하다. 그러므로 근로자가 운송수입금을 임의로 소비하였다면 횡령죄를 구성한다. 이는 근로자가 운송회사에 대하여 사납금을 초과하는 운송수입금의 일부를 배분받을 권리를 가지고 있다고 하더라도 다른 특별한 사정이 없는 한 다를 바 없다.[3]

---

1) 2005. 11. 10. 2005도3627, 공 2005, 1999 = 『조명기구 정산금 사건』.

2) 2005. 11. 10. 2005도3627, 공 2005, 1999 = 『조명기구 정산금 사건』.

3) 2014. 4. 30. 2013도8799, 공 2014상, 1173 = 『택시 사납금 소비 사건』 :

갑은 P택시회사의 운전기사이다. P회사는 소위 사납금제도를 시행하고 있다. P회사의 사납금제도는 다음과 같은 방식이다. (가) 운송회사는 근로자가 납입한 운송수입금을 월 단위로 정산한다. (나) 그 운송수입금이 월간 운송수입금 기준액인 사납금을 초과하는 경우에는 그 초과금액에 대하여 운송회사와 근로자에게 일정 비율로 배분하여 정산한다. (다) 사납금에 미달되는 경우에는 그 부족금액에 대하여 근로자의 급여에서 공제하여 정산한다. P회사의 사납금을 평균 근무일수로 나누면 하루 90,000원이 된다.

갑은 M일자에 ⓐ영업용 택시를 운행하였다. M일자 운송수입금은 111,700원이었다. 갑은 이 돈 가운데 하루 평균 사납금 90,000원만 입금하였다. 갑은 나머지 21,700원을 생활비등 개인적인 용도에 소비하였다. (갑은 같은 방식으로 N일자까지 운송수입금의 일부를 소비하였다.)

검사는 갑을 업무상 횡령죄로 기소하였다. 갑은 불법영득의사가 없었다고 주장하였다. 제1심법원은 유죄를 인정하였다. 갑은 불복 항소하였다. 항소법원은 항소를 기각하고, 제1심판결을 유지하였다. 갑은 불복 상고하였다.

대법원은 다음의 이유를 제시하여 상고를 기각하였다. (가) 운송회사와 소속 근로자 사이에 다음의 약정이 체결되었다. (나) 근로자는 운송회사로부터 일정액의 급여를 받으면서 당일 운송수입금을 전부 운송회사에 납입한다. (다) 운송회사는 근로자가 납입한 운송수입금을 월 단위로 정산하여 (ㄱ) 그 운송수입금이 월간 운송수입금 기준액인 사납금을 초과하는 경우에는 그 초과금액에 대하여 운송회사와 근로자에게 일정 비율로 배분하여 정산하고, (ㄴ) 사납금에 미달되는 경우에는 그 부족금액에 대하여 근로자의 급여에서 공제하여 정산한다. (라) 그러한 약정이 체결되었다면, 근로자가 사납금 초과 수입금을 개인 자신에게 직접 귀속시키는

④ 채권양도와 채무자의 금전수령　　채권양도는 채무자(갑)가 채권자(A)에게 채무자(갑)가 제3채무자(B)에 대해 가지고 있는 채권을 양도하는 것을 말한다. 채권양도 사안에서 채권양도인(갑)이 제3채무자(B)에게 민법상의 대항요건(민법450① 참조)인 채권양도 통지를 하기 전에 제3채무자(B)로부터 채권을 추심하여 금전을 수령하는 경우가 있다.[1] 이 경우 채무자(채권양도인)(갑)가 수령한 금전을 임의로 사용하는 행위가 횡령죄에 해당하는지 문제된다.

종전의 대법원판례는 (가) 채무자(갑)가 수령한 금전은 채권자(A)의 소유로 귀속되며, (나) 채무자(갑)는 채권자(A)를 위하여 채권보전에 관한 사무를 처리하는 지위에 있으므로 수령한 금전을 보관하는 관계에 있다고 판단하여 횡령죄의 성립을 인정하였다.[2] 그러나

경우와는 달리, 근로자가 애초 거둔 운송수입금 전액은 운송회사의 관리와 지배 아래 있다. (마) 근로자가 운송수입금을 임의로 소비하였다면 횡령죄를 구성한다. (바) 이는 근로자가 운송회사에 대하여 사납금을 초과하는 운송수입금의 일부를 배분받을 권리를 가지고 있다고 하더라도 다른 특별한 사정이 없는 한 다를 바 없다.

1) 민법 제449조 (채권의 양도성) ① 채권은 양도할 수 있다. 그러나 채권의 성질이 양도를 허용하지 아니하는 때에는 그러하지 아니하다.

② 채권은 당사자가 반대의 의사를 표시한 경우에는 양도하지 못한다. 그러나 그 의사표시로써 선의의 제삼자에게 대항하지 못한다.

제450조 (지명채권양도의 대항요건) ① 지명채권의 양도는 양도인이 채무자에게 통지하거나 채무자가 승낙하지 아니하면 채무자 기타 제삼자에게 대항하지 못한다.

② 전항의 통지나 승낙은 확정일자 있는 증서에 의하지 아니하면 채무자 이외의 제삼자에게 대항하지 못한다.

2) 1999. 4. 15. 97도666 전원합의체 판결, 공 1999, 978 =『임차보증금 채권양도 사건』:

(본 판결은 2022. 6. 23. 2017도3829 전원합의체 판결에 의하여 폐기된 것임.) 갑은 A의 집에 세 들어 살고 있다. 갑은 임차보증금으로 A에게 2,500만원을 지급하였다. 갑은 B에 대해 1,150만원의 빚을 지고 있다. 갑은 2,500만원 보증금 가운데 1,150만원만큼의 반환청구권을 B에게 양도하는 방식으로 채무를 변제하기로 하였다(㉠반환청구권). 갑은 M법무법인 사무실에서 B에게 ㉠반환청구권을 양도하였다. 갑은 ㉠반환청구권 양도 사실을 집주인 A에게 알리지 않았다. 갑의 임대차 기간이 종료되었다. 갑은 N부동산중개소에서 집주인 A로부터 임차보증금 2,500만원 전액을 돌려받았다. 갑은 이 가운데 1,150만원(㉡돈)을 B에게 돌려주지 않은 채 동생 C에게 빌려주었다. [1,150만원을 받지 못하게 된 B는 갑을 고소하였다.]

검사는 갑을 다음의 공소사실로 기소하였다. (가) 주위적 공소사실 : 횡령죄. (나) 예비적 공소사실 : 배임죄. 제1심법원은 다음과 같이 판단하였다. (가) 주위적 공소사실 : 횡령죄 무죄. (나) 예비적 공소사실 : 배임죄 (결론 불명). 제1심법원은 횡령죄 무죄 부분에 대해 다음의 이유를 제시하였다. (가) 갑은 채권양도인, B는 채권양수인이다. (나) 갑은 B와의 위탁신임관계에 의하여 B를 위하여 A로부터 반환받은 임차보증금 중 1,150만원(㉡돈)을 보관하는 지위에 있다고 할 수 없다. 검사는 무죄 부분에 불복하여 항소하였다. 항소법원은 항소를 기각하고, 제1심판결을 유지하였다. 검사는 불복 상고하였다.

대법원은 다음의 이유를 제시하여 원심판결을 파기환송하였다. 대법원은 채권양도인이 반환받은 ㉡돈의 소유권을 둘러싸고 8 대 5로 견해가 나뉘었다. 다수의견은 양도인과 양수인의 관계에서 ㉡돈의 소유권은 양수인에게 속한다고 보았다. 이에 대해 소수의견은 ㉡돈의 소유권이 양도인에게 속한다고 주장하였다. 대법원은 다수의견에 따라 횡령죄의 성립을 인정하였다.

2022년 대법원은 종전의 판례를 폐기하고 횡령죄 성립을 부정하는 입장으로 선회하였다.[1] 대법원이 판례변경의 이유로 제시한 점들을 요약해 보면 다음과 같다.

첫째로, 채권양도인(갑)이 양도한 채권을 추심하여 금전을 수령한 경우에 금전의 소유권 귀속은 채권의 이전과는 별개의 문제이다. 금전의 수수를 수반하는 사무처리를 위임받은 자가 위임자를 위하여 제3자로부터 수령한 금전은 특별한 사정이 없는 한 수령과 동시에 위임자의 소유에 속한다.[2] 그러나 채권양도인(갑)이 채권양도 후에 스스로 양도한 채권을 추심하여 수령한 금전에 대해서는 채권양도인(갑)과 채권양수인(A) 사이에 어떠한 위탁관계가 설정된 적이 없다.

금전의 교부행위가 변제의 성질을 가지는 경우에는 특별한 사정이 없는 한 금전이 상대방에게 교부됨으로써 그 소유권이 상대방에게 이전된다.[3] 채권양도인이 채권양도 통지를 하기 전에 채무자로부터 채권을 추심하여 금전을 수령한 경우 금전의 소유권은 채권양도인(갑)에게 귀속할 뿐이고 채권양수인(A)에게 귀속한다고 볼 수 없다.

둘째로, 횡령죄가 성립하려면 재물의 보관자와 재물의 소유자 또는 소유자에 준하는 권리자(본권자) 사이에 위탁신임관계가 존재해야 한다. 매매, 교환 등과 같이 (가) 당사자 일방이 재산권을 상대방에게 이전할 것을 약정하고 (나) 상대방이 대가를 지급할 것을 약정함으로써 효력이 생기는 계약의 경우, 쌍방이 계약의 내용에 따른 이행을 할 채무는 특별한 사정이 없는 한 '자기의 사무'임이 원칙이다. 이에 대해 '타인의 사무를 처리하는 자'라고 하려면, (가) 타인의 재산관리에 관한 사무의 전부 또는 일부를 (나) 타인을 위하여 대행하는 경우와 같이 (다) 당사자 관계의 전형적 · 본질적 내용이 (라) 통상의 계약에서 이익대립관계를 넘어서 (마) 그들 사이의 신임관계에 기초하여 (바) 타인의 재산을 보호하거나 관리하는 데에 있어야 한다.

채권양도인(갑)과 채권양수인(A)은 통상의 계약에 따른 이익대립관계에 있을 뿐 횡령죄의 보관자 지위를 인정할 수 있는 신임관계에 있다고 할 수 없다. 2023년 판례변경에 이르기까지 10여 년 동안 대법원은 타인의 재산을 보호 또는 관리하는 것이 전형적 · 본질적 내용이 아닌 통상의 계약관계에서 지속적으로 배임죄나 횡령죄의 성립을 부정해 왔다.[4] 채권양도인(갑)과 채권양수인(A) 사이에 신임관계를 인정하지 않는 것도 그 연장선

---

1) 2022. 6. 23. 2017도3829 전원합의체 판결, 공 2022하, 1510 = 『점포 보증금반환채권 양도 사건』 ☞ 부록 1677면.

2) 2005. 11. 10. 2005도3627, 공 2005, 1999 = 『조명기구 정산금 사건』.

3) 2014. 1. 16. 2013도11014, [미간행] = 『전 소유자 잔대금 횡령 사건』.

4) 후술 1391면 이하 참조.

상에 있다.

⑤ 채권 양도담보와 채무자의 금전수령 통상의 채권양도 사안과 구별되는 것으로 채권 양도담보계약 사안이 있다. 채무자(갑)가 채권자(A)에 대한 기존 금전채무(㉠채무)를 담보하기 위하여 채무자(갑)가 제3자채무자(B)에 대하여 가지고 있는 다른 금전채권(㉡채권)을 채권자(A)에게 양도하는 경우가 채권 양도담보계약이다. 채권 양도담보계약에서 채무자(갑)는 채권자(A)에 대하여 '담보 목적 채권(㉡채권)의 담보가치를 유지 · 보전할 의무'를 부담하게 된다. 여기에서 채무자(갑)가 제3채무자(B)에게 채권양도 통지를 하지 아니한 채 제3채무자(B)로부터 양도담보로 제공된 채권(㉡채권)의 변제를 받아 임의소비한 경우에 횡령죄가 성립할 것인지 문제된다.

채권 양도담보계약은 피담보채권의 발생을 위한 계약(예컨대 금전소비대차계약 등)의 종된 계약이다. 채권 양도담보계약에 따라 채무자(갑)가 채권자(A)에 대하여 부담하는 '담보 목적 채권(㉡채권)의 담보가치를 유지 · 보전할 의무'는 담보 목적을 달성하기 위한 것에 불과하고, 채권자(A)와 채무자(갑) 사이의 본질적이고 주된 관계는 피담보채권(㉠채무)의 실현이다.[1)]

---

1) 2021. 2. 25. 2020도12927, 공 2021상, 734 =『채권 양도담보 11억원 소비 사건』:

P회사는 주택건설시행업 등을 목적으로 설립된 법인이다. 갑은 P회사의 실제 운영자이다. 갑은 P회사의 자금관리, 자금집행 등 회사 업무를 총괄하고 있다. 2015. 8경부터 2015. 9경까지 갑은 A로부터 수회에 걸쳐 합계 17억 5천만원을 사업자금 명목으로 차용하였다(㉠채무). ㉠채무의 변제기가 도래하기 전의 시점이다. P회사는 Q회사에 대해 22억원 상당의 대여금 채권을 가지고 있다(㉡채권). 2015. 10. 말경 갑은 A에게 ㉠채무에 대한 담보로 ㉡채권을 양도하였다. 그러나 갑은 ㉡채권의 양도사실을 Q회사에 통지하지 않았다. 2016. 4경 갑은 Q회사에 ㉡채권의 일부인 11억원의 변제를 요구하였다. 2016. 5. 19. 갑은 Q회사로부터 P회사 명의 계좌로 11억원을 송금받았다(㉢돈). 갑은 ㉢돈을 자신이 운영하는 R회사의 사업자금으로 사용하였다(㉮행위).

검사는 갑을 특정경제범죄법위반죄(횡령)로 기소하였다. 당시는 2022. 6. 23. 2017도3829 전원합의체 판결이 선고되기 전의 시점이다. 제1심법원은 통상의 채권양도에 관한 대법원판례(97도666 전원합의체 판결)에 기초하여 다음과 같이 판단하였다. (가) 양도인이 채권양도 통지를 하기 전에 채무자로부터 채권을 추심하여 금전을 수령한 경우가 있다. (나) 이 경우 양도인이 수령한 금전은 양도인과 양수인 사이에서 양수인의 소유에 속한다. (다) 양도인은 이를 양수인을 위하여 보관하는 관계에 있다. (라) 갑의 ㉮행위는 횡령죄에 해당한다. 갑은 불복 항소하였다.

항소법원은 횡령죄의 요건 가운데 '타인의 재물'에 주목하였다. 항소법원은 동산 양도담보에 관한 다음의 법리를 분석하였다. (가) 동산 양도담보에서 소유권은 변제기 전까지 채무자에게 유보되어 있다. (나) 채권자에게는 그 채무불이행 시의 목적물에 대한 담보권 및 환가권만이 귀속된다. (다) 채무자는 자기의 물건을 보관하고 있는 셈이 되어 횡령죄의 주체가 될 수 없다. 항소법원은 동산 양도담보의 법리를 채권 양도담보의 경우에 대입하였다. 항소법원은 담보권이 적법하게 실행되기 전에는 양도인(갑)이 채무자(Q회사)로부터 추심한, 담보목적물의 급부인 금전(11억원)의 소유권은 양도인(갑)에게 있다고 보아야 한다고 판단하였다. 항소법원은 제1심판결을 파기하고 무죄를 선고하였다. 검사는 불복 상고하였다.

2021. 2. 25. 대법원은 판결을 선고하였다. 이 시점은 2022. 6. 23. 2017도3829 전원합의체 판결이 선고되

채무자(갑)가 채권 양도담보계약에 따라 '담보 목적 채권(ⓛ채권)의 담보가치를 유지 · 보전할 의무'는 계약에 따른 자신(갑)의 채무에 불과하다. 채권자(A)와 채무자(갑) 사이에 채무자(갑)가 채권자(A)를 위하여 담보가치의 유지 · 보전사무를 처리함으로써 채무자(갑)의 사무처리를 통해 채권자(A)가 담보 목적을 달성한다는 신임관계가 존재한다고 볼 수 없다. 그러므로 채무자(갑)가 제3채무자(B)에게 채권양도 통지를 하지 않은 채 자신(갑)이 사용할 의도로 제3채무자(B)로부터 변제를 받아 변제금을 수령한 경우, 이는 단순한 민사상 채무불이행에 해당할 뿐, 채무자(갑)가 채권자(A)와의 위탁신임관계에 의하여 채권자(A)를 위해 제3자채무자(B)로부터 받은 변제금을 보관하는 지위에 있다고 볼 수 없다. 그리하여 채무자(갑)가 제3자채무자(B)로부터 받은 변제금을 임의로 소비하더라도 횡령죄는 성립하지 않는다.[1]

⑥ 수표할인과 금전수령 갑이 을에게 수표의 할인을 의뢰하고 이에 따라 을이 병으로부터 수표를 할인받은 경우, 특별한 사정이 없는 한 을이 병으로부터 지급받은 수표할인금은 갑의 소유에 속하는 것으로 보아야 한다. 따라서 갑을 위하여 수표할인금을 보관하는 지위에 있는 을이 이를 임의로 소비하는 행위는 갑에 대한 관계에서 횡령죄를 구성한다.[2]

기 전의 시점이다. 대법원은 다음의 이유를 제시하여 상고를 기각하였다. (항소법원은 횡령죄의 요건 가운데 '타인의 재물'에 주목하여 무죄 결론에 이르렀다. 이에 반해 본 판례에서 대법원은 횡령죄의 요건 가운데 '신임관계'에 주목하여 무죄 결론에 이르렀다.)

대법원은 채권 양도담보 사안에서 채무자의 의무에 대해 다음과 같이 설시하였다. (가) 채무자가 기존 금전채무를 담보하기 위하여 다른 금전채권을 채권자에게 양도하는 경우가 있다. (나) 이 경우 채무자가 채권자에 대하여 부담하는 '담보 목적 채권의 담보가치를 유지 · 보전할 의무'는 채권 양도담보계약에 따라 부담하게 된 채무의 한 내용에 불과하다.

대법원은 채권 양도담보의 성질에 대해 다음과 같이 설시하였다. (가) 채권 양도담보계약은 피담보채권의 발생을 위한 계약(예컨대 금전소비대차계약 등)의 종된 계약이다. (나) 채권 양도담보계약에 따라 채무자가 부담하는 '담보 목적 채권의 담보가치를 유지 · 보전할 의무'는 담보 목적을 달성하기 위한 것에 불과하다. (다) 그 당사자 사이의 본질적이고 주된 관계는 피담보채권의 실현이다.

대법원은 횡령죄의 요건인 '신임관계'의 측면에서 채권 양도담보의 성질에 대해 다음과 같이 설시하였다. (가) 채무자가 채권 양도담보계약에 따라 담보 목적 채권의 담보가치를 유지 · 보전할 의무는 계약에 따른 자신의 채무에 불과하다. (나) 채권자와 채무자 사이에 채무자가 채권자를 위하여 담보가치의 유지 · 보전사무를 처리함으로써 채무자의 사무처리를 통해 채권자가 담보 목적을 달성한다는 신임관계가 존재한다고 볼 수 없다. (다) 채무자가 제3채무자에게 채권양도 통지를 하지 않은 채 자신이 사용할 의도로 제3채무자로부터 변제를 받아 변제금을 수령한 경우가 있다. (라) 이 경우는 단순한 민사상 채무불이행에 해당할 뿐이다. (마) 이 경우는 채무자가 채권자와의 위탁신임관계에 의하여 채권자를 위해 위 변제금을 보관하는 지위에 있다고 볼 수 없다. (바) 채무자가 위 변제금을 임의로 소비하더라도 횡령죄는 성립하지 않는다.

1) 2021. 2. 25. 2020도12927, 공 2021상, 734 = 『채권 양도담보 11억원 소비 사건』.

2) 1998. 4. 10. 97도3057, 공 1998, 1399 = 『할인금 보관중 횡령 사건』:

1994. 3. 초순경 A는 B를 통해 갑에게 액면금 2,000만원인 ㉠당좌수표 1장의 할인을 의뢰하였다. ㉠당좌

그러나 채권자가 그 채권의 지급을 담보하기 위하여 채무자로부터 수표를 발행 · 교부받아 이를 소지한 경우는 사정이 다르다. 이 경우는 단순히 보관의 위탁관계에 따라 수표를 소지하고 있는 경우와는 달리 그 수표상의 권리가 채권자에게 유효하게 귀속된다. 이 경우 채권자는 타인의 재물을 보관하는 자의 지위에 있지 아니하여 교부받은 수표를 임의로 사용하더라도 횡령죄는 성립하지 않는다.[1]

수표는 사실상 부도가 예상되는 것이었다. 1994. 3. 9. 갑은 C에게 ㉠수표를 제시하면서 "틀림없이 결제될 수표이니 할인하여 달라."고 거짓말을 하였다. 갑의 말에 속은 C는 ㉠당좌수표를 할인해 주었다. C는 선이자를 공제한 금 1,850만원을 갑에게 할인금으로 주었다(㉮행위). 갑은 이 가운데 1,100만원을 보관하고 있었다(㉡돈). 갑은 보관중이던 ㉡돈을 임의로 소비해버렸다(㉯행위). [㉠당좌수표는 부도처리되었다.]

검사는 ㉮행위에 대해 갑을 사기죄로 약식기소하였다(㉮사건). 1994. 8. 17. 관할법원은 다음의 범죄사실로 벌금 200만원의 약식명령을 고지하였다(㉮약식명령). "1994. 3. 9. 갑은 C에게 부도가 예상되는 ㉠수표를 제시하면서 '틀림없이 결제될 수표이니 할인하여 달라.'는 취지의 거짓말을 하여 이에 속은 C로부터 그 자리에서 수표할인금 명목으로 금 1,850만원을 교부받아 이를 편취하였다." ㉮약식명령은 그 무렵 확정되었다(㉮확정판결).

검사는 ㉯행위에 대해 갑을 횡령죄로 기소하였다(㉯사건). 횡령죄 공소사실의 요지는 다음과 같다(㉯공소사실). "1994. 3. 초순경 갑은 A로부터 B를 통하여 액면금 2,000만원인 당좌수표 1장의 할인을 의뢰받고, 같은 달 9. C로부터 위 수표를 선이자를 공제한 금 1,850만원에 할인받아 그중 금 1,100만원을 보관하던 중 이를 임의로 소비하여 횡령하였다." 갑의 피고사건은 제1심을 거친 후, 항소심에 계속되었다. 항소법원은 다음의 이유를 들어 면소판결을 선고하였다. (가) ㉯사건에서 갑이 횡령하였다는 금 1,100만원은 확정된 ㉮사기죄에서 갑이 편취한 금 1,850만원의 일부이다. (나) 갑이 위 금원을 소비한 행위는 ㉮사기 범행의 장물을 처분한 것에 불과하여 그 불가벌적 사후행위에 해당한다. (다) 주된 범행인 사기죄에 대하여 이미 약식명령이 고지되어 확정된 이상 ㉮약식명령의 기판력은 ㉮사기죄의 불가벌적 사후행위인 ㉯사건 공소사실에도 미친다. (라) 그러므로 형사소송법 제326조 제1호(확정판결이 있은 때)에 의하여 갑에 대하여 면소판결을 선고한다. 검사는 불복 상고하였다.

대법원은 다음의 이유를 제시하여 원심판결을 파기환송하였다. (가) (ㄱ) 금전수수를 수반하는 사무의 처리를 위임받은 자가 그 행위에 기하여 위임자를 위하여 제3자로부터 수령한 금전은 (ㄴ) 그 목적이나 용도를 한정하여 위탁된 금전과 마찬가지로 (ㄷ) 특별한 사정이 없는 한 (ㄹ) 그 수령과 동시에 위임자의 소유에 속하는 것이다. (나) 위임을 받은 자는 이를 위임자를 위하여 보관하는 관계에 있다고 보아야 할 것이다. (다) ㉯공소사실과 같이 A가 갑에게 ㉠수표의 할인을 의뢰하고 이에 따라 갑이 C로부터 ㉠수표를 할인받았다고 하자. (라) 그렇다면 특별한 사정이 없는 한 갑이 C로부터 지급받은 ㉡수표할인금은 A의 소유에 속하는 것으로 보아야 한다. (마) A를 위하여 ㉡금원을 보관하는 지위에 있는 갑이 이를 임의로 소비한 것은 ㉮사기 범행의 피해자인 C와의 관계에 있어서는 ㉮사기죄의 불가벌적 사후행위이다. (바) 그렇다고 할지라도 A를 위하여 ㉡금원을 보관하는 지위에 있는 갑이 이를 임의로 소비한 것은 제3자인 A에 대한 관계에 있어서는 새로운 법익을 침해한 것으로 횡령죄가 성립한다고 보아야 한다.

1) 2000. 2. 11. 99도4979, 공 2000, 761 =『가계수표 담보용 가계수표 사건』:

갑은 A에게 ㉠가계수표 3장을 할인해 주었다. 갑은 ㉠가계수표가 부도날 경우에 대비하여 담보를 요구하였다. A는 담보조로 ㉡가계수표 3장을 발행하여 갑에게 교부하였다. 갑은 ㉠가계수표가 제대로 지급되면 ㉡가계수표를 돌려주겠다고 약속하였다. 갑은 [㉠가계수표를 은행에 지급제시하기 전에] ㉡가계수표를 임의로 B에게 빌려주었다.

검사는 갑을 횡령죄로 기소하였다. 갑의 피고사건은 제1심을 거친 후, 항소심에 계속되었다. 검사는 불복 상고하였다.

(2) 양도담보와 재물의 타인성

(가) 양도담보의 의의　채권담보의 목적으로 물건의 소유권을 이전하는 거래형태를 가리켜서 양도담보라고 한다. 예컨대 갑과 을이 소비대차계약을 하고, 을이 그 소비대차에서 생긴 채무의 담보로서 그가 소유하는 물건의 소유권을 갑에게 이전하는 것이다. 양도담보는 부동산을 목적물로 하는 경우와 동산을 목적으로 하는 경우로 나누어 볼 수 있다. 또한 양도담보는 소유권이 대외적으로만 이전되는 경우와 대내적 · 대외적으로 이전되는 경우로도 나누어 볼 수 있다. 전자를 약한 의미의 양도담보, 후자를 강한 의미의 양도담보라고 부르기도 한다.

민법은 채무자를 보호하기 위하여 특칙을 두고 있다. 채무자가 채권자로부터 금전 등을 차용하면서 차용물의 반환에 관하여 차용물(금전 등)에 갈음하여 다른 재산권(기계, 부동산 등)을 이전할 것(대물변제)을 미리 약정(예약)한 경우를 가리켜서 대물변제의 예약이라고 한다(민법607). 대물변제예약의 경우에는 그 재산의 예약 당시의 가액이 차용액 및 이에 붙인 이자의 합산액을 넘지 못한다(민법607). 이에 위반한 당사자의 약정으로서 차주(借主)에게 불리한 것은 환매 기타 여하한 명목이라도 그 효력이 없다(민법608).[1] 그러나 민법의 규정에도 불구하고 거래사회에서는 채권담보의 목적으로 물건의 소유권을 이전하는 양도담보의 거래관행이 유지되고 있다.

양도담보는 거래사회에서 자금융통을 원활하게 해주는 장점이 있지만, 채권자가 소유권 보유라는 외관을 이용하여 양도담보 목적물을 임의로 처분할 경우 양도담보설정자에게 소유권 상실이라는 손해를 발생하게 할 수 있다. 이러한 상황에서 채무자의 보호를 위하여 어떠한 형태와 범위에서 형사법적으로 채권자를 규제해야 할 것인지 문제된다.

이 문제에 대해서는 부동산 양도담보와 동산 양도담보로 경우를 나누어 살펴볼 필요가

대법원은 다음의 이유를 제시하여 상고를 기각하였다. (가) 채권자가 그 채권의 지급을 담보하기 위하여 채무자로부터 수표를 발행 · 교부받아 이를 소지한 경우가 있다. (나) 이러한 경우는 단순히 보관의 위탁관계에 따라 수표를 소지하고 있는 경우와는 다르다. (다) 이러한 경우 그 수표상의 권리는 채권자에게 유효하게 귀속된다. (라) 채권자와 채무자 사이의 수표 반환에 관한 약정은 원인관계상의 인적 항변사유에 불과하다. (마) 위 채권자는 횡령죄의 주체인 타인의 재물을 보관하는 자의 지위에 있다고 볼 수 없다. (바) 갑은 A에게 가계수표 3장을 할인하여 주면서 그 담보조로 A가 발행한 가계수표 3장을 별도로 교부받아 이를 임의로 제3자(B)에게 빌려주었다. (사) 이러한 갑의 행위는 횡령죄를 구성하지 않는다.

1) 민법 제606조 (대물대차)　금전대차의 경우에 차주가 금전에 갈음하여 유가증권 기타 물건의 인도를 받은 때에는 그 인도시의 가액으로써 차용액으로 한다.

제607조 (대물반환의 예약)　차용물의 반환에 관하여 차주가 차용물에 갈음하여 다른 재산권을 이전할 것을 예약한 경우에는 그 재산의 예약당시의 가액이 차용액 및 이에 붙인 이자의 합산액을 넘지 못한다.

제608조 (차주에 불이익한 약정의 금지)　전2조의 규정에 위반한 당사자의 약정으로서 차주에 불리한 것은 환매 기타 여하한 명목이라도 그 효력이 없다.

있다. 채권자의 임의처분행위는 변제기 전에 이루어지는 것과 변제기 후에 이루어지는 것이 있으므로 결국 (가) 양도담보 부동산의 변제기전 임의처분, (나) 양도담보 부동산의 변제기 후 임의처분, (다) 양도담보 동산의 변제기 전 임의처분, (라) 양도담보 동산의 변제기 후 임의처분이라는 네 가지 문제상황을 상정할 수 있다.

(나) 부동산 양도담보　우리 입법자는 부동산과 관련하여 담보목적물의 가액이 채무액을 초과하는 경우에 정산절차를 준수하도록 하기 위하여 1984년부터 「가등기담보 등에 관한 법률」(가등기담보법)을 시행하고 있다.

① 가등기와 본등기　가등기는 「부동산등기법」이 등기대상으로 규정한 소유권 등의 권리(동법3 참조)의 설정, 이전, 변경 또는 소멸의 청구권을 보전하려는 때에 하는 등기이다(동법88 1문). 가등기는 보전하려는 청구권이 시기부(始期附) 또는 정지조건부(停止條件附)일 경우나 그 밖에 장래에 확정될 것인 경우에도 할 수 있다(동조 2문).

원래 동일한 부동산에 관하여 등기한 권리는 법률에 다른 규정이 없으면 등기한 순서에 따른다(동법4①). 그러나 가등기에 기하여 본등기를 한 경우 본등기의 순위는 가등기의 순위에 따라 결정된다(동법91).

양도담보의 경우 채권자는 채무자가 변제기까지 채무를 이행하지 않을 경우에 대비하여 채권담보의 목적으로 가등기를 해 둔다. 채무자가 변제기까지 채무를 이행하지 않으면 채권자는 가등기에 기하여 소유권이전의 본등기를 하게 되는데, 이 경우 본등기의 순위는 가등기의 순위에 따르게 되므로 채권자는 후순위 채권자보다 우선하여 권리를 취득하게 된다. 또한 채권담보의 목적으로 아예 가등기도 경료하지 않고 곧바로 본등기를 하는 경우도 있다.

② 가등기담보법　종래 가등기의 이러한 특성에 착안하여 (가) 가등기에 기초한 소유권이전의 본등기를 하는 형태 또는 (나) 처음부터 직접 소유권이전의 본등기를 하는 형태의 부동산 양도담보가 행해져 왔다. 그러나 담보부동산의 가액이 채무액을 초과할 경우에 그 차액의 정산과 관련하여 논란이 있었다. 이와 관련하여 채무자 보호를 위하여 채권자에게 정산의무를 이행하도록 하기 위하여 마련된 법률이 1984년부터 시행된 「가등기담보 등에 관한 법률」(가등기담보법)이다.

가등기담보법은 채권자에게 담보목적부동산의 가액에서 채권액을 뺀 금액(이를 청산금이라고 한다)을 채무자에게 지급하도록 의무화하고 있다(동법4①). 채권자가 담보목적부동산에 관하여 이미 소유권이전등기를 마친 경우에는 일정한 청산기간을 거친 후 청산금을 채무자에게 지급한 때에 비로소 채권자는 담보목적부동산의 소유권을 취득한다(동법4② 전단). 아직 가등기만 있고 본등기를 마치지 아니한 경우에는 일정한 청산기간이 지나야 채권자가 본등

기를 청구할 수 있다(동조 후단).[1) 2)]

③ 변제기 전의 임의처분행위　　가등기담보법은 채권자가 담보목적부동산에 관하여 이미 소유권이전등기를 마친 경우에는 청산기간이 지난 후 청산금을 채무자에게 지급한 때에 담보목적부동산의 소유권을 취득한다고 규정하고 있다(동법4② 전단). 이에 따르면 채권자는 변제기 전에 유효하게 부동산의 소유권을 취득한 것이 아니므로 채무자에게 소유권이 여전히 남아 있는 것으로 볼 수 있으며, 그 결과 채권자가 자신의 명의로 소유권이전등기가 되어 있는 담보목적부동산을 임의로 제3자에게 처분하면 횡령죄가 성립한다고 볼 여지가 있다.

그러나 판례는 이 경우에 횡령죄가 아니라 배임죄의 성립을 인정하고 있다. 즉 판례는 "채무자가 변제기일까지 그 채무를 변제하면 [채권자는] 채무자에게 그 소유명의를 환원하여 주기 위하여 그 소유권이전등기를 이행할 의무가 있으므로 그 변제기일 이전에 그 임무에 위배하여 이를 제3자에게 처분하였다면 변제기일까지 채무자의 변제가 없었다 하더라도 배임죄가 성립한다."는 입장을 취하고 있다.[3)] 판례의 입장에 따르면 채권자가 변제기

---

1) **가등기담보 등에 관한 법률 제1조**(목적) 이 법은 차용물의 반환에 관하여 차주(借主)가 차용물을 갈음하여 다른 재산권을 이전할 것을 예약할 때 그 재산의 예약 당시 가액이 차용액과 이에 붙인 이자를 합산한 액수를 초과하는 경우에 이에 따른 담보계약과 그 담보의 목적으로 마친 가등기 또는 소유권이전등기의 효력을 정함을 목적으로 한다.

제3조(담보권 실행의 통지와 청산기간) ① 채권자가 담보계약에 따른 담보권을 실행하여 그 담보목적부동산의 소유권을 취득하기 위하여는 그 채권의 변제기 후에 제4조의 청산금의 평가액을 채무자등에게 통지하고, 그 통지가 채무자등에게 도달한 날부터 2개월(이하 "청산기간"이라 한다)이 지나야 한다. 이 경우 청산금이 없다고 인정되는 경우에는 그 뜻을 통지하여야 한다.

② 제1항에 따른 통지에는 통지 당시의 담보목적부동산의 평가액과 「민법」 제360조에 규정된 채권액을 밝혀야 한다. 이 경우 부동산이 둘 이상인 경우에는 각 부동산의 소유권이전에 의하여 소멸시키려는 채권과 그 비용을 밝혀야 한다.

제4조(청산금의 지급과 소유권의 취득) ① 채권자는 제3조 제1항에 따른 통지 당시의 담보목적부동산의 가액에서 그 채권액을 뺀 금액(이하 "청산금"이라 한다)을 채무자등에게 지급하여야 한다. 이 경우 담보목적부동산에 선순위담보권 등의 권리가 있을 때에는 그 채권액을 계산할 때에 선순위담보 등에 의하여 담보된 채권액을 포함한다.

② 채권자는 담보목적부동산에 관하여 이미 소유권이전등기를 마친 경우에는 청산기간이 지난 후 청산금을 채무자등에게 지급한 때에 담보목적부동산의 소유권을 취득하며, 담보가등기를 마친 경우에는 청산기간이 지나야 그 가등기에 따른 본등기를 청구할 수 있다.

③ 청산금의 지급채무와 부동산의 소유권이전등기 및 인도채무의 이행에 관하여는 동시이행의 항변권에 관한 「민법」 제536조를 준용한다.

④ 제1항부터 제3항까지의 규정에 어긋나는 특약으로서 채무자등에게 불리한 것은 그 효력이 없다. 다만, 청산기간이 지난 후에 행하여진 특약으로서 제삼자의 권리를 침해하지 아니하는 것은 그러하지 아니하다.

2) 2022. 4. 14. 2021다263519, 공 2022상, 902 = 『신축건물 양도담보 부당이득 사건』 ☞ 부록 1678면.

3) 2007. 1. 25. 2005도7559, [미간행] = 『낙찰부동산 양도담보 사건』 :

전에 임의로 처분한다는 사정을 알면서 목적 부동산을 취득한 제3자는 장물취득죄로 처벌받지 않는다.

④ 변제기 후의 임의처분행위 가등기담보법은 채권자에게 담보목적부동산의 가액에

(일자불상) K는 경매에서 M아파트를 법원으로부터 낙찰받았다. 2002. 6. 12. A와 K 사이에 M아파트를 매매대금 1억 5천만원에 매수하기로 하는 매매계약이 체결되었다. 2002. 7. 11. A는 매매잔금 등을 지급하기 위하여 [사채업자] 갑으로부터 2천만원을 빌리는 등 수회에 걸쳐 금원을 차용하였다.

2002. 7. 25. A는 갑과 다음 내용의 ㉮약정을 하였다. (가) 당시까지의 차용금 채무액을 3천만원으로 정산한다(㉠차용금). (나) ㉠차용금을 2002. 8. 2.까지 변제한다. ㉮약정과 함께 A는 ㉠차용금 채무의 담보를 위하여 M아파트에 관하여 갑의 처인 C 명의로 소유권이전등기를 해주었다.

그 후 A와 C는 다음 내용의 ㉯약정을 하였다(㉯서약서). (가) 당시까지의 A의 차용금 채무를 3천 5백만원으로 정산한다(㉡차용금). (나) ㉡차용금을 2002. 12. 31.까지 변제한 후 M아파트에 관하여 A 앞으로 소유권이전등기를 해 가기로 한다. (다) 위의 변제기는 연장할 수 있다.

2002. 9. 9. A는 갑 부부와 더불어 M아파트를 D에게 임대하면서 다음의 ㉰약정을 하였다(㉰구두약정). (가) 임대차보증금을 3천만원으로 정한다. (나) 2002. 12. 말경에 1천만원을 증액하기로 한다. 2002. 10. 10.까지 갑은 M아파트의 임대차보증금 3천만원을 A의 ㉡차용금 채무에 대한 변제 등의 명목으로 수령하였다.

2002. 11.경 A와 갑은 다음의 ㉱약정을 하였다(㉱공증약정서). (가) 당시까지 A의 갑에 대한 차용금 채무액을 750만원으로 정산한다(㉢차용금). (나) 갑의 요청에 따라 M아파트에 관하여 [금융기관] E를 권리자로 한 근저당권을 설정한 후 갑을 채무자로 하여 E로부터 1천만원을 차용한 다음(㉣차용금) 갑이 이를 사용하기로 한다. (다) A는 2003. 1. 말경까지 E에 대한 ㉣차용금 채무를 대위변제하거나 ㉣차용금 채무를 인수하는 것을 조건으로 갑은 M아파트에 관하여 A의 아들 F 앞으로 소유권이전등기를 마쳐 주기로 한다.

갑은 ㉱약정에 따라 M아파트에 관하여 근저당권을 설정한 후 E부터 1천만원을 차용하여 사용하였다. A는 E에 대한 ㉣차용금 채무의 채무자가 갑 부부로 되어 있음을 이유로 2002. 11. 4.자 ㉤현금보관증을 작성하여 갑에게 교부하였다. ㉯서약서에 변제기로 정한 2002. 12. 31.이 경과하였다. 2003. 1. 14. 갑은 G에게 M아파트를 2억원에 매도하였다. 2003. 1. 21. 갑은 G의 어머니 H 앞으로 소유권이전등기를 마쳐 주었다.

검사는 갑을 배임죄로 기소하였다. 갑의 피고사건은 제1심을 거친 후, 항소심에 계속되었다. 항소법원은 다음의 이유를 들어 무죄를 선고하였다. (가) A는 ㉯서약서에 기재된 변제기 2002. 12. 31.까지 피담보채무를 이행하지 못하였다. (나) 갑이 그 이후에 M아파트를 처분한 것은 담보권 실행의 의미도 포함한다. (다) 갑의 M아파트 처분행위는 A에 대한 배임행위라고 보기 어렵다. 검사는 불복 상고하였다. 대법원은 다음의 이유를 제시하여 원심판결을 파기환송하였다.

대법원은 양도담보권자의 변제기 전 처분행위에 대해 판단하였다. (가) 채권의 담보를 목적으로 부동산의 소유권이전등기를 경료받은 채권자는 채무자가 변제기일까지 그 채무를 변제하면 채무자에게 그 소유명의를 환원하여 주기 위하여 그 소유권이전등기를 이행할 의무가 있다. (나) 그러므로 그 변제기일 이전에 그 임무에 위배하여 이를 제3자에게 처분하였다면 변제기일까지 채무자의 변제가 없었다 하더라도 배임죄가 성립한다.

대법원은 갑의 행위에 대해 다음과 같이 판단하였다. (가) M아파트에 관하여 A의 갑에 대한 차용금 채무를 담보하기 위한 양도담보가 설정되었다. (나) 갑은 2002. 11.경 이루어진 ㉱약정에 따라 M아파트에 관하여 근저당권을 설정한 후 E로부터 1천만원을 차용하여 사용함으로써 A의 갑에 대한 차용금 채무는 2003. 1. 31.까지 변제기가 연장되었다. (다) 갑이 위 변제기에 이르기 전에 임의로 M아파트를 G에게 매도한 후 H 앞으로 그 소유권이전등기를 마쳐 준 것은 형법 제355조 제2항 소정의 배임행위에 해당한다.

서 채권액을 뺀 금액(청산금)을 채무자에게 지급하도록 의무화하고 있다(동법4①). 그런데 채권자가 변제기가 경과하였음을 이유로 양도담보설정자에게 청산금을 지급하지 않은 채 담보목적부동산을 임의로 처분하는 행위가 형사처벌의 대상이 될 것인지 문제된다.

가등기담보법이 시행되기 전의 판례는 양도담보권자가 담보목적물을 처분정산[1]이나 귀속정산[2]의 방법에 의하여 환가 혹은 평가처분한 후에 채권의 원리금과 비용을 충당하고 나머지가 있음에도 불구하고 채무자에게 정산을 해주지 않을 경우에는 배임죄가 성립한다는 입장을 취하였다.[3] 배임죄의 적용을 통해 채무자를 채권자의 폭리행위로부터 보호하려는 것이었다.

그러나 가등기담보법 시행 이후 대법원은 판례를 변경하였다. 즉, "양도담보가 처분정산형의 경우이건 귀속정산형의 경우이건간에, 담보권자가 변제기 경과후에 담보권을 실행하여 그 환가대금 또는 평가액을 채권원리금과 담보권 실행비용등의 변제에 충당하고 환가대금 또는 평가액의 나머지가 있어 이를 담보제공자에게 반환할 의무는 담보계약에 따라 부담하는 자신의 정산의무이므로 그 의무를 이행하는 사무는 곧 자기의 사무처리에 속하는 것이라 할 것이고, 이를 부동산매매에서의 매도인의 등기의무와 같이 타인인 채무자의 사무처리에 속하는 것이라고 볼 수는 없다."는 것이다.[4] 이와 같은 판례의 변화는 가등기담보법이 정산

1) 변제기가 도과할 경우 목적물을 제3자에게 처분하고, 정산하여 차액이 있으면 채무자에게 반환하는 형태이다.

2) 변제기가 도과할 경우 목적물을 채권자의 소유로 하고, 정산하여 차액이 있으면 채무자에게 반환하는 형태이다.

3) 1983. 6. 28. 82도1151, 공 1983, 1148.

4) 1985. 11. 26. 85도1493 전원합의체 판결, 공 1986, 170 =『태륜탄광 잔대금 사건』:

1981. 12. 18. 갑은 강원도 소재 '태륜탄광'을 A에게 3,500만원에 매도하였다. A는 매매대금의 일부를 지급하였고, 잔대금은 1,700만원이다(㉠잔대금). A는 1983. 9. 21.까지 ㉠잔대금을 지급하기로 하였다. A의 아버지 B는 M부동산을 소유하고 있다. 1983. 3. 23. ㉠잔대금 채권을 담보하기 위하여 M부동산에 대해 갑 명의로 소유권이전청구권 가등기가 경료되었다(㉡가등기). 1983. 9. 21.(약정기일)까지 A는 ㉠잔대금을 이행하지 못하였다. 1983. 10. 17. 갑은 ㉡가등기를 토대로 M부동산에 대해 B로부터 갑 앞으로 소유권이전등기를 마쳤다(㉢본등기). 갑은 M부동산을 C에게 처분하였다. 갑은 그 대금으로 3,500만원을 전액 수령하였다. 갑은 A에게 ㉠잔대금 1,700만원을 공제한 나머지 돈을 정산해 주지 않았다.

검사는 갑을 배임죄로 기소하였다. 기존의 대법원판례는 정산의무불이행에 대해 배임죄를 인정하였다. 제1심법원은 유죄를 인정하였다. 갑은 불복 항소하였다. 항소법원은 항소를 기각하고, 제1심판결을 유지하였다. 갑은 불복 상고하였다.

대법원은 다음의 이유를 제시하여 원심판결을 파기환송하였다. 대법원은 9(무죄) 대 3(유죄)으로 견해가 나뉘었다. 대법원은 다수의견에 따라 종전 판례를 폐기하였다. (이하 다수의견을 대법원으로 표시하여 소개함.) 대법원은 양도담보권자의 정산의무에 대해 다음과 같이 설시하였다. (가) 양도담보가 처분정산형의 경우이건 귀속정산형의 경우이건 간에, 담보권자가 변제기 경과후에 담보권을 실행하여 그 환가대금 또는 평가액을 채권원리금과 담보권 실행비용등의 변제에 충당하고 환가대금 또는 평가액의 나머지가 있어 이를 담보제

의무가 이행되지 않을 경우 채권자가 담보목적부동산의 소유권을 취득할 수 없도록 하였다는 점에 주목하여 채무자 보호를 사법적(私法的) 차원으로 한정해도 충분하다고 보았기 때문이라고 생각된다.

(다) 동산양도담보　동산양도담보는 채권담보의 목적으로 동산의 소유권을 이전하는 거래형태이다. 동산양도담보는 (가) 양도담보된 동산의 점유가 담보권자에게 이전되는 경우와 (나) 점유개정(민법189)의 형태로 양도담보설정자가 담보동산의 점유를 가지고 있는 경우로 나누어 볼 수 있다.[1)]

동산에 관한 물권의 변동은 그 동산을 인도하여야 효력이 생긴다(민법188①). 동산에 관한 물권을 양도하는 경우에 당사자의 계약으로 양도인이 그 동산의 점유를 계속하는 때에 양수인이 인도받은 것으로 본다(민법189). 이 경우 양도인이 동산의 점유를 계속하는 형태의 인도방법을 점유개정(占有改定)이라고 한다. 점유개정에는 매매된 동산의 점유를 매수인에게 인도하였다가 다시 양도인이 동산을 빌려오는 이중절차를 생략할 수 있다는 편리함이 있다. 점유개정은 동산양도담보의 경우에 많이 사용된다. 채무자가 양도담보에 제공된 동산을 계속하여 이용할 수 있기 때문이다. 동산양도담보에서 동산의 임의처분행위는 채권자에 의하여 일어나는 경우도 있지만, 채무자에 의하여 일어나는 경우가 적지 않다.

① 변제기 전 채무자의 임의처분행위　채무자가 채권자에게 동산을 양도담보로 제공하고 점유개정의 방법으로 점유하고 있는 경우에 아직 변제기가 경과하지 않았다면, 그 동산의 소유권은 여전히 채무자에게 유보되어 있다. 이러한 경우 채무자는 자기의 물건을 보관하고 있는 셈이 되어 양도담보의 목적물을 제3자에게 처분하거나 담보로 제공하더라도 횡령죄를 구성하지 않는다.[2)]

이 경우 배임죄가 성립할 수 있을 것인지 문제된다. 동산 양도담보의 경우 채무자는 채권

공자에게 반환할 의무는 담보계약에 따라 부담하는 자신의 정산의무이다. (나) 그 의무를 이행하는 사무는 곧 자기의 사무처리에 속하는 것이다. (다) 이를 부동산매매에 있어서의 매도인의 등기의무와 같이 타인인 채무자의 사무처리에 속하는 것이라고 볼 수는 없다.

대법원은 등기이전의무와 정산의무의 관계에 대해 다음과 같이 설시하였다. (가) 부동산매매에 있어서 매도인의 등기의무를 매수인인 타인의 사무라고 보게 되는 이유는 다음과 같다. (나) 매도인의 등기의무는 그로써 자기의 재산처분을 완성하게 하는 것이어서 본래 매도인 자신의 사무에 속하는 것이다. (다) 그렇지만 등기의무자인 매도인의 등기협력 없이는 매수인 앞으로의 소유권이전을 완성할 수 없다. (라) 그렇기 때문에 이와 같은 등기협력의무로서의 성질을 중시하여 이 점에서 그 등기의무를 주로 매수인의 소유권취득을 위해 부담하는 타인의 사무에 속한다고 보는 것이다. (마) 위와 같은 협력의무로서의 성질이 없는 양도담보권자의 정산의무를 부동산매도인의 등기의무와 같게 볼 수는 없다.

1) 동산 양도담보와 절도죄의 관계에 대해서는, 전술 1035면 참조.

2) 2009. 2. 12. 2008도10971, [미간행] = 분석 각론 『양도담보 쇼트기 처분 사건』.

자인 양도담보권자가 담보의 목적을 달성할 수 있도록 (가) 담보물의 담보가치를 유지 · 보전하거나 (나) 담보물을 손상, 감소 또는 멸실시키지 않을 의무를 지게 된다. 종전의 판례는 채무자인 양도담보설정자는 채권자에 대하여 채권담보의 약정에 따른 채권자의 사무를 처리하는 자의 지위에 있게 되며, 채무자가 양도담보된 동산을 처분하는 등 부당히 그 담보가치를 감소시키는 행위를 한 경우에 배임죄가 성립한다는 입장을 취하고 있었다.[1] 그러나 2020년 대법원은 전원합의체 판결에 의한 판례변경을 통하여 배임죄 성립을 부정하는 입장으로 전환하였다. 변경된 판례에서 대법원은 다음의 법리를 제시하였다.[2]

채무자가 금전채무를 담보하기 위하여 그 소유의 동산을 채권자에게 양도담보로 제공함으로써 채권자인 양도담보권자에 대하여 (가) 담보물의 담보가치를 유지 · 보전할 의무 내지 (나) 담보물을 타에 처분하거나 멸실, 훼손하는 등으로 담보권 실행에 지장을 초래하는 행위를 하지 않을 의무를 부담하게 된다. 그렇다고 하더라도 이를 들어 채무자가 통상의 계약에서의 이익대립관계를 넘어서 채권자와의 신임관계에 기초하여 채권자의 사무를 맡아 처리하는 것으로 볼 수 없다. 따라서 채무자를 배임죄의 주체인 '타인의 사무를 처리하는 자'에 해당한다고 할 수 없다. 채무자가 담보물을 제3자에게 처분하는 등으로 담보가치를 감소 또는 상실시켜 채권자의 담보권 실행이나 이를 통한 채권실현에 위험을 초래하더라도 배임죄가 성립한다고 할 수 없다.

동산 양도담보의 임의처분에 대한 법리는 양도담보로 제공된 주식을 채무자가 임의로 처분하는 경우에도 동일하게 적용된다.[3]

② 변제기 전 채권자의 임의처분행위 채무자가 채무자 점유의 양도담보 동산을 채권자에게 잠시 맡겨 놓는 등 채권자가 다른 사유에 의하여 이를 보관하게 된 경우가 있다. 이 경우 채권자는 타인의 재물을 보관하는 것이 된다. 그 결과 채권자가 변제기 전에 양도담보 동산을 임의로 처분한다면 횡령죄가 성립한다.[4]

---

1) 1989. 7. 25. 89도350, 공 1989, 1317 = 『담보권자 스스로 명의변경 사건』 (분석 생략함).

2) 2020. 2. 20. 2019도9756 전원합의체 판결, 공 2020상, 723 = 『양도담보 크러셔 임의처분 사건』 ☞ 부록 1680면.

3) 2020. 2. 20. 2019도9756 전원합의체 판결, 공 2020상, 723 = 『양도담보 크러셔 임의처분 사건』.

4) 1989. 4. 11. 88도906, 공 1989, 778 = 『레인보상회 포목 반출 사건』:

A는 '레인보상회'라는 포목상을 경영하고 있다. 갑은 '삼호상회'라는 포목상을 경영하고 있다. 갑은 A에게 ㉠포목 등 물품을 공급하였다. 1984. 11. 29. 갑과 A 사이에 다음 내용의 ㉡양도담보계약이 체결되었다. (가) 갑과 A 사이의 물품공급과 어음수표거래에 따른 ㉠채권을 담보하기 위하여 본 계약을 체결한다. (나) A는 A 소유로서 레인보상회에 진열되어 있는 ㉢포목 등을 갑에게 양도한다. (다) 채권액은 금 8천만원으로 한다. (라) 변제기는 1년 후인 1985. 11. 28.로 한다. (마) 변제기가 경과하면 (내용 생략) 정산절차를 밟기로 한다. (바) 변제기까지 A는 [레인보상회의 경영을 위하여] ㉢포목 등의 점유를 계속하기로

③ 변제기 후 채무자의 임의처분행위 동산의 경우에 변제기 경과 후 소유권의 대내·대외적 이전을 내용을 하는 강한 의미의 양도담보를 인정할 것인지 문제된다. 종래 판례는 매도담보 사안에서 채무자가 담보동산을 임의로 처분하는 행위에 대해 횡령죄 성립을 인정한 바가 있었다.[1] 그러나 1984년부터 부동산에 대해 「가등기담보 등에 관한 법률」(가등기담보법)이 시행되면서 위와 같은 판례의 태도가 유지될 수 있을 것인지 문제되었다.

한다.

1985. 5. 초순 A가 발행한 ㉣수표가 부도처리되었다. A의 채권자들은 채권회수에 나섰다. A와 갑은 ㉢포목 등을 다른 채권자들이 압류하는 사태를 피하기 위하여 다음의 합의를 하였다. (가) 레인보상회에 진열되어 있던 ㉢포목 등을 우선 다른 장소로 옮겨 놓는다. (나) 그 다음에 사후수습책을 마련하기로 한다. 1985. 5. 7. 갑은 ㉢포목 등을 광명시에 있는 B의 집으로 운반하여 보관하였다. 갑은 A에게 1985. 5. 17.까지 피담보채무를 이행하지 않으면 ㉢포목 등을 처분하여 정산하겠다고 통고하였다. 1985. 5. 17. 갑은 ㉢포목 등을 대구에 있는 갑 경영의 삼호상회로 옮겼다. 그후 갑은 ㉢포목 등을 C에게 처분하였다.

검사는 갑을 횡령죄로 기소하였다. 갑의 피고사건은 제1심을 거친 후, 항소심에 계속되었다. 항소법원은 유죄를 인정하였다. 갑은 불복 상고하였다.

대법원은 다음의 이유를 제시하여 상고를 기각하였다. 대법원은 동산양도담보와 횡령죄의 관계에 대해 다음과 같이 설시하였다. (가) 횡령죄의 주체는 타인 소유의 물건을 보관하고 있는 자이다. (나) 채무자가 채무이행의 담보를 위하여 동산에 관한 양도담보계약을 체결하고 점유개정의 방법으로 여전히 그 동산을 점유하고 있는 경우가 있다. (다) 그러한 경우라 할지라도 위 양도담보계약의 내용이 채무의 담보를 위하여 양도의 형식을 취하였을 뿐이다. (라) 그 실질이 채무의 담보와 담보권실행의 정산절차를 주된 내용으로 하는 것이라면 별단의 사정이 없는 한 그 동산의 소유권은 여전히 채무자에게 남아 있다. (마) 채권자는 단지 양도담보물권을 취득하는 데 지나지 않는다. (바) 채무자 점유의 위 동산을 다른 사유에 의하여 보관하게 된 채권자는 횡령죄의 주체가 될 수 있다.

대법원은 갑의 행위에 대해 다음과 같이 판단하였다. (가) 갑은 1984. 11. 29. A와 사이에 A 소유의 레인보상회에 있는 ㉢포목 등 물건에 대하여 양인 사이의 물품공급과 어음수표거래에 따른 ㉠채권을 담보하기 위하여 채권액 금 8천만원, 변제기 1985. 11. 28.로 정하여 ㉡양도담보계약을 맺음에 있어서 정산절차를 주된 내용으로 하였다(동 계약 제12조, 제13조). (나) A는 ㉢동산의 점유를 계속하는 이른바 점유개정의 방법으로 인도받았다. (다) 그렇다면 갑은 어디까지나 ㉡양도담보계약에 따른 담보권을 행사할 수 있는 양도담보권자에 불과하다. (라) ㉢동산의 소유권은 여전히 A에게 유보되어 있다.

(마) A와 갑 사이에 ㉡양도담보권의 목적물인 ㉢물건들을 다른 장소로 옮겨 놓은 다음 사후 수습책을 마련하기로 합의가 이루어져 갑이 ㉢물건을 B의 집으로 운반하여 보관하고 있었다. (바) ㉠피담보채권의 변제기인 1985. 11. 28.이 도래하지 않았다. (사) 사후수습책을 마련하기 위한 합의도 이루어지지 않았다. (아) 그러한 상황에서 갑은 A에게 1985. 5. 17.까지 피담보채무를 이행하지 않으면 ㉢물건을 처분하여 정산하겠다고 통고하고서 ㉢물건들을 대구시 중구 대신동 소재 갑 경영의 삼호상회로 옮겨 놓고 C에게 이를 처분하였다. (자) 갑은 횡령죄의 주체에 해당한다.

1) 1962. 2. 8. 4294형상470, 총람 323조 3번.

"형법 제323조의 권리행사방해죄는 타인의 권리의 목적이 된 자기의 물건에 대해서만 성립되는 것이고 타인의 권리의 목적이 된 타인의 물건에 대하여서는 성립되지 아니하는 것인바 그러므로 타인에게 매도담보로 제공한 동산을 [채무자가] 그대로 계속하여 점유하고 있는 경우에 그 동산을 임의로 처분하였다면 횡령죄가 되는 것이고 위의 권리행사방해죄는 성립되지 않는 것이다."

앞에서 설명한 것처럼 부동산의 경우에 강한 의미의 양도담보는 가등기담보법에 의하여 더 이상 허용되지 않는다. 한편 가등기담보법은 "등기 또는 등록할 수 있는 부동산소유권 외의 권리(질권 · 저당권 및 전세권은 제외한다)의 취득을 목적으로 하는 담보계약"에 관하여 담보부동산에 관한 가등기담법의 규정들을 준용하도록 하고 있다(동법18 본문). 다만, 「동산 · 채권 등의 담보에 관한 법률」에 따라 담보등기를 마친 경우에는 담보부동산에 관한 규정이 준용되지 않는다(동조 단서). 이에 따라 자동차나 선박과 같이 '등기 또는 등록할 수 있는 동산'의 경우에는 채권자가 정산의무를 이행해야 비로소 소유권이 이전된다. 즉 '등기 또는 등록할 수 있는 동산'의 경우 강한 의미의 양도담보가 부정되는 것이다.

그런데 여기에서 한걸음 더 나아가 '등기 또는 등록할 수 있는 동산' 이외의 동산의 경우에도 동일한 결론을 도출할 수 있을 것인지 문제된다. 이에 대해 판례는 "[변제기 후에] 양도담보권자인 채권자가 제3자에게 담보목적물을 매각한 경우, 제3자는 채권자와 채무자 사이의 정산절차 종결 여부와 관계없이 양도담보 목적물을 인도받음으로써 소유권을 취득하게 되는 것"이라고 판단하여 가등기담보법과는 다른 판단기준을 취하고 있다.[1]

판례의 기준에 따르면 채권자는 변제기 후 정산절차를 밟지 않더라도 양도담보 동산에 대한 소유권을 취득하게 된다. 그리하여 채무자가 자신이 점유하고 있는 양도담보 동산을 임의로 처분하면 타인의 재물을 영득하는 것이 되어 횡령죄가 성립하게 된다.

④ 변제기 후 채권자의 임의처분행위 동산 양도담보에서 채권자가 담보동산을 변제기 후에 임의로 처분하는 것은 자기소유의 재물을 처분하는 것이 되어 채권자에게 횡령죄가 성립하지 않는다. 또한 양도담보권자는 변제기 후 그 담보권의 범위 내에서 담보권을 행사할 수 있으므로 가사 채무자에게 소유권을 인정한다고 할지라도 채권자의 처분행위는 정당한 담보권의 행사에 해당하여 횡령죄의 성립에 필요한 불법영득의사도 인정되지 않는다.

그러나 양도담보권자의 처분행위가 정당한 담보권의 행사라고 볼 수 없는 경우에는 소유권이 양도담보권자에게 이전하지 않으며 횡령죄가 성립한다. 양도담보권자가 담보목적물을 보관하고 있음을 기화로 실제의 피담보채권 이외에 자신의 제3자에 대한 기존의 채권까지 변제받을 의도로 처분행위를 하는 경우는 양도담보권자의 정당한 담보권 행사라고 볼 수 없다. 이러한 경우는 양도담보권자가 위탁의 취지에 반하여 자기 또는 제3자의 이익을 위하여 권한 없이 그 재물을 자기소유인 것 같이 처분하는 것으로서 불법영득의사가 인정되어 횡령죄가 성립한다.[2]

---

1) 2008. 11. 27. 2006도4263, 공 2008하, 1824 =『통발어구 양도담보 사건』.
2) 2007. 6. 14. 2005도7880, 공 2007, 1115 =『고려청자 양도담보 사건』:

점유개정(민법189)에 의하여 채무자(A)가 점유를 계속하기로 하는 동산 양도담보에서, 변제기 후 양도담보권자(갑)가 양도담보 동산을 제3자(B)에게 처분하고 정산절차 없이 제3자(B)로 하여금 채무자(A)가 점유하고 있는 양도담보 동산을 임의로 취거해 가도록 하는 행위가 절도죄에 해당할 것인지 문제된다.

이에 대해 판례는 양도담보 동산의 소유권 귀속과 관련하여 (가) 제3자(B)는 채권자(갑)와 채무자(A) 사이의 정산절차 종결 여부와 관계없이 양도담보 목적물을 인도받음으로써 소유권을 취득하며, (나) 양도담보 동산의 소유권 이전에 필요한 인도는 양도담보권자(갑)가 양

A는 ㉠고려청자 태화문 주전자를 소유하고 있다(㉠도자기). [갑은 사채업자이다.] B는 갑에게 2천만원의 차용금 채무를 지고 있다. 2002. 11. 1.경 B는 갑에게 A를 소개하였다. A는 갑에게 ㉠도자기를 담보로 제공하고 1천만원을 3일간 빌렸다. 3일간의 변제기가 도과하였다.

갑은 ㉠도자기를 보관하고 있음을 이용하여 A에 대한 1천만원의 채권뿐만 아니라 B에 대한 2천만원의 채권도 함께 변제받을 생각을 하였다. 2002. 12.경부터 갑은 ㉠도자기가 B에게 1천만원을 빌려주고 그로부터 담보로 받은 것이라고 주장하였다. 갑은 A를 배제한 채 B에게 그동안의 차용금 3천만원을 변제하고 ㉠도자기를 회수해 가라고 독촉하였다.

B는 갑의 독촉을 받자 골동품 중개업자인 C를 끌어들여 갑에 대한 채무를 변제하기로 마음먹었다. 2003. 12. 1. B는 갑과의 채무관계를 3천 5백만원(B의 기존채무 2천만원 + A의 채무 1천만원 + 이자 5백만원)으로 확정하였다. B와 C가 갑에게 2천 8백만원을 지급하고, C가 갑에게 7백만원의 차용증을 교부한 후, B는 ㉠도자기를 갑으로부터 넘겨받았다. 이후 ㉠도자기는 다른 사람 D에게 인도되었다.

검사는 갑을 횡령죄로 기소하였다. 갑의 피고사건은 제1심을 거친 후, 항소심에 계속되었다. 항소법원은 다음의 점을 들어 무죄를 선고하였다. (가) 갑이 ㉠도자기가 A의 1천만원 채무에 관한 담보로 제공되었을 뿐 B의 기존채무를 담보하는 것이 아니라는 것을 알면서도 마치 B가 담보로 제공한 것처럼 우겨 B의 기존채무까지 함께 변제받으려고 한 것이라고 하자. (나) 그렇다고 하더라도 이는 담보권을 실행하거나 담보권을 양도한 것으로 담보권자로서의 권리행사에 불과하다. (다) 그러므로 불법영득의 의사를 인정할 수 없다. 검사는 불복 상고하였다.

대법원은 다음의 이유를 제시하여 원심판결을 파기환송하였다. (가) 횡령죄가 성립되기 위하여는 타인의 재물을 보관하는 자가 불법영득의 의사로써 그 재물을 횡령하거나 반환을 거부하여야 한다. (나) 여기서 불법영득의 의사란 타인의 재물을 보관하는 자가 위탁의 취지에 반하여 자기 또는 제3자의 이익을 위하여 권한 없이 그 재물을 자기의 소유인 것 같이 처분하는 의사를 의미한다. (다) 불법영득의 의사가 확정적으로 외부에 표현되었을 때 횡령죄는 성립한다.

(라) 금전을 대여하면서 채무자로부터 그 담보로 동산을 교부받은 담보권자는 그 담보권의 범위 내에서 담보권을 행사할 수 있다. (마) 담보권자가 담보목적물을 보관하고 있음을 기화로 실제의 피담보채권 이외에 자신의 제3자에 대한 기존의 채권까지 변제받을 의도로 다음의 행위를 하는 경우가 있다. (바) (ㄱ) 채무자인 담보제공자와 사이의 소비대차 및 담보설정관계를 부정하고 (ㄴ) 그 담보목적물이 자신과 제3자 사이의 소비대차 및 담보설정계약에 따라 제공된 것으로서 실제의 피담보채권 외에 제3자에 대한 기존의 채권까지도 피담보채권에 포함되는 것이라고 주장하면서 (ㄷ) 그것까지 포함하여 변제가 이루어지지 아니할 경우 반환하지 않을 것임을 표명하다가 (ㄹ) 타인에게 담보목적물을 매각하거나 담보로 제공하여 피담보채무 이외의 채권까지도 변제충당한다. (사) 이러한 경우에는 정당한 담보권의 행사라고 볼 수 없다. (아) 이러한 경우에는 위탁의 취지에 반하여 자기 또는 제3자의 이익을 위하여 권한 없이 그 재물을 자기의 소유인 것 같이 처분하는 것으로서 불법영득의 의사가 인정된다.

도담보설정자(A)에 대하여 가지고 있는 목적물반환청구권을 제3자(B)가 양도받는 방법(민법 190)으로도 가능하다고 판시하고 있다.[1)]

그리고 이와 같은 소유권 귀속을 바탕으로 판례는 채권자(갑)가 양도담보 목적물을 제3자(B)에게 처분하여 그 목적물의 소유권을 취득하게 한 다음 그 제3자(B)로 하여금 그 목적물을 취거하게 한 경우 그 제3자(B)로서는 자기의 소유물을 취거한 것에 불과하므로 절도죄는 성립하지 않는다는 결론에 이르고 있다. 다만, 판례는 사안에 따라 채권자(갑)에게 권리행사방해죄(법323)가 성립할 여지가 있다고 본다.[2)]

(3) 명의신탁과 재물의 타인성

(가) 명의신탁의 의의 　명의신탁이란 (가) 재물의 실권리자가 재물에 대한 권리를 보유하면서 (나) 대외적으로 소유자의 명의를 다른 사람의 이름으로 표시하는 것을 말한다. 부동산을 이미 자기명의로 소유하고 있는 실권리자(갑)가 등기부 상의 명의만을 타인(을)에게 돌려놓는 경우, 또는 부동산을 매도인(A)으로부터 매수한 실권리자(갑)가 등기부 상에 타인(을)을 소유자로 등기하는 경우 등이 명의신탁에 해당하는 예이다.

명의신탁의 예는 부동산뿐만 아니라 동산의 경우에도 찾아볼 수 있다. 예컨대 자동차[3)]나 주권[4)]과 같이 등기나 등록을 요하는 동산의 경우에 실권리자가 다른 사람의 명의로 등기 또는 등록을 하는 경우가 여기에 해당한다.

명의신탁 사안에서는 재물의 실권리자(명의신탁자)와 명의자인 타인(명의수탁자)이 등장하며, 양자 사이에는 명의신탁약정이 존재한다. 명의신탁약정이란 (가) 대내적으로는 실권리자(갑)가 재물을 소유하기로 하고 (나) 소유권에 대한 등기 또는 등록을 타인(을) 명의로 하기로 하는 (다) 실권리자(갑)와 타인(을) 사이의 의사합치를 말한다. 명의신탁약정은 묵시적인 방법으로도 가능하다.[5)] 명의신탁약정은 등기 · 등록 이전에 이루어지는 것이 보통이지만, 등기 · 등록 이후에 추인하는 형태의 명의신탁도 가능하다(「부동산 실권리자명의 등기에 관한 법률」 2 i 참조).

(나) 명의신탁의 법리 　명의신탁의 사안에서는 명의신탁자와 명의수탁자가 등장한다. 횡령죄의 경우 타인소유의 재물만 행위객체로 될 수 있다. 그러므로 명의신탁의 사안에서 문제되는 재물의 소유자를 명의신탁자로 볼 것인가 아니면 명의수탁자로 볼 것인가에 따라 횡

1) 2008. 11. 27. 2006도4263, 공 2008하, 1824 = 『통발어구 양도담보 사건』.
2) 2008. 11. 27. 2006도4263, 공 2008하, 1824 = 『통발어구 양도담보 사건』.
3) 2007. 1. 11. 2006도4498, 공 2007, 317 = 분석 각론 『친정엄마 명의 자동차 사건』.
4) 2008. 10. 23. 2007도6463, 공 2008하, 1626 = 『기업인수 주식 반환거부 사건』 ☞ 부록 1681면.
5) 2008. 10. 23. 2007도6463, 공 2008, 1626 = 『기업인수 주식 반환거부 사건』.

령죄의 성립 여부가 달라진다.

민법상 소유권은 물건에 대한 권리 가운데 가장 완전한 권리이다. 하나의 물건에는 하나의 소유권만 인정되는 것이 원칙이다(일물일권주의). 하나의 물건을 수인이 공유하는 경우에도 소유권은 하나이며 공유자는 하나의 소유권에 대해 지분을 보유할 뿐이다. 그런데 일물일권주의의 대원칙에 대해 중대한 예외를 이루는 것이 명의신탁의 법리이다.

명의신탁의 법리란 명의신탁된 재물의 소유권을 대내적인 것과 대외적인 것으로 분리하여 대내적인 소유권은 명의신탁자에게, 대외적인 소유권은 명의수탁자에게 각각 귀속된다고 보는 이론이다. 하나의 재물에 소유자가 두 사람이 되는 상황을 인정하는 것이다.

명의신탁의 관행은 거래사회에서 상당히 널리 퍼져 있다고 보인다. 그런데 소유권을 대내적인 것과 대외적인 것으로 분리하는 명의신탁의 법리를 형법적으로 인정할 것인지 문제된다.

(다) 부동산실명법 이전의 상황 초기에 대법원은 대내적 소유권과 대외적 소유권의 분리를 인정하지 않고 명의수탁자를 기준으로 소유권을 일원화하는 입장을 취하고 있었다. 그리하여 명의수탁자가 명의신탁된 부동산을 임의로 처분하는 경우 자기소유의 재물을 처분하는 것이어서 횡령죄에 해당하지 않는다고 보고, 그 대신에 실권리자를 위하여 재산을 성실하게 관리해야 할 의무에 위반하는 것으로 파악하여 명의수탁자에게 배임죄를 인정하였다.[1)]

그러나 1971년 대법원은 전원합의체 판결을 통해 대내적 소유권과 대외적 소유권의 분리를 인정하는 방향으로 판례를 변경하였고, 이를 토대로 명의수탁자가 명의신탁 부동산을 임의로 처분하는 경우에 횡령죄를 인정하기에 이르렀다.[2)] 대법원이 명의수탁자의 임의처분행위를 횡령죄로 처벌하기로 함에 따라 거래사회에서는 형사처벌이 뒷받침되는 명의신탁 거래관행이 더욱 더 활용되기에 이르렀다.

대법원이 명의신탁의 법리를 인정한 것은 거래사회의 실정을 고려한 결과이지만, 그 반면에 부작용도 적지 않았다. 실권리자가 전면에 등장하지 않는다는 명의신탁의 특성을 악용하여 부정한 재산을 은닉하거나, 부동산 투기를 하거나, 부동산 관련 세금을 포탈하는 등 여러 가지 사회문제가 발생하였기 때문이다.

(라) 부동산실명법 이후의 상황 이러한 상황에서 입법자는 명의신탁이 특히 빈번하게 이용되는 부동산에 대해 소위 부동산 실명제를 실시하여 부동산의 실권리자와 명의자를

---

1) 1969. 1. 21. 68도620, 집 17①, 형5.
2) 1971. 6. 22. 71도740 전원합의체 판결, 집 19②, 형30.

일치시키도록 하는 입법조치를 단행하였는데, 1995년 7월 1일부터 시행된「부동산 실권리자 명의 등기에 관한 법률」(부동산실명법)이 그것이다.[1)]

---

1) 부동산 실권리자명의 등기에 관한 법률 제1조(목적) 이 법은 부동산에 관한 소유권과 그 밖의 물권을 실체적 권리관계와 일치하도록 실권리자 명의로 등기하게 함으로써 부동산등기제도를 악용한 투기·탈세·탈법행위 등 반사회적 행위를 방지하고 부동산 거래의 정상화와 부동산 가격의 안정을 도모하여 국민경제의 건전한 발전에 이바지함을 목적으로 한다.

제2조(정의) 이 법에서 사용하는 용어의 뜻은 다음과 같다.

1. "명의신탁약정"이란 /

부동산에 관한 소유권이나 그 밖의 물권(이하 "부동산에 관한 물권"이라 한다)을 보유한 자 또는 사실상 취득하거나 취득하려고 하는 자[이하 "실권리자"라 한다]가 /

타인과의 사이에서 대내적으로는 실권리자가 부동산에 관한 물권을 보유하거나 보유하기로 하고 /

그에 관한 등기(가등기를 포함한다. 이하 같다)는 그 타인의 명의로 하기로 하는 약정[위임·위탁매매의 형식에 의하거나 추인에 의한 경우를 포함한다]을 말한다. /

다만, 다음 각 목의 경우는 제외한다.

가. 채무의 변제를 담보하기 위하여 채권자가 부동산에 관한 물권을 이전받거나 가등기하는 경우

나. 부동산의 위치와 면적을 특정하여 2인 이상이 구분소유하기로 하는 약정을 하고 그 구분소유자의 공유로 등기하는 경우

다.「신탁법」또는「자본시장과 금융투자업에 관한 법률」에 따른 신탁재산인 사실을 등기한 경우

2. "명의신탁자"란 명의신탁약정에 따라 자신의 부동산에 관한 물권을 타인의 명의로 등기하게 하는 실권리자를 말한다.

3. "명의수탁자"란 명의신탁약정에 따라 실권리자의 부동산에 관한 물권을 자신의 명의로 등기하는 자를 말한다.

4. "실명등기"란 법률 제4944호 부동산실권리자명의등기에관한법률 시행 전에 명의신탁약정에 따라 명의수탁자의 명의로 등기된 부동산에 관한 물권을 법률 제4944호 부동산실권리자명의등기에관한법률 시행일 이후 명의신탁자의 명의로 등기하는 것을 말한다.

제3조(실권리자명의 등기의무 등) ① 누구든지 부동산에 관한 물권을 명의신탁약정에 따라 명의수탁자의 명의로 등기하여서는 아니 된다.

② 채무의 변제를 담보하기 위하여 채권자가 부동산에 관한 물권을 이전받는 경우에는 채무자, 채권금액 및 채무변제를 위한 담보라는 뜻이 적힌 서면을 등기신청서와 함께 등기관에게 제출하여야 한다.

제4조(명의신탁약정의 효력) ① 명의신탁약정은 무효로 한다.

② 명의신탁약정에 따른 등기로 이루어진 부동산에 관한 물권변동은 무효로 한다. 다만, 부동산에 관한 물권을 취득하기 위한 계약에서 명의수탁자가 어느 한쪽 당사자가 되고 상대방 당사자는 명의신탁약정이 있다는 사실을 알지 못한 경우에는 그러하지 아니하다.

③ 제1항 및 제2항의 무효는 제3자에게 대항하지 못한다.

제5조(과징금) ① 다음 각 호의 어느 하나에 해당하는 자에게는 해당 부동산 가액의 100분의 30에 해당하는 금액의 범위에서 과징금을 부과한다.

1. 제3조 제1항을 위반한 명의신탁자

2. 제3조 제2항을 위반한 채권자 및 같은 항에 따른 서면에 채무자를 거짓으로 적어 제출하게 한 실채무자

② 제1항의 부동산 가액은 과징금을 부과하는 날 현재의 다음 각 호의 가액에 따른다. (이하 생략)

제5조의2(과징금 납부기한의 연장 및 분할 납부) (내용 생략)

제6조(이행강제금) ① 제5조 제1항 제1호에 따른 과징금을 부과받은 자는 지체 없이 해당 부동산에 관한 물권을 자신의 명의로 등기하여야 한다. (단서 생략함.)

① 부동산실명법의 내용 부동산실명법은 부동산에 관한 소유권을 실체적 권리관계에 부합하도록 실권리자 명의로 등기하게 함으로써 부동산등기제도를 악용한 투기 · 탈세 · 탈법행위 등 반사회적 행위를 방지하고 부동산 거래의 정상화와 부동산가격의 안정을 도모하여 국민경제의 건전한 발전에 이바지함을 목적으로 하고 있다(동법1 참조).

이러한 입법목적을 달성하기 위해 부동산실명법은 (가) 부동산의 소유권을 명의신탁약정에 의하여 명의수탁자 명의로 등기하는 것을 원칙적으로 금지하고(동법3①), (나) 명의신탁약정을 무효로 하며(동법4①), (다) 명의신탁약정에 따라 이루어진 등기에 의한 부동산 물권변동을 원칙적으로 무효로 하고 있다(동법4② 본문).

부동산실명법은 이러한 사항을 철저히 이행하도록 하기 위하여 과징금(동법5, 5의2)과 이행강제금(동법6)을 규정하는 한편, 독자적인 벌칙규정을 두어 명의신탁약정을 한 명의신탁자와 명의수탁자를 형사처벌하고 있다(동법7 참조).

② 학설의 대립 부동산실명법이 부동산의 실명등기를 촉진하기 위하여 강력한 제재장치를 도입한 상황에서 이 법률이 부동산의 소유권을 대내적 소유권과 대외적 소유권으로 분리하는 기존의 명의신탁법리를 입법적으로 극복한 것으로 볼 수 있을 것인지 논란되고 있다. 이와 관련하여 학설은 두 가지로 나뉘고 있다.

부동산실명법이 부동산등기의 실명전환을 강제하기 위한 것이지 명의신탁의 법리를 전면적으로 부정한 것은 아니라고 보는 견해가 있다.[1] 이 입장에서는 부동산실명법이 강행규

---

② 제1항을 위반한 자에 대하여는 과징금 부과일(제1항 단서 후단의 경우에는 등기할 수 없는 사유가 소멸한 때를 말한다)부터 1년이 지난 때에 부동산평가액의 100분의 10에 해당하는 금액을, 다시 1년이 지난 때에 부동산평가액의 100분의 20에 해당하는 금액을 각각 이행강제금으로 부과한다.

③ 이행강제금에 관하여는 제5조 제4항부터 제7항까지의 규정을 준용한다.

제7조 (벌칙) ① 다음 각 호의 어느 하나에 해당하는 자는 5년 이하의 징역 또는 2억원 이하의 벌금에 처한다.

1. 제3조 제1항을 위반한 명의신탁자
2. 제3조 제2항을 위반한 채권자 및 같은 항에 따른 서면에 채무자를 거짓으로 적어 제출하게 한 실채무자

② 제3조 제1항을 위반한 명의수탁자는 3년 이하의 징역 또는 1억원 이하의 벌금에 처한다.

③ 삭제

제8조 (종중, 배우자 및 종교단체에 대한 특례) 다음 각 호의 어느 하나에 해당하는 경우로서 조세 포탈, 강제집행의 면탈 또는 법령상 제한의 회피를 목적으로 하지 아니하는 경우에는 제4조부터 제7조까지 및 제12조 제1항부터 제3항까지를 적용하지 아니한다.

1. 종중이 보유한 부동산에 관한 물권을 종중(종중과 그 대표자를 같이 표시하여 등기한 경우를 포함한다) 외의 자의 명의로 등기한 경우
2. 배우자 명의로 부동산에 관한 물권을 등기한 경우
3. 종교단체의 명의로 그 산하 조직이 보유한 부동산에 관한 물권을 등기한 경우

1) 명의신탁 사안에서 횡령죄 성립을 긍정하는 견해들이 여기에 속한다.

정이기는 하지만 대내적 소유권과 대외적 소유권을 통일시키는 효력은 가지고 있지 않다고 본다. 이 견해에 따르면 명의수탁자가 명의신탁 부동산을 임의로 처분하는 경우에는 대내적 소유자인 명의신탁자의 재물을 처분하는 것이 되어 횡령죄가 성립하게 된다. 다만 이 경우 명의수탁자를 횡령죄로 처벌하려면 명의신탁자와 명의수탁자 사이에 위탁신임관계에 근거한 보관자의 지위가 명의수탁자에게 인정되어야 한다.

이에 대해 부동산실명법을 통해 명의신탁의 법리가 입법적으로 극복되었다고 보는 견해가 있다.[1] 이 입장에서는 부동산실명법이 명의신탁약정을 무효로 하고 있는 것은 단순히 강행규정의 차원을 넘어서서 민법 제103조가 선량한 풍속 기타 사회질서에 반하는 내용의 법률행위를 무효로 하는 것과 같은 수준의 것이라고 본다.

이 입장에서는 부동산실명법이 목적규정에서 '부동산등기제도를 악용한 투기 · 탈세 · 탈법행위 등 반사회적 행위'를 방지하려 한다는 점에 주목한다. 명의신탁약정이 이처럼 반사회적 행위로서 민법 제103조 위반에 이를 정도라고 한다면, 명의신탁된 부동산은 명의수탁자에게 불법원인으로 급여한 것이 되고, 불법원인급여의 법리에 따라 명의수탁자는 명의신탁 부동산에 대해 소유권을 취득하게 된다.[2] 이렇게 되면 명의신탁 부동산을 임의로 처분하는 명의수탁자의 행위는 자기소유의 재물을 처분한 것이 되어 횡령죄가 성립하지 않는다.

③ 부동산실명법 시행 후의 판례 동향 1995년 7월 부동산실명법의 시행 이후 위와 같이 학설이 대립하는 가운데 대법원은 1999년 마침내 이 문제에 관한 판례를 내어놓기에 이르렀다. 대법원이 제시한 견해는 부동산실명법 이후에도 대내적 소유권과 대외적 소유권의 분리를 내용으로 하는 명의신탁의 법리를 긍정하는 것이었다. 대법원은 부동산실명법 실시 이후에도 명의신탁 부동산을 명의수탁자가 임의로 처분하는 행위에 대해 횡령죄의 성립을 인정하였고, 이러한 법리는 부동산실명법의 시행 전후에 관계없이 인정된다고 판시하였다.[3] [4]

그런데 소유권을 대내적 소유권과 대외적 소유권으로 분리하는 법리는 일물일권주의의 대원칙에 비추어 극히 이례적이며 부작용이 많다. 나아가 명의신탁 형태의 부동산등기를 악용한 투기 · 탈세 · 탈법행위 등 반사회적 행위에 대처해야 할 필요성도 결코 간과할 수 없다. 이러한 문제점에 대처하기 위하여 이후 대법원은 부동산 명의신탁의 형태를 다양한 형태로 세분화하고, 이를 통하여 횡령죄의 성립범위를 줄여나감으로써 횡령죄를 지렛대로

---

1) 박상기, 377면.
2) 불법원인급여에 대해서는, 후술 1331면 이하 참조.
3) 1999. 10. 12. 99도3170, 공 1999, 2384 = 분석 각론 『2자간 명의신탁 사건』.
4) 2009. 8. 20. 2008도12009, [미간행].

한 부동산 명의신탁의 거래관행을 차단하려고 노력해 왔다.

대법원은 일련의 판례를 제시한 후 2016년의 전원합의체 판결을 통하여 마침내 부동산 명의신탁 사안에 대해 횡령죄의 성립을 부정하는 결론에 도달하였다. 그런데 그 논리구성은 재물의 '타인성'을 토대로 한 것이 아니라 재물의 '보관자'라는 측면에서 이루어졌다. 2016년의 전원합의체 판결에서 대법원이 택한 접근방법은 명의신탁자의 명의수탁자 사이의 위탁신임관계를 부인하여 명의수탁자에게 보관자의 지위를 부정하는 것, 즉 명의수탁자에게 보관자의 지위가 인정되지 않으므로 횡령죄가 성립하지 않는다는 것이었다.[1]

1995년 부동산실명법 실시된 후 부동산 명의신탁 사안은 다양한 형태로 나타났다. 판례에서 문제된 명의신탁의 형태로 (가) 양자간 명의신탁, (나) 선의의 계약명의신탁, (다) 악의의 계약명의신탁, (라) 중간생략등기형 명의신탁 등을 들 수 있다. 아래에서는 이에 대해 살펴보기로 한다.

(마) 양자간 명의신탁　　부동산 명의신탁의 첫 번째 유형은 양자간 명의신탁이다. 양자간 명의신탁은 부동산 명의신탁 사안에서 명의신탁자(갑)와 명의수탁자(을) 두 사람만 등장하는 경우이다. 이에 해당하는 예로는 (가) 이미 실권리자인 명의신탁자(갑)가 부동산의 소유자로 등기되어 있던 것을 등기명의만을 명의수탁자(을) 앞으로 돌려놓는 경우, (나) 미등기 부동산(예컨대 신축건물)의 실권리자인 명의신탁자(갑)가 명의수탁자(을) 명의로 소유권보존등기를 하는 경우, (다) 공동(갑과 을)으로 부동산을 매입하여 각자의 지분을 등기하기로 하였던바, 그중 1명(을)이 임의로 자신의 단독 명의로 등기하였고 다른 공동매수인(갑)이 이를 추인한 경우 등이 있다.

양자간 명의신탁 상황에서 명의신탁 부동산을 임의로 처분하는 명의수탁자(을)의 형사책임이 문제된다. 양자간 명의신탁 사안은 명의신탁이 유효한 경우와 무효인 경우로 나누어진다.

① 부동산실명법상 유효한 양자간 명의신탁　　부동산실명법은 명의신탁을 원칙적으로 불허하면서도(동법4①), 예외적으로 (가) 종중이 보유한 부동산에 관한 물권을 종중(종중과 그 대표자를 같이 표시하여 등기한 경우를 포함한다) 외의 자의 명의로 등기한 경우, (나) 배우자 명의로 부동산 소유권을 등기한 경우, (다) 종교단체의 명의로 그 산하 조직이 보유한 부동산에 관한 물권을 등기한 경우를 각각 합법적인 명의신탁으로 인정하고 있다(동법8 참조).

합법적인 명의신탁의 경우 부동산의 대내적 소유권은 명의신탁자(갑)에게, 대외적 소유권은 명의수탁자(을)에게 있게 된다. 또한 명의신탁자(갑)와 명의수탁자(을) 사이에는 유효한

---

1) 2016. 5. 19. 2014도6992 전원합의체 판결, 공 2016상, 817 = 『49분의 15 지분 명의신탁 사건』 ☞ 부록 1683면.

위탁신임관계가 존재하며, 명의수탁자(을)는 수탁부동산을 보관하는 자의 지위에 있다. 그 결과 명의수탁자(을)가 명의신탁 부동산을 임의로 처분하면 보관자로서 타인의 재물을 횡령하는 것이 된다. 다만, 이 경우 친족상도례의 특례(법361, 328)가 적용될 수 있음은 별개의 문제이다.[1) 2)]

② 구분소유적 공유관계와 상호명의신탁 부동산실명법은 유효한 2자간 명의신탁을 위의 (가), (나), (다) 세 가지 경우로 한정하고 있다. 그런데 그 밖의 경우에 유효한 양자간 명의신탁이 나타나는 경우가 있다. 구분소유적 공유관계에 있는 부동산이 특정 구분부분별로 독립한 필지로 분할되는 경우가 여기에 해당한다.

구분소유적 공유관계에 있는 부동산(M부동산)이 특정 구분부분 별로 독립한 필지(㉠, ㉡ 필지)로 분할되는 경우(갑은 ㉠필지, 을은 ㉡필지)에는 특별한 사정이 없는 한 각자의 특정 구분부분에 해당하는 필지(갑의 ㉠필지)가 아닌 나머지 각 필지(을의 ㉡필지)에 전사(傳寫)된 공유자(갑) 명의의 공유지분등기는 더 이상 당해 공유자(갑)의 특정 구분부분에 해당하는 필지(㉠필지)를 표상하는 등기라고 볼 수 없다. 이 경우에는 각 공유자(갑과 을) 상호간에 상호 명의신탁관계만 존속한다.[3)]

1) 유효한 2자간 명의신탁 사안에서 문서에 관한 죄의 성립 여부에 대해서는, 전술 527면 이하 참조.

2) 2007. 11. 30. 2007도4812, 공 2008, 2096 =『차용금 주장 명의수탁자 사건』.

3) 2014. 12. 24. 2011도11084, 공 2015상, 214 =『분할토지 상호명의신탁 사건』:

M토지는 각각 2분 1 지분으로 하는 A와 B의 공동소유이다. A와 B는 M토지를 균분하여 ㉠필지와 ㉡필지로 분할하였다. ㉠필지는 A가, ㉡필지는 B가 실질적으로 소유하게 되었다. (이후 ㉡필지는 K 등 15명의 소유가 되었다.) 그러나 ㉠필지에 관하여 A만의 소유로, ㉡필지에 관하여 B만의 소유로 하는 지분이전등기가 경료되지 않았다. 그 결과 등기부상으로 ㉠필지와 ㉡필지는 모두 여전히 A와 B의 공동소유로 기재되어 있다.

갑은 A의 아들이다. 갑은 아버지 A 소유의 지분을 담보로 제공하고 금원을 차용하고자 하였다. 그러나 ㉠필지에 해당하는 지분만으로는 담보가치가 충분하지 않았다. 갑은 ㉡필지에 대해서도 그 2분의 1 지분이 A 명의로 등기되어 있음에 주목하였다. 갑은 A에게 요청하여 ㉡필지의 2분의 1 지분까지를 담보로 제공하고 금원을 차용하기로 하였다. 갑은 C로부터 금원을 차용하였다. 갑은 담보로 ㉡필지의 A 명의 2분의 1 지분에 대해서도 근저당권자 C, 채권최고액 6억원, 채무자 갑으로 하는 근저당권설정등기를 경료해 주었다.

검사는 갑을 횡령죄로 기소하였다. 제1심법원은 무죄로 판단하였다. 검사는 불복 항소하였다. 항소법원은 항소를 기각하고, 제1심판결을 유지하였다. 검사는 불복 상고하였다.

대법원은 다음의 이유를 제시하여 원심판결을 파기환송하였다. 대법원은 공유관계 토지의 등기에 대해 다음과 같이 설시하였다. (가) 구분소유적 공유관계에 있어서 각 공유자 상호 간에는 각자의 특정 구분부분을 자유롭게 처분함에 서로 동의하고 있다고 볼 수 있다. (나) 그러므로 공유자 각자는 자신의 특정 구분부분을 단독으로 처분하고 이에 해당하는 공유지분등기를 자유로이 이전할 수 있다. (다) 이는 그 공유지분등기가 내부적으로 공유자 각자의 특정 구분부분을 표상하기 때문이다.

(라) 그러나 구분소유하고 있는 특정 구분부분별로 독립한 필지로 분할되는 경우에는 [사정이 다르다.] (마) [이 경우에는] 특별한 사정이 없는 한 각자의 특정 구분부분에 해당하는 필지가 아닌 나머지 각 필지에 전사(轉寫)된 공유자 명의의 공유지분등기는 더 이상 당해 공유자의 특정 구분부분에 해당하는 필지를 표상하는 등기라고 볼 수 없다. (바) [이 경우에는] 각 공유자 상호간에 상호명의신탁관계만이 존속하는 것이다.

그러므로 각 공유자(갑)는 나머지 각 필지(을의 ㉡필지) 위에 전사된 자신(갑) 명의의 공유지분에 관하여 다른 공유자(을)에 대한 관계에서 그 공유지분을 보관하는 자의 지위에 있다. 따라서 분할 후 토지(㉡필지)에 자신(갑) 명의의 공유지분 등기가 있음을 기화로 그 토지(㉡필지)를 임의로 처분하는 행위는 횡령죄를 구성한다.[1)]

③ 무효인 양자간 명의신탁 양자간 명의신탁이 무효인 경우가 있다. 대부분의 양자간 명의신탁은 여기에 해당한다. 부동산실명법은 명의신탁 약정을 원칙적으로 무효로 하고 있기 때문이다(동법4①). 양자간 명의신탁은 부동산 보유사실이 외부에 드러나지 않도록 하는 경우에 많이 이용된다. 명의신탁의 법리를 인정할 경우 명의신탁자(갑)는 대내적으로 소유권을 갖는다. 부동산실명법에 위반하여 명의신탁약정이 무효가 되어도(동법4①) 무효의 정도가 불법원인급여에까지는 이르지 아니하므로[2)] 명의신탁자(갑)에게 여전히 대내적 소유권이 인정된다.

문제는 명의수탁자(을)를 명의신탁 부동산에 대한 보관자라고 볼 수 있는가 하는 점이다. 명의신탁약정이 부동산실명법에 의하여 무효로 되기 때문에 명의수탁자(을)에게 위탁신임관계가 존재하지 않는다고 볼 여지가 있기 때문이다.

이 문제에 대해 종래 판례는 위탁신임관계가 반드시 적법한 것임을 요하지 않고 사실상의 것으로도 족하다는 논리에 입각하여 횡령죄를 인정하였다.[3)] 명의신탁자(갑)와 명의수탁자(을) 사이에 사실상의 위탁신임관계가 인정되므로, 결국 양자간 명의신탁이 무효인 경우에도 명의수탁자(을)가 명의신탁 부동산을 임의로 처분하거나 반환을 거부하면 횡령죄를 구성한다는 것이었다.[4)]

그러나 2016년 대법원은 중간생략등기형 명의신탁 사안에 대한 전원합의체 판결을 통하여 사실상의 위탁신임관계라는 종전의 법리구성을 폐기하였다.[5)] 나아가 2021년 대법원은

(사) 그러므로 각 공유자는 나머지 각 필지 위에 전사된 자신 명의의 공유지분에 관하여 다른 공유자에 대한 관계에서 그 공유지분을 보관하는 자의 지위에 있다.

대법원은 갑의 행위에 대해 다음과 같이 판단하였다. (가) A와 B가 구분소유하던 M토지가 A의 구분소유 부분인 분할 후 ㉠토지와 B의 구분소유 부분인 분할 후 ㉡토지로 분할되었다. (나) 그러한 것이라면 분할 후 ㉡토지의 A 지분 등기는 더 이상 분할 후 ㉠토지의 A 소유 토지를 표상하는 등기가 될 수 없다. (다) 분할 후 ㉡토지 중 A명의의 지분에 관하여 A는 보관자의 지위에 있을 뿐이다. (라) 분할 후 ㉡토지 중 A 명의의 지분에 근저당권을 설정하는 행위는 횡령죄를 구성한다.

1) 2014. 12. 24. 2011도11084, 공 2015상, 214 =『분할토지 상호명의신탁 사건』.

2) 2019. 6. 20. 2013다218156 전원합의체 판결, 공 2019하, 1423 =『농지법 회피용 명의신탁 사건』☞ 부록 1684면.

3) 2005. 6. 24. 2005도2413, 공 2005, 1293.

4) 2009. 11. 26. 2009도5547, 공 2010상, 68.

5) 2016. 5. 19. 2014도6992 전원합의체 판결, 공 2016상, 817 =『49분의 15 지분 명의신탁 사건』.

전원합의체 판결을 통하여 양자간 명의신탁형 명의신탁 사안에서도 2016년 판례의 태도를 재확인하면서 종전의 판례를 변경하였다. 대법원은 2021년 판결을 통하여 다음의 법리를 제시하였다.[1)]

---

1) 2021. 2. 18. 2016도18761 전원합의체 판결, 공 2021상, 668 =『양자간 명의신탁 판례변경 사건』:

M아파트는 갑의 소유이다. M아파트는 갑의 명의로 등기가 되어 있다. 2013. 12.경 갑은 을에게 M아파트에 대한 명의신탁을 부탁하였다. 2014. 1. 13.경 을은 M아파트를 을의 명의로 이전등기하였다. 을은 친구 A에게 개인적인 ㉠채무를 부담하고 있었다. M아파트의 시가는 2억원 정도이다. 2015. 8. 6.경 을은 M아파트를 A의 아들 B에게 1억 7천만원에 매도하였다. 2015. 8. 7.경 을은 M아파트에 대해 B에게 매매를 원인으로 한 소유권이전등기를 경료해 주었다.

검사는 을을 횡령죄로 기소하였다. 2016. 5. 19. 대법원은 2014도6992 전원합의체 판결을 선고하였다. 2014도6992 판결을 통해 대법원은 중간생략등기형 명의신탁 사안에서 명의신탁자와 명의수탁자 사이에 사실상의 위탁신임관계를 인정하여 횡령죄를 인정하던 종래의 판례를 폐기하였다. 갑의 피고사건은 양자간 명의신탁 사안이다. 2016. 8. 12. 갑의 피고사건에 대한 제1심법원은 유죄를 인정하였다. 갑은 불복 항소하였다. 2016. 10. 27. 항소법원은 2014도6992 판결의 법리에 기초하여 무죄를 선고하였다. 검사는 불복 상고하였다.

2021. 2. 18. 대법원은 판결을 선고하였다. 대법원은 다음의 이유를 제시하여 상고를 기각하였다. 대법원은 전원합의체의 일치된 의견으로 양자간 명의신탁 사안에 대해 횡령죄의 성립을 인정하였던 종래의 판례를 폐기하였다. 대법원은 횡령죄에서의 '보관' 개념에 대해 다음과 같이 설시하였다. (가) 형법 제355조 제1항이 정한 횡령죄에서 보관이란 위탁관계에 의하여 재물을 점유하는 것을 뜻한다. (나) 횡령죄가 성립하기 위하여는 재물의 보관자와 재물의 소유자(또는 기타의 본권자) 사이에 법률상 또는 사실상의 위탁관계가 존재하여야 한다. (다) 이러한 위탁관계는 (ㄱ) 사용대차 · 임대차 · 위임 등의 계약에 의하여서뿐만 아니라 (ㄴ) 사무관리 · 관습 · 조리 · 신의칙 등에 의해서도 성립될 수 있다. (라) 횡령죄의 본질이 신임관계에 기초하여 위탁된 타인의 물건을 위법하게 영득하는 데 있음에 비추어 볼 때 위탁관계는 횡령죄로 보호할 만한 가치 있는 신임에 의한 것으로 한정함이 타당하다(2016. 5. 19. 2014도6992 전원합의체 판결 참조). (마) 위탁관계가 있는지 여부는 (ㄱ) 재물의 보관자와 소유자 사이의 관계, (ㄴ) 재물을 보관하게 된 경위 등에 비추어 볼 때 (ㄷ) 보관자에게 재물의 보관 상태를 그대로 유지하여야 할 의무를 부과하여 (ㄹ) 그 보관 상태를 형사법적으로 보호할 필요가 있는지 등을 고려하여 (ㅁ) 규범적으로 판단하여야 한다.

대법원은 양자간 명의신탁과 횡령죄의 관계에 대해 다음과 같이 설시하였다. (가) (부동산실명법의 관련 규정 분석; 생략함.) (나) 이러한 부동산실명법의 명의신탁관계에 대한 규율 내용 및 태도 등에 비추어 본다. (다) 부동산실명법을 위반하여 명의신탁자가 그 소유인 부동산의 등기명의를 명의수탁자에게 이전하는 이른바 양자간 명의신탁의 경우가 있다. (라) 양자명의 신탁의 경우 (ㄱ) 계약인 명의신탁약정과 (ㄴ) 그에 부수한 위임약정, (ㄷ) 명의신탁약정을 전제로 한 명의신탁 부동산 및 그 처분대금 반환약정은 모두 무효이다.

(마) 명의신탁자와 명의수탁자 사이에 무효인 명의신탁약정 등에 기초하여 존재한다고 주장될 수 있는 사실상의 위탁관계라는 것은 (ㄱ) 부동산실명법에 반하여 범죄를 구성하는 불법적인 관계에 지나지 아니할 뿐 (ㄴ) 이를 형법상 보호할 만한 가치 있는 신임에 의한 것이라고 할 수 없다(2016. 5. 19. 2014도6992 전원합의체 판결 참조).

대법원은 양자간 명의신탁 사안에서 명의수탁자의 법적 지위에 대해 다음과 같이 설시하였다. (가) 명의수탁자는 명의신탁자에 대하여 소유권이전등기말소의무를 부담하게 된다. (나) [양자간 명의신탁에 의한] 소유권이전등기는 처음부터 원인무효이다. (다) 명의수탁자는 명의신탁자가 소유권에 기한 방해배제청구로 말소를 구하는 것에 대하여 상대방으로서 응할 처지에 있음에 불과하다.

(라) 명의수탁자가 제3자와 한 처분행위가 부동산실명법 제4조 제3항에 따라 유효하게 될 가능성이 있다. (마) 그렇다고 하더라도 이는 거래 상대방인 제3자를 보호하기 위하여 명의신탁약정의 무효에 대한 예외를 설

부동산실명법을 위반하여 명의신탁자가 그 소유인 부동산의 등기명의를 명의수탁자에게 이전하는 이른바 양자간 명의신탁의 경우, (가) 계약인 명의신탁약정과 (나) 그에 부수한 위임약정, (다) 명의신탁약정을 전제로 한 명의신탁 부동산 및 그 처분대금 반환약정은 모두 무효이다. 명의신탁자와 명의수탁자 사이에 무효인 명의신탁약정 등에 기초하여 사실상의 위탁관계가 존재한다고 주장할 여지가 있다. 그러나 이 경우 사실상의 위탁관계라는 것은 (가) 부동산실명법에 반하여 범죄를 구성하는 불법적인 관계에 지나지 아니할 뿐 (나) 이를 형법상 보호할 만한 가치 있는 신임에 의한 것이라고 할 수 없다. 그러므로 부동산실명법을 위반한 양자간 명의신탁의 경우 명의수탁자가 신탁받은 부동산을 임의로 처분하여도 명의신탁자에 대한 관계에서 횡령죄가 성립하지 않는다.

(바) 선의의 계약명의신탁 부동산 명의신탁의 두 번째 유형으로 선의의 계약명의신탁이 있다.

① 계약명의신탁 계약명의신탁이란 명의신탁자(갑)가 소유자(A)로부터 부동산을 양수하면서 명의수탁자(을)와 명의신탁약정을 하여 소유자(A)로부터 바로 명의수탁자(을) 명의로 해당 부동산의 소유권이전등기를 하는 것이다.

계약명의신탁 사안에서는 명의수탁자(을)가 직접 부동산 매매계약 또는 등기의 당사자로 등장한다. 후술하는 중간생략등기형 명의신탁에서는 명의신탁자(갑)가 직접 부동산 매매계약 또는 등기의 당사자로 등장한다. 계약명의신탁은 매도인(A)이 계약자(을)의 명의신탁사실을 알았는가 몰랐는가에 따라 선의의 계약명의신탁과 악의의 계약명의신탁으로 나누어진다.

② 선의 매도인의 보호 계약명의신탁이 특별히 주목되는 이유는 부동산실명법이 선의의 부동산 매도인(A)을 보호하기 위하여 특칙을 두고 있기 때문이다. 즉 부동산실명법은 매도인(A)과 명의수탁자(을)가 양 당사자가 되는 부동산 계약에서 매도인(A)이 명의신탁약정이 있다는 사실을 알지 못한 경우에는 명의수탁자(을) 명의의 등기가 명의신탁약정에 따라 행해졌다고 할지라도 부동산의 소유권은 유효하게 명의수탁자(을)에게 이전되도록 하고 있다(동법4② 단서 참조). 이처럼 매도인(A)이 명의신탁 사실을 알지 못하고 명의수탁자(을)와

정한 취지일 뿐이다. (바) 이를 명의신탁자와 명의수탁자 사이에 명의수탁자가 제3자와 한 처분행위를 유효하게 만드는 어떠한 위탁관계가 존재함을 전제한 것이라고는 볼 수 없다.

(사) 따라서 (ㄱ) 말소등기의무의 존재나 (ㄴ) 명의수탁자에 의한 유효한 처분가능성을 들어 명의수탁자가 명의신탁자에 대한 관계에서 '타인의 재물을 보관하는 자'의 지위에 있다고 볼 수도 없다. (아) 그러므로 부동산실명법을 위반한 양자간 명의신탁의 경우 명의수탁자가 신탁받은 부동산을 임의로 처분하여도 명의신탁자에 대한 관계에서 횡령죄가 성립하지 아니한다.

(자) 이러한 법리는 (ㄱ) 부동산 명의신탁이 부동산실명법 시행 전에 이루어졌고 (ㄴ) 부동산실명법이 정한 유예기간 이내에 실명등기를 하지 아니함으로써 (ㄷ) 그 명의신탁약정 및 이에 따라 행하여진 등기에 의한 물권변동이 무효로 된 후에 (ㄷ) 처분행위가 이루어진 경우에도 마찬가지로 적용된다.

부동산 계약을 체결하는 경우를 가리켜서 선의의 계약명의신탁이라고 한다.

선의의 계약명의신탁 사안에서 명의수탁자(을)가 명의신탁 부동산을 제3자(B)에게 임의로 처분하는 행위가 횡령죄 또는 배임죄를 구성할 것인지 문제된다.[1)]

③ 횡령죄 성립 여부 계약명의신탁이 선의인 경우 명의수탁자(을) 앞으로의 소유권 이전등기에 의한 부동산의 소유권 변동은 부동산실명법 제4조 제2항 단서의 특칙에 의하여 유효하게 된다. 한편 명의신탁자(갑)와 명의수탁자(을) 사이의 명의신탁약정은 부동산실명법 제4조 제1항에 따라 무효로 된다. 대내적 관계에서 명의신탁자(갑)에게 소유권을 인정한다는 명의신탁약정이 무효로 되는 것이다. 그 결과 명의수탁자(을)는 전 소유자인 매도인(A)에 대한 관계에서뿐만 아니라 명의신탁자(갑)에 대한 관계에서도 유효하게 당해 부동산의 소유권을 취득하게 된다.[2)]

이처럼 명의수탁자(을)가 명의신탁 부동산에 대해 대내적 · 대외적으로 소유권을 전부 취득함에 따라 명의수탁자(을)는 명의신탁자(갑)에 대한 관계에서 '타인의 재물'을 보관하는 자라고 볼 수 없게 된다. 그 결과 명의수탁자(을)가 명의신탁 부동산을 임의로 처분하더라도 횡령죄(법355①)는 성립하지 않는다.[3)]

④ 배임죄 성립 여부 계약명의신탁이 선의인 경우에 명의수탁자(을)는 명의신탁 부동산에 대해 대내적 · 대외적으로 완전한 소유권을 취득하지만 명의신탁자(갑)와의 관계에서 부당이득을 취한 것이 된다. 그런데 이 부당이득을 명의신탁자(갑)에게 반환하지 않는 것을 두고 배임죄(법355②)의 성립을 인정해야 할 것인지 문제된다. 배임죄의 성립요건인 사무처리자의 지위와 관련하여 명의수탁자(을)를 명의신탁자(갑)의 부동산 매입과 관련한 위임사무 처리자로 볼 여지가 있기 때문이다.

이에 대해 판례는 다음과 같은 이론구성에 의하여 배임죄 성립을 부정하고 있다.[4)] 명의

1) 선의의 계약명의신탁 사안에서 명의신탁자(갑)가 명의수탁자(을)의 동의 없이 명의신탁 부동산을 제3자(B)에게 처분하는 행위의 범죄성립 여부에 대해서는, 전술 527면 이하 참조.

2) 2009. 9. 10. 2009도4501, [미간행] = 분석 각론 『임야 150평 명의신탁 사건』.

3) 2009. 9. 10. 2009도4501, [미간행] = 분석 각론 『임야 150평 명의신탁 사건』.

4) 2004. 4. 27. 2003도6994, [미간행] = 『명의신탁 분양권 반환거부 사건』:

P회사가 있다. 갑은 P회사의 대표이사이다. 을은 P회사의 총괄이사이다. Q회사는 건축중인 M아파트를 분양하고 있다. 갑을 을에게 을 명의로 Q회사의 M아파트 분양권(㉠분양권)을 매입하라고 지시하였다(㉮명의신탁약정). 을은 P회사의 돈 8천만원을 가지고 Q회사와 분양권 매수계약을 체결하여 ㉠분양권을 취득하였다. 을은 P회사를 퇴사하게 되었다. P회사는 을과의 ㉮명의신탁약정을 해지하였다. P회사는 을에게 ㉠분양권 관련 서류의 반환을 요구하였다. 을은 ㉠분양권 관련 서류를 P회사에 반환하지 않았다. 이후 M아파트가 완공되었다. 을은 ㉠분양권에 기하여 M아파트에 대해 을 명의로 소유권이전등기를 마쳤다.

㉠분양권은 재물이 아니라 재산상 이익에 해당한다. 검사는 을을 업무상 배임죄로 기소하였다. 공소사실의 요지는 다음과 같다. "을은 P회사를 퇴사하게 되었음에도 불구하고 ㉠분양권 관련 서류를 반환하는 등의 업

신탁자(갑)와 명의수탁자(을) 간의 명의신탁약정이 무효인 이상, 특별한 사정이 없는 한 명의신탁약정과 함께 이루어진 부동산 매입의 위임 약정 역시 무효이다(부동산실명법2 i, 4① 참조). 부동산매입과 관련한 위임의 약정이 무효이므로 명의신탁자(갑)와 명의수탁자(을) 사이에는 신임관계가 존재하지 않는다. 신임관계가 없으므로 명의신탁자(갑)를 위하여 명의신탁 부동산을 관리하면서 명의신탁자(갑)의 허락 없이는 이를 처분하여서는 아니되는 의무 또한 명의수탁자(을)에게 발생하지 않는다. 결국 선의의 계약명의신탁 사안에서 명의수탁자(을)는 명의신탁자(갑)의 재산을 보전·관리하는 지위에 있는 자에 해당하지 아니하여 배임죄도 성립하지 않는다.

(사) 악의의 계약명의신탁 부동산 명의신탁의 세 번째 유형으로 악의의 계약명의신탁이 있다.

① 개념정의 명의신탁자(갑)와 명의수탁자(을)가 계약명의신탁 약정을 맺고 명의수

무상 임무를 이행하지 아니하고 오히려 을 명의로 소유권이전등기를 경료함으로써 ㉠분양권 매매대금 8천만원 상당의 재산상 이익을 취득하고, P회사에 동액 상당의 손해를 가하였다."

을의 피고사건은 제1심을 거친 후, 항소심에 계속되었다. 항소법원은 다음과 같이 판단하여 무죄를 선고하였다. (가) 을과 P회사 사이의 ㉮약정의 내용은 M아파트에 관한 수분양자 명의뿐만 아니라 그 소유권 자체를 대상으로 한 명의신탁약정이다. (나) M아파트의 소유자이자 매도인인 분양자(Q회사)가 ㉮명의신탁약정에 관하여 알고 있었음을 인정할 아무런 증거가 없다. (다) 그러므로 ㉮명의신탁약정은 매도인 선의의 계약명의신탁에 해당한다.

(라) 을은 ㉮계약명의신탁의 약정에 따라 분양권매수 계약을 체결하였다. (마) 을은 체결한 분양권매수 계약에 기하여 M아파트에 관한 수분양자로서의 지위 및 그 분양권 관련 서류에 대한 수분양자로서의 권리를 취득하였다. (바) 을이 체결한 분양권매수 계약은 을 자신의 사무이다. (사) 을이 취득한 권리는 을 자신의 권리이다. (아) 을이 신탁자인 P회사의 반환 요구를 거절하고 을 명의로 그 소유권이전등기를 경료하였다 하여도 업무상배임죄가 성립하지 않는다. 검사는 불복 상고하였다.

대법원은 다음의 이유를 제시하여 상고를 기각하였다. 대법원은 계약명의신탁의 법리에 대해 다음과 같이 설시하였다. (가) 신탁자와 수탁자가 명의신탁약정을 맺고, 그에 따라 수탁자가 당사자가 되어 명의신탁약정이 있다는 사실을 알지 못하는 소유자와 사이에서 부동산에 관한 매매계약을 체결한 [선의의] 계약명의신탁이 있다. (나) [선의의] 계약명의신탁에 있어서 수탁자는 신탁자에 대한 관계에서도 신탁 부동산의 소유권을 완전히 취득한다.

(다) 수탁자는 단지 신탁자에 대하여 명의신탁약정의 무효로 인한 부당이득반환의무만을 부담할 뿐이다. (라) 그와 같은 부당이득반환의무는 명의신탁약정의 무효로 인하여 수탁자가 신탁자에 대하여 부담하는 통상의 채무에 불과하다. (마) 신탁자와 수탁자 간의 명의신탁약정이 무효인 이상, 특별한 사정이 없는 한 신탁자와 수탁자 간에 명의신탁약정과 함께 이루어진 부동산 매입의 위임 약정 역시 무효이다. (바) 그리하여 수탁자를 (ㄱ) 신탁자와의 신임관계에 기하여 (ㄴ) 신탁자를 위하여 신탁 부동산을 관리하면서 신탁자의 허락 없이는 이를 처분하여서는 아니되는 의무를 부담하는 등으로 (ㄷ) 신탁자의 재산을 보전·관리하는 지위에 있는 자에 해당한다고 볼 수 없다. (사) 수탁자는 타인의 사무를 처리하는 자의 지위에 있지 않다. (아) 이러한 계약명의신탁의 법리는 부동산실권리자명의등기에관한법률 제4조 제1항에 따라 무효인 명의신탁약정에 대하여 신탁자가 그 소유권이전등기의 경료 이전에 해지의 의사를 표시한 경우에도 마찬가지로 적용된다.

탁자(을)가 당사자가 되어 명의신탁 약정이 있다는 사실을 알고 있는 소유자(A)와 부동산에 관한 매매계약을 체결한 후 그 매매계약에 따라 당해 부동산의 소유권이전등기를 명의수탁자(을) 명의로 마치는 경우를 가리켜서 악의의 계약명의신탁이라고 한다.

악의의 계약명의신탁의 경우 부동신실명법 제4조 제2항 본문에 의하여 명의수탁자(을) 명의의 소유권이전등기는 무효이고, 당해 부동산의 소유권은 매도인(A)이 그대로 보유하게 된다. 악의의 계약명의신탁 사안에서 명의신탁 부동산을 임의로 처분하는 명의수탁자(을)의 형사책임이 문제된다. 이에 대해서는 (가) 명의신탁자(갑)와 명의수탁자(을)의 관계 및 (나) 명의수탁자(을)와 매도인(A)의 관계라는 두 가지 측면에서 살펴볼 필요가 있다.

② 명의신탁자와 명의수탁자의 관계 　 악의의 계약명의신탁 사안에서 부동산 매매계약의 당사자는 명의수탁자(을)이다. 명의신탁자(갑)는 부동산 취득을 위한 계약의 당사자가 아니다. 명의수탁자(을)는 부동산 취득을 위한 계약의 당사자도 아닌 명의신탁자(갑)에 대한 관계에서 '타인의 재물을 보관하는 자'의 지위에 있다고 볼 수 없어 횡령죄(법355①)는 성립하지 않는다.[1)]

한편 명의수탁자(을)는 명의신탁자(갑)에 대하여 매매대금 등을 부당이득으로서 반환할 의무를 부담하게 된다. 그렇다고 하더라도 이를 두고 명의수탁자(을)가 '타인의 사무를 처리하는 자'의 지위에 있다고 볼 수 없다. 그 결과 배임죄(법355②)도 성립하지 않는다.[2)]

③ 명의수탁자와 매도인의 관계 　 악의의 계약명의신탁에서 명의수탁자(을)는 매도인(A)에 대하여 소유권이전등기 말소의무를 부담하게 된다. 그러나 명의수탁자(을) 앞으로 경료된 소유권이전등기는 처음부터 원인무효이므로 명의수탁자(을)는 매도인(A)이 소유권에 기한 방해배제청구로 그 말소를 구하는 것에 대하여 상대방으로서 응할 처지에 있을 뿐이다. 명의수탁자(을)는 매도인(A)에 대한 관계에서 '타인의 재물을 보관하는 자'의 지위에 있지 않기 때문에 횡령죄는 성립하지 않는다.[3)]

부동산실명법 제4조 제3항은 명의신탁약정과 그로 인한 물권변동이 무효가 되더라도 그 무효는 제3자에게 대항하지 못하도록 규정하고 있다. 그렇기 때문에 명의수탁자(을)가 제3자(B)와 사이에 한 명의신탁 부동산 처분행위가 부동산실명법 제4조 제3항에 따라 유효하게 될 가능성이 생긴다.

그러나 명의수탁자(을)와 제3자(B) 사이의 부동산 처분행위가 유효하게 될 가능성은 거래의 상대방인 제3자(B)를 보호하기 위하여 명의신탁약정의 무효에 대한 예외를 설정한 취

---

1) 2012. 11. 29. 2011도7361, 공 2013상, 110 = 분석 각론 『천안 땅 명의신탁 사건』.
2) 2012. 11. 29. 2011도7361, 공 2013상, 110 = 분석 각론 『천안 땅 명의신탁 사건』.
3) 2012. 11. 29. 2011도7361, 공 2013상, 110 = 분석 각론 『천안 땅 명의신탁 사건』.

지에서 나온 것일 뿐 매도인(A)과 명의수탁자(을) 사이에 명의수탁자(을)의 처분행위를 유효하게 만드는 어떠한 신임관계가 존재함을 전제한 것은 아니다. 신임관계가 없으므로 명의수탁자(을)는 매도인(A)에 대한 관계에서 '타인의 사무를 처리하는 자'의 지위에 서지 않으며, 배임죄도 성립하지 않는다.[1)]

(아) 중간생략등기형 명의신탁 　부동산 명의신탁의 네 번째 유형이다.

① 개념정의 　명의신탁자(갑)가 매도인(A)과 체결한 매매계약을 통해 매도인(A)으로부터 매수한 부동산에 관하여 부동산실명법을 위반하여 명의수탁자(을)와 맺은 명의신탁약정에 따라 매도인(A)으로부터 바로 명의수탁자(을) 명의로 소유권이전등기를 마치는 경우를 중간생략등기형 명의신탁이라고 한다. 중간생략등기형 명의신탁을 가리켜서 3자간 등기명의신탁이라고도 한다.[2)] 중간생략등기형 명의신탁에서는 매도인(A), 매수인(갑), 등기명의인(을)이라는 3자가 명의신탁약정의 실행과정에 등장하기 때문이다. 계약명의신탁의 경우에는 매도인(A), 매수인(을), 등기명의인(을) 가운데 매수인(을)과 등기명의인(을)이 동일인이어서 3자가 등장하지 않는다.

중간생략등기형 명의신탁의 경우 부동산매매계약은 매도인(A)과 명의신탁자(갑) 사이에

---

1) 2012. 11. 29. 2011도7361, 공 2013상, 110 = 분석 각론 『천안 땅 명의신탁 사건』.

2) 2021. 9. 9. 2018다284233 전원합의체 판결, 공 2021하, 1762 = 『명의수탁자 5억원 대출 사건』: (중간생략등기형 내지 3자간 명의신탁의 민사법적 법리를 살펴보기 위하여 민사판례를 분석함.) M부동산은 A의 소유이다. 2010. 3. 31. 갑은 M부동산에 관하여 A와 매매계약을 체결하였다. 갑은 을과 을 명의로 등기하기로 합의한 상태이다(㉮명의신탁약정). 매매계약 자리에서 갑은 A에게 등기는 을 앞으로 넘겨달라고 말하였다. A는 갑과 을 사이의 ㉮명의신탁약정을 알고 갑의 부탁을 수락하였다(㉯3자간명의신탁). 2010. 5. 13.까지 갑은 A에게 매매대금 10억원을 모두 지급하였다. 2010. 5. 17. A는 갑과 을의 ㉮명의신탁약정에 따라 M부동산에 관하여 을 명의로 소유권이전등기를 마쳐주었다. 2014. 12. 11. 을은 S은행으로부터 5억원을 대출받았다(㉠대출). 을은 ㉠대출에 대한 담보로 M부동산에 채권최고액 6억원의 근저당권을 설정하였다(㉡근저당권). 갑은 을의 ㉡근저당권설정 사실을 알게 되었다. 갑(원고)은 을(피고)을 상대로 다음 청구취지의 소를 제기하였다(㉰민사소송). (가) 피고(을)는 원고(갑)에게 ㉠대출금 5억원을 부당이득으로 반환하라. (나) 피고(을)는 A(매도인)에게 진정한 등기명의 회복을 위한 소유권이전등기절차를 이행하라(A를 대위함).

㉰민사소송은 제1심을 거친 후, 항소심에 계속되었다. 항소법원은 원고(갑)의 부당이득반환청구를 기각하였다. 항소법원은 원고(갑)가 매도인 A를 대위하여 피고(을)에게 제기한 A 앞으로의 소유권이전등기절차이행 청구를 인용하였다. 원고(갑)는 부당이득반환청구 기각 부분에 불복하여 상고하였다. 피고(을)는 A 앞으로의 소유권이전등기 이행 인용 부분에 불복하여 상고하였다.

대법원은 소유권이전등기 이행 인용 부분에 대한 피고(을)의 상고를 기각하였다. 대법원은 원고(갑)의 부당이득청구 부분에 대해 8 대 5로 견해가 나뉘었다. 다수의견은 공평의 관점에서 명의수탁자(을)가 명의신탁자(갑)에게 부당이득(5억원) 반환의무가 있다고 판단하였다. 소수의견은 명의수탁자가 명의신탁자에게 5억원을 부당이득으로 반환하는 것은 명의신탁약정을 무효로 한 부동산실명법의 취지에 반하는 것이라고 주장하였다. 대법원은 다수의견에 따라 원심의 부당이득반환청구에 대한 원고(갑) 패소 부분을 파기환송하였다. (상세한 논지 분석은 생략함.)

이루어진다. 매도인(A)은 명의신탁자(갑) 앞으로 등기이전을 하지 않고 명의수탁자(을) 앞으로 등기이전을 해준다. 중간생략등기형 명의신탁은 앞에서 살펴본 악의의 계약명의신탁과 비슷하지만 구별된다. 악의의 계약명의신탁 사안에서는 부동산매매계약이 매도인(A)과 명의수탁자(을) 사이에 이루어진다. 그런데 부동산등기를 위하여 첨부하는 서류에는 양자 모두 매도인(A)과 명의수탁자(을) 사이에 체결된 부동산매매계약서가 들어간다. 이 점에서 중간생략등기형 명의신탁과 악의의 계약명의신탁은 대단히 비슷하다. 그러나 부동산매매계약의 실질적 당사자가 매도인(A)과 명의신탁자(갑)인가, 매도인(A)과 명의수탁자(을)인가 하는 점에서 양자는 개념상 구별된다.

중간생략등기형 명의신탁은 매도인(A)으로부터 부동산을 매수한 실권리자(갑)가 소유권이전등기를 실권리자(갑) 앞으로 이전하지 않고 명의수탁자(을) 앞으로 곧바로 등기하는 경우에 나타난다. 원래는 매도인(A)으로부터 실권리자(갑)에게, 실권리자(갑)로부터 명의수탁자(을)에게 각각 등기가 이전되어야 할 것인데, 매도인(A)과 실권리자(갑) 사이의 등기가 생략된다고 보는 것이다. 중간생략등기는 중간의 등기를 생략함으로써 증여세나 양도소득세 등 부동산 관련 세금을 면탈하기 위한 방편으로 사용되는 경우가 많다.

종래 대법원은 중간생략등기형 명의신탁 사안에서 명의수탁자(을)가 명의신탁 부동산을 임의로 처분하는 행위는 횡령죄를 구성한다고 판단하였다.[1] 그러나 2016년 대법원은 전원합의체 판결로써 판례를 변경하여 횡령죄의 성립을 부정하였다.[2] 이와 관련하여 대법원은 재물의 타인성과 재물의 보관자라는 두 가지 측면에서 논거를 제시하였다.

② 재물의 타인성 중간생략등기형 명의신탁 사안은 부동산을 매수한 명의신탁자(갑)가 자신의 명의로 소유권이전등기를 하지 아니하고 명의수탁자(을)와 맺은 명의신탁약정에 따라 매도인(A)으로부터 바로 명의수탁자(을)에게 소유권이전등기를 마친 경우이다. 이 경우 부동산실명법에 의하여 명의수탁자(을) 명의의 소유권이전등기는 무효이고(동법4② 본문), 명의신탁 부동산의 소유권은 매도인(A)이 그대로 보유하게 된다.

명의신탁자(갑)로서는 매도인(A)에 대한 소유권이전등기청구권을 가질 뿐 명의신탁 부동산의 소유권을 가지지 않는다. 명의수탁자(을) 역시 명의신탁자(갑)에 대하여 직접 명의신탁 부동산의 소유권을 이전할 의무를 부담하지는 않는다. 명의신탁 부동산의 소유자도 아닌 명의신탁자(갑)에 대한 관계에서 명의수탁자(을)가 횡령죄에서 말하는 '타인의 재물'을 보관하는 자의 지위에 있다고 볼 수는 없다.

명의신탁자(갑)는 매매계약의 당사자로서 매도인(A)을 대위하여 명의신탁 부동산을 이

1) 2002. 2. 22. 2001도6209, 공 2002, 833.
2) 2016. 5. 19. 2014도6992 전원합의체 판결, 공 2016상, 817 =『49분의 15 지분 명의신탁 사건』.

전받아 취득할 수 있는 권리 기타 법적 가능성을 가지고 있다. 그렇기는 하지만 명의신탁자(갑)가 이러한 권리 등을 보유하였음을 이유로 명의신탁자(갑)를 사실상 또는 실질적 소유자로 보아 민사상 소유권이론과 달리 횡령죄가 보호하는 명의신탁 부동산의 소유자라고 평가할 수는 없다.

명의수탁자(을)에 대한 관계에서 명의신탁자(갑)를 사실상 또는 실질적 소유자라고 형법적으로 평가하는 것은 부동산실명법이 명의신탁약정을 무효로 하고 있음에도 불구하고 무효인 명의신탁약정에 따른 소유권의 상대적 귀속을 인정하는 것과 다름이 없어서 부동산실명법의 규정과 취지에 명백히 반하여 허용될 수 없다.

③ 재물의 보관자　　부동산실명법의 입법 취지 등에 비추어 볼 때, 명의신탁자(갑)와 명의수탁자(을) 사이에 그 위탁신임관계를 근거 지우는 계약인 명의신탁약정 또는 이에 부수한 위임약정이 무효임에도 불구하고 횡령죄 성립을 위한 사무관리 · 관습 · 조리 · 신의칙에 기초한 위탁신임관계가 있다고 할 수는 없다.

또한 명의신탁자와 명의수탁자 사이에 존재한다고 주장될 수 있는 사실상의 위탁관계라는 것도 부동산실명법에 반하여 범죄를 구성하는 불법적인 관계에 지나지 아니할 뿐 이를 형법상 보호할 만한 가치 있는 신임에 의한 것이라고 할 수 없다.

(자) 판례에 대한 종합평가　　이상 판례에서 제시된 논의상황을 종합해 보면, 부동산 명의신탁 사안에서 명의수탁자(을)가 명의신탁 부동산을 제3자(B)에게 임의로 처분하는 행위는, 명의신탁이 유효한 것으로 인정되는 예외적인 경우(부동산실명법8 참조)를 제외하면, 2자간 명의신탁, 선의의 계약명의신탁, 악의의 계약명의신탁, 중간생략등기형 명의신탁 모든 경우에 횡령죄(법355①) 및 배임죄(법355②)를 구성하지 않게 된다. 이제 부동산 명의신탁 사안에서 명의신탁자(갑)는 횡령죄와 배임죄에 의한 형법적 안전장치를 가질 수 없게 되었고, 이로써 부동산 명의신탁 형태에 의한 탈법행위는 한층 강력한 규제를 받게 되었다.

(차) 부동산 명의신탁의 대외관계　　명의신탁 부동산을 명의수탁자(을)가 제3자(B)에게 임의로 처분하는 경우에 제3자(B)에 대한 임의처분행위가 사기죄를 구성하지 않는가 하는 의문이 제기된다. 부동산 명의수탁자(을)가 부동산을 제3자(B)에게 매도하고 매매를 원인으로 한 소유권이전등기까지 마쳐 준 경우에 대해 판례는 다음의 분석을 통해 명의수탁자(을)에 대한 사기죄 성립을 부정하고 있다.

매도인인 명의수탁자(을)와 매수인인 제3자(B)의 관계를 보면, 명의신탁의 법리상 대외적으로 명의수탁자(을)에게 명의신탁 부동산의 처분권한이 있다. 또한 매수인인 제3자(B)로서도 자기명의의 소유권이전등기가 유효하게 마쳐진 이상 실질적인 재산상의 손해가 있다고 할 수 없다. 사정이 이러하므로 명의수탁자(을)에게는 명의신탁 사실과 관련하여 신의칙상

고지의무가 존재하지 않으며, 따라서 기망행위가 있었다고 볼 수 없다.[1) 2)]

이러한 사정은 명의수탁자(을)가 명의신탁 부동산을 처분할 때 매수인인 제3자(B)에게 당해 부동산이 명의수탁자(을)의 소유라는 말을 하였다고 하더라도 또한 같아서 역시 사기죄가 성립하지 않는다.[3)]

(4) 동산 명의신탁

동산 가운데에는 자동차나 중기 또는 주권 등과 같이 물권변동에 등록이나 등기가 필요한 것들이 있다. 등록이나 등기가 필요한 동산의 경우에는 명의신탁 거래관행이 발견된다.

일반적으로 자동차나 중기(또는 건설기계)에 대한 소유권의 득실변경은 등록을 함으로써 그 효력이 생기고, 그와 같은 등록이 없는 한 대외적 관계에서는 물론 당사자의 대내적 관계에서도 그 소유권을 취득할 수 없는 것이 원칙이다.

그렇지만 당사자 사이에 그 소유권을 그 등록 명의자 아닌 자가 보유하기로 하는 명의신탁약정이 있는 경우에는 사정이 달라진다. 명의신탁약정은 명시적인 것뿐만 아니라 묵시적인 합의에 의하여도 가능하다.[4)] 명의신탁약정이 있는 경우에는 명의신탁자(갑)와 명의수탁자(을) 사이의 내부관계에서는 그 등록명의자(을) 아닌 명의신탁자(갑)가 소유권을 보유

---

1) 1990. 11. 13. 90도1961, 공 1991, 136 = 『2분의 1 명의신탁 불고지 사건』:

(1995년 부동산실명법이 시행되기 전에 일어난 사안이다.) 갑과 을은 절반씩 자금을 내서 A로부터 M부동산을 매입하였다. 갑과 을은 편의상 등기명의를 을 앞으로 하기로 하였다(㉮명의신탁약정). M부동산은 을 명의로 등기되었다. 을은 갑의 승낙을 받지 않고 M부동산 전부를 B에게 매도하였다. 을은 B와의 거래과정에서 ㉮명의신탁약정이 있음을 B에게 알려주지 않았다. 을은 B 앞으로 M부동산에 대한 소유권이전등기를 마쳐 주었다.

검사는 을을 사기죄로 기소하였다. 을의 피고사건은 제1심을 거친 후, 항소심에 계속되었다. 항소법원은 무죄를 선고하였다. 검사는 불복 상고하였다.

대법원은 다음의 이유를 들어서 상고를 기각하였다. 대법원은 다음과 같이 판단한 원심을 그대로 유지하였다. (가) 부동산의 등기부상 소유명의를 신탁받은 자는 대외적으로 그 부동산의 처분권한이 있다. (나) 을 단독명의로 소유권이전등기가 된 M부동산 중 1/2 지분은 갑의 소유로서 그 부분은 명의신탁에 의한 등기이다. (다) 그럼에도 불구하고 을은 갑의 승낙을 받음이 없이 M부동산 전부를 B에게 매도하여 그 소유권이전등기를 마쳐 주었다. (라) 그렇다고 하여도 매수인(B)은 ㉮명의신탁 여부를 알은 여부에 관계 없이 유효하게 M부동산의 소유권을 취득한다. (마) 그러므로 신탁자인 갑과의 관계에서 횡령죄를 구성함은 별론으로 하고 매수인인 B에 대하여 사기죄를 구성하지 않는다.

(대법원은 부동산실명법이 시행된 후에 선고된 2007. 1. 11. 2006도4498 『친정엄마 명의 자동차 사건』에서 사기죄 성립을 부정한 본 판례를 그대로 인용하였다. 한편, 대법원은 2021. 2. 18. 2016도18761 전원합의체 판결을 통하여 양자간 명의신탁 사안에서 횡령죄를 인정하던 종전 판례를 폐기하고 횡령죄 성립을 부정하는 입장으로 전환하였다.)

2) 2007. 1. 11. 2006도4498, 공 2007, 317 = 분석 각론 『친정엄마 명의 자동차 사건』.

3) 2007. 1. 11. 2006도4498, 공 2007, 317 = 분석 각론 『친정엄마 명의 자동차 사건』.

4) 2008. 10. 23. 2007도6463, 공 2008, 1626 = 『기업인수 주식 반환거부 사건』.

하게 된다.[1)]

이처럼 동산의 경우에도 명의신탁법리에 의하여 명의신탁자(갑)를 대내적 소유자로, 명의수탁자(을)를 대외적 소유자로 하는 소유권의 분리가 인정된다. 그런데 동산의 경우에는 동산에 대한 소유권이나 소유권에 준하는 권리(본권)를 실체적 권리관계와 일치시키도록 강제하는 특별법이 없다.

부동산 명의신탁의 경우 점유 여부는 등기를 기준으로 결정한다. 부동산의 경우 등기를 기준으로 하므로 점유는 고정되어 있다. 이에 대해 동산의 경우에는 점유의 변동이 가능하다. 따라서 명의신탁 동산의 임의 처분행위에 대한 검토를 할 때에는 점유가 명의수탁자에게 있는지 명의신탁자에게 있는지를 구별해 보아야 한다.

먼저, 명의수탁자(을)가 보관중이던 명의신탁 동산을 제3자(B)에게 임의로 처분하는 경우가 있다. 이 때에는 명의수탁자(을)가 명의신탁자(갑)이자 소유자(갑)인 타인의 재물을 영득한 것이 되어 횡령죄(법355①)가 성립한다. 다음으로, 명의신탁 동산을 명의신탁자(갑)가 점유하는 경우가 있다. 이때 명의수탁자(을)가 명의신탁자(갑)가 점유중인 명의신탁 동산을 몰래 취거하여 제3자(B)에게 임의로 처분하였다면 절도죄(법329)가 성립한다.[2)]

그러나 매도인인 명의수탁자(을)와 매수인인 제3자(B)의 관계에서 명의수탁자(을)는 소유자이다. 명의수탁자(을)은 매수인인 제3자(B)에 대하여 명의신탁 사실을 고지할 신의칙상의 의무가 없다. 이 때문에 명의수탁자(을)에 대해 사기죄(법347)가 성립하지 않는다. 이 점은 부동산 명의신탁의 경우와 같다.[3)]

(5) 자동차 지입계약과 재물의 타인성

(가) 지입계약의 의의 　　자동차 지입계약은 지입차량을 둘러싸고 지입회사와 지입차주 사이에 이루어지는 계약이다. 지입회사는 자동차운송업을 경영하면서 타인으로부터 차량을 지입받아 운송사업자인 회사 명의로 자동차를 등록한다. 지입차주는 운송사업자인 지입회사에 차량을 지입하고 필요한 비용을 지불하면서 지입회사의 운송사업 면허 등을 이용하여 사실상 개인사업을 영위한다.

자동차 지입계약을 통하여 지입회사와 지입차주 사이에서는 자동차의 소유와 점유가 분리된다. 자동차등록원부상의 지입회사가 대외적으로 차량 소유권을 보유하는 반면, 지입차주가 차량을 실질적으로 점유하면서 운행·관리하는 관계가 이루어지는 것이다.[4)]

---

1) 2007. 1. 11. 2006도4498, 공 2007, 317 = 분석 각론 『친정엄마 명의 자동차 사건』.
2) 2007. 1. 11. 2006도4498, 공 2007, 317 = 분석 각론 『친정엄마 명의 자동차 사건』.
3) 2007. 1. 11. 2006도4498, 공 2007, 317 = 분석 각론 『친정엄마 명의 자동차 사건』.
4) 지입차량을 둘러싼 권리행사방해죄의 문제는, 전술 945면 참조.

(나) 지입차량의 소유권 지입계약을 둘러싸고 지입회사와 지입차주 사이에 지입차량의 소유권이 누구에게 귀속되는지 문제된다. 이에 대해서는 명의신탁의 법리에 따라 대내적 관계에서 지입차량 소유권이 지입차주에게 귀속된다고 보는 견해와 지입차량 소유권이 대내적 · 대외적으로 등록명의자인 지입회사에 귀속된다는 견해가 대립하고 있다.

판례는 지입회사와 지입차주 사이에 지입차량의 소유권을 지입차주가 보유하기로 약정하였다는 등의 특별한 사정이 없는 한, 지입차량은 등록명의자인 지입회사의 소유이고 지입차주의 소유는 아니라는 입장을 취하고 있다.[1)]

(다) 지입차량의 보관자 지입차량에 대한 보관자의 지위와 관련하여 종전 판례는 차량등록 여부를 기준으로 판단하였다. 소유권의 취득에 등록이 필요한 차량에 대한 횡령죄에서 타인의 재물을 보관하는 사람의 지위는 일반 동산의 경우와 달리 차량에 대한 점유 여부가 아니라 등록에 의하여 차량을 제3자에게 법률상 유효하게 처분할 수 있는 권능 유무에 따라 결정해야 한다는 입장이었다.[2)]

그러나 2015년 대법원은 판례를 변경하여 소유권의 취득에 등록이 필요한 타인소유의 차량을 인도받아 보관하고 있는 사람이 이를 사실상 처분하면 횡령죄(법355①)가 성립하며, 차량 보관을 위임한 사람이나 차량의 보관자가 차량의 등록명의자일 필요는 없다는 입장으로 선회하였다.[3)]

---

1) 2003. 5. 30. 2000도5767, 공 2003, 1487 = 『레간자 택시 지입 사건』.

2) 2006. 12. 22. 2004도3276 [미공간].

3) 2015. 6. 25. 2015도1944 전원합의체 판결, 공 2015하, 1119 = 『지입차량 6대 임의처분 사건』:

P회사는 덤프트럭을 운용하는 물류회사이다. 갑은 P회사의 대표이사이다. P회사는 ⓐ~ⓕ차량 6대를 보유하고 있었다. ⓐ~ⓕ차량 6대는 각각 개인 A~F가 구입하여 P회사에 지입한 차량들이다. 개인 A~F는 지입회사로부터 운행관리권을 위임받아 ⓐ~ⓕ차량을 각각 운행하고 있다. P회사는 ⓐ~ⓓ차량 4대를 각각 Q, R, S, T운수회사에 지입시켰다. ⓐ~ⓓ차량 4대는 각각 Q, R, S, T운수회사 명의로 등록되었다. ⓔ, ⓕ차량 2대는 P회사의 명의로 등록되었다. 갑은 물류사업에 어려움을 겪고 있었다.

을과 병이 있다. 을과 병 등은 다음의 범행을 모의하였다. (가) 지입되어 있는 화물차량을 저가에 구입한다. (나) 구입한 차량은 서류 위조 및 행사를 포함한 행정 처리단계를 거쳐서 베트남 등지로 밀수출한다. 을은 헐값에 매입할 차량을 물색하였다. 병은 갑을 을에게 소개하였다. 갑은 을에게 ⓐ~ⓕ차량 6대를 시가의 5분의 1 헐값으로 매각하였다. 을 등 일당이 검거되었다.

검사는 병을 장물알선죄 등으로 기소하였다. (이하 장물죄 부분만 검토함.) 제1심법원은 병에게 유죄를 인정하였다. 병은 불복 항소하였다. 항소법원은 항소를 기각하였다. 병은 불복 상고하였다. 병은 상고이유로 다음의 점을 주장하였다. (가) 병에게 장물알선죄가 성립하려면 을에게 장물취득죄가 성립하여야 한다. (나) 을에게 장물취득죄가 성립하려면 갑에게 횡령죄가 성립하여야 한다. (다) 갑에 횡령죄가 성립하려면 갑이 보관자의 지위에 있어야 한다. (라) 종래 판례에 의하면 등록된 차량의 보관자는 등록명의인이다. (마) 갑은 ⓐ~ⓕ차량의 등록명의인이 아니다. (바) 갑에게 횡령죄의 보관자 지위가 인정되지 않는다. (사) 갑에게 횡령죄가 인정되지 않으므로 병에게 장물알선죄가 성립하지 않는다.

대법원은 다음의 이유를 제시하여 상고를 기각하였다. 대법원은 전원합의체의 일치된 의견으로 종전 판례

그리하여 (가) 지입회사(P회사)에 소유권이 있는 차량에 대하여 지입회사(P회사)로부터 운행관리권을 위임받은 지입차주(A)가 지입회사(P회사)의 승낙 없이 그(A)가 보관 중인 차량을 사실상 처분하는 경우에 횡령죄가 성립하며, (나) 지입차주(A)로부터 차량 보관을 위임받은 사람(갑)이 지입차주(A)의 승낙 없이 그(갑)가 보관 중인 차량을 사실상 처분한 경우에도 횡령죄가 성립한다.[1)]

(6) 불법원인급여

(가) 원 칙 뇌물, 성매매 또는 내연관계의 대가로 지급된 재물과 같이 불법원인급여에 해당하는 재물은 재물을 교부받은 자의 소유에 속하게 된다. 민법 제746조에 따라 불법원인으로 급여를 한 사람은 (가) 그 원인행위가 법률상 무효임을 내세워 상대방에게 부당이득반환청구를 할 수 없고, (나) 급여한 물건의 소유권이 자기에게 있다고 하여 소유권에 기한 반환청구도 할 수 없어서 결국 급여한 물건의 소유권은 급여를 받은 상대방에게 귀속되기 때문이다.[2)]

(나) 한계 사례 뇌물 전달의 목적으로 받은 금전을 보관자가 영득의사를 가지고 임의로 소비하거나 반환청구에 응하지 않더라도 타인의 재물을 영득하는 것이 아니어서 횡령죄가 성립하지 않는다.[3)] 그러나 예컨대 매출액의 일부를 기부금 등 명목으로 되돌려 받는 소위 리베이트 금품의 수수는 불법원인급여에 해당하지 아니하여 이를 임의로 처분하는 경우에는 횡령죄가 성립한다. 다른 특별한 사정이 없는 한 이러한 경우를 선량한 풍속 기타 사회질서에 반하는 행위로서 불법원인급여에 해당한다고 보기 어렵기 때문이다.[4)]

「범죄수익은닉의 규제 및 처벌 등에 관한 법률」(범죄수익은닉규제법)에 따라 직접 처벌되

를 변경하였다. 대법원은 지입차량의 경우 보관자의 판단기준에 대해 다음과 같이 설시하였다. (가) 횡령죄는 타인의 재물을 보관하는 사람이 그 재물을 횡령하거나 반환을 거부한 때에 성립한다. (나) 횡령죄에서 재물의 보관은 재물에 대한 사실상 또는 법률상 지배력이 있는 상태를 의미한다. (다) 횡령행위는 불법영득의사를 실현하는 일체의 행위를 말한다. (라) 소유권의 취득에 등록이 필요한 타인 소유의 차량을 인도받아 보관하고 있는 사람이 이를 사실상 처분하면 횡령죄가 성립한다. (마) 그 보관 위임자나 보관자가 차량의 등록명의자일 필요는 없다.

(바) 이와 같은 법리는 지입회사에 소유권이 있는 차량에 대하여 지입회사로부터 운행관리권을 위임받은 지입차주(A~F)가 지입회사의 승낙 없이 그 보관 중인 차량을 사실상 처분하는 경우에 마찬가지로 적용된다. (사) 이와 같은 법리는 지입차주로부터 차량 보관을 위임받은 사람(갑)이 지입차주(A~F)의 승낙 없이 그 보관 중인 차량을 사실상 처분한 경우에도 마찬가지로 적용된다.

1) 2015. 6. 25. 2015도1944 전원합의체 판결, 공 2015하, 1119 =『지입차량 6대 임의처분 사건』.
2) 1999. 6. 11. 99도275, 공 1999, 1451 =『외국인연수생 업체 선정 사건』.
3) 1999. 6. 11. 99도275, 공 1999, 1451 =『외국인연수생 업체 선정 사건』.
4) 2008. 10. 9. 2007도2511, [미간행] =『종교인 약제부장 사건』.

는 행위(동법3, 4 참조)[1]를 내용으로 하는 계약은 그 자체로 반사회성이 현저하여 민법 제746조에서 말하는 불법의 원인에 해당한다. 피고인이 범죄수익 등의 은닉범행 등을 위해 교부받은 금품은 불법의 원인으로 급여한 물건에 해당하여 그 소유권이 피고인에게 귀속된다. 따라서 피고인이 교부받은 금품을 임의로 소비하였다고 하더라도 횡령죄가 성립하지 않는다.[2]

---

1) 전술 116면 참조.

2) 2017. 4. 26. 2016도18035, 공 2017상, 1215 =『유사수신 19억원 수표 사건』:

A는 액면금 19억원의 ㉠수표(통칭함)를 현금으로 교환해 달라고 B에게 부탁하였다. ㉠수표는 A와 C 등이 불법 금융다단계 유사수신행위에 의한 사기범행을 통하여 취득한 범죄수익이다. B는 D를 통해 수표 교환을 의뢰할 상대방으로 갑을 소개받았다. 갑은 D로부터 ㉠수표를 현금으로 교환해 주면 그 대가로 2,000만원을 주겠다는 제안을 받았다. 갑은 ㉠수표가 범죄수익이라는 사실을 잘 알면서도 이를 교부받았다. 갑은 E를 통해 ㉠수표 중 일부를 14억원에서 15억원가량의 현금으로 교환하였다. 갑은 아직 교환되지 못한 수표 및 교환된 현금 가운데 18억원을 임의로 사용하였다.

검사는 갑을 특정경제범죄법위반죄(횡령) 및 범죄수익은닉규제법 위반죄로 기소하였다. 갑의 피고사건은 제1심을 거친 후, 항소심에 계속되었다. 항소법원은 공소사실을 모두 유죄로 인정하였다. 갑은 불복 상고하였다.

대법원은 원심판결을 파기환송하였다. 대법원은 다음의 이유를 제시하여 특정경제범죄법위반죄(횡령) 부분을 무죄로 판단하였다. 대법원은 불법원인급여의 판단기준에 대해 다음과 같이 설시하였다. (가) 민법 제746조는 불법의 원인으로 인하여 재산을 급여한 때에는 그 이익의 반환을 청구하지 못한다고 규정하고 있다. (나) 민법 제746조의 뜻은 그러한 급여를 한 사람은 (ㄱ) 그 원인행위가 법률상 무효임을 내세워 상대방에게 부당이득반환청구를 할 수 없음은 물론 (ㄴ) 급여한 물건의 소유권이 자기에게 있다고 하여 소유권에 기한 반환청구도 할 수 없다는 데 있다. (다) 결국 그 물건의 소유권은 급여를 받은 상대방에게 귀속된다.

(라) 민법 제746조에서 말하는 '불법'이 있다고 하려면, (ㄱ) 급여의 원인 된 행위가 그 내용이나 성격 또는 목적이나 연유 등으로 볼 때 선량한 풍속 기타 사회질서에 위반될 뿐 아니라 (ㄴ) 반사회성 · 반윤리성 · 반도덕성이 현저하거나, (ㄷ) 급여가 강행법규를 위반하여 이루어졌지만 이를 반환하게 하는 것이 오히려 규범목적에 부합하지 아니하는 경우 등에 해당하여야 한다.

대법원은 사실관계를 분석하였다. 대법원은 갑의 행위에 대해 다음과 같이 판단하였다. (가) 갑이 D로부터 ㉠수표를 교부받은 원인행위는 이를 현금으로 교환해 주고 대가를 지급받기로 하는 계약이다(㉡계약). (나) ㉡계약은 범죄수익은닉규제법에 의하여 형사처벌되는 행위이다(동법 제3조 제1항 제1호). (다) ㉡계약은 즉 범죄수익은닉규제법에서 정한 범죄수익 등에 해당하는 ㉠수표를 현금으로 교환하여 그 특정, 추적 또는 발견을 현저히 곤란하게 하는 은닉행위를 법률행위의 내용 및 목적으로 하는 것이므로 선량한 풍속 기타 사회질서에 위반된다. (라) 한편 범죄수익은닉규제법은 국제적 기준에 맞는 자금세탁방지 제도를 마련하고 범죄수익의 몰수 · 추징에 관한 특례를 규정함으로써 특정범죄를 조장하는 경제적 요인을 근원적으로 제거하여 건전한 사회질서의 유지에 이바지함을 목적으로 제정된 법률이다[동법 제1조 참조]. (마) 범죄수익은닉규제법은 특정범죄를 직접 처벌하는 형법 등을 보충함으로써 중대범죄를 억제하기 위한 형사법 질서의 중요한 일부를 이루고 있다.

(바) 이에 비추어, 범죄수익은닉규제법에 의하여 직접 처벌되는 행위를 내용으로 하는 ㉡계약은 그 자체로 반사회성이 현저하다. (사) 뿐만 아니라 형벌법규에서 금지하고 있는 자금세탁행위를 목적으로 교부된 범죄수익 등을 특정범죄를 범한 자가 다시 반환받을 수 있도록 한다면, 그 범죄자로서는 교부의 목적을 달성하지 못하더라도 언제든지 범죄수익을 회수할 수 있게 되어 자금세탁행위가 조장될 수 있으므로, 범죄수익의 은닉이나 가장, 수수 등의 행위를 억지하고자 하는 범죄수익은닉규제법의 입법 목적에도 배치된다.

(아) 그러므로 갑이 D로부터 범죄수익 등의 은닉범행 등을 위해 교부받은 ㉠수표는 불법의 원인으로 급여

그러나 자금의 조성과정에 반사회적 요소가 있다고 하더라도, 그 자금을 위탁하거나 보관시키는 등의 행위가 범죄수익은닉규제법을 위반하지 않고, 그 내용, 성격, 목적이나 연유 등에 비추어 선량한 풍속 그 밖의 사회질서에 반한다고 보기 어려운 경우라면 불법원인이 있다고 볼 수 없다. 이 경우 피고인이 교부받은 자금을 임의로 소비하였다면 횡령죄가 성립한다.[1]

한 물건에 해당하여 그 소유권이 갑에게 귀속된다. (자) 따라서 갑이 그중 교환하지 못한 수표와 이미 교환한 현금을 임의로 소비하였다고 하더라도 횡령죄가 성립하지 않는다고 봄이 타당하다.

1) 2017. 10. 31. 2017도11931, 공 2017하, 2271 =『에스크로 자문계약 사건』:

갑은 변호사이다. 해외의 P회사가 운용하는 Q[펀드]가 있다. A는 국내에서 다단계 방식으로 Q펀드에 투자할 투자자들을 모집하였다. A의 투자자 모집행위는 유사수신행위법에 위반된다. A는 투자자들로부터 투자금 50억원을 모집하였다(㉠돈). Q펀드에 투자하려면 투자금을 적법하게 해외로 송금하여야 한다.

A는 갑과 다음 내용의 '에스크로(Escrow) 및 자문 계약'을 체결하였다(㉡계약). (가) A는 Q펀드에 투자하고자 하는 자로부터 모집한 투자금 중 일부를 갑에게 계좌이체 방식으로 보내준다. (나) 갑은 그 돈을 A가 지정하는 외국환거래 회사를 통하여 Q펀드에 전달한다. (다) 갑은 변호사로서 그 전달과정에 부수되는 자문 업무를 수행한다.

㉡계약 체결 후 A는 갑에게 모집된 투자금 50억원(㉠돈)을 계좌이체하였다. R회사 명의로 된 S은행의 ⓐ계좌가 있다. A는 갑에게 ⓐ계좌로 ㉠돈의 송금을 요청하였다. 갑은 ㉡계약에 따라 ㉠돈 가운데 일부를 송금하였다(㉢송금행위). 이후 갑은 R회사 명의 계좌를 통한 해외 송금이 외국환거래법 등 관계 법령에 위반될 수 있다는 이유로 송금을 중단하였다. 갑은 송금하지 않고 남은 돈 20억원(㉣돈)의 반환을 거부하였다.

검사는 갑을 특정경제범죄법위반죄(횡령)로 기소하였다. 갑의 피고사건은 제1심을 거친 후, 항소심에 계속되었다. 항소법원은 유죄를 인정하였다. 갑은 불복 상고하였다. 갑의 상고이유로 다음의 점을 주장하였다. (가) ㉠돈(투자금 50억원)은 유사수신행위법 위반죄로 취득한 돈이다. (나) ㉡계약은 유사수신행위법위반죄의 방조범에 해당한다. (다) ㉡계약에 따른 ㉢송금행위는 범죄수익은닉행위에 해당한다. (라) ㉡계약에 의하여 A가 갑에게 계좌이체한 ㉠돈은 불법원인급여에 해당한다. (마) 불법원인급여의 일부인 ㉣돈(20억원)을 임의로 사용하거나 반환을 거부해도 횡령죄는 성립하지 않는다.

대법원은 다음의 이유를 제시하여 상고를 기각하였다. 대법원은 유사수신행위 관련 부분에 대해 다음과 같이 판단하였다. (가) ㉡에스크로 계약은 범죄수익 등의 취득, 처분 또는 발생 원인에 관한 사실을 가장하거나 적법하게 취득한 재산으로 가장할 목적으로 은닉하는 등의 내용을 포함하고 있지 않다. (나) 갑은 A가 ㉠금원을 투자금으로 모집한 후에 ㉡계약을 체결하였다. (다) ㉡계약 체결 당시 A의 투자자들에 대한 사기와 유사수신행위법 위반 행위는 이미 종료되었다. (라) 따라서 갑이 ㉠금원을 송금받은 행위나 ㉡계약에서 정한 의무를 이행하는 것이 ㉠금원에 관한 A의 사기와 유사수신행위법 위반 범행에 대한 방조에 해당한다고 보기 어렵다.

대법원은 범죄수익은닉 관련 부분에 대해 다음과 같이 설시하였다. (가) 범죄수익은닉규제법은 형법 등을 보충하여 중대범죄를 억제하기 위한 형사법 질서의 중요한 일부를 이루고 있다. (나) 범죄수익은닉규제법에 따라 직접 처벌되는 행위를 내용으로 하는 계약은 그 자체로 반사회성이 현저하여 민법 제746조에서 말하는 불법의 원인에 해당하는 것으로 볼 수 있다.

(다) 그러나 (ㄱ) 자금의 조성과정에 반사회적 요소가 있다고 하더라도 (ㄴ) 그 자금을 위탁하거나 보관시키는 등의 행위가 범죄수익은닉규제법을 위반하지 않고 그 내용, 성격, 목적이나 연유 등에 비추어 선량한 풍속 그 밖의 사회질서에 반한다고 보기 어려운 경우라면 불법원인이 있다고 볼 수 없다.

(라) A가 갑에게 ㉠돈을 교부한 원인이 된 ㉡계약이 범죄수익은닉규제법 위반을 내용으로 한다고 보기 어렵다. (마) ㉡계약 당시 갑이 ㉠돈이 범죄수익금이라는 사실이나 불법적인 해외 송금(㉢송금) 사실을 알았다

(다) 예 외 수익자의 불법성이 급여자의 불법성보다 현저히 큰 데 반하여 급여자의 불법성은 미약한 경우에도 급여자에게 반환청구가 허용되지 않는다면 공평에 반하고 신의성실의 원칙에도 어긋나게 된다. 그러므로 이러한 경우에는 예외적으로 민법 제746조 본문의 적용이 배제되어 급여자의 반환청구가 허용되며, 그 결과 급여자에게 재물의 소유권이 인정된다. 따라서 급여받은 재물을 임의로 처분하는 자는 타인의 재물을 영득하는 것이 되어 횡령죄에 해당하게 된다.[1]

수익자의 불법성이 급여자의 그것보다 현저히 큰 경우인가 아닌가는 구체적 사정을 종합하여 판단해야 한다. 판례는 윤락업소의 영업주와 생활고에 허덕이는 윤락업소의 종업원 사이에서 종업원이 맡겨놓은 화대를 업주가 임의로 사용한 행위에 대해 횡령죄의 성립을 인정한 바가 있다.[2]

(라) 강행규정위반 불법원인급여의 법리를 규정한 민법 제746조는 선량한 풍속, 기타 사회질서에 반하는 사항을 내용으로 하는 법률행위를 무효로 하는 민법 제103조와 표리관계에 있다.[3] 따라서 불법의 정도가 이 수준에 이르지 아니하고 여타의 강행규정에 위반되는 경우라면 불법원인급여를 이유로 하는 소유권이전은 인정되지 않는다.

「금융실명거래 및 비밀보장에 관한 법률」(금융실명법)에 따라 실명이 확인된 계좌에 보유하고 있는 금융자산은 명의자의 소유로 추정된다(동법3⑤ 참조). 금융실명법은 일정한 요건 아래 타인의 실명으로 하는 금융거래를 금지하고 있다.[4] 이와 관련하여 금융실명제하에서

고 보기 어렵다. (바) ㉡계약 당시 갑이 범죄수익금 또는 불법적인 해외송금 사실을 알면서 협조하기로 하였다고 보기 어렵다. (사) A의 갑에 대한 ㉠금원의 교부가 불법원인급여에 해당한다고 보기 어렵다. (아) 원심이 이 사건 공소사실(횡령)을 유죄로 판단한 것은 정당하다.

1) 1999. 9. 17. 98도2036, 공 1999, 2267 = 분석 각론 『화대 절반 횡령 사건』.

2) 1999. 9. 17. 98도2036, 공 1999, 2267 = 분석 각론 『화대 절반 횡령 사건』.

3) 2008. 10. 9. 2007도2511, [미간행] =『종교인 약제부장 사건』.

4) 금융실명거래 및 비밀보장에 관한 법률 제3조 (금융실명거래) ① 금융회사등은 거래자의 실지명의(이하 "실명"이라 한다)로 금융거래를 하여야 한다.

② (생략)

③ 누구든지 「특정 금융거래정보의 보고 및 이용 등에 관한 법률」 제2조 제3호에 따른 불법재산의 은닉, 같은 조 제4호에 따른 자금세탁행위 또는 같은 조 제5호에 따른 공중협박자금조달행위 및 강제집행의 면탈, 그 밖에 탈법행위를 목적으로 타인의 실명으로 금융거래를 하여서는 아니 된다.

④ 금융회사등에 종사하는 자는 제3항에 따른 금융거래를 알선하거나 중개하여서는 아니 된다.

⑤ 제1항에 따라 실명이 확인된 계좌 또는 외국의 관계 법령에 따라 이와 유사한 방법으로 실명이 확인된 계좌에 보유하고 있는 금융자산은 명의자의 소유로 추정한다.

⑥ (생략)

⑦ (생략)

제6조 (벌칙) ① 제3조 제3항 또는 제4항, 제4조 제1항 또는 제3항부터 제5항까지의 규정을 위반한 자는 5년 이하의 징역 또는 5천만원 이하의 벌금에 처한다.

명의신탁된 금전의 소유자와 보관자가 누구인지 문제된다. 이 문제에 대해 판례는 다음과 같은 기준을 제시하고 있다.

금융실명제에 따라 금융기관은 특별한 사정이 없는 한 실명확인을 한 예금명의자만을 '예금주'로 인정한다. 명의수탁자 명의로 입금된 금전은 명의수탁자만 법률상 지배 · 처분할 수 있으며, 명의신탁자(상속인 포함)는 '예금주'가 자신이라고 주장할 수 없다. 그렇다고 하여 불법원인급여처럼 보관을 위탁받은 금전이 명의수탁자의 소유로 된다거나 명의신탁자가 금전의 반환을 구할 수 없는 것은 아니다. 그러므로 명의수탁자가 이를 함부로 인출하여 소비하거나 명의신탁자로부터 반환요구를 받았음에도 불구하고 이를 영득할 의사로 반환을 거부하는 경우에는 횡령죄가 성립한다.[1)]

금융실명제의 경우와 달리,[2)] 판례는 부동산실명법에 위반하는 2자간 명의신탁, 선의의 계약명의신탁, 악의의 계약명의신탁, 중간생략등기형 명의신탁 등의 사안에서 횡령죄의 성립을 부정하고 있다. 대법원은 부동산 명의신탁약정이 강행규정 위반의 정도를 넘어서서 횡령죄로 보호할 만한 가치 있는 신임에 의한 위탁신임관계가 없다는 이유로 명의수탁자에게 타인의 재물을 보관하는 자의 지위를 인정하지 않고 있다.[3)]

---

② 제1항의 징역형과 벌금형은 병과할 수 있다.

1) 2000. 8. 18. 2000도1856, 공 2000, 2034 =『실명제 위반 예금 반환거부 사건』:

갑은 A로부터 거액의 ㉠금전의 보관을 위탁받았다. 갑은 P은행에 갑 명의의 ㉡신탁예금을 개설하여 ㉠금전을 입금하였다. [이후 금융실명제가 시행되었다.] A가 사망하였다. A의 상속인 B 등은 갑에게 ㉠금전의 반환을 요구하였다. 갑은 ㉠금전의 예금주가 갑 자신임을 들어서 B 등의 요구를 거부하고 ㉠금전을 인출하여 소비하였다.

검사는 갑을 특정경제범죄법위반죄(횡령)로 기소하였다. 갑의 피고사건은 제1심을 거친 후, 항소심에 계속되었다. 항소법원은 유죄를 인정하였다. 갑은 불복 상고하였다.

대법원은 다음의 이유를 제시하여 상고를 기각하였다. (가) 횡령죄에 있어서의 보관이라 함은 재물이 사실상 지배하에 있는 경우뿐만 아니라 법률상의 지배 · 처분이 가능한 상태를 모두 가리킨다. (나) 타인의 금전을 위탁받아 보관하는 자는 보관방법으로 이를 은행 등의 금융기관에 예치한 경우에도 보관자의 지위를 갖는다. (다) 갑은 망 A로부터 금전의 보관을 위탁받아 갑 명의의 신탁예금을 개설하여 거기에 보관을 위탁받은 ㉠금전을 입금하였다. (라) 이로써 ㉠금전은 갑이 법률상 지배 · 처분할 수 있는 예금의 형태로 보관하고 있는 것이어서 갑은 횡령죄에서 가리키는 타인의 재물을 보관하는 지위에 있다.

(마) 금융실명제법이 시행된 이후에는 금융기관으로서는 특별한 사정이 없는 한 실명확인을 한 예금명의자만을 예금주로 인정할 수밖에 없다. (바) 갑 명의의 ㉡신탁예금에 입금된 ㉠금전은 갑이 법률상 지배 · 처분할 수 있을 뿐이고 망인 A의 상속인들[B 등]로서는 ㉠예금의 예금주가 자신들이라고 주장할 수는 없다. (사) 그렇다고 하여 보관을 위탁받은 ㉠금전이 갑 소유로 된다거나 망인 A의 상속인들[B 등]이 ㉠금전의 반환을 구할 수 없는 것은 아니다. (아) 갑이 이를 함부로 인출하여 소비하거나 또는 망인 A의 상속인들[B 등]로부터 반환요구를 받았음에도 이를 영득할 의사로 반환을 거부하는 경우에는 횡령죄가 성립한다.

2) 부동산실명법과 달리 금융실명법에는 금융거래와 관련한 명의신탁행위를 직접 처벌하는 규정이 없다.

3) 2016. 5. 19. 2014도6992 전원합의체 판결, 공 2016상, 817 =『49분의 15 지분 명의신탁 사건』.

4. 행위주체 – 재물의 보관자 요건

(1) 재물의 보관

횡령죄는 타인의 재물을 보관하는 자가 그 재물을 횡령하거나 그 반환을 거부할 때 성립하는 범죄이다. 따라서 타인소유의 재물임을 전제로 소유자를 위하여 재물을 보관하는 관계가 인정될 때 횡령죄가 성립할 수 있다.

횡령죄에서 '재물의 보관'이라는 요건은 (가) 타인소유의 재물, (나) 재물에 대한 지배상태, (다) 재물의 보관에 이르게 되는 신임관계라는 세 가지 요소와 관련을 맺고 있다. 이 가운데 (가)의 재물의 소유와 관련한 요소는 앞에서 설명하였다. 아래에서는 (나)의 재물에 대한 지배상태와 (다)의 위탁신임관계에 대해 살펴보기로 한다.

(가) 점유와 보관　'보관'은 '점유', '간수', '소지' 등의 표현과 함께 사실상 지배라는 의미를 가지고 있다. 그런데 신임관계위반을 본질로 하는 횡령죄의 특성상 횡령죄의 보관은 통상의 점유보다 넓은 의미를 갖는다. 즉 횡령죄에서 '재물의 보관'이라 함은 재물에 대한 사실상의 지배를 넘어 법률상 지배력이 있는 상태까지를 포함한다.[1] 우리 입법자는 이 점을 고려하여 일본 형법이 사용하고 있는 '점유'[2] 대신에 '보관'이라는 표현을 사용하고 있다.[3]

(나) 보관의 내용　횡령죄의 성립요건인 보관은 재물이 사실상의 지배 아래 있는 경우뿐만 아니라 재물에 대해 법률상의 지배, 처분이 가능한 상태를 모두 가리킨다. 예컨대 타인의 금전을 위탁받아 보관하는 자가 보관방법으로 금전을 은행 등의 금융기관에 예치한 경우에도 그는 보관자의 지위를 갖는다.[4]

횡령죄(법355①)의 보관 개념이 절도죄(법329) 등 탈취죄의 점유 개념보다 넓게 파악되는 것은 신임관계의 침해를 본질로 하는 횡령죄의 특징 때문이다. 절도죄 등 탈취죄의 경우에는 점유가 침해의 대상으로 파악되지만, 횡령죄의 보관은 위탁자와 수탁자 사이에 존재하는 신임관계의 표현이기 때문이다.

(다) 동산의 보관　동산에 대한 보관은 기본적으로 소지의 형태를 취한다. 즉 동산에 대한 사실상의 지배를 기본으로 한다. 창고증권이나 선하증권과 같이 해당 물품에 대한 권리

1) 2005. 6. 24. 2005도2413, 공 2005, 1293 = 분석 각론 『종중 땅 임의 대출 사건』.

2) 일본형법 제252조 ① 자기가 점유하는 타인의 물건을 횡령한 자는 5년 이하의 징역에 처한다.

3) 일본 형법의 해석을 둘러싸고 회사 등의 임원이 회사 재산을 '점유'하는 것으로 볼 수 있는지 아니면 단순히 이를 보관하는 것에 지나지 않는지를 놓고 논란이 제기되었다. 단순히 보관 정도에 그친다면 '점유'의 요건을 충족하지 못하여 횡령죄가 성립하지 않는다는 것이 논의의 초점이었다. 일본 개정형법가안은 이러한 논란을 입법적으로 제거하기 위하여 '보관'이라는 개념을 사용하였다. *法務資料 別册第23號 刑法並びに監獄法改正調査委員會議事速記錄*, (1957), 438頁 이하.

4) 2000. 8. 18. 2000도1856, 공 2000, 2034 =『실명제 위반 예금 반환거부 사건』.

를 화체화한 증권의 소지자는 해당 물품을 소지하는 것이 되어 이를 임의로 처분하면 횡령죄에 해당한다.

횡령죄의 보관은 법률상의 지배가 가능한 경우에도 인정된다. 타인의 금전을 위탁받아 보관하는 자가 보관방법으로서 이를 은행 그 밖의 금융기관에 예금한 경우에도 그 금전보관자의 지위에 영향이 없다.[1] 회사와 은행 사이의 당좌예금 계약에 기하여 회사로부터 수표를 발행하는 권한을 위임받고 있는 사람은 수표자금으로서 예치되어 있는 금원에 대하여 이를 보관하는 지위에 있다.[2] 그러나 예금통장과 인감 또는 현금카드 등을 맡아서 관리하고 있는 것만으로는 예금된 금전을 보관하는 것이라고 할 수 없다.

법인의 대표자는 법인 소유의 자금에 대한 사실상 또는 법률상 지배 · 처분 권한을 가진다. 법인의 대표자는 법인에 대한 관계에서 그 자금의 보관자 지위에 있다. 법인(A회사)이 특정 사업의 명목상의 주체로 특수목적법인(B회사)을 설립하여 그 명의로 자금 집행 등 사업진행을 하면서도 자금의 관리 · 처분에 관하여는 실질적 사업주체인 법인(A회사)이 의사결정권한을 행사하면서 특수목적법인(B회사) 명의로 보유한 자금에 대하여 현실적 지배를 하는 경우가 있다. 이러한 경우에 사업주체인 법인(A회사)의 대표자(갑)가 특수목적법인(B회사)의 보유 자금을 정해진 목적과 용도 외에 임의로 사용하면 위탁자인 법인(A회사)에 대하여 횡령죄가 성립한다.[3]

횡령죄의 보관은 타인소유의 재물을 전제로 한다. 목적물이 자기소유인 경우에는 처음부터 보관 개념이 성립할 여지가 없다. 예컨대 채권자가 채권의 지급을 담보하기 위하여 채무자로부터 수표를 발행 · 교부받아 이를 소지한 경우에는, 단순히 위탁관계에 따라 수표를 소지하고 있는 경우와는 달리, 그 수표상의 권리가 채권자에게 유효하게 귀속된다. 따라서 이 경우 채권자가 수표를 임의로 처분하더라도 채권자는 타인의 재물을 보관하는 자의 지위에 있다고 볼 수 없어 횡령죄가 성립하지 않는다.[4]

(라) 부동산의 보관 부동산에 관한 횡령죄에서 타인의 재물을 보관하는 자의 지위는 동산의 경우와 달리 부동산에 대한 점유 여부가 아니라 부동산을 제3자에게 유효하게 처분할 수 있는 권능의 유무에 따라 결정해야 한다.[5] 부동산에 대한 보관자로서의 지위는 원칙적으로 등기부상의 소유명의인에 대하여 인정된다.

등기부상의 명의인이 아니라도 부동산의 보관자로 인정되는 경우가 있다. 부동산에 대한

1) 2000. 8. 18. 2000도1856, 공 2000, 2034 = 『실명제 위반 예금 반환거부 사건』.
2) 1983. 9. 13. 82도75, 공 1983, 1521.
3) 2017. 3. 22. 2016도17465, 공 2017상, 911 = 『홍콩 빌딩 PF대출금 사건』 ☞ 부록 1686면.
4) 2000. 2. 11. 99도4979, 공 2000, 761 = 『가계수표 담보용 가계수표 사건』.
5) 2005. 6. 24. 2005도2413, 공 2005, 1293 = 분석 각론 『종중 땅 임의 대출 사건』.

수탁관리자로서의 지위를 상속에 의하여 포괄승계한 경우 상속인은 부동산을 유효하게 처분할 수 있는 보관자로서의 지위를 취득한다.[1]

등기부상의 명의인이 아니라도 소유자의 위임에 의거해서 실제로 타인의 부동산을 관리, 지배하면 그 부동산의 보관자라 할 수 있다. 미등기의 건물에 대하여는 위탁관계에 의하여 현실로 부동산을 관리 지배하는 자가 보관자이다.[2]

---

1) 1996. 1. 23. 95도784, 공 1996, 705.

2) 1993. 3. 9. 92도2999, 공 1993, 1185 =『미등기건물 근저당권 설정 사건』:

㉠건물은 미등기건물이다. ㉠건물은 A의 소유이다. 갑은 ㉠건물의 관리를 위임받아 거주하고 있었다. 갑은 ㉠건물을 담보로 하여 돈을 차용하기로 마음먹었다. 1991. 3. 6. 갑은 관할 등기소에 다음의 서류를 작성, 제출하였다. (가) ㉠건물은 갑의 소유라는 취지를 기재한 건물소유권보존등기신청서. (나) 채권자 B, 채무자 갑 채권최고액 금 4,500만원의 근저당권설정등기신청서. ㉠건물에 대해 위와 같은 내용의 ㉡소유권보존등기와 ㉢근저당권설정등기가 경료되었다(㉮부분). 1991. 7. 23. 갑은 ㉢근저당권설정등기를 말소하였다. 갑은 그와 동시에 ㉠건물에 대해 근저당권자 C, 채무자 갑 채권최고액 금 1억원의 ㉣근저당권설정등기를 마쳤다(㉯부분).

검사는 ㉮부분에 대해 갑을 공정증서원본불실기재죄, 동 행사죄, 횡령죄로 기소하였다. 검사는 ㉯부분에 대해 갑을 공정증서원본불실기재죄, 동 행사죄, 횡령죄로 기소하였다. 갑의 피고사건은 제1심을 거친 후, 항소심에 계속되었다. 항소법원은 공소사실을 모두 유죄로 인정하였다. 갑은 불복 상고하였다. 갑은 상고이유로 다음의 점을 주장하였다. (가) 부동산에 대한 보관자의 지위는 등기부상의 명의에 의하여 결정된다. (나) ㉠부동산은 미등기건물이다. (다) 갑에게 보관자의 지위가 인정되지 않으므로 횡령죄는 성립하지 않는다. (라) 설사 ㉮부분에 대해 횡령죄가 인정된다 하더라도 ㉯부분은 횡령죄의 불가벌적 사후행위로서 횡령죄가 성립하지 않는다.

대법원은 다음의 이유를 제시하여 원심판결을 파기환송하였다. 대법원은 ㉮부분에 대해 유죄를 인정하였다. 대법원은 ㉯부분에 대해 횡령죄의 불가벌적 사후행위에 해당한다고 판단하였다. (이후 대법원은 2013. 2. 21. 2010도10500 전원합의체 판결, 공 2013상, 599 = 분석 각론『적성면 종중 땅 사건』을 통해 횡령 후의 횡령을 처벌하는 쪽으로 판례를 변경하였다. 아래에서는 ㉮부분만 발췌하여 소개함.)

대법원은 부동산의 보관에 대해 다음과 같이 설시하였다. (가) 부동산의 보관은 원칙으로 등기부상의 소유명의인에 대하여 인정된다. (나) 그렇지만 등기부상의 명의인이 아니라도 소유자의 위임에 의거해서 실제로 타인의 부동산을 관리, 지배하면 그 부동산의 보관자라 할 수 있다. (다) 이 사건의 경우와 같은 미등기의 건물에 대하여는 위탁관계에 의하여 현실로 부동산을 관리 지배하는 자가 보관자라고 할 수 있을 것이다. (라) 갑이 ㉠미등기건물의 관리를 위임받아 그 곳에서 거주하고 있다는 것이므로 갑이 ㉠건물의 보관자의 지위에 있었음은 의문의 여지가 없다.

대법원은 횡령죄의 횡령행위에 대해 다음과 같이 설시하였다. (가) 횡령죄의 구성요건으로서의 횡령행위란 불법영득의사를 실현하는 일체의 행위를 말한다. (나) 횡령죄에 있어서의 행위자는 이미 타인의 재물을 점유하고 있으므로 그 점유를 자기를 위한 점유로 변개(變改)하는 의사를 일으키면 곧 영득의 의사가 있었다고 할 수 있다. (다) 그렇지만 단순한 내심의 의사만으로는 횡령행위가 있었다고 할 수 없고, 그 영득의 의사가 외부에 인식될 수 있는 객관적 행위가 있을 때 횡령죄가 성립한다고 볼 것이다.

(라) 따라서 이 사건에 있어서와 같이 미등기건물의 관리를 위임받아 보관하고 있는 갑이 임의로 그 건물에 대하여 자신의 명의로 보존등기를 하거나 동시에 타인에게 근저당권설정등기를 마치었다면 이는 객관적으로 불법영득의 의사를 외부에 발현시키는 행위로서 횡령죄에 해당한다. (마) 이와 같이 갑이 A의 승낙 없이 ㉠건물을 자신의 명의로 보존등기를 함으로써 이 때에 이미 횡령죄는 완성되었다 할 것이다.

부동산의 공유자 중 1명이 다른 공유자의 지분을 임의로 처분하거나 임대하여도 그에게는 다른 공유자의 지분에 대한 처분권능이 없어 횡령죄가 성립하지 않는다.[1]

등기명의가 있다고 하더라도 소유권이 없는 자로부터 등기가 이전된 경우와 같이 원인무효의 등기인 경우가 있다. 이 경우에는 원인무효의 등기에 의하여 그 부동산에 대한 처분권능이 새로이 발생하는 것이 아니므로 횡령죄의 보관자의 지위가 인정되지 않는다.[2]

---

1) 2004. 5. 27. 2003도6988, 공 2004, 1120 =『지하주차장 단독 임대 사건』:

M빌딩은 다수의 입주자들이 구분소유하고 있다. M빌딩의 ㉠지하주차장은 구분소유자 전원의 공유에 속하는 공용부분이다. M빌딩의 입주자 갑은 ㉠주차장을 독점적으로 A에게 임대하였다. 갑은 수령한 ㉡임차료를 임의로 처분하였다.

검사는 갑을 횡령죄로 기소하였다. 갑의 피고사건은 제1심을 거친 후, 항소심에 계속되었다. 항소법원은 무죄를 선고하였다. 검사는 불복 상고하였다.

대법원은 다음의 이유를 제시하여 상고를 기각하였다. (가) 부동산에 관한 횡령죄에 있어서 타인의 재물을 보관하는 자의 지위는 동산의 경우와는 달리 부동산에 대한 점유의 여부가 아니라 부동산을 제3자에게 유효하게 처분할 수 있는 권능의 유무에 따라 결정하여야 한다. (나) 부동산의 공유자 중 1인이 다른 공유자의 지분을 임의로 처분하거나 임대하여도 그에게는 그 처분권능이 없어 횡령죄가 성립하지 않는다.

(다) 구분소유자 전원의 공유에 속하는 공용부분인 지하주차장 일부를 갑이 독점 임대하였더라도 갑이 그 공용부분을 다른 구분소유자들을 위하여 보관하는 지위에 있는 것은 아니다. (라) 공용부분을 임대하고 수령한 임차료 역시 다른 구분소유자들을 위하여 보관하는 것은 아니므로 그 돈을 임의로 소비하였어도 횡령죄가 성립하지 않는다.

2) 2007. 5. 31. 2007도1082, 공 2007, 1012 =『주민 임야 명의신탁 사건』:

M임야는 N동(洞) 관내에 소재하고 있다. M임야는 N동(N1동, 2동 주민들로 구성된 비법인 사단)의 소유이다. 1948.경 M임야는 당시 N동의 노인회 대표이던 A와 B에게 명의신탁되었다. M임야는 A와 B의 공동 명의로 소유권이전등기가 경료되었다. A와 B가 사망하였다. M임야는 A와 B의 상속인들 앞으로 등기가 이전되었다. C는 M임야의 1/4 지분(㉠지분)에 대한 상속인이다. ㉠지분은 D 명의로 등기되었다. C는 ㉠지분을 갑 명의로 명의신탁하였다. ㉠지분의 등기 명의는 D에서 갑으로 변경되었다. 갑은 ㉠지분을 E에게 임의로 매도하였다. 갑은 ㉠지분에 대해 E 명의로 매매예약에 의한 가등기를 경료하였다. [C는 갑을 고소하였다.]

한편 N동은 M임야의 등기명의자들을 상대로 각 원인무효등기의 말소청구소송을 제기하였다(㉮소송). ㉮소송에는 D 및 갑 명의의 ㉠지분이전등기 말소청구도 포함되었다. N동 측은 ㉮소송에서 승소하였고, ㉮승소판결은 확정되었다.

검사는 갑을 횡령죄로 기소하였다. 갑의 피고사건은 제1심을 거친 후, 항소심에 계속되었다. 항소법원은 유죄를 인정하였다. 갑은 불복 상고하였다.

대법원은 다음의 이유를 제시하여 원심판결을 파기환송하였다. 대법원은 횡령죄의 보관자에 대해 다음과 같이 설시하였다. (가) 형법 제355조 제1항 소정의 횡령죄는 타인의 재물을 보관하는 자가 그 재물을 횡령하거나 반환을 거부하는 것을 내용으로 하는 범죄이다. (나) 횡령죄의 주체는 타인의 재물을 보관하는 자이어야 한다. (다) 여기서 보관이라 함은 위탁관계에 의하여 재물을 점유하는 것을 의미한다. (라) 결국 횡령죄가 성립하기 위하여는 그 재물의 보관자[와] 재물의 소유자(또는 기타의 본권자)와 사이에 법률상 또는 사실상의 위탁신임관계가 존재하여야 한다.

(마) 부동산의 경우 보관자의 지위는 점유를 기준으로 할 것이 아니라 그 부동산을 제3자에게 유효하게 처분할 수 있는 권능의 유무를 기준으로 결정하여야 할 것이다. (바) 그러므로 원인무효인 소유권이전등기의 명의자는 횡령죄의 주체인 타인의 재물을 보관하는 자에 해당한다고 할 수 없다.

타인소유의 토지에 관하여 그 소유권이전등기를 경료받음이 없이 그 경작관리만을 위임받아 토지를 점유해 온 자는 그 토지로부터 분리됨으로써 독립된 동산이 된 입목이나 과실 등에 대한 보관자는 될 수 있을지언정 그 토지 자체에 대한 보관자의 지위에 있다고 할 수 없다.[1)]

(마) 자동차의 보관　자동차에 관한 횡령죄에서 타인의 재물을 보관하는 자의 지위는 일반 동산의 경우와 마찬가지로 재물이 사실상의 지배 아래 있는 경우뿐만 아니라 재물에 대해 법률상의 지배 · 처분이 가능한 상태를 모두 가리킨다.

「자동차관리법」에 따르면 자동차는 자동차등록원부에 등록한 이후에 운행할 수 있고(동법5), 자동차 소유권의 득실변경은 등록을 하여야 그 효력이 생긴다(동법6). 이에 따라 자동차의 소유권 변동은 일반 동산의 소유권 변동과 달리 오로지 공부상 등록 명의에 따르게 된다. 등록명의자 아닌 사람으로부터 자동차를 취득하였다 하더라도 부동산에 관하여 공신의 원칙이 적용되지 않는 것과 마찬가지로 선의취득도 인정되지 않는다.[2)]

이와 같이 자동차가 부동산과 비슷하게 취급됨에 따라 종래 판례는 자동차에 대한 법률상 지배력만 가지고 있는 사람(즉 등록명의자)만 횡령죄의 보관자 지위에 있는 것으로 보았다. 그리하여 판례는 등록명의자는 아니지만 자동차를 사실상 점유하고 있는 사람의 임의처분행위에 대해 횡령죄의 성립을 부정하였고,[3)] 자동차의 사실상 점유자가 임의처분한다는 사실을 알면서 자동차를 취득한 사람에 대해 장물취득죄의 성립을 부정하였다.[4)]

대법원은 갑의 행위에 대해 다음과 같이 판단하였다. (가) M임야는 N동(N1동, 2동 주민들로 구성된 비법인 사단)의 소유로서 1948.경 당시 N동의 노인회 대표이던 망 A, B에게 명의신탁되어 위 망인들의 공동 명의로 소유권이전등기가 경료되었던 것이다. (나) 그 후 위 망인들의 자손들이 M임야를 불법 처분한 이후 M임야에 관하여 원인무효인 각 소유권이전등기, 지분이전등기, 소유권이전청구권가등기 등이 순차 경료되었다. (다) 이에 N동이 그 등기명의자들을 상대로 그 각 원인무효등기(D 및 갑 명의의 각 지분이전등기를 포함)의 말소청구소송을 제기하여 승소판결을 받고 확정되었다.

(라) 그렇다면 C나 등기명의자 D는 M임야 ㉠지분의 소유자라고 할 수 없다. (마) 갑이 N동과는 전혀 무관하게 C로부터 M임야 ㉠지분을 명의신탁받아 갑 명의로 지분이전등기를 경료한 것에 의하여 소유자인 N동과 갑 사이에 M임야 ㉠지분에 관한 법률상 또는 사실상의 위탁신임관계가 성립되었다고 할 수도 없다. (바) 또한 어차피 원인무효인 소유권이전등기의 명의자에 불과하여 M임야 ㉠지분을 제3자에게 유효하게 처분할 수 있는 권능을 갖지 아니한 갑으로서는 M임야 ㉠지분을 보관하는 자의 지위에 있다고도 할 수 없다. (사) 앞서 본 각 법리에 비추어 볼 때, 갑의 공소사실과 같은 행위는 C에 대해서나 또는 소유자 N동에 대하여 M임야 ㉠지분을 횡령한 것으로 된다고 할 수 없다.

1) 1987. 2. 10. 86도1607, 공 1987, 477.

2) 1966. 1. 25. 65다2137, 집 14, 민18.

3) 2006. 12. 22. 2004도3276, [미공간].

4) 1978. 10. 10. 78도1714, 공 1978, 11129.

2015년 대법원은 종전 판례를 변경하였다. 대법원은 거래사회에서의 자동차의 임의처분 문제에 대해, 법률상 지배력을 가지고 있는 등록명의인이 아니라 자동차에 대해 사실상 점유를 가지고 있는 사람에 의한 임의처분행위가 주로 문제되고 있다는 점에 주목하였다. 그리하여 대법원은 소유권의 취득에 등록이 필요한 타인소유의 차량을 인도받아 보관하고 있는 사람이 이를 사실상 처분하면 횡령죄가 성립하며, 차량 보관자가 차량의 등록명의자일 필요는 없다는 입장으로 전환하였다.[1)]

2015년의 새로운 판례에 따를 때, 지입회사(P회사)에 소유권이 있는 차량에 대하여 (가) 지입회사(P회사)로부터 운행관리권을 위임받은 지입차주(A)가 지입회사(P회사)의 승낙 없이 그(A)가 보관 중인 차량을 사실상 처분하는 경우 및 (나) 지입차주(A)로부터 차량 보관을 위임받은 사람(갑)이 지입차주(A)의 승낙 없이 그(갑)가 보관 중인 차량을 사실상 처분하는 경우에는 횡령죄가 성립하게 된다.[2)]

(2) 위탁신임관계

(가) 위탁신임관계의 근거 횡령죄의 보관은 위탁신임관계에 기초하여야 한다. 위탁신임관계는 당사자 간의 의사합치(즉 계약)에 의하여 성립하는 것이 보통이지만 반드시 계약에 한정하지는 않는다. 위탁신임관계는 (가) 법령의 규정, (나) 사용대차, 임대차, 위임, 임치 등의 계약 이외에 (다) 사무관리, 관습, 조리, 신의칙에 의하여도 성립할 수 있다.[3)] 횡령죄에서 재물 보관에 관한 위탁신임관계는 사실상의 관계에 있어도 된다.[4)]

그런데 횡령죄의 본질은 신임관계에 기초하여 위탁된 타인의 물건을 위법하게 영득하는 데 있다. 그러므로 때 위탁관계는 횡령죄로 보호할 만한 가치가 있는 신임에 의한 것으로 한정된다.[5)] 그러한 위탁관계가 있는지는 (가) 재물의 보관자와 소유자 사이의 관계, 재물을 보관하게 된 경위 등에 비추어 볼 때 (나) 보관자에게 재물의 보관 상태를 그대로 유지해야 할 의무를 부과하여 (다) 그 보관 상태를 형사법적으로 보호할 필요가 있는지 등을 고려하여 (라) 규범적으로 판단해야 한다.[6)]

---

1) 2015. 6. 25. 2015도1944 전원합의체 판결, 공 2015하, 1119 =『지입차량 6대 임의처분 사건』.
2) 2015. 6. 25. 2015도1944 전원합의체 판결, 공 2015하, 1119 =『지입차량 6대 임의처분 사건』.
3) 2011. 3. 24. 2010도17396, 공 2011상, 893 = 분석 각론 『330억원 인수 대금 사건』.
4) 2011. 10. 13. 2009도13751, 공 2011하, 2387 = 분석 각론 『교비회계 전용 사건』.
5) 2016. 5. 19. 2014도6992 전원합의체 판결, 공 2016상, 817 =『49분의 15 지분 명의신탁 사건』.
6) 2022. 6. 30. 2017도21286, 공 2022하, 1536 =『요양병원 투자금 소비 사건』:
의료법 제33조 제2항은 의료인이 아니면 의료기관을 개설할 수 없다고 규정하고 있다. 의료법 제87조는 의료법 제33조 제2항을 위반하여 의료기관을 개설하거나 운영하는 자를 처벌하고 있다. 갑, A, B는 의료인이 아니다. 갑, A, B는 다음의 약정을 하였다(㉮동업약정). (가) 갑 3억원, A 6억원, B 2억원을 각각 투자하기

재물의 위탁행위가 범죄의 실행행위나 준비행위 등과 같이 범죄 실현의 수단으로서 이루어지는 경우가 있다. 이러한 경우, 그 행위 자체가 처벌 대상인지와 상관없이, 그러한 행위를 통해 형성된 위탁관계는 횡령죄로 보호할 만한 가치 있는 신임에 의한 것이 아니라고 판단된다.[1)]

「의료법」은 무자격자의 의료기관 개설 · 운영행위를 처벌하고 있다(동법33②, 87). 피고인이 무자격자의 의료기관 개설 · 운영행위를 위한 투자금을 송금받아 이를 임의로 사용하는 경우, 피고인에게는 타인의 재물을 보관하는 자의 지위가 인정되지 않는다. 투자금의 송금이

로 한다. (나) 투자금으로 의료소비자생활협동조합을 설립한다. (다) 의료소비자생활협동조합 명의로 요양병원을 설립 · 운영한다. (라) 갑이 요양병원을 운영한다. (마) A와 B는 자본금을 투자해서 이익을 분배받기로 한다. A는 노인요양병원 설립에 필요한 투자금 명목으로 갑에게 3천만원을 송금하였다(㉠금원). 갑은 ㉠금원을 개인채무 변제에 사용하였다.

검사는 갑을 횡령죄로 기소하였다. 갑의 피고사건은 제1심을 거친 후, 항소심에 계속되었다. 항소법원은 다음의 이유를 들어서 유죄를 인정하였다. (가) ㉮동업약정은 강행법규인 의료법 제33조 제2항을 위반하여 무효이다. (나) 갑이 주도해서 병원을 운영하기로 하고 A와 B는 자본금을 투자해서 이익을 분배받기로 하였다. (다) 이러한 사정에 비추어 보면 ㉠금원의 지급은 불법원인급여에 해당하지 않는다. (라) 갑은 ㉠금원을 부당이득으로 반환할 의무를 부담한다. (마) 갑이 개인적인 용도로 ㉠금원을 임의로 소비한 행위는 횡령죄를 구성한다. 갑은 불복 상고하였다.

대법원은 다음의 이유를 제시하여 원심판결을 파기환송하였다. 대법원은 횡령죄의 위탁신임관계에 대해 다음과 같이 설시하였다. (가) 형법 제355조 제1항이 정한 횡령죄에서 보관이란 위탁관계에 따라 재물을 점유하는 것을 뜻한다. (나) 횡령죄가 성립하려면 재물의 보관자와 재물의 소유자(또는 그 밖의 본권자) 사이에 위탁관계가 존재해야 한다. (다) 이러한 위탁관계는 (ㄱ) 사용대차 · 임대차 · 위임 등의 계약뿐만 아니라 (ㄴ) 사무관리 · 관습 · 조리 · 신의칙 등에 의해서도 성립될 수 있다. (라) 횡령죄의 본질은 신임관계에 기초하여 위탁된 타인의 물건을 위법하게 영득하는 데 있다. (마) 이 점에 비추어 볼 때 위탁관계는 횡령죄로 보호할 만한 가치 있는 신임에 의한 것으로 한정함이 타당하다.

(바) 위탁관계가 있는지는 (ㄱ) 재물의 보관자와 소유자 사이의 관계, 재물을 보관하게 된 경위 등에 비추어 볼 때 (ㄴ) 보관자에게 재물의 보관 상태를 그대로 유지해야 할 의무를 부과하여 (ㄷ) 그 보관 상태를 형사법적으로 보호할 필요가 있는지 등을 고려하여 (ㄹ) 규범적으로 판단해야 한다. (사) 재물의 위탁행위가 범죄의 실행행위나 준비행위 등과 같이 범죄 실현의 수단으로서 이루어진 경우가 있다. (아) 이러한 경우 그 행위 자체가 처벌 대상인지와 상관없이 그러한 행위를 통해 형성된 위탁관계는 횡령죄로 보호할 만한 가치 있는 신임에 의한 것이 아니라고 봄이 타당하다.

대법원은 갑의 행위에 대해 다음과 같이 판단하였다. (가) ㉠금원은 의료기관을 개설할 자격이 없는 자의 의료기관 개설 · 운영이라는 범죄의 실현을 위해 교부되었다. (나) 그러므로 해당 금원에 관하여 갑과 A 사이에 횡령죄로 보호할 만한 신임에 의한 위탁관계는 인정되지 않는다. (다) 무자격자가 의료법 제33조 제2항을 위반하여 의료기관을 개설하거나 운영하는 행위는 의료법 제87조에 따라 10년 이하의 징역이나 1억원 이하의 벌금으로 처벌되는 범죄행위이다. (라) (㉮동업약정; 내용 생략함.) (마) ㉮동업약정은 의료법 제87조에 따라 처벌되는 무자격자의 의료기관 개설 · 운영행위를 목적으로 한다. (바) B는 ㉮동업약정에 따라 의료기관 개설 · 운영을 위한 투자금 명목으로 ㉠금원을 갑에게 지급하였다. (사) 그런데도 원심은 갑에게 타인의 재물을 보관하는 자의 지위가 인정된다고 보아 공소사실을 유죄로 판단하였다. (아) 원심판결에는 횡령죄에서 '타인의 재물을 보관하는 자'의 의미에 관한 법리를 오해하여 판결에 영향을 미친 잘못이 있다.

1) 2022. 6. 30. 2017도21286, 공 2022하, 1536 = 『요양병원 투자금 소비 사건』.

「의료법」위반죄 실현의 수단으로서 이루어진 것이기 때문이다.[1)]

부동산 명의신탁 사안에서 명의신탁자와 명의수탁자 사이에 그 위탁신임관계를 근거지우는 명의신탁약정은 「부동산 실권리자명의 등기에 관한 법률」(부동산실명법)에 의하여 무효이다(동법4①). 그럼에도 불구하고 횡령죄 성립을 위한 사무관리 · 관습 · 조리 · 신의칙에 기초한 위탁신임관계가 있다고 할 수는 없다. 명의신탁자와 명의수탁자 사이에 존재한다고 주장할 수 있는 사실상의 위탁관계라는 것도 부동산실명법에 반하여 범죄를 구성하는 불법적인 관계에 지나지 아니할 뿐(동법3①, 7① i), 이를 형법상 보호할 만한 가치 있는 신임에 의한 것이라고 할 수 없다.[2)]

주식회사는 주주와 독립된 별개의 권리주체로서 주주와 이해가 반드시 일치하지는 않는다. 그러므로 주주나 대표이사 또는 그에 준하여 회사 자금의 보관이나 운용에 관한 사실상의 사무를 처리하는 자가 회사 소유 재산을 제3자의 자금 조달을 위하여 담보로 제공하는 등 사적인 용도로 임의 처분하였다면 그 처분에 관하여 주주총회나 이사회의 결의가 있었는지 여부와 관계없이 횡령죄가 성립한다.[3)]

(나) 계약의 무효와 취소　　위탁신임관계의 기초가 된 계약이 강행규정 위반으로 무효로 되거나 취소된 경우에도 인도된 재물은 횡령죄와 관련하여 위탁신임관계에 의하여 보관된 것이라고 볼 수 있다. 예컨대 금융실명법에 위반하여 차명으로 예금된 금전[4)]의 경우에도 소유자와 보관자 사이에 위탁신임관계가 인정된다.

위탁신임관계의 기초가 된 계약이 단순한 강행규정 위반의 정도를 넘어서서 범죄의 실행행위나 준비행위 등과 같이 범죄 실현의 수단으로서 이루어지는 경우라면 그 계약을 통해 형성된 위탁관계는 횡령죄로 보호할 만한 가치 있는 신임에 의한 것이 아니라고 판단된다.[5)]

(다) 계약에 의하지 않은 경우　　당사자 간의 의사합치 없이도 위탁신임관계가 인정될 수 있다. 이 점과 관련되는 예를 몇 가지 살펴본다.

매도인이 매수인에게 부동산을 매도하고 그 매매대금을 수령하였으며 매수인에게 소유권이전등기에 필요한 서류까지 교부하였으나, 매수인의 사정으로 등기명의가 매도인에게 남아 있는 상황에서 그 부동산의 변형물이라고 할 수 있는 경매 배당금을 매도인이 수령한 경우가 있다. 이 경우 매도인은 당해 배당금을 자신에게 귀속시키기 위하여 수령할 수는 없고

1) 2022. 6. 30. 2017도21286, 공 2022하, 1536 = 『요양병원 투자금 소비 사건』.
2) 2016. 5. 19. 2014도6992 전원합의체 판결, 공 2016상, 817 = 『49분의 15 지분 명의신탁 사건』.
3) 2011. 3. 24. 2010도17396, 공 2011상, 893 = 분석 각론 『330억원 인수 대금 사건』.
4) 2000. 8. 18. 2000도1856, 공 2000, 2034 = 『실명제 위반 예금 반환거부 사건』.
5) 2022. 6. 30. 2017도21286, 공 2022하, 1536 = 『요양병원 투자금 소비 사건』.

오로지 매수인에게 전달해 주기 위하여서만 수령할 수 있다. 그리하여 매도인은 배당금을 매수인을 위하여 보관하는 관계에 있으며, 매도인이 배당금을 매수인에게 지급하지 않고 반환을 거부하면 횡령죄가 성립한다.[1)]

---

1) 2007. 12. 27. 2007도6650, [미간행] = 『경락잔금 반환 거부 사건』:

1982.경 A는 M건물에 관하여 A 이름으로 소유권이전등기를 경료하였다. A는 그 무렵부터 M건물에서 거주해 왔다. 그 후 M건물에 대하여 경매가 개시되었다. 2000. 6. 27. 갑은 경매절차에서 M건물을 낙찰받았다. 2000. 6. 28. 갑은 M건물에 대한 소유권이전등기를 경료받았다. 2000. 6. 28. 갑은 M건물에 관하여 근저당권자 P은행, 채권최고액 7,400만원으로 하는 근저당권설정등기를 경료하였다(㉠채무). A는 M건물에 계속 거주하기 위하여 갑에게 M건물을 자신에게 매도할 것을 요청하였다. 2000. 12. 9. 갑과 A 사이에 다음의 매매계약이 체결되었다(㉮매매계약). (가) 갑은 A에게 M건물을 1억 800만원에 매도한다. (나) A는 매매대금의 지급에 갈음하여 갑의 P은행에 대한 ㉠피담보채무(7,400만원)를 인수한다. (다) A는 나머지 금원을 갑에게 직접 지급한다. ㉮매매계약 후 A는 M건물에서 계속 거주하였다.

2001. 9. 갑은 법무사 사무실에서 A를 만났다. 갑은 A로부터 매매 잔금을 수령하였다. 갑은 M건물에 대한 소유권이전등기에 필요한 서류를 전부 교부하였다. A는 등기비용이 부족하다는 등의 이유로 소유권이전등기를 경료하지 못하였다. 그 후 A는 자신의 아들 이름으로 소유권이전등기를 경료하겠으니 인감증명서를 발급받아 오라고 갑에게 요구하였다. 갑은 A에게 인감증명서를 제공하였다. 그러나 A는 소유권이전등기를 경료하지 않았다. 다시 A는 자신의 딸 이름으로 소유권이전등기를 경료하겠으니 인감증명서를 발급받아 오라고 갑에게 요구하였다. 갑은 다시 A에게 인감증명서를 제공하였다. A는 또다시 소유권이전등기를 경료하지 않았다.

A는 갑으로부터 P은행에 대한 피담보채무를 인수하였으나 서류상의 채무자 명의를 변경하지 못한 상태였다. 갑은 대출기간을 1년 단위로 연장하였다. 2000.부터 2005. 3. 11.까지 A는 P은행에 대출이자를 변제하였다. 그러나 A는 대출원금을 변제하지 못하였다. 2004. 11. 9. A는 갑에게 "M건물에 대하여 앞으로 어떠한 법적인 문제가 발생하더라도 갑은 책임을 부담하지 않고 모든 책임은 A가 질 것"이라는 각서를 작성해주었다(㉡각서). P은행은 M건물에 관한 임의경매를 신청하였다. 2005. 4. 14. M건물에 대한 경매개시결정이 내려졌다. 2006. 2. 7. B가 M건물을 낙찰받았다. 2006. 2. 7. B 이름으로 M건물에 대한 소유권이전등기가 경료되었다. 2006. 2. 7. 갑은 관할 법원으로부터 M부동산에 대한 경락잔금으로 2천 8백만원을 배당받았다(㉢배당금). A는 갑에 ㉢배당금의 반환을 요구하였다. 2006. 5. 초순 갑은 ㉢배당금의 반환을 거부하였다.

검사는 A와 갑의 관계를 명의신탁관계로 파악하였다. 검사는 명의수탁자 갑이 명의신탁자 A에게 배당금을 반환하지 않는 것이 횡령죄에 해당한다고 판단하였다. 검사는 갑을 횡령죄로 기소하였다. 갑의 피고사건은 제1심을 거친 후, 항소심에 계속되었다. 항소법원은 A와 갑 사이에 M건물에 대한 명의신탁약정이 없었다고 판단하였다. 항소법원은 갑에게 무죄를 선고하였다. 검사는 불복 상고하였다.

대법원은 다음의 이유를 제시하여 원심판결을 파기환송하였다. 대법원은 A와 갑 사이에 명의신탁약정이 없었다고 판단하였다. 대법원은 갑의 피고사건을 일반적인 횡령죄 사안으로 파악하였다. 대법원은 갑이 ㉢배당금을 A를 위하여 보관하는 자에 해당하는지에 대해 다음과 같이 판단하였다. (가) 갑은 A에게 M건물을 매도하고 그 매매대금을 수령하였다. (나) 갑은 A에게 M건물의 소유권이전등기에 필요한 서류까지 교부하였다. (다) 그러나 A의 사정으로 M건물의 등기명의가 갑에게 남아 있었다. (라) 이러한 경우 A와 갑 사이의 내부관계에 있어서는 M건물에 관한 사실상의 처분권이 이미 A에게 귀속되었다고 볼 수 있다. (마) 갑으로서는 M건물의 변형물인 ㉢배당금을 자신에게 귀속시키기 위하여 수령할 수는 없다. (바) 갑으로서는 오로지 A에게 전달해 주기 위하여서만 ㉢배당금을 수령할 수 있을 뿐이다. (사) 그러므로 갑이 수령한 ㉢배당금은 갑과 A 사이에서 A의 소유에 속한다. (아) 여기에다가 갑이 A를 위하여 M건물에 관한 A의 등기신청에 협력

매수인이 매도인에게 매매잔금을 지급할 때 착오에 빠져 지급해야 할 금액을 초과하는 돈을 교부하는 경우가 있다. 이때 매도인이 초과지급 사실을 미리 알지 못하고 매매잔금을 건네주고 받는 행위를 끝마친 후에야 비로소 알게 되었으나 교부받은 그대로 사용하는 행위는 점유이탈물횡령죄(법360)가 된다.[1]

그러나 송금절차의 착오로 인하여 금전이 자기의 은행 개인계좌에 입금되었음을 기화로 이를 임의로 인출하여 소비하는 행위는 예금주와 송금인 사이에 신의칙상 보관관계가 성립하여 횡령죄(법355①)를 구성한다.[2]

비트코인 등과 같은 가상자산은 재물이 아니라 재산상 이익이다. 원인불명으로 재산상 이익인 가상자산을 이체받은 자가 가상자산을 사용 · 처분한 경우 이를 형사처벌하는 명문의 규정이 없는 현재의 상황에서 착오송금 시 횡령죄 성립을 긍정한 판례를 유추하여 신의칙을 근거로 피고인을 배임죄로 처벌하는 것은 죄형법정주의에 반한다.[3]

보이스피싱 범죄의 경우 범인이나 공범에게는 착오송금에서와 같은 위탁신임관계가 인정되지 않는다.[4] 범인(갑)이 피해자의 자금을 점유하고 있다고 해도 범인(갑)과 피해자(A) 사이에 위탁관계나 신임관계가 존재한다고 볼 수 없다. 그러므로 보이스피싱 범죄(갑)에서 범인이 송금 · 이체된 자금을 인출하는 행위는 사기의 피해자(A)에 대하여 별도의 횡령죄를

하여야 할 사무를 처리하는 지위에 있다는 점을 고려한다. (자) 그렇다면 갑은 ㉢배당금을 A를 위하여 보관하는 관계에 있다고 봄이 상당하다. (차) 따라서 갑이 ㉢배당금을 A에게 지급하지 않고 그 반환을 거부한 행위는 횡령죄에 해당한다.

1) 2004. 5. 27. 2003도4531, 공 2004, 1117 = 분석 각론『은천아파트 수표 사건』.

2) 2010. 12. 9. 2010도891, [미간행] =『홍콩달러 300만불 착오 송금 사건』:

2008. 6. 4.경 P회사에 근무하는 이름을 알 수 없는 직원(A)이 착오로 갑 명의의 Q은행 계좌로 300만 홍콩달러(한화 약 3억 9,000만원 상당)를 잘못 송금하였다(㉠돈). 갑은 ㉠돈을 그 무렵 임의로 인출하여 사용하였다.

검사는 갑을 다음의 공소사실로 기소하였다. (가) 주위적 공소사실 : 횡령죄. (나) 예비적 공소사실 : 점유이탈물횡령죄. 제1심법원은 다음과 같이 판단하였다. (가) 주위적 공소사실 : 횡령죄 무죄. (나) 예비적 공소사실 : 점유이탈물횡령죄 유죄. 검사는 무죄 부분에 불복하여 항소하였다. 항소법원은 항소를 기각하고, 제1심 판결을 유지하였다. 검사는 불복 상고하였다.

대법원은 다음의 이유를 제시하여 원심판결을 파기환송하였다. (가) 어떤 예금계좌에 돈이 착오로 잘못 송금되어 입금된 경우에는 그 예금주와 송금인 사이에 신의칙상 보관관계가 성립한다고 할 것이다. (나) 그러므로 피고인이 송금 절차의 착오로 인하여 피고인 명의의 은행 계좌에 입금된 돈을 임의로 인출하여 소비한 행위는 횡령죄에 해당한다. (다) 이는 송금인과 피고인 사이에 별다른 거래관계가 없다고 하더라도 마찬가지이다. (라) 갑은 2008. 6. 4.경 피해자 P회사에 근무하는 이름을 알 수 없는 직원이 착오로 갑 명의의 Q은행 계좌로 잘못 송금한 300만 홍콩달러(한화 약 3억 9,000만원 상당)를 그 무렵 임의로 인출하여 사용하였다. (마) 이를 위 법리에 비추어 살펴보면 갑의 행위는 횡령죄에 해당한다.

3) 2021. 12. 16. 2020도9789, 공 2022상, 223 =『가상자산 착오이체 사건』.

4) 보이스피싱 범죄와 사기죄 및 횡령죄의 관계에 대해서는, 전술 1204면 참조.

구성하지 않는다.[1] [2] 사기범행에 이용되리라는 사정을 알고서 자신 명의 계좌의 접근매체를 범인(갑)에게 양도함으로써 보이스피싱 사기범행을 방조한 종범(을)이 사기이용계좌로 송금된 피해자(A)의 자금을 임의로 인출한 경우에도 횡령죄가 성립하지 않는다. 자신 명의 계좌의 접근매체를 양도한 자(을)와 피해자(A) 사이에는 아무런 위탁관계나 신임관계가 존재하지 않기 때문이다.[3] [4]

업자 갑이 업자 A가 중단한 공사의 공사현장을 인수하고 잔여공사를 시공하면서 A가 공사를 하기 위하여 설치해 두었던 형틀을 사용하고 A의 반환요구에 불응하는 경우

---

1) 2017. 5. 31. 2017도3045, 공 2017하, 1450 = 『체크카드 80만원 양도 사건』 :
(연도 생략함.) 5. 1.경 을은 을 명의의 신협 ⓐ계좌와 연결된 ㉠체크카드, 비밀번호를 퀵서비스를 통해 성명불상자(갑)에게 양도하고 그 대가로 80만원을 받았다(㉮행위). 을은 성명불상자(갑)에게 ㉠체크카드를 보내면 보이스피싱 사기 범행에 사용된다는 사실을 잘 알고 있었다. 5. 13. 14:18경 성명불상자(갑)는 A에게 전화하여 다음과 같은 거짓말을 하였다. "대출을 해주려고 하는데, 신용도가 좋지 않아 거래실적이 있어야 하므로 을 명의의 신협 ⓐ계좌로 돈을 이체하라." 성명불상자(갑)는 거짓말에 속은 A로부터 150만원(㉡돈)을 송금받았다(㉯행위). 5. 13. 14:18경 을은 보이스피싱 피해자 A로부터 을의 신협 ⓐ계좌로 150만원이 송금된 사실을 확인하였다. 5. 13. 14:30경 을은 신협 M지점 현금인출기에서 소지하고 있던 자신 명의의 신협 통장을 이용하여 송금된 150만원을 임의로 인출하여 소비하였다(㉰행위).

검사는 피해자 A가 송금한 ㉡돈이 착오송금에 준하는 돈이라고 판단하였다. 검사는 을을 다음의 공소사실로 기소하였다. (가) ㉮행위 : 전자금융거래법위반죄. (나) ㉯행위 : 사기방조죄. (다) ㉰행위 : 횡령죄. 제1심법원은 ㉰행위가 ㉯행위 사기방조죄의 불가벌적 사후행위라고 판단하였다. 제1심법원은 다음과 같이 판단하였다. (가) ㉮행위 : 전자금융거래법위반죄 유죄. (나) ㉯행위 : 사기방조죄 유죄. (다) ㉰행위 : 횡령죄 무죄.

검사는 횡령죄 무죄 부분에 불복하여 항소하였다. 검사는 항소이유로 다음의 점을 주장하였다. (가) 을은 사기 범행의 정범이 아닌 방조범에 불과하다. (나) 사기범행으로 취득된 예금을 방조범이 횡령하는 것은 불가벌적 사후행위에 해당하지 않는다. 항소법원은 항소를 기각하고, 제1심판결을 유지하였다. 검사는 불복 상고하였다. 검사의 상고이유는 항소이유와 같다.

대법원은 다음의 이유를 제시하여 상고를 기각하였다. 대법원은 을의 ㉰행위에 대해 다음과 같이 판단하였다. (가) 전기통신금융사기(이른바 보이스피싱 범죄)의 범인(갑)이 피해자(A)를 기망하여 피해자(A)의 돈을 사기이용계좌로 송금·이체받았다면 이로써 편취행위는 기수에 이른다. (나) 따라서 범인(갑)이 피해자(A)의 돈을 보유하게 되었다고 하더라도 이로 인하여 피해자(A)와 사이에 어떠한 위탁 또는 신임관계가 존재한다고 할 수 없다. (다) 그러한 이상 범인(갑)이 피해자(A)의 돈을 보관하는 지위에 있다고 볼 수 없다. (라) 나아가 그 후에 범인(갑)이 사기이용계좌에서 현금을 인출하였다고 하더라도 이는 이미 성립한 사기범행의 [사후]행위에 지나지 아니하여 새로운 법익을 침해한다고 보기도 어렵다. (마) 그러므로 범인(갑)의 위와 같은 인출행위는 사기의 피해자(A)에 대하여 따로 횡령죄를 구성하지 않는다.

(바) 그리고 이러한 법리는 사기범행에 이용되리라는 사정을 알고서도 자신 명의 계좌의 접근매체를 양도함으로써 사기범행을 방조한 종범(을)이 사기이용계좌로 송금된 피해자(A)의 돈을 임의로 인출한 경우에도 마찬가지로 적용된다.

2) 2017. 5. 31. 2017도3894, 공 2017하, 1452 = 『대여통장 자금인출 사건』.

3) 2017. 5. 31. 2017도3045, 공 2017하, 14500 = 『체크카드 80만원 양도 사건』.

4) 2017. 5. 31. 2017도3894, 공 2017하, 1452 = 『대여통장 자금인출 사건』.

형틀을 사실상 점유하고 있는 갑은 A로부터 위탁을 받은 여부에 불구하고 A를 위하여 형틀을 보관하는 관계에 있다. 따라서 형틀을 반환하지 아니한 갑의 행위는 횡령죄를 구성한다.[1)]

5. 실행행위

(1) 횡령행위의 본질

횡령죄의 실행행위는 타인의 재물을 보관하는 자가 그 재물을 횡령하거나 그 반환을 거부하는 것이다. 횡령행위의 의미에 대해서는 영득행위설과 월권행위설이 제시되고 있다.[2)]

(가) 영득행위설 자기가 보관하는 타인의 재물을 불법하게 영득하는 행위를 횡령행위라고 보는 견해이다.[3)] 이 경우 영득은 재물에 대한 소유자 또는 소유자에 준하는 권리자(본권자)를 배제하고 자신이 소유자의 지위에 들어서는 것을 말한다. 영득행위설에 따르면 횡령행위란 불법영득의사를 실현하는 행위라고 보게 되며, 불법영득의 의사가 없는 경우에는 횡령죄의 성립을 인정하지 않는다. 영득행위설은 현재 학계의 주류적인 견해이다.

(나) 월권행위설 위탁신임관계에 의하여 부여된 권한을 넘어서는 행위(월권행위)를 횡령행위라고 보는 견해이다.[4)] 이 입장에서는 횡령죄의 본질이 위탁신임관계의 파괴에 있다고 본다. 그리하여 행위자가 보관물에 대하여 그 권한을 초월하는 행위를 하면 횡령행위를 인정한다. 월권행위설의 입장에서는 횡령죄의 성립을 위한 주관적 요건으로는 권한을 남용하여 보관중인 재물을 부정처분을 하려는 고의만 있으면 족하다고 본다. 불법영득의사는 별도로 요구하지 않는다. 월권행위설에 따르면 일시사용의 목적으로 보관물을 처분하는 행위, 손괴 · 은닉할 목적으로 목적물을 처분하는 행위, 단순히 반환을 거부하는 행위 등에 대해서도 횡령죄를 인정한다.

(다) 월권행위설에 대한 비판 영득행위설의 입장에서는 월권행위설에 대하여 다음과 같은 비판을 가하고 있다. 먼저, 월권행위설에 의하면 자기가 보관하는 타인의 재물을 손괴

---

1) 1969. 12. 9. 69도1923, 집 17④, 형33.

2) 배종대, 411면: 박상기, 364면; 이형국 · 김혜경, 462면은 횡령죄의 본질이라는 관점에서 영득행위설과 월권행위설을 소개하면서 양자를 결합한 입장을 취하여 이를 절충설로 지칭하고 있다. 그러나 '횡령'이라는 횡령죄의 구성요건요소를 분석할 때에는 불법영득의사를 중심으로 영득행위설과 월권행위설을 대비시키는 것이 타당하다고 본다. 위탁신임관계의 파괴는 '보관'이라는 구성요건요소에서 이미 검토되고 있기 때문이다.

3) 김성돈, 459면; 김일수 · 서보학, 286면; 김혜정 외, 400면; 손동권 · 김재윤, 422면; 이재상 · 장영민 · 강동범, 394면; 이형국 · 김혜경, 462면; 임웅, 490; 주호노, 807면.

4) 정성근 · 박광민, 425면; 정영일, 312면(결합설).

하는 행위는 월권행위로서 손괴죄가 아니라 횡령죄에 해당한다고 보게 된다. 그런데 형법 제 366조 이하의 손괴죄 규정은 재물을 타인이 점유하는 경우와 그렇지 아니한 경우로 나누어서 취급하고 있지 않으며, 양자는 모두 손괴죄의 행위객체에 포함된다.

다음으로, 월권행위설에 따르면 횡령죄와 손괴죄 사이에 처벌의 불균형이 생긴다. 월권행위설에 의하면 타인소유 재물이 자기의 점유하에 있는 경우의 손괴행위는 횡령죄(법355①)로 파악되어 5년 이하의 징역 또는 1천 5백만원 이하의 벌금으로 처벌되는 데에 비하여, 타인소유 재물이 타인점유하에 있는 경우의 손괴행위는 손괴죄(법366)로 파악되어 3년 이하의 징역 또는 7백만원 이하의 벌금으로 처벌된다. 이것은 일반적으로 형법이 보다 강하게 관심을 가지고 있는 타인소유의 타인점유 재물에 대한 손괴를 보다 가볍게 처벌하는 것이 되어 불합리하다.

(라) 영득행위설에 대한 비판　월권행위설의 입장에서는 영득행위설에 대해 다음과 같은 비판을 가하고 있다. 첫째로, 위탁신임관계에 기초하여 자기가 점유하는 타인의 재물을 손괴하는 행위는 단순히 타인의 재물을 손괴하는 것을 넘어서서 타인의 신뢰를 파괴하는 것을 의미한다. 따라서 전자를 후자에 비하여 무겁게 처벌하더라도 아무런 불합리가 없다.

둘째로, 손괴죄의 규정이 자기가 점유하는 경우와 타인이 점유하는 경우를 구별하고 있지 않다고 해도 월권행위설의 관점에서 횡령죄를 해석하는 데에 아무런 지장이 없다. 셋째로, 독일 형법의 경우처럼 절도죄와 횡령죄를 동일한 장에서 규정하고 있다면 영득행위설이 설득력이 있으나, 우리 형법은 횡령죄와 배임죄를 같은 장, 같은 조문에 규정하여 특별히 신임관계를 중시하고 있다. 이 점은 우리 형법이 반환거부를 횡령행위의 일종으로 명시하고 있는 점에서 확인할 수 있다. 이렇게 볼 때 우리 형법의 해석으로는 영득행위설을 주장할 수 없다.

(마) 사 견　생각건대 영득행위설이 타당하다고 본다. 위의 영득행위설의 논거 이외에 다음의 점을 추가할 수 있다. 우선 입법의 경위를 보면 우리 형법은 일본 개정형법가안의 입법례를 좇아 횡령죄와 배임죄를 동일한 조문에 규정하면서도 배임죄의 요건으로 요구되는 손해발생의 표지를 횡령죄의 구성요건요소로 채택하지 아니하였다.[1] 이것은 소유권 또는 소유권에 준하는 권리(본권)라는 개별재산을 중심으로 하는 횡령죄의 특성을 존중하기 위한 입법적 고려라고 할 수 있다. 다음으로, 영득행위설을 통하여 불법영득의사를 횡령죄의 요건으로 요구함으로써 횡령죄의 지나친 확대적용을 방지할 수 있다.

---

1) 전술 1273면 이하 참조.

(바) 판 례 판례는 일관하여 영득행위설을 취하고 있다. 판례는 "횡령행위란 불법영득의사를 실현하는 일체의 행위를 말하는 것"이라고 정의하면서, 불법영득의사가 외부에 인식될 수 있는 객관적 행위가 있을 때 횡령죄가 성립하는 것으로 판단하고 있다.[1)]

---

1) 2006. 8. 24. 2006도3039, 공 2006, 1639 = 『비자금 범죄수익 은닉 사건』:

갑은 P회사의 대표이사이다. 을은 P회사의 [재무 담당] 임원이다. Q회사는 P회사의 계열회사이다. 갑과 을은 변칙회계처리를 거쳐 P회사의 자금을 인출하였다. 갑과 을이 이렇게 조성한 비자금의 규모는 ㉠금액에 이르렀다(㉮행위). 갑과 을은 조성된 ㉠비자금을 ⓐ, ⓑ계좌 등 차명계좌에 입금하였다. 갑과 을은 ㉠비자금이 외부에 드러나지 않도록 다음의 행위를 하였다(㉯행위). (가) 인출된 자금을 가지고 현금을 수표로 교체발행하였다. (나) 인출된 자금을 가지고 ⓐ계좌와 ⓑ계좌 사이에 계좌이체를 하였다.

㉠비자금은 갑의 결재를 받아 을이 집행하였다. 을이 집행한 ㉠비자금의 내역은 ㉡, ㉢, ㉣금액으로 분류된다. (가) ㉡금액 : 거래처 R회사 등에 리베이트(판촉비) 명목으로 사용. (나) ㉢금액 : 계열사 Q회사의 부도를 막기 위하여 Q회사에 대한 임차보증금채권 매입. (다) ㉣금액 : 갑과 을이 개인적으로 사용한 의심이 있으나 구체적으로 확인되지 않음.

「범죄수익은닉의 규제 및 처벌 등에 관한 법률」(범죄수익법)이 있다. 범죄수익법 제2조는 '범죄수익'에 해당하는 경우들을 규정하고 있다. 특정경제범죄법위반죄(횡령)에 의하여 생긴 재산은 '범죄수익'에 해당한다. 범죄수익법 제3조는 범죄수익을 은닉한 자를 5년 이하의 징역 또는 3천만원 이하의 벌금으로 처벌하고 있다.

검사는 갑과 을을 다음의 공소사실로 기소하였다. (가) ㉮행위 : 특정경제범죄법위반죄(횡령). (나) ㉯행위 : 범죄수익법위반죄(범죄수익은닉). 갑과 을의 피고사건은 제1심을 거친 후, 항소심에 계속되었다. 항소법원은 다음과 같이 판단하였다. (가) ㉮행위 중 ㉡, ㉢금액 부분 : 특정경제범죄법위반죄(횡령) 유죄. (나) ㉮행위 중 ㉣금액 부분 : 무죄. (다) ㉯행위 : 무죄.

갑과 을은 유죄 부분에 불복하여 상고하였다. 갑과 을은 상고이유로 다음의 점을 주장하였다. (가) ㉡, ㉢금액의 지출은 P회사를 위하여 한 것이다. (나) 불법영득의사가 없으므로 횡령죄가 성립하지 않는다. 검사는 무죄 부분에 불복하여 상고하였다. 검사는 상고이유로 다음의 점을 주장하였다. (가) ㉠자금은 횡령죄로 인하여 생긴 재산이므로 범죄수익에 해당한다. (나) ㉯행위는 범죄수익의 은닉에 해당한다.

대법원은 다음의 이유를 제시하여 상고를 모두 기각하였다. 대법원은 범죄수익의 범위에 대해 다음과 같이 설시하였다. (가) 범죄수익법 제3조에 규정된 범죄수익 등의 은닉 · 가장죄의 객체가 되는 '범죄수익'이라 함은 범죄수익법 제2조 제2호 (가)목의 "중대범죄의 범죄행위에 의하여 생긴 재산 또는 그 범죄행위의 보수로서 얻은 재산"을 의미한다. (나) 당해 중대범죄의 범죄행위가 기수에 이르러 '범죄행위에 의하여 생긴 재산'이라는 범죄의 객체가 특정 가능한 상태에 이르러야 비로소 위 법조 소정의 '범죄수익'이라 할 수 있다. (다) 특정경제범죄법 제3조의 중대범죄의 경우에 있어서는 업무상 횡령죄가 기수에 이르러야만 비로소 그 횡령행위에 의하여 생긴 재산을 범죄수익이라고 할 수 있다. (라) 아직 기수에 이르지 아니한 상태에서는 위 법조 소정의 '범죄수익'이라고 할 수 없다고 보아야 한다.

대법원은 횡령죄의 불법영득의사에 대해 다음과 같이 설시하였다. (가) 업무상 횡령죄에 있어서의 횡령행위란 불법영득의사를 실현하는 일체의 행위를 말한다. (나) 불법영득의사가 외부에 인식될 수 있는 객관적 행위가 있을 때 횡령죄가 성립한다. (다) 불법영득의사라 함은 자기 또는 제3자의 이익을 꾀할 목적으로 업무상의 임무에 위배하여 자신이 보관하는 타인의 재물을 자기의 소유인 것 같이 사실상 또는 법률상 처분하는 의사를 말한다. (라) 불법영득의사를 실현하는 행위로서의 횡령행위가 있었다는 점은 검사가 법관으로 하여금 합리적인 의심을 할 여지가 없을 정도의 확신을 생기게 하는 증명력을 가진 엄격한 증거에 의하여 입증하여야 한다. (마) 이와 같은 증거가 없다면 설령 피고인에게 유죄의 의심이 간다 하더라도 피고인의 이익으로 판단할 수밖에 없다.

대법원은 갑과 을의 범죄수익은닉 부분에 대해 다음과 같이 판단하였다. (가) 만일 갑과 을이 공모하여 P

판례의 입장에 따르면 횡령행위는 주관적으로 불법영득의사가 있고 객관적으로 이를 외부에 인식하게 하는 객관적 행위의 두 가지 요소로 구성된다. 이 가운데 객관적 행위는 불법영득의사를 실현하는 일체의 행위로서 다양한 형태로 나타나게 된다.

판례는 은닉 형태의 횡령행위를 인정하면서도 은닉이 불법영득의사의 표현일 것을 요구하고 있다. 판례는 "횡령행위의 한 태양으로서의 은닉이란 타인의 재물의 보관자가 위탁의 본지에 반해 그 재물을 발견하기 곤란한 상태에 두는 것을 말하는 것"이라고 정의하면서, 회사의 대표이사가 조성한 비자금이 회사의 장부상 일반자금 속에 은닉되어 있었다 하더라도 이는 당해 비자금의 소유자인 회사 이외의 제3자가 이를 발견하기 곤란하게 하기 위한 장부상의 분식(粉飾)에 불과하여 그것만으로 대표이사의 불법영득의사를 인정할 수 없다면 횡령죄가 성립하지 않는다고 판단하였다.[1] [2]

(2) 불법영득의사

(가) 개념정의 횡령죄에서 불법영득의사라 함은 자기 또는 제3자의 이익을 꾀할 목

회사의 계좌에서 변칙회계처리를 통하여 자금을 인출하여 차명계좌에 보관하는 등의 방법으로 비자금을 조성한 행위가 애초부터 P회사를 위한 목적이 아니라 갑과 을이 법인의 자금을 빼내어 개인적으로 착복할 목적으로 행하여졌음이 명백히 밝혀진 경우라면 그 조성행위 자체로써 불법영득의사를 실현한 것으로 인정할 수 있을 것이다.

(나) 이 사건에서는 비자금 조성의 주재자가 P회사의 대표이사인 갑이고 갑이 비자금의 집행을 최종적으로 관리 및 결재하였으므로 그 자금은 여전히 법인의 관리하에 있는 것으로 볼 여지가 충분하다. (다) 동일한 수법으로 조성된 비자금 중 상당 부분은 그 사용처를 알 수 없거나 갑과 을이 개인적으로 사용하였다는 증거가 부족하여 결국 위 부분은 공소제기된 횡령액에 포함되지 않는다. (라) 갑과 을이 P회사의 자금을 인출하여 차명계좌에 보관한 행위가 그 인출금을 법인의 자금으로 별도 관리하기 위한 것이 아니라 불법영득의사의 실행으로 한 것이라고 인정할 수 있을 만큼 합리적인 의심을 할 여지가 없을 정도로 입증되었다고 보기는 부족하다.

(마) 갑과 을이 공소제기된 바와 같은 용도로 그 일부를 개인적으로 사용함으로써 불법영득의사가 명백히 표현되었다고 볼 [수 있는 것일 때] 그 구체적인 사용시에 비로소 횡령행위가 기수에 이르렀다고 봄이 상당하다. (바) 갑과 을이 변칙회계처리를 거쳐 인출한 P회사의 자금이나 이를 차명계좌에 입금하여 관리중인 자금은 아직 횡령의 범죄행위가 성립되기 이전 단계의 것으로서 범죄수익법에 정한 '범죄수익'에 해당한다고 볼 수 없다. (사) 그 비자금 조성과정에서 갑과 을이 현금을 수표로 교체발행하거나 차명계좌 사이에서 계좌이체를 한 행위를 범죄수익법 제3조 제1항 제2호, 제3호 소정의 범죄수익의 가장·은닉죄로 의율한 이 부분 공소사실은 무죄이다.

대법원은 갑과 을의 횡령 부분에 대해 다음과 같이 판단하였다. (가) ㉡돈을 리베이트로 사용하였다는 공소사실은 (중략) 결국, 을이 이를 불법영득의 의사로써 횡령한 것이라고 추단할 수 있다. (나) P회사의 계열회사인 Q회사의 부도를 막기 위하여 Q회사에 대한 임차보증금채권을 매입하였으니 역시 회사의 업무를 위하여 사용한 것이라고 다투는 부분은, 그 목적이 회사를 위한 것이라기보다는 자신들의 경영권 유지라는 개인적인 이해관계를 위한 것이라고 봄이 상당하므로 역시 횡령죄의 죄책을 면할 수 없다. (이하 부분은 생략함.)

1) 1999. 9. 17. 99도2889, 공 1999, 2269.

2) 2013. 4. 25. 2011도9238, 공 2013상, 984 = 분석 각론『하역회사 리베이트 사건』.

적으로 임무에 위배하여 자신이 보관하는 타인의 재물을 자기소유인 것 같이 사실상 또는 법률상 처분하는 의사를 말한다.[1] 사후에 재물을 반환하거나 변상 · 보전(補塡)하려는 의사가 있다 하더라도 불법영득의사를 인정함에는 지장이 없다.[2]

횡령죄의 불법영득의사는 절도죄의 불법영득의사처럼 '경제적 용법에 따라 이용 · 처분하는 의사'에 한정하지 않고, '법률상 처분하는 의사'까지도 포함한다. 이 점에서 횡령죄의 불법영득의사는 절도죄의 불법영득의사보다 넓은 의미로 이해된다.

불법영득의사는 자기 또는 제3자의 이익을 위한 것이어야 한다. 보관자가 자기 또는 제3자의 이익을 위한 것이 아니라 소유자의 이익을 위하여 재물을 처분하는 경우에는 특단의 사정이 없는 한 불법영득의사가 인정되지 않는다.[3) 4)]

회사의 이사 등이 업무상의 임무에 위배하여 보관 중인 회사의 자금으로 뇌물을 공여하였다면 이는 오로지 회사의 이익을 도모할 목적이라기보다는 뇌물공여 상대방의 이익을 도모할 목적이나 기타 다른 목적으로 행하여진 것이라 봄이 상당하므로 불법영득의사가 인정된다.[5]

타인으로부터 용도가 엄격히 제한된 자금을 위탁받아 집행하면서 그 제한된 용도 이외

---

1) 2006. 8. 24. 2006도3039, 공 2006, 1639 =『비자금 범죄수익 은닉 사건』.

2) 2006. 6. 2. 2005도3431, 공 2006, 1292.

3) 1982. 3. 9. 81도3009, 공 1982, 451 =『전수학교 비자금 사건』:

갑은 P재단법인 소속 Q전수학교 서무과장이다. 갑은 업무상 보관중인 P재단 소유의 ㉠급여자금으로 Q학교 교사들의 월급여 및 퇴직금을 지급하였다. 이 과정에서 갑은 봉급 지급명세서나 퇴직금 지급명세서에는 실지 지급액보다 높게 기장하고 ㉡차액금을 인출하였다.

검사는 갑을 업무상 횡령죄로 기소하였다. 재판 과정에서 갑은 다음을 점을 들어서 불법영득의사가 없었다고 주장하였다(㉮주장). (가) Q학교는 특수한 전수학교인 관계로 신입생이 입학정원에 미달된다. (나) 학교에서는 교사들로 하여금 신입생 모집활동을 하게 한다. (다) 그 비용으로 재단이사 및 학교장 등의 양해 아래 ㉠차액금을 사용한 것이다. Q학교의 교장 A와 교사 B, C는 교사들이 학생 모집활동을 하고 학교로부터 비용을 지급받았다고 증언하였다. 제1심법원은 유죄를 인정하였다. 갑은 불복 항소하였다. 항소법원은 항소를 기각하고, 제1심판결을 유지하였다. 갑은 불복 상고하였다.

대법원은 다음의 이유를 제시하여 원심판결을 파기환송하였다. (가) 횡령죄에 있어서의 불법영득의 의사는 타인의 재물을 보관하는 자가 그 위탁 취지에 반하여 권한 없이 스스로 소유권자의 처분행위(반환 거부를 포함한다)를 하려는 의사를 의미한다. (나) 보관자가 자기 또는 제3자의 이익을 위한 것이 아니라, 그 소유자의 이익을 위하여 이를 처분한 경우에는 특단의 사정이 없는 한 위와 같은 불법영득의 의사를 인정할 수 없다. (다) [증거에 의하면] Q학교의 교사들이 갑의 ㉮변소와 같은 학생 모집활동을 하고 학교로부터 비용을 지급받았음이 인정된다. (라) 원심이 위와 같은 증거들을 도외시하고 만연히 위 지급차액 전액에 대하여 갑에게 불법영득의 의사가 있는 것으로 인정하였음은 증거판단을 소홀히 하여 증거 없이 사실을 인정하고, 불법영득의 의사에 관한 법리를 오해한 위법이 있다.

4) 2017. 2. 15. 2013도14777, 공 2017상, 604.

5) 2013. 4. 25. 2011도9238, 공 2013상, 984 = 분석 각론 『하역회사 리베이트 사건』.

의 목적으로 자금을 사용하는 것은 그 사용이 개인적인 목적에서 비롯된 경우는 물론 결과적으로 자금을 위탁한 본인을 위하는 면이 있더라도 그 사용행위 자체로서 불법영득의사를 실현하는 것이 되어 횡령죄가 성립한다.[1)]

(나) 입증의 문제　　영득행위설에 의할 때 횡령행위는 불법영득의사를 실현하는 일체의 행위를 가리킨다. 객관적으로 나타나는 횡령행위의 형태는 극히 다양하므로 실제로 횡령행위의 유무를 결정짓는 요소는 불법영득의사라고 하여도 과언이 아니다. 불법영득의사를 실현하는 행위로서의 횡령행위가 있었다는 점은 검사가 법관으로 하여금 합리적인 의심을 할 여지가 없을 정도의 확신을 생기게 하는 증명력을 가진 엄격한 증거에 의하여 입증하여야 한다.[2)] 이와 같은 증거가 없다면 설령 피고인에게 유죄의 의심이 간다 하더라도 법원은 피고인의 이익으로 판단할 수밖에 없다.[3)]

횡령죄에서 불법영득의사는 내심의 의사에 속한다. 피고인이 불법영득의사를 부인하는 경우 이러한 주관적 요소로 되는 사실은 사물의 성질상 그와 상당한 관련성이 있는 간접사실 또는 정황사실을 증명하는 방법에 의하여 이를 입증할 수밖에 없다.[4)]

피고인이 위탁받아 보관하고 있던 돈이 모두 사라졌으나 (가) 그 돈의 행방이나 사용처가 밝혀지지 않고 있는 상황에서 피고인이 그 행방이나 사용처를 제대로 설명하지 못하거나 또는 (나) 피고인이 주장하는 사용처에 사용된 자금이 사라진 돈과는 다른 자금으로 충당된 것이 드러나는 등 피고인이 주장하는 사용처에 위 돈이 사용되었다는 점을 인정할 수 있는 자료가 부족하고, 오히려 피고인이 위 돈을 개인적인 용도에 사용하였다는 점에 대한 신빙성 있는 자료가 많은 경우에는 일응 피고인이 위 돈을 불법영득의 의사로 횡령하였다고 추단할 수 있다.[5)]

어떤 금전의 용도가 추상적으로 정하여져 있다 하여도 그 구체적인 사용 목적이나 사용처, 사용 시기 등에 관하여 보관자에게 광범위한 재량을 가지고 이를 사용할 권한이 부여되어 있고, 지출한 후에 그에 관한 사후보고나 증빙자료의 제출도 요구되지 않는 성질의 것인 경우가 있다. 그러한 경우라면 그 보관자가 위 금전을 사용한 다음 그 행방이나 사용처를 제대로 설명하지 못하거나 증빙자료를 제출하지 못하고 있다고 하여 함부로 불법영득의 의사를 추단해서는 안 된다. 검사는 그 금전이 본래의 사용 목적과는 관계없이 개인적인 이익을 위하여 지출되었다거나 합리적인 범위를 넘어 과다하게 이를 지출하였다는 등 불법영득의

---

1) 2011. 10. 13. 2009도13751, 공 2011하, 2387 = 분석 각론 『교비회계 전용 사건』.
2) 2006. 8. 24. 2006도3039, 공 2006, 1639 =『비자금 범죄수익 은닉 사건』.
3) 2010. 6. 24. 2007도5899, 공 2010하, 1503 = 『버스조합 이사장 판공비 사건』 ☞ 부록 1687면.
4) 2010. 6. 24. 2007도5899, 공 2010하, 1503 = 『버스조합 이사장 판공비 사건』.
5) 2010. 6. 24. 2007도5899, 공 2010하, 1503 = 『버스조합 이사장 판공비 사건』.

의사를 인정할 수 있는 사정을 입증하여야 한다.[1)]

(다) 한계사례 판례상 불법영득의사의 존부가 문제된 사안을 몇 가지 살펴본다.

① 예산의 항목유용 예산을 집행할 직책에 있는 자가 자기 자신의 이익을 위한 것이 아니라 경비부족을 메꾸기 위하여 예산을 전용한 경우에 불법영득의사와 관련하여 횡령죄의 성립이 문제된다. 먼저, 예산의 항목유용 자체가 위법한 목적을 가지고 있다거나 예산의 용도가 엄격하게 제한되어 있는 경우에는 횡령죄가 성립한다.

다음으로, 예산의 항목유용이 본래 책정되거나 영달되어 있어야 할 필요경비이기 때문에 일정한 절차를 거치면 그 지출이 허용될 수 있었던 때에는 그 간격을 메우기 위한 유용이 있었다는 것만으로 바로 그 유용자에게 불법영득의사가 있었다고 단정할 수는 없다.[2)] 이 경

---

1) 2010. 6. 24. 2007도5899, 공 2010하, 1503 = 『버스조합 이사장 판공비 사건』.

2) 2002. 11. 26. 2002도5130, 공 2003, 290 = 『도로사업소 출장비 유용 사건』:

갑은 M도 N도로사업소 소속 M도청 공무원이다. 갑은 과적차량 단속업무를 수행하고 있다. 갑과 청원경찰 A, B, C, D는 ⓐ일시에 H장소에 과적근원지실태조사 출장을 간 적이 없었다. 갑은 청원경찰 A, B, C, D와 함께 ⓐ일시에 H장소에 과적근원지실태조사 출장을 간 것처럼 ㉠서류를 만들었다(㉮행위). 갑은 출장을 간 것처럼 ㉠서류를 N도로사업소 관리계에 제출하여 N도로사업소 관리계로부터 출장비 합계 금 46만원을 받았다. 갑은 여러 차례 이러한 방식으로 서류를 제출하여 합계 1천 3백만원을 교부받았다(㉡출장비).

검사는 갑을 다음의 공소사실로 기소하였다. (가) ㉮행위 : 허위공문서작성죄. (나) ㉯행위 : 업무상 횡령죄. 갑은 법정에서 ㉡출장비를 다음과 같이 사용하였다고 진술하였다. (가) 120만원 : 비품 구입비. (나) 33만원 : 직원 회식비. (다) 140만원 : 기타 사무실 운영비. (라) 나머지 금원 : 과적단속계를 운영하면서 소요되는 비용. 갑은 ㉡출장비를 개인적으로 사용한 것이 아니므로 업무상횡령의 고의가 없었다고 주장하였다.

갑의 피고사건은 제1심을 거친 후, 항소심에 계속되었다. 항소법원은 ㉮, ㉯공소사실을 모두 유죄로 인정하였다. 항소법원은 ㉯공소사실에 대하여 다음과 같이 판단하였다. (가) 갑이 보관하고 있던 ㉡금원은 실제로 출장을 간 직원 등에게 출장비로 지출하여야 할 돈이다. (나) ㉡금원은 그 지출용도가 한정되어 있다. (다) 갑이 ㉡금원을 업무상 보관하던 중 임의로 출장비 이외의 용도로 모두 사용하였다. (라) 갑이 비록 ㉡금원 중의 일부를 비품구입비, 회식비 등 사무실 운영비로 사용하였다고 하더라도, 그와 같은 점만으로는 갑에게 불법영득의 의사가 없다고 볼 수 없다. 갑은 불복 상고하였다.

대법원은 다음의 이유를 제시하여 원심판결을 파기환송하였다. 대법원은 예산항목 유용과 불법영득의사의 관계에 대해 다음과 같이 설시하였다. (가) 예산을 집행할 직책에 있는 자가 자기 자신의 이익을 위한 것이 아니고 경비부족을 메꾸기 위하여 예산을 전용한 경우가 있다. (나) 그러한 경우라면 (ㄱ) 그 예산의 항목유용 자체가 위법한 목적을 가지고 있다거나 (ㄴ) 예산의 용도가 엄격하게 제한되어 있는 경우는 별론으로 하고 (ㄷ) 그것이 본래 책정되거나 영달되어 있어야 할 필요경비이기 때문에 일정한 절차를 거치면 그 지출이 허용될 수 있었던 때에는 (ㄹ) 그 간격을 메우기 위한 유용이 있었다는 것만으로 바로 그 유용자에게 불법영득의 의사가 있었다고 단정할 수는 없다.

대법원은 갑의 ㉯행위에 대해 다음과 같이 판단하였다. (가) 갑은 ㉡출장비를 과적단속계를 운영하면서 소요되는 비용으로 사용한 것이지 갑 개인적으로 사용한 것은 아니므로 갑에게 업무상횡령의 고의가 없었다고 주장하고 있다. (나) 갑은 ㉡출장비로 구입하였다는 사무실 비품의 사진, 출장비의 지출 용도와 관련된 직원들의 진술서 등을 제출하고 있다. (다) 출장비 예산의 항목유용 자체가 (ㄱ) 위법한 목적을 가지고 있다거나 (ㄴ) 예산의 용도가 엄격하게 제한되어 있다고 볼만한 자료가 없다. (라) 그렇다면 원심으로서는 단지 갑이 출장비를 지정용도 이외로 임의 소비하였다는 것만으로 바로 갑에게 불법영득의 의사를 인정할 수는 없다.

우에는 행정책임을 지는 것은 별론으로 하고 횡령죄는 인정되지 않는다.[1)]

② 담보권 행사 금전을 대여하면서 채무자로부터 그 담보로 동산을 교부받은 담보권자는 그 담보권의 범위 내에서 담보권을 행사할 수 있다. 이 경우에는 채권을 변제받을 때까지 담보 동산을 반환하지 않더라도 불법영득의사가 인정되지 않는다.

그러나 담보권자가 담보목적물을 보관하고 있음을 기화로 실제의 피담보채권 이외에 다른 채권까지 변제받을 의도로 그것까지 포함하여 변제가 이루어지지 아니할 경우 담보목적물을 반환하지 않을 것임을 표명하다가 피담보채무 이외의 채권까지도 변제충당한 경우에는 정당한 담보권의 행사라고 볼 수 없고, 불법영득의사가 인정된다.[2)]

③ 주식의 가장납입 주식회사의 설립업무(또는 증자업무)를 담당한 자와 주식인수인이 사전에 공모하여 주금납입취급은행 이외의 제3자로부터 납입금에 해당하는 금액을 차입하여 주금을 납입하고 납입취급은행으로부터 납입금보관증명서를 교부받아 회사의 설립등기절차(또는 증자등기절차)를 마친 직후 이를 인출하여 위 차용금채무의 변제에 사용하는 경우를 가리켜서 가장납입이라고 한다. 가장납입행위는 상법 제628조의 납입가장죄로 처벌된다.[3)]

그런데 가장납입의 사안에서 납입된 주금을 인출하여 차용금채무를 변제하는 행위를 횡령죄(법355①)로 처벌할 수 있을 것인지 문제된다. 가장납입행위는 실질적으로 회사의 자본을 증가시키는 것이 아니다. 가장납입행위는 등기를 위하여 납입을 가장하는 편법에 불과하여 주금의 납입 및 인출의 전과정에서 회사의 자본금에는 실제 아무런 변동이 없다. 그리하여 주식회사의 설립업무(또는 증자업무)를 담당한 자와 주식인수인이 납입된 주금을 인출하

(마) 원심으로서는 앞서 본 바와 같은 법리에 따라 (ㄱ) 출장비 예산에 관한 관련규정 등을 확인하고, (ㄴ) 갑이 주장하는 소비처의 사실 여부 등을 따지는 등의 과정을 거쳐, (ㄷ) 갑이 당해 금원을 본래 허용될 수 있는 지정외 필요경비에 유용한 것인지 (ㄹ) 그렇지 아니하고 부정한 영득의 의사로 또는 전혀 허용되지 않는 용도로 사용한 것인지 여부를 가려서 (ㅁ) 그 횡령액수에 따른 죄책을 인정하였어야 할 것이다.

(바) 불법영득의사를 실현하는 행위로서의 횡령행위가 있다는 점은 검사가 입증하여야 한다. (사) 그 입증은 법관으로 하여금 합리적인 의심을 할 여지가 없을 정도의 확신을 생기게 하는 증명력을 가진 엄격한 증거에 의하여야 한다. (아) 이와 같은 증거가 없다면 설령 갑에게 유죄의 의심이 간다 하더라도 갑의 이익으로 판단할 수밖에 없다.

1) 1989. 10. 10. 87도1901, 공 1989, 1705.

2) 2007. 6. 14. 2005도7880, 공 2007, 1115 =『고려청자 양도담보 사건』.

3) 상법 제622조(발기인, 이사 기타의 임원등의 특별배임죄) ① 회사의 발기인, 업무집행사원, 이사 …가 그 임무에 위배한 행위로써 재산상의 이익을 취하거나 제삼자로 하여금 이를 취득하게 하여 회사에 손해를 가한 때에는 10년 이하의 징역 또는 3천만원 이하의 벌금에 처한다.

제628조(납입가장죄등) ① 제622조 제1항에 게기한 자가 납입 또는 현물출자의 이행을 가장하는 행위를 한 때에는 5년 이하의 징역 또는 1천500만원 이하의 벌금에 처한다.

② 제1항의 행위에 응하거나 이를 중개한 자도 제1항과 같다.

여 차용금채무의 변제에 사용하는 행위는 행위자들에게 회사의 돈을 임의로 유용한다는 불법영득의사가 없어서 횡령죄가 성립하지 않는다.[1] 그러나 공정증서원본불실기재죄(법228①)가 성립하는 것은 별개의 문제이다.[2] [3]

④ 전환사채의 가장납입 납입가장행위는 전환사채 발행의 경우에도 찾아볼 수 있다. 전환사채(상법513 참조)는 발행 당시에는 사채의 성질을 갖는 것으로서 사채권자가 전환권을 행사한 때에 비로소 주식으로 전환된다(상법516②, 350①).

전환사채의 가장납입은 (가) 전환사채의 발행업무를 담당하는 자와 전환사채 인수인이 사전 공모하여, (나) 제3자로부터 전환사채 인수대금에 해당하는 금액을 차용하여 전환사채 인수대금을 납입하고, (다) 전환사채 발행절차를 마친 직후 이를 인출하여 위 차용금채무의 변제에 사용하는 등, (라) 실질적으로 전환사채 인수대금이 납입되지 않았음에도 전환사채를 발행한 경우에 나타난다.[4]

---

1) 2004. 6. 17. 2003도7645 전원합의체 판결, 공 2004, 1881 = 분석 각론『레이디 가장납입 사건』.
2) 2004. 6. 17. 2003도7645 전원합의체 판결, 공 2004, 1881 = 분석 각론『레이디 가장납입 사건』.
3) 전술 506면 참조.
4) 2015. 12. 10. 2012도235, 공 2016상, 149 =『인수대금 순차 인출 사건』:

(사실관계가 복잡하여 대폭 축약함.) 갑은 P회사의 실질적 경영자이다. A는 싱가포르의 금융기관이다. B는 국내 사채업자이다. 갑은 A를 주관사로 하여 해외에서 1천만 달러의 M전환사채를 발행하였다. 갑과 A는 다음의 약정을 하였다. (가) A가 M전환사채 인수대금 1천만 달러를 입금한다. (나) 갑은 A가 인수한 M전환사채 가운데 4백만 달러 상당의 전환사채(㉠전환사채)를 A로부터 재매수한다.

갑은 국내에서 사채업자 B로부터 45억 3천만원을 차용하였다(ⓐ차용금). 갑은 B명의로 M전환사채 가운데 4백만 달러 상당의 전환사채(㉡전환사채)를 인수하였다. 갑이 ㉡전환사채를 인수하는 당일 A로부터 M전환사채 전체의 인수대금 1천만 달러 중 비용 34만 달러를 제외한 966만 달러가 입금되었다(ⓑ돈). ⓑ돈 입금 당일 갑은 ⓑ돈을 한화로 예금한 후 이 가운데 45억 3천만원을 가지고 B에게 ⓐ차용금을 변제하였다. 다음날 갑은 환화로 예금되어 있던 ⓑ돈의 나머지 50억원을 환전하여 A로부터 ㉠전환사채를 재매수하였다.

이후 갑은 ㉠, ㉡전환사채를 처분하여 ㉢자금을 마련하였다. 갑은 ㉢자금 중 27억원을 P회사에 입금하였다. 갑은 ㉢자금 중 27억원을 이사회결의를 거쳐 Y회사 주식을 취득하는 데에 사용하였다. P회사는 ㉢자금 중 나머지 부분을 '갑에게 대여하였으나 회수불능'으로 처리하였다. 갑의 M전환사채 발행 시점으로부터 10년이 경과하였다.

검사는 갑의 ㉠, ㉡전환사채 취득이 배임죄에 해당한다고 판단하였다. 특정경제범죄법 제3조 제1항 제1호는 이득액 50억원 이상의 배임죄를 무기 또는 5년 이상의 징역으로 처벌한다. 공소제기 당시 공소시효는 15년이었다. 특정경제범죄법 제3조 제1항 제2호는 이득액 5억 이상 50억원 미만의 배임죄를 3년 이상의 유기징역으로 처벌한다. 공소제기 당시 공소시효는 10년이었다. 검사는 ㉠, ㉡전환사채 발행 시점을 기준으로 이득액을 8백만 달러(90억 6천만원)로 산정하였다. 검사는 특정경제범죄법 제3조 제1항 제1호를 적용하여 갑을 기소하였다.

갑의 피고사건은 제1심을 거친 후, 항소심에 계속되었다. 항소법원은 다음과 같이 판단하였다. (가) 검사는 이득액을 8백만 달러(90억 6천만원)로 보고 있다. (나) 갑이 ㉠, ㉡전환사채를 처분하여 취득한 자금은 ㉢자금이다. (다) ㉢자금 가운데 27억원은 갑이 P회사에 입금하였다. (라) ㉢자금 가운데 27억원은 갑이 P회사를 위하여 Y회사의 주식을 취득하였다. (마) 합계 54억원은 갑이 P회사를 위하여 사용한 것이다. (바) 갑에게 가장납입 형태의 전환사채 발행이 (가) 주식 발행의 목적을 달성하기 위한 수단으로 이루어졌고, (나) 실제로 그 목적대로 곧 전환권이 행사되어 주식이 발행됨에 따라 (다) 실질적으로 신주인수대금의 납입을 가장하는 편법에 불과하다고 평가될 수 있는 등의 특별한 사정이 인정되는 경우는 일반적인 주식 가장납입의 문제로 돌아간다.[1]

그러나 주식 가장납입으로 볼 수 있는 특별한 사정이 인정되지 않는 한, 전환사채 인수대금의 가장납입은 배임죄를 구성한다. 전환사채의 발행업무를 담당하는 사람은 회사에 대하여 전환사채 인수대금이 모두 납입되어 실질적으로 회사에 귀속되도록 조치해야 할 업무상의 임무를 진다. 이러한 업무상 임무를 위반하여 전환사채 인수인으로 하여금 인수대금을 납입하지 않고서도 전환사채를 취득하게 하는 행위는 (가) 전환사채 인수인으로 하여금 인수대금 상당의 이득을 얻게 하고, (나) 회사로 하여금 사채상환의무를 부담하면서도 그에 상

고의가 없으므로 합계 54억원 부분은 무죄이다. (사) 90억 6천 만원에서 무죄로 판단된 합계 54억원을 공제한다. (아) 그렇다면 갑의 이득액은 36억 6천만원이 된다. (자) 이 액수는 특정경제범죄법 제3조 제1항 제2호 적용대상이다. (차) 특정경제범죄법 제3조 제1항 제2호의 공소시효는 10년이다. (카) 36억 6천만원 부분은 공소시효가 완성되어 무죄이다. 검사는 불복 상고하였다.

대법원은 다음의 이유를 제시하여 원심판결을 파기환송하였다. 대법원은 전환사채 발행자의 배임죄 성립 여부에 대해 다음과 같이 설시하였다. (가) 전환사채는 발행 당시에는 사채의 성질을 갖는 것으로서 사채권자가 전환권을 행사한 때에 비로소 주식으로 전환된다. (나) 전환사채의 발행업무를 담당하는 자와 전환사채 인수인이 사전 공모하여 제3자로부터 전환사채 인수대금에 해당하는 금액을 차용하여 전환사채 인수대금을 납입하고 전환사채 발행절차를 마친 직후 이를 인출하여 위 차용금채무의 변제에 사용하는 등 실질적으로 전환사채 인수대금이 납입되지 않았음에도 전환사채를 발행한 경우가 있다. (다) 이러한 경우에 그와 같은 전환사채의 발행이 주식 발행의 목적을 달성하기 위한 수단으로 이루어졌고 실제로 그 목적대로 곧 전환권이 행사되어 주식이 발행됨에 따라 실질적으로 신주인수대금의 납입을 가장하는 편법에 불과하다고 평가될 수 있는 등의 특별한 사정이 있는 때가 있다. (라) [그러한 경우에는 상법상의 납입가장죄(상법 제628조 제1항)와 공정증서원본불실기재죄가 성립한다(2004. 6. 17. 2003도7645 전원합의체 판결 = 분석 각론『레이디 가장납입 사건』참조).]

(마) 그러한 특별한 사정이 없다면 전환사채의 발행업무를 담당하는 사람은 (ㄱ) 회사에 대하여 전환사채 인수대금이 모두 납입되어 실질적으로 회사에 귀속되도록 조치할 업무상의 임무를 위반하여, (ㄴ) 전환사채 인수인으로 하여금 인수대금을 납입하지 않고서도 전환사채를 취득하게 하여 인수대금 상당의 이득을 얻게 하고, (ㄷ) 회사로 하여금 사채상환의무를 부담하면서도 그에 상응하여 취득하여야 할 인수대금 상당의 금전을 취득하지 못하게 하여 같은 금액 상당의 손해를 입게 하였으므로, (ㄹ) 이로써 업무상배임죄의 죄책을 진다. (바) 그리고 그 후 전환사채의 인수인이 전환사채를 처분하여 그 대금 중 일부를 회사에 입금하였거나 또는 사채로 보유하는 이익과 주식으로 전환할 경우의 이익을 비교하여 전환권을 행사함으로써 전환사채를 주식으로 전환하였더라도, 이러한 사후적인 사정은 이미 성립된 업무상배임죄에 영향을 주지 못한다.

대법원은 갑의 ㉠, ㉡전환사채 취득행위가 전환사채 발행자의 임무에 위배하는 행위라고 판단하였다. 대법원은 갑의 ㉢자금 사용 부분은 갑의 배임행위 이후에 일어난 일로서 이미 성립한 배임죄에 영향을 미치지 않는다고 판단하였다. 대법원은 갑의 ㉠, ㉡전환사채 발행행위가 특정경제범죄법 제3조 제1항 제1호 배임죄의 적용대상이 된다고 판단하였다.

1) 2015. 12. 10. 2012도235, 공 2016상, 149 =『인수대금 순차 인출 사건』참조.

응하여 취득하여야 할 인수대금 상당의 금전을 취득하지 못하게 하여 같은 금액 상당의 손해를 입게 하는 것이 되어 업무상 배임죄를 구성한다.[1)]

이후 전환사채의 인수인이 전환사채를 처분하여 그 대금 중 일부를 회사에 입금하였거나 또는 사채로 보유하는 이익과 주식으로 전환할 경우의 이익을 비교하여 전환권을 행사함으로써 전환사채를 주식으로 전환하였더라도, 이러한 사후적인 사정은 이미 성립된 업무상 배임죄에 영향을 주지 못한다.[2)]

⑤ 회사채무의 변제　　회사에 대하여 개인적인 채권을 가지고 있는 대표이사가 회사를 위하여 보관하고 있는 회사 소유의 금전으로 자신의 채권 변제에 충당하는 행위는 대표이사의 권한 내에서 한 회사채무의 이행행위로서 이사회의 결의가 없는 경우라 할지라도 유효하다. 따라서 이러한 경우에는 대표이사에게는 불법영득의사가 인정되지 아니하여 횡령죄가 성립하지 않는다.[3)]

---

1) 2015. 12. 10. 2012도235, 공 2016상, 149 = 『인수대금 순차 인출 사건』.

2) 2015. 12. 10. 2012도235, 공 2016상, 149 = 『인수대금 순차 인출 사건』.

3) 1999. 2. 23. 98도2296, 공 1999, 600 = 『승강기 대금 임의처분 사건』:

갑은 P회사의 전무이사로 근무하였다. 1995. 4. 13.부터 갑은 P회사의 대표이사로 근무하고 있다. 1995. 12. 23.경 갑은 P회사 사무실에서, A로부터 Q회사에 판매한 승강기 설치대금 1억 3,600만원 중 금 7,900만원을 수령하였다(㉠돈). 갑은 ㉠돈 가운데 4,200만원(㉡돈)을 갑의 채무변제 등으로 임의소비하였다. 갑은 나머지 돈(㉢돈)을 종업원들의 퇴직금 등으로 지출하였다.

검사는 갑을 업무상 횡령죄로 기소하였다. 갑은 다음과 같이 주장하였다. (가) P회사에 대하여 금 2억 1,000만원 상당의 채권을 가지고 있다(㉣채권). (나) ㉡돈으로 ㉣채권의 변제에 충당하였다. 제1심법원은 다음의 이유를 들어 유죄를 인정하였다. (가) 갑에게 ㉡돈에 대한 불법영득의 의사가 있었다고 보여진다. (나) 갑에게 P회사에 대하여 ㉡돈 상당의 채권이 있었다는 사정만으로는 갑의 불법영득의 의사를 인정함에 방해가 되지 않는다. 갑은 불복 항소하였다. 항소법원은 항소를 기각하고, 제1심판결을 유지하였다. 갑은 불복 상고하였다.

대법원은 다음의 이유를 제시하여 원심판결을 파기환송하였다. 대법원은 갑의 행위에 대해 다음과 같이 판단하였다. (가) 갑은 P회사의 대표이사로 재직하면서 P회사가 Q회사에게 판매한 승강기대금 중 금 7,900만원을 지급받아서 그중 금 4,200만원을 갑의 개인용도에 소비하고 나머지 금원은 종업원들의 퇴직금 등으로 지출한 사실이 인정된다. (나) 갑은 P회사에 대하여 금 2억 1,000만원 상당의 양도대금채권을 가지고 있어서 위 추심한 금원으로 그 채권의 변제에 충당한 것이라고 주장하고 있고, 그에 대한 자료들도 기록상 제출되어 있다.

(다) 그런데 회사에 대하여 개인적인 채권을 가지고 있는 대표이사가 회사를 위하여 보관하고 있는 회사 소유의 금전으로 자신의 채권의 변제에 충당하는 행위는 회사와 이사의 이해가 충돌하는 자기거래행위에 해당하지 않는다. (라) 그러므로 대표이사가 이사회의 승인 등의 절차 없이 그와 같이 자신의 회사에 대한 채권을 변제하였더라도 이는 대표이사의 권한 내에서 한 회사채무의 이행행위로서 유효하다.

(마) 그러므로 만일 갑의 주장과 같이 갑이 P회사에 대하여 양도대금채권을 가지고 있고, 위 추심금 중 일부를 그 채권의 변제에 충당하였다면, 그와 같은 갑의 행위는 대표이사의 권한 내에서 한 회사채무의 정당한 이행행위로서 유효하다. (바) 따라서 갑에게는 불법영득의 의사가 인정되지 아니하여 횡령죄의 죄책을 물을 수 없다.

일단 불법영득의사를 가지고 업무상 보관중인 회사의 금전을 횡령하여 범죄가 성립한 이후에는 횡령 범행을 한 대표이사가 회사에 대하여 별도의 금전채권을 가지고 있음을 주장하면서 이를 자동채권으로 하여 횡령액만큼 상계의 의사표시를 한다고 하더라도(민법493② 참조)[1] 이미 성립한 업무상 횡령죄에는 영향을 미치지 않는다.[2]

⑥ 가지급금 등의 인출 회사의 대표이사가 회사를 위한 지출 이외의 용도로 거액의 회사 자금을 가지급금 등의 명목으로 인출, 사용함에 있어서 이자나 변제기의 약정이 없음은 물론 이사회 승인 등 적법한 절차도 거치지 아니하는 것은 통상 용인될 수 있는 범위를 벗어나 대표이사 등의 지위를 이용하여 회사 자금을 사적인 용도로 임의로 대여, 처분하는 것과 다름없어 횡령죄를 구성한다.[3]

⑦ 비자금 사용 법인의 운영자 또는 관리자가 법인을 위한 목적이 아니라 법인과는 아무런 관련이 없거나 개인적인 용도로 착복할 목적으로 법인의 자금을 빼내어 별도로 비자금을 조성하였다면 그 조성행위 자체로써 불법영득의사가 실현된 것이다.[4]

그러나 그 비자금 조성행위가 (가) 당해 비자금의 소유자인 법인 이외의 제3자가 이를 발견하기 곤란하게 하기 위한 장부상의 분식에 불과하거나 (나) 법인의 운영에 필요한 자금을 조달하는 수단으로 인정되는 경우에는 불법영득의사를 인정하기 어렵다.[5]

회사의 대표이사가 회사의 운영에 사용하기 위하여 회사의 자금을 편법으로 인출하여 차명계좌에 비자금을 보관해 두는 경우, 비자금을 보관하는 것만으로는 아직 불법영득의사가 표현된 것으로 볼 수는 없다. 보관된 비자금을 사적인 용도로 사용하는 단계에 이르면 불법영득의사가 표현된 것이어서 횡령죄가 성립한다.[6]

회사의 대표이사가 보관 중인 회사 재산을 처분하여 그 대금을 정치자금으로 정치인에게 기부한 경우 그것이 회사의 이익을 도모할 목적으로 합리적인 범위 내에서 이루어졌다면 대표이사에게 불법영득의사가 있다고 할 수 없다. 그러나 회사자금의 기부가 회사의 이익을 도모할 목적보다는 후보자인 정치인 개인의 이익을 도모할 목적이나 기타 다른 목적으로 행하여졌다면 불법영득의사가 인정되며, 대표이사는 회사에 대하여 횡령죄의 죄책을 진다.[7]

---

1) 민법 제493조 (상계의 방법, 효과) ① 상계는 상대방에 대한 의사표시로 한다. 이 의사표시에는 조건 또는 기한을 붙이지 못한다.

② 상계의 의사표시는 각 채무가 상계할 수 있는 때에 대등액에 관하여 소멸한 것으로 본다.

2) 1995. 3. 14. 95도59, 공 1995, 1669.

3) 2010. 2. 11. 2009도12627, 공 2010상, 604 = 『셋톱박스 다단계판매 사건』.

4) 2013. 4. 25. 2011도9238, 공 2013상, 984 = 분석 각론 『하역회사 리베이트 사건』.

5) 2013. 4. 25. 2011도9238, 공 2013상, 984 = 분석 각론 『하역회사 리베이트 사건』.

6) 2006. 8. 24. 2006도3039, 공 2006, 1639 = 『비자금 범죄수익 은닉 사건』.

7) 2005. 5. 26. 2003도5519, 공 2005.7, 1081.

⑧ 판공비 사용　　법인이나 단체에서 임직원에게 업무를 수행하는 데에 드는 비용 명목으로 정관 기타의 규정에 의해 지급되는 돈을 판공비 또는 업무추진비라고 부른다. 이른바 판공비 또는 업무추진비가 (가) 직무수행에 드는 경비를 보전해 주는 실비변상적 급여의 성질을 가지고 있고, (나) 정관이나 그 지급기준 등에서 업무와 관련하여 지출하도록 포괄적으로 정하고 있을 뿐 그 용도나 목적에 구체적인 제한을 두고 있지 않을 뿐만 아니라, (다) 이를 사용한 후에도 그 지출에 관한 영수증 등 증빙자료를 요구하고 있지 않은 경우에는, 임직원에게 그 사용처나 규모, 업무와 관련된 것인지 여부 등에 대한 판단이 맡겨져 있고, 그러한 판단은 우선적으로 존중되어야 한다.[1]

따라서 임직원이 판공비 또는 업무추진비를 불법영득의 의사로 횡령한 것으로 인정하려면 (가) 판공비 등이 업무와 관련 없이 개인적인 이익을 위하여 지출되었다거나 또는 (나) 업무와 관련되더라도 합리적인 범위를 넘어 지나치게 과다하게 지출되었다는 점이 증명되어야 한다.[2] 단지 판공비 등을 사용한 임직원이 그 행방이나 사용처를 제대로 설명하지 못하거나 사후적으로 그 사용에 관한 증빙자료를 제출하지 못하고 있다고 하여 함부로 불법영득의 의사로 이를 횡령하였다고 추단하여서는 안 된다.[3]

⑨ 뇌물 공여　　회사는 기업활동을 할 때 형사상의 범죄를 수단으로 하여서는 안 된다. 회사는 기업활동을 할 때 뇌물공여를 금지하는 법률규정을 준수하여야 한다. 회사의 이사 등이 업무상의 임무에 위배하여 보관 중인 회사의 자금으로 뇌물을 공여하였다면 이는 오로지 회사의 이익을 도모할 목적이라기보다는 뇌물공여 상대방의 이익을 도모할 목적이나 기타 다른 목적으로 행하여진 것이라 봄이 상당하므로 그 이사 등은 회사에 대하여 업무상 횡령죄의 죄책을 면하지 못한다.[4]

(3) 횡령행위

(가) 횡령행위의 형태　　횡령행위는 불법영득의사를 실현하는 일체의 행위를 말한다. 횡령죄에서 행위자는 이미 타인의 재물을 점유하고 있으므로 그 점유를 자기를 위한 점유로 바꾸겠다는 의사를 일으키면 곧 영득의 의사가 있었다고 할 수 있다. 그렇지만 단순한 내심의 의사만으로는 횡령행위가 있었다고 할 수 없고, 그 영득의 의사가 외부에 인식될 수 있는 객관적 행위가 있을 때 횡령죄가 성립한다.[5]

---

1) 2010. 6. 24. 2007도5899, 공 2010하, 1503 = 『버스조합 이사장 판공비 사건』
2) 2010. 6. 24. 2007도5899, 공 2010하, 1503 = 『버스조합 이사장 판공비 사건』
3) 2010. 6. 24. 2007도5899, 공 2010하, 1503 = 『버스조합 이사장 판공비 사건』
4) 2013. 4. 25. 2011도9238, 공 2013상, 984 = 분석 각론 『하역회사 리베이트 사건』.
5) 1993. 3. 9. 92도2999, 공 1993, 1185 = 『미등기건물 근저당권 설정 사건』.

횡령행위는 매각, 증여, 교환, 질권설정, 저당권설정, 양도담보설정, 예금, 예금인출, 대출 등 법률상 처분행위의 형태로 일어날 수 있다. 그러나 그 밖에도 소비, 반출, 은닉, 손괴 등 사실행위의 형태를 취할 수도 있다. 타인의 재물을 보관하는 자가 횡령행위를 완료한 후에 횡령한 재물을 자신이 소비하지 않고 제3자에게 교부하더라도 이미 성립한 횡령죄에는 아무런 영향을 미치지 않는다.[1)]

(나) 반환거부　　우리 형법은 반환거부를 횡령행위의 한 유형으로 명시하고 있다. 반환거부는 보관물에 대하여 소유자의 권리를 배제하는 의사를 표시하는 행위를 뜻한다.[2)] 그러므로 타인의 재물을 보관하는 자가 단순히 반환요구에 불응한 사실만으로 횡령죄를 구성하는

---

1) 2009. 1. 30. 2008도6950, 공 2009, 279 = 『'움직이는 고요' 일부 횡령 사건』:

갑은 M미술관의 큐레이터로 활동하고 있다. 을은 N부처의 고위직 공무원이다. A는 M미술관의 관장이다. B는 ⓐ, ⓑ, ⓒ, ⓓ 네 개의 설치물로 구성된 ㉠작품의 작가이다. ㉠작품의 작품명은 '움직이는 고요'이다. 갑과 을은 친밀한 사이이다. N부처는 M미술관의 전시회 예산으로 ㉡돈을 배정하였다. ㉢돈은 갑이 ㉡예산으로 전시회를 개최하고 남은 돈이다. 갑은 ㉢돈을 N부처에 반환하지 않았다(㉮행위). 갑은 ㉢돈을 관장 A에게 전달하였다. N부처는 갑에게 ㉠작품의 구입을 부탁하였다. 갑은 작가 B와 작품가격을 절충한 후 ㉠작품을 구입하여 인도받았다. 갑은 ㉠작품 중 ⓐ, ⓑ, ⓒ 세 개의 설치물만 N부처에 설치하였다. 갑은 ⓓ설치물은 자기 집에 설치하였다(㉯행위).

검사는 ㉮, ㉯행위에 대해 갑을 각각 횡령죄로 기소하였다. 갑의 피고사건은 제1심을 거친 후, 항소심에 계속되었다. 항소법원은 유죄를 인정하였다. 갑은 불복 상고하였다. 갑은 첫 번째 상고이유로 다음의 점을 주장하였다. (가) 갑은 ㉮행위 후에 ㉢돈을 관장 A에게 반환했으므로 ㉮행위는 횡령에 해당하지 않는다. (나) 원심법원은 ㉢돈의 반환 부분에 대해 아무런 판단을 하지 아니하여 판단유탈의 위법을 범하였다. 갑은 두 번째 상고이유로 다음의 점을 주장하였다. (가) 횡령죄의 횡령행위는 사용대차, 임대차, 위임 등의 법률행위를 내용으로 한다. (나) ⓓ설치물의 설치와 같은 사실행위는 횡령행위에 포함되지 않는다.

대법원은 다음의 이유를 제시하여 상고를 기각하였다. 대법원은 다음과 같이 판단하여 갑의 첫 번째 상고이유를 배척하였다. (가) 형사소송법 제323조 제2항은 법률상 범죄의 성립을 조각하는 이유 또는 형의 가중, 감면의 이유되는 사실의 진술이 있는 때에는 이에 대한 판단을 명시하여야 한다고 규정하고 있다. (나) 타인의 재물을 보관하는 자가 횡령행위를 완료한 후에 횡령한 재물을 자신이 소비하지 않고 제3자에게 교부하였다고 하더라도 이미 성립한 횡령죄에는 아무런 영향을 미치지 않는다. (다) 갑이 횡령한 M미술관의 전시회 예산을 M미술관장인 A에게 전달하였다는 주장은 범죄의 성립이나 형의 필요적 감경 또는 면제 사유가 아님이 명백하므로 형사소송법 제323조 소정의 유죄판결에 명시할 이유에 해당한다고 할 수 없다. (라) 원심이 갑의 위 주장에 대하여 아무런 판단을 하지 않았다고 하여 거기에 상고이유 주장과 같은 법리오해의 위법이 있다고 할 수 없다.

대법원은 다음과 같이 판단하여 갑의 두 번째 상고이유를 배척하였다. (가) 횡령죄에 있어서의 재물의 보관이라 함은 재물에 대한 사실상 또는 법률상 지배력이 있는 상태를 의미한다. (나) 횡령죄의 보관은 위탁관계에 기인하여야 할 것임은 물론이다. (다) 그러나 그 위탁관계가 반드시 사용대차, 임대차, 위임 등의 계약에 의하여 설정되는 것임을 요하지 아니하고 사무관리, 관습, 조리, 신의칙에 의해서도 성립된다. (라) 갑은 N부처로부터 4개의 설치물로 구성된 '움직이는 고요'라는 ㉠작품의 구입을 부탁받았다. (마) 갑은 작가인 B와 작품가격을 절충한 뒤 ㉠작품을 구입하여 인도받았다. (바) 갑은 작품의 구입을 부탁한 N부처를 위하여 ㉠작품을 보관하는 지위에 있다. (사) 갑이 N부처에 ㉠작품 전부를 인도하지 않고 그중 1개의 설치물을 갑 자신의 집에 설치한 것이 횡령에 해당한다고 한 원심의 판단은 정당하다.

2) 1998. 7. 10. 98도126, 공 1998, 2174 = 분석 각론 『교회 분열 건축헌금 사건』.

것은 아니다. 반환거부가 횡령죄를 구성한다고 하려면 그 반환불응의 이유와 주관적인 의사 등을 종합하여 그 행위가 횡령행위와 같다고 볼 수 있을 정도에 이르러야 한다.[1] [2]

반환거부에 정당한 이유가 있는 경우에는 횡령죄가 성립하지 않는다. 예컨대 임대차 관계에서 임차료의 미지급,[3] 동업청산관계에서 정산금의 미지급,[4] 채권양도시의 정산금 미지급[5] 등의 사유가 있는 경우에 임차료 또는 정산금이 지급될 때까지 보관물을 반환하지 않겠다고 반환요구를 거절하는 행위는 횡령죄의 반환거부에 해당하지 않는다.

6. 미수와 기수

(1) 횡령죄의 미수범 처벌 문제

우리 형법 제359조는 횡령죄의 미수범을 처벌한다고 규정하고 있다. 비교법적으로 볼 때 일본 형법은 횡령죄의 미수범 처벌규정을 두고 있지 않음에 대하여 독일 형법은 미수범 처벌규정을 두고 있다(동법246③).[6] 여기에서 횡령죄의 미수범 처벌규정이 어떠한 의미를 가지고 있는지 문제된다.

(가) 일본 형법 일본 형법은 횡령죄 미수범 처벌규정을 두고 있지 않다. 일본 형법[7]의 해석론으로는 횡령죄의 성질상 불법영득의사가 객관적으로 확인될 때 횡령죄의 실행의 착수가 있고, 그와 동시에 기수에 이르기 때문에 횡령죄의 미수가 인정되지 않는다고 설명한다.[8]

(나) 독일 형법 독일 형법은 횡령죄의 객체를 동산으로 한정하면서 횡령죄의 미수범 처벌규정을 두고 있다.[9] 독일 형법의 경우 다수설과 판례는 불법영득의사가 객관적으로 표현될 때 실행의 착수가 있음과 동시에 기수에 이른다는 견해를 취하고 있다. 이 견해를 가리켜서 독일에서는 표현설(Manifestationstheorie)이라고 부른다. 표현설에 따르면 횡령죄의 미수범은 이론상 가능하지만, 실제상으로는 자기소유물이나 무주물을 타인의 재물로 오인하여 영득한 경우와 같이 극히 한계적인 상황에서 가능할 뿐이라고 본다.[10]

---

1) 2009. 4. 23. 2007도9924, [미간행] = 분석 각론 『익명조합 주장 사건』.
2) 2022. 12. 29. 2021도2088, 공 2023상, 408 = 『착오송금 주류대금 반환거부 사건』 ☞ 부록 1689면.
3) 1992. 11. 27. 92도2079, 공 1993, 315.
4) 1990. 3. 13. 89도1952, 공 1990, 916.
5) 1983. 2. 8. 82도2486, 공 1983, 538 = 『낙찰계 파계 불입금 사건』.
6) 전술 1274면 참조.
7) 전술 1274면 참조.
8) 前田雅英 編, 條解 刑法, 第二版, (2009), 756頁.
9) 전술 1273면 참조.
10) Fischer, StGB, 57. Auflage, (2010), § 246 Rn 6, 21 참조.

이에 대해 독일의 일부 학설은 미수범 처벌규정의 의미를 살리기 위하여 불법영득의사가 좀더 객관적으로 명확하게 표현될 것을 요구한다. 이러한 입장을 가리켜서 엄격표현설(enge Manifestationstheorie) 또는 실현설이라고 부른다. 이 입장에서는 불법영득의사의 성립요소인 '소유자를 배제하려는 의사', 또는 '자기가 소유자로 행세하려는 의사'의 정도를 강력하게 해석하여 실질적으로 소유자를 배제하여 실질적으로 소유자처럼 행세할 수 있게 되었을 때 기수범에 이르는 것으로 보고, 그 정도에 이르지 아니한 경우를 미수범으로 다스리려고 한다.[1)]

(다) 한국 형법 우리 형법은 일본과 달리 횡령죄의 미수범을 처벌한다. 또 독일과 달리 부동산도 횡령죄의 객체에 포함시키고 있다. 따라서 일본이나 독일의 해석론을 우리 형법에 그대로 가지고 올 수 없음은 분명하다.

우리 형법은 일본이나 독일과 달리 횡령죄와 배임죄를 같은 조문인 제355조의 제1항과 제2항으로 규정하고 있다. 이것은 횡령죄와 배임죄가 신임관계를 배반하는 죄라는 점에서 공통점을 가지고 있기 때문이다. 여기에 전통적으로 횡령죄가 타인의 재물에 대한 소유권을 보호법익으로 하고 있다는 점과 위탁신임관계를 내용으로 하고 있지 아니한 점유이탈물횡령죄(법360)에는 미수범 처벌규정이 없다는 점을 모아서 보면, 위탁신임관계가 전면적으로 파괴되어 실질적으로 소유자 또는 소유자에 준하는 권리자(본권자)를 배제하여 실질적으로 소유자처럼 행세할 수 있게 되었을 때 기수에 이르고, 위탁신임관계의 파괴가 그 정도에 이르지 않은 경우는 미수범으로 파악하는 것이 타당하다고 본다.

(라) 판 례 판례는 "횡령죄는 다른 사람의 재물에 관한 소유권 등 본권을 그 보호법익으로 하고 본권이 침해될 위험성이 있으면 그 침해의 결과가 발생되지 아니하더라도 성립하는 이른바 위태범[이다.]"라고 판시하여 표현설의 입장을 취해 왔다.[2) 3)] 이 입장에 따르면 횡령죄의 미수범은 사실상 성립할 여지가 없게 된다.

예컨대 판례는 비자금 조성사건에서 "피고인들이 [불법적인 비자금을] 조성한 시점에 피고인들의 불법영득의사가 객관적으로 명백히 표현되었으므로 이 사건 비자금의 각 조성행위 자체로써 이 사건 각 업무상 횡령죄가 기수에 이르렀[다.]"고 판시한 것이나,[4)] 대표이사의 회사자금 횡령 사안에서 "[대표이사가] 피고인에게 금원을 교부한 행위 자체가 횡령행위라고 하더라도 이러한 경우 [대표이사]의 업무상 횡령죄가 기수에 달하는 것과 동시에 그 금원

1) Fischer, StGB, 57. Auflage, (2010), § 246 Rn 10.
2) 2002. 11. 13. 2002도2219, 공 2033, 123 = 분석 각론 『남의 기계 공장저당 사건』.
3) 2013. 2. 21. 2010도10500 전원합의체 판결, 공 2013상, 599 = 분석 각론 『적성면 종중 땅 사건』.
4) 2009. 2. 12. 2006도6994, [미간행].

은 장물이 [된다]"고 판시한 것은[1] 표현설을 나타내는 예라고 할 수 있다.

그러나 2012년 대법원은 횡령죄의 미수범을 명시적으로 인정하는 판례를 내어놓기에 이르렀다. 피고인이 동업관계로 보관하던 입목을 함부로 제3자에게 매도하는 계약을 체결하고 계약금을 수령·소비하였으나 동업자의 이의제기로 계약이 취소된 사안에서 피고인은 입목을 횡령하였다는 공소사실로 기소되었다. 피고인의 행위에 대해 대법원은 횡령죄의 미수범을 인정하였다.[2]

판례의 논지는 구체적으로 나타나 있지 않으나, 우리 형법이 횡령죄와 배임죄를 동일한 조문의 제1항과 제2항으로 규정하여 신임관계의 침해를 횡령죄의 본질적 요소로 파악하고 있다는 점 및 독일 형법과 달리 부동산을 횡령죄의 객체로 인정하고 있다는 점에서 볼 때 횡령죄의 미수범을 인정한 판례의 입장은 타당하다고 생각된다.

(2) 횡령죄의 기수시점

(가) 기수시점 표현설에 의하면 횡령죄는 불법영득의사가 확정적으로 외부에 표현

---

1) 2004. 12. 9. 2004도5904, 공 2005, 147 =『5억원 주식매매 대금 사건』:

갑(통칭함)은 P회사의 임직원으로 P회사의 자금을 보관하고 있다. 갑은 보관하고 있던 자금 가운데 5억원(㉠금원)을 가지고 을로부터 ㉡주식을 매수하였다. 을은 갑이 ㉠금원을 임의로 사용하는 것임을 알면서 ㉠금원을 주식 매매대금으로 받았다.

검사는 을을 다음의 공소사실로 기소하였다. (가) 주위적 공소사실 : 횡령죄의 공동정범. (나) 예비적 공소사실 : 장물취득죄. 갑의 피고사건은 제1심을 거친 후, 항소심에 계속되었다. 항소법원은 다음과 같이 판단하였다. (가) 주위적 공소사실 : 횡령죄의 공동정범 무죄. (나) 예비적 공소사실 : 장물취득죄 무죄. 항소법원은 주위적 공소사실에 대해 증거불충분으로 무죄를 선고하였다. 항소법원은 다음의 이유를 들어 예비적 공소사실에 대해 무죄를 선고하였다. (가) 갑이 을에게 지급한 5억원(㉠금원)은 갑의 업무상 횡령행위에 제공된 물건 자체이지 횡령행위로 인하여 영득한 물건은 아니므로 이를 장물이라고 볼 수 없다. (나) 가사 ㉠금원이 장물에 해당한다고 하더라도 을이 그러한 사정을 알고서 취득하였다고 보기 어렵다. 검사는 불복 상고하였다.

대법원은 다음의 이유를 제시하여 원심판결을 파기환송하였다. (가 횡령죄는 타인의 재물을 보관하는 자가 그 재물을 횡령하는 경우에 성립하는 범죄이다. (나) 횡령죄의 구성요건으로서의 횡령행위란 불법영득의사를 실현하는 일체의 행위를 말한다. (다) 불법영득의사가 외부에 인식될 수 있는 객관적 행위가 있을 때 횡령죄는 성립한다. (라) 장물이라 함은 재산죄인 범죄행위에 의하여 영득된 물건을 말하는 것으로서 절도, 강도, 사기, 공갈, 횡령 등 영득죄에 의하여 취득된 물건이어야 한다.

(마) 검사는 을에 대해 예비적 공소사실로 장물취득의 점을 기소하고 있다. (바) 검사는 갑의 업무상 횡령행위, 즉 불법영득의사가 외부에 인식될 수 있는 객관적 행위가 이미 있었음을 전제로 그와 같은 횡령행위에 의하여 영득된 ㉠금원을 을이 교부받아 장물을 취득한 것으로 기소하였음이 분명하다. (사) 공소사실 자체로 볼 때 ㉠금원은 단순히 횡령행위에 제공된 물건이 아니라 횡령행위에 의하여 영득된 장물에 해당한다. (아) 설령 갑이 을에게 ㉠금원을 교부한 행위 자체가 횡령행위라고 하더라도 이러한 경우 갑의 업무상 횡령죄가 기수에 달하는 것과 동시에 ㉠금원은 장물이 된다.

2) 2012. 8. 17. 2011도9113, 법률신문 2012. 8. 20.자 = 분석 각론『가식 나무 계약금 사건』.

되었을 때 성립한다.[1] 엄격표현설에 의하면 위탁신임관계가 전면적으로 파괴되어 실질적으로 소유자 또는 소유자에 준하는 권리자(본권자)를 배제하여 실질적으로 소유자처럼 행세할 수 있게 되었을 때 기수범에 이른다. 횡령죄가 기수에 이르기 위하여 재물에 대한 소비, 교환, 증여, 기타의 현실적 처분행위를 할 필요는 없다. 행위자가 반드시 스스로 영득하여야만 하는 것은 아니며 제3자가 영득하여도 무방하다.[2]

(나) 사후 반환　　횡령죄는 보관중인 타인의 재물을 임무에 반하여 임의 소비하거나 처분한 때 성립하고 사후에 이를 반환(변상)하였다 하더라도 이미 성립한 횡령죄에는 아무 영향이 없다.[3]

주식회사의 대표이사가 자신의 다른 횡령사실을 감추기 위한 목적으로 가공의 공사대금을 지급한 것처럼 허위로 회계처리하면서 가공의 공사대금에 대한 부가가치세 명목으로 회사 자금을 임의로 지출한 경우 그로써 횡령죄는 기수에 달한다. 그 후에 그 지출액 상당을 매입세액으로 환급받아 회사에 다시 입금하였다고 해서 이미 성립한 횡령죄에 영향을 미치지 않는다.[4]

(다) 범죄수익 여부　　「범죄수익은닉의 규제 및 처벌에 관한 법률」(범죄수익은닉규제법)에서 은 범죄수익의 가장 및 은닉 행위를 처벌하고 범죄수익을 몰수할 수 있도록 하고 있다. 범죄수익법에서 규정하고 있는 범죄수익(동법2 ii 참조)은[5] 이 법률이 규정한 중대범죄의 범죄행위가 기수에 이르러 범죄행위에 의한 재산이라는 범죄의 객체가 특정 가능한 상태에 이른 것이어야 한다.[6]

「특정경제범죄 가중처벌 등에 관한 법률」(특정경제범죄법) 제3조 제1항이 규정한 업무상 횡령죄의 경우 업무상 횡령죄가 기수에 이르러야만 비로소 그 횡령행위에 의하여 생긴 재산을 범죄수익이라고 할 수 있고, 아직 기수에 이르지 아니한 상태에서는 범죄수익이라고 할 수 없다.[7] 회사의 대표이사가 변칙회계처리를 거쳐 비자금을 마련하는 행위는 아직 불법영득의사가 표현된 것이 아니므로 횡령죄의 기수에 이르지 않는다. 따라서 회사의 대표이사가 관리중인 비자금은 아직 횡령의 범죄행위가 성립되기 이전 단계의 것으로서 범죄수익은닉규제법에서 정한 범죄수익에 해당하지 않는다.[8]

---

1) 2007. 6. 14. 2005도7880, 공 2007, 1115 = 『고려청자 양도담보 사건』.
2) 1996. 9. 6. 95도2551, 공 1996, 3069 = 『집달관 사무원 땜빵 횡령 사건』 ☞ 부록 1690면.
3) 2010. 2. 11. 2009도12627, 공 2010상, 604 = 『셋톱박스 다단계판매 사건』.
4) 2008. 11. 13. 2006도4885, 공 2008하, 1707 = 『가공 공사대금 부가세 사건』 ☞ 부록 1692면.
5) 전술 116면 참조.
6) 2006. 8. 24. 2006도3039, 공 2006, 1639 = 『비자금 범죄수익 은닉 사건』.
7) 2006. 8. 24. 2006도3039, 공 2006, 1639 = 『비자금 범죄수익 은닉 사건』.
8) 2006. 8. 24. 2006도3039, 공 2006, 1639 = 『비자금 범죄수익 은닉 사건』.

(3) 횡령후의 처분행위

(가) 판례 변경 일단 횡령죄가 완성한 후에 그 목적물을 처분하는 행위가 또 다시 횡령죄를 구성할 것인지 문제된다. 종전의 판례는 동일한 부동산에 대해 횡령죄가 성립한 후 다시 행위자가 임의의 처분행위를 한 경우에 대해 이를 종전 횡령죄의 불가벌적 사후행위로 보아 별도로 횡령죄가 성립하지 않는다는 입장을 취하고 있었다. 그러나 2013년 대법원은 횡령죄의 불가벌적 사후행위를 대폭 축소하는 방향으로 태도를 변경하였다.[1) 2)]

(나) 불가벌적 사후행위 횡령 후의 횡령 문제는 일단 특정한 처분행위(선행 처분행위)로 인하여 법익침해의 위험이 발생함으로써 횡령죄가 기수에 이른 후 종국적인 법익침해의 결과가 발생하기 전에 새로운 처분행위(후행 처분행위)가 이루어졌을 때 문제된다. 이때 (가) 후행 처분행위가 선행 처분행위에 의하여 발생한 위험을 현실적인 법익침해로 완성하는 수단에 불과하거나, (나) 후행 처분행위 과정에서 당연히 예상될 수 있는 것으로서 새로운 위험을 추가하는 것이 아니라면, 후행 처분행위에 의해 발생한 위험은 선행 처분행위에 의하여 이미 성립된 횡령죄에 의해 평가된 위험에 포함된다. 그러므로 후행 처분행위는 불가벌적 사후행위에 해당하여 별도의 횡령죄를 구성하지 않는다.[3)]

예컨대 임의로 근저당권을 설정한 후(선행 처분행위) 당초의 근저당권 실행을 위한 임의경매에 의하여 해당 부동산을 매각하는 행위(후행 처분행위) 등은 그 근저당권으로 인해 당연히 예상될 수 있는 범위 내에 속하므로 불가벌적 사후행위에 해당하여 별도의 횡령죄를 구성하지 않는다.[4)]

(다) 횡령 후의 횡령 후행 처분행위가 위의 정도를 넘어서서 (가) 선행 처분행위로 예상할 수 없는 새로운 위험을 추가함으로써 법익침해에 대한 위험을 증가시키거나, (나) 선행 처분행위와는 무관한 방법으로 법익침해의 결과를 발생시키는 경우라면, 이는 선행 처분행위에 의하여 이미 성립된 횡령죄에 의해 평가된 위험의 범위를 벗어나는 것이므로 특별한 사정이 없는 한 별도로 횡령죄를 구성한다.[5)]

따라서 타인의 부동산을 보관 중인 자가 불법영득의사를 가지고 그 부동산에 근저당권설정등기를 경료함으로써(선행 처분행위) 일단 횡령행위가 기수에 이르렀다 하더라도, (가) 그 후 같은 부동산에 별개의 근저당권을 설정하여(후행 처분행위) 새로운 법익침해의

---

1) 2013. 2. 21. 2010도10500 전원합의체 판결, 공 2013상, 599 = 분석 각론 『적성면 종중 땅 사건』.
2) 이 판례에 대한 평석으로, 신동운, "횡령 후의 횡령죄 성립 여부", 서울대학교 법학, 제54권 제4호, (2013. 12.), 291면 이하 참조.
3) 2013. 2. 21. 2010도10500 전원합의체 판결, 공 2013상, 599 = 분석 각론 『적성면 종중 땅 사건』.
4) 2013. 2. 21. 2010도10500 전원합의체 판결, 공 2013상, 599 = 분석 각론 『적성면 종중 땅 사건』.
5) 2013. 2. 21. 2010도10500 전원합의체 판결, 공 2013상, 599 = 분석 각론 『적성면 종중 땅 사건』.

위험을 추가함으로써 법익침해의 위험을 증가시키거나, (나) 해당 부동산을 매각함으로써 (후행 처분행위) 기존의 근저당권과 관계없이 법익침해의 결과를 발생시켰다면 이는 당초의 근저당권 실행을 위한 임의경매에 의한 매각 등 그 근저당권 설정(선행 처분행위)으로 인해 당연히 예상될 수 있는 범위를 넘어 새로운 법익침해의 위험을 추가시키거나 법익침해의 결과를 발생시킨 것이므로 특별한 사정이 없는 불가벌적 사후행위로 볼 수 없고 별도로 횡령죄를 구성한다.[1]

(4) 금전의 연속 횡령

행위자가 불법영득의사를 가지고 보관하고 있는 금원을 부정 인출한 경우에는 그 인출금 전액에 대하여 횡령죄가 성립한다. 인출금의 일부가 상환되었는지 여부는 횡령죄의 성립과 무관하다.[2]

횡령한 금액을 보충하기 위하여 소위 땜빵식으로 계속하여 금전을 횡령하는 경우가 있다. 예컨대 경매입찰보증금을 관리하는 사무원이 앞의 경매입찰보증금 중 횡령한 돈을 보충하기 위하여 뒤의 경매입찰보증금을 인출하는 방식으로 범행을 계속한 경우에 나중의 인출행위는 새로운 불법영득의사의 표현으로 새로운 횡령죄를 구성하며, 이렇게 순차적으로 이루어진 수개의 횡령행위는 포괄일죄를 이룬다.[3]

7. 공범과 신분

(1) 횡령죄의 공범과 신분

타인의 재물을 보관하는 자가 아닌 사람이 보관자의 범행에 가공하여 그 재물을 횡령한 경우에 공범과 신분에 관한 형법 제33조의 적용이 문제된다. 형법 제355조 제1항의 횡령죄는 위탁신임관계에 기초한 보관자의 신분이 없으면 성립하지 않는 진정신분범이다. 횡령죄의 범행에 보관자의 신분 없는 사람이 가공한 경우에는 형법 제33조 본문이 적용되어 관여자의 가공형태에 따라 각각 횡령죄의 공동정범, 교사범, 방조범으로 처벌된다.

(2) 업무상 횡령죄의 공범과 신분

형법 제356조의 업무상 횡령죄는 업무상 보관자의 지위에 있는 자의 횡령행위를 가중처

---

1) 2013. 2. 21. 2010도10500 전원합의체 판결, 공 2013상, 599 = 분석 각론 『적성면 종중 땅 사건』.
2) 1990. 10. 10. 90도1580, 공 1990, 2329.
3) 1996. 9. 6. 95도2551, 공 1996, 3069 = 「집달관 사무원 땜빵 횡령 사건」.

벌하는 범죄유형이다. 업무상 횡령죄는 업무자라는 신분이 형을 가중하는 사유가 되므로 부진정신분범이다. 업무상 횡령죄에 업무자의 신분이 없는 자가 가공한 경우에 신분 없는 자의 처벌이 문제된다. 이에 대해서는 학설이 대립하고 있다.[1)]

(가) 진정신분범 · 부진정신분범설 신분범을 진정신분범과 부진정신분범으로 나누어서 진정신분범의 경우에는 비신분자에게 신분을 확장하지만, 부진정신분범의 경우에는 신분을 확장하지 않는다는 견해이다. 이에 따르면 업무상 횡령죄는 부진정신분범이므로 업무자의 신분 있는 자에게는 업무상 횡령죄(법356)가, 업무자의 신분 없는 자에게는 단순횡령죄(법355①)가 각각 성립한다. 그리하여 신분 없는 자는 횡령죄(법355①)의 죄명과 그 법정형으로 처단된다.[2)]

(나) 본문 · 단서설 진정신분범인가 부진정신분범인가를 묻지 않고 형법 제33조 본문에 의하여 신분을 확장하되, 부진정신분범의 경우에는 형법 제33조 단서를 적용하여 그 처단형을 기본범죄의 법정형 범위 내로 한정하는 견해이다. 이에 따르면 업무상 횡령죄(법356; 10년 이하 징역 또는 3천만원 이하 벌금)에 비신분자가 공범으로 가공한 경우 비신분자에게도 업무자의 신분이 확장된다. 다만 처단형의 범위는 횡령죄(법355①; 5년 이하 징역 또는 1천 5백만원 이하 벌금)의 법정형 범위 내로 한정된다(법33 단서). 요컨대 비신분자는 업무상 횡령죄(법356)의 죄명 아래 횡령죄(법355①)의 법정형 범위 내에서 처단된다.[3)]

(다) 사 견 우리 형법 제33조는 독일 형법이나 일본 형법처럼 진정신분범과 부진정신분범을 별도의 항으로 분리하여 규정하지 않고, 본문 · 단서의 형식을 취하고 있으므로 본문 · 단서설이 타당하다고 본다. 따라서 본문 · 단서설에 따라 비신분자에게도 업무상 보관자의 신분을 확장하여 업무상 횡령죄(법356)의 공범을 인정하되, 횡령죄(법355①)의 법정형 범위 내에서 처단형을 결정해야 할 것이다.

(라) 판 례 판례는 비보관자가 업무상 보관자와 공모하여 횡령한 경우에 비보관자도 형법 제33조 본문에 의하여 공범관계가 성립되며 다만 그 처단에 있어서는 형법 제33조 단서의 적용을 받는다는 입장을 취하여 본문 · 단서설을 택하고 있다.[4) 5)]

---

1) 공범과 신분에 관한 학설대립에 대해서는, 신동운, 형법총론, 제14판, (2022), 730면 이하 참조.

2) 김일수 · 서보학, 311면; 박상기, 388면; 배종대, 439면; 손동권 · 김재윤, 449면; 이재상 · 장영민 · 강동범, 417면; 이정원, 430면; 임웅, 534면; 정영일, 338면.

3) 김성돈, 472면.

4) 1989. 10. 10. 87도1901, 공 1989, 1705 = 백선 총론 『체육대회 성금 사건』.

5) 1997. 12. 26. 97도2609, 공 1998, 475 = 『상호신용금고 부정대출 사건』:
서민과 소규모기업의 금융편의를 위한 지역금융기관으로 상호신용금고가 있다. (이후 상호신용금고는 상호

8. 죄수 및 다른 죄와의 관계

(1) 횡령죄의 죄수 판단

횡령죄의 죄수는 위탁신임관계를 기준으로 판단해야 한다. 따라서 위탁된 재물이 한 개이고 위탁신임관계가 하나인 경우에는 하나의 횡령죄가 성립한다. 다만 수개의 횡령행위라 하더라도 (가) 피해법익이 단일하고, (나) 범죄의 태양이 동일하며, (다) 단일 범의의 발현(전체고의)에 기인하는 일련의 행위라고 인정될 때에는 포괄하여 1개의 횡령죄가

저축은행으로 개편되었다.) 상호신용금고법 제39조는 "상호신용금고의 발기인 · 임원 · 관리인 · 청산인 · 지배인 기타 상호신용금고의 영업에 관한 어느 종류 또는 특정한 사항의 위임을 받은 사용인으로서 그 업무에 위배한 행위로 재산상의 이익을 취득하거나 제3자로 하여금 이를 취득하게 하여 상호신용금고에 손해를 가한 자"를 1년 이상 10년 이하의 징역 또는 1천만원 이상 1억원 이하의 벌금으로 처벌한다.

P상호신용금고가 있다. 갑은 P금고의 임원이다. 을은 건설업자이다. 을은 외부차입금에만 의존하여 무리하게 M건설공사를 강행하였다. 을의 재무구조는 대단히 취약하였다. 을은 ㉠어음을 발행하였다. 을은 P금고에 어음할인을 의뢰하였다. 을은 갑에게 개인적으로 선처를 부탁하였다. 갑은 P금고의 대출규정을 어기면서 ㉠어음을 할인해 주었다. ㉠어음은 부도처리되었다. P금고는 거액의 손해를 입었다.

검사는 갑과 을을 상호신용금고법위반죄의 공동정범으로 기소하였다. 갑과 을의 피고사건은 제1심을 거친 후, 항소심에 계속되었다. 항소법원은 을에 대해 다음과 같이 판단하였다. (가) 상호신용금고법위반죄는 신분관계로 인하여 형이 가중되는 업무상 배임죄이다. (나) 갑에게는 상호신용금고법위반죄의 신분이 있다. (다) 을에게는 상호신용금고법위반죄의 신분이 없다. (라) 을의 행위는 형법 제355조 제2항의 배임죄에 해당한다. (마) 형법 제355조 제2항에 따라 5년 이하의 징역 또는 1,500만원 이하의 벌금의 범위 내에서 처단한다.

검사는 불복 상고하였다. 검사는 상고이유로 다음의 점을 주장하였다. (가) 상호신용금고법위반죄는 형법상 배임죄와 무관한 독립한 범죄이다. (나) 을에게는 상호신용금고법위반죄의 신분이 없다. (다) 형법 제33조에 의하여 을에게 상호신용금고법위반죄의 신분이 확장된다. (라) 을은 상호신용금고법의 처벌규정에 따라 1년 이상 10년 이하의 징역 또는 1천만원 이상 1억원 이하의 벌금의 범위 내에서 처단되어야 한다.

대법원은 다음의 이유를 제시하여 상고를 기각하였다. (가) 상호신용금고법 제39조 제1항 제2호 위반죄는 상호신용금고의 발기인 · 임원 · 관리인 · 청산인 · 지배인 기타 상호신용금고의 영업에 관한 어느 종류 또는 특정한 사항의 위임을 받은 사용인이 그 업무에 위배하여 배임행위를 한 때에 성립하는 것이다. (나) 상호신용금고법 제39조 제1항 제2호 위반죄는 위와 같은 지위에 있는 자의 배임행위에 대한 형법상의 배임 내지 업무상 배임죄의 가중규정이다. (다) 따라서 형법 제355조 제2항의 배임죄와의 관계에서는 신분관계로 인하여 형의 경중이 있는 경우라고 할 것이다. (라) 위와 같은 신분관계가 없는 자가 그러한 신분관계에 있는 자와 공모하여 위 상호신용금고법위반죄를 저질렀다면, 그러한 신분관계가 없는 자에 대하여는 형법 제33조 단서에 의하여 형법 제355조 제2항에 따라 처단하여야 할 것이다.

(마) 그러한 경우에는 신분관계가 없는 자에게도 일단 업무상 배임으로 인한 상호신용금고법 제39조 제1항 제2호 위반죄가 성립한 다음 형법 제33조 단서에 의하여 중한 형이 아닌 형법 제355조 제2항에 정한 형으로 처벌되는 것으로 보아야 할 것이다. (바) 이 점에서 원심이 위와 같은 신분관계가 없는 을의 행위에 대하여 이를 곧바로 형법 제355조 제2항의 배임죄에 해당한다고 판시한 것은 법률적용을 그르친 잘못이 있는 것이라고 할 것이다. (사) 그러나 을로서는 어차피 같은 죄의 형으로 처벌되는 셈이므로 위와 같은 원심의 잘못은 판결 결과에 영향이 없다.

성립한다.[1)]

횡령죄는 「특정경제범죄 가중처벌 등에 관한 법률」(특정경제범죄법)이 정한 가중처벌 대상범죄이다(동법3①). 특정경제범죄법은 횡령죄 또는 업무상 횡령죄로 인한 이득액이 (가) 5억원 이상 50억원 미만인 때에는 3년 이상의 유기징역으로, (나) 50억원 이상인 때에는 무기 또는 5년 이상의 징역으로 가중처벌하고 있다(동법3①).[2)] 또한 이득액 이하에 상당하는 벌금을 병과할 수 있다(동법3②). 수개의 횡령행위가 포괄일죄의 관계에 있는 경우에는 각각의 횡령행위로 인한 횡령액수를 합산한 금액이 이득액이 된다.[3)]

---

1) 2006. 6. 2. 2005도3431, 공 2006, 1292 = 『상공회의소 공금 보충 사건』:

갑, 을, 병은 각각 M지역 상공회의소 회장, 전무이사, 경리부장이다. M지역 상공회의소는 ⓐ계좌에 공금을 예치해 두고 있다. 갑은 정상적인 절차를 거치지 않고 을과 병에게 지시하여 ⓐ계좌로부터 을의 ⓑ계좌로 4억원(㉠돈)을 송금하게 하였다. 갑은 ㉠돈의 부족분을 보전하기 위하여 다시 을과 병에게 지시하여 ⓑ계좌로부터 ⓐ계좌로 4억원(㉠돈)을 송금하게 하였다. 갑은 같은 방식으로 ㉡, ㉢, ㉣돈을 ⓐ계자에서 인출하였다가 보충하였다. 인출된 ㉠, ㉡, ㉢, ㉣돈은 각각 5억원 미만이었다. 갑의 ㉠, ㉡, ㉢, ㉣돈 인출행위는 70일간에 걸쳐서 이루어졌다. ㉠, ㉡, ㉢, ㉣돈의 합계는 14억원에 이르렀다.

검사는 특정경제범죄법 제3조 제1항 제2호(이득액 5억원 이상 50억원 미만 횡령죄)를 적용하여 갑을 기소하였다. 갑의 피고사건은 제1심을 거친 후, 항소심에 계속되었다. 항소법원은 유죄를 인정하였다. 갑은 불복 상고하였다. 갑은 첫 번째 상고이유로 다음의 점을 주장하였다. (가) ㉠, ㉡, ㉢, ㉣돈의 인출은 70여일에 걸쳐서 이루어졌다. (나) ㉠, ㉡, ㉢, ㉣돈의 인출은 각각 별개의 불법영득의사에 의한 것이다. (다) ㉠, ㉡, ㉢, ㉣돈의 인출은 각각 별개의 업무상 횡령죄를 구성한다. (라) 인출한 ㉠, ㉡, ㉢, ㉣돈을 이득액으로 합산할 수는 없다. 갑은 두 번째 상고이유로 다음의 점을 주장하였다. (가) ㉡, ㉢, ㉣돈의 인출행위는 결국 ㉠돈을 보전하기 위한 것이다. (나) ㉡, ㉢, ㉣돈의 인출행위에는 불법영득의사가 없다. (다) ㉡, ㉢, ㉣돈의 인출행위는 ㉠돈 횡령죄의 불가벌적 사후행위에 해당한다. (라) ㉠돈은 5억원 미만이므로 특정경제범죄법 제3조 제1항 제2호를 적용할 수 없다.

대법원은 다른 공소사실을 이유로 원심판결을 파기환송하였다. 대법원은 다음의 이유를 제시하여 갑의 상고이유를 배척하였다. 대법원은 횡령죄의 죄수 판단에 대해 다음과 같이 설시하였다. (가) 업무상횡령죄에 있어서 불법영득의 의사라 함은 자기 또는 제3자의 이익을 꾀할 목적으로 업무상의 임무에 위배하여 보관하는 타인의 재물을 자기의 소유인 경우와 같은 처분을 하는 의사를 말한다. (나) 사후에 이를 반환하거나 변상, 보전하는 의사가 있다 하더라도 불법영득의 의사를 인정함에 지장이 없다. (다) 수개의 업무상 횡령행위라 하더라도 (ㄱ) 피해법익이 단일하고, (ㄴ) 범죄의 태양이 동일하며 (ㄷ) 단일 범의의 발현에 기인하는 일련의 행위라고 인정될 때에는 포괄하여 1개의 범죄라고 봄이 타당하다.

대법원은 갑의 행위에 대해 다음과 같이 판단한 원심판결을 유지하였다. (가) 갑은 용도가 제한되어 있는 M지역 상공회의소의 공금을 정상적인 절차를 거치지 아니한 채 인출하도록 지시한 후 임의 사용하였다. (나) 갑은 불법영득의사로 (ㄱ) 공금을 유용하려는 단일하고도 계속된 범의하에 (ㄴ) 단기간 내에 반복적으로 동일한 범행방법으로 (ㄷ) 동일한 법익을 침해하였다. (다) 갑이 횡령한 금원을 반환한 후 다시 횡령하는 행위를 반복하였다고 하여 (ㄱ) 포괄일죄의 성립에 지장이 있거나, (ㄴ) 갑이 횡령행위로 취득한 재물의 가액이 줄어드는 것이라고는 볼 수 없다.

2) 이득액의 산정기준에 대해서는, 전술 1184면 이하 참조.

3) 2006. 6. 2. 2005도3431, 공 2006, 1292.

(2) 다른 죄와의 관계

횡령죄와 배임죄의 관계[1] 및 횡령죄와 절도죄의 관계[2]에 대해서는 앞에서 검토하였다. 아래에서는 그 밖의 경우에 대해 살펴본다.

(가) 사기죄와의 관계 　자기가 점유하는 타인의 재물을 횡령할 때 기망의 수단을 쓴 경우에는 일반적으로 횡령죄만 성립하고 사기죄는 성립하지 않는다. 이러한 경우에는 피기망자에게 재산적 처분행위가 없기 때문이다.[3] 예컨대 갑이 A로부터 A 소유 부동산의 매각위임을 받아 이를 타인에게 매도처분하여 그 매득금으로 1억원을 받았으나 5천만원만 받았다고 A를 기망하여 5천만원만 A에게 교부하고 나머지 5천만원을 갑이 불법영득한 경우에 영득한 5천만원에 대해서는 A의 처분행위가 없었으므로 사기죄가 성립하지 않고 횡령죄만 성립한다.

그러나 예컨대 주식회사의 대표이사 갑이 A를 기망하여 회사가 발행하는 신주를 인수하게 한 다음, A로부터 납입받은 신주인수대금을 보관하던 중 횡령한 경우는 회사와의 관계에서 전혀 다른 새로운 보호법익을 침해하는 행위가 되어 A에 대한 사기죄 이외에 회사에 대한 횡령죄가 별도로 성립한다.[4]

(나) 장물죄와의 관계 　절도범인으로부터 장물보관의 의뢰를 받은 자가 그 정을 알면서 이를 인도받아 보관하고 있다가 임의 처분하였다면, 장물보관죄가 성립하는 때에 이미 소유자의 소유물 추구권을 침해하였으므로 그 후의 임의 처분행위는 불가벌적 사후행위에 불과하여 별도로 횡령죄가 성립하지 않는다.[5]

(다) 공무상강제처분표시무효죄와의 관계 　양도담보로 제공된 동산에 대해 집행관이 강제집행을 하면서 대상물의 점유를 옮기고 압류표시를 한 다음 채무자(갑)에게 보관을 명하는 경우가 있다(민사집행법189① 참조). 이때 채무자(갑)가 보관을 명함받은 물건을 집행관이나 채권자(A) 몰래 원래의 보관장소로부터 다른 장소로 이동시키는 행위는 공무상강제처분표시무효죄(법140)에 해당한다. 이 경우 채무자(갑)에게 별도로 횡령죄가 성립할 것인지 문제된다.

동산 양도담보의 경우 대내적으로 그 목적물의 소유권은 여전히 채무자(갑)에게 남아있고 채권자(A)에게는 담보의 목적범위 내에서만 그 권리가 이전된다. 그리하여 채무자(갑)가 그 채무의 변제를 위하여 목적물을 처분하여도 그 행위 자체를 횡령이라고 볼 수 없다. 따라

---

1) 전술 1277면 이하 참조.
2) 전술 1023면 이하 참조.
3) 1980. 12. 9. 80도1177, 공 1981, 13478.
4) 2006. 10. 27. 2004도6503, 공 2006, 2048.
5) 2004. 4. 9. 2003도8219, 공 2004, 849.

서 양도담보로 제공된 목적물을 원래 있던 장소로부터 다른 장소로 옮겼다는 사실만으로 바로 대상물을 횡령한 것이라고 볼 수 없다.[1]

(라) 뇌물죄와의 관계 하급 공무원이 공금을 인출하여 공모관계에 있는 상급 공무원에게 전달한 경우에 뇌물죄가 성립할 것인지 횡령죄가 성립할 것인지 문제된다. 횡령 범행으로 취득한 돈을 공범자끼리 수수한 행위가 공동정범들 사이의 범행에 의하여 취득한 돈을 공모에 따라 내부적으로 분배한 것에 지나지 않는다면 횡령죄만 성립한다. 별도로 그 돈의 수수행위에 관하여 뇌물죄가 성립하는 것은 아니다.[2]

---

1) 1983. 8. 23. 80도1545, 공 1983, 1440.

2) 2019. 11. 28. 2019도11766, 공 2020상, 217 =『국정원장 특별사업비 전달 사건』:

갑은 대통령이다. A, B, C는 역대 국정원장들이다. 2013. 5.경 갑은 대통령실 비서관 D에게 국가정보원 예산을 지원받아 사용하라고 지시하였다. 2013. 5.부터 2014. 4.까지 A는 D의 요청을 받고 특별사업비 합계 6억원을 갑에게 교부하였다. (국정원 특별사업비는 영수증 처리가 필요없는 돈이다.) 2014. 7.부터 2016. 7.까지 후임 국정원장인 B, C도 A의 예에 따라 각각 특별사업비 합계 8억원, 19억원을 갑에게 교부하였다(총 합계 33억원, ㉠돈). 그 과정에서 C는 갑으로부터 직접 자금 교부를 요구받기도 하였다. ㉠돈은 청와대의 재무를 담당하는 총무비서관 E가 주로 관리하였다. 2016. 8.경 M재단에 관한 의혹 등 이른바 국정농단 사건 관련 의혹이 언론을 통해 보도되었다. 갑은 D에게 국정원 자금의 수수를 중단하라고 지시하였다. D는 F를 통하여 C에게 이러한 지시를 전달하였다. 그에 따라 C는 특별사업비 교부를 중단하였다. 그 후 갑이 C에게 다시 국정원 자금을 교부하라고 지시한 사실은 없다.

2016. 9.경 C는 F로부터 "갑이 금전적으로 어렵다는 말을 D로부터 들었다"는 보고를 받았다. 그러나 C는 갑이나 D로부터 국정원 자금 교부를 요청받지 않았다. C는 추석에 갑이 돈을 필요로 할 것이라고 생각하여 자발적으로 특별사업비 2억원을 갑에게 교부하였다(㉡돈). 갑은 C가 교부한 ㉡돈을 별다른 이의 없이 받았다. 갑은 ㉡돈이 종전에 받던 것과는 성격이 다른 돈이라는 것을 미필적으로나마 알고 있었다. 갑은 ㉠돈을 종전과 달리 자신이 직접 사용하였다.

갑이 ㉠, ㉡돈을 받은 행위가 횡령죄(공동정범)에 해당하는지 뇌물죄에 해당하는지 문제되었다. 검사는 갑을 다음과 같이 기소하였다. (가) ㉠돈 : 특정경제범죄법위반죄(뇌물). (나) ㉡돈 : 특정범죄가중법위반죄(뇌물). 갑의 피고사건은 제1심을 거친 후, 항소심에 계속되었다. 항소법원은 다음과 같이 판단하였다. (가) ㉠돈 : 특정경제범죄법위반죄(뇌물) 무죄. (나) ㉡돈 : 특정범죄가중법위반죄(뇌물) 무죄. 검사는 불복 상고하였다.

대법원은 다음의 이유를 제시하여 원심판결을 파기환송하였다. 대법원은 국정원장 A, B, C의 ㉠돈 교부행위가 공금 횡령에 해당한다고 판단하였다. 대법원은 뇌물죄와 횡령죄의 관계에 대해 다음과 같이 설시하였다. (가) 뇌물죄는 공무원의 직무집행의 공정과 이에 대한 사회의 신뢰 및 직무행위의 불가매수성을 그 보호법익으로 하고 있다. (나) 뇌물죄는 직무에 관한 청탁이나 부정한 행위를 필요로 하는 것은 아니다. (다) 그렇기 때문에 수수된 금품의 뇌물성을 인정하는 데 특별한 청탁이 있어야만 하는 것은 아니다. (라) 또한 금품이 직무에 관하여 수수된 것으로 족하고 개개의 직무행위와 대가적 관계가 있을 필요는 없다. (마) 공무원이 얻는 어떤 이익이 직무와 대가관계가 있는 부당한 이익으로서 뇌물에 해당하는지 여부는 (ㄱ) 당해 공무원의 직무내용, (ㄴ) 직무와 이익제공자의 관계, (ㄷ) 쌍방 간에 특수한 사적인 친분관계가 존재하는지 여부, (ㄹ) 이익의 다과, (ㅁ) 이익을 수수한 경위와 시기 등의 제반 사정을 참작하여 결정하여야 한다. (바) 그리고 뇌물죄가 (ㄱ) 직무집행의 공정과 (ㄴ) 이에 대한 사회의 신뢰 및 (ㄷ) 직무행위의 불가매수성을 보호법익으로 하고 있는 점에 비추어 볼 때, 공무원이 이익을 수수하는 것으로 인하여 사회일반으로부터 직무집행의 공정성을 의심받게 되는지 여부도 뇌물죄의 성립 여부를 판단할 때에 기준이 된다.

(사) 공무원이 그 직무의 대상이 되는 사람으로부터 금품 기타 이익을 받은 때에는 (ㄱ) 그것이 그 사람이

수수한 돈의 성격을 뇌물로 볼 것인지 횡령금의 분배로 볼 것인지 여부는 (가) 돈을 공여하고 수수한 당사자들의 의사, (나) 수수된 돈의 액수, (다) 횡령 범행과 수수행위의 시간적 간격, (라) 수수한 돈이 횡령한 그 돈인지 여부, (마) 수수한 장소와 방법 등을 종합적으로 고려하여 객관적으로 평가하여 판단하여야 한다.[1)]

공무원이 공사업자 등과 적정한 금액 이상으로 계약금액을 부풀려서 계약하고 그만큼 되돌려 받기로 사전에 약정한 다음 그에 따라 수수한 금전은 그 성격상 뇌물이 아니고 횡령

종전에 공무원으로부터 접대 또는 수수한 것을 갚는 것으로서 사회상규에 비추어 볼 때에 의례상의 대가에 불과한 것이라고 여겨지거나, (ㄴ) 개인적인 친분관계가 있어서 교분상의 필요에 의한 것이라고 명백하게 인정할 수 있는 경우 등 특별한 사정이 없는 한 (ㄷ) 직무와의 관련성이 있다고 볼 수 있다. (아) 공무원의 직무와 관련하여 금품을 수수하였다면 비록 사교적 의례의 형식을 빌어 금품을 주고받았다 하더라도 그 수수한 금품은 뇌물이 된다.

(자) 횡령 범행으로 취득한 돈을 공범자끼리 수수한 행위가 공동정범들 사이의 범행에 의하여 취득한 돈을 공모에 따라 내부적으로 분배한 것에 지나지 않는다면 별도로 그 돈의 수수행위에 관하여 뇌물죄가 성립하는 것은 아니다. (차) 그와 같이 수수한 돈의 성격을 뇌물로 볼 것인지 횡령금의 분배로 볼 것인지 여부는 (ㄱ) 돈을 공여하고 수수한 당사자들의 의사, (ㄴ) 수수된 돈의 액수, (ㄷ) 횡령 범행과 수수행위의 시간적 간격, (ㄹ) 수수한 돈이 횡령한 그 돈인지 여부, (ㅁ) 수수한 장소와 방법 등을 종합적으로 고려하여 객관적으로 평가하여 판단하여야 한다.

대법원은 갑의 ㉠돈 수수행위에 대해 다음과 같이 판단하였다. (가) 대통령은 행정부의 수반이면서 국정원장에 대한 지휘·감독 및 인사권자이다. (나) 갑은 이러한 대통령의 지위에서 국정원장들에게 국정원 자금을 횡령하여 교부할 것을 지시하고 국정원장들로부터 그들이 횡령한 특별사업비를 교부받았다. (다) 국정원장들은 위와 같이 갑의 지시에 따르기 위하여 특별사업비를 횡령하고, 횡령한 돈을 그대로 갑에게 교부하였다. (라) 이러한 사정을 종합하면, 갑과 국정원장들 사이에 국정원 자금을 횡령하여 이를 모두 갑에게 귀속시키기로 하는 공모가 있었고 그에 따라 ㉡돈 특별사업비의 횡령 및 교부가 이루어진 것으로 볼 수 있다.

(마) 갑은 횡령 범행의 실행행위를 직접 수행하지는 않았다. (바) 그러나 갑은 국정원장들에 대한 우월하고 압도적인 지위에서 범행을 지시하고 이를 따른 국정원장들로부터 ㉠돈 특별사업비를 교부받았다. (사) 결국 갑은 자신이 적극적으로 가담하여 이루어진 횡령 범행 과정에서 공범자 중 일부가 취득한 돈을 공모의 내용에 따라 내부적으로 분배받은 것에 불과하다. (아) 따라서 갑이 교부받은 ㉠돈 특별사업비를 뇌물로 보기 어렵다. (자) 갑에게 뇌물에 관한 고의가 있었다고 보기도 어렵다. (차) 그리하여 특정범죄가중법 위반(뇌물)죄는 성립하지 않는다.

대법원은 갑의 ㉡돈 수수행위에 대해 다음과 같이 판단하였다. (가) 대통령은 국정원장의 지휘 · 감독 및 인사권자로서 국정원의 인사, 조직, 예산 등 전반적인 운영에 관하여 법률상, 사실상 막대한 영향력을 갖고 있다. (나) 국정원장은 법령상 정해진 임기가 없고 대통령의 의사에 따라 언제든지 면직될 수 있다. (다) 갑과 C는 이와 같은 직무상의 관계가 있을 뿐 추석 무렵 사정이 어렵다는 이유로 2억원을 수수할 정도의 사적인 친분관계가 없다. (라) 그리고 국정원장이 자신의 지휘 · 감독 및 인사권자로서 당시 사정이 어려운 대통령에게 자발적으로 거액의 돈을 교부하는 것은 사회일반으로부터 대통령의 국정원장에 대한 직무집행에 관하여 공정성을 의심받기에 충분하다. (마) (중략) 이러한 사정을 종합하면, ㉡돈은 2016. 7.까지 교부된 ㉠돈과 달리 갑과 C 모두 뇌물성을 인식한 상태에서 대통령의 직무와 대가관계가 있는 부당한 이익으로서 수수된 뇌물에 해당한다고 보아야 한다.

1) 2019. 11. 28. 2019도11766, 공 2020상, 217 = 『국정원장 특별사업비 전달 사건』.

금에 해당하여 횡령죄가 성립한다.[1) 2)]

제 3 횡령죄의 특수유형

1. 업무상 횡령죄

형법 제356조 (업무상의 횡령과 배임) 업무상의 임무에 위배하여 제355조의 죄를 범한 자는 10년 이하의 징역 또는 3천만원 이하의 벌금에 처한다.

◎ 자격정지 임의적 병과(법358)

---

1) 2007. 10. 12. 2005도7112, 공 2007, 1796 = 『연구소 지출관 리베이트 사건』:

공무원 갑은 M연구소의 지출관으로 근무하고 있다. 갑은 공사업자 A로부터 다음의 돈을 받았다(㉠돈으로 통칭함). (가) 2002. 10. 10. 500만원. (나) 2003. 7. 2. 500만원. (다) 2003. 7. 7. 1,000만원. 갑은 공사업자 B로부터 다음의 돈을 받았다(㉡돈으로 통칭함). (가) 2002. 7. 23. 600만원. (나) 2002. 8. 23. 800만원. (다) 2003. 4. 2. 1,000만원. 갑은 공사업자 C, D로부터 각각 ㉢, ㉣돈을 받았다. ㉠, ㉡, ㉢, ㉣돈의 합계는 3천만원을 넘었다.

특정범죄가중법 제2조 제1항 제3호는 뇌물 액수가 3천만원 이상 5천만원 미만인 경우 5년 이상의 유기징역으로 처벌하고 있다. 검사는 ㉠, ㉡, ㉢, ㉣돈 전체에 대해 특정범죄가중법 제2조 제1항 제3호를 적용하여 갑을 기소하였다. 제1심법원은 ㉠, ㉡돈이 갑과 공사업자 A, B가 적정한 금액 이상으로 계약금액을 부풀려서 계약하고 그만큼 되돌려 받기로 사전에 약정한 것에 따른 돈이라고 인정하였다. 제1심법원은 ㉠, ㉡돈에 대한 뇌물죄 부분을 무죄로 판단하였다. 제1심법원은 ㉢, ㉣돈에 대한 뇌물죄 부분을 유죄로 판단하였다. 제1심법원은 ㉢, ㉣돈이 3천만원 미만임을 들어서 갑에게 형법상 뇌물수수죄를 인정하였다. 검사는 ㉠, ㉡돈에 대한 뇌물죄 무죄 부분에 불복하여 상고하였다. 검사는 상고이유로 다음의 점을 주장하였다. (가) 갑이 수수한 금액과 공사대금 사이의 비율이 매우 크다. (나) ㉠, ㉡돈을 단순한 리베이트로 볼 수 없다. (다) ㉠, ㉡돈은 뇌물에 해당한다.

대법원은 다음의 이유를 제시하여 상고를 기각하였다. 대법원은 소위 리베이트와 횡령죄, 뇌물죄의 관계에 대해 다음과 같이 설시하였다. (가) 공무원이 관공서에 필요한 공사의 시행이나 물품의 구입을 위하여 수의계약을 체결하면서 해당 공사업자 등으로부터 돈을 수수하는 경우가 있다. (나) 이 경우, 그 돈의 성격을 공무원의 직무와 관련하여 수수된 뇌물로 볼 것인지, 아니면 적정한 금액보다 과다하게 부풀린 금액으로 계약을 체결하기로 공사업자 등과 사전 약정하여 이를 횡령(국고손실)한 것으로 볼 것인지 여부가 문제된다. (다) 이 문제는 (ㄱ) 돈을 공여하고 수수한 당사자들의 의사, (ㄴ) 해당 계약 자체의 내용 및 성격, (ㄷ) 계약금액과 수수된 금액 사이의 비율, (ㄹ) 수수된 돈 자체의 액수, (ㅁ) 그 계약이행을 통해 공사업자 등이 취득할 수 있는 적정한 이익, (ㅂ) 공사업자 등이 공무원으로부터 공사대금 등을 지급받은 시기와 (ㅅ) 돈을 공무원에게 교부한 시간적 간격, (ㅇ) 공사업자 등이 공무원에게 교부한 돈이 공무원으로부터 지급받은 바로 그 돈인지 여부, (ㅈ) 수수한 장소 및 방법 등을 종합적으로 고려하여 객관적으로 평가하여 판단해야 한다.

대법원은 다음과 같이 판단한 원심판결의 판단을 그대로 유지하였다. (가) ㉠, ㉡돈은 위와 같은 판단 기준에 비추어 볼 때 갑이 해당 공사업자 등과 적정한 금액 이상으로 계약금액을 부풀려서 계약하고 그만큼 되돌려 받기로 사전에 약정한 다음 그에 따라 수수된 것이다. (나) 그러므로 ㉠, ㉡돈은 성격상 뇌물이 아니고 횡령금에 해당한다.

2) 2008. 10. 9. 2007도2511, [미간행] = 『종교인 약제부장 사건』 참조.

◎ 미수범 처벌함(법359)
◎ 친족상도례 적용됨(법361)
◎ 특정경제범죄법 적용대상임(동법3① · ②)

(1) 입법취지

형법 제356조는 업무상의 임무에 위배하여 횡령죄 또는 배임죄를 범한 자를 가중처벌하고 있다. 아래에서는 업무상 횡령죄를 중심으로 그 성립요건을 살펴본다. 업무상 횡령죄의 주체는 타인의 재물을 보관하는 자라는 신분 이외에 업무자라는 신분이 추가되어 있다. 이 점에서 업무상 횡령죄는 이중의 신분범이다.

업무상 횡령죄를 가중처벌하는 것은 횡령행위가 업무관계로 행해질 때 법익침해의 범위가 넓다는 점과 업무자의 횡령행위가 자주 일어나는 점 등을 고려한 결과이다. 일반예방적 관점을 표현한 것이라고 할 수 있다. 업무상 횡령죄는 「특정경제범죄 가중처벌 등에 관한 법률」의 적용대상 범죄이다(동법3①).

(2) 업무의 범위

업무상 횡령죄에서의 업무는 타인의 재물을 보관하는 것을 내용으로 하는 것이어야 한다. 업무란 사회생활상의 지위에서 계속적 · 반복적으로 행하는 일을 말한다. 업무상 횡령죄에서 업무는 법령, 계약에 의한 것뿐만 아니라 관례를 좇거나 사실상의 것이나를 묻지 않고 같은 행위를 반복할 지위에 따른 사무를 가리킨다.[1) 2)]

업무는 직업 또는 직무로 행해지는 것임을 요하지 않는다. 반드시 보수나 이익을 목적으로 하는 사무이거나 생활의 수단이 되는 사무일 필요가 없다. 주된 사무뿐만 아니라 주된 사무에 부수하여 행하는 사무, 또는 다른 사람을 대신하여 사실상 행하는 사무도 업무에 포함된다.

면허를 받지 않은 경우 또는 단속의 필요 때문에 행위가 제한되어 있는 경우 등 사무에 절차상 부적법한 사유가 있다 할지라도 법상 절대적으로 금지되는 것이 아닌 한 업무성이 인정된다. 업무는 특정인의 위탁을 받은 것인가 불특정 다수인의 위탁을 받은 것인가를 묻지 않는다. 또한 그 내용이 사적인 것인가 공적인 것인가를 묻지 않는다.

업무자로서의 지위는 업무자의 주된 지위를 상실한다고 해서 그와 함께 당연히 소멸하는 것은 아니다. 업무에 종사하지 않게 된 후라 할지라도 사무인계에 의하여 보관자로서의

---

1) 2006. 4. 27. 2003도135, 공 2006, 969 = 『주가조작 상무 사건』 ☞ 부록 1693면.
2) 2011. 10. 13. 2009도13751, 공 2011하, 2387 = 분석 각론 『교비회계 전용 사건』.

책임을 면하게 될 때까지는 여전히 업무자로서 타인의 재물을 보관하는 지위에 있다.[1]

(3) 행위객체

업무상 횡령죄의 객체는 업무수행으로 보관하는 타인의 재물이다. 점유이탈물이라 할지라도 유실물 등의 보관을 업무로 하는 자가 보관하던 중에 이를 횡령하였다면 업무상 횡령죄를 구성한다. 그러나 업무자가 업무 외로 보관하고 있거나 업무의 범위를 벗어난 재물은 업무상 횡령죄의 객체에 포함되지 않는다.

업무상 횡령죄를 둘러싼 공범과 신분의 문제는 앞에서 설명하였다.[2] 업무상 횡령죄의 죄수 및 다른 죄와의 관계는 횡령죄(법355①)의 그것과 같다.

2. 점유이탈물횡령죄

형법 제360조 (점유이탈물횡령) ① 유실물, 표류물 또는 타인의 점유를 이탈한 재물을 횡령한 자는 1년 이하의 징역이나 300만원 이하의 벌금 또는 과료에 처한다.

② 매장물을 횡령한 자도 전항의 형과 같다.

◎ 친족상도례 적용됨(법361)

(1) 횡령죄와의 관계

형법 제360조는 유실물, 표류물, 매장물 또는 타인의 점유를 이탈한 재물을 횡령하는 행위를 처벌하고 있다. 점유이탈물횡령죄는 점유침해를 수반하지 않는다는 점에서 보관물에

---

1) 1982. 1. 12. 80도1970, 공 1982, 273 =『원목판매회사 사임 대표이사 사건』:

P회사는 원목 판매회사이다. 갑은 P회사의 대표이사로 재직하였다. 1974. 5. 20. 갑은 등기부상으로 P회사의 대표이사를 사임하였다. 사임 후에도 1975. 7.경까지 계속하여 갑은 사실상 대표이사 업무를 행하여 왔다. P회사의 회사원들도 갑을 대표이사의 일을 하는 사람으로 상대해 왔다. 이러한 상태에서 갑은 ㉠원목 판매대금을 임의로 사용하였다.

검사는 갑을 업무상 횡령죄로 기소하였다. 갑의 피고사건은 제1심을 거친 후, 항소심에 계속되었다. 항소법원은 유죄를 인정하였다. 갑은 불복 상고하였다. 갑은 상고이유로 다음의 점을 주장하였다. (가) 대표이사직에서 이미 사임하였다. (나) 업무자의 지위에 있지 않으므로 업무상 횡령죄가 성립하지 않는다.

대법원은 다음의 이유를 제시하여 상고를 기각하였다. (가) 형법 제356조에서 말하는 업무는 직업 혹은 직무라는 말과 같이 법령, 계약에 의한 것뿐만 아니라 관례를 좇거나 사실상이거나를 묻지 않고 같은 행위를 반복할 지위에 따른 사무를 가리킨다. (나) 갑은 1974. 5. 20. 등기부상으로 P회사의 대표이사를 사임한 후에도 1975. 7.경까지 계속하여 사실상 대표이사 업무를 행하여 왔고 회사원들도 갑을 대표이사의 일을 하는 사람으로 상대해 온 사실을 인정할 수 있다. (다) 그러므로 갑은 여전히 P회사의 원목 판매대금을 보관할 업무상의 지위에 있었던 자라고 할 수 있으니 갑에 대하여는 업무상 횡령죄가 적용되어야 할 것이다.

2) 전술 1366면.

대한 횡령죄와 공통점을 갖는다. 그러나 위탁신임관계를 전제로 하지 않는다는 점에서 횡령죄(법355①) 또는 업무상 횡령죄(법356)와 구별된다.

점유이탈물횡령죄는 점유침해가 없고 영득의 유혹이 대단히 크다. 이 점을 고려하여 점유이탈물횡령죄는 횡령죄보다 훨씬 가볍게 처벌된다. 아울러 점유이탈물횡령죄는 미수범도 처벌하지 않는다. 또한 「특정경제범죄 가중처벌 등에 관한 법률」의 적용대상도 되지 않는다(동법3 참조).

점유이탈물횡령죄의 성질을 놓고 횡령죄의 기본적 구성요건이라는 견해, 횡령죄에 비하여 보관자의 신분이 없으므로 책임이 경감된 구성요건이라고 보는 견해, 횡령죄에 대해 독자적인 구성요건이라고 보는 견해[1]를 각각 구성해 볼 수 있다.

독일 형법은 비위탁물횡령죄(Unterschlagung)를 기본적 구성요건으로 하면서 위탁신임관계에 기한 횡령죄(Veruntreuung)를 가중적 구성요건으로 설정하고 있다.[2] 그러나 우리 형법은 신임관계의 배반 여부를 중시하여 위탁물횡령죄를 배임죄와 동일하게 처벌하는 입법태도를 취하고 있다. 따라서 점유이탈물횡령죄는 횡령죄(위탁물횡령죄)에 대해 기본적 구성요건이라고 볼 수 없고, 오히려 보충관계에 있는 감경적 구성요건으로 보아야 한다.

점유이탈물횡령죄를 횡령죄와 구별되는 독자적 구성요건이라고 보는 입장에서는 점유이탈물횡령죄의 경우 행위자에게 위탁신임관계에 기한 보관자의 지위가 없다는 점을 강조한다. 그러나 이 견해는 횡령죄와 점유이탈물횡령죄가 모두 소유권 또는 소유권에 준하는 권리(본권)을 보호하기 위하여 같은 장에 규정된 범죄유형으로서 죄질이 동일하다는 점을 간과하고 있다.

(2) 행위객체

(가) 점유이탈물 점유자의 의사에 기하지 아니하고 그의 점유를 이탈한 재물을 점유이탈물이라고 한다. 점유이탈물은 (가) 어느 누구의 점유에도 속하지 않는 것과 (나) 위탁신임관계에 기초하지 않고 행위자의 점유에 속하게 된 것을 모두 포함한다. 점유이탈물은 타인의 소유에 속하는 것이면 족하고, 반드시 소유자가 누구인지 밝혀지지 않아도 무방하다. 무주물은 점유이탈물횡령죄의 객체에 포함되지 않는다. 점유를 이탈하였는지 여부는 사회통념에 따라 결정한다.[3]

---

1) 김성돈, 472면; 김일수 · 서보학, 316면; 박상기, 366면; 손동권 · 김재윤, 423면; 오영근, 382면; 이재상 · 장영민 · 강동범, 421면; 이정원, 432면; 이형국 · 김혜경, 462면; 임웅, 535면; 정성근 · 박광민, 426면; 주호노, 907면.

2) 전술 1273면 이하 참조.

3) 절도죄와 점유이탈물횡령죄의 관계에 관하여는, 전술 1038면 이하 참조.

형법은 점유이탈물횡령죄의 객체로 유실물, 표류물, 매장물을 예시하고 있다. 유실물이란 점유자의 의사에 의하지 아니하고 그의 점유를 벗어나 아직 어느 누구의 점유에도 속하지 않은 재물을 말한다. 표류물이란 유실물 가운데 수면 또는 수중에 존재하는 것을 말한다.

매장물이란 토지 기타의 물건 가운데에 매장되어 그 소유권이 누구에게 속하는지 판명할 수 없는 물건을 말한다. 일본 형법은 매장물을 점유이탈물횡령죄의 객체로 명시하고 있지 않다.[1] 일본에서는 「유실물법」을 개정하면서 벌칙규정을 삭제하고 이를 형법상의 점유이탈물횡령죄로 단일화하였다. 그런데 이 과정에서 매장물에 관한 부분이 누락되어 해석상 문제가 되었다. 일본 개정형법가안은 이러한 문제점을 입법적으로 해소하기 위하여 매장물에 관한 규정을 별도의 항으로 신설하였다.[2] 우리 형법은 일본 개정형법가안의 입법모델을 참고하여 매장물에 관한 규정을 형법 제360조 제2항에 마련하였다. 「유실물법」상의 매장물에 관한 규정과 보조를 맞추기 위함이다(동법13 참조).[3]

(나) 판례의 사례 　판례에 나타난 점유이탈물의 예를 몇 가지 살펴본다. A가 갑에게 매매잔금을 지급할 때 착오에 빠져 지급해야 할 금액을 초과하는 돈을 교부하였으나 갑이 그 사실을 미리 알지 못하고 매매잔금을 건네주고 받는 행위를 끝마친 후에 비로소 알게 되었을 경우에 교부받은 초과분을 돌려주지 않고 그대로 사용하는 행위는 점유이탈물횡령죄를 구성한다.[4]

「유실물법」에 따르면 관리자가 있는 선박, 차량이나 건축물 기타 공중의 통행을 금지한 장소에서 타인의 물건을 습득한 자는 그 물건을 관리자에게 교부하여야 한다(동법10①).[5]

---

1) **일본형법 제254조** 유실물, 표류물 기타 점유를 떠난 타인의 물건을 횡령한 자는 1년 이하의 징역 또는 10만엔 이하의 벌금이나 과료에 처한다.

2) 法務資料 別册第23號 刑法並びに監獄法改正調査委員會議事速記錄, (1957), 441頁.

3) **유실물법 제13조**(매장물) ① 매장물(埋藏物)에 관하여는 제10조를 제외하고는 이 법을 준용한다.

② 매장물이 「민법」 제255조에서 정하는 물건[문화재]인 경우 국가는 매장물을 발견한 자와 매장물이 발견된 토지의 소유자에게 통지하여 그 가액에 상당한 금액을 반으로 나누어 국고(國庫)에서 각자에게 지급하여야 한다. 다만, 매장물을 발견한 자와 매장물이 발견된 토지의 소유자가 같을 때에는 그 전액을 지급하여야 한다.

③ 제2항의 금액에 불복하는 자는 그 통지를 받은 날부터 6개월 이내에 민사소송을 제기할 수 있다.

4) 2004. 5. 27. 2003도4531, 공 2004, 1117 = 분석 각론『은천아파트 수표 사건』.

5) **유실물법 제10조**(선박, 차량, 건축물 등에서의 습득) ① 관리자가 있는 선박, 차량, 건축물, 그 밖에 일반인의 통행을 금지한 구내에서 타인의 물건을 습득한 자는 그 물건을 관리자에게 인계하여야 한다.

② 제1항의 경우에는 선박, 차량, 건축물 등의 점유자를 습득자로 한다. 자기가 관리하는 장소에서 타인의 물건을 습득한 경우에도 또한 같다.

③ 이 조의 경우에 보상금은 제2항의 점유자와 실제로 물건을 습득한 자가 반씩 나누어야 한다.

④ 「민법」 제253조[유실물의 소유권취득]에 따라 소유권을 취득하는 경우에는 제2항에 따른 습득자와 제1

이 경우 물건을 교부받게 되는 관리자는 유실물을 교부받을 권능을 가질 뿐 유실물에 대한 점유를 가지는 것이 아니다. 따라서 지하철[1]이나 고속버스[2] 등에서 승객이 잊고 내린 유실물을 제3자가 발견하고 이를 가져가는 행위는 절도죄가 아니라 점유이탈물횡령죄에 해당한다. 그러나 지하철의 승무원이나 고속버스 운전자가 유실물을 현실적으로 발견한 단계에 이르렀다면 이들에게 점유가 인정되며, 제3자가 그 물건을 가져가는 행위는 절도죄에 해당한다.

당구장과 같이 어떤 물건을 잃어버린 장소가 타인의 관리 아래 있을 때에는 그 물건은 일응 그 관리자의 점유에 속한다. 그러므로 이를 관리자가 아닌 제3자가 취거하는 행위는 점유이탈물횡령죄가 아니라 절도죄에 해당한다.[3]

상점 주인이 손님이 두고 간 지갑을 습득하였는데, 피고인이 자신이 지갑의 소유자라고 주장하면서 지갑을 받아간 경우에는 사기죄가 성립한다. 상점 주인은 습득한 지갑을 진정한 소유자에게 돌려주어야 하는 지위에 있으므로 지갑 소유자를 위하여 지갑을 처분할 수 있는 권능을 갖는다. 상점 주인이 소유자라고 주장하는 피고인에게 지갑을 교부하면 이를 통해 피고인은 지갑을 취득하여 자유로운 처분이 가능한 상태가 된다. 그리하여 상점 주인의 행위는 사기죄에서 말하는 처분행위에 해당하고, 피고인에게 사기죄가 성립한다.[4]

(3) 실행행위

점유이탈물횡령죄의 실행행위는 횡령이다. 이 경우 횡령은 불법영득의사를 가지고 점유이탈물을 자기의 사실상 지배 아래 두는 행위를 말한다. 그러나 위탁신임관계에 위배함을 요하지 않는다. 예컨대 습득이나 은닉 등과 같이 불법영득의사를 외부로 표현하는 행위가 있으면 점유이탈물횡령죄는 성립한다. 점유이탈물횡령죄의 미수범은 처벌하지 않는다(법359 참조).

처음에는 불법영득의사가 없이 유실자 · 소유자 등에게 돌려주거나 경찰서에 제출하려는 생각으로 물건을 습득하였으나(유실물법1① 참조),[5] 이후 불법영득의사가 생겨서 은닉, 소비,

---

항에 따른 사실상의 습득자는 반씩 나누어 그 소유권을 취득한다. 이 경우 습득물은 제2항에 따른 습득자에게 인도한다.

민법 제253조(유실물의 소유권취득) 유실물은 법률에 정한 바에 의하여 공고한 후 6개월 내에 그 소유자가 권리를 주장하지 아니하면 습득자가 그 소유권을 취득한다.

1) 1999. 11. 26. 99도3963, 공 2000, 118 = 분석 각론 『지하철 분실물 사건』.

2) 1993. 3. 16. 92도3170, 공 1993, 1328 = 『고속버스 유실물 사건』.

3) 1988. 4. 25. 88도409, 공 1988, 930 = 분석 각론 『당구장 금반지 사건』.

4) 2022. 12. 29. 2022도12494, 공 2023상, 417 = 『편의점 반지갑 교부 사건』.

5) 유실물법 제1조(습득물의 조치) ① 타인이 유실한 물건을 습득한 자는 이를 신속하게 유실자 또는 소유

매각 등 불법영득의사를 외부적으로 표현하는 행위를 하면 그 때 점유이탈물횡령죄는 기수에 이른다.

타인이 점유하고 있는 재물을 점유이탈물이라고 오인하여 영득하는 경우에 그 처벌이 문제된다. 죄질부합설의 입장에서는 절도죄(법329)와 점유이탈물횡령죄(법360)가 모두 소유권을 보호법익으로 한다는 점에서 양자의 죄질이 동일하다고 보고, 구성요건이 중첩되는 한도에서 형법 제15조 제1항에 따라 점유이탈물횡령죄로 처벌한다.[1]

그러나 형법 제15조 제1항이 규정하고 있는 '특별히 중한 죄'는 기본적 구성요건과 가중적 구성요건의 관계가 인정되는 경우를 가리킨다고 본다(구성요건적 부합설). 우리 형법은 절도죄(각칙 제38장)와 점유이탈물횡령죄(각칙 제40장)를 전혀 다른 장에 규정하고 있어서 구성요건 체계상 점유이탈물횡령죄에 대해 절도죄를 '특별히 중한 죄'로 볼 수 없다.[2] 절도의 과실범을 처벌하는 규정이 없고 점유이탈물횡령죄의 미수범을 처벌하는 규정이 없으므로 결국 위의 사안은 무죄로 판단되어야 할 것이다.

(4) 죄 수

점유이탈물횡령죄의 죄수 판단은 소유권 또는 소유권에 준하는 권리(본권) 침해의 개수에 따라 결정된다. 횡령죄(법355①)와 달리 위탁신임관계의 문제가 없고, 절도죄(법329)와 달리 타인의 점유를 침해하는 일이 없으므로 소유권 또는 소유권에 준하는 권리(본권) 침해만을 기준으로 죄수를 판단하게 되는 것이다.

점유이탈물횡령죄에는 친족상도례가 적용된다(법361, 328). 친족상도례의 적용에는 행위자와 소유자 또는 소유자에 준하는 권리자(본권자) 사이에만 친족관계가 있는 것으로 족하다.

습득한 자기앞수표를 현금과 교환하는 행위는 점유이탈물횡령죄(법360)만을 구성하고 사기죄(법347)는 성립하지 않는다.[3] 자기앞수표와 현금의 사실상 동일성이 인정되어 점유이탈

자, 그 밖에 물건회복의 청구권을 가진 자에게 반환하거나 경찰서(지구대 · 파출소 등 소속 경찰관서를 포함한다. 이하 같다) 또는 제주특별자치도의 자치경찰단 사무소(이하 "자치경찰단"이라 한다)에 제출하여야 한다. 다만, 법률에 따라 소유 또는 소지가 금지되거나 범행에 사용되었다고 인정되는 물건은 신속하게 경찰서 또는 자치경찰단에 제출하여야 한다.

② 물건을 경찰서에 제출한 경우에는 경찰서장이, 자치경찰단에 제출한 경우에는 제주특별자치도지사가 물건을 반환받을 자에게 반환하여야 한다. 이 경우에 반환을 받을 자의 성명이나 주거를 알 수 없을 때에는 대통령령으로 정하는 바에 따라 공고하여야 한다.

1) 이재상 · 장영민 · 강동범, 형법총론 제8판, (2015), 178면.

2) 신동운, 형법총론, 제14판, (2022), 233면 이하 참조.

3) 1980. 1. 15. 79도2948, 총람 360조 8번.

물횡령죄의 불가벌적 사후행위라고 판단되기 때문이다.[1]

제 4 배임죄의 기본유형 – 배임죄

형법 제355조 (배임) ② 타인의 사무를 처리하는 자가 그 임무에 위배하는 행위로써 재산상의 이익을 취득하거나 제3자로 하여금 이를 취득하게 하여 본인에게 손해를 가한 때에도 전항의 형과 같다.

◎ 자격정지 임의적 병과(법358)
◎ 미수범 처벌함(법359)
◎ 친족상도례 적용됨(법361)
◎ 특정경제범죄법 적용대상임(동법3① · ②)

1. 배임죄 서설

(1) 배임죄의 특징

형법 제355조 제2항은 배임죄를 규정하고 있다. 배임죄란 타인의 사무를 처리하는 자가 그 임무에 위배하는 행위로써 재산상의 이익을 취득하거나 제3자로 하여금 이를 취득하게 하여 본인에게 손해를 가함으로써 성립하는 범죄이다. 우리 입법자는 횡령죄와 배임죄를 형법 제355조에서 제1항과 제2항으로 나란히 규정하여 동일한 법정형으로 처벌하고, 업무자에 의한 가중처벌(법356) 및 미수범처벌(법359)을 똑같이 하고 있다. 다만 배임죄의 경우에는 배임수증재죄(법357)가 추가적으로 규정되어 있다는 점에 차이가 있다.

우리 입법자가 이처럼 원칙적으로 배임죄를 횡령죄와 동일하게 처벌하고 있는 것은 두 죄가 모두 타인과의 신임관계를 해친다는 점에서 공통된다고 보기 때문이다. 다만 행위객체의 측면에서 횡령죄는 재물을, 배임죄는 재산상 이익을 대상으로 한다는 점에서 근본적인 차이가 있다. 횡령죄와 배임죄의 관계에 대해서는 앞에서 설명하였다.[2]

배임죄의 보호법익은 타인의 전체로서의 재산이다. 즉 소유권 이외의 제한물권, 채권 등을 모두 포함한다. 배임죄는 상태범이기 때문에 배임죄가 성립한 후 취득한 재산상 이익을 처분하는 행위는 불가벌적 사후행위로서 따로 범죄를 구성하지 않는다. 배임죄는 순전한 이득죄인 점에서 컴퓨터등사용사기죄(법347의2)와 같고, 재물만을 객체로 하는 절도죄(법329),

---

1) 전술 1178면 참조.
2) 전술 1277면 이하 참조.

횡령죄(법355①)와 구별되며, 재물죄인 동시에 이득죄이기도 한 강도죄(법333), 사기죄(법347), 공갈죄(법350)와 구별된다. 배임죄에는 친족상도례의 특례가 인정된다(법361).

(2) 배임죄의 본질

배임죄는 사기죄나 횡령죄 등 다른 재산범죄로 처벌할 수 없는 다양한 재산침해행위를 규율대상으로 삼고 있다는 점에 특색이 있다. 이 때문에 배임죄의 해석에는 다른 재산범죄와의 관계규명 및 단순한 민사상 채무불이행과의 구별이 중요한 과제로 등장한다. 이 문제의 해결책은 배임죄의 본질을 어떻게 이해할 것인가에 따라 달라질 수 있다.

배임죄가 문제되는 많은 경우에 사실관계에는 사무처리를 맡긴 사람(본인), 사무를 처리하는 사람(사무처리자), 사무처리의 상대방(제3자)이라는 세 사람이 등장한다. 이때 본인과 사무처리자 사이의 관계를 대내관계, 사무처리자와 제3자의 관계를 대외관계라고 한다. 여기에서 배임죄의 본질을 본인과 사무처리자의 대내관계에서 구할 것인지 아니면 사무처리자와 제3자 사이의 대외관계에서 구할 것인지 문제된다. 이와 관련하여 배신설과 권한남용설이 제시되고 있다.

(가) 배신설 배임죄의 본질을 본인과 사무처리자 사이의 대내관계에 존재하는 신임관계 위반에서 구하는 견해이다.[1] 배임죄를 사무처리자가 본인에 대하여 행하는 신의성실의무에 위반하는 재산침해를 내용으로 하는 범죄라고 보는 입장이다. 배신설의 입장에는 배임죄를 사무처리자와 제3자 사이의 대외관계가 아니라 사무처리자와 본인 사이의 대내관계를 중심으로 배임죄의 성립 여부를 검토한다. 그리하여 대외적으로 권리 · 의무를 발생시키는 법률행위에 한정하지 않고 대내적으로 사실상의 신임관계를 파괴하는 것이기만 하면 사실행위도 배임죄를 구성한다고 본다. 배신설에 대해서는 신임관계 위반이라는 개념이 명확하지 아니하여 배임죄의 성립범위가 무한정 확대될 위험성이 있다는 비판이 가해지고 있다.

(나) 권한남용설 배임죄의 본질을 사무처리자와 제3자 사이의 대외관계를 중심으로, 사무처리자가 주어진 권한을 넘어서는 행위를 하는 점에서 구하는 견해이다. 배임죄를 사무처리자가 본인에 의하여 부여된 권한을 넘어서서 제3자에게 권한을 행사하여 본인에게 재산침해(손해)를 가하는 범죄라고 보는 입장이다. 권한남용설의 입장에서는 주로 제3자에 대한 대외관계를 중심으로 배임죄의 성립 여부를 논하게 된다.

---

1) 김성돈, 476면; 김일수 · 서보학, 385면; 김혜정 외, 434면; 박상기, 396면; 배종대, 446면; 손동권 · 김재윤, 461면; 오영근, 385면; 이재상 · 장영민 · 강동범, 426면; 이형국 · 김혜경, 501면; 임웅, 541면; 정성근 · 박광민, 463면; 정영일, 343면; 주호노, 911면.

권한남용설은 다시 대리권남용설과 사무관리설로 나누어 볼 수 있다. 대리권남용설은 본인이 사무처리자에게 부여한 의사표시의 권한(대리권)을 남용하는 데에 배임죄의 본질이 있다고 보는 견해이다. 대리권남용설에 의하면 배임행위는 권리 · 의무를 발생시키는 법률행위로 한정된다. 이에 대해 사무관리설은 사무처리자의 제3자에 대한 권한남용을 법률행위로 한정하지 않고 민법상 사무관리의무에 위반하는 행위까지 포함시킨다.

권한남용설은 대외적으로 대리권 내지 이를 확장한 사무관리의 권한을 남용한다는 객관적 기준을 제시함으로써 배신설에 비하여 배임죄의 성립범위를 명확하게 한정한다는 장점이 있다. 그러나 권한남용설에 대해서는 사무처리자가 대외적으로 발하는 의사표시(법률행위) 내지 그에 준하는 행위에 주목하는 관계로 배임죄의 성립범위를 지나치게 제한하며, 그 결과 다양한 재산침해행위에 효과적으로 대처하지 못한다는 비판이 가해지고 있다.

(다) 사 견 배임죄의 본질을 어디에서 구할 것인지는 무엇보다도 입법자가 결단할 문제이다. 아래의 비교법적 고찰에서도 분명하게 드러나는 바와 같이 우리 입법자는 배임죄의 구성요건을 설정하면서 '타인의 사무를 처리하는 자가 그 임무에 위배하여'라는 표현을 사용하고 있다. 여기에서 '그 임무에 위배하여'라는 부분은 타인(즉 본인)과 사무처리자 사이의 관계를 중심으로 배임죄의 본질을 파악하겠다는 입법자의 의지를 표현한 것이라고 할 수 있다. 배임죄가 다양한 재산침해행위에 대처하기 위한 범죄유형이라는 점에 주목한 입법적 결단이라고 생각된다.

(라) 판 례 판례는 배임죄의 본질을 배신설의 관점에서 파악하고 있다. 즉 "배임죄의 주체인 타인의 사무를 처리하는 자라 함은 타인과의 대내관계에 있어서 신의성실의 원칙에 비추어 그 사무를 처리할 신임관계가 존재한다고 인정되는 자를 의미하고 반드시 제3자에 대한 대외관계에서 그 사무에 관한 권한이 존재할 것을 요하지 않는다."고 판시하여 배신설의 입장을 분명히 하고 있다.[1)]

---

1) 2007. 6. 1. 2006도1813, 공 2007, 1022 =『회장 부인 보수지급 사건』:

갑은 L그룹의 회장이다. P, Q, R회사 등은 L그룹 소속 계열사들이다. 갑은 부회장 E, 구조조정실을 통하여 P, Q, R회사의 경영을 총괄하는 지위에 있다. 갑은 P, Q, R회사의 이사로 등기되어 있다. A는 갑의 처이다. B는 Q회사의 대표이사이다. C는 R회사의 대표이사이다. A는 2년간 Q회사의 감사로 등기되어 있었다. A는 감사로서 직무를 전혀 수행하지 않았다. Q회사는 회사자금으로 A에게 급여와 상여금 명목으로 합계 9,600만원을 지급하였다. A는 2년간 R회사의 대표이사로 등기되어 있었다. A는 대표이사로서의 직무를 전혀 수행하지 않았다. R회사는 회사자금으로 A에게 급여와 상여금 명목으로 합계 2,700만원을 지급하였다.

검사는 갑을 업무상 배임죄의 공동정범으로 기소하였다. 제1심법원은 유죄를 인정하였다. 갑은 불복 항소하였다. 갑은 항소이유로 다음의 점을 주장하였다. (가) A에 대한 보수액은 주주총회나 이사회의 결의에 의

(3) 비교법적 고찰

독일 형법의 경우를 보면, 횡령죄는 절도죄와 같은 장(동법 각칙 제19장 절도와 횡령)에 규정되어 있고, 배임죄는 사기죄와 같은 장(동법 각칙 제22장 사기와 배임)에 규정되어 있다. 이에 대해 일본 형법은 배임죄를 사기 및 공갈의 죄의 장(동법 제2편 제37장)에, 횡령죄를 횡령의 죄라는 별도의 장(동법 제2편 제38장)에 각각 규정하고 있다. 우리 형법은 횡령죄와 배임죄를 동일한 형으로 처벌하지만 일본 형법은 두 죄의 처벌을 달리하고 있다. 횡령죄와 배임죄의 관계에 관한 비교법적 고찰은 횡령죄의 항목에서 진행하였으므로[1] 여기에서는 배임죄의 조문과 관련한 특성을 비교법적으로 분석해 보기로 한다.

(가) 독일 형법 　　우리 형법과 독일 형법을 비교해 보면, 독일의 경우에는 업무상 배임죄를 가중처벌하거나 배임죄의 미수범을 처벌하는 규정이 없다. 독일의 경우 배임죄의 미수

하여 추상적으로 결정된다. (나) A에게 급여를 지급하지 않기 위해서는 (ㄱ) Q회사와 R회사의 주주총회에서 정관을 변경하거나 (ㄴ) 주주총회 또는 이사회 결의로 A를 해임하는 것이 유일한 방법이다. (다) 갑이 주주총회에서 Q회사와 R회사의 정관을 변경하는 것은 가능하지 않다. (라) 이사회 결의로 A를 해임하는 것은 L그룹 회장인 갑의 임무가 아니다. (마) B, C는 Q회사, R회사의 이사회에 A의 해임건의를 해야 할 임무가 있다. (바) 갑은 A에 대한 B, C의 해임건의를 묵살하는 등의 방법으로 B, C와 배임행위를 공모한 사실이 없다.

항소법원은 갑의 업무상 임무에 대해 다음과 같이 판단하였다. (가) A는 그의 직무를 전혀 수행하지 아니하였다. (나) Q회사와 R회사로서는 당연히 A에 대한 급여와 상여금의 지급을 거부할 수 있다. (다) 갑은 부회장 E, 그룹 구조조정실을 통하여 Q회사와 R회사의 경영을 총괄하는 지위에 있다. (라) 갑은 Q회사와 R회사의 이사이기도 하다. (마) 갑은 A에게 부당한 급여와 상여금이 지급되는 것을 중지하도록 하여 Q회사와 R회사의 재산상 손해를 막아야 할 업무상 임무가 있다.

항소법원은 갑의 공동정범 여부에 대해 다음과 같이 판단하였다. (가) 갑은 A와 부부 사이이다. (나) 갑은 A에게 부당하게 지급된 급여와 상여금을 통한 이익을 실질적으로 공유하는 관계에 있었다. (다) 갑은 A가 직무를 전혀 수행하지 아니하면서도 급여를 지급받는다는 사정을 잘 알고 있었다. (라) 갑은 B, C에게 암묵적으로 지시하는 방법 또는 마땅히 해야 할 의무를 이행하지 아니하는 방법으로 공모하여 업무상배임의 범행을 공동으로 실현하였다. 항소법원은 이상의 판단을 토대로 유죄를 인정하였다. 갑은 불복 상고하였다. 상고이유는 항소이유와 같다.

대법원은 다음의 이유를 제시하여 상고를 기각하였다. 대법원은 갑의 업무상 임무 유무에 대해 다음과 같이 판단하였다. (가) 배임죄의 주체인 타인의 사무를 처리하는 자라 함은 (ㄱ) 타인과의 대내관계에 있어서 신의성실의 원칙에 비추어 그 사무를 처리할 신임관계가 존재한다고 인정되는 자를 의미하고 (ㄴ) (나) 반드시 제3자에 대한 대외관계에서 그 사무에 관한 권한이 존재할 것을 요하지 않는다. (나) 주주총회나 이사회의 결의에 의하여 주식회사의 임원에 대한 추상적인 보수액이 결정되었다고 하더라도 실제 회사 업무를 전혀 수행하지 않는 임원의 경우에는 구체적인 보수 지급청구권이 발생하지 않는다. (다) 주식회사는 주주와 독립된 별개의 권리주체로서 그 이해가 반드시 일치하는 것은 아니다. (라) 주주총회나 이사회에서 임원을 해임하지 않았다거나 해임할 가능성이 없다는 이유만으로 실제 회사 업무를 전혀 수행하지 않는 임원에 대한 정기적인 보수 지급행위가 정당화될 수는 없다. 대법원은 갑에게 공동정범을 인정한 원심의 판단을 유지하였다.

1) 전술 1277면 이하 참조.

범을 처벌하지 않는 이유로 배임죄의 처벌을 미수범 영역에까지 확장할 경우 범죄사실을 입증하기가 대단히 곤란하게 된다는 점이 지적되고 있다.[1)]

조문의 구성형식을 보면 독일 형법은 배임죄의 행위유형을 (가) 법률, 관청의 위임 또는 법률행위에 의하여 부여된, 타인의 재산을 처분하거나 타인에게 의무를 지우는 권한을 남용하는 행위(권한남용행위)와, (나) 법률, 관청의 위임, 법률행위 또는 신임관계에 기하여 부과된, 타인의 재산적 이해관계를 처리할 의무에 위배하는 행위(배신행위)로 나누고, 이 두 가지 유형의 행위를 통하여 재산적 이해관계를 관리해 주어야 할 사람(본인)에게 손해를 가한 때에 배임죄의 성립을 인정하고 있다.[2)]

독일 형법이 이와 같은 입법형식을 취하고 있는 것은 배임죄의 본질을 둘러싸고 학설상 권한남용설과 배신설이 대립하고 있었던 상황을 입법적으로 극복하기 위함이었다. 이러한 독일 형법의 입법형식에 비추어 볼 때 우리 형법의 배임죄는 조문구성상 이미 배신설의 관점에 입각해 있다고 말할 수 있다.

(나) 일본 형법 일본 형법은 배임죄의 성립요소로 임무위배를 명시하고 있다는 점에서 우리 형법과 비슷하다. 그러나 배임죄의 객관적 구성요건요소로는 '임무에 위배하는 행위를 하여 본인에게 재산상의 손해를 가하는 것'만 요구되고 있다. 이에 반해 배임죄의 주관적 구성요건요소로는 '자기 또는 제3자의 이익을 꾀하거나 본인에게 손해를 가할 목적'이라는 초과주관적 요소가 요구되고 있다.[3)]

(다) 한국 형법 우리 형법은 배임죄의 객관적 구성요건요소로 '재산상의 이익을 취득하거나 제3자로 하여금 이를 취득하게 하여 본인에게 손해를 가하는 것'을 요구하고 있는 반면, 별도로 초과주관적 요소를 규정하고 있지 않다. 우리 형법이 배임죄의 객관적 성립요건으로 재산상 이익의 취득을 요구하고 있는 것은 특히 주목해야 할 부분이다.

독일 형법, 일본 형법, 한국 형법은 모두 일정한 사무처리자, 임무위배행위, 손해발생이라는 점을 배임죄의 객관적 구성요건요소로 규정하고 있다. 우리 형법은 여기에서 한걸음 더 나아가 '재산상 이익의 취득'을 객관적 구성요건요소로 요구하고 있다.

우리 형법이 배임죄의 성립요건으로 재산상 이익의 취득을 요구하고 있는 것은 횡령죄가 재물의 영득을 요건으로 하는 것에 대응한다. 독일 형법이나 일본 형법이 배임죄를 규정하면서 피해자의 전체재산에 대한 침해를 염두에 두고 있음에 반하여 우리 형법은 전체재산

---

1) Fischer, StGB, 57. Auflage, (2010), § 266 Rn 187.

2) 전술 1274면 각주 1) 참조.

3) 전술 1274면 각주 4) 참조.

의 침해에 대한 전제로 재산상 이익의 취득을 설정하고 있다.

우리 입법자가 이와 같이 배임죄의 객관적 성립요건으로 재산상 이익의 취득을 요구하고 있는 것은 배임죄의 지나친 확대적용을 방지하기 위한 고려라고 생각된다. 즉 재산상 이익의 취득이 객관적 구성요건요소로 규정됨에 따라 검사는 '재산상 이익의 취득'이라는 사실 자체에 대해 입증을 해야 하고, 나아가 '재산상 이익의 취득'에 대한 행위자의 고의도 입증하지 않으면 안 된다.

독일의 경우에는 '재산상 이익의 취득'에 대해 객관적 사실의 입증이나 고의의 입증이 전혀 필요하지 않다. 일본 형법의 경우에는 '재산상 이익의 취득'에 대한 객관적 사실을 입증할 필요가 없다. 주관적 요소로서 '재산상 이익을 취득할 목적'이 요구되고 있으나 '손해를 가할 목적'과 함께 선택적으로 규정되어 있으며, 초과주관적 구성요건요소의 특성에 따라 그러한 목적이 객관적으로 실현됨을 요하지 않는다.

독일의 경우를 보면, 배임죄가 이처럼 (가) 권한남용 또는 임무위배와, (나) 손해발생의 두 가지 측면에서만 객관적으로 검토되기 때문에 배임죄를 가리켜서 '검찰의 만능 무기'라는 표현까지 나오고 있는 상황이다.[1] 우리 입법자가 배임죄의 객관적 성립요건으로 설정해 놓은 '재산상 이익의 취득'은 업무상 배임죄(법356) 및 배임미수죄(법359)에까지 배임죄의 처벌 범위가 확장되고 있는 우리 형법에서 배임죄의 과잉적용을 방지하는 중요한 안전판이라고 생각된다.

2. 행위주체

(1) 타인의 사무를 처리하는 자

(가) 타인의 사무처리 배임죄의 주체는 '타인의 사무를 처리하는 자'이다. 여기에서 '타인의 사무를 처리하는 자'라고 하려면, 당사자 관계의 전형적 · 본질적 내용이 통상의 계약에서의 이익대립관계를 넘어야 한다. 배임죄에서 '타인의 사무를 처리하는 자'라고 하려면, (가) 당사자 관계의 전형적 · 본질적 내용이 (나) 그들 사이의 신임관계에 기초하여 타인의 재산을 보호 또는 관리하는 데에 있어야 한다.[2] '타인의 사무처리'로 인정되려면, (가) 타인의 재산관리에 관한 사무의 전부 또는 일부를 타인을 위하여 대행하는 경우와 (나) 타인의 재산보전행위에 협력하는 경우라야만 된다.[3]

---

1) Walter Perron, "Der Untreuetatbestand als Allzweckwaffe zur Steuerung der Wirtschaft durch das Strafrecht", 서울대학교 법학, 제51권 제2호, (2010. 6.), 195면 이하 참조.

2) 2020. 2. 20. 2019도9756 전원합의체 판결, 공 2020상, 723 = 『양도담보 크러셔 임의처분 사건』.

3) 2014. 8. 21. 2014도3363 전원합의체 판결, 공 2014하, 1923 = 『상속유증분 대물변제예약 사건』:

배임죄는 '타인의 사무를 처리하는 사람'만 범할 수 있다는 점에서 진정신분범이다. 신분은 행위시에 있으면 족하고 결과발생시에 있을 필요는 없다. 그러나 역으로 행위시에 신분이 없었다면 결과발생시에 신분이 생기더라도 배임죄는 성립하지 않는다.

법인(P회사)이 처리할 의무를 지는 타인(A)의 사무에 관하여는 법인(P회사)이 배임죄의 주체가 될 수 없다. 그 법인(P회사)을 대표하여 사무를 처리하는 자연인인 대표기관(갑)이 바로 타인(A)의 사무를 처리하는 자가 된다.[1)]

갑은 A로부터 3억원을 차용하였다. 갑은 A에게 차용금 3억원을 변제하지 못할 경우 갑의 어머니 B 소유의 M부동산에 대한 유증상속분을 대물변제하기로 약정하였다. B가 사망하였다. 갑은 유증을 원인으로 M부동산에 관한 소유권이전등기를 마쳤다. 갑은 M부동산을 누나 C와 자형 D에게 매도하였다.

검사는 갑을 배임죄로 기소하였다. 제1심법원은 채권 담보를 위한 대물변제예약 사안에서 배임죄의 성립을 인정한 종전 대법원판례에 따라 유죄를 인정하였다. 갑은 불복 항소하였다. 항소법원은 항소를 기각하고, 제1심판결을 유지하였다. 갑은 불복 상고하였다.

대법원은 다음의 이유를 제시하여 원심판결을 파기환송하였다. 대법원은 9 대 4로 견해가 나뉘었다. 대법원은 다수의견에 따라 종전 판례를 폐기하였다. (이하 다수의견을 대법원으로 표시하여 소개함.) 대법원은 배임죄의 주체에 대해 다음과 같이 설시하였다. (가) 배임죄는 타인의 사무를 처리하는 자가 그 임무에 위배하는 행위로 재산상 이익을 취득하여 사무의 주체인 타인에게 손해를 가함으로써 성립한다. (나) 그러므로 그 범죄의 주체는 타인의 사무를 처리하는 지위에 있어야 한다. (다) 여기에서 '타인의 사무'를 처리한다고 하려면 (ㄱ) 당사자 관계의 본질적 내용이 (ㄴ) 단순한 채권채무 관계를 넘어서 (ㄷ) 그들 간의 신임관계에 기초하여 (ㄹ) 타인의 재산을 보호 또는 관리하는 데 있어야 한다. (라) 그 사무가 타인의 사무가 아니고 자기의 사무라면 그 사무의 처리가 타인에게 이익이 되어 타인에 대하여 이를 처리할 의무를 부담하는 경우라도 그는 타인의 사무를 처리하는 자에 해당하지 않는다.

대법원은 대물변제예약과 배임죄의 관계에 대해 다음과 같이 설시하였다. (가) 채무자가 채권자에 대하여 소비대차 등으로 인한 채무를 부담하고 이를 담보하기 위하여 장래에 부동산의 소유권을 이전하기로 하는 내용의 [대물변제예약이 있다.] (나) 대물변제예약에서 그 약정의 내용에 좇은 이행을 하여야 할 채무는 특별한 사정이 없는 한 [채무자의] '자기의 사무'에 해당하는 것이 원칙이다.

(다) 채무자가 대물변제예약에 따라 부동산에 관한 소유권을 이전해 줄 의무는 그 예약 당시에 확정적으로 발생하는 것이 아니라 채무자가 차용금을 제때에 반환하지 못하여 채권자가 예약완결권을 행사한 후에야 비로소 문제가 되는 것이다. (라) 채무자는 예약완결권 행사 이후라도 얼마든지 금전채무를 변제하여 당해 부동산에 관한 소유권이전등기절차를 이행할 의무를 소멸시키고 그 의무에서 벗어날 수 있다.

(마) 한편 채권자는 당해 부동산을 특정물 그 자체보다는 담보물로서의 가치를 평가하고 이로써 기존의 금전채권을 변제받는 데 주된 관심이 있다. (바) 그러므로 채무자의 채무불이행으로 인하여 대물변제예약에 따른 소유권등기를 이전받는 것이 불가능하게 되는 상황이 초래되어도 채권자는 채무자로부터 금전적 손해배상을 받음으로써 대물변제예약을 통해 달성하고자 한 목적을 사실상 이룰 수 있다.

(사) 이러한 점에서 대물변제예약의 궁극적 목적은 차용금반환채무의 이행 확보에 있다. (아) 채무자가 대물변제예약에 따라 부동산에 관한 소유권이전등기절차를 이행할 의무는 그 궁극적 목적을 달성하기 위해 채무자에게 요구되는 부수적 내용이다. (자) 이를 가지고 배임죄에서 말하는 신임관계에 기초하여 채권자의 재산을 보호 또는 관리하여야 하는 '타인의 사무'에 해당한다고 볼 수는 없다. (차) 그러므로 채권 담보를 위한 대물변제예약 사안에서 채무자가 대물로 변제하기로 한 부동산을 제3자에게 처분하였다고 하더라도 형법상 배임죄가 성립하는 것은 아니다.

1) 1984. 10. 10. 82도2595 전원합의체 판결, 공 1984, 1816 = 백선 총론『상가 이중분양 사건』.

어느 회사(P회사)가 타인(A)의 사무를 처리하는 일을 영업으로 영위하고 있는 경우가 있다. 이 경우 그 회사(P회사)의 대표이사(갑)가 그 타인(A)의 사무를 처리하면서 업무상 임무에 위배되는 행위를 함으로써 자신(갑)이 재산상 이익을 취득하거나 제3자(B)로 하여금 재산상 이익을 취득하게 하고 그로 인하여 회사(P회사)로 하여금 그 타인(A)에 대한 손해배상책임 등 채무를 부담하게 하는 때가 있다. 이러한 때에는 회사(P회사)의 대표이사(갑)가 회사(P회사)에 손해를 가하거나 재산상 실해발생의 위험을 초래한 것으로 볼 수 있다. 그러므로 회사(P회사) 대표이사(갑)의 행위는 회사(P회사)에 대한 관계에서 업무상 배임죄를 구성한다.[1)]

---

1) 2014. 2. 21. 2011도8870, 공 2014상, 781 =『주차장 저가 임대 사건』:

[P회사의 업무구역 내에 M건물과 토지가 있다.] M건물과 토지에는 N주차장이 있다. [P회사는 N주차장의 관리를 위하여 Q회사를 설립하였다.] M건물과 토지는 Q회사 명의로 소유권보존등기 및 소유권이전등기가 경료되었다. Q회사는 A가 대주주인 1인회사이다. 갑은 A의 배우자이다. 갑은 Q회사의 대표이사로 취임하였다.

[Q회사는 P회사를 위하여 N주차장을 관리하기로 하는 계약을 체결하였다(㉠계약).] 갑은 N주차장을 A에게 임대하였다(㉡계약). A와의 ㉡임대차계약은 당시 N주차장이 매월 얻는 총 수익보다 적은 200만원을 임대료로 정하고 통상보다 장기인 5년을 임대기간으로 정하였다(㉮행위). 갑은 A의 승낙을 받아 Q회사의 ㉢법인카드 4장을 개인적인 용도로 사용하였다(㉯행위).

검사는 ㉮행위와 ㉯행위에 대해 갑을 업무상 배임죄로 기소하였다. 제1심법원은 ㉮행위 부분에 대해 다음의 범죄사실로 유죄를 인정하였다. "Q회사의 대표이사인 갑은 Q회사가 관리하는 N주차장에 관하여 ㉡계약을 체결함으로써 액수 미상의 재산상 이득을 취득하고 Q회사로 하여금 같은 금액 상당의 손해를 가하였다." 제1심법원은 ㉯행위 부분에 대해 유죄를 인정하였다. 갑은 불복 항소하였다. 항소법원은 항소를 기각하고, 제1심판결을 유지하였다.

갑은 불복 상고하였다. 갑은 상고이유로 다음의 점을 주장하였다. (가) 원심판결에는 손해액을 구체적으로 명시하지 않은 위법이 있다. (나) N주차장은 Q회사의 대주주 A가 실질적 지배권을 가지고 있다. (다) A는 곧 Q회사라고 할 수 있으므로 Q회사에 손해가 발생하지 않았다. (라) 대주주 A의 승낙을 받아 ㉢법인카드를 사용하였으므로 Q회사에 손해가 발생하지 않았다. (마) A가 향후 ㉢법인카드 대금을 변상·보전해 줄 것으로 기대하여 사용하였으므로 불법이득의사가 없다. (바) 갑과 A는 배우자 사이이므로 친족상도례가 적용된다.

대법원은 다음의 이유를 제시하여 상고를 기각하였다. 대법원은 손해액 산정에 대해 다음과 같이 설시하였다. (가) 업무상 배임죄에서 본인에게 손해를 가한 때라 함은 총체적으로 보아 본인의 재산상태에 손해를 가한 경우를 말한다. (나) 업무상 배임죄에서 본인에게 손해를 가한 때에는 재산상 실해발생의 위험을 초래하게 한 경우도 포함한다. (다) 손해액이 구체적으로 명백하게 산정되지 않았더라도 업무상 배임죄의 성립에는 영향이 없다

대법원은 사무처리자가 법인인 경우의 배임죄 성립에 대해 다음과 같이 설시하였다. (가) 회사(Q)가 타인(P)의 사무를 처리하는 일을 영업으로 영위하고 있는 경우가 있다. (나) 그 회사(Q)의 대표이사가 그 타인(P)의 사무를 처리하면서 업무상 임무에 위배되는 행위를 함으로써 재산상 이익을 취득하거나 제3자로 하여금 이를 취득하게 하고 그로 인하여 회사(Q)로 하여금 그 타인(P)에 대한 손해배상책임 등 채무를 부담하게 한 때에는 회사(Q)에 손해를 가하거나 재산상 실해발생의 위험을 초래한 것으로 볼 수 있다. (다) 이러한 행위는 그 회사(Q)에 대한 관계에서 업무상 배임죄를 구성한다. (라) 갑의 상고이유 주장을 A가 N주차장에 대

(나) 타 인 배임죄에서 '타인의 사무를 처리한다'고 할 때의 '타인'과 '본인에게 손해를 가한다'고 할 때의 '본인'은 같은 의미이다. 타인은 사무의 주체를 가리킨다. 이에 대해 본인은 재산의 귀속주체를 가리킨다. 배임죄에서 타인의 사무는 재산의 귀속주체인 본인의 재산을 관리하거나 보전하는 일이다. 사무의 주체는 재산의 귀속주체와 같게 되므로 배임죄에서 '타인'은 곧 '본인'이라는 관계가 성립하게 된다.

배임죄의 사무주체로서 타인은 범인 이외의 다른 사람을 말한다. 자연인, 법인, 법인격 없는 단체 등을 모두 포함한다. 국가나 지방자치단체도 타인에 해당할 수 있다.

(다) 회사 관계 회사 관계에서는 회사, 주주나 사원, 이사, 채권자 등 여러 이해관계인이 등장하게 되는데, 이들 상호관계에서 타인성이 문제된다. 주식회사의 이사는 회사와의 관계에서 사무를 처리하는 자의 지위에 있다. 주식회사와 별개인 주주들에 대한 관계에서 이사는 주주들의 사무를 처리하는 자의 지위에 있지 않다.[1)]

주식이 사실상 1명에게 귀속하는 1인회사의 경우 1인주주와 회사는 별개의 인격체이다.[2)] 주식회사는 주주와 독립된 별개의 권리주체로서 그 이해관계가 반드시 일치하는 것은 아니기 때문이다.[3)] 1인주주가 회사의 업무를 수행하는 경우 1인주주는 회사와의 관계에서 타인의 사무를 처리하는 자에 해당한다.[4)]

하여 실질적 지배권을 가지고 있다는 취지로 본다고 하자. (마) 그렇다고 하더라도 갑의 N주차장 ㉡임대행위는 Q회사에 대하여 업무상 배임죄를 구성한다.

대법원은 법인카드의 개인적인 사용에 대해 다음과 같이 설시하였다. (가) 주식회사의 임원이 공적 업무수행을 위하여서만 사용이 가능한 법인카드를 개인 용도로 계속적, 반복적으로 사용한 경우가 있다. (나) 이러한 경우 특별한 사정이 없는 한 그 임원에게는 임무위배의 인식과 그로 인하여 자신이 이익을 취득하고 주식회사에 손해를 가한다는 인식이 있었다고 볼 수 있다. (다) 이러한 행위는 업무상 배임죄를 구성한다. (라) 위와 같은 법인카드 사용에 대하여 실질적 1인주주의 양해를 얻었다거나 실질적 1인주주가 향후 그 법인카드 대금을 변상, 보전해 줄 것이라고 일방적으로 기대하였다는 사정만으로는 업무상 배임의 고의나 불법이득의 의사가 부정된다고 볼 수 없다.

대법원은 친족상도례 주장에 대해 다음과 같이 판단하였다. (가) 원심이 유죄로 인정한 업무상 배임죄의 피해자는 갑의 배우자인 A가 아니라 Q회사이다. (나) 형법 제361조에 의하여 준용되는 형법 제328조의 친족상도례 규정은 위 범죄에 적용될 여지가 없다.

1) 2009. 5. 29. 2007도4949 전원합의체 판결, 공 2009, 1079 = 『에버랜드 전환사채 발행 사건』 ☞ 부록 1694면.

2) 2014. 2. 21. 2011도8870, 공 2014상, 781 = 『주차장 저가 임대 사건』.

3) 2007. 6. 1. 2006도1813, 공 2007, 1022(1031) = 『회장 부인 정기보수 사건』.

4) 1983. 12. 13. 83도2330 전원합의체 판결, 공 1984, 227 = 『1인회사 개인채무 변제 사건』:

P회사의 주식은 갑과 A가 실질적으로 전부 소유하고 있다. 갑과 A는 합의하여 P회사 소유의 ㉠돈을 갑의 개인채무 변제에 사용하였다.

검사는 갑을 업무상 배임죄로 기소하였다. 제1심법원은 기존 판례에 따라 다음의 이유를 제시하여 무죄를 선고하였다. (가) 1인주주회사의 경우 주식회사의 재산권은 실질적인 의미에 있어서는 결국 주주의 소유이다.

유한회사와 그 사원은 별개의 법인격을 가진 존재로서 동일인이라 할 수 없고, 유한회사의 손해가 항시 사원의 손해와 일치한다고 할 수도 없다. 그러므로 1인사원이나 대지분을 가진 사원이라 하더라도 본인인 유한회사에 손해를 주는 임무위배행위를 한 경우에는 배임죄의 죄책을 진다. 회사의 임원이 그 임무에 위배되는 행위로 재산상 이익을 취득하거나 제3자로 하여금 이를 취득하게 하여 회사에 손해를 가한 경우 그 임무위배행위에 대하여 사실상 1인사원이나 대지분을 가진 사원의 양해를 얻었다고 하더라도 배임죄의 성립에는 지장이 없다.[1]

(라) 신임관계　신임관계는 타인과의 대내관계에서 신의성실의 원칙에 비추어 타인의 사무를 처리해야 하는 지위를 말한다.[2] 신임관계는 계약이나 법령 이외에 관습, 사무관리 등 사실상의 관계에 의하여도 발생할 수 있다. 계약의 예로는 위임, 도급, 고용 등을, 법령의 예로는 후견인, 파산관재인 등을 들 수 있다. 사무처리자는 타인의 재산을 보호·관리하는 것이 타인과의 신임관계의 전형적·본질적 내용이 되는 지위에 있는 사람을 말한다.

그러나 그 사무의 처리가 오로지 타인의 이익을 보호·관리하는 것만을 내용으로 하여야 할 필요는 없고, 자신의 이익을 도모하는 성질을 아울러 가진다고 하더라도 타인을 위한 사무로서의 성질이 부수적·주변적인 의미를 넘어서 전형적·본질적 내용을 이루는 경우는 '타인의 사무를 처리하는 자'에 해당한다.[3]

위임계약은 신임관계에 기한 사무처리의 전형적인 예에 해당한다. 위임 등 계약에 의하

(나) 그러므로 주식회사의 손해는 바로 주주의 손해이다. (다) 주주가 회사의 돈을 소비하였다고 하더라도 회사에 손해를 가하려는 의사 즉 범의가 없다. 검사는 불복 상고하였다.

대법원은 전원일치의 의견으로 종전 판례를 폐기하였다. 대법원은 다음의 이유를 제시하여 원심판결을 파기환송하였다. (가) 배임의 죄는 타인의 사무를 처리하는 사람이 그 임무에 위배하는 행위로써 재산상의 이익을 취득하거나 제3자로 하여금 취득하게 하여 본인에게 손해를 가함으로써 성립한다. (나) 그 행위의 주체는 타인을 위하여 사무를 처리하는 자이며 그의 임무위반 행위로써 그 타인인 본인에게 재산상의 손해를 발생케 하였을 때 이 죄가 성립되는 것이다. (다) 주식회사의 주식이 사실상 1인주주에 귀속하는 소위 1인회사에 있어서도 행위의 주체와 그 본인은 분명히 별개의 인격이다. (라) 본인인 주식회사에 재산상 손해가 발생하였을 때 배임의 죄는 기수가 된다. (마) 궁극적으로 그 손해가 주주의 손해가 된다고 하더라도(또 주식회사의 손해가 항시 주주의 손해와 일치한다고 할 수도 없다) 이미 성립한 죄에는 아무 소장(消長)이 없다.

(바) 우리 형법은 배임죄에 있어 자기 또는 제3자의 이익을 도모하고 또 본인에게 손해를 가하려는 목적을 그 구성요건으로 규정하고 있지 않다. (사) 그러므로 배임죄의 범의는 자기의 행위가 그 임무에 위배한다는 인식으로 족하고 본인에게 손해를 가하려는 의사는 이를 필요로 하지 않는다.

1) 2011. 3. 10. 2008도6335, 공 2011상, 765 = 분석 각론 『1인회사 사채 매도 사건』.

2) 2012. 5. 10. 2010도3532, 공 2012상, 1026 = 분석 각론 『단말기 가맹점 변경 사건』.

3) 2012. 5. 10. 2010도3532, 공 2012상, 1026 = 분석 각론 『단말기 가맹점 변경 사건』.

여 위임인 등으로부터 맡겨진 사무를 처리하는 것이 약정된 보수 등을 얻기 위한 것이라 하더라도, 그 사무를 처리하는 사람은 상대방과의 신임관계에서 그의 재산적 이익을 보호·관리해야 할 지위에 있다.[1)]

사무처리자의 지위를 사임하더라도, 후임자에게 사무인계를 하는 일은 타인의 사무에 해당한다.[2)] 법적인 권한이 소멸된 후에 사무를 처리하거나, 사무처리자가 그 직에서 해임된 후 사무인계 전에 사무를 처리한 경우도 배임죄에서의 사무를 처리하는 경우에 해당한다.[3)]

신임관계는 법질서가 인정하는 것이어야 한다. 불륜관계를 유지하는 대가로 부동산을 증여하기로 약정한 경우에는 신임관계가 인정되지 않으므로 증여자는 수증자에 대해 타인의 사무를 처리하는 자에 해당하지 않는다.[4)]

---

1) 2012. 5. 10. 2010도3532, 공 2012상, 1026 = 분석 각론 『단말기 가맹점 변경 사건』.

2) 2009. 2. 12. 2008도10915, [미간행] = 『발파공사 예치금 반환 사건』.

3) 1999. 6. 22. 99도1095, 공 1999, 1546 = 『주택조합 의제자백 사건』:

갑은 M주택조합 정산위원회의 정산위원장으로 활동하다가 총회의 불신임결의에 의하여 해임되었다. 후임 정산위원장으로 K가 선출되었다. 갑은 그 총회결의를 인정할 수 없다고 하면서 후임자 K에게 업무와 직인을 인계하지 않았다. 그러던 중 정산위원회를 상대로 하여 A가 대여금청구소송을, B가 토지소유권이전등기청구소송을 각각 제기하였다(㉮, ㉯소송). 갑은 ㉮, ㉯소송과 관련하여 소장부본 및 변론기일소환장을 자택에서 송달받았다. 갑은 ㉮, ㉯소송이 제기된 사실을 정산위원회에 알려 주지도 않고 스스로 응소하지도 않았다(㉠행위). M조합은 의제자백에 의한 패소판결을 받았고, 이 판결은 확정되었다.

검사는 갑을 업무상 배임죄로 기소하였다. 갑의 피고사건은 제1심을 거친 후, 항소심에 계속되었다. 항소법원은 유죄를 인정하였다. 갑은 불복 상고하였다. 갑은 상고이유로 다음의 점을 주장하였다. (가) 정산위원장의 직에서 해임되어 법적인 권한이 소멸되었으므로 M조합을 위하여 사무를 처리하는 자에 해당하지 않는다. (나) 정산위원회가 갑의 대표권 흠결을 사유로 [민사]재심을 청구할 수 있으므로 정산위원회에 손해가 발생한 것이 없다.

대법원은 다음의 이유를 제시하여 상고를 기각하였다. 대법원은 배임죄의 법리를 설시하였다(내용 생략함). 대법원은 갑의 행위에 대해 다음과 같이 판단하였다. (가) 갑이 정산위원장의 직에서 해임됨으로써 법적인 권한이 소멸된 후라고 할지라도 그 업무 인계 전에는 그 사무를 신의칙에 따라 처리할 사실상의 신임관계가 존속한다고 보아야 한다. (나) 갑은 배임죄에 있어서 타인의 사무를 처리하는 자에 해당한다. (다) 갑의 ㉠행위는 그 처리하는 사무의 내용, 성질 등 구체적 상황에 비추어 신의칙상 당연히 할 것으로 기대되는 행위를 하지 않음으로써 정산위원회와 사이의 신임관계를 저버린 배임행위에 해당한다. (라) 이로써 정산위원회로 하여금 의제자백에 의한 패소 확정판결을 받게 한 것은 정산위원회가 갑의 대표권 흠결을 사유로 재심을 청구할 수 있는지에 관계없이 정산위원회에게 현실적인 재산상의 손해를 가한 것이다.

4) 1986. 9. 9. 86도1382, 공 1986, 1340 = 『내연관계용 위토 증여 사건』:

갑은 법률상 처가 있음에도 5년 연상인 A와 내연관계를 맺어 동거해 왔다. A는 갑에게 내연관계를 유지하는 데 대한 대가를 요구하였다. 갑은 A를 도와주면서 내연관계를 유지할 목적으로 A와 다음의 약정을 하였다(㉠약정). (가) M임야를 A에게 증여한다. (나) 편의상 매매형식을 빌어 매도증서를 작성한 후 이를 공증한다. (다) M임야가 원래 종중의 위토이어서 이를 처분한 데 대한 친족들의 비난이 우려되므로 소유권이 비트코인 등과 같은 가상자산은 현재까지 관련 법률에 따라 법정화폐에 준하는 규제가 이루어지지 않는 등 법정화폐와 동일하게 취급되고 있지 않다. 가상자산에 대해서는 그 거래에 위험이 수반되므로, 형법을 적용하면서 법정화폐와 동일하게 보호해야 하는 것은 아니다. 가상자산은 재산상 이익에 해당한다. 가상자산의 권리자(A)로부터 알 수 없는 원인으로 가상자산을 이체받은 사람(갑)이 가상자산을 사용·처분하더라도 이를 형사처벌하는 명문의 규정이 없는 것이 현재의 상황이다. 이러한 현재의 상황에서 착오송금 시 횡령죄 성립을 긍정한 판례[1]를 유추하여 신의칙을 근거로 가상자산을 이체받은 사람(갑)을 배임죄로 처벌하는 것은 죄형법정주의에 반한다. 가상자산이 법률상 원인관계 없이 A로부터 갑 명의의 전자지갑으로 이체되었다 하더라도 갑이 신임관계에 기초하여 A의 사무를 맡아 처리하는 것으로 볼 수 없다. 그러한 이상 갑을 A에 대한 관계에서 '타인의 사무를 처리하는 자'에 해당한다고 할 수 없다.[2]

(마) 자기사무와의 구별 배임죄의 주체는 타인의 사무를 처리하는 자이다. 처리하는 사무가 타인의 사무가 아니고 자기의 사무라면, 그 사무의 처리가 타인에게 이익이 되고 타인에 대하여 이를 처리할 의무를 부담하는 경우라도, 그 사무를 처리하는 사람은 타인의 사무를 처리하는 자에 해당하지 않는다.[3]

'타인을 위하여 사무를 처리하는 자'는 '타인의 사무를 처리하는 자'가 아니다. 타인을 위하여 사무를 처리하는 자가 그 임무에 위배하더라도 그것은 단순한 채무불이행에 지나지 않는다. 타인을 위하여 사무를 처리하는 자는 어디까지나 자기의 사무를 처리하는 것이기 때문이다. 그러나 자기의 사무로서의 측면을 가지고 있다고 하더라도 동시에 타인의 사무로서의 성질도 가지고 있는 경우에는 타인의 사무를 처리하는 자에 해당한다.

(바) 사무처리자 제한의 법리 이익대립관계에 있는 통상의 계약관계에서는 배임죄의 주체인 사무처리자의 지위가 제한된다. 대법원은 2000년 대에 들어와서 이익대립관계에 있

전등기는 3년 뒤에 경료해 주기로 한다. 이후 갑은 [A 몰래 B로부터 금전을 차용하면서] M임야에 저당권을 설정하였다.

검사는 갑을 배임죄로 기소하였다. 갑의 피고사건은 제1심을 거친 후, 항소심에 계속되었다. 항소법원은 무죄를 선고하였다. 검사는 불복 상고하였다.

대법원은 다음의 이유를 제시하여 상고를 기각하였다. (가) 법률상의 처가 있는 갑이 A와 불륜의 관계를 지속하는 대가로서 제공하는 ㉠증여계약은 선량한 풍속과 사회의 질서에 반하는 것으로서 무효이다. (나) 갑에게 ㉠증여로 인한 M임야 소유권이전등기 의무가 인정되지 않는다. (다) 갑이 타인의 사무를 처리하는 자에 해당한다고 볼 수 없어 배임죄를 구성할 수 없다.

1) 2010. 12. 9. 2010도891, [미간행] = 『홍콩달러 300만불 착오 송금 사건』.
2) 2021. 12. 16. 2020도9789, 공 2022상, 223 = 『가상자산 착오이체 사건』.
3) 2014. 8. 21. 2014도3363 전원합의체 판결, 공 2014하, 1923 = 『상속유증분 대물변제예약 사건』.

는 통상의 계약관계에서 사무처리자의 범위를 지속적으로 제한해 오고 있다.[1) 2)] 이러한 대법원의 태도를 가리켜서 사무처리자 제한의 법리라고 명명할 수 있을 것이다. 대법원이 전개하는 사무처리자 제한의 법리는 다음과 같은 논리구조에 입각해 있다.

---

1) 2011. 4. 28. 2011도3247, 공 2011상, 1223 = 『계약금 후 등기이전 임야 사건』:

A는 M임야를 소유하고 있다. (연도 생략함.) 2. 15. 갑은 M임야에 대해 A와 다음 내용의 매매계약을 체결하였다(㉮계약). (가) 갑은 M임야를 매매대금 1억 4,600만원에 매수하기로 한다. (나) A는 갑이 계약금 3천만원을 지급하는 즉시 갑 앞으로 소유권이전등기를 한다. (다) M임야의 형질변경과 건축허가는 A의 책임 아래 진행한다. (라) 갑은 A가 형질변경과 건축허가를 받으면 15일 내에 M임야를 담보로 대출을 받음과 동시에 그 대출금으로 잔금을 지급한다. (마) A가 건축허가를 받지 못하면 계약을 해제하여 원상회복한다. 2. 16. 갑은 계약금 3천만원을 지급하고 갑 앞으로 M임야에 대해 소유권이전등기를 마쳤다. 2. 16. (같은 날) 갑은 B에게 채권최고액 7천만원의 근저당권을 설정하였다. 3. 5. 갑은 C, D, E에게 채권최고액 2억원의 근저당권을 설정하였다. 갑은 그렇게 융통한 자금을 매도인 A에게 매매대금 잔금으로 지급하지 않았다.

검사는 갑에게 다음의 임무가 있다고 판단하였다. (가) A가 건축허가를 받으면 M임야를 담보로 은행대출을 받아 A에게 잔금을 지급하여야 한다. (나) 건축허가를 받지 못하면 계약 해제 후 M임야의 소유권을 A에게 원상회복할 수 있도록 M임야의 소유권을 잘 보전하여야 한다. 검사는 갑을 배임죄로 기소하였다. 제1심법원은 무죄를 선고하였다. 검사는 불복 항소하였다. 항소법원은 항소를 기각하고 제1심판결을 유지하였다. 검사는 불복 상고하였다.

대법원은 다음의 이유를 제시하여 상고를 기각하였다. 대법원은 부동산매매에서 사무처리자의 지위에 대해 다음과 같이 설시하였다. (가) 일정한 신임관계의 고의적 외면에 대한 형사적 징벌을 핵심으로 하는 것이 배임이다. (나) 배임의 관점에서 보면, (ㄱ) 부동산매매에서 매수인이 대금을 지급하는 것에 대하여 매도인이 계약상 권리의 만족이라는 이익이 있다고 하여도 (ㄴ) 대금의 지급은 어디까지나 매수인의 법적 의무로서 행하여지는 것이고, (ㄷ) 그 사무의 처리에 관하여 통상의 계약에서의 이익대립관계를 넘는 신임관계가 당사자 사이에 발생한다고 할 수 없다. (다) 따라서 그 대금의 지급은 (ㄱ) 당사자 사이의 신임관계에 기하여 매수인에게 위탁된 매도인의 사무가 아니라 (ㄴ) 애초부터 매수인 자신의 사무이다.

(라) 매도인이 대금을 모두 지급받지 못한 상태에서 매수인 앞으로 목적물에 관한 소유권이전등기를 경료하였다면, (ㄱ) 이는 법이 동시이행의 항변권 등으로 마련한 대금 수령의 보장을 매도인이 자신의 의사에 기하여 포기한 것으로서, (ㄴ) 다른 특별한 사정이 없는 한 대금을 받지 못하는 위험을 스스로 인수한 것으로 평가된다. (마) 미리 부동산을 이전받은 매수인은 이를 담보로 제공하여 매매대금 지급을 위한 자금을 마련하고 이를 매도인에게 제공함으로써 잔금을 지급하기로 당사자 사이에 약정하였다. (바) 그렇다고 하더라도, (ㄱ) 이는 기본적으로 매수인이 매매대금의 재원을 마련하는 방편에 관한 것이고, (ㄴ) 그 성실한 이행에 의하여 매도인이 대금을 모두 받게 되는 이익을 얻는다는 것만으로 (ㄷ) 매수인이 신임관계에 기하여 매도인의 사무를 처리하는 것이 된다고 할 수 없다.

대법원은 갑의 행위에 대해 다음과 같이 판단하였다. (가) 갑은 ㉮매매계약에 기하여 소유권이전등기를 받은 바로 당일 이를 담보로 제공하여 자금을 융통하였고, 그 후에도 다시 같은 일이 있었다. (나) 갑은 그 융통한 자금을 매도인 A에게 매매대금으로 지급하지 아니하였다. (다) 그렇다고 하여도, 그것을 타인의 사무를 처리하는 자가 그 임무에 위배하는 행위를 한 것으로 볼 수 없다. (라) 갑의 B 등에 대한 담보제공 행위는 갑이 M임야를 A에게 반환할 의무를 현실적으로 부담하고 있지 아니한 상태에서 이루어졌다. (마) 그러한 이상 갑의 행위를 타인의 사무를 처리하는 자가 그 임무에 위배하는 행위를 한 것으로 볼 수 없다는 점은 달라지지 않는다.

2) 2014. 8. 21. 2014도3363 전원합의체 판결, 공 2014하, 1923 = 『상속유증분 대물변제예약 사건』.

이익대립관계에 있는 통상의 계약관계에서는 (가) 채무자의 성실한 급부이행에 의해 상대방이 계약상 권리의 만족 내지 채권의 실현이라는 이익을 얻게 되는 관계에 있거나, (나) 계약을 이행함에 있어 상대방을 보호하거나 배려할 부수적인 의무가 있다. 그러나 그러한 의무만으로는 채권자에 대한 관계에서 채무자를 타인의 사무를 처리하는 자라고 할 수 없다. 이익대립관계에 있는 계약관계에서 채무자가 채권자의 사무를 처리하는 자가 되려면, (가) 위임 등과 같이, 계약의 전형적 · 본질적인 급부의 내용이 상대방의 재산상 사무를 일정한 권한을 가지고 맡아 처리하는 경우에 해당하여야 한다.[1)]

대법원은 판례변경을 단행한 2014년 전원합의체 판결[2)]을 전환점으로 삼아 특히 금전채무를 담보하기 위하여 채무자가 채권자에게 담보설정계약을 하는 경우에 채무자에게 사무처리자의 지위를 지속적으로 부정해 오고 있다. 대법원은 이와 관련하여 다음의 이유를 제시하고 있다.

채권자가 채무자에게 금전을 대여할 때(주된 계약) 금전채무를 담보하기 위하여 채무자 소유의 물건이나 권리(담보물)를 채권자에게 담보로 제공하게 하는 경우가 있다. 이때 채무자는 채권자인 담보권자에 대하여 (가) 담보물의 담보가치를 유지 · 보전할 의무 내지 (나) 담보물을 다른 사람에게 처분하거나 멸실, 훼손하는 등으로 담보권 실행에 지장을 초래하는 행위를 하지 않을 의무를 부담한다(종된 계약).

이러한 경우 금전채권채무 관계(주된 계약)에서 채권자는 채무자의 급부이행에 대한 신뢰를 바탕으로 금전을 대여하고, 채무자의 성실한 급부이행에 의해 채권의 만족이라는 이익을 얻게 된다. 그렇다고 하더라도, 이를 두고 채권자가 채무자에 대한 신임을 기초로 채권자의 재산을 보호 또는 관리하는 임무를 채무자에게 부여하였다고 할 수 없다. 채무자가 채권자의 사무처리자가 되려면 금전채권채무 관계에서 주된 급부의무 내지 전형적 · 본질적 급부의무가 채권자의 재산상 사무를 일정한 권한을 가지고 맡아 처리하는 것이 되어야 한다. 그런데 금전채무의 이행(주된 계약)은 어디까지나 채무자가 자신의 급부의무의 이행으로서 행하는 것이므로 이를 두고 채권자의 사무를 맡아 처리하는 것으로 볼 수 없다.

한편, 채무자는 담보설정계약(종된 계약)을 통해 (가) 담보물의 담보가치를 유지 · 보전할 의무 내지 (나) 담보물을 다른 사람에게 처분하거나 멸실, 훼손하는 등으로 담보권 실행에 지장을 초래하는 행위를 하지 않을 의무를 부담한다. 그렇다고 하더라도, 이러한 의무를 두고 채무자를 채권자에 대한 관계에서 '타인의 사무를 처리하는 자'라고 할 수는 없다. 담보설정계약(종된 계약)에서 당사자 관계의 전형적 · 본질적인 내용은 채무자가 채무를 불이행할

---

1) 2020. 2. 20. 2019도9756 전원합의체 판결, 공 2020상, 723 = 『양도담보 크러셔 임의처분 사건』.
2) 2014. 8. 21. 2014도3363 전원합의체 판결, 공 2014하, 1923 = 『상속유증분 대물변제예약 사건』.

때 담보권 실행을 통한 금전채권의 실현에 있을 뿐이기 때문이다. 그리하여 채무자가 담보물을 제3자에게 처분하는 등으로 담보가치를 감소 또는 상실시켜 채권자의 담보권 실행이나 이를 통한 채권실현에 위험을 초래하더라도 배임죄가 성립하지 않는다.

금전채권을 실현하기 위한 담보계약은 거래사회에서 다양한 형태로 나타난다. 그리하여 사무처리자 제한의 법리라는 관점에서 배임죄 성립을 부정하는 대법원판례들도 담보 형태에 따라 여러 가지가 나오고 있다. 이를 판례 출현의 시간적 순서에 따라서 정리해 보면, (가) 타인에 대한 채무의 담보로 제3채무자에 대한 채권에 대하여 권리질권을 설정하였음에도 질권설정자가 제3채무자로부터 질권의 목적인 채권의 변제를 받은 경우,[1] (나) 양도담보로 제

---

1) 2016. 4. 29. 2015도5665, 공 2016상, 718 =『전세보증금 질권설정 사건』:

M아파트 202호는 A의 소유이다(㉠아파트). 2011. 7. 15. A는 갑과 ㉠아파트를 임대하는 다음 내용의 전세계약을 체결하였다(㉡전세계약). (가) 전세보증금 : 1억 6천만원(㉢보증금). (나) 전세기간 : 2011. 8. 5.부터 2013. 8. 5.까지 2년간. 2011. 7. 15. 갑은 P회사로부터 1억 2천만원의 전세자금 대출을 받았다(㉣대출금). 갑은 ㉣대출금에 대한 담보로 P회사에 대해 다음 내용의 근질권을 설정해 주었다(㉤권리질권). (가) 담보대상 권리 : 갑의 임대인 A에 대한 1억 6천만원의 ㉢전세보증금반환채권 전부. (나) 담보한도금액 : 1억 5,600만원. 그 무렵 임대인 A는 다음 내용의 질권설정승낙서를 작성하여 P회사에 교부하였다(㉥질권설정승낙서). "갑이 ㉢전세보증금반환채권에 대하여 대출채권자 겸 질권자인 P회사에게 ㉤질권을 설정함에 있어 이의 없이 이를 승낙한다."

2013. 7. 갑은 집주인 A에게 이사를 나가겠다고 말하였다. A는 ㉠아파트를 C, D에게 매도하였다. 2013. 9. 2. ㉠아파트 매매대금의 잔금기일이 되었다. 매도인 A, 매수인 C, D, 공인중개사 E, 전세세입자 갑이 E의 공인중개사 사무소에서 만났다. 갑은 A로부터 다음 방법으로 ㉢전세보증금 명목으로 1억 4천만원을 수령하였다. (가) 9천만원 : 매수인 측으로부터 직접 갑 명의 Q은행 계좌로 송금. (나) 5천만원 : A로부터 직접 현금 수령. 갑은 ㉢전세보증금 명목으로 받은 1억 4천만원을 P회사의 ㉣대출금 반환에 쓰지 않고 소비하였다.

검사는 갑을 배임죄로 기소하였다. 제1심법원은 유죄를 인정하였다. 갑은 불복 항소하였다. 항소법원은 항소를 기각하고, 제1심판결을 유지하였다. 항소법원은 유죄 인정의 이유로 다음의 점을 들었다. (가) 통상의 금전소비대차 관계에서 차용인의 대여인에 대한 차용금 변제의무는 자신의 채무일 뿐이고 타인의 사무라고 볼 수 없다. (나) 그러나 차용인과 대여인 사이에 차용금채무를 피담보채무로 한 권리질권설정계약을 체결한 경우는 다르다. (다) 이 경우에는 차용인은 권리질권설정계약에 따라 대여인의 권리질권이라는 재산의 보호 또는 관리를 위하여 협력하여야 하는 지위에 있다. (라) 권리질권설정자인 갑은 '타인의 사무를 처리하는 자'에 해당한다. (마) 갑의 ㉢임차보증금반환채권 1억 6천만원 전체에 관하여 배임죄가 성립한다. 갑은 불복 상고하였다.

대법원은 다음의 이유를 제시하여 원심판결을 파기환송하였다. 대법원은 배임죄의 주체에 대해 다음과 같이 설시하였다. (가) 배임죄는 타인의 사무를 처리하는 자가 그 임무에 위배하는 행위로 재산상 이익을 취득하여 사무의 주체인 타인에게 손해를 가함으로써 성립한다. (나) 그 범죄의 주체는 타인의 사무를 처리하는 지위에 있어야 한다. (다) 여기에서 '타인의 사무'를 처리한다고 하려면 당사자 관계의 본질적 내용이 단순한 채권채무 관계를 넘어서 그들 간의 신임관계에 기초하여 타인의 재산을 보호 또는 관리하는 것이어야 한다.

대법원은 권리질권설정자의 배임죄 주체성에 대해 다음과 같이 설시하였다. (가) 타인에 대한 채무의 담보로 제3채무자에 대한 채권에 대하여 권리질권을 설정한 경우가 있다. (나) 이 경우 질권설정자는 질권자의 동의 없이 질권의 목적된 권리를 소멸하게 하거나 질권자의 이익을 해하는 변경을 할 수 없다(민법 제352조). (다) 또한 질권설정자가 제3채무자에게 질권설정의 사실을 통지하거나 제3채무자가 이를 승낙한 때에는 제3

공한 동산을 채무자가 임의로 처분한 경우,[1] (다) 채무자가 금전채무에 대한 담보로 부동산에 관하여 양도담보설정계약을 체결하고 이에 따라 채권자에게 소유권이전등기를 해 줄 의무가 있음에도 제3자에게 그 부동산을 처분한 경우,[2] (라) 채무자가 채권자로부터 자금을 대출받으면서 향후 준공될 건물에 대해 담보신탁계약을 체결하였으나 건물 준공 후 다른 사람 앞으로 소유권보존등기를 마쳐준 경우,[3] (마) 「동산채권 등의 담보에 관한 법률」(동산채

채무자가 질권자의 동의 없이 질권의 목적인 채무를 변제하더라도 이로써 질권자에게 대항할 수 없다. (라) 질권자는 여전히 제3채무자에 대하여 직접 그 채무의 변제를 청구하거나 변제할 금액의 공탁을 청구할 수 있다(민법 제353조 제2항, 제3항). (마) 그러므로 이러한 경우 질권설정자가 질권의 목적인 채권의 변제를 받았다고 하여 질권자에 대한 관계에서 타인의 사무를 처리하는 자로서 그 임무에 위배하는 행위를 하여 질권자에게 어떤 손해를 가하거나 손해 발생의 위험을 초래하였다고 할 수 없고, 배임죄가 성립하지도 않는다고 보아야 한다.

대법원은 갑의 행위에 대해 다음과 같이 판단하였다. (가) 임대인 A가 ⓑ질권설정승낙서를 작성하여 P회사에게 교부하여 질권설정에 대하여 승낙하였다. (나) 이에 따라 ⓒ전세보증금반환채권에 대한 근질권자인 P회사가 대항요건을 갖추게 되었다. (다) 그러한 이상 임대인 A가 P회사의 동의 없이 갑에게 전세보증금을 변제하더라도 이로써 P회사에게 대항할 수 없다. (라) 그러므로 P회사는 여전히 임대인 A에 대하여 질권자로서의 권리를 행사할 수 있다. (마) 질권설정자인 갑이 질권의 목적인 전세보증금반환채권의 변제를 받았다. (바) 그렇다고 하여 질권설정자인 갑이 질권자인 P회사에 대한 관계에서 타인의 사무를 처리하는 자로서 그 임무에 위배하는 행위를 하여 P회사에게 어떤 손해를 가하거나 손해 발생의 위험을 초래하였다고 할 수 없다. (사) 그러므로 갑의 위 행위로써 배임죄가 성립하지는 않는다.

1) 2020. 2. 20. 2019도9756 전원합의체 판결, 공 2020상, 723 = 『양도담보 크러셔 임의처분 사건』.

2) 2020. 6. 18. 2019도14340 전원합의체 판결, 공 2020하, 1429 = 『부동산 이중저당 판례변경 사건』.

3) 2020. 4. 29. 2014도9907, 공 2020상, 1028 = 『담보신탁계약 불이행 사건』 :

M토지는 갑의 소유이다. 갑은 M토지 위에 N건물을 신축하여 분양하려고 한다(㉠공사). 갑은 P새마을금고로부터 ㉠공사에 필요한 공사자금 10억원을 대출받았다(㉡대출금). 갑은 ㉡대출금을 담보하기 위하여 다음의 당사자들 사이에 담보신탁계약 및 자금관리대리사무계약을 체결하였다(㉮담보신탁계약). (가) 수탁자 : Q신탁회사. (나) 우선수익자 : P새마을금고. (다) 위탁자 겸 수익자 : 갑. ㉮담보신탁계약의 주요내용은 다음과 같다. (가) 신탁 목적이 달성될 때까지 갑은 M토지 및 N건물을 임의로 처분할 수 없다. (나) 향후 N건물이 준공되면 N건물을 Q신탁회사 앞으로 신탁등기를 한다. (다) N건물에 대한 분양수익금 등은 Q신탁회사가 관리하면서 P새마을금고에 대한 ㉡대출금 등을 변제한다. M토지에 대해 Q신탁회사 앞으로 신탁등기가 경료되었다. N건물이 준공되었다. 갑은 을과 공모하여 을 앞으로 N건물의 소유권보존등기를 마쳐주었다.

검사는 갑에게 다음의 임무가 있다고 판단하였다. (가) 갑은 N건물을 준공한 다음 소유권보존등기를 마쳐야 한다. (나) 갑은 이후 Q신탁회사에 신탁등기를 하여 P새마을금고의 우선수익권을 보장해야 한다. 검사는 갑을 특정경제범죄법위반죄(배임)로 기소하였다. 검사는 을을 배임죄의 공동정범으로 기소하였다. 제1심법원은 유죄를 인정하였다. 갑과 을은 불복 항소하였다. 항소법원은 항소를 기각하고, 제1심판결을 유지하였다. 갑과 을은 불복 상고하였다.

대법원은 다음의 이유를 제시하여 원심판결을 파기환송하였다. 대법원은 소위 사무관리자 제한의 법리를 확인하였다(내용 생략함). 대법원은 갑의 행위에 대해 다음과 같이 판단하였다. (가) 갑이 Q신탁회사, P새마을금고와 사이에 체결한 ㉮담보신탁계약의 신탁 대상 부동산은 M토지이다. (나) N건물에 대해서는 ㉮계약에 따라 신탁등기가 이루어지는 것이 아니다. (다) N건물에 대해서는 향후 건물이 준공되어 소유권보존등기까지 마친 후 Q신탁회사를 수탁자로, P새마을금고를 우선수익자로 한 담보신탁계약 등을 체결하고 그에 따른 등

권담보법)에 의하여 동산담보권이 설정되었음에도 불구하고 담보가 설정된 동산을 임의 처분한 경우,[1] (바) 「자동차 등 특정동산 저당법」(특정동산저당법)에 의하여 저당권이 설정된 특정동산(등록의 대상이 되는 건설기계, 소형선박, 자동차, 항공기, 경량항공기)을 임의 처분한 경우나 「공장 및 광업재단 저당법」에 의하여 저당권이 설정된 공장재단 또는 광업재단을 임의 처분한 경우,[2] (사) 채무자가 기존 금전채무를 담보하기 위하여 다른 금전채권을 채권자에

기절차 등을 이행하기로 약정한 것에 불과하다.

(라) N건물에 관하여 위와 같이 추가 담보신탁하기로 약정한 것은 P새마을금고가 갑에 대한 ㉡대출금 채권의 변제를 확보하기 위함이다. (마) P새마을금고의 주된 관심은 N건물에 대한 신탁등기 이행 여부가 아닌, 대출금 채권의 회수에 있다고 봄이 타당하다. (바) 갑은 P새마을금고와의 관계에서 향후 N건물이 준공되면 Q신탁회사와 사이에 N건물에 대한 담보신탁계약, 자금관리대리사무계약 등을 체결하고, 그에 따라 신탁등기 절차를 이행하고 P새마을금고에 우선수익권을 보장할 민사상 의무를 부담함에 불과하다. (사) 'P새마을금고의 우선수익권'은 계약당사자인 갑, P새마을금고, Q신탁회사 등이 약정한 바에 따라 각자의 의무를 성실히 이행하면 그 결과로서 보장될 뿐이다.

(아) 결국 갑이 통상의 계약에서의 이익대립관계를 넘어서 P새마을금고와의 신임관계에 기초하여 P새마을금고의 우선수익권을 보호 또는 관리하는 등 그의 사무를 처리하는 자의 지위에 있다고 보기 어렵다. (자) 그러므로 갑이 배임죄에서의 '타인의 사무를 처리하는 자'에 해당한다고 할 수 없다.

1) 2020. 8. 27. 2019도14770 전원합의체 판결, 공 2020하, 1905 = 『동산담보 임의처분 사건』 ☞ 부록 1696면.

2) 2020. 10. 22. 2020도6258 전원합의체 판결, 공 2020하, 2236 = 『저당설정 버스 임의처분 사건』.

「자동차 등 특정동산 저당법」(특정동산저당법)이 2009년부터 시행되고 있다. 특정동산저당법은 특정동산의 저당권에 관한 사항을 정하고 있다. 특정동산저당법의 대상이 되는 '특정동산'은 등록의 대상이 되는 건설기계, 소형선박, 자동차, 항공기, 경량항공기를 말한다(동법 제2조).

종전의 「공장저당법」을 전면 개정한 「공장 및 광업재단 저당법」(공장저당법)이 2009년부터 시행되고 있다. 공장저당법은 공장재단 또는 광업재단의 저당권에 관하여 규정하고 있다. '공장재단'은 공장에 속하는 일정한 기업용 재산으로 구성되는 일단(一團)의 기업재산이다(동법 제2조). '광업재단'은 광업권(鑛業權)과 광업권에 기하여 광물을 채굴·취득하기 위한 각종 설비 및 이에 부속하는 사업의 설비로 구성되는 일단의 기업재산이다(동법 제2조).

갑은 P회사로부터 ⓐ버스와 ⓑ버스 구입자금을 각각 대출받았다(㉠대출금). 갑은 특정동산저당법에 따라 P회사에 ⓐ버스와 ⓑ버스에 대한 저당권을 각각 설정하였다(㉡저당권). 갑은 ⓐ버스와 ⓑ버스를 A와 B에게 각각 처분하였다.

검사는 갑을 배임죄로 기소하였다. 제1심법원은 유죄를 인정하였다. 갑은 불복 항소하였다. 항소법원은 항소를 기각하고, 제1심판결을 유지하였다. 갑은 불복 상고하였다.

대법원은 다음의 이유를 제시하여 원심판결을 파기환송하였다. 대법원은 종래 채무 담보를 위하여 채권자에게 동산에 관하여 저당권 또는 공장저당권을 설정한 채무자가 타인의 사무를 처리하는 자에 해당함을 전제로 채무자가 담보목적물을 처분한 경우 배임죄가 성립한다고 판단한 바가 있었다. 대법원은 전원일치의 의견으로 종전 판례를 변경하였다.

대법원은 배임죄에서 소위 사무처리자 제한의 법리를 확인하였다(내용 생략함). 대법원은 특정동산저당법에 따라 저당권이 설정된 동산의 경우에 대해 다음과 같이 설시하였다. (가) [소위 사무처리자 제한의 법리는] 채무자가 금전채무를 담보하기 위하여 「자동차 등 특정동산 저당법」 등에 따라 그 소유의 동산에 관하여 채권자에게 저당권을 설정해 주기로 약정하거나 저당권을 설정한 경우에도 마찬가지이다.

(나) 채무자가 저당권설정계약에 따라 부담하는 의무, 즉 (ㄱ) 동산을 담보로 제공할 의무, (ㄴ) 담보물의

게 양도하면서 채권양도담보에 관한 대항요건을 갖추어 주기 전에 담보 목적 채권을 다른 사람에게 이중으로 양도하고 제3채무자에게 그 채권양도통지를 한 경우,[1] 자동차 양도담보 설정계약을 체결한 채무자가 채권자에게 소유권이전등록의무를 이행하지 않은 채 제3자에게 담보목적 자동차를 처분한 경우[2] 등에 대하여 대법원은 채무자가 담보물 등을 유지 · 보존해야 할 의무는 채무자의 자기사무에 해당한다는 이유로 배임죄의 성립을 부정하였다.

(사) 타인사무의 사례 타인 사무에 해당하는 전형적인 예로 위임 등과 같이, 계약의 전형적 · 본질적인 급부의 내용이 상대방의 재산상 사무를 일정한 권한을 가지고 맡아 처리하는 경우를 들 수 있다.[3] 아래에서 몇 가지 사례를 살펴본다.

① 부동산 이중매매 부동산 매매계약에서 계약금만 지급된 단계에서는 어느 당사자나 계약금을 포기하거나 그 배액을 상환함으로써 자유롭게 계약의 구속력에서 벗어날 수 있다. 그러나 중도금이 지급되는 등 계약이 본격적으로 이행되는 단계에 이른 때에는 계약이 취소되거나 해제되지 않는 한 매도인은 매수인에게 부동산의 소유권을 이전해 줄 의무에서 벗어날 수 없다. 따라서 이러한 단계에 이른 때에 매도인은 매수인에 대하여 매수인의 재산보전에 협력하여 재산적 이익을 보호 · 관리할 신임관계에 있게 된다. 그때부터 매도인은 배

담보가치를 유지 · 보전하거나 담보물을 손상, 감소 또는 멸실시키지 않을 소극적 의무, (ㄷ) 담보권 실행 시 채권자나 그가 지정하는 자에게 담보물을 현실로 인도할 의무와 같이 채권자의 담보권 실행에 협조할 의무 등은 모두 저당권설정계약에 따라 부담하게 된 채무자 자신의 급부의무이다. (다) 또한 저당권설정계약은 피담보채권의 발생을 위한 계약에 종된 계약으로, 피담보채무가 소멸하면 저당권설정계약상의 권리의무도 소멸하게 된다.

(라) 저당권설정계약에 따라 채무자가 부담하는 의무는 담보목적의 달성, 즉 채무불이행 시 담보권 실행을 통한 채권의 실현을 위한 것이다. (마) 그러므로 저당권설정계약의 체결이나 저당권 설정 전후를 불문하고 당사자 관계의 전형적 · 본질적 내용은 여전히 금전채권의 실현 내지 피담보채무의 변제에 있다. (바) 따라서 채무자가 위와 같은 급부의무를 이행하는 것은 채무자 자신의 사무에 해당할 뿐이다. (사) 채무자가 통상의 계약에서의 이익대립관계를 넘어서 채권자와의 신임관계에 기초하여 채권자의 사무를 맡아 처리한다고 볼 수 없다. (아) 그러므로 채무자를 채권자에 대한 관계에서 배임죄의 주체인 '타인의 사무를 처리하는 자'에 해당한다고 할 수 없다. (자) 그러므로 채무자가 담보물을 제3자에게 처분하는 등으로 담보가치를 감소 또는 상실시켜 채권자의 담보권 실행이나 이를 통한 채권실현에 위험을 초래하더라도 배임죄가 성립하지 아니한다.

(차) 위와 같은 법리는, 금전채무를 담보하기 위하여 「공장 및 광업재단 저당법」에 따라 저당권이 설정된 동산을 채무자가 제3자에게 임의로 처분한 사안에도 마찬가지로 적용된다.

대법원은 갑의 행위에 대해 다음과 같이 판단하였다. (가) P회사에 대한 채무 담보를 목적으로 ⓐ버스, ⓑ버스에 관하여 저당권을 설정하였더라도 갑이 P회사에와의 신임관계에 기초하여 P회사의 사무를 맡아 처리하는 것으로 볼 수 없다. (나) 그러한 이상 갑을 P회사에 대한 관계에서 배임죄에서 말하는 '타인의 사무를 처리하는 자'에 해당한다고 할 수 없다. (다) 따라서 갑이 ⓐ버스, ⓑ버스를 처분하였더라도 배임죄가 성립하지 않는다.

1) 2021. 7. 15. 2015도5184, 공 2021하, 1503 = 『요양급여청구권 이중 양도 사건』 ☞ 부록 1697면.

2) 2022. 12. 22. 2020도8682 전원합의체 판결, 공 2023상, 314 = 『양도담보 자동차 임의처분 사건』 ☞ 부록 1698면.

3) 2020. 2. 20. 2019도9756 전원합의체 판결, 공 2020상, 723 = 『양도담보 크러셔 임의처분 사건』.

임죄에서 말하는 '타인의 사무를 처리하는 자'에 해당한다.[1) 2)]

부동산 이중매매의 법리는 서면에 의한 부동산 증여계약에도 마찬가지로 적용된다. 서면으로 부동산 증여의 의사를 표시한 증여자는 계약이 취소되거나 해제되지 않는 한 수증자에게 목적부동산의 소유권을 이전할 의무에서 벗어날 수 없다. 그러한 증여자는 '타인의 사무를 처리하는 자'에 해당하고, 그가 수증자에게 증여계약에 따라 부동산의 소유권을 이전하지 않고 부동산을 제3자에게 처분하여 등기를 하는 행위는 수증자와의 신임관계를 저버리는 행위로서 배임죄가 성립한다.[3) 4)]

---

1) 2018. 5. 17. 2017도4027 전원합의체 판결, 공 2018하, 1203 = 『부동산 이중매매 판례유지 사건』 ☞ 부록 1698면.

2) 후술 1446면 참조.

3) 2018. 12. 13. 2016도19308, 공 2019상, 335 = 『서면 증여 부동산 저당권설정 사건』 :

갑은 A와의 증여계약에 따라 M목장용지 1,017㎡ 중 1/2 지분을 증여하였다. 갑은 증여의 의사를 서면으로 표시하였다(㉮서면계약). 2011. 4. 13.경 갑은 P농업협동조합에서 4천만원을 대출받았다(㉠대출금). 갑은 M목장용지에 관하여 P농업협동조합 앞으로 채권최고액 5,200만원의 근저당권설정등기를 마쳤다.

검사는 갑에게 ㉮증여계약에 따라 M목장용지 중 1/2 지분에 관하여 소유권이전등기절차를 이행할 임무가 발생하였다고 판단하였다. 검사는 갑을 배임죄로 기소하였다. 갑의 피고사건은 제1심을 거친 후, 항소심에 계속되었다. 항소법원은 다음의 이유를 들어서 무죄를 선고하였다. (가) ㉮증여계약에 따라 갑이 A에게 소유권이전등기절차를 이행할 의무를 부담하게 되었다고 하자. (나) 그렇다고 하더라도 이는 갑 '자기의 사무'에 불과할 뿐이다. 검사는 불복 상고하였다.

대법원은 다음의 이유를 제시하여 원심판결을 파기환송하였다. 대법원은 부동산 이중매매와 배임죄의 관계에 대하여 다음과 같이 설시하였다. (가) 부동산 매매계약에서 (ㄱ) 중도금이 지급되는 등 계약이 본격적으로 이행되는 단계에 이른 때에는 (ㄴ) 계약이 취소되거나 해제되지 않는 한 (ㄷ) 매도인은 매수인에게 부동산의 소유권을 이전할 의무에서 벗어날 수 없다. (나) 이러한 단계에 이른 때에 매도인은 매수인에게 매수인의 재산보전에 협력하여 재산적 이익을 보호 · 관리할 신임관계에 있게 되고, 그때부터 배임죄에서 말하는 '타인의 사무를 처리하는 자'에 해당한다고 보아야 한다. (다) 그러한 지위에 있는 매도인이 매수인에게 계약 내용에 따라 부동산의 소유권을 이전해 주기 전에 부동산을 제3자에게 처분하여 등기를 하는 행위는 매수인의 부동산 취득이나 보전에 지장을 초래하는 행위로서 배임죄가 성립한다. (라) (대법원 2018. 5. 17. 2017도4027 전원합의체 판결 참조.)

대법원은 서면증여계약과 배임죄의 관계에 대해 다음과 같이 설시하였다. (가) 이러한 법리는 서면에 의한 부동산 증여계약에도 마찬가지로 적용된다. (나) 서면으로 부동산 증여의 의사를 표시한 증여자는 (ㄱ) 계약이 취소되거나 해제되지 않는 한 (ㄴ) 수증자에게 목적부동산의 소유권을 이전할 의무에서 벗어날 수 없다. (다) 서면으로 부동산 증여의 의사를 표시한 증여자는 '타인의 사무를 처리하는 자'에 해당한다. (라) 증여자가 수증자에게 증여계약에 따라 부동산의 소유권을 이전하지 않고 부동산을 제3자에게 처분하여 등기를 하는 행위는 수증자와의 신임관계를 저버리는 행위로서 배임죄가 성립한다.

대법원은 원심판결의 당부에 대해 다음과 같이 판단하였다. (가) 원심은 갑이 서면으로 증여의 의사를 표시하였는지에 관하여 심리한 다음 그러한 사실이 인정되면 이 사건 공소사실을 유죄로 판단했어야 한다. (나) 그런데도 원심은 서면으로 증여의 의사를 표시한 증여자의 소유권이전등기의무는 증여자 자기의 사무일 뿐이라는 잘못된 전제에서 이 사건 공소사실을 무죄로 판단하였다. (다) 원심의 판단에는 배임죄에서 '타인의 사무를 처리하는 자' 등에 관한 법리를 오해하고 필요한 심리를 다하지 않아 판결에 영향을 미친 잘못이 있다.

4) 구두에 의한 증여와 배임죄의 관계에 대해서는, 후술 1405면 참조.

② 지입계약 이른바 지입제는 자동차운송사업면허 등을 가진 운송사업자와 실질적으로 자동차를 소유하고 있는 차주 간의 계약으로 (가) 외부적으로는 자동차를 운송사업자 명의로 등록하여 운송사업자에게 귀속시키고 (나) 내부적으로는 각 차주들이 독립된 관리 및 계산으로 영업을 하며 운송사업자에 대하여는 지입료를 지불하는 운송사업형태를 말한다.

지입차주(A)는 자신이 실질적으로 소유하거나 처분권한을 가지는 자동차에 관하여 지입회사(P회사)와 지입계약을 체결함으로써 지입회사(P회사)에 그 자동차의 소유권등록 명의를 신탁하고 운송사업용 자동차로서 등록 및 그 유지 관련 사무의 대행을 위임한다. 이러한 경우에는, 특별한 사정이 없는 한, 지입회사(P회사) 측은 지입차주(A)의 실질적 재산인 지입차량에 관한 재산상 사무를 일정한 권한을 가지고 맡아서 처리한다. 지입제에서 당사자 관계의 전형적·본질적 내용은 통상의 계약에서의 이익대립관계를 넘어서 그들 사이의 신임관계에 기초하여 타인의 재산을 보호 또는 관리하는 데에 있다. 그러므로 지입회사(P회사) 운영자(갑)는 지입차주(A)와의 관계에서 '타인의 사무를 처리하는 자'의 지위에 있다.[1]

③ 기타 사례 마을 주민들에 의하여 탄핵된 이장은 새로 이장으로 선임된 사람에게 마을을 위한 예치금을 인계해 주어야 할 임무가 있으며, 이는 마을 주민들에 대하여 '타인의 사무'에 해당한다.[2]

---

1) 2021. 6. 24. 2018도14365, 공 2021하, 1406 = 『대표이사 지입차량 임의처분 사건』 ☞ 부록 1701면.

2) 2009. 2. 12. 2008도10915, [미간행] = 『발파공사 예치금 반환 사건』:

갑은 M마을 이장으로 재직하고 있었다. P회사는 M마을에서 물류창고를 신축하고 있었다. P회사는 암반발파 공사를 하게 되었다(㉠공사). 2005. 1. 24.경 갑은 P회사와 다음의 약정을 하였다. (가) P회사는 M마을에 2천만원을 예치한다(㉡예치금). (나) ㉡예치금은 ㉠공사 기간 중 마을 주민들의 건물에 피해가 발생하면 그 보상금으로 사용한다. (다) 2005. 12. 24.까지 피해가 없으면 ㉡예치금은 P회사에 반환한다. 갑은 P회사로부터 ㉡예치금 2천만원을 갑 개인 통장으로 송금받아 이를 마을 주민들을 위하여 보관하게 되었다.

2005. 5.경 갑은 마을 주민들의 탄핵으로 이장직을 사임하였다. A가 새로 마을 이장으로 선임되었다. 갑은 ㉡예치금을 A에게 인계하지 않고 계속 보관하였다. ㉠암반발파 공사가 시작된 이후 B 등 마을 주민들 중 일부의 가옥에 균열이 가는 등의 일이 발생하였다. 2005. 8.경 피해보상 문제로 마을 회의가 개최되었다. 그 자리에서 새로 선임된 이장 A가 마을 주민들에게 피해를 본 부분에 대해 자료를 제출하라고 말하였다. 2005. 12.경까지 마을 주민 중 서면으로 자료를 제출한 사람은 없었다. 갑은 ㉡예치금을 계속 보관하고 있었다. 2005. 12. 26.경 갑은 예치금 반환기간이 종료되었다는 이유로 A를 비롯한 마을 주민들의 동의 없이 ㉡예치금을 그대로 P회사에 반환하였다.

검사는 갑을 배임죄로 기소하였다. 갑의 피고사건은 제1심을 거친 후, 항소심에 계속되었다. 항소법원은 다음의 이유를 들어서 무죄를 선고하였다. (가) ㉡예치금은 ㉠암반발파 작업으로 인해 마을 주민들에게 피해가 없을 경우에는 P회사에 반환하기로 약정되어 있었던 것이다. (나) B 등 마을 주민들의 가옥에 발생한 균열 등이 ㉠암반발파 작업으로 인하여 발생한 것이고 그로 인해 마을 주민들에게 피해가 발생했다는 점을 인정할 만한 증거가 없다. (다) 갑의 ㉡예치금 반환행위로 인하여 P회사에게 2천만원 상당의 재산상 이익을 취득하게 하고 마을 주민들에게 동액 상당의 손해를 가한 것으로 볼 수는 없다. (라) 따라서 이 사건 공소사실은 범죄의 증명이 없는 경우에 해당한다. 검사는 불복 상고하였다.

대법원은 다음의 이유를 제시하여 원심판결을 파기환송하였다. (가) ㉡예치금은 예치기간 중 ㉠암반발파

(아) 자기사무 - 담보물 유지 · 보존　　자기 사무의 대표적인 예로 금전채무의 담보물 유지 · 보전의무를 들 수 있다. 이에 대해서는 소위 사무처리자 제한의 법리와 관련하여 앞에서 살펴보았다.

(자) 자기사무 - 이중매매　　자기 사무의 다른 사례로서 이중매매 사안을 들 수 있다. 매매와 같이 당사자 일방이 재산권을 상대방에게 이전할 것을 약정하고 상대방이 그 대금을 지급할 것을 약정함으로써 그 효력이 생기는 계약의 경우(민법563)가 있다. 이 경우 쌍방이 그 계약의 내용에 좇은 이행을 하여야 할 채무는 특별한 사정이 없는 한 '자기의 사무'에 해당하는 것이 원칙이다.[1)]

작업으로 인해 마을 주민들의 건물에 발생할 수 있는 손해를 담보하기 위하여 교부된 금원이다. (나) ㉡예치금은 마을 주민들 전체의 총유에 속한다. (다) 갑은 마을 주민들의 대표(이장) 자격에서 이를 보관하고 있던 것에 불과하다. (라) 2005. 5.경 갑은 마을 주민들에 의하여 탄핵되었다. (마) 갑은 새로 이장으로 선임된 A에게 ㉡예치금을 인계해 주어야 할 임무가 있으며, 이는 마을 주민들에 대하여 '타인의 사무'에 해당한다. (바) 갑은 위 임무에 위배하여 ㉡예치금을 A에게 인계하지 않았다.

(사) 2005. 12. 26.경 그 당시는 갑이 마을의 이장이 아니었었다. (아) 그런데도 갑은 마을 주민들의 건물에 피해가 발생하지 아니하였음이 확정되지 아니한 상태에서 마을 이장인 A나 마을 주민들과 상의도 없이 함부로 ㉡예치금 전액을 P회사에 반환하였다. (자) 이렇게 함으로써 갑은 P회사로 하여금 이를 처분할 수 있는 재산상의 이익을 취득하게 하고 마을 주민들에게 손해배상에 대한 담보를 상실하는 손해를 가하였다. (차) 이러한 행위는 형법 제355조 제2항 소정의 배임행위에 해당한다.

1) 2021. 7. 8. 2014도12104, 공 2021하, 1497 = 『수분양권 이중처분 사건』:

갑은 M아파트를 분양받을 권리를 소유하고 있었다(㉠수분양권). 을은 갑의 동의를 얻어 ㉠수분양권의 처분권한을 A에게 위임하였다. A는 갑을 대리하여 B에게 ㉠수분양권을 매도하였다. 갑과 을은 P농협으로부터 대출을 받으려고 하였다(㉡대출). 갑 · 을과 P농협 사이에 "향후 ㉠수분양권에 근거하여 취득하게 될 M아파트를 미리 담보로 제공한다."는 약정이 체결되었다(㉮담보약정). B는 ㉡대출 사실을 알고 법적으로 대응하였다. 갑과 을은 ㉡대출을 받지 못하였다.

검사는 갑과 을을 배임미수죄로 기소하였다. 제1심법원은 무죄를 선고하였다. 검사는 불복 항소하였다. 항소법원은 수분양권 매도인은 매수인으로 하여금 그 수분양권에 근거한 목적물의 소유권을 취득할 수 있도록 하여줄 의무를 진다고 판단하였다. 항소법원은 제1심판결을 파기하고 유죄로 판단하였다. 갑은 불복 상고하였다.

대법원은 다음의 이유를 제시하여 원심판결을 파기환송하였다. 대법원은 배임죄에서 소위 사무처리자 제한의 법리를 확인하였다(내용 생략함). 대법원은 수분양권 매매계약의 성질에 관하여 다음과 같이 설시하였다. (가) 매매와 같이 당사자 일방이 재산권을 상대방에게 이전할 것을 약정하고 상대방이 그 대금을 지급할 것을 약정함으로써 그 효력이 생기는 계약의 경우가 있다(민법 제563조). (나) 이러한 경우 쌍방이 그 계약의 내용에 좇은 이행을 하여야 할 채무는 특별한 사정이 없는 한 '자기의 사무'에 해당하는 것이 원칙이다.

(다) 수분양권 매매계약의 매도인으로서는 원칙적으로 수분양자 명의변경에 관한 분양자 측의 동의 내지 승낙을 얻어 수분양자 명의변경절차를 이행하면 계약상 의무를 다한 것이 된다. (라) 그 수분양권에 근거하여 목적물에 관한 소유권을 취득한 다음 매수인 앞으로 소유권이전등기를 마쳐 줄 의무까지는 없다(2006. 11. 23. 2006다44401 등 참조). (마) 다만 수분양권 매도인이 스스로 수분양권을 행사하고 목적물의 소유권을 취득하여 매수인에게 목적물에 관한 소유권이전등기절차를 이행할 의무까지 인정되는 경우가 있다(2006다44401 등 참조). (바) 이는 (ㄱ) 수분양자 명의변경절차가 이행되지 못한 채 (ㄴ) 매도인 명의로 수분양권이 행사되어 (ㄷ) 수분양권은 소멸하고 목적물만 남게 된 경우 (ㄹ) 수분양권 매매계약의 목적을 달성하기

동산 매매계약에서의 매도인은 매수인에 대하여 그의 사무를 처리하는 지위에 있지 않다. 그러므로 매도인이 목적물을 다른 사람에게 처분하였다고 하더라도 배임죄는 성립하지 않는다.[1] 같은 법리는 권리이전에 등기·등록을 요하는 동산에 대한 매매계약에서도 동일하게 적용된다. 그러므로 자동차 등의 매도인은 매수인에 대하여 그의 사무를 처리하는 지위에 있지 아니하다. 그리하여 매도인이 매수인에게 소유권이전등록을 하지 아니하고 다른 사람에게 처분하였다고 하더라도 마찬가지로 배임죄는 성립하지 않는다.[2]

아파트 수분양권 매매계약에 따른 당사자 관계의 전형적·본질적 내용을 가리켜서 통상의 계약에서의 이익대립관계를 넘어서 그들 사이의 신임관계에 기초하여 타인의 재산을 보호 또는 관리하는 데에 있다고 할 수 없다. 특별한 사정이 없는 한 수분양권 매도인이 수분양권 매매계약에 따라 매수인에게 수분양권을 이전할 의무는 자신의 사무에 해당할 뿐이다. 그러므로 매도인을 매수인에 대한 관계에서 '타인의 사무를 처리하는 자'라고 할 수 없다. 그리하여 수분양권 매도인이 위와 같은 의무를 이행하지 아니하고 수분양권 또는 이에 근거하여 향후 소유권을 취득하게 될 목적물을 미리 제3자에게 처분하였다고 하더라도 배임죄는 성립하지 않는다.[3]

주권발행 전 주식의 양도는 양도인과 양수인의 의사표시만으로 그 효력이 발생한다. 그 주식 양수인은 특별한 사정이 없는 한 양도인의 협력을 받을 필요 없이 단독으로 자신이 주식을 양수한 사실을 증명함으로써 회사에 대하여 그 명의개서를 청구할 수 있다. 따라서 양

위하여 인정되는 의무이다. (사) 그러므로 이와 같은 사정만으로 수분양권 매매계약에 따른 당사자 관계의 전형적·본질적 내용이 신임관계에 기초하여 매수인의 재산을 보호 또는 관리하는 것으로 변경된다고 보기는 어렵다.

(아) 이러한 수분양권 매매계약의 내용과 그 이행의 정도, 그에 따른 계약의 구속력의 정도, 거래의 관행, 신임관계의 유형과 내용, 신뢰위반의 정도 등을 종합적으로 고려해 본다. (자) 수분양권 매매계약에 따른 당사자 관계의 전형적·본질적 내용이 (ㄱ) 통상의 계약에서의 이익대립관계를 넘어서 (ㄴ) 그들 사이의 신임관계에 기초하여 타인의 재산을 보호 또는 관리하는 데에 있다고 할 수 없다. (차) 따라서 특별한 사정이 없는 한 수분양권 매도인이 수분양권 매매계약에 따라 매수인에게 수분양권을 이전할 의무는 자신의 사무에 해당할 뿐이므로, 매수인에 대한 관계에서 '타인의 사무를 처리하는 자'라고 할 수 없다. (카) 그러므로 수분양권 매도인이 위와 같은 의무를 이행하지 아니하고 수분양권 또는 이에 근거하여 향후 소유권을 취득하게 될 목적물을 미리 제3자에게 처분하였다고 하더라도 형법상 배임죄가 성립하는 것은 아니다.

대법원은 원심판결의 당부에 대해 다음과 같이 판단하였다. (가) 다른 특별한 사정이 없는 한 갑이 B와의 ㉠수분양권 매매계약에 따라 B에게 ㉠수분양권을 이전해 주어야 할 의무는 민사상 자신의 채무이고 이를 타인의 사무라고 할 수 없다. (나) 그러므로 갑과 을이 '타인의 사무를 처리하는 자'의 지위에 있다고 볼 수 없다. (다) 그런데도 원심은 갑과 을이 이에 해당된다고 전제하여 이 사건 공소사실을 유죄로 판단하였으니, 이러한 원심판결에는 배임죄에서 '타인의 사무를 처리하는 자'의 의미에 관한 법리를 오해한 잘못이 있다.

1) 2011. 1. 20. 2008도10479 전원합의체 판결, 공 2011상, 482 = 분석 각론 『인쇄기 이중양도 사건』.
2) 2020. 10. 22. 2020도6258 전원합의체 판결, 공 2020하, 2236 = 『저당설정 버스 임의처분 사건』.
3) 2021. 7. 8. 2014도12104, 공 2021하, 1497 = 『수분양권 이중처분 사건』.

도인이 양수인으로 하여금 회사 이외의 제3자에게 대항할 수 있도록 확정일자 있는 증서에 의한 양도통지 또는 승낙을 갖추어 주어야 할 채무를 부담한다 하더라도 이는 자기의 사무라고 보아야 한다. 이를 가리켜 양수인과의 신임관계에 기초하여 양수인의 사무를 맡아 처리하는 것으로 볼 수 없다. 그러므로 주권발행 전 주식에 대한 양도계약에서 양도인은 양수인에 대하여 그의 사무를 처리하는 지위에 있지 않다. 양도인이 양수인에게 제3자에 대한 대항요건을 갖추어 주지 아니하고 주식을 다른 사람에게 처분하였다 하더라도 배임죄는 성립하지 않는다.[1)]

---

1) 2020. 6. 4. 2015도6057, 공 2020하, 1419 =『주권발행 전 이중양도 사건』:

P회사는 'H커피'라는 브랜드를 가지고 있다. P회사는 자본잠식 상태에 있다. 갑은 P회사의 주식 100%를 가지고 있다(㉠주식). ㉠주식은 주권이 발행되기 전의 주식이다. ㉡주식 3만주는 ㉠주식의 일부이다. 2009. 10. 23. 갑과 A 사이에 다음의 계약이 체결되었다(㉮약정). (가) 갑은 A에게 ㉡주식을 5억원에 매도한다. (나) A가 2010. 12. 31. 이후 갑에게 ㉡주식을 다시 매수할 것을 요구하는 경우 갑은 주식대금 5억원에 10%를 더한 가액으로 ㉠주식을 매입하기로 한다. 갑은 A로부터 ㉡주식 매매대금 5억원을 모두 지급받았다. 갑은 A에게 매도한 ㉡주식에 대하여 P회사에 주주명부 명의개서나, 주식의 양도통지 절차를 밟지 않았다.

B는 A의 아들이자 대리인이다. 2012. 3.경 B는 갑에게 ㉮약정에 따라 ㉡주식을 다시 양수할 것을 요청하였다. 갑은 이를 승낙하였다. 2012. 6. 30.경 갑은 ㉡주식의 매매대금 2억원을 A에게 지급하였다. 2012. 11. 14. 갑은 다음의 내용으로 ㉡주식을 포함한 P회사의 발행주식 100% 및 경영권을 C에게 양도하였다. (가) 매매대금을 1만원으로 한다. (나) P회사의 채무 51억원 중 28억원을 C가 부담한다. 갑은 이러한 사실을 A에게 알리지 않았다. 2013. 2. 1. 갑은 ㉡주식의 매매대금 2천만원을 A에게 지급하였다. 갑은 나머지 3억 3천만원을 변제하지 않았다.

검사는 A의 손해액이 액수 미상이라고 판단하였다. 검사는 갑을 배임죄로 기소하였다. 제1심법원은 유죄를 인정하였다. 갑은 불복 항소하였다. 항소법원은 다음의 이유를 들어서 유죄를 인정하였다. (가) ㉡주식의 소유자는 A이다. (나) 갑은 A에게 양도한 ㉡주식 3만 주에 대하여 확정일자 있는 증서에 의한 통지 또는 승낙을 갖추어 주어야 할 의무를 부담한다. (다) 갑은 배임죄에 있어서 타인의 사무를 처리하는 자에 해당한다. 갑은 불복 상고하였다.

대법원은 다음의 이유를 제시하여 원심판결을 파기환송하였다. 대법원은 배임죄의 주체에 대해 다음과 같이 설시하였다. (가) 배임죄는 타인의 사무를 처리하는 자가 그 임무에 위배하는 행위로 재산상 이익을 취득하여 사무의 주체인 타인에게 손해를 가함으로써 성립하는 것이므로 그 범죄의 주체는 타인의 사무를 처리하는 지위에 있어야 한다. (나) 여기에서 '타인의 사무'를 처리한다고 하려면 (ㄱ) 당사자 관계의 본질적 내용이 (ㄴ) 단순한 채권채무 관계를 넘어서 (ㄷ) 그들 간의 신임관계에 기초하여 타인의 재산을 보호 또는 관리하는 데 있어야 한다. (다) 그 사무가 (ㄱ) 타인의 사무가 아니고 자기의 사무라면 (ㄴ) 그 사무의 처리가 타인에게 이익이 되어 타인에 대하여 이를 처리할 의무를 부담하는 경우라도 (ㄷ) 그는 타인의 사무를 처리하는 자에 해당하지 아니한다.

대법원은 주권발행 전 주식의 양도에 대해 다음과 같이 설시하였다. (가) 주권발행 전 주식의 양도는 양도인과 양수인의 의사표시만으로 그 효력이 발생한다. (나) 그 주식 양수인은 특별한 사정이 없는 한 양도인의 협력을 받을 필요 없이 단독으로 자신이 주식을 양수한 사실을 증명함으로써 회사에 대하여 그 명의개서를 청구할 수 있다(2019. 4. 25. 2017다21176 등 참조). (다) 따라서 양도인이 양수인으로 하여금 회사 이외의 제3자에게 대항할 수 있도록 확정일자 있는 증서에 의한 양도통지 또는 승낙을 갖추어 주어야 할 채무를 부담한다 하더라도 (ㄱ) 이는 자기의 사무라고 보아야 하고, (ㄴ) 이를 양수인과의 신임관계에

(차) 자기사무 - 기타 사례 낙찰계의 운영과 관련하여 계주의 사무처리자로서의 지위가 문제되는 경우가 있다. 먼저, 낙찰계가 정상적으로 운영되는 상황이 있다. 이때 계주가 계원들로부터 계불입금을 징수하게 되면 그 계불입금은 실질적으로 낙찰계원에 대한 계금지급을 위하여 계주에게 위탁된 금원의 성격을 지닌다. 따라서 계주는 계금을 낙찰·지급받을 계원과의 사이에서 단순한 채권관계를 넘어 신의칙상 그 계금지급을 위하여 징수한 계불입금을 보호 내지 관리하여야 하는 신임관계에 들어서게 된다. 이에 기초한 계주의 계금지급의무는 배임죄에서 말하는 타인의 사무에 해당한다.[1)]

기초하여 양수인의 사무를 맡아 처리하는 것으로 볼 수 없다. (라) 그러므로 주권발행 전 주식에 대한 양도계약에서의 양도인은 양수인에 대하여 그의 사무를 처리하는 지위에 있지 아니하여, 양도인이 위와 같은 제3자에 대한 대항요건을 갖추어 주지 아니하고 이를 타에 처분하였다 하더라도 형법상 배임죄가 성립하는 것은 아니다.

대법원은 원심판결의 당부에 대해 다음과 같이 판단하였다. (가) 갑이 A와의 주식양도계약에 따라 A에게 제3자에 대한 대항요건을 갖추어 주어야 할 의무는 민사상 자신의 채무이고 이를 타인의 사무라고 할 수 없다. (나) 그러므로 갑이 '타인의 사무를 처리하는 자'의 지위에 있다고 볼 수 없다. (다) 그런데도 원심은 갑이 이에 해당된다고 전제하여 이 사건 공소사실을 유죄로 판단하였다. (라) 이러한 원심판결에는 배임죄에서 '타인의 사무를 처리하는 자'의 의미에 관한 법리를 오해한 잘못이 있다.

1) 2009. 8. 20. 2009도3143, 공 2009, 1587 =『낙찰계 계불입금 미징수 사건』:

갑과 을은 계주로서 ㉠낙찰계를 조직·운영하였다. A 등은 계금을 낙찰받아 지급받은 계원들이다. B 등은 계금을 아직 지급받지 못한 계원들이다. 갑과 을은 9회차 곗날에 계원 A, B 등으로부터 계불입금을 징수하지 아니하고 잠적하였다(㉮행위). 이로써 ㉠낙찰계는 파계되었다.

검사는 갑과 을을 배임죄로 기소하였다. 갑과 을의 피고사건은 제1심을 거친 후, 항소심에 계속되었다. 항소법원은 갑과 을이 B 등과 같이 계금을 아직 낙찰받지 못한 계원들에 대한 관계에서 타인의 사무로서 계금을 지급할 임무는 없다고 판단하였다. 항소법원은 갑과 을에게 무죄를 선고하였다. 검사는 불복 상고하였다. 검사는 상고이유로 다음의 점을 주장하였다. (가) 계주는 계금을 아직 낙찰받지 못한 계원들(B)에 대한 관계에서 타인의 사무로서 계금을 지급할 임무가 있다. (나) 갑과 을이 ㉠낙찰계를 정상적으로 유지·운영할 의무는 타인의 사무에 해당한다. (다) 대법원은 1995. 9. 25. 95도1176 판결에서 낙찰계를 정상적으로 유지·운영할 의무는 타인의 사무에 해당한다고 판단한 바가 있다.

대법원은 다음의 이유를 제시하여 상고를 기각하였다. 대법원은 낙찰계 사안과 배임죄의 관계에 대해 다음과 같이 설시하였다. (가) 낙찰계의 계주가 계원들과의 약정에 따라 부담하는 계금지급의무가 배임죄에서 말하는 '타인의 사무'에 해당하려면 (ㄱ) 그 관계의 본질적 내용이 (ㄴ) 단순한 채권관계상의 의무를 넘어서 (ㄷ) 신임관계에 기초하여 타인의 재산을 보호 내지 관리하는 데 이르러야 한다.

(나) 계주가 계원들로부터 계불입금을 징수하게 되면 그 계불입금은 실질적으로 낙찰계원에 대한 계금지급을 위하여 계주에게 위탁된 금원의 성격을 지닌다. (다) 따라서 계주는 (ㄱ) 계불입금을 낙찰·지급받을 계원과의 사이에서 (ㄴ) 단순한 채권관계를 넘어 (ㄷ) 신의칙상 그 계금지급을 위하여 위 계불입금을 보호 내지 관리하여야 하는 신임관계에 들어서게 된다. (라) 이에 기초한 계주의 계금지급의무는 배임죄에서 말하는 타인의 사무에 해당한다.

(마) 그러나 계주가 계원들로부터 계불입금을 징수하지 아니하였다면 그러한 상태에서 부담하는 계금지급의무는 위와 같은 신임관계에 이르지 아니한 단순한 채권관계상의 의무에 불과하여 타인의 사무에 속하지 않는다. (바) 이는 계주가 계원들과의 약정에 위반하여 계불입금을 징수하지 아니한 경우라 하여 달리 볼 수 없다.

그리하여 계주가 계원들로부터 계금을 전부 징수하였음에도 불구하고 낙찰받은 계원에게 계금을 지급하지 아니하는 행위 또는 계가 정상적으로 운영되고 있음에도 불구하고 계주가 그 동안 성실하게 계불입금을 지급하여 온 계원에게 계가 깨졌다는 등의 거짓말을 하여 그 계원이 계에 참석하여 계금을 낙찰받아 탈 수 있는 기회를 박탈하는 행위는 배임죄를 구성한다.[1)]

다음으로, 낙찰계가 파계된 상황이 있다. 계주가 낙찰계를 조직 · 운영하다가 곗날에 계원들로부터 계불입금을 징수하지 아니하고 잠적함으로써 그 계가 파계되었다면, 계주는 계금을 아직 낙찰받지 못한 계원들에 대한 관계에서 타인의 사무로서 계금을 지급할 임무는 없다.[2)]

(사) 갑과 을이 ㉠낙찰계를 정상적으로 유지 · 운영할 의무는 계원들과의 약정에 따라 이행하여야 할 일반적 의무로서 계주 자신의 사무에 불과하다. (아) 상고이유에서 드는 1995. 9. 25. 95도1176 판결의 판시는 계가 파계되지 않고 정상적으로 운영되었음에도 계주가 특정 계원에 대한 계금지급임무에 위배한 사안에 관한 것이다. (자) 계를 정상적으로 유지 · 운영하여야 할 계주의 의무까지 배임죄에서 말하는 타인의 사무에 속한다고 본 취지는 아니다.

1) 1995. 9. 29. 95도1176, 공 1995, 3661 =『낙찰계 응찰기회 박탈 사건』:

갑은 ㉠낙찰계를 조직하여 계주로서 이를 운영하고 있다. A는 ㉠낙찰계의 계원이다. A는 1회부터 14회 때까지 빠짐없이 계불입금을 성실하게 납입하여 왔다. A는 제15회 계모임에 참석하여 낙찰을 받았다. 계주인 갑은 계원들로부터 계금을 전부 징수하였다. 그러나 갑은 A에게 계금을 지급하지 않았다(㉮행위). B는 C의 소개로 ㉠낙찰계에 가입하였다. 1994. 1. 17.경까지 B는 계불입금을 성실하게 지급하여 왔다. 그 동안 계금을 타고 도주한 계원이 있기는 하였다. 그러나 ㉠낙찰계는 정상적으로 운영되어 오고 있었다. 1994. 2. 11.경 갑은 B에게 "계가 깨졌으니 계불입금을 정산하여 가라."고 말하였다(㉯행위). 갑의 말을 믿은 B는 다음 회의 ㉠낙찰계에 참석하지 않았다. 이로써 B는 ㉠낙찰계에 참석하여 응찰할 수 있는 기회를 얻지 못하였다.

검사는 ㉮행위와 ㉯행위에 대해 갑을 배임죄로 기소하였다. 갑의 피고사건은 제1심을 거친 후, 항소심에 계속되었다. 항소법원은 ㉮행위와 ㉯행위에 대해 배임죄를 인정하였다. 갑은 불복 상고하였다.

대법원은 다음의 이유를 제시하여 상고를 기각하였다. 대법원은 갑의 ㉮행위에 대해 다음과 같이 판단하였다. (가) 계주가 계원들로부터 월불입금을 모두 징수하였음에도 불구하고 그 임무에 위배하여 정당한 사유 없이 이를 지정된 계원에게 지급하지 아니한 경우가 있다. (나) 그러한 경우라면 다른 특별한 사정이 없는 한 그 지정된 계원에 대한 관계에 있어서 배임죄를 구성한다.

대법원은 갑의 ㉯행위에 대해 다음과 같이 판단하였다. (가) 계는 계원과 계주간의 계약관계를 기초로 성립하여 유지되는 것이다. (나) 계원과 계주의 권리의무는 상호 교환적인 것으로서 어느 한쪽이 기본적인 약정을 성실하게 이행하여 왔다면 다른 한 쪽도 그에 대응하는 자신의 의무를 성실하게 이행할 임무가 있다. (다) 낙찰계에 있어서 (ㄱ) 계원이 계약내용의 가장 기본적인 요소인 계불입금 지급의무를 성실하게 이행하여 왔다면 (ㄴ) 계주는, 계가 파계되었다는 등의 특별한 사정이 없는 한, 그 계원에 대하여 계에 참석하여 낙찰받아 계금을 탈 수 있는 기회를 제공하여야 할 임무가 있다. (라) (ㄱ) 계가 정상적으로 운영되고 있음에도 불구하고 (ㄴ) 계주가 그 동안 성실하게 계불입금을 지급하여 온 계원에게 계가 깨졌다는 등의 거짓말을 하여 (ㄷ) 그 계원이 계에 참석하여 낙찰받아 계금을 탈 수 있는 기회를 박탈하여 손해를 가하였다면 (ㄹ) 계주의 위와 같은 임무위배는 그 계원에 대한 관계에 있어서 배임죄를 구성한다.

2) 2009. 8. 20. 2009도3143, 공 2009, 1587 =『낙찰계 계불입금 미징수 사건』.

서면에 의하지 아니한 증여계약이 행해진 경우 당사자는 증여가 이행되기 전까지는 언제든지 증여계약을 해제할 수 있다. 증여자가 구두의 증여계약에 따라 수증자에 대하여 증여 목적물의 소유권을 이전하여 줄 의무를 부담한다고 하더라도, 증여자는 수증자의 사무를 처리하는 자의 지위에 있다고 할 수 없다.[1) 2)]

아파트 분양사업 시행사가 시공사와 아파트 건축공사 도급계약을 체결하면서 분양수입금을 공동명의로 개설한 예금계좌로만 수령하고 그 분양수입금으로 공사대금 등을 지급하기로 특약하였음에도, 시행사가 이를 어기고 분양수입금을 공동명의 예금계좌에 입금하지 아니한 채 분양수입금을 자신의 기존 채무의 변제 등에 사용한 경우가 있다. 이 경우 아파트 분양수입금을 수령할 권한 자체는 여전히 시행사에 있으며, 분양수입금으로 시공사에 공사대금을 지급하는 사무는 시행사 자신의 사무에 속한다.[3)]

---

1) 2005. 12. 9. 2005도5962, 공 2006, 145 = 『느티나무 구두 증여 사건』:

갑은 A 소유의 M토지에 느티나무들을 심어놓았다(㉠느티나무). 갑은 B 등과 동업으로 소나무를 벌채하여 판매하는 사업을 한 일이 있었다. 그 당시 B가 갑에게 소나무 거래처를 소개하여 준 사실이 있었다. 갑은 이에 대한 사례로서 ㉠느티나무들을 B에게 주겠다고 구두로 약속하였다(㉮약정). 갑은 ㉠느티나무들이 심어져 있던 밭주인 A로부터 느티나무를 판 곳으로 옮기라는 요구를 받았다. 갑은 ㉠느티나무를 N장소로 이식하였다. 갑은 이식하는 과정에서 상품가치가 없다고 판단한 나무를 베어내었다.

검사는 갑을 배임죄로 기소하였다. 갑의 피고사건은 제1심을 거친 후, 항소심에 계속되었다. 항소법원은 ㉠느티나무들과 관련하여 갑이 B의 사무를 처리하는 자의 지위에 있다고 판단하였다. 항소법원은 유죄를 인정하였다. 갑은 불복 상고하였다.

대법원은 다음의 이유를 제시하여 원심판결을 파기환송하였다. 대법원은 증여계약과 배임죄의 관계에 대해 다음과 같이 설시하였다. (가) 서면에 의하지 아니한 증여계약이 행하여진 경우 당사자는 그 증여가 이행되기 전까지는 언제든지 이를 해제할 수 있다. (나) 그러므로 (ㄱ) 증여자가 구두의 증여계약에 따라 수증자에 대하여 증여 목적물의 소유권을 이전하여 줄 의무를 부담한다고 하더라도 (ㄴ) 그 증여자는 수증자의 사무를 처리하는 자의 지위에 있다고 할 수 없다. (다) 갑은 B 등과 동업으로 소나무를 벌채하여 판매하는 사업을 한 바 있는데 그 당시 B가 소나무 거래처를 소개하여 준 사실이 있어 이에 대한 사례로서 ㉠느티나무들을 B에게 증여하기로 구두로 약정하였다(㉮약정). (라) 사정이 이러하다면 갑은 언제든지 ㉮증여약정을 해제함으로써 소유권이전의무로부터 벗어날 수 있다. (마) 그러므로 갑은 B의 사무를 처리하는 자의 지위에 있다고 할 수 없다.

대법원은 배임죄의 손해발생 요건과 관련하여 다음과 같이 판단하였다. (가) 배임죄는 타인의 사무를 처리하는 자가 배임행위로 재산상의 이익을 취득하고 본인에게 손해를 가한 때에 성립한다. (나) 갑은 ㉠느티나무들이 심어져 있던 밭주인(A)으로부터 느티나무를 판 곳으로 옮기라는 요구를 받고 이를 이식하는 과정에서 상품가치가 없다고 판단한 나무를 베어내었을 뿐이다. (다) 위와 같은 행위로 인하여 갑이 어떠한 이익을 얻었다고 볼 만한 자료는 보이지 아니한다.

2) 서면에 의한 증여와 배임죄의 관계에 대해서는, 전술 1398면 참조.

3) 2008. 3. 13. 2008도373, 공 2008, 556 = 『시행사 공동관리 계좌 일탈 사건』:

P회사는 M아파트를 건설하여 분양하는 시행사이다. 갑은 P회사의 대표이사이다. Q회사는 건설회사이다. P회사는 Q회사를 시공사로 선정하였다. P시행사는 Q시공사와 다음 내용의 아파트공사 도급계약을 체결하였다(㉮도급계약). (가) 분양 및 홍보관련 업무는 P시행사와 Q시공사가 공동으로 협의하여 수행한다. (나) 분양성과 등의 최종 책임은 P시행사가 진다. (다) P시행사는 Q시공사에게 공사대금을 분양수입금으로 지급한

보통예금은 금융기관을 수치인(受置人)으로 하는 금전의 소비임치 계약이다. 보통예금계좌에 입금된 금전의 소유권은 금융기관에 이전되고, 예금주는 그의 예금계좌를 통한 예금반환채권을 취득하게 된다. 금융기관의 임직원은 예금주로부터 예금계좌를 통한 적법한 예금반환 청구가 있으면 이에 응할 의무가 있을 뿐이다. 금융기관의 임직원은 예금주와의 관계에서 예금주의 재산관리에 관한 사무를 처리하는 자의 지위에 있다고 할 수 없다.[1)]

다. (라) 분양수입금은 P시행사와 Q시공사가 공동명의로 개설한 ⓐ예금계좌로만 수령한다. (마) ⓐ예금계좌에 입금되지 않은 분양은 일체 인정하지 않는다. P시행사와 Q시공사는 다음의 순서에 따라 분양금을 충당한다는 내용의 특약을 맺었다(㉯특약). (가) P시행사의 사업비용, Q시공사의 분양경비. (나) 미지급 토지대금의 지급, 프로젝트 파이낸싱 원리금의 지급, Q시공사가 P시행사에 대여한 금원의 상환. (다) Q시공사의 공사대금, P시행사의 운영자금. (라) 기타 P시행사의 수익금.

갑은 ㉯특약에 위반하여 P시행사의 기존 ㉠채무에 대한 대물변제 명목으로 A 등에게 아파트 3채를 분양하였다(㉡아파트로 통칭함). 갑은 분양대금을 수분양자가 갑에게 직접 지급하는 것을 조건으로 분양가를 할인해 주는 방법으로 B 등에게 아파트 2채를 분양하였다(㉢아파트로 통칭함). 갑은 ㉢아파트 분양으로 직접 지급받은 분양대금을 공동관리 ⓐ예금계좌에 입금하지 않고 P시행사의 기존 ㉣채무의 변제에 사용하였다.

검사는 갑을 특정경제범죄법위반죄(배임)으로 기소하였다. 갑의 피고사건은 제1심을 거친 후, 항소심에 계속되었다. 항소법원은 무죄를 선고하였다. 검사는 불복 상고하였다.

대법원은 다음의 이유를 제시하여 상고를 기각하였다. 대법원은 배임죄의 주체에 대해 다음과 같이 설시하였다. (가) 배임죄의 주체인 '타인의 사무를 처리하는 자'란 (ㄱ) 양자 간의 신임관계에 기초를 두고 (ㄴ) 타인의 재산관리에 관한 사무를 대행하거나 (ㄷ) 타인 재산의 보전행위에 협력하는 자의 경우 등을 가리킨다. (나) (ㄱ) 사무의 성질이 타인의 사무가 아니라 자기의 사무에 속하는 것이라면 (ㄴ) 그 사무를 타인을 위하여 처리하는 경우라도 (ㄷ) 타인의 사무를 처리하는 자라고 볼 수 없다.

대법원은 사실관계를 분석하였다. 대법원은 다음과 같은 원심의 판단을 그대로 유지하였다. (가) ㉯특약은 P시행사의 수급인인 Q시공사에 대한 공사대금 채무의 변제를 확보하는 방편으로 약정한 것에 불과하다. (나) M아파트의 수분양자로부터 분양수입금을 수령할 권한 자체는 여전히 P시행사에 있다. (다) 분양수입금으로 Q시공사에 공사대금을 지급하는 사무는 갑 자신의 사무에 속한다. (라) 갑이 ㉯특약에 위배하여 ㉡, ㉢아파트에 대한 분양수입금을 공동관리 ⓐ예금계좌에 입금하지 아니하고 이를 다른 용도에 사용한 결과 P시행사는 Q시공사에 공사대금을 지급하지 못하게 되었다. (마) 그렇다고 하더라도 이는 Q시공사에 대한 단순한 민사상의 채무불이행에 불과할 뿐이지 배임죄를 구성한다고 볼 수 없다.

1) 2008. 4. 24. 2008도1408, 공 2008, 821 = 『초과대출 방지용 인출금 사건』:

갑은 P신용협동조합의 대출담당 임직원이다. 갑은 A 등(A로 통칭함)에게 신협 대출 한도를 초과하는 대출을 해주었다. 신협중앙회에서 감독관 B가 파견되었다. B는 "(연도 생략) 6. 30.까지 5천만원 이상이 상환되지 않으면 중앙회에서 금융감독위원회에 고발을 해야 하니 빨리 5천만원 이상을 채워달라."고 말하였다. 고객 C는 P신협에 보통예금으로 5천만원을 예치해 놓고 있었다. 갑은 C의 보통예금 ⓐ계좌에서 5천만원을 임의로 인출하였다(㉮행위). 갑은 C의 ⓐ계좌에서 인출한 5천만원을 A의 P신협 ⓑ대출금 계좌로 입금하였다.

검사는 ㉮행위에 대해 갑을 예금주 C에 대한 관계에서 업무상 배임죄로 기소하였다. 갑의 피고사건은 제1심을 거친 후, 항소심에 계속되었다. 항소법원은 무죄를 선고하였다. 검사는 불복 상고하였다.

대법원은 다음의 이유를 제시하여 상고를 기각하였다. (가) 보통예금은 은행 등 법률이 정하는 금융기관을 수치인으로 하는 금전의 소비임치 계약이다. (나) 그 예금계좌에 입금된 금전의 소유권은 금융기관에 이전된다. (다) 예금주는 그 예금계좌를 통한 예금반환채권을 취득하는 것이다. (라) 금융기관의 임직원은 예금주로

(카) 부동산 이중매매와 배임죄　　타인의 사무인가 자기의 사무인가가 다투어지는 문제로 부동산 이중매매의 사안이 있다. 판례는 동산 이중매매와 달리 부동산 이중매매의 경우에는 배임죄를 구성한다는 입장을 취하고 있다.[1] 대법원은 2018년 전원합의체 판결을 통하여 이 점을 다시 확인하였다.[2]

대법원은 (가) 부동산이 국민의 경제생활에서 차지하는 비중이 크고, (나) 부동산 매매대금은 통상 계약금, 중도금, 잔금으로 나뉘어 지급되는데, 매수인이 매도인에게 매매대금 중 상당한 부분을 차지하는 계약금과 중도금까지 지급하고도 매도인의 이중매매를 방지할 충분한 수단이 마련되어 있지 아니한 거래 현실의 특수성에 주목하였다.[3] 대법원은 부동산 이중매매와 배임죄의 관계에 대해 다음과 같이 설시하였다.

「부동산 매매계약에서 계약금만 지급된 단계에서는 어느 당사자나 계약금을 포기하거나 그 배액을 상환함으로써 자유롭게 계약의 구속력에서 벗어날 수 있다. 그러나 중도금이 지급되는 등 계약이 본격적으로 이행되는 단계에 이른 때에는 계약이 취소되거나 해제되지 않는 한 매도인은 매수인에게 부동산의 소유권을 이전해 줄 의무에서 벗어날 수 없다. 따라서 이러한 단계에 이른 때에 매도인은 매수인에 대하여 매수인의 재산보전에 협력하여 재산적 이익을 보호·관리할 신임관계에 있게 된다. 그때부터 매도인은 배임죄에서 말하는 '타인의 사무를 처리하는 자'에 해당한다고 보아야 한다. 그러한 지위에 있는 매도인이 매수인에게 계약 내용에 따라 부동산의 소유권을 이전해 주기 전에 그 부동산을 제3자에게 처분하고 제3자 앞으로 그 처분에 따른 등기를 마쳐 준 행위는 매수인의 부동산 취득 또는 보전에 지장을 초래하는 행위이다. 이는 매수인과의 신임관계를 저버리는 행위로서 배임죄가 성립한다.」[4]

부동산 이중매매와 배임죄의 관계에 대해서는 뒤에서 항을 바꾸어 상론하기로 한다.[5]

(2) 사무의 내용

사무는 타인과의 신임관계에 기초하여 수행하는 일을 말한다. 공적인 사무인가 사적 사

부터 예금계좌를 통한 적법한 예금반환 청구가 있으면 이에 응할 의무가 있을 뿐이다. (마) 금융기관의 임직원은 예금주와 사이에서 예금주의 재산관리에 관한 사무를 처리하는 자의 지위에 있다고 할 수 없다. (바) 갑이 C의 예금계좌에서 5천만원을 임의로 인출하였다고 하더라도 이를 C에 대한 관계에서 업무상 배임죄에 해당하는 것으로 볼 수는 없다.

1) 2008. 7. 10. 2008도3766, [미간행] = 분석 각론 『임야 이중매매 가등기 사건』.

2) 2018. 5. 17. 2017도4027 전원합의체 판결, 공 2018하, 1203 = 『부동산 이중매매 판례유지 사건』.

3) 2018. 5. 17. 2017도4027 전원합의체 판결, 공 2018하, 1203 = 『부동산 이중매매 판례유지 사건』.

4) 2018. 5. 17. 2017도4027 전원합의체 판결, 공 2018하, 1203 = 『부동산 이중매매 판례유지 사건』.

5) 후술 1446면 이하 참조.

무인가를 묻지 않으며, 법률행위와 사실행위를 모두 포함한다. 사무의 성질에 관해서는 재산상의 사무에 국한한다는 설, 재산상의 사무에 국한하지 않는다는 설, 재산상의 사무일 필요는 없으나 재산적 이해관계가 있으면 된다고 보는 설 등이 제시되고 있다.

판례는 배임죄의 '타인의 사무처리'를 (가) '타인의 재산관리에 관한 사무의 전부 또는 일부를 타인을 위하여 대행하는 경우와, (나) 타인의 재산보전행위에 협력하는 경우로 한정하고 있다.[1)]

사무는 행위자가 단독으로 처리할 수 있는 것임을 요하지 않으며, 다른 사람이 지휘감독이나 결제의 권한을 가지고 있다고 하더라도 사무처리자에 해당할 수 있다. 사무처리의 권한 있는 자를 사실상 보조하는 자가 수행하는 일도 사무에 해당할 수 있다.

3. 실행행위

(1) 임무위배행위

배임죄가 성립하려면 타인의 사무를 처리하는 자가 임무에 위배하는 행위를 하여야 한다. 임무에 위배하는 행위란 법률의 규정, 계약의 내용 혹은 신의칙에 비추어 볼 때 본인과의 신임관계를 저버리는 일체의 행위를 포함한다. 임무위배행위는 (가) 당연히 할 것으로 기대되는 행위를 하지 않는 형태(부작위)를 취하거나, (나) 당연히 하지 않아야 할 것으로 기대되는 행위를 하는 형태(작위)를 취한다.[2)]

---

1) 2012. 3. 15. 2010도3207, 공 2012상, 603 = 분석 각론 『전택노련 교섭위원 사건』.

2) 2009. 10. 15. 2009도5655, 공 2009, 1914 = 『사료회사 신규 첨가제 사건』:

P회사는 사료를 제조·판매하는 회사이다. 갑은 P회사의 대표이사이다. P회사는 그동안 Q, R납품업체 등으로부터 할인된 가격으로 사료첨가제를 구매해 왔다. P회사는 ㉠사료첨가제를 신규로 구입하기로 하였다. 을은 사료첨가제 납품업체 관계자이다. 갑은 을에게 다음과 같이 지시하였다. (가) S납품업체를 새로 만들라. (나) S납품업체에 일정한 이윤이 발생하도록 가격을 정하여 ㉠사료첨가제를 납품하라. 갑은 P회사의 직원에게 S납품업체로부터 ㉠사료첨가제를 납품받도록 지시하였다. P회사는 S업체로부터 ㉠사료첨가제를 ⓐ가격에 구매하였다. P회사는 ㉠사료첨가제와 성분이 같거나 유사한 사료첨가제를 Q, R업체 등으로부터 구매할 수 있었다. 이 때문에 P회사는 사료첨가제 납품업체인 Q, R업체와 사이에 가격 협상을 함에 있어 유리한 위치에 있었다. P회사가 Q, R회사 등으로부터 ㉠사료첨가제를 구매하였더라면 할인된 ⓑ가격으로 구매할 가능성이 있었다.

검사는 갑과 을을 업무상 배임죄로 기소하였다. 갑과 을의 피고사건은 제1심을 거친 후, 항소심에 계속되었다. 항소법원은 유죄를 인정하였다. 갑은 불복 상고하였다. 을은 상고하지 않았다.

대법원은 다음의 이유를 제시하여 상고를 기각하였다. 대법원은 배임죄의 성립요건에 대해 다음과 같이 설시하였다. (가) 업무상배임죄에서 그 '임무에 위배하는 행위'란 (ㄱ) 사무의 내용, 성질 등 구체적 상황에 비추어 (ㄴ) 법률의 규정, 계약의 내용 혹은 신의칙상 (ㄷ) 당연히 할 것으로 기대되는 행위를 하지 않거나 (ㄹ) 당연히 하지 않아야 할 것으로 기대되는 행위를 함으로써 (ㅁ) 본인과의 신임관계를 저버리는 일체의 행위를 포함한다. (나) 나아가 업무상배임죄가 성립하려면 주관적 요건으로서 (ㄱ) 임무위배의 인식과 (ㄴ)

부작위에 의한 임무위배의 경우에 실행의 착수시점이 문제된다. 부작위를 배임죄의 실행의 착수로 볼 수 있기 위해서는 작위의무가 이행되지 않으면 사무처리의 임무를 부여한 사람이 재산권을 행사할 수 없으리라고 객관적으로 예견되는 등으로 구성요건적 결과 발생의 위험이 구체화한 상황에서 부작위가 이루어져야 한다. 그리고 행위자는 부작위 당시 자신에게 주어진 임무를 위반한다는 점과 그 부작위로 인해 손해가 발생할 위험이 있다는 점을 인식하였어야 한다.[1)]

임무위배행위는 본인과의 신임관계에 반하는 행위이다. 그러므로 신임관계의 취지에 따른 행위였다면 그 행위가 결과적으로 본인에게 손해를 가져왔다고 할지라도 배임죄는 성립하지 않는다. 신임관계의 취지에 반하는 것인지 아니면 신임관계의 취지에 따른 것인지는 개별적인 사무의 내용, 사무처리자의 지위나 권한, 당해 행위 당시의 상황 등에 비추어서 구체적으로 판단해야 한다. 그러나 임무위배행위 자체가 법률상 유효한지는 따져볼 필요가 없다.[2)]

그로 인하여 자기 또는 제3자가 이익을 취득하고 본인에게 손해를 가한다는 인식, 즉 배임의 고의가 있어야 한다. (다) 이러한 인식은 미필적 인식으로도 충분하다. (라) 그 행위의 결과가 일부 본인을 위한 측면이 있다 하더라도 (ㄱ) 본인의 이익을 위한다는 의사는 부수적일 뿐이고 (ㄴ) 이득 또는 가해의 의사가 주된 것임이 판명되면 배임죄의 고의를 부정할 수 없다.

대법원은 이사의 임무위배 행위에 대해 다음과 같이 설시하였다. (가) 이사는 회사에 대하여 법령과 정관의 규정에 따라 성실하게 회사에 최선의 이익이 되도록 직무를 수행하여야 할 선관주의의무 내지 충실의무를 부담한다. (나) 이사가 회사에 필요한 물품을 납품받음에 있어 (ㄱ) 할인된 가격으로 납품가격을 정할 수 있었음에도 (ㄴ) 납품과정에서 자신이 이익을 취득할 의도로 (ㄷ) 납품업자에게 가공의 납품업체를 만들게 한 뒤 그 납품업체로부터 할인되지 않은 가격으로 납품을 받았다면 이는 회사와의 신임관계를 저버리는 행위로서 임무에 위배하는 행위라고 할 것이다. (다) 다만, (ㄱ) 구체적 사정에 비추어 할인받을 수 있는 가격을 특정할 수 없는 등의 특별한 사정이 있다면 (ㄴ) 이사가 취득한 이익 전체를 회사에 발생한 재산상 손해액이라고 할 수는 없고, (ㄷ) 회사에는 가액을 산정할 수 없는 손해가 발생하였다고 봄이 상당하다.

대법원은 다음과 같은 원심의 판단을 그대로 유지하였다. (가) 갑은 가격협상을 통해 더 낮은 가격으로 납품받을 기회를 저버리고 통상적인 납품가격으로 납품받았다. (나) 갑은 P회사와 S납품업체 사이에 실제로 계약이 체결된 ⓐ납품가격과 그보다 더 낮은 수준에서 계약이 체결되는 경우의 ⓑ납품가격의 차액 상당의 재산상 이익을 취득하고 P회사에 같은 액수 상당의 손해를 가하였다. (다) ⓐ납품가격과 예상되는 ⓑ납품가격의 차이를 구체적으로 산정할 수 없다.

1) 2021. 5. 27. 2020도15529, 공 2021하, 1265 = 『환지계획 변경 부작위 사건』 ☞ 부록 1703면.

2) 1995. 12. 22. 94도3013, 공 1996, 620 = 『전임 이사장 수표 회수 사건』:

갑은 P학교법인의 이사이고, 을은 이사장이다. A는 P학교법인의 전 이사장이다. A는 개인 명의의 ㉠당좌수표를 발행하였다. 갑과 을은 ㉠수표를 회수하기 위하여 P학교법인 명의로 ㉡약속어음을 발행하고 강제집행인락공증을 해 주었다. ㉡어음을 발행할 때 갑과 을은 P학교법인 이사회의 적법한 결의를 거치지 않았고 관할청의 허가도 받지 않았다.

검사는 갑과 을을 업무상 배임죄로 기소하였다. 제1심법원은 유죄를 인정하였다. 갑과 을은 불복 항소하였다. 항소법원은 항소를 기각하고, 제1심판결을 유지하였다. 갑은 불복 상고하였다. 갑은 상고이유로 다음의 점을 주장하였다. (가) ㉡어음은 이사회의 결의가 없고 관할청의 허가도 없으므로 법률상 무효이다. (나) 무효임무위배행위인지 여부는 개별적인 사무에 대해 구체적으로 판단해야 할 문제이다. 따라서 정형화 · 유형화에는 신중을 기하여야 한다. 부동산이중매매의 문제에 대해서는 후술하기로 하고,[1] 그 밖의 사례를 몇 가지 살펴본다.

(2) 임무위배행위로 인정된 사례

(가) 이사의 충실의무 이사는 회사에 대하여 법령과 정관의 규정에 따라 성실하게 회사에 최선의 이익이 되도록 직무를 수행해야 할 선량한 관리자의 주의의무 내지 충실의무를 부담한다.[2]

회사를 위하여 계약의 이행에 관한 업무를 전담하여 처리할 임무가 있는 대표이사가 경영권 다툼 등을 이유로 고의로 업무를 처리하지 않음으로써 계약이 해제되도록 한 것은 임무위배행위에 해당한다.[3]

회사에 필요한 물품을 납품받을 때 할인된 가격으로 납품가격을 정할 수 있었음에도 납품과정에서 자신이 이익을 취득할 의도로 납품업자에게 가공의 납품업체를 만들게 한 뒤 그 납품업체로부터 할인되지 않은 가격으로 납품을 받는 행위는 회사와의 신임관계를 저버리는 행위로서 임무에 위배하는 행위에 해당한다.[4]

인 ⓛ어음 발행으로 P학교법인에 손해가 발생한 것이 없다.

대법원은 다음의 이유를 제시하여 상고를 기각하였다. (가) [배임죄에서] 임무에 위배하는 행위라 함은 처리하는 사무의 내용, 성질 등 구체적 상황에 비추어 법률의 규정, 계약의 내용 혹은 신의칙상 당연히 할 것으로 기대되는 행위를 하지 않거나 당연히 하지 않아야 할 것으로 기대하는 행위를 함으로써 본인과 사이의 신임관계를 저버리는 일체의 행위를 포함한다. (나) 그러한 행위가 법률상 유효한가 여부는 따져 볼 필요가 없다.

(다) 배임죄에 있어 재산상의 손해를 가한 때라 함은 현실적인 손해를 가한 경우뿐만 아니라 재산상 실해발생의 위험을 초래한 경우도 포함된다. (라) 재산상 손해의 유무에 대한 판단은 본인의 전 재산상태와의 관계에서 법률적 판단에 의하지 아니하고 경제적 관점에서 파악하여야 한다. (마) 법률적 판단에 의하여 당해 배임행위가 무효라 하더라도 경제적 관점에서 파악하여 배임행위로 인하여 본인에게 현실적인 손해를 가하였거나 재산상 실해발생의 위험을 초래한 경우에는 재산상의 손해를 가한 때에 해당되어 배임죄를 구성한다.

(바) [갑과 을이] 당시 ⓛ어음을 발행함에 있어서 이사회의 적법한 결의를 거치지 아니하고 관할청의 허가를 받지 아니하여 법률상 당연 무효라고 하더라도 배임행위가 성립함에 아무런 지장이 없다. (사) [갑과 을의] 행위로 인하여 P학교법인이 민법 제35조 제1항[법인의 불법행위능력]에 의한 손해배상의 책임을 부담할 수 있다. (아) 그러므로 갑과 을의 배임행위로 인하여 P학교법인에게 ⓛ어음금 상당의 손해를 가한 것에 해당한다.

1) 후술 1446면 이하 참조.

2) 2009. 10. 15. 2009도5655, 공 2009, 1914 =『사료회사 신규 첨가제 사건』.

3) 2007. 7. 26. 2005도6439, 공 2007, 1413.

4) 2009. 10. 15. 2009도5655, 공 2009, 1914 =『사료회사 신규 첨가제 사건』.

회사의 이사 등이 타인에게 회사자금을 대여함에 있어, (가) 그 타인이 이미 채무변제능력을 상실하여 그에게 자금을 대여할 경우 회사에 손해가 발생하리라는 정을 충분히 알면서 이에 나아갔거나, (나) 충분한 담보를 제공받는 등 상당하고도 합리적인 채권회수조치를 취하지 아니한 채 만연히 대여해 주었다면, 그와 같은 자금대여는 타인에게 이익을 얻게 하고 회사에 손해를 가하는 행위로서 회사에 대하여 배임행위가 된다. 회사의 이사는 단순히 그것이 경영상의 판단이라는 이유만으로 배임죄의 죄책을 면할 수 없다.[1) 2)] 이러한 이치는 그 타인이 자금지원 회사의 계열회사라 하여 달라지지 않는다.[3) 4) 5)]

(나) 영업비밀 유출　　회사직원이 '영업비밀'을 경쟁업체에 유출하거나 스스로의 이익을 위하여 이용할 목적으로 무단으로 반출하였다면 그 반출시에 업무상 배임죄의 기수가 된다.[6)] 영업비밀이 아니더라도 그 자료가 불특정 다수의 사람에게 공개되지 않았고 사용자가 상당한 시간, 노력 및 비용을 들여 제작한 '영업상 주요한 자산'인 경우에도 그 자료의 반출행위는 업무상 배임죄를 구성한다.[7)]

회사직원이 '영업비밀'이나 '영업상 주요한 자산'인 자료를 적법하게 반출하여 그 반출행위가 업무상 배임죄에 해당하지 않는 경우라도, 퇴사시에 그 영업비밀 등을 회사에 반환하거나 폐기할 의무가 있음에도 경쟁업체에 유출하거나 스스로의 이익을 위하여 이용할 목적으로 이를 반환하거나 폐기하지 아니하였다면, 이러한 행위는 업무상 배임죄에 해당한다.[8)]

회사직원이 퇴사한 후에는 특별한 사정이 없는 한 그 퇴사한 회사직원은 더 이상 업무상 배임죄에서 타인의 사무를 처리하는 자의 지위에 있다고 볼 수 없다.[9)] 회사직원이 퇴사한 후 반환하거나 폐기하지 아니한 영업비밀 등을 경쟁업체에 유출하거나 스스로의 이익을 위하여 이용하더라도 이는 이미 성립한 업무상 배임 행위의 실행행위에 지나지 않는다. 그러므로 유출 내지 이용행위가 「부정경쟁방지 및 영입비밀보호에 관한 법률」 위반죄(동법18 참조; 영업비밀누설등) 또는 「산업기술의 유출방지 및 보호에 관한 법률」 위반죄(동법14, 36 참

---

1) 2000. 3. 14. 99도4923, 공 2000, 1011 = 『16개 계열사 모기업 지원 사건』 ☞ 부록 1705면.
2) 2017. 11. 9. 2015도12633, 공 2017하, 2382 = 『철강재 통합구매 지원 사건』 ☞ 부록 1706면.
3) 2000. 3. 14. 99도4923, 공 2000, 1011 = 『16개 계열사 모기업 지원 사건』.
4) 2017. 11. 9. 2015도12633, 공 2017하, 2382 = 『철강재 통합구매 지원 사건』.
5) 계열사 지원과 경영판단의 관계에 대해서는, 후술 1435면 참조.
6) 2008. 4. 24. 2006도9089, 공 2008, 809 = 분석 각론 『재택근무용 파일 사건』.
7) 2008. 4. 24. 2006도9089, 공 2008, 809 = 분석 각론 『재택근무용 파일 사건』.
8) 2008. 4. 24. 2006도9089, 공 2008, 809 = 분석 각론 『재택근무용 파일 사건』.
9) 2017. 6. 29. 2017도3808, 공 2017하, 1603 = 『퇴사후 파일 사용 사건』 ☞ 부록 1707면.

조; 산업기술유출 등) 등에 해당하는지 여부는 별론으로 하고, 따로 업무상 배임죄를 구성할 여지는 없다.[1]

퇴사한 회사직원에 대하여 타인의 사무를 처리하는 자의 지위를 인정할 수 없는 이상 제3자가 회사직원이 퇴사한 후 반환하거나 폐기하지 아니한 영업비밀 등을 경쟁업체에 유출하거나 스스로의 이익을 위하여 이용하는 행위에 공모·가담하였다 하더라도 그 타인의 사무를 처리하는 자의 지위에 있다는 등의 사정이 없는 한 업무상 배임죄의 공범 역시 성립할 수 없다.[2]

(다) 부실대출 금융기관의 임직원이 대출 상대방에 대한 사전 신용조사 등의 결과 대출금 채권의 회수가능성이 거의 없음을 예상할 수 있었음에도 담보를 전혀 제공받지 않거나 충분한 담보를 제공받지 않고서 자금을 대출하는 행위는 금융기관에 대하여 임무위배행위가 된다.[3]

---

1) 2017. 6. 29. 2017도3808, 공 2017하, 1603 =『퇴사후 파일 사용 사건』.

2) 2017. 6. 29. 2017도3808, 공 2017하, 1603 =『퇴사후 파일 사용 사건』.

3) 2000. 6. 27. 2000도1155, 공 2000, 1800 =『46억원 대출금 무죄 사건』:

(사실관계를 축약함.) 갑은 P은행의 은행장이다. A는 Q회사를 운영하고 있다. A는 갑에게 거액의 대출을 부탁하였다. P은행 본점은 Q회사에 대한 신용조사를 실시하였다. 신용조사 결과 "Q회사의 재무구조에 문제점이 있고 자금난이 심각할 뿐만 아니라 제공할 담보도 없어서 신규대출이 불가능하다"는 신용조사서가 나왔다(㉮신용조사서). 갑은 ㉮신용조사서에도 불구하고 Q회사에 60억원을 대출하였다(㉠대출금). P은행은 60억원 가운데 46억원을 Q회사의 기존 대출금에 대한 원리금 정리에 할애하였다(㉡대출금). P은행은 나머지 14억원을 Q회사에 교부하였다(㉢실교부액).

검사는 갑의 배임행위로 Q회사가 얻은 이득액이 60억원이라고 판단하였다. 검사는 갑을 특정경제범죄법 제3조 제1항 제1호 위반죄로 기소하였다. 갑의 피고사건은 제1심을 거친 후, 항소심에 계속되었다. 항소법원은 다음과 같이 판단하였다. (가) 14억원(㉢실교부액) : 유죄. (나) 46억원(㉡대출금) : 무죄. 갑은 유죄 부분에 불복하여 상고하였다. 검사는 무죄 부분에 불복하여 상고하였다.

대법원은 다음의 이유를 제시하여 상고를 모두 기각하였다. 대법원은 갑의 상고이유에 대해 다음과 같이 판단하였다. (가) 갑은 대표이사 은행장으로 재직중에 Q회사에 대하여 사전 신용조사 등의 결과 대출금 채권의 회수가능성이 거의 없음을 예상할 수 있었음에도 담보를 전혀 제공받지 않거나 충분한 담보를 제공받지 않고서 거액의 자금을 대출하였다. (나) 이는 P은행에 대하여 임무위배행위가 된다. (다) 이로써 Q회사로 하여금 대출금액 상당의 재산상의 이익을 얻게 하고 P은행에게 동액 상당의 재산상 실해의 위험을 초래하였다. (라) 갑에게 그에 대한 범의도 충분히 인정된다.

대법원은 검사의 상고이유에 대해 다음과 같이 판단하였다. (가) 업무상배임죄가 성립하기 위하여는 임무위배행위로 인하여 본인에게 재산상의 손해가 발생하여야 한다. (나) 금융기관이 거래처의 기존 대출금에 대한 원리금 및 연체이자에 충당하기 위하여 거래처가 신규대출을 받은 것처럼 서류상 정리하였더라도 금융기관이 실제로 거래처에게 대출금을 새로 교부한 것이 아니라면 그로 인하여 금융기관에게 어떤 새로운 손해가 발생하는 것은 아니다. (다) 그러므로 따로 업무상배임죄가 성립된다고 볼 수 없다. (마) 대출서류상으로는 갑이 Q회사에 60억원을 대출한 것으로 되어 있다. (바) 그러나 Q회사에 대한 대출금 중 46억원은 기존 대출금의 원리금 정리를 위한 것일 뿐 P은행에서 Q회사에 위 금액이 새로 교부된 것은 아니다. (사) 갑의 46억원 대출 부분은 무죄이다.

(3) 임무위배행위로 인정되지 않은 사례

골프장 운영회사의 이사들이 스스로 우대규정을 만들어서 골프장 이용에 따른 비용을 면제받은 행위가 이사로서의 임무에 위배되는 행위에 해당하는지는 우대규정의 적용을 통하여 단순히 회사에게 금전적인 수입의 감소가 발생하고 이사들에게 같은 액수에 상당하는 금전적 이익이 발생하였는지 여부만을 기준으로 살필 것이 아니라, 규정의 제정경위, 회사의 재정상태, 감소될 수입의 정도와 예상되는 무형적, 잠재적 이익의 정도 등 제반 사정들에 관하여 심리를 한 후 종합적으로 판단해야 한다.[1]

금융기관의 임직원이 대출 상대방에 대해 제3자 인수 및 구제금융에 의해 당해 거래처의 실적회복의 가망성이 어느 정도 확실하다고 예상했고, 필요 최소한도의 대출로 제한하였으며, 담보를 최대한 취득하기 위해 노력하였고, 당해 거래처의 경영에 대한 유효·적절한 지도를 하기 위하여 직원을 파견하는 등 채권확보를 위한 상당한 조치를 취한 경우에는 설사 충분한 담보의 취득 없이 여신관련 규정에 위반하면서 대출함으로 인하여 결과적으로 금융기관에 손해가 발생하였다 하더라도 이는 제3자 인수에 따른 종자돈(씨드머니)의 제공 및 금융조건의 완화로서 금융기관의 통상의 업무범위를 일탈했다고는 할 수 없다.[2]

4. 행위객체

(1) 형법상 배임죄와 재산상 이익의 취득

(가) 한국 형법의 특수성 배임죄가 성립하려면 임무위배행위를 함으로써 행위자가 재산상 이익을 취득하거나 제3자로 하여금 이를 취득하게 하여야 한다. 제3자는 행위자와 타인(즉 본인)을 제외한 다른 사람을 말한다. 재산상 이익의 취득이라는 배임죄의 객관적 구성요건요소는 독일 형법이나 일본 형법에는 규정되어 있지 아니한 것으로서 우리 형법의 특색 가운데 하나를 이룬다.

배임죄는 (가) 타인의 사무를 처리하는 자가 (나) 임무에 위배하는 행위를 하고 (다) 그러한 임무위배행위로 인하여 재산상의 이익을 취득하거나 제3자로 하여금 이를 취득하게 하여 (라) 본인에게 재산상의 손해를 가한 때 성립한다. 여기서 '재산상 이익 취득'과 '재산상 손해 발생'은 대등한 범죄성립요건이다. '재산상 이익 취득'과 '재산상 손해 발생'은 서로 대응하여 병렬적으로 규정되어 있다(법355②). 따라서 임무위배행위로 인하여 여러 재산상 이

---

1) 2009. 2. 26. 2008도522, [미간행] = 『우대회원 비용면제 사건』 ☞ 부록 1708면.
2) 2000. 6. 27. 2000도1155, 공 2000, 1800 = 『46억원 대출금 무죄 사건』.

익과 손해가 발생하더라도 재산상 이익과 손해 사이에 서로 대응하는 관계에 있는 등 일정한 관련성이 인정되어야 업무상배임죄가 성립한다.[1) 2)]

---

1) 2021. 11. 25. 2016도3452, 공 2022상, 122 = 『원금비보장형 금융상품 사건』 :

갑은 P새마을금고 전무이다. 갑은 새마을금고 감독기준 시행세칙에서 정한 여유자금 운용한도를 초과하여 Q회사로부터 원금비보장형 ㉠금융상품을 매입하였다. [이후 ㉠금융상품은 원금 손실로 귀결되었다.]

검사는 갑을 업무상 배임죄로 기소하였다. 공소사실의 요지는 다음과 같다. "갑은 임무위배행위로써 P새마을금고에 재산상 손해를 가하고 Q회사에 수수료 상당의 재산상 이익을 취득하게 하였다." 갑의 피고사건은 제1심을 거친 후, 항소심에 계속되었다. 항소법원은 유죄를 인정하였다. 갑은 불복 상고하였다.

대법원은 다음의 이유를 제시하여 원심판결을 파기환송하였다. 대법원은 배임죄에서 손해발생과 재산상 이익의 취득 사이의 관련성에 대해 다음과 같이 설시하였다. (가) 업무상배임죄는 (ㄱ) 업무상 타인의 사무를 처리하는 자가 (ㄴ) 임무에 위배하는 행위를 하고 (ㄷ) 그러한 임무위배행위로 인하여 재산상의 이익을 취득하거나 제3자로 하여금 이를 취득하게 하여 (ㄹ) 본인에게 재산상의 손해를 가한 때 성립한다. (나) 여기서 '재산상 이익 취득'과 '재산상 손해 발생'은 대등한 범죄성립요건이고, 이는 서로 대응하여 병렬적으로 규정되어 있다(형법 제356조, 제355조 제2항). (다) 따라서 임무위배행위로 인하여 여러 재산상 이익과 손해가 발생하더라도 재산상 이익과 손해 사이에 서로 대응하는 관계에 있는 등 일정한 관련성이 인정되어야 업무상배임죄가 성립한다.

대법원은 배임죄에서 손해발생과 재산상 이익의 산정방법에 대해 다음과 같이 설시하였다. (가) 업무상배임죄에서 본인에게 재산상 손해를 가한다 함은 총체적으로 보아 본인의 재산상태에 손해를 가하는 경우, 즉 본인의 전체적 재산가치의 감소를 가져오는 것을 말한다. (나) 이와 같은 법리는 타인의 사무를 처리하는 자 내지 제3자가 취득하는 재산상 이익에 대하여도 동일하게 적용되는 것으로 보아야 한다. (다) 또한 업무상배임죄는 본인에게 재산상 손해를 가하는 외에 임무위배행위로 인하여 행위자 스스로 재산상 이익을 취득하거나 제3자로 하여금 재산상 이익을 취득하게 할 것을 요건으로 한다. (라) 그러므로 본인에게 손해를 가하였다고 할지라도 행위자 또는 제3자가 재산상 이익을 취득한 사실이 없다면 배임죄가 성립할 수 없다.

대법원은 원심판결의 당부에 대해 다음과 같이 판단하였다. (가) 이 부분 공소사실의 취지는, (ㄱ) 새마을금고의 여유자금 운용에 관한 규정을 위반하여 원금 손실의 위험이 있는 금융상품을 매입한 갑의 임무위배행위로 인하여, (ㄴ) 본인인 P새마을금고에 액수 불상의 재산상 손해가 발생하였고, (ㄷ) Q주식회사 등 금융기관이 수수료 상당의 이익을 취득하였다는 것이다. (나) 이 부분 공소사실을 유죄로 판단하기 위해서는 갑의 임무위배행위로 인한 재산상 이익과 손해 사이에 대응관계가 있는 등 관련성이 인정되어야 한다.

(다) 그러나 이 부분 공소사실에 따르면, 갑의 위와 같은 임무위배행위로 인하여 본인인 P새마을금고에 발생한 액수 불상의 재산상 손해와 Q주식회사 등 금융기관이 취득한 수수료 상당의 이익 사이에는 앞서 본 바와 같은 관련성이 있다고 볼 수 없다. (라) 또한 Q주식회사 등 금융기관에 지급된 수수료는 판매수수료로서 갑이 금융상품을 매입하면서 금융기관으로부터 제공받은 용역에 대한 대가로 지급된 것이다. (마) 따라서 (ㄱ) 금융기관이 제공한 용역에 비하여 지나치게 과도한 수수료를 지급받았거나, (ㄴ) 고객의 이익을 무시하고 금융기관의 수수료 수익만을 증대시키기 위하여 과당매매 등의 방법으로 고액 수수료를 지급받았다는 등의 특별한 사정이 인정되지 않는 한, 금융기관이 용역 제공의 대가로 정당하게 지급받은 위 수수료가 갑의 임무위배행위로 인하여 취득한 재산상 이익에 해당한다고 단정하기 어렵다. (바) 이와 같이 금융기관이 수수료 상당의 재산상 이익을 취득하였다고 볼 만한 특별한 사정이 있다는 사실에 대한 증명책임은 검사에게 있으나, 기록상 그와 같은 사실을 인정할 증거를 찾을 수 없다.

(사) 결국 갑의 임무위배행위로 P새마을금고에 액수 불상의 재산상 손해가 발생하였다고 하더라도 금융기관이 취득한 수수료 상당의 이익을 그와 관련성 있는 재산상 이익이라고 인정할 수 없다. (아) 또한 공소사실에 재산상 이익으로 기재된 수수료 상당의 이익은 배임죄에서의 재산상 이익에 해당한다고 볼 수도 없다.

2) 2022. 8. 25. 2022도3717, [미간행] = 『축협 예금 농협 예치 사건』 :

배임죄에서 본인에게 재산상 손해를 가한다 함은 총체적으로 보아 본인의 재산상태에 손해를 가하는 경우, 즉 본인의 전체적 재산가치의 감소를 가져오는 것을 말한다. 이와 같은 법리는 타인의 사무를 처리하는 자 내지 제3자가 취득하는 재산상 이익에 대하여도 동일하게 적용된다.[1] 따라서 본인의 전체적 재산가치의 감소에 대응하여 타인의 사무를 처리하는 자 내지 제3자의 전체적 재산가치의 증가가 있는 경우에 재산상 이익의 취득이 인정된다.

타인에게 손해를 가하였다고 할지라도 행위자 또는 제3자가 재산상 이익을 취득한 사실이 없다면 배임죄가 성립할 수 없다.[2] 재산상 이익을 취득하였다고 볼 만한 특별한 사정이 있다는 사실에 대한 입증책임은 검사에게 있다.[3]

(나) 재산상 이익　　재산상 이익이란 전체재산에서 재물을 제외한 것을 말한다. 재산상 이익에는 적극적 이익과 소극적 이익이 모두 포함된다. '재산상 이익'의 개념에 대하여는 절

갑은 P군의 군수이다. 갑은 사단법인 P군교육발전위원회(Q위원회)의 이사장으로서 Q위원회 재산을 유지 및 보존, 관리하여야 한다. Q위원회는 R축협에 20억원의 정기예금을 예치하고 있었다. R축협 조합원들은 P군에서 추진하던 신공항 사업을 반대하였다. 갑은 이를 이유로 Q위원회 명의로 R축협에 예치된 정기예금을 중도해지하였다. 갑은 그 돈을 S농협에 재예치하도록 하였다. 이로 인하여 Q위원회는 만기 이자 중 2천 5백만원을 지급받지 못하였다.

검사는 다음 요지의 공소사실로 갑을 기소하였다. "갑은 임무에 위배하여 (ㄱ) S농협에 20억원의 자금을 운용할 수 있는 재산상 이익을 취득하게 하고, (ㄴ) Q위원회로 하여금 R축협의 정기예금 중도해지로 인해 만기 이자 중 2천 5백만원을 지급받지 못하게 하여 재산상 손해를 가하였다." 갑의 피고사건은 제1심을 거친 후, 항소심에 계속되었다. 항소법원은 유죄를 인정하였다.

대법원은 다음의 이유를 제시하여 원심판결을 파기환송하였다. 대법원은 재산상 이익의 취득과 재산상 손해발생 사이의 관련성 요건에 대해 다음과 같이 설시하였다. (가) 업무상배임죄는 업무상 타인의 사무를 처리하는 자가 임무에 위배하는 행위를 하고 그러한 임무위배행위로 인하여 재산상의 이익을 취득하거나 제3자로 하여금 이를 취득하게 하여 본인에게 재산상의 손해를 가한 때 성립한다. (나) 여기서 '재산상 이익 취득'과 '재산상 손해 발생'은 대등한 범죄성립요건이고, 이는 서로 대응하여 병렬적으로 규정되어 있다(형법 제356조, 제355조 제2항). (다) 따라서 임무위배행위로 인하여 여러 재산상 이익과 손해가 발생하더라도 재산상 이익과 손해 사이에 서로 대응하는 관계에 있는 등 일정한 관련성이 인정되어야 업무상배임죄가 성립한다.

대법원은 갑의 행위에 대해 다음과 같이 판단하였다. (가) S농협이 20억원의 운용기회를 취득한 것은 Q위원회와 정기예금계약을 체결하였기 때문이다. (나) S농협은 정기예금계약에 따라 Q위원회에 이에 따른 이자를 지급하게 된다. (다) 그러나 중도해지한 예금의 재예치 여부는 갑의 선택에 따른 것이고 반드시 정기예금 중도해지에 수반된 것이라고 볼 수 없다. (라) 그러므로 S농협이 Q위원회에 통상적인 이율보다 지나치게 낮은 정기예금 이자를 지급하였다는 등의 특별한 사정이 없는 한, S농협이 취득한 자금운용의 기회가 곧바로 갑의 임무위배행위로 인하여 취득한 재산상 이익에 해당한다고 단정하기 어렵다. (마) S농협이 Q위원회에 통상적인 이율보다 지나치게 낮은 이자를 지급하여 재산상 이익을 취득하였다는 등의 특별한 사정에 관한 증명책임은 검사에게 있으나, 기록상 이를 인정할 증거를 찾을 수 없다.

1) 2021. 11. 25. 2016도3452, 공 2022상, 122 =『원금비보장형 금융상품 사건』.
2) 2009. 12. 24. 2007도2484, 공 2010상, 285 =『영업사원 덤핑 할인판매 사건』☞ 부록 1710면.
3) 2007. 7. 26. 2005도6439, 공 2007, 1413.

도죄와 강도죄의 항목에서 설명한 바 있다.[1] 비트코인 등과 같은 가상자산은 국가에 의해 통제받지 않고 블록체인 등 암호화된 분산원장에 의하여 부여된 경제적인 가치가 디지털로 표상된 정보이다. 가상자산은 재산상 이익에 해당한다.[2]

재산상 이익을 취득한다 함은 총체적으로 보아 행위자 또는 제3자의 전체적 재산가치에 증가를 가져오는 것을 말한다.[3] 재산상 이익이 발생하였는지는 경제적 관점에서 실질적으로 판단해야 한다.[4]

(다) 부정된 사례 타인(즉 본인)에게 손해를 가하였다고 할지라도 행위자 또는 제3자가 재산상 이익을 취득한 사실이 없다면 배임죄는 성립하지 않는다.[5] 이와 관련한 판례의 사례를 몇 가지 본다.

회사의 영업사원이 덤핑판매를 하면서 회사가 정한 할인율 제한을 위반하였다 하더라도 시장에서 거래되는 가격에 따라 제품을 판매하였다면 지정 할인율에 의한 제품가격과 실제 판매시 적용된 할인율에 의한 제품가격의 차액 상당을 거래처가 얻은 재산상의 이익이라고 볼 수는 없다.[6]

대표이사가 경영권 다툼을 이유로 회사의 업무를 수행하지 아니하여 거래 상대방이 계약을 해제하면서 회사에 지급하였던 선급금을 반환받도록 한 것은 제3자가 재산상 이익을 취득한 경우에 해당하지 않는다. 거래 상대방이 지급하였던 선급금은 본인인 회사에 확정적으로 귀속된 것이 아니기 때문이다.[7]

대표이사가 경영권 다툼을 이유로 회사의 업무를 수행하지 아니하여 거래 상대방이 계약을 해제하면서 거래 상대방에게 위약금을 물게 하였다 하더라도 곧바로 제3자가 재산상 이익을 취득한 것에 해당하지는 않는다. 거래 상대방이 회사의 채무불이행으로 인하여 실제로는 아무런 손해를 입지 않았거나 위약금 액수보다 작은 손해를 입었다는 등의 특별한 사정이 인정되는 경우에 한하여 비로소 위약금 내지 위약금에서 실제 손해액을 공제한 차액에 해당하는 액수의 재산상의 이익을 취득한 것이 된다.[8]

아파트 입주자대표회의 회장이 종전 아파트 관리업체 등과의 법률적 분쟁 등을 이유로 열 사용요금의 납부를 위한 지출결의서 등에 날인을 요청받았음에도 날인을 거부한 결과 열

---

1) 전술 993면 이하 참조.
2) 2021. 12. 16. 2020도9789, 공 2022상, 223 = 『가상자산 착오이체 사건』.
3) 2007. 7. 26. 2005도6439, 공 2007, 1413 = 『컨베이어 계약 불이행 사건』 ☞ 부록 1711면.
4) 2009. 12. 24. 2007도2484, 공 2010, 285 = 『영업사원 덤핑 할인판매 사건』.
5) 2007. 7. 26. 2005도6439, 공 2007, 1413 = 『컨베이어 계약 불이행 사건』.
6) 2009. 12. 24. 2007도2484, 공 2010, 285 = 『영업사원 덤핑 할인판매 사건』.
7) 2007. 7. 26. 2005도6439, 공 2007, 1413 = 『컨베이어 계약 불이행 사건』.
8) 2007. 7. 26. 2005도6439, 공 2007, 1413 = 『컨베이어 계약 불이행 사건』.

공급업체에 연체금을 납부하게 한 경우에 연체금의 납부를 가리켜서 곧바로 제3자로 하여금 재산상 이익을 취득하게 한 것이라고 말할 수는 없다. 열 사용요금 납부 연체로 인하여 발생한 연체료는 금전채무 불이행으로 인한 손해배상에 해당한다. 열 공급업자가 열 사용요금 연체로 인하여 실제로는 아무런 손해를 입지 않았거나 연체료 액수보다 적은 손해를 입었다는 등의 특별한 사정이 인정되는 경우에 한하여 비로소 연체료 내지 연체료 금액에서 실제 손해액을 공제한 차액에 해당하는 재산상의 이익을 취득한 것으로 볼 수 있다.[1)]

금융상품을 매입할 때 금융기관에 지급된 수수료는 판매수수료로서 피고인이 금융상품을 매입하면서 금융기관으로부터 제공받은 용역에 대한 대가로 지급된 것이다. 따라서 금융기관이 제공한 용역에 비하여 지나치게 과도한 수수료를 지급받았거나, 고객의 이익을 무시하고 금융기관의 수수료 수익만을 증대시키기 위하여 과당매매 등의 방법으로 고액 수수료를 지급받았다는 등의 특별한 사정이 인정되지 않는 한, 금융기관이 용역 제공의 대가로 정당하게 지급받은 수수료가 피고인의 임무위배행위로 인하여 취득한 재산상 이익에 해당한다고 단정하기 어렵다.[2)] 금융기관이 과도한 수수료나 고액 수수료를 지급받았다는 등의 특별한 사정이 있다는 사실에 대한 증명책임은 검사에게 있다.[3)]

(2) 특정경제범죄법상 배임죄와 재산상 이익의 취득

(가) 특정경제범죄법상의 가중처벌 형법상 배임죄의 경우 재산상 이익의 취득이 인정되면 족하고, 취득한 재산상 이익의 가액이 얼마인지는 문제되지 않는다. 이에 반해 「특정경제범죄 가중처벌 등에 관한 법률」(특정경제범죄법)이 규정한 배임죄의 경우에는 취득한 재산상 이익의 가액이 5억원 이상 또는 50억원 이상이라는 것이 범죄구성요건의 일부로 되어 있고, 그 가액에 따라 가중처벌된다(동법3①). 또한 특정경제범죄법상 배임죄의 경우에는 이득액 이하에 상당하는 벌금을 병과할 수 있다(동조②).

특정경제범죄법 및 형법을 종합해 볼 때 배임죄의 처벌은 이득액의 정도에 따라 (가) 이득액이 5억원 미만인 배임죄는 5년 이하의 징역 또는 1천 5백만원 이하의 벌금으로(법355②), (나) 이득액이 5억원 미만인 업무상 배임죄는 10년 이하의 징역 또는 3천만원 이하의 벌금으로(법356), (다) 이득액이 5억원 이상 50억원 미만인 배임죄 또는 업무상 배임죄는 3년 이상의 유기징역으로(특정경제범죄법3① ii), (라) 이득액이 50억원 이상인 배임죄 또는 업무상 배임죄는 무기 또는 5년 이상의 징역으로(동조① i) 각각 처벌된다.

---

1) 2009. 6. 25. 2008도3792, 공 2009, 1249.
2) 2021. 11. 25. 2016도3452, 공 2022상, 122 = 『원금비보장형 금융상품 사건』.
3) 2021. 11. 25. 2016도3452, 공 2022상, 122 = 『원금비보장형 금융상품 사건』.

(나) 이득액 산정방법 특정경제범죄법상의 배임죄에서는 이득액에 따라 형벌이 가중된다. 그러므로 취득한 재산상 이익의 가액을 산정할 때에는 엄격하고 신중하게 산정해야 한다. 범죄와 형벌 사이에 적정한 균형이 이루어져야 한다는 죄형균형 원칙이나 형벌은 책임에 기초하고 그 책임에 비례하여야 한다는 책임주의 원칙이 훼손되지 않도록 유의해야 한다.[1)]

---

1) 2009. 9. 24. 2008도9213, 공 2009, 1803 =『신축 아파트 근저당권 약속 사건』:

건설업자 갑은 P은행으로부터 161억 2,500만원을 대출받으면서 향후 준공되는 M아파트에 대하여 1순위 근저당권을 설정해주기로 약정하였다. 이후 M아파트가 준공되었다. 갑은 M아파트를 담보로 Q보험회사로부터 85억원을 대출받으면서 Q회사에 채권최고액 108억 2,200만원의 1순위 근저당권을 설정해 주었다. 사건 발생일로부터 10여년이 경과한 시점이다.

형법 제355조 제2항은 배임죄를 5년 이하의 징역 또는 1천500만원 이하의 벌금으로 처벌하고 있다. 형법상 배임죄의 공소시효는 7년이다(형소법 제249조 제1항 제4호). 특정경제범죄법 제3조 제1항 제1호는 배임죄의 이득액이 50억원 이상일 때 무기 또는 5년 이상의 징역으로 처벌한다. 이 경우 공소시효는 15년이다(형소법 제1항 제2호). 특정경제범죄법 제3조 제1항 제2호는 배임죄의 이득액이 5억원 이상 50억원 미만일 때 3년 이상의 유기징역으로 처벌한다. 이 경우 공소시효는 10년이다(형소법 제1항 제3호).

검사는 갑을 특정경제범죄법위반죄(배임)로 기소하였다. 공소사실 요지는 다음과 같다. "갑은 Q회사로부터 대출금 85억원 상당의 재산상 이익을 취득하고 P은행에 대하여 Q회사에 대한 근저당권설정등기의 채권최고액인 108억 2,200만원 상당의 재산상 손해를 가하였다." 제1심법원은 공소시효 완성을 이유로 면소판결을 선고하였다. 검사는 불복 항소하였다. 항소법원은 항소를 기각하고, 제1심판결을 유지하였다. 검사는 불복 상고하였다.

대법원은 다음의 이유를 제시하여 상고를 기각하였다. 대법원은 배임죄의 이득액 산정에 대해 다음과 같이 설시하였다. (가) 형법 제355조 제2항의 배임죄는 타인의 사무를 처리하는 자가 그 임무에 위배하는 행위로써 재산상의 이익을 취득하거나 제3자로 하여금 이를 취득하게 하여 본인에게 손해를 가함으로써 성립하고, 그 취득한 재산상 이익의 가액이 얼마인지는 문제되지 않는다. (나) 이에 대하여 배임으로 인한 특정경제범죄 가중처벌 등에 관한 법률 위반죄에 있어서는 취득한 재산상 이익의 가액이 5억원 이상 또는 50억원 이상이라는 것이 범죄구성요건의 일부로 되어 있고 그 가액에 따라 그 죄에 대한 형벌도 가중되어 있다. (다) 그러므로 이를 적용함에 있어서는 취득한 재산상 이익의 가액을 엄격하고 신중하게 산정함으로써, 범죄와 형벌 사이에 적정한 균형이 이루어져야 한다는 죄형균형 원칙이나 형벌은 책임에 기초하고 그 책임에 비례하여야 한다는 책임주의 원칙이 훼손되지 않도록 유의하여야 한다.

대법원은 이득액 산정기준에 대해 다음과 같이 설시하였다. (가) 제3자로부터 금원을 융자받을 목적으로 타인을 기망하여 그 타인 소유의 부동산에 제3자 앞으로 근저당권을 설정케 한 자가 그로 인하여 취득하는 재산상 이익은 그 타인 소유의 부동산을 자신의 제3자와의 거래에 대한 담보로 이용할 수 있는 이익이다. (나) 전세권설정의무를 부담하는 자가 제3자에게 근저당권을 설정하여 준 경우 그 행위가 배임죄에 해당하는지 여부를 판단하기 위해서는 당시 그 부동산의 시가 및 선순위담보권의 피담보채권액을 계산하여 그 행위로 인하여 당해 부동산의 담보가치가 상실되었는지를 따져보아야 하는 것이다. (다) 그러므로 타인에 대하여 근저당권설정의무를 부담하는 자가 제3자에게 근저당권을 설정하여 주는 배임행위로 인하여 취득하는 재산상 이익 내지 그 타인의 손해는 그 타인에게 설정하여 주기로 한 근저당권의 담보가치 중 제3자와의 거래에 대한 담보로 이용함으로써 상실된 담보가치 상당이다. (라) 이를 산정함에 있어 제3자에 대한 근저당권 설정 이후에도 당해 부동산의 담보가치가 남아 있는 경우에는 그 부분을 재산상 이익 내지 손해에 포함시킬 수 없다.

대법원은 갑의 행위에 대해 다음과 같이 판단한 원심판결을 유지하였다. (가) 특정경제범죄법을 적용하려면 이득액이 50억원 또는 5억원 이상이어야 한다. (나) 배임죄의 이득액 및 손해액 산정 기준은 'P은행에 설정하여 주기로 한 근저당권의 채권최고액 - (M아파트의 시가 - Q회사에 설정하여 준 근저당권의 채권최고액)'

종래 판례는 특정경제범죄법의 사기죄 사안에서 기망에 의하여 편취한 부동산에 압류등기가 경료되어 있었더라도 그와 같은 사정이 행위자가 편취한 이득액을 그 부동산의 시가보다 감액하여 평가할 사유가 되지 못한다는 입장을 취하고 있었으나, 2007년의 판례변경을 통하여 실제 취득액을 산정해야 한다는 입장으로 전환하였다.[1] [2] 이러한 판례의 태도는 배임죄의 경우에도 마찬가지이다.

판례는 근저당권설정과 관련한 배임죄 사안에 대해 새로운 기준에 따라 이득액 산정기준을 다음과 같이 제시하였다. 타인(즉 본인)에 대하여 근저당권설정의무를 부담하는 자(사무처리자)가 제3자에게 근저당권을 설정하여 주는 배임행위로 인하여 취득하는 재산상 이익은 그 타인에게 설정하여 주기로 한 근저당권의 담보가치 중 제3자와의 거래에 대한 담보로 이용함으로써 상실된 담보가치에 상당한 것이다. 이때 제3자에 대한 근저당권 설정 이후에도 당해 부동산의 담보가치가 남아 있다면 그 부분은 취득한 재산상 이익에 포함되지 않는다.[3]

수개의 부동산이 공동담보로 제공된 경우에 그중 한 개의 부동산에 대하여 먼저 담보권이 실행되었다면 그 매득금 중에서 선순위채권자는 담보최고액의 범위 내에서 채권전액에 대하여 우선변제를 받을 권리가 있다. 그렇다고 할지라도 공동담보가 된 부동산 간에 는 그 가격의 비율에 따라 각각의 부동산들이 피담보채권을 부담하고 있다. 그러므로 공동담보가 된 부동산의 피담보채권에 대한 담보가치의 산정은 그 공동담보가 된 부동산의 가격 비율에 의하여 산정해야 한다.[4] 특정경제범죄법상의 이득액 산정방법에 대해서는 사기죄의 항목에서 설명한 바 있다.[5]

5. 손해의 발생

(1) 위험범설과 침해범설의 대립

(가) 문제의 소재 배임죄가 성립하려면 본인(=타인)에게 손해가 발생하여야 한다. 손해발생의 요건은 독일 형법, 일본 형법, 우리 형법이 공통적으로 설정하고 있는 배임죄의 요건이다. 우리 형법은 배임죄의 미수범을 처벌하고 있다(법359, 355②, 356).[6]

이다. (다) P은행이 입은 손해 또는 갑이 얻은 이득액이 50억원 또는 5억원 사이라는 증거가 없다. (라) 배임죄의 이득액 및 손해액의 산정이 불가능하므로 갑의 행위는 형법상 배임죄에 해당한다. (마) 형법상 배임죄의 경우 이미 공소시효가 완성되었다.

1) 2007. 4. 19. 2005도7288 전원합의체 판결, 공 2007, 923 = 분석 각론 『건축업자 대지 편취 사건』.
2) 전술 1184면 이하 참조.
3) 2009. 9. 24. 2008도9213, 공 2009, 1803 = 『신축 아파트 근저당권 약속 사건』.
4) 2011. 1. 13. 2009도10541, 공 2011상, 362 = 분석 각론 『양계장 이중저당 사건』.
5) 전술 1184면 이하 참조.
6) 일본 형법은 배임죄의 미수범을 처벌하고 있으나(동법 제250조, 제247조), 독일 형법에는 미수범 처벌

손해발생의 요건을 둘러싼 논의는 다음의 점에서 중요한 의미를 가진다. 먼저, 손해발생 유무에 따라 배임죄의 기수와 미수가 구별된다. 다음으로, 「특정경제범죄 가중처벌 등에 관한 법률」(특정경제범죄법)의 적용 여부가 달라진다. 본인에게 손해발생이 없으면 그에 상응하여 상대방 또는 제3자의 재산상 이익의 취득이 부정되므로 특정경제범죄법상의 배임죄는 성립하지 않는다.

(나) 위험범설과 침해범설 배임죄의 손해발생 개념을 놓고 위험범설과 침해범설이 대립하고 있다. 일반적으로 손해는 본인(=타인)의 전체재산의 감소를 의미한다. 전체재산의 감소가 문제되는 상황으로 (가) 전체재산이 감소할 위험이 다소라도 발생한 경우, (나) 전체재산이 감소할 위험이 구체적이고 현실적으로 발생한 경우, (다) 구체적·현실적 위험이 실현되어 전체재산이 실제로 감소한 경우의 세 가지를 상정해 볼 수 있다. 여기에서 배임죄의 손해발생을 어디까지 인정할 것인지 문제된다.

위험범설은 전체재산이 감소할 위험이 발생하기만 하면 손해발생을 인정하는 견해이다. 이 관점에 따르면 위의 세 가지 상황 가운데 (다)의 경우는 물론 (가)와 (나)의 경우에까지 기수책임을 인정하게 된다. 그런데 (가)의 경우까지 포함하게 되면 배임죄의 기수책임의 범위가 지나치게 확장된다. 그리하여 위험범설은 (나)와 (다)의 경우에 배임죄의 기수를 인정한다.

이에 대해 침해범설은 전체재산이 감소할 위험의 발생만으로는 아직 손해가 발생한 것이 아니라고 본다. 침해범설의 입장에서는 구체적·현실적 위험이 실현되어 전체재산이 실제로 감소한 (다)의 경우만을 손해발생으로 보고, 이 경우에만 배임죄의 기수를 인정한다. 이 문제에 대해 대법원은 견해가 나뉘었다.[1] 아래에서는 판례에서 제시된 위험범설과 침해범설의 논거를 살펴본다.

(다) 위험범설의 논거 첫째로, 손해발생은 재산상 이익의 취득과 관련하여 이해해야 한다. 우리 형법은 독일 형법이나 일본 형법과 달리 '재산상 이익의 취득'을 배임죄의 요건으로 설정하고 있다. 재산상 이익의 취득은 전체재산의 증가이며, 손해는 이에 대응하는 전체재산의 감소이다. 재산에 관한 권리의 취득은 재산상 의무의 부담에 대응한다. 아직 실현되지 않은 권리라 할지라도 상대방 또는 제3자가 그 권리를 취득하는 것은 재산상 이익의 취득에 해당한다. 이에 상응하여 아직 실현되지 않은 의무의 부담도 본인에게는 손해에 해당한다.

규정이 없다. 전술 1273면 이하 참조.

1) 2017. 7. 20. 2014도1104 전원합의체 판결, 공 2017하, 1760 = 『중복 대표이사 어음발행 사건』 ☞ 부록 1713면.

둘째로, 재산상 손해의 유무는 본인의 전체 재산상태와의 관계에서 법률적 판단에 의하지 않고 경제적 관점에서 파악해야 한다. 법률적 판단에 의하여 배임행위가 무효라 하더라도 경제적 관점에서 파악하여 배임행위로 인하여 본인에게 현실적인 손해를 가하였거나 재산상 실해 발생의 위험을 초래한 경우에는 재산상의 손해를 가한 때에 해당한다.

셋째로, 위험범설에 의하더라도 남용의 위험은 크지 않다. 재산상 실해 발생의 위험은 경제적 관점에서 재산상 손해가 발생한 것과 사실상 같다고 평가될 정도에 이르렀다고 볼 수 있을 만큼 구체적 · 현실적인 위험이 야기된 경우를 의미한다. 단지 막연한 가능성이 있다는 정도로는 손해발생을 인정하기에 부족하다. 그러므로 배임행위가 법률상 무효이기 때문에 본인의 재산 상태가 사실상으로도 악화된 바가 없다면 현실적인 손해가 없음은 물론이고 실해가 발생할 위험도 없는 것이므로 본인에게 재산상의 손해를 가한 것이라고 볼 수 없다.

(라) 침해범설의 논거　　첫째로, 배임죄를 위험범으로 파악하는 것은 형법규정의 문언에 부합하지 않는 해석이다. 형법 제355조 제2항은 임무에 위배하는 행위로써 재산상의 이익을 취득하거나 제3자로 하여금 이를 취득하게 하여 본인에게 손해를 가한 때에 배임죄가 성립한다고 규정하고 있다. 여기서 '손해를 가한 때'란 그 문언상 '손해를 현실적으로 발생하게 한 때'를 의미한다. '실해 발생의 위험을 가한 때'는 '손해를 가한 때'와 전혀 같지 않다. 이 둘을 똑같이 취급하는 해석은 문언해석의 범위를 벗어난 것일 뿐만 아니라, 형벌규정의 의미를 피고인에게 불리한 방향으로 확장하여 해석하는 것으로서 죄형법정주의 원칙에 반한다.

둘째로, 형법은 다른 재산범죄와 달리 배임죄의 경우에는 재산상 손해를 가할 것을 객관적 구성요건으로 명시하고 있다. 이는 타인의 사무를 처리하는 자가 임무에 위배한 행위를 하더라도 본인에게 현실적인 재산상 손해를 가하지 않으면 배임죄의 기수가 될 수 없다는 점을 강조하기 위한 입법적 조치로 이해된다. 따라서 재산상 손해가 구성요건으로 명시되어 있지 않은 사기죄나 횡령죄 등 다른 재산범죄의 재산상 이익이나 손해에 관한 해석론과 같이 하여야 할 필요가 없다. 배임죄의 경우에는 그 구성요건의 특수성과 입법취지 등을 고려하여 임무에 위배한 행위가 본인에게 현실적인 재산상 손해를 가한 경우에만 재산상 손해요건이 충족된다고 해석하여야 한다.

셋째로, 우리 형법은 배임죄의 미수범을 처벌하는 규정을 두고 있다. 이는 그 보호법익인 재산권에 대한 현실적인 침해에 이르지 아니하고 재산권 침해의 위험만 발생한 경우 배임죄의 기수가 아니라 배임죄의 미수로 처벌하겠다는 입법적 결단이다. 배임죄에서의 손해에 재산상 실해 발생의 위험이 포함된다고 보는 견해는 미수범 처벌규정이 없는 독일과 같은 국가의 법제에서 재산상 손해가 현실적으로 발생하지는 않았지만 처벌할 필요성이 있는 일정한 행위를 배임죄로 처벌하기 위하여 제시된 것이다. 미수범 처벌규정을 두고 있는 우리 형법에서는 이러한 견해를 무리하게 끌어들일 필요가 없다.

(마) 판례의 태도 손해발생의 범위를 놓고 대법원은 견해가 나뉘었다. 소수의견은 침해범설을 주장하였으나, 다수의견은 종전의 입장을 유지하여 위험범설을 지지하였다. 손해발생이 문제될 수 있는 상황으로 (가) 전체재산이 감소할 위험이 다소라도 발생한 경우, (나) 전체재산이 감소할 위험이 구체적이고 현실적으로 발생한 경우, (다) 구체적 · 현실적 위험이 실현되어 전체재산이 실제로 감소한 경우의 세 가지를 상정할 수 있다.

현재 판례는 다수의견에 따라, 구체적 · 현실적 위험이 실현되어 전체재산이 실제로 감소한 (다)의 경우뿐만 아니라 전체재산이 감소할 구체적이고 현실적인 위험이 발생한 (나)의 경우에 대해서도 손해발생을 인정하여 배임죄의 기수책임을 묻고 있다.[1] 그러나 전체재산이 감소할 위험이 다소라도 발생한 (가)의 경우는 손해발생의 영역에서 제외된다.[2]

---

1) 2017. 7. 20. 2014도1104 전원합의체 판결, 공 2017하, 1760 =『중복 대표이사 어음발행 사건』.

2) 2017. 10. 12. 2017도6151, 공 2017하, 2158 =『배합사료 영업사원 사건』:

P회사는 배합사료 판매회사이다. 갑은 P회사의 영업사원으로 근무하고 있다. A는 Q농장을 운영하고 있다. 갑은 Q농장에 배합사료를 판매하려고 하였다. 영업사원은 거래처와 계속적 거래를 유지하기 위하여 거래처에 할인을 해 주어야 할 경우가 있다. 이 경우 영업사원은 영업관리 매뉴얼에 따라 할인율을 결정하고 회사의 내부 결재를 받아야 한다. 갑은 영업관리 매뉴얼보다 높은 ㉠할인률을 적용하여 A에게 공급하겠다고 약속하였다. A는 ㉠할인률로 공급을 받겠다고 말하였다.

갑은 A에게 6억원 상당의 배합사료를 공급하였다. 갑은 P회사에 보고하거나 결재를 받지 않고 ㉠할인률을 적용하여 A로부터 받아야 할 사료대금 중 400만원을 할인해 주었다. 갑의 할인행위는 A에게 배합사료를 공급할 때마다 반복되었다. 갑이 할인해 준 금액은 5억원에 이르렀다(㉡금액). P회사와 Q농장 사이에 ㉡금액의 지급을 둘러싸고 ㉮민사소송이 제기되었다. ㉮소송의 제1심은 P회사가 승소하였다. Q농장은 1심판결에 불복하여 항소한 상태이다.

검사는 갑을 특정경제범죄법위반죄(배임)로 기소하였다. 제1심법원은 다음의 이유를 들어 무죄를 선고하였다. (가) (사실관계 분석; 생략.) (나) A는 갑에게 사료대금을 할인하거나 장려금을 추가로 지급할 권한이 없다는 것을 잘 알고 있었던 것으로 보인다. (다) 갑이 A에게 할인금을 지급하기로 약속하였다고 하더라도 이는 P회사에 대한 관계에서 무효이다. (라) P회사에 구체적 · 현실적인 재산상 실해 발생의 위험이 야기되었다고 보기 어렵다. (마) 따라서 갑의 행위는 배임죄를 구성하지 않는다. 검사는 불복 항소하였다.

항소심은 다음의 이유를 들어 제1심판결을 파기하고 유죄를 인정하였다. (가) 갑의 사료대금 할인 약속 행위가 P회사에 대한 관계에서 무효라고 보자. (나) (사실관계 분석; 생략.) (다) 갑은 고율의 할인률을 약속하여 자신이 맡은 거래를 계속할 수 있었다. (라) P회사와 Q농장 사이에 ㉮소송이 진행되고 있다. (마) 경제적 관점에서 볼 때 갑의 행위로 인하여 P회사에 실해 발생의 위험이 초래되었다고 보아야 한다. (바) 따라서 갑의 행위는 배임죄를 구성한다. 갑은 불복 상고하였다.

대법원은 다음의 이유를 제시하여 원심판결을 파기환송하였다. 대법원은 배임죄의 손해발생 요건에 대해 다음과 같이 설시하였다. (가) 업무상 배임죄는 업무상 타인의 사무를 처리하는 자가 임무에 위배하는 행위를 하고 그러한 임무위배행위로 인하여 재산상의 이익을 취득하거나 제3자로 하여금 이를 취득하게 하여 본인에게 재산상의 손해를 가한 때 성립한다. (나) 업무상 배임죄에서 재산상의 손해에는 현실적인 손해가 발생한 경우뿐

(2) 손해발생의 범위

(가) 손 해 본인(=타인)의 전체적 재산가치의 감소를 의미한다. 본인에게 손해를 가한다 함은 총체적으로 보아 본인의 재산상태에 감소를 가져오는 것을 말한다. 여기에는 현실적인 손해를 가한 경우뿐만 아니라 재산상 구체적 · 현실적 실해 발생의 위험을 초래한 경우도 포함된다.[1] 또한 손해액이 구체적으로 명백하게 확정되지 않았다고 하더라도 배임죄의 성립에는 영향이 없다.[2]

배임죄의 요건으로서 손해에는 적극적 손해와 소극적 손해가 모두 포함된다. 재산의 처분 등에 의한 직접적인 재산의 감소와 보증이나 담보제공 등 채무부담으로 인한 재산의 감소가 적극적 손해에 해당한다. 이에 대해 소극적 손해는 객관적으로 보아 취득할 것이 충분히 기대되는데도 임무위배행위로 말미암아 이익을 얻지 못한 경우를 의미한다.[3) 4)]

(나) 판단방법 재산상 손해의 유무에 대한 판단은 본인(=타인)의 전 재산상태를 고려하여 경제적 관점에 따라 판단되며,[5] 법률적 판단에 영향을 받지 않는다.[6] 법률적 판단

만 아니라 재산상 실해 발생의 위험을 초래한 경우도 포함된다. (다) 재산상 손해의 유무에 대한 판단은 법률적 판단에 의하지 않고 경제적 관점에서 파악하여야 한다.

(라) 재산상 손해가 발생하였다고 평가될 수 있는 재산상 실해 발생의 위험이라 함은 본인에게 손해가 발생할 막연한 위험이 있는 것만으로는 부족하다. (마) 재산상 손해가 발생하였다고 평가될 수 있는 재산상 실해 발생의 위험은 경제적인 관점에서 보아 본인에게 손해가 발생한 것과 같은 정도로 구체적인 위험이 있는 경우를 의미한다. (바) 재산상 실해 발생의 위험은 구체적 · 현실적인 위험이 야기된 정도에 이르러야 하고 단지 막연한 가능성이 있다는 정도로는 부족하다.

대법원은 무효인 법률행위와 배임죄의 손해발생 사이의 관계에 대해 다음과 같이 설시하였다. (가) 업무상 배임죄에서 타인의 사무를 처리하는 자의 임무위배행위는 민사재판에서 법질서에 위배되는 법률행위로서 무효로 판단될 가능성이 적지 않다. (나) 그 결과 본인(타인)에게도 아무런 손해가 발생하지 않는 경우가 많다. (다) 이러한 경우에는 그 의무부담행위로 인하여 (ㄱ) 실제로 채무의 이행이 이루어졌는지 또는 (ㄴ) 본인이 민법상 사용자책임 등을 부담하게 되었는지 등과 같이 '현실적인 손해'가 발생하거나 '실해 발생의 위험'이 생겼다고 볼 수 있는 사정이 있는지를 면밀히 심리 · 판단하여야 한다.

대법원은 갑의 행위에 대해 다음과 같이 판단하였다. (가) 원심판결은, 갑의 사료대금 할인 약속 행위 등이 P회사에 대한 관계에서 무효라고 보더라도, 경제적 관점에서 보아 P회사에 손해가 발생하였다고 볼 수 있는 사정으로 (ㄱ) 갑은 고율의 할인률 약속 행위로 자신이 맡은 거래를 계속할 수 있었다는 점, (ㄴ) ㉮소송의 제1심에서 P회사가 승소하였지만 상대방의 항소로 항소심에 계속 중인 이상 사용자책임 등을 부담할 가능성을 완전히 배제하기 어렵다는 점 등을 들고 있다. (나) 원심이 제시한 이와 같은 사정만으로는 P회사에 재산상 실해가 발생할 가능성이 생겼다고 말할 수는 있다. (다) 그러나 원심이 제시한 이와 같은 사정만으로는 나아가 그 실해 발생의 위험이 구체적 · 현실적인 정도에 이르렀다고 보기는 어렵다.

1) 2017. 7. 20. 2014도1104 전원합의체 판결, 공 2017하, 1760 = 『중복 대표이사 어음발행 사건』.
2) 2017. 7. 20. 2014도1104 전원합의체 판결, 공 2017하, 1760 = 『중복 대표이사 어음발행 사건』.
3) 2013. 4. 26. 2011도6798, 공 2013상, 993 = 분석 각론 『금형제작 납품계약 사건』.
4) 2007. 7. 26. 2005도6439, 공 2007, 1413 = 『컨베이어 계약 불이행 사건』.
5) 2008. 2. 28. 2007도5987, 공 2008, 471 = 분석 각론 『LBO 담보제공 사건』.
6) 2005. 4. 15. 2004도7053, 공 2005, 791 = 분석 각론 『제31 동산호 사건』.

에 의하여 배임행위가 무효라 하더라도 경제적 관점에서 파악하여 배임행위로 인하여 본인에게 현실적인 손해를 가하였거나 재산상 구체적 · 현실적 실해 발생의 위험을 초래한 경우에는 재산상의 손해를 가한 때에 해당된다.[1)]

일단 손해의 위험을 발생시킨 이상 나중에 피해가 회복되었다고 하여도 배임죄의 성립에는 영향을 미치지 않는다.[2) 3)] 소극적 손해의 경우에는 임무위배행위가 없었다면 실현되었을 재산상태와 임무위배행위로 말미암아 현실적으로 실현된 재산상태를 비교하여 그 유무 및 범위를 산정해야 한다.[4)]

(3) 손해발생의 입증 문제

(가) 문제의 소재 배임죄의 요건인 재산상의 손해에는 현실적인 손해가 발생한 경우

---

1) 2017. 7. 20. 2014도1104 전원합의체 판결, 공 2017하, 1760 =『중복 대표이사 어음발행 사건』.

2) 2008. 2. 28. 2007도5987, 공 2008, 471 = 분석 각론『LBO 담보제공 사건』.

3) 2015. 11. 26. 2014도17180, 공 2016상, 88 =『어학원 임차보증금 선급 사건』:

P회사는 H어학원을 운영하는 회사이다. 갑은 P회사의 대표이사이자 대주주이다. Q회사는 외국인 강사와의 일대일 외국어 교육 사업을 위하여 설립된 회사이다. 갑은 Q회사의 대주주로서 Q회사를 실질적으로 지배하고 있다. M지역의 H어학원 강의실은 여러 건물에 흩어져 있고 건물이 낙후되었다. 갑은 P회사 임직원들과 상의하여 M지역의 ㉠토지를 매수하여 ㉡학원건물을 짓기로 하였다. 갑은 Q회사 명의로 ㉠토지를 매수하였다. Q회사는 ㉠토지를 매수하고 ㉡건물을 신축하기 위한 자금조달에 임하였다. Q회사는 R은행으로부터 ㉢대출을 받았다. P회사는 Q회사를 위하여 ㉢대출 시에 연대보증을 하였다. (연대보증 부분은 고찰에서 제외함.)

㉡건물을 착공하기 전에 P회사는 Q회사와 다음의 약정을 체결하였다(㉣약정). (가) P회사가 ㉡건물을 우선하여 임차한다. (나) P회사는 Q회사에 ㉣임차보증금을 선지급한다. P회사가 Q회사에 두 차례에 걸쳐 선지급한 ㉣임차보증금은 254억원에 달하였다. ㉠토지에 문화재가 발견되었다. ㉡건물의 착공은 문화재 발굴 등을 이유로 계속 지연되었다. ㉡건물은 ㉣약정으로부터 5년 후에 완공되었다. H어학원은 신축된 ㉡건물에 입주하였다.

검사는 갑을 특정경제범죄법위반죄(배임)로 기소하였다. 갑의 피고사건은 제1심을 거친 후, 항소심에 계속되었다. 항소법원은 다음의 이유를 들어서 무죄를 선고하였다. (가) ㉣임차보증금 선지급 행위를 임무위배행위라고 할 수 없다. (나) P회사에 현실적 손해가 발생하였거나 재산상 실해 발생의 위험이 초래되었다고 보이지 않는다. (다) 갑에게 배임의 고의가 있었다고 보기도 어렵다. 검사는 불복 상고하였다.

대법원은 다음의 이유를 제시하여 원심판결을 파기환송하였다. (가) (전략) [배임죄에서] 재산상 손해의 유무에 관한 판단은 법률적 판단에 의하지 아니하고 경제적 관점에서 실질적으로 판단되어야 한다. (나) 일단 손해의 위험을 발생시킨 이상 나중에 피해가 회복되었다고 하여도 배임죄의 성립에 영향을 주는 것은 아니다. (다) 갑은 ㉡건물이 완성되지 아니하였음에도 P회사로 하여금 미리 두 차례에 걸쳐 254억원의 임대차보증금을 지급하도록 하면서 그 채권 회수 방안을 확보하지 아니하였다. (라) 뿐만 아니라 갑은 ㉣임차보증금을 선지급하면서 P회사 이사회의 승인을 받지 않았다. (마) ㉡건물이 완성된 후 P회사가 이를 실제로 임차하였다는 등의 사정은 범죄 성립 이후의 사후적인 사정에 불과하다. (바) 갑의 행위는 P회사에 대한 임무위배행위로서 P회사에 재산상 손해발생의 위험을 초래하였다고 보기 충분하다. (사) 갑에 배임의 고의 또한 인정된다고 보는 것이 옳다.

4) 2009. 5. 29. 2007도4949 전원합의체 판결, 공 2009, 1079 =『에버랜드 전환사채 발행 사건』.

뿐만 아니라 재산상 구체적 · 현실적 실해 발생의 위험을 초래한 경우도 포함된다. 이 점에서 배임죄를 위험범이라고 부른다. 배임죄가 위험범이라고 할 때 손해발생의 위험성에 대한 입증이 필요한지 문제된다. 배임죄는 위험범이므로 굳이 손해발생에 대한 입증을 하지 않아도 좋지 않은가 하는 것이 의문의 골자이다.

(나) 판례의 변화　　종래 판례는 사무처리자의 임무위배행위가 있으면 타인(= 본인)에게 손해발생의 위험이 발생하는 것으로 보고 있었다. 그러나 2008년 대법원은 "[금융기관의] 임 · 직원이 단순히 동일인 대출한도를 초과하여 대출하였다는 사정을 근거로 하여 대출금에 대한 회수 가능 여부나 담보의 적정 여부 등을 따져보지 아니한 채 당해 [금융기관]에 재산상 손해를 가한 것이라고 판시한 의견은 이 판결로써 변경하기로 한다."고 판시하여 손해발생의 요건을 적극적으로 입증해야 한다는 쪽으로 판례를 변경하였다.[1)]

---

1) 2008. 6. 19. 2006도4876 전원합의체 판결, 공 2008, 1181 =『새마을금고 동일인 대출한도 사건』:
갑은 P새마을금고(P금고)의 상무이다. P금고에서 상무는 일반직원 중에서 가장 높은 직위에 있는 사람으로 P금고의 여 · 수신업무 등의 실무책임을 맡고 있다. P금고에서는 대출 여부에 관하여 임원진에서 결정을 한다. 그러나 갑이 실무책임자로서 1차적으로 심사를 하고 있다. 갑은 동일인 한도를 초과하여 A 등에게 거액의 대출을 하는 데에 관여하였다. 새마을금고법의 ㉠규정에 따르면 동일인 한도 초과 대출행위는 형사처벌된다.

검사는 갑을 특정경제범죄법위반죄(배임) 및 새마을금고법위반죄로 기소하였다. 기존의 대법원판례는 동일인 한도를 초과하여 대출하는 행위에 대해 배임죄를 인정하고 있었다. 갑의 피고사건은 제1심을 거친 후, 항소심에 계속되었다. 항소법원은 종전 판례에 따라 두 가지 공소사실에 대해 모두 유죄를 인정하였다. 갑은 불복 상고하였다.

대법원은 다음의 이유를 제시하여 원심판결을 파기환송하였다. 대법원은 배임죄 성립 여부를 놓고 8 대 4로 견해가 나뉘었다. 대법원은 다수의견에 따라 종전 판례를 폐기하였다. (이하 다수의견을 대법원으로 표시하여 소개함.) 대법원은 대출규정 위반과 배임죄의 관계에 대해 다음과 같이 설시하였다. (가) [업무상 배임죄에서] 임무위배행위가 있다고 하여 본인에게 재산상 손해가 당연히 발생하지는 않는다. (나) 임무위배행위와는 별도로 재산상 손해의 발생 여부를 판단하여야 한다. (다) 재산상의 손해에는 현실적인 손해가 발생한 경우뿐만 아니라 재산상 실해발생의 위험을 초래한 경우도 포함된다. (라) 재산상 손해의 유무에 대한 판단은 법률적 판단에 의하지 아니하고 경제적 관점에서 파악하여야 한다.

(마) 금융기관의 임 · 직원이 대출규정을 위반하여 대출함으로써 그 임무에 위배되는 행위를 하였다고 하더라도 그 대출행위를 업무상 배임죄로 처벌하려면 그로 인하여 금융기관에 현실적인 손해가 발생하였거나 재산상 실해발생의 위험, 즉 경제적 관점에서 재산상 손해가 발생한 것과 사실상 같다고 평가될 정도의 위험이 발생하였다고 판단되어야 한다.

(바) (새마을금고법 분석; 생략함.) (사) 동일인 대출한도를 초과하였다는 사정만으로는 다른 회원들에 대한 대출을 곤란하게 하여 새마을금고의 적정한 자산운용에 장애를 초래한다는 등 어떠한 위험이 발생하였다고 단정할 수 없다. (아) 따라서 동일인 대출한도를 초과하여 대출함으로써 구 새마을금고법을 위반하였다고 하더라도, 대출한도 제한규정 위반으로 처벌함은 별론으로 하고, 그 사실만으로 특별한 사정이 없는 한 업무상 배임죄가 성립한다고 할 수 없다.

(자) (ㄱ) 일반적으로 이러한 동일인 대출한도 초과대출이라는 임무위배의 점에 더하여 (ㄴ) 대출 당시의 대출채무자의 재무상태, 다른 금융기관으로부터의 차입금, 기타 채무를 포함한 전반적인 금융거래상황, 사업현황 및 전망과 대출금의 용도, 소요기간 등에 비추어 볼 때 (ㄷ) 채무상환능력이 부족하거나 제공된 담보의

그리하여 대법원은 "금융기관의 임·직원이 대출규정을 위반하여 대출함으로써 그 임무에 위배되는 행위를 하였다고 하더라도 그 대출행위를 업무상 배임죄로 처벌하려면 그로 인하여 금융기관에 현실적인 손해가 발생하였거나 재산상 실해 발생의 위험, 즉 경제적 관점에서 재산상 손해가 발생한 것과 사실상 같다고 평가될 정도의 위험이 발생하였다고 판단되어야 한다."는 새로운 기준을 제시하고 있다.

(다) 판례에 대한 평가 판례의 입장변화는 대단히 바람직하다고 본다. 임무위배행위로부터 손해발생의 요건을 곧바로 긍정하는 것은 배임죄를 의무형법화하는 위험이 있다. 우리 형법이 재산상 이익의 취득을 배임죄의 객관적 구성요건으로 독립시킨 것과 마찬가지로 손해발생의 요건을 적극적으로 입증하도록 하는 것 또한 배임죄의 지나친 확대적용을 방지하는 중요한 안전장치이다.

(라) 입증의 정도 새로운 판례의 기준에 따를 때, 사무처리자를 배임죄로 처벌하려면 (가) 현실적인 손해가 발생하였거나 (나) 재산상 구체적·현실적 실해 발생의 위험이 입증되어야 한다. (나)의 실해 발생의 위험에 대한 입증은 경제적 관점에서 재산상 손해가 발생한 것과 사실상 같다고 평가될 정도의 위험이 발생하였다고 판단되는 정도의 입증을 의미한다.[1]

손해발생의 입증은 합리적인 의심이 없는 정도의 증명에 이르러야 한다. 배임행위로 인한 재산상 손해의 발생 여부가 충분히 입증되지 않았음에도 가볍게 액수 미상의 손해가 발생하였다고 인정함으로써 배임죄의 기수를 인정하는 것은 허용되지 않는다.[2] 손해가 발생하였음은 검사가 입증하여야 한다.[3]

(4) 손해발생과 관련한 구체적 사례

손해발생은 배임죄의 핵심적 구성요건 가운데 하나이다. 손해발생 여부와 관련한 판례의 사례를 몇 가지 살펴본다.

(가) 주식매도 회사의 대표이사 등이 그 임무에 위배하여 회사가 보유하는 주식을 적정가액 이하로 매도하면 손해발생이 인정된다. 이 경우 저가매도로 회사에 가한 손해액은 통상 주식의 실제 매매대금과 주식의 적정가액 사이의 차액 상당액이 된다.

비상장주식을 거래한 경우에 있어서 그에 관한 객관적 교환가치가 적정하게 반영된 정

경제적 가치가 부실해서 대출채권의 회수에 문제가 있는 것으로 판단되는 경우에 (ㄹ) 재산상 손해가 발생하였다고 보아 업무상배임죄가 성립한다고 하여야 할 것이다.

1) 2008. 6. 19. 2006도4876 전원합의체 판결, 공 2008, 1181 =『새마을금고 동일인 대출한도 사건』.

2) 2009. 10. 29. 2008도11036, 공 2009, 2048 =『자사주 경영권 프리미엄 사건』 ☞ 부록 1716면.

3) 2009. 6. 25. 2008도3792, 공 2009, 1249.

상적인 거래의 실례가 있는 때에는 그 거래가격을 적정가액으로서의 시가로 보아야 한다. 그러나 만약 그러한 거래사례가 없는 경우에는 거래 당시 당해 비상장법인 및 거래당사자의 상황, 당해 업종의 특성 등을 종합적으로 고려하여, 보편적으로 인정되는 여러 가지 평가방법들 중의 하나인 「상속세 및 증여세법」에 따른 평가방법에 따라 주식의 적정가액을 평가할 수 있다.[1]

주식이 회사의 경영권을 행사할 수 있는 이른바 경영권 프리미엄을 지니고 있는 경우에는 그 가치를 평가하여 주식의 적정가액 산정에 가산하여야 한다.[2] 이 경우 「상속세 및 증여세법」에 따른 평가방법에 따라 주식의 적정가액을 평가할 수는 없다. 경영권 프리미엄의 가치는 궁극적으로는 거래 상대방과의 교섭조건, 교섭능력 등에 따라 구체화될 수밖에 없기 때문이다.[3]

(나) 차입매수　　차입매수 또는 LBO(Leveraged Buy-Out의 약어)란 일반적으로 기업인수를 위한 자금의 상당 부분에 관하여 (가) 피인수회사의 자산을 담보로 제공하여 차입한 자금 또는 (나) 차입금의 상당 부분을 피인수기업의 자산으로 변제하기로 하여 차입한 자금으로 충당하는 방식 등의 기업인수기법을 말한다. 차입매수 또는 LBO는 일의적인 법적 개념이 아니라 위의 기업인수기법을 일괄하여 부르는 경영학상의 용어이다.[4]

거래 현실에서 차입매수 또는 LBO 방식에 의한 기업인수의 구체적인 형태는 매우 다양하다. 이러한 차입매수에 관하여는 이를 따로 규율하는 법률이 없는 이상 일률적으로 차입매수 방식에 의하여 기업인수를 주도한 관련자들에게 배임죄가 성립한다거나 성립하지 않는다고 단정할 수 없다. 배임죄의 성립 여부는 차입매수가 이루어지는 과정에서의 행위가 배임죄의 구성요건에 해당하는지 여부에 따라 개별적으로 판단되어야 한다.[5]

LBO 방식을 사용하는 경우, 피인수회사로서는 주채무가 변제되지 아니할 경우에는 담보로 제공되는 자산을 잃게 되는 위험을 부담하게 된다. 따라서 LBO 방식은 인수자가 피인수회사에 위와 같은 담보제공으로 인한 위험부담에 상응하는 대가를 지급하는 등 반대급부를 제공하는 경우에 한하여서만 허용된다.[6]

만일 인수자가 피인수회사에 아무런 반대급부를 제공하지 않고 임의로 피인수회사의 재산을 담보로 제공하게 하였다면, 인수자 또는 제3자에게 담보가치에 상응한 재산상

---

1) 2007. 2. 8. 2006도483, 공 2007, 456 = 『비상장주식 저가매입 사건』.
2) 2009. 10. 29. 2008도11036, 공 2009, 2048 = 『자사주 경영권 프리미엄 사건』.
3) 2009. 10. 29. 2008도11036, 공 2009, 2048 = 『자사주 경영권 프리미엄 사건』.
4) 2010. 4. 15. 2009도6634, 공 2010상, 946 = 분석 각론 『LBO 인수합병 사건』.
5) 2010. 4. 15. 2009도6634, 공 2010상, 946 = 분석 각론 『LBO 인수합병 사건』.
6) 2008. 2. 28. 2007도5987, 공 2008, 471 = 분석 각론 『LBO 담보제공 사건』.

이익을 취득하게 하고 피인수회사에게 그 재산상 손해를 가한 것이 되어 배임죄를 구성한다.[1)]

그러나 인수회사와 피인수회사가 각각 적법한 절차에 따라 합병한 후 인수회사가 합병된 피인수회사의 자산으로 인수회사의 인수차입금 일부를 변제한 것은 배임죄에 해당하지 않는다.[2)]

(다) 자금지원 회사가 행한 대출의 실질이 자금 이동 없는 서류상의 채무자 변경에 불과하고 실질적인 담보력에 변화가 없어 이로 인하여 대출채권을 회수하지 못할 위험이 발생하였거나 발생할 염려가 생긴 것이 아니라면 대표이사의 대출행위는 배임죄를 구성하지 않는다.[3)]

회사(Q회사)의 이사(갑) 등이 다른 사람(P회사)에게 회사(Q회사) 소유의 자금을 대여할 때 (가) 그 다른 사람(P회사)이 이미 채무변제능력을 상실하여 그(P회사)에게 자금을 대여할 경우 회사(Q회사)에 손해가 발생하리라는 정을 충분히 알면서 이에 나아갔거나, (나) 충분한 담보를 제공받는 등 상당하고도 합리적인 채권회수조치를 취하지 아니한 채 만연히 대여해 주었다면, 그와 같은 자금대여는 그 다른 사람(P회사)에게 이익을 얻게 하고 회사(Q회사)에 손해를 가하는 행위로서 회사(Q회사)에 대하여 배임행위가 된다.[4)]

그러나 회사(Q회사)의 이사(갑) 등이 다른 사람(P회사)의 채무에 대하여 보증을 하였는데, 피보증인(P회사)이 변제자력이 없어 결국 보증인(Q회사)이 그 보증채무를 이행하게 될 우려가 있는 상황에서, 보증인(Q회사)이 피보증인(P회사)에게 신규로 자금을 제공하거나 피보증인(P회사)이 신규로 자금을 차용하는 데 담보를 제공하면서 그 신규자금이 이미 보증을 한 채무의 변제에 사용되도록 한 경우라면 보증인(Q회사)으로서는 기보증채무와 별도로 새

---

1) 2008. 2. 28. 2007도5987, 공 2008, 471 = 분석 각론 『LBO 담보제공 사건』.

2) 2010. 4. 15. 2009도6634, 공 2010상, 946 = 분석 각론 『LBO 인수합병 사건』.

3) 2007. 6. 1. 2006도1813, 공 2007, 1022 = 『서류상 채무인수 사건』:

갑은 L그룹의 회장이다. 갑은 회장으로서 L그룹 소속 계열사들의 재무·인사 등 업무를 장악하고 있다. P, Q, R회사는 L그룹 소속 계열사들이다. R회사는 금융기관이다. R회사는 P회사에 대해 ㉠대출을 해주었다. P회사는 ㉠채무를 상환할 능력이 없는 상태에 이르렀다. 갑은 R회사의 임직원 을과 상의하여 Q회사에 ㉡대출을 하도록 지시하였다. ㉡대출은 P회사의 ㉠채무를 Q회사가 인수하는 서류상의 채무자 변경이었다.

검사는 갑을 특정경제범죄법위반죄(배임)로 기소하였다. 갑의 피고사건은 제1심을 거친 후, 항소심에 계속되었다. 항소법원은 무죄를 선고하였다. 검사는 불복 상고하였다.

대법원은 다음의 이유를 제시하여 상고를 기각하였다. (가) R회사의 ㉡대출은 실질적인 자금 이동 없이 채무상환 능력이 없는 종전 채무자인 P회사의 채무를 Q회사가 인수하는 서류상의 채무자 변경에 불과하다. (나) ㉡대출을 전후하여 실질적인 담보력에 변화가 생긴 바도 없다. (다) 이로 인하여 R회사에 대출 채권을 회수하지 못할 위험이 발생하였거나 발생할 염려가 생긴 것이 아니다. (라) 공소사실에 대하여 무죄를 선고한 것은 정당하다.

4) 2009. 7. 23. 2007도541, 공 2009, 1454 = 『계열사 지원용 어음매입 사건』 ☞ 부록 1718면.

로 손해를 발생시킬 위험을 초래한 것이라고 볼 수 없다. 보증인(Q회사)이 피보증인(P회사)에 대하여 자금을 부당하게 지원하더라도 그 자금으로 보증인(Q회사)이 이미 보증을 한 채무를 변제하게 하여 결국 자신(Q회사)의 보증채무를 감소시켰다고 할 수 있기 때문이다.[1]

(라) 대표권 남용에 의한 채무부담　　손해발생의 위험조차 초래되지 아니한 경우에는 배임죄가 성립하지 않는다. 이와 관련하여 법인의 대표자가 그 법인 명의로 한 채무부담행위가 법률상 효력이 없는 경우에 배임죄가 성립할 것인지 문제된다. 이에 대해 대법원은 상대방이 대표권남용 사실을 알았던 경우와 알지 못하였던 경우로 나누어서 판단하고 있다.

먼저, 상대방이 법인의 대표자가 대표권을 남용하고 있다는 사실을 알지 못한 경우가 있다. 이 경우 대표자의 의무부담행위는 법인에 대하여 유효하게 되어 법인의 채무가 발생하고 법인은 그 채무를 이행할 의무를 부담하게 된다. 이러한 채무의 발생은 그 자체로 현실적인 손해 또는 재산상 구체적 · 현실적 실해 발생의 위험이라고 할 것이어서 그 채무가 현실적으로 이행되기 전이라도 대표자의 의무부담행위는 배임죄의 미수를 넘어 기수에 이른다.[2]

다음으로, 상대방이 법인의 대표자가 대표권을 남용하고 있다는 사실을 알았거나 알 수 있었던 경우가 있다. 이 경우에는 상대방이 대표자의 진의를 알았거나 알 수 있었으므로 그 의무부담행위는 법인에 대하여 무효가 된다(민법108).[3] 따라서 상대방이 대표권남용 사실을 알았거나 알 수 있었던 경우 그 의무부담행위는 원칙적으로 법인에 대하여 효력이 없고, 경제적 관점에서 보아도 이러한 사실만으로는 회사에 현실적인 손해가 발생하였다거나 구체적 · 현실적인 실해 발생의 위험이 초래되었다고 평가하기 어렵다. 그러므로 달리 (가) 그 의무부담행위로 인하여 실제로 채무의 이행이 이루어졌다거나 (나) 법인이 민법상 불법행위책임을 부담하게 되었다는 등의 사정이 없는 이상 배임죄의 기수에 이른 것은 아니다.[4]

그러나 이 경우에도 대표자로서는 배임의 범의로 임무위배행위를 함으로써 실행에 착수한 것이므로 배임죄의 미수범으로 처벌된다.[5]

(마) 대표권 남용에 의한 어음발행　　주식회사의 대표이사가 대표권을 남용하는 등 그 임무에 위배하여 약속어음 발행을 한 행위가 배임죄의 기수에 해당하는지도 원칙적으로 위에서 살펴본 의무부담행위와 마찬가지로 보아야 한다.[6] 즉, (가) 상대방이 대표권남용의 사

---

1) 2009. 7. 23. 2007도541, 공 2009, 1454 = 『계열사 지원용 어음매입 사건』.
2) 2017. 7. 20. 2014도1104 전원합의체 판결, 공 2017하, 1760 = 『중복 대표이사 어음발행 사건』.
3) 민법 제108조(통정한 허위의 의사표시) ① 상대방과 통정한 허위의 의사표시는 무효로 한다.
② 전항의 의사표시의 무효는 선의의 제삼자에게 대항하지 못한다.
4) 2017. 7. 20. 2014도1104 전원합의체 판결, 공 2017하, 1760 = 『중복 대표이사 어음발행 사건』.
5) 2017. 7. 20. 2014도1104 전원합의체 판결, 공 2017하, 1760 = 『중복 대표이사 어음발행 사건』.
6) 2017. 7. 20. 2014도1104 전원합의체 판결, 공 2017하, 1760 = 『중복 대표이사 어음발행 사건』.

실을 알지 못한 경우에는 배임죄의 기수가, (나) 상대방이 대표권남용의 사실을 알거나 알 수 있었던 경우에는 배임죄의 미수가 성립한다. 그러나 (나)의 경우에 해당하더라도 약속어음의 특수한 성질에 비추어 배임죄가 미수를 넘어 기수에 이르는 경우가 있다.

약속어음 발행의 경우 어음법상 발행인은 종전의 소지인에 대한 인적 관계로 인한 항변으로써 소지인에게 대항하지 못한다(어음법17, 77).[1] 그러므로 상대방이 대표이사의 대표권남용 사실을 알거나 알 수 있어서 어음발행이 무효라고 하더라도 그 어음이 실제로 제3자에게 유통되었다면 회사로서는 어음채무를 부담할 위험이 구체적 · 현실적으로 발생하였다고 보아야 한다. 따라서 그 어음채무가 실제로 이행되기 전이라도 배임죄의 기수범이 성립한다.[2]

그러나 (가) 약속어음 발행이 무효일 뿐만 아니라 (나) 그 어음이 유통되지도 않았다면 회사는 어음발행의 상대방에게 어음채무를 부담하지 않기 때문에 특별한 사정이 없는 한 회사에 현실적으로 손해가 발생하였다거나 구체적 · 현실적 실해 발생의 위험이 발생하였다고도 볼 수 없다. 그러므로 이 경우에는 원칙으로 돌아가서 배임죄의 기수범이 아니라 배임미수죄로 처벌하여야 한다.[3]

종래 대법원은 대표이사의 회사 명의 약속어음 발행행위가 무효인 경우에도 그 약속어음이 제3자에게 유통되지 아니한다는 특별한 사정이 없는 한 재산상 실해 발생의 위험이 초래된 것으로 보아야 한다고 판시하여 (가) 약속어음의 제3자 유통이 인정되는 경우에는 배임죄의 기수를, (나) 제3자 유통이 인정되지 않는 경우는 배임죄 무죄를 인정하는 입장을 취하였다.

그러나 2017년 대법원은 전원합의체 판결을 통하여 입장을 변경하였다.[4] 새로운 기준에 따르면 (가) 약속어음의 제3자 유통이 인정되는 경우에는 배임죄의 기수를, (나) 제3자 유통이 인정되지 않는 경우는 배임죄의 미수를 인정하게 된다.

(바) 과다 용역비 지급 배임죄의 성립을 인정하려면 재산상 손해의 발생이 합리적인 의심이 없는 정도의 증명에 이르러야 한다. 배임행위로 인한 재산상 손해의 발생 여부가 충

---

1) 어음법 제17조 (인적 항변의 절단) 환어음에 의하여 청구를 받은 자는 발행인 또는 종전의 소지인에 대한 인적 관계로 인한 항변으로써 소지인에게 대항하지 못한다. 그러나 소지인이 그 채무자를 해할 것을 알고 어음을 취득한 경우에는 그러하지 아니하다.

제77조 (환어음에 관한 규정의 준용) ① 약속어음에 대하여는 약속어음의 성질에 상반되지 아니하는 한도에서 다음 각 호의 사항에 관한 환어음에 대한 규정을 준용한다.

1. 배서(제11조부터 제20조까지)

(2. 이하 생략)

2) 2017. 7. 20. 2014도1104 전원합의체 판결, 공 2017하, 1760 = 『중복 대표이사 어음발행 사건』.

3) 2017. 7. 20. 2014도1104 전원합의체 판결, 공 2017하, 1760 = 『중복 대표이사 어음발행 사건』.

4) 2017. 7. 20. 2014도1104 전원합의체 판결, 공 2017하, 1760 = 『중복 대표이사 어음발행 사건』.

분히 증명되지 않았음에도 가볍게 액수 미상의 손해가 발생하였다고 인정함으로써 배임죄의 성립을 인정하는 것은 허용될 수 없다.[1)]

회사의 대표이사 등이 그 임무에 위배하여 회사로 하여금 다른 사업자와 용역계약을 체결하게 하면서 적정한 용역비의 수준을 벗어나 부당하게 과다한 용역비를 정하여 지급하게 하였다면 다른 특별한 사정이 없는 한 통상 그와 같이 지급한 용역비와 적정한 수준의 용역비 사이의 차액 상당의 손해를 회사에 가하였다고 볼 수 있다. 이 경우 배임죄가 성립하기 위해서는 해당 용역비가 적정한 수준에 비하여 과다하다고 볼 수 있는지가 객관적이고 합리

---

1) 2018. 2. 13. 2017도17627, 공 2018상, 616 = 『회관 재건축 용역비 사건』:

갑은 P단체의 회장이다. P단체는 M회관을 소유하고 있다. P단체는 M회관을 재건축하여 임대사업을 하려고 한다. P단체는 재건축사업을 대행하여 추진할 사업자를 선정하려고 한다. 을은 Q회사를 운영하고 있다. Q회사는 재건축사업을 대행한 실적이 없다. 갑은 Q회사와 용역비 23억원의 대행용역계약을 체결한 다음 먼저 15억원을 지급하였다(㉠용역비). P단체 관련자들로부터 ㉠용역비에 대한 이의가 제기되었다. 관련자 A 등은 ㉠용역비는 주로 인건비이므로 15억원 정도가 적정하다고 주장하였다. 갑은 인건비 외에 Q회사나 을의 경험 및 노하우, 인적 네트워크 등의 대가가 ㉠용역비에 반영된 것이라고 주장하였다.

검사는 갑과 을을 업무상 배임죄로 기소하였다. 갑과 을의 피고사건은 제1심을 거친 후, 항소심에 계속되었다. 항소법원은 다음의 이유를 들어서 유죄를 인정하였다. (가) 갑이 공개입찰 등의 적정한 절차를 거쳐서 사업자를 선정하였다면 10억원 내지 15억원에 대행용역계약이 체결될 수 있었다. (나) 적어도 23억원보다 훨씬 낮은 금액으로 계약이 체결될 수 있었다. (다) 갑의 임무위배행위로 P단체에 재산상 손해가 발생하였음을 충분히 인정할 수 있다. 갑은 불복 상고하였다.

대법원은 다음의 이유를 제시하여 원심판결을 파기환송하였다. 대법원은 배임죄에서 손해발생의 증명에 대해 다음과 같이 설시하였다. (가) 배임죄의 성립을 인정하려면 재산상 손해의 발생이 합리적인 의심이 없는 정도의 증명에 이르러야 한다. (나) 그러므로 배임행위로 인한 재산상 손해의 발생 여부가 충분히 증명되지 않았음에도 가볍게 액수 미상의 손해가 발생하였다고 인정함으로써 배임죄의 성립을 인정하는 것은 허용될 수 없다.

대법원은 용역비 산정과 손해발생의 관계에 대해 다음과 같이 설시하였다. (가) 회사의 대표이사 등이 그 임무에 위배하여 회사로 하여금 다른 사업자와 용역계약을 체결하게 하면서 적정한 용역비의 수준을 벗어나 부당하게 과다한 용역비를 정하여 지급하게 하였다면 다른 특별한 사정이 없는 한 통상 그와 같이 지급한 용역비와 적정한 수준의 용역비 사이의 차액 상당의 손해를 회사에 가하였다고 볼 수 있다. (나) 이 경우 배임죄가 성립하기 위해서는 해당 용역비가 적정한 수준에 비하여 과다하다고 볼 수 있는지가 객관적이고 합리적인 평가 방법이나 기준을 통하여 충분히 증명되어야 한다. (다) 손해의 발생이 그와 같이 증명된 이상 손해액이 구체적으로 명백하게 산정되지 아니하였더라도 배임죄의 성립에는 영향이 없다. (라) 그러나 적정한 수준에 비하여 과다한지 여부를 판단할 객관적이고 합리적인 평가 방법이나 기준 없이 단지 임무위배행위가 없었다면 더 낮은 수준의 용역비로 정할 수도 있었다는 가능성만을 가지고 재산상 손해 발생이 있었다고 쉽사리 단정하여서는 안 된다.

대법원은 갑과 을의 행위에 대해 다음과 같이 판단하였다. (가) 원심으로서는 ㉠용역비가 실질적으로 인력수나 인건비를 주된 기준으로 하여 결정된 것인지, 갑과 을의 주장과 같이 무형적 자산의 이용대가를 주된 기준으로 하여 결정된 것인지 등에 관하여 면밀하게 살펴본 다음, ㉠용역비가 적정한 수준에 비하여 과다한 것인지 여부를 판단하여야 할 것이다. (나) 원심이 제시한 사정들만으로는 ㉠용역비 23억원이 적정한 용역비 수준에 비하여 과다하게 정해진 것이라고 단정하거나, 나아가 그와 같이 용역비를 정하여 그 일부를 지급함으로써 P단체에 재산상 손해가 발생하였다고 평가하기에 부족하다.

적인 평가 방법이나 기준을 통하여 충분히 증명되어야 한다. 손해의 발생이 그와 같이 증명된 이상 손해액이 구체적으로 명백하게 산정되지 아니하였더라도 배임죄의 성립에는 영향이 없다.[1)]

그러나 적정한 수준에 비하여 과다한지 여부를 판단할 객관적이고 합리적인 평가 방법이나 기준 없이 단지 임무위배행위가 없었다면 더 낮은 수준의 용역비로 정할 수도 있었다는 가능성만을 가지고 재산상 손해 발생이 있었다고 쉽사리 단정하여서는 안 된다.[2)]

6. 고 의

(1) 고의의 인식범위

(가) 인식범위 배임죄의 고의는 배임죄의 객관적 구성요건요소 전체에 대한 인식 · 인용이다. 따라서 배임죄의 고의는 (가) 임무위배행위에 대한 인식, (나) 자기 또는 제3자가 재산상 이익을 취득한다는 의사, (다) 본인에게 재산상의 손해를 가한다는 의사의 세 가지 요소로 구성된다.[3)] 일본 형법은 '자기 또는 제3자의 이익을 도모하거나 본인에게 손해를 가

---

1) 2018. 2. 13. 2017도17627, 공 2018상, 616 =『회관 재건축 용역비 사건』.

2) 2018. 2. 13. 2017도17627, 공 2018상, 616 =『회관 재건축 용역비 사건』.

3) 2007. 1. 26. 2004도1632, 공 2007, 410 =『축협회장 이자율인하 유보 사건』:

1999. 3. 8. 정부는 농협, 축협 등에 대하여 개혁이 필요하다고 보아 '협동조합개혁방안'을 발표하였다. 1999. 7. 9. 갑은 축협중앙회장으로 당선되었다. 1999. 8. 13. 정부의 '협동조합개혁방안'과 같은 취지의 농업협동조합법이 공포되었다. 1999. 9. 10. 주무부서인 농림부는 통합 농협중앙회의 정관을 작성하는 등의 설립사무를 추진하였다. 갑은 정부의 협동조합 개혁은 협동조합의 기본원칙을 벗어난 일방적인 구조조정에 불과하여 결국 축협 회원들의 이익에 반하는 것이라는 이유로 헌법소원, 신문광고 기타 각종 방법으로 통합반대운동을 전개하였다.

[축협중앙회는 그 목적달성을 위하여 여러 가지 사업을 행하고 있다. 그 가운데에는 회원조합이나 그 조합원 혹은 양축인 일반을 위한 신용사업이 있다. 축협중앙회가 신용사업을 하려면 자금이 필요하다. 축협중앙회는 상호금융기관으로부터 자금을 차입하고 있다.] 축협중앙회는 자금을 차입할 때 상호금융특별회계의 관리방법에 따라야 한다. 관계 당국은 상호금융자금의 이자율 인하를 유도하였다. 갑은 상호금융자금의 이자율 인하를 검토하다가 이를 유보하였다. [축협중앙회는 높은 이자율에 따라 축협중앙회의 자금을 지출하였다. 이에 따라 축협중앙회 소유 자금의 잔고가 축소되었다.] 당국은 갑의 이자율 인하조치 불이행이 다음의 의도에서 이루어졌다고 판단하였다. (가) 농축협 통합반대운동에 관한 회원조합의 지지를 유도하기 위함이다. (나) 축협중앙회의 자금을 소진시켜 통합농협에게 넘겨주지 않으려는 의도에서 이루어졌으므로 배임행위에 해당한다.

검사는 갑을 업무상 배임죄로 기소하였다. 갑은 다음의 점을 들어 무죄를 주장하였다. (가) 축협중앙회의 이익을 위하여 이자율 인하조치를 이행하지 않았다. (나) 본인인 축협중앙회의 이익을 위한 것이었으므로 배임죄의 고의가 없었다. 갑의 피고사건은 제1심을 거친 후, 항소심에 계속되었다. 항소법원은 무죄로 판단하였다. 검사는 불복 상고하였다. 검사는 상고이유로, 갑에게 배임의 고의가 인정된다고 주장하였다.

대법원은 다음의 이유를 제시하여 상고를 기각하였다. (가) 업무상 배임죄의 고의는 (ㄱ) 업무상 타인의 사무를 처리하는 자가 본인에게 재산상의 손해를 가한다는 의사와 (ㄴ) 자기 또는 제3자의 재산상 이득의 의사가 (ㄷ) 임무위배행위에 대한 인식과 결합하여 성립하는 것이다. (나) 타인의 사무를 처리하는 자가 본인의

할 목적'이라는 초과주관적 요소를 설정하여 배임죄를 목적범으로 규정하고 있다. 그러나 우리 입법자는 배임죄를 전형적인 고의범으로 규정하고 있다.[1)]

(나) 고의의 입증 타인의 사무를 처리하는 자가 그 타인(= 본인)의 이익을 위하여 문제가 된 행위를 하였다고 주장하면서 배임죄의 고의를 다투는 경우가 있다. 이러한 경우에는 관련 제반 사정의 종합적인 고려하에 사물의 성질상 고의와 상당한 관련성이 있는 간접사실을 증명하는 방법에 의하여 배임죄의 고의를 입증하여야 한다.[2)]

(다) 손해발생의 인식 배임죄의 고의와 관련하여 (다)의 손해발생 요건이 고의의 인식대상에 포함되는가 하는 문제에 대하여 견해가 나뉘고 있다. 대법원은 1983년 전원합의체 판결이 나오기 전까지는 손해발생이 고의의 인식대상에 포함된다고 보았다. 그러나 대법원은 1983년 전원합의체 판결을 통하여 손해발생을 배임죄 고의의 인식대상에서 제외하였다. 1983년 전원합의체 판결에서 대법원은 우리 형법이 배임죄에서 자기 또는 제3자의 이익을 도모하고 또 본인에게 손해를 가하려는 목적을 구성요건요소로 규정하고 있지 않다는 점을 들어서 배임죄의 범의는 자기의 행위가 그 임무에 위배한다는 인식으로 족하고 본인에게 손해를 가하려는 적극적 의사를 필요로 하지 않는다고 판시하였다.[3)]

1983년 전원합의체 판결의 태도는 우리 형법이 일본 형법과 다른 점을 강조한 면에서는 타당성이 있으나 고의의 인식대상을 지나치게 축소하여 배임죄의 성립범위를 확장하는 폐단이 있었다. 2000년 대에 들어와서 판례는 배임죄의 고의의 인식대상에 (가)의 임무위배,

---

이익을 위하여 문제가 된 행위를 하였다고 주장하면서 범의를 부인하고 있는 경우가 있다. (다) 이러한 경우에는 관련 제반 사정의 종합적인 고려하에 사물의 성질상 고의와 상당한 관련성이 있는 간접사실을 증명하는 방법에 의하여 입증하여야 한다.

(라) 이윤추구와 아울러 공공적 역할도 담당하는 각종 금융기관의 경영자가 금융거래와 관련한 경영상 판단을 함에 있어서 그 업무처리의 내용, 방법, 시기 등이 법령이나 당해 구체적 사정하에서 일의적인 것으로 특정되지 않는 경우에는 결과적으로 특정한 조치를 취하지 아니하는 바람에 본인에게 손해가 발생하였다는 사정만으로 책임을 물을 수는 없다. (마) 그 경우 경영자에게 배임의 고의가 있었는지 여부를 판단함에 있어서는 (ㄱ) 문제된 경영상의 판단에 이르게 된 경위와 동기, 판단대상인 업무의 내용, 금융기관이 처한 경제적 상황, 손실발생의 개연성 등 제반 사정에 비추어 (ㄴ) 자기 또는 제3자가 재산상 이득을 취득한다는 인식과 (ㄷ) 본인에게 손해를 가한다는 인식하의 (ㄹ) 의도적 행위임이 인정되는 경우에 한하여 배임죄의 고의를 인정하는 엄격한 해석기준이 유지되어야 한다.

대법원은 갑의 행위에 대해 다음과 같이 판단하였다. (가) 상호금융특별회계의 관리방법, 갑이 상호금융자금의 이자율 인하를 검토하다가 이를 유보[한 점 등에 비추어 볼 때] 갑에게 배임의 범의가 있었다고 인정하기 어렵다. (나) 위 이자율 인하조치 불이행이 농축협 통합반대운동에 관한 회원조합의 지지를 유도하고 축협중앙회의 자금을 소진시켜 통합농협에게 넘겨주지 않으려는 의도에서 이루어졌으므로 배임행위에 해당한다고 하는 [검사의] 주장은, 기록상 위 주장의 전제사실을 인정할 만한 객관적인 증거가 존재하지 않는다.

1) 2000. 5. 26. 99도2781, 공 2000, 1575 =『주식 매집용 어음 배서 사건』☞ 부록 1719면.

2) 2007. 1. 26. 2004도1632, 공 2007, 410 =『축협회장 이자율인하 유보 사건』.

3) 1983. 12. 13. 83도2330 전원합의체 판결, 공 1984. 227.

(나)의 이익취득, (다)의 손해발생을 모두 포함시키고 있다.[1] 이러한 판례의 변화는 한국 형법의 독자성에 충실한 해석론이라고 평가할 수 있다. 다만, 전원합의체 판결이라는 판례변경의 절차를 거쳐서 손해발생이 고의의 인식대상이 된다는 점을 새롭게 천명할 필요가 있다고 생각된다.

손해발생이 배임죄 고의의 인식대상이 된다는 점을 근거로 판례는 소위 위험사업에 대한 경영판단의 법리를 발전시키고 있다.

(2) 경영판단과 배임죄의 고의

(가) 위험사업 배임죄의 고의와 관련하여 위험사업을 둘러싼 경영판단의 문제가 제기되고 있다. 위험사업이란 본인(=타인)에게 귀속될 이익도 크지만 그와 동시에 손해발생의 가능성도 높은 사업을 말한다. 위험사업을 수행할 때에는 고도의 경영상 판단이 요구된다. 그런데 위험사업이 실패로 돌아가서 결과적으로 본인(=타인)에게 손해가 발생한 경우에 이를 배임죄로 다스릴 것인지 문제된다. 배임죄가 위험범이라는 관점에서 바라보면 위험사업이 실패로 돌아간 경우에 그 경영판단을 문제삼아 배임죄의 고의를 인정하기 쉽다.

(나) 경영판단의 특성 기업경영에 대해 경영자가 기업의 이익에 합치된다는 믿음을 가지고 내리는 결정을 가리켜서 경영판단이라고 한다. 기업의 경영에는 원천적으로 위험이 내재하고 있어서 (가) 경영자가 아무런 개인적인 이익을 취할 의도 없이 선의에 기하여 (나) 가능한 범위 내에서 수집된 정보를 바탕으로 (다) 기업의 이익에 합치된다는 믿음을 가지고 신중하게 결정을 내렸다 하더라도 (라) 그 예측이 빗나가 기업에 손해가 발생하는 경우가 있을 수 있다. 이러한 경우에 경영판단을 문제삼아 배임죄의 고의를 인정하는 것은 정책적인 차원에서 볼 때 영업이익의 원천인 기업가 정신을 위축시키는 결과를 낳게 되어 당해 기업뿐만 아니라 사회적으로도 큰 손실이 된다.[2]

(다) 엄격해석의 필요성 경영판단의 특성에 비추어 볼 때, 기업가의 경영상 판단이 문제되는 경우에는 배임죄의 고의 인정에 신중을 기하여야 한다. 즉 문제된 경영상의 판단에 이르게 된 경위와 동기, 판단대상인 사업의 내용, 기업이 처한 경제적 상황, 손실발생의 개연성과 이익획득의 개연성 등 제반 사정에 비추어 자기 또는 제3자가 재산상 이익을 취득한다는 인식과 본인에게 손해를 가한다는 인식(미필적 인식 포함) 하의 의도적 행위임이 인정되는 경우에 한하여 배임죄의 고의를 인정한다는 엄격한 해석기준이 요구된다. 이러한 인식이 없는데 단순히 본인에게 손해가 발생하였다는 결과만으로 책임을 묻거나 주의의무를 소홀히

---

1) 2007. 1. 26. 2004도1632, 공 2007, 410 = 『축협회장 이자율인하 유보 사건』.
2) 2004. 7. 22. 2002도4229, 공 2004, 1480 = 분석 각론 『보증보험사 경영판단 사건』.

한 과실이 있다는 이유로 책임을 묻는 것은 허용되지 않는다.[1)]

(라) 구체적 판단기준　　경영판단을 둘러싼 배임죄의 고의 판단에는 문제된 경영상 판단에 이르게 된 경위와 동기, 판단대상인 사업의 내용, 기업이 처한 경제적 상황, 손실발생의 개연성과 이익획득의 개연성 등 제반 사정이 고려되어야 한다. 이와 관련하여 판례에 나타난 기준을 살펴본다.

첫째로, 위험을 최소화하기 위하여 처음부터 경영판단의 여지가 배제되는 경우가 있다. 경영판단과 관련하여 그 업무처리의 내용, 방법, 시기 등이 법령이나 당해 구체적 사정하에서 일의적인 것으로 규정되어 경영판단의 여지가 배제된 경우가 그것이다. 이 경우에 미리 정해진 특정한 조치를 취하지 아니하여 본인(=타인)에게 손해가 발생하였다면 배임죄의 고의는 당연히 인정된다.[2)]

둘째로, (가) 경영자가 아무런 개인적인 이익을 취할 의도 없이 선의에 의하여 (나) 가능한 범위 내에서 수집된 정보를 바탕으로 (다) 기업의 이익에 합치된다는 믿음을 가지고 신중하게 결정을 내렸으나 (라) 그 예측이 빗나가 기업에 손해가 발생하는 경우가 있다. 이러한 경우에는 배임죄의 고의를 인정할 수 없다.[3)]

셋째로, 경영자가 당해 기업이나 경영자 개인이 정치적인 이유 등으로 곤란함을 겪고 있는 상황에서 그 상황을 벗어나기 위해서는 비록 경제적인 관점에서 기업에 재산상 손해를 가하는 결과가 초래되더라도 이를 용인할 수밖에 없다는 인식하에 의도적으로 결정을 내리는 경우이다. 이러한 경우에는 배임죄의 고의가 인정된다.[4)]

(마) 계열사 지원과 경영판단　　기업집단(소위 재벌그룹)의 계열사들 사이에 이루어지는 지원행위가 배임죄를 구성할 것인지 문제된다.

① 문제의 소재　　동일 기업집단(M그룹)에 속한 계열회사로서 P회사와 Q회사가 있을 때, 기업집단(M그룹) 전체의 이익을 위하여 계열사 P회사의 대표이사(갑)가 회사에게 A회사의 자금을 대여하는 경우를 상정해 본다.

P회사의 대표이사(갑)가 Q회사에게 P회사의 자금을 대여함에 있어, (가) Q회사가 이미 채무변제능력을 상실하여 Q회사에게 자금을 대여할 경우 P회사에 손해가 발생하리라는 정을 충분히 알면서 이에 나아갔거나, (나) 충분한 담보를 제공받는 등 상당하고도 합리적인 채권회수조치를 취하지 아니한 채 만연히 대여해 주었다면, 그와 같은 자금대여는 Q회사에

---

1) 2004. 7. 22. 2002도4229, 공 2004, 1480 = 분석 각론 『보증보험사 경영판단 사건』.
2) 2007. 1. 26. 2004도1632, 공 2007, 410 = 『축협회장 이자율인하 유보 사건』.
3) 2004. 7. 22. 2002도4229, 공 2004, 1480 = 분석 각론 『보증보험사 경영판단 사건』.
4) 2007. 3. 15. 2004도5742, 공 2007, 569.

게 이익을 얻게 하고 P회사에 손해를 가하는 행위로서 P회사에 대하여 원칙적으로 배임행위가 된다.[1)]

문제는 P회사의 대표이사(갑)가 Q회사에게 P회사의 자금을 대여한 것이 기업집단(M그룹) 전체의 이익을 위한다는 경영판단에 근거한 것으로서 배임죄의 고의가 없다고 주장하는 경우이다. 만일 경영판단의 주장이 받아들여진다면 P회사의 대표이사(갑)가 재무상태가 불량한 Q회사에게 P회사의 자금을 대여하더라도 배임죄의 고의가 없어서 배임죄는 성립하지 않게 된다. 이 문제에 대해 판례는 다음과 같은 판단기준을 제시하고 있다.

② 계열회사의 고유이익 인정 기업집단의 공동목표에 따른 공동이익의 추구가 사실적, 경제적으로 중요한 의미를 갖는 경우라도 그 기업집단을 구성하는 개별 계열회사는 별도의 독립된 법인격을 가지고 있는 주체로서 각자의 채권자나 주주 등 다수의 이해관계인이 관여되어 있다. 또한 사안에 따라서는 기업집단의 공동이익과 상반되는 계열회사의 고유이익이 있을 수 있다.[2)]

이처럼 동일 기업집단에 속한 계열회사 사이의 지원행위가 기업집단의 차원에서 계열회사들의 공동이익을 위한 것이라 하더라도 지원하는 계열회사의 재산상 손해의 위험을 수반하는 경우가 있으므로, 기업집단 내 계열회사 사이의 지원행위가 합리적인 경영판단의 재량범위 내에서 이루어져야 한다. 기업집단 내 계열회사 사이의 지원행위가 합리적인 경영판단의 재량 범위 내에서 행하여졌는지 아닌지는 신중하게 판단해야 한다.[3)]

③ 경영판단의 고려요소 판례에 따르면, 동일한 기업집단에 속한 계열회사 사이의 지원행위가 합리적인 경영판단의 재량 범위 내에서 행하여진 것인지 여부를 판단하기 위해서는 기업집단의 공동이익과 상반되는 계열회사의 고유이익이 있을 수 있다는 점에 주목하면서, 다음의 점을 고려하여야 한다.

(가) 지원을 주고받는 계열회사들이 자본과 영업 등 실체적인 측면에서 결합되어 공동이익과 시너지 효과를 추구하는 관계에 있는지 여부, (나) 이러한 계열회사들 사이의 지원행위가 지원하는 계열회사를 포함하여 기업집단에 속한 계열회사들의 공동이익을 도모하기 위한 것으로서 특정인 또는 특정회사만의 이익을 위한 것은 아닌지 여부, (다) 지원 계열회사의 선정 및 지원 규모 등이 당해 계열회사의 의사나 지원 능력 등을 충분히 고려하여 객관적이고 합리적으로 결정된 것인지 여부, (라) 구체적인 지원행위가 정상적이고 합법적인 방법으로 시행된 것인지 여부, (마) 지원을 하는 계열회사에 지원행위로 인한 부담이나 위험에 상

1) 2017. 11. 9. 2015도12633, 공 2017하, 2382 = 『철강재 통합구매 지원 사건』.
2) 2017. 11. 9. 2015도12633, 공 2017하, 2382 = 『철강재 통합구매 지원 사건』.
3) 2017. 11. 9. 2015도12633, 공 2017하, 2382 = 『철강재 통합구매 지원 사건』.

응하는 적절한 보상을 객관적으로 기대할 수 있는 상황이었는지 여부 등까지 충분히 고려하여야 한다.[1)]

④ 경영판단의 인정 위와 같은 사정들을 종합하여 볼 때 문제가 된 계열회사 사이의 지원행위가 합리적인 경영판단의 재량 범위 내에서 행하여진 것이라고 인정된다면 이러한 행위는 본인에게 손해를 가한다는 인식하의 의도적 행위라고 인정하기 어려워서 배임죄가 성립하지 않는다.[2)]

(바) 임무위배행위와 경영판단 주장 배임죄에서 말하는 임무위배행위는 처리하는 사무의 내용, 성질 등 구체적 상황에 비추어 법령의 규정, 계약 내용 또는 신의성실의 원칙상 당연히 하여야 할 것으로 기대되는 행위를 하지 않거나 당연히 하지 않아야 할 것으로 기대되는 행위를 함으로써, 본인과 맺은 신임관계를 저버리는 일체의 행위를 말한다.

경영자의 경영상 판단에 관한 여러 사정들을 모두 고려하더라도, 법령의 규정, 계약 내용 또는 신의성실의 원칙상 구체적 상황과 자신의 역할 · 지위에서 당연히 하여야 할 것으로 기대되는 행위를 하지 않거나 하지 않아야 할 것으로 기대되는 행위를 함으로써 재산상 이익을 취득하거나 제3자로 하여금 이를 취득하게 하고 본인에게 손해를 가하였다면, 그에 관한 고의 내지 불법이득의 의사는 인정된다.[3)]

7. 미수와 기수

(1) 실행의 착수

배임죄의 미수범은 처벌된다(법359). 배임죄의 미수범이 성립하려면 배임죄의 고의가 인정되어야 한다. 행위자 자신 또는 제3자에게 재산상 이익을 취득하게 할 의사가 없거나 본인에게 재산상 손해를 가할 의사가 없는 경우에는 고의가 없어 처음부터 배임죄가 성립하지 않는다.

배임죄의 실행의 착수는 타인의 사무를 처리하는 자가 (가) 배임의 범의로, 즉 (ㄱ) 임무에 위배하는 행위를 한다는 점과 (ㄴ) 이로 인하여 자기 또는 제3자가 이익을 취득하여 (ㄷ) 본인에게 손해를 가한다는 점에 대한 인식이나 의사를 가지고 (나) 임무에 위배한 행위를 개시한 때에 인정된다.[4)]

그리하여 배임죄의 미수범은 (가) 행위자가 배임행위에 착수하였으나 종료하지 못한 경

---

1) 2017. 11. 9. 2015도12633, 공 2017하, 2382 = 『철강재 통합구매 지원 사건』.
2) 2017. 11. 9. 2015도12633, 공 2017하, 2382 = 『철강재 통합구매 지원 사건』.
3) 2017. 12. 22. 2017도12649, 공 2018상, 388 = 『분식회계 성과급 사건』 ☞ 부록 1720면.
4) 2017. 7. 20. 2014도1104 전원합의체 판결, 공 2017하, 1760 = 『중복 대표이사 어음발행 사건』.

우, (나) 행위자 자신 또는 제3자가 재산상 이익을 취득하지 못한 경우, (다) 본인에게 재산상 손해(구체적·실질적 실해발생 위험 포함)가 발생하지 않는 경우 등에서 인정된다.

예컨대 법인의 대표자가 대표권을 남용하여 의무부담행위를 하는 경우에 상대방이 대표권남용 사실을 알았거나 알 수 있었다면 그 의무부담행위는 원칙적으로 법인에 대하여 효력이 없고, 경제적 관점에서 보아도 이러한 사실만으로는 회사에 현실적인 손해가 발생하였다거나 실해 발생의 위험이 구체적으로 초래되었다고 평가하기 어려워 배임죄는 기수에 이르지 않는다. 그렇지만 대표자는 배임의 범의로 임무위배행위를 함으로써 배임죄의 실행에 착수한 것이므로 배임죄의 미수범으로 처벌된다.[1]

부동산 소유자가 부동산을 제1매수인에게 매도하고 계약금과 중도금까지 수령한 상태에서 매매계약이 적법하게 해제되지 않았음에도 불구하고 다시 제3자와의 사이에 그 부동산에 대한 매매계약을 체결하고 계약금과 중도금까지 수령한 것은 제1매수인에 대한 소유권이전등기 협력의무의 위배와 밀접한 행위로서 배임죄의 실행의 착수에 해당한다.[2] 이후 부동산에 대한 소유권이전등기가 제3자 앞으로 이루어질 때 배임죄는 기수에 이른다.[3]

---

1) 2017. 7. 20. 2014도1104 전원합의체 판결, 공 2017하, 1760 = 『중복 대표이사 어음발행 사건』.

2) 1983. 10. 11. 83도2057, 공 1983, 1683 = 『계약해제 일방주장 사건』 ☞ 부록 1721면.

3) 1984. 11. 27. 83도1946, 공 1985, 98 = 『건축중인 아파트 이중분양 사건』:

갑은 P분양회사의 대표이사이다. 1980. 6. 17 갑은 M아파트 1차분 A동 101호(점포 17.76평)을 A에게 대금 1,800만원에 분양매도하고 그 대금을 완급받았다(ⓐ아파트). 1980. 8. 10 갑은 ⓐ아파트에 대해 B에 대한 채무금 7백만원의 담보로 B 앞으로 소유권이전청구권보전을 위한 가등기 및 근저당권설정등기를 경료하였다(㉮행위).

㉠토지는 C, D의 소유이다. (갑은 C, D와 다음과 같이 협의하였다.) (가) 갑은 ㉠토지 위에 N아파트를 지어서 분양한다. (나) N아파트는 3층 아파트 69세대로 건축된다(㉡건축물). (다) 갑은 분양 후 C, D에게 수익금을 배분한다. Q회사는 건설회사이다. 1981. 5. 9 P분양회사는 Q건설회사와 ㉡건축물의 건설공사 도급계약을 체결하였다. Q회사는 ㉡건축물 공사를 시공하여 그 공사금액이 1억원 이상에 이르렀다. P회사는 건축중인 ㉡건축물 중 7세대분 9,500만원 상당을 Q회사에 분양매도하였다(ⓑ아파트로 통칭함). ㉠토지의 소유자 B, C는 ⓑ아파트 분양사실을 알지 못하였다. ㉠토지는 등기부상 C, D의 명의로 되어 있다. 갑은 C, D에게 ㉠토지를 매각하라고 부추겼다. 1981. 8. 19. C, D는 R토지개발공사와 다음의 매매계약을 체결하였다. (가) ㉠토지를 매매대금 2억원에 매도한다. (나) 지상물(건축중인 ㉡건축물)은 무상으로 양도한다. 1981. 8. 21. C, D는 R토지개발공사 앞으로 ㉠토지에 대한 소유권이전등기를 마쳤다(㉯행위).

검사는 갑을 다음의 공소사실로 기소하였다. (가) ㉮행위 : 배임죄. (나) ㉯행위 : 배임죄. 갑의 피고사건은 제1심을 거친 후, 항소심에 계속되었다. 항소법원은 다음과 같이 판단하였다. (가) ㉮행위 : 배임죄 무죄. (나) ㉯행위 : 배임죄 유죄. 항소법원은 ㉮행위 무죄판단의 이유로 다음의 점을 제시하였다. (가) A에게 ⓐ아파트를 매도한 자는 P회사이다. (나) 그러므로 그 소유권이전등기 의무는 P회사가 부담한다. (다) P회사의 대표기관에 불과한 갑은 A의 사무를 처리하는 지위에 있지 않다. (라) 그러므로 갑에게 배임죄가 성립되지 않는다. 항소법원은 ㉯행위 유죄판단의 이유로 다음의 점을 제시하였다. (가) 갑은 ㉠대지와 건축중인 ㉡건축물에 상응한 액수의 손해를 Q건설회사에 입혔다. (나) 갑의 ㉯배임행위에 대해 배임죄 기수를 인정한다. 검사는 ㉮행위 무죄 부분에 불복하여 상고하였다. 갑은 ㉯행위 유죄 부분에 불복하여 상고하였다.

대법원은 다음의 이유를 제시하여 원심판결을 파기환송하였다. 대법원은 갑의 ㉮행위 부분에 대하여 다음

배임죄의 실행행위는 부작위 형태로도 일어날 수 있다. 부작위에 의한 임무위배의 경우에 실행의 착수시점이 문제된다. 부작위를 배임죄의 실행의 착수로 볼 수 있기 위해서는 작위의무가 이행되지 않으면 사무처리의 임무를 부여한 사람(타인=본인)이 재산권을 행사할 수 없으리라고 객관적으로 예견되는 등으로 구성요건적 결과 발생의 위험이 구체화한 상황에서 부작위가 이루어져야 한다. 이때 행위자는 부작위 당시 자신에게 주어진 임무를 위반한다는 점과 그 부작위로 인해 손해가 발생할 위험이 있다는 점을 인식하여야 한다.[1)]

(2) 기수 시점

(가) 기수의 기준시점 배임죄는 타인의 사무를 처리하는 자가 (가) 배임의 범의로, 즉 (ㄱ) 임무에 위배하는 행위를 한다는 점과 (ㄴ) 이로 인하여 자기 또는 제3자가 이익을 취득하여 (ㄷ) 본인에게 손해를 가한다는 점에 대한 인식이나 의사를 가지고 (나) 임무에 위배한 행위를 개시하고, (다) 이러한 행위로 인하여 자기 또는 제3자가 이익을 취득하여 (라) 본인에게 손해를 가한 때 기수에 이른다.[2)]

배임죄는 본인에게 재산상의 손해를 발생하게 한 때에 기수로 된다. 후일에 이르러 변상을 하더라도 배임죄의 성립에 영향을 미치지 않는다. 손해발생시에 범인이 실해(實害)를 변상할 만한 자력이 있었는지 여부도 손해의 인정에 영향을 미치지 않는다. 배임행위가 동시에 본인에게 재산상 손해를 가하게 되는 경우에는 배임행위의 종료와 더불어 배임죄는 기수에 이른다.

(나) 민사재판과 배임죄의 관계 타인의 사무를 처리하는 자가 형식적으로는 본인(=타인)을 위한 법률행위를 하는 외관을 갖추고 있지만 그러한 행위가 실질적으로는 배임죄에

과 같이 판단하였다. (가) ⓐ아파트의 매도인은 갑이 아니라 법인인 P회사이다. (나) 그렇다고 할지라도 갑은 P회사의 대표이사로서 매수인인 A를 위하여 M아파트에 대한 소유권이전등기절차를 이행할 임무가 있다. (다) 그러므로 갑이 그 임무에 위배된 행위로 A에게 손해를 가하였다면 배임죄의 죄책을 면할 수 없다.

대법원은 갑의 ⓑ행위에 대해 다음과 같이 판단하였다. (가) 부동산의 매도인이 매수인 앞으로의 소유권이전등기에 협력할 의무가 있음에도 불구하고 같은 부동산을 위 매수인 이외의 자에게 이중으로 매도하여 그 소유권이전등기를 마친 경우에는 1차 매수인에 대한 소유권이전등기 의무는 이행불능이 된다. (나) 이로써 1차 매수인에게 그 부동산의 소유권을 취득할 수 없는 손해가 발생한다. (다) 그러므로 부동산의 이중매매에 있어서 배임죄의 기수시기는 2차 매수인 앞으로 소유권이전등기를 마친 때이다. (라) 원심판시의 취지는 N아파트의 ㉠대지 뿐만 아니라 ㉡건축물에 대하여도 배임행위를 인정한 것이 분명하다. (마) ㉡건축물에 대하여는 원심판시 자체에 의하더라도 2차 양수인인 R토지개발공사 앞으로 아직 소유권이전등기가 마쳐지지 아니하였음이 명백하다. (바) 그러함에도 불구하고 ㉡건축물까지 포함하여 배임행위가 완성된 것으로 판단한 것은 이중매매에 의한 배임에 있어서 그 기수시기에 관한 법리를 오해한 잘못이 있다.

1) 2021. 5. 27. 2020도15529, 공 2021하, 1265 =『환지계획 변경 부작위 사건』.

2) 2017. 7. 20. 2014도1104 전원합의체 판결, 공 2017하, 1760 =『중복 대표이사 어음발행 사건』.

서의 임무위배행위에 해당하는 경우, 이러한 행위는 민사재판에서 반사회질서의 법률행위(민법103 참조) 등에 해당한다는 사유로 무효로 판단될 가능성이 적지 않다. 형사재판에서 배임죄의 성립 여부를 판단할 때에도 이러한 행위에 대한 민사법상의 평가가 경제적 관점에서 피해자의 재산 상태에 미치는 영향 등을 충분히 고려하여야 한다.[1]

형사재판에서 배임죄의 객관적 구성요건요소인 손해 발생 또는 배임죄의 보호법익인 피해자의 재산상 이익의 침해 여부를 판단할 때에는 구체적 사안별로 타인의 사무의 내용과 성질, 그 임무위배의 중대성 및 본인의 재산 상태에 미치는 영향 등을 종합하여 신중하게 판단하여야 한다.[2]

8. 공 범

횡령죄는 재물을 객체로 하기 때문에 횡령행위의 거래 상대방을 장물죄(법362)로 처벌할 수 있다.[3] 그러나 배임죄는 재산상 이익을 객체로 하고 있기 때문에 배임행위의 거래 상대방을 장물죄를 처벌할 수 없다. 여기에서 배임행위의 거래 상대방을 배임죄의 공동정범으로 처벌할 수는 없을 것인가 하는 질문이 제기된다.

배임죄의 공범 성립 여부는 기본적으로 형법 총칙의 공범이론에 따른다. 그런데 배임죄의 사안 가운데 거래상대방의 대향적 행위의 존재를 필요로 하는 경우가 있다. 이러한 유형의 배임죄에서는 공범의 인정에 신중을 기할 필요가 있다. 대향적 유형의 배임죄 사안에서 거래상대방은 기본적으로 배임행위의 실행행위자와는 별개의 이해관계를 가지고 반대편에서 독자적으로 거래에 임하기 때문이다.

거래상대방을 배임죄 실행행위자의 공동정범으로 인정하려면, 거래상대방(을)이 실행행위자(갑)의 행위가 본인(즉 타인)에 대한 배임행위에 해당한다는 것을 알면서도 소극적으로 그 배임행위에 편승하여 이익을 취득한 것만으로는 부족하다.[4] 거래상대방(을)이 (가) 실행행위자(갑)의 배임행위를 교사하거나 (나) 배임행위의 전 과정에 관여하는 등으로 배임행위에 적극 가담하여야 공동정범이 성립한다.[5]

배임죄의 공동정범과 관련하여 민사법적 효력이 문제된다. (가) 거래 상대방이 배임행위를 유인 · 교사하거나 (나) 배임행위의 전 과정에 관여하는 등 배임행위에 적극 가담하는 경우에는 거래 상대방이 그 실행행위자와 체결한 계약이 반사회적 법률행위에

1) 2017. 7. 20. 2014도1104 전원합의체 판결, 공 2017하, 1760 = 『중복 대표이사 어음발행 사건』.
2) 2017. 7. 20. 2014도1104 전원합의체 판결, 공 2017하, 1760 = 『중복 대표이사 어음발행 사건』.
3) 2004. 12. 9. 2004도5904, 공 2005, 147 = 『5억원 주식매매 대금 사건』.
4) 2009. 9. 10. 2009도5630, 공 2009하, 1719 = 분석 각론 『특별분양권 이중매매 사건』.
5) 2013. 4. 11. 2012도15890, 공 2013상, 905 = 분석 각론 『인수 회사 연대보증 사건』.

해당하여 무효로 될 수 있다(민법103).[1] 선량한 풍속 기타 사회질서에 위반한 사항을 내용으로 하는 법률행위의 무효는 이를 주장할 이익이 있는 자는 누구든지 무효를 주장할 수 있다. 반사회질서 법률행위를 원인으로 하여 부동산에 관한 소유권이전등기를 마쳤다 하더라도 그 등기는 원인무효로서 말소될 운명에 있다. 그러므로 등기명의자가 소유권에 기한 물권적 청구권을 행사하는 경우에, 그 권리행사의 상대방은 위와 같은 법률행위의 무효를 항변으로서 주장할 수 있다.[2]

---

1) 민법 제103조(반사회질서의 법률행위) 선량한 풍속 기타 사회질서에 위반한 사항을 내용으로 하는 법률행위는 무효로 한다.

2) 2016. 3. 24. 2015다11281, 공 2016상, 617 =『공매 점포 수의계약 사건』:

(배임죄의 공동정범이 민사법적으로 미치는 효과를 살펴보기 위하여 민사판례를 분석함.) M상가건물이 시공되어 점포가 분양되었다. M상가건물의 시행사는 P회사이다. M상가건물의 시공사는 Q회사이다. R부동산신탁회사는 M상가건물을 신탁받아 관리하는 회사이다. M상가건물 1층에 ㉠점포가 있다. K는 ㉠점포를 13억원에 분양받았다. K는 분양대금을 납부하지 못하였다. K의 ㉠점포 분양계약이 해지되었다. A는 R회사로부터 ㉠점포를 임차하였다. 2007. 6. 12.경부터 A는 ㉠점포를 점유하면서 제과점 영업을 하고 있다.

Q회사는 P회사로부터 공사대금 등을 지급받지 못하게 되었다. 2010. 12. 3. Q회사는 밀린 공사대금을 변제받기 위하여 R회사를 상대로 M상가건물 중 분양계약이 해지된 점포 등에 대한 공매절차를 이행하여 공사대금을 변제하도록 요구하는 소를 제기하였다(㉮소송). 2012. 10. 19. Q회사는 ㉮소송 1심에서 일부 승소판결을 선고받았다. 분양계약이 해지된 ㉠점포는 공매대상이 되었다.

갑은 ㉠점포가 공매대상이 되었다는 사실을 알게 되었다. 갑은 ㉠점포를 최저가에 단독으로 낙찰받기로 마음먹었다. 을은 Q회사의 공매업무를 담당하는 직원이다. 병은 R부동산신탁회사의 공매업무를 담당하는 직원이다. 2012. 11. 21.경 갑은 을과 병에게 "㉠점포를 싸게 낙찰받게 해주면 사례금으로 각각 5천만원을 지급하겠다."고 제안하였다. 을과 병은 갑의 제안을 승낙하였다.

R회사의 공매업무기준은 다음과 같다. (가) 신탁부동산의 매각은 공개경쟁입찰의 방법에 의한다. (나) 이 경우 단독입찰도 유효하다. (다) 공개경쟁입찰에 붙였으나 유찰된 때에는 차회 공매입찰 개시 전까지 전차 공매조건으로 수의계약할 수 있다. 2012. 12. 10.경 Q회사의 직원 을은 ㉠점포에 관하여 R회사에 공매를 신청하였다. R회사는 일반적으로 공매 개시 1주일 전에 R회사 홈페이지에 공매에 대한 정보인 '공매공고' 글을 게시해 왔다. R회사의 직원 병은 다른 사람들의 공매 참여를 막고 갑이 단독 입찰할 수 있도록 다음의 방법을 사용하였다. (가) 2012. 12. 20.경 ㉠점포 공매에 관한 '공매공고' 글을 게시하였다가 바로 삭제한다. (나) 2012. 12. 21. ㉠점포 공매에 관한 '공매공고' 글을 다시 게시한다. 2012. 12. 21. ㉠점포에 대한 공매가 유찰되었다.

유찰 직후 갑은 R회사와 사이에 ㉠점포를 대금 8억원에 매수하는 내용의 수의계약을 체결하였다. 갑은 매매대금 8억원을 지급하였다. 2012. 12. 24. 갑 앞으로 ㉠점포에 관한 소유권이전등기가 경료되었다. 2013. 6. 7. 갑은 ㉠점포에서 제과점을 운영하는 A를 상대로 다음 청구취지의 민사소송을 제기하였다(㉯사건). (가) 피고(A)는 원고(갑)에게 ㉠점포를 인도하라. (나) 피고(A)는 원고(갑)에게 밀린 임차료 3,300만원 및 ㉠점포 인도일까지 월 6백만원의 비율로 계산한 돈을 지급하라. 2013. 11. 21 ㉯사건의 제1심은 원고(갑) 승소판결을 내렸다. 피고(A)는 불복 항소하였다.

갑은 을과 병에게 약속한 사례금 5천만원을 지급하지 않았다. 이후 갑, 을, 병의 행위가 드러났다. 2014. 5. 26. 검사는 갑을 다음의 공소사실로 기소하였다(㉰피고사건). (가) 경매방해죄의 공동정범. (나) 업무상 배임죄의 공동정범. (다) 배임증재미수죄. 2014. 9. 5. 갑은 ㉰피고사건 공소사실이 모두 유죄로 인정되어 징역 8월을 선고받았다. 갑은 불복 항소하였다.

9. 죄수 및 다른 죄와의 관계

(1) 죄 수

배임죄는 신임관계를 침해하는 임무위배행위를 기준으로 죄수를 결정해야 한다. 그러나 수개의 배임행위가 있더라도 (가) 피해법익이 단일하고 (나) 범죄의 태양이 동일할 뿐만 아니라, 그 수개의 배임행위가 (다) 단일한 범의에 기한 일련의 행위라고 볼 수 있는 경우에는 그 수개의 배임행위는 포괄하여 일죄를 구성한다.[1] 포괄일죄의 관계에 있는 수개의 배임행

2015. 1. 16. ⓑ민사소송의 항소심은 제1심판결을 파기하고 원고(갑) 패소판결을 내렸다. 원고(갑)는 불복 상고하였다. 원고(갑)는 상고이유로 다음의 점을 주장하였다. (가) 피고(A)는 ㉠점포의 무단 점유자에 불과하다. (나) 원고(갑)의 ㉠점포 매수행위의 무효를 주장하는 것은 아무런 법적 근거가 없거나 정의관념 및 사회질서에 어긋나는 행위이다.

대법원은 다음의 이유를 제시하여 ⓑ민사소송에서 원고(갑)의 상고를 기각하였다. 대법원은 배임죄 공동정범의 민사법적 효력에 대해 다음과 같이 설시하였다. (가) 거래 상대방이 배임행위를 유인·교사하거나 배임행위의 전 과정에 관여하는 등 배임행위에 적극 가담하는 경우에는 그 실행행위자와 체결한 계약이 반사회적 법률행위에 해당하여 무효로 될 수 있다. (나) 선량한 풍속 기타 사회질서에 위반한 사항을 내용으로 하는 법률행위의 무효는 이를 주장할 이익이 있는 자는 누구든지 무효를 주장할 수 있다. (다) 반사회질서 법률행위를 원인으로 하여 부동산에 관한 소유권이전등기를 마쳤다 하더라도 그 등기는 원인무효로서 말소될 운명에 있다. (라) 그러므로 등기명의자가 소유권에 기한 물권적 청구권을 행사하는 경우에, 그 권리행사의 상대방은 위와 같은 법률행위의 무효를 항변으로서 주장할 수 있다.

대법원은 갑의 ⓑ민사소송에 대해 다음과 같이 판단하였다. (가) 원고(갑)는 ㉠점포를 저렴하게 매수하기 위하여 R회사의 공매 업무를 담당하던 병에게 사례금의 교부를 약속하면서 부정한 청탁을 하였다. (나) 병은 원고(갑)와의 공모에 따라 ㉠점포의 공매 과정에서 업무상 임무에 위배하는 방법으로 공개 경쟁입찰을 제한한 후 수의계약을 통해 원고(갑)에게 저렴한 가격에 매도하였다. (다) 원고(갑)는 병의 배임행위를 스스로 조장하거나 이에 적극 가담하여 R회사로부터 ㉠부동산을 매수하였다. (라) 그러므로 원고(갑)의 매수행위는 반사회적 법률행위에 해당하여 무효이다. (마) 원고(갑)는, 피고(A)가 ㉠점포의 무단 점유자에 불과하여 원고(갑)의 ㉠점포 매수행위의 무효를 주장하는 것은 아무런 법적 근거가 없거나 정의관념 및 사회질서에 어긋나는 행위라고 주장한다. (바) [그러나] 반사회질서 법률행위는 절대적으로 무효로서 누구든지 주장할 수 있다. (사) 원심은 원고(갑)의 ㉠점포에 대한 소유권에 기한 인도청구 및 차임 상당 부당이득반환청구를 기각하였다. (아) 원심의 판단은 정당하다.

1) 2009. 7. 23. 2007도541, 공 2009, 1454 = 『계열사 지원행위 죄수판단 사건』:

(2009. 7. 23. 2007도541, 공 2009, 1454 = 『계열사 지원용 어음매입 사건』 ☞ 부록 1718면 판례의 계속이다.) (Q회사 및 R회사가 P회사를 부당하게 지원한 행위들을 ㉮행위로 통칭한다.) (전체 ㉮지원행위에서 손해발생이 부정된 ㉯지원행위 등을 제외한 나머지 행위들을 ㉰행위로 통칭한다.) (㉰행위는 ⓐ, ⓑ, ⓒ 등의 개별 지원행위들로 이루어져 있다.) 항소법원은 ⓐ, ⓑ, ⓒ 등의 개별 지원행위들이 포괄일죄의 관계에 있다고 판단하였다. 항소법원은 ⓐ, ⓑ, ⓒ 등의 개별 지원행위로 P회사가 취득한 이득액들을 합산하여 특정경제범죄법 제3조 제1항 제1호를 적용하였다.

갑, 을, 병은 불복 상고하였다. 갑, 을, 병은 상고이유로 다음의 점을 주장하였다. (가) ⓐ, ⓑ, ⓒ 등의 개별 지원행위들은 서로 실체적 경합범 관계에 있다. (나) ⓐ, ⓑ, ⓒ 등의 개별 지원행위들 가운데 상당수는 이미 공소시효가 완성되었다. (다) ⓐ, ⓑ, ⓒ 등의 개별 지원행위 전체를 가지고 P회사가 취득한 이득액을 산정한 것은 위법하다.

위에 대해서는 각 행위로 인한 재산상 이익의 취득액이 「특정경제범죄 가중처벌 등에 관한 법률」(동법3)이 규정한 이득액에 합산된다.

(2) 다른 죄와의 관계

(가) 기망에 의한 배임　　타인(즉 본인)의 사무를 처리하는 자가 그 사무처리상 임무에 위배하여 그 타인을 기망하고 착오에 빠진 타인(즉 본인)으로부터 재물을 교부받은 경우에 사기죄와 배임죄의 관계가 문제된다.

사기죄는 사람을 기망하여 재물의 교부를 받거나 재산상의 이익을 취득하는 것을 구성요건으로 하는 범죄로서 임무위배를 그 구성요소로 하지 아니하고, 사기죄의 관념에 임무위배행위가 당연히 포함된다고 할 수도 없다. 반면에 배임죄는 타인(즉 본인)의 사무를 처리하는 자가 그 임무에 위배하는 행위로써 재산상의 이익을 취득하거나 제3자로 하여금 이를 취득하게 하여 본인(즉 타인)에게 손해를 가하는 것을 구성요건으로 하는 범죄로서 기망적 요소를 구성요건의 일부로 하지 않는다. 이처럼 사기죄와 배임죄는 그 구성요건을 달리하는 별개의 범죄이고, 형법상으로도 각각 별개의 장에 규정되어 있다. 따라서 1개의 행위에 관하여 사기죄와 배임죄의 구성요건이 각각 모두 구비된 때에는 양 죄를 법조경합의 관계로 볼 것이 아니라 상상적 경합관계로 보아야 한다.[1)]

(나) 기망 후의 배임　　갑이 A에게 금원 편취의 목적으로 부동산에 근저당권을 설정해 주겠다고 속이고 A로부터 금원을 교부받고서도 A 명의의 근저당권을 설정하여 주지 아니하다가, B로부터 금원을 차용하면서 B 명의로 근저당권을 설정해 준 사안에서 갑의 B에 대한 근저당권 설정행위를 A와의 관계에서 사기죄의 불가벌적 사후행위로 볼 것인지 독자적인 배임죄로 볼 것인지 문제된다.

부동산에 A 명의의 근저당권을 설정하여 줄 의사가 없음에도 A를 속이고 근저당권

(대법원은 다른 상고이유를 검토하여 원심판결을 파기환송하였다.) 대법원은 다음과 같이 판단하여 갑, 을, 병의 상고이유를 배척하였다. (가) 수 개의 업무상 배임행위가 있더라도 (ㄱ) 피해법익이 단일하고 (ㄴ) 범죄의 태양이 동일할 뿐만 아니라, 그 수 개의 배임행위가 (ㄷ) 단일한 범의에 기한 일련의 행위라고 볼 수 있는 경우에는 그 수 개의 배임행위는 포괄하여 일죄를 구성한다. (나) 갑, 을, 병의 ⓐ, ⓑ, ⓒ 등 개별 지원행위는 그 구체적인 행위 태양이 다소 다르기는 하나 이는 모두 P회사에게 자금을 지원하여 P회사의 부도를 막거나 지연시키기 위한 목적을 가진 유사한 형태의 자금지원행위이다. (다) ⓐ, ⓑ, ⓒ 등 개별 지원행위로 인한 이익은 모두 P회사에게 귀속되며 그로 인한 피해자는 모두 Q, R회사이다. (라) ⓐ, ⓑ, ⓒ 등 개별 지원행위는 모두 P회사의 부도를 방지하거나 이를 지연시키려는 단일한 의사에 따라 일정 기간 동안 지속적, 반복적으로 행해진 일련의 행위라고 함이 상당하다. (마) ⓐ, ⓑ, ⓒ 등 개별 지원행위는 지원회사인 Q회사, R회사 별로 포괄일죄의 관계에 있다.

1) 2002. 7. 18. 2002도669 전원합의체 판결, 공 2002, 2010 = 분석 각론 『신협전무 사채놀이 사건』.

설정을 약정하여 금원을 편취한 경우라 할지라도 근저당권설정 약정은 사기 등을 이유로 취소되지 않는 한 여전히 유효하다. 따라서 갑에게는 A 명의의 근저당권설정등기를 해 줄 임무가 발생한다.

이 경우 근저당권설정등기를 이행하지 않고 임의로 제3자인 B 명의로 근저당권설정등기를 마쳐준 행위가 배임죄에 해당할 것인지 문제된다. 종래 대법원은 임의로 제3자인 B 명의로 근저당권설정등기를 마쳐준 행위에 대해 금원을 편취한 사기죄와는 전혀 다른 새로운 보호법익을 침해하는 임무위배행위로서 사기 범행의 불가벌적 사후행위가 되지 않고 별도의 배임죄를 구성한다는 입장을 취하고 있었다.[1] 2020년 대법원은 전원합의체 판결을 통하여 종래 판례를 폐기하고 배임죄 성립을 부정하는 입장으로 전환하였다. 채무자의 채권자에 대한 근저당권설정의무는 어디까지나 채무자 자신의 사무이므로 채무자는 채권자의 사무처리자에 해당하지 아니하여 배임죄의 주체가 될 수 없다는 것이 그 이유이다.[2]

(다) 배임죄의 객체와 장물죄 배임죄가 성립한 후 배임행위의 대상이 된 물건을 취득하는 행위가 장물죄를 구성할 것인지 문제된다. 예컨대 갑이 A에게 부동산을 매매하여 중도금 및 잔금을 지급받았으면서도 같은 부동산을 을에게 다시 매도하고 을 또한 이러한 사정을 알면서 매수한 경우에 을을 장물죄(법362)로 처벌할 수 있을 것인가 하는 문제가 그것이다.

장물은 재산권의 침해를 가져올 위법행위로 인하여 영득한 물건으로서 피해자가 반환청구권을 가지는 것을 말한다. 위의 사안에서 이중매매를 한 매도인 갑이 배임행위로 인하여 취득한 것은 재산상의 이익이다. 갑이 배임행위에 제공한 부동산은 범죄로 인하여 영득한 물건 자체가 아니다. 따라서 이중매매의 매수인 을을 장물취득죄(법362)로 처단할 수는 없다.[3]

---

1) 2008. 3. 27. 2007도9328, 공 2008, 639.

2) 2020. 6. 18. 2019도14340 전원합의체 판결, 공 2020하, 1429 =『부동산 이중저당 판례변경 사건』.

3) 1975. 12. 9. 74도2804, 공 1976, 8903 =『이중매매 부동산 전득자 사건』:

갑은 M대지를 A에게 매도하였다. 갑은 A로부터 계약금과 중도금을 지급받았다. 갑은 M대지를 12만원 받고 다시 을에게 매도하고 소유권이전등기를 경료해 주었다. 을은 다시 병에게 M대지를 매도하고 소유권이전등기를 경료해 주었다.

검사는 갑을 배임죄로, 을과 병을 장물취득죄로 기소하였다. 갑, 을, 병의 피고사건은 제1심을 거친 후, 항소심에 계속되었다. 항소법원은 갑에게 유죄를, 을과 병에게는 무죄를 각각 선고하였다. 검사는 무죄 부분에 불복하여 상고하였다. 갑은 상고하지 않았다. 검사는 상고이유로 다음의 점을 주장하였다. (가) M대지는 갑이 배임행위로 영득한 물건이다. (나) M대지는 장물죄의 객체가 된다. (다) 장물은 다시 장물취득죄의 객체가 될 수 있다. (라) 장물취득범 을로부터 M대지를 취득한 병은 장물취득죄에 해당한다.

대법원은 다음의 이유를 제시하여 상고를 기각하였다. (가) 형법상 장물죄 객체인 장물이라 함은 재산권상의 침해를 가져올 위법행위로 인하여 영득한 물건으로서 피해자가 반환청구권을 가지는 것을 말한다. (나) 갑이 배임행위로 인하여 영득한 것은 재산상의 이익이다. (다) 갑의 배임범죄에 제공된 M대지는 갑의 배임범죄로 인하여 영득한 것 자체는 아니다. (라) M대지의 취득자(을) 또는 전득자(병)에게 대하여 갑의 배임죄의 이 점은 을로부터 부동산을 다시 매수한 전득자 병에 대해서도 마찬가지이다.[1] 이 경우 배임행위에 제공된 부동산을 취득한 을이나 그 부동산을 전득한 병을 배임죄의 공범으로 처벌할 여지는 있으나, 앞에서 살펴본 것처럼 이러한 경우는 대향범 관계에 있는 배임죄 사안이므로 을 또는 병이 (가) 갑의 배임행위를 교사하거나 (나) 갑의 배임행위의 전 과정에 관여하는 등으로 배임행위에 적극 가담한 경우에만 배임죄의 공동정범이 성립할 수 있다.[2]

(라) 배임죄와 범죄수익은닉죄　　배임죄가 성립한 후 배임행위의 대상이 된 물건을 취득하는 행위가 장물죄를 구성하지 않는다는 점은 앞에서 설명하였다. 그러나 배임죄로 인하여 취득한 재산상 이익이 「범죄수익은닉의 규제 및 처벌 등에 관한 법률」(범죄수익은닉규제법)에 따른 '중대범죄에 해당하는 범죄행위에 의하여 생긴 재산'으로서 '범죄수익'에 해당할 수 있다는 점에 유의할 필요가 있다(동법2ⅱ가). '중대범죄에 해당하는 범죄행위에 의하여 생긴 재산'에는 중대범죄의 범죄행위에 의하여 새로 만들어진 재산뿐만 아니라 그러한 범죄행위에 의하여 취득한 재산도 포함되기 때문이다.[3]

범죄수익은닉규제법 제3조는 범죄수익 등의 은닉·가장행위를 처벌하고 있다. 이때 '범죄수익'에는 "중대범죄의 범죄행위에 의하여 생긴 재산 또는 그 범죄행위의 보수로서 얻은 재산"이 포함된다(동법2ⅱ가목). 이 경우 '범죄수익'은 당해 중대범죄의 범죄행위가 기수에 이르러 '범죄행위에 의하여 생긴 재산'이라는 범죄의 객체가 특정 가능한 상태에 이르러야 한다.[4]

범죄수익은닉규제법에 따르면 사형, 무기 또는 장기 3년 이상의 징역이나 금고에 해당하는 죄는 '중대범죄'의 하나에 해당하여 이 법률의 규율대상이 된다(동법2ⅰ가). 따라서 배임죄(법355②; 5년 이하의 징역 또는 벌금), 업무상배임죄(법356; 10년 이하의 징역 또는 벌금), 「특정경제범죄 가중처벌 등에 관한 법률」(특정경제범죄법)위반죄(배임: 이득액 50억원 이상인 경우 무기 또는 5년 이상의 징역, 5억원 이상 50억원 미만인 경우 3년 이상의 유지징역)는 모두 범죄수익은닉규제법의 대상이 된다.

그리하여 배임행위로 인하여 취득한 재산상 이익을 은닉·가장행위는 5년 이하의 징역 또는 3천만원 이하의 벌금으로 처벌되며(범죄수익은닉규제법3①), 그 정황을 알면서 범죄수익 등을 수수(收受)한 자는 3년 이하의 징역 또는 2천만원 이하의 벌금으로 처벌된다. 다만, 법

가공여부를 논함은 별문제로 하고 장물취득죄로 처단할 수 없는 법리이다. (마) 병에 대하여도 무죄를 선고한 원[심]판결은 정당하다.

1) 1975. 12. 9. 74도2804, 공 1976, 8903 = 『이중매매 부동산 전득자 사건』.
2) 2007. 2. 8. 2006도483, 공 2007, 456 = 『비상장주식 저가매입 사건』 ☞ 부록 1721면.
3) 2008. 11. 13. 2006도4885, 공 2008하, 1707 = 『리베이트 주식 매입 사건』 ☞ 부록 1723면.
4) 2006. 8. 24. 2006도3039, 공 2006, 1639 = 『비자금 범죄수익 은닉 사건』.

령에 따른 의무 이행으로서 제공된 것을 수수한 자 또는 계약(채권자가 상당한 재산상의 이익을 제공하는 것만 해당한다) 시에 그 계약에 관련된 채무의 이행이 범죄수익등에 의하여 행하여지는 것이라는 정황을 알지 못하고 그 계약과 관련된 채무의 이행으로서 제공된 것을 수수한 자의 경우에는 그러하지 아니하다(동조② 본문·단서).

범죄수익은닉규제법은 제8조 이하에서 재산의 몰수에 관하여 규정하고 있다. 범죄수익은닉규제법의 몰수 대상에는 '범죄수익'이 포함된다(동법8① i). 이 경우 범죄수익은닉규제법에 정한 중대범죄에 해당하는 범죄행위에 의하여 취득한 것으로 재산적 가치가 인정되는 무형재산도 '범죄수익'으로 몰수할 수 있다.[1] 따라서 배임행위로 취득한 재산상 이익은 '범죄수익'으로서 몰수 대상이 된다.

10. 부동산 이중매매와 형사책임

부동산 이중매매란 매도인이 제1매수인과 부동산 매매계약을 체결하고 중도금 또는 잔금을 지급받은 후 등기이전이 완료되지 않았음을 기화로 다시 그 부동산을 제2매수인에게 매도하는 행위를 말한다.

부동산 이중매매의 경우 매도인과 제1매수인, 매도인과 제2매수인, 제1매수인과 제2매수인의 관계에서 각각 형사책임이 문제될 수 있다.

(1) 매도인과 제1매수인의 관계

(가) 학 설 매도인과 제1매수인과의 관계에서 매도인의 형사책임이 문제된다. 이에

---

1) 2018. 5. 30. 2018도3619, 공 2018하, 1244 = 『음란사이트 비트코인 사건』:

갑은 음란물유포 인터넷사이트인 M사이트를 운영하였다. 갑은 사진과 영상을 이용하는 이용자들로부터 비트코인을 대가로 지급받았다. 갑은 M음란사이트에 광고를 원하는 광고주들로부터 비트코인을 대가로 지급받았다. 갑이 지급받은 비트코인은 2억개에 달하였다(㉠비트코인). 갑은 ㉠비트코인을 수사기관에 임의제출하였다.

정보통신망법의 음란물유포죄는 범죄수익은닉규제법에 정한 중대범죄에 해당한다. 검사는 갑을 정보통신망법 위반죄 등으로 기소하였다. 갑의 피고사건은 제1심을 거친 후, 항소심에 계속되었다. 항소법원은 갑에게 유죄를 인정하면서, 압수된 ㉠비트코인의 몰수를 선고하였다. 갑은 불복 상고하였다. 갑은 상고이유로 다음의 점을 주장하였다. (가) 비트코인은 무형의 이익이다. (나) 무형의 이익은 몰수의 대상이 되지 않는다.

대법원은 다음의 이유를 제시하여 상고를 기각하였다. (가) 범죄수익은닉규제법에 정한 중대범죄에 해당하는 범죄행위에 의하여 취득한 것으로 재산적 가치가 인정되는 무형재산도 몰수할 수 있다. (나) 비트코인은 경제적인 가치를 디지털로 표상하여 전자적으로 이전, 저장 및 거래가 가능하도록 한, 이른바 '가상화폐'의 일종이다. (다) 갑은 M음란물사이트를 운영하면서 사진과 영상을 이용하는 이용자 및 M음란사이트에 광고를 원하는 광고주들로부터 비트코인을 대가로 지급받아 재산적 가치가 있는 것으로 취급하였다. (라) 이 사건 몰수의 대상인 비트코인은 특정되어 있다.

대해서는 몇 가지 견해가 제시되고 있다.

① 횡령죄설 제1매수인에 대한 관계에서 매도인은 횡령죄의 죄책을 진다고 보는 견해이다. 이 입장에서는 다음과 같은 설명을 제시한다. 즉, 형법의 독자적인 존립목적에 비추어 볼 때 매도인과 매수인 간의 매매계약에 의하여 부동산에 대한 실질적인 소유권은 이미 제1매수인에게 넘어간 것이다. 한편 매도인은 등기부상 명의가 있으므로 부동산을 법률상 지배하고 있어서 보관자의 지위에 있다. 따라서 매도인이 제2매수인에게 부동산을 임의로 다시 매도하는 행위는 보관자로서 부동산을 횡령하는 것이 된다.

이 견해는 부동산 물권변동에 대해 의사주의를 취하고 있던 구민법하에서 제시된 것이다. 일본 형법의 해석론으로는 지금도 부동산 이중매매에 대해 횡령죄 성립을 인정하고 있다.[1] 그렇지만 형식주의를 취하고 있는 우리 민법하에서는 소유권 이전등기를 마치지 않는 한 부동산의 소유자는 여전히 매도인이다(민법186 참조). 따라서 이중매매의 대상 부동산은 타인의 재물에 해당하지 아니하여 횡령죄가 성립할 수 없다.

② 사기죄설 부동산 이중매매의 사안을 사기죄로 처단해야 한다는 주장이다. 이 견해는 사기죄에서 피해자와 피기망자가 반드시 일치할 필요가 없다는 점에 주목한다. 이 입장에서는 매도인이 제2매수인을 기망하여 이중매매를 한 결과 제1매수인에게 손해를 준 것으로 파악하여 부동산 이중매매 행위를 사기죄에 해당한다고 본다. 이 견해 또한 일본 형법하에서 제시된 것이다.

그러나 제2매수인이 유효하게 소유권이전등기를 취득하였다면 매도인이 제2매수인을 기망한 것이라고 할 수 없다. 나아가 사기죄의 경우 피기망자는 피해자에 대한 관계에서 재산에 대한 처분권능을 가지고 있어야 하는데, 부동산 이중매매의 경우 제2매수인과 제1매수인 사이에는 이와 같은 관계가 인정되지 않는다. 따라서 사기죄설 또한 지지할 수 없다.

③ 배임죄설 부동산을 이중으로 매도한 매도인을 제1매수인에 대한 관계에서 배임죄로 처벌해야 한다고 보는 견해이다. 배임죄설의 입장에서는 다음의 설명을 제시한다. 즉, 원래 매도인의 등기의무는 그로써 자기의 재산처분을 완성하게 하는 것이어서 매도인 자신의 사무에 속한다. 그렇지만 제1매수인의 관점에서 보면 매도인의 등기협력 없이는 제1매수인 앞으로의 소유권이전등기를 완성할 수 없다. 여기에서 매도인은 신의칙상 제1매수인에 대해 등기협력의무를 지게 되며, 이러한 등기협력의무는 제1매수인의 소유권취득을 위해 매도인이 부담하는 타인의 사무에 속한다.

(나) 판 례 배임죄설은 우리 판례의 확립된 입장이다. 2018년 대법원은 부동산 이중

---

1) 前田雅英 編, 條解 刑法, 第二版, (2009), 760頁.

매매 사안에서 종래의 판례 태도를 계속 유지할 것인가를 놓고 견해가 나뉘었으나, 종전의 판례태도를 계속 유지하는 것으로 입장을 정리하였다.[1)]

① 논의의 계기 근래 대법원은 동산의 이중매매에 대해 배임죄의 성립을 부정하였고,[2)] 대물변제의 예약에 위반하여 부동산 등기를 제3자에게 이전한 행위에 대해 배임죄를 인정하였던 종전의 판례를 폐기하였다.[3)] 배임죄의 적용을 제한하는 판례의 변화가 부동산 이중매매의 경우에도 계속될 것인지가 관심의 초점으로 등장하였다.

대법원은 부동산 이중매매에 대해 배임죄를 인정할 것인지를 놓고 견해가 나뉘었다. 다수의견은 종전의 판례를 유지하는 것이었다. 이에 대해 반대의견은 동산 이중매매가 배임죄를 구성하지 않는 것과 마찬가지로 부동산 이중매매에 대해서도 배임죄의 성립을 부정하고 민사상 채무불이행의 문제로 처리하면 족하다고 주장하였다. 대법원은 다수의견에 따라 부동산 이중매매 사안에 대해 종전 판례와 같이 배임죄의 성립을 인정하는 결론에 이르렀다.[4) 5)] 여기에서 다수의견과 반대의견의 논거를 정리해 본다.

② 다수의견 첫째로, 배임죄의 본질에 주목해야 한다. 배임죄는 타인(=본인)과 사이에 그 재산상 이익을 보호·관리해야 할 신임관계에 있는 사람이 신뢰를 저버리는 행위를 하여 타인(=본인)의 재산상 이익을 침해할 때 성립하는 범죄이다. 계약당사자 사이에 어느 정도의 신뢰가 형성되었을 때 형사법이 보호하여야 할 신임관계가 발생한다고 볼 것인지, 어떤 형태의 신뢰위반행위를 가벌적인 임무위배행위로 볼 것인지는 계약의 내용, 그 이행의 정도 등을 종합적으로 고려해서 규범적으로 판단해야 한다.

둘째로, 부동산 매매의 거래구조를 고려해야 한다. 부동산 매매대금은 통상 계약금, 중도금, 잔금으로 나누어 지급된다. 계약금만 지급된 단계에서는 어느 당사자나 계약금을 포기하거나 그 배액을 상환하여 계약의 구속력에서 벗어날 수 있다. 그러나 중도금이 지급되는 단계에 이른 때에는 매도인은 매수인에 소유권을 이전해 줄 의무에서 벗어날 수 없다. 매수인은 매도인이 소유권을 이전해 주리라는 신뢰를 바탕으로 중도금을 지급한다. 따라서 이러한 단계에 이르면, 매도인은 매수인의 재산적 이익을 보호·관리할 신임관계에 있다고 보아야 한다. 그러한 단계에 이르렀음에도 매도인이 다른 사람에게 부동산을 처분해 버리는 행위는 매도인으로서 당연히 하지 않아야 할 행위로 배임행위에 해당한다.

---

1) 2018. 5. 17. 2017도4027 전원합의체 판결, 공 2018하, 1203 = 『부동산 이중매매 판례유지 사건』.
2) 2011. 1. 20. 2008도10479 전원합의체 판결, 공 2011상, 482 = 분석 각론 『인쇄기 이중양도 사건』.
3) 2014. 8. 21. 2014도3363 전원합의체 판결, 공 2014하, 1923 = 『상속유증분 대물변제예약 사건』.
4) 2018. 5. 17. 2017도4027 전원합의체 판결, 공 2018하, 1203 = 『부동산 이중매매 판례유지 사건』.
5) 2018. 12. 13. 2016도19308, 공 2019상, 335 = 『서면 증여 부동산 저당권설정 사건』.

셋째로, 부동산 거래관행을 존중해야 한다. 대법원은 오래전부터 부동산 매도인이 중도금을 지급 받은 이후 해당 부동산을 제3자에게 처분하면 배임죄가 성립한다고 판결해 왔다. 이러한 확립된 판례 법리는 그동안 부동산 이중매매를 억제하고 매수인을 보호하는 역할을 충실히 수행해 왔다. 그러한 판례 법리가 부동산 거래의 혼란을 일으키는 것도 아니고 매도인의 계약의 자유를 과도하게 제한한다고 볼 수 없다. 요컨대 부동산 이중매매에 대하여 배임죄 성립을 인정하는 종래의 판례는 여전히 타당하므로 유지되어야 한다.

③ 소수의견 첫째로, 배임죄는 엄격하게 해석 · 적용되어야 한다. 죄형법정주의 원칙에 따라 형벌법규는 문언에 따라 엄격하게 해석 · 적용해야 하고, 피고인에게 불리한 방향으로 확장해석할 수는 없다. 배임죄에서 '타인의 사무'라고 하려면 문언상 본래 타인(=본인)이 처리해야 할 사무를 그(타인=본인)를 대신하여 처리하는 것이어야 한다. 배임죄의 본질은 신임관계에서 발생하는 본인(=타인)의 재산적 이익을 보호할 의무를 위반하여 타인(=본인)의 재산권을 침해하는 데에 있다. 그러므로 그 사무의 본질적 내용은 타인(=본인)의 재산적 이익을 보호 · 관리하는 것이어야 한다. 부동산 매도인이 매수인에 대하여 매매계약에서 정한 바에 따라 소유권이전의무를 이행하는 의무는 매매계약에 따른 '자기의 사무'일 뿐이어서 매도인은 '매수인의 사무를 처리하는 자'에 해당하지 않는다.

둘째로, 부동산 매매의 거래구조를 정확히 파악해야 한다. 부동산 매도인의 소유권이전의무나 매수인의 대금지급의무 모두 매매계약에 따른 각자의 '자기의 사무'일 뿐, 타인의 사무에 해당한다고 볼 수 없다. 중도금이 수수되었다고 하여 당사자 관계의 전형적 · 본질적 내용이 매수인의 재산적 이익을 보호 · 관리하는 것으로 변했다고 볼 근거가 없다.

셋째로, 동산 이중매매의 판례와 태도를 같이할 필요가 있다. 이미 대법원 전원합의체 판결은 동산 이중매매에 대하여 배임죄 성립을 부정한 바 있다.[1] 동산 이중매매 판례에서 대법원 전원합의체는, (가) 매매계약에서 쌍방 당사자가 그 계약의 내용에 따라 이행하여야 할 채무는 특별한 사정이 없는 한 '자기의 사무'에 해당하고, (나) 매도인에게 자기의 동산인도채무 외에 별도로 매수인 재산을 보호 · 관리할 행위에 협력할 의무를 인정할 수 없다고 판시하였다. 계약의 목적물이 부동산인지 동산인지에 따라 배임죄의 성립 여부에 차이를 둘 이유가 없다. 요컨대 이행불능에 따른 손해배상 등의 민사상 채무불이행의 문제로 처리하면 될 사안을 죄형법정주의 원칙을 허물어가며 형벌로 처벌하는 것은 타당하지 않다.

(다) 등기협력의무의 발생시점 부동산 이중매매가 배임죄에 해당하려면 매도인의

1) 2011. 1. 20. 2008도10479 전원합의체 판결, 공 2011상, 482 = 분석 각론『인쇄기 이중양도 사건』.

제1매수인에 대한 등기협력의무가 인정되어야 한다. 매도인이 제1매수인으로부터 계약금을 받은 것만으로는 아직 등기협력의무가 발생하지 않는다.[1] 계약금만을 받은 단계에서는 매도인과 매수인이 각각 계약을 해제할 수 있기 때문이다.

매도인의 등기협력의무는 매도인이 더 이상 임의로 계약을 해제할 수 없는 상태에 이를 때 발생한다. 제1매수인이 계약금과 중도금을 지급한 단계에 이르면 아직 잔금을 지급하기 전이라도 등기협력의무가 발생한다. 중도금을 지급한 단계에 이르면 특단의 약정이 없는 한 잔금을 수령함과 동시에 제1매수인 명의로의 소유권이전등기에 협력해야 할 임무가 인정되기 때문이다.[2] 매도인과 제1매수인 사이에 소유권이전등기절차를 이행하기로 하는 재판상 화해가 성립한 경우에도 등기협력의무가 인정된다.[3]

매도인이 제1매수인에게 가등기를 마쳐준 경우에도 등기협력의무가 인정될 것인지 문제된다. 가등기는 순위보전의 효력이 있다.[4] 제1매수인이 매도인의 아무런 협력 없이도 가

---

1) 1986. 7. 8. 85도1873, 공 1986, 1059 =『잔금 공제 연립주택 사건』:

갑(통칭임)은 A로부터 M연립주택을 매수하였다. A는 B에게 800만원의 채무가 있다(㉠채무). 갑은 대금지급 방법으로 ㉠채무를 인수하였다. M연립주택은 갑의 소유가 되었다. (연도 생략함.) 6. 22. 갑은 M연립주택을 B에게 2,550만원에 매도하기로 하였다. 매도 후 갑은 M주택에 600만원에 세를 들어 [계속] 살기로 하였다.

6. 22. 계약 당일 갑은 계약금 100만원을 받았다(㉡계약금). 갑과 B는 중도금에 대해 정하지 않았다. 잔금 지급방법에 대해 갑과 B는 다음과 같이 합의하였다. (가) 잔금에서 M주택의 지하실 임차인 C의 보증금 500만원, 갑의 임차 보증금 600만원, 갑이 인수한 ㉠채무 800만원 합계 1,900만원을 공제한다. (나) 공제 후 잔금 550만원은 6. 30.까지 지급한다. (다) 갑은 최종 잔금의 수령과 동시에 B에게 소유권이전등기를 경료한다. 6. 30.이 경과하였다. 7. 15. B는 최종 잔금 중 200만원을 제공하였다. 갑은 이를 받지 않았다. [갑은 M연립주택을 D에게 처분하였다. B는 갑을 고소하였다.]

검사는 갑을 배임죄로 기소하였다. 갑의 피고사건은 제1심을 거친 후, 항소심에 계속되었다. 항소법원은 무죄를 선고하였다. 검사는 불복 상고하였다.

대법원은 다음의 이유를 제시하여 상고를 기각하였다. (가) 이른바 [부동산] 이중매매에 있어서 매도인이 매수인의 사무를 처리하는 자로서 배임죄의 주체가 되기 위하여는 매도인이 계약금을 받은 것만으로는 부족하다. (나) 적어도 중도금을 받는 등 매도인이 더 이상 임의로 계약을 해제할 수 없는 상태에 이르러야 한다. (다) 갑과 B는 ㉠채무 800만원 등을 매매대금에서 공제하기로 하였다. (라) 그것만으로 중도금에 갈음한 것이라거나 갑이 더 이상 임의로 매매계약을 해제할 수 없는 상태에 이르렀다고 볼 수 없다. (마) 따라서 갑을 배임죄에서 말하는 타인의 사무를 처리하는 자였다고 인정할 수 없다.

2) 1988. 12. 13. 88도750, 공 1989, 125.

3) 2007. 7. 26. 2007도3882, 공 2007, 1421.

4) **부동산등기법 제3조** (등기할 수 있는 권리 등) 등기는 부동산의 표시(表示)와 다음 각 호의 어느 하나에 해당하는 권리의 보존, 이전, 설정, 변경, 처분의 제한 또는 소멸에 대하여 한다.

1. 소유권
2. 지상권
3. 지역권
4. 전세권
5. 저당권

등기의 순위보전 효력에 의해 제1매수인 자신 명의로 소유권이전등기를 마칠 수 있는 수단을 매도인이 마련해 주었다고 볼 수 있기 때문이다.

그러나 판례는 순위보전의 효력이 있는 가등기의 경우에도 등기협력의무가 인정된다고 본다. 매도인이 매수인에게 순위보전의 효력이 있는 가등기를 마쳐 주었다고 하더라도 이는 향후 매수인에게 손해를 회복할 수 있는 방안을 마련하여 준 것일 뿐이다. 가등기 그 자체로 물권변동의 효력이 있는 것은 아니어서 매도인으로서는 소유권을 이전하여 줄 의무에서 벗어날 수 없다. 그러므로 순위보전의 효력이 있는 가등기로 인하여 매수인의 재산보전에 협력하여 재산적 이익을 보호·관리할 신임관계의 전형적·본질적 내용이 변경된다고 할 수 없다.[1]

---

6. 권리질권
7. 채권담보권
8. 임차권

제4조(권리의 순위) ① 같은 부동산에 관하여 등기한 권리의 순위는 법률에 다른 규정이 없으면 등기한 순서에 따른다.

제91조(가등기에 의한 본등기의 순위) 가등기에 의한 본등기(本登記)를 한 경우 본등기의 순위는 가등기의 순위에 따른다.

1) 2020. 5. 14. 2019도16228, 공 2020하, 1137 =『가등기 붙은 부동산 이중매매 사건』:

갑은 M토지를 소유하고 있다. 2015. 9. 18. 갑은 P회사와 다음 내용의 매매계약을 체결하였다. (가) 갑은 2015. 10. 29. P회사에 M토지를 52억원에 양도한다. (나) 이 가운데 10억원(계약금 4억원, 중도금 2억원, 잔금 4억원)은 실제로 지급한다. (다) 나머지 42억원은 M토지에 설정된 Q새마을금고 명의 근저당권의 피담보채무를 변제하는 방법으로 지급한다. 2015. 10. 29. P회사는 갑에게 계약금 4억원 중 3억 2천만원을 지급하였다. 갑은 P회사 명의로 M토지에 대해 가등기를 마쳐 주었다(㉠가등기). 2016. 3.경까지 갑은 P회사로부터 계약금, 중도금 및 잔금 중 일부로 합계 8억 2천 5백만원을 교부받았다. 2016. 3. 31. 갑은 M토지를 A에게 매도하였다. 2016. 4. 4. 갑은 A 명의로 M토지에 대한 소유권이전등기를 마쳐 주었다.

검사는 갑을 특정경제범죄법위반죄(배임)로 기소하였다. 갑의 피고사건은 제1심을 거친 후, 항소심에 계속되었다. 항소법원은 다음의 이유를 들어서 무죄를 선고하였다. (가) 갑은 2015. 10. 29. P회사로부터 계약금 4억원 중 약 3억 2,100만원만 지급받은 상태에서 P회사 명의로 ㉠가등기를 마쳐 주었다. (나) 이로써 갑은 갑의 이중매매에도 불구하고 P회사가 갑의 아무런 협력 없이도 가등기의 순위보전 효력에 의해 P회사 자신 명의로 소유권이전등기를 마칠 수 있는 수단을 마련해 주었다. (다) 그러한 이상 갑이 P회사의 재산보전에 협력하는 신임관계가 양 당사자 관계의 전형적·본질적 내용이 된다고 할 수 없다. (라) 그러므로 설령 P회사가 이후 중도금까지 지급하였다고 하더라도 갑이 P회사에 대하여 배임죄에 있어 '타인의 사무를 처리하는 자'의 지위에 있다고 할 수 없다. 검사는 불복 상고하였다.

대법원은 다음의 이유를 제시하여 원심판결을 파기환송하였다. 대법원은 부동산 이중매매와 배임죄의 관계에 대해 다음과 같이 설시하였다. (가) 부동산 매매계약에서 계약금만 지급된 단계에서는 어느 당사자나 계약금을 포기하거나 그 배액을 상환함으로써 자유롭게 계약의 구속력에서 벗어날 수 있다. (나) 그러나 중도금이 지급되는 등 계약이 본격적으로 이행되는 단계에 이른 때에는 계약이 취소되거나 해제되지 않는 한 매도인은 매수인에게 부동산의 소유권을 이전해 줄 의무에서 벗어날 수 없다. (다) 따라서 이러한 단계에 이른 때에 매도인은 매수인에 대하여 매수인의 재산보전에 협력하여 재산적 이익을 보호·관리할 신임관계에 있게 된다. (라) 그때부터 매도인은 배임죄에서 말하는 '타인의 사무를 처리하는 자'에 해당한다고 보아야 한다. (마) 그 종래 판례는 대물변제의 예약(민법607)이 이루어진 경우에도 등기협력의무를 인정하였다.[1] 2014년 대법원은 판례를 변경하여 대물변제 예약이 있는 경우의 부동산 이중매매에 대해 배임죄의 성립을 부정하는 쪽으로 입장을 선회하였다. 대물변제예약의 궁극적 목적은 차용금반환채무의 이행 확보에 있고, 채무자가 대물변제예약에 따라 부동산에 관한 소유권이전등기절차를 이행해야 할 의무는 궁극적 목적을 달성하기 위해 채무자에게 요구되는 부수적 내용이어서 이를 가지고 배임죄에서 말하는 신임관계에 기초하여 채권자의 재산을 보호 또는 관리하여야 하는 '타인의 사무'에 해당한다고 볼 수는 없다는 것이 변경된 판례의 논거이다.[2]

(라) 미수와 기수 매도인과 제1매수인 사이의 부동산 매매계약이 적법하게 해제된 후 매도인과 제2매수인 사이에 새로이 부동산 매매계약이 이루어졌다면 배임죄는 처음부터 문제되지 않는다. 그러나 적법한 매매계약의 해제가 없는 한 부동산 이중매매는 등기협력의무의 이행불능 사태를 초래하여 배임죄를 구성하게 되는데, 이행불능의 위험이 발생할 때 실행의 착수가, 이행불능에 이르렀을 때 기수가 각각 인정된다.

매도인이 제2매수인과 사이에 부동산에 대한 매매계약을 체결하고 계약금만을 받고 중도금을 수령한 바 없다면 배임죄의 실행의 착수가 있었다고 볼 수 없다.[3] 그러나 매도인이 제2매수인으로부터 중도금까지 수령하면 그 행위는 제1매수인에 대한 소유권이전등기 협력임무의 위배와 밀접한 행위로서 배임죄의 실행착수로 인정된다.[4]

그리고 여기에서 더 나아가 매도인이 제2매수인에게 소유권이전등기를 마쳤다면 배임죄는 기수에 이른다. 등기가 경료되면 제1매수인에 대한 소유권이전등기의무는 이행불능이

러한 지위에 있는 매도인이 매수인에게 계약 내용에 따라 부동산의 소유권을 이전해 주기 전에 그 부동산을 제3자에게 처분하고 제3자 앞으로 그 처분에 따른 등기를 마쳐 준 행위는 매수인의 부동산 취득 또는 보전에 지장을 초래하는 행위이다. (바) 이는 매수인과의 신임관계를 저버리는 행위로서 배임죄가 성립한다.

(사) 매도인이 매수인에게 순위보전의 효력이 있는 가등기를 마쳐 주었다고 하더라도 이는 향후 매수인에게 손해를 회복할 수 있는 방안을 마련하여 준 것일 뿐이다. (아) 가등기 그 자체로 물권변동의 효력이 있는 것은 아니어서 매도인으로서는 소유권을 이전하여 줄 의무에서 벗어날 수 없다. (자) 그러므로 그와 같은 가등기로 인하여 매수인의 재산보전에 협력하여 재산적 이익을 보호·관리할 신임관계의 전형적·본질적 내용이 변경된다고 할 수 없다.

대법원은 갑의 행위에 대해 다음과 같이 판단하였다. (가) 갑이 P회사에 ㉠가등기를 마쳐 주었다고 하더라도 P회사로부터 계약금, 중도금 및 잔금 중 일부까지 지급받은 이상 매수인인 P회사의 재산보전에 협력하여야 할 신임관계에 있다. (나) 따라서 갑은 P회사에 대한 관계에서 '타인의 사무를 처리하는 자'에 해당한다고 보아야 한다.

1) 2009. 5. 28. 2009도2086, [미간행].
2) 2014. 8. 21. 2014도3363 전원합의체 판결, 공 2014하, 1923 =『상속유증분 대물변제예약 사건』.
3) 2010. 4. 29. 2009도14427, [미간행] = 분석 각론『신탁등기 대 대물변제예약 사건』.
4) 1983. 10. 11. 83도2057, 공 1983, 1683 =『계약해제 일방주장 사건』.

되고 이로써 제1매수인에게 부동산의 소유권을 취득할 수 없다는 손해가 발생하기 때문이다.[1] 제2매수인 앞으로 소유권이전청구권 보전을 위한 가등기만을 마쳐준 경우에도 마찬가지로 배임죄는 기수에 이른다.[2] 등기협력의무위반이라는 관점에서 볼 때 제1매수인으로부터 중도금 또는 잔금을 받은 이후에 제3자에 대해 근저당권설정등기를 해주는 것도 이중매매와 마찬가지로 배임죄의 기수에 해당한다.[3]

(2) 매도인과 제2매수인의 관계

부동산 이중매매의 사안에서 매도인과 제2매수인의 관계는 배임죄와 사기죄의 두 가지 관점에서 살펴볼 수 있다.

(가) 배임죄 여부 　　매도인이 동일 부동산에 대해 제1매수인, 제2매수인, 제3매수인의 순으로 중복하여 매매계약을 체결한 후 제1매수인에게 소유권이전등기를 마쳐준 경우에 매도인과 제2매수인 또는 매도인과 제3매수인과의 사이에서 배임죄(법355②)를 인정할 수 있을 것인지 문제된다. 제1매수인과 제2매수인을 상대로 하는 부동산 이중매매와 제2매수인과 제3매수인을 상대로 하는 이중매매는 동일한 구조를 가지고 있으므로 전자에 대해 배임죄를 인정한다면 후자에 대해서도 배임죄를 인정해야 하는 것이 아닌가 하는 의문이 제기되기 때문이다.

그러나 이와 같은 의문은 민법상 채무불이행의 관점에서는 타당할 수 있으나 배임죄를 논하는 형법의 관점에서는 그대로 유지될 수 없다. 부동산이 매도되면 형법은 부동산을 매도한 자에게 (가) 매수인을 위한 업무로 매수인에게 소유권을 이전해줄 의무를 성실히 이행할 것을 명하는 동시에, (나) 그 임무에 위배하여 그 부동산을 다시 제3자에게 매도하고 그에게 소유권을 이전하는 것을 금하고 있다. 그러므로 부동산을 이중으로 매도한 경우에 매도인이 제1매수인에게 소유권이전의무를 이행하였다고 해서 이를 가리켜서 형법상 제2매수인 또는 제3매수인에 대하여 그 임무를 위법하게 위배하였다고는 할 수 없다.[4]

(나) 사기죄 여부 　　매도인이 제1매수인과 부동산 매매계약을 체결하고 중도금 또는 잔금까지 받은 사실을 알리지 아니한 채 제2매수인과 이중으로 매매계약을 체결하는 행위가 사기죄(법347)에 해당할 것인지 문제된다. 생각건대 부동산의 이중매매에서 매도인이 제1매매계약을 일방적으로 해제할 수 없는 처지에 있었다는 사정만으로는 바로 제2매매계약의 효

---

1) 1984. 11. 27. 83도1946, 공 1985, 98 = 『건축중인 아파트 이중분양 사건』.
2) 2008. 7. 10. 2008도3766, [미간행] = 분석 각론 『임야 이중매매 가등기 사건』.
3) 2009. 5. 28. 2009도2086, [미간행].
4) 2010. 4. 29. 2009도14427, [미간행] = 분석 각론 『신탁등기 대 대물변제예약 사건』.

력이나 그 매매계약에 따르는 채무의 이행에 장애를 가져오는 것이라고 할 수 없고, 제2매수인의 매매목적물에 대한 권리의 실현에 장애가 된다고 볼 수도 없다. 그 결과 매도인이 제2매수인에게 제1매수인과의 계약사실을 고지하지 아니하였다고 하여 제2매수인을 기망한 것이라고 평가할 수는 없고, 따라서 사기죄는 성립하지 않는다.[1]

(3) 제1매수인과 제2매수인의 관계

부동산 이중매매의 경우에 제1의 매매계약 사실을 알면서 다시 매매계약을 체결하여 소유권이전등기를 취득한 제2매수인의 형사책임이 문제된다. 제1매수인과 제2매수인 사이에는 아무런 신임관계가 존재하지 아니하므로 배임죄(법355②)는 성립하지 않는다. 또한 제1매수인에 대한 관계에서 제2매수인의 기망행위가 없으므로 사기죄도 성립하지 않는다.

여기에서 제2매수인이 매도인의 이중매매가 제1매수인에 대한 배임행위가 됨을 알면서 매도인으로부터 부동산을 매수하는 행위가 장물취득죄(법362①)를 구성하는 것이 아닌가 하는 의문을 가져볼 수 있다. 그러나 배임죄는 재산상 이익을 객체로 하므로 영득죄로 인한 재물을 객체로 하는 장물취득죄는 성립할 수 없다. 이와 같은 문제상황을 극복하는 방법으로 제2매수인을 매도인과 함께 배임죄의 공동정범으로 처벌하는 방안을 생각해 볼 수 있다. 그러나 여기에는 행위시점과 관련하여 제한이 따른다.

배임죄의 실행으로 인하여 이익을 얻게 되는 수익자 또는 그와 밀접한 관련이 있는 제3자를 배임의 실행행위자에 대한 공동정범으로 인정하기 위하여는 (가) 실행행위자의 행위가 피해자 본인에 대한 배임행위에 해당한다는 점을 인식하고 있어야 하고, 나아가 (나) 실행행위자의 배임행위를 교사하거나 (다) 배임행위의 전 과정에 관여하는 등으로 배임행위에 적극 가담할 것을 필요로 한다.[2]

이렇게 볼 때 제2매수인이 처음부터 매도인의 제1매수인에 대한 배임행위에 관여한 경우에는 배임죄의 공동정범이 성립한다. 그러나 제2매수인이 제2매수인으로서의 권리를 행사하는 과정에서 비로소 매도인의 제1매수인에 대한 배임행위에 관여하게 되었다면 제2매수인이 (가) 매도인의 배임행위를 교사하거나 (나) 매도인의 배임행위의 전 과정에 관여하는 등으로 매도인의 배임행위에 적극 가담한 경우에 해당하지 아니하여 배임죄의 공동정범이 성립하지 않는다.[3]

---

1) 2008. 5. 8. 2008도1652, [미간행] = 『340억원 부동산 이중매매 사건』.
2) 2009. 9. 10. 2009도5630, 공 2009하, 1719 = 분석 각론 『특별분양권 이중매매 사건』.
3) 2009. 9. 10. 2009도5630, 공 2009하, 1719 = 분석 각론 『특별분양권 이중매매 사건』.

제 5 배임죄의 특수유형

1. 업무상 배임죄

형법 제356조 (업무상의 횡령과 배임) 업무상의 임무에 위배하여 제355조의 죄를 범한 자는 10년 이하의 징역 또는 3천만원 이하의 벌금에 처한다.

◎ 자격정지 임의적 병과(법358)
◎ 미수범 처벌함(법359)
◎ 친족상도례 적용됨(법361)
◎ 특정경제범죄법 적용대상임(동법3① · ②)

(1) 입법취지

형법 제356조의 업무상 배임죄는 업무상 타인의 사무를 처리하는 지위에 있는 사람이 그 임무에 위배하는 행위로써 재산상의 이익을 취득하거나 제3자로 하여금 이를 취득하게 하여 본인에게 손해를 가한 때에 성립하는 범죄이다. 우리 형법은 일본 형법과 달리 업무상 배임죄를 가중처벌하고 있다. 배임행위가 업무관계에 기하여 행하여지는 경우에는 그 법익 침해가 광범위하며 사회적으로 신용침해의 정도가 크다. 또한 실제 거래사회에서 업무자가 배임행위를 하는 경우가 적지 않다. 이러한 점들을 감안하여 일반예방적 관점에서 업무상 배임죄를 가중처벌하는 것이라고 생각된다.

(2) 행위주체

업무상 배임죄에서 가중적 구성요건의 요소로 규정되어 있는 것은 업무이다. 업무 개념의 내용, 「특정경제범죄 가중처벌 등에 관한 법률」(특정경제범죄법)상 배임죄와의 관계 등에 대해서는 업무상 횡령죄의 항목에서 설명한 것과 같다.[1] 상법 제622조는 회사의 발기인, 업무집행사원, 이사 등의 배임행위를 특별배임죄로 처벌하고 있다.[2] 그러나 형법상 업무상 배

---

1) 전술 1373면 이하 참조.

2) 상법 제622조 (발기인, 이사 기타의 임원등의 특별배임죄) ① 회사의 발기인, 업무집행사원, 이사, 집행임원, 감사위원회 위원, 감사 또는 제386조 제2항[이사 결원], 제407조 제1항[이사 직무집행정지], 제415조[감사 결원 등] 또는 제567조[유한회사 이사 결원 등]의 직무대행자, 지배인 기타 회사영업에 관한 어느 종류 또는 특정한 사항의 위임을 받은 사용인이 그 임무에 위배한 행위로써 재산상의 이익을 취하거나 제삼자로 하여금 이를 취득하게 하여 회사에 손해를 가한 때에는 10년 이하의 징역 또는 3천만원 이하의 벌금에

임죄와 법정형이 같을 뿐만 아니라, 형법의 업무상 배임죄만 특정경제범죄법의 적용대상이 된다는 점에서 상법상 특별배임죄는 실무에서 그다지 적용되고 있지 않다. 특정경제범죄법은 (가) 이 법률에 따라 유죄판결을 받은 사람에 대해 유관기관에의 취업을 금지하고(동법18①), (나) 이 법률에 따라 유죄판결을 받은 사람 또는 그를 대표자나 임원으로 하는 기업체는 각종 관허업(官許業)의 인 · 허가를 받을 수 없도록 하고 있다(동조②).[1]

(3) 공범과 신분

업무상 배임죄는 '타인의 사무를 처리하는 자'라는 지위에서 보면 신분관계로 인하여 성립될 범죄이고, '업무상' 타인의 사무를 처리하는 자라는 지위에서 보면 배임죄(법355②)에 대한 가중규정으로서 신분관계로 인하여 형의 경중이 있는 범죄이다. 따라서 그와 같은 신분관계가 없는 자가 그러한 신분관계가 있는 자와 공모하여 업무상 배임죄를 저질렀다면, 그러한 신분관계가 없는 자에 대하여는 형법 제33조 본문에 따라 업무상 배임죄(법356)로 처벌하되 형법 제33조 단서에 의하여 배임죄(법355②)에 정한 형으로 처단해야 한다.[2]

처한다.

② 회사의 청산인 또는 제542조 제2항[청산인 결원 등]의 직무대행자, 제175조[합병에 의한 신회사 설립]의 설립위원이 제1항의 행위를 한 때에도 제1항과 같다.

1) **특정경제범죄 가중처벌 등에 관한 법률 14조**(일정 기간의 취업제한 및 인가 · 허가 금지 등) ① 제3조[특정재산범죄의 가중처벌], 제4조 제2항[고액 재산국외도피의 죄](미수범을 포함한다), 제5조 제4항[고액 수재죄] 또는 제8조[사금융알선죄]에 따라 유죄판결을 받은 사람은 다음 각 호의 기간 동안 금융회사등, 국가 · 지방자치단체가 자본금의 전부 또는 일부를 출자한 기관 및 그 출연(出捐)이나 보조를 받는 기관과 유죄판결된 범죄행위와 밀접한 관련이 있는 기업체에 취업할 수 없다. 다만, 대통령령으로 정하는 바에 따라 법무부장관의 승인을 받은 경우에는 그러하지 아니하다.

1. 징역형의 집행이 종료되거나 집행을 받지 아니하기로 확정된 날부터 5년
2. 징역형의 집행유예기간이 종료된 날부터 2년
3. 징역형의 선고유예기간

② 제1항에 규정된 사람 또는 그를 대표자나 임원으로 하는 기업체는 제1항 각 호의 기간 동안 대통령령으로 정하는 관허업(官許業)의 허가 · 인가 · 면허 · 등록 · 지정 등(이하 이 조에서 "허가등"이라 한다)을 받을 수 없다. 다만, 대통령령으로 정하는 바에 따라 법무부장관의 승인을 받은 경우에는 그러하지 아니하다.

③ 제1항의 경우 국가 · 지방자치단체가 자본금의 전부 또는 일부를 출자한 기관 및 그 출연이나 보조를 받는 기관과 유죄판결된 범죄행위와 밀접한 관련이 있는 기업체의 범위는 대통령령으로 정한다.

④ 법무부장관은 제1항 또는 제2항을 위반한 사람이 있을 때에는 그 사람이 취업하고 있는 기관이나 기업체의 장 또는 허가등을 한 행정기관의 장에게 그의 해임(解任)이나 허가등의 취소를 요구하여야 한다.

⑤ 제4항에 따라 해임 요구를 받은 기관이나 기업체의 장은 지체 없이 그 요구에 따라야 한다.

⑥ 제1항, 제2항 또는 제5항을 위반한 자는 1년 이하의 징역 또는 500만원 이하의 벌금에 처한다.

2) 1997. 12. 26. 97도2609, 공 1998, 475 = 『상호신용금고 부정대출 사건』.

제 6 배임수증재죄

1. 서 설

(1) 뇌물죄와의 관계

배임수증재죄는 사적 관계에서의 뇌물죄를 규정한 것이라고 할 수 있다. 배임수증재죄의 보호법익은 거래의 청렴성이다.[1] 우리 형법은 일본 개정형법가안의 모델을 좇아서 공무원

---

1) 2013. 12. 26. 2010도16681, 공 2014상, 359 = 『어린이집 운영권 양도 사건』:

어린이집은 「사회복지사업법」의 규율을 받는 사회복지법인이다. 사회복지법인은 국가 또는 지방자치단체로부터 보조금을 지원받는다. 「사회복지사업법」에 따르면, 사회복지법인이 기본재산을 매도하고자 할 때에는 반드시 보건복지가족부장관의 허가를 받아야 하고, 이를 위반한 자는 형사처벌을 받도록 되어 있다(㉠규정). 사회복지법인을 해산할 경우 잔여재산은 주무관청의 허가를 받아 그 법인과 유사한 목적을 가진 사회복지법인에 기부하거나 지방자치단체에 귀속시켜야 한다(㉡규정). ㉠, ㉡규정에 따라 사회복지법인은 매매할 수 없다.

갑은 P어린이집 원장으로서 P사회복지법인의 대표이사이자 이사회 의장이다. 을은 P어린이집을 인수하고 싶어 하였다. 을은 갑에게 다음의 제안을 하였다. (가) 을 또는 을이 지정하는 사람을 P법인의 대표이사로 선임되도록 해 달라. (나) P법인의 대표이사에 선임되면 5억원을 지급하겠다. 갑은 을의 제안을 수락하였다(㉢약정). 갑은 이사회 의장으로서 P사회복지법인의 이사회를 개최하였다. 이사회의 의결을 거쳐 을이 P사회복지법인의 새로운 대표이사 및 이사장에 취임하였다. 을은 갑에게 5억원을 지급하였다. 이후 P어린이집은 을이 운영하고 있다.

검사는 갑을 배임수재죄로 기소하였다. 재판 과정에서는 ㉢약정에서 을이 갑에게 제시한 내용이 '부정한 청탁'에 해당하는지 문제되었다. 제1심법원은 유죄를 인정하였다. 갑은 불복 항소하였다. 항소법원은 항소를 기각하고, 제1심판결을 유지하였다. 갑은 불복 상고하였다.

대법원은 다음의 이유를 제시하여 원심판결을 파기환송하였다. 대법원은 배임수재죄의 부정한 청탁에 대해 다음과 같이 설시하였다. (가) 형법 제357조 제1항이 규정하는 배임수재죄는 타인의 사무를 처리하는 자가 그 임무에 관하여 부정한 청탁을 받고 재물 또는 재산상 이익을 취득하는 경우에 성립하는 범죄이다. (나) 배임수재죄는 재물 또는 이익을 공여하는 사람과 취득하는 사람 사이에 부정한 청탁이 개재되지 아니하는 한 성립하지 않는다. (다) 여기서 '부정한 청탁'이라고 함은 반드시 업무상 배임의 내용이 되는 정도에 이를 것을 요하지 아니하고, 사회상규 또는 신의성실의 원칙에 반하는 것을 내용으로 하는 것이면 충분하다. (라) 이를 판단함에 있어서는 청탁의 내용 및 이에 관련한 대가의 액수, 형식, 보호법익인 거래의 청렴성 등을 종합적으로 고찰하여야 한다. (마) 청탁은 반드시 명시적임을 요하지 않는다.

대법원은 「사회복지사업법」의 규율내용에 대해 다음과 같이 분석하였다. (가) (사회복지사업법 분석; 생략함.) (나) 사회복지법인의 설립자 내지 운영자가 (ㄱ) 사회복지법인 운영권을 양도하고 양수인으로부터 양수인 측을 사회복지법인의 임원으로 선임해 주는 대가로 양도대금을 받기로 하는 내용의 '청탁'을 받았다 하더라도, (ㄴ) 사회상규 또는 신의성실의 원칙에 반하는 것을 내용으로 하는 청탁이라고 할 수 없으므로 (ㄷ) 이를 배임수재죄의 성립 요건인 '부정한 청탁'에 해당한다고 할 수 없다. (다) 그러나 (ㄱ) 그 청탁의 내용이 당해 사회복지법인의 설립 목적과 다른 목적으로 기본재산을 매수하여 사용하려는 것으로서 (ㄴ) 실질적으로 법인의 기본재산을 이전하는 것과 다름이 없어 사회복지법인의 존립에 중대한 위협을 초래할 것임이 명백하다는 등의 특별한 사정이 있으면 그렇지 않다. (라) 사회복지법인의 설립자 내

범죄는 각칙의 전반부에, 일반인의 범죄는 각칙의 후반부에 배치하는 형식을 취하고 있다.[1] 이러한 구조에 따라 배임수증재죄가 뇌물죄와 별도의 위치에 규정되고 있다.

배임수증재죄는 뇌물죄와 비슷한 구조를 갖는다. 뇌물죄가 뇌물수수죄(법129 이하)와 뇌물공여죄(법133)로 나누어지는 것처럼, 배임수증재죄도 배임수재죄(법357①)와 배임증재죄(동조②)로 나누어진다. 그러나 배임수증재죄는 사인 간의 부패범죄라는 점에서 공무원의 부패범죄인 뇌물죄보다 범죄성립 요건이 강화되어 있다.

예컨대 배임수증재죄의 경우 '부정한 청탁'의 요건이 추가로 요구되는 점, 객체가 부정한 이익 전반이 아니라 재물 또는 재산상 이익으로 한정되는 점, 알선수뢰죄(법132)에 대응하는 처벌조항이 없다는 점 등이 그것이다. 한편 뇌물죄와 달리 배임수증재죄의 경우에는 미수범이 처벌된다(법359). 이 부분은 배임죄의 영향을 받은 것이라고 할 수 있다.

2016년 형법 일부개정을 통하여 입법자는 제3자로 하여금 재물 또는 재산상 이익을 취득하게 하는 경우도 배임수재죄(법357①)의 적용범위에 포함시켰다. 제3자에게 재물 또는 재산상 이익을 취득하게 하더라도 명문의 규정이 없으므로 처벌할 수 없다는 종전의 판례[2]를 입법적으로 극복한 것이다. 이로써 뇌물죄의 경우에 제3자뇌물수수죄(법130)가 처벌되는 것과 배임수재죄가 보조를 맞추게 되었다.

(2) 배임죄와의 관계

배임수증재죄가 배임죄와 관련하여 규정된 것은 재산범죄의 일반조항이라고 할 수 있는 배임죄의 특성에 주목한 것이라고 할 수 있다. 그러나 부패범죄라는 관점에서 배임수증재죄는 임무위배를 본질로 하는 배임죄와 뚜렷이 구별된다. 배임수증재죄와 배임죄는

지 운영자가 자신들이 출연한 재산을 회수하기 위하여 양도대금을 받았다거나 당해 사회복지법인이 국가 또는 지방자치단체로부터 일정한 보조금을 지원받아 왔다는 등의 사정은 위와 같은 결론에 영향을 미칠 수 없다.

대법원은 갑과 을의 행위에 대해 다음과 같이 판단하였다. (가) 갑은 P사회복지법인의 기본재산인 어린이집 부지·건물의 소유권을 처분한 것이 아니다. (나) 갑은 양수인 을이 P사회복지법인과 어린이집을 계속 운영한다는 의사의 합치 아래 그 운영권 자체를 양도하였다. (다) 달리 양수인 을이 어린이집 운영이라는 P법인 설립 목적과 다른 목적으로 기본재산을 매수하여 사용하려는 의도로 운영권 양도계약을 체결하였다거나 실제로 그 대표이사 변경 이후 어린이집 운영 이외의 다른 목적으로 P법인이 운영되었다고 볼 사정을 찾아볼 수 없다. (라) 갑이 ㉢운영권 양도계약에 따라 양수인 내지 그가 지정하는 사람을 대표이사로 선임되도록 하여 달라는 청탁을 받고 그 양도대금을 수령하였다고 하더라도 그것이 사회상규 또는 신의성실의 원칙에 반하는 것을 내용으로 하는 청탁이라거나 배임수재죄의 성립요건인 '부정한 청탁'에 해당한다고 할 수 없다.

1) 法務資料 別冊第23號 刑法並びに監獄法改正調査委員會議事速記錄, (1957), 441頁.
2) 2015. 7. 23. 2015도3080, [미간행].

행위의 태양을 전연 달리하고 있어 일반법과 특별법 관계가 아닌 별개의 독립된 범죄로 파악된다.[1]

1) 1984. 11. 27. 84도1906, 공 1985, 106 =『한도초과 지급보증 사건』:

A는 P회사의 회장이다. B는 Q회사의 대표이다. P회사와 Q회사는 자금난에 봉착하였다. A와 B는 R은행의 상업어음 보증제도를 이용하여 자금을 조달하기로 하였다. 갑은 R은행의 M지점 지점장이다. 갑은 지점장으로서 M지점의 지급보증사무 등 업무 전반을 관장한다. 을은 M지점 차장이다. 병은 M지점 대부계 대리로서 지급보증사무를 담당한다. A와 B는 M지점의 차장 을과 함께 다음의 계획을 세웠다. (가) 기업이 발행하는 약속어음을 M지점이 지급보증할 때에는 한도가 정해져 있다. (나) P회사는 지급보증 한도를 넘는 ㉠약속어음을 발행한다. (다) Q회사는 지급보증 한도를 넘는 ㉡약속어음을 발행한다. (라) 을은 지점장 갑에게 ㉠, ㉡어음에 대해 R은행 본점의 승인 없이 M지점 지점장 명의로 지급보증을 하도록 부탁한다. (마) 을은 M지점 대부계에 ㉠, ㉡어음에 대한 지급보증의 진위에 관한 확인조회가 있을 경우 부하 직원 병에게 그 지급보증이 진정하게 지급보증된 것이라고 허위답변해 달라는 부탁을 한다.

P회사는 지급보증 한도를 넘는 ㉠약속어음을 발행하였다. Q회사는 지급보증 한도를 넘는 ㉡약속어음을 발행하였다. 지점장 갑은 을의 부탁을 받고 ㉠, ㉡어음에 대해 본점의 승인을 받지 않고 지급보증을 해주었다(㉮행위). R은행의 다른 N지점에서 ㉠, ㉡어음의 지급보증 진위에 대한 확인조회가 있었다. 대부계 대리 병은 을의 부탁을 받고 ㉠, ㉡어음의 지급보증이 제대로 된 것이라고 허위답변하였다. N지점은 ㉠, ㉡어음을 할인해 주었다.

이후 갑은 M지점 지점장에서 본점으로 전근하여 검사부장 또는 신용조사부장으로 근무하였다. 병은 M지점 대부계 대리에서 본점으로 전근하면서 대부계 업무를 떠났다. 갑은 본점에서 근무하던 중에 A와 B로부터 ㉠, ㉡어음 할인 건에 대한 사례로 1억 1천만원을 받았다(㉯행위). 병은 본점에서 근무하던 중에 A와 B로부터 ㉠, ㉡어음 할인 건에 대한 사례로 5천만원을 받았다(㉰행위).

검사는 갑과 병을 업무상 배임죄 및 배임수재죄로 기소하였다. 갑과 병의 피고사건은 제1심을 거친 후, 항소심에 계속되었다. 항소법원은 유죄를 인정하였다. 항소법원은 갑과 병을 업무상 배임죄와 배임수재죄의 실체적 경합범으로 처단하였다. 갑과 병은 불복 상고하였다. 갑과 병은 상고이유로 다음의 점을 주장하였다. (가) 업무상 배임죄와 배임수재죄는 형법 각칙 제40장 횡령과 배임의 장에 같이 규정되어 있다. (나) 업무상 배임죄와 배임수재죄는 죄질이 같은 범죄이다. (다) 배임수재죄는 업무상 배임죄의 결과적 가중범 관계에 있다. (라) 업무상 배임죄는 배임수재죄에 흡수된다. (마) 따라서 업무상 배임죄와 배임수재죄는 실체적 경합관계에 있지 않다.

대법원은 다음의 이유를 제시하여 상고를 기각하였다. 대법원은 배임죄의 손해발생에 대해 다음과 같이 판단하였다. (가) 업무상 배임죄에 있어서 손해를 가한 때라 함은 현실적으로 손해를 가한 경우뿐만 아니라 실해발생의 위험을 초래한 경우도 포함된다. (나) 본점의 승인을 받지 아니한 채 P회사 또는 Q회사 각 발행의 약속어음에 지점장 명의의 한도외 지급보증을 하여 그 효력이 발생하였다. (다) 이로써 위 회사들에게 그 지급보증의 재산상 이익을 취득케 하고 본인인 R회사에게 그에 상당한 실해발생의 위험을 초래케 하였다. (라) 이로써 그 배임행위는 완성되어 기수에 이르렀다.

대법원은 배임수재죄에 대해 다음과 같이 설시하였다. (가) 배임수재죄는 타인의 사무를 처리하는 자의 청렴성을 그 보호법익으로 하는 형사범이다. (나) 그 임무에 관하여 부정한 청탁을 받고 재물 등을 수수함으로써 성립된다. (다) 반드시 수재 당시에도 수재와 관련된 임무를 현실적으로 담당하고 있음을 그 요건으로 하는 것은 아니다. (라) 타인의 사무를 처리하는 자가 그 임무에 관하여 부정한 청탁을 받은 이상 그 후 사무분담의 변경으로 동 직무를 담당하지 아니하게 된 상태에서 재물 등을 수수하게 되었다 하더라도 여전히 같은 타인의 사무를 처리하는 지위에 있다. (마) 그 재물 등의 수수가 그 부정한 청탁과 관련하여 이루어진 것이라면 배임수재죄는 성립한다고 보아야 한다.

대법원은 배임죄와 배임수재죄의 관계에 대해 다음과 같이 설시하였다. (가) 형법 제357조 제1항의 배임수

배임수증재죄는 타인의 사무처리에 관한 공정성과 성실성을 보호하고자 하는데 그 근본 취지가 있고, 그 보호법익은 그 사무처리자의 청렴성이다. 그러므로 형법이 배임수증재죄를 배임죄와 함께 규정하고 있다고 하여 배임수증재죄를 재산적 거래관계에서의 임무위배와 관련되어야 성립한다고 할 수 없다.[1]

배임수증재죄 가운데 배임수재죄(법357①)는 타인의 사무를 처리하는 자가 그 임무에 관하여 부정한 청탁을 받고 재물 또는 재산상 이익을 취득하거나 제3자로 하여금 이를 취득하게 함으로써 성립한다. 배임수재죄는 배임죄와 달리 타인(=본인)의 사무를 처리하는 자가 (가) 타인(=본인)에 대하여 어떠한 임무위배행위를 하거나, (나) 본인(=타인)에게 손해를 가할 것을 요건으로 하지 않는다.[2]

타인(=본인)의 사무를 처리하는 자가 그 임무에 관하여 부정한 청탁을 받고 재물 또는 재산상 이익을 취득하거나 제3자로 하여금 이를 취득하게 하면 그것으로 배임수재죄는 성립한다. 재물 또는 재산상 이익의 취득 후에 청탁취지에 따른 배임행위를 하였음을 요하지 않는다.[3]

재죄는 타인의 사무를 처리하는 자가 그 임무에 관하여 부정한 청탁을 받고 재물 등을 취득함으로써 성립한다. (나) 어떠한 임무위배행위나 본인에게 손해를 가한 것을 요건으로 하는 것이 아니다. (다) 형법 제356조, 제355조 제2항의 배임죄는 타인의 사무를 처리하는 자가 그 임무에 위배하는 행위가 있어야 하고 그 행위로서 본인에게 손해를 가함으로서 성립한다. (라) 부정한 청탁을 받거나 금품을 수수한 것을 그 요건으로 하지 않고 있다. (마) 그러므로 이들 양죄는 행위의 태양을 전연 달리하고 있어 일반법과 특별법 관계가 아닌 별개의 독립된 범죄라고 보아야 한다.

(바) 업무상 배임죄의 법정형은 10년 이하의 징역(단순배임죄의 법정형도 5년 이하의 징역)이다. (사) 이에 비하여 배임수재죄의 그것은 업무상 배임죄의 법정형보다 경한 5년 이하의 징역이다. (아) 그러므로 업무상 배임죄가 배임수재죄에 흡수되는 관계에 있다거나 결과적 가중범의 관계에 있다고는 할 수 없다. (자) 원심이 양죄를 형법 제37조 전단의 경합범으로 의율처단하였음은 정당하다.

1) 1998. 6. 9. 96도837, 공 1998, 1921 = 『공천비리 무마용 자기앞수표 사건』:

갑은 P정당의 M지구당 후보공천을 희망하고 있다. 갑에 대해 후보공천 관련 비리혐의가 제기되었다. 을은 P정당 중앙당 당기위원회 위원이다. 갑은 을에게 향후 공천비리를 더 이상 문제 삼지 말아 달라는 취지로 100만원 자기앞수표 10장을 교부하였다.

검사는 갑을 배임증재죄로 기소하였다. 제1심을 거친 후, 항소심은 유죄를 인정하였다. 갑은 불복 상고하였다. 갑은 상고이유로 다음의 점을 주장하였다. (가) 형법은 배임수증재죄를 배임죄와 함께 규정하고 있다. (나) 배임죄의 주체는 재산적 거래관계와 관련하여 타인의 사무를 처리하는 자이다. (다) 중앙당기위원회 위원 을은 P정당의 재산적 거래관계와 관련하여 타인의 사무를 처리하는 자가 아니다. (라) 을에게 금품을 제공한 갑은 배임증재죄에 해당하지 않는다.

대법원은 다음의 이유를 제시하여 상고를 기각하였다. (가) 배임증재죄는 타인의 사무처리에 관한 공정성과 성실성을 보호하고자 하는데 그 근본 취지가 있다. (나) 배임증재죄의 보호법익은 사무처리자의 청렴성이다. (다) 형법이 배임증재죄를 배임죄와 함께 규정하고 있다고 하여 배임증재죄를 재산적 거래관계에서의 임무위배와 관련되어야 성립한다고 할 수 없다.

2) 2011. 2. 24. 2010도11784, 공 2011상, 678 = 분석 각론 『조합아파트 분양권 수재 사건』.

3) 1982. 7. 13. 82도925, 공 1982, 769.

2. 특 별 법

(1) 금융기관 임직원과 배임수증재죄

금융기관의 임직원이 직무에 관하여 금품 기타 이익을 받는 행위 또는 이들에게 금품, 기타 이익을 공여하는 행위에 대해서는 「특정경제범죄 가중처벌 등에 관한 법률」(특정경제범죄법)에 특별규정이 마련되어 있다(동법5 이하 참조). 특정경제범죄법상 배임수증재죄의 경우에는 수수 및 공여 외에 요구, 약속하는 행위도 처벌되며, 수수액의 규모에 따라 가중처벌의 정도가 달라진다.[1]

(2) 청탁금지법

(가) 의 의 입법례에 따라서는 부패범죄라는 범주 아래 사인의 뇌물죄를 공무원의 뇌물죄와 함께 규정하고 있는 경우도 있다. 2016년 우리나라에서도 이러한 입법형식을 참

---

1) 특정경제범죄 가중처벌 등에 관한 법률 제5조(수재 등의 죄) ① 금융회사등의 임직원이 그 직무에 관하여 금품이나 그 밖의 이익을 수수(收受), 요구 또는 약속하였을 때에는 5년 이하의 징역 또는 10년 이하의 자격정지에 처한다.

② 금융회사등의 임직원이 그 직무에 관하여 부정한 청탁을 받고 제3자에게 금품이나 그 밖의 이익을 공여(供與)하게 하거나 공여하게 할 것을 요구 또는 약속하였을 때에는 제1항과 같은 형에 처한다.

③ 금융회사등의 임직원이 그 지위를 이용하여 소속 금융회사등 또는 다른 금융회사등의 임직원의 직무에 속하는 사항의 알선에 관하여 금품이나 그 밖의 이익을 수수, 요구 또는 약속하였을 때에는 제1항과 같은 형에 처한다.

④ 제1항부터 제3항까지의 경우에 수수, 요구 또는 약속한 금품이나 그 밖의 이익의 가액(이하 이 조에서 "수수액"이라 한다)이 3천만원 이상일 때에는 다음 각 호의 구분에 따라 가중처벌한다.

1. 수수액이 1억원 이상일 때: 무기 또는 10년 이상의 징역
2. 수수액이 5천만원 이상 1억원 미만일 때: 7년 이상의 유기징역
3. 수수액이 3천만원 이상 5천만원 미만일 때: 5년 이상의 유기징역

⑤ 제1항부터 제4항까지의 경우에 수수액의 2배 이상 5배 이하의 벌금을 병과한다.

제6조(증재 등의 죄) ① 제5조에 따른 금품이나 그 밖의 이익을 약속, 공여 또는 공여의 의사를 표시한 사람은 5년 이하의 징역 또는 3천만원 이하의 벌금에 처한다.

② 제1항의 행위에 제공할 목적으로 제3자에게 금품을 교부하거나 그 정황을 알면서 교부받은 사람은 제1항과 같은 형에 처한다.

제7조(알선수재의 죄) 금융회사등의 임직원의 직무에 속하는 사항의 알선에 관하여 금품이나 그 밖의 이익을 수수, 요구 또는 약속한 사람 또는 제3자에게 이를 공여하게 하거나 공여하게 할 것을 요구 또는 약속한 사람은 5년 이하의 징역 또는 5천만원 이하의 벌금에 처한다.

제8조(사금융 알선 등의 죄) 금융회사등의 임직원이 그 지위를 이용하여 자기의 이익 또는 소속 금융회사등 외의 제3자의 이익을 위하여 자기의 계산으로 또는 소속 금융회사등 외의 제3자의 계산으로 금전의 대부, 채무의 보증 또는 인수를 하거나 이를 알선하였을 때에는 7년 이하의 징역 또는 7천만원 이하의 벌금에 처한다.

작하여 「부정청탁 및 금품등 수수의 금지에 관한 법률」(청탁금지법)이 제정되었다. 청탁금지법은 공직자 등에 대한 부정청탁 및 공직자 등의 금품 등의 수수(收受)를 금지함으로써 공직자 등의 공정한 직무수행을 보장하고 공공기관에 대한 국민의 신뢰를 확보하는 것을 목적으로 하고 있다(동법1).

(나) 적용범위 청탁금지법은 '공직자등'이라는 개념 아래 (가) 공무원, (나) 공직유관단체 및 기관의 장과 그 임직원, (다) 각급 학교의 장과 교직원 및 학교법인의 임직원, (라) 언론사의 대표자와 그 임직원을 적용대상에 포함시키고 있다(동법2 ii 참조). 한편 '공직자등'에 관한 규정이 준용되는 '공무수행사인'도 청탁금지법의 적용대상이 된다(동법11 참조). 위의 적용대상 가운데 공무원을 제외한 사람들은 동시에 배임수재죄(법357①)의 적용대상이 된다.

(다) 배임수증재죄와의 관계 청탁금지법의 내용은 뇌물죄와 관련하여 살펴보았다.[1] 여기에서는 금품등 수수와 관련된 청탁금지법의 벌칙규정과 형법상 배임수증재죄(법357)를 비교해 본다.[2]

---

1) 전술 118면 이하 참조.

2) 부정청탁 및 금품등 수수의 금지에 관한 법률 제8조(금품등의 수수 금지) ① 공직자등은 직무 관련 여부 및 기부 · 후원 · 증여 등 그 명목에 관계없이 동일인으로부터 1회에 100만원 또는 매 회계연도에 300만원을 초과하는 금품등을 받거나 요구 또는 약속해서는 아니 된다.

② 공직자등은 직무와 관련하여 대가성 여부를 불문하고 제1항에서 정한 금액 이하의 금품등을 받거나 요구 또는 약속해서는 아니 된다.

③ (생략)

④ 공직자등의 배우자는 공직자등의 직무와 관련하여 제1항 또는 제2항에 따라 공직자등이 받는 것이 금지되는 금품등(이하 "수수 금지 금품등"이라 한다)을 받거나 요구하거나 제공받기로 약속해서는 아니 된다.

⑤ 누구든지 공직자등에게 또는 그 공직자등의 배우자에게 수수 금지 금품등을 제공하거나 그 제공의 약속 또는 의사표시를 해서는 아니 된다.

제22조(벌칙) ① 다음 각 호의 어느 하나에 해당하는 자는 3년 이하의 징역 또는 3천만원 이하의 벌금에 처한다.

1. 제8조 제1항을 위반한 공직자등(제11조에 따라 준용되는 공무수행사인을 포함한다). 다만, 제9조 제1항 · 제2항 또는 제6항에 따라 신고하거나 그 수수 금지 금품등을 반환 또는 인도하거나 거부의 의사를 표시한 공직자등은 제외한다.

2. 자신의 배우자가 제8조 제4항을 위반하여 같은 조 제1항에 따른 수수 금지 금품등을 받거나 요구하거나 제공받기로 약속한 사실을 알고도 제9조 제1항 제2호 또는 같은 조 제6항에 따라 신고하지 아니한 공직자등(제11조에 따라 준용되는 공무수행사인을 포함한다). 다만, 공직자등 또는 배우자가 제9조제2항에 따라 수수 금지 금품등을 반환 또는 인도하거나 거부의 의사를 표시한 경우는 제외한다.

3. 제8조 제5항을 위반하여 같은 조 제1항에 따른 수수 금지 금품등을 공직자등(제11조에 따라 준용되는 공무수행사인을 포함한다) 또는 그 배우자에게 제공하거나 그 제공의 약속 또는 의사표시를 한 자

4. (생략)

5. (생략)

첫째로, 배임수증재죄(법357)의 경우에는 (가) 타인의 사무를 처리하는 자(배임수재죄의 경우)와 (나) 사무처리자에게 부정한 청탁을 하면서 재물 또는 재산상 이익을 공여하는 자(배임증재죄의 경우)가 행위주체로 등장한다. 타인의 사무를 처리하는 자는 공무원 아닌 자를 대상으로 하되, 그 범위에 제한이 없다. 사무처리의 상대방 또한 공무원을 제외한 일반인이다.

이에 대해 청탁금지법은 (가)의 금품수수의 주체를 '공직자등'으로 규정하고 있는데, 여기에는 공무원 외에 공직유관단체 관계자, 각급 학교 관계자, 언론사 관계자, 각종 위원회의 위원 등 일반인이 포함된다. 한편 (나)의 금품제공의 주체는 '누구든지'로 되어 있어서 공무원과 비공무원이 모두 포함된다.

둘째로, 형법상 뇌물죄와 배임수증재죄는 직무관련성 또는 임무와의 관련성을 범죄성립요건으로 설정하고 있다. 이에 대해 청탁금지법은 직무 관련성이나 대가성을 요건으로 하지 않는다(동법8① · ②). 이 점에서 청탁금지법은 형법상 뇌물죄나 배임수증재죄로 처벌하지 못하는 부패현상에 대처하기 위한 보충적 법률임을 알 수 있다. 따라서 형법상 뇌물죄나 배임수증재죄가 성립하면 청탁금지법 위반범죄는 법조관계(보충관계)에 서게 되어 별도로 성립하지 않는다.

셋째로, 배임수증재죄의 경우에는 (가) 부정한 청탁을 받고 재물 또는 재산상 이익을 취득하는 행위 및 (나) 부정한 청탁을 하면서 재물 또는 재산상 이익을 제공하는 행위만 처벌대상이 된다. 이에 대해 청탁금지법은 (가) 부정한 청탁을 요하지 않고, (나) 금품 등의 현실적인 수수(收受) 및 제공뿐만 아니라 금품 등 수수의 요구 · 약속까지 처벌하며, (다) 금품 등의 제공 외에 금품 등 제공의 약속 및 의사표시까지 처벌대상에 포함시키고 있다.

넷째로, 형법상 배임수증재죄의 경우에는 법인을 처벌할 수 없고, 법인의 대표자만 행위주체가 된다. 이에 대해 청탁금지법은 양벌규정을 통하여 금품 등을 제공하거나 제공의 약속이나 의사표시를 한 법인에 대해 벌금형을 과할 수 있다(동법24, 22① iii).

3. 배임수재죄

형법 제357조 (배임수증재) ① 타인의 사무를 처리하는 자가 그 임무에 관하여 부정한 청탁을 받고 재물 또는 재산상의 이익을 취득하거나 제3자로 하여금 이를 취득하게 한 때에는 5년 이하의 징역 또는 1천만원 이하의 벌금에 처한다.

◎ 자격정지 임의적 병과(법358)

◎ 필요적 몰수 · 추징(법357③)

◎ 미수범 처벌함(법359)

◎ 친족상도례 적용됨(법361)

(1) 보호법익

배임수재죄는 타인의 사무를 처리하는 자가 그 임무에 관하여 부정한 청탁을 받고 재물 또는 재산상의 이익을 취득할 때 성립하는 범죄로서, 타인의 사무를 처리하는 자의 청렴성을 보호법익으로 하고 있다.[1] 배임수증재죄에는 친족상도례의 특례가 인정된다(법361).

(2) 행위주체

배임수재죄는 원칙적으로 타인의 사무를 처리하는 자라야 그 범죄의 주체가 될 수 있다. 그러한 신분을 가지지 아니한 자는 신분 있는 자의 범행에 가공한 경우에 한하여 그 주체가 될 수 있다(법33 참조).[2]

타인의 사무를 처리하는 자란 타인과의 대내관계에서 신의성실의 원칙에 비추어 그 사무를 처리할 신임관계가 존재한다고 인정되는 자를 말한다. 반드시 제3자에 대한 대외관계에서 그 사무에 관한 권한이 존재할 것을 요하지 않으며, 그 사무가 포괄적 위탁사무일 것을 요하는 것도 아니다. 사무처리의 근거, 즉 신임관계의 발생근거는 법령의 규정, 법률행위, 관습 또는 사무관리에 의하여도 발생할 수 있다.[3] 사무처리를 업무로 하는지는 묻지 않는다.

장래에 일정한 업무를 담당할 것이 합리적으로 기대되는 사람도 사무처리자에 포함될 수 있다. 앞으로 타인의 사무를 처리하는 자가 되어 그 신임관계에 기한 사무의 범위에 속한 것으로서 장래에 담당할 것이 합리적으로 기대되는 사람이 (가) 자신이 맡을 임무에 관하여 부정한 청탁을 받고 (나) 재물 또는 재산상 이익을 취득한 후 (다) 그 청탁에 관한 임무를 현실적으로 담당하게 되었다면 이로써 타인의 사무를 처리하는 자의 청렴성은 훼손되는 것이어서 배임수재죄의 성립을 인정할 수 있다.[4]

---

1) 1984. 11. 27. 84도1906, 공 1985, 106 = 『한도초과 지급보증 사건』.

2) 1999. 1. 15. 98도663, 공 1999, 315 = 『체육학과 부정 편입학 사건』 참조.

3) 2011. 8. 25. 2009도5618, 공 2011하, 1971 = 분석 각론 『연합회장 선거 사건』.

4) 2010. 4. 15. 2009도4791, [미간행] = 『예능 PD 주식매수 사건』:

갑은 P방송국의 예능국 프로듀서이다. 을과 병은 Q연예기획사를 운영하고 있다. ㉠주식은 상당한 시세차익이 예상되는 주식이다. 갑은 연예인이 출연하거나 뮤직비디오가 방영되는 예능프로그램을 다수 제작해 왔다. 을과 병은 갑이 제작하는 예능프로그램 등에 Q사 소속 연예인을 출연시키거나 뮤직비디오를 방영하여 달라는 청탁을 자주 하였다(㉡청탁).

갑은 아무런 예능프로그램의 제작업무도 담당하고 있지 않은 상태였다. 을과 병은 갑에게 ㉠주식 매수기회를 제공하였다. 갑은 ㉠주식을 매수하였다. 을과 병은 갑의 ㉠주식 매수 이후에도 ㉡청탁과 같은 내용의 ㉢청

앞으로 타인의 사무를 처리하는 자가 되어 그 신임관계에 기한 사무의 범위에 속한 것으로서 장래에 담당할 것이 합리적으로 기대되는 사람이 (가) 자신이 맡을 임무에 관하여 부정한 청탁을 받고 (나) 그 청탁에 관한 임무를 현실적으로 담당하게 되었다면 (다) 임무를 종료한 후 재물 또는 재산상 이익을 취득하더라도 배임수재죄가 성립한다. 부정한 청탁을 받고 그 청탁에 관한 임무를 현실적으로 담당함으로써 타인의 사무를 처리하는 자의 청렴성이 훼손되어 배임수재죄의 성립을 인정할 수 있기 때문이다.[1)]

탁을 하였다. 갑은 ㉠주식의 매수 이후 ㉣예능프로그램 제작업무를 담당하게 되었다. 갑은 ㉣예능프로그램에서 Q사의 ㉣뮤직비디오를 방영해 주었다.

검사는 갑을 배임수재죄로 기소하였다. 제1심법원은 유죄를 인정하였다. 갑은 불복 항소하였다. 항소법원은 항소를 기각하고, 제1심판결을 유지하였다. 갑은 불복 상고하였다. 갑은 상고이유로 다음의 점을 주장하였다. (가) ㉡청탁을 받을 당시 아무런 예능프로그램 제작업무도 담당하고 있지 않았다. (나) ㉡청탁과 관련한 임무를 현실적으로 담당하지 않았으므로 배임수재죄는 성립하지 않는다.

대법원은 다음의 이유를 제시하여 상고를 기각하였다. 대법원은 사실관계에 대해 다음과 같이 판단하였다. (가) 갑은 ㉠주식매수 전에 을과 병으로부터 갑이 제작하는 예능프로그램 등에 그 소속 연예인을 출연시키거나 뮤직비디오를 방영하여 달라는 청탁을 자주 받아왔다. (나) 갑은 ㉠주식매수 후에도 그러한 청탁을 받은 바 있다. (다) 갑은 ㉠주식매수 전에 연예인이 출연하거나 뮤직비디오가 방영되는 예능프로그램을 다수 제작해 왔다. (라) 갑은 ㉠주식매수 후에도 그러한 예능프로그램의 제작에 프로듀서(PD) 또는 책임프로듀서(CP)로서 관여하였다. (마) 갑은 또한 실제를 을과 병의 ㉡청탁에 따라 자신이 관장하는 예능프로그램에서 뮤직비디오를 방영하는 등으로 도움을 주었다.

대법원은 사무처리자의 범위에 대해 다음과 같이 설시하였다. (가) 타인의 사무를 처리하는 자가 (ㄱ) 그 신임관계에 기한 사무의 범위에 속한 것으로서 장래에 담당할 것이 합리적으로 기대되는 임무에 관하여 부정한 청탁을 받고 (ㄴ) 재물 또는 재산상 이익을 취득한 후 (ㄷ) 그 청탁에 관한 임무를 현실적으로 담당하게 되었다면 이로써 타인의 사무를 처리하는 자의 청렴성은 훼손되는 것이어서 배임수재죄의 성립을 인정할 수 있다.

(나) 갑이 ㉡부정한 청탁을 받을 당시에는 그 청탁과 관련한 임무로서 현실적으로 담당하고 있던 것이 없었다고 하자. (다) 그렇다고 하더라도 갑이 ㉡부정한 청탁을 받고 재산상 이익을 취득한 후 실제 그 청탁과 관련한 임무를 담당하게 되었고 이는 그 청탁 당시 장래에 담당할 것이 합리적으로 기대되었던 임무라고 볼 수 있다. (라) 그러므로 갑에게 배임수재죄가 성립하지 않는다고 할 수 없다.

1) 2013. 10. 11. 2012도13719, [미간행] =『예상 평가위원 청탁 사건』:

P회사는 M사업을 발주하였다. M사업 입찰에는 Q, R컨소시엄을 비롯한 5개 컨소시엄이 참여하였다. L기술은 Q컨소시엄에 속하는 회사이다. L기술의 대표이사는 A이다. 먼저 열린 1차 평가에서 Q, R 두 컨소시엄만이 평가를 통과하였다. P회사는 2차 평가를 앞두고 심사위원 선정작업을 진행하고 있었다. 갑은 2차 평가의 평가위원으로 선정될 것이 확실시되는 전문가이다. 2차 평가 일자가 임박하였다. 평가일 1, 2일 전 A는 직원 B에게 지시하여 갑을 만나도록 하였다. B는 갑에게 "[2차 평가에] 잘 부탁한다"고 말하였다(㉠청탁).

이후 갑은 P회사로부터 평가위원으로 선정되었다는 정식 통보를 받았다. 갑은 2차 평가에 위원으로 참여하였다. 갑은 Q컨소시엄에 더 좋은 평가를 하였다. 평가 결과 Q컨소시엄은 평균 525.6점, R컨소시엄은 평균 550.7점으로 채점되어 Q컨소시엄이 우선협상대상자로 선정되었다. 갑은 2차 평가가 종료되고 4일 후에 A를 만났다. 갑은 A로부터 L기술의 비상장 주식 1만 주를 구입할 수 있는 2,700만원을 건네받았다.

검사는 갑을 배임수재죄로 기소하였다. 제1심을 거친 후, 항소심은 유죄를 인정하였다. 갑은 불복 상고하였

(3) 실행행위

(가) 임무 관련성 배임수재죄가 성립하려면 타인의 사무를 처리하는 자가 그 임무에 관하여 부정한 청탁을 받고 재물 또는 재산상의 이익을 취득하거나 제3자로 하여금 이를 취득하게 하여야 한다. 형법은 배임수재죄(법357)를 배임죄(법355②, 356)와 함께 규정하고 있다. 그렇다고 하여 배임수재죄를 재산적 거래관계에서의 임무위배와 관련되어야 성립한다고 할 수는 없다.[1] 배임수재죄와 배임죄는 행위의 태양을 달리하고 있어 일반법과 특별법의 관계가 아닌 별개의 독립된 범죄이기 때문이다.[2]

임무는 타인의 사무를 처리하는 자가 위탁받은 사무를 말한다. 임무는 그 위탁관계로 인한 본래의 사무뿐만 아니라 그와 밀접한 관계가 있는 범위 내의 사무도 포함한다. 나아가 고유의 권한으로서 사무처리를 하는 것에 한하지 않고 사무처리자의 보조기관으로서 직접 또는 간접으로 사무처리에 관한 사무를 담당하는 것도 포함한다.[3]

배임수재죄는 타인의 사무를 처리하는 자가 그 임무에 관하여 부정한 청탁을 받고 재물 또는 재산상의 이익을 취득하거나 제3자로 하여금 이를 취득하게 함으로써 성립한다. 반드시 수재 당시에도 그와 관련된 임무를 현실적으로 담당하고 있음을 요건으로 하지 않는다. 타인의 사무를 처리하는 자가 그 임무에 관하여 부정한 청탁을 받은 이상 그 후 전근을 하

다. 갑은 상고이유로 다음의 점을 주장하였다. (가) A 측으로부터 청탁을 받을 당시는 아직 평가위원으로 선정되지 않았다. (나) 평가위원으로 선정되지 않은 시점이므로 P회사에 대하여 사무처리자의 위치에 있지 않았다. (다) 사무처리자가 아닌 상태에서 청탁을 받았으므로 배임수재죄는 성립하지 않는다.

대법원은 다음의 이유를 제시하여 상고를 기각하였다. 대법원은 배임수재죄의 사무처리자에 대해 다음과 같이 설시하였다. (가) 타인의 사무를 처리하는 자가 그 신임관계에 기한 사무의 범위에 속한 것으로서 장래에 담당할 것이 합리적으로 기대되는 임무에 관하여 부정한 청탁을 받고 재물 또는 재산상 이익을 취득한 후 그 청탁에 관한 임무를 현실적으로 담당하게 되었다면 이로써 타인의 사무를 처리하는 자의 청렴성은 훼손되는 것이어서 배임수재죄의 성립을 인정할 수 있다. (나) 갑이 A로부터 ㉠청탁을 받을 당시 아직 정식으로 평가위원에 선정되었다는 통보를 받지는 않았다. (다) 그렇다고 하더라도 위촉될 것이 사실상 확정된 상태였다. (라) 그러므로 갑은 P회사와의 관계에서 '타인의 사무를 처리하는 자'의 위치에 있었다.

대법원은 배임수재죄의 부정한 청탁에 대해 다음과 같이 설시하였다. (가) 형법 제357조 제1항이 규정하는 배임수재죄는 타인의 사무를 처리하는 자가 그 임무에 관하여 부정한 청탁을 받고 재물 또는 재산상 이익을 취득하는 경우에 성립하는 범죄이다. (나) 재물 또는 이익을 공여하는 사람과 취득하는 사람 사이에 부정한 청탁이 개재되지 않는 한 배임수재죄는 성립하지 않는다. (다) 여기서 '부정한 청탁'이라 함은 반드시 업무상 배임의 내용이 되는 정도에 이를 것을 요하지 않는다. (라) 사회상규 또는 신의성실의 원칙에 반하는 것을 내용으로 하는 것이면 족하다. (마) 이를 판단함에 있어서는 청탁의 내용 및 이와 관련된 대가의 액수, 형식, 보호법익인 거래의 청렴성 등을 종합적으로 고찰하여야 한다. (바) (사실관계 분석; 생략함.) (사) ㉠청탁이 사회상규와 신의성실의 원칙에 반하는 '부정한 청탁'임을 인정할 수 있다.

1) 1998. 6. 9. 96도837, 공 1998, 1921 =『공천비리 무마용 자기앞수표 사건』.

2) 1984. 11. 27. 84도1906, 공 1985, 106 =『한도초과 지급보증 사건』.

3) 2011. 2. 24. 2010도11784, 공 2011상, 678 = 분석 각론『조합아파트 분양권 수재 사건』.

거나[1] 사직으로 인하거나[2] 또는 임무 종료로[3] 그 직무를 담당하지 아니하게 된 상태에서 재물이나 재산상 이익을 수수하게 되었다 하더라도 재물 등의 수수가 부정한 청탁과 관련하여 이루어진 것이라면 배임수재죄가 성립한다.

(나) 부정한 청탁 배임수재죄가 성립하려면 타인의 사무를 처리하는 자가 그 임무에 관하여 부정한 청탁을 받아야 한다. 청탁이란 일정한 일을 부탁하는 의사표시를 말한다. 부정한 청탁이란 청탁이 사회상규와 신의성실의 원칙에 반하는 것을 말한다. 「부정청탁 및 금품등 수수의 금지에 관한 법률」(청탁금지법)은 금지되는 부정청탁의 유형을 상세히 규정해 놓고 있다(동법5). 이 규정은 배임수재죄의 부정한 청탁 요건을 해석할 때에도 중요한 참고자

---

1) 1984. 11. 27. 84도1906, 공 1985, 106 = 『한도초과 지급보증 사건』.

2) 1997. 10. 24. 97도2042, 공 1997, 3709 = 『발전설비 협동화사업 청탁 사건』:

「중소기업진흥에 관한 법률」은 다음의 규정들을 두고 있다. (가) 정부는 중소기업의 진흥을 위하여 중소기업자의 집단화 · 시설공동화 · 기업합병의 촉진 등을 위한 중소기업 협동화사업 등을 추진한다(㉠협동화사업). (나) 중소기업 진흥에 필요한 재원을 확보하기 위하여 중소기업진흥기금을 설치한다(㉡진흥기금). (다) ㉡기금은 정부 및 정부 외의 자의 출연금 등으로 조성한다. (라) 중소기업 진흥을 위한 사업을 효율적으로 추진하기 위하여 P회사를 설립한다. (마) ㉡기금은 P회사가 운용 · 관리한다. (바) ㉡기금은 ㉠협동화사업을 비롯한 특정된 사업을 위하여 사용하도록 용도를 제한한다. ㉠협동화사업에 자금을 지원함에 있어서는 P회사가 직접 대출하거나(직접대출) 대출취급은행을 통하여 대리 대출할 수 있다(대리대출). 직접대출은 대리대출보다 금리가 낮다.

M지역에서 N발전설비부품 협동화사업이 추진되었다. 중소기업 협동화사업에 참가하려면 다음의 요건이 구비되어야 한다. (가) 독립채산으로 운영되는 법인 또는 개인기업이어야 한다. (나) 일정한 비율의 자금부담능력이 있어야 한다. 갑은 M지역을 관할하는 P회사의 과장대리 직에 있다. 을은 N발전설비부품 협동화사업에 참여하려고 한다. 그러나 을은 (ㄱ) 독립채산으로 운영되는 법인 또는 개인기업일 것, (ㄴ) 일정한 비율의 자금부담능력이 있을 것 등의 요건을 갖추지 못하였다. 1994. 10. 24.경 을은 갑에게 N발전설비부품 협동화사업을 지원하려고 하는데 신청이 승인되어 지원금을 탈 수 있도록 도와달라고 부탁하였다. 1994. 12. 12. 갑은 을의 신청이 승인을 받게 해주었다. 이후 을은 ㉡기금에 의한 대출을 받았다. 1995. 6. 17. 갑은 P회사에서 사직하였다. 1996. 4. 초순과 중순경 갑은 을로부터 합계 2,600만원을 청탁의 대가로 교부받았다.

검사는 갑을 배임수재죄로, 을을 배임증재죄로 기소하였다. 갑과 을의 피고사건은 제1심을 거친 후, 항소심에 계속되었다. 항소법원은 다음의 이유를 들어서 무죄를 선고하였다. (가) 배임수재죄가 성립하기 위하여는 부정한 청탁을 받은 시점뿐만 아니라 그와 관련하여 재물 또는 재산상의 이익을 취득한 시점에도 타인의 사무를 처리하는 자의 신분을 보유하고 있어야 한다. (나) 갑은 2,600만원을 수수할 당시에는 이미 사직하였다. (다) 그러므로 갑에게 배임수재죄가 성립하지 않는다. (라) 따라서 을의 행위도 배임증재죄에 해당하지 않는다. 검사는 불복 상고하였다.

대법원은 다음의 이유를 제시하여 원심판결을 파기환송하였다. (가) 형법 제357조 제1항의 배임수재죄는 타인의 사무를 처리하는 자의 청렴성을 보호법익으로 한다. (나) 배임수재죄는 타인의 사무를 처리하는 자가 그 임무에 관하여 부정한 청탁을 받고 재물을 수수함으로써 성립한다. (다) 타인의 사무를 처리하는 자가 반드시 수재 당시에도 그와 관련된 임무를 현실적으로 담당하고 있음을 그 요건으로 하는 것은 아니다. (라) 타인의 사무를 처리하는 자가 그 임무에 관하여 부정한 청탁을 받은 이상 그 후 사직으로 인하여 그 직무를 담당하지 아니하게 된 상태에서 재물을 수수하게 되었다 하더라도, 그 재물 등의 수수가 부정한 청탁과 관련하여 이루어진 것이라면 배임수재죄는 성립한다고 보아야 한다.

3) 2013. 10. 11. 2012도13719, [미간행] = 『예상 평가위원 청탁 사건』.

료가 된다고 생각된다.

부정한 청탁은 반드시 배임죄(법355②)의 내용이 되는 정도에 이를 것을 요하지 않는다. 부정한 청탁 여부를 판단할 때에는 청탁의 내용 및 이와 관련한 대가의 액수, 형식, 보호법익인 거래의 청렴성 등을 종합적으로 고찰하여야 한다.[1] 부정한 청탁은 반드시 명시적으로 이루어져야 하는 것도 아니다. 묵시적으로 이루어지더라도 무방하다.[2]

보도의 대상이 되는 자가 언론사 소속 기자에게 소위 '유료 기사' 게재를 청탁하는 행위는 사실상 '광고'를 '언론 보도'인 것처럼 가장하여 달라는 것으로서 언론 보도의 공정성 및 객관성에 대한 공공의 신뢰를 저버리는 것이므로, 배임수재죄의 부정한 청탁에 해당한다. 설령 '유료 기사'의 내용이 객관적 사실과 부합하더라도, 언론 보도를 금전적 거래의 대상으로 삼은 이상 그 자체로 부정한 청탁에 해당한다.[3]

부정한 청탁의 내용은 어느 정도 구체적이고 특정한 임무에 관한 것임을 요한다. 만연히 임무와 관련하여 재물 또는 재산상 이익을 취득하였다는 정도로는 배임수재죄가 성립하지 않는다.[4]

청탁한 내용이 타인의 사무를 처리하는 자로 하여금 그 임무에 관하여 단순히 규정이 허용하는 범위 내에서 최대한 선처를 바란다는 내용에 지나지 않는 것이라면 이는 사회상규에 어긋난 부정한 청탁이라고 볼 수 없다.[5]

---

1) 2011. 8. 18. 2010도10290, 공 2011하, 1960 = 분석 각론 『대학병원 납품 로비 사건』.

2) 2013. 12. 26. 2010도16681, 공 2014상, 359 = 『어린이집 운영권 양도 사건』.

3) 2021. 9. 30. 2019도17102, 공 2021하, 2149 = 『홍보용 유료기사 청탁 사건』 ☞ 부록 1724면.

4) 1983. 12. 27. 83도2472, 공 1984, 350 = 『유류구매 담당자 환심 사기 사건』:

갑은 P수산업협동조합 사업과에 소속되어 유류구매 등 임무에 종사하였다. 갑은 A로부터 50만원을 받았다. 이후 A는 P수협을 통해 수령한 [면세]유류를 부정처분하였다는 혐의로 수사기관의 조사를 받게 되었다. A는 수사관에게 "갑은 유류전표를 발행하고 장부에 정리하는 등의 일을 하고 있어 저희 현장과 밀접한 관련이 있는 일을 취급하고 고생을 하고 있어 위로하는 뜻도 있고, 또 어떤 미스가 있는 경우 친분을 가져 잘 처리하여 보기 위하여 환심을 사려고 준 것입니다"라고 진술하였다(㉠진술).

검사는 갑을 배임수재죄로 기소하였다. 갑의 피고사건은 제1심을 거친 후, 항소심에 계속되었다. 항소법원은 유죄를 인정하였다. 갑은 불복 상고하였다.

대법원은 다음의 이유를 제시하여 원심판결을 파기환송하였다. (가) 형법 제357조 제1항의 배임수재죄는 타인의 사무를 처리하는 자가 그 [임]무에 관하여 부정한 청탁을 받았음을 요건으로 하고 있다. (나) 이와 같은 부정한 청탁은 반드시 명시적임을 요하지는 않으나 그 청탁의 내용은 어느 정도 구체적이고 특정한 임무행위에 관한 것임을 요한다. (다) 만연히 임무와 관련하여 재물 또는 재산상 이익을 취득하는 것만으로는 배임수재죄를 구성하지 않는다.

(라) ㉠진술대로라면 A가 갑에게 금품을 교부한 것은 단지 유류부정처분 대가를 나눠줌으로써 환심을 사두고 후일 범행이 발각되더라도 이를 누설하지 않게끔 하기 위한 것이었다고 보여진다. (마) 위와 같은 진술만으로는 갑의 어떠한 구체적이고 특정한 임무행위에 관하여 부정한 청탁을 한 것이라고는 보기 어렵다.

5) 1982. 9. 28. 82도1656, 공 1982, 1110 = 『수출금융 지원 부탁 사건』:

사회복지법인의 설립자 내지 운영자가 사회복지법인 운영권을 양도하고 양수인으로부터 양수인 측을 사회복지법인의 임원으로 선임해 주는 대가로 양도대금을 받기로 하는 내용의 '청탁'을 받았다 하더라도, 그 청탁의 내용이 (가) 당해 사회복지법인의 설립 목적과 다른 목적으로 기본재산을 매수하여 사용하려는 것으로서 (나) 실질적으로 법인의 기본재산을 이전하는 것과 다름이 없어 (다) 사회복지법인의 존립에 중대한 위협을 초래할 것임이 명백하다는 등의 특별한 사정이 없는 한, 사회상규 또는 신의성실의 원칙에 반하는 것을 내용으로 하는 청탁이라고 할 수 없으므로 이를 '부정한 청탁'에 해당한다고 할 수 없다.[1)]

동일한 법리는 학교법인의 이사장 또는 사립학교 경영자가 학교법인 운영권을 양도하고 양수인으로부터 양수인 측을 학교법인의 임원으로 선임해 주는 대가로 양도대금을 받기로 하는 내용의 청탁을 받은 경우에도 적용된다.[2)]

(다) 재물 등의 수수 배임수재죄는 타인의 사무를 처리하는 자가 그 임무에 관하여 부정한 청탁을 받고 재물 또는 재산상 이익을 취득하거나 제3자로 하여금 이를 취득하게 할 때 성립한다. 재물 또는 재산상 이익의 취득은 부정한 청탁과 관련성이 있어야 한다.[3)]

P회사는 직물 수출회사이다. 갑은 P회사의 임원이다. P회사는 Q은행 M지점에 수출지원 금융을 신청하였다. 을은 M지점의 직원이다. 갑은 수출지원 금융을 신청할 때 잘 부탁한다고 하면서 을에게 금품을 제공하였다. Q은행은 P회사에 대해 세 차례에 걸쳐 ㉠지급보증과 ㉡대출을 실시하였다. ㉠지급보증과 ㉡대출은 모두 적법하게 이루어졌다.

검사는 갑을 배임증재죄로 기소하였다. 제1심법원은 무죄를 선고하였다. 검사는 불복 항소하였다. 항소법원은 항소를 기각하고, 제1심판결을 유지하였다. 검사는 불복 상고하였다.

대법원은 다음의 이유를 제시하여 상고를 기각하였다. (가) 형법 제357조 제1, 제2항의 배임수증재죄는 재물 또는 이익을 공여하는 사람과 취득하는 사람 사이에 동조 제1항 소정의 부정한 청탁이 개재되지 않는 한 성립되지 않는다. (나) 여기에 부정한 청탁이라 함은 사회상규 또는 신의성실의 원칙에 반하는 것을 내용으로 하는 청탁을 말한다. (다) Q은행 M지점에서 P회사에 대하여 3차례에 걸쳐 실시한 일련의 지급보증이나 대출은 모두 정당한 범위 내에서 이루어진 것이고 그 절차상에도 아무런 규정위반이 없었다. (라) 갑이 을에게 청탁한 내용은 P회사에게 수출지원 금융을 실시함에 있어 단순히 규정이 허용하는 범위 내에서 최대한 선처를 바란다는 내용에 지나지 않는 것으로 보이므로 사회상규에 어긋난 부정한 청탁이라고 볼 수 없다. (마) 따라서 이러한 청탁의 사례로 금품을 수수한 것은 배임증재 또는 배임수재에 해당하지 않는다.

1) 2013. 12. 26. 2010도16681, 공 2014상, 359 =『어린이집 운영권 양도 사건』.

2) 2014. 1. 23. 2013도11735, 공 2014상, 537.

3) 1982. 7. 13. 82도874, 공 1982, 767 =『침몰 선박 검정보고서 사건』:

갑은 선박 검사인이다. (연도 생략함.) 6.경 M선박이 수중에 침몰하였다. 선주 을과 병은 P보험회사에 보험금을 신청하였다. P회사는 갑에게 사고 선체의 검정을 의뢰하였다. 갑은 M선박의 선체가 발견·인양되어야 검정할 수 있다고 하면서 검정보고서를 작성하지 않았다. 을과 병은 수시로 선체 수색의 애로점을 말하고 검정보고서를 빨리 작성하여 보험금을 타게 해 달라고 요구하면서 갑에게 금품 제의를 시사하였다(㉠청탁). 갑은 ㉠청탁을 거절하고 객관적인 자료의 제출을 요구하였다.

을과 병은 M선박의 선체가 발견되기 전에 갑에게 2천만원을 주고 빨리 조사를 마치자고 의논이 되었다. 을은 2천만원짜리 ㉡약속어음을 발행하여 병에게 주었다. 8. 16. 병은 ㉡약속어음을 갑에게 교부하려고 하였다. 병은 갑의 완강한 태도로 보아 교부가 불가능할 것으로 판단하여 ㉡약속어음을 보관하였다. 9. 중순경 갑 타인의 업무를 처리하는 사람에게 공여한 금품에 부정한 청탁의 대가로서의 성질과 그 외의 행위에 대한 사례로서의 성질이 불가분적으로 결합되어 있는 경우에는 그 전부가 불가분적으로 부정한 청탁의 대가로서의 성질을 갖는 것으로 보아야 한다.[1)]

배임죄의 행위객체는 재산상 이익에 한정되지만 배임수재죄의 행위객체는 재물과 재산상 이익을 모두 포함한다. 행위자 또는 제3자가 취득한 것이 재물인지 재산상 이익인지는 몰수와 관련하여 의미가 있다. 범인 또는 정을 아는 제3자가 배임수재행위로 취득한 재물은 필요적 몰수의 대상이 되기 때문이다(법357③ 1문).

타인의 사무를 처리하는 자가 증재자(贈財者)로부터 돈이 입금된 계좌의 예금통장이나 이를 인출할 수 있는 현금카드나 신용카드를 교부받은 경우에 이것이 재물의 취득인지, 재산상 이익의 취득인지 문제된다. 돈이 입금된 계좌의 예금통장이나 돈을 인출할 수 있는 현금카드나 신용카드를 소지하면서 언제든지 그 예금통장이나 현금카드 · 신용카드를 이용하여 예금된 돈을 인출할 수 있어 예금통장의 돈을 자신이 지배하고 입금된 돈에 대한 실질적인

은 P회사로부터 선체 수색을 중단하니 현재의 상황으로 보고서를 제출해 달라는 통고를 받았다. 갑은 P회사의 요청에 따라 M선박 침몰에 관한 관계서류를 토대로 ⓒ검정보고서를 작성하였다. 9. 18. 갑은 ⓒ보고서를 P회사에 제출하였다. 이후 을과 병은 P회사로부터 ⓔ보험금을 수령하였다. 보험금 수령 후 병은 보관하고 있던 ⓛ약속어음을 을에게 되돌려 주었다.

ⓔ보험금 수령 후 을과 병은 갑의 처 A가 점포 경영관계로 급전이 필요한 것을 알게 되었다. 을과 병은 당초부터 금품을 제공할 의도가 있었고 또 어떤 형태로든 갑을 도와주어야겠다는 생각을 하였다. 을과 병은 대여금 명목으로 ⓜ금전을 갑에게 교부하였고, 갑은 이를 수령하였다.

검사는 갑을 배임수재죄로, 을과 병을 배임증재죄로 기소하였다. 갑의 피고사건은 제1심을 거친 후, 항소심에 계속되었다. 항소법원은 갑에 무죄를, 을과 병에게 유죄를 각각 선고하였다. 검사는 무죄 부분에 불복하여 상고하였다.

대법원은 다음의 이유를 제시하여 상고를 기각하였다. (가) 형법 제357조의 배임수재죄는 타인의 사무를 처리하는 자가 그 임무에 관하여 부정한 청탁을 받고 이에 응하여 재물을 취득함으로써 성립되는 것이다. (나) 여기서 부정한 청탁이라 함은 업무상 배임이 되는 내용의 부정한 청탁을 의미하는 것이 아니고 사회상규나 신의칙에 반하는 것을 내용으로 하는 청탁이다. (다) 재물을 공여하는 사람이 부정한 청탁을 하였다 하더라도 그 청탁을 받아들임이 없이 그 청탁과는 관계없이 금품을 받은 경우에는 배임수재죄는 성립하지 않는다. (라) 뇌물을 주고받는 사람이 서로 필요적 공범관계에 있다 하여, 예외 없이 공범자 모두가 처벌되어야 하는 것은 아니다.

(마) 을과 병이 선체수색을 하지 말고 현시점에서 조사를 끝내 검정보고서를 작성하여 보험금을 타도록 '청탁'한 것(ⓣ청탁)은 갑의 검정업무에 관한 부정한 청탁에 해당한다. (바) 갑은 P보험회사로부터의 지시를 받고 ⓒ검정보고서를 내기까지 3개여 월 동안 ⓣ청탁을 완강히 거절하여 ⓣ청탁에 응하지 않았다. (사) 설사 갑이 자기의 임무를 마친 후 ⓔ보험금이 지급되어 처 A의 점포 문제로 ⓜ금품을 취득하였다 하더라도 이는 그 임무에 관하여 부정한 청탁을 받고 취득한 것이라고 볼 수 없다.

(아) 보통의 경우 뇌물을 준 사람과 받은 사람은 상호 필요적 공범관계에 있기는 하다. (자) 그러나 뇌물을 준 사람에게는 뇌물로서 제공할 의사가 있다고 하더라도 받는 사람[이] 부정한 청탁을 받아들이지 아니한 경우에는 배임수재로 처벌할 수 없다. (차) 뇌물 제공자만이 처벌받는다 하여 이유모순이라 할 수도 없다.

1) 2021. 9. 30. 2019도17102, 공 2021하, 2149 = 『홍보용 유료기사 청탁 사건』.

사용권한과 처분권한을 가지고 있는 것으로 평가될 수 있다면 예금된 돈(즉 재물)을 취득한 것으로 보아야 한다.[1)]

① 현실적 수수　　뇌물수수죄(법129①)의 경우에는 뇌물을 현실적으로 수수하는 것 이외에 뇌물을 요구하거나 약속하는 것도 처벌대상에 포함된다. 그러나 배임수재죄는 뇌물죄와 달리 재물 또는 재산상 이익을 현실적으로 취득하는 것만을 처벌대상으로 하고 있다. 단순히 요구 또는 약속만을 한 경우에는 배임수재죄가 성립하지 않는다.[2)] 청탁금지법위반죄(동법8①, 22① i)의 경우에는 수수 이외에 요구·약속이 모두 처벌대상에 포함된다 함은

---

1) 2017. 12. 5. 2017도11564, 공 2018상, 132 =『건설 총괄 고용사장 사건』:

P회사는 M골프장 건설공사를 진행하고 있었다. P회사는 그 집행기관으로 Q회사를 설립하였다. 갑은 Q회사에서 공사를 총괄하기 위해 고용된 사장이다. 갑은 을로부터 ⓐ부정한 청탁과 함께 ㉠통장을 교부받았다. ㉠통장에는 ㉡돈(2억원)이 입금되어 있었다(㉮행위). 갑은 병으로부터 ⓑ부정한 청탁과 함께 예금인출 기능이 있는 ㉢신용카드를 교부받았다. 병의 ㉢신용카드 계좌에는 ㉣돈(7천만원)이 들어 있었다(㉯행위).

검사는 갑을 배임수재죄로 기소하였다. 갑의 피고사건은 제1심을 거친 후, 항소심에 계속되었다. 항소법원은 ㉮, ㉯행위를 유죄로 인정하고, 징역형의 선고와 함께 ㉡돈(2억원)과 ㉣돈(7천만원)의 몰수와 추징을 선고하였다. 갑은 불복 상고하였다. 갑은 상고이유로 다음의 점을 주장하였다. (가) 갑이 교부받은 재물은 ㉠통장과 ㉢신용카드이다. (나) ㉠통장과 ㉢신용카드가 몰수의 대상이 된다. (다) 계좌에 입금된 ㉡돈(2억원) 또는 ㉣돈(7천만원) 자체는 몰수·추징의 대상이 되지 않는다.

대법원은 다음의 이유를 제시하여 상고를 기각하였다. (가) 타인의 사무를 처리하는 자가 그 임무에 관하여 부정한 청탁을 받고 재물 또는 재산상의 이익을 취득하거나 제3자로 하여금 이를 취득하게 하면 배임수재죄가 성립한다(형법 제357조 제1항). (나) 타인의 사무를 처리하는 자가 증재자(贈財者)로부터 돈이 입금된 계좌의 예금통장이나 이를 인출할 수 있는 현금카드나 신용카드를 교부받[는 경우가 있다.] (다) [이 경우 타인의 사무를 처리하는 자가] 이를 소지하면서 언제든지 위 예금통장 등을 이용하여 예금된 돈을 인출할 수 있어 예금통장의 돈을 자신이 지배하고 입금된 돈에 대한 실질적인 사용권한과 처분권한을 가지고 있는 것으로 평가될 수 있다면, 예금된 돈을 취득한 것으로 보아야 한다. (라) (사실관계 생략) (마) 갑은 을로부터 ㉡돈(2억원)이 입금된 ㉠통장 등을 교부받고 병으로부터 예금 인출 기능이 있는 ㉢신용카드를 교부받음으로써 예금 금액에 해당하는 재물을 취득하였다.

2) 1999. 1. 29. 98도4182, 공 1999, 421 =『골프 회원권 입회신청서 사건』:

갑은 [P회사의] 사무처리자이다. 을은 갑에게 ㉠청탁을 하였다. 을은 ㉠청탁과 함께 M골프장 ㉡회원권을 주겠다고 말하였다. 을은 ㉡회원권 취득을 위한 ㉢입회신청서를 건네주었다. 갑은 ㉠청탁을 수락하면서 ㉡회원권을 받겠다고 말하였다. 갑은 수락의 의사표시와 함께 ㉢입회신청서를 건네받았다. 이후 M골프장 ㉡회원권에 관하여 갑 명의로 명의변경은 이루어지지 않았다.

검사는 갑을 배임수재죄로 기소하였다. 갑의 피고사건은 제1심을 거친 후, 항소심에 계속되었다. 항소법원은 무죄를 선고하였다. 검사는 불복 상고하였다.

대법원은 다음의 이유를 제시하여 상고를 기각하였다. (가) 배임수재죄로 처벌하기 위하여는 타인의 사무를 처리하는 자가 부정한 청탁을 받아들이고 이에 대한 대가로서 재물 또는 재산상의 이익을 받은 데에 대한 범의가 있어야 한다. (나) 배임수재죄에서 말하는 '재산상의 이익의 취득'이라 함은 현실적인 취득만을 의미한다. (다) 단순한 요구 또는 약속만을 한 경우는 이에 포함되지 않는다. (라) 을이 갑에게 M골프장 회원권 공여의 의사표시를 하고 갑이 이를 승낙하였다. (마) 그렇다고 하더라도 그 골프장 회원권에 관하여 갑 명의로 명의변경이 이루어지지 않았다. (바) 그러한 이상 갑이 현실적으로 재산상의 이득을 '취득'하였다고 할 수 없다.

앞에서 설명하였다. 일단 재물 또는 재산상 이익을 취득하거나 제3자로 하여금 취득하게 하였다면 취득한 것을 사후에 반환하였다 하더라도 이미 성립한 배임수재죄에 영향을 미치지 않는다.[1)]

② 제3자의 수수 배임수재죄는 사무처리자가 부정한 청탁을 받고 제3자로 하여금 재물 또는 재산상 이익을 취득하게 한 때에도 성립한다. 2016년 개정 전의 배임수재죄 조문은 제3자로 하여금 재물 또는 재산상 이익을 취득하게 한 경우를 처벌대상으로 규정하고 있지 않았다. 이 때문에 판례는 제3자로 하여금 재물 또는 재산상 이익을 취득하게 한 경우에는 원칙적으로 배임수재죄가 성립하지 않되, 제3자가 취득하더라도 사회통념상 제3자가 재물 또는 재산상 이익을 받은 것을 부정한 청탁을 받은 자가 직접 받은 것과 같이 평가할 수 있는 관계가 있는 경우에는 배임수재죄가 성립하는 것으로 해석하였다.[2)]

판례는 사회통념상 다른 사람이 재물 또는 재산상 이익을 받은 것을 부정한 청탁을 받은 사무처리자가 직접 받은 것과 같이 평가할 수 있는 관계의 예로 (가) 다른 사람이 부정한 청탁을 받은 자의 사자 또는 대리인으로서 재물 또는 재산상 이익을 취득한 경우나 (나) 평소 부정한 청탁을 받은 자가 그 다른 사람의 생활비 등을 부담하고 있었다거나 혹은 그 다른 사람에 대하여 채무를 부담하고 있었다는 등의 사정이 있어 그 다른 사람이 재물 또는 재산상 이익을 받음으로써 부정한 청탁을 받은 자가 그만큼 지출을 면하게 되는 경우 등을 들고 있었다.[3)]

---

1) 2001. 2. 9. 2000도4700, 공 2001, 684 = 『고등학교 창호공사 수의계약 사건』.

2) 2009. 3. 12. 2008도1321, 공 2009, 506.

3) 2017. 12. 7. 2017도12129, 공 2018상, 245 = 『초밥가게 입점계약 사건』:

(2016년 배임수재죄가 개정되기 전의 사안이다.) 갑은 P회사의 사장이다. P회사는 M백화점을 운영하고 있다. A는 M백화점에서 N회전초밥 가게를 운영하고 있다. 2007. 2.경부터 2007. 12.경까지 갑은 N가게 입점과 관련하여 편의를 보아주는 대가로 A로부터 N가게 수익금의 일부를 받아오고 있었다(㉮행위). B는 갑의 결혼한 딸이다. 2008년 초경 갑은 A에게 다음과 같이 말하였다. "딸 B가 생활비가 조금 딸리는 것 같으니 B한테 해 줘라." 2008. 초경부터 2016. 5.경까지 A는 B에게 수익금의 일부를 현금으로 건네주었다(이상 ㉯행위).

검사는 갑을 다음의 공소사실로 기소하였다. (가) ㉮행위 : 배임수재죄. (나) ㉯행위 : 배임수재죄. 갑의 피고사건은 제1심을 거친 후, 항소심에 계속되었다. 항소법원은 다음과 같이 판단하였다. (가) ㉮행위 : 배임수재죄 유죄. (나) ㉯행위 : 배임수재죄 무죄. 항소법원은 ㉯행위 무죄 부분에 대해 다음의 이유를 제시하였다. (가) B는 결혼하여 독립한 가정을 이루고 있다. (나) B가 A로부터 받은 재산 외에 B 명의로 상당한 재산을 보유하고 있다. 검사는 불복 상고하였다.

대법원은 다음의 이유를 제시하여 원심판결을 파기환송하였다. 대법원은 배임수재죄에서 범인이 재물이나 재산상 이익을 취득하는 범위에 대해 다음과 같이 설시하였다. (가) 2016년 개정 전 형법 제357조 제1항의 배임수재죄는 타인의 사무를 처리하는 자가 그 임무에 관하여 부정한 청탁을 받고 재물 또는 재산상 이익을 취득한 때에 성립한다. (나) 배임수재죄의 행위주체가 재물 또는 재산상 이익을 취득하였는지는 증거에 의하여 인정된 사실에 대한 규범적 평가의 문제이다. (다) 타인의 사무를 처리하는 자가 그 임무에 관하여 부정한

2016년 형법 일부개정에 의하여 제3자 수수가 처벌대상으로 명시되었다. 2016년의 배임수재죄 개정의 입법 취지는 부패행위를 방지하고「UN 부패방지협약」등 국제적 기준에 부합하도록 하려는 것이다.[1] 그러나 개정조문에도 불구하고 종전 판례의 의미가 완전히 소멸한 것은 아니다.

배임수재죄에는 (가) 사무처리를 위임한 타인, (나) 타인의 사무를 처리하는 자, (다) 그 밖의 제3자가 등장한다. 개정 형법이 적용되는 경우에도 (다)의 '제3자'에는 다른 특별한 사정이 없는 한 (가)의 사무처리를 위임한 타인은 포함되지 않는다.[2] 따라서 (가)의 사무처리를 위임한 타인에게 부정한 청탁에 따른 재물이나 재산상 이익을 지급하더라도 배임수재죄는 성립하지 않는다.

그렇지만 (가)의 사무처리를 위임한 타인에게 부정한 청탁에 따른 재물이나 재산상 이익을 지급하는 것이 (나) 타인의 사무를 처리하는 자가 지급받는 것에 해당할 수가 있다. 배임수재죄의 행위주체, 즉 (나)의 타인의 사무를 처리하는 자가 재물 또는 재산상 이익을 취득하였는지는 증거에 의하여 인정된 사실에 대한 규범적 평가의 문제이다. 부정한 청탁에 따른 재물이나 재산상 이익이 외형상 (가)의 사무처리를 위임한 타인에게 지급된 것으로 보이더라도 사회통념상 (가)의 사무처리를 위임한 타인이 재물 또는 재산상 이익을 받은 것을 (나)의 부정한 청탁을 받은 사람, 즉 타인의 사무를 처리하는 자가 직접 받은 것과 동일하게 평가할 수 있는 경우에는 배임수재죄가 성립할 수 있다.[3]

청탁을 받고 자신이 아니라 다른 사람으로 하여금 재물 또는 재산상 이익을 취득하게 한 경우에 특별한 사정이 있으면 사회통념상 자신이 받은 것과 같이 평가할 수 있다.

(라) 또한 다른 사람이 재물 또는 재산상 이익을 취득한 때에도 (ㄱ) 그 다른 사람이 부정한 청탁을 받은 자의 사자 또는 대리인으로서 재물 또는 재산상 이익을 취득한 경우나 (ㄴ) 그 밖에 평소 부정한 청탁을 받은 자가 그 다른 사람의 생활비 등을 부담하고 있었다거나 혹은 (ㄷ) 그 다른 사람에 대하여 채무를 부담하고 있었다는 등의 사정이 있어 그 다른 사람이 재물 또는 재산상 이익을 받음으로써 부정한 청탁을 받은 자가 그만큼 지출을 면하게 되는 경우 등 사회통념상 그 다른 사람이 재물 또는 재산상 이익을 받은 것을 부정한 청탁을 받은 자가 직접 받은 것과 같이 평가할 수 있는 관계가 있다면 위 죄가 성립될 수 있다.

대법원은 사실관계를 분석하였다(내용 생략함). 대법원은 갑의 ㉯행위 부분에 대해 다음과 같이 판단하였다. (가) 위 사실관계로부터 알 수 있는 수익금 수수의 경위와 명목, 그에 관한 갑과 A의 의사 및 갑과 B의 가족관계 등을 앞서 본 법리에 비추어 살펴본다. (나) 갑이 A로부터 부정한 청탁을 받고 자신이 받아온 수익금을 딸인 B에게 주도록 A에게 지시하였다면 이는 갑 자신이 수익금을 취득한 것과 같다고 평가하는 것이 옳다. (다) 원심판결이 들고 있는 사정, 즉 B가 결혼하여 독립한 가정을 이루고 있다거나 ㉯행위로 받은 재산 외에 그녀 명의로 상당한 재산을 보유하고 있다는 등의 사정은 이러한 판단을 달리할 만한 사정이 되지 않는다.

1) 2021. 9. 30. 2019도17102, 공 2021하, 2149 = 『홍보용 유료기사 청탁 사건』

2) 2021. 9. 30. 2019도17102, 공 2021하, 2149 = 『홍보용 유료기사 청탁 사건』

3) 2021. 9. 30. 2019도17102, 공 2021하, 2149 = 『홍보용 유료기사 청탁 사건』

(라) 손해발생 여부 본인에게 손해가 발생하였는지는 배임수재죄의 성립에 영향이 없다.[1] 배임수재죄는 타인의 사무를 처리하는 자가 그 임무에 관하여 부정한 청탁을 받고 재물 또는 재산상 이익을 취득하거나 제3자로 하여금 이를 취득하게 함으로써 성립한다. 재물 또는 재산상 이익의 취득 후에 청탁취지에 따른 배임행위를 하였음을 요하지 않는다.[2] 만일 배임행위가 있다면 배임수재죄(법357①)와 배임죄(법355②)의 실체적 경합범이 된다.[3]

(4) 고 의

배임수재죄가 성립하려면 타인의 사무를 처리하는 자가 부정한 청탁을 받아들이고 이에 대한 대가로서 재물 또는 재산상 이익을 취득하거나 제3자로 하여금 재물 또는 재산상 이익을 취득하게 한다는 점에 대한 고의가 있어야 한다.[4]

재물취득의 경우에는 주관적으로 영득의사가 있어야 한다. 일단 영득의 의사로 받았다가 사후에 되돌려 주지 않을 수 없는 어떠한 사정변경이 생겨서 재물을 반환한 경우에는 배임수재죄가 성립한다. 그러나 행위자가 자발적으로 금품제공자에게 반환하였다면 행위자에게 재물을 영득할 의사가 없어서 배임수재죄는 성립하지 않는다.[5]

(5) 미수와 기수

배임수재죄는 타인의 사무를 처리하는 자가 그 임무에 관하여 부정한 청탁을 받고 재물 또는 재산상의 이익을 취득하거나 제3자로 하여금 이를 취득하게 한 때 기수에 이른다. 한편 형법 제359조는 배임수증재죄(법357)의 미수범을 처벌하고 있다. 여기에서 배임수재죄의 실행의 착수시점이 언제인지 문제된다.

형법은 뇌물죄의 경우 미수범을 처벌하지 않는 대신에 뇌물의 수수 · 요구 · 약속 전반을 처벌대상으로 명시하고 있다(법129 이하 참조). 이에 반해 배임수재죄의 경우에는 취득만을 처벌대상으로 명시하는 대신 미수범 처벌규정을 두고 있다(법359). 이와 관련하여 재물 또는 재산상 이익의 취득을 요구 또는 약속하는 행위를 배임수재죄의 실행의 착수로 보아 미수범으로 처벌하자는 주장이 제시되고 있다.[6]

---

1) 1980. 10. 14. 79도190, 공 1981, 13375.
2) 1982. 7. 13. 82도925, 공 1982, 769.
3) 1984. 11. 27. 84도1906, 공 1985, 106 = 『한도초과 지급보증 사건』.
4) 1999. 1. 29. 98도4182, 공 1999, 421 = 『골프 회원권 입회신청서 사건』.
5) 1983. 3. 8. 82도2873, 공 1983, 680.
6) 김성돈, 509면; 김일수 · 서보학, 401면; 김혜정 외, 464면; 박상기, 419면; 배종대, 486면; 손동권 · 김재

생각건대 재물 또는 재산상 이익의 취득을 요구 · 약속하는 행위만으로는 아직 배임수재죄의 실행의 착수에 이르렀다고 볼 수 없다. 미수범 긍정설은 취득에 이르기 전의 예비단계에 불과한 요구 · 약속을 취득과 동일하게 취급하는 무리를 범하고 있다. 형법이 배임수재죄에 요구 · 약속을 규정하지 않은 것은 사인간의 행위를 공무원의 행위와 동일한 차원에서 규제할 경우 처벌이 지나치게 확장되는 것을 우려하였기 때문이다. 청탁금지법이 금품등의 요구 · 약속까지 처벌대상에 포함시킨 것(동법8①, 22① i)은 배임수재죄의 미수범 처벌이 불가능하다는 인식을 전제로 한 것이라고 생각된다.

배임수증재죄의 미수범 처벌을 규정한 형법 제359조는 배임수재죄(법357①)보다 배임증재죄(동조②)의 경우에 실질적 의미를 가지고 있다고 생각된다. 부정한 청탁을 하면서 재물이나 재산상 이익을 현실적으로 제공하였으나 타인의 사무를 처리하는 자가 이를 거절한 경우를 미수범으로 처벌할 필요가 있기 때문이다.

(6) 몰수와 추징

(가) 필요적 몰수 · 추징 범인 또는 정을 아는 제3자가 배임수재행위로 취득한 재물은 몰수한다(법357③ 1문). 뇌물죄(법134)와 마찬가지로 몰수는 필요적이다. 취득한 재물을 몰수하기 불가능하거나 재산상 이익을 취득한 때에는 그 가액을 추징한다(법357③ 2문). 추후에 취득한 것에 상응하는 액수가 제공자에게 반환되었다 하더라도 취득액을 추징할 수 있다.[1]

형법 제357조 제3항은 필요적 몰수의 대상을 '범인 또는 정을 아는 제3자가 취득한 제1항의 재물'이라고 규정하고 있다. 이 때 '제1항의 재물'은 배임수재죄(법357①)에서 범인 또는 정을 아는 제3자가 취득한 재물만을 의미하는 것은 아니다. 형법 제357조 제3항이 필요적 몰수 또는 추징을 규정한 것은 그 범행에 제공된 재물과 재산상 이익을 박탈하여 부정한 이익을 보유하지 못하게 하기 위한 것이기 때문이다.[2] 이와 관련하여 몰수 · 추징의 상대방이

윤, 491면; 오영근, 410면; 이재상 · 장영민 · 강동범, 449면; 이정원, 459면; 이형국 · 김혜경, 524면; 임웅, 572면; 정성근 · 박광민, 487면; 주호노, 1062면.

1) 1983. 8. 23. 83도406, 공 1983, 1448.

2) 2017. 4. 7. 2016도18104, 공 2017상, 1055 = 『공모탈락 후 반환 사건』:

P회는 재향군인 상호간의 상부상조를 위하여 설립된 법인이다. P회는 본부 외에 Q회사를 비롯하여 7개 산하단체를 두고 있다. 갑은 P회 회장 선거에 출마하여 당선되었다. Q회사의 대표이사 공모절차가 진행되었다. 을은 공모절차에 응모하였다. 을은 갑의 자택을 방문하였다. 을은 현금 5,000만원(㉠돈)을 포장지로 감싼 후 검은 색 쇼핑백(㉡쇼핑백) 안에 넣어 "선거한다고 돈을 많이 쓰셨을 텐데 선거비용에 보태 쓰십시오."라고 말하면서 두고 나왔다. 갑은 ㉡쇼핑백을 받을 때부터 안에 현금이 담긴 사실을 알고 있었다. 이후 을은 Q회사 대표이사 공모절차에서 탈락하였다. 갑은 ㉠돈을 수수한 후 1개월 후에 을에게 반환하였다. 반환받은 ㉠돈의 포장지 옆면에는 뜯어진 흔적이 있었다

검사는 갑을 배임수재죄, 을을 배임증재죄로 기소하였다. 제1심법원은 갑에게 유죄를 인정하였다. 제1심법

누구인지 논란되는 경우가 있다.

(나) 목적물 반환 배임수재죄(법357①)와 배임증재죄(법357②)는 필요적 공범으로서 대향범 관계에 있다. 형법 제357조 제3항에서 몰수의 대상으로 규정한 '범인이 취득한 제1항의 재물'은 배임수재죄의 범인이 취득한 목적물이자 동시에 배임증재죄의 범인이 공여한 목적물을 가리킨다. 단순히 배임수재죄의 목적물만을 한정하여 가리키는 것은 아니다. 그러므로 수재자가 증재자로부터 받은 재물을 그대로 가지고 있다가 증재자에게 반환하였다면 증재자로부터 이를 몰수하거나 그 가액을 추징하여야 한다.[1)]

(다) 제3자 전달 범인이 취득한 재물 또는 재산상 이익을 그 받은 취지에 따라 제3자에게 교부한 경우에는 그 부분 이익은 실질적으로 범인에게 귀속된 것이 아니어서 이를 범인으로부터 몰수하거나 그 가액을 추징할 수 없다.[2)] 이 경우에는 그 제3자로부터 몰수

원은 을에게 유죄를 인정하고, ㉠돈(5천만원)의 추징을 선고하였다. 갑과 을은 불복 항소하였다. 항소법원은 항소를 기각하고, 제1심판결을 유지하였다. 갑과 을은 불복 상고하였다. 갑은 상고이유로 다음의 점을 주장하였다. (가) 갑은 ㉠돈을 을에게 그대로 반환하였다. (나) 갑에게 ㉠돈에 대한 불법영득의사가 없었다. (다) ㉠돈에 대해 갑에게 배임수재죄는 성립하지 않는다. 을은 상고이유로 다음의 점을 주장하였다. (가) 갑에게 불법영득의사가 인정되어 배임수재죄가 성립하였다. (나) 형법 제357조 제3항은 '범인 또는 정을 아는 제3자가 취득한 형법 제357조 제1항의 재물'을 몰수하도록 규정하고 있다. (다) 이에 따르면 갑이 취득한 ㉠돈을 몰수하여야 한다.

대법원은 다음의 이유를 제시하여 상고를 기각하였다. 대법원은 갑에게 불법영득의사가 인정된다고 판단하였다. 대법원은 배임수증재죄의 몰수·추징에 대해 다음과 같이 설시하였다. (가) 형법은 제357조 제1항에서 배임수재죄를, 제2항에서 배임증재죄를 규정하고 있다. (나) 형법은 제357조 제3항에서 "범인 [또는 정을 아는 제3자가] 취득한 제1항의 재물은 몰수한다. 그 재물을 몰수하기 불능하거나 재산상의 이익을 취득한 때에는 그 가액을 추징한다."라고 규정하고 있다.

(다) 배임수재죄와 배임증재죄는 이른바 대향범이다. (라) 형법 제357조 제3항에서 필요적 몰수 또는 추징을 규정한 것은 그 범행에 제공된 재물과 재산상 이익을 박탈하여 부정한 이익을 보유하지 못하게 하기 위한 것이다. (마) 그러므로 형법 제357조 제3항에서 몰수의 대상으로 규정한 '범인이 취득한 제1항의 재물'은 배임수재죄의 범인이 취득한 목적물이자 배임증재죄의 범인이 공여한 목적물을 가리킨다. (바) 형법 제357조 제3항에서 몰수의 대상으로 규정한 '범인이 취득한 제1항의 재물'은 배임수재죄의 목적물만을 한정하여 가리키는 것이 아니다. (사) 그러므로 수재자가 증재자로부터 받은 재물을 그대로 가지고 있다가 증재자에게 반환하였다면 증재자로부터 이를 몰수하거나 그 가액을 추징하여야 한다.

대법원은 원심판결의 당부에 대해 다음과 같이 판단하였다. (가) [을의] 상고이유 주장은 위와 같이 재물을 그대로 반환한 경우에는 수재자는 물론 증재자로부터도 몰수나 추징을 할 수 없다는 취지이나 이유 없다. (나) 원심이 을로부터 5,000만원을 추징한 것은 정당하고, 거기에 상고이유 주장과 같이 배임수증재죄에서의 추징에 관한 법리를 오해한 잘못이 없다.

1) 2017. 4. 7. 2016도18104, 공 2017상, 1055 =『공모탈락 후 반환 사건』.

2) 2008. 3. 13. 2006도3615, [미간행] =『학위논문 실험대행비 추징 사건』:

갑은 M사립대학교의 교수이다. 을은 갑의 학위논문 지도학생이다. 병은 N연구소 연구원이다. 을이 준비하고 있는 ㉠학위논문에는 ㉡연구데이터가 필요하다. ㉡연구데이터는 학위논문 제출자가 직접 연구를 수행하여 취합한 것이어야 한다. 병은 갑에게 자신이 ㉡연구데이터를 취합해 줄 수 있다고 말하였다. 갑은 을에게 학위논문을 작성하려면 실험대행비 등 비용이 필요하다고 말하였다. 을은 갑에게 실험대행비 명목으로 ㉢돈을 송

하거나 추징해야 한다.

범인이 취득한 재물 또는 재산상 이익을 증재자의 이익을 위하여 사용한 경우라 할지라도 (가) 이를 처음부터 예정되어 있던 취지에 따라 제3자에게 그대로 전달한 것이 아니라 (나) 그 세부적인 사용이 범인의 독자적 권한에 속해 있던 것을 사용한 경우에는 범인이 받은 금액 전부를 추징해야 한다.[1)]

4. 배임증재죄

형법 제357조 (배임수증재) ② 제1항의 재물 또는 재산상 이익을 공여한 자는 2년 이하의 징역 또는 500만원 이하의 벌금에 처한다.

◎ 자격정지 임의적 병과(법358)

◎ 필요적 몰수 · 추징(법357③)

◎ 미수범 처벌함(법359)

금하였다. 갑은 받은 ㉢돈 가운데 일부인 ㉣돈을 병에게 송금하였다. 병은 받은 ㉣돈을 실험비용으로 사용하였다.

검사는 갑, 을, 병을 다음과 같이 기소하였다. (가) 갑 : 배임수재죄. (나) 을 : 배임증재죄. (다) 병 : 배임수재방조죄. 제1심법원은 갑, 을, 병 모두에 대해 유죄를 인정하였다. 배임수증재죄에 제공된 금품은 필요적 몰수 · 추징의 대상이다. 제1심법원은 ㉢돈에서 ㉣돈을 제외한 부분에 대해 갑에게 추징을 선고하였다. 제1심법원은 병에게 ㉣돈의 추징을 선고하였다. 갑, 을, 병은 불복 항소하였다. 항소법원은 항소를 기각하고, 제1심판결을 유지하였다. 병은 상고하였다. 병은 상고이유로 다음의 점을 주장하였다. (가) ㉢돈은 을이 갑에게 제공한 것이다. (나) ㉣돈은 ㉢돈의 일부로서 갑이 독자적으로 판단하여 병에게 송금한 것이다. (다) ㉣돈은 갑으로부터 몰수 · 추징해야 한다.

대법원은 다음의 이유를 제시하여 상고를 기각하였다. 대법원은 몰수 · 추징의 대상에 대해 다음과 같이 설시하였다. (가) 범인[갑]이 취득한 재물 또는 재산상의 이익을 그 받은 취지에 따라 타인[병]에게 교부한 경우에는 그 부분 이익은 실질적으로 범인[갑]에게 귀속된 것이 아니어서 이를 범인[갑]으로부터 몰수하거나 그 가액을 추징할 수 없다. (나) 범인[갑]이 취득한 재물 또는 재산상의 이익을 증재자[을]의 이익을 위하여 사용한 경우라도 (ㄱ) 이를 처음부터 예정되어 있던 취지에 따라 타인[병]에게 그대로 전달한 것이 아니라 (ㄴ) 그 세부적인 사용이 범인[갑]의 독자적 권한에 속해 있던 것을 사용한 경우에는 범인[갑]이 받은 금액 전부를 추징해야 한다.

대법원은 병에 대한 몰수 · 추징에 대해 다음과 같이 판단하였다. (가) 갑이 학위취득자[을]로부터 금원을 송금받을 당시 그중 일정 금원이 실험대행비 등 명목으로 실험을 대행하는 타인[병]에게 교부하기로 예정되어 있었다. (나) 갑은 그 취지에 따라 실험대행비 등 명목으로 병에게 일정액을 교부하였다. (다) 병이 지출하였다는 실험비용 등은 그 세부적인 사용이 병의 독자적인 판단에 따라 사용한 것임을 인정할 수 있다. (라) 위 법리에 비추어 볼 때, 병에게 실험대행비 등 명목으로 교부된 금원이 실질적으로 병에게 귀속되었다. (마) 실험비용 등으로의 지출은 병이 받은 금원을 소비하는 방법의 하나에 지나지 않는다. (바) 이러한 취지에서 병이 수령한 금원의 가액 전부를 갑으로부터 추징하지 않고 병으로부터 추징한 제1심판결을 그대로 유지한 원심의 조치는 정당하다.

1) 2008. 3. 13. 2006도3615, [미간행] =『학위논문 실험대행비 추징 사건』.

◎ 친족상도례 적용됨(법361)

(1) 행위주체

형법 제357조 제2항의 배임증재죄는 타인의 사무를 처리하는 자에게 그 임무에 관하여 부정한 청탁을 하면서 재물 또는 재산상 이익을 제공할 때 성립하는 범죄이다. 배임증재죄는 사인에 대한 뇌물공여죄라고 할 수 있다. 누구든지 배임증재죄의 주체가 될 수 있으며, 재물 또는 재산상 이익을 제공한 사람의 신분을 묻지 않는다.

(2) 실행행위

배임증재죄가 성립하려면 행위자가 타인의 사무를 처리하는 자에게 부정한 청탁을 하고 재물 또는 재산상 이익을 사무처리자 또는 제3자에게 공여하여야 한다. 현실적인 공여가 없으면 배임증재죄는 성립하지 않는다. 이에 대해 청탁금지법위반죄(동법8⑤, 22① iii)의 경우에는 금품등의 제공뿐만 아니라 제공의 약속 또는 제공의 의사표시까지 처벌대상에 포함된다.

재물 또는 재산상 이익을 공여하는 사람으로부터 부정한 청탁이 없으면 배임증재죄는 성립하지 않는다. 부정한 청탁 여부는 공여자를 기준으로 판단한다. 재물 또는 재산상 이익을 받는 사람으로 보아 부정한 청탁에 해당하는지 여부에 구애되지 않는다.[1] 재물 등의 공여자가 자기의 권리를 확보하기 위하여 행한 행위인 경우에는 사회상규나 신의성실의 원칙에 비추어 부정한 청탁에 해당하지 않는 경우도 있다.[2]

---

1) 1979. 6. 12. 79도708, 공 1979, 12050 = 『농협조합장 예금 청탁 사건』 ☞ 부록 1726면.

2) 1980. 8. 26. 80도19, 공 1980, 13132 = 『가처분 취하 청탁 사건』:

M임야가 있다. M임야는 A 단독 소유로 등기되어 있었다. 1961. 2. 18. A가 사망하여 B 외 4인이 M임야를 공동상속하였다. 1964. 5. 23. 지분매매의 형식을 거쳐 M 임야는 B 단독소유로 등기되었다. 1967. 6. 17. B가 사망하여 갑(B의 자녀) 외 6인 앞으로 M임야에 대해 상속으로 인한 소유권이전등기가 경료되었다. 갑은 M임야가 갑 외 6인의 소유라고 믿었다. 1977. 9. 14. 갑은 C, D와 M임야를 매매하는 다음 내용의 계약을 체결하였다(㉠매매계약). (가) 대금 1억 9,500만원으로 함. (나) 계약금 2,000만원 수령함. (다) 중도금 7,000만원 수령함. (라) 잔금은 1977. 10. 31.까지 소유권이전등기에 소요되는 서류의 교부와 동시에 수령하기로 함.

M임야의 지가가 폭등하였다. P종중에서는 E, F 등이 주동이 되어 다음의 주장을 하였다. (가) M임야는 종중 소유로서 갑의 조부 A 외 2인에게 명의신탁되었던 것이다. (나) 6 · 25 사변으로 등기부가 소실되자 A가 마치 자기 단독소유인양 등기부를 복구한 것이다. 1977. 10. 3. E, F는 G를 종중대표로 선임하였다. 1977. 10. 19. P종중은 M임야에 대한 처분금지가처분신청을 하였다. 1977. 10. 25 P종중은 관할 지방법원으로부터 가처분결정을 받아 같은 날 집행을 하였다(㉮가처분). 이를 알게 된 갑은 ㉮가처분으로 인하여 ㉠매매계약에 따른 의무이행에 차질이 오면 계약위반으로 인한 손해배상청구를 당할 우려가 있음을 걱정하였다. 갑은 종중대표 G에게 ㉮가처분의 부당성을 이해시키면서 그 신청의 취하를 종용하고 공탁금 및 기타 비용으로 들어간 금원조로 금 200만원을 제공하였다(㉯행위). 1977. 12. 5. G는 ㉮가처분신청을 취하하였다. [E, F는 갑을 고소하였다.]

(3) 공 범

배임수재죄와 배임증재죄의 관계에서 재물 또는 재산상 이익을 준 사람과 이를 받은 사람은 서로 필요적 공범으로서 대향범 관계에 있다.[1] 그러나 예외 없이 공범자 모두가 처벌되어야 하는 것은 아니다.

재물 또는 재산상 이익을 공여하는 사람에게 부정한 청탁의 대가로 재물 또는 재산상 이익을 제공할 의사가 있다고 하더라도 받는 사람이 부정한 청탁을 받아들이지 아니한 때에는 재물 또는 재산상 이익 제공의 상대방을 배임수재죄로 처벌할 수 없다. 이 때에는 공여자만 배임증재죄로 처벌된다.[2] 역으로 재물 또는 재산상 이익을 받은 자가 유죄가 되었다 하더라도 재물 또는 재산상 이익을 공여하는 것이 공여자의 정당한 업무에 속하는 경우에는 배임증재죄가 성립하지 않는다.[3]

배임증재죄의 미수범은 처벌된다(법359, 357). 공여자가 부정한 청탁과 함께 재물 또는 재산상 이익을 공여하였으나 타인의 사무를 처리하는 자 또는 제3가 이를 거절한 경우에 배임증재죄의 미수범이 성립한다. 그러나 공여의 의사표시 또는 공여의 약속만으로는 아직 미수범으로 처벌할 수 없다. 공여의 예비단계에 불과하다고 생각되기 때문이다.

(4) 다른 죄와의 관계

배임죄(법355②)와 배임수증재죄(법357)는 별개의 독립한 범죄이다. 따라서 배임증재죄를 범한 자라 할지라도 그와 별도로 타인의 사무를 처리하는 지위에 있는 사람과 공범으로 배

검사는 갑을 배임증재죄로 기소하였다. 갑의 피고사건은 제1심을 거친 후, 항소심에 계속되었다. 항소법원은 갑의 ㉯행위가 부정한 청탁에 해당하지 않는다고 판단하였다. 항소법원은 무죄를 선고하였다. 검사는 불복 상고하였다. 검사는 상고이유로 다음의 점을 주장하였다. (가) 종중대표 G가 200만원을 받은 것은 배임수재죄에 해당한다. (나) 배임수재죄가 성립하므로 갑에게 배임증재죄가 성립한다.

대법원은 다음의 이유를 제시하여 상고를 기각하였다. (가) M임야는 갑 외 6인의 소유로 추정되고 P종중소유인데도 A 외 2인에게 명의신탁된 것이라고 볼 자료 없을 뿐 아니라 갑의 권리주장을 깨뜨릴만한 자료도 없다. (나) 따라서 갑이 M임야를 그를 포함한 7인의 소유로 알고 이를 타에 매도한 다음, P종중에서 한 처분금지가처분으로 인하여 입게 될지도 모를 손해를 모면하기 위하여 종중대표인 G에게 ㉮가처분에 들어간 비용을 금 200만원으로 쳐서주고, 가처분신청을 취하하게 한 행위는 갑이 자기의 권리를 확보하기 위하여 한 행위로서 사회상규나 신의성실의 원칙에 비추어 보더라도 부정한 청탁을 한 것이라고 볼 수 없다. (다) 갑의 ㉯소위는 자신의 권리를 보호하기 위한 것으로서 사회상규에 반하는 것으로 볼 수는 없다 할 것이고, 따라서 부정한 청탁을 한 것이라고 할 수 없다. (라) 재물 또는 이익을 공여하는 사람에게 부정한 것이 없다면 배임증여죄는 성립되지 않는다. (마) 이는 그것을 받는 사람으로 보아 부정한 것인 여부에 구애되지 않는다.

1) 2017. 4. 7. 2016도18104, 공 2017상, 1055 =『공모탈락 후 반환 사건』.

2) 1982. 7. 13. 82도874, 공 1982, 767 =『침몰 선박 검정보고서 사건』.

3) 1979. 6. 12. 79도708, 공 1979, 12050 =『농협조합장 예금 청탁 사건』.

임죄를 범할 수 있다.[1)]

회사는 기업활동을 할 때 형사상의 범죄를 수단으로 하여서는 안 된다. 뇌물공여를 금지하는 법률 규정은 회사가 기업활동을 할 때 준수해야 한다. 따라서 회사의 이사 등이 회사의 자금으로 부정한 청탁을 하고 배임증재를 하였다면 이는 오로지 회사의 이익을 도모할 목적이라기보다는 배임증재 상대방의 이익을 도모할 목적이나 기타 다른 목적으로 행하여진 것이라고 봄이 상당하다. 그러므로 그 이사 등은 배임증재죄 이외에 회사에 대하여 업무상 횡령죄의 죄책을 면하지 못한다.[2)]

「범죄수익은닉의 규제 및 처벌 등에 관한 법률」(범죄수익은닉규제법)은 사형, 무기 또는 장기 3년 이상의 징역이나 금고에 해당하는 죄를 중대범죄의 전형적인 예로 규정하고 있다. 형법 제357조 제2항은 배임증재죄를 2년 이하의 징역 또는 500만원 이하의 벌금으로 처벌하고 있다. 따라서 배임증재죄는 법정형을 기준으로 한 중대범죄의 범주에 들어가지 않는다. 그러나 입법자는 범죄수익은닉규제법의 별표를 통하여 배임증재죄를 범죄수익은닉규제법의 규율대상에 포함시키고 있다(제2조 제1호 나목 관련 범죄 별표 1. 라.).

1) 1999. 4. 27. 99도883, 공 1999, 1122 = 『아파트 하자보수공사 청탁 사건』 ☞ 부록 1726면.
2) 2013. 4. 25. 2011도9238, 공 2013상, 984 = 분석 각론 『하역회사 리베이트 사건』.

제41장 장물에 관한 죄

제1 서 설

1. 장물죄의 특성

(1) 본범과 장물범

형법 각칙 제41장은 장물에 관한 죄를 규정하고 있다. 장물에 관한 죄(이하 장물죄로 약칭함)는 장물을 취득, 양여, 운반, 보관하거나 이러한 행위를 알선함으로써 성립하는 범죄이다. 장물죄는 장물을 등장하게 하는 범죄를 전제로 하는데, 이를 본범이라고 한다.

장물죄는 여러 가지 측면에서 그 성질을 고찰해 볼 수 있다. 먼저, 장물죄는 재산범죄에 의하여 침해된 재물을 피해자가 되찾아 올 수 없도록 한다는 점에서 재산범죄로서의 성질을 갖는다. 이 경우 피해자가 재물을 되찾아 올 수 있는 권리를 가리켜서 추구권이라고 한다. 다음으로, 장물죄는 본범의 범죄를 조장하거나 촉진하는 범죄라는 점에서 사후종범으로서의 성질을 가진다.

우리 형법은 장물죄와 관련한 친족상도례의 특례를 규정하면서 두 가지 유형으로 구분하고 있다. 장물범과 피해자 사이에 일반적인 친족상도례의 규정을 준용하는 것(법365①, 328①·②)이 장물죄의 재산범죄로서의 성질을 고려한 것이라면, 장물범과 본범 사이의 신분관계를 감안하여 형을 감경 또는 면제하는 것(법365②)은 장물죄의 사후종범으로서의 성질을 감안한 것이다.

(2) 비교법적 고찰

(가) 일본 형법　　일본 형법은 재산범죄의 일종으로 '도품 등에 관한 죄'의 장(동법 제2편 제39장)을 두어 장물죄를 규정하고 있다. 또한 장물을 '도품 기타 재산에 대한 죄에 해당하는 행위에 의하여 영득된 물건'으로 규정하여 개념정의를 제시하고 있다.[1)]

또한 일본 형법은 장물죄를 두 가지 유형으로 나누고 있다. 즉 장물을 무상으로 양수한

---

1) 일본형법 제256조 ① 도품 기타 재산에 대한 죄에 해당하는 행위에 의하여 영득된 물건을 무상으로 양수한 자는 3년 이하의 징역에 처한다.

② 전항에 규정하는 물건을 운반, 보관, 유상양수하거나 그 유상처분을 알선한 자는 10년 이하의 징역 및 50만엔 이하의 벌금에 처한다.

행위를 한편으로 하고, 장물의 보관, 운반, 유상양수, 유상알선을 다른 한편으로 구분하면서 후자를 전자보다 훨씬 무겁게 처벌하고 있다. 이러한 차이에 대해 일본의 학설은 전자가 추구권의 침해에 그치고 있음에 반하여 후자는 추구권 침해 이외에 본범을 조장하거나 촉진하는 성질을 추가로 가지고 있어서 형을 보다 무겁게 규정한 것이라고 설명하고 있다.[1)]

한편 일본 형법은 장물죄에 대한 친족상도례를 규정하면서 장물범과 신분관계를 가지는 자가 장물의 소유자인지 본범인지를 밝히고 있지 않다.[2)] 그 결과 이를 둘러싸고 논란이 계속되고 있다.[3)]

(나) 독일 형법　　독일 형법은 장물죄를 '범인비호 및 장물'(동법 각칙 제21장)이라는 제목 아래 범인비호죄, 형벌면탈죄 등과 함께 장물죄를 규정하고 있다. 또한 장물에 대해 '타인이 절취한 재물 또는 그 밖에 다른 사람의 재산에 대한 위법행위로 인하여 타인이 획득한 재물'이라는 개념정의를 제시하고 있다. 독일 형법은 장물의 매수, 취득, 양도 등 일련의 행위들을 모두 동일한 형으로 처벌하고 있다.[4)]

(3) 한국 형법의 장물죄

우리 형법은 '장물에 관한 죄'를 일본 형법처럼 재산범죄의 하나로 독립시켜서 규정하고 있으나, 장물에 관한 개념정의는 제시하고 있지 않다. 우리 형법은 장물의 취득·양도·보관·운반·알선 등 일련의 행위를 유상·무상을 가리지 않고 동일한 형으로 처벌하고 있다. 이 점은 독일 형법의 경우와 같다. 우리 형법은 장물의 취득(양수) 이외에 장물의 '양도'까지 처벌대상에 포함시키고 있다. 이 점에서 일본 형법보다 장물죄의 성립범위가 넓다.

우리 형법은 장물죄에 관한 친족상도례를 규정하면서 일본 형법과 달리 장물범과 피해자 사이(법365①) 및 장물범과 본범 사이(법365②)에 각각 친족상도례의 특례를 인정하고 있다. 이러한 입법태도는 우리 입법자가 장물죄의 본질을 피해자의 추구권 침해 및 본범에 대한 사후종범의 두 가지 측면에서 파악하고 있음을 보여주고 있다.

우리 형법은 일본 형법이나 독일 형법과 달리 업무상 과실 또는 중대한 과실로 인한 장물죄를 처벌하고 있다(법364). 업무상 과실·중과실장물죄는 일본 개정형법가안의 영향을 받

1) 山口厚, 刑法各論, 第二版, (2010), 338頁.

2) 일본형법 제257조 ① 배우자간 또는 직계혈족, 동거친족 또는 이들의 배우자 간에 전조의 죄를 범한 자는 그 형을 면제한다.

② 전항의 규정은 친족이 아닌 공범에 대하여는 적용하지 아니한다.

3) 山口厚, 刑法各論, 第二版, (2010), 350頁.

4) 독일형법 제259조 ① 타인이 절취한 재물 또는 그 밖에 다른 사람의 재산에 대한 위법행위로 인하여 타인이 획득한 재물을 자기 또는 제3자의 이익을 위하여 매입하거나 자기 또는 제3자로 하여금 취득하게 하거나, 매각 또는 매각을 방조한 자는 5년 이하의 자유형 또는 벌금에 처한다.

은 것으로서,[1] 우리 형법이 규정하는 재산범죄 가운데 유일한 과실범이다. 장물죄는 고의범으로서 미필적 고의만으로도 성립하지만 형사실무에서는 고의의 입증이 쉽지 않다. 우리 입법자는 이러한 점을 감안하여 과실범을 처벌하기로 하되 처벌의 확장을 방지하기 위하여 처벌범위를 업무상 과실 또는 중과실로 한정하고 있다.[2]

2. 장물죄의 본질

(1) 논의의 계기

앞에서 고찰한 바와 같이 우리 형법은 장물에 대한 개념정의를 제시하고 있지 않다. 장물에 대한 개념정의를 학설·판례에 맡긴 것이다. 비교법적으로 볼 때 일본 형법은 재산범죄로 영득한 물건을 장물로, 독일 형법은 재산에 대하여 행해진 위법한 행위로 획득한 물건을 장물로 각각 정의하고 있다. 전자가 '영득된 물건'이라는 점에 주목하고 있음에 반하여 후자는 재산에 대해 발생한 '위법한 상태'에 주목하고 있다. 여기에서 우리 형법의 장물 개념을 어떻게 정의할 것인가 하는 문제가 제기되는데, 이와 관련하여 추구권설과 위법상태유지설이 제시되고 있다.

(2) 추구권설과 위법상태유지설

(가) 추구권설 　장물죄의 본질을 피해자의 추구권 침해에서 구하는 견해이다.[3] 일본 형법의 해석론에서 통설 및 판례가 취하고 있는 견해이다. 추구권설의 입장에서는 본범이 영득죄라는 점에 주목한다.

영득이란 재물에 대해 소유자 또는 소유자에 준하는 권리자(본권자)를 배제하고 스스로 소유자의 지위에 들어서는 것을 의미한다. 본범이 영득죄를 통하여 재물을 현실적으로 취득하면 피해자는 소유권 또는 소유권에 준하는 권리(본권)에 기하여 그 재물을 도로 찾아올 수 있는 권리를 행사하게 된다. 이때 피해자가 재물을 되찾아 올 수 있는 권리를 가리켜서 추구권이라고 한다. 장물죄는 피해자가 가지는 추구권의 행사를 더욱 어렵게 한다는 점에 특징이 있다. 이와 같이 재물에 대한 소유자의 추구권 행사를 어렵게 한다는 점에 주목하여 장물죄의 본질을 파악하는 견해가 추구권설이다.

추구권설의 입장에서는 본범이 영득죄일 것을 요구한다. 영득죄는 소유권을 전제로 한다. 소유권은 개별재산이다. 추구권설의 입장에서는 소유권에 기한 추구권행사가 불가능하게

---

1) 法務資料 別冊第23號 刑法並びに監獄法改正調査委員會議事速記錄, (1957), 447頁.
2) 엄상섭, "형법요강해설", 신동운·허일태 편저, 효당 엄상섭 형법논집, (2003), 65면 참조.
3) 손동권·김재윤, 496면; 오영근, 416면.

될 때 장물죄는 더 이상 성립하지 않는다고 본다.

(나) 위법상태유지설 범죄로 인하여 위법하게 생성된 재산상태를 유지·존속시키는 것을 장물죄의 본질로 보는 견해이다.[1] 독일 형법이 취하고 있는 태도이다. 위법상태유지설의 입장에서는 타인의 재산에 대해 가해진 위법행위로 획득한 물건이기만 하면 장물에 해당한다고 본다. 본범이 반드시 전형적인 재산범죄이거나 영득죄일 것을 요하지 않는다. 그 결과 예컨대 본범이 위증죄를 범하여 취득한 재물도 장물에 해당한다고 본다.[2]

위법상태유지설의 입장에서는 장물죄의 보호법익을 타인의 전체재산(Vermögen)이라고 본다.[3] 그리고 선의취득 등의 사유를 통하여 재물에 대한 위법상태가 제거될 때 장물죄는 더 이상 성립하지 않는다고 본다.

(다) 양설의 비교 추구권설과 위법상태유지설은 장물죄의 보호법익을 파악할 때 차이가 있으나 구체적인 결론에서는 큰 차이가 없다. 예컨대 선의취득에 의하여 장물성이 상실되는 경우를 보면, 추구권설의 입장에서는 재물의 소유권을 중심으로 피해자의 권리가 소멸되는 데에 중점을 둔다. 이에 반하여 위법상태유지설의 입장에서는 재물을 획득한 사람의 입장에서 재물의 위법상태가 소멸하였다는 점에 주목한다. 또한 양설 모두 재물 자체에 주목하여 대체장물을 인정하지 않는다는 점에서도 동일하다.

그러나 이와 같은 유사점에도 불구하고 추구권설과 위법상태유지설은 본범의 성립범위를 달리한다는 점에서 본질적인 차이가 있다. 즉 위법상태유지설의 입장에서는 본범의 성립범위를 영득죄 및 전형적인 재산범죄를 넘어서서 타인의 재산에 영향을 미치는 범죄 일반에까지 확대한다. 그리고 이로 인한 장물죄의 지나친 확장에 대비하기 위하여 장물 자체의 동일성을 강조한다. 그 결과 장물인 돈을 환전한 돈에 대해 장물성을 부정하기에 이른다.[4]

이에 반해 추구권설은 재물의 소유권에 기초한 추구권을 장물죄의 보호법익으로 파악하기 때문에 본범을 영득죄로 한정한다. 다만 이로 인해 장물죄의 성립범위가 지나치게 축소되는 것을 방지하기 위하여 장물의 동일성을 보다 넓게 인정한다. 장물인 돈을 예금한 후 이를 되찾은 돈이나 자기앞수표를 환가하여 받은 현금 등에 대해 장물성을 인정하는 것이 그 예이다.

1) 김혜정 외, 471면; 이정원, 462면; 임웅, 579면.
2) Fischer, StGB, 57. Auflage, (2010), § 259 Rn 3.
3) Fischer, StGB, 57. Auflage, (2010), § 259 Rn 1.
4) Fischer, StGB, 57. Auflage, (2010), § 259 Rn 7.

(3) 사 견

(가) 위법상태유지설의 검토 위법상태유지설을 취하고 있는 독일 형법의 경우 장물죄는 범인비호죄 및 형벌면탈죄와 같이 '범인비호와 장물'의 장(동법 각칙 제21장)에 규정되어 있다. 장물죄가 범인비호죄나 형벌면탈죄와 같이 본범에 대한 사후종범으로서의 특성을 가지고 있다는 점에 주목한 것이다. 사후종범의 특성을 강조한다면 장물죄의 본범을 굳이 개인적 법익에 관한 범죄인 영득죄나 기타 재산범죄에 국한할 필요가 없다. 그 결과 장물죄가 성립할 수 있는 여지가 대폭 확장된다.

(나) 결합설의 검토 우리나라 학설 가운데 장물죄의 본질을 위법상태유지설과 추구권설의 결합에서 구하는 견해가 있다. 위법상태유지설을 토대로 하면서 추구권설을 가미하는 견해이다.[1] 그러나 위법상태유지설이 장물죄의 보호법익을 전체재산으로 보고, 추구권설이 장물죄의 보호법익을 개별재산인 소유권에서 유래하는 추구권으로 파악하고 있다는 점에서 본다면, "대는 소를 포함한다"는 논리에 따라 결합설은 위법상태유지설로 귀착된다. 결국 결합설은 위법상태유지설로 돌아가게 되며, 장물범의 성립범위를 지나치게 확장하여 법적 안정성을 위태롭게 한다는 난점에 직면하게 된다.[2]

(다) 추구권설적 요소 우리 형법은 장물죄를 개인적 법익에 관한 범죄로 파악하여 재산범죄의 하나로 독립시켜서 규정하고 있다. 장물죄를 소유권 범죄의 하나로 파악하고 있다는 사실은 우리 형법이 본범의 피해자와 장물범 사이에 친족상도례의 특례를 명시하고 있다는 점(법365①)에서 분명하게 확인할 수 있다. 따라서 장물죄의 본질이 본범 피해자의 추구권 침해에 있음은 부인할 수 없다. 추구권설은 재물의 소유권에 기초한 피해자의 반환청구권(추구권)이라는 명확한 기준을 제시함으로써 장물죄의 지나친 확장을 방지하여 법적 안정성을 담보할 수 있다.

(라) 사후종범적 요소 장물죄의 본질은 기본적으로 추구권의 침해에 있지만 본범과 장물범 사이에 친족상도례의 특례(법356②)가 인정되고 있는 우리 형법의 특성상 장물죄의 사후종범성을 무시할 수 없다. 장물죄의 각종 행위태양과 관련하여 본범과 장물범 또는 장물범 상호간에 의사합치를 요구하는 것은 바로 이와 같은 사후종범적 성질 때문이다. 요컨대 우리 형법상 장물죄의 본질은 추구권설을 기본으로 하면서 사후종범적 성질을 가미하는 관

---

1) 김성돈, 514면; 김일수 · 서보학, 406면; 김혜정 외, 471면; 박상기, 424면; 배종대, 489면; 이재상 · 장영민 · 강동범, 455면; 이형국 · 김혜경, 531면; 정성근 · 박광민, 492면; 주호노, 1076면.

2) 김성돈, 514면; 김일수 · 서보학, 406면; 이재상 · 장영민 · 강동범 455면; 이형국 · 김혜경, 531면; 정성근 · 박광민, 492면은 우리 형법이 일본 형법과 달리 장물의 양도행위를 처벌대상에 포함시킨 것을 놓고 추구권설을 나타낸 것이라고 설명하고 있다. 그러나 독일 형법이 위법상태유지설을 취하면서도 장물의 매각행위를 처벌하고 있음에 비추어 볼 때 양도행위 유무는 장물죄의 본질에 영향을 미치는 요소는 아니라고 본다.

점에서 파악하는 것이 타당하다고 본다.

(4) 판례의 태도

우리 판례는 일관하여 추구권설을 취하고 있다. "장물이라 함은 재산죄인 범죄행위에 의하여 영득된 물건을 말하는 것으로서 절도, 강도, 사기, 공갈, 횡령 등 영득죄에 의하여 취득된 물건이어야 한다."고 판시한 것이 그 예이다.[1)]

판례가 추구권설을 취하고 있다는 사실은 재산상 이익을 객체로 하는 범죄의 경우에 장물죄의 성립을 부정하는 점에서 더욱 분명하게 드러난다. 판례는 본범 갑이 권한 없이 타인의 아이디와 패스워드를 입력하여 인터넷뱅킹에 접속한 다음 타인의 예금계좌로부터 자신의 예금계좌로 자금을 이체한 후 이를 현금으로 인출하여 을에게 교부한 사안에서 "[갑]이 컴퓨터등사용사기죄에 의하여 취득한 예금채권은 재물이 아니라 재산상 이익이므로, 그가 자신의 예금구좌에서 [현금]을 인출하였더라도 장물을 금융기관에 예치하였다가 인출한 것으로 볼 수 없다."는 이유로 을에 대한 장물취득죄의 성립을 부정하였다.[2)] 본범이 재물을 객체로 하는 영득죄가 아니라는 이유로 장물죄의 성립을 부정한 것이다.

3. 범죄수익은닉규제법

장물죄의 본질을 둘러싼 추구권설과 위법상태유지설의 대립은 장물죄의 적용범위를 어디까지 인정할 것인가 하는 문제의식에서 출발하고 있다. 그런데 이와 같은 논쟁의 실익은 2001년부터 시행된 「범죄수익은닉의 규제 및 처벌 등에 관한 법률」(범죄수익은닉규제법)에 의하여 상당 부분 축소되었다.[3)]

범죄수익은닉규제법은 (가) 특정범죄와 관련된 범죄수익의 취득 등에 관한 사실을 가장하거나 (나) 특정범죄를 조장할 목적 또는 적법하게 취득한 재산으로 가장할 목적으로 범죄수익을 은닉하는 행위를 규제하고, (다) 특정범죄와 관련된 범죄수익의 몰수 및 추징에 관한 특례를 규정함으로써 특정범죄를 조장하는 경제적 요인을 근원적으로 제거하여 건전한 사회질서의 유지에 이바지함을 목적으로 하고 있다(동법1).

범죄수익은닉규제법의 대상범죄는 (가) 법정형이 사형, 무기 또는 장기 3년 이상의 징역이나 금고에 해당하는 죄{다음의 (다) 죄는 제외}, (나) 이 법률의 별표에 열거한 죄, (다) 이 법률 제2조 제2호 나목에 열거한 죄, (라) 위의 (가), (나), (다)의 죄와 다른 죄가 형법 제40

1) 2004. 12. 9. 2004도5904, 공 2005, 147 = 『5억원 주식매매 대금 사건』.
2) 2004. 4. 16. 2004도353, 공 2004, 862 = 분석 각론 『계좌자금 교부 사건』.
3) 전술 116면 참조.

조의 상상적 경합관계에 있는 경우에 그 다른 죄, (마) 외국인이 대한민국 영역 밖에서 한 행위가 대한민국 영역 안에서 행하여졌다면 위의 (가), (나), (다)의 죄에 해당하고 행위지의 법령에 따라 죄에 해당하는 경우에 그 죄로 구성된다. 범죄수익은닉규제법은 위의 대상범죄 가운데 (가)와 (나)의 죄를 합하여 중대범죄라고 지칭한다(동법2 i 라목 참조).

범죄수익은닉규제법은 재산상의 부정한 이익을 취득할 목적으로 범한 죄로서 위의 (가), (나), (다), (라), (마)의 어느 하나에 해당하는 죄를 특정범죄로 규정하고 있다(동법2 i 참조). 범죄수익은닉규제법은 위의 (가) 및 (나)의 죄(중대범죄)에 해당하는 범죄행위에 의하여 생긴 재산 또는 그 범죄행위의 보수로 얻은 재산과 (다)의 죄에 관계된 자금 또는 재산을 범죄수익으로 규정하고(동법2 ii), 범죄수익, 범죄수익에서 유래한 재산, 이들 재산과 그 외의 재산이 합쳐진 재산을 통칭하여 범죄수익등으로 규정하고 있다(동조 iv).

범죄수익은닉규제법은 (가) 범죄수익등의 취득 또는 처분에 관한 사실을 가장한 자, (나) 범죄수익의 발생 원인에 관한 사실을 가장한 자, (다) 특정범죄를 조장하거나 적법하게 취득한 재산으로 가장할 목적으로 범죄수익등을 은닉한 자를 5년 이하의 징역 또는 3천만원 이하의 벌금으로 처벌하며(동법3①), 미수와 예비 · 음모도 처벌한다(동조② · ③).

범죄수익은닉규제법 제4조 본문은 "그 정황을 알면서 범죄수익등을 수수(收受)한 자는 3년 이하의 징역 또는 2천만원 이하의 벌금에 처한다."고 규정하고 있다. 이에 대해 형법 제362조는 장물수수죄를 7년 이하의 징역 또는 1천 5백만원 이하의 벌금으로 처벌하고 있다. 여기에서 양자의 관계가 문제된다.

생각건대 범죄수익등을 구성하고 있는 목적물이 장물인 경우에는 형법 제362조가 우선하여 적용된다고 본다. 법정형을 기준으로 할 때 형법 제362조가 보다 무거운 형을 규정하고 있기 때문이다. 이에 반해 장물의 개념에 포섭되지 않는 불법한 이익의 경우에는 형법 제362조를 적용할 수 없다. 이 때에는 범죄수익은닉규제법 제4조 본문이 보충적으로 적용될 것이다.

범죄수익은닉규제법이 특별한 의미를 가지는 경우는 범죄행위로 취득한 것이 무형의 재산인 경우이다. 예컨대 비트코인과 같은 가상자산은 무형의 재산이다. 비트코인이 범죄수익은닉규제법에 정한 중대범죄에 해당하는 범죄행위에 의하여 취득한 것이라면 재산적 가치가 인정되는 무형재산으로서 몰수할 수 있으며(동법8), 범죄수익은닉죄(동법3①), 범죄수익가장죄(동법3①)의 처벌대상이 된다.[1]

1) 2018. 5. 30. 2018도3619, 공 2018하, 1244 = 『비트코인 몰수 사건』.

제2 장물죄의 기본유형 – 장물취득죄

형법 제362조 (장물의 취득, 알선 등) ① 장물을 취득, 양도, 운반 또는 보관한 자는 7년 이하의 징역 또는 1천 500만원 이하의 벌금에 처한다.

② 전항의 행위를 알선한 자도 전항의 형과 같다.

◎ 친족상도례의 적용됨(법365)

◎ 과실범 처벌함(법364)

◎ 상습범 가중처벌함(법363)

1. 행위주체

(1) 본범과 장물죄의 관계

(가) 단독정범 영득죄를 단독으로 범한 본범은 장물죄의 주체가 될 수 없다. 자신의 범죄에 의하여 불법하게 영득한 재물을 운반하거나 보관하는 등의 행위는 불가벌적 사후행위로서 본범의 범죄에 의하여 이미 평가되어 있어서 처벌대상에서 제외되기 때문이다. 따라서 본범이 형법 제362조에 규정된 행위를 하여도 장물죄는 성립하지 않는다.

장물죄는 타인이 범하는 본범을 전제로 하고 있다. 이와 관련하여 본범의 성립에 여러 사람이 가공한 경우에 공범을 장물죄로 처벌할 수 있을 것인지 문제된다. 이 문제는 본범에 정범으로 관여하였는지, 교사 또는 방조의 형태로 관여하였는지에 따라 결론이 달라진다.

(나) 공동정범 본범에 대해 공동정범으로 관여한 자는 이후 장물을 취득 · 양도 · 운반 · 보관하거나 이러한 행위를 알선하더라도 장물죄를 구성하지 않는다. 예컨대 갑, 을, 병이 특수강도의 범행을 모의한 후 갑은 범행에 직접 가담하지 않고 을 · 병이 강취해 온 장물의 처분을 알선하는 역할만을 수행하였다고 하는 사안에서 알선자 갑은 특수강도죄(법334②)의 공동정범으로 처벌되며 장물알선죄(법362②)에 해당하지 않는다.[1]

공범자들 사이에 장물을 분배한 후 공범자가 다른 공범자의 분배물을 취득한 경우에도 장물취득죄는 성립하지 않는다. 장물의 처분과 관련한 일련의 행위들은 본범을 정범으로 처벌할 때 이미 법적 평가에 포함되어 불가벌적 사후행위가 되기 때문이다.

(다) 교사범 및 방조범 본범의 성립에 교사범 또는 방조범으로 관여한 자는 장물죄의 죄책을 면하지 못한다. 본범의 정범은 처음부터 자신이 사실상 소유자인 것처럼 처분할

1) 1983. 2. 22. 82도3103, 공 1983, 628.

생각을 가지고 재물을 영득하고 있다. 이에 대해 본범의 교사범이나 방조범은 재물에 대해 자신이 소유자인 것처럼 행세하기 위하여 본범에 관여하고 있지 않다. 본범인 정범이 소유자인 것처럼 장물을 처분하는 행위에 본범의 교사범[1] 또는 방조범인 자가 취득·양도·운반·보관의 형태로 개입하거나 이러한 행위를 알선하면 그 자체로서 장물취득죄 등을 구성한다. 본범의 교사범 또는 방조범과 장물취득죄 등은 시간적으로 선후 관계에 있으므로 양자는 실체적 경합관계에 있다.[2]

(2) 범죄수익은닉규제법

앞에서 본 바와 같이 본범의 단독정범이나 공동정범은 장물죄의 주체가 될 수 없다. 따라서 본범을 장물보관죄 등으로 처벌할 수 없다. 그렇지만 경우에 따라 특별법에 의한 처벌이 가능하다.

범죄수익은닉규제법은 법정형을 기준으로 사형, 무기 또는 장기 3년 이상의 징역이나 금고에 해당하는 죄를 규율대상으로 설정하고 있다(동법2 i 가목). 형법이 각칙 제38장 이하에서 규정하고 있는 대부분의 재산범죄는 여기에 해당한다. 다만, 점유이탈물횡령죄(법360; 1년 이하의 징역이나 300만원 이하의 벌금 또는 과료), 배임증재죄(법357②; 2년 이하의 징역 또는 500만원 이하의 벌금), 업무상 과실 또는 중과실에 의한 장물죄(법364; 1년 이하의 금고 또는 500만원 이하의 벌금)는 법정형의 상한이 3년 미만의 징역이나 금고이므로 범죄수익은닉규제법의 적용대상에서 제외될 것이지만, 입법자는 범죄수익은닉규제법 별표를 통하여 배임증재죄를 규율대상에 포함시키고 있다. 범죄수익은닉규제법은 범죄수익등의 은닉·가장행위(동법3) 및 범죄수익등의 수수행위(동법4)를 처벌하고 있다.[3] 그 결과 장물죄의 본범을 장물보관죄 등으로

1) 1991. 5. 14. 91도542, 공 1991, 1683 = 백선 총론『일제 드라이버 사건』 참조.

2) 1969. 6. 24. 69도692, 집 17②, 형62 =『파월군인 횡령 교사 사건』:

월남전에 참전중인 군인 갑과 을은 [국가 소유인 ㉠군수품]을 보관하고 있었다. 병은 갑과 을에게 ㉠물품을 자신에게 달라고 부탁하였다. 갑과 을은 병에게 ㉠물품을 건네주었다.

군검사는 갑과 을을 횡령죄로 기소하였다. 군검사는 병을 장물취득죄로 기소하였다. 갑, 을, 병의 피고사건은 제1심을 거친 후, 항소심에 계속되었다. 항소법원은 유죄를 인정하였다. 갑과 을은 상고하지 않았다. 병은 불복 상고하였다. 병은 상고이유로 다음의 점을 주장하였다. (가) 갑, 을, 병은 횡령죄의 공동정범이다. (나) 병이 ㉠물품을 건네받은 것은 횡령죄의 불가벌적 사후행위에 지나지 않는다. (다) 군검사는 장물취득죄로만 기소하였으므로 원심법원은 병을 횡령죄로 처벌할 수 없다. (라) 결국 병은 무죄이다.

대법원은 다음의 이유를 제시하여 상고를 기각하였다. (가) 공소사실에 의하면 갑, 을과의 관계에서 병은 횡령죄의 공동정범에 해당하지 않는다. (나) 공소사실에 의하면 병은 갑과 을에 대하여 그 보관중인 ㉠물건을 횡령하도록 교사를 하였다. (다) 그렇다면 갑의 소위는 횡령교사죄와 장물취득죄가 경합범으로서 성립된다. (라) 원심이 위와 같은 공소사실에 의하여 장물취득죄만을 인정하였다 하여 위법이라 할 수 없다.

3) 전술 116면 참조.

로 처벌할 수 없지만, 범죄수익은닉규제법에 의하여 범죄수익의 은닉·가장죄로 처벌할 수 있다.[1)]

2. 행위객체

(1) 재물성

(가) 재물개념 장물은 재물이어야 한다. 재물은 유체물 및 기타 관리할 수 있는 자연력을 말한다(민법98). 장물죄를 규정한 형법 각칙 제41장은 동력의 재물성을 규정한 형법 제346조를 준용하고 있지 않다. 그렇지만 민법의 정의에 따라 통일적으로 물건의 범위를 파악해야 한다. 판례도 관리할 수 있는 동력을 장물에 해당한다고 보고 있다.[2)]

본범인 재산범죄의 객체는 재물이어야 한다. 재산상 이익은 물건이 아니므로 장물의 객체가 되지 않는다. 컴퓨터등사용사기죄로 취득한 예금채권[3)]이나 채권적 권리는 장물에 해당하지 않는다. 그러나 권리가 화체된 유가증권[4)]은 재물이므로 장물이 될 수 있다.[5)] 재물인 이상 교환가치의 유무는 불문한다.

(나) 부동산 장물에는 동산과 부동산이 모두 포함된다. 부동산은 장소적 이전이 불가능하고 등기명의자에게 즉시 소유권에 기한 반환을 청구할 수 있으므로 장물이 될 수 없다고 보는 견해를 생각할 수 있다. 그러나 부동산도 강도, 사기, 공갈, 횡령 등 범죄의 객체가 될 수 있다. 또한 법률상 반환청구를 할 수 있다 하더라도 사실상의 회복에 지장을 받는다는 것은 사실이다. 그러므로 부동산도 장물이 될 수 있다고 보아야 한다. 판례도 부동산을 포함하는 입장이라고 생각된다.[6)]

---

1) 2017. 7. 18. 2017도5759, 공 2017하, 1758 =『도금액 상습절도 사건』.

2) 1972. 6. 13. 72도971, 집 20②, 형30 =『장물 판 돈 대접 사건』:

갑은 [후배] 을로부터 대접을 받았다. 갑은 을이 대접하느라고 쓴 돈이 ㉠도품을 처분하여 마련한 ㉡돈임을 알고 있었다.

검사는 갑을 장물취득죄로 기소하였다. 갑의 피고사건은 제1심을 거친 후, 항소심에 계속되었다. 항소법원은 무죄를 선고하였다. 검사는 불복 상고하였다.

대법원은 다음의 이유를 제시하여 상고를 기각하였다. (가) 검사의 상고이유의 요지는 장물을 판 돈에도 장물성이 있다는 취지의 주장이다. (나) 그러나 장물이란 재산죄로 인하여 얻어진 재물(관리할 수 있는 동력도 포함된다)을 말하는 것으로서 영득된 재물 자체를 두고 말한다. (다) 따라서 장물을 팔아서 얻은 돈에는 이미 장물성을 찾아 볼 수 없다. (라) 을이 갑을 대접하느라고 쓴 ㉡돈 액수가 장물을 팔아서 얻은 돈인 줄 갑이 알았다고 하더라도 장물취득죄가 되지 않는다.

3) 2004. 4. 16. 2004도353, 공 2004, 862 = 분석 각론『계좌자금 교부 사건』.

4) 1998. 11. 24. 98도2967, 공 1999, 84 = 분석 각론『리프트 탑승권 사건』.

5) 1998. 11. 24. 98도2967, 공 1999, 84 = 분석 각론『리프트 탑승권 사건』.

6) 1979. 11. 27. 79도2410, 공 1980, 12377 =『종중 부동산 알면서 취득 사건』:

M부동산은 P종중의 소유이다. M부동산은 종중원 갑의 명의로 등기되어 있다. 갑은 M부동산을 을에게

(2) 본범과의 관계

추구권설에 의할 때 장물은 재산범죄에 의하여 영득된 물건을 말한다. 이하 본범과 관련된 장물죄의 성립요건을 검토해 본다.

(가) 영득죄　장물죄의 본범은 재산범죄이어야 하며, 그 가운데에서도 영득죄에 속하는 것이어야 한다. 예컨대 사체등영득죄(법161)로 취득한 사체는 재산범죄로 인한 것이 아니므로 장물에 해당하지 않는다. 각종 행정법규에 위반하여 무면허 · 무허가로 취득한 물건도 장물에 해당하지 않는다.[1)]

장물은 절도, 강도, 사기, 공갈, 횡령 등 영득죄에 의하여 취득된 물건이어야 한다.[2)] 손괴죄는 효용을 침해하는 데에 그치는 범죄로서 영득죄가 아니다. 그러므로 손괴행위의 일환으로 은닉한 물건은 장물에 해당하지 않는다.

장물죄의 본범인 영득죄는 반드시 형법전에 규정된 것일 필요는 없다. 예컨대「산림자원의 조성 및 관리에 관한 법률」은 산림절도행위(동법73)와 무허가벌채행위(동법74)를 각각 처벌하고 있다. 이 가운데 산림절도로 취득한 임산물은 영득죄로 인한 것이므로 장물에 해당한다. 그러나 무허가벌채행위로 취득한 임산물은 영득죄로 인한 것이 아니므로 장물에 해당하지 않는다.[3)]

(나) 영득된 재물　장물은 본범의 재산범죄 행위로 영득된 것이어야 한다. 본범이 직

임의로 처분하였다. 을은 M부동산이 갑에게 명의신탁되어 있음을 알면서 이를 매수하였다. [부동산실명법 제8조 제1호에 의하여 종중의 명의신탁은 현재에도 유효하다.]

검사는 갑을 횡령죄로 기소하였다. 검사는 을을 다음의 공소사실로 기소하였다. (가) 주위적 공소사실 : 횡령죄의 공동정범. (나) 예비적 공소사실 : 장물취득죄. (이하 을에 대해서만 검토함.) 을의 피고사건은 제1심을 거친 후, 항소심에 계속되었다. 항소법원은 다음과 같이 판단하였다. (가) 주위적 공소사실 : 횡령죄의 공동정범 무죄. (나) 예비적 공소사실 : 장물취득죄 무죄. 검사는 불복 상고하였다.

대법원은 다음의 이유를 제시하여 상고를 기각하였다. (가) 종중으로부터 부동산을 신탁받은 자가 종중의 승낙 없이 이를 매각처분 함으로써 횡령죄가 성립하는 경우가 있다. (나) 이 경우에 그것을 매수한 사람은 비록 그 정을 알고 있었다 하더라도 처음부터 수탁자와 짜고 불법영득할 것을 공모한 것이 아닌 한 그 횡령죄의 공동정범이 될 수는 없다.

(다) 신탁행위에 있어서는 법리상 수탁자가 외부관계에 있어서는 소유자로 간주된다. (라) 그러므로 이를 취득한 제3자로서는 그 정을 알고 있은 여부에 불구하고 수탁자가 그 소유자로서 이를 처분하는 것으로 받아들여야 한다. (마) 그 물건은 이를 매수하는 제3자에 대한 관계에서는 장물성을 구비하는 것이라고 할 수 없다.

1) 1975. 9. 23. 74도1804, 공 1975, 8691.

"산림법 제93조 소정의 절취한 임산물은 장물이 될 것이나 임산물단속에 관한 법률위반죄에 의하여 생긴 임산물은 그것이 재산범죄적 행위에 의한 것이 아니기 때문에 장물이 될 수 없[다.]"

(현재는「산림자원의 조성 및 관리에 관한 법률」이 단일의 근거법률로서 산림절도행위와 무허가벌채행위를 처벌하고 있다. 동법 제73조, 제74조 참조.)

2) 2004. 12. 9. 2004도5904, 공 2005, 147 =『5억원 주식매매 대금 사건』.

3) 1975. 9. 23. 74도1804, 공 1975, 8691.

접 영득한 재물은 물론, 강도, 사기, 공갈과 같이 제3자의 취득이 예정되어 있는 범죄의 경우 그 제3자가 취득한 재물도 장물에 해당한다. 점유이탈물횡령죄로 인하여 영득한 재물 역시 장물로 보아야 한다.[1)]

본범이 위탁신임관계에 기하여 보관하고 있던 금전을 제3자에게 교부하고 제3자가 이를 알면서 취득한 경우, 본범의 금전교부는 불법영득의사가 외부에 인식될 수 있는 객관적 행위로서 그 자체가 횡령행위이면서 동시에 기수에 이른다. 따라서 금전을 교부받은 제3자는 장물을 취득한 것이 된다.[2)]

장물은 본범에 의하여 영득된 물건 그 자체이어야 하므로 원본을 복사한 것은 장물에 해당하지 않는다. 예컨대 회사의 영업비밀이 담겨 있는 문서를 복사하여 외부로 유출한 것임을 알면서 이를 매입한 경우 당해 복사문서는 장물에 해당하지 않는다. 그러나 복사용지가 회사의 소유라면 그 복사문서는 장물에 해당한다.[3)]

재산범죄에 제공되거나 재산범죄의 수단으로 사용된 물건 등은 영득한 물건 자체가 아니므로 장물에 해당하지 않는다. 예컨대 부동산 이중매매의 사안에서 본범이 배임행위로 인하여 취득한 것은 재산상의 이익이다. 배임범죄에 제공된 부동산은 배임범죄로 인하여 영득한 것 자체는 아니므로 이중매매로 부동산을 취득한 사람에 대해서는 배임죄(법355②)에의 가공 여부를 논함은 별문제로 하고 이를 장물취득죄(법362①)로 처단할 수 없다.[4)]

(다) 본범의 성립 정도 　본범인 영득죄는 구성요건에 해당하고 위법하면 족하다. 반드시 유책함을 요하지 않는다.[5)] 형사미성년자의 범행으로 영득된 물건도 장물에 해당한다. 책임요소는 행위자 개개인의 처벌에 관한 사항일 뿐이다. 재물에 대한 추구권의 유무는 책임의 유무와 관계가 없다. 본범의 유책성을 묻지 아니하므로 책임 이후에 문제되는 인적 처벌조각사유나 친족상도례의 적용 여부도 장물죄의 성립에 영향을 미치지 않는다.

본범의 행위에 관한 법적 평가는 그 행위에 대하여 우리 형법이 적용되지 아니하는 경우에도 우리 형법을 기준으로 판단해야 하고 또한 이로써 충분하다. 외국인이 국외에서 행한 본범의 행위가 우리 형법에 비추어 절도죄 등의 구성요건에 해당하는 위법한 행위라고 인정되는 이상 이에 의하여 영득된 재물은 장물에 해당한다.[6) 7)]

---

1) 2003. 5. 13. 2003도1366, 공 2003, 1411 = 분석 각론 『습득 신용카드 교부 사건』.
2) 2004. 12. 9. 2004도5904, 공 2005, 147 = 『5억원 주식매매 대금 사건』.
3) 1986. 9. 23. 86도1205, 공 1986, 2996 = 『연구실 복사문서 반출 사건』 참조.
4) 전술 1444면 참조.
5) 2011. 4. 28. 2010도15350, 공 2011상, 1107 = 분석 각론 『미국 리스차량 수입 사건』.
6) 2011. 4. 28. 2010도15350, 공 2011상, 1107 = 분석 각론 『미국 리스차량 수입 사건』.
7) 2011. 4. 28. 2010도15350, 공 2011상, 1107 = 분석 각론 『미국 리스차량 수입 사건』.
"한편 횡령죄가 성립하기 위하여는 그 주체가 '타인의 재물을 보관하는 자'이어야 하고, 타인의 재물인가

장물이 되기 위하여는 본범이 영득죄에 해당한다는 점이 확인되어야 한다. 단순히 '범죄행위'로 인하여 위법하게 영득한 물건이면 장물에 해당한다고 판단하는 것은 허용되지 않는다. 그러나 본범이 절도, 강도, 사기, 공갈, 횡령 등 재산죄에 의하여 영득한 물건임이 확인되면 족하고, 그중 어느 범죄에 의하여 영득한 것인지를 구체적으로 명시할 필요는 없다.[1)]

또는 그 재물을 보관하는가의 여부는 민법·상법 기타의 민사실체법에 의하여 결정되어야 한다. 따라서 타인의 재물인가 등과 관련된 법률관계에 당사자의 국적·주소, 물건 소재지, 행위지 등이 외국과 밀접하게 관련되어 있어서 국제사법 제1조 소정의 외국적 요소가 있는 경우에는 다른 특별한 사정이 없는 한 국제사법의 규정에 좇아 정하여지는 준거법을 1차적인 기준으로 하여 당해 재물의 소유권의 귀속관계 등을 결정하여야 할 것이다."

1) 2000. 3. 24. 99도5275, 공 2000, 1104 =『실종 선박 장물취득 사건』:

(사실관계를 임의로 보완함.) 중국 선적의 선박 '텐유호'가 실종되었다(㉠선박). 이후 중국 당국은 자국 내에서 ㉠선박을 발견하였다. 발견 당시 ㉠선박의 선명은 '산에이 1호'로 변경되어 있었다. ㉠선박에는 ㉡알루미늄괴가 실려 있었다. ㉠선박의 선주는 갑으로 되어 있었다. 중국의 수사당국은 ㉠선박의 선원 A와 B를 조사하였다. A와 B는 다음과 같이 진술하였다. (가) ㉠선박은 을이 갑에게 처분한 것이다. (나) 갑이 병을 시켜서 ㉠선박의 선명을 '텐유호'에서 '산에이 1호'로 바꾼 것이다. 갑은 한국에서 재판을 받게 되었다.

검사는 갑을 다음의 공소사실로 기소하였다. (가) 장물취득죄. (나) 증거인멸죄. 제1심법원은 다음과 같이 판단하였다. (가) 장물취득죄 유죄. (나) 증거인멸죄 유죄. 갑은 불복 항소하였다. 갑은 첫 번째 항소이유로 다음의 점을 주장하였다. (가) 갑은 을과 공모하여 '텐유호'의 실종사건에 관여한 사실이 없다. (나) 갑은 을과 공모하여 ㉠선박이나 ㉡알루미늄괴를 취득한 사실이 없다. (다) ㉠선박이나 ㉡알루미늄괴가 장물이라는 것도 알지 못하였다. 갑은 두 번째 항소이유로 다음의 점을 주장하였다. (가) 장물죄가 성립하기 위하여는 본범이 구성요건에 해당하고 위법하여야 한다. (나) 그러므로 그 재물이 어떤 범죄행위에 의하여 장물이 되었는지가 명백히 밝혀져야 한다. (다) ㉠선박과 ㉡알루미늄괴가 언제, 어디서, 누구에 의하여, 어떤 위법행위로 취득되었는지의 점이 명백히 밝혀지지 아니하였다. (라) 그러므로 장물죄가 성립하지 않는다. 갑은 세 번째 항소이유로 다음의 점을 주장하였다. (가) 본범[강도]은 증거인멸죄의 정범이 될 수 없다. (나) 증거인멸죄의 정범이 될 수 없는 자에 대하여 교사에 의한 증거인멸죄를 인정한다는 것은 죄형법정주의 원칙상 금지되고 있는 유추해석 내지 확장해석에 해당하므로 죄가 되지 않는다.

항소법원은 첫 번째 항소이유에 대해 다음과 같이 판단하였다. (가) 갑의 범죄사실이 모두 인정된다. (나) ㉠선박과 ㉡알루미늄괴는 범죄행위로 인하여 위법하게 영득한 물건임을 인정할 수 있으므로 갑의 이 부분 주장은 이유없다. 항소법원은 세 번째 항소이유에 대해 다음과 같이 판단하였다. (가) 자기의 형사사건에 관한 증거인멸의 행위는 피고인의 형사소송에 있어서의 방어권을 인정하는 취지에서 처벌의 대상이 되지 않는다. (나) 그러나 자기의 형사사건에 관한 증거를 인멸할 목적으로 타인을 교사한 경우에는 교사범의 죄책을 부담함이 상당하다. (다) 갑의 이 부분 주장 역시 이유없다. 항소법원은 갑의 두 번째 항소이유에 대해서는 판단하지 않았다. 항소법원은 항소를 기각하고, 제1심판결을 유지하였다. 갑은 불복 상고하였다. 갑의 상고이유는 항소이유와 같다.

대법원은 다음의 이유를 제시하여 상고를 기각하였다. 대법원은 갑의 첫 번째와 두 번째 상고이유에 대해 다음과 같이 판단하였다. (가) 장물죄에 있어서의 장물이 되기 위하여는 본범이 절도, 강도, 사기, 공갈, 횡령 등 재산죄에 의하여 영득한 물건이면 족하다. (나) 그 중 어느 범죄에 의하여 영득한 것인지를 구체적으로 명시할 것을 요하지 않는다. (다) 기록에 의하면 ㉠선박과 ㉡알루미늄은 본범이 횡령죄(선장 등이 소유자의 의사에 반하여 횡령) 또는 강도죄(제3자가 강취)에 의하여 취득한 장물이라는 사실을 배제하고 다른 방법으로 취득했을 것이라는 가능성은 전혀 상정(想定)이 되지 않고 있다. (라) 이 사건에서 본범이 횡령죄를 범한 것인지 강도죄를 범한 것인지까지는 특정이 되지 않더라도 적어도 갑이 위 범죄 중 어느 하나인 범죄로 인하여

(라) 본범의 기수 여부 본범인 영득죄는 원칙적으로 기수에 이르러야 한다. 본범이 아직 기수에 이르지 아니한 단계에서는 본범의 피해자에게 재물에 대한 추구권이 발생하지 않기 때문이다. 그러나 강도살인죄(법338)의 경우 피해자가 사망하지 않아 미수에 그쳤다고 할지라도 재물의 강취가 있었다면 장물죄가 성립한다. 영득 부분(강취)은 기수에 이르렀기 때문이다. 이와 반대로 훔쳐 올 물건을 매각할 상대방을 알선해 주는 행위는 아직 본범이 기수에 이르지 아니하였으므로 절도죄(법329)의 방조범에 해당할 뿐 장물알선죄(법362②)는 성립하지 않는다.

(3) 추구권과의 관계

추구권설에 입각할 때 장물죄의 보호법익은 피해자의 추구권이다. 따라서 장물은 본범의 피해자가 법률상 추구권을 행사할 수 있는 것이어야 한다. 추구권의 대상이 될 수 없는 물건이나 피해자가 추구권을 상실한 물건은 장물에 해당하지 않는다.

(가) 선의취득 민법 제249조는 "평온, 공연하게 동산을 양수한 자가 선의이며 과실없이 그 동산을 점유한 경우에는 양도인이 정당한 소유자가 아닌 때에도 즉시 그 동산의 소유권을 취득한다."고 규정하고 있다.[1] 이때 양수인이 동산의 소유권을 취득하는 것을 가리

생긴 물건 즉 영득죄로 인한 장물인 사실을 알고 있다고 보이는 이상 장물취득죄의 성립을 인정할 수 있다. (마) 기록상 나타난 여러 사정에 의하면 갑이 ㉠선박 등의 장물성에 대한 인식이 있었음도 인정할 수 있다. (바) 원심이 단순히 '범죄행위'로 인하여 위법하게 영득한 물건이면 장물에 해당한다고 판시한 것은 심히 적절하지 않다. (사) 그러나 장물취득죄의 성립을 인정한 결과에 있어서는 옳고, 따라서 영득죄로 취득한 장물이 아닌 점을 전제로 한 상고이유는 받아들일 수 없다.

대법원은 갑의 세 번째 상고이유에 대해 다음과 같이 판단하였다. (가) 변호인은, 만일 갑이 ㉠선박 등의 강취자라면 장물취득죄가 성립할 수 없으므로 원심판결에는 장물죄의 법리오해의 위법이 있다는 주장도 하고 있다. (나) 그렇지만 갑이 본범의 공동정범이기 때문에 장물죄가 성립할 수 없다고 하는 것은 갑이 먼저 자신이 본범의 공동정범이라고 주장하고 그러한 점을 의심하게 하는 일응의 증거를 제출하면서 자신이 장물범은 될 수 없다고 주장한 경우에 한하여 그 부존재를 검사가 입증할 책임이 있는 것이다. (다) 갑이 자신은 본범이 아니라고 주장하면서 만일 자신이 본범이라면 장물범은 될 수 없다고 주장한 경우에까지도 갑이 본범인지의 여부를 심리하여야 하는 것은 아니라고 할 것이므로, 변호인의 위 주장은 그 자체로서 받아들일 수 없다. (라) 자기의 형사 사건에 관한 증거를 인멸하기 위하여 타인을 교사하여 죄를 범하게 한 자에 대하여는 증거인멸교사죄가 성립한다. (마) 이와 반대의 견해에 선 상고이유는 받아들일 수 없다.

1) 민법 제249조 (선의취득) 평온, 공연하게 동산을 양수한 자가 선의이며 과실없이 그 동산을 점유한 경우에는 양도인이 정당한 소유자가 아닌 때에도 즉시 그 동산의 소유권을 취득한다.

제250조 (도품, 유실물에 대한 특례) 전조의 경우에 그 동산이 도품이나 유실물인 때에는 피해자 또는 유실자는 도난 또는 유실한 날로부터 2년내에 그 물건의 반환을 청구할 수 있다. 그러나 도품이나 유실물이 금전인 때에는 그러하지 아니하다.

제251조 (도품, 유실물에 대한 특례) 양수인이 도품 또는 유실물을 경매나 공개시장에서 또는 동종류의 물건을 판매하는 상인에게서 선의로 매수한 때에는 피해자 또는 유실자는 양수인이 지급한 대가를 변상하고 그 물건의 반환을 청구할 수 있다.

켜서 선의취득이라고 한다.

본범에 의하여 영득된 물건을 제3자가 선의취득한 경우 피해자는 추구권을 상실하게 되므로 피해품은 장물에 해당하지 않는다고 생각할 여지가 있다. 그러나 도품이나 유실물에 대해서는 피해자 또는 유실자가 2년간 반환을 청구할 수 있으므로 이 기간 중에 있는 물건은 금전을 제외하고 장물성을 상실하지 않는다(민법250 본문·단서). 선의취득자가 도품 또는 유실물을 동종의 물건을 판매하는 상인에게서 매수한 경우와 같이 반환과 관련하여 피해자가 선의취득자에게 대가배상의 의무를 부담하는 경우(민법251)라 할지라도 피해자에게 반환청구권(추구권)이 인정되므로[1] 장물성은 여전히 유지된다고 본다.

---

1) 1972. 5. 23. 72다115, 집 20②, 민55 =『도난 중석 변상금 사건』:

(선의취득의 민사법적 효과를 살펴보기 위하여 민사판례를 소개함.) P회사는 Q회사로부터 ㉠중석 11톤 520킬로그램을 금 770만원에 매수하였다. P회사는 매매대금 중 금 400만원을 Q회사에게 지급하였다(㉡돈). P회사는 Q회사로부터 ㉠중석을 인도받아 점유하고 있었다. P회사는 ㉠중석이 절도범 갑이 R회사에서 절취한 것임을 알게 되었다. P회사는 ㉠중석이 R회사가 도난당한 물건이라고 수사기관에 신고하였다. P회사는 ㉠중석을 수사기관에 임의로 제공하였다. 수사기관은 ㉠중석을 피해자 R회사에 환부하였다.

P회사는 Q회사에 지급한 매매대금(㉡돈)의 변상을 R회사에 요구하였다. R회사는 P회사의 요구를 거절하였다. P회사(원고)는 R회사(피고)를 상대로 ㉠중석에 대한 ㉡돈의 변상을 요구하는 소송을 제기하였다(㉮민사소송). ㉮민사소송은 제1심을 거친 후, 항소심에 계속되었다. 항소법원은 다음의 이유를 들어 원고패소 판결을 선고하였다. (가) 민법 제251조에 의하여 양수인이 보호받는 권리는 그가 지급한 대가의 변상을 받을 때까지 그 물건의 반환을 거절할 수 있는 항변권을 가지고 있음에 불과하다. (나) 원고(P회사)는 위와 같은 항변권을 행사하지 않고 그 물건을 수사기관에게 임의로 제공하여 그 점유를 상실하였다. (다) 원고(P회사)는 ㉠중석이 도품이라는 정을 모르고 무과실로 평온 공연히 이를 공개시장이나 동 종류의 물건을 판매하는 상인[Q회사]으로 부터 매수하였고, 그 물건을 피고(R회사)가 현재 점유하고 있다. (라) 그렇다고 하여도 원고(P회사)는 피고(R회사)에게 대하여 원고(P회사)가 ㉠중석을 매수할 때에 지급한 그 대가(㉡돈)의 변상을 청구할 수는 없다. P회사(원고)는 불복 상고하였다.

대법원은 다음의 이유를 제시하여 원심판결을 파기환송하였다. 대법원은 피해자의 반환청구권에 대해 다음과 같이 설시하였다. (이해를 돕기 위하여 다음의 설시사항에 사실관계를 괄호 속에 부기하여 소개함.) (가) 민법 제249조는 평온 공연하게 동산[㉠중석]을 양수한 자[P회사]가 선의이며 과실 없이 그 동산[㉠중석]을 점유한 경우에는 양도인[Q회사]이 정당한 소유자가 아닌 때에도 즉시 그 동산[㉠중석]의 소유권을 취득한다라고 규정하고 있다. (나) 민법 제250조에 의하면 전조의 경우에 그 동산이 도품[㉠중석]이나 유실물인 때에는 피해자[R회사] 또는 유실자는 도난 또는 유실한 날로 부터 2년 내에 그 물건의 반환을 청구할 수 있다라고 규정하고 있다. (다) 물건[㉠중석]을 도난당한 자[R회사]는 그 물건[㉠중석]을 평온 공연하게 선의이고 과실 없이 점유한 자[P회사]에게 대하여서도 도난당한 후 2년 내에 한하여는 아무 대상(代償)을 지급할 필요 없이 그 물건[㉠중석]의 반환을 청구할 수 있다. (라) 이는 오로지 피해자[R회사]를 보호함으로써 정적 안전만을 기한 것이다.

대법원은 거래의 안전에 대해 다음과 같이 설시하였다. (가) 그러나 그 물건[㉠중석]이 도품이라 하여도 양수인[P회사]이 그 도품을 경매나 공개시장에서 또는 동 종류의 물품을 판매하는 상인[Q회사]으로부터 선의로 매수한 때에는 피해자[R회사]는 그 양수인[P회사]이 지급한 대가[㉡돈]를 변상하고 그 물건[㉠중석]의 반환을 청구할 수 있다라고 민법 제251조는 규정하고 있다. (나) 민법 제251조는 이렇게 규정함으로써 일정한 조건하에 선의취득자[P회사]를 보호하여 일반 거래의 안전을 기하였다. (다) 즉 [민법] 제250조는 도난당한 후 2년 내에는 피해자[R회사]는 아무 대상(代償)도 지급할 필요 없이 무조건 그 물건[㉠중석]의 반환을 청구할

(나) 가 공 민법 제259조 제1항은 "타인의 동산에 가공(加工)한 때에는 그 물건의 소유권은 원재료의 소유자에게 속한다. 그러나 가공으로 인한 가액의 증가가 원재료의 가액보다 현저히 다액인 때에는 가공자의 소유로 한다."고 규정하고 있다. 도품이 타인의 동산에 가공되어 가공자가 소유권을 취득하는 경우가 있다. 이 경우 본범의 피해자는 추구권을 상실하게 되므로 가공된 물건은 장물에 해당하지 않는다.

그러나 도품인 귀금속을 변형시켜 금괴로 만들거나 자전거의 부품을 떼어 내어 다른 자전거에 부착하는 행위는 가공에 의하여 소유권을 취득할 수 있는 경우가 아니므로 도품의 장물성은 여전히 유지된다고 본다.

(다) 신탁관계 신탁된 물건임을 알면서 제3자가 이를 매수하는 경우 신탁행위의 법리상 수탁자가 외부관계에서는 소유자로 간주된다. 따라서 이를 취득한 제3자로서는 그 정

수 있다고 규정함으로서 피해자[R회사]를 전적으로 보호하였다. (라) 그러나 그 물건[㉠중석]을 일반 공개시장 또는 같은 물건을 판매하는 상인[Q회사]들로부터 매수한 경우에는 그 물건[㉠중석]이 도품인가의 여부를 조사케 하여 매수하도록 함은 거래의 침체와 안전을 해하게 된다. (마) 그러므로 [민법] 제251조는 그 소정의 조건을 구비한 때에는 그 피해자[R회사]에게 그 물건[㉠중석] 반환의 청구권은 인정하면서도 양수인[P회사]이 지급한 대가[㉡돈]는 변상하여야 한다고 규정함으로써 선의취득자[P회사]를 보호하여 거래안전을 또한 도모한 것이라 할 것이다.

(바) 그러므로 [민법] 제251조에서 규정한 "피해자[R회사]는 양수인[P회사]이 지급한 대가[㉡돈]를 변상하고 그 물건의 반환을 청구할 수 있다"라는 규정은 피해자[R회사]가 그 물건[㉠중석]의 반환을 청구하느냐 아니하느냐 함은 자유라 하더라도 (ㄱ) 일단 그 물건[㉠중석]의 반환을 청구하려면 양수인[P회사]이 지급한 대가[㉡돈]를 변상하여야 함은 물론 (ㄴ) 피해자[R회사]가 어떠한 원인으로 양수인[P회사]으로부터 그 물건[㉠중석]을 반환받았고, 이를 보지하려고 한 이상 피해자[R회사]는 역시 그 대가[㉡돈]를 지급할 의무가 있다라고 해석하여야 할 것이다.

대법원은 피해자 보호와 거래안전의 조화점에 대해 다음과 같이 설시하였다. (가) 만일 원심이 판단한 바와 같이 민법 제251조의 규정을 양수인[P회사]은 피해자[R회사]로부터의 반환청구가 있을 경우에 그 대가[㉡돈]를 지급하기 전에는 이를[㉠중석] 반환할 수 없다는 항변권만을 가지고 있음에 불과하다고 해석해 보자. (나) 그렇게 해석한다면 선의취득자[P회사]를 보호함으로써 일반 거래의 안정을 기하려는 그 입법목적을 반감하게 된다. (다) 그뿐만 아니라 그 물건[㉠중석]을 회복하느냐 아니하느냐 함은 오로지 그 피해자[R회사] 자신이 자유로 결정할 문제이다. (라) 그러므로 피해자[R회사]가 (ㄱ) 그 물건[㉠중석]의 반환을 청구하거나 (ㄴ) 그[㉠중석] 반환을 받았을 때에 한하여 양수인[P회사]이 지급한 대가를 변상할 의무가 있다고 해석한다 하더라도 그 피해자[R회사]의 보호에 부족이 있다고 할 수 없다. (마) (피해자[R회사] 측에서 그 물건[㉠중석]의 반환을 청구하지 아니함에도 불구하고 양수인[P회사] 측에서 적극적으로 대가[㉡돈]의 변상을 청구할 수는 없는 것이다.)

대법원은 P회사와 R회사의 관계에 대해 다음과 같이 판단하였다. (가) 만일 원심이 판단한 바와 같이 양수인[P회사]은 다만 항변권만이 있음에 불과하다고 해석한다면 양수인[P회사]이 자기가 매수한 물건[㉠중석]이 도품인 줄을 사후에 알았다 하여 정직하게 피해자[R회사]에게 그 물건[㉠중석]을 반환[하면 그] 점유자[P회사]는 변상을 받지 못하게 된다. (나) 이에 반하여 교활한 방법으로 그[㉠중석] 반환을 거부한 부정직한 점유자[P-1회사]만이 그 변상을 받게 된다. (다) 선의취득자[P회사]로부터 그 물건[㉠중석]의 반환을 받은 경우에는 {피해자[R회사]는} 양수인[P회사]이 지급한 대가(㉡돈)를 변상할 의무가 있다. (라) 따라서 그 물건(㉠중석)을 반환한 양수인[P회사]은 그 대가[㉡돈] 변상을 청구할 권리가 있다고 해석함이 가장 타당하다.

을 알고 있는지 여부에 불구하고 수탁자가 그 소유자로서 이를 처분하는 것으로 받아들여야 하며, 그 물건은 이를 매수하는 제3자에 대한 관계에서 장물성이 인정되지 않는다.[1)]

(라) 불법원인급여 뇌물, 성매매 또는 내연관계의 대가로 지급된 재물과 같이 불법원인급여에 해당하는 재물은 재물을 교부받은 자의 소유에 속하게 된다. 소유권이 수급자에게 귀속함에 따라 본범의 피해자는 추구권을 상실하게 되어 해당 재물의 장물성이 인정되지 않는다. 그러나 수급자에게 불법성이 현저히 큰 경우에는 소유권이 수급자에게 귀속되지 아니하여 피해자가 추구권을 행사할 수 있으므로 본범이 영득한 재물에는 장물성이 인정된다.[2)]

(마) 금제품 영득죄의 피해물이 금제품인 경우에 장물죄가 성립할 수 있을 것인지 문제된다. 법률상 소유 및 점유가 금지되고 있는 금제품이라고 하여도 이를 몰수하려면 일정한 절차가 필요하다.[3)] 이것은 피해자에게 추구권이 있음을 전제로 하면서 피해자가 소지 및 소유를 국가에 대하여 대항할 수 없음을 의미한다. 위조된 유가증권도 절차에 따라 몰수되기까지는 그 소지자의 점유를 보호하여야 한다는 점에서 형법상 재물로서 절도죄의 객체가 되며, 이를 취득하는 행위는 장물취득죄를 구성한다.[4)]

(4) 장물의 동일성

(가) 대체장물의 불허 장물은 본범이 영득한 재물 그 자체를 말한다. 장물은 피해자의 추구권이 미치는 것이어야 하므로 대체장물은 장물에 해당하지 않는다는 것이 원칙이다. 따라서 장물을 처분하여 취득한 돈이나 물건은 장물성을 상실한다.[5) 6)] 예컨대 장물을 전당잡힌 전당표는 장물 그 자체로 볼 수 없다.[7)]

(나) 현금 및 자기앞수표 현금은 고도의 대체성을 가지고 있어 다른 종류의 통화와 쉽게 교환할 수 있고, 특정된 화폐 자체는 별다른 의미 없이 금액에 의하여 표시되는 금전적 가치가 거래상 의미를 가지고 유통된다. 이러한 사정은 자기앞수표의 경우에도 같다. 이와 관련하여 현금 또는 자기앞수표를 다른 현금 또는 자기앞수표로 바꾸어 놓은 것을 가리켜서 장물이라고 할 수 있을 것인지 문제된다.

① 위법상태유지설의 입장 위법상태유지설을 취하고 있는 독일 형법의 해석론으로는

---

1) 1979. 11. 27. 79도2410, 공 1980, 12377 =『종중 부동산 알면서 취득 사건』.
2) 불법원인급여 문제에 대해서는, 전술 1331면 이하 참조.
3) 금제품에 대해서는, 전술 1003면 이하 참조.
4) 1998. 11. 24. 98도2967, 공 1999, 84 = 분석 각론『리프트 탑승권 사건』.
5) 1972. 6. 13. 72도971, 집 20②, 형30 =『장물 판 돈 대접 사건』.
6) 2000. 3. 10. 98도2579, 공 2000, 992 = 분석 각론『감원대상 영업과장 사건』.
7) 1973. 3. 13. 73도58, 총람 362조 40번.

대체장물을 엄격히 금지하며, 처음의 현금을 다른 현금으로 바꾸어 놓은 것에 대해 대체장물이라는 이유로 장물성을 인정하지 않는다. 그러나 이렇게 될 경우 장물죄의 성립범위가 지나치게 좁아지는 것을 막기 위하여 처음의 현금을 다른 현금으로 바꾸는 행위 자체가 타인의 재산에 대한 위법한 행위(예컨대 사기)에 해당하는지를 살피고, 이에 해당한다고 판단되는 경우 나중의 현금을 본래의 장물로 파악한다.[1)]

② 추구권설의 입장 　추구권설의 입장에서는 본범 피해자의 추구권 유무를 중시한다. 예금계약의 일반적 성질에 의할 때 현금 또는 자기앞수표의 소유권은 은행에 예금될 때 은행으로 이전된다. 따라서 예금을 인출하여 취득한 새로운 현금이나 자기앞수표는 피해자의 추구권 행사의 대상이 되지 아니하여 장물에 해당하지 않는다고 생각할 여지가 있다.

그러나 이렇게 되면 장물죄의 성립범위가 지나치게 축소되는 문제가 발생하므로 이에 대처하기 위하여 일정한 한도에서 예외를 인정해야 할 필요가 생긴다. 이와 관련하여 추구권설을 취하고 있는 판례는 다음과 같은 기준을 제시하고 있다.

③ 판례의 기준 　첫째로, 장물이라 함은 재산범죄로 인하여 영득한 물건 그 자체를 말하고, 그 장물의 처분대가는 장물성을 상실한다.[2)]

둘째로, 금전은 고도의 대체성을 가지고 있어서 다른 종류의 통화와 쉽게 교환할 수 있고, 그 금전 자체는 별다른 의미가 없고 금액에 의하여 표시되는 금전적 가치가 거래상 의미를 가지고 유통되고 있다. 이러한 점에 비추어 볼 때, 장물인 현금을 금융기관에 예금의 형태로 보관하였다가 이를 반환받기 위하여 동일한 액수의 현금을 인출한 경우에 예금계약의 성질상 인출된 현금은 당초의 현금과 물리적인 동일성은 상실되었지만 액수에 의하여 표시되는 금전적 가치에는 아무런 변동이 없으므로 장물로서의 성질은 그대로 유지된다.[3)]

셋째로, 자기앞수표도 그 액면금을 즉시 지급받을 수 있는 등 현금에 대신하는 기능을 가지고 거래상 현금과 동일하게 취급되고 있다는 점에서 금전의 경우와 동일하게 보아야 한다.

판례는 금전이 고도의 대체성을 가지고 있음에 주목하고 있다. 따라서 판례의 기준에 따르면 자기앞수표보다 대체성이 떨어지는 당좌수표나 외국화폐의 경우에는 장물의 동일성을 인정할 수 없다고 생각된다.

(다) 계좌이체자금과 장물죄 　현금(또는 자기앞수표)에 대해 장물의 동일성이 확장되는 경우는 애당초 장물인 현금(또는 자기앞수표)을 기초로 하는 경우로 한정된다. 본범이 컴퓨터

---

1) Fischer, StGB, 57. Auflage, (2010), § 259 Rn 7.
2) 2000. 3. 10. 98도2579, 공 2000, 992 = 분석 각론『감원대상 영업과장 사건』.
3) 2000. 3. 10. 98도2579, 공 2000, 992 = 분석 각론『감원대상 영업과장 사건』.

등사용사기죄에 의하여 취득한 예금채권은 재물이 아니라 재산상 이익이기 때문에 장물에 해당하지 않는다.[1]

그러나 예금을 인출하는 행위가 별도의 영득죄에 해당하는 경우라면 인출된 '현금' 그 자체가 본래의 장물이 될 여지가 있다.[2][3] 이와 관련하여 두 가지 경우를 나누어 볼 수 있다.

① 자기명의 현금카드 사용 본범이 컴퓨터등사용사기죄로 타인명의 구좌로부터 자기명의 구좌로 예금채권을 이체한 후 자기명의 현금카드로 예금을 '현금'으로 인출하는 경우가 있다. 이 경우 인출된 '현금'은 비록 컴퓨터등사용사기죄의 범행으로 취득한 예금채권을 인출한 것이라 할지라도 현금카드 사용권한 있는 자의 정당한 사용에 의한 것으로서 현금자동지급기 관리자의 의사에 반하거나 기망행위 및 그에 따른 처분행위도 없었으므로, 별도로 절도죄(법329)나 사기죄(법347)의 구성요건에 해당하지 않는다. 그 결과 본범이 인출한 '현금'은 재산범죄에 의하여 취득한 재물이 아니므로 장물이 될 수 없다.[4]

장물인 현금 또는 수표를 금융기관에 예금의 형태로 보관하였다가 이를 반환받기 위하여 동일한 액수의 현금 또는 수표를 인출한 경우에 예금계약의 성질상 그 인출된 현금 또는 수표는 당초의 현금 또는 수표와 물리적인 동일성은 상실되었지만 액수에 의하여 표시되는 금전적 가치에는 아무런 변동이 없으므로 장물로서의 성질은 그대로 유지된다.[5] 이 점에 착안하여 본범이 예금채권에서 인출한 '현금'이 장물로서의 성질을 유지하는 것이 아닌가 하는 의문을 가져볼 수 있다.

그러나 본범이 컴퓨터등사용사기죄에 의하여 취득한 예금채권은 재물이 아니라 재산상 이익이므로, 그가 자신의 예금구좌에서 '현금'을 인출하였다고 하더라도 장물을 금융기관에 예치하였다가 인출한 것으로 볼 수 없다.[6] 그 결과 본범의 컴퓨터등사용사기 범죄사실을 알면서 인출된 '현금'을 제3자가 취득하더라도 그 '현금'을 취득한 자에 대하여 장물죄가 성립하지 않는다.[7]

② 타인명의 현금카드 사용 본범이 컴퓨터등사용사기죄로 타인의 예금채권을 제3자 명의의 구좌로 이체한 다음 제3자 명의의 현금카드를 모용하여 현금자동지급기에서 '현금'을

---

1) 2004. 4. 16. 2004도353, 공 2004, 862 = 분석 각론 『계좌자금 교부 사건』.
2) 카드사용과 절도죄의 관계에 대해서는, 전술 1054면 이하 참조.
3) 카드사용과 사기죄의 관계에 대해서는, 전술 1197면 이하 참조.
4) 2004. 4. 16. 2004도353, 공 2004, 862 = 분석 각론 『계좌자금 교부 사건』.
5) 2000. 3. 10. 98도2579, 공 2000, 992 = 분석 각론 『감원대상 영업과장 사건』.
6) 2004. 4. 16. 2004도353, 공 2004, 862 = 분석 각론 『계좌자금 교부 사건』.
7) 2004. 4. 16. 2004도353, 공 2004, 862 = 분석 각론 『계좌자금 교부 사건』.

인출하는 경우가 있다. 이 경우 피해자인 타인과의 관계에서 보면, 현금인출행위는 컴퓨터등사용사기죄의 불가벌적 사후행위가 되어 처벌의 대상이 되지 않는다. 따라서 본범이 인출한 '현금'을 그 정을 알면서 취득한 자에 대해 장물죄가 성립하지 않을 것이다.

그렇지만 현금자동지급기 관리자와의 관계에서 보면, 본범의 예금인출행위는 관리자의 의사에 반하는 것으로서 '현금'의 인출행위는 절도죄를 구성하며, 인출된 '현금'은 본래의 장물이 된다. 따라서 본범의 컴퓨터등사용사기죄 범죄사실을 알면서 본범이 인출한 '현금'을 취득한 자에 대해서는 장물취득죄가 성립한다.

3. 실행행위

장물죄의 실행행위는 장물을 취득, 양도, 운반, 보관하거나(법362①) 또는 이러한 행위를 알선하는 것(동조②)이다.

(1) 장물의 취득, 양도, 운반, 보관

(가) 공통의 요건　　우리 형법은 장물죄의 행위태양을 다양화하면서도 법정형을 동일하게 규정하고 있다. 나아가 본범과 장물범 사이에 대해서도 친족 간의 특례를 인정하고 있다. 이러한 입법적 결단은 장물죄가 본범 피해자의 추구권을 침해할 뿐만 아니라 본범에 대한 사후종범으로서의 성질을 가지고 있다는 점을 고려한 것이다. 이러한 입법태도로부터 다음과 같은 공통점이 도출된다.

① 점유의 이전　　장물죄의 보호법익은 추구권이다. 피해자의 추구권을 침해하여 장물을 회복할 수 없게 하는 데에 장물죄의 본질이 있다. 따라서 장물의 취득, 양도, 운반, 보관이 장물죄를 구성하기 위하여는 계약체결만으로는 부족하고, 본범 또는 장물범으로부터 장물이 현실적으로 이전될 것을 요한다.

② 장물의 인식　　추구권 침해의 관점에서 볼 때 점유이전의 시점에 점유이전을 받는 장물범은 그 객체가 장물임을 인식하여야 한다. 장물의 인식은 확정적 인식임을 요하지 않으며 장물일지도 모른다는 의심을 가지는 정도의 미필적 인식으로도 충분하다. 장물임을 알고 있었느냐의 여부는 장물 소지자의 신분, 재물의 성질, 거래의 대가 기타 상황을 참작하여 판단해야 한다.[1] 본범의 범행을 구체적으로 인식할 필요는 없으며,[2] 본범의 피해자가 누구인

---

1) 2006. 10. 13. 2004도6084, [미간행] = 분석 각론『도난 보석 문의 사건』.

2) 1969. 1. 21. 68도1474, 집 17①, 형10 =『부정 유출 중석 사건』:

(사안을 임의로 보완함.) 중석은 국유재산이다. 중석은 대한중석주식회사에서 독점적으로 유통·판매하고 있다. 시중에 중석이 암암리에 판매되고 있었다. 검사는 수사에 나섰다. 갑 등은 ㉠중석을 취급하고 있었다. 갑 등은 검사의 신문과정에서 다음과 같이 진술하였다. (가) 우리들이 취급한 ㉠중석은 모두 어떠한 정치적인

지, 본범이 누구인지 알 필요도 없다.

장물죄는 장물취득 등의 행위를 할 당시에 장물임을 알면서 재물을 취득하는 등의 행위를 하여야 성립한다. 피고인이 재물을 인도받은 후에 비로소 장물이 아닌가 하는 의구심을 가졌다고 하여 그 재물의 수수행위가 장물취득죄 등을 구성한다고 할 수 없다. 장물임을 모르고 장물을 보관하였다가 그 후에 장물임을 알게 된 경우 그 정을 알고서도 이를 계속하여 보관하는 행위는 장물보관죄를 구성한다. 그러나 이 경우에도 점유할 권한이 있을 때에는 계속하여 보관하더라도 장물보관죄가 성립하지 않는다.[1)]

(나) 장물취득　　장물취득죄에서 취득은 점유를 이전받음으로써 그 장물에 대하여 사실상의 처분권을 획득하는 것을 의미한다. 단순히 보수를 받고 본범을 위하여 장물을 일시 사용하거나 그와 같이 사용할 목적으로 장물을 건네받은 것만으로는 장물을 취득한 것으로 볼 수 없다.[2)]

장물취득은 사실상 처분권을 획득한다는 점에서 장물의 운반 또는 보관과 구별된다. 취득은 소비대차, 매매, 대물변제 등 그 형태를 가리지 않는다. 전당포영업자가 돈을 대여하고 물건을 전당잡는 행위(질권설정행위)는 전당잡은 물건에 대하여 사실상의 처분권을 획득하는 행위로서 장물취득에 해당한다.[3)] 취득은 유상 · 무상을 가리지 않는다.

피고인(을)이 예금계좌를 개설하여 비밀번호와 함께 통장을 보이스 피싱 사기범(본범, 갑)에게 양도한 후 피고인(을)이 피해자(A)로부터 피고인(을)의 예금계좌로 돈이 송금된 것을 알고 그 돈을 인출하는 행위가 장물취득죄를 구성할 것인지 문제된다.

사안의 경우 본범의 사기행위는 본범에게 편취금이 귀속되는 과정 없이 피고인(을)이 피해자(A)로부터 피고인(을)의 예금계좌로 돈을 송금받아 취득함으로써 종료된다. 따라서 그

이유로 인하여 시중에 유출 판매 되는 것으로 알았을 뿐이다. (나) ㉠중석이 절취 되어온 장물이라는 정을 몰랐다.

검사는 갑 등을 장물취득죄로 기소하였다. 갑 등의 피고사건은 제1심을 거친 후, 항소심에 계속되었다. 항소법원은 다음의 이유를 들어서 무죄를 선고하였다. (가) 갑 등은 정치적인 이유로 유출되고 있는 것으로 알고 있었다고 진술하고 있다. (나) 갑 등의 진술만으로 갑 등이 ㉠중석이 장물이라는 정을 알았던 것이라고는 단정할 수 없다. 검사는 불복 상고하였다.

대법원은 다음의 이유를 제시하여 원심판결을 파기환송하였다. (가) 장물죄는 범인이 장물 즉, 타인의 재산권을 침해하여 불법으로 영득한 물건이라는 정을 알면 족하다. (나) 그 본범의 범행을 구체적으로 알아야 하는 것은 아니다. (다) 또 그 인식은 미필적 인식로 족하다. (라) 갑 등에 대한 검사의 신문조서 기재에 의하면, 갑 등은 ㉠중석이 대한중석주식회사에서 부정 유출된 것이라는 정을 알았다는 취지이다. (마) 그럼에도 불구하고 원심이 위 정치적으로 유출되었다는 것을 알고 있었다는 취지 내용을 규명함이 없이 위에서 본 바와 같이 판단하였음은 심리를 다하지 아니하고, 채증법칙을 어긴 잘못이 있다.

1) 2006. 10. 13. 2004도6084, [미간행] = 분석 각론 『도난 보석 문의 사건』.
2) 2003. 5. 13. 2003도1366, 공 2003, 1411 = 분석 각론 『습득 신용카드 교부 사건』.
3) 2006. 10. 13. 2004도6084, [미간행] = 분석 각론 『도난 보석 문의 사건』.

후 피고인(을)이 자신의 예금계좌에서 송금된 돈을 인출하였다 하더라도 이는 예금명의자로서 은행에 예금반환을 청구한 결과일 뿐 본범(갑)으로부터 위 돈에 대한 점유를 이전받아 사실상 처분권을 획득한 것은 아니다. 그러므로 피고인(을)의 위와 같은 인출행위를 장물취득죄로 벌할 수는 없다.[1]

피고인은 장물취득시에 목적물이 장물임을 인식하여야 한다. 점유취득 후에 비로소 취득한 물건의 장물성에 대해 의문을 가지게 된 경우에는 장물취득죄가 성립하지 않는다.[2] 물건을 담보로 취득하면서 취득한 물건이 장물일지 모른다는 의심을 가지고 담보용으로 소유권포기각서를 받는 것은 장물취득에 해당하지 않는다. 소유권포기각서의 취득은 취득자와 담보제공자 사이에 금전관계를 정산하고 전당물에 대한 소유권(사실상의 처분권)을 완전히 취득하기 위한 것이라기보다는 담보를 확실히 하기 위한 것에 지나지 않기 때문이다.[3]

(다) 장물양도 행위자가 장물을 제3자에게 교부하는 것을 말한다. 양도자와 제3자 사이에 의사합치가 있을 것을 요한다. 제3자가 장물임을 알았는지 몰랐는지는 묻지 않는다. 제3자가 장물임을 알면서 양도를 받았다면 제3자에게는 장물취득죄가 성립한다.

장물양도죄가 성립하려면 제3자와의 의사합치 이외에 현실적으로 제3자에게 장물의 점유가 이전되어야 한다. 장물임을 알고 취득한 후에 장물을 다시 양도하는 것은 장물취득죄의 불가벌적 사후행위에 해당한다. 따라서 장물양도죄는 장물인 줄 모르고 취득하였다가 이후 장물임을 알면서 이를 제3자에게 양도하는 경우에 성립한다.[4]

---

1) 2010. 12. 9. 2010도6256, 공 2011상, 170 = 분석 각론『대포통장 입금 사건』.
2) 2006. 10. 13. 2004도6084, [미간행] = 분석 각론『도난 보석 문의 사건』.
3) 2006. 10. 13. 2004도6084, [미간행] = 분석 각론『도난 보석 문의 사건』.
4) 2011. 5. 13. 2009도3552, [미간행] =『미등록 도난 수입차 사건』:

㉠수입자동차는 도난당한 차량이다. 2004. 12.경 갑은 미등록 상태였던 ㉠자동차를 취득하였다. 2005. 3. 29.경 ㉠자동차는 갑 명의로 신규등록이 되었다. 2005. 5. 28.경 갑은 ㉠자동차가 장물일지도 모른다고 생각하면서 이를 A에게 양도하였다.

검사는 갑을 장물양도죄로 기소하였다. 갑의 피고사건은 제1심을 거친 후, 항소심에 계속되었다. 항소법원은 유죄를 인정하였다. 갑은 불복 상고하였다. 갑은 상고이유로 다음의 점을 주장하였다. (가) ㉠자동차를 양도할 당시 확실하게 장물인 줄은 몰랐다. (나) 자동차관리법의 관련규정에 의할 때 자동차의 소유권 득실변경은 등록을 하여야 그 효력이 있다(㉡규정). (다) 갑은 ㉠자동차를 최초로 등록하여 소유권을 선의취득하였다. (라) 선의취득된 ㉠자동차는 장물에 해당하지 않는다.

대법원은 다음의 이유를 제시하여 상고를 기각하였다. (가) 장물임에 대한 인식은 미필적 고의로도 족하다. (나) 자동차관리법이 "자동차 소유권의 득실변경은 등록을 하여야 그 효력이 생긴다."고 규정하고 있기는 하다(㉡규정). (다) ㉡규정은 도로에서의 운행에 제공될 자동차의 소유권을 공증하고 안전성을 확보하고자 하는 데 그 취지가 있다. (라) 장물인 ㉠수입자동차를 신규등록하였다고 하여 그 최초 등록명의인(갑)이 해당 수입자동차를 원시취득하게 된다고 볼 수는 없다. (마) 장물인 ㉠수입자동차를 신규등록하였다고 하여 그 최초 등록명의인(갑)의 장물양도행위가 범죄가 되지 않는다고 볼 수는 없다.

(라) 장물운반 　본범이나 이전 장물범의 위탁이나 추정적 승낙을 받아 장물을 장소적으로 이전하는 것을 말한다. 이전된 거리의 길고 짧음은 묻지 않는다. 장소적 이전이 단거리에 그쳤다고 할지라도 피해자의 추구권 행사를 곤란하게 한 것이라고 판단되면 장물운반죄가 성립한다.

장물운반죄가 성립하려면 운반을 위하여 장물을 이전받는 시점에 장물임을 인식하여야 한다. 보관 시점에는 장물임을 몰랐으나 운반 시점에 장물임을 알게 되었다면 장물운반죄가 성립한다. 운반을 시작할 때에는 장물인 줄 몰랐으나 운반 도중에 이를 알게 된 경우에는 그 시점 이후의 운반이 장물운반죄에 해당한다.

본범의 부탁을 받아 장물을 피해자에 돌려주도록 부탁받아 운반해 주는 것이 장물운반죄에 해당할 것인지 문제된다. 이에 대해 피해자의 추구권을 회복하거나 위법상태를 제거하는 것이므로 장물운반죄가 성립하지 않는다고 보는 견해가 있다.[1] 그러나 추구권은 피해자가 아무런 부담 없이 피해품을 반환받을 수 있는 권리를 의미하므로 본범의 부탁을 받아 운반하는 것은 본범의 이익을 꾀하는 것으로서 장물운반죄를 구성한다고 본다. 위법상태의 제거도 장물의 정상적인 회복을 의미하는 것이므로 단순히 사실상의 것으로는 충분하지 않다고 본다. 이에 반해 피해자의 부탁을 받아 대리인으로 장물을 운반하는 것은 피해자 자신의 추구권행사로 볼 수 있어서 장물운반죄에 해당하지 않는다.

본범과 공동하여 장물을 운반한 경우, 본범에 대해서는 운반이 불가벌적 사후행위에 해당하여 장물운반죄가 성립하지 않지만 함께 운반한 자에 대해서는 장물운반죄가 성립한다. 장물을 취득한 자가 그 장물을 운반하는 행위는 불가벌적 사후행위에 해당하여 장물운반죄가 성립하지 않는다. 장물의 알선을 위하여 장물을 보관하거나 운반하여도 그것이 장물알선과 불가분의 관계에 있으면 장물알선죄의 포괄일죄가 성립한다.

(마) 장물보관 　본범이나 이전 장물범의 위탁을 받아 장물을 자기의 점유하에 두는 것을 말한다. 보관의 약속만으로는 부족하고 현실적으로 점유의 이전이 있어야 한다.

장물임을 모르고 장물을 보관하였다가 그 후에 장물임을 알게 된 경우 그 정을 알고서도 이를 계속하여 보관하는 행위는 장물보관죄를 구성한다. 판례는 이 경우 계속 보관행위는 피해자의 정당한 반환청구권 행사를 어렵게 하고 위법한 재산상태를 유지시키는 것이라는 이유를 들어서 장물보관죄를 긍정하고 있다.[2]

---

1) 김성돈, 524면; 김일수 · 서보학, 414면; 손동권 · 김재윤, 505면; 오영근, 425면; 이재상 · 장영민 · 강동범, 463면; 이정원, 474면; 임웅, 590면; 정성근 · 박광민, 504면.

2) 1987. 10. 13. 87도1633, 공 1987, 1750 = 『도난 수표 계속 보관 사건』:

(사실관계를 임의로 보완함.) 갑은 ㉠수표를 습득하였다. 다음날 갑은 ㉠수표의 발행은행에 문의하여 ㉠수표가 도난당한 것임을 알게 되었다. 갑은 그럼에도 ㉠수표를 계속 보관하였다.

재물을 보관한 후에 장물임을 알게 된 경우에도 보관자에게 점유할 권한이 있는 때에는 그 장물을 계속하여 보관하더라도 장물보관죄가 성립하지 않는다.[1] 전당포영업자가 장물임을 모르는 상태에서 대여금채권의 담보로 장물을 전당잡았으나 이후 장물임을 알게 된 경우가 여기에 해당하는 예이다.[2]

장물인 현금을 금융기관에 예금의 형태로 보관하였다가 이를 인출한 경우에도 장물보관죄가 성립한다. 예금계약의 성질상 인출된 현금은 당초의 현금과 물리적인 동일성은 상실되었지만 액수에 의하여 표시되는 금전적 가치에는 아무런 변동이 없으므로 장물로서의 성질은 그대로 유지되어 장물보관죄가 성립한다.[3] 자기앞수표도 거래상 현금과 동일하게 취급되고 있다는 점에서 금전의 경우와 동일하게 보아야 한다.

(2) 장물취득 등의 알선

장물의 취득, 양도, 운반, 보관을 알선한 자는 처벌한다. 여기에서 알선이란 장물을 취득·양도·운반·보관하려는 당사자들 사이에 서서 이를 중개하거나 편의를 도모하는 것을 말한다.[4] 알선행위 자체가 유상인지 무상인지를 묻지 않는다.

검사는 갑을 장물보관죄로 기소하였다. 제1심법원은 유죄를 인정하였다. 갑은 불복 항소하였다. 항소법원은 항소를 기각하고, 제1심판결을 유지하였다. 갑은 불복 상고하였다. 갑은 상고이유로, ㉠수표를 반환하는 것이 불가능한 상태였다고 주장하였다.

대법원은 다음의 이유를 제시하여 상고를 기각하였다. (가) 장물인 정을 모르고 보관하던 중 장물인 정을 알게되었으면서도 계속 보관함으로써 피해자의 정당한 반환청구권 행사를 어렵게 하고 위법한 재산상태를 유지시키는 때에는 장물보관죄가 성립한다. (나) 기록상 갑이 장물을 반환하는 것이 불가능하였던 것이라고 인정되지 않는다. (다) 갑은 소위를 장물보관죄로 처단한 제1심판결을 유지한 원심판결에 아무런 법리오해가 있다 할 수 없다.

1) 2006. 10. 13. 2004도6084, [미간행] = 분석 각론『도난 보석 문의 사건』.
2) 2006. 10. 13. 2004도6084, [미간행] = 분석 각론『도난 보석 문의 사건』.
3) 2000. 3. 10. 98도2579, 공 2000, 992 = 분석 각론『감원대상 영업과장 사건』 참조.
4) 2009. 4. 23. 2009도1203, 공 2009, 816 =『노래연습장 장물알선 사건』:

갑(통칭함)은 ㉠귀금속을 절취하였다. 갑은 M장소에서 을에게 ㉠귀금속을 팔아달라고 부탁하였다. 을은 ㉠귀금속이 장물이라는 정을 알면서도 갑의 요구를 수락하였다. 을은 병에게 연락하였다. 병은 ㉠귀금속을 매수하기로 하였다. 을은 병에게 전화하여 N노래연습장에서 만나기로 약속하였다. 을은 갑으로부터 건네받은 ㉠귀금속을 가지고 N노래연습장에 들어갔다. 을은 미처 병을 만나기도 전에 을을 추적중이던 경찰관에게 체포되었다.

검사는 을을 장물알선죄로 기소하였다. 을의 피고사건은 제1심을 거친 후, 항소심에 계속되었다. 항소법원은 유죄를 인정하였다. 을은 불복 상고하였다. 을은 상고이유로 다음의 점을 주장하였다. (가) 갑과 병 사이에 실제로 매매계약이 성립하지 않았다. (나) ㉠귀금속의 점유가 갑으로부터 병에게 현실적으로 이전되지 않았다. (다) 그러므로 장물알선죄는 성립하지 않는다.

대법원은 다음의 이유를 제시하여 상고를 기각하였다. (가) 형법 제362조 제2항에 정한 장물알선죄에서 '알선'이란 장물을 취득·양도·운반·보관하려는 당사자 사이에 서서 이를 중개하거나 편의를 도모하는 것을 의미

우리 형법이 장물알선을 장물의 취득 · 양도 · 운반 · 보관과 구별하여 별도의 항으로 규정한 것은 현실적인 점유이전을 요하지 않는다는 알선행위의 특성에 주목하였기 때문이다. 따라서 장물임을 알면서 장물을 취득 · 양도 · 운반 · 보관하려는 당사자들 사이에 서서 서로를 연결하여 장물의 취득 · 양도 · 운반 · 보관행위를 중개하거나 편의를 도모하였다면 (가) 그 알선에 의하여 당사자 사이에 실제로 장물의 취득 · 양도 · 운반 · 보관에 관한 계약이 성립하지 아니하였거나 (나) 장물의 점유가 현실적으로 이전되지 아니한 경우라 할지라도 장물알선죄가 성립한다.[1)]

4. 다른 죄와의 관계

(1) 장물죄와 횡령죄의 관계

본범이 영득죄로 취득한 장물에 대해 장물임을 알면서 이를 절도, 강도, 사기, 공갈, 횡령의 형태로 취득하는 경우에 새로운 영득죄 및 장물죄가 성립할 것인지 문제된다. 장물죄가 단순히 추구권 침해범죄의 차원을 넘어서서 본범에 대한 사후종범의 성격을 가지고 있다는 점에 비추어 볼 때 이 문제는 본범 및 이전 장물범과의 의사합치 여부를 중심으로 검토할 필요가 있다.

본범으로부터 장물의 보관이나 운반을 의뢰받은 자(장물범)가 그 정을 알면서 이를 인도받아 보관 또는 운반하고 있다가 임의 처분하는 경우가 있다. 이 경우 본범과 장물범 사이에는 장물의 보관 또는 운반에 대한 의사의 합치가 있다. 이와 같은 의사합치에 기하여 장물보관죄 또는 장물운반죄가 성립할 때 이미 그 소유자의 소유물 추구권을 침해한 것이 된다. 그 결과 그 후의 횡령행위는 불가벌적 사후행위에 불과하여 별도로 횡령죄가 성립하지 않는다.[2)]

(2) 장물죄와 기타 죄의 관계

장물임을 알면서 본범으로부터 장물을 절도, 강도, 사기, 공갈의 형태로 취득하는 경우가

한다. (나) 장물인 정을 알면서, 장물을 취득 · 양도 · 운반 · 보관하려는 당사자 사이에 서서 서로를 연결하여 장물의 취득 · 양도 · 운반 · 보관행위를 중개하거나 편의를 도모한 경우가 있다. (다) 그러한 경우라면 그 알선에 의하여 당사자 사이에 (ㄱ) 실제로 장물의 취득 · 양도 · 운반 · 보관에 관한 계약이 성립하지 아니하였거나 (ㄴ) 장물의 점유가 현실적으로 이전되지 아니한 경우라도 장물알선죄가 성립한다.

(라) 을이 장물인 귀금속을 매도하려는 갑과 이를 매수하려는 병 사이를 연결하여 ㉠귀금속의 매매를 중개함으로써 장물알선죄는 성립한다. (마) 갑과 병 사이에 (ㄱ) 실제로 매매계약이 성립하지 않았다거나, (ㄴ) ㉠귀금속의 점유가 A에게 현실적으로 이전되지 아니하였다 하더라도 장물알선죄의 성립은 방해받지 않는다.

1) 2009. 4. 23. 2009도1203, 공 2009, 816 = 『노래연습장 장물알선 사건』.

2) 2004. 4. 9. 2003도8219, 공 2004, 849 = 분석 각론 『원앙형 향료 사건』.

있다. 이들 범죄의 경우 재물의 피해자와 범행의 상대방이 반드시 동일인일 필요가 없으므로 절도죄, 강도죄, 사기죄, 공갈죄가 각각 성립한다. 그런데 이 경우 이들 범죄 이외에 별도로 장물죄가 성립할 것인지 문제된다.

장물죄의 본질을 추구권에서만 구하는 입장에서는 새로운 영득죄에 의하여 피해자의 추구권 행사가 더욱 어렵게 되었으므로 장물죄를 인정할 여지가 있다. 그러나 우리 형법은 본범과 장물범 사이에 친족상도례의 특례(법365②)를 규정하여 장물죄의 사후종범성을 강조하고 있다. 사후종범설의 관점에서 보면 본범과 장물범 사이에 장물의 이전에 관한 의사합치가 반드시 필요하다. 본범에 대한 절도, 강도, 사기, 공갈의 경우에는 본범과 장물취득자 사이에 장물의 이전에 대한 의사합치가 없으므로 결국 장물을 취득한 자에 대해 새로운 영득죄 이외에 장물죄를 별도로 인정할 수는 없다.[1) 2)]

제 3 장물죄의 특수유형

1. 상습장물죄

형법 제363조 (상습범) ① 상습으로 전조의 죄를 범한 자는 1년 이상 10년 이하의 징역에 처한다.

◎ 자격정지 또는 벌금 임의적 병과(법363②)
◎ 친족상도례의 적용됨(법365)

상습으로 장물죄를 범하는 자를 처벌하기 위한 가중적 구성요건이다. 법정형을 가중하는 외에 자격정지 또는 벌금을 병과할 수 있다(법363②). 상습장물죄에 대해서도 친족상도례의 특례가 인정된다(법365).

2016년 개정되기 전의 「특정범죄 가중처벌 등에 관한 법률」(특정범죄가중법) 제5조의4 제4항은 상습장물죄의 법정형을 무기 또는 3년 이상의 징역으로 가중처벌하고 있었다. 헌법재판소는 특정범죄가중법 제5조의4 제4항이 형법 제363조와 똑같은 구성요건을 규정하면서 법정형만 상향 조정하여 형사특별법으로서 갖추어야 할 형벌 체계상의 정당성과 균형을 잃어 헌법에 위반된다는 결정을 내렸다.[3)] 이에 따라 특정범죄가중법 제5조의4 제4항은 실효되었고, 2016년의 특정범죄가중법 일부개정에 의하여 이 조항은 삭제되었다. 이제 상습장물죄에

1) 손동권 · 김재윤, 508면; 정성근 · 박광민, 507면; 이형국 · 김혜경, 541면.
2) 김성돈, 527면; 김일수 · 서보학, 418면; 이재상 · 장영민 · 강동범, 467면; 임웅, 593면은 위법상태유지설의 관점에서 동일한 결론에 이르고 있다.
3) 2015. 2. 26. 2014헌가16, 헌집 27-1상, 13.

대해서는 형법 제363조만 적용된다.

상습장물죄는 장물의 취득·양도·운반·보관·알선의 습벽 있는 자가 장물취득 등의 범행을 저지른 경우에 성립한다. 장물범행의 습벽은 반드시 장물죄의 전과 사실이 존재함을 요하지 않는다. 법원은 장물취득 등의 행위가 여러 차례 반복된 사정을 자료로 삼아 상습성을 인정할 수 있다. 그러나 장물범행의 전과 없는 자가 단 두 차례에 걸쳐 범행하였다면 비록 단시일내의 동종행위라 하여도 그것만으로는 상습자의 범행으로 볼 수 없다.[1)]

2. 업무상 과실장물취득죄

형법 제364조 (업무상과실, 중과실) 업무상 과실 또는 중대한 과실로 인하여 제362조의 죄를 범한 자는 1년 이하의 금고 또는 500만원 이하의 벌금에 처한다.

◎ 친족상도례의 적용됨(법365)

(1) 입법취지

우리 형법은 업무상 과실 또는 중대한 과실로 인하여 장물죄를 범한 자를 처벌하고 있다. 형법이 규정한 재산범죄 가운데 과실범을 처벌하는 유일한 예이다. 고의의 장물범죄와 마찬가지로 친족상도례의 특례가 인정된다(법365).

장물에 관한 죄는 원칙적으로 고의범이므로 장물임에 대한 인식이 있어야 범죄가 성립

---

1) 1972. 8. 31. 72도1472, 집 20②, 형70 =『9일에 2회 장물알선 사건』:

갑은 장물알선의 전과가 없다. 갑, 을, 병은 A, B, C가 자동차를 절취해 오면 이를 다른 사람에게 처분하도록 알선해 주기로 하였다. (연도 생략함.) 5. 26. 갑, 을, 병은 A, B, C로부터 A가 절취해 온 ⓐ승용차 1대를 팔아 달라는 부탁을 받았다. 갑, 을, 병은 D로 하여금 ⓐ승용차를 매수하도록 알선하였다. 6. 3. 갑, 을, 병은 A, B, C로부터 B가 절취해 온 ⓑ승용차 1대를 팔아 달라는 부탁을 받았다. 갑, 을, 병은 E로 하여금 ⓑ승용차를 매수하도록 알선하였다.

검사는 갑, 을, 병을 상습장물알선죄로 기소하였다. 제1심법원은 "갑, 을, 병이 동종의 행위를 단시일 내에 여러 차례 계속 반복한 사실에 의하여 상습으로 장물을 알선한 사실을 인정할 수 있다"고 하여 유죄를 인정하였다. 갑, 을, 병은 불복 항소하였다. 항소법원은 항소를 기각하고, 제1심판결을 유지하였다. 갑은 불복 상고하였다. 을, 병은 상고하지 않았다.

대법원은 다음의 이유를 제시하여 원심판결을 파기환송하였다. 대법원은 갑의 행위에 대해 다음과 같이 판단하였다. (가) 상습장물알선죄는 장물알선의 습벽있는 자가 장물알선 범행을 저지른 경우이다. (나) 장물알선의 습벽은 반드시 장물알선의 전과 사실의 존재를 필요로 하는 것은 아니다. (다) 장물알선의 행위가 여러 차례 반복된 사정을 자료로 장물알선의 습벽을 법원이 인정할 수 있다. (라) 그렇다고 할지라도 [공소가 제기된] 각 행위는 장물알선의 전과도 없는 갑이 단 두 차례에 걸쳐 하였다는 것에 지나지 못한다. (마) 이를 들어 여러 차례 반복된 사적(事跡)에 해당한다 할 수 없다. (바) 비록 단시일 내의 동종행위라 하여도 그것만으로서는 상습자의 범행으로 볼 수는 없다. (사) 그러함에도 불구하고 이와 반대로 인정 처단하였음은 상습장물알선죄에 관한 법리를 오해하였거나 사실인정에 관한 이유 불비로 말미암아 법률적용을 그릇한 위법이 있다.

한다. 그러나 고의가 있는 때에 한하여 처벌하고 과실로 장물임을 알지 못한 경우를 처벌하지 않는다면 장물범죄에 대해 충분한 단속을 할 수 없다. 과실장물죄는 고물상, 전당포와 같이 주로 중고품 취급을 업무로 하는 자들의 교묘한 변명에 대처하기 위하여 마련된 범죄유형이다.[1] 다만 처벌의 지나친 확대를 막기 위하여 업무상 과실 또는 중과실의 경우에 한하여 과실장물범죄를 처벌한다.

(2) 업무상 과실과 중과실

(가) 업무상 과실 업무상 요구되는 주의의무를 다하지 아니한 것을 말한다. 업무는 사회생활상의 지위에 기하여 계속적, 반복적으로 행하는 일을 말한다. 업무는 그 본래의 업무 외에 부수되는 업무까지 포함한다.[2] 창고업을 경영하는 자로서 본래의 업무로서 양곡을 보관하는 동시에 보관 의뢰자들 사이에서 양곡의 매매 또는 알선을 하는 등 거래를 한 경우 그 매매 또는 알선은 본래의 창고업에 부수된 업무에 해당한다. 따라서 창고업자는 보관 양곡이 장물인지를 알아보아야 할 업무상 주의의무를 진다.[3]

그러나 영업용 택시 운전사에게는 장물 여부를 확인할 업무상 주의의무가 없다. 영업용 택시를 이용하는 사람이 운전사에게 그가 가지고 타는 물건에 관하여 그 내용과 내력 등을 고지할 의무가 없음은 물론이고 운전사에게도 이를 물어 보고 조사할 권한이나 의무가 있는 것도 아니기 때문이다.[4]

---

1) 엄상섭, '형법요강해설', 신동운 · 허일태 편저, 효당 엄상섭 형법논집, (2003), 65면 참조.

2) 1962. 5. 17. 4294형상596, 집 10②, 형12 =『정부양곡 창고업자 사건』:

갑은 창고업자이다. 갑은 정부양곡을 보관하고 있다. 창고업자는 맡겨둔 양곡을 보관할 뿐 판매하거나 판매알선을 하지 않는다. 갑은 보관 위탁자 을로부터 ㉠양곡을 매입하였다. ㉠양곡은 사실은 을이 절취한 것이었다. 갑은 조금만 주의를 기울이면 ㉠양곡이 절취된 것임을 알 수 있었다.

검사는 갑을 업무상과실장물취득죄로 기소하였다. 갑의 피고사건은 제1심을 거친 후, 항소심에 계속되었다. 항소법원은 다음의 이유를 들어서 무죄를 선고하였다. (가) 갑은 창고업으로서 정부양곡을 보관하는 자이다. (나) 양곡의 매매 또는 알선은 본래의 보관업무가 아니다. (다) 양곡의 매매 또는 알선은 부수되는 업무라고도 할 수 없다. (라) 갑이 ㉠양곡 매수에 관하여 장물 여부에 관한 주의의무를 따질 필요없이 형법 제364조에 해당하지 않는다. 검사는 불복 상고하였다.

대법원은 다음의 이유를 제시하여 원심판결을 파기환송하였다. (가) 형법 제364조의 업무라고 함은 본래의 업무는 물론 그에 부수되는 업무도 포함한다고 해석함이 타당하다. (나) 본건에 있어서 창고업을 경영하는 자로서 (ㄱ) 본래의 업무로서 양곡을 보관하는 동시에 (ㄴ) 보관 의뢰자들과 간에 양곡의 매매 또는 그 알선을 하는 등 거래를 한 경우에 있어서는 (ㄷ) 그 매매 또는 그 알선은 본래의 창고업에 부수된 업무라고 하여야 한다. (다) 그렇다고 하면 본건 공소사실이 형법 제364조에 해당하는 여부를 판정함에 있어서는 갑의 본건 양곡을 매수함에 있어서의 과실의 유무를 심판하여야 함에도 불구하고 이상과 같이 판시한 것은 형법 제364조의 업무상 과실에 관한 법리를 오해한 위법이 있다.

3) 1962. 5. 17. 4294형상596, 집 10②, 형12 =『정부양곡 창고업자 사건』.

4) 1983. 6. 28. 83도1144, 공 1983, 1162.

(나) 중대한 과실 조금만 주의를 기울였다면 장물임을 알 수 있는 경우에 주의의무를 다하지 아니한 것을 말한다. 장물인지를 의심할 만한 특별한 사정이 있는 경우 또는 매수물품의 성질과 종류 및 매도자의 신원 등에 좀 더 세심한 주의를 기울였다면 그 물건이 장물임을 알 수 있었던 경우 등에 중대한 과실을 인정할 수 있다.

(다) 구체적 사례 업무상 과실장물범의 성립 여부는 구체적인 사실관계를 토대로 개별적으로 판단하여야 한다. 판례에 나타난 사례를 몇 가지 살펴본다.

① 전당포 영업 전당포를 경영하는 사람이 고객으로부터 물품을 전당물로 받을 때 고객의 신분을 주민등록증에 의하여 확인하고 전당물대장에 품목, 수량 및 특징, 전당물주의 주소, 직업, 주민등록번호, 성명, 특징, 확인방법 등 필요한 사항을 모두 기재한 다음 그에게 돈을 빌려주고 전당표까지 발급해 주었다면 기본적으로 전당업무처리상의 주의의무를 다한 것으로 보아야 한다. 거기에서 더 나아가 전당물의 구입경위나 출처, 전당의 동기까지 확인하여 볼 주의의무는 없다.[1]

전당포 주인이 관련 규정에 따라 전당물주의 신원확인절차를 거쳤다고 하여도 전당의 회수, 전당물의 성질과 종류 및 전당물주의 신원 등에 좀더 세심한 주의를 기울였다면 전당물이 장물임을 알 수 있었음에도 불구하고 이를 게을리하여 장물인 정을 모르고 전당잡은 경우에는 업무상 과실장물취득의 죄책을 면할 수 없다.[2]

② 중고품 매입 중고물품을 매매하는 사람은 매도인의 인적 사항, 매입 · 매도의 경위, 시가와의 차이 등을 확인할 주의의무가 있다. 그러나 매도인으로부터 물품의 출처 및 소지 경위에 대한 설명의 진부에 대하여서까지 확인해야 할 주의의무는 없다.[3]

---

1) 1984. 9. 25. 84도1488, 공 1984, 1758.

2) 1984. 11. 27. 84도1413, 공 1985, 102.

3) 1984. 2. 14. 83도2982, 공 1984, 545 =『교장 아들 롤렉스 시계 사건』:

㉠시계는 백환형 롤렉스시계이다. A는 고창 소재 M고등학교의 교장이다. A가 박사학위를 취득하였다. M학교 교사들은 돈을 갹출하여 ㉠시계를 750,000원에 구입하였다. 1981. 11. 13.경 M학교 교사들은 ㉠시계를 A의 박사학위 취득에 대한 기념품으로 증정하였다. A는 ㉠시계를 겨우 10여회 차고 다녔을 뿐, 평소에는 그의 책상설합속에 보관해 놓고 있었다. B는 A의 아들이다. B는 N대학을 졸업한 후 아무런 직업도 없이 군산에서 그렇게 멀지 아니한 N군 ⓐ장소에 주소를 두고 있었다. B는 ㉠시계를 절취하였다.

갑은 P시계점을 운영하고 있다. 갑은 P시계점을 경영하면서 중고시계의 매매도 하고 있다. 1982. 4. 2. 10:00경 B가 갑이 경영하는 P시계점에 찾아왔다. 갑은 B와는 초면으로 아무런 거래관계도 맺고 있지 않았다. B는 갑에게 ㉠시계를 팔려고 내어놓았다. 갑은 B에게 ㉠시계의 구입장소, 구입시기, 구입가격과 B가 군산에 온 동기, 매각하게 된 이유를 물었다. B는 갑에게 다음과 같이 말하였다. (가) 나는 N대학에 다닌다. (나) ㉠시계는 약혼기념 예물로 받은 것으로 나의 소유이다. (다) 용돈이 궁하여 팔려고 한다. 갑은 ㉠시계의 진품 여부를 기술자에게 확인하게 하였다. 갑은 B에게 중고시계라서 300,000원밖에 줄 수 없다고 말하였다. B는 갑의 제안을 승낙하였다. 갑은 B에게 주민등록증 제시를 요구하였다. 갑은 고물상 장부에 B의 성명, 생년월일, 주민등록번호, 주소 및 본적, 신분, 시계매입 가격 및 특징 등을 확인하여 기재하였다. 갑은 고물상 그러나 매도자의 신원확인절차를 거쳤다고 하여도 (가) 장물인지의 여부를 의심할 만한 특별한 사정이 있는 경우이거나, (나) 매수물품의 성질과 종류 및 매도자의 신원 등에 좀 더 세심한 주의를 기울였다면 그 물건이 장물임을 알 수 있었음에도 불구하고 이를 게을리하여 장물인 정을 모르고 매수하여 취득한 경우에는 업무상 과실장물취득죄가 성립한다.[1)]

장부에 기재한 후 B로부터 ㉠시계를 300,000원에 매입하였다. 1982. 4. 12. 갑은 ㉠시계를 C에게 매도하였다. 갑은 고물상 장부에 ㉠시계의 매도가격(금 350,000원)과 매수인의 성명 등을 사실대로 기재하였다.

검사는 갑을 업무상과실장물취득죄로 기소하였다. 제1심법원은 다음의 이유를 들어서 유죄를 인정하였다. (가) 난생 처음 보는 B가 갑의 시계점포 소재지인 군산과 그렇게 멀지 아니한 곳에 살고 있음에도 불구하고 갑자기 N대학생이라고 자칭하면서 약혼예물로 받은 값비싼 고급시계를, 질물로 잡히고 돈을 차용해 쓴다면 모르되, 단지 놀러왔다가 용돈이 궁하여 결혼도 하기전에 아예 팔아 버린다는 것은 이례에 속하는 일이다. (나) 시중가격이 700,000원 이상이나 되는 고급시계를 얼마동안 사용한 중고품이라는 이유만으로 그 절반값도 안되는 300,000원밖에 못주겠다고 하여도 아무런 이의없이 그대로 팔아 버린다는 것도 정상적인 거래의 상식에 어긋나는 일이다. (다) 그러므로 이와 같은 경우 고물매매업자로서는 매도인 주장의 신분, 매도물건의 출처, 소지경위에 관한 말의 진부까지도 확인해 보아야 할 업무상주의의무가 있다. (라) 매도인의 주민등록증에 의하여 그 신원을 고물상 장부에 기재한 것만으로는 고물매매업자로서의 업무상 주의의무를 다했다고 볼 수 없다. 갑은 불복 항소하였다. 항소법원은 항소를 기각하고, 제1심판결을 유지하였다. 갑은 불복 상고하였다.

대법원은 다음의 이유를 제시하여 원심판결을 파기환송하였다. 대법원은 사실관계를 분석하였다. 대법원은 갑의 행위에 대해 다음과 같이 판단하였다. (가) 갑은 ㉠시계의 매입, 매도 경위를 사실대로 상세하게 고물상 장부에 기재하였다. (나) [전문가의 증언에 의할 때] ㉠시계의 매입가격도 크게 부당하다고 보여지지 않는다. (다) 매입가격과 매도가격의 차이 역시 금 50,000원으로서 사회통념상 ㉠시계와 같은 고급중고시계의 매매에 있어서는 크게 부당하다고 보여지지 않는다. (라) 시계점을 경영하면서 중고시계의 매매도 하고 있는 갑으로서는 ㉠시계의 매입 당시 (ㄱ) [주민등록증 확인과 B의 설명을 듣는 것] 이상 (ㄴ) B의 신분이나 시계의 출처 및 소지경위에 대한 B의 설명의 진부에 대하여서까지 확인하여야 할 주의의무가 있다고는 보기 어렵다. (마) 그렇다면 갑에게 B의 신분이나 시계의 출처 및 소지경위에 대한 B의 설명의 진부에 대하여서까지 확인하여야 할 주의의무가 있다는 전제 아래 갑의 ㉠시계 매입행위를 업무상과실 장물취득으로 본 제1심판결을 정당하다 하여 유지한 원심판결은 업무상과실 장물취득에 관한 법리오해의 위법이 있다.

1) 2003. 4. 25. 2003도348, 공 2003, 1387 =『큐빅 반지 2개 취득 사건』:

갑은 대전 동구 중동에서 P금은방을 운영하고 있다. 1993. 8. 30. 갑은 업무상과실장물취득죄로 벌금 30만원의 처벌을 받은 전력이 있다. 2001. 11. 말경 A는 14k 커플링반지(㉠반지)를 가지고 갑 운영의 P금은방에 왔다. 갑는 A로부터 ㉠반지를 매수하였다. 2001. 12. 5. 11:00경 (1주일 후) A가 P금은방에 왔다. A는 종류가 다른 18k 큐빅반지 2개(여자용 및 남녀공용 각 1개)를 팔려고 내어놓았다(㉡반지). ㉡반지의 큐빅과 가공비를 제외한 금값만의 시세는 17만원 정도이다. 그래서 ㉡반지 중고품의 시가는 17만원 정도이다. ㉡반지 신품의 판매가격은 54만원 정도이다. 갑은 A가 두 번째 찾아온 사실을 알았다. 갑은 A로부터 주민등록증을 받아 신원을 확인하였다. 갑은 다음 내용을 확인하였다. (가) A는 1982. 5. 22.생으로 만 19세가 지났다. (나) 주소는 대전 동구 천동으로서 같은 구 중동에 위치한 갑 경영의 P금은방 근처이다. 갑은 A에게 ㉡반지의 소유관계 등에 대하여는 물어보지 않았다. A는 ㉡반지를 팔러 왔을 때 그 중량이나 가격을 알지 못하였다. A는 갑에게 몇 돈이 나가느냐고 물었다. 갑은 ㉡반지가 5돈 가량으로 156,000원 정도 한다고 말하였다. A는 돈을 더 쳐 달라고 말하였다. 갑은 156,000원이 시세가격이라며 A의 요청을 거절하였다. A는 갑에게 ㉡반지를 156,000원에 매도하였다. 이후 ㉡반지가 A가 절취한 것임이 확인되었다.

검사는 갑에게 다음의 업무상 주의의무가 있다고 판단하였다. "갑은 보석매매업에 종사하는 자로서 ㉡반지

물건이 장물인지의 여부를 의심할 만한 특별한 사정이 있는지 여부나 그 물건이 장물임을 알 수 있었는지 여부는 (가) 매도자의 인적사항과 신분, (나) 물건의 성질과 종류 및 가격, (다) 매도자와 그 물건의 객관적 관련성, (라) 매도자의 언동 등 일체의 사정을 참작하여 판단해야 한다.[1)]

들이 혹시 장물일지 모르므로 (ㄱ) A의 신분, 매각 동기 등을 확인하여 장부에 기재하고 (ㄴ) 그 신분에 적합한 소지인지 및 (ㄷ) 거래시세에 따른 적정한 가격을 요구하는지 등을 잘 살펴보아서 만연히 장물을 매수하지 않도록 하여야 할 업무상 주의의무가 있다." 검사는 갑을 업무상과실장물취득죄로 기소하였다.

제1심법원은 다음의 이유를 들어서 무죄를 선고하였다. (가) 실제로 갑이 ⓛ반지를 매입한 가격(156,000원)은 시세가격(17만원)과 별다른 차이가 없는 것으로 보인다. (나) ⓛ반지는 18k 큐빅반지 2개에 불과하여 A의 나이(19세 남짓) 등에 비추어 A가 소지할 수 없을 정도의 고가의 물품으로 보이지 않는다. (다) (ㄱ) A로부터 주민등록증을 받아 신원을 확인한 갑에게 더 나아가 (ㄴ) A의 신분이나 (ㄷ) 반지의 출처 및 (ㄹ) 그 소지경위에 대하여서까지 구체적으로 확인하여야 할 업무상의 주의의무가 있다고 보기 어렵다. 검사는 불복 항소하였다. 항소법원은 항소를 기각하고, 제1심판결을 유지하였다. 검사는 불복 상고하였다.

대법원은 다음의 이유를 제시하여 원심판결을 파기환송하였다. 대법원은 금은방 운영자의 장물취득과 관련한 주의의무에 대해 다음과 같이 설시하였다. (가) 금은방을 운영하는 자가 귀금속류를 매수함에 있어 (ㄱ) 매도자의 신원확인절차를 거쳤다고 하여도 (ㄴ) 장물인지의 여부를 의심할 만한 특별한 사정이 있는데도 확인을 게을리하여 장물인 정을 모르고 매수하여 취득한 경우에는 업무상과실장물취득죄가 성립한다. (나) 금은방을 운영하는 자가 귀금속류를 매수함에 있어 (ㄱ) 매도자의 신원확인절차를 거쳤다고 하여도 (ㄴ) (ⓐ) 매수물품의 성질과 종류 및 (ⓑ) 매도자의 신원 등에 좀 더 세심한 주의를 기울였다면 그 물건이 장물임을 알 수 있었음에도 불구하고 이를 게을리하여 장물인 정을 모르고 매수하여 취득한 경우에는 업무상과실장물취득죄가 성립한다. (다) (ㄱ) 물건이 장물인지의 여부를 의심할 만한 특별한 사정이 있는지 여부나 (ㄴ) 그 물건이 장물임을 알 수 있었는지 여부는 (ⓐ) 매도자의 인적사항과 신분, (ⓑ) 물건의 성질과 종류 및 가격, (ⓒ) 매도자와 그 물건의 객관적 관련성, (ⓓ) 매도자의 언동 등 일체의 사정을 참작하여 판단하여야 한다.

대법원은 사실관계를 분석하였다. 대법원은 갑의 행위에 대해 다음과 같이 판단하였다. (가) 14k 커플링반지(㉠반지)를 매도한 19세의 A가 얼마 지나지 아니하여 다시 판매가격이 54만원이나 하는 반지 두 개(ⓛ반지)를 가지고 와서 매수를 요청하면서 그 중량이나 가격조차 알지 못하였다. (나) 그렇다면 비록 ⓛ반지의 매수시세가 17만원 정도로 그다지 고가가 아니라고 하더라도 동일한 전과까지 있는 갑으로서는 (ㄱ) ⓛ반지가 장물인 점을 알 수 있었거나 (ㄴ) 장물인지의 여부를 의심할 만한 특별한 사정이 있는 경우에 해당한다고 보아야 한다. (다) 그러므로 금은방을 운영하는 갑으로서는 (ㄱ) A의 신원확인을 하는 것을 넘어 (ㄴ) ㉠반지의 출처 및 소지경위 등에 대하여도 확인할 업무상 주의의무가 있다.

1) 2003. 4. 25. 2003도348, 공 2003, 1387 = 『큐빅 반지 2개 취득 사건』.

제42장 손괴의 죄

제1 서 설

1. 손괴죄의 특성

(1) 다른 재산범죄와의 관계

형법 각칙 제42장은 손괴의 죄를 규정하고 있다. 손괴죄는 타인의 재물(문서, 특수매체기록 포함)을 손괴 또는 은닉하거나 기타 방법으로 그 효용을 해함으로써 성립하는 범죄이다. 손괴죄는 재물만을 객체로 한다는 점에서 재산상 이익을 객체로 하는 배임죄 또는 재물과 재산상 이익을 모두 객체로 하는 강도죄, 사기죄, 공갈죄와 구별된다.

손괴죄는 재물만을 객체로 한다는 점에서 절도죄 및 횡령죄와 함께 재물죄로 분류된다. 그러나 불법영득의사를 요하지 않는다는 점에서 영득죄인 절도죄 및 횡령죄와 구별된다. 영득죄의 경우 재물의 소유자 또는 소유자에 준하는 권리자(본권자)를 배제하고 소유자로서 재물을 지배·처분하려는 의사가 있어야 한다. 손괴죄는 행위자가 소유자로서 재물을 지배·처분하려는 것이 아니라 단순히 재물의 효용을 없애거나 감소시킨다는 점에 차이가 있다.

다른 사람의 소유물을 본래의 용법에 따라 무단으로 사용·수익하는 행위는 소유자를 배제한 채 물건의 이용가치를 영득하는 것이다. 그 때문에 소유자가 물건의 효용을 누리지 못하게 되었더라도 효용 자체가 침해된 것이 아니므로 재물손괴죄에 해당하지 않는다. 예컨대 행위자(갑)가 타인(A) 소유의 대지에 건물을 신축하여 부지로서 사용·수익함으로써 대지 소유자(A)가 자신의 뜻대로 건축을 할 수 없게 하였다고 하여도 이는 소유자(A)로 하여금 효용을 누리지 못하게 한 것일 뿐 대지의 효용을 해한 것이 아니므로 재물손괴죄는 성립하지 않는다.[1)]

---

1) 2022. 11. 30. 2022도1410, 공 2023상, 222 =『타인 대지 무단 건축 사건』:

M토지는 A의 소유이다. M토지가 대지화되었다. 갑은 M토지에 권한 없이 ㉠건물을 신축하였다. A는 M토지에 자기 뜻대로 건물을 지을 수 없었다.

검사는 갑을 손괴죄로 기소하였다. 공소사실의 요지는 다음과 같다. "갑은 타인 소유 토지에 권원 없이 건물을 신축함으로써 그 토지의 효용을 해하였다." 갑의 피고사건은 제1심을 거친 후, 항소심에 계속되었다. 항소법원은 무죄를 선고하였다. 검사는 불복 상고하였다.

(2) 각종 공무방해죄와의 관계

우리 형법은 여러 가지 경우에 손괴행위를 처벌하고 있다. 이와 관련하여 형법은 각종 물건이나 문서에 대해 이를 '손괴, 은닉하거나 기타 방법으로 그 효용을 해한다'는 공통의 표지를 사용하고 있다. 그러면서도 형법은 그 객체의 성질에 따라 손괴행위를 공적 성질을 가진 것과 그렇지 아니한 것으로 나누어 전자를 공무방해죄의 일종으로, 후자를 재산범죄의 일종으로 각각 규정하고 있다.

공무원이 그 직무에 관하여 실시한 봉인 또는 압류 기타 강제처분의 표지를 손상 또는 은닉하거나 기타 방법으로 그 효용을 해한 경우에는 공무상강제처분표시무효죄(법140①)가 성립한다. 공무소에서 사용하는 서류 기타 물건 또는 전자기록 등 특수매체기록을 손상, 은닉하거나 기타 방법으로 그 효용을 해하는 경우에는 공용서류등무효죄(법141①)가 성립한다. 공무소에서 사용하는 건조물, 선박, 기차 또는 항공기를 파괴한 자는 공용물파괴죄(법141②)로 처벌된다. 이러한 범죄들이 성립하는 경우 형법 제366조 이하의 손괴죄는 별도로 성립하지 않는다.

재산범죄로서의 손괴죄는 타인소유의 재물을 객체로 한다. 자기소유의 재물에 대해서는 손괴죄가 성립하지 않는다. 공무소로부터 보관명령을 받은 자기소유의 물건 또는 공무소의 명령으로 타인이 관리하는 자기소유의 물건을 손상, 은닉하거나 기타 방법으로 그 효용을 해하는 행위는 공무상보관물무효죄로 처벌된다(법142). 타인의 점유 또는 권리의 목적이 된 자기의 물건 또는 전자기록등 특수매체기록을 은닉 또는 손괴하여 타인의 권리행사를 방해하는 행위는 권리행사방해죄로 처벌된다(법323).

(3) 손괴죄와 경계침범죄의 관계

형법은 경계표를 손괴, 이동 또는 제거하거나 기타 방법으로 토지의 경계를 인식불능하게 하는 행위를 경계침범죄로 처벌하고 있다. 재물손괴죄(법366)의 법정형이 3년 이하의 징역 또는 7백만원 이하의 벌금임에 대하여 경계침범죄(법370)의 법정형은 3년 이하의 징역 또

대법원은 다음의 이유를 제시하여 상고를 기각하였다. (가) 재물손괴죄(형법 제366조)는 다른 사람의 재물을 손괴 또는 은닉하거나 그 밖의 방법으로 그 효용을 해한 경우에 성립하는 범죄이다. (나) 재물손괴죄는 행위자에게 다른 사람의 재물을 자기 소유물처럼 그 경제적 용법에 따라 이용·처분할 의사(불법영득의사)가 없다는 점에서 절도, 강도, 사기, 공갈, 횡령 등 영득죄와 구별된다. (다) 다른 사람의 소유물을 본래의 용법에 따라 무단으로 사용·수익하는 행위는 소유자를 배제한 채 물건의 이용가치를 영득하는 것이다. (라) 그 때문에 소유자가 물건의 효용을 누리지 못하게 되었더라도 효용 자체가 침해된 것이 아니므로 재물손괴죄에 해당하지 않는다. (마) 갑의 행위는 이미 대지화된 토지에 건물을 새로 지어 부지로서 사용·수익함으로써 (ㄱ) 그 소유자로 하여금 효용을 누리지 못하게 한 것일 뿐 (ㄴ) 토지의 효용을 해하지 않았다. (바) 그러므로 재물손괴죄가 성립하지 않는다는 결론은 정당하다.

는 5백만원 이하의 벌금이다. 토지의 경계를 인식불능하게 하는 것이 경계표의 효용을 해하는 행위라고 볼 때 손괴죄 이외에 경계침범죄를 별도로 규정할 필요가 있는가 하는 의문이 제기된다.

손괴죄는 타인소유에 속하는 재물의 효용을 침해하는 범죄이다. 이에 대해 경계침범죄는 경계표의 객관적 효용을 침해하는 범죄로서 경계표가 타인소유에 속하는지를 묻지 않는다. 그 결과 경계표가 범인 자신의 소유에 속하거나 자연상태의 나무나 바위처럼 무주물인 경우에도 경계침범죄가 성립한다. 소유권의 귀속 여부를 묻지 않는다는 특성 때문에 경계침범죄는 손괴죄와 구별되는 별도의 범죄로 규정되고 있으며, 미수범도 처벌되지 않는다.

(4) 비교법적 고찰

(가) 일본 형법 　일본 형법은 손괴죄의 객체를 여러 가지 형태로 구분하여 법정형을 달리 규정하고 있다(동법258 내지 263 참조).[1] 이에 대해 우리 형법은 원칙적으로 이러한 차이를 두지 않고 구성요건을 단일화하여 법정형을 통일하고 있다. 손괴행위의 모습과 관련하여 일본 형법은 훼기, 손괴, 상해,[2] 은닉이라는 여러 가지 표지를 사용하고 있다. 그런데 이러한 구성요건표지들이 행위객체 자체에 물리적 손상을 초래하는 내용의 것인지 여부를 놓고 논의가 계속되어 왔다. 우리 입법자는 손괴, 은닉 이외에 '기타 방법으로 그 효용을 해하는 행위'를 손괴죄의 구성요건표지로 규정함으로써 일본 형법과 같은 논란을 입법적으로 배제하고 있다.

일본 형법의 경우에는 손괴죄의 객체가 유체물로 한정되고 있다.[3] 이에 대해 우리 형법은 전기 기타 관리할 수 있는 동력(자연력)까지 손괴죄의 객체에 포함시키고 있다(법372, 346,

---

1) 일본형법 제258조(공용문서등훼기) (조문 생략함.)
제259조(사용문서등훼기) (조문 생략함.)
제260조(건조물등손괴 및 동 치사상죄) (조문 생략함.)
제261조(기물손괴등) 전3조에 규정한 것 이외에 타인의 물건을 손괴하거나 상해한 자는 3년 이하의 징역, 30만엔 이하의 벌금 또는 과료에 처한다.
제262조(자기 물건의 손괴등) 자기의 물건일지라도 압류를 받거나 물권을 부담하거나 임대한 것을 손괴하거나 손상한 때에는 전3조의 예에 의한다.
제262조의2(경계손괴) 경계표를 손괴하거나 이동하거나, 제거하거나 기타 방법으로 토지의 경계를 인식할 수 없게 한 자는 5년 이하의 징역 또는 50만엔 이하의 벌금에 처한다.
제263조(신서손괴) 타인의 신서(信書)를 은닉한 자는 6월 이하의 징역이나 금고, 10만엔 이하의 벌금 또는 과료에 처한다.
제264조(친고죄) (조문 생략함.)

2) 동물에 대한 손괴행위를 의미한다.

3) 전술 997면 이하 참조.

민법98). 일본 형법은 손괴죄의 미수범을 처벌하지 않으나 우리 형법은 손괴죄도 미수범 처벌대상에 포함시키고 있다.

(나) 독일 형법　　독일 형법은 손괴죄의 객체를 단순히 '물건'이라고 규정하여 '재물'을 행위객체로 규정하고 있는 우리 형법과 기본적으로 태도를 같이 하고 있다(동법303).[1] 한편 독일 형법은 데이터에 대한 손괴행위(동법303a) 및 정보처리 방해행위(동법303b)를 별도의 조문으로 독립시켜서 처벌하고 있다. 무형적인 정보 자체의 사용방해 행위를 처벌하는 것이다. 이에 대해 우리 형법은 '전자기록 등 특수매체기록'을 재물과 병렬시킴으로써 정보 자체보다는 재물성에 비중을 두고 있다. '전자기록 등 특수매체기록'은 재물의 일종이기 때문이다.

독일 형법은 손괴죄의 미수범을 처벌하는 점에서 우리 형법과 같은 태도를 취하고 있으나, 정보처리 방해행위에 대해서는 미수를 넘어 예비행위까지도 처벌하고 있다(동법303b⑤).

2. 보호법익

(1) 학설의 검토

손괴죄의 성질 내지 보호법익과 관련하여 견해의 대립이 있다.

(가) 소유권설　　손괴죄의 보호법익을 재물의 이용가치 내지 효용의 근원인 소유권 및 소유권에 준하는 권리(본권)이라고 보는 견해이다. 손괴에 의한 재물의 단순한 가치침해 내지 효용침해는 피해자에 대한 사법상의 배상방법에 의하여 전보(塡補)될 수 있는 것인데, 그럼에도 불구하고 입법자가 손괴죄를 별도로 규정하여 타인의 재물을 손괴하는 행위를 처벌하는 것은 결국 사유재산제도를 전제로 재물에 대한 개인의 소유권 및 소유권에 준하는 권리(본권)를 보호하기 위함이라는 것이다.

(나) 효용가치설　　손괴죄의 보호법익을 재물의 소유권 및 소유권에 준하는 권리(본권) 자체가 아니라 소유권 및 소유권에 준하는 권리(본권)의 이용가치라고 보는 견해이다. 효용가치설의 입장에서는 우리 형법이 '기타 방법으로 효용을 해하는 행위'를 손괴죄의 처벌대상으로 명시하고 있다는 점에 주목한다. 나아가 형법이 다른 재산범죄에 대해서는 친족상도례

---

1) 독일형법 제303조 ① 위법하게 타인의 물건을 손괴하거나 파괴한 자는 2년 이하의 자유형 또는 벌금에 처한다.

② 권한 없이 타인의 물건의 외관을 적지 않게, 그리고 일시적인 정도를 넘어서 변경한 자도 동일하게 처벌된다.

③ 미수범은 처벌한다.

를 인정하면서도 손괴죄에 대해서는 이를 허용하고 있지 않다는 점도 강조한다. 이러한 입법태도는 손괴죄의 본질이 재물의 효용가치 침해에 있음을 나타내고 있다는 것이다.

(2) 판례의 입장

판례는 소유권설에 입각하고 있는 것으로 생각된다. 판례는 손괴죄를 재물의 소유자가 그 재물을 소유하면서 사용하는 상태를 보호하려는 것으로 파악한다. 그리하여 행위자(갑)가 소유자(A)의 의사에 따라 형성된 종래의 이용상태를 변경시켜 종래의 상태에 따른 이용을 불가능하게 하는 경우에 손괴죄를 인정한다.[1] 그러나 재물에 대한 종래의 사용상태

---

1) 2015. 11. 27. 2014도13083, 공 2016상, 100 = 『쓰레기 집하시설 회신문서 사건』:

M아파트는 N신도시에 위치하고 있다. N시는 쓰레기 자동집하시설(㉠시설) 건립 공사 계획을 발표하였다. M아파트 주민들은 의견이 나뉘었다. 일부 주민들은 ㉠시설 건립 반대를 위한 비상대책위원회(㉡비대위)를 구성하였다. 갑은 ㉡비대위 위원장이다. ㉡비대위 측은 N시에 ㉠시설 반대 민원을 제기하였다. N시는 ㉠시설을 전액 시비로 운영할 예정이라는 내용의 ㉢회신문서를 ㉡비대위 측에 발송하였다. M아파트의 관리소장은 A이다. A는 ㉢회신문서를 ㉡비대위 측의 동의 없이 M아파트 엘리베이터에 게시하였다. ㉡비대위 위원장 갑은 M아파트 관리주체의 동의 등 게시물 제거에 필요한 절차를 밟지 않고 ㉢회신문서를 떼어내었다(㉮행위).

검사는 갑을 문서손괴죄로 기소하였다. 공소사실의 요지는 다음과 같다. "갑은 ㉢회신문서를 임의로 제거함으로써 그 효용을 해하였다." 갑의 피고사건은 제1심을 거친 후, 항소심에 계속되었다. 항소법원은 다음의 이유를 들어 유죄를 인정하였다. (가) ㉢회신문서는 M아파트 입주자들의 공유이다. (나) M아파트 입주자 중에는 ㉠시설 건립에 찬성하는 입주자도 있다. (다) 갑은 입주자들의 공유인 ㉢회신문서를 정당한 절차를 거치지 않고 M아파트 엘리베이터 벽면에서 떼어내어 임의로 제거하였다. (라) 갑이 ㉢회신문서를 임의로 제거한 것은 ㉢회신문서의 효용을 해한 것이다. 갑은 불복 상고하였다.

대법원은 다음의 이유를 제시하여 원심판결을 파기환송하였다. 대법원은 문서손괴죄가 성립하는 경우에 대해 다음과 같이 설시하였다. (가) 문서손괴죄는 타인소유의 문서를 손괴 또는 은닉 기타 방법으로 그 효용을 해함으로써 성립한다. (나) 문서의 효용을 해한다고 함은 (ㄱ) 그 문서를 본래의 사용목적에 제공할 수 없게 하는 상태로 만드는 것은 물론 (ㄴ) 일시적으로 그것을 이용할 수 없는 상태로 만드는 것도 포함한다. (다) 소유자의 의사에 따라 어느 장소에 게시 중인 문서를 소유자의 의사에 반하여 떼어내는 것과 같은 경우가 있다. (라) 이와 같이 소유자의 의사에 따라 형성된 종래의 이용상태를 변경시켜 종래의 상태에 따른 이용을 일시적으로 불가능하게 하는 경우에도 문서손괴죄가 성립할 수 있다.

대법원은 문서손괴죄가 성립하지 않는 경우에 대해 다음과 같이 설시하였다. (가) 문서손괴죄는 문서의 소유자가 그 문서를 소유하면서 사용하는 것을 보호하려는 것이다. (나) 어느 문서에 대한 종래의 사용상태가 문서 소유자의 의사에 반하여 또는 문서 소유자의 의사와 무관하게 이루어진 것일 경우가 있다. (다) 이러한 경우 가운데 (ㄱ) 단순히 그 종래의 사용상태를 제거하거나 변경시키는 것에 불과하고 (ㄴ) 이를 손괴, 은닉하는 등으로 새로이 문서 소유자의 그 문서 사용에 지장을 초래하지 않는 경우가 있다. (라) 이러한 경우에는 문서의 효용, 즉 문서 소유자의 문서에 대한 사용가치를 일시적으로도 해하였다고 할 수 없어서 문서손괴죄가 성립하지 않는다.

대법원은 갑의 행위에 대해 다음과 같이 판단하였다. (가) ㉢회신문서의 소유권은 M아파트 입주자 전체의 공유에 속하는 것이 아니라 ㉡비대위 측 입주자들에게 속한다. (나) 관리소장 A가 ㉢회신문서를 M아파트 엘리베이터 벽면에 게시한 것은 소유자의 의사나 추정적 의사에 따른 것이 아니라 소유자인 ㉡비대위 측 민원 제기 입주자들의 의사에 반하는 것이다. (다) 그러므로 ㉢회신문서 소유자의 문서에 대한 사용가치를 일시적

가 재물 소유자(A)의 의사에 반하거나 재물 소유자(A)의 의사와 무관하게 이루어진 경우에는 행위자(갑)가 종래의 이용상태를 변경시켜 종래의 상태에 따른 이용을 불가능하게 하더라도 손괴죄의 성립을 부정한다.[1] 동일한 행위임에도 이와 같이 소유자의 의사에 따라 손괴죄의 평가가 달라지는 것은 판례가 소유권설에 입각하여 손괴죄를 파악하고 있음을 보여준다.

제 2 손괴죄의 기본유형 – 손괴죄

형법 제366조 (재물손괴등) 타인의 재물, 문서 또는 전자기록 등 특수매체기록을 손괴 또는 은닉 기타 방법으로 그[其] 효용을 해한 자는 3년 이하의 징역 또는 700만원 이하의 벌금에 처한다.

◎ 미수범 처벌함(법371)
◎ 결과적 가중범 처벌함(법368① · ②)
◎ 특수손괴죄 가중처벌함(법371①)
◎ 폭력행위처벌법 적용대상임(동법2② i)

1. 행위객체

(1) 타인의 재물

재물손괴죄의 객체는 타인의 재물, 문서 또는 전자기록 등 특수매체기록이다.

(가) 재 물 재물은 유체물 이외에 전기 기타 관리할 수 있는 동력(자연력)도 포함한다(법372, 346, 민법98).[2] 동산 이외에 건조물, 토지 등 부동산도 포함한다. 공익에 공하는 건조물을 파괴하는 경우에는 공익건조물파괴죄(법367)로 가중처벌된다.

공무원이 그 직무에 관하여 실시한 봉인 또는 압류 기타 강제처분의 표시(법140①), 공무소에서 사용하는 건조물, 선박, 기차 또는 항공기(법141②) 등을 손괴한 경우에는 공무방해죄의 일종으로 처벌되며 별도로 손괴죄를 구성하지 않는다.

재물손괴죄의 객체는 그 종류, 성질 또는 경제적 교환가치의 유무 등을 묻지 않고 널리 재산범죄의 목적이 될 수 있는 물건이면 족하다. 생물, 무생물을 가리지 않는다. 잔인한 방법으로 동물을 죽음에 이르게 하는 행위는 재물손괴죄에 해당함과 동시에 「동물보호법」위반죄

으로도 해하였다고 할 수 없다. (라) 갑이 M아파트 관리주체의 동의 등 게시물 제거에 필요한 절차를 밟지 않고 ⓒ회신문서를 엘리베이터 벽면에서 떼어내었다는 이유로 문서손괴죄가 성립하는 것은 아니다.

1) 2015. 11. 27. 2014도13083, 공 2016상, 100 = 『쓰레기 집하시설 회신문서 사건』.

2) 전술 997면 이하 참조.

(동법10① i)에 해당한다.[1] 양자는 상상적 경합범 관계에 있다.[2]

그러나 이용가치 내지 효용이 전혀 없는 것은 재물손괴죄의 객체에서 제외된다. 물건이 그 본래의 사용목적에 제공할 수 있거나, 다른 용도로라도 사용이 가능한 상태에 있다면, 재산적 이용가치 내지 효용이 있는 것으로서 재물손괴죄의 객체가 될 수 있다.[3]

(나) 타인소유　　재물은 타인 소유에 속하는 것이어야 한다. 타인은 범인 이외의 다른 사람을 말한다. 이 경우 사람은 자연인, 법인, 법인격 없는 단체를 모두 포함한다. 실재하지 않는 단체나 허무인은 소유권의 주체가 될 수 없으므로 타인에 해당하지 않는다. 명의를 신탁한 실질적 소유자가 없는 한 허무인 명의의 물건은 손괴죄의 객체가 될 수 없다. 재물이 타인 소유에 속하는 한 그 물건이 타인 점유하에 있는가 자기 점유하에 있는가는 묻지 않는다.

자기 소유의 물건에 대해서는 재물손괴죄가 성립하지 않는다. 공무소로부터 보관명령을 받거나 공무소의 명령으로 타인이 간수하는 자기의 물건은 공무상보관물무효죄의 객체가 되고(법142 참조), 타인의 점유 또는 권리의 목적이 된 자기의 물건은 권리행사방해죄의 객체가

---

1) 동물보호법 제1조 (목적) 이 법은 동물의 생명보호, 안전 보장 및 복지 증진을 꾀하고 건전하고 책임 있는 사육문화를 조성함으로써, 생명 존중의 국민 정서를 기르고 사람과 동물의 조화로운 공존에 이바지함을 목적으로 한다.

제2조 (정의) 이 법에서 사용하는 용어의 뜻은 다음과 같다.

1. "동물"이란 고통을 느낄 수 있는 신경체계가 발달한 척추동물로서 다음 각 목의 어느 하나에 해당하는 동물을 말한다.

가. 포유류

나. 조류

다. 파충류 · 양서류 · 어류 중 농림축산식품부장관이 관계 중앙행정기관의 장과의 협의를 거쳐 대통령령으로 정하는 동물

제10조 (동물학대 등의 금지) ① 누구든지 동물을 죽이거나 죽음에 이르게 하는 다음 각 호의 행위를 하여서는 아니 된다.

1. 목을 매다는 등의 잔인한 방법으로 죽음에 이르게 하는 행위

2. 노상 등 공개된 장소에서 죽이거나 같은 종류의 다른 동물이 보는 앞에서 죽음에 이르게 하는 행위

3. 동물의 습성 및 생태환경 등 부득이한 사유가 없음에도 불구하고 해당 동물을 다른 동물의 먹이로 사용하는 행위

4. 그 밖에 사람의 생명 · 신체에 대한 직접적인 위협이나 재산상의 피해 방지 등 농림축산식품부령으로 정하는 정당한 사유 없이 동물을 죽음에 이르게 하는 행위

(② 이하 생략)

제97조 (벌칙) ① 다음 각 호의 어느 하나에 해당하는 자는 3년 이하의 징역 또는 3천만원 이하의 벌금에 처한다.

1. 제10조 제1항 각 호의 어느 하나를 위반한 자

(2. 이하 생략)

2) 2016. 1. 28. 2014도2477, 공 2016상, 392 = 『로트와일러 전기톱 살해 사건』☞ 부록 1728면.

3) 2007. 9. 20. 2007도5207, 공 2007, 1721 = 분석 각론 『재건축 아파트 철거 사건』.

된다(법323 참조).

형법 제323조는 타인의 점유 또는 권리의 목적이 된 자기의 물건 또는 전자기록 등 특수매체기록을 은닉 또는 손괴하여 타인의 권리행사를 방해하는 자를 5년 이하의 징역 또는 7백만원 이하의 벌금으로 처벌하고 있다. 은닉 · 손괴 형태의 권리행사방해죄의 법정형이 재물손괴죄의 법정형(법366; 3년 이하의 징역 또는 7백만원 이하의 벌금)보다 무겁게 규정되어 있다는 점은 입법체계상 다소 이례적이라고 할 수 있다. 자기 소유 재물에 대한 침해행위가 타인 소유 물건에 대한 침해행위보다 무겁게 처벌되고 있기 때문이다.

(2) 타인의 문서

(가) 문 서 재물손괴죄의 문서는 사람의 의사나 관념을 적어둔 기록물을 말한다. 재물손괴죄의 문서는 재물의 한 가지 예시이다. 재물손괴죄의 문서는 거기에 표시된 내용이 적어도 법률상 또는 사회생활상 중요한 사항에 관한 것이어야 한다.[1] 아직 작성중에 있어서 완성되지 아니한 문서는 재물손괴죄의 객체가 되는 문서에 해당하지 않는다.[2]

(나) 타인의 문서 재물손괴죄에서 말하는 '타인의 문서'는 타인 명의의 문서를 의미하는 것이 아니라 타인 소유의 문서를 가리킨다. 따라서 자기 명의의 문서도 손괴죄에서 말하는 타인의 문서에 해당할 수 있다. 문서는 재물의 일종이므로 '타인'의 개념내용은 재물에서의 타인 개념내용과 같다.

타인 소유의 문서이기만 하면 족하므로 재물손괴죄의 문서에는 공문서와 사문서가 모두

---

1) 1989. 10. 24. 88도1296, 공 1989, 1825 =『오기 부분 찢어내기 사건』:

갑은 M단체의 N지회 사무국장이다. 갑은 경리직원 A에게 N지회 경리장부를 정리하게 하였다. A는 이미 작성되어 있던 ㉠장부의 (연도 생략) 1월 내지 6월분의 세입세출명세를 새로운 ㉡장부로 이기하였다. 이 과정에서 A가 누계 등을 잘못 기재하였다. 그러자 갑은 잘못 기재된 ㉡장부의 2면에서 13면까지(㉢부분)를 찢어버리고 14면에 계속하여 종전 ㉠장부의 기재내용을 모두 이기하게 하였다. 갑은 ㉡장부를 제출하여 N지회의 감사 B로부터 결재를 받았다.

검사는 갑을 문서손괴죄로 기소하였다. 제1심법원은 유죄를 인정하였다. 검사는 불복 항소하였다. 항소법원은 항소를 기각하고, 제1심판결을 유지하였다. 갑은 불복 상고하였다.

대법원은 다음의 이유를 제시하여 원심판결을 파기환송하였다. (가) 손괴죄의 객체는 타인의 재물 또는 문서이다. (나) 여기서 말하는 재물이란 재산적 이용가치 내지는 효용이 있는 물건을 뜻한다. (다) 문서는 거기에 표시된 내용이 적어도 법률상 또는 사회생활상 중요한 사항에 관한 것이어야 한다. (라) 갑의 행위는 경리장부를 정리하던 중 누계가 잘못되었다는 이유로 그 잘못된 부분(㉢부분)을 찢었다는 것이다. (마) 갑의 행위 당시 N지회의 새로운 경리장부(㉡장부)는 아직 작성중에 있어 손괴죄의 객체가 되는 문서로서의 경리장부가 아니다. (바) 찢어버린 부분이 진실된 증빙내용을 기재한 것이었다는 등의 특별한 사정이 없는 한 그 이기 과정에서 잘못 기재되어 찢어버린 ㉢부분 그 자체가 손괴죄의 객체가 되는 재산적 이용가치 내지 효용이 있는 재물이라고도 볼 수 없다.

2) 1989. 10. 24. 88도1296, 공 1989, 1825 =『오기 부분 찢어내기 사건』.

포함된다. 사문서는 권리의무에 관한 것과 사실증명에 관한 것을 모두 포함한다. 특정인으로부터 특정인에게 의사를 전달하는 문서를 가리켜서 신서(信書)라고 한다. 재물손괴죄의 문서에는 신서는 물론 그 밖에 도화나 유가증권도 모두 포함된다.

공문서도 타인 소유에 속하는 한 손괴죄의 객체가 될 수 있다. 그렇지만 공용문서의 경우에는 제한이 있다. 공무소에서 사용하는 서류(법141①) 및 공무원이 그 직무에 관하여 비밀로 한 봉함 기타 문서나 도화(법140②)는 소유권의 귀속 여부를 묻지 않고 공무방해와 관련된 죄의 객체가 되므로 재물손괴죄의 문서에서 제외된다.

(3) 타인의 특수매체기록

형법은 손괴죄의 객체로 타인의 전자기록 등 특수매체기록을 규정하고 있다. 특수매체기록이란 전자적(電子的) 방식, 자기적(磁氣的) 방식, 광기술 방식 기타 사람의 지각에 의하여 인식할 수 없는 방식으로 작성된 기록으로서, 컴퓨터 등 정보처리장치에 의한 정보처리에 제공되는 것을 말한다.[1]

특수매체기록은 문서와 마찬가지로 재물의 한 가지 예시이다. 특수매체기록을 재물손괴죄의 객체로 특별히 규정한 것은 컴퓨터 데이터베이스 등의 소거나 변경도 재물손괴죄로 처벌할 수 있도록 하기 위함이다.[2] 타인의 특수매체기록은 타인 소유의 특수매체기록을 의미한다. 우리 형법은 독일 형법과 달리 데이터 자체가 아니라 '특수매체기록'이라고 하여 데이터 등이 기록된 매체에 주목하는 입법형식을 취하고 있다.

2. 실행행위

재물손괴죄의 실행행위는 타인의 재물, 문서 또는 전자기록 등 특수매체기록을 손괴 또는 은닉 기타 방법으로 그 효용을 해하는 것이다. 여기에서 손괴 또는 은닉 기타 방법으로 그 효용을 해하는 경우에는 물질적인 파괴행위로 물건 등을 본래의 목적에 사용할 수 없는 상태로 만드는 경우뿐만 아니라 일시적으로 물건 등이 구체적 역할을 할 수 없는 상태로 만들어 효용을 떨어뜨리는 경우도 포함된다.[3]

1) 전술 441면 이하 참조.

2) 법무부, 형법개정법률안 제안이유서, (1992), 190면.

3) 2016. 11. 25. 2016도9219, 공 2017상, 62 =『자동문 잔금 미불 사건』:
M건물의 주인 A는 1층에 ㉠자동문을 설치하기로 하였다. 갑은 A로부터 ㉠자동문 설치공사를 187만원에 도급받아 시공하기로 하였다. 갑은 계약금 100만원을 계약 당일, 잔금 87만원(㉡잔금)을 공사완료 시 지급받기로 A와 약정하였다. 갑은 ㉠공사를 마쳤다. 갑은 한 달이 지나도록 ㉡잔금을 지급받지 못하였다. 갑은 ㉡잔금을 지급받지 못한 상태에서 ㉠자동문의 ㉢번호키 설치공사를 도급받아 시공하게 되었다. 갑은 ㉠자동문

(1) 손괴와 은닉

(가) 손 괴 　재물 등의 전부 또는 일부에 유형력을 가하여 물리적인 훼손을 일으킴으로써 그 원래의 효용을 멸실시키거나 감소시키는 것을 말한다. 야간에 문호 또는 장벽 기타 건조물의 일부를 손괴하고 주거 등에 침입하여 절취행위를 하는 특수절도(법331①)의 경우에 가중적 구성요건표지로 사용되는 '손괴'는 여기에 해당한다.[1]

(나) 은 닉 　재물 등의 소재를 불명하게 하여 그 발견을 곤란하게 하거나 불가능하게 함으로써 그 효용을 해치는 것을 말한다. 은닉행위는 객체를 반드시 범인의 점유하에 둘 것을 요하지 않는다. 피해자의 점유 아래 있더라도 그 소재가 불명하면 재물손괴죄가 성립한다.

(2) 기타 효용을 해하는 행위

(가) 개 념 　재물의 효용을 해한다 함은 사실상으로나 감정상 재물을 본래의 사용목적에 쓸 수 없게 하는 것을 말한다. 효용을 해하는 행위에는 일시적으로 물건 등의 구체적 역할을 할 수 없는 상태로 만들어 효용을 떨어뜨리는 행위도 포함된다. 예컨대 자동문을 자동으로 작동하지 않고 수동으로만 개폐가 가능하게 하여 자동잠금장치로서 역할을 할 수 없도록 한 경우에는 재물손괴죄가 성립한다.[2]

효용을 해하는 정도는 반드시 재물의 중요한 부분에 미칠 필요는 없고 경미한 것이라도 족하다. 재물의 물질 자체를 소멸시키지 않더라도 본래의 사용목적에 따른 사용을 일시적으로 불가능하게 하는 경우도 포함한다.[3] 기타 방법이란 손괴 또는 은닉 이외에 재물의 이용가치나 효용을 해하는 일체의 방법을 말한다.

의 자동작동중지 예약기능을 이용하여 ㉠자동문이 자동으로 여닫히지 않도록 설정하였다. 이 때부터 ㉠자동문은 자동으로 여닫히지 않고 수동으로만 여닫히게 되었다. [이러한 상태에서 M건물에 도둑이 들었다.]

검사는 갑을 재물손괴죄로 기소하였다. 갑의 피고사건은 제1심을 거친 후, 항소심에 계속되었다. 항소법원은 유죄를 인정하였다. 갑은 불복 상고하였다.

대법원은 다음의 이유를 제시하여 상고를 기각하였다. (가) 재물손괴죄는 타인의 재물, 문서 또는 전자기록 등 특수매체기록을 손괴 또는 은닉 기타 방법으로 그 효용을 해한 경우에 성립한다(형법 제366조). (나) 여기에서 손괴 또는 은닉 기타 방법으로 그 효용을 해하는 경우에는 (ㄱ) 물질적인 파괴행위로 물건 등을 본래의 목적에 사용할 수 없는 상태로 만드는 경우뿐만 아니라 (ㄴ) 일시적으로 물건 등의 구체적 역할을 할 수 없는 상태로 만들어 효용을 떨어뜨리는 경우도 포함된다. (다) 따라서 자동문을 자동으로 작동하지 않고 수동으로만 개폐가 가능하게 하여 자동잠금장치로서 역할을 할 수 없도록 한 경우에도 재물손괴죄가 성립한다고 보아야 한다. (라) 갑의 행위로 M건물의 1층 출입구 ㉠자동문이 일시적으로나마 자동으로 작동하지 않고 수동으로만 개폐가 가능하게 하여 잠금장치로서 역할을 할 수 없는 상태가 초래되었다. (마) 이는 재물손괴죄를 구성한다. (바) 갑에게 재물손괴의 고의도 있다.

1) 2015. 10. 29. 2015도7559, [미간행] = 『방충망 분리 절도범 사건』.
2) 2016. 11. 25. 2016도9219, 공 2017상, 62 = 『자동문 설치 잔금 사건』.
3) 2007. 6. 28. 2007도2590, 공 2007, 1217 = 분석 각론 『해고노동자 계란투척 사건』.

(나) 구체적 사례 기타 방법으로 효용을 해하는 경우에 해당하는지 문제되는 경우를 몇 가지 살펴본다.

① 문서 등의 첨삭 사문서나 유가증권의 경우 작성명의인 아닌 사람이 타인 명의의 사문서나 유가증권에 함부로 첨삭을 가하면 사문서변조 또는 유가증권변조에 해당한다.[1] 작성명의인이 자기 명의의 사문서나 유가증권에 함부로 첨삭을 가하는 행위는 작성명의인의 행위이어서 사문서나 유가증권의 위조 또는 변조에 해당하지 않는다.[2] 그러나 그 사문서 또는 유가증권이 타인 소유에 속하는 것이라면 작성명의인의 무단 첨삭행위는 당해 사문서나 유가증권의 효용을 해하는 행위로서 재물손괴죄에 해당한다.[3] [4]

② 건조물 등의 오손 등 건조물의 벽면에 낙서를 하거나 게시물을 부착하는 행위 또는 오물을 투척하는 행위 등이 그 건조물의 효용을 해하는 것인지 문제된다. 이를 판단할 때에는 (가) 당해 건조물의 용도와 기능, (나) 그 행위가 건조물의 채광 · 통풍 · 조망 등에 미치는 영향과 (다) 건조물의 미관을 해치는 정도, (라) 건조물 이용자들이 느끼는 불쾌감이나 저항감, (마) 원상회복의 난이도와 거기에 드는 비용, (바) 그 행위의 목적과 시간적 계속성, (사) 행위 당시의 상황 등 제반 사정을 종합하여 사회통념에 따라 판단해야 한다.[5] [6]

건물에 스프레이로 낙서를 하여 이를 제거하는데 상당한 비용이 들도록 한 행위는 그로 인하여 건물의 미관을 해치는 정도와 건물 이용자들의 불쾌감 및 원상회복의 어려움 등에 비추어 볼 때 건물의 효용을 해한 것에 해당한다. 그러나 계란을 건물에 투척하는 행위는 다소 비용을 요하는 청소가 필요한 상태가 되었고 또 유리문이나 유리창 등 건물 내부에서 외부를 관망하는 역할을 수행하는 부분 중 일부가 불쾌감을 줄 정도로 더럽혀졌다 하더라도 건물의 효용을 해하는 정도의 것에 해당하지 않는다.[7]

---

1) 2003. 1. 10. 2001도6553, [미간행] = 분석 각론 『배서 일자 임의변경 사건』.
2) 공문서의 경우에 작성명의인이 함부로 첨삭을 가하면 공문서변개죄(법227)가 성립한다.
3) 1980. 4. 22. 79도3034, 공 1980, 12829 = 분석 각론 『면도칼 주권 고치기 사건 2』.
4) 1985. 2. 26. 84도2802, 공 1985, 522 = 『발행인 수취인란 추가기입 사건』:

갑은 ㉠약속어음을 A에게 발행하였다. A는 ㉠어음을 B에게 백지배서 방식으로 양도하였다(㉡배서). B는 ㉠어음을 소지하고 있었다. 갑은 B에게 ㉠어음의 액면과 지급기일을 개서하여 주겠다고 말하여 ㉠어음을 교부받았다. 갑은 ㉠어음의 수취인란에 함부로 'C, D, E'의 이름을 추가 기입하였다.

검사는 갑을 문서손괴죄로 기소하였다. 제1심법원은 유죄를 인정하였다. 갑은 불복 항소하였다. 항소법원은 항소를 기각하고, 제1심판결을 유지하였다. 갑은 불복 상고하였다.

대법원은 다음의 이유를 제시하여 상고를 기각하였다. "갑은 C, D, E의 이름을 추가로 기입하여 ㉡어음배서의 연속성을 상실하게 함으로써 그 효용을 해하였다."

5) 2007. 6. 28. 2007도2590, 공 2007, 1217 = 분석 각론 『해고노동자 계란투척 사건』.
6) 2022. 10. 27. 2022도8024, 판례속보 = 『석축 스프레이 낙서 사건』 ☞ 부록 1729면.
7) 2007. 6. 28. 2007도2590, 공 2007, 1217 = 분석 각론 『해고노동자 계란투척 사건』.

도로 바닥에 낙서를 하는 행위 등이 그 도로의 효용을 해하는 것에 해당하는지 여부는, (가) 당해 도로의 용도와 기능, (나) 그 행위가 도로의 안전표지인 노면표시 기능 및 이용자들의 통행과 안전에 미치는 영향, (다) 그 행위가 도로의 미관을 해치는 정도, (라) 도로의 이용자들이 느끼는 불쾌감이나 저항감, (마) 원상회복의 난이도와 거기에 드는 비용, (바) 그 행위의 목적과 시간적 계속성, (사) 행위 당시의 상황 등 제반 사정을 종합하여 사회통념에 따라 판단하여야 한다.[1)]

③ 건조물 무단 건축 　타인 소유의 토지에 건조물을 무단으로 건축하는 행위는 효용

---

1) 2020. 3. 27. 2017도20455, 공 2020상, 874 = 『도로 바닥 스프레이 사건』:

갑 등은 P회사 소속 직원들이다. M도로는 P회사의 임원과 근로자들 및 거래처 관계자들이 이용하는 P회사 소유의 도로이다. 갑 등은 사측이 부당노동행위를 하고 있다고 주장하면서 사측에 불만을 품었다. 갑 등은 쟁의행위를 한다는 명목으로 다음의 행위를 하였다. (가) 유색 페인트와 래커 스프레이를 이용하여 M도로 바닥에 회사의 임원들을 모욕하는 문구를 직접 기재하였다. (나) M도로 위에 놓인 현수막 천에 문구를 기재하여 그 페인트가 바닥으로 배어 나와 도로에 배게 하였다.

검사는 갑 등을 특수손괴죄로 기소하였다. 갑의 피고사건은 제1심을 거친 후, 항소심에 계속되었다. 항소법원은 다음 요지의 범죄사실을 인정하였다. "갑 등은 다중의 위력으로 P회사 소유의 M도로에 페인트, 래커 등이 묻은 글자가 새겨지게 하는 등 통행로 본래의 이용가능성을 침해함으로써 통행로의 효용을 해하여 수리비 미상액이 들도록 재물을 손괴하였다." 갑 등은 불복 상고하였다. 갑은 상고이유로, M도로의 효용을 해하지 않았다고 주장하였다.

대법원은 다음의 이유를 제시하여 원심판결을 파기환송하였다. 대법원은 낙서행위와 재물손괴죄의 관계에 대해 다음과 같이 설시하였다. (가) 형법 제366조의 재물손괴죄는 타인의 재물을 손괴 또는 은닉하거나 기타의 방법으로 그 효용을 해하는 경우에 성립한다. (나) 여기에서 재물의 효용을 해한다고 함은 사실상으로나 감정상으로 그 재물을 본래의 사용 목적에 제공할 수 없는 상태로 만드는 것을 말하고, 일시적으로 그 재물을 이용할 수 없는 상태로 만드는 것도 포함한다. (다) 특히 도로 바닥에 낙서를 하는 행위 등이 그 도로의 효용을 해하는 것에 해당하는지 여부는, (ㄱ) 당해 도로의 용도와 기능, (ㄴ) 그 행위가 도로의 안전표지인 노면표시 기능 및 이용자들의 통행과 안전에 미치는 영향, (ㄷ) 그 행위가 도로의 미관을 해치는 정도, (ㄹ) 도로의 이용자들이 느끼는 불쾌감이나 저항감, (ㅁ) 원상회복의 난이도와 거기에 드는 비용, (ㅂ) 그 행위의 목적과 시간적 계속성, (ㅅ) 행위 당시의 상황 등 제반 사정을 종합하여 사회통념에 따라 판단하여야 한다.

대법원은 갑 등의 행위에 대해 다음과 같이 판단하였다. (가) M도로는 P회사의 임원과 근로자들 및 거래처 관계자들이 이용하는 P회사 소유의 도로로 산업 현장에 위치한 M도로의 주된 용도와 기능은 사람과 자동차 등이 통행하는 데 있고, 미관은 그다지 중요한 작용을 하지는 않는 곳으로 보인다. (나) 갑 등이 M도로 바닥에 기재한 여러 문구들 때문에 도로를 이용하는 사람들과 자동차 등이 통행하는 것 자체가 물리적으로 불가능하게 되지는 않았다. (다) 검사가 제출한 증거만으로는, P회사의 정문 입구에 있는 과속방지턱 등을 포함하여 M도로 위에 상당한 크기로 기재된 문구의 글자들이 차량운전자 등의 통행과 안전에 실질적인 지장을 초래하였다는 점을 인정하기에 부족하다. (라) M도로 바닥에 기재된 문구에는 P회사 임원들의 실명과 그에 대한 모욕적인 내용 등이 여럿 포함되어 있지만, 검사가 제출한 증거들만으로는 도로의 이용자들이 이 부분 도로를 통행할 때 그 문구로 인하여 불쾌감, 저항감을 느껴 이를 그 본래의 사용 목적대로 사용할 수 없을 정도에 이르렀다고 보기에는 부족하다. (마) M도로 바닥에 페인트와 래커 스프레이로 쓰여 있는 여러 문구는 아스팔트 접착용 도료로 덧칠하는 등의 방법으로 원상회복되었는데, 그다지 많은 시간과 큰 비용이 들었다고는 보이지 않는다.

을 해하는 행위에 해당하지 않는다. 타인 소유의 토지에 건조물을 무단으로 건축하는 행위는 타인의 소유물을 본래의 용법에 따라 무단으로 사용 · 수익하는 행위로서, 소유자를 배제한 채 물건의 이용가치를 영득하는 것이다. 타인 소유의 토지에 건조물을 무단으로 건축하는 행위 때문에 소유자가 물건의 효용을 누리지 못하게 되었더라도 토지의 효용 자체가 침해된 것이 아니므로 재물손괴죄에 해당하지 않는다.[1)]

3. 고 의

재물손괴죄가 성립하려면 주관적 요건으로서 고의가 필요하다.재물손괴죄는 영득죄가 아니므로 불법영득의사는 필요하지 않다. 재물손괴죄의 고의는 행위객체인 재물, 문서, 특수매체기록 등이 타인 소유에 속함을 알고 또한 자기의 행위로 인하여 그 재물 등의 효용이 침해되는 것을 인식 · 인용하는 것이다.

재물손괴죄는 고의가 없으면 성립하지 않는다. 형법상 과실재물손괴행위는 처벌되지 않는다. 그러나 특별법의 경우에는 과실재물손괴행위가 처벌되는 경우가 있다. 「도로교통법」(동법151)은 업무상 과실 또는 중과실에 의한 재물손괴행위를 처벌하고 있다(소위 대물사고). 「군형법」은 과실에 의한 군용물손괴행위를 처벌하며(동법69, 73①), 업무상 과실 또는 중과실에 의한 경우에는 가중처벌한다(동법69, 73②).

4. 위법성조각사유

재물손괴죄는 타인의 재물, 문서, 특수매체기록 등을 그 소유자의 의사에 반하여 손괴, 은닉 또는 기타 방법으로 그 효용을 침해함으로써 성립한다. 소유자의 승낙에 따른 손괴행위는 형법 제24조에 따라 위법성이 조각된다.

소유자의 승인 아래 재물 등을 손괴하였다면 설사 그 재물을 다른 사람이 점유 사용하고 있었다 하더라도 재물손괴죄는 성립하지 않는다. 그러나 피해자의 승낙은 언제든지 자유롭게 철회할 수 있다.[2)] 소유자의 승낙이 없다면 철거가 예정되어 비어 있는 아파트라고 할지

---

1) 2022. 11. 30. 2022도1410, 판례속보 = 『타인 대지 무단 건축 사건』.

2) 2011. 5. 13. 2010도9962, [미간행] = 『인테리어 공사 도끼 사건』:

M상가의 소유주는 A이다. 갑은 A와 ㉠임대차계약을 체결하였다. ㉠계약을 체결할 당시 갑은 A로부터 잔금 지급기일 전에 인테리어 공사를 할 수 있다는 승낙을 받았다(㉡승낙). 갑은 ㉡승낙에 따라 인테리어 공사를 하면서 M상가에 설치된 시설물의 대부분을 철거하였다. 잔금 지급기간이 지났다. A는 갑에게 잔금 지급을 요구하였다. 갑은 잔금을 지급하지 않았다. 갑은 M상가 1층에서 공사 인부들과 함께 고기를 구워먹고 있었다. A는 갑에게 임대차보증금 잔금을 지급하지 않았으므로 즉시 공사를 중단하고 M상가에서 퇴거하여 달라고 요구하였다(㉢요구). 갑은 화가 나서 인근 바닥에 있던 ㉣도끼를 집어 던져 M상가 1층 ㉤유리창을

라도 이를 손괴하는 행위는 재물손괴죄를 구성한다.[1]

재물손괴죄와 관련하여 「민법」 제209조의 자력구제 조항에 의하여 위법성이 조각될 수 있을 것인지 문제된다.[2] 「민법」상 자력구제가 인정된다면 형법 제20조의 '법령에 의한 행위'로서 위법성이 조각될 수 있다. 대법원은 부동산에 관한 자력탈환의 사안에 대해 다음과 같은 판단기준을 제시하고 있다.

「민법」 제209조 제2항 전단은 "점유물이 침탈되었을 경우에 부동산일 때에는 점유자는 침탈 후 직시(直時) 가해자를 배제하여 이를 탈환할 수 있다"고 하여 자력구제권 중 부동산에 관한 자력탈환권에 관하여 규정하고 있다. 여기에서 '직시(直時)'란 '객관적으로 가능한 한 신속히' 또는 '사회관념상 가해자를 배제하여 점유를 회복하는 데 필요하다고 인정되는 범위 안에서 되도록 속히'라는 뜻이다.[3] 자력탈환권의 행사가 '직시'에 이루어졌는지 여부는 물리

손괴하였다. 이 사건 후 A는 임대차계약을 해지한다는 ⓑ내용증명 우편을 갑에게 보냈다.

검사는 갑을 재물손괴죄로 기소하였다. 제1심법원은 유죄를 인정하였다. 갑은 불복 항소하였다. 항소법원은 다음의 이유를 들어 무죄를 선고하였다. (가) 갑이 손괴한 ⓜ유리창은 A로부터 인테리어 공사를 하도록 ⓛ승낙을 받은 것으로서 철거가 예정되어 있던 것이다. (나) 그러므로 ⓜ유리창의 손괴에 대하여 A의 사전 승낙이 있었다고 봄이 상당하다. (다) 갑의 손괴행위는 ㉠임대차계약이 해지(ⓑ내용증명)되기 전에 행해졌다. (라) 그러므로 A의 ⓛ동의가 철회되었다고 보기 어렵다. (마) 결국 갑의 손괴행위는 피해자의 승낙이 있었던 것으로서 형법 제24조에 따라 위법성이 조각된다. 검사는 불복 상고하였다.

대법원은 다음의 이유를 제시하여 원심판결을 파기환송하였다. (가) 위법성조각사유로서의 피해자의 승낙은 언제든지 자유롭게 철회할 수 있다. (나) 그 철회의 방법에는 아무런 제한이 없다. (다) A는 갑의 ⓜ유리창 손괴행위 전에 갑에게 임대차보증금 잔금 미지급을 이유로 하여 M상가에서의 공사 중단 및 퇴거를 요구하는 취지의 의사표시(ⓒ요구)를 하였다. (라) 이로써 A는 ㉠임대차계약을 체결하면서 갑에게 한 M상가 지층 및 1층의 시설물 철거에 대한 ⓛ동의를 철회하였다고 봄이 상당하다. (마) A의 ㉠임대차계약 해지의 의사표시가 기재된 ⓑ내용증명 우편이 갑에게 도달되기 전이라 하여 철거에 대한 ⓛ동의를 철회하는 의사표시(ⓒ요구)가 효력이 없다고 볼 것은 아니다.

1) 2007. 9. 20. 2007도5207, 공 2007, 1721 = 분석 각론 『재건축 아파트 철거 사건』.

2) 민법 제209조 (자력구제) ① 점유자는 그 점유를 부정히 침탈 또는 방해하는 행위에 대하여 자력으로써 이를 방위할 수 있다.

② 점유물이 침탈되었을 경우에 부동산일 때에는 점유자는 침탈후 직시(直時) 가해자를 배제하여 이를 탈환할 수 있고 동산일 때에는 점유자는 현장에서 또는 추적하여 가해자로부터 이를 탈환할 수 있다.

3) 2017. 9. 7. 2017도9999, 공 2017하, 1937 = 『자력구제 주장 아파트 사건』:

[M아파트는 P재건축정비사업조합(조합장 A)에 신탁등기가 되었다.] 갑은 M아파트에 대해 유치권을 주장하면서 퇴거를 하지 않고 있었다. (연월일 생략함.) 12:30경 집행관이 M아파트에서 유치권을 주장하는 갑을 퇴거하게 하였다. 14:20경 집행관은 M아파트에 대한 인도집행을 완료하였다. 집행채권자인 P재건축정비사업조합의 조합장 A는 집행관으로부터 M아파트를 인도받았다. 조합장 A는 출입문 잠금장치를 교체하였다. 15:00경 갑은 드라이버와 망치를 사용하여 아파트 출입문을 휘게 하고 잠금장치를 훼손한 후 M아파트에 들어가 거주하였다.

검사는 갑을 손괴죄 및 건조물침입죄로 기소하였다. 제1심법원은 유죄를 인정하였다. 갑은 불복 항소하였다. 항소법원은 항소를 기각하고, 제1심판결을 유지하였다. 갑은 불복 상고하였다. 갑은 상고이유로, 갑은 자신의 행위가 민법상의 자력구제에 해당한다고 주장하였다.

적 시간의 장단은 물론 침탈자가 확립된 점유를 취득하여 자력탈환권의 행사를 허용하는 것이 오히려 법적 안정 내지 평화를 해하거나 자력탈환권의 남용에 이르는 것은 아닌지 함께 살펴 판단하여야 한다.[1]

5. 처벌의 정도

형법 제366조는 손괴죄를 3년 이하의 징역 또는 700만원 이하의 벌금으로 처벌하고 있다. 「폭력행위 등 처벌에 관한 법률」(폭력행위처벌법) 제2조 제2항 제1호는 2명 이상이 공동하여 손괴죄를 범한 사람에 대해 형법 제366조에 정한 형의 2분의 1까지 가중하여 처벌한다. 폭력행위처벌법 제2조 제3항은 폭력행위처벌법 제2항 제1호의 공동손괴죄를 범하여 2회 이상 징역형을 받은 사람이 다시 제2항 제1호의 공동손괴죄를 죄를 범하여 누범으로 처벌할 경우에는 7년 이하의 징역으로 가중처벌하고 있다.

형법 제369조 제1항은 단체 또는 다중의 위력을 보이거나 위험한 물건을 휴대하여 손괴죄를 범한 경우를 5년 이하의 징역 또는 1천만원 이하의 벌금으로 처벌하고 있다.

제 3 손괴죄의 특수유형

1. 공익건조물파괴죄

형법 제367조 (공익건조물파괴) 공익에 공하는 건조물을 파괴한 자는 10년 이하의 징역 또는 2천만원 이하의 벌금에 처한다.

◎ 미수범 처벌함(법371)

대법원은 다음의 이유를 제시하여 상고를 기각하였다. 대법원은 민법상 자력구제의 요건에 대해 다음과 같이 설시하였다. (가) 민법 제209조 제2항 전단은 '점유물이 침탈되었을 경우에 부동산일 때에는 점유자는 침탈 후 직시(直時) 가해자를 배제하여 이를 탈환할 수 있다'고 하여 자력구제권 중 부동산에 관한 자력탈환권에 관하여 규정하고 있다. (나) 여기에서 '직시(直時)'란 '객관적으로 가능한 한 신속히' 또는 '사회관념상 가해자를 배제하여 점유를 회복하는 데 필요하다고 인정되는 범위 안에서 되도록 속히'라는 뜻이다. (다) 자력탈환권의 행사가 '직시'에 이루어졌는지 여부는 (ㄱ) 물리적 시간의 장단은 물론 (ㄴ) 침탈자가 확립된 점유를 취득하여 자력탈환권의 행사를 허용하는 것이 오히려 법적 안정 내지 평화를 해하거나 자력탈환권의 남용에 이르는 것은 아닌지 함께 살펴 판단하여야 한다.

대법원은 갑의 행위에 대해 다음과 같이 판단하였다. (가) 갑이 아파트에 들어갈 당시에는 이미 집행채권자가 집행관으로부터 아파트를 인도받은 후 출입문의 잠금 장치를 교체하는 등으로 그 점유가 확립된 상태였다. (나) 그래서 점유권 침해의 현장성 내지 추적가능성이 있다고 보기 어렵다. (다) 점유를 실력에 의하여 탈환한 갑의 행위는 민법상 자력구제에 해당하지 않는다.

1) 2017. 9. 7. 2017도9999, 공 2017하, 1937 =『자력구제 주장 아파트 사건』.

◎ 결과적 가중범 처벌함(법368① · ②)

◎ 특수공익건조물파괴죄 가중처벌함(법371②)

형법 제367조 공익건조물파괴죄의 객체는 공익에 공하는 건조물이며, 실행행위는 파괴이다.

건조물은 가옥 기타 동종의 건축물을 지칭한다. 토지에 정착되어 있으며 지붕이 있고 장벽이나 기둥으로 지지되어 그 내부에 사람이 출입할 수 있는 것을 말한다.

공익에 공한다 함은 불특정 다수인의 이익을 위하여 사용하는 것을 말한다. 공익을 위하여 사용하는 건조물인 이상 국가 또는 지방자치단체의 소유는 물론 사인이 소유하는 경우에도 공익건조물파괴죄의 객체가 된다. 공공의 이익에 제공된 것이 아니라 공무소가 사용하는 건조물을 손괴하는 행위는 공용물파괴죄(법141②)로 처벌된다.

파괴는 공익에 공하는 건조물로서의 기능의 전부 또는 일부를 불가능하게 할 정도의 파손을 의미한다. 그 정도에 이르지 아니하는 단순한 손괴나 일시적 효용침해는 포함되지 않는다.[1)]

2. 중손괴죄

형법 제368조 (중손괴) ① 전2조의 죄를 범하여 사람의 생명 또는 신체에 대하여 위험을 발생하게 한 때에는 1년 이상 10년 이하의 징역에 처한다.
② 제366조 또는 제367조의 죄를 범하여 사람을 상해에 이르게 한 때에는 1년 이상의 유기징역에 처한다. 사망에 이르게 한 때에는 3년 이상의 유기징역에 처한다.

중손괴죄는 재물손괴죄(법366) 또는 공익건조물파괴죄(법367)에 대한 결과적 가중범이다. 중손괴죄는 사람의 생명 또는 신체에 대하여 위험의 발생을 요구하는 경우(법368①)와 상해 또는 사망의 결과발생을 요구하는 경우(동조②)의 두 가지로 나누어진다.

중손괴죄는 중상해죄(법258)와 비교해 볼 수 있다. 중상해죄의 경우에는 (가) 생명에 대한 위험발생(법258①)과 (나) 불구 또는 불치나 난치의 질병(법258②)이 중한 결과로 규정되어 있다. 이에 대해 중손괴죄의 경우에는 (가) 생명에 대한 위험발생 이외에 (나) 사람의 신체에 대한 위험발생이 중한 결과로 규정되어 있다. 그러나 불구 또는 불치나 난치의 질병은 중한 결과로 명시되어 있지 않다.

---

1) 2009. 4. 23. 2008도11921, 공 2009상, 795 = 분석 각론『허베이호 파손 사건』참조.

생각건대 중손괴죄와 중상해죄는 평행한 구조를 갖는 것으로 보아야 할 것이다. 따라서 중손괴죄에서 사람의 생명에 대한 위험발생은 중상해죄에서의 생명에 대한 위험발생과 같은 의미를 가지며, 사람의 신체에 대한 위험발생은 중상해죄에서의 불구 또는 불치나 난치의 질병에 준하는 상태로 해석해야 할 것이다.[1)]

중손괴죄는 결과적 가중범이다. 따라서 중손괴죄는 미수범 처벌규정에서 제외되어 있다(법371 참조). 중손죄죄의 기본범죄인 재물손괴죄나 공익건조물파괴죄는 미수범으로도 족하다(법366, 367, 371). 기본범죄인 재물손괴죄 또는 공익건조물파괴죄에 대해서는 고의가 있어야 한다. 생명 또는 신체에 대한 위험발생, 상해 또는 사망의 중한 결과발생에 대해서는 인과관계(법17)와 예견가능성(법15②)이 인정되어야 한다.

3. 특수손괴죄

형법 제369조 (특수손괴) ① 단체 또는 다중의 위력을 보이거나 위험한 물건을 휴대하여 제366조의 죄를 범한 때에는 5년 이하의 징역 또는 1천만원 이하의 벌금에 처한다.

② 제1항의 방법으로 제367조의 죄를 범한 때에는 1년 이상의 유기징역 또는 2천만원 이하의 벌금에 처한다.

◎ 미수범 처벌함(법371)

형법 제369조 특수손괴죄는 재물손괴죄(법366) 및 공익건조물파괴죄(법367)에 대한 가중적 범죄유형이다. 단체, 다중, 위력, 위험한 물건, 휴대 등의 가중적 구성요건요소는 특수공무방해죄(법144①)에서 설명한 것과 같다.[2)]

형법 제369조 특수손괴죄의 법정형은 5년 이하의 징역 또는 1천만원 이하의 벌금이다. 2016년 개정 전의 「폭력행위 등 처벌에 관한 법률」(폭력행위처벌법)은 제3조 제1항에서 특수손괴죄를 1년 이상의 유기징역으로 처벌하고 있었다. 거의 동일한 구성요건을 가진 두 특수손괴죄에 대해 검사가 어느 조문을 적용하는가에 따라 형량이 달라지는 문제점이 지적되었다. 2015년 헌법재판소는 특수손괴죄를 규정한 폭력행위처벌법 제3조 제1항에 대해 형벌체계상의 정당성과 균형을 잃은 것이 명백하여 인간의 존엄성과 가치를 보장하는 헌법의 기본원리에 위배될 뿐만 아니라 그 내용에 있어서도 평등원칙에 위배된다고 판단하여 위헌으로 결정하였다.[3)] 헌법재판소의 위헌결정을 반영하여 입법자는 2015년에 폭력행위처벌법 제3조

1) 전술 637면 이하 참조.

2) 전술 229면 이하 참조.

3) 2015. 9. 24. 2014헌바154, 헌법재판소판례집 27-2상, 555.

제항을 삭제하였다. 이제는 형법 제369조만이 특수손괴죄의 처벌근거가 된다.

4. 경계침범죄

형법 제370조 (경계침범) 경계표를 손괴, 이동 또는 제거하거나 기타 방법으로 토지의 경계를 인식 불능하게 한 자는 3년 이하의 징역 또는 500만원 이하의 벌금에 처한다.

(1) 보호법익

형법 제370조 경계침범죄는 토지의 경계에 관한 권리관계의 안정을 확보하여 사권(私權)을 보호하고 사회질서를 유지하려는 데에 그 규정목적이 있다.[1] 토지의 경계는 토지에 관한 권리의 범위와 관련하여 중요한 의미를 가지고 있다. 경계침범죄의 보호법익은 이러한 토지 경계의 명확성과 안정성이다. 경계침범죄는 단순히 경계표를 손괴, 이동 또는 제거하는 것만으로는 부족하고, 손괴 · 이동 · 제거의 행위나 기타 방법으로 토지의 경계를 인식불능하게 함으로써 비로소 성립한다.[2]

재물손괴죄는 타인소유의 재물이 가지는 효용을 보호법익으로 하고 있다. 따라서 소유권의 귀속 여하가 재물 손괴죄의 성립에 영향을 미친다.[3] 자기 소유의 물건에 대하여는 공무상보관물무효죄(법142)나 권리행사방해죄(법323 참조)가 성립되는 경우를 별론으로 하고 손괴

---

1) 1986. 12. 9. 86도1492, 공 1987, 182 =『신경계선 말뚝 뽑기 사건』:

갑은 1964년 M임야의 일부를 분할하여 A에게 매도하였다. 갑은 그 즉시 경계선상에 ㉠소나무를 심어 그때부터 이로써 갑 소유 토지와 A 소유 토지의 경계로 삼아 왔다. 1984년이 되었다. A의 아들 B는 ㉠소나무에 의한 기존의 경계가 진실한 권리상태에 맞지 않는다는 이유로 일방적으로 경계측량을 하였다. B는 기존경계와는 달리 새로운 경계선을 설정하였다. B는 그 선 위에 임의로 ㉡말뚝을 세웠다. 갑은 이를 승복할 수 없다 하여 ㉡말뚝을 뽑아버렸다.

검사는 갑을 경계침범죄로 기소하였다. 갑의 피고사건은 제1심을 거친 후, 항소심에 계속되었다. 항소법원은 무죄를 선고하였다. 검사는 불복 상고하였다.

대법원은 다음의 이유를 제시하여 상고를 기각하였다. (가) 형법 제370조의 경계침범죄는 토지의 경계에 관한 권리관계의 안정을 확보하여 사권을 보호하고 사회질서를 유지하려는데 그 규정목적이 있다. (나) 비록 실체상의 경계선에 부합되지 않는 경계표라 할지라도 그것이 종전부터 일반적으로 승인되어 왔다거나 이해관계인들의 명시적 또는 묵시적 합의에 의하여 정하여진 것이라면 그와 같은 경계표는 형법 제370조의 경계표에 해당된다. (다) 반대로 기존경계가 진실한 권리상태와 맞지 않는다는 이유로 당사자의 어느 한쪽이 기존경계를 무시하고 일방적으로 경계측량을 하여 이를 실체권리관계에 맞는 경계라고 주장하면서 그 위에 경계표를 설치하더라도 이와 같은 경계표는 형법 제370조에서 말하는 경계표에 해당되지 않는다. (라) 비록 종전부터 경계로 삼아왔던 ㉠소나무가 실제 경계선과는 다소 맞지 않는다 하더라도 당사자의 한쪽인 B가 기존경계를 무시하고 일방적으로 설치한 ㉡말뚝은 앞서 설시한 법리에 비추어 형법 제370조의 경계침범죄에서 말하는 경계표에 해당되지 않는다.

2) 2010. 9. 9. 2008도8973, [미간행] = 분석 각론『인접 토지 침범 사건』.

3) 2015. 11. 27. 2014도13083, 공 2016상, 100 =『쓰레기 집하시설 회신문서 사건』.

죄는 성립하지 않는다.

그러나 경계침범죄는 손괴죄의 장에 위치하고 있음에도 불구하고 소유권 귀속 여하가 범죄성립에 영향을 미치지 않는다. 따라서 자기소유 경계표를 인식 불능하게 만드는 행위도 경계침범죄를 구성한다. 경계침범죄의 입법취지가 사인의 자력구제행위를 방지하여 사회질서를 유지하는 데에 있기 때문이다.

(2) 행위객체

(가) 토지의 경계 경계는 토지에 대한 소유권 등 권리의 장소적 한계를 나타내는 지표를 말한다.[1] 소유권 기타 사법상 권리의 범위를 표시하는 경계뿐 아니라 지방자치단체의 관할지역표시와 같이 공법상 권리관계에 관한 경계도 포함한다.

경계침범죄에서 말하는 경계는 법률상의 정당한 경계인지 여부와는 상관없이, (ㄱ) 종래부터 경계로서 일반적으로 승인되어 왔던 사실상의 경계 또는 (ㄴ) 이해관계인들의 명시적 또는 묵시적 합의가 존재하는 등 어느 정도 객관적으로 통용되어 오던 사실상의 경계를 의미한다. 설령 행위자가 법률상의 정당한 경계를 침범하는 행위를 하였다고 하더라도 그로 말미암아 토지의 사실상의 경계에 대한 인식불능의 결과가 발생하지 않는 한 경계침범죄는 성립하지 않는다.

종래 통용되어 오던 사실상의 경계가 법률상의 정당한 경계인지 여부에 대하여 다툼이 있다고 하더라도, 그 사실상의 경계가 법률상 정당한 경계가 아니라는 점이 이미 판결로 확정되었다는 등 경계로서의 객관성을 상실하는 것으로 볼 만한 특단의 사정이 없는 한, 여전히 경계침범죄의 경계에 해당한다.[2]

(나) 경계표 토지의 경계를 확정하기 위하여 토지에 설정된 표지, 공작물, 입목, 기타의 물건을 말한다. 무주물인가 유주물인가, 타인 소유인가 자기 소유인가를 묻지 않는다. 처음부터 경계표로서 설치된 것이 아니고 기존의 물건을 경계표로 사용하는 경우에도 경계침범죄의 객체가 된다. 설치자가 누구인지도 묻지 않는다. 인위적으로 설치된 것은 물론 자연목이나[3] 유수(流水)와 같이 자연적으로 형성된 것도 경계표가 될 수 있다. 어느 정도 객관적

---

1) 1976. 5. 25. 75도2564, 공 1976, 9197.

2) 1992. 12. 8. 92도1682, 공 1993, 492 = 분석 각론『담장 더 쌓기 사건』.

3) 1980. 10. 27. 80도225, 총람 370조 5번 =『국유지 포푸라 나무 사건』:

갑은 M지상에 ㉠대지 135평을 소유하고 있다. M지상에 인접한 N지상에는 높은 언덕으로 인접한 ㉡국유지 89평이 있다. ㉠대지와 ㉡국유지 사이에는 언덕 위에 10년생 내지 18년생의 포푸라 및 아카시아 나무(㉢나무)들이 심어져 있다. 갑은 ㉢나무 30주를 뽑아버리고 ㉡국유지 1.7평을 깎아내렸다. 갑은 ㉠대지와 ㉡국유지의 경계선을 이웃사람 A와 함께 확인한 다음 깎아낸 땅에 약 1미터 높이의 ㉣석축을 쌓았다.

으로 통용되는 사실상의 경계를 표시하는 것이라면 영속적인 것이 아니고 일시적인 것이라도 경계침범죄의 경계표에 해당한다.[1)]

기존경계가 진실한 권리상태와 맞지 않는다는 이유로 당사자의 어느 한쪽이 기존 경계를 무시하고 일방적으로 경계측량을 하여 이를 실체권리관계에 맞는 경계라고 주장하면서 새로이 경계표를 설치하는 경우가 있다. 이와 같은 경계표는 경계침범죄에서 말하는 경계표에 해당하지 않는다. 따라서 이러한 경우에 새로운 경계표를 제거하더라도 경계침범죄는 성립하지 않는다.[2)]

(3) 실행행위

경계침범행위는 경계표를 은닉, 이동 또는 제거하거나 기타 방법으로 토지의 경계를 인식 불능하게 하는 것이다. 경계표의 손괴, 이동 또는 제거는 토지의 경계를 인식 불능하게 하는 행위의 예시이다.[3)]

(가) 손괴 등 손괴란 경계표를 물리적으로 훼손하는 것이다. 이동은 경계표를 원래의 위치에서 다른 장소로 옮겨놓는 것을 말한다. 제거는 설치된 장소에서 경계표를 취거해 버리는 것을 말한다. 기타의 방법이란 손괴, 이동, 제거 이외의 방법으로 경계를 불명하게 하는 일체의 행위를 의미한다. 경계표 자체를 손괴, 이동, 제거하지 않더라도 자기 토지에 인접한 타인 토지를 침범하여 점포 등을 건축하는 행위는 기타 방법으로 토지의 경계를 인식 불능하게 하는 경우에 해당한다.[4)]

(나) 인식 불능 경계침범죄는 손괴, 이동, 제거 등의 행위에 의하여 토지의 경계가 인식불능하게 될 때 비로소 성립한다. 경계침범죄의 미수범은 처벌되지 않는다(법371 참조). 가령 경계를 침범하고자 하는 행위가 있었다 하더라도 그 행위로 인하여 토지경계의 인식

검사는 갑을 경계침범죄로 기소하였다. 제1심을 거친 후, 항소심은 유죄를 인정하였다. 갑은 불복 상고하였다. 갑은 상고이유로 다음의 점을 주장하였다. (가) 이웃사람 A와 합의하여 ㉣석축을 쌓았다. (나) ㉣석축을 통하여 ㉠대지와 ㉡국유지 사이의 경계가 더욱 분명하게 되었다. (다) 경계선을 인식불능하게 한 바가 없으므로 경계침범죄는 성립하지 않는다.

대법원은 다음의 이유를 제시하여 상고를 기각하였다. (가) 갑은 인접 대지와의 경계선을 표시하는 10년생 내지 18년생의 포푸라 및 아카시아 나무 약 30주를 뽑아버리고 인접 대지 1.7평을 깍아내렸다. (나) 그렇다면 인접 대지와의 경계가 인식불능이 되었다 할 것이니 그로써 경계침범행위는 기수에 이르렀다. (다) 그 후에 석축을 쌓음에 있어 이해관계인 간에 소론과 같은 합의가 있었다 할지라도 경계침범죄의 성립에는 영향이 없다.

1) 1999. 4. 9. 99도480, 공 1999, 949.

2) 1986. 12. 9. 86도1492, 공 1987, 182 =『신경계선 말뚝 뽑기 사건』.

3) 1968. 9. 17. 68도967, 집 16③, 형9.

4) 1968. 9. 17. 68도967, 집 16③, 형9.

불능이라는 결과가 발생하지 않는 한 경계침범죄는 성립하지 않는다.[1] 그러나 일단 인접 토지와의 경계가 인식불능하게 되면 경계침범죄가 성립한다. 이후 이해관계인 사이에 합의 등이 있었다 하더라도 경계침범죄의 성립에 영향을 미치지 않는다.[2]

1) 1992. 12. 8. 92도1682, 공 1993, 492 = 분석 각론『담장 더 쌓기 사건』.
2) 1980. 10. 27. 80도225, 총람 370조 5번 =『국유지 포푸라 나무 사건』.

부 록

일러두기

○ 본문의 각주에 소개할 경우 본문의 연결성을 해치는 판례들을 부록으로 수록하였다.
○ 교과서 본문 각주에 ☞가 붙은 판례들을 분석하였다.
○ 본문 각주에 소개한 판례 및 ☞로 표시하여 부록에 수록한 판례는 다음의 기준에 따라 분석하였다.
○ 기존의 판례교재에 수록되지 아니한 최신 판례를 주로 하되 필요한 경우 기존에 분석된 판례도 다시 정리 · 수록하였다.
○ 판례의 배열은『형법각론』제3판의 체계에 따랐다.
○ 독자에게 가독성을 높이기 위하여 판례 본문을 과감하게 각색하였다.
○ 판례 데이터베이스에서 사용되는 피고인, 피해자, 공소외 1 등의 익명표시는 갑, A, B 등으로 전환하여 표시하였다.
○ 판례 원문에 제시된 조문 번호는 의미 이해에 지장을 주지 않는 한 ㉮, ㉯, ㉰규정 등으로 전환하여 표시하였다.
○ 판결문에 등장하는 장문의 복문(複文)은 다수의 단문(單文)으로 재구성하였고, 단문들 앞에 (가), (나), (다) 등의 부호를 부여하였다.
○ 단문으로 구성된 문장이라 할지라도 의미 이해에 필요하다고 판단하면 (ㄱ), (ㄴ), (ㄷ) 등의 표시를 부여하였다.
○ 공소사실이나 범죄사실의 특정을 위한 일시, 장소 등의 구체적인 사항은 내용 파악에 지장이 없는 한 과감하게 생략하였다.
○ 부록에 소개된 판례들은 어디까지나 강학상의 관점에서 독자를 위하여 정리한 것이다. 판례의 정확한 이해를 위하여 판례원문을 반드시 확인할 것을 권한다.
○ 법률명칭은 정식명칭을 사용하지 않고 관용적으로 사용되는 것에 따랐다.
○ 몇 가지 예를 들어 본다.

• 공공기관운영법	공공기관의 운영에 관한 법률
• 공정거래법	독점규제 및 공정거래에 관한 법률
• 교통사고처리법	교통사고처리 특례법
• 노동조합법	노동조합 및 노동관계조정법
• 마약류관리법	마약류 관리에 관한 법률
• 범죄수익은닉규제법	범죄수익은닉의 규제 및 처벌 등에 관한 법률
• 산업기술보호법	산업기술의 유출방지 및 보호에 관한 법률
• 성폭력처벌법	성폭력범죄의 처벌 등에 관한 특례법
• 아동학대처벌법	아동학대범죄의 처벌 등에 관한 특례법
• 전자장치부착법	전자장치 부착 등에 관한 법률
• 정보통신망법	정보통신망 이용촉진 및 정보보호 등에 관한 법률
• 집시법	집회 및 시위에 관한 법률
• 청소년성보호법	아동 · 청소년의 성보호에 관한 법률
• 폭력행위처벌법	폭력행위 등 처벌에 관한 법률
• 특정범죄가중법	특정범죄 가중처벌 등에 관한 법률
• 특정경제범죄법	특정경제범죄 가중처벌 등에 관한 법률

제5장 공안을 해하는 죄

2015도17738

2017. 12. 22. 2015도17738, 공 2018상, 370 =『희망버스' 시위 사건』:

H중공업 앞에서 주간에 대규모 시위(소위 '1차 희망버스')가 시작되었다. 갑은 M시위에 참가하였다. M시위는 신고되지 않은 시위이다. (연도 생략함.) 6. 11. 24:00를 넘어 M시위는 계속되었다. A는 관할 경찰서 소속 경위이다. A는 관할 경찰서장으로부터 권한을 부여받아 질서유지에 나섰다. 6. 12. 00:36경부터 02:28경까지 A는 경찰 방송차량에서 다음 내용의 방송을 하였다(㉠방송). "영도경찰서에서 알려드립니다. 집회 참석자 여러분, 여러분은 야간 신고 되지 않은 불법집회시위를 하고 있습니다. 자진 해산하여 집으로 귀가하여 주시기 바랍니다." A의 방송은 총 9회에 걸쳐서 이루어졌는데, 1회 방송할 때마다 같은 내용을 2~3회 반복하였다. A가 ㉠방송을 할 때 경찰 방송차량의 외부에 설치된 전광판에는 '1차 해산명령'이라는 문구부터 '9차 해산명령'이라는 문구까지 차례차례 선명하게 표시되었다. 갑은 ㉠방송에도 불구하고 시위를 계속하였다(㉮행위).

6. 12. 00:45경부터 약 400여 명의 시위 참가자들은 H중공업 정문 앞에서 시위를 하다가 H중공업 정문 쪽으로 행진을 시작하였다. 6. 12. 01:25경부터 일부 참가자들은 H중공업의 담을 넘어가기 시작하였다. 6. 12. 01:30경부터 H중공업 정문 안쪽에서 일부 참가자들이 용역 경비원들과 몸싸움을 하거나 소화기를 분무하는 등 시위 상황이 격화되었다. 갑은 폭력적 시위에 가담하였다(㉯행위).

검사는 갑을 집시법위반죄 및 일반교통방해죄로 기소하였다. 갑의 피고사건은 제1심을 거친 후, 항소심에 계속되었다. 항소법원은 다음과 같이 판단하였다. (가) ㉮행위 : 집시법위반(해산명령불응) 무죄. (나) ㉯행위 : 집시법위반죄(폭력시위) 유죄. (다) ㉯행위 : 일반교통방해죄 유죄. 항소법원은 무죄 부분에 대해 다음과 같이 판단하였다. (가) ㉠경찰 방송은 해산명령이 아닌 해산 요청에 해당한다. (나) ㉠경찰 방송은 원칙적으로 허용되는 집회 · 시위에 관한 방송이다. (다) ㉠경찰 방송으로 적법한 해산명령이 있었다고 보기 어렵다. 검사는 무죄 부분에 불복하여 상고하였다.

대법원은 다음의 이유를 제시하여 원심판결을 파기환송하였다. 대법원은 집회의 자유에 관하여 설시하였다(내용 생략함). 대법원은 집시법의 관련 규정들을 분석하였다(내용 생략함). 대법원 다음 내용의 집시법 규정을 확인하였다. (가) 집시법은 제10조 본문을 위반한 야간 옥외집회 · 시위와 제6조 제1항에 따른 사전신고를 하지 않은 옥외집회 · 시위 등을 해산명령 대상으로 정하고 있다(제20조 제1항 제1호, 제2호). (나) 집시법 제20조, 집시법 시행령 제17조에 따르면, (ㄱ) 관할 경찰관서장 또는 관할 경찰관서장으로부터 권한을 부여받은 국가경찰공무원은 (ㄴ) 위와 같은 집회 또는 시위에 대하여 (ㄷ) 그 옥외집회 · 시위로 타인의 법익이나 공공의 안녕질서에 대한 직접적인 위험이 명백하게 초래된 경우에 한하여 (ㄹ) 주최자에게 집회 · 시위의 종결 선언을 요청하고, (ㅁ) 그 요청에 따르지 않거나 종결 선언에도 불구하고 집회 또는 시위를 계속하는 경우에는 (ㅂ) 직접 참가자들에게 자진 해산할 것을 요청한 다음, (ㅅ) 자진 해산 요청에 따르지 않는 경우에는 세 번 이상 자진 해산할 것을 명령하고, (ㅇ) 이러한 해산명령을 받았을 때에는 집회 · 시위의 모든 참가자는 지체 없이 해산하여야 한다. (다) 참가자들이 이러한 요건을 갖춘 해산명령에 불응하는 경우에 집시법 제24조 제5호에 따라 처벌할 수 있다. (라) 다만 집시법 제20조 제1항 제1호, 2호 또는 제4호에 해당하는 집회 또는 시위의 경우와 주최자 · 주관자 · 연락책임자 및 질서유지인이 집회 또는 시위의 장소에 없는 경우에는 종결선언의 요청을 생략할 수 있다(집시법 시행령 제17조 단서).

대법원은 사실관계를 분석하였다. 대법원은 갑의 ㉮행위에 대해 다음과 같이 판단하였다. (가) M시위는 신고되지 않은 야간 시위로서 집시법 제20조 제1항 제1호, 제2호, 집시법 시행령 제17조 단서에 따라 종결선언의 요청을 생략할 수 있는 경우에 해당한다. (나) 관할 경찰서장으로부터 권한을 부여받은 A는 경찰 방송으로 직접 M시위 참가자들에게 자진 해산할 것을 요청하였다. (다) A의 요청은 시위 참가자들이 이에 따르지 않고 H중공업 쪽으로 행진하고, H중공업의 담을 넘어가는 등 타인의 법익이나 공공의 안녕질서에 대한 직접적인 위험이 명백하게 초래된 상황에서 3회 이상 해산명령을 한 것으로 볼 수 있다. (라) 시위 참가자들도 경찰 방송과 전광판의 표시를 통해서 해산명령이 있음을 알 수 있었을 가능성이 있다. (마) 따라서 ㉠경찰 방송은 집시법 제20조 제1항에서 정한 적법한 해산명령에 해당한다고 볼 여지가 있다.

대법원은 부수적으로 갑의 ㉯행위에 대해 다음과 같이 판단하였다. (가) 원심은 이 사건 공소사실 중 M야간시위 참가로 인한 집시법 위반과 일반교통방해가 실체적 경합관계에 있다고 보았다. (나) 그러나 집회 · 시위와 그로 인하여 성립하는 일반교통방해는 상상적 경합관계에 있다고 보아야 한다.

제 7 장　공무원의 직무에 관한 죄

97도675

1997. 8. 29. 97도675, 공 1997, 2983 = 『**교통사고 불입건 사건**』 :

(이하 연월 생략함.) 갑은 M경찰서에서 교통사고 처리를 담당하는 경찰관이다. M경찰서 관내에 N교차로가 있다. 15. A 운전의 차량과 B 운전의 차량이 N교차로에서 충돌하는 사고가 발생하였다(㉠교통사고). 경찰관 C는 ㉠사고 현장에 출동하였다. 경찰관 C는 부상을 입은 B를 S병원으로 후송하였다. 갑은 S병원에서 경찰관 C로부터 ㉠교통사고처리를 인계받았다. 갑은 A와 함께 ㉠사고 현장에 가서 현장조사를 하였다(㉡조사). 그 때 갑은 A로부터 "내(A)가 좌회전신호를 위반하여 ㉠교통사고가 발생한 것 같다."는 말을 들었다. (신호위반은 교통사고처리특례법이 규정한 중요법규 위반사항에 해당한다.)

16. 17:00경 갑은 M경찰서 교통과 사고처리반에서 A를 조사하였다(㉢조사). 갑은 A로부터 다음 내용의 부탁을 받았다. (가) A와 B는 보험처리만 하고 사고처리는 하지 아니하기로 합의하였다. (나) 그러니 사고처리를 하지 말아달라. 갑은 ㉠교통사고를 입건하여 수사하지 않았다.

21. 11:00경 갑은 M경찰서를 방문한 P보험회사 Q보상사무소 직원 D로부터 다음 내용의 요청을 받았다. (가) B는 ㉠교통사고로 뼈가 부러지는 사고를 당하였다. (나) B는 S병원에서 의식이 회복되어 사고 당일에 T병원으로 전원되었다. (다) A와 B가 서로 상대방이 신호를 위반하였다고 주장하여 예상보험금지급액 6,400만원을 지급할 것인지 여부를 결정할 수 없다. (라) 그러니 ㉠교통사고를 정식 입건하여 수사하여 달라. 갑은 D의 요청을 거부하고 그대로 있었다(㉣미조치).

(연도 불명) 12. 21.경 보험금을 지급받지 못한 B가 ㉠교통사고를 관계기관에 신고하였다. 갑은 부랴부랴 A가 신호를 위반하여 ㉠교통사고를 야기하였다고 하여 A를 교통사고처리특례법위반죄로 입건하고 뒤늦게 수사에 나섰다(㉤조사).

경찰청의 교통사고처리지침 제23조는 다음과 같이 규정하고 있다. (가) 교통사고처리특례법 제3조 제2항 단서의 중요법규 10개항 위반 사고 등 공소권 있는 사고는 교통사고보고서 및 수사서류를 작성한다. (나) 가해자에 대해 원칙적으로 24시간(단, 관계 증빙서류 필요시 48시간) 내에 구속 또는 불구속 수사 여부를 결정·신병처리한다. (다) 수사기록은 기소의견으로 검찰에 송치하여야 한다.

검사는 갑을 직무유기죄로 기소하였다. 갑의 피고사건은 제1심을 거친 후, 항소심에 계속되었다. 항소법원은 유죄를 인정하였다. 갑은 불복 상고하였다. 갑은 상고이유로 다음의 점을 주장하였다. (가) 당시 교통사고가 폭주하여 갑의 교통사고 수사직무가 몹시 바빠 그 처리가 지연될 수밖에 없었다. (나) ㉠교통사고의 수사가 늦어진 것은 분망으로 인하여 그 직무를 성실히 수행하지 아니한 것에 지나지 않는다. (다) ㉢, ㉣조사는 직무유기죄의 범위에 포함되지 않는다. (라) 직무유기죄는 즉시범이다. (마) 갑은 ㉡조사 당시 수사에 착수하지 않았다. (바) ㉡조사 시점에 직무유기죄는 완성되었다. (사) ㉡시점으로부터 검사의 공소제기 시점 사이에 공소시효 기간이 경과하였다.

대법원은 다음의 이유를 제시하여 상고를 기각하였다. 대법원은 형법 제122조 후단의 직무유기죄에 대해 다음과 같이 설시하였다. (가) 형법 제122조 후단 소정의 공무원이 정당한 이유 없이 직무를 유기한 때라 함은 직무에 관한 의식적인 방임 내지 포기 등 정당한 사유 없이 직무를 수행하지 아니한 경우를 의미하는 것이다. (나) (ㄱ) 공무원이 태만, 분망, 착각 등으로 인하여 직무를 성실히 수행하지 아니한 경우나 (ㄴ) 형식적으로 또는 소홀히 직무를 수행하였기 때문에 성실한 직무수행을 못한 것에 불과한 경우에는 직무유기죄는 성립하지 아니한다. (다) 형법 제122조 후단의 직무유기죄는 그 직무를 수행하여야 하는 작위의무의 존재와 그에 대한 위반을 전제로 하고 있다. (라) 그 작위의무를 수행하지 아니함으로써 구성요건에 해당하는 사실이 있었고 그 후에도 계속하여 그 작위의무를 수행하지 아니하는 위법한 부작위상태가 계속되는 한 가벌적 위법상태는 계속 존재하고 있다. (마) 형법 제122조 후단은 이를 전체적으로 보아 1죄로 처벌하는 취지로 해석되므로 이를 즉시범이라고 할 수 없다.

대법원은 갑의 행위에 대해 다음과 같이 판단하였다. (가) (사실관계 분석; 생략함.) (나) 갑이 주장하는 바와 같이 당시 교통사고가 폭주하여 갑의 교통사고 수사직무가 몹시 바빠 그 처리가 지연될 수밖에 없었던 점을 감안한다. (다) 그렇다고 하더라도 갑은 태만, 분망, 착각 등으로 인하여 그 직무를 성실히 수행하지 아니한 경우나 형식적으로 또는 소홀히 직무를 수행하였기 때문에 성실한 직무수행을 못한 것에 불과한 경우에 해당하는 것이 아니다. (라) 그 직무에 관한 의식적인 방임 내지 포기 등 정당한 사유 없이 교통사고 수사직무를 수행하지 아니한 경우에 해당한다.

(마) 갑이 A의 신호위반 사실을 알고 있으면서도 수사에 착수하지 아니하고 그 후에도 그 작위의무를 수행하지 아니하는 위법한 부작위상태가 계속되어 그 가벌적 위법상태는 계속 존재한 것이다. (바) 그러므로 갑의 행위는 전체적으로 보아 1죄로서 직무유기죄에 해당한다.

2018도2236

2020. 1. 30. 2018도2236 전원합의체 판결, 공 2020상, 545 =『문화예술계 지원배제 사건』:

「문화예술진흥법」과 관련규정은 한국문화예술위원회(예술위)로 하여금 직무상 외부의 간섭을 받지 않고 문화예술계 분야의 지원에 관한 사항을 결정하도록 하고 있다. 「영화 및 비디오물의 진흥에 관한 법률」과 관련규정은 영화진흥위원회(영진위)로 하여금 직무상 외부의 간섭을 받지 않고 영화계 분야의 지원에 관한 사항을 결정하도록 하고 있다. 「출판문화산업 진흥법」과 관련규정은 한국출판문화산업진흥회(출판진흥회)로 하여금 직무상 외부의 간섭을 받지 않고 출판계 분야의 지원에 관한 사항을 결정하도록 하고 있다. 이는 헌법에서 정한 문화국가원리, 표현의 자유, 평등의 원칙 등을 보장하기 위함이다. 예술위, 영진위, 출판진흥원 직원들은 공무원이 아니다. 예술위, 영진위, 출판진흥원 직원들은 유관 공공기관의 임직원이다.

갑은 대통령이다. 을은 대통령비서실의 비서실장이다. 병 등은 수석비서관 또는 비서관들이다. 대통령 갑은 비서실장 을에게 "문화예술계가 좌편향 되어 있어 이에 대한 시정이 필요하다"고 말하였다. 비서실장 을은 비서실에 '문제단체 조치내역 및 관리방안'과 '건전 문화예술 생태계 진흥 및 지원방안', '건전 문화예술 생태계 진흥 세부 실행계획'을 마련하도록 지시하였다. 이에 따라 다음 내용의 지시사항이 마련되었다. (가) 문화예술진흥기금 등의 정부 지원이 있다. (나) 정부 지원은 문화예술계, 영화계, 출판계 별로 이루어지고 있다. (다) 각 분야 별로 각각 한국문화예술위원회(예술위), 영화진흥위원회(영진위), 한국출판문화산업진흥원(출판진흥원)에 의하여 지원사업이 수행되고 있다. (라) 이들 기관에 지원을 신청한 개인 · 단체 가운데 이념적 성향이나 정치적 견해가 좌편향된 경우가 있다. (마) 분야별로 예술위, 영진위, 출판진흥원이 각각 수행하는 각종 사업에서 좌파 등에 대한 지원을 배제한다. 을의 지원배제 지시는 청와대에서 문체부 공무원을 통하여 예술위, 영진위, 출판진흥원에 각각 하달되었다.

을의 지시를 받은 문체부 공무원은 예술위, 영진위, 출판진흥회 직원들로 하여금 다음의 행위를 하도록 하였다. (가) 예술위원장, 예술위원에게 배제 지시를 전달하는 행위. (나) 지원배제 방침이 관철될 때까지 사업진행 절차를 중단하는 행위. (다) (중략.) (라) 상영불가 통보 행위. (마) 책임심의위원 후보자 명단, 공모사업 신청자 및 각 단계별 심의 통과자 명단을 문체부 공무원에게 송부하는 행위. (바) 공모사업 진행 중 문체부 공무원에게 수시로 심의 진행 상황을 보고하는 행위. {위의 행위 가운데 (가) 내지 (라)행위를 ㉮행위로 통칭함.} {위의 행위 가운데 (마), (바) 행위를 ㉯행위로 통칭함.} ㉮, ㉯행위는 ⓐ시점부터 ⓒ시점 사이에 이루어졌다. ⓐ시점과 ⓒ시점의 중간인 ⓑ시점에 을은 대통령 비서실장에서 사임하였다.

특별검사는 갑, 을, 병으로부터 문체부 공무원에 이르기까지의 사람들이 공모하여 직권남용죄를 범하였다고 판단하였다. 특별검사는 을, 병 등을 직권남용죄의 공동정범으로 기소하였다. (이하 을을 중심으로 검토함.) 을의 피고사건은 제1심을 거친 후, 항소심에 계속되었다. 항소법원은 다음의 이유를 들어서 유죄를 인정하였다. (가) 을은 (전)대통령, 정무수석, 교문수석, 문체부 공무원 등과 공모하여 대통령, 비서실장, 정무수석, 교문수석, 문체부 장관 등의 직권을 남용하였다. (나) 을 등과 공모한 문체부 공무원은 예술위, 영진위, 출판진흥회 직원들로 하여금 ㉮, ㉯행위라는 의무없는 일을 하게 하였다. (다) 을의 단일 지시에 의하여 이루어진 ㉮, ㉯행위는 전부가 하나의 포괄일죄를 구성한다. (라) 을은 ⓑ시점에 비서실장에서 퇴임하였다. (마) 그러나 공범(병 등)에 의하여 포괄일죄 관계에 있는 나머지 범행이 이루어졌으므로 을은 그 부분에 대하여도 공범으로서 죄책을 부담한다. (바) 결국 을은 ㉮, ㉯행위 전부에 대해 직권남용권리행사방해죄가 인정된다. 을은 불복 상고하였다.

대법원은 다음의 이유를 제시하여 원심판결을 파기환송하였다. 대법원은 먼저 을의 행위가 직권남용에 해당하는지를 판단하였다. 대법원은 직권남용의 '남용' 부분에 대해 다음과 같이 설시하였다. (가) 직권남용권리행사방해죄는 (ㄱ) 공무원이 (ㄴ) 일반적 직무권한에 속하는 사항에 관하여 (ㄷ) 직권을 행사하는 모습으로 (ㄹ) 실질적, 구체적으로 위법 · 부당한 행위를 한 경우에 성립한다. (나) '직권남용'이란 공무원이 일반적 직무권한에 속하는 사항에 관하여 그 권한을 위법 · 부당하게 행사하는 것을 뜻한다. (다) 남용에 해당하는가를 판단하는 기준은 (ㄱ) 구체적인 공무원의 직무행위가 본래 법령에서 그 직권을 부여한 목적에 따라 이루어졌는지, (ㄴ) 직무행위가 행해진 상황에서 볼 때 필요성 · 상당성이 있는 행위인지, (ㄷ) 직권행사가 허용되는 법령상의 요건을 충족했는지 등을 종합하여 판단하여야 한다. 대법원은 을의 행위가 직권남용에 해당한다고 판단하였다.

대법원은 이어서 을의 행위가 '사람으로 하여금 의무 없는 일을 하게 하였는지'에 대해 판단하였다. 대법원은 '의무 없는 일을 하게 하다'라는 요건의 의미를 다음과 같이 설시하였다. (가) 직권남용권리행사방해죄는 단순히 공무원이 직권을 남용하는 행위를 하였다는 것만으로 곧바로 성립하는 것이 아니다. (나) 직권을 남용하여 현실적으로 다른 사람이 법령상 의무 없는 일을 하게 하였거나 다른 사람의 구체적인 권리행사를 방해하는 결과가 발생하여야 하고, 그 결과의 발생은 직권남용 행위로 인한 것이어야 한다. (다) '사람으로 하여금 의무 없는 일을 하게 한 것'과 '사람의 권리행사를 방해한 것'은 형법 제123조가 규정하고 있는 객관적 구성요건요소인 '결과'로서 둘 중 어느 하나가 충족되면 직권남용권리행사방해죄가 성립한다. (라) 이는 '공무원이 직권을 남용하여'와 구별되는 별개의 범죄성립요건이다. (마) 따라서 공무원이 한 행위가 직권남용에 해당한다고 하여 그러한 이유만으로 상대방이 한 일이 '의무 없는 일'에 해당한다고 인정할 수는 없다. (바) '의무 없는 일'에 해당하는지는 직권을 남용하였는지와 별도로 상대방이 그러한 일을 할 법령상 의무가 있는지를 살펴 개별적으로 판단하여야 한다. (사) 직권을 남용한 행위가 위법하다는 이유로 곧바로 그에 따른 행위가 의무 없는 일이 된다고 인정하면 '의무 없는 일을 하게 한 때'라는 범죄성립요건의 독자성을 부정하는 결과가 되고, '권리행사를 방해한 때'의 경우와 비교하여 형평에도 어긋나게 된다.

대법원은 '의무 없는 일을 하게 한 때'의 판단기준에 대해 다음과 같이 설시하였다. (가) (ㄱ) 직권남용 행위의 상대방이 일반 사인인 경우 (ㄴ) 특별한 사정이 없는 한 (ㄷ) 직권에 대응하여 따라야 할 의무가 없으므로 (ㄹ) 그에게 어떠한 행위를 하게 하였다면 (ㅁ) '의무 없는 일을 하게 한 때'에 해당할 수 있다. (나) 그러나 (ㄱ) [직권남용 행위의] 상대방이 공무원이거나 법령에 따라 일정한 공적 임무를 부여받고 있는 공공기관 등의 임직원인 경우에는 (ㄴ) 법령에 따라 임무를 수행하는 지위에 있으므로 (ㄷ) 그가 직권에 대응하여 어떠한 일을 한 것이 의무 없는 일인지 여부는 (ㄹ) 관계 법령 등의 내용에 따라 개별적으로 판단하여야 한다.

(다) (중략) 다른 공무원, 부서 또는 유관기관 등과의 협조 또는 의견교환 등은 행정의 효율성을 높이기 위하여 필요하고, 동등한 지위 사이뿐만 아니라 상하기관 사이, 감독기관과 피감독기관 사이에서도 이루어질 수 있다. (라) 이러한 관계에서 (ㄱ) 일방이 상대방의 요청을 청취하고 자신의 의견을 밝히거나 협조하는 등 요청에 응하는 행위를 하는 것은 (ㄴ) 특별한 사정이 없는 한 (ㄷ) 법령상 의무 없는 일이라고 단정할 수 없다.

(마) 결국 (ㄱ) 공무원이 직권을 남용하여 사람으로 하여금 어떠한 일을 하게 한 때에 (ㄴ) 상대방이 공무원 또는 유관기관의 임직원인 경우에는 (ㄷ) 그가 한 일이 형식과 내용 등에 있어 직무범위 내에 속하는 사항으로서 (ㄹ) 법령 그 밖의 관련 규정에 따라 직무수행 과정에서 준수하여야 할 원칙이나 기준, 절차 등을 위반하지 않는다면 (ㅁ) 특별한 사정이 없는 한 (ㅂ) 법령상 의무 없는 일을 하게 한 때에 해당한다고 보기 어렵다.

대법원은 관련 규정들을 분석하였다(내용 생략함). 대법원은 을의 행위에 대해 다음과 같이 판단하였다. (가) 예술위 · 영진위 · 출판진흥원과 관련된 법령들의 내용에 비추어 보면, (ㄱ) 예술위 · 영진위 · 출판진흥원 직원들은 (ㄴ) 위 각 법인의 위원들의 직무상 독립을 보장하고 (ㄷ) 각 법인이 자율적으로 사업목적을 수행할 수 있도록 보조하는 업무를 수행할 (ㄹ) 법령상 의무가 있다. (나) 따라서 이러한 법령에서 정한 직무범위를 벗어나거나 법령에서 정한 의무에 위배되는 행위를 하게 하였다면 형법 제123조에서 정한 '의무 없는 일을 하게 한 때'에 해당할 수 있다. (다) (ㄱ) 문체부 공무원이 예술위 · 영진위 · 출판진흥원 직원들로 하여금 ㉮행위를 하게 한 것은 (ㄴ) 모두 위원들의 독립성을 침해하고 자율적인 절차진행과 운영을 훼손하는 것으로서 (ㄷ) 위에서 본 예술위 · 영진위 · 출판진흥원 직원들이 준수해야 하는 법령상 의무에 위배되므로 (ㄹ) '의무 없는 일을 하게 한 때'에 해당한다.

(라) 을 등이 공모하여 예술위 · 영진위 · 출판진흥원 직원들에게 지시한 ㉮, ㉯행위는 직권을 남용한 것이다. (마) 그런데 예술위 · 영진위 · 출판진흥원 직원들이 그 지시에 따라서 한 일이 의무 없는 일인지를 판단할 때에는 직원들에게 그 일이 법령상 의무 없는 일인지를 독자적으로 따져야 한다. (바) 예술위 · 영진위 · 출판진흥원은 사업의 적정한 수행에 관하여 문체부의 감독을 받으므로 일반적으로 지원사업의 진행 상황을 보고하는 등 문체부의 지시에 협조할 의무가 있다. (사) 그렇다면 예술위 · 영진위 · 출판진흥원 직원들의 ㉯행위

는 의무 없는 일에 해당하기 어렵다고 볼 여지도 있다.

대법원은 직권남용죄의 죄수 판단에 대해 다음과 같이 설시하였다. (가) (ㄱ) 동일 죄명에 해당하는 수 개의 행위 또는 연속된 행위를 (ㄴ) 단일하고 계속된 범의 아래 (ㄷ) 일정 기간 계속하여 행하고 (ㄹ) 그 피해법익도 동일한 경우에는 (ㅁ) 이들 각 행위를 통틀어 포괄일죄로 처단하여야 한다. (나) 그러나 범의의 단일성과 계속성이 인정되지 아니하거나 범행방법이 동일하지 않은 경우에는 각 범행은 실체적 경합범에 해당한다.

대법원은 을의 행위에 대한 포괄일죄 여부에 대해 다음과 같이 판단하였다. (가) ㉮, ㉯행위는 을의 지시로 마련된 계획에 따라 이루어졌다[전체고의]. (나) 그러나 ㉮, ㉯행위는 예술위 · 영진위 · 출판진흥원이라는 서로 다른 공공기관을 통하여 각 기관이 주관하는 사업별로 별도로 실행되었다. (다) (중략.) (라) 각 사업수행자별 사업 사이 및 각 연도별 사업 사이에서는 범의의 단일성과 방법의 동일성을 인정하기 어렵다. (마) 따라서 원심이 들고 있는 사정[을의 지시; 전체고의]을 고려하더라도 ㉮, ㉯행위의 직권남용권리행사방해죄 전부를 포괄일죄로 볼 수는 없다.

대법원은 직권남용죄와 공모관계 이탈의 관계에 대해 다음과 같이 판단하였다. (가) 직권남용권리행사방해죄는 공무원에게 직권이 존재하는 것을 전제로 하는 범죄이다. (나) 직권은 국가의 권력 작용에 의해 부여되거나 박탈되는 것이므로, 공무원이 국가의 명에 따라 공직에서 퇴임하면 해당 직무에서 벗어나고 대외적으로도 공표된다. (다) 을이 ⓑ시점에 비서실장에서 퇴임한 이후에는 위와 같은 직권이 존재하지 않는다. (라) 그러므로 을이 퇴임 후에도 실질적 영향력을 행사하는 등으로 퇴임 전 공모한 범행에 관한 기능적 행위지배가 계속되었다고 인정할 만한 특별한 사정이 없는 한, 퇴임 후의 범행에 관하여는 공범으로서 책임을 지지 않는다고 보아야 한다. (마) 원심으로서는 위와 같은 사정에 관하여 심리한 다음 을의 공모와 기능적 행위지배가 미치는 범위를 확정하였어야 한다.

2008도7312

2010. 1. 28. 2008도7312, 공 2010상, 471 = 『광역수사대 재이첩 사건』 :

갑은 M지방경찰청 광역수사대 단장이다. A는 유력인사이다. B는 A의 아들이다. M지방경찰청 산하에 N경찰서가 있다. N경찰서 관내에서 B가 C를 폭행하였다는 첩보가 입수되었다(㉠폭행사건). N경찰서 소속 경찰관 D 등은 ㉠사건의 수사에 임하였다. A는 갑에게 ㉠폭행사건의 무마를 부탁하였다. 갑은 D에게 ㉠사건의 수사를 중단하고 M광역수사대로 이첩하도록 지시하였다. M광역수사대 소속 경찰관 E 등은 ㉠사건의 수사에 임하였다. 갑은 E에게 ㉠사건의 수사를 중단하고 N경찰서로 이첩하도록 지시하였다. [N경찰서 소속 경찰관 F 등은 ㉠사건의 수사에 임하였다.]

검사는 갑을 다음의 공소사실로 직권남용죄로 기소하였다. (가) D, E 등에 대한 수사중단 지시 : 권리행사방해에 의한 직권남용죄. (나) D, E 등에 대한 사건이첩 지시 : 의무 없는 일을 하게 한 직권남용죄. 갑의 피고사건은 제1심을 거친 후, 항소심에 계속되었다. 항소법원은 다음과 같이 판단하였다. (가) D, E 등에 대한 수사중단 지시 : 권리행사방해에 의한 직권남용죄 유죄. (나) D, E 등에 대한 사건이첩 지시 : 의무 없는 일을 하게 한 직권남용죄 무죄. 갑은 유죄 부분에 불복하여 상고하였다. 검사는 무죄 부분에 불복하여 상고하였다.

대법원은 다음의 이유를 제시하여 상고를 모두 기각하였다. 대법원은 직권남용죄의 권리에 대해 다음과 같이 설시하였다. (가) 형법 제123조는 "공무원이 그 직권을 남용하여 사람으로 하여금 의무 없는 일을 하게 하거나 사람의 권리행사를 방해한 때에는 5년 이하의 징역, 10년 이하의 자격정지 또는 1천만원 이하의 벌금에 처한다"라고 규정하고 있다. (나) 여기서 말하는 '권리'는 법률에 명기된 권리에 한하지 않고 법령상 보호되어야 할 이익이면 족하다. (다) 공법상의 권리인지 사법상의 권리인지를 묻지 않는다. (라) 경찰관직무집행법의 관련 규정을 근거로 경찰관은 범죄를 수사할 권한을 가지고 있다. (마) 이러한 범죄수사권은 직권남용권리행사방해죄에서 말하는 '권리'에 해당한다. (바) D 등 N경찰서 소속 경찰관들의 구체적인 수사권 및 E 등 광역수사대 소속 경찰관들의 구체적인 수사권이 이미 발생한 상태였다. (사) 갑 등의 행위로 인하여 수사가 중단되거나 수사 첩보가 M지방경찰청 광역수사대로부터 N경찰서로 이첩됨으로써 위 경찰관들의 수사권이 침해된 사실이 인정된다.

대법원은 권리행사를 방해한 경우와 의무 없는 일을 하게 한 경우의 관계에 대해 다음과 같이 판단하였다. (가) 이 사건과 같이 상급 경찰관이 직권을 남용하여 부하 경찰관들의 수사를 중단시키거나 사건을 다른 경찰관서로 이첩하게 한 경우가 있다. (나) 이 경우 일단 '부하 경찰관들의 수사권 행사를 방해한 것'에 해당한다. (다) 아울러 '부하 경찰관들로 하여금 수사를 중단하거나 사건을 다른 경찰관서로 이첩할 의무가 없음에도 불구하고 수사를 중단하게 하거나 사건을 이첩하게 한 것'에도 해당된다고 볼 여지가 있다. (라) 그러나 이는 어디까지나 하나의 사실을 각기 다른 측면에서 해석한 것에 불과한 것이다. (마) 권리행사를 방해함으로 인한 직권남용권리행사방해죄와 의무 없는 일을 하게 함으로 인한 직권남용권리행사방해죄가 별개로 성립하는 것이라고 할 수는 없다. (바) 따라서 위 두 가지 행위 태양에 모두 해당하는 것으로 기소된 경우, 권리행사를 방해함으로 인한 직권남용권리행사방해죄만 성립하고 의무 없는 일을 하게 함으로 인한 직권남용권리행사방해죄는 따로 성립하지 아니하는 것으로 봄이 상당하다.

(사) 다만 공소제기권자인 검사는 위와 같은 사안에 있어 재량에 따라 의무 없는 일을 하게 함으로 인한 직권남용권리행사방해죄로 공소를 제기할 수도 있다. (아) 그러므로 그 경우 법원이 그 공소범위 내에서 직권남용권리행사방해죄로 인정하여 처벌하는 것은 가능하다.

(자) 원심이 이 사건 공소사실 중 '권리행사를 방해하였다'는 부분은 유죄로 인정하고, '의무 없는 일을 하게 하였다'는 부분은 무죄라고 판단한 것은 위와 같은 법리에 따른 것으로서 정당하다.

2013도16162

2017. 3. 9. 2013도16162, 공 2017상, 713 = **『접견요구 변호사 체포 사건 1』**:

(2013도16162 판결과 2013도2168 판결을 종합하여 사실관계를 정리함.) P자동차회사에 Q노동조합 P회사 지부가 있다. P회사와 Q노조 사이에 노동쟁의가 발생하였다. Q노조 측은 P회사의 M공장을 점거하여 파업쟁중이다. [전투경찰대가 출동하여 농성장 주변에서 만일의 사태에 대비하였다.] 갑은 근무경력 20년 이상인 경찰관이다. 갑은 M공장 점거농성 현장에서 전투경찰대를 지휘하는 지휘관이다. 을은 변호사이다. 을은 Q노조 P회사 지부를 관할하는 R노동위원회 위원장이다. A, B, C 등은 노조원들이다. K는 Q노조 위원장이다.

(연도 생략함.) 6. 22. 을은 K로부터 다음 내용의 ㉠공문을 받았다. "Q노동조합 P자동차지부 파업투쟁으로 인한 대량 연행자 발생 시 신속한 변호사 접견이 이루어질 수 있도록 적절한 조치를 취해 줄 것을 부탁한다." 6. 26. 을은 Q노조와 P회사 측 및 전투경찰이 대치하고 있는 현장으로 갔다. 조합원 A, B 등 6명은 경찰과 부식 반입 문제를 협의하거나 기자회견장 촬영을 위해 M공장 밖으로 나왔다. 전투경찰대원 D 등은 '고착관리'라는 명목으로 A 등 6명의 조합원을 방패로 에워싸 30분 내지 40분 동안 이동하지 못하게 격리하였다. 이 과정에서 전투경찰대원 D 등은 A 등에 대해 '고착관리'의 이유를 알려주지 않았다. 을은 변호사임을 밝혔다. 을은 경찰관들에게 이의를 제기하면서 A, B 등에 대한 접견을 요구하였다.

M공장으로부터 다시 C가 바깥으로 나왔다. 경찰은 C를 둘러싸고 10분 동안 이동하지 못하게 격리하였다. 을은 이의를 제기하였다. 을은 변호사 신분증을 손에 들고 변호사임을 밝히면서 A, B, C 등과의 접견을 요구하였다. 현장 지휘관 갑은 이에 대해 아무런 반응을 보이지 않았다. 전투경찰대원들은 C를 둘러싼 채 연

행하여 ⓛ승합차에 태웠다. 을은 A, B, C 등과의 접견을 계속하여 요청하면서 체포된 C가 탑승한 ⓛ승합차를 막아섰다. 전투경찰대원들은 방패로 을을 강하게 밀어내었다. 을은 위법한 공무집행이라고 항의하면서 전투경찰대원들의 방패를 손으로 잡아당기거나 전투경찰대원들을 발로 차고 몸으로 밀었다. 이 과정에서 전투경찰대원 D와 E가 상해를 입었다. 현장 지휘관 갑은 을의 접견요청을 받은 때로부터 2, 3분 만에 을을 경찰의 체포·호송에 관한 공무집행을 방해한 현행범인으로 체포하였다.

을은 현장 지휘관 갑을 고소하였다. 검사는 경찰관 갑에 대해 불기소처분을 내렸다. 을은 검사의 불기소처분에 불복하여 재정신청을 하였다. 관할 고등법원은 공소제기명령을 내렸다. 검사는 갑을 다음의 공소사실로 기소하였다(2013도16162 판결 부분). (가) 변호사 을에 대한 접견불허조치 : 직권남용권리행사방해죄(㉮공소사실). (나) 변호사 을에 대한 체포 : 직권남용체포죄(㉯공소사실).

한편 검사는 변호사 을을 다음의 공소사실로 기소하였다(2013도2168 판결 부분). (가) 전투경찰대원 D, E에 대한 폭행 : 공무집행방해죄(㉰공소사실), (나) 전투경찰대원 D, E에 대한 상해 : 상해죄(㉱공소사실).

(이하 갑의 ㉮, ㉯공소사실에 대해 고찰함.) 경찰관 갑의 피고사건은 제1심을 거친 후, 항소심에 계속되었다. 항소법원은 유죄를 인정하였다. 갑은 불복 상고하였다. 갑은 상고이유로 다음의 점을 주장하였다. (가) 노조원 A, B, C의 격리조치는 경찰관 직무집행법 제6조 제1항에 따른 범죄의 예방·제지 조치로서 적법하다. (나) 을은 C의 변호인으로 선임된 바가 없으므로 접견교통권이 없다. (다) 설사 접견교통권이 인정되더라도 을의 행위는 접견교통권의 남용에 해당한다. (라) 접견교통권을 남용하는 변호인을 현행범으로 체포하는 행위는 적법하다. (마) 갑에게는 직권남용권리행사방해 및 직권남용체포의 고의가 없었다.

대법원은 다음의 이유를 제시하여 상고를 기각하였다. 대법원은 갑의 A 등에 대한 격리조치의 적법성에 대해 다음과 같이 판단하였다. (가) 갑은 A, B 등 조합원 6명을 전투경찰대원들을 동원하여 방패로 에워싸고 30분 내지 40분 동안 이동하지 못하게 하다가 연행한 것과 잠시 후 같은 방법으로 C를 10분 동안 이동하지 못하게 하였다. (나) 이것은 A, B, C 등 조합원들이 이동하지 못하게 된 경위와 모습, 동원된 전투경찰대원의 수와 태도, 그와 같은 상태가 지속된 시간 등을 고려할 때, 경찰관 직무집행법 제6조 제1항에 근거한 행정상 즉시강제가 아니라 사실상 체포에 해당한다.

(다) 당시 C는 다수의 전투경찰대원들에게 둘러싸인 채 이의를 제기하였을 뿐 달아나려고 하거나 폭력을 행사하면서 대항하지 않았다. (라) 당시 노조와 사측 또는 노조원들과 전투경찰대원들 사이의 물리적 충돌이 임박했다고 볼 정도로 급박한 대치상황도 아니었다. (마) 갑은 C를 사실상 체포하면서도 그 이유 등을 제대로 고지하지 아니하다가 을 등의 항의를 받고 나서야 비로소 체포이유 등을 고지하였다. (바) 이러한 사정에 비추어 C에 대한 체포행위는 형사소송법에서 정한 현행범인 체포 절차를 준수하지 못한 것으로서 위법하다.

대법원은 을의 접견교통권 존부에 대해 다음과 같이 판단하였다. (가) 형사소송법 제34조는 "변호인 또는 변호인이 되려는 자는 신체구속을 당한 피고인 또는 피의자와 접견하고 서류 또는 물건을 수수할 수 있으며 의사로 하여금 진료하게 할 수 있다."라고 규정하고 있다. (나) 변호인이 되려는 의사를 표시한 자가 객관적으로 변호인이 될 가능성이 있다고 인정되는데도, 형사소송법 제34조에서 정한 '변호인 또는 변호인이 되려는 자'가 아니라고 보아 신체구속을 당한 피고인 또는 피의자와 접견하지 못하도록 제한하여서는 아니 된다.

(다) (사실관계 일부 : 생략함.) (라) 경찰은 C에게 을을 변호인으로 선임하거나 접견할 의사가 있는지 여부를 확인하지 않았다. (마) C는 법률에 문외한이고 변호사인 을을 직접 알지 못하였으므로, 자신에게 형사소송법에서 정한 피의자로서의 접견교통권이 있음을 전제로 을에게 먼저 변호인 선임을 의뢰하거나 접견을 요청하기 어려웠다. (바) 이 때문에 노동조합으로부터 ㉠공문을 받은 변호사인 을이 주도적으로 접견을 요청할 필요성이 있었다. (사) 을은 C의 '변호인이 되려는 자'로서 형사소송법 제34조에서 정한 접견교통권을 갖는

지위에 있었다. (아) 그러므로 갑은 을이 C를 접견하는 것을 제한할 수 없었다.

대법원은 접견교통권 남용의 기준에 대해 다음과 같이 설시하였다. (가) 변호인 또는 변호인이 되려는 자의 접견교통권은 신체구속제도 본래의 목적을 침해하지 아니하는 범위 내에서 행사되어야 한다. (나) 변호인 또는 변호인이 되려는 자가 구체적인 시간적·장소적 상황에 비추어 현실적으로 보장할 수 있는 한계를 벗어나 피고인 또는 피의자를 접견하려고 하는 것은 정당한 접견교통권의 행사에 해당하지 아니하여 허용될 수 없다. (다) 다만 접견교통권이 그와 같은 한계를 일탈한 것이어서 허용될 수 없다고 판단함에 있어서는 신체구속을 당한 사람의 헌법상 기본적 권리인 변호인의 조력을 받을 권리의 본질적인 내용이 침해되는 일이 없도록 신중을 기하여야 한다.

대법원은 을의 접견교통권 남용 여부에 대해 다음과 같이 판단하였다. (가) 을이 갑에게 C에 대한 체포절차가 위법하다며 계속하여 이의를 제기하는데도 아무런 조치가 없었다. (나) 을은 가능한 한 빨리 C를 접견하여 사건의 내용을 정확히 파악하고 후속 대응방안을 강구할 필요가 있었다. (다) 반면에 C가 체포될 당시의 현장 상황에 비추어 보면, 노조와 사측 사이에 대치상황이 발생하거나 노조원들과 전투경찰대원들 사이에 물리적 충돌이 빚어질 우려가 없었다. (라) 또한 을이 다른 조합원들과 합세하여 C를 도주하게 하거나 범행 현장의 증거를 인멸하려고 하는 등의 사정이 없었다. (마) 그러므로 갑이 을의 C에 대한 접견 요청을 체포현장에서 수락한다고 하여 체포제도 본래의 목적에 반한다고 볼 수 없다.

(바) 수사기관에 의한 체포가 형사소송법에서 정한 절차를 준수하지 않았다고 볼 사정이 있다면 체포된 피의자의 변호인이 되려는 자는 일련의 체포 과정에서 그 위법성을 지적하면서 항의할 수 있다고 보아야 한다. (사) 을이 갑에게 계속하여 접견을 요청한 것은 체포된 C의 변호인이 되려는 자로서 접견교통권을 신체구속제도 본래의 목적을 침해하지 아니하는 범위 내에서 행사한 것이고 그 한계를 일탈하지 아니하였다.

대법원은 공무집행방해죄의 적법성 요건에 대해 다음과 같이 설시하였다. (가) 형법 제136조가 규정하는 공무집행방해죄는 공무원의 직무집행이 적법한 경우에 한하여 성립한다. (나) 여기서 적법한 공무집행은 그 행위가 공무원의 추상적 권한에 속할 뿐 아니라 구체적 직무집행에 관한 법률상 요건과 방식을 갖춘 경우를 가리킨다. (다) 경찰관이 현행범인 체포의 요건을 갖추지 못하였는데도 실력으로 현행범인을 체포하였다면 적법한 공무집행이라고 볼 수 없다.

대법원은 을의 공무집행방해 여부에 대해 다음과 같이 판단하였다. (가) 을은 변호사 신분증을 손에 든 채 수회에 걸쳐 변호사임을 밝히면서 체포된 C의 변호인이 되려는 자로서 정당하게 접견을 요청하였다. (나) 갑은 이에 대하여 아무런 반응을 보이지 않았고, 전투경찰대원들이 C를 둘러싼 채 연행하여 승합차에 태웠다. (다) 을이 계속하여 C와의 접견을 요청하면서 체포된 C가 탑승한 승합차를 막아섰다. (라) 그러자 전투경찰대원들이 을을 둘러싸고 밀어내면서 몸싸움이 시작되었다. (마) 그 와중에 을이 별다른 유형력을 행사하지 않았는데도, 갑이 접견요청을 받은 때로부터 불과 2, 3분 만에 을을 현행범인으로 체포하였다.

(바) 갑은 체포 현장에서 을의 접견 요청을 수락할 수 있었다고 보인다. (사) 설령 체포 현장에서의 접견이 곤란하다고 생각하였다고 하더라도 을에게 현장 상황을 설명하고 나중에 경찰서 등 다른 장소에서 접견하게 해 주겠다고 안내하는 것을 비롯한 적절한 조치를 취하는 것이 가능하였다.

(아) 이상의 점에 비추어, 을을 경찰의 체포·호송에 관한 공무집행을 방해한 현행범인이라고 볼 수 없다. (자) 경찰공무원인 갑이 현행범인 체포의 요건을 갖추지 못한 채 을을 체포한 행위는, 비록 외형상으로는 경찰의 직무집행 범위에 속한다고 하더라도 실질은 직무집행의 법령상 요건과 필요성 및 상당성을 결여한 것이어서 적법한 공무집행이 아니다.

대법원은 직권남용 고의의 요건에 대해 다음과 같이 설시하였다. (가) 현행범인 체포의 요건을 갖추었는지 여부에 관한 검사나 사법경찰관 등의 판단에는 상당한 재량의 여지가 있다. (나) 그러나 체포 당시 상황으로 보아도 요건 충족 여부에 관한 검사나 사법경찰관 등의 판단이 경험칙에 비추어 현저히 합리성을 잃은 경우 그 체포는 위법하다고 보아야 한다. (다) 그리고 범죄의 고의는 확정적 고의뿐만 아니라 결과 발생에 대한 인식이 있고 이를 용인하는 의사인 이른바 미필적 고의도 포함한다.

(라) 그러므로 피고인이 인신구속에 관한 직무를 집행하는 사법경찰관으로서 체포 당시 상황을 고려하여 경험칙에 비추어 현저하게 합리성을 잃지 않은 채 판단하면 체포 요건이 충족되지 아니함을 충분히 알 수 있었는데도, 자신의 재량 범위를 벗어난다는 사실을 인식하고 그와 같은 결과를 용인한 채 사람을 체포하여 그 권리행사를 방해하였다면, 직권남용체포죄와 직권남용권리행사방해죄가 성립한다.

대법원은 갑의 직권남용 고의 유무에 대해 다음과 같이 판단하였다. (가) 갑은 20년 이상 인신구속에 관한 직무를 수행하는 경찰관으로 근무하였다. (나) 갑은 C를 체포할 당시에는 현장 지휘관의 임무를 맡고 있었다. (다) 그러므로 갑은 인신구속 절차를 숙지하고 있었다고 보인다. (라) 갑은 C에 대한 체포 절차가 형사소송법에서 정한 현행범인 체포의 요건을 준수하지 못하였음을 충분히 알 수 있었다. (마) 갑은 변호사인 을이 C에 대한 체포 절차의 문제점을 지적하면서 접견을 요청하였음을 알고 있다.

(바) 접견을 요청하는 변호사를 공무집행방해의 현행범인으로 체포하는 것이 흔한 일이 아니다. (사) 그런데도 갑이 앞서 다른 조합원들을 체포할 때와 달리 상부에 상황을 보고하고 지시를 기다리는 등의 절차를 거치지 아니한 채 을을 공무집행방해의 현행범인으로 체포하였다. (아) 이러한 사정에 비추어, 갑은 인신구속에 관한 직무를 행하는 공무원인 사법경찰관으로서 직권을 남용하여 을을 체포하고 을의 권리행사를 방해하였다. (자) 갑은 을에 대한 체포행위가 직무집행의 법령상 요건과 필요성 및 상당성을 결여한 것임을 적어도 미필적으로나마 인식하고 있었다.

2021도11012

2022. 4. 28. 2021도11012 **판결, 판례속보 =『수석부장 재판관여 사건』**:

갑은 서울중앙지방법원 형사수석부장판사로 재직하고 있었다. ㉠형사사건의 재판이 서울중앙지방법원에서 진행되고 있었다. 갑은 ㉠사건의 담당판사 A를 수석부장실로 불러 작성중인 ㉡판결문 수정을 요청하였다(㉮행위). 담당판사 A는 갑의 말을 권유 정도로 이해하였다. 담당판사 A는 작성중인 ㉡판결문을 수정하였다(㉯행위).

검사는 계속 중인 사건의 재판에 관여하였다는 이유로 갑을 직권남용죄로 기소하였다. 제1심법원은 무죄를 선고하였다. 검사는 불복 항소하였다. 항소법원은 항소를 기각하고, 제1심판결을 유지하였다. 검사는 불복 상고하였다.

대법원은 다음의 이유를 제시하여 상고를 기각하였다. 대법원은 항소법원의 판단을 그대로 유지하였다. (이하 항소법원의 판단을 대법원판단으로 보아 소개함.) 대법원은 직권남용죄의 직권에 관하여 다음과 같이 판단하였다. (가) 갑의 ㉮행위는 부당하거나 부적절한 재판관여행위에 해당한다. (나) 갑의 ㉮재판관여행위는 법관의 재판권에 관한 것이다. (다) 사법행정권자에게는 [법관의 재판권에 대해] 직무감독 등의 사법행정권이 인정되지 않는다. (라) ㉮재판관여행위에 관하여 갑에게 직권남용죄에서 말하는 '일반적 직무권한'이 존재하지 않는다. (마) 일반적 직무권한의 범위를 넘는 월권행위에 관하여는 직권남용죄가 성립하지 않는다. (바) 헌법, 법원조직법, 관련 대법원 규칙과 예규를 종합하더라도 갑에게 재판에 관여할 직무권한을 인정할 수 없다. (사) 결국 ㉮재판관여행위가 갑이 서울중앙지방법원 형사수석부장판사로서의 일반적 직무권한에 속하는 사항에 관하여 직권을 행사하는 모습으로 이루어진 것은 아니다.

대법원은 직권남용죄의 권리행사방해에 관하여 다음과 같이 판단하였다. (가) 직권남용죄에서 권리행사를 방해한다 함은 법령상 행사할 수 있는 권리의 정당한 행사를 방해하는 것을 말한다. (나) 이에 해당하려면 구체화된 권리의 현실적인 행사가 방해된 경우라야 한다. (다) 여기서 말하는 '권리'는 법률에 명기된 권리에 한하지 않고 법령상 보호되어야 할 이익이면 족한 것으로서, 공법상의 권리인지 사법상의 권리인지를 묻지 않는다. (라) 헌법과 법률에 의한 법관의 독립된 심판권한(헌법 제103조), 재판장의 소송지휘권(형사소송법 제279조) 역시 직권남용죄에서 말하는 '권리'에는 해당한다. (마) 그러나 담당재판장과 담당판사는 담당재판부의 논의, 합의를 거치거나 혹은 동료판사들의 의견을 구한 다음, 자신의 판단과 책임 아래 권한을 행사하였고, 갑의 요청 등을 지시가 아닌 권유나 권고 등으로 받아들였다. (바) [이러한] 사정 등에 비추어 보면, 갑의 재판관여행위가 담당재판장, 담당판사의 권한행사를 방해하였다고 볼 수 없다.

대법원은 직권남용죄의 의무 부과에 관하여 다음과 같이 판단하였다. (가) 공무원이 직권을 남용하여 사람으로 하여금 어떠한 일을 하게 한 때에 상대방이 공무원인 경우가 있다. (나) 이러한 경우에는 상대방이 한 일이 형식과 내용 등에 있어 직무범위 내에 속하는 사항으로서 법령, 그 밖의 관련 규정에 따라 직무수행 과정에서 준수하여야 할 원칙이나 기준, 절차 등을 위반하지 않는다면 특별한 사정이 없는 한 법령상 의무 없는 일을 하게 한 때에 해당한다고 보기 어렵다. (다) 담당재판장과 담당판사 등의 ㉯행위가 법령, 그 밖의 관련 규정에 따라 직무수행 과정에서 준수하여야 할 원칙이나 기준, 절차 등을 위반하였다고 보기 어렵다. (라) 결국 피고인의 재판관여행위가 담당재판장, 담당판사 등에게 의무 없는 일을 하게 한 것으로 볼 수 없다.

대법원은 직권남용죄의 결과발생과 인과관계에 대해 다음과 같이 판단하였다. (가) 직권남용죄는 단순히 공무원이 직권을 남용하는 행위를 하였다는 것만으로 곧바로 성립하는 것이 아니다. (나) 직권남용죄는 직권을 남용하여 현실적으로 다른 사람이 법령상 의무 없는 일을 하게 하였거나 다른 사람의 구체적인 권리행사를 방해하는 결과가 발생하여야 한다. (다) 그 결과의 발생은 직권남용 행위로 인한 것이어야 한다. (라) 앞서 본 바와 같이 담당재판장, 담당판사의 권리행사를 방해하거나 담당재판장, 담당판사 등으로 하여금 의무 없는 일을 하게 하였다는 결과가 발생하였다고 볼 수 없다.

(마) 설령 갑의 재판관여행위가 담당재판장이나 담당판사의 행위에 하나의 계기가 되었다고 하자. (바) 그렇다고 하더라도 담당재판장이나 담당판사는 갑의 요청을 무조건 따른 것이 아니라 위에서 본 바와 같은 논의 등을 거쳐 독립하여 재판을 수행하였고, 갑에게 법관의 재판권에 관하여 지휘·감독할 수 있는 사법행정권이 없음을 잘 알고 있었으며, 갑의 말을 권유 정도로 이해하였다. (사) 이러한 점 등에 비추어 보면, 갑의 재판관여행위와 결과 사이에 상당인과관계 또한 인정되지 않는다.

97도877

1997. 6. 13. 97도877, 공 1997, 2111 = **『보호실 입감 거부 사건』**:

갑은 M경찰서 소속 경찰관이다. [갑은 A를 ㉠혐의로 M경찰서로 연행하였다.] A는 ㉠혐의를 부인하면서 갑에게 귀가를 요청하였다. 갑은 A의 귀가요청을 거절하였다. M경찰서에는 ㉡보호실이 있다. ㉡보호실은 관행상 즉결피의자 대기실로 사용되고 있다. 갑은 다음날 즉결심판법정이 열릴 때까지 A를 ㉡보호실에 강제유치시킬 생각이었다. 갑은 ㉡보호실 직원 B에게 A의 신병을 인도하였다. B는 갑에게 A를 ㉡보호실에 입감시키라고 말하였다. 갑은 B의 지시에 따라 A를 ㉡보호실에 넣으려고 하였다. A는 ㉡보호실에의 입감을 거부하였다. ㉡보호실 입감 과정에서 갑과 A 사이에 ㉢실랑이가 있었다. ㉢실랑이 과정에서 A는 ㉣상해를 입었다. A는 ㉠보호실에 10~20분 동안 머물러 있었다.

A는 갑을 수사기관에 고발하였다. 검사는 갑에 대해 기소유예처분을 내렸다. A는 검찰청법 제10조에 기한 검찰항고를 하였다. 검찰은 재기(再起)수사를 하였다. 검사는 갑을 특정범죄가중법위반죄(체포·감금 가중처벌)로 기소하였다. 갑의 피고사건은 제1심을 거친 후, 항소심에 계속되었다. 항소법원은 유죄를 인정하였다.

갑은 불복 상고하였다. 갑은 상고이유로 다음의 점을 주장하였다. (가) ㉠장소는 경찰서 내 대기실로서 일반인과 면회인 및 경찰관이 수시로 출입하는 곳이고 여닫이 문만 열면 나갈 수 있도록 된 구조이다. (나) ㉠장소에 단시간 머물러 있게 하였던 것을 감금이라고 할 수 없어 구성요건해당성이 인정되지 않는다. (다) 즉결심판 피의자를 연행하여 다음날 즉결심판법정이 열릴 때까지 보호실에서 대기하게 하는 것은 경찰 업무상의 관행이나 지침에 따른 것이다. (라) 갑이 A를 ㉠보호실에 머물게 한 것은 정당행위로서 위법성이 조각된다. (마) 설사 A를 ㉠보호실에 머물게 한 행위가 위법하다 하더라도 이는 법률의 착오 내지 기대가능성이 없는 행위로서 책임이 조각된다. (바) 일단 기소유처분이 내려졌음에도 다시 재기수사하여 기소하는 것은 일사부재리의 원칙에 반한다.

대법원은 다음의 이유를 제시하여 상고를 기각하였다. 대법원은 불법체포·감금죄에 대해 다음과 같이 설시하였다. (가) [불법체포·]감금죄에 있어서의 감금행위는 사람으로 하여금 일정한 장소 밖으로 나가지 못하도록 하여 신체의 자유를 제한하는 행위를 가리킨다. (나) 그 방법은 반드시 물리적, 유형적 장애를 사용하는 경우뿐만 아니라 심리적, 무형적 장애에 의하는 경우도 포함하는 것이다. (다) ㉡장소가 경찰서 내 대기실로서 일반인과 면회인 및 경찰관이 수시로 출입하는 곳이고 여닫이 문만 열면 나갈 수 있도록 된 구조라고 하자. (라) 그렇다고 하여도 경찰서 밖으로 나가지 못하도록 그 신체의 자유를 제한하는 유형, 무형의 억압이 있었다면 이는 감금에 해당한다.

대법원은 갑의 행위에 대해 다음과 같이 판단하였다. (가) 갑이 A의 정당한 귀가요청을 거절한 채 경찰서 보호실 직원에게 A의 신병을 인도하고 다음날 즉결심판법정이 열릴 때까지 A를 경찰서 보호실에 강제유치시키려고 함으로써 A를 즉결피의자 대기실에 10~20분 동안 있게 하고, 이로 인하여 A를 ㉠보호실에 밀어넣으려 하는 과정에서 A로 하여금 치료일수를 알 수 없는 우견갑부좌상 등을 입게 하였다. (나) 갑을 특정범죄가중처벌등에관한법률 제4조의2 제1항, 형법 제124조 제1항을 적용하여 처단한 것은 정당하다. (다) (중략.) (라) 검사가 어떤 범죄에 대하여 일단 기소유예의 처분을 한 것을 그 후 재기하여 기소하였다 하여도 기소의 효력에는 아무런 영향이 없다.

(마) 형사소송법이나 경찰관직무집행법 등의 법률에 정하여진 구금 또는 보호유치 요건에 의하지 아니하고는 즉결심판 피의자라는 사유만으로 피의자를 구금, 유치할 수 있는 아무런 법률상 근거가 없다. (바) 경찰 업무상 그러한 관행이나 지침이 있었다 하더라도 이로써 원칙적으로 금지되어 있는 인신구속을 행할 수 있는 근거로 할 수 없다.

(사) 형법 제16조에 자기가 행한 행위가 법령에 의하여 죄가 되지 아니한 것으로 오인한 행위는 그 오인에 정당한 이유가 있는 때에 한하여 벌하지 아니한다고 규정하고 있는 것은 단순한 법률의 부지를 말하는 것이 아니고 일반적으로 범죄가 되는 경우이지만 자기의 특수한 경우에는 법령에 의하여 허용된 행위로서 죄가 되지 아니한다고 그릇 인식하고 그와 같이 그릇 인식함에 정당한 이유가 있는 경우에는 벌하지 아니한다는 취지이다. (아) 이 사건 범행의 경위 및 갑의 경찰관 복무 경력 등에 비추어 보면 갑의 판시와 같은 감금, 유치행위가 법령에 의하여 죄가 되지 아니하는 것으로 오인하였다고 볼 수 없다. (자) 뿐만 아니라 갑이 경찰서 보호실 근무자로부터 보호유치 지시를 받았다 하여 그러한 위법한 명령에 따라야 할 의무가 없다. (차) 위와 같은 오인을 하게 된 데에 대하여 정당한 이유가 있다거나 갑이 A의 보호실유치를 회피할 가능성이 없었다고 인정하기 어렵다.

97다10215

1999. 1. 26. 97다10215, 공 1999, 330 =『산업스파이 수사자료 사건』:

(형사판례가 없으므로 민사판례를 소개함.) P회사가 있다. Q회사와 R회사는 P회사와 경쟁관계에 있다.

P회사의 대표이사는 A이다. 갑은 P회사 상품기획부 차장이다. 을은 P회사 재무관리부 과장이다. B는 P회사의 물류과장이다. B는 P회사에 다음 내용의 제보를 하였다(㉮혐의사실). (가) 갑과 을은 P회사의 사업계획서 등 기밀서류를 복사하여 경쟁사인 Q회사의 C에게 건네주었다. (나) 갑과 을은 P회사의 사업계획서 등 기밀서류를 복사하여 경쟁사인 R회사의 D에게 건네주었다. 1991. 1. 11. A는 관할 M지방검찰청에 ㉮혐의사실로 갑과 을을 고소하였다. M지방검찰청 검사 E는 A와 B를 소환하여 조사하였다. 1991. 1. 22. 검사 E는 갑과 을을 소환하여 신문하였다. 1991. 1. 22. 검사 E는 ㉮혐의사실로 관할법원으로부터 구속영장을 발부받아 갑을 구속하였다.

1991. 1. 22. 검사 E는 M지방검찰청 [자신의] 검사실에서 S신문사 사회부 소속 기자 F 등 기자들이 동석한 가운데 갑과 을에 대한 피의사실을 요약 · 정리한 ㉠수사자료를 배포하였다. 검사 E는 ㉠수사자료와 함께 다음 내용의 ㉡수사경위를 발표하였다. (가) P회사의 대표이사 A 등 ㉮사건 관계자들을 조사하였다. (나) 그 결과 갑 등이 경쟁업체에 스카우트되기 위하여 P회사의 영업비밀을 유출하였음이 밝혀졌다. 검사 E는 ㉮사건에 대한 앞으로의 ㉢수사방침에 대하여 발표하였다. ㉮사건의 내용은 S신문에 기사화되어 보도되었다.

㉮사건의 조사과정에서 나타난 관련자들의 진술은 다음과 같다. A는 다음과 같이 진술하였다. "갑이 회사기밀을 유출한 현장에 동행하였다는 B로부터 갑 등의 범행을 전해 들었다. 갑 등의 범행을 직접 목격하지는 아니하였다." B는 다음과 같이 진술하였다. (가) "갑이 P회사의 조직개요, 마케팅 전략 등이 수록된 약 20페이지 분량의 복사된 책자를 넘겨주고, 회사경영방법, 91[년]월별판매촉진계획 등에 관한 기밀서류를 보여주면서 구두로 회사기밀을 알려 주었다." (나) "그 서류의 내용이 정확히 무엇인지 나아가 그것이 회사의 기밀사항에 속하는 것인지도 알지 못하고 다만 갑이 위 서류를 건네주면서 '이것이 P회사의 마케팅 기본전략이다.'라고 말하여 그 서류가 회사기밀서류인 것으로 생각하였다." 을은 다음과 같이 진술하였다. (가) "갑이 2페이지 분량의 서류를 넘겨주었으나 그 내용은 알지 못한다." (나) "그 외에 'P회사의 조직 내용'에 관한 파일 1권과 시험지 몇 장을 보여주었다." 갑은 Q회사의 C, R회사의 D 등을 만난 사실은 인정하였다. 갑은 C, D에게 P회사의 기밀사항을 누설한 사실을 일체 부인하였다.

검사는 다음 요지의 공소사실로 갑을 업무상 배임죄 및 절도죄로 기소하였다(㉯공소사실). "갑은 업무상 알게 된 P회사의 영업기밀을 유출하여 P회사에 손해를 가하고, 회사기밀문건을 복사하여 절취하였다." ㉯공소사실 중 업무상 배임 부분에 대하여는 공소가 취소되었다. ㉯공소사실 중 절도 부분에 대하여는 공소장 변경절차를 거쳐 무죄판결이 선고되었다(㉰무죄판결). ㉰무죄판결은 확정되었다.

갑은 대한민국을 상대로 손해배상 청구소송을 제기하였다(㉱소송). 청구원인은 명예훼손죄 및 피의사실공표죄에 의한 불법행위이다. ㉱소송은 제1심을 거친 후, 항소심에 계속되었다. 항소법원은 원고 승소판결을 선고하였다. 피고 대한민국은 불복 상고하였다. 피고는 상고이유로 다음의 점을 주장하였다. (가) ㉮피의사실이 당시로서는 일반 국민들에게 다소 생소한 이른바 산업 스파이에 관한 것이어서 일반 국민들의 관심의 대상이 될 만한 사항이었다. (나) 이를 국민들에게 알릴 현실적 필요성이 있었다. (다) 발표 당시 ㉮피의사실을 뒷받침할 만한 어느 정도의 증거는 확보되어 있었다. (라) 따라서 ㉮피의사실 공표행위의 위법성이 조각된다.

대법원은 다음의 이유를 제시하여 상고를 기각하였다. 대법원은 피의사실공표죄에 대해 다음과 같이 설시하였다. (가) 일반 국민들은 사회에서 발생하는 제반 범죄에 관하여 알권리를 가지고 있다. (나) 수사기관이 피의사실에 관하여 발표를 하는 것은 국민들의 이러한 권리를 충족하기 위한 방법의 일환이다. (다) 한편 헌법 제27조 제4항은 형사피고인에 대한 무죄추정의 원칙을 천명하고 있다. (라) 형법 제126조는 검찰, 경찰 기타 범죄수사에 관한 직무를 행하는 자 또는 이를 감독하거나 보조하는 자가 그 직무를 행함에 당하여 지득한 피의사실을 공판청구 전에 공표하는 행위를 범죄로 규정하고 있다. (마)형사소송법 제198조는 검사, 사법경찰관리 기타 직무상 수사에 관계 있는 자는 비밀을 엄수하며 피의자 또는 다른 사람의 인권을 존중하여야 한다고 규정하고 있다.

(바) 수사기관의 피의사실 공표행위는 공권력에 의한 수사결과를 바탕으로 한 것으로 국민들에게 그 내용이 진실이라는 강한 신뢰를 부여한다. (사) 그와 함께 그로 인하여 피의자나 피해자 나아가 그 주변 인물들에 대하여 치명적인 피해를 가할 수도 있다.

(아) 이러한 점을 고려할 때 수사기관의 발표는 원칙적으로 일반 국민들의 정당한 관심의 대상이 되는 사항에 관하여 객관적이고도 충분한 증거나 자료를 바탕으로 한 사실 발표에 한정되어야 한다. (자) 이를 발표함에 있어서도 정당한 목적하에 수사결과를 발표할 수 있는 권한을 가진 자에 의하여 공식의 절차에 따라 행하여져야 한다. (차) 무죄추정의 원칙에 반하여 유죄를 속단하게 할 우려가 있는 표현이나 추측 또는 예단을 불러일으킬 우려가 있는 표현을 피하는 등 그 내용이나 표현 방법에 대하여도 유념하지 아니하면 아니된다. (카) 따라서 수사기관의 피의사실 공표행위가 위법성을 조각하는지의 여부를 판단함에 있어서는 공표목적의 공익성과 공표 내용의 공공성, 공표의 필요성, 공표된 피의사실의 객관성 및 정확성, 공표의 절차와 형식, 그 표현 방법, 피의사실의 공표로 인하여 생기는 피침해이익의 성질, 내용 등을 종합적으로 참작하여야 할 것이다.

대법원은 검사 E의 행위와 관련된 사항에 대해 다음과 같이 판단하였다. (가) (사실관계 분석; 생략함.) (나) ㉠, ㉡, ㉢수사결과 발표 당시 고소인 등의 진술 내용이나 범행 당시의 정황에 비추어 갑이 P회사의 기밀사항을 누설한 혐의가 전혀 없다고는 할 수 없다. (다) 그러나 갑에 대한 혐의는 B 등 고소인 측의 진술에 근거한 것이다. (라) 그 진술만으로는 갑이 어떠한 서류를 넘겨주고 어떠한 내용을 누설하였는지, 또 그가 넘겨준 서류나 누설한 내용이 과연 회사기밀에 해당하는 것인지의 여부를 확실하게 단정할 수는 없는 상태였다. (마) 이러한 가운데 갑은 피의사실을 강력히 부인하고 있었다. (바) 그러므로 검사로서는 피의사실을 공표하기에 앞서 적어도 갑으로부터 서류나 기밀을 넘겨받은 상대방인 C, D 등을 참고인으로 소환하여 조사하는 등 보강수사를 통하여 이러한 사항을 명백히 밝혀 보았어야 할 것이다. (사) 검사는 이러한 수사를 하지 아니한 채 피의사실을 공표하였다.

대법원은 검사 E의 행위에 대해 다음과 같이 판단하였다. (가) 피의사실 공표 당시 피의사실의 진실성을 담보할 만한 객관적이고도 충분한 증거를 확보한 상태였다고는 할 수 없다. (나) 그럼에도 불구하고 검사는 ㉮피의사실을 공표함에 있어 수사의 진행상황에 따라 당시까지 객관적으로 밝혀진 사실만을 발표한 것이 아니라 참고인들의 불확실한 진술을 근거로 성급히 갑의 범행 동기나 그가 유출한 회사기밀의 내용, 경쟁업체 관계자들에 대한 향후 수사확대방향 등에 관하여 상세히 언급함으로써 마치 갑의 범행이 확정된 듯한 표현을 사용하였다. (다) 검사는 각 언론사의 기자들을 상대로 언론에 의한 보도를 전제로 ㉮피의사실을 공표한 것이다. (라) 언론매체를 통하여 갑에 대한 피의사실이 공표될 경우 피해자인 갑은 물론 그의 가족 등 그 주변 인물들에 대하여 사실상 회복하기 어려운 정신적, 물질적 피해를 가할 우려가 있음을 충분히 예상할 수 있었다. (마) 이상의 점 등을 고려해 본다.

(바) ㉮피의사실이 당시로서는 일반 국민들에게 다소 생소한 이른바 산업 스파이에 관한 것이어서 일반 국민들의 관심의 대상이 될 만한 사항이었고 이를 국민들에게 알릴 현실적 필요성도 없었다고는 할 수 없으며, 발표 당시 피의사실을 뒷받침할 만한 어느 정도의 증거는 확보되어 있었던 면이 인정된다고 하자. (사) 그렇다고 하더라도 그러한 사정만으로는 ㉮피의사실 공표행위의 위법성이 조각된다고 볼 수는 없다.

2013도10011

2013. 11. 28. 2013도10011, 공 2014상, 148 = 『우체국장 겸 평가위원 사건』:

하수처리장에서는 일명 '슬러지'라는 폐기물이 나온다. M광역시는 '슬러지'를 건조하여 자원화하는 하수

슬러지 육상처리시설 설치공사를 추진하였다(㉠공사). M광역시는 ㉠공사를 일괄입찰 방식으로 추진하였다. M광역시는 ㉠공사의 입찰을 조달청장에게 위임·위탁하여 진행하였다. P회사는 ㉠공사를 수주하기 위한 콘소시엄을 구성하였다. P회사는 ㉠공사의 입찰에 임하였다. 갑은 지식경제부 소속 N우체국장으로 근무중이다. 을은 P회사의 ㉠공사 입찰 총괄책임자이다. 병은 P회사의 국내영업본부 수주지원팀 임원이다.

㉠공사 설계의 심의·평가를 위한 Q위원회 구성이 진행되었다. 건설기술관리법의 관계 규정은 형법 제129조부터 제132조까지의 뇌물죄의 규정을 적용할 때에는 지방건설기술심의위원회의 위원 중 공무원이 아닌 위원은 공무원으로 본다고 규정하고 있다(㉡의제규정). 갑은 Q위원회 위원 후보자로 등록하였다. Q위원회 위원 추첨 절차가 진행되었다.

(연도 생략함.) 5. 17. 갑은 Q위원회의 평가위원으로 위촉되었다. 5. 18.과 5. 19. 갑은 Q위원회 위원으로서 ㉠공사의 낙찰자 결정을 위한 설계심의·평가업무를 수행하였다(㉢평가작업). 갑은 ㉢설계 평가에서 P회사 컨소시엄에 1위 점수를 주었다. 5. 19. Q위원회 위원장 A는 Q위원회의 설계심의·평가회의를 마쳤다. ㉠공사는 P회사 컨소시엄에 낙찰되었다(㉣낙찰). Q위원회 위원장 A는 입찰참여 업체들에게 이의가 있을 경우 3일 이내에 서면으로 제출하라고 고지하였다. 갑은 ㉢평가작업이 끝난 후 N우체국으로 돌아가 계속하여 우체국장으로 근무하였다.

5. 20. P회사 임직원 을과 병은 P회사에 1위 점수를 준 갑에게 사례로 금품을 지급하기로 하였다. 을은 자신의 사무실에서 상무 B로 하여금 갑에게 현금 3천만원을 교부하도록 지시하였다. 5. 24. 3일의 이의 기간이 지나도록 입찰참여 업체들로부터 아무런 이의가 제기되지 않았다. 5. 24. M광역시는 Q위원회 위원 후보자 명부를 폐기하였다(㉤입찰절차 종료). 5월 하순경 갑은 B를 통하여 을, 병으로부터 3천만원을 수수하였다.

특정범죄가중법 제2조 제1항은 뇌물의 가액에 따른 가중처벌의 대상으로 형법 제129조, 제130조, 제132조의 뇌물죄를 규정하고 있다. 형법 제131조 제3항은 사후수뢰죄를 규정하고 있다. 사후수뢰죄는 특정범죄가중법 가중처벌규정의 적용대상이 아니다. 공무원이 단순수뢰죄로 3천만원의 뇌물을 수수한 경우 특정범죄가중법 제2조 제1항 제3호에 따라 5년 이상의 유기징역으로 처벌된다. 이에 대해 공무원이었던 자가 사후수뢰죄로 3천만원을 수수한 경우에는 형법 제131조 제3항에 따라 5년 이하의 징역 또는 10년 이하의 자격정지로 처벌된다.

검사는 갑을 특정범죄가중법위반죄(뇌물)로, 을과 병을 뇌물공여죄로 기소하였다. 갑의 피고사건은 제1심을 거친 후, 항소심에 계속되었다. 항소법원은 다음의 이유를 들어 유죄를 인정하였다. (가) 갑이 을, 병의 지시를 받은 B로부터 Q위원회 위원의 직무수행에 대한 사례금 명목으로 3천만원을 교부받을 당시, 갑은 Q위원회 위원의 지위에는 있지 않았다. (나) 그렇다고 하더라도 갑은 계속하여 지식경제부 소속 N우체국장의 공무원 지위에 있었다. (다) 갑은 공무원으로서 과거에 담당하였던 직무집행의 대가로 3천만원을 교부받음으로써 그 직무에 관하여 뇌물을 수수하였다. (라) 을, 병은 갑에게 뇌물을 공여하였다. 갑은 불복 상고하였다.

대법원은 다음의 이유를 제시하여 원심판결을 파기환송하였다. 대법원은 건설기술관리법의 공무원 의제규정에 대해 다음과 같이 설시하였다. (가) 건설기술관리법의 관계 규정은 형법 제129조부터 제132조까지의 뇌물죄의 규정을 적용할 때에는 지방건설기술심의위원회의 위원 중 공무원이 아닌 위원은 공무원으로 본다고 규정하고 있다(㉡의제규정). (나) 이는 심의의 공정성과 투명성을 높이기 위하여 공무원이 아닌 사람이 기술심의위원회의 위원으로서 직무를 처리하는 경우에 그 직무와 관련하여 부당한 금품을 수수하면 공무원으로 보아 형법 제129조부터 제132조까지의 뇌물죄로 처벌하려는 것이다. (다) 위와 같은 ㉡의제규정의 내용 및 목적에 비추어 보면, (ㄱ) 국가공무원이나 지방공무원 등 공무원이 기술심의위원회의 위원으로서 직무를 처리하는 경우에 (ㄴ) 그 직무가 그 공무원이 취급하는 원래의 직무 범위에 속하지 아니한다고 하더라도 (ㄷ) 기술심의위원회 위원으로서의 직무와 관련하여 부당한 금품을 수수한 때에는 (ㄹ) 뇌물죄가 성립한다.

대법원은 뇌물죄에 있어 직무의 범위에 대해 다음과 같이 설시하였다. (가) 뇌물죄에 있어 직무라 함은 공무원이 그 지위에 수반하여 공무로서 처리하는 일체의 직무를 말한다. (나) 뇌물죄에 있어 직무는 (ㄱ) 과거에 담당하였[던 직무] 또는 (ㄴ) 장래 담당할 직무 및 (ㄷ) 사무분장에 따라 현실적으로 담당하지 않는 직무라고 하더라도 법령상 일반적인 직무권한에 속하는 직무 등 공무원이 그 직위에 따라 공무로 담당할 일체의 직무를 말한다. (다) 다만 형법은 공무원이었던 자가 그 재직 중에 청탁을 받고 직무상 부정한 행위를 한 후 뇌물을 수수, 요구 또는 약속을 한 때에는 제131조 제3항에서 사후수뢰죄로 처벌하도록 규정하고 있다. (라) (ㄱ) 뇌물의 수수 등을 할 당시 이미 공무원의 지위를 떠난 경우에는 (ㄴ) 제129조 제1항의 수뢰죄로는 처벌할 수 없고 (ㄷ) 사후수뢰죄의 요건에 해당할 경우에 한하여 그 죄로 처벌할 수 있을 뿐이다.

대법원은 공무원이 이중의 지위를 가지는 경우에 대해 다음과 같이 설시하였다. (가) (ㄱ) 국가공무원이 (ㄴ) 지방자치단체의 업무에 관하여 (ㄷ) 전문가로서 위원 위촉을 받아 한시적으로 그 직무를 수행하는 경우와 같이 (ㄹ) 공무원이 그 고유의 직무와 관련이 없는 일에 관하여 (ㅁ) 별도의 위촉절차 등을 거쳐 (ㅂ) 다른 직무를 수행하게 된 경우가 있다. (나) 이러한 경우에는 그 위촉이 종료되면 그 위원 등으로서 새로 보유하였던 공무원 지위는 소멸한다. (다) 그 이후에 종전에 위촉받아 수행한 직무에 관하여 금품을 수수하더라도 (ㄱ) 이는 사후수뢰죄에 해당할 수 있음은 별론으로 하고 (ㄴ) 일반 수뢰죄로 처벌할 수는 없다.

대법원은 갑의 행위에 대해 다음과 같이 판단하였다. (가) 갑은 5. 19. 또는 늦어도 이의제기 시한인 5. 24.이 경과함으로써 Q위원회 위원으로서의 업무가 종료됨과 동시에 Q위원회 위원으로서의 공무원 지위에서도 벗어났다. (나) 갑이 그 후 Q위원회 위원으로서의 직무 수행에 대한 사례로 을, 병으로부터 금품을 수수하였더라도 이는 공무원이었던 자가 사후에 뇌물을 수수한 것인지가 문제될 수 있을 뿐이다. (다) 갑이 N우체국장으로서의 직무와 관련하여 뇌물을 수수한 것이라고는 볼 수 없다.

2013도9003

2013. 11. 28. 2013도9003, [미간행] = 『건설기술심의위원 쇼핑백 사건』 :

건설기술관리법령은 건설기술의 진흥·개발·활용 등 건설기술에 관한 사항을 심의하기 위하여 건설기술심의위원회를 구성하도록 규정하고 있다. 건설기술관리법령은 뇌물죄와 관련하여 위원회의 위원을 공무원으로 의제하고 있다. M광역시에 ㉠지방건설기술심의위원회가 구성되어 있다. ㉠심의위원회 산하에는 분과위원회들이 설치되어 있다. ㉡분과위원회 산하에 ㉢소위원회가 설치되어 있다. 갑은 ㉡분과위원회 위원이다.

M광역시는 N시설(총인처리시설)을 건설하기로 하였다. P회사는 N시설 건설 설계에 참여하려는 업체들 가운데 하나이다. P회사 직원들은 N시설 설계적격 심사를 담당하게 될 것으로 예상되는 위원들과 접촉하였다. 을은 P회사의 직원이다. 을은 ㉡분과위원회 위원 갑을 만났다. 을은 갑에게 "총인처리시설과 관련하여 평가위원으로 선정되면 높은 점수를 달라"고 부탁하였다. 그와 함께 을은 갑에게 ㉣쇼핑백을 건네주었다. 갑은 ㉣쇼핑백을 받았다. ㉣쇼핑백 속에는 2천만원이 들어 있었다. 이후 N시설 설계적격 심사는 ㉢소위원회가 담당하였다. 갑은 ㉢소위원회의 평가위원에 선정되었다. 갑은 을에게 ㉣쇼핑백을 돌려주었다.

검사는 갑을 뇌물수수죄로 기소하였다. 검사는 을을 뇌물공여죄로 기소하였다. 갑과 을의 피고사건은 제1심을 거친 후, 항소심에 계속되었다. 항소법원은 유죄를 인정하였다. 갑과 을은 불복 상고하였다. 갑은 상고이유로 다음의 점을 주장하였다. (가) ㉣쇼핑백을 받은 것은 ㉢소위원회의 평가위원으로 선정되기 전이다. (나) ㉢소위원회의 평가위원으로 선정되자 ㉣쇼팽백을 돌려주었다. (다) ㉣쇼핑백을 받은 시점에는 직무관련성이 없어 뇌물수수죄는 성립하지 않는다. (라) 설사 직무관련성이 인정된다고 하더라도 불법영득의사가 없었기 때문에 ㉣쇼핑백을 돌려준 것이다. 을은 상고이유로 다음의 점을 주장하였다. (가) 갑으로부터 ㉣쇼핑백을 돌려받았다. (나) 그러므로 ㉣쇼핑백을 갑에게 준 것은 뇌물공여의사표시에 해당할 뿐이다.

대법원은 다음의 이유를 제시하여 상고를 기각하였다. 대법원은 뇌물수수죄의 직무관련성에 대해 다음과 같이 판단하였다. (가) 뇌물죄는 직무집행의 공정과 이에 대한 사회의 신뢰에 기하여 직무행위의 불가매수성을 그 직접의 보호법익으로 하고 있다. (나) 뇌물성은 의무위반 행위나 청탁의 유무 및 금품수수 시기와 직무집행 행위의 전후를 가리지 않는다. (다) 따라서 뇌물죄에서 말하는 '직무'에는 (ㄱ) 법령에 정하여진 직무뿐만 아니라 (ㄴ) 그와 관련 있는 직무, (ㄷ) 과거에 담당하였거나 장래에 담당할 직무 외에 (ㄹ) 사무분장에 따라 현실적으로 담당하지 않는 직무라도 법령상 일반적인 직무권한에 속하는 직무 등 공무원이 그 직위에 따라 공무로 담당할 일체의 직무를 포함한다.

대법원은 갑의 직무관련성 부분에 대해 다음과 같이 판단하였다. (가) 분과위원은 건설기술관리법령에 따라 지방자치단체가 발주하는 특정 공사에 관한 설계의 적격 여부 심의 및 설계점수 평가에 관한 업무를 수행한다. (나) 대형 관급공사의 입찰 과정에서 각 건설사가 제출한 설계의 적격 여부를 심의하고 기술적 타당성을 검토하는 것은 분과위원이 법령상 담당하는 직무이자 권한이다. (다) 분과위원이 '총인처리시설과 관련하여 평가위원으로 선정되면 높은 점수를 달라'는 취지로 금품을 수수하였다. (라) 그렇다면 당해 분과위원이 이후 소위원회 심의위원으로 선정되었는지 여부와 관계없이 그 자체로 직무관련성이 인정된다고 봄이 상당하다.

대법원은 뇌물수수의 불법영득의사에 대해 다음과 같이 설시하였다. (가) 뇌물을 수수한다는 것은 영득의 의사로 금품을 수수하는 것을 말한다. (나) 그러므로 (ㄱ) 뇌물인지 모르고 이를 수수하였다가 뇌물임을 알고 즉시 반환하거나, (ㄴ) 증뢰자가 일방적으로 뇌물을 두고 가므로 후일 기회를 보아 반환할 의사로 어쩔 수 없이 일시 보관하다가 반환하는 등 그 영득의 의사가 없었다고 인정되는 경우라면 뇌물을 수수하였다고 할 수 없다. (다) 그렇지만 일단 피고인이 영득의 의사로 뇌물을 수령한 이상 나중에 이를 반환하였다고 하더라도 뇌물죄의 성립에는 영향이 없다. (라) 영득할 의사로 뇌물을 수령한 것인지 여부를 판단함에 있어서는 (ㄱ) 뇌물을 교부받은 경위, (ㄴ) 언제든지 그 뇌물을 반환할 기회가 있었는데도 반환하지 아니하였는지 여부, (ㄷ) 그 뇌물을 반환하게 된 경위 등을 고려하여야 한다.

대법원은 갑의 불법영득의사 부분에 대해 다음과 같이 판단하였다. (가) 갑은 뇌물공여자인 [을로부터] 건네받은 돈이 총인처리시설 입찰과 관련된 뇌물임을 인식하였음에도 이를 즉시 반환하지 아니한 채 상당한 기간 보관하고 있었다. (나) 그러다가 갑이 총인처리시설 평가위원으로 선정되자 비로소 반환하였다. (다) 갑이 영득의 의사로 [을로부터] 금품을 수수한 사실이 인정된다.

대법원은 을의 뇌물공여죄 부분에 대해 다음과 같이 판단하였다. (가) 뇌물공여죄가 성립하기 위하여는 (ㄱ) 뇌물을 공여하는 행위와 (ㄴ) 상대방 측에서 금전적으로 가치가 있는 그 물품 등을 받아들이는 행위가 필요할 뿐이다. (나) 반드시 상대방 측에서 뇌물수수죄가 성립하여야 하는 것은 아니다. (다) (ㄱ) 을이 갑에게 2천만원이 든 쇼핑백을 전달하여 (ㄴ) 갑이 이를 받아들임으로써 그 돈에 대한 점유권이 이전된 이상 을에게는 뇌물공여죄가 성립한다. (라) 을이 그 돈을 갑으로부터 나중에 돌려받았다고 하여 이를 뇌물공여의 의사표시에 불과한 것으로 평가할 수는 없다.

2011도9585

2011. 11. 24. 2011도9585, 공 2012상, 92 =『**컨설팅 용역비 추징 사건**』:

P회사는 「도시 및 주거환경정비법」(도시정비법)상의 정비사업전문관리업체이다. 갑은 P회사의 대표이사이다. 을은 P회사의 전무이사이다. M지구에 주택재개발사업이 추진되고 있다. Q회사는 건설회사이다. A는 Q회사 소속 재개발담당 직원이다. R회사는 갑의 처남 B가 경영하는 컨설팅회사이다. A는 갑에게 M지구 도시환경정비사업에 Q회사가 시행자로 선정되도록 도와달라는 부탁을 하였다. 갑은 이를 승낙하였다. 갑은 그

대가로 Q건설회사와 R컨설팅회사 간의 용역계약을 가장하여 뇌물을 받기로 하였다. P회사의 전무 을은 Q건설회사의 직원 A와 뇌물로 지급받는 금액, 용역계약서 작성방법을 상의하였다. 금액이 절충되었다. Q건설회사는 R컨설팅회사와 형식적인 용역계약을 체결하고 R회사 명의 계좌로 ㉠돈을 송금하였다.

도시정비법상 도시정비와 관련한 사업자들의 임직원들은 공무원으로 의제된다. 검사는 갑과 을을 특정범죄가중법위반죄(뇌물수수)로 기소하였다. 갑과 을의 피고사건은 제1심을 거친 후, 항소심에 계속되었다. 항소법원은 갑을 뇌물수수의 주체로 판단하였다. 항소법원은 갑에게 특정범죄가중법위반죄(뇌물수수)를 인정하여 징역형과 벌금형을 선고하고, ㉠돈에 상응하는 가액의 추징을 명하였다. 항소법원은 을에게 특정범죄가중법위반죄(뇌물수수)의 방조범을 인정하고, 징역형을 선고하면서 벌금형의 선고를 유예하였다. 항소법원은 을에게 추징을 명하지 않았다.

갑은 불복 상고하였다. 갑은 첫 번째 상고이유로 다음의 점을 주장하였다. (가) 갑은 ㉠돈을 직접 수수하지 않았고, R회사가 이를 수수하였다. (나) 갑은 뇌물을 수수한 것이 아니라 제3자로 하여금 수수하게 한 것이다. (다) ㉠돈의 추징은 R회사를 상대로 해야 한다. 갑은 두 번째 상고이유로 다음의 점을 주장하였다. (가) ㉠돈이 추징의 대상이 된다고 가정하자. (나) ㉠돈 가운데 일부인 ㉡돈은 을에게 수고비 명목으로 지급되었다. (다) ㉠돈 가운데 일부인 ㉢돈은 Q회사와 R회사 사이의 용역계약에 따른 부가가치세 납부에 사용하였다. (라) ㉠돈 가운데 ㉡, ㉢돈을 제외한 나머지 부분만 추징의 대상이 된다.

대법원은 다음의 이유를 제시하여 상고를 기각하였다. 대법원은 뇌물수수의 주체 부분에 대해 다음과 같이 판단하였다. (가) 형법 제129조 제1항의 뇌물수수죄는 공무원이 그 직무에 관하여 뇌물을 수수한 때에 적용되는 것이다. (나) 공무원이 직접 뇌물을 받지 아니하고 증뢰자로 하여금 다른 사람에게 뇌물을 공여하도록 한 경우라 하더라도 (ㄱ) 그 다른 사람이 공무원의 사자 또는 대리인으로서 뇌물을 받은 경우 등과 같이 (ㄴ) 사회통념상 그 다른 사람이 뇌물을 받은 것을 공무원이 직접 받은 것과 같이 평가할 수 있는 관계가 있는 경우에는 형법 제129조 제1항의 뇌물수수죄가 성립한다.

(다) 이러한 법리는 공무원으로 의제되는 정비사업전문관리업자의 임·직원이 직무에 관하여 자신이 아닌 정비사업전문관리업자 또는 그 밖의 제3자에게 뇌물을 공여하게 하는 경우에도 마찬가지이다. (라) 도시정비법상의 정비사업전문관리업체인 P회사의 대표이사인 갑이 Q건설회사와 R컨설팅회사 간의 용역계약을 가장하여 Q건설회사로부터 뇌물을 수수하는 과정에서 Q건설회사가 형식적인 용역계약의 상대방인 R컨설팅회사의 계좌로 뇌물을 입금한 것은 사회통념상 갑에게 직접 뇌물을 공여한 것과 같이 평가할 수 있다.

대법원은 뇌물액수 및 추징금 산정에 대해 다음과 같이 설시하였다. (가) 공무원이 뇌물을 받는 데에 필요한 경비를 지출한 경우 그 경비는 뇌물수수의 부수적 비용에 불과하여 뇌물의 가액 및 추징액에서 공제할 항목에 해당하지 않는다. (나) 뇌물로 금품을 수수한 자가 독자적인 판단에 따라 금품의 전부 또는 일부를 위와 같은 경비로 사용하였다면 이는 범인이 취득한 재물을 소비한 것에 불과하므로 그 경비 상당액도 뇌물수수자로부터 추징하여야 한다.

대법원은 뇌물을 공동으로 수수한 경우의 추징금 산정에 대해 다음과 같이 설시하였다. (가) 여러 사람이 공동으로 뇌물을 수수한 경우에 그 가액을 추징하려면 실제로 분배받은 금품만을 개별적으로 추징하여야 한다. (나) 여러 사람이 공동으로 뇌물을 수수한 경우에 수수금품을 개별적으로 알 수 없을 때에는 평등하게 추징하여야 한다. (다) 여러 사람이 공동으로 뇌물을 수수한 경우에 공동정범뿐 아니라 교사범 또는 종범도 뇌물의 공동수수자에 해당할 수 있다.

(라) 그러나 공동정범이 아닌 교사범 또는 종범의 경우에는 정범과의 관계, 범행 가담 경위 및 정도, 뇌물분배에 관한 사전약정의 존재 여부, 뇌물공여자의 의사, 종범 또는 교사범이 취득한 금품이 전체 뇌물수수액에서 차지하는 비중 등을 고려하여 공동수수자에 해당하는지를 판단하여야 한다. (마) (ㄱ) 뇌물을 수수한

자가 (ㄴ) 공동수수자가 아닌 교사범 또는 종범에게 (ㄷ) 뇌물 중의 일부를 사례금 등의 명목으로 교부하였다면 (ㄹ) 이는 뇌물을 수수하는 데에 따르는 부수적 비용의 지출 또는 뇌물의 소비행위에 지나지 아니하므로, (ㅁ) 뇌물수수자로부터 그 수뢰액 전부를 추징하여야 한다.

대법원은 갑에 대한 추징 범위에 대해 다음과 같이 판단하였다. (가) 용역계약을 가장하여 뇌물을 수수한 주체는 갑이다. (나) 갑의 뇌물수수 범행을 방조한 을은 갑과 공동으로 뇌물을 수수하여 이를 분배받은 자가 아니다. (다) 그러므로 (ㄱ) 갑이 수수한 뇌물 중의 일부를 을에게 수고비 등으로 사용하거나 형식적인 용역계약에 따른 부가가치세 납부에 사용하였다고 하더라도 (ㄴ) 이는 갑의 뇌물수수와 관련한 부수적 비용에 불과하여 갑으로부터 추징할 뇌물액에서 공제할 수 없다.

제 8 장 공무방해에 관한 죄

2013도2168

2017. 3. 15. 2013도2168, 공 2017상, 802 = 『접견요구 변호사 체포 사건 2』.

(부록 0000면 2013도16162 『접견요구 변호사 체포사건 1』에 이어서 계속함. 이하 을의 ㉰, ㉱공소사실에 대해 고찰함.) 검사는 변호사 을을 다음의 공소사실로 기소하였다. (가) 전투경찰대원 D, E에 대한 유형력 행사 : 공무집행방해죄 (㉰공소사실). (나) 전투경찰대원 D, E에 대한 상해 : 상해죄 (㉱공소사실). 제1심법원은 다음과 같이 판단하였다. (가) 전투경찰대원 D, E에 대한 유형력 행사 : 공무집행방해죄 (㉰공소사실) 무죄. (나) 전투경찰대원 D, E에 대한 상해 : 상해죄 (㉱공소사실) 무죄. 검사는 불복 항소하였다. 항소법원은 항소를 기각하고, 제1심판결을 유지하였다. 검사는 불복 상고하였다. 검사는 상고이유로 다음의 점을 주장하였다. (가) 을의 연행은 경찰관 직무집행법 제6조 제1항에 따른 범죄의 예방 · 제지 조치로서 적법하다. (나) 그렇지 않다면 을의 연행은 형소법 제212조에 따른 현행범체포로서 적법하다. (다) 을은 적법한 공무집행을 폭행으로 방해하였다. (라) 을은 적법하게 공무집행 중인 경찰관에게 상해를 가하였다.

대법원은 다음의 이유를 제시하여 상고를 기각하였다. 대법원은 경찰관 직무집행법상 범죄 예방 · 제지 조치의 요건에 대해 다음과 같이 설시하였다. (가) 경찰관 직무집행법은 제2조 제2호에서 경찰관이 수행하는 직무 중 하나로 '범죄의 예방'을 정하고 있다. (나) 경찰관 직무집행법은 제6조에서 "경찰관은 범죄행위가 목전에 행하여지려고 하고 있다고 인정될 때에는 이를 예방하기 위하여 관계인에게 필요한 경고를 하고, 그 행위로 인하여 인명 · 신체에 위해를 끼치거나 재산에 중대한 손해를 끼칠 우려가 있어 긴급을 요하는 경우에는 그 행위를 제지할 수 있다."라고 정하고 있다.

(다) 위 법률에 따라 범죄를 예방하기 위한 경찰관의 제지 조치가 적법한 직무집행으로 평가될 수 있기 위해서는 (ㄱ) 형사처벌의 대상이 되는 행위가 눈앞에서 막 이루어지려고 하는 것이 객관적으로 인정될 수 있는 상황이고, (ㄴ) 그 행위를 당장 제지하지 않으면 곧 생명 · 신체에 위해를 미치거나 재산에 중대한 손해를 끼칠 우려가 있는 상황이어서, (ㄷ) 직접 제지하는 방법 외에는 위와 같은 결과를 막을 수 없는 절박한 사태가 있어야 한다.

대법원은 현행범체포의 요건에 대해 다음과 같이 판단하였다. (가) 검사 또는 사법경찰관리가 현행범인을 체포하는 경우에는 반드시 피의사실의 요지, 체포의 이유와 변호인을 선임할 수 있음을 말하고 변명할 기회를 주어야 한다(형사소송법 제213조의2, 제200조의5). (나) 이와 같은 고지는 체포를 위한 실력행사에 들어가기 전에 미리 하는 것이 원칙이다. (다) 그러나 (ㄱ) 달아나는 피의자를 쫓아가 붙들거나 (ㄷ) 폭력으로 대항하는 피의자를 실력으로 제압하는 경우에는 (ㄷ) 붙들거나 제압하는 과정에서 고지하거나, (ㄹ) 그것이 여의치 않은 경우에는 일단 붙들거나 제압한 후에 지체없이 고지하여야 한다.

대법원은 현행범체포와 공무집행방해죄의 관계에 대해 다음과 같이 설시하였다. (가) 형법 제136조가 규정하는 공무집행방해죄는 공무원의 직무집행이 적법한 경우에 한하여 성립한다. (나) 이때 적법한 공무집행은 그 행위가 (ㄱ) 공무원의 추상적 권한에 속할 뿐 아니라 (ㄴ) 구체적 직무집행에 관한 (ㄷ) 법률상 요건과 방식을 갖춘 경우를 가리키는 것이다. (다) 경찰관이 적법절차를 준수하지 않은 채 실력으로 현행범인을 연행하려 하였다면 적법한 공무집행이라고 할 수 없다.

대법원은 을의 행위에 대해 다음과 같이 판단하였다. (가) P회사 M공장을 점거하여 농성 중이던 Q노동조합 P자동차지부 조합원인 A 등이 (연도 생략) 6. 26. 경찰과 부식 반입 문제를 협의하거나 기자회견장 촬영을 위해 공장 밖으로 나오자, 전투경찰대원들은 '고착관리'라는 명목으로 위 A 등 6명의 조합원을 방패로 에워싸 이동하지 못하게 하였다. (나) A 등 조합원들이 어떠한 범죄행위를 목전에서 저지르려고 하거나 이들의 행위로 인하여 인명 · 신체에 위해를 미치거나 재산에 중대한 손해를 끼칠 우려 등 긴급한 사정이 있는 경우가 아니었다. (다) 그런데도 방패를 든 전투경찰대원들이 A 등 조합원들을 둘러싸고 이동하지 못하게 가둔 행위는 (ㄱ) 경찰관 직무집행법 제6조에 근거한 제지 조치라고 볼 수 없고, (ㄴ) 이는 형사소송법상 체포에 해당한다. (라) 전투경찰대원들이 A 등 조합원들을 체포하는 과정에서 체포의 이유 등을 제대로 고지하지 않다가 30~ 40분이 지난 후 을 등의 항의를 받고 나서야 비로소 체포의 이유 등을 고지한 것은 형사소송법상 현행범인 체포의 적법한 절차를 준수한 것이 아니므로 적법한 공무집행이라고 볼 수 없다. (마) 을이 위와 같은 위법한 공무집행에 항의하면서 공소사실과 같이 전투경찰대원들의 방패를 손으로 잡아당기거나 전투경찰대원들을 발로 차고 몸으로 밀었다고 하더라도 공무집행방해죄가 성립할 수 없다.

대법원은 을의 상해행위가 정당방위에 해당하는지에 대해 다음과 같이 판단하였다. (가) 어떠한 행위가 정당방위로 인정되려면 그 행위가 자기 또는 타인의 법익에 대한 현재의 부당한 침해를 방어하기 위한 것으로서 상당성이 있어야 한다. (나) 위법하지 않은 정당한 침해에 대한 정당방위는 인정되지 않는다. (다) 이때 방위행위가 사회적으로 상당한 것인지 여부는 침해행위에 의해 침해되는 법익의 종류와 정도, 침해의 방법, 침해행위의 완급, 방위행위에 의해 침해될 법익의 종류와 정도 등 일체의 구체적 사정들을 참작하여 판단하여야 한다.

(라) 또한 자기의 법익뿐 아니라 타인의 법익에 대한 현재의 부당한 침해를 방위하기 위한 행위도 상당한 이유가 있으면 형법 제21조의 정당방위에 해당하여 위법성이 조각된다. (마) 을이 유형력을 행사한 경위와 동기, 상해가 발생하게 된 경위, 상해를 입은 부위 등을 비롯하여 원심판결에서 알 수 있는 여러 사정에 비추어 을의 행위가 정당방위에 해당한다는 원심의 판단은 정당하다.

2018도15213

2022. 3. 31. 2018도15213, 공 2022상, 836 = **『명함형 녹화장비 반입 사건』**:

「형의 집행 및 수용자의 처우에 관한 법률」(형집행법)은 다음의 규정을 두고 있다. (가) ⓐ규정 : 교도관은 시설의 안전과 질서유지를 위하여 필요하면 교정시설을 출입하는 수용자 외의 사람에 대하여 의류와 휴대품을 검사할 수 있다. 이 경우 출입자가 ⓑ규정의 금지물품을 소지하고 있으면 교정시설에 맡기도록 하여야 하며, 이에 응하지 아니하면 출입을 금지할 수 있다. (나) ⓑ규정 : 주류 · 담배 · 화기 · 현금 · 수표, 그 밖에 시설의 안전 또는 질서를 해칠 우려가 있는 물품은 수용자가 소지해서는 안 될 금지물품이다. (다) ⓒ규정 : 시설의 안전 또는 질서를 해하는 행위를 하거나 하려고 하는 때에 해당하면 교도관은 접견 중인 수용자 또는 그 상대방에 대하여 접견을 중지할 수 있다.

형집행법 제10조에 근거한 교도관직무규칙은 다음의 규정을 두고 있다. (가) ⓓ규정 : 정문에 근무하는 교정직교도관은 정문 출입자와 반출 · 반입 물품을 검사 · 단속하여야 한다. (나) ⓔ규정 : 정문근무자는 ⓓ규정의 검사 · 단속을 할 때 특히 필요하다고 인정하는 경우에는 출입자의 신체와 휴대품을 검사할 수 있다. (다) ⓕ규정 : 정문근무자는 ⓓ규정 또는 ⓔ규정의 검사 도중 이상하거나 의심스러운 점을 발견한 경우에는 출입 등을 중지함과 동시에 상관에게 이를 보고하여 상관의 지시를 받아 적절한 조치를 취하여야 한다.

갑과 을은 P방송국 기자들이다. 갑과 을은 M구치소에 수용 중인 A를 취재하려고 하였다. ㉠장비는 명함 지갑 모양으로 제작된 녹음 · 녹화장비이다. 갑과 을은 M구치소장의 허가 없이 접견내용을 촬영 · 녹음할 목적으로 ㉠장비를 몰래 소지하고 M구치소에 들어갔다.

검사는 ㉠장비가 형집행법 ⓑ규정에서 정한 '시설의 안전 또는 질서를 해칠 우려가 있는 물품'에 해당한다고 판단하였다. 검사는 갑과 을을 다음의 공소사실로 기소하였다. (가) 위계에 의한 공무집행방해죄. (나) 폭력행위처벌법위반죄(공동주거침입). 제1심법원은 다음과 같이 판단하였다. (가) 위계에 의한 공무집행방해죄 무죄. (나) 폭력행위처벌법위반죄(공동주거침입) 무죄. 검사는 불복 상고하였다. 항소법원은 항소를 기각하고, 제1심판결을 유지하였다. 검사는 불복 상고하였다.

대법원은 다음의 이유를 제시하여 상고를 기각하였다. 대법원은 금지규정 위반행위와 위계에 의한 공무집행방해죄의 관계에 대해 다음과 같이 설시하였다. (가) 법령에서 일정한 행위를 금지하면서 이를 위반하는 행위에 대한 벌칙을 정하고 공무원으로 하여금 금지규정의 위반 여부를 감시 · 단속하도록 한 경우가 있다. (나) 이 경우 공무원에게는 금지규정 위반행위의 유무를 감시하여 확인하고 단속할 권한과 의무가 있다. (다) 그러므로 구체적이고 현실적으로 감시 · 단속 업무를 수행하는 공무원에 대하여 위계를 사용하여 업무집행을 못하게 하였다면 위계에 의한 공무집행방해죄가 성립한다.

(라) 그렇지만 단순히 공무원의 감시 · 단속을 피하여 금지규정을 위반한 것에 지나지 않는다면 그에 대하여 벌칙을 적용하는 것은 별론으로 하고 그 행위가 위계에 의한 공무집행방해죄에 해당한다고 할 수 없다. (마) 피고인이 금지규정을 위반하여 감시 · 단속을 피하는 것을 공무원이 적발하지 못하였다면 이는 공무원이 감시 · 단속이라는 직무를 소홀히 한 결과일 뿐 위계로 공무집행을 방해한 것이라고 볼 수 없다.

대법원은 형집행법의 ⓐ~ⓕ규정을 분석하였다. 대법원은 갑과 을의 행위에 대해 다음과 같이 판단하였다. (가) ⓐ ~ ⓕ규정의 내용과 입법 취지 등을 종합하면 다음과 같은 결론이 도출된다. (나) 녹음·녹화 등을 할 수 있는 전자장비가 교정시설의 안전 또는 질서를 해칠 우려가 있는 금지물품에 해당하여 반입을 금지할 필요가 있다면 교도관은 교정시설 등의 출입자와 반출·반입 물품을 검사 · 단속해야 할 일반적인 직무상 권한과 의무가 있다. (다) 수용자가 아닌 사람이 위와 같은 금지물품을 교정시설 내로 반입하였다면 교도관의 검사 · 단속을 피하여 단순히 금지규정을 위반하는 행위를 한 것일 뿐 이로써 위계에 의한 공무집행방해죄가 성립한다고 할 수는 없다.

대법원은 주거침입죄의 침입 부분에 대해 판단하였다. 대법원은 건조물침입죄의 침입 개념에 대해 다음과 같이 설시하였다. (가) 관리자에 의해 출입이 통제되는 건조물에 관리자의 승낙을 받아 건조물에 통상적인 출입방법으로 들어갔다면, 이러한 승낙의 의사표시에 기망이나 착오 등의 하자가 있더라도 특별한 사정이 없는 한 형법 제319조 제1항에서 정한 건조물침입죄가 성립하지 않는다. (나) 이러한 경우 관리자의 현실적인 승낙이 있었으므로 가정적 · 추정적 의사는 고려할 필요가 없다. (다) 단순히 승낙의 동기에 착오가 있다고 해서 승낙의 유효성에 영향을 미치지 않으므로, 관리자가 행위자의 실제 출입 목적을 알았더라면 출입을 승낙하지 않았을 사정이 있더라도 건조물침입죄가 성립한다고 볼 수 없다. (라) 나아가 관리자의 현실적인 승낙을 받아 통상적인 출입방법에 따라 건조물에 들어간 경우에는 출입 당시 객관적 · 외형적으로 드러난 행위태양에 비추어 사실상의 평온상태를 해치는 모습으로 건조물에 들어간 것이라고 평가할 수도 없다.

대법원은 갑과 을의 행위에 대해 다음과 같이 판단하였다. (가) 갑과 을은 접견신청인으로서 M구치소의 관리자인 M구치소장으로부터 구치소에 대한 출입관리를 위탁받은 교도관의 현실적인 승낙을 받아 통상적인 출입방법으로 M구치소 내 민원실과 접견실에 들어갔다. (나) 그러므로 관리자의 의사에 반하여 사실상의 평온상태를 해치는 모습으로 M구치소에 들어갔다고 볼 수 없다. (다) 이 사건에서 갑과 을은 M구치소에 수용 중인 사람을 취재하고자 M구치소장의 허가 없이 접견내용을 촬영·녹음할 목적으로 명함지갑 모양으로 제작된 녹음·녹화장비를 몰래 소지하고 M구치소에 들어갔다. (라) M구치소장이나 교도관이 이러한 사실을 알았더라면 갑과 을이 이를 소지한 채 M구치소에 출입하는 것을 승낙하지 않았을 것이다. (마) 그러나 이러한 사정은 승낙의 동기가 착오가 있는 것에 지나지 않아 갑과 을이 M구치소장이나 교도관의 의사에 반하여 구치소에 출입하거나 사실상의 평온상태를 해치는 모습으로 M구치소 내 민원실이나 접견실에 침입한 것으로 평가할 수 없다. (바) 따라서 갑과 을의 행위는 건조물침입죄에 해당하지 않는다.

제10장 위증과 증거인멸의 죄

94도2608

1995. 9. 29. 94도2608, 공 1995, 3650 = **백선 각론 1『정원초과 확인서 사건』**:

ⓐ선박은 M항구와 N섬 사이를 운항하고 있다. ⓐ선박의 선장은 갑이다. 관할 항만청 해무과 소속 공무원들은 ⓐ선박의 정원초과 운항사실 등을 적발하였다. 단속 공무원들은 선장 갑 등으로부터 정원초과운항확인서 4장을 작성받아 보관하였다(㉠확인서). 을 등은 ⓐ선박에 대한 선박안전관리를 담당하는 관할 항만청 공무원이다. 을 등은 ⓐ선박의 정원초과 사실을 적발하였으면서도 아무런 조치를 취하지 않았다.

갑은 보다 많은 승객을 싣기 위하여 ⓐ선박의 평형수(平衡水)를 줄였다. 균형을 잃은 ⓐ선박이 침몰하여 다수의 사상자가 발생하였다. 선장 갑은 구속 기소되었다(㉮사건). 을 등 항만청 해무과 소속 공무원들이 이미 ⓐ선박의 정원초과 운항사실 등을 적발하여 선장 갑 등으로부터 정원초과운항확인서를 작성받아 보관중이면서도 이에 따른 아무런 조치를 취하지 아니한 채 방치한 사실이 문제가 되었다(㉯사건). 을 등은 검찰로부터 ⓐ선박의 침몰사건과 관련하여 선박의 안전운항과 관련된 항만청의 직무수행 내용 등에 관한 서류의 제출을 요구받았다. 을 등은 ㉯사건과 관련하여 형사처벌 및 징계를 받을 것을 두려워하였다. 을은 부하 직원들에게 ㉠확인서를 소각할 것을 지시하였다. 을의 지시는 병 등을 거쳐 순차적으로 A에게 전달되었다. A는 ㉠확인서를 소각하였다.

검사는 을 등을 다음의 공소사실로 기소하였다. (가) 공용서류손상죄. (나) 증거인멸죄. 제1심법원은 다음의 범죄사실로 유죄를 인정하였다. (가) 공용서류손상죄 유죄 : 을 등은 공모하여 ㉠확인서를 소각하였다. (나) 증거인멸죄 유죄 : 을 등은 ⓐ선박의 정원초과운항과 관련하여 구속기소된 갑에 대한 ㉮선박안전법위반 사건의 증거를 인멸하였다. 을 등은 불복 항소하였다. 항소법원은 항소를 기각하고, 제1심판결을 유지하였다.

을 등은 불복 상고하였다. 을 등은 상고이유로 다음의 점을 주장하였다. (가) 을 등은 자신 직접 형사처분이나 징계처분을 받게 될 것을 두려워한 나머지 스스로의 이익을 위하여 ㉯사건의 증거가 될 ㉠확인서를 인멸하였다. (나) 을 등의 행위는 증거인멸죄에 해당하지 않는다. (다) ㉠확인서가 선장 갑의 ㉮형사사건에 증거로 될 것인지는 을의 증거인멸죄 여부와 관련이 없다.

검사는 을의 주장에 대한 반론으로 다음의 점을 주장하였다. (가) 을은 자신이 직접 형사처분이나 징계처분을 받게 될 것을 두려워한 나머지 스스로의 이익을 위하여 그 증거가 될 ㉠확인서를 인멸하였다. (나) ㉠확인서가 공범 병 등의 ㉯사건에 증거로 된다면 을에게 증거인멸죄가 성립되지 아니할 여지가 있다. (다) 그렇지만 ㉠확인서는 공무원 을 등의 ㉯사건과 무관한 선장 갑의 ㉮사건에 대해 증거로 사용될 수 있다. (라) 선장 갑의 ㉮사건과의 관계에서 을의 ㉠확인서 소각행위는 증거인멸죄를 구성한다.

대법원은 다음의 이유를 제시하여 원심판결을 파기환송하였다. (가) 증거인멸죄는 타인의 형사사건 또는 징계사건에 관한 증거를 인멸하는 경우에 성립하는 것이다. (나) 피고인 자신이 직접 형사처분이나 징계처분을 받게 될 것을 두려워한 나머지 자기의 이익을 위하여 그 증거가 될 자료를 인멸하였다면, 그 행위가 동시에 다른 공범자의 형사사건이나 징계사건에 관한 증거를 인멸한 결과가 된다고 하더라도 이를 증거인멸죄로 다스릴 수는 없다. (다) 이러한 법리는 그 행위가 피고인의 공범자가 아닌 자의 형사사건이나 징계사건에 관한 증거를 인멸한 결과가 된다고 하더라도 마찬가지이다.

대법원은 을의 행위에 대해 다음과 같이 판단하였다. (가) 원심의 위 범죄사실 자체에 의하더라도 을 등은 자신들이 직접 형사처분이나 징계처분을 받게 될 것을 두려워한 나머지 스스로의 이익을 위하여 그 증거가 될 자료를 인멸하였다는 것이다. (나) 그러므로 비록 을 등의 행위가 동시에 갑에 대한 별개 범행의 증거를 인멸한 결과가 된다고 하더라도 이를 증거인멸죄로 처벌할 수는 없다.

2020도2642

2021. 1. 28. 2020도2642, 공 2021상, 563 = 『알선 대금 돌려막기 사건』:

갑은 변호사이다. 을은 M군이 발주하는 ㉠시설공사를 P회사가 수주할 수 있도록 공무원에게 알선 청탁을 하고 P회사로부터 3억 5천만원 상당을 수수하였다는 사실로 변호사법위반죄로 기소되었다(㉮사건). 을의 피고사건 제1심법원은 유죄를 인정하여 을에게 징역 2년을 선고하였다. 을은 불복 항소하였다. 을은 갑을 항소심 변호사로 선임하였다. 갑은 구속된 을을 접견하면서, "P회사 측으로부터 받은 돈을 모두 반환한 것으로 하면 감형을 받을 수 있다. 반환할 돈이 없으니 P회사 측에 돈을 입금한 후 돌려받고 이를 반복하며 돌려막기를 하는 방법이 있다."는 취지로 조언하였다. 을은 갑의 제안을 수락하였다.

을의 누나 A는 P회사 명의 Q은행 ⓐ계좌로 금원을 이체하였다. P회사는 금원을 이체받은 즉시 A 명의 R은행의 ⓑ계좌로 입금받은 금액을 반환하였다. 이러한 방식으로 A가 P회사에 송금한 금액은 3억 5천만원에 이르렀다. A는 P회사 명의 Q은행 ⓐ계좌에 입금한 ㉡입금자료를 을의 변호사 갑에게 팩스로 송부하였다. 갑은 을이 P회사 측으로부터 받은 3억 5천만원을 모두 반환하였다며 을의 피고사건 항소심 재판부에 A로부터 받은 ㉡입금확인증을 제출하였다. 갑은 을의 피고사건 항소심 재판부에 "을이 수수한 알선 대가를 전액 반환하였으니 감형을 받아야 한다."는 취지의 변론요지서를 제출하였다. 을의 피고사건 항소심 재판부는 ㉡입금자료를 토대로 을이 P회사에 범행으로 취득한 이익 중 3억 5천만원을 반환한 사실을 인정하였다. 을의 피고사건 항소심 재판부는 1심 선고형인 징역 2년에서 6월을 감형한 징역 1년 6월을 선고하였다. 을은 불복 상고하였으나 상고기각되었다.

검사는 변호사 갑을 증거위조죄 및 위조증거사용죄로 기소하였다(㉯사건). 제1심법원은 갑에게 유죄를 인정하였다. 갑은 불복 항소하였다. 항소법원은 항소를 기각하고, 제1심판결을 유지하였다. 항소법원은 다음과 같은 판단이유를 제시하였다. (가) ㉡입금확인증은 "을이 P회사에 3억 5천만원을 반환하여 P회사가 이를 모두 수령하였다."는 존재하지 않는 사실을 증명하기 위해 만들어낸 증거이다. (나) ㉡입금확인증을 제출하도록 한 갑의 행위는 허위의 요건사실에 부합하는 내용과 가치를 지닌 기존에 없던 부진정한 자료를 작출한 행위이다. (다) 갑의 행위는 증거를 '위조'한 경우에 해당한다. 갑은 불복 상고하였다.

대법원은 다음의 이유를 제시하여 원심판결을 파기환송하였다. 대법원은 증거 위조의 의미에 대해 다음과 같이 설시하였다. (가) 증거위조죄에서 말하는 '증거'에는 범죄 또는 징계사유의 성립 여부에 관한 것뿐만 아니라 형 또는 징계의 경중에 관계있는 정상을 인정하는 데 도움이 될 자료까지도 포함된다. (나) 증거위조죄에서의 '위조'란 문서에 관한 죄의 위조 개념과는 달리 새로운 증거의 창조를 의미한다. (다) 그러나 사실의 증명을 위해 작성된 문서가 그 사실에 관한 내용이나 작성명의 등에 아무런 허위가 없다면 '증거위조'에 해당한다고 볼 수 없다. (라) 설령 사실증명에 관한 문서가 형사사건 또는 징계사건에서 허위의 주장에 관한 증거로 제출되어 그 주장을 뒷받침하게 되더라도 마찬가지이다.

대법원은 갑의 행위에 대해 다음과 같이 판단하였다. (가) 갑은 ⓒ입금확인증을 발급받아 이를 3억 5천만원을 변제하였다는 허위 주장과 함께 법원에 제출하였다. (나) 갑의 행위는 형법상 증거위조죄의 보호법익인 사법기능을 저해할 위험성이 있다. (다) 그러나 갑이 제출한 ⓒ입금확인증은 금융기관이 금융거래에 관한 사실을 증명하기 위해 작성한 문서로서 그 내용이나 작성명의 등에 아무런 허위가 없다. (라) 그러한 이상 이를 증거의 '위조'에 해당한다고 볼 수 없다. (마) 나아가 이를 '위조한 증거를 사용'한 행위에 해당한다고 볼 수도 없다.

2013도8085

2013. 12. 26. 2013도8085, 공2014상, 378 = 『허위진술 녹취록 제출 사건』:

A는 갑의 친딸이다. A는 13세 미만 미성년자이다. B는 갑의 누나이다. C는 B의 딸이다. 갑은 A를 강간하였다는 등의 범죄사실로 기소되어 재판을 받고 있었다(㉮사건). 검사는 A의 다음 진술이 기재된 진술조서를 증거로 제출하였다. "아빠가 몸에다 손댔다."(㉠진술). 갑은 누나 B에게 ㉠진술을 반박할 수 있는 증거를 만들어달라고 부탁하였다. B는 자기 딸 C와 A가 대화하게 하였다. A는 C와의 대화에서 다음과 같이 허위진술하였다(㉡진술). (가) 아빠가 때렸다. (나) 그것 때문에 화가 나서 아빠가 몸에다 손댔다고 거짓말하였다. B는 ㉡진술을 자신의 ㉢휴대폰에 녹음하였다(㉢녹음파일). B는 ㉢녹음파일을 풀어서 ㉡진술이 담긴 대화 내용을 녹취한 ㉣녹취록을 만들었다. B는 ㉣녹취록을 담당재판부에 증거로 제출하였다(이상 ㉯행위).

검사는 ㉯행위 부분에 대해 갑을 증거위조교사죄로 추가 기소하였다(㉯사건). 제1심법원은 ㉯사건 부분에 대해 유죄를 인정하였다. 갑은 불복 항소하였다. 항소법원은 다음과 같이 판단하였다. "㉣녹취록에 기재된 A의 ㉡진술이 갑의 부탁을 받은 B에 의하여 허위로 위조된 것으로 볼 수 있다." 항소법원은 갑의 항소를 기각하고, 제1심판결을 유지하였다. 갑은 불복 상고하였다. 갑은 상고이유로 다음의 점을 주장하였다. (가) 형법 제155조는 증거위조(제1항)와 증인은닉(제2항)을 구별하고 있다. (나) 형법 제155조 제1항의 증거위조죄에서 증거는 증언(진술) 이외의 증거를 말한다. (다) A의 ㉡허위진술은 참고인이 타인의 형사사건 등에 관하여 수사기관에 허위의 진술을 한 것과 다를 바가 없다. (라) 허위의 사실확인서나 진술서를 작성하여 수사기관 등에 제출하는 것은 '증거'의 위조에 해당하지 않는다.

대법원은 다음의 이유를 제시하여 상고를 기각하였다. 대법원은 증거위조죄의 증거에 대해 다음과 같이 설시하였다. (가) 형법 제155조 제1항의 증거위조죄는 타인의 형사사건 또는 징계사건에 관한 증거를 위조한 경우에 성립한다. (나) 형법 제155조 제1항의 증거위조죄에서 '증거'라 함은 타인의 형사사건 또는 징계사건에 관하여 수사기관이나 법원 또는 징계기관이 국가의 형벌권 또는 징계권의 유무를 확인하는 데 관계있다고 인정되는 일체의 자료를 의미한다. (다) '증거'는 타인에게 유리한 것이건 불리한 것이건 가리지 아니한다. (라) '증거'는 증거가치의 유무 및 정도를 불문한다. (마) 형법 제155조 제1항의 증거위조죄에서 '위조'란 문서에 관한 죄에 있어서의 위조 개념과는 달리 새로운 증거의 창조를 의미한다.

대법원은 진술 녹취록의 증거 여부에 대해 다음과 같이 설시하였다. (가) (ㄱ) 참고인이 타인의 형사사건 등에 관하여 제3자와 대화를 하면서 허위로 진술하고 (ㄴ) 위와 같은 허위 진술이 담긴 대화 내용을 녹음한 녹음파일 또는 이를 녹취한 녹취록[이 있다.] (나) [이 녹음파일 또는 이를 녹취한 녹취록]은 참고인의 허위진술 자체 또는 참고인 작성의 허위 사실확인서 등과는 달리 그 진술내용만이 증거자료로 되는 것이 아니다.

(다) [이 녹음파일 또는 이를 녹취한 녹취록]은 녹음 당시의 현장음향 및 제3자의 진술 등이 포함되어 있어 그 일체가 증거자료가 된다. (라) 그러므로 [이 녹음파일 또는 이를 녹취한 녹취록]은 증거위조죄에서 말하는 '증거'에 해당한다.

대법원은 녹취록 작출행위에 대해 다음과 같이 설시하였다. (가) 위와 같이 참고인의 허위 진술이 담긴 대화 내용을 녹음한 녹음파일 또는 이를 녹취한 녹취록을 만들어 내는 행위는 (ㄱ) 무엇보다도 그 녹음의 자연스러움을 뒷받침하는 현장성이 강하여 (ㄴ) 단순한 허위진술 또는 허위의 사실확인서 등에 비하여 (ㄷ) 수사기관 등을 그 증거가치를 판단함에 있어 오도할 위험성을 현저히 증대시킨다. (나) 그러므로 이러한 행위는 허위의 증거를 새로이 작출하는 행위로서 증거위조죄에서 말하는 '위조'에도 해당한다고 봄이 상당하다.

(다) 따라서 (ㄱ) 참고인이 타인의 형사사건 등에 관하여 제3자와 대화를 하면서 허위로 진술하고 (ㄴ) 위와 같은 허위 진술이 담긴 대화 내용을 녹음한 녹음파일 또는 이를 녹취한 녹취록을 만들어 수사기관 등에 제출하는 것은, (ㄷ) 참고인이 타인의 형사사건 등에 관하여 수사기관에 허위의 진술을 하거나 이와 다를 바 없는 것으로서 허위의 사실확인서나 진술서를 작성하여 수사기관 등에 제출하는 것과는 달리, (ㄹ) 증거위조죄를 구성한다고 할 것이다.

대법원은 원심판결의 당부에 대해 다음과 같이 판단하였다. (가) 원심은 '㉣녹취록에 기재된 A의 ㉡진술이 갑의 부탁을 받은 B에 의하여 허위로 위조된 것으로 볼 수 있다'고 하여 증거위조의 대상이 ㉣녹취록이 아닌 A의 ㉡허위진술이라고 설시하였다. (나) 원심이 그렇게 설시한 것이 적절하다고는 할 수 없다. (다) 비록 그렇다고 하나 원심이 결론적으로 이 부분 공소사실이 증거위조교사죄에 해당한다고 판단하여 이를 유죄로 인정한 것은 수긍할 수 있다.

제13장 방화와 실화의 죄

82도2279

1983. 5. 10. 82도2279, 공 1983, 983 = 『미강실 전등갓 사건』:

M도정공장 미강(쌀겨)실 내에 ㉠백열전구가 설치되어 있다. 갑은 ㉠백열전구에 골판지 상자 종이로 만든 ㉡갓을 씌워 사용하였다. ㉡종이 갓에 쌓인 쌀겨는 전구열에 탄화되었다. 갑은 ㉡종이 갓을 제거하였다. ㉡종이 갓을 제거한지 10시간 후 ㉢불씨가 3센티미터 가량의 쌀겨가 쌓인 미강실 바닥에 떨어져 훈소(燻燒)한 끝에 M도정공장에 화재가 발생하였다(㉮화재).

검사는 갑을 업무상 실화죄로 기소하였다. 공소사실의 요지는 다음과 같다. "㉮화재는 갑이 ㉡전등갓을 제거할 때 떨어진 불티가 미강 속에 파묻혀 약 10시간의 훈소 끝에 발화되었다." 재판 과정에서 다음의 감정의견들이 제시되었다. (가) ⓐ감정의견 : ㉢불씨는 ㉡종이 갓에서 떨어진 것이다. (나) ⓑ감정의견 : ㉢불씨가 ㉡종이 갓에서 떨어졌다고 해도 10시간 후에 훈소될 수는 없다. 갑의 피고사건은 제1심을 거친 후, 항소심에 계속되었다. 항소법원은 ⓐ감정의견을 채택하여 유죄를 인정하였다. 갑은 불복 상고하였다.

대법원은 다음의 이유를 제시하여 원심판결을 파기환송하였다. (가) 업무상 실화죄에 있어서의 업무에는 그 직무상 화재의 원인이 된 화기를 직접 취급하는 것에 그치지 않고 화재의 발견, 방지 등의 의무가 지워진 경우를 포함한다. (나) 공동의 과실이 경합되어 화재가 발생한 경우에 적어도 각 과실이 화재의 발생에 대하여 하나의 조건이 된 이상은 그 공동적 원인을 제공한 각자에 대하여 실화죄의 죄책을 물어야 한다.

(다) 갑은 업무상 주의의무가 있음에도 불구하고 이를 태만히 하여 도정공장내에 설치되어 있는 백열전구에 종이류로 된 전등갓을 설치하였고 또한 이를 그대로 방치하였다가 뒤늦게 제거하였다. (라) ㉮화재가 ㉡전등갓을 제거하는 과정에서 떨어진 불티로 인하여 발생한 것이라면 갑은 업무상 실화죄의 죄책을 면할 수 없다.

(마) (ⓐ감정의견과 ⓑ감정의견의 비교분석; 생략함.) (바) 무릇 피고인을 유죄로 단죄하기 위한 증거의 증명력은 합리적인 의심을 배제할 정도의 확신을 가져올 수 있는 것이어야 하며 단지 반대증거보다 우월한 정도의 증명력으로서는 부족한 것이다. (사) 원심이 더욱 과학적이고 합리적이라고 보여지는 ⓑ감정결과를 외면한 채 이보다 결코 우월하다고조차 할 수 없는 ⓐ감정결과를 그대로 믿어 ㉮화재가 ㉡전등갓에서 생긴 ㉢불티가 미강이 쌓인 바닥에 떨어져 훈소 끝에 발화됨으로부터 비롯되었다고 단정한 것은 잘못이다. (이하 생략함.)

99도5086

2001. 6. 1. 99도5086, 공 2001, 1554 = 『다가구주택 휴즈콕크 사건』:

갑은 M다가구주택의 소유자이다. M다가구주택은 외벽 밖에 설치된 ㉠액화석유가스 용기 4개로부터 분기된 배관을 통하여 7세대 전부가 가스를 각각 공급받는 구조이다. ㉠용기로부터 공급되는 가스는 가스용기에 설치된 ㉡밸브를 통과한 다음, 7세대 전부에 대한 공급을 차단할 수 있는 ㉢1차 메인밸브를 거쳐 각 세대에 대한 공급을 개별적으로 차단할 수 있는 ㉣주밸브 및 세대별 계량기를 통과하여, 각 세대의 주방의 ㉤휴즈콕크를 지나 최종적으로 ㉥가스레인지 등 취사기구에 주입되게 되어 있다.

1996년 11월경 을은 M다가구주택의 1층 103호에 입주하였다. 을이 103호에 입주할 당시 외부에서 분기되어 주방까지 연결된 호스의 끝 부분에 ㉤휴즈콕크가 설치되어 있지 않았다. 을은 자신의 비용으로 ㉤휴즈콕크를 설치하고, ㉥가스레인지를 연결하여 사용하여 왔다. 1998. 3. 15.경 을은 이사를 가게 되었다. 을은 외부에 설치된 세대별 ㉣주밸브를 잠근 다음, 그가 설치하였던 ㉤휴즈콕크를 떼어갔다. 1998. 3. 17. A와 B가 103호로 이사를 왔다. A와 B는 M주택에 설치된 가스이용시설을 사용하지 않고 ㉦휴대용 연소기를 사용하였다. 1998. 3. 25. A가 화장실 전등을 켜는 순간 액화석유가스가 파열하였다(㉮폭발사고). 이 사고로 A가 사망하고 C 등 5명이 다쳤다.

㉮사고 후 다음의 사실이 밝혀졌다. (가) 사고 직후 ㉠액화석유가스 용기 4개의 ㉡밸브가 모두 열려져 있었다. (나) 103호에 대한 공급을 개별적으로 차단할 수 있는 세대별 ㉣주밸브도 열려져 있었다. (다) 전문가에 의하면 103호에 대한 공급을 개별적으로 차단할 수 있는 ㉣주밸브가 원인미상으로 열려져 액화석유가스가 103호 내부로 누출되어 체류하고 있는 상태에서 미상(未詳)의 점화원(點火源)에 의하여 폭발이 일어난 것으로 추정된다.

검사는 집주인 갑과 이전 임차인 을을 과실폭발성물건파열죄 및 과실치사상죄로 기소하였다. 갑과 을의 피고사건은 제1심을 거친 후, 항소심에 계속되었다. 항소법원은 갑과 을에게 주의의무가 없다는 이유로 무죄를 선고하였다. 검사는 불복 상고하였다.

대법원은 다음의 이유를 제시하여 을 부분에 대한 원심판결을 파기환송하였다. 대법원은 이전 임차인 을에 대해 다음과 같이 판단하였다. (가) (「액화석유가스의 안전 및 사업관리법」 규정 검토; 생략함.) (나) ㉤휴즈콕크는 관련 규정에 의하여 연소기 각각에 대하여 설치해야 할 안전장치에 해당한다. (다) 그 설치 및 부대공사는 제4종 이상의 가스시설시공업 면허를 가진 자만이 시행할 수 있다.

(라) M주택의 가스설비는, (중략) 각 가구별로 분기된 배관에는 가구별로 유입되는 가스를 개별적으로 차단할 수 있는 ㉣배관용 밸브(주밸브) 및 가스계량기가 약 2m 정도의 높이에 3개가 나란히 설치되어 있어서 마음만 먹으면 누구나 쉽게 이를 개폐할 수 있다. (마) 경우에 따라서는 착오로 남의 집의 ㉣주밸브를 개폐할 수 있는 가능성을 배제할 수 없다.

(바) 위와 같이 ㉤휴즈콕크가 가스설비의 설치기준에 포함되는 안전장치로서 일정한 자격이 있는 자만이 그 설치 및 제거를 할 수 있도록 규정하고 있는 법규정의 취지와 이 사건 103호에 대한 가스유입을 개별적으로 차단할 수 있는 ㉣주밸브가 주택 외부에 다른 가구의 것과 함께 설치되어 있어 누군가에 의하여 개폐될 가능성을 배제할 수 없다는 점 등에 비추어 본다.

(사) ㉤휴즈콕크를 제거하면서 그 제거부분에 아무런 조치를 하지 않고 방치하게 되면, 혹시나 ㉣주밸브가 열리는 경우에는 이 사건 103호로 유입되는 가스를 막을 아무런 안전장치가 없어 가스 유출로 인한 대형사고의 가능성이 있다는 것은 평균인의 관점에서 객관적으로 볼 때 충분히 예견할 수 있는 것이다. (아) 을이 단지 자신의 비용으로 설치한 것이라는 이유만으로 ㉣주밸브만을 잠궈놓은 채 아무런 조치 없이 ㉤휴즈콕크를 제거한 것은 과실이 없다고 할 수 없다. (자) 이러한 을의 과실은 ㉮가스폭발사고와 상당인과관계가 있다. (차) 을이 이사를 가면서 103호 주택을 소유자에게 인도하였고, 새로 세입자가 입주함으로써 ㉣주밸브를 포함한 가스설비에 대한 관리책임이 이양되었다는 점이나, ㉣주밸브가 열려진 원인 및 점화원이 밝혀지지 않았다고 하여 달리 볼 것은 아니다.

대법원은 M주택 소유자 갑에 대해 다음과 같이 판단하였다. (가) 임대인은 주택을 임대함에 있어서 그 주택의 하자로 말미암아 임차인에게 발생할 수 있는 사고를 방지하여야 할 일반적인 주의의무가 있다. (나) 갑이 종전의 임차인인 을로부터 가스와 관련한 수선요청을 받았다거나 ㉤휴즈콕크를 제거하였다는 사실을 고지받았다고 볼 만한 자료가 없다. (다) 가스사용시설의 설치나 변경 등은 일정한 자격을 갖춘 자만이 이를 할 수 있는 것이어서 갑으로서도 당연히 자격 있는 자에 의하여 안전하게 연소기가 제거되었으리라고 믿었고 따라서 임차인이 그 제거부분에 아무런 조치를 취함이 없이 임의로 ㉳휴즈콕크를 제거하여 갔으리라고 상상하기 어려워 보인다. (라) 갑이 103호 주택을 임대함에 있어서 ㉳휴즈콕크가 제거된 사실을 발견하지 못함으로써 결과적으로 하자 있는 상태의 주택을 임대하게 되었다고 하더라도 가스누출로 인한 ㉮가스폭발사고에 대하여 어떠한 과실책임이 있다고 보기 어렵다.

제15장 교통방해의 죄

2017도11408

2018. 1. 24. 2017도11408, 공 2018상, 539 = 『차벽 설치 후 시위참가 사건』:

(연월일 생략함.) 노동, 농민, 시민, 청년, 빈민 분야 시민·사회단체들이 모여 '민중총궐기투쟁'을 하기로 하였다. 시민·사회단체들은 각 분야 별로 서로 다른 장소에 모여 사전집회를 가졌다. 이들은 16:00경에 광화문에서 본집회를 개최하기로 하였다. 14:00경 서울광장에 시위대가 모이기 시작하였다. 14:50경 일부 시위대(6,000여명)가 서울광장 앞 세종대로 전 차로를 점거하였다(㉮시위대). ㉮시위대는 광화문 방면으로 행진하기 시작하였다. 14:56경 경찰은 세종대로 사거리 남단에 경찰버스를 이용하여 차단벽을 설치하였다. 이후 세종대로의 통행은 전면 차단되었다.

태평로 쪽에도 시위대들이 모였다(㉯시위대). 시위대들은 태평로 전 차로를 점거하였다. 갑은 M노총 N지회 상근간부이다. 갑은 태평로 쪽에 있었다. 16:40경 ㉯시위대는 태평로 일대를 점거하여 광화문광장 쪽으로 행진하였다. 경찰은 행진이 금지통고된 행진임을 이유로 행진을 제지하였다. ㉯시위대는 경찰과 충돌하였다. 18:50경 ㉯시위대는 해산하였다.

검사는 갑을 일반교통방해죄로 기소하였다. 검사는 공소사실에 다음과 같이 기재하였다. "갑은 14:00경부터 18:50경까지 시위에 참가하여 교통을 방해하였다." 갑은 15:00경부터 16:00경까지 태평로 시위 장소에 있었던 사실만을 인정하였다. 제1심법원은 공소사실을 인정하여 유죄로 판단하였다. 갑은 불복 항소하였다.

항소법원은 다음의 이유를 들어서 무죄를 선고하였다. (가) 갑은 15:00경부터 16:00경까지 태평로 시위 장소에 있었던 사실만 인정하고 있다. (나) 검사는 갑이 14:00경부터 18:50경까지 시위에 참가하였다는 사실을 증명하지 못하였다. (다) 15:00경부터 16:00경까지 사이에는 이미 경찰이 세종대로에 차벽을 설치하여 그 부근의 교통이 완전히 차단된 것으로 보인다. (라) 그러므로 갑이 시위대에 합류하기 이전에 갑이 행진한 장소 부근에서 차량의 교통은 완전히 통제되었을 가능성이 크다.

(마) 이미 교통의 흐름이 완전히 차단된 상태의 도로를 다수인이 행진하여 점거하는 것은 교통방해의 추상적 위험조차 발생시키지 않는다고 보아야 한다. (바) 교통의 흐름이 완전히 차단된 상태에서 갑이 도로에 걸어 나간 것만으로는 교통방해의 위험을 발생시켰다고 볼 수 없다. (사) 승계적 공동정범을 인정하지 않는 확립된 법리에 따를 때, 집회참가자들의 도로점거 이후 시위에 합류한 갑에게 차벽 설치 전 다른 집회참가자들이 한 도로점거에 대한 책임을 물을 수 없다. (아) 갑이 다른 집회참가자들과 도로점거를 사전에 공모하였다는 증거가 없는 이상 공모공동정범의 죄책을 물을 수도 없다. 검사는 불복 상고하였다.

대법원은 다음의 이유를 제시하여 상고를 기각하였다. 대법원은 일반교통방해죄에 대해 다음과 같이 설시하였다. (가) 형법 제185조는 일반교통방해죄에 관하여 "육로, 수로 또는 교량을 손괴 또는 불통하게 하거나 기타 방법으로 교통을 방해한 자는 10년 이하의 징역 또는 1천 500만원 이하의 벌금에 처한다."라고 정하고 있다. (나) 일반교통방해죄는 일반 공중의 교통안전을 보호법익으로 하는 범죄이다. (다) 일반교통방해죄는 육로 등을 손괴 또는 불통하게 하는 경우뿐만 아니라 그 밖의 방법으로 교통을 방해하여 통행을 불가능하게 하거나 현저하게 곤란하게 하는 일체의 행위를 처벌하는 것을 목적으로 한다.

대법원은 집회 · 시위의 자유와 일반교통방해죄의 관계에 대해 다음과 같이 설시하였다. (가) 집회와 시위의 자유는 헌법상 보장된 국민의 기본권이다. (나) 형법상의 일반교통방해죄를 집회와 시위의 참석자에게 적용할 경우에는 집회와 시위의 자유를 부당하게 제한하는 결과가 발생할 우려가 있다. (다) 그러나 일반교통방해죄는 교통을 방해하는 방법을 위와 같이 포괄적으로 정하고 있다. (라) 게다가 도로에서 집회와 시위를 하는 경우 일반 공중의 교통안전을 직접적으로 침해할 위험이 있다. (마) 이러한 점들을 고려하면 집회나 시위로 교통방해 행위를 수반할 경우에 특별한 사정이 없는 한 일반교통방해죄가 성립할 수 있다.

대법원은 적법하게 신고한 집회 · 시위와 일반교통방해죄의 관계에 대해 다음과 같이 설시하였다. (가) 집회 및 시위에 관한 법률(이하 '집시법'이라 한다)에 따라 적법한 신고를 마친 집회 또는 시위가 있다. (나) 그러한 집회 또는 시위라고 하더라도 (ㄱ) 당초에 신고한 범위를 현저히 벗어나거나 (ㄴ) 집시법 제12조에 따른 조건을 중대하게 위반하여 (ㄷ) 도로 교통을 방해함으로써 통행을 불가능하게 하거나 현저하게 곤란하게 하는 경우에는 (ㄹ) 형법 제185조의 일반교통방해죄가 성립한다.

(다) 그러나 이때에도 참가자 모두에게 당연히 일반교통방해죄가 성립하는 것은 아니다. (라) (ㄱ) 실제로 참가자가 위와 같이 신고 범위를 현저하게 벗어나거나 조건을 중대하게 위반하는 데 가담하여 교통방해를 유발하는 직접적인 행위를 하였거나, (ㄴ) 참가자의 참가 경위나 관여 정도 등에 비추어 그 참가자에게 공모공동정범의 죄책을 물을 수 있는 경우라야 일반교통방해죄가 성립한다.

대법원은 일반교통방해죄의 추상적 위험범으로서의 법적 성질에 대해 다음과 같이 설시하였다. (가) 일반교통방해죄는 이른바 추상적 위험범이다. (나) 일반교통방해죄는 교통이 불가능하거나 또는 현저히 곤란한 상태가 발생하면 바로 기수가 된다. (다) 일반교통방해죄는 교통방해의 결과가 현실적으로 발생하여야 하는 것은 아니다.

대법원은 일반교통방해죄에서 공동정범의 성립범위에 대해 다음과 같이 설시하였다. (가) 일반교통방해죄에서 교통방해 행위는 계속범의 성질을 가진다. (나) 일반교통방해죄에서 교통방해의 상태가 계속되는 한 가벌적인 위법상태는 계속 존재한다. (다) 신고 범위를 현저히 벗어나거나 집시법 제12조에 따른 조건을 중대하게 위반함으로써 교통방해를 유발한 집회에 참가한 경우가 있다. (라) 이 경우 참가 당시 이미 다른 참가자들에 의해 교통의 흐름이 차단된 상태였다고 하자. (마) 그렇다고 하더라도 교통방해를 유발한 다른 참가자들과 암묵적·순차적으로 공모하여 교통방해의 위법상태를 지속시켰다고 평가할 수 있다면 일반교통방해죄가 성립한다.

대법원은 원심판결의 내용을 검토하였다. 원심판결은 다음과 같이 판단한 바가 있다. (가) 이미 교통의 흐름이 완전히 차단된 상태의 도로를 다수인이 행진하여 점거하는 것은 교통방해의 추상적 위험조차 발생시키지 않는다고 보아야 한다. (나) 교통의 흐름이 완전히 차단된 상태에서 갑이 도로에 걸어 나간 것만으로는 교통방해의 위험을 발생시켰다고 볼 수 없다.

대법원은 위에서 "일반교통방해죄는 이른바 추상적 위험범으로서 교통이 불가능하거나 또는 현저히 곤란한 상태가 발생하면 바로 기수가 되고 교통방해의 결과가 현실적으로 발생하여야 하는 것은 아니다."라고 판단한 바가 있다. 대법원은 [이 기준에 따를 때] "갑이 교통의 흐름이 차단된 상태에서 시위대에 합류하였으므로 일반교통방해죄가 성립하지 않는다"고 한 원심판결의 이유는 적절하지 않다고 판단하였다.

원심판결은 "갑이 다른 집회참가자들과 도로점거를 '사전에' 공모하였다는 증거가 없는 이상 공모공동정범의 죄책을 물을 수도 없다"고 판단한 바가 있다. 대법원은 위에서 일반교통방해죄의 공동정범에 대해 다음과 같이 판단한 바가 있다. (가) 일반교통방해죄에서 교통방해 행위는 계속범의 성질을 가지는 것이어서 교통방해의 상태가 계속되는 한 가벌적인 위법상태는 계속 존재한다. (나) 따라서 (ㄱ) 신고 범위를 현저히 벗어나거나 집시법 제12조에 따른 조건을 중대하게 위반함으로써 교통방해를 유발한 집회에 참가한 경우 (ㄴ) 참가 당시 이미 다른 참가자들에 의해 교통의 흐름이 차단된 상태였다고 하더라도 (ㄷ) 교통방해를 유발한 다른 참가자들과 암묵적·순차적으로 공모하여 교통방해의 위법상태를 지속시켰다고 평가할 수 있다면 일반교통방해죄가 성립한다. 대법원은 [이 기준에 따를 때] 갑이 '사전에' 공모가 없었다고 해서 공모공동정범이 성립하지 않는다고 한 원심판결 이유는 적절하지 않다고 판단하였다. 그러나 대법원은 [증거불충분으로] 갑에 대하여 일반교통방해죄의 공모공동정범으로서의 죄책을 물을 수 없다고 판단한 원심의 결론은 수긍할 수 있다고 판단하였다.

82도671

1983. 9. 27. 82도671, 공 1983, 1625 = 분석 각론『버스 정비공 좌회전 사건』:

갑은 자동차 정비공이다. 갑은 운전면허 없이 ⓐ시내버스를 운전하였다. (이하 무면허운전죄는 논외로 함.) 갑은 주의의무를 태만히 한 채 좌회전하다가 같은 방향으로 진행중이던 ⓑ승용차를 충격하였다(㉮사고). ㉮사고로 인하여 ⓑ승용차의 운전사와 승객 A, B, C가 상해를 입었다(㉠부분). ㉮사고로 인하여 ⓑ승용차가 거액의 수리비가 소요될 정도로 파괴되었다(㉡ 부분).

검사는 갑을 다음의 공소사실로 기소하였다. (가) ㉠부분 : 업무상 과실치상죄. (나) ㉡부분 : 업무상과실자동차파괴죄, 도로교통법위반죄(업무상과실손괴). (이하 도로교통법 조문 숫자는 현행법으로 고쳐 적음.) 갑의 피고사건은 제1심을 거친 후, 항소심에 계속되었다. 항소법원은 다음과 같이 판단하였다. (가) ㉠부분 : 업무상 과실치상죄 유죄. (나) ㉡부분 : 업무상과실자동차파괴죄 무죄, 도로교통법위반죄(업무상과실손괴) 유죄. 항소법원은 업무상과실자동차파괴죄 무죄 부분에 대해 다음의 이유를 제시하였다. (가) 도로교통법 제151조는 형법 제189조 제2항, 제187조 소정의 업무상과실자동차파괴등 죄에 해당하는 행위중 인력, [축]력 기타의 동력에 의하여 도로상에서 운전되는 제차의 운전자가 운전업무수행중의 과실에 기인한 경우를 특별히 처벌하기 위한 위 형법 본조의 특별법이다. (나) 그러므로 갑이 ⓑ승용차를 파괴한 행위(㉮행위)는 도로교통법 제151조에만 해당되어 업무상과실자동차파괴등죄로 의율할 수 없는 것이니 [업무상과실자동차파괴등죄 부분은] 무죄를 선고하여야 할 것이다. (다) 그러나 이는 업무상과실치상죄와 상상적경합관계에 있어 따로 주문에서 무죄선고를 하지 않는다. 검사는 업무상과실자동차파괴 무죄 부분에 불복하여 상고하였다.

대법원은 다음의 이유를 제시하여 원심판결을 파기환송하였다. 대법원은 도로교통법의 업무상과실손괴죄와 형법의 업무상과실자동차손괴죄의 관계에 대해 다음과 같이 설시하였다. (가) 도로교통법 제151조가 형법 제189조 제2항, 제187조 소정의 업무상과실자동차파괴등죄와 특별관계에 있는가의 여부는 양 법규의 구성요건의 비교로부터 논리적으로 결정하여야 할 것이다. (나) 위 형법 본조는 교통방해죄의 한 태양으로서 공중교통안전을 그 보호법익으로 하고 있다. (다) 위 형법 본조는 공공교통기관의 안전에 대한 침해는 교통기관의 대형화 및 고속화에 따라 공중의 생명, 신체, 재산 등에 중대한 손해를 미칠 위험과 직결하고 있다는 점에서 공공위험죄에 속한다. (라) 이에 대하여 위 도로교통법 제151조의 입법취지는 차량운행에 수반되는 위험성에 비추어 운전자에게 고도의 주의의무를 강조하고 나아가 차량운행과 직접적으로 관계없는 제3자의 재물을 보호하는데 있다. (마) 그리하여 [위 두 조문은] 각 그 보호법익을 달리하고 있다.

(바) 뿐만 아니라 그 행위의 객체는 후자가 "건조물 기타 재물" 일반을 대상으로 하고 있음에 반하여 전자는 "사람이 현존하는 기차, 전차, 자동차, 선박 또는 항공기"로 한정하고 있다. (사) 또 그 행위의 태양면에 있어서도 후자는 단순 손괴로 족함에 반하여 전자는 교통기관으로서의 용법의 전부 또는 일부를 불가능하게 할 정도의 손괴임을 요한다. (아) 그리하여 위 형법 본조의 구성요건은 위 도로교통법 제151조의 구성요건보

다 축소한정되는 관계에 있다.

(자) 이러한 점 등에 비추어 위 양 법규는 일반법과 특별법관계가 아닌 별개의 독립된 구성요건으로 해석함이 상당하다. (차) 그렇지 아니하면 구성요건 사실이 도로교통법 제151조는 물론 위 형법 본조를 충족한 경우 즉 자동차등 교통기관의 용법의 전부 또는 일부를 불가능케 할 정도의 손괴를 하였다 하더라도 위 형법 본조보다 법정형이 [경]한 도로교통법 제151조만을 적용할 수 밖에 없는 불합리한 결과가 생기기 때문이다.

(대법원은 도로교통법의 업무상과실손괴죄와 형법의 업무상과실자동차손괴죄의 관계에 대해 법조경합 관계가 아니라는 점만 언급하였다. 대법원은 양자가 상상적 경합관계인지 실체적 경합관계인지는 명시적으로 언급하지 않았다. 원심판결은 업무상과실자동차손괴 부분이 업무상과실치상 부분과 상상적 경합관계에 있다고 판단하였다. 대법원은 이 점에 주목하여 원심판결 전체를 파기환송하였다. 이에 비추어 대법원은 도로교통법의 업무상과실손괴죄와 형법의 업무상과실자동차손괴죄의 관계를 상상적 경합관계로 파악하고 있다고 생각된다.)

제18장 통화에 관한 죄

2012도2249

2013. 12. 12. 2012도2249, 공 2014상, 207 =『영국 10만 파운드 위폐 사건』:

영국 중앙은행(BANK OF ENGLAND)에서 1971년에 발행한 5파운드화 권종(券種)이 있다(㉠화폐). ㉡위조지폐는 ㉠화폐를 스캐너 등을 사용하여 10만 파운드화로 위조한 것이다. ㉡위조지폐는 일반 모조지 위에 ㉠5파운드화 특유의 다음과 같은 도안이 표시되어 있다(㉢도안). (가) 앞면: 여왕의 초상화, 두 마리 말이 끄는 전차와 천사 등. 뒷면: 웰링턴 공작의 상반신, 전쟁 중에 싸우는 군인들. (나) 그 전면에 "BANK OF ENGLAND, I PROMISE TO PAY THE BEARER ON DEMAND THE SUM OF ONE HUNDRED THOUSAND POUNDS, LONDON FOR THE GOV AND COMP OF THE BANK OF ENGLAND" 등의 기재와 "BU68 953130", "£100000" 등의 표시(㉣문자내용). (다) BANK OF ENGLAND "CHIEF CASHIER"의 서명(㉤서명). 영국 중앙은행은 10만 파운드화 권종을 발행하거나 유통시킨 사실이 전혀 없다. 10만 파운드화는 영국에서 강제통용력이 없음은 물론 국내에서 유통되지도 않는다.

갑은 중국에서 만난 D로부터 ㉡10만 파운드화 1장을 무상으로 교부받았다. 갑은 ㉡화폐가 과다한 액면가액이 표시되어 있고 인쇄상태가 조악하여 위조된 것이라는 사정을 알았다. 갑은 ㉡위폐를 한국 내에서 유통시킬 수 있는지 여부를 알아봐 달라는 D의 요청에 응하여 이를 소지하여 우리나라에 입국하였다. 갑은 A로부터 ㉡위폐를 유통시켜 액면가의 3% 가량을 받을 수 있다는 말을 들었다. 갑은 중국에 있는 D에게 연락하여 ㉡10만 파운드화 100매를 국내로 보내줄 것을 부탁하였다. D를 대신한 C가 ㉡10만 파운드화 100매를 소지하고 우리나라에 입국하였다. 갑은 C에게 A, B와 함께 서울역 내 M커피숍에 있으니 그곳으로 오라고 연락하였다. 갑은 C로부터 ㉡10만 파운드화 100매를 받아 A와 B에게 교부하였다.

검사는 갑을 관세법위반죄, 위조사도화행사죄로 기소하였다. 갑의 피고사건은 제1심을 거친 후, 항소심에 계속되었다. 항소법원은 관세법위반죄 부분에 대하여 유죄를 인정하였다. 항소법원은 다음의 이유로 위조사도화행사죄 부분을 무죄로 판단하였다. (가) ㉡10만 파운드화는 ㉢도안과 ㉣문자내용이 결합되어 통상 화폐가 갖추어야 할 외관상의 객관적 요소들을 갖추어 소지인에 대하여 영국 중앙은행이 10만 파운드를 지급할 것을 약속하는 지불수단이라는 외관을 가지게 되었다. (나) 여기서 ㉢도안 부분만이 따로 도화로서 혹은 ㉣문자내용 부분만이 따로 문서로서 어떤 사람의 의사 또는 관념을 표현한 것으로 그 내용이 법률상 또는 사회생활상 의미 있는 사항에 관한 증거가 될 수 있다고 볼 수는 없다. (다) ㉡10만 파운드화에 대한 처벌은 통화에 관한 죄로 의율하여야 하고 문서에 관한 죄로 의율하여서는 안 된다. 검사는 위조사도화행사죄 무죄 부분에 불복하여 상고하였다. 대법원은 다음의 이유를 제시하여 원심판결을 파기환송하였다.

대법원은 문서에 관한 죄와 통화에 관한 죄의 관계에 대하여 다음과 같이 설시하였다. (가) 형법상 문서에 관한 죄의 객체인 '문서 또는 도화'는 문자나 이에 준하는 부호를 사용하여 물체 위에 어떤 사람의 의사 또는 관념을 표현한 것으로서, 그 내용이 법률상 또는 사회생활상 의미 있는 사항에 관한 증거가 될 수 있는 것을 말한다. (나) 형법상 통화에 관한 죄는 문서에 관한 죄에 대하여 특별관계에 있으므로 통화에 관한 죄가 성립하는 때에는 문서에 관한 죄는 별도로 성립하지 않는다.

(다) 위조된 외국의 화폐, 지폐 또는 은행권이 강제통용력을 가지지 않는 경우에는 형법 제207조 제3항에서 정한 '외국에서 통용하는 외국의 화폐 등'에 해당하지 않는다. (라) 그 화폐 등이 국내에서 사실상 거래 대가의 지급수단이 되고 있지 않는 경우에는 형법 제207조 제2항에서 정한 '내국에서 유통하는 외국의 화폐 등'에도 해당하지 않는다. (마) 그 화폐 등을 행사하더라도 형법 제207조 제4항에서 정한 위조통화행사죄를 구성하지 않는다. (바) 따라서 이러한 경우에는 형법 제234조에서 정한 위조사문서행사죄 또는 위조사도화행사죄로 의율할 수 있다고 보아야 한다.

대법원은 ㉡10만 파운드화에 대해 다음과 같이 판단하였다. (가) ㉡10만 파운드화는 앞면과 뒷면에 영국의 5파운드화 특유의 ㉢도안이 표시되어 있다. (나) 앞면에 영국 중앙은행이 그 소지자에게 10만 파운드를 지급할 것을 약속하는 ㉣내용과 함께 영국 중앙은행 "CHIEF CASHIER"의 ㉤서명이 인쇄되어 있다. (다) 영국 중앙은행은 10만 파운드화 권종을 발행하거나 유통시킨 사실이 전혀 없다. (라) ㉡10만 파운드화는 1971년에 발행된 5파운드화 권종을 스캐너 등을 이용하여 위조한 것으로 영국에서 강제통용력이 없음은 물론 국내에서 유통되지도 않는다. (마) ㉡10만 파운드화는 형법 제207조 제3항에서 정한 외국에서 통용하는 외국의 화폐 등에 해당하지 않는다. (바) ㉡10만 파운드화는 형법 제207조 제2항에서 정한 국내에서 유통하는 외국의 화폐 등에 해당하지 않는다. (사) 갑이 ㉡10만 파운드화를 행사하였다고 하더라도 형법 제207조 제4항에서 정한 위조통화행사죄를 구성하지 않는다.

(아) ㉡10만 파운드화는 영국 지폐의 외관을 갖고 있다. (자) 그렇다고 하더라도 영국 중앙은행 "CHIEF CASHIER"의 의사의 표현으로서 그 내용이 법률상 또는 사회생활상 의미 있는 사항에 관한 증거가 될 수 있다. (차) 그러므로 형법상 문서에 관한 죄의 객체인 '문서 또는 도화'에 해당한다.

제19장 유가증권, 인지와 우표에 관한 죄

2011도7185

2013. 12. 26. 2011도7185, 공 2014상, 362 = 『주택보증보험 백지수표 사건』:

주택보증보험은 주택 시공회사가 건설공사를 완료하지 못하고 부도로 중단하는 경우(보증사고)에 대비하기 위한 보험이다. 보증사고가 발생할 경우 주택보증보험회사는 승계시공을 하여 공사를 완료한다. 이 경우 주택보증보험회사는 시공회사에 대해 구상금채권을 가지게 된다.

P회사는 M재건축아파트를 시공하고 있다. 갑은 P회사의 대표이사이다. Q회사는 주택보증보험회사이다. 2006. 7. Q회사는 P회사에 대해 ㉠조합주택시공보증서와 ㉡주택분양보증서를 발급하였다. P회사는 보증사고로 인한 구상금채무를 담보하기 위하여 액면금액 및 발행일이 백지인 ㉢백지수표 1장을 작성하여 Q회사에

교부하였다.

2007. 9. P회사가 부도가 나 시공을 이행할 수 없는 상태가 되었다. Q회사는 조합주택시공보증계약에 따라 승계시공을 하였다. 2009. 12. 11. Q회사는 M재건축아파트의 준공인가를 받았다. Q회사는 P회사에 대한 구상금채권액을 수기로 계산하였다. 2010. 3. 30. Q회사는 ㉢백지수표의 백지 부분을 구상금채권만큼 보충하였다. Q회사는 보충권 행사 당시 잔존 구상금채권액을 125억원으로 산정하여 ㉢백지수표에 기재하였다. 2010. 4. 2. Q회사는 R은행에 ㉢수표를 지급제시하였다. P회사에 대한 거래정지처분(부도)으로 Q회사는 ㉢수표의 수표금을 지급받지 못하였다.

한편, Q회사의 P회사에 대한 구상권 채권액은 M재건축아파트의 분양으로 분양대금이 수취되면 감소하는 구조를 가지고 있었다. Q회사에 의한 승계시공이 이루어지는 도중에도 기존 수분양자들은 분양계약에 따라 분양대금을 분납하고 있었다. 미분양분에 대하여도 추가적으로 분양이 이루어져 추가 분양분에 대한 분양대금도 납입되고 있었다. 이와 같이 납입되는 분양대금은 P회사에 대한 구상금 채권에 충당되었다. [따라서 실제 구상금채권은 ㉢백지수표에 보충권행사로 기재된 125억원보다 적었다.]

검사는 갑을 부정수표단속법 제2조 제2항 위반죄(부도수표발행)로 기소하였다. 제1심법원은 유죄를 인정하였다. 갑은 불복 항소하였다. 항소법원은 항소를 기각하고, 제1심판결을 유지하였다. 갑은 불복 상고하였다. 갑은 상고이유로 다음의 점을 주장하였다. (가) ㉢백지수표는 유통증권성을 가지지 아니한 단순한 증거증권에 지나지 않는다. (나) 유통증권성을 가지지 아니한 ㉢백지수표를 발행한 행위에 대해서까지 부정수표단속법 제2조 제2항 위반죄(부도수표발행죄)로 처벌할 수는 없다. (다) ㉢백지수표는 정당한 보충권의 범위를 넘어서서 부당보충된 것이다. (라) 갑은 부당보충된 ㉢백지수표에 대해 부도수표발행죄의 책임을 지지 않는다.

대법원은 다음의 이유를 제시하여 원심판결을 파기환송하였다. 대법원은 부도수표발행죄의 적용범위에 대해 다음과 같이 설시하였다. (가) 수표를 발행한 사람이 예금부족 등의 사유로 인하여 제시기일에 지급되지 아니할 것이라는 결과 발생을 예견하고 수표를 발행하면 부정수표 단속법 제2조 제2항 위반의 죄(부도수표발행죄)가 성립한다. (나) 그 예견은 미필적이라도 된다. (다) 기타 지급제시를 하지 않는다는 특약이나 수표를 발행하게 된 경위 또는 지급하지 못하게 된 경위 등에 대내적 사유가 있다는 사정만으로는 그 책임을 면할 수 없다. (라) 따라서 수표금액에 상당한 예금이나 수표금 지급을 위한 당좌예금의 명확한 확보책도 없이 수표를 발행하여 제시기일에 지급되지 아니한 결과를 발생하게 하였다면 부정수표 단속법 제2조 제2항 위반의 죄(부도수표발행죄)에 해당한다. (마) 다만 (ㄱ) 발행 당시에 그와 같은 결과 발생을 예견하지 아니하였거나 (ㄴ) 특별한 사정이 있어 수표가 지급제시되지 않으리라고 믿고 있었고 그와 같이 믿은 데에 정당한 이유가 있으면 그 책임을 지지 않는다.

대법원은 백지수표와 부도수표발행죄의 관계에 대해 다음과 같이 설시하였다. (가) 금액과 발행일자의 기재가 없는 이른바 백지수표도 그 소지인이 보충권을 행사하여 금액과 날짜를 기입하면 완전무결한 유가증권인 수표가 된다. (나) 특별한 사정이 없는 한 백지수표를 발행하는 그 자체로서 보충권을 소지인에게 부여하였다고 보아야 한다. (다) 수표면이나 그 부전에 명시되어 있지 않는 한 보충권의 제한을 선의의 취득자에게 대항할 수 없으므로 백지수표도 유통증권에 해당한다. (라) 따라서 백지수표의 발행도 부정수표 단속법의 규제를 받아야 함은 물론이다.

(마) 다만 백지수표를 발행한 목적과 경위, 수표소지인 지위의 공공성, 발행인과의 계약관계 및 그 내용, 예정된 백지보충권 행사의 사유 등에 비추어 (ㄱ) 백지수표를 교부받은 수표소지인이 이를 제3자에게 유통시킬 가능성이 없을 뿐만 아니라 (ㄴ) 장차 백지보충권을 행사하여 지급제시를 하게 될 때에는 이미 당좌거래가 정지된 상황에 있을 것임이 그 수표 발행 당시부터 명백하게 예견되는 등의 특별한 사정이 인정되는 경우

가 있다. (바) 이러한 경우 그 백지수표는 유통증권성을 가지지 아니한 단순한 증거증권에 지나지 아니하는 것으로서 그러한 백지수표를 발행한 행위에 대해서까지 부정수표 단속법 제2조 제2항 위반죄(부도수표발행죄)로 처벌할 수는 없다.

대법원은 ㉢백지수표의 성질에 대해 다음과 같이 판단하였다. (가) ㉢백지수표는 Q회사의 P회사에 대한 구상권 행사에 관한 담보 목적으로 교부된 것이다. (나) Q회사는 P회사가 원래의 시공책임을 이행할 수 없어 승계시공을 한 다음 준공인가가 된 시점에서 확인되는 구상금 채권액으로 백지보충을 하기로 한 것이라고 봄이 상당하다. (다) 그 단계에 이르면 P회사는 이미 훨씬 이전에 부도가 나서 당좌거래가 정지되어 있을 것임이 분명하고 이는 수표 발행 당시부터도 명백하게 예견되어 있던 사정이다. (라) 또한 Q회사의 공공기관적 지위, 발행인과의 계약관계 및 그 내용, 예정된 백지보충권 행사의 사유 등에 비추어 보면 승계시공 등이 완료되기 이전에 ㉢백지수표를 제3자에게 유통시킬 가능성도 없었다고 봄이 타당하다.

(마) Q회사는 ㉢수표를 교부받을 당시부터 P회사의 파산, 부도 등 약관에 규정된 보증사고가 발생하여 승계시공에 의하여 아파트를 완공한 이후에야 비로소 백지보충권을 행사할 것을 예정하고 있었음이 명백하다. (바) 그러므로 ㉢백지수표는 그 발행 당시부터 유가증권으로서 유통될 가능성은 배제되어 있었고 단지 증거증권 또는 채무이행의 압박수단에 지나지 아니하는 것이었다. (사) 갑이 이러한 ㉢백지수표를 발행한 행위에 대해서까지 부정수표 단속법 제2조 제2항 위반죄(부도수표발행죄)로 처벌할 수는 없다.

대법원은 백지수표 부당보충과 부도수표발행죄의 관계에 대해 다음과 같이 설시하였다. (가) 백지수표의 금액란이 부당보충된 경우 적어도 보충권의 범위 내에서는 백지수표의 발행인이 그 금액을 보충한 것과 다를 바 없어 백지수표의 발행인은 그 범위 내에서는 부정수표 단속법 위반죄(부도수표발행죄)의 죄책을 진다. (나) 이와 달리 보충권을 넘어서는 금액에 관하여는 발행인이 그와 같은 금액으로 보충한 것과 동일하게 볼 수는 없다. (다) 그러므로 백지수표의 발행인에게 보충권을 넘어서는 금액에 대하여까지 부정수표 단속법 위반죄(부도수표발행죄)의 죄책을 물을 수는 없다.

대법원은 ㉢백지수표에 대한 보충권 행사 부분에 대해 다음과 같이 판단하였다. (가) ㉢백지수표에 유통증권성이 인정된다고 [가정]하자. (나) 그렇다고 하더라도 Q회사의 구상금 채권의 액수는 수분양자들의 분양대금 납입 등에 따라 계속 변동하는 상황이었다. (다) 그러므로 백지보충을 한 시점에서 Q회사의 구상금 채권의 액수가 최소한 ㉢백지수표의 백지보충액인 125억원을 초과하여야만 갑에게 그 금액 전부에 대하여 부정수표 단속법 위반의 죄책(부정수표발행죄)을 물을 수 있다. (라) 기록을 살펴보아도 당시 수기로 계산된 125억원의 채권액이 맞는 것인지를 제대로 심리하였는지 알 수 있는 자료가 없다.

대법원은 원심판결의 당부에 대해 다음과 같이 판단하였다. (가) 원심으로서는 ㉢백지수표가 발행 당시부터 유가증권으로서 유통될 가능성이 배제되어 있었다고 볼 만한 특별한 사정이 있어 이를 발행한 갑에게 부정수표 단속법 제2조 제2항 위반의 죄책(부도수표발행)을 물을 수 있는지 여부를 살펴보았어야 한다. (나) 나아가 그 죄책을 물을 수 있는 경우라고 하더라도 원심은 백지보충권 행사 당시의 구상금 채권액이 구체적으로 얼마인지 그리고 그 채권액에 맞게 백지보충권이 행사된 것인지를 살펴보았어야 한다. (다) 그럼에도 원심은 이에 이르지 아니한 채 ㉢수표의 발행이 부정수표 단속법 제2조 제2항 위반(부도수표발행죄)에 해당하는 것으로 섣불리 단정하고 수표금액에 대한 정당한 보충권 행사의 범위에 관하여 필요한 심리를 한 바도 없이 갑에게 유죄를 인정하였다. (라) 이러한 원심의 판단에는 부정수표 단속법 제2조 제2항 위반죄(부도수표발행죄)에 관한 법리 등을 오해하고 필요한 심리를 다하지 아니한 잘못이 있다.

제20장 문서에 관한 죄

2016도2081

2016. 7. 14. 2016도2081, 공2016하, 1212 = 『경유증표 컬러복사 사건』:

갑은 M지방변호사회 소속 변호사이다. A는 네이버 아이디(ID) 불상의 피고소인 30명을 각각 저작권법위반죄로 형사고소하려고 하였다(㉮사건으로 통칭함). A는 갑에게 ㉮사건을 위임하였다. 통상 변호사가 수사관서에 고소사건을 접수할 때에는 고소장, 변호인선임서, 고소위임장, 소속 변호사회의 경유증표 원본을 함께 제출한다. 경유증표를 받을 때에는 소속 변호사회에 경유회비를 납부하여야 한다. 경유증표에는 다음 사항이 기재되어 있다. (가) 해당 증표가 첨부된 변호사선임서 등은 M지방변호사회를 경유한 것이다. (나) 소정의 경유회비를 납부하였다.

갑은 ㉮사건을 진행하면서 20건 또는 10건의 고소장을 개별적으로 수사관서에 제출하였다. 갑은 한 건의 ㉠고소위임장에 대해 소속 M변호사회에 경유회비를 납부하고 ㉡경유증표를 발급받았다. 갑은 첫 번째 고소사건의 ㉠고소위임장에 ㉡경유증표 원본을 첨부하였다. 갑은 첫 번째 고소사건의 ㉠고소위임장과 ㉡경유증표 원본을 일체로 하여 컬러복사기로 20장의 '고소위임장 및 경유증표'를 각각 복사하였다(㉢고소위임장). 갑은 ㉡경유증표가 일체로 복사된 ㉢고소위임장을 두 번째 사건 이하의 고소장에 각각 첨부하여 관할 지방검찰청 수사과에 접수하였다. 갑은 같은 방식으로 다른 10건의 고소사건을 관할 검찰청 수사과에 접수하였다.

검사는 갑을 사문서부정행사죄로 기소하였다. 제1심법원은 무죄를 선고하였다. 검사는 불복 항소하였다. 항소심 공판절차에서 검사는 사문서위조죄 및 위조사문서행사죄로 공소장변경을 신청하였고, 항소법원은 이를 허가하였다. 항소법원은 변경된 공소사실이 모두 인정된다고 판단하여 제1심판결을 파기하고 유죄를 인정하였다. 갑은 불복 상고하였다.

대법원은 다음의 이유를 제시하여 상고를 기각하였다. 대법원은 사문서위조죄에 대해 다음과 같이 판단하였다. (가) 문서위조죄 및 동 행사죄의 보호법익은 문서에 대한 공공의 신용이다. (나) '문서가 원본인지 여부'가 중요한 거래에 있어서 문서의 사본을 진정한 원본인 것처럼 행사할 목적으로 다른 조작을 가함이 없이 문서의 원본을 그대로 컬러복사기로 복사한 후 위와 같이 복사한 문서의 사본을 원본인 것처럼 행사한 행위는 사문서위조죄 및 동 행사죄에 해당한다. (다) 또한 사문서위조죄는 그 명의자가 진정으로 작성한 문서로 볼 수 있을 정도의 형식과 외관을 갖추어 일반인이 명의자의 진정한 사문서로 오신하기에 충분한 정도이면 성립한다.

대법원은 갑의 행위에 대해 다음과 같이 판단하였다. (가) M지방변호사회가 발급한 경유증표는 해당 증표가 첨부된 변호사선임서 등이 M지방변호사회를 경유하였고, 소정의 경유회비를 납부하였음을 확인하는 문서이다. (나) 법원, 수사기관 또는 공공기관에 이를 제출할 때에는 그 원본을 제출하여야 하고, 그 사본으로 원본에 갈음할 수 없다.

(다) 갑은 의뢰인으로부터 대량의 저작권법 위반의 형사고소 사건을 위임받은 후 네이버 아이디(ID) 불상의 피고소인 30명을 각 형사고소하기 위하여 20건(또는 10건)의 고소장을 개별적으로 수사관서에 제출하였다. (라) 그러면서 각 하나의 고소위임장에만 M지방변호사회로부터 발급받은 진정한 경유증표 원본을 첨부한 후 이를 일체로 하여 컬러복사기로 20장(또는 10장)의 고소위임장을 각 복사하였다. (마) 갑은 통상 수사관서에 고소장을 접수하면서 고소위임장에 경유증표 원본을 첨부하여 제출하는 것과 유사한 방식으로 위와 같이 고소위임장과 일체로 복사한 경유증표를 고소장에 첨부하여 관할 지방검찰청 수사과에 접수하였다. (바) 이것은 사문서위조 및 동 행사죄에 해당한다고 보기에 충분하다.

(사) 각 고소위임장에 함께 복사되어 있는 M지방변호사회 명의의 경유증표는 그 원본이 첨부된 고소위임장을 그대로 컬러 복사한 것으로서 일반적으로 문서가 갖추어야 할 형식을 모두 구비하고 있다. (아) 이를 주의 깊게 관찰하지 아니하면 그것이 원본이 아니라 복사본임을 알아차리기가 어려울 정도이다. (자) 그러므로 일반인이 그 명의자의 진정한 사문서로 오신하기에 충분한 정도의 형식과 외관을 갖추었다고 판단된다.

2000도2855

2000. 9. 5. 2000도2855, 공 2000, 2155 =『주민등록증사본 재복사 사건』:

갑은 A의 ㉠주민등록증을 복사하였다(㉡복사본). 갑은 A의 ㉡주민등록증사본 사진란에 자신의 사진을 붙여 이를 복사하였다(㉢복사본). 갑은 ㉢복사본을 P통신회사에 제출하여 ㉣휴대폰을 부정발급받았다. 갑은 ㉣휴대폰을 이용하여 요금을 내지 않고 전화통화를 하였다.

검사는 갑을 공문서위조죄, 위조공문서행사죄, 사기죄로 기소하였다. 제1심법원은 유죄를 인정하였다. 갑은 불복 항소하였다. 항소법원은 항소를 기각하고, 제1심판결을 유지하였다. 갑은 불복 상고하였다.

대법원은 다음의 이유를 제시하여 상고를 기각하였다. (가) 형법 제237조의2에 따라 전자복사기, 모사전송기 기타 이와 유사한 기기를 사용하여 복사한 문서의 사본도 문서원본과 동일한 의미를 가지는 문서이다. (나) 이를 다시 복사한 문서의 재사본도 문서위조죄 및 동 행사죄의 객체인 문서에 해당한다. (다) 진정한 문서의 사본을 전자복사기를 이용하여 복사하면서 일부 조작을 가하여 그 사본 내용과 전혀 다르게 만드는 행위는 공공의 신용을 해할 우려가 있는 별개의 문서사본을 창출하는 행위로서 문서위조행위에 해당한다. (라) 갑은 A의 주민등록증사본의 사진란에 갑의 사진을 붙여 이를 복사하여 전혀 별개의 주민등록증사본을 창출시켰다. (마) 갑에 대해 공문서위조죄 및 동 행사죄의 유죄가 인정된다.

2000도4993

2003. 10. 9. 2000도4993, 공 2003, 2199 = 분석 각론『월드컵경기장 부정 입찰 사건』:

(이하 사전자기록변작죄를 중심으로 정리함.) 해외건설협회는 건설사들이 해외에서 수행한 공사실적에 대해 실적증명서를 발부해 주고 있다. 갑은 실적증명용 컴퓨터 실무자이다. M시는 월드컵 주경기장 발주를 위한 입찰을 공고하였다. M시는 입찰참가자격을 국내외 단일공사 종합운동장 또는 축구전용경기장 관람석 22,500석 이상의 준공실적이 있는 업체로 제한하였다.

P회사는 건설업체이다. 을 등은 P회사의 임직원들이다(이하 을로 통칭함). P회사는 사우디아라비아에서 옥외경기장 관중석 3,000석 규모의 N스포츠클럽 건립공사를 시공한 실적이 있을 뿐이다. 을은 M시의 입찰에 참가하기 위하여 허위 실적증명을 만들기로 하였다. N공사와 관련한 서류로 '공사부진 원인 및 대책'이라는 문건이 있다(㉠문서). ㉠문서는 Q회사의 리야드 지점장 A 명의로 되어 있다. 을은 ㉠문서를 사본하였다(㉡사본). 을은 ㉡사본의 3,000석 부분에 25,000석이라는 글자를 오려붙였다. 을은 25,000석이라는 글자가 붙은 ㉡사본을 다시 복사하였다(㉢사본). 을은 ㉢사본을 첨부하여 해외건설협회에 실적증명을 신청하였다.

해외건설협회의 실적증명용 컴퓨터에는 N공사의 실적이 3,000석으로 입력되어 있다(㉣전산자료). 을은 갑에게 ㉢사본과 ㉣전산자료를 일치시켜달라고 부탁하였다. 갑은 실적증명용 컴퓨터를 켜서 N공사의 3,000석 부분을 25,000석으로 수정입력하였다. 해외건설협회 실적증명 책임자 B는 컴퓨터 모니터에서 25,000석 실적을 확인하였다. 갑은 B가 모니터를 확인한 직후 수정입력한 내용을 저장하지 않고 곧바로 컴퓨터를 꺼버렸다(이상 ㉮행위). 해외건설협회 실적증명용 컴퓨터에는 N공사의 실적 3,000석(㉣전산자료)이 그대로 저장되어 있다. 해외건설협회 실적증명 책임자 B는 을에게 25,000석의 실적증명을 발급해 주었다.

검사는 갑의 ㉮행위에 대해 사전자기록변작죄로 기소하였다. 갑의 피고사건은 제1심을 거친 후, 항소심에 계속되었다. 항소법원은 유죄를 인정하였다. 갑은 불복 상고하였다. 갑은 상고이유로 다음의 점을 주장하였다. (가) 사전자기록변작죄는 특수매체기록을 변작할 때 성립한다. (나) 특수매체기록은 정보가 지속적으로 저장되는 매체이어야 한다. (다) 램(RAM, Random Access Memory)은 임시기억장치 또는 임시저장매체이다. (라) 램은 특수매체기록에 해당하지 않는다. (마) 갑이 수정입력한 정보는 램에만 일시 저장되었을 뿐이고 컴퓨터 전원차단 후에는 실적증명용 컴퓨터에 저장된 바가 없다. (바) 갑의 ㉮행위는 사전자기록변작죄에 해당하지 않는다.

대법원은 다음의 이유를 제시하여 상고를 기각하였다. 대법원은 특수매체기록의 범위에 대해 다음과 같이 설시하였다. (가) 형법 제232조의2의 사전자기록위작·변작죄에서 말하는 권리의무 또는 사실증명에 관한 타인의 전자기록 등 특수매체기록이라 함은 일정한 저장매체에 전자방식이나 자기방식에 의하여 저장된 기록을 의미한다. (나) 컴퓨터의 기억장치 중 하나인 램(RAM, Random Access Memory)은 임시기억장치 또는 임시저장매체이다. (다) (ㄱ) 형법이 전자기록위·변작죄를 문서위·변조죄와 따로 처벌하고자 한 입법취지, (ㄴ) 저장매체에 따라 생기는 그 매체와 저장된 전자기록 사이의 결합강도와 각 매체별 전자기록의 지속성의 상대적 차이, (ㄷ) 전자기록의 계속성과 증명적 기능과의 관계, (ㄹ) 사전자기록위작·변작죄의 보호법익과 그 침해행위의 태양 및 가벌성 등에 비추어 본다. (라) 컴퓨터의 기억장치 중 하나인 램에 올려진 전자기록 역시 사전자기록위작·변작죄에서 말하는 전자기록 등 특수매체기록에 해당한다.

대법원은 갑의 행위에 대해 다음과 같이 판단하였다. (가) 갑이 ㉣전산자료를 변경입력한 행위는 원본파일의 변경까지 초래하지는 아니하였다. (나) 갑이 조작의 대상으로 삼은 ㉣전자기록은 컴퓨터에 연결된 모니터에 표시됨으로써 그 내용이 외부에 표출되는 것이기는 하다. (다) 그렇지만 단순히 모니터에 표시되는 화상형태로만 존재하는 것이 아니라 모니터에 표시되기 전에 작업자의 명령 처리를 위하여 임시기억장치인 램에 올라가 있었던 것이다. (라) 그 프로그램 처리 구조상 원본파일로부터 이와 같이 램에 올려지는 임시적 복제파일의 생성이 당연히 예정되어 있었다. (마) 이러한 점에 비추어 볼 때, 램에 올려진 전자기록은 원본파일과 불가분적인 것으로 원본파일의 개념적 연장선상에 있는 것이다. (바) 그러므로 이러한 전자기록에 갑이 사무처리를 그르치게 할 목적으로 그 공범들과 통모하여 허구의 내용을 권한 없이 수정입력한 것은 그 자체로 그러한 사전자기록을 변작한 행위의 구성요건에 해당된다고 보아야 할 것이다. (사) 그리고 그러한 수정입력의 시점에서 사전자기록변작죄의 기수에 이르렀다고 볼 것이다.

2020도9714

2022. 8. 19. 2020도9714, 공 2022하, 1877 = 『국조특위 답변서 사건』 :

갑은 세월호 사건 발생 당시 대통령비서실장이었다. 국회의 국정조사특위는 갑에게 다음 내용의 서면질의를 하였다. "대면보고를 하지 않아 대통령이 사고 상황을 제대로 파악하지 못한 것이 아니냐?" 갑은 다음 내용의 답변서를 제출하였다(㉠답변서). (가) 저희들이 계속 간단없이 20~30분 단위로 문서로 보고를 드렸습니다(ⓐ부분). (나) 그렇기 때문에 대통령이 충분히 직접 만나서 물어보는 것 이상으로 상황을 파악하고 있었다고 저희들은 생각합니다(ⓑ).

검사는 ㉠답변서가 허위라고 판단하였다. 검사는 갑을 허위공문서작성죄 및 허위작성공문서행사죄로 기소하였다. 제1심법원은 유죄를 인정하였다. 갑은 불복 항소하였다. 항소법원도 유죄를 인정하였다. 갑은 불복 상고하였다.

대법원은 다음의 이유를 제시하여 원심판결을 파기환송하였다. (가) ㉠답변서 중 "대통령은 직접 대면보고 받는 것 이상으로 상황을 파악하고 있었다고 생각한다."라는 ⓑ부분은 갑의 의견이다. (나) ⓑ부분은 그 자체로 내용의 진실 여부를 판단할 수 있다고 볼 수 없다. (다) ⓑ부분은 문서에 대한 공공의 신용을 위태롭게 할 만한 증명력과 신용력을 갖는다고 볼 수 없다. (라) ㉠답변서 중 "비서실에서 20~30분 단위로 간단없이 유·무선으로 보고를 하였다."라는 ⓐ부분은 실제로 대통령비서실에서 B 제1부속비서관 앞으로 발송한 총 11회의 이메일보고와 국가안보실에서 청와대 관저로 전달한 3회의 서면보고가 있었던 객관적 사실을 기반으로 하여 기재된 내용이다. (마) ⓐ부분을 허위라고 볼 수 없다.

2009도5786

2012. 4. 26. 2009도5786, 공 2012상, 936 = 분석 각론 『가압류 대비용 어음 공증 사건』:

(갑은 A에 대해 ㉠채무가 있다. 갑은 M부동산을 소유하고 있다. A는 관할 경매법원에 M부동산에 대한 경매를 신청하였다. 경매가 실시되면 A는 배당금을 받게 된다. 갑은 을과 함께 A가 배당금을 받지 못하도록 하는 방안을 상의하였다.) 갑은 을에 대하여 아무런 채무가 없다. 갑과 을은 공증인 B의 사무실을 찾아갔다. 갑은 공증인 B에게 "본인(갑)은 을에 대하여 3억원의 채무를 부담하고 있다."고 진술하였다. 갑은 공증인 B의 면전에서 을을 수취인으로 하여 액면 3억원의 ㉡약속어음을 발행하였다. 공증인 B는 발행인(갑)과 수취인(을)의 인적 사항과 함께 다음 내용이 기재되어 있는 어음공정증서를 작성하였다(㉢공정증서). "위 발행인은 본직(B)에 대하여 이 증서에 부착된 어음의 발행 및 기재사항을 자인하며, 위 어음의 소지인에게 위 어음금의 지급을 지체할 때에는 즉시 강제집행을 받더라도 이의가 없음을 인낙하는 취지의 공정증서 작성을 수취인과 함께 촉탁하고 각 서명 날인하였다." 공증인 B는 ㉢공정증서의 원본을 사무실에 비치하였다. 공증인 B는 수취인(을)에게 ㉢공정증서의 정본을 교부하였다. 공증인 B는 발행인(갑)에게 ㉢공정증서의 등본을 교부하였다. (을은 A가 배당금을 받지 못하도록 관할 경매법원에 ㉢공정증서 정본을 제출하였다. 배당금 절차에서 갑이 을에게 아무런 채무를 지고 있지 않다는 사실이 확인되었다.)

검사는 갑과 을을 사기미수, 공정증서원본불실기재죄, 불실기재공정증서원본행사죄로 기소하였다. (이하 공정증서원본불실기재죄, 불실기재공정증서원본행사죄 부분을 고찰함.) 제1심법원은 공소사실을 무죄로 판단하였다. 검사는 불복 항소하였다. 항소법원도 공소사실을 무죄로 판단하였다. 항소법원은 무죄판단의 이유로 다음의 점을 제시하였다. (가) 발행된 약속어음은 원인채무의 존부와 관계없이 그 어음상의 문언에 따라 어음상의 권리의무관계가 생기는 것이 약속어음의 무인증권성과 설권증권성의 원리에 비추어 명백하다. (나) 원인채무관계가 존재하지 아니하다는 이유만으로 약속어음이 허위라고 할 수는 없다. (다) 갑과 을은 그들의 의사에 따라 실제로 공증인 B의 사무소에서 ㉡약속어음을 작성하였다. (라) 공증인 B는 갑과 을의 촉탁에 따라 ㉡약속어음이 진정하게 발행·교부되었음을 확인하였다. (마) 그러한 이상 ㉡약속어음의 원인이 되는 채권이 존재하지 않았다는 이유로 ㉢공정증서가 증명하는 사항이 불실기재되었다고 볼 수 없다. 검사는 불복 상고하였다.

대법원은 다음의 이유를 제시하여 원심판결을 파기 환송하였다. 대법원은 어음공정증서 작성과 공정증서원본불실기재죄의 관계에 대해 다음과 같이 설시하였다. (가) 형법 제228조 제1항의 공정증서원본불실기재죄는 공무원에 대하여 진실에 반하는 허위신고를 하여 공정증서원본 또는 이와 동일한 전자기록 등 특수매체기록에 실체관계에 부합하지 않는 불실의 사실을 기재 또는 기록하게 함으로써 성립한다. (나) 발행인과 수취인이 통모하여 진정한 어음채무의 부담이나 어음채권의 취득에 관한 의사 없이 단지 발행인의 채권자로부터 채권의 추심이나 강제집행을 받는 것을 회피하기 위하여 형식적으로만 약속어음의 발행을 가장한 경우 이러한 어음발행행위는 통정허위표시로서 무효이다. (다) 이와 같이 발행인과 수취인 사이에 통정허위표시로서 무효인 어음발행행위를 공증인에게는 마치 진정한 어음발행행위가 있는 것처럼 허위로 신고함으로써 공증인으로 하여금 그 어음발행행위에 대하여 집행력 있는 어음공정증서원본을 작성케 하고 이를 비치하게 하였다면, 이러한 행위는 공정증서원본불실기재 및 불실기재공정증서원본행사죄에 해당한다.

대법원은 갑과 을의 행위에 대해 다음과 같이 판단하였다. (가) 갑과 을 사이에 ⓛ약속어음 발행의 원인이 된 채권·채무가 존재하지 않았다. (나) 갑과 을은 공증인에게 ⓒ어음공정증서의 작성을 촉탁함에 있어, 갑과 을 사이에 진정으로 약속어음을 발행할 의사 없이 통모하여 마치 진정한 약속어음을 발행하는 것처럼 가장함으로써 이에 대한 어음공정증서의 작성을 촉탁하였다. (다) 그에 따라 공증인으로 하여금 ⓒ어음공정증서를 작성하게 하여 그 원본을 비치하게 하였다. (라) (그 후 갑과 을은 갑의 채권자인 A가 채권배당절차에서 배당을 받지 못하도록 ⓒ어음공정증서를 집행권원으로 신청하여 채권압류 및 추심명령을 받음으로써 배당법원으로부터 배당을 받으려 하였다.) (마) 앞서 본 법리에 의하면 갑과 을의 어음발행행위는 통정허위표시로서 무효이다. (바) 그러므로 이러한 무효인 어음발행행위에 대하여 공증인으로 하여금 어음공정증서원본을 작성하고 비치하게 한 것은 공정증서원본불실기재 및 불실기재공정증서원본행사죄에 해당한다.

94도1858

1996. 2. 9. 94도1858, 공 1996, 1004 = **『산소 보존용 문중규약 사건』**:

갑은 P문중의 회장이다. M임야는 P문중 소유의 임야이다. M임야는 문중원 A 앞으로 등기부상 소유 명의가 신탁되어 있다. P문중은 A와 B 등이 M임야를 Q회사에게 몰래 매각하려고 하는 사실을 알게 되었다. P문중은 문중 회의를 열어 M임야에 관한 소유 명의를 문중 앞으로 회복하기로 결의하고, 관할법원에 [처분금지]가처분신청을 하였다(㉮사건). 갑은 관할법원에 ㉠문중규약을 제출하여 ⓛ가처분결정을 받았다.

㉠문중규약은 갑이 자필로 작성한 것이다. ㉠문중규약은 'P문중회 규약'이라는 표제하에 문중의 명칭, 목적, 위치, 문중원의 자격, 임원 선출, 문중의 의사결정방법 등을 규정한 본문 16개조와 시행일을 정한 부칙 1개조로 구성되어 있다. ㉠문중규약의 말미에는 C, D를 포함하여 P문중의 고문, 회장, 부회장, 총무, 재무, 이사, 감사 등 도합 11명 임원의 지위 기재와 서명날인이 있다. 4장으로 된 ㉠문중규약의 각 장 사이에는 위 임원들의 간인이 되어 있다. 갑은 이와 같은 ㉠문중규약을 작성하면서 C와 D의 동의 없이 규약의 마지막 장 부칙 조문 하단에 '이사 C', '감사 D'라고 기재하고 그 이름 옆에 소지하고 있던 C와 D의 인장을 찍었다.

[C와 D는 갑을 고소하였다. C와 D는 수사기관에서 각각 다음과 같이 진술하였다. (가) 갑이 조상의 산소를 보존하는데 필요하다고 말하여 모친이 도장을 내주었다. (나) 갑은 말한 것과는 달리 모친이 내어준 도장을 사용하여 ㉠문중규약을 작성하였다. 갑은 이에 대해 C, D의 승낙이나 위임에 따라 그들 명의로 ㉠종중규약을 작성하였다고 주장하였다.]

검사는 갑을 사문서위조죄 및 동 행사죄로 기소하였다. 갑의 피고사건은 제1심을 거친 후, 항소심에 계속되었다. 항소법원은 다음의 이유를 들어 무죄를 선고하였다. (가) ㉠문중규약은 P문중이라는 단체 그 자신 명의의 문서이다. (나) ㉠문중규약이 C, D 명의의 문서임을 전제로 한 이 사건 공소사실은 죄가 되지 않는다. 검사는 불복 상고하였다.

대법원은 다음의 이유를 제시하여 원심판결을 파기환송하였다. 대법원은 사문서의 종류와 작성명의인의 결정기준에 대해 다음과 같이 설시하였다. (가) 사문서위조죄의 객체가 되는 문서가 권리의무에 관한 것인지 아니면 사실증명에 관한 것인지는 문서의 표제나 명칭만으로 판단하여서는 안 된다. (나) 문서의 진정한 작성명의자가 누구인지 여부도 문서의 표제나 명칭만으로 이를 판단하여서는 안 된다. (다) 문서의 형식과 외관은 물론 문서의 종류, 내용, 일반 거래에 있어서 그 문서가 가지는 기능 등 제반 사정을 종합적으로 참작하여 판단하여야 한다.

대법원은 문중규약의 성질에 대해 다음과 같이 설시하였다. (가) 어떤 문서가 '문중규약'이라는 표제하에 작성되었다고 하여 이를 가리켜 일률적으로 문중원의 권리의무에 관한 사문서라거나 문중이라는 단체 명의의 문서라고 단정할 수는 없다. (나) 위에서 설시한 제반 사정에 비추어 그 문서가 문중규약의 존재와 내용 등을 확인하는 취지에서 작성된 것으로 볼 수 있으면 이는 사실증명에 관한 문서이다. (다) 또 이 경우에는 위와 같은 사항[문중규약의 존재와 내용 등]을 확인하는 의사표시의 주체가 그 문서의 작성명의자이다. (라) 그 작성명의자의 승낙이나 위임이 없이 그 명의를 모용하여 문중규약의 존재와 내용 등을 확인하는 문서를 작성하였다면 이는 사문서위조죄를 구성한다.

대법원은 ㉠문중규약의 작성명의인에 대해 다음과 같이 판단하였다. (가) 문서 자체의 외관, 형식, 체제만을 놓고 보더라도 ㉠문중규약은 그 말미에 서명날인을 한 임원들이 그 기재와 같은 규약의 존재와 내용을 확인하는 취지에서 작성한 것으로 보여진다. (나) 문중 또는 종중이라 함은 원래 공동선조의 후손 중 성년 이상의 남자를 종원으로 하여 구성되는 종족의 자연발생적인 집단이다. (다) 문중의 성립을 위하여 특별한 조직행위를 필요로 하거나 서면화된 규약이 있어야 하는 것은 아니다. (라) 그렇다고 할지라도 일단 서면화된 규약이 있는 경우에는 그 규약은 종중의 실체를 인정할 수 있는 유력한 근거가 될 수 있다. (마) 또 문중규약에 대표자의 선임에 관한 규정이 있는 경우에는 문중의 대표자가 규약이 정한 방법에 따라 적법하게 선임되었는가의 여부를 판단하는 자료가 될 수 있다.

대법원은 ㉠문중규약의 작성명의인에 대해 다음과 같이 판단하였다. (가) 갑은 P문중이 신청인으로 된 ㉮가처분신청사건에서 P문중의 실체를 소명하기 위한 자료로 제출하기 위하여 ㉠문중규약을 작성하고 그 의도대로 이를 사용하였다. (나) ㉠문중규약은 그 기재와 같은 규약의 존재와 내용 등을 확인하는 취지에서 작성된 사실증명에 관한 사문서이다. (다) ㉠문중규약은 그 말미에 서명날인을 한 문중 임원들이 작성명의자라고 볼 수 있다.

대법원은 ㉠문중규약의 위조 여부에 대해 다음과 같은 두 가지 판단 가능성을 제시하였다. 대법원은 첫 번째로 다음의 판단 가능성을 제시하였다. (가) 갑이 만일 공소사실 기재와 같이 C, D의 승낙이나 위임이 없이 ㉠종중규약의 말미에 그들의 서명날인을 하는 등 하여 그 문서를 작성하고 이를 행사하였다면 [갑은] 사문서위조죄와 동 행사죄의 죄책을 면할 수 없다. (나) 그럼에도 불구하고, 원심은 [㉠문중규약이 ㉠문중이라는 단체 그 자신 명의의 문서라는] 이유만으로 이 사건 공소사실은 죄가 되지 아니하는 경우에 해당한다고 판단하였다. (다) 원심의 판단은 사문서위조죄의 법리를 오해하여 판결에 영향을 미친 위법을 저지른 것이라고 아니할 수 없다.

대법원은 두 번째의 판단 가능성으로 다음의 점을 지적하였다. (가) C와 D는 갑이 조상의 산소를 보존하는데 필요하다고 하여 그들의 모친이 도장을 내주자 갑이 이를 사용하여 ㉠종중규약을 작성하였다고 진술하고 있다. (나) ㉠문중규약을 작성할 무렵 갑이 M임야에 관하여 종중 명의로 가처분을 해 두는 것 이외에는 조상의 산소를 보존하기 위하여 C, D의 도장을 사용할 필요가 있었다고 볼 만한 다른 사정을 기록상 찾아볼 수 없다. (다) 이로 미루어 보면 갑이 C, D 명의로 ㉠종중규약을 작성하게 된 것은 그들의 묵시적인 승낙이나 위임에 의한 것으로 볼 여지가 없지 않다. (라) 그 밖에 기록을 살펴보면 갑의 변소에 부합하는 다른 증거들도 엿볼 수 있다. (마) 그러므로 [환송 후의] 원심으로서는 갑이 ㉠종중규약을 작성할 당시의 구체적인 상황은 물론 그 전후 경위를 좀 더 심리해 봄으로써 갑의 변소의 진위를 가려볼 필요가 있다.

2008도8527

2009. 4. 23. 2008도8527, [미간행] = 『작가협회 교육원장 사건』:

A는 선거를 통하여 P작가협회의 이사장에 당선되었다. A는 B를 산하기관인 Q교육원 원장에 임명하였다. 갑은 C, D, E, F 등의 명의로 ㉠건의문을 작성하였다(㉮행위). 갑은 ㉠건의문을 A에게 제출하였다(㉯행위). ㉠건의문의 내용은 다음과 같다. "P협회 이사장에 당선된 A가 선거참모들인 C 등에 대하여 선거결과에 따른 적절한 인사상의 조치를 취해 줄 것을 요구한다. 이에 응하지 않을 경우 이사장에게 불리한 모종의 행동에

나서겠다." 그런데 D는 갑에게 명의 사용을 승낙한 사실이 없었다.

갑은 '이토록 사람이 없단 말입니까, 우리 협회에?!'라는 제목의 ㉡호소문을 작성하였다(㉰행위). ㉡호소문의 내용은 B의 구체적인 잘못을 적시하면서, "B를 교육원장에 임명한 것은 잘못이므로 교육원장 임명문제를 공론을 거쳐 재검토하도록 요구한다. (중략) P협회 지휘기관과 대중언론에 호소하고 나아가 회원서명 투쟁을 지속적으로 해나갈 것을 엄숙히 천명한다."는 것이었다. ㉡호소문의 말미에는 C, D, E, F의 이름이 기재되고 그 다음에 갑의 이름이 기재되었다. 그런데 D는 갑에게 명의 사용을 승낙한 사실이 없었다. 이후 갑은 P작가협회 회원 1,700여 명에게 ㉡호소문을 우편으로 송달하였다(㉱행위). [B는 갑을 명예훼손죄로 고소하였다.]

검사는 갑을 명예훼손죄로 기소하였다. 갑은 관할법원에서 명예훼손죄로 벌금 3백만원을 선고받았고, 그 판결은 확정되었다(㉲확정판결). ㉲확정판결의 범죄사실은 "갑이 ㉡호소문을 P작가협회 회원 1,700명에게 우편으로 발송, 도달하게 함으로써 공연히 허위의 사실을 적시하여 B의 명예를 훼손하였다."는 것이다.

이후 검사는 갑을 다시 사문서위조죄 및 위조사문서행사죄로 기소하였다. 제1심법원은 ㉠건의문 작성 및 제출 부분(㉮, ㉯행위)에 대해 사문서위조죄 및 위조사문서행사죄를 인정하였다. 제1심법원은 ㉡호소문 작성 및 송달 부분(㉰, ㉱행위)에 대해 다음과 같이 판단하여 면소를 선고하였다. (가) ㉡호소문으로 인한 명예훼손죄와 ㉡호소문 작성으로 인한 사문서위조죄는 상상적 경합관계에 있다. (나) 명예훼손죄의 ㉲확정판결 효력은 사문서위조죄의 공소사실에 미친다.

검사는 면소 부분에 불복하여 항소하였다. 항소심은 다음의 이유를 들어 제1심판결을 파기하고 ㉡호소문 작성(㉰행위) 부분에 대해서도 사문서위조죄를 인정하였다. (가) ㉲확정판결의 명예훼손죄(㉱행위)와 ㉡호소문 작성(㉰행위)으로 인한 사문서위조죄는 경합범 관계에 있다. (나) 명예훼손죄의 ㉲확정판결은 ㉰행위의 사문서위조죄 공소사실에 미치지 않는다.

갑은 ㉮, ㉯, ㉰행위 유죄 부분에 불복하여 상고하였다. 갑은 상고이유로 다음의 점을 주장하였다. (가) ㉠건의문이나 ㉡호소문은 단순한 정치적 구호나 호소에 지나지 않는다. (나) 권리의무나 사실증명에 관한 것이 아니므로 ㉠건의문이나 ㉡호소문은 사문서위조죄의 문서에 해당하지 않는다. (다) 명예훼손죄의 ㉲확정판결 효력은 ㉰행위의 사문서위조죄 공소사실에도 미친다.

대법원은 다음의 이유를 제시하여 상고를 기각하였다. 대법원은 사문서의 문서에 대해 다음과 같이 설시하였다. (가) 사문서위조, 동 행사죄의 객체인 사문서는 권리 · 의무 또는 사실증명에 관한 타인의 문서 또는 도화를 가리킨다. (나) 권리 · 의무에 관한 문서라 함은 권리의무의 발생 · 변경 · 소멸에 관한 사항이 기재된 것을 말한다. (다) 사실증명에 관한 문서는 권리 · 의무에 관한 문서 이외의 문서로서 거래상 중요한 사실을 증명하는 문서를 의미한다. (라) 거래상 중요한 사실을 증명하는 문서는, [우선] 법률관계의 발생 · 존속 · 변경 · 소멸의 전후과정을 증명하는 것이 주된 취지인 문서를 포함한다. (마) 뿐만 아니라 직접적인 법률관계에 단지 간접적으로만 연관된 의사표시 내지 권리 · 의무의 변동에 사실상으로만 영향을 줄 수 있는 의사표시를 내용으로 하는 문서도 포함될 수 있다. (바) 이에 해당하는지 여부는 문서의 제목만을 고려할 것이 아니라 문서의 내용과 더불어 문서 작성자의 의도, 그 문서가 작성된 객관적인 상황, 문서에 적시된 사항과 그 행사가 예정된 상대방과의 관계 등을 종합적으로 고려하여 판단하여야 한다.

대법원은 원심판결의 당부에 대해 다음과 같이 판단하였다. (사) ㉠건의문이나 ㉡호소문의 내용은 단순한 정치적 구호나 호소에 그친 것이 아니라 구체적인 요구사항을 적시하고 이를 이행하지 않으면 법적 · 행정적 책임을 묻겠다는 의사표시를 밝힌 것이다. (아) ㉠건의문이나 ㉡호소문은 중요한 사실을 증명하는 사실증명에 관한 문서에 해당한다. (자) 원심이 ㉰행위 부분 공소사실에 대하여 면소를 선고한 제1심판결을 파기하고 위 공소사실 부분을 유죄로 인정하였는바, 이러한 원심의 판단은 정당한 것으로 수긍이 간다.

2014도14924

2017. 12. 5. 2014도14924, 공 2018상, 121 = 『**경영정상화 계획 파일 사건**』 :

갑은 P투자회사의 대표이다. 을은 P회사의 임원이다. P회사는 Q저축은행에 거액의 투자를 하였다. Q저축은행에 부실의 징후가 있었다. P회사는 Q저축은행에 관련 자료를 요청하였다. Q저축은행 측은 내부적으로 검토중인 '경영정상화 이행 계획서(수정)'이라는 파일을 이메일로 P회사에 송부하였다(㉠파일). (Q저축은행은 이후 '경영정상화 이행 계획서(수정)'이라는 파일을 여러 차례 수정하였고, 최종본이 문건으로 출력되었다.) 이메일로 송부된 ㉠파일은 P회사의 서버에 저장되었다.

갑은 R장학재단의 기금관리위원회 위원으로 활동하였다. R장학재단은 S대학교와 관련이 있다. 갑은 R재단과 S대학교에 Q저축은행에 대한 투자를 권유하였다. 갑은 R재단과 S대학교 관계자들에게 Q저축은행에 대한 투자가 안전하고 확실하다고 단언하였다. R재단과 S대학교 측은 갑의 권유에 따라 Q저축은행에 각각 500억원을 투자하였다. 이후 Q저축은행은 관계 당국에 의하여 부실 금융기관으로 판단되어 퇴출되었다. 이로 인해 R재단과 S대학교는 투자금만큼의 손실을 보았다.

자본시장법은 금융투자업자가 투자권유를 할 때 '불확실한 사항에 대하여 단정적 판단을 제공하거나 확실하다고 오인하게 할 소지가 있는 내용을 알리는 행위'를 하여서는 안 된다고 규정하고 있다(ⓐ규정). 자본시장법은 ⓐ규정에 해당하는 행위를 한 자를 형사처벌하고 있다(ⓑ규정). 검사는 갑에 대해 자본시장법 ⓐ, ⓑ 규정 위반혐의로 수사를 개시하였다. 검사는 P회사에 대한 압수수색에 임하여 ㉠파일의 복제본을 압수하였다. P회사의 임원 을은 직원 A에게 지시하여 P회사 서버에 있는 ㉠파일의 내용을 [그 가운데 P회사에 불리한 부분을 유리한 쪽으로] 변경하도록 지시하였다. ㉠파일은 ㉡파일로 변경되었다(㉮행위). 을은 변경된 ㉡파일을 출력하였다(㉢문건). 을은 ㉢문건을 검찰에 제출하였다(㉯행위). (이하 을에 대해 검토함.)

검사는 을을 다음의 공소사실로 기소하였다. (가) ㉮행위 : 사문서변조죄, 증거변조죄. (나) ㉯행위 : 변조사문서행사죄, 변조증거사용죄. 제1심법원은 다음과 같이 판단하였다. (가) ㉮행위 : 사문서변조죄 무죄, 증거변조죄 유죄. (나) ㉯행위 : 변조사문서행사죄 무죄, 변조증거사용죄 유죄.

을은 유죄 부분에 불복하여 항소하였다. 을은 항소이유로 다음의 점을 주장하였다. (가) 증거변조죄의 객체가 문서인 경우에는 해당 문서가 '문서'로서의 형식을 갖추어야 된다. (나) ㉠파일은 검토중인 문건으로 P회사 대표이사 갑의 작성명의가 들어 있지 않다. (다) 검찰이 압수수색을 통해 확보해 둔 증거는 '경영정상화 이행 계획서(수정)' 파일(㉠파일 복제본)이다. (라) 을은 ㉠파일 복제본 자체의 형상이나 내용에 변경을 가한 것이 아니므로, 증거변조 및 변조증거사용죄가 성립하지 않는다.

검사는 무죄 부분에 불복하여 항소하였다. 검사는 항소이유로 다음의 점을 주장하였다. (가) 을은 '경영정상화 이행 계획서(수정) 파일'(㉠파일)을 변경하는 것에 그친 것이 아니라 이를 출력하였다(㉢문건). (나) 출력을 목적으로 문서 파일 내용을 변경한 뒤 실제로 출력된 문서는 형법상 문서에 관한 죄에 있어서 문서에 해당한다. 항소법원은 항소를 모두 기각하였다. 을은 유죄 부분에 불복하여 상고하였다. 검사는 무죄 부분에 불복하여 상고하였다. 상고이유는 각각 항소이유와 같다.

대법원은 다음의 이유를 제시하여 상고를 모두 기각하였다. 대법원은 사문서변조죄에 대해 다음과 같이 설시하였다. (가) 사문서변조죄는 권한 없는 자가 이미 진정하게 성립된 타인 명의의 문서 내용에 대하여 동일성을 해하지 않을 정도로 변경을 가하여 새로운 증명력을 작출케 함으로써 공공적 신용을 해할 위험성이 있을 때 성립한다. (나) 따라서 이미 진정하게 성립된 타인 명의의 문서가 존재하지 않는다면 사문서변조죄가 성립할 수 없다. (다) 형법상 문서에 관한 죄에 있어서 문서라 함은 (ㄱ) 문자 또는 이에 대신할 수 있는 가독적 부호로 (ㄴ) 계속적으로 물체 상에 기재된 의사 또는 관념의 표시인 (ㄷ) 원본 또는 이와 사회적 기능, 신용성 등을 동일시할 수 있는 기계적 방법에 의한 복사본으로서 (ㄹ) 그 내용이 법률상, 사회생활상 주요 사항에 관한 증거로 될 수 있는 것을 말한다. (라) 컴퓨터 모니터 화면에 나타나는 이미지는 이미지 파일을 보기 위한 프로그램을 실행할 경우에 그때마다 전자적 반응을 일으켜 화면에 나타나는 것에 지나지 않아서 계속적으로 화면에 고정된 것으로는 볼 수 없으므로, 형법상 문서에 관한 죄에 있어서의 문서에는 해당되지 않는다.

대법원은 을의 상고이유에 대해 다음과 같이 판단한 원심판결을 그대로 유지하였다. (가) 증거변조죄의 객체가 문서일 때 문서의 형식을 갖추어야 하는 것은 아니다. (나) P회사 서버에 남아 있는 '경영정상화 이행 계획서(수정) 파일'(㉠파일)은 여전히 갑의 형사사건에 관한 증거이다.

대법원은 검사의 상고이유에 대해 다음과 같이 판단한 원심판결을 그대로 유지하였다. (가) '경영정상화 이행 계획서(수정)' 파일(㉠파일)은 P회사 측에 송부된 이후에도 Q저축은행 측에 의하여 상당한 부분에 걸쳐 수정이 되는 단계를 거쳤다. (나) ㉠파일이 을의 ㉮행위 당시 진정하게 성립된 상태였다고 보기 어렵다. (다) 컴퓨터 프로그램에 의하여 작성된 파일은 그 자체로는 문서에 관한 죄의 객체인 '문서'에 해당하지 않는다. (라) 컴퓨터 파일에 일부 수정을 가한 후 이를 출력한다고 하더라도 이를 문서변조죄로 의율할 수는 없다. (마) 변조된 사문서의 존재를 전제로 하는 변조사문서행사죄 역시 성립하지 않는다.

2007도4812

2007. 11. 30. 2007도4812, 공 2008, 2096 =『차용금 주장 명의수탁자 사건』:

갑은 M임야를 매수하고자 하였다. 갑은 A의 명의를 사용하기로 하여 A의 동의를 얻었다(㉠명의신탁약정). M임야는 B의 소유이다. 갑과 B는 다음 내용의 매매계약을 체결하였다(㉡매매계약). (가) 매매계약서상 매수인 명의는 A로 한다. (나) 소유권이전등기는 매도인인 B로부터 A로 한다. 갑의 매매대금 지급과 함께 M부동산에 대한 소유권이전등기는 B로부터 A로 바로 이전되었다. 이후 A는 갑에게 다음과 같이 말하였다(㉢발언). (가) 갑은 나(A)에게 갚아야 할 ㉣차용금이 있다. (나) ㉣차용금을 변제하지 않는 한 갑에게 M임야를 타인에게 매도하는 데에 필요한 서류 작성에 협조하지 않겠다.

이후 갑은 C와 M임야에 대한 매매계약을 하였다(㉤매매계약). ㉤매매계약 당시 갑은 C에게 갑과 A 사이의 ㉠명의신탁 사실을 알리지 않았다. C는 자신의 명의로 ㉤부동산매매계약서에 서명날인하고 ㉥매매대금을 지급하였다. 갑은 '매도인 A'라고 ㉤부동산매매계약서에 서명날인하였다. 갑은 '영수인 A 대리인 갑'이라고 기재한 ㉦영수증을 작성하여 C에게 교부하였다.

검사는 갑을 특정경제범죄법위반죄(사기), 자격모용사문서작성죄, 자격모용작성사문서행사죄, 사문서위조죄, 위조사문서행사죄, 부동산실명법위반죄로 기소하였다. 갑의 피고사건은 제1심을 거친 후, 항소심에 계속되었다. 항소법원은 유죄를 인정하였다. 갑은 불복 상고하였다. 갑은 상고이유로 다음의 점을 주장하였다. (가) 명의수탁자는 명의신탁자에게 명의사용을 포괄적으로 허용하고 있다. (나) 명의신탁자가 명의수탁자의 명의를 사용하여 문서를 작성하는 것은 위조에 해당하지 않는다. (다) 명의신탁 부동산의 실권리자가 부동산을 매도할 때 매수인에게 명의신탁 사실을 고지할 필요가 없다. (라) 고지의무가 없으므로 기망에 해당하지 않아 사기죄가 성립하지 않는다.

대법원은 다음의 이유를 제시하여 상고를 기각하였다. 대법원은 사문서위조죄 부분에 대하여 다음과 같이 판단하였다. (가) 신탁자에게 아무런 부담이 지워지지 않은 채 재산이 수탁자에게 명의신탁된 경우가 있다. (나) 이 경우에는 특단의 사정이 없는 한 그 재산의 처분 기타 권한행사에 있어서는 수탁자가 자신의 명의사용을 포괄적으로 신탁자에게 허용하였다고 봄이 상당하다. (다) 그러므로 신탁자가 수탁자 명의로 신탁재산의 처분에 필요한 서류를 작성함에 있어 수탁자로부터 개별적인 승낙을 받지 아니하였다 하더라도 사문서위조·동 행사죄가 성립하지 않는다.

(라) 수탁자가 명의신탁 받은 사실을 부인하면서 신탁재산이 수탁자 자신의 소유라고 주장하는 등으로 신탁자와 사이에 신탁재산의 소유권에 관하여 다툼이 있는 경우가 있다. (마) 이 경우에는 더 이상 신탁자가 그 재산의 처분 등과 관련하여 수탁자의 명의를 사용하는 것이 허용된다고 볼 수 없다. (바) 이는 수탁자가 명의신탁 받은 사실 자체를 부인하는 것은 아니더라도 신탁자의 신탁재산 처분권한을 다투는 등 신탁재산에 관한 처분이나 기타 권한행사에 있어서 신탁자에게 부여하였던 수탁자 명의사용에 대한 포괄적 허용을 철회한 것으로 볼 만한 사정이 있는 경우에도 마찬가지이다.

(사) A가 M임야를 타인에게 매도하는 데에 필요한 서류 작성에 협조하지 않겠다는 취지의 ㉢발언을 하였다. (아) ㉢발언 때에 A는 종전에 갑과의 M임야에 관한 ㉠명의신탁 약정 당시 M임야에 관한 처분이나 기타 권한행사에 있어서 갑에게 부여하였던 A 명의사용에 대한 포괄적 허용을 철회한 것이다. (자) 따라서 그 때 이후로는 갑은 M임야에 관한 처분이나 기타 권한행사를 함에 있어서 명의수탁자인 A 명의로 또는 그의 대리인으로서 사문서를 작성하기 위하여는 개별적으로 A로부터 그 명의사용을 허락받거나 대리권을 위임받아야 한다. (차) 갑이 ㉤부동산매매계약서 및 ㉦영수증을 작성할 때에 A로부터 그와 같은 명의사용 허락이나 대리권 위임을 받은 사실이 없다.

대법원은 특정경제범죄법위반죄(사기) 부분에 대해 다음과 같이 판단하였다. (가) 사기죄의 요건으로서의 기망은 널리 재산상의 거래관계에 있어서 서로 지켜야 할 신의와 성실의 의무를 저버리는 모든 적극적 또는 소극적 행위를 말한다. (나) 기망은 반드시 법률행위의 중요 부분에 관한 허위표시임을 요하지 않는다. (다) 기망은 상대방을 착오에 빠지게 하여 행위자가 희망하는 재산적 처분행위를 하도록 하기 위한 판단의 기초가 되는 사실에 관한 것이면 충분하다.

(라) 일반거래의 경험칙상 거래의 상대방이 일정한 사정에 관한 고지를 받았더라면 당해 거래에 임하지 아니하였을 것이라는 관계가 인정되는 경우가 있다. (마) 그러한 경우에 그 거래로 인하여 재물을 수취하는 자에게는 신의성실의 원칙상 사전에 상대방에게 그와 같은 사정을 고지할 법률상 의무가 있다. (바) 그럼에도 불구하고, 이를 고지하지 아니한 것은 고지할 사실을 묵비함으로써 상대방을 기망한 것이 되어 사기죄를 구성한다.

대법원은 갑의 행위에 대해 다음과 같이 판단하였다. (가) 갑은 B로부터 M임야를 매수하여 이를 A에게 ㉠명의신탁함에 있어서 ㉡매매계약서상 매수인 명의를 명의수탁자인 A 명의로 하고, 그 소유권이전등기도 매도인인 B로부터 ㉡매매계약서상 매수인이자 명의수탁자인 A에게로 바로 이전 경료하였다. (나) 위와 같은 형식의 이른바 계약명의신탁의 경우에는, 매도인인 B가 그러한 명의신탁관계를 알지 못한 경우에는 수탁자인 A가 M임야의 소유권을 취득한다.

(다) 매도인인 B가 그러한 명의신탁관계를 잘 알고 있어서 ㉠명의신탁약정이 「부동산 실권리자명의 등기에 관한 법률」 제4조의 규정에 의하여 무효로 되고 이에 따라 ㉡매매계약도 무효가 되는 경우가 있다. (라) 그러한 경우에도 원칙적으로 ㉡매매계약상의 매수인의 지위가 당연히 명의신탁자인 갑에게 귀속되는 것은 아니다. (마) 특별한 사정(매도인 B와 갑 사이에 M임야에 관한 별도의 양도약정 성립)이 인정되는 경우에 한하여 갑이 매도인 B에 대하여 그 특별한 사정(별도의 양도약정 성립)을 원인으로 하는 소유권이전등기청구를 할 여지가 있다.

(바) M임야의 소유명의자인 A는 갑에게 종전의 ㉠명의신탁약정에 기한 포괄적 명의사용 허락을 이미 철회하였다. (사) 그 후 갑에게 A 자신의 명의사용을 허락한 바가 없다. (아) M임야의 소유명의자인 A가 갑에게 M임야의 매도를 반대하고 그 매도에 따른 절차이행에 협조하지 아니하겠다는 의사를 명시적으로 밝히고 있다. (자) 그러한 이상 갑이 C에게 M임야의 소유권을 이전해주는 것은 불가능하거나 현실적으로 매우 어려운 일이다.

(차) 갑이 B로부터 M임야를 매수할 당시에 B가 갑과 A사이의 ㉠명의신탁관계를 몰랐던 경우라면 갑은 C에게 M임야의 소유권을 이전하여 줄 수 없다. (카) 갑이 B로부터 M임야를 매수할 당시에 B가 갑과 A 사이의 ㉠명의신탁관계를 잘 알고 있었던 경우라도 갑이 M임야의 소유권을 C에게 이전하여 주기 위하여서는 갑과 B 사이에 별도의 양도약정 성립이 전제되어야 하고 여러 절차를 거쳐서야 가능하다. (타) 그 실현 가능성은 높지 않은데다가 실현된다고 하더라도 상당한 시간과 여러 단계의 절차를 필요로 한다.

(파) 일반거래의 경험칙상 C가 M임야의 소유명의자인 A가 M임야의 매도를 반대하고 그 매도에 따른 절차이행에 협조하지 아니하겠다고 하고 있는 사정을 미리 알았더라면 M임야를 매수하지 아니하였을 것이라는 관계가 인정된다. (하) 그렇다면 갑으로서는 신의성실의 원칙상 C와 ㉤매매계약을 체결하기 이전에 A의 위와 같은 의사에 관하여 C에게 미리 고지하여야 할 법률상 의무가 있다. (거) 갑이 이를 숨긴 채 A 명의로 M임야에 관한 ㉤매매계약을 체결한 것은 C를 기망한 것이라고 봄이 상당하다.

2014도15129

2017. 11. 9. 2014도15129, 공 2017하, 2364 = 『형집행정지 진단서 사건』:

(A는 ㉮형사사건으로 유죄가 확정되어 교도소에 수감되었다. A의 수형기간은 장기간이었다. 그럼에도 불구하고 A는 빈번한 형집행정지결정에 의하여 상당 기간을 일반 병원에서 생활하고 있었다. 이러한 사정이 알려지면서 사회적인 물의가 있었다.) 형집행정지결정은 검사가 행한다. 건강을 이유로 하는 형집행정지결정의 경우에는 의사의 진단서가 중요하다. 갑은 P대학병원의 의사이다. 2009. 12. 22. A는 제2차 형집행정지결정을 받았다. A는 Q병원에 입원하였다. 이후 A는 두 번 연장결정을 받았다.

2010. 7. 7. 갑은 A에 대해 다음 내용의 ㉠진단서를 발부하였다. (가) 지속적이고 적극적인 식이 조절, 운동 요법, 약물 치료 및 심리 정신적 안정을 필요로 함. (나) 적절한 치료환경을 제공하는 것이 필요한 상태로 판단됨. 2010. 7. 8. 갑은 A에 대해 다음 내용의 ㉡진단서를 발부하였다. (가) 현재 요추부 압박골절 등으로 거동이 불편하며, 전신상태가 극히 쇠약하여 향후 지속적인 입원치료를 요하는 상태임(ⓐ부분). (나) 지속적인 입원치료가 필요하므로 수용생활은 불가한 상태로 판단됨(ⓑ부분). [검찰은 ㉡진단서를 참고하여 세 번째 형집행정지 연장결정을 내렸다.]

검사는 갑을 허위진단서작성죄로 기소하였다. 갑의 피고사건은 제1심을 거친 후, 항소심에 계속되었다. 항소법원은 유죄를 인정하였다. 갑은 불복 상고하였다. 갑은 상고이유로 다음의 점을 주장하였다. (가) 허위진단서는 사문서의 일종이다. (나) 사문서는 권리 · 의무 또는 사실증명에 관한 문서이다. (다) 허위진단서작성죄에서 '허위 기재'는 진실에 반하는 사실을 기재하는 것을 의미한다. (라) 형집형정지결정의 연장은 의사의 진단서와 무관하게 검사가 직권으로 행한다. (마) ㉡진단서는 A의 수용 가능성에 대한 단순한 의견을 기재한 것일 뿐이다.

대법원은 다음의 이유를 제시하여 상고를 기각하였다. 대법원은 허위진단서작성죄의 성립요건에 대해 다음과 같이 설시하였다. (가) 형법 제233조는 의사가 진단서를 허위로 작성한 경우에 처벌하도록 규정하고 있다. (나) 여기서 진단서는 의사가 진찰의 결과에 관한 판단을 표시하여 사람의 건강상태를 증명하기 위하여 작성하는 문서를 말한다. (다) 허위진단서작성죄는 원래 허위의 증명을 금지하려는 것이다. (라) 그러므로 진단서의 내용이 실질상 진실에 반하는 기재여야 한다. (마) 뿐만 아니라 그 내용이 허위라는 의사의 주관적 인식이 필요하다. (바) 진단서의 내용이 허위라는 인식은 미필적 인식으로도 충분하다. (사) 이에 대하여는 검사가 증명책임을 진다.

대법원은 허위진단서의 '허위 기재'에 대한 판단방법에 관하여 다음과 같이 설시하였다. (가) 허위진단서 작성에 해당하는 허위의 기재는 (ㄱ) 사실에 관한 것이건 (ㄴ) 판단에 관한 것이건 불문한다. (나) 그러므로

(ㄱ) 현재의 진단명과 증상에 관한 기재뿐만 아니라 (ㄴ) 현재까지의 진찰 결과로서 발생 가능한 합병증과 향후 치료에 대한 소견을 기재한 경우에도 그로써 환자의 건강상태를 나타내고 있는 이상 허위진단서 작성의 대상이 될 수 있다. (다) 진단서에는 의료법 시행규칙 제9조 제1항, 제2항에서 정한 사항을 반드시 기재하여야 하나 그 밖의 사항은 반드시 기재하여야 하는 것이 아니다.

(라) 그리고 형사소송법 제471조 제1항 제1호에서 정하고 있는 형집행정지의 요건인 '형의 집행으로 인하여 현저히 건강을 해할 염려가 있는 때'에 해당하는지에 대한 판단은 검사가 직권으로 하는 것이다. (마) 그러한 판단 과정에 의사가 진단서 등으로 어떠한 의견을 제시하였다고 하더라도 검사는 그 의견에 구애받지 아니하며, 검사의 책임하에 규범적으로 그 형집행정지 여부의 판단이 이루어진다.

(바) 그렇지만 이 경우에 (ㄱ) 의사가 환자의 수형(受刑)생활 또는 수감(收監)생활의 가능 여부에 관하여 기재한 의견이 (ㄴ) 환자의 건강상태에 기초한 향후 치료 소견의 일부로서 의료적 판단을 기재한 것으로 볼 수 있다면, (ㄷ) 이는 환자의 건강상태를 나타내고 있다는 점에서 허위진단서 작성의 대상이 될 수 있다. (사) 따라서 의사가 진단서에 단순히 환자의 수형생활 또는 수감생활의 가능 여부에 대한 의견만 기재한 것이 아니라, (ㄱ) 그 판단의 근거로 그 환자에 대한 진단 결과 또는 향후 치료 의견 등을 함께 제시하였고 (ㄴ) 그와 결합하여 수형생활 또는 수감생활의 가능 여부에 대하여 판단한 것이라면 그 전체가 환자의 건강상태를 나타내고 있는 의료적 판단에 해당한다고 할 수 있다. (아) 그리고 그러한 판단에 결합된 진단 결과 또는 향후 치료 의견이 허위라면 수형생활 또는 수감생활의 가능 여부에 대한 판단 부분도 허위라고 할 수 있다.

(자) 그러나 그러한 판단에 결합된 진단 결과 내지 향후 치료 의견이 허위가 아니라면, 수형생활 또는 수감생활의 가능 여부에 관한 판단을 허위라고 할 수 있기 위해서는 (ㄱ) 먼저 환자가 처한 구체적이고 객관적인 수형생활 또는 수감생활의 실체를 확정하고 (ㄴ) 위 판단에 결합된 진단 결과 내지 향후 치료 의견에 의한 환자의 현재 및 장래 건강상태를 거기에 비추어 보아 (ㄷ) 환자의 실제 수형생활 또는 수감생활 가능 여부가 위 판단과 다르다는 것이 증명되어야 하고 (ㄹ) 또한 그에 대한 의사의 인식이 인정될 수 있어야 한다.

대법원은 ⓛ진단서의 ⓐ기재 부분에 대해 다음과 같이 판단하였다. (가) (자세한 분석 부분은 생략함.) (나) 갑은 2010. 7. 7. A에 대한 ㉠진단서를 작성한 지 불과 하루 뒤에 다시 ⓛ진단서를 작성하면서 종전과 달리 ⓛ진단서 ⓐ부분을 적극적으로 기재하였다. (다) 그러므로 ⓐ부분 기재가 객관적인 환자 상태에 근거한 것이라고 할 수 없다. (라) ⓐ부분은 수용생활이 불가한 상태라는 향후 치료 의견(ⓑ부분)을 추가하면서 그 근거로서 함께 기재된 것으로 보일 뿐이다.

대법원은 ⓛ진단서의 ⓑ기재 부분에 대해 다음과 같이 판단하였다. (가) (자세한 분석은 생략함.) (나) '요추부 압박골절 등으로 거동이 불편한 상태이며 전신상태는 극히 쇠약하여 향후 지속적인 입원치료를 요하는 상태'라는 기재(ⓐ부분)는 허위이고, 달리 입원이 필요한 사유도 없다.

(다) 지속적인 입원치료가 필요하므로 수용생활이 불가능하다는 ⓑ부분 기재는 A의 상태가 병원에 계속 입원하여 치료를 받아야만 하는 상태여서 [입원중인 병원에서의] 퇴원을 전제로 하는 수용생활을 할 수 없다는 의미이다. (라) 그러므로 ⓑ부분 기재는 진단 결과 및 향후 치료 의견과 결합하여 환자의 건강상태를 나타내고 있는 의료적 판단에 해당한다. (마) ⓑ부분은 당시까지의 진찰 결과로서의 향후 입원치료 필요성에 관하여 실질상의 진실에 어긋나는 사실과 판단에 기초하여 기재한 것이므로 허위진단서 작성에 해당한다. (바) 갑에게 그 허위에 대한 인식도 있었다고 보인다.

2017도10007

2022. 12. 29. 2017도10007, 공 2023상, 401 =『호스피스 간호사 사망진단서 사건』:

(2014. 1. 1.부터 2015. 5. 20.까지 사이에 있었던 일이다.) P의료법인은 Q의원을 운영하고 있다. Q의원은

말기암환자들에게 호스피스 완화의료를 시행하는 의료기관이다. 갑은 Q의원의 의사이다. 을 등은 Q의원의 간호사이다(을로 통칭함). 의사 갑이 외래진료, 퇴근으로 인해 부재중인 상태에서 입원환자가 사망하는 경우들이 있었다(입원환자를 A로 통칭함). 의사 갑은 간호사 을에게 환자 A의 사망여부를 확인하도록 한 후, 갑 명의로 사망진단서를 작성하고 이를 유족들에게 발급하도록 하였다. 이렇게 한 것은 환자 유족들의 원활한 장례절차를 위하여 검안 및 사망진단서를 신속하게 발급하기 위함이었다. 입원환자 A가 사망하였다. 간호사 을은 직접 환자 A의 사망 여부를 확인하였다. 간호사 을은 의사 갑이 외래진료나 퇴근을 하면서 환자 진료일지에 미리 기재한 사망원인을 살펴보았다. 간호사 을은 의사 갑 명의로 ㉠사망진단서를 대리 작성하여 사망한 환자 A의 유족들에게 사망진단서를 발급하여 주었다.

(이하 조문은 행위 당시의 의료법에 의함.) 의료법 제17조 제1항은 의료업에 종사하고 직접 진찰하거나 검안한 의사 …가 아니면 검안서 · 증명서 등을 작성하여 사망한 환자의 직계존속 · 비속, 배우자 …에게 교부하지 못하도록 규정하고 있다. 의료법 제89조는 제17조 제1항에 위반한 자를 1년 이하의 징역이나 500만원(현행법 1천만원) 이하의 벌금으로 처벌하고 있다. 의료법 제27조 제1항 본문은 의료인이 아니면 누구든지 의료행위를 할 수 없으며 의료인도 면허된 것 이외의 의료행위를 할 수 없다고 규정하고 있다. 의료법 제87조 제1항[현행법 제2항]은 제27조 제1항을 위반한 자를 5년 이하의 징역이나 2천만원[현행법 5천만원] 이하의 벌금으로 처벌하고 있다. 의료법 제91조는 양벌규정을 두고 있다.

검사는 다음의 공소사실로 기소하였다. (가) 갑 : 의료법위반죄(무자격자 검안서작성) 교사. (나) 을 : 의료법위반죄(무자격자 검안서작성). (다) P의료재단 : 양벌규정. 제1심법원은 갑, 을의 행위에 대해 사회상규에 위배되지 아니하는 행위라고 판단하였다. 제1심법원은 갑, 을, P의료재단에 대해 무죄를 선고하였다. 검사는 불복 항소하였다.

검사는 항소심 공판절차에서 다음과 같이 공소장변경을 신청하여 허가를 받았다. (가) 갑 : 의료법위반죄(무면허의료행위) 교사. (나) 을 : 의료법위반죄(무면허의료행위). (다) P의료재단 : 양벌규정. 항소법원은 제1심판결을 파기하고 유죄를 인정하였다. 항소법원은 갑, 을, P의료재단에 대해 형의 선고를 유예하였다. 갑, 을, P의료재단은 불복 상고하였다. 갑, 을, P의료재단은 상고이유로 다음의 점을 주장하였다. (가) 의사 갑의 위임이 있으므로 간호사 을도 사체검안을 할 수 있다. (나) 을의 행위는 사회상규에 위배되지 아니하는 행위이다. (다) 설사 그렇지 않다고 하더라도 사회상규에 위배되지 아니하는 행위로 오인한 데에 정당한 이유가 있다.

대법원은 다음의 이유를 제시하여 상고를 기각하였다. 대법원은 무면허의료행위에 대해 다음과 같이 설시하였다. (가) 의료법 제27조 제1항은 의료인에게만 의료행위를 허용하고, 의료인이라고 하더라도 면허된 의료행위만 할 수 있도록 하여, 무면허 의료행위를 엄격히 금지하고 있다. (나) 여기서 '의료행위'라 함은 (ㄱ) 의학적 전문지식을 기초로 하는 경험과 기능으로 (ㄴ) 진찰, 검안, 처방, 투약 또는 외과적 시술을 시행하여 하는 질병의 예방 또는 치료행위 및 (ㄷ) 그 밖에 의료인이 행하지 아니하면 보건위생상 위해가 생길 우려가 있는 행위를 말한다.

대법원은 의사와 간호사의 관계에 대해 다음과 같이 설시하였다. (가) 의사 · 치과의사 또는 한의사(이하 '의사 등'이라 한다)가 간호사로 하여금 의료행위에 관여하게 하는 경우에도 그 의료행위는 의사 등의 책임 아래 이루어지는 것이고 간호사는 그 보조자이다. (나) 간호사가 의사 등의 진료를 보조하는 경우 모든 행위 하나하나마다 항상 의사 등이 현장에 입회하여 일일이 지도 · 감독하여야 한다고 할 수는 없다. (다) 경우에 따라서는 의사 등이 진료의 보조행위 현장에 입회할 필요 없이 일반적인 지도 · 감독을 하는 것으로 충분한 경우도 있을 수 있다. (라) 그러나 이는 어디까지나 의사 등이 그의 주도로 의료행위를 실시하면서 그 의료행위의 성질과 위험성 등을 고려하여 그중 일부를 간호사로 하여금 보조하도록 지시 내지 위임할 수 있다는 것을 의미하는 것에 그친다. (마) 이와 달리 (ㄱ) 의사 등이 간호사에게 의료행위의 실시를 개별적으로 지시하거나 위임한 적이 없음에도 (ㄴ) 간호사가 그의 주도 아래 전반적인 의료행위의 실시 여부를 결정하고 (ㄷ) 간호사에 의한 의료행위의 실시과정에도 의사 등이 지시·관여하지 아니한 경우라면, 이는 의료법 제27조 제1항이 금지하는 무면허 의료행위에 해당한다.

대법원은 사망진단서의 작성권한에 대해 다음과 같이 설시하였다. (가) 환자가 사망한 경우 사망진단 전에 이루어지는 사망징후관찰은 [2015. 12. 29. 개정전] 의료법 제2조 제2항 제5호에서 간호사의 임무로 정한 '상병자 등의 요양을 위한 간호 또는 진료 보조'에 해당한다고 할 수 있다. (나) [2015. 12. 29. 개정법은 가. 환자의 간호요구에 대한 관찰, 자료수집, 간호판단 및 요양을 위한 간호, 나. 의사, 치과의사, 한의사의 지도하에 시행하는 진료의 보조, 다. 간호 요구자에 대한 교육·상담 및 건강증진을 위한 활동의 기획과 수행, 그 밖의 대통령령으로 정하는 보건활동을 간호사의 임무로 규정하고 있다.] (다) 그러나 사망의 진단은 의사 등이 환자의 사망 당시 또는 사후에라도 현장에 입회해서 직접 환자를 대면하여 수행하여야 하는 의료행위이다. (라) 간호사는 의사 등의 개별적 지도·감독이 있더라도 사망의 진단을 할 수 없다. (마) 사망의 진단은 사망 사실과 그 원인 등을 의학적·법률적으로 판정하는 의료행위이다. (바) 의료법 제17조 제1항은 사망의 진단 결과에 관한 판단을 표시하는 사망진단서의 작성·교부 주체를 의사 등으로 한정하고 있다. (사) 사망 여부와 사망 원인 등을 확인·판정하는 사망의 진단은 사람의 생명 자체와 연결된 중요한 의학적 행위이며, 그 수행에 의학적 전문지식이 필요하기 때문이다.

대법원은 간호사 을의 사망진단 행위가 무면허 의료행위에 해당한다고 판단하였다. 대법원은 을의 행위가 사회상규에 위배되지 아니하는 행위에 해당하지 않는다고 판단하였다. 대법원은 을의 법률의 착오 주장을 인정하지 않았다.

제22장 성풍속에 관한 죄

2012도13352

2017. 10. 26. 2012도13352, 공 2017하, 2217 = 『**교수 블로그 사진 사건**』:

정보통신망법은 "누구든지 정보통신망을 통하여 음란한 부호·문언·음향·화상 또는 영상을 배포·판매·임대하거나 공공연하게 전시하는 내용의 정보를 유통하여서는 아니 된다."고 규정하고 있다(ⓐ규정). 정보통신망법은 ⓐ규정을 위반하여 음란한 부호·문언·음향·화상 또는 영상을 배포·판매·임대하거나 공공연하게 전시한 자를 1년 이하의 징역 또는 1천만원 이하의 벌금에 처한다고 규정하고 있다(ⓑ규정).

갑은 P법학전문대학원 교수이다. 갑은 인터넷상에 M블로그를 가지고 있다. 갑은 방송통신심의위원회 심의위원으로 활동하고 있다. 방송통신심의위원회는 ㉡심의규정을 가지고 있다. 방송통신심의위원회에서는 A가 N블로그에 게시한 ㉠사진이 음란정보에 해당하는지 여부에 관하여 심의하였다. ㉠사진은 남성의 발기된 성기를 촬영한 것이었다(상세 내용 생략함). 갑을 포함한 3명의 심의위원들은 ㉠사진이 ㉡심의규정에 위반되지 않는다는 의견을 제시하였다. 나머지 6명의 심의위원들은 ㉠사진이 음란물에 해당되어 ㉡심의규정에 위반된다는 의견을 제시하였다. ㉠사진에 대하여는 이용해지 또는 삭제의 시정요구를 하는 것으로 의결되었다.

이후 갑은 자신의 M블로그에 ㉠사진을 게시하면서, ㉡심의규정을 소개한 후 "성행위에 진입하지 않은 그리고 성행위에 관한 서사가 포함되지 않은 성기 이미지 자체를 음란물로 보는 것은 표현의 자유나 ㉡심의규정에 비추어 부당하다"라는 취지로 자신의 의견(㉢의견)을 덧붙였다(㉣게시물).

검사는 갑을 정보통신망법위반죄(음란물유포)로 기소하였다. 갑의 피고사건은 제1심을 거친 후, 항소심에 계속되었다. 항소법원은 ㉣게시물의 전체적 맥락에서 ㉠사진이 음란물에 해당한다고 단정할 수 없다고 판단하였다. 항소법원은 무죄를 선고하였다. 검사는 불복 상고하였다.

대법원은 다음의 이유를 제시하여 상고를 기각하였다. 대법원은 ㉠사진 자체가 음란물에 해당하는지를 검토하고, 이어서 ㉠사진을 수록한 ㉣게시물 게시행위가 위법성조각이 될 수 있는지를 검토하였다.

대법원은 먼저 ㉠사진 자체의 음란성 여부에 대해 다음과 같이 판단하였다. (가) 정보통신망법 ⓐ규정에서 '음란'이라 함은 (ㄱ) 사회통념상 일반 보통인의 성욕을 자극하여 성적 흥분을 유발하고 (ㄴ) 정상적인 성적 수치심을 해하여 성적 도의관념에 반하는 것을 말한다. (나) 음란성에 관한 논의는 자연스럽게 형성·발전되어 온 사회 일반의 성적 도덕관념이나 윤리의식 및 문화적 사조와 직결되고, 아울러 개인의 사생활이나 행복추구권 및 다양성과도 깊이 연관되는 문제로서, 국가 형벌권이 지나치게 적극적으로 개입하기에 적절한 분야가 아니다. (다) 이러한 점을 고려할 때, 특정 표현물을 형사처벌의 대상이 될 음란 표현물이라고 하기 위하여는 그 표현물이 단순히 성적인 흥미에 관련되어 저속하다거나 문란한 느낌을 준다는 정도만으로는 부족하다. (라) (ㄱ) 사회통념에 비추어 전적으로 또는 지배적으로 성적 흥미에만 호소할 뿐 (ㄴ) 하등의 문학적·예술적·사상적·과학적·의학적·교육적 가치를 지니지 아니한 것으로서, (ㄷ) 과도하고도 노골적인 방법에 의하여 성적 부위나 행위를 적나라하게 표현·묘사함으로써, (ㄹ) 존중·보호되어야 할 인격체로서의 인간의 존엄과 가치를 훼손·왜곡한다고 볼 정도로 평가될 수 있어야 한다. (마) 나아가 이를 판단할 때에는 (ㄱ) 표현물 제작자의 주관적 의도가 아니라 (ㄴ) 사회 평균인의 입장에서 (ㄷ) 그 전체적인 내용을 관찰하여 (ㄹ) 건전한 사회통념에 따라 객관적이고 규범적으로 평가하여야 한다.

대법원은 ㉠사진의 음란성 여부에 대해 다음과 같이 판단하였다. (가) (중략). (나) ㉠사진은 오로지 남성의 발기된 성기와 음모만을 뚜렷하게 강조하여 여러 맥락 속에서 직접적으로 보여줌으로써 성적인 각성과 흥분이 존재한다는 암시나 공개장소에서 발기된 성기의 노출이라는 성적 일탈의 의미를 나타내고 있다. (다) 나아가 여성의 시각을 배제한 남성중심적인 성관념의 발로에 따른 편향된 관점을 전달하고 있다. (라) 따라서 단순히 성적인 흥미를 불러일으켜 저속하다거나 문란한 느낌을 준다는 정도를 넘어, (ㄱ) 사회통념에 비추어 전적으로 또는 지배적으로 성적 흥미에만 맞춰져 있을 뿐 (ㄴ) 하등의 문학적·예술적·사상적·과학적·의학적·교육적 가치를 지니지 아니한 것으로서, (ㄷ) 과도하고도 노골적인 방법에 의하여 성적 부위를 적나라하게 표현함으로써 (ㄹ) 인간의 존엄과 가치를 왜곡하는 음란물에 해당한다.

대법원은 다음으로 음란표현물과 사회상규의 관계에 대해 다음과 같이 설시하였다. (가) (ㄱ) 음란물이 그 자체로는 하등의 문학적·예술적·사상적·과학적·의학적·교육적 가치를 지니지 아니하더라도, (ㄴ) 앞서 본 음란성에 관한 논의의 특수한 성격 때문에, (ㄷ) 그에 관한 논의의 형성·발전을 위해 문학적·예술적·사상적·과학적·의학적·교육적 표현 등과 결합되는 경우가 있다. (나) 이러한 경우 (ㄱ) 음란 표현의 해악이 이와 결합된 위와 같은 표현 등을 통해 상당한 방법으로 해소되거나 다양한 의견과 사상의 경쟁메커니즘에 의해 해소될 수 있는 정도라는 등의 특별한 사정이 있다면, (ㄴ) 이러한 결합 표현물에 의한 표현행위는 공중도덕이나 사회윤리를 훼손하는 것이 아니어서, (ㄷ) 법질서 전체의 정신이나 그 배후에 놓여 있는 사회윤리 내지 사회통념에 비추어 용인될 수 있는 행위로서 (ㄹ) 형법 제20조에 정하여진 '사회상규에 위배되지 아니하는 행위'에 해당된다.

대법원은 갑의 행위에 대해 다음과 같이 판단하였다. (가) 갑이 인터넷 블로그에 게시한 ㉣게시물은 (중략) ㉠사진과 음란물에 관한 논의의 형성·발전을 위한 학술적, 사상적 표현(㉢의견) 등이 결합된 결합 표현물이다. (나) 먼저 공소제기된 ㉠사진이 음란한 화상 또는 영상으로서 음란물에 해당하는지에 관하여 본다. (다) ㉠사진은 (중략) 단순히 성적인 흥미를 불러일으켜 저속하다거나 문란한 느낌을 준다는 정도를 넘어, 사회통념에 비추어 전적으로 또는 지배적으로 성적 흥미에만 맞춰져 있을 뿐 하등의 문학적 · 예술적 · 사상적 · 과학적 · 의학적 · 교육적 가치를 지니지 아니한 것으로서, 과도하고도 노골적인 방법에 의하여 성적 부위를 적나라하게 표현함으로써 인간의 존엄과 가치를 왜곡하는 음란물에 해당한다.

(라) 다음으로, ㉠사진의 음란성에도 불구하고 그로 인한 해악이 결합된 학술적, 사상적 표현(㉢의견) 등을 통해 해소됨으로써, ㉣게시물에 의한 표현행위가 형법 제20조에 정하여진 '사회상규에 위배되지 아니하는 행위'에 해당하는지에 관하여 본다. (마) (㉡심의규정 및 ㉢의견 분석 부분 생략함.) (바) ㉣게시물이 게시된 동기나 목적의 정당성에 관하여 본다. (사) (중략) 갑의 직업, 사회활동, 관심분야 등 갑의 특수한 사정을 감안할 때, 위와 같은 게시의 동기나 목적은 사회적으로 정당한 것으로 수긍할 수 있다. (아) 갑이 ㉣게시물을 자신의 블로그에 게시한 것이 표현의 수단이나 방법에 있어 상당성이 있는 것인지에 관하여 본다. (자) (중략) 따라서 ㉣게시물의 게시는 표현의 수단이나 방법에 있어 상당성을 부정할 정도는 아니라고 할 것이다. (차) ㉣게시물에 대한 보호법익과 침해법익 간의 법익균형성 여부에 관하여 본다. (카) (중략) 결국 ㉠사진의 음란성으로 인한 해악은 ㉠사진에 결합된 학술적, 사상적 표현들과 비판 및 논증(㉢의견)에 의해 해소되었다고 할 수 있다.

(타) 이상을 종합하면, 결합 표현물인 ㉣게시물을 통한 ㉠사진의 게시는 목적의 정당성, 그 수단이나 방법의 상당성, 보호법익과 침해법익 간의 법익균형성이 인정되므로, 법질서 전체의 정신이나 그 배후에 놓여 있는 사회윤리 내지 사회통념에 비추어 용인될 수 있는 행위에 해당한다.

제24장 살인의 죄

93도3612

1994. 3. 22. 93도3612, 공 1994, 1373 = **『타워파 여관 습격 사건』** :

갑, 을, 병 등은 ㉠파 조직폭력배들이다. A, B, C 등은 ㉡파(타워파) 조직폭력배들이다. ㉡파 조직원들이 ㉠파 조직원 정과 무를 납치하여 폭행하였다. 갑, 을, 병 등은 ㉡파에 보복을 하기로 결의하였다. 갑, 을, 병 등은 ㉡파 조직원들이 투숙하고 있는 여관을 찾아다녔다. 갑, 을, D 등 일행은 M여관에 이르렀다. 병은 도중에 일행과 헤어져 N여관에 이르렀다. 병은 갑의 일행으로부터 M여관에서 ㉡파 조직원들을 발견하였다는 연락을 받았다. 병은 M여관으로 갔다.

을은 M여관 종업원 K가 경찰에 연락을 하지 못하도록 K를 감시하였다. D는 M여관 302호실 방문 앞에서 망을 보았다. 병은 뒤늦게 M여관에 도착하였다. 병은 M여관 문 앞에서 망을 보았다. 갑과 E 등은 M여관 302호실에 들어갔다. M여관 302호실에는 G와 H가 잠자고 있었다. 갑과 E 등은 G와 H를 ㉡파의 A와 B로 오인하였다. 갑과 E 등은 가지고 간 각목, 쇠파이프, 낫 등으로 가지고 G와 H에게 닥치는 대로 가해행위를 하였다. 중상을 입은 G, H 등은 병원으로 후송되었다. G는 가해를 당한 후 10일이 지나도록 의식을 회복하지 못할 정도로 상해를 입었다. H는 16주 내지 18주의 치료를 요하는 상해를 입었다.

(연도 생략함.) 2. 15. 갑과 그의 일행이 가한 자상으로 G에게 급성신부전증이 발생하였다. G는 급성신부전증의 치료를 받았다. 급성신부전증의 예후와 치료방법은 다음과 같다. (가) 급성신부전증의 예후는 핍뇨형(乏尿型)이지만 원인질환이 중증인 경우에 더 나쁜데, 사망률은 30% 내지 60% 정도에 이른다. (나) 특히 수술이나 외상 후에 발생한 급성신부전증의 경우 사망률이 가장 높다. (다) 급성신부전증을 치료할 때에는 수분의 섭취량과 소변의 배설량을 정확하게 맞추어야 한다. (라) G는 외상으로 인하여 급성신부전증이 발생하였고 또 소변량도 심하게 감소된 상태이다. (마) 그러므로 G는 음식과 수분의 섭취를 더욱 철저히 억제해야 한다.

G는 이와 같은 사실을 모르고 콜라와 김밥 등을 함부로 먹었다. G에게 체내에 수분저류가 발생하여 다시 폐염 · 패혈증 · 범발성혈액응고장애 등의 합병증이 발생하였다. 3. 17. G는 사망하였다. G의 직접사인은 패혈증으로 판명되었다.

검사는 갑, 을, 병을 살인죄, 살인미수죄, 폭력행위처벌법위반죄 등으로 기소하였다. (이하 G의 사망 부분을 중심으로 검토함.) 제1심법원은 살인죄를 인정하였다. 갑, 을, 병은 불복 항소하였다. 항소법원은 항소를 기각하고, 제1심판결을 유지하였다. 갑, 을, 병은 불복 상고하였다.

갑과 을은 첫 번째 상고이유로 다음의 점을 주장하였다. (가) 갑은 G와 H의 머리나 가슴 등 치명적인 부위를 낫이나 칼로 찌르지 않았다. (나) 을은 여관 안내실에서 종업원을 감시하였을 뿐이다. (다) 갑과 을은 G가 사망하리라고는 예견하지 못하였다. (라) 갑과 을에게 G에 대한 살인의 고의가 없다.

갑과 을은 두 번째 상고이유로 다음의 점을 주장하였다. (가) G에 대한 경과는 자상(刺傷), 급성신부전증, 패혈증의 순서로 진행되었다. (나) G는 급성신부전증 치료과정에서 금지되는 수분 섭취를 하였다. (다) G는 그로 인한 폐염 · 패혈증 · 범발성혈액응고장애 등의 합병증으로 사망하였다. (라) G의 최종 사인은 패혈증이다. (마) 갑, 을의 행위와 G의 사망 사이에는 인과관계가 없다.

병은 상고이유로 다음의 점을 주장하였다. (가) 병은 ㉠파 조직원들과 함께 ㉡파의 조직원 A 등을 찾아다닌 사실은 있다. (나) 그렇지만 도중에 일행과 헤어져 N여관에 가 있었다. (다) 그러다가 A의 소재를 알아냈으니 M여관으로 오라는 연락을 받고 M여관으로 갔다. (라) M여관으로 찾아간 때에는 이미 갑(나머지 일행 포함)이 낫과 쇠파이프 등을 들고 여관방으로 들어간 상태였다. (마) 갑(나머지 일행 포함)이 어느 정도는 가해행위를 할 것으로 인식하고 밖에서 망을 보기는 하였다. (바) 그러나 G를 살해할 것이라고는 전혀 예상하지 못하였다.

대법원은 다음의 이유를 제시하여 갑과 을의 상고를 기각하였다. 대법원은 다음의 이유를 제시하여 병에 대한 원심판결을 파기환송하였다. 대법원은 살인죄의 고의에 대해 다음과 같이 설시하였다. (가) 살인죄의 범의는 자기의 행위로 인하여 피해자가 사망할 수도 있다는 사실을 인식 · 예견하는 것으로 족하다. (나) 피해자의 사망을 희망하거나 목적으로 할 필요는 없다. (다) 또 확정적인 고의가 아닌 미필적 고의로도 족하다.

대법원은 갑과 을의 첫 번째 상고이유에 대해 다음과 같이 판단하였다. (가) 갑(나머지 일행 포함)은 G와 H에 대한 가해행위를 분담하였다. (나) 가해행위를 직접 실행한 갑(나머지 일행 포함)이 소론과 같이 G와 H의 머리나 가슴 등 치명적인 부위를 낫이나 칼로 찌르지는 않았다고 하자. (다) 그렇다고 하더라도 갑(나머지 일행 포함)은 쇠파이프로 G와 H의 머리와 몸을 마구 때리고 낫으로 팔과 다리를 난자하였다. (라) (그로 인하여 G는 10일이 지나도록 의식조차 회복하지 못하였고, H는 16주 내지 18주의 치료를 요하는 상해를 입었다.) (마) 갑(나머지 일행 포함)이 소론과 같이 자기들의 가해행위로 인하여 G와 H가 사망할 수도 있다는 사실을 인식하지 못하였다고 볼 수 없다. (바) (오히려 살인의 미필적 고의가 있었다고 볼 수 있다).

(사) 여관의 안내실에서 종업원을 감시한 을로서도 위와 같은 경위로 집단적인 보복을 할 목적으로 낫과 쇠파이프 등을 가지고 여관으로 들어간 갑(나머지 일행 포함)이 G와 H를 살해할 수도 있다는 사실을 인식하였을 것이다. (아) 그러므로 갑(나머지 일행 포함)은 물론 을에게도 살인의 범의가 있었다.

대법원은 병의 상고이유에 대해 다음과 같이 판단하였다. (가) 병은 이 사건 범행장소에 뒤늦게 도착하여 M여관의 문 앞에서 망을 보았다. (나) 병이 갑 등 이 사건 살인 및 살인미수의 범죄에 직접 가담한 범인들이 G와 H를 살해할 수도 있다는 사실을 인식하거나 예견하고 M여관문 앞에서 망을 보아주었음을 인정할 만한 자료가 전혀 없다. (다) 결국 병의 경우는 살인의 범의에 관한 증명이 없는 것으로 볼 수밖에 없다.

대법원은 갑과 을의 두 번째 상고이유에 대해 다음과 같이 판단하였다. (가) 갑 등의 가해행위와 G의 사망과의 사이에 인과관계가 있어야 갑 등을 살인죄로 처벌할 수 있는 것임은 소론과 같다. (나) 그렇지만 살인의 실행행위가 피해자의 사망이라는 결과를 발생하게 한 유일한 원인이거나 직접적인 원인이어야만 되는 것은 아니다. (다) 살인의 실행행위와 피해자의 사망과의 사이에 다른 사실이 개재되어 그 사실이 치사의 직접적인 원인이 된 경우가 있다. (라) 그렇게 되었다고 하더라도, 그와 같은 사실이 통상 예견할 수 있는 것에 지나지 않는다면 살인의 실행행위와 피해자의 사망과의 사이에 인과관계가 있는 것으로 보아야 한다.

대법원은 갑과 을의 두 번째 상고이유에 대해 다음과 같이 판단하였다. (가) (사실관계 분석; 생략함.) (나) 갑 등의 범행이 G를 사망하게 한 직접적인 원인이 된 것은 아니다. (다) 그렇지만 그 범행으로 인하여 G에게 급성신부전증이 발생하였다. (라) 또 그 합병증으로 G의 직접사인이 된 패혈증 등이 유발되었다. (마) 그러한 이상 비록 그 직접사인의 유발에 G 자신의 과실이 개재되었다고 하더라도 이와 같은 사실은 통상 예견할 수 있는 것으로 인정된다. (바) 그러므로 갑 등의 이 사건 범행과 G의 사망과의 사이에는 인과관계가 있다고 보지 않을 수 없다.

제25장 상해와 폭행의 죄

2017도7687

2017. 9. 21. 2017도7687, 공 2017하, 2047 =『시비용 칼 뺏기 과도 사건』:

(연월일 생략함.) 12:20경 갑은 서울 강동구 ⓐ주소 소재 P식료품 판매점에서 품질이 좋지 않은 물건을 팔았다는 이유로 그곳 직원인 A(52세)의 목과 팔을 손으로 할퀴고, 멱살을 잡아 흔들어 폭행하였다(㉮행위). 이때 갑은 A가 작업용으로 사용하던 칼을 빼앗으려 하다가 여의치 않았다. 갑은 서울 강동구 ⓑ주소에 소재한 갑의 집으로 가 과도(칼날길이 22cm)를 들고 왔다(㉯행위).

폭력행위처벌법는 다음의 규정을 두고 있다. 제7조(우범자) 정당한 이유 없이 이 법에 규정된 범죄에 공용(供用)될 우려가 있는 흉기나 그 밖의 위험한 물건을 휴대하거나 제공 또는 알선한 사람은 3년 이하의 징역 또는 300만원 이하의 벌금에 처한다. 검사는 갑을 다음의 공소사실로 기소하였다. (가) ㉮행위 : 폭행죄. (나) ㉯행위 : 폭력행위처벌법위반죄(우범자). 폭행죄는 반의사불벌죄이다(형법 제260조 제3항). 제1심 공판절차가 진행되는 도중에 C는 갑에 대한 처벌을 원하지 않는다는 의사를 표시하였다. 제1심법원은 다음과 같이 판단하였다. (가) ㉮행위 : 폭행죄 공소기각판결. (나) ㉯행위 : 폭력행위처벌법위반죄(위험물건휴대) 유죄. 갑은 유죄부분에 불복하여 항소하였다. 항소법원은 항소를 기각하고, 제1심판결을 유지하였다. 갑은 불복 상고하였다.

대법원은 다음의 이유를 제시하여 원심판결을 파기환송하였다. 대법원은 갑의 상고이유와 무관하게 직권으로 판단하였다. 대법원은 죄형법정주의원칙에 대해 다음과 같이 설시하였다. (가) 죄형법정주의는 국가형벌권의 자의적인 행사로부터 개인의 자유와 권리를 보호하기 위하여 범죄와 형벌을 법률로 정할 것을 요구한다. (나) 그러한 취지에 비추어 보면 형벌법규의 해석은 엄격하여야 하고, 명문의 형벌법규의 의미를 피고인에게 불리한 방향으로 지나치게 확장해석하거나 유추해석하는 것은 죄형법정주의의 원칙에 어긋나는 것으로서 허용되지 아니한다.

대법원은 폭력행위처벌법의 개정과정에 대해 다음과 같이 분석하였다. (가) 종래에 헌법재판소는 특정범죄가중법의 가중처벌 등에 관한 법률」의 일부 가중처벌 규정에 대하여 형법과 같은 기본법과 동일한 구성요건을 규정하면서도 법정형만 상향한 것은 형벌체계의 정당성과 균형을 잃어 헌법의 기본원리에 위배되고 평등의 원칙에 위반된다는 이유로 위헌결정을 내렸다. (나) 헌법재판소는 2015. 9. 24.에도 흉기 기타 위험한 물건을 휴대하여 형법상 폭행죄, 협박죄, 재물손괴죄를 범한 사람을 가중처벌하는 구 폭력행위처벌법 제3조 제1항 중 "흉기 기타 위험한 물건을 휴대하여 형법 제260조 제1항(폭행), 제283조 제1항(협박), 제366조(재물손괴등)의 죄를 범한 자"에 관한 부분에 대해서도 같은 이유로 위헌이라고 결정하였다.

(다) 이러한 헌법재판소의 위헌결정 취지에 따라 위헌결정 대상조항 및 이와 유사한 가중처벌 규정을 둔 조항을 정비하기 위하여 2016. 1. 6. 법률 제13718호로 폭력행위처벌법이 일부 개정되어 같은 날 시행되었다. (라) 그 주요내용은 (ㄱ) 상습폭행 등 상습폭력범죄에 대한 가중처벌 규정인 구 폭력행위처벌법 제2조 제1항과, 흉기휴대폭행 등 특수폭력범죄에 대한 가중처벌 규정인 구 폭력행위처벌법 제3조 제1항 및 제3항을 각 삭제하고, (ㄴ) 이러한 삭제에 따라 공동폭력범죄의 가중처벌 규정과 누범 가중처벌 규정인 구 폭력행위처벌법 제2조 제2항, 제3항 및 제3조 제4항을 정비하는 것이었다. (마) 이로써 기존의 집단 또는 상습 및 특수폭력범죄 등은 기본법인 형법의 각 해당 조항으로만 처벌될 뿐 더 이상 폭력행위처벌법에 따라 처벌할 수 없게 되었다.

대법원은 폭력행위처벌법의 우범자 조항에 대해 다음과 같이 설시하였다. (가) 폭력행위처벌법 제7조는 "정당한 이유 없이 이 법에 규정된 범죄에 공용될 우려가 있는 흉기나 그 밖의 위험한 물건을 휴대하거나 제공 또는 알선한 사람은 3년 이하의 징역 또는 300만원 이하의 벌금에 처한다."라고 규정하고 있다. (나)

위 조항은 집단 또는 상습 및 특수폭력범죄 등을 저지를 우려가 있는 사람을 처벌함으로써 공공의 안녕과 질서를 유지하기 위한 규정으로 법률 제정 시부터 현재까지 실질적인 내용의 변경 없이 그대로 유지되어 왔다. (다) 이러한 폭력행위처벌법위반(우범자)죄는 대상범죄인 '이 법에 규정된 범죄'의 예비죄로서의 성격을 지니고 있다. (라) 이러한 형벌규정 해석에 관한 일반적인 법리와 폭력행위처벌법의 개정경위와 내용, 폭력행위처벌법 제7조의 입법 취지와 문언의 체계, 폭력행위처벌법위반(우범자)죄의 성격과 성립요건 등을 종합하여 보면, 폭력행위처벌법 제7조에서 말하는 '이 법에 규정된 범죄'라고 함은 '폭력행위처벌법에 규정된 범죄' 만을 의미한다고 해석함이 타당하다.

(마) 한편 폭력행위처벌법 제7조에서 말하는 위험한 물건의 '휴대'라 함은 범죄현장에서 사용할 의도 아래 위험한 물건을 몸 또는 몸 가까이에 소지하는 것을 말한다. (바) 정당한 이유 없이 폭력행위처벌법에 규정된 범죄에 공용될 우려가 있는 흉기를 휴대하고 있었다면 다른 구체적인 범죄행위가 없다고 하더라도 그 휴대행위 자체에 의하여 폭력행위처벌법위반(우범자)죄의 구성요건을 충족한다. (사) 그렇지만 흉기나 그 밖의 위험한 물건을 소지하고 있다는 사실만으로 폭력행위처벌법에 규정된 범죄에 공용될 우려가 있는 것으로 추정된다고 볼 수는 없다. (아) 형사재판에서 공소가 제기된 범죄의 구성요건을 이루는 사실에 대한 증명책임은 검사에게 있다. (자) 따라서 피고인이 폭력행위처벌법에 규정된 범죄에 공용될 우려가 있는 흉기나 그 밖의 위험한 물건을 휴대하였다는 점은 검사가 증명하여야 한다.

대법원은 사실관계를 분석하였다(내용 생략함). 대법원은 갑의 행위에 대해 다음과 같이 판단하였다. (가) 이러한 사정을 앞서 본 법리에 비추어 살펴보면, 검사가 제출한 증거들만으로는 갑이 정당한 이유 없이 폭력행위처벌법에 규정된 범죄에 공용될 우려가 있는 위험한 물건을 휴대하였음이 합리적 의심 없이 증명되었다고 볼 수 없다. (나) 설령 갑이 당시 형법상의 폭력범죄에 사용할 의도로 과도를 소지하였더라도 이러한 범죄는 2016. 1. 6. 법률개정에 따라 더 이상 폭력행위처벌법 제7조에서 말하는 '이 법에 규정된 범죄'가 될 수 없으므로 갑을 폭력행위처벌법위반(우범자)죄로 처벌할 수는 없다.

2022도1718

2022. 10. 27. 2022도1718, **판례속보 =『중학생 머리 체벌 사건』**:

아동복지법은 다음의 규정들을 두고 있다. (가) '아동'은 18세 미만의 사람을 말한다(ⓐ규정). (나) '아동학대'는 보호자를 포함한 성인이 아동의 건강 또는 복지를 해치거나 정상적 발달을 저해할 수 있는 신체적·정신적·성적 폭력이나 가혹행위를 하는 것 등을 말한다(ⓑ규정). (다) '보호자'에는 아동을 보호·양육·교육하거나 그러한 의무가 있는 자 또는 업무·고용 등의 관계로 사실상 아동을 보호·감독하는 자가 포함된다(ⓒ규정). (라) 누구든지 아동의 신체에 손상을 주거나 신체의 건강 및 발달을 해치는 신체적 학대행위를 하여서는 아니 된다(ⓓ규정). (마) ⓓ규정 위반행위를 한 자는 10년 이하의 징역에 처한다(ⓔ규정).

「아동학대범죄의 처벌 등에 관한 특례법」(아동학대처벌법)은 다음의 규정을 두고 있다. (가) 「초·중등교육법」 제2조에 따른 학교의 장과 그 종사자는 아동학대범죄를 신고할 의무가 있다.(ⓕ규정). (나) ⓕ규정에 따른 아동학대 신고의무자가 보호하는 아동에 대하여 아동학대범죄를 범한 때에는 그 죄(ⓔ규정)에 정한 형의 2분의 1까지 가중한다(ⓖ규정).

갑은 P중학교 교사이다. A, B, C는 P중학교 학생들이다. A, B, C는 13세 내지 14세이다. 갑은 6개월 동안 A, B, C에 대해 다음 내용의 체벌행위를 하였다. (가) A는 수업시간 종이 울렸는데도 교실 뒤쪽에 서 있었다. (나) 갑은 A 학생이 교칙을 준수하지 않았기 때문에 훈육의 필요가 있다고 판단하여 [A의 머리를 때렸다](㉮행위). (다) B는 교실에 출입할 때 뒷문을 사용하지 않고 앞문으로 들어왔다. (라) 갑은 B 학생이 교칙을 준수하지 않았기 때문에 훈육의 필요가 있다고 판단하여 [B의 머리를 때렸다](㉯행위). (마) C는 지각을 하여 교무실 앞에 서 있었다. (바) 갑은 C 학생에 대하여 복장 불량을 이유로 C의 머리를 때렸다(㉰행위).

검사는 갑에게 아동복지법 ⓔ규정과 아동학대처벌법 ⓖ규정을 적용하여 기소하였다. 공소사실의 요지는 다음과 같다. "P중학교 교사인 피고인(갑)은 P학교에서 3회에 걸쳐 아동인 A, B, C에게 신체의 건강 및 발달을 해치는 신체적 학대행위를 하였다." [공판절차에서] A 학생은 갑의 행위에 대하여 "굉장히 기분이 안 좋고, 짜증나고 무안하고 화가 났다."라고 진술하였다.

갑의 피고사건은 제1심을 거친 후, 항소심에 계속되었다. 항소법원은 다음의 이유를 들어서 무죄를 선고하였다. (가) 갑은 A, B, C가 학생으로서 지켜야 할 학칙 또는 규범을 준수하지 아니한 경우 이를 훈육하기 위한 취지에서 ㉮, ㉯, ㉰행위를 하였다고 주장한다. (나) 갑의 행위로 인해 A, B, C 학생들이 다소간 기분이 상하는 정도를 넘어서 A, B, C 학생들의 신체적 건강 및 발달상태가 불량하게 변경되었다고 볼 여지는 없어 보인다. (다) 갑의 ㉮, ㉯, ㉰행위가 A, B, C 학생들을 상대로 악의적으로 반복된 것으로 보이지도 않는다. (라) 갑이 행위를 한 동기와 경위, 행위의 정도와 태양에 관한 A, B, C 학생의 진술 및 갑의 유형력 행사의 횟수가 피해자 별로 1회에 그친 점 등을 고려한다. (마) 갑의 행위가 아동의 신체에 상해에 준할 정도로 부정적인 변화를 가져오는 것이라고 보기 어렵다. (바) 갑의 행위가 아동의 신체 건강 및 정상적인 발달을 해칠 정도 또는 그러한 결과를 초래할 위험을 발생시킬 정도에 이른다고 보기도 어렵다. 검사는 불복 상고하였다.

대법원은 다음의 이유를 제시하여 원심판결을 파기환송하였다. 대법원은 「초 · 중등교육법」의 관련 규정들을 다음과 같이 분석하였다. (가) 초 · 중등교육법 제18조 제1항 본문은 '학교의 장은 교육을 위하여 필요한 경우에는 법령과 학칙으로 정하는 바에 따라 학생을 징계하거나 그 밖의 방법으로 지도할 수 있다'고 규정하고 있다. (나) 그 위임에 따른 초 · 중등교육법 시행령 제31조 제8항은 '법 제18조 제1항 본문에 따라 지도를 할 때에는 학칙으로 정하는 바에 따라 훈육 · 훈계 등의 방법으로 하되, 도구, 신체 등을 이용하여 학생의 신체에 고통을 가하는 방법을 사용해서는 아니 된다'고 규정하고 있다. (다) P중학교의 생활지도 규정 제12조 제5항도 '징계지도시 도구, 신체 등을 사용하는 체벌은 금지한다'고 규정하고 있다.

대법원은 위 규정의 분석을 바탕으로 다음과 같이 판단하였다. "따라서 갑이 P중학교 교사로서 학생들에게 초 · 중등교육법 시행령과 학교의 생활지도 규정에서 금지하는 수단과 방법을 사용하여 체벌을 하였다면 훈육 또는 지도 목적으로 행하여졌다고 할지라도 허용될 수 없다."

대법원은 아동학대방지법 및 아동학대처벌법의 관련 규정들을 분석하였다(내용 생략함). 대법원은 갑의 행위에 대해 다음과 같이 판단하였다. (가) 위 규정들을 종합하면, 13세 내지 14세의 중학생인 A, B, C에 대하여, 중학교 교사인 갑이 한 ㉮, ㉯, ㉰행위가 아동학대처벌법이 가중처벌하는 '아동의 신체에 손상을 주거나 신체의 건강 및 발달을 해치는 신체적 학대행위'에 해당하는지를 판단함에 있어서도 초 · 중등교육법 시행령과 그 학교의 생활지도 규정이 적용된다. (나) 따라서 위 법령과 규정에서 금지하는 수단과 방법을 사용하여 체벌을 하였다면 훈육 또는 지도 목적으로 행하여졌다고 할지라도 신체적 학대행위에 해당한다.

대법원은 신체적 학대행위 여부에 대한 판단기준을 다음과 같이 설시하였다. "신체적 학대행위에 해당하는지 판단함에 있어서는 (ㄱ) 행위가 발생한 장소와 시기, (ㄴ) 행위에 이른 동기와 경위, (ㄷ) 행위의 정도와 태양, (ㄹ) 아동의 반응 등 구체적인 행위 전후의 사정과 더불어 (ㅁ) 아동의 연령 및 건강 상태, (ㅂ) 행위자의 평소 성향이나 유사 행위의 반복성 여부 및 기간까지도 고려하여 종합적으로 판단하여야 한다."

대법원은 이상의 판단기준을 토대로 갑의 행위에 대해 다음과 같이 판단하였다. (가) ㉮, ㉯, ㉰행위들은 수업시간 및 그 직전 등에, 교실 내부 또는 교무실 부근에서 행하여졌다. (나) 갑은 당시 A, B, C 학생들이 교칙을 준수하지 않았기 때문에 훈육의 필요가 있었다고 주장하였다. (다) 그러나 갑이 주장하는 A, B, C 학생들의 잘못된 행위 중 수업시간 종이 울렸는데도 교실 뒤쪽에 서 있는 행위(㉮행위), 교실에 출입할 때 뒷문을 사용하지 않고 앞문으로 들어온 행위(㉯행위)가 교칙 위반인지, 위반이라면 훈육을 위하여 어떤 지도가 필요하였는지 심리된 바는 없다. (라) 또한 지각을 하여 교무실 앞에 서 있는 학생에 대하여 복장 불량을 이유로 머리를 때린 행위(㉰행위)가 교칙 위반에 대한 훈육에 포함되는지 역시 의문이다.

(마) A 학생은 갑의 행위에 대하여 "굉장히 기분이 안 좋고, 짜증나고 무안하고 화가 났다."라고 진술하였다. (바) A 학생은 신체적 · 정신적으로 미성숙한 13세의 나이로 교사인 갑의 행위에 대하여 피해 정도를 표현하는 데에 한계가 있었을 것이다. (사) 나머지 B, C 학생들 또한 마찬가지였을 것이다. (아) 그런데 위의 진술을 두고 '기분이 상하는 정도'에 불과하다고 단정할 것은 아니다. (자) 갑은 6개월여 동안, ㉮, ㉯, ㉰ 3회의 체벌을 하였다. (차) 따라서 갑의 ㉮, ㉯, ㉰행위가 A, B, C 학생 별로는 1회씩의 행위라고 할지라도 갑의 행위는 단기간 반복적으로 이루어졌다. (카) 그럼에도 원심이 판시와 같은 이유로 갑의 행위가 신체적 학대행위에 포함되지 않는다고 본 것은 아동학대처벌법이 가중처벌하는 신체적 학대행위와 체벌의 관계, 신체적 학대행위에 관한 법리를 오해하여 필요한 심리를 다하지 않음으로써 판결에 영향을 미친 잘못이 있다.

2022어48

2023. 2. 2. 2022어48, 공 2023상, 577 =『어머니 주먹 폭행 사건』:

노인복지법은 65세 이상 노인에 대한 폭행행위를 5년 이하의 징역 또는 5천만원 이하의 벌금으로 처벌하고 있다(ⓐ규정). 노인복지법은 65세 이상 노인에 대한 상해행위를 7년 이하의 징역 또는 7천만원 이하의 벌금으로 처벌하고 있다(ⓑ규정).

2021. 8.경 갑은 주거지에서 갑의 어머니(1934년생)인 A가 자신에게 잔소리를 했다는 이유로 A의 목을 조르고 주먹으로 얼굴을 때렸다(㉮행위). 신고를 받고 사법경찰관 B가 현장에 출동하였다. 가정폭력처벌법 제5조는 진행 중인 가정폭력범죄에 대하여 신고를 받은 사법경찰관리는 즉시 현장에 나가서 일정한 응급조치를 하도록 규정하고 있다. 이 응급조치에는 폭력행위의 제지, 가정폭력행위자 · 피해자의 분리가 포함된다. 사법경찰관 B는 갑의 폭행을 제지하고 갑과 갑의 어머니 A를 분리하였다.

가정폭력처벌법 제8조의2 제1항은 위의 응급조치에도 불구하고 가정폭력범죄가 재발될 우려가 있고, 긴급을 요하여 법원의 임시조치 결정을 받을 수 없을 때에는 직권 또는 피해자나 그 법정대리인의 신청에 의하여 일정한 긴급임시조치를 할 수 있도록 규정하고 있다. 이 긴급임조치에는 피해자 또는 가정구성원의 주거 또는 점유하는 방실(房室)로부터의 퇴거, 100미터 이내의 접근금지 등 가정폭력행위자를 격리하는 조치가 포함되어 있다. 사법경찰관 B는 직권으로 갑을 어머니 A의 주거로부터 퇴거시키고 접근금지를 명하는 조치를 취하였다.

사법경찰관 B는 검사에게 임시조치를 신청하였다. 검사는 임시조치를 법원에 청구하였다. 관할 가정법원은 갑에게 주거에서 퇴거하고 A의 주거 등에 접근금지를 명하는 임시조치결정을 하였다. 2021. 9.경 검사는 갑의 사건을 가정폭력처벌법 제9조에 따라 가정보호사건으로 제1심법원에 송치하였다. 검사가 작성한 송치서에 다음과 같이 기재되어 있다. (가) 범죄사실 : ㉮행위. (나) 죄명 : 노인복지법 위반. (다) 적용법조 : 노인복지법 제55조의3 제1항 제2호, 제39조의9 제1호(ⓐ, ⓑ규정). 보호관찰소는 가정폭력처벌법 제21조에 따라 갑의 범죄 원인과 실태, 이후 정황 등을 조사한 결과가 담긴 조사서를 제1심법원에 제출하였다.

제1심법원은 다음과 같이 판단하였다. (가) 노인복지법 위반죄는 가정폭력처벌법 제2조 제3호에 정한 '가정폭력범죄'에 해당하지 않는다. (나) 갑의 사건은 가정보호사건으로 처리하는 것이 적당하지 않은 경우(가정폭력처벌법 제37조 제1항 제2호)에 해당한다. 제1심법원은 보호처분을 하지 아니한다는 결정과 함께 갑의 사건을 검사에게 송치하는 결정을 하였다(㉯결정). 검사는 ㉯결정에 불복하여 항고하였다. 항고법원은 항고를 기각하고, 제1심결정을 유지하였다. 검사는 대법원에 재항고하였다.

대법원은 다음의 이유를 제시하여 원심결정을 파기환송하였다. 대법원은 가정폭력법의 관련규정을 다음과 같이 분석하였다. (가) (가정폭력사건 정의; 생략함) (나) 가정폭력처벌법 제2조 제3호는 각 목의 어느 하나에 해당하는 죄를 '가정폭력범죄'로 규정하였다. (다) (가)목은 형법 제260조(폭행, 존속폭행) 제1항, 제2항의 죄 등을 가정폭력범죄로 규정하고 있다. (라) (파)목은 '(가)목부터 (타)목까지의 죄로서 다른 법률에 따라 가중처벌되는 죄'를 가정폭력범죄로 규정하고 있다. (마) (노인복지법 개정 연혁; 생략함.)

대법원은 노인복지법상의 폭행죄, 상해죄에 대해 다음과 같이 설시하였다. (가) 노인에 대한 폭행 또는 상해 금지규정 위반으로 인한 노인복지법 위반죄는 행위객체가 [65세 이상] 노인에 한정되는 점 외에 형법상 폭행죄 및 상해죄와 행위태양이 동일하여 본질적인 차이가 없다. (나) 그러므로 노인에 대한 형법상 폭행죄 및 상해죄를 가중처벌하기 위한 것으로 보아야 한다. (다) 가정폭력처벌법상 '가정폭력범죄'는 가정구성원(배우자, 직계존비속, 동거 친족 등) 사이의 피해를 수반하는 행위(가정폭력)를 전제하고 있다. (라) 형법상 폭행죄 및 상해죄와 달리 노인에 대한 폭행 또는 상해 금지규정 위반으로 인한 노인복지법 위반죄를 위 '가정폭력범죄'에서 제외할 합리적 이유도 없다.

(마) 따라서 노인에 대한 폭행 또는 상해 금지규정 위반으로 인한 노인복지법 위반죄는 (ㄱ) 가정폭력처벌법 제2조 제3호 (가)목에서 정한 형법 제260조 제1항의 폭행죄 또는 형법 제257조 제1항의 상해죄가 (ㄴ) '다른 법률에 따라 가중처벌되는 죄'로서 (ㄷ) 가정폭력처벌법 제2조 제3호 (파)목에 해당하여 (ㄹ) 가정보호사건의 대상이 되는 '가정폭력범죄'에 포함된다.

대법원은 사실관계 및 사건의 경과를 분석하였다. 대법원은 원심결정의 당부에 대해 다음과 같이 판단하였다. (가) 갑의 사건은 이미 임시조치결정이 내려지고 결정전조사절차까지 진행된 사건이다. (나) 이 사건에서 법원으로서는 가정폭력처벌법 제40조 제1항 각호에 정해진 처분 중 가정폭력처벌법의 입법 목적인 '가정폭력범죄로 파괴된 가정의 평화와 안정을 회복하고 건강한 가정을 가꾸며 피해자와 가족구성원의 인권 보호'를 달성하기 위하여 적절한 보호처분에 관한 판단을 해야 할 것이다.

제26장 과실치사상의 죄

2020도12560

2022. 3. 31. 2020도12560, 공 2022상, 845 = 『지장철탑 감전사 사건』:

산업안전법은 다음의 규정을 두고 있다. (가) 같은 장소에서 행하여지는 사업으로서 사업이 전문분야의 공사로 이루어져 시행되는 경우 각 전문분야에 대한 공사의 전부를 도급을 주어 하는 사업의 사업주는 그가 사용하는 근로자와 그의 수급인이 사용하는 근로자가 같은 장소에서 작업을 할 때에 생기는 산업재해를 예방하기 위한 조치를 하여야 한다(ⓐ규정). (나) ⓐ규정에 따른 사업주는 그의 수급인이 사용하는 근로자가 토사 등의 붕괴, 화재, 폭발, 추락 또는 낙하 위험이 있는 장소 등 산업재해 발생위험이 있는 장소에서 작업을 할 때에는 안전·보건시설의 설치 등 산업재해 예방을 위한 조치를 하여야 한다(ⓑ규정). (다) ⓑ규정을 위반한 자는 1년 이하의 징역 또는 1천만원 이하의 벌금에 처한다(ⓒ규정). (라) 법인의 사용인이 그 법인의 업무에 관하여 ⓒ규정에 해당하는 위반행위를 하면 그 행위자를 벌하는 외에 그 법인에게도 해당 조문의 벌금형을 과(科)한다. 다만, 법인이 그 위반행위를 방지하기 위하여 해당 업무에 관하여 상당한 주의와 감독을 게을리하지 아니한 경우에는 그러하지 아니하다(ⓓ양벌규정).

한국전력공사는 M지점에서부터 N지점까지 공사를 진행하고 있다. M지점에서부터 N지점까지 공사는 ㉠, ㉡, ㉢공구 등으로 나뉘어 진행되고 있다. 한국전력공사는 ㉠, ㉡, ㉢공구 별로 각각 전문분야 회사와 도급계약을 체결하여 공사를 진행하고 있다. 한국전력공사는 ㉠공구(지장철탑 이설공사)에 대해 P회사와 도급계약을 체결하였다. 갑은 한국전력공사의 직원이다. 갑은 ㉠공사를 감독하는 직책을 맡았다. 갑은 ㉠공사의 감독을 전적으로 P회사에 맡겼다. A는 P회사의 근로자이다. A는 ㉠공사를 하던 중 감전사하였다(㉮사고). ㉮사고 당시 현장에는 감전 등을 감시할 방호관이 배치되어 있지 않았다.

검사는 갑과 한국전력공사를 다음과 같이 기소하였다. (가) 갑 : 업무상 과실치사죄, 산업안전보건법위반죄(ⓒ규정). (나) 한국전력공사 : 산업안전보건법위반죄(ⓓ양벌규정). 갑과 한국전력공사의 피고사건은 제1심을 거친 후, 항소심에 계속되었다. 항소법원은 유죄를 인정하였다. 갑과 한국전력공사는 불복 상고하였다.

대법원은 다음의 이유를 제시하여 상고를 기각하였다. 대법원은 다음과 같은 원심의 판단을 그대로 유지하였다. (이하 원심판결의 판단을 대법원의 판단으로 보아 정리함.) 대법원은 ㉠공사에 대한 산업안전법 적용 여부에 대해 다음과 같이 판단하였다. (가) (산업안전법 해석 전반 부분 생략함.) (나) 사업이 전문분야의 공사로 이루어져 시행되는 경우에 사업주가 각 공사 전부를 분야별로 나누어 수급인에 도급을 줌으로써 자신이 직접 공사를 수행하지 않고 사업의 전체적 진행과정을 총괄하고 조율하는 등 관리 · 감독만 하더라도, ⓐ조항의 '같은 장소에서 행하여지는 사업'에 해당한다. (다) 한국전력공사는 산업안전보건법 ⓑ조항에 정한 '도급사업주'에 해당한다. (라) 갑은 수급인의 근로자들의 산업재해를 예방하기 위한 업무를 총괄 관리할 책임이 있었다. (마) 갑은 그 사업장에서 안전조치가 취해지지 않은 상태에서 산업재해가 발생할 우려가 있는 작업이 시행된다는 점을 알았거나 알 수 있었다. (바) 그럼에도 갑은 사전에 감전사고 예방을 위한 방호관 설치가 제대로 되었는지를 점검하거나 관련 법령상의 재해예방 조치를 취하지 않은 채 그대로 방치하였다. (사) 갑에게 산업안전보건법 ⓑ규정 위반의 점에 대한 고의가 인정된다.

대법원은 갑에 대해 다음과 같이 판단하였다. (가) 한국전력공사는 산업안전보건법 ⓐ규정에서 정한 '도급사업주'에 해당한다. (나) 갑은 한국전력공사의 사용인이다. (다) 갑은 산업안전보건법 ⓑ규정에 따라 작업계획서 작성의무를 부담함에도 이를 해태하였다. (라) 갑은 사업장에서 안전조치가 취해지지 않은 상태에서 산업재해가 발생할 우려가 있는 작업이 시행된다는 점을 알았거나 알 수 있었다. (마) 그러함에도 갑은 사전에 감전사고 예방을 위한 방호관 설치가 제대로 되었는지를 점검하거나 관련 법령상의 재해예방 조치를 취하지 않은 채 그대로 방치하였다. (바) 뿐만 아니라 갑은 도급 사업주인 피고인 한국전력공사의 사용인이자 지장철탑 이설공사에 관한 안전보건관리책임자로서 산업안전보건법 ⓑ규정에 따라 사업장에 대한 종합적인 안전관리의무 및 안전조치의무를 부여받았다. (사) 그러함에도 갑은 수급인인 P회사에 이를 미룬 채 현장에 직접 안전관리를 할 직원을 두지 않은 등 아무런 관리 감독을 하지 않았다.

대법원은 한국전력공사에 대해 다음과 같이 판단하였다. (가) 한국전력공사는 도급 사업주로서 종합적인 안전관리의무가 있음에도 이를 해태하여 수급인들 사이에 안전점검에 관한 의사소통 및 확인절차를 제대로 이행하지 않았으며, 안전보건총괄책임자를 지정하지도 않았다. (나) 갑에 대한 업무상과실치사의 점 및 갑과 한국전력공사에 대한 산업안전보건법 위반의 점은 모두 유죄로 판단된다.

2018도2844

2018. 5. 11. 2018도2844, 공 2018상, 1121 = 『수술 후 지연성 천공 사건』 :

(사실관계를 축약 소개함.) 의사 갑은 환자 A에게 장유착 박리수술을 실시하였다. 수술 후 A는 퇴원하였다. A는 지속적으로 통증을 호소하였다. 갑은 내원한 A에게 관련 의료조치를 취하였으나 A의 통증은 악화되었다. 마침내 A는 의식불명 상태에 이르렀다. 갑은 A를 상급 P병원으로 전원시켰다. A는 P병원에서 응급수술을 받았으나 결국 사망하였다. 수술 및 사망 후 부검 과정에서 A에게 장 내에 지연성 천공이 발생하였음이 확인되었다.

검사는 갑을 업무상 과실치사죄로 기소하였다. 제1심법원은 유죄를 인정하였다. 갑은 불복 항소하였다. 항소법원은 항소를 기각하고, 제1심판결을 유지하였다. 갑은 불복 상고하였다.

대법원은 다음의 이유를 제시하여 상고를 기각하였다. 대법원은 의사의 주의의무에 대해 다음과 같이 설시하였다. (가) 의료과오사건에서 의사의 과실을 인정하려면 결과 발생을 예견할 수 있고 또 회피할 수 있었는데도 예견하거나 회피하지 못한 점을 인정할 수 있어야 한다. (나) 의사의 과실이 있는지 여부는 같은 업무 또는 분야에 종사하는 평균적인 의사가 보통 갖추어야 할 통상의 주의의무를 기준으로 판단하여야 하고, 사고 당시의 일반적인 의학 수준, 의료환경과 조건, 의료행위의 특수성 등을 고려하여야 한다.

(다) 의사가 진찰·치료 등의 의료행위를 할 때는 사람의 생명 · 신체 · 건강을 관리하는 업무의 성질에 비추어 환자의 구체적 증상이나 상황에 따라 위험을 방지하기 위하여 요구되는 최선의 조치를 해야 한다. (라) 의사에게 진단상 과실이 있는지 여부를 판단할 때는 의사가 비록 완전무결하게 임상진단을 할 수는 없을지라도 적어도 임상의학 분야에서 실천되고 있는 진단 수준의 범위에서 전문직업인으로서 요구되는 의료상의 윤리, 의학지식과 경험에 기초하여 신중히 환자를 진찰하고 정확히 진단함으로써 위험한 결과 발생을 예견하고 이를 회피하는 데에 필요한 최선의 주의의무를 다하였는지를 따져 보아야 한다. (마) 나아가 의사는 환자에게 적절한 치료를 하거나 그러한 조치를 하기 어려운 사정이 있다면 신속히 전문적인 치료를 할 수 있는 다른 병원으로 전원시키는 등의 조치를 하여야 한다.

대법원은 사실관계를 분석하였다. 대법원은 의사 갑의 주의의무 위반 여부에 대해 다음과 같이 판단하였다. (가) A와 같이 장 유착 상태가 심하고 주변 장기들도 많이 약해져 있는 경우에 유착박리술 이후 지연성 천공은 예상되는 합병증이므로 그 발생 가능성을 염두에 두고 계속 A의 경과를 관찰하는 등의 조치를 할 주의의무가 있다. (나) 복강경을 이용한 수술은 일반적인 개복술에 비하여 통증이 적은 것이 보통인데도 A는 수술 이후부터 지속적으로 강한 통증을 호소하였다. (다) (연월일 생략함.) 09:05 촬영한 A의 흉부 엑스레이 사진에는 종격동기종과 심낭기종의 소견이 확인되었다. (라) 이런 상황에서 A에게 고열, 메슥거림 등의 증상이 있고 심한 복통이 상당한 기간 지속되었으며 높은 백혈구 수치, 빈맥 증상이 있었다. (마) 이러한 점 등에 비추어 갑으로서는 지연성 천공 등으로 인한 A의 복막염 가능성을 예견하였거나 이를 예견할 수 있었다고 보아야 한다. (바) 따라서 갑은 A에게 이에 관한 위험성을 제대로 고지·설명하고, 경과 관찰이나 필요한 검사를 통하여 A의 상태를 정확하게 진단하고 이에 대해 조치를 하거나 이러한 조치를 할 수 있는 병원으로 전원시킬 주의의무가 있다.

(사) 그런데도 갑은 이러한 주의의무를 게을리하여 A가 수술 후 보인 증상을 통상적인 통증으로 안일하게 판단하여 A에게 지연성 천공 등 예상되는 합병증에 대한 위험을 제대로 고지 · 설명하지 않았고, 퇴원 조건을 갖추지 못한 A에 대한 퇴원을 허락하였다. (아) 나아가 갑은 A가 재차 병원을 방문하였을 때에도 복막염이 아니라고 속단한 채 A에게 필요한 적절한 검사나 치료를 하지 않고, A가 마지막으로 병원에 온 이후에도 허혈성 심질환으로만 의심하여 이에 대한 조치만 취하였을 뿐이다. (자) 그 결과 심장 전문의 등과의 협진을 통한 정확한 원인 규명과 이에 따른 필요한 처치나 전원을 지체하는 등으로 A로 하여금 제때에 필요한 조치를 받지 못하게 한 과실이 있다.

대법원은 갑의 주의의무 위반과 A의 사망 사이의 인과관계에 대해 다음과 같이 판단하였다. (가) 위에서 보았듯이 갑의 수술 후 복막염에 대한 진단과 처치 지연 등의 과실로 A가 제때 필요한 조치를 받지 못하였다면 A의 사망과 갑의 과실 사이에는 인과관계가 인정된다. (나) 비록 A가 갑의 지시를 일부 따르지 않거나 퇴원한 적이 있더라도, 그러한 사정만으로는 갑의 과실과 A의 사망 사이에 인과관계가 단절된다고 볼 수 없다.

2016도21034

2017. 5. 31. 2016도21034, 공 2017하, 1440 =『오리 상하차 정차 사건』:

갑은 ㉠트럭의 [소유자이자] 운전자이다. ㉠트럭은 자동차보험에 가입되어 있다. P회사는 오리농장들로부터 오리를 운반하는 일을 하는 회사이다. 을은 P회사의 작업팀장이다. 을은 오리의 상하차 업무를 담당하고 있다. A는 Q오리농장에서 오리를 사육하고 있다. 을은 A가 사육한 오리를 ㉠트럭 적재함의 ㉡오리케이지에 상차하는 작업을 하였다. 갑은 ㉠트럭을 Q농장의 공터 경사진 곳에 정차하였다. ㉠트럭에 ㉡오리케이지를 고정하는 줄이 단단히 고정되지 않았다. 작업 도중 ㉡오리케이지를 묶은 줄이 풀어지면서 A가 다치는 사고가 발생하였다(㉮사고).

검사는 갑과 을을 업무상 과실치상죄로 기소하였다. 제1심법원은 다음의 이유를 들어서 갑과 을에 대해 공소기각판결을 선고하였다. (가) ㉮사고 당시 ㉠트럭이 완전히 정차되어 있었다. (나) 그렇다고 하더라도 ㉮사고는 ㉠트럭의 이동과 정차 과정에서 발생한 것이다. (다) ㉮사고는 교통사고처리법 제2조 제2호에서 정한 교통사고에 해당한다. (라) 갑은 ㉠트럭의 운전자로서, 을은 갑과 공동하여, 교통사고로 인하여 형법 제268조의 죄를 범하였다. (마) 결국 이 사건 공소사실은 교통사고처리법 제3조 제1항에 해당하는 죄이다.

(바) 교통사고처리법 제4조 제1항에 의하여 교통사고를 일으킨 차가 같은 항에서 정한 보험에 가입한 경우에 검사는 공소를 제기할 수 없다. (사) ㉠트럭이 교통사고처리법 제4조 제1항에서 정한 보험에 가입한 사실이 인정된다. (아) 이 사건 공소는 공소제기의 절차가 법률의 규정에 따라 무효인 때(형소법327 ii)에 해당한다.

검사는 다음의 점을 주장하여 불복 항소하였다. (가) ㉮사고는 ㉠트럭의 운행 중이 아니라 정차 중에 발생하였다. (나) ㉮사고는 교통사고처리법상의 교통사고에 해당하지 않는다. 항소법원은 항소를 기각하고, 제1심판결을 유지하였다. 검사는 불복 상고하였다. 상고이유는 항소이유와 같다.

대법원은 갑에 대한 부분에 대해 상고를 기각하였다. 대법원은 을에 대한 부분에 대해 원심판결 및 제1심판결을 파기하고, 사건을 제1심법원에 환송하였다. 대법원은 제1심법원에의 파기환송에 대해 다음의 이유를 제시하였다. 대법원은 교통사고처리법상 교통사고의 판단기준에 대해 다음과 같이 판시하였다. (가) (전략) [교통사고처리법] 제4조 제1항 본문은 차의 운전자에 대한 공소제기의 조건을 정한 것이다. (나) [교통사고처리법] 제2조 제2호는 '교통사고'란 차의 교통으로 인하여 사람을 사상하거나 물건을 손괴하는 것을 말한다고 규정하고 있다. (다) 여기서 '차의 교통'은 차량을 운전하는 행위 및 그와 동일하게 평가할 수 있을 정도로 밀접하게 관련된 행위를 모두 포함한다.

대법원은 ㉠트럭의 운전자 갑에 대해 다음과 같이 판단하였다. (가) ㉠트럭의 운전자 갑에 대하여 ㉮사고는 [교통사고처리법] 제2조 제2호에서 정한 교통사고에 해당한다. (나) [교통사고처리법] 제4조 제1항을 적용하여 공소를 기각한 제1심판결 및 이를 유지한 원심의 결론은 수긍할 수 있다.

대법원은 작업반장 을에 대해 다음과 같이 판단하였다. (가) 을에 대한 이 사건 공소사실은 다음과 같다. (나) "을은 P회사의 작업팀장으로서 오리의 상하차 업무를 담당하면서, Q오리농장 내 공터에서 피해자[A]가 사육한 오리를 갑이 운전한 트럭 적재함의 오리케이지에 상차하는 작업을 하였는데, 트럭이 경사진 곳에 정차하였음에도 트럭을 안전한 장소로 이동하게 하거나 오리케이지를 고정하는 줄이 풀어지지 않도록 필요한 조치를 하지 아니한 채 작업을 진행하게 한 업무상의 과실로 ㉮사고가 발생하였다."

(다) 을은 ㉠트럭을 운전하지 아니하였다. (라) 뿐만 아니라 을은 갑이 속하지 아니한 회사의 작업팀장으로서 ㉠트럭의 이동·정차를 비롯한 오리의 상하차 업무 전반을 담당하면서 상하차 작업 과정에서 사고가 발생하지 않도록 필요한 조치를 제대로 하지 아니한 업무상의 과실을 이유로 기소되었다. (마) 그러므로 이러한 공소사실이 인정된다면 을이 담당하는 업무 및 그에 따른 주의의무와 과실의 내용이 갑의 경우와 달라 을은 [교통사고처리법]이 적용되는 운전자라 할 수 없다. (바) 을은 형법 제268조에서 정한 업무상과실치상의 죄책을 진다.

제29장 체포와 감금의 죄

2000도102

2000. 3. 24. 2000도102, 공 2000, 1109 = **분석 각론 『동성로파 감시 사건』:**

갑은 M시에서 활동중인 폭력조직 동성로파의 두목이다. 을, 병, 정은 동성로파의 행동대원들이다. (이하에서는 갑 등으로 통칭함) A는 M시에서 P관광호텔을 소유하고 있다. 갑 등은 A로부터 관광호텔 나이트클럽 지분 일부와 현금 등을 갈취한 바가 있다. 동성로파에 대해 검찰의 수사가 시작되었다.

(연도 생략함.) 11. 29. 17 : 00경 갑 등은 M시 Q호텔 21층 스카이라운지에서 A를 만났다. 갑 등은 A에게 "이번 일[검찰 수사]이 끝나면 신경써줄테니 당분간 피해다녀라"라고 말하였다. (이상 ㉮행위) 11. 30. 17 : 00경부터 12. 1. 01 : 00경까지 갑 등은 폭력배 10여 명을 데리고 A의 사무실에서 A를 만났다. 갑 등은 이 자리에서도 A에게 "이번 일[검찰 수사]이 끝나면 신경써줄테니 당분간 피해다녀라"라고 말하였다. (이상 ㉯행위) 12. 2. 18 : 00경부터 12. 4. 23 : 00까지 갑 등은 N장소에 A와 함께 있었다. 위의 기간 중에 A는 다음의 행동을 하였다. (가) A는 동성로파 사람들과 술집에서 술을 마셨다. (나) A는 아는 사람들이나 검찰청에 전화를 걸기도 하였다. (다) A는 새벽에 한증막에 갔다가 잠을 자고 돌아오기도 하였다. (이상 ㉰행위)

특정범죄가중법 제5조의2는 보복범죄를 가중처벌하고 있다. 자기 또는 타인의 형사사건과 관련하여 수사기관에 진술을 하지 못하게 할 목적으로 관련자를 체포·감금하는 행위는 보복범죄의 하나에 해당한다. 검사는 ㉮, ㉯, ㉰행위에 대해 갑 등을 특정범죄가중법위반죄(보복범죄)로 기소하였다.

갑 등의 피고사건은 제1심을 거친 후, 항소심에 계속되었다. 항소법원은 ㉮, ㉯행위에 대해 무죄를 선고하였다. 항소법원은 ㉰행위에 대해 유죄를 인정하였다. 갑 등은 불복 상고하였다. 갑 등은 상고이유로 다음의 점을 주장하였다. (가) A는 갑 등과 N장소에 있을 때 자유롭게 외부출입을 하였다. (나) A는 행동의 자유가 보장되었으므로 감금죄는 성립하지 않는다. (다) 감금죄가 성립하지 않으므로 특정범죄가중법위반죄(보복범죄)도 성립하지 않는다.

대법원은 다음의 이유를 제시하여 상고를 기각하였다. 대법원은 감금죄의 감금에 대해 다음과 같이 설시하였다. (가) 감금죄는 사람의 행동의 자유를 그 보호법익으로 한다. (나) 감금죄는 사람이 특정한 구역에서 나가는 것을 불가능하게 하거나 또는 심히 곤란하게 하는 죄이다. (다) 사람이 특정한 구역에서 나가는 것을 불가능하게 하거나 심히 곤란하게 하는 그 장해는 물리적, 유형적 장해뿐만 아니라 심리적, 무형적 장해에 의하여서도 가능하다. (라) 감금의 본질은 사람의 행동의 자유를 구속하는 것이다. (마) 행동의 자유를 구속하는 그 수단과 방법에는 아무런 제한이 없다. (바) 그러므로 행동의 자유를 구속하는 그 수단과 방법에는 유형적인 것이거나 무형적인 것이거나를 가리지 않는다. (사) 감금에 있어서의 사람의 행동의 자유의 박탈은 반드시 전면적이어야 할 필요가 없다. (아) 감금된 특정구역 내부에서 일정한 생활의 자유가 허용되어 있었다고 하더라도 감금죄의 성립에는 아무 소장(消長)이 없다.

대법원은 갑 등의 ㉰행위에 대해 다음과 같이 판단하였다. (가) A는 감금되었다는 기간 중에 동성로파 사람들과 술집에서 술을 마시고, 아는 사람들이나 검찰청에 전화를 걸고, 새벽에 한증막에 갔다가 잠을 자고 돌아오기도 하였다. (나) 그렇지만 A는 갑 등이나 그 하수인들과 같은 장소에 있거나 감시되어 행동의 자유가 구속된 상태였음을 인정할 수 있다.

2015도8429

2015. 10. 29. 2015도8429, 공 2015상, 1858 = **『재산분할 회피 강제입원 사건 - 보호자 부분』:**

(논의의 편의를 위하여 보호자를 갑, 정신건강의학과 의사를 을로 표시하여 정리함.) A(남)와 B(여)는 부

부 사이였으나 합의이혼하면서 M재산의 분할에 합의하였다. 이후 B는 A가 숨겨놓은 N재산이 있음을 알게 되었다. B는 관할법원에 N재산에 대한 재산분할 청구소송을 제기하였다(㉮소송).

A와 B 사이에는 갑과 C 두 자녀가 있다. A는 종교인 D와 ㉮소송에 대해 상의하였다. D는 A에게 B를 정신병원에 강제입원시키는 방안을 알려주었다. A는 아들 갑에게 같은 내용을 알려주었다. 갑은 어머니 B의 주거로 찾아갔다. B가 문을 열어주자 갑은 갑자기 응급구조대원 E 등과 함께 B를 응급이송차량에 강제로 태웠다. 갑은 B를 P정신병원으로 데려갔다. 병원에 도착한 B는 몹시 흥분하여 고성을 질렀다.

을은 정신건강의학과 전문의로서 P병원의 원장이다. 을은 환자 B를 면담하였다. B는 을에게, 재산분할 때문에 아들 갑이 자신을 정신병원에 데려온 것이라고 말하였다(㉠진술). 을은 보호자 갑을 면담하였다. 갑은 어머니 B가 망상에 빠져 있어 위험하여 치료가 필요하다고 말하였다(㉡진술). 을은 갑의 ㉡진술을 토대로 B에게 치료가 필요하다고 진단하였다. 을은 "피해사고 및 공격적 행동으로 입원치료가 필요함"이라고 진단하고, B에 대한 입원결정을 하였다(㉢결정). 을은 B에 대한 일련의 검사를 하도록 처방하였다.

B는 보호자 동의 방식으로 입원조치되었다. 보호자 동의서에는 다른 보호자 C가 해외체류중이어서 갑만 동의한다고 기재되었다(㉣동의서). (이후 법정에서 C는 어머니 B의 입원치료가 필요하다고 진술하였다.) 입원조치 후 의사 을은 B에 대해 외부와의 연락을 금지하는 행동제한조치를 내렸다(㉤행동제한조치). 을은 ㉤행동제한조치를 진료기록부에 기재하지 않았다. 을은 B에게 재산분할과 관련한 ㉮소송이 진행되고 있음을 확인하였다. 을은 B를 퇴원시켰다. B가 P병원에 강제입원된 기간은 7일에 달하였다. (곧 이어서 갑은 B를 다시 Q정신병원에 강제입원시켰다. 진행경과는 P병원의 강제입원과 유사함. Q병원 부분은 고찰을 생략함.)

검사는 B의 강제입원에 관련된 사람들(갑, 을, A, D, E 등)을 기소하였다. 검사는 갑을 폭력행위처벌법위반죄(공동존속감금)로 기소하였다. 갑의 피고사건은 제1심을 거친 후, 항소심에 계속되었다. 항소법원은 갑에게 유죄를 인정하였다. 갑은 불복 상고하였다. 갑은 상고이유로 다음의 점을 주장하였다. (가) B를 입원시킨 것은 어머니 B의 치료를 위한 것이었으므로 정당행위에 해당한다. (나) 정신건강의학과 전문의 을의 ㉢진단 후에 입원을 시켰으므로 위법성의 인식이 없었다.

대법원은 다음의 이유를 제시하여 상고를 기각하였다. (가) (ㄱ) 보호의무자에 의한 입원의 경우 (ㄴ) 보호의무자의 동의가 있더라도 (ㄷ) 정신건강의학과 전문의가 정신질환자를 직접 대면하여 진찰하고 입원이 필요하다고 진단한 다음 (ㄹ) 이에 기하여 정신의료기관의 장이 입원을 결정하여야 한다. (나) 이러한 요건을 갖춘 입원조치에 대하여 정신질환자가 저항하는 때에 비로소 정신의학적·사회적으로 보아 상당하다고 인정되는 범위 내의 물리력의 행사가 허용된다. (다) 갑이 B를 대면한 정신건강의학과 전문의의 진찰·진단이나 P병원장의 입원결정이 없는 상태에서 B를 강제로 응급이송차량에 태워 P병원에 데려가 입원시킨 행위는 정신보건법에 기한 행위라고 볼 수 없다.

(라) 사회상규에 위배되지 않은 행위에 해당하려면, 첫째 그 행위의 동기나 목적의 정당성, 둘째 행위의 수단이나 방법의 상당성, 셋째 보호이익과 침해이익과의 법익균형성, 넷째 긴급성, 다섯째 그 행위 외에 다른 수단이나 방법이 없다는 보충성 등의 요건을 갖추어야 한다.

(마) 아들인 갑으로서는 어머니인 B를 강제로 정신병원에 데려가기 전에 (ㄱ) B가 자발적으로 정신과 치료를 받도록 설득하여 보거나, (ㄴ) 그것이 여의치 않을 경우 정신건강의학과 전문의와 상담하여 시장·군수·구청장에 의한 입원절차를 취하거나, (ㄷ) 상황이 매우 급박한 경우에는 의사와 경찰관의 동의를 얻어 응급입원절차를 취할 수 있었다. (바) 갑이 B를 강제로 정신병원에 데리고 가 입원시킨 행위를 사회상규에 위배되지 아니하는 행위로서 위법성이 조각된다고 보기 어렵다. (사) 갑은 B의 치료가 아닌 다른 목적을 위하여 을을 이용하여 B를 정신병원에 강제로 입원시킨 것으로 보인다. (아) 이러한 갑의 행위가 위법성이 없다고 볼 수는 없다.

2015도8429

2015. 10. 29. 2015도8429, 공 2015상, 1858 = 『재산분할 회피 강제입원 사건 - 의사 부분』:

(사실관계 생략함.) 검사는 B의 강제입원에 관련된 사람들(갑, 을, A, D, E 등)을 기소하였다. 검사는 의사 을을 폭력행위처벌법위반죄(공동감금) 및 정신보건법위반죄로 기소하였다. 을의 피고사건은 제1심을 거친 후, 항소심에 계속되었다. 항소법원은 을에 대해 다음과 같이 판단하였다. (가) 폭력행위처벌법위반죄(공동감금) 유죄. (나) 정신보건법위반죄(입원동의서 미징구, 행동제한이유 미기재) 유죄. 항소법원은 을의 감금죄 인정에 대해 다음의 점을 이유로 제시하였다. (가) 을은 다른 검사 없이 보호자 갑의 ㉡진술만을 근거로 입원이 필요하다는 ㉢진단을 내렸다. (나) ㉢진단은 강제입원을 정당화할 수 있는 정신건강의학과 전문의의 진단에 해당하지 않는다. 을은 불복 상고하였다.

대법원은 원심판결의 정신보건법위반죄 유죄 부분을 그대로 유지하였다. 대법원은 다음의 이유를 제시하여 원심판결의 감금죄 유죄 부분을 파기환송하였다. 대법원은 정신보건법의 관련규정들을 분석하였다(내용 생략함). 대법원은 정신질환자의 범위에 대해 다음과 같이 설시하였다. (가) 정신보건법 제3조 제1호는 정신질환자를 정신병(기질적 정신병을 포함한다)·인격장애·알코올 및 약물중독 기타 비정신병적 정신장애를 가진 사람으로 정의하고 있다. (나) 그러나 정신질환자의 치료 및 보호라는 법의 목적에 비추어 볼 때 여기서 말하는 정신질환자에는 (ㄱ) 의학적으로 정신병 또는 정신장애의 진단을 받은 사람뿐만 아니라 (ㄴ) 그러한 정신장애의 의심이 있는 사람도 포함된다.

대법원은 사실관계를 분석하였다(내용 생략함). 대법원은 원심판결의 당부에 대해 다음과 같이 판단하였다. (가) 사실관계가 이러하다면, 망상장애와 같은 정신질환의 경우에는 진단적 조사 또는 정확한 진단을 위해 지속적인 관찰이나 특수한 검사가 필요한 때에도 환자의 입원이 고려될 수 있는 것으로 보인다. (나) 을은 보호의무자인 갑의 ㉡진술뿐만 아니라 B를 직접 대면하여 진찰한 결과를 토대로 B에게 피해사고나 망상장애의 의심이 있다고 판단하여 입원이 필요하다는 진단을 한 것이다. (다) 그러므로 설령 을의 진단 과정에 정신건강의학과 전문의로서 최선의 주의를 다하지 아니하거나 신중하지 못했던 점이 일부 있었다고 하더라도 을이 B를 정확히 진단하여 치료할 의사(意思)로 B를 입원시켰다고 볼 여지 또한 충분히 있다. (라) 그러므로 을이 B에게 입원의 필요성이 없음을 알았다는 등의 특별한 사정이 없는 한 을에게 감금죄의 고의가 있었다거나 을의 행위가 형법상 감금행위에 해당한다고 단정하기는 어렵다.

(마) 이는 B를 응급이송차량에 강제로 태워 병원으로 이송한 [갑의] 행위에 을이 가담하거나 공모하지 않은 이상, [갑의] 이송행위가 불법체포 또는 감금에 해당한다고 하더라도 달리 볼 것은 아니다. (바) 그리고 앞서 본 [갑의 동생] C의 [입원치료가 필요하다는] 의사(意思)나 정신보건법이 보호의무자에 의한 입원에 필요한 서류를 받지 아니한 행위를 처벌하는 별도의 규정을 두고 있는 점 등에 비추어 본다. (사) 을이 다른 보호의무자인 C의 입원동의서나 C의 동의의 의사표시가 있었다는 사실이 기재된 사유서를 받지 않았다는 사정만으로 을에게 감금죄가 성립한다고 볼 것도 아니다.

제31장 약취, 유인 및 인신매매의 죄

2019도16421

2021. 9. 9. 2019도16421, 공 2021하, 1924 = 『프랑스 여성 아동 인도청구 사건』:

갑은 한국인이다. A(여)는 프랑스인이다. 갑과 A는 일본에서 결혼하였다. 갑과 A 사이에 B(딸)가 태어났다. 이후 갑과 A, B는 프랑스에서 함께 거주하였다. 갑은 혼자 한국으로 귀국하였다. A는 프랑스 법원에 갑을 상대로 이혼청구를 하였다. 프랑스 법원은 다음 내용의 임시조치 결정을 하였다. (가) 아동 B의 상시 거주지를 A의 거주지로 정한다. (나) 갑은 아동 B와 면접교섭을 할 수 있다.

갑은 1개월 동안의 면접교섭을 위하여 아동 B(당시 5세)를 한국으로 데리고 왔다. 갑은 B를 프랑스에 있는 A에게 데려다주기로 약속하였다. 그럼에도 갑은 B를 데려다주지 않은 채 A와 연락을 두절하였다. A는 한국 법원에 아동 B의 인도청구를 구하는 일련의 법적 절차를 취하였다. 한국 법원은 아동 B의 인도를 명하는 심판을 하였다. 이 과정에서 갑은 한국 법원의 각종 결정에 따르지 않았다. 이후 프랑스 법원은 다음 내용의 판결을 선고하여 확정되었다. (가) 갑의 일방적 귀책사유로 인한 이혼을 선언한다. (나) 친권자 및 양육자를 A로 지정한다. (다) 갑의 면접교섭권은 유보한다. 이후 한국 법원에서 진행된 유아인도 이행명령에 기한 강제집행 등은 갑의 비협조 때문에 실패로 돌아갔다.

검사는 갑을 미성년자약취죄로 기소하였다. 갑의 피고사건이 항소심에 계속되던 중 갑은 아동 B를 A에게 인도하였다. (B의 인도는 갑이 B를 한국으로 데려온 후 5년이 되는 시점에 이루어졌다.) 항소법원은 갑에게 유죄를 인정하고, 징역 1년 형의 선고를 유예하였다. 갑은 불복 상고하였다.

대법원은 다음의 이유를 제시하여 상고를 기각하였다. 대법원은 미성년자약취유인죄의 성립요건에 대해 다음과 같이 설시하였다. (가) 형법 제287조의 미성년자약취죄의 구성요건요소로서 약취란 (ㄱ) 폭행, (ㄴ) 협박 또는 (ㄷ) 불법적인 사실상의 힘을 수단으로 사용하여 피해자를 그 의사에 반하여 자유로운 생활관계 또는 보호관계로부터 이탈시켜 자기 또는 제3자의 사실상 지배하에 옮기는 행위를 의미한다. (나) 구체적 사건에서 어떤 행위가 약취에 해당하는지 여부는 행위의 목적과 의도, 행위 당시의 정황, 행위의 태양과 종류, 수단과 방법, 피해자의 상태 등 관련 사정을 종합하여 판단하여야 한다.

대법원은 보호감독자에 의한 약취 여부에 대해 다음과 같이 설시하였다. (가) 미성년자를 보호·감독하는 사람이라고 하더라도 다른 보호감독자의 보호·양육권을 침해하거나 자신의 보호·양육권을 남용하여 미성년자 본인의 이익을 침해하는 때에는 미성년자에 대한 약취죄의 주체가 될 수 있다.

(나) 그러므로 부모가 이혼하였거나 별거하는 상황에서 미성년의 자녀를 부모의 일방이 평온하게 보호·양육하고 있는데, 상대방 부모가 폭행, 협박 또는 불법적인 사실상의 힘을 행사하여 그 보호·양육 상태를 깨뜨리고 자녀를 자기 또는 제3자의 사실상 지배하에 옮긴 경우 그와 같은 행위는 특별한 사정이 없는 한 미성년자에 대한 약취죄를 구성한다.

대법원은 갑의 피고사건의 쟁점을 다음과 같이 정리하였다. "면접교섭 기간이 종료하였음에도 프랑스로 데려다주지 않은 채 피해아동이 친모를 제대로 만나지도 못하게 한 경우 이러한 행위를 '불법적인 사실상의 힘을 행사하여 피해아동을 약취'한 것으로 볼 수 있는가?"

대법원은 갑의 행위에 대해 다음과 같이 판단하였다. (가) 부모의 별거 또는 이혼 상황에서 일방 배우자가 면접교섭권을 행사하기 위하여 자녀를 적법하게 데리고 갔다가 면접교섭 기간이 종료하였음에도 양육친에게 데려다주지 않은 경우 그 사정만으로 항상 미성년자약취죄가 성립한다고 볼 수는 없다. (나) 그러나 이 사건에서 갑의 행위는 불법적인 사실상의 힘을 수단으로 피해아동을 그 의사와 복리에 반하여 자유로운 생활 및 보호관계로부터 이탈시켜 자기의 사실상 지배하에 옮긴 적극적 행위와 형법적으로 같은 정도의 행위로 평가할 수 있으므로, 형법 제287조 미성년자약취죄의 약취행위에 해당한다고 봄이 타당하다.

대법원은 위와 같은 판단을 내리게 된 사정의 하나로 다음의 점에 주목하였다. (기타 사정은 소개를 생략함.) (가) 자녀의 최대한의 복리 우선의 원칙과 관련하여, 가정법원은 미성년 자녀의 양육자 지정 등에 관한 결정을 할 때 자녀의 복리를 최우선적으로 고려한다. (나) 그러므로 이러한 가정법원의 결정을 위반하는 행위는 특별한 사정이 없는 한 자녀의 복리를 침해하는 것으로 볼 수 있다.

제32장 강간과 추행의 죄

2016도14099

2016. 12. 15. 2016도14099, 법률신문 2017. 3. 20.자 = 『사우나 기습유사강간 사건』:

갑은 P사우나 지하 3층 304호 수면실에서 바닥에 누워 있는 A(62세)의 옆에 누운 다음 갑자기 A를 껴안고 손가락을 A의 항문에 집어넣었다.

검사는 갑을 유사강간죄로 기소하였다. 제1심법원은 다음의 이유를 들어 무죄로 판단하였다. (가) 유사강간죄의 폭행 또는 협박은 강간죄의 폭행 또는 협박에 준하여 피해자의 항거를 불가능하게 하거나 현저히 곤란하게 할 정도의 것이어야 한다. (나) 기습추행과 유사한 이른바 기습유사강간행위를 유사강간죄로 처벌할 수는 없다. (다) 기습유사강간행위를 강제추행죄로 처벌할 수 있는데다가 징역 10년까지 형을 선고할 수 있다. (라) 기습유사강간행위에 상응한 적절한 처벌을 하지 못할 가능성은 거의 없다. 검사는 불복 항소하였다. 항소법원은 다음의 이유를 제시하여 제1심판결을 파기하고, 유죄를 인정하였다. 항소법원은 다음과 같이 판단하였다. (가) 기습추행의 법리는 "강제추행죄는 (ㄱ) 상대방에 대하여 폭행 또는 협박을 가하여 항거를 곤란하게 한 뒤에 추행행위를 하는 경우뿐만 아니라 (ㄴ) 폭행행위 자체가 추행행위라고 인정되는 경우도 포함된다."는 것이다. (나) 기습추행의 법리는 유사강간죄에도 적용된다. (다) 이 사건과 같은 기습유사강간행위의 경우 유사강간죄가 성립된다고 봄이 상당하다. (라) (판단 이유는 후술함.) 갑은 불복 상고하였다.

대법원은 특별한 이유 제시 없이 갑의 상고를 기각하였다. 대법원은 다음과 같은 원심의 판단을 그대로 유지하였다. (이하 항소심의 판단을 대법원의 판단으로 표시하여 소개함.) 대법원은 강간죄와 강제추행죄의 폭행 · 협박에 대해 다음과 같이 설시하였다. (가) 형법 제297조, 제298조는 강간 및 강제추행에 관하여 '폭행 또는 협박으로'라는 동일한 문언을 사용하고 있다. (나) 형법 제297조의 강간죄에서의 폭행 또는 협박은 '피해자의 항거를 불가능하게 하거나 현저히 곤란하게 할 정도의 것'이어야 한다. (다) 형법 제298조의 강제추행죄에서의 폭행 또는 협박은 '피해자의 항거를 곤란하게 할 정도의 것'이어야 한다. (라) 이는 위 각 죄의 행위태양, 침해되는 법익의 정도와 이에 따른 법정형의 차이 등을 고려한 해석이라고 이해된다.

대법원은 기습유사강간의 가벌성에 대해 다음과 같이 설시하였다. (가) 그런데 피해자의 항거를 곤란하게 할 폭행 또는 협박을 이용하여 추행을 한 것도 아닌 기습추행을 처벌하는 것은, 피해자로서는 본인이 예상하지 못한 기습적인 추행에 대하여 실질적으로 항거를 할 수 없기 때문이다. (나) 이와 같이 기습추행행위를 처벌하는 취지는 기습유사강간행위에도 그대로 타당하다고 보인다. (다) 그러므로 기습적으로 유사강간행위가 이루어진 경우 그것이 피해자의 항거를 불가능하게 하거나 현저히 곤란하게 할 정도의 폭행이나 협박이 있었던 것과 마찬가지라고 평가할 수 있을 정도라면 기습유사강간행위를 유사강간죄로 처벌하지 못할 이유가 없다. (라) 그리고 피해자가 예상할 수 없게 기습적으로 유사강간행위가 이루어진 경우 피해자로서는 실질적으로 항거를 할 수 없어 결과적으로 피해자의 항거를 불가능하게 하거나 현저하게 곤란하게 할 정도라고 평가할 수 있을 것이다.

대법원은 유사강간죄의 입법취지에 대해 다음과 같이 분석하였다. (가) 구 형법(2012. 12. 18. 법률 제11574호로 개정되기 전의 것) 제297조는 강간죄에 관하여 "폭행 또는 협박으로 부녀를 강간한 자는 3년 이상의 유기징역에 처한다."라고 규정하고 있었다. (나) 구 형법 제298조는 강제추행죄에 관하여 "폭행 또는 협박으로 사람에 대하여 추행을 한 자는 10년 이하의 징역 또는 1천500만원 이하의 벌금에 처한다."라고 규정하고 있었다. (다) 구강, 항문 등 신체의 내부에 성기를 넣는 등의 유사성교행위는 비정상적이고 변태적인 성행위로서 폭행·협박에 기하여 이와 같은 변태적인 성행위를 가하는 경우 그 불법성이 강간에 비하여 결코 작다고 볼 수 없다. (라) 그러한데도 위와 같은 구 형법 규정 하에서는 성기 간의 삽입만을 강간죄로 처벌할 수 있고 유사성교행위는 강제추행죄로밖에 처벌할 수 없는 문제점이 있었다. (마) 이러한 문제점을 해결하기 위하여 2012. 12. 18. 법률 제11574호로 형법이 개정되었다. (바) 개정된 형법은 제297조의2에서 유사강간죄를 신설하여 "폭행 또는 협박으로 사람에 대하여 구강, 항문 등 신체(성기는 제외한다)의 내부에 성기를 넣거나 성기, 항문에 손가락 등 신체(성기는 제외한다)의 일부 또는 도구를 넣는 행위를 한 사람은 2년 이상의 유기징역에 처한다."라고 규정하였다. (바) 그런데 대법원은 위 형법 개정 이전부터 일관하여 위와 같은 기습추행의 법리를 인정함으로써, 위 개정 형법이 시행되기 이전에는 강제추행죄로 처벌되는 유사성교행위에 당연히 기습추행의 법리가 적용되었다. (사) 만일 유사강간죄가 신설되었다고 하여 이러한 기습추행의 법리가 유사성교행위에는 적용되지 않는다고 본다면 강제추행 중 유사성교행위를 엄하게 처벌하려는 유사강간죄의 신설 취지에도 반하게 될 것이다.

대법원은 기습유사강간죄에 대한 공소장변경제도의 문제점에 대해 다음과 같이 분석하였다. (가) 제1심법원은 이 사건과 같은 기습유사강간행위를 강제추행죄로는 처벌할 수 있는데다가 징역 10년까지 형을 선고할 수 있어 기습유사강간행위에 상응한 적절한 처벌을 하지 못할 가능성은 거의 없다고 설시하고 있다. (나) 제1심법원과 같이 유사강간죄를 강제추행죄의 가중요건이라기보다는 강간죄의 감경요건에 해당한다고 보자. (다) 그렇게 볼 경우 유사강간죄와 강제추행죄는 강간죄와 강제추행죄의 경우처럼 그 죄질에 질적인 차이가 있어 원칙적으로 공소장변경이 없는 한 이를 변경하여 인정하는 것은 불가능하다. (라) 다만 예외적으로 피고인의 방어권 행사에 실질적인 불이익을 초래할 염려가 없는 경우에만 공소장변경 없이 인정할 수 있다. (마) 그러한 이상 공소장변경 없이 어느 경우에나 기습유사강간행위를 강제추행죄로 처벌하여 그에 상응한 적절한 처벌을 할 수 있는 것은 아니다. (바) 그러한 이상 위와 같은 [제1심법원의] 설시 이유는 받아들이기 어렵다.

2018도9781

2021. 2. 4. 2018도9781, 공 2021상, 567 = **『블랙아웃 대 패싱아웃 사건』**.

형법 제299조는 "사람의 심신상실 또는 항거불능의 상태를 이용하여 간음 또는 추행을 한 자"를 준강간·준강제추행죄로 처벌하고 있다. 형법 제299조에서 규정하는 '심신상실'은 형법 제10조 제1항의 '심신상실' 개념과 내용이 동일하다. (이하 사실관계를 대폭 축소하여 소개함.) 갑은 술에 취하여 몸을 가누지 못하는 A(여)를 발견하였다. 갑과 A는 서로 알지 못하는 사이이다. 갑은 A를 모텔 방으로 데리고 갔다. 갑은 A의 몸을 만지던 중 신고를 받고 A를 찾던 경찰관에게 발견되었다.

검사는 갑을 준강제추행죄로 기소하였다. 공소사실의 요지는 다음과 같다. "갑은 A의 심신상실 상태를 이용하여 추행하였다." 갑은 자신의 행위가 A의 동의 하에 이루어진 일이라고 주장하였다. A는 술에 취하여 아무런 기억이 나지 않는다고 진술하였다. 갑은 A가 동의하였으나 소위 알코올 블랙아웃 때문에 기억을 하지 못하는 것이라고 주장하였다. 제1심법원은 유죄를 인정하였다.

갑은 불복 항소하였다. 항소법원은 다음의 점에 주목하였다. (가) CCTV 화면에 A가 정신을 잃었다거나 심신상실 상태에 이르렀다고 단정할 만한 장면은 없다. (나) 모텔 종업원은 A와 갑 둘이 객실로 나란히 편안하게 들어갔다고 진술하고 있다. (다) A가 의식이 있는 상태에서 스스로 행동한 부분도 기억하지 못할 가능성이 있다(소위 '블랙아웃'). 항소법원은 A의 상태가 심신상실 상태에 이르렀다고 단정할 수 없다고 판단하였다. 항소법원은 제1심판결을 파기하고 무죄를 선고하였다. 검사는 불복 상고하였다. 검사는 상고이유로, 갑의 범행 당시 A가 심신상실 상태에 있었다고 주장하였다.

대법원은 다음의 이유를 제시하여 원심판결을 파기환송하였다. 대법원은 준강간·준강제추행죄의 성립요건에 대해 다음과 같이 설시하였다. (가) 형법 제299조는 '사람의 심신상실 또는 항거불능의 상태를 이용하여 추행을 한 자'를 처벌하도록 규정한다. (나) 준강제추행죄는 정신적·신체적 사정으로 인하여 성적인 자기방어를 할 수 없는 사람의 성적 자기결정권을 보호해 주는 것을 보호법익으로 하며, 그 성적 자기결정권은 원치 않는 성적 관계를 거부할 권리라는 소극적 측면을 말한다. (다) 준강간죄에서 '심신상실'이란 정신기능의 장애로 인하여 성적 행위에 대한 정상적인 판단능력이 없는 상태를 의미한다. (라) 준강간죄에서 '항거불능'의 상태라 함은 심신상실 이외의 원인으로 심리적 또는 물리적으로 반항이 절대적으로 불가능하거나 현저히 곤란한 경우를 의미한다. (마) 이는 준강제추행죄의 경우에도 마찬가지이다.

(바) 피해자가 (ㄱ) 깊은 잠에 빠져 있거나 (ㄴ) 술 · 약물 등에 의해 일시적으로 의식을 잃은 상태에 있었다면 준강간죄 또는 준강제추행죄에서의 심신상실 상태에 해당한다. (사) 또는 (ㄷ) 완전히 의식을 잃지는 않았더라도 술 · 약물등의 사유로 정상적인 판단능력과 대응 · 조절능력을 행사할 수 없는 상태에 있었다면 준강간죄 또는 준강제추행죄에서의 항거불능 상태에 해당한다.

대법원은 알코올 블랙아웃과 패싱아웃 개념에 대해 다음과 같이 설시하였다. (가) 의학적 개념으로서의 '알코올 블랙아웃(black out)'은 중증도 이상의 알코올 혈중농도, 특히 단기간 폭음으로 알코올 혈중농도가 급격히 올라간 경우 그 알코올 성분이 외부 자극에 대하여 기록하고 해석하는 인코딩 과정(기억형성에 관여하는 뇌의 특정 기능)에 영향을 미침으로써 행위자가 일정한 시점에 진행되었던 사실에 대한 기억을 상실하는 것을 말한다. (나) 알코올 블랙아웃은 인코딩 손상의 정도에 따라 단편적인 블랙아웃과 전면적인 블랙아웃이 모두 포함한다. (다) 알코올 블랙아웃은 알코올의 심각한 독성화와 전형적으로 결부된 형태로서의 의식상실의 상태, 즉 알코올의 최면진정작용으로 인하여 수면에 빠지는 의식상실(passing out)과 구별되는 개념이다.

대법원은 피해자가 음주 후 준강간 또는 준강제추행을 당하였음을 호소하는 경우에 대해 다음의 판단기준을 설시하였다. (가) 피해자가 음주 후 준강간 또는 준강제추행을 당하였음을 호소하는 경우가 있다. (나) 이러한 경우 범행 당시 알코올이 위의 기억형성의 실패만을 야기한 알코올 블랙아웃 상태였다면 피해자는 기억장애 외에 인지기능이나 의식 상태의 장애에 이르렀다고 인정하기 어렵다. (다) 그렇지만 이에 비하여 피해자가 술에 취해 수면상태에 빠지는 등 의식을 상실한 패싱아웃 상태였다면 심신상실의 상태에 있었음을 인정할 수 있다. (라) 피해자가 의식상실 상태에 빠져 있지는 않지만 알코올의 영향으로 의사를 형성할 능력이나 성적 자기결정권 침해행위에 맞서려는 저항력이 현저하게 저하된 상태였다면 '항거불능'에 해당한다. (마) 이러한 항거불능 피해자에 대한 성적 행위 역시 준강간죄 또는 준강제추행죄를 구성할 수 있다.

대법원은 피고인이 알코올 블랙아웃을 주장하는 상황에 대한 판단방법을 다음과 같이 설시하였다. (가) 법의학 분야에서는 알코올 블랙아웃이 '술을 마시는 동안에 일어난 중요한 사건에 대한 기억상실'로 정의되기도 한다. (나) 일반인 입장에서는 '음주 후 발생한 광범위한 인지기능 장애 또는 의식상실'까지 통칭하기도 한다. (다) 음주로 심신상실 상태에 있는 피해자에 대하여 준강간 또는 준강제추행을 하였음을 이유로 기소된 피고인이 '피해자가 범행 당시 의식상실 상태가 아니었고 그 후 기억하지 못할 뿐이다.'라는 취지에서 알코올 블랙아웃을 주장하는 경우가 있다. (라) 이 경우 법원은 피해자의 범행 당시 음주량과 음주 속도, 경과한 시간, 피해자의 평소 주량, 피해자가 평소 음주 후 기억장애를 경험하였는지 여부 등 피해자의 신체 및 의식상태가 범행 당시 알코올 블랙아웃인지 아니면 패싱아웃 또는 행위통제능력이 현저히 저하된 상태였는지를 구분할 수 있는 사정들과 더불어 CCTV나 목격자를 통하여 확인되는 당시 피해자의 상태, 언동, 피고인과의 평소 관계, 만나게 된 경위, 성적 접촉이 이루어진 장소와 방식, 그 계기와 정황, 피해자의 연령 · 경험 등 특성, 성에 대한 인식 정도, 심리적 · 정서적 상태, 피해자와 성적 관계를 맺게 된 경위에 대한 피고인의 진술 내용의 합리성, 사건 이후 피고인과 피해자의 반응을 비롯한 제반 사정을 면밀하게 살펴 범행 당시 피해자가 심신상실 또는 항거불능 상태에 있었는지 여부를 판단해야 한다. (마) 또한 (ㄱ) 피해사실 전후의 객관적 정황상 피해자가 심신상실 등이 의심될 정도로 비정상적인 상태에 있었음이 밝혀진 경우 혹은 (ㄴ) 피해자와 피고인의 관계 등에 비추어 피해자가 정상적인 상태하에서라면 피고인과 성적 관계를 맺거나 이에 수동적으로나마 동의하리라고 도저히 기대하기 어려운 사정이 인정되는데도, 피해자의 단편적인 모습만으로 피해자가 단순히 '알코올 블랙아웃'에 해당하여 심신상실 상태에 있지 않았다고 단정하여서는 안 된다.

대법원은 사실관계를 분석하였다(소개를 생략함). 대법원은 원심판결의 당부에 대해 다음과 같이 판단하였다. (가) 원심은 CCTV 화면에 나타난 A의 모습 등과 같은 사정만을 들어 이 사건 공소사실에 대하여 무죄를 선고하였다. (나) 이러한 원심판결에는 준강제추행죄의 구성요건인 '심신상실 상태'에 관한 법리를 오해하여 필요한 심리를 다하지 아니한 잘못이 있다.

2011도6907

2014. 2. 13. 2011도6907, 공 2014상, 638 = 『장애인 모임 부장 사건』:

(2011년 개정전 성폭력처벌법은 장애인 준강제추행을 형법상 강제추행과 같이 10년 이하의 징역 또는 1천 5백만원 이하의 벌금으로 처벌하고 있었다. 2011년 개정후 성폭력처벌법은 장애인 준강제추행죄를 3년 이상의 유기징역 또는 2천만원 이상 5천만원 이하의 벌금으로 처벌하고 있다. 본 판례는 개정전 성폭력처벌법과 관련된 것이다.)

갑과 A는 P교회를 다니고 있다. A[30대 여성]는 정신지체 장애 3급 장애인이다. 갑은 P교회 장애인 모임의 부장으로 활동하고 있다. 갑은 A를 전화로 불러낸 뒤 자신의 오토바이를 이용하여 인적이 드문 인근 M공원으로 데리고 갔다. 갑은 M공원 벤치에 앉아 ㉠추행을 하였다.

검사는 갑을 성폭력처벌법위반죄(장애인준강제추행)로 기소하였다. 재판과정에서는 갑의 ㉠추행 당시 정신적인 장애가 주된 원인이 되어 A가 항거불능의 상태에 있었는지가 문제되었다. 제1심법원은 다음의 점에 주목하였다. (가) A가 정신지체 장애 3급에 해당하는 여성이기는 하지만 A의 전체 지능은 경도의 정신지체 수준에 불과하다. (나) A는 이 사건 범행 당시의 정황 등을 구체적으로 진술하고 있다. (다) A는 범행 당시 갑의 추행에 대하여 다리를 오므리는 등 소극적인 저항행위를 하였다. (라) A는 범행 이후에 교회 전도사 B에게 피해 사실을 이야기하였다. (마) A는 계속 만나자는 갑의 거듭된 요구를 거절하였다.

제1심법원은 이상의 사정을 종합하여 범행 당시 A가 정신적인 장애가 주된 원인이 되어 심리적 또는 물리적으로 반항이 불가능하거나 현저히 곤란한 항거불능의 상태에 있었다고는 보이지 않는다고 판단하였다. 제1심법원은 무죄를 선고하였다. 검사는 불복 항소하였다. 항소법원은 항소를 기각하고, 제1심판결을 유지하였다. 검사는 불복 상고하였다.

대법원은 다음의 이유를 제시하여 원심판결을 파기환송하였다. 대법원은 정신적 장애로 항거불능인 상태에 대해 다음과 같이 설시하였다. (가) (구)성폭력처벌법 제6조는 "신체적인 또는 정신적인 장애로 항거불능인 상태에 있음을 이용하여 여자를 간음하거나 사람에 대하여 추행을 한 사람은 형법 제297조(강간) 또는 제298조(강제추행)에서 정한 형으로 처벌한다."고 규정하고 있다. (나) 위 규정에서 '신체적인 또는 정신적인 장애로 항거불능인 상태'라 함은, [먼저] 신체적 또는 정신적 장애 그 자체로 항거불능의 상태에 있는 경우를 포함한다. (다) 그 뿐만 아니라 신체장애 또는 정신적인 장애가 주된 원인이 되어 심리적 또는 물리적으로 반항이 불가능하거나 현저히 곤란한 상태에 이른 경우도 포함한다.

(라) 그중 정신적인 장애가 주된 원인이 되어 항거불능인 상태에 있었는지 여부를 판단함에 있어서는 피해자의 정신적 장애의 정도뿐 아니라 피해자와 가해자의 신분을 비롯한 관계, 주변의 상황 내지 환경, 가해자의 행위 내용과 방법, 피해자의 인식과 반응의 내용 등을 종합적으로 검토해야 한다. (마) 나아가 장애인의 성적 자기결정권을 충실하게 보호하고자 하는 성폭력처벌법 제6조의 입법 취지에 비추어 보면, 위와 같은 '항거불능인 상태'에 있었는지 여부를 판단할 때에는 피해자가 정신적 장애인이라는 사정이 충분히 고려되어야 한다. (바) 외부적으로 드러나는 피해자의 지적 능력 이외에 그 정신적 장애로 인한 사회적 지능·성숙의 정

도, 이로 인한 대인관계에서의 특성이나 의사소통능력 등을 전체적으로 살펴 피해자가 그 범행 당시에 성적 자기결정권을 실질적으로 표현·행사할 수 있었는지 여부를 신중히 판단하여야 한다.

대법원은 A의 정신적 장애로 인한 항거불능 여부에 대하여 다음과 같이 판단하였다. (가) A는 어릴 때부터 말이 없고 자신의 의사표현을 하지 못하는 등의 정신이상 증세를 보여 28세 당시 병원에 내원하여 이에 대한 심리학적 검사가 실시된 사실이 있다. (나) 이에 따르면 A의 전체 지능지수는 62로서 경도의 정신지체 수준에 해당하는데 그중 언어적 표현력이나 추상적 사고능력은 다른 영역에 비하여 나은 수행을 보인다는 검사결과가 나왔다. (다) 그 반면에 A의 사회연령은 만 7세 8개월로서 '사회지수'는 그보다 낮은 48.94에 불과하고 의사소통능력이 매우 지체되어 있거나 사회적으로 위축되어 있으며 대인관계에서 철회 경향을 가지고 있다는 검사결과가 나왔다. (라) A는 "갑의 추행 당시 갑이 무섭고 겁이 나서 이를 제지하지 못하였다. 갑이라는 사람 자체가 무서웠으며, 몸을 만질 때 소름이 돋았다."는 취지로 진술하였다. (마) A가 활동하던 교회의 전도사도 A가 평소 말이 거의 없고 사람들과 어울리지 못한다는 취지로 진술하였다.

(바) A가 이 사건 범행 이후 추행의 경위에 관하여 상세히 진술하는 등 어느 정도의 지적 능력을 가진 것으로 보인다. (사) 그렇다고 하더라도 A는 그 사회적 지능 내지 성숙도가 상당한 정도로 지체되어 대인관계 내지 의사소통에 중대한 어려움을 겪어 왔다.

(아) 이 사건 범행 당시에도 이러한 정신적 장애로 인하여 갑의 성적 요구에 대한 거부의 의사를 분명하게 표시하지 못하거나 자신의 다리를 오므리는 것 이상의 적극적인 저항행위를 할 수 없었던 것으로 볼 여지가 충분하다. (자) 갑은 A를 전화로 불러낸 뒤 자신의 오토바이를 이용하여 인적이 드문 인근 공원으로 데리고 가서 그곳 벤치에 앉자마자 이 사건 추행을 시작하였다. (차) 갑은 A가 다니는 교회 장애인 모임의 부장으로 활동하여 왔다.

(카) 이상의 점을 종합해 보면, A가 범행 이후에 교회 전도사에게 위 추행 피해 사실을 이야기하였다거나 계속 만나자는 피고인의 요구를 거절하였다는 사정만으로 A가 이 사건 범행 당시에 성적 자기결정권을 실질적으로 표현·행사할 수 있었다고 단정할 수는 없다.

2015도9436

2020. 8. 27. 2015도9436 **전원합의체 판결, 공 2020하, 1872 = 『스토킹 방지용 성관계 사건』:**

갑은 36세의 남성이다. A는 14세의 여자 청소년이다. 갑은 스마트폰 채팅 애플리케이션을 통하여 고등학교 2학년 B의 행세를 하며 A를 사귀게 되었다. 이 과정에서 갑은 B를 스토킹하는 여성 C의 행세를 하였다. 갑(C)은 A에게 자신도 B를 좋아하는데 B를 좋아하면 무엇이든 해야 한다고 도발하였다. 한편, 갑은 B의 행세도 하였다. 갑(B)은 A에게 자신을 스토킹하는 여성 C 때문에 너무 힘들고 만약 자신과 헤어지기 싫다면 C의 요청대로 자신의 선배 D와 성관계 해 달라고 부탁하였다. 이러한 도발과 부탁은 여러 차례 반복되었다. A는 B와 헤어질 것이 두려웠다. A는 B의 선배 D를 만나 성관계하는 데에 동의하였다. A는 이를 위해 새벽에 고속버스를 타고 갑이 지정한 장소로 이동하였다. 갑은 B의 선배 D 행세를 하며 A를 간음하였다(이상 ㉮행위). A는 이러한 사실을 부모가 알게 될 것이 두려워 사건 발생 후 12일이 지나서야 상담센터의 도움을 받아 경찰에 신고하였다. A는 그 후 부모와 떨어져 다른 도시의 청소년보호시설에서 생활하였다.

청소년성보호법은 위계로써 청소년을 간음한 자를 무기 또는 5년 이상의 징역으로 처벌하고 있다(동법 제7조 제5항, 제1항). 형법 제297조는 강간죄를 3년 이상의 유기징역으로 처벌하고 있다. 청소년성보호법상의 위계에 의한 간음죄는 형법상의 강간죄보다 무겁게 처벌된다. 검사는 갑을 청소년성보호법위반죄(위계등간음)로 기소하였다. 갑의 피고사건은 제1심을 거친 후, 항소심에 계속되었다.

종래 대법원판례는 다음과 같은 입장을 취하고 있었다. (가) 위계에 의한 간음죄에서 위계는 행위자가 간음의 목적으로 상대방에게 오인, 착각, 부지를 일으키고는 상대방의 그러한 심적 상태를 이용하여 간음의 목적을 달성하는 것을 말하는 것이다. (나) 여기에서 오인, 착각, 부지란 간음행위 자체에 대한 오인, 착각, 부지를 말하는 것이다. (다) 간음행위와 불가분적 관련성이 인정되지 않는 다른 조건에 관한 오인, 착각, 부지를 가리키는 것은 아니라고 보아야 한다. 항소법원은 종전 판례에 따라 다음과 같이 판단하였다. (가) A는 간음행위와 불가분적 관련성이 인정되지 않는 다른 조건에 관하여 갑에게 속았던 것뿐이다. (나) 갑의 간음행위는 형법 등에서 처벌대상으로 규정하는 위계에 의한 것이 아니다. 항소법원은 공소사실을 무죄로 판단하였다. 검사는 불복 상고하였다.

대법원은 다음의 이유를 제시하여 원심판결을 파기환송하였다. 대법원은 전원일치의 의견으로 종전 판례를 변경하기로 하였다. 대법원은 판례변경의 이유를 다음과 같이 제시하였다. 대법원은 형법상 위계에 의한 간음죄의 개정경위에 대해 분석하였다(내용 생략함). 대법원은 형사특별법상 위계에 의한 간음죄의 개정경위에 대해 분석하였다(내용 생략함). 대법원은 이상의 분석을 통하여 다음의 소결론을 도출하였다. (가) 위와 같은 위계에 의한 간음죄의 개정경과 및 이 사건에 적용되는 2014년 무렵의 법률 내용을 종합하여 본다. (나) 과거와 달리 오늘날에는 위계에 의한 간음죄를 (ㄱ) 아동·청소년, 미성년자, 심신미약자, 피보호자·피감독자, 장애인 등 성폭력범행에 특히 취약한 사람을 보호대상으로 하고 (ㄴ) 강간죄 등과 비견되는 독립적인 가벌성을 지닌 범죄로 규정하여, (ㄷ) 행위자를 강력하게 처벌하려는 것으로 평가할 수 있다.

대법원은 성적 자기결정권 행사의 의미에 대해 설시하였다(내용 생략함). 대법원은 아동 · 청소년의 성보호에 관한 판례의 태도를 분석하였다(내용 생략함). 대법원은 아동 · 청소년의 성보호를 강화하는 이유를 다음과 같이 설시하였다. (가) 이와 같이 아동·청소년을 보호하고자 하는 이유는, (ㄱ) 아동·청소년은 사회적·문화적 제약 등으로 아직 온전한 자기결정권을 행사하기 어려울 뿐만 아니라, (ㄴ) 인지적·심리적·관계적 자원의 부족으로 타인의 성적 침해 또는 착취행위로부터 자신을 방어하기 어려운 처지에 있기 때문이다. (나) 또한 아동·청소년은 성적 가치관을 형성하고 성 건강을 완성해 가는 과정에 있으므로 아동·청소년에 대한 성적 침해 또는 착취행위는 아동·청소년이 성과 관련한 정신적·신체적 건강을 추구하고 자율적 인격을 형성·발전시키는 데에 심각하고 지속적인 부정적 영향을 미칠 수 있다. (다) 따라서 (ㄱ) 아동·청소년이 외관상 성적 결정 또는 동의로 보이는 언동을 하였다 하더라도, (ㄴ) 그것이 타인의 기망이나 왜곡된 신뢰관계의 이용에 의한 것이라면, (ㄷ) 이를 아동·청소년의 온전한 성적 자기결정권의 행사에 의한 것이라고 평가하기 어렵다. (라) (ㄱ) 그 외 위계에 의한 간음죄가 보호대상으로 규정한 미성년자, 심신미약자, 피보호자·피감독자, 장애인 등도 (ㄴ) 나이, 정신기능 등의 장애, 행위자와 피해자 사이의 종속적인 관계 등으로 인해 피해자가 행위자를 비롯한 외부의 영향으로부터 자신을 방어하기 어렵고 (ㄷ) 성적 자기결정권 행사 과정에서 내부 정신작용이 왜곡되기 쉽다는 점에서는 (ㄹ) 앞서 본 아동·청소년의 경우와 본질적인 차이가 없다.

대법원은 위계에 의한 간음죄에서 위계의 의미에 대해 다음과 같이 설시하였다. (가) '위계'라 함은 행위자의 행위목적을 달성하기 위하여 피해자에게 오인, 착각, 부지를 일으키게 하여 이를 이용하는 것을 말한다. (나) 이러한 위계의 개념 및 앞서 본 바와 같이 성폭력범행에 특히 취약한 사람을 보호하고 행위자를 강력하게 처벌하려는 입법 태도, 피해자의 인지적·심리적·관계적 특성으로 온전한 성적 자기결정권 행사를 기대하기 어려운 사정 등을 종합해 본다. (다) (ㄱ) 행위자가 간음의 목적으로 피해자에게 오인, 착각, 부지를 일으키고 (ㄴ) 피해자의 그러한 심적 상태를 이용하여 간음의 목적을 달성하였다면 (ㄷ) 위계와 간음행위 사이의 인과관계를 인정할 수 있고, (ㄹ) 따라서 위계에 의한 간음죄가 성립한다.

(라) (ㄱ) 왜곡된 성적 결정에 기초하여 성행위를 하였다면 (ㄴ) 왜곡이 발생한 지점이 성행위 그 자체인지 (ㄷ) 성행위에 이르게 된 동기인지는 (ㄹ) 성적 자기결정권에 대한 침해가 발생한 것은 마찬가지라는 점에서 핵심적인 부분이라고 하기 어렵다. (마) 피해자가 오인, 착각, 부지에 빠지게 되는 대상은 (ㄱ) 간음행위

자체일 수도 있고, (ㄴ) 간음행위에 이르게 된 동기이거나 (ㄷ) 간음행위와 결부된 금전적·비금전적 대가와 같은 요소일 수도 있다. (바) 다만 행위자의 위계적 언동이 존재하였다는 사정만으로 위계에 의한 간음죄가 성립하는 것은 아니므로 (ㄱ) 위계적 언동의 내용 중에 피해자가 성행위를 결심하게 된 중요한 동기를 이룰 만한 사정이 포함되어 있어 (ㄴ) 피해자의 자발적인 성적 자기결정권의 행사가 없었다고 평가할 수 있어야 한다. (사) 이와 같은 인과관계를 판단함에 있어서는 피해자의 연령 및 행위자와의 관계, 범행에 이르게 된 경위, 범행 당시와 전후의 상황 등 여러 사정을 종합적으로 고려하여야 한다.

대법원은 위계의 판단기준에 대해 다음과 같이 설시하였다. (가) 위계에 의한 간음죄가 보호대상으로 삼는 아동·청소년, 미성년자, 심신미약자, 피보호자·피감독자, 장애인 등의 성적 자기결정 능력은 그 나이, 성장과정, 환경, 지능 내지 정신기능 장애의 정도 등에 따라 개인별로 차이가 있다. (나) 그러므로 간음행위와 인과관계가 있는 위계에 해당하는지 여부를 판단함에 있어서는 구체적인 범행 상황에 놓인 피해자의 입장과 관점이 충분히 고려되어야 한다. (다) 일반적·평균적 판단능력을 갖춘 성인 또는 충분한 보호와 교육을 받은 또래의 시각에서 인과관계를 쉽사리 부정하여서는 안 된다.

대법원은 사실관계를 분석하였다. 대법원은 갑의 행위에 대해 다음과 같이 판단하였다. (가) 위와 같은 사실을 앞서 본 법리에 비추어 살펴본다. (나) 14세에 불과한 아동·청소년인 A는 36세 갑이 허구로 설정한 상황 속에서 상당기간 자극적인 내용의 도발과 부탁에 시달렸다. (다) 아울러 이 사건 전후 A의 태도 및 행적을 종합하면 A가 부모로부터 충분한 보호, 양육을 받지 못하였다고 볼 여지도 있다. (라) 이러한 사정들은 당시 A가 온전하게 의사결정을 하기 어려웠음을 나타낸다. (마) 이러한 상황에서 A는 갑에게 속아 자신이 B의 선배(D)와 성관계를 하는 것만이 B을 스토킹하는 여성(C)을 떼어내고 B과 연인관계를 지속할 수 있는 방법이라고 오인하여 B의 선배(D)로 가장한 갑과 성관계를 하였다. (바) A가 위와 같은 오인에 빠지지 않았다면 갑과의 성행위에 응하지 않았을 것이다. (사) A가 오인한 상황은 A가 갑과의 성행위를 결심하게 된 중요한 동기가 된 것으로 보이고, 이를 자발적이고 진지한 성적 자기결정권의 행사에 따른 것이라고 보기 어렵다. (아) 따라서 갑은 간음의 목적으로 A에게 오인, 착각, 부지를 일으키고 A의 그러한 심적 상태를 이용하여 A를 간음한 것이므로 이러한 갑의 간음행위는 위계에 의한 것이라고 평가할 수 있다.

2020도4015

2020. 10. 29. 2020도4015, [미간행] =『성매매 차용증 사건』:

(2019년에 일어난 일이다.) A는 16세의 여자 청소년이다. A는 인터넷의 M사이트에 조건만남 메시지를 올렸다(㉠메시지). 갑은 ㉠메시지를 보고 A에게 연락하였다. 갑은 A에게 2회 성매수의 대가로 15만원을 교부하였다. 갑은 A와 1회 성교행위를 하였다(㉮행위). A는 나머지 1회 성교행위를 미루고 응하지 않았다. 7. 22.부터 7. 27.까지 갑은 A에게 15만원 전부를 변제할 것을 요구하였다. 갑은 변제를 대신한 성교행위를 요구하는 ㉡트위터 메시지를 보냈다(내용 생략함)(㉯행위). A는 50만원을 급하게 빌린다는 메시지를 트위터에 올렸다(㉢메시지). 갑은 ㉢메시지를 보았다. 7. 28. 갑은 A에게 60만원을 추가로 빌려주었다. 갑은 A로부터 ㉣차용증을 받았다. ㉣차용증의 내용은 다음과 같다. (가) 차용금은 75만원으로 한다. (나) 7. 30.부터 매일 6만원씩 분할변제하기로 한다. (다) 연체에 대한 이자를 2회 성관계로 정한다. 갑은 ㉣차용증에 A의 이름과 주소 및 서명을 기입하게 하였다. 갑은 이후 A에게 ㉣차용금에 대한 변제를 요구하였다. 갑은 ㉣차용금에 대한 변제 또는 연체를 이유로 성교행위를 요구하는 ㉤카카오톡 메시지를 보냈다(㉰행위). 7. 30. 17:50 갑은 A를 만나기 전 경찰관에게 체포되었다.

검사는 ㉮행위에 대해 갑을 청소년성보호법위반죄(성매수)로 기소하였다. 검사는 ㉯, ㉰행위에 대해 갑을 다음과 같이 기소하였다. (가) 주위적 공소사실 : ㉯, ㉰행위; 청소년성보호법위반죄(위력간음). (나) 예비적

공소사실 : 강요미수죄. 제1심 공판절차에서 A는 다음과 같이 진술하였다. (가) ㉯, ㉰행위(변제 요구나 성교행위 요구)가 무서웠다. (나) A 자신의 집을 알고 있는 갑이 집 앞 사진까지 찍어 올리고, 계속 통화를 시도하여 무서웠다. (다) 빨리 ㉱채무 변제를 하고 갑을 떼어내고 싶었다. (라) A 스스로 경찰에 신고할 생각까지 하였다.

갑의 피고사건은 제1심을 거친 후, 항소심에 계속되었다. 2020. 3. 10. 항소법원은 판결을 선고하였다. 항소법원은 ㉮행위 부분에 대해 유죄를 인정하였다. 항소법원은 ㉯, ㉰행위에 대한 주위적 공소사실을 무죄로 판단하였다. 항소법원은 ㉯, ㉰행위에 대한 예비적 공소사실(강요미수)을 유죄로 인정하였다. 항소법원은 주위적 공소사실에 대한 무죄 판단의 이유로 다음의 점을 제시하였다. (가) 청소년성보호법 제7조 제5항의 위력이라 함은 행위자가 간음의 목적으로 상대방에게 위력을 행사하여 상대방의 자유의사가 제압된 상태를 이용하여 간음의 목적을 달성하는 것을 말한다. (나) 여기에서 상대방의 자유의사가 제압된다는 것은 간음행위 자체에 대한 자유의사가 제압된다는 것을 말한다. (다) 위력행사와 간음 사이에 상당한 시간적 · 장소적 간격이 있는 경우 피고인의 위력행사가 간음행위의 수단으로써 이루어진 것이라는 점이 합리적인 의심의 여지 없이 증명되어야 한다. (라) 갑은 성매매 또는 지연이자 명목으로 A를 간음하려는 생각을 가지고 있었던 것으로 보인다. (마) 그러나 갑이 A를 간음하기 위하여 A를 만난 사실은 없다. (바) 더욱이 갑이 간음을 위한 구체적인 일시 · 장소 등을 정하였거나 A가 그러한 일시 · 장소 등을 정하는데 응한 사실도 없다. (사) 갑이 A에게 위력을 행사할 당시 A를 간음하는 것에 대한 막연한 생각을 가지고 있었을 뿐 실제로 간음행위에 이르기 위한 구체적인 계획이나 의도를 드러내었다고 보기는 어렵다. (아) 갑의 ㉯, ㉰행위로 인하여 간음행위 자체에 대한 A의 자유의사가 제압되었다거나 갑의 ㉯, ㉰행위가 간음행위의 수단으로써 이루어졌다는 점에 대하여 합리적인 의심의 여지 없이 증명되었다고 볼 수 없다. 검사는 무죄 부분에 불복하여 상고하였다.

2020. 8. 27. 대법원은 2015도9436 전원합의체 판결(『스토킹 방지용 성관계 사건』)을 통하여 위계의 적용범위를 확장하는 판례변경을 단행하였다. 2020. 10. 29. 대법원은 갑의 피고사건에 대해 판결을 선고하였다. 대법원은 다음의 이유를 제시하여 원심판결을 파기환송하였다. 대법원은 청소년성보호법상 위력에 의한 간음죄의 성립범위에 대해 다음과 같이 설시하였다. (가) {2020. 8. 27. 2015도9436 전원합의체 판결을 인용(引用)한다(내용 생략함)}. (나) 청소년성보호법 제7조 제5항이 정한 위력에 의한 간음죄의 경우도 마찬가지로 볼 수 있다.

대법원은 사실관계를 분석하였다. 대법원은 갑의 행위에 대해 다음과 같이 판단하였다. (가) 위와 같은 사실 및 위 사실을 통해 알 수 있는 다음과 같은 사정을 앞서 본 법리에 비추어 본다. (나) 갑은 A의 입장에서 성행위를 결심하게 될 중요한 동기에 대하여 A의 자유의사를 제압할 만한 위력을 행사하였다고 볼 수 있다.

대법원은 위력 행사로 본 이유에 대해 다음의 점을 제시하였다. (가) 갑이 A에게 보낸 메시지에는 채무변제를 대신하거나 채무변제 또는 연체를 이유로 성교행위를 요구하는 것도 포함되어 있다. (나) 또한 채무변제를 요구하는 것이 많기는 하나 순수하게 채무변제를 요구하는 것이 아니라 채무변제와 이를 대신한 성교행위 중에서 선택을 강요하는 것이다. (다) 채무변제 여력이 없는 A에게 성교행위를 강요하는 것과 같아 성교행위를 결심하게 할 중요한 동기가 될 수 있다. (라) 갑이 A에게 보낸 메시지에서 성교행위의 시간과 장소에 관하여 구체적으로 언급하지 않았다. (마) 그러나 갑과 A는 성매수 당시에도 트위터를 통해 연락하여 서로 의사가 합치하면 곧바로 만날 시간과 장소를 정하였다. (바) ㉯, ㉰행위 당시에도 A가 갑의 요구에 응하면 곧바로 시간과 장소를 정하여 성교행위에 나아갈 수 있었다. (사) 그러므로 성교행위를 위한 시간과 장소를 정하지 않았다는 사실이 범행계획의 구체성이나 갑의 행위가 성교행위의 수단인지 여부에 있어 중요한 사항으로 보기 어렵다.

2020도5646

2020. 7. 9. 2020도5646, 공 2020하, 1630 = **「면접 구직자 추행 사건」** :

갑은 P편의점 업주이다. A는 아르바이트를 구하는 사람이다. 갑은 아르바이트 구인 광고를 보고 연락한 A를 Q주점으로 불러내 의사를 확인하는 등 면접을 하였다. 갑은 A를 갑의 집으로 유인하여 A의 성기를 만지고 A에게 갑의 성기를 만지게 하였다.

검사는 갑을 성폭력처벌법위반죄(업무상위력등에 의한 추행)로 기소하였다. 갑의 피고사건은 제1심을 거친 후, 항소심에 계속되었다. 항소법원은 갑이 채용 권한을 가지고 있는 지위를 이용하여 A의 자유의사를 제압하여 A를 추행하였다고 판단하였다. 항소법원은 유죄를 인정하였다. 갑은 불복 상고하였다.

대법원은 다음의 이유를 제시하여 상고를 기각하였다. 대법원은 업무상 위력에 의한 추행죄의 업무에 대해 다음과 같이 설시하였다. (가) 성폭력처벌법 제10조는 '업무상 위력 등에 의한 추행'에 관한 처벌 규정이다. (나) 성폭력처벌법 제10는 제1항에서 "업무, 고용이나 그 밖의 관계로 인하여 자기의 보호, 감독을 받는 사람에 대하여 위계 또는 위력으로 추행한 사람은 3년 이하의 징역 또는 1천 500만원 이하의 벌금에 처한다."라고 정하고 있다. (다) '업무, 고용이나 그 밖의 관계로 인하여 자기의 보호, 감독을 받는 사람'에는 (ㄱ) 직장 안에서 보호 또는 감독을 [받는 사람], (ㄴ) 사실상 보호 또는 감독을 받는 상황에 있는 사람뿐만 아니라 (ㄷ) 채용 절차에서 영향력의 범위 안에 있는 사람도 포함된다.

대법원은 업무상 위력에 의한 추행죄의 위력에 대해 다음과 같이 설시하였다. (가) '위력'이란 피해자의 자유의사를 제압하기에 충분한 힘을 말한다. (나) '위력'은 유형적이든 무형적이든 묻지 않는다. (다) '위력'은 (ㄱ) 폭행·협박뿐만 아니라 (ㄴ) 사회적·경제적·정치적인 지위나 권세를 이용하는 것도 가능하다. (라) '위력'은 현실적으로 피해자의 자유의사가 제압될 필요는 없다. (마) 위력으로써 추행하였는지는 행사한 유형력의 내용과 정도, 행위자의 지위나 권세의 종류, 피해자의 연령, 행위자와 피해자의 관계, 그 행위에 이르게 된 경위, 구체적인 행위 모습, 범행 당시의 정황 등 여러 사정을 종합적으로 고려하여 판단하여야 한다. (바) 원심판결 이유를 기록에 비추어 살펴보면, 원심판단은 위에서 본 법리에 기초한 것으로 정당하다.

제33장 명예에 관한 죄

2020도5813

2020. 11. 19. 2020도5813 **전원합의체 판결, 공 2021상, 57 = 「전파가능성 전합판결 사건」** :

A는 M마을에 살고 있다. B는 A의 처이다. A에게는 ㉠전과가 있다. 갑은 A의 이웃에 살고 있다. C는 갑의 남편이다. D는 M마을 주민이다. M마을은 A와 D가 같은 성씨를 가진 집성촌이다. A와 D는 친척관계에 있다. 갑과 A는 여러 가지 문제로 갈등관계에 있었다. 사건 당일에도 갑은 A의 집 뒷길에서 A와 말다툼을 하였다. 이 과정에서 갑은 갑의 남편 C와 마을 주민 D가 듣는 가운데 A에게 "저것이 징역 살다온 전과자다."라고 큰 소리로 말하였다(㉮발언). 갑의 남편인 C와 A의 처인 B는 갑과 A가 큰 소리로 다투는 소리를 듣고 각자의 집에서 나오게 되었다. A는 경찰에 신고하였다. 갑은 신고를 받고 출동한 경찰관 앞에서도 "A는 아주 질이 나쁜 전과자다."라고 큰 소리로 여러 차례 소리쳤다(㉯발언).

검사는 갑을 명예훼손죄로 기소하였다. 공소사실의 요지는 다음과 같다. "갑은 큰 소리로 ㉮발언을 함으로써 공연히 사실을 적시하여 A의 명예를 훼손하였다." (검사는 갑의 ㉯발언은 공소사실에 포함시키지 않았다.) 제1심 공판절차에서 다음의 진술이 있었다. (가) A와 A의 처 B : 갑이 전과자라고 크게 소리쳤고, 이를 D 외에도 마을 사람들이 들었다. (나) 마을 주민 D : 갑으로부터 A가 전과자라는 사실을 처음 들었다. 제1

심법원은 유죄를 인정하였다. 갑은 불복 항소하였다. 항소법원은 갑의 ㉮발언이 전파될 가능성이 있다는 이유로 공연성을 인정하였다. 항소법원은 항소를 기각하고 제1심판결을 유지하였다. 갑은 불복 상고하였다. 갑은 상고이유로 다음의 점을 주장하였다. (가) 갑의 남편 C는 A의 전과사실을 이미 알고 있었다. (나) 마을 주민 D는 A의 친척이어서 다른 사람에게 전파할 이유가 없다. (다) 갑의 ㉮발언에 전파가능성이 없어 공연성이 없다.

불특정 또는 다수인에 대하여 전파될 가능성이 있는 경우만으로도 명예훼손죄의 공연성을 인정하는 것이 그동안 확립된 대법원 판례이다. 대법원에서는 그동안의 확립된 판례를 계속 유지할 것인지가 쟁점으로 부각되었다. 대법원은 9 대 4로 견해가 나뉘었다. 다수의견은 전파가능성설의 유지를 주장하였다. 소수의견은 다음과 같은 내용으로 전파가능성설의 폐지를 주장하였다. (가) 명예훼손죄에서 말하는 공연성은 전파가능성을 포섭할 수 없는 개념이다. (나) 형법 제307조 제1항, 제2항에 규정된 공연성은 불특정 또는 다수인이 직접 인식할 수 있는 상태를 가리키는 것이다. (다) 특정 개인이나 소수에게 말하여 이로부터 불특정 또는 다수인에게 전파될 가능성이 있다고 하더라도 공연성 요건을 충족한다고 볼 수 없다. (라) 다수의견은 범죄구성요건을 확장하여 적용함으로써 형법이 예정한 범주를 벗어나 형사처벌을 하는 것으로서 죄형법정주의와 형법해석의 원칙에 반하여 찬성할 수 없다.

대법원은 다수의견에 따라 전파가능성 이론을 유지하기로 하였다. 대법원은 다수의견에 따라 상고를 기각하였다. 다수의견은 다음의 이유를 제시하였다. (이하 다수의견을 대법원으로 표시하여 소개함.) 대법원은 다음의 순서로 전파가능성설의 유지 필요성을 논증하였다. (내용이 방대하여 주요 목차만을 소개함. 세부목차 생략함. 내용은 주요 부분만 발췌하여 소개함.) (가) 사건 개요 및 쟁점. (나) 명예훼손죄 규정 및 처벌 필요성. (다) 명예훼손죄에서 공연성의 의의 및 대법원 판례. (라) 대법원 판례의 법리와 타당성. (마) 형법 제310조의 위법성조각사유에 대한 새로운 판단 기준. (바) 사안에 관한 판단.

대법원은 공연성 요건에 관한 대법원판례들의 구체적인 내용을 분석하였다(내용 생략함). 대법원은 공연성이 부정되는 경우와 관련하여 다음과 같이 설시하였다. (가) 특히 발언 상대방이 (ㄱ) 발언자나 피해자의 배우자, 친척, 친구 등 사적으로 친밀한 관계에 있는 경우, (ㄴ) 직무상 비밀유지의무[가 있거나] 또는 이를 처리해야 할 공무원이나 이와 유사한 지위에 있는 경우에는 그러한 관계나 신분으로 인하여 비밀의 보장이 상당히 높은 정도로 기대되는 경우로서 공연성이 부정된다. (나) 위와 같이 (ㄱ) 발언자와 상대방 및 피해자와 상대방이 특수한 관계에 있는 경우, (ㄴ) 상대방이 직무상 특수한 지위 내지 신분을 가지고 있는 경우에는 (ㄷ) 그 상대방에 대한 사실적시 행위에 관하여 공연성을 인정하기 위해서는 (ㄹ) 그러한 관계나 신분에도 불구하고 불특정 또는 다수인에게 전파될 수 있다고 볼 만한 특별한 사정이 존재하여야 한다.

대법원은 그동안의 대법원판례의 동향을 다음과 같이 요약하였다. (가) 대법원판례는 그동안 (ㄱ) 전파가능성 여부에 관한 구체적 판단 기준을 발전시켜 오면서 (ㄴ) 한편으로는 특정 소수에 대한 사실적시와 관련하여 다양한 제한 법리를 확립해 왔다. (나) 그 핵심은 (ㄱ) 개별적인 소수에 대한 발언을 불특정 또는 다수인에게 전파될 가능성을 이유로 공연성을 인정하기 위해서는 (ㄴ) 막연히 전파될 가능성이 있다는 것만으로 부족하고, (ㄷ) 고도의 가능성 내지 개연성이 필요하며, (ㄹ) 이에 대한 검사의 엄격한 증명을 요한다는 것이다.

대법원은 정보통신망에 의한 명예훼손과 공연성의 관계에 대해 다음과 같이 설시하였다. (가) 특히 정보통신망에 의한 명예훼손의 경우 (ㄱ) 행위자가 적시한 정보에 대한 통제가능성을 쉽게 상실하게 되고, (ㄴ) 빠른 전파성으로 인하여 피해자의 명예훼손의 침해 정도와 범위가 광범위하게 되어 (ㄷ) 표현에 대한 반론과 토론을 통한 자정작용이 사실상 무의미한 경우도 적지 아니하다. (나) 따라서 현재의 명예훼손의 방식과 양상을 고려할 때 공연성을 해석함에 있어서도 위와 같은 정보통신망의 특성이 고려되어야 한다. (다) 대법원 판례도 위와 같은 정보통신망의 특성을 고려하여 이를 이용한 명예훼손의 경우 공연성 판단에서 전파가능성 유무를 그 기준으로 적용해 왔다.

대법원은 형법 제310조에 의한 위법성조각사유의 확대적용 필요성에 대해 다음과 같이 설시하였다. (가) (전략.) (나) 위와 같은 입법례나 유엔인권위원회의 권고 및 표현의 자유와의 조화를 고려하면, 진실한 사실의 적시의 경우에는 형법 제310조의 '공공의 이익'도 보다 더 넓게 인정되어야 한다. (다) 특히 공공의 이익관련성 개념이 시대에 따라 변화하고 공공의 관심사 역시 상황에 따라 쉴 새 없이 바뀌고 있다는 점을 고려하면, 공적인 인물, 제도 및 정책 등에 관한 것만을 공공의 이익관련성으로 한정할 것은 아니다. (라) 따라서 사실적시의 내용이 사회 일반의 일부 이익에만 관련된 사항이라도 다른 일반인과의 공동생활에 관계된 사항이라면 공익성을 지닌다고 할 것이다. (마) 이에 나아가 개인에 관한 사항이더라도 (ㄱ) 그것이 공공의 이익과 관련되어 있고 (ㄴ) 사회적인 관심을 획득한 경우라면 (ㄷ) 직접적으로 국가·사회 일반의 이익이나 특정한 사회집단에 관한 것이 아니라는 이유만으로 형법 제310조의 적용을 배제할 것은 아니다. (바) 사인이라도 그가 관계하는 사회적 활동의 성질과 사회에 미칠 영향을 헤아려 공공의 이익에 관련되는지 판단하여야 한다.

대법원은 사실관계를 분석하였다. 대법원은 갑의 행위에 대해 다음과 같이 판단하였다. (가) 이러한 사실관계를 앞서 본 법리에 비추어 살펴본다. (나) 마을 주민 D와 A의 친분 정도나 적시된 사실이 A의 공개하기 꺼려지는 개인사에 관한 것으로 주변에 회자될 가능성이 큰 내용이라는 점을 고려할 때, D가 A와 친척관계에 있다는 이유만으로 전파가능성이 부정된다고 볼 수 없다. (다) (A와 D 사이의 촌수나 구체적 친밀관계가 밝혀진 바도 없다.) (라) 오히려 갑은 A와의 싸움 과정에서 단지 A를 모욕 내지 비방하기 위하여 공개된 장소에서 큰 소리로 말하여 다른 마을 사람들이 들을 수 있을 정도였던 것으로 불특정 또는 다수인이 인식할 수 있는 상태였다고 봄이 상당하다. (마) 그러므로 갑의 ㉮발언은 공연성이 인정된다.

2016도18024

2017. 4. 26. 2016도18024, 공 2017상, 1212 = 『한센병 환자 호소문 사건』 :

(사실관계를 임의로 축약함.) M재단법인은 한센병 환자의 구호와 보호 등을 설립목적으로 하는 법인이다. M법인은 한센병 환자들을 보호, 요양하는 시설인 N시설을 운영하고 있다. A, B 등은 N시설에 입원한 한센병 환자들이다. M법인은 A, B 등을 N시설에서 퇴거시켰다. 이 가운데 A의 퇴거는 법원의 판결에 근거한 것이다. 갑은 A 등과 함께 M법인을 상대로 퇴소자의 재입소를 요구하는 집회와 N시설에의 진입시도를 하였다. 이 과정에서 갑 등과 M법인 측 사이에 물리적인 충돌이 있었다. 이후 언론 등에 M법인의 재단운영방식에 대한 비판적인 보도가 있었다.

갑은 A의 동의를 받아 A 명의로 ㉠호소문을 작성하였다. ㉠호소문은 다음과 같은 내용으로 되어 있다. (가) M법인은 아무런 죄도 없는 한센인들을 강제추방하였다. (나) 강제추방 당한 한센인들이 N시설에 입소하여 줄 것을 호소하자 용역들과 전투경찰 수십 명을 동원하였다. (다) M법인은 N시설의 부지를 불법으로 팔아치웠다. (라) M법인은 N시설의 월 임대료를 이중으로 받아왔다(㉡부분). (이후 ㉡부분은 사실이 아닌 것으로 확인됨). 갑은 ㉠호소문을 N시설 임원의 선출기관인 K회 회원들에게 발송하였다.

검사는 갑을 형법 제307조 제2항의 허위사실적시 명예훼손죄로 기소하였다. 제1심 공판절차에서 갑은 ㉠호소문의 내용이 사실이라고 주장하였다. 검사는 갑에게 허위성에 대한 인식이 있었음을 증명하기 어렵다고 판단하였다. 검사는 적용법조 및 공소사실을 형법 제307조 제1항의 사실적시에 의한 명예훼손죄로 변경하는 내용의 공소장변경신청을 하였다. 제1심법원은 검사의 공소장변경신청을 허가하였다. 제1심법원은 갑에게 형법 제307조 제1항의 사실적시 명예훼손죄를 인정하였다. 갑은 불복 항소하였다.

항소심법원은 다음의 이유를 제시하여 갑에게 무죄를 선고하였다. (가) 월 임대료 이중수령(㉡부분)과 같은 세부적인 내용이 진실임이 확인되지 않고 진실과 약간 차이가 나거나 다소 과장된 표현이 있기는 하다. (나) 그러나 전체적인 취지에 있어 중요한 부분에서 객관적 사실과 합치한다. (다) 갑에게 ㉠호소문의 내용이 허위라는 점에 대한 인식이 있었다고 보기는 어렵다. (라) ㉠호소문은 퇴원 조치된 한센병 환자들을 재입원시키거나 N시설의 내부비리를 고발하기 위한 것이다. (마) 이는 최소한 N시설 임원의 선출기관인 K회 구성원의 관심과 이익에 관한 것, 즉 공공의 이익에 관한 것이다. (바) 갑이 ㉠호소문을 작성하여 발송한 주요한 목적도 공공의 이익에 있었던 것으로 보는 것이 타당하다. (사) 따라서 갑에게는 명예훼손의 범의가 없다. [저자 주; 구성요건해당성이 없다.] (아) 또는 형법 제310조에 의하여 그 위법성이 조각된다고 보아야 한다. (자) 갑에게 ㉠호소문을 발송한 데 다른 사익적 목적이 일부 개입되어 있다 하더라도 달리 볼 것은 아니다. 검사는 불복 상고하였다.

대법원은 다음의 이유를 제시하여 상고를 기각하였다. 대법원은 명예훼손죄에서 '사실적시'의 의미에 대해 다음과 같이 설시하였다. (가) 형법 제307조는 제1항에서 '공연히 사실을 적시하여 사람의 명예를 훼손한 자'를, 제2항에서 '공연히 허위의 사실을 적시하여 사람의 명예를 훼손한 자'를 각 처벌하도록 정하고 있다. (나) 그러므로 명예훼손죄가 성립하려면 위 제1항의 명예훼손이든 제2항의 명예훼손이든 '사실의 적시'가 있어야 한다. (다) 여기서 '사실의 적시'는 가치판단이나 평가를 내용으로 하는 '의견표현'에 대치되는 개념이다. (라) '사실적시'는 (ㄱ) 시간과 공간적으로 구체적인 과거 또는 현재의 사실관계에 관한 보고 내지 진술을 의미하며, (ㄴ) 표현내용이 증거에 의하여 증명이 가능한 것을 말한다.

대법원은 형법 제307조 제1항 사실적시 명예훼손죄에서 '사실'의 의미에 대해 다음과 같이 설시하였다. (가) 형법 제310조는 "제307조 제1항의 행위가 진실한 사실로서 오로지 공공의 이익에 관한 때에는 처벌하지 아니한다."라고 하여 제307조 제2항의 '허위사실의 적시'에 의한 명예훼손을 그 적용대상에서 제외하고 있다. (나) 형법 제310조는 제307조 제1항의 '사실의 적시'에 의한 명예훼손, 그중에서도 적시한 사실이 '진실한 사실'인 때에 한하여 위법성이 조각될 수 있도록 정하고 있다.

(다) 이와 같은 규정의 체계와 문언 및 내용에 의하면, 제307조 제1항의 '사실'은 제2항의 '허위의 사실'과 반대되는 '진실한 사실'을 말하는 것이 아니라 가치판단이나 평가를 내용으로 하는 '의견'에 대치되는 개념이라고 보아야 한다. (라) 따라서 제307조 제1항의 명예훼손죄는 적시된 사실이 진실한 사실인 경우이든 허위의 사실인 경우이든 모두 성립될 수 있다. (마) 특히 적시된 사실이 허위의 사실이라고 하더라도 행위자에게 허위성에 대한 인식이 없는 경우에는 제307조 제2항의 명예훼손죄가 아니라 제307조 제1항의 명예훼손죄가 성립될 수 있다.

(바) 제307조 제1항의 법정형은 2년 이하의 징역 등으로 되어 있는 반면 제307조 제2항의 법정형은 5년 이하의 징역 등으로 되어 있다. (사) 이것은 적시된 사실이 객관적으로 허위일 뿐 아니라 행위자가 그 사실의 허위성에 대한 주관적 인식을 하면서 명예훼손행위를 하였다는 점에서 가벌성이 높다고 본 것이다. (아) (형법 제310조의 적용요건; 지면 관계로 생략함)

대법원은 원심판결의 이유 설시 부분에 대해 다음과 같이 판단하였다. (가) 원심이 (ㄱ) ㉠호소문의 내용은 진실이거나 진실이라고 믿을 만한 상당한 근거가 있고, (ㄴ) 이를 배포한 행위가 공공의 이익에 관한 것이라고 하여 (ㄷ) 형법 제310조에 따라 위법성이 조각된다고 인정한 것은 정당하다[원심 설시 (아) 부분].

(나) 원심은 ㉠호소문의 내용이 중요한 부분에서 객관적 사실과 합치하거나 갑에게 그 내용이 허위라는 점에 대한 인식이 있었다고 보기 어렵다는 이유로 명예훼손의 범의가 없다[저자 주; 구성요건해당성이 없다.]고 판시하고 있다[원심 설시 (사) 부분]. (다) [원심 설시 (사) 부분은] 앞에서 본 법리, 특히 형법 제307조 제1항의 사실적시는 진실한 사실이든 허위의 사실이든 상관이 없다[저자 주; 구성요건해당성이 있다.]는 점으로 볼 때 그 이유 설시에 적절치 않은 부분이 있다. (라) 그렇지만 그 이유 설시에 적절치 않은 부분은 [무죄

라는] 판결 결과에는 영향이 없다.

99도3048

2000. 2. 11. 99도3048, 공 2000, 740 =『미술사학과 임용절차 사건』:

M대학교에 미술사학과 신임교수 임용절차가 진행되었다(㉠임용절차). A는 ㉠임용절차 관련자이다. 갑은 ㉠임용절차와 관련하여 ㉡유인물을 작성하였다. ㉡유인물의 내용은 다음과 같다. (가) 학칙을 위반하며 진행되는 미술사학과 신임교수 임용절차는 부당하다. (나) ㉠임용절차의 부당함을 지적하고 관계자에게 이를 알려 그 시정을 구하기 위하여 이 문서를 작성한다. ㉡유인물은 컴퓨터 워드프로세서로 작성되고 프린트된 A4용지 7쪽 분량의 인쇄물이다. ㉡유인물은 보통편지봉투에 넣어 우송될 수 있을 정도의 크기이다. 갑은 ㉡유인물을 관계자들에게 우편으로 우송하거나 직접 교부하였다. A는 갑을 고소하였다.

검사는 갑을 출판물등에 의한 명예훼손죄로 기소하였다. 갑의 피고사건은 제1심을 거친 후, 항소심에 계속되었다. 항소법원은 다음의 이유를 들어 무죄를 선고하였다. (가) ㉡유인물은 출판물에 해당하지 않는다. (나) 형법 제310조에 의하여 위법성을 조각한다. 검사는 불복 상고하였다. 검사는 상고이유로 다음의 점을 주장하였다. (가) ㉡유인물은 출판물에 해당한다. (나) 갑에게 M대학교 관계자 A를 비방할 목적이 있다.

대법원은 다음의 이유를 제시하여 상고를 기각하였다. 대법원은 출판물에 의한 명예훼손죄에 대해 다음과 같이 설시하였다. (가) 형법이 출판물 등에 의한 명예훼손죄를 일반 명예훼손죄보다 중벌하는 이유는 사실적시의 방법으로서의 출판물 등의 이용이 그 성질상 (ㄱ) 다수인이 견문할 수 있는 높은 전파성과 (ㄴ) 신뢰성 및 (ㄷ) 장기간의 보존가능성 등 피해자에 대한 법익침해의 정도가 더욱 크다는 데 있다. (나) 이 점에 비추어 보면, 형법 제309조 제1항 소정의 '기타 출판물'에 해당한다고 하기 위하여는 (ㄱ) 그것이 등록·출판된 제본인쇄물이나 제작물은 아니라고 할지라도 (ㄴ) 적어도 그와 같은 정도의 효용과 기능을 가지고 사실상 출판물로 유통·통용될 수 있는 외관을 가진 인쇄물로 볼 수 있어야 한다.

(다) 갑이 작성하여 우송 또는 교부한 ㉡유인물은 컴퓨터 워드프로세서로 작성되고 프린트된 A4용지 7쪽 분량의 인쇄물로서 보통편지봉투에 넣어 우송될 수 있을 정도에 불과한 것이다. (라) 그 외관이나 형식 및 그 작성경위 등에 비추어 볼 때, 그것이 등록된 간행물과 동일한 정도의 높은 전파성, 신뢰성, 보존가능성 등을 가지고 사실상 유통·통용될 수 있는 출판물이라고 보기 어렵다.

대법원은 형법 제310조에 대해 다음과 같이 설시하였다. (가) 형법 제310조에는 "형법 제307조 제1항의 행위가 진실한 사실로서 오로지 공공의 이익에 관한 때에는 처벌하지 않는다"고 규정하고 있다. (나) 여기서 '진실한 사실'이라 함은 그 내용 전체의 취지를 살펴볼 때 중요한 부분이 객관적 사실과 합치되는 사실이라는 의미로 세부에 있어 진실과 약간 차이가 나거나 다소 과장된 표현이 있더라도 무방하다. (다) '오로지 공공의 이익에 관한 때'라 함은 적시된 사실이 (ㄱ) 객관적으로 볼 때 공공의 이익에 관한 것으로서 (ㄴ) 행위자도 주관적으로 공공의 이익을 위하여 그 사실을 적시한 것이어야 한다.

(라) 여기의 공공의 이익에 관한 것에는 (ㄱ) 널리 국가·사회 기타 일반 다수인의 이익에 관한 것뿐만 아니라 (ㄴ) 특정한 사회집단이나 그 구성원 전체의 관심과 이익에 관한 것도 포함하는 것이다. (마) 적시된 사실이 공공의 이익에 관한 것인지 여부는 (ㄱ) 당해 적시 사실의 내용과 성질, 당해 사실의 공표가 이루어진 상대방의 범위, 그 표현의 방법 등 그 표현 자체에 관한 제반 사정을 감안함과 동시에 (ㄴ) 그 표현에 의하여 훼손되거나 훼손될 수 있는 명예의 침해 정도 등을 비교·고려하여 결정하여야 한다. (바) (ㄱ) 행위자의 주요한 동기 내지 목적이 공공의 이익을 위한 것이라면 (ㄴ) 부수적으로 다른 사익적 목적이나 동기가 내포되어 있더라도 (ㄷ) 형법 제310조의 적용을 배제할 수 없다.

대법원은 갑의 행위에 대해 다음과 같이 판단하였다. (가) 갑이 ㉡유인물에서 A를 지칭하면서 언급한 사실들이 세부에 있어 진실과 약간 차이가 나거나 다소 과장된 표현이 있다. (나) 그렇다 하더라도 A에 관하여 언급된 나머지 부분과 마찬가지로 내용 전체의 취지를 살펴볼 때 중요한 부분이 객관적 사실과 합치되고 있어서 이를 허위의 사실이라고 볼 수 없다. (다) 또한 갑의 ㉡유인물 작성경위와 배포의 상대방, 내용 등에 비추어 볼 때 갑의 행위는 학칙을 위반하며 진행되는 미술사학과 신임교수 임용절차의 부당함을 지적하고 관계자에게 이를 알려 그 시정을 구하기 위한 것으로서 공공의 이익을 위한 것이었다고 봄이 타당하다.

2004도1632

2007. 1. 26. 2004도1632, 공 2007, 410 = 『**농림부장관 비방 광고 사건**』:

1999. 3. 8. 정부는 농협, 축협 등에 대하여 개혁이 필요하다고 보아 '협동조합개혁방안'을 발표하였다. 1999. 7. 9. 갑은 축협중앙회장으로 당선되었다. 1999. 8. 13. 정부의 '협동조합개혁방안'과 같은 취지의 농업협동조합법이 공포되었다. 1999. 9. 10. 주무부서인 농림부는 통합 농협중앙회의 정관을 작성하는 등의 설립사무를 추진하였다. 갑은 정부의 협동조합의 개혁은 협동조합의 기본원칙을 벗어난 일방적인 구조조정에 불과하여 결국 축협 회원들의 이익에 반하는 것이라는 이유로 헌법소원, 신문광고 기타 각종 방법으로 통합반대운동을 전개하였다.

1999. 12. 9. 농림부장관 A는 한국수퍼체인협회장에게 다음 내용의 ㉠공문을 보냈다. (가) 제목 : 소값 안정을 위한 연말연시 및 설수요 대비 협조요청. (나) 최근 산지 소값은 수급불균형 등으로 인하여 높은 수준이 계속되고 있음. (다) 연말연시와 설 성수기가 다가옴에 따라 쇠고기 수요가 더욱 늘어날 것으로 예상됨. (라) 회원사인 대형유통업체로 하여금 국내산 쇠고기보다는 수입쇠고기를 이용한 선물세트 등을 다량 제작하여 향후 성수기에 대비토록 하여 주기 바람.

2000. 1. 8.부터 1. 12.까지 사이에 국내 여러 일간지들은 ㉠공문내용에 대한 양축인들 및 관련 단체들의 비난성명을 기사로 소개하였다. 아울러 양축인들을 보호해야 할 정부가 앞장서서 외국산 쇠고기 소비를 부추기는 부도덕한 행위를 자행하는 데 대한 비판적 사설을 게재하기도 하였다.

2000. 1. 12. 갑은 T일보 등 4개 일간지에 ㉡광고를 게재하였다. ㉡광고의 내용은 다음과 같다. (가) 제목 : 수입쇠고기 판매를 권장하는 농림부장관은 과연 어느 나라 장관입니까? - 우리는 더 이상 농림부장관을 믿을 수가 없습니다 - . (나) A농림부장관은 1999. 12. 9. 장관 명의의 ㉠공문을 통해 "연말연시와 설 성수기가 다가옴에 따라 국내산 쇠고기보다는 수입쇠고기를 이용한 갈비세트, 선물세트를 다량 제작, 향후 성수기에 대비토록"(ⓐ부분) 수입쇠고기 소비 촉진에 앞장서는 매국행위를 저질렀습니다. (다) 지난해 5월과 11월 두 차례나 '축산발전 투융자계획'을 발표하면서, 2004년까지 축산업에 투자되는 4조 5천억원의 절반 이상을 한우산업에 집중투자하겠다고 공언했던 농림부장관이 한편으로는 수입쇠고기 판촉을 촉구하는 이중적 행태를 자행하고 있는 것입니다. … (라) A농림부장관은 국민의 여론에 밀려 퇴진당하기 전에 스스로 장관직에서 사퇴하는 것만이 진정으로 우리나라 농·축산업을 살리는 길임을 자각하기 바랍니다. (이후에 전개된 ㉢공문과 이를 반박하는 ㉣광고 부분은 소개를 생략함.) 농림부장관 A는 갑을 고소하였다.

검사는 갑을 출판물에 의한 허위사실적시 명예훼손죄(형법 제309조 제2항)로 기소하였다. 갑의 피고사건은 제1심을 거친 후, 항소심에 계속되었다. 항소법원은 다음의 이유를 들어 출판물에 의한 사실적시 명예훼손죄(형법 제309조 제2항)로 유죄를 인정하였다. (가) ㉡광고는 허위사실 적시에 해당하지 않는다. (나) 갑에게 농림부장관 A에 대한 비방목적이 인정된다. 검사는 불복 상고하였다. 검사는 상고이유로, ㉡광고가 허위사실 적시에 해당한다고 주장하였다. 갑도 불복 상고하였다. 갑은 상고이유로 다음의 점을 주장하였다. (가) ㉡광고에 비방목적이 없다. (나) 진실한 사실을 공공의 이익을 위하여 적시하였으므로 형법 제310조에 의하여 위법성이 조각된다.

대법원은 다음의 이유를 제시하여 원심판결을 파기환송하였다. 대법원은 출판물에 의한 허위사실적시 명예훼손죄에 대해 다음과 같이 설시하였다. (가) 형법 제309조 제2항, 제307조 제2항에서 정하는 허위사실 적시로 인한 출판물에 의한 명예훼손죄가 성립하기 위해서는 행위자가 적시한 사실이 사람의 사회적 평가를 저하시키는 것으로서 허위이어야 한다. (나) 허위의 사실인지 여부를 판단함에 있어서는 적시된 사실의 내용 전체의 취지를 살펴볼 때 중요한 부분이 객관적 사실과 합치되는 경우에는 세부에 있어서 진실과 약간 차이가 나거나 다소 과장된 표현이 있다 하더라도 이를 허위의 사실이라고 볼 수는 없다.

(다) 타인의 발언을 비판할 의도로 출판물에 그 타인의 발언을 그대로 소개한 후 그중 일부분을 부각, 적시하면서 이에 대한 다소 과장되거나 편파적인 내용의 비판을 덧붙인 경우가 있다. (라) 그러한 경우라 해도 위 소개된 타인의 발언과의 전체적, 객관적 해석에도 불구하고 위 비판적 내용의 사실적시가 허위라고 읽혀지지 않는 한 위 일부 사실적시 부분만을 따로 떼어 허위사실이라고 단정하여서는 안 될 것이다.

대법원은 갑의 행위에 대해 다음과 같이 판단하였다. (가) 갑은 ⓒ광고에 농림부장관의 해당 공문 사본을 그대로 전재하였다. (나) ⓒ공문 중 일부를 발췌, 게재한 ⓐ사실의 적시는 허위의 내용이 아니다. (다) 그에 덧붙인 모욕적인 표현으로 말미암아 위 공문의 전체적, 객관적 의미에 대한 해석을 그르칠 정도에까지는 이르지 아니함을 알 수 있다. (라) 따라서 ⓒ광고에 다소 과장되거나 비방적인 표현이 들어 있기는 하지만 기재된 사실 전체의 내용은 진실한 것이어서 허위사실 적시로 인한 출판물 명예훼손죄(형법 제309조 제2항)가 성립하지 아니한다.

대법원은 형법 제309조 제1항의 비방목적에 대해 다음과 같이 설시하였다. (가) 형법 제309조의 주관적 구성요건인 비방의 목적이란 가해의 의사 내지 목적을 의미한다. (나) 이는 형법 제310조의 공공의 이익과는 상반관계에 있다. (다) 그러므로 적시사실이 공공의 이익에 관한 것인 때에는 특별한 사정이 없는 한 비방의 목적은 부인된다. (라) 그 적시사실이 주로 공공의 이익에 관한 것인지 그렇지 않으면 비방의 목적에 기한 것인지 여부는 (ㄱ) 적시사실의 내용과 성질, 당해 사실의 공표가 이루어진 상대방의 범위, 그 표현의 방법 등 그 표현 자체에 관한 제반 사정을 감안함과 동시에 (ㄴ) 그 표현에 의하여 훼손되거나 훼손될 수 있는 명예의 침해 정도 등을 비교, 교량하여 판단하여야 한다.

(마) 위 공공의 이익에는 (ㄱ) 널리 국가, 사회 기타 일반 다수인의 이익에 관한 것뿐만 아니라 (ㄴ) 특정 사회집단이나 그 구성원 전체의 관심과 이익에 관한 것도 포함된다. (바) 행위자의 주요한 동기 내지 목적이 공공의 이익을 위한 것이라면 부수적으로 다른 개인적인 목적 또는 동기가 내포되어 있거나 그 표현에 있어서 다소 모욕적인 표현이 들어 있다 하더라도 형법 제310조의 적용을 배제할 수 없다.

대법원은 공인에 대한 사실적시에 대해 다음과 같이 설시하였다. (가) 공인이나 공적 기관의 공적 활동 혹은 정책에 대하여는 국민의 알 권리와 다양한 사상, 의견의 교환을 보장하는 언론의 자유의 측면에서 그에 대한 감시와 비판기능이 보장되어야 한다. (나) 그러므로 (ㄱ) 명예를 훼손당한 자가 공인인지, (ㄴ) 그 표현이 객관적으로 국민이 알아야 할 공공성, 사회성을 갖춘 공적 관심사안에 관한 것으로 사회의 여론형성 내지 공개토론에 기여하는 것인지, (ㄷ) 피해자가 그와 같은 명예훼손적 표현의 위험을 자초한 것인지 여부 등의 사정도 적극 고려되어야 한다. (다) 따라서 이러한 공적 관심사안에 관하여 (ㄱ) 진실하거나 (ㄴ) 진실이라고 봄에 상당한 사실을 공표한 경우에는 (ㄷ) 그것이 악의적이거나 현저히 상당성을 잃은 공격에 해당하지 않는 한 (ㄹ) 원칙적으로 공공의 이익에 관한 것이라는 증명이 있는 것으로 보아야 할 것이다.

대법원은 갑의 행위에 대해 다음과 같이 판단하였다. (가) 2000. 1. 12.자 ⓒ광고의 경우, 그 내용이 농림부장관이 공식 채택한 수입쇠고기 유통 및 판매의 권장정책에 대한 비판을 주된 내용으로 하고 있다. (나) 2000. 1. 8.부터 1. 12.까지 사이에 국내 여러 일간지에서도 ⓐ공문내용에 대한 양축인들 및 관련 단체들의 비난성명을 기사로 소개함과 아울러 양축인들을 보호해야 할 정부가 앞장서서 외국산 쇠고기 소비를 부추기는 부도덕한 행위를 자행하는 데 대한 비판적 사설을 게재하기도 하였음을 알 수 있다. (다) 그러므로 이는 공적 관심사안을 대상으로 한 것으로 볼 수 있다.

(라) ㉠공문을 통하여 실시하고자 한 농림부의 정책의 합법성 및 지향점은 일응 수긍할 수도 있을 것이다. (마) 그러나 그 내용과 방법론, 시점 등에 있어서 이론의 여지가 없다고는 할 수 없다. (바) 갑이 대변하는 축협중앙회 등 이해당사자에 의한 문제제기도 충분히 예상할 수 있다. (사) 그 문제제기의 방법에 있어서도 관련사실을 해당 공문 사본의 전재를 통하여 가감 없이 전달하였다.

(아) 그러한 이상 비록 그 표현에 있어서 '매국적 행위' (중략) 등 과장되고 모욕적인 용어를 사용한 잘못은 있다 하더라도 그 전체적인 내용의 해석에 있어서는 농림부장관 개인에 대한 비방보다는 공적 기관으로서의 농림부의 구체적 정책 혹은 그 방법론에 대한 비판을 주된 동기 내지 목적으로 하였다고 볼 여지가 더 많다. (자) 이는 ㉡광고의 게재에 이르게 된 것이 협동조합의 개혁에 관한 농림부와의 의견대립에서 비롯되었다 하여 달리 볼 것은 아니라 할 것이다.

대법원은 원심판단의 당부에 대해 다음과 같이 판단하였다. (가) 그럼에도 불구하고, 원심이 ㉡광고의 동기, 표현의 부적절함과 방법, 그로 인한 농림부장관의 명예훼손의 점을 들어 비방의 목적에 기한 광고라고 단정하였다. (나) 원심의 그러한 조치는 형법 제309조 제1항의 '비방의 목적' 혹은 형법 제310조의 '공공의 이익'에 관한 법리를 오해하여 판결 결과에 영향을 미친 잘못이 있다.

2015도14375

2016. 12. 27. 2015도14375, 공 2017상, 283 = **『교육감 후보자 영주권 사건』** :

(연도 생략함.) 6. 4. 제6회 전국동시지방선거에서 M시 교육감 선거가 예정되었다. 갑과 A는 M시 교육감 후보자로 각각 출마하였다. 5. 25. 11:00경 갑은 국회 정론관 기자회견장에서 ㉠보도자료를 기자들에게 배포하였다. (가) 제목 : A 후보는 미 영주권 문제를 즉각 해명하라. (나) 본인(갑) 캠프는 다음 내용의 제보를 받았습니다. (다) A 후보는 두 자녀를 미국에서 교육시켜 미국 영주권을 보유하고 있다. (라) A 후보 자신 또한 미국에서 근무할 때 미국 영주권을 보유하였다. (마) A 후보는 그 자신이 미국 영주권을 보유하고 있다는 의혹을 사고 있습니다. (바) 만약 이게 사실이라면, A 후보는 서울시 교육감 후보가 될 자격이 없습니다. 갑은 ㉠보도자료 내용을 그대로 읽어 내려가는 방식으로 기자회견을 개최하였다(이상 ㉮공표).

5. 26.경 갑은 갑의 선거사무실에서 다음 내용을 ㉡파일을 작성하였다. (가) 제목 : A 후보님께 드리는 답신. (나) 저희 캠프에 제보된 다수의 증언에 따르면, A 후보님께서는 몇 년 전 공천에서 탈락하신 뒤, "상관없습니다. 저는 미국 영주권이 있어서, 미국 가서 살면 됩니다"라고 말씀하고 다니셨다고 합니다. (다) A 후보님의 말씀을 들은 분들 가운데는 A 후보님의 지인들과 언론인들이 포함되어 있습니다." 갑은 ㉡파일을 갑의 선거캠프 홈페이지 및 각 기자들의 이메일로 발송하였다. 5. 27. 갑은 2회에 걸쳐 라디오 방송에서 ㉡파일과 같은 취지로 발언하였다(㉯공표). (A는 의혹에서 제기된 사실을 부인하였다. A는 갑을 고발하였다.) 이후 갑은 M시 교육감에 당선되었다.

지방교육자치에 관한 법률 제49조 제1항은 공직선거법 제250조 제2항(허위사실공표죄)을 준용하고 있다. 검사는 갑의 ㉮, ㉯공표행위에 대해 갑을 지방교육자치에 관한 법률 위반죄로 기소하였다. (이하 ㉮공표 부분에 대해서만 분석함.) 갑의 피고사건은 제1심을 거친 후, 항소심에 계속되었다. 항소법원은 다음의 이유를 들어 무죄로 판단하였다. (가) A와 두 자녀가 미국 영주권을 보유하고 있다는 사실은 허위라고 판단된다. (나) 갑이 ㉮공표를 통하여 ㉠발언으로 공표한 사실은 'A와 두 자녀가 미국 영주권을 보유하고 있다'는 사실이 아니다. (다) 갑이 ㉮공표를 통하여 ㉠발언으로 공표한 사실은 'A와 두 자녀가 미국 영주권을 보유하고 있다는 의혹을 사고 있다'는 사실이다. (라) 갑이 공표한 '의혹을 사고 있다'는 사실 자체는 허위라고 보기 어렵다. (마) 갑에게 그에 대한 허위의 인식이 있었다고 인정하기도 어렵다. 검사는 불복 상고하였다.

대법원은 다음의 이유를 제시하여 상고를 기각하였다. 대법원은 의혹제기와 허위사실공표의 관계에 대해 다음과 같이 설시하였다. (가) 지방교육자치에 관한 법률 제49조 제1항에 의하여 공직선거법 제250조 제2항이 준용된다. (나) 공직선거법 제250조 제2항에서 정한 허위사실공표죄를 적용할 때 (ㄱ) 소문 기타 다른 사람의 말을 전달하는 형식이나 (ㄴ) 의혹을 제기하는 형식을 빌려서 (ㄷ) '어떤 사실'을 공표한 경우가 있다. (다) 이러한 경우에는 (ㄱ) 그러한 소문이나 의혹 등이 있었다는 것이 허위인지 여부가 아니라 (ㄴ) 그 소문이나 의혹 등의 내용인 '어떤 사실'이 허위인지 여부에 의하여 판단하여야 한다.

대법원은 후보자검증과 허위사실공표죄의 관계에 대해 다음과 같이 설시하였다. (가) 민주주의 정치제도 아래에서 언론의 자유는 가장 기초적인 기본권으로서 선거 과정에서도 충분히 보장되어야 한다. (나) 공직선거에서 후보자를 검증하는 것은 필요하고도 중요한 일이므로 후보자의 공직 적격성을 의심하게 하는 사정이 있는 경우 이에 대한 문제 제기가 쉽게 봉쇄되어서는 안 된다. (다) 따라서 (ㄱ) 후보자에 관한 의혹 제기가 진실인 것으로 믿을 만한 상당한 이유가 있는 근거에 기초하여 이루어진 경우에는 (ㄴ) 비록 나중에 그 의혹이 진실이 아닌 것으로 밝혀지더라도 (ㄷ) 표현의 자유 보장을 위하여 이를 벌할 수 없다.

대법원은 ㉮공표의 허위사실 적시 여부에 대해 다음과 같이 판단하였다. (가) 원심판결 이유를 앞에서 본 법리에 비추어 살펴본다. (나) 갑이 ㉮공표를 통하여 상대 후보자인 A가 미국 영주권을 보유한 의혹이 있다는 취지로 발언한 것은, (ㄱ) 비록 그 발언이 의혹을 제기하면서 상대 후보자에 대한 답변을 요구하는 형식을 빌리고 있지만, (ㄴ) 발언의 내용 또는 전제가 되는 'A가 미국 영주권을 보유하고 있다'는 사실을 공표한 것으로 평가함이 타당하다. (다) 따라서 그 공표된 사실의 허위 여부는 (ㄱ) 그러한 의혹이 있었다는 것이 허위인지 여부가 아니라 (ㄴ) 의혹의 내용인 'A가 미국 영주권을 보유하고 있다는 사실'이 허위인지 여부에 따라 판단하여야 한다. (라) 그런데 원심판결 이유에 의하더라도, (ㄱ) A가 미국 영주권을 보유하고 있다는 사실은 허위라는 것이므로, (ㄴ) 설령 그와 같은 의혹이 제기되었다는 사실 자체는 진실이라고 하더라도 (ㄷ) ㉮공표는 허위사실의 공표에 해당한다고 보아야 한다. (마) 그럼에도 이와 달리 갑이 ㉮공표를 통하여 공표한 사실은 '의혹이 있다'는 사실임을 전제로 그 공표한 사실이 허위라고 보기 어렵다고 판단한 원심의 판단에는 공직선거법에서 정한 허위사실공표죄의 성립에 관한 법리를 오해한 잘못이 있다.

대법원은 ㉮공표사실의 진실성 착오 여부에 대해 다음과 같이 판단하였다.

(가) 사실관계 분석(내용 생략함). (나) ㉮공표의 경위와 공표사실의 내용, 공표사실의 출처와 갑의 인지 경위 등을 비롯한 기록에 나타난 제반 사정들을 종합하여 본다. (다) ㉮공표 당시 갑으로서는 A가 미국 영주권을 보유하고 있다는 사실을 진실한 것으로 믿었고 그와 같이 믿을 만한 상당한 이유가 있었다고 봄이 타당하다. (라) 그러므로 그에 기초하여 의혹을 제기한 ㉮공표는 벌할 수 없다. (마) 따라서 앞에서 본 원심의 잘못에도 불구하고 원심의 결론은 수긍할 수 있다.

2021도15122

2022. 6. 16. 2021도15122, **판례속보 =『층간소음 욕설 사건』:**

갑은 같은 아파트의 아래 층에, A는 위층에 각각 거주하고 있다. A의 집에 지인 B가 큰딸(4세) C와 작은 딸(3세) D를 데리고 와 있었다. 갑은 A가 손님들을 데리고 와 시끄럽게 한다는 이유로 화가 났다. 갑은 인터폰으로 A에게 전화하여 A의 자녀 교육과 인성을 비하하는 내용의 욕설을 하였다(㉠발언). 이때 갑의 ㉠욕설을 손님 B와 B의 큰딸 C, 작은딸 D가 들었다.

검사는 갑을 모욕죄로 기소하였다. 갑의 피고사건은 제1심을 거친 후, 항소심에 계속되었다. 항소법원은 다음의 이유를 들어서 무죄로 판단하였다. 항소법원은 모욕죄의 공연성과 전파가능성의 법리에 대해 다음과 같이 판단하였다. (가) 모욕죄에서는 공연성과 관련하여 전파가능성 이론이 적용되지 않는다. (나) ㉠발언을 들은 사람을 불특정 또는 다수인으로 보기 어려워 공연성이 없다. 항소법원은 전파가능성의 법리를 적용할 경우에 대해 다음과 같이 판단하였다. (가) 설령 모욕죄의 공연성과 관련하여 전파가능성 이론이 적용된다고 하자. (나) 그렇다고 하더라도, A와 친분이 있는 B는 A를 보호하려는 마음이 클 것이어서 ㉠발언을 지인들에게 전파할 가능성이 낮다. (다) 어린 아이인 B의 큰딸 C는 A와 공통으로 알고 있는 지인이 많지 않을 것이다. (라) C의 대화 상대방인 아이들은 층간소음 문제나 ㉠발언에 큰 관심이 없을 것으로 보인다. (마) 이러한 사정에 비추어 보면, ㉠발언의 전파가능성이 증명되었다고 보기 어렵다. 항소법원은 전파가능성에 관한 고의에 대해 다음과 같이 판단하였다. (가) 갑이 ㉠발언 당시 A의 집에 손님이 방문하였을 가능성은 인식했을 것으로 보인다. (나) 그러나 그 손님이 누구인지조차 알지 못한 점 등의 사정에 비추어 보면, 갑에게 전파가능성에 관한 미필적 고의를 인정하기도 어렵다. 검사는 항소심판결에 불복하여 상고하였다.

대법원은 다음의 이유를 제시하여 원심판결을 파기환송하였다. 대법원은 모욕죄의 공연성과 전파가능성의 법리에 관하여 다음과 같이 설시하였다. (가) 형법 제311조(모욕)는 '공연히 사람을 모욕한 자'를 처벌한다고 규정하는바, 형법 제307조(명예훼손)가 '공연히 사실 또는 허위의 사실을 적시하여 사람의 명예를 훼손한 자'를 처벌한다고 규정하는 것과 마찬가지로 '공연성'을 요건으로 한다. (나) 대법원 2020. 11. 19. 선고 2020도5813 전원합의체 판결은 명예훼손죄의 구성요건인 공연성이란 '불특정 또는 다수인이 인식할 수 있는 상태'를 의미하는데, 개별적으로 소수의 사람에게 사실을 적시하였더라도 그 상대방이 불특정 또는 다수인에게 적시된 사실을 전파할 가능성이 있는 때에는 공연성이 인정된다는 종전 대법원의 일관된 판시를 재확인하였다. (다) 이러한 법리는 모욕죄에도 동일하게 적용된다. (라) 원심이 모욕죄의 공연성에 관하여 전파가능성 이론이 적용되지 않는다고 판단한 것은 위의 법리에 어긋난다.

대법원은 전파가능성의 판단기준에 대해 다음과 같이 설시하였다. (가) 공연성의 존부는 (ㄱ) 발언자와 상대방 또는 피해자 사이의 관계나 지위, 발언의 경위와 상황, 발언 내용, 상대방에게 발언을 전달한 방법과 장소 등 행위 당시의 객관적 제반 사정에 관하여 심리한 다음, (ㄴ) 그로부터 발언을 들은 상대방이 불특정 또는 다수인에게 전파할 가능성이 있는지 여부를 검토하여 종합적으로 판단하여야 한다(2020도5813 전원합의체 판결 등 참조). (나) 발언 상대방이 발언자나 피해자의 배우자, 친척, 친구 등 사적으로 친밀한 관계에 있어 그러한 관계로 인하여 비밀의 보장이 상당히 높은 정도로 기대되는 경우에는 공연성이 부정된다.

대법원은 사실관계를 분석하였다(내용 생략함). 대법원은 전파가능성에 대한 고의에 대해 다음과 같이 설시하였다. (가) 전파가능성을 이유로 명예훼손죄의 공연성을 인정하는 경우에는 적어도 범죄구성요건의 주관적 요소로서 미필적 고의가 필요하다. (나) 그러므로 전파가능성에 대한 인식이 있음은 물론 나아가 그 위험을 용인하는 내심의 의사가 있어야 한다. (다) 그 행위자가 전파가능성을 용인하고 있었는지 여부는 (ㄱ) 외부에 나타난 행위의 형태와 행위의 상황 등 구체적인 사정을 기초로 하여 (ㄴ) 일반인이라면 그 전파가능성을 어떻게 평가할 것인가를 고려하면서 (ㄷ) 행위자의 입장에서 그 심리상태를 추인하여야 한다.

대법원은 갑의 행위에 대해 다음과 같이 판단하였다. (가) 원심판결 이유에 의하더라도 이 사건 발언에 사용된 인터폰은 별도의 송수화기 없이 일방이 인터폰을 작동시켜 말을 하면 그 음향이 상대방 인터폰의 스피커를 통해 울려 퍼져 나오는 구조이다. (나) ㉠발언 당시 갑과 A가 나눈 대화 내용 중에는 A가 이전부터 자주 손님을 데려오는 것에 관한 다툼과 이 사건 당시에도 손님이 방문하였음을 전제로 하는 내용이 있다. (다) 갑은 A의 집에 손님이 방문한 것을 알면서도 그로 인해 층간소음이 발생한다는 이유로 A의 집 거실에 음향이 울려 퍼지는 인터폰을 사용하여 ㉠발언을 하였다. (라) 그렇다면 갑에게 ㉠발언의 전파가능성에 관한 미필적 고의를 부정하기 어렵다. (마) 갑이 A와 손님의 구체적인 관계를 알았는지는 미필적 고의를 부정하는 요소라고 할 수 없다.

2017도19229

2022. 12. 15. 2017도19229, 공 2023상, 277 = **『'국민호텔녀' 댓글 사건』** :

(연도 생략함.) 10. 29. 12:22경 갑은 인터넷 포털사이트 네이버 뉴스 댓글란에 ⓐ아이디를 사용하는 계정으로 접속하였다. 갑은 여성 연예인 A에 대한 뉴스에 "언플이 만든 거품. 그냥 국민호텔녀"라는 댓글을 게시하였다(㉮댓글). 12. 3. 17:33경 갑은 다시 A에 대한 뉴스에 "영화폭망 퇴물 ○○를 왜 △△한테 붙임? □□언플징하네"라는 댓글을 게시하였다(㉯댓글). A는 갑을 고소하였다.

검사는 ㉮, ㉯댓글에 대해 갑을 모욕죄로 기소하였다. 제1심법원은 유죄를 인정하였다. 갑은 불복 항소하였다. 항소법원은 ㉮, ㉯댓글이 사회상규에 위배되지 아니하는 행위라는 이유로 무죄를 선고하였다. 검사는 불복 상고하였다.

대법원은 다음의 이유를 제시하여 원심판결을 파기환송하였다. 대법원은 모욕죄의 모욕 개념에 대해 설시하였다(내용 생략함). 대법원은 표현의 지유와 명예보호 사이의 한계 설정에 대해 설시하였다(내용 생략함). 대법원은 공적 관심사에 대한 표현의 자유 보장과 개인의 사적 법익 및 인격권 보호라는 두 법익이 충돌하였을 때의 판단기준에 대해 설시하였다(내용 생략함). 대법원은 모욕죄와 사회상규의 관계에 대해 설시하였다(내용 생략함.) 대법원은 이상을 종합하여 다음과 같이 설시하였다. "(ㄱ) 연예인의 사생활에 대한 모욕적인 표현에 대하여 (ㄴ) 표현의 자유를 근거로 (ㄷ) 모욕죄의 구성요건에 해당하지 않거나 (ㄹ) 사회상규에 위배되지 않는다고 판단하는 데에는 (ㅁ) 신중할 필요가 있다."

대법원은 갑의 행위에 대해 다음과 같이 판단하였다. 대법원은 먼저, 갑의 ㉯댓글에 대해 다음과 같이 판단하였다. (가) 원심판단 중 '그냥 국민호텔녀'를 제외한 나머지 표현들(㉯댓글)에 대해서는 A가 소속된 연예기획사의 홍보방식 및 A 출연 영화의 실적 등 A의 공적인 영역에 대한 비판으로 다소 거칠게 표현하였더라도 표현의 자유 영역에 해당한다고 평가할 수 있다. (나) 원심의 결론을 수긍할 수 있다.

대법원은 다음으로, 갑의 ㉮댓글에 대해 다음과 같이 판단하였다. (가) (사실관계 분석 부분; 생략함.) (나) 그렇다면 갑은 '호텔녀'의 이미지를 극대화하기 위하여 앞에 '국민'이라는 단어를 배치하고, '호텔'은 남성 연예인과의 스캔들을 연상시키도록 사용하였다고 볼 것이다. (다) 이와 같은 표현의 사용 경위, 맥락과 구체적인 내용을 종합해 본다. (라) '국민호텔녀'는 A의 사생활을 들추어 A가 종전에 대중에게 호소하던 청순한 이미지와 반대의 이미지를 암시하면서 A를 성적 대상화하는 방법으로 비하하는 것이다. (마) '국민호텔녀'는 여성 연예인인 A의 사회적 평가를 저하시킬 만한 모멸적인 표현으로 평가할 수 있다. (바) '국민호텔녀'는 정당한 비판의 범위를 벗어난 것으로서 정당행위로 보기도 어렵다.

제34장 신용, 업무와 경매에 관한 죄

82도2486

1983. 2. 8. 82도2486, 공 1983, 538 = **『낙찰계 파계 불입금 사건』** :

낙찰계는 자신이 가장 낮은 금액을 받겠다고 써 내거나 가장 높은 이자를 주겠다고 써낸 계원부터 곗돈을 먼저 타는 방식의 계이다. 낙찰계는 경매방식이므로 상황에 따라 고이자 소득이 가능하다. 번호계는 정해진 순번에 따라 곗돈을 받는 방식의 계이다. 번호계의 경우 급전이 필요할수록 앞 순번을 받고 높은 이자소득을 원할수록 뒷 순번으로 간다. 번호계의 경우 곗돈을 탄 다음부터 미리 정해진 이자를 지급해야 한다.

A는 8년 전부터 남편 없이 3자녀를 데리고 많은 계를 조직운영하면서 생계를 꾸려왔다. A가 운영한 계는 낙찰계 2개와 번호계 7개이다(㉠계로 통칭함). 갑은 가정주부이다. 갑은 ㉠계에 가입한 계원이다. ㉠계의 운영이 원활하지 않았다. 1980. 1. 20부터 8. 20까지 사이에 A는 ㉠계 운영을 위하여 갑으로부터 4차에 걸쳐 도합 900만원을 빌렸다. 갑은 ㉠계에 합계 600만원을 이미 불입하였다. 1980. 9. 9. A는 A 소유의 아파트 1채 금 750만원 상당과 가재도구 일체를 갑에게 담보로 제공하였다. A는 ㉠계의 계원 16인에 대한 채권을 갑에게 양도하였다. 갑은 A의 아파트를 처분하여 그 대가의 일부 600만원을 수령하였다.

1980. 12. 하순경 및 1981. 1. 15. 갑은 계원 수명이 모인 자리에서 다음과 같이 말하였다(㉮행위). (가) A는 집도 없고 남편도 없는 과부이며, 계주로서 계불입금을 모아서 도망가더라도 어느 한 사람 책임지고 도와줄 사람 없는 알몸이니 A에게 불입금을 주지 말고 나에게 달라. (나) 나는 1억원 상당의 집이 있고, 남편도 공무원이므로 안심하고, 계불입금을 주면 책임지고 계를 잘 운영하겠다.

㉠계의 계원들은 A 대신 갑을 계주로 믿었다. 갑은 ㉠계의 계원들로부터 계불입금을 받았다. 갑은 ㉠계의 계원들에게 계금을 지급하였다(㉯행위). ㉠계는 계원들의 불입금 납입상황이 불량하였다. 갑은 ㉠계를 [순차로] 파계하였다. 갑은 낙찰계에서 낙찰받은 계원에게 해당 계일에 불입된 계금을 지급하지 않았다. 갑은 번호계에서 순번이 된 계원에게 해당 계일에 불입된 계금을 지급하지 않았다(㉰행위).

갑이 받은 계불입금으로부터 계원들에게 지급한 계금을 제외한 돈이 갑의 수중에 있다(㉡계불입금). 1981. 5. 22 현재 갑의 A에 대한 채권은 대여금에 대한 이자 200만원을 합하여 모두 1,700만원에 이른다(㉢채권). A는 갑에게 ㉡계불입금에서 ㉢채권을 공제한 나머지 금액의 반환을 요구하였다. 갑은 A의 반환요구를 거부하였다(㉱행위). A는 갑을 고소하였다. A는 갑이 ㉠계를 인수하였다고 주장하였다. 갑은 그가 조직한 반지계 1개 이외에는 ㉠계를 인수한 사실이 없다고 부인하였다.

검사는 갑을 다음의 공소사실로 기소하였다. (가) ㉮행위 : 신용훼손죄. (나) ㉯행위 : 업무방해죄. (다) ㉰행위 : 배임죄. (라) ㉱행위 : 횡령죄. 제1심법원은 유죄를 인정하였다. 갑은 불복 항소하였다. 항소법원은 항소를 기각하고, 제1심판결을 유지하였다. 갑은 불복 상고하였다.

대법원은 다음의 이유를 제시하여 원심판결을 파기환송하였다. 대법원은 신용훼손죄(㉮행위 부분)에 대해 다음과 같이 판단하였다. (가) 형법상 신용훼손죄는 허위사실의 유포 기타 위계로써 사람의 신용을 훼손할 것을 요한다. (나) 여기서 허위사실의 유포라 함은 객관적으로 보아 진실과 부합하지 않는 과거 또는 현재의 사실을 유포하는 것이다. (다) 미래의 사실도 증거에 의한 입증이 가능할 때에는 여기의 사실에 포함된다. (라) 피고인의 단순한 의견이나 가치판단을 표시하는 것은 허위사실의 유포에 해당하지 않는다.

(마) A는 8년 전부터 남편 없이 3자녀를 데리고 생계를 꾸려왔다. (바) A가 갑에 대한 다액의 채무를 담보하기 위해 A의 아파트와 가재도구까지를 갑에게 제공한 사실이 인정된다. (사) 그러니 A가 집도, 남편도 없는 과부라고 말한 것이 허위사실이 될 수 없다. (아) A가 계주로서 계불입금을 모아서 도망가더라도 책임지고 도와줄 사람이 없다는 취지의 갑의 말은 갑의 A 계주에 대한 개인적 의견이나 평가를 진술한 것에 불과하여 이를 허위사실의 유포라고 볼 수 없다.

대법원은 업무방해죄(㉯행위 부분)에 대해 다음과 같이 판단하였다. (가) 원심은 갑이 [㉮행위]와 같이 허위사실을 유포하여 계원들로 하여금 A 대신 갑을 계주로 믿게 하여 계금을 지급하고 불입금을 지급받음으로써 위계를 사용하여 갑의 계운영 업무를 방해한 사실을 인정한 제1심 판단을 유지하고 있다. (나) 그러나 (증거관계; 생략) 갑에 대하여 다액의 채무를 부담하고 있던 A로서는 채권확보를 위한 갑의 요구를 거절할 수 없었기 때문에 갑이 계주의 업무를 대행하는 데 대하여 이를 승인 내지 묵인한 사실이 인정된다. (다) 그렇다면 갑의 소위는 이른바 피해자의 승낙이 있었던 것으로서 그 위법성이 조각되는 경우라 할 것이다.

대법원은 횡령죄(㉣행위 부분)에 대해 다음과 같이 판단하였다. (가) A에 대한 갑의 채권액은 금 1,700만원이라는 데에 양인 간에 다툼이 없다. (나) A가 변제하였다는 것 중 A의 아파트를 처분한 대가의 일부 600만원을 갑이 수령한 사실에는 다툼이 없다. (다) 그러나 그 이외에는 변제를 위해 A가 갑에게 양도하였다는 [㉠계 계원] 16인에 대한 채권액은 그 액수에 관하여 다툼이 있다. (라) 뿐만 아니라 그 전액이 제3채무자[㉠계 계원들]로부터 변제되었는지의 여부를 기록상 가릴 수 없다.

(마) 이와 같이 채권자인 피고인이 변제를 받기 위하여 채무자인 피해자로부터 양도받은 채권액수와 그것이 실제 변제되었는가에 관하여 채권자, 채무자 사이에서 상호간 다툼이 있는 경우가 있다. (바) 그러한 경우라면 설사 갑이 채무자인 A가 주장하는 정산잔액을 반환하지 않았다 하더라도 이를 횡령하려는 범의가 있다고 단정할 수 없음이 일반인의 경험칙이다.

대법원은 배임죄(㉤행위 부분)에 대해 다음과 같이 판단하였다. (가) 원심은 A가 조직운영하던 낙찰계 2개, 번호계 7개를 앞서 본 바와 같은 방법으로 [갑이] 인수받아 운영하여 오던 중 제1심 판시와 같이 이를 각 파계하고 낙찰받을 계원이나 순번이 된 계원에게 해당계일에 불입된 계금을 지급하지 아니한 소위를 배임죄로 문의한 제1심 판결을 유지하고 있다. (나) 그러나 계는 이를 조직한 목적과 방법, 급부금품의 급여방법과 급부 전후의 불입금 지급방법, 계주와 계 또는 계원과의 관계나 계원 상호간의 관계 여하에 따라 그 법률적 성질을 달리한다. (다) 그 성질 여하에 따라 계주인 지위의 승계나 파계된 때의 법률관계도 개별적으로 결정된다.

(라) 갑은 그가 조직한 반지계 1개 이외에는 A가 조직운영하던 계를 인수한 사실이 없다고 강력히 다투고 있다. (마) 이러한 사건에서는 원심은 마땅히 이 사건 계 등의 법률적 성질과 관련하여 여하한 경위로 갑이 계주 A의 지위를 인수하게 된 것인가를 심리판단하였어야 한다. (바) 그렇지 않다면 갑은 A의 채권자로서 그 채권을 변제받기 위한 방법으로서 계주로서의 업무를 그 승인하에 대행하게 된 것인가의 여부를 심리판단하였어야 한다. (사) 이에 이르지 아니하고 만연히 갑이 계의 운영을 인수하였음을 전제로 갑에 대한 배임사실을 유죄로 단정한 원심의 조처에는 심리를 다하지 않았다는 비난을 면하기 어려울 것이다.

98도663

1999. 1. 15. 98도663, 공 1999, 315 = 『체육학과 부정 편입학 사건』:

P대학교는 사립대학이다. A는 P대학교의 총장이다. B는 부총장이다. C는 교무처장이다. D는 교무과장이다. E는 교무과 접수담당 직원이다. F는 자연과학대학장이다. G는 자연과학대학 사회체육학과 학과장이다. 갑은 사회체육학과 교수이다. 을, 병은 P대학교 사회체육학과 편입학 전형에 응시한 사람들이다.

1995. 2.경 P대학교는 1995학년도 사회체육학과 편입학 전형을 실시하였다. 교육법시행령, P대학교 학칙 및 그 시행규칙, 1995학년도 일반편입생모집요강 및 사회체육학과 편입생모집요강의 각 규정상 종전 재적대학(在籍大學)에서 소정 학점을 취득하여 전(前)학년까지의 과정을 수료한 자에 한하여 편입학 자격이 있다. 을, 병은 전형에 관한 자격을 갖추지 못하였다. 갑은 을로부터 "편입학과 관련하여 잘 부탁합니다"라는 부탁을 받았다. 갑은 교무처장 C, 교무과장 D, 사회체육학과장 G에게 을에 관련된 사정을 말하고 양해를 구하였다.

1995. 2. 7.부터 2. 10.까지 을과 병은 P대학교에 편입학 원서를 제출하였다. 을, 병은 교무과 접수 담당직원 E로부터 원서를 반려당하였다. 갑은 E에게 전화를 걸어 을의 원서를 가접수하게 하였다. 1995. 2. 15. 교무과장실에서 갑은 교무처장 C, 교무과장 D 등과 함께 사회체육학과 편입학 지원자들에 대한 상장(賞狀) 심사회의를 하였다. 이 자리에서 갑은 사회체육학과장 G와 함께 을, 병에게 편입학 자격을 줄 것을 강력히 요구하였다. C와 D는 갑과 G의 요구를 승낙하였다.

1995. 2. 16. 10:00경 부총장 B의 주재로 편입학 사정회의가 열렸다. 체육학과장 G는 을, 병이 편입학 자격이 없다는 사실을 보고하지 않았다. 사정회의시 제출된 사정대장 중 을, 병 란에는 자연과학대학장인 F, 교무처장 C, 부총장 B, 총장 A 등의 날인이 없었다. 1995. 2. 16. 오후 을, 병은 합격자로 발표되었다(이상 ㉮행위 부분). 1995. 3. 말경 갑은 자신의 연구실에서 을로부터 1천만원을 받았다(㉯행위). 을은 P대학교에 편입학하였다. 을은 갑의 '평생체육론'을 수강하였다. 1995. 6. 말 기말시험에서 을은 10점을 얻어 과락으로 평가되었다. 학생들의 성적은 담당교수가 성적단표에 기재하여 교무처에 송부해야 한다. 갑은 을의 성적단표에 25점으로 기재하여 교무처 학적과에 제출하였다. 을은 C학점으로 평가받았다. (을의 기타 학점 취득 부분은 생략함.)

검사는 갑을 업무방해죄 및 배임수재죄로 기소하였다. 갑의 피고사건은 제1심을 거친 후, 항소심에 계속되었다. 항소법원은 다음의 범죄사실로 갑에게 유죄를 인정하였다. (가) 갑은 (사실관계; 생략) 위계로써 P대학교의 적정한 편입학 전형업무를 방해하였다. (나) 갑은 (사실관계; 생략) 위계로써 P대학교의 시험성적 평가업무를 방해하였다. (다) 갑은 교무처장 C, 교무과장 D와 공모하여 (사실관계; 생략) 을로부터 부정한 청탁을 받고 1천만원을 교부받아 배임수재죄를 범하였다. 갑은 불복 상고하였다. 갑은 상고이유로 다음의 점을 주장하였다. (가) P대학교는 영조물에 불과하여 편입학 관련 업무의 주체가 될 수 없다. (나) P대학교는 영조물에 불과하여 성적평가 관련 업무의 주체가 될 수 없다. (다) 갑은 편입학 관련 사무처리자가 아니므로 배임수재죄의 주체가 될 수 없다.

대법원은 다음의 이유를 제시하여 원심판결을 파기환송하였다. 대법원은 먼저 편입학 관련 업무방해죄 부분(㉮행위 부분)에 대해 판단하였다. 대법원은 업무방해죄의 행위객체에 대해 다음과 같이 설시하였다. (가) 업무방해죄에 있어서의 행위의 객체는 타인의 업무이다. (나) 여기서 타인이라 함은 범인 이외의 자연인과 법인 및 법인격 없는 단체를 가리킨다. (다) 법적 성질이 영조물에 불과한 대학교 자체는 업무방해죄에 있어서의 업무의 주체가 될 수 없다.

대법원은 갑의 ㉮행위에 대해 다음과 같이 판단하였다. (가) [교육관계 법령]에 의하면 학생의 편입학은 특별한 사정이 없는 한 학칙이 정하는 바에 따라 학교장이 행하게 되어 있다. (나) P대학교의 학칙도 그 제17조에서 입학의 허가는 소속대학 교수회의 사정을 거쳐 총장이 이를 행하는 것으로 규정하고 있다. (다) 이러한 관련 규정들에 의하면 P대학교의 편입학 업무는 그 총장에게 귀속된다고 할 것이다. (라) 따라서 원심이 이 부분 범죄사실에서 갑이 방해한 편입학 업무의 주체가 P대학교인 것으로 판시한 것은 적절치 않다. (마) 그러나 원심이 인정한 범죄사실 중 총장이 소정의 절차에 따라 사정대장에 날인하지 아니하였음에도 을 등을 합격자로 발표함으로써 편입학업무를 방해한 것이라는 부분은 총장의 편입학업무를 방해한 것이라는 취지로 못 볼 바 아니다. (바) 그러므로 이를 유죄로 본 원심의 조치에 업무방해에 관한 법리를 오해한 잘못이 없다.

대법원은 이어서 성적평가 관련 업무방해죄 부분(㉯행위)에 대해 다음과 같이 판단하였다. (가) 원심이 인정하고 있는 성적평가 업무방해 부분 범죄사실은 결국 갑이 을의 성적단표에 시험답안지의 점수와는 다른 점수를 기재[한 것이] 성적평가업무에 속함을 전제로 한 것이다. (나) 갑의 행위는 일단 을의 시험답안지에 대한 채점을 완료하여 놓고도 그 후 교무처에 송부하는 성적단표에는 실제 시험답안지상의 점수와 다르게 기재하여 을로 하여금 과락을 면[하게] 한 것이다. (다) 이러한 갑의 행위는 그 성격상 개별 과목에 대한 성적평가 후에 이루어지는 성적의 취합과 통보 및 그에 관한 자료의 보전 등과 같은 갑 자신의 성적의 관리업무와 관련된 행위이다. (라) 뿐만 아니라, P대학교의 학칙 제35조 내지 제44조의2, 학칙 시행규칙 제16조는 각 교과목의 성적은 담당교수가 학생의 정기시험성적과 평소 학습태도, 과제 및 보고서, 각종 부정기시험으로 종합평가하도록 규정하고 있다.

(마) P대학교에 있어 성적평가업무는 대학 자체가 아니라 담당교수의 업무에 속한다. (바) 따라서 원심이 이 사건 성적평가업무의 주체가 P대학교임을 전제로 이 부분 범죄사실을 유죄로 인정하고 만 것은 결국 성적평가업무의 주체에 관한 법리를 오해하여 판결 결과에 영향을 미친 위법을 저지른 것이다.

대법원은 배임수재죄 부분(㉯행위)에 대해 판단하였다. 대법원은 배임수재죄의 행위주체에 대해 다음과 같이 설시하였다. (가) 형법 제357조 제1항 소정의 배임수증재죄는 타인의 사무를 처리하는 자가 그 임무에 관하여 부정한 청탁을 받고 재물 또는 재산상의 이익을 얻는 경우에 성립하는 범죄이다. (나) 원칙적으로 타인의 사무를 처리하는 자라야 배임수재 범죄의 주체가 될 수 있다. (다) 그러한 신분을 가지지 아니한 자는 신분 있는 자의 범행에 가공한 경우에 한하여 배임수재의 주체가 될 수 있다.

대법원은 갑의 ㉯행위에 대해 다음과 같이 판단하였다. (가) 갑 자신은 P대학교 편입학업무를 담당하고 있지 않았다. (나) 교무처장 C와 교무과장 D는 그 업무를 담당하면서 갑으로부터 을 등을 편입학시켜줄 것을 요구받았다. (다) C와 D는 그에 따라 을의 편입학자격에 관한 보고나 사정절차를 거치지 않는 채 그를 합격자로 발표하게 이르렀다. (라) C와 D는 그 과정에서 갑이 을로부터 부정한 청탁을 받았음을 알았다고 볼 자료가 없다. (마) C와 D가 그들 스스로 그러한 청탁을 받았다고 볼 자료가 없다. (바) C와 D가 을이 사후에 갑에게 1천만원을 교부한 것에 대하여도 이를 알았다고 볼 아무런 자료가 없다.

(사) 따라서 갑이 을의 부정 편입학과 관련하여 부정한 청탁을 받고 금품을 수수하였다고 하더라도 갑이 스스로 타인의 사무를 처리하는 자로서 그러한 행위를 하였다고 볼 수 없다. (아) 뿐만 아니라 그 점에 대한 범의나 기능적 행위분담이 없었던 C, D의 범행에 갑이 가공한 것이라고도 볼 수 없다. (자) 그러므로 어느 모로 보나 갑의 위와 같은 행위를 배임수재로 처벌할 수는 없다. (차) 따라서 을의 금품 교부도 이를 배임증재로 처벌할 수는 없다. (카) 그럼에도 불구하고 원심이 갑과 C, D의 공모관계를 인정하여 갑을 배임수재로, 을을 배임증재로 의률한 것은 결국 배임수재 및 배임증재에 관한 법리를 오해하거나 증거 없이 사실을 인정함으로써 채증법칙을 위배한 것이다.

2020도34

2023. 4. 27. 2020도34, 공 2023상, 966 = 『재건축 강제집행 방해 사건』:

P주택재개발정비사업조합은 M단지에서 주택재개발사업을 추진하고 있다(P조합). 갑 등은 M단지에 ㉠건물 등을 소유하고 있다. 갑 등은 보상금이 적다는 이유로 P조합의 사업추진에 협조하지 않았다. P조합은 갑 등을 상대로 법원에 ㉠건물 등에 대한 명도소송을 제기하여 승소하였다. P조합은 집행관 A에게 ㉠건물에 대한 강제집행을 의뢰하였다. 집행관 A는 M단지로 가서 ㉠건물에 대한 강제집행을 실시하였다(㉮강제집행). 갑은 자신의 차량으로 집행관 A의 건물 진입을 막았다(㉯행위). 을은 ㉠건물 베란다에서 LPG가스통에 라이터를 들고 "다 같이 죽자."고 소리를 질렀다(㉰행위).

검사는 갑과 을을 업무방해죄로 기소하였다. 갑과 을에 대한 공소사실의 요지는 다음과 같다. "갑과 을은 ㉯, ㉰행위 등 위력으로 ㉠건물 소재지에서 강제집행을 하지 못하게 하여 P조합의 정당한 이주, 철거업무를 방해한 것이다." 제1심법원은 다음과 같이 판단하여 유죄를 인정하였다. (가) 갑과 을의 ㉯, ㉰행위는 위력행사에 해당한다. (나) 강제집행은 P조합의 업무에 해당한다. (다) 갑과 을의 ㉯, ㉰행위는 P조합의 업무방해에 해당한다. 갑과 을은 불복 항소하였다. 항소법원은 항소를 기각하고, 제1심판결을 유지하였다. 갑과 을은 불복 상고하였다.

대법원은 다음의 이유를 제시하여 원심판결을 파기환송하였다. 대법원은 집행관의 법적 지위에 대해 다음과 같이 설시하였다. (가) 집행관은 집행관법 제2조에 따라 재판의 집행 등을 담당하면서 그 직무 행위의 구체적 내용이나 방법 등에 관하여 전문적 판단에 따라 합리적인 재량을 가진 독립된 단독의 사법기관이다.

(나) 따라서 채권자의 집행관에 대한 집행위임은 (ㄱ) 비록 민사집행법 제16조 제3항, 제42조 제1항, 제43조 등에 '위임'으로 규정되어 있더라도 (ㄴ) 이는 집행개시를 구하는 신청을 의미하는 것이지 일반적인 민법상 위임이라고 볼 수는 없다.

대법원은 갑과 을의 행위에 대해 다음과 같이 판단하였다. (가) ㉮강제집행은 특별한 사정이 없는 한 집행위임을 한 P조합의 업무가 아닌 집행관의 고유한 직무에 해당한다고 보아야 한다. (나) 또한 기록에 비추어 살펴보면 설령 갑과 을이 집행관의 강제집행 업무를 방해하였다고 하더라도 이를 채권자인 P조합의 업무를 직접 방해한 것으로 볼만한 증거도 부족해 보인다. (다) 따라서 갑과 을이 이 사건 공소사실과 같이 P조합의 업무를 방해하였다고 볼 수 없다. (라) 갑과 을의 행위와 P조합의 업무 방해 사이에 상당인과관계가 있다고 단정할 수도 없다.

2021도6634

2021. 9. 30. 2021도6634, 공 2021하, 2164 = **『상급노조 가입 홍보글 사건』** :

단위 노동조합의 상급 단체로 P노조와 Q노총이 있다. 단위 노동조합의 하나로 지역별 공무원노동조합이 있다. M시청에는 M1, M2 두 개의 공무원노동조합이 설립되어 있다. M1공무원노동조합은 P노조에 가입해 있다. M2공무원노동조합은 Q노총에 가입해 있다. N시청에는 N공무원노동조합이 설립되어 있다. 갑은 M시청에 근무하는 7급 공무원이다. (연도 생략함.) 3. 1.부터 갑은 P노조 M지역본부장으로 선출되어 활동하였다. 6. 초순 갑은 P노조 N지역본부 소속의 사람으로부터 다음 내용의 부탁을 받았다. (가) N공무원노동조합이 상급 단체로 P노조와 Q노총 중에 하나를 선택하려고 한다. (나) P노조 M시지부와 Q노총 M시지부의 활동상황을 비교하여 P노조를 홍보할 수 있는 글을 써 달라.

6. 13.경 갑은 다음 내용의 ㉮글을 작성하였다. (가) 제목 : 한번 상급 단체 결정을 하면 다시 바꾸기 어렵습니다. (나) M시청에는 Q노총과 P노조가 있습니다. (다) Q노총 초대위원장이 M2시청 노동조합 C 위원장이었지만, Q노총 M2시청노동조합이 그동안 보여준 모습에 많은 조합원들은 지금 분노와 실망을 느끼고 있습니다(㉠표현). (라) 조합원을 위한 사회 변혁과 조합원의 지위 향상을 위해 투쟁해야 하는데, 권력에 아부하는 M2시청 노동조합의 모습이 부끄럽고 실망스러웠기 때문입니다(㉡표현). (마) 그래서 M2시청노동조합 위원장 선거에서는 현 위원장이 출마해서 재선을 한 경우가 없습니다(㉢표현). (바) 조합원을 위해 일하지 않는 Q노총 소속 노동조합 지도부를 조합원들이 더 이상 지지하지 않기 때문입니다(㉣표현). (사) N시청공무원 여러분. 한번 상급 단체 결정을 하게 되면 다시 바꾸기가 어렵습니다. (아) P노조 M광역시지부는 N시청 조합원 여러분을 기다리고 있겠습니다. 갑은 ㉮글을 P노조 N지역본부에 보냈다. 2018. 6. 15. ㉠글은 P노조 홈페이지 본부소식란 등에 게시되었다. 그러나 사실은 다음과 같았다. (가) C는 1, 2대 M2공무원노동조합 위원장을 역임하였다. (나) D는 5, 6대 M2공무원노동조합 위원장을 역임하였다. (다) M2공무원노동조합 선거에서 2명이 재선에 성공하였다.

검사는 갑을 다음의 공소사실로 기소하였다. (가) 명예훼손죄 : 갑은 공연히 허위사실을 적시하여 Q노총의 명예를 훼손하였다. (나) 업무방해죄 : 갑은 허위사실을 유포하여 Q노총의 단위 노동조합 유치업무를 방해하였다. 갑의 피고사건은 제1심을 거친 후, 항소심에 계속되었다. 항소법원은 다음과 같이 판단하였다. (가) 명예훼손죄 : 갑은 공연히 허위사실을 적시하여 Q노총의 명예를 훼손하였다(무죄). (나) 업무방해죄 : 갑은 허위사실을 유포하여 Q노총의 단위 노동조합 유치업무를 방해하였다(유죄). 항소법원은 업무방해죄에 대한 유죄 판단의 이유로 다음의 점을 적시하였다. (가) 갑은 N시공무원노조 구성원들로 하여금 Q노총이 아닌 P노조를 상급 기관으로 선택하도록 하기 위한 목적에서 허위사실이 포함된 글을 작성하였다. (나) Q노총은 2002년 설립되어 ⓐ, ⓑ, ⓒ, ⓓ, ⓔ노동조합 등으로 구성된 연합단체이다. (다) Q노총은 소속 노동조합과 조합원을 위해서 정부와 단체교섭을 하는 등의 활동을 하는 기관이다. (라) 연합단체를 구성하는 행위인 단위 노동조합 유치업무는 Q노총의 업무에 해당한다. (마) 허위사실을 포함한 글을 작성하고 게시하여 Q노총이 아닌 다른 상급 단체를 선택하도록 설득하는 것은 Q노총의 단위 노동조합 유치업무를 방해하는 행위에 해당한다. 갑은 불복 상고하였다.

대법원은 다음의 이유를 제시하여 원심판결을 파기환송하였다. 대법원은 허위사실 유포에 의한 업무방해죄에 대해 다음과 같이 설시하였다. (가) 업무방해죄에서 '허위사실의 유포'란 (ㄱ) 객관적으로 진실과 부합하지 않는 사실을 유포하는 것으로서 (ㄴ) 단순한 의견이나 가치판단을 표시하는 것은 이에 해당하지 않는다. (나) 유포한 대상이 사실과 의견 가운데 어느 것에 속하는지 판단할 때는 언어의 통상적 의미와 용법, 증명가능성, 문제 된 말이 사용된 문맥, 당시의 사회적 상황 등 전체적 정황을 고려해서 판단해야 한다. (다) (ㄱ) 의견표현과 사실 적시가 혼재되어 있는 경우에는 (ㄴ) 이를 전체적으로 보아 허위사실을 유포하여 업무를 방해한 것인지 등을 판단해야지, (ㄷ) 의견표현과 사실 적시 부분을 분리하여 별개로 범죄의 성립 여부를 판단해서는 안 된다. (라) (ㄱ) 반드시 기본적 사실이 거짓이어야 하는 것은 아니고 (ㄴ) 비록 기본적 사실은 진실이더라도 이에 거짓이 덧붙여져 타인의 업무를 방해할 위험이 있는 경우도 업무방해에 해당한다. (마) 그러나 그 내용 전체의 취지를 살펴볼 때 (ㄱ) 중요한 부분이 객관적 사실과 합치되고 (ㄴ) 단지 세부적으로 약간의 차이가 있거나 다소 과장된 표현이 있는 정도에 지나지 않아 타인의 업무를 방해할 위험이 없는 경우는 이에 해당하지 않는다.

대법원은 사실관계를 분석하였다. 대법원은 갑의 행위에 대해 다음과 같이 판단하였다. (가) ㉮글은 의견표현과 사실 적시가 혼재되어 있다. (나) 내용 전체의 취지에 비추어 살펴볼 때 Q노총에 대한 비판적인 의견을 표현하는 과정에서 세부적으로 잘못된 사실이나 과장된 표현이 사용되었다고 보아야 한다. (다) 따라서 ㉮글로 말미암아 허위사실을 유포하여 업무를 방해할 위험이 발생하였다고 보기 어렵다.

대법원은 위와 같은 판단에 이르게 된 이유를 다음과 같이 제시하였다. (가) 갑은 N공무원노동조합이 상급 단체로 P노조와 Q노총 가운데 하나를 선택하려는 상황을 앞두고 Q노총에 대한 비판적 입장에서 P노조를 홍보할 목적으로 ㉮글을 작성하였다. (나) ㉠, ㉡, ㉣표현은 Q노총 소속 M2시청노동조합에 대한 갑의 평가나 판단으로 볼 수 있을 뿐 증거로 증명할 수 있는 사실을 적은 것으로 볼 수 없다. (다) ㉢표현은 객관적 사실에 관한 것이다. (라) 그렇지만 ㉮글의 주된 취지는 N시공무원노동조합이 상급 단체로 P노조를 선택하도록 하고자 Q노총 소속 M2시청노동조합에 대한 비판적 의견을 제기한 것이다. (마) ㉢표현은 이러한 평가를 뒷받침하기 위한 부분이고 ㉮글에서 ㉢표현이 차지하는 비중도 크지 않다. (바) 따라서 이 부분은 타인의 업무를 방해할 위험이 없는 다소 과장된 표현으로 볼 여지가 충분하다. (사) 그런데도 원심은 갑이 허위사실이 포함된 글을 작성하고 게시한 것은 Q노총의 단위 노동조합 유치업무를 방해하는 행위에 해당한다고 보았다. (아) 따라서 원심판결에는 업무방해죄의 '허위사실 유포'에 관한 법리를 오해하여 판결에 영향을 미친 잘못이 있다.

2006도8070

2007. 5. 31. 2006도8070, 공 2007, 1004 =『이사장 예정가격 누출 사건』:

갑은 M학교법인의 이사장이다. 을은 M학교법인의 직원이다. [병은 중간 브로커이다.] M학교법인은 ㉠공사를 발주하려 하고 있다. M학교법인은 ㉠공사를 지명경쟁입찰 방식으로 ㉡입찰에 부쳤다. 갑, 을, 병은 공모하여 ㉠공사의 예정가격을 P업체에 알려주었다. P업체는 Q업체 등과 담합하여 ㉡입찰에 참가하였다. P업체는 ㉡입찰에서 낙찰자로 선정되었다.

검사는 갑, 을, 병을 입찰방해죄로 기소하였다. 갑의 피고사건은 제1심을 거친 후, 항소심에 계속되었다.

항소법원은 유죄를 인정하였다. 갑은 불복 상고하였다. 갑은 상고이유로 다음의 점을 주장하였다. (가) P업체가 제시한 가격이 M학교법인에 가장 유리하다. (나) ㉡입찰은 법령에서 의무화된 것이 아니므로 M학교법인이 자유롭게 낙찰자를 결정할 수 있다.

대법원은 다음의 이유를 제시하여 상고를 기각하였다. 대법원은 입찰방해죄에 대해 다음과 같이 설시하였다. (가) 입찰방해죄는 위계 또는 위력 기타의 방법으로 입찰의 공정을 해하는 경우에 성립하는 위태범으로서 결과의 불공정이 현실적으로 나타나는 것을 필요로 하지 않는다. (나) 여기서 '입찰의 공정을 해하는 행위'란 공정한 자유경쟁을 방해할 염려가 있는 상태를 발생시키는 것이다. (다) 즉 공정한 자유경쟁을 통한 적정한 가격형성에 부당한 영향을 주는 상태를 발생시키는 것이다. (라) 그 행위에는 가격결정뿐 아니라 '적법하고 공정한 경쟁방법'을 해하는 행위도 포함된다.

대법원은 갑, 을, 병의 행위에 대해 다음과 같이 판단하였다. (가) 지명경쟁입찰의 시행자인 법인의 대표자가 특정인과 공모하여 그 특정인이 낙찰자로 선정될 수 있도록 예정가격을 알려 주었다. (나) 그 특정인은 나머지 입찰참가인들과 담합하여 입찰에 응하였다. (다) 그렇다면 입찰의 실시 없이 서류상으로만 입찰의 근거를 조작한 경우와는 달리 현실로 실시된 입찰의 공정을 해하는 것으로 평가되어 입찰방해죄가 성립한다.

제35장 비밀침해의 죄

2015도8766

2016. 3. 10. 2015도8766, 공 2016상, 593 =『동대표 해임동의서 열람 사건』:

갑은 M아파트 관리소장이다. 을은 M아파트 102동 동대표이다. A는 M아파트 선거관리위원장이다. B 등은 M아파트 입주민들이다. B 등 일부 입주민들은 102동 동대표 을에 대해 불만을 품었다. B 등 일부 입주민들은 연명으로 기재된 ㉠동대표 해임동의서를 선거관리위원장 A에게 제출하였다. ㉠해임동의서에는 참여한 입주민들의 동·호수, 이름, 전화번호, 서명 등이 기재되어 있었다. 선거관리위원장 A는 해임요청의 적법 여부 검토를 위해 ㉠해임동의서를 아파트 관리소장 갑에게 교부하였다. 갑은 ㉠해임동의서를 해임동의 대상자인 102동 동대표 을에게 열람하도록 제공하였다.

「개인정보 보호법」에는 다음의 규정들이 있다. (가) 제2조(정의) 이 법에서 사용하는 용어의 뜻은 다음과 같다. 5. '개인정보처리자'란 업무를 목적으로 개인정보파일을 운용하기 위하여 스스로 또는 다른 사람을 통하여 개인정보를 처리하는 공공기관, 법인, 단체 및 개인 등을 말한다. (나) 제17조(개인정보의 제공) ① 개인정보처리자는 다음 각 호의 어느 하나에 해당되는 경우에는 정보주체의 개인정보를 제3자에게 제공(공유를 포함한다. 이하 같다)할 수 있다. 1. 정보주체의 동의를 받은 경우. 2. 제15조 제1항 제2호·제3호 및 제5호에 따라 개인정보를 수집한 목적 범위에서 개인정보를 제공하는 경우. (다) 제59조(금지행위) 개인정보를 처리하거나 처리하였던 자는 다음 각 호의 어느 하나에 해당하는 행위를 하여서는 아니 된다. 2. 업무상 알게 된 개인정보를 누설하거나 권한 없이 다른 사람이 이용하도록 제공하는 행위. (라) 제71조(벌칙) 다음 각 호의 어느 하나에 해당하는 자는 5년 이하의 징역 또는 5천만원 이하의 벌금에 처한다. 1. 제17조 제1항 제2호에 해당하지 아니함에도 같은 항 제1호를 위반하여 정보주체의 동의를 받지 아니하고 개인정보를 제3자에게 제공한 자 및 그 사정을 알고 개인정보를 제공받은 자. 5. 제59조 제2호를 위반하여 업무상 알게 된 개인정보를 누설하거나 권한 없이 다른 사람이 이용하도록 제공한 자 및 그 사정을 알면서도 영리 또는 부정한 목적으로 개인정보를 제공받은 자

검사는 갑과 을을 개인정보보호법 위반죄로 기소하였다. 제1심법원은 다음의 이유를 들어 무죄를 선고하

였다. (가) 개인정보보호법 제2조 제5호는 업무를 목적으로 개인정보파일을 운용하기 위하여 스스로 또는 다른 사람을 통하여 개인정보를 처리하는 공공기관, 법인, 단체 및 개인 등을 '개인정보처리자'로 정의하고 있다. (나) 개인정보보호법 제59조의 '개인정보를 처리하거나 처리하였던 자'는 '개인정보처리자'를 의미한다. (다) 갑은 ㉠해임동의서에 기재된 입주자들의 개인정보를 일시적으로 보유하고 있었다. (라) 그렇다고 하더라도 개인정보보호법 제2조 제5호 소정의 업무를 목적으로 '개인정보파일'을 '운용'하기 위하여 스스로 또는 다른 사람을 통하여 개인정보를 처리하는 '개인정보처리자'의 지위에 있게 되는 것이 아니다.

검사는 불복 항소하였다. 항소법원은 항소를 기각하고, 제1심판결을 유지하였다. 검사는 불복 상고하였다. 검사는 상고이유로 다음의 점을 주장하였다. (가) 아파트 관리소장은 '개인정보처리자'에 해당한다. (나) '개인정보처리자'에 해당하지 않더라도 '개인정보를 처리하거나 처리하였던 자'에는 해당한다.

대법원은 다음의 이유를 제시하여 원심판결을 파기환송하였다. 대법원은 '개인정보를 처리하거나 처리하였던 자'에 대해 다음과 같이 설시하였다. (가) 개인정보 보호법 제71조 제5호는 제59조 제2호를 위반하여 업무상 알게 된 개인정보를 누설하거나 권한 없이 다른 사람이 이용하도록 제공한 자 및 그 사정을 알면서도 영리 또는 부정한 목적으로 개인정보를 제공받은 자를 처벌하도록 하고 있다. (나) 제59조 제2호는 '개인정보를 처리하거나 처리하였던 자'가 업무상 알게 된 개인정보를 누설하거나 권한 없이 다른 사람이 이용하도록 제공하는 행위를 금지하고 있다. (다) 개인정보 보호법 제71조 제1호는 제17조 제1항을 위반하여 정보주체의 동의를 받지 아니하고 개인정보를 제3자에게 제공한 자 및 그 사정을 알고 개인정보를 제공받은 자를 처벌하도록 하고 있다. (라) 제17조 제1항은 '개인정보처리자'가 정보주체의 동의를 받은 경우나 수집한 목적 범위 내에서는 개인정보를 제공할 수 있는 것으로 정하고 있다. (마) '개인정보처리자'의 개인정보 무단 제공행위 및 그로부터 개인정보를 무단으로 제공받는 행위에 관하여는 위 제71조 제1호, 제17조 제1항에 의하여 별도로 규제되고 처벌할 수 있다.

(바) 위와 같이 제59조 제2호의 의무주체는 '개인정보를 처리하거나 처리하였던 자'로서 제15조(개인정보의 수집 · 이용), 제17조(개인정보의 제공), 제18조(개인정보의 목적 외 이용 · 제공 제한) 등의 의무주체인 '개인정보처리자'와는 법문에 있어 명백히 구별된다.

(사) 개인정보 보호법은 금지 및 행위규범을 정함에 있어 일반적으로 개인정보처리자를 규범준수자로 하여 규율하고 있다. (아) 이에 따라 제8장 보칙의 장에 따로 제59조를 두어 '개인정보처리자' 외에도 '개인정보를 처리하거나 처리하였던 자'를 의무주체로 하는 금지행위에 관하여 규정하였다. (자) 이렇게 함으로써 개인정보처리자 이외의 자에 의하여 이루어지는 개인정보 침해행위로 인한 폐해를 방지하여 사생활의 비밀 보호 등 개인정보 보호법의 입법 목적을 달성하려 한 것으로 볼 수 있다.

(차) 이상의 점 등을 고려하여 보면, 개인정보 보호법 제71조 제5호의 적용대상자인 제59조 제2호 소정의 의무주체인 '개인정보를 처리하거나 처리하였던 자'는 제2조 제5호 소정의 '개인정보처리자' 즉 업무를 목적으로 개인정보파일을 운용하기 위하여 스스로 또는 다른 사람을 통하여 개인정보를 처리하는 공공기관, 법인, 단체 및 개인 등에 한정되지 않는다. (카) '개인정보를 처리하거나 처리하였던 자'는 업무상 알게 된 제2조 제1호 소정의 '개인정보'를 제2조 제2호 소정의 방법으로 '처리'하거나 '처리'하였던 자를 포함한다고 보아야 할 것이다.

대법원은 갑의 '개인정보처리자' 여부에 대해 다음과 같이 판단하였다. (가) (갑은 주택법상 관리주체인 아파트 관리사무소장으로서 아파트 주거 생활의 질서 유지, 관리비 수납 등 효율적인 관리 업무를 위하여 입주자들의 성명, 생년월일, 전화번호 등 개인정보를 수집한 다음 동 · 호수 등 일정한 규칙에 따라 체계적으로 배열한 입주자카드 등 개인정보 집합물을 운용하고 있었을 것임이 비교적 명백하다고 보여 '개인정보처리자'에 해당한다고도 볼 여지가 많을 것이다. (나) 그러함에도 원심은 그에 대하여 심리를 하지 않은 채 만연히 갑이 ㉠해임동의서를 교부받아 보유하고 있었다는 것만으로는 개인정보처리자가 아니라고 판단하였다. (다) 이러한 원심의 판단도 쉽게 수긍하기 어렵다).

제36장 주거침입의 죄

2020도12630

2021. 9. 9. 2020도12630 전원합의체 판결, 공 2021하, 1970 =『혼외 성관계 목적 출입 사건』:

A와 B는 부부 사이이다. 남편 A와 처 B는 M아파트에서 공동으로 생활하고 있다. 갑은 B와 교제하고 있다. 갑은 B의 남편 A가 부재중일 때 혼외 성관계를 목적으로 M아파트로 갔다. A의 처 B가 현관 출입문을 열어주었다. 갑은 A와 B가 공동으로 생활하고 있는 M아파트에 들어갔다.

검사는 갑을 주거침입죄로 기소하였다. 제1심법원은 유죄를 인정하였다. 갑은 불복 항소하였다. 항소법원은 다음의 이유를 들어서 제1심판결을 직권으로 파기하고, 무죄를 선고하였다. (가) 갑이 M주거에 들어갈 당시 A의 처로부터 승낙을 받았다. (나) 이 때문에 갑이 M주거의 사실상 평온상태를 해할 수 있는 행위태양으로 들어간 것이 아니어서 주거에 침입한 것으로 볼 수 없다. (다) 설령 갑의 주거 출입이 부재중인 다른 거주자인 A의 추정적 의사에 반하는 것이 명백하더라도 그것이 사실상 주거의 평온을 보호법익으로 하는 주거침입죄의 성립 여부에 영향을 미치지 않는다.

검사는 불복 상고하였다. 검사는 상고이유로, 원심판결이 종전의 대법원판례에 반하여 위법하다고 주장하였다. 종전 대법원판례의 내용은 다음과 같다. (가) 형법상 주거침입죄의 보호법익은 주거권이라는 법적 개념이 아니고, 사적 생활관계에 있어서의 사실상 주거의 자유와 평온으로서 그 주거에서 공동생활을 하고 있는 전원이 평온을 누릴 권리가 있다. (나) 복수의 주거권자가 있는 경우 한 사람의 승낙이 다른 거주자의 의사에 직접 · 간접으로 반하는 경우에는 그에 의한 주거에의 출입은 그 의사에 반한 사람의 주거의 평온, 즉 주거의 지배 · 관리의 평온을 해치는 결과가 되므로 주거침입죄가 성립한다. (다) 동거자 중 1인이 부재중인 경우라도 주거의 지배 · 관리관계가 외관상 존재하는 상태로 인정되는 한 위 법리에는 영향이 없다. (라) 따라서 남편이 일시 부재중 혼외 성관계를 가질 목적으로 그 처의 승낙을 얻어 주거에 들어간 경우라도 남편의 주거에 대한 지배 · 관리관계는 여전히 존속한다고 봄이 옳다. (마) 사회통념상 혼외 성관계를 가질 목적으로 주거에 들어오는 것은 남편의 의사에 반한다고 보이므로 처의 승낙이 있었다 하더라도 남편의 주거의 사실상의 평온은 깨어졌다 할 것이어서 이러한 경우에는 주거침입죄가 성립한다.

대법원은 갑의 사건의 쟁점을 다음과 같이 정리하였다. "이 사건의 쟁점은 가족 등 여러 사람이 함께 거주하는 주거(이하 '공동주거'라 한다)에 있어 그 주거에서 거주하는 사람 이외의 자(이하 '외부인'이라 한다)가 공동으로 거주하는 사람(이하 '공동거주자'라 한다) 중 주거 내에 현재하는 거주자의 현실적인 승낙을 받아 통상적인 출입방법에 따라 공동주거에 들어갔으나 그것이 부재중인 다른 거주자의 의사에 반하는 것으로 추정되는 경우 주거침입죄가 성립하는지 여부이다."

대법원은 11 대 2로 견해가 나뉘었다. 다수의견(별개의견 2명 포함)은 외부인이 공동거주자의 일부가 부재중에 주거 내에 현재하는 거주자의 현실적인 승낙을 받아 통상적인 출입방법에 따라 공동주거에 들어간 경우라면 그것이 부재중인 다른 거주자의 추정적 의사에 반하는 경우에도 주거침입죄가 성립하지 않는다고 보아야 한다고 주장하였다. 소수의견은 종전 판례를 유지해야 한다고 주장하였다. 대법원은 다수의견에 따라 종전 판례를 변경하였다. (이하 다수의견을 대법원으로 표시하여 소개함.)

대법원은 다음의 이유를 들어서 상고를 기각하였다. 대법원은 주거침입죄의 보호법익에 대해 다음과 같이 설시하였다. (가) 주거침입죄의 보호법익은 사적 생활관계에 있어서 사실상 누리고 있는 주거의 평온, 즉 '사실상 주거의 평온'이다. (나) '사실상 주거의 평온'은 주거를 점유할 법적 권한이 없더라도 사실상의 권한이 있는 거주자가 주거에서 누리는 사실적 지배 · 관리관계가 평온하게 유지되는 상태를 말한다. (다) 외부인이 무단으로 주거에 출입하게 되면 이러한 사실상 주거의 평온이 깨어지는 것이다. (라) 이러한 보호법익은 주거를 점유하는 사실상태를 바탕으로 발생하는 것으로서 사실적 성질을 가진다.

대법원은 공동주거에서의 주거침입죄의 보호법익에 대해 다음과 같이 설시하였다. (가) 공동주거의 경우에는 여러 사람이 하나의 생활공간에서 거주한다. (나) 이러한 성질에 비추어 공동거주자 각자는 다른 거주자와의 관계로 인하여 주거에서 누리는 사실상 주거의 평온이라는 법익이 일정 부분 제약될 수밖에 없다. (다) 공동거주자는 공동주거관계를 형성하면서 이러한 사정을 서로 용인하였다고 보아야 한다. (라) 부재중인 일부 공동거주자에 대하여 주거침입죄가 성립하는지를 판단할 때에도 이러한 주거침입죄의 보호법익의 내용과 성질, 공동주거관계의 특성을 고려하여야 한다.

(마) 공동거주자 개개인은 각자 사실상 주거의 평온을 누릴 수 있다. (바) 그러므로 어느 거주자가 부재중이라고 하더라도 (ㄱ) 사실상의 평온상태를 해치는 행위태양으로 들어가거나 (ㄴ) 그 거주자가 독자적으로 사용하는 공간에 들어간 경우에는 그 거주자의 사실상 주거의 평온을 침해하는 결과를 가져올 수 있다.

(사) 그러나 공동거주자 중 주거 내에 현재하는 거주자의 현실적인 승낙을 받아 통상적인 출입방법에 따라 들어갔다면, 설령 그것이 부재중인 다른 거주자의 의사에 반하는 것으로 추정된다고 하더라도 주거침입죄의 보호법익인 사실상 주거의 평온을 깨트렸다고 볼 수는 없다. (아) 만일 외부인의 출입에 대하여 공동거주자 중 주거 내에 현재하는 거주자의 승낙을 받아 통상적인 출입방법에 따라 들어갔음에도 불구하고 그것이 부재중인 다른 거주자의 의사에 반하는 것으로 추정된다는 사정만으로 주거침입죄의 성립을 인정하게 되면, (ㄱ) 주거침입죄를 의사의 자유를 침해하는 범죄의 일종으로 보는 것이 되어 주거침입죄가 보호하고자 하는 법익의 범위를 넘어서게 되고, (ㄴ) '평온의 침해' 내용이 주관화 · 관념화되며, (ㄷ) 출입 당시 현실적으로 존재하지 않는, 부재중인 거주자의 추정적 의사에 따라 주거침입죄의 성립 여부가 좌우되어 범죄 성립 여부가 명확하지 않고 가벌성의 범위가 지나치게 넓어지게 되어 부당한 결과를 가져오게 된다.

대법원은 주거침입죄의 침입 개념에 대해 다음과 같이 설시하였다. (가) 주거침입죄의 구성요건적 행위인 침입은 주거침입죄의 보호법익과의 관계에서 해석하여야 한다. (나) 따라서 침입이란 '거주자가 주거에서 누리는 사실상의 평온상태를 해치는 행위태양으로 주거에 들어가는 것'을 의미한다. (다) 침입에 해당하는지 여부는 출입 당시 객관적 · 외형적으로 드러난 행위태양을 기준으로 판단함이 원칙이다. (라) 사실상의 평온상태를 해치는 행위태양으로 주거에 들어가는 것이라면 대체로 거주자의 의사에 반하는 것이다. (마) 그렇지만 단순히 주거에 들어가는 행위 자체가 거주자의 의사에 반한다는 거주자의 주관적 사정만으로 바로 침입에 해당한다고 볼 수는 없다.

(바) 앞서 보호법익에서 살펴본 바와 같이 (ㄱ) 외부인이 공동거주자 중 주거 내에 현재하는 거주자로부터 현실적인 승낙을 받아 통상적인 출입방법에 따라 주거에 들어간 경우라면, (ㄴ) 특별한 사정이 없는 한 (ㄷ) 사실상의 평온상태를 해치는 행위태양으로 주거에 들어간 것이라고 볼 수 없으므로 (ㄹ) 주거침입죄에서 규정하고 있는 침입행위에 해당하지 않는다.

대법원은 갑의 행위에 대해 다음과 같이 판단하였다. (가) 갑은 A의 부재중에 A의 처[B]로부터 현실적인 승낙을 받아 통상적인 출입방법에 따라 주거에 들어갔다. (나) 그러므로 주거의 사실상 평온상태를 해치는 행위태양으로 주거에 들어간 것이 아니어서 주거에 침입한 것으로 볼 수 없다. (다) 설령 갑의 주거 출입이 부재중인 A의 의사에 반하는 것으로 추정되더라도 그것이 사실상 주거의 평온을 보호법익으로 하는 주거침입죄의 성립 여부에 영향을 미치지 않는다.

2020도6085

2021. 9. 9. 2020도6085 전원합의체 판결, 공 2021하, 1930 =『체인 걸쇠 손괴 출입 사건』:

갑(남)과 A(여)는 부부 사이이다. 을과 병은 갑의 부모이다. 을과 병은 A의 시부모이다. B는 A의 동생이다. B는 갑의 처제이다. C는 A의 친정어머니이다. 2015. 9. 5. 갑과 A는 혼인하였다. 갑과 A 사이에는 자녀가 1명 있다. 2016. 8. 15. 무렵부터 갑과 A는 M아파트에서 부부생활을 영위해 왔다. 2018. 1.경부터 갑과 A 사이에 신축 아파트 분양문제로 다툼이 잦아졌다. 2018. 4. 9. 갑은 A와 싸우고 자신의 짐 일부를 챙겨 M아파트에서 나갔다. 2018. 4. 13. 갑은 M아파트를 찾아갔다가 A와 다시 싸우고 집을 나왔다. 그 이후 A는 M아파트 출입문의 비밀번호를 일방적으로 변경하고 출입문에 ㉠체인형 걸쇠도 부착하였다. 2018. 4. 17.과 2018. 4. 19. 갑은 휴대전화 메신저를 통해 A에게 M아파트 현관 출입문의 비밀번호를 알려 줄 것을 요청하였다. A는 갑의 요청을 거부하였다. 2018. 5. 4. 갑은 M아파트를 찾아가 현관에서 출입문을 열어 줄 것을 요청하였다. A는 갑의 요청을 거부하였다.

2018. 5. 19. A는 외출하면서 친정어머니 C와 동생 B에게 아이를 돌보아 달라고 부탁하였다. 2018. 5. 19. 14:30경 갑과 갑의 부모(A의 시부모) 을, 병은 A의 주거지인 M아파트에 찾아가 출입문을 열 것을 요구하였다. 갑, 을, 병이 M아파트를 찾아갔을 당시 A는 외출한 상태였고, 갑의 처제 B가 M아파트에 머무르고 있었다. B는 출입문에 설치된 ㉠체인형 걸쇠를 걸어 "언니가 귀가하면 오라."며 갑, 을, 병에게 문을 열어 주지 않았다. 그러자 갑은 열린 틈 사이로 손을 넣어 ㉠체인형 걸쇠를 수차례 내려치고, 을은 문고리를 계속 흔들어 출입문에 설치되어 있던 ㉠체인형 걸쇠가 출입문에서 떨어져 나가게 하였다(㉮행위). 갑, 을, 병은 출입문을 열고 M아파트 안으로 들어갔다(㉯행위). 2018. 6. 28. A는 법원에 이혼 등을 청구하였다. 2018. 9. 4. 갑과 A 사이에 이혼조정이 성립되었다.

검사는 갑, 을, 병을 다음의 공소사실로 기소하였다. (가) 갑 : 폭력행위처벌법위반죄(공동재물손괴), 폭력행위처벌법위반죄(공동주거침입). (나) 을 : 폭력행위처벌법위반죄(공동재물손괴), 폭력행위처벌법위반죄(공동주거침입). (다) 병 : 폭력행위처벌법위반죄(공동주거침입). 제1심법원은 다음과 같이 판단하였다. (가) 갑 : 폭력행위처벌법위반죄(공동재물손괴) 유죄, 폭력행위처벌법위반죄(공동주거침입) 유죄. (나) 을 : 폭력행위처벌법위반죄(공동재물손괴) 유죄, 폭력행위처벌법위반죄(공동주거침입) 유죄. (다) 병 : 폭력행위처벌법위반죄(공동주거침입) 유죄.

갑, 을, 병은 불복 항소하였다. 항소법원은 다음과 같이 판단하였다. (가) 갑 : 폭력행위처벌법위반죄(공동재물손괴) 유죄, 폭력행위처벌법위반죄(공동주거침입) 무죄. (나) 을 : 폭력행위처벌법위반죄(공동재물손괴) 유죄, 폭력행위처벌법위반죄(공동주거침입) 유죄. (다) 병 : 폭력행위처벌법위반죄(공동주거침입) 유죄.

항소법원은 갑에 대한 무죄 판단의 이유로 다음의 점을 제시하였다. (가) 형법상 주거침입죄의 객체인 주거는 타인이 거주하는 것에 한한다. (나) 타인과 공동으로 생활하고 있는 자가 행위자인 경우에는 그가 공동생활에서 이탈한 후가 아니면 당해 주거는 주거침입죄의 객체가 되지 않는다. (다) 갑이 ㉮·㉯행위 당시 M아파트에 대한 공동거주자의 지위에서 이탈되었다고 볼 수 없다.

항소법원은 을, 병의 폭력행위처벌법위반죄(공동주거침입)에 대한 유죄 판단의 이유로 다음의 점을 제시하였다. (가) 복수의 주거권자가 있는 경우 한 사람의 승낙이 다른 거주자의 의사에 직접·간접으로 반하는 경우에는 그에 의한 주거에의 출입은 그 의사에 반한 사람의 주거의 평온, 즉 주거의 지배·관리의 평온을 해치는 결과가 되므로 주거침입죄가 성립한다. (나) 을, 병은 M아파트의 공동거주자인 갑의 승낙을 받고 M아파트에 들어갔다. (다) 그렇다고 하더라도 다른 거주자인 A나 A로부터 주거에 대한 출입관리를 위탁받은 B의 승낙을 받지 못하여 B의 사실상 주거의 평온을 깨뜨렸으므로 주거침입죄가 성립한다.

갑, 을, 병은 유죄 부분에 불복하여 상고하였다. 검사는 갑에 대한 무죄 부분에 불복하여 상고하였다. 검사는 무죄 부분에 대한 상고이유로 다음의 점을 주장하였다. (가) 갑은 M아파트에서 이탈하여 공동거주자의 지위를 상실하였다. (나) 갑은 을, 병과 함께 폭력적인 방법을 사용하여 M아파트에 들어갔으므로 주거침입죄가 성립한다.

대법원은 갑과 을의 폭력행위처벌법위반죄(공동재물손괴) 유죄 부분에 대해서는 상고를 기각하여 원심판결을 유지하였다. 대법원은 을과 병의 폭력행위처벌법위반죄(공동주거침입) 부분에 대해서는 10 대 3으로 견해가 나뉘었다(다수의견에 별개의견 포함). 대법원은 다수의견에 따라 원심판결 중 을과 병의 폭력행위처벌법위반죄(공동주거침입) 유죄 부분을 파기환송하였다. (이하 다수의견을 대법원으로 표시하여 소개함.)

대법원은 을과 병의 폭력행위처벌법위반죄(공동주거침입) 부분에 대한 파기환송의 이유를 다음과 같이 제시하였다. 대법원은 주거침입죄의 보호법익에 대해 2021. 9. 9. 2020도12630 전원합의체 판결이 제시한 다음의 법리를 확인하였다. (가) 주거침입죄는 사실상 주거의 평온을 보호법익으로 한다. (나) 주거침입죄의 구성요건적 행위인 침입은 주거침입죄의 보호법익과의 관계에서 해석하여야 한다. (다) 침입이란 거주자가 주거에서 누리는 사실상의 평온상태를 해치는 행위태양으로 주거에 들어가는 것을 의미한다. (라) 침입에 해당하는지 여부는 출입 당시 객관적 · 외형적으로 드러난 행위태양을 기준으로 판단함이 원칙이다. (마) 사실상의 평온을 해치는 행위태양으로 주거에 들어가는 것이라면 특별한 사정이 없는 한 거주자의 의사에 반하는 것이다. (바) 그렇지만 단순히 주거에 들어가는 행위 자체가 거주자의 의사에 반한다는 거주자의 주관적 사정만으로 바로 침입에 해당한다고 볼 수는 없다.

대법원은, 사실관계에 비추어 볼 때, 갑, 을, 병의 M아파트 출입 당시 객관적 · 외형적으로 드러난 행위태양에 비추어 B의 사실상 평온상태를 해치는 경우에 해당한다고 볼 여지가 있음을 일단 인정하였다. 이어서 대법원은 공동거주자 갑의 주거침입 여부와 외부인 을, 병의 주거침입 여부를 나누어서 판단하였다.

대법원은 먼저 갑의 주거침입 여부에 대해 판단하였다. 대법원은 공동거주자의 주거침입 여부에 대해 다음과 같이 설시하였다. (가) 주거침입죄의 객체는 행위자 이외의 사람, 즉 '타인'이 거주하는 주거 등이다. (나) 그러므로 행위자 자신이 단독으로 거주하거나 관리 또는 점유하는 주거 등에 임의로 출입하더라도 주거침입죄를 구성하지 않는다. (다) 또는 행위자가 다른 사람과 공동으로 거주하거나 관리 또는 점유하는 주거 등에 임의로 출입하더라도 주거침입죄를 구성하지 않는다. (라) 다만 다른 사람과 공동으로 주거에 거주하거나 건조물을 관리하던 사람이 (ㄱ) 공동생활관계에서 이탈하거나 (ㄴ) 주거 등에 대한 사실상의 지배 · 관리를 상실한 경우 등 특별한 사정이 있는 경우에 주거침입죄가 성립할 수 있을 뿐이다.

대법원은 공동거주자 상호간의 사실상 평온관계에 대해 다음과 같이 설시하였다. (가) 주거침입죄가 사실상 주거의 평온을 보호법익으로 하는 이상, 공동주거에서 생활하는 공동거주자 개개인은 각자 사실상 주거의 평온을 누릴 수 있다. (나) 공동거주자 각자는 특별한 사정이 없는 한 공동주거관계의 취지 및 특성에 맞추어 공동주거 중 공동생활의 장소로 설정한 부분에 출입하여 공동의 공간을 이용할 수 있다. (다) 같은 이유로, 공동거주자 각자는 다른 공동거주자가 이에 출입하여 이용하는 것을 용인할 수인의무도 있다. (라) 그것이 공동거주자가 공동주거를 이용하는 보편적인 모습이기도 하다. (마) 이처럼 공동거주자 각자가 공동생활의 장소에서 누리는 사실상 주거의 평온이라는 법익은 공동거주자 상호 간의 관계로 인하여 일정 부분 제약될 수밖에 없다. (바) 공동거주자는 이러한 사정에 대한 상호 용인하에 공동주거관계를 형성하기로 하였다고 보아야 한다. (사) 따라서 공동거주자 상호 간에는 특별한 사정이 없는 한 다른 공동거주자가 공동생활의 장소에 자유로이 출입하고 이를 이용하는 것을 금지할 수 없다.

대법원은 공동거주자 일방이 사실상 평온을 깨뜨리는 형태로 주거에 출입하는 경우에 대해 다음과 같이 설시하였다. (이해를 높이기 위하여 갑과 A를 병기함.) (가) 공동거주자(갑과 A) 중 한 사람(A)이 법률적인 근거 기타 정당한 이유 없이 다른 공동거주자(갑)가 공동생활의 장소에 출입하는 것을 금지한 경우가 있다.

(나) 이러한 경우 다른 공동거주자(갑)가 이에 대항하여 공동생활의 장소에 들어갔더라도 이는 사전 양해된 공동주거의 취지 및 특성에 맞추어 공동생활의 장소를 이용하기 위한 방편에 불과할 뿐이다. (다) 다른 공동거주자(갑)가 이에 대항하여 공동생활의 장소에 들어갔더라도 그의 출입을 금지한 공동거주자(A)의 사실상 주거의 평온이라는 법익을 침해하는 행위라고는 볼 수 없다. (라) 그러므로 주거침입죄는 성립하지 않는다. (마) 설령 그 공동거주자(갑)가 공동생활의 장소에 출입하기 위하여 출입문의 잠금장치를 손괴하는 등 다소간의 물리력을 행사하여 그 출입을 금지한 공동거주자(A)의 사실상 평온상태를 해쳤다고 하자. (바) 그렇다고 하더라도 그러한 행위 자체를 처벌하는 별도의 규정에 따라 처벌될 수 있음은 별론으로 하고, 주거침입죄가 성립하지 아니함은 마찬가지이다.

대법원은 갑의 ㉯행위에 대해 다음과 같이 판단하였다. (가) 검사가 제출한 증거들만으로는 갑이 (ㄱ) M아파트에서의 공동생활관계에서 이탈하였다거나 (ㄴ) M아파트에 대한 지배·관리를 상실하였음을 인정하기에 부족하고 (ㄷ) 달리 이를 인정할 증거가 없다. (나) 나아가 M아파트의 공동거주자인 A나 A로부터 M아파트에 대한 출입관리를 위탁받은 B가 M아파트의 공동거주자인 갑의 M아파트 출입을 금지할 법률적인 근거 기타 정당한 이유가 있었다고 인정되지 않는다. (다) 갑은 M아파트에 대한 공동거주자의 지위를 계속 유지하고 있었다. (라) 갑은 M아파트에 출입하는 과정에서 정당한 이유 없이 이를 금지하는 B의 조치에 대항하여 M아파트의 출입문에 설치된 ㉠체인형 걸쇠를 손괴하는 등 물리력을 행사하였다. (마) 그렇다면 갑이 물리력을 행사하였다고 하여 주거침입죄가 성립한다고 볼 수는 없다.

대법원은 공동거주자의 승낙에 의한 외부인 출입과 주거침입의 관계에 대해 다음과 같이 설시하였다. (가) (중략.) (나) (ㄱ) 공동거주자 중 한 사람(A)이 법률적인 근거 기타 정당한 이유 없이 다른 공동거주자(갑)가 공동생활의 장소에 출입하는 것을 금지하고, (ㄴ) 이에 대항하여 다른 공동거주자(갑)가 공동생활의 장소에 들어가는 과정에서 그의 출입을 금지한 공동거주자(A)의 사실상 평온상태를 해쳤더라도 (ㄷ) 주거침입죄가 성립하지 않는다. (다) (ㄱ) 이러한 경우 (ㄴ) 그 공동거주자(갑)의 승낙을 받아 공동생활의 장소에 함께 들어간 외부인(을, 병)의 출입 및 이용행위가 (ㄷ) 전체적으로 그의 출입을 승낙한 공동거주자(갑)의 통상적인 공동생활 장소의 출입 및 이용행위의 일환이자 이에 수반되는 행위로 평가할 수 있는 경우가 있다. (라) (ㄱ) 이러한 경우라면, (ㄴ) 이를 금지하는 공동거주자(A)의 사실상 평온상태를 해쳤음에도 불구하고 (ㄷ) 그 외부인(을, 병)에 대하여도 역시 주거침입죄가 성립하지 않는다고 봄이 타당하다. (마) (대법원의 구체적인 논거 제시 과정은 소개를 생략함.)

대법원은 을, 병의 ㉯행위에 대한 주거침입 여부에 대해 다음과 같이 판단하였다. (가) M아파트의 공동거주자이자 을, 병의 아들인 갑이 공동주거인 M아파트에 출입하였다. (나) (ㄱ) 을, 병은 (ㄴ) 갑이 M아파트를 출입함에 있어 다른 공동거주자인 A로부터 출입관리를 위탁받은 B의 정당한 이유 없는 출입금지 조치에 대항하여 M아파트에 출입하는 데에 (ㄷ) 가담한 것으로 볼 수 있다. (다) (ㄱ) 그 과정에서 갑이 출입문에 설치된 체인형 걸쇠를 손괴하는 등 물리력을 행사하였고, (ㄴ) 을도 이에 가담함으로써 (ㄷ) 공동으로 재물손괴의 범죄를 저질렀다(㉮행위). (라) (ㄱ) 비록 그렇다고 하더라도, (ㄴ) 갑의 이러한 행위는 (ㄷ) 공동생활관계에서 이탈하지 않은 상태에서 (ㄹ) 정당한 이유 없이 이루어진 출입금지 조치에 대항하여 (ㅁ) 공동거주자로서 공동생활의 장소에 출입하고, 이를 이용하기 위한 방편이라고 볼 수 있다. (마) 을의 행위는 그 실질에 있어 갑의 이러한 행위에 편승, 가담한 것에 불과하다. (바) 그렇다면 (ㄱ) 을, 병이 M아파트에 출입한 ㉯행위 그 자체는 (ㄴ) 전체적으로 공동거주자인 갑이 M아파트에 출입하고 이를 이용하는 행위의 일환이자 이에 수반되어 이루어진 것에 해당한다고 평가할 수 있다. (사) 그러므로 을, 병에 대하여는 폭력행위처벌법 위반(공동주거침입)죄가 성립하지 않는다고 보아야 한다.

2001도2917

2001. 9. 7. 2001도2917, 공 2001, 2209 = 『주주총회 사무실 뒤지기 사건』:

P회사는 가족회사이다. P회사의 주주는 A 등 총 6인이다. A는 동생, B는 형이다. 갑과 C는 B의 아들들이다. P회사의 대주주는 A이다. A는 P회사의 대표이사이다. B, C 등 나머지 5인은 소수주주이다. C는 총 주식의 2.4%인 240주를 소유하고 있다.

P회사와 소수주주 B, C 사이에 회사 운영을 둘러싸고 임대료 또는 주주배당금 청구소송이 계속되고 있었다(㉮소송). 1999. 3. 24. P회사의 사무실에서 ㉠정기주주총회가 열리게 되었다. ㉠정기주주총회의 안건은 결산 및 감사보고, 배당금 결정이다. C와 갑은 ㉠정기주주총회 기회를 이용하여 ㉮소송에 증거로 사용될 수 있는 P회사의 감사보고에 관한 근거서류 등을 찾기로 하였다.

C의 주식(240주)은 C의 소유이며, 타인으로부터 신탁받은 것이거나 혹은 타인을 위하여 주식을 가지고 있는 것이 아니다. C는 갑과 D, E, F, G 5인에게 각각 C 자신의 주식(240주) 중 1주씩에 대한 의결권의 대리행사를 위임하였다. 상법에 따르면 주주가 의결권을 분산하여 행사하려면 회일(會日)의 3일 전까지 회사에 대하여 서면으로 의결권을 불통일행사하겠다는 뜻과 이유를 통지하여야 한다. C는 [관련규정을 알지 못하여] P회사에 의결권 불통일행사를 위한 서면통지를 하지 않았다.

C는 ㉠주주총회에 참석하였다. 갑과 D, E, F, G도 ㉠주주총회에 참석하였다. 주주총회 의장인 A는 갑 등에게 밖으로 나가라고 요구하였다. 갑 등이 이를 거절하여 A 측과 갑 측 사이에 고성과 욕설이 오고갔다. A는 위와 같은 상황에서는 주주총회를 진행할 수 없다는 이유로 주주총회장 밖으로 나가 버렸다(이상 ㉯부분).

A가 주주총회 개최를 포기하고 밖으로 나가자 갑 등은 C를 임시 주주총회 의장으로 선임하여 회의를 진행하였다. 갑 등은 P회사의 경리직원 H 등에게 "회사 현금출납부 등 경리장부를 가지고 오라."고 말하였다. H 등 경리직원들은 갑 등의 요구를 거절하였다. 갑은 대표이사 A의 책상과 P회사의 상무 K의 책상을 뒤졌다. 계속하여 갑과 G는 H 등 경리직원들의 책상 위에 있는 서류철을 뒤졌다. H는 이러한 사정을 상무 K에게 보고하기 위하여 전화를 하려고 하였다. C는 H에게 전화를 하지 못하게 하였다(이상 ㉰부분).

검사는 ㉯부분에 대해 업무방해죄로, ㉰부분에 대해 방실수색죄로 갑을 기소하였다. 제1심법원은 ㉯업무방해죄 부분에 대해 다음의 이유를 들어 무죄를 선고하였다. (가) P회사의 대표이사인 A 측 사람들과 갑 측 사람들 사이에 고성과 욕설이 오고가기는 하였어도 서로 물리적인 충돌이 있었던 것은 아니다. (나) 주주총회 의장인 A는 B 및 C로부터 정당하게 의결권을 위임받아 주주총회 장소에 참석한 갑 등의 의결권을 인정하지 않았다. (다) A가 갑 등에게 퇴장을 요구하다가 거절당하자 일방적으로 주주총회 장소인 사무실 밖으로 나가버림으로써 주주총회가 제대로 진행되지 못하였던 것일 뿐이다. (라) 갑 등의 위력에 의해 A가 주주총회 개최를 포기한 것이 아니므로 갑 등이 주주총회를 방해하였다고 할 수 없다.

제1심법원은 ㉰방실수색죄 부분에 대해 다음의 이유를 들어 무죄를 선고하였다. (가) 갑은 주주총회 장소인 P회사 사무실 안에서 여직원 H의 책상 위 서류와 대표이사 A, 직원 K 등의 책상을 뒤지기는 하였다. (나) 그러나 이는 가족회사인 P회사의 대표이사로서 갑의 작은아버지인 A가 회사 운영을 부실하게 하고 이로 인하여 그 가족들인 B, C 등이 손해를 입게 되자 그 원인을 규명하고 다시는 그러한 일이 없도록 방지하고자 하는 취지에서 그 회계자료 등을 찾아보기 위한 것이었다. (다) 더욱이 갑은 그 책상, 캐비닛 등을 뒤져보는 데에 주도적으로 참여한 바도 없다. (라) 이러한 사정을 비롯하여 갑이 이 사건에 이르게 된 경위 및 목적, 수단, 의사 등 여러 사정을 합목적적으로 고찰하여 본다. (마) 갑이 H의 책상 위의 서류 등을 뒤진 행위는 사회통념상 용인될 수 있는 행위라고 할 것이어서 형법 제20조의 정당행위에 해당한다.

검사는 불복 항소하였다. 항소법원은 항소를 기각하고 제1심판결을 유지하였다. 검사는 불복 상고하였다.

대법원은 다음의 이유를 제시하여 원심판결을 파기환송하였다. 대법원은 주주의 의결권 행사방식에 대해 다음과 같이 설시하였다. (가) 주주의 자유로운 의결권 행사를 보장하기 위하여 주주가 의결권의 행사를 대리인에게 위임하는 것은 보장되어야 한다. (나) 그렇다고 하더라도 주주의 의결권 행사를 위한 대리인 선임이 무제한적으로 허용되는 것은 아니다. (다) 그 의결권의 대리행사로 말미암아 주주총회의 개최가 부당하게 저해되거나 혹은 회사의 이익이 부당하게 침해될 염려가 있는 등의 특별한 사정이 있는 경우에는 회사는 이를 거절할 수 있다고 보아야 한다. (라) 그리고 주주가 자신이 가진 복수의 의결권을 불통일행사하기 위하여는 회일의 3일 전에 회사에 대하여 서면으로 그 뜻과 이유를 통지하여야 한다. (마) 회사는 주주가 주식의 신탁을 인수하였거나 기타 타인을 위하여 주식을 가지고 있는 경우 외에는 주주의 의결권 불통일행사를 거부할 수 있다. (바) 주주가 위와 같은 요건을 갖추지 못한 채 의결권 불통일행사를 위하여 수인의 대리인을 선임하고자 하는 경우에는 회사는 역시 이를 거절할 수 있다.

대법원은 갑의 ㉯업무방해죄 부분에 대해 다음과 같이 판단하였다. (가) 대주주인 A로 대표되는 P주식회사와 소수주주인 B, C 사이에는 회사 운영을 둘러싸고 임대료 또는 주주배당금 청구소송(㉮소송)이 계속되어 분쟁이 있었다. (나) P회사의 총 주주 6인 중 주식의 2.4%인 240주를 소유한 C는 결산 및 감사보고, 배당금 결정을 안건으로 하는 1999. 3. 24.자 정기주주총회에 자신이 직접 참석하고 있었다. (다) 그럼에도 불구하고 계속중인 ㉮소송에 증거로 사용될 수 있는 회사의 감사보고에 관한 근거서류 등을 찾는다는 명목으로 D, E, F, G 및 갑 등 5인에게 각각 자신의 주식 중 1주씩에 대한 의결권의 대리 행사를 위임하였다. (라) C가 소유한 위 주식은 타인으로부터 신탁받은 것이거나 혹은 타인을 위하여 주식을 가지고 있는 경우에 해당하지 않는다. (마) 뿐만 아니라 회일의 3일 전까지 회사에 대하여 서면으로 의결권을 불통일행사하겠다는 뜻과 이유를 통지한 바도 없었다. (바) 그런데 C와 그로부터 의결권의 대리행사를 위임받은 갑 등은 1999. 3. 24. ㉠주주총회 장소인 P주식회사 사무실에 출석하였다. (사) 주주총회 의장인 A가 갑 등에게 밖으로 나가라고 요구하였음에도 불구하고 갑 등이 이를 거절하여 A 측과 갑 측 사이에 고성과 욕설이 오고갔다. (아) 그러던 중 A는 위와 같은 상황에서는 주주총회를 진행할 수 없다는 이유로 주주총회장 밖으로 나가 버렸다.

(자) 주주인 C 자신이 직접 주주총회에 참석하면서도 소유 주식 중 일부에 관한 의결권의 대리행사를 갑 등 5인에게 나누어 위임하는 것은 의결권의 행사를 위하여 필요한 정당한 범위 내라[고 보기 어렵다.] (차) 회사 대주주 측에서 참가하는 주주 수보다 회사와 민사소송을 벌이고 있는 소수주주 측 참가자 수를 더 많게 함으로써 주주총회에서 자신들의 위세를 과시하여 정상적인 주주총회의 진행을 저해할 의도가 있다고 보여진다. (카) 뿐만 아니라, 결산 및 감사보고와 배당금에 관한 의결을 목적으로 하는 정기주주총회에 참석한 주주의 대리인이 회사의 감사보고에 관한 근거서류를 일일이 요구하는 것은 주주의 의결권 대리행사를 위하여 참석한 대리인의 권한 범위 내에 포함된다고 보기도 어렵다. (타) A로서는 C가 선임한 의결권 행사 대리인인 갑 등이 ㉠주주총회에 참석하는 것을 적법하게 거절할 수 있었던 것으로 보인다. (파) 그럼에도 불구하고 갑 등이 A의 나가달라는 요구를 거절하면서 다수의 힘을 빌어 고성과 욕설을 사용함으로써 A가 위와 같은 험악한 분위기 속에서 더 이상 주주총회를 개최, 진행하지 못하고 포기하게 만든 것은 위력으로 주주총회의 개최 업무를 방해하였다고 보기에 충분하다.

대법원은 갑의 ㉰방실수색죄 부분에 대해 다음과 같이 판단하였다. (가) 주주인 C로부터 정당한 필요성이 없이 그 소유 주식 중 단지 1주에 대한 의결권의 대리 행사를 위임받은 갑은 회사가 인정하지 않는 한 적법한 의결권 행사의 대리인으로 인정될 수 없다. (나) 그러므로 회사로부터 주주총회장으로부터 나가달라는 요구를 받아 주주총회와 아무런 관련이 없게 되는 갑이 주주총회 장소인 P회사 사무실을 뒤져 회계장부나 서류철을 찾아내는 것이 사회통념상 용인될 수 있는 행위라고 보기는 어렵다.

(다) [C는 P회사의 정기주주총회에 적법하게 참석한 주주이다.] (라) C와 같이 회사의 정기주주총회에 적

법하게 참석한 주주라고 할지라도 주주총회장에서의 질문, 의사진행 발언, 의결권의 행사 등의 주주총회에서의 통상적인 권리행사 범위를 넘어서서 회사의 구체적인 회계장부나 서류철 등을 열람하기 위하여는 별도로 상법 제466조 등에 정해진 바에 따라 회사에 대하여 그 열람을 청구하여야 한다. (마) 만일 회사에서 정당한 이유 없이 이를 거부하는 경우에는 법원에 그 이행을 청구하여 그 결과에 따라 회계장부 등을 열람할 수 있을 뿐이다. (바) 주주총회 장소라고 하여 회사 측의 의사에 반하여 회사의 회계장부를 강제로 찾아 열람할 수는 없다. (사) 설사 회사 측이 회사 운영을 부실하게 하여 소수주주들에게 손해를 입게 하였다고 하더라도 위와 같은 사정만으로 주주총회에 참석한 주주가 강제로 사무실을 뒤져 회계장부를 찾아내는 것이 사회통념상 용인되는 정당행위로 되는 것은 아니다.

제37장 권리행사를 방해하는 죄

2008도198

2008. 5. 8. 2008도198, [미간행] =『허위 가등기 후 본등기 사건』:

P회사는 갑과 을을 상대로 ㉠공사대금 청구소송을 제기하였다(㉮소송). 2004. 7. 22. ㉮민사소송의 제1심법원은 갑과 을에게 일부패소 판결을 선고하였다(㉮제1심판결). 갑은 시가 11억원의 M건물을 소유하고 있다. 갑과 을은 ㉮판결에 따른 강제집행에 대비하기로 하였다. 2004. 7. 23. 갑과 을은 병에게 부탁하여 다음의 행위를 하였다. (가) 병이 갑에 대하여 5억원의 대여금채권을 가지고 있는 것처럼 가장한다(㉡채권). (나) ㉡채권을 담보하기 위하여 M건물에 관하여 병 명의로 소유권이전등기청구권 가등기를 한다(㉢가등기). 이후 갑과 을은 ㉮제1심판결에 불복하여 항소하였다.

2004. 11. 26.은 ㉮민사소송의 항소심 변론종결일 이전의 시점이다. P회사는 ㉠공사대금채권을 Q회사에 양도하였다(갑과 을의 주장임)(㉣채권양도). P회사의 ㉠공사대금채권에 대하여는 ㉣채권양도 이전에 이미 다른 채권자들에 의하여 수개의 가압류, 채권압류 및 전부명령 등이 경합되어 있었다. ㉮민사소송 항소심에서 피고 갑과 을은 원고 P회사가 ㉠공사대금채권을 Q회사에 양도하였다는 내용의 항변을 제기하지 않았다. 2006. 1. 20. P회사는 ㉮민사소송 항소법원으로부터 "갑과 을은 연대하여 P회사에 2억 6천만원 및 이에 대한 지연손해금을 지급하라"는 취지의 일부 승소판결을 받았다(㉮항소심판결). 2006. 2. 10. ㉮항소심판결은 확정되었다.

P회사는 ㉮확정판결을 집행권원으로 하여 관할법원에 M건물에 대한 경매개시신청을 하였다. 관할법원은 M건물에 대한 경매개시결정을 내렸다. M부동산에 대해 ㉤경매개시결정 기입등기가 이루어졌다. ㉤경매개시결정 기입등기에 기하여 M건물에 대해 경매절차가 진행되기 시작하였다. 2006. 2. 10. 이후에 이루어진 ㉤경매개시결정 기입등기는 2004. 7. 23.에 이루어진 ㉢가등기보다 후순위이다. 선순위의 ㉢가등기가 확인되면 ㉤경매개시결정 기입등기에 기하여 진행되고 있던 경매절차는 중단된다.

2006. 8. 28. 갑은 병을 찾아갔다. 갑은 M건물에 관하여 정 명의로 본등기를 마치고자 하니 필요한 서류를 교부하여 달라고 말하였다. 병은 사정을 모두 알면서 갑의 부탁을 승낙하였다. 갑은 병과 정 사이에 ㉢가등기의 양도양수행위가 있었던 것처럼 합의서 등을 작성하였다. 2006. 8. 29. 갑은 병 명의의 ㉢가등기를 정 명의로 이전하였다. 2006. 9. 4. M건물에 대해 정 명의로 ㉥본등기가 경료되었다. 정 명의로 ㉥본등기가 경료됨에 따라 M건물에 대한 경매절차는 중단되었다.

2007. 8. 6. 검사는 갑, 을, 병, 정을 권리행사방해죄로 기소하였다. 제1심법원은 갑, 을, 병, 정에게 유죄를 인정하였다. 갑, 을, 병, 정은 불복 항소하였다. 항소법원은 항소를 기각하고, 제1심판결을 유지하였다. 병과

정은 불복 상고하였다. 갑과 을은 상고하지 않았다. (이하 병을 중심으로 고찰함.)

병은 첫 번째 상고이유로 다음의 점을 주장하였다. (가) 권리행사방해죄는 채권의 존재가 인정되어야 성립할 수 있다. (나) P회사는 Q회사에 ㉠공사대금채권을 양도하여 P회사의 ㉠채권은 확정적으로 소멸하였다. (다) 설사 P회사의 ㉠채권이 존재한다고 하더라도 ㉠채권이 P회사의 채권자들에 의하여 압류당한 상태이어서 M건물의 허위양도로 인하여 P회사의 ㉠채권 만족에 지장을 초래할 위험이 없다.

병은 두 번째 상고이유로 다음의 점을 주장하였다. (가) 허위의 ㉢담보가등기 설정으로 강제집행면탈죄가 성립하였다. (나) 그 이후에 이루어진 ㉢가등기의 양도 및 ㉥본등기 경료는 불가벌적 사후행위에 해당한다. (다) ㉢가등기는 2004. 7. 23.에 이루어졌다. (라) 검사의 공소제기는 2007. 8. 6.에 이루어졌다. (마) (공소제기 당시 법정형 장기 5년 미만의 징역에 해당하는 범죄의 공소시효는 3년이었다. 현재는 5년이다.) (바) 강제집행면탈죄의 법정형은 3년 이하의 징역 또는 벌금이다. (사) 3년의 공소제기가간을 경과하였으므로 면소판결을 선고해야 한다.

대법원은 다음의 이유를 제시하여 상고를 기각하였다. 대법원은 강제집행면탈죄와 채권 존재의 관계에 대해 다음과 같이 설시하였다. (가) 형법 제327조의 강제집행면탈죄는 채권자의 권리보호를 그 주된 보호법익으로 하고 있다. (나) 그러므로 강제집행의 기본이 되는 채권자의 권리, 즉 채권의 존재는 강제집행면탈죄의 성립요건이다. (다) 따라서 그 채권의 존재가 인정되지 않을 때에는 강제집행면탈죄가 성립하지 않는다.

대법원은 P회사 채권의 존부에 대해 다음과 같이 판단하였다. (가) P회사는 갑, 을을 상대로 공사대금 청구소송을 제기하여 2006. 1. 20. 관할 항소법원에서 "피고들은 연대하여 P회사에 2억 6천만원 및 이에 대한 지연손해금을 지급하라"는 취지의 일부 승소판결을 받아 2006. 2. 10. ㉮항소심판결이 확정되었다. (나) ㉮항소심판결에 기해 ㉠공사대금채권의 존재는 확정되었다. (다) 병은 P회사가 ㉮항소심판결의 변론종결일 이전인 2004. 11. 26. ㉠공사대금채권을 Q회사에 양도하였으니 그 채권양도로 인하여 P회사의 채권은 확정적으로 소멸하였다고 주장한다. (라) 그러나 병의 주장에 의하더라도 ㉠공사대금채권에 대하여는 위 채권양도 이전에 이미 다른 채권자들에 의하여 수개의 가압류, 채권압류 및 전부명령 등이 경합되어 있었다는 것이다. (마) 그리고 민사소송에서 피고들인 갑, 을이 그러한 내용의 항변을 제기하지도 아니하였다. (바) 그러한 이상 단순히 채권양도가 있었다는 사정만으로 ㉮확정판결에 따른 채권의 존재를 부정할 수는 없다.

대법원은 강제집행면탈죄의 법적 성질에 대해 다음과 같이 설시하였다. (가) 강제집행면탈죄는 이른바 위태범이다. (나) 강제집행을 당할 구체적인 위험이 있는 상태에서 재산을 은닉, 손괴, 허위양도 또는 허위의 채무를 부담하면 강제집행면탈죄는 바로 성립한다. (다) 반드시 채권자를 해하는 결과가 야기되거나 이로 인하여 행위자가 어떤 이득을 취하여야 범죄가 성립하는 것은 아니다. (라) 은닉한 부동산의 시가액보다 그 부동산에 의하여 담보된 채무액이 더 많다고 하여 그 은닉으로 인하여 채권자를 해할 위험이 없다고 할 수 없다. (마) ㉠공사대금채권이 P회사의 채권자들에 의하여 압류당한 상태라도 M건물의 허위양도로 인하여 ㉠채권의 만족에 지장을 초래할 위험이 없다고 할 수 없다.

대법원은 강제집행면탈죄의 성립 시점에 대해 다음과 같이 판단하였다. (가) 병은 허위의 금전채권에 기하여 이를 담보하는 양 설정한 소유권이전등기청구권 보전을 위한 ㉢가등기를 정에게 양도해 주고, 정으로 하여금 ㉥본등기를 경료하게 함으로써 M건물이 허위로 양도되게 하였다. (나) 위와 같은 담보가등기 설정행위를 강제집행면탈 행위로 본다고 하더라도, 그 가등기를 양도하여 본등기를 경료하게 함으로써 소유권을 상실케 하는 행위는 면탈의 방법과 법익침해의 정도가 훨씬 중하다는 점을 고려할 때 이를 불가벌적 사후행위로 볼 수는 없다.

제38장 절도와 강도의 죄

2020도9789

2021. 12. 16. 2020도9789, 공 2022상, 223 =『가상자산 착오 이체 사건』:

A는 P가상화폐거래소의 ⓐ가상지갑에 비트코인을 가지고 있었다. 갑은 ⓑ가상지갑 계정을 가지고 있다. 알 수 없는 경위로 A의 ⓐ가상지갑에 들어 있던 20만 비트코인이 갑의 ⓑ계정으로 이체되었다(㉠비트코인). 갑은 ㉠비트코인을 3만 비트코인과 17만 비트코인으로 나누어서 각각 자신의 ⓒ계정과 ⓓ계정으로 이체하였다. 갑이 임의로 이체한 ㉠비트코인의 시가는 이체 당시 15억원에 달하였다.

검사는 갑을 다음의 공소사실로 기소하였다. (가) 주위적 공소사실 : 특정경제범죄법위반죄(횡령). (나) 예비적 공소사실 : 특정경제범죄법위반죄(배임). 제1심법원은 다음과 같이 판단하였다. (가) 주위적 공소사실 : 특정경제범죄법위반죄(횡령) 무죄. (나) 예비적 공소사실 : 특정경제범죄법위반죄(배임) 유죄. 제1심법원은 다음의 이유를 들어서 예비적 공소사실(배임)을 유죄로 인정하였다. (가) 가상자산은 경제적 가치를 갖는 재산상 이익으로서 형법상 보호할 가치가 있다. (나) 갑은 법률상 원인 없이 타인 소유 비트코인을 자신의 가상자산 지갑으로 이체받아 보관하게 되었다. (다) 그러한 이상 갑은 소유자에 대한 관계에서 비트코인을 부당이득으로 반환해야 한다. (라) 횡령죄와 배임죄는 신임관계를 기본으로 하는 같은 죄질의 재산범죄이다. (마) 법률관계 없이 돈(법정화폐)을 이체받은 계좌명의인은 송금의뢰인에 대해 송금받은 돈을 반환할 의무가 있어 계좌명의인에게 송금의뢰인을 위하여 송금받거나 이체된 돈을 보관하는 지위가 인정된다(2010. 12. 9. 2010도891 등 참조). (바) 가상자산을 원인 없이 이체받은 경우를 이와 달리 취급할 이유가 없다. (사) 이러한 사정을 고려하면 갑은 이체받은 비트코인을 신의칙에 근거하여 소유자에게 반환하기 위해 그대로 보관하는 등 A의 재산을 보호하고 관리할 임무를 부담하게 함이 타당하다. (아) 그러므로 갑은 배임죄의 주체로서 '타인의 사무를 처리하는 자'에 해당한다. 갑은 불복 항소하였다. 항소법원은 항소를 기각하고, 제1심판결을 유지하였다. 갑은 불복 상고하였다.

대법원은 다음의 이유를 제시하여 원심판결을 파기환송하였다. 대법원은 가상자산의 착오이체와 관련하여 다음과 같이 설시하였다. (가) 가상자산 권리자의 착오나 가상자산 운영 시스템의 오류 등으로 법률상 원인관계 없이 다른 사람의 가상자산 전자지갑에 가상자산이 이체된 경우가 있다. (나) 가상자산을 이체받은 자는 가상자산의 권리자 등에 대한 부당이득반환의무를 부담하게 될 수 있다. (다) 그러나 이는 당사자 사이의 민사상 채무에 지나지 않는다. (라) 이러한 사정만으로 가상자산을 이체받은 사람이 신임관계에 기초하여 가상자산을 보존하거나 관리하는 지위에 있다고 볼 수 없다. (마) 갑과 A 사이에는 아무런 계약관계가 없다. (바) 갑이 어떠한 경위로 ㉠비트코인을 이체받은 것인지 불분명하여 부당이득반환청구를 할 수 있는 주체가 A인지 아니면 P거래소인지 명확하지 않다. (사) 설령 갑이 A에게 직접 부당이득반환의무를 부담한다고 하더라도 곧바로 가상자산을 이체받은 사람(갑)을 A에 대한 관계에서 배임죄의 주체인 '타인의 사무를 처리하는 자'에 해당한다고 단정할 수는 없다.

대법원은 배임죄의 주체에 대해 다음과 같이 설시하였다. (가) 대법원은 타인의 사무를 처리하는 자라고 하려면, (ㄱ) 타인의 재산관리에 관한 사무의 전부 또는 일부를 (ㄴ) 타인을 위하여 대행하는 경우와 같이 (ㄷ) 당사자 관계의 전형적 · 본질적 내용이 (ㄹ) 통상의 계약에서의 이익대립관계를 넘어서 (ㅁ) 그들 사이의 신임관계에 기초하여 (ㅂ) 타인의 재산을 보호하거나 관리하는 데에 있어야 한다고 함으로써(2020. 2. 20. 2019도9756 전원합의체 판결 등 참조) 배임죄의 성립 범위를 제한하고 있다. (나) 이 사건과 같이 가상자산을 이체받은 경우에는 A와 갑 사이에 신임관계를 인정하기가 쉽지 않다.

대법원은 가상자산의 특징에 대해 다음과 같이 분석하였다. (가) 가상자산은 (ㄱ) 국가에 의해 통제받지 않고 (ㄴ) 블록체인 등 암호화된 분산원장에 의하여 부여된 경제적인 가치가 (ㄷ) 디지털로 표상된 정보로서 (ㄹ) 재산상 이익에 해당한다. (나) 가상자산은 보관되었던 전자지갑의 주소만을 확인할 수 있을 뿐 그 주소를 사용하는 사람의 인적사항을 알 수 없다. (다) 가상자산은 거래 내역이 분산 기록되어 있어 다른 계좌로 보낼 때 당사자 이외의 다른 사람이 참여해야 한다. (라) 이와 같이 가상자산은 일반적인 자산과는 구별되는 특징이 있다. (마) 이와 같은 가상자산에 대해서는 현재까지 관련 법률에 따라 법정화폐에 준하는 규제가 이루어지지 않는 등 법정화폐와 동일하게 취급되고 있지 않고 그 거래에 위험이 수반된다. (바) 그러므로 형법을 적용하면서 가상자산을 법정화폐와 동일하게 보호해야 하는 것은 아니다.

대법원은 착오송금의 법리와 유추해석금지원칙의 관계에 대해 다음과 같이 설시하였다. (가) 원인불명으로 재산상 이익인 가상자산을 이체받은 자가 가상자산을 사용·처분한 경우가 있다. (나) 착오송금 시 횡령죄 성립을 긍정한 판례가 있다(2010. 12. 9. 2010도891 등 참조). (다) 가상자산 착오이체의 경우를 형사처벌하는 명문의 규정이 없는 것이 현재의 상황이다. (라) 현재의 상황에서 착오송금 시 횡령죄 성립을 긍정한 판례를 유추하여 신의칙을 근거로 피고인을 배임죄로 처벌하는 것은 죄형법정주의에 반한다. (마) ㉠비트코인이 법률상 원인관계 없이 A로부터 갑 명의의 전자지갑으로 이체되었더라도 갑이 신임관계에 기초하여 A의 사무를 맡아 처리하는 것으로 볼 수 없다. (바) 그러한 이상, 갑을 A에 대한 관계에서 '타인의 사무를 처리하는 자'에 해당한다고 할 수 없다.

2010헌바89

2012. 3. 29. 2010헌바89, 헌집 24-1상, 402 = 『**이복남매 금고 사건**』:

갑과 A는 이복남매이다. B는 갑의 어머니이다. A는 ㉠주거에 살고 있다. ㉠주거 안에는 ㉡금고가 있다. ㉡금고 속에는 ㉢무기명식 양도성 예금증서가 들어 있다(㉢증서). ㉢증서의 소유자는 갑의 어머니 B이다. 갑은 주간에 A의 ㉠주거에 들어갔다(㉮행위). 갑은 ㉡금고에서 ㉢증서 95장을 꺼내어 벽장 안에 숨겨놓은 후 다음 날 이를 가지고 갔다(㉯행위). A는 이복남매 갑을 고소하였다. 어머니 B는 아들 갑을 고소하지 않았다.

형법 제344조에 의하여 형법 제329조의 절도죄에 형법 제328조가 준용된다(ⓐ준용규정). ⓐ준용규정을 풀어보면, 가까운 친족 사이의 절도죄는 형을 면제한다는 의미로 읽을 수 있다. 형의 면제는 유죄판결의 일종이다(형소법 제321조, 제322조). 가까운 친족의 경우 피해자의 고소가 없더라도 검사는 공소를 제기할 수 있다. 공소가 제기되면 유죄판결의 일종인 형의 면제가 선고된다. 또한 ⓐ준용규정을 풀어보면, 먼 친족 사이의 절도죄는 고소가 있어야 공소를 제기할 수 있다는 의미로 읽을 수 있다. 먼 친족의 경우 피해자의 고소가 없으면 검사는 공소를 제기할 수 없고, 피의사건에 대해 불기소처분을 내려야 한다. 공소가 제기되었다면 법원은 공소기각판결을 선고해야 한다(형소법 제327조 제2호).

검사는 갑을 다음의 공소사실로 기소하였다. (가) ㉮행위 : 주거침입죄. (나) ㉯행위 : 절도죄. 제1심법원은 갑의 피고사건에 대해 다음과 같이 판단하였다. (가) ㉮행위 : 주거침입죄 유죄. (나) ㉯행위 : 절도죄 유죄. 갑은 불복 항소하였다. 항소법원은 갑의 피고사건에 대해 다음과 같이 판단하였다. (가) ㉮행위 : 주거침입죄 무죄. (나) ㉯행위 : 절도죄 형 면제. 갑과 검사는 모두 불복 상고하였다.

㉯사건이 진행되는 도중 갑은 다음의 주장을 내세워 헌법재판소에 헌법소원을 제기하였다. (가) ⓐ준용규정을 피해재물 소유자[어머니 B]의 고소가 없어도 공소를 제기할 수 있다고 해석하는 한 평등원칙에 위반하

여 위헌이다(㉰주장). (나) 피해재물의 소유자[어머니 B]와 점유자[이복남매 A]가 다른 경우에 형법 제328조 제1항이 적용되기 위하여 범인(갑)과 소유자[B] 외에 점유자[A]에게까지 친족관계가 있어야 한다고 해석하는 한 평등원칙에 위반하여 위헌이다(㉱주장).

헌법재판소는 합헌(4명)과 헌법불합치(4명)로 견해가 나뉘었다. 헌법재판소는 6명의 위헌 정족수에 달하지 아니하여 합헌으로 판단하였다. (이하 ㉱주장 부분만 소개함.) 헌법재판소는 ㉱주장에 대해 다음과 같이 판단하였다. (가) (1980. 11. 11. 80도131, 공 1981, 13379 = 분석 각론 『보석세공 조카 삼촌 사건』 대법원판례 인용; 생략함.) (나) 절도죄는 '타인의 재물을 절취'함으로써 성립하는 범죄이고(형법 제329조), 절취행위에는 타인의 의사에 반하는 점유 침탈이 수반되므로, 피해재물 소유자뿐만 아니라 점유자도 피해를 입게 된다고 할 수 있다. (다) 형법상 타인의 소유권을 침해하지만 타인의 점유를 침탈하지 않는 횡령죄(형법 제355조 제1항)와 타인의 점유를 침탈하지만 소유권을 침해하지 않는 권리행사방해죄(형법 제323조)와 비교할 때 절도죄의 법정형이 더 높은 것은 절도죄가 타인의 소유권과 점유를 모두 침해하기 때문이다. (라) 따라서 절도죄에 있어서 피해재물의 소유자와 점유자가 다른 경우, 범인과 소유자 및 점유자 쌍방 간에 모두 친족관계가 있어야 한다는 대법원 판례(1980. 11. 11. 80도131)에 의하여 구체화된 이 사건 법률조항(ⓐ준용규정)이 피해재물의 소유자와만 친족관계가 있는 사람과 소유자 및 점유자 모두와 친족관계가 있는 사람 간을 법률상 달리 취급하는 데에는 합리적인 이유가 있다.

2011도7637

2013. 8. 23. 2011도7637, [미간행] = 『상가 개발비 미납 사건』:

M상가가 있다. M상가의 구분소유자(점포소유자)는 약 500명이다. M상가의 관리업체는 P회사이다. P회사는 상가 구분소유자들을 대신하여 구분점포의 임대차계약을 체결하고 임차인들로부터 임대차보증금과 차임을 받아 구분소유자들에게 지급하는 업무를 수행해 왔다. P회사의 운영방식은 다음과 같다. (가) P회사는 구분소유자들과 임대차보증금, 차임, 기간 등 임대차계약의 내용에 관하여 따로 협의하지 않고 이를 스스로 결정하여 M상가를 임대한다. (나) 임대차계약서의 임대인란에는 구분소유자가 아니라 P회사를 기재한다. (다) 임대차계약 체결 후 해당 구분소유자들에게 그 사실을 개별적으로 통지하지 않는다. (라) 임대차가 종료할 때의 임대차보증금 반환채무는 P회사가 모두 부담한다. P회사는 M상가의 관리 업무를 담당하면서 구분소유자 등에게 관리비를 부과·징수하여 왔다.

2007. 1. 21. 갑은 P회사의 대표이사로 취임하였다. 당시 M상가는 구분점포의 임대 진행이 원활하지 않고 상가 영업도 부진한 상태에 있었다. 갑은 건물 내·외부 공사를 통하여 상가를 정비하는 방법 등으로 임차인을 모으고 상가를 활성화하고자 하였다. P회사는 구분소유자 일부가 참석한 주주 및 집행위원 총회, 분양자 총회 등을 개최하였다. P회사는 참석자들의 의견을 듣고 구분소유자들에게 '특별관리비'와 '개발비'를 부과하기로 하였다. P회사는 구분소유자들에게 서면으로 개발비의 납부를 요청하였다.

2007. 12.경, 갑은 다음의 이유를 들어 구분소유자들에게 '특별관리비'를 부과하였다. (가) P회사에 부과된 법인세 및 부가가치세 등의 납부를 위하여 필요하다. (나) P회사가 M상가의 인테리어 공사비를 마련하고자 차용한 금전의 변제 등을 위하여 필요하다. 2008. 2.경 P회사는 다음의 이유를 들어 구분소유자들에게 '개발비'를 부과하였다. (가) M상가의 활성화를 위하여 상가 외벽 및 인테리어 공사가 필요하다. (나) 그 공사비 지급에 '개발비'를 사용한다.

당시 M상가의 구분소유자 약 500명 가운데 250명 이상이 '개발비'를 납부하였다. 나머지 구분소유자(A로 통칭함)는 P회사의 '특별관리비' 및 '개발비' 부과에 반발하여 납부하지 않았다. 갑은 '개발비'를 납부하지 않은 A 소유의 구분점포 임대차인 B로부터 받은 임대차보증금과 차임을 관리비, 특별관리비, 개발비에 충당한다는 명목으로 A에게 지급하지 않았다. P회사는 임차인 B로부터 받은 임대차보증금, 차임 등을 M상가의 공사비 지급, 임대차 종료시의 임대차보증금 반환 등에 사용하였다.

A는 P회사를 상대로 채무부존재확인 청구소송을 제기하였다(㉮소송). ㉮소송의 관할법원은 M상가 관리단집회의 적법한 의결을 거치지 않았다는 이유로 '특별관리비'와 '개발비' 채무의 부존재를 확인하는 판결을 선고하였다(㉮판결). ㉮채무부존재 확인판결은 확정되었다. A는 갑을 고소하였다.

검사는 갑을 업무상 배임죄로 기소하였다. 갑의 피고사건은 제1심을 거친 후, 항소심에 계속되었다. 항소법원은 갑에게 업무상 횡령죄를 인정하였다. 갑은 불복 상고하였다.

대법원은 다음의 이유를 제시하여 원심판결을 파기환송하였다. 대법원은 업무상 횡령죄에 대해 다음과 같이 설시하였다. (가) 업무상 횡령죄가 성립하기 위하여는 타인의 재물을 보관하는 사람이 불법영득의 의사로 업무상의 임무에 위배하여 그 재물을 횡령하거나 반환을 거부하여야 한다. (나) 여기서 '불법영득의 의사'라 함은 타인의 재물을 보관하는 사람이 자기 또는 제3자의 이익을 꾀할 목적으로 업무상의 임무에 위배하여 보관하는 타인의 재물을 자기의 소유인 경우와 같이 사실상 또는 법률상 처분하는 의사를 의미한다. (다) 횡령죄에서 '반환의 거부'라고 함은 보관물에 대하여 소유자의 권리를 배제하는 의사표시를 하는 행위를 뜻한다. (라) 타인의 재물을 보관하는 사람이 단순히 반환을 거부한 사실만으로 횡령죄가 성립하는 것은 아니다. (마) 반환거부의 이유 및 주관적인 의사 등을 종합하여 반환거부행위가 횡령행위와 같다고 볼 수 있을 정도이어야만 횡령죄가 성립할 수 있다

대법원은 갑의 행위에 대하여 다음과 같이 판단하였다. (가) (M상가의 관리규정 분석; 생략함.) (나) (A와 P회사 사이의 상가 운영방식 분석; 생략함.) (다) P회사가 구분소유자들에게 부과한 관리비, 특별관리비, 개발비 중 M상가의 유지·보수와 상가 활성화, P회사의 운영 등에 필요한 부분은 원래 구분소유자들이 부담해야 할 것이다. (라) [이 부분은] 적법한 절차를 거쳐 부과되었다면 이에 관한 구분소유자들의 채무로 인정될 수 있었다. (마) P회사가 [A 소유 구분점포] 임대차의 임차인들로부터 받은 임대차보증금, 차임 등은 M상가의 공사비 지급, 임대차 종료 시의 임대차보증금 반환 등에 사용된 것으로 보인다.

(바) P회사가 적법한 절차를 거쳐 관리비, 특별관리비, 개발비를 부과한 것은 아니다. (사) 그렇다고 하더라도 갑이 임대차의 임차인으로부터 받은 임대차보증금과 차임을 A의 체납 관리비, 개발비 등의 변제에 충당할 수 있다고 믿고서 A의 반환요구에 응하지 아니하고 이를 거절하였을 여지가 충분하다. (아) 그러한 경우에는 특별한 사정이 없는 한 갑이 불법영득의 의사로 임대차보증금과 차임을 횡령하였다고 볼 수는 없다.

83도3027

1984. 1. 31. 83도3027, 공 1984, 468 = 『돈궤짝 열쇠 사건』:

갑과 A는 부부지간이다. A는 갑과 사실상 별개 가옥(M, N가옥)에 별거하고 있다. ㉠인감도장은 A의 소유이다. ㉠인감도장은 ㉡돈궤짝에 들어 있다. ㉡돈궤짝은 A가 거주하는 N가옥에 보관되어 있다. ㉡돈궤짝의 ㉢열쇠는 M가옥에 거주하는 갑이 소지하고 있다.

갑은 ㉢열쇠가 있음을 기화로 을, 병과 공모하여 A 소유의 M부동산을 자신들의 것으로 만들기로 하였다. 갑은 ㉢열쇠를 을에게 주어 ㉠인감도장을 꺼내어 오게 하였다. 이후 을은 ㉠인장과 동일하게 ㉣인장을 위조하였다. 을은 위조된 ㉣인장을 사용하여 A 명의의 M부동산 매매예약서 1매와 가등기신청에 관한 위임장 1매를 위조하고 이를 가등기신청서에 첨부하여 등기공무원에게 제출하여 등기를 마쳤다.

검사는 을과 병을 절도죄, 인장위조죄, 사문서위조죄, 위조사문서행사죄, 공정증서원본불실기재죄, 불실기재공정증서원본행사죄로 기소하였다(갑은 공소외임). 을과 병의 피고사건은 제1심을 거친 후, 항소심에

계속되었다. 항소법원은 을과 병에게 유죄를 인정하였다. 을과 병은 불복 상고하였다. 을과 병은 ㉠인장 부분에 대하여 다음의 점을 상고이유로 주장하였다. (가) 갑은 ㉢열쇠를 소지하고 있다. (나) ㉠인장은 A의 배우자로서 갑이 보관 중이던 것이다. (다) 그러므로 ㉠인장을 갑의 의사에 따라 가져온 것은 절취가 될 수 없다.

대법원은 다음의 이유를 제시하여 상고를 기각하였다. (가) 당시 A와 갑은 사실상 별개 가옥에 별거중이면서 ㉠인장이 들은 ㉡돈궤짝을 A가 그 거주가옥에 보관중이었다. (나) 그러므로 갑이 ㉡돈궤짝의 ㉢열쇠를 소지하고 있었다고 하여도 그 안에 들은 ㉠인장은 갑의 단독 보관하에 있은 것이 아니라 A와 공동 보관하에 있었다고 보아야 한다.

2017도5759

2017. 7. 18. 2017도5759, 공 2017하, 1758 = 『도금액 상습절도 사건』 :

P회사는 반도체 제조회사이다. 갑은 P회사 M공장에서 엔지니어로 근무하고 있었다. M공장의 공정에 WET 공정이 있다. WET 공정은 반도체 기판인 웨이퍼(wafer)에 도금액을 이용하여 금 도금을 하고, 과도하게 도금된 부분의 금을 깎아내는 공정이다. 갑은 WET 공정 작업장에서 주위의 감시가 소홀한 틈을 이용하여 도금(Plating) 장비 속에 담겨 있던 도금액 20리터(시가 약 495만원)를 미리 준비한 10리터 들이 플라스틱 2통에 옮겨 담아 가지고 나와 절취하였다. 갑은 이후에도 범행을 반복하여 시가 합계 약 16억원 상당의 금이 들어 있는 도금액(淘金液)을 절취하였다(이상 ㉮행위). 갑은 절취한 도금액(淘金液)을 Q회사에 처분하여 현금을 받았다(㉠현금). 갑은 ㉠현금이 정상적으로 취득한 것처럼 가장할 필요가 있었다. 갑은 A를 대표이사로 내세워 R회사를 운영하고 있었다. A는 S은행에 ⓐ계좌를 가지고 있다. R회사는 T은행에 ⓑ계좌를 가지고 있다. 갑은 ㉠현금을 ⓐ계좌 및 ⓑ계좌에 입금하였다(이상 ㉯행위).

검사는 갑을 다음의 공소사실로 기소하였다. (가) ㉮행위 : 상습절도죄. (나) ㉯행위 : 범죄수익은닉규제법 위반죄. 갑의 피고사건은 제1심을 거친 후, 항소심에 계속되었다. 항소법원은 다음과 같이 판단하였다. (가) ㉮행위 : 상습절도죄 유죄. (나) ㉯행위 : 범죄수익은닉규제법 위반죄 유죄. 갑은 불복 상고하였다. 갑은 ㉯행위 부분에 대해 상고이유로 다음의 점을 주장하였다. (가) (㉯행위 당시) 범죄수익은닉규제법은 별표에서 이 법의 규율대상인 중대범죄를 정하고 있다. (나) 별표에서는 '형법 제329조부터 제331조까지의 죄'를 중대범죄의 하나로 규정하고 있다. (다) 형법 제332조의 상습절도죄는 별표에 중대범죄로 명시되어 있지 않다. (라) 따라서 ㉯행위는 범죄수익은닉규제법의 적용대상이 아니다.

대법원은 다음의 이유를 제시하여 상고를 기각하였다. 대법원은 형법 제329조의 단순절도죄가 중대범죄에 해당한다면 형법 제332조의 상습절도죄도 당연히 중대범죄에 해당한다고 판단하였다. (2022년 범죄수익은닉규제법은 중대범죄를 별표에서 열거하는 방식에서 법정형을 기준으로 정하는 방식으로 개정되었다. 개정된 범죄수익은닉규제법은 '사형, 무기 또는 장기 3년 이상의 징역이나 금고에 해당하는 죄'를 중대범죄의 기본유형을 규정하고 있다. 개정 범죄수익은닉규제법에 따르면 상습절도죄는 당연히 중대범죄에 포함된다.)

대법원은 갑의 ㉯행위에 대해 다음과 같이 판단하였다. "갑이 상습절도 범행으로 절취한 도금액(淘金液) 등을 처분하고 그 대가로 받은 현금을 타인 명의의 계좌로 입금한 행위는 범죄수익 등의 취득 또는 처분에 관한 사실을 가장한 행위에 해당하여 범죄수익은닉규제법 위반죄가 인정된다."

2005도5869

2005. 9. 30. 2005도5869, 공 2005, 1761 = 『혼인빙자 현금카드 사용 사건』 :

갑은 사실은 A와 혼인의사가 전혀 없다. 그럼에도 갑은 A에게 혼인의사가 있는 것처럼 가장하여 "앞으로 함께 살아야 되는데 나(갑)에게 현금카드를 달라."고 거짓말을 하였다. 갑은 A로부터 ㉠현금카드를 교부받았다(㉮행위). 갑은 M금융기관에서 ㉠현금카드를 이용하여 그곳에 설치되어 있던 ㉡현금인출기에서 현금 350만원을 인출하였다(㉯행위). 갑은 N금융기관에서 ㉠현금카드를 이용하여 그곳에 설치되어 있던 ㉢현금인출기에서 현금 140만원을 인출하였다(㉰행위).

검사는 갑을 다음의 공소사실로 기소하였다. (가) 주위적 공소사실 : 절도죄. (나) 예비적 공소사실 : 횡령죄. 주위적 공소사실(절도)의 요지는 다음과 같다. "갑은 (일자 생략) M금융기관에서 소지하고 있던 A의 현금카드를 이용하여 M금융기관에 설치되어 있던 현금인출기에서 피해자 M금융기관 소유의 현금 350만원을, 같은 일시경 N금융기관에서 같은 방법으로 피해자 N금융기관 소유의 현금 140만원을 인출하여 각 절취하였다." 예비적 공소사실(횡령)은 다음과 같다. "갑은 (일시 생략) M금융기관에서 소지하고 있던 피해자 A의 현금카드를 이용하여 M금융기관에 설치되어 있던 현금인출기에서 현금 350만원을, 같은 일시경 N금융기관에서 같은 방법으로 현금 140만원을 인출하여 피해자를 위하여 보관하던 중 그 시경 개인적인 용도로 사용하여 이를 횡령하였다."

갑의 피고사건은 제1심을 거친 후, 항소심에 계속되었다. 항소법원은 다음과 같이 판단하였다. (가) 주위적 공소사실 : 절도죄 무죄. (나) 예비적 공소사실 : 횡령죄 무죄. 검사는 불복 상고하였다.

대법원은 다음의 이유를 제시하여 상고를 기각하였다. 대법원은 편취카드의 사용행위에 대해 다음과 같이 설시하였다. (가) 피고인이 예금주인 현금카드 소유자로부터 그 카드를 편취하는 경우가 있다. (나) 그러한 경우 비록 하자 있는 의사표시이기는 하지만 현금카드 소유자의 승낙에 의하여 사용권한을 부여받은 것이다. (다) 그러한 이상 그 소유자가 승낙의 의사표시를 취소하기까지는 현금카드를 적법, 유효하게 사용할 수 있다. (라) 은행 등 금융기관은 현금카드 소유자의 지급정지 신청이 없는 한 카드 소유자의 의사에 따라 그의 계산으로 적법하게 예금을 지급할 수밖에 없다. (마) (ㄱ) 피고인이 현금카드의 소유자로부터 현금카드를 사용한 예금인출의 승낙을 받고 현금카드를 교부받은 행위와 (ㄴ) 이를 사용하여 현금자동지급기에서 예금을 여러 번 인출한 행위들은 (ㄷ) 모두 현금카드 소유자의 예금을 편취하고자 하는 피고인의 단일하고 계속된 범의 아래에서 이루어진 일련의 행위로서 (ㄹ) 포괄하여 하나의 사기죄를 구성한다. (바) 현금자동지급기에서 카드 소유자의 예금을 인출, 취득한 행위를 현금자동지급기 관리자의 의사에 반하여 그가 점유하고 있는 현금을 절취한 것이라 하여 이를 현금카드 편취행위와 분리하여 따로 절도죄로 처단할 수는 없다.

대법원은 현급지급기의 기능에 대해 다음과 같이 설시하였다. (가) 현금지급기는 금융기관과 예금자 간의 약정에 따라 예금자가 금융기관이 지정해 준 비밀번호 등 정보를 입력하면 일정한 컴퓨터 프로그램에 따라 그 정보를 자동처리한다. (나) 현금지급기에 삽입된 현금카드와 입력된 비밀번호 등 정보가 정확하기만 하면 현금카드의 사용자가 누구이든 간에 인출 가능한 한도 내에서 예금이 인출되는 특성을 지니고 있다.

대법원은 갑의 ㉠카드 사용행위에 대해 다음과 같이 판단하였다. (가) 갑은 예금주인 현금카드 소유자(A)를 기망하여 현금카드를 교부받았다. (나) 이러한 경우 [갑은] 비록 하자 있는 의사표시이기는 하지만 A의 승낙에 의하여 현금카드를 사용할 권한을 부여받았다. (다) 그러한 이상 A가 그 승낙의 의사표시를 취소하기까지는 현금카드를 적법, 유효하게 사용할 수 있다. (라) 금융기관은 A의 지급정지 신청이 없는 한 A의 의사에 따라 그의 계산으로 적법하게 예금을 지급할 수밖에 없다. (마) (ㄱ) 갑이 A로부터 현금카드를 교부받은 행위(㉮행위)와 (ㄴ) 이를 사용하여 현금지급기에서 A의 예금을 인출한 행위(㉯, ㉰행위)는 (ㄷ) 모두 혼인을 빙자하여 A의 예금이나 재산을 편취하고자 하는 갑의 단일하고 계속된 범의 아래에서 이루어진 일련의 행위로서 (ㄹ) 포괄하여 하나의 사기죄를 구성한다.

(바) 현금지급기에서 A의 예금을 취득한 행위(㉯, ㉰행위)를 현금지급기 관리자의 의사에 반하여 그가 점유하고 있는 현금을 절취한 것이라 하여 이를 따로 절도죄로 처단할 수 없다. (사) 갑은 기망행위에 의하여

A로부터 현금카드에 관한 사용권한을 부여받아 자신을 위하여 현금을 인출한 것이다. (아) 그러한 이상 갑이 A를 위하여 ㉠현금카드로 인출한 금원에 관하여 [횡령죄의] 보관자의 지위에 있다고 볼 수 없다.

2003도3977

2003. 11. 14. 2003도3977, 공 2003, 2418 = 『절취 직불카드 현금인출 사건』.

갑은 A의 ㉠직불카드를 절취하였다(㉮행위). ㉠직불카드는 현금카드 기능을 겸하고 있다. 갑은 ㉠직불카드를 이용하여 ㉡현금자동지급기로부터 A의 예금을 인출하였다(㉯행위).

검사는 ㉯행위 부분에 대해 갑을 여신전문금융업법위반죄(부정사용)로 기소하였다. 제1심법원은 무죄를 선고하였다. 검사는 불복 항소하였다. 항소법원은 항소를 기각하고, 제1심판결을 유지하였다. 검사는 불복 상고하였다.

대법원은 다음의 이유를 제시하여 상고를 기각하였다. (가) 여신전문금융업법 제70조 제1항 소정의 부정사용이라 함은 위조·변조 또는 도난·분실된 신용카드나 직불카드를 진정한 카드로서 신용카드나 직불카드의 본래의 용법에 따라 사용하는 경우를 말한다. (나) 절취한 직불카드를 온라인 현금자동지급기에 넣고 비밀번호 등을 입력하여 피해자의 예금을 인출한 행위는 여신전문금융업법 제70조 제1항 소정의 부정사용의 개념에 포함될 수 없다.

(다) 여신전문금융업법 제2조 제6호는 "직불카드라 함은 직불카드회원과 신용카드가맹점 간에 전자적 또는 자기적 방법에 의하여 금융거래계좌에 이체하는 등의 방법으로 물품 또는 용역의 제공과 그 대가의 지급을 동시에 이행할 수 있도록 신용카드업자가 발행한 증표를 말한다."라고 규정하고 있다. (라) (기타 규정 소개 부분 생략함.) (마) 이러한 현행 여신전문금융업법상의 직불카드의 정의와 신용카드업의 업무범위 및 신용카드업자의 부대업무에 관한 규정의 취지·내용 등에 비추어 본다. (바) 직불카드가 겸할 수 있는 현금카드의 기능은 법령에 규정된 신용카드의 기능에 포함되지 않는다.

(사) 하나의 카드에 직불카드 내지 신용카드 기능과 현금카드 기능이 겸용되어 있는 경우가 있다. (아) 이는 은행의 예금업무에 관한 전자적 정보와 신용카드업자의 업무에 관한 전자적 정보가 회원(예금주)의 편의를 위해 신용카드업자 등에 의해 하나의 자기띠에 입력되어 있을 뿐이지, 양 기능은 전혀 별개의 기능이다. (자) 이와 같은 겸용 카드를 이용하여 현금지급기에서 예금을 인출하는 행위를 두고 직불카드 내지 신용카드를 그 본래의 용법에 따라 사용하는 것이라 보기도 어렵다. (차) 갑이 A의 직불카드를 절취한 후 그 직불카드를 이용하여 현금자동지급기로부터 A의 예금을 인출한 행위는 직불카드부정행사죄에 해당하지 않는다.

2019도17381

2020. 3. 12. 2019도17381, 공 2020상, 804 = 『전과 3범 6천원 절취 사건』 :

2015. 8. 15. 갑은 ⓐ절도범행을 하였다. 2015. 8. 17. 갑은 ⓑ절도범행을 하였다. 2016. 3. 31. 갑은 ⓐ, ⓑ범행으로 징역 10월의 형을 선고받았다(제1전과). 2016. 11. 6. 갑은 ⓒ절도범행을 하였다. 2017. 1. 24. 갑은 ⓓ절도범행을 하였다. 2017. 4. 20. 갑은 ⓒ범행으로 징역 1년의 형을 선고받았다(제2전과). 2017. 4. 28. ⓒ범행으로 인한 제2전과의 형선고 판결이 확정되었다. 2017. 8. 9. 갑은 ⓓ범행으로 징역 2월의 형을 선고받았다(제3전과). 2018. 6. 23. 갑은 제1전과, 제2전과, 제3전과에 따른 형의 집행을 종료하였다.

금고 이상의 형을 선고받아 그 집행이 종료되거나 면제된 후 3년 내에 금고 이상에 해당하는 죄를 지은 사람은 누범으로 처벌된다(형법 제35조). 누범기간인 3년이 경과하지 않은 시점이다. 2018. 8. 29. 갑은 ⓔ절도범행을 하였다. ⓔ절도범행은 요지는 다음과 같다. "2018. 8. 29. 10:56경 갑은 시정되지 않은 A 소유 ㉠승용차의 운전석 문을 열고 들어간 다음 그곳에 있던 A 소유의 동전 등 시가 합계 6,000원 상당의 재물을 가지고 가 이를 절취하였다."

검사는 ⓔ절도범행을 공소사실로 하여 갑을 특정범죄가중법 제5조의4 제5항 제1호(2년 이상 20년 이하의 징역)를 적용하여 기소하였다. 제1심법원은 특정범죄가중법 제5조의4 제5항 제1호를 적용한 절도죄 부분에 대해서는 무죄로 판단하였다. 제1심법원은 형법상의 단순절도죄(6년 이하의 징역 또는 1천만원 이하의 벌금)를 인정하여 징역 2년 6월을 선고하였다.

제1심법원이 특정범죄가중법 제5조의4 제5항 제1호를 적용한 절도죄 부분에 대해 무죄판단의 이유로 제시한 점을 다음과 같다. (가) 특정범죄가중법 제5조의4 제5항 제1호는 각종 절도죄로 세 번 이상 징역형을 받은 사람을 대상으로 한 가중처벌규정이다. (나) 제3전과의 ⓓ절도범죄는 ⓒ범행으로 인한 제2전과 판결이 확정되기 전에 범한 것이다. (다) 형법 제37조 후단은 금고 이상의 형에 처한 판결이 확정된 죄와 그 판결확정전에 범한 죄를 경합범으로 한다고 규정하고 있다(형법 제37조 후단 경합범). (라) 금고 이상의 형에 처한 판결이 확정된 ⓒ죄와 그 판결확정전에 범한 ⓓ죄는 형법 제37조 후단 경합범에 해당한다.

(마) 형법 제39조 제1항은 "경합범중 판결을 받지 아니한 죄가 있는 때에는 그 죄와 판결이 확정된 죄를 동시에 판결할 경우와 형평을 고려하여 그 죄에 대하여 형을 선고한다. 이 경우 그 형을 감경 또는 면제할 수 있다."고 규정하고 있다. (바) 형법 제37조 후단 경합범은 형법 제37조 전단의 동시적 경합범으로 처벌할 수 있었던 상황을 전제로 하고 있다. (사) 금고 이상의 형에 처한 판결이 확정된 ⓒ죄와 그 판결확정전에 범한 ⓓ죄는 형법 제37조 전단의 동시적 경합범으로 처벌할 수 있었던 경우이다. (자) 따라서 ⓒ의 판결확정전에 범한 ⓓ죄는 특정범죄가중법 제5조의4 제5항 제1호가 요구하고 있는 각종 절도죄로 세 번 이상 징역형을 받은 경우에서 제외되어야 한다.

(자) ⓓ죄를 제외하면 갑은 각종 절도죄로 두 번 이상 징역형을 받을 경우에 해당한다. (차) 따라서 갑에게 특정범죄가중법 제5조의4 제5항 제1호의 절도죄가 성립하지 않는다.

검사는 제1심판결에 불복하여 항소하였다. 항소법원은 항소를 기각하고, 제1심판결을 유지하였다. 검사는 불복 상고하였다.

대법원은 다음의 이유를 제시하여 원심판결을 파기환송하였다. 대법원은 특정범죄가중법 제5조의4 제1항 제1호의 절도죄에 대해 다음과 같이 설시하였다. (가) 특정범죄가중법 제5조의4 제5항 제1호는 '형법 제329조부터 제331조까지의 죄 또는 그 미수죄로 세 번 이상 징역형을 받은 사람이 다시 이들 죄(미수범을 포함한다)를 범하여 누범으로 처벌하는 경우에는 2년 이상 20년 이하의 징역에 처한다.'라고 규정하고 있다. (나) 특정범죄가중법 제5조의4 제5항 제1호는 (ㄱ) 전범(前犯)과 후범(後犯)이 모두 동종의 절도 고의범일 것이라는 실질적 관련성을 요구하고, (ㄴ) 전범에 대하여 '3회 이상의 징역형'을 선고받아 형이 아직 실효되지 아니하여야 하며, (ㄷ) 후범을 '누범'으로 처벌하는 경우여야 하는 등 상당히 엄격한 구성요건을 설정하고 있다. (다) 그리고 그 구성요건을 충족하는 행위가 3차례에 걸친 전범에 대한 형벌의 경고기능을 무시하고 다시 누범기간 내에 동종의 절도 범행을 저지른 것이라는 점에서 그 불법성과 비난가능성을 무겁게 평가하여 징벌의 강도를 높임으로써 결국 이와 같은 범죄를 예방하려는 데 특정범죄가중법 제5조의4 제5항 제1호의 목적이 있다.

(라) 특정범죄가중법 제5조의4 제1항 제1호의 문언 내용 및 입법 취지를 고려한다. (마) 형법 제37조 후단과 제39조 제1항의 규정은 (ㄱ) 법원이 형법 제37조 후단 경합범인 판결을 받지 아니한 죄에 대한 판결을 선고할 경우 (ㄴ) 판결이 확정된 죄와 동시에 판결할 경우와의 형평을 고려하여야 한다는 형의 양정(형법 제51조)에 관한 추가적인 고려사항과 (ㄷ) 형평에 맞지 않는다고 판단되는 경우에는 형의 임의적 감면을 할 수 있음을 제시한 것일 뿐이다. (바) 형법 제37조 후단과 제39조 제1항의 규정은 판결이 확정된 죄에 대한 형의 선고와 그 판결확정 전에 범한 죄에 대한 형의 선고를 하나의 형의 선고와 동일하게 취급하라는 것이 아니다.

(사) 이러한 점 등을 고려하면, 특정범죄가중법 제5조의4 제1항 제1호 중 '세 번 이상 징역형을 받은 사람'은 그 문언대로 형법 제329조 등의 죄로 세 번 이상 징역형을 받은 사실이 인정되는 사람으로 해석하면 충분하다. (아) 전범 중 일부가 나머지 전범과 사이에 형법 제37조 후단 경합범의 관계에 있다고 하여 이를 특정범죄가중법 제5조의4 제1항 제1호에 규정된 처벌받은 형의 수를 산정할 때 제외할 것은 아니다.

대법원은 사실관계를 분석하였다. 대법원은 갑의 행위에 대해 다음과 같이 판단하였다. (가) 제3전과의 ⓓ절도범죄는 제2전과의 ⓒ절도범죄와 형법 제37조 후단 경합범의 관계에 있다. (나) 그렇다고 하여 제3전과가 '세 번 이상 징역형'의 횟수에서 제외될 수는 없다. (다) 그러므로 갑은 형법 제329조부터 제331조까지의 죄 또는 그 미수죄로 '세 번 이상 징역형을 받은 사람'에 해당한다. (라) 따라서 공소사실 기재 ⓔ절도 범행은 특정범죄가중법 제5조의4 제1항 제1호의 적용대상이 된다.

96도3411

1997. 2. 25. 96도3411, 공 1997, 1021 = 『**취객 매출전표 사건**』:

갑과 을은 P주점에서 술에 취해 잠든 취객 A에게 폭행·협박을 가하여 항거불능하게 한 다음 Q카드회사의 ㉠매출전표에 서명하게 하였다. A는 ㉠매출전표에 다른 사람 B의 명의로 서명하였다. A는 갑과 을이 잠든 틈을 타서 ㉠매출전표를 들고 P주점을 빠져나왔다.

검사는 갑과 을을 특수강도죄로 기소하였다. 갑의 피고사건은 제1심을 거친 후, 항소심에 계속되었다. 항소법원은 갑과 을을 특수강도죄의 기수범으로 처단하였다. 갑과 을은 불복 상고하였다. 갑과 을은 상고이유로 다음의 점을 주장하였다. (가) ㉠매출전표는 다른 사람 B의 명의로 되어 있어 지급불능이다. (나) A가 ㉠매출전표를 들고 가버렸으므로 카드회사에서 돈을 받을 수 없었다. (다) 재산상 이익을 취득한 바가 없어 이익강취죄의 기수범이 성립하지 않는다.

대법원은 다음의 이유를 제시하여 상고를 기각하였다. (가) 갑과 을은 A로 하여금 ㉠매출전표에 서명을 하게 한 다음 이를 교부받아 소지하였다. (나) 그렇게 함으로써 이미 외관상 ㉠매출전표를 제출하여 신용카드회사로부터 그 금액을 지급받을 수 있는 상태가 되었다. (다) A가 ㉠매출전표에 B라고 서명한 탓으로 갑과 을이 신용카드회사에게 ㉠매출전표를 제출하여도 신용카드회사가 신용카드 가맹점 규약 또는 약관의 규정을 들어 그 금액의 지급을 거절할 가능성이 있기는 하다. (라) 그러나 그로 인하여 갑과 을이 ㉠매출전표상의 금액을 지급받을 가능성이 완전히 없어져 버린 것이 아니고 외견상 여전히 그 금액을 지급받을 가능성이 있는 상태이다. (마) 그러므로 결국 갑과 을이 '재산상 이익'을 취득하였다고 볼 수 있다.

(바) 갑과 을이 ㉠매출전표를 작성시켜 취득한 후에 갑과 을이 잠들어 있는 틈을 타서 A가 갑과 을 몰래 ㉠매출전표를 가지고 나온 탓으로 갑과 을이 카드회사로부터 ㉠매출전표에 기재된 금원을 지급받지 못하게 되었다. (사) 그렇다 하더라도 이미 기수에 달한 강제이득죄의 성부에 어떠한 영향을 줄 수 없다.

2003도4417

2003. 10. 24. 2003도4417, 공 2003, 2285 = 『**202호 아파트 철제난간 사건**』:

(연도 생략함.) 3. 2. 19:30경 갑은 M아파트 1618동 102호에서 미리 준비한 드라이버를 창문 틈 사이에 넣어 문고리를 젖혀 문을 열고 102호 아파트에 침입하여 물건을 훔쳤다(㉮행위). 19:45경 갑은 같은 동(洞) N아파트 1909동 뒤편에 이르렀다. 갑은 202호 아파트에 침입하여 물건을 훔칠 의도하에 202호 아파트에 갔다. 202호 아파트 뒤쪽 베란다 외부에는 알루미늄 샷시 유리창이 설치되어 있고, 그 외부에 높이 약 1~1.5m 정도의 철제난간이 설치되어 있었다. 3. 2.의 일몰시각은 18:26경으로 갑의 범행 무렵 이미 해가 져서 주위가 어두운 상태였다.

A는 N아파트 관리인이다. 19:45경 N아파트 1909동 2라인에서 적외선 감지기 센서가 작동하였다. A가 현장에 달려가 보니 갑이 베란다 난간을 잡고 있는 것이 보였다. A는 "도둑이야"라고 소리를 쳤다. 갑은 그 소리에 놀라 2층 베란다 난간에서 밑으로 뛰어내려 도망하였다. 갑은 도주하다가 미리 소지하고 있던 드라이버를 A의 얼굴에 들이대면서 "너 잡지 마, 잡으면 죽여"라고 말하여 겁을 주었다(㉯행위).

검사는 ㉯행위에 대해 갑을 준강도죄로 기소하였다. 갑은 1층 아파트의 철제난간을 밟고 2층 아파트의 철제난간을 잡은 상태에서 202호 아파트의 유리창문이 잠겼는지 여부를 알기 위하여 손전등으로 비춰보던 중 발각되었다고 주장하였다. 제1심법원은 다음의 이유를 들어 무죄를 선고하였다. (가) 갑의 주장에 신빙성이 있다. (나) 갑의 ㉯행위는 야간주거침입절도죄의 예비단계에 불과할 뿐 실행에 착수하였다고 단정할 수 없다. 검사는 불복 항소하였다. 항소법원은 항소를 기각하고, 제1심판결을 유지하였다. 검사는 불복 상고하였다.

대법원은 다음의 이유를 제시하여 원심판결을 파기환송하였다. 대법원은 준강도죄의 실행의 착수시점에 대해 다음과 같이 설시하였다. (가) 준강도의 주체는 절도 즉 절도범인으로, 절도의 실행에 착수한 이상 미수이거나 기수이거나 불문한다. (나) 야간에 타인의 재물을 절취할 목적으로 사람의 주거에 침입한 경우에는 주거에 침입한 단계에서 이미 형법 제330조에서 규정한 야간주거침입절도죄라는 범죄행위의 실행에 착수한 것이라고 보아야 한다. (다) 주거침입죄의 경우 주거침입의 범의로써 예컨대, (ㄱ) 주거로 들어가는 문의 시정장치를 부수거나 (ㄴ) 문을 여는 등 침입을 위한 구체적 행위를 시작하였다면 주거침입죄의 실행의 착수는 있었다고 보아야 한다.

대법원은 갑의 ㉯행위에 대해 다음과 같이 판단하였다. (가) (사실관계 분석; 생략함.) (나) [사실관계의 여러 정황에 비추어 보면,] 갑이 202호 아파트의 철제난간 부분까지 올라가 그 철제난간을 잡고 유리창을 열려고 시도하다가 아파트경비원에게 발각되었을 개연성이 더 많다. (다) 주거침입죄의 실행의 착수는 주거자, 관리자, 점유자 등의 의사에 반하여[대법원은 2021. 9. 9. 2020도12630 전원합의체 판결을 통하여 주거침입죄의 침입 여부를 '주거의 사실상 평온' 침해 여부를 기준으로 판단하는 객관설로 전환하였다.] 주거나 관리하는 건조물 등에 들어가는 행위를 개시하는 것으로 족하다. (라) 즉 구성요건의 일부를 실현하는 행위까지 요구하는 것은 아니고, 범죄구성요건의 실현에 이르는 현실적 위험성을 포함하는 행위를 개시하는 것으로 족하다. (마) 갑은 202호 아파트에 침입하여 물건을 훔칠 의도하에 202호 아파트의 베란다 철제난간까지 올라가 유리창문을 열려고 시도하였다. (바) 그렇다면 주거의 사실상의 평온을 침해할 객관적 위험성을 포함하는 구체적인 행위를 한 것으로 볼 수 있다.

73도1553

1973. 11. 13. 73도1553 **전원합의체 판결, 공 1973, 7621 = 분석 각론 『절도범 주운 칼 사건』** :

절도범 갑은 처음에는 흉기를 휴대하지 아니하였다. 갑은 절도 현장에서 주인 A에게 발각되었다. A는 갑을 붙잡기 위하여 추격하였다. 갑은 체포를 면할 목적으로 [과일 노점상 위에 있던] 칼을 집어들었다. 갑은 칼을 들고 A에게 쫓아오지 말라고 위협하였다.

검사는 갑을 준강도죄로 기소하였다. 갑의 피고사건은 제1심을 거친 후, 항소심에 계속되었다. 항소법원은 유죄를 인정하였다. 항소법원은 특수강도죄(무기 또는 5년 이상의 징역)의 예에 따라 처단하였다. 항소법원은 정상참작감경을 인정하여 갑에게 징역 2년 6월을 선고하였다. 갑은 불복 상고하였다. 갑은 상고이유로, 단순강도(3년 이상의 무기징역)의 예에 따르지 아니한 법리오해의 위법이 있다고 주장하였다.

대법원은 다음의 이유를 제시하여 상고를 기각하였다. 대법원은 10 대 3으로 견해가 나뉘었다. 대법원은 다수의견에 따라 갑의 상고이유를 배척하였다.

다수의견(폭행 · 협박기준설)은 다음의 논지를 제시하였다. (가) 준강도에 관한 형법 제335조를 보면 절도가 재물의 탈환을 항거하거나, 체포를 면탈하거나, 죄적을 인멸할 목적으로 폭행 또는 협박을 가한 때에는 형법 제333조와 형법 제334조의 예에 의한다고 규정하고 있다. (나) 이 조문은 (ㄱ) 절도범인이 절도기수 후 또는 절도의 착수 후 그 수행의 범의를 포기한 후에 (ㄴ) 소정의 목적으로서 폭행 또는 협박을 하는 행위가 (ㄷ) 그 태양에 있어서 재물탈취의 수단으로서 폭행, 협박을 가하는 강도죄와 같이 보여질 수 있는 실질적 위법성을 지니게 됨에 비추어 (ㄹ) 이를 엄벌하기 위한 취지로 규정[되어] 있는 것이다.

(다) 강도죄에 있어서 재물탈취의 수단인 폭행 또는 협박의 유형을 흉기를 휴대하고 하는 경우와 그렇지 않은 경우로 나누어 (ㄱ) 흉기를 휴대하고 하는 경우를 특수강도로 하고, (ㄴ) 그렇지 않은 경우를 단순강도로 하여 처벌을 달리하고 있다. (라) 이 점에 비추어 보면, 절도범인이 처음에는 흉기를 휴대하지 아니하였으나 체포를 면탈할 목적으로 폭행 또는 협박을 가할 때에 비로소 흉기를 휴대사용하게 된 경우에는 형법 제334조의 예에 의한 준강도(특수강도의 준강도)가 되는 것으로 해석하여야 할 것이다. (마) 그러므로 처음에 흉기를 휴대하지 않았던 절도범인인 피고인(갑)이 체포를 면탈할 목적으로 추적하는 사람(A)에 대하여 비로소 흉기를 휴대하여 흉기로서 협박을 가한 소위를 특수강도의 예에 의한 준강도로 의율한 원심의 조처는 정당하다. (바) 원심의 그 조처에 준강도에 관한 법리를 오해한 위법이 없다.

반대의견(절도범기준설)은 다음의 논지를 제시하였다. (가) 법리상 본건에서 문제가 되는 것은 준강도에 있어 그 처벌에 경, 중 두 가지의 경우가 있게끔 규정한 형법 제335조를 어떻게 가리어 볼 것이냐는 점이다. (나) 이는 구법[의용형법]에서는 도시 문제가 될 수 없었던 현형법에서 비로소 일어나는 새로운 문제이다. (다) 제335조의 명문을 자세히 보자. (라) 거기에는 (ㄱ) 범죄의 주체는 절도범인이요, (ㄴ) 목적이 있어야 한다고 되었고 (ㄷ) 행위는 폭행, 협박으로만 되어 있지 (ㄹ) 행위의 정도, 방법 따위에 대하여는 법문은 말이 없다. (마) 따라서 목적이나 행위로서는 준강도로서 단순강도로 처벌하느냐, 특수강도로서 가중처벌하느냐를 구별지울 근거는 명문상 전혀 없다 하겠다.

(바) 그렇다면 급기야 범죄의 주체인 '절도'의 분석이해로 그 이유를 찾게 된다. (사) 현행 형법은 절도를 단순절도(제329조), 야간주거침입절도(제330조), 특수절도(제331조) 등으로 유형을 갈라 놓았음에 눈 돌릴때 해답은 이미 나온다 하겠다. (아) 즉 단순절도범이 제335조에 규정된 목적으로 폭행, 협박을 가한 경우는 단순강도로 처단될 것이다. (자) (구법[의용형법]에서는 이 점만을 규정했었으니 문제는 없었다), (차) 야간주거침입절도 범인이 역시 제335조에 적힌 목적으로 폭행, 협박을 가하면 특수강도로서 가중처벌되는 것이다. (카) 특수절도범인(제331조 제2항[흉기휴대절도, 합동절도]에 저촉되는 것뿐이고 제1항[야간손괴주거침입절도]에 저촉되는 것은 제외된다)이 역시 제335조에 적힌 목적으로 폭행, 협박을 가하면 특수강도로서 가중처벌되는 것이다.

(타) 준강도로서 가중처벌되느냐 아니냐는 목적이나 행위로서 구별할 수 없고 범죄의 주체에 따라 하는 길이 달라진다는 것이 제335조의 법의이다. (파) 제335조에서 "예에 의한다"는 말은 '논한다'는 말과 같아서 쉽게 말하여 "처벌한다"는 뜻과 비슷한 말이 될 것이다. (하) 그러므로 특수강도의 예에 의한다는 뜻은 특수강도로서 특수강도죄의 형을 적용하고, 미수인 경우 같으면 특수강도미수로 따진다는 의미이다. (거) 특수강도의 예에 의한다고 했다 해서 특수강도의 구성요건을 그대로 가져다가 씌워 버린다는 뜻은 결코 아니다.

(너) 절도범인이 특수강도죄(제334조)에 규정된 행위를 하면 특수강도의 예에 의하는 준강도가 된다는 식으로 제335조를 이해할 수는 명문상 도저히 용납될 수 없다. (더) 왜냐하면 (ㄱ) 준강도가 되는 행위는 폭행, 협박이라 함이 제335조의 규정이기 때문이요, (ㄴ) 본 조에서 이해되는 폭행, 협박은 남의 반항을 억압할 정도의 정도가 높은 것이면 족하고 그 방법이나 정도를 명문이 규정한 바 없으니 말이다.

(러) 이 사건에 있어서 단순절도범인인 피고인(갑이) 달아나던 중에 주은 흉기를 안잡히려고 휘둘렀다고 원심이 사실확정을 하였다. (머) 그러한 이상 어디까지나 흉기를 휘두른 행위는 폭행, 협박의 수단일 뿐이므

로 단순강도의 예에 의하여야 할 것이다. (버) 그러거늘 도리어 무겁게 특수강도의 예에 따라 처단한 원심판단은 준강도의 법리를 오해한 위법이 있어 이 점을 논하는 논지는 이유있어 원판결은 파기를 못 면할 것이다.

(서) 다수의견은 피고인이 달아나다가 주은 흉기를 안잡히려고 휘두른 것이 흉기를 휴대한 때에 해당된다고 한다. (어) 그렇지만 흉기 휴대는 준강도의 구성요건은 아님(다수의견이 말하는 흉기 휴대는 특수강도의 구성요건이다)을 보아 넘긴 잘못이 있다. (저) 이처럼 다수의견은 명문을 넘어서 그도 또 가중처벌하므로서 형법이 실로 생명으로 삼는 죄형법정주의를 짓밟는 결과에 이르렀다.

2004도5074

2004. 11. 18. 2004도5074 **전원합의체 판결, 공 2004, 2096 = 분석 각론 『양주병 바구니 사건』.**

갑과 을은 양주를 절취할 목적으로 장소를 물색하고 있었다. M장소에는 5층짜리 N건물이 있다. N건물 2층에는 A가 운영하는 ㉠주점이 있다. B와 C는 ㉠주점의 종업원이다. 2003. 12. 9. 06:30경 갑과 을은 ㉠주점에 이르렀다. 을은 N건물 1층과 2층 계단 사이에서 갑과 무전기로 연락을 취하면서 망을 보았다. 갑은 ㉠주점의 잠금장치를 뜯고 침입하였다. 갑은 ㉠주점 내 진열장에 있던 양주 45병 시가 160만원 상당을 미리 준비한 바구니 3개에 담고 있었다. ㉠주점 종업원 B와 C는 퇴근중이었다. B와 C는 계단에서 서성거리고 있던 을을 수상히 여겼다. B와 C는 ㉠주점으로 돌아가려고 하였다. 갑은 B와 C가 ㉠주점으로 돌아오는 소리를 들었다. 갑은 양주를 그대로 둔 채 ㉠주점의 출입문을 열고 나왔다. B와 C는 갑을 붙잡았다. 갑은 체포를 면탈할 목적으로 갑의 목을 잡고 있던 B의 오른손을 깨물었다.

1953년 제정된 형법은 형법 제335조의 준강도를 형법 제342조의 미수범 처벌규정에 명시하지 않았다. 미수범 처벌규정이 없으므로 형법 제335조의 준강도에는 형법 제25조 제2항의 미수감경이 인정되지 않았다. 종래 대법원판례는 절도미수범이 체포를 면탈하기 위하여 폭행한 경우를 준강도 기수범으로 처벌하고 있었다. 형법 제335조는 준강도죄의 처벌을 단순강도죄(형법 제333조) 또는 특수강도죄(형법 제334조)의 예에 따르도록 규정하고 있다. 준강도죄의 기수범이 단순강도죄의 예에 따라 처벌될 경우 3년 이상의 유기징역으로 처벌된다. 준강도죄의 기수범이 특수강도죄의 예에 따라 처벌될 경우 무기 또는 5년 이상의 징역으로 처벌된다. 1995년 말의 형법 일부개정에 의하여 형법 제342조 미수범 처벌규정에 형법 제335조 준강도가 명시되었다. 미수범 처벌규정에 명시됨에 따라 준강도죄에도 미수감경을 할 여지가 생겼다.

갑은 특수절도(합동절도)의 범인으로서 체포를 면탈하기 위하여 폭행을 가한 것이다. 검사는 갑을 준강도의 기수범으로 기소하였다. 기수범으로 유죄가 인정될 경우 갑은 형법 제334조 특수강도죄의 예에 따라 무기 또는 5년 이상의 징역으로 처벌된다. 갑의 피고사건은 제1심을 거친 후, 항소심에 계속되었다. 항소법원은 준강도 미수죄를 인정하였다. 항소법원은 형법 제25조 제2항에 따라 갑에게 임의적 감경을 인정할 수 있다. 형법 제55조는 다음과 같이 법률상 감경을 인정하고 있다. (가) 무기징역은 10년 이상 50년 이하의 징역 또는 금고로 감경된다. (나) 유기징역은 그 형기의 2분의 1로 한다. 검사는 불복 상고하였다.

2004. 11. 18. 대법원은 판결을 선고하였다. 대법원은 다음의 이유를 제시하여 상고를 기각하였다. 대법원은 다음과 같이 견해가 나뉘었다. (가) 다수의견 8명 : 절도범기준설, 특수강도 미수의 예에 따름. (나) 별개의견 3명 : 결합설, 특수강도 미수의 예에 따름. (다) 반대의견 1명 : 폭행 · 협박기준설, 특수강도 기수의 예에 따름. 대법원은 다수의견과 별개의견에 따라 종전 판례를 폐기하였다.

다수의견(절도범기준설)은 다음의 논지를 제시하였다. (가) 형법 제335조에서 절도가 재물의 탈환을 항거하거나 체포를 면탈하거나 죄적을 인멸할 목적으로 폭행 또는 협박을 가한 때에 준강도로서 강도죄의 예에 따라 처벌하는 취지는, 강도죄와 준강도죄의 구성요건인 재물탈취와 폭행·협박 사이에 시간적 순서상 전후의 차이가 있을 뿐 실질적으로 위법성이 같다고 보기 때문이다. (나) 피해자에 대한 폭행·협박을 수단으로 하여 재물을 탈취하고자 하였으나 그 목적을 이루지 못한 자는 강도미수죄로 처벌된다. (다) 그러한 것과 마찬가지로 절도미수범인이 폭행·협박을 가한 경우에도 강도미수에 준하여 처벌하는 것이 합리적이다. (라) 만일 강도죄에 있어서는 재물을 강취하여야 기수가 됨에도 불구하고 준강도의 경우에는 폭행·협박을 기준으로 기수와 미수를 결정하게 되면 재물을 절취하지 못한 채 폭행·협박만 가한 경우에도 준강도죄의 기수로 처벌받게 됨으로써 강도미수죄와의 불균형이 초래된다. (마) 위와 같은 준강도죄의 입법 취지, 강도죄와의 균형 등을 종합적으로 고려해 보면, 준강도죄의 기수 여부는 절도행위의 기수 여부를 기준으로 하여 판단하여야 한다고 봄이 상당하다. (바) 이와 달리 절도미수범이 체포를 면탈하기 위하여 폭행을 가한 경우에 준강도미수로 볼 수 없다고 한 1964. 11. 20. 64도504 판결, 1969. 10. 23. 69도1353 판결 등은 위의 법리에 저촉되는 범위에서 이를 변경하기로 한다.

별개의견(결합설)은 다음의 논지를 전개하였다. (가) 이 사건과 같이 절도미수범이 체포면탈 등을 목적으로 폭행 또는 협박을 가한 경우에 이를 준강도죄의 기수범으로 처벌할 수 없다고 보는 점에 있어서는 다수의견과 견해를 같이 한다. (나) 그러나 절취행위의 기수 여부만을 기준으로 하여 준강도죄의 기수 여부를 판단하여야 한다는 다수의견의 견해에는 찬성할 수 없다. (다) 형법 제335조에 정한 준강도죄는 절도가 재물의 탈환을 항거하거나 체포를 면탈하거나 죄적을 인멸할 목적으로 폭행 또는 협박을 가함으로써 성립하는 죄이다. (라) 그러므로 준강도죄에 있어서 그 행위의 주체는 절도범인(미수범 포함)이라 할 것이지만, 그 구성요건적 행위는 폭행 또는 협박이라고 보아야 한다. (마) 그런데 준강도죄에 있어서의 폭행이나 협박은 일반강도죄와의 균형상 사람의 반항을 억압하는 수단으로서 일반적·객관적으로 가능하다고 인정되는 정도일 것이 요구된다. (바) 그러므로 일반적·객관적으로 보아 사람의 반항을 억압할 정도의 폭행 또는 협박을 개시한 때에 준강도죄의 실행의 착수가 있다고 보아야 한다.

(사) 형법 제342조는 제335조의 미수범을 처벌한다고 규정하고 있다. (아) 형법 제25조 제1항은 범죄의 실행에 착수하여 행위를 종료하지 못하였거나 결과가 발생하지 아니한 때에는 미수범으로 처벌한다고 규정하고 있다. (자) 준강도죄에 있어서도 원칙적으로 그 실행의 착수 이후의 상황에 의하여 기수 여부를 결정하여야 한다. (차) 따라서 절도범이 일반적·객관적으로 보아 사람의 반항을 억압할 정도의 폭행 또는 협박을 개시하기는 하였으나 그 행위를 종료하지 못하였거나 또는 그로 인한 결과가 발생하지 아니한 때에는 이를 준강도죄의 미수범으로 처벌한다는 것이 형법 제25조, 제335조 및 제342조가 규정하는 바이다.

(카) 원래 '사람의 신체에 대한 유형력의 행사 등 불법한 일체의 공격'을 의미하는 형법 제260조 제1항의 폭행에 있어서는 그러한 행위가 미수에 그친 경우를 상정하기 어렵다. (타) 형법 역시 폭행죄의 미수범을 처벌하는 규정을 두고 있지 않다. (파) 그렇지만 '사람으로 하여금 공포심을 일으킬 수 있을 정도의 해악의 고지'를 의미하는 형법 제283조 제1항의 협박에 있어서는 그러한 행위가 미수에 그친 경우를 상정할 수 있으며 형법도 제286조에서 협박죄의 미수범을 처벌한다고 규정하고 있다.

(하) 뿐만 아니라 더 나아가 준강도죄에 있어서의 폭행 또는 협박이란 앞서 본 바와 같이 형법 제260조 제1항 및 제283조 제1항에 정한 폭행이나 협박의 개념과는 달리 일반적·객관적으로 보아 사람의 반항을 억압할 정도일 것이 요구되는 것이다. (거) 그리하여 그와 같은 정도의 폭행 또는 협박행위가 개시되기는 하였으나 상대방에게 도달하지 않았거나 도달하였다고 하더라도 상대방의 반항이 전혀 억압되지 않은 경우를 충분히 상정할 수 있으므로, 그러한 경우를 준강도죄의 미수범으로 처벌하는 것이 원칙일 것이다. (너) 이는 객관적으로 보아 피해자의 반항을 억압할 정도의 폭행 또는 협박이 있었음에도 불구하고 피해자가 반항의사가 전혀 억압된 바 없이 단지 귀찮은 생각에서 또는 연민의 정에서 재물을 교부한 경우 이를 강도죄의 기수범이 아니라 미수범으로 처벌하여야 할 것인 점에 비추어 보더라도 더욱 그러하다.

(더) 다만, 형법 제335조는 절도범인이 절도의 기회에 재물탈환의 항거 등의 목적으로 폭행 또는 협박을

하는 행위가 그 태양에 있어서 재물탈취의 수단으로서 폭행 또는 협박을 가하는 강도죄와 같이 보여질 수 있는 실질적 위법성을 지니게 됨에 비추어 이를 강도의 예에 의하여 무겁게 처벌하기 위한 규정이라는 점과 다수의견이 들고 있는 여러 논거들을 종합해 본다. (러) 폭행·협박행위를 기준으로 하여 준강도죄의 미수범을 인정하는 외에 절취행위가 미수에 그친 경우에도 이를 준강도죄의 미수범이라고 보아 강도죄의 미수범과 사이의 균형을 유지함이 상당하다. (머) 그러므로 폭행·협박행위 또는 절취행위 중 어느 하나라도 미수에 그쳤다면 이는 준강도죄의 미수범에 해당한다고 보아야 한다. (버) 다수의견은 절취행위의 기수 여부만을 기준으로 삼은 나머지 준강도죄의 미수범으로 처벌하여야 할 원칙적인 경우를 아예 제외하고 있는 점에서 찬성할 수 없어 이에 별개의견을 밝힌다.

반대의견(폭행 · 협박기준설)은 다음의 논지를 제시하였다. (가) 다수의견은, 준강도죄의 입법 취지, 강도죄와의 균형 등을 종합적으로 고려하여 보면, 준강도죄의 기수 여부는 절도행위의 기수 여부를 기준으로 판단하여야 한다고 봄이 상당하다고 하면서, 이러한 견해에 어긋나는 종전의 대법원판결들은 변경되어야 한다고 한다. (나) 그러나 이러한 견해는 준강도죄의 본질 및 미수범에 관한 법리를 오해한 데서 비롯된 것으로 볼 수밖에 없어 찬성하기 어렵다. (다) 형법 제335조에서 절도가 재물의 탈환을 항거하거나 체포를 면탈하거나 죄적을 인멸할 목적으로 폭행 또는 협박을 가한 때에는 강도죄의 예에 따라 처벌하도록 한 취지는, 강도죄와 준강도죄의 구성요건인 재물탈취와 폭행·협박 사이에 시간적 순서상 전후의 차이가 있을 뿐 실질적으로 위법성이 같다고 보기 때문이라는 점을 다수의견은 그 주된 논거로 삼고 있다.

(라) 그러나 형법 제335조의 준강도죄는 그 행위의 위험성으로 인하여 형사정책상 강도죄와 같이 처벌하는 독립된 범죄이다. (마) 강도죄와 불법내용의 동일성을 인정할 수 있는 재물탈환항거를 목적으로 하는 폭행·협박 외에 그 동일성을 인정할 수 없는 체포면탈이나 죄적인멸을 목적으로 하는 폭행·협박을 포함하는 것이므로 강도죄와 준강도죄는 그 취지와 본질을 달리한다고 보아야 한다.

(바) 그리고 다수의견은 강도죄에 있어서는 재물을 강취하여야 기수가 됨에도 절도 미수가 재물탈환을 항거할 목적으로 폭행·협박을 가한 경우 준강도의 기수로 강도의 기수와 동일하게 처벌받게 되는 점이 균형이 맞지 않는다고 한다. (사) 그러나 절도 미수라고 하더라도 일정한 목적을 위하여 사람의 반항을 억압할 정도의 폭행 또는 협박을 하는 경우 그 실질적 위법성이 강도죄와 같다고 보아 이를 강도죄의 기수와 동일하게 처벌하는 것이 형사정책적으로 반드시 불합리하다거나 균형이 맞지 아니하다고 단정할 수 없다. (아) 절도가 미수에 그쳤다는 점은 양형의 단계에서 유리한 사정으로 참작함으로써 다수의견이 우려하는 불균형은 대부분 해소될 수 있다. (자) 이와 같은 점에서 다수의견이 내세우는 논거는 그 타당성이 의심스럽다.

(차) 나아가, 준강도죄에 있어 행위의 주체는 '절도'이고, 구성요건적 행위는 '재물의 탈환을 항거하거나 체포를 면탈하거나 죄적을 인멸할 목적으로 폭행 또는 협박을 가하는 것'이다. (카) 한편, 형법 제25조 제1항이 "범죄의 실행에 착수하여 행위를 종료하지 못하였거나 결과가 발생하지 아니한 때에는 미수범으로 처벌한다."고 규정하고 있는 데서 알 수 있듯이 범죄의 기수·미수를 구별하는 기준은 범죄의 완성 여부 즉, 구성요건적 행위의 종료 여부이다. (타) 그러므로 준강도죄의 주체는 절도이고 여기에는 기수는 물론 형법상 처벌규정이 있는 미수도 포함된다. (파) 그렇지만 준강도죄의 기수·미수의 구별은 구성요건적 행위인 폭행 또는 협박이 종료되었는가 하는 점에 따라 결정된다고 해석하는 것이 법규정의 문언 및 미수론의 법리에 부합하는 것이다. (하) 결국, 다수의견이 내세우는 논거는 그 합리성이 없다.

(거) 뿐만 아니라 설사 그 주장과 같은 불균형이 인정되는 경우라도 이는 양형의 단계에서 해결할 성질의 것이다. (너) 양형의 단계에서 해결할 수 없는 불균형이 있다면 이는 준강도의 법정형을 낮추거나, 절도미수를 준강도의 주체에서 제외함으로써 준강도의 주체를 절도 기수에 한정하는 등 입법적으로 해결하여야 할 문제라고 할 것이다. (더) 이를 형법 제335조의 해석론으로 해결하려는 다수의견의 시도는 법규정의 문리해

석상 허용되지 않는다고 보아야 할 뿐만 아니라, 준강도죄의 본질 및 미수범의 법리에 어긋나는 것이라고 하지 않을 수 없다.

제39장 사기와 공갈의 죄

2015도15101

2016. 2. 19. 2015도15101 **전원합의체 판결**, 공 2016상, 538 = **『대포통장 체크카드 사건』**:

통신사기피해환급법에 따르면 '전기통신금융사기'는 「전기통신기본법」에 따른 전기통신을 이용하여 타인을 기망·공갈함으로써 재산상의 이익을 취하거나 제3자에게 재산상의 이익을 취하게 하는 행위를 말한다. 통신사기피해환급법은 '전기통신금융사기'를 다음 두 가지 행위로 구별하고 있다. (가) 자금을 송금·이체하도록 하는 행위(㉮규정). (나) 개인정보를 알아내어 자금을 송금·이체하는 행위(㉯규정). 통신사기피해환급법은 다음의 처벌규정을 두고 있다. (가) 전기통신금융사기를 목적으로 타인으로 하여금 컴퓨터 등 정보처리장치에 정보 또는 명령을 입력하게 하는 행위를 한 자는 10년 이하의 징역 또는 1억원 이하의 벌금에 처한다(㉰처벌규정). (나) 전기통신금융사기를 목적으로 취득한 타인의 정보를 이용하여 컴퓨터 등 정보처리장치에 정보 또는 명령을 입력하는 행위를 한 자는 10년 이하의 징역 또는 1억원 이하의 벌금에 처한다(㉱처벌규정).

M보이스피싱 조직은 A를 기망하여 B 명의의 ⓑ계좌로 ㉠돈을 송금하게 하였다. B 명의의 ⓑ계좌는 보이스피싱 사기에 이용하기 위한 대포통장이었다. ㉡체크카드는 ⓑ계좌에 입금된 자금을 사용하기 위한 카드이다. 갑은 M보이스피싱 조직의 자금 인출책이다. 갑은 ㉡체크카드를 공범 을로부터 건네받아 보관하고 있었다. 갑은 N은행 L지점으로 갔다. 갑은 L지점에 있는 현금인출기에 B 명의의 ㉡체크카드를 넣고 비밀번호를 입력하여 ㉠현금을 인출하였다(㉲행위).

검사는 갑의 ㉲행위에 대해 통신사기피해환급법의 ㉱처벌규정을 적용하여 갑을 기소하였다. 제1심법원은 다음과 같이 판단하였다. (가) 전기통신금융사기 피해자의 송금·이체행위에 해당하는 정보 등의 입력행위가 ㉱처벌조항의 구성요건에 해당한다. (나) 그 이후에 이루어지는 사기이용계좌인 이른바 대포통장 계좌에서의 인출행위에 해당하는 정보 등의 입력행위는 ㉱처벌조항의 구성요건에 해당하지 않는다. 제1심법원은 무죄를 선고하였다. 검사는 불복 항소하였다. 항소법원은 항소를 기각하고, 제1심판결을 유지하였다. 검사는 불복 상고하였다.

대법원은 8 대 5로 의견이 나뉘었다. 다수의견은 전기통신금융사기 피해자의 송금·이체행위 이후에 이루어지는 사기이용계좌에서의 인출행위에 해당하는 정보 등의 입력행위는 ㉱처벌조항의 구성요건에 해당하지 않는다고 판단하였다. 소수의견은 전기통신금융사기 피해자의 송금·이체행위 이후에 이루어지는 사기이용계좌에서의 인출행위에 해당하는 정보 등의 입력행위는 ㉱처벌조항의 구성요건에 해당한다고 주장하였다. 소수의견은 규제의 필요성을 강조하였다(내용 소개는 생략함.) 대법원은 다수의견에 따라 검사의 상고를 기각하였다. (이하 다수의견을 대법원으로 표시하여 내용을 소개함.)

대법원은 전기통신금융사기의 유형과 처벌조항의 관계에 대해 다음과 같이 설시하였다. (가) (전략.) (나) ㉰처벌조항의 행위는 전기통신금융사기 중 ㉮규정 행위인 '타인을 기망하여 타인의 자금을 송금·이체하도록 하는 것'을 목적으로 하는 행위이다. (다) ㉰처벌조항의 행위는 '기망된 타인으로 하여금 정보 또는 명령을 입력하게 하는 행위'를 말한다. (라) ㉱처벌조항의 행위는 전기통신금융사기 중 ㉯규정 행위인 '타인을 기망하여 개인정보를 알아내어 타인의 자금을 송금·이체하는 것'을 목적으로 하는 행위이다. (마) ㉱처벌조항의 행위는 '기망에 의하여 취득한 타인의 정보를 이용하여 정보 또는 명령을 입력하는 행위'를 말한다. (바)

(중략.)

대법원은 전기통신금융사기의 성립 시점에 대해 다음과 같이 설시하였다. (가) ㉰처벌규정 또는 ㉱처벌규정의 행위에 의한 정보 또는 명령의 입력으로 자금이 사기이용계좌로 송금·이체되면 전기통신금융사기 행위는 종료되고 ㉰·㉱처벌조항 위반죄는 이미 기수에 이른다. (나) 그 후에 사기이용계좌에서 현금을 인출하거나 다시 송금하는 행위는 범인들 내부 영역에서 그들이 관리하는 계좌를 이용하여 이루어지는 행위이다. (다) 이를 두고 새로 전기통신금융사기를 목적으로 하는 행위라고 할 수 없다.

대법원은 전기통신금융사기의 상대방에 대해 다음과 같이 설시하였다. (가) 통신사기피해환급법 ㉮·㉯규정에서 정한 '타인'은 '기망의 상대방으로서 전기통신금융사기의 대상이 된 사람'을 의미한다. (나) ㉰처벌규정의 행위에서 정하고 있는 정보 또는 명령을 입력하는 주체인 '타인' 역시 위와 같은 의미임이 분명하다. (다) 이에 비추어 보면 ㉱처벌규정의 행위에서 정하고 있는 정보 취득의 대상인 '타인' 역시 위와 마찬가지로 '전기통신금융사기의 대상이 된 사람'을 의미한다고 해석함이 타당하다. (라) ㉱처벌규정의 행위에 관하여서만 이와 달리 해석하여 그 '타인'에 사기이용계좌 명의인까지 포함된다고 볼 수는 없다.

대법원은 갑의 ㉲행위에 대해 다음과 같이 판단하였다. (가) ㉮·㉯ 각 규정의 문언과 내용 및 ㉰·㉱처벌조항의 신설 취지 등을 종합해 본다. (나) 전기통신금융사기로 인하여 피해자의 자금이 사기이용계좌로 송금·이체된 후 그 계좌에서 현금을 인출하기 위하여 정보처리장치에 사기이용계좌 명의인의 정보 등을 입력하는 행위는 '전기통신금융사기를 목적으로 하는 행위'가 아니다. (다) 뿐만 아니라 '전기통신금융사기의 대상이 된 사람의 정보를 이용한 행위'도 아니다. (라) 그리하여 [갑의 ㉲행위는] ㉱처벌조항이 정한 구성요건에 해당하지 않는다고 보아야 한다.

2015도3160

2015. 6. 11. 2015도3160, 공 2015하, 1023 = **『잔금 전 소유권이전 사건』**:

A, B, C 등은 K문중의 문중원들이다. K문중은 ㉠토지를 소유하고 있다. K문중원들은 ㉠토지를 처분하여 이익금을 나누어 가지기로 하였다. K문중원들은 거래의 편의상 A, B, C의 공동소유(합유)로 ㉠토지의 등기를 이전하였다. 갑은 건설업자이다. 을은 K문중원의 일원이다. A는 을의 부(父)이다. B는 을의 8촌 혈족이다.

갑은 ㉠토지에 ㉡빌라를 건축하여 분양하기로 하였다. 갑은 을을 통해 A, B, C와 다음 계약을 체결하였다. (가) ㉠토지를 20억원에 매수한다. (나) 계약금과 중도금으로 계약 당일 12억원을 지급한다. (다) 계약금 및 중도금의 지급과 함께 ㉠토지의 소유권을 이전한다. (라) 잔금 8억원에 대해서는 ㉠토지에 대해 1순위 근저당권을 설정한다. 갑은 건축 절차상 필요한 서류를 제공해 주면 잔금은 6개월 후에 주겠다고 말하였다. 을은 A, B, C에게 갑은 믿을 만한 사람이니 소유권이전서류를 모두 해주라고 말하였다. 갑은 ㉠토지의 소유권이전에 관한 ㉢서류를 교부받았다. 갑은 ㉢서류를 이용하여 P은행에 1순위 근저당권을 설정하고 대출을 받았다. 갑은 잔금 8억원을 A, B, C에게 지급하지 않았다.

검사는 갑과 을을 사기죄의 공범으로 기소하였다. 제1심법원은 유죄를 인정하였다. 갑과 을은 불복 항소하였다. 을은 항소이유로 다음의 점을 주장하였다. (가) A는 을의 부(父)이다. (나) B는 을의 8촌 혈족이다. (다) 을에게 친족상도례 규정을 적용해야 한다. 항소법원은 다음의 이유를 들어서 을의 주장을 배척하였다. (가) ㉠부동산은 A, B, C의 합유로 등기되어 있다. (나) 을에 대한 사기죄와 관련하여 형법상 친족상도례 규정이 적용되지 않는다. 항소법원은 항소를 기각하고, 제1심판결을 유지하였다. 을은 불복 상고하였다.

대법원은 다음의 이유를 제시하여 상고를 기각하였다. 대법원은 사실관계를 분석하였다. 대법원은 원심판결의 당부에 대해 다음과 같이 판단하였다. (가) 원심은, ㉠부동산은 A, B, C의 합유로 등기되어 있어 을에 대한 공소사실 중 사기죄와 관련하여 형법상 친족상도례 규정이 적용되지 아니한다고 판단하였다. (나) 원심판결 이유를 기록에 비추어 살펴보면, 원심의 위와 같은 판단은 정당한 것으로 수긍이 가고, 거기에 필요한 심리를 다하지 아니한 채 논리와 경험의 법칙에 반하여 자유심증주의의 한계를 벗어나거나 친족상도례에 관한 법리를 오해하거나 판단을 누락한 잘못이 없다.

2016도16343

2021. 10. 14. 2016도16343, 공 2021하, 2198 = 『안전진단 하도급 금지 위반 사건』:

안전진단에 관한 행정법규(시설안전법)는 안전진단 용역과 관련하여 하도급행위를 금지하고 있다(㉮행정법규로 통칭함.) P회사는 안전진단전문기관으로 등록된 회사이다(수급업체). 갑은 P회사를 운영하고 있다. Q업체는 독립채산으로 운영되는 안전점검 하도급 업체이다(하도급업체). 을은 Q업체를 운영하고 있다. 갑은 P회사 명의로 한국도로공사, 서울시 등이 발주하는 다수의 안전진단 용역 입찰에 참가하였다(㉠용역입찰로 통칭함). 갑은 P회사가 ㉠용역을 수행하는 것으로 하여 사업수행능력 평가 관련 서류를 제출하였다. 발주처 계약 담당 직원은 갑이 제출한 서류를 토대로 사업수행능력 평가에 따른 입찰참가자격심사 및 적격심사를 하였다. P회사는 ㉠안전진단 용역을 낙찰받았다. 갑은 Q독립채산업체에 하도급을 주어 안전점검 용역을 수행하게 하였다. 갑은 이러한 하도급 사실을 모르는 발주처로부터 ㉠용역계약에 따른 용역대금을 교부받았다.

검사는 갑이 발주처 모르게 Q업체에 하도급을 준 행위를 기망에 해당한다고 판단하였다. 검사는 갑을 사기죄로 기소하였다. (특별법 위반죄 부분은 고찰에서 제외함.) 갑의 피고사건은 제1심을 거친 후, 항소심에 계속되었다. 항소법원은 다음의 점을 들어서 사기죄를 인정하였다. (가) ㉠안전진단 용역을 수행한 주체는 P수급업체가 아니라 Q독립채산업체라고 인정된다. (나) P수급업체가 ㉠안전진단 용역 수행에 실질적으로 관여하였다고 볼 수 없다. (다) ㉠용역 수행 과정에서 수행 주체가 P수급업체인 것처럼 가장하는 행위는 발주처에 대한 기망행위에 해당한다. (라) 발주처가 갑의 기망행위에 의하여 P수급업체와 용역계약을 체결하고, 하도급에 의한 용역 수행을 알지 못한 채 용역계약에서 정한 용역대금을 지급하였다. (마) 그러한 이상 발주처의 착오 및 인과관계, 재산상 손해를 인정할 수 있다. 갑은 불복 상고하였다.

대법원은 다음의 이유를 제시하여 원심판결을 파기환송하였다. 대법원은 용역수행과 관련하여 사실관계를 분석하였다. 대법원은 P수급업체가 안전진단전문기관으로서 ㉠안전진단 용역의 수행에 실질적으로 관여하였다고 판단하였다. 대법원은 사기죄의 본질에 대해 다음과 같이 설시하였다. (가) 사기죄는 타인을 기망하여 착오에 빠뜨리고 그 처분행위를 유발하여 재물을 교부받거나 재산상 이익을 얻음으로써 성립하는 범죄이다. (나) 사기죄의 본질은 기망행위에 의한 재물이나 재산상 이익의 취득에 있다. (다) 사기죄는 보호법익인 재산권이 침해되었을 때 성립하는 범죄이다. (라) 그러므로 사기죄의 기망행위라고 하려면 불법영득의 의사 내지 편취의 범의를 가지고 상대방을 기망한 것이어야 한다. (마) 사기죄의 주관적 구성요건인 불법영득의 의사 내지 편취의 범의는 피고인이 자백하지 않는 이상 범행 전후 피고인의 재력, 환경, 범행의 내용, 거래의 이행과정 등과 같은 객관적인 사정 등을 종합하여 판단할 수밖에 없다.

(바) 특히 도급계약에서 편취에 의한 사기죄의 성립 여부는 계약 당시를 기준으로 피고인에게 일을 완성할 의사나 능력이 없음에도 피해자에게 일을 완성할 것처럼 거짓말을 하여 피해자로부터 일의 대가 등을 편취할 고의가 있었는지 여부에 의하여 판단하여야 한다. (사) 이때 법원으로서는 도급계약의 내용, 그 체결 경위 및 계약의 이행과정이나 그 결과 등을 종합하여 판단하여야 한다.

대법원은 행정법규 위반과 기망의 관계에 대해 다음과 같이 설시하였다. (가) 사기죄의 보호법익은 재산권이므로, 기망행위에 의하여 국가적 또는 공공적 법익이 침해되었다는 사정만으로 사기죄가 성립한다고 할 수 없다. (나) 따라서 도급계약 당시 관련 영업 또는 업무를 규제하는 행정법규나 입찰 참가자격, 계약절차 등에 관한 규정을 위반한 사정이 있더라도 그러한 사정만으로 도급계약을 체결한 행위가 기망행위에 해당한다고 단정해서는 안 된다. (다) 행정법규 등의 위반으로 말미암아 계약 내용대로 이행되더라도 일의 완성이 불가능하였다고 평가할 수 있을 만큼 그 위법이 일의 내용에 본질적인 것인지 여부를 심리 · 판단하여야 한다.

대법원은 용역대금과 관련한 사실관계를 분석하였다(자세한 내용은 생략함). 대법원은 ㉮행정법규 위반행위의 법적 성질에 대해 다음과 같이 판단하였다(발췌 소개함). (가) (중략) ㉮행정법규(시설물안전법)상 하도급 제한 규정은 시설물의 안전점검과 적정한 유지관리를 통하여 재해와 재난을 예방하고 시설물의 효용을 증진시킨다는 국가적 또는 공공적 법익을 보호하기 위한 것이다. (나) 그러므로 이를 위반한 경우 ㉮행정법규(시설물안전법)에 따른 제재를 받는 것은 별론으로 하고 곧바로 사기죄의 보호법익인 재산권을 침해하였다고 단정할 수 없다. (다) 사기죄가 성립된다고 하려면 이러한 사정에 더하여 ㉠안전진단 용역계약의 내용과 체결 경위, 계약의 이행과정이나 결과 등까지 종합하여 살펴볼 때 과연 갑이 안전진단 용역을 완성할 의사와 능력이 없음에도 불구하고 용역을 완성할 것처럼 거짓말을 하여 용역대금을 편취하려 하였는지 여부를 기준으로 판단하여야 한다.

대법원은 갑의 행위에 대해 다음과 같이 판단하였다. (가) 검사가 제출한 증거만으로는 ㉠안전진단 용역계약에 있어서 ㉮행정법규(시설물안전법)상 하도급 제한 규정을 준수할 의무가 P수급업체의 계약상 의무로 약정되었는지조차 분명하지 않다. (나) (중략) ㉮행정법규(시설물안전법)상 하도급 제한 규정 준수의무가 계약상 의무로 일부 포함되었다고 하자. (다) 설령 그렇다고 하더라도, 기본적으로 '일의 완성'을 목적으로 하는 도급계약인 안전진단 용역계약에 있어서 다른 특별한 약정이나 사정이 없는 한, ㉮행정법규(시설물안전법)상 하도급 제한 규정 준수의무가 용역의 완성과는 별도로 반드시 이행되지 아니하면 계약의 목적을 달성할 수 없다거나 용역대금의 지급과 상호 대가적 관계에 있는 중요하고 본질적인 의무라고 단정하기는 어렵다. (라) (중략) 따라서 하도급이 이루어졌다는 사정만으로는 갑에게 ㉠안전진단 용역을 완성할 의사나 능력이 없었다고 단정하기 어렵다. (마) 또한 P수급업체는 이러한 용역 완성의 대가로 발주처로부터 용역대금을 지급받은 것이다. (바) 그러므로 설령 갑이 발주처에 하도급을 숨기는 등 행위를 하였다고 하더라도 그 행위와 용역대금 지급 사이에 상당인과관계를 인정하기도 어렵다.

97도1095

1997. 7. 25. 97도1095, 공 1997, 2758 = 『빙과회사 융통어음 사건』:

P회사는 빙과류 제조업체이다. P회사는 경영이 악화되어 법정관리에 들어갔다. 갑은 P회사의 사실상 사주 겸 회장이다. 을은 전무 겸 법정관리인 대리이다. 갑과 을은 P회사의 경영을 책임져 왔다. P회사의 자금사정은 계속 악화되었다. 갑과 을은 다음의 방법으로 자금을 조달하기로 하였다. (가) 법원의 허가를 받지 않고 융통어음을 발행한다. (나) 발행된 융통어음을 진성어음으로 위장하는 수법으로 사채시장 등지에서 어음을 할인하여 자금을 조달한다. P회사 측은 사실상 유령회사인 Q회사를 설립하였다. P회사 측은 세무서장 명의의 Q회사에 대한 재무제표증명과 부가가치세과세표준증명서 등을 위조하는 방법으로 Q회사의 신용도를 높게 조작하였다. P회사는 P회사 발생의 어음에 Q회사가 배서하게 하여 신용도를 높였다.

갑과 을은 사채업자들에게 P회사 명의의 약속어음을 발행하여 할인하는 방법으로 다수의 사채업자들로부터 300억원을 받았다(㉠어음으로 통칭함). ㉠어음 가운데에는 ⓐ어음(통칭함)이 포함되어 있다. ⓐ어음은 갑과 을이 사채업자 A로부터 할인받은 것이다. ⓐ어음의 만기일이 돌아왔다. 갑과 을은 15억원 상당의 ⓑ약속어음(통칭함)을 31회에 걸쳐 새로 발행하여 기존 ⓐ약속어음채무의 이행을 연기받았다. 갑과 을은 ㉠어음(ⓐ어음 포함)과 ⓑ어음을 발행하여 자금을 조달하는 과정에서 자신들 소유의 부동산과 주식 등 50억원 정도를 담보로 제공하였다. 그러나 그 밖의 자력은 없었다. P회사의 어음들은 최종 부도처리되었다.

검사는 갑과 을을 특정경제범죄법위반죄(사기), 공문서위조죄, 위조공문서행사죄로 기소하였다. (이하 사기죄 부분만 검토함.) ㉠어음 부분에 대한 공소사실의 요지는 다음과 같다. "갑과 을은 ㉠어음 할인의 방법으로 300억원을 편취하였다." ⓑ어음 부분에 대한 공소사실의 요지는 다음과 같다. "갑과 을은 31회에 걸쳐 약속어음을 발행, 할인하는 방법으로 15억원을 편취하였다."

갑의 피고사건은 제1심을 거친 후, 항소심에 계속되었다. 항소법원은 다음의 범죄사실을 인정하였다. (가) 갑과 을은 공모하여 P회사 명의의 약속어음을 발행하여 할인하는 방법으로 피해자들로부터 300억원을 편취하였다(㉠어음 부분). (나) 갑과 을은 공모하여 31회에 걸쳐 금액 합계 15억원 상당의 약속어음을 새로 발행하여 피해자 A로부터 기존 약속어음채무의 이행을 연기받아 재산상의 이익을 취득하였다(ⓑ어음 부분). 항소법원은 ⓑ어음 부분에 대해 공소장변경절차를 거치지 않았다.

갑과 을은 불복 상고하였다. ㉠어음 부분에 대해 갑과 을은 다음과 같이 주장하였다. (가) P회사의 경영을 위한 것이었고, 담보도 제공하였으므로 할인금을 편취할 의사가 없었다. (나) 50억원의 담보를 제공하였으므로 피해액에서 50억원을 감액해야 한다. ⓑ어음 부분에 대해 갑과 을은 다음과 같이 주장하였다. (가) ⓑ어음은 단순한 어음개서이므로 재산상 이익을 취득한 바가 없다. (나) 공소장변경절차 없이 '15억원을 편취하였다'는 공소사실을 단순히 '재산상 이익을 편취하였다'는 범죄사실로 인정한 것은 불고불리원칙 위반이다. (다) 원심이 ⓑ어음 부분의 범죄사실을 인정하면서 재산상 이익의 규모를 구체적으로 설시하지 않은 것은 위법하다.

대법원은 다음의 이유를 제시하여 상고를 기각하였다. 대법원은 ㉠어음 부분에 대해 다음과 같이 판단하였다. (가) 어음이 지급기일에 결제되지 않으리라는 점을 예견하였거나 지급기일에 지급될 수 있다는 확신이 없으면서도 그러한 내용을 수취인에게 고지하지 아니하고 이를 속여서 할인을 받았다면 사기죄가 성립한다. (나) 융통어음을 할인함에 있어 그 상대방에 대하여 그 어음이 이른바 진성어음인 것처럼 하기 위하여 적극적인 위장수단을 강구하는 것은 명백한 기망행위에 해당되어 상대방으로 하여금 그 뜻을 오신케 하고 할인명목으로 돈을 교부케 한 행위도 사기죄를 구성한다. (다) 약속어음을 이른바 진성어음인양 가장하고 변제기에 그 어음금이 지급될 것처럼 피해자들을 기망하여 어음할인을 받은 이상 그 할인을 받음에 있어 일부의 담보를 제공하였다 하여 결론이 달라지는 것은 아니다.

대법원은 ㉡어음 부분에 대해 다음과 같이 판단하였다. (가) 공소사실과 인정된 범죄사실은 사기범행의 피해 내용만이 어음 할인금이냐 어음채무의 기한의 이익이냐 하는 점에 차이가 있을 뿐 그 밖에 기망의 일시와 장소·방법 등 기본적 사실에 아무런 차이가 없다. (나) 원심의 인정사실이 공소사실의 동일성을 벗어난 것도 아닐 뿐더러 피고인의 방어권행사에 어떠한 실질적인 불이익을 주었다고 볼 수도 없다. (다) 비록 원심이 공소장 변경절차 없이 그 편취 내용을 재산상의 이익을 취한 것으로 인정하였다 하여도 불고불리의 원칙을 위배한 위법이 있다고 할 수 없다.

(라) 사기죄에 있어서 채무이행을 연기받는 것도 재산상의 이익이 된다. (마) 채무자가 채권자에 대하여 소정기일까지 지급할 의사와 능력이 없음에도 종전 채무의 변제기를 늦출 목적에서 어음을 발행 교부한 경우 사기죄가 된다. (바) 약속어음 만기일에 새로 약속어음을 발행하고 그 지급기일을 연장받은 것은 재산상의 이익을 취득한 것으로 인정된다. (사) 사기죄에 있어서 재산상의 이익은 계산적으로 산출할 수 있는 이익에 한정하지 않는다. (아) 범죄사실을 판시함에 있어서도 재산상의 이익의 수액을 명시하지 않았다 하더라도 위법이라고 할 수 없다.

95도707

1995. 9. 15. 95도707, 공 1995, 3477 = 『대법관 로비용 약속어음 사건』:

A는 M호텔을 소유하고 있다. A는 자금사정이 악화되었다. A는 B에게 M호텔을 매각하여 자금 문제를

해결하려고 하였다. 갑은 A를 대리하여 매수인 B와 계약체결 등의 모든 문제를 처리해 왔다. A는 B를 만난 적이 없다. M호텔은 이미 채권자들에 의하여 경매신청이 되어 있다. M호텔이 경매되어 버리면 A로서는 막대한 손실을 입게 된다. A는 어떻게 하든지 갑을 통해 B에게 M호텔을 매도해야 할 형편이었다. 만약 갑이 B와의 매매계약에서 손을 떼어 버리면 M호텔 매매계약이 그대로 진행되지 않을 수도 있었다. 갑은 L지방법원에서 경매방해 등 죄로 징역 1년 6월을 선고받고 상고한 상태였다(㉮상고사건). 만약 대법원에서 무죄가 나오지 아니하면 갑은 징역 1년 6월 형의 집행을 받기 위하여 교도소에 수감되어야 하는 형편이었다.

1992. 1. 21. 21:00경 갑은 L시 소재 N레스토랑에서 A를 만났다. 갑은 A에게 다음과 같이 말하였다(㉯발언). (가) ㉮상고사건이 대법원에 계류중이다. (나) 대법원에는 판사가 많기 때문에 로비자금이 많이 필요하다. (다) 1억 5천만원만 빌려달라. (라) ㉮사건이 상고가 기각되더라도 착수금만 제외하고 나머지 돈은 다 돌려 받을 수 있다. 1992. 1. 22. (다음 날) 갑은 A의 주거지에서 발행일 1992. 1. 22., 지급기일 1992. 4. 23.로 된 액면금 1억 5천만원인 약속어음 1매를 교부받았다(ⓐ약속어음). A는 당초 M호텔 매매계약이 성사되면 그 소개비조로 갑에게 3억원을 지급하기로 약정한 바가 있었다. A가 갑에게 ⓐ약속어음을 교부할 당시까지 A는 약정한 소개비 3억원을 갑에게 지급하지 아니한 상태였다. 갑은 ⓐ어음을 현금으로 할인한 다음 1천만원만 변호사 선임비용으로 쓰고, 나머지는 자신의 사업자금으로 사용하였다.

검사는 갑을 사기죄로 기소하였다. 갑에 대한 공소사실의 요지는 다음과 같다. "갑은 ㉮상고사건에 관하여 사실은 대법관에게 로비자금으로 쓸 의사도 없고 대법원에서 갑의 상고가 기각되더라도 A에게 변호사비용을 제외한 나머지 돈을 돌려줄 의사가 없음에도 A에게 ㉯거짓말을 하여 이에 속은 A로부터 ⓐ약속어음 1매를 교부받아 이를 편취하였다." 제1심법원은 유죄를 인정하였다. 갑은 불복 항소하였다. 항소법원은 다음의 이유를 들어 무죄를 선고하였다. (가) 갑이 M호텔 매매계약 과정에서 중요한 역할을 담당하고 있었기 때문에 A가 갑의 비위를 거스르지 않으려고 ⓐ약속어음을 대여하였던 것으로 보여진다. (나) A로서는 갑이 1억 5천만원을 차용하고도 이를 변제하지 아니할 경우 갑에게 지급하기로 한 소개비(3억원)에서 이를 공제할 수 있다는 생각에서, 갑이 ㉯발언에서 말하는 차용금의 용도[대법관 로비용]와는 상관 없이 ⓐ약속어음을 갑에게 대여한 것으로 보인다. (다) 사정이 이와 같다면, 갑이 당초부터 ⓐ약속어음을 소송경비 등으로 사용할 의사가 없었는지 여부는 기록상 명백하지 않지만, 설사 갑이 당초 A에게 말한 차용금의 용도가 거짓이었다 하여도 이 기망행위와 A의 재산적 처분행위와의 사이에는 상당인과관계가 있다고 보기 어렵다. (라) 그렇다면 갑이 A로부터 받은 ⓐ어음은 차용금에 불과하다. (마) 그러므로 갑이 당초부터 변제할 의사나 능력이 없이 ⓐ약속어음을 차용한 것이라고 인정되지 않는 한 사기죄를 구성한다고 볼 수 없다. (바) 갑이 ⓐ차용금을 변제하지 아니하면 A로서는 갑에게 지급하기로 한 소개비(3억원)에서 이를 상계할 수가 있었을 터이고 갑도 이를 알고 있었음이 분명하다. (사) 그러므로 갑이 당초부터 변제할 의사나 능력이 없이 ⓐ약속어음을 차용한 것으로 볼 수도 없다. 검사는 불복 상고하였다.

대법원은 다음의 이유를 제시하여 원심판결을 파기환송하였다. 대법원은 사기죄의 기망에 관하여 다음과 같이 설시하였다. (가) 사기죄의 실행행위로서의 기망은 반드시 법률행위의 중요 부분에 관한 허위표시임을 요하지 않는다. (나) 사기죄의 실행행위로서의 기망은 상대방을 착오에 빠지게 하여 행위자가 희망하는 재산적 처분행위를 하도록 하기 위한 판단의 기초가 되는 사실에 관한 것이면 충분하다. (다) 그러므로 용도를 속이고 돈을 빌린 경우에 만일 진정한 용도를 고지하였더라면 상대방이 빌려 주지 않았을 것이라는 관계에 있는 때에는 사기죄의 실행행위인 기망은 있는 것으로 보아야 한다.

대법원은 사실관계를 분석하였다. 대법원은 갑의 행위에 대해 다음과 같이 판단하였다. (가) [갑이 구속되면] 갑이 그 동안 추진하여 온 B와의 매매계약이 성사되지 않을 것을 염려한 A가 대법원에 상고한 경매방해 등 ㉮사건에 관한 교제비, 변호사선임비 등으로 사용한다는 갑의 말만 믿고 ⓐ약속어음을 빌려 주게 된 것을 엿볼 수 있다. (나) 갑은 ⓐ약속어음 1억 5천만원 중 금 1천만원만 변호사 선임비로 쓰고 나머지는 자신의 사업자금으로 사용하였다. (다) 특단의 사정이 보이지 아니하는 이 사건에 있어서 갑은 A의 이러한 상태를 이용하여 소송비용 등을 빌미로 자신의 사업자금에 사용하기 위하여 A로부터 ⓐ금원을 차용한 것으로 보여진다. (라) 사정이 이와 같다면 갑은 용도를 속이고 돈을 빌린 것으로 보여진다.

(마) 만약 갑이 진정한 용도를 고지하였으면 당시 자신 소유의 M호텔이 경매에 처하는 등의 어려운 상황에 처해 있었던 A가 갑에게 금 1억 5천만원이나 되는 ⓐ약속어음을 선뜻 빌려 주지 않았을 것으로 추단된다. (바) 그러므로 갑의 이러한 행위는 사기죄에 있어서 기망에 해당한다고 보아야 한다. (사) 그렇다면 원심으로서는 (ㄱ) A가 갑에게 ⓐ약속어음을 빌려주게 된 구체적인 과정과 그 동기 및 (ㄴ) 갑이 A로부터 ⓐ약속어음을 받고 그 말한 용도에 쓰지 아니한 경위 등을 상세히 심리하여 갑의 이러한 행위가 사기죄에 있어서 기망에 해당하는지의 여부를 판단하였어야 할 것이다.

2018도13696

2020. 6. 25. 2018도13696, 공 2020하, 1552 = 『화투 그림 대작 사건』:

갑은 주로 화투 등을 직접 잘라서 붙이는 콜라주 기법의 작품을 제작해 왔다. 갑은 화투를 세밀하게 회화로 표현하는 등의 능력은 갖추고 있지 못하였다. 화랑 관계자들이나 작품 구매를 원하는 사람들은 콜라주 작품보다는 회화를 선호하였다. 갑이 제작한 작품의 예술성이 높아져 그림 가격이 올라갔다. 을은 갑이 평소 알고 지내던 화가이다. 갑은 을에게 1점당 10만원 상당의 돈을 주고 다음의 작업을 지시하였다. (가) 갑의 기존 콜라주 작품을 회화로 그려온다. (나) 갑이 추상적인 아이디어만 제공하고 이를 을이 임의대로 회화로 표현한다. (다) 기존 갑의 그림을 그대로 그려준다. 갑은 을로부터 약 200점 이상의 완성된 그림을 건네받았다(이상 ㉠그림으로 통칭함). 갑은 ㉠그림의 배경색을 일부 덧칠하는 등의 경미한 작업만 추가하여 자신의 서명을 하였다. 갑은 이러한 방법으로 그림을 완성한다는 사실을 누구에게도 알리지 아니하였다. 갑은 ㉠그림을 마치 자신이 직접 그린 그림인 것처럼 전시하여 구매자들에게 판매하였다(구매자들을 A로 통칭함).

검사는 갑을 사기죄로 기소하였다. 제1심법원은 다음의 이유를 들어서 유죄를 인정하였다. (가) ㉠미술작품의 창작적 표현작업이 주로 을에 의하여 이루어졌다는 사실은 ㉠미술작품 거래에 있어서 설명가치 있는 정보에 해당된다. (나) 갑은 신의칙상 사전에 구매자들(A)에게 그와 같은 사실을 고지할 의무가 있다. (다) 이를 고지하지 않고 판매한 것은 그 사실을 알지 못한 구매자들(A)을 부작위에 의하여 기망한 것이라고 보아야 한다. 갑은 불복 항소하였다.

항소법원은 다음의 이유를 들어서 제1심판결을 파기하고 무죄를 선고하였다. (가) 을은 보수를 받고 갑의 아이디어를 작품으로 구현하기 위하여 작품 제작에 도움을 준 기술적인 보조자일 뿐이다. (나) 을은 자신의 고유한 예술적 관념이나 화풍 또는 기법을 ㉠미술작품에 구현한 ㉠미술작품의 작가라고 평가할 수 없다. (다) ㉠미술작품에서와 같이 보조자를 사용한 제작방식이 미술계에 존재하고 있다. (라) (중략.) (마) 갑은 보조자를 활용하여 작품을 제작하였음에도 이러한 사실을 갑이 '직접' 그린 친작(親作)으로 오인한 구매자들(A)에게 고지하지 아니하고 ㉠미술작품을 판매하였다. (바) 갑의 이러한 행위를 (ㄱ) 기망행위를 하였고 (ㄴ) 이로 인하여 착오에 빠진 구매자들(A)의 재물을 편취한 것으로 인정할 수 없다.

검사는 불복 상고하였다. 검사는 상고이유로 다음의 점을 주장하였다. (가) ㉠미술작품의 저작권은 대작화가인 을에게 귀속되고 갑은 저작자로 볼 수 없다. (나) 미술작품의 양식인 회화의 거래에서 그 작품이 작가가 창작적 표현작업에까지 전적으로 관여한 '친작'인가 그렇지 않은 작품인가 여부에 관련된 내용은 미술작품 거래에서 중요한 정보로서 고지의무가 인정된다.

대법원은 다음의 이유를 제시하여 상고를 기각하였다. 대법원은 미술저작물의 저작자 아닌 자가 마치 저작자인 것처럼 행세하여 그 미술품을 판매하였다면 이는 형법상 사기죄에 해당할 수 있다고 판단하였다. 대법원은 미술저작물의 작성에 관여한 복수의 사람 가운데 누가 저작권자인가의 문제를 검토하였다. 대법원은 미술저작물의 저작권자 결정 문제에 있어서 사법자제의 원칙을 강조하였다. 대법원은 갑과 을 사이에 누가 저작권자인가에 대해서는 판단을 유보하였다. 대법원은 검사가 "갑이 ㉠미술작품의 창작과정, 특히 조수 등 다른 사람이 관여한 사정을 알리지 않은 것이 사기죄에서의 기망행위에 해당한다"고 보아 공소제기를 하였다고 판단하였다. 대법원은 불고불리의 원칙을 들어서 저작권자 문제를 제기한 검사의 첫 번째 상고이유를 배척하였다. (미술저작물 · 저작권자에 관한 상세한 내용은 소개를 생략함.)

대법원은 검사의 두 번째 상고이유에 대해 다음과 같이 판단하였다. 대법원은 사기죄의 요건으로서 부작위에 의한 기망에 대해 다음과 같이 설시하였다. (가) 사기죄의 요건으로서의 기망은 널리 재산상의 거래관계에서 서로 지켜야 할 신의와 성실의 의무를 저버리는 모든 적극적 또는 소극적 행위를 말한다. (나) 이러한 소극적 행위로서의 부작위에 의한 기망은 법률상 고지의무 있는 자가 일정한 사실에 관하여 상대방이 착오에 빠져 있음을 알면서도 이를 고지하지 않는 것을 말한다. (다) 여기에서 법률상 고지의무는 법령, 계약, 관습, 조리 등에 의하여 인정된다. (라) 법률상 고지의무는 문제가 되는 구체적인 사례에 즉응하여 거래실정과 신의성실의 원칙에 의하여 결정되어야 한다. (마) 법률상 고지의무를 인정할 것인지는 법률문제로서 상고심의 심판대상이 된다. (바) 그렇지만 그 근거가 되는 거래의 내용이나 거래관행 등 거래실정에 관한 사실을 주장 · 증명할 책임은 검사에게 있다.

대법원은 미술품 거래와 고지의무의 관계에 대해 다음과 같이 설시하였다. (가) 검사는 갑이 ㉠미술작품의 창작과정, 특히 조수 등 다른 사람이 관여한 사정을 알리지 않은 것이 신의칙상 고지의무 위반으로서 사기죄에서의 기망행위에 해당한다고 주장한다. (나) 검사는 갑이 ㉠그림을 판매한 것이 판매대금의 편취행위에 해당한다고 주장한다. (다) 그와 같이 보려면 다음의 두 가지가 전제되어야 한다. (라) 하나는 미술작품의 거래에서 창작과정을 알려주는 것, 특히 작가가 조수의 도움을 받았는지 등 다른 관여자가 있음을 알려주는 것이 관행이라는 것이다. (마) 다른 하나는 ㉠미술작품을 구매한 사람이 이러한 사정에 관한 고지를 받았더라면 그 거래에 임하지 아니하였을 것이라는 관계가 인정되어야 한다.

(바) 미술작품의 거래에서 기망 여부를 판단할 때에는 (ㄱ) 그 미술작품에 위작 여부나 저작권에 관한 다툼이 있는 등의 특별한 사정이 없는 한 (ㄴ) 법원은 미술작품의 가치 평가 등은 전문가의 의견을 존중하는 사법자제 원칙을 지켜야 한다. (사) 법률에만 숙련된 사람들이 회화의 가치를 최종적으로 판단하는 것은 위험한 일이 아닐 수 없다. (아) 미술작품의 가치를 인정하여 구매한 사람에게 법률가가 속았다고 말하는 것은 더욱 그러하기 때문이다.

대법원은 갑의 행위에 대해 다음과 같이 판단한 원심판결을 그대로 유지하였다. (가) 미술작품의 거래에서 (ㄱ) 그 작품이 친작인지 혹은 보조자를 사용하여 제작되었는지 여부는, (ㄴ) 작가나 작품의 인지도, (ㄷ) 아이디어의 독창성이나 창의성, (ㄹ) 작품의 예술적 완성도 등을 포함하는 작품의 수준, (ㅁ) 희소성, (ㅂ) 가격 등과 함께 구매자들이 작품 구매 여부를 결정하는 제반 요소 중의 하나가 될 수는 있다. (나) 그렇지만 구매자들마다 작품을 구매하는 동기나 목적, 용도 등이 다양하여 위의 요소들이 제각기 다른 중요도를 가지거나 어느 요소는 전혀 고려되지 않을 수도 있다. (다) 이러한 사정 등을 감안하면, 미술작품의 거래에서 그 작품이 친작인지 혹은 보조자를 사용하여 제작되었는지 여부는 일반적으로 작품 구매자들에게 반드시 필요하거나 중요한 정보라고 단정할 수는 없다. (라) 이 사건에서 A는 ㉠미술작품이 '갑의 작품'으로 인정받고 유통되는 상황에서 이를 구입하였다. (마) 갑이 다른 사람의 작품에 자신의 성명을 표시하여 판매하였다는 등 ㉠미술작품이 위작 시비 또는 저작권 시비에 휘말리지 않았다. (바) 그러한 이상 ㉠미술작품의 제작과정이 A의 개인적이고 주관적인 기대와 다르다는 이유로 A가 ㉠미술작품에 관하여 착오에 빠져 있었다거나 갑에게 기망당하였다고 볼 수 없다.

2015도10570

2019. 12. 27. 2015도10570, 공 2020상, 399 =『문화재 정비공사 위법 수주 사건』:

문화재 관련 법규는 명의대여나 현장전도금의 지급, 사실상 하도급 등의 행위를 금지하고 있다(㉮규정). P회사는 종합문화재수리업자로 등록된 회사이다. 갑은 P회사의 대표이사이다. 문화재수리업자로 등록하려면 상시 근무하는 문화재수리기술자가 일정 수 이상이 되어야 한다. P회사는 문화재수리기술자 4명을 보유하고 있다. 이 가운데 A, B는 P회사에 자격증을 대여한 것일 뿐 상시 근무하지는 않았다. 을은 P회사 소속 문화재수리기술자이다.

M시는 N문화재 주변 정비공사 도급계약을 발주하게 되었다(㉠도급계약). 갑은 다음 내용의 서류를 제출하였다. (가) P회사는 문화재수리기술자 4명 등을 상시 보유하고 있는 종합문화재수리업자인이다. (나) P회사는 ㉠도급공사를 직접 시행한다. 갑은 '문화재기술자보유현황', '문화재기술자 자격증 사본', '문화재기술자 및 기능자에 대한 급여지급 및 원천징수 내역' 등을 제출하였다. ㉠도급공사는 P회사에 낙찰되었다. M시는 P회사에 공사대금으로 ㉡돈을 지급하였다. ㉠도급공사는 사실상 을에 의하여 수행되어 완공되었다.

검사는 갑과 을을 사기죄로 기소하였다. 제1심법원은 유죄를 인정하였다. 갑과 을은 불복 항소하였다. 항소법원은 제1심판결을 파기하고, 무죄를 선고하였다. 검사는 불복 상고하였다.

대법원은 다음의 이유를 제시하여 상고를 기각하였다. 대법원은 사기죄의 본질에 관하여 다음과 같이 설시하였다. (가) 사기죄는 타인을 기망하여 착오에 빠뜨리고 그 처분행위를 유발하여 재물을 교부받거나 재산상 이익을 얻음으로써 성립하는 범죄이다. (나) 사기죄의 본질은 기망행위에 의한 재물이나 재산상 이익의 취득에 있다. (다) 사기죄는 보호법익인 재산권이 침해되었을 때 성립하는 범죄이다. (라) 그러므로 사기죄의 기망행위라고 하려면 불법영득의 의사 내지 편취의 범의를 가지고 상대방을 기망한 것이어야 한다. (마) 사기죄의 주관적 구성요건인 불법영득의 의사 내지 편취의 범의는 피고인이 자백하지 않는 이상 범행 전후 피고인의 재력, 환경, 범행의 내용, 거래의 이행과정 등과 같은 객관적인 사정 등을 종합하여 판단할 수밖에 없다.

대법원은 공사도급계약에서의 사기죄 판단기준을 다음과 같이 제시하였다. (가) 특히 공사도급계약에서 편취에 의한 사기죄의 성립 여부는 (ㄱ) 계약 당시를 기준으로 (ㄴ) 피고인에게 공사를 완성할 의사나 능력이 없음에도 (ㄷ) 피해자에게 공사를 완성할 것처럼 거짓말을 하여 (ㄹ) 피해자로부터 공사대금 등을 편취할 고의가 있었는지 여부에 의하여 판단하여야 한다. (나) 이때 법원으로서는 공사도급계약의 내용, 그 체결 경위 및 계약의 이행과정이나 그 결과 등을 종합하여 판단하여야 한다.

대법원은 공사도급계약 체결 당시 행정법규 위반이 있는 경우의 사기죄 성립 여부에 대해 다음과 같이 설시하였다. (가) 사기죄의 보호법익은 재산권이다. (나) 그러므로 기망행위에 의하여 국가적 또는 공공적 법익이 침해되었다는 사정만으로 사기죄가 성립한다고 할 수 없다. (다) 공사도급계약 당시 관련 영업 또는 업무를 규제하는 행정법규나 입찰 참가자격, 계약절차 등에 관한 규정을 위반한 사정이 있는 때가 있다. (라) 그러한 때에는 관련 규정을 위반한 사정만으로 공사도급계약을 체결한 행위가 기망행위에 해당한다고 단정해서는 안 된다. (마) 관련 규정 위반으로 말미암아 계약 내용대로 이행되더라도 공사의 완성이 불가능하였다고 평가할 수 있을 만큼 그 위법이 공사의 내용에 본질적인 것인지 여부를 심리·판단하여야 한다.

대법원은 갑의 행위에 대해 다음과 같이 판단하였다. (가) 갑이 부정한 방법으로 문화재수리업 등록을 한 행위, 자격증을 대여받아 사용한 행위 등은 문화재수리법 위반죄에 해당한다. (나) 갑이 계약담당 공무원들의 직무집행을 방해한 행위는 위계에 의한 공무집행방해죄에 해당한다. (다) 행정법규 위반을 수반한 공사도급체계에 대해 유죄로 인정된 각 죄는 모두 국가적 또는 공공적 법익을 보호법익으로 하는 범죄이다. (라) 이러한 행위가 곧바로 사기죄의 보호법익인 재산권을 침해하는 행위가 아님은 분명하다. (마) 갑은 ㉠계약에서 정한 내용과 기한에 맞추어 공사를 진행하여 이를 모두 완료하였다. 완성된 ㉠공사에 별다른 하자나 문제점 등이 발견되지도 않는다. (바) 그러한 이상 그 공사대금을 지급한 행위가 사기죄에서의 재물의 편취에 해당한다고 보기 어렵다.

2017도1405

2017. 4. 26. 2017도1405, 공 2017상, 1222 = 『교통사고 후 보험가입 사건』:

2011년경 갑은 상해 통원치료 실비보험을 비롯한 4건의 보험계약을 체결하였다(㉮보험계약). 2011년 말경부터 갑은 ㉮보험사고로 약 40회 이상 치료를 받았다. 2013. 12. 3. 갑은 ㉯교통사고를 당하였다. 갑은 ㉯교통사고로 MRI 검사와 입원치료를 받았다. 2014. 1. 10. 갑은 입원일수 등 담보사항(입원 1일당 4만원)에 따라 보험금을 받을 수 있는 ㉰보험계약을 P보험회사와 체결하였다. 갑은 ㉰보험계약을 체결하면서 보험가입청약서의 '계약 전 알릴 의무사항'란에 '최근 약물 복용이나 진찰, 검사 등의 의료행위를 받은 사실이 없다'는 취지로 기재하였다. 2014. 1. 13.경까지 (㉰보험계약 체결 이후) 갑은 ㉮보험계약에 따른 보험사고로 Q대학병원에서 치료를 받았다.

2014. 8. 17.부터 2015. 2. 16. 갑은 ㉰보험계약에 따른 4건의 보험사고를 신고하였다(㉱보험사고). 갑은 ㉱보험사고로 총 95일간의 입원치료를 받았다. 2014. 10. 6.경부터 2015. 3. 23.경까지 갑은 ㉱보험사고로 P보험회사로부터 4회에 걸쳐 합계 380만원(95일 x 4만원)의 보험금을 수령하였다(이상 ㉲보험금).

검사는 ㉲보험금 수령과 관련하여 갑을 사기죄로 기소하였다. 갑의 피고사건은 제1심을 거친 후, 항소심에 계속되었다. 항소법원은 다음과 같이 판단하여 유죄를 인정하였다. (가) 갑은 ㉰보험계약 체결 당시 이미 발생한 교통사고 등으로 생긴 '요추, 경추, 사지' 부분의 질환과 관련하여 입·통원치료를 받고 있었다. (나) 뿐만 아니라 그러한 기왕증으로 인해 향후 추가 입원치료를 받거나 유사한 상해나 질병으로 보통의 경우보다 입원치료를 더 받게 될 개연성이 농후하다는 사정을 인식하고 있었다. (다) 그러함에도 불구하고 갑은 자신의 과거 병력과 치료이력을 모두 묵비한 채 ㉰보험계약을 체결함으로써 P보험회사로 보험금을 편취하였다. 갑은 불복 상고하였다.

대법원은 다음의 이유를 제시하여 상고를 기각하였다. 대법원은 부작위에 의한 사기죄의 성립요건을 다음과 같이 설시하였다. (가) 사기죄의 요건인 기망에는 재산상의 거래관계에서 서로 지켜야 할 신의와 성실의 의무를 저버리는 모든 적극적 또는 소극적 행위가 포함된다. (나) 소극적 행위로서의 부작위에 의한 기망은 법률상 고지의무 있는 자가 일정한 사실에 관하여 상대방이 착오에 빠져 있음을 알면서도 이를 고지하지 아니하는 것을 말한다.

대법원은 보험계약상 고지의무 불이행과 부작위에 의한 기망의 관계에 대해 다음과 같이 설시하였다. (가) 부작위에 의한 기망은 보험계약자가 보험자와 보험계약을 체결하면서 상법상 고지의무를 위반한 경우에도 인정될 수 있다. (나) 다만 보험계약자가 보험자와 보험계약을 체결하더라도 우연한 사고가 발생하여야만 보험금이 지급되는 것이다. (다) 그러므로 고지의무 위반은 '보험사고의 우연성'이라는 보험의 본질을 해할 정도에 이르러야 비로소 보험금 편취를 위한 고의의 기망행위에 해당한다고 할 수 있다. (라) 고지의무 위반이 보험금 편취를 위한 고의의 기망행위에 해당하는 경우로는 (ㄱ) 보험사고가 이미 발생하였음에도 이를 묵비한 채 보험계약을 체결하거나 (ㄴ) 보험사고 발생의 개연성이 농후함을 인식하면서도 보험계약을 체결하는 경우 또는 (ㄷ) 보험사고를 임의로 조작하려는 의도를 가지고 보험계약을 체결하는 경우 등이 있다.

(마) 특히 상해·질병보험계약을 체결하는 보험계약자가 (ㄴ)의 보험사고 발생의 개연성이 농후함을 인식하였는지 여부는 보험계약 체결 전 기왕에 입은 상해의 부위 및 정도, 기존 질병의 종류와 증상 및 정도,

상해나 질병으로 치료받은 전력 및 시기와 횟수, 보험계약 체결 후 보험사고 발생 시까지의 기간과 더불어 이미 가입되어 있는 보험의 유무 및 종류와 내역, 보험계약 체결의 동기 내지 경과 등을 두루 살펴 판단하여야 한다.

대법원은 갑의 기존 치료경력에 관한 사실관계를 다음과 같이 분석하였다(사실관계 분석 축약함). (가) 2013. 12. 3. 갑은 ㉯교통사고를 당해 그 무렵 병원에서 MRI 검사와 입원치료를 받았다. (나) 2013. 12. 27.경부터 2014. 1. 10. ㉰보험계약 체결 이후 2014. 1. 15.경까지 갑은 '요추 긴장' 등의 진단을 받아 치료를 받았다. (다) 갑은 총 4건의 ㉱보험사고와 관련하여 주로 '요추, 경추, 사지' 부분의 상해를 이유로 입원치료를 받았다. (라) 갑은 2013. 12. 3.의 ㉯교통사고로 인한 치료를 제외하고도 2011년 말경부터 ㉯교통사고 전까지 약 2년간 '요추의 염좌 및 긴장' 등의 질환으로 약 40회 이상 치료를 받았다. (마) 갑은 ㉰보험계약 체결 이후부터 2014. 8. 17.경 첫 번째 보험사고 발생 전까지 약 7개월간 '요통, 요천부' 등의 질환으로 약 20회 이상의 치료를 받았다.

대법원은 갑의 ㉱보험사고에 관한 사실관계를 다음과 같이 분석하였다. (가) 갑에게 발생한 4건의 보험사고는 길에서 넘어지거나 차량을 타고 가다가 가벼운 접촉사고를 당한 것이다. (나) 4건의 보험사고는 기왕증이 없는 일반인이라면 단기간의 입원이나 간단한 통원치료만으로도 치료가 가능한 정도로 보인다. (다) 그런데도 갑은 총 95일간의 장기적인 입원치료를 받았다. (라) 갑은 이미 발생한 ㉯교통사고와 관련하여 지속적인 입·통원치료를 받던 중에 갑 스스로 P보험회사에 전화하여 ㉰보험계약 체결을 요청하였다. (마) 갑은 그 과정에서 보험설계사 A에게 여러 담보사항 중 입원일수와 관련한 보험금을 강조하여 확인하였다. (바) 갑은 종전에 상해 통원치료 실비보험을 비롯한 4건의 보험계약을 체결한 경험이 있었다. (사) 그러면서도 갑은 ㉰보험계약의 청약서를 작성할 당시 A가 '계약 전 알릴 의무사항'란의 내용을 모두 읽어주었지만 병원에 다닌 적이나 과거 병력이 없다는 취지로 진술하였다. 대법원은 앞에서 제시한 법리와 사실관계에 비추어 원심의 유죄 인정은 정당한 것으로 수긍이 된다고 판단하였다.

2017도17699

2018. 4. 10. 2017도17699, 공 2018상, 926 = 『사무장병원 보험청구 사건』 :

갑은 의료인이 아니다. 의료인이 아니면 의료기관을 개설할 수 없다(의료법 제33조 제2항). 갑은 한의사 A를 고용하여 소비자생활협동조합 명의로 P한의원을 개설하였다. P한의원의 실제 경영은 갑이 담당하였다(소위 사무장 병원).

B는 C가 야기한 교통사고의 피해자이다. C는 Q회사의 자동차보험에 가입되어 있다. 한편 B는 R회사의 실손보험에 가입되어 있다. 한의사 A는 B를 진료하고 치료하였다. B의 치료와 관련하여 P한의원은 국민건강보험공단에 요양급여비용을 청구하였다(㉮행위). P한의원은 Q보험회사에 자동차보험진료수가를 청구하였다(㉯행위). P한의원은 실손보험금을 청구하는 데에 필요한 ㉠진료사실증명서를 B에게 발급해 주었다. B는 ㉠증명서를 제출하여 R회사로부터 보험금을 지급받았다(㉰행위). ㉮, ㉯, ㉰행위와 관련하여 P한의원은 적법하게 개설된 의료기관이 아니라는 사실을 밝히지 않았다.

검사는 갑을 「소비자생활협동조합법」위반죄, 「의료법」위반죄, 사기죄로 기소하였다. (이하 사기죄 부분만 고찰함.) 제1심법원은 ㉮, ㉯, ㉰행위 전부에 대해 사기죄를 인정하였다. 갑은 불복 항소하였다. 항소법원은 ㉮행위만 유죄로 인정하고, ㉯, ㉰행위에 대해서는 무죄로 판단하였다. 갑은 유죄 부분에 대해, 검사는 무죄 부분에 대해 각각 불복 상고하였다.

대법원은 다음의 이유를 제시하여 상고를 기각하였다. 대법원은 갑의 ㉮행위 부분에 대해 다음과 같이 판단하였다. 대법원은 국민건강보험 관련 규정을 다음과 같이 분석하였다. (가) 헌법은 국민의 보건에 관한 국가적 보호의무를 선언하고 있다(제36조 제3항). (나) 국민건강보험은 이를 실현하기 위해 피보험자인 국민이 납부하는 기여금 형태의 보험료와 국고부담을 재원으로 하여 국민 보건에 관하여 발생하는 사회적 위험을 보험의 방식으로 대처하는 일종의 사회보험이다. (다) 이를 위해 국민건강보험법은 다음의 규정을 두고 있다. (라) 공법인인 국민건강보험공단을 단일의 보험자로 설립한다(제13조). (마) 의료법에 따라 개설된 의료기관만을 요양기관으로 건강보험제도 내에 편입시킨 다음 이들로 하여금 국민건강보험공단을 대신하여 요양급여를 실시하게 한다(제42조). (바) 요양급여 실시에 따른 비용 중 공단부담금에 해당하는 부분에 대해서는 요양기관이 직접 국민건강보험공단을 상대로 '요양급여비용'을 청구하도록 하고 있다(제44조 제1항, 제47조 제1항).

대법원은 국민건강보험청구와 사기죄의 관계에 대해 다음과 같이 설시하였다. (가) 의료법 제33조 제2항을 위반하여 적법하게 개설되지 아니한 의료기관에서 환자를 진료하는 등의 요양급여를 실시하였다면 해당 의료기관은 국민건강보험법상 요양급여비용을 청구할 수 있는 요양기관에 해당되지 아니하므로 요양급여비용을 적법하게 지급받을 자격이 없다고 보아야 한다. (나) 결국 비의료인이 개설한 의료기관이 마치 의료법에 의하여 적법하게 개설된 요양기관인 것처럼 국민건강보험공단에 요양급여비용의 지급을 청구하는 것은 국민건강보험공단으로 하여금 요양급여비용 지급에 관한 의사결정에 착오를 일으키게 하는 것이 되어 사기죄의 기망행위에 해당한다. (다) 이러한 기망행위에 의하여 국민건강보험공단으로부터 요양급여비용을 지급받을 경우에는 사기죄가 성립한다.

대법원은 갑의 ㉮행위 부분에 대한 원심판결의 당부에 대해 다음과 같이 판단하였다. (가) 원심은, 판시와 같은 이유로 비의료인인 갑이 개설한 P의료기관이 마치 의료법에 의하여 적법하게 개설된 의료기관인 것처럼 국민건강보험공단을 상대로 요양급여비용의 지급을 청구한 것은 사기죄에 있어서 기망행위에 해당한다고 보아 이 부분 사기죄의 공소사실을 유죄로 판단한 제1심판결을 유지하였다. (나) 원심 판단은 위 법리에 따른 것으로서 거기에 사기죄에 관한 법리를 오해하거나 죄형법정주의를 위반한 잘못이 없다.

대법원은 갑의 ㉯, ㉰행위에 대해 다음과 같이 판단하였다. 대법원은 자동차보험과 관련된 규정들을 다음과 같이 분석하였다. (가) 자동차보험계약의 보험자는 피보험자가 자동차를 소유, 사용 또는 관리하는 동안에 발생한 사고(이하 '교통사고'라 한다)로 인하여 생긴 손해를 보상할 책임이 있다(상법 제726조의2). (나) 한편 자동차손해배상 보장법은 교통사고 환자 등 피해자(이하 '피해자'라고만 한다)를 보호하는 것을 주된 목적으로 한다(제1조). (다) 이를 위해 자동차보험의 피보험자 등에게 교통사고에 따른 손해배상책임이 발생하였을 때 피해자로 하여금 보험회사 등에 대해 상법 제724조 제2항에 따라 보험금 등을 자기에게 직접 지급해 줄 것을 청구할 수 있도록 하고 있다(제10조 제1항 전단). (라) 그중 자동차보험진료수가에 해당하는 금액은 피해자의 선택에 따라 진료한 의료기관에 직접 지급하여 줄 것을 청구할 수 있도록 하고 있다(같은 항 후단). (마) 한편 의료기관의 보험회사 등에 대한 자동차보험진료수가의 청구는 피해자를 보호할 목적으로 피해자가 보험회사 등에 대해 갖는 직접청구권에 근거하여 그 인정 범위 내에서 법률상 특별히 인정되는 것이다. (바) 의료기관에 대해 그 청구액 상당이 지급되지 않더라도 실제 교통사고로 인한 손해가 발생하여 그에 따른 진료가 이루어진 이상 피해자에게라도 반드시 지급되어야 할 성질의 것이다.

대법원은 자동차보험청구와 사기죄의 관계에 대해 다음과 같이 설시하였다. (가) 위와 같은 피해자가 보험회사 등에게 갖는 직접청구권과 의료기관의 자동차보험진료수가 청구의 인정 근거, 범위 및 성격에다가 자동차손해배상 보장법의 입법 목적 등을 종합적으로 고려해 본다. (나) (ㄱ) 설령 개설자격이 없는 비의료인이 의료법 제33조 제2항을 위반하여 개설한 의료기관이라고 하더라도, (ㄴ) 면허를 갖춘 의료인을 통해 피해자에 대한 진료가 이루어지고 보험회사 등에 자동차손해배상 보장법에 따라 자동차보험진료수가를 청구한 것이라면 (ㄷ) 보험회사 등으로서는 특별한 사정이 없는 한 그 지급을 거부할 수 없다고 보아야 한다. (다) 따라서 피해자를 진료한 의료기관이 위 의료법 규정에 위반되어 개설된 것이라는 사정은 피해자나 해당 의료기관에 대한 보험회사 등의 자동차보험진료수가 지급의무에 영향을 미칠 수 있는 사유가 아니다. (라) 그리하여 해당 의료기관이 보험회사 등에 이를 고지하지 아니한 채 그 지급을 청구하였다고 하여 사기죄에서 말하는 기망이 있다고 볼 수는 없다.

대법원은 갑의 ㉯, ㉰행위에 대한 원심판결의 당부에 대해 다음과 같이 판단하였다. (가) 원심은, 갑이 P의료기관에서 자신이 고용한 의료인(A)을 통해 교통사고 환자들을 상대로 실제 진료행위를 하였다고 전제하였다. (나) [원심은] 이어 그 판시와 같은 사정을 들어 갑이 P의료기관이 의료법에 따라 개설된 의료기관이 아니라는 사실을 알리지 않은 채 피해자 보험회사(Q, R회사)들에 대해 그 치료비 상당의 자동차보험진료수가를 청구한 행위는 기망에 해당한다고 볼 수 없다는 등의 이유로 직권으로 이 부분 사기죄의 공소사실을 유죄로 인정한 제1심판결을 파기하고 무죄로 판단하였다. (다) 원심판결 이유를 기록에 비추어 살펴보면, 원심 판단은 앞에서 본 법리에 기초한 것으로 볼 수 있다.

2013도9644

2014. 1. 16. 2013도9644, [미간행] = 『1회 보험료 대납 사건』 :

P보험회사와 Q홈쇼핑회사 사이에 보험대리점 계약이 체결되었다. P보험회사는 월 납입보험료 3만원 상당의 무배당 '100세 건강보험계약'을 판매하고 있다(㉠건강보험). 갑은 Q홈쇼핑 대리점의 보험상담원으로 근무하였다. 갑의 업무는 보험가입자와 전화 상담을 한 후 P보험회사와 보험계약을 체결하도록 하는 것이다. 갑은 보험계약 체결 실적에 따라 P보험회사로부터 Q홈쇼핑을 거쳐 수수료를 지급받는다.

A 등은 갑의 지인들이다. A 등은 진정으로 보험료를 납부할 의사와 능력이 없는 사람들이다. 갑은 A 등에게 1회 보험료를 대신 납부해 주기로 하고 P회사와 ㉠보험계약을 체결할 것을 권유하였다. 갑의 권유에 따라 P보험회사와 A 등 사이에 ㉠보험계약이 체결되었다. 이후 A 등은 보험료를 납입하지 않았다. 갑은 ㉠보험계약이 체결되면 1건 당 4만원의 수수료를 받았다. 갑이 받은 수수료는 3천 2백만원에 달하였다.

검사는 갑을 사기죄로 기소하였다. 제1심법원은 유죄를 인정하였다. 갑은 불복 항소하였다. 항소법원은 다음의 이유를 들어서 제1심판결을 파기하고 무죄를 선고하였다. 항소법원은 갑의 행위가 부작위에 의한 기망에 해당한다고 보았다. 항소법원은 갑에게 신의성실의 원칙상 사전에 진정으로 보험계약을 성립시킬 의사 없이 수수료 수입을 올리기 위한 방편으로 보험가입신청서를 접수한다는 사정을 고지할 의무가 있다고 볼 여지가 있음을 인정하였다. 그러나 항소법원은 다음의 점을 들어서 고지의무를 부정하였다. (가) P보험회사는 갑과 직접적인 계약관계가 없고 수수료 지급 역시 Q홈쇼핑을 통하여 이루어져 P보험회사와 갑 사이에 어떠한 거래관계가 있었다고 보기 어렵다. (나) 그러므로 갑에게 P보험회사에 대하여 위와 같은 점을 고지할 신의칙상의 의무가 인정된다고 보기 어렵다. (다) 나아가 갑으로서는 P회사 직원 B로부터 P회사의 보험모집업무에 관한 지시, 감독을 받고 있었다. (라) 갑이 이 사건과 같이 보험계약이 체결되는 사정을 모두 알고 있던 B에게 이를 고지하지 아니하였다고 하여 소극적 또는 부작위에 의한 기망행위라고 볼 수도 없다. 검사는 불복 상고하였다.

대법원은 다음의 이유를 제시하여 원심판결을 파기환송하였다. 대법원은 부작위에 의한 기망에 대해 다음과 같이 설시하였다. (가) 사기죄의 요건으로서의 기망은 널리 재산상의 거래관계에 있어서 서로 지켜야 할 신의와 성실의 의무를 저버리는 모든 적극적 또는 소극적 행위를 말한다. (나) 사기죄의 요건으로서의 기망은 반드시 법률행위의 중요 부분에 관한 허위표시임을 요하지 않는다. (다) 상대방을 착오에 빠지게 하여 행위자가 희망하는 재산적 처분행위를 하도록 하기 위한 판단의 기초가 되는 사실에 관한 것이면 충분하다. (라) 거래의 상대방이 일정한 사정에 관한 고지를 받았더라면 당해 거래에 임하지 아니하였을 것이라는 관계가 인정되는 경우에는 그 거래로 인하여 재물을 수취하는 자에게는 신의성실의 원칙상 사전에 상대방에게 그와 같은 사정을 고지할 의무가 있다. (마) 그럼에도 불구하고 이를 고지하지 아니한 것은 고지할 사실을 묵비함으로써 상대방을 기망한 것이 되어 사기죄를 구성한다.

대법원은 갑의 행위에 대해 다음과 같이 판단하였다. (가) 보험가입자들이 진정으로 보험료를 납부할 의사와 능력이 없이 갑에 의하여 1회 보험료를 대납하는 방식으로 보험계약을 체결하는 것이어서 1회 보험료 결제 후 보험계약이 유지되지 않을 것이다. (나) P보험회사로서는 그러한 사정을 알았더라면 그 보험계약 체결에 따른 수수료를 지급하지 않았으리라고 보인다. (다) 갑은 P보험회사의 보험 상품을 판매하는 보험상담원으로 근무하면서 보험가입자와 전화 상담 후 P보험회사와 보험계약을 체결하도록 하고 그 보험계약 체결 실적에 따라 P보험회사로부터 Q홈쇼핑을 거쳐 수수료를 지급받았다. (라) 그러므로 갑으로서는 신의성실의 원칙상 사전에 P보험회사에게 진정으로 보험계약을 성립시킬 의사 없이 수수료 수입을 올리기 위한 방편으로 보험가입신청서를 접수한다는 사정을 고지할 의무가 있다. (마) 그럼에도 불구하고 이를 고지하지 아니한 채 보험가입자로 하여금 P보험회사와 보험계약을 체결하게 하고 이에 따른 수수료를 지급받은 행위는 고지할 사실을 묵비함으로써 P보험회사를 기망한 것이 되어 사기죄를 구성한다. (바) (ㄱ) 갑과 P보험회사 사이에 직접적인 계약관계 등이 성립되어 있지 아니하여 수수료가 Q홈쇼핑을 통하여 지급된다거나 (ㄴ) P회사의 직원 B가 이 사건과 같이 보험계약이 체결되는 사정을 알고 있었다고 하여 갑에게 P회사에 대한 신의칙상의 고지의무가 없다고 보기는 어렵다.

2016도18986

2017. 8. 29. 2016도18986, 공 2017하, 1898 = **『경영과학연구실 연구비 사건』**:

갑은 P대학교 M학부 교수로 근무하였다. P대학교에는 Q산학협력단이 구성되어 있다. P대학교는 R학교법인 소속이다. S학회는 사단법인이다. S학회는 갑의 전공분야 학회이다. 갑은 S학회의 대표자 이사이다. P대학교는 ⓐ연구관리규정을 두고 있다. ⓐ연구관리규정의 내용은 다음과 같다. (가) 학교 외부에서 발주한 연구과제의 경우 원칙적으로 Q산학협력단이 당사자가 되어 연구과제의 수행협약을 체결한다. (나) P대학교 소속 교수는 해당 연구과제를 수행한다. (다) 이후 발주자로부터 받은 연구비를 정산한다. (라) 연구비에 잔액이 있거나 부당하게 집행한 금액이 있을 경우 이를 회수하여 발주자에게 반환한다. (마) 연구비는 원래 목적 외의 용도로 사용할 수 없다. (바) 연구비 중 인건비는 참여 연구원의 개인 계좌로 이체한다. (사) 인건비를 회수하여 공동관리하는 것은 금지된다. R학교법인이 P대학교 단과대학 등의 필요에 따라 자체적으로 연구과제를 발주하는 경우가 있다. 이 경우에도 ⓐ연구관리규정이 적용된다.

한국연구재단은 Q산학협력단에 ㉠연구용역을 발주하였다. 갑은 ㉠연구용역의 수행자이다. A 등은 갑의 연구실 소속 연구원들이다. 갑은 Q산학협력단에 A 등에 대한 인건비 지급을 신청하였다. Q산학협력단의 담당자는 A 등의 개인계좌에 인건비를 입금하였다. 갑은 A 등으로부터 입금된 인건비를 회수하여 연구실 운영경비로 사용하였다(이상 ㉮행위). R학교법인은 P대학교 M학부에 자체적으로 ㉡연구과제를 발주하였다. 갑은 ㉡연구과제의 수행자이다. 갑은 ㉠연구용역의 경우와 같은 방식으로 연구원들에게 입금된 인건비를 회수하여 연구실 운영경비 등으로 사용하였다(이상 ㉯행위). 민간회사인 T회사는 S사단법인(학회)과 ㉢연구계약을 체결하였다. T회사는 S사단법인에 연구비를 입금하였다. 갑은 ㉢연구계약 체결 사실을 Q산학협력단에 신고하지 않았다. 연구원 A 등은 S사단법인에 직접 인건비를 청구하여 지급받았다. 갑은 A 등으로부터 인건비를 회수하여 연구실 공동경비로 사용하였다(이상 ㉰행위). (그 밖의 공소사실은 이하의 고찰에서 제외함.)

검사는 갑을 다음의 공소사실로 기소하였다. (가) ㉮행위 : 사기죄(피해자 Q산학협력재단). (나) ㉯행위 : 사기죄(피해자 R학교법인). (다) ㉰행위 : 사기죄(피해자 S사단법인). 제1심법원은 ㉰행위의 경우 ㉠연구비관리규정이 적용되지 않는다고 판단하였다. 제1심법원은 다음과 같이 판단하였다. (가) ㉮행위 : 사기죄(피해자 Q산학협력재단) 유죄. (나) ㉯행위 : 사기죄(피해자 R학교법인) 유죄. (다) ㉰행위 : 사기죄 무죄(피해자 S사단법인) 무죄. 갑은 유죄 부분에 불복하여 항소하였다. 검사는 무죄 부분에 불복하여 항소하였다. 항소법원은 다음과 같이 판단하였다. (가) ㉰행위의 경우 ㉯연구비관리규정이 적용되지 않는다고 하자. (나) 그렇다고 하더라도 ㉰행위는 S사단법인에 대한 기망에 해당할 여지가 있다. (다) 갑은 S사단법인의 대표자 이사이다. (라) ㉰행위는 기망자와 피기망자가 동일인인 경우에 해당한다. (마) ㉰행위의 경우 기망이 성립하지 않는다. (바) ㉰행위의 경우 사기죄가 성립하지 않는다. 항소법원은 ㉮, ㉯, ㉰공소사실에 대해서는 제1심과 같은 결론을 유지하였다. 항소법원은 다른 공소사실 부분의 문제점을 이유로 제1심판결을 파기하고 형을 선고하였다. 갑은 유죄 부분에 불복하여 상고하였다. 검사는 무죄 부분에 불복하여 상고하였다.

대법원은 다음의 이유를 제시하여 상고를 모두 기각하였다. 대법원은 ㉮, ㉯행위 부분에 대해서는 ㉮, ㉯공소사실에 대한 다음의 원심판단을 그대로 유지하였다. (가) ㉮, ㉯연구용역의 인건비는 연구원 본인에게 실제로 지급되어야 하고 그렇지 않은 경우에는 회수되어야 한다. (나) 갑이 Q산학협력재단이나 R학교법인 등으로부터 지급받을 인건비를 연구원들에게 지급할 의사가 없었는데도 연구원들에 대한 인건비를 개별적으로 지급할 것처럼 외관을 만들어 Q산학협력재단이나 R학교법인에게 인건비 지급을 신청한 것은 기망행위에 해당한다. (다) 만일 갑이 이러한 사정을 Q산학협력재단이나 R학교법인에게 사실대로 고지하였다면 Q산학협력재단이나 R학교법인은 연구원들에 대한 인건비 부분을 당연히 승인하여 지급하였을 것으로 보이지 않는다. (라) 연구원들이 Q산학협력재단이나 R학교법인으로부터 지급받은 인건비를 갑에게 전달하였다고 하더라도, 갑과 연구원들의 관계에 비추어 그들 사이의 자발적인 합의에 따라 연구원들이 갑에게 인건비에 대한 관리·처분권을 맡겼다고 보기 어렵다.

대법원은 ㉰행위에 대해 다음과 같이 판단하였다. 대법원은 사기죄의 피해자가 법인이나 단체인 경우의 기망에 대해 다음과 같이 설시하였다. (가) 사기죄는 타인을 기망하여 착오에 빠뜨려 재물을 교부받거나 재산상의 이익을 얻음으로써 성립하는 것이므로 기망행위의 상대방 또는 피기망자는 재물 또는 재산상 이익을 처분할 권한이 있어야 한다. (나) 사기죄의 피해자가 법인이나 단체인 경우에 기망행위가 있었는지 여부는 (ㄱ) 법인이나 단체의 대표 등 최종 의사결정권자 또는 (ㄴ) 내부적인 권한 위임 등에 따라 실질적으로 법인의 의사를 결정하고 처분을 할 권한을 가지고 있는 사람을 기준으로 판단하여야 한다. (다) 피해자 법인이나 단체의 대표자 또는 실질적으로 의사결정을 하는 최종결재권자 등 기망의 상대방이 (ㄱ) 기망행위자와 동일인이거나 (ㄴ) 기망행위자와 공모하는 등 기망행위를 알고 있었던 경우에는 기망의 상대방에게 기망행위로 인한 착오가 있다고 볼 수 없다. (라) 기망의 상대방이 재물을 교부하는 등의 처분을 했다고 하더라도 기망행위와 인과관계가 있다고 보기 어렵다. (마) 이러한 경우에는 사안에 따라 업무상횡령죄 또는 업무상배임죄 등이 성립하는 것은 별론으로 하고 사기죄가 성립한다고 보기 어렵다. 대법원은 ㉰행위 부분에 대한 원심의 판단을 그대로 유지하였다.

2004도6083

2006. 10. 27. 2004도6083, [미간행] =『만성피로증후군 보험청구 사건』:

갑은 P의원을 개설, 운영하고 있다. P의원은 만성피로증후군 치료 전문 의원을 표방하고 있다. 만성피로증후군은 그 발생원인이 아직까지 명확히 정립되지 못하여 한국표준질병사인분류표상 '신경쇠약증'으로 분류되고 있다. 세계보건기구(WHO)의 국제질병분류 제10차 개정판에서는 만성피로증후군은 신경쇠약과는 별개의 질병으로 분류되고 있다. 만성피로증후군을 신경쇠약증과 별개의 질병으로 분류하는 것이 관련 학계의 추세이다.

만성피로증후군 환자에 대한 처방으로 면역글로불린류 약제의 처방이 있다(㉠약제). ㉠약제의 처방은 만성피로증후군의 그 발생 원인에 대한 의학적 가설 중 하나로 인정되는 면역이상가설에 근거한 것이다. 일부 병원에서는 ㉠약제를 소화불량, 우울증 등 개별 증상에 대한 처방으로 하거나 신경쇠약증의 처방으로 사용한다. 이 경우 ㉠약제 사용에 대해 의료보험연합회로부터 보험급여를 받는다. 일부 병원에서는 비보험 급여로서 ㉠약제를 처방하기도 한다.

갑은 만성피로증후군의 치료를 위하여 환자들에게 ㉠약제를 처방하였다. 갑은 의료보험연합회에 ㉠약제에 대한 보험금지급을 청구하였다. 의료보험연합회는 다음의 이유를 들어 ㉠약제에 대한 보험금지급을 거절하였다. (가) 임상적 효용성이 입증되지 않은 치료방법이다. (나) ㉠약제에 대한 보건복지부 허가사항의 범위에 만성피로증후군이 포함되어 있지 않다.

A(통칭함)는 만성피로증후군 환자이다. 갑은 A에게 ㉠약제 처방이 의료보험이 되지 않는다고 말하였다. A는 갑의 말에 따라 본인부담금을 갑에게 지급하였다(㉡부담금). 의료보험연합회가 정한 요양급여기준에 따르면 만성피로증후군 환자는 비급여 대상으로 규정되어 있지 않다. 의료보험법의 관련 규정에 따르면 사위 기타 부정한 방법으로 보험급여비용을 받는 행위가 금지된다(㉢규정).

의료보험연합회와 국민의료보험관리공단은 갑의 행위가 ㉢규정에 위반한다고 판단하였다. 갑의 혐의사실은 다음과 같다. (가) 갑은 요양급여기준상 비급여대상으로 규정되어 있지 아니한 만성피로증후군 환자에 대하여 임의적으로 비급여 진료행위를 하였다. (나) 이는 ㉢규정이 정한 "사위 기타 부정한 방법으로 보험급여비용을 받은" 경우에 해당한다. 의료보험연합회와 국민의료보험관리공단은 의료보험수가 소정의 본인부담금 초과액 상당(㉡부담금)을 부당이득금으로 환수하는 징수처분을 하였다. 일부 환자들(B로 통칭함)은 갑을 상대로 ㉡부담금 반환을 구하는 부당이득반환청구의 소를 제기하였다. 관할법원은 B의 청구를 인용하였다.

검사는 갑을 사기죄로 기소하였다. 공소사실의 요지는 다음과 같다. "만성피로증후군이 한국표준질병사인분류상 의료보험의 적용대상인 신경쇠약증으로 분류되어 있음에도 갑이 비급여대상이라고 기망하여 그 진료비 상당액을 편취하였다." 갑의 피고사건은 제1심을 거친 후, 항소심에 계속되었다. 항소법원은 무죄를 선고하였다. 검사는 불복 상고하였다.

대법원은 다음의 이유를 제시하여 상고를 기각하였다. 대법원은 사기죄의 기망에 대해 다음과 같이 설시하였다. (가) 사기죄의 요건으로서의 기망은 널리 재산상의 거래행위에 있어서 서로 지켜야 할 신의와 성실의 의무를 저버리는 적극적 및 소극적 행위이다. (나) 기망은 사람으로 하여금 착오를 일으키게 하는 것을 말한다. (다) 기망은 반드시 법률행위의 중요부분에 관한 것임을 요하지 않는다. (라) 기망은 단지 상대방이 개별적 처분행위를 하기 위한 판단의 기초 사실에 관한 것이면 충분하다. (마) 이에 해당하는지 여부는 민법 등 다른 법률의 해석상 그 행위의 법률상 효력이 인정되는지 여부에 구애됨이 없이 형법 독자의 견지에서 판단하여야 한다.

대법원은 갑의 행위에 대해 다음과 같이 판단하였다. (가) 이 사건 사기의 공소사실은 만성피로증후군이 한국표준질병사인분류상 의료보험의 적용대상인 신경쇠약증으로 분류되어 있음에도 피고인이 비급여대상이라고 기망하여 그 진료비 상당액을 편취하였다는 것이다. (나) 갑이 진단, 처방한 만성피로증후군은 한국표준질병사인분류상으로는 신경쇠약증으로 분류되고 있다. (다) 그렇다 하더라도 의료의 전문화에 따른 새로운 분류에 있어서는 그와 별도의 독립적 질환으로 간주되고 있을 뿐만 아니라 의료의 실제에 있어서도 그 진단 및 처방에 현저한 차이가 있다. (라) 갑과 A 모두 그러한 인식하에 비급여 대상임을 전제로 진료에 임하였다.

(마) 그와 같은 진료계약의 민사상 혹은 행정상의 효력이 인정되지 아니하여 갑이 그 진료비 중 상당액을 부당이득으로 반환하거나 환수당한 일이 있다. (바) 그렇다고 하더라도 달리 갑이 이 사건 만성피로증후군의 진단 및 처방 자체에 기망의 점이 존재함을 인정할 증거가 없다. (사) 위와 같은 사정만으로는 전문적인 의료판단에 따라 진단, 처방하고 그에 상응하는 대가로서의 진료비를 수령한 갑의 행위가 형법상 기망행위 혹은

편취행위에 해당한다고 단정할 수는 없다.

2008도9985

2009. 1. 30. 2008도9985, 공 2009, 295 = 『택지분양권 전전매매 사건』 :

갑은 M건물을 소유하고 있다. M건물이 N택지개발지구로 편입되었다. 갑은 대한주택공사로부터 거주자 공급택지분양권을 받았다(㉠분양권). 택지분양권에는 전매 제한이 붙어 있었으나 전전 매매되고 있었다. 매매시에는 최초 분양자와 최종 매수자 사이에 직접 매매가 이루어지는 것과 같은 형식의 매매계약서가 사용되었다.

갑은 ㉠분양권을 [금액 미상] A에게 매도하였다(㉮매매계약). 갑은 카드대금 채무가 3,500만원에 이르렀다. 갑은 A에의 매도 사실을 고지하지 아니한 채 B(성명불상자)에게 ㉠분양권을 3,500만원에 재차 매도하였다(㉯매매계약). B는 ㉠분양권을 다시 C에게 1억 400만원에 매도하였다(㉰매매계약). C는 ㉠분양권을 다시 D에게 1억 1,700만원에 매도하였다(㉱매매계약). B와 C, C와 D 사이에 ㉰, ㉱매매계약이 순차 이루어지는 과정에서 부동산중개업자는 갑에게 갑이 매도인이 된 매매계약서를 작성해 달라고 요구하였다. 갑은 [중개업자]를 통하여 갑과 C, 갑과 D 사이에 갑을 매도인으로 한 매매계약서를 작성하였다(㉰, ㉱매매계약서). 갑은 ㉰, ㉱매매계약서를 작성해 주는 대가로 각각 200만원과 300만원을 받았다.

검사는 갑을 다음의 공소사실로 사기죄로 기소하였다. (가) 갑은 C를 기망하여 제3자인 B에게 1억 400만원을 교부하게 하여 이를 편취하였다(㉰매매계약). (나) 갑은 D를 기망하여 제3자인 C에게 1억 1,700만원을 교부하게 하여 이를 편취하였다(㉱매매계약). 갑의 피고사건은 제1심을 거친 후, 항소심에 계속되었다. 항소법원은 다음의 이유를 들어 무죄로 판단하였다. (가) 갑이 C나 D에게 이중매매 사실(㉮매매계약)을 알리지 않은 것은 부작위에 의한 기망에 해당한다. (나) 갑의 행위는 피해자를 기망하여 제3자로 하여금 재물을 교부받게 한 경우에 해당한다. (다) 이러한 경우에 사기죄가 성립하려면 그 제3자가 (ㄱ) 갑의 도구 또는 (ㄴ) 대리인의 관계에 있거나 그렇지 않다면 (ㄷ) 적어도 갑에게 그 제3자로 하여금 재물을 취득하게 할 목적이 있어야 한다. (라) 이 사건에서 재물을 취득한 B나 C는 자신의 경제적 이익을 위하여 ㉠분양권을 전매한 것일 뿐 그것이 갑의 경제적 이익에 연결된다고 볼 수는 없다. (마) 그러므로 갑에게 제3자인 B나 C에게 매매대금을 불법영득시킬 의사가 있었다고 보기 어렵다. 검사는 항소심판결에 불복하여 상고하였다.

대법원은 다음의 이유를 제시하여 원심판결을 파기환송하였다. 대법원은 제3자 재물편취죄에 대해 다음과 같이 설시하였다. (가) 범인이 기망행위에 의해 스스로 재물을 취득하지 않고 제3자로 하여금 재물의 교부를 받게 한 경우가 있다. (나) 이 경우에 사기죄가 성립하려면, 그 제3자가 (ㄱ) 범인과 사이에 정을 모르는 도구 또는 (ㄴ) 범인의 이익을 위해 행동하는 대리인의 관계에 있거나, 그렇지 않다면 (ㄷ) 적어도 불법영득의사와의 관련상 범인에게 그 제3자로 하여금 재물을 취득하게 할 의사가 있어야 한다. (다) [제3자로 하여금 재물을 취득하게 할] 의사는 반드시 적극적 의욕이나 확정적 인식이어야 하는 것은 아니고 미필적 인식이 있으면 충분하다. (라) 그 의사가 있는지 여부는 범인과 그 제3자 및 피해자 사이의 관계, 기망행위 혹은 편취행위의 동기, 경위와 수단 · 방법, 그 행위의 내용과 태양 및 당시의 거래관행 등 여러 사정을 종합하여 사회통념에 비추어 합리적으로 판단하여야 한다. (마) 재물편취를 내용으로 하는 사기죄에 있어서는 기망으로 인한 재물교부가 있으면 그 자체로써 피해자의 재산침해가 되어 곧 사기죄는 성립하는 것이다. (바) 그로 인한 이익이 결과적으로 누구에게 귀속하는지는 사기죄의 성부에 아무런 영향이 없다.

대법원은 갑의 행위에 대해 다음과 같이 판단하였다. (가) ㉰, ㉱매매계약은 당초 갑이 ㉠분양권을 이중으로 매도함으로써 초래된 것이다. (나) 그 각 매매대금을 교부받은 B(성명불상자)나 C는 갑과 사이에 직접적 또는 형식적으로 ㉠분양권에 관한 매매계약을 체결한 자들로서 갑과 전혀 무관계한 제3자라고는 볼 수 없다.

(다) 갑은 그 자신의 의사에 기해 형식상 매도인의 지위에서 C와 D에게 ㉰, ㉱매매계약서를 작성해 주었고, 그에 따른 사례금도 수령하였다. (라) 만약 갑이 ㉰, ㉱매매계약에 협력하지 않았더라면 그 각 실질적 매도인인 B나 C는 C나 D로부터 각 매매대금을 교부받을 수 없었다. (마) 갑의 협력으로 인하여 [B나 C가] 결과적으로 각 상당액의 전매차익을 취하게 되었다. (바) 이러한 점 등을 앞서 본 법리에 비추어 본다. (사) 갑에게는 ㉰, ㉱매매계약에 있어 실질적 매도인인 B나 C로 하여금 그 각 매매대금을 취득하게 할 의사가 있었다고 볼 여지가 충분하다. (아) 이는 위 각 매매대금 상당의 경제적 이익이 궁극적으로 갑에게 연결되지 않았다 하여 달리 볼 것도 아니다.

2000도778

2000. 6. 13. 2000도778, 공 2000, 1700 = **『문중총회 회의록 서명날인 사건』** :

(2017. 2. 16. 2016도13362 전원합의체 판결로 변경되기 전의 판례임에 유의할 것) [M임야는 P문중 소유이지만 A 명의로 등기되어 있다. 갑은 변호사이다. P문중 측은 갑에게 M임야를 A로부터 P문중 명의로 등기를 변경해 줄 것을 의뢰하였다.] 갑은 P문중의 정기 문중총회 회의록을 작성하였다(㉠회의록). ㉠회의록에는 다음의 내용이 기재되어 있었다. (가) M임야의 등기, 매도권한을 갑에게 일임한다. (나) 매도금액 3분의 1을 P문중에 반납한다. (다) 나머지를 갑에게 소송대행비용으로 준다. 갑은 ㉠회의록의 내용을 종중원들에게 제대로 알려 주지 않았다. 갑은 단지 M임야에 관하여 P문중 명의로 소유권이전등기를 하는 데 필요하다는 정도로만 이야기하면서 종중원들로부터 서명, 날인을 받았다. [갑은 ㉠회의록으로 B를 기망하여 M임야를 B에게 매도하였고, 매매대금을 받고 소유권이전등기를 B 앞으로 경료하였다.]

검사는 갑을 사문서위조, 위조사문서행사, 공정증서원본불실기재, 불실기재공정증서원본행사, 횡령 등의 공소사실로 기소하였다. 제1심법원은 B에 대한 관계에서 공정증서원본불실기재, 불실기재공정증서원본행사, 사기의 범죄사실을 인정하였다. 제1심법원은 P문중에 대한 관계에서 사문서위조죄, 위조사문서행사죄 부분에 대해 다음의 이유를 들어 무죄로 판단하였다. (가) 문서명의인인 종중원들이 자신의 의사로 직접 서명, 날인을 하였다. (나) 그러한 이상 갑의 묵비나 기망으로 인하여 종중원들이 총회록의 내용을 오해하였다고 하여 위조가 되는 것은 아니다. 검사는 불복 항소하였다. 항소법원은 항소를 기각하고, 제1심판결을 유지하였다. 검사는 불복 상고하였다.

대법원은 다음의 이유를 제시하여 원심판결을 파기환송하였다. (가) 명의인을 기망하여 문서를 작성하게 하는 경우는 서명, 날인이 정당히 성립된 경우에도 기망자는 명의인을 이용하여 서명 날인자의 의사에 반하는 문서를 작성하게 하는 것이므로 사문서위조죄가 성립한다. (나) 갑의 사문서위조 및 동 행사의 점에 관한 공소사실은 유죄라고 보아야 한다.

2012도14516

2016. 4. 28. 2012도14516, 공 2016상, 714 = **『보험설계사 카드빚 사건』** :

1998년경 갑은 보험설계사로 일하던 중 A를 알게 되어 서로 친하게 지내 왔다. 2000년 가을경 갑은 의류사업을 시작하였으나 사업이 잘되지 않았다. 2001년경부터 갑은 다음 방식으로 A와 반복적인 금전거래를 하였다. (가) 갑은 A의 신용카드를 이용하여 현금서비스를 받는다. (나) 갑은 그 카드대금을 A에게 지급한다. 2001. 1.부터 2002. 7.까지 갑은 A의 P은행 계좌로 13회에 걸쳐 합계 2천만원을 송금하였다. 그러나 갑은 카드대금 전부를 변제하지는 못하였다. 갑은 이른바 돌려막기 형식으로 다른 신용카드를 이용하여 기존의 카드대금을 변제하여 왔다.

갑은 연체된 카드대금의 변제에 사용하기 위하여 A로부터 2천만원을 빌리기로 하였다. 2002. 8. 11. 갑은

A로부터 2천만원을 차용하면서 A에게 월 3부 이자를 지급하기로 약정하였다(㉠차용금). ㉠차용금을 빌릴 무렵 갑은 ㉡아파트와 ㉢자동차를 소유하고 있었다. 갑의 ㉡아파트에는 채권최고액 6천만원의 근저당권이 설정되어 있었다. 2003. 1. 갑은 의류사업 영업이 잘되지 아니하여 그 사업을 그만두었다. 갑은 그 전후로 보험설계사로서의 영업은 계속적으로 해 왔다. 2002. 8. 부터 2004. 3.까지 갑은 A의 계좌로 48회에 걸쳐 합계 6천만원을 송금하였다. 그 가운데 도합 5백만원은 월 60만원 씩 ㉠차용금에 대한 월 3부 상당의 이자 명목으로 송금한 것이다. A는 갑에게 그동안 밀린 카드대금과 ㉠차용금 등에 대한 변제를 약속하는 의미에서 약속어음을 작성해 달라고 요구하였다. 2004. 2. 갑은 A에게 3천 5백만원으로 된 약속어음을 작성해 주었다(㉣약속어음). 2004. 2. 갑은 자기소유 ㉡아파트에 관하여 채무자 갑, 근저당권자 A, 채권최고액 3천 5백만원으로 된 2순위 근저당권을 설정해 주었다.

2006. 8. 10. A는 갑이 카드대금과 ㉠차용금 등을 변제하지 않는다는 이유로 갑을 사기죄로 고소하였다. 갑은 ㉠돈의 차용사실을 부인하였다. 2007. 5. 12. 갑은 체포영장에 의하여 체포되었다. 2007. 5. 13. 갑은 A에게 4천 8백만원을 지급하기로 약속하는 내용의 지불각서를 작성해 주었다(㉤각서). ㉤각서에는 갑의 남편 B와 딸 C가 연대보증을 하였다. A는 ㉤각서에 기해 갑, B, C를 상대로 소송을 제기하였다. 2011. 10. A는 승소판결을 받았고 그 판결은 그 무렵 그대로 확정되었다.

검사는 ㉠차용금 부분에 대해 갑을 사기죄로 기소하였다. 제1심법원은 갑에게 ㉠차용금을 빌릴 당시 ㉠돈을 편취할 고의가 있었다고 단정하기 어렵다는 이유로 무죄를 선고하였다. 검사는 불복 항소하였다. 항소법원은 갑에게 ㉠차용금을 빌릴 당시 ㉠돈을 편취할 고의가 있었다고 판단하여 원심판결을 파기하고 유죄를 인정하였다. 갑은 불복 상고하였다.

대법원은 다음의 이유를 제시하여 원심판결을 파기환송하였다. 대법원은 사기죄의 기망에 대해 다음과 같이 설시하였다. (가) 사기죄는 타인을 기망하여 착오에 빠뜨리고 그 처분행위를 유발하여 재물을 교부받거나 재산상 이익을 얻음으로써 성립한다. (나) 기망, 착오, 재산적 처분행위 사이에 인과관계가 있어야 한다. (다) 어떠한 행위가 타인을 착오에 빠지게 한 기망행위에 해당하는지 및 그러한 기망행위와 재산적 처분행위 사이에 인과관계가 있는지 여부는 거래의 상황, 상대방의 지식, 성격, 경험, 직업 등 행위 당시의 구체적 사정을 고려하여 일반적 · 객관적으로 판단하여야 한다. (라) 또한 이러한 기망행위에 대한 고의로서 편취의 범의는, 피고인이 자백하지 아니하는 한, 범행 전후의 피고인의 재력, 환경, 범행의 내용, 거래의 이행과정, 피해자와의 관계 등과 같은 객관적인 사정을 종합하여 판단하여야 한다. (마) 그리고 위와 같은 요건들을 갖추어 사기죄가 성립하는지 여부는 그 행위 당시를 기준으로 판단하여야 한다.

대법원은 차용금사기에 대해 다음과 같이 설시하였다. (가) 소비대차 거래에서 차주가 돈을 빌릴 당시에는 변제할 의사와 능력을 가지고 있었다면 비록 그 후에 변제하지 않고 있다 하더라도 이는 민사상의 채무불이행에 불과하며 형사상 사기죄가 성립하지는 아니한다. (나) 소비대차 거래에서, (ㄱ) 대주와 차주 사이의 친척 · 친지와 같은 인적 관계 및 (ㄴ) 계속적인 거래 관계 등에 의하여 (ㄷ) 대주가 차주의 신용 상태를 인식하고 있어 (ㄹ) 장래의 변제 지체 또는 변제불능에 대한 위험을 예상하고 있었거나 충분히 예상할 수 있는 경우가 있다. (다) 이 경우 차주가 그 후 제대로 변제하지 못하였다는 사실만을 가지고 변제능력에 관하여 대주를 기망하였다거나 차주에게 편취의 범의가 있었다고 단정할 수 없다. (라) 차주가 차용 당시 구체적인 변제의사, 변제능력, 차용 조건 등과 관련하여 소비대차 여부를 결정지을 수 있는 중요한 사항에 관하여 허위사실을 말하였다는 등의 다른 사정이 있다면 그렇지 않다.

대법원은 갑의 행위에 대해 다음과 같이 판단하였다. (가) 갑은 2001. 1.부터 2004. 3.까지 ㉠차용금의 약 4배에 이르는 8천만원을 카드대금 등의 변제 명목으로 A에게 지급하였다. (나) 갑은 의류사업이나 보험설계사로서의 영업을 하면서 지속적으로 소득을 얻고 있었다. (다) ㉠차용금 차용일 이후 비교적 꾸준하게 월 60

만원 상당의 약정이자를 지급해 왔다. (라) 갑은 지금에 와서 ㉠돈의 차용 사실 자체를 부인하고 있다. (마) 그렇다고 차용 당시 ㉠차용금 2천만원을 변제할 의사나 능력이 없었다고 단정하기는 어렵다. (바) A는 갑과 계속하여 여러 차례의 금전거래를 하는 동안, 갑의 카드대금 연체 사실은 물론 그 자금 사정까지 잘 알고 있었다. (사) A는 ㉠차용금 차용 당시 갑의 자금능력이 충분하지 아니하여 변제기에 변제가 어려울 수 있다는 위험을 예상하고 있었거나 충분히 예상할 수 있었다고 보인다. (아) 또한 갑이 ㉠차용금 차용 당시 변제능력이나 변제의사 등에 관하여 허위 사실을 말하였다는 등의 적극적인 기망행위가 있었음을 인정할 증거는 없다. (자) 갑이 ㉠차용금 차용 당시 차용금을 변제할 의사나 능력이 없었음에도 A에 대하여 거짓말을 하여 돈을 편취할 고의가 있었다고 단정하기 어렵다.

2006도1813

2007. 6. 1. 2006도1813, 공 2007, 1022 =『**편법 재무제표 제출 사건**』:

갑은 L그룹의 회장이다. 갑은 회장으로서 그룹 소속 계열사들의 재무·인사 등 업무를 장악하고 있다. P, Q, R회사 등은 L그룹 소속 계열사들이다. R회사는 금융기관이다. 일정 규모 이상의 주식회사에는「주식회사의 외부감사에 관한 법률」(외부감사법)이 적용된다. 외부감사법은 다음의 규정을 두고 있다. (가) ㉮규정 : 주식회사는 이 법률이 정한 회계처리기준에 따라 재무제표를 작성하여야 한다. (나) ㉯규정 : 회계처리기준을 위반하여 허위의 재무제표를 작성·공시하는 행위는 (내용 생략) 행정제재를 받는다. (다) ㉰규정 : 회계처리기준을 위반하여 허위의 재무제표를 작성·공시하는 행위는 (내용 생략) 형사처벌을 받는다.

외부감사법이 정한 회계처리기준이 ㉠기준에서 ㉡기준으로 변경되었다. 외부감사법 부칙에 따르면 ㉡기준은 N년도부터 적용된다. N년도 이전 부분에 대해서는 종전의 ㉠기준이 적용된다. 갑은 계열사 P, Q회사의 임직원 을 등과 공모하여 다음의 편법으로 재무제표를 작성하였다. (가) 개정 전 ㉠회계처리기준에 의할 경우 당기 순손실이 나타난다. (나) 아직 적용시기가 도래하지 않은 개정 ㉡회계처리기준을 미리 적용하면 당기 순이익이 발생한 것으로 처리된다. (다) ㉡기준을 적용하여 재무제표를 작성한다(㉢재무제표).

P회사는 회사채를 발행하여 자금을 조달해 왔다. P회사가 발행한 ⓐ회사채의 상환기일이 도래하였다. P회사는 ⓑ회사채를 발행하여 그 자금으로 ⓐ회사채를 상환하려고 하였다. P회사는 S금융기관에 ⓑ회사채에 대한 지급보증을 신청하였다. 갑은 편법으로 작성된 ㉢재무제표를 S금융기관에 제출하였다. S금융기관은 P회사의 ⓑ회사채에 ㉣지급보증을 해주었다. R금융기관은 L그룹의 계열사이다. Q회사는 R금융기관에 여신을 신청하였다. Q회사는 ㉡기준을 적용하여 작성된 ㉤재무제표를 R금융기관에 제출하였다. R금융기관은 Q회사에 ㉥여신을 공여하였다.

검사는 갑을 특정경제범죄법위반죄(사기)로 기소하였다. 갑의 피고사건은 제1심을 거친 후, 항소심에 계속되었다. 항소법원은 다음과 같이 판단하였다. (가) ㉣지급보증 부분 : 유죄. (나) ㉥여신공여 부분 : 무죄. 갑은 유죄 부분에 불복하여 상고하였다. 갑은 첫 번째 상고이유로 다음의 점을 주장하였다. (가) ㉡기준을 적용한 것은 보다 정확한 기준을 적용한 것이다. (나) ㉡기준에 따른 ㉢재무제표의 제출은 기망에 해당하지 않는다. 갑은 두 번째 상고이유로 다음의 점을 주장하였다. (가) 금융기관의 통상적인 여신처리기준에 의하면 적자 상태인 기업에 대해서도 여신이 가능하다. (나) S금융기관은 제출된 ㉢재무제표에 대해 자체적인 심사를 거쳐 ㉣지급보증 결정을 하였다. (다) ㉢재무제표 제출과 ㉣지급보증 사이에 인과관계가 없거나 단절되었다. 갑은 세 번째 상고이유로 다음의 점을 주장하였다. (가) ㉣지급보증은 ⓐ회사채를 ⓑ회사채로 변경하는 대환에 불과하다. (나) 대환은 채무변제기의 연장이다. (다) 갑이 얻은 재산상 이익은 연장된 채무변제기만큼의 이자이다. (라) ㉣지급보증이 된 ⓐ회사채 금액 전체를 특정경제범죄법위반죄(사기)의 이득액으로 볼 수는 없다. 검사는 무죄 부분에 불복하여 상고하였다. 검사는 상고이유로 다음의 점을 주장하였다. (가) ㉡기준에 따라 작성된 ⓜ재무제표를 R회사에 제출한 것은 기망에 해당한다. (나) ⓜ재무제표 제출과 ⓗ여신공여 사이에 인과관계가 인정된다.

대법원은 다음의 이유를 제시하여 상고를 모두 기각하였다. 대법원은 갑의 상고에 대해 다음과 같이 판단하였다. 대법원은 기망 여부에 대해 다음과 같이 판단하였다. (가) ⓛ기준에 따르는 편법을 사용하여 작성된 재무제표를 금융기관에 제출하게 되면 금융기관으로서는 원래 해당 회계연도에 적용되는 개정 전 회계처리기준에 의하여 위 재무제표가 작성되었고 그 결과 당기 순이익이 발생한 것으로 잘못 인식할 수 있다. (나) 이는 해당 회계연도의 회사 재무상황에 대하여 금융기관의 착오를 일으키는 것이어서 기망행위에 해당한다. (다) 이는 개정 회계처리기준이 회계기법상 기업의 재무상황을 상대적으로 더 정확하게 반영하는 내용으로 개선된 경우라고 하여 달리 볼 수는 없다. (라) 위와 같은 행위 이후에 개정 회계처리기준이 실제 시행되었다고 하더라도 이는 형법 제1조 제2항이 적용되는 범죄 후 법률이 변경된 경우에 해당하지 않는다.

대법원은 인과관계에 대해 다음과 같이 판단하였다. (가) 금융기관은 위와 같이 작성 제출된 재무제표로 인하여 개정 전 회계처리기준에 따라 회사의 해당 회계연도 당기 순이익이 발생한 것으로 믿고 이로 인하여 여신을 결정한 것이다. (나) 개정 전 회계처리기준에 따라 재무제표가 작성되었다면 당기 순손실이 나타날 것인데 이를 숨기기 위해서 위와 같은 방법으로 재무제표를 작성하였다는 사실을 금융기관이 여신 심사 당시 알았다면 당해 여신이 불가능하거나 곤란하였다고 볼 사정이 인정되는 경우가 있다. (다) 그러한 경우라면 회사의 변제의사나 변제능력, 담보 제공 여부와는 무관하게 부실 재무제표 제출로 인한 기망행위와 여신 결정 사이의 인과관계는 인정되는 것이다. (라) 금융기관이 제출된 재무제표를 면밀히 분석해 보았다면 위와 같은 회계처리를 알 수 있었을 것이라고 하여 달리 볼 것은 아니다.

(마) 금융기관의 통상적인 여신처리기준에 의하면 적자 상태인 당해 기업에 대한 여신이 가능했을 수도 있다고 하더라도 이로 인하여 획일적으로 부실 재무제표 제출로 인한 기망행위와 여신 결정 사이의 인과관계가 단절된다고 볼 수는 없다. (바) 기업이 적자 상태를 숨기기 위하여 흑자 상황인 것처럼 작성한 재무제표를 제출하였다는 사실이 발각될 경우 초래될 수 있는 신뢰성 평가에 있어서의 부정적인 영향까지 적절하게 고려·평가하여 인과관계 단절 여부를 살펴보아야 하는 것이다.

대법원은 특정경제범죄법위반죄(사기)의 이득액에 대해 다음과 같이 판단하였다. (가) 대환이란 현실적인 자금의 수수 없이 형식적으로만 신규대출을 하여 기존 채무를 변제하는 것이다. (나) 대환은 특별한 사정이 없는 한 형식적으로는 별도의 대출에 해당하나 실질적으로는 기존채무의 변제기의 연장에 불과한 것이다.

(다) 이미 발행한 회사채를 보증한 금융기관이 그 지급자금의 확보를 위하여 새로이 발행하는 회사채에 대하여 보증하는 것과 같이 채권자가 변경되고 실질적인 자금 이동도 수반되는 경우는 변제기의 연장에 불과한 대환이라고 볼 수 없다. (라) 주식회사가 금융기관을 기망하여 회사채 등에 대한 지급보증을 받은 경우 그로 인하여 회사가 취득하는 재산상 이익은 금융기관이 지급보증에 의하여 부담한 회사채 등에 대한 보증채무를 자신의 회사채 발행을 위한 담보로 이용할 수 있는 이익이다. (마) 그 가액(이득액)은 원칙적으로 지급보증의 대상이 된 회사채 등의 원리금 상당액이다.

대법원은 검사의 상고에 대해 다음과 같이 판단하였다. (가) 금융기관이 행한 여신이 기망행위로 인한 착오에 기인한 것인지 여부는 해당 여신을 결정할 권한 있는 자가 착오에 빠져 여신을 결정한 것인지를 기준으로 판단해야 한다. (나) 그에 관한 입증책임은 검사에게 있다. (다) L그룹 계열사인 R회사의 같은 계열사인 Q회사에 대한 ⓗ여신이 R회사의 여신 결정 권한자의 착오에 기인한 여신 결정에 따라 이루어진 것이었다고 볼 증거가 부족하다.

2022도1227

2022. 5. 26. 2022도1227, 공 2022하, 1322 = 『경매 방지용 송금 사건』:

A는 B를 상대로 하여 2억원 상당의 손해배상청구소송을 제기하였다(㉮손해배상소송). B는 M대지와 건물을 소유하고 있다(M부동산). 2015. 12. B는 갑에게 M부동산을 매도하였다. 2016. 8. 31. A는 B를 상대로 한 ㉮손해배상소송에서 승소판결을 선고받아 그 판결이 확정되었다. C는 갑의 채권자이다. C는 갑을 상대로 배상금청구소송을 제기하였다(㉯배상금소송). 2018. 2. 6. C는 M부동산과 관련하여 갑을 상대로 사해행위취소소송을 제기하였다(㉰사해행위취소소송). 2018. 2. 7. A는 관할 지방법원에 갑을 상대로 다음 내용의 사해행위취소소송을 제기하였다(㉱사해행위취소소송). "갑이 2015. 12.경 B로부터 M대지와 건물을 매수한 것은 사해행위에 해당하므로 2억원 범위 내에서 그 취소를 구한다." A는 관할법원으로부터 갑의 M부동산에 대한 처분금지가처분결정을 받았다.

2018. 5. 2. C와 갑 사이의 ㉯배상금소송에서 갑이 C에게 6억원을 지급하는 내용의 ㉠조정이 성립되었다. (M부동산의 가격이 급등할 것으로 예상되었다.) 갑은 C가 ㉠조정조서를 권원으로 하여 임의로 M부동산 경매 등 강제집행을 진행하는 것을 염려하였다. 갑은 C와 다음 내용의 합의를 하였다. (가) 갑은 장차 M부동산을 유리한 가격으로 처분하여 배상금을 지급한다. (나) C는 그 때까지 그 이행기한을 유예한다. (다) [M부동산에 대한 임의경매를 막기 위하여] 일단 ㉠조정조서에 기한 6억원 채무를 이행하였다는 의미로 금융거래를 한다. (라) C는 C의 친인척 등 계좌를 통해 갑에게 6억원을 송금한다. (마) 갑은 송금받은 6억원을 다시 C에게 송금하여 반환한다. (바) 이러한 송금과정을 거쳐 일단 C가 ㉠조정조서상의 가액배상금 6억원을 지급받은 것으로 한다. C는 C의 친인척 등 제3자의 계좌를 거쳐 갑에게 6억원을 송금하였다. 갑은 6억원을 그대로 C에게 반환하였다.

A가 제기한 ㉱사해행위취소소송은 공시송달의 방법으로 진행되었다. 2018. 8. 22. ㉱사해행위취소소송에서 A 승소의 판결이 선고되었다. 2018. 11. 19. 갑은 ㉱사해행위취소소송 제1심에서의 A 승소판결에 불복하여 추완항소를 제기하였다. 갑은 ㉱사해행위취소소송을 대리한 변호사 D에게 갑과 C 사이 있었던 6억원의 송금 및 반환에 관하여 법률상담을 하였다. 변호사 D는 다음 내용의 의견을 제시하였다. (가) 갑의 송금 부분 : 갑이 C에 대한 민사조정 결과에 따라 ㉠조정조서상 6억원의 금원을 상환한 것이다. (나) C의 송금 부분 : 갑이 C로부터 6억원을 빌리는 별개의 채무부담약정을 한 것이다.

2018. 11. 19. 이후 시점이다. ㉱사해행위취소소송 항소심이 진행되었다. 갑은 ㉱사해행위취소소송 항소심에서 다음 내용의 항변을 하였다(㉡항변). (가) M부동산에 설정되어 있는 기존 담보권의 피담보채무액이 있다(ⓐ채무). (나) A보다 선행한 사해행위취소소송의 채권자 등이 갖는 채권액이 있다(ⓑ채무). (다) ⓐ채무와 ⓑ채무의 합계액은 M부동산 가액을 초과한다. (라) 그러므로 A에게는 사해행위취소를 구할 권리보호의 이익이 없다. 갑은 ㉡항변을 하면서 ⓑ채무의 존재와 관련하여 다음 내용의 주장을 하였다. (가) 2018. 2. 6. C가 갑을 상대로 사해행위취소소송을 제기하였다(㉰사해행위취소소송). (나) 2018. 5. 2. ㉯배상금소송에서 ㉠조정이 성립되었다. (다) 2018. 5. 21.경부터 2018. 6. 13.경까지 C가 갑에게 6억원을 송금해 주었다. 갑은 이상의 주장과 함께 C가 갑에게 송금한 ㉢금융거래내역을 증거로 제출하였다. ㉱사행행위취소소송의 항소법원은 갑의 ㉡항변을 받아들이지 않았다.

검사는 다음과 같이 판단하였다. (가) 갑은 C와의 ㉠민사조정으로 부담하게 된 6억원의 가액배상금을 실제 변제하지 않았다. (나) 갑은 C로부터 6억원을 송금받아 다시 반환하는 방법으로 허위 변제의 외관을 형성하였다. (다) 갑의 ㉡항변은 허위의 주장이며, ㉢금융거래내역은 허위의 증거이다. 검사는 갑을 사기미수죄로 기소하였다. 제1심법원은 다음의 이유를 들어서 유죄로 판단하였다. (가) 갑은 C와의 금융거래 전부터 갑의 M부동산에 처분금지가처분결정을 받은 A의 존재를 이미 알고 있었다. (나) 갑은 C와의 민사조정으로 부담하게 된 6억원의 가액배상금을 실제 변제하지도 않았다. (다) 갑은 C로부터 6억원을 송금받아 다시 반환하는 방법으로 허위 변제의 외관을 형성한 것에 불과하다. (라) 그러므로 갑이 허위주장 및 허위증거 제출의 고의로 사기죄의 실행에 착수하였음이 인정된다. 갑은 불복 항소하였다. 항소법원은 항소를 기각하고, 제1심판결을 유지하였다. 갑은 불복 상고하였다.

대법원은 다음의 이유를 제시하여 원심판결을 파기환송하였다. 대법원은 소송사기의 인정에 신중을 기하여야 한다는 점에 대해 다음과 같이 설시하였다. (가) 소송사기는 (ㄱ) 법원을 기망하여 (ㄴ) 자기에게 유리한 판결을 얻음으로써 (ㄷ) 상대방의 재물 또는 재산상 이익을 취득하는 것을 내용으로 하는 범죄이다. (나) 소송사기를 처벌하는 것은 필연적으로 누구든지 자기에게 유리한 주장을 하고 소송을 통하여 권리구제를 받을 수 있다는 민사재판제도의 위축을 가져올 수밖에 없다. (다) 그러므로 (ㄱ) 피고인이 범행을 인정한 경우 외에는 (ㄴ) 소송상의 주장이 사실과 다름이 객관적으로 명백하거나 (ㄷ) 피고인이 소송상의 주장이 명백히 허위인 것을 인식하였거나 (ㄹ) 증거를 조작하려고 한 흔적이 있는 등의 경우 외에는 이를 쉽사리 유죄로 인정하여서는 안 된다.

(라) 소송사기가 성립하기 위하여는 주장하는 채권이 존재하지 않는다는 것만으로는 부족하다. (마) 소송사기가 성립하기 위하여는 (ㄱ) 주장하는 채권이 존재하지 않는 사실을 잘 알면서도 (ㄴ) 허위의 주장과 증명으로써 법원을 기망한다는 인식을 하고 있어야만 한다. (바) (ㄱ) 단순히 사실을 잘못 인식하였다거나 (ㄴ) 법률적 평가를 잘못하여 존재하지 않는 권리를 존재한다고 믿는 등의 행위로는 사기죄를 구성하지 않는다.

대법원은 사실관계를 분석하였다. 대법원은 갑의 ㉡항변과 ㉢금융거래내역에 대해 다음과 같이 분석하였다. (가) 갑은 A와의 사해행위취소소송을 대리한 변호사와의 법률상담을 통해 (ㄱ) C에 대한 민사조정 결과에 따라 조정조서상의 금원을 상환한 것으로 하되 (ㄴ) C로부터 해당 금원을 빌리는 별개의 채무부담약정을 한 것으로 해석된다는 의견을 제시받았다. (나) 갑은 변호사가 제시한 내용의 항변을 기재한 준비서면이 제출되도록 한 것이었다. (다) 갑과 C 사이의 ㉢금융거래내역은 그 자체로 허위가 아니다. (라) 갑은 C와 금융거래를 할 그 무렵 A의 채권이 존재함을 알고 있었다. (마) 그렇다고 하더라도 갑이 A의 사해행위취소소송 제기 사실을 뒤늦게 알고 추완항소를 제기한 때로부터 5~6개월 전 행한 송금행위를 소송 증거를 조작한 행위라고 보기도 어렵다.

대법원은 갑의 행위에 대해 다음과 같이 판단하였다. (가) 갑과 C 사이에 조정조서상의 가액배상금이 지급된 것으로 하고 6억원의 별개 채무를 이행하기로 새로운 약정을 한 것이라고 볼 여지가 크다. (나) 선행 사해행위취소소송 당사자였던 C의 채권액이 사해행위 대상 M부동산의 담보가치에서 제외되어야 한다는 판단으로 6억원 가액배상의 변제를 주장하고(㉡항변) ㉢금융거래내역을 제출한 것이라고 볼 여지가 크다. (다) 갑의 이러한 주장이 민사법원에서 받아들여지지 않았다. (라) 그렇다고 하더라도 (ㄱ) 그것이 객관적으로 허위임이 명백하다거나 (ㄴ) 갑이 허위의 주장과 증명으로써 법원을 기망한다는 인식을 하고 있었다고 단정하기는 어려우며, (ㄷ) 그 밖에 갑이 증거를 조작하였다고 볼 만한 사정도 찾을 수 없다.

97도2430

1997. 12. 23. 97도2430, 공 1998, 448 = **『상가분양 의제자백 사건』**:

(사실관계의 불분명한 부분은 임의로 보충함.) M토지는 A의 소유이다. P회사는 A로부터 M토지에 대한 사용승낙권을 취득하였다. P회사는 M토지 위에 N상가건물을 신축 · 분양하고 있다. P회사의 실질적 사주는 B이다. 건설업자 갑은 N건물의 신축공사를 진행하고 있다. 갑은 P회사에 대해 ㉠공사대금채권 등을 가지고 있다.

1991. 11. 26. 갑은 P회사와 다음 내용의 ㉡매매계약을 체결하였다. (가) 본 매매계약은 ㉠채무를 보전하

기 위한 것이다. (나) P회사는 ㉠채무를 [1992. 2. 말]까지 갑에게 변제하기로 한다. (다) [1992. 2. 말]까지 ㉠채무를 변제하지 못할 경우, P회사는 M대지 및 N건물 중에서 실제 매도된 부분을 공제한 나머지를 갑에게 매도한다. (라) 갑은 매매대금으로 P회사에 30억원을 지급한다. 갑은 ㉡매매계약서를 작성하여 받으면서 위임장, 건축허가신청서 및 M대지의 사용승낙원 등 일체의 서류를 교부받았다(㉢서류). [1992. 2. 말이 경과하였다. P회사는 갑에게 ㉠채무를 변제하지 못하였다.]

1992. 3. 31. 갑은 B로부터 다음 내용의 ㉣합의각서를 받았다. (가) N건물 공사는 갑이 그 비용을 부담하여 공사를 마무리한다. (나) N건물에 대한 소유권이전 등기는 갑 명의로 한다. (다) [M대지의 소유자] A, [N건물 건축주] B는 이에 필요한 모든 제반 서류를 제출하여야 한다. (라) M대지와 N건물은 갑이 매각 또는 분양, 임대의 권리를 가진다. (마) 매각 또는 임대한 금액에서 공사대금과 발생되는 제세공과금 등을 우선 공제한다. (바) 잔여 금액은 A, B, 갑 3자가 합의하여 처리한다.

[N건물이 완공되었다. 갑은 M대지의 소유권등기를 이전받기 위하여 의제자백(민소법 제150조 참조)의 방법을 이용하기로 A와 합의하였다.] 갑은 A를 상대로 M토지에 대한 소유권이전등기를 청구하는 소를 제기하였다(㉮소송). A는 갑과 합의한 대로 ㉮소송에 출석하지 않았다. 갑은 A의 불출석에 따른 의제자백으로 ㉮소송에서 승소하였다. ㉮판결은 확정되었다. [갑은 ㉮확정판결에 기하여 M대지의 소유권이전등기를 A에서 갑으로 경료하였다.] 갑은 N건물의 상가를 염가로 원매자들에게 분양하였다. 갑은 N건물의 분양대금에서 제세공과금을 제외한 잔여 대금이 없다는 이유로 B에게 정산을 하지 않았다. [B는 갑을 고소하였다.]

검사는 갑을 다음의 공소사실로 기소하였다. (가) 주위적 공소사실 : 특정경제범죄법위반죄(사기). (나) 예비적 공소사실 : 특정경제범죄법위반죄(배임). 제1심법원은 다음과 같이 판단하였다. (가) 주위적 공소사실 : 특정경제범죄법위반죄(사기) 무죄. (나) 예비적 공소사실 : 특정경제범죄법위반죄(배임) 무죄. 검사는 불복 항소하였다. 항소법원은 항소를 기각하고, 제1심판결을 유지하였다. 검사는 불복 상고하였다. 검사는 첫 번째 상고이유로 다음의 점을 주장하였다. (가) ㉮확정판결은 갑과 A가 공모하여 한 의제자백에 따른 것으로 소송사기에 해당한다. (나) ㉮확정판결에 기하여 갑 명의로 등기를 이전한 것은 사기죄에 해당한다. (다) M대지는 사실상 P회사의 소유이다. (라) ㉮확정판결에 따라 등기를 이전한 것은 P회사로부터 부동산을 편취한 것에 해당한다. 검사는 두 번째 상고이유로 다음의 점을 주장하였다. (가) 갑은 P회사의 사무처리자로서 P회사 앞으로 N건물의 보전등기를 해야 할 의무가 있다. (나) 갑이 P회사의 사무처리자로서 N건물의 상가를 염가에 분양한 것은 배임죄에 해당한다.

대법원은 다음의 이유를 제시하여 상고를 기각하였다. 대법원은 의제자백과 소송사기의 관계에 대해 다음과 같이 판단하였다. (가) 소송사기에 있어 피기망자인 법원의 재판은 피해자의 처분행위에 갈음하는 내용과 효력이 있는 것이어야 한다. (나) 피고인이 타인과 공모하여 그 공모자를 상대로 제소하여 의제자백의 판결을 받아 이에 기하여 부동산의 소유권이전등기를 한 경우가 있다. (다) 그렇다고 하더라도 이는 소송 상대방의 의사에 부합하는 것으로서 착오에 의한 재산적 처분행위가 있다고 할 수 없어 동인으로부터 부동산을 편취한 것이라고 볼 수 없다. (라) 또 그 부동산의 진정한 소유자가 따로 있다고 하더라도 피고인이 의제자백 판결에 기하여 그 진정한 소유자로부터 소유권을 이전받은 것이 아니므로 그 소유자로부터 부동산을 편취한 것이라고 볼 여지도 없다. (마) ㉮의제자백 판결은 그 소송 상대방인 A의 의사에 부합하는 것이다. (바) ㉮판결의 효력은 소송 당사자인 갑과 A 사이에만 미칠 뿐이다. (사) ㉮판결의 효력은 검사가 피해자라고 주장하고 있는 P회사에게는 미치지 않는다.

대법원은 갑의 배임죄 사무처리자에 여부에 대해 다음과 같이 판단하였다. (가) (사실관계 분석; 생략함.) (나) ㉡매매계약과 ㉣합의각서의 약정에 의하여 갑에게 ㉠채무의 담보목적으로 M, N부동산을 취득·처분하는 권한 이외에 P회사를 위한 M대지 및 N건물에 관한 소유권보전임무가 발생한다고 보기는 어렵다. (다)

따라서 갑이 그러한 P회사를 위한 소유권보전임무를 처리할 지위에 있다고 할 수 없다. (라) 갑이 A를 상대로 ㉮의제자백 판결을 받았다고 하더라도 이를 배임죄로 처벌할 수는 없다.

대법원은 갑의 정산의무 불이행 부분에 대해 다음과 같이 판단하였다. (가) 담보권자가 변제기 경과 후에 담보권을 실행하기 위하여 담보목적물을 처분하는 행위는 담보계약에 따라 담보권자에게 주어진 권능이어서 자기의 사무처리에 속하는 것이지 타인인 채무자의 사무처리에 속하는 것이라고 할 수 없다. (나) 그러므로 담보권자가 담보권을 실행하기 위하여 담보목적물을 처분함에 있어 시가에 따른 적절한 처분을 하여야 할 의무는 담보계약상의 민사채무일 뿐 그와 같은 형법상의 의무가 있는 것은 아니므로 그에 위반한 경우 배임죄가 성립된다고 할 수 없다. (다) P회사가 갑에게 담보로 제공하고 이에 따라 그 처분권한을 위임받은 갑이 N건물 및 M대지를 염가에 매도하였다고 하더라도 배임죄가 성립되지 않는다.

2021도10861

2023. 1. 12. 2021도10861, 공 2023상, 459 = **『수사협조자 체크카드 보관 사건』**:

(연도 생략함.) 8. 중순경 갑은 대화명 ⓐ를 사용하는 성명불상자가 텔레그램 홍보방에 올린 다음의 광고를 보았다. "하루에 100만원 이상 벌어 가실 분 구함." 갑은 성명불상자에게 연락하여 일을 달라고 하였다. 9. 8. 오후 갑은 성명불상자로부터 다음 내용의 제안을 받았다. (가) 조건만남을 수락한 피해자를 협박하여 받아낸 돈을 체크카드 2장에 넣어 두었다(㉠체크카드). (나) ㉠체크카드 보내줄 테니 돈을 인출하여 지정한 계좌로 보내주면 인출금액의 10%를 주겠다. 갑에게 제안한 성명불상자는 사실은 경찰의 수사협조자 A였다. A는 갑이 제안을 수락하자 그 내용을 경찰에 제보하였다. 9. 8. 17:40경 갑은 성명불상자(A)의 지시에 따라 ㉠체크카드를 퀵서비스 기사로부터 전달받았다. 갑은 ㉠체크카드를 전달받은 후 다른 장소로 이동하려고 하였다. 갑은 현장에 미리 잠복 중이던 경찰관에게 전자금융거래법 위반 혐의로 현행범인 체포되었다. 갑은 검찰에서 다음과 같이 진술하였다. (가) 성명불상자에게 연락을 했을 때 인출책이라고 하길래 보이스피싱이냐고 물었다. (나) 그랬더니 성명불상자가 보이스피싱은 아니고 조건만남 협박해서 받은 돈이라고 하였다. (다) 조건만남은 신고를 잘 안할 테니까 해보자고 하여 수락하였다.

전자금융거래법은 다음의 규정을 두고 있다(㉮규정으로 통칭함). (가) 전자금융거래에 있어서 거래지시를 하거나 이용자 및 거래내용의 진실성과 정확성을 확보하기 위하여 사용되는 수단 또는 정보를 '접근매체'라고 한다. (나) 전자식 카드 및 이에 준하는 전자적 정보는 접근매체의 일종이다. (다) 누구든지 접근매체를 사용 및 관리함에 있어서 대가를 수수(授受)·요구 또는 약속하면서 접근매체를 대여받거나 대여하는 행위 또는 보관·전달·유통하는 행위를 하여서는 아니 된다. (라) 누구든지 접근매체를 사용 및 관리함에 있어서 범죄에 이용할 목적으로 또는 범죄에 이용될 것을 알면서 접근매체를 대여받거나 대여하는 행위 또는 보관·전달·유통하는 행위를 하여서는 아니 된다. (마) 이에 위반하는 행위를 한 자는 5년 이하의 징역 또는 3천만원 이하의 벌금에 처한다. 검사는 다음의 공소사실로 갑을 전자금융법위반죄로 기소하였다. "갑은 ㉠체크카드를 전달받아 보관함으로써 대가를 수수·약속함과 동시에 범죄에 이용할 목적으로 접근매체를 보관하였다."

갑의 피고사건은 제1심을 거친 후, 항소심에 계속되었다. 항소법원은 다음의 이유를 들어서 무죄를 선고하였다. (가) 갑은 현금 인출행위에 대한 대가로 인출금액의 10%를 수수료로 받기로 하였을 뿐이다. (나) 갑은 ㉠체크카드 보관행위에 대한 대가를 수수하기로 약속한 것이 아니다. (다) 그러므로 전자금융거래법 ㉮규정[(다)부분]이 금지하는 '대가 수수·약속 접근매체 보관'에 해당하지 않는다. (라) ㉠체크카드는 경찰과 수사협조자 A가 갑을 검거하기 위해 미리 준비해 둔 것일 뿐이다. (마) ㉠체크카드는 실제 범죄의 실행에 직접 사용되거나 범죄의 수행에 실질적으로 기여할 수 있는 접근매체가 아니다. (바) 그러므로 전자금융거래법 ㉮규정[(라)부분]에서 금지하는 '범죄 이용 목적 접근매체 보관'에도 해당하지 않는다. 검사는 불복 상고하였다.

대법원은 다음의 이유를 제시하여 원심판결을 파기환송하였다. 대법원은 전자금융거래법 ㉮규정의 내용을 분석하였다. 대법원은 접근매체의 보관과 대가의 개념에 대해 다음과 같이 설시하였다. (가) ㉮규정에서 정한 접근매체의 '보관'은 타인 명의 금융계좌를 불법적으로 거래하거나 이용할 수 있도록 타인 명의 접근매체를 점유 또는 소지하는 행위를 말한다. (나) 그리고 ㉮규정에서 '대가'란 접근매체의 보관에 대응하는 관계에 있는 경제적 이익을 말한다. (다) 타인 명의 금융계좌를 불법적으로 이용하는 행위에 대하여 대가를 받기로 약속하고 그 불법적인 이용을 위하여 접근매체를 보관한 경우라면 접근매체의 보관에 대응하는 경제적 이익을 약속받은 것으로 볼 수 있다.

(라) 전자금융거래법 ㉮규정 (라)의 '범죄에 이용할 목적'은 이른바 '초과주관적 위법요소'로서, 그 목적에 대하여는 미필적 인식이 있으면 족하고 목적의 대상이 되는 범죄의 구체적인 내용까지 인식하여야 하는 것은 아니다. (마) 이러한 목적은 본래 내심의 의사이므로 그 목적이 있는지는 접근매체를 보관하는 구성요건적 행위를 할 당시 피고인이 가지고 있던 주관적 인식을 기준으로 판단하면 된다. (바) 거래 상대방이 접근매체를 범죄에 이용할 의사가 있었는지 또는 피고인이 인식한 것과 같은 범죄가 실행되었는지를 고려할 필요는 없다.

대법원은 사실관계를 분석하였다. 대법원은 갑의 행위에 대해 다음과 같이 판단하였다. (가) 갑은 타인 명의 금융계좌에서 범죄로 인한 피해금을 인출해 주는 일을 하고 수수료를 받기로 약속한 후 그 금융계좌에 연결된 접근매체를 전달받아 보관하였다. (나) 갑의 행위는 대가를 수수하기로 약속함과 동시에 범죄에 이용할 목적으로 접근매체를 보관한 것으로 봄이 타당하다. (다) 갑이 받기로 한 수수료가 보관행위에 대한 직접적인 대가가 아니라거나 실제로는 그 체크카드를 이용한 범죄가 현실화될 수 없다는 이유로 '대가관계'나 '범죄 이용 목적'이 없다고 할 수는 없다.

2022도8662

2022. 11. 17. 2022도8662, 공 2023상, 100 = 『전달책 보관현금 몰수 사건』:

A는 성명불상의 보이스피싱 조직원에 속았다. (연도 생략함.) 10. 7. A는 금융감독원 직원으로 행세한 B에게 ㉠여행용 가방에 담긴 현금 2억원을 교부하였다. 10. 7. (같은 날) B는 갑에게 그중 ㉠여행용 가방과 현금 1억 9,600만원을 전달하였다. 갑은 전달받은 현금 1억 9,600만원에 400만원을 더하여 2억원을 C에게 전달하였다. 그 무렵 갑은 공범 을과 다음 내용의 문자대화를 하였다. (가) 보면서 세어도 문제 없지, 39 묶음 5만은 조금 이따 사무실로 가져갈게. (나) 얼마야. (다) 1억 9600. (라) 11305+870+19600-20000=11775. 이 가운데 (라) 문자대화는 앞서의 보관금 1억 1,305만원에 870만원과 A의 피해금 1억 9,600만원을 전달받고 2억원을 전달하여 나머지 1억 1,755만원을 보관하고 있다는 것을 보고하는 내용이다. 갑은 B로부터 전달받은 ㉠여행용 가방을 자신의 주거지로 가지고 갔다.

10. 7. (같은 날) A가 관할 경찰서에 사기피해를 신고하여 수사가 개시되었다. 10. 11. 갑은 자신의 집에서 긴급체포되었다. 체포될 당시 갑은 고무줄로 수 개의 묶음으로 묶여 검정색 비닐봉투에 싼 1억 3,630만원을 보관하고 있었다(㉡보관현금). 갑은 ㉡보관현금이 비합법적인 환금업무를 하기 위하여 D로부터 차용한 돈이라고 주장하였다. 수사기관은 체포 현장에서 ㉠여행용 가방과 ㉡보관현금(1억 3,630만원)을 압수하였다.

검사는 갑과 을을 A에 대한 사기죄로 기소하였다. (이하 갑에 대해서만 고찰함.) 제1심법원은 공소사실을 유죄로 판단하였다. 제1심법원은 ㉠여행용 가방과 ㉡압수현금을 몰수하였다. 갑은 불복 항소하였다. 갑은 항소이유로 다음의 점을 주장하였다. (가) 전달받은 돈이 보이스피싱 사기범행으로 취득한 것임을 인식하지 못하였다. (나) ㉡압수현금(1억 3,630만원)은 범죄피해재산에 해당하지 않으므로 몰수는 위법하다.

항소법원은 갑에게 보이스피싱 사기범행의 고의와 공모사실이 인정된다고 판단하였다. 항소법원은 ㉡압수현금(1억 3,630만원)은 범죄피해재산에 해당한다고 판단하였다. 항소법원은 ㉡압수현금의 몰수 근거를 다음과 같이 제시하였다. (가) (부패재산몰수법의 몰수 관련 규정. 생략함.) (나) 부패재산몰수법의 입법취지와 이 법의 몰수 관련 규정, 형법 제49조 등의 규정을 종합해 본다. (다) 법원은 기소된 당해 피고인(갑)이 범한 부패범죄의 범죄피해재산에 대해서는 당해 사건(A에 대한 사기범행)에서 기소되지 아니한 범행(A 이외의 피해자 B에 대한 사기범행)의 피해재산인 경우에도 몰수할 수 있다고 봄이 상당하다.

항소법원은 ㉡압수현금의 몰수 여부에 대해 다음과 같이 판단하였다. (가) 갑이 보이스피싱 사기 범행과 관련하여 수 회에 걸쳐 현금을 전달받거나 전달하여 피해자가 다수일 것으로 보이는데 아직 특정되지 않았다. (나) 피해회복이 심히 곤란하다고 인정되는 경우인지는 이 사건 피해자(A)뿐만 아니라 갑의 다른 보이스피싱 사기 범행의 피해자들(B 등)과의 관계에서도 판단되어야 한다. (다) ㉡압수현금은 갑이 보이스피싱 사기 범행에 의하여 피해자로부터 취득한 재산 또는 그 재산의 보유·처분에 의하여 얻은 재산으로서 부패재산몰수법 소정의 '범죄피해재산'에 해당한다고 봄이 상당하다. (라) 갑의 범행으로 인한 범죄피해재산에 해당하는 ㉡압수현금에 관하여 피해자가 갑에 대한 재산반환청구권 또는 손해배상청구권 등을 행사할 수 없는 등 피해회복이 심히 곤란하다고 인정되는 경우에 해당한다고 봄이 상당하다. 갑은 항소심판결에 불복하여 상고하였다. 갑의 상고이유는 항소이유와 같다.

대법원은 다음의 이유를 제시하여 원심판결 중 갑에 대한 몰수 부분을 파기환송하였다. 대법원은 갑에 대해 사기죄 공소사실을 유죄로 인정하였다. 대법원은 몰수의 요건에 대해 다음과 같이 설시하였다. (가) 형법 제49조 단서는 "행위자에게 유죄의 재판을 아니할 때에도 몰수의 요건이 있는 때에는 몰수만을 선고할 수 있다."라고 규정하고 있다. (나) 그러나 우리 법제상 공소의 제기 없이 별도로 몰수만을 선고할 수 있는 제도가 마련되어 있지 않다. (다) 그러므로 형법 제47조 단서에 근거하여 몰수를 선고하기 위해서는 몰수의 요건이 공소가 제기된 공소사실과 관련되어 있어야 한다. (라) 공소가 제기되지 않은 별개의 범죄사실을 법원이 인정하여 그에 관하여 몰수나 추징을 선고하는 것은 불고불리의 원칙에 위반되어 허용되지 않는다.

대법원은 부패재산몰수법의 몰수 관련 규정들을 분석하였다(㉮규정). 대법원은 부패재산몰수법상의 재산몰수 요건에 대해 다음과 같이 설시하였다. (가) (ㄱ) 피해재산에 대한 몰수·추징의 원칙과 (ㄴ) 부패재산몰수법의 입법 목적, (ㄷ) 범죄피해재산에 대한 몰수·추징을 허용하는 범죄를 특정범죄로 한정하면서 (ㄹ) 피해자 등에 대한 환부절차를 두고 있는 취지 등을 종합적으로 고려해 본다. (나) 부패재산몰수법 [관련규정]에서 정한 몰수·추징의 원인이 되는 범죄사실은 공소제기된 범죄사실에 한정된다. (다) '범죄피해재산'은 그 공소제기된 범죄사실 피해자로부터 취득한 재산 또는 그 재산의 보유·처분에 의하여 얻은 재산에 한정된다. (라) 공소제기된 범죄사실 피해자의 피해회복이 심히 곤란하다고 인정되는 경우에만 몰수·추징이 허용된다고 보아야 한다.

대법원은 ㉡압수현금에 대한 몰수 여부에 대해 다음과 같이 판단하였다. (가) ㉡압수현금이 (ㄱ) 갑에 대하여 공소제기된 피해자 A에 대한 사기 범행으로 인하여 (ㄴ) 갑이 취득한 현금이거나 그 현금의 처분에 의하여 얻은 현금으로서 (ㄷ) '범죄피해재산'에 해당하고, (ㄹ) 피해자 A의 피해회복이 심히 곤란한 경우에 해당한다고 인정되어야 (ㅁ) ㉡압수현금에 대하여 부패재산몰수법에 따른 몰수가 허용된다.

(나) 그런데도 원심은 공소제기되지 않은 범죄사실[피해자 B 부분]이라도 부패재산몰수법 ㉮규정에서 정하고 있는 특정 범죄행위에 해당한다고 인정되기만 하면 '범죄피해재산'이 될 수 있다는 전제를 설정하였다. (다) 원심은 이러한 전제 아래 ㉡압수현금이 피해자 A에 대한 범죄사실과 관련되어 있는지 여부를 명확히 밝히지 않고, 피해자 A뿐 아니라 갑의 다른 보이스피싱 사기 범행의 피해자들[B 등]과의 관계에서 피해회복이 심히 곤란하다고 보아, 갑으로부터 ㉡압수현금을 몰수할 수 있다고 판단하였다. (라) 이러한 원심판결에는 부패재산몰수법상 '범죄피해재산'과 몰수의 요건 등에 관한 법리를 오해함으로써 필요한 심리를 다하지 않아

판결에 영향을 미친 잘못이 있다.

2007도6406

2007. 10. 11. 2007도6406, [미간행] =『소액주주 배상금 요구 사건』:

(사안을 임의로 보완함.) P회사는 상장회사이다. 2002 회계년도에 대표이사 A가 300억원을 횡령하고 도주하는 사건이 발생하였다. B가 P회사의 대표이사에 취임하였다. 2003 회계년도에 대한 P회사의 정기회계감사가 실시되었다. 2002 회계년도와 비교한 결과 P회사의 자본금이 83억원 감소하였다. P회사의 주가가 폭락하였다. P회사의 소액주주들은 자신들의 권리를 찾기 위하여 소액주주운동을 전개하기로 하였다. 소액주주운동은 소액주주들을 모아 일정 지분을 확보하여 상법과 증권거래법에 보장되어 있는 소수주주권을 행사함으로써, 기업 경영의 투명성과 책임성을 높이고자 하는 기업 감시 활동이다.

갑은 P회사의 소액주주이다. 갑은 다른 소액주주 C 등 42명으로부터 주식 70만주를 자기 계좌로 이체받았다(㉠주식). 갑은 소액주주 운동의 대표가 되었다. 갑은 P회사의 새로운 대표이사 B를 다음의 혐의사실로 수사기관에 고소하였다(㉡혐의사실). "B는 2003년 회계년도에 P회사의 자금 100억원을 횡령하였다." 갑은 ㉡혐의사실과 같은 취지의 글을 인터넷에 수회에 걸쳐 게시하였다. 갑은 P회사의 회계장부 열람을 위한 가처분을 신청하였다. 갑은 가처분신청을 이유로 P회사의 사무실을 수시로 방문하였다(이상의 행위를 ㉮행위로 통칭함).

갑은 P회사의 사장실로 찾아갔다. P회사의 직원들은 갑을 사장실 밖으로 끌어내었다. 갑은 사장실 밖으로 끌려나가지 않기 위하여 팔, 다리를 휘두르는 등의 방법으로 저항하였다(㉯저항행위). 갑의 ㉮행위로 P회사는 업무에 사실상 적지 않은 방해를 받았다. D는 P회사의 관계자이다. 갑은 D에게 ㉮행위를 중단하는 대가로 소액주주의 손해에 대한 배상금을 요구하였다. 갑은 P회사가 갑의 요구를 받아들이지 않을 경우 앞으로도 계속하여 고소 제기 등과 같은 행위를 할 것 같은 태도를 보였다(㉰요구행위). D는 갑의 요구를 거절하였다. 소액주주들 사이에 분쟁이 발생하였다. 다른 소액주주 C 등이 갑에게 주식 반환을 요구하였다. 갑은 ㉠주식 70만주를 다른 주주들에게 반환하지 않았다(㉱반환거부).

검사는 갑을 다음의 공소사실로 기소하였다. (가) ㉯저항행위 : 위력에 의한 업무방해죄. (나) ㉰요구행위 : 공갈미수죄. (다) ㉱반환거부 : 횡령죄. (기타 범죄 부분은 고찰을 생략함.) 갑의 피고사건은 제1심을 거친 후, 항소심에 계속되었다. 항소법원은 다음과 같이 판단하였다. (가) ㉯저항행위 : 위력에 의한 업무방해죄 무죄. (나) ㉰요구행위 : 공갈미수죄 유죄. (다) ㉱반환거부 : 횡령죄 무죄. 항소법원은 횡령죄 무죄판단 부분에 대해 다음의 이유를 제시하였다. (가) 횡령죄의 객체는 재물이다. (나) 갑은 ㉠주식을 계좌이체라는 무형적인 방법으로 취득하였다. (다) ㉠주식은 소수주주권을 행사하기 위한 '주주의 지위' 또는 '주주권'에 불과하다. (라) 그러므로 ㉠주식의 반환거부행위는 횡령죄를 구성하지 않는다. 갑은 유죄 부분에 불복하여 상고하였다. 검사는 무죄 부분에 불복하여 상고하였다.

(대법원은 다른 공소사실과의 관계에서 원심판결 전부를 파기환송하였다.) 대법원은 다음의 이유를 제시하여 원심판결의 횡령죄 무죄 부분만을 파기하였다. 대법원은 권리행사와 공갈의 관계에 대해 다음과 같이 설시하였다. (가) 공갈죄의 수단으로서의 협박은 사람의 의사결정의 자유를 제한하거나 의사실행의 자유를 방해할 정도로 겁을 먹게 할 만한 해악을 고지하는 것을 말한다. (나) 여기에서 고지된 해악의 실현은 반드시 그 자체가 위법한 것임을 요하지 않는다. (다) 해악의 고지가 권리실현의 수단으로 사용된 경우라고 하여도 (ㄱ) 그것이 권리행사를 빙자하여 협박을 수단으로 상대방을 겁을 먹게 하였고 (ㄴ) 권리실행의 수단 방법이 사회통념상 허용되는 정도나 범위를 넘는다면 공갈죄가 성립한다.

대법원은 사실관계를 분석하였다. 대법원은 공갈미수죄 부분에 대해 다음과 같이 판단하였다. (가) 갑의

㉮행위로 P회사의 업무에 사실상 적지 않은 방해를 주고 있는 상황에서 갑이 D에게 ㉮행위를 중단하는 대가로 금전을 요구하였다. (나) 갑은 (ㄱ) 만일 P회사가 갑의 요구를 받아들이지 않을 경우 (ㄴ) 앞으로도 계속하여 고소 제기 등과 같은 행위를 함으로써 P회사의 업무에 지장을 줄 것 같은 태도를 보였다. (다) 이러한 것은 P회사에 대한 공갈 행위를 구성한다.

대법원은 횡령죄 부분에 대해 다음과 같이 판단하였다. 대법원은 횡령죄의 객체에 대해 다음과 같이 설시하였다. (가) 횡령죄의 객체인 타인의 재물이라 함은 부동산, 동산은 물론 유가증권 등을 포함하는 개념이다. (나) 증권예탁결제원에 예탁되어 계좌간 대체 기재의 방식에 의하여 양도되는 주권은 유가증권으로서 재물에 해당되므로 횡령죄의 객체가 될 수 있다. (다) 갑이 소액주주들로부터 계좌간 대체 기재의 방식으로 양수받은 예탁주식은 유체물인 유가증권으로서 횡령죄의 객체가 될 수 있다. (라) 갑이 예탁주식의 반환을 거부하는 행위가 (ㄱ) 횡령행위와 같다고 볼 수 있을 정도에 이르렀거나 (ㄴ) 그 반환거부에 정당한 사유가 있었던 것이 아니라면, 갑의 반환거부행위는 횡령죄를 구성한다.

대법원은 업무방해죄 부분에 대해 다음과 같이 판단하였다. (가) '위력'은 사회통념상 허용한도를 벗어나 피해자의 의사의 자유를 제압·혼란케 하는 것을 말한다. (나) 갑은 P회사의 사장실 밖으로 끌려나가지 않기 위하여 팔, 다리를 휘두르는 등의 방법으로 저항하였다. (다) 그렇다면 이를 가리켜 사회통념상 허용한도를 벗어나 P회사 직원들의 의사의 자유를 제압·혼란케 하는 것으로서 '위력'에 해당한다고 보기 어렵다.

제40장 횡령과 배임의 죄

2017도3829

2022. 6. 23. 2017도3829 전원합의체 판결, 공 2022하, 1510 =『점포 보증금반환채권 양도 사건』:

갑은 M점포를 임차하였다. M점포의 임대인은 B이다. M점포의 보증금은 2천만원이다(㉠채권). M점포에서는 갑의 아들 K가 ⓐ업종의 장사를 하였다. 갑은 M점포의 ㉠임대차보증금반환채권을 포함한 임차권을 양도하려고 하였다. A는 N임야를 소유하고 있다. 2013. 11. 11.경 갑과 A는 다음과 같은 두 건의 계약을 체결하였다. (가) ㉮부동산교환계약 : 점포 부분. (나) ㉯점포(권리양도)매매계약 : 권리금 부분. ㉮부동산매매계약의 내용은 다음과 같다. (가) 갑은 ㉠임대차보증금반환채권을 포함한 임차권과 A 소유의 N임야를 교환한다. (나) A는 갑에게 교환차액 5백만원을 지급한다. ㉯점포(권리양도)매매계약의 내용은 다음과 같다. (가) A는 M점포의 운영자 K(갑의 아들)에게 권리양도 매매대금으로 1천 3백만원을 지급한다. (나) K는 ㉠임대차보증금반환채권 등을 A에게 양도한다. A는 갑에게 5백만원을 지급하였다. A가 갑에게 지급한 5백만원은 ㉯매매계약의 계약금 중 일부였다.

2013. 11. 말경 갑은 A에게 M점포에 관한 사업자등록증, 영업신고증, 임대차계약서 원본, 임대차에 관한 포기각서를 교부하였다. 임대차에 관한 포기각서는 임대차계약서의 원본 뒷면에 작성되었다. 갑과 A 사이에 ㉮부동산교환계약에서 정한 교환대상 토지를 N임야에서 다른 토지로 변경하는 문제로 분쟁이 발생하였다. 갑은 M점포의 임대인 B에게 ㉠임대차보증금반환채권(2천만원) A에게 양도하였다는 사실을 통지하지 않고 있었다. 2014. 3. 31.경 갑은 M점포 임대인 B로부터 보증금 2천만원 중 연체된 월세, 관리비 등을 공제한 1천만원을 수령하였다. 갑은 수령한 1천만원을 개인적인 용도로 사용하였다.

검사는 갑을 횡령죄로 기소하였다. 공소사실의 요지는 다음과 같다. "갑은 ㉠임대차보증금반환채권을 A에게 양도하였는데도 임대인 B에게 채권양도 통지를 하지 않고 임대인 B로부터 남아 있던 임대차보증금(1천만원)을 반환받아 A를 위하여 보관하던 중 개인적인 용도로 사용하여 이를 횡령하였다." 갑의 피고사건은 제1심을 거친 후, 항소심에 계속되었다. 항소법원은 대법원의 1999. 4. 15. 97도666 전원합의체 판결의 취지에 따라 유죄를 인정하였다. 갑은 불복 상고하였다.

대법원은 다음의 이유를 제시하여 원심판결을 파기환송하였다. 대법원은 갑의 상고이유와 관계 없이 직권으로 판단하였다. 대법원은 97도666 전원합의체 판결을 변경할 것인지를 놓고 9 대 4로 견해가 나뉘었다. 대법원은 다수의견에 따라 97도666 판례를 폐기하였다. (이하 다수의견을 대법원으로 표시하여 발췌 소개함.)

대법원은 채권양도 사안에서 금전의 소유권 귀속에 대해 다음과 같이 설시하였다. (가) 채권양도에 의하여 양도된 채권이 동일성을 잃지 않고 채권양도인으로부터 채권양수인에게 이전되더라도, 채권양도인이 양도한 채권을 추심하여 금전을 수령한 경우 금전의 소유권 귀속은 채권의 이전과는 별개의 문제이다. (나) 채권 자체와 채권의 목적물인 금전은 엄연히 구별되므로, 채권양도에 따라 채권이 이전되었다는 사정만으로 채권의 목적물인 금전의 소유권까지 당연히 채권양수인에게 귀속한다고 볼 수 없다.

대법원은 채권양도 사안에서 위탁신임관계에 대해 다음과 같이 설시하였다. (가) 채권양도인과 채권양수인의 양도에 관한 의사 합치에 따라 (ㄱ) 채권이 양수인에게 이전되고, (ㄴ) 채권양도인은 채권양도계약 또는 채권양도의 원인이 된 계약에 기초하여 채권양수인이 목적물인 채권에 관하여 완전한 권리나 이익을 누릴 수 있도록 할 의무를 부담한다. (나) 즉, 채권양도인은 채무자에게 채권양도 통지를 하거나 채무자로부터 승낙을 받음으로써 채권양수인이 채무자에 대한 대항요건을 갖추도록 할 계약상 채무를 진다. (다) 이와 같이 채권양도인이 채권양수인으로 하여금 채권에 관한 완전한 권리를 취득하게 해 주지 않은 채 (ㄱ) 이를 다시 제3자에게 처분하거나 (ㄴ) 직접 추심하여 채무자로부터 유효한 변제를 수령함으로써 채권 자체를 소멸시키는 행위는 (ㄷ) 권리이전계약에 따른 자신의 채무를 불이행한 것에 지나지 않는다. (라) 따라서 채권양도인이 채권양수인에게 채권양도와 관련하여 부담하는 의무는 (ㄱ) 일반적인 권리이전계약에 따른 급부의무에 지나지 않으므로, (ㄴ) 채권양도인이 채권양수인을 위하여 어떠한 재산상 사무를 대행하거나 맡아 처리한다고 볼 수 없다. (마) 채권양도인과 채권양수인은 통상의 계약에 따른 이익대립관계에 있을 뿐 횡령죄의 보관자 지위를 인정할 수 있는 신임관계에 있다고 할 수 없다.

대법원은 갑의 행위에 대해 다음과 같이 판단하였다. (가) 갑은 A와 ㉠임대차보증금반환채권에 관한 채권양도계약을 체결하고 임대인에게 채권양도 통지를 하기 전에 임대인(B)으로부터 채권을 추심하여 남아 있던 임대차보증금을 수령하였다. (나) 그렇다고 하더라도 임대차보증금으로 받은 금전의 소유권은 갑에게 귀속할 뿐이고 A에게 귀속한다고 볼 수 없다. (다) 나아가 채권양도계약을 체결한 갑과 A는 통상의 권리이전계약에 따른 이익대립관계에 있을 뿐이고, 갑이 A를 위한 보관자 지위가 인정될 수 있는 신임관계에 있다고 볼 수도 없다. (라) 결국 이 사건 공소사실은 횡령죄의 구성요건으로서 재물의 타인성과 보관자 지위가 인정되지 않아 횡령죄가 성립하지 않는다.

2021다263519

2022. 4. 14. 2021다263519, 공 2022상, 902 = 『신축건물 양도담보 부당이득 사건』:

(가등기담보법의 구조를 이해하기 위하여 민사사건 판례를 소개함.) S주택토지공사(S공사)는 M토지를 소유하고 있다. A는 M토지 위에 N건물을 신축하려고 한다. 2010. 8. 23. A는 S공사로부터 M토지를 25억원에 매수하는 계약을 체결하였다(㉮계약). A는 S공사에 매매대금 일부와 지연손해금으로 합계 7억원을 지급하였다. S공사는 A에게 M토지에 대한 사용승낙서를 작성해 주었다(㉠승낙서). A는 관할 관청에 ㉠승낙서를 제출하여 건축허가를 신청하였다. 2010. 10. 28. A는 M토지에 N건물을 신축하는 건축허가를 A 명의로 받았다(㉡건축허가). 2011. 8. 17. A는 P회사와 N건물 신축공사에 관하여 공사금액 20억원인 도급계약을 체결하였다(㉯도급계약). N건물 신축공사 도중에 ㉯도급계약이 해지되었다. 2011. 12. 8. A는 Q회사와 나머지 공사

에 관하여 19억 5천만원인 도급계약을 체결하였다(㉰도급계약). 갑은 Q회사의 실질적 경영자이다. 2012. 5. 8. A는 갑으로부터 Q회사에 지급할 공사대금 17억원을 차용하였다(ⓒ차용금). A는 ⓒ차용금에 대한 담보로 갑과 다음의 합의를 하였다(㉱합의). (가) N건물의 건축주명의를 A에서 갑으로 변경한다. (나) A는 N건물 준공 후 1년 이내에 차용금 전액을 변제할 경우 N건물을 반환받기로 한다. 갑은 ⓒ차용금 17억원으로 Q회사에 공사대금을 대신 지급하였다. 2012. 6. 14. 갑은 N건물에 대하여 자신 앞으로 건축주명의를 변경하였다. N건물이 준공되었다. 2012. 8. 29. 갑은 N건물에 대해 자신 명의로 소유권보존등기를 하였다.

A는 S공사에게 M토지에 대한 ㉮매매계약에서 정한 잔금 18억원을 지급하지 않았다. S공사는 A와의 ㉮매매계약을 해제하였다. 등기부상 N건물의 소유주로 등기되어 있는 사람은 갑이다. S공사(원고)는 갑(피고)을 상대로 다음 청구취지의 소를 제기하였다㉲소송). (가) 갑은 N건물을 철거하라. (나) 갑은 M토지의 점유로 인한 부당이득을 반환하라. (이하 부당이득반환청구권 부분에 한정하여 검토함.)

㉲소송은 제1심을 거친 후, 항소심에 계속되었다. 2021. 7. 21. 항소법원은 부당이득반환청구권 부분에 대해 다음과 같이 판단하여 원고(S공사) 승소판결을 선고하였다. (가) 갑(피고)은 A에게 대여한 ⓒ공사자금을 담보하기 위하여 N건물의 건축주명의자가 되고 소유권보존등기를 한 것이다. (나) 그러므로 갑은 N건물의 양도담보권자에 해당한다. (다) 등기된 부동산의 양도담보권자는 대외적 관계에서 소유자로 인정된다. (라) 따라서 갑(피고)은 자신의 명의로 소유권보존등기가 된 2012. 8. 29.부터 M토지의 점유로 인한 부당이득을 S공사(원고)에게 반환할 의무가 있다. 갑(피고)은 불복 상고하였다.

대법원은 원심판결 중 부당이득반환 청구에 관한 피고(갑) 패소 부분을 파기환송하였다. 대법원은 다음의 이유를 제시하였다. 대법원은 가등기담보법의 관련 규정들을 분석하였다. (가) 가등기담보법 제1조는 '이 법은 (ㄱ) 차용물의 반환에 관하여 (ㄴ) 차주가 차용물을 갈음하여 다른 재산권을 이전할 것을 예약할 때 (ㄷ) 그 재산의 예약 당시 가액이 차용액과 이에 붙인 이자를 합산한 액수를 초과하는 경우에 (ㄹ) 이에 따른 담보계약과 그 담보의 목적으로 마친 가등기 또는 소유권이전등기의 효력을 정함을 목적으로 한다.'고 정하고 있다. (나) 가등기담보법 제3조 제2항은 '(ㄱ) 채권자가 담보계약에 따른 담보권을 실행하여 그 담보목적 부동산의 소유권을 취득하기 위하여는 (ㄴ) 그 채권의 변제기 후에 (ㄷ) 제4조의 청산금의 평가액을 채무자 등에게 통지하고, (ㄹ) 그 통지가 채무자 등에게 도달한 날부터 2개월이 지나야 한다. (ㅁ) 이 경우 청산금이 없다고 인정되는 경우에는 그 뜻을 통지하여야 한다.'고 정하고 있다.

(다) 가등기담보법 제4조 제2항은 '채권자는 (ㄱ) 담보부동산에 관하여 이미 소유권이전등기가 경료된 경우에는 (ㄴ) 청산기간 경과 후 청산금을 채무자 등에게 지급한 때에 (ㄷ) 목적부동산의 소유권을 취득한다.'고 정하고 있다. (라) 이러한 가등기담보법의 규정에 따르면 (ㄱ) 가등기담보법이 적용되는 경우에는 (ㄴ) 채권자가 담보목적 부동산에 관하여 소유자로 등기되어 있다고 하더라도 (ㄷ) 청산절차 등 법에 정한 요건을 충족해야만 (ㄹ) 비로소 담보목적 부동산의 소유권을 취득할 수 있다.

대법원은 신축건물의 양도담보에 대해 다음과 같이 설시하였다. (가) (ㄱ) 채무를 담보하기 위하여 (ㄴ) 채무자가 자기의 비용과 노력으로 신축하는 건물의 신축허가 명의를 채권자 명의로 한 경우 (ㄷ) 이는 완성될 건물을 양도담보로 제공하기로 하는 담보권 설정의 합의가 있다고 볼 수 있다. (나) 이때 완성된 건물의 소유권은 이를 건축한 채무자가 원시적으로 취득한다. (다) 채권자가 그 명의로 소유권보존등기를 함으로써 건물에 대한 양도담보가 설정된 것으로 보아야 한다. (라) 이러한 양도담보가 (ㄱ) 가등기담보법의 적용 대상이 되는 경우에는 (ㄴ) 양도담보권자가 청산절차 등을 거쳐 담보목적 부동산의 소유권을 취득하기 전까지 (ㄷ) 특별한 사정이 없는 한 (ㄹ) 양도담보 설정자가 건물의 소유자로서 이를 현실적으로 점유하면서 사용·수익하고 있다고 볼 수 있다. (마) 그러므로 채권자가 건물에 대한 양도담보권을 취득했다고 해서 그 대지 소유자에게 부당이득반환의무를 부담하는 것은 아니다.

대법원은 갑의 부당이득반환 의무 여부에 대해 다음과 같이 판단하였다. (가) 여러 사정을 종합하면, N건물에 설정된 양도담보는 가등기담보법의 적용 대상이라고 볼 여지가 있다. (나) 위 양도담보에 가등기담보법이 적용된다면, 특별한 사정이 없는 한, 양도담보 설정자인 A가 N건물의 소유자로서 이를 현실적으로 점유하면서 사용 · 수익하고 있다고 볼 수 있다. (다) 갑(피고)이 N건물의 소유자로 등기되어 있다고 하더라도 담보권자인 갑(피고)이 M토지에 관해 이익을 얻고 토지 소유자인 S공사(원고)에게 손해를 입혔다고 볼 수 없다.

대법원은 원심판결의 당부에 대해 다음과 같이 판단하였다. (가) 원심은 N건물에 설정된 양도담보가 가등기담보법의 적용 대상이 되는지 여부 등에 관하여 아무런 심리를 하지 않았다. (나) 원심은 필요한 심리를 하지 아니한 채 피고(갑)가 대외적 관계에서 N건물의 소유자에 해당한다는 이유로 M토지의 점유로 인한 부당이득을 원고(S공사)에게 반환해야 한다고 판단하였다. (다) 원심판결에는 가등기담보법, 부동산 양도담보와 부당이득반환에 관한 법리를 오해하거나 필요한 심리를 다하지 않아 판결에 영향을 미친 잘못이 있다.

2019도9756

2020. 2. 20. 2019도9756 전원합의체 판결, 공 2020상, 723 = 『양도담보 크러셔 임의처분 사건』:

P회사는 골재생산 업체이다. P회사는 '크러셔'라는 ㉠골재생산기기를 소유하고 있다(㉠크러셔). 갑은 P회사를 운영하고 있다. P회사는 Q은행으로부터 1억 5천만원을 대출받았다(㉡대출금). P회사는 다음 내용의 양도담보계약을 체결하였다(㉮양도담보계약). (가) ㉡대출금을 완납할 때까지 P회사는 Q은행에 ㉠크러셔를 양도담보로 제공한다. (나) P회사가 채무불이행할 시 Q은행은 ㉠크러셔를 처분하여 그 매각대금으로 ㉡채무의 변제에 충당하거나 채무의 변제에 갈음하여 Q은행이 ㉠담보목적물을 취득하기로 한다.

㉮양도담보계약에는 다음의 조항들이 들어 있다(㉯조항). (가) 담보목적물은 담보설정자가 채권자의 대리인으로서 점유 · 사용 · 보전 · 관리한다. (나) 담보설정자는 선량한 관리자로서의 주의의무를 다하여 점유 · 사용 · 보전 · 관리하여야 한다. (다) 담보설정자는 담보물의 보전 · 관리 등에 따른 비용을 부담한다. (라) 담보설정자는 담보물을 영업범위 내에서 사용한다. (마) 담보설정자는 담보물이 멸실 · 훼손되거나 그럴 염려가 있는 경우 채권자의 청구에 따라 담보설정자가 상당액의 물건을 보충하여 채권자에게 양도하여야 한다. (바) 담보권자는 담보물의 멸실, 훼손 또는 공용징수로 인하여 담보설정자가 받을 금전 기타 물건에 대하여도 이를 행사할 수 있다(물상대위). ㉡대출금의 변제기 전이다. 갑은 ㉠크러셔를 다른 사람 A에게 매각하였다.

검사는 갑을 다음 요지의 공소사실로 배임죄로 기소하였다. "P회사를 운영하는 갑은 Q은행으로부터 1억 5,000만원을 대출받으면서 위 대출금을 완납할 때까지 골재생산기기인 ㉠크러셔를 양도담보로 제공하기로 하는 ㉮계약을 체결하였으므로, Q은행이 담보의 목적을 달성할 수 있도록 ㉠크러셔를 성실히 보관 · 관리하여야 할 의무가 있었음에도, 그러한 임무에 위배하여 ㉠크러셔를 다른 사람에게 매각함으로써 Q은행에 대출금 상당의 손해를 가하였다." 제1심법원은 종전 대법원판례에 따라 유죄를 인정하였다. 갑은 불복 항소하였다. 항소법원은 항소를 기각하고, 제1심판결을 유지하였다. 갑은 불복 상고하였다.

대법원은 다음의 이유를 제시하여 원심판결을 파기환송하였다. 대법원은 갑의 상고이유와 무관하게 직권으로 판단하였다. 대법원은 종전 판례를 폐기할 것인가를 놓고 12 대 1로 견해가 나뉘었다. 대법원은 다수의견에 따라 종전 판례를 폐기하였다. (이하 다수의견을 대법원으로 표시하여 발췌 소개함.) 대법원은 이익대립관계에 있는 통상의 계약관계에서는 배임죄의 주체가 제한된다는 대법원의 지속적인 판례들을 재확인하였다(내용 생략함).

대법원은 동산 양도담보의 성질에 대해 다음과 같이 설시하였다. (가) 채무자가 그 소유의 동산을 점유개정 방식으로 양도담보로 제공하는 경우가 있다. (나) 이 경우 채무자는 그의 직접점유를 통하여 양도담보권자에게 간접점유를 취득하게 한다. (다) 채무자가 담보목적물을 점유하는 행위에는 '보관자'로서 담보목적물을 점유한다는 측면이 있다. (라) 채무자는 그 과정에서 담보물을 처분하거나 멸실·훼손하는 등의 행위를 하여서는 아니 될 의무를 부담한다. (마) 그러나 그와 같은 의무는 점유매개관계가 설정되는 법률관계에서 직접점유자에게 공통적으로 인정되는 소극적 의무에 불과하다. (바) 이러한 소극적 의무가 있다는 사정만으로는 (ㄱ) 직접점유자에게 신임관계에 기초하여 간접점유자의 재산상 이익을 보호·관리할 의무가 있고 (ㄴ) 그러한 보호·관리의무가 당사자 관계의 전형적·본질적 내용을 이루는 것이라고 볼 수 없다.

대법원은 양도담보계약의 특약조항에 대해 다음과 같이 설시하였다. (가) 점유매개관계를 설정한 직접점유자가 '타인의 사무를 처리하는 자'의 지위에 있는지를 판단하기 위해서는 그 점유매개관계의 기초가 되는 계약관계 등의 내용을 살펴보아야 한다. (나) 점유매개관계의 기초가 되는 계약관계 등의 내용상 (ㄱ) 직접점유자의 주된 급부의무 내지 전형적·본질적 급부의무가 (ㄴ) 타인의 재산상 사무를 일정한 권한을 가지고 맡아 처리하는 것이어야 (ㄷ) '타인의 사무를 처리하는 자'라고 할 수 있다. (다) 양도담보설정계약에서 당사자 관계의 전형적·본질적인 내용은 채무자의 채무불이행 시 처분정산의 방식이든 귀속정산의 방식이든 담보권 실행을 통한 금전채권의 실현에 있다. (라) 채무자 등이 채무담보목적으로 그 소유의 물건을 양도한 경우 반대의 특약이 없는 한 그 물건의 사용수익권은 양도담보설정자에게 있다. (마) 동산을 점유개정 방식으로 양도담보에 제공한 채무자는 (ㄱ) 양도담보 설정 이후에도 여전히 남아 있는 자신의 권리에 기하여, 그리고 자신의 이익을 위하여 (ㄴ) 자신의 비용 부담하에 담보목적물을 계속하여 점유·사용하는 것이지, (ㄷ) 채권자인 양도담보권자로부터 재산관리에 관한 임무를 부여받았기 때문이 아니다. (바) 따라서 이러한 측면에서도 채무자가 양도담보권자의 재산을 보호·관리하는 사무를 위탁받아 처리하는 것이라고 할 수 없다.

대법원은 ㉮양도담보계약 ㉯조항의 특약 여부에 대해 다음과 같이 판단하였다. (가) ㉮양도담보계약은 전형적인 양도담보계약이다. (나) ㉮양도담보계약서상 '담보목적물은 설정자가 채권자의 대리인으로서 점유·사용·보전·관리한다'는 기재는 점유개정의 방법으로 양도담보를 설정한다는 것이다. (다) 즉 담보설정자는 점유매개관계를 설정하여 채권자에게 간접점유를 취득시키고 스스로 점유매개자로서 점유를 계속한다는 의미로 볼 수 있을 뿐이다. (라) ㉮양도담보계약서의 ㉯조항들은 양도담보설정계약의 전형적인 내용이다.

(마) 담보설정자는 채권자의 담보권 실행에 따라 담보목적물을 현실로 인도할 때까지 담보물을 선량한 관리자의 주의로 보존할 의무를 부담한다(민법 제374조). (바) 그렇지만 이때 '선량한 관리자의 주의'는 거래상 일반적으로 평균인에게 요구되는 주의의 정도를 의미할 뿐이다. (사) 담보설정자가 담보목적물을 '보존할 의무'는 (ㄱ) 담보권 실행 시 채권자나 채권자가 지정하는 자에게 '인도할 의무'에 부수하는 의무이자, (ㄴ) 채무불이행 시 담보권 실행 및 이를 통한 채권의 만족이라는 궁극적인 목적을 위해 당연히 수반되는 의무에 불과하다.

대법원은 갑의 행위에 대해 다음과 같이 판단하였다. (가) 결국 ㉮양도담보계약에서 P회사와 Q은행 간 당사자 관계의 전형적·본질적 내용은 대출금 채무의 변제와 이를 위한 담보에 있다. (나) P회사를 통상의 계약에서의 이익대립관계를 넘어서 Q은행과의 신임관계에 기초하여 Q은행의 사무를 맡아 처리하는 것으로 볼 수 없다. (다) 그러한 이상 P회사를 운영하는 갑을 Q은행에 대한 관계에서 '타인의 사무를 처리하는 자'에 해당한다고 할 수 없다.

2007도6463

2008. 10. 23. 2007도6463, 공 2008하, 1626 =『기업인수 주식 반환거부 사건』:

P회사는 기업구조조정전문회사이다. 갑은 P회사의 대표이사이다. Q회사는 기업개선작업이 종료될 예정인 회사이다. A는 B의 지인이다. B는 Q회사의 구 사주이다. Q회사의 채권단은 Q회사의 구 사주 B 및 그의 특수관계인과 관련된 자금을 주식인수대금에 투입하지 않을 것을 요청하였다. A와 B는 P회사를 구성원의

일부로 하는 M콘서시엄을 구성하여 Q회사를 인수하여 경영하기로 하였다. P회사는 당시 자본금의 부족으로 기업구조조정전문회사의 등록을 반납한 상태였다. P회사가 Q회사를 인수하기 위한 기업구조조정전문회사로 등록하기 위해서는 50억원의 증자대금이 필요하였다.

A는 갑에게 P회사의 증자대금으로 39억 3천만원을 지급하였다(㉠자금). A 및 R회사는 갑에게 Q회사 주식의 매입대금으로 함께 99억 5천만원을 지급하였다(㉡자금). 갑은 ㉠자금으로 P회사를 증자하였다. ㉠자금 부분에 대한 주식에 ㉢주권이 발행되어 갑 명의로 P회사의 주주명부에 기재되었다. P회사는 ㉡자금으로 Q회사 주식을 인수하였다. ㉡자금 부분에 대한 주식에 ㉣주권이 발행되어 P회사 명의로 Q회사의 주주명부에 등재되었다. P회사를 구성원의 일원으로 하는 M컨소시엄이 Q회사를 인수하였다. B는 회장으로, A는 부회장으로 취임하였다. B는 D를 대표이사로 추천하여 선임되게 하였다. A와 B는 이를 통해 Q회사에 대한 실질적 경영권을 행사하였다.

A는 다음의 이유를 들어 갑에게 ㉢, ㉣주권의 반환을 요구하였다. (가) ㉢주권의 실권리자는 A이며 갑에게 명의신탁된 것이다. (나) ㉣주권의 실권리자는 A 및 R회사이며 P회사에 명의신탁된 것이다. 갑은 다음의 이유를 들어 A의 요구를 거부하였다. (가) ㉢주권은 명의자인 갑의 소유이다. (나) ㉣주권은 명의자인 P회사의 소유이다. (다) ㉢, ㉣주권에 대해 명시적은 물론 묵시적으로도 명의신탁약정을 한 바가 없다.

검사는 갑의 ㉢, ㉣주권의 반환거부에 대해 갑을 특정경제범죄법위반죄(횡령)로 기소하였다. 제1심법원은 유죄를 인정하였다. 갑은 불복 항소하였다. 항소법원은 다음의 이유를 들어 제1심판결을 파기하고 무죄를 선고하였다. (가) 갑과 A 사이에 ㉢주권에 대해 명시적 또는 묵시적으로 명의신탁약정이 이루어진 바가 없다. (나) 갑과 A 및 R회사 사이에 ㉣주권에 대해 명시적 또는 묵시적 명의신탁약정이 이루어진 바가 없다. (다) ㉢주권은 갑의 소유이다. (라) ㉣주권은 P회사의 소유이다. (마) 소유자인 갑에 대해 횡령죄가 성립하지 않는다. (바) 소유자인 P회사의 대표이사인 갑에 대해 횡령죄가 성립하지 않는다. 검사는 불복 상고하였다.

대법원은 다음의 이유를 제시하여 원심판결을 파기환송하였다. 대법원은 횡령죄와 명의신탁의 관계에 대해 다음과 같이 설시하였다. (가) 횡령죄는 타인의 재물을 보관하는 자가 그 재물을 횡령하거나 반환을 거부하는 것을 내용으로 하는 범죄이다. (나) 횡령죄의 주체는 타인의 재물을 보관하는 자이어야 한다. (다) 여기서 보관이라 함은 위탁관계에 의하여 재물을 점유하는 것을 의미한다. (라) 결국 횡령죄가 성립하기 위하여는 그 재물의 보관자가 재물의 소유자(또는 기타의 본권자)와 사이에 법률상 또는 사실상의 위탁신임관계가 존재하여야 한다.

(마) [위탁신임관계 가운데 명의신탁관계가 있다.] (바) 이러한 위탁신임관계를 발생시키는 명의신탁관계는 반드시 신탁자와 수탁자 사이의 명시적 계약에 의하여서만 성립되는 것이 아니라 묵시적 합의에 의하여서도 성립될 수 있다. (사) 명의신탁에 대한 묵시적 합의가 있었는지 여부는 위탁자와 수탁자 사이의 관계, 수탁자가 그 재물을 보관하게 된 동기와 경위, 위탁자와 수탁자 사이의 거래 내용과 태양 등 모든 사정을 종합하여 사회통념에 비추어 합리적으로 판단하여야 한다.

대법원은 갑의 행위에 대해 다음과 같이 판단하였다. (가) (사실관계 분석; 생략함.) (나) A와 B는 Q회사 주식을 취득하는 방식으로 Q회사를 인수하여 운영하기 위하여 갑에게 인수를 대행하게 하였다. (다) 이에 따라 A와 R회사가 갑에게 인수자금을 지급하였다. (라) 갑은 위 자금을 이용하여 P회사를 증자하고 Q회사의 주식을 취득한 것이다. (마) 갑과 A 사이에는 ㉢증자주식을 갑 명의로 신탁하기로 하는 묵시적인 합의가 있었음을 충분히 인정할 수 있다. (바) 갑과 A 및 R회사 사이에는 ㉣주식을 P회사 명의로 신탁하기로 하는 묵시적인 합의가 있었음을 충분히 인정할 수 있다. (사) 갑이 직접 명의수탁자로서 보관 중이던 ㉢주식에 대한 반환요구를 거부한 행위는 횡령에 해당한다. (아) 갑이 명의수탁자인 P회사의 대표이사로서 보관 중이던 ㉣주식에 대한 반환요구를 거부한 행위도 횡령에 해당한다.

2014도6992

2016. 5. 19. 2014도6992 전원합의체 판결, 공 2016상, 817 =『49분의 15 지분 명의신탁 사건』:

M부동산의 49분의 15 지분(㉠지분)은 A의 소유이다. 갑은 ㉠지분을 A로부터 매수하는 매매계약을 체결하였다. 갑은 을과 명의신탁약정을 하였다. ㉠지분에 대한 등기는 매도인 A로부터 바로 명의수탁자인 을 명의로 이전되었다(중간생략의 소유권이전등기). 을은 C로부터 돈을 차용하면서 ㉠지분에 관하여 임의로 C에게 ㉡근저당권설정등기를 마쳐주었다. 을은 P농업협동조합 명의의 기존 근저당권의 채권최고액을 증액하는 내용의 ㉢근저당권변경등기를 마쳐주었다.

검사는 을을 횡령죄로 기소하였다. 종래 판례는 중간생략등기형 부동산 명의신탁 사안에서 명의수탁자의 임의처분 행위를 횡령죄로 다스리고 있었다. 을의 피고사건은 제1심을 거친 후, 항소심에 계속되었다. 항소법원은 종전 대법원판례에 따라 유죄를 인정하였다. 을은 불복 상고하였다.

대법원은 다음의 이유를 제시하여 원심판결을 파기환송하였다. 대법원은 대법관 전원일치의 의견으로 종전 판례를 폐기하기로 하였다. 대법원은 다음의 순서로 이유를 제시하여 원심판결을 파기하였다. (가) 대법원은 횡령죄의 성립요건에 대해 판단하였다. (나) 대법원은 종전 판례의 문제점에 대해 판단하였다(이 부분은 지면 관계상 소개를 생략함.) (다) 대법원은 갑의 행위에 대해 판단하였다.

대법원은 횡령죄의 주체에 대해 다음과 같이 설시하였다. (가) 형법 제355조 제1항이 정한 횡령죄의 주체는 타인의 재물을 보관하는 자라야 한다. (나) 타인의 재물인지 아닌지는 민법, 상법, 기타의 실체법에 따라 결정하여야 한다. (다) 횡령죄에서 보관이란 위탁관계에 의하여 재물을 점유하는 것을 뜻한다. (라) 횡령죄가 성립하기 위하여는 그 재물의 보관자와 재물의 소유자(또는 기타의 본권자) 사이에 법률상 또는 사실상의 위탁신임관계가 존재하여야 한다. (마) 이러한 위탁신임관계는 (ㄱ) 사용대차 · 임대차 · 위임 등의 계약에 의하여서뿐만 아니라 (ㄴ) 사무관리 · 관습 · 조리 · 신의칙 등에 의해서도 성립될 수 있다. (바) 횡령죄의 본질이 신임관계에 기초하여 위탁된 타인의 물건을 위법하게 영득하는 데 있음에 비추어 볼 때 그 위탁신임관계는 횡령죄로 보호할 만한 가치 있는 신임에 의한 것으로 한정함이 타당하다.

대법원은 명의신탁 부동산의 소유관계에 대해 다음과 같이 설시하였다. (가) 부동산을 매수한 명의신탁자가 자신의 명의로 소유권이전등기를 하지 아니하고 명의수탁자와 맺은 명의신탁약정에 따라 매도인으로부터 바로 명의수탁자에게 중간생략의 소유권이전등기를 마친 경우가 있다. (나) 이 경우 부동산 실권리자명의 등기에 관한 법률(이하 '부동산실명법'이라 한다) 제4조 제2항 본문에 의하여 명의수탁자 명의의 소유권이전등기는 무효이다. (다) 신탁부동산의 소유권은 매도인이 그대로 보유하게 된다. (라) 따라서 명의신탁자로서는 매도인에 대한 소유권이전등기청구권을 가질 뿐 신탁부동산의 소유권을 가지지 않는다. (마) 명의수탁자 역시 명의신탁자에 대하여 직접 신탁부동산의 소유권을 이전할 의무를 부담하지는 않는다. (바) 신탁부동산의 소유자도 아닌 명의신탁자에 대한 관계에서 명의수탁자가 횡령죄에서 말하는 '타인의 재물을 보관하는 자'의 지위에 있다고 볼 수는 없다.

(사) 명의신탁자가 매매계약의 당사자로서 매도인을 대위하여 신탁부동산을 이전받아 취득할 수 있는 권리 기타 법적 가능성을 가지고 있기는 하다. (아) 그렇지만 명의신탁자가 이러한 권리 등을 보유하였음을 이유로 명의신탁자를 사실상 또는 실질적 소유권자로 보아 민사상 소유권이론과 달리 횡령죄가 보호하는 신탁부동산의 소유자라고 평가할 수는 없다. (자) 명의수탁자에 대한 관계에서 명의신탁자를 사실상 또는 실질적 소유권자라고 형법적으로 평가하는 것은 부동산실명법이 명의신탁약정을 무효로 하고 있음에도 불구하고 무효인 명의신탁약정에 따른 소유권의 상대적 귀속을 인정하는 것과 다름이 없어서 부동산실명법의 규정과 취지에 명백히 반하여 허용될 수 없다.

대법원은 명의신탁 부동산과 횡령죄의 위탁신임관계에 대해 다음과 같이 설시하였다. (가) 부동산에 관한 소유권과 그 밖의 물권을 실체적 권리관계와 일치하도록 실권리자 명의로 등기하게 함으로써 부동산등기제도를 악용한 투기·탈세·탈법행위 등 반사회적 행위를 방지하고 부동산 거래의 정상화와 부동산 가격의 안정을 도모하여 국민경제의 건전한 발전에 이바지함을 목적으로 하고 있는 부동산실명법의 입법 취지에 비추어 본다. (나) 아울러 명의신탁약정에 따른 명의수탁자 명의의 등기를 금지하고 이를 위반한 명의신탁자와 명의수탁자 쌍방을 형사처벌까지 하고 있는 부동산실명법의 명의신탁관계에 대한 규율 내용 및 태도 등에 비추어 본다.

(다) 명의신탁자와 명의수탁자 사이에 그 위탁신임관계를 근거 지우는 계약인 명의신탁약정 또는 이에 부수한 위임약정이 무효임에도 불구하고 횡령죄 성립을 위한 사무관리·관습·조리·신의칙에 기초한 위탁신임관계가 있다고 할 수는 없다. (라) 또한 명의신탁자와 명의수탁자 사이에 존재한다고 주장될 수 있는 사실상의 위탁관계라는 것도 부동산실명법에 반하여 범죄를 구성하는 불법적인 관계에 지나지 아니할 뿐 이를 형법상 보호할 만한 가치 있는 신임에 의한 것이라고 할 수 없다.

(마) 명의신탁자가 매수한 부동산에 관하여 부동산실명법을 위반하여 명의수탁자와 맺은 명의신탁약정에 따라 매도인으로부터 바로 명의수탁자 명의로 소유권이전등기를 마친 이른바 중간생략등기형 명의신탁을 한 경우가 있다. (바) 이 경우 명의신탁자는 신탁부동산의 소유권을 가지지 않는다. (사) 명의신탁자와 명의수탁자 사이에 위탁신임관계를 인정할 수도 없다. (아) 따라서 명의수탁자가 명의신탁자의 재물을 보관하는 자라고 할 수 없다. (자) 그러므로 명의수탁자가 신탁받은 부동산을 임의로 처분하여도 명의신탁자에 대한 관계에서 횡령죄가 성립하지 아니한다.

대법원은 갑의 행위에 대해 다음과 같이 판단하였다. (가) 갑과 을 사이에 이루어진 중간생략등기형 명의신탁에서 M부동산 중 갑의 ㉠지분에 관하여 명의수탁자인 을 앞으로 마친 소유권이전등기는 무효이다. (나) 매도인인 A가 그 소유권을 그대로 보유하고 있다. (다) 그러므로 M부동산 중 갑의 ㉠지분에 관한 소유권이 명의신탁자인 갑에게 있지 않다. (라) 뿐만 아니라 명의신탁자인 갑과 명의수탁자인 을 사이에 위탁신임관계를 인정할 수도 없다. (마) 따라서 명의수탁자인 을은 명의신탁자인 갑에 대한 관계에서 횡령죄에서 말하는 '타인의 재물을 보관하는 자'의 지위에 있다고 볼 수 없다.

2013다218156

2019. 6. 20. 2013다218156 전원합의체 판결, 공 2019하, 1423 =『농지법 회피용 명의신탁 사건』:

(부동산 명의신탁의 민사법적 법리를 살펴보기 위하여 민사판례를 분석함.) 1998. 11. 27. A는 M부동산(농지)에 관한 소유권을 취득하였다. 2000. 4.경 A는 M부동산 소재지 군수로부터 "농지를 소유할 자격이 없으므로 일정한 기간 내에 M부동산을 처분하라."는 내용의 '농지처분의무 통지'를 받았다(㉠처분통지). 2001. 4.경 A는 B와 M부동산에 관한 명의신탁약정을 하였다(㉡명의신탁약정). (㉡명의신탁은 양자간 명의신탁이다.) 2001. 4. 12. A로부터 B 앞으로 M부동산에 관한 소유권이전등기가 마쳐졌다(㉢소유권이전등기). 그 후 B는 M농지를 경작하면서 임대료로 매년 쌀 두 가마를 A에게 보냈다.

피상속인이 사망했을 때 공동상속인들이 협의하여 상속재산의 귀속을 확정시키는 법률행위를 상속재산의 협의분할이라고 한다(민법 제1013조 제1항 참조). 2009. 1. 28. 명의신탁자 A가 사망하였다. 갑은 A의 처이다. 갑은 상속재산 협의분할로 M부동산에 관한 A의 권리를 취득하였다. 2012. 3. 23. 명의수탁자 B가 사망하였다. 을은 B의 처이다. 2012. 4. 13. 을은 협의분할에 의한 상속을 원인으로 하여 M부동산에 관한 소유권이전등기를 마쳤다. 이후 갑은 을을 상대로 다음 청구취지의 소를 제기하였다(㉮민사소송). "피고(을)는 원고(갑)에게 M부동산에 관하여 진정명의회복을 원인으로 한 소유권이전등기절차를 이행하라."

제1심법원은 원고(갑) 승소판결을 선고하였다. 피고(을)는 불복 항소하였다. 피고(을)는 항소이유로 다음의 점을 주장하였다. (가) ㉡명의신탁약정은 농지법상 ㉠처분명령을 회피하기 위한 것이다. (나) ㉡명의신탁약정은 헌법과 농지법에서 정한 농지의 소유 · 이용에 관한 규정을 잠탈하는 반사회질서 행위이다. (다) 명의수탁자인 B 앞으로 마쳐진 ㉢소유권이전등기는 불법원인급여에 해당한다. (라) 그러므로 명의신탁자인 A의 상속인인 원고(갑)는 그 반환을 청구할 수 없다. 항소법원은 피고(을)의 항소를 기각하고, 제1심판결을 유지하였다. 피고(을)는 불복 상고하였다. 피고(을)의 상고이유는 항소이유와 같다.

대법원은 다음의 이유를 제시하여 상고를 기각하였다. 대법원은 ㉢소유권이전등기가 불법원인급여에 해당하는지를 놓고 9 대 4로 견해가 나뉘었다. 다수의견은 다음과 같은 결론을 제시하였다. (가) 부동산실명법을 위반하여 무효인 명의신탁약정에 따라 명의수탁자 명의로 등기를 하였다는 이유만으로 그것이 당연히 불법원인급여에 해당한다고 단정할 수는 없다. (나) 농지법에 따른 제한을 회피하고자 명의신탁을 한 경우에도 마찬가지이다. 소수의견은 부동산실명법을 위반하여 무효인 명의신탁약정에 따라 명의수탁자 명의로 등기를 하였다면 그것은 불법원인급여에 해당한다고 주장하였다. 대법원은 다수의견에 따라 피고(을)의 주장을 배척하였다. (이하 다수의견을 대법원으로 표시하여 발췌 소개함.)

대법원은 부동산실명법이 부동산 소유권을 실권리자에게 귀속시키는 것을 전제로 명의신탁약정과 그에 따른 물권변동을 규율하고 있다고 판단하였다. 대법원은 그 이유를 다음과 같이 제시하였다. (가) 부동산실명법은 명의신탁약정(제4조 제1항)과 명의신탁약정에 따른 등기로 이루어진 부동산에 관한 물권변동(제4조 제2항 본문)을 무효라고 명시하고 있다. (나) 명의신탁약정에 따라 명의수탁자 앞으로 등기를 하더라도 부동산에 관한 물권변동의 효력이 발생하지 않는다. (다) 이것은 명의신탁약정에 따라 명의신탁자로부터 명의수탁자에게 소유권이전등기가 이루어지는 등기명의신탁의 경우 부동산 소유권은 그 등기와 상관없이 명의신탁자에게 그대로 남아 있다는 것을 뜻한다. (라) 그 결과 명의신탁자는 부동산 소유자로서 소유물방해배제청구권에 기초하여 명의수탁자를 상대로 그 등기의 말소를 청구할 수 있다. (마) 부동산실명법은 실권리자명의 등기의무를 위반한 명의신탁자에 대하여 이행강제금을 부과하고 있다. (바) 이행강제금 제도 역시 명의신탁자로 하여금 신탁부동산에 관한 등기를 회복하도록 명하는 것으로서 신탁부동산의 소유권이 실권리자에게 귀속되는 것을 전제로 하고 있다.

대법원은 부동산실명법을 제정한 입법자의 의사가 신탁부동산의 소유권을 실권리자에게 귀속시키는 것을 전제로 하고 있다고 판단하였다. 대법원은 명의신탁에 대하여 불법원인급여 규정을 적용한다면 재화 귀속에 관한 정의 관념에 반하는 불합리한 결과를 가져온다고 판단하였다. 대법원은 그 이유로 다음의 점을 제시하였다. (가) 민법 제746조의 불법원인급여 규정은 부당이득반환청구권에 대한 특칙이다. (나) 민법 제746조는 불법원인급여를 한 자, 즉 반환청구자에 대한 법적 보호를 거절함으로써 소극적으로 법적 정의를 유지하려는 데 그 취지가 있다. (다) 불법원인급여인지가 다루어지는 대부분의 사례에서 정도의 차이는 있지만 불법원인은 급여자와 수익자 모두에게 존재한다. (라) 당사자들 사이에서는 수익자가 급여를 보유하는 것이 정당성을 인정받기 어려운 사정이 있다. (마) 따라서 불법원인급여 규정을 적용한 결과가 실체적 정의에 반한다면 불법원인급여 규정을 적용하는 것을 삼가야 한다.

대법원은 부동산 명의신탁과 불법원인급여의 관계에 대해 다음과 같이 판단하였다. (가) (중략) (나) 명의신탁자를 형사처벌하거나 명의신탁자에게 과징금을 부과하는 등 법률 규정에 따라 제재하는 것을 넘어, 부동산실명법에서 명의신탁을 금지하고 있다는 이유만으로 명의신탁자로부터 부동산에 관한 권리까지 박탈하는 것은 일반 국민의 법감정에 맞지 않는다. (다) 민법 제746조 단서는 '불법원인이 수익자에게만 있는 때'에는 불법의 원인으로 급여한 재산이라 하더라도 급여자가 반환을 청구할 수 있다고 정하고 있다. (라) (중략.) (마) 명의수탁자는 명의신탁자를 위해 자신의 명의를 빌려주는 행위가 법률에서 금지하는 행위임을 알면서도 명의신탁약정을 하고 또 그에 협조하였다. (바) 이 사건과 같이 농지법에 따른 처분명령을 회피하기 위한 목적으로 이루어진 명의신탁약정의 경우 명의신탁자뿐만 아니라 명의수탁자의 불법성도 작지 않다. (사) 명의수탁자는 신탁부동산을 취득하는 데 아무런 대가를 지급하지 않았다. (아) 그런데도 명의신탁에 대하여 불법원인급여 규정을 적용함으로써 명의신탁약정을 통해 불법에 협조한 명의수탁자에게 부동산 소유권을 귀속시키는 것은 정의관념에 부합하지 않는다. (자) (중략.) (차) 부동산실명법에서 금지한 명의신탁에 관하여 반사회적인지 아닌지를 구분하여 불법원인급여의 적용을 달리하려는 시도는 바람직하지 않다.

대법원은 농지법에 따른 제한을 회피하고자 명의신탁을 한 사안이라고 해서 불법원인급여 규정의 적용 여부를 달리 판단할 이유가 없다고 판단하였다. 대법원은 그 이유로 다음의 점을 제시하였다. (가) (중략.) (나) [농지법은 3년 이하의 징역 또는 3천만원 이하의 벌금, 농지처분의무부과, 이행강제금의 제재방법을 규정하고 있다.] (다) [부동산실명법은 5년 이하의 징역 또는 2억원 이하의 벌금((명의수탁자는 3년 이하 징역 또는 1억원 벌금), 과징금, 이행강제금의 제재방법을 규정하고 있다.] (라) 이러한 부동산실명법과 농지법의 규율 내용, 제재수단의 정도와 방법 등을 고려하면, 부동산실명법 위반이 농지법 위반보다 위법성이 더 크다고 볼 수밖에 없다. (마) 부동산실명법을 위반한 명의신탁약정에 따라 마친 명의신탁등기를 불법원인급여라고 인정할 수 없음은 위에서 본 바와 같다. (바) 농지법상의 처분명령을 회피하는 방법으로 명의신탁약정을 한 이 사건의 경우처럼 명의신탁약정과 그보다 위법성이 약한 단순한 행정명령 불이행의 행위가 결합되어 있다고 하더라도, 그 이유만으로 불법원인급여 규정의 적용 여부를 달리 판단할 수는 없다.

2016도17465

2017. 3. 22. 2016도17465, 공 2017상, 911 = 『홍콩 빌딩 PF대출금 사건』:

M빌딩은 홍콩에 소재하는 [업무용] 건물이다. 갑 등은 P회사를 설립하였다. Q회사는 홍콩에 설립된 법인이다. P회사는 Q회사 지분 전부를 보유하고 있다. 갑은 P회사 및 Q회사의 대표이사를 맡고 있다. P회사는 M빌딩을 인수하여 운영하는 사업을 추진하였다. 갑 등은 P회사 명의로 R은행으로부터 3천 8백억원의 PF대출을 받기로 하였다(㉠PF대출금). 갑 등은 ㉠PF대출금의 연대보증인이 되었다. S은행은 ㉠PF대출금의 지급보증인이 되었다. P회사, S회사, 갑 등은 ㉠PF대출과 관련하여 다음의 업무약정을 체결하였다(㉮업무약정). (가) ㉠PF대출금의 자금관리는 S은행이 한다. (나) P회사는 ㉠PF대출금을 이용하여 홍콩 법인인 Q회사 명의로 중국 기업으로부터 M빌딩에 관한 권리를 인수한다. (다) ㉠PF대출금이 변제될 때까지 P회사는 S은행의 자금집행 승인 없이는 자금을 집행할 수 없다.

M빌딩 사업을 위해 계획된 절차에 따라 P회사의 계좌에서 S은행 홍콩지점에 개설된 Q회사의 계좌로 ㉠PF대출금 중 1억 7천만 3백만달러가 송금되었다(㉡자금). 이때 P회사는 Q회사에 ㉡자금을 대여한다는 내용의 금전소비대차계약서를 작성하였다(㉯금전소비대차계약서). P회사는 ㉯금전소비대차계약서를 첨부한 ㉰해외직접투자신고서를 S은행에 제출하였다. 당시 갑이 P회사와 Q회사의 대표이사를 맡고 있었다. 갑의 국적은 중국이다. 갑은 M빌딩 인수를 위하여 미지급공사비를 지급할 필요가 있다는 이유를 들어 P회사 명의로 S은행으로부터 자금집행 승인을 받았다. 갑은 Q회사 계좌에서 홍콩 T은행에 개설되어 있던 E회사의 계좌로 3천 8백만 달러를 송금하였다. 갑은 Q회사 계좌에서 홍콩 T은행에 개설되어 있던 F회사의 계좌로 2천 8백만 달러를 송금하였다(송금된 돈을 합하여 ㉢자금으로 통칭함). ㉢자금은 한화로 6백억원에 상당하는 금액이었다. 갑은 E회사와 F회사의 계좌에 입금된 ㉢자금을 M빌딩 사업과는 무관하게 자신이 운영하는 국내 법인 G회사 및 그 밖의 제3자에게 자금을 송금하거나 자신이 직접 자금을 인출하였다(㉱행위).

검사는 갑을 특정경제범죄법위반죄(횡령)으로 기소하였다. 갑의 피고사건은 제1심을 거친 후, 항소심에 계속되었다. 항소법원은 유죄를 인정하였다. 갑은 불복 상고하였다. 갑은 상고이유로 다음의 점을 주장하였다. (가) P회사는 Q회사에 1억 7천 3백만 달러를 대여하거나 투자하였다. (나) 이로써 ㉢자금은 Q회사에 귀속되었다. (다) Q회사가 횡령의 피해자가 될 수 있는지 여부는 별론으로 하고, P회사가 피해자가 될 수는 없다. (라) 그러므로 갑이 설령 ⓒ자금을 다른 용도로 사용하였다고 하더라도 이는 P회사에 대한 형사상 범죄를 구성한다고 볼 수 없다. (마) 뿐만 아니라 갑이 설령 ⓒ자금을 다른 용도로 사용하였다고 하더라도 이는 외국인의 국외범이다. (바) 갑이 외국인이고 피해자 Q회사가 외국법인일 뿐이므로 대한민국 법원에는 재판권이 없다.

대법원은 다음의 이유를 제시하여 상고를 기각하였다. 대법원은 PF대출금의 임의사용과 횡령죄의 주체와의 관계에 대해 다음과 같이 설시하였다. (가) 법인 소유의 자금에 대한 사실상 또는 법률상 지배·처분 권한을 가지고 있는 대표자 등은 법인에 대한 관계에서 그 자금의 보관자 지위에 있다. (나) (ㄱ) 법인이 특정 사업의 명목상의 주체로 특수목적법인을 설립하여 (ㄴ) 특수목적법인 명의로 자금 집행 등 사업진행을 하면서도 (ㄷ) 자금의 관리·처분에 관하여는 실질적 사업주체인 법인이 의사결정권한을 행사하면서 (ㄹ) 특수목적법인 명의로 보유한 자금에 대하여 (ㅁ) 현실적 지배를 하고 있는 경우가 있다. (다) 이러한 경우에는 사업주체인 법인의 대표자 등이 특수목적법인의 보유 자금을 정해진 목적과 용도 외에 임의로 사용하면 위탁자인 법인에 대하여 횡령죄가 성립할 수 있다.

대법원은 사실관계를 분석하였다. 대법원은 갑의 ㉰행위에 대해 다음과 같이 판단하였다. (가) ㉠PF대출금이 P회사의 계좌에서 인출되어 홍콩의 Q회사의 계좌에 입금되었다. (나) 당시 P회사와 Q회사 명의의 ㉯금전소비대차계약서가 작성되었다. (다) 그렇다고 하더라도 송금의 원인된 법률관계의 실질이 금전소비대차나 해외투자라고 할 수는 없다. (라) 단지 M빌딩 사업 진행에 관한 전체적인 계획에 따라 이 사업의 주체인 P회사가 홍콩에서 Q회사의 이름으로 사업을 하기 위하여 장차 지출할 ㉠PF대출금을 Q회사의 계좌에 보관시켜 둔 것에 불과하다. (마) 그리고 ⓒ자금의 인출·집행은 여전히 P회사의 집행 결정과 S은행의 승인에 의해서만 가능하였다. (바) 그러므로 Q회사의 계좌로 송금된 ⓒPF대출금은 Q회사가 P회사로부터 위탁받아 보관하고 있는 것이다. (사) 이후 S은행의 승인을 받아 Q회사의 계좌에서 E회사와 F회사의 계좌로 자금을 다시 이동시킨 것도 자금의 보관 방법을 변경한 것에 지나지 않는다. (아) 따라서 P회사의 공동대표이사인 갑은 P회사에 대한 관계에서 계속하여 ㉠PF대출금을 보관하는 지위에 있다. (자) 이를 정해진 목적과 용도 외에 임의로 사용하여 횡령하였다면 P회사가 피해자가 된다고 보아야 한다.

대법원은 갑의 외국인의 국외범 주장에 대해 다음과 같이 판단하였다. (가) ㉰범행은 중화인민공화국 국민인 갑의 국외범이다. (나) 갑의 ㉰범행은 행위지인 홍콩의 법률에 의하여 범죄를 구성한다. (다) 갑의 ㉰범행에 대하여는 형법 제6조 본문에 의하여 우리나라에 재판권이 있다.

2007도5899

2010. 6. 24. 2007도5899, 공 2010하, 1503 = 『버스조합 이사장 판공비 사건』:

갑은 M마을버스운송사업조합의 이사장으로 2년간 재직하였다. 갑이 퇴임하였다. 갑의 취임 전 조합의 자금은 ㉠금액이었다. 갑의 퇴임 당시 조합의 자금은 ㉡금액이었다. ㉠금액에서 ㉡금액을 제외한 금액은 ㉢금액이다. ㉢돈의 내역은 다음과 같다. (가) ⓐ금액 : 판공비. (나) ⓑ금액 : 공사비 등. (다) ⓒ금액 : 기타 비용. M조합 측은 갑이 ㉢금액을 횡령하였다고 주장하였다. 갑은 ㉢돈은 조합을 위하여 사용하였다고 주장하였다. 그러나 갑은 자신의 주장을 뒷받침할 자료를 충분히 제시하지 못하였다.

검사는 갑을 업무상 횡령죄로 기소하였다. 갑의 피고사건은 제1심을 거친 후, 항소심에 계속되었다. 항소법원은 ⓐ, ⓑ, ⓒ금액 모두에 대해 갑에게 불법영득의사가 있다고 판단하여 유죄를 인정하였다. 갑은 불복 상고하였다. 갑은 상고이유로 다음의 점을 주장하였다. (가) 횡령죄가 성립하려면 불법영득의사가 있어야 한다. (나) ⓐ, ⓑ, ⓒ금액 모두에 대해 갑에게 불법영득의사가 없다. (다) ⓐ, ⓑ, ⓒ금액에 대해 불법영득의사가 있었다는 점은 검사가 증명해야 한다. (라) 검사가 이를 증명하지 못하면 의심스러운 때에는 피고인에게 유리하게라는 법원칙에 따라 갑의 불법영득의사를 부정해야 한다.

대법원은 다음의 이유를 제시하여 원심판결을 파기환송하였다. 대법원은 위탁된 돈이 사라진 경우 불법영득의사의 증명에 대해 원칙을 다음과 같이 설시하였다. (가) 피고인이 위탁받아 보관하고 있던 돈이 모두 사라졌으나 그 돈의 행방이나 사용처가 밝혀지지 않고 있는 상황이 있다. (나) 이러한 상황에서 (ㄱ) 피고인이 그 행방이나 사용처를 제대로 설명하지 못하거나 또는 (ㄴ) 피고인이 주장하는 사용처에 사용된 자금이 위 돈과는 다른 자금으로 충당된 것이 드러나는 등 피고인이 주장하는 사용처에 위 돈이 사용되었다는 점을 인정할 수 있는 자료가 부족하고 (ㄷ) 오히려 피고인이 위 돈을 개인적인 용도에 사용하였다는 점에 대한 신빙성 있는 자료가 많은 경우에는 일응 피고인이 위 돈을 불법영득의 의사로 횡령하였다고 추단할 수 있다.

대법원은 예외의 경우에 대해 다음과 같이 설시하였다. (가) 불법영득의 의사에 관한 입증책임은 어디까지나 검사에게 있다. (나) 어떤 금전의 용도가 추상적으로 정하여져 있다 하여도 (ㄱ) 그 구체적인 사용 목적이나 사용처, 사용 시기 등에 관하여 보관자에게 광범위한 재량을 가지고 이를 사용할 권한이 부여되어 있고, (ㄴ) 지출한 후에 그에 관한 사후보고나 증빙자료의 제출도 요구되지 않는 성질의 것인 경우가 있다. (다) 그러한 경우라면 그 보관자가 위 금전을 사용한 다음 그 행방이나 사용처를 제대로 설명하지 못하거나 증빙자료를 제출하지 못하고 있다고 하여 함부로 불법영득의 의사를 추단하여서는 안 된다. (라) 그러한 경우에는 그 금전이 (ㄱ) 본래의 사용 목적과는 관계없이 개인적인 이익을 위하여 지출되었다거나 (ㄴ) 합리적인 범위를 넘어 과다하게 이를 지출하였다는 등 불법영득의 의사를 인정할 수 있는 사정을 검사가 입증하여야 함은 입증책임의 법리상 당연하다.

대법원은 판공비 사용을 둘러싼 불법영득의사의 증명 문제에 대해 다음과 같이 설시하였다. (가) 법인이나 단체에서 임직원에게 업무를 수행하는 데에 드는 비용 명목으로 정관 기타의 규정에 의해 지급되는 것이 이른바 판공비 또는 업무추진비이다. (나) 판공비 등이 (ㄱ) 직무수행에 드는 경비를 보전해 주는 실비변상적 급여의 성질을 가지고 있고, (ㄴ) 정관이나 그 지급기준 등에서 업무와 관련하여 지출하도록 포괄적으로 정하고 있을 뿐 그 용도나 목적에 구체적인 제한을 두고 있지 않을 뿐만 아니라, (ㄷ) 이를 사용한 후에도 그 지출에 관한 영수증 등 증빙자료를 요구하고 있지 않은 경우가 있다. (다) 이러한 경우에는 임직원에게 판공비의 사용처나 규모, 업무와 관련된 것인지 여부 등에 대한 판단이 맡겨져 있고, 그러한 판단은 우선적으로 존중되어야 한다. (라) 따라서 임직원이 판공비 등을 불법영득의 의사로 횡령한 것으로 인정하려면 (ㄱ) 판공비 등이 업무와 관련 없이 개인적인 이익을 위하여 지출되었다거나 또는 (ㄴ) 업무와 관련되더라도 합리적인 범위를 넘어 지나치게 과다하게 지출되었다는 점이 증명되어야 한다. (마) 단지 판공비 등을 사용한 임직원이 (ㄱ) 그 행방이나 사용처를 제대로 설명하지 못하거나 (ㄴ) 사후적으로 그 사용에 관한 증빙자료를 제출하지 못하고 있다고 하여 함부로 불법영득의 의사로 이를 횡령하였다고 추단하여서는 안 된다.

대법원은 ⓐ금액 부분에 대해 다음과 같이 판단하였다. (가) ⓐ판공비는 M마을버스운송사업조합 이사장인 갑에게 재임기간 중 업무수행을 위하여 매월 500만원 또는 400만원씩 현금으로 지급된 것이다. (나) M조합 정관에도 업무수행을 위하여 지급할 수 있다고만 되어 있을 뿐 그 사용 대상이나 목적, 지출 방법 등에 대하여 제한을 두지 않았다. (다) 뿐만 아니라, 달리 그 사용에 관한 기준도 마련되어 있지 않았다. (라) 그동안 M조합에서는 이사장 등에게 판공비 등을 사용한 이후 그 지출에 관한 영수증 등 증빙자료를 제출하도록 하거나 사용처 등을 밝히도록 요구하지도 않았다.

(마) M조합에서 판공비를 사용할 수 있는 이사장인 갑은 업무수행을 위하여 자신의 판단에 따라 ⓐ판공비를 사용하였다고 주장하고 있다. (바) 갑이 ⓐ판공비를 불법영득의 의사로 횡령한 것이라고 인정하기 위해서는 (ㄱ) ⓐ판공비가 업무와 관련 없이 갑의 개인적인 이익을 위하여 지출되었다거나 또는 (ㄴ) 업무와 관련

되더라도 합리적인 범위를 넘어 지나치게 과다하게 지출되었다는 점이 증명되어야 한다. (사) 단지 갑이 (ㄱ) 그 행방이나 구체적인 사용처를 제대로 설명하지 못한다거나 (ㄴ) 사후적으로 그 사용에 관한 증빙자료를 제출하지 못하고 있다고 하여 함부로 불법영득의 의사로 이를 횡령하였다고 추단하여서는 안 된다.

대법원은 ⓑ금액 부분에 대해 다음과 같이 판단하였다. (가) ⓑ금원은 M조합의 자금으로 그 용도와 목적이 엄격하게 제한된 것이다. (나) 갑의 주장 및 이에 대한 증빙자료에 비추어 보면, ⓑ금원이 이사장실 공사와 관련한 공사대금, 또는 M조합의 인터넷 관련 공사비용, 또는 M조합의 워크숍과 관련한 가수초청비, 또는 아르바이트 고용 비용 등으로 각 지출되었을 합리적인 가능성을 배제할 수 없다. (다) ⓑ금원에 대하여는 갑이 불법영득의사의 존재를 인정하기 어려운 합리적인 사유를 들어 그 행방이나 사용처에 대한 설명을 하고 있고 이에 부합한다고 볼 만한 자료도 있다. (라) 그러므로 ⓑ금원에 대한 갑의 불법영득의 의사가 추단된다고 할 수는 없다.

대법원은 ⓒ금액 부분에 대해 다음과 같이 판단하였다. (가) ⓒ금원은 M조합의 자금으로서 그 용도와 목적이 엄격하게 제한된다. (나) M조합에서 갑의 지위, 갑에게 위탁 · 보관된 취지, 그 관리 방식, 사라진 돈의 규모, 갑이 돈을 보관 · 관리한 기간과 돈이 사라진 전후의 사정 등에 의하여 ⓒ금원에 대한 갑의 횡령행위에 대하여 일단의 입증이 이루어졌다. (다) 갑은 ⓒ금원의 사용처나 행방을 제대로 설명하지도 못하고 있을 뿐만 아니라 이 부분 금원을 조합을 위하여 사용하였다고 볼 만한 자료도 없다. (라) 그러므로 결국 갑의 ⓒ금원에 대한 불법영득의 의사 및 횡령행위가 인정된다.

2021도2088

2022. 12. 29. 2021도2088, 공 2023상, 408 = **『착오송금 주류대금 반환거부 사건』** :

P회사는 주류업체이다. 갑은 P회사의 사내이사이다. A는 주류납품 거래의 상대방이다. 갑은 A를 상대로 주류대금 청구소송을 제기하여 민사 분쟁 중이었다(㉮민사소송). (연도 생략함.) 9. 30. A는 갑이 관리하는 B 명의 계좌로 470만원을 송금하였다(㉠돈). 그런데 ㉠돈은 A가 Q회사에 송금하려고 했던 대금이었는데 계좌번호 착오로 갑에게 송금한 것이었다. 10. 1. 갑은 A로부터 ㉠대금이 착오송금된 금원이라는 사정을 문자메시지를 통해 고지받았다. 10. 2. 갑은 자신이 주장하는 주류대금 채권액 110만원을 임의로 상계 정산한 후 나머지를 반환하였다. A는 갑에게 110만원도 반환할 것을 요구하였다. 갑은 A에게 받을 물품대금이었다고 주장하면서 반환을 거부하였다.

검사는 갑을 횡령죄로 기소하였다. 갑의 피고사건은 제1심을 거친 후, 항소심에 계속되었다. 항소법원은 다음과 같이 판단하여 유죄를 인정하였다. (가) A가 갑에게 착오로 송금한 금전(470만원)에 관하여 갑과 A 사이에 신의칙상 보관관계가 인정된다. (나) 그러한 이상 착오로 송금된 돈은 목적이나 용도를 한정하여 위탁된 금전과 마찬가지로 갑이 상계할 수 없다. (다) 갑의 행위는 횡령죄의 구성요건인 '반환의 거부'에 해당하고 불법영득의사도 인정된다. 갑은 불복 상고하였다.

대법원은 다음의 이유를 제시하여 원심판결을 파기환송하였다. 대법원은 횡령죄의 반환거부 의미에 대해 다음과 같이 설시하였다. (가) 형법 제355조 제1항에서 정하는 '반환의 거부'란 보관물에 대하여 소유자의 권리를 배제하는 의사표시를 하는 행위를 뜻한다. (나) '반환의 거부'가 횡령죄를 구성하려면 (ㄱ) 타인의 재물을 보관하는 자가 단순히 반환을 거부한 사실만으로는 부족하고 (ㄴ) 반환거부의 이유와 주관적인 의사들을 종합하여 반환거부행위가 횡령행위와 같다고 볼 수 있을 정도이어야 한다. (다) 횡령죄에서 불법영득의 의사는 타인의 재물을 보관하는 자가 그 취지에 반하여 정당한 권원 없이 스스로 소유권자와 같이 이를 처분하는 의사를 말한다. (라) 비록 반환을 거부하였더라도 반환거부에 정당한 이유가 있다면 불법영득의 의사가 있다고 할 수 없다.

(마) 어떤 예금계좌에 금전이 착오로 잘못 송금되어 입금된 경우 수취인과 송금인 사이에 신의칙상 보관관계가 성립한다. (바) 그렇기는 하지만 특별한 사정이 없는 한 이러한 이유만으로 송금인이 착오로 송금한 금전이 (ㄱ) 위탁자가 목적과 용도를 정하여 명시적으로 위탁한 금전과 동일하다거나, (ㄴ) 송금인이 수취인에게 금전의 수수를 수반하는 사무처리를 위임하였다고 보아 수취인의 송금인에 대한 상계권 행사가 당초 위임한 취지에 반한다고 평가할 수는 없다.

대법원은 갑의 반환거부 행위에 대해 다음과 같이 판단하였다. (가) 관련 ㉮민사사건의 진행경과에 비추어 P회사가 반환거부 일시경(10. 2.) A에 대하여 반환거부 금액에 상응하는 물품대금채권을 보유하고 있었던 것으로 보인다. (나) 당시 P회사의 물품대금채권과 A의 부당이득반환채권이 (ㄱ) 서로 상계적상[서로 같은 종류를 목적으로 한 채무라는 사정]에 있지 않았다거나, (ㄴ) P회사의 상계권 행사가 신의칙 위반이나 권리남용에 해당한다고 볼만한 자료나 정황도 보이지 않는다. (다) 갑은 착오송금된 금전 470만원 중 P회사의 물품대금채권액 110만원에 상응한 금액을 제외한 나머지는 송금 다음 날 반환하였다. (라) 갑은 110만원에 대해서도 반환을 요청하는 A에게 Q회사의 물품대금채권을 자동채권[상계하는 사람의 채권]으로 하여 상계권을 행사한다는 의사를 충분히 밝힌 것으로 보인다. (마) 이와 같이 갑이 물품대금채권액(110만원)에 상응하는 금전에 대한 반환을 거부한 이유와 주관적인 의사를 살펴보면, 갑이 불법영득의사를 가지고 반환을 거부한 것이라고 단정하기 어렵다.

95도2551

1996. 9. 6. 95도2551, 공 1996, 3069 = **『집달관 사무원 땜방 횡령 사건』**:

갑은 M법원 관내 N집달관 합동사무소 사무원이다. 을은 N집달관 합동사무소 소장이다. 병, 정, 무 등은 M법원 경매계장들이다. 병은 경매계 총무이다. 갑은 M법원 경매법정에서 다음의 일을 하고 있다. (가) 부동산경매 입찰보증금을 받는다. (나) 받은 입찰보증금을 거래은행에 입금시킨다. (다) 입금되었던 입찰보증금을 인출하여 법원 총무과 지출계에 납부한다. 법원 총무과 지출계는 납부된 입찰보증금을 보관금으로 하여 배당기일에 배당금으로 사용한다.

갑은 ㉮경매사건으로 ㉠입찰보증금을 받았다. 갑은 ㉠보증금을 임의로 소비하였다. 갑은 ㉯경매사건으로 ㉡입찰보증금을 받았다. 갑은 ㉡보증금을 가지고 ㉮경매사건의 ㉠보증금인 것처럼 법원 총무과 지출계에 납부하였다. 1987. 1.경부터 1994. 4.경까지 갑은 위와 같은 '땜방' 방식의 횡령행위를 계속하였다. (갑은 M법원의 경매계장들에게 기회 있을 때마다 인사조로 소액의 금품을 제공하였다.) 1994. 4. 초순경 병은 갑이 '땜방' 방식으로 입찰보증금을 계속 횡령하고 있다는 사실을 알게 되었다(①시점).

1994. 4. 초순경 경매계 총무 병은 법원 구내식당에서 갑을 만나 다음과 같이 말하였다. (가) 이미 횡령한 것의 보전대책은 무엇이냐. (나) 앞으로 실시할 경매사건에서는 경매담당 판사가 직접 보관표의 유무를 확인하기 때문에 입찰보증금의 횡령은 불가능하다. (다) 이미 횡령한 것은 배당에 차질이 없도록 보전하라. (라) 앞으로 실시할 경매사건의 입찰보증금은 제때에 납부하라. 갑은 병의 요구대로 이행하겠다고 약속하였다(이상 ②시점).

갑은 약속에 따라 자기의 재산과 타인에게서 빌린 돈 등으로 입찰보증금을 제대로 납부하였다. 1994. 5. 초순경 갑은 배당기일이 다가온 입찰보증금을 제대로 납부하지 아니한 채 잠적하였다. 경매계장 병, 정, 무 등은 사태해결을 위하여 모였다. 병 등은 다음과 같이 의견을 모았다. (가) 배당불능 사태로 인한 혼란을 막아야 한다. (나) 그러기 위하여 우선 갑으로 하여금 배당기일이 다가온 사건에 관하여 횡령한 금원을 '땜방'을 하더라도 변제하게 해야 한다. (다) 그렇게 하여 배당이 정상적으로 진행되게 한다. (라) 그러는 동안 갑의 재산을 처분하여 최종적으로 횡령액 전액을 변제하게 한다(이상 ③시점).

경매계장 병, 정은 다급한 나머지 갑의 소재를 파악하여 그를 찾아내었다. 이번에는 정이 갑이 경영하는 P합자회사 사무실에서 갑을 만났다. 정은 갑에게 이미 횡령한 입찰보증금의 보전대책을 추궁하면서 다음과 같이 말하였다. (가) 최근에 실시한 입찰사건의 입찰보증금은 일단 천천히 납부하더라도 좋다. (나) 이미 횡령한 입찰보증금은 전과 같이 다른 입찰사건의 입찰보증금으로라도 우선 보전하여 배당에는 차질이 없게 해달라. 정은 병에게 위 사실을 전달하였다. 병은 무 등 다른 경매계장들에게도 그러한 내용을 이야기하였다(이상 ④시점).

1994. 11. 28.까지 갑의 '땜방' 행위는 계속되었다. 1994. 11. 29. 집달관 합동사무소 소장 을은 병으로부터 갑이 1987. 1.경부터 1994. 11. 28.경까지 입찰보증금 약 45억원을 횡령, 착복하고 이미 횡령한 입찰보증금을 나중에 실시한 다른 입찰보증금 등으로 보전하는 이른바 '땜방'을 하고 있다는 사실을 듣고 이를 확인하였다. 병은 소장 을에게 다음과 같이 요구하였다. (가) 배당불능 사태로 인한 혼란을 막아야 한다. (나) 이를 위하여 우선 갑으로 하여금 배당기일이 다가온 사건에 관하여 횡령한 금원을 '땜방'을 하더라도 변제하게 하여 배당이 정상적으로 진행되게 해야 한다. (다) 그렇게 하면서 갑의 재산을 처분하여 최종적으로 횡령액 전액을 변제하게 한다. (라) 이렇게 하는 것으로 경매계장들 사이에 의견이 모아졌다. (마) 경매계장들의 의견에 따르라. 을은 병의 요구에 따르기로 하였다(이상 ⑤시점).

을은 새로 발생하는 '땜방' 방식에 의한 횡령행위를 방지하기 위하여 입찰보증금을 예금하던 거래은행을 바꾸었다. 그러나 을은 경매사건의 납부명령서와 보관표를 법원 총무과 지출계에 직접 전달하거나 전달하게 하는 조치는 취하지 않았다(⑥시점). 을과 병, 정, 무 등 경매계장들은 갑을 고소하기로 의견을 모았다. [을 등은 갑을 고소하였다(⑦시점).] 수사기관은 입찰보증금 횡령 사안에 대해 수사에 착수하였다(⑧시점).

검사는 갑을 특정경제범죄법위반죄(횡령)로 기소하였다. 검사는 을, 병, 정, 무 등을 업무상 횡령죄 및 뇌물수수죄로 기소하였다. 갑 등의 피고사건은 제1심을 거친 후, 항소심에 계속되었다. 항소법원은 갑에게 유죄를 인정하였다. 항소법원은 을, 병, 정, 무에 대해 다음과 같이 판단하였다. (가) 을 등의 방조행위는 1994. 5월 초순경(②시점)부터 시작하여 수사기관의 수사개시 시점(⑧시점)까지 계속되었다. (나) 을, 병, 정, 무 등에게 업무상횡령방조죄 및 뇌물수수죄가 인정된다. 을, 병, 정, 무 등은 불복 상고하였다. 갑은 상고하지 않았다. (이하 업무상횡령방조죄에 대해서만 검토함.)

을 등은 상고이유로 다음의 점을 주장하였다. (가) 갑의 횡령에 대한 을 등의 방조행위는 새로 발생하는 '땜방' 방식에 의한 횡령행위를 방지하기 위하여 요구되는 경매사건의 납부명령서와 보관표를 법원 총무과 지출계에 직접 전달하거나 전달하게 하는 등의 조치를 취하지 아니한 시점(⑥시점)부터 개시되었다. (나) 갑의 횡령에 대한 을 등의 방조행위는 경매계장들 사이에서 갑을 고소하기로 의견이 모아진 시점(⑦시점)에 끝이 났다. (다) 고소하기로 한 시점(⑦시점) 이후의 시점에는 횡령방조행위에 대한 고의가 없다.

(라) 정범 갑은 ㉮경매사건의 ㉠입찰보증금을 '땜빵'하기 위하여 ㉯경매사건의 ㉡입찰보증금을 납부하였다. (마) ㉡입찰보증금으로 ㉠입찰보증금을 땜빵한 것은 순전히 ㉮경매사건 관계자를 위한 것이다. (바) ㉡입찰보증금 부분에 대해서는 불법영득의사가 없다. (사) 정범에게 불법영득의사가 없으므로 업무상 횡령죄의 방조범이 성립하지 않는다.

대법원은 다음의 이유를 제시하여 상고를 기각하였다. 대법원은 횡령방조행위의 시기에 대해 다음과 같이 판단하였다. (가) (사실관계 분석; 생략함.) (나) 을, 병 등이 1994. 5. 초순(②시점)부터는 갑의 횡령행위에 대한 방조행위를 개시한 것이라고 보아야 한다. (다) 을, 병 등은 갑으로 하여금 재산을 처분하게 하여 횡령금을 변상할 기회를 주는 한편 갑의 입찰보증금 횡령사실이 형사사건화되면 보관금이 부족하여 배당불능 사태가 올 것을 우려하여 이 사건의 수사가 개시(⑧시점)되기 전까지 갑의 위와 같은 횡령행위를 용인하였다고 보인다. (라) 집달관 합동사무소 소장인 을이 입찰보증금을 예금하던 거래은행을 바꾸고, 병, 정, 무 등 사이에서 갑을 고소하기로 의견이 모아졌다고 해서(⑦시점) 횡령의 범의가 없어졌다고 볼 수도 없다.

대법원은 횡령방조행위의 종기에 대해 다음과 같이 판단하였다. (가) 1994. 11. 29.경 을은 병으로부터 갑이 1987. 1.경부터 1994. 11. 28.경까지 입찰보증금 약 45억원을 횡령, 착복하고 이미 횡령한 입찰보증금을 나중에 실시한 다른 입찰보증금 등으로 보전하는 이른바 '땜방'을 하고 있다는 사실을 들어 확인하였다. (나) 병은 배당불능사태로 인한 혼란을 막기 위하여 우선 갑으로 하여금 배당기일이 다가온 사건에 관하여 횡령한 금원을 '땜방'을 하더라도 변제하게 하여 배당이 정상적으로 진행되게 하면서 갑이 재산을 처분하여 최종적으로 횡령액 전액을 변제하게 하기로 경매계장들 사이에 의견이 모아졌으니 이에 따르라고 을에게 요구하였다. (다) 을은 병의 요구대로 따르기로 하였다(이상 ⑤시점).

(라) 을에 대하여 횡령의 방조라고 본 것은 [이와 같이] 을이 소극적으로 대처한 데 있는 것이다. (마) 을의 횡령 방조는 갑이 입찰보증금을 찾아 곧바로 착복하는 것을 막기 위하여 을이 직접 입찰보증금을 찾아 납부하였을 뿐 이에 더 나아가 새로 발생하는 '땜방' 방식에 의한 횡령행위를 방지하기 위하여 요구되는 경매사건의 납부명령서와 보관표를 법원 총무과 지출계에 직접 전달하거나 전달하게 하는 등의 조치를 취하지 아니한 점(⑥시점)에만 있는 것은 아니다.

대법원은 소위 '땜방' 방식의 횡령죄에 대해 다음과 같이 설시하였다. (가) 업무상 횡령죄의 불법영득의사라 함은 타인의 재물을 보관하는 자가 자기 또는 제3자의 이익을 꾀할 목적으로 업무상의 임무에 위배하여 보관하는 타인의 재물을 자기의 소유인 경우와 같이 처분하는 의사를 의미한다. (나) 불법영득의사는 반드시 자기 스스로 영득하여야만 하는 것은 아니다. (다) 이른바 '땜방' 즉 선경매 입찰보증금 중 횡령금의 보충을 위한 후경매 입찰보증금 횡령의 경우에도 불법영득의 의사가 없다고는 할 수 없다.

대법원은 방조의 고의에 대해 다음과 같이 판단하였다. (가) 종범은 (ㄱ) 정범의 실행행위 중에 이를 방조하는 경우뿐만 아니라 (ㄴ) 실행 착수 전에 장래의 실행행위를 예상하고 이를 용이하게 하는 행위를 하여 방조한 경우에도 정범이 실행행위를 한 경우에 성립하는 것이다.

(나) 또한 자기가 의도한 바와 행위에 의하여 범죄사실이 발생할 것을 인식하면서 그 행위를 감행하거나 하려고 하면 족하고 그 결과 발생을 희망함을 요하지는 않는다. (다) 을 등은 갑이 경매입찰보증금을 횡령, 착복하고 이미 횡령한 입찰보증금을 나중에 실시한 다른 경매의 입찰보증금으로 보전하는 이른바 '땜방'을 하고 있는 사실을 알고 이를 방지할 지위에 있으면서 이를 방치하였다. (라) 비록 을 등이 적극적으로 '땜방'을 하라고 이야기하거나 종용한 사실이 없더라도 방조의 범의가 있다고 할 것이므로 을 등에게 방조의 고의가 없다고 볼 수 없다.

대법원은 횡령죄의 불법영득의사에 대해 다음과 같이 판단하였다. (가) 업무상 횡령죄의 불법영득의사라 함은 타인의 재물을 보관하는 자가 자기 또는 제3자의 이익을 꾀할 목적으로 업무상의 임무에 위배하여 보관하는 타인의 재물을 자기의 소유인 경우와 같이 처분하는 의사를 의미한다. (나) 반드시 자기 스스로 영득하여야만 성립하는 것은 아니다. (다) 그러므로 을 등에게 불법영득의 의사가 없다고는 할 수 없다.

2006도4885

2008. 11. 13. 2006도4885, 공 2008하, 1707 = 『가공 공사대금 부가세 사건』

갑은 P회사의 대표이사이다. 갑은 P회사의 공금을 업무상 보관하고 있었다. 갑은 P회사의 공금 5,500만원을 횡령하였다(㉠돈). Q회사는 P회사의 거래 회사이다. 갑은 ㉠돈에 대한 회계 조작을 위하여 Q회사에 ㉡공사대금 명목으로 5,500만원을 지출한 것처럼 꾸미기로 하였다. 갑은 Q회사로부터 ㉡공사대금 명목으로 5,500만원을 지출한 것처럼 ㉢허위 세금계산서를 교부받았다. 갑은 ㉢허위 세금계산서의 부가가치세 처리를 위하여 P회사 공금에서 550만원을 인출하여 Q회사에 지급하였다(㉣돈).

검사는 ㉣돈 부분에 대해 갑을 업무상 횡령죄로 기소하였다. 제1심법원은 유죄를 인정하였다. 갑은 불복 항소하였다. 갑은 항소이유로 다음의 점을 주장하였다. (가) 부가가치세법의 법리상 Q회사가 세금계산서를 발행하여 Q회사에 매입세액을 지급하였다 하더라도 P회사로서는 나중에 매출세액에서 부가가치세를 공제받거나 환급받을 수 있으므로 아무런 손해가 발생하지 않는다. (나) 갑도 이러한 법리를 잘 알고 있어 회사에 손해를 가할 고의가 없었으므로 횡령죄가 성립하지 않는다.

항소법원은 다음의 이유를 들어서 항소이유를 배척하였다. (가) 부가가치세법 제17조 제2항 제1호는 실물거래 없이 허위 세금계산서를 주고받을 경우에는 부가가치세를 공제받거나 환급받을 수 없도록 규정하고 있다. (나) 갑이 ㉢허위 세금계산서를 발급받는 대가로 실물 거래 없이 P회사 공금을 인출한 이상, 설령 그와 같은 불법 사실이 적발되지 않아 나중에 부가가치세의 환급 등이 이루어져 결과적으로 P회사에 손해가 발생하지 않게 되었다 하더라도 이는 우연이나 비정상적인 경로에 의하여 사후적으로 손해가 전보된 것에 불과하여 업무상횡령죄의 성립에는 아무런 영향을 미치지 않는다. (다) 이러한 점을 모를 리 없는 갑의 불법영득의사 또한 충분히 인정된다. 갑은 불복 상고하였다. 갑의 상고이유는 항소이유와 같다.

대법원은 다른 공소사실과의 관계에서 원심판결을 파기환송하였다. 대법원은 ㉣돈 횡령 여부에 대해 다음과 같이 판단하였다. 대법원은 횡령죄의 불법영득의사에 대해 다음과 같이 설시하였다. (가) 횡령죄에 있어서 불법영득의 의사라 함은 자기 또는 제3자의 이익을 꾀할 목적으로 임무에 위배하여 보관하는 타인의 재물을 자기의 소유인 경우와 같이 처분을 하는 의사를 말한다. (나) 사후에 이를 반환하거나 변상, 보전하는 의사가 있다 하더라도 불법영득의 의사를 인정함에는 지장이 없다. (다) 주식회사의 대표이사가 자신의 다른 횡령사실을 감추기 위한 목적으로 가공의 공사대금을 지급한 것처럼 허위로 회계처리하면서 가공의 공사대금에 대한 부가가치세 명목으로 회사 자금을 임의로 지출한 경우에는 그로써 횡령죄는 기수에 달한다. (라) 그 후에 그 지출액 상당을 매입세액으로 환급받아 회사에 다시 입금하였다고 해서 이미 성립한 횡령죄에 영향을 미치지 아니한다. (마) 원심이 같은 취지에서 갑이 이전의 자금 횡령사실을 감추기 위하여 부가가치세 명목으로 P회사 자금 550만 원을 지출한 행위가 업무상횡령죄에 해당한다고 한 것은 정당하다.

2003도135

2006. 4. 27. 2003도135, 공 2006, 969 = 『주가조작 상무 사건』 :

P주식회사의 대표이사는 A이다. 갑은 P회사의 상무이사이다. A와 갑은 아버지와 아들 사이이다. A 일가는 P회사의 주식 중 66.90%의 지분을 보유하고 있다. 갑은 P회사의 경영기획본부장이다. 경영기획본부장은 기획예산관리, 자금계획 및 운영계획, 주식관리 총괄 등을 공식 업무로 하고 있다. 갑은 이자부담이 없는 업무가불의 형식으로 P회사로부터 5억 5천만원을 인출하였다(㉠자금). 이 과정에서 갑은 이사와 회사 사이의 이해상반의 거래에 있어 통상 요구되는 이사회 승인(상법 제399조)을 거치지 않았다. 갑은 ㉠자금을 이용하여 P회사의 주가를 조작하였다. 갑이 주가를 조작한 것은 P회사의 주가하락에 따른 갑 일가의 지분율 감소 방지에 있었다.

검사는 갑을 증권거래법위반죄(주가조작) 및 특정경제범죄법위반죄(업무상 횡령)로 기소하였다. (이하 횡령죄 부분만 검토함.) 갑의 피고사건은 제1심을 거친 후, 항소심에 계속되었다. 항소법원은 특정경제범죄법위반죄(업무상 횡령)를 인정하였다. 갑은 불복 상고하였다. 갑은 상고이유로 다음의 점을 주장하였다. (가) [㉠자금을 개인적으로 차용한 것이므로] 업무자에 해당하지 않는다. (나) P회사의 주가하락을 방지하기 위한 것이었으므로 불법영득의사가 없다.

대법원은 다음의 이유를 제시하여 상고를 기각하였다. (가) 업무상 횡령죄에 있어서 불법영득의 의사라 함은 자기 또는 제3자의 이익을 꾀할 목적으로 업무상의 임무에 위배하여 보관하는 타인의 재물을 자기의 소유인 경우와 같이 처분하는 의사를 말한다. (나) 여기서 '업무'란 법령, 계약에 의한 것뿐만 아니라 관례를 좇거나 사실상의 것이거나를 묻지 않고 같은 행위를 반복할 지위에 따른 사무를 가리킨다. (다) (ㄱ) 회사의 대표이사 혹은 그에 준하여 회사 자금의 보관이나 운용에 관한 사실상의 사무를 처리하여 온 자가 (ㄴ) 회사를 위한 지출 이외의 용도로 거액의 회사 자금을 가지급금 등의 명목으로 인출, 사용함에 있어서 (ㄷ) 이자나 변제기의 약정이 없음은 물론 이사회 결의 등 적법한 절차도 거치지 아니하는 것은 (ㄹ) 통상 용인될 수 있는 범위를 벗어나 대표이사 등의 지위를 이용하여 회사 자금을 사적인 용도로 임의로 대여, 처분하는 것과 다름없어 (ㅁ) 횡령죄를 구성한다.

(라) (사실관계 분석; 생략함.) (마) 사실관계에 비추어 보면 갑이 주가조작의 범행 당시에 관련 회사 자금의 관리 및 집행 등의 사무 전반을 사실상 처리하여 왔음을 충분히 인정할 수 있다. (바) 자금인출의 과정 및 용도 등에 비추어 P회사 자금을 인출하여 주가조작 자금으로 사용한 갑의 행위는 불법영득의사에 기한 것으로서 업무상 횡령죄를 구성한다.

2007도4949

2009. 5. 29. 2007도4949 **전원합의체 판결, 공 2009, 1079 =『에버랜드 전환사채 발행 사건』**:

신주의 배정방식에는 주주배정방식과 제3자인수방식이 있다. 주주배정방식은 회사가 기존 주주들에게 지분비율에 따라 신주를 유상으로 발행하는 것이다. 주주배정방식의 경우 주주들로서는 신주를 인수하더라도 기존에 보유하던 지분비율에는 아무런 영향이 없고 단지 보유 주식수만 늘어난다. 주주배정방식의 경우 이사는 주주 전체의 이익과 회사의 자금조달의 필요성과 급박성 등을 감안하여 경영판단에 따라 자유로이 주식의 발행조건을 정할 수 있다. 주주배정방식의 경우 이사가 시가보다 낮게 발행가액 등을 정함으로써 주주들로부터 가능한 최대한의 자금을 유치하지 못하였다고 하여도 회사의 재산보호의무를 위반하였다고 보지 않는다. 따라서 이사에게 배임죄의 구성요건인 임무위배가 인정되지 않는다.

신주의 배정방식 가운데 제3자배정방식이 있다. 제3자배정방식은 제3자에게 신주 인수권을 부여하는 방식이다. 제3자배정방식의 경우 제3자는 신주를 인수함으로써 회사의 지분을 새로이 취득하게 된다. 제3자배정방식의 경우에는 주주 수가 증가하여 기존 주주의 지분비율이 낮아진다. 제3자배정방식의 경우 이사가 제3자에게 시가보다 낮은 가액으로 신주를 발행하면 적정한 가액에 의하여 발행하는 경우와 비교하여 그 차액에 상당한 만큼 회사의 자산을 증가시키지 못하게 되는 결과가 발생한다. 제3자배정방식에 의하여 현저하게 불공정한 가액으로 신주를 발행하는 행위는 이사의 임무위배행위에 해당한다. 제3자배정방식의 경우 이사는 저가발행으로 인하여 회사에 공정한 발행가액과의 차액에 상당하는 자금을 취득하지 못하게 되는 손해를 입힌 것이므로 이사에 대하여 배임죄의 죄책을 물을 수 있다.

전환사채는 타인자본의 조달수단인 사채의 일종이라는 점에서 주식과는 법적 성질을 달리한다. 그러나 전환사채는 사채권자의 전환권 행사에 의하여 신주발행이 이루어지고 사채권자의 지위가 주주로 변경된다. 이 점에서 전환사채는 잠재적 주식으로서의 성질을 가진다. 이러한 이유로 상법은 전환사채의 발행에 있어서는 신주발행에 관한 규정을 준용하도록 하고 있다(상법 제516조, 제516조의10).

P회사는 S그룹의 지배구조를 결정하는 회사이다. 갑은 P회사의 대표이사이다. 을은 P회사의 상무이사로서 P회사의 자금조달계획을 수립, 집행하는 업무에 종사하고 있다. A 등 4명은 갑의 자녀들이다(A로 통칭함). P회사의 법인 주주는 8개 회사와 1개 재단법인이다. 8개 회사는 P회사가 계열사로 있는 S그룹의 다른 계열사들이다. P회사의 개인 주주들은 17명이다. P회사의 개인 주주들은 S그룹의 회장인 갑을 비롯하여 대부분 S그룹 계열사의 전·현직 임원들이다. S그룹은 경영권을 갑에서 자녀 A에게로 넘기는 방안을 모색하였다.

1996. 10. 30. P회사는 이사회를 열어 무기명식 이권부 무보증전환사채의 발행을 결의하였다(M전환사채). M전환사채의 배정방법과 전환조건은 다음과 같다. (가) 전환사채의 총액은 100억원으로 한다. (나) 자금의 사용목적은 시설자금이다. (다) 1996. 11. 14.을 기준으로 기존 주주에게 우선 배정한다. (라) 기존 주주가 인수하지 아니하여 실권될 때에는 이사회의 결의에 의하여 제3자에게 배정한다. (마) 전환의 조건은 전환사채의 총액을 전환가액으로 나눈 주식의 수를 기명식 보통주식으로 발행한다. (바) 전환가액은 1주당 7,700원으로 한다(ⓐ전환가액). M전환사채의 ⓐ전환가액은 P회사의 정상적인 ⓑ주식가액에 비하여 상당히 낮은 가액이다. M전환사채 청약 및 납입일은 각각 1996. 12. 3.이다.

1996. 12. 3.까지 주주들 중 R회사만 그 지분비율(2.94%)에 따른 전환사채 인수청약을 하였다(㉠전환사채). 나머지 주주들은 해당 전환사채(97.06%)의 인수청약을 하지 않았다(㉡전환사채). 1996. 12. 3. P회사는 이사회를 개최하였다. 이사회는 R회사를 제외한 나머지 주주들이 ㉡전환사채를 인수하지 않았음을 확인하였다. 이사회는 주주들이 실권한 ㉡전환사채를 갑의 자녀 A에게 배정하기로 의결하였다(㉮의결). 1996. 12. 3. A는 이사회의 결의에 따라 ㉡전환사채 인수청약 및 인수대금 납입을 완료하였다. 당시 P회사는 자금의 수요는 있었으나 긴급하고 돌발적인 자금조달의 필요성은 없었다. 이후 A는 인수한 ㉡전환사채에 대해 전환가액을 1주당 7,700원으로 전환권을 행사하여 P회사의 대주주가 되었다. A가 적은 자금을 가지고 P회사의 대주주가 된 것에 대해 편법증여라는 비판이 제기되었다.

검사는 P회사 이사회의 ㉮의결에 대한 책임을 물어 대표이사 갑과 상무이사 을을 특정경제범죄법위반죄(배임)로 기소하였다. 갑과 을의 피고사건은 제1심을 거친 후, 항소심에 계속되었다. 항소법원은 P회사 이사회의 ㉮의결이 제3자배정방식에 의한 신주발행에 해당한다고 판단하였다. 항소법원은 현저히 저가로 발행된 ㉡전환사채를 A가 인수하도록 한 ㉮의결이 이사의 임무위배에 해당한다고 판단하였다. 항소법원은 M전환사채의 적정 전환가액을 주당 14,825원으로 인정하였다(ⓑ적정가액). 항소법원은 갑 등이 취득한 이득액을 {14,825원(ⓑ적정가액) − 7,700원(ⓐ전환가액)} x 실권주 총수로 계산하였다(㉢이득액). 항소법원은 ㉢이득액의 범위 내에서 갑과 을에게 특정경제범죄법상의 배임죄를 인정하였다. 갑과 을은 불복 상고하였다. 갑과 을은 상고이유로, M전환사채의 발행은 주주배정방식에 의한 신주인수라고 주장하였다. 검사도 불복 상고하였다. 검사는 상고이유로 다음의 점을 주장하였다. (가) M전환사채의 적정 전환가액(ⓑ적정가액)은 주당 85,000원으로 보아야 한다. (나) 원심이 적정 전환가액(ⓑ적정가액)을 주당 14,825원으로 인정하고 그 범위 내에서만 죄책을 인정한 것은 부당하다.

대법원은 다음의 이유를 제시하여 원심판결을 파기환송하였다. 대법원은 8 대 5로 견해가 나뉘었다. 다수의견은 ㉮의결이 주주배정방식에 의한 신주발행이라고 판단하였다. 소수의견은 ㉮의결이 제3자배정방식에 의한 신주발행이라고 판단하였다. 대법원은 다수의견에 따라 원심판결을 파기하였다. (이하 다수의견을 대법원으로 표시하여 소개함.)

대법원은 배임죄의 일반적인 성립요건에 대해 설시하였다(내용 생략함). 대법원은 사실관계를 분석하였다. 대법원은 주식회사 이사의 업무상 임무에 대해 다음과 같이 설시하였다. (가) 이사는 회사에 대하여 법령과 정관의 규정에 따라 직무를 충실하게 수행하여야 할 선관주의의무 내지 충실의무를 부담한다. (나) 이사가 신주 등을 발행함에 있어서 이사로서의 임무에 위배하고 그로 인하여 회사에 손해를 입힌 경우에는 업무상배임의 죄책을 지게 된다. (다) 그런데 회사가 주주배정의 방법으로 신주 등을 발행하는 경우에는 신주의 발행가액 등이 시가보다 현저히 낮다고 하더라도 특별한 사정이 없는 한 이사로서의 임무를 위배하여 회사에 손해를 입혔다고 볼 수 없다. (라) 그러나 회사가 제3자배정의 방법으로 신주 등을 발행하는 경우에는 이사로서의 임무 위배가 인정될 여지가 있다. (마) 이러한 경우에는 (ㄱ) 회사의 재무구조, 영업전망과 그에 대한 시장의 평가, 주식의 실질가액, 금융시장의 상황, 신주의 인수가능성 등 여러 사정을 종합적으로 고려하여, (ㄴ)

이사가 그 임무에 위배하여 신주의 발행가액 등을 공정한 가액보다 현저히 낮추어 발행한 경우에 해당하는지를 살펴 (ㄷ) 이사의 업무상 배임죄의 성립 여부를 판단하여야 한다.

대법원은 M전환사채의 발행이 제3자배정방식에 의한 것이 아니라고 판단하였다(내용 생략함). 만일에 M전환사채의 발행이 제3자배정방식에 의한 것이라고 본다면 이사에게 임무위배를 인정할 여지가 있다. 대법원은 M전환사채의 발행이 제3자배정방식에 의한 것이라고 볼 경우를 전제로 판단에 임하였다. 대법원은 이 경우에도 지배권 이전을 목적으로 한 전환사채의 발행(㉮의결)은 이사의 임무위배에 해당하지 않는다고 판단하였다.

대법원은 그 이유로 다음의 점을 제시하였다. (가) 이사가 주식회사의 지배권을 기존 주주의 의사에 반하여 제3자에게 이전하는 것은 (ㄱ) 기존 주주의 이익을 침해하는 행위일 뿐 (ㄴ) 지배권의 객체인 주식회사의 이익을 침해하는 것으로 볼 수는 없다. (나) 주식회사의 이사는 (ㄱ) 주식회사의 사무를 처리하는 자의 지위에 있다고 할 수 있지만 (ㄴ) 주식회사와 별개인 주주들에 대한 관계에서 직접 그들의 사무를 처리하는 자의 지위에 있는 것은 아니다. (다) 더욱이 경영권의 이전은 지배주식을 확보하는 데 따르는 부수적인 효과에 불과한 것이다. (라) 회사 지분비율의 변화가 기존 주주 스스로의 선택에 기인한 것이라면 이사에게 지배권 이전과 관련하여 임무위배가 있다고 할 수 없다.

대법원은 검사의 상고이유에 대해 다음과 같이 판단하였다. (가) M전환사채는 주주배정의 방법으로 발행되었다. (나) 주주배정의 방법에 의하여 전환사채를 발행할 경우에는 반드시 시가 또는 주식의 실질가액을 반영한 전환가액으로 발행하여야 하는 것이 아니라는 것은 앞서 살펴 본 바와 같다. (다) 그러므로 M전환사채의 전환가액이 적정한지 여부에 관하여는 더 나아가 판단할 필요도 없이 검사의 상고이유 주장은 이유 없다.

2019도14770

2020. 8. 27. 2019도14770 **전원합의체 판결, 공 2020하, 1905 =『동산담보 임의처분 사건』:**

「동산 · 채권 등의 담보에 관한 법률」(동산채권담보법)이 2012년부터 시행되고 있다. 동산채권담보법은 동산 · 채권 · 지식재산권을 목적으로 하는 담보권에 관하여 규정하고 있다. P회사는 레이저 가공기 2대를 소유하고 있다(㉠기계). P회사는 ㉠기계 외에 기계 17대를 소유하고 있다(㉡기계). 갑은 P회사의 대표이사이다. 갑은 Q은행으로부터 대출을 받았다(㉢대출금). 갑은 Q은행과 ㉠, ㉡기계에 관해 동산채권담보법에 따라 동산담보설정계약을 체결하였다(㉮계약). 갑은 ㉮계약에 반하여 ㉠기계를 A에게 처분하였다.

검사는 갑을 배임죄로 기소하였다. 갑의 피고사건은 제1심을 거친 후, 항소심에 계속되었다. 항소법원은 다음의 이유를 들어서 유죄를 인정하였다. (가) 갑은 P회사의 대표이사로서 Q은행에 대한 채무 변제 시까지 ㉠기계를 담보 목적에 맞게 보관하여야 할 임무를 부담하고 있다. (나) 갑은 타인의 사무를 처리하는 자의 지위에 있다. 갑은 불복 상고하였다.

대법원은 다음의 이유를 제시하여 원심판결을 파기환송하였다. 대법원은 12 대 1로 견해가 나뉘었다. 대법원은 다수의견에 따라 원심판결을 파기하였다. (이하 다수의견을 대법원으로 표시하여 소개함.) 대법원은 소위 사무처리자 제한의 법리를 다음과 같이 확인하였다. (가) 배임죄는 타인의 사무를 처리하는 자가 그 임무에 위배하는 행위로써 재산상의 이익을 취득하거나 제3자로 하여금 이를 취득하게 하여 사무의 주체인 타인에게 손해를 가할 때 성립하는 것이다. (나) 그러므로 배임죄의 범죄의 주체는 타인의 사무를 처리하는 지위에 있어야 한다. (다) 여기에서 '타인의 사무를 처리하는 자'라고 하려면, (ㄱ) 타인의 재산관리에 관한 사무의 전부 또는 일부를 타인을 위하여 대행하는 경우와 같이 (ㄴ) 당사자 관계의 전형적·본질적 내용이 (ㄷ) 통상의 계약에서의 이익대립관계를 넘어서 (ㄹ) 그들 사이의 신임관계에 기초하여 (ㅁ) 타인의 재산을 보호 또는 관리하는 데에 있어야 한다. (라) 이익대립관계에 있는 통상의 계약관계에서 (ㄱ) 채무자의 성실한 급부이행에 의해 상대방이 계약상 권리의 만족 내지 채권의 실현이라는 이익을 얻게 되는 관계에 있다거나, (ㄴ) 계약을 이행함에 있어 상대방을 보호하거나 배려할 부수적인 의무가 있다는 것만으로는 채무자를 타인의 사무를 처리하는 자라고 할 수 없다. (마) 위임 등과 같이 계약의 전형적·본질적인 급부의 내용이 상대방의 재산상 사무를 일정한 권한을 가지고 맡아 처리하는 경우에 해당하여야 한다. (바) (대법원 2020. 2. 20. 선고 2019도9756 전원합의체 판결 등 참조.)

대법원은 동산채권담보법에 따른 동산담보에 대해 다음과 같이 설시하였다. (가) 채무자가 금전채무를 담보하기 위하여 그 소유의 동산을 채권자에게 「동산 · 채권 등의 담보에 관한 법률」(동산채권담보법)에 따른 동산담보로 제공함으로써 (ㄱ) 채권자인 동산담보권자에 대하여 담보물의 담보가치를 유지 · 보전할 의무 또는 (ㄴ) 담보물을 타에 처분하거나 멸실, 훼손하는 등으로 담보권 실행에 지장을 초래하는 행위를 하지 않을 의무를 부담하게 되었더라도, 이를 들어 채무자가 통상의 계약에서의 이익대립관계를 넘어서 채권자와의 신임관계에 기초하여 채권자의 사무를 맡아 처리하는 것으로 볼 수 없다. (나) 따라서 이러한 경우 채무자를 배임죄의 주체인 '타인의 사무를 처리하는 자'에 해당한다고 할 수 없다. (다) 그 채무자가 담보물을 제3자에게 처분하는 등으로 담보가치를 감소 또는 상실시켜 채권자의 담보권 실행이나 이를 통한 채권실현에 위험을 초래하더라도 배임죄가 성립하지 않는다.

대법원은 갑의 행위에 대해 다음과 같이 판단하였다. (가) P회사의 Q은행에 대한 채무 담보를 목적으로 ㉠기계에 관하여 동산담보설정계약이 체결되었다. (나) 그렇다고 하더라도 P회사 또는 갑이 Q은행과의 신임관계에 기초하여 Q은행의 사무를 맡아 처리하는 것으로 볼 수 없다. (다) 그러한 이상 갑을 Q은행에 대한 관계에서 '타인의 사무를 처리하는 자'에 해당한다고 할 수 없다. (라) 따라서 갑이 ㉠기계를 처분하였더라도 그러한 행위에 대하여 배임죄가 성립하지 않는다.

2015도5184

2021. 7. 15. 2015도5184, 공 2021하, 1503 = 『요양급여청구권 이중 양도 사건』 :

갑은 P병원을 운영하고 있다. 갑은 국민건강보험공단에 대하여 요양급여채권을 가지고 있다(㉠채권). 갑은 을로부터 6억원을 차용하였다(㉡차용금). 갑은 을에게 ㉠채권을 포괄근담보로 제공하는 채권양도담보계약을 체결하였다(㉮채권양도). 포괄근담보는 (ㄱ) 설정 최고액(보증한도액) 범위 내에서 대출 뿐만 아니라 (ㄴ) 차주의 대출 당시 채무와 차주가 앞으로 부담할 일체 채무(지급보증 포함)까지 담보하는 것을 말한다. 갑은 ㉮채권양도 사실을 국민건강보험공단에 통지하지 않았다. 갑은 ㉠채권을 친형인 A의 채권자 B에게 이중으로 양도하였다(㉯채권양도). 갑은 ㉯채권양도 사실을 국민건강보험공단에 통지하였다. B는 국민건강보험공단으로부터 7억원을 지급받았다.

검사는 갑을 특정경제범죄법위반죄(배임)로 기소하였다. 갑의 피고사건은 제1심을 거친 후, 항소심에 계속되었다. 항소법원은 다음과 같이 판단하였다. (가) 갑은 (ㄱ) 을에게 채권양도담보에 관한 대항요건을 갖추어 주기 전에 (ㄴ) 담보 목적 채권을 타에 이중으로 양도하고 제3채무자에게 그 채권양도통지를 하는 등의 행위를 하지 않음으로써 (ㄷ) 을이 위 채권을 원만하게 추심할 수 있도록 을의 재산의 보호 또는 관리에 협력할 의무가 있다. (나) 갑은 을과의 신임관계에 의하여 '타인의 사무를 처리하는 자'의 지위에 있다. (다) 갑의 행위로 인한 재산상 이익 및 손해가 액수 미상이다. (라) 갑을 형법상 배임죄로 처단한다. 갑은 불복 상고하였다.

대법원은 다음의 이유를 제시하여 원심판결을 파기환송하였다. 대법원은 소위 사무처리자 제한의 법리를 확인하였다(내용 생략함). 대법원은 채권양도의 경우에 대해 다음과 같이 설시하였다. (가) [소위 사무처리자

제한의 법리는] 채무자가 기존 금전채무를 담보하기 위하여 다른 금전채권을 채권자에게 양도하는 경우에도 마찬가지이다. (나) 채권양도담보계약에 따라 채무자가 부담하는 '담보 목적 채권의 담보가치를 유지·보전할 의무' 등은 담보 목적을 달성하기 위한 것에 불과하다. (다) 채권양도담보계약의 체결에도 불구하고 당사자 관계의 전형적·본질적 내용은 여전히 피담보채권인 금전채권의 실현에 있다. (라) 따라서 채무자가 채권양도담보계약에 따라 부담하는 '담보 목적 채권의 담보가치를 유지·보전할 의무'를 이행하는 것은 채무자 자신의 사무에 해당할 뿐이다. (마) 채무자가 통상의 계약에서의 이익대립관계를 넘어서 채권자와의 신임관계에 기초하여 채권자의 사무를 맡아 처리한다고 볼 수 없으므로, 이 경우 채무자는 채권자에 대한 관계에서 '타인의 사무를 처리하는 자'에 해당한다고 할 수 없다.

대법원은 갑의 행위에 대해 다음과 같이 판단하였다. (가) 갑의 담보가치 유지·보전에 관한 사무가 채권양도담보계약에 따른 채무의 한 내용임을 넘어 을의 담보 목적 달성을 위한 신임관계에 기초한 타인의 사무에 해당한다고 볼 수 없다. (나) 따라서 갑이 을에게 채권양도담보에 관한 대항요건을 갖추어 주기 전에 담보 목적 채권을 타에 이중으로 양도하고 제3채무자에게 그 채권양도통지를 하였다 하더라도, 갑이 을과의 신임관계에 의하여 '타인의 사무를 처리하는 자'의 지위에 있다고 볼 수 없어 배임죄는 성립하지 않는다.

2020도8682

2022. 12. 22. 2020도8682 **전원합의체 판결, 공 2023상, 314 =『양도담보 자동차 임의처분 사건』:**

갑은 ⓐ자동차를 소유하고 있었다. 갑은 P회사로부터 ㉠돈을 대출받으면서 ⓐ자동차를 양도담보로 제공하였다. 갑은 양도담보로 제공된 ⓐ자동차를 운행하고 있었다. 갑은 A에게 ⓐ자동차를 245만원에 매도하였다.

검사는 갑을 배임죄로 기소하였다. 종전 대법원판례는 다음의 입장을 취하고 있었다(89도350). (가) 자동차는 권리이전에 등기·등록을 요하는 동산이다. (나) 자동차를 양도담보로 제공한 채무자는 채권자에 대하여 타인의 사무를 처리하는 자에 해당한다. (다) 채무자가 담보목적물을 처분한 경우 배임죄가 성립한다. 제1심법원은 종전 대법원판례에 따라 유죄를 인정하였다. 갑은 불복 항소하였다. 항소법원은 항소를 기각하고, 제1심판결을 유지하였다. 갑은 불복 상고하였다.

대법원은 다음의 이유를 제시하여 원심판결을 파기환송하였다. 대법원은 전원일치의 의견으로 종전 판례를 변경하였다. 대법원은 소위 금전채권채무 관계에서의 사무처리자 제한의 법리를 확인하였다(내용 생략함). 대법원은 자동차 양도담보에 대해 다음과 같이 설시하였다. (가) [소위 금전채권채무 관계에서의 사무처리자 제한의 법리]는 권리이전에 등기·등록을 요하는 동산에 관한 양도담보설정계약에도 마찬가지로 적용된다. (나) 따라서 자동차 등에 관하여 양도담보설정계약을 체결한 채무자는 채권자에 대하여 그의 사무를 처리하는 지위에 있지 아니하다. (다) 그러므로 채무자가 채권자에게 양도담보설정계약에 따른 의무를 다하지 아니하고 이를 타에 처분하였다고 하더라도 배임죄가 성립하지 아니한다.

2017도4027

2018. 5. 17. 2017도4027 **전원합의체 판결, 공 2018하, 1203 =『부동산 이중매매 판례유지 사건』:**

M부동산은 갑, 을, 병, 정의 공동소유이다. M부동산은 K가 임차하고 있다. A, B는 M부동산에서 식당 영업을 하려고 하였다. 2014. 8. 20. 갑은 A, B와 다음 내용의 매매계약을 체결하였다(㉮매매계약). (가) M부동산을 13억 8,000만원에 매도한다. (나) 2014. 8. 20.(계약 당일) 계약금 2억원을 지급한다. (다) 2014. 9. 20. 중도금 6억원을 지급한다. (라) 2014. 11. 30. 소유권이전등기에 필요한 서류와 상환으로 잔금 5억 8,000만원을 지급한다. (마) 2014. 11. 30.까지 A, B에게 M부동산을 인도한다. 2014. 8. 20.(계약 당일) 갑은 A, B로부

터 계약금 2억원을 지급받았다. 2014. 9. 30. 갑은 A, B로부터 중도금 6억원을 지급받았다. 갑과 M부동산의 임차인 K 사이에 분쟁이 발생하였다. 2014. 11. 30.이 지나도록 갑은 임차인 K와의 분쟁으로 M부동산을 반환받지 못하였다. 2014. 11. 30.이 지나도록 갑은 A, B에게 M부동산을 인도할 수 없었다.

2014. 12. 17. A, B는 갑에게 다음 내용의 통고서를 보냈다(㉯통고서). (가) 3개월간 인도 유예기간을 주겠다. (나) 인도 유예기간 3개월 동안 예상수익 월 200만원 내지 250만원 씩의 비율에 의한 돈을 매매대금 잔금에서 공제하라. (다) 요구조건을 받아들이지 않으면 ㉮매매계약을 해제하고 원상회복으로 계약금, 중도금과 특별손해까지 청구하겠다. (라) 2014. 12. 31.까지 가부를 결정하라. 2015. 4. 7. B는 갑에게 전화로 다음과 같이 말하였다. (가) 소유권을 주시면 임차인과의 소송은 갑이 마무리 해주실 거예요? (나) ㉯통고서를 보낸 변호사에게, 최종 목적은 부동산 매매이고, 일단은 합의가 우선이니, 해지는 보류하고 일단 기다리라고 말해 두었다. (다) 나도 실리를 추구하는 사람인데, 매매계약을 파기할 거면 진즉에 했지, 여태까지 기다렸겠느냐.

2015. 4. 13. 갑은 C, D에게 M부동산을 매매대금 15억원에 매도하였다. 2015. 4. 14. 갑은 B와 다음 내용의 통화를 하였다. (이 통화에서 갑은 B에게 M부동산을 C, D에게 매도한 사실을 말하지 않았다.) (가) 갑 : ㉮매매계약은 없던 일로 해주었으면 좋겠다. (나) B : 그거는 아니라고 말씀을 드렸다. 다음 주에 소유권 이전해 주시고, 합의금을 6,000만원으로 해 주세요. (다) 갑 : 2015. 4. 15. 지급받은 대금을 반환하겠다. (라) B : (이를 거부하면서) 소유권이전 조건으로 지금까지 기다린 기간에 대해서 잔금으로 공제하는 것으로 말씀드렸는데 무슨 말씀입니까? 2015. 4. 17. 갑은 C, D에게 M부동산에 대한 소유권이전등기를 마쳐 주었다. 2015. 4. 21. A, B는 갑을 상대로 매매대금 반환 등을 구하는 소를 제기하면서 그 소장 부본 송달로써 ㉮매매계약을 해제한다는 의사표시를 하였다.

검사는 갑을 특정경제범죄법위반죄(배임)로 기소하였다. 종전 대법원판례는 지속적으로 부동산 이중매매에 대해 배임죄 성립을 인정하고 있었다. 제1심법원은 유죄를 인정하였다. 갑은 불복 항소하였다. 항소법원은 다음의 이유를 들어서 제1심판결을 파기하고 무죄를 선고하였다. (가) 부동산 이중매매의 경우 매도인이 매수인으로부터 중도금을 지급받았더라도 구체적인 사안에 따라서는 배임죄의 주체인 타인의 사무를 처리하는 자라고 보기 어려운 경우가 있다. (나) 매도인인 갑은 ㉠매매계약에 따라 A, B로부터 중도금을 수령하였고, 그 매매계약이 적법하게 해제된 것으로 보기는 어렵다. (다) 그렇다고 하더라도 아래의 사정 등을 고려하면, 갑이 이중매매를 할 당시 (ㄱ) A, B와의 신임관계에 비추어 타인의 사무를 처리하는 자의 지위에 있었다거나 (ㄴ) 갑에게 배임의 범의나 불법이득의 의사가 인정된다고 단정하기 어렵다. 항소법원은 이렇게 판단하는 이유로 다음의 점을 제시하였다. (가) A, B는 M부동산에서 식당 영업을 하기 위하여 ㉮매매계약을 체결하였고, 갑도 이를 알고 있었다. (나) 갑은 이중매매 당시, M부동산 임차인과의 분쟁으로 A, B에게 M부동산을 인도할 수 없는 처지에 있었다. (다) A, B는 갑의 입장에서 수용하기 어려운 손해합의금을 요구하면서 요구조건이 받아들여지기 전까지는 소유권을 이전받지 않으려고 하였다. (라) 따라서 갑과 A, B 사이에 (ㄱ) ㉮매매계약에 따른 소유권이전에 관한 신뢰와 기대, 신임관계가 유지되고 있었다거나 (ㄴ) 갑에게 A, B의 소유권 취득에 협력할 신의칙상 의무가 있었다고 단정하기 어렵다. 검사는 불복 상고하였다.

대법원은 다음의 이유를 제시하여 원심판결을 파기환송하였다. 대법원은 부동산 이중매매에 대해 배임죄 성립을 긍정한 종전 판례를 유지할 것인지를 놓고 8 대 5로 견해가 나뉘었다. 대법원은 다수의견에 따라 종래의 판례를 유지하기로 하였다. 대법원은 다수의견에 따라 원심판결을 파기하였다. (이하 다수의견을 대법원으로 표시하여 소개함.)

대법원은 배임죄의 주체에 대해 다음과 같이 설시하였다. (가) [형법 제355조 제2항 배임죄의] 본질은 신임관계에 기초한 타인의 신뢰를 저버리는 행위를 하여 그 타인에게 재산상 손해를 입히는 데에 있다. (나) 따라서 배임죄의 주체로서 '타인의 사무를 처리하는 자'라고 하려면 (ㄱ) 타인과의 내부적인 관계에서 (ㄴ)

신의성실의 원칙에 비추어 타인의 사무를 처리할 신임관계에 있게 되어 (ㄷ) 그 신임관계에 기초하여 타인의 재산적 이익을 보호 · 관리하는 것이 (ㄹ) 당사자 관계의 전형적 · 본질적 내용이 되는 지위에 있는 사람이어야 한다. (다) 그 사무의 처리가 오로지 타인의 이익을 보호 · 관리하는 것만을 내용으로 할 필요는 없다. (라) (ㄱ) 자신의 이익을 도모하는 성질을 아울러 가진다고 하더라도 (ㄴ) 타인을 위한 사무로서의 성질이 부수적 · 주변적인 의미를 넘어서 중요한 내용을 이루는 경우에는 '타인의 사무를 처리하는 자'에 해당한다.

대법원은 배임죄의 임무위배행위에 대해 다음과 같이 설시하였다. (가) 배임죄의 구성요건행위는 '그 임무에 위배하는 행위'이다. (나) '그 임무에 위배하는 행위'란 (ㄱ) 처리하는 사무의 내용, 성질 등 구체적 상황에 비추어 (ㄴ) 법률의 규정, 계약의 내용 혹은 신의칙상 (ㄷ) 당연히 할 것으로 기대되는 행위를 하지 않거나 (ㄹ) 당연히 하지 않아야 할 것으로 기대되는 행위를 하여 (ㅁ) 본인과의 신임관계를 저버리는 일체의 행위를 말한다.

대법원은 부동산 이중매매와 배임죄의 관계에 대해 다음과 같이 설시하였다. (가) 부동산 매매계약에서 계약금만 지급된 단계에서는 어느 당사자나 계약금을 포기하거나 그 배액을 상환함으로써 자유롭게 계약의 구속력에서 벗어날 수 있다. (나) 그러나 중도금이 지급되는 등 계약이 본격적으로 이행되는 단계에 이른 때에는 계약이 취소되거나 해제되지 않는 한 매도인은 매수인에게 부동산의 소유권을 이전해 줄 의무에서 벗어날 수 없다. (다) 따라서 이러한 단계에 이른 때에 매도인은 매수인에 대하여 매수인의 재산보전에 협력하여 재산적 이익을 보호 · 관리할 신임관계에 있게 된다. (라) 그때부터 매도인은 배임죄에서 말하는 '타인의 사무를 처리하는 자'에 해당한다고 보아야 한다. (마) 그러한 지위에 있는 매도인이 매수인에게 계약 내용에 따라 부동산의 소유권을 이전해 주기 전에 그 부동산을 제3자에게 처분하고 제3자 앞으로 그 처분에 따른 등기를 마쳐 준 행위는 매수인의 부동산 취득 또는 보전에 지장을 초래하는 행위이다. (바) 이는 매수인과의 신임관계를 저버리는 행위로서 배임죄가 성립한다.

대법원은 부동산 이중매매가 배임죄를 구성하는 이유를 다음과 같이 제시하였다. 대법원은 첫 번째로 다음의 점을 지적하였다. (가) 앞서 본 바와 같이 배임죄는 타인과 그 재산상 이익을 보호 · 관리하여야 할 신임관계에 있는 사람이 신뢰를 저버리는 행위를 함으로써 타인의 재산상 이익을 침해할 때 성립하는 범죄이다. (나) (ㄱ) 계약관계에 있는 당사자 사이에 어느 정도의 신뢰가 형성되었을 때 형사법에 의해 보호받는 신임관계가 발생한다고 볼 것인지, (ㄴ) 어떠한 형태의 신뢰위반 행위를 가벌적인 임무위배행위로 인정할 것인지는 (ㄷ) 계약의 내용과 그 이행의 정도, 그에 따른 계약의 구속력의 정도, 거래의 관행, 신임관계의 유형과 내용, 신뢰위반의 정도 등을 종합적으로 고려하여 (ㄹ) 타인의 재산상 이익 보호가 신임관계의 전형적 · 본질적 내용이 되었는지, (ㅁ) 해당 행위가 형사법의 개입이 정당화될 정도의 배신적인 행위인지 등에 따라 규범적으로 판단해야 한다. (다) 이와 같이 배임죄의 성립 범위를 확정함에 있어서는 형벌법규로서의 배임죄가 그 본연의 기능을 다하지 못하게 되어 개인의 재산권 보호가 소홀해지지 않도록 유의해야 한다.

대법원은 두 번째로 다음의 점을 지적하였다. (가) 우리나라에서 부동산은 국민의 기본적 생활의 터전으로 경제활동의 근저를 이루고 있고, 국민 개개인이 보유하는 재산가치의 대부분을 부동산이 차지하는 경우도 상당하다. (나) 이렇듯 부동산이 경제생활에서 차지하는 비중이나 이를 목적으로 한 거래의 사회경제적 의미는 여전히 크다.

대법원은 세 번째로 다음의 점을 지적하였다. (가) 부동산 매매대금은 통상 계약금, 중도금, 잔금으로 나뉘어 지급된다. (나) 매수인이 매도인에게 중도금을 지급하면 당사자가 임의로 계약을 해제할 수 없는 구속력이 발생한다(민법 제565조 참조). (다) 그런데 매수인이 매도인에게 매매대금의 상당부분에 이르는 계약금과 중도금까지 지급하더라도 매도인의 이중매매를 방지할 보편적이고 충분한 수단은 마련되어 있지 않다. (라) 이러한 상황에서도 매수인은 매도인이 소유권이전등기를 마쳐 줄 것으로 믿고 중도금을 지급한다. (마) 즉 (ㄱ)

매수인은 매도인이 소유권이전등기를 마쳐 줄 것이라는 신뢰에 기초하여 중도금을 지급하고, (ㄴ) 매도인 또한 중도금이 그러한 신뢰를 바탕으로 지급된다는 것을 인식하면서 이를 받는다. (바) 따라서 중도금이 지급된 단계부터는 매도인이 매수인의 재산보전에 협력하는 신임관계가 당사자 관계의 전형적·본질적 내용이 된다. (사) 이러한 신임관계에 있는 매도인은 매수인의 소유권 취득 사무를 처리하는 자로서 배임죄에서 말하는 '타인의 사무를 처리하는 자'에 해당하게 된다. (아) 나아가 그러한 지위에 있는 매도인이 매수인에게 소유권을 이전하기 전에 고의로 제3자에게 목적부동산을 처분하는 행위는 매매계약상 혹은 신의칙상 당연히 하지 않아야 할 행위로서 배임죄에서 말하는 임무위배행위로 평가할 수 있다.

대법원은 네 번째로 다음의 점을 지적하였다. (가) 대법원은 오래전부터 부동산 이중매매 사건에서, (ㄱ) 매도인은 매수인 앞으로 소유권이전등기를 마칠 때까지 협력할 의무가 있고, (ㄴ) 매도인이 중도금을 지급받은 이후 목적부동산을 제3자에게 이중으로 양도하면 배임죄가 성립한다고 일관되게 판결함으로써 그러한 판례를 확립하여 왔다. (나) 이러한 판례 법리는 부동산 이중매매를 억제하고 매수인을 보호하는 역할을 충실히 수행하여 왔고, 현재 우리의 부동산 매매거래 현실에 비추어 보더라도 여전히 타당하다. (다) 이러한 법리가 부동산 거래의 왜곡 또는 혼란을 야기하는 것도 아니고, 매도인의 계약의 자유를 과도하게 제한한다고 볼 수도 없다. (라) 따라서 기존의 판례는 유지되어야 한다.

대법원은 부동산 이중매매와 배임죄의 고의의 관계에 대해 다음과 같이 설시하였다. (가) 부동산의 매도인이 매수인으로부터 중도금까지 수령한 후 제3자와 새로운 매매계약을 체결하고 제3자 앞으로 소유권이전등기를 마쳐 주었다. (나) 그렇다면 (ㄱ) 당초의 매매계약이 적법하게 해제되었다거나 (ㄴ) 매매계약이 적법하게 해제된 것으로 믿었고 그 믿음에 정당한 이유가 있다는 등의 특별한 사정이 없는 한 매도인에게 배임의 범의가 인정된다.

대법원은 사실관계를 분석하였다. 대법원은 갑의 행위에 대해 다음과 같이 판단하였다. (가) A, B가 갑에게 ㉮매매계약에 따라 중도금을 지급하였을 때 ㉮매매계약은 임의로 해제할 수 없는 단계에 이르렀다. (나) 갑은 A, B에 대하여 그 재산적 이익을 보호할 신임관계에 있게 되어 타인인 A, B의 M부동산에 관한 소유권 취득 사무를 처리하는 자가 되었다. (다) ㉯통고서의 내용은, A, B가 갑에게 요구조건을 받아들일 것을 촉구하면서 이를 받아들이지 않으면 ㉮매매계약을 해제하겠다는 취지일 뿐, 그 자체로 계약 해제의 의사표시가 포함되어 있다고 보기는 어렵다. (라) 갑은 ㉮매매계약이 적법하게 해제되지 않은 상태에서, A, B에 대한 위와 같은 신임관계에 기초한 임무를 위배하여, M부동산을 C, D에게 매도하고 소유권이전등기를 마쳐 주었다. (마) 갑은 당시 임차인으로부터 M부동산을 반환받지 못하여 A, B에게 이를 인도하지 못하고 있었고, A, B와 채무불이행으로 인한 손해배상과 관련한 말들을 주고받았다. (바) 비록 그렇다고 하더라도, ㉮매매계약이 적법하게 해제되지 않고 유효하게 유지되고 있었던 이상, 위와 같은 신임관계가 소멸되었다고 볼 수는 없다. (사) 따라서 갑의 행위는 A, B와의 신임관계를 저버리는 임무위배행위로서 배임죄가 성립한다. (아) 또한 ㉮매매계약은 (ㄱ) 당시 적법하게 해제되지 않았고, (ㄴ) 설령 피고인이 ㉮매매계약이 적법하게 해제되었다고 믿었더라도 그 믿음에 정당한 사유가 있다고 보기 어렵다. (자) 갑에게 배임의 범의와 불법이득의 의사도 인정된다.

2018도14365

2021. 6. 24. 2018도14365, 공 2021하, 1406 = **『대표이사 지입차량 임의처분 사건』**:

갑은 P운송회사의 대표이사이다. 2013년, 2014년경 A, B, C는 각자 매수대금을 전액 부담하여 ⓐ, ⓑ, ⓒ 각 버스를 매수하였다. 2013. 1.경부터 2014. 6.경까지 사이에 A, B, C는 갑과 사이에 구두로 다음의 약정을 하였다(㉮지입계약). (가) A, B, C는 ⓐ, ⓑ, ⓒ 각 버스를 갑이 운영하는 P운송회사로 지입한다. (나) A,

B, C는 갑에게 ⓐ, ⓑ, ⓒ 각 버스에 대한 지입료를 지급한다. 2013. 1. 21.경부터 2014. 6. 27.경까지 사이에 갑은 ⓐ, ⓑ, ⓒ 각 버스를 자신이 운영하는 P운송회사 명의로 각 등록하였다. A, B, C는 갑에게 ⓐ, ⓑ, ⓒ 각 버스에 관한 지입료 명목으로 차량 1대당 매월 20만원을 지급하였다. 갑은 자신이 운영하는 P운송회사 명의로 ⓐ, ⓑ, ⓒ 각 버스의 등록을 유지하였다. 갑은 과태료, 세금, 보험료 등이 부과되면 이를 A, B, C에게 통보한 다음 A, B, C로부터 해당 금액을 지급받아 대신 납부하였다. A, B, C는 갑으로부터 차량의 배차나 운행지시 등을 받지 않고 독자적으로 ⓐ, ⓑ, ⓒ 각 버스를 운행·관리하면서 각자 운송사업을 영위하였다. 2015. 1. 14.경부터 2015. 11. 24.경까지 갑은 Q금융기관으로부터 합계 1억 8천만원의 대출을 받았다. 갑은 합계 1억 8천만원의 대출금에 대한 담보로 A, B, C의 동의 없이 ⓐ, ⓑ, ⓒ 각 버스에 관하여 임의로 ㉠, ㉡, ㉢ 각 저당권을 설정하였다.

검사는 갑이 P운송회사의 대표이사로서 지입차주인 A, B, C와의 지입계약에 따라 지입차량을 온전하게 관리할 임무가 있었다고 판단하였다. 검사는 갑을 업무상 배임죄로 기소하였다. 제1심법원은 유죄를 인정하였다. 갑은 불복 항소하였다. 항소법원은 다음과 같은 이유를 들어서 제1심판결을 파기하고 무죄를 선고하였다. (가) 여객자동차의 지입차주와 여객자동차 운송사업자인 지입회사 사이에 지입계약을 체결하는 경우 여객자동차의 대내적·대외적 소유권은 지입회사에 있다고 봄이 상당하다. (나) 그러므로 지입회사 대표이사가 지입차량에 관하여 처분행위를 하였다고 하여 지입차주에 대한 관계에서 곧바로 형사책임을 부담한다고 보기는 어렵다. (다) 다만 지입회사와 지입차주가 지입계약을 체결하면서 (ㄱ) 지입차량의 소유권을 지입차주에게 유보하기로 약정하였다거나, (ㄴ) 지입회사가 지입차량에 관하여 매매 또는 저당권 설정 등의 처분행위를 하지 않기로 약정하였다거나, (ㄷ) 지입계약 기간이 종료되거나 (ㄹ) 지입계약의 해지사유가 발생하여 지입회사가 지입차주에게 지입차량을 반환해야 할 구체적인 의무가 발생하였다는 등의 특별한 사정이 있는 경우에는, 지입회사의 대표이사가 지입차량에 관하여 처분행위를 하였다면 지입차주에 대한 관계에서 형사책임을 부담할 수 있다. (라) 지입계약서가 작성되지 않아 지입계약의 구체적 내용을 알 수 없는 갑의 사건에서 검사가 제출한 증거들만으로는 이러한 특별한 사정을 인정하기에 부족하다. (마) 그러므로 이 사건 공소사실은 범죄의 증명이 없는 경우에 해당한다. 검사는 불복 상고하였다.

대법원은 다음의 이유를 제시하여 원심판결을 파기환송하였다. 대법원은 배임죄에서 소위 사무처리자 제한의 법리를 확인하였다(내용 생략함). 판례의 소위 사무처리자 제한의 법리에 따르면 계약의 전형적·본질적인 급부의 내용이 상대방의 재산상 사무를 일정한 권한을 가지고 맡아 처리하는 경우에 해당하여야 한다. 위임계약 등이 여기에 해당한다. 항소법원은 지입계약의 경우 지입된 자동차의 대내적·대외적 소유권은 지입회사에 있다는 입장을 취하였다. 이에 대해 대법원은 아래에서 보는 바와 같이, 지입계약의 경우 지입된 자동차의 대외적 소유권은 지입회사에 있지만 대내적 소유권은 지입차주에게 있다고 판단하였다.

대법원은 지입계약의 성질에 대해 다음과 같이 설시하였다. (가) 이른바 지입제는 자동차운송사업면허 등을 가진 운송사업자와 실질적으로 자동차를 소유하고 있는 차주 간의 계약이다. (나) 지입제는 (ㄱ) 외부적으로는 자동차를 운송사업자 명의로 등록하여 운송사업자에게 귀속시키고 (ㄴ) 내부적으로는 각 차주들이 독립된 관리 및 계산으로 영업을 하며 운송사업자에 대하여는 지입료를 지불하는 운송사업형태를 말한다. (다) 지입차주가 자신이 실질적으로 소유하거나 처분권한을 가지는 자동차에 관하여 지입회사와 지입계약을 체결함으로써 (ㄱ) 지입회사에 그 자동차의 소유권등록 명의를 신탁하고 (ㄴ) 운송사업용 자동차로서 등록 및 그 유지 관련 사무의 대행을 위임한 경우가 있다. (라) 이러한 경우에는 특별한 사정이 없는 한 (ㄱ) 지입회사 측이 지입차주의 실질적 재산인 지입차량에 관한 재산상 사무를 일정한 권한을 가지고 맡아 처리하는 것으로서 (ㄴ) 당사자 관계의 전형적·본질적 내용이 (ㄷ) 통상의 계약에서의 이익대립관계를 넘어서 (ㄹ) 그들 사이의 신임관계에 기초하여 타인의 재산을 보호 또는 관리하는 데에 있다. (마) 그러므로 지입회사 운영자는 지입차주와의 관계에서 '타인의 사무를 처리하는 자'의 지위에 있다.

대법원은 사실관계를 분석하였다. 대법원은 갑의 행위에 대해 다음과 같이 판단하였다. (가) A, B, C와 갑 사이에 지입계약서가 작성되지 않았다. (나) 그렇다고 하더라도 A, B, C는 자신들이 실질적으로 소유한 ⓐ, ⓑ, ⓒ 각 버스에 관하여 (ㄱ) 갑의 P지입회사에 소유권등록 명의를 신탁하고 (ㄴ) 운송사업용 자동차로서 등록 및 그 유지 관련 사무의 대행을 위임하는 내용의 지입계약을 체결하였다고 충분히 인정된다. (다) 따라서 갑과 A, B, C가 체결한 지입계약의 전형적 · 본질적 급부의 내용는 지입차주의 재산관리에 관한 사무의 대행에 있다고 인정된다. (라) 그러므로 지입회사 운영자인 갑은 지입차주인 A, B, C와의 관계에서 '타인의 사무를 처리하는 자'의 지위에 있다. (마) 지입계약의 이행을 위하여 지입차량의 법률상 소유권이 지입회사에 신탁된다는 사정은 이를 부정할 만한 근거가 될 수 없다. (바) 나아가 일반적인 지입계약의 기본적 내용에 비추어 (ㄱ) 당사자 사이에 특별한 약정이 없는 한 (ㄴ) 지입회사 운영자는 지입차주의 실질적 재산인 지입차량을 임의로 처분하지 아니할 의무를 부담한다. (사) 그러므로 갑이 A, B, C의 동의 없이 ⓐ, ⓑ, ⓒ 각 버스에 관하여 임의로 ㉠, ㉡, ㉢ 각 저당권을 설정함으로써 A, B, C에게 재산상 손해를 가한 것은 배임죄를 구성한다.

2020도15529

2021. 5. 27. 2020도15529, 공 2021하, 1265 = **『환지계획 변경 부작위 사건』** :

M시에 N구역이 있다. P조합은 N구역에 환지 방식에 의한 도시개발사업을 추진하고 있었다(㉠사업). ㉠ 도시개발사업이 성공하면 P조합을 구성한 주민들은 L지구에 환지를 받는다. L지구에 대한 환지계획에 따라 조합 구성원들은 청산금을 받는다. ㉠사업은 ㉡도시개발 및 실시계획에 따라 진행되고 있다(㉡실시계획). ㉡ 실시계획에 따르면 ㉢공공공지의 조성이 필요하다. ㉡실시계획에 따르면 ㉢공공공지는 L환지예정지와 대로 사이에 위치한다. 그 결과 ㉢공공공지 조성방식은 대로에서 L환지예정지 지상 건축물로의 진입을 상당 부분 차단하는 '차폐형'이 된다. 이러한 단점 때문에 L환지예정지의 토지들은 낮은 가격으로 평가되었다.

P조합의 업무를 Q회사가 대행하고 있다. 갑은 Q회사의 대표이사이다. 갑은 L지구에 대한 환지계획을 작성하였다(ⓐ환지계획). ⓐ환지계획은 낮은 토지가격을 기준으로 작성되었다. 그에 따라 P조합을 구성한 주민들은 적은 청산금을 받게 되었다. 갑의 친척과 지인들은 L지구의 요지에 있는 토지들을 낮은 가격에 매입하였다.

㉢공공공지의 조성을 놓고 P조합과 관할 M시 사이에 이견이 생겼다. 2009년 말부터 ㉢공공공지의 조성방식은 ㉠도시개발사업의 주요 쟁점 중 하나로 부각되었다. 2011. 8. 30.경 ㉠사업에 관한 도시개발 및 실시계획의 변경이 인가되었다(㉣실시계획). ㉣실시계획에 따라 L환지예정지와 대로 사이의 ㉢공공공지의 조성방식이 L환지예정지 지상 건축물로의 진입이 상당 부분 차단되는 '차폐형'에서 그 진입이 용이한 '개방형'으로 변경되었다. 그로 인해 L환지예정지의 경제적 가치가 상승하게 되었다. L환지예정지의 토지 가치상승액은 35억원에 달하였다. 상승된 토지가격을 반영한 환지계획을 작성하면 P조합의 주민들은 보다 많은 청산금을 받게 된다.

2011. 12. 31.경 갑은 [갑자기] Q회사의 대표이사직을 사임하였다. 도시계획기술사인 D를 비롯한 임직원들은 계속해서 Q회사에서 근무하였다. 그중 환지 업무를 주로 담당하던 E는 갑 못지않게 ㉣실시계획의 인가에 따라 환지계획의 변경이 필요하다는 사정을 알고 있었다. ㉣실시계획의 인가에 따라 ㉢공공공지의 조성계획이 변경되었다는 사실은 P조합의 의사결정에 대한 일차적인 책임을 부담하는 P조합의 임원들이 인지하고 있었다. 4년여가 경과한 2016. 5.경 P조합은 토지 가치상승분을 반영한 ⓑ환지계획을 작성하여 환지계획변경인가신청 절차를 진행하였다. 이로써 갑이 작성한 ⓐ환지계획은 백지화되었다.

검사는 갑을 업무상 배임죄의 미수범으로 기소하였다. 공소사실의 개요는 다음과 같다. (가) (갑의 사무처리자 지위 부분; 생략함.) (나) ㉢공공공지 조성 방식이 L환지예정지 지상 건축물로의 진입이 상당 부분 차단되는 '차폐형'에서 그 진입이 용이한 '개방형'으로 변경되었고, 그로 인해 L환지예정지의 경제적 가치가 상승하게 되었다. (다) 따라서 갑으로서는 P조합으로 하여금 L환지예정지의 가치상승을 청산절차에 반영하여 적절한 청산금을 징수할 수 있도록 관련 법령에 따라 L환지예정지에 대한 재감정, 환지계획 변경, 환지예정지 변경 지정 등의 조치를 할 업무상 의무가 있다. (라) 그런데도 갑은 ㉣실시계획의 인가 직후 즉시 L환지예정지에 대한 재감정 등의 조치를 취하지 않았다. (마) 이렇게 함으로써 갑은 갑의 친인척, 지인 등 L환지예정지를 환지받기로 한 사람들로 하여금 토지 가치상승액의 이익을 취득하게 하고, P조합으로 하여금 위 토지 가치상승액의 합계액인 35억원의 손해를 입게 하려 하였다. (바) 그러나 P조합이 2016. 5.경 환지계획변경인가 신청 절차를 진행함에 따라 미수에 그쳤다.

제1심법원은 무죄를 선고하였다. 검사는 불복 항소하였다. 항소법원은 다음의 이유를 들어서 제1심판결을 파기하고 유죄로 판단하였다. (가) 갑은 P조합의 사무를 전적으로 위임받아 처리하던 사람이다. (나) 갑은 L환지예정지에 대한 평가 요인의 변경에 따른 가치상승액을 적절하게 평가하여 P조합으로 하여금 적절한 청산금을 징수할 수 있도록 할 의무가 있었다. (다) 위 업무에 관해서는 갑이 적극 관여하여 가장 잘 알고 있었고 다른 사람은 쉽게 확인하기 어려웠다. (라) 그러나 갑은 이러한 의무를 이행하거나 후임자에게 관련 사항을 인계하지 않고 묵비한 채 2011. 12. 31. P조합을 대행하여 ㉠사업에 관한 업무를 수행하던 Q회사에서 퇴사하였다. (마) 그렇게 함으로써 P조합이 그러한 재평가의 필요성을 수년간 인지하지 못하여 청산절차를 제대로 거치지 못할 위험이 발생하였다. (바) 갑의 이러한 부작위는 사업요지에 집중적으로 환지를 받은 본인과 친인척, 지인에게 경제적 이익이 되고 P조합에는 손해가 될 수 있다는 점을 인식하고 이루어진 것이다. (사) 따라서 갑이 업무상배임죄의 실행에 착수하였다고 인정함이 옳다. 갑은 불복 상고하였다.

대법원은 다음의 이유를 제시하여 원심판결을 파기환송하였다. 대법원은 부작위에 의한 배임죄에 관하여 다음과 같이 설시하였다. (가) 업무상배임죄는 타인의 사무를 처리하는 자가 업무상의 임무에 위배되는 행위로써 재산상의 이익을 취득하거나 제3자로 하여금 이를 취득하게 하여 그 타인에게 손해를 가한 때에 성립한다(형법 제356조, 제355조 제2항). (나) 형법 제18조는 부작위범의 성립 요건에 관하여 "위험의 발생을 방지할 의무가 있거나 자기의 행위로 인하여 위험발생의 원인을 야기한 자가 그 위험발생을 방지하지 아니한 때에는 그 발생된 결과에 의하여 처벌한다."라고 정하고 있다.

(다) 업무상배임죄는 타인과의 신뢰관계에서 일정한 임무에 따라 사무를 처리할 법적 의무가 있는 자가 그 상황에서 당연히 할 것이 법적으로 요구되는 행위를 하지 않는 부작위에 의해서도 성립할 수 있다. (라) 그러한 부작위를 실행의 착수로 볼 수 있기 위해서는 작위의무가 이행되지 않으면 사무처리의 임무를 부여한 사람이 재산권을 행사할 수 없으리라고 객관적으로 예견되는 등으로 구성요건적 결과 발생의 위험이 구체화한 상황에서 부작위가 이루어져야 한다. (마) 그리고 행위자는 부작위 당시 자신에게 주어진 임무를 위반한다는 점과 그 부작위로 인해 손해가 발생할 위험이 있다는 점을 인식하였어야 한다.

대법원은 사실관계에 대해 다음과 같이 분석하였다. (가) 원심판결 이유와 적법하게 채택된 증거에 따르면 다음과 같은 사정을 알 수 있다. (나) ㉠사업의 추진 과정에서 ㉢공공공지의 조성 방식에 관하여 P조합과 M시 사이에 이견이 생김에 따라, 2009년 말부터 ㉢공공공지의 조성 방식은 ㉠사업의 주요 쟁점 중 하나로 부각되었다. (다) 따라서 2011년 ㉣실시계획의 인가에 따라 ㉢공공공지의 조성계획이 변경되었다는 사실은 P조합의 의사결정에 대한 일차적인 책임을 부담하는 P조합의 임원들도 충분히 인지할 수 있는 사항이었다. (라) 2011년 ㉣실시계획의 인가에 따라 ㉢공공공지의 조성계획이 변경된 이상, 그로 인해 L환지예정지의 가치를 재평가할 필요가 생겼다는 것은 갑만 알 수 있는 내용이 아니다. (마) 더욱이 갑이 2011. 12. 31.경 Q회사의 대표이사직을 사임함으로써 ㉠사업에 관한 업무를 수행할 지위를 상실한 이후에도 도시계획기술사인 D를 비롯한 임직원들이 계속해서 Q회사에서 근무하였고, 그중 환지 업무를 주로 담당하던 E는 갑 못지않게 2011년 ㉢실시계획의 인가에 따라 환지계획의 변경이 필요하다는 사정을 알 수 있는 지위에 있었다. (바) P조합은 2011년 ㉣실시계획의 인가 무렵 체비지 매각 지연 등으로 심각한 재정적인 어려움을 겪고 있었고, 이러한 문제를 타개하고자 2012년경부터 2015년경까지 ㉠사업에 관한 개발계획 및 실시계획의 변경을 지속적으로 추진하였다. (사) 이를 고려하면, 2011년 ㉣실시계획의 인가 당시 환지계획의 변경을 서두르지 않을 경우 조만간 환지처분이 이루어져 조합원들 사이의 권리 관계가 확정될 급박한 상황이었다고 보기는 어렵다.

(아) 국토해양부장관이 정한 구 도시개발업무지침(훈령 제680호)에는 "시행자가 사업시행 중 공공시설의 변경 또는 집단체비지의 책정 등으로 환지계획을 변경하여야 할 필요가 있을 경우에는 즉시 환지계획을 변경한다."라는 내용이 있다(제4-5-1조 참조). (자) 그러나 환지예정지 권리이전이나 청산금 확정 등은 환지처분이 있어야 비로소 이루어지는 것이므로 실시계획의 인가 후 '즉시' 환지계획의 변경을 위한 조치가 취해지지 않는다고 해서 곧바로 P조합의 재산 관계에 악영향을 미칠 위험이 초래된다는 결론이 도출되는 것은 아니다.

대법원은 갑의 행위에 대해 다음과 같이 판단하였다. (가) 이러한 사정을 위에서 본 법리에 비추어 살펴본다. (나) 공소사실 기재와 같이 갑에게 2011년 ㉣실시계획의 인가에 따른 후속 조치를 할 작위의무가 인정된다고 하자. (다) 그렇다고 하더라도 P조합이 L환지예정지의 가치상승을 청산절차에 반영하지 못할 위험이 구체화한 상황에서 갑이 그러한 작위의무를 위반하였다고 보기는 어렵다. (라) 그러므로 갑이 부작위로써 업무상배임죄의 실행에 착수하였다고 볼 수 없다.

99도4923

2000. 3. 14. 99도4923, 공 2000, 1011 =『16개 계열사 모기업 지원 사건』:

P회사는 M그룹의 모회사이다. 갑은 M그룹의 회장 겸 P회사의 대표이사이다. 을은 M그룹의 부회장 겸 종합조정실장이다. Q, R, S회사 등 16개 회사는 M그룹의 계열사들이다. Q, R, S회사 등 16개 회사의 대표이사는 각각 A, B, C 등이다. P회사는 1991년 이후 외부차입금에 의존한 무리한 사업확장으로 부채와 금융비용이 급증하고, 경상이익 또한 지속적으로 감소하였다. 1994년경에는 P회사의 보유자산이 금 8,598억원 정도인 반면 순부채액이 금 7,111억원에 이르렀다. 뿐만 아니라 경상이익(금 282억원)을 훨씬 초과하는 금융비용(금 549억원) 등 과중한 자금수요로 인하여 채무가 누적되어 가는 형편이어서 이미 정상적인 경영이 불가능하였다.

회장 갑과 부회장 을은 M그룹 산하 16개의 계열회사 전반의 경영과 자금 등에 관한 주요정책을 수립하고 그 집행을 지시하여 왔다. P회사의 자금사정이 위와 같이 악화되기에 이르렀다. 갑과 을은 계열회사의 대표이사들에게 지시하여 그들로 하여금 계열회사의 자금을 P회사에 대여하거나 지원하도록 하였다. 그 과정에서 계열회사의 대표이사들은 계열회사의 이사회 결의를 거치지 않았을 뿐만 아니라 별다른 채권회수조치도 취하지 않았다.

검사는 갑과 을을 특정경제범죄법위반죄(배임)로 기소하였다. 갑과 을의 피고사건은 제1심을 거친 후, 항소심에 계속되었다. 항소법원은 유죄를 인정하였다. 갑과 을은 불복 상고하였다.

대법원은 다음의 이유를 제시하여 상고를 기각하였다. 대법원은 회사 자금의 대여와 배임죄의 관계에 대해 다음과 같이 설시하였다. (가) 회사의 이사 등이 타인에게 회사자금을 대여함에 있어 (ㄱ) 그 타인이 이미 채무변제능력을 상실하여 그에게 자금을 대여할 경우 회사에 손해가 발생하리라는 정을 충분히 알면서 이에 나아갔거나, (ㄴ) 충분한 담보를 제공받는 등 상당하고도 합리적인 채권회수조치를 취하지 아니한 채 만연히 대여해 주었다면, 그와 같은 자금대여는 타인에게 이익을 얻게 하고 회사에 손해를 가하는 행위로서 회사에 대하여 배임행위가 된다. (나) 회사의 이사는 단순히 그것이 경영상의 판단이라는 이유만으로 배임죄의 죄책을 면할 수는 없다. (다) 이러한 이치는 그 타인이 자금지원 회사의 계열회사라 하여 달라지지 않는다.

대법원은 갑과 을의 행위에 대하여 다음과 같이 판단하였다. (가) 계열사 대표이사들의 자금대여 내지 지원은 P회사에게 이익을 얻게 하고 계열회사에 손해를 가하는 행위로서 계열회사에 대하여 배임행위가 된다. (나) 갑, 을과 계열회사의 대표이사 등은 공범으로서 특정경제범죄법위반죄(배임)의 죄책을 면할 수 없다.

2015도12633

2017. 11. 9. 2015도12633, 공 2017하, 2382 = 『**철강재 통합구매 지원 사건**』:

(사안을 임의로 축약함.) P회사는 N그룹의 모회사이다. 갑은 N그룹의 회장 겸 P회사의 대표이사이다. Q, R, S회사 등은 N그룹의 계열사들이다. Q, R, S회사 등의 대표이사는 각각 A, B, C 등이다. 2008년 말경부터 세계적인 금융위기가 시작되었다. 2008년 말경부터 P회사의 재무구조가 악화되기 시작하였다. 2009. 4.경 갑은 향후 계열회사들의 공장 신축 등으로 철강재 수요가 증가할 것으로 예상하였다. 갑은 구매력 집중을 통한 원가절감을 위해 N그룹 차원에서 철강재를 통합구매하는 방안을 검토하였다. 2009. 12. 1.경 P회사는 계열사 Q, R, S회사와 각각 통합구매 약정을 체결하였다. 통합구매 계열회사들은 P회사에 통합구매 대금을 현금으로 결제하였다. 2009년 말 기준으로 P회사는 자본금 약 525억원이 잠식되었다. 이후 계열회사들의 공장 신축 등으로 자금소요가 증가하였다. 2010. 2.부터 계열회사들은 순차적으로 어음 결제를 이용하게 되었다. 2010년 말 기준으로 P회사는 2,501억원 상당의 자본잠식이 발생하였다.

검사는 갑이 실행한 통합구매약정이 계열사간의 부당한 지원행위에 해당한다고 판단하였다. 검사는 갑을 특정경제범죄법위반죄(배임)로 기소하였다. 갑의 피고사건은 제1심을 거친 후, 항소심에 계속되었다. 항소법원은 유죄를 인정하였다. 갑은 불복 상고하였다.

대법원은 다음의 이유를 제시하여 원심판결을 파기환송하였다. 대법원은 배임죄의 '임무에 위배하는 행위'에 대해 설시하였다(내용 생략함). 대법원은 회사자금의 대여와 임무위배의 관계에 대해 다음과 같이 설시하였다. (가) 회사의 이사 등이 타인에게 회사자금을 대여함에 있어 (ㄱ) 그 타인이 이미 채무변제능력을 상실하여 그에게 자금을 대여할 경우 회사에 손해가 발생하리라는 정을 충분히 알면서 이에 나아갔거나, (ㄴ) 충분한 담보를 제공받는 등 상당하고도 합리적인 채권회수조치를 취하지 아니한 채 만연히 대여해 주었다면, 그와 같은 자금대여는 타인에게 이익을 얻게 하고 회사에 손해를 가하는 행위로서 회사에 대하여 배임행위가 된다. (나) 회사의 이사는 단순히 그것이 경영상의 판단이라는 이유만으로 배임죄의 죄책을 면할 수 없다. (다) 이러한 이치는 그 타인이 자금지원 회사의 계열회사라 하여 달라지지 않는다.

대법원은 경영판단과 배임죄의 관계에 대해 다음과 같이 설시하였다. (가) 다만 기업의 경영에는 원천적으로 위험이 내재하여 있어서 경영자가 개인적인 이익을 취할 의도 없이 가능한 범위 내에서 수집된 정보를 바탕으로 기업의 이익을 위한다는 생각으로 신중하게 결정을 내렸다고 하더라도 그 예측이 빗나가 기업에 손해가 발생하는 경우가 있으므로, 이러한 경우에까지 고의에 관한 해석기준을 완화하여 업무상배임죄의 형사책임을 물을 수 없다(2007. 3. 15. 2004도5742 참조). (나) 여기서 경영상의 판단을 이유로 배임죄의 고의를 인정할 수 있는지는 문제 된 경영상의 판단에 이르게 된 경위와 동기, 판단대상인 사업의 내용, 기업이 처한 경제적 상황, 손실발생의 개연성과 이익획득의 개연성 등 제반 사정에 비추어 (ㄱ) 자기 또는 제3자가 재산상 이익을 취득한다는 인식과 (ㄴ) 본인에게 손해를 가한다는 인식하의 (ㄷ) 의도적 행위임이 인정되는 경우인지에 따라 (ㄹ) 개별적으로 판단하여야 한다(2010. 10. 28. 2009도1149 등 참조).

대법원은 계열사의 이익을 위한 경영판단의 문제에 대해 다음과 같이 설시하였다. (가) (ㄱ) 한편 기업집단의 공동목표에 따른 공동이익의 추구가 사실적, 경제적으로 중요한 의미를 갖는 경우라도 (ㄴ) 그 기업집단을 구성하는 개별 계열회사는 별도의 독립된 법인격을 가지고 있는 주체로서 각자의 채권자나 주주 등 다수의 이해관계인이 관여되어 있고, (ㄷ) 사안에 따라서는 기업집단의 공동이익과 상반되는 계열회사의 고유이익이 있을 수 있다(2013. 9. 26. 2013도5214 참조). (나) (ㄱ) 이와 같이 동일한 기업집단에 속한 계열회사 사이의 지원행위가 기업집단의 차원에서 계열회사들의 공동이익을 위한 것이라 하더라도 (ㄴ) 지원 계열회사의 재산상 손해의 위험을 수반하는 경우가 있으므로, (ㄷ) 기업집단 내 계열회사 사이의 지원행위가 합리적인 경영판단의 재량 범위 내에서 행하여졌는지 여부는 신중하게 판단하여야 한다. (다) 따라서 동일한 기업집단에 속한 계열회사 사이의 지원행위가 합리적인 경영판단의 재량 범위 내에서 행하여진 것인지 여부를 판단하기 위해서는 앞서 본 여러 사정들과 아울러, (ㄱ) 지원을 주고받는 계열회사들이 자본과 영업 등 실체적인 측면에서 결합되어 공동이익과 시너지 효과를 추구하는 관계에 있는지 여부, (ㄴ) 이러한 계열회사들 사이의 지원행위가 지원하는 계열회사를 포함하여 기업집단에 속한 계열회사들의 공동이익을 도모하기 위한 것으로서 특정인 또는 특정회사만의 이익을 위한 것은 아닌지 여부, (ㄷ) 지원 계열회사의 선정 및 지원 규모 등이 당해 계열회사의 의사나 지원 능력 등을 충분히 고려하여 객관적이고 합리적으로 결정된 것인지 여부, (ㄹ) 구체적인 지원행위가 정상적이고 합법적인 방법으로 시행된 것인지 여부, (ㅁ) 지원을 하는 계열회사에 지원행위로 인한 부담이나 위험에 상응하는 적절한 보상을 객관적으로 기대할 수 있는 상황이었는지 여부 등까지 충분히 고려하여야 한다. (라) 위와 같은 사정들을 종합하여 볼 때 문제 된 계열회사 사이의 지원행위가 합리적인 경영판단의 재량 범위 내에서 행하여진 것이라고 인정된다면 이러한 행위는 본인에게 손해를 가한다는 인식하의 의도적 행위라고 인정하기 어려울 것이다.

대법원은 사실관계를 분석하였다(내용 생략함). 대법원은 다음과 같이 판단하여, 원심판결을 파기하였다. (가) 갑은 P회사로 하여금 통합구매를 하는 방식으로 N그룹의 계열회사들에 대한 지원을 하였다. (나) 갑의 행위는 N그룹 내 계열회사들의 공동이익을 위한 합리적인 경영판단의 재량 범위 내에서 행한 것으로 봄이 타당하다. (다) 갑의 행위를 가리켜 P회사에게 손해를 가한다는 인식하의 의도적 행위라고 단정하기 어렵다.

2017도3808

2017. 6. 29. 2017도3808, 공 2017하, 1603 = 『퇴사후 파일 사용 사건』:

갑은 P회사에 근무하였다. 갑은 P회사를 퇴사하였다. 갑은 퇴사할 당시 P회사의 영업비밀에 해당하는 ㉠ 파일을 반환하거나 폐기하지 않았다(㉮행위). 을은 Q회사를 설립하였다. Q회사는 P회사와 경쟁관계에 있다. 갑은 Q회사에 입사하였다. 갑이 P회사를 퇴사한 때로부터 1년 여가 지난 시점이다. 갑은 경쟁회사인 Q회사를 위한 소스코드를 만드는 데 ㉠파일을 이용하였다(㉯행위). 을은 갑이 ㉠파일을 사용하는 데(㉯행위)에 공모·가담하였다.

검사는 갑과 을을 다음의 공소사실로 기소하였다. (가) 부정경쟁방지법위반죄(영업비밀누설) 공동정범. (나) 업무상 배임죄 공동정범. 갑의 피고사건은 제1심을 거친 후, 항소심에 계속되었다. 항소법원은 공소사실을 전부 유죄로 인정하였다. 항소법원은 을에 대해 다음과 같이 판단하였다. (가) ㉠파일 사용행위(㉯행위)는 영업비밀누설등의 죄에 해당한다. (나) 갑이 퇴사하면서 ㉠파일을 반환하거나 폐기하지 않아(㉮행위) 이미 업무상배임죄의 기수에 이르렀다. (다) 갑이 이후 ㉠파일을 사용한 행위(㉯행위)는 불가벌적 사후행위에 해당한다. (라) 갑의 불가벌적 사후행위에 공모·가담한 을에 대하여는 ㉠파일사용(㉯행위)에 관한 업무상 배임죄가 별도로 성립한다. 갑과 을은 불복 상고하였다. (이하 을에 대해 고찰함.)

대법원은 다음의 이유를 제시하여 원심판결 중 ㉠파일 사용행위(㉯행위)가 업무상 배임죄에 해당한다는 부분을 파기환송하였다. 대법원은 을의 ㉠파일 사용행위(㉯행위)가 영업비밀누설등의 죄에 해당한다는 원심의 판단을 그대로 유지하였다. 대법원은 영업비밀의 반출과 배임죄의 관계에 대해 다음과 같이 설시하였다.

(가) 업무상배임죄의 주체는 타인의 사무를 처리하는 지위에 있어야 한다. (나) 따라서 (ㄱ) 회사직원이 재직 중에 영업비밀 또는 영업상 주요한 자산을 경쟁업체에 유출하거나 스스로의 이익을 위하여 이용할 목적으로 무단으로 반출하였다면 (ㄴ) 타인의 사무를 처리하는 자로서 그 업무상의 임무에 위배하여 유출 또는 반출한 것이어서 (ㄷ) 유출 또는 반출 시에 업무상배임죄의 기수가 된다.

(다) 또한 (ㄱ) 회사직원이 영업비밀 등을 적법하게 반출하여 그 반출행위가 업무상배임죄에 해당하지 않는 경우라도, (ㄴ) 퇴사 시에 그 영업비밀 등을 회사에 반환하거나 폐기할 의무가 있음에도 경쟁업체에 유출하거나 스스로의 이익을 위하여 이용할 목적으로 이를 반환하거나 폐기하지 아니하였다면, (ㄷ) 이러한 행위 역시 퇴사 시에 업무상배임죄의 기수가 된다.

(라) 그러나 (ㄱ) 회사직원이 퇴사한 후에는 (ㄴ) 특별한 사정이 없는 한 (ㄷ) 그 퇴사한 회사직원은 더 이상 업무상배임죄에서 타인의 사무를 처리하는 자의 지위에 있다고 볼 수 없다. (마) (ㄱ) 회사직원이 퇴사한 후 위와 같이 반환하거나 폐기하지 아니한 영업비밀 등을 경쟁업체에 유출하거나 스스로의 이익을 위하여 이용하더라도 (ㄴ) 이는 이미 성립한 업무상배임 행위의 실행행위에 지나지 아니하므로, (ㄷ) 그 유출 내지 이용행위가 부정경쟁방지 및 영업비밀보호에 관한 법률 위반(영업비밀누설등)죄에 해당하는지 여부는 별론으로 하더라도, (ㄹ) 따로 업무상배임죄를 구성할 여지는 없다고 보아야 한다.

(바) 그리고 (ㄱ) 위와 같이 퇴사한 회사직원에 대하여 타인의 사무를 처리하는 자의 지위를 인정할 수 없는 이상 (ㄴ) 제3자가 위와 같은 유출 내지 이용행위에 공모·가담하였다 하더라도 (ㄷ) 그 타인의 사무를 처리하는 자의 지위에 있다는 등의 사정이 없는 한 업무상배임죄의 공범 역시 성립할 수 없다.

대법원은 을의 행위에 대해 다음과 같이 판단하였다. (가) 갑이 ㉠파일을 사용(㉯행위)할 당시는 이미 P회사를 퇴사하고 1년 정도 지난 후이다. (나) 갑이 다른 특별한 사정이 없는 한 P회사의 사무를 처리하는 자의 지위에 있었다고 볼 수 없다. (다) 갑의 ㉠파일 이용행위(㉯행위)는 업무상 배임죄의 구성요건에 해당하지 않는다. (라) 을이 갑의 행위에 공모 · 가담하였다고 하더라도 부정경쟁방지 및 영업비밀보호에 관한 법률 위반(영업비밀누설등)죄 외에 따로 배임죄 등이 성립할 여지는 없다.

2008도522

2009. 2. 26. 2008도522, [미간행] =『우대회원 비용면제 사건』:

P회사는 M컨트리클럽 골프장을 운영하고 있다. 갑은 P회사의 대표이사이다. 을 등은 P회사의 이사들이다. Q재단법인은 P회사의 대주주이다. M컨트리클럽에는 '회원예우에 관한 규정'이 있다. '회원예우에 관한 규정'에는 다음 내용의 우대조항이 들어 있다(㉮조항). (가) P회사의 대표이사 및 이사 등이 M골프장에서 골프를 치는 경우 그린피와 카트비 전체를 면제한다. (나) P회사의 대주주인 Q재단법인의 임원의 경우 그린피를 면제한다.

갑 등은 이사들에 대한 우대조항을 강화하는 방향으로 회원예우에 관한 규정을 개정하였다(㉯조항). 개정된 우대조항의 내용은 다음과 같다. (가) P회사의 대표이사 및 Q재단법인의 이사장은 본인 및 동반자 전원에 대해 그린피 및 카트비를 면제한다. (나) P회사의 이사 및 Q재단법인의 이사들은 본인의 그린피 및 카트비 전액을 면제하고 동반자 1인에 대하여 회원대우를 한다. 갑 등은 ㉮, ㉯조항에 의한 비용 면제를 받고 M골프장을 이용하였다(㉰행위).

검사는 갑 등의 ㉰행위에 대해 상법상 특별배임죄를 적용하여 기소하였다. 갑 등의 피고사건은 제1심을 거친 후, 항소심에 계속되었다. 항소법원은 다음과 같이 판단하여 유죄를 인정하였다. (가) 갑 등의 ㉰행위는 P회사에 대하여 배임행위에 해당한다. (나) 갑 등에게 배임의 고의가 인정된다. 갑 등은 불복 상고하였다.

대법원은 다음의 이유를 제시하여 원심판결을 파기환송하였다. 대법원은 배임죄의 고의 입증과 관련하여 다음과 같이 설시하였다. (가) 업무상배임죄의 고의는 (ㄱ) 업무상 타인의 사무를 처리하는 자가 본인에게 재산상의 손해를 가한다는 의사와 (ㄴ) 자기 또는 제3자의 재산상의 이득의 의사가 (ㄷ) 임무에 위배된다는 인식과 결합되어 성립된다. (나) 이와 같은 업무상배임죄의 주관적 요소로 되는 사실(고의, 동기 등의 내심적 사실)은 피고인이 본인의 이익을 위하여 문제가 된 행위를 하였다고 주장하면서 범의를 부인하고 있는 경우에는 사물의 성질상 고의와 상당한 관련성이 있는 간접사실을 증명하는 방법에 의하여 입증할 수밖에 없다. (다) 무엇이 상당한 관련성이 있는 간접사실에 해당할 것인가는 정상적인 경험칙에 바탕을 두고 치밀한 관찰력이나 분석력에 의하여 사실의 연결상태를 합리적으로 판단하는 방법에 의하여야 한다.(라) 피고인이 본인의 이익을 위한다는 의사도 가지고 있었다 하더라도 위와 같은 간접사실에 의하여 본인의 이익을 위한다는 의사는 부수적일 뿐이고 이득 또는 가해의 의사가 주된 것임이 판명되면 업무상배임죄의 고의가 있었다고 할 것이다.

대법원은 경영상 판단과 배임죄 고의의 관계에 대해 다음과 같이 설시하였다. (가) 이른바 경영상의 판단과 관련하여 기업의 경영자에게 배임의 고의가 있었는지 여부를 판단함에 있어서도 일반적인 업무상배임죄에 있어서 고의의 입증방법과 마찬가지의 법리가 적용되어야 함은 물론이다. (나) 그렇지만 (ㄱ) 기업 경영에 내재된 속성을 고려하여 (ㄴ) 문제된 경영상의 판단에 이르게 된 경위와 동기, 판단 대상인 사업의 내용, 기업이 처한 경제적 상황, 손실발생의 개연성과 이익획득의 개연성 등 제반 사정에 비추어 (ㄷ) 자기 또는 제3자가 재산상 이익을 취득한다는 인식과 본인에게 손해를 가한다는 인식(미필적 인식을 포함)하의 의도적 행위임이 인정되는 경우에 한하여 (ㄹ) 배임죄의 고의를 인정하는 엄격한 해석기준은 유지되어야 할 것이다. (다) 그러한 인식이 없는데 단순히 본인에게 손해가 발생하였다는 결과만으로 책임을 묻거나 주의의무를 소홀히 한 과실이 있다는 이유로 책임을 물을 수는 없다.

대법원은 무죄추정의 원칙에 대해 다음과 같이 설시하였다. (가) 형사재판에서 유죄의 인정은 법관으로 하여금 합리적인 의심을 할 여지가 없을 정도로 공소사실이 진실한 것이라는 확신을 가지게 하는 증명력을 가진 증거에 의하여야 한다. (나) 그러므로 그와 같은 증거가 없다면 설령 피고인에게 유죄의 의심이 간다고 하더라도 피고인의 이익으로 판단할 수밖에 없다.

대법원은 사실관계를 분석하였다. 대법원은 갑 등의 ㉯행위가 배임행위에 해당하는지를 판단할 때 고려해야 할 점들을 다음과 같이 제시하였다. (가) 일반적으로 법인의 정관이나 그에 따른 세부사업을 위한 규정 등 단체 내부의 규정은 특별한 사정이 없는 한 그것이 선량한 풍속 기타 사회질서에 위반되는 등 사회관념상 현저히 타당성을 잃은 것이거나 결정절차가 현저히 정의에 어긋난 것으로 인정되는 경우 등을 제외하고는 일응 유효한 것으로 볼 수 있다. (나) 회사의 대주주 및 임직원, 기타 관계자들에 대하여 회사 시설의 사용이나 그에 관한 비용지불 등에 관하여 객관적, 합리적으로 수긍할 수 있는 범위 내에서 어느 정도의 우대규정을 두고 이를 적용하는 것은 회사의 자율적인 운영권의 범주 내에 해당한다고 할 수 있다. (다) 위와 같은 우대규정의 마련·적용을 통하여 회사의 운영상의 효율성 제고, 임원들의 사기진작 및 우수임원 유치, 대외적인 이미지 향상 내지 회사홍보, 회사의 무형적 가치 상승 등의 효과를 가져올 가능성도 있다.

(라) 이러한 점 등을 고려하여 보면, 이 사건과 같이 P주식회사의 대표이사 또는 이사인 갑 등이 종전 규정이나 개정 규정에 의하여 위 골프장 이용에 따른 비용을 면제받은 행위가 이사로서의 임무에 위배되는 행위에 해당하는지 여부 내지 그에 관하여 갑 등의 배임의 고의가 인정되는지 여부를 판단함에 있어서는 [다음의 사항들을 고려하여야 한다.] (마) 위와 같은 각 규정의 적용을 통하여 단순히 회사에게 금전적인 수입의 감소가 발생하고 갑 등에게 동액 상당의 금전적 이익이 발생하였는지 여부만을 기준으로 살필 것이 아니다. (바) 구체적으로 (ㄱ) 위 각 규정의 제정 및 개정의 시기·동기·경위·절차, (ㄴ) P주식회사의 영업 규모나 방식, 재정 상태, (ㄷ) 골프장 이용객 수, (ㄹ) 관련 업계의 관행, (ㅁ) 종전 규정이나 개정 규정의 효력 여하

및 (ㅂ) 갑 등이 위 각 규정을 적용하지 말아야 할 법령상 또는 신의칙상 의무가 있는지 여부, (ㅅ) 위 각 규정에서 정하고 있는 비용면제의 범위 및 정도가 객관적, 합리적으로 수긍할 수 있는 범위 내에 해당한다고 볼 수 있는지 여부, (ㅇ) 위 각 규정의 적용 결과 감소될 수입의 정도와 발생이 예상되는 무형적, 잠재적 이익의 정도, (ㅈ) 실제로 갑 등이 위 각 규정에 의하여 비용을 면제받은 시기, 빈도, 액수 등 및 위 골프장 이용 경위 및 동반자, (ㅊ) 당시의 피해자 주식회사의 경영 상태, (ㅋ) 기타 제반 사정들에 관하여 심리를 한 후, 종합적으로 판단하여야 할 것이다.

대법원은 원심판결의 당부에 대해 다음과 같이 판단하였다. (가) 원심은 위와 같은 제반 사정들에 관하여 구체적인 심리를 다하지 않았다. (나) 원심은 그 판시와 같은 추상적인 사정들만을 근거로 (ㄱ) 갑 등의 ㉰행위가 P회사에 대하여 배임행위에 해당하고 (ㄴ) 갑 등에게 배임의 고의가 인정된다고 판단하였다. (다) 원심의 판단에는 심리미진 또는 상법상 특별배임죄에 관한 법리오해로 인하여 판결 결과에 영향을 미친 위법이 있다.

2007도2484

2009. 12. 24. 2007도2484, 공 2010상, 285 = 『영업사원 덤핑 할인판매 사건』 :

갑은 P제과회사 M영업소 영업사원이다. 갑은 P회사에서 생산하는 과자류 등 제품(㉠제품으로 통칭함)을 거래처에 판매하고 그 대금을 수금하는 업무에 종사하고 있다. P회사는 영업사원으로서 최고 수준의 영업목표를 달성한 사람을 'Kam'으로 부르고 있다. 'Kam' 자격이 부여된 영업사원에게는 월급 외에 시상금이 지급된다. P회사에서는 영업사원들이 영업상 적용할 수 있는 제한할인율을 거래처 유형별로 세분화하여 매월 이를 공식 게시하고 있다(㉡할인율). P회사에서는 영업사원에게 제공하는 휴대용 판매단말기에도 ㉡할인율을 초과하여 입력할 수 없도록 장치해 두고 있다. P회사는 정기 혹은 수시의 채권실사를 통해 ㉡제한할인율 초과사실이 적발되는 경우에는 영업사원들에게 사안에 따라 민·형사적인 책임을 추궁해 왔다.

'Kam' 자격을 취득·유지하기 위하여 영업사원들 사이에 편법이 사용되는 경우가 있다. P회사는 ㉠제품의 ㉡지정할인율을 28.2%로 지정하여 공식 게시하였다. P회사의 ㉠제품을 취급하는 거래처들(Q거래처로 통칭함)이 있다. 갑은 Q거래처에 ㉡할인율보다 1.8% 높은 30%의 덤핑 할인율을 적용한 가격으로 ㉠제품을 판매하였다. ㉠제품의 반복된 판매 결과 차액은 2,300만원에 이르렀다(㉮행위). 갑은 Q거래처로부터 ㉠제품의 판매대금 ㉢돈을 수금하였다. 갑은 ㉢돈을 P회사 명의의 ⓐ법인 통장으로 입금하지 않고 자신 명의의 ⓑ계좌로 입금하였다. 갑은 ㉢돈을 가지고 지정할인율과 덤핑 할인율의 차이로 발생한 차액 2,300만원을 채워 넣거나 ㉠제품 재고부족분을 채워 넣었다(㉯행위).

검사는 갑을 다음의 공소사실로 기소하였다. (가) ㉮행위 : 업무상 배임죄. (나) ㉯행위 : 업무상 횡령죄. 제1심법원은 유죄를 인정하였다. 갑은 불복 항소하였다. 항소법원은 항소를 기각하고, 제1심판결을 유지하였다. 항소법원이 업무상 배임죄로 인정한 범죄사실의 요지는 다음과 같다. "갑은 P회사의 승낙 없이 임의로 지정 할인율보다 더 높은 할인율을 적용하여 회사가 지정한 가격보다 낮은 가격으로 제품을 판매하는 이른바 덤핑판매로 Q거래처에 그 차액에 상당하는 총 2,300만원의 재산상 이익을 취득하게 하고, P회사에 동액 상당의 재산상 손해를 가하였다." 갑은 불복 상고하였다. 갑은 상고이유로 다음의 점을 주장하였다. (가) ㉮행위는 P회사의 매출을 올리기 위한 것이었으므로 배임의 고의가 없다. (나) ㉯행위는 P회사의 매출을 올리기 위한 것이었으므로 횡령의 불법영득의사가 없다.

대법원은 다음의 이유를 제시하여 원심판결을 파기환송하였다. 대법원은 손해발생과 재산상 이익의 취득 사이의 관련성에 대해 다음과 같이 설시하였다. (가) 업무상 배임죄는 본인에게 재산상의 손해를 가하는 외에 배임행위로 인하여 행위자 스스로 재산상의 이익을 취득하거나 제3자로 하여금 재산상의 이익을 취득하게 할 것을 요건으로 한다. (나) 본인에게 손해를 가하였다고 할지라도 행위자 또는 제3자가 재산상 이익을 취득한 사실이 없다면 배임죄가 성립할 수 없다.

대법원은 갑의 ㉮행위에 대해 다음과 같이 판단하였다. (가) 갑의 덤핑판매로 제3자인 거래처에 재산상의 이익이 발생하였는지 여부는 경제적 관점에서 실질적으로 판단하여야 한다. (나) 갑이 P회사가 정한 할인율 제한을 위반하였다 하더라도 시장에서 거래되는 가격에 따라 제품을 판매할 수 있다. (다) 그렇다고 한다면 지정 할인율에 의한 제품가격과 실제 판매시 적용된 할인율에 의한 제품가격의 차액 상당을 거래처가 얻은 재산상의 이익이라고 볼 수는 없다. (라) 원심으로서는 갑의 덤핑 판매행위로 인하여 제3자인 거래처가 시장에서 거래되는 가격보다도 더 저렴한 가격으로 제품을 구매함으로써 재산상 이익을 취득하였는지 여부를 따져보았어야 한다. (마) 그러함에도 원심은 만연히 P회사가 정한 할인율에 의한 제품가격과 그보다 높은 할인율이 적용된 판매가격의 차액 상당이 거래처의 재산상 이익이라고 보았다. (바) 이러한 원심판결에는 업무상 배임죄에 있어서 제3자인 거래업체가 재산상 이익을 취득하였는지 여부 등에 관한 심리를 다하지 않았거나, 업무상 배임죄에서 제3자의 재산상 이익에 관한 법리를 오해하여 판결에 영향을 미친 잘못이 있다.

대법원은 갑의 ㉯행위에 대해 다음과 같이 판단하였다. (가) 갑은 영업상 보관 중이던 P회사 소유의 제품 판매대금을 그 수금 취지대로 P회사에 입금하지 아니한 채 갑의 개인통장에 입금·사용하였다. (나) 그러한 이상 그로써 업무상 횡령죄가 성립한다. (다) 갑은 판매실적 제고를 위해 가상으로 판매한 대금을 마련하거나 지정 할인율을 초과한 판매로 부족해진 제품 재고를 채우는 등의 용도에 그 돈을 사용하였다. (라) 그렇다고 하더라도 이는 횡령금의 사용에 관한 사후적 사정에 불과하다.

2005도6439

2007. 7. 26. 2005도6439, 공 2007, 1413 =『컨베이어 계약 불이행 사건』:

인천국제공항을 건설하고 있을 때의 일이다. 인천공항공사(P회사)는 Q회사에 수하물용 컨베이어를 발주하였다(㉮계약). Q회사는 ㉮계약의 1차 납기인 1999. 10. 15.까지 컨베이어 38세트를 납품해야 한다(M컨베이어). R회사는 계량기 제작·설치 전문회사이다. 1998. 6. 19. Q회사는 R회사에 M컨베이어의 제작을 발주하였다(㉯계약). 당시 R회사의 대표이사는 갑이었다. Q회사는 R회사에 선급금으로 1억원을 지급하였다(㉠선급금). R회사는 일부 부품의 제작을 S외주업체에 발주하였다. Q회사는 납기에 맞출 수 있도록 스테인리스 철판을 구입하여 직접 S업체에 공급해 주었다. Q회사는 S외주업체에 대한 R회사의 발주대금지급채무도 보증해 주었다. Q회사는 ㉯계약이 불이행될 경우에 대비하여 H보험회사의 보증보험에 가입하였다.

R회사의 경영권을 두고 갑과 A사이에 분쟁이 발생하였다. 갑은 대표이사에서 물러났다. 진행중인 M컨베이어 제조·판매 업무는 갑이 전담하여 처리하기로 하였다. 그리하여 갑은 대표이사에서 물러난 뒤에도 R회사를 대표하여 ㉯계약에 관한 업무를 수행하였다. 갑은 A와의 경영권 분쟁 등을 이유로 고의로 ㉯계약의 이행을 위한 M컨베이어 제작 업무를 진행하지 않았다. 1999. 10. 15. ㉮계약의 납품기일에 Q회사는 P회사에 M컨베이어 38대를 납품할 수 없었다. 1999. 10. 16. Q회사는 R회사와의 ㉯계약을 해제하였다. Q회사는 R회사에 대하여 선급금반환청구권 및 위약금청구권을 행사하였다.

Q회사는 ㉯계약의 불이행을 이유로 H보험회사에 보험금을 청구하였다. Q회사는 H보험회사로부터 ㉠선급금에 대한 보험금으로 1억원을 받았다. Q회사는 H보험회사로부터 계약해지보증금(위약금 부분) 명목으로 1억원을 수령하였다(㉡위약금). H보증보험회사는 Q회사에 다음 금액을 지급하였음을 들어서 R회사에 구상권을 행사하였다. (가) R회사의 Q회사에 대한 ㉠선급금 반환. (나) R회사의 Q회사에 대한 ㉡위약금 지급. (다) Q회사에 지급한 ㉠, ㉡돈의 ㉢연체이자. R회사는 H보증보험회사에 ㉠선급금, ㉡위약금, ㉢연체이자 합계 2억 4천만원을 지급하였다.

검사는 갑을 업무상 배임죄로 기소하였다. 갑에 대한 공소사실의 내용은 다음과 같다. (가) 갑은 S외주업체와 발주계약을 체결하고 그 계약서 사본을 Q회사에 송부하는 등으로 성실하게 ㉯계약의 이행에 만전을 기함으로써 납기지연을 이유로 한 계약해제에 따라 R회사가 손해를 입지 않도록 해야 할 업무상 임무가 있었다. (나) 갑은 임무에 위배되는 행위를 하여 (ㄱ) Q회사로 하여금 H보험회사로부터 ㉯계약과 관련한 선급보증보험금 명목으로 1억원, 계약해지보증금 명목으로 1억원을 수령하게 함으로써 합계 2억원 상당의 이익을 취득하게 하고, (ㄴ) R회사로 하여금 H보험회사에 합계 2억 4천만원을 변제하게 함으로써 R회사에 동액 상당의 손해를 가하였다.

갑의 피고사건은 제1심을 거친 후, 항소심에 계속되었다. 항소법원은 갑에게 업무상 배임행위를 인정하였다. 항소법원은 R회사의 손해 부분에 대해 다음과 같이 판단하였다. (가) 갑의 배임행위로 인하여 Q회사가 H보험회사로부터 지급받은 돈은 2억원이다. (나) 2억원은 R회사의 채무불이행으로 인한 계약해제에 따른 원상회복 및 위약금 명목으로 지급된 것이다. (다) Q회사는 원상회복 및 위약금청구권을 보유하고 있던 상태에서 실제로 그 금원이 지급되어 그 청구권이 만족을 얻었다. (라) 그렇다면 Q회사의 재산적 가치가 증가되었다고 보아야 한다. (마) Q회사는 2억원 상당의 재산적 이익을 얻었다. (바) R회사는 H보험회사에 보험금 및 연체이자 등 명목으로 2억 4천만원을 지급하였다. (사) 이 2억 4천만원은 갑이 ㉯계약이 해제되도록 하지 아니하였다면 R회사가 보유하고 있었을 재산이다. (아) 그럼에도 갑의 배임행위로 인하여 지급하게 된 것이다. (자) R회사의 재산적 가치가 2억 4천만원 만큼 감소하였다. 항소법원은 이상의 판단을 토대로 공소사실을 유죄로 판단하였다. 갑은 불복 상고하였다.

대법원은 다음의 이유를 제시하여 원심판결을 파기환송하였다. 대법원은 갑의 업무상 배임행위를 인정하였다. 대법원은 재산상 이익과 손해 부분에 대해 원심판결과 다른 판단을 하였다. 대법원은 배임죄에서 재산상 이익의 취득과 손해 발생의 관계에 대해 다음과 같이 설시하였다. (가) 업무상 배임죄는 타인의 사무를 처리하는 자가 그 업무상의 임무에 위배하는 행위로써 (ㄱ) 재산상의 이익을 취득하거나 제3자로 하여금 이를 취득하게 하여 (ㄴ) 본인에게 손해를 가한 때에 성립한다(형법 제356조, 제355조 제2항). (나) 여기서 본인에게 재산상의 손해를 가한다 함은 총체적으로 보아 본인의 재산 상태에 손해를 가하는 경우, 즉 본인의 전체적 재산가치의 감소를 가져오는 것을 말한다. (다) 이와 같은 법리는 타인의 사무를 처리하는 자 내지 제3자가 취득하는 재산상의 이익에 대하여도 동일하게 적용되는 것으로 보아야 한다.

(라) 업무상 배임죄는 (ㄱ) 본인에게 재산상의 손해를 가하는 외에 (ㄴ) 배임행위로 인하여 행위자 스스로 재산상의 이익을 취득하거나 제3자로 하여금 재산상의 이익을 취득하게 할 것을 요건으로 한다. (마) 그러므로 (ㄱ) 본인에게 손해를 가하였다고 할지라도 (ㄴ) 행위자 또는 제3자가 재산상 이익을 취득한 사실이 없다면 배임죄가 성립할 수 없다.

대법원은 먼저 Q회사가 갑의 배임행위로 인하여 재산상 이익을 취득하였는지에 대해 판단하였다. 대법원은 ㉠선급금 부분에 대해 다음과 같이 판단하였다. (가) 이 사건에서 Q회사는 갑의 배임행위로 인하여 ㉯계약을 해제할 수 있는 권리를 가지게 되어 계약을 해제하고 R회사에 대하여 선급금 반환청구권 및 위약금 청구권을 행사하였다. (나) 그런데 Q회사가 R회사에 지급하였던 ㉠선급금은 R회사가 ㉯계약에 따른 이행을 원활하게 할 수 있도록 하기 위하여 미리 지급한 대금의 일부이다. (다) Q회사가 R회사에 지급하였던 ㉠선급금은 계약이 이행되지 않은 상태에서는 R회사에 확정적으로 귀속된 것으로 볼 수 없다. (라) 그러므로 Q회사가 ㉯계약을 해제하고 R회사로부터 ㉠선급금을 반환받은 것으로 인하여 재산상의 이익을 취득한 것으로 볼 수 없다.

대법원은 ㉡위약금 부분에 대해 다음과 같이 판단하였다. (가) ㉡위약금은 그 성질상 R회사의 채무불이행으로 인한 손해의 발생을 전제로 한 것이다. (나) 그러므로 Q회사가 ㉡위약금을 지급받았다는 사실만으로 Q

회사가 그에 해당하는 재산상의 이익을 취득하게 된 것으로 단정하기 어렵다. (다) Q회사가 R회사의 채무불이행으로 인하여 실제로는 아무런 손해를 입지 않았다는 특별한 사정이 인정되는 경우에 한하여 비로소 ㉡위약금에 해당하는 재산상의 이익을 취득한 것으로 볼 수 있다. (라) 또는 Q회사가 R회사의 채무불이행으로 인하여 위약금 액수보다 작은 손해를 입었다는 특별한 사정이 인정되는 경우에 한하여 비로소 ㉡위약금에서 실제 손해액을 공제한 차액에 해당하는 재산상의 이익을 취득한 것으로 볼 수 있다. (마) 이와 같이 Q회사가 재산상 어떠한 이익을 취득하였다고 볼 만한 특별한 사정이 있다는 사실에 대한 입증책임은 검사에게 있다. (바) 그런데 기록상 이를 인정할 증거를 찾을 수 없다.

대법원은 이어서 갑이 배임행위로 인하여 R회사에 입힌 재산상 손해의 범위에 대해 다음과 같이 판단하였다. (가) 이 사건에서 R회사는 갑의 배임행위로 인한 계약해제로 인하여 H보험회사에 보험금 및 연체이자 등 명목으로 2억 4천만원을 지급하게 되었다. (나) 여기에는 R회사가 ㉯계약과 관련하여 Q회사로부터 지급받은 ㉠선급금 반환분이 포함되어 있다. (다) 그런데 앞서 본 선급금의 성질에 비추어 ㉠선급금을 반환한 것으로 인하여 R회사가 재산상의 손해를 입은 것으로 볼 수 없다. (라) 따라서 갑의 배임행위로 인하여 R회사가 입은 재산상의 손해는 2억 4천만원에서 ㉠선급금 반환을 위하여 지급한 금액(1억원)을 공제한 금액이 될 것이다. (마) (한편, R회사는 갑의 배임행위로 인하여 위와 같은 손해 외에 ㉯계약이 제대로 이행된 경우에 얻을 수 있었던 수익을 얻지 못하게 되는 손해를 입은 것으로 볼 수 있으나, 이는 공소사실에 포함되어 있지 아니하고, 기록상 이를 확정할 수도 없다.)

(바) 결국, 이 사건에서 갑의 배임행위로 인하여 (ㄱ) Q회사가 H보험회사로부터 지급받은 2억원 상당의 재산상 이익을 취득하고, (ㄴ) R회사가 H보증보험회사에 지급한 2억 4천만원 상당의 재산상 손해를 입은 것으로 볼 수는 없다. (사) 그럼에도 불구하고, 원심은 이와 달리 판단하여 공소사실을 모두 유죄로 판단하였다. (아) 이러한 원심판결에는 배임죄에 관한 법리를 오해하여 판결 결과에 영향을 미친 위법이 있다.

2014도1104

2017. 7. 20. 2014도1104 전원합의체 판결, 공 2017하, 1760 =『중복 대표이사 어음발행 사건』:

갑은 P회사의 대표이사이다. 갑은 별도로 Q회사의 대표이사를 맡고 있다. P회사는 R저축은행에 대해 25억원의 대출금채무를 지고 있다(㉠채무). R저축은행은 갑이 대표이사로 있는 다른 회사들의 연대보증과 약속어음 발행을 요구하였다. 갑은 P회사의 ㉠채무를 담보하기 위해 R저축은행에 Q회사 명의로 액면금 30억원의 ㉡약속어음을 발행해 주었다.

검사는 갑을 특정경제범죄법위반죄(배임)로 기소하였다. 공소사실의 요지는 다음과 같다. "갑이 임무에 위배하여 ㉡약속어음을 발행하여 줌으로써 R저축은행에 30억원의 재산상 이익을 취득하게 하고 Q회사에 같은 액수 상당의 손해를 가하였다." 종래 대법원판례는 다음의 입장을 취하고 있었다. (가) 대표이사의 회사 명의 약속어음 발행행위가 무효인 경우가 있다. (나) 그러한 경우에도 그 약속어음이 제3자에게 유통되지 아니한다는 특별한 사정이 없는 한 '재산상 실해 발생의 위험'이 초래된 것으로 보아야 한다. (다) '재산상 실해 발생의 위험'이 초래되면 배임죄는 기수에 이른다.

제1심법원은 종래의 대법원판례에 따라 대표이사가 대표권을 남용하여 약속어음을 발행한 것 자체로 Q회사에 대한 재산상 실해 발생의 위험이 초래되었다고 판단하였다. 제1심법원은 특정경제범죄법상의 배임죄 기수를 인정하였다. 갑은 불복 항소하였다. 항소법원은 항소를 기각하고, 제1심판결을 유지하였다. 갑은 불복 상고하였다.

대법원은 다음의 이유를 제시하여 원심판결을 파기환송하였다. 대법원은 갑의 행위를 배임죄의 기수범으로 볼 것인가를 놓고 8 대 4로 견해가 나뉘었다. 다수의견은 위험범설을 취하였다. 다수의견은 다음과 같이 주장하였다. (가) 대표이사의 대표권남용에 의한 채무부담행위가 유효한 경우에 채무의 발생은 그 자체로 '현실적인 손해' 또는 '재산상 실해 발생의 위험'이다. (나) 그 채무가 현실적으로 이행되기 전이라도 배임죄의 기수에 이른다. 별개의견은 침해범설을 취하였다. 별개의견은 다음과 같이 주장하였다. (가) 대표이사의 의무부담행위에 따른 채무의 발생이나 민법상 불법행위책임의 부담은 그 자체로는 '현실적인 손해'가 아니라 '손해 발생의 위험'에 불과하다. (나) 배임죄는 회사가 그 의무부담행위에 따른 채무나 민법상 불법행위책임을 '실제로 이행한 때'에 기수가 된다.

대법원은 대표이사가 대표권을 남용하여 약속어음을 발행한 사안에 대해 곧바로 배임죄의 기수를 인정한 종전 판례를 변경하기로 하는 데에 견해가 일치하였다. 대법원은 배임죄의 기수를 인정한 원심판결을 파기환송해야 한다는 데에도 견해가 일치하였다. (이하 다수의견을 대법원으로 표시하여 소개함.)

대법원은 배임죄의 기수시기에 대해 다음과 같이 설시하였다. (가) 형법 제355조 제2항은 타인의 사무를 처리하는 자가 그 임무에 위배하는 행위로써 재산상 이익을 취득하거나 제3자로 하여금 이를 취득하게 하여 본인에게 손해를 가한 때에 배임죄가 성립한다고 규정하고 있고, 형법 제359조는 그 미수범은 처벌한다고 규정하고 있다. (나) 이와 같이 형법은 (ㄱ) 타인의 사무를 처리하는 자가 그 임무에 위배하는 행위를 할 것과 (ㄴ) 그러한 행위로 인해 행위자나 제3자가 재산상 이익을 취득하여 본인에게 손해를 가할 것을 배임죄의 객관적 구성요건으로 정하고 있다. (다) 그러므로 타인의 사무를 처리하는 자가 (ㄱ) 배임의 범의로, 즉 임무에 위배하는 행위를 한다는 점과 이로 인하여 자기 또는 제3자가 이익을 취득하여 본인에게 손해를 가한다는 점에 대한 인식이나 의사를 가지고 (ㄴ) 임무에 위배한 행위를 개시한 때 (ㄷ) 배임죄의 실행에 착수한 것이다. (라) 그리고 이러한 행위로 인하여 자기 또는 제3자가 이익을 취득하여 본인에게 손해를 가한 때 기수에 이르는 것이다.

대법원은 배임죄에서 손해발생의 시점에 대해 다음과 같이 설시하였다. (가) 종래 대법원은 일관되게 다음과 같이 해석하여 왔다. (나) 배임죄에서 '본인에게 손해를 가한 때'라 함은 재산적 가치의 감소를 뜻하는 것이다. (다) 배임죄에서 '본인에게 손해를 가한 때'는 (ㄱ) 재산적 실해를 가한 경우뿐만 아니라 (ㄴ) 실해 발생의 위험을 초래한 경우도 포함한다. (라) 손해액이 구체적으로 명백하게 확정되지 않았다고 하더라도 배임죄의 성립에는 영향이 없다. (마) 재산상 손해의 유무는 본인의 전 재산 상태와의 관계에서 법률적 판단에 의하지 않고 경제적 관점에서 파악하여야 한다. (바) (ㄱ) 법률적 판단에 의하여 배임행위가 무효라 하더라도 (ㄴ) 경제적 관점에서 파악하여 배임행위로 인하여 본인에게 현실적인 손해를 가하였거나 재산상 실해 발생의 위험을 초래한 경우에는 (ㄷ) 재산상의 손해를 가한 때에 해당된다. (사) 다만 재산상 실해 발생의 위험은 경제적 관점에서 재산상 손해가 발생한 것과 사실상 같다고 평가될 정도에 이르렀다고 볼 수 있을 만큼 구체적·현실적인 위험이 야기된 경우를 의미하고 단지 막연한 가능성이 있다는 정도로는 부족하다. (아) 그러므로 (ㄱ) 배임행위가 법률상 무효이기 때문에 (ㄴ) 본인의 재산 상태가 사실상으로도 악화된 바가 없다면 (ㄷ) 현실적인 손해가 없음은 물론이고 실해가 발생할 위험도 없는 것이므로 (ㄹ) 본인에게 재산상의 손해를 가한 것이라고 볼 수 없다.

대법원은 배임죄의 기수 판단의 애로점에 대해 다음과 같이 설시하였다. (가) 이러한 대법원판례에도 불구하고, 배임죄로 기소된 형사사건의 재판실무에서 배임죄의 기수시기를 심리·판단하기란 쉽지 않은 일이다. (나) 타인의 사무를 처리하는 자가 (ㄱ) 형식적으로는 본인을 위한 법률행위를 하는 외관을 갖추고 있지만 (ㄴ) 그러한 행위가 실질적으로는 배임죄에서의 임무위배행위에 해당하는 경우가 있다. (다) [이러한 경우에 타인의 사무를 처리하는 자의] 이러한 행위는 민사재판에서 반사회질서의 법률행위(민법 제103조 참조) 등에 해당한다는 사유로 무효로 판단될 가능성이 적지 않다. (라) 형사재판에서 배임죄의 성립 여부를 판단할 때에도 이러한 행위에 대한 민사법상의 평가가 경제적 관점에서 피해자의 재산 상태에 미치는 영향 등을 충분히 고려하여야 한다. (마) [그렇기 때문에 배임죄로 기소된 형사사건의 재판실무에서 배임죄의 기수시기를 심리·판단하기가 쉽지 않다.] (바) 결국 형사재판에서 배임죄의 객관적 구성요건요소인 손해 발생 또는 배임죄의 보호법익인 피해자의 재산상 이익의 침해 여부를 판단할 때에는 (ㄱ) 위 대법원판례를 기준으로 하되 (ㄴ) 구체적 사안별로 타인의 사무의 내용과 성질, 그 임무위배의 중대성 및 본인의 재산 상태에 미치는 영향 등을 종합하여 신중하게 판단하여야 한다.

대법원은 주식회사 대표이사의 대표권 남용과 배임죄의 기수 여부에 대해 다음과 같이 설시하였다. 먼저, 대법원은 상대방이 대표권 남용사실을 알았던 경우에 대해 다음과 같이 설시하였다. (가) 주식회사의 대표이사가 대표권을 남용하는 등 그 임무에 위배하여 회사 명의로 의무를 부담하는 행위를 하더라도 일단 회사의 행위로서 유효하다. (나) 다만 그 상대방이 대표이사의 진의를 알았거나 알 수 있었을 때에는 회사에 대하여 무효가 된다. (다) 따라서 (ㄱ) 상대방이 대표권남용 사실을 알았거나 알 수 있었던 경우 (ㄴ) 그 의무부담행위는 원칙적으로 회사에 대하여 효력이 없고, (ㄷ) 경제적 관점에서 보아도 이러한 사실만으로는 회사에 현실적인 손해가 발생하였다거나 실해 발생의 위험이 초래되었다고 평가하기 어렵다. (라) 그러므로 달리 (ㄱ) 그 의무부담행위로 인하여 실제로 채무의 이행이 이루어졌다거나 (ㄴ) 회사가 민법상 불법행위책임을 부담하게 되었다는 등의 사정이 없는 이상 (ㄷ) 배임죄의 기수에 이른 것은 아니다. (마) 그러나 이 경우에도 대표이사로서는 배임의 범의로 임무위배행위를 함으로써 실행에 착수한 것이므로 배임죄의 미수범이 된다.

다음으로, 대법원은 상대방이 대표권남용 사실을 알지 못한 경우에 대해 다음과 같이 설시하였다. (가) 상대방이 대표권남용 사실을 알지 못하였다는 등의 사정이 있어 그 의무부담행위가 회사에 대하여 유효한 경우가 있다. (나) 이 경우에는 (ㄱ) 회사의 채무가 발생하고 회사는 그 채무를 이행할 의무를 부담하므로, (ㄴ) 이러한 채무의 발생은 그 자체로 현실적인 손해 또는 재산상 실해 발생의 위험이라고 할 것이어서 (ㄷ) 그 채무가 현실적으로 이행되기 전이라도 배임죄의 기수에 이르렀다고 보아야 한다.

대법원은 이어서 대표권남용의 특수한 경우로서 약속어음 발행과 배임죄의 관계에 대해 다음과 같이 설시하였다. (가) 주식회사의 대표이사가 대표권을 남용하는 등 그 임무에 위배하여 약속어음 발행을 한 행위가 배임죄에 해당하는지도 원칙적으로 위에서 살펴본 의무부담행위와 마찬가지로 보아야 한다. (나) 다만 약속어음 발행의 경우 어음법상 발행인은 종전의 소지인에 대한 인적 관계로 인한 항변으로써 소지인에게 대항하지 못한다(어음법 제17조, 제77조). (다) 그러므로 (ㄱ) 어음발행이 무효라 하더라도 (ㄴ) 그 어음이 실제로 제3자에게 유통되었다면 (ㄷ) 회사로서는 어음채무를 부담할 위험이 구체적·현실적으로 발생하였다고 보아야 하고, (ㄹ) 따라서 그 어음채무가 실제로 이행되기 전이라도 배임죄의 기수범이 된다. (라) 그러나 (ㄱ) 약속어음 발행이 무효일 뿐만 아니라 (ㄴ) 그 어음이 유통되지도 않았다면 (ㄷ) 회사는 어음발행의 상대방에게 어음채무를 부담하지 않기 때문에 (ㄹ) 특별한 사정이 없는 한 (ㅁ) 회사에 현실적으로 손해가 발생하였다거나 실해 발생의 위험이 발생하였다고도 볼 수 없으므로, (ㅂ) 이때에는 배임죄의 기수범이 아니라 배임미수죄로 처벌하여야 한다.

대법원(다수의견)은 갑의 행위에 대해 다음과 같이 판단하였다. (가) 갑은 대표권을 남용하여 ㉡약속어음을 발행하였다. (나) 당시 ㉡약속어음 발행의 상대방인 R저축은행은 그러한 사실을 알았거나 알 수 있었던 때에 해당한다. (다) 갑의 ㉡약속어음 발행행위는 Q회사에 대하여 효력이 없다. (라) 갑의 ㉡약속어음 발행행위로 인해 (ㄱ) Q회사가 실제로 약속어음금을 지급하였거나 (ㄴ) 민사상 손해배상책임 등을 부담하거나 (ㄷ) ㉡약속어음이 실제로 제3자에게 유통되었다는 등의 특별한 사정이 없다. (마) 갑의 ㉡약속어음 발행행위로 인해 Q회사에 '현실적인 손해'나 '재산상 실해 발생의 위험'이 초래되었다고 볼 수 없다. (바) 원심은 ㉡약속어음 발행행위가 배임죄의 기수에 이르렀다고 판단하여 판결에 영향을 미친 잘못이 있다.

별개의견은 갑의 행위에 대해 다음과 같이 판단하였다. (가) 갑은 대표권을 남용하여 ㉡약속어음을 발행하였다. (나) Q회사가 ㉡어음채무나 민법상 불법행위책임을 실제로 이행하였다고 볼 만한 사정은 보이지 않는다. (다) ㉡약속어음 발행행위로 인해 Q회사에 '현실적인 손해'가 발생하였다고 단정하기 어렵다. (라) 원심은 ㉡약속어음이 제3자에게 유통될 가능성이 부정되지 않는다는 이유만으로 배임죄의 재산상 손해 요건이 충족된다고 보아 배임죄의 기수를 인정하였다. (마) 원심판결에는 배임죄의 보호 정도와 재산상 손해 요건, 기수시기 등에 관한 법리를 오해하여 판결에 영향을 미친 잘못이 있다.

2008도11036

2009. 10. 29. 2008도11036, 공 2009, 2048 =『자사주 경영권 프리미엄 사건』:

갑은 P건설회사의 대표이사이다. 을, 병은 P회사의 임원들이다. P건설회사는 760만 주의 자사주를 보유하고 있었다(㉠자사주). ㉠자사주는 P회사가 발행한 총 발행주식의 35%에 해당하는 규모였다. 갑, 을, 병은 ㉠자사주를 대표이사 갑에게 매각하여 경영권을 확보하기로 하였다. P회사는 갑과 ㉠자사주 매매계약을 체결하였다. ㉠자사주의 매매가액은 매도일 전날 증권거래소 종가인 주당 2,270원으로 정하였다(ⓐ매매가액). ㉠자사주에 따르는 경영권 프리미엄은 평가하지 않았다. P회사는 갑으로부터 매매대금의 10%인 17억원만 지급받았다. P회사는 즉시 ㉠자사주 전부에 대하여 갑에게 명의개서를 해주었다.

검사는 임원 갑, 을, 병의 행위가 P회사에 대한 배임행위에 해당한다고 판단하였다. 「상속세 및 증여세법」 제63조는 유가증권 등의 평가방법에 관하여 규정하고 있다. 「상속세 및 증여세법」 제63조에 따르면 주식의 평가방법은 다음과 같다. (가) 상장주식의 가액은 평가기준일 이전·이후 각 2개월 동안 공표된 매일의 증권거래소 최종 시세가액의 평균액으로 한다(제1항 제1호). (나) 최대주주의 주식은 제1항 제1호에 따라 평가한 가액에 그 가액의 100분의 20을 가산한다(제3항). 검사는 「상속세 및 증여세법」 제63조 제3항에 따라 ㉠자사주의 가액을 산정하였다.

검사는 갑, 을, 병을 다음의 공소사실로 기소하였다. (가) 주위적 공소사실 : 특정경제범죄법위반죄(배임). (나) 예비적 공소사실 : 형법상 업무상 배임죄. 주위적 공소사실의 요지는 다음과 같다. "갑, 을, 병은 임무에 위배되는 행위를 하여 P회사에 최소한 52억원 이상의 재산상 손해를 가하고 갑에게 동액 상당의 재산상 이익을 주었다." 예비적 공소사실의 요지는 다음과 같다. "갑, 을, 병은 임무에 위배되는 행위를 하여 갑에게 ㉠자사주의 적정한 거래가격(ⓑ적정가액)과 ⓐ매매가격과의 불상(不詳) 차액 상당의 재산상 이익을 취득하게 하고, P회사에 동액 상당의 재산상 손해를 가하였다." 갑, 을, 병의 피고사건은 제1심, 항소심, 상고심(파기환송), 환송후 항소심, 환송 후 상고심의 순서로 진행되었다.

제1심법원과 항소법원은 주위적 공소사실과 예비적 공소사실을 모두 무죄로 판단하였다. 무죄판단의 이유는 다음과 같다. (가) 갑, 을, 병은 증권거래소의 시가대로 매매가격을 결정하여 ㉠자사주를 매도하였다. (나) ㉠자사주의 매도행위로 인하여 P회사에 손해가 발생하였다고 볼 수 없다. (다) ㉠자사주의 매도행위는 당시 재무구조 개선을 위한 경영상 판단에 기한 것으로서 임무위배행위에 해당하지 않는다. (라) 갑, 을, 병에게 배임의 고의가 있었다고 단정하기 어렵다. 검사는 불복 상고하였다.

대법원은 다음과 같이 판단하여 원심판결을 파기 환송하였다(환송판결). (가) ㉠자사주의 매도시에 경영권 프리미엄 등이 반영되지 아니하였다. (나) 그러므로 P회사의 전체적인 재산상태의 감소를 초래하여 손해가 발생하였다. (다) ㉠자사주의 매각은 주로 갑의 개인적 이익을 위한 것으로서 임무위배행위에 해당한다. (라) 갑에게 배임의 고의가 인정된다.

환송 후 항소법원은 대법원 환송판결의 취지대로 제1심판결을 파기하였다. 환송 후 항소법원은 예비적 공소사실인 업무상 배임죄로 유죄를 인정하였다. 검사는 불복하여 다시 상고하였다. 검사는 상고이유로 다음의 점을 주장하였다. (가) 환송 후 원심판결은 ㉠자사주의 경영권 프리미엄을 구체적으로 산정할 수 없다고 판단하였다. (나) ㉠자사주의 경영권 프리미엄은 「상속세 및 증여세법」 제63조 제3항에 따라 산정할 수 있다. (다) 환송 후 원심판결에는 심리미진의 위법이 있다.

대법원은 다음의 이유를 제시하여 상고를 기각하였다. 대법원은 환송 후 상고심에서 배임죄의 손해에 대해 다음과 같이 설시하였다. (가) 배임죄나 업무상배임죄에 있어 재산상의 손해를 가한 때라 함은 (ㄱ) 현실적인 손해를 가한 경우뿐만 아니라 (ㄴ) 재산상 실해 발생의 위험을 초래한 경우도 포함되는 것이다. (나) 손해를 가한 때에는 (ㄱ) 적극적 손해를 야기한 경우는 물론, (ㄴ) 객관적으로 보아 취득할 것이 충분히 기대되는데도 임무위배행위로 말미암아 이를 얻지 못한 경우, 즉 소극적 손해를 야기한 경우도 포함된다. (다) 회사의 대표이사 등이 그 임무에 위배하여 회사가 보유하는 주식을 적정가액 이하로 매도함으로 인하여 회사에 가한 손해액은 통상 그 주식의 실제 매매대금과 그 주식의 적정가액 사이의 차액 상당이라고 봄이 타당하다. (라) 그 주식이 회사의 경영권을 행사할 수 있는 이른바 경영권 프리미엄을 지니고 있는 경우에는 그 가치를 평가하여 주식의 적정가액 산정에 가산하여야 한다.

대법원은 경영권 프리미엄의 평가방법에 대해 다음과 같이 설시하였다. (가) 경영권 프리미엄의 가치는 통상 회사의 현재 및 미래가치, 경영권 획득으로 인한 파급효과, 경영권 확보에 필요한 주식을 공개시장에서 매수할 경우의 필요 비용 등을 고려하여 결정된다. (나) 그렇지만 경영권 프리미엄의 가치는 궁극적으로는 거래 상대방과의 교섭조건, 교섭능력 등에 따라 구체화될 수밖에 없다. (다) 그러므로 경영권 프리미엄의 가치를 과세관청이 과세표준을 산정하기 위하여 사용하는 「상속세 및 증여세법」 제63조 제3항의 규정에 따라 일정 비율을 할증하는 방법으로 일률적으로 산정할 수는 없다.

대법원은 배임죄의 손해 발생의 증명방법에 대해 다음과 같이 설시하였다. (가) 배임죄의 성립을 인정하려면 손해의 발생이 합리적인 의심이 없는 정도의 증명에 이르러야 한다. (나) 배임행위로 인한 재산상 손해의 발생 여부가 충분히 입증되지 않았음에도 가볍게 액수 미상의 손해는 발생하였다고 인정함으로써 배임죄의 성립을 인정하는 것은 허용될 수 없다. (다) 따라서 주식 거래와 관련한 배임행위로 인한 손해의 발생 여부를 판단하기 위하여 주식 가치의 평가가 요구되는 경우에는 그 평가 방법이나 기준에 따라 주식의 가치가 구구하게 산정된다고 하더라도 이를 쉽게 포기하지 말고 상대적으로 가장 타당한 평가 방법이나 기준을 심리하여 손해의 발생 여부를 구체적으로 판단하는 것이 필요하다.

(라) 다만, 주식 거래에 수반하는 경영권 프리미엄의 가치를 함께 평가하는 경우에는 경영권 프리미엄 자체가 궁극적으로 거래 상대방과의 교섭조건, 교섭능력 등에 따라 평가될 수밖에 없다. (마) 그러므로 주식 거래에 수반하는 경영권 프리미엄의 가치를 산정할 방법이 없어서 결과적으로 배임죄의 손해액을 구체적으로 산정할 수 없게 되었다고 하더라도 여기에 심리미진이나 이유모순 등의 위법이 있다고 볼 수 없다.

대법원은 갑, 을, 병의 행위에 대해 다음과 같이 판단하였다. (가) 원심은, P회사의 임원들이 그 임무에 위배하여 갑에게 매도한 ㉠자사주가 경영권 프리미엄을 포함하고 있어서 그 적정가격이 적어도 매매가격인 2,270원보다 고액이라고 할 것이므로 ㉠자사주의 저가 매도로 P회사에 손해를 가한 사실을 인정하였다. (나) 그러면서도 원심은 검사의 주장을 배척하고, ㉠자사주의 경영권 프리미엄을 구체적으로 산정할 수 없다고 판단하였다. (다) 결국 원심은 이 사건 배임행위로 인한 손해액을 산정할 수 없다고 보아 이 사건 주위적 공소사실인 특정경제범죄법위반죄(배임)의 점을 무죄로 인정하였다. (라) 앞서 본 법리와 ㉠자사주의 매매계약 체결 당시 P회사의 지배구조 및 경영상황, 건설업체의 도산 상황이나 주식 거래 동향, P회사의 경영권이 단기간 내에 이전될 가능성이 희박하였던 점 등 기록에 나타난 여러 사정에 비추어 본다. (마) 원심의 위와 같은 판단은 정당한 것으로 수긍할 수 있고, 거기에 배임죄의 손해액 산정에 대한 심리미진이나 법리오해 등의 위법이 없다.

2007도541

2009. 7. 23. 2007도541, 공 2009, 1454 =『계열사 지원용 어음매입 사건』:

K그룹은 P, Q, R계열사를 두고 있다. K그룹의 회장은 갑이다. P, Q, R회사의 대표이사는 각각 을, 을, 병이다. K그룹에는 계열사간에 지원행위가 행해지고 있었다. 다음은 그 가운데 하나이다. P회사는 1979년 인수될 당시부터 지극히 열악한 재무구조를 가지고 출발하였다. P회사는 여러 차례의 구조조정 및 유상증자를 비롯하여 Q, R회사의 금융지원에도 불구하고 1997년까지 자본잠식상태가 계속 이어졌다. P회사는 수년 내에 채무의 상당 부분을 변제하고 재무구조를 개선하여 독자적으로 존속할 수 있는 능력을 갖추기가 어려운 상태에 있었다. Q회사와 R회사도 계속된 계열사에 대한 지원 등으로 자금사정이 악화되고 당기순손실이 확대되어 재무구조가 악화되고 있었다. 1996년도 후반기 이후 1997년 말경까지 외환위기로 인하여 국내의 자금사정은 급격히 악화되었다. 그와 같이 어려운 상황이 한동안 계속될 것으로 예측되고 있었다. 1997. 11. 5.까지 Q회사는 P회사에 대한 지원행위를 계속하였다. 1997. 12. 17.에 이르기까지 R회사는 P회사에 대한 지원행위를 계속하였다. Q, R회사의 P회사에 대한 지원행위는 다음 형태로 이루어졌다(㉮지원행위로 통칭함). (가) P회사에 신규로 자금을 제공한다. (나) P회사가 신규로 자금을 차용할 때 담보를 제공한다.

다음은 ㉮지원행위의 일부를 이루는 행위이다(㉯지원행위). P회사는 S종합금융회사(S금융)와 어음거래약정을 하였다(㉠어음거래약정). Q회사는 S금융에 대해 "P회사가 S금융과의 ㉠어음거래약정에 기하여 부담하는 채무에 관하여 100억원을 한도로 연대보증을 한다."고 약정하였다(㉡보증채무). P회사는 20억원의 ㉢어음을 발행하였다. 1997. 5. 9. S금융은 ㉢어음에 지급보증을 하였다. P회사는 T은행에서 ㉢어음의 할인을 받아 현금화하였다(㉢어음할인채무). ㉢어음의 지급기일이 되었다. P회사는 ㉢어음할인채무를 변제할 능력이 없었다. Q회사는 P회사를 지원하기 위하여 20억원의 자금으로 T은행으로부터 ㉢어음을 매입하였다. 이로써 P회사는 부도를 면할 수 있었다. (유사한 방식으로 R회사가 P회사를 지원한 나머지 행위는 생략함.)

검사는 P, Q, R계열사들 간의 부당한 ㉮지원행위 책임을 물어 K그룹 회장 갑, Q, R회사의 대표이사 을, 병을 특정경제범죄법위반죄(배임)의 공동정범으로 기소하였다. 갑, 을, 병의 피고사건은 제1심을 거친 후, 항소심에 계속되었다. 갑, 을, 병은 ㉮지원행위 가운데 ㉯지원행위의 경우에는 Q회사에 새로운 재산상 손해가 발행하지 아니하여 배임죄가 성립하지 않는다고 주장하였다. 항소법원은 다음의 이유를 들어서 갑, 을, 병의 주장을 배척하였다. (가) S금융이 T은행에 대하여 지급보증채무를 실제로 이행하기 전까지는 Q회사는 S금융에 대하여 구체적인 구상채무를 부담하지 않는다. (나) P회사는 Q회사로부터 자금을 지원받아 T은행에 대한 자신의 채무를 변제하였다. (다) 그렇다고 하여 곧 Q회사의 S종합금융회사에 대한 구체적 채무가 감소하였다고 보기 어렵다. 항소법원은 ㉮지원행위 전체에 대해 유죄를 인정하였다. 항소법원이 인정한 범죄사실의 내용은 다음과 같다. "갑, 을, 병은 부당한 ㉮지원행위를 계속함으로써 P회사로 하여금 재산상 이익을 취득하게 하고 Q회사에 대하여 손해를 가하였다." 갑, 을, 병은 불복 상고하였다. 상고이유는 항소심에서의 주장과 같다.

대법원은 다음의 이유를 제시하여 원심판결을 파기환송하였다. 대법원은 보증인의 자금지원과 배임죄의 손해의 관계에 대해 다음과 같이 설시하였다. (가) (ㄱ) 이미 타인의 채무에 대하여 보증을 하였는데, (ㄴ) 피보증인이 변제자력이 없어 결국 보증인이 그 보증채무를 이행하게 될 우려가 있고, (ㄷ) 보증인이 피보증인에게 신규로 자금을 제공하거나 피보증인이 신규로 자금을 차용하는 데 담보를 제공하면서 (ㄹ) 그 신규자금이 이미 보증을 한 채무의 변제에 사용되도록 한 경우가 있다. (나) 그러한 경우라면 보증인으로서는 기보증채무와 별도로 새로 손해를 발생시킬 위험을 초래한 것이라고 볼 수 없다.

대법원은 ㉯지원행위에 대해 다음과 같이 판단하였다. (가) S금융이 T은행에 대하여 지급보증채무를 실제로 이행하기 전이다. (나) 그렇다고 하더라도 P회사가 S금융의 지급보증 아래 할인받은 ㉢어음을 결제하지 못하게 되어, S금융이 현실적·구체적으로 ㉢어음금을 대위변제하여야 할 상황이었다. (다) 이러한 상황에서

Q회사의 지원행위가 행하여진 것이다. (라) 그렇다면 이는 갑, 을, 병이 P회사에 대하여 자금을 지원하였으나, P회사로 하여금 그 자금으로 Q회사가 이미 보증을 한 채무를 변제하게 하여 결국 자신의 보증채무를 감소시켰다고 할 수 있다. (마) 그리하여 [갑, 을, 병의 20억원] 자금지원으로 인하여 Q회사에게 기왕의 보증행위로 인한 손해와는 별도로 새로운 손해를 발생시킬 위험이 초래되었다고 보기 어렵다.

99도2781

2000. 5. 26. 99도2781, 공 2000, 1575 =『주식 매집용 어음 배서 사건』:

P회사의 대주주는 갑, A, B 3형제이다. 갑은 P회사의 이사 겸 부사장으로서 경영을 사실상 책임지고 있다. P회사는 금융권에서 신용이 있는 회사이다. 갑은 A, B에게 H회사 발행의 주식을 매집하여 경영권을 인수하려는 계획을 말하였다. A와 B는 갑의 계획에 동의하였다. 갑은 H회사 주식 매집을 위한 자금확보에 나섰다. 갑은 10억원을 투자하여 Q회사를 급조하였다. R회사는 을이 경영하던 회사로서 거래실적이나 자산이 거의 없는 회사이다.

갑은 다음의 계획을 P회사의 이사회에 보고하였다. (가) Q회사 명의로 ㉠약속어음을 발행한다. (나) R회사 명의로 ㉡약속어음을 발행한다. (다) ㉠어음과 ㉡어음에 P회사가 배서를 한다. (라) ㉠, ㉡어음을 할인하여 H회사의 주식 매집 자금을 마련한다. P회사의 이사회는 갑의 계획을 승인하였다. 갑은 ㉠, ㉡어음에 P회사 명의로 배서를 하였다(㉮행위). 갑은 ㉠, ㉡어음의 할인을 S금융기관에 의뢰하였다. S금융기관은 금융권에서 신용이 있는 P회사의 배서가 있는 것을 보고 ㉠, ㉡어음을 할인해 주었다. ㉠, ㉡어음의 액면 합계는 467억원에 달한다.

검사는 갑을 특정경제범죄법위반죄(배임)로 기소하였다. 갑의 피고사건은 제1심을 거친 후, 항소심에 계속되었다. 항소법원은 유죄를 인정하였다. 갑은 불복 상고하였다. 갑은 상고이유로 다음의 점을 주장하였다. (가) H회사의 인수는 P회사를 위한 것이다. (나) H회사의 인수는 P회사의 이사회 결의를 거친 것으로 피해자의 승낙이 있었다. (다) P회사의 H회사 인수는 P회사의 경영상 판단에 의한 것으로 배임죄의 고의가 없다.

대법원은 다음의 이유를 제시하여 상고를 기각하였다. 대법원은 배임죄의 고의에 대해 다음과 같이 설시하였다. (가) 업무상 배임죄가 성립하기 위하여는 주관적으로 (ㄱ) 배임행위의 결과 본인에게 재산상의 손해가 발생하거나 발생할 염려가 있다는 인식과 (ㄴ) 자기 또는 제3자가 재산상의 이득을 얻는다는 인식이 있으면 족하다. (나) (ㄷ) 본인에게 재산상의 손해를 가한다는 의사나 (ㄹ) 자기 또는 제3자에게 재산상의 이득을 얻게 하려는 목적은 요하지 않는다.

(다) 주식회사의 이사가 타인 발행의 약속어음에 회사 명의로 배서할 경우가 있다. (라) 이 경우 그 타인이 어음금의 지급능력이 없어 그 배서로 인하여 회사에 손해가 발생하리라는 점을 알면서 이에 나아갔다면, 이러한 약속어음의 배서행위는 타인에게 이익을 얻게 하고 회사에 손해를 가하는 행위로서 회사에 대하여 배임행위가 된다. (마) 그것이 경영상의 판단이라는 이유만으로 배임죄의 죄책을 면할 수는 없다.

대법원은 주식회사 이사와 배임죄의 관계에 대해 다음과 같이 설시하였다. (가) 주식회사와 주주는 별개의 인격으로서 동일인이라고 볼 수 없다. (나) 회사의 임원이 그 임무에 위배되는 행위로 재산상 이익을 취득하거나 제3자로 하여금 이를 취득하게 하여 회사에 손해를 가한 때에는 이로써 배임죄가 성립한다. (다) 그 임무위배행위에 대하여 사실상 대주주의 양해를 얻었다고 하여 본인인 회사에 손해가 없다거나 또는 배임의 범의가 없다고도 볼 수 없다.

(라) 주식회사의 경영을 책임지는 이사는 이사회의 결의가 있더라도 그 결의 내용이 주주 또는 회사 채권자를 해하는 불법한 목적이 있는 경우에는 이에 맹종할 것이 아니라 회사를 위하여 성실한 직무수행을 할 의무가 있다. (마) 이사가 임무에 위배하여 주주 또는 회사 채권자에게 손해가 될 행위를 하였다면, 회사 이사

회의 결의가 있었다고 하여 그 배임행위가 정당화될 수 없는 것이다

대법원은 갑의 행위에 대해 다음과 같이 판단하였다. (가) ㉮행위의 경우 Q회사 및 R회사는 그 약속어음들을 결제할 자금이나 능력이 없어 결국 그 배서인인 P회사가 모든 책임을 져야 한다. (나) 갑은 그 배서에 앞서 P회사의 이사회 결의를 거치고, 또한 P회사의 대주주로서 갑의 형들인 A, B의 승낙을 받았다. (다) 그렇다고 하더라도 이는 P회사의 이사 겸 부사장으로서 실질적 경영자인 갑이 그 지위를 이용하여 자신의 권한을 넘어 P회사의 설립 목적과 사업범위를 벗어난 행위로서 P회사에 대한 신임관계를 저버리는 임무위반의 행위이다. (라) 또한 P회사와 그 소수주주 또는 채권자들에게 재산상의 손해를 입힐 수 있다는 것을 충분히 인식하고 있었던 것으로 보인다. (마) 그러므로 갑에게 업무상 배임의 범의가 없었다고 할 수 없다. (바) ㉠, ㉡약속어음들에 대한 배서에 관하여 P회사의 이사회 결의 및 대주주의 승낙이 있었다고 하여 본인인 P회사의 승낙이 있었다고 볼 수도 없다.

2017도12649

2017. 12. 22. 2017도12649, 공 2018상, 388 = **『분식회계 성과급 사건』**:

P회사는 해양 프로젝트를 건설하는 회사이다. 갑은 P회사의 대표이사이다. P회사는 Q은행에 다액의 채무를 부담하고 있다. P회사와 Q은행은 "적자가 발생할 경우 임원에게 성과급을 지급하지 않는다."는 양해각서를 체결하였다(㉠양해각서). P회사는 P회사의 R노동조합과 "매년 초 이사회에 보고된 경영목표가 달성된 경우에 한하여 종업원 성과급을 지급한다."는 단체협약을 체결하였다(㉡단체협약). 갑은 ⓐ회계연도에 적자가 발생한 상황에서 흑자인 것처럼 회계분식을 하였다. 갑은 허위로 작성, 공시된 재무제표를 이용해 Q은행으로부터 성과급 수령이 가능한 정도의 평가결과를 받아 낸 다음, 자신을 비롯한 임원들에게 성과급을 지급하였다. 갑은 허위로 작성, 공시된 재무제표를 이용해 단체협약상의 경영목표가 달성되어 마치 종업원들이 성과급을 지급 받을 조건이 갖추어진 것처럼 가장하여 종업원들에게 성과급을 지급하였다.

검사는 갑을 특정경제범죄법 위반죄(배임)로 기소하였다. 갑의 피고사건은 제1심을 거친 후, 항소심에 계속되었다. 항소법원은 유죄를 인정하였다. 갑은 불복 상고하였다. 갑은 상고이유로, 임직원에 대한 성과급 지급은 경영판단에 의한 것이어서 배임의 고의가 인정되지 않는다고 주장하였다.

대법원은 다음의 이유를 제시하여 상고를 기각하였다. 대법원은 배임죄의 고의와 경영상 판단의 관계에 대해 다음과 같이 설시하였다. (가) 업무상배임죄의 고의는, 업무상 타인의 사무를 처리하는 자가 본인에게 재산상의 손해를 가하고 그로 인하여 자기 또는 제3자의 재산상 이득을 취한다는 의사와 그러한 손익의 초래가 자신의 임무에 위배된다는 인식이 결합되어 성립한다. (나) 경영상 판단과 관련하여 경영자에게 배임의 고의와 불법이득의 의사가 있었는지 여부를 판단할 때에도, 문제 된 경영상의 판단에 이르게 된 경위와 동기, 판단 대상인 사업의 내용, 기업이 처한 경제적 상황, 손실 발생의 개연성과 이익 획득의 개연성 등의 여러 사정을 고려하여 볼 때, 자기 또는 제3자가 재산상 이익을 취득한다는 인식과 본인에게 손해를 가한다는 인식하의 의도적 행위임이 인정되는 경우에 한하여 배임죄의 고의를 인정하여야 한다. (다) 그러한 인식이 없는데도 본인에게 손해가 발생하였다는 결과만으로 책임을 묻거나 단순히 주의의무를 소홀히 한 과실이 있다는 이유로 책임을 물어서는 안 된다.

(라) 그러나 한편 배임죄에서 말하는 임무위배행위는 처리하는 사무의 내용, 성질 등 구체적 상황에 비추어 법령의 규정, 계약 내용 또는 신의성실의 원칙상 당연히 하여야 할 것으로 기대되는 행위를 하지 않거나 당연히 하지 않아야 할 것으로 기대되는 행위를 함으로써, 본인과 맺은 신임관계를 저버리는 일체의 행위를 말한다. (마) 경영자의 경영상 판단에 관한 위와 같은 사정을 모두 고려하더라도, 법령의 규정, 계약 내용 또는 신의성실의 원칙상 구체적 상황과 자신의 역할·지위에서 당연히 하여야 할 것으로 기대되는 행위를 하지

않거나 하지 않아야 할 것으로 기대되는 행위를 함으로써 재산상 이익을 취득하거나 제3자로 하여금 이를 취득하게 하고 본인에게 손해를 가하였다면, 그에 관한 고의 내지 불법이득의 의사는 인정된다.

대법원은 갑의 행위에 대해 다음과 같이 판단하였다. (가) 갑의 성과급 지급행위는 회계분식에 터 잡아 성과급 지급조건을 위반하여 부당하게 이루어진 임무위배행위로서, 업무상 배임의 고의와 불법영득 의사가 인정된다. (나) 이와 같은 성과급 지급이 적자 발생 상황이나 경영목표 달성 여부를 불문하고 경영상 판단에 따른 것이라고 보기 어렵다.

83도2057

1983. 10. 11. 83도2057, 공 1983, 1683 =『계약해제 일방주장 사건』:

갑은 M부동산을 소유하고 있다. 갑은 M부동산을 P회사 대표 A와 B, C 3명에게 매도하였다(제1차 매매계약). 갑은 A, B, C로부터 계약금과 중도금 일부를 지급받았다. 공동매수인 B와 C는 갑에게 계약해제를 요청하였다. 갑은 P회사 대표이사 A에게 계약해제의 의사표시를 하였다. 갑은 M부동산을 D에게 매도하였다(제2차 매매계약). 갑은 D로부터 계약금과 중도금을 지급받았다. 이후 제1차 매매계약 사실이 알려지면서 분쟁이 발생하였다. 갑은 제1차 매매계약은 이미 해제된 것이라고 주장하였다. 이후 D에 대한 M부동산의 등기이전은 이루어지지 않았다.

검사는 갑을 배임미수죄로 기소하였다. 갑의 피고사건은 제1심을 거친 후, 항소심에 계속되었다. 항소법원은 다음의 이유를 들어서 무죄를 선고하였다. (가) 갑은 제1차 매매계약이 이미 해제된 것이라고 주장하고 있다. (나) 갑이 제2차 매매계약을 체결하고 중도금까지 지급받았다고 하여도 그것만으로는 A, B, C에 대한 소유권이전등기 이행임무의 위배행위에 착수하였다고 볼 수 없다. (다) 달리 그 임무위배행위의 착수가 있었다고 볼 만한 증거가 없다. 검사는 불복 상고하였다.

대법원은 다음의 이유를 제시하여 원심판결을 파기환송하였다. (가) 갑은 M부동산을 제1차 매수인에게 매도하고 계약금과 중도금까지 수령하였다. (나) 그러한 이상 특단의 약정이 없으면 잔금수령과 동시에 매수인 명의로의 소유권이전등기에 협력할 임무가 있다. (다) 이 임무는 주로 제1차 매수인을 위하여 부담하는 임무이다. (라) 그러므로 (ㄱ) 제1차 매매계약이 적법하게 해제되었다면 모르되 그렇지 않은 이상 (ㄴ) 갑이 다시 제3자와 사이에 M부동산에 대한 매매계약을 체결하고 계약금과 중도금까지 수령한 것은 (ㄷ) 제1차 매수인에 대한 소유권이전등기 협력임무의 위배와 밀접한 행위로서 (ㄹ) 배임죄의 실행착수라고 보아야 한다.

(마) 그러므로 원심으로서는 먼저 제1차 매매계약이 과연 갑의 주장과 같이 적법하게 해제된 것인지를 심리하여 갑의 제1차 매수인들에 대한 소유권이전등기 임무의 존속여부와 나아가 그 임무위배여부를 판단하였어야 할 것이다. (바) (공동매수인 중 일부의 해제요청이 있다고 하여 매도인의 일방적인 해제의사 표시만으로 적법하게 해제의 효과가 발생한다고 볼 수는 없을 것이다.) (사) 그럼에도 불구하고 원심은 갑이 제1차 매매계약은 이미 해제된 것으로 주장하고 있다는 이유만으로 제2차 매도행위를 제1차 매수인에 대한 임무위배행위의 실행착수로 볼 수 없다고 판단하였다. (아) 이는 배임죄의 실행착수에 관한 법리를 오해하고 심리를 다하지 아니하여 판결에 영향을 미친 위법을 저지른 것이다.

2006도483

2007. 2. 8. 2006도483, 공 2007, 456 =『비상장주식 저가매입 사건』:

비상장주식의 적정가액을 산정하는 방법이 있다. 원칙은 자산가치를 기준으로 산정하는 것이다. 자산가치가 손익가치보다 낮을 경우에는 예외적으로 손익가치를 기준으로 산정한다. (비상장주식의 적정가액 산정 부분은 소개를 생략함.) P회사는 비상장회사인 Q회사의 발행주식을 전량 소유하고 있다(㉠주식). P회사의 사장은 갑이다. Q회사의 대표이사는 A이다. Q회사의 회계책임자는 B이다. 을은 ㉠주식을 매입하려는 사람이다. 갑과 을은 ㉠주식의 매매가액을 협의하였다. 갑과 을은 Q회사의 자산가치를 낮추는 방식에 관하여 협의하였다. 갑은 Q회사의 회계책임자 B에게 다음과 같이 지시하였다. (가) 약 3억원의 재고자산 감모 손실이 추가로 발생한 것인 양 회계관련서류를 허위로 기재하라. (나) 그렇게 하여 Q회사의 자산가치를 손익가치보다 낮게 조작하라. 을은 B로부터 결과를 보고받았다. ㉠주식의 매매가격은 손익가치 평가액을 기준으로 산정하여 21억 6천만원으로 결정되었다(ⓐ매매가액).

을은 ㉠주식의 매수자금 가운데 13억 6천만원이 부족하였다. 을은 자신이 차기 대주주임을 내세워 Q회사의 대표이사 A 및 회계책임자 B에게 회사자금을 인출해 달라고 지시하였다. 이에 B는 아무런 인적·물적 담보를 확보하지 않고 변제기일도 정하지 아니한 채 대주주대여금 명목으로 을에게 13억 6천만원의 Q회사자금(㉡차용금)을 대여하였다(㉮배임행위). 당시 을에게는 이러한 방법 외에 달리 주식매수자금을 마련할 방법이 없었다.

2003. 7. 1.경 ㉠주식의 매도 당시 적정가액은 최소한 23억 3천만원이었다(ⓑ적정가액). 갑은 을에게 21억 6천만원을 받고 ㉠주식을 매도하였다(㉯배임행위). 그 결과 을은 ㉠주식을 1억 7천만원 만큼 싸게 취득할 수 있었다. P회사는 1억 7천만원을 더 받을 수 있었으나 받지 못하였다. 을은 ㉡차용금을 전혀 변제하지 않고 있었다. 을은 ㉠주식을 매입한 다음 6개월 후에 Q회사를 R회사에 처분하였다.

검사는 갑과 을을 업무상 배임죄로 기소하였다. 갑과 을의 피고사건은 제1심을 거친 후, 항소심에 계속되었다. 항소법원은 다음과 같이 판단하였다. (가) 갑 : P회사와의 관계에서 업무상 배임죄 공동정범(㉯배임행위). (나) 을 : P회사와의 관계에서 업무상 배임죄 공동정범(㉯배임행위). (다) 을 : Q회사와의 관계에서 업무상 배임죄 공동정범(㉮배임행위). 을은 불복 상고하였다. 갑은 상고하지 않았다.

대법원은 다음의 이유를 제시하여 상고를 기각하였다. 대법원은 P회사에 대한 ㉯배임행위 부분에 대해 다음과 같이 판단하였다. (가) 업무상배임죄에서 재산상의 손해를 가한 때라 함은 총체적으로 보아 본인의 재산 상태에 손해를 가한 경우를 의미한다. (나) 회사의 대표이사 등이 그 임무에 위배하여 회사가 보유하고 있는 다른 회사의 주식을 저가로 매도한 경우 회사에 가한 손해액은 통상적으로 그 주식의 매매대금과 적정가액으로서의 시가 사이의 차액 상당이라고 봄이 상당하다. (다) 비상장주식을 거래한 경우에 있어서 그에 관한 객관적 교환가치가 적정하게 반영된 정상적인 거래의 실례가 있는 때에는 그 거래가격을 적정가액으로서의 시가로 보아야 한다. (라) 그러나 만약 그러한 거래사례가 없는 경우에는 거래 당시 당해 비상장법인 및 거래당사자의 상황, 당해 업종의 특성 등을 종합적으로 고려하여, 보편적으로 인정되는 여러 가지 평가방법들 중의 하나인 「상속세 및 증여세법 시행령」 제54조의 평가방법에 따라 주식의 적정가액을 평가할 수 있다. (마) (구체적 평가방법; 소개를 생략함.)

(바) (ㄱ) 실제로는 비상장주식의 순자산가치가 순손익가치를 초과함에도 불구하고, (ㄴ) 당해 비상장회사의 최대주주인 법인의 대표이사 등이 (ㄷ) 비상장회사의 회계서류를 조작하여 자산가액을 평가절하하는 방법으로 순자산가치를 순손익가치보다 낮게 만든 다음 (ㄹ) 순손익가치 평가액을 기준으로 매매대금을 산정하여 주식을 매도하였고, (ㅁ) 그 매매대금이 정상적인 순자산가치 평가액을 기준으로 산정한 최소한의 적정가액에 미달한다면, (ㅂ) 그와 같은 주식매매로 인하여 주식매도인인 법인이 입은 재산상 손해액은 적어도 매매대금과 위 적정가액 사이의 차액 이상이라고 봄이 상당하다.

(사) (ㄱ) 업무상배임죄의 실행으로 인하여 이익을 얻게 되는 수익자가 (ㄴ) 소극적으로 실행행위자의 배임행위에 편승하여 이익을 취득하는 데 그치지 않고 (ㄷ) 배임행위를 교사하거나 또는 (ㄹ) 배임행위의 전 과정에 관여하는 등으로 실행행위자의 배임행위에 적극 가담한 경우에는 (ㅁ) 업무상배임죄의 공동정범이 된다.

대법원은 을의 행위에 대해 다음과 같이 판단하였다. (가) ㉠주식의 매매가격 결정 과정에서 을이 갑 및 갑의 지시를 받은 B와의 사이에 Q회사의 자산가치를 낮추는 방식에 관하여 협의하고 B로부터 그 결과를 보고받는 등의 방법으로 갑의 배임행위에 적극 가담하였다. (나) 을은 업무상배임죄의 공동정범으로 인정된다.

대법원은 Q회사에 대한 ㉮배임행위 부분에 대해 다음과 같이 판단하였다. (가) 주식회사의 임원이나 회계책임자가 당해 회사의 주식을 매수하여 대주주가 되려고 하는 자에게 미리 대주주대여금 명목으로 회사자금을 교부하여 그 돈으로 주식매수대금을 지급하게 하는 행위는 대주주가 되려는 자의 개인적인 이익을 도모하고 회사의 부실을 초래하는 것이다. (나) 회사자금 대여행위가 (ㄱ) 회사의 이익을 위한 것임이 명백하고 (ㄴ) 회사 내부의 정상적인 의사결정절차를 거쳤으며 (ㄷ) 그로 인하여 회사의 자금운용에 아무런 어려움이 발생하지 않을 뿐만 아니라 (ㄹ) 대여금 회수를 위한 충분한 담보도 확보되어 있다는 등의 특별한 사정이 있는 경우는 제외한다. (다) 그러한 특별한 사정이 없는 한 회사자금 대여행위는 업무상배임죄(경우에 따라서는 업무상횡령죄. 2005. 3. 24. 2004도8963 참조)에 해당한다. (라) 그와 같은 방법으로 회사의 대주주가 된 자가 회사 임원 등의 배임행위를 교사하거나 배임행위의 전 과정에 관여하는 등으로 적극 가담한 경우에는 업무상배임죄의 공동정범이 된다. (마) 을은 배임의 고의를 가지고 B의 배임행위에 적극 가담한 것으로 인정된다.

2006도4885

2008. 11. 13. 2006도4885, 공 2008하, 1707 =『리베이트 주식 매입 사건』:

갑은 P회사의 대표이사이다. A는 Q회사의 대표이다. Q회사는 갑으로부터 P회사 M공장 증설공사를 수급하였다. 갑은 A로부터 M공장 공사 수주의 대가로 25억원을 받기로 하였다. 갑은 자금 마련을 위하여 A에게 P회사의 ㉠CD를 담보로 제공해 주었다(㉮행위). A는 ㉠CD를 R은행에 담보로 제공하고 Q회사 명의로 25억원을 대출받았다. 2002. 5. 20. 갑은 A로부터 25억원을 리베이트로 지급받았다. 2003. 1. 6. 갑은 A로부터 같은 리베이트 명목으로 5억원을 지급받았다(이상 ㉯행위). 이때에는 P회사의 CD가 담보로 제공되지 않았다.

갑은 리베이트로 받은 30억원으로 ㉡주식을 취득하였다. 갑은 A에게 ㉡주식의 은닉을 부탁하였다. 갑은 A로 하여금 A 명의로 ㉡주식의 명의개서를 하게 하였다(㉰행위). 갑은 이미 리베이트 30억원을 받은 ㉯행위로 유죄판결을 받아 확정된 바가 있었다.

검사는 갑을 다시 다음의 공소사실로 기소하였다. (가) ㉮행위 : 특정범죄가중법위반죄(배임). (나) ㉰행위 : 범죄수익은닉죄. 갑의 피고사건은 제1심을 거친 후, 항소심에 계속되었다. 항소법원은 다음과 같이 판단하였다. (가) ㉮행위 : 특정범죄가중법위반죄(배임) 유죄. (나) ㉰행위 : 범죄수익은닉죄 유죄. (행위 당시부터 특정경제범죄법상의 배임죄는 범죄수익은닉규제법의 중대범죄에 해당하였다. 행위 당시 배임수재죄는 범죄수익은닉규제법상의 중대범죄에 해당하지 않았다. 현재는 중대범죄에 포함된다.) 갑은 불복 상고하였다. 갑은 상고이유로 다음의 점을 주장하였다. (가) (행위 당시) 배임수재죄는 범죄수익은닉규제법상의 중대범죄에 해당하지 않는다. (나) 리베이트 30억원으로 취득한 ㉡주식은 중대범죄로 취득한 재산에 해당하지 않는다. (다) 따라서 ㉡주식의 명의개서 행위(㉰행위)는 범죄수익은닉에 해당하지 않는다.

(대법원은 다른 공소사실을 이유로 원심판결을 파기환송하였다.) 대법원은 다음의 이유를 제시하여 갑의 상고이유를 배척하였다. 대법원은 범죄수익의 범위에 대해 다음과 같이 설시하였다. (가) 범죄수익은닉규제법 제2조 제2호에 정한 범죄수익에 해당하는 '범죄행위에 의하여 생긴 재산'이란 (ㄱ) 중대범죄의 범죄행위에 의하여 새로 만들어진 재산뿐만 아니라 (ㄴ) 그러한 범죄행위에 의하여 취득한 재산도 포함하는 것이라고 보아야 한다. (나) 범죄수익은닉규제법에 의하면 특정경제범죄법상의 배임죄는 중대범죄에 해당한다.

(다) 주식회사의 대표이사가 아무런 반대급부를 제공받지 아니하고 회사 소유의 양도성예금증서를 제3자의 금융기관 대출에 대한 담보로 제공하여 그 대출이 이루어졌다면 (ㄱ) 제3자에게 담보 가치에 상응한 대출

금 상당의 재산상 이익을 취득하게 하고 (ㄴ) 회사에는 그에 상응한 재산상 손해를 입혔다고 할 것이다. (라) 그러므로 이러한 대표이사의 담보제공행위는 특정경제범죄법상의 배임죄에 해당한다. (마) 그렇다면 금융기관으로부터 양도성예금증서를 담보로 제공하고 대출받은 대출금은 그 범죄행위에 의하여 생긴 재산으로서 범죄수익에 해당한다. (바) 제3자가 대표이사에게 그 대출금을 부정한 청탁과 함께 교부하였다고 하여도 범죄수익으로서의 성질이 사라지는 것은 아니다. (사) 같은 취지에서 갑이 P회사 소유의 양도성 예금증서를 담보로 제공하여 Q회사가 R은행으로부터 대출받은 25억원을 범죄수익이라고 한 원심의 판단은 정당하다.

대법원은 주식의 명의개서가 범죄수익은닉에 해당하는지에 대해 다음과 같이 설시하였다. (가) 범죄수익은닉규제법에 정한 범죄수익의 은닉이라 함은 범죄수익 등의 특정이나 추적 또는 발견을 불가능하게 하거나 현저하게 곤란하게 하는 행위로서 통상의 보관방법이라고 보기 어려운 경우를 의미한다. (나) 이러한 은닉행위에는 범죄수익 등인 주식을 타인에게 처분한 것처럼 타인 명의로 명의개서하여 두는 행위도 포함된다. (다) 구체적인 사안에서 타인 명의로 범죄수익 등에 해당하는 주식을 명의개서하는 행위가 실질 처분이 아니라 범죄수익 등을 은닉하는 행위에 해당하는지 여부를 판단할 때에는 주식거래 당사자 사이의 관계, 명의개서하게 된 동기와 경위, 주식 거래대금의 실제 수수 여부 등을 종합적으로 고려하여야 한다. (라) 원심이 같은 취지에서 그 판시와 같은 사정을 종합하여 갑이 ㉡주식을 A 명의로 명의개서한 행위가 범죄수익 등을 은닉한 행위라고 본 것은 정당하다.

2019도17102

2021. 9. 30. 2019도17102, 공 2021하, 2149 = 『홍보용 유료기사 청탁 사건』:

갑은 P지방신문의 기자이다. Q회사는 갑에게 "Q회사가 송부하는 홍보자료 등을 토대로 ㉠사안에 대하여 유료 기사를 작성해달라"고 부탁하였다(㉠유료기사). ㉠기사가 P신문에 게재되었다. Q회사는 관례에 따라 P신문사에 기사료를 입금하였다(㉡기사료).

검사는 갑을 배임수재죄로 기소하였다. 제1심법원은 다음과 같이 판단하여 무죄를 선고하였다. (가) ㉠기사의 게재 요청은 부정한 청탁에 해당하지 않는다. (나) ㉡기사료를 지급받은 P회사는 사무처리를 위임한 타인일 뿐, 제3자에 해당하지 않는다. 검사는 불복 항소하였다. 검사는 항소이유로 다음의 점을 주장하였다. (가) ㉠기사의 게재 요청은 부정한 청탁에 해당한다. (나) ㉡기사료를 지급받은 P회사는 제3자에 해당한다. 항소법원은 다음과 같이 판단하여 항소를 기각하고, 제1심판결을 유지하였다. (가) ㉠기사의 게재 요청은 부정한 청탁에 해당한다. (나) ㉡기사료를 지급받은 P회사는 사무처리를 위임한 타인일 뿐, 제3자에 해당하지 않는다. 검사는 불복 상고하였다. 검사의 상고이유는 항소이유와 같다.

대법원은 다음의 이유를 제시하여 상고를 기각하였다. 대법원은 부정한 청탁 문제에 대해 다음과 같이 판단하였다. 대법원은 부정한 청탁의 의미에 대해 다음과 같이 설시하였다. (가) 배임수재죄에서 '부정한 청탁'은 반드시 업무상 배임의 내용이 되는 정도에 이를 필요는 없고, 사회상규 또는 신의성실의 원칙에 반하는 것을 내용으로 하면 충분하다. (나) 부정한 청탁'에 해당하는지를 판단할 때에는 청탁의 내용 및 이에 관련한 대가의 액수, 형식, 보호법익인 거래의 청렴성 등을 종합적으로 고찰하여야 한다. (다) 부정한 청탁이 반드시 명시적으로 이루어져야 하는 것은 아니며 묵시적으로 이루어지더라도 무방하다. (라) 그리고 타인의 업무를 처리하는 사람에게 공여한 금품에 부정한 청탁의 대가로서의 성질과 그 외의 행위에 대한 사례로서의 성질이 불가분적으로 결합되어 있는 경우에는 그 전부가 불가분적으로 부정한 청탁의 대가로서의 성질을 갖는 것으로 보아야 한다.

대법원은 광고성 기사의 게재 요청이 부정한 청탁에 해당하는지에 대해 다음과 같이 설시하였다. (가) 언론의 보도는 공정하고 객관적이어야 한다. (나) 언론은 공적인 관심사에 대하여 공익을 대변하며, 취재 · 보도 · 논평 또는 그 밖의 방법으로 민주적 여론형성에 이바지함으로써 그 공적 임무를 수행한다(언론중재 및 피해구제 등에 관한 법률 제4조 제1항, 제3항). (다) 또한 지역신문은 정확하고 공정하게 보도하고 지역사회의 공론의 장으로서 다양한 의견을 수렴할 책무가 있다(지역신문발전지원 특별법 제5조). (라) 그런데 '광고'와 '언론 보도'는 그 내용의 공정성, 객관성 등에 대한 공공의 신뢰에 있어 확연한 차이가 있고, '광고'는 '언론 보도'의 범주에 포함되지 않는다. (마) 신문 · 인터넷신문의 편집인 및 인터넷뉴스서비스의 기사배열책임자는 독자가 기사와 광고를 혼동하지 아니하도록 명확하게 구분하여 편집하여야 한다(신문 등의 진흥에 관한 법률 제6조 제3항).

(바) 신문사 등이 광고주로부터 홍보자료 등을 전달받아 실질은 광고이지만 기사의 형식을 빌린 이른바 '기사형 광고'를 게재하는 경우가 있다. (사) 이러한 경우에는 독자가 광고임을 전제로 정보의 가치를 합리적으로 판단할 수 있도록 그것이 광고임을 표시하여야 하고, 언론 보도로 오인할 수 있는 형태로 게재하여서는 안 된다. (아) 그러므로 보도의 대상이 되는 자가 언론사 소속 기자에게 소위 '유료 기사' 게재를 청탁하는 행위는 사실상 '광고'를 '언론 보도'인 것처럼 가장하여 달라는 것으로서 언론 보도의 공정성 및 객관성에 대한 공공의 신뢰를 저버리는 것이므로, 배임수재죄의 부정한 청탁에 해당한다. (자) 설령 '유료 기사'의 내용이 객관적 사실과 부합하더라도, 언론 보도를 금전적 거래의 대상으로 삼은 이상 그 자체로 부정한 청탁에 해당한다.

대법원은 배임수재죄에서 제3자의 범위에 대해 다음과 같이 설시하였다. (가) 구 형법(2016. 5. 29. 법률 제14178호로 개정되기 전의 것) 제357조 제1항은 "타인의 사무를 처리하는 자가 그 임무에 관하여 부정한 청탁을 받고 재물 또는 재산상의 이익을 취득한 자는 5년 이하의 징역 또는 1천만원 이하의 벌금에 처한다."라고 규정하여, 문언상 부정한 청탁을 받은 사무처리자 본인이 재물 또는 재산상의 이익을 취득한 경우에만 처벌할 수 있었다. (나) 따라서 제3자에게 재물이나 재산상 이익을 취득하게 한 경우에는 부정한 청탁을 받은 사무처리자가 직접 받은 것과 동일하게 평가할 수 있는 관계가 있는 경우가 아닌 한 배임수재죄의 성립은 부정되었다.

(다) 개정 형법(2016. 5. 29. 법률 제14178호로 개정된 것) 제357조 제1항은 구법과 달리 배임수재죄의 구성요건을 '타인의 사무를 처리하는 자가 그 임무에 관하여 부정한 청탁을 받고 재물 또는 재산상의 이익을 취득하거나 제3자로 하여금 이를 취득하게 한 때'라고 규정함으로써 제3자로 하여금 재물이나 재산상 이익을 취득하게 하는 행위를 구성요건에 추가하였다. (라) 그 입법 취지는 부패행위를 방지하고 「UN 부패방지협약」 등 국제적 기준에 부합하도록 하려는 것이다. (마) 개정 형법 제357조의 보호법익 및 체계적 위치, 개정 경위, 법문의 문언 등을 종합하여 볼 때, 개정 형법이 적용되는 경우에도 '제3자'에는 다른 특별한 사정이 없는 한 사무처리를 위임한 타인은 포함되지 않는다고 봄이 타당하다.

(바) 그러나 배임수재죄의 행위주체가 재물 또는 재산상 이익을 취득하였는지는 증거에 의하여 인정된 사실에 대한 규범적 평가의 문제이다. (사) (ㄱ) 부정한 청탁에 따른 재물이나 재산상 이익이 외형상 사무처리를 위임한 타인에게 지급된 것으로 보이더라도 (ㄴ) 사회통념상 그 타인이 재물 또는 재산상 이익을 받은 것을 부정한 청탁을 받은 사람이 직접 받은 것과 동일하게 평가할 수 있는 경우에는 (ㄷ) 배임수재죄가 성립될 수 있다.

대법원은 다음과 같은 원심법원의 판단을 그대로 유지하였다. (가) 사무처리를 위임한 타인은 개정 형법 제357조 제1항의 배임수재죄에 규정한 '제3자'에 포함되지 않는다. (나) 갑이 속한 P언론사는 사무처리를 위임한 자에 해당한다. (다) ⓛ기사료가 갑 본인 또는 사무처리를 위임한 자가 아닌 제3자에게 사실상 귀속되었다고 평가할 만한 사정이 없다. (라) 범죄의 증명이 없으므로 갑은 무죄이다.

79도708

1979. 6. 12. 79도708, 공 1979, 12050 =『농협조합장 예금 청탁 사건』:

갑은 농업협동조합 M단위농협 조합장이다. [을은 P기관의 경리담당 직원이다.] 갑은 M조합에 예금유치를 부탁하면서 을에게 미리 사례금 조로 ㉠금품을 건넸다. 을은 ㉠금품을 받았다.

검사는 갑과 을을 다음의 공소사실로 기소하였다. (가) 갑 : 배임증재죄. (나) 을 : 배임수재죄. 항소법원은 다음과 같이 판단하였다. (가) 갑 : 배임증재죄 무죄. (나) 을 : 배임수재죄 유죄. 검사는 무죄 부분에 불복하여 상고하였다. 검사는 상고이유로 다음의 점을 주장하였다. (가) 을에게는 부정한 청탁이 인정되어 배임수재죄가 인정되었다. (나) 동일한 사안이므로 갑에게도 부정한 청탁이 인정되어 배임증재죄가 인정되어야 한다.

대법원은 다음의 이유를 제시하여 상고를 기각하였다. (가) 농업협동조합 단위조합장이던 갑이 조합을 위하여 예금유치를 한다는 것은 정당한 업무에 속한다. (나) 예금유치를 위하여 청탁을 하는 것도 특단의 사정이 없는 한 부정한 것이라 할 수 없다. (다) 형법 제357조 제2항에 규정한 재물 또는 이익을 공여하는 사람에게 부정한 것이 없는 한 배임증재죄는 성립되지 않는다. (라) 이는 그것을 받는 사람으로 보아 부정한 것인 여부에 구애되지 않는다. (마) 보통의 경우 뇌물을 주는 사람과 그것을 받는 사람은 상호 필요적 공범의 관계에 놓이는 것이기는 하나 그렇다고 해서 예외가 없는 것도 아니다. (바) 공범자 모두가 꼭 반드시 처벌되어야 하는 것도 아니다. (사) 이 사건의 경우에 을이 뇌물을 받은 자로서 유죄가 되었다. (아) 그렇다 하더라도 그것을 준 갑으로서는 정당한 업무에 속하여 뇌물을 준 죄가 되지 않는다면 그를 처벌할 수는 없다.

99도883

1999. 4. 27. 99도883, 공 1999, 1122 =『아파트 하자보수공사 청탁 사건』:

(사실관계를 일부 보완함.) P건설회사는 M아파트를 시공하였다. P회사는 하자보수의무를 보증받기 위하여 주택사업공제조합에 가입하였다. 1993. 7.경 M아파트에 주민들이 입주하였다. M아파트에는 입주자대표회의, 노인회, 부녀회가 있다. 입주자대표회의 회장은 D이다. 을은 입주자대표회의의 총무이다. 노인회 회장은 병이다. (부녀회 회장은 불명.) M아파트에 여러 건의 하자가 발견되었다. P건설회사가 하자보수공사 책임을 부담하는 기간이다. P회사는 부도가 났다. 병을 위시한 주민들은 P회사의 하자보증의무를 보증한 주택사업공제조합과 협상을 벌였다. 1996. 2. 10. 주택사업공제조합은 3억원의 보증금을 M아파트 입주자대표회의 회장 D 명의 통장으로 입금하였다.

1996. 2. 11. M아파트 입주자대표회의의 주민대표들과 노인회 및 부녀회 임원들로 하자보수추진위원회가 구성되었다. 당시 노인회 회장이었던 병이 하자보수추진위원회 위원장이 되었다. 당시 M아파트 입주자대표회의 총무였던 을이 하자보수추진위원회 총무가 되었다. 하자보수추진위원회 측은 하자보수공사를 시공할 업체를 선정하게 되었다. 하자보수추진위원회 총무 을은 M아파트 보수공사의 시공업자 선정 및 그 공사대금 지출업무 등의 실무를 총괄하게 되었다.

갑은 건설업에 종사하는 사람이다. 갑은 M아파트 주민들과는 무관한 사람이다. 하자보수공사는 건설업면허를 가지고 있는 시공업자가 시공하여야 한다. 하자보수추진위원회 총무 을은 건설업면허를 가지고 있는 시공업자를 선정하고 실제 공사도급금액을 지출해야 한다. A는 건설업면허가 없는 사람이다. A는 Q회사로부터 건설업면허를 대여받아 각종 공사를 하고 있다. A는 M아파트 하자보수공사를 수주하고 싶어하였다. 갑은 을에게 접근하였다. 갑은 을에게 A가 M아파트 하자보수공사를 수주하려고 하는데 도와달라고 하면서 금품을 제공하였다. 이 기회에 갑과 을은 건설업면허가 없는 A에게 저가로 공사를 시공하게 하고 차액을 자신들이 차지하기로 하였다.

1996. 2. 15.경 아파트 입주자대표회의 회장 D, 하자보수추진위원회 위원장 병, 하자보수추진위원회 총무

을, 건설업 종사자 갑이 한자리에 모였다. 갑은 다음 내용의 도급계약서를 미리 준비해 가지고 왔다. (가) 작성일자 : 1996. 2. 15. (나) 도급인 : M아파트 입주자대표회의. (다) 수급인 : Q회사(건설업면허 있음). (라) 도급금액 : 3억원. 갑은 하자보수추진위원회 총무 을에게 준비해 온 1996. 2. 15.자 도급계약서를 건넸다. 입주자대표회의 회장 D는 도급인 대표로서 서명 날인하였다. 하자보수추진위원회 위원장 병은 도급인의 보증인으로서 서명 날인하였다. 1996. 2. 15. 입주자대표회의 회장인 D 명의 통장으로 입금된 3억원 가운데 계약금과 중도금 중 일부로 1억 5천만원이 갑의 통장으로 입금되었다. 이후에도 갑에게 9천만원이 더 입금되었다.

을은 A와 도급금액을 1억 4천만원으로 하는 하자보수공사계약을 체결하였다. 갑은 A에게 1996. 2. 15.자 도급계약서를 주면서 Q회사의 직인을 받아오라고 하였다. A는 Q회사에 가서 건설업면허 대여료를 지급하고 도급계약서에 Q회사의 직인을 받았다. A는 M아파트 하자보수공사를 진행하였다. 갑은 입금받은 2억 4천만원 가운데에서 A에게 공사비를 지급하였다. 갑이 A에게 지급한 공사비는 1억 4천만원보다 적은 금액이었다. 갑과 을은 남은 차액 1억 여원을 나누어 가졌다.

검사는 갑, 을, 병을 업무상 배임죄 및 배임수증재죄로 기소하였다. 갑, 을, 병의 피고사건은 제1심을 거친 후, 항소심에 계속되었다. 항소법원은 을의 배임행위로 인한 손해액을 다음과 같이 산정하였다. (가) 공사도급금액은 3억원이다. (나) 이 가운데 2억 4천만원이 갑에게 지급되었다. (다) 무면허 건설업자 A와의 공사도급금액은 1억 4천만원이다. (라) 을은 차액 1억원의 재산상 이익을 취득하였다. (마) M아파트 주민들은 1억원의 손해를 입었다. 항소법원은 갑, 을, 병에게 유죄를 인정하였다. 항소법원은 갑에게 업무상 배임죄의 공동정범을 인정하였다. 항소법원은 형법 제356조, 제355조 제2항, 제30조를 적용하였다. 항소법원은 형법 제356조의 소정형 중 징역형을 선택한 형기범위 내에서 갑을 처단하였다. 갑과 병은 불복 상고하였다. 을은 상고하지 않았다. (이하 갑을 중심으로 고찰함.) 갑은 상고이유로 다음의 점을 주장하였다. (가) 배임행위로 인한 손해액의 산정에 오류가 있다. (나) 배임행위를 청탁하는 사람이 동시에 스스로 배임죄의 정범이 될 수는 없다. (다) 갑에게 업무상 배임죄를 인정할 때 법령적용의 오류가 있다.

대법원은 다음의 이유를 제시하여 원심판결을 파기환송하였다. 대법원은 갑의 첫 번째 상고이유에 대해 다음과 같이 판단하였다. (가) 업무상배임죄는 위태범으로서 그 성립을 위하여 현실로 본인에게 재산상 손해가 발생할 것까지 요하는 것은 아니다. (나) 을은 M아파트 주민들을 위하여 적정한 가격으로 하자보수공사 도급계약을 체결할 임무가 있다. (다) 갑은 그러한 을과 공모하여 M아파트 입주대표회의로 하여금 부당하게 높은 가격으로 공사도급계약을 체결하여 공사대금채무를 부담하게 하였다. (라) 그렇다면 그로써 곧바로 업무상배임죄가 성립한다. (마) 그 이후에 M아파트 입주자대표회의가 현실로 공사대금채무를 이행하였는지 여부는 업무상배임죄의 성립과는 관계가 없다. (바) 그 경우 배임액은 갑과 을이 공모하여 M아파트 입주자대표회의로 하여금 체결하도록 한 1996. 2. 15.자 도급계약의 도급금액 전액[3억원]에서 정당한 도급금액을 공제한 금액으로 보아야 한다. (사) 실제로 M아파트 입주자대표회의가 1996. 2. 15.자 도급계약의 이행으로서 지출한 금액[2억 4천만원]에서 정당한 도급금액을 공제한 금액으로 볼 것은 아니다.

(아) 원심은 1996. 2. 15.자 도급계약에 있어서 정당한 도급금액은 갑이 A에게 하도급 준 옥상우레탄방수공사, 도장공사 및 조경공사 대금 1억 4천만원이라고 인정하고, M아파트 입주자대표회의가 갑에게 지급한 금액[2억 4천만원]에서 위 금액[1억 4천만원]만을 공제한 금액을 배임액으로 인정한 셈이다. (자) 이는 업무상배임죄의 구성요건과 배임액에 대한 법리를 오해하고, 채증법칙을 위반하여 사실을 오인한 위법이 있다.

대법원은 갑의 두 번째 상고이유에 대해 다음과 같이 설시하였다. (가) 업무상배임죄와 배임증재죄는 별개의 범죄이다. (나) 배임증재죄를 범한 자[갑]라 할지라도 그와 별도로 타인의 사무를 처리하는 지위에 있는 사람[을]과 공범으로서는 업무상배임죄를 범할 수도 있다.

대법원은 갑의 세 번째 상고이유에 대해 다음과 같이 설시하였다. (가) 업무상배임죄는 업무상 타인의 사무를 처리하는 지위에 있는 사람이 그 임무에 위배하는 행위로써 재산상의 이익을 취득하거나 제3자로 하여금 이를 취득하게 하여 본인에게 손해를 가한 때에 성립한다. (나) 업무상배임죄는 타인의 사무를 처리하는 지위라는 점에서 보면 신분관계로 인하여 성립될 범죄이다. (다) 업무상배임죄는 업무상 타인의 사무를 처리하는 지위라는 점에서 보면 단순배임죄에 대한 가중규정으로서 신분관계로 인하여 형의 경중이 있는 경우이다. (라) 그러므로 그와 같은 신분관계가 없는 자가 그러한 신분관계가 있는 자와 공모하여 업무상배임죄를 저질렀다면, 그러한 신분관계가 없는 자에 대하여는 형법 제33조 단서에 의하여 단순배임죄에 정한 형으로 처단하여야 한다.

(마) 갑은 이 사건 피해자인 M아파트 주민들의 하자보수공사를 위하여 도급계약을 체결하는 사무를 처리하는 업무에 종사하는 사람이 아님이 분명하다. (바) 그러한데도 원심은 갑에 대하여 형법 제356조, 제355조 제2항, 제30조만을 적용하여 형법 제356조의 소정형 중 징역형을 선택한 형기범위 내에서 갑을 처단하였다. (사) 이는 법률적용을 그르친 위법을 저지른 것이다.

제42장 손괴의 죄

2014도2477

2016. 1. 28. 2014도2477, 공 2016상, 392 =『로트와일러 전기톱 살해 사건』:

갑은 P황토방을 운영하고 있다. 갑은 ⓐ진돗개를 키우고 있다. 이웃에 Q요양원이 있다. Q요양원에는 ⓑ, ⓒ로트와일러 2마리가 있다. P황토방 앞에는 개사육장이 있었다. 갑은 ㉠엔진톱을 이용해 나무를 자르는 작업을 하고 있었다. 갑은 ⓐ진돗개를 나무에 묶어 놓았다. ⓑ, ⓒ로트와일러가 묶여 있는 ⓐ진돗개를 물어뜯는 등 공격을 하였다. ⓑ, ⓒ로트와일러는 갑을 공격하지는 않았다. 갑은 ⓑ, ⓒ로트와일러를 쫓아버리기 위해 ㉠엔진톱으로 ⓑ로트와일러를 위협하였다. ㉠기계톱은 시동이 걸려 있어도 엑셀을 당기지 않으면 돌아가지 않는다. 갑은 처음에 시동이 걸린 채로 ⓐ로트와일러를 툭툭 치며 위협하였다. 갑은 ⓐ로트와일러가 몸을 돌릴 때 ㉠전기톱의 엑셀을 당겼다. ⓐ로트와일러는 등 쪽이 절단되어 내장이 겉으로 드러난 상태로 피를 흘리다 죽었다. ⓐ진돗개가 묶여있었던 장소나, 갑이 ⓑ로트와일러를 ㉠기계톱으로 내리친 사건 장소는 갑 소유의 땅이 아니었다. 갑은 ⓐ진돗개의 목줄을 풀어 다른 곳으로 피하게 하거나 데려갈 수도 있었다.

「동물보호법」은 잔인한 방법으로 포유류 동물을 죽음에 이르게 하면 3년 이하의 징역이나 3천만원 이하의 벌금으로 처벌하고 있다(㉮규정). (현행법에 의함. 사건 당시에는 1년 이하의 징역이나 1천만원 이하의 벌금으로 처벌되었음.) 검사는 갑을 재물손괴죄와 「동물보호법」 ㉮규정 위반죄의 상상적 경합범으로 기소하였다. 제1심법원은 다음과 같이 판단하였다. (가) 재물손괴죄 : 무죄 (형법 제22조 제3항 책임조각적 과잉긴급피난 인정). (나) 동물보호법위반죄 : 유죄. 검사는 무죄 부분에 불복하여 항소하였다. 항소법원은 다음과 같이 판단하였다. (가) 손괴죄 : 유죄 (형법 제22조 제3항 책임조각적 과잉긴급피난 불인정). (나) 동물보호법위반죄 : 무죄 (구성요건해당성조각사유 인정). 갑은 유죄 부분에 불복하여 상고하였다. 갑은 상고이유로, 긴급피난이 인정된다고 주장하였다. 검사는 무죄 부분에 불복하여 상고하였다. 검사는 상고이유로 다음의 점을 주장하였다. (가) 동물보호법의 ㉮처벌규정은 단순히 '잔인한 방법으로 동물을 죽음에 이르게 하는 행위'를 하면 처벌하고 있다. (나) ㉮처벌규정은 '정당한 사유 없이'라는 구성요건해당성조각사유를 규정하고 있지 않다.

대법원은 다음의 이유를 제시하여 원심판결을 파기환송하였다. 대법원은 긴급피난의 요건에 대해 다음과 같이 설시하였다. (가) 형법 제22조 제1항의 긴급피난이란 자기 또는 타인의 법익에 대한 현재의 위난을 피하기 위한 상당한 이유 있는 행위를 말한다. (나) 여기서 '상당한 이유 있는 행위'에 해당하려면, 첫째 피난행위는 위난에 처한 법익을 보호하기 위한 유일한 수단이어야 하고, 둘째 피해자에게 가장 경미한 손해를 주는 방법을 택하여야 하며, 셋째 피난행위에 의하여 보전되는 이익은 이로 인하여 침해되는 이익보다 우월해야 하고, 넷째 피난행위는 그 자체가 사회윤리나 법질서 전체의 정신에 비추어 적합한 수단일 것을 요하는 등의 요건을 갖추어야 한다.

대법원은 다음과 같이 판단한 원심판단을 그대로 유지하였다. (가) 갑으로서는 자신의 ⓐ진돗개를 보호하기 위하여 몽둥이나 기계톱 등을 휘둘러 Q요양원의 개들(ⓑ, ⓒ로트와일러)을 쫓아버리는 방법으로 자신의 재물(ⓐ진돗개)을 보호할 수 있었을 것이다. (나) 그러므로 ⓑ로트와일러를 ㉠기계톱으로 내리쳐 등 부분을 절개한 것은 피난행위의 상당성을 넘은 행위로서 형법 제22조 제1항에서 정한 긴급피난의 요건을 갖춘 행위로 보기 어렵다. (다) 뿐만 아니라 그 당시 ⓑ로트와일러가 갑을 공격하지도 않았고 ⓑ로트와일러가 평소 공격적인 성향을 가지고 있었다고 볼 자료도 없다. (라) 그러한 이상 형법 제22조 제3항에서 정한 책임조각적 과잉피난에도 해당하지 않는다.

대법원은 검사의 상고이유에 대해 다음과 같이 판단하였다. 대법원은 동물보호법의 관련 규정들을 분석하였다(내용 생략함). (아래는 현행 동물보호법의 규정에 따라 정리함.) (가) 위와 같은 동물보호법의 목적과 입법 취지, 동물보호법 제10조 제1항 각 호의 문언 및 체계 등을 종합하여 본다. (나) 동물보호법 제10조 제1항 제1호가 규정하는 '잔인한 방법으로 죽음에 이르게 하는 행위'는, 같은 항 제4호의 경우와는 달리 '정당한 사유'를 구성요건 요소로 규정하고 있지 아니하여 '잔인한 방법으로 죽음에 이르게 하는 행위'를 하는 것 자체로 그 구성요건을 충족한다. (다) 설령 그 행위를 정당화할 만한 사정 또는 행위자의 책임으로 돌릴 수 없는 사정이 있다 하더라도, 이로 인해 위법성이나 책임이 조각될 수 있는지는 별론으로 하고 구성요건해당성이 조각된다고 볼 수는 없다.

대법원은 원심판결의 당부에 대해 다음과 같이 판단하였다. (가) (사실관계 생략함) (나) 위와 같이 ⓑ로트와일러를 죽이게 된 경위, ⓑ로트와일러를 죽이는 데 사용한 도구 및 방법, 행위 태양 및 그 결과를 앞서 본 법리에 비추어 본다. (다) 위와 같은 갑의 행위는 동물보호법 제8조 제1항 제1호에 의하여 금지되는 '목을 매다는 등의 잔인한 방법으로 죽음에 이르게 하는 행위'에 해당한다고 봄이 상당하다. (라) 나아가 갑의 행위에 위법성조각사유 또는 책임조각사유가 있다고 보기도 어렵다.

(마) 그럼에도 원심은 이와 달리 동물보호법 제10조 제1항 제1호에서 정한 '잔인한 방법으로 동물을 죽음에 이르게 하는 행위'란 '정당하고 합리적인 이유 없이' 동물을 잔인한 방법으로 죽음에 이르게 하는 행위라는 잘못된 해석을 하고 있다. (바) 원심은 이러한 잘못된 해석을 전제로, 자신의 ⓐ진돗개를 공격하던 ⓑ로트와일러를 쫓아버리기 위하여 ㉠엔진톱으로 ⓑ로트와일러를 위협하다가 죽이게 된 사정을 고려할 때 갑의 이러한 행위는 동물복지법 제10조 제1항 제1호에서 규정한 구성요건을 충족하지 못한다는 이유로 이 사건 공소사실 중 동물보호법 위반의 점을 무죄로 판단하였다. (사) 그러므로 이러한 원심의 판단에는 그 판결 이유에 모순이 있거나 동물보호법 제10조 제1항 제1호에서 정한 구성요건의 해석에 관한 법리를 오해함으로써 판결에 영향을 미친 잘못이 있다.

2022도8024

2022. 10. 27. 2022도8024, **판례속보 =『석축 스프레이 낙서 사건』**:

갑의 ㉠토지와 A의 ㉡토지는 맞닿아 있다. A의 주택 뒤에는 ㉢석축이 설치되어 있다. ㉢석축이 시공된 형상에 비추어 ㉢석축의 주요한 용도·기능은 A의 집 대지보다 높이 있는 인접 토지의 흙과 모래가 A의 집으로 무너지는 것을 방지하고, 인접 토지와의 경계 구분을 위한 것으로 보인다. 갑과 A 사이에 토지경계에 관한 분쟁이 발생하였다. 갑은 경계측량을 통하여 ㉢석축 중 일부가 갑 소유의 ㉠토지를 침범한 사실을 확인하였다. 2020. 4. 25. 14:00경 갑은 A의 주택 뒤에 설치된 ㉢석축의 돌 3개에 빨간색 락카를 사용해 화살표 모양을 표시하였다(㉣낙서).

A는 갑을 고소하였다. A는 경찰에서 다음과 같이 진술하였다(ⓐ진술). (가) ㉢석축은 전체 약 90개의 돌을 이용하여 설치된 것이다. (나) ㉢석축의 길이는 약 30미터, 높이는 약 1.2미터이다. (다) 갑이 ㉣낙서를 한 부분은 그중 석축 좌측 끝에 위치한 돌 2개(㉤돌) 상단과 우측에 위치한 돌(㉥돌) 밑의 일부이다. ㉥돌 밑 부분에는 빨간색 경계 말뚝이 박혀 있다. A는 경찰에서 "처음에 ㉣낙서를 보고 갑이 경계측량을 하면서 한 것으로 짐작하고 받아들였다."고 진술하였다. A는 ㉢석축 중 일부가 갑 소유 ㉠토지의 경계를 침범한 사실을 확인하고 ㉢석축 전부를 자진하여 철거하였다. A가 ㉢석축을 자진 철거하기 전까지 A가 갑에게 ㉣낙서를 지워달라고 요구한 정황은 보이지 않는다(이상 ⓑ태도).

검사는 갑을 재물손괴죄로 기소하였다. 제1심법원은 갑이 한 ㉣낙서가 ㉢석축의 미관을 훼손하여 효용을 해하였다고 판단하였다. 제1심법원은 유죄를 인정하였다. 갑은 불복 항소하였다. 항소법원은 항소를 기각하고, 제1심판결을 유지하였다. 갑은 불복 상고하였다.

대법원은 다음의 이유를 제시하여 원심판결을 파기환송하였다. 대법원은 낙서행위와 재물손괴의 관계에 대해 다음과 같이 설시하였다. (가) 형법 제366조의 재물손괴죄는 타인의 재물을 손괴 또는 은닉하거나 기타의 방법으로 효용을 해하는 경우에 성립한다. (나) 여기에서 재물의 효용을 해한다고 함은 (ㄱ) 사실상으로나 감정상으로 재물을 본래의 사용 목적에 제공할 수 없는 상태로 만드는 것을 말하고, (ㄴ) 일시적으로 이용할 수 없는 상태로 만드는 것도 포함한다.

(다) 건조물의 벽면이나 구조물 등(이하 '구조물 등'이라 한다)에 낙서를 하는 행위가 구조물 등의 효용을 해하는 것인지는, (ㄱ) 해당 구조물 등의 용도와 기능, (ㄴ) 낙서 행위가 구조물 등의 본래 사용 목적이나 기능에 미치는 영향, (ㄷ) 구조물 등의 미관을 해치는 정도, (ㄹ) 구조물 등의 이용자들이 느끼는 불쾌감과 저항감, (ㅁ) 원상회복의 난이도와 거기에 드는 비용, (ㅂ) 낙서 행위의 목적과 시간적 계속성, (ㅅ) 행위 당시의 상황 등 제반 사정을 종합하여 사회통념에 따라 판단하여야 한다.

대법원은 사실관계를 분석하였다. 대법원은 위에 제시한 판단요소들에 따라 효용 침해 여부를 판단하였다. 대법원은 ㉢석축의 주된 용도와 기능의 관점에서 다음과 같이 판단하였다. (가) ㉢석축이 시공된 형상에 비추어 ㉢석축의 주요한 용도 · 기능은 A의 집 대지보다 높이 있는 인접 토지의 흙과 모래가 A의 집으로 무너지는 것을 방지하고, 인접 토지와의 경계 구분을 위한 것으로 보인다. (나) 그런데 ㉣낙서가 이러한 ㉢석축의 주요한 용도나 기능에 영향을 미쳤다고 보이지 않는다. (다) ㉢석축의 시공에 사용된 돌의 모양이나 재질 · 문양, 석축의 축조 방법과 형태, ㉢석축이 시공된 주변 장소의 이용 현황 등에 비추어, 미관 조성이 ㉢석축의 주요한 용도 · 기능이라고 보기 어렵다.

대법원은 ㉢석축의 미관의 관점에서 다음과 같이 판단하였다. (가) 설령 이와 달리 미관 조성이 ㉢석축의 주요한 용도 · 기능이라고 보자. (나) 그렇다고 하더라도, (사실관계 일부; 생략함) ㉣낙서가 ㉢석축 전체 중 차지하는 범위나 위치, 표시 내용 등에 비추어 ㉣낙서가 ㉢석축의 미관을 해하였다고 보기도 어렵다.

대법원은 이용자의 불쾌감, 저항감의 관점에서, A의 ⓐ진술 내용이나 ㉣낙서 확인 후 A가 보인 ⓑ태도 등에 비추어 ㉣낙서로 인하여 A가 불쾌감이나 저항감을 느꼈다고 보기도 어렵다고 판단하였다. 대법원은 원상회복의 난이도와 비용의 관점에서 다음과 같이 판단하였다. (가) ㉢석축 중 갑이 낙서한 부분에 대한 원상회복의 난이도와 거기에 드는 비용에 대한 아무런 증명이 없다. (나) ㉣낙서를 지우는 등의 방법으로 원상회복하는 데 그다지 많은 시간과 큰 비용이 들었을 것으로 보이지도 않는다.

선고일자 판례색인

사건번호 색인

사건명 색인

사항 색인

〔 ㄱ 〕

〔 ㅅ 〕

〔 ㅊ 〕

〔저자약력〕

서울대학교 법과대학 법학과 졸업, 동 대학원 졸업(법학석사), 독일 Max-Plank 국제 및 외국형법연구소 객원연구원, 독일 프라이부르크 대학교 법학박사(Dr. jur.), 미국 워싱턴 주립대학교 로스쿨 방문학자, 일본 동경대학 법학부 방문교수, 국가인권위원회 비상임 인권위원, 사법개혁위원회 위원, 사법제도개혁추진위원회 실무위원, 법무부 형사법개정특별심의위원회 위원, 한국형사정책학회 회장, 한국형사법학회 회장, 국민사법참여위원회 위원장, 경찰수사정책위원회 위원장, 서울대학교 법학전문대학원 교수. 인하대학교 법학전문대학원 초빙교수. 서울대학교 명예교수. 대한민국 학술원 회원.

〔저　　서〕

Anklagepflicht und Opportunitätsprinzip im deutschen und koreanischen Recht (Dissertation)

신판례백선 형법총론 (제2판)

형법총론 (제15판)

신형사소송법 (제5판)

판례분석 신형사소송법 [I], II (증보판), III (증보판)

판례분석 형법총론

판례분석 형법각론 (증보판)

간추린 신형사소송법 (제15판)

〔역　　저〕

입문 일본형사수속법 (三井誠 · 酒巻匡 저)

〔편　　저〕

효당 엄상섭 형법논집 (신동운 · 허일태 공편저)

효당 엄상섭 형사소송법논집 (신동운 편저)

권력과 자유 (엄상섭 저, 허일태 · 신동운 공편)

유병진 법률논집 재판관의 고민 (신동운 편저)

형법 제 · 개정 자료집, 한국형사정책연구원 (신동운 편저)

형법각론〔제3판〕

2017년 2월 25일　초판 발행
2018년 8월 30일　제2판 발행
2023년 9월　5일　제3판 1쇄 발행

저　자　신　동　운
발행인　배　효　선
발행처　도서출판　法　文　社

주　소　경기도 파주시 회동길 37-29 ㉾ 10881
등　록　1957년 12월 12일　제2-76호(윤)
TEL (031)955-6500~6, FAX (031)955~6525
e-mail(영업) : bms@bobmunsa.co.kr
(편집) : edit66@bobmunsa.co.kr
홈페이지　http://www.bobmunsa.co.kr
조　판　동　국　문　화

정가 65,000원　ISBN 978-89-18-91431-2